本书的出版得到
国家重点文物保护专项补助经费资助

谨以本书庆祝

山东省文物考古研究院成立四十周年

昌 邑 辛 置

——2010～2013年墓葬发掘报告

（一）

山东省文物考古研究院
昌 邑 市 博 物 馆 编著

文物出版社

图书在版编目(CIP)数据

昌邑辛置：2010～2013年墓葬发掘报告 / 山东省文物考古研究院，昌邑市博物馆编著. -- 北京：文物出版社，2021.11

ISBN 978-7-5010-7217-0

Ⅰ. ①昌… Ⅱ. ①山… ②昌… Ⅲ. ①墓葬(考古)－发掘报告－昌邑 Ⅳ. ①K878.85

中国版本图书馆CIP数据核字(2021)第188662号

昌邑辛置——2010～2013年墓葬发掘报告

编　　著：山东省文物考古研究院
　　　　　昌 邑 市 博 物 馆

封面设计：秦　彧
责任编辑：秦　彧
责任印制：陈　杰
出版发行：文物出版社
社　　址：北京市东城区东直门内北小街2号楼
邮　　编：100007
网　　址：http://www.wenwu.com
经　　销：新华书店
印　　刷：北京荣宝艺品印刷有限公司
开　　本：889mm×1194mm　1/16
印　　张：115　　插页：1
版　　次：2021年11月第1版
印　　次：2021年11月第1次印刷
书　　号：ISBN 978-7-5010-7217-0
定　　价：1800.00元（全四册）

2010-2013 Excavating Report of Tombs at Xinzhi in Changyi

(I)

by

Shandong Provincial Institute of Cultural Relics and Archaeology
Changyi Municipal Museum

Cultural Relics Press

内容简介

昌邑市地处山东省东部的潍河下游、渤海莱州湾南岸，辛置墓地位于昌邑市区都昌街道办事处辛置村西侧。2010～2013年，山东省文物考古研究院与昌邑市博物馆对辛置墓地进行了5次田野考古发掘，共发掘清理周代、汉代、明清时期的墓葬964座，其中周代墓葬26座，汉代墓葬791座，明代墓葬30座，清代墓葬117座。这些墓葬共出土陶（瓷）器、玉石器、铜器、铁器、骨器等各类文物4000余件（套）。

周代墓葬26座，均为长方形土坑竖穴墓，均有生土二层台，个别设头龛及器物箱，木棺仅有灰痕，墓主多仰身直肢或侧身直肢，头向东或北。随葬品一般1～6件，随葬陶器有陶鬲、豆、罐、鼎、簋、纺轮等，铜器有铜鼎、敦、舟、戈等，石器仅见纺轮，骨器多为骨笄。

汉代墓葬791座，分为土坑墓、砖椁墓、瓦椁墓、瓮棺墓、瓦棺墓、砖室墓。土坑墓240座，均为长方形土坑竖穴，墓主多仰身直肢，有生土二层台和壁龛，个别有砖砌器物箱和器物台。砖椁墓472座，一般为单椁单棺，多设壁龛、器物箱、器物台和边箱。瓦椁墓11座，内填大量碎陶瓦片。瓮棺墓10座，为特殊葬式，无随葬品，多为两件陶瓮相扣成棺，内有人骨平躺棺内。瓦棺墓1座，大板瓦垒砌制作成瓦棺，属于迁葬。砖室墓57座，分甲字形、中字形、长方形、刀字形，其中甲字形墓最多，一般由斜坡墓道、墓门、甬道、墓室组成。汉墓随葬品以陶器为主，有少量铜器、铁器、石器和漆器等。随葬陶器多泥质陶，以灰和褐陶为主，有少量彩绘陶，器类有陶罐、壶、钫、钵、扁壶、耳杯、俑等和少量釉陶器。铜器有铜镜、铜钱、刷柄、带钩、车马饰件、弩机、印章等。铁器为铁剑、环首刀、镜架、夯具、锸、镢、削等。石器有石黛板、石研磨器、剑格、剑首、剑璏、耳塞、口琀等。骨器仅有骨耳珰、鼻塞、笄。漆器无法复原，皮具则均腐朽。

明代墓葬30座，分土坑墓、砖椁墓、砖室墓和浇浆墓，墓中多有木棺。随葬品有瓷器、陶器和铜器，瓷器多为瓷碗和瓷罐，陶器多为陶瓦，铜器以铜钱为主。

清代墓葬117座，分土坑墓、砖椁墓和浇浆墓，墓中多有倒梯形或长方形木棺。随葬品多为铜钱和铜扣，另有瓷器和陶器，瓷器为瓷碗和瓷罐及少量壶和灯盏，陶器多为板瓦，另有铜簪、戒指、头饰等。

总之，这批近千座墓葬的时代跨度较大，特别是汉墓数量多，形制多样，出土文物丰富，对于研究本地区汉墓的墓葬制度、社会习俗等等，无疑提供了一份绝佳而又珍贵的资料，并为研究山东地区汉墓、汉代社会都提供了一批宝贵的实物资料。

另外，几十年以来，明清墓葬时有发现，且多数时候比较零散，特别是普通的明清墓葬，由于随葬品较少，往往不被人们重视。一般均作为普通资料收集一下，从此便无人问津了。这样也造成了一个现象，即很少人去研究明清墓葬，以致这一个时期的墓葬研究相对薄弱。辛置墓地的147座明清墓葬的集中发掘与出版，对于改变上述现象应该会起到一点积极的作用。

Abstract

The city of Changyi is in the east of Shandong Province, in the lower reaches of the Weihe River, the south bank of Laizhou Bay, Bohai Sea. From 2010 to 2013, the Shandong Provincial Institute of Cultural Relics and Archaeology and the local cultural relics administration conducted five field archaeological excavations of Xinzhi Cemetery. As a result, a total of 964 tombs were revealed including 26 tombs of the Zhou Dynasty, 791 from the Han dynasty, 30 from the Ming dynasty, and 117 from the Qing dynasty. A total of 4,000 pieces (sets) of ceramics, jade and stone articles, bronzes, iron or bone wares were unearthed from these tombs. The twenty-six tombs of the Zhou Dynasty have vertical earth pits and a second-tier ledge, several of which have utensils compartments and head niches. From the trace of the wooden coffins, we can see the tomb owners were mostly interred supine with extended limbs and heads towards east or north. The funerary objects in each tomb ranges from one to six pieces. The pottery comprises *li*-tripod, *dou*-stemmed bowl, *guan*-pot, *ding*-tripod, *gui*-tureen and spinning wheel, etc. Bronze vessels have bronze *ding*-tripod, *dui*-container, *zhou*-elliptical vessels, *ge*-dagger and so on. The stone tools only see spinning wheels and the bone instruments are mostly bone hairpin.

The 791 Han tombs can be divided into several types, such as earthen pit tombs, brick outer coffin tombs, tile outer coffin tombs, *weng*-urn coffin tomb, tile coffin tomb and brick chamber tomb. There are 240 vertical earthen pit tombs, whose owners were mostly interred supine with extended limbs. A second-tier ledge and niches were constructed in the wall. A few tombs were equipped with brick utensils compartments or tables. There are 472 brick outer coffin tombs, usually furnished with single outer coffin and single inner coffin, with niches, utensils compartment, utensils tables and side compartments. There are eleven tile coffin tombs in which a large amount of tile sherds was filled. There are ten urn coffin tombs. As a special burial custom, the coffin is formed by two mouth-to-mouth urns. Inside the urns, there is an extended interred skull, but no funerary goods were buried. As a type of reburial, only one tile coffin tomb was found, which is formed by big flat under tiles. The fifty-seven brick chambers tombs can be distinguished by their forms, such character "甲"-shaped, character "中"-shaped, character "刀"-shaped and rectangle ones. Among them, character "甲"-shaped tombs covers the most, which consists of slope entry ramp, tomb entrance, passage and tomb chamber. Burial goods in Han tombs predominate in pottery. In addition, there is a small amount of bronze, iron, stone and lacquer wars, etc. Mostly made from clay, the pottery is generally grey or brown, with a few colors painted. The type of the pottery includes jars, pots, *fang*-wine container, *bo*-bowl, oblate pot, *erbei*-cup and pottery figurine. Moreover, there is a small amount of glazed pottery.

The bronze articles include mirror, coin, handle of brush, belt hook, chariot fittings, trigger and seal, etc. The irons comprise sword, knife with a ring pommel, mirror support, ramming tools, spade, shackle and *xiao*-cutting saber, etc. The stone or jade articles include black plate, grinding ware, sward guard, pommel, *zhi*-ornament of the sword, earplug and *han*-jade placed in the mouth of the dead, etc. The bone articles only consist of ear spool, nose plug and hairpin. No lacquerwares or leather articles can be reconstructed.

There are thirty Ming tombs, classified into earth pit tomb, brick outer coffin tomb, brick chamber tomb and poured slurry tomb. The burial goods comprise porcelain, pottery and bronze wares. The porcelain is largely bowls and jars and the pottery are predominated by tiles, while the copper articles are mostly coins.

There are 117 Qing tombs fall into earth pit tomb, brick outer coffin tomb and poured slurry tomb, most of which are furnished with trapezoid or rectangle wooden coffins. Copper coins and bronze buckles predominate the funeral goods. Moreover, some amount of porcelain and pottery are unearthed. The porcelain includes bowl, jar and a small amount of pots or bowl lamps. The pottery is mostly flat under tiles. Additionally, there are some copper hairpin, ring and headdress.

In a word, with long time span, large quantity, diverse styles and abundant unearthed burial goods, these nearly one thousand tombs undoubtedly provide precious material for the study of the burial system as well as the social customs of Han Dynasty in the present Shandong province.

In addition, over the past few decades, although tombs of the Ming and Qing have been found from time to time, most of them are sporadic discovery. Due to the few burial objects, Ming or Qing tombs of ordinary class are normally ignored and only recorded or collected as unimportant findings, having drawn little attention of the researcher. As a result, very few scholars engaged themselves in exploring the tomb of Ming and Qing. Thus, the study in this field is relatively weak. This excavation and report of the 147 tombs of Ming and Qing in Xinzhi cemetery will certainly play a positive role in improving this situation.

目　录

（第一册）

（第二册）

（第三册）

插图目录

插表目录

第一章　前言

第一节　自然环境

昌邑市位于山东省东部，潍河下游，渤海莱州湾南岸。地理坐标跨北纬 36° 26′21″～37° 11′28″，东经 119°12′34″～119° 37′21″。东与烟台莱州市、青岛平度市以胶莱河为界，东南与潍坊高密市接壤，西南与潍坊市坊子区毗邻，西接潍坊市寒亭区。市域纵长横窄，中若蜂腰。南北长 75、东西宽 7.5～32.5 千米，总面积 1627.74 平方千米。

境域跨越华北平原、鲁西、鲁东等地层分区，各时代地层多重分布，主要有元古代、中生代、新生代地层。

地势自南而北逐渐降低。南部为低山丘陵区，中部是平原区，北部属于洼地海滩。其中丘陵占全域总面积的 24.64%，平原占 28.68%，洼地海滩占 46.68%。其地貌主要分为剥蚀残丘区、冲、洪积平原区、滨海洼地区。丘陵平均海拔 50 米，最高点博陆山，海拔 88.05 米。冲、洪积平原区则地势平坦，海拔在 6～13 米，相对高差仅 1～7 米。

市域内低山、丘陵、平原交错。南部由低山丘陵组成，在长期风化剥蚀过程中，形成浑圆状残丘、丘陵和准平原。中北部地区，受流水影响，大量泥沙堆积，形成洪积裙、洪积扇，各堆积相连，相互叠加，形成倾斜平原与滨海洼地。据统计，市区内大小河流近 30 条。

按照河流流向，大致分为潍河水系、胶莱河水系、虞河水系。潍河水系有潍河、蒲河等。胶莱河水系有胶莱河、官河、麻湾河、渔池河、五里河等。虞河水系有虞河、夹沟河、张固河、暴沙河等。其中，潍河流经昌邑市境 64 千米。河床宽度 300～500 米，河水最大流量每秒 7850 立方米。属季节性河流，每年 1～2 月为结冰期。

境域海岸线长达 53 千米，东起胶莱河口，西至虞河口，东西走向，属泥质平原类型海岸。沿岸近海水域，潮汐属非正规半日潮，涨潮流向东南，落潮流向西北。流速每小时 926～1666.8 米。一般高潮水位 1 米，低潮水位 0.6 米。由于滩阔水浅，水温变化与气温相似，水温在 15℃以上日数为 150 天左右。最高水温可达 28℃。海水盐度 5～10 月在 28.5‰～42‰之间，海水透明度 1～2 米。

境内属暖温带半湿润季风区大陆性气候，四季分明，年平均气温 12.9℃。冬寒夏热，雨热同期，干湿季明显。春季干燥多风，多春旱，夏季湿热多雨，间有夏旱，秋季天高气爽，冬季寒冷少雪。由于地势平坦，南北温差不大，北部偏低。年均差异 0.2℃～0.5℃，历年平均气温 12.9℃。7 月平均气温 26.1℃，极端最高气温 40.1℃；1 月平均气温 -3.0℃，极端最低气温 -16.5℃。

市境地处季风区，全年盛行风向是南风、东南风和西北风。北部沿海风力大于南部，河道河床风力大于内陆。

市内地貌地形属于丘陵坡地、微斜平地、浅平洼地和海滩地类型。在地形、母质、水文、生物、气候、植被等自然因素影响下，形成不同的土壤类型，主要分为棕壤、褐土、潮土、砂姜黑土、盐土。棕壤是在暖温带湿润、半湿润的生物气候条件下由非钙质岩发育形成的，土壤显微酸性，分布地势高，坡度大，水土流失严重，土壤养分含量低，抗旱性极差。褐土属于受季风影响形成的地带性土壤。潮土是直接发育在河流冲积物上、受潮水影响形成的一类土壤。盐土由于长期受地下咸水、气候、海潮等因素影响，土壤中含有大量盐分，含盐量在1%以上。砂姜黑土系河流沉积物，表层为后期覆盖的黄土层，厚薄不等。表层以下是黑黏土层，再下是灰黄色砂姜层，质地较黏。

该地区植被主要为温带落叶阔叶林灌丛，常见有杨树、旱柳、刺槐、合欢、臭椿等。干鲜果类有大枣、山楂、核桃、板栗、苹果、梨、桃子、葡萄、杏、樱桃和石榴等。灌木有棉槐、白蜡条等。草本植被为温带草丛。杂草有野谷草、白草、结缕草、狗尾草、黄蒿、野艾、蒺藜、小蓟、苦菜等。

在潍河两岸滩地上多覆以筛草、白茅、节节草、香附、狗牙根、结缕草、狗尾草、野谷草等。草甸植被有狗尾草、牛筋草、画眉草、小蓟、蒲公英、地锦小白酒花、蒺藜、马齿苋、扁蒿、罗布麻；高地有刺蓬、枸杞、野艾、黄蒿等。

沿河岸畔时有野菊、蒲公英、白茅等；河滩林下有白茅、香附群落；在潮湿低洼边缘，有酸模蓼、扁蒿和地肤等；灌木以棉槐为主体，乔木以旱柳、白榆、刺槐、毛白杨为主；棉槐灌木占绝对优势[1]。

第二节 历史沿革

昌邑历史悠久，人杰地灵，古代文化源远流长。由于社会的不断发展，其名称更迭错综复杂，政区建置屡经演变，名称领属时有更易。随着朝代的更替，使昌邑的隶属关系时有改变，这些清晰记载了此地发展的历史轨迹。

根据文字记载，昌邑自夏禹分天下为九州始属青州。《史记·夏本纪》载："海、岱惟青州。"即泰山以东至海是青州。

商代为莱国属地。

周代境域分属于齐、纪、莒、莱四国，后统一于齐国。境内有鄑、密、邶殿、都昌等城邑。鄑为纪国之鄑邑、齐之都昌邑、莒之密邑，治都昌城，为齐国地。

秦代推行郡县制，设置都昌县，属胶东郡。

西汉实行郡（国）县制。市境为都昌侯。后国除为县，属胶东国。

东汉都昌属胶东郡，后改胶东郡为胶东国，后并入北海国。

三国魏境域置都昌、下密二县，属北海郡。

西晋时期，继续实行郡县制。后都昌、下密两县归晋，初属北海郡，后属齐郡。

东晋都昌先后归后赵、前燕、前秦、后燕和南燕，后两度归东晋。

南北朝都昌寄治青州，北魏自青州还故治，属北海郡。北周改北海郡为齐郡。

隋代实行州、县两级制。后废齐郡，昌邑境域属青州。

[1] 昌邑市地方史志编纂委员会：《昌邑市志（1986～2005）》，方志出版社，2017年。

唐代昌邑称北海县，后改称为道，分属河南道青、密两州。

五代延续唐制。境域属北海县，先后隶属后梁、后唐、后晋、后汉和后周。

宋代分置昌邑县。名称来历，因其地曾为都昌之邑，故名昌邑。据《宋书·地理志》记载："宋建隆三年（962年），以青州北海县建为北海军，置昌邑隶之。"自此始有昌邑之名，定名昌邑，为以后历代县治。这一称谓一直沿用数千年。

金代仿宋制，实行路、州（府）、县制。世祖天会五年（1127年）昌邑归金，属山东东路潍州。

元代实行省、路、府（州）县制。昌邑属山东东西道宣慰司、益都路总管府潍州。

明代设布政使司，下设府、州、县。昌邑属山东布政使司青州府潍州，太祖洪武初年，昌邑属青州府。后改属莱州府。

清代昌邑初属莱州府平度州，后改属莱州府。

民国时期，昌邑属胶东道，后改属胶莱道。1941年，成立昌邑县民主政府，先后属胶东区西海专区、清河区清东专区。

中华人民共和国成立后，昌邑县属山东省潍坊专区，1986年属山东省潍坊市。

1994年撤销昌邑县，以原昌邑县的行政区域设立县级昌邑市[1]。

可以看出，该地区优越的自然地理，生态环境以及悠久的古代历史。不仅为当地古代人类的生存与发展创造了极为有利的条件，也为我国古代文明的起源奠定了良好的物质基础。

据考古资料显示，早在大汶口文化时期，这里就有人类在此居住、繁衍生息，从事着各项生产活动。先民们利用自己勤劳的双手、聪明的智慧创造出了光辉灿烂的古代文化，为古代人类的发展做出了重要贡献，一度成为东夷地区古代文明的重要发祥地区。

[1] 王伟波编著：《昌邑沧桑》，知识出版社，2006年。

第二章　墓地概述

第一节　墓地概况

辛置墓地位于山东省昌邑市都昌街道办事处辛置村西侧高埠上（图 2-1；彩版一～三）。墓地地处城区南郊，地理坐标为北纬 36° 50′ 12.7″，东经 119° 22′ 52.3″，海拔 21.1 米。墓地向北 33 千米为莱州湾，向东 3.5 千米为山东第一大河——潍河，向西 5 千米有“引黄济青”干渠，济青高铁从墓地南面约 4 千米处穿过。

墓地所处地势较高，现为一台地，其西南及西北部坡度较缓，东北以及东南部形成高约 3 米的

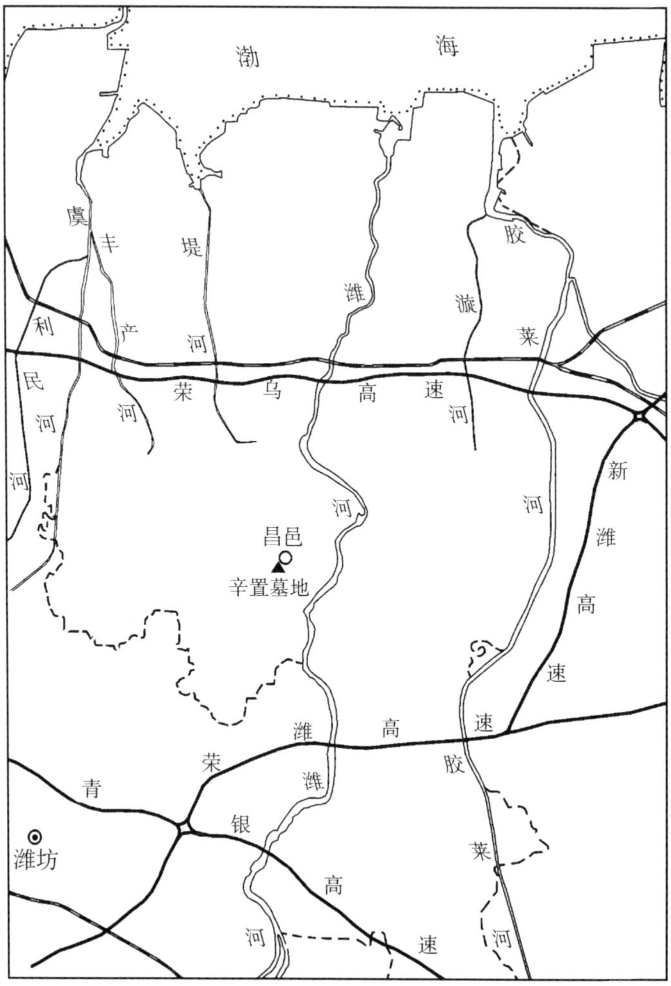

图 2-1　辛置墓地地理位置示意图

断崖。平面略呈长方形，东西长约330、南北宽约220米，面积约7万平方米。其东、西、南三侧与辛二社区相邻，北侧紧邻南店村，向东30米为南北向北海路，西侧为南北向村间土路，南侧断崖下为东西向道路（图2-2）。墓地上面地势较为平坦，分属辛二、辛三村民组，种植有桃树、梨树、苹果树等，其上散落有辛三社区的魏氏祠堂和辛二社区果园承包户的临时住房。

据昌邑文物部门材料介绍，墓地南部是著名的昌邑道昭孙氏家族墓所在，多位孙氏历史名人归葬于此。原有孙氏家族的明代副都御史孙洪、孙祥等墓葬数十座，皆有封土，“文化大革命”期间，封土平毁，神道上牌坊、石马、石翁仲等也已佚失。

“文化大革命”以后，当地文物部门对该墓地陆续进行了有关基础工作，逐渐摸清了墓地性质、分布范围和文化内涵。1979年，昌邑县图书馆对墓群进行了调查，初步建立了墓群档案。1981年，又做过复查，进一步充实了保护档案，被昌邑县人民政府核准为重点文物保护单位。1987年3月，昌邑县麻纺厂修建宿舍，发现有明代墓志铭，同时清理墓葬2座，其中1座即为明进士、四川叙泸按察司佥事孙昂（1479～1553年）夫妇合葬墓。1992年，昌邑县文物管理所清理了1座战国墓，出土有玛瑙环、玉环、料珠、错金铜带钩及64个铜铃等。2004年，昌邑市博物馆划定辛置墓群重点保护范围、建设控制地带，经昌邑市人民政府重新公布为重点文物保护单位。2008年，在第三次全国文物普查中，昌邑市文化新闻出版局文物普查队对辛置墓群进行了复查，进一步完善和落实了“四有”工作。

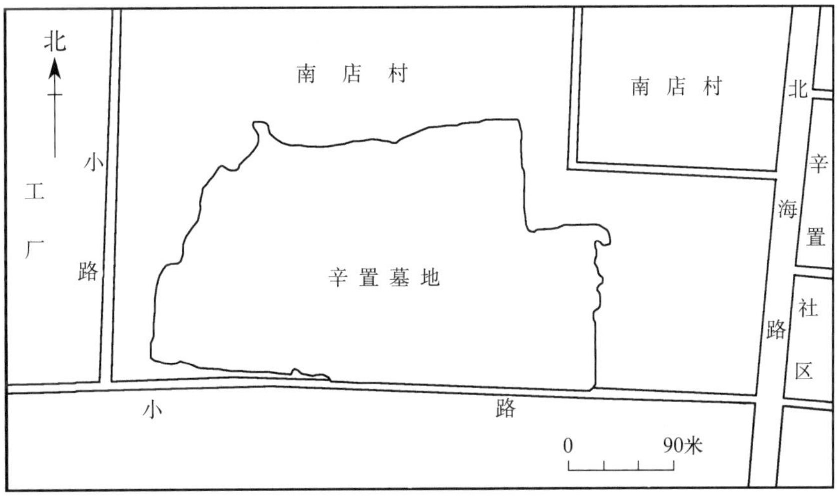

图2-2　辛置墓地位置示意图

第二节　发掘经过与收获

辛置墓地文化内涵丰富、历时较长，是昌邑城区附近较为重要的墓地。历年来，由于周边群众常年耕种、取土和基建活动，加上自然垮塌等因素，造成墓地所在台地范围有所缩小，也致使部分墓葬遭到一定程度破坏，曾一度成为盗墓分子觊觎的目标。鉴于此，为最大程度保护文物、存留文化遗产，2010年10月，山东省文物考古研究所，报请国家文物局和山东省文物局同意，会同昌邑市博物馆对该墓地进行了勘探和抢救性发掘，获得了重要的科研成果。

一 发掘经过

从2010年10月下旬，山东省文物考古研究所何德亮等进驻辛置墓地北侧的南店村，到2013年12月下旬，整个考古发掘工作跨四个年度，进行了五次发掘（图2-3；彩版四～一五）。现分阶段予以介绍。

第1次发掘，2010年10月25日～12月15日，计50余天。参加发掘人员共12人：山东省文物考古研究所何德亮、王子孟及技工魏恒川、张学堂，昌邑市博物馆刘乃贤、王伟波、王君卫、徐晓宁、刘洪波、徐勇、孙志强、任友令。本次发掘地点选择墓地范围的西南部边缘，期待通过发掘并辅以钻探能更清晰地把握墓地的历史蕴含及分布范围。本次发掘清理墓葬54座（编号M1～M54）。

第2次发掘，2011年2月25日～6月19日，计115天。参加发掘人员有13人：山东省文物考古研究所何德亮、王子孟及技工魏恒川、张学堂、周宽超、崔启雨，昌邑市博物馆刘乃贤、王伟波、王君卫、刘洪波、徐勇、孙志强、任友令。技工崔启雨此行主要是传授全站仪的应用，十天后因有其他发掘任务而离开工地。昌邑市博物馆王伟波参加了开工和前期发掘，后因单位另有工作也离开。本次发掘区域位于整个墓地的西南部，分布于第一次发掘区外围，向东、北、西三个方向拓展。发掘过程中，发现有被墓葬打破的灰坑、陶窑等遗迹。佐以钻探，在墓葬区以西、以北区域亦即整个墓地范围西部、北部发现了成片灰坑，表明辛置墓地不仅仅只是单纯的墓地，同时还是古人生活居住的遗址。初步弄清遗址区、墓葬区文化内涵和布局区隔之后，随即调整工作方向，同期对墓地西部边缘的遗址区进行细致发掘。本次发掘清理墓葬197座（编号M55～M251）、灰坑225个、窑2座、沟2条、井2口。

2011年7月18日～9月17日，利用第2次和第3次发掘两个月的修整时间，王子孟和周宽超对发掘资料进行了初步整理，山东大学历史文化学院2009级博士研究生李慧冬、2010级硕士研究生王忠宝、2011级硕士研究生冉炜煜陆续加入，主要对遗址区出土陶片进行拼对、统计、修复、绘图，对出土软体动物进行分类、种属鉴定及收集土样进行浮选等工作。昌邑市博物馆孙志强短时内协助周宽超进行了器物修复，陕西师范大学历史文化学院2008级本科生郭长波参加了短暂整理工作。期间，山东大学文化遗产研究院王青教授亲临整理现场指导，开阔了大家的思路。通过对遗址发掘材料的梳理，遗址文化内涵、遗迹类型、堆积过程、聚落形态，与墓区之间的关系，甚至遗址的环境信息、生业背景有了基本了解，从宏观和微观两个维度认识整个墓地，以课题意识为引领，帮助我们更加科学地制定发掘计划和确定发掘区域。

第3次发掘，2011年9月18日～12月29日，计103天。参加发掘人员共有13人：山东省文物考古研究所何德亮、王子孟、魏恒川、张学堂、周宽超，昌邑市博物馆刘乃贤、王君卫、刘洪波、徐勇、孙志强、任友令，泗水县文物管理所闫鑫、张轲也参与了本次发掘工作。鉴于第2次发掘已经对遗址区域有了基本了解，决定本年度发掘集中力量继续清理墓葬。遂循第2发掘区向北、东两个方向延伸。本次发掘区处于遗址区东部边缘地带，部分墓葬存在与居址遗迹的打破关系。本次发掘清理墓葬313座（M252～M564）、灰坑45个、沟1条。

第3次发掘田野工作结束后，12月30日即转入室内整理，持续到2012年1月11日，王子孟、周宽超、魏恒川、张学堂对出土器物进行修复、统计，并装箱运往昌邑市博物馆保存。

第4次发掘，2012年9月26日～2013年1月16日，持续113天。参加发掘人员陆续有20人：山东省文物考古研究所何德亮、王子孟、周宽超、邢继春、张胜现、杨正，枣庄市鲁南文物考古研究所魏传刚、李召民、董海鹏，昌邑市博物馆刘乃贤、王君卫、刘洪波、徐勇、孙志强、任友令，山东大学历史文化学院2011级硕士研究生王龙全程参与了发掘，安丘市博物馆李景法、付万刚、袁亭亭、王倩倩作为学员也短暂参与了发掘工作。本年度发掘集中力量继续清理墓葬，由第3发掘区向东延伸形成第4次发掘区。墓葬多见带斜坡墓道的单室或多室砖室墓，拓深了对墓葬类型和墓地分区的认知。共清理墓葬328座（编号M565～M892）、窑1座。

第5次发掘，2013年9月8日～12月25日，共109天。参加发掘人员13人：山东省文物考古研究所何德亮、王子孟、王龙、周宽超、邢继春、马文立，昌邑市博物馆任友令、刘洪波，商河县文物管理所黄景宝，山东大学历史文化学院2010级本科生穆东旭、陈心舟、徐明灿。其中，王龙硕士毕业入职山东省文物考古研究所后，继续参与本年度的发掘；刘洪波参与了短暂的发掘，主要继续清理去年未清理完的墓葬。而穆东旭、陈心舟、徐明灿则因田野实习参加了本次发掘工作。本年度主要任务是对遗址区进行大范围揭露，以便对遗址布局和聚落形态有更深入的了解。9月份对第4发掘区以东亦即整个墓地范围东北角区域墓葬进行清理。10月份对处于墓地范围西北部的遗址区进行大面积揭露发掘。本次发掘清理墓葬72座（编号M893～M964）、灰坑152个、窑4座、沟5条。

二 发掘收获

发现了类型多样的遗迹，出土了各种材质的遗物，提取了丰富的动植物遗存信息，研究上也颇有进展，取得一系列重要收获。墓地分为遗址区和墓葬区，遗址区位于整个墓地范围西北部和西部边缘地带，其余为墓葬区，除部分墓葬和灰坑、陶窑存在叠压、打破关系外，存在较为明显的两区分隔。鉴于本报告专门刊录墓葬，故仅对遗址区收获进行简单介绍。

遗址区因历代人为取土及现代农民耕种，文化层堆积较薄，耕土层下即为遗迹，部分遗迹开口遭到破坏。其中H45出土有龙山时期陶片，表明遗址年代可上溯至龙山文化时期，而J1、G4发现有汉代花纹砖、断瓦及井圈等，表明遗址年代可延续至汉代。其余全为周代遗迹，类型有灰坑、陶窑、井和沟等，以灰坑为众，密集地分布于发掘区内，叠压、打破现象常见。灰坑形状有圆形、椭圆形和不规则形，以圆形居多。圆形灰坑多为形制规整，直壁平底或斜壁外张、平底，按剖面形状为筒形和袋状坑。不规则坑应为自然形成而被人类稍微加工利用。灰坑壁面、坑底光滑，平整，应经过细致加工。部分灰坑底部施用了防潮措施，铺垫草木灰或者白灰。有的灰坑壁面发现柱洞，应为铺设木棍所致。此种形制规整、建造比较考究，当为废弃窖穴，且有些窖穴成组分布，应该存在特定布局。陶窑在生土上掏挖而成，由窑体和工作间两部分组成，局部遭到破坏，窑体仅留窑床，上有圆形火眼与火塘相通，火塘位于窑床正下方，袋状，有拱形火门，通向窑体旁侧的工作间。井平面呈圆角长方形，直壁、平底，壁面经过加工，掏有脚窝。

在获得大量文物遗存的同时，对灰坑填土全部采集浮选土样和植硅石土样，并收集大量动物骨骼标本。初步鉴定结果表明，遗址发现的植物遗存主要有小麦、大麦、大豆、豇豆属、桃核、葡萄属、柿属、李属、苍耳等，其中以小麦为主，少量豇豆属和大豆、桃核等，以粮食作物占绝大多数，少量为果类；动物有猪、牛、狗、鹿、兔等哺乳动物，部分鸟类，数量不等的鱼类、鳖和大量水生软体动物如蚌、蛤等。以上昭示，遗址周围具有良好的生态环境和丰富的自然资源，先民们具有卓越的生存能力并发展出多样的生存经济。

墓葬区占据墓地范围绝大部分，历经5次发掘清理墓葬964座。其中周代26座、汉晋时期791座、明代30座、清代117座，出土陶（瓷）、铜、铁、石（玉）、骨、玻璃器等各类文物4000余件（套）。

周代墓葬，第1次发掘2座（M6、M21），第2次发掘7座（M59、M74、M145、M149、M182、M190、M209），第3次发掘6座（M300、M302、M326、M334、M390、M447），第4次发掘1座（M891），第5次发掘10座（M897、M919、M926、M933、M959、M960、M961、M962、M963、M964）。

汉代至魏晋墓葬，第1次发掘41座（M2～M5、M7～M15、M17、M20、M22、M24～M26、M28～M31、M33、M35～M43、M45～M47、M50～M54），第2次发掘148座（M56～M58、M60、M62～M64、M66～M72、M75、M78～M80、M83～M85、M87、M89、M91～M93、M95～M97、M99～M103、M105～M114、M117～M119、M121、M125、M128、M130～M133、M138～M144、M146～M148、M150～M155、M157、M160～M169、M171～M181、M183、M185、M188、M189、M191～M194、M196～M208、M210、M212～M230、M232～M245、M247、M248），第3次发掘285座（M252、M254、M256～M299、M301、M303～M315、M317～M319、M321～M325、M327～M333、M335、M337～M346、M348、M350、M352～M354、M356、M358～M384、M388、M389、M391～M419、M422～M446、M448～M481、M483～M513、M515、M516、M518、M519、M521、M523～M531、M533～M555、M557～M564），第4次发掘266座（M567、M569、M574、M576、M577～M581、M584～M591、M596、M597、M599、M600、M602～M606、M608～M615、M619～M637、M640～M697、M699、M700、M702～M706、M708～M734、M736～M753、M755、M756、M758、M760、M762、M763、M765～M783、M796、M798～M800、M803～M806、M808～M830、M833～M841、M845、M846、M848、M849、M852～M860、M862～M880、M885、M887～M890、M892），第5次发掘51座（M253、M255、M532、M582、M754、M757、M893～M896、M898～M901、M903～M909、M911～M918、M920～M922、M924、M925、M927、M929～M932、M934～M939、M946、M948、M952～M954、M958）。

明代墓葬，第1次发掘3座（M16、M23、M27），第2次发掘2座（M129、M231），第3次发掘4座（M351、M420、M514、M520），第4次发掘18座（M575、M583、M638、M698、M707、M785、M786、M789、M791、M801、M807、M831、M832、M842～M844、M851、M861），第5次发掘3座（M940、M949、M950）。

清代墓葬，第1次发掘8座（M1、M18、M19、M32、M34、M44、M48、M49），第2次发掘40座（M55、M61、M65、M73、M76、M77、M81、M82、M86、M88、M90、M94、M98、M104、M115、M116、M120、M122～M124、M126、M127、M134～M137、M156、M158、M159、M170、M177、M184、M186、M187、M195、M211、M246、M249～M251），第3次发掘15座（M316、M320、M336、M347、M349、M355、M357、M385～M387、M421、

M482、M517、M522、M556），第4次发掘40座（M565、M566、M568、M570～M573、M592～M595、M598、M601、M607、M616～M618、M639、M701、M735、M759、M761、M764、M784、M787、M788、M790、M792～M795、M797、M802、M847、M850、M881～M884、M886），第5次发掘14座（M902、M910、M923、M928、M941～M945、M947、M951、M955～M957）。

墓地存在明显的墓葬分区、分群现象，墓葬分布较为密集，个别墓葬有分组排列和明显的打破关系，尤其是汉代铜印章的发现，表明特定墓区是合理规划的家族茔地；墓地延续时代较长，不同时代有特定的形制，且流行相应的器物及组合，反映了不同阶段生产变迁和一定的民俗流变。这些均能清晰地梳理出鲁北地区周、汉晋、明清时期墓葬习俗和演变规律；骨架姿势、墓向、葬式、器物放置方式、随葬动物种类等能反映特定的信仰观念，墓内随葬的猪、鸟、鱼、兔现象也能解释一些独特葬俗；作为鲁北地区首次大规模发掘的墓地，能使我们了解该地区汉晋时期墓地选址、布局、内涵等方面的信息，也能助益勾勒其与居址聚落甚至附近城址的关系。

发掘过程严格遵循田野考古操作规程，不断向精细化、科学化、程序化、规范化发展，时刻以课题意识引领实际工作。但是，囿于时间和技术力量的限制，仍不可避免地遇到一些问题，而导致发掘结果与预期存在一些偏差。不过，这是该地区第一次正规发掘的考古工地，也是目前为止鲁北地区揭露面积最大内涵较为丰富的一处墓地，在各界领导、相关部门和学界老师的大力支持下，经过广大考古队同仁多年来的辛勤努力，发掘工作还是取得了许多重要的收获。

第一，墓葬和遗址所获实物材料，为鲁北地区历史时期葬俗和社会形态研究提供了有价值的考古资料。第二，时代特征鲜明、种类各异的大量文物，为鲁北地区尤其是汉晋考古确立了年代标尺。同时，也充实地方馆藏，满足群众文化需求和提升地方历史文化内涵。第三，持续多年的考古工作和丰硕发掘成果，引起了考古界及社会各界的高度关注，以考古成果及时回馈社会公众，有助于昌邑辛置墓地的后续规划保护，更有助于传承地方历史文化遗产和推动地方社会经济的发展。

本报告主要对发掘墓葬进行报道，其他资料暂不涉及。

第三章　周代墓葬

第一节　墓葬概述

墓葬26座，均小型墓葬，形制为长方形土坑竖穴墓，墓口长一般1.8～2.6、宽0.5～1.7、深者1.7、最浅者仅0.10米。最大M447，墓口长3.5、宽2.2、深2.4米。多有生土二层台，其中M326生土、熟土二层台混合使用。

墓内填黄褐色五花土，多数土质较疏松，包含少量碎陶片、烧土、炭屑和料姜石等。仅M182、M300、M302经过夯打，土质较坚硬，夯窝圆形，排列不规则，直径4～7、间距8～40、夯层厚15～20厘米。M74有头龛。M447专门设置器物箱。木棺多腐朽，仅见灰痕。

墓内墓主多仰身直肢或侧身直肢葬，仅1例屈肢葬。墓主头向东或者北，多数墓葬在95°～125°之间。其中M300、M933和M21，头向朝北，分别为10°、5°、30°。仅M390头向朝东南，方向为150°。

M21埋葬方式特殊，这是一座埋葬5人的乱葬墓，死去的人集中堆放在墓内，而且摆放特别凌乱，似非正常死亡者。其中，3号个体脚踝似有捆绑痕迹；4号个体俯身、下肢曲蹲，头骨有刀砍痕迹。

这批墓葬多数墓主骨骼保存较差，在可判断具体年龄的24例个体中，死亡年龄段主要集中于壮年期和中年期。其中中年期所占比重最大，其次是壮年期，幼儿期、青年期、少年期和老年期比例较小，缺少婴儿期个体，可能与样本量、埋藏条件以及当地葬俗有关。男女两性死亡高峰期均集中于中年期，但青年期和老年期，只存在女性个体。壮年期和中年期的男性死亡比例均高于女性。

墓葬内大部分放置数量不等的随葬品，一般1～6件不等，多者6件，少者1件。也有3座墓葬（M21、M960、M964）一无所有。墓内随葬品一般为陶器，器类主要有鬲、豆、罐、鼎、簋、罍、纺轮等。铜器有鼎、敦、舟、戈和刀币。石器仅见纺轮。骨器是笄。随葬器物多放置在墓主头侧二层台上或壁龛内。除随葬品外，墓内还陈放有动物骨骼。

通过对9座墓葬中出土动物遗存鉴定得知，主要有鸡、真鲷、狗、小型食虫目和猪等。其中猪为182件，鱼骨101件，狗40件，小型食虫目32件，鸡18件。其中可鉴定属种的鱼类均为海鱼。下面对这批墓葬分别予以介绍。

第二节　墓葬分述

（一）M6

1. 墓葬形制

位于墓地西南部，北面是M15，西南为M7。方向115°（图3-1；彩版一六，1、2）。

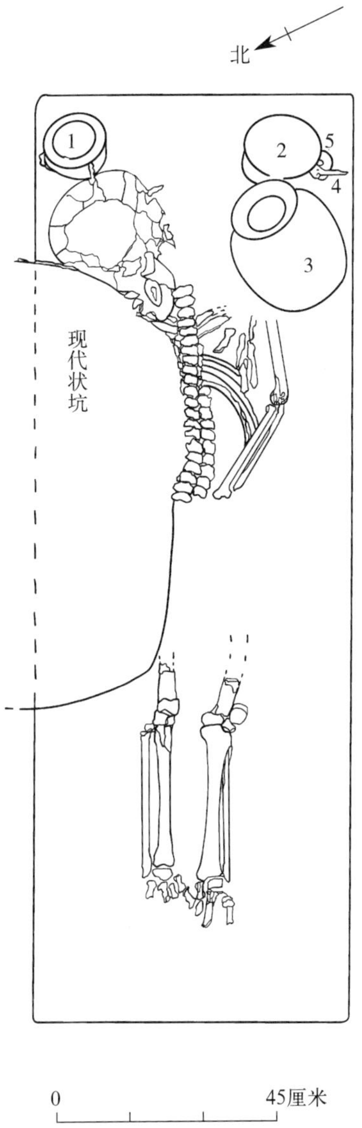

图 3-1 M6 平面图

1. 陶鬲 2. 陶豆 3. 陶罐 4. 骨笄 5. 陶纺轮

长方形土坑竖穴墓。墓口长 1.85、宽 0.65、残深 0.16 米。墓内填黄褐色五花土，未经夯打，土质较疏松。填土中包含少量碎陶片、烧土粒、炭屑和料姜石。

人骨 1 具。头向东，面向右，仰身直肢。右上肢被现代坑打破，已无存，下肢上段及盆骨已腐朽。女性，中年个体。

随葬器物 5 件。陶鬲、陶豆、陶罐各 1 件（彩版一七，1），陶鬲置于墓底东北角、靠近头骨顶端，陶豆、陶罐位于墓底东南角。骨笄、陶纺轮各 1 件，放在墓底东南角，被陶豆叠压。刺猬骨放置于陶罐内。

2. 出土遗物

（1）陶器

陶鬲 1 件。

标本 M6∶1，泥质灰陶。敞口，圆唇，束颈，鼓腹，平裆，实足，尖部残。腹上部饰 3 个对应纽饰。口径 14.6、腹径 15、残高 13 厘米（图 3-2，1；彩版一七，2）。

陶豆 1 件。

标本 M6∶2，泥质灰陶。敞口，尖唇，盘体内收，喇叭状圈足。素面。口径 15.8、底径 11、通高 12.4 厘米（图 3-2，2；彩版一七，3）。

陶罐 1 件。

标本 M6∶3，泥质灰陶。侈口，束颈，鼓腹，平底微凹。肩部饰四周凹弦纹，下腹及底部饰绳纹，间饰一周凹弦纹。口径 13、底径 8.6、通高 24.4 厘米（图 3-2，3；彩版一七，4）。

陶纺轮 1 件。

标本 M6∶5，泥质灰褐陶。扁圆体，中间圆形孔。素面。直径 5.1、厚 1.6 厘米（图 3-2，5；彩版一六，3）。

（2）骨器

骨笄 1 件。

标本 M6∶4，长条形，上端扁平，下部圆形，尖钝。磨制光滑。长 7.1 厘米（图 3-2，4；彩版一六，4）。

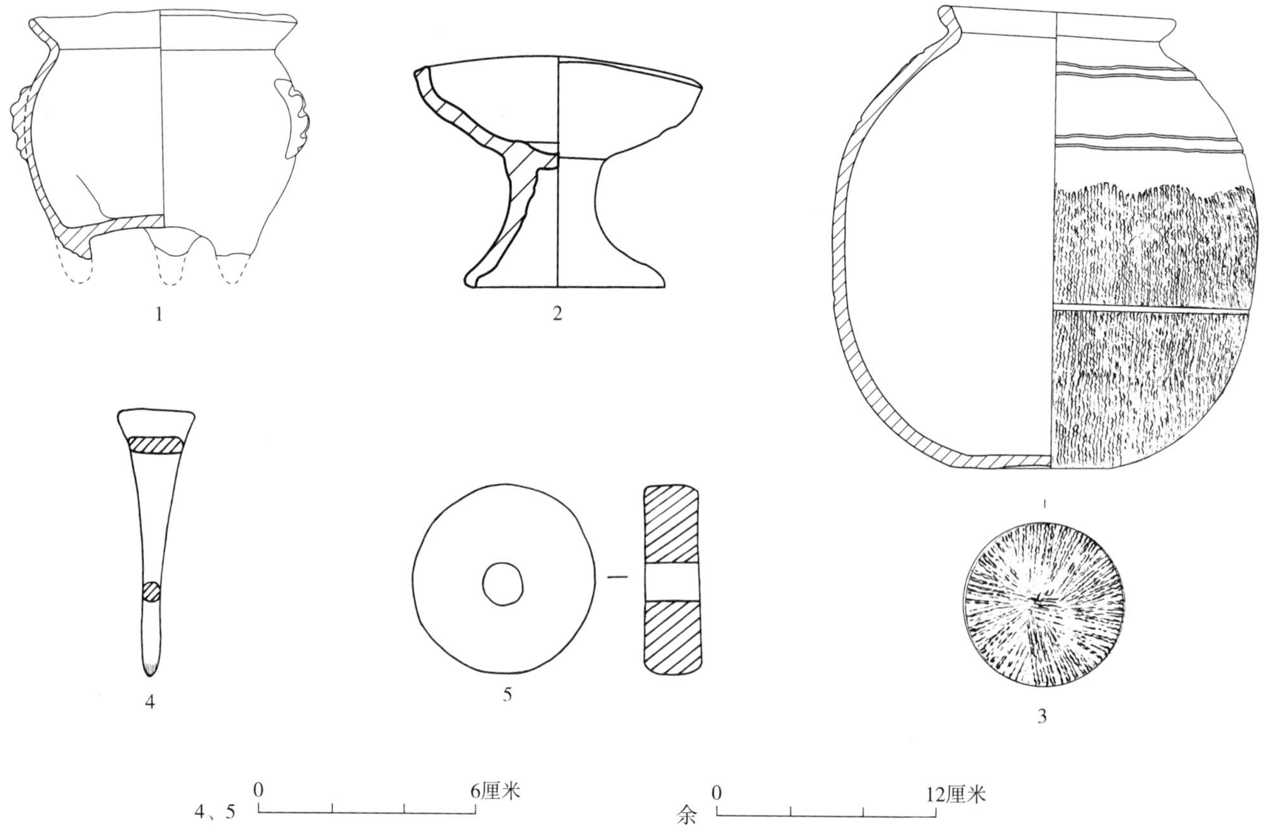

图 3-2 M6 出土器物

1. 陶鬲 2. 陶豆 3. 陶罐 4. 骨笄 5. 陶纺轮

（二）M21

墓葬形制

位于墓地西南部，东南面是M26，西南为M48和M50。方向30°（图3-3）。

长方形土坑竖穴墓。墓壁边界不甚明显，墓口长1.7、宽0.6、深0.6～0.9米。未见棺椁痕迹。据人骨埋藏情况推测，此处颇似乱葬墓，把死去的人一次性集中堆放在墓内，因而摆放特别凌乱。墓内填黄褐色五花土，土质较坚硬，在下层人骨附近发现两块东周时期夹砂素面鬲残片及料姜石等。

人骨5具。共分为三层（彩版一八、一九，1）。上层人骨仰身直肢，1号个体头向北，骨骼较为完整，男性，年龄30岁左右。中层人骨上半身侧曲，2号个体下身仰躺，头向北，右臂向上弯曲，左臂暴露在上层。女性，年龄23～27岁。下层人骨有三具（3～5号）。3号个体，俯身直肢、脚踝似有捆绑痕迹。男性，年龄30岁左右。4号个体俯身、下肢曲蹲，头骨有刀砍痕迹（彩版一九，2）。男性，年龄35～40岁。5号个体被3号叠压，上身侧卧。男性，年龄25～35岁。另外，在4号个体北侧还发现一人头骨。保存极差，性别不明，年龄3～5岁。

随葬器物无。

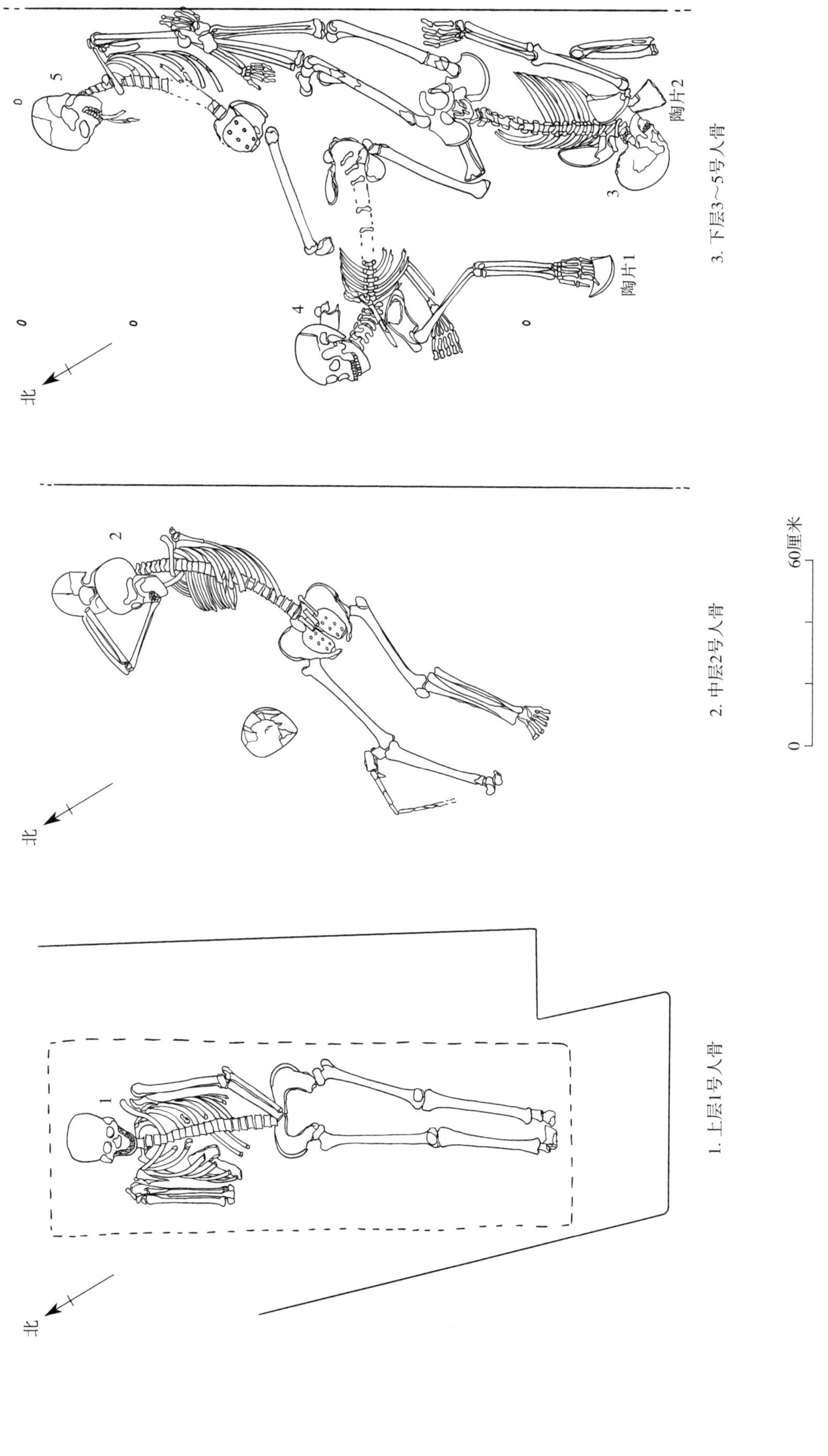

图 3-3　M21 平面图

（三）M59

1. 墓葬形制

位于墓地东北部，东北是M960、M962，东南为M74。方向110°（图3-4；彩版二〇，1）。

长方形土坑竖穴墓。墓口长1.9、宽0.5～0.6、深0.8米。墓壁规整，局部光滑，底部平整。墓内填黄褐色五花土，土质较致密。填土中夹杂较多夹砂陶片、灰陶片，少量料姜石、碎砖等。填土内包含狗、猪骨。

人骨1具。头向东，面向左，仰身直肢葬。双手放于骨盆处。保存较好，女性，年龄40～45岁。

随葬器物3件。陶豆1件，放在墓主头骨左侧上方。骨笄1件，石纺轮1件，位于墓主头骨右侧。

2. 出土遗物

（1）陶器

陶豆　1件。

标本M59∶1，泥质灰陶。侈口，圆唇，口部变形，下腹内收，底部近平，喇叭形圈足。柄部饰三周凹弦纹。口径长16.4、底径11.6、通高12.8厘米（图3-4，1；彩版二〇，2）。

（2）石器

石纺轮　1件。

标本M59∶2，扁圆形，中间圆孔，剖面长条形，断面圆弧形。磨制精细，器形规整。素面。直径6、孔径1、厚0.8厘米（图3-4，2；彩版二〇，3）。

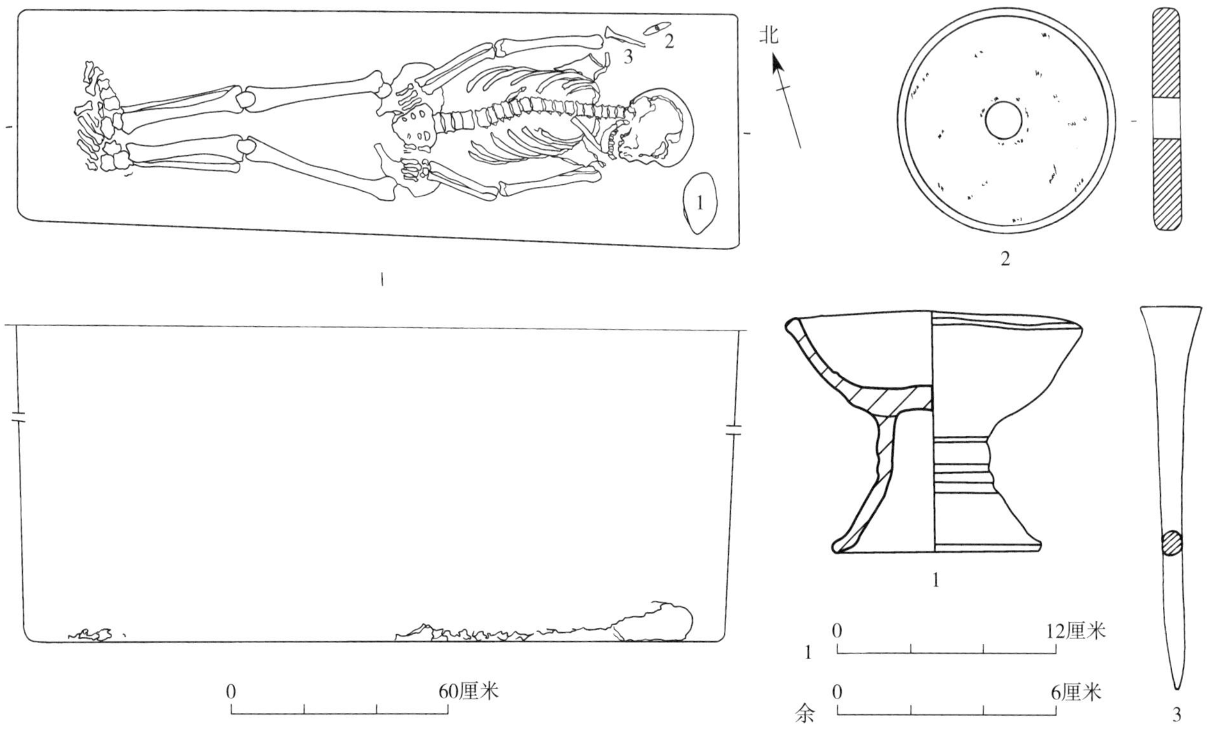

图3-4　M59及出土器物

1. 陶豆　2. 石纺轮　3. 骨笄

（3）骨器

骨笄　1件。

标本M59∶3，长条形，顶端齐平，下部尖细。长10.2、顶径1.7厘米（图3-4，3；彩版二〇，4）。

（四）M74

1. 墓葬形制

位于墓地西北部，西北面是M59。方向110°（图3-5；彩版二一，1）。

长方形土坑竖穴墓。墓口长2.66、宽1.06、深0.78米。头龛位于墓壁东端，长0.35、高0.26、进深0.12米。木棺已腐朽，仅见灰痕，长1.83、宽0.5米。墓内填黄褐色五花土，土质较致密。填土包含有乳猪、鸡骨。

人骨1具。仰身直肢，双手交于骨盆上面。男性，年龄24～30岁。

随葬陶器2件（彩版二一，2）。陶豆、陶罐各1件放置在龛内。龛内还发现乳猪、鸡、鲷科、真鲷、鱼骨。

2. 出土遗物

陶器

陶豆　1件。

标本M74∶1，泥质灰陶。口部变形，侈口，斜沿，尖唇，盘下部内收，圜底，喇叭状圈足。素面。口长径16.4、底径9.6、通高12.3厘米（图3-5，1；彩版二一，3）。

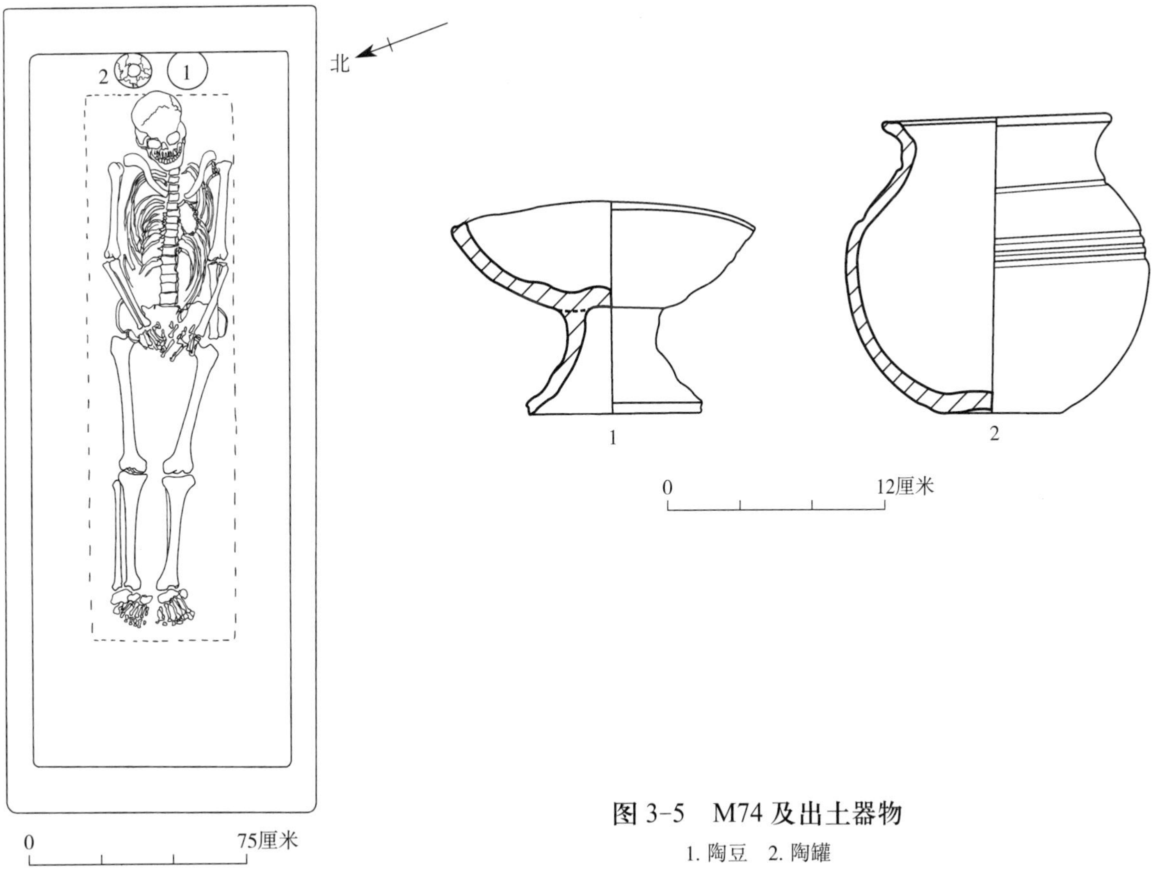

图3-5　M74及出土器物

1. 陶豆　2. 陶罐

陶罐　1件。

标本M74：2，夹砂黑褐陶。侈口，折沿，圆唇，束颈，鼓腹，小平底微凹。上腹有制作弦痕。口径12.8、底径6.8、通高16厘米（图3-5，2；彩版二一，4）。

（五）M145

1. 墓葬形制

位于墓地西南部，其西南部被M128和M140打破，北面是M127。方向122°（图3-6；彩版二二，1）。

长方形土坑竖穴墓。墓口长1.8、宽0.7、深0.5米。墓内填黄褐色土，土质较疏松。填土中夹杂少量料姜石及陶片、烧土块等。

人骨1具。头向东，面向上，仰身直肢。双前臂弯曲，两手抚于腹部，女性，年龄22～28岁。

随葬器物2件。陶纺轮、骨笄各1件，放在墓主头骨左侧。

2. 出土遗物

（1）陶器

陶纺轮　1件。

标本M145：2，泥质灰褐陶。扁圆体，中间有圆形孔。素面。直径5.2、孔径1.1、厚2.3厘米（图3-6，2；彩版二二，2）。

（2）骨器

骨笄　1件。

标本M145：1，长条形，尖部残缺，顶端齐平，上面较粗，下部细圆。残长8.1厘米（图3-6，1；彩版二二，3）。

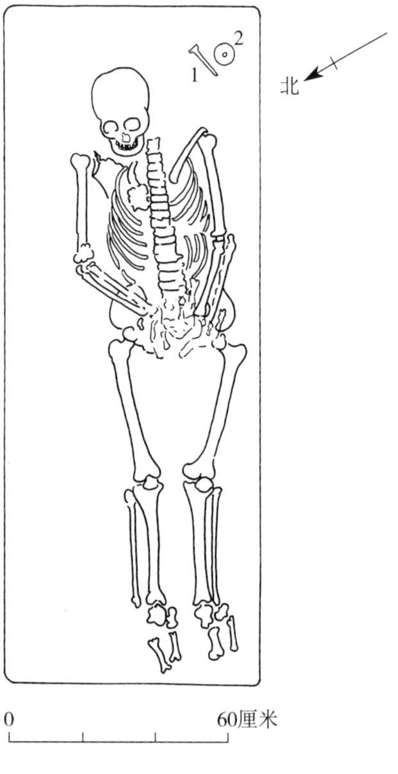

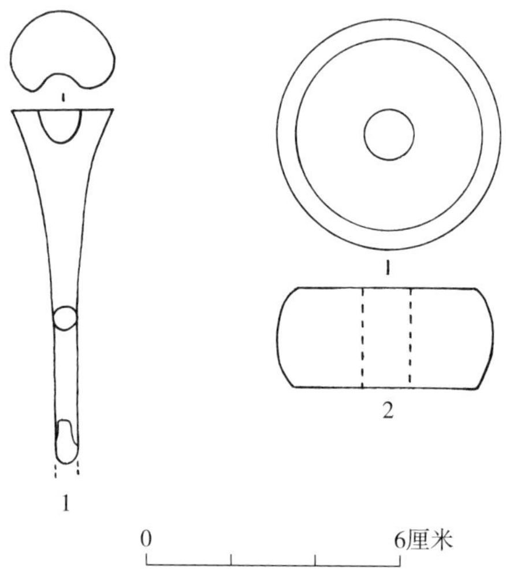

图3-6　M145及出土器物

1. 骨笄　2. 陶纺轮

（六）M149

1. 墓葬形制

位于墓地西北部，在 M156 东南 5 米处，北面是 M195。方向 110°（图 3-7；彩版二二，4）。

长方形土坑竖穴墓。墓口长 2.24、宽 1.2、深 0.62 米。墓底东、南、北侧有生土二层台，宽 0.2 米。木棺腐朽，仅见灰痕，长 1.79、宽 0.43 ～ 0.57 米。墓内填土为黄褐色土，较疏松。填土中夹杂少量陶片、料姜石、木炭、红烧土块等。

人骨 1 具。头向东，面向上，仰身直肢。双前臂弯曲，双手置于骨盆处。下肢直肢，脚趾平行排放。女性，年龄 45 ～ 55 岁。

随葬器物 6 件（彩版二三，1、2）。陶豆 2 件，陶罐、陶鬲、骨笄、石纺轮各 1 件及猪、乳猪骨放置在墓主头骨东侧二层台上。

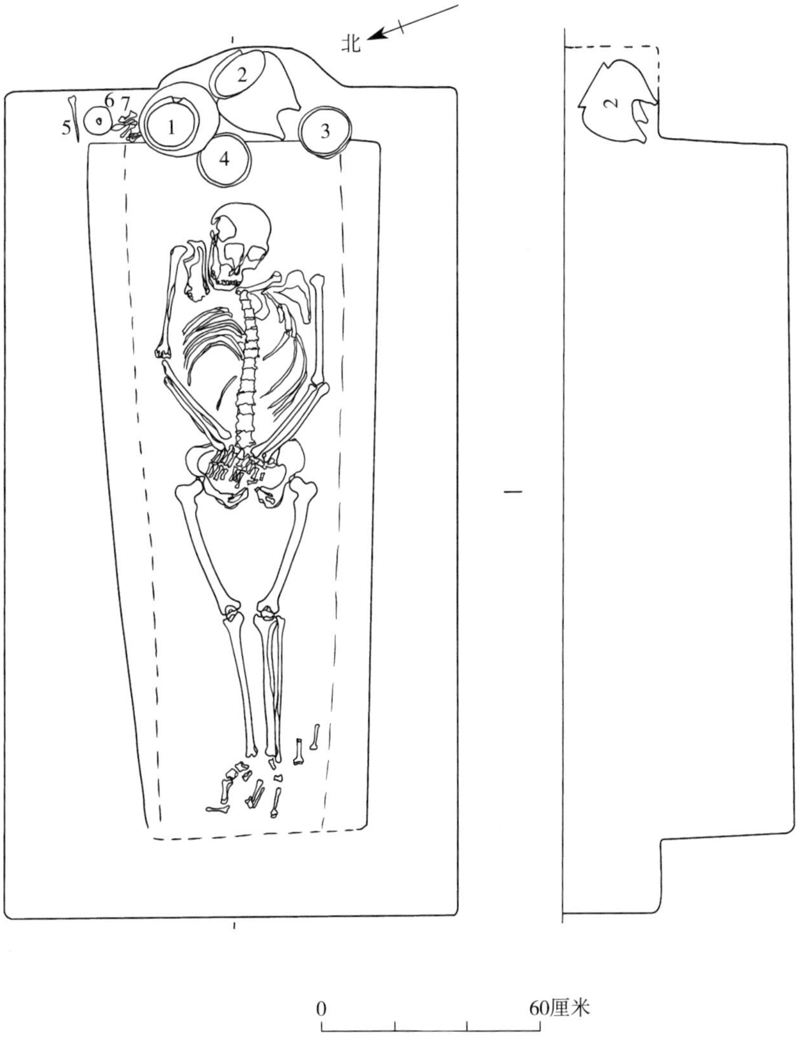

图 3-7　M149 平、剖面图

1. 陶罐　2. 陶鬲　3、4. 陶豆　5. 骨笄　6. 石纺轮　7. 动物骨骼

2. 出土遗物

（1）陶器

陶鬲　1件。

标本M149∶2，夹砂深褐陶。敞口，折沿，方唇，束颈，鼓腹，联裆，下部内收，乳状袋足。素面。口径19、高20.8厘米（图3-8，2；彩版二四，1）。

陶豆　2件。泥质灰陶。沿部内凹，方唇，喇叭状圈足。素面。

标本M149∶3，直口，盘沿下有折棱，盘体内收。口径15、底径10、通高11.2厘米（图3-8，3；彩版二四，2）。

标本M149∶4，侈口，盘体弧收，柄部有一周凸棱。口径16、底径10、通高10.8厘米（图3-8，4；彩版二四，3）。

陶罐　1件。

标本M149∶1，泥质灰陶。敞口，沿内凹斜，圆唇，束颈，折肩，下腹内收，平底微凹。肩下及底部饰绳纹，肩下部间饰一周弦纹。口径14.8、底径8、高18厘米（图3-8，1；彩版二四，4）。

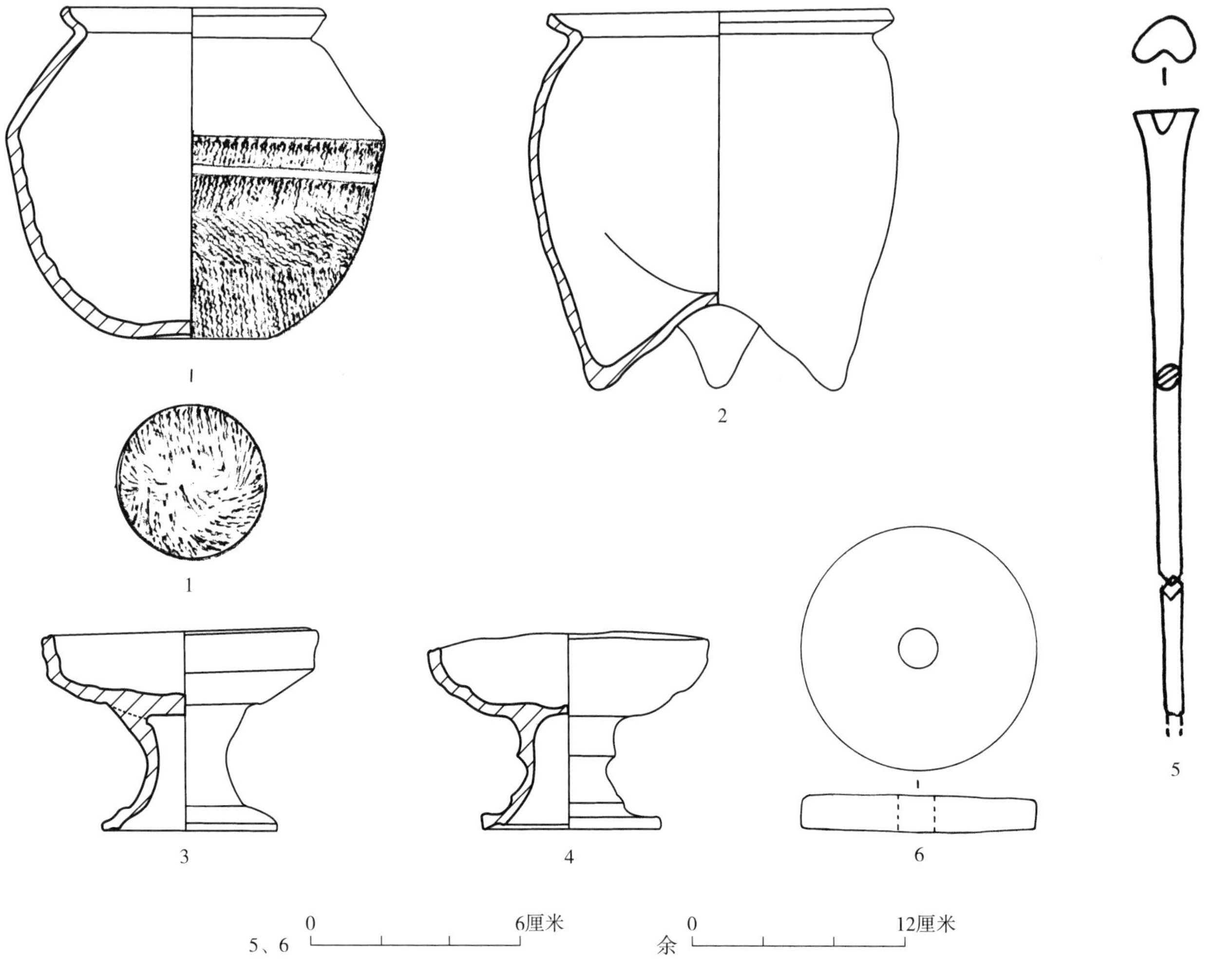

图3-8　M149出土器物

1. 陶罐　2. 陶鬲　3、4. 陶豆　5. 骨笄　6. 石纺轮

（2）石器

石纺轮　1件。

标本M149∶6，扁圆形，中间有圆孔，外缘齐平。素面。外径6.6、孔径1、厚1厘米（图3-8，6；彩版二四，5）。

（3）骨器

骨笄　1件。

标本M149∶5，长条形，尖部残缺，顶部平齐，磨制精细。长16.5厘米（图3-8，5；彩版二四，6）。

（七）M182

1. 墓葬形制

位于墓地西北部，东端被现代沟打破，北面是M169，西侧为M190，南面是M183。方向125°（图3-9；彩版二五，1）。

长方形土坑竖穴墓。墓口长2.6、宽0.9米，底长1.95、宽0.66、深1.45米。墓壁规整，局部光滑，平底。墓室底部四周有二层台。南、北、西端为熟土、东端为生土。两边宽0.12、西端宽0.2、东端宽0.45、高0.3米。木棺已腐朽，仅见灰痕，长1.95、宽0.66米。墓内填黄褐色五花土，经夯打，土质较致密。填土中夹杂陶片、料姜石等。夯窝圆形，直径8～10、间距2～8厘米，分布密集。

人骨1具。头向东，面向上，仰身直肢。双手平放于骨盆处，双下肢并拢，双侧膝盖和脚踝紧靠在一起。头骨上部缺失，躯干仅脊椎骨较完好，左侧上肢骨缺失，右侧上肢仅残存三段骨渣，左胫腓骨下端及左趾骨缺失。男性，年龄25～30岁。

随葬陶器3件（彩版二五，2）。陶鬲、陶豆、陶罐各1件，乳猪、鸡骨均位于东端二层台上。

2. 出土遗物

陶器

陶鬲　1件。

标本M182∶1，夹砂红褐陶。敞口，折沿，方唇，束颈，鼓腹，联裆，乳状袋足。素面，外腹部黑褐。口径16.5、高14.6厘米（图3-9，1；彩版二五，3）。

陶豆　1件。

标本M182∶2，夹砂灰陶。敞口，沿内斜，圆唇，下部内收，圜底，喇叭状圈足。柄部饰一周凸棱。口径15、底径10.8、通高10.8厘米（图3-9，2；彩版二五，4）。

陶罐　1件。

标本M182∶3，夹砂灰褐陶。敞口，斜沿，圆唇，束颈，圆腹，下腹内收，圜底。下腹饰绳纹。口径14、底径12、通高18.5厘米（图3-9，3；彩版二五，5）。

（八）M190

1. 墓葬形制

位于墓地西北部，北面是M211，东面是M182，南面为M186。方向110°（图3-10；彩版二六，1）。

长方形土坑竖穴墓。墓口长2.2、宽0.7、深0.72米。墓壁光滑规整，底部较平。东部有生土二层台。墓内填黄褐色花土，土质较疏松。填土中夹杂少量料姜石、陶片、木炭及红烧土颗粒。

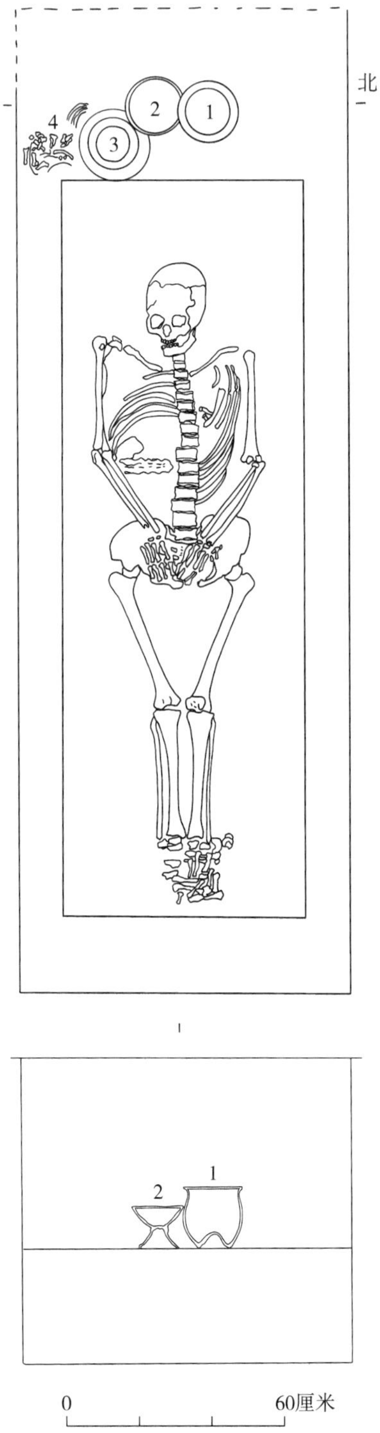

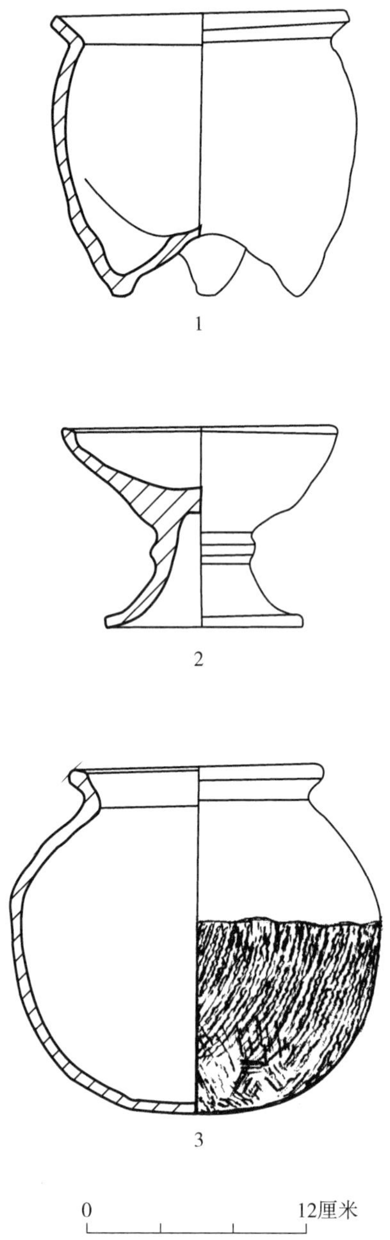

图 3-9　M182 及出土器物

1. 陶鬲　2. 陶豆　3. 陶罐　4. 动物骨骼

人骨 1 具。头向东，面向上，仰身直肢。上肢弯曲，指骨置于骨盆处；下肢直肢，趾骨交叉叠压。性别、年龄不详。

随葬陶器 2 件。陶罐、陶纺轮各 1 件，放在东侧生土二层台北端，少量动物骨骼，位于东侧二层台中部。未经鉴定，种属不明。

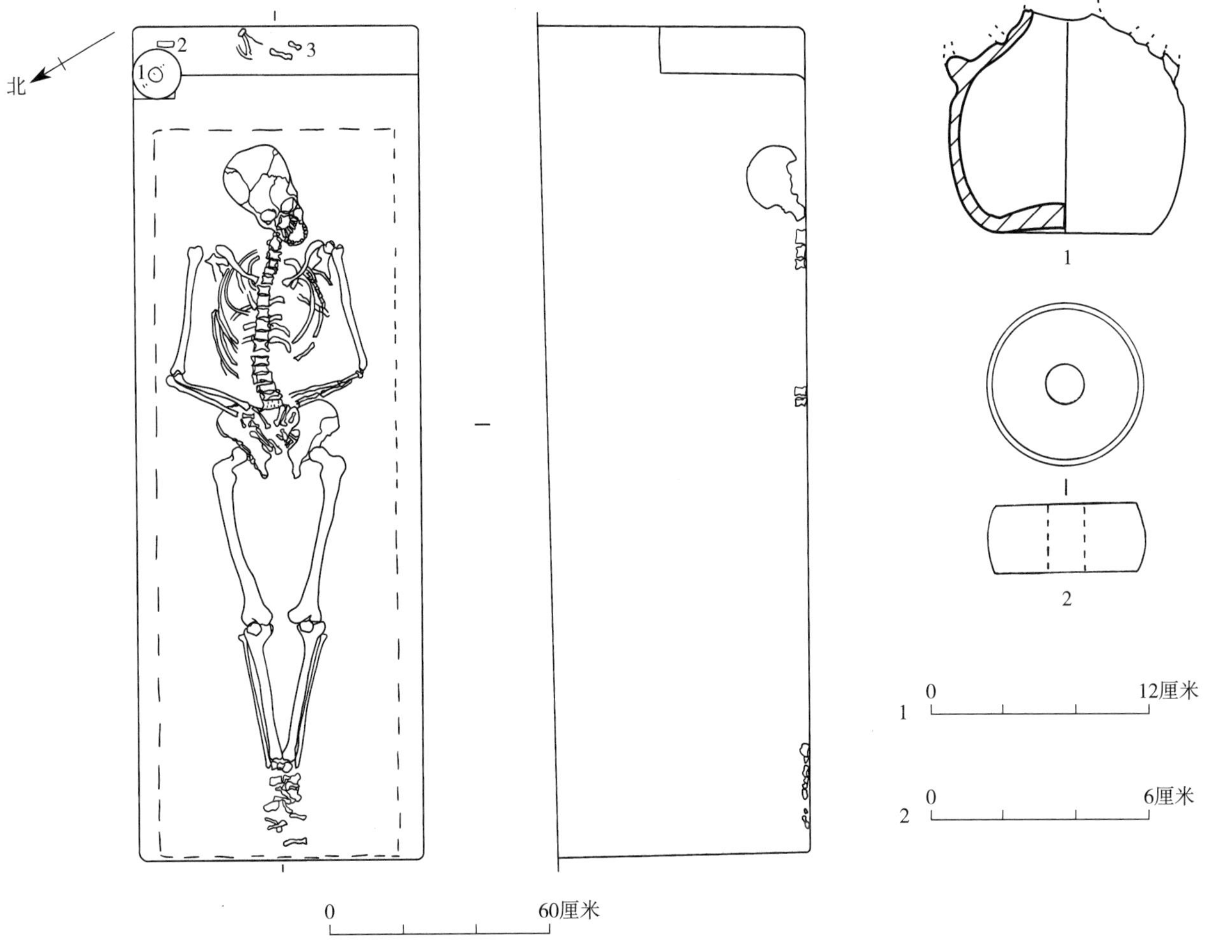

图 3-10 M190及出土器物

1. 陶罐 2. 陶纺轮 3. 动物骨骼

2. 出土遗物

陶罐 1件。

标本M190:1，夹砂灰陶。口残，弧肩，鼓腹，下腹微收，平底微凹。肩部有2个对称环形耳。素面。残口径4、底径5.2、残高5.8厘米（图3-10，1）。

陶纺轮 1件。

M190:2，泥质红褐陶。扁圆形，中间圆形孔，扁圆外弧。素面。直径4.3、孔径1、厚1.8厘米（图3-10，2；彩版二六，2）。

（九）M209

1. 墓葬形制

位于墓地西北部，被H11、M167打破，东南面为M202，西面为M157。方向125°（图3-11）。

长方形土坑竖穴墓。墓口长1.6、宽0.56、深0.1米。墓壁垂直，规整光滑。墓内填黄褐色花土，土质疏松。

人骨1具。仰身直肢，无头和左侧下肢骨。男性，年龄25～30岁。

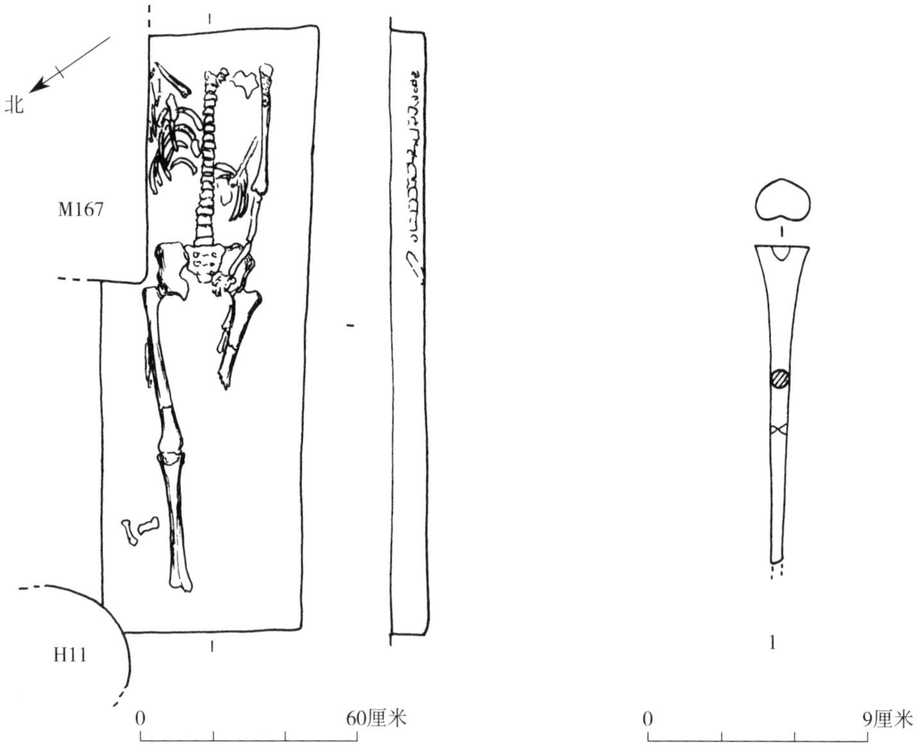

图 3-11 M209 及出土器物

1. 骨笄

随葬骨笄 1 件，位于墓主右肩胛骨处。

2. 出土遗物

骨器

骨笄 1 件。

标本 M209∶1，长条形，剖面圆形，上粗下细，顶端齐平，尖部残缺，制作精细，磨制光滑。残长 12.6 厘米（图 3-11，1）。

（一〇）M300

1. 墓葬形制

位于墓地中部，北部被 M299 打破，西南面为 M306，东南面是 M304。方向 10°（图 3-12；彩版二六，3）。

长方形土坑竖穴墓。墓口长 2.15、宽 0.98～1.02 米，底长 1.98、宽 0.68、深 0.94 米。墓壁垂直，光滑规整。墓底下部有生土二层台，宽 0.17、高 0.11～0.35 米。墓内填黄褐色土，土质较坚硬，经过夯打。填土中包含夹砂灰褐陶片、人骨及少量料姜石。夯窝圆形，排列不规则，直径 5～9、间距 6～22、夯层厚 15～20 厘米。

人骨 1 具。头向北，面向不详，仰身直肢。头骨破碎，躯干、上肢及趾骨缺失。性别无法鉴定，年龄 7～12 岁。

随葬陶器 4 件（彩版二七，1）。陶鬲、陶罐各 1 件，陶豆 2 件，放在南侧生土二层台上。墓内西北角散落乳猪、鸡、鱼骨。

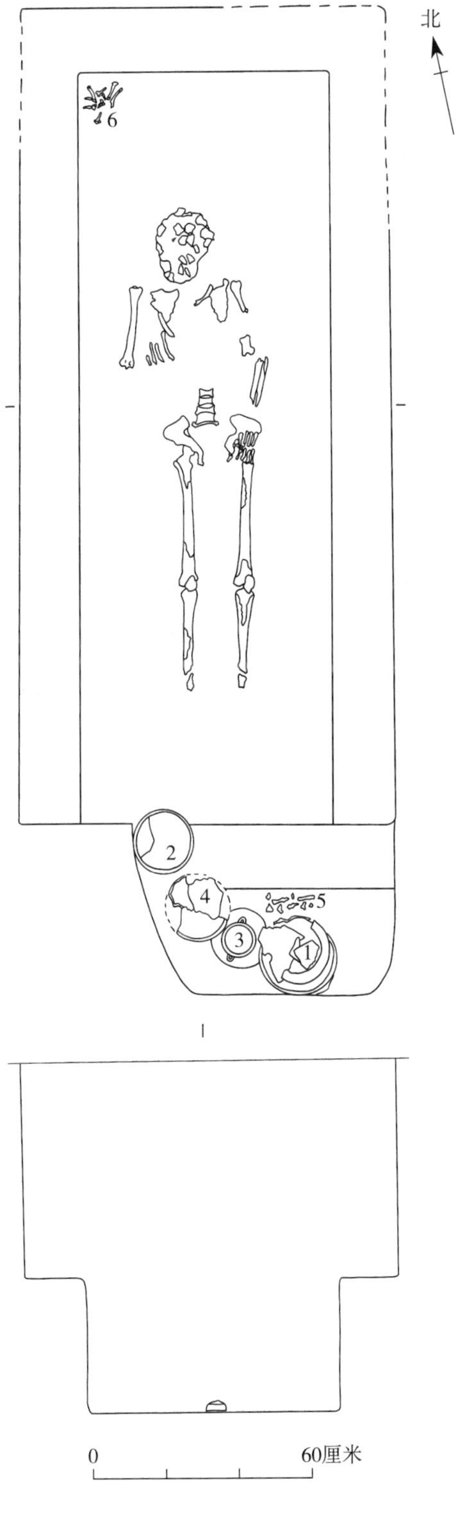

图 3-12　M300 平、剖面图

1. 陶鬲　2、4. 陶豆　3. 陶罐　5、6. 动物骨骼

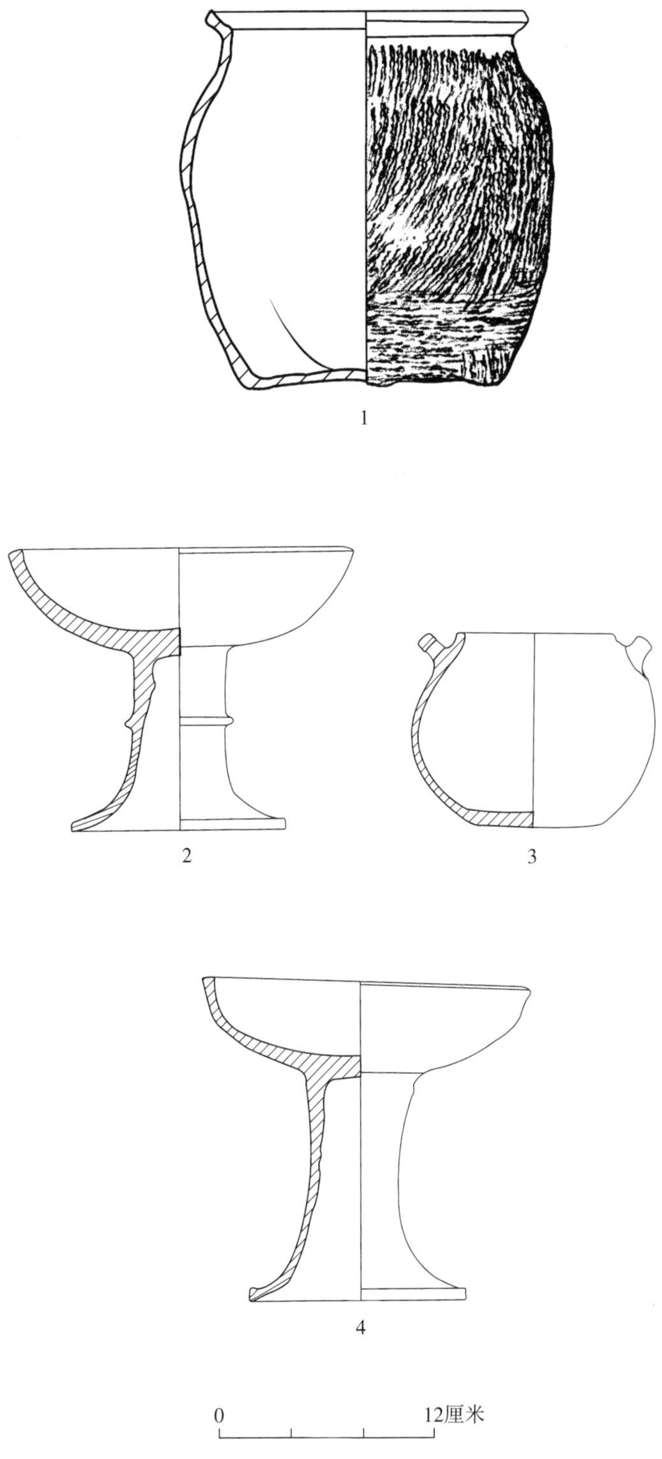

图 3-13　M300 出土器物

1. 陶鬲　2、4. 陶豆　3. 陶罐

2. 出土遗物

陶器

陶鬲 1件。

标本M300∶1，夹砂灰褐陶。侈口，折沿，方唇，束颈，鼓腹，下腹内收，裆部近平，足部消失。腹部饰绳纹。口径16、通高20厘米（图3-13，1；彩版二七，2）。

陶豆 2件。泥质灰陶。敞口，沿面外斜，喇叭形圈足。素面。

标本M300∶2，尖唇，下腹内收，柄中部饰一周凸棱。口径19、底径11.8、通高15厘米（图3-13，2；彩版二七，3）。

标本M300∶4，平沿，方唇。口径18.2、底径12、高17.2厘米（图3-13，4；彩版二七，4）。

陶罐 1件。

标本M300∶3，泥质灰陶。敛口，沿面外斜，方唇，弧肩，鼓腹，下部弧收，平底。素面，肩部饰桥形耳。口径8.6、底径6、通高10.4厘米（图3-13，3；彩版二七，5）。

（一一）M302

1. 墓葬形制

位于墓地中部，北面是M444，东面为M445，南面是M501。方向100°（图3-14；彩版二八，1）。

长方形土坑竖穴墓。墓口长2.8、宽1.6、深1.7米。墓壁斜直规整，下部内收。木棺长方形，已腐朽，仅残存板灰，长2.21、宽0.82、厚0.1米。墓内填黄褐色土，经夯打，土质较坚硬。填土中夹杂少量泥质灰陶片、料姜石。夯窝圆形，不规则排列，直径4～7、间距8～40、夯层厚15～20厘米。

人骨1具。头向东，面向右，仰身直肢。双手置于盆骨两侧。女性，年龄30～35岁。

随葬骨笄1件，位于墓主头骨下方。

2. 出土遗物

骨器

骨笄 1件。

标本M302∶1，长条形，两端残缺，制作精致，磨制光滑。残长20.3、直径0.6厘米（图3-14，1；彩版二八，2）

（一二）M326

1. 墓葬形制

位于墓地中部，东侧被M292打破，北面为M323，西南面是M298。方向110°（图3-15）。

长方形土坑竖穴墓。墓口残长2.5、宽1.7、深1.05米。墓壁垂直，底较平整。墓底四周有宽0.4米熟土二层台。木棺腐朽，仅发现灰痕，长1.6、宽0.9米。墓内填黄褐色花土，土质较硬。

人骨1具。头向东，面向不详，仰身直肢。双手并拢抚于腹部，下肢并拢，头、肩部缺失。男性，年龄45～55岁。

随葬陶器2件。陶鼎、陶豆各1件，均放在墓主下肢骨右侧。

2. 出土遗物

陶器

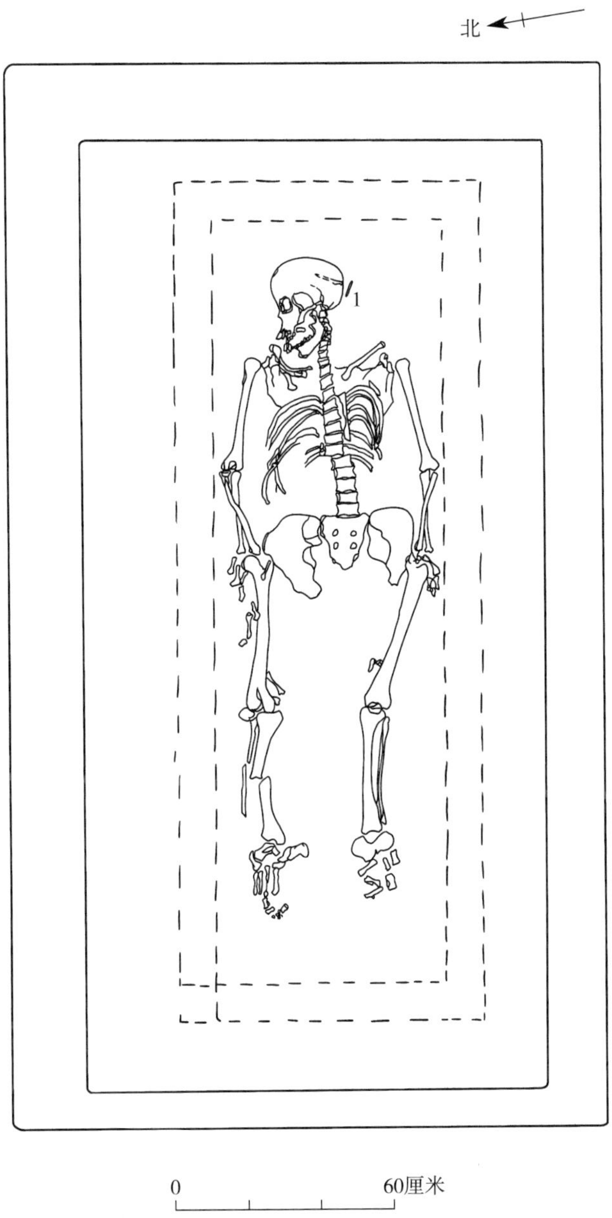

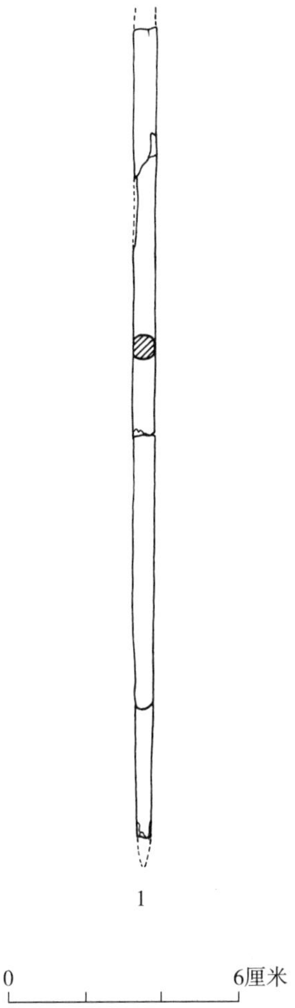

图 3-14　M302 及出土器物

1. 骨笄

陶鼎　1件。

标本 M326∶1，泥质灰陶。覆盘式盖，圈足形纽。鼎子母口，深腹，立耳，圜底，圆形柱足，下部似马蹄状。素面。口径 15、通高 20 厘米（图 3-15，1；彩版二八，3）。

陶豆　1件。

标本 M326∶2，泥质灰陶。覆盘式盖，喇叭形纽。豆子母口，深腹，圜底，细柄，喇叭形圈足。素面。口径 14.8、通高 26 厘米（图 3-15，2；彩版二八，4）。

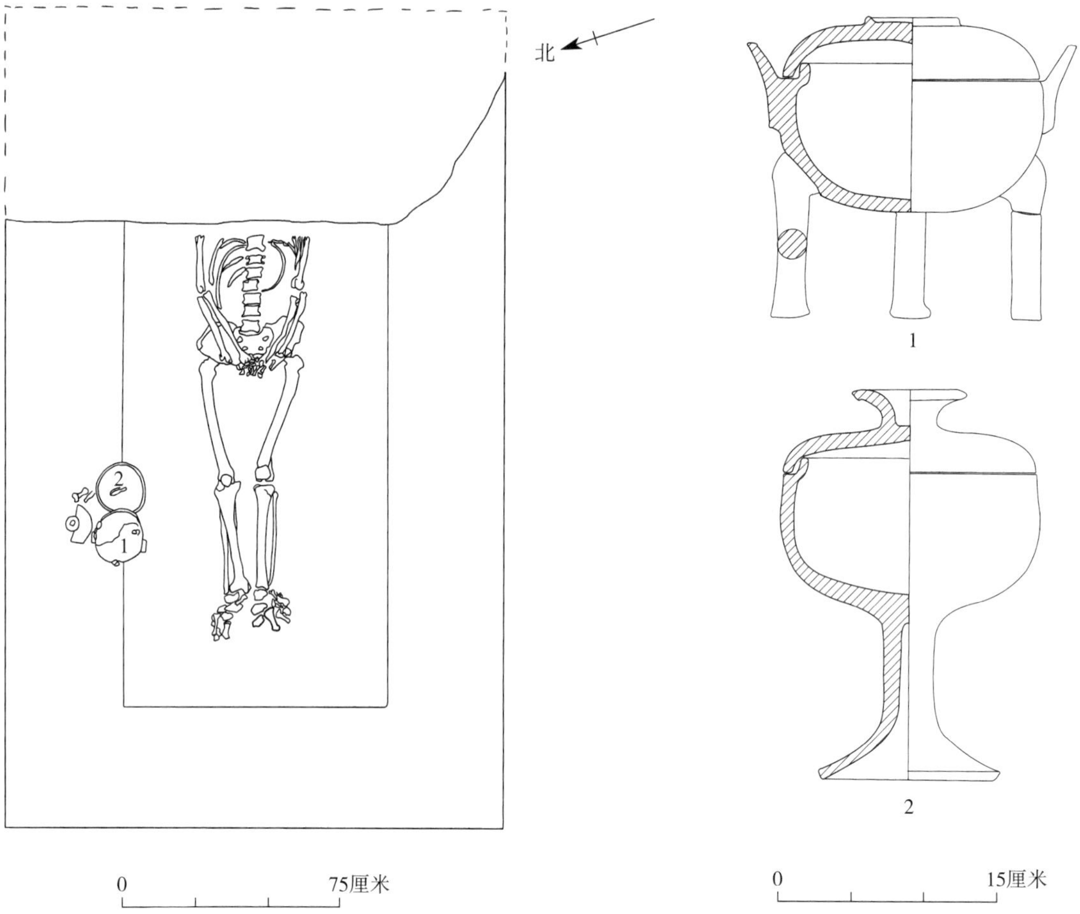

图 3-15　M326 及出土器物

1. 陶鼎　2. 陶豆

（一三）M334

1. 墓葬形制

位于墓地西北部，东北部 M340，东南为 M337，西南面是 M281。方向 105°（彩版二九，1）。

长方形土坑竖穴墓。墓口长 2.45、西端宽 0.82、东端宽 0.9、深约 0.3 米。墓壁垂直，规整光滑，未发现工具加工痕迹。墓内填黄褐色花土，土质较疏松。填土中发现 2 件骨贝饰。

人骨 1 具。仰身直肢。女性，年龄 35 ～ 45 岁。

随葬骨笄 1 件，放置于墓主头骨右侧。

2. 出土遗物

骨器

骨笄　1 件。

标本 M334 : 1，长条形，剖面圆形，两端齐平，磨制光滑。长 20.6、直径 0.6 厘米（图 3-16，1）。

骨贝饰　2 件。形制相同。均残。近似三角形。体扁薄。上面刻划一竖四～五横凹槽，另一侧素面。

标本 M334 : 01，一面刻划一竖五横凹槽。残长 4、宽 2.4 厘米（图 3-16，01）。

标本 M334 : 02，一面刻划一竖四横凹槽。残长 4、宽 2.4 厘米（图 3-16，02）。

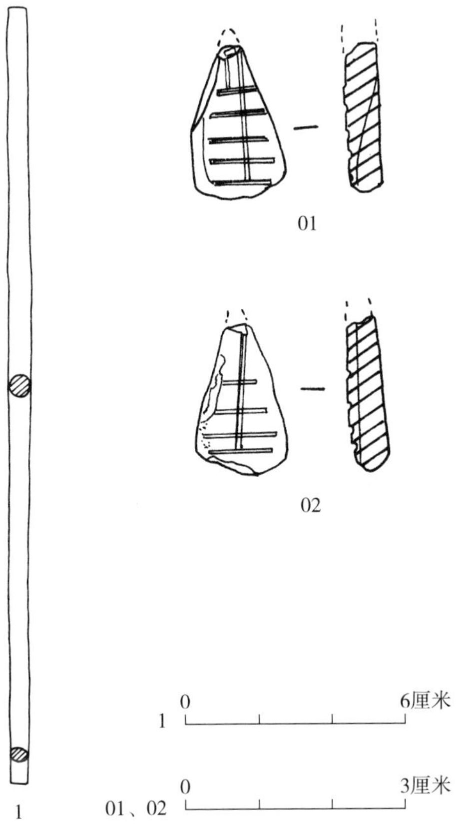

图 3-16　M334 出土器物
1. 骨笄　01、02. 骨贝饰

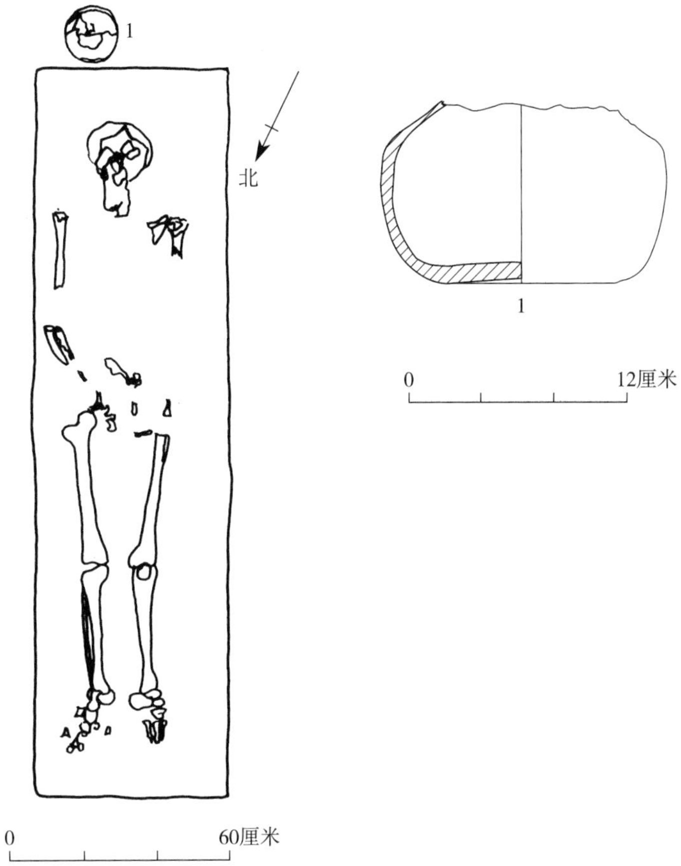

图 3-17　M390 及出土器物
1. 陶罐

（一四）M390

1. 墓葬形制

位于墓地中部，相邻 M318 西南侧，北面是 M389，东南为 M385。方向 155°（图 3-17）。

长方形土坑竖穴墓。墓口长 1.93、宽 0.52、深 0.15 米。墓壁光滑规整，底部较平整。墓内填黄褐色土，较疏松。包含夹砂褐陶碎片，少量炭屑及料姜石。

人骨 1 具。头向南，面向不详，仰身直肢。躯干骨及部分上肢骨无存。女性，成年个体。

随葬残陶罐 1 件，位于墓主头端生土二层台上。

2. 出土遗物

陶器

陶罐　1 件。

标本 M390 : 1，泥质黄褐陶。口部残。扁腹，平底。素面。底径 10、残高 9.6 厘米（图 3-17，1）。

（一五）M447

1. 墓葬形制

位于墓地中部，西南侧被汉代 M445 打破，东侧被 M446 打破，北面为 M448。方向 106°（图 3-18；

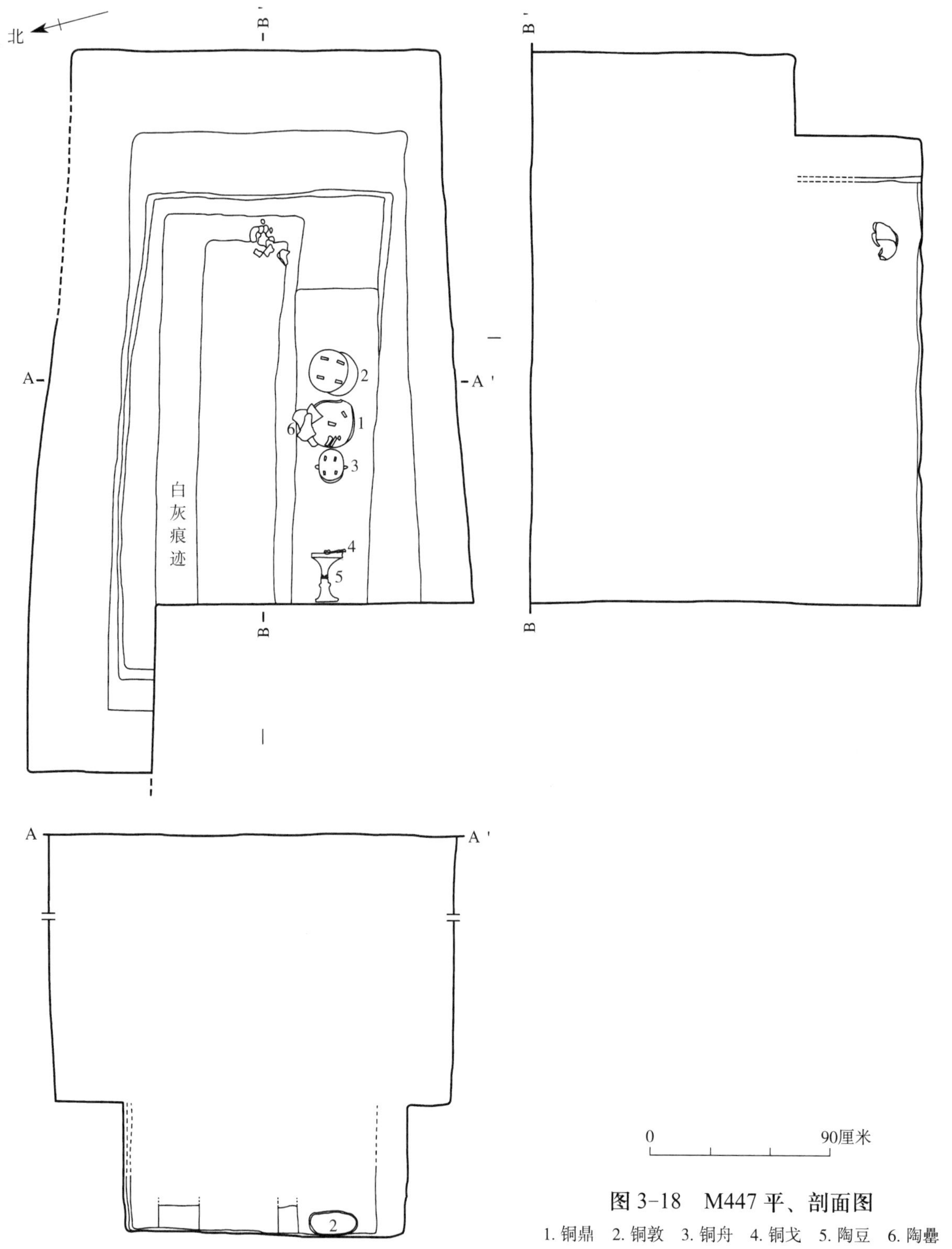

图 3-18 M447 平、剖面图

1. 铜鼎 2. 铜敦 3. 铜舟 4. 铜戈 5. 陶豆 6. 陶罍

彩版二九，2）。

长方形土坑竖穴墓。墓口长 3.5、宽 2.2、深 1.9 米。墓室长 2.79、宽 1.5、深 0.55 米。墓壁垂直，光滑规整。底部四周有生土二层台，宽 0.3、高 0.62～0.65 米。墓室南侧有器物箱，长 1.53、宽 0.35、深 0.3 米。木棺腐朽，仅见灰痕，长 2.2、宽 0.7 米。墓内填黄褐色五花土，土质较坚硬。

人骨1具。头向东，面向及葬式不详。仅残存部分头骨残渣。性别、年龄无法鉴定。

随葬器物6件。铜鼎、铜敦、铜舟、铜戈、陶豆、陶罍各1件，均放在器物箱内。

2. 出土遗物

（1）陶器

陶豆 1件。

标本M447∶5，泥质灰陶。侈口，圆唇，盘体下部斜内收，细高柄，喇叭状圈足。盘下部刻划有符号，柄部饰一周凸棱。口径17.5、底径11.5、通高21.6厘米（图3-19，5；彩版二九，3）。

陶罍 1件。

标本M447∶6，泥质黑皮陶。侈口，方唇，束颈，折肩，扁圆腹，下部弧内收，喇叭状圈足。柄部饰一周凸棱。口径15.5、底径15、通高25.5厘米（图3-19，6；彩版二九，4）。

（2）铜器

铜鼎 1件。

标本M447∶1，盖沿斜折，上部微凹，盖顶、沿内饰三个对应扁纽，中部一个半环纽，顶部边缘饰一周“回”形图案。鼎子母口，尖唇，体扁圆形，鼓腹，平底，足残缺。腹部饰2个对应长方形耳，腹部饰一周“回”形纹。口径22.4、底径12、通高12.5厘米（图3-20，1）。

铜敦 1件。

标本M447∶2，盖隆起，盖面分布四个对应环纽，盖沿平。敦折沿，束颈，鼓腹，平底。腹两侧分别饰环形纽。口径20.7、底径8、通高14厘米（图3-20，2；彩版三〇，1、2）。

铜舟 1件。

标本M447∶3，盖微隆，盖面均匀分布四个环形纽，盖沿下折，器作长椭圆形，盘口微侈，沿下微束，腹略鼓，平底。腹中部两侧分别安一个环形耳。口径15.5、通高10厘米（图3-20，3；彩版三〇，3、4）。

铜戈 1件。

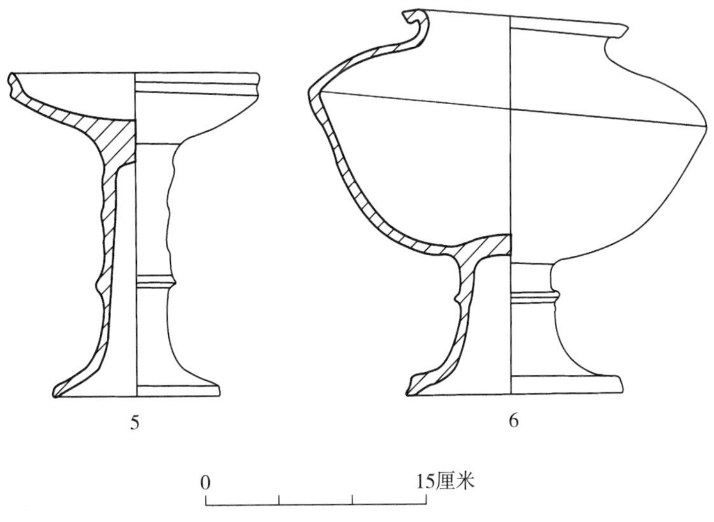

图3-19 M447出土器物

5. 陶豆 6. 陶罍

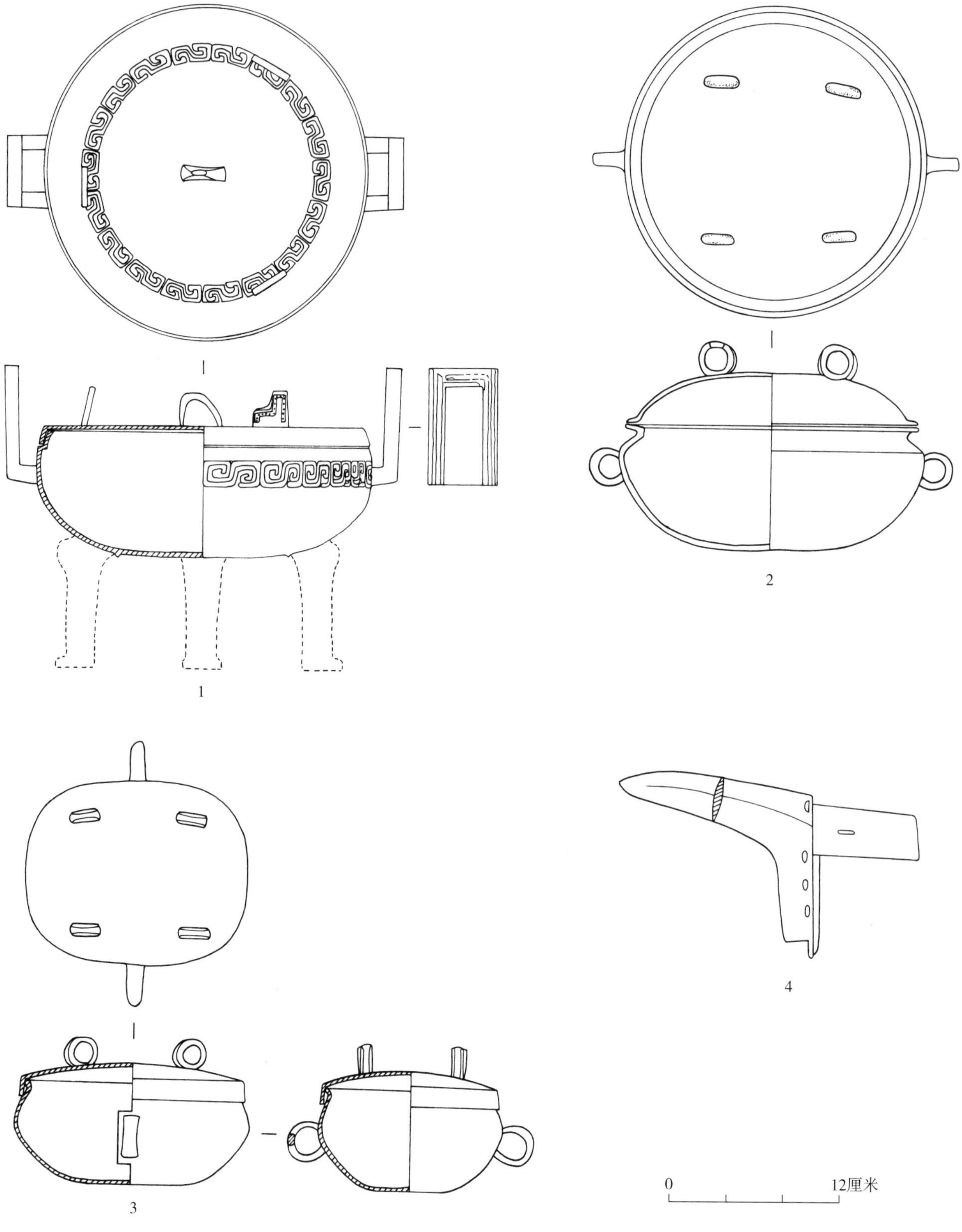

图3-20　M447出土器物

1. 铜鼎　2. 铜敦　3. 铜舟　4. 铜戈

标本 M447：4，援部较宽，略上扬，锋端弧刃三角形，尖锋，内呈长方形，内中部及胡部皆有长方形穿。长 21、宽 0.6 ～ 11.5、援长 13.4、胡长 11.5、内长 7.7 厘米（图 3-20，4；彩版三〇，5）。

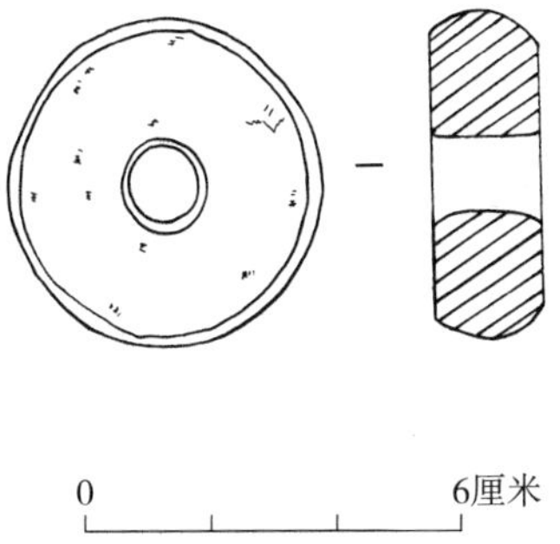

图 3-21　M891 出土陶纺轮 M891：1

（一六）M891

1. 墓葬形制

位于墓地东北部，北面是 M621，西南面为 M624，西北面是 M628。方向 103°。

长方形土坑竖穴墓。墓口长 2.1、宽 0.7、深 0.2 米。墓内填褐色黏土，较致密。

人骨 1 具。头向东，面向上，骨骼腐朽，葬式不详。性别、年龄无法鉴定。

随葬陶纺轮 1 件，置于墓主左胸部。

2. 出土遗物

陶器

陶纺轮　1 件。

标本 M891：1，泥质黑陶。圆形，中间鼓突，两面内凹，横断面圆形，中间有圆孔。素面，表面光滑。直径 5.1、孔径 1.2、厚 1.6 厘米（图 3-21）。

（一七）M897

1. 墓葬形制

位于墓地东北部，东北侧被 M920 打破，东面是 M893，南面是 M896。方向 95°（图 3-22；彩版三一，1）。

长方形土坑竖穴墓。墓口长 2.3、宽 0.8、深 0.75 米。墓室长 1.9、宽 0.5、高 0.15 米。东、南、

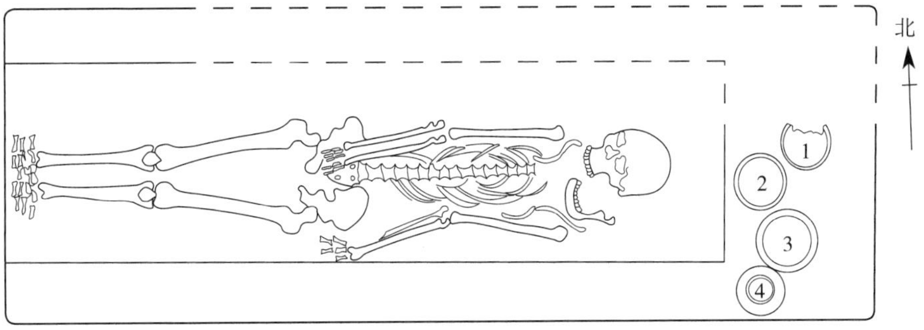

图 3-22　M897 平面图

1、2. 陶豆　3. 陶鬲　4. 陶罐

北壁有生土二层台，宽 0.15～0.4、高 0.15～0.25 米。墓内填黄褐色五花土，土质较致密。

人骨 1 具。头向东，面向上，仰身直肢双腿并拢。男性，年龄 40～50 岁。

随葬陶器 4 件（彩版三一，2）。陶豆 2 件，陶鬲、陶罐各 1 件，放置墓室东端二层台上。

2. 出土遗物

陶器

陶鬲　1 件。

标本 M897∶3，夹砂红褐陶。敞口，沿面外斜，尖唇，束颈，鼓腹，扁体。下腹内收，弧裆，乳状袋足。腹部饰绳纹。口径 16、通高 11.2 厘米（图 3-23，3；彩版三一，3）。

陶豆　2 件。泥质灰陶。敞口，方唇，盘斜内收，圜底，喇叭状圈足。素面。

标本 M897∶1，平沿。口径 15.2、底径 11、通高 12 厘米（图 3-23，1；彩版三一，4）。

标本 M897∶2，沿面略内斜。口径 15、底径 10.2、高 10.5 厘米（图 3-23，2；彩版三一，5）。

陶罐　1 件。

标本 M897∶4，泥质灰陶。侈口，卷沿，方唇，折肩，鼓腹，平底内凹。素面。口径 9.2、通高 10.2 厘米（图 3-23，4；彩版三一，6）。

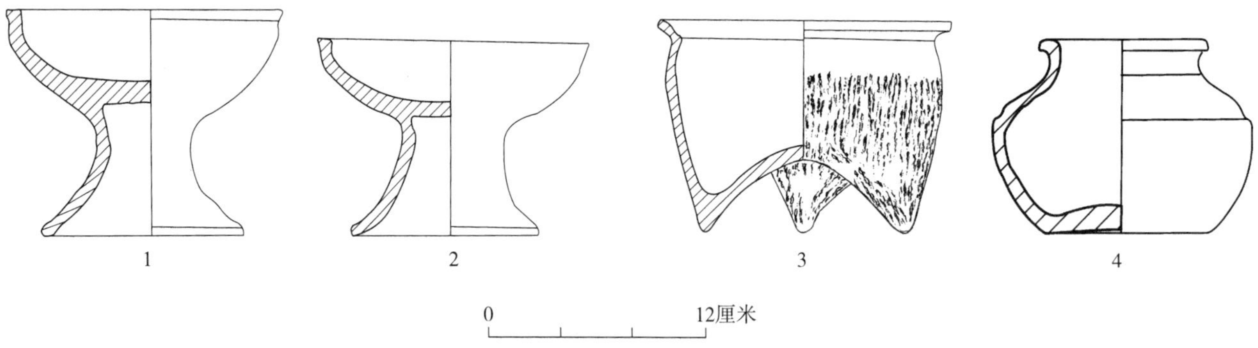

图 3-23　M897 出土器物

1、2. 陶豆　3. 陶鬲　4. 陶罐

（一八）M919

1. 墓葬形制

位于墓地东北部，东面为 M896，西南面是 M723。方向 100°（图 3-24；彩版三二，1）。

长方形土坑竖穴墓。墓口长 2.2、宽 0.9、深 0.65 米。墓室长 1.95、宽 0.5、高 0.15 米。墓室四周有生土二层台，宽 0.1～0.22、高 0.15～0.2 米。墓内填黄褐色五花土，较疏松。

人骨 1 具。头向东，面向上，仰身直肢。疑似男性，年龄 40～50 岁。

随葬陶器 2 件（彩版三二，2）。陶豆、陶罐各 1 件，位于墓底二层台东北处。

2. 出土遗物

陶器

陶豆　1 件。

标本 M919∶1，泥质灰陶。敞口，平沿，尖唇，盘体下收，喇叭状圈足。柄部一周凸棱纹。口

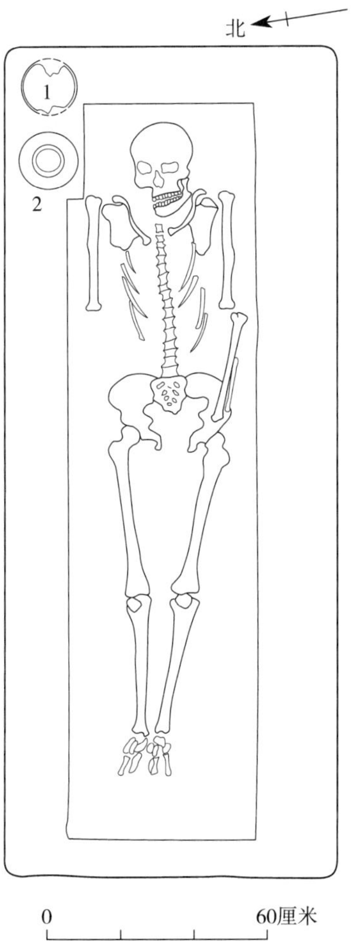

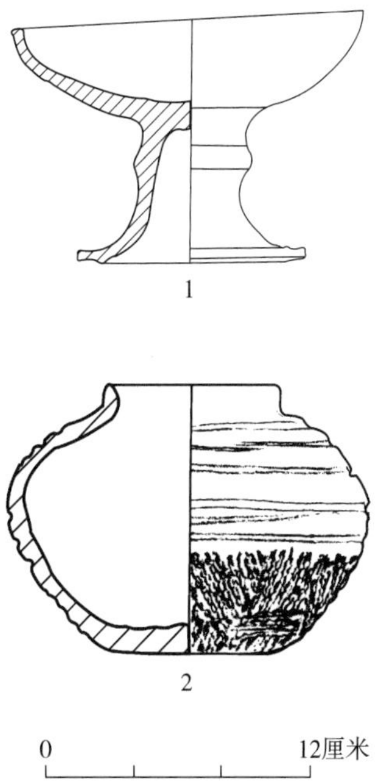

图 3-24　M919 及出土器物

1. 陶豆　2. 陶罐

径 16、底径 10.2、通高 11 厘米（图 3-24，1；彩版三二，3）。

陶罐　1 件。

标本 M919 : 2，夹砂灰陶。小口，圆唇，束颈，弧肩，鼓腹，下部弧收，小平底。肩与腹部分别饰三周弦纹，下腹饰绳纹。口径 8、底径 7、通高 11.6 厘米（图 3-24，2；彩版三二，4）。

（一九）M926

1. 墓葬形制

位于墓地东北部，北距 M868 仅 0.1 米，东面是 M866。方向 100°（图 3-25；彩版三三，1）。

长方形土坑竖穴墓。墓口长 2.2、宽 0.72、深 0.96 米。墓内填黄褐色五花土，未经加工，土质较疏松。内含陶片、料姜石。

人骨 1 具。头向东，面向上。双手放置于骨盆上部，下肢直肢。男性，年龄 45 ～ 55 岁。

随葬陶器 4 件（彩版三三，2）。陶罐、陶簋各 1 件，陶豆 2 件，均放置于墓底东端生土二层土台上。

2. 出土遗物

陶器

陶簋　1 件。

标本 M926 : 1，泥质灰陶。大侈口，沿面外斜，尖唇，体弧收，喇叭状柄座。口沿下饰一周绳纹。

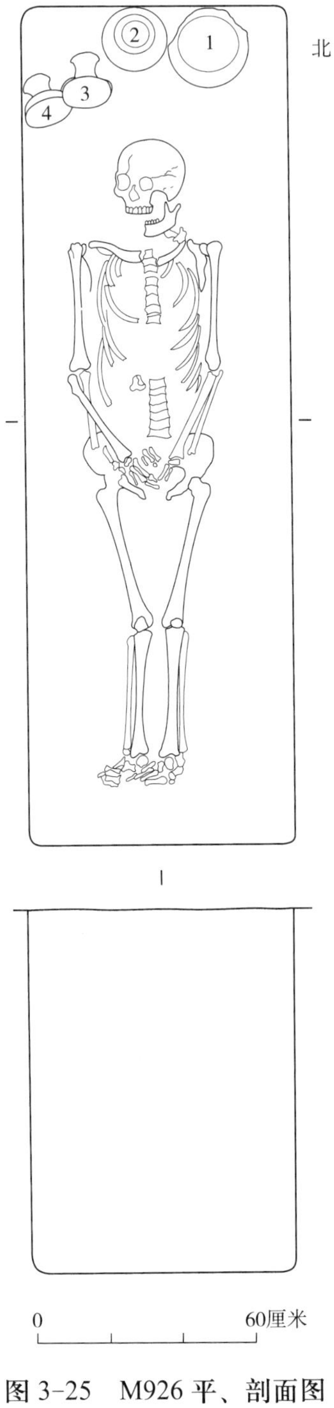

图 3-25　M926 平、剖面图

1. 陶簋　2. 陶罐　3、4. 陶豆

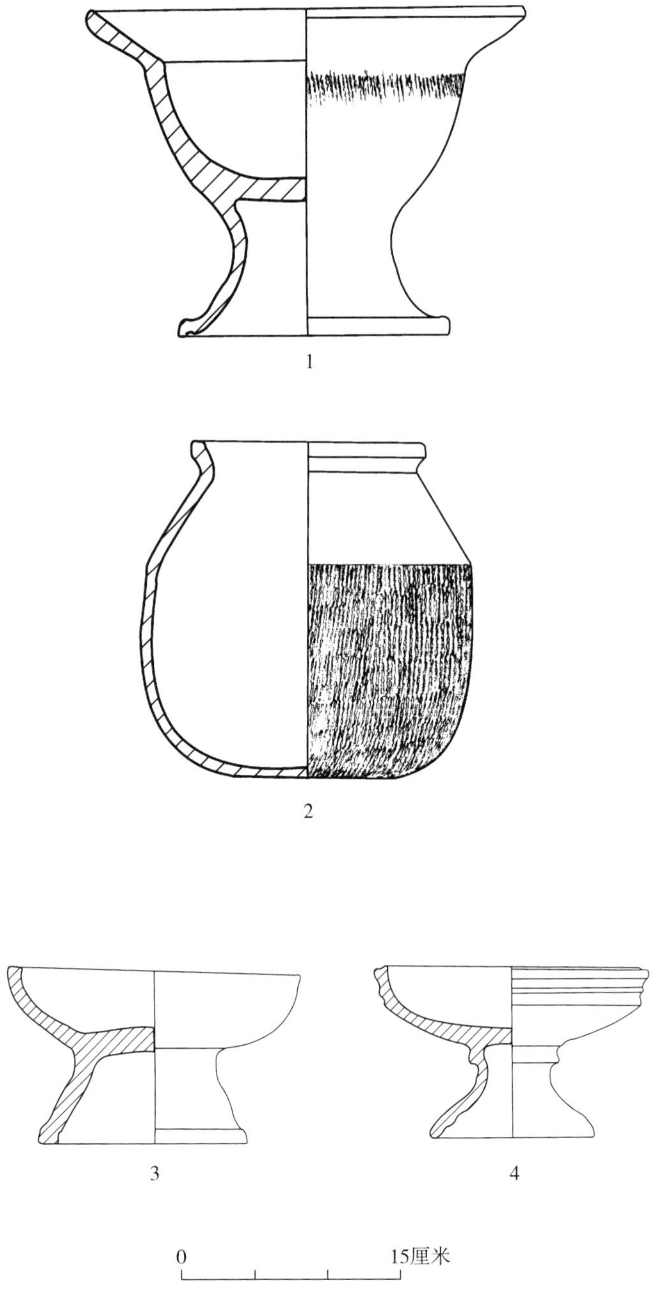

图 3-26　M926 出土器物

1. 陶簋　2. 陶罐　3、4. 陶豆

口径 24、底径 14.8、高 17.4 厘米（图 3-26，1；彩版三三，3）。

陶豆　2 件。泥质灰陶。敞口，下腹内收，喇叭形圈足。素面。

标本 M926 : 3，平沿，方唇，底部微凸。口径 16、底径 11.2、高 9.6 厘米（图 3-26，3；彩版三三，4）。

标本 M926 : 4，沿面外斜，尖唇，底近平。口沿外侧及柄部一周凸棱。口径 15、底径 9、高 9.2

厘米（图 3-26，4；彩版三三，5）。

陶罐　1 件。

标本 M926∶2，泥质灰陶。侈口，平沿，折肩，腹微鼓，平底。下腹及底部饰绳纹。口径 12.6、底径 9、通高 17.8 厘米（图 3-26，2；彩版三三，6）。

（二〇）M933

1. 墓葬形制

位于墓地东北部，南端被 M899 打破，北面是 M898，东面是 M924。方向 5°（图 3-27；彩版三四，1）。

长方形土坑竖穴墓。墓口残长 2.3、宽 1.5、深 1.48 米。直壁规整，底部打破生土层。东、西、北壁距墓口 1.1 米有生土二层台，东、西各宽 0.35、北宽 0.2 米。墓内填黄褐色五花土，土质较疏松，内夹少量料姜石。

人骨 1 具。头向北，面向上，仰身直肢。男性，年龄 45 岁左右。

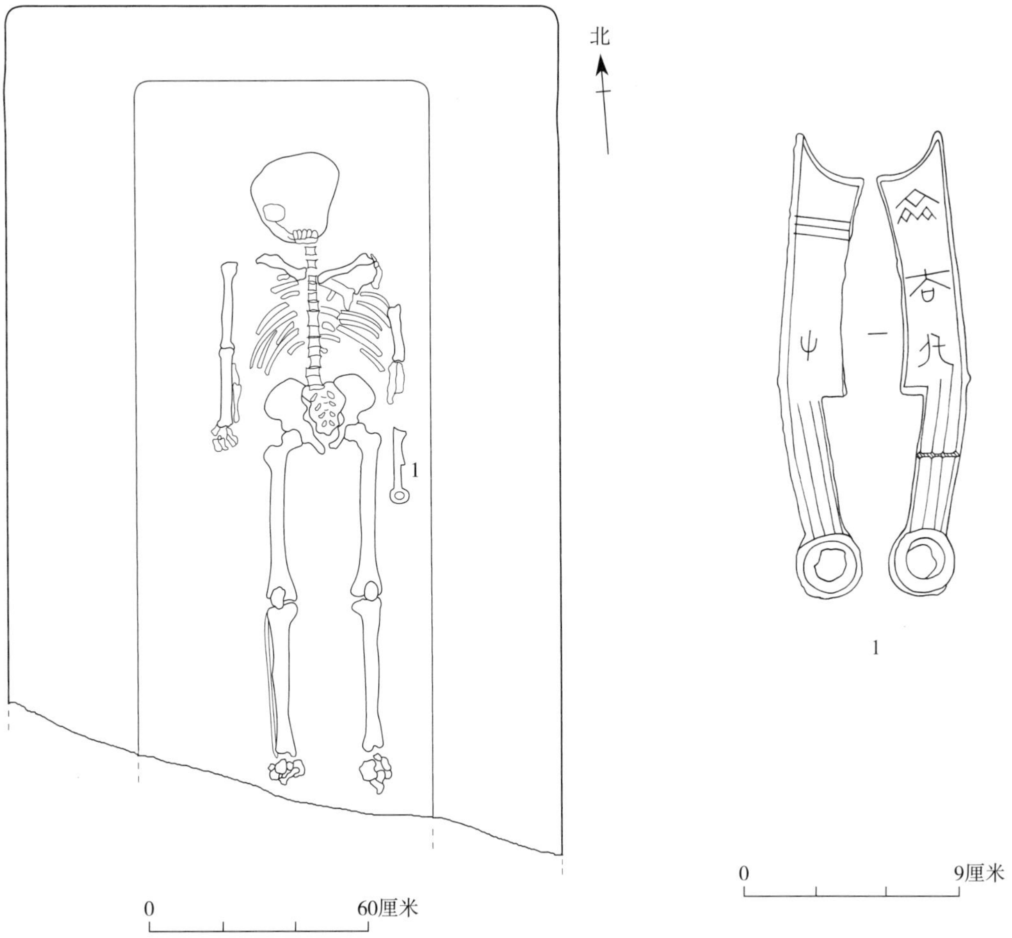

图 3-27　M933 及出土器物

1. 铜刀币

随葬铜刀币1枚，放置在墓主左手骨处。

2. 出土遗物

铜器

铜刀币　1枚。

标本M933∶1，尖首，弧背，凹刃，刀的末端有环首。面外郭高耸，柄处不断。钱文篆书“齐法化”，笔画纤细，字浅。背郭较低，上部三横，下部有一饰纹，柄两竖。圆环直径2.6、柄宽1.66、刀身长8.7～10、通长18.6、厚0.29厘米（图3-27，1；彩版三四，2、3）。

（二一）M959

1. 墓葬形制

位于墓地西北部，被现代墓打破，东北面为M955。方向108°（图3-28）。

长方形土坑竖穴墓。墓口长2.25、宽1.1、深0.5米。壁面规整，底部打破生土层。墓底0.1米处有生土二层台，东、南、北宽0.25、西宽0.2米。

人骨1具。头向东，面向南。葬式不明。保存较差，仅存头骨和部分上肢等残骸，下肢等被现代墓破坏。保存较差，性别无法鉴定，中年个体。

随葬陶器3件。陶罐、陶鬲各1件，置于南侧二层台东侧。陶纺轮1件放在墓主头骨右侧。

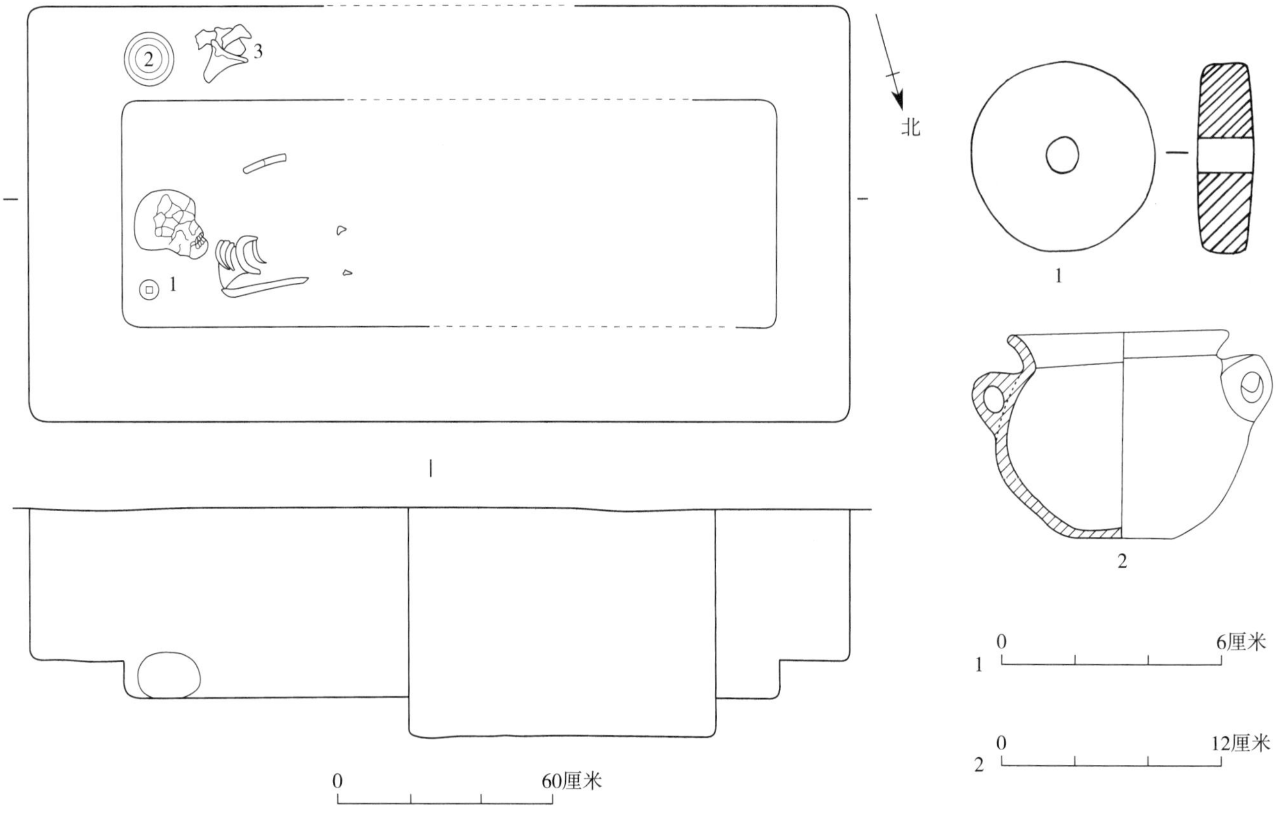

图3-28　M959及出土器物

1. 陶纺轮　2. 陶罐　3. 陶鬲

2. 出土遗物

陶器

陶鬲　1 件。

标本 M959∶3，泥质红褐陶。折沿，方唇，鼓腹，弧裆，乳状袋足。素面。未能复原。

陶罐　1 件。

标本 M959∶2，泥质灰陶。侈口，折沿，沿面内斜，尖唇，束颈，鼓腹，下部弧收，小平底。肩部饰一对环形耳，素面。口径 11.2、底径 5.6、高 11 厘米（图 3-28，2）。

陶纺轮　1 件。

标本 M959∶1，泥质褐陶。扁圆形，中间圆形孔，两面微鼓。素面。直径 5.1、孔径 0.9、厚 1.2 ～ 1.6 厘米（图 3-28，1）。

（二二）M960

墓葬形制

位于墓地西北部，被 H313 和 H314 打破，西北面是 M961，东南面是 M962。方向 100°（图 3-29）。

长方形土坑竖穴墓。墓口残长 1.45、宽 0.75、深 0.4 米。直壁规整，底部打破生土层。墓内填黄褐色花土，土质较疏松。

人骨 1 具。头向东，面向上，仰身直肢。男性，年龄 40 左右。

随葬器物无。

（二三）M961

1. 墓葬形制

位于墓地西北部，被一条现代沟打破，东面为 M343，东南面是 M960。方向 120°（图 3-30；彩版三四，4）。

长方形土坑竖穴墓。墓口长 2.19、宽 0.95、深 0.35 米。直壁规整，底部打破生土层。西壁距墓底 0.17 米处有生土二层台，宽 0.2 米。墓内填黄褐色五花土，土质较疏松。

人骨 1 具。头向东，面向上，仰身直肢葬，双手相连放于腹部。保存极差，性别无法鉴定，成年个体。

随葬器物 2 件。陶豆 1 件，放在北端二层台东部。骨器 1 件，位于墓主头骨顶端。右股骨中段发现少量小型哺乳动物脊椎骨。

2. 出土遗物

（1）陶器

陶豆　1 件。

标本 M961∶2，泥质灰陶。敞口，沿面外斜，方唇，

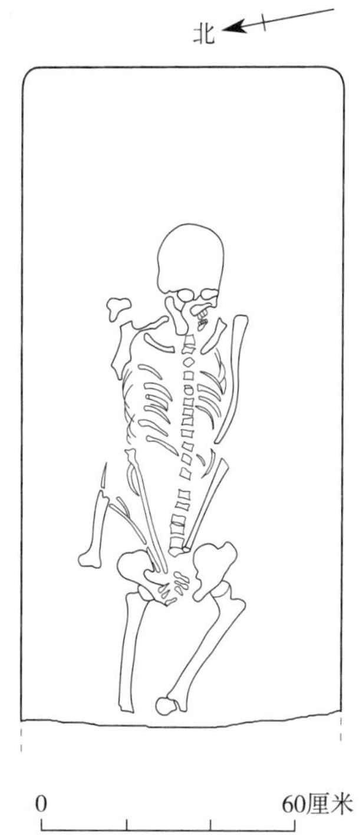

图 3-29　M960 平面图

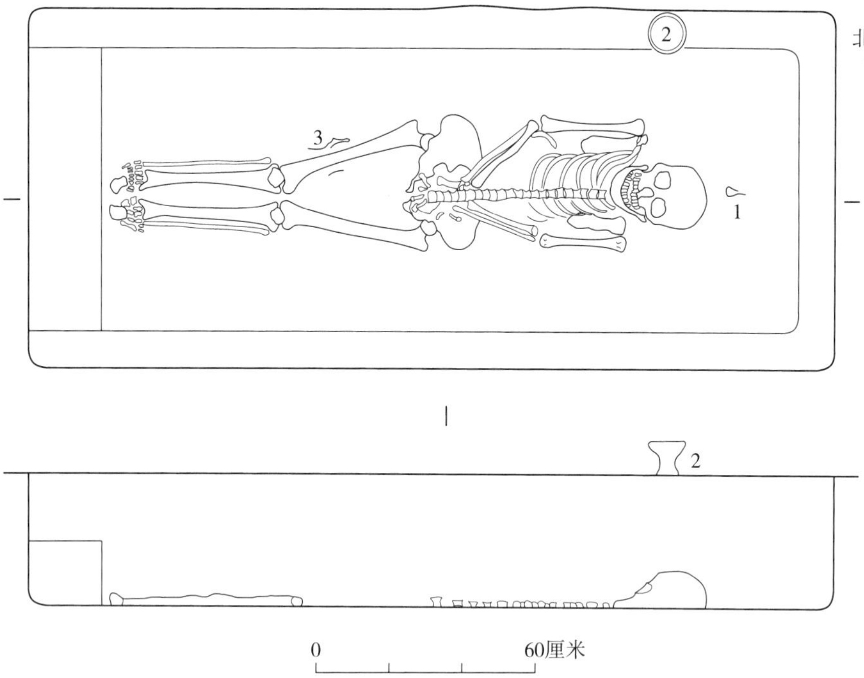

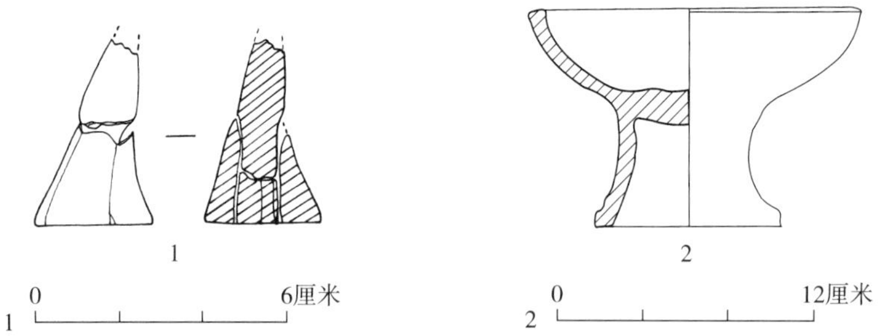

图 3-30　M961 及出土器物

1. 骨器　2. 陶豆　3. 兽骨

下部内收，喇叭状圈足。素面。口径 15.6、残高 10 厘米（图 3-30，2；彩版三四，5）。

（2）骨器

骨锥形器　1 件。

标本 M961 : 1，平顶，圆锥形，由外壳和内芯组成，中空，内芯插入两段，下部残缺。表面光滑，有刮削痕。底径 2.8、高 4.2 厘米（图 3-30，1；彩版三四，6）。

（二四）M962

1. 墓葬形制

位于墓地西北部，大部在探方外，被 H316 打破，西北面是 M960，西南面为 M74。方向 105°（图 3-31）。

长方形土坑竖穴墓。墓口长 2.1、宽 1.1、深 0.65 米。直壁规整，底部打破生土层。东、南、北

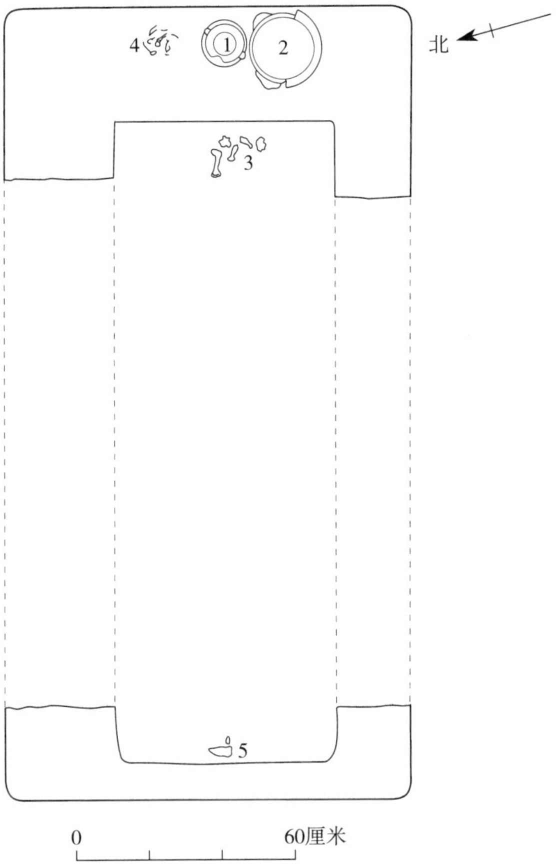

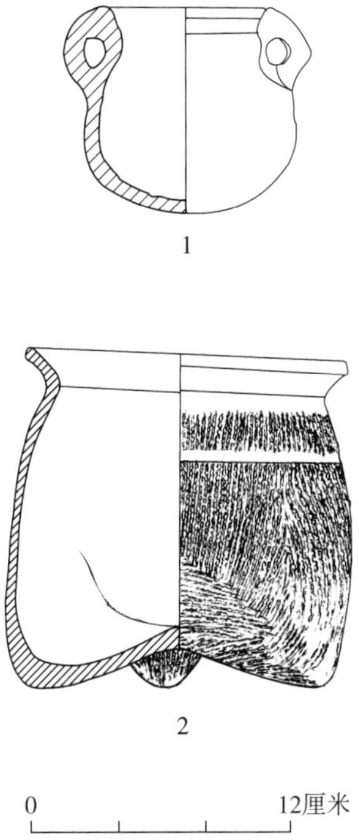

图 3-31　M962 及出土器物

1. 陶罐　2. 陶鬲　3. 人骨　4、5. 动物骨骼

各有生土二层台，高 0.15 ～ 0.25、宽 0.3、南宽 0.2 ～ 0.3 米。墓内填黄褐色花土，土质较疏松。

人骨 1 具。头向东，仅存部分头骨残骸。性别、年龄无法鉴定。

随葬陶器 2 件（彩版三五，1）。陶罐、陶鬲各 1 件，放于东端二层台上。陶罐右侧和墓底西端中部发现完整乳猪和狗下颌骨。

2. 出土遗物

陶器

陶鬲　1 件。

标本 M962 : 2，泥质红褐陶。敞口，折沿，尖唇，沿面外弧，束颈，鼓腹，下部向外斜，袋足。上腹抹制一周凹弦纹，腹及足部饰绳纹。口径 14.8、通高 15.2 厘米（图 3-31，2；彩版三五，2）。

陶罐　1 件。

标本 M962 : 1，泥质灰陶。侈口，斜沿，尖唇，束颈，弧肩，鼓腹，下部弧收，圜底。口沿外侧饰一对环形耳，素面。口径 7.2、底径 2、通高 9.2 厘米（图 3-31，1；彩版三五，3）。

（二五）M963

1. 墓葬形制

位于墓地西北部最西侧，极少部分伸入东隔梁，东面是 M956、M957 和 M955 等。方向 102°（图 3-32；彩版三五，4）。

长方形土坑竖穴墓。墓口长2.2、宽0.7、深0.72米。直壁规整，底部打破生土层。墓底有生土二层台，宽0.56米。木棺已腐朽，仅见灰痕，长1.6、宽0.5米。内填黄褐色花土，夹少量料姜石和灰陶片。

人骨1具。头向东，面向上，仰身直肢。女性，年龄50～60岁。

随葬器物6件（彩版三五，5）。陶豆3件，陶鬲、陶罐、陶纺轮各1件，均放置在墓内东端二层台上面。

2. 出土遗物

陶器

陶鬲 1件。

标本M963∶2，泥质灰陶。敞口，折沿，沿面内凹，圆唇，束颈，深腹，袋足。腹部饰绳纹，中腹抹制一周凹弦纹。口径16.2、通高17厘米（图3-33，2；彩版三六，1）。

陶豆 3件。均泥质陶。形制基本相同，敞口，圆唇，柄部饰一周凸棱，喇叭状圈足。素面。

标本M963∶1，灰陶。平沿。口径16.8、底径11.5、通高13厘米（图3-33，1；彩版三六，2）。

标本M963∶3，灰陶。口沿内斜。口径17.5、底径10.5、通高10.3厘米（图3-33，3；彩版三六，3）。

标本M963∶4，红褐黑皮陶。口沿微凹。口径16、底径11.8、通高12.4厘米（图3-33，4；彩版三六，4）。

陶罐 1件。

标本M963∶5，泥质黄褐陶。敞口，口沿凹，圆唇，束颈，鼓腹，平底微凹。口沿外侧饰一对环形耳，肩部饰两周凹弦纹。口径13.5、底径8、通高15.4厘米（图3-33，5；彩版三六，5）。

陶纺轮 1件。

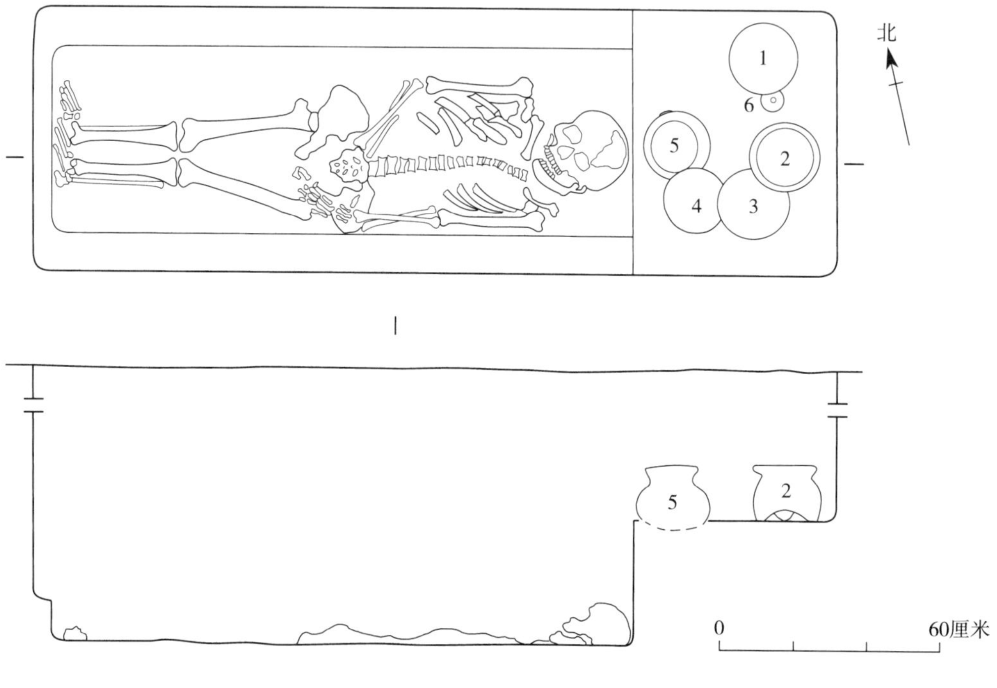

图3-32 M963平、剖面图

1、3、4. 陶豆 2. 陶鬲 5. 陶罐 6. 陶纺轮

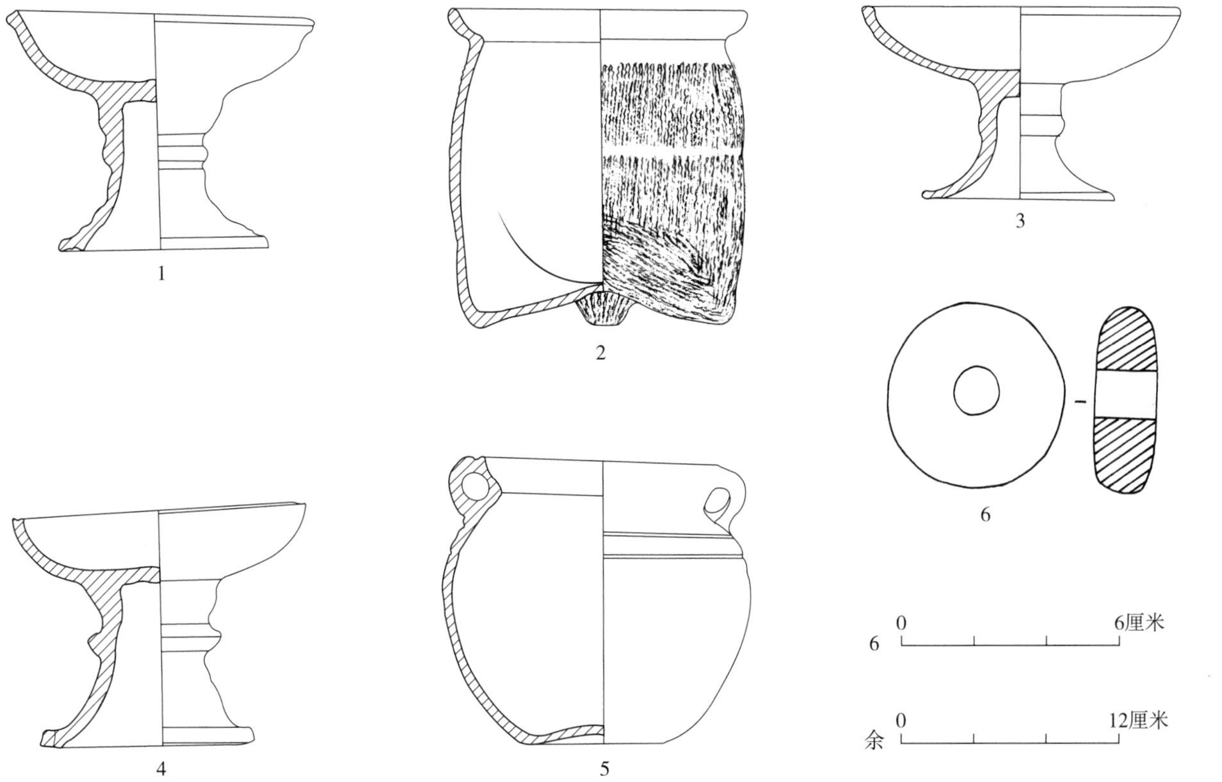

图 3-33 M963 出土器物

1、3、4. 陶豆 2. 陶鬲 5. 陶罐 6. 陶纺轮

标本 M963：6，泥质灰褐陶。扁圆形，中间有孔，外缘圆弧。素面。口径 4.9、孔径 1.2、厚 1.7 厘米（图 3-33，6；彩版三六，6）。

（二六）M964

墓葬形制

位于墓地西北部，被 H305 打破，东南面为 M961，西南面是 M70。方向 100°（图 3-34）。

长方形土坑竖穴墓。长 1.80、宽 0.61、深 0.10 米。墓内填黄褐色花土，土质较致密。

人骨 1 具。仰身直肢，面向上，双手抚于盆骨处，下肢被破坏。人骨未鉴定，性别、年龄不详。

随葬器物无。

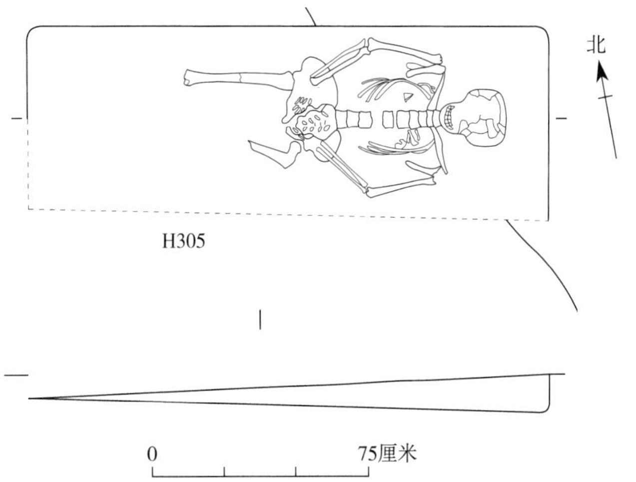

图 3-34 M964 平、剖面图

第三节　分期与年代

这批墓葬出土陶器48件。主要有陶鬲、陶豆、陶罐、陶簋、陶罍、陶鼎及陶纺轮等，由于陶器特点不同，需要进行类型分析，大致归类如下（图3-35；表3-1）。

陶鬲　8件。分为两型。

A型　4件。素面。分两亚型。

Aa型　1件。泥质灰陶。敞口，折沿，束颈，鼓腹，平裆，实足。腹上部饰3个附加纽饰。标本M6∶1。

Ab型　3件。分两式。

Ⅰ式　1件。胖体。夹砂红褐陶。敞口，折沿，束颈，鼓腹，弧裆，乳状袋足。标本M182∶1。

Ⅱ式　2件。体形瘦高。夹砂深褐陶。敞口，折沿，束颈，鼓腹，弧裆，乳状足。标本M149∶2。

B型　4件。绳纹。分两亚型。

Ba型　1件。扁体。夹砂红褐陶。敞口，折沿，束颈，鼓腹，弧裆。锥状足。标本M897∶3。

Bb型　3件。分三式。

Ⅰ式　1件。泥质红褐陶。敞口，折沿，沿面外弧，束颈，鼓腹，袋足。足部外撇。标本M962∶2。

Ⅱ式　1件。侈口，折沿，沿面内凹，深腹，壁近直，联裆，袋足。标本M963∶2。

Ⅲ式　1件。夹砂灰褐陶。侈口，方唇，束颈，体收，底近平，足部基本退化。标本M300∶1。

陶豆　19件。分两型。

表3-1　周代典型陶器型式表

时代	鬲				豆	
	A		B		A	B
	a	b	a	b		
西周中期偏晚	√	Ⅰ Ⅱ	√		Ⅰ Ⅱ	
西周晚期				Ⅰ Ⅱ	Ⅲ	
春秋时期				Ⅲ	Ⅳ Ⅴ	
战国时期						√

注：“√”表示存在，未分型式。

A型　18件。分五式。

Ⅰ式　5件。夹砂灰陶。敞口，斜壁，盘体内收，圜底，喇叭状圈足。柄部一周凸棱，素面。标本M182∶2。

Ⅱ式　6件。泥质灰陶。平沿内凹，尖唇，喇叭形圈足。壁外侧两周凹槽，柄部一周凸棱。标本M926∶4。

Ⅲ式　4件。泥质灰陶。敞口，平沿，弧壁内收，喇叭状圈足。柄部一周凸棱。标本919∶1。

Ⅳ式　2件。泥质灰陶。敞口，沿面外斜，弧壁，喇叭形圈足。柄部一周凸棱。标本M300∶2。

Ⅴ式　1件。泥质灰陶。侈口，圆唇，浅盘盘体斜内收，盘下刻有符号，细高柄，喇叭状圈足。柄部一周凸棱。标本M447∶5。

B型　1件。

标本M326∶2，泥质灰陶。覆盘式盖，喇叭形纽。子母口，深腹，圜底，细柄，喇叭形圈足。

陶罐　13件（复原11件）。分两型。3件不能归入者列其他罐。

A型　4件。腹饰绳纹。分两亚型。

Aa型　1件。泥质灰陶。侈口，平沿，折肩，腹微鼓，下部内收，平底。标本M926∶2。

Ab型　3件。分三式。

Ⅰ式　1件。夹砂灰褐陶。侈口，斜沿，束颈，圆球腹，下部弧收，圜底。标本M182∶3。

Ⅱ式　1件。泥质灰陶。侈口，折沿，束颈，鼓腹，底微凹。标本M6∶3。

Ⅲ式　1件。泥质灰陶。侈口，折沿，束颈，折肩，最大径居肩部。下腹斜内收，平底内凹。标本M149∶1。

B型　4件。双耳。均泥质陶，素面。分两亚型。

Ba型　3件。分三式。

罐				簋	罍	鼎
A		B				
a	b	a	b			
✓	Ⅰ Ⅱ Ⅲ	Ⅰ		✓		
		Ⅱ Ⅲ				
			✓		✓	
						✓

时代	鬲				豆	
	A		B		A	B
	a	b	a	b		
西周中期偏晚	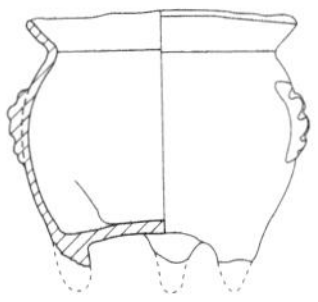 √ M6：1	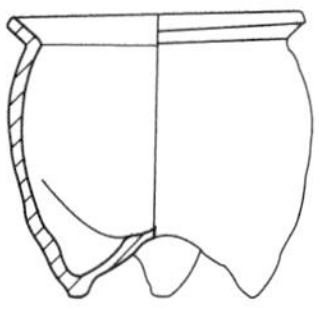 Ⅰ式 M182：1 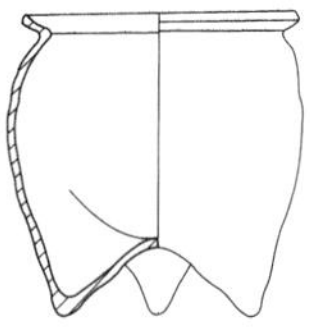 Ⅱ式 M149：2	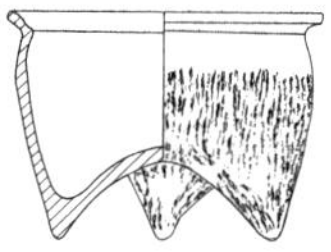 √ M897：3		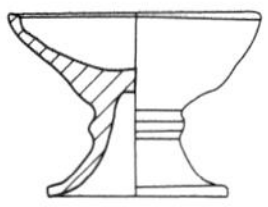 Ⅰ式 M182：2 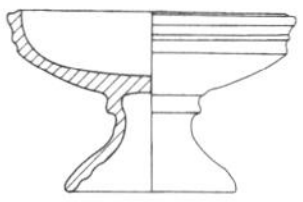 Ⅱ式 M926：4	
西周晚期				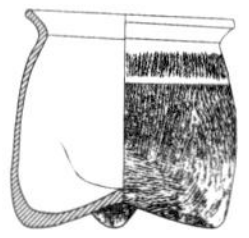 Ⅰ式 M962：2 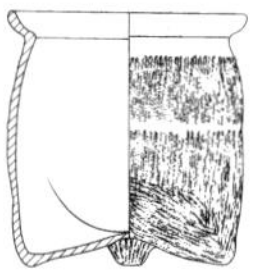 Ⅱ式 M963：2	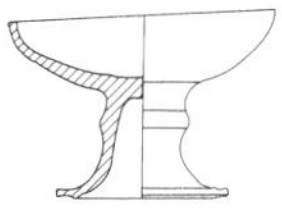 Ⅲ式 M919：1	
春秋时期				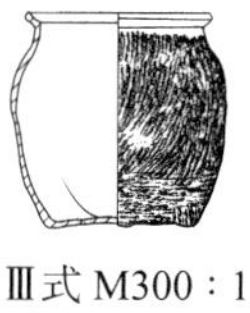 Ⅲ式 M300：1	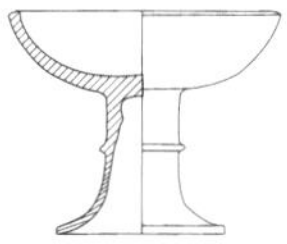 Ⅳ M300：2 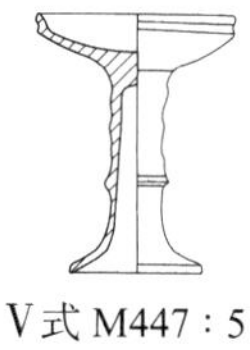 Ⅴ式 M447：5	
战国时期						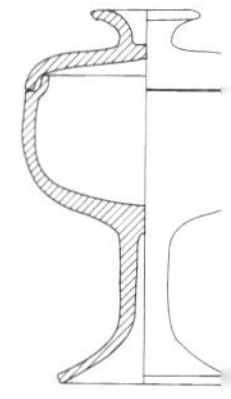 √ M326：2

图3-35　周代典型陶器分期图

注：“√”表示存在，未分型式。

罐				簋	罍	鼎
A		B				
a	b	a	b			
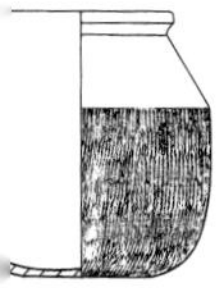 ✓ M926：2	 Ⅰ式 M182：3 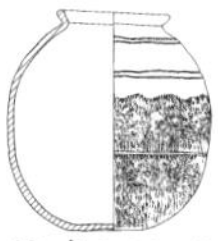 Ⅱ式 M6：3 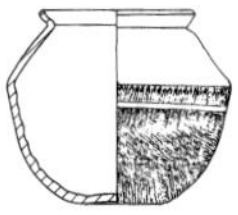 Ⅲ式 M149：1	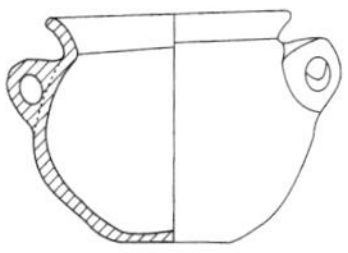 Ⅰ式 M959：2		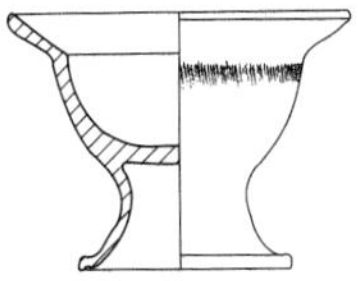 ✓ M926：1		
		 Ⅱ式 M963：5 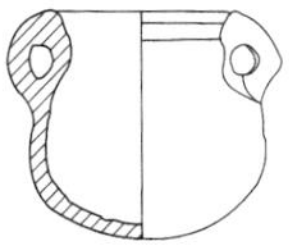 Ⅲ式 M962：1				
			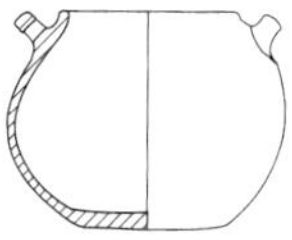 ✓ M300：3		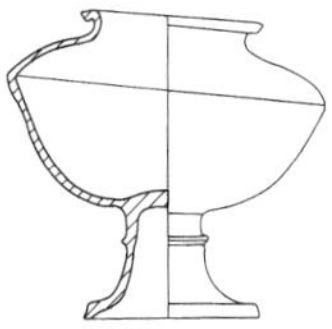 ✓ M447：6	
						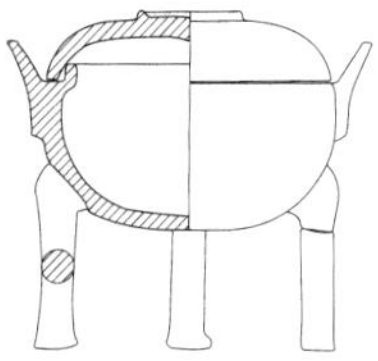 ✓ M326：1

Ⅰ式 1件。灰陶。侈口，斜折沿，束颈，弧肩，鼓腹，下收为小平底。上腹安环形耳，素面。标本M959：2。

Ⅱ式 1件。黄褐陶。双耳。侈口，折沿，束颈，鼓腹，平底内凹。口沿外侧安对称环形耳。标本M963：5。

Ⅲ式 1件。灰陶。侈口，斜沿，圆形腹，下部弧收，圜底。口沿外侧安对称环型耳。标本M962：1。

Bb型 1件。灰陶。敛口，沿面外斜，弧肩，鼓腹，下部弧收，平底。口沿外侧安对称桥形耳。标本M300：3。

根据陶器器形变化，对比其他地区出土有关资料，将这批陶器大致划分为4个阶段（图3-35；表3-1），同时结合陶器组合，将周代墓葬分为四期。

第1期，主要有M6、M59、M74、M149、M182、M897、M926、M959、M961。Aa型、Ab型Ⅰ、Ⅱ式、Ba型鬲；A型Ⅰ式、Ⅱ式豆；Aa型、Ab型Ⅰ～Ⅲ式、Ba型Ⅰ式罐及簋等。西周中期偏晚阶段。

第2期，墓葬数量有所减少。主要有M919、M962、M963。Bb型Ⅰ、Ⅱ式鬲；A型Ⅲ式豆；Ba型Ⅱ、Ⅲ式罐。西周晚期阶段。

第3期，仅有2座墓葬。M300和M447。Bb型Ⅲ式鬲；A型Ⅳ、Ⅴ式豆；Bb型罐、罍等。可以归于春秋时期。

第4期，亦有M326和M933。墓葬数量和陶器种类明显减少。仅见B型豆、鼎以及齐法化刀币等。大致属于战国时期。

在26座周代墓葬中，参加分期的墓葬仅有16座，另外10座墓葬，没有发现可以断代的典型器物，如M145出土陶纺轮和骨笄，M209、M302、M334仅见骨笄。M190、M390、M891则为残陶罐和陶纺轮。而M960和M964虽未见随葬器物，但均被周代灰坑所打破。M21为多人乱葬墓，亦无随葬品，仅在第3层人骨周围发现2块周代素面陶鬲残片。上述几座墓葬，虽然不能确定其具体时代，但均将其归入周代。

第四章　汉代墓葬

第一节　墓葬概述

汉代墓葬共发现791座。约占全部墓葬的82%。其分布密集，时代特征明显，打破、叠压关系众多。根据墓葬形制，大致可以分为土坑墓、砖椁墓、瓦椁墓、瓮棺墓、瓦棺墓、砖室墓6种类型。

1. 土坑墓

240座。这类墓葬约占汉代墓葬的30%。均为长方形土坑竖穴墓，规模较小。墓主多为仰身直肢。墓室底部两侧或四周大部分有生土二层台，也有的墓葬为熟土二层台（M444、M448、M544、M652）。有的墓葬挖有壁龛，其中M651为砖砌壁龛，其余皆为土龛。个别有半开放式砖砌器物箱，有的墓葬专门设置器物台，个别墓葬用二层台兼作器物台。器物箱内或器物台上多放置随葬品及动物骨骼。个别墓葬口部平铺一层青砖，有的墓椁室口部填一层碎瓦。M744墓底平铺一层青砖，M448填土大部分经夯打。质地坚硬，夯窝多圆形，排列不规整，直径一般为5～10、厚15～20厘米。

随葬品以陶器为主，另有少量铜、铁、石（玉）骨器等；器物组合多数随葬1件陶罐或1件扁壶或者1件陶钫，有的置2件陶壶，基本未见罐、壶共存现象。个别墓葬出土铜器有熏炉、铜镜、铜钱、刷柄、带钩和印章等。多数墓葬有较清晰的木棺灰痕。部分墓葬放置动物骨骼。

2. 砖椁墓

472座。砖椁墓数量最多，约占汉代墓葬的59.6%。大部分单砖垒砌，一种大型青砖垒砌，砖椁形制规整；另一种是砖叠砌，椁室多数坍塌。墓底铺砖，大部分平铺一层，个别二至三层，也有的为土底未铺青砖。排列方式有人字形、非字形、横排、竖排、斜排、横立、横竖相间及无序排列等。墓葬结构有多种形式，一般为单椁单棺，而M175为合葬墓，为单椁双棺，而M309、M327亦为合葬墓，则为双椁双棺。多数墓葬为了放置陶器，而设置有壁龛（或头龛）、器物箱（头或脚箱）、器物台、边箱等。

墓内填土多经过夯打，夯窝多圆形，直径一般5～8厘米，排列不规则。仅M453局部遗留夯窝痕迹。多数墓葬被盗扰，有的上下翻动，盗洞直达墓底。填土中多发现有器物出土。葬式多为仰身直肢葬，仅M401为侧身屈肢，尸骨多数腐朽，有的仅残存部分牙齿及头骨渣痕，或肢骨残痕。木棺多腐朽，仅存灰痕。

随葬品以陶器为主，另有少量铜、铁、石和漆器等；个别见有成组陶礼器，多数墓葬随葬2件陶钫、2件陶壶；或1件陶罐、2件陶扁壶等。仅3座墓葬出现罐、壶共存现象，如M634，陶钫、陶壶、陶罐各1件；M662陶扁壶2件、陶罐1件；M880陶壶2件、陶罐1件。铜熏炉、铜镜、铜带钩、铜钱和印章等也在部分墓葬中出现。

无论是土坑墓还是砖椁墓，其随葬的猪、鸡、鱼等动物，多以完整个体随葬，少数选择其带肉较多的前后腿或可能有特殊文化含义的猪头随葬。牛、羊、狗、兔等极少以完整个体随葬，多选择带肉较多的肢骨部分随葬。马均以完整个体随葬，对墓主的身份和阶层有着特殊的象征意义。放置部位一般与陶器并存，通常置于陶器旁边或散落于周围，极少数动物骨骼置于陶器内。普通墓葬中，动物骨骼普遍置于墓底；带有壁龛或器物台的墓葬，一般与随葬陶器共同放置于壁龛内或器物台上。其中猪的出土率最高，其次是鸡和鱼。多数墓葬以猪为主要随葬动物，单独葬猪和猪 + 鸡 + 鱼最为常见，其次是猪 + 鸡或猪 + 鱼的随葬组合，充分表明了猪在汉墓随葬动物中的重要地位。

3. 瓦椁墓

11座。这批墓葬内均填有大量碎陶、瓦片。填土多数经过夯打，多数人骨被盗扰无存，有的乱堆于墓底一角，多数已腐朽。除少数墓葬为土底外，其余多数墓葬皆用厚0.1～0.2米厚的碎瓦片铺底。墓内均放置数量不等的随葬品，有的墓葬随葬品特别丰富，其中以铜镜、陶钫、陶壶等居多，有的墓葬则仅随葬一二件陶器。反映了墓主人身份、地位的不同及贫富不均的社会现象。

4. 瓮棺墓

10座。属于比较特殊的一种葬式。一种仅有葬具，无随葬品，葬具多为两陶件瓮相扣成棺，内有人骨1具，平躺在馆内。其二是M591，墓口近圆形，出土器物8件，陶瓮4件、陶盆3件、陶案1件。其中4件陶瓮作为葬具，均匀分布于墓底各处，内置1～2具人骨。墓主头骨位于最上部，应为迁葬。三是M600，葬具为陶盆、板瓦各1件，放置不甚规整，无人骨。

5. 瓦棺墓

1座。仅M776为大板瓦垒砌制作成瓦棺，内置有1具人骨，也属于迁葬。骨骼似经过有意识的摆放。

6. 砖室墓

57座。砖室墓数量较少，约占全部汉代墓葬的0.07%。这批墓葬破坏特别严重，墓室垒砌青砖大部分破坏殆尽，个别残存部分券顶。墓室规模大小不一，一般由斜坡墓道、墓门、甬道、墓室组成，分前后室，有的有侧室或耳室。墓室分为甲字形、中字形、长方形、刀字形等形状，其中以甲字形数量最多，结构主要由墓道、甬道、前室和2个后室组成，后室均为长方形。四壁用条砖错缝平砌，有的用青砖平砌，中间再侧立一层青砖。墓室四壁分直壁和弧壁两类，有的墓葬使用三层铺地砖（M176），（M589、M900）有两层铺地砖，其余墓葬皆为一层铺地砖。其排列形式多样化，主要有人字形、横排、竖排、斜排、横竖相间等。除M404、M711保存基本完好外，其余均被盗扰，内含大量青砖碎块，多数墓内填土加工情况不详，仅发现5座使用夯打技术，其中M418墓道内还经过夯打。

这批墓葬，多数未见随葬品，出土器物大部分扰乱在填土内，仅少数墓葬（M404、M411、M711、M799、M885、M903）随葬品组合比较完整。陶器主要有壶、魁、盆、钵、勺、耳杯、案、盘、灯、扁壶等，其中部分为釉陶，有的还出铜镜和五铢钱等。

总之，这批墓葬的发现，对于研究该地区汉代居民的埋葬习俗提供了丰富的实物资料，因此，具有重要学术价值。

第二节　墓葬分述

汉代墓葬是这次发掘所获的重要考古成果之一。清理的791座墓葬，对于深入研究这一历史阶段的物质文化遗存及埋葬习俗提供了不可多得的实物资料。因此，全面刊布这批墓葬资料就显得尤为重要。有鉴于此，在这里我们按照墓葬形制的不同类型和特点，分别对土坑墓、砖椁墓、瓦椁墓、瓮棺墓、瓦棺墓、砖室墓进行全面系统的介绍，以供学术界进行研究。

一　土坑墓

汉代土坑墓共有240座。

（一）M9

1. 墓葬形制

位于墓地西南部，南部被M4打破，北面为M35，南面是M100。方向17°（图4-1；彩版三七，1）。

长方形土坑竖穴墓。墓口长3.3、宽1.86～1.92、深2.74米。墓室四周有生土二层台，东、西两台长3.18、宽0.4、南边台长1.74、宽0.22、高0.6米，北边台长0.9、宽0.5、高0.2米。头箱位于墓室北端，为青砖垒砌，砖长34、宽14、厚7厘米。北壁错缝横排叠砌六层青砖，东、西壁分别贴于两边土台内侧，错缝竖排垒砌六层青砖，箱底部用五块青砖竖排平铺一层。墓内填黄褐色五花土，经夯打，土质较致密。夯窝圆形，排列较规范，直径6～8、夯层厚15厘米。

人骨无。

随葬1件陶罐放置于头箱内。乳猪骨散落陶罐周围。

2. 出土遗物

陶器

陶罐　1件。

标本M9：1，泥质灰陶。直口，沿面微弧，圆唇，圆鼓腹，下部内收，小平底微凸。下腹及底部饰绳纹。口径20、底径10.8、高24.8厘米（图4-1，1；彩版三七，2）。

（二）M33

1. 墓葬形制

位于墓地西南部，南部被M22打破，东北面是M23，东南面为M34。方向10°。

长方形土坑竖穴墓。墓口长3、宽2米，底长2.6、宽1～1.2、深3.3米。墓圹南、北壁垂直，东、西壁稍内收。墓底东、西、南三面有生土二层台，宽0.3～0.4、高0.7米。墓内填深褐色五花土，经夯打，土质较致密。夯窝圆形，分布密集，直径9～10、夯层厚25厘米。填土中发现铜削1件。

人骨无。

随葬器物无。

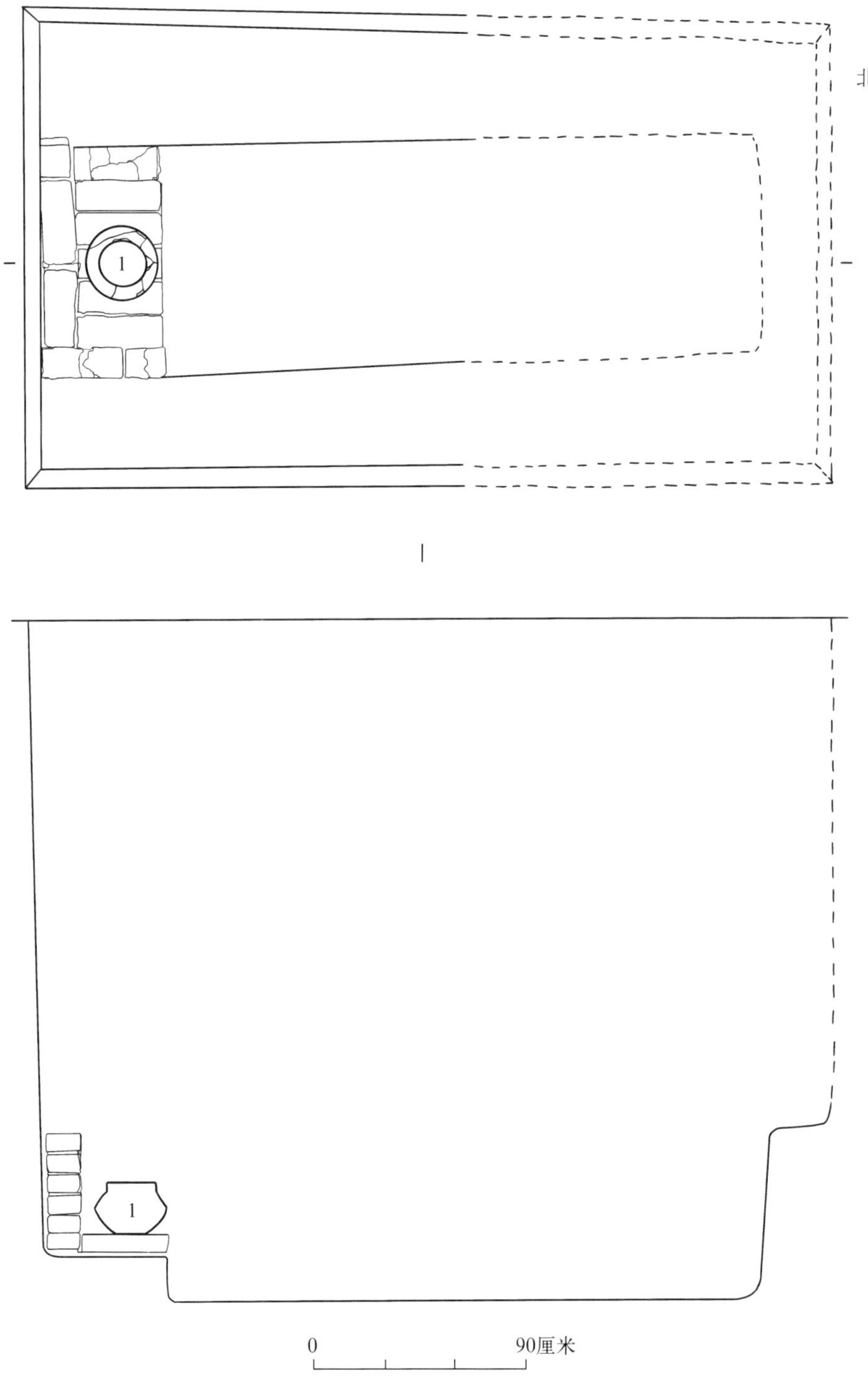

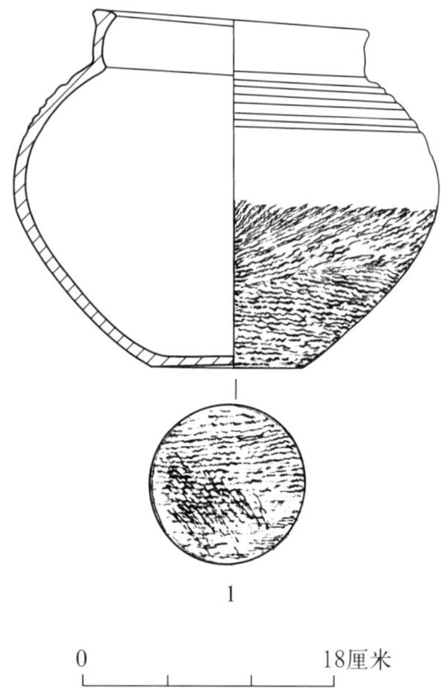

图4-1　M9及出土器物

1. 陶罐

2. 出土遗物

铜器

铜削　1件。

标本M33∶01，长条状，身微弓形，两端残缺，弧形背，背较厚，刃部锋利。长5.4、宽0.8厘米（图4-2）。

（三）M42

1. 墓葬形制

位于墓地西南部，西北部被 M37 打破，南面是 M29，西面为 M41 和 M43。方向 348°（图 4-3；彩版三七，3）。

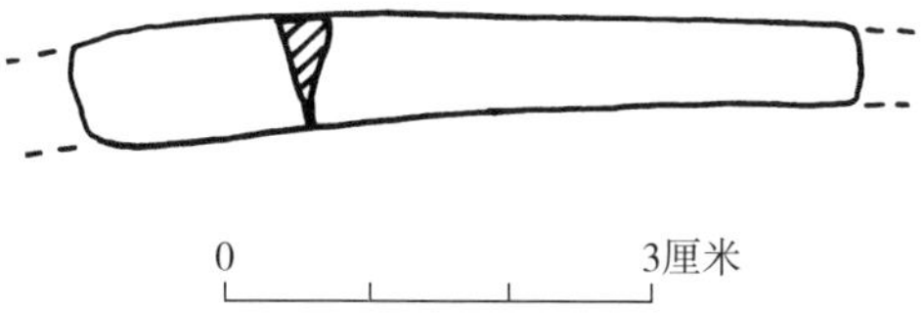

图 4-2　M33 出土铜削 M33∶01

长方形土坑竖穴墓。墓口长 2.4、宽 1.2、深 1.5 米。墓内有生土二层台，东西宽 0.2、南北宽 0.05、高 0.45 米。墓内填黄褐色五花土，经夯打，土质致密。夯窝圆形，直径 4 ～ 6 厘米。填土中发现铁锸、铁夯具等。

人骨 1 具。头向北，面向上，仰身直肢。骨骼腐朽严重，部分躯干无存，女性，年龄 25 ～ 30 岁。

随葬器物 3 件，陶罐 1 件放墓室东南角，铜钱 2 枚放在墓主右腓骨外侧。

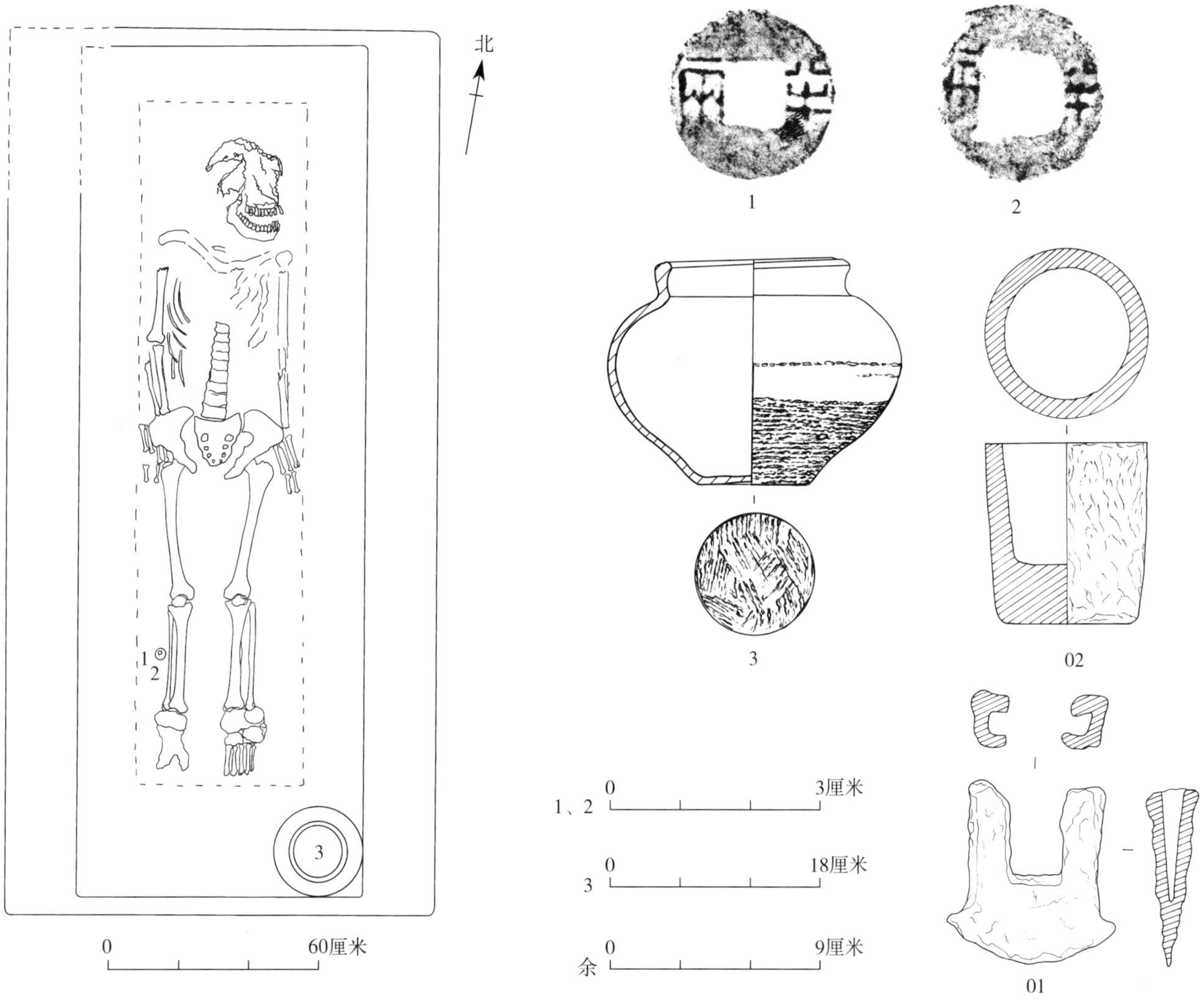

图 4-3　M42 及出土器物

1、2. 铜钱　3. 陶罐　01. 铁锸　02. 铁夯具

2. 出土遗物

（1）陶器

陶罐　1件。

标本M42∶3，泥质灰陶。直口，颈部内凹，扁圆腹，下平底微内凹。中腹一周戳印纹，下腹及底部饰绳纹。口径16.8、底径10、高18.8厘米（图4-3，3；彩版三七，4）。

（2）铜器

铜钱　2枚，均为半两，圆形方穿，正、背面无轮无郭，正面微弧，背面较平。钱文篆书。根据钱文字体不同分为两种。

第一种　1枚。钱文“两”字中间不出头，两个“人”字作横划。

标本M42∶1，直径2.3、穿边长1.3、厚0.1厘米（图4-3，1）。

第二种　1枚。钱文“两”字中间不出头，两“人”字上部笔画波浪形。

标本M42∶2，直径2.4、穿边长1、厚0.1厘米（图4-3，2）。

（3）铁器

铁锸　1件。

标本M42∶01，平面凹字形，上面有孔，弧刃。宽5.5～7.4、高7.5厘米（图4-3，01；彩版三七，5）。

铁夯具　1件。

标本M42∶02，筒状，平口，体内收，平底。器表锈蚀严重。口径7、通高7.5厘米（图4-3，02；彩版三七，6）。

（四）M43

1. 墓葬形制

位于墓地西南部，北侧被M41打破，东面是M42，东南面为M29。方向115°（图4-4）。

长方形土坑竖穴墓。墓口长2.36、宽1.2、深1.66米。墓壁垂直，下部微内收，底部平整。墓底有生土二层台。东、西宽0.20、南、北宽0.18、高0.4米。墓内填黄褐色五花土，经夯打，土质较致密。夯窝圆形，直径5、夯层厚4厘米。填土中发现1件铁夯具。

人骨1具。头向南，面向上，仰身直肢。疑似女性，年龄16～20岁。

随葬器物无。

2. 出土遗物

铁器

铁夯具　1件。

标本M43∶01，圆筒状，平口，直腹，平底。口径6.6、底径5.8、高7.2厘米（图4-4，01；彩版三八，1）。

（五）M52

1. 墓葬形制

位于墓地西南部，东北部被M40打破，东南部被M45打破，西面是M25。方向15°（图4-5）。

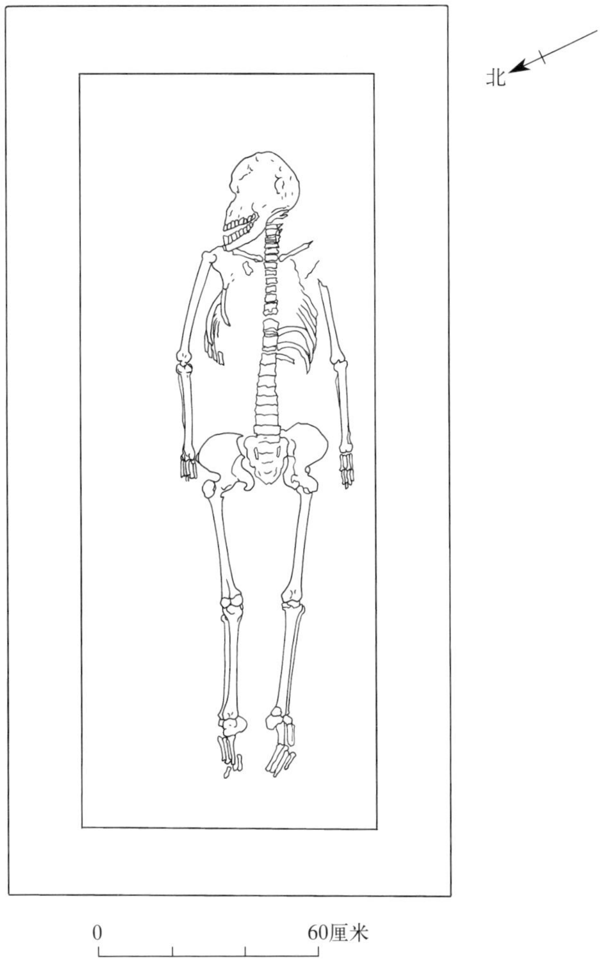

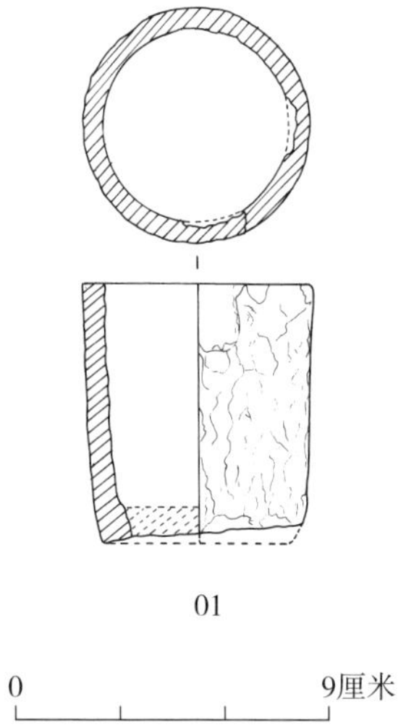

图 4-4　M43 及出土器物

01. 铁夯具

长方形土坑竖穴墓。墓口长 2.5、宽 1.25 米，底长 2.4、宽 1.00、深 1.2 米。四周有生土二层台，台面宽 0.12～0.25、深 0.3 米。木棺已腐朽，仅见板灰痕迹。墓内填黄褐色五花土，经夯打，土质较坚硬。夯窝圆形，直径 5、夯层厚 40 厘米。

人骨 1 具。头向北，面向上，仰身直肢，两手平放于骨盆两侧，上肢及左侧肋骨腐朽严重。性别无法鉴定，年龄 14～16 岁。

陶罐 1 件放置墓主头骨北侧。铜钱 2 枚分别位于左股骨和两股之间。

2. 出土遗物

（1）陶器

陶罐　1 件。

标本 M52∶1，泥质灰陶。侈口，平折沿，圆唇，束颈，鼓腹，下部内收，平底微凹。上腹有六周制作旋纹，中腹间饰三周戳印纹，下腹及底部饰细绳纹。口径 16、底径 8.8、高 20.4 厘米（图 4-5，1；彩版三八，2）。

（2）铜器

铜钱　2 枚。

标本 M52∶2、3，残碎严重，未提取。

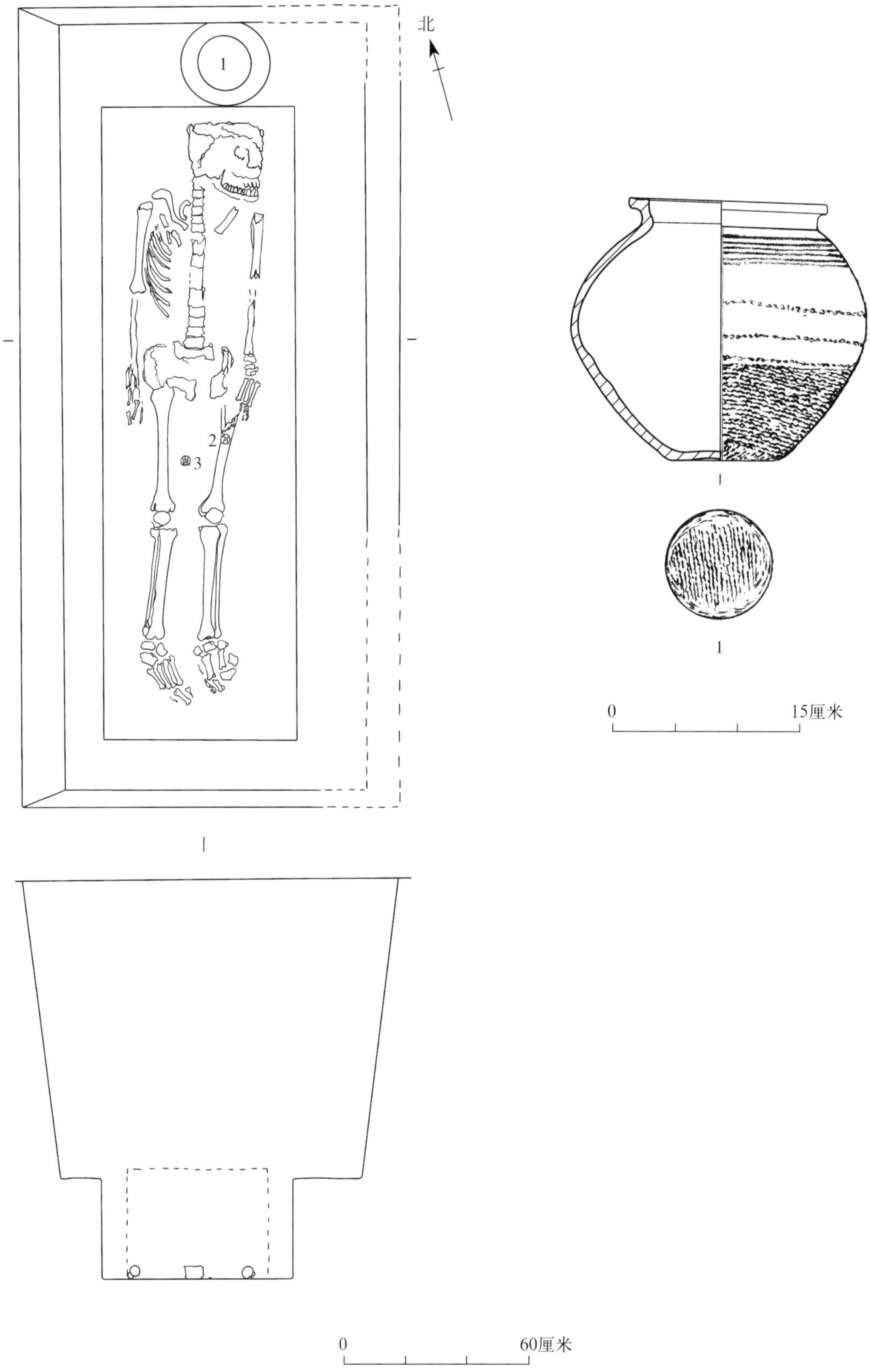

图4-5　M52及出土器物

1. 陶罐　2、3. 铜钱（未取）

（六）M70

墓葬形制

位于墓地西北部最西侧，东北面是M964，东南面为M961、M59等。方向102°（图4-6）。

长方形土坑竖穴墓。墓口长1.8、宽0.7、深0.86米。墓壁斜直，下部稍内收。木棺已腐朽，仅见板灰痕迹。墓内填浅红褐色花土，土质致密。

人骨1具。头向东，面向上，仰身直肢。女性，年龄35～40岁。

随葬器物无。

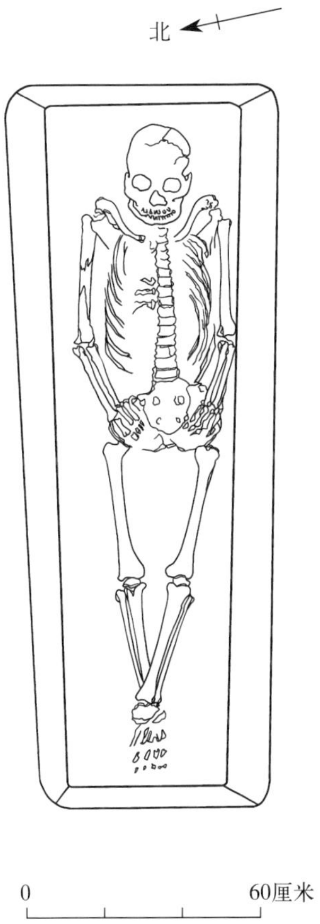

图4-6　M70平面图

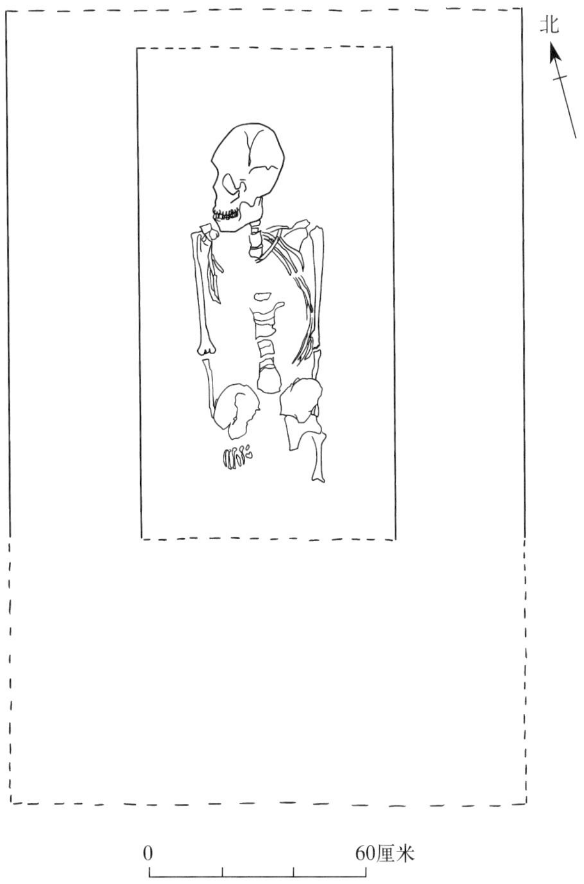

图4-7　M99平面图

（七）M99

墓葬形制

位于墓地西南部，北侧被M96打破，南侧被M2打破，东南面为M67。方向15°（图4-7）。

长方形土坑竖穴墓。墓口长2.1、宽1.4、深1.7米。墓内填黄褐色五花土，土质较坚硬。夹杂少量料姜石及碎陶片。

人骨1具。头向北，面向右，仰身直肢。骨骼保存较差，下肢残缺。女性，年龄27～33岁。

随葬器物无。

（八）M100

1. 墓葬形制

位于墓地西南部，东面是M9、M4等，西面为M102。方向20°（彩版三八，3）。

长方形土坑竖穴墓。墓口长2.1、宽0.87米，底长1.95、宽0.55、深1.3米。壁龛位于墓壁北侧偏东，长0.3、高0.45、进深0.2米。墓底四壁有生土二层台，东宽0.17、南宽0.5、西宽0.15、北宽0.1、高0.4米。墓内填黄褐色五花土，经夯打，土质较致密。夯窝椭圆形，分布较密集，直径10～12、夯层厚15～20厘米。

人骨1具。头向北，面向上，仰身直肢。骨骼腐朽严重，性别、年龄无法鉴定。

陶罐1件放置壁龛内。乳猪、鸡骨放在壁龛外侧。

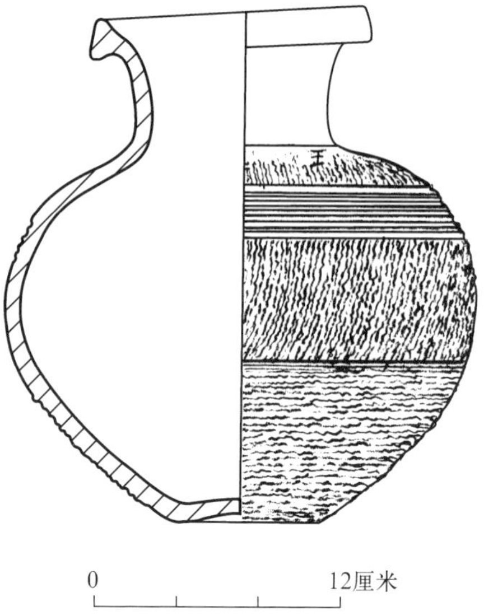

图4-8 M100出土陶罐M100：1

2. 出土遗物

陶器

陶罐 1件。

标本M100：1，泥质灰陶。盘口，口沿剖面三角形，外沿缘斜下垂，束颈，圆鼓腹，凹底。颈下部刻划一“王”字，颈、上腹饰竖向绳纹，间饰多周凹弦纹，腹中部饰竖向绳纹，下腹饰横向绳纹。口径13、底径8、高24.4厘米（图4-8，1；彩版三八，4）。

（九）M101

1. 墓葬形制

位于墓地西南部，北面是M232，西南面为M235。方向105°。

长方形土坑竖穴墓。墓口长3.2、宽1.6、深0.9米。墓内填黄褐色五花土，土质较紧密。填土中夹杂少量灰陶片、料姜石。夯打痕迹仅发现在东、西两侧。夯窝椭圆形，直径8～10、夯层厚20厘米。墓壁斜直、规整，底部平整。四壁有生土二层台，东宽0.15、南宽0.2、西宽0.15、北宽0.2、高0.7米。

人骨无。

随葬器物8件。铜镜1枚位于东端偏北。5枚铜钱放置墓室中部。铜刷柄、铁镜架放在墓室东端偏北处。

2. 出土遗物

（1）**铜器**

铜镜 1枚。

标本M101：1，四乳四虺镜。圆形，圆纽，圆纽座。座外均匀伸出四组短竖线（每组三条），其间夹饰一斜向短弧线，其外一周窄凸面圈带。再外两组短斜线和凸弦纹构成的组合纹带（内组斜线在内侧、外组相反），其间为主纹，四枚带圆座乳丁分为四区，每区各有一虺纹，双钩形身躯，外侧各一立鸟纹、内侧各一简单立鸟，前后饰短弧线。宽素平缘。面径10.5、缘厚0.45厘米（图4-9，1；彩版三八，5）。

铜刷柄　1件。

标本M101∶3，形似烟斗状。斗圆筒形中空，细长柄。锈蚀严重，不能复原。

铜钱　5枚。

标本M101∶2，破损严重，字迹不清。

（2）铁器

铁镜架　1件。

标本M101∶4，叉形，两支脚扁长条形。高8厘米（图4-9，4；彩版三八，6）。

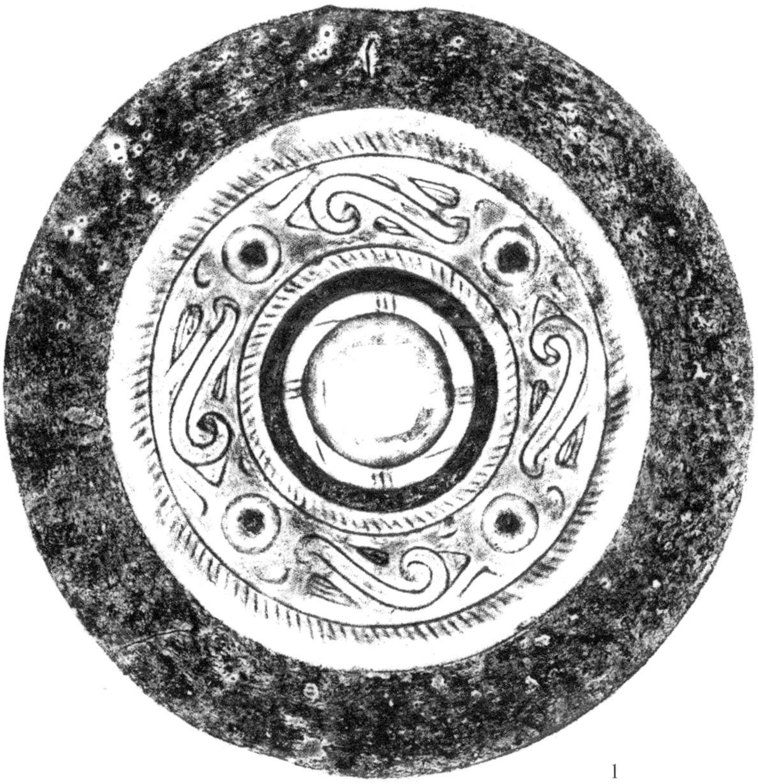

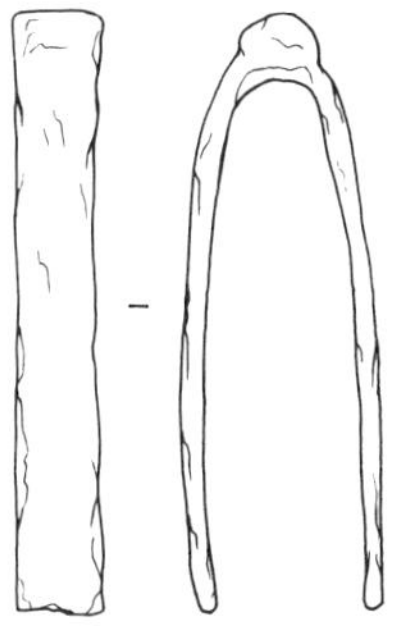

图4-9　M101出土器物

1. 铜镜　4. 铁镜架

（一〇）M103

1. 墓葬形制

位于墓地西南部，东北部被M96打破，东侧为M72和M99。方向20°（图4-10）。

长方形土坑竖穴墓。墓口长2.53、宽1.2米，底长2.25、宽0.8、深1.25米。墓底西侧有生土二层台，宽0.15～0.25米，高度不详。墓内填黄褐色五花土，土质较致密。夯窝椭圆形，直径8～11、夯层厚、间距15～30厘米，3～7个为一组，也有单个分布。填土中发现2枚铜钱。

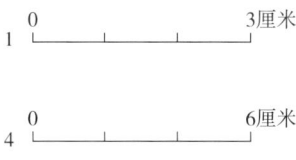

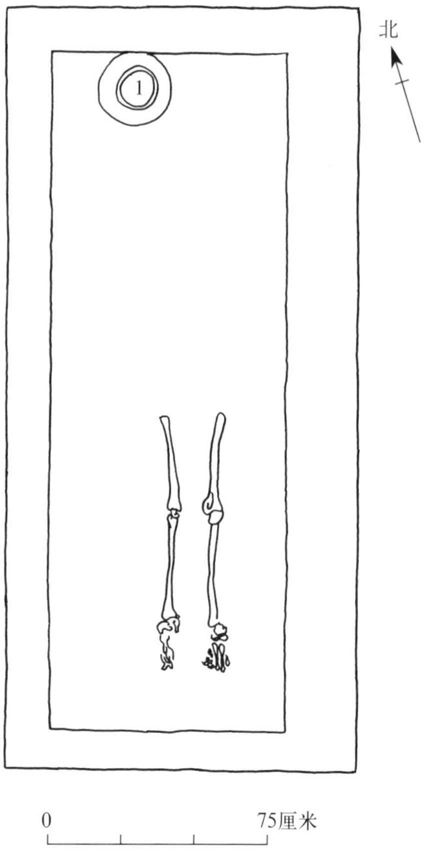

图 4-10　M103 平面图

1. 陶罐

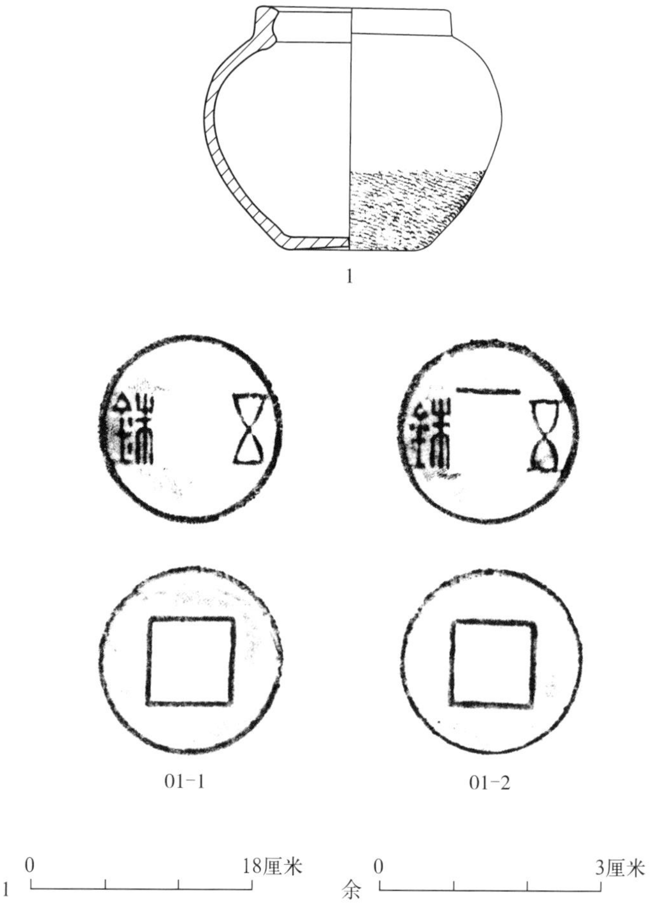

图 4-11　M103 出土器物

1. 陶罐　01-1、2. 铜钱

人骨 1 具。头向北，面向不详，骨骼腐朽严重，仅残存下肢骨。性别、年龄无法鉴定。

墓室西北角随葬陶罐 1 件。

2. 出土遗物

（1）陶器

陶罐　1 件。

标本 M103∶1，泥质灰陶。敛口，沿内斜，直颈，圆腹，下部内收，小平底内凹。下腹及底部饰绳纹。口径 16、底径 11、高 19.2 厘米（图 4-11，1；彩版三九，1）。

（2）铜器

铜钱　2 枚。五铢，圆形方穿，正面有轮无郭，背面轮郭俱全。根据钱文字体不同分为两种。

第一种　1 枚。“五”字两笔交叉较直，“铢”字“金”头呈三角形，与“朱”等齐，“朱”字上部方折。

标本 M103∶01-1，直径 2.5、穿边长 1、厚 0.15 厘米（图 4-11，01-1；彩版三九，2 左）。

第二种　1 枚。“五”字两笔交叉弯曲，与上、下两横相交接处近垂直，“朱”字上部方折。

标本 M103∶01-2，直径 2.5、穿边长 1、厚 0.17 厘米（图 4-11，01-2；彩版三九，2 右）。

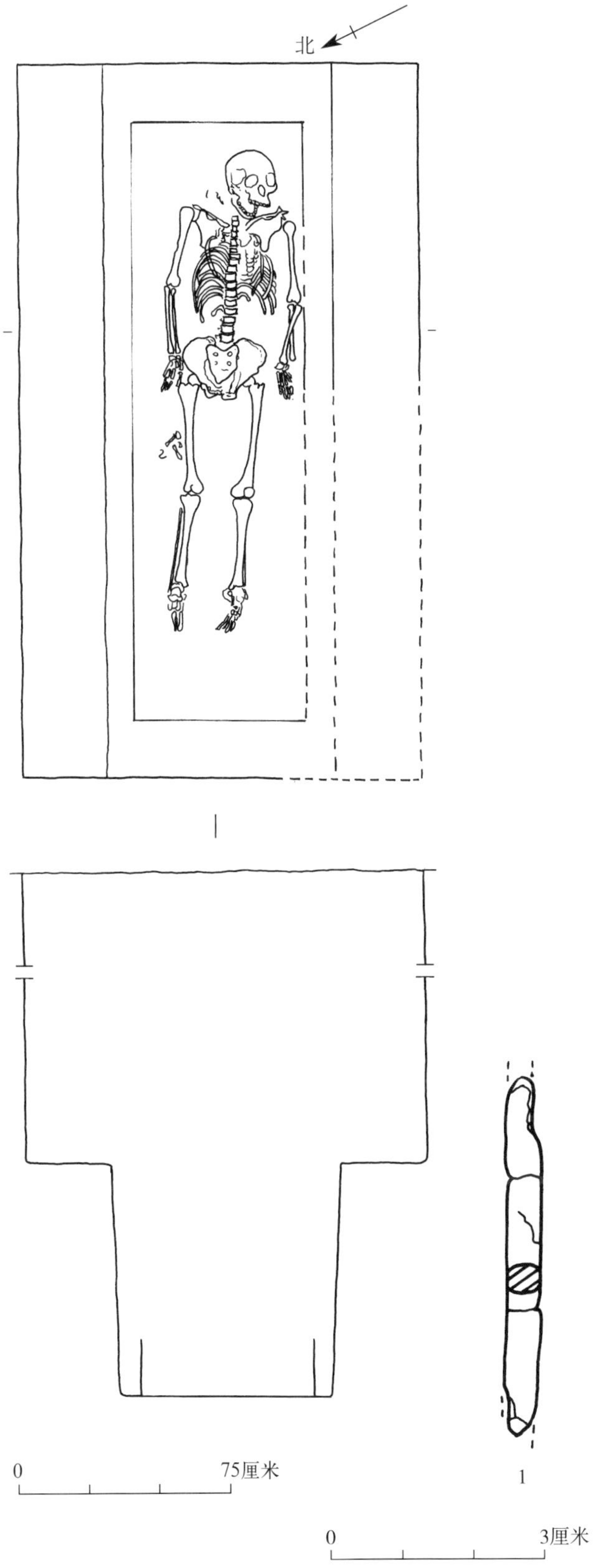

图 4-12　M110 及出土器物
1. 骨笄

（一一）M110

1. 墓葬形制

位于墓地西南部，西南侧被 M95、M109 打破，东面为 M140。方向 117°（图 4-12；彩版三九，3）。

长方形土坑竖穴墓。墓口长 2.45、宽 1.4、深 1.8 米。南、北两侧有生土二层台，宽 0.3、高 0.8 米。木棺已腐朽，板灰长 2.05、宽 0.6、残高 0.15 米。墓内填黄褐色五花土，经夯打，土质较坚硬。夯窝圆形，分布密集，夯面较平整，直径 8 ～ 10、夯层厚 10 ～ 12 厘米。

人骨 1 具。头向东，面向上偏左，仰身直肢。墓主两手平放于骨盆两侧。女性，年龄 30 ～ 35 岁。

骨笄 1 件放在墓主头骨右侧。少量动物骨骼置于右股骨外侧，未经鉴定，种属不明。

2. 出土遗物

骨器

骨笄　1 件。

标本 M110 : 1，长条锥形，两端略残，断面圆形。残长 4.9、直径 0.5 厘米（图 4-12，1）。

（一二）M111

墓葬形制

位于墓地西南部，东北面是 M127，西南面是 M63，西北面为 M69。方向 106°（图 4-13；彩版三九，4）。

长方形土坑竖穴墓。墓口长 2.5、宽 1.45 米，底长 2.25、宽 0.91、深 1.65 米。墓壁垂直，下部斜收。墓底四周有生土二层台，南、北宽 0.2、东、西宽 0.1、高 0.6 米。木棺已腐朽，墓底发现少量板灰痕迹。墓内填黄褐色五花土，土质较致密。

人骨 1 具。头朝东，面向不详，仰身直肢。骨骼腐朽，上肢骨及躯干部分已无存，头骨呈碎片状。性别无法鉴定，成年个体。

随葬器物无。

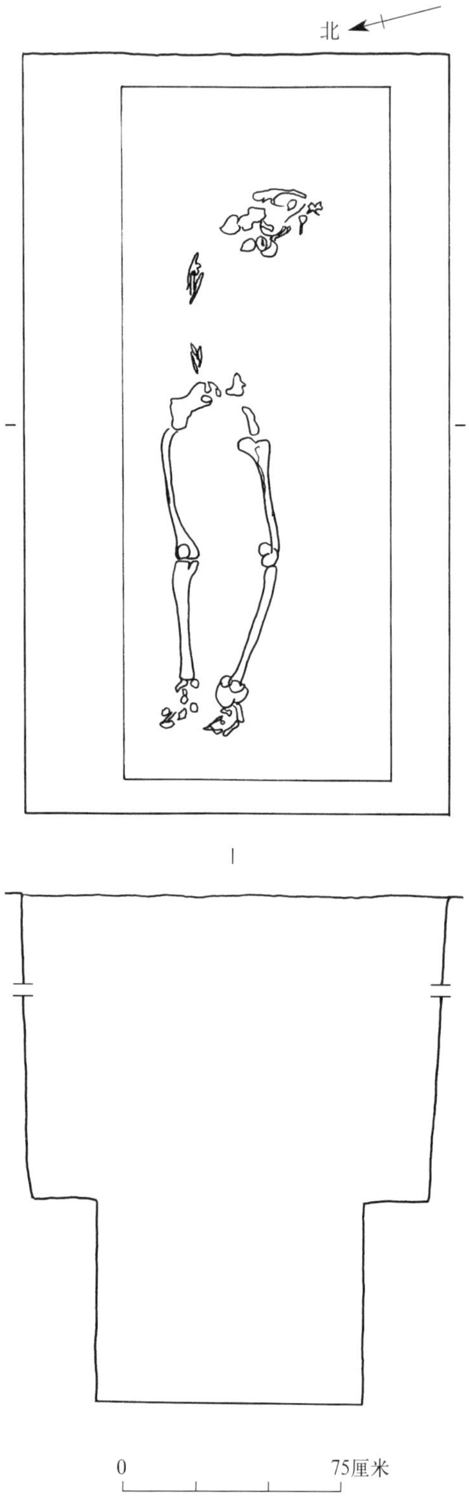

图4-13 M111平、剖面图

（一三）M112

1. 墓葬形制

位于墓地西南部，西北面是M131，南为M113。方向98°（图4-14）。

长方形土坑竖穴墓。墓口长3.1、宽1.3米，底长2.9、宽1、深1.9米。墓室底部东端有生土二层台，宽0.3、高0.3米。墓内填黄褐色五花土，未经夯打，土质疏松。填土中发现陶壶2件。

人骨1具。头向东。骨骼腐朽严重，性别、年龄不详。

铜钱4枚放置墓主头骨周围。

2. 出土遗物

（1）陶器

陶壶　2件。泥质灰陶。侈口，斜沿，束颈，圆鼓腹，圈足，下腹饰绳纹。

标本M112∶01，尖唇。腹部饰四周戳印纹。口径17.5、底径13.5、高29.5厘米（图4-14，01；彩版四〇，1）。

标本M112∶02，圆唇。腹部饰三周戳印纹。口径17.5、底径12、高30.8厘米（图4-14，02；彩版四〇，2）。

（2）铜器

铜钱　4枚。均为五铢，圆形方穿，正面有轮无郭，背面轮郭俱全。“五”字两笔交叉微曲，“铢”字“金”头三角形，与“朱”等齐，“朱”字上部方折，正面穿四角有短斜线纹。

标本M112∶1-1、2，直径2.5、穿边长1、厚0.18厘米（图4-14，1-1、2）。

（一四）M130

墓葬形制

位于墓地西南部，北距M126南侧1米，中部和东南部被清代M123、M124打破，西面是M106。方向115°。

长方形土坑竖穴墓。墓口长2.4、宽1.15～1.3米，底长2.3、宽0.8～0.9、深1.6米。墓底南、北、东壁有生土二层台，宽0.1～0.25、高0.8米。椁长2.35、宽0.9、高0.8米。墓内填黄褐色花土，未经夯打，土

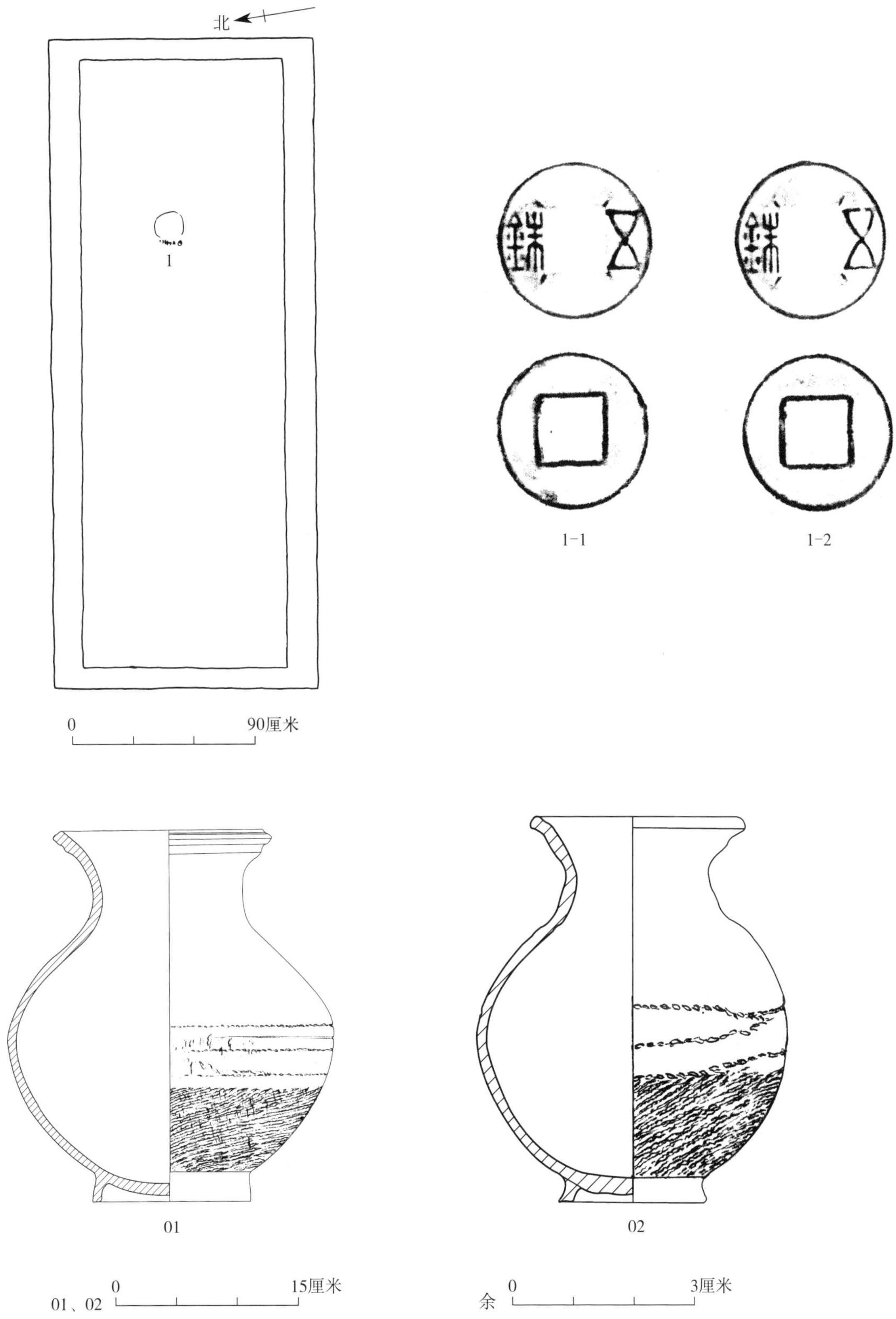

图 4-14　M112 及出土器物

1. 铜钱（4）　01、02. 陶壶

质较疏松。

人骨1具。仅发现下肢和趾骨。性别无法鉴定，中年个体。

随葬器物无。

（一五）M143

墓葬形制

位于墓地西南部，东面被M131打破，西面是M97。方向115°。

长方形土坑竖穴墓。墓口残长0.75、宽1.1、深0.6米。墓底有生土二层台，南宽0.25、北宽0.2、高0.5米。墓内填黄褐色五花土。未经夯打，土质较疏松。填土中夹杂少量灰陶片、料姜石等。

人骨1具。头向东，面向不详，直肢。骨骼腐朽严重，仅残存下肢和趾骨。性别、年龄无法鉴定。

随葬器物无。

（一六）M153

1. 墓葬形制

位于墓地西北部，东面是M172，南面为M154。方向20°（图4-15；彩版四〇，3）。

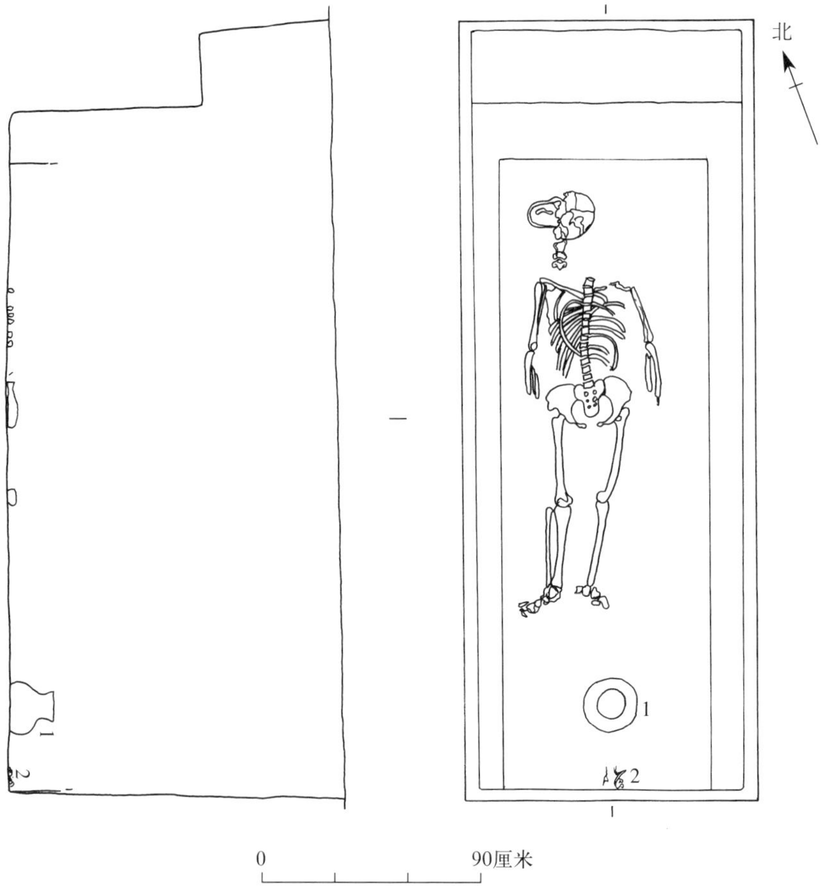

图4-15　M153平、剖面图

1. 陶壶　2. 动物骨骼

长方形土坑竖穴墓。墓口长 3.1、宽 1.2、深 1.4 米。墓室北端为生土二层台，宽 0.28、高 0.8 米，西、北、东壁为墊土二层台。木棺已腐朽，仅残留灰痕，长 2.5、宽 0.85、高 0.13 ～ 0.2 米。墓内填黄褐色花土，未经夯打，土质较疏松。填土中发现铜镞 1 件。

人骨 1 具。头骨移位，仰身直肢。女性，年龄 30 ～ 40 岁。

随葬品有陶壶 1 件，放在墓主趾骨下方。乳猪、鸡、小型食虫目、鱼骨放在墓底南端中部。

2. 出土遗物

（1）陶器

陶壶　1 件。

标本 M153 : 1，泥质灰陶。弧顶盖，上部残留有红彩。侈口，斜沿，尖唇，束颈，弧肩，鼓腹，平底。盖顶与肩上部残留少量红、白色彩绘，腹部饰三周戳印纹，器表有抹制痕。口径 12、底径 15.2、通高 26.2 厘米（图 4-16，1；彩版四〇，4）。

（2）铜器

铜镞　1 件。

标本 M153 : 01，残缺。三角形，尖部锋利，截面菱形，圆形铤。长 4.8、宽 1.5 厘米（图 4-16，01）。

（一七）M155

墓葬形制

位于墓地西北部，南侧被 M150 打破，东面为 M148，被 M150 打破。方向 109°（图 4-17）。

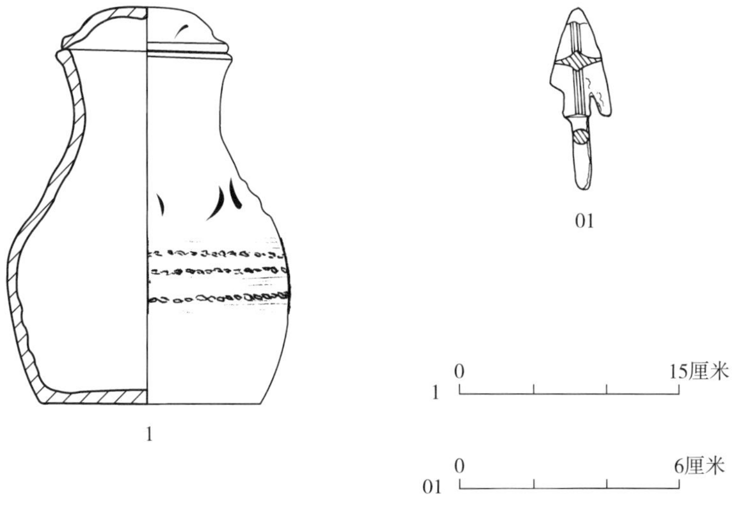

图 4-16　M153 出土器物

1. 陶壶　01. 铜镞

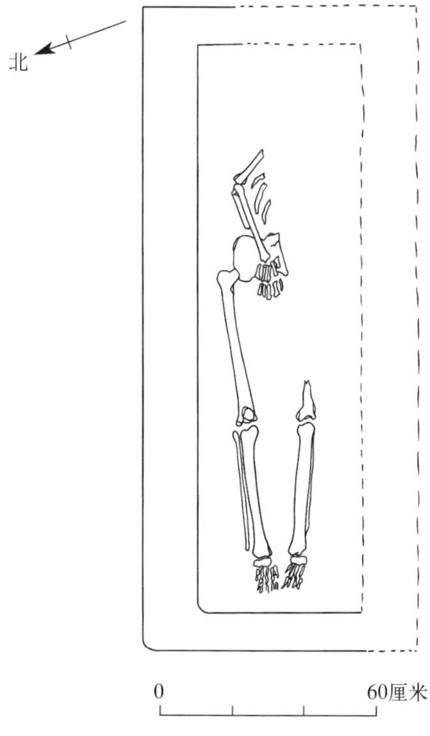

图 4-17　M155 平面图

长方形土坑竖穴墓。墓口长1.7、宽0.25～0.6、深0.35米。木棺已腐朽，仅见板灰痕迹，长1.5、宽0.17～0.43、高0.08米。墓内填黄褐色五花土，未使用夯打，土质较疏松。

人骨1具。头向东，面向不详，仰身直肢。头骨、躯干、左上肢及左股骨缺失。女性，年龄30～40岁。

随葬器物无。

（一八）M161

1. 墓葬形制

位于墓地西北部，被M160打破，北面是M402，西面为M152。方向15°（图4-18；彩版四一，1）。

长方形土坑竖穴墓。墓口长2.9、宽1.85～2、深4米。墓壁光滑规整，平底，局部发现铁质工具痕迹。棺外有长0.5、宽0.3、高0.25米生土二层台。木棺已腐朽，仅存板灰痕迹。墓内填黄褐色花土，经过夯打，土质较致密。夯窝为圆形，分布密集，直径4～7、夯层厚5厘米。填土中发现铁镢1件。

人骨无。

随葬品有陶壶2件，二层台上、下各陈置1件。乳猪、兔骨放在南侧生土台上。

2. 出土遗物

（1）陶器

陶壶 2件，形制相同。泥质灰陶。弧顶盖，菌形纽。盖上饰一周红、白彩带纹。侈口，沿面外斜，圆唇，束颈，斜肩，鼓腹，下腹弧收，喇叭形圈足。颈、腹部间饰红、白彩带图案，上腹饰兽面形铺首衔环，下腹饰白彩纹图案，彩绘脱落。

标本M161∶1，口径13、底径11、通高33.7厘米（图4-18，1；彩版四一，2）。

标本M161∶2，口径12.1、底径11.2、通高31厘米（图4-18，2；彩版四一，3）。

（2）铁器

铁镢 1件。

标本M161∶01，长条形，扁平体，中间微内收。长方形口，中空，三角形銎，刃部有使用痕迹。长19.2、宽4.8～6.2厘米（图4-18，01；彩版四一，4）。

（一九）M162

墓葬形制

位于墓地西北部，东北面是M152，南面是M164，西南面为M172。方向190°（图4-19）。

长方形土坑竖穴墓。墓口长2.4、宽0.8米，底长2.2、宽0.7、深0.8米。墓壁斜直、规整。墓内填黄褐色五花土，土质较疏松。夹杂少量灰陶片、料姜石等。

人骨1具。头向南，面向上，仰身直肢。墓主双臂置于躯干外侧，右侧下肢骨略向外屈。骨骼腐朽严重，躯干缺失。男性，年龄15～20岁。

随葬器物无。

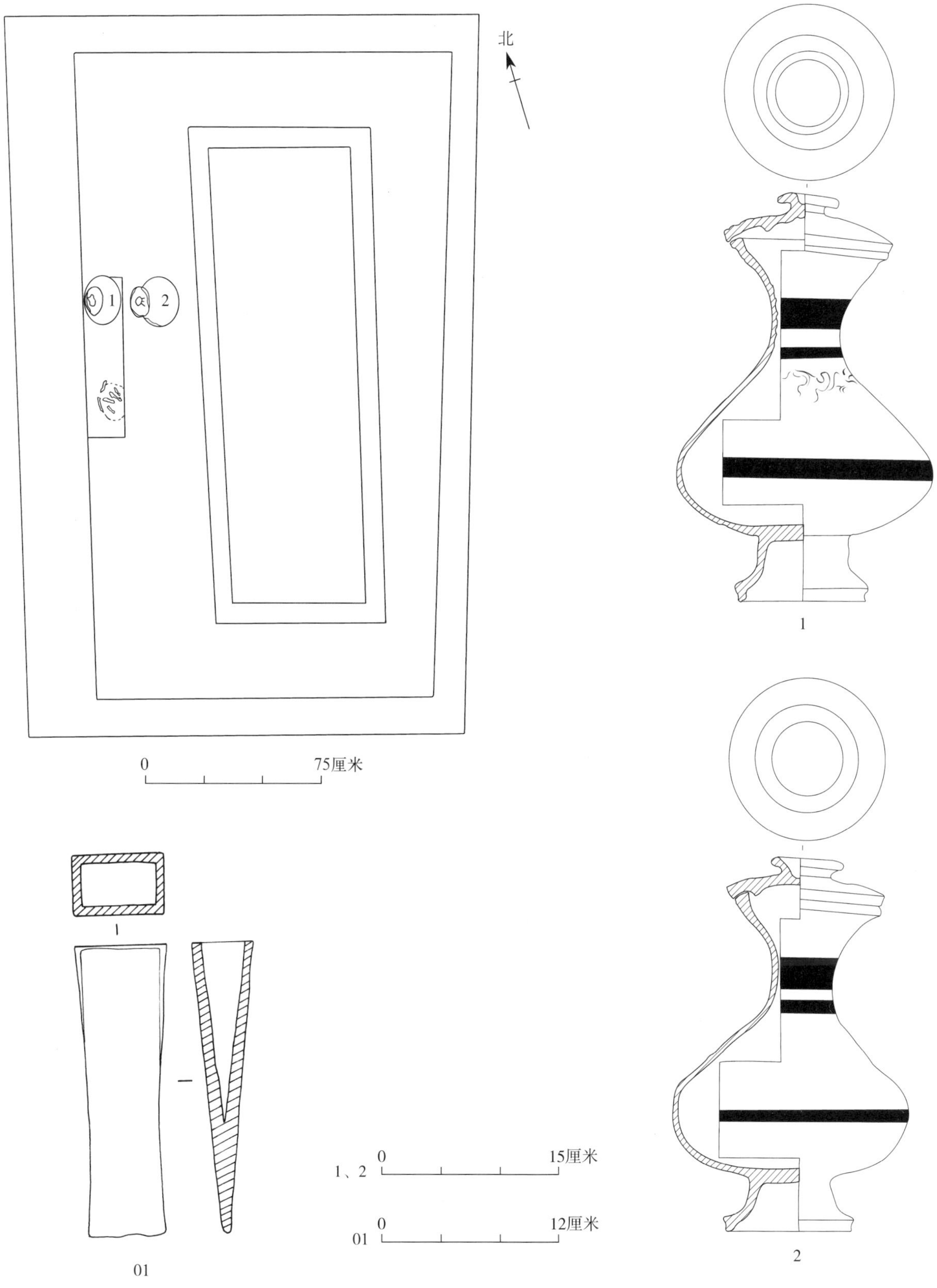

图 4-18　M161及出土器物

1、2. 陶壶　01. 铁镢

（二〇）M164

1. 墓葬形制

位于墓地西北部，东面是M179，西面为M172。方向20°（图4-20；彩版四二，1）。

长方形土坑竖穴墓。墓口长2.4、宽0.8、深0.35米。墓壁垂直、规整，平底。墓内填黄褐色五花土，未经夯打，土质较疏松。填土中夹杂少量豆、罐、板瓦及料姜石等。

人骨1具。头向东，面向左，仰身直肢。墓主双侧下肢骨自然向外弯曲。因骨骼腐朽严重，上肢、躯干及胫、腓骨缺失。性别无法鉴定，成年个体。

随葬品有3件（彩版四二，2），陶壶2件南北向排列，放置墓室西南角。铜镜1枚放在墓主头部顶端，部分压于头骨下。

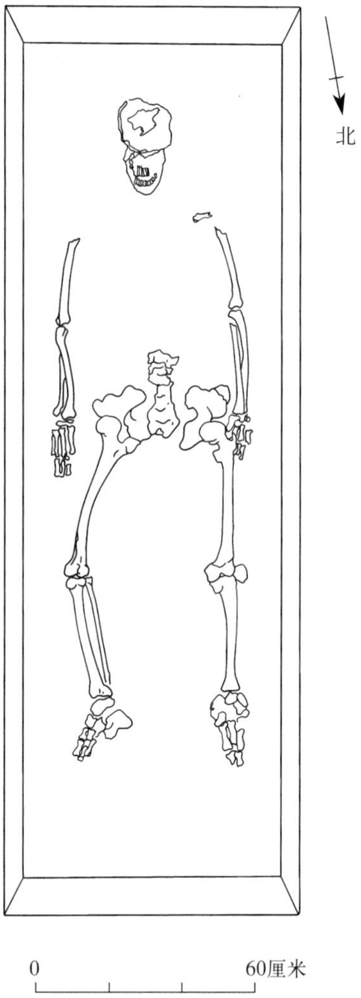

图4-19　M162平面图

2. 出土遗物

（1）陶器

陶壶　2件。夹砂灰陶。敞口，沿面内弧，方唇，束颈，鼓腹，平底。腹部饰三周戳印纹。

标本M164∶1，口径12.8、底径13.6、高21.2厘米（图4-20，1；彩版四二，3）。

标本M164∶2，口径13.6、底径13.6、高20.4厘米（图4-20，2；彩版四二，4）。

（2）铜器

铜镜　1枚。

标本M164∶3，星云镜。圆形，连峰纽。纽外均匀分布四组外附三短竖线内弧月牙纹。其外为主纹，四枚带圆座大乳丁分为四区，每区各有五枚弧线相连小乳丁。内向十六连弧纹缘。面径6.7、缘厚0.35厘米（图4-20，3；彩版四二，5）。

（二一）M165

墓葬形制

位于墓地西北部，北面是M166，东面为M173。方向110°（图4-21）。

长方形土坑竖穴墓。墓口长2.2、宽0.9米，底长1.8、宽0.66、深1.45米。墓壁斜直、规整，平底。墓室底部四周有生土二层台，南、北宽0.12、东、西宽0.2、高0.05米。墓内填黄褐色五花土。未经夯打，土质较疏松，填土中夹杂少量灰陶片。

人骨1具。头向东，面向北，仰身直肢。墓主头骨、左侧上肢骨、胫腓骨下端及左趾骨缺失。右侧上肢骨残存碎渣，仅脊椎骨保存完好。性别无法鉴定，年龄20～25岁。

随葬器物无。

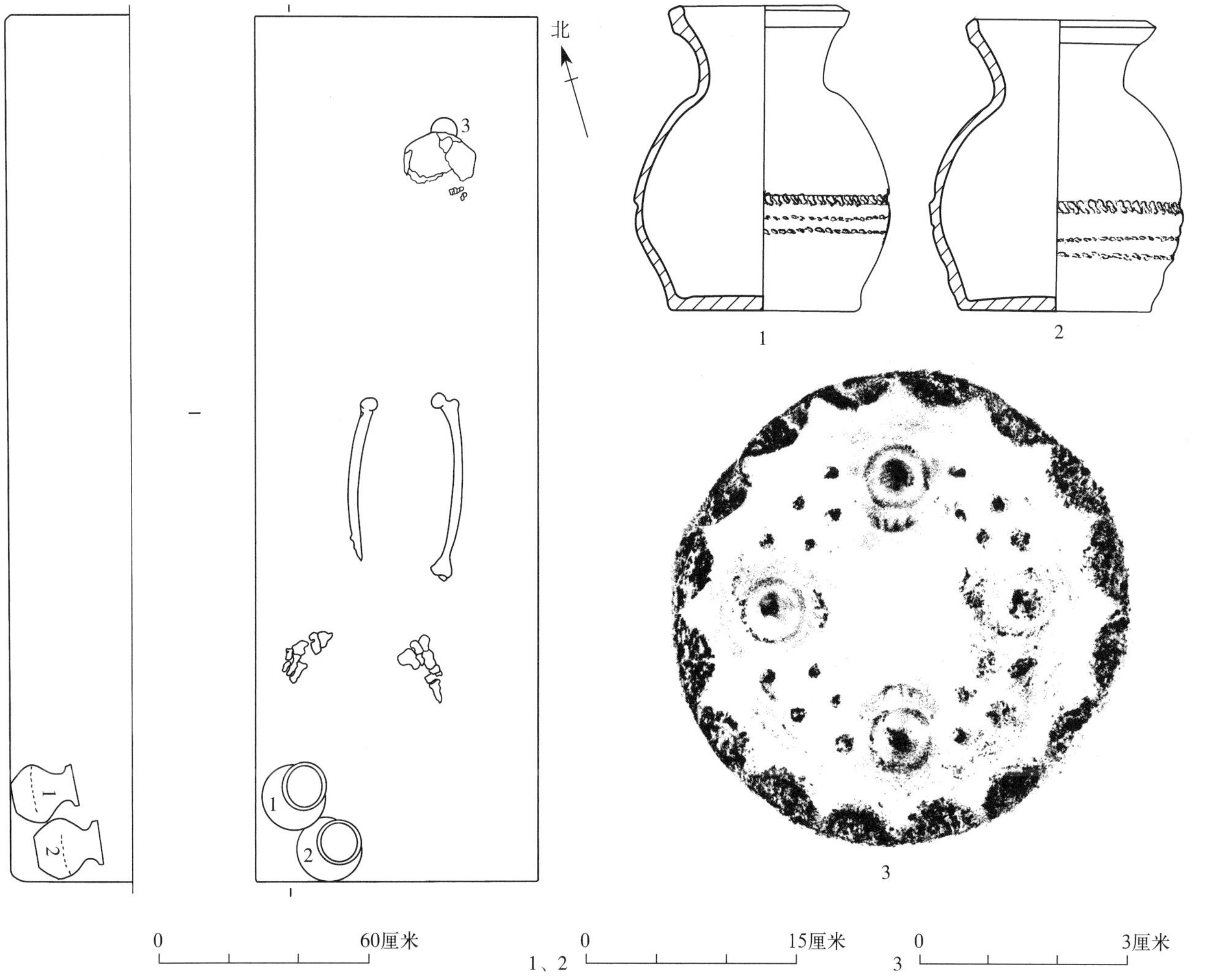

图 4-20　M164 及出土器物

1、2. 陶壶　3. 铜镜

（二二）M166

1. 墓葬形制

位于墓地西北部，北面是 M172，东南面是 M173，南面为 M165。方向 105°（图 4-22；彩版四三，1）。

长方形土坑竖穴墓。墓口长 2.3、宽 0.9 米，底长 2.1、宽 0.7、深 0.95 米。墓内填黄褐色花土，未经夯打，土质较疏松。夹杂少量陶豆、板瓦及料姜石等。

人骨 1 具。头向东，面向不清，仰身直肢。骨骼腐朽严重，仅存部分头骨、牙齿、肢骨。性别无法鉴定，年龄 8 ～ 10 岁。

随葬器物 15 件。铜镜 1 枚放于墓主头部左上方。陶扁壶 1 件放在墓主头部右侧。铜钱 9 枚分散于头、躯干等处。铁镜架 3 件置于头部上端和右肩外侧。铁饰件 1 件放在铜镜东侧。

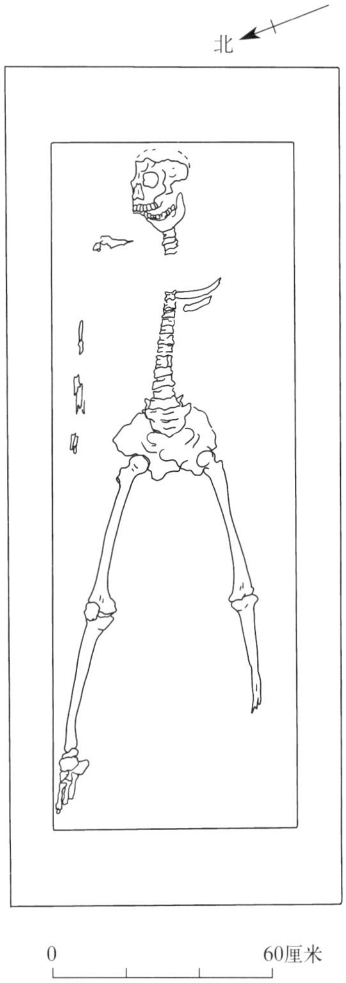

图 4-21　M165 平面图

2. 出土遗物

（1）陶器

陶扁壶　1 件。

标本 M166：2，夹砂浅灰陶。小口，平沿，方唇，细高颈，扁腹，椭圆形圈足。肩上部饰两个对称桥形鼻，素面。口径 9.8、底长径 14、短径 9.5、高 26.8 厘米（图 4-23，2；彩版四三，2）。

（2）铜器

铜镜　1 枚。

标本 M166：1，日光连弧铭带镜。圆形，圆纽，圆纽座。座外均匀伸出四短竖线，其间饰月牙纹。再外一周内向八连弧纹圈带。外区两组短斜线和凸弦纹组合纹带，其间为顺时针铭文带“见日月心，勿长毋勿忘”。字体为圆转式篆隶体、首尾笔画呈楔形，每两字间隔类似涡纹符号。宽素平缘。面径 7.4、缘厚 0.4 厘米（图 4-23，1；彩版四三，3）。

铜钱　9 枚。均为货泉，圆形方穿，正、背面轮郭俱全。钱文篆书，分大、小两种。

标本 M166：4-1，直径 2.3、穿边长 0.8、厚 0.18 厘米（图 4-23，4-1）。

标本 M166：4-2，直径 2.1、穿边长 0.8、厚 0.18 厘米（图 4-23，4-2）。

（3）铁器

铁镜架　3 件。均残缺。叉形。

标本 M166：8，顶端弧弯，下部交叉，两侧支脚圆形。残高 4.5 厘米（图 4-23，8）。

标本 M166：7，两侧支脚椭圆形，一侧缺失。高 6.7 厘米（图 4-23，7）。

铁饰件　1 件。

标本 M166：10，锈蚀严重，器形不明。

（二三）M169

墓葬形制

位于墓地西北部，北面是 M202，东面是 M177、M189，西面为 M201。方向 112°（图 4-24）。

长方形土坑竖穴墓。墓口长 2.54、宽 1.1、深 0.8 米。墓壁斜直，下部内收，底平整。木棺已腐朽，仅见板灰痕迹。长 1.95、宽 0.73 厘米。墓内填黄褐色花土，未经夯打，土质较疏松。

人骨 1 具。仰身直肢。男性，年龄 45～55 岁。

随葬器物无。

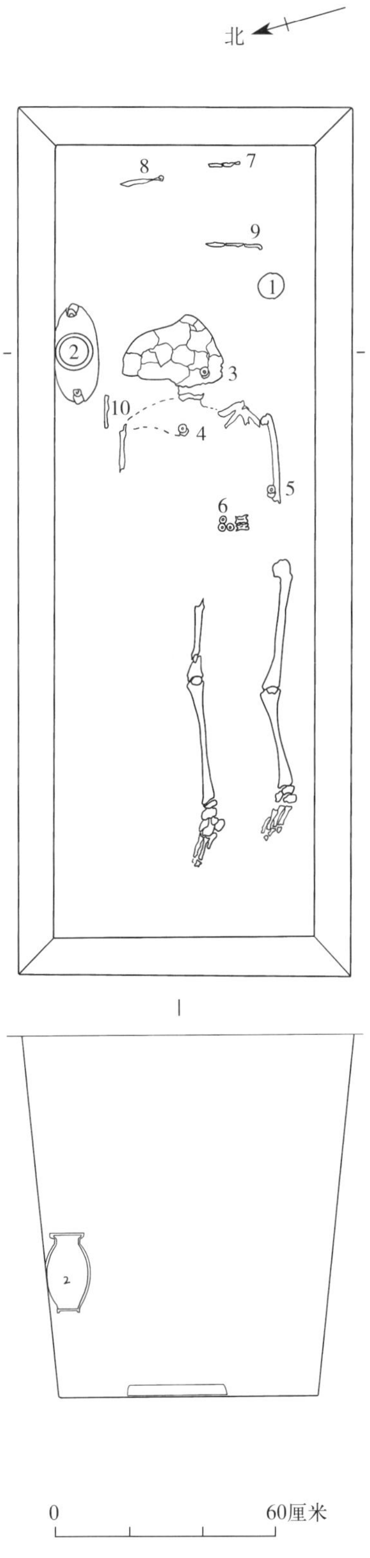

图 4-22　M166 平、剖面图

1. 铜镜　2. 陶扁壶　3. 铜钱（2）　4. 铜钱（2）　5. 铜钱（2）　6. 铜钱（3）　7~9. 铁镜架　10. 铁饰件

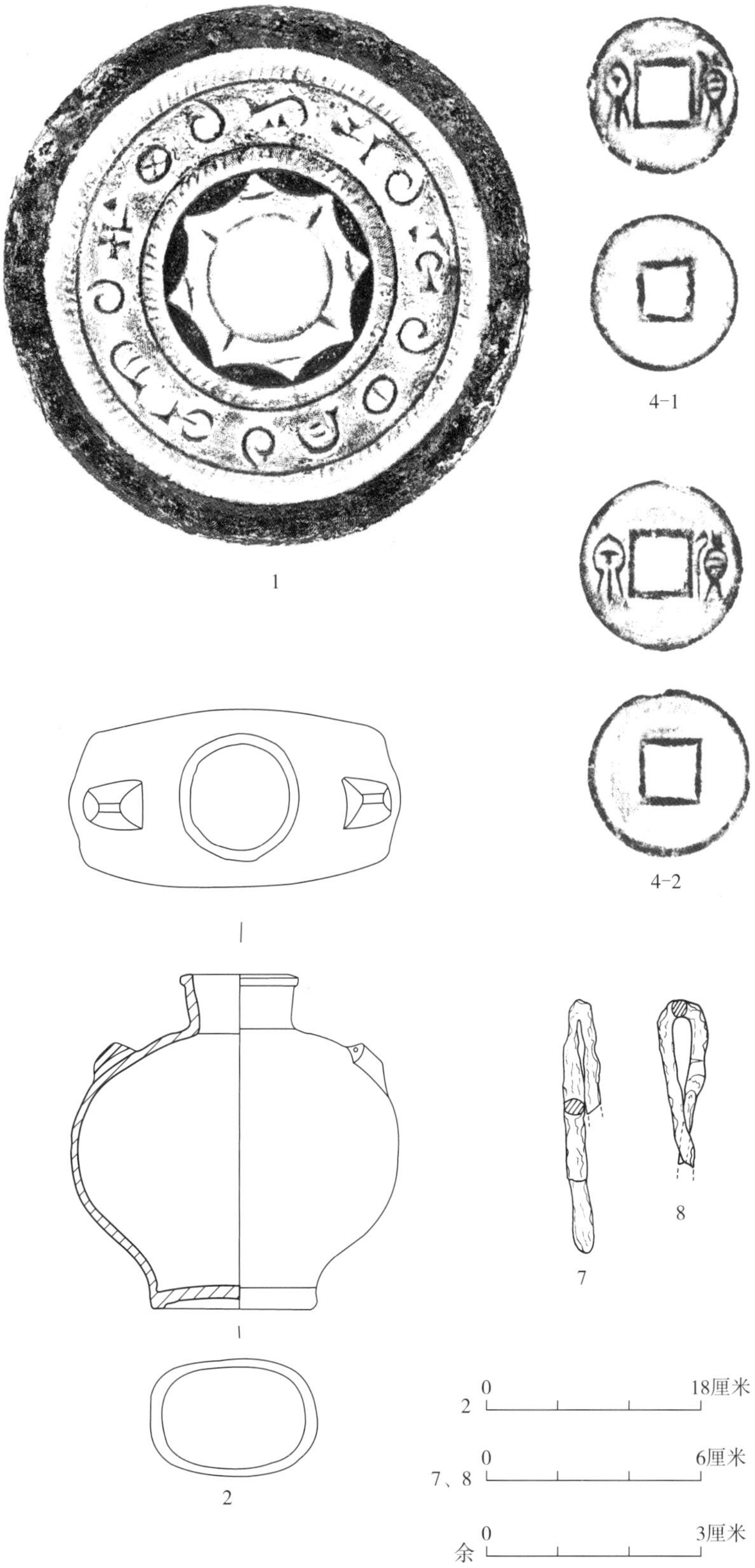

图 4-23　M166 出土器物

1. 铜镜　2. 陶扁壶　4-1、-2. 铜钱　7、8. 铁镜架

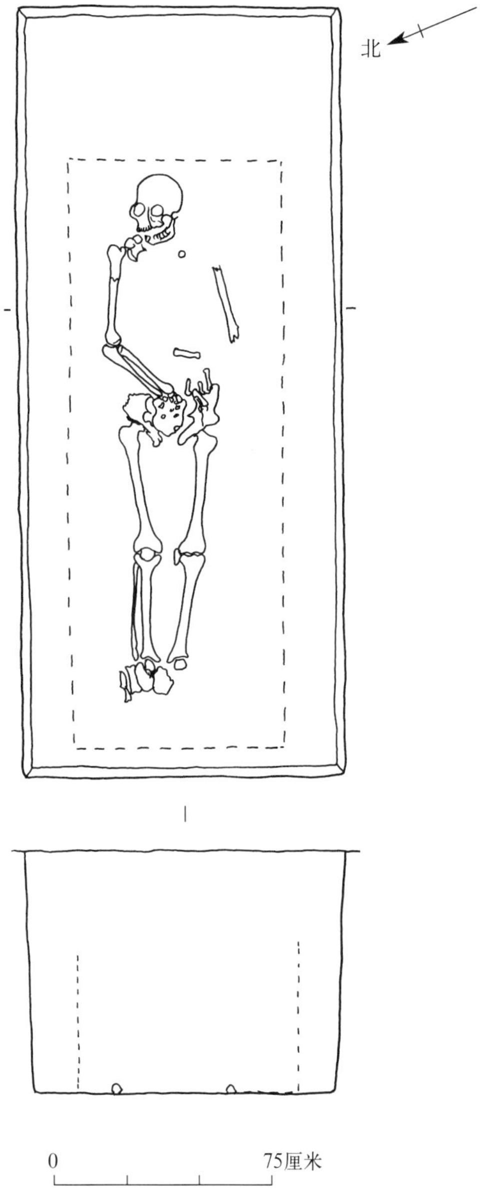

图 4-24　M169 平、剖面图

（二四）M180

1. 墓葬形制

位于墓地西北部，在 M181 西侧，东南面为 M200。方向 33°（图 4-25；彩版四三，4）。

长方形土坑竖穴墓。墓口长 2.6、宽 1.03、深 1.3 米。墓壁斜直、规整，下部内收，底较平。墓底有生土二层台，长 0.35、宽 0.25、高 0.15 米。木棺已腐朽，仅见板灰痕迹，长 2.42、宽 0.68 米。墓内填黄褐色花土，质地坚硬。似经夯打，夯窝不明显。

人骨 1 具。头向北，面向西，仰身直肢。骨骼腐朽严重，性别无法鉴定，成年个体。

随葬品有陶罐 1 件，放在墓底西南角台上。乳猪、小型啮齿动物、鸡骨置墓内东南侧。

2. 出土遗物

陶器

陶罐　1 件。

标本 M180：1，泥质灰陶。直口，斜折沿，方唇，束颈，鼓腹，大平底。腹部有制作抹痕，腹部饰两周戳印纹。口径 15.6、底径 18、高 25.6 厘米（图 4-25，1；彩版四三，5）。

（二五）M181

1. 墓葬形制

位于墓地西北部，西侧相邻 M180，南面为 M200。方向 25°（图 4-26；彩版四四，1）。

长方形土坑竖穴墓。墓口长 2.55、宽 1.1 ～ 1.2、深 1.3 米。墓底东、西壁有生土二层台，宽度不一，西 0.17、东 0.12 米。木棺已腐朽，仅见板灰痕迹。长 2.1、宽 0.7、厚 0.07 米。墓内填黄褐色花土，夹杂少量陶片及料姜石。似经夯打，夯窝模糊。

人骨 1 具。头朝北，面向上，仰身直肢。骨骼腐朽严重。疑似男性，中年个体。

随葬品有陶罐 1 件，放在墓底西南角。大型哺乳动物骨放在东南角。

2. 出土遗物

陶器

陶罐　1 件。

标本 M181：1，泥质灰陶。敛口，弧沿，圆唇，束颈，弧肩，鼓腹，下部内收，小平底。上腹

图 4-25　M180 及出土器物

1. 陶罐

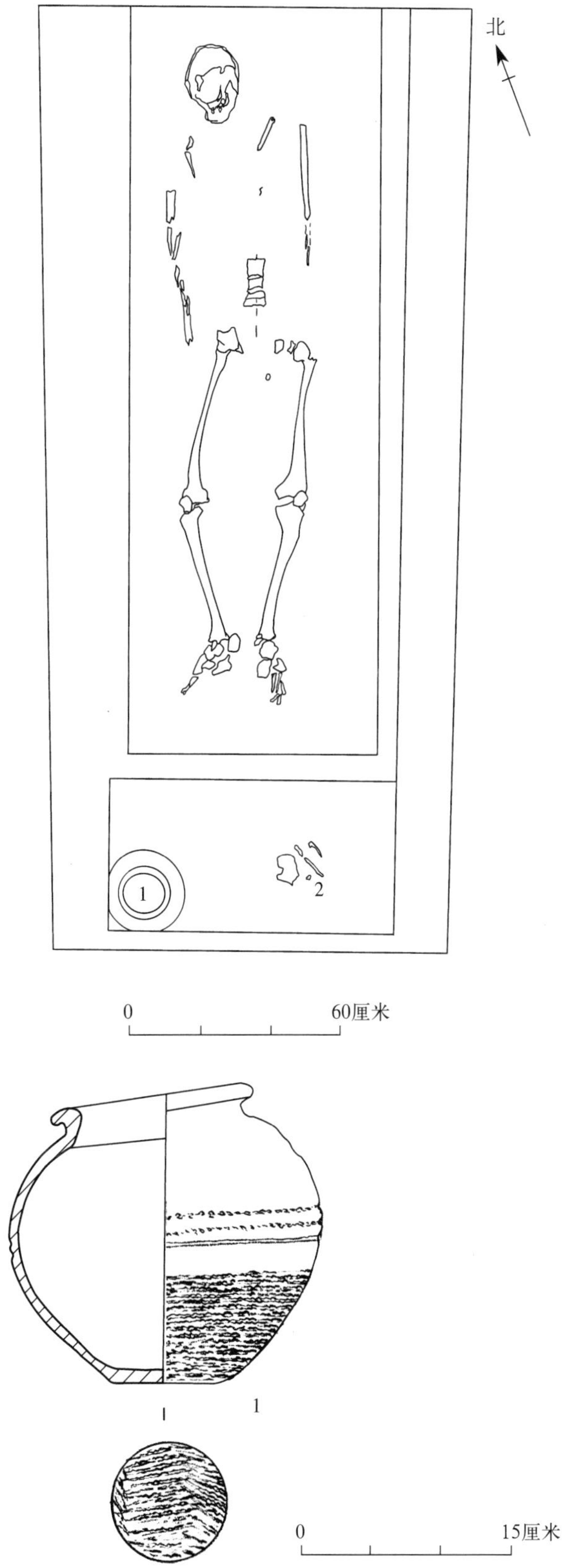

图 4-26　M181 及出土器物

1. 陶罐

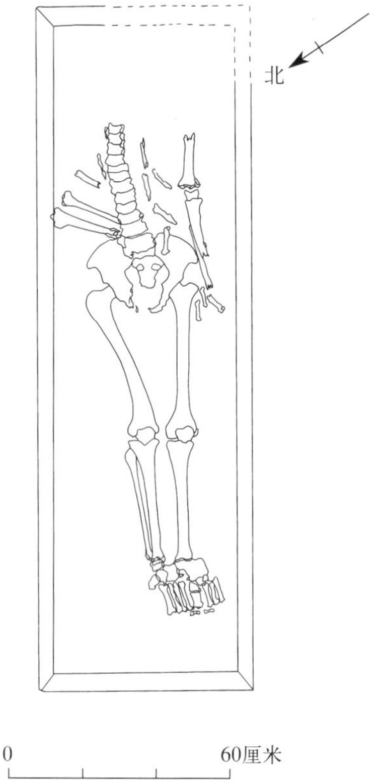

图 4-27 M183 平面图

有制作抹痕，腹部饰两周戳印纹、一周凹弦纹，下腹及底部饰绳纹。口径 14.4、底径 8、高 20.4 厘米（图 4-26，1；彩版四四，2）。

（二六）M183

墓葬形制

位于墓地西北部，被 M171 打破，同时又打破 H1。方向 123°（图 4-27）。

长方形土坑竖穴墓。墓口残长 1.8、宽 0.58、深 0.7 米。墓壁斜直，下稍内收，底较平。墓内填黄褐色五花土，土质较致密。

人骨 1 具。仰身直肢。骨骼散乱。女性，年龄 45～50 岁。

随葬器物无。

（二七）M185

墓葬形制

位于墓地西北部，北面是 M188，东面为 M168。方向 120°。

长方形土坑竖穴墓。墓口长 1.9、宽 1.1 米，底长 1.83、宽 1.02、深 0.95 米。墓底四周有生土二层台，宽 0.16～0.02、高 0.25 米。椁长 1.8、宽 0.7、高 0.25 米。墓内填黄褐色花土，填土中夹杂少量陶片、料姜石等。

人骨 1 具。仅见牙齿和部分肢骨，性别无法鉴定，年龄 8～9 岁。

随葬器物无。

（二八）M188

1. 墓葬形制

位于墓地西北部，北距 M174 约 2 米，西南面为 M185。方向 106°（图 4-28；彩版四四，3）。

长方形土坑竖穴墓。墓口长 2.4、宽 1、深 1.38 米。墓底四周有生土二层台，东宽 0.22、南、北宽 0.1、西宽 0.04、高 0.43 米。椁长 2.09、宽 0.7、深 0.43 米。墓内填黄褐色花土，未经夯打，土质较疏松，夹杂少量绳纹灰陶片、料姜石等。

人骨 1 具。头向东，面向右，仰身直肢。右手骨缺失，双臂平放于身体两侧，右肢骨略向外侧屈曲。男性，年龄 40～50 岁。

随葬品有 3 件。陶壶 2 件位于东端二层台上，分置于东南角和东北角。铜钱 1 枚位于墓主口内。

2. 出土遗物

（1）陶器

陶壶　2 件。泥质灰陶。侈口，斜沿，尖唇，束颈，鼓腹，大平底。素面。

标本 M188∶1，下腹饰四周绳纹。口径 14.8、底径 16.5、高 24.6 厘米（图 4-29，1；彩版四四，4）。

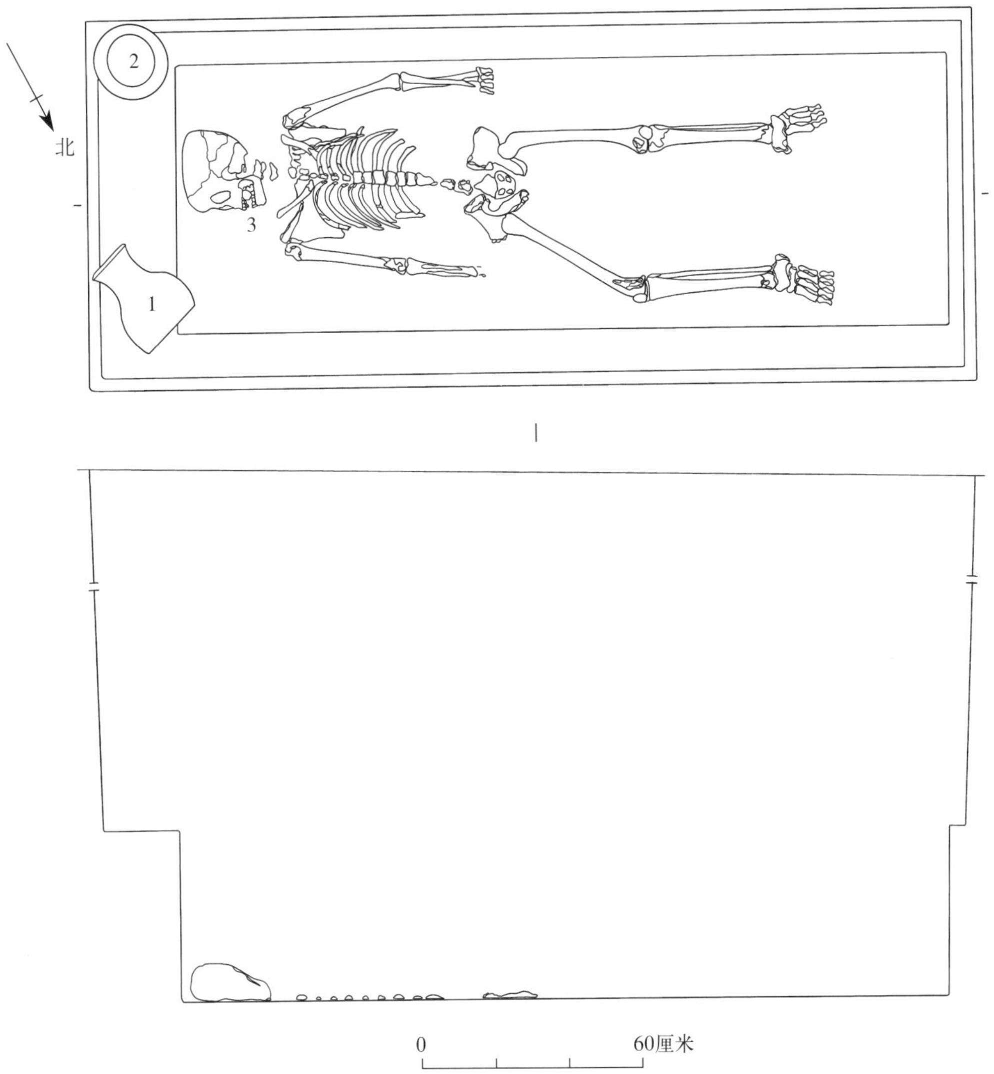

图 4-28　M188 平、剖面图

1、2. 陶壶　3. 铜钱

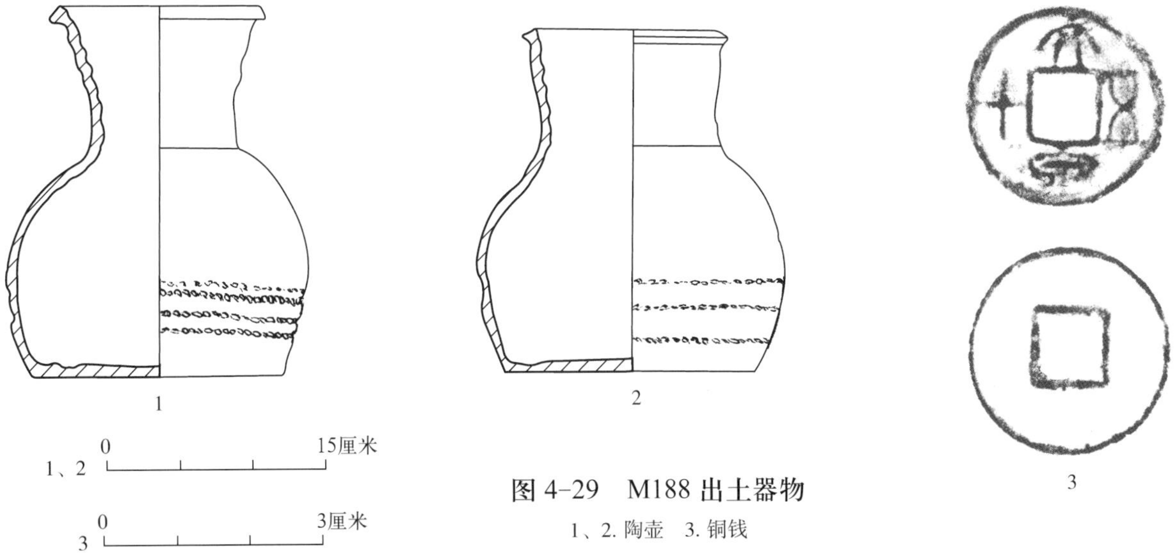

图 4-29　M188 出土器物

1、2. 陶壶　3. 铜钱

标本M188：2，下腹饰三周戳印纹。口径14、底径17.6、高22.8厘米（图4-29，2；彩版四四，5）。

（2）铜器

铜钱　1枚。大泉五十，圆形方穿，正、背面轮郭俱全。钱文篆书，对读。

标本M188：3，直径2.8、穿边长1、厚0.28厘米（图4-29，3）。

（二九）M194

1. 墓葬形制

位于墓地西北部，北距M198南侧2米，东南面打破M199。方向110°（图4-30；彩版四五，1）。

长方形土坑竖穴墓。墓口长2.8、宽1.4、深0.4米。墓壁斜直，底部平整。墓底四周有生土二层台，宽0.07～0.2、深0.3米。椁长2.5、宽0.92～1.05、高0.3米。墓内填黄褐色五花土，土质较疏松。填土中夹杂少量绳纹灰陶片、料姜石等。

人骨1具。葬式不详，女性，年龄40～45岁。

随葬器物6件。陶扁壶、铁镢放置在墓主人骨上面。铜钱3枚，铜环1件置于墓底西端偏南（彩版四五，2）。

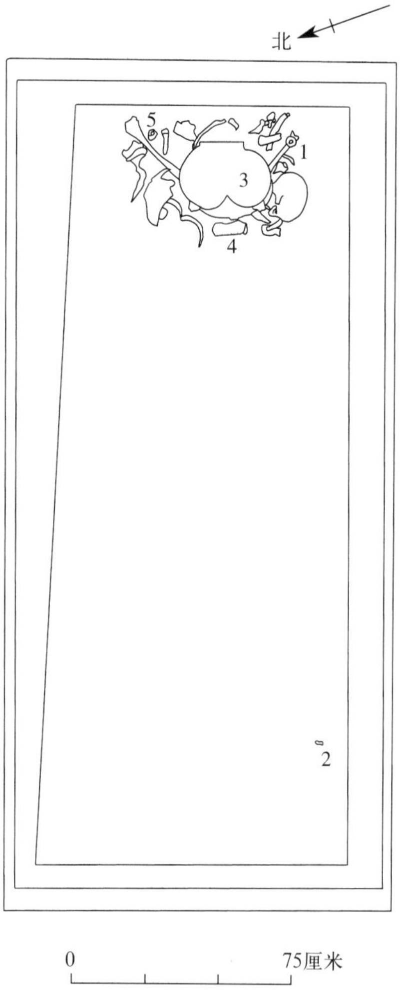

图4-30　M194平面图

1. 铜钱　2. 铜环　3. 陶扁壶　4. 铁镢　5. 铜钱（2）

2. 出土遗物

（1）陶器

陶扁壶　1件。

标本M194：3，夹砂灰陶。口残，扁圆腹，圈足。肩上两侧安对称桥形鼻，腹饰对应“心”形图案。素面磨光。残口径10.8、底长径15、短径9、残高24.6厘米（图4-31，3）。

（2）铜器

铜环　1件。

标本M194：2，圆形，横断面椭圆形。直径3.8厘米（图4-31，2）。

铜钱　3枚。均为货泉，圆形方穿，正、背面轮郭俱全。钱文篆书。

标本M194：1，直径2.3、穿边长0.8、厚0.17厘米（图4-31，1）。

（3）铁器

铁镢　1件。

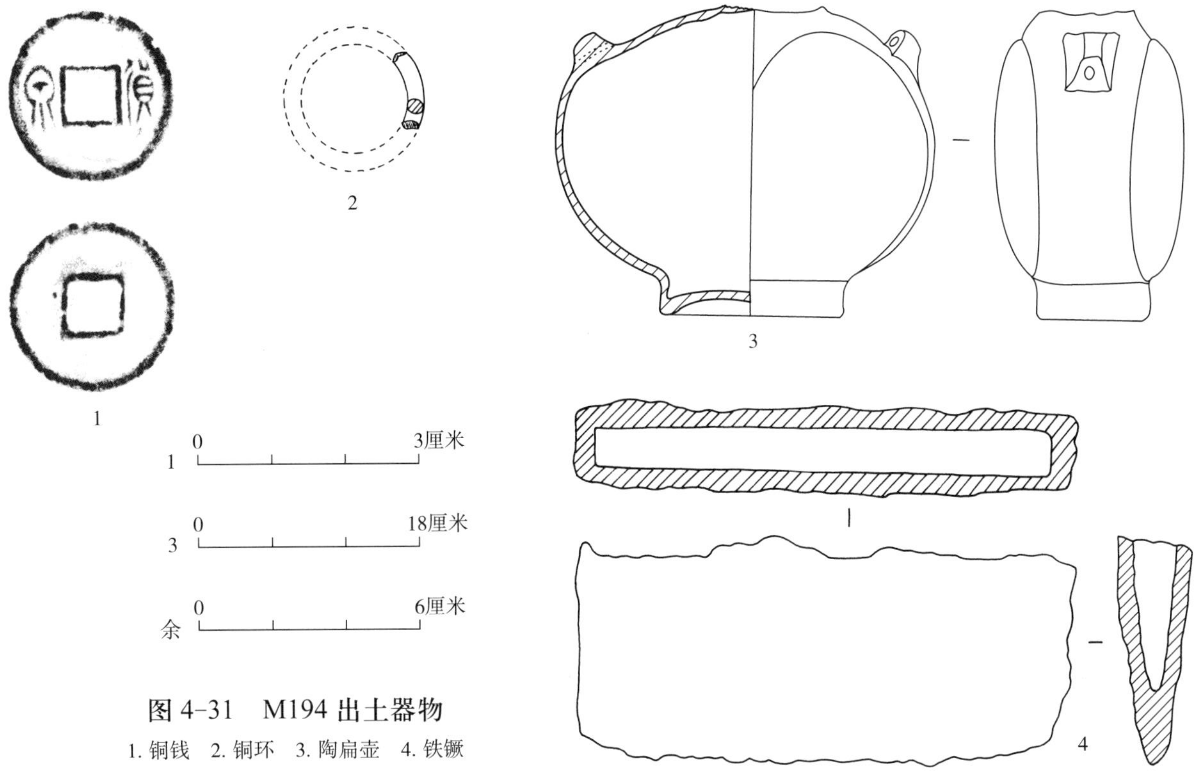

图 4-31　M194 出土器物

1. 铜钱　2. 铜环　3. 陶扁壶　4. 铁镢

标本 M194：4，长方形，体扁薄，中空，三角形銎，弧刃。长 13.5、宽 6、厚 2 厘米（图 4-31，4；彩版四五，3）。

（三〇）M199

墓葬形制

位于墓地西北部，西北面被 M194 打破，南面是 M213。方向 115°（图 4-32；彩版四六，1）。

长方形土坑竖穴墓。墓口长 2.45、宽 1.12 米，底长 2.15、宽 0.9、深 1.2 米。墓壁斜直，下部微内收，底平整。木棺已腐朽，仅见板灰痕迹，长 2、宽 0.7 米。墓内填黄褐色花土。未经夯打，土质较疏松，填土中夹杂少量绳纹灰陶片。

人骨 1 具。头向东，面向右，仰身直肢，保存状况较好。女性，年龄 30 ～ 35 岁。

随葬器物无。仅见乳猪前肢骨。

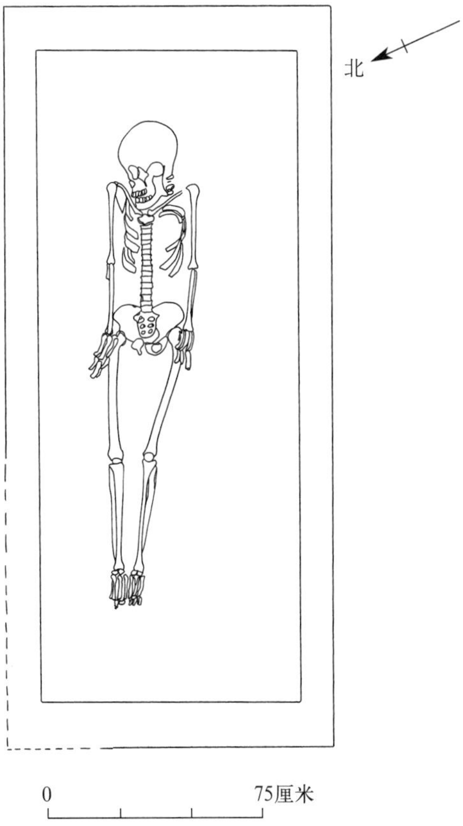

图 4-32　M199 平面图

（三一）M200

1. 墓葬形制

位于墓地西北部，中南部被M197打破，北面是M181，南面是M191。方向18°（图4-33；彩版四六，2）。

长方形土坑竖穴墓。墓口长2.25、宽1.3、深0.95米。墓壁北侧有头龛，宽0.7、高0.5、进深0.25米。东、西壁有生土二层台，宽度不一，西侧0.14～0.24、东侧0.25、深0.45米。木棺已腐朽，仅见板灰痕迹，长2、宽0.55米。墓内填黄褐色花土。经夯打，土质较坚硬。填土中包含少量料姜石。夯窝圆形，分布稀疏，直径5、夯层5厘米。

人骨1具。头向北，面向上，仰身直肢。头骨残破，男性，年龄17～22岁。

随葬器物陶罐1件，与乳猪骨置于头龛内。

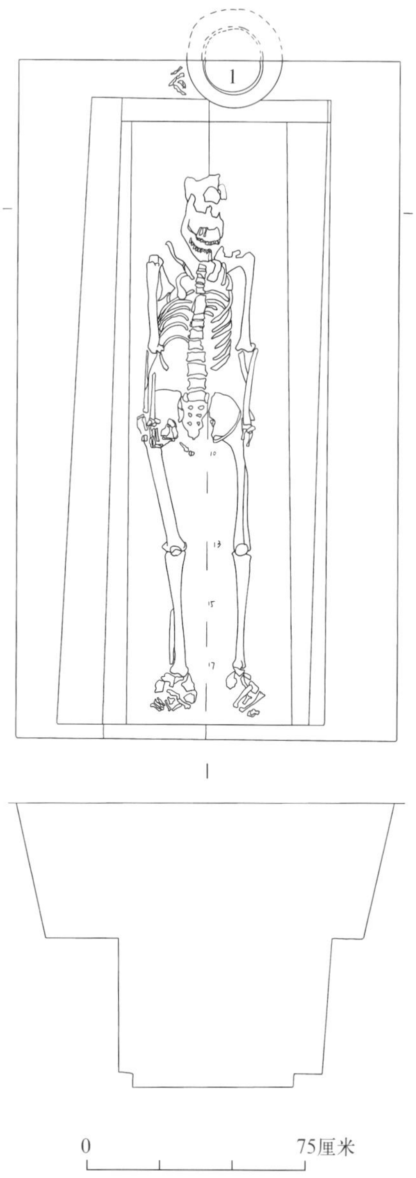

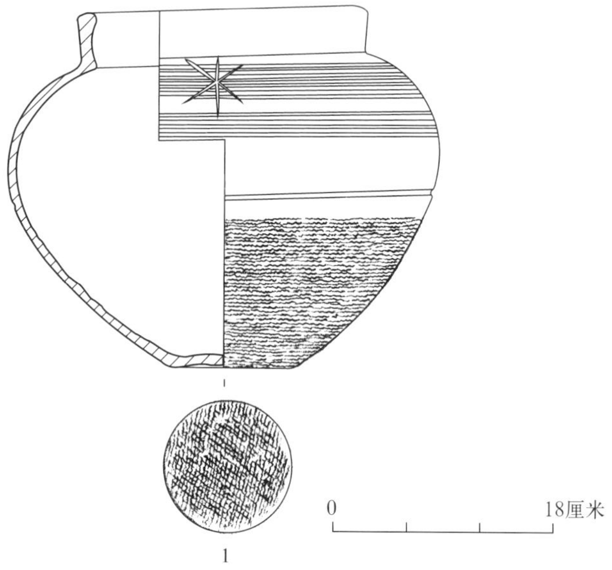

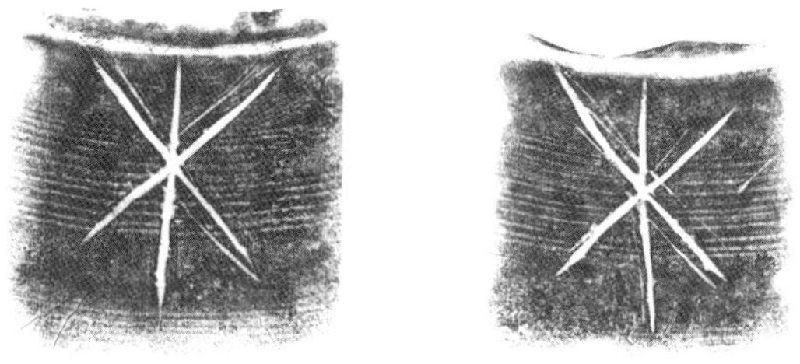

陶罐M200：1肩部刻划符号拓片（1/3）

图4-33 M200及出土器物

1. 陶罐

2. 出土遗物

陶器

陶罐　1件。

标本M200∶1，泥质深灰陶。圆唇，直口，沿面外弧，高领，弧肩，圆鼓腹，下腹弧收，平底微内凹。肩部饰二十几周弦纹，腹部饰一周凹弦纹，下腹及底部饰绳纹，肩上部刻有“米”字形符号。口径24、底径10.8、高28.8厘米（图4-33，1；彩版四六，3）。

（三二）M201

墓葬形制

位于墓地西北部，东面是M169，南面为M211。方向125°（图4-34）。

长方形土坑竖穴墓。墓口长1.8、宽0.48、深0.48米。墓壁规整，下部微收，平底。墓内填黄褐色五花土，未经夯打，土质较疏松。

人骨1具。头向东，面向北，仰身直肢。骨骼腐朽严重，性别无法鉴定，年龄35～45岁。

随葬器物无。

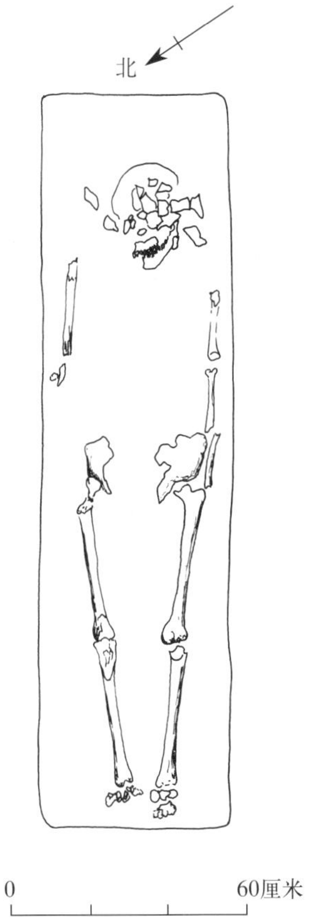

图4-34　M201平面图

（三三）M204

墓葬形制

位于墓地西北部，西与M192距4米，南部被M193、J1打破，东面为M199。方向115°。

长方形土坑竖穴墓。墓口长2.1、宽1.1米，底长1.9、宽0.9、深1.6米。墓内填黄褐色五花土，夹杂褐色黏土块，经过夯打，土质较致密。夯窝圆形，分布稀疏。排列情况不明。

人骨无。

随葬器物无。

（三四）M206

墓葬形制

位于墓地西北部，被M205打破，南面是M210、M218。方向110°（图4-35；彩版四七，1）。

长方形土坑竖穴墓。墓口长2.3、宽0.95米，底长2.3、宽0.75、深1.25米。南、北两侧有生土二层台，宽0.15～0.25、高0.4米。墓内填黄褐色花土，土质较致密。

人骨1具。头向东，面向上，仰身直肢。男性，年龄35～40岁。

随葬器物无。

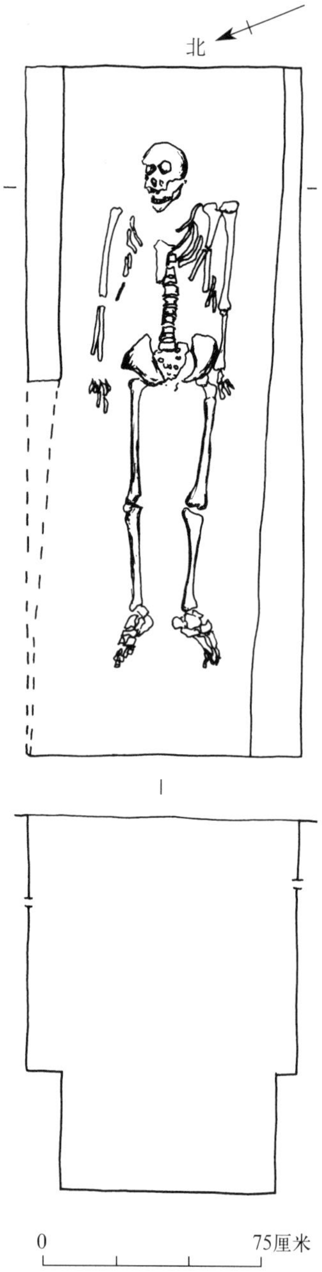

图 4-35　M206 平、剖面图

（三五）M207

1. 墓葬形制

位于墓地西北部，被M159打破，东面是M186、M184。方向20°（图4-36；彩版四七，2）。

长方形土坑竖穴墓。长2.48、宽1.36米，底长2.2、宽0.83、深1.95米。墓底有生土二层台，宽0.14、高0.55米。木棺已腐朽，仅存板灰痕迹，长1.78、宽0.65米。墓内填黄褐色五花土，经夯打，土质较致密。夯窝椭圆形，不规则排列，直径5～9、间距6～58、夯层厚20厘米。

人骨1具。头朝北，面向不详。仅残存头骨残渣及少量牙齿，仰身直肢。右下肢微屈，左下肢伸直。疑似女性。成年个体。

随葬器物有陶罐1件。

2. 出土遗物

陶器

陶罐　1件。

标本M207∶1，泥质灰陶。侈口，斜沿，圆唇，束颈，弧肩，圆鼓腹下弧收，平底微凹。腹及底部饰绳纹，间饰十周凹弦纹。口径12、底径6、高24厘米（图4-36，1；彩版四七，3）。

（三六）M213

1. 墓葬形制

位于墓地西北部，北面距M199南侧1米，西面是M193。方向118°（图4-37；彩版四八，1）。

长方形土坑竖穴墓。墓口长2.5、宽1.04米，底长2.25、宽0.9、深0.76米。墓壁垂直、规整，底平整。墓底四周有生土二层台，宽0.1～0.15、高0.6米。椁长2.25、宽0.9、深0.6米。墓内填黄褐色五花土。土质较疏松。夹杂少量灰陶片、料姜石等。

人骨1具。头向东，葬式不详。骨骼腐朽严重，仅见少量牙齿和部分下肢骨。性别无法鉴定，年龄15～18岁。

随葬器物7件。其中陶壶2件放置墓内南壁中部偏东。铜钱5枚，分别置于墓主指骨处。

2. 出土遗物

（1）**陶器**

陶壶　2件。泥质灰陶。敞口，沿内弧，圆唇，束颈，鼓腹，平底微凹。腹部饰四周戳印纹，

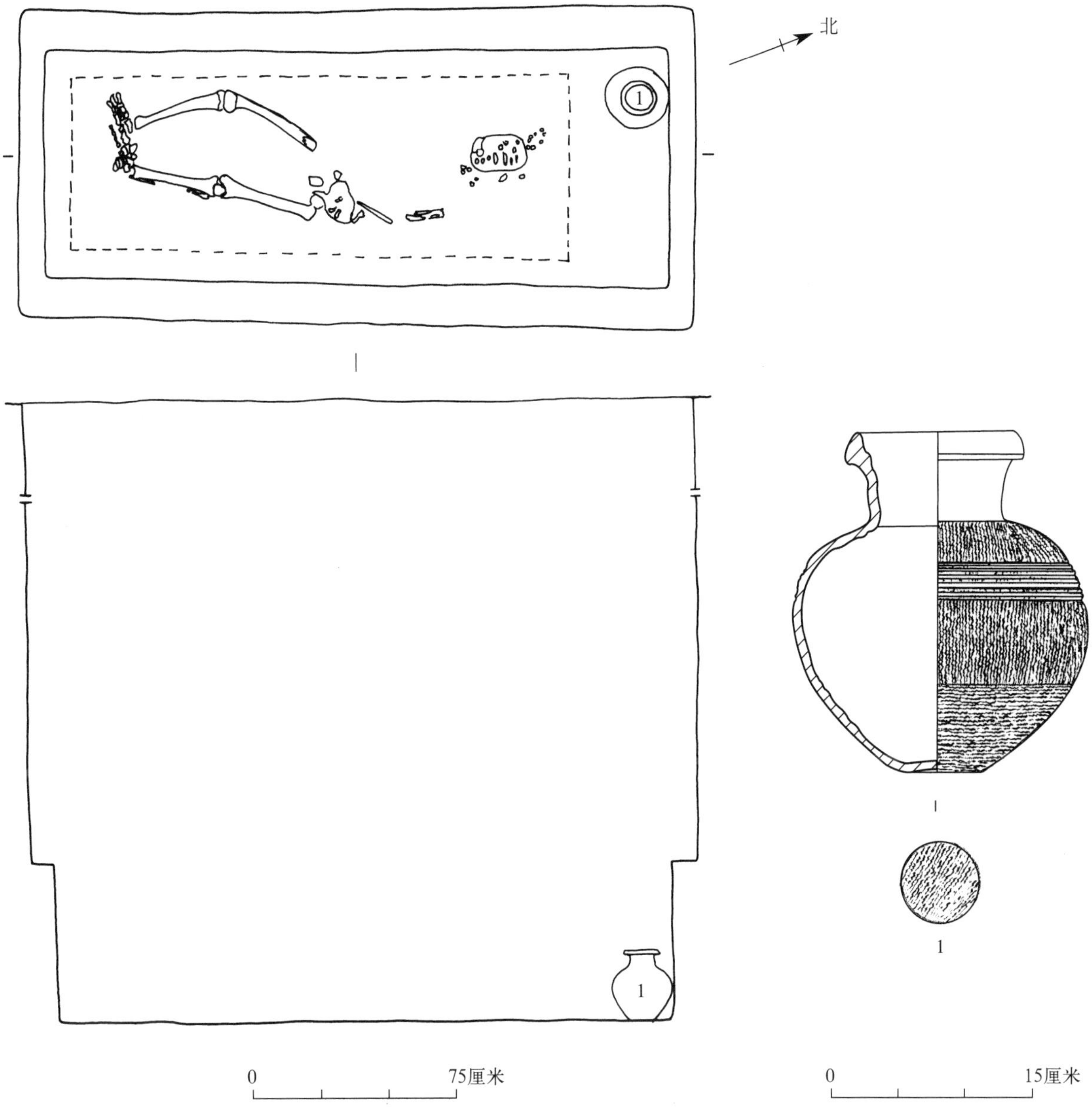

图 4-36　M207 及出土器物

1. 陶罐

下腹有抹制痕。

标本 M213∶1，口径 12、底径 10、高 22.4 厘米（图 4-38，1；彩版四八，2）。

标本 M213∶2，口径 12、底径 10、高 22.4 厘米（图 4-38，2；彩版四八，3）。

（2）**铜器**

铜钱　5 枚。

半两　1 枚。圆形方穿，正、背面无轮无郭，面微弧，背平素。钱文篆书，“两”字中间不出头，两个人字连笔成山，竖划清晰。

标本 M213∶3-1，钱直径 2.3、穿边长 1、厚 0.1 厘米（图 4-38，3-1）。

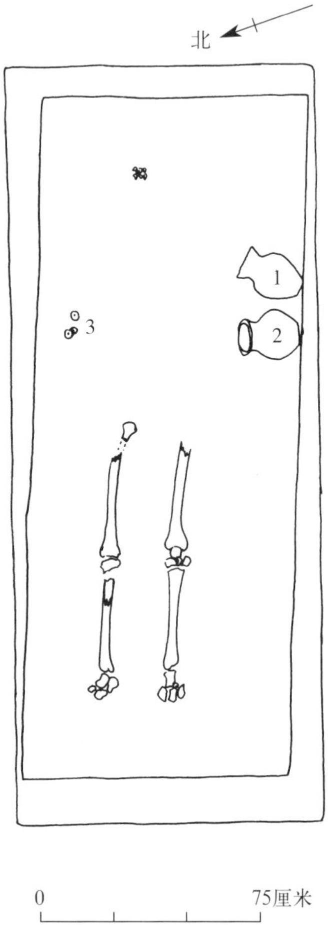

图 4-37　M213 平面图

1、2. 陶壶　3. 铜钱（5）

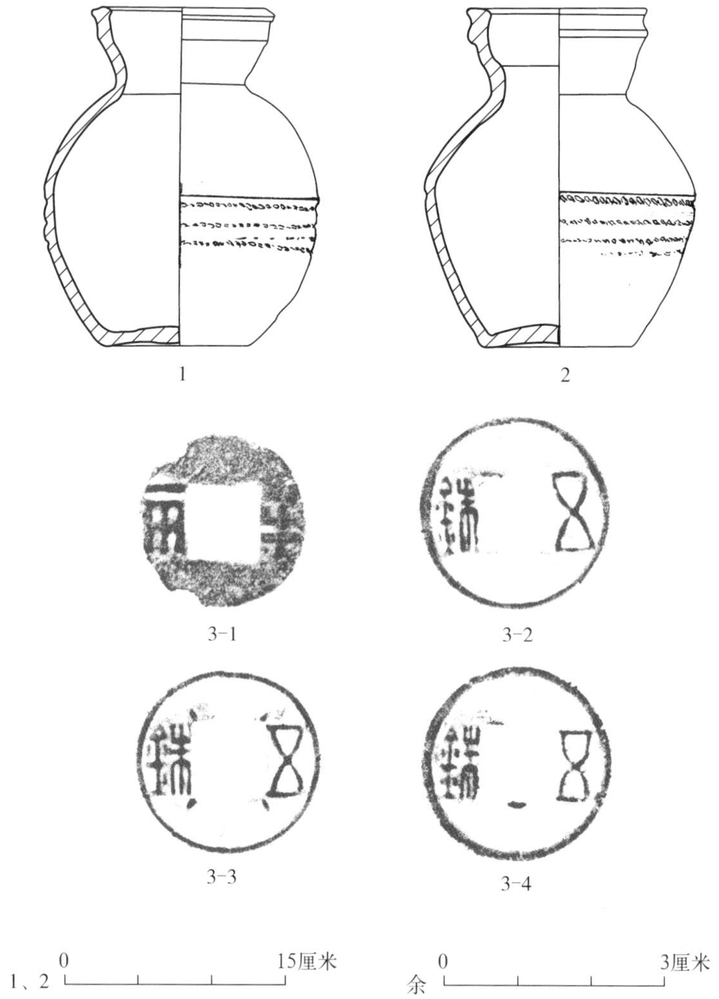

图 4-38　M213 及出土器物

1、2. 陶壶　3-1～4. 铜钱

五铢　4 枚。圆形方穿，正面有轮无郭，背面轮郭俱全。根据钱文字体不同分为两种。

第一种　3 枚。“五”字两笔交叉微曲，“铢”字“金”头镞形或三角形，与“朱”等齐，“朱”上部方折，其中两枚正面方穿的四角有短斜线纹。

标本 M213∶3-2、-3，直径 2.6、穿边长 1、厚 0.2 厘米（图 4-38，3-2、-3）。

第二种　1 枚。“五”字两笔交叉弯曲，与上、下两横相交处垂直，“铢”字“金”头呈三角形，较小，与“朱”等齐。“朱”字上部方折，穿下半星。

标本 M213∶3-4，直径 2.6、穿边长 1、厚 0.17 厘米（图 4-38，3-4）。

（三七）M218

墓葬形制

位于墓地西北部，被 M210 打破，北面是 M206，南面为 M214。方向 106°（图 4-39；彩版四八，4）。

长方形土坑竖穴墓。墓口残长 1.98、宽 1.23、深 0.8 米。墓底有生土二层台，南、北宽 0.25、西壁宽 0.14、高 0.25 米。内填黄褐色五花土，土质较致密。

人骨 1 具。头向东，面向不详。仰身直肢，墓主上肢平放在骨盆两侧。女性，年龄 35 ～ 45 岁。

随葬器物无。

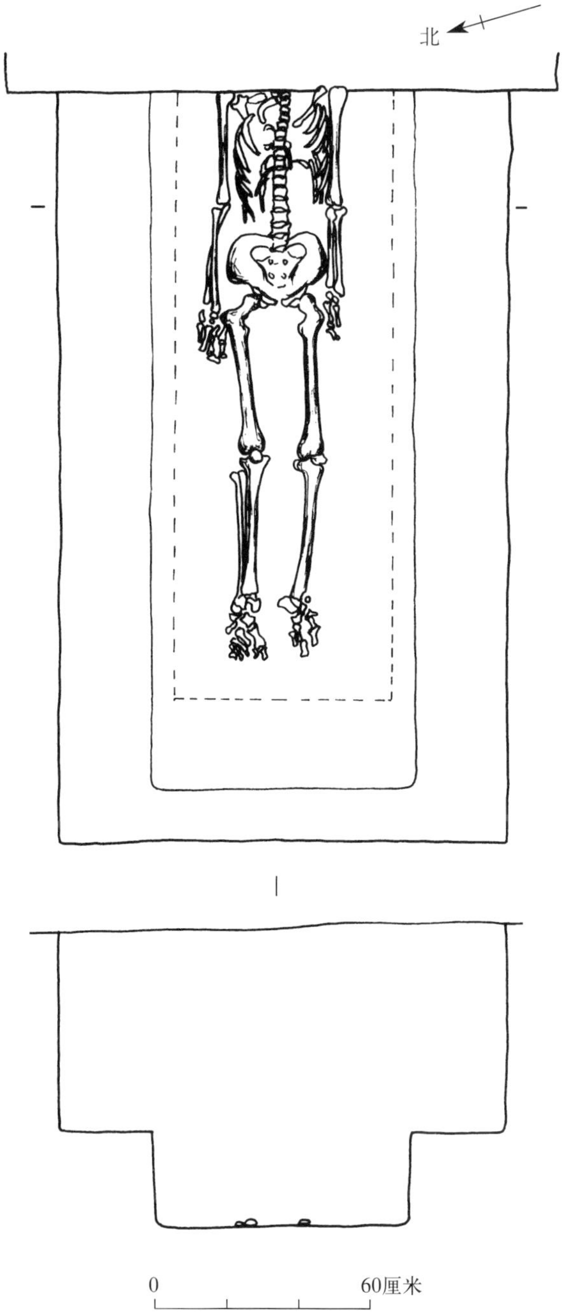

图 4-39　M218 平、剖面图

（三八）M220

1. 墓葬形制

位于墓地西南部，西北邻 M233，东面是 M222、M223。方向 105°（图 4-40）。

长方形土坑竖穴墓。墓口长 2.2、宽 0.7、深 0.15 米。墓内填黄褐色花土，土质较致密。填土中发现 1 件骨耳珰。

人骨 1 具。头向东，面朝上。多堆放在一起，葬式不详。性别无法鉴定，年龄 12 ～ 14 岁。

随葬器物 1 件。墓主头骨下放置铜钱 1 枚。

2. 出土遗物

（1）铜器

铜钱　1 枚。货泉，部分缺失。圆形方穿，钱正、反两面轮郭俱全。钱文篆书“货泉”二字。

标本 M220∶1，直径 2.2、穿边长 0.6、厚 0.15 厘米（图 4-40，1）。

（2）骨器

骨耳珰　1 件。

标本 M220∶01，顶端半圆形，圆柱形，中间内弧，中间一小圆孔。外径 1.1、高 1.8 厘米（图 4-40，01）。

（三九）M221

1. 墓葬形制

位于墓地西南部，北邻 M219，西南面是 M233。方向 112°（彩版四九，1）。

长方形土坑竖穴墓。墓口长 3.7、宽 1.8 米，底长 3.6、宽 1.75、深 3 米。墓底四周有熟土二层台，宽 0.15 ～ 0.2、深 0.7 米。木棺已腐朽，仅见板灰痕迹（彩版四九，2），长 2.4、宽 0.9 米。墓内填黄褐色五花土，土质较坚硬。填土中发现陶钫 1 件。

人骨 1 具。头向东，面向及葬式不详。仅残存头部少量牙齿及肢骨残骸。性别无法鉴定，年龄 20 ～ 30 岁。

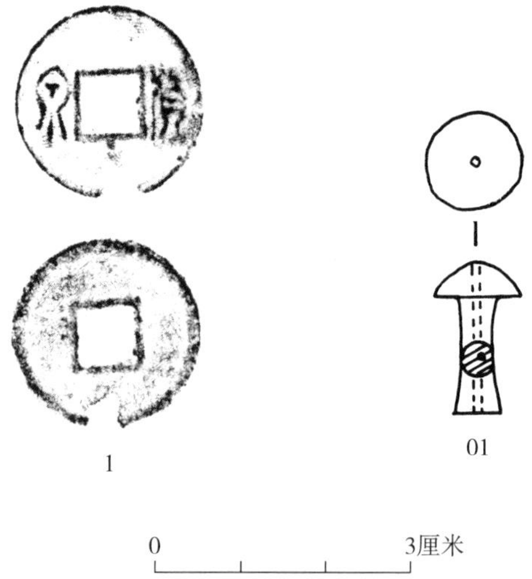

图4-40　M220及出土器物

1. 铜钱　01. 骨耳珰

随葬器物14件。陶壶2件置于墓室西端（彩版五〇，1）。铜镜1枚位于墓主头骨右侧。铜带钩1件放在脊椎骨中间，铜钱10枚放置在头骨下颌处。动物骨骼位于椁室西端，未经鉴定，种属不明。

2. 出土遗物

（1）**陶器**

陶壶　2件。泥质灰陶。侈口，束颈，鼓腹。腹部饰两周戳印纹。

标本M221∶3，尖唇，斜沿，大平底内凹。口径12.6、底径18、高22.8厘米（图4-41，3；彩版五〇，2）。

标本M221∶4，平沿，圆唇，小平底微凹。口径11.6、底径15.2、高22.8厘米（图4-41，4；彩版五〇，3）。

陶钫　1件。

标本M221∶01，泥质灰陶。失盖。方口，平沿，方唇，侈口，束颈，沿外侧有折棱，鼓腹，方形圈足。下腹及底部饰绳纹。口边长10.6、底边长14、高37.4厘米（图4-41，01；彩版五〇，4）。

（2）**铜器**

铜镜　1枚。

标本M221∶1，昭明圈带连弧铭带镜。圆形，圆纽，圆纽座。座外均匀伸出的四组短竖线（每组三条）与四条短竖线相间环列，其外一周窄凸面圈带。带外间隔分布四组内附三短竖线内弧月牙纹和四月

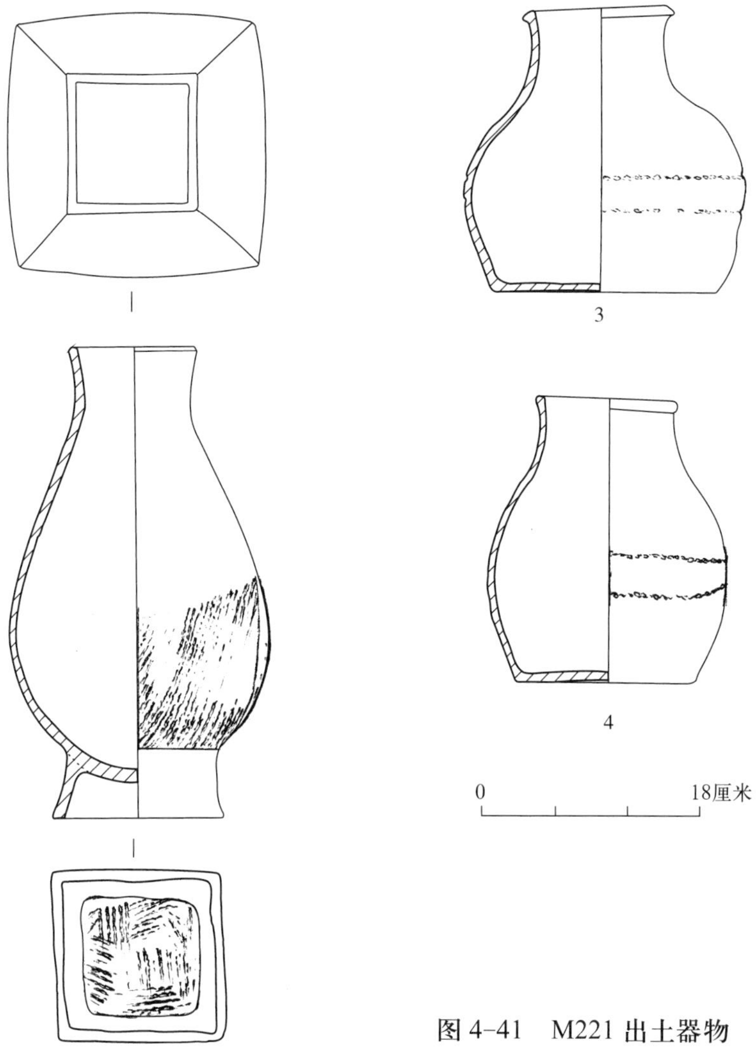

图 4-41　M221 出土器物

3、4. 陶壶　01. 陶钫

牙纹，再外一周内向八连弧纹圈带。外区两组短斜线和凸弦纹组合纹带，其间为顺时针铭文带“内而清而以昭而明光而象夫日之月心忽而不泄”，方正式篆隶体、笔画加重呈楔形，首尾用一横线隔开。宽素平缘。面径 10.9、缘厚 0.6 厘米（图 4-42，1；彩版五〇，5）。

铜带钩　1 件。

标本 M221：2，形体较小。钩呈鸟喙状，钩身一端向上弯曲形成钩首，圆形纽位于下面。宽 2.2、高 2.1 厘米（图 4-42，2）。

铜钱　10 枚。均为五铢，圆形方穿，正面有轮无郭，背面轮郭俱全。根据钱文字体不同分为两种。

第一种　3 枚。“五”字两笔交叉微曲，“铢”字“金”头呈三角形，低于“朱”字，“朱”字上部方折，有的穿下半星。

标本 M221：5-1、2，直径 2.5、穿边长 1、厚 0.14 厘米（图 4-42，5-1、2）。

第二种　7 枚。“五”字两笔交叉弯曲，与上、下两横相交处外放、微内收或垂直，“铢”字“金”头呈三角形，较小，低于“朱”字，“朱”字上部方折，有的穿下半星。

标本 M221：5-3 ～ 5，直径 2.6、穿边长 1、厚 0.16 厘米（图 4-42，5-3 ～ 5）。

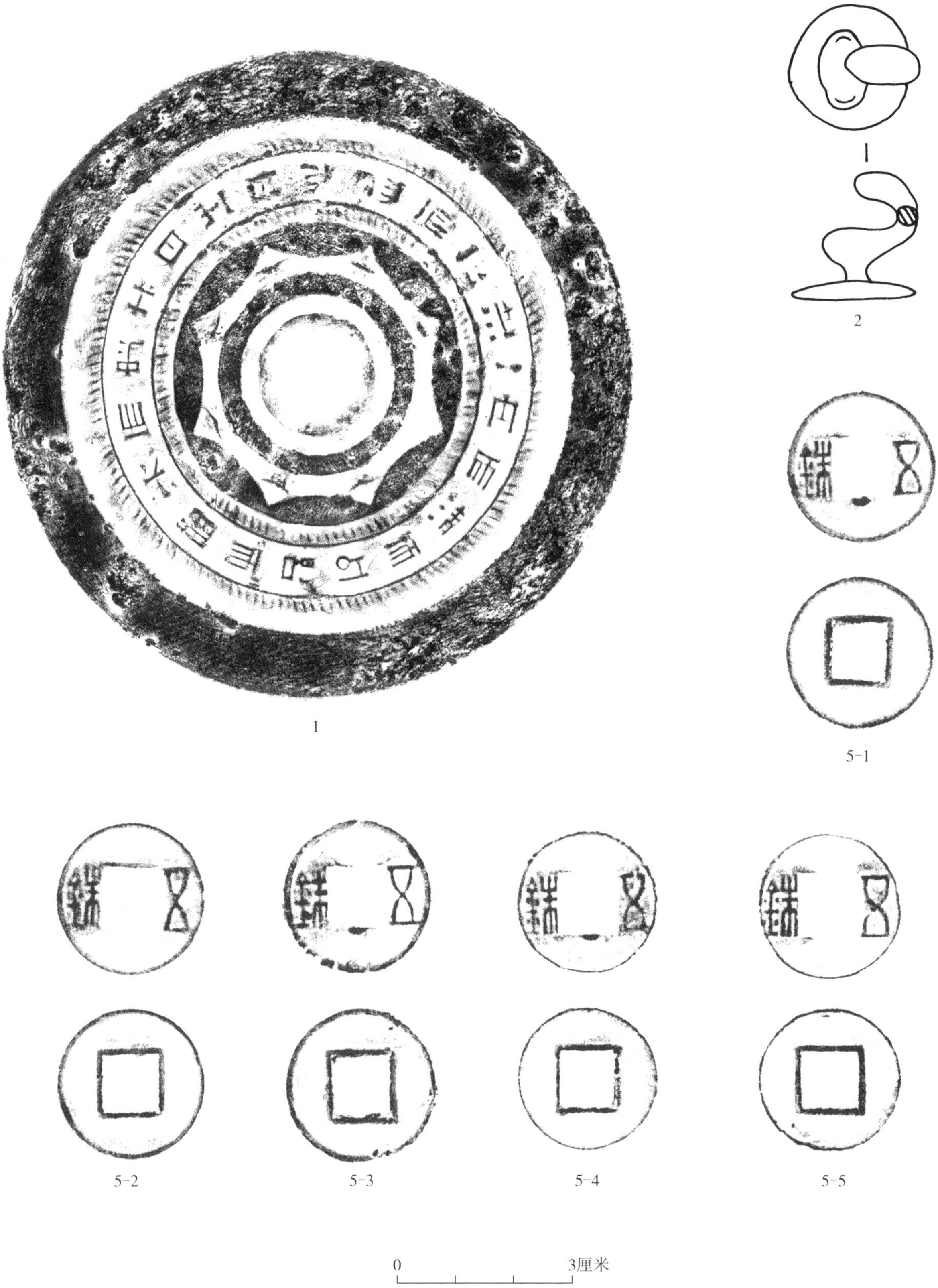

图4-42　M221出土器物

1. 铜镜　2. 铜带钩　5-1～5. 铜钱

（四〇）M222

1. 墓葬形制

位于墓地西南部，距 M221 东侧 5 米，南面是 M223。方向 107°（图 4-43；彩版五一，1）。

长方形土坑竖穴墓。墓口长 2.96、宽 1.22、深 3 米。墓底有生土二层台，东、南、北宽 0.03 ～ 0.07、高 0.8 米。木棺已腐朽，仅存黑色灰痕，长 2.16、宽 0.8 米。墓内填黄褐色五花土，经夯打，土质较致密。夯窝椭圆形，排列无规律，直径 6 ～ 10、间距 20 ～ 29、厚 20 厘米。

人骨 1 具。头骨、肢骨等零乱放置在墓内中间偏西处。葬式不详。女性，年龄 25 ～ 35 岁。

随葬器物 4 件。陶壶 2 件位于墓内西侧。铜镜、石琀置于墓内东侧。

图 4-43　M222 平面图

1. 铜镜　2. 石琀　3、4. 陶壶

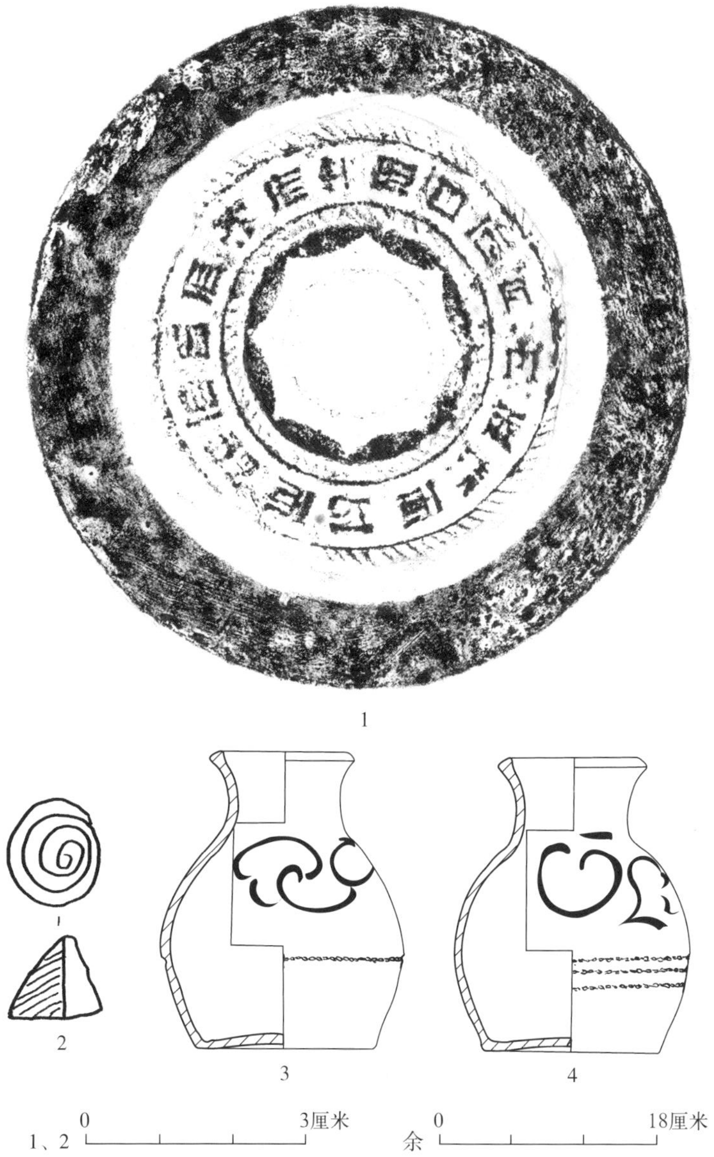

图 4-44　M222 出土器物

1. 铜镜　2. 石琀　3、4. 陶壶

2. 出土遗物

（1）陶器

陶壶 2件。泥质灰陶。敞口，沿面外斜，尖唇，束颈，鼓腹，平底内凹。上腹饰红彩云雷纹。标本M222∶3，腹部饰一周戳印纹。口径12、底径14.8、高23.6厘米（图4-44，3；彩版五一，2）。标本M222∶4，腹部饰三周戳印纹。口径12.4、底径14.4、高23.6厘米（图4-44，4；彩版五一，3）。

（2）铜器

铜镜 1枚。

标本M222∶1，昭明连弧铭带镜。圆形，圆纽，圆纽座。座外四组内附三短竖线的短横线与四条单短线相间分布，其外一周内向八连弧纹圈带。外区两组短斜线和凸弦纹组合纹带，其间为顺时针铭文“内清以昭明，光夫日月”，方正式篆隶体、笔画加重呈楔形，首尾似用两点隔开，每字间一“而”字。宽素卷缘。面径9.5、缘厚0.7厘米（图4-44，1；彩版五一，4）。

（3）石器

石琀 1件。

标本M222∶2，圆锥形。顶端有一小圆突，平底。表面饰白彩。径1.3～1.4、厚1厘米（图4-44，2）。

（四一）M225

墓葬形制

位于墓地西南部，北面是M220，东北面为M227，南面是M228。方向100°（图4-45；彩版五二，1）。

长方形土坑竖穴墓。墓口长1.8、宽0.75、深0.2米。墓室破坏严重，形制不明。墓底平铺厚0.03米碎瓦片。墓内填黄褐色五花土，土质较坚硬。夹杂大量陶片。夯窝模糊，排列情况不明。

人骨1具。头向东，面向上，仰身直肢。性别无法鉴定，年龄11～12岁。

随葬器物无。猪骨置于墓内西侧。

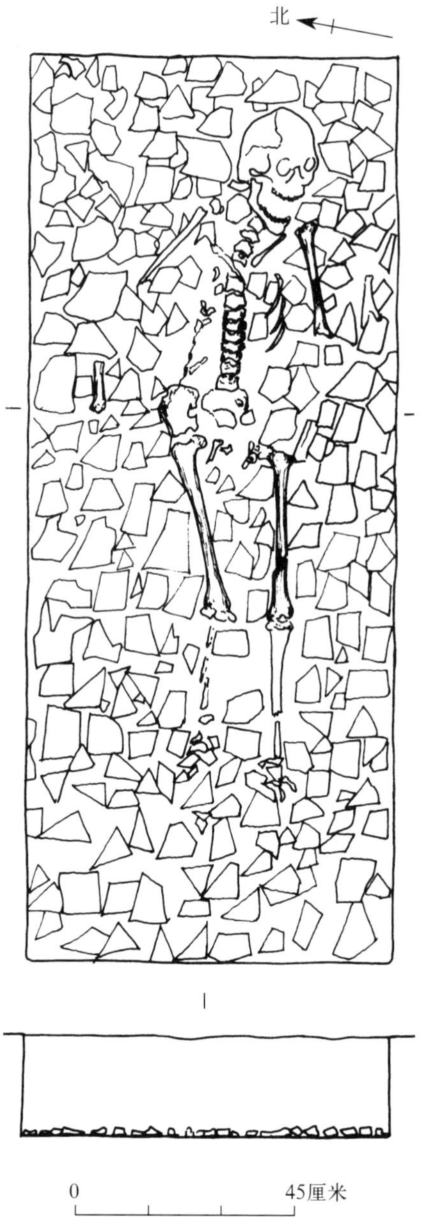

图4-45 M225平、剖面图

（四二）M233

1. 墓葬形制

位于墓地西南部，东北面是M221，南面为M220。方向110°（图4-46；彩版五二，2）。

长方形土坑竖穴墓。墓口长3、宽1.3、深2.15

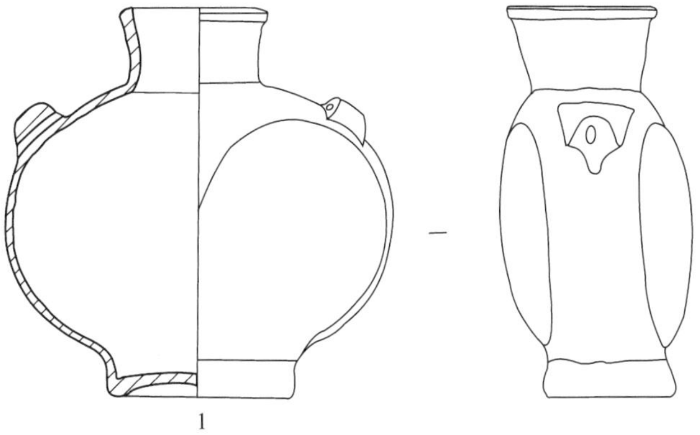

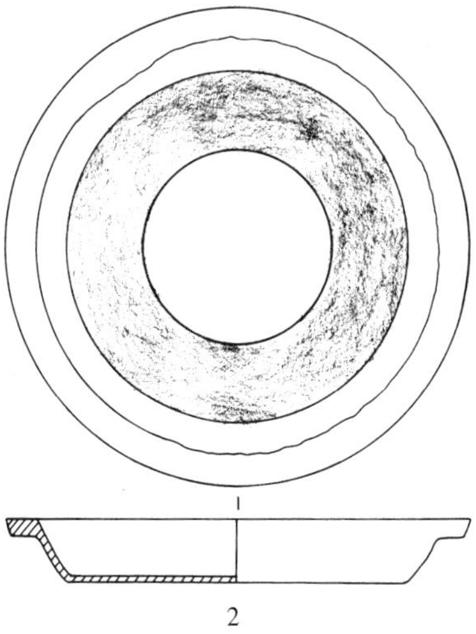

01　0　6厘米

余　0　18厘米

图 4-46　M233 及出土器物

1. 陶扁壶　2. 漆盘　01. 铜镜

米。墓底四周有生土二层台，宽 0.1 ～ 0.25、高 0.5 米。墓内填黄褐色五花土，土质较致密。盗洞内发现铜镜 1 枚。

人骨 1 具（盗洞内）。疑似女性，年龄 14 ～ 16 岁。

随葬陶扁壶和漆盘各 1 件，南北排列放在墓室东北角（彩版五二，3）。

2. 出土遗物

（1）陶器

陶扁壶　1件。

标本M233∶1，泥质灰陶，中间夹细砂。侈口，斜沿，方唇，高颈，扁圆腹，圈足。肩上饰两个对称桥形鼻，腹两侧有对应“心”形装饰，素面。口径10.8、底长径13.6、短径9.6、高27.6厘米（图4-46，1；彩版五三，1）。

（2）铜器

铜镜　1枚。

标本M233∶01，四乳禽兽镜。圆形，圆纽，柿蒂纹纽座。座外叶间篆书“长宜子孙”四字。再外一周凸弦纹与一周窄凸面圈带之间均匀分布八组短竖线（每组三条），其间夹饰“一二一”形短横线。外区两组短斜线和凸弦纹组合纹带之间为主纹，四枚柿蒂纹座的乳丁分为四区，每区内分饰两禽或兽，分别为两长尾立鸟相对、翼虎逐羊、短尾长尾立鸟各一、翼龙逐鹿。宽素平缘。面径16.4、缘厚0.55厘米（图4-46，01；彩版五三，2）。

（3）漆器

漆盘　1件。

标本M233∶2，整体变形。敞口，宽平沿，方唇，斜壁，腹较浅，小平底。内底部饰黑彩，外侧一周红彩带。口径30、底径22、高4厘米（图4-46，2）。

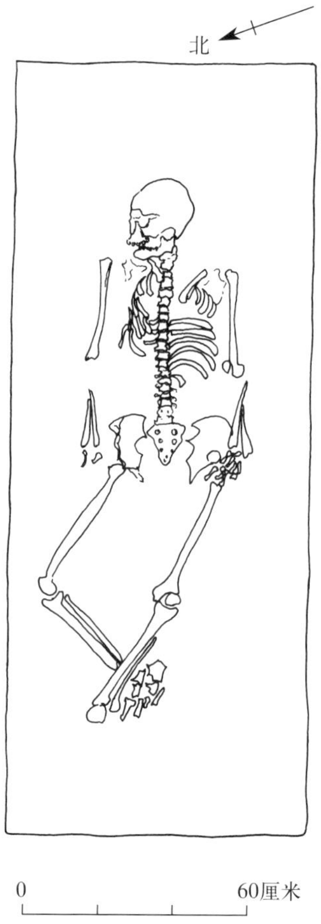

图4-47　M238平面图

（四三）M238

墓葬形制

位于墓地西南部，北面是M229，东北面是M236。方向110°（图4-47）。

长方形土坑竖穴墓。墓口长2、宽0.8、深0.18米。墓内填黄褐色五花土，土质较坚硬。含少量碎陶片及料姜石。夯窝模糊不清。

人骨1具。头向东，面朝上，仰身屈肢。骨骼保存较好。上肢平放，右下肢向内弯曲，与左下肢叠压相交。女性，年龄30～40岁。

随葬器物无。

（四四）M248

1. 墓葬形制

位于墓地西南部，北面是M147。方向10°（图4-48）。

长方形土坑竖穴墓。墓口长2.2、宽1.1米，底长2.2、宽0.8、深1.1米。墓壁垂直规整。墓底东、西两侧有生土二层台，宽0.1、高0.6米。墓内填黄褐色花土，未经夯打，土质较松软。

人骨1具。头向北，仅残存部分下肢及盆骨。疑似男性，年龄25～35岁。

随葬器物1件，墓主躯干左侧发现铜带钩1件。

2. 出土遗物

铜器

铜带钩　1件。

标本M248∶1，形体略短。琵琶形，钩似鸟首状，截面三角形，圆形纽位于近中部。长7厘米（图4-48，1；彩版五三，3）。

（四五）M256

1. 墓葬形制

位于墓地中部，南面被M255打破，北面是M274，西面是M254。方向10°（图4-49；彩版五四，1）。

长方形土坑竖穴墓。墓口长3.15、宽2.15米，底长3、宽2、深2米。墓壁规整，底平整。墓底四周有宽0.3米熟土二层台。棺长1.7、宽0.9米。内填黄褐色五花土，经夯打，土质较坚硬。夯窝圆形，分布较密集，排列无规律，直径8～12、夯层厚8厘米。填土中发现彩绘陶壶2件。东侧散落有乳猪、鸡、鱼、鲤鱼、小型鹿、猪、鲷科、真鲷、鲤科骨。

人骨1具。头向北，仰身直肢。仅残存部分肢骨。性别无法鉴定，成年个体。

铜钱1枚位于墓主头骨下面。

2. 出土遗物

（1）陶器

陶壶　2件。泥质灰陶。弧顶盖。上饰圆形红、白彩，已脱落。壶侈口，斜沿，束颈，溜肩，鼓腹，体弧内收，高圈足。通体饰白彩，颈、腹部饰红彩，上腹绘红色兽首衔环图案。

标本M256∶01，方唇。口径11.4、底径10.6、通高28.4厘米（图4-50，01；彩版五四，2）。

标本M256∶02，尖唇。口径10.9、底径19.2、通高27.8厘米（图4-50，02；彩版五四，3）。

（2）铜器

铜钱　1枚。

标本M256∶1，残破缺失严重，钱文无法辨认。

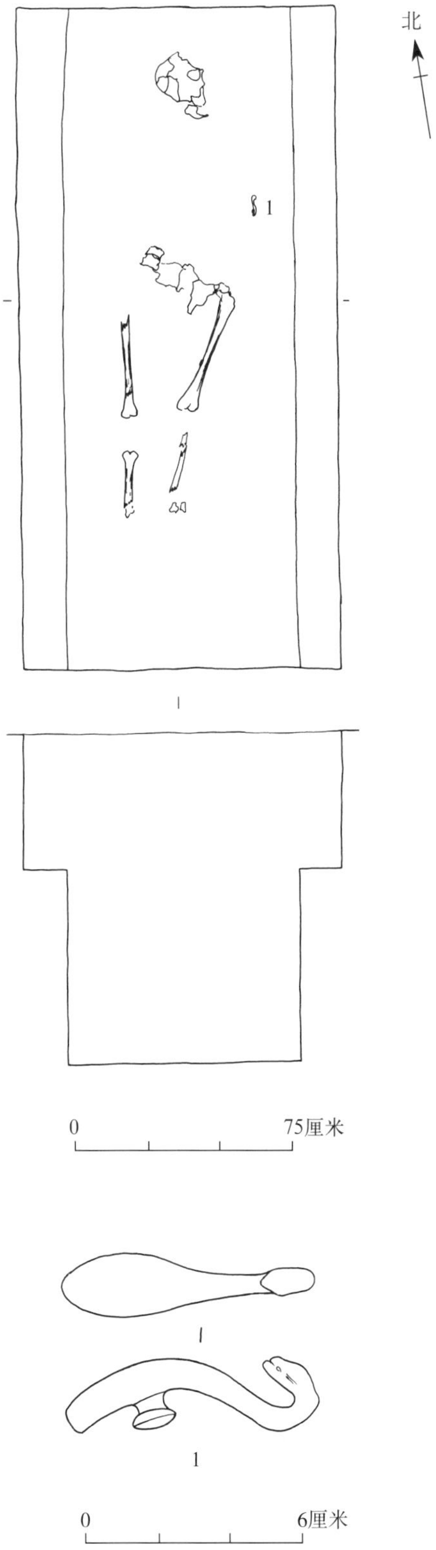

图4-48　M248及出土器物

1. 铜带钩

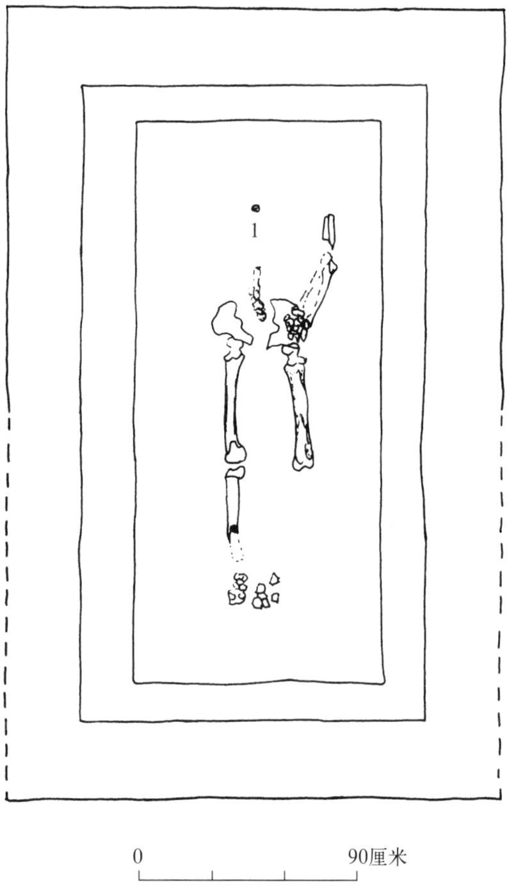

图 4-49 M256 平面图
1. 铜钱

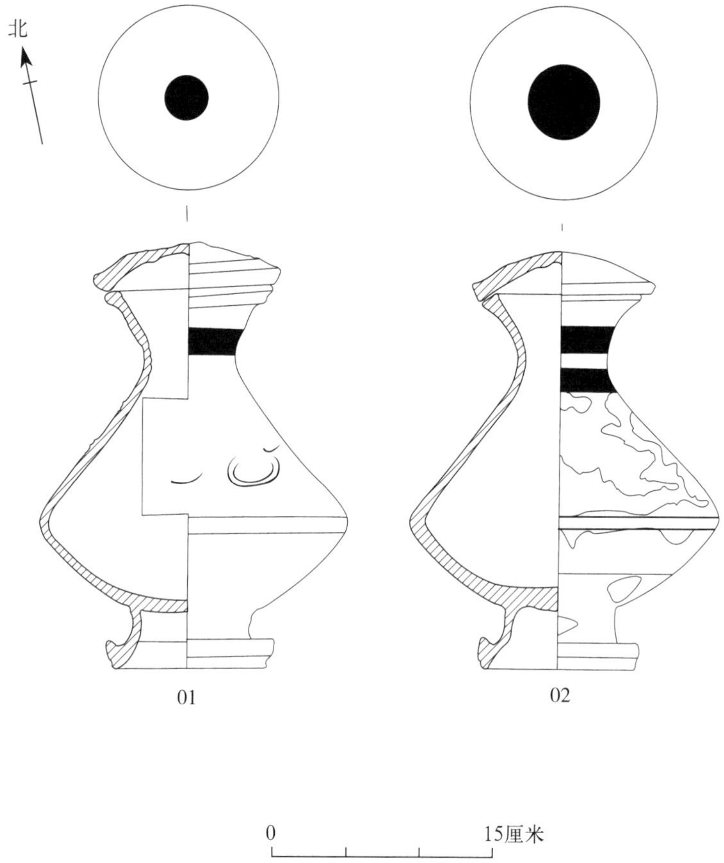

图 4-50 M256 出土器物
01、02. 陶壶

（四六）M257

1. 墓葬形制

位于墓地中部，东面是 M258，西面为 M256、M255。方向 186°（图 4-51；彩版五五，1）。

长方形土坑竖穴墓。墓口长 3.02、宽 1.64 米，底长 2.9、宽 1.44、深 1.28 米。墓底四周有生土二层台，宽 0.4 ～ 0.44、高 0.3 米。木棺已腐朽，仅见板灰痕迹，长 2.06、宽 0.56 米。墓内填黄褐色五花土，土质较软。

人骨 1 具。骨骼腐朽严重。性别、年龄不详。

随葬陶器 7 件。陶壶 2 件放在北端二层台中间。陶俑 5 件置于陶壶西侧。乳猪、鱼骨放在墓底北端土台上。

2. 出土遗物

陶器

陶壶　2 件。形制相同。泥质灰陶。弧顶盖，顶饰白彩。壶侈口，沿面外斜，束颈，溜肩，鼓腹，腹弧收，高圈足。通体饰白彩，颈、腹部红彩，腹部白彩上绘红色兽首衔环和祥云纹。

标本 M257：1，尖唇。口径 11.6、底径 10.6、通高 29.6 厘米（图 4-52，1；彩版五五，2）。

图 4-51　M257 平、剖面图

1、2. 陶壶　3. 陶俑（5）　4. 动物骨骼

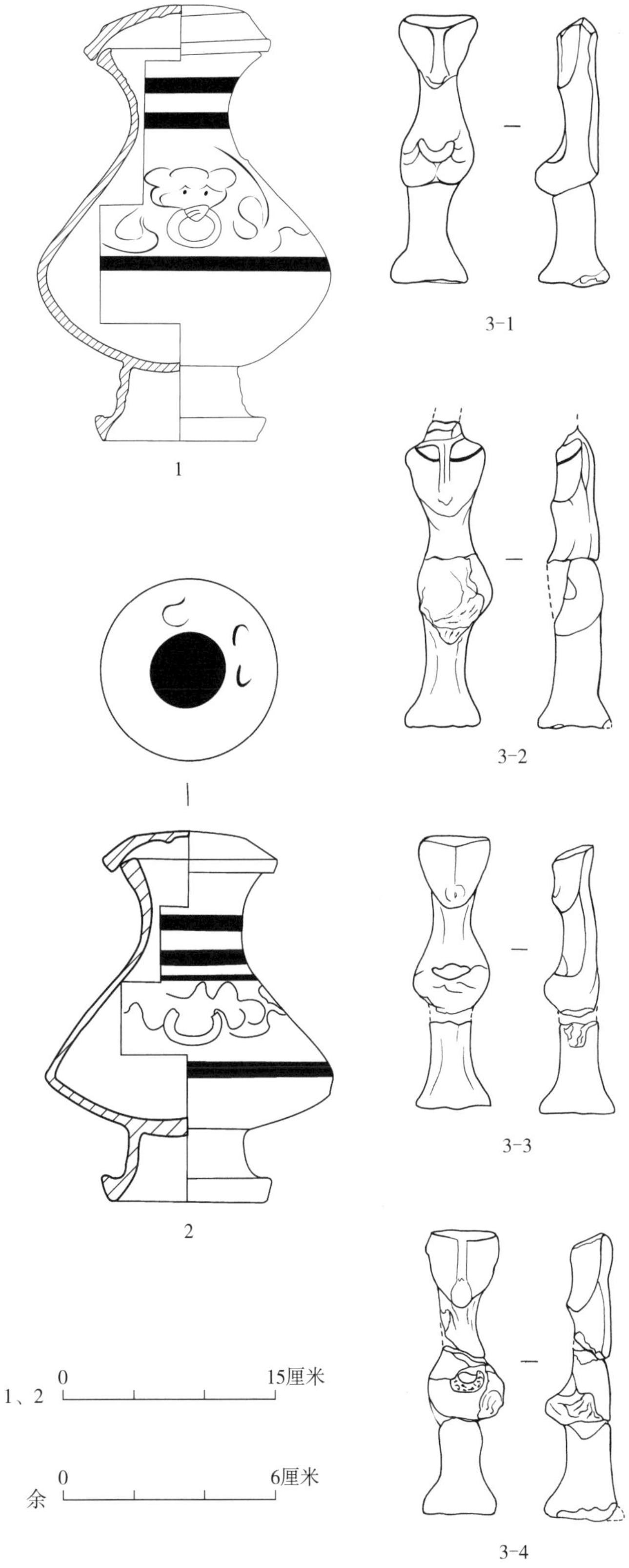

图 4-52　M257 出土器物

1、2. 陶壶　3-1～4. 陶俑

标本M257：2，圆唇。底部绘黑色雷云纹。口径10.5、底径11、通高25.2厘米（图4-52，2；彩版五五，3）。

陶俑 5件。泥质灰褐陶。均捏塑而成，站立状，素面。三角形脸，两臂抱于胸前，下身修长，近底部微张，似有裙服。整体曲线流畅，简单朴拙。

标本M257：3-1，头部扁平。眼及脸颊涂红彩。身高7.2、宽1.1～2.2、厚0.9～2.2厘米（图4-52，3-1）。

标本M257：3-2，头部似有发髻，已残。鼻梁为棱状，从头捏至口部，除口鼻外，脸部多涂红彩。身体中间残缺。残高8.2、宽2.2、厚2.1厘米（图4-52，3-2）。

标本M257：3-3，下部残失，复原高7.4、宽2.15、厚2.1厘米（图4-52，3-3）。

标本M257：3-4，嘴似张开，胸前双臂残。高7.7、宽2.2、厚2.1厘米（图4-52，3-4）。

（四七）M260

1. 墓葬形制

位于墓地中部，东北面是M262，南面为M259。方向110°（图4-53；彩版五六，1）。

长方形土坑竖穴墓。墓口长3.1、宽1.44米，底长2.9、宽1.12、深1.86米。墓壁周边青砖凌乱斜贴于墓壁上面，有的贴附于原处，可能是墓口上面脱落下来的。砖长25、宽11、厚3厘米。木棺已腐朽，仅见板灰痕迹，长2.2、宽0.7米。墓内填土呈浅灰褐色。经夯打，土质较致密。夯窝圆形，排列有序，直径7～12、间距10～25厘米。

人骨1具。头向东，面向上，骨骼腐朽严重，仅见下颌骨。性别、年龄无法鉴定。

随葬器物36件。陶壶2件置于墓室东端，铜镜、铜刷柄放在墓主头骨左侧。32枚铜钱散于棺内中部和周边。乳猪、鸡骨放在东端。

2. 出土遗物

（1）陶器

陶壶 2件。泥质陶。侈口，沿面外斜，束颈，鼓腹。矮圈足。器表有制作抹痕，素面。

标本M260：4，红褐陶。圆唇，圈足残。腹部饰三周戳印纹。口径16、底径10.3、残高29.4厘米（图4-54，4；彩版五六，2）。

标本M260：5，灰陶。方唇，腹部饰一周凹弦纹、两周戳印纹。口径15.3、底径11.8、高27.8厘米（图4-54，5；彩版五六，3）。

（2）铜器

铜镜 1枚。

标本M260：1，四乳四虺镜，锈蚀较重。圆形，圆纽，圆纽座。座外均匀伸出四组短竖线（每组三条）与四条短斜线相间环列，其外一周凸弦纹。再外两组短斜线和凸弦纹组合纹带，之间为主纹，四枚带圆座乳丁分为四区，每区内各有一虺纹，双钩形身躯外侧一立鸟、内侧鸟简化为弧线，前后饰短弧线。宽素平缘。面径7.9、缘厚0.4厘米（图4-55；彩版五六，4）。

铜刷柄 1件。

标本M260：2，形似烟斗形。斗圆筒状，中空，柄细长，截面圆形，尾端扁圆体，有一圆孔。长10.6厘米（图4-56；彩版五六，5）。

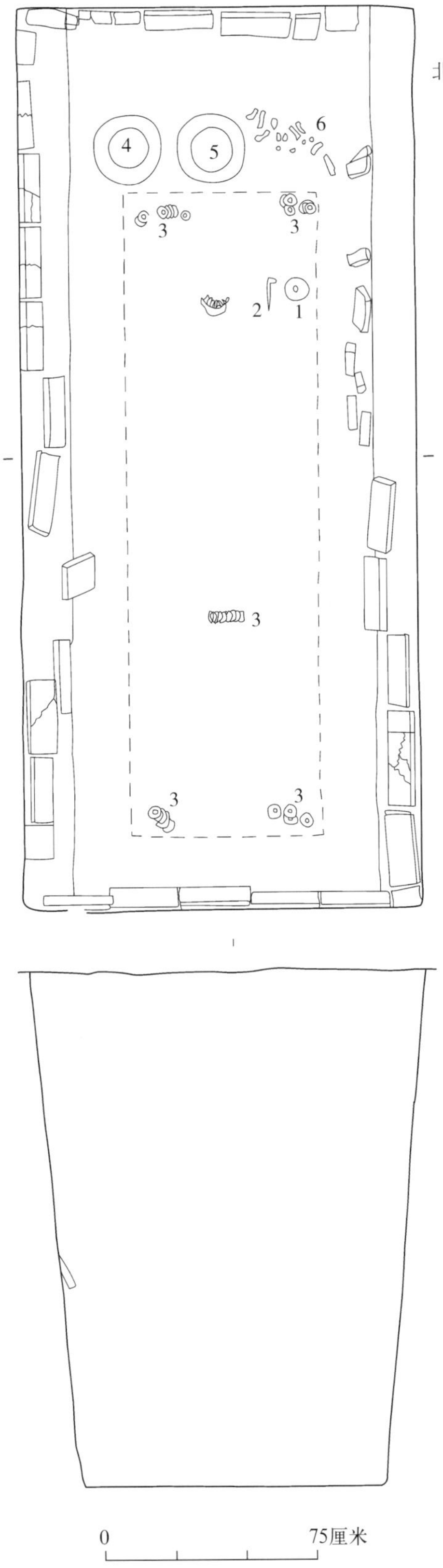

图 4-53　M260 平、剖面图

1. 铜镜　2. 铜刷柄　3. 铜钱（32）　4、5. 陶壶　6. 动物骨骼

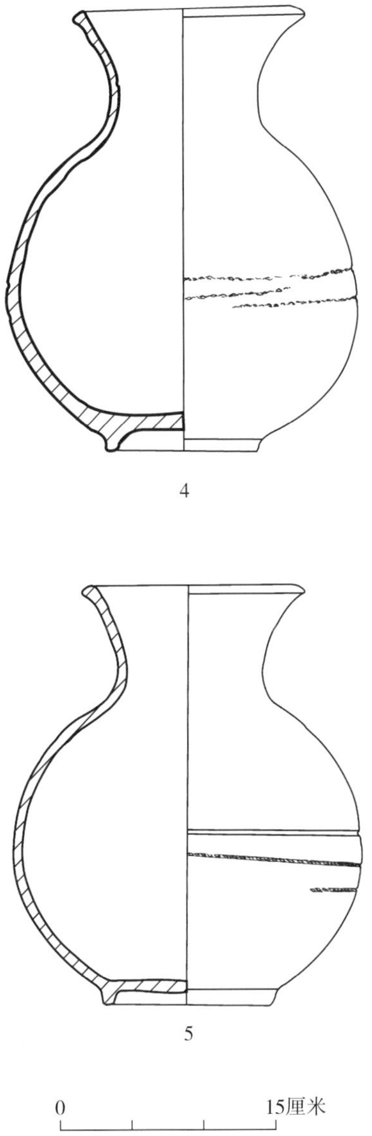

图 4-54　M260 出土器物

4、5. 陶壶

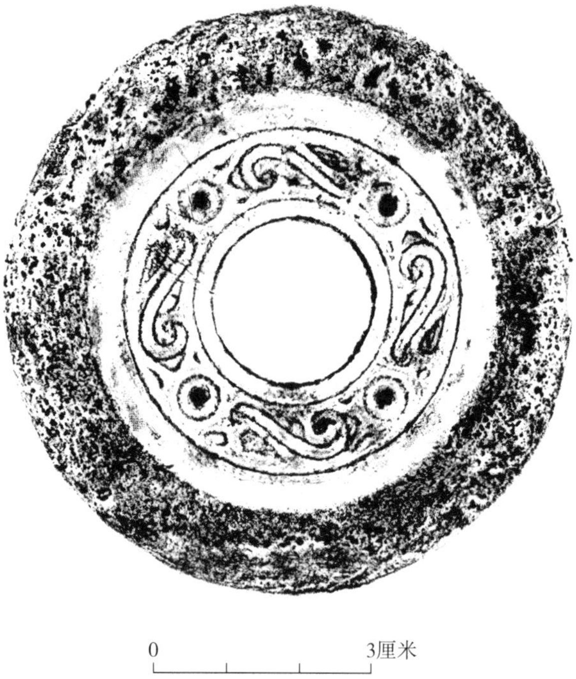

图 4-55　M260 出土铜镜 M260：1

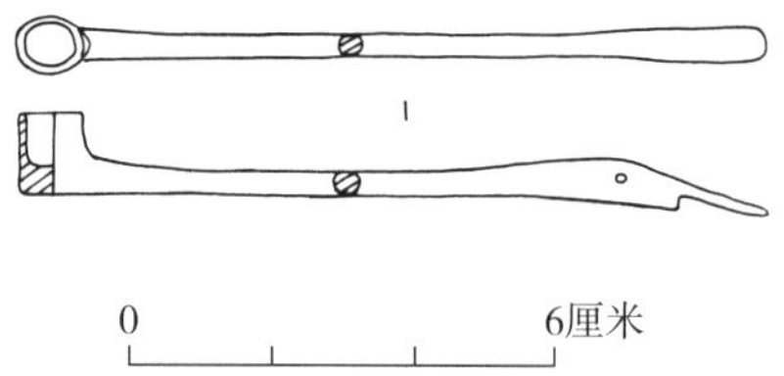

图 4-56　M260 出土铜刷柄 M260：2

铜钱　32 枚。均为五铢，圆形方穿，正面有轮无郭，背面轮郭俱全。根据钱文字体不同分为两种。

第一种　14 枚。“五”字两笔交叉微曲，“铢”字金字头呈三角形，与“朱”等齐，“朱”字上部方折，有的穿上有横郭。

标本 M260：3-1、2，直径 2.5、穿边长 1、厚 0.18 厘米（图 4-57，3-1、2；彩版五六，6）。

第二种　18 枚。“五”字两笔交叉弯曲，与上、下两横交接处垂直。“朱”字“金”头呈三角形，与“朱”等齐，“朱”字上部方折，有的穿上横郭或穿下半形。

标本 M260：3-3 ～ 5，直径 2.6、穿边长 0.9、厚 0.19 厘米（图 4-57，3-3 ～ 5；彩版五六，6）。

（四八）M275

墓葬形制

位于墓地中部，西北面是 M286，西南面是 M274。方向 5°（图 4-58）。

长方形土坑竖穴墓。墓口长 3、宽 1.56 米，底长 2.8、宽 1.22、深 1.75 米。墓内填黄褐色五花土，经过夯打，土质较坚硬。夯窝圆形，分布较密集，直径 5 ～ 9、厚 12 ～ 25 厘米。

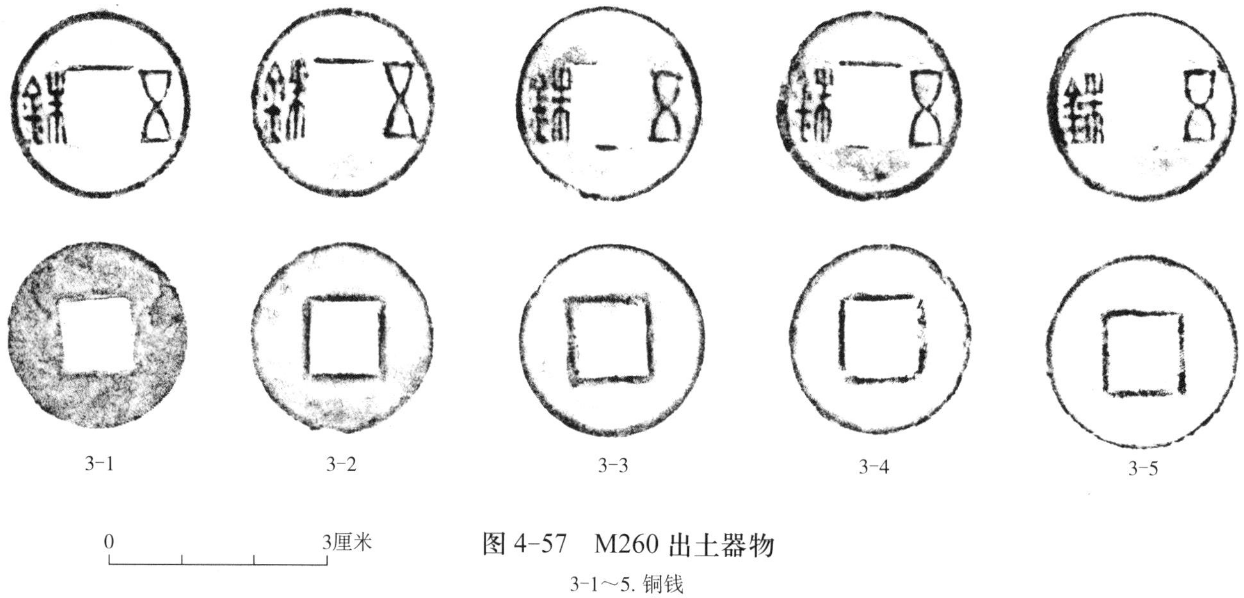

图 4-57　M260 出土器物

3-1～5. 铜钱

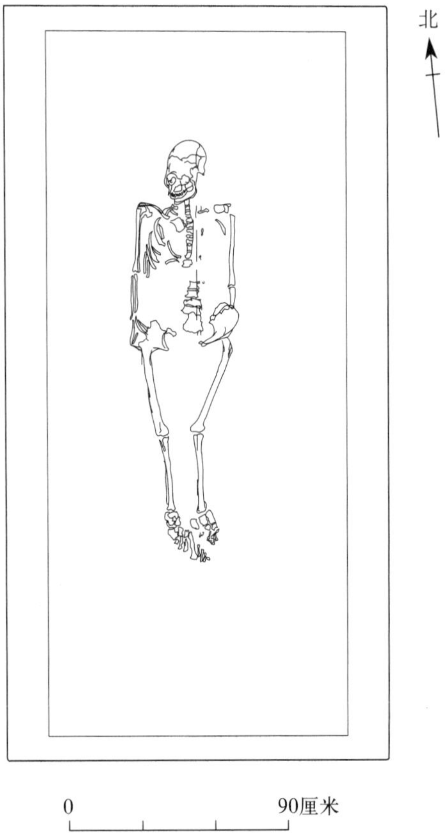

图 4-58　M275 平面图

人骨 1 具。头向北，面向上，仰身直肢。女性，年龄 45 ～ 55 岁。

随葬器物无，仅发现乳猪前肢。

（四九）M278

墓葬形制

位于墓地中部，北面是 M279，东北面是 M285，南面是 M273、M272。方向 100°。

长方形土坑竖穴墓。墓口长 2.7、宽 1.4 米，底长 2.6、宽 1.3、深 2 米。墓底四周有生土二层台，宽 0.25 ～ 0.35、高 0.2 米。椁长 2、宽 0.7、高 0.2 米。墓内填黄褐色五花土，土质较疏松。

人骨 1 具。骨骼腐朽严重，仅残存部分趾骨遗骸。性别无法鉴定，成年个体。

随葬器物无。

（五〇）M279

1. 墓葬形制

位于墓地中部，南面为 M278。方向 90°（图 4-59；彩版五七，1）。

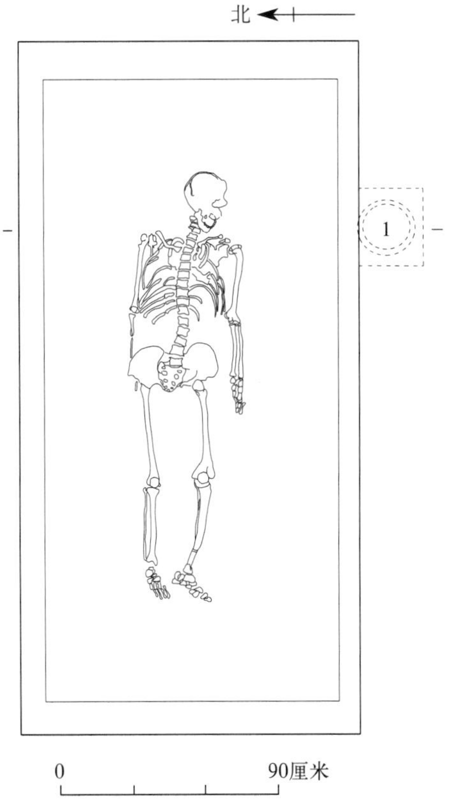

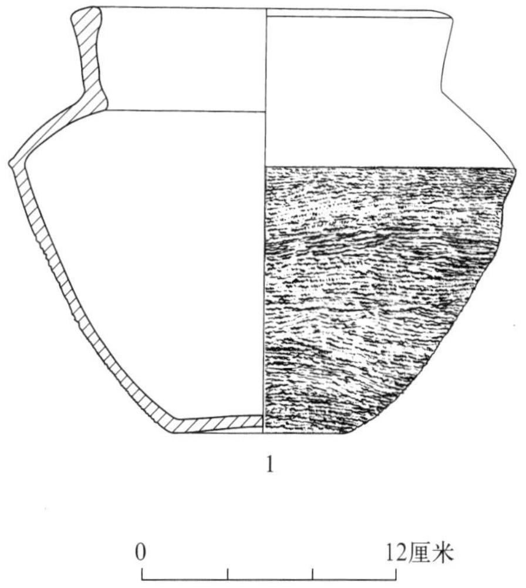

图 4-59　M279 及出土器物

1. 陶罐

长方形土坑竖穴墓。墓口长2.75、宽1.4米，底长2.45、宽1.2、深2.15米。壁龛位于南壁中部偏东，高0.3、宽0.3、进深0.25米。内填黄褐色五花土，经过夯打，土质较坚硬。夯窝圆形，直径5～8、间距10～12、夯层厚15厘米。

人骨1具。头向东，面向上，仰身直肢。男性，年龄35～45岁。

壁龛内出土陶罐1件。

2. 出土遗物

陶器

陶罐　1件。

标本M279∶1，泥质灰陶。侈口，斜沿，圆唇，高颈，折肩，下腹内收，平底内凹。下腹饰细绳纹。口径18、底径8、高19.2厘米（图4-59，1；彩版五七，2）。

（五一）M281

1. 墓葬形制

位于墓地西南部，东北面是M334，东南面是M280。方向106°（图4-60；彩版五七，3）。

长方形土坑竖穴墓。墓口长2.8、宽1.34米，底长2.5、宽0.7、深1.7米。墓底四周有生土二层台，宽0.17～0.3、高0.7米。木棺已腐朽，只残存板灰。头箱位于东端与木棺连为一体，长0.7、宽0.5、高0.3米。墓内填黄褐色黏土，土质较致密。

人骨1具。头向东，面向上，仰身直肢。男性，年龄40～45岁。

随葬器物8件。陶壶2件放在墓底东北角。铜钱6枚，1枚放在口内，另5枚置于墓主盆骨右外侧。东南角有乳猪骨。

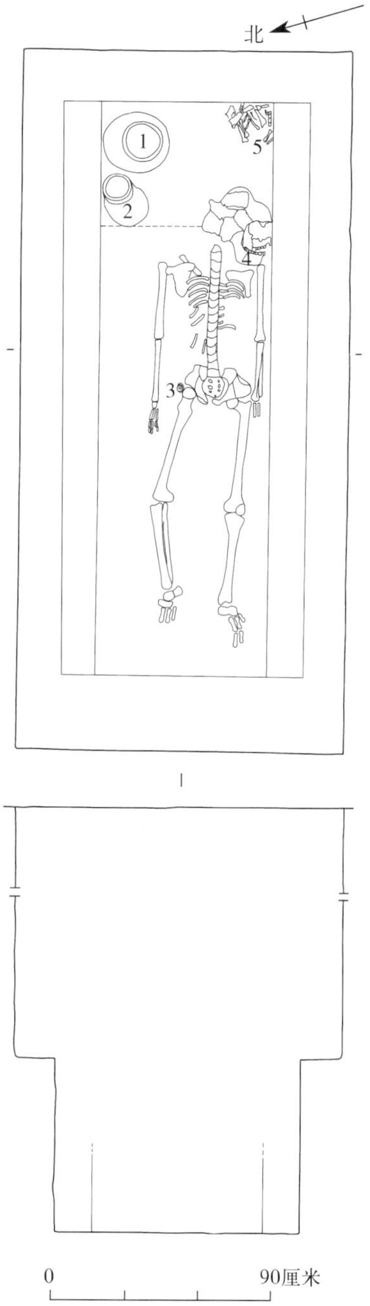

图4-60　M281平、剖面图

1、2. 陶壶　3. 铜钱（5）　4. 铜钱　5. 动物骨骼

2. 出土遗物

（1）陶器

陶壶　2件。

标本M281∶1，泥质灰陶。口微敛，沿面内凹，尖唇，束颈，鼓腹，小平底。口沿及下腹饰绳纹，间饰两周戳印纹。口径13、底径5.4、高24.8厘米（图4-61，1；彩版五七，5）。

标本M281∶2，泥质灰陶。侈口，沿面外斜，尖唇，束颈，鼓腹，平底。器表有抹制痕，腹部饰三周戳印纹。口径16.8、底径15.2、高25.6厘米（图4-61，2；彩版五七，4）。

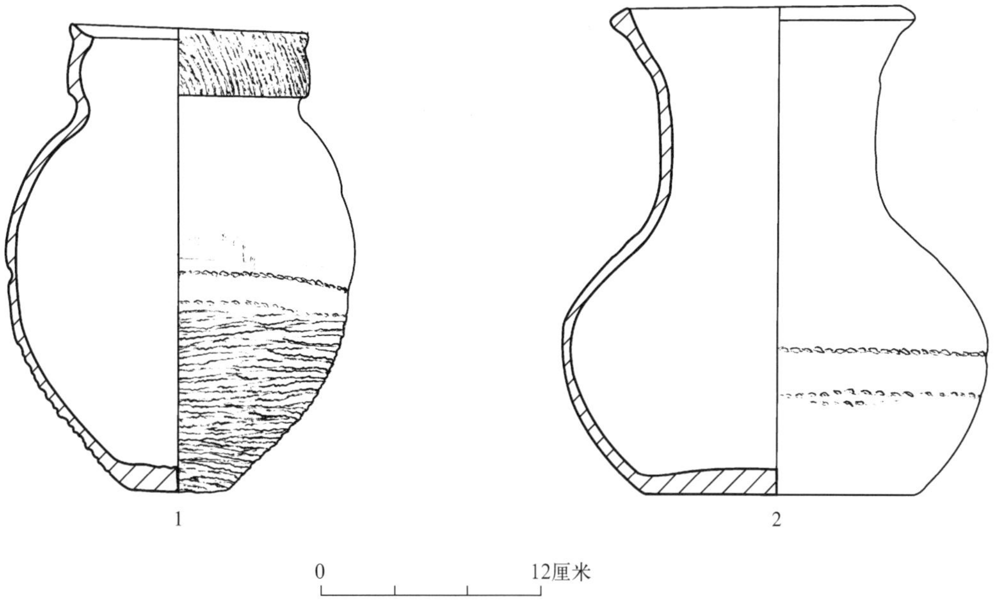

图 4-61　M281 出土器物

1、2. 陶壶

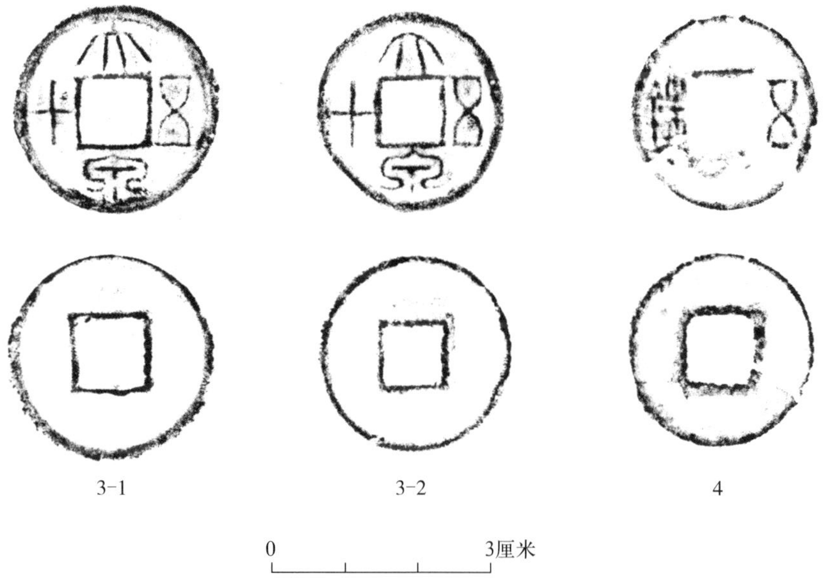

图 4-62　M281 出土器物

3-1、3-2、4. 铜钱

（2）铜器

铜钱　6 枚。

五铢　1 枚。

标本 M281 : 4，圆形方穿，正面有轮无郭，背面轮郭俱全。正面穿上有横郭，五字两笔交叉微曲，与上、下两横交接处垂直。朱字头上部方折，下笔圆折。直径 2.6、穿径 1.1、厚 0.16 厘米（图 4-62，4）。

大泉五十　5枚，圆形方穿，正、背面轮郭俱全。钱文篆书，对读，书法工整，铸造精细。标本M281∶3-1、2，直径2.8、穿径1、厚0.38厘米（图4-62，3-1、2）。标本M281∶3-3，钱直径2.7、穿边长0.8、厚0.3厘米。

（五二）M287

1. 墓葬形制

位于墓地中部，南面是M266，西面为M269。方向10°（图4-63；彩版五八，1）。

长方形土坑竖穴墓。墓口长2.4、宽1.2、深1.36米。墓室底部四周有生土二层台，宽度不一，

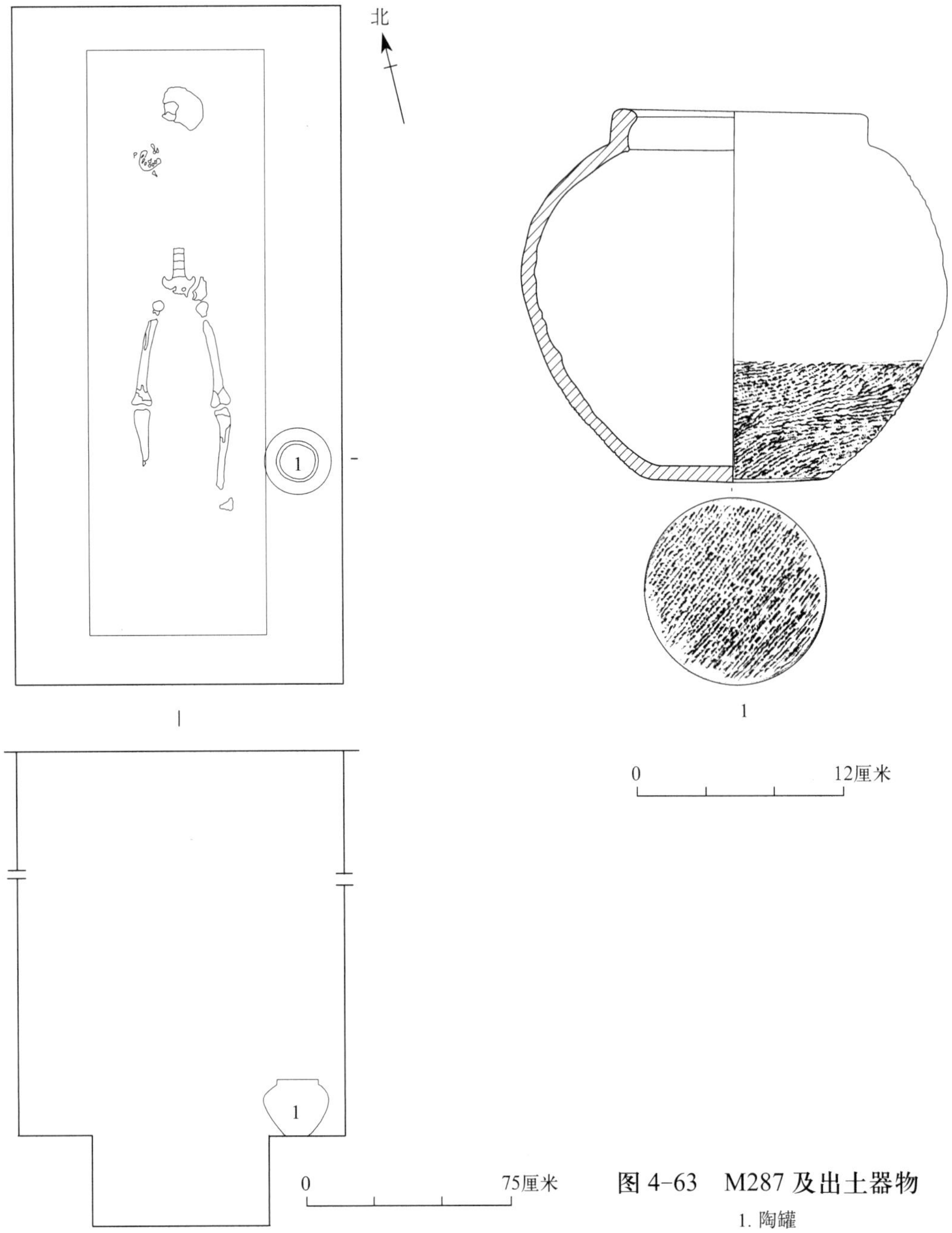

图4-63　M287及出土器物

1. 陶罐

东宽 0.28、西宽 0.27、南宽 0.18、北宽 0.15、高 0.32 米。棺长 2.07、宽 0.65 米。墓内填黄褐色五花土，土质较松软。

人骨 1 具。头向北，面向不详，仰身直肢。性别无法鉴定，成年个体。

随葬陶罐 1 件，放在东端二层台中部。

2. 出土遗物

陶器

陶罐　1 件。

标本 M287∶1，泥质灰陶。敛口，沿面微内斜，方唇，短颈，圆腹，下部内收，小平底。器表有制作抹痕，下腹及底部饰绳纹。口径 14.8、底径 10、高 21.2 厘米（图 4-63，1；彩版五八，2）。

（五三）M296

1. 墓葬形制

位于墓地中部，东南面是 M289，西面为 M335、M291。方向 10°（图 4-64；彩版五八，3）。

长方形土坑竖穴墓。墓口长 2.4、宽 1.2 米，底长 2.4、宽 1.1、深 1.6 米。墓底东、西两边有生土二层台，宽 0.25、高 0.2 米。墓内填黄褐色五花土，土质疏松。

人骨 1 具。头向北，面向上，仰身直肢。躯干及上肢骨部分缺失，左手抚于骨盆上，右手放置骨盆右侧。女性，年龄 40 ～ 50 岁。

随葬器物 1 件，墓底东北角出土陶罐 1 件。

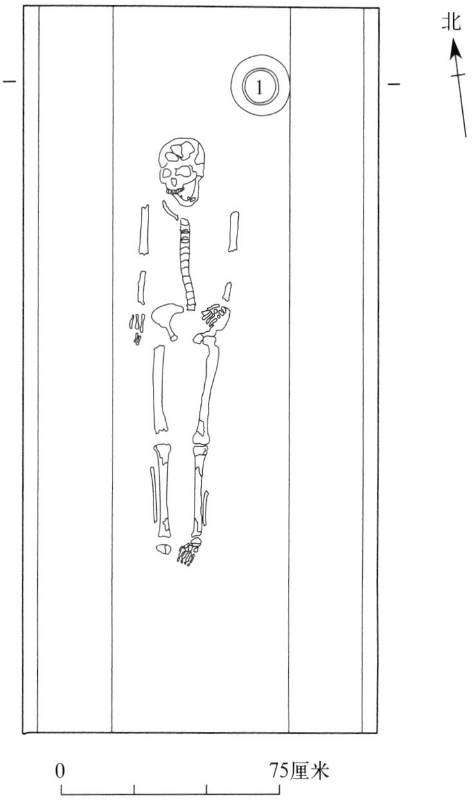

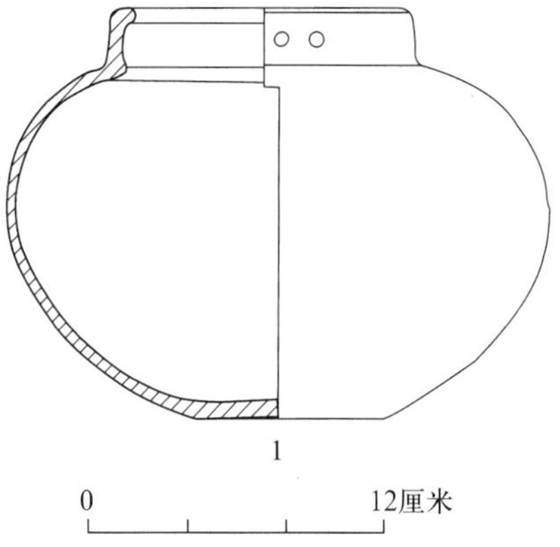

图 4-64　M296 及出土器物

1. 陶罐

2. 出土遗物

陶器

陶罐　1件。

标本M296∶1，泥质灰陶。敛口，沿面微外弧，圆唇，束颈，扁圆腹，下部弧收，平底微凹。颈部并排两个圆镂孔，素面。口径12、底径7、高16厘米（图4-64，1；彩版五八，4）。

（五四）M306

1. 墓葬形制

位于墓地中部，北面是M300，东面是M304，南面为M307。方向20°（图4-65；彩版五九，1、2）。

长方形土坑竖穴墓。墓口长2.5、宽1.5、深3.05米。墓室南端砖砌脚箱。长1.11、宽0.58、高0.57米。砖长31、宽14、厚6厘米。木棺已腐朽，仅残存板灰痕迹，长2.23、宽0.8米。墓内填黄褐色土，经夯打，土质较坚硬。夯窝圆形，排列不规则，直径9～15、间距6～14、夯层厚15～20厘米。

人骨1具。头向北。骨骼腐朽，仅存头骨残片及少量牙齿。性别、年龄不详。

随葬器物2件，脚箱内放置陶罐1件，铜钱1枚放在墓主口内。乳猪、猪、鸡、鱼骨置于陶罐西侧。

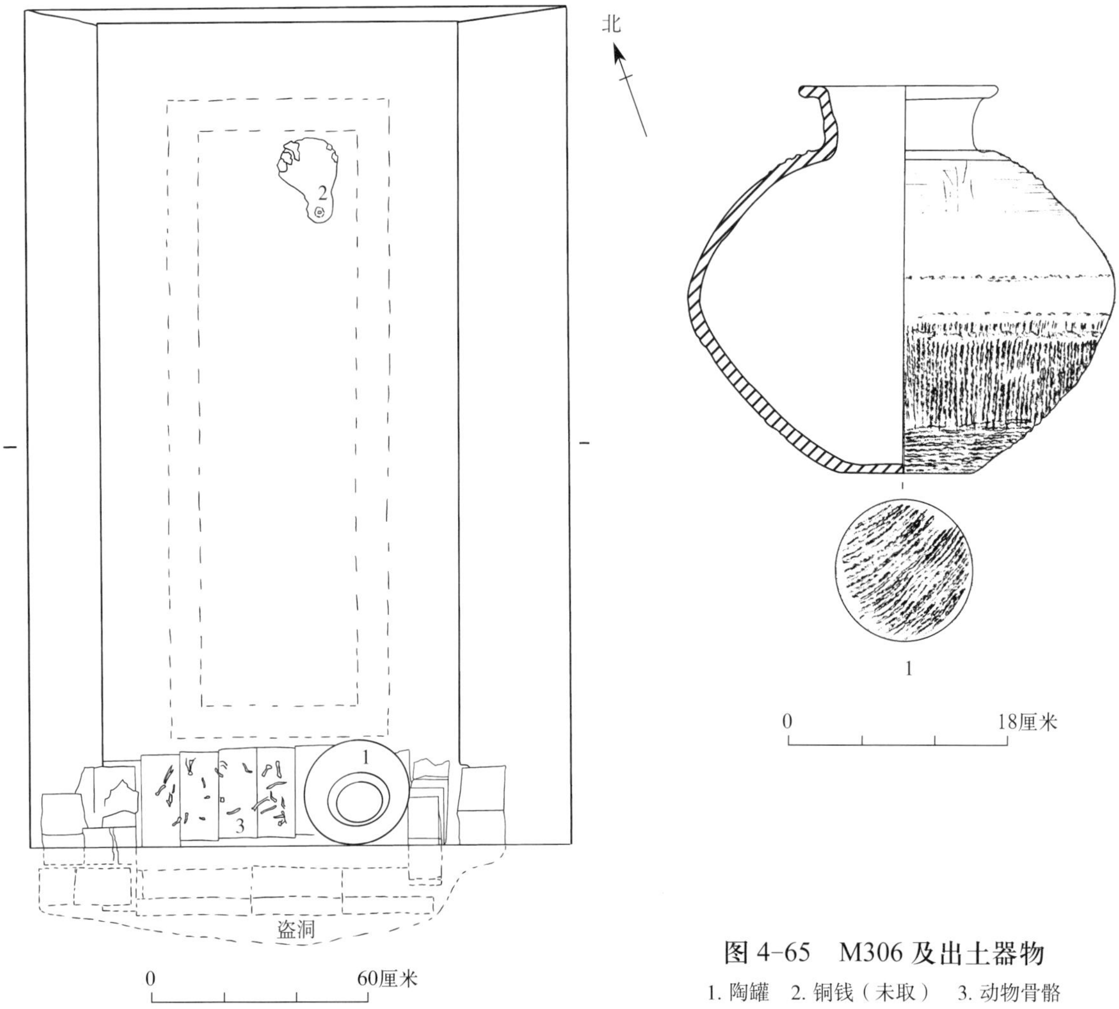

图4-65　M306及出土器物

1. 陶罐　2. 铜钱（未取）　3. 动物骨骼

2. 出土遗物

（1）陶器

陶罐　1件。

标本M306：1，泥质灰陶。侈口，平折沿，方唇，束颈，鼓腹，小平底。肩部一刻划符号，上腹有数周制作旋纹，中腹饰两周戳印纹，下腹及底部饰绳纹。口径16.2、底径12、高30.8厘米（图4-65，1）。

（2）铜器

铜钱　1枚。

标本M306：2，锈蚀严重，未提取。

（五五）M307

墓葬形制

位于墓地中部，北面是M306，东南面为M308。方向10°（图4-66）。

长方形土坑竖穴墓。墓口长3.04、宽1.58～1.64、深1.68米。木棺已腐朽，仅残存板灰痕迹，长2.03、宽0.78米。墓内填黄褐色五花土，经夯打，土质较坚硬。夯窝圆形，排列不规则，直径5～12、间距2～13、夯层厚15～20厘米。

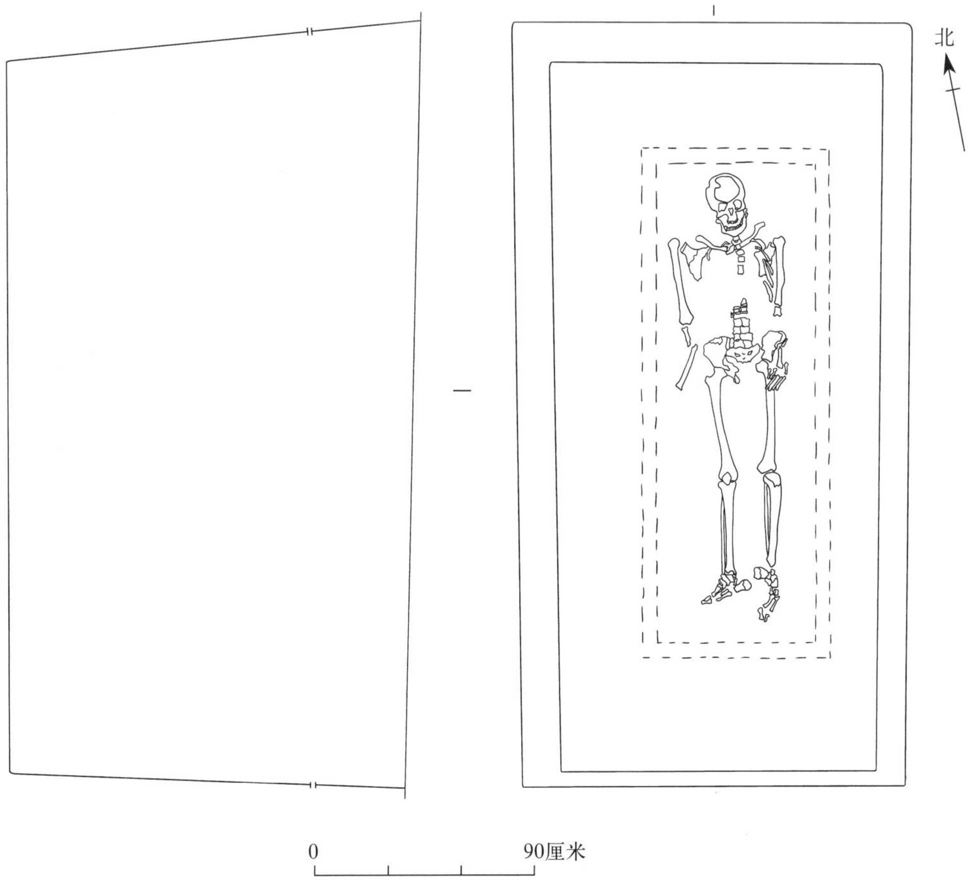

图4-66　M307平、剖面图

头骨 1 具。头向北，面向上，仰身直肢。骨骼保存较好。男性，年龄 40 ～ 45 岁。

随葬器物无。

（五六）M308

1. 墓葬形制

位于墓地中部，打破 M313，西北面为 M307。方向 17°（图 4-67）。

长方形土坑竖穴墓。墓口长 2.84、宽 1.44 ～ 1.46 米，底长 2.57、宽 1.22 ～ 1.24、深 1.5 米。墓底有生土二层台，宽 0.11 ～ 0.16、高 0.6 米。木棺已腐朽，仅存板灰痕迹。墓内填黄褐土，经夯打，土质较坚硬。夯窝圆形，排列不规则，直径 6 ～ 10、间距 2 ～ 6、厚 15 ～ 20 厘米。

人骨无。

随葬陶罐 1 件，位于二层台东北角。乳猪骨放在北端二层台中部。

2. 出土遗物

陶器

陶罐　1 件。

标本 M308∶1，泥质灰陶。小口，沿面微弧，方唇，束颈，鼓腹，平底。上腹有制作抹痕，腹部饰两周戳印纹，下腹饰绳纹。口径 14.4、底径 10.6、高 19.8 厘米（图 4-67，1）。

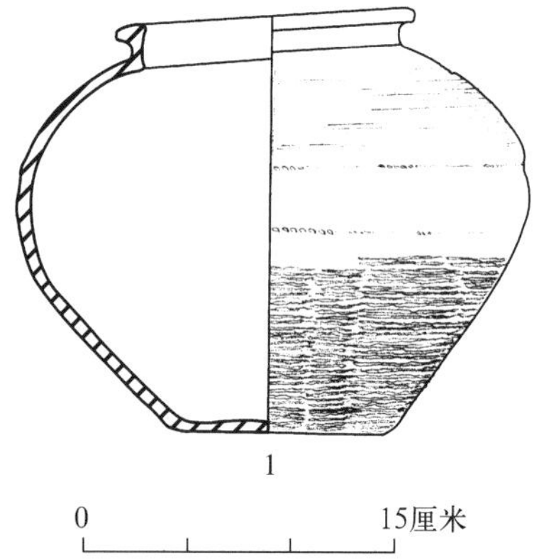

图 4-67　M308 及出土器物

1. 陶罐　2. 动物骨骼

（五七）M313

墓葬形制

位于墓地中部，被 M308、M312 打破，西北面是 M307。方向 20°。

长方形土坑竖穴墓。墓口长 2.8、宽 1.78、深 0.65 米。墓壁垂直、规整，底平整。墓底四周有生土二层台，宽 0.11 ～ 0.16、高 0.60 米。墓内填黄褐色土，经夯打，土质较坚硬。夯窝圆形，排列不规则，直径 6 ～ 10、间距 7 ～ 16、夯层厚 15 ～ 20 厘米。

人骨无。

随葬器物无。

（五八）M315

1. 墓葬形制

位于墓地中部，被 M310 打破，西南面为 M309。方向 15°（图 4-68）。

长方形土坑竖穴墓。墓口长 2.3、宽 1.22 米，底长 2.08、宽 0.85、深 1.62 米。墓室下部有生土二层台，宽 0.10 ～ 22、高 0.52 米。木棺已腐朽。墓内填黄褐色土，经夯打，较坚硬。夯窝圆形，排列不规则，直径 6 ～ 10、间距 4 ～ 16、夯层厚 15 ～ 20 厘米。

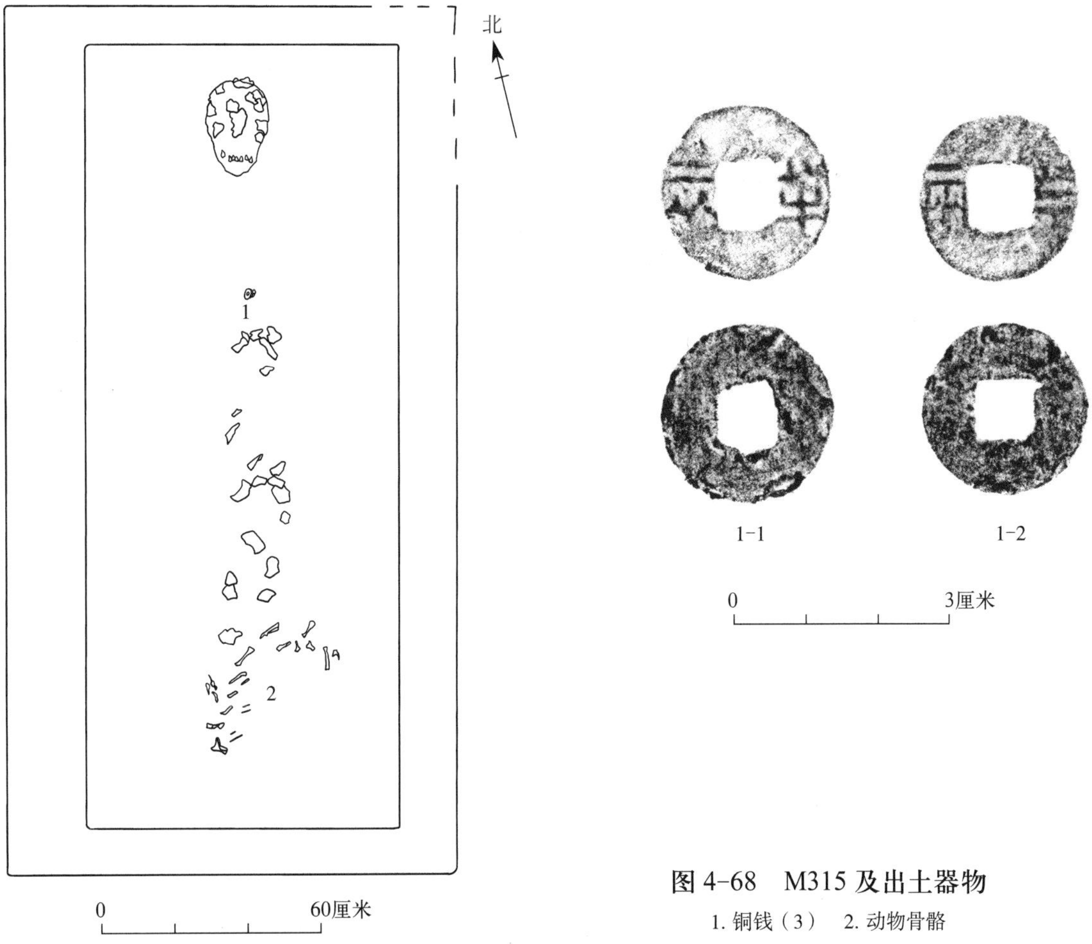

图 4-68　M315 及出土器物

1. 铜钱（3）　2. 动物骨骼

人骨1具。头向北，面向上，仅残存头、肢骨、趾骨遗骸。性别无法鉴定，年龄13～18岁。

随葬铜钱3枚，放在墓主腹部。鸡骨置于墓底南端中部。

2. 出土遗物

铜器

铜钱　3枚，均为半两。圆形方穿，钱正、背两面均无郭。钱文篆书，根据字体不同分为两种。

第一种　1枚。“两”字中间不出头，下部两侧无竖划，两人字连笔成山。字体笔画较粗，字形肥硕。

标本M315∶1-1，直径2.4、穿边长0.8、厚0.08厘米（图4-68，1-1）。

第二种　2枚。1枚破碎。“两”字不出头，两人字上部竖划缩短呈波浪形。

标本M315∶1-2，直径2.3、穿边长0.78、厚0.1厘米（图4-68，1-2）。

（五九）M317

墓葬形制

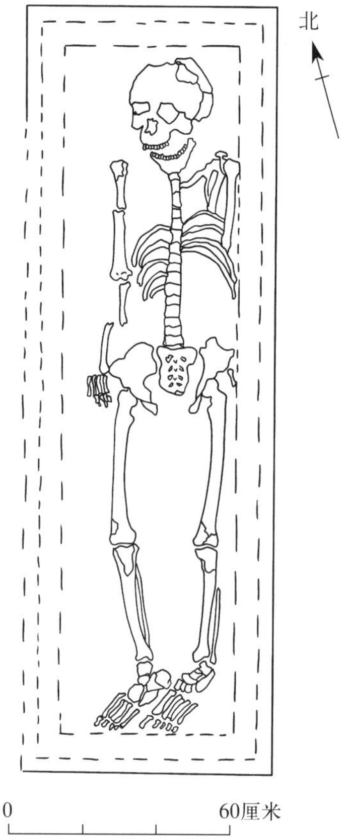

图4-69　M317平面图

位于墓地中部，被M308打破，东面是M312。方向15°（图4-69）。

长方形土坑竖穴墓。墓口长1.98、宽0.66、深0.56米。木棺腐朽，仅见黑色板灰，长1.9、宽0.58、厚0.06米。墓内填土呈黄褐色。经过夯打，土质较坚硬。夯窝圆形，不规则排列，直径5～10、间距4～15、夯层厚15～20厘米。

人骨1具。头向北，面向右，仰身直肢。女性，年龄35～40岁。

随葬器物无。仅见猪蹄。

（六〇）M319

墓葬形制

位于墓地中部，南面是M318、M388，西面是M387。方向0°（图4-70）。

长方形土坑竖穴墓。墓口长2.35、宽0.62～0.64、深0.2米。木棺已腐朽，仅残存灰痕。墓内填黄褐色土，土质较疏松。填土中包含少量灰陶片及料姜石。

人骨1具。头向北，面向右。头骨已破碎，仅残存部分下肢骨。性别无法鉴定，成年个体。

随葬器物无。

图 4-70　M319 平面图

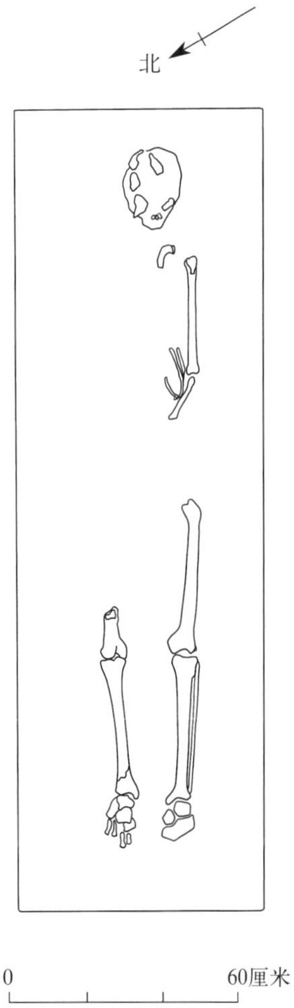

图 4-71　M323 平面图

（六一）M323

墓葬形制

位于墓地中部，被 M325 打破，北面是 M295，西面为 M324。方向 120°（图 4-71）。

长方形土坑竖穴墓。墓口长 2、宽 0.65 米。上部破坏严重，深度不详。

人骨 1 具。头向东，面向不详，仰身直肢。头骨破碎，仅残存部分下肢及左上肢骨。疑似男性，成年个体。

随葬器物无。

（六二）M324

墓葬形制

位于墓地中部，西北面是 M297，东面为 M295、M323。方向 360°（图 4-72）。

长方形土坑竖穴墓。墓口长 2.4、宽 0.8 米，底长 2.3、宽 0.8、深 1.15 米。墓内填黄褐色五花土，经夯打，土质较坚硬。夯窝圆形，直径 7 ～ 12、夯层厚 5 ～ 10 厘米。

人骨1具。头向北，面向不详，仰身直肢。头骨残破，上肢及部分下肢骨缺失。男性，年龄35～40岁。

随葬器物无。

（六三）M325

墓葬形制

位于墓地中部，被M295打破，南面为M292，西面为M323。方向10°。

长方形土坑竖穴墓。墓口长2.4、宽1米，底长2.25、宽0.6、深1.6米。墓底东、西侧有生土二层台，宽0.1、高0.25米。墓内填黄褐色五花土，经过夯打，土质较坚硬。夯窝圆形，直径5～10、夯层7～12厘米。

人骨1具。头向北，仅存墓主头骨残片。性别、年龄不明。

随葬器物无。

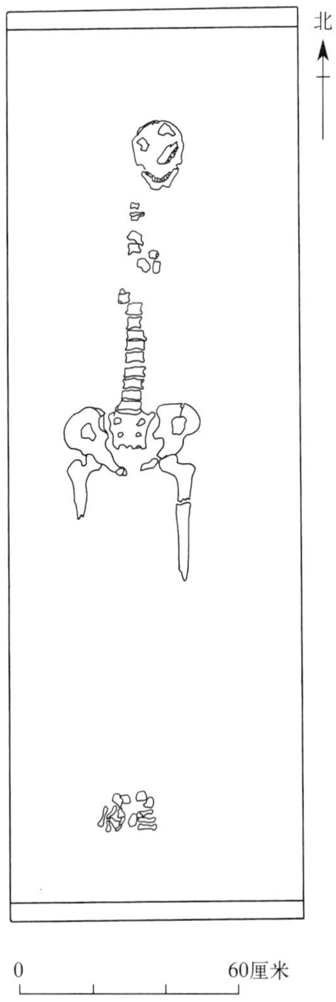

图4-72 M324平面图

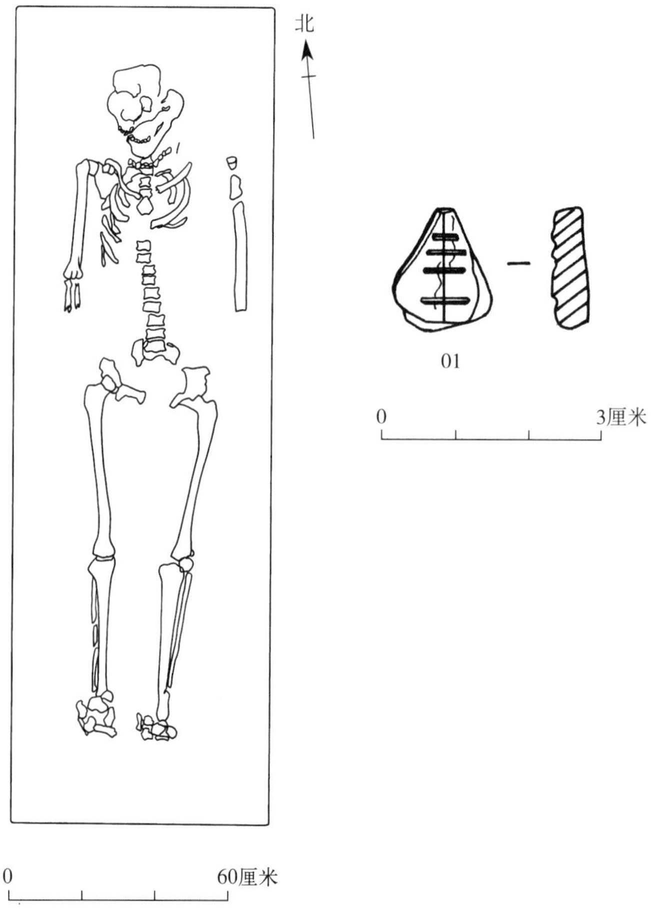

图4-73 M328及出土器物

01. 骨贝饰

（六四）M328

1. 墓葬形制

位于墓地中部，北面是M361，东南面为M327。方向5°（图4-73）。

长方形土坑竖穴墓。墓口长2.15、宽0.7、深1.1米。墓内填黄褐色五花土，土质较致密。填土中发现骨贝饰1件。

人骨1具。头向北，面向上，仰身直肢。墓主上肢骨部分腐朽。男性，年龄25～30岁。

随葬铁饰件1件。

2. 出土遗物

（1）铁器

铁饰件　1件。

标本M328∶1，锈蚀严重，器形不明。

（2）骨器

骨贝饰　1件。

标本M328∶01，近似三角形。体扁薄，上面刻划一竖四横凹槽。残长1.6、厚0.5厘米（图4-73，01）。

（六五）M329

1. 墓葬形制

位于墓地中部，北面是M330，东南面为M454、M452。方向102°（图4-74）。

长方形土坑竖穴墓。墓口长2.15、宽0.76、深1.2米。墓壁垂直，底平整。墓内填黄褐色五花土，土质较致密。

人骨1具。头向东，面向上，仰身直肢。左上肢骨缺失。性别无法鉴定，年龄12～15岁。

随葬陶罐1件，放在墓主趾骨上部。

2. 出土遗物

陶器

陶罐　1件。

标本M329∶1，泥质灰陶。直口，平折沿，方唇，圆腹，下部内收，小平底。腹部饰两周戳印纹。下腹有制作抹痕，素面。口径11.8、底径8、高15厘米（图4-74，1）。

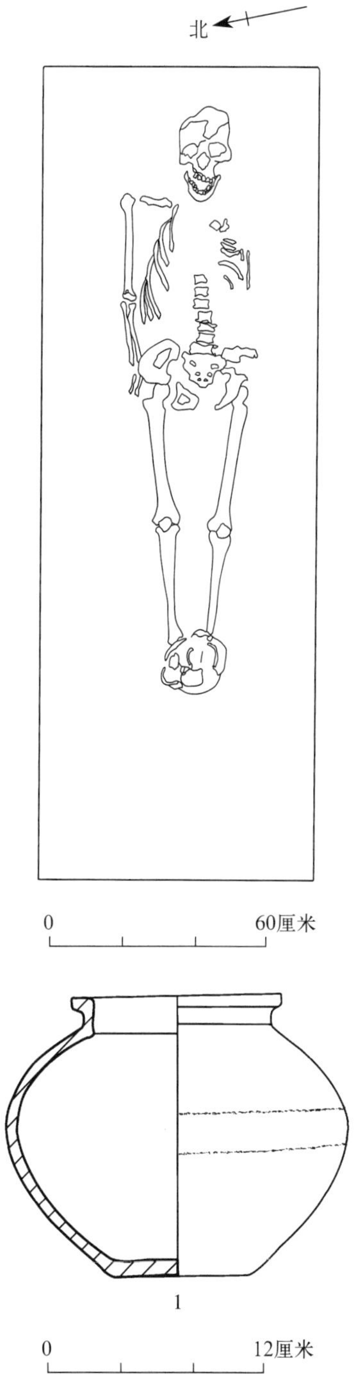

图4-74　M329及出土器物

1. 陶罐

（六六）M332

1. 墓葬形制

位于墓地中部，北面是M358，西面是M353。方向10°（彩版五九，3）。

长方形土坑竖穴墓。墓口长2.3、宽1.3米，底长2.1、宽1.1、深1.4米。墓壁斜直，下部微内收。墓底东、西壁有生土二层台，宽0.15、高0.3米。南侧二层台中部发现有壁龛，宽0.34、高0.25、进深0.12米。木棺已腐朽，仅见少量板灰痕迹。墓内填黄褐色五花土，土质较致密。

人骨1具。头向北，面向上，仰身直肢。墓主上肢骨缺失。男性，年龄23～25岁。

壁龛内出土陶罐1件。

2. 出土遗物

陶器

陶罐　1件。

标本M332∶1，泥质灰陶。敛口，沿面外弧，圆唇，圆腹，平底内凹。上腹有数周制作抹痕，下腹及底部饰绳纹。口径15.8、底径9.6、高19厘米（图4-75）。

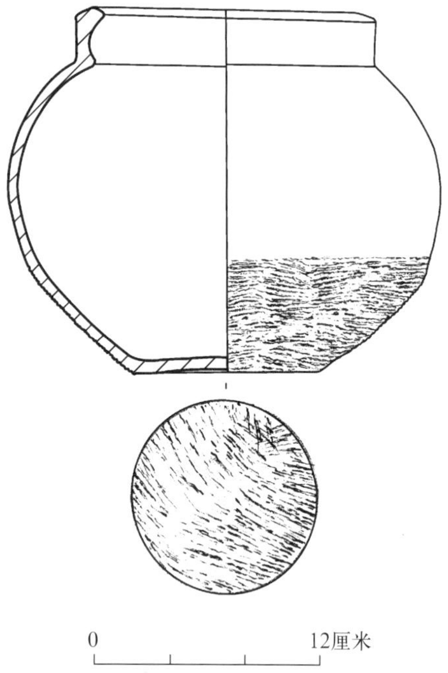

图4-75　M332出土陶罐M332∶1

（六七）M335

1. 墓葬形制

位于墓地中部，被M291打破，并打破M379。方向20°（彩版六〇，1）。

长方形土坑竖穴墓。墓口长2.45、宽1.1米，底长2.27、宽0.7、深1.1米。西壁偏北处有壁龛，顶部圆弧形，宽0.4、高0.3、进深0.15米。墓底有生土二层台，宽0.15～0.25、高0.15米。墓内填黄褐色五花土，经夯打，土质较致密。夯窝圆形，分布稀疏，直径6～7厘米。

人骨无。

壁龛内放置陶罐1件，大部裸露在龛外。

2. 出土遗物

陶器

陶罐　1件。

标本M335∶1，泥质灰陶。侈口，斜折沿，圆唇，束颈，鼓腹，平底微凹。上腹有制作抹痕，下腹饰绳纹。口径17、底径9.6、高20厘米（图4-76；彩版六〇，2）。

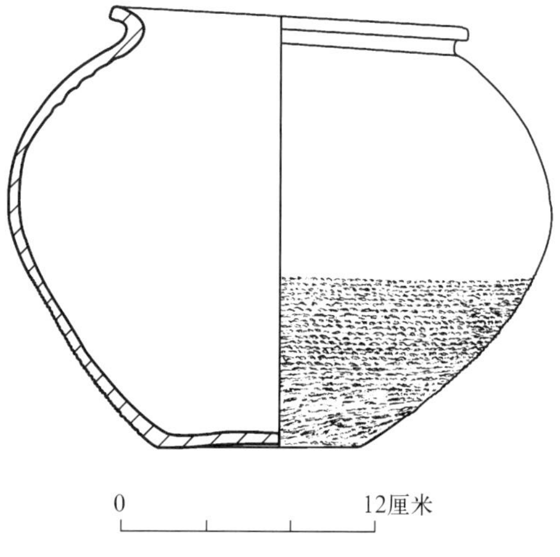

图4-76　M335出土陶罐M335∶1

（六八）M344

墓葬形制

位于墓地西北部，东距M345约0.3米，北面是M393。方向100°。

长方形土坑竖穴墓。墓口长2.7、宽1.56米，底长2.7、宽1.5、深2.7米。墓底四周有生土二层台，宽0.25、高0.7米。木棺已腐朽，仅见板灰痕迹，长2、宽0.6、残高0.10、厚0.06米。墓内填黄褐夹杂灰褐五花土，经夯打，土质较致密。夯窝圆形，分布密集，直径8、夯层厚20厘米。

人骨1具。头向东，面向上。仰身直肢。骨骼腐朽严重，仅残存头部及下肢骨遗骸。性别无法鉴定，成年个体。

乳猪、鱼、鸡骨位于墓主头骨左侧。

（六九）M346

墓葬形制

位于墓地中部，被M333打破，北面是M352。方向110°。

长方形土坑竖穴墓。墓口长3、宽1.4米，底长2.8、宽1.00、深2.3米。墓底南、北、西三壁有生土二层台，宽0.2、高0.1米。木棺已腐朽，残存板灰长1.6、宽0.66、厚0.08米。墓内填黄褐色五花土，土质较疏松。填土中发现母猪骨骼。

人骨1具。头向东，面向不详，仰身直肢。无头骨，躯干凌乱。女性，年龄40～50岁。

随葬器物无。

（七〇）M350

1. 墓葬形制

位于墓地中部，被M348、M355打破，东北面是M357。方向10°（彩版六〇，3）。

长方形土坑竖穴墓。墓口长2.5、宽1.4米，底长2.5、宽1.3、深0.9米。墓底生土二层台，宽0.2～0.28、高0.82米。木棺已腐朽，板灰长2.3、宽0.74米。墓内填黄褐色五花土。未经夯打，土质较疏松。

人骨1具。头向北，面向右，仰身直肢。上肢及躯干已无。女性。成年个体。

随葬器物1件，墓底西北角出土陶罐1件。

2. 出土遗物

陶器

陶罐　1件。

标本M350∶1，泥质灰陶。侈口，斜折沿，圆唇，束颈，扁圆腹，下部内收，小平底。腹部有制作抹痕，素面。口径12.6、底径9、高10.8厘米（图4-77；彩版六〇，4）。

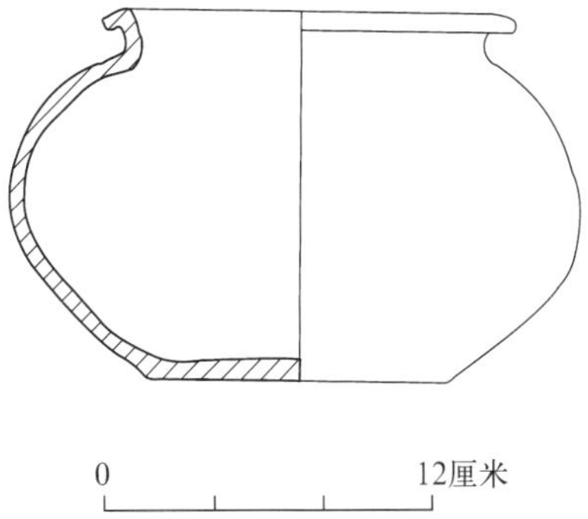

图4-77　M350出土陶罐M350∶1

（七一）M354

1. 墓葬形制

位于墓地中部，被M336和M353打破，南面是

M352。方向 100°。

长方形土坑竖穴墓。墓口长 2.4、宽 1.3、深 1.5 米。木棺已腐朽，仅见板灰痕迹，长 1.94、宽 0.55、厚 0.2 米。墓内填黄褐色五花土，经过夯打，土质较致密。夯窝圆形，分布稀疏，直径 6～8 厘米。

人骨 1 具。头向东，面向上，仰身直肢。骨骼腐朽严重，仅残存头骨碎片、躯干及右下肢部分残骸。性别无法鉴定，成年个体。

随葬器物 1 件，墓底东端偏北出土铜带钩 1 件。

2. 出土遗物

铜器

铜带钩　1 件。

标本 M354：1，琵琶形。钩残。横断面半圆形，圆形纽位于背中部，尾部正面边缘有一圈凹线。残长 6.7 厘米（图 4-78；彩版六一，1）。

（七二）M358

1. 墓葬形制

位于墓地中部，被 M355 打破，东面是 M363。方向 0°（彩版六一，2）。

长方形土坑竖穴墓。墓口长 2.4、宽 1.1～1.2 米，底长 2.2、宽 0.65～0.7、深 1.4 米。底部东、西、北三壁有生土二层台，宽 0.2～0.25、高 0.48 米。墓内填黄褐色五花土。未经夯打，土质较疏松。

人骨 1 具。头向北，面向左，仰身直肢。女性，年龄 35～45 岁。

随葬器物 1 件，东侧二层台上发现陶罐 1 件。

2. 出土遗物

陶器

陶罐　1 件。

标本 M358：1，夹砂灰陶。侈口，圆唇，束颈，环形耳，肩部饰两周凸弦纹。腹部有制作抹痕，素面。口径 14、底径 5、高 19.4 厘米（图 4-79）。

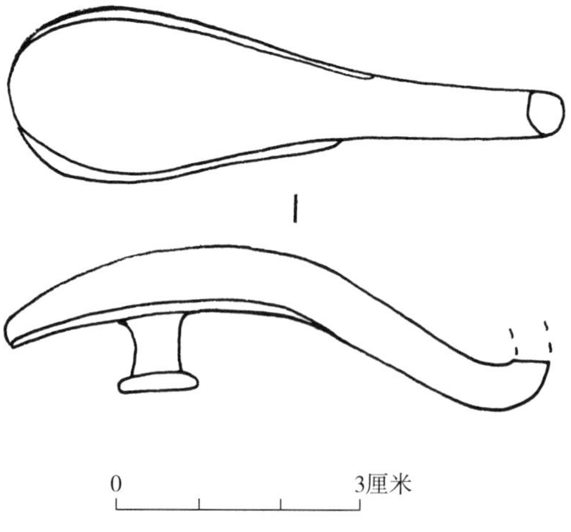

图 4-78　M354 出土铜带钩 M354：1

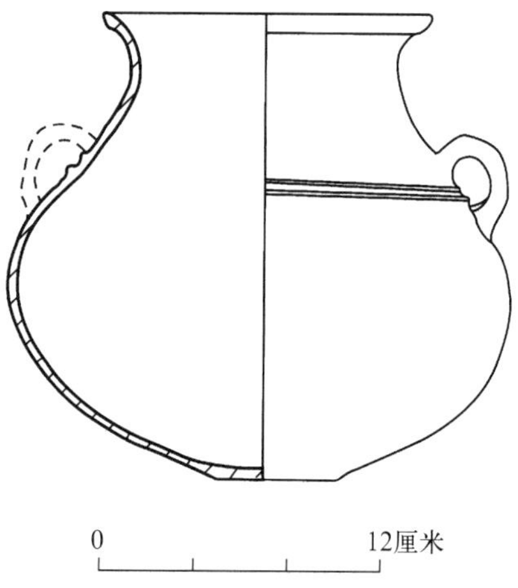

图 4-79　M358 出土陶罐 M358：1

（七三）M360

1. 墓葬形制

位于墓地中部，东北面是 M264，东面为 M263。方向 13°（彩版六二，1）。

长方形土坑竖穴墓。墓口长 3.6、宽 2.46、深 2.36 米。壁龛位于西壁中部偏北，宽 0.60、高 0.36、进深 0.14 米。墓底有生土二层台，宽 0.32、高 0.70 米。木棺已腐朽，仅见板灰痕迹，长 2.54、宽 0.70 米。墓内填黄褐色粉砂土，经夯打，较坚硬。夯窝圆形，直径 6 ～ 14、间距 6 ～ 10、夯层厚 30 厘米。

人骨 1 具。头向北，面向上，仰身直肢。头骨破碎，下肢骨缺失。女性，年龄 35 ～ 45 岁。

壁龛内发现陶罐、陶钵各 1 件，其中陶钵盖在陶罐上面。玉管 2 件放在墓主口内。

2. 出土遗物

（1）陶器

陶罐　1 件。

标本 M360：3，泥质灰陶。侈口，高颈，弧肩，肩、腹间有折棱，下腹弧内收，凹底。中腹饰竖向绳纹，下腹饰横向绳纹。口径 21.8、底径 9、高 29 厘米（图 4-80，3；彩版六二，2、3）。

陶钵　1 件。

标本 M360：2，泥质灰陶。直口，圆唇，折腹，下部斜内收。素面。口径 19.5、底径 6、复原高 11.2 厘米（图 4-80，2；彩版六二，2、4）。

（2）玉器

玉管　2 件。

标本 M360：1-1、2，形制大小相同。黄玉质，局部有浅褐色沁色，圆柱形，中间有圆形通孔，两端大小略微不同。表面平整光滑，素面。长 1.8、外径 1.4 ～ 1.6、内径 0.7 ～ 0.8 厘米（图 4-81，1-1、2；彩版六二，5）。

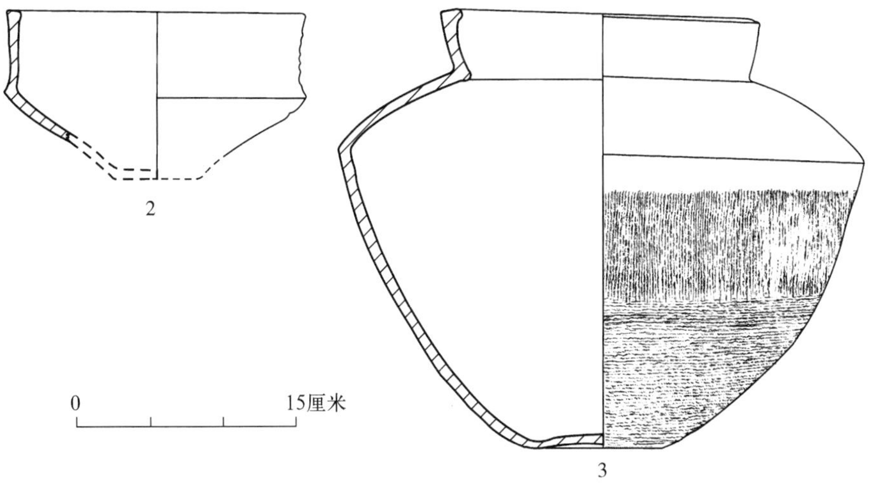

图 4-80　M360 出土器物

2. 陶钵　3. 陶罐

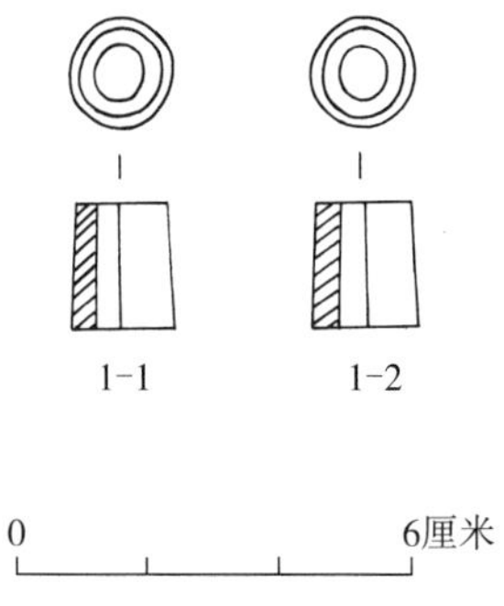

图 4-81　M360 出土器物

1-1、2. 玉管

（七四）M362

墓葬形制

位于墓地中部，北面是M363，西南面为M332。方向94°。

长方形土坑竖穴墓。墓口长2.16、宽0.7米，底长2、宽0.64、深0.2米。木棺已腐朽，仅见板灰痕迹。墓内填黄褐色粉砂土，未经夯打，土质较疏松。

人骨1具。头向东，面向右，仰身直肢。骨骼保存较好。男性，年龄40～50岁。左手下方发现乳猪骨骼。

随葬器物无。

（七五）M363

1. 墓葬形制

位于墓地中部，南面是M362，西北面是M357。方向111°。

长方形土坑竖穴墓。墓口长2.86、宽0.88米，底长2.8、宽0.8、深0.2米。木棺已腐朽，仅见板灰痕迹。墓内填浅灰褐色五花土，未经夯打，土质较疏松。

人骨1具。散放于墓内，葬式不详。性别无法鉴定，成年个体。

墓内出土铜钱1枚。

2. 出土遗物

铜器

铜钱　1枚。

标本M363：1，圆形方穿，正面有轮无郭，背面轮郭俱全。“五”字两笔交叉弯曲，与上、下两横相交处外敞，“铢”字“金”头呈三角形，与“朱”等齐，“朱”字上部圆折。直径2.4、穿边长0.9、厚0.1厘米（图4-82）。

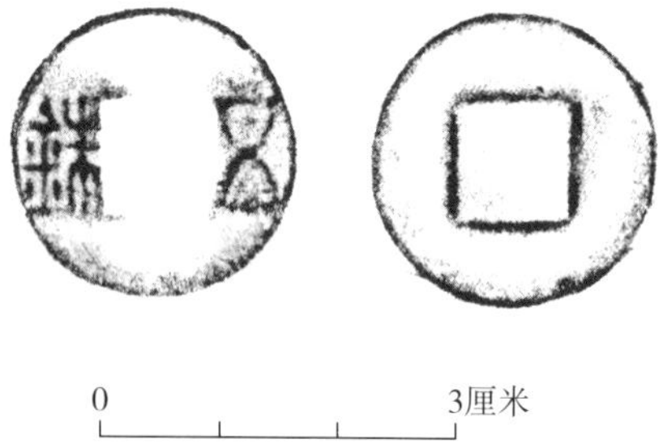

图4-82　M363出土铜钱M363：1

（七六）M365

1. 墓葬形制

位于墓地西北部，被M364打破，南面为M382。方向105°（彩版六一，3）。

长方形土坑竖穴墓。墓口长2.38、宽1.1、深1.32米。墓底有生土二层台，宽0.1～0.2、高0.42米。木棺已腐朽，仅见板灰痕迹，长1.92、宽0.56米。墓内填浅灰褐色粉砂土，土质较致密。

人骨1具。头向东，面向不详，直肢。骨骼腐朽严重，仅残存胫腓骨。性别无法鉴定，成年个体。

随葬器物1件，墓内东北角出土陶罐1件。乳猪骨骼放在东南角。

2. 出土遗物

陶器

陶罐　1件。

标本M365：1，泥质灰陶。敛口，平沿，直颈，圆腹，小平底。下腹饰绳纹。口径12、底径14、高19.4厘米（图4-83；彩版六一，4）。

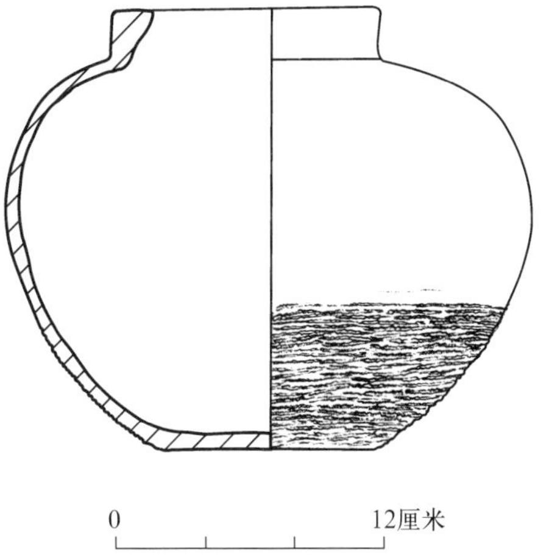

图 4-83　M365 出土陶罐 M365：1

（七七）M378

墓葬形制

位于墓地西北部，北面是 M381，西北面为 M384、M383。方向 20°。

长方形土坑竖穴墓。墓口长 2.46、宽 1.14、深 0.30 米。墓底东、西两侧有生土二层台，宽 0.20、高 0.20 米。墓内填浅灰褐色粉砂土，经夯打，土质致密。

人骨 1 具。头向北，面向上。骨骼腐朽严重，仅残存头骨、右胸部及右臂肱骨。性别、年龄无法鉴定。

随葬器物无。

（七八）M382

1. 墓葬形制

位于墓地西北部，西北面是 M364、M365，西南面为 M380。方向 118°。

长方形土坑竖穴墓。墓口长 2.54、宽 1.1 米，底长 2.14、宽 0.74、深 0.76 米。墓底四周有生土二层台，宽 0.2、高 0.15 米。墓内填浅灰褐色土，土质较致密。似经夯打，夯窝圆形，分布稀疏。

人骨 1 具。头向东，面向右，仰身屈肢。上肢弯曲呈环抱状，双手交叉置于腹部，下肢向左侧弯曲。疑似女性，年龄 45 ～ 55 岁。

随葬器物 1 件，墓内南端二层台偏西处出土陶罐 1 件。乳猪、真鲷、鲷科、鱼、猪骨置于墓主左上肢外侧。

2. 出土遗物

陶器

陶罐　1 件。

标本 M382 : 1，泥质灰陶。折沿，鼓腹，平底。质较软，一触即碎。素面。未能复原。

（七九）M383

1. 墓葬形制

位于墓地西北部，打破 M384，北面是 M380。方向 22°（彩版六三，1）。

长方形土坑竖穴墓。墓口长 2.32、宽 1.14 米，底长 2.32、宽 0.74、深 1.2 米。墓底东、西两侧有生土二层台，宽 0.18、高 0.7 米。墓内填浅灰褐色粉砂土，经夯打，土质较致密。因扰动夯窝不完整。

人骨 1 具。头向北，面向右，仰身屈肢。上肢分置身体两侧，下肢同向右侧弯曲。男性，年龄 40 ～ 50 岁。

随葬器物 1 件，墓底西北角出土陶罐 1 件。

2. 出土遗物

陶器

陶罐 1件。

标本M383：1，泥质灰陶。敛口，斜折沿，圆唇，束颈，圆腹，平底。素面。口径15.6、底径11、高16.6厘米（图4-84；彩版六三，2）。

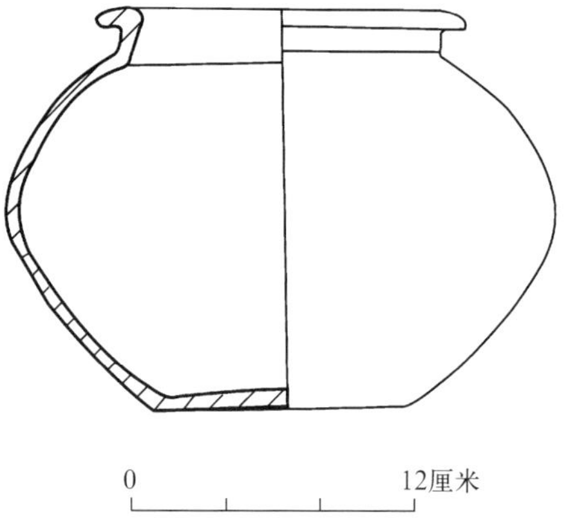

图4-84 M383出土陶罐M383：1

（八〇）M392

1. 墓葬形制

位于墓地西北部，北面是M398，南面为M394。方向98°（彩版六三，3）。

长方形土坑竖穴墓。墓口长2.4、宽1.02～1.1、深1.4米。墓底南、北壁及西端有生土二层台，宽0.05～0.15、高0.3～0.7米。木棺腐朽，仅存板灰，长1.85、宽0.6、高0.2米。墓内填黄褐花粉砂土，经夯打，土质致密。夯窝圆形，分布密集，直径8、厚15～20厘米。

人骨1具。头向东，面向不详，直肢。骨骼已腐朽，仅残留少量盆骨及下肢骨。性别无法鉴定，成年个体。

随葬器物1件，陶罐1件放置墓内东北角。乳猪骨骼置于东南角。

2. 出土遗物

陶器

陶罐 1件。

标本M392：1，泥质灰陶。直口，平沿，高颈，鼓腹，底凹。肩部饰一周凹弦纹，中腹饰四周戳印纹，下腹饰绳纹。口径21、底径11.5、高24.8厘米（图4-85；彩版六三，4）。

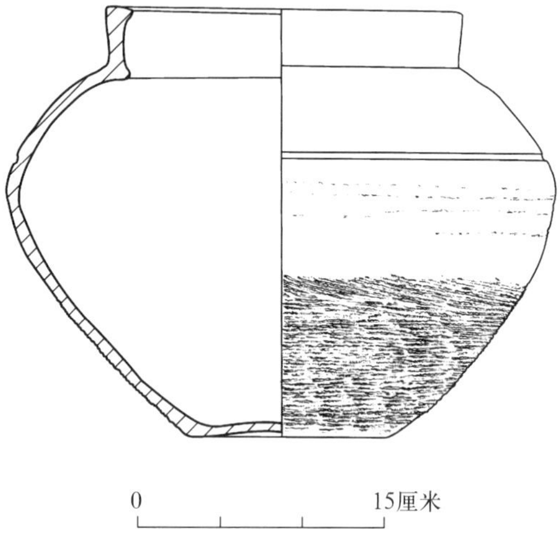

图4-85 M392出土陶罐M392：1

（八一）M394

1. 墓葬形制

位于墓地西北部，北面是M392，西南面为M393。方向108°（彩版六四，1）。

长方形土坑竖穴墓。墓口长2.7、宽1.3、深1米。墓壁规整、平底。墓底南、北、西三面有生土二层台，南、北宽0.15、西宽0.25、高0.7米。木棺已腐朽，仅残存灰痕，长2、宽0.7、高0.2米。墓内填黄褐色五花土，经过夯打，土质较致密。夯窝圆形，分布密集，直径8、夯层厚15～20厘米。

人骨1具。头向东，面向左，仰身直肢。骨骼腐朽严重，右上肢弯曲于腹部，左上肢重叠一起，下肢垂直。女性，年龄30～40岁。

随葬器物1件，陶罐1件放在墓内东北角。乳猪、鸡、鱼骨放置在东南角。

2. 出土遗物

陶器

陶罐　1 件。

标本 M394：1，泥质灰陶。直口，圆唇，高颈，鼓腹。小平底。肩上部饰五个刻划符号，中腹饰三周戳印纹，下腹饰绳纹。口径 24.2、底径 12.5、高 28.4 厘米（图 4-86；彩版六四，2）。

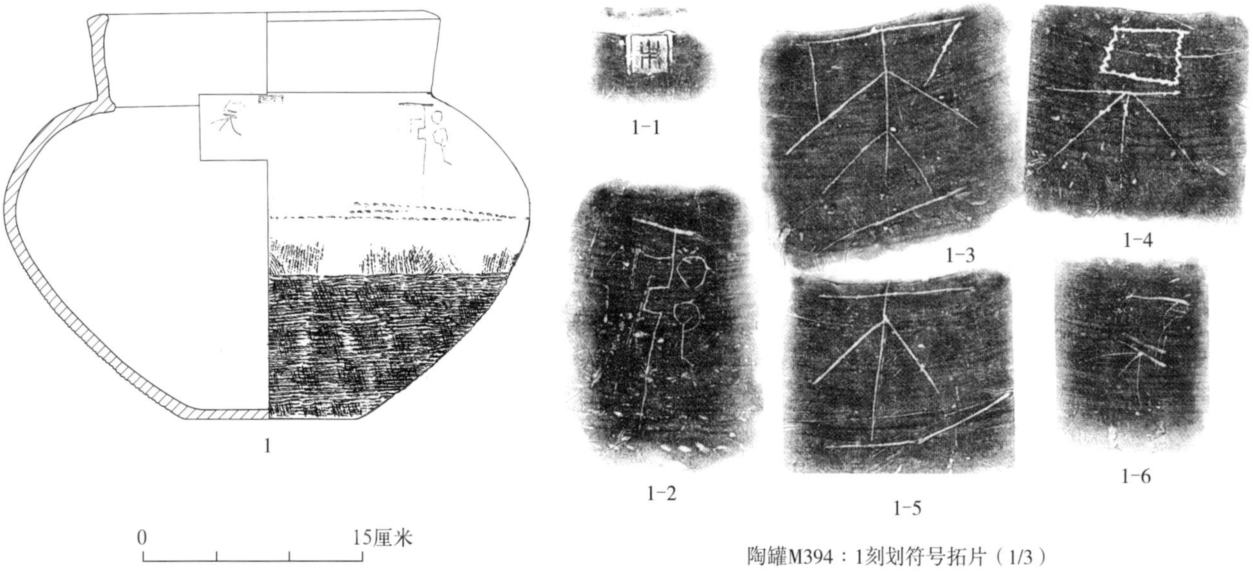

图 4-86　M394 出土陶罐 M394：1

（八二）M395

1. 墓葬形制

位于墓地西北部，西北面是 M958，南面是 M396、M398。方向 14°（彩版六四，3）。

长方形土坑竖穴墓。口长 2.8、宽 1.5 米，底长 2.2、宽 0.7、深 1.3 米。墓壁规整，底较平。壁龛位于东壁中部，高 0.20～0.24、宽 0.37、进深 0.31 米。墓室下部四周有生土二层台，宽 0.30～0.35、高 0.8 米。木棺已腐朽，仅残存板灰痕迹，长 2.1、宽 0.6、高 0.1 米。墓内填黄褐色粉砂土，夹杂少许黏土块，经夯打，质地致密。夯窝圆形，分布较密集，直径 8、厚 15～20 厘米。填土中发现 1 件铜削。

人骨 1 具。头向北，面向不详，直肢。头部、上肢及躯干腐朽，仅残留下肢骨。性别无法鉴定，成年个体。

壁龛内出土陶罐 1 件。

2. 出土遗物

（1）陶器

陶罐　1 件。

标本 M395：1，泥质灰陶。直口，平沿，圆唇，高颈，扁鼓腹，下腹内收，平底微凹。腹中部饰一周戳印纹，下腹饰斜、横向绳纹。口径22、底径10、高22厘米（图4-87；彩版六四，4）。

（2）铜器

铜削　1件。

标本M395：01，刀前端和柄部均残，直背，斜弧刃，柄扁形。残长6.5厘米（图4-88）。

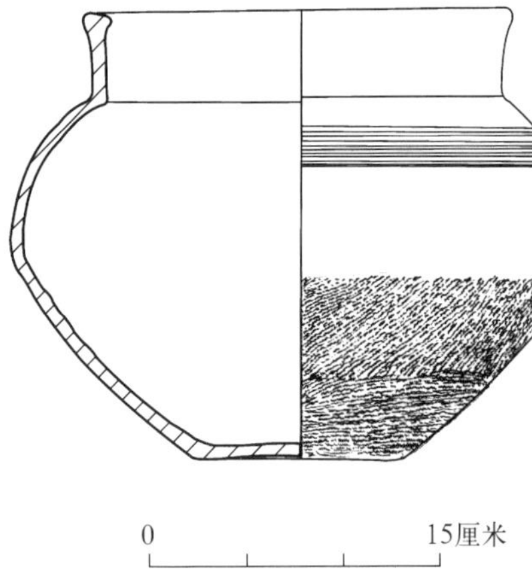

图4-87　M395出土陶罐M395：1

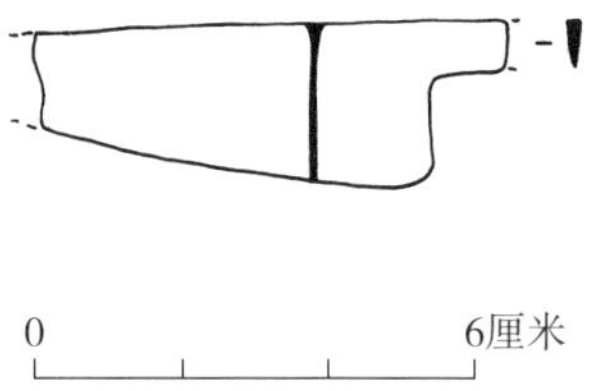

图4-88　M395出土铜削M395：01

（八三）M397

墓葬形制

位于墓地西北部，北面是M405、M396，西面是M392。方向0°。

长方形土坑竖穴墓。口长1.9、宽0.5、深0.25米。墓壁垂直，底部平整。墓内填黄褐色五花土，土质较坚硬。夹少许红烧土颗粒。

人骨1具。头向北，面向上，仰身屈肢。骨骼腐朽严重，仅存头骨及部分肢骨，下肢向右侧屈曲。性别无法鉴定，年龄8～9.5岁。

随葬器物无。

（八四）M409

墓葬形制

位于墓地中部，被M430打破，东面为M410。方向5°（图4-89）。

长方形土坑竖穴墓。墓口长1.7、宽0.7、深0.3米。墓壁垂直，平底。墓内填黄褐色五花土，土质较坚硬。

人骨1具。头向北，面向不详，仰身直肢。骨骼保存较差，头部及锁骨缺失，男性，年龄35～40岁。

随葬器物无。

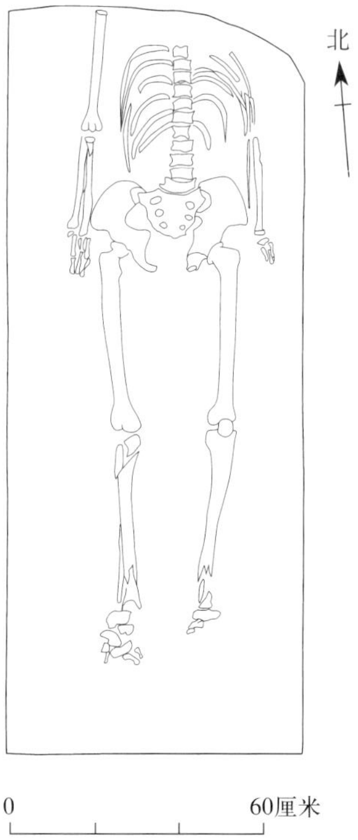

图4-89　M409平面图

（八五）M414

墓葬形制

位于墓地中部，被M413打破，南面为M415。方向103°（图4-90）。

长方形土坑竖穴墓。墓口长2.95、宽1.7、深2.2米。墓壁垂直、规整，平底。木棺已腐朽，仅残留板灰，长1.94、宽0.76～0.8、深0.5米。墓内填黄褐色五花土，经夯打，土质较致密。夯窝圆形，分布密集，相互叠压，直径6～8厘米。

人骨1具。头向东，面向不明，仰身直肢。骨骼已腐朽，仅残存下肢骨遗骸。性别、年龄无法鉴定。

随葬器物无。

（八六）M425

1. 墓葬形制

位于墓地中部，被M423打破，打破M427。方向290°（图4-91）。

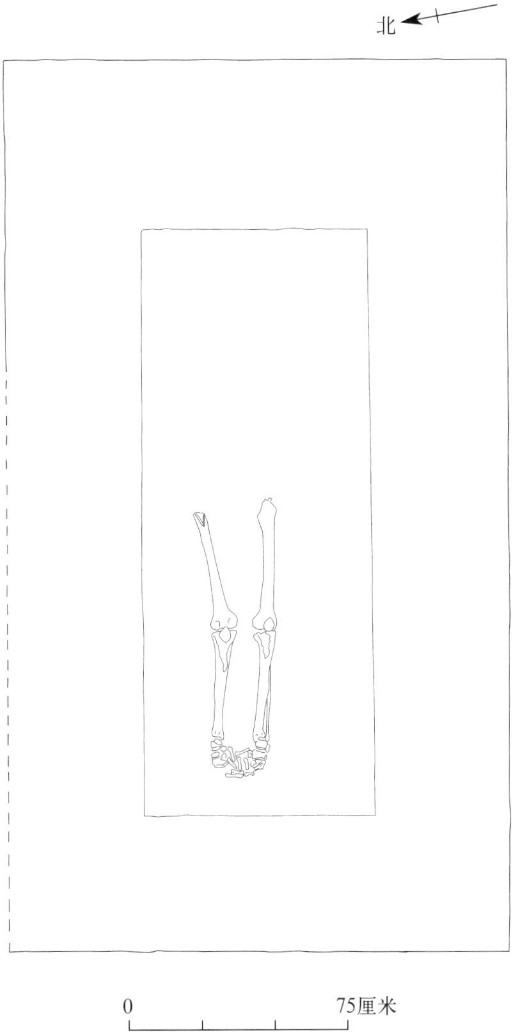

图4-90　M414平面图

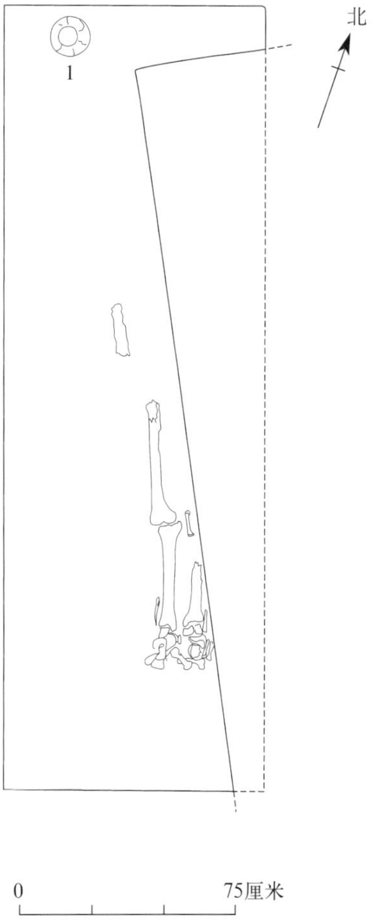

图4-91　M425平面图

1. 陶罐　01. 陶案

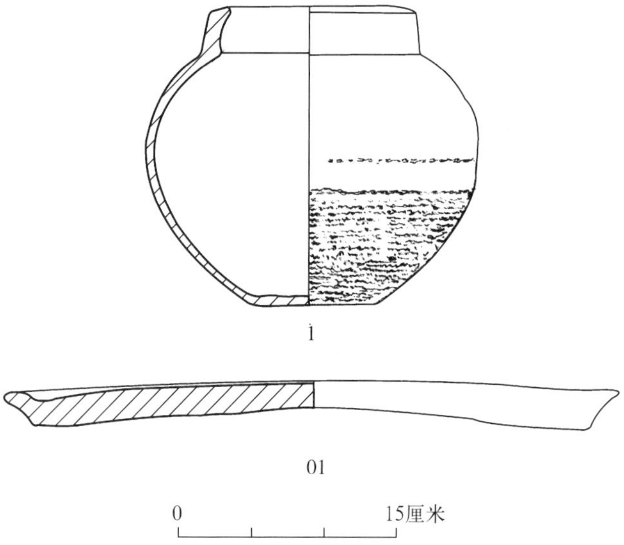

图 4-92　M425 出土器物

1. 陶罐　01. 陶案

长方形土坑竖穴墓。口长 2.6、宽 0.9、深 0.9 米。墓内填浅灰褐色粉砂土，经夯打，土质较致密。夯窝圆形，分布稀疏。填土中发现 1 件陶案。

人骨 1 具。头向北，面向及葬式不详。因被打破，仅残存部分下肢骨遗骸。性别无法鉴定，成年个体。

陶罐 1 件放置墓内西北角。

2. 出土遗物

陶器

陶罐　1 件。

标本 M425∶1，泥质灰陶。敛口，沿面外斜，圆唇，颈内收，圆腹，下部弧收，小平底。中腹饰两周戳印纹，下腹及底部饰细绳纹。口径 14、底径 8、高 20 厘米（图 4-92，1）。

陶案　1 件。

标本 M425∶01，泥质红陶。敞口，平沿，圆唇，浅腹，凹底。素面。口径 42、底径 37、高 3.2 厘米（图 4-92，01）。

（八七）M427

1. 墓葬形制

位于墓地中部，被 M425 和 M426 打破。相邻 M423。方向 97°（图 4-93）。

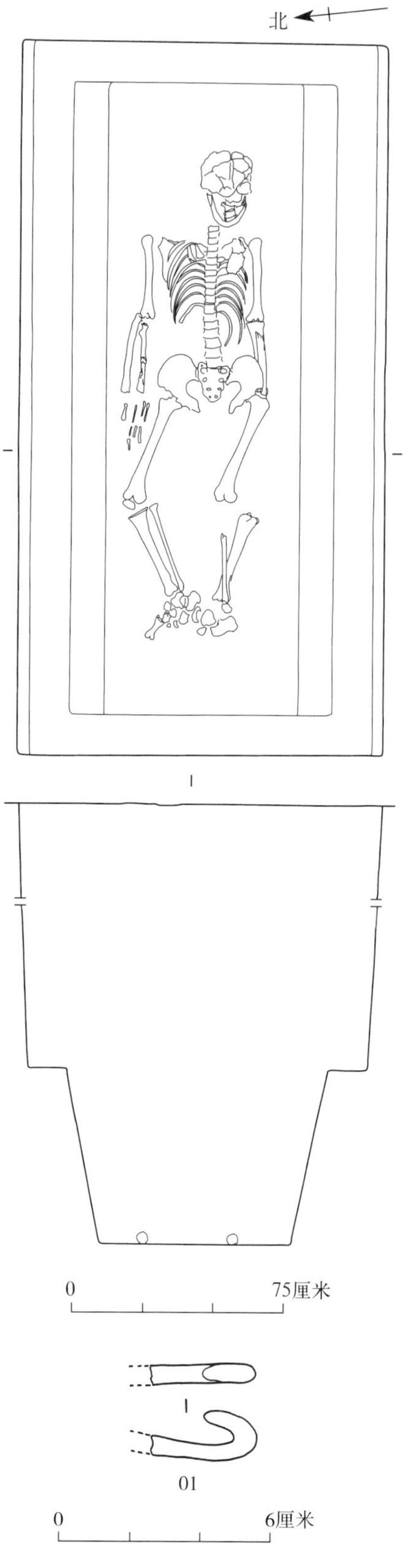

图 4-93　M427 平、剖面图

01. 铜带钩

长方形土坑竖穴墓。口长 2.44、宽 1.28 米，底长 2、宽 0.68、深 1.52 米。墓壁斜直，下部内收，平底。墓底四周有生土二层台，宽 0.14、高 0.6 米。墓内填浅灰褐色五花土。似经夯打，土质较致密。夯窝稀疏。填土中发现铜带钩 1 件。

人骨 1 具。头向东，面向上，仰身直肢。上肢分置两侧。性别无法鉴定，成年个体。

2. 出土遗物

铜器

铜带钩　1 件。

标本 M427∶01，已残，仅存钩首，断面半圆形。残长 3 厘米（图 4-93，01）。

（八八）M433

1. 墓葬形制

位于墓地中部，被 M430 打破，东北面是 M435，东面为 M434。方向 95°（图 4-94；彩版

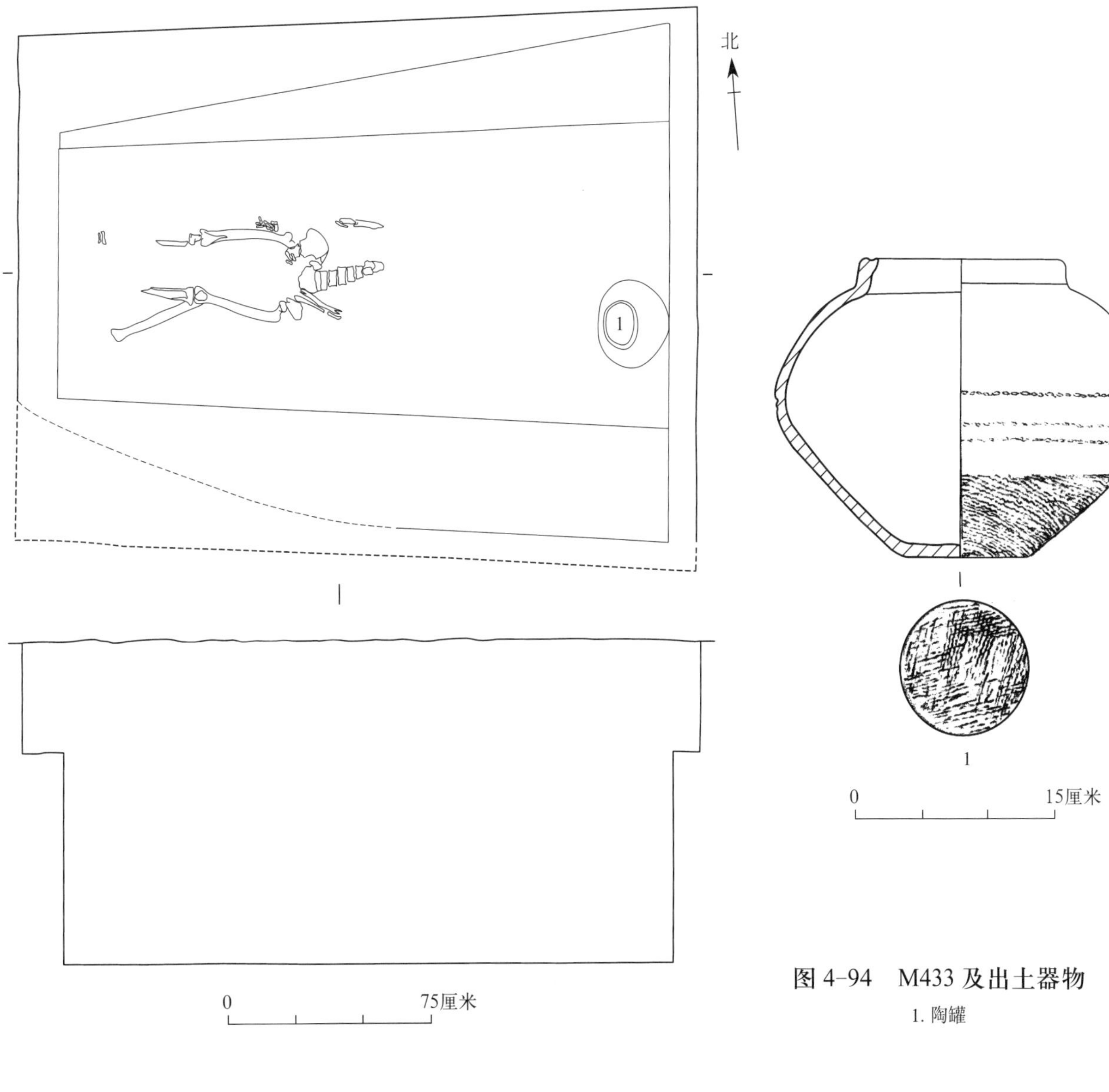

图 4-94　M433 及出土器物

1. 陶罐

六五，1）。

长方形土坑竖穴墓。墓口长2.5、宽2.12米，底长2.25、宽1、深1.15米。墓壁斜直、规整。墓底东、西有生土二层台，宽0.1～0.3、高0.75米。墓内填黄褐色五花土，经过夯打，土质较坚硬。夯窝圆形，分布稀疏，直径5～8厘米。

人骨1具。头向东，面向不详，仰身直肢。骨骼腐朽严重，头骨缺失，仅残存部分躯干及肢骨。女性，年龄40～50岁。

随葬陶罐1件。

2. 出土遗物

陶器

陶罐　1件。

标本M433：1，泥质灰陶。敛口，平沿微凹，圆唇，弧肩，鼓腹，下腹内收，小平底。腹部饰三周戳印纹，下腹及底部饰细绳纹。口径15.2、底径8.8、腹径28、高21.6厘米（图4-94，1；彩版六五，2）。

（八九）M435

墓葬形制

位于墓地中部，东北面是M436，西南面为M433。方向100°（图4-95）。

长方形土坑竖穴墓。墓口长2.5、宽1.3米，底长2.4、宽1.1、深1.5米。墓壁斜直，下部内收，底部平整。墓内填黄褐色花土，经过夯打，土质较坚硬。夯窝圆形，直径5～15、间距20～60厘米。

人骨1具。头向东，面向不详，仰身直肢。头骨及部分肢骨缺失。性别无法鉴定，成年个体。

随葬器物无。

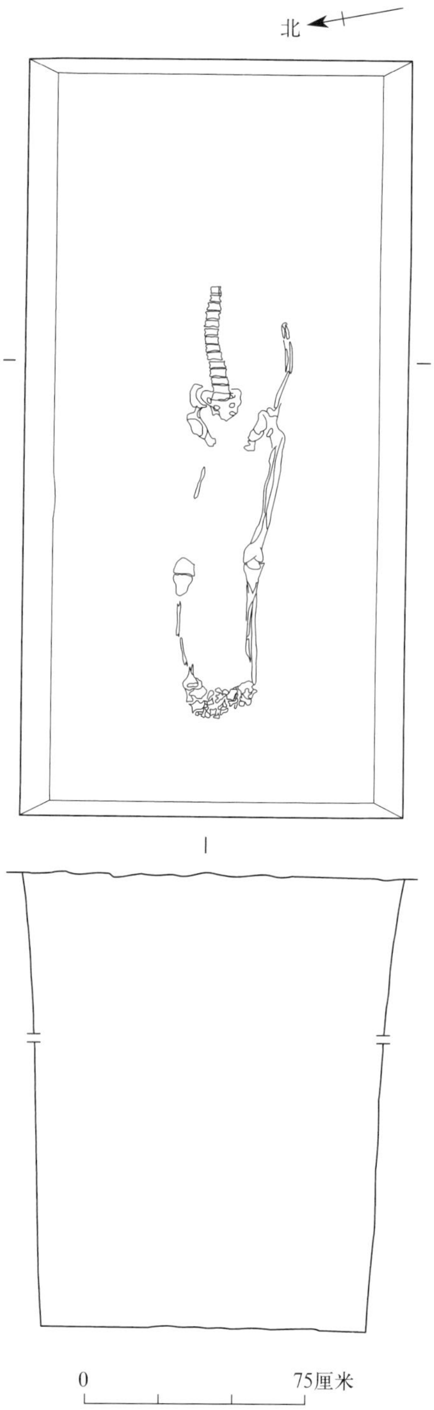

图4-95　M435平、剖面图

（九〇）M441

墓葬形制

位于墓地中部，南面为M294，西面是M327。方向3°（图4-96）。

长方形土坑竖穴墓。墓口长2.05、宽1.5米，底长1.75、宽0.7、深1.7米。墓壁垂直，光滑规整，平底。墓底四周有生土二层台，宽0.1～0.3、高0.7米。木棺腐朽，仅见灰痕。长1.75、宽0.7米。墓内填黄褐色五花土，质地坚硬。经夯打，夯窝圆形，分布稀疏，直径6～8厘米。

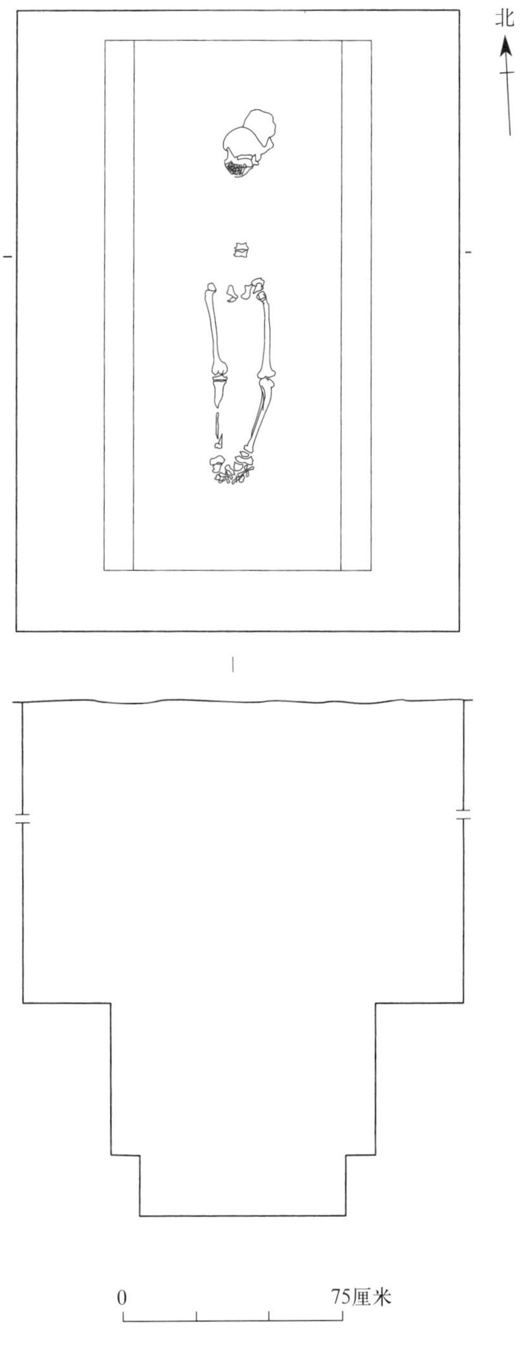

图 4-96　M441 平、剖面图

人骨 1 具。头向北，面向不详，仰身直肢。头骨破碎，残存下肢及部分盆骨。性别无法鉴定，未成年个体。

随葬器物无。

（九一）M444

墓葬形制

位于墓地中部，西北面是 M954，东面为 M448。方向 100°。

长方形土坑竖穴墓。墓口长 3、宽 1.8 米，底长 2.3、宽 1.00、深 2.1 米。墓壁斜直，下部内收，平底。底部四周有熟土二层台，高 0.55、宽～0.3 米。木棺腐朽仅见灰痕。长 2.05、宽 0.65 米。墓内填黄褐色五花土，经过夯打，质地致密。夯窝圆形，直径 5～10、夯层厚 10 厘米。

人骨无。

随葬器物无。

（九二）M446

1. 墓葬形制

位于墓地中部，打破周代 M447，东南面是 M449。方向 5°（图 4-97；彩版六五，3）。

长方形土坑竖穴墓。墓口长 2.3、宽 1.15、深 0.95 米。墓壁垂直，规整，平底。墓底东、西两侧有熟土二层台，宽 0.2～0.25、高 0.35 米。木棺腐朽，仅存板灰，长 2.3、宽 0.7 米。墓内填黄褐色花土，土质较坚硬。

人骨 1 具。头向北，骨骼腐朽严重，仅存少量头骨及下肢骨残骸。性别、年龄难辨。

随葬器物 1 件，墓底东南角出土陶壶 1 件。

2. 出土遗物

陶器

陶壶　1 件。

标本 M446：1，泥质灰陶。侈口，斜沿，尖唇，束颈，弧肩，鼓腹，下腹弧内收，圈足残。腹饰一周戳印纹，下腹饰绳纹。口径 13、残高 21.6 厘米（图 4-97，1；彩版六五，4）。

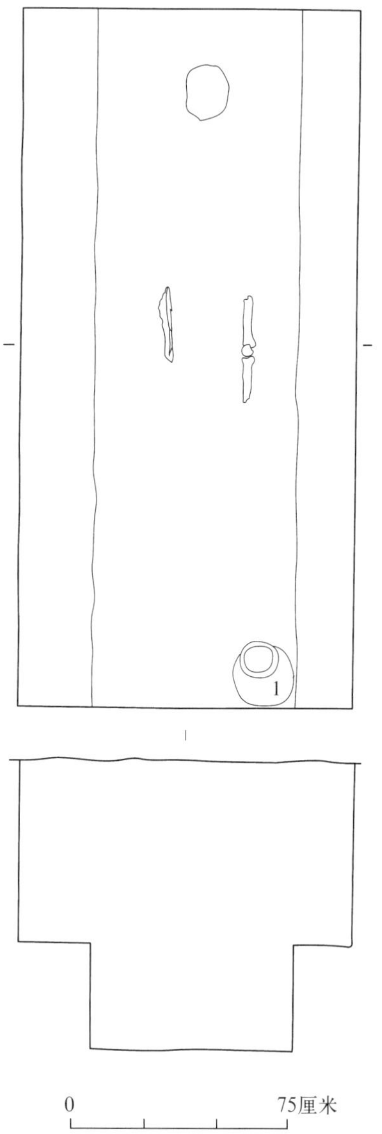

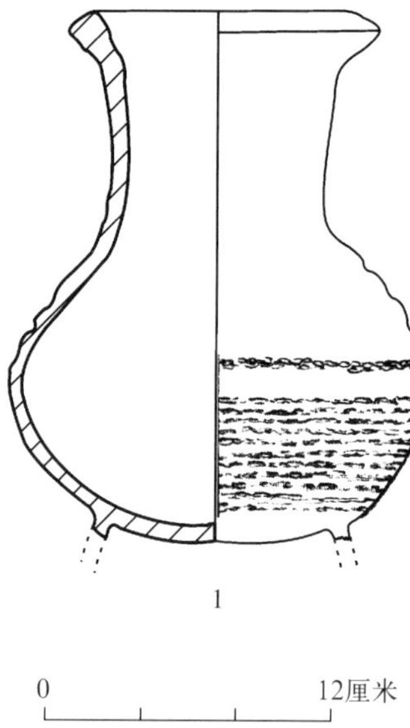

图 4-97　M446 及出土器物

1. 陶壶

（九三）M448

1. 墓葬形制

位于墓地中部，西北面为M950，西面是M444。方向30°（图4-98；彩版六六，1）。

长方形土坑竖穴墓。墓口长2.8、宽1.2、底长2.8、宽1.2、深1.1米。墓壁垂直、规整。椁长2.8、宽1.2米。底部用青砖平铺一层，“人”字形排列。砖长25、宽12、厚3厘米。墓内填黄褐色花土，土质较坚硬。

人骨1具。头向东，仅存头骨残骸及少量牙齿。性别无法鉴定，年龄25～30岁。

随葬器物4件。陶壶2件，东西向并排放置在墓室南端中部。铜镜1枚放在墓主头骨左侧。铜钱1枚置于墓主牙齿处。东南角放置有乳猪骨骼。

2. 出土遗物

（1）陶器

陶壶　2件。泥质灰陶。侈口，沿面外斜，尖唇，束颈，溜肩，鼓腹，近底微外凸。腹部饰三周戳印纹。

标本M448∶2，平底。口径14、底径14、高21厘米（图4-99，2；彩版六六，2）。

标本M448∶3，平底微凹。口径14.2、底径21、通高24厘米（图4-99，3；彩版六六，3）。

图4-98　M448平、剖面图

1. 铜镜　2、3. 陶壶　4. 铜钱　5. 动物骨骼

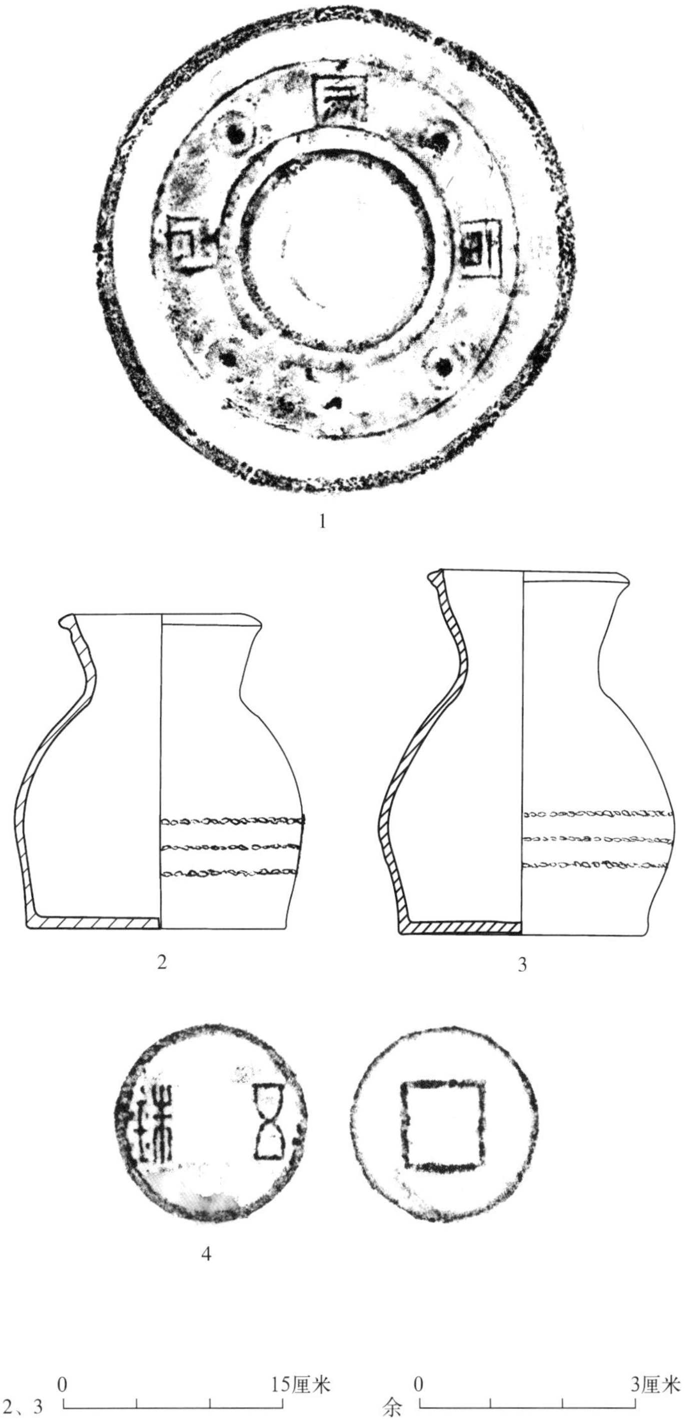

图4-99　M448出土器物

1. 铜镜　2、3. 陶壶　4. 铜钱

（2）铜器

铜镜　1枚。

标本M448∶1，家常贵富四乳铭文镜。圆形，圆纽，圆纽座。座外一周窄凸面圈带。其外两周短斜线和凸弦纹组合纹带，之间为主纹，四枚带圆座乳丁分为四区，三区内各一篆书铭文、转角方折，连读为“家常富”；另一区内无文字，似为一残损笔画。窄素平缘。面径6.8、缘厚0.55厘米（图4-99，1；彩版六六，4）。

铜钱　1枚。

标本M448∶4，五铢，圆形方穿，正面有轮无郭，背面轮郭俱全。“五”字两笔交叉弯曲，与上、下两横交接处垂直，“铢”字“金”头三角形，与“朱”等齐，“朱”字上部方折。直径2.6、穿边长1、厚0.16厘米（图4-99，4）。

（九四）M451

1. 墓葬形制

位于墓地中部，北面是M453，东南面是M551、M528。方向100°（图4-100；彩版六七，1）。

长方形土坑竖穴墓。墓口长3.4、宽1.6米，底长2.7、宽0.9、深2.16米。墓室长3.06、宽0.92、深0.84米。墓壁垂直，下部略内收。墓底四周留0.2～0.3米生土二层台，上面顺向平铺一层青砖。砖长25、宽11、厚3厘米。木棺已腐朽，仅残存棺板灰痕。长2.15、宽0.7、高0.10米。墓内填黄褐色五花土，经过夯打，较致密。夯窝圆形，分布稀疏，夯层不明显。填土中发现石纺轮1件。

人骨1具。头向东，面向上，骨骼腐朽，仅残存少许牙齿和部分左下肢骨。性别、年龄无法鉴定。

墓室西端随葬陶壶2件、陶钫2件（彩版六七，2）。铜镜1枚放置墓主头骨右侧。

2. 出土遗物

（1）陶器

陶壶　2件。泥质灰陶。弧顶盖。壶侈口，沿面外斜，尖唇，束颈，溜肩，扁鼓腹，近底部外凸，平底微凹。腹部饰三周绳纹。

标本M451∶4，口径12、底径15、通高

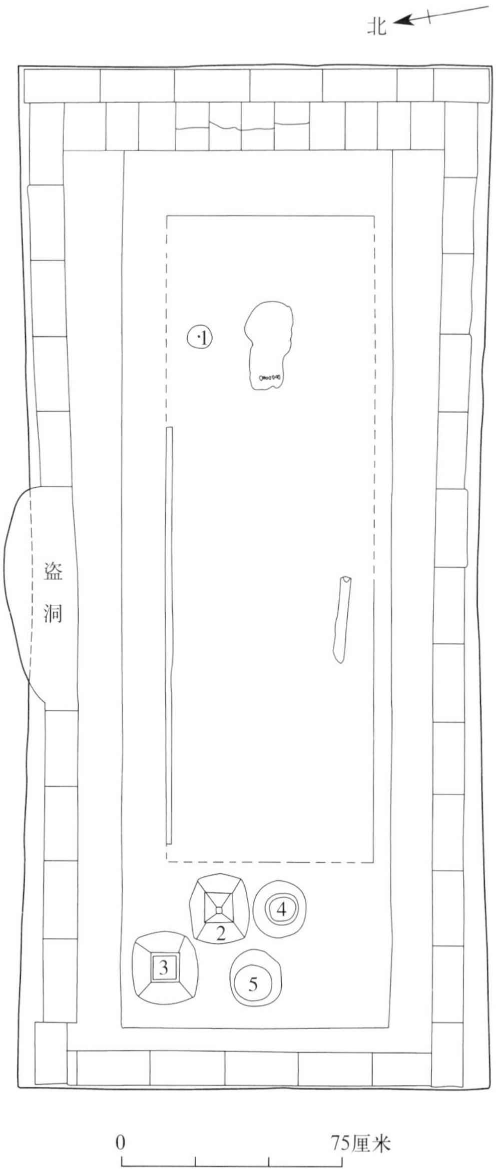

图4-100　M451平面图

1. 铜镜　2、3. 陶钫　4、5. 陶壶

24 厘米（图 4-101，4；彩版六七，4）。

标本 M451∶5，腹部饰两周戳印纹。口径 11.6、底径 14.6、通高 23.6 厘米（图 4-101，5；彩版六八，2）。

陶钫　2 件。泥质灰陶。形制相同。覆斗形盖，斜壁，小平顶。钫方口，平沿，沿外侧有折棱，尖唇，束颈，溜肩，鼓腹，最大径居腹中下部，圆形圈足。腹中部饰两周戳印纹，下腹饰绳纹。

标本 M451∶2，底部饰绳纹。口边长 10.8、底径 13.6、通高 37.2 厘米（图 4-101，2；彩版六八，1）。

标本 M451∶3，口边长 11.2、底径 13.4、通高 38 厘米（图 4-101，3；彩版六七，3）。

（2）石器

石纺轮　1 件。

标本 M451∶01，圆形，中间有圆孔，表面光滑。素面。外径 3.1、孔径 0.7、厚 1.6 厘米（图 4-101，01）。

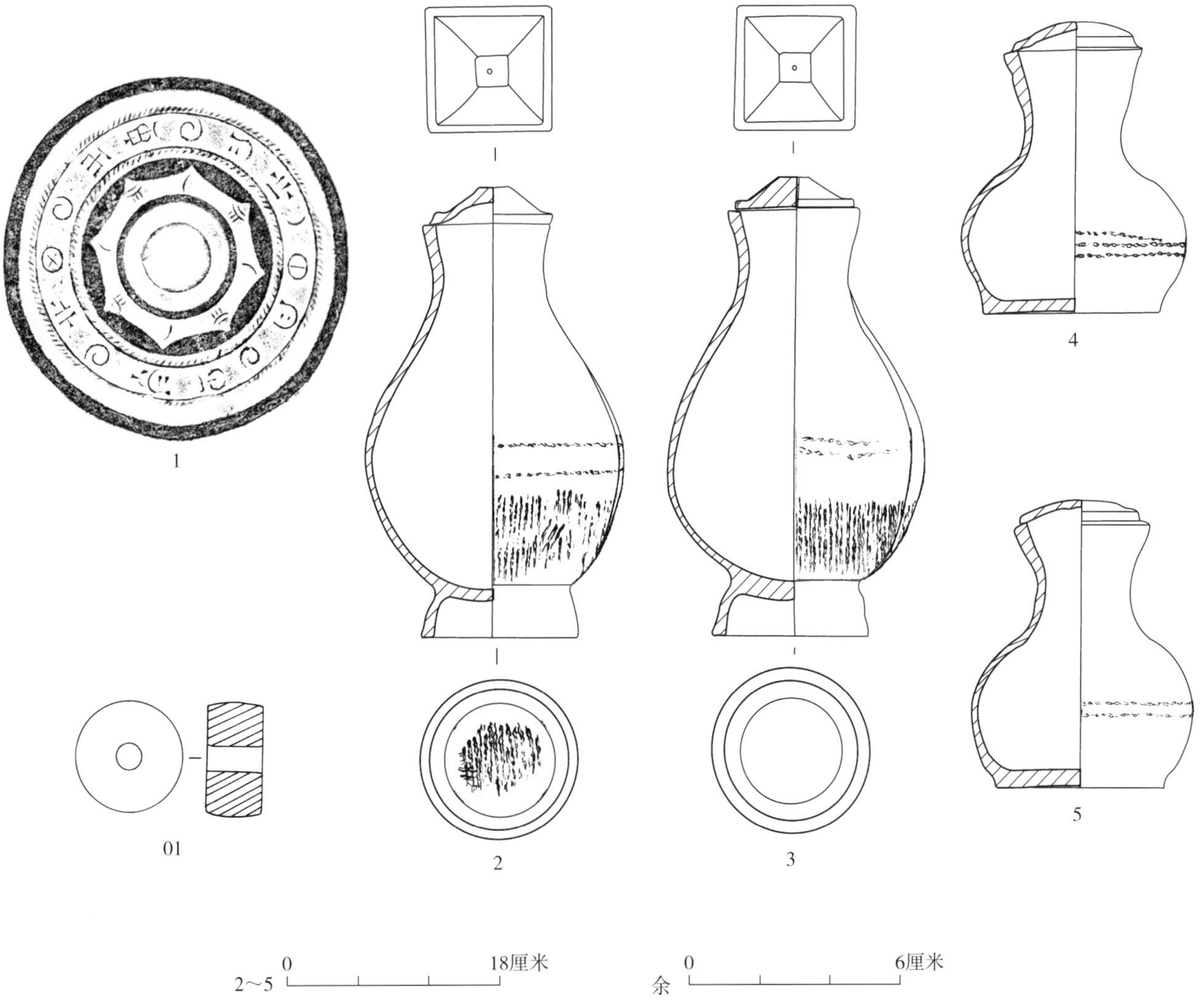

图 4-101　M451 出土器物

1. 铜镜　2、3. 陶钫　4、5. 陶壶　01. 石纺轮

（3）铜器

铜镜 1枚。

标本M451∶1，日光圈带连弧铭带镜。圆形，圆纽，圆纽座。座外分列八短竖线，其外一周窄凸面圈带，带外均匀伸出四条短弧线，其间夹饰内附三短竖线双层月牙纹，再外一周内向八连弧纹圈带。外区两周短斜线和凸弦纹组合纹带，之间为顺时针铭文带“日月心，忽夫毋之忠，勿忘”，圆转式篆隶体、笔画加重呈楔形、有简化，首尾间用一月牙纹隔开，每两字间隔一类似涡纹符号。窄素平缘。面径10.1、缘厚0.6厘米（图4-101，1；彩版六八，3）。

（九五）M457

1. 墓葬形制

位于墓地中部，北面是M460，南面是M459、M458等。方向281°（图4-102）。

长方形土坑竖穴墓。墓口长2.26、宽0.95、底长2.07、宽0.8、深0.8米。墓壁斜内收，底部平整。木棺已腐朽，仅见少量板灰痕迹。墓内填黄褐色五花土，土质疏松。填土中发现铜带钩1件。

人骨1具。头向西，面向左，仰身直肢。下肢略弯曲。女性，年龄30～40岁。

骨笄1件放置墓主头骨下面。

2. 出土遗物

（1）铜器

铜带钩 1件。

标本M457∶01，琵琶形。形似鸟首状，两侧双眼凸出，横断面半圆形，椭圆形纽位于背中部。长5.8厘米（图4-102，01；彩版六八，4）。

（2）骨器

骨笄 1件。

标本M457∶1，长条锥形，两端略残，截面圆形。残长8厘米（图4-102，1）。

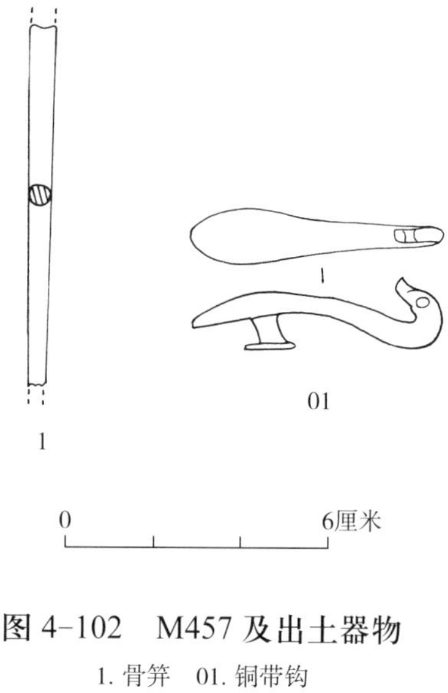

图4-102 M457及出土器物

1. 骨笄 01. 铜带钩

（九六）M458

1. 墓葬形制

位于墓地中部，被M456打破，打破M459。方向 18°（图 4-103；彩版六八，5）。

长方形土坑竖穴墓。墓口长 2.6、宽 1.1 ～ 1.16 米，底长 2.1、宽 0.65、深 0.9 米。墓圹东、南壁垂直，西、北两壁斜直内收。墓底东、西两侧及南端有生土二层台，宽 0.1 ～ 0.24、高 0.3 米。墓内填黄褐色五花土。夹杂少许黏土块，土质较致密。

人骨 1 具。头向北，面向上，仰身直肢。头骨残破，躯干及部分上肢缺失。女性，年龄 35 ～ 40 岁。

陶罐 1 件放置在生土二层台上。

2. 出土遗物

陶器

陶罐　1 件。

标本 M458∶1，泥质灰陶。敛口，沿内斜，圆唇，束颈，圆腹，小平底。上腹饰一周戳印纹，下腹饰绳纹。口径 16、底径 9、高 19 厘米（图 4-103，1；彩版六八，6）。

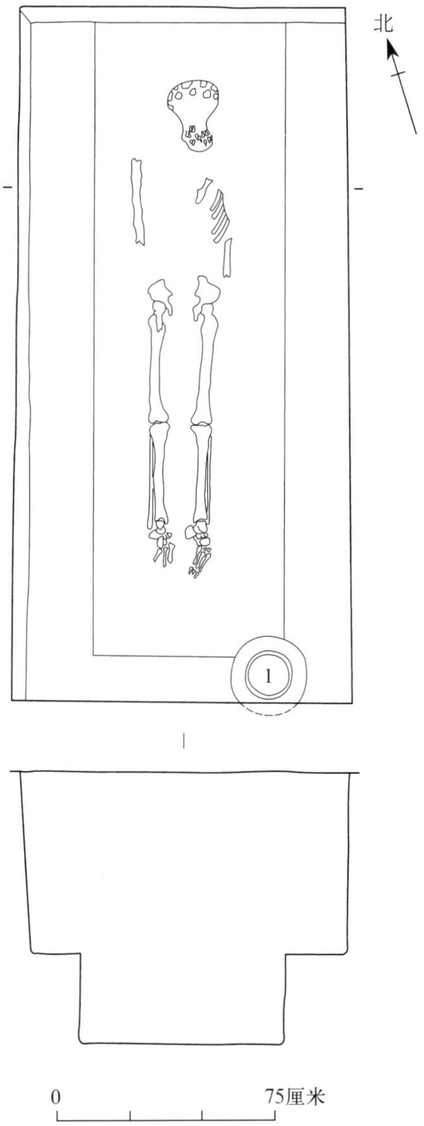

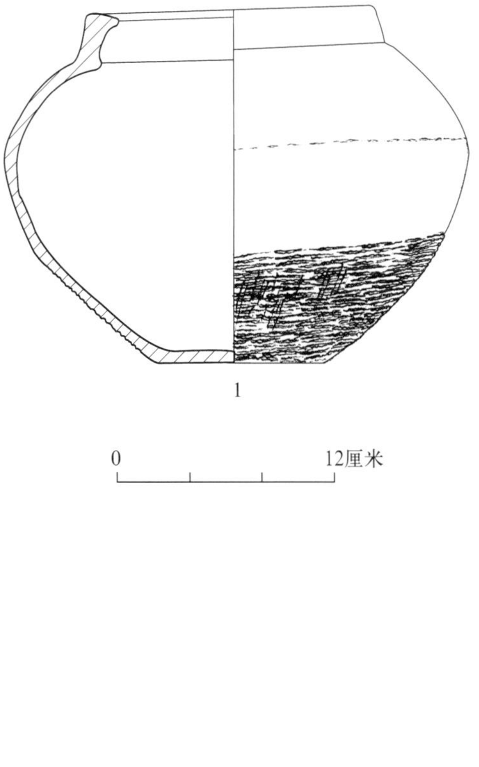

图 4-103　M458 及出土器物

1. 陶罐

（九七）M459

墓葬形制

位于墓地中部，被M456、M458打破，北面是M457。方向280°（图4-104）。

长方形土坑竖穴墓。墓口长2.9、宽1.4～1.56米，底长2.87、宽1.28～1.5、深0.8米。墓壁斜直内收。木棺已腐朽，仅见板灰痕迹。长2.13、宽0.7～0.8、高0.14、厚0.07～0.1米。墓内填黄褐色五花土。夹杂少许黏土块，土质较致密。

人骨1具。头向西，面向上，仰身直肢。骨骼保存较差。性别无法鉴定，年龄30～40岁。

随葬器物无。

（九八）M467

墓葬形制

位于墓地中部，东北面是M504，南面是M463、M464。方向98°（图4-105）。

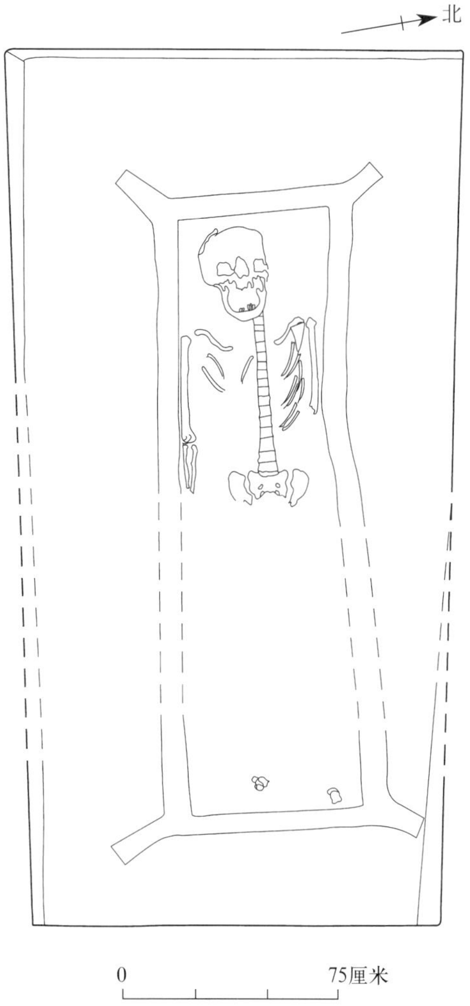

图4-104　M459平面图

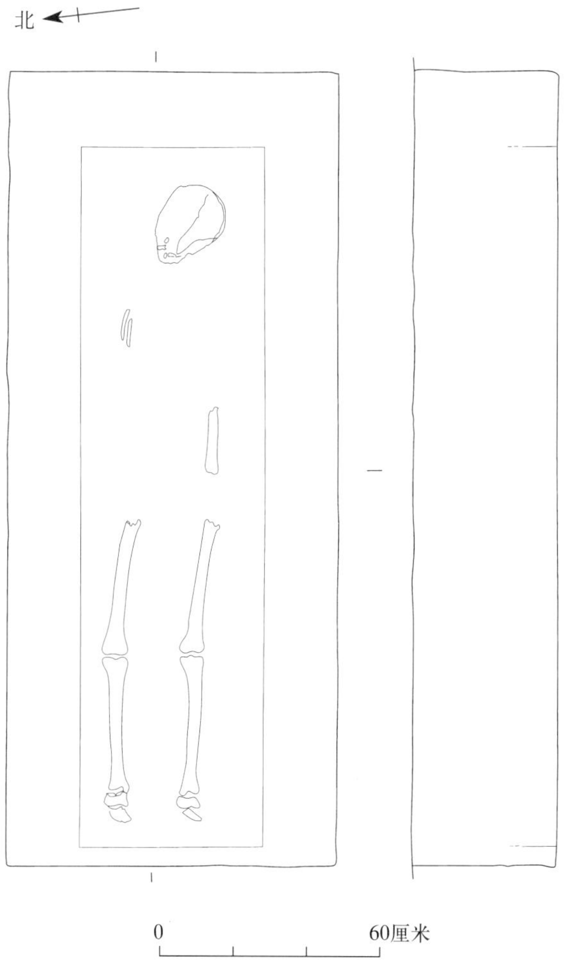

图4-105　M467平、剖面图

长方形土坑竖穴墓。墓壁垂直。墓口长 2.1、宽 0.9、深 0.4 米。木棺已腐朽，仅残存板灰痕迹，长 1.85、宽 0.5、高 0.1 米。墓内填黄褐色五花土，土质较疏松。

人骨 1 具。头向东，面向上，仰身直肢。骨骼保存较差，头骨破碎，上肢及躯干无存。性别、年龄无法鉴定。

随葬器物无。

（九九）M470

1. 墓葬形制

位于墓地中部，被 M468 打破，东南面是 M455。方向 9°（图 4-106；彩版六九，1）。

长方形土坑竖穴墓。墓口长 2.4、宽 1.1 ～ 1.16、深 1.75 米。墓壁垂直、规整。墓底有生土二层台，宽 0.25、高 0.45 米。木棺已腐朽，仅见板灰。墓内填黄褐色五花土，经过夯打，土质较致密。夯窝圆形，分布密集，直径 8、夯层厚 50 厘米。

人骨 1 具。头向北，面向不详。仰身直肢。头骨残破，仅存部分躯干及上、下肢骨。性别、年龄无法鉴定。

随葬陶罐 1 件，放在东南角二层台下面。发现少量鸡后腿骨。

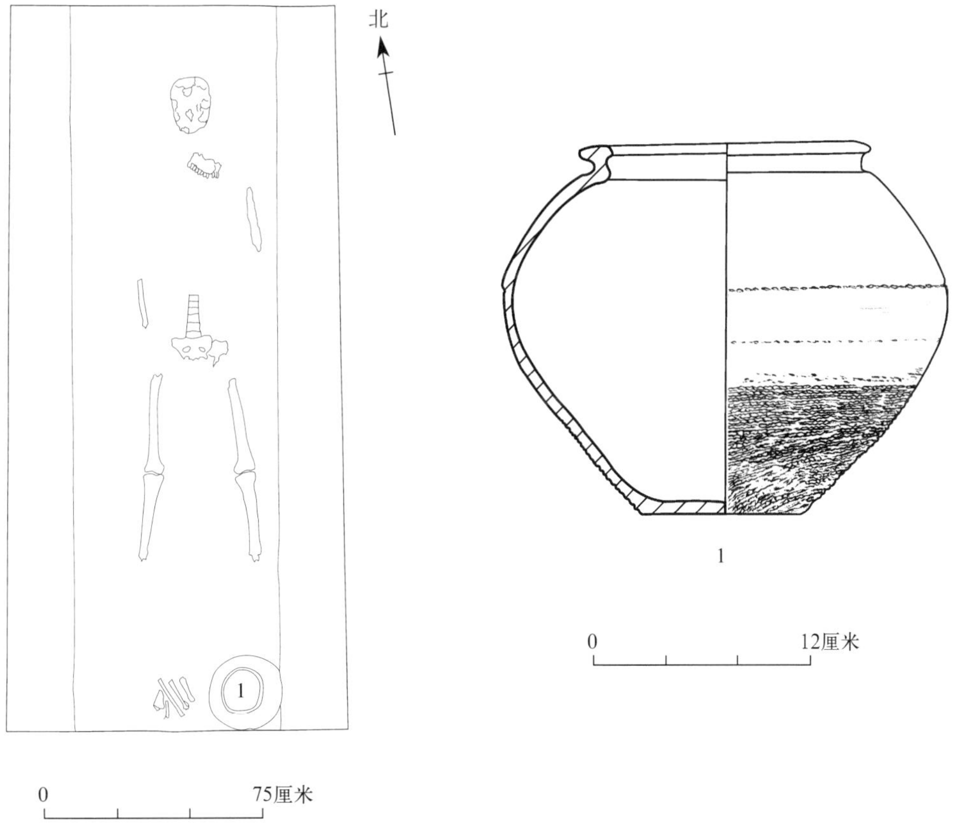

图 4-106　M470 及出土器物

1. 陶罐

2. 出土遗物

陶器

陶罐　1件。

标本M470∶1，泥质灰陶。敛口，沿面外弧，方唇，圆鼓腹，小平底。中腹饰两周戳印纹，下腹饰绳纹，通体有抹制痕。口径16、底径9、高19.8厘米（图4-106，1；彩版六九，2）。

（一〇〇）M478

1. 墓葬形制

位于墓地中部，被M476打破，西南面为M534、M533。方向105°（图4-107；彩版七〇，1）。

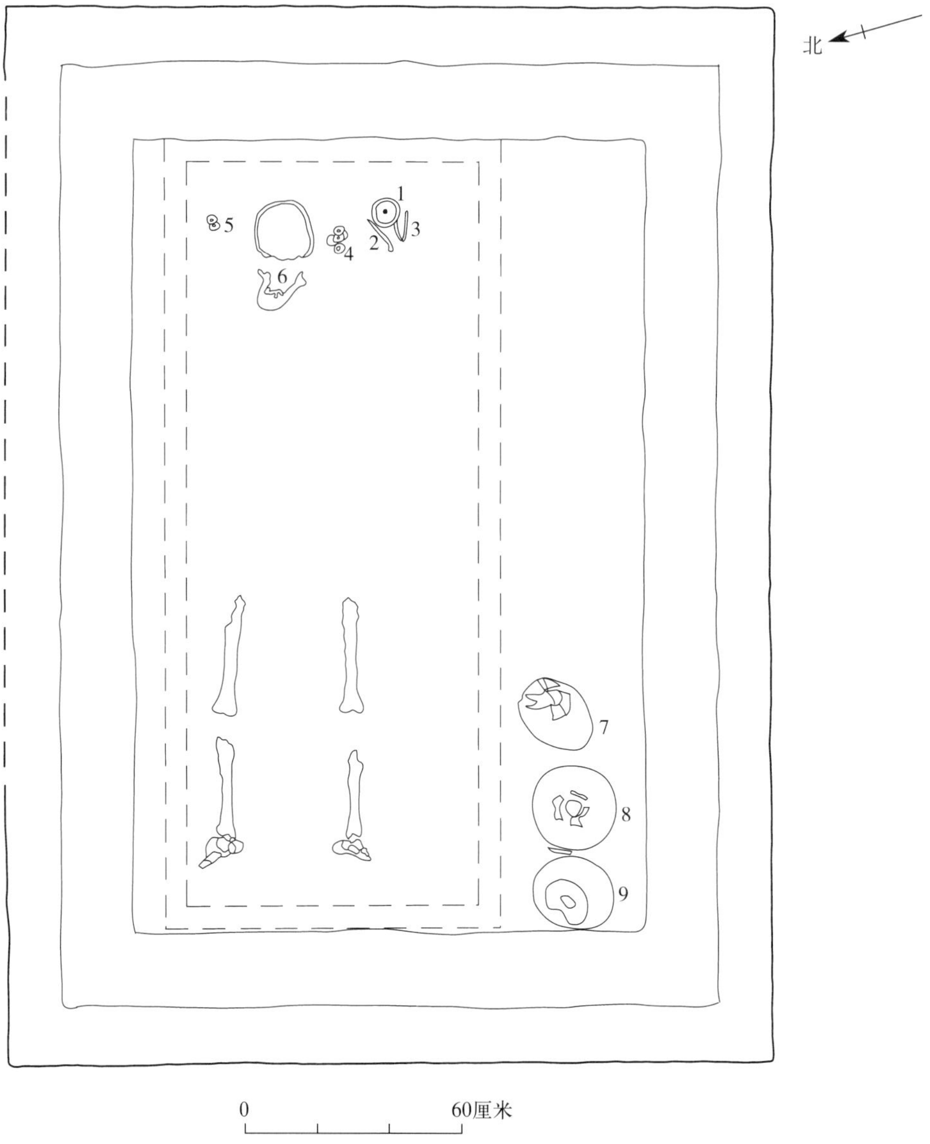

图4-107　M478平面图

1. 铜镜　2. 铜刷柄　3. 铁镜架　4. 铜钱（10）　5. 铜钱（6）　6. 铜带钩　7～9. 釉陶壶

长方形土坑竖穴墓。墓口长 2.8、宽 2.1、深 3 米。墓底有生土二层台，宽 0.15、高 0.6 米。木棺已腐朽，仅残存板灰，长 2.09、宽 0.92、厚 0.06 米。墓内填黄褐色五花土，经夯打，较坚硬。夯窝圆形，排列密集，直径 6 ～ 10、间距 2 ～ 10、夯层厚 15 ～ 20 厘米。

人骨 1 具。头向东，面向上，仰身直肢。骨骼腐朽，仅残存头骨及部分下肢骨。性别、年龄无法鉴定。

随葬器物 23 件。釉陶壶 3 件置于墓底西南。铜镜、铜刷柄、铁镜架各 1 件，放在墓主头骨左侧。铜带钩 1 件含在墓主口内。铜钱 16 枚放置头骨左右两侧。

2. 出土遗物

（1）陶器

釉陶壶　3 件。红胎黄绿釉。敞口，圆唇，喇叭形颈，深鼓腹。肩及下腹饰数周凹弦纹，腹部饰三周戳印纹（彩版七〇，2）。

标本 M478∶7，底微凹。口径 11、底径 10.5、高 23.8 厘米（图 4-108，7；彩版七〇，2 左）。

标本 M478∶8，平底。口径 14.4、底径 18、高 31.8 厘米（图 4-108，8；彩版七〇，2 中）。

标本 M478∶9，凹底。口径 13、底径 14.8、高 30 厘米（图 4-108，9；彩版七〇，2 右）。

（2）铜器

铜镜　1 枚。

标本 M478∶1，四乳四虺镜，锈蚀较重。圆形，圆纽，圆纽座。座外均匀伸出的三组（每组三条）与四条短竖线相间环列，其外一周凸弦纹。再外两周短斜线和凸弦纹组合纹带，之间为主纹，四枚带圆座乳丁分为四区，每区内各有一虺纹，双钩形身躯外侧一立鸟、内侧似无，前后饰短弧线。宽素平缘。面径 7.4、缘厚 0.45 厘米（图 4-108，1；彩版七〇，3）。

铜刷柄　1 件。

标本 M478∶2，形似烟斗形，斗圆筒形，中空，细长柄，截面椭圆形，柄端扁平，有一圆形小孔。长 11.3 厘米（图 4-108，2；彩版七〇，4）。

铜带钩　1 件。

标本 M478∶6，琵琶形。形似马首状，横断面长方形，圆形纽位于背中部。素面。长 4.7 厘米（图 4-108，6；彩版七〇，5）。

铜钱　16 枚。均为五铢。圆形方穿，正面有轮无郭，背面轮郭俱全。根据钱文字体不同分为两种。

第一种　6 枚。“五”字两笔交叉微曲，“铢”字“金”头呈三角形，与“朱”平齐，“朱”字上部方折，有的穿上横郭。

标本 M478∶4-1，直径 2.5、穿径 1、厚 0.17 厘米（图 4-108，4-1）。

第二种　10 枚。“五”字两笔交叉弯曲，与上、下两相交处垂直或微内收，“铢”字“金”头呈三角形，与“朱”平齐，“朱”字上部方折，有的穿上横郭或穿下半星。

标本 M478∶5-1 ～ 4，直径 2.6、穿径 1、厚 0.16 厘米（图 4-108，5-1 ～ 4）。

（3）铁器

铁镜架　1 件。

标本 M478∶3，叉形，两侧支脚扁长条形，一侧支脚缺失。长 8.5 厘米（图 4-108，3）。

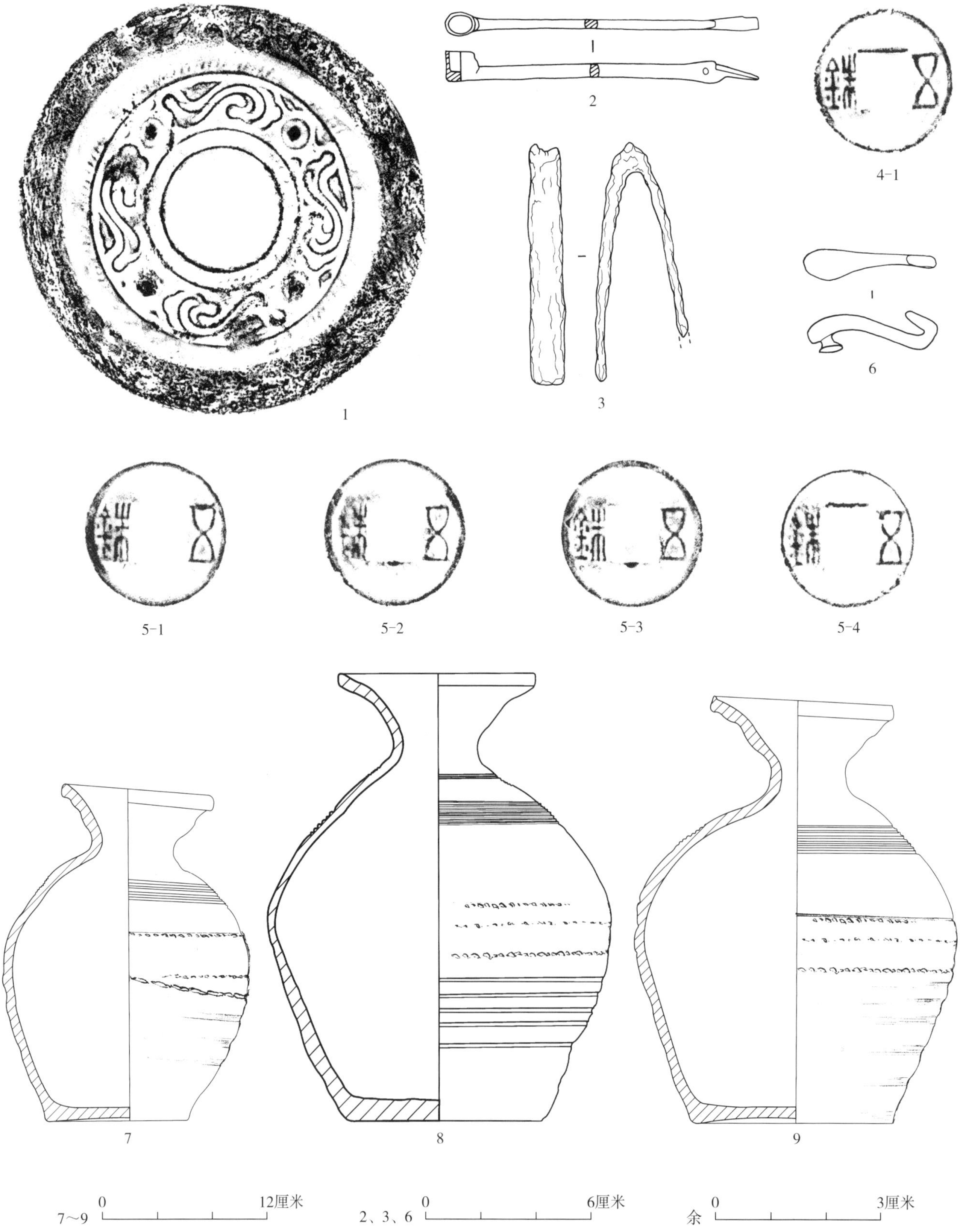

图4-108 M478出土器物

1. 铜镜 2. 铜刷柄 3. 铁镜架 4-1、5-1～4. 铜钱 6. 铜带钩 7～9. 釉陶壶

（一〇一）M479

墓葬形制

位于墓地中部，打破 M480，被 M477 打破。方向 20°。

长方形土坑竖穴墓。墓口残长 0.76、宽 0.87、深 0.57 米。墓壁壁面光滑规整，平底。墓内填黄褐色五花土，土质较疏松。

人骨 1 具。骨骼腐朽严重，仅存部分下肢骨遗骸。性别、年龄无法鉴定。

随葬器物无。

（一〇二）M480

墓葬形制

位于墓地中部，被 M479 打破，东面是 M473，南面为 M476、M478。方向 10°°。

长方形土坑竖穴墓。墓口长 2.64、宽 1.4 米，底长 2.54、宽 1.16、深 1.68 米。墓圹南、北壁斜直，东、西壁斜内收，平底。东、西、南壁有生土二层台，高 0.88、宽 0.1 米。墓内填黄褐色五花土，土质较疏松。夹杂少量泥质灰陶片和料姜石。

人骨无。

随葬器物无。

（一〇三）M484

1. 墓葬形制

位于墓地中部，北面是 M748，东面为 M578，西面是 M487。方向 98°（图 4-109；彩版六九，3）。

长方形土坑竖穴墓。墓口长 2.4、宽 1.06 ～ 1.14、深 0.9 米。墓底四周有生土二层台，南、北宽 0.18 ～ 0.22、东、西宽 0.05、高 0.3 米。木棺已腐朽，仅见板灰痕迹，长 2.3、宽 0.7、高 0.3 米。墓内填黄褐色五花土，土质较疏松。墓壁垂直规整，平底。

人骨 1 具。头向东，面向右，仰身直肢。墓主左侧下肢向外侧屈曲，左足与右胫、腓骨平行。男性，年龄 35 ～ 40 岁。

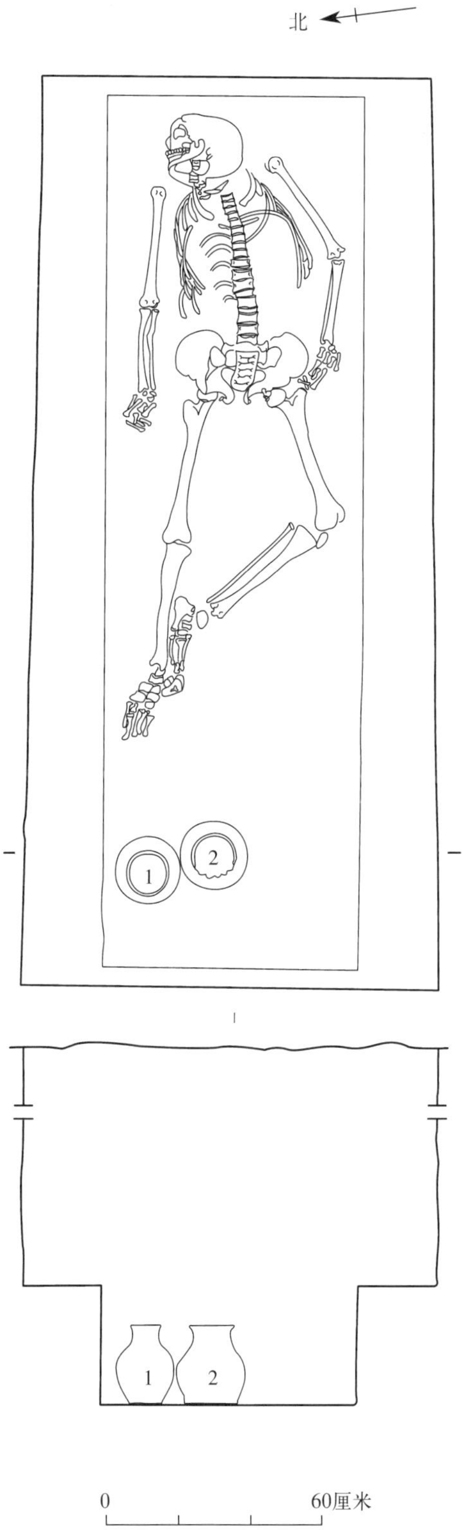

图 4-109　M484 平、剖面图

1、2. 陶壶

随葬陶壶2件，南北并排放置墓内西端偏北处。

2. 出土遗物

陶器

陶壶　2件。泥质灰陶。弧顶盖。侈口，束颈，鼓腹，平底。颈外饰少量绳纹，腹部饰两周戳印纹。

标本M484：1，圆唇，颈、腹部饰两周白色彩纹，颈及盖顶间饰勾连点纹。口径11.7、底径14、通高23.6厘米（图4-110，1；彩版六九，4左）。

标本M484：2，尖唇，盖与上腹饰白色彩绘。口径12.2、底径13.6、通高25.6厘米（图4-110，2；彩版六九，4右）。

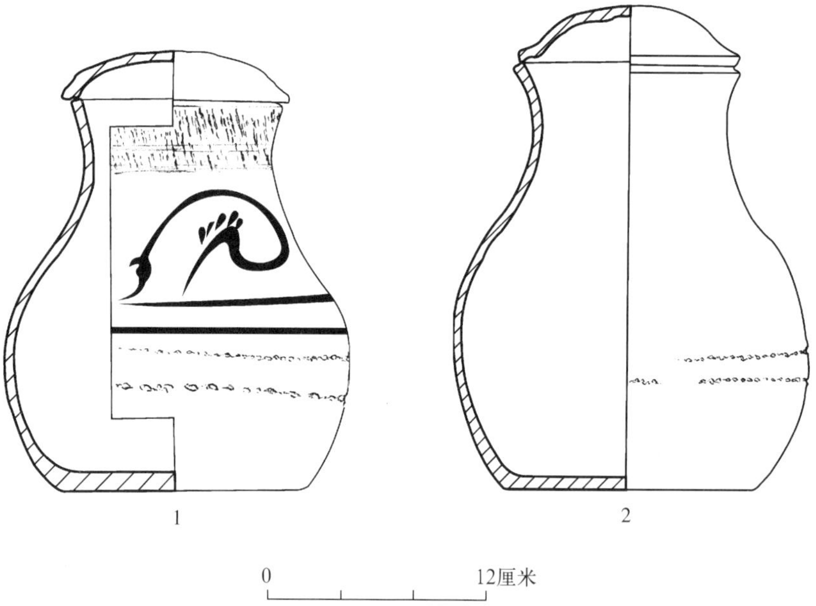

图4-110　M484出土器物
1、2. 陶壶

（一〇四）M487

1. 墓葬形制

位于墓地中部，北面是M483，东面是M748、M484，南面为M481。方向20°（图4-111；彩版七一，1）。

长方形土坑竖穴墓。墓口长2.3、宽1.1～1.16、深2.15米。墓室长2.1、宽0.62～0.67、深0.8米。墓壁斜直下部内收，平底。墓底四周有生土二层台，宽0.05～0.15、高0.8米。壁龛位于东北角，距墓底0.97米。平面长方形，宽0.45、高0.45、进深0.25米。墓内填黄褐色五花土，未经夯打，土质较疏松。

人骨1具。头向北，面向不明。仰身直肢。骨骼保存较差，仅残存部分下肢及头骨遗骸。性别无法鉴定，成年个体。

壁龛内出土陶罐1件。

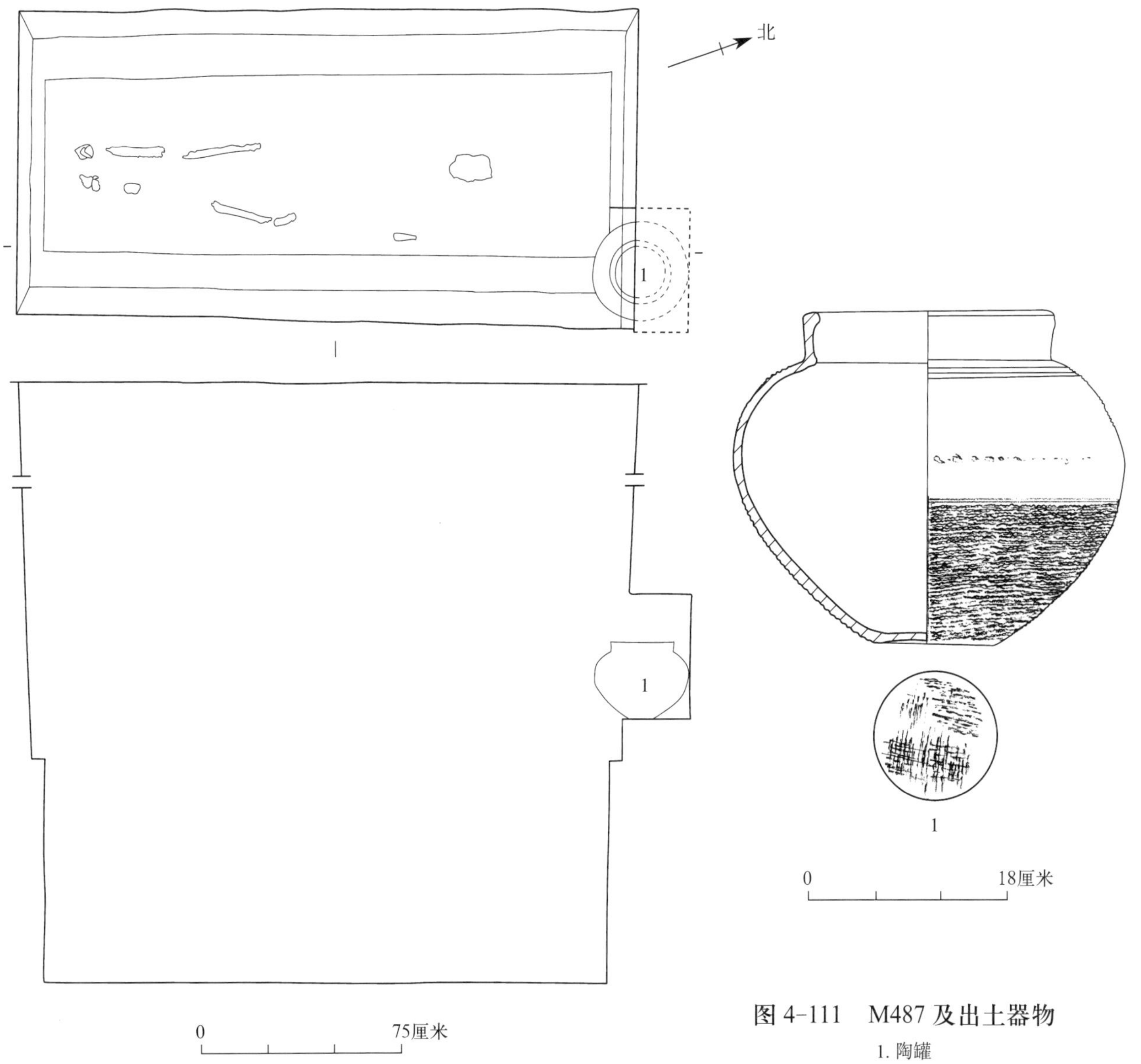

图 4-111　M487 及出土器物

1. 陶罐

2. 出土遗物

陶器

陶罐　1 件。

标本 M487∶1，泥质灰陶。直口，尖唇，圆鼓腹，小平底微凹。肩上部饰数周轮弦纹，腹中部一周戳印纹，下腹及底部饰绳纹。口径 22.5、底径 11、高 28.8 厘米（图 4-111，1；彩版七一，2）。

（一〇五）M495

墓葬形制

位于墓地中部，被 M428 打破，东北面是 M429。方向 5°（图 4-112）。

长方形土坑竖穴墓。墓口长 2.87、宽 1.45、深 1.02 米。墓壁垂直，四壁规整，平底。木棺已腐朽，仅见板灰，长 2.1、宽 0.98、厚 0.1 米。墓内填黄褐色花土，土质疏松。

人骨1具。头向北，面向不详，直肢。头骨缺失，仅残存下肢及趾骨，左侧上肢腐朽。疑似男性。中年个体。

随葬器物无。

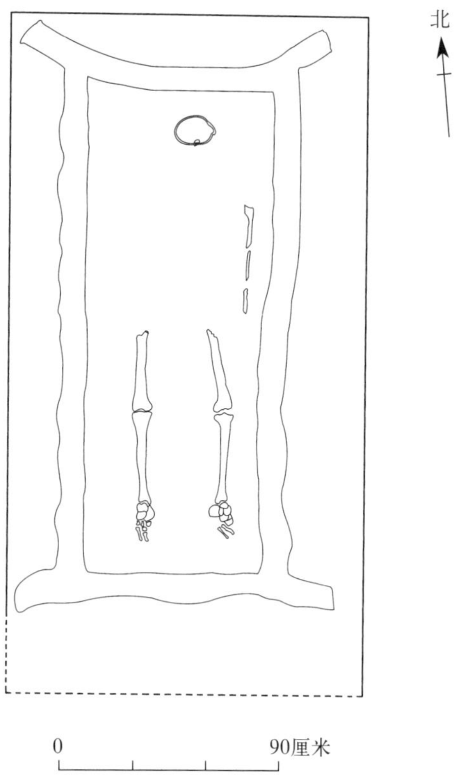

图4-112　M495平面图

（一〇六）M497

1. 墓葬形制

位于墓地中部，被M496打破，西北面是M555，东南面为M554。方向100°（图4-113；彩版七一，3）。

长方形土坑竖穴墓。墓口长2.5、宽1.3、深1.3米。墓壁规整，平底。墓底四周有生土二层台，宽0.2～0.3、高0.52米。墓内填黄褐色花土，土质疏松。填土中发现1件铁锸。

人骨1具。头向东，面向左，仰身直肢。手、右前臂及左趾骨缺失。女性，年龄25～35岁。

随葬器物无。

2. 出土遗物

铁器

铁锸　1件。

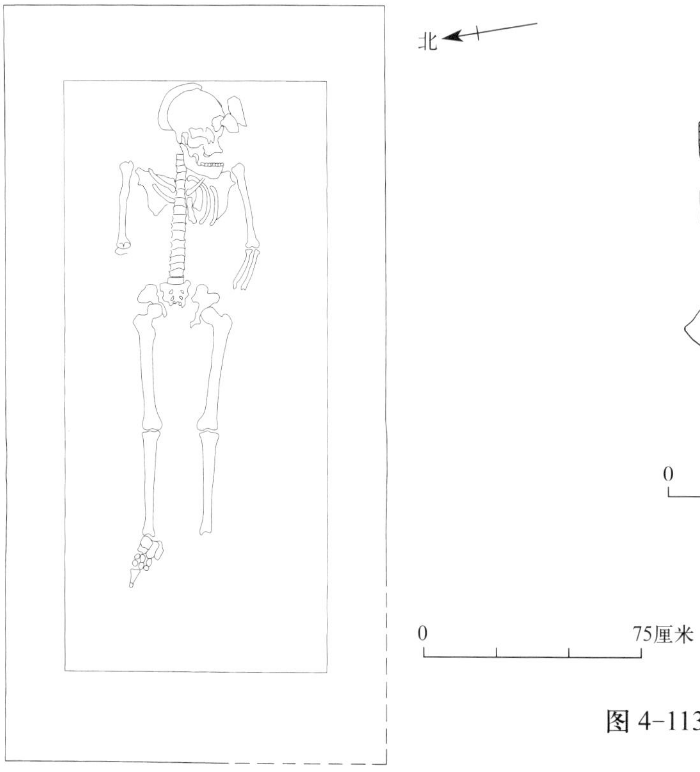

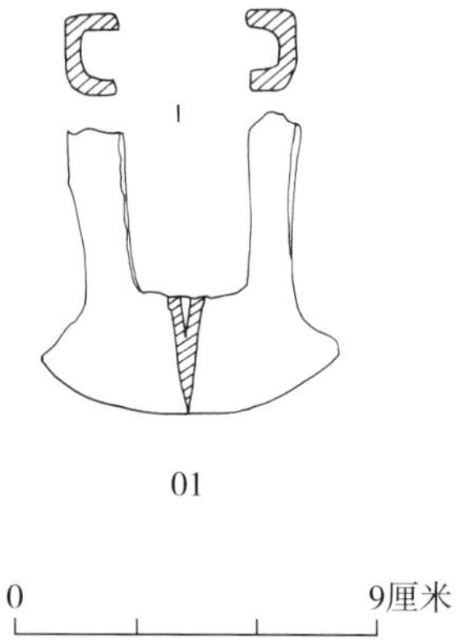

图4-113　M497及出土器物

01. 铁锸

标本 M497∶01，平面凹字形，中空，弧刃。长 7.3、宽 7.5 厘米（图 4-113，01；彩版七一，4）。

（一〇七）M498

1. 墓葬形制

位于墓地中部，西北面是 M428，东面为 M491。方向 100°（图 4-114）。

长方形土坑竖穴墓。墓口长 2.1、宽 0.85、深 0.7 米。墓壁垂直，平底。墓内填黄褐色花土，土质疏松。填土中发现 1 件骨耳塞。

人骨 1 具。头向东，面向上，仰身直肢。部分上肢及躯干骨缺失。性别无法鉴定，年龄 15 ～ 17 岁。

随葬铜钱 4 枚。其中 2 枚放在墓主口内，另 2 枚放置在墓主胸前。

2. 出土遗物

（1）铜器

铜钱　4 枚。均为五铢。正面有轮无郭，背面穿郭俱全。根据钱文字体不同分为两种。

第一种　3 枚。“五”字两笔交叉微曲，“铢”字“金”头呈镞形或三角形，与“朱”等齐，“朱”上部方折。

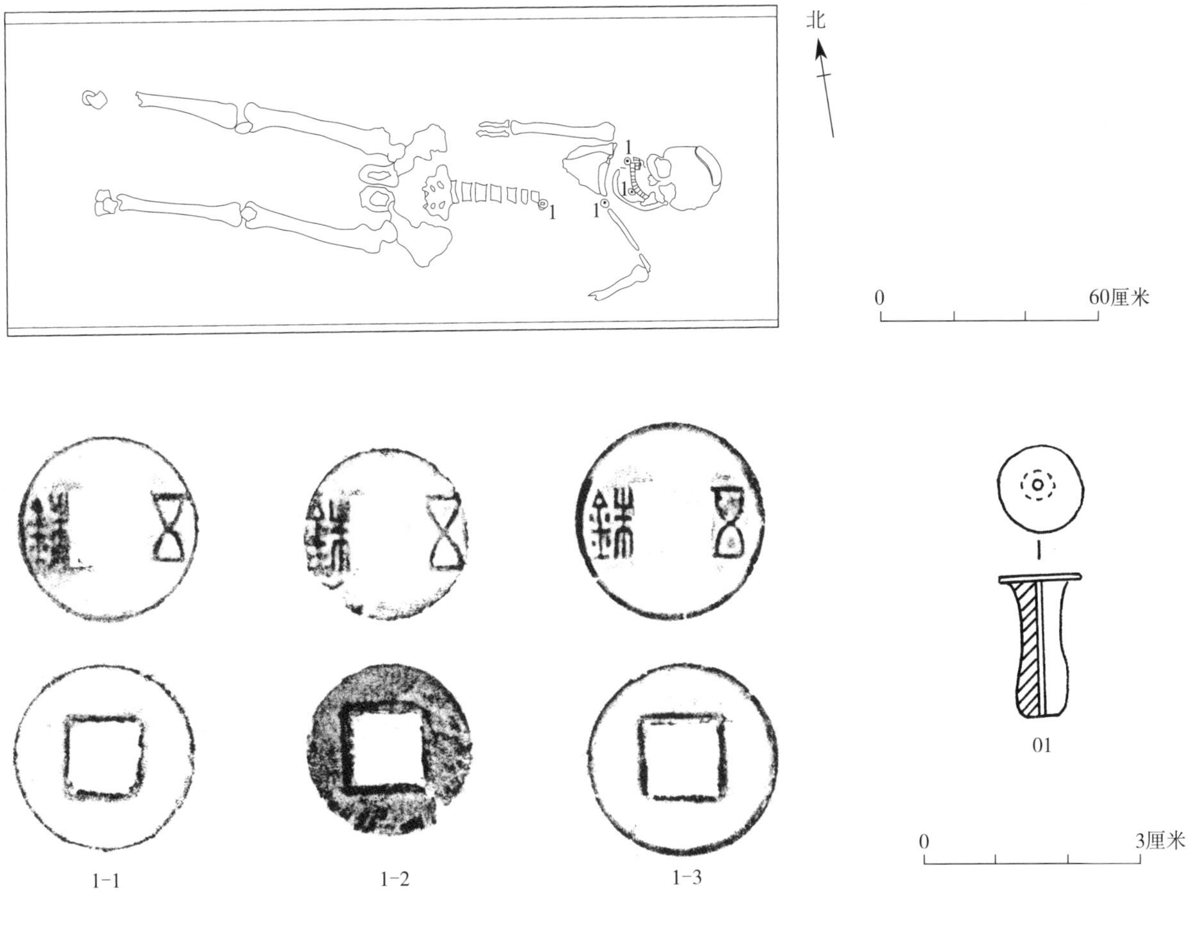

图 4-114　M498 及出土器物

1-1～3. 铜钱　01. 骨耳塞

标本M498：1-1、2，直径2.5、穿边长0.9、厚0.14厘米（图4-114，1-1、2）。

第二种　1枚。“五”字两笔交叉弯曲，与上、下两横相交处微内收，“铢”字“金”头呈三角形，较小，与“朱”等齐，“朱”字上部方折。

标本M498：1-3，直径2.6、穿边长1、厚0.14厘米（图4-114，1-3）。

（2）骨器

骨耳塞　1件。

标本M498：01，形体较小。平面呈筒状，平顶，沿部外侈，上部内收，下部外弧，平底。中间有小圆孔。顶径1.15、底径0.5、高1.9厘米（图4-114，01；彩版七一，5）。

（一〇八）M501

1. 墓葬形制

位于墓地中部，北面是M302，南面为M468。方向190°（图4-115；彩版七二，1）。

长方形土坑竖穴墓。墓口长2.2、宽1.3～1.4、深1.7米。墓壁斜直，下部内收，平底。东、西两侧有生土二层台，宽0.25、高0.4米。木棺腐朽，仅见灰痕。墓内填黄褐五花土，经过夯打，土质较致密。夯窝圆形，分布较密集，直径8、夯层厚15厘米。填土中发现陶钵1件。

人骨1具。头向南，面向右，仰身直肢，骨骼保存较好。女性，年龄35～40岁。

陶罐1件放置在墓主左手侧。

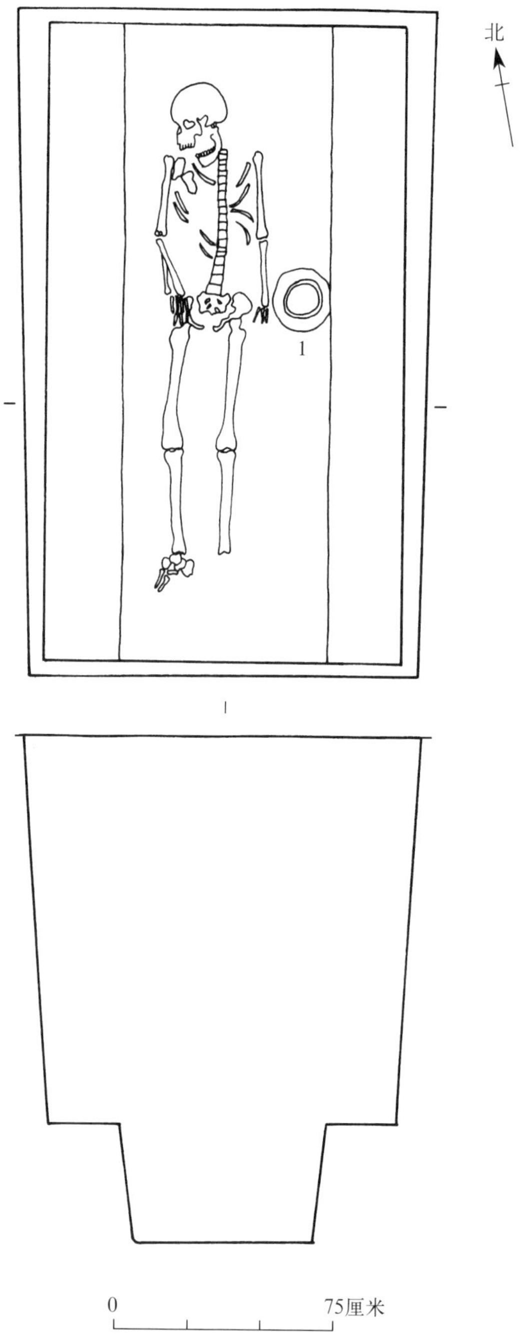

图4-115　M501平、剖面图

1. 陶罐

2. 出土遗物

陶器

陶罐　1件。

标本M501：1，泥质灰陶。侈口，斜折沿，尖唇，束颈，鼓腹，平底微凹。上腹有制作抹痕，下腹饰绳纹。口径13、底径8.5、高16.5厘米（图4-116，1；彩版七二，2）。

陶钵　1件。

标本M501：01，泥质灰陶。敛口，圆唇，体弧收，平底。素面。口径20.2、底径12、高7.2厘米（图4-116，01）。

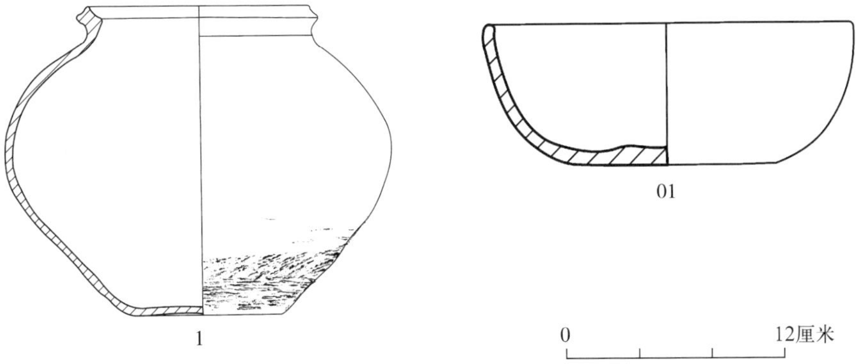

图 4-116　M501 出土器物

1. 陶罐　01. 陶钵

（一〇九）M503

1. 墓葬形制

位于墓地中部，北面是 M547，东面为 M506。方向 15°（图 4-117；彩版七二，3）。

长方形土坑竖穴墓。墓口长 2.5、宽 1.04 ～ 1.1 米，底长 2.2、宽 0.65、深 1.32 米。四壁斜直，

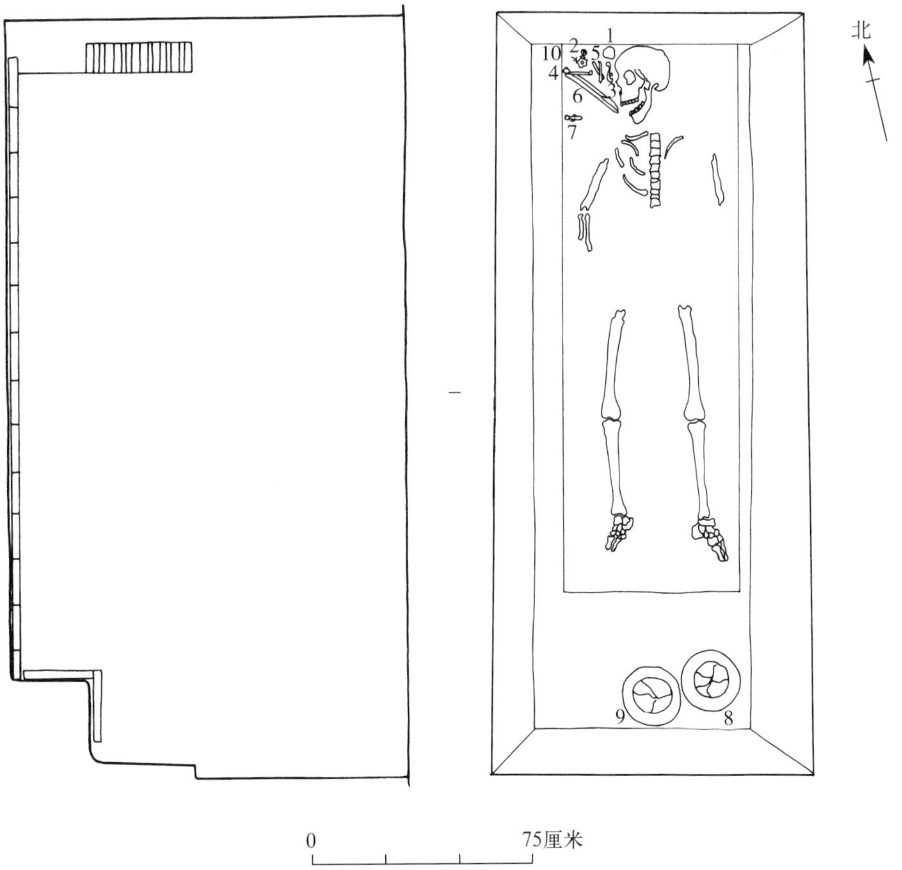

图 4-117　M503 平、剖面图

1. 铜钱（10）　2. 铜钱（4）　3. 铜带钩　4. 铜刷柄　5. 铁镜架　6. 铁钉　7. 铜盖弓帽　8、9. 陶壶　10. 铜腰饰

下部内收，平底。木棺已腐朽，仅见板灰痕迹，长1.8、宽0.6、高0.2米。墓内填黄褐色五花土，经夯打，土质较致密。夯窝圆形，分布稀疏，直径8～10、夯层厚15厘米。

人骨1具。头向北，面向右，仰身直肢。盆骨、部分躯干及上肢缺失。女性，成年个体。

随葬器物22件。陶壶2件放置墓底东南。铜钱14枚，铜带钩、铜刷柄、铜盖弓帽、铁镜架、铁钉、铜饰件各1件，位于墓主头骨右侧。乳猪骨放在墓底西南角。

2. 出土遗物

（1）陶器

陶壶　2件。泥质灰陶。弧顶盖。侈口，沿面外斜，圆唇，束颈，鼓腹，平底微凹。肩部饰一周红色云雷纹。

标本M503∶8，下腹饰四周戳印纹。口径13、高23.2、通高25.2厘米（图4-118，8；彩版七二，4左）。

标本M503∶9，下腹饰三周戳印纹。口径14、高24、通高25.6厘米（图4-118，9；彩版七二，4右）。

（2）铜器

铜带钩　1件。

标本M503∶3，琵琶形。钩呈兽首状，通体细长，横断面近三角形，尾部圆弧，圆形纽位于后背中部。长4.35厘米（图4-119，3；彩版七二，5）。

铜刷柄　1件。

标本M503∶4，形似烟斗状，斗圆筒状中空，长条形柄，截面圆形，尾端扁平，有一圆形小孔。长12厘米（图4-119，4；彩版七二，6）。

铜盖弓帽　1件。

标本M503∶7，球形顶。圆筒形，中空，顶下内凹，顶与筒之间有一周凸棱，中部一侧向上伸出一弯钩。高6.3厘米（图4-119，7；彩版七二，7）。

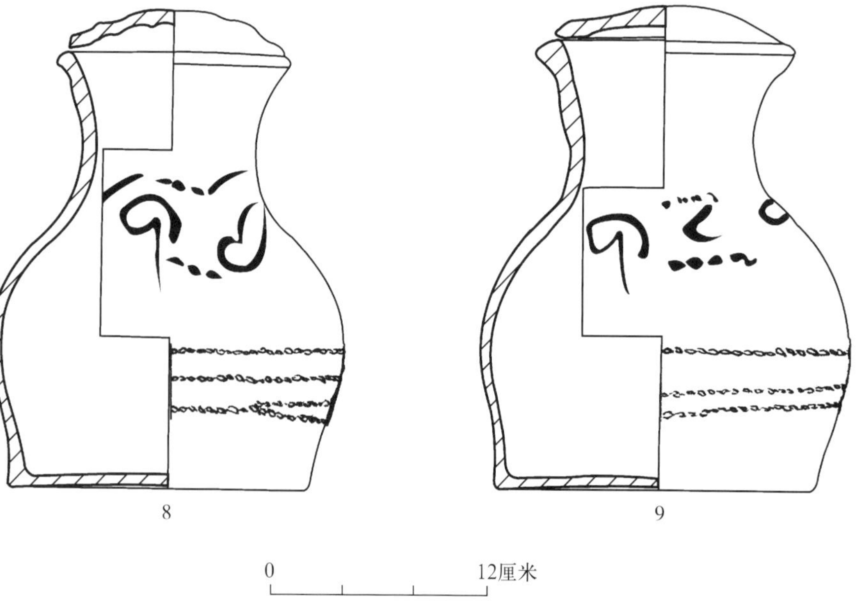

图4-118　M503出土器物

8、9. 陶壶

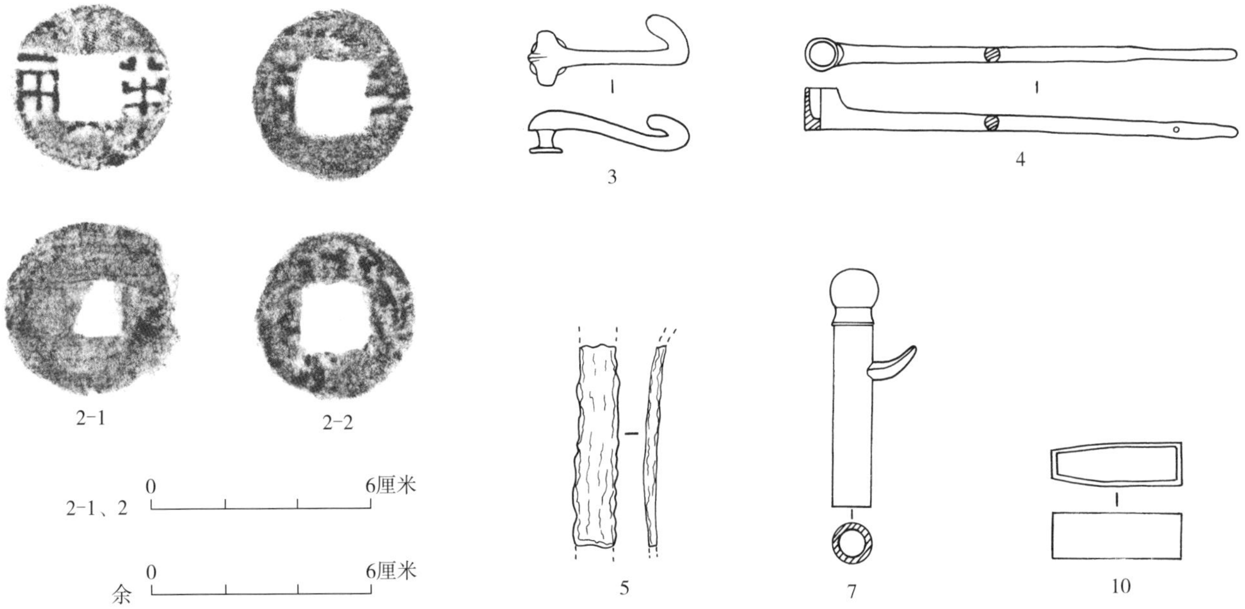

图 4-119　M503 出土器物

2-1-2. 铜钱　3. 铜带钩　4. 铜刷柄　5. 铁镜架　7. 铜盖弓帽　10. 铜腰饰

铜腰饰　1 件。

标本 M503：10，扁平体。平面梯形，截面长方形。素面。长 3.6、宽 1.2、厚 0.8 ～ 1.2 厘米（图 4-119，10）。

铜钱　14 枚。

标本 M503：2-1、2，半两，圆形方穿，正、背两面无轮无郭。钱文篆书，“两”字中间不出头，两“人”字上部缩短呈波浪形或一横。直径 2.3、穿边长 0.8、厚 0.1 厘米（图 4-119，2-1、2）。

（3）铁器

铁镜架　1 件。

标本 M503：5，叉形。两侧支脚扁长条形，均残缺。残高 5.3 厘米（图 4-119，5）。

铁钉　1 件。

标本 M503：6，锈蚀严重。残断为数节，不可复原。

（一一〇）M505

1. 墓葬形制

位于墓地中部，北面是 M506，东南面为 M509。方向 16°（图 4-120；彩版七三，1）。

长方形土坑竖穴墓。墓口长 3、宽 1.4 ～ 1.75、深 2.87 米。木棺腐朽，仅见灰痕，长 2.1、宽 0.7、厚 0.06 米。棺外北端为砖砌长方形头箱，东、西及北壁均用青砖单行平铺错缝叠砌，其中东、西壁两层立砖。南壁平铺七八层青砖。底部青砖横向或竖向平铺。口长 0.96、底长 0.84、宽 0.55、深 0.5 ～ 0.75 米。砖长 34、宽 13、厚 7 厘米。墓内填黄褐色五花土，经夯打，土质较致密。夯窝圆形，分布密集，

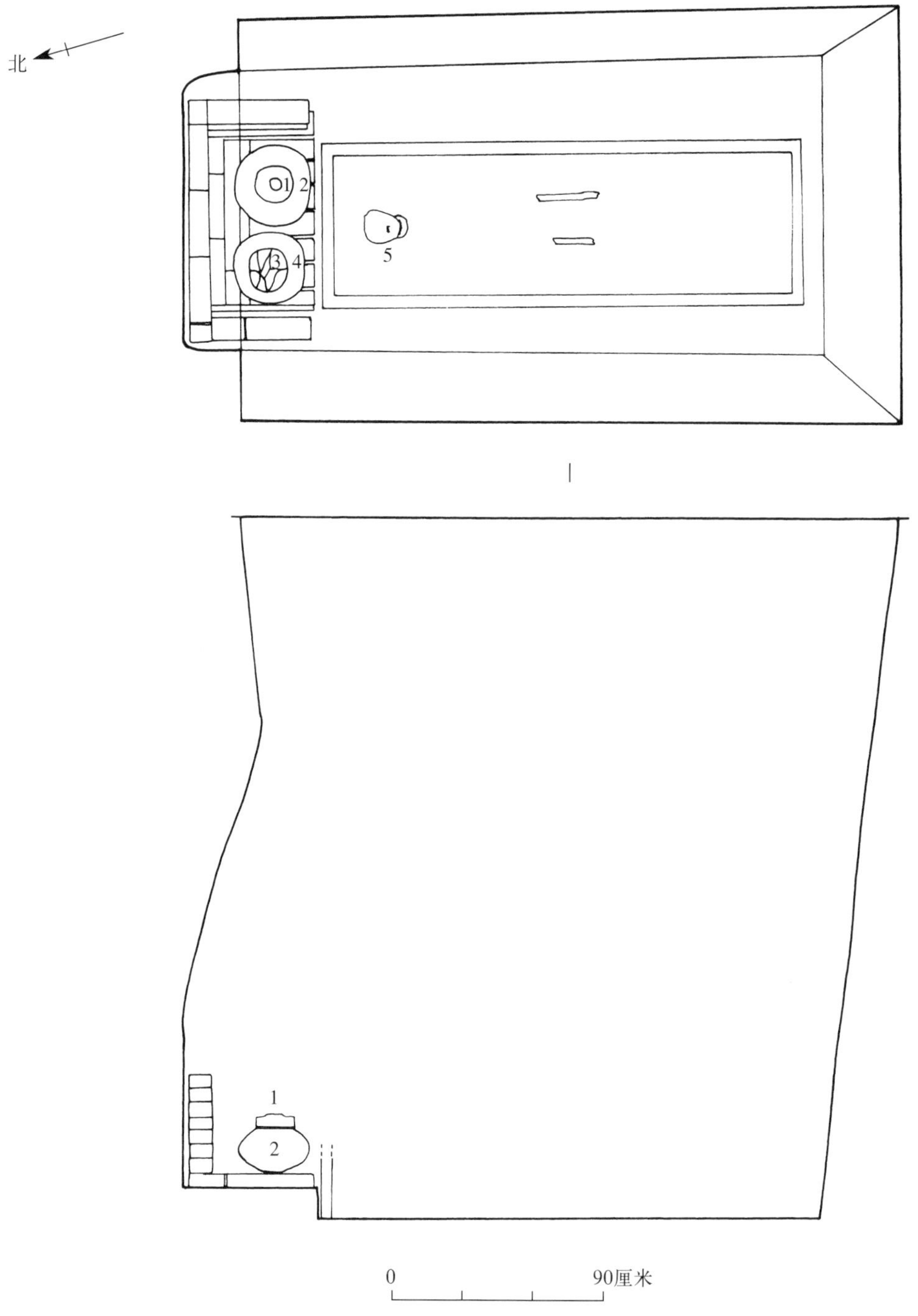

图 4-120 M505 平、剖面图

1、3. 陶钵 2、4. 陶罐 5. 铜带钩

直径 8 ～ 10、夯层厚 15 厘米。

人骨 1 具。头向北，面向上，仰身直肢。骨骼腐朽严重，仅残存少量头骨及下肢骨。性别、年龄无法鉴定。

随葬器物 5 件（彩版七三，2）。头箱内放置陶钵 2 件、陶罐 2 件，陶钵盖在陶罐之上。铜带钩 1 件放在墓主口内。鱼（鲷科、真鲷）、乳猪、鸡骨放置头箱内。

2. 出土遗物

（1）陶器

陶罐　2件。泥质灰陶。敛口，斜沿，短颈，圆腹。

标本M505：2，小平底内凹。上腹饰两组凹弦纹，中腹饰三周戳印纹，下腹及底部饰细绳纹。口径23、底径8、高31.2厘米（图4-121，2；彩版七三，3）。

标本M505：4，平底。肩部对应阴刻两个字符，饰四组凹弦纹，间饰三周戳印纹，下腹及底部饰绳纹。口径19.5、底径10、高29.2厘米（图4-121，4；彩版七三，4）。

陶钵　2件。泥质灰陶。直口，下腹斜内收，小平底。素面。

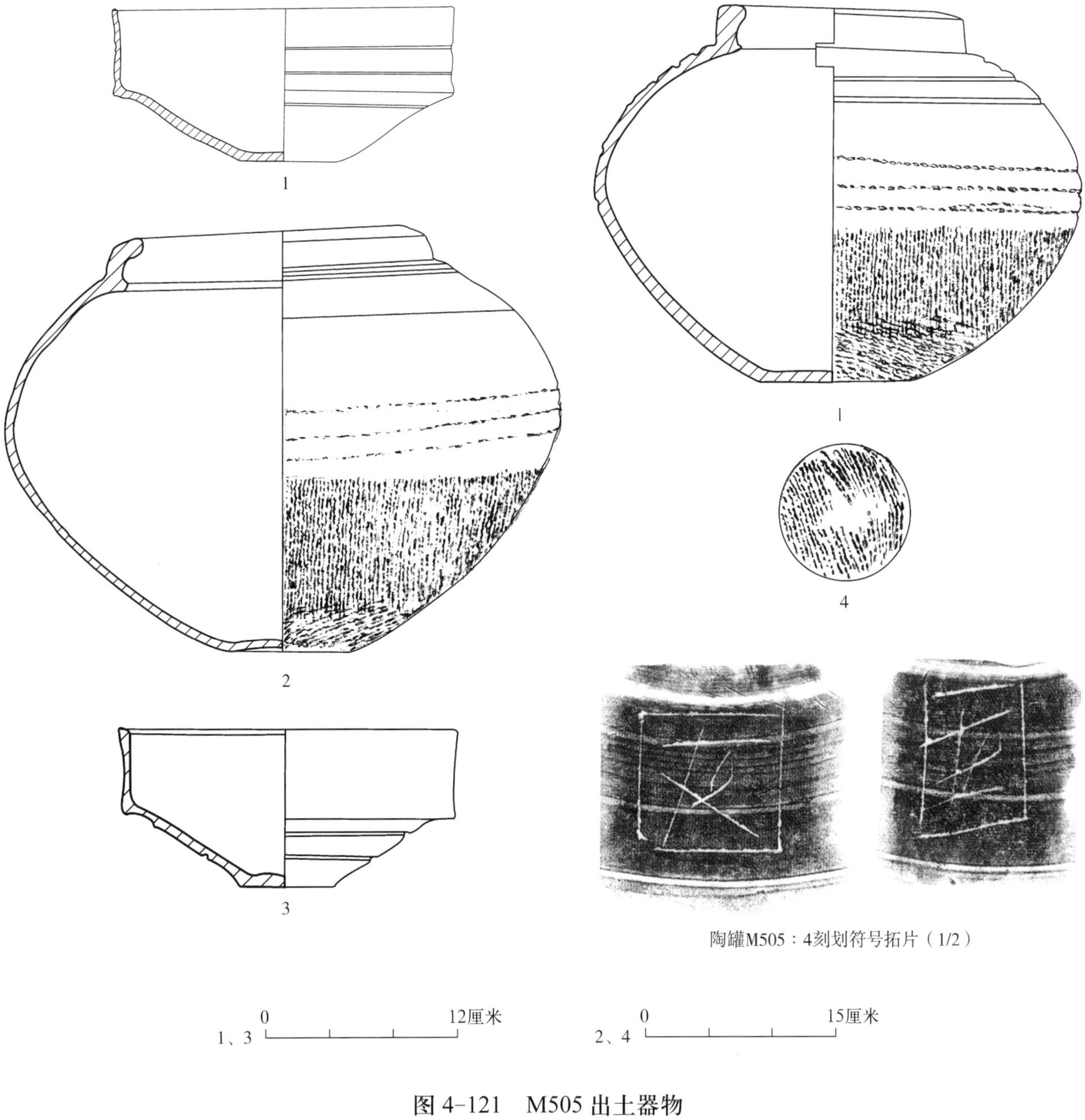

图4-121　M505出土器物

1、3. 陶钵　2、4. 陶罐

标本M505∶1，圆唇。口径21.4、底径6、高9.5厘米（图4-121，1；彩版七三，5）。

标本M505∶3，尖唇，沿面内斜。口径21、底径6、高9.4厘米（图4-121，3；彩版七三，6）。

（2）铜器

铜带钩　1件。

标本M505∶5，琵琶形。残破严重，不能复原。

（一一一）M507

墓葬形制

位于墓地中部，北面是M561，西南面为M508。方向99°（图4-122）。

长方形土坑竖穴墓。墓口长2.24、宽1.1、深1.5米。墓壁垂直，下部内收，平底。墓底四周有生土二层台，宽0.1～0.15、高0.6米。木棺腐朽，仅见板灰，长1.85、宽0.6、残高0.1米。墓内填黄褐色五花土，土质紧密。

人骨1具。头向东，面向右，仰身直肢。墓主上肢骨略向右弯曲，躯干及下肢骨均垂直摆放。保存较好。女性，年龄30～35岁。

随葬器物无。

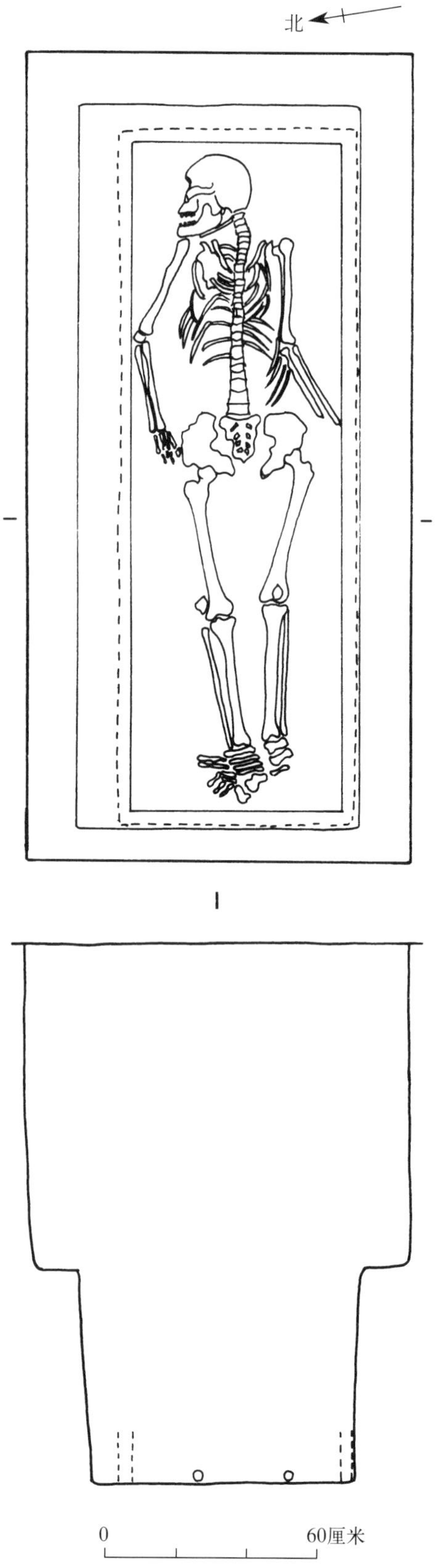

图4-122　M507平、剖面图

（一一二）M508

墓葬形制

位于墓地中部，东北面是M507，西南面为M509。方向107°（图4-123）。

长方形土坑竖穴墓。墓口长2.15、宽1.1、残深0.3米。墓壁垂直，平底。木棺腐朽，仅见板灰，长1.6、宽0.6、残高0.06米。墓内填黄褐色五花土，土质较紧密。

人骨1具。头向东，面向左，仰身直肢。骨骼保存较差，仅遗留墓主头部及肢骨。性别无法鉴定，年龄6～12岁。

随葬器物无。

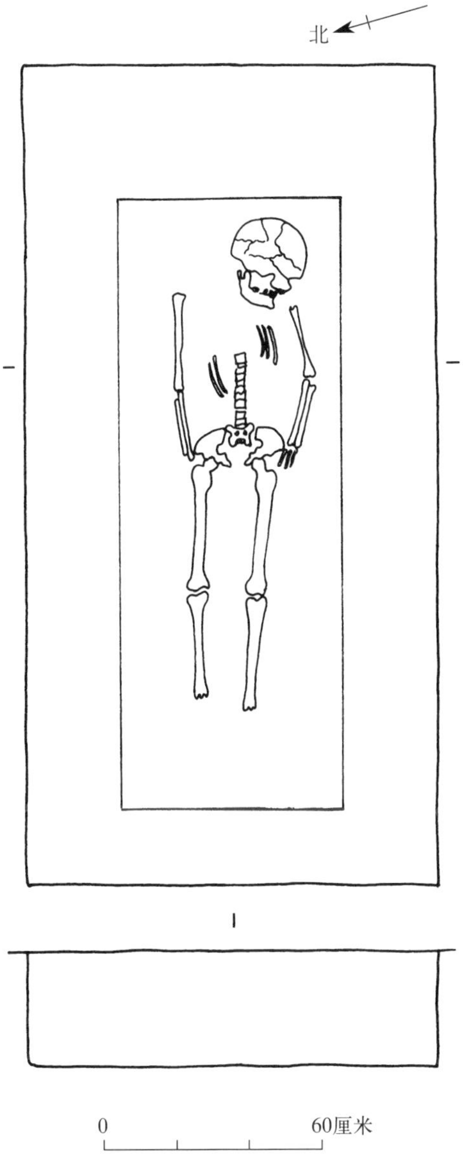

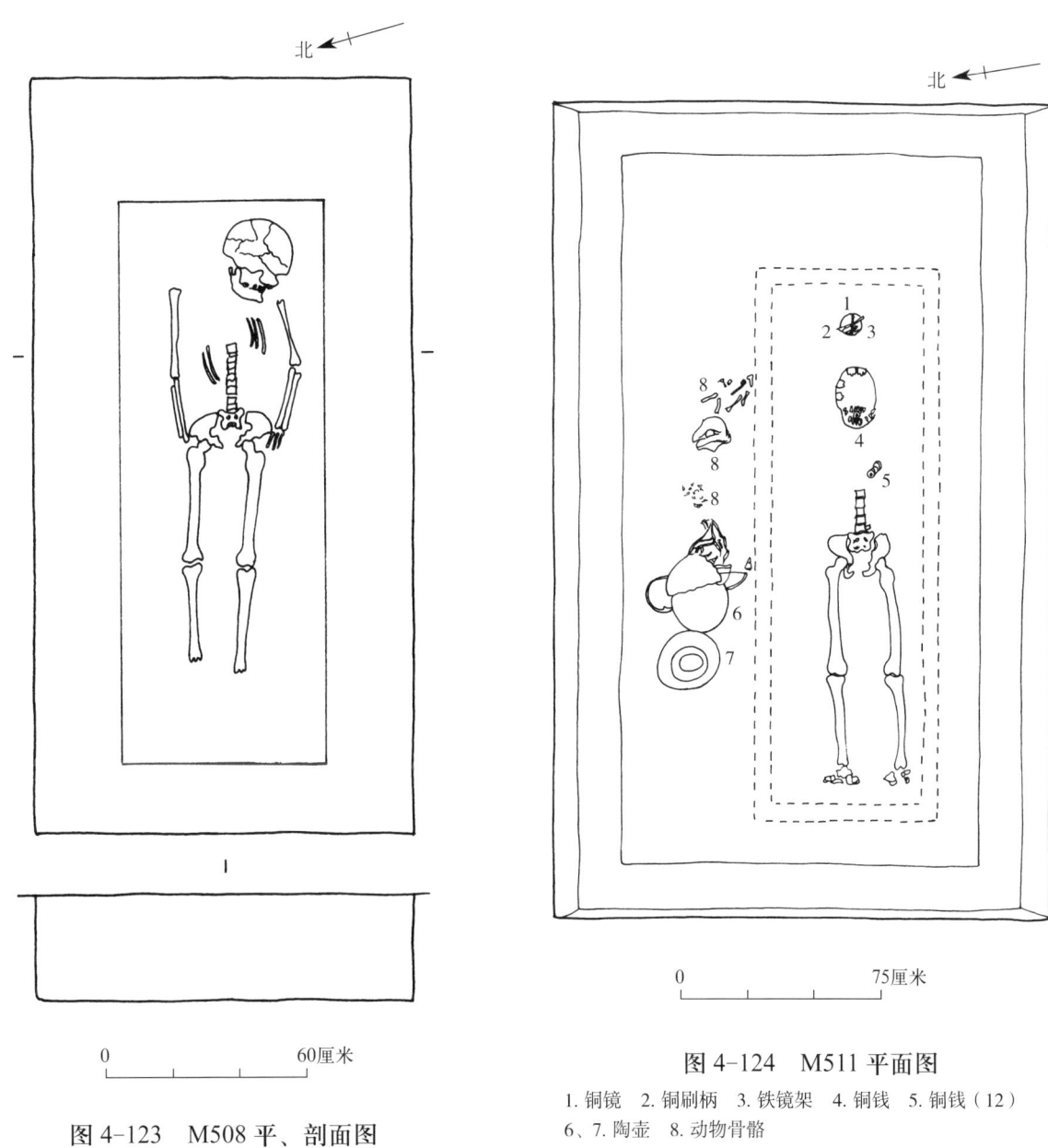

图 4-123　M508 平、剖面图

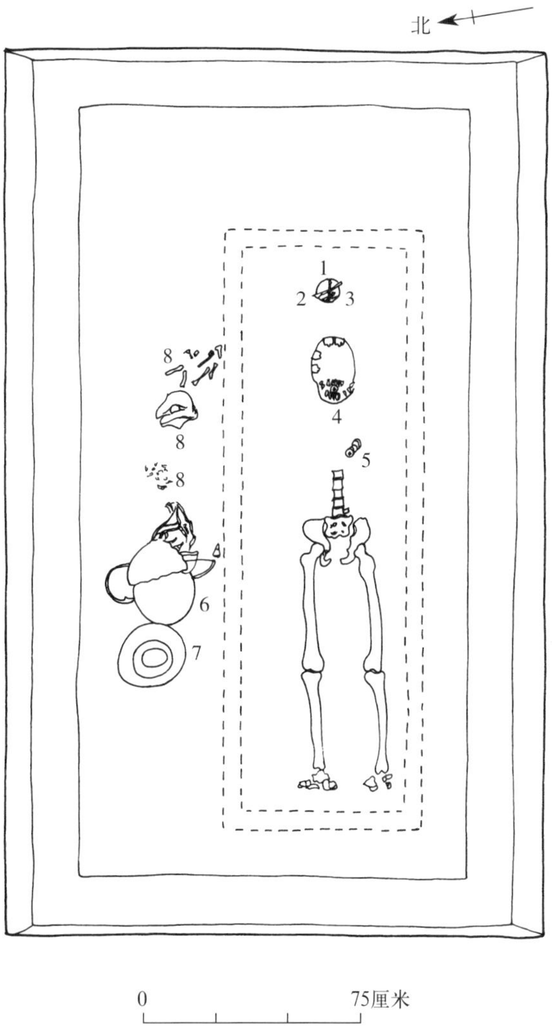

图 4-124　M511 平面图

1. 铜镜　2. 铜刷柄　3. 铁镜架　4. 铜钱　5. 铜钱（12）
6、7. 陶壶　8. 动物骨骼

（一一三）M511

1. 墓葬形制

位于墓地中部，南面是 M736，西面为 M517。方向 100°（图 4-124；彩版七四，1）。

长方形土坑竖穴墓。墓口长 2.93、宽 1.84、深 3.75 米。墓壁内收，底部平整。墓底有生土二层台，宽 0.16、深 1.05 米。木棺腐朽，仅见板灰，长 1.99、宽 0.68、厚 0.06 米。墓内填黄褐色土，土质较疏松。

人骨 1 具。头向东，面向上，仰身直肢。骨骼腐朽严重，仅残存部分牙齿。性别、年龄无法鉴定。

随葬器物 18 件。陶壶 2 件放在墓底北部偏西。铜镜、铜刷柄、铁镜架各 1 件，互相叠压放置墓主头部顶端。13 枚铜钱，其中 1 枚含在墓主口内，另外 12 枚置于墓主左胸前部。大量动物骨骼散落墓底北、中部。未经鉴定，种属不明。

2. 出土遗物

（1）陶器

陶壶 2件。泥质灰陶。侈口，沿面外斜，束颈，溜肩，鼓腹下收，圈足。下腹饰绳纹。

标本M511∶6，方唇。腹部饰两周戳印纹。口径15、底径17.6、高31.6厘米（图4-125，6；彩版七四，2）。

标本M511∶7，尖唇，沿面内凹。器表有制作抹痕，腹部饰一周戳印纹。口径15、底径14、高30.4厘米（图4-125，7；彩版七四，3）。

（2）铜器

铜镜 1枚。

标本M511∶1，家常贵富四乳铭文镜。圆形，圆纽，圆纽座。座外一周窄凸面圈带，其外两周短斜线和凸弦纹组合纹带，之间为主纹，四枚带圆座乳丁分为四区，每区各一篆书铭文、转角方折，连读为“家常贵富”；铭文左侧各饰一立鸟。窄素平缘。面径8、缘厚0.5厘米（图4-126，1；彩版七四，4）。

铜刷柄 1件。

标本M511∶2，形似筒状斗，斗圆筒形中空，细长柄，截面椭圆形，尾端扁平，有圆形小孔。长11.15厘米（图4-126，2）。

铜钱 13枚。均为五铢。圆形方穿，正面有轮无郭，背面轮郭俱全。根据钱文字体不同分为两种。

第一种 7枚。“五”字两笔交叉微曲，“铢”字“金”头呈三角形，与“朱”等齐，“朱”字上部方折，有的穿上横郭或穿下半星。

标本M511∶5-1～3，钱直径2.5、穿边长1、厚0.13厘米（图4-126，5-1～3）。

第二种 6枚。“五”字两笔交叉弯曲，与上、下两横相交处微内收或垂直，“铢”字“金”头呈镞形或三角形，与“朱”等齐，“朱”字上部方折。

标本M511∶5-4、5，直径2.5、穿边长1、厚0.15厘米（图4-126，5-4、5）。

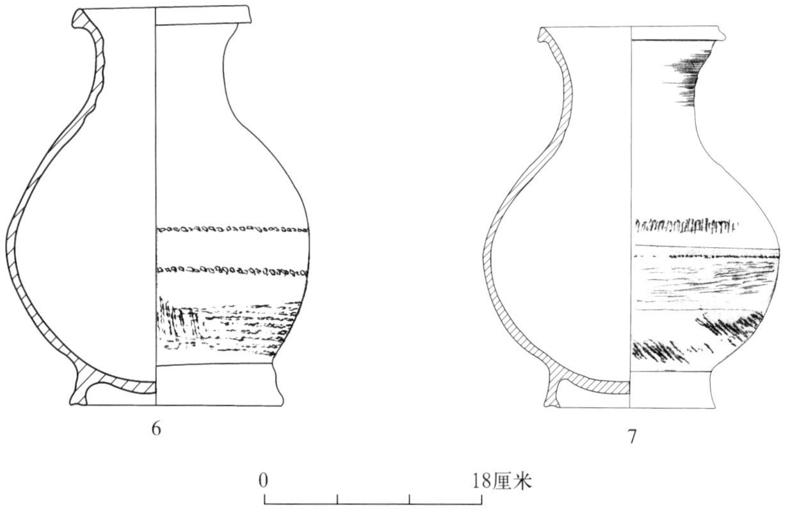

图4-125 M511出土器物

6、7. 陶壶

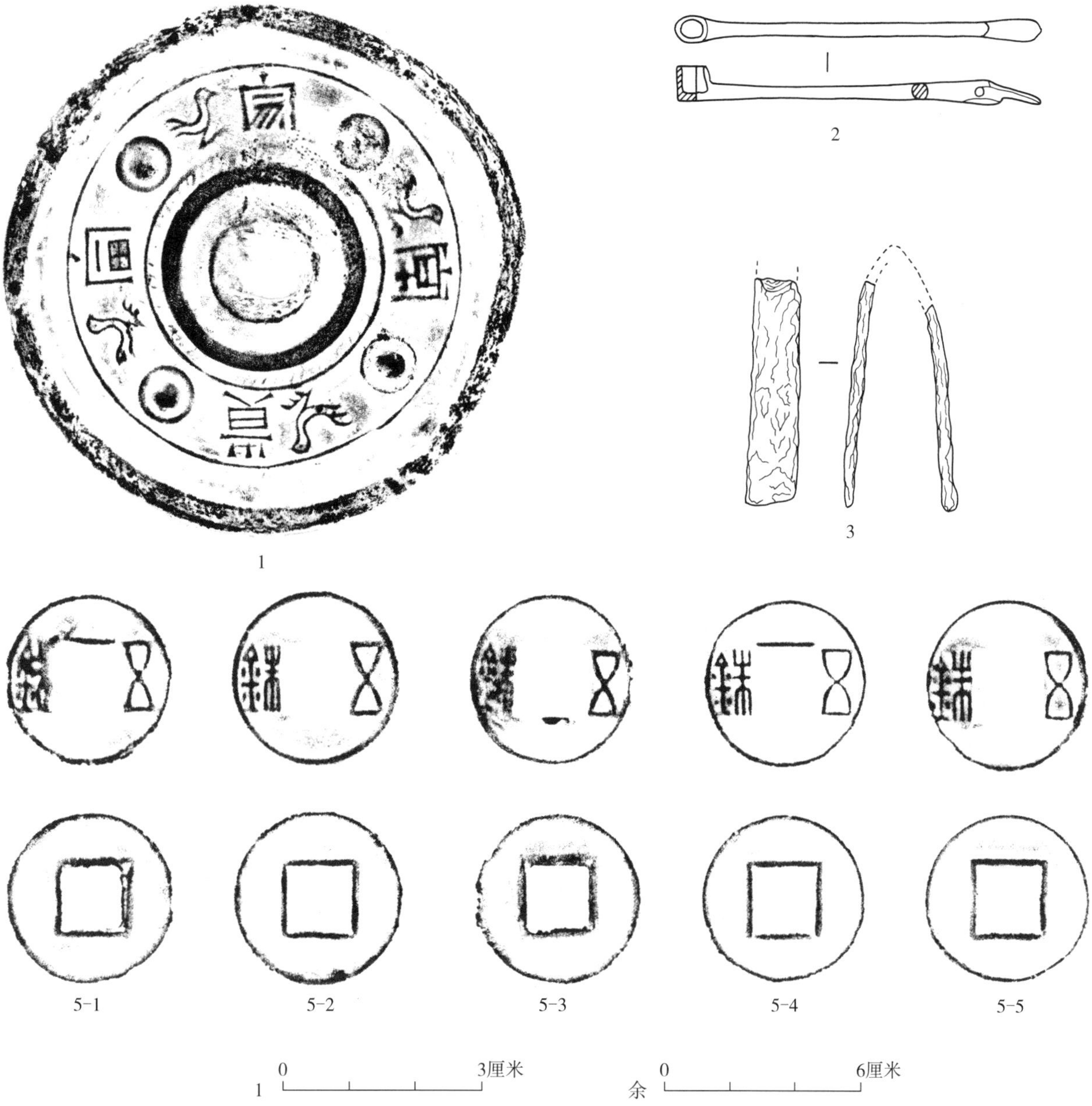

图 4-126　M511 出土器物

1. 铜镜　2. 铜刷柄　3. 铁镜架　5-1～5. 铜钱

（3）铁器

铁镜架　1 件。

标本 M511：3，叉形。顶部缺失，两侧支脚扁长条形。残高 6.6 厘米（图 4-126，3）。

（一一四）M512

1. 墓葬形制

位于墓地中部，打破 M513，东北面是 M771。方向 110°（图 4-127；彩版七五，1）。

长方形土坑竖穴墓。墓口长 2.58、宽 1.76、深 2.8 米。墓壁南、北内收，底部平整。距墓口 2.3 米处，

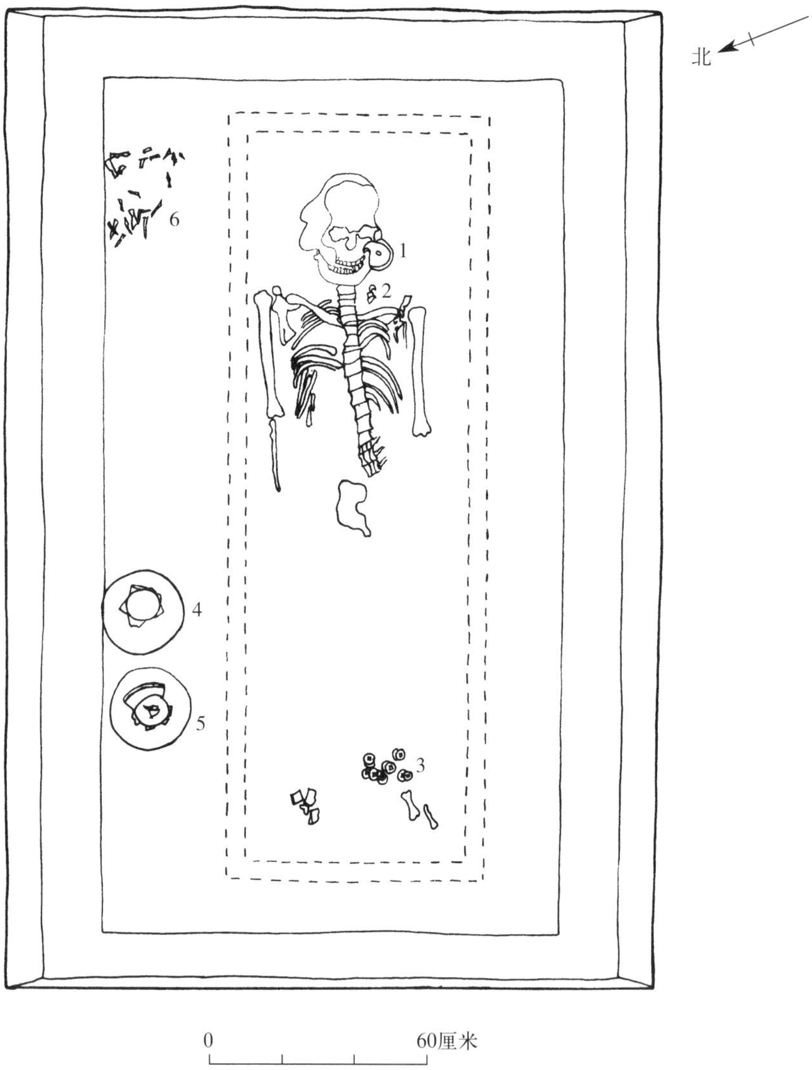

图 4-127　M512 平面图

1. 铜镜　2. 铜带钩　3. 铜钱（29）　4、5. 陶壶　6. 动物骨骼

墓底四周有生土二层台，宽 0.16、深 0.5 米。木棺腐朽，仅残存板灰，长 2.03、宽 0.7、厚 0.05 米。墓内填黄褐色土，较疏松。

人骨 1 具。头向东，面向上，仰身直肢。部分上肢、盆骨及下肢骨缺失。男性，年龄 40～50 岁。

随葬器物 33 件。陶壶 2 件东西向并排，放在墓室北部偏西处。铜镜 1 枚放置墓主头骨左侧。铜带钩 1 件置于墓主颈椎骨左侧，铜钱 29 枚集中放在墓主足部。墓底东北角散落乳猪、小型啮齿动物骨骼。

2. 出土遗物

（1）**陶器**

陶壶　2 件。泥质灰陶。侈口，沿面外斜，圆唇，束颈，圆腹，圈足。器表有制作抹痕。

标本 M512：4，腹部饰三周戳印纹，下腹饰绳纹，底部有横竖交叉刻划纹。口径 16.1、底径 12、高 31 厘米（图 4-128，4；彩版七五，2）。

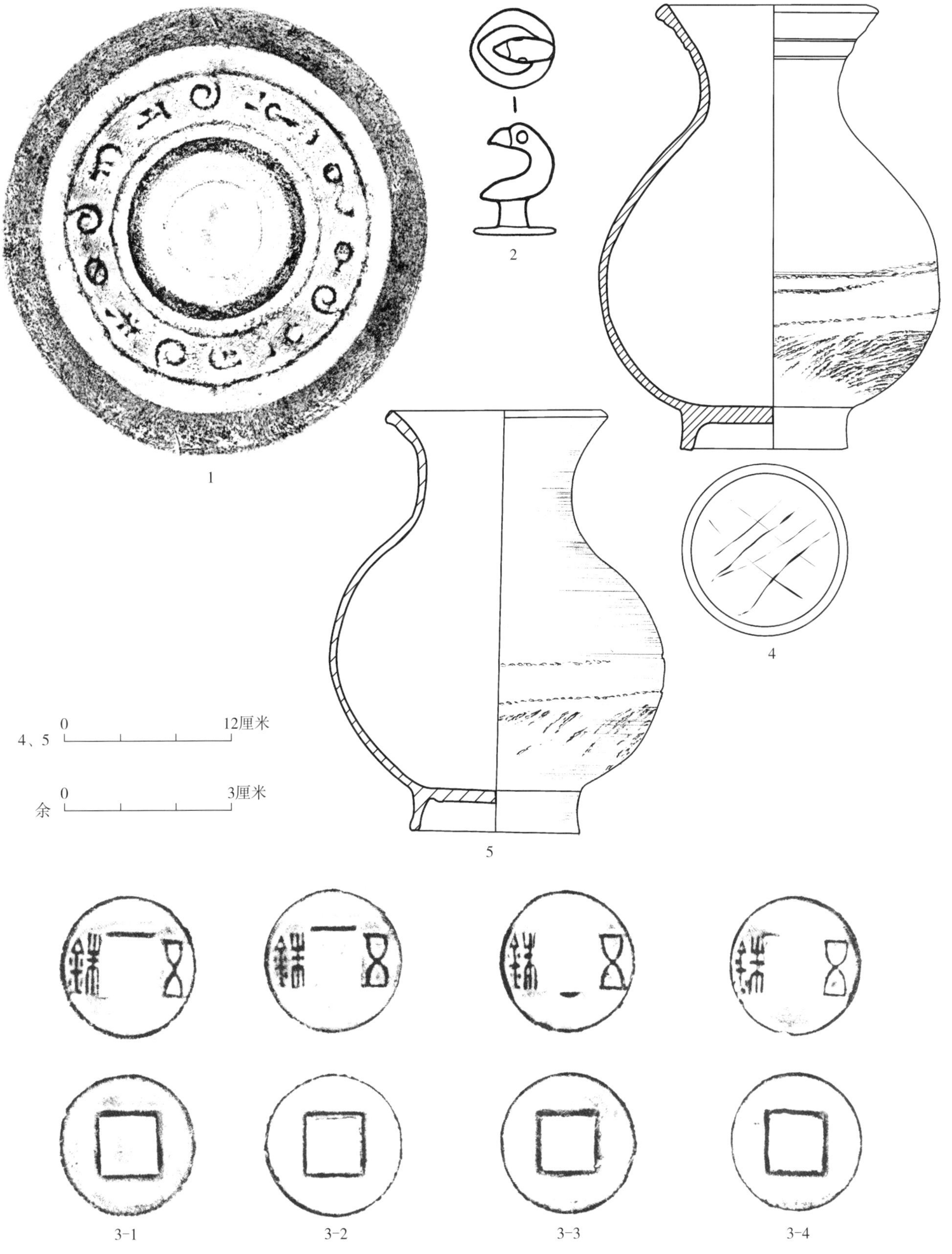

图 4-128　M512 出土器物

1. 铜镜　2. 铜带钩　3-1～4. 铜钱　4、5. 陶壶

标本M512∶5，腹部饰两周戳印纹，下腹饰稀疏绳纹。口径16、底径12、高29.2厘米（图4-128，5；彩版七五，3）。

（2）铜器

铜镜　1枚。

标本M512∶1，日光圈带铭带镜，锈蚀严重。圆形，圆纽，圆纽座。座外一周窄凸面圈带。外区两周短斜线和凸弦纹组合纹带，其间为顺时针铭文带“见日▢，勿夫毋勿忘忘”，字体为圆转式篆隶体、笔画呈楔形，首尾间用一短横线隔开，每两字间隔一涡纹符号。宽素平缘。面径7.8、缘厚0.45厘米（图4-128，1；彩版七五，4）。

铜带钩　1件。

标本M512∶2，体形较小。钩似鸟首状，双目凸出，阴线刻于两侧，圆形纽位于下部。长2厘米（图4-128，2；彩版七五，5）。

铜钱　29枚。均为五铢。圆形方穿，正面有轮无郭，背面轮郭俱全。根据钱文字体不同分两种。

第一种　9枚。“五”字两笔交叉微曲，“铢”字“金”头呈三角形，与“朱”平齐，“朱”字上部方折。有的穿上横郭。

标本M512∶3-1，直径2.5、穿径1、厚0.13厘米（图4-128，3-1）。

第二种　20枚。“五”字两笔交叉弯曲，与上、下两横相交处垂直，“铢”字“金”头呈三角形，与“朱”平齐，“朱”字上部方折。有的穿上横郭或穿下半星。

标本M512∶3-2～4，直径2.5、穿边长1、厚0.15厘米（图4-128，3-2～4）。

（一一五）M513

1. 墓葬形制

位于墓地中部，被M475、M511、M512打破。方向105°（图4-129）。

长方形土坑竖穴墓。墓口长2.41、宽1.42、深1.5米。墓壁规整，底较平。距墓口1.1米处有生土二层台，宽0.26、高0.4米。墓内填黄褐色土，经夯打，较坚硬。夯窝圆形，排列不规范，直径4～7、间距5～20、夯层厚15～20厘米。

人骨1具。头向东，面向右，仰身直肢。双手平放盆骨两侧，右下肢缺失。女性，年龄20～25岁。

铜镜1枚，骨鼻塞2件，均放在墓主左上肢骨内侧。

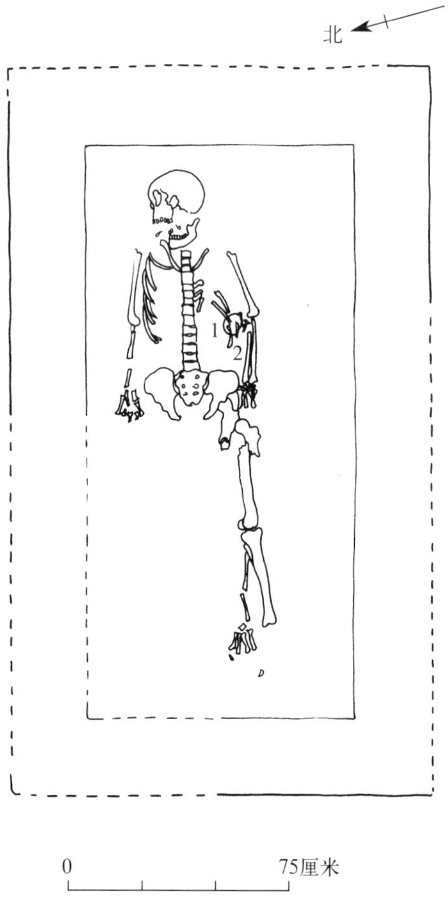

图4-129　M513平面图

1. 铜镜　2. 骨鼻塞（2）

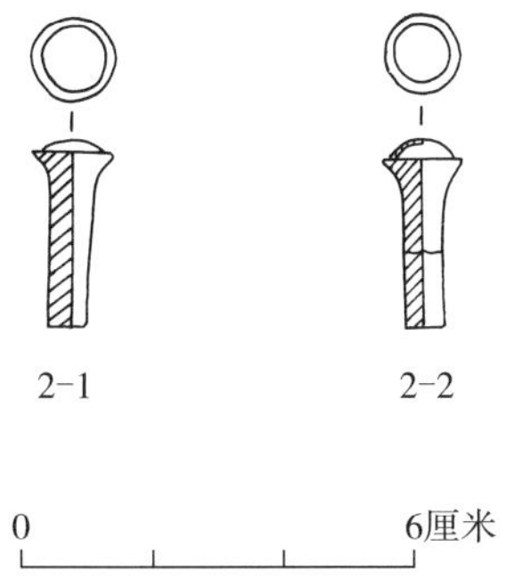

图 4-130　M513 出土骨鼻塞 M513：2-1、2

2. 出土遗物

（1）铜器

铜镜　1 枚。

标本 M513：1，素面镜。圆形，弓形纽。镜身较平，边缘略卷，制作较为粗糙。面径 6.8、缘厚 0.1 厘米（彩版七六，1）。

（2）骨器

骨鼻塞　2 件。

标本 M513：2-1、2，形制大小相同。白石膏色。蘑菇形。上部圆弧形。下部圆柱状。顶部中间镶嵌有圆弧形鎏金铜片。长 2.75、顶径 1.2 厘米（图 4-130，2-1、2；彩版七六，2）。

（一一六）M519

墓葬形制

位于墓地中部，被 M514 ～ M516 打破，北面为 M564。方向 190°。

长方形土坑竖穴墓。墓口长 2.62、宽 1.14、深 1.1 米。木棺腐朽，仅见板灰，长 2.15、宽 0.80、厚 0.06 米。墓内填黄褐色土，经夯打，较坚硬，夯窝圆形，不规则排列，直径 4 ～ 7、间距 5 ～ 4、夯层厚 15 ～ 20 厘米。

人骨 1 具。头向南，面向上，仰身直肢。头骨破碎，残存部分肢骨及脊椎骨。性别、年龄无法鉴定。

随葬器物无。

（一一七）M523

墓葬形制

位于墓地中部，被 M522 打破，东北面是 M500，西北面为 M439。方向 18°。

长方形土坑竖穴墓。墓口长 2.7、宽 1.2 米，底长 2.54、宽 1.14、深 0.76 米。墓壁垂直，下部内收，底较平整。墓内填黄褐色五花土，土质较疏松。

人骨 1 具。性别、年龄不详。

随葬器物无。

（一一八）M526

1. 墓葬形制

位于墓地中部，被 M525 打破，南面为 M500。方向 10°（图 4-131；彩版七六，3）。

长方形土坑竖穴墓。墓口部长 3、宽 1.8 米，底长 2.28、宽 0.96、深 4.1 米。墓壁东、西侧斜直，南、北两端稍内收，底平整。墓底有生土二层台，宽 0.28、高 0.5 米。墓内填浅灰褐色五花土，经夯打，土质较致密。夯窝圆形，排列较密集，直径 8 ～ 13、间距 8 ～ 12、夯层 40 厘米。

人骨 1 具。头向北，面向不详。仰身直肢。骨骼腐朽严重，性别、年龄无法鉴定。

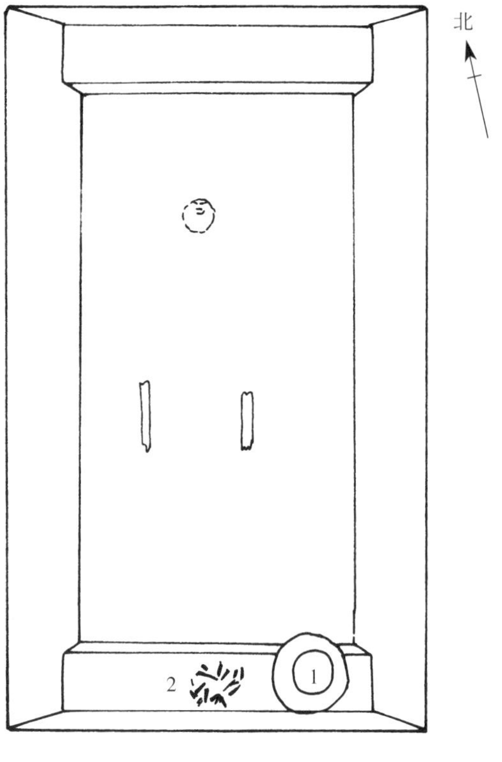

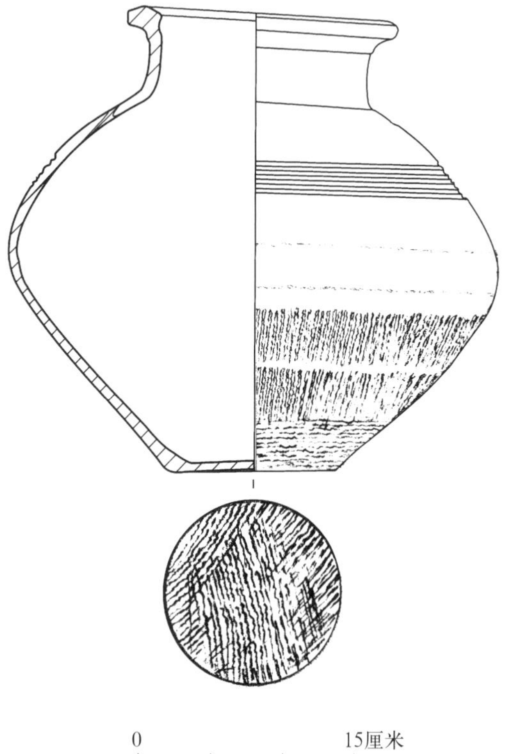

图4-131　M526出土陶罐M526∶1

陶罐1件放置在南端东侧生土二层台上。西侧散落鲤鱼、乳猪、鸡和鱼骨。

2. 出土遗物

陶器

陶罐　1件。

标本M526∶1，泥质灰陶。侈口，折沿，沿面微弧，方唇，束颈，鼓腹，下部斜内收，平底微凹。上腹饰七周凹弦纹，间饰两周戳印纹，下腹及底部饰绳纹。口径18.8、底径12、高30.8厘米（图4-131；彩版七六，4）。

（一一九）M527

1. 墓葬形制

位于墓地中部，北面是M528、M552，西面为M529。方向95°（图4-132；彩版七六，5）。

长方形土坑竖穴墓。墓口长2、宽0.98、深1.06米。木棺腐朽，仅见灰痕，长1.91、宽0.57米。墓内填浅灰褐色五花土，土质较致密。

人骨1具。头向东，面向上，仰身直肢。头骨残破，四肢稍外张。性别、年龄无法鉴定。

铜钱10枚散落于墓主右手骨处。

2. 出土遗物

铜器

铜钱　10枚。均为五铢，圆形方穿，正面有轮无郭，背轮郭俱全。根据钱文字体不同分为两种。

第一种　2枚。“五”字两笔交叉较直，铢字“金”头呈镞形，“朱”字上部方折，1枚穿下半星。

标本M527∶1-1、2，直径2.5、穿边长1、厚0.12厘米（图4-132，1-1、2）。

第二种　8枚。“五”字两笔交叉弯曲，铢字“金”字头呈三角形，“朱”字上部方折，有的穿上横郭或穿下半星。

标本M527∶1-3～5，穿径2.6、穿边长1、厚0.15厘米（图4-132，1-3～5）。

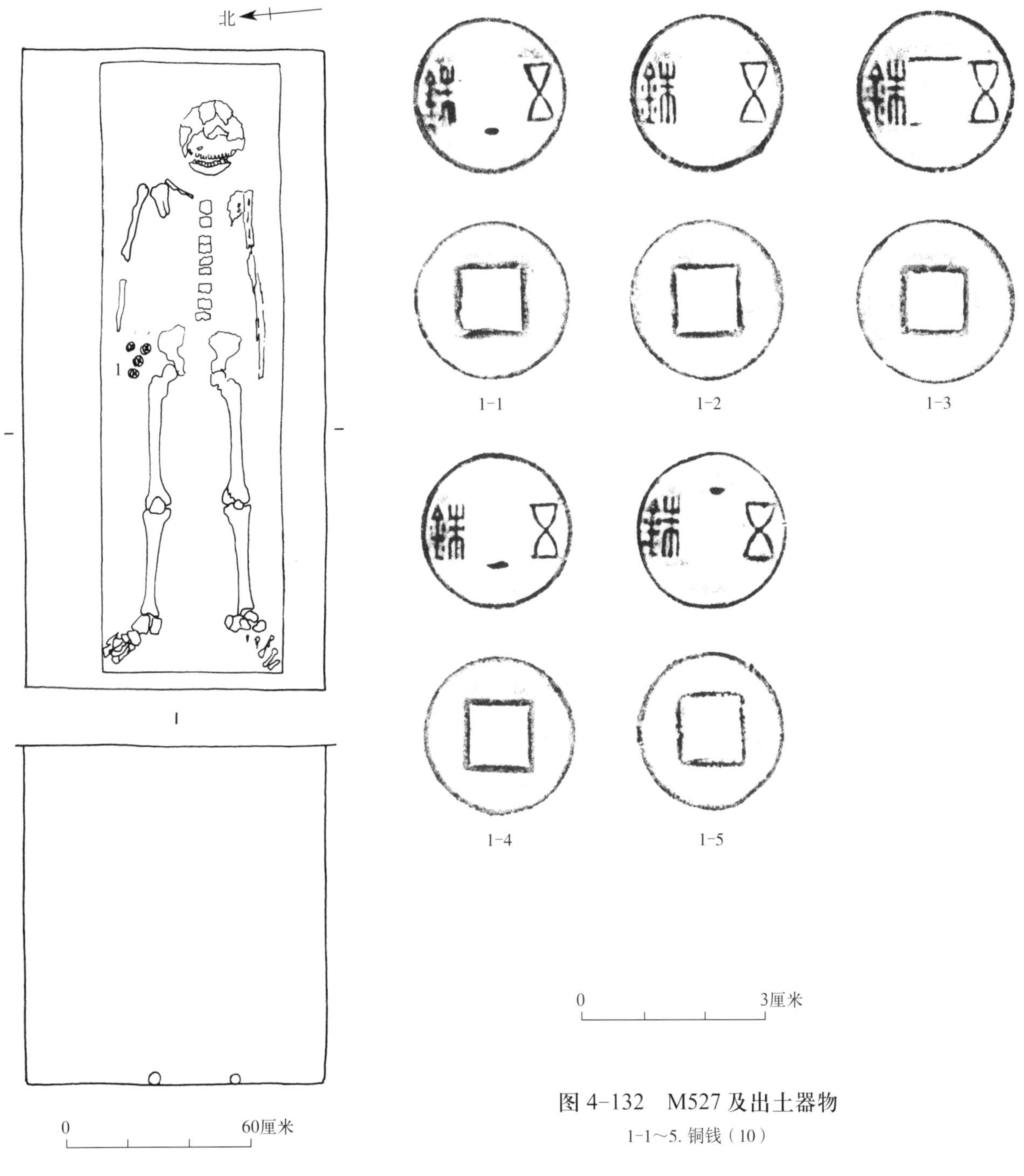

图 4-132 M527 及出土器物

1-1～5. 铜钱（10）

（一二〇）M528

1. 墓葬形制

位于墓地中部，北面是M551，东面为M552。方向105°（图4-133；彩版七七，1）。

长方形土坑竖穴墓。墓口长2.7、宽1.18米，底长2.12、宽0.74、深1.6米。墓壁斜直，下部内收，底部中间内凹。墓底四周有生土二层台，西端宽0.25、高1米，南、北、东壁宽0.1、高0.5米。墓内填黄褐色五花土，土质较致密。

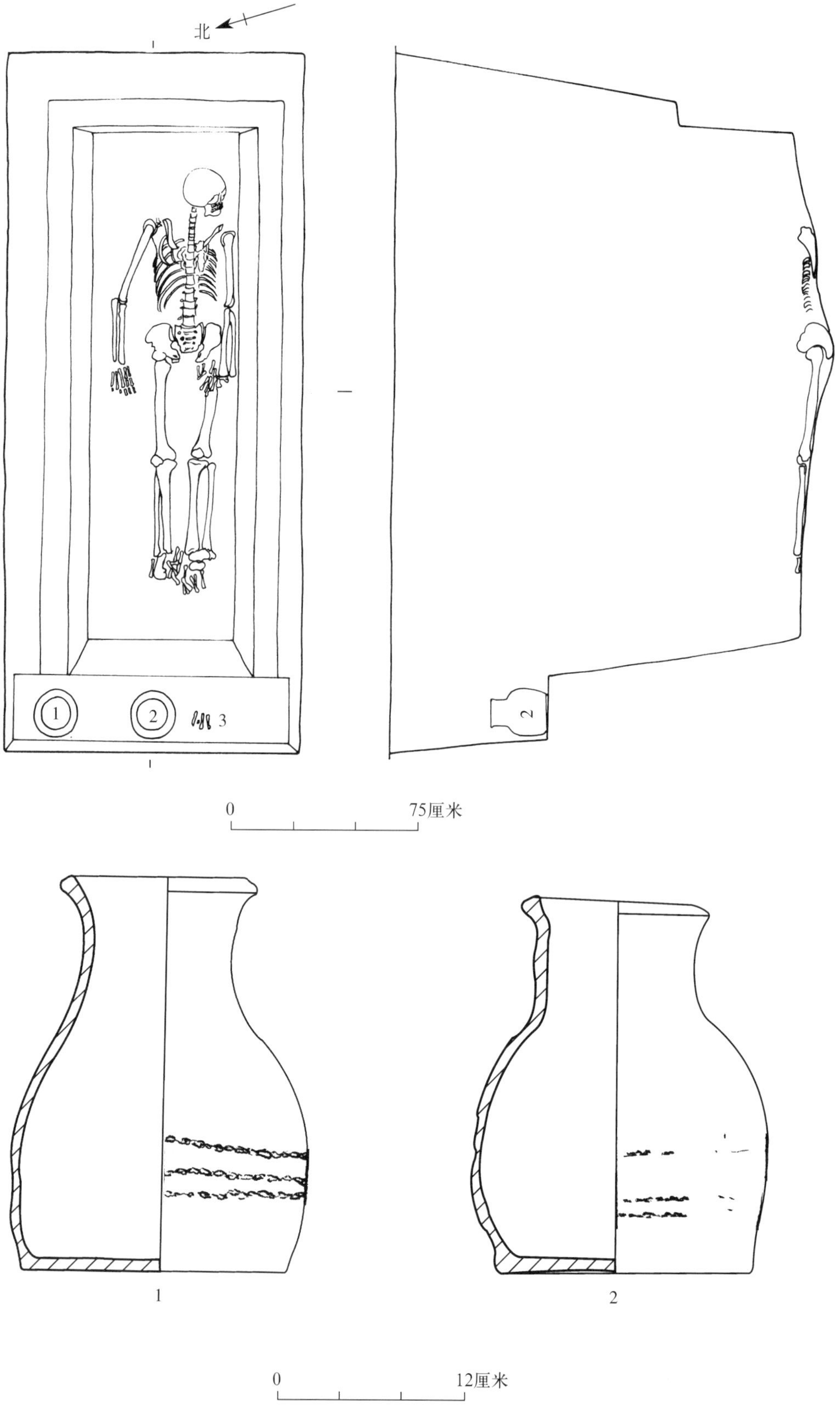

图4-133 M528及出土器物

1、2. 陶壶 3. 动物骨骼

人骨 1 具。头向东，面向左，仰身直肢。盆骨下凹 0.12、趾骨高出 0.1 米。骨骼保存完好。男性，年龄 25 ～ 30 岁。

陶壶 2 件位于墓室西端二层台北侧。鸡骨放置陶壶南侧。

2. 出土遗物

陶器

陶壶　2 件。泥质灰陶。侈口，圆唇，沿面外斜，束颈，溜肩，鼓腹。下腹饰三周戳印纹。

标本 M528：1，平底。口径 13、底径 13、高 24.4 厘米（图 4-133，1；彩版七七，2 左）。

标本 M528：2，底微凹。口径 12、底径 16、高 23.2 厘米（图 4-133，2；彩版七七，2 右）。

（一二一）M529

1. 墓葬形制

位于墓地中部，被 M529 打破，东面为 M527。方向 5°（图 4-134）。

长方形土坑竖穴墓。墓口残长 1.94、宽 0.8、深 0.6 米。墓壁垂直，下部内收，底部平整。墓内填黄褐色五花土，土质较致密。

人骨 1 具。头向北，面向上，仰身曲肢，双手抱于胸前，下肢缺失。男性，年龄 30 ～ 40 岁。

铜带钩 1 件放在墓主颈部右侧。

2. 出土遗物

铜器

铜带钩　1 件。

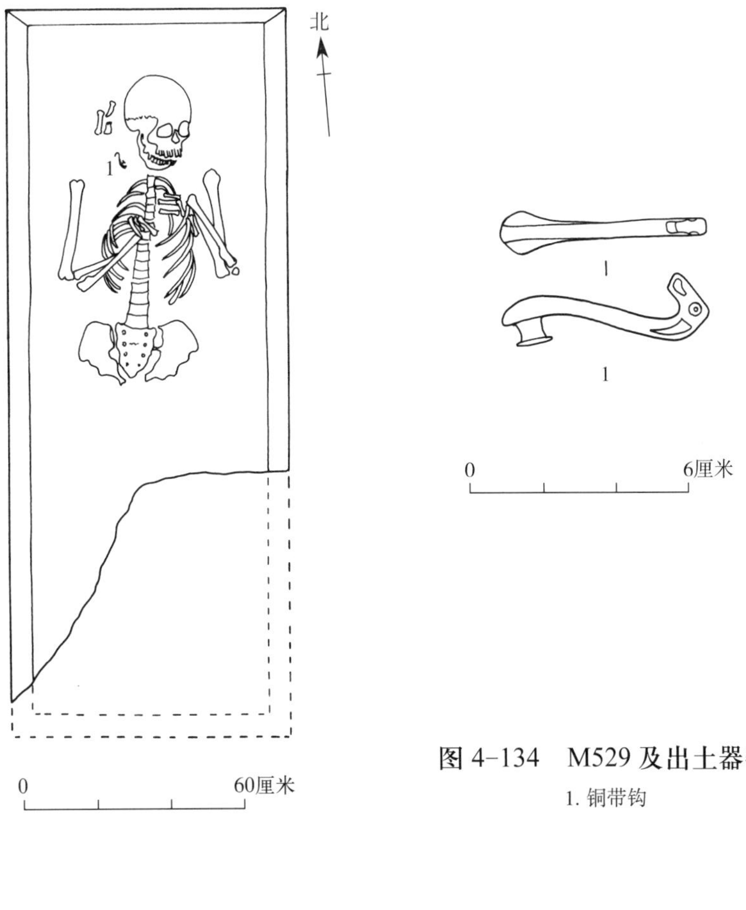

图 4-134　M529 及出土器物

1. 铜带钩

标本M529:1，琵琶形。钩呈马首状，棱角分明，双眼突出。横断面长方形。圆形纽位于后背中部。长5.7厘米（图4-134，1）。

（一二二）M530

1. 墓葬形制

位于墓地中部，东面是M534，东南面为M531、M532，西面是M500。方向90°（图4-135）。

长方形土坑竖穴墓。墓口长2.4、宽1.1、深1米。墓壁斜内收，平底。四周有生土二层台，东、西宽0.15、南、北宽0.1、高0.48米。墓内填黄褐色五花土，土质较疏松。经夯打，夯窝圆形，分布较密集，直径10、夯层厚24厘米。

人骨1具。头向东，面向左，仰身直肢。仅残存部分下肢及左上肢骨。性别、年龄无法鉴定。

铜钱2枚放置在墓主左上肢内侧。

2. 出土遗物

铜器

铜钱　2枚，其中1枚锈蚀严重。圆形方穿，正面有轮无郭，背面轮郭俱全。“五”字两笔交叉微曲，“铢”字“金”头呈三角形，与“朱”平齐，“朱”字上部方折。

标本M530:1-1，穿径2.5、穿边长1、厚0.16厘米（图4-135，1-1）。

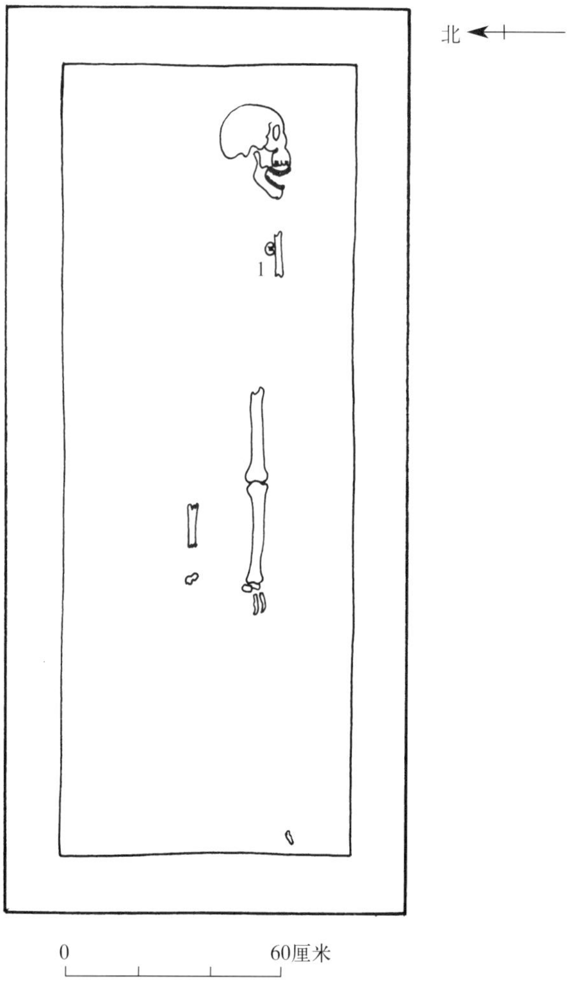

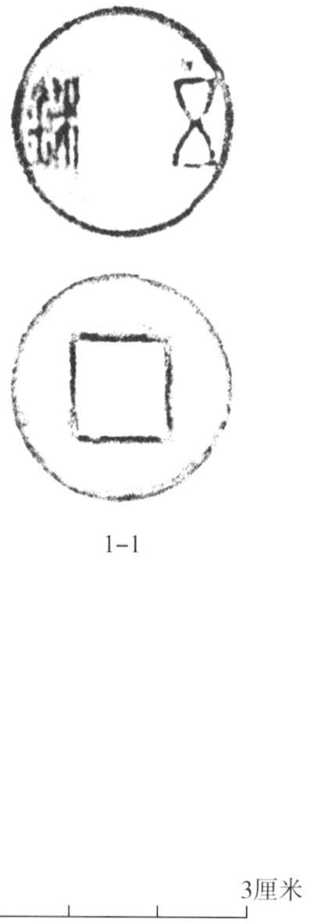

图4-135　M530及出土器物

1. 铜钱（2）

（一二三）M534

1. 墓葬形制

位于墓地中部，被M531、M533打破，西面是M530。方向5°（图4-136；彩版七七，3）。

长方形土坑竖穴墓。墓口长2.4、宽1.3、深1.9米。墓壁南、北垂直，东、西端内收。墓底有生土二层台，东宽0.2、西宽0.25、高0.5米。墓内填黄褐色五花土，土质疏松。

人骨1具。头向北，面向上，仰身直肢。骨骼保存较差，仅见部分牙齿和左下肢骨。性别无法鉴定，年龄12～15岁。

随葬器物4件。陶罐1件位于墓底北端中部。铜镜1枚放在墓主头骨左侧。铜环、铜钱各1件放置于墓主腹部。

2. 出土遗物

（1）陶器

陶罐　1件。

标本M534∶4，泥质灰陶。敛口，圆唇，颈内收，圆腹。小平底。颈部饰两个对称圆孔，腹一侧素面，另侧细绳纹，下腹饰三周凹弦纹。口径10.8～11.3、底径5.4、高16厘米（图4-137，4；彩版七七，4）。

（2）铜器

铜镜　1枚。

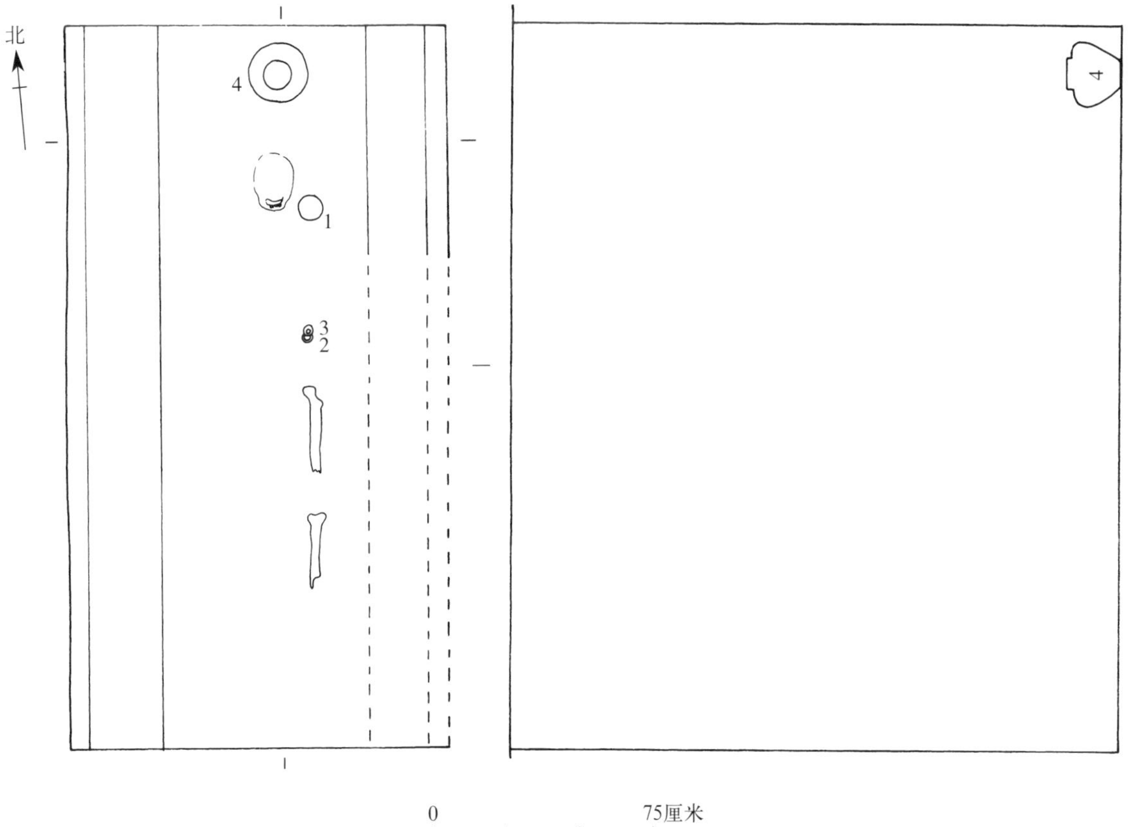

图4-136　M534平、剖面图

1. 铜镜　2. 铜环　3. 铜钱　4. 陶罐

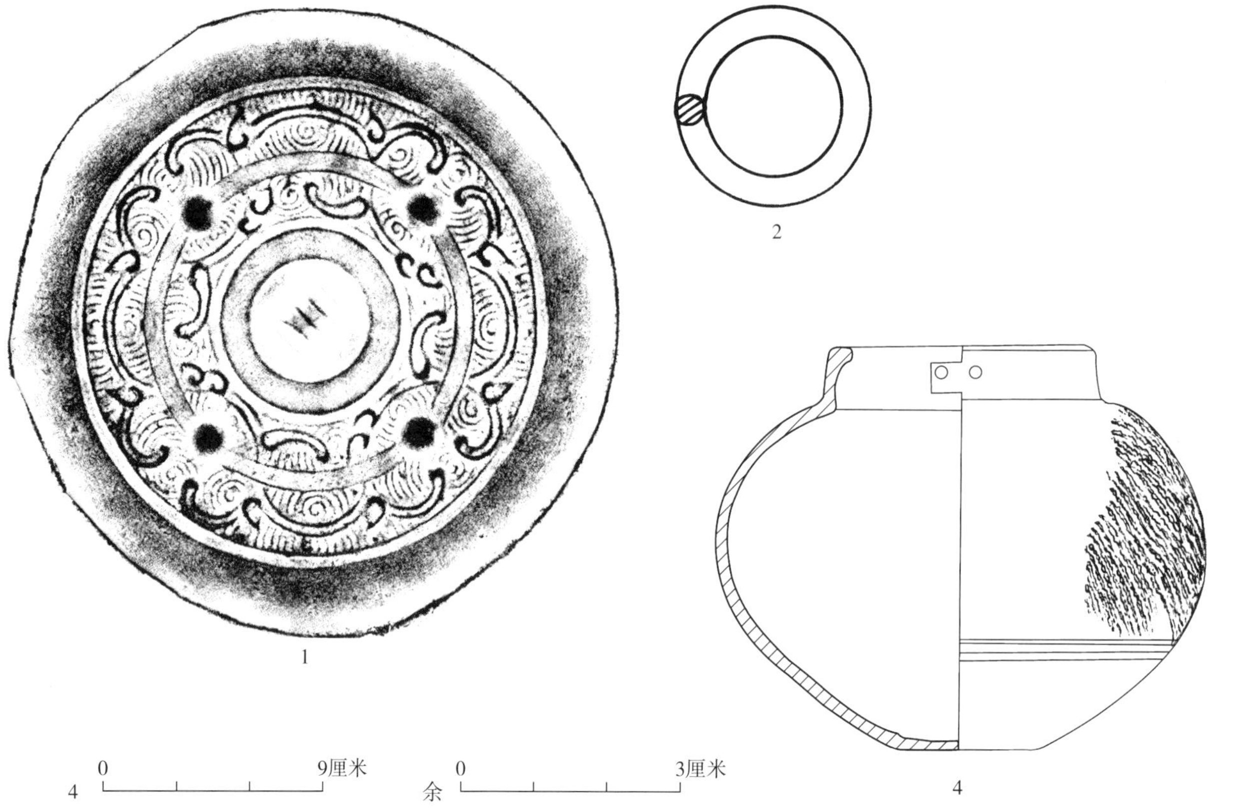

图 4-137　M534 出土器物

1. 铜镜　2. 铜环　4. 陶罐

标本 M534∶1，圈带叠压蟠虺镜。圆形，三弦纽。纽外一周窄凹面圈带，其外由主纹和地纹组成。地纹为圆涡纹；主纹为四蟠虺纹，身躯作“C”形卷曲、其左侧又接两卷曲勾形，虺纹被一周凹面圈带叠压，其上均匀分布四枚乳丁亦位于虺纹“C”形身躯内。宽素卷缘。面径 8.6、缘厚 0.3 厘米（图 4-137，1；彩版七七，5）。

铜环　1 件。

标本 M534∶2，圆形，直径 2.6 厘米（图 4-137，2）。

铜钱　1 枚。

标本 M534∶3，锈蚀严重，部分缺失，仅“五”字清晰。

（一二四）M535

墓葬形制

位于墓地中部，北面是 M531，南面为 M555。方向 100°（图 4-138）。

长方形土坑竖穴墓。墓口长 2.16、宽 0.84 米，底长 2.16、宽 0.5、深 0.86 米。墓壁斜直内收，平底。墓底生土二层台，北宽 0.13、高 0.16 米。墓内填浅灰褐色五花土，土质致密。

人骨 1 具。头向东，面向上，仰身直肢。左上肢部分缺失，女性，年龄 35～45 岁。

随葬器物无。

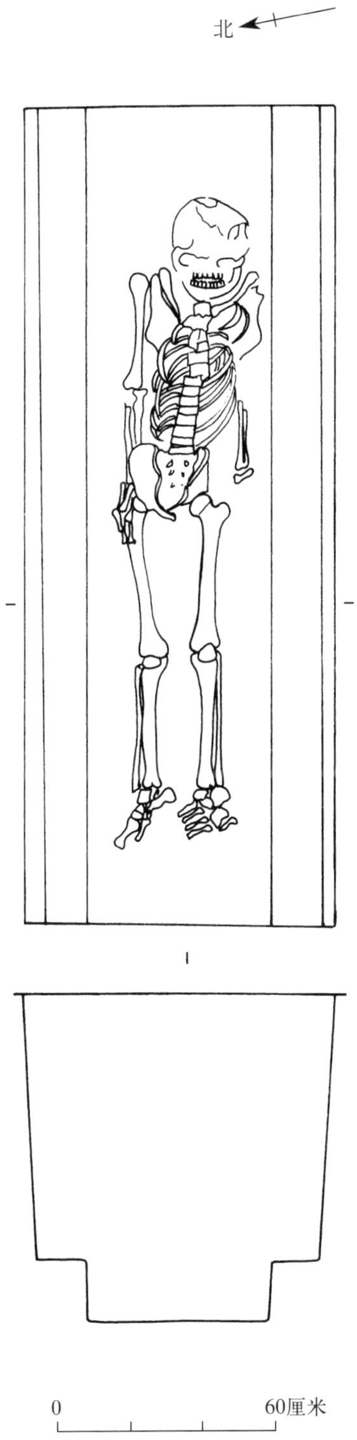

图 4-138　M535 平、剖面图

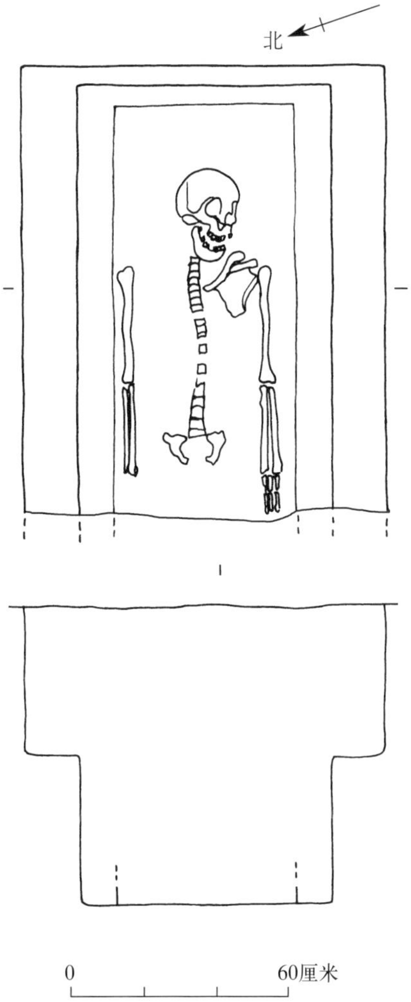

图 4-139　M539 平、剖面图

（一二五）M539

墓葬形制

位于墓地中部，被 M536 打破，北面是 M505，南面为 M538。方向 109°（图 4-139）。

长方形土坑竖穴墓。墓口残长 1.05 ～ 1.2、宽 1、深 0.8 米。墓壁直壁，底部平整。墓底有生土二层台，宽 0.15、高 0.4 米。木棺已腐朽，仅见板灰痕迹，长 1 ～ 1.1、宽 0.5、高 0.05 米。墓内填黄褐色五花土，土质疏松。

人骨 1 具。头向东，面向左，仰身直肢。下肢缺失。性别、年龄无法鉴定。

随葬器物无。

（一二六）M544

墓葬形制

位于墓地中部，西北面是M949，西南面为M543。方向15°（图4-140）。

长方形土坑竖穴墓。墓口长2.7、宽1.8米，底长2.3、宽1.4、深1.7米。墓壁斜直，下部微内收，底平整。墓底四周为熟土二层台。木棺已腐朽，仅见板灰痕迹，长2.2、宽0.7～0.8、厚0.08米。墓内填黄褐色五花土，经过夯打，土质较坚硬。夯窝不明显。

人骨1具。头向北，骨骼腐朽严重，仅存头部残骸及部分下肢骨。双脚并拢，似捆绑状。性别、年龄无法鉴定。

随葬器物无。

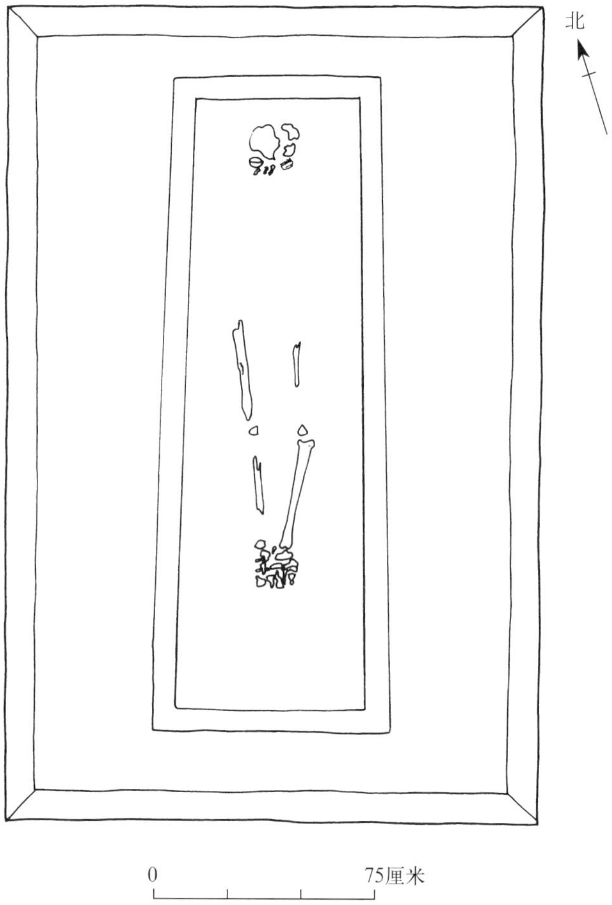

图4-140　M544平面图

（一二七）M545

墓葬形制

位于墓地中部，东面是M546，东南面为M547。方向10°。

长方形土坑竖穴墓。墓口长2.9、宽1.9米，底长2.7、宽1.1、深2.6米。墓壁斜直，下部内收，底平整。墓底东、西两壁有生土二层台。高0.6、宽0.3米。木棺已腐朽，仅见板灰痕迹，长2.7、宽1.1、高0.6米。墓内填黄褐色花土，经夯打，质地坚硬。夯窝圆形，排列较密集，直径5～8、夯层厚15厘米。

人骨无。

随葬器物无。

（一二八）M558

墓葬形制

位于墓地中部，被M557打破，北面是M518、M516，西北面为M559。方向5°。

长方形土坑竖穴墓。墓口长2.4、宽1.1米，底长2.04、宽0.74、深1.85米。墓壁垂直，下部内收。底部平整。四周有生土二层台，宽0.18、高0.4米。墓内填黄褐色五花土，土质较疏松。

人骨无。

随葬器物无。

（一二九）M560

墓葬形制

位于墓地中部，被M540打破，东南面为M562、M561。方向15°（图4-141）。

长方形土坑竖穴墓。墓口残长1.3、宽1.3、深1.3米。墓壁斜直，下部内收，底较平。墓底东、西两壁有生土二层台，宽0.2～0.3、高0.3米。

人骨1具。头向北，直肢。骨骼腐朽，头、上肢、躯干残缺，仅遗留盆骨和下肢骨遗骸。女性，年龄30～40岁。

随葬器物无。

（一三〇）M561

墓葬形制

位于墓地中部，打破M562，被M540打破，南面为M507。方向3°。

长方形土坑竖穴墓。墓口长2.46、宽1.4米，底长2.46、宽1.2、深1.6米。墓壁内收，下部平整。墓底东、西、南壁有生土二层台。高0.3、宽0.1米。墓内填黄褐色五花土，土质致密。经夯打，夯窝圆形，分布稀疏，直径8～10、夯层厚15厘米。

人骨1具。头向北，骨骼腐朽严重，仅残存少量牙齿。性别、年龄不详。

随葬器物无。

（一三一）M562

墓葬形制

位于墓地中部，被M561打破，北面是M540，西面为M540。方向283°（图4-142）。

长方形土坑竖穴墓。墓口长2.4、宽1.55、深1.2米。墓壁垂直，下部微内收，底平整。木棺已腐朽，仅见板灰痕迹，长0.6～0.7、宽0.62、高0.2米。墓内填黄褐色五花土，较疏松。

人骨1具。头向西，面向左，葬式不详。骨骼腐朽严重，仅残存头部及少许上肢骨遗骸。性别、年龄无法鉴定。

随葬器物无。

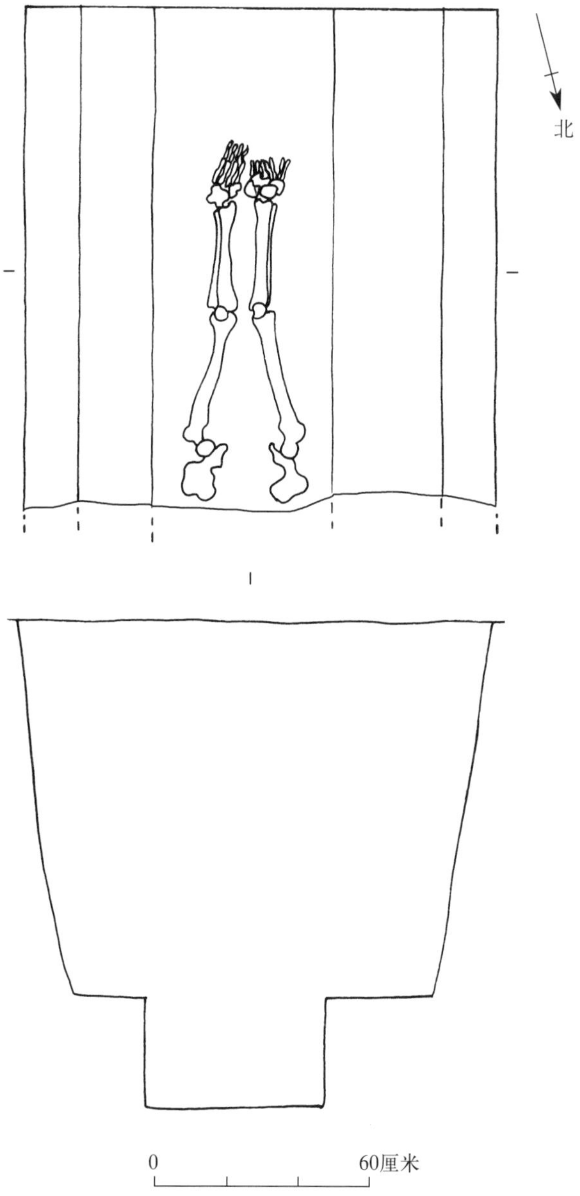

图4-141　M560平、剖面图

（一三二）M576

1. 墓葬形制

位于墓地中部，东面是M947、M752，南面为M577。方向125°。

长方形土坑竖穴墓。墓口长2.1、宽1.5、深0.7米。墓壁垂直，底部平整。墓内填黄褐色五花土，较疏松。填土中发现铜钱1枚。

墓内扰乱严重，无人骨。

随葬器物无。

2. 出土遗物

铜器

铜钱 1枚。

标本M576∶01，圆形方穿，周郭部分被磨去。“五”字两笔交叉微曲，“铢”字“金”头呈三角形，与“朱”平齐，“朱”字上部方折。直径2.3、穿径1、厚0.1厘米。

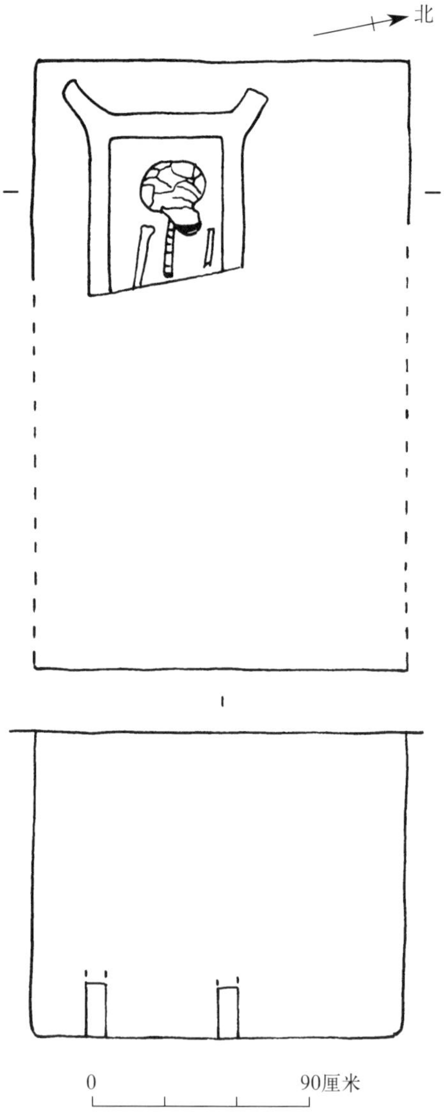

图4-142 M562平、剖面图

（一三三）M579

1. 墓葬形制

位于墓地中部，东面是M747，南面为M746，西面是M483、M748。方向90°（图4-143；彩版七八，1）。

长方形土坑竖穴墓。墓口长2.8、宽1.6、深3.4米。墓壁较规整，下部略内收，平底。墓室西壁有壁龛，宽0.37、高0.35、深0.26米。木棺腐朽，仅见板灰，长2.11、宽0.80、厚0.07米。墓内填黄褐色土，经夯打，较坚硬。夯窝圆形，分布不均匀，直径6～10、间距3～15、夯层厚15～20厘米。填土中发现乳猪、鸡、小型鸟、鱼骨。

人骨1具。头向东，面向上，仰身直肢。骨骼腐朽严重，性别、年龄无法鉴定。

壁龛内放置1件陶罐。

2. 出土遗物

陶器

陶罐 1件。

标本M579∶1，泥质灰陶。沿面微弧，方唇，直颈，鼓腹，小平底。下腹饰绳纹。口径19.4、底径9、高20.2厘米（图4-143，1；彩版七八，2）。

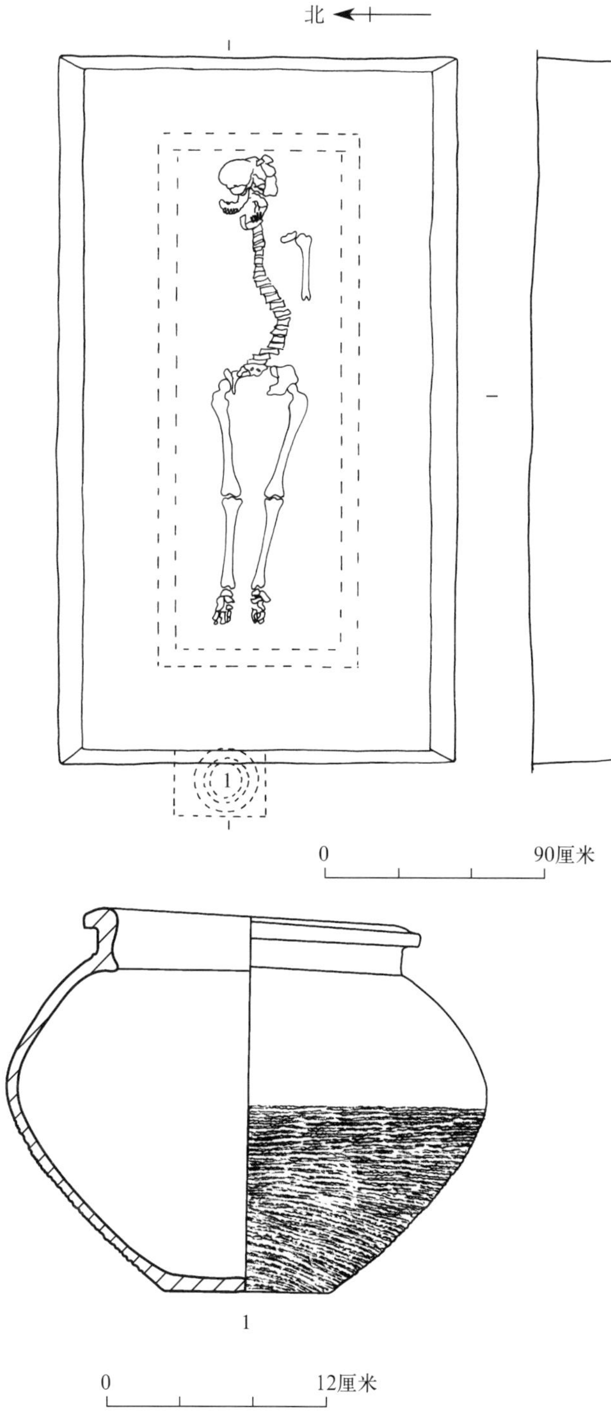

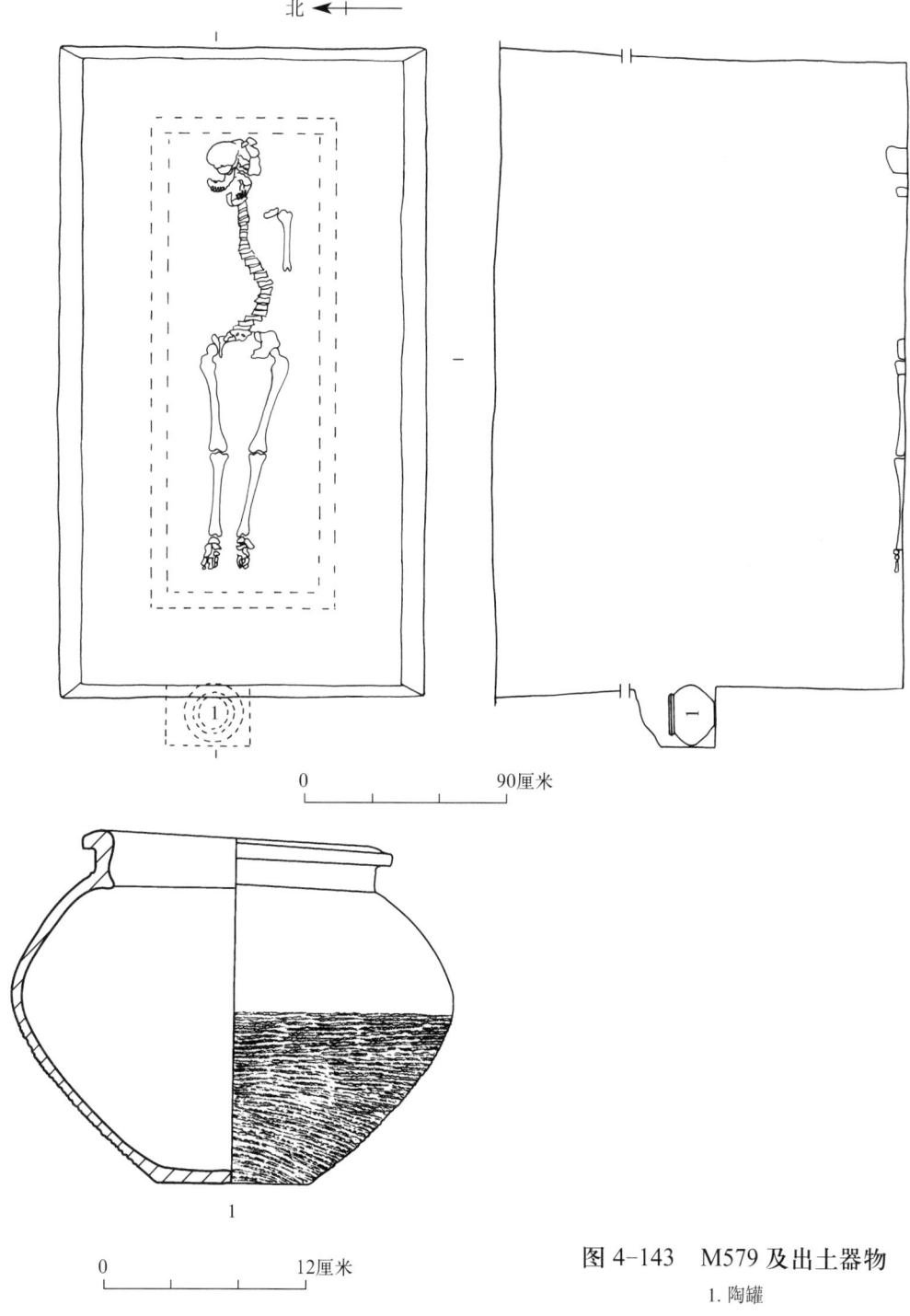

图 4-143　M579 及出土器物
1. 陶罐

（一三四）M599

1. 墓葬形制

位于墓地东北部，北面是M611，东面为M854，西面是M598。方向106°（图4-144；彩版七八，3）。

长方形土坑竖穴墓。墓口长2.28、宽1.12～1.29、深2.15米。斜壁内收。墓底有生土二层台，宽0.05～0.19、高0.26米。墓内填黄褐色五花土，经过夯打，质紧密。夯窝圆形，排列不均匀，直

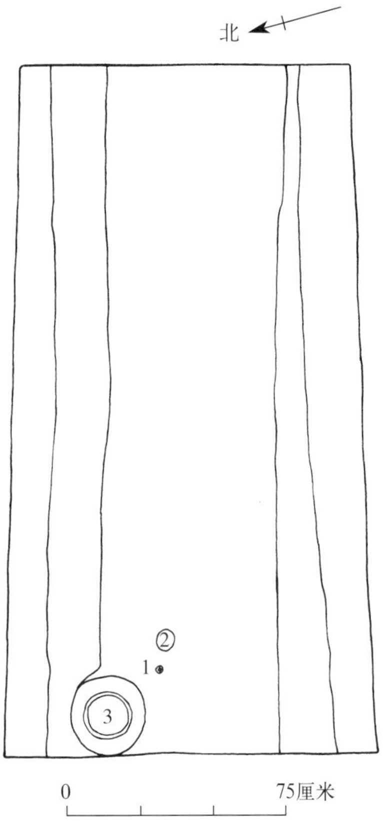

图 4-144 M599 平面图

1. 铜钱 2. 铜镜 3. 陶罐

径 8～12、夯层厚 15～20 厘米。填土中发现啮齿类动物骨骼。

人骨无。

墓内随葬陶罐、铜镜、铜钱各 1 件。

2. 出土遗物

（1）陶器

陶罐 1 件。

标本 M599∶3，泥质灰褐陶。侈口，斜折沿，尖唇，束颈，鼓腹，下腹弧内收，圜底。素面。腹上部及底部有火烧灰痕，唇内有凹槽，颈下部饰一周凹弦纹。口径 14.8、底径 4、高 18.8 厘米（图 4-145，3）。

（2）铜器

铜镜 1 枚。

标本 M599∶2，蟠螭镜。圆形，三弦纽。纽外两周凸弦纹与最外一周凸弦纹间由主纹和地纹组成。地纹为圆涡纹；主纹为三条首尾相连蟠螭纹。每螭身躯均作三个“C”形卷曲，首部另接一上卷小“C”形。宽素卷缘。面径 6.3、缘厚 0.15 厘米（图 4-145，2；彩版七八，4）。

铜钱 1 枚。

标本 M599∶1，锈蚀严重，字迹不详。

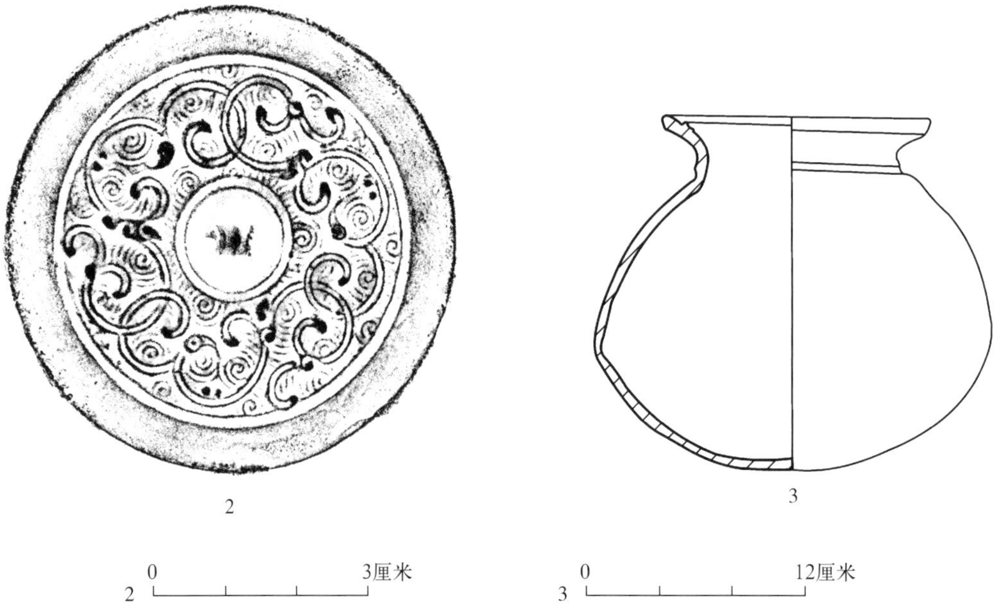

图 4-145 M599 出土器物

2. 铜镜 3. 陶罐

（一三五）M604

1. 墓葬形制

位于墓地东北部，北面是M615，西面为M605、M720。方向0°（图4-146）。

长方形土坑竖穴墓。墓口长2.2、宽1、深1.4米，底长2.2、宽0.6米。墓壁斜直，下部内收。东、西两侧有生土二层台，宽0.15～0.2、高0.5米。西侧二层台有壁龛，宽0.4、高0.3、进深0.3米。墓内填黄褐色花土，经夯打，土质较坚硬。夯窝圆形，分布稀疏，直径10、夯层厚10厘米。

人骨1具。头向北。骨骼腐朽严重，呈粉末状。性别、年龄不详。

壁龛内放置陶罐1件。

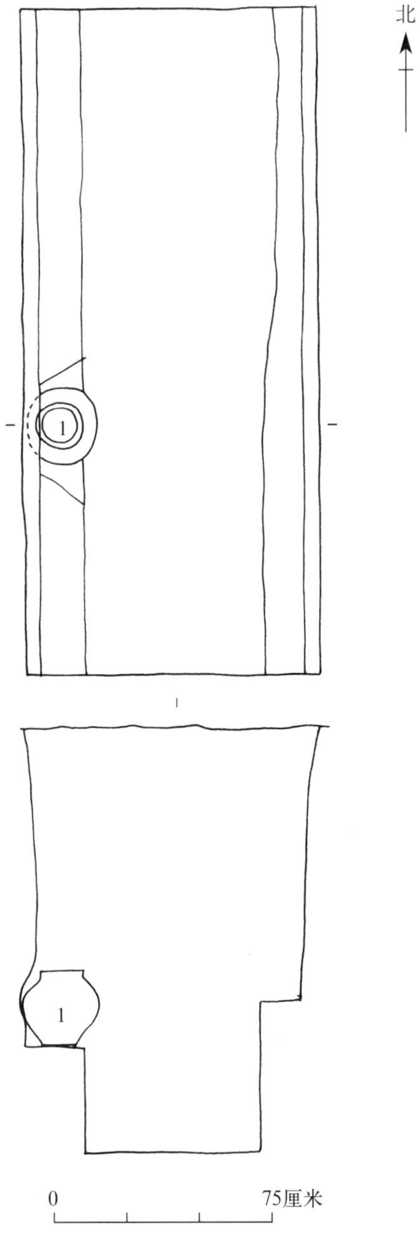

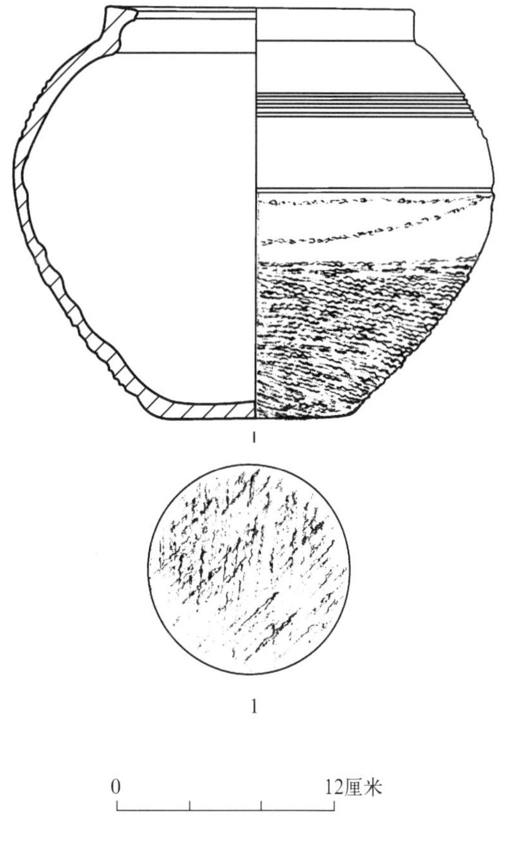

图4-146　M604及出土器物

1. 陶罐

2. 出土遗物

陶器

陶罐 1件。

标本M604∶1，泥质灰陶。敛口，沿内斜，尖唇，直颈，弧肩，圆腹，下部内收，小平底。肩部饰八周凹弦纹，腹部间饰两周戳印纹，下腹及底部饰绳纹。口径16.7、底径10.8、高22厘米（图4-146，1）。

（一三六）M609

1. 墓葬形制

位于墓地东北部，北面是M722，南面为M620。方向95°（图4-147）。

长方形土坑竖穴墓。墓口长2.2、宽0.6、深0.1米。墓壁垂直，四壁规整，底较平。木棺已腐朽，仅见板灰痕迹。墓内填黄褐色五花土，土质较坚硬。

人骨1具。头向东，面向不明，仰身直肢。上肢及躯干腐朽。

随葬铜钱1枚放在墓主腰部右侧。

2. 出土遗物

铜器

铜钱 1枚。

标本M609∶1，大泉五十，圆形方穿，正面有轮无郭，背面轮郭俱全。钱文篆书，对读。直径2.77、穿径0.9、厚0.3厘米（图4-147，1）。

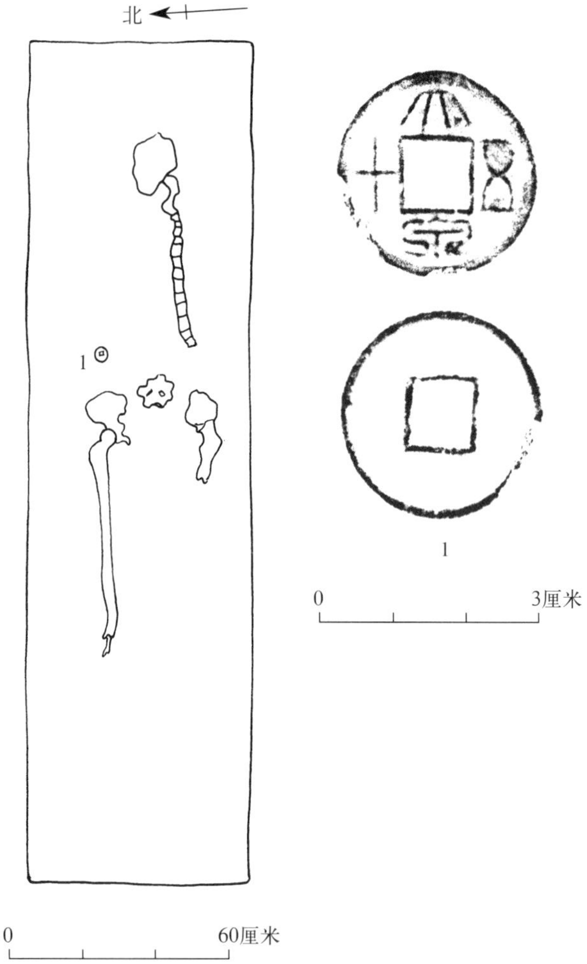

图4-147 M609及出土器物

1. 铜钱

（一三七）M619

墓葬形制

位于墓地东北部，被M613打破，东面是M607，西北面为M614。方向10°。

长方形土坑竖穴墓。墓口长3.16、宽2.08米，底长2.8、宽1.48、深3.45米。墓壁斜内收，壁面规整，平底。墓内填黄褐色五花土，经过夯打，土质较致密。夯窝椭圆形，排列不规则，直径4.5～10、间距4～30、夯层厚15厘米。

人骨1具，被扰严重，骨骼无存。性别、年龄不详。

随葬器物无。

（一三八）M622

1. 墓葬形制

位于墓地东北部，东面是M892、M621，南面是M628。方向115°（图4-148；彩版七九，1）。

长方形土坑竖穴墓。墓口长3.5、宽1.8、深3.4米。墓底四周有生土二层台。台上铺一～二层青砖。东、西壁平铺对缝“丁”字形垒砌，北壁平铺对缝顺向垒砌，南壁平铺对缝顺向垒砌两层。砖长26、宽12、厚3厘米。木棺已腐朽，仅见板灰痕迹。长2.2、宽0.7、厚0.1米。墓内填黄褐色五花土，土质疏松。夹杂少量塌落青砖碎块。经过夯打，土质较坚硬。夯窝圆形，分布不均匀，直径8厘米。填土中发现铜钱1枚。

人骨1具。头向东，骨骼腐朽严重，性别、年龄不明。

随葬陶钫2件，铜镜1件，铜带钩1件，铁环首刀1件，铜钱11枚。

2. 出土遗物

（1）陶器

陶钫　2件。泥质灰陶。覆斗形盖，方平顶，四角有棱。钫方口，宽平沿，束颈，沿下有折棱，溜肩，鼓腹，圈足。

标本M622∶1，盖顶中部有一突饰，腹中部饰两周戳点纹，下腹饰绳纹。口边长11、底径13.6、通高39.2厘米（图4-149，1；彩版七九，2）。

标本M622∶2，口径10.5、底径13.2、通高38.8厘米（图4-149，2；彩版七九，3）。

（2）铜器

铜镜　1枚。

标本M622∶3，日光圈带铭带镜，锈蚀较重。圆形，圆纽，圆纽座。座外一周窄凸面圈带。外区两周短斜线和凸弦纹组合纹带，其间为顺时针铭文带“见日月心，勿夫毋忘”，字体为圆转式篆隶体，每字间隔一类似涡纹符号。窄素平缘。面径6.9、缘厚0.4厘米（图4-150，3；彩版七九，4）。

铜带钩　1件。

标本M622∶4，琵琶形。钩呈兽首状，通体细长，尾部稍宽厚，断面略呈三角形。圆形

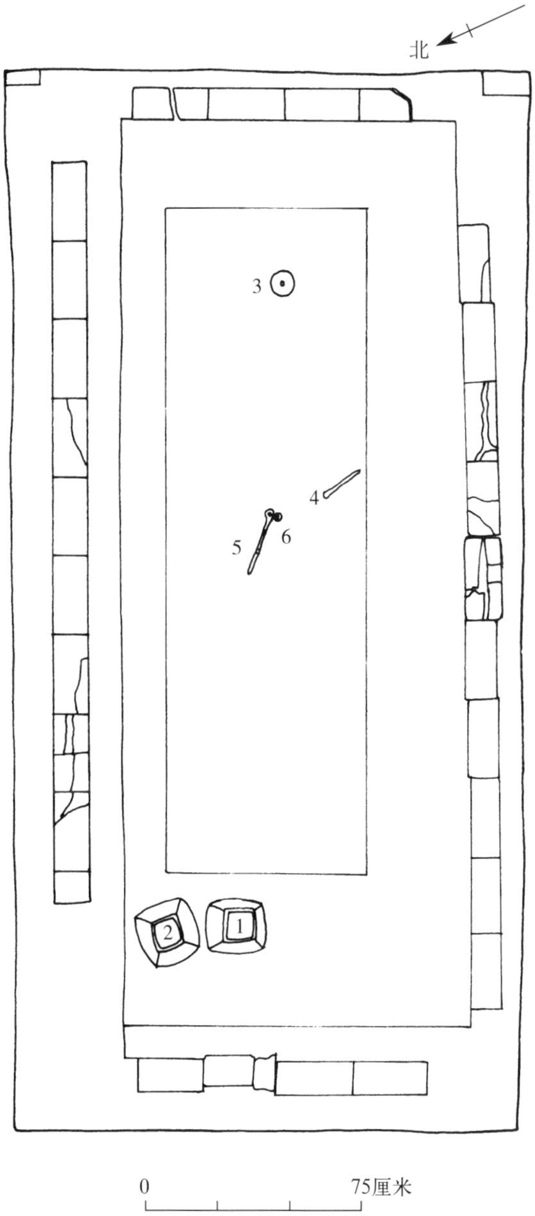

图4-148　M622平面图

1、2. 陶钫　3. 铜镜　4. 铜带钩　5. 铁环首刀　6. 铜钱（11）

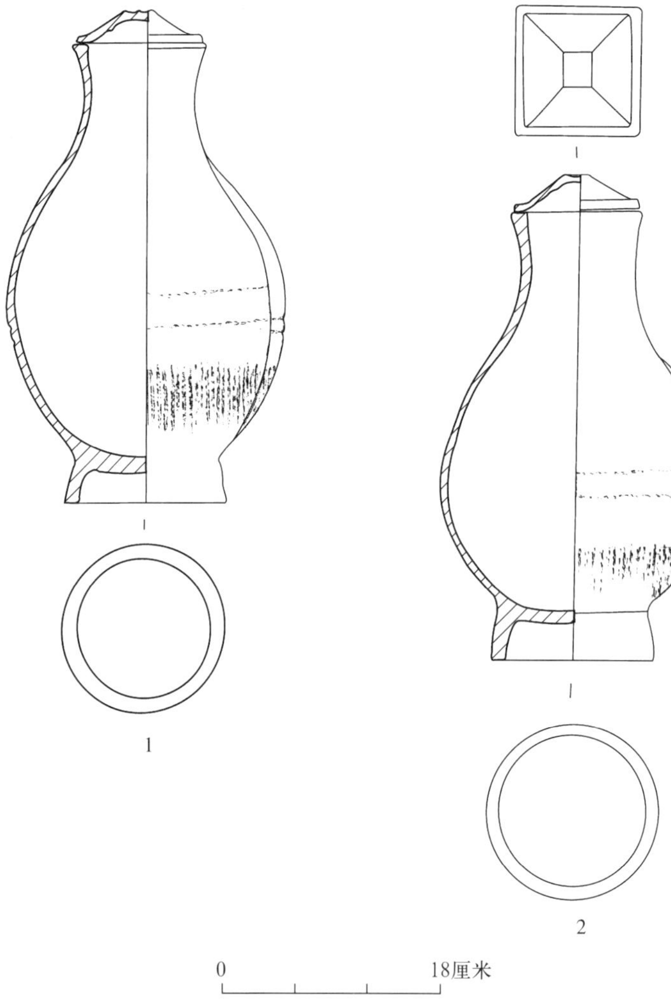

图4-149　M622出土器物

1、2. 陶钫

纽位于钩背面尾端。长13.2厘米（图4-150，4；彩版七九，5）。

铜钱　12枚。均为五铢，圆形方穿，正面有轮无郭，背面轮郭俱全。根据钱文字体不同分为两种。

第一种　5枚。“五”字两笔交叉直或微曲，“铢”字“金”字旁头呈三角形，“朱”字上部方折。

标本M622∶6-1、2，直径2.5、穿径1、厚0.16厘米（图4-150，6-1、2）。

第二种　7枚。“五”字两笔交叉弯曲，与上、下两横相交处微内收或垂直，“铢”字“金”字旁头呈镞形或三角形，较小，“朱”字上部方折，有的穿上横郭或穿下半星，有的周郭部分被磨掉。

标本M622∶6-3～5，直径2.6、穿径1、厚0.2厘米（图4-150，6-3～5）。

（3）铁器

铁环首刀　1件。

标本M622∶5，通体锈蚀较重，残为3段。环形首，刀身扁平长条形。断面三角形，平背，直刃，尖略残。体表存木屑和丝织物包裹痕迹。残长21.6、宽1.5厘米（图4-150，5）。

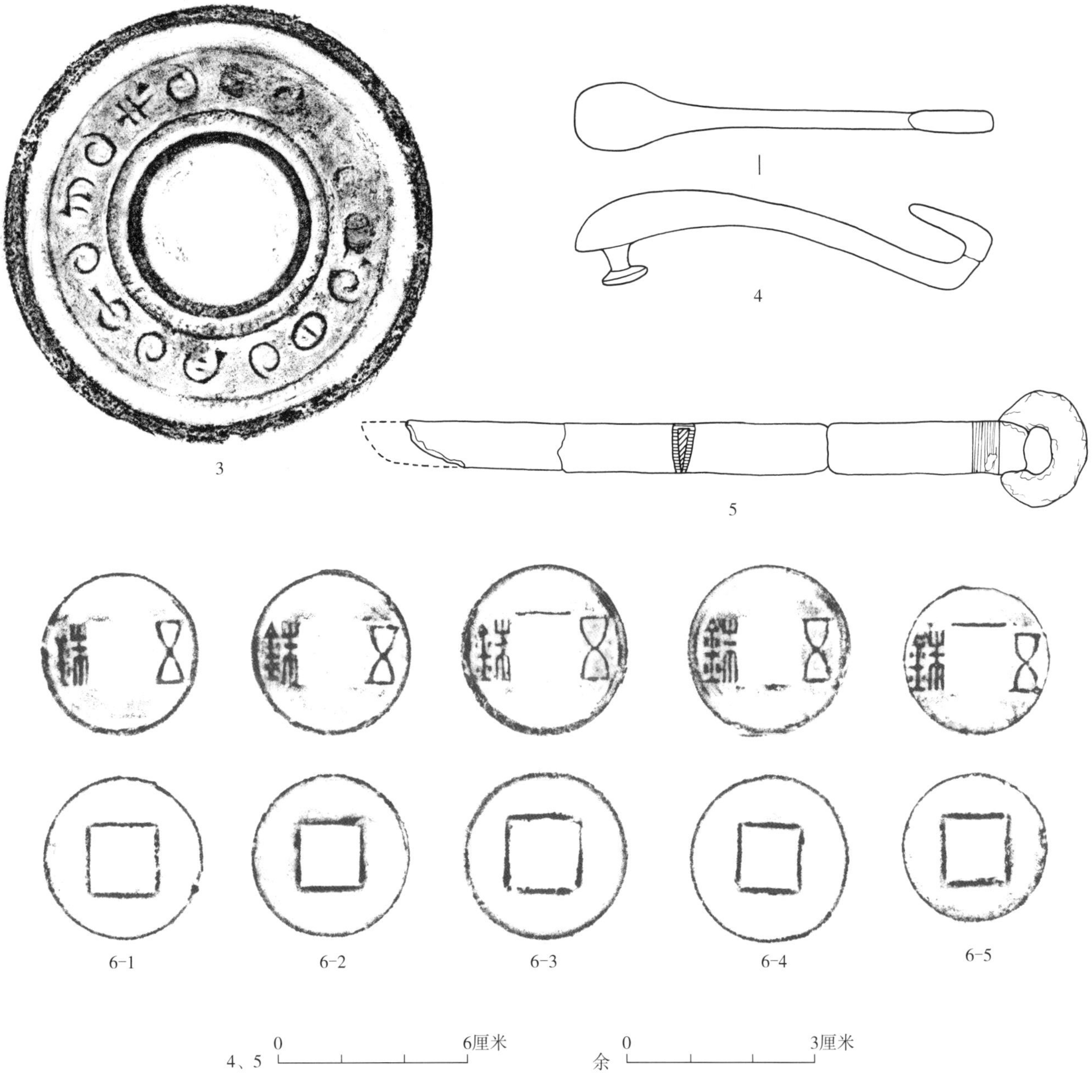

图 4-150　M622 出土器物

3. 铜镜　4. 铜带钩　5. 铁环首刀　6-1～5. 铜钱

（一三九）M629

墓葬形制

位于墓地东北部，被 M623 打破，东面是 M626。方向 100°（图 4-151）。

长方形土坑竖穴墓。墓口上宽下窄，呈倒梯形，长 2.25、宽 0.8 ～ 0.9、深 1.15 米。墓内填黄褐色五花土，土质疏松。经夯打，夯窝圆形，排列不均匀，直径 8 厘米。

人骨 1 具。头向东，面向上，仰身直肢。骨骼保存较差，头骨被压扁，上肢腐朽。男性，年龄

35～40岁。

随葬器物无。

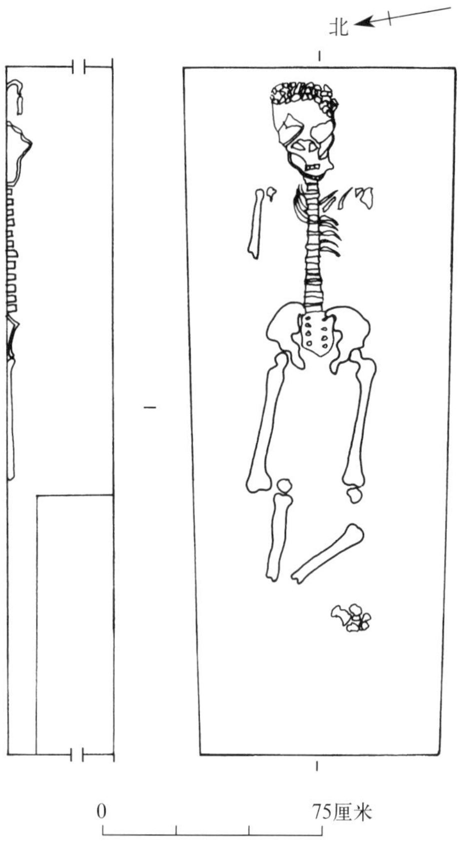

图4-151　M629平、剖面图

（一四〇）M637

1. 墓葬形制

位于墓地东北部，北面是M639、M685，东面为M684。方向10°（图4-152；彩版八〇，1）。

长方形土坑竖穴墓。墓口长2.9、宽1.67、深1.82米。墓壁斜直内收。距墓口1.26米处有生土二层台。东壁台上发现壁龛（彩版八〇，2），宽0.35、高0.28、进深0.17米。墓内填黄褐色五花土，质地紧密。经夯打，夯窝圆形，排列不均匀，直径5～12、夯层厚20～28厘米。

人骨1具。头向北，面向上，仰身直肢。人骨保存较差。无法进行鉴定。

壁龛内随葬陶罐1件。

2. 出土遗物

陶器

陶罐　1件。

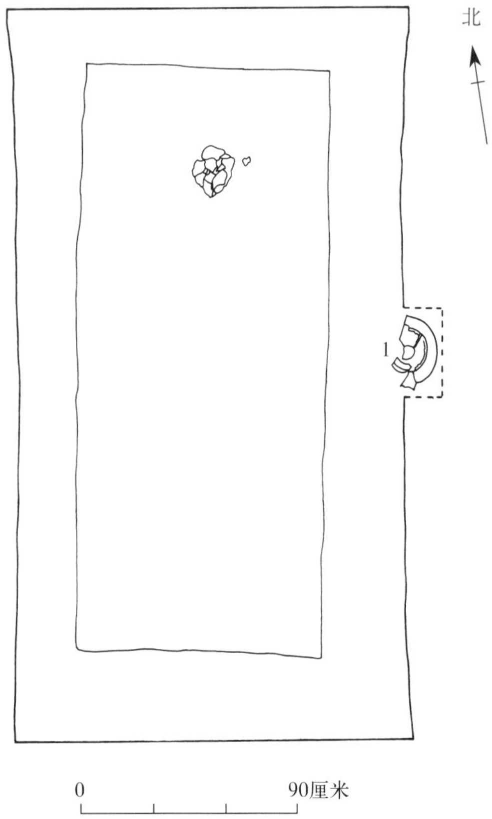

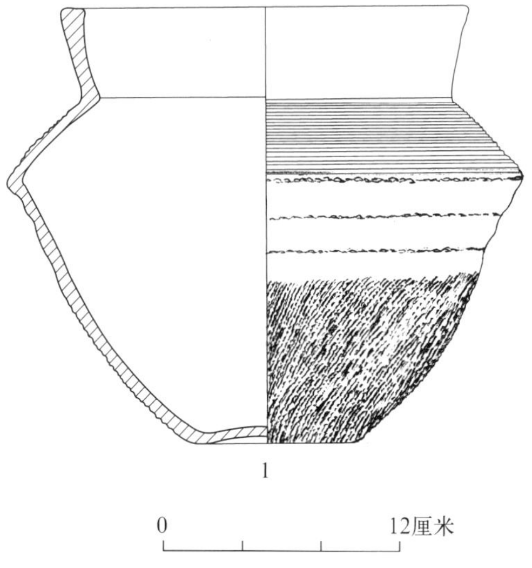

图4-152　M637及出土器物

1. 陶罐

标本 M637∶1，泥质灰陶。侈口，平沿，圆唇，束颈，弧肩，肩、腹间有折棱，下腹斜收，凹底。肩部饰数周凹弦纹，中腹素面，间饰三周戳印纹，下腹饰绳纹。口径 20.6、底径 8、高 21.4 厘米（图 4-152，1；彩版八〇，3）。

（一四一）M640

1. 墓葬形制

位于墓地东北部，北面是 M797，东面为 M823，西面为 M821。方向 15°（图 4-153；彩版八一，1）。

长方形土坑竖穴墓。墓口长 3.24、宽 1.66、深 2.3 米。墓底有生土二层台，长 2.95、宽 1.24、高 0.84 米。台上面平铺顺向垒砌一层青砖。砖长 25、宽 12、厚 3 厘米。墓内填黄褐色五花土，经夯打，土质较坚硬。夯窝圆形，排列均匀，直径 5 ～ 12、夯层厚 12 ～ 25 厘米。

人骨 1 具。头向北，面向不明，仰身直肢。仅局部残存骨骼痕迹，性别、年龄无法鉴定。

随葬器物 3 件。陶钫 2 件，放置在墓室北端中部，铜镜 1 枚位于中部偏北。

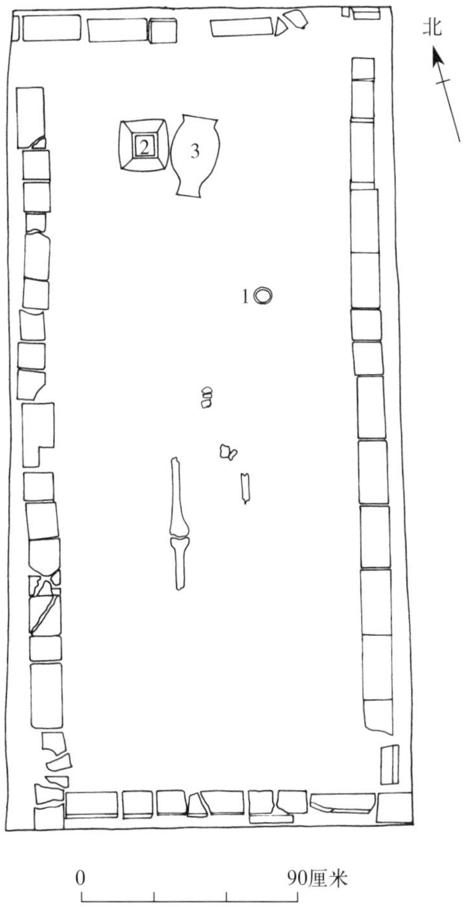

图 4-153　M640 平面图

1. 铜镜　2、3. 陶钫

2. 出土遗物

（1）陶器

陶钫　2 件。泥质灰陶。覆斗形盖，方顶，斜壁。钫侈口，平沿，方唇，束颈，沿下折棱，溜肩，鼓腹，圆形圈足。下腹饰竖向绳纹。

标本 M640∶2，失盖。颈部有刮削痕迹。口边长 11.2、底径 13.5、高 33.6 厘米（图 4-154，2；彩版八一，2）。

标本 M640∶3，口边长 12、底径 13.2、通高 36.6 厘米（图 4-154，3；彩版八一，3）。

（2）铜器

铜镜　1 枚。

标本 M640∶1，四乳四虺镜，锈蚀较重。圆形，圆纽，圆纽座。座外均匀伸出四组（每组三条）与四条短竖线相间环列，其外一周凸弦纹。再外两周短斜线和凸弦纹组合纹带，之间为主纹，四枚带圆座乳丁分为四区，每区内各有一虺纹，双钩形身躯外侧饰一简单鸟纹、内侧或无鸟纹或简化为弧形，前后饰短弧线。宽素平缘。面径 7.6、缘厚 0.4 厘米（图 4-154，1；彩版八一，4）。

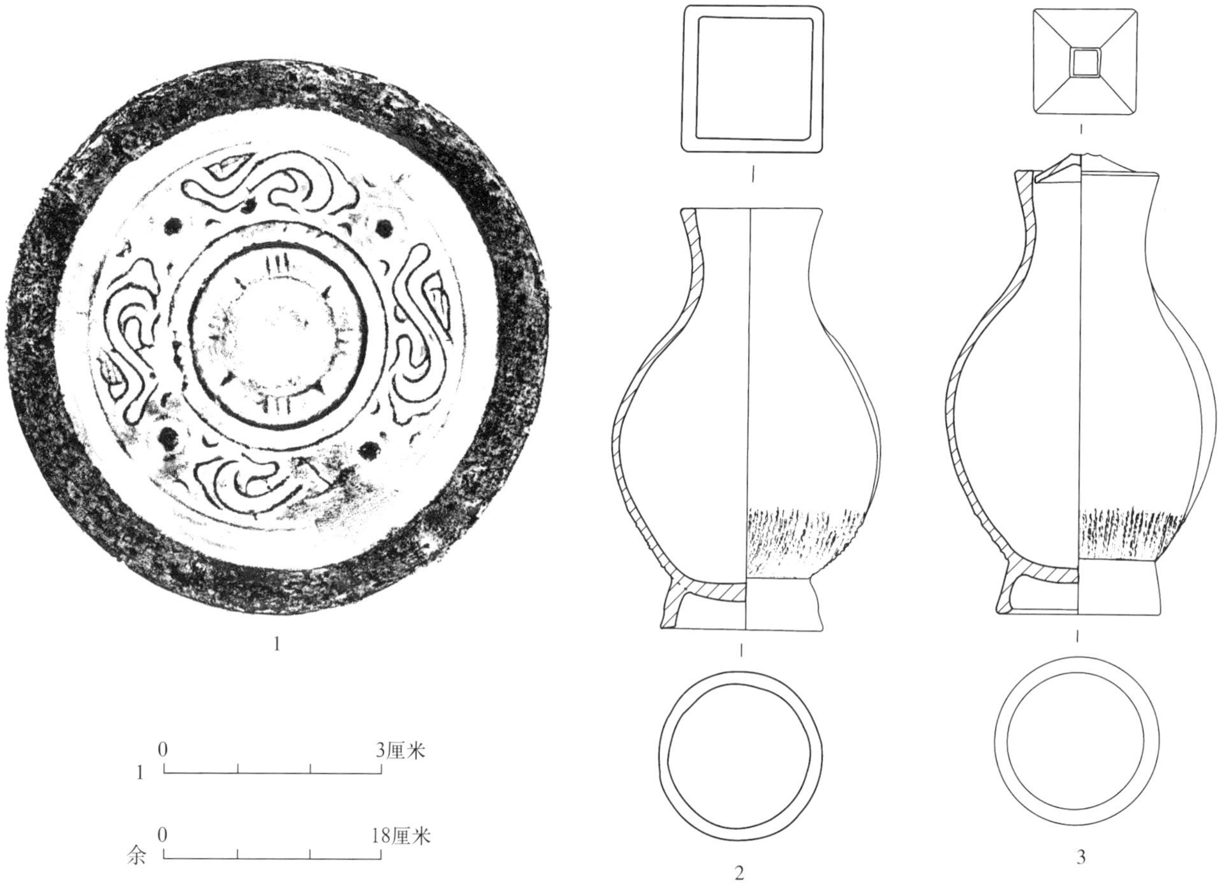

图 4-154　M640 出土器物

1. 铜镜　2、3. 陶钫

（一四二）M641

1. 墓葬形制

位于墓地东北部，北临断崖，东面是M657，南面为M659，西面是M626。方向110°（图4-155）。长方形土坑竖穴墓。墓口长2.25、宽0.8、深0.1米。墓内填黄褐色五花土，土质疏松。人骨1具。头向东，面向上，仅存头骨及部分下肢骨。男性。成年个体。墓内随葬铜钱3枚。

2. 出土遗物

（1）铜器

铜钱　3枚。均为五铢。圆形方穿，正面有轮无郭，背面轮郭俱全。根据钱文字体不同分两种。

第一种　1枚。“五”字两笔交叉微曲，“铢”字金旁头呈三角形，“朱”字上部方折，下部圆折，穿下半星。

标本M641∶1-1，直径2.5、穿径1、厚0.14厘米（图4-155，1-1）。

第二种　2枚。“五”字两笔交叉弯曲，与上、下两横相交处微内收，“铢”字“金”字旁头呈三角形，较小，“朱”字上部方折，下部圆折，穿上横郭。

标本M641∶1-2，直径2.6、穿径1、厚0.19厘米（图4-155，1-2）。

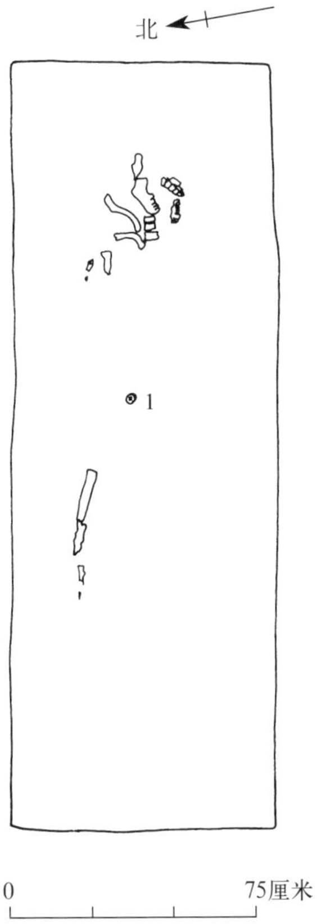

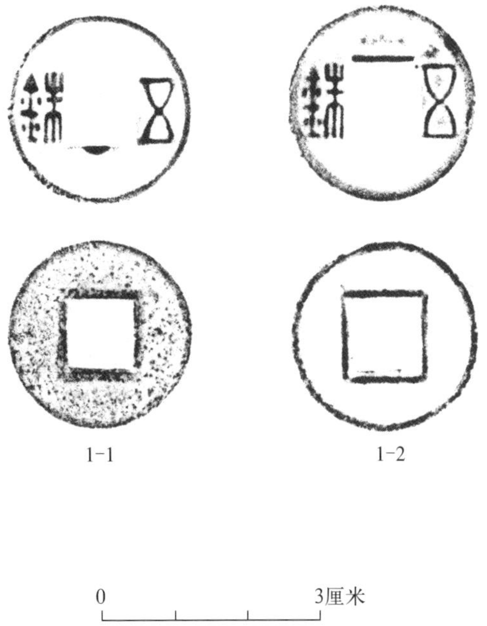

图 4-155 M641 及出土器物

1. 铜钱（3）

（一四三）M642

墓葬形制

位于墓地东北部，东南面是 M643，西面为 M657。方向 103°（图 4-156）。

长方形土坑竖穴墓。墓口长 2.3、宽 1.2 ～ 1.3、深 1.45 米。墓室长约 2.3、宽 0.73、高约 0.9 米。南、北两侧有生土二层台，长 2.3、宽 0.28 米。墓内填黄褐色五花土，土质较疏松。填土中发现乳猪、鸡骨。

人骨 1 具。头向东，面向上，仰身直肢。骨骼腐朽严重，性别无法鉴定，年龄 20 ～ 30 岁。

随葬器物无。

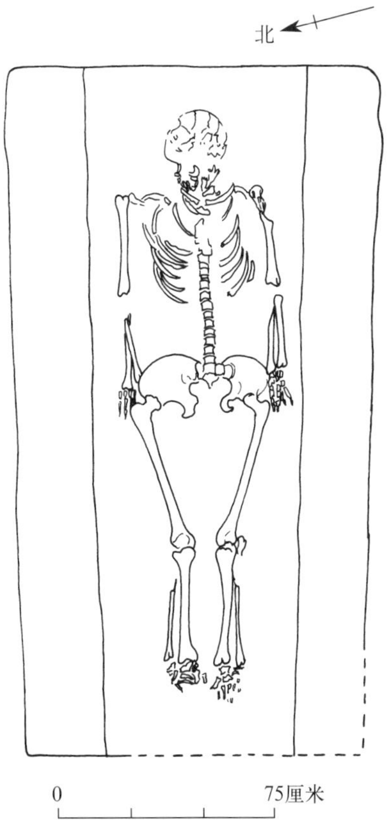

图 4-156 M642 平面图

（一四四）M647

1. 墓葬形制

位于墓地东北部，打破 M658，东面是 M646，南面为 M648。方向 20°（图 4-157；彩版八二，1）。

长方形土坑竖穴墓。墓口长 3.35、宽 1.4 ～ 1.5、深 1.8 米。墓底四周有生土二层台，宽 0.09 ～ 0.2、高 0.75

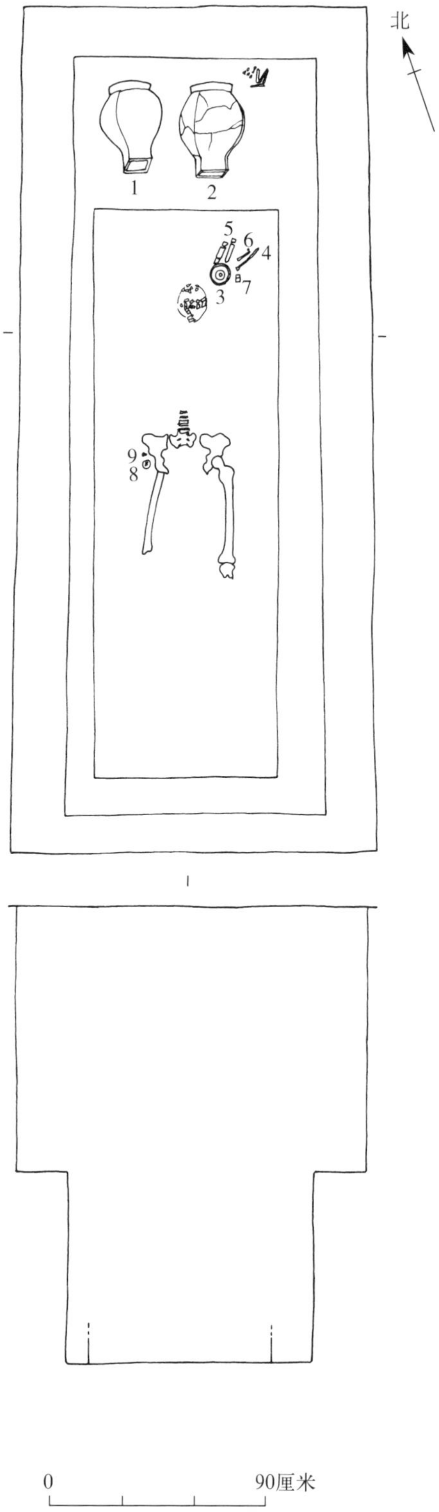

图4-157　M647平、剖面图

1、2. 陶钫　3. 铜镜　4. 铜刷柄　5. 铁镜架　6. 铜眉笔柄　7. 铜衡帽　8. 铜钱　9. 铜钱（3）

米。北端有头箱，长0.6、宽0.76、高0.05米。木棺已腐朽，仅见板灰痕迹，长2.25、宽0.99、高0.1米。墓内填黄褐色五花土，土质较坚硬。

人骨1具。头向北，仰身直肢。骨骼腐朽严重，仅残存部分椎骨、盆骨及下肢骨遗骸。性别、年龄无法鉴定。

随葬器物11件。陶钫2件，放在头箱内台上。铜镜、铜刷柄、铜眉笔柄、铜衡帽、铁镜架置于墓主头骨左上方。铜钱4枚置于右骨盆外侧。东北角散落鸡、鲷科、和鱼骨。

2. 出土遗物

（1）陶器

陶钫　2件。泥质灰陶。覆斗形盖。钫方口，

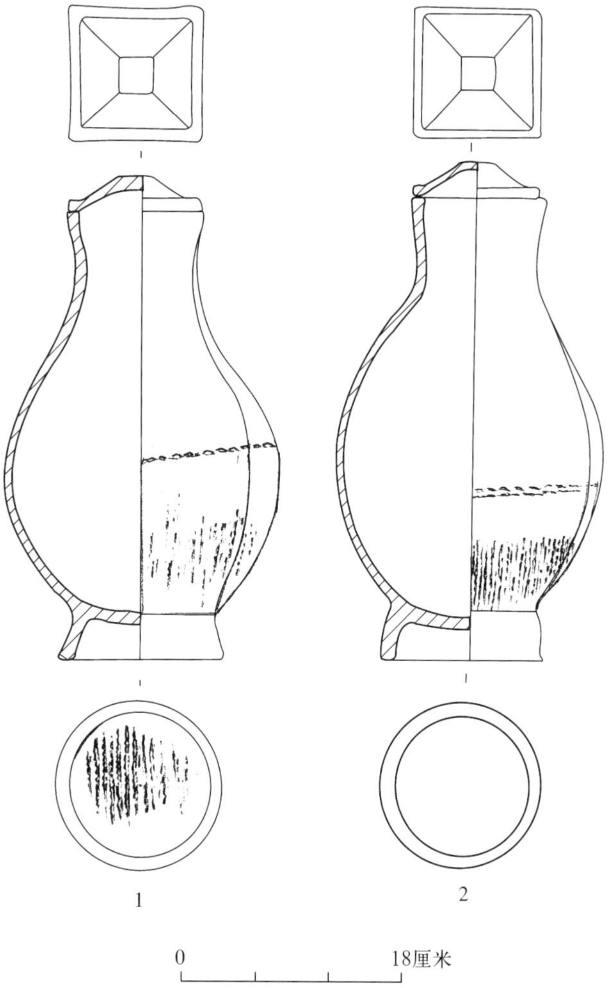

图4-158　M647出土器物

1、2. 陶钫

平沿，束颈，鼓腹，圈足。

标本 M647：1，腹中部饰一周戳印纹，下腹及底部饰绳纹。口边长 11、底径 13.2、通高 38.4 厘米（图 4-158，1；彩版八二，2）。

标本 M647：2，腹部饰两周戳印纹，下腹饰竖向绳纹。口边长 11、底径 13.2、通高 39.6 厘米（图 4-158，2；彩版八二，3）。

（2）铜器

铜镜　1 枚。

标本 M647：3，昭明连弧铭带镜，锈蚀较重。圆形，圆纽，圆纽座。座外四组内附三短竖线的短弧线与四条短折线相间环列，其外一周内向八连弧纹圈带。外区两周短斜线和凸弦纹组合纹带，之间为顺时针铭文带“内清以昭明，光日月，不泄”，方正式篆隶体、笔画首尾呈楔形，不泄内三字相连、日月间隔一“之”字、其余每字间隔一“而”字。宽素平缘。面径 9.2、缘厚 0.5 厘米（图 4-159，3；彩版八二，4）。

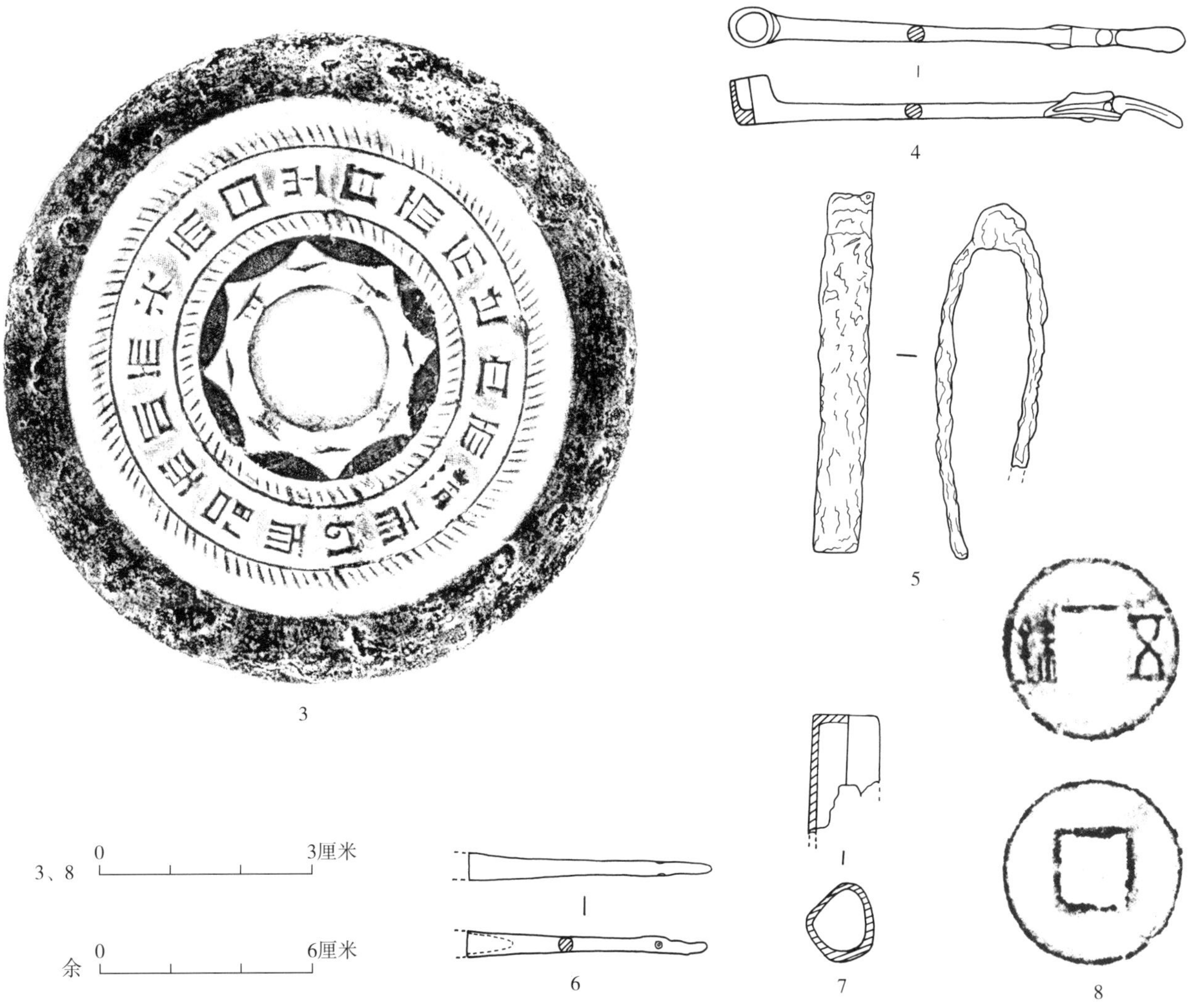

图 4-159　M647 出土器物

3. 铜镜　4. 铜刷柄　5. 铁镜架　6. 铜眉笔柄　7. 铜衡帽　8. 铜钱

铜刷柄　1件。

标本M647：4，形似烟斗状。斗圆筒形中空，柄细长，截面圆形，端翘起呈蛇形，有一圆形小孔。长12.9厘米（图4-159，4）。

铜眉笔柄　1件。

标本M647：6，圆锥形。刷端为圆形平口，无斗。柄截面圆形，柄端略微翘起，有穿孔。长6.7厘米（图4-159，6）。

铜衡帽　1件。

标本M647：7，圆柱形。平底，横截面不规则五边形。上部缺失，尾端有小圆孔。残长3.3、宽2.1厘米（图4-159，7）。

铜钱　4枚。五铢、小五铢。圆形方穿，正面有轮无郭，背面轮郭俱全。

五铢　1枚。“五”字两笔交叉弯曲，上、下两横出头，“铢”字“金”头呈镞形，“朱”字上部方折，穿上横郭。

标本M647：8，直径2.5、穿径1、厚0.2厘米（图4-159，8）。

小五铢　3枚。

标本M647：9，锈蚀严重，五字能辨认，铢字模糊不清。

（3）铁器

铁镜架　1件。

标本M647：5，锈蚀严重。叉形，两侧支脚扁平长条形，一侧残缺。高9.9厘米（图4-159，5；彩版八二，5）。

（一四五）M648

1. 墓葬形制

位于墓地东北部，北面是M647，东面为M650。方向12°（图4-160；彩版八三，1）。

长方形土坑竖穴墓。墓口长2.95、宽1.24～1.3米，底长2.8、宽1.1～1.22、深1.2米。木棺已腐朽，仅见板灰痕迹。长2.1、宽0.56、深0.1米。墓内填黄褐色五花土，较坚硬。填土中发现铜钱2枚。

人骨无。

随葬陶扁壶2件，东西向排列放在墓室北端偏东。乳猪骨放在北端中部。

2. 出土遗物

（1）陶器

陶扁壶　2件。夹砂灰陶。平沿，沿面外斜，束颈，扁鼓腹，圈足。肩上部安一对对称桥形鼻，素面磨光。

标本M648：1，圆唇。腹两侧饰对应“心”形图案。口径8.8、底长径11、高22厘米（图4-160，1；彩版八三，2）。

标本M648：2，尖唇。口径7.8、底长径9.4、高19.5厘米（图4-160，2；彩版八三，3）。

（2）铜器

铜钱　2枚。大泉五十。圆形方穿，正面有轮无郭，背面轮郭俱全。钱文篆书，对读。

标本M648：01-1、2，直径2.7、穿径0.8、厚0.26厘米（图4-160，01-1、2）。

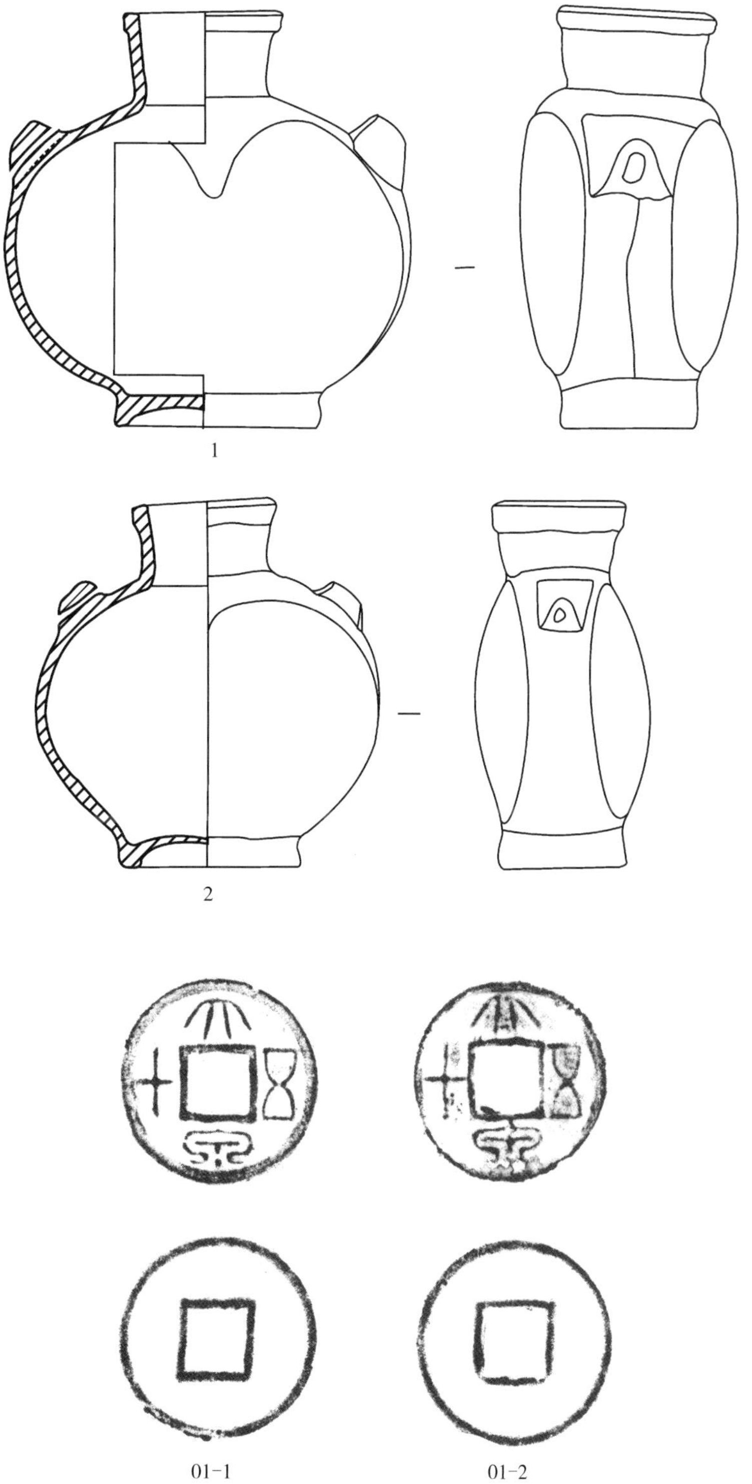

图 4-160　M648 及出土器物

1、2. 陶扁壶　3. 动物骨骼　01-1、2. 铜钱

（一四六）M650

1. 墓葬形制

位于墓地东北部，北面是M646，东面为M651，西面是M648。方向16°（图4-161；彩版八四，1）。长方形土坑竖穴墓。墓口长2.7、宽1.1米，底长2.7、宽0.8、深0.6米。墓底东、西两侧有生

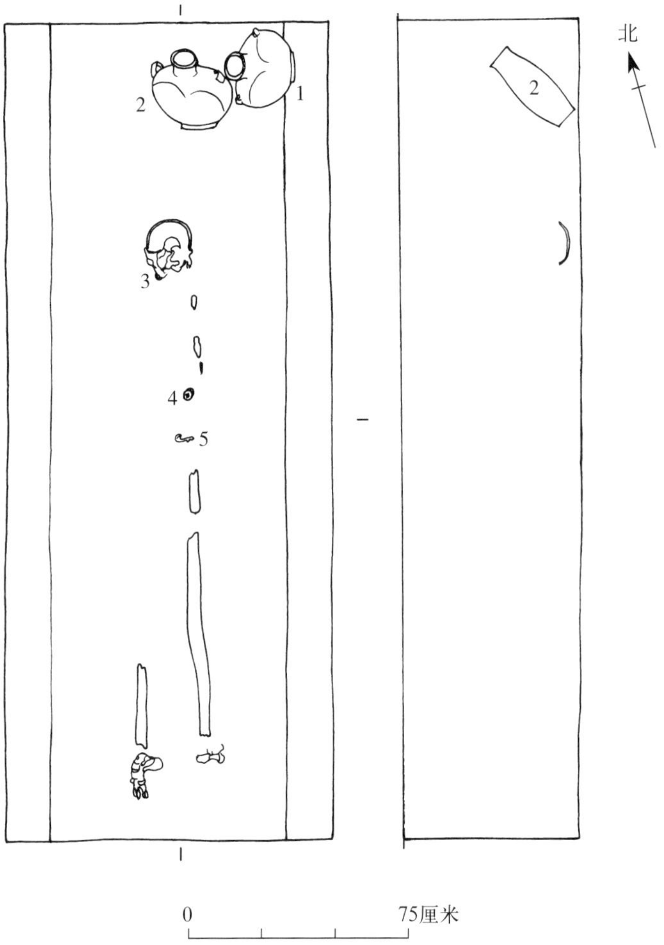

图4-161　M650平、剖面图

1、2. 陶扁壶　3. 铜钱　4. 铜钱（4）　5. 铜带钩

土二层台，宽0.15、高0.05米。墓内填黄褐色五花土，较致密。填土中发现乳猪和鱼骨。

人骨1具。头向北，仰身直肢。头骨残破，仅存部分下肢骨遗骸。性别、年龄无法鉴定。

随葬器物8件。陶扁壶2件放置墓室东北角（彩版八四，2）。铜钱1枚放在墓主口内。铜带钩1件及4枚铜钱置于腰部。

2. 出土遗物

（1）陶器

陶扁壶　2件。形制相同。夹砂灰陶。直口，尖圆唇，宽领，高颈，弧肩，扁腹，椭圆形圈足。肩上部饰两个对称桥形鼻，两侧腹上部饰对应“心”形图案。

标本M650∶1，口径9、底长径13、短径9、高29.5厘米（图4-162，1；彩版八四，3）。

标本M650∶2，口径9、底长径12.8、短径8.7、高28.8厘米（图4-162，2；彩版八四，4）。

（2）铜器

铜带钩　1件。

标本M650∶5，琵琶形。钩呈马首状，断面半圆形，圆形纽位于钩尾背面中部。长5.6厘米（图4-162，5；彩版八四，5）。

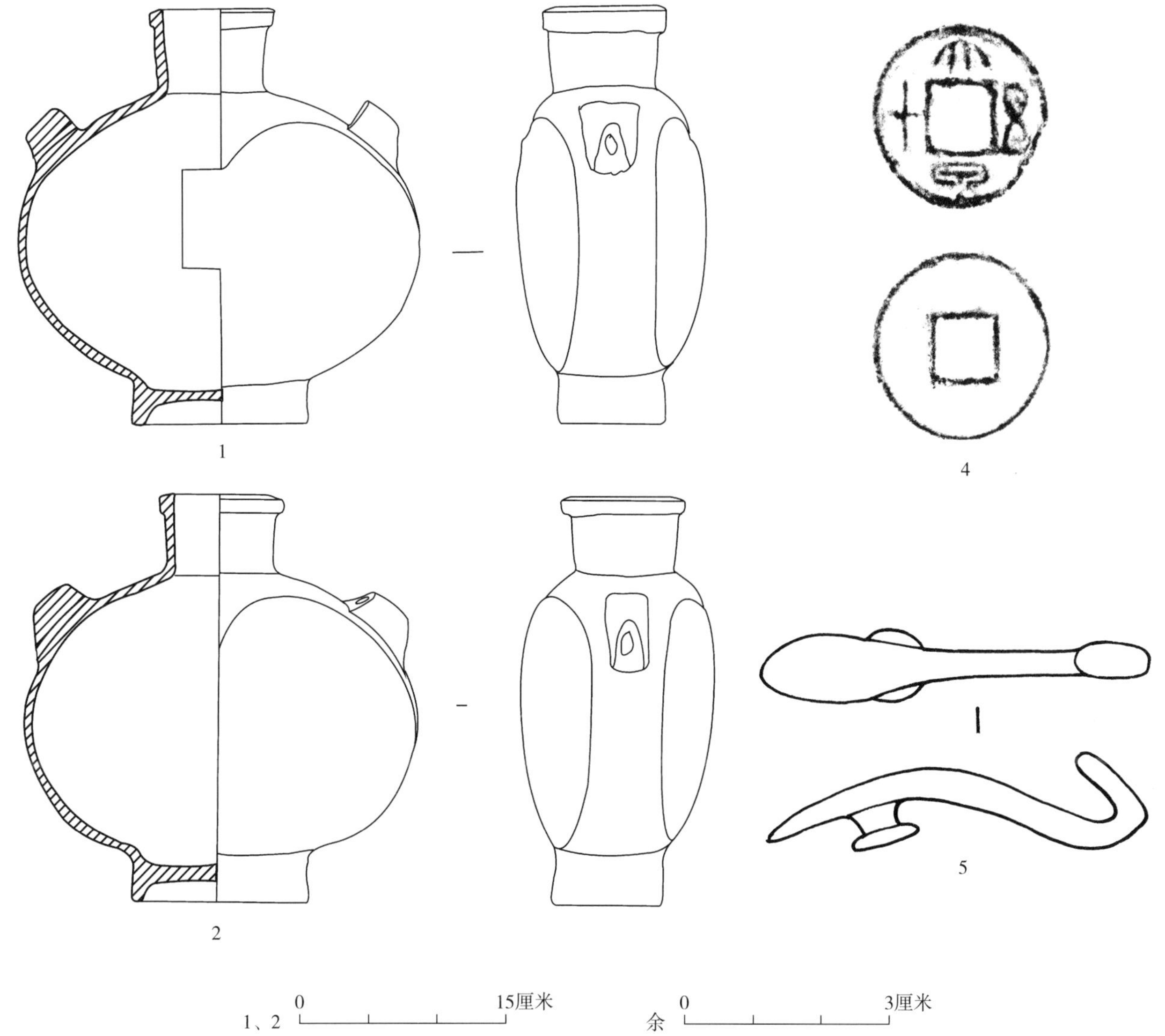

图 4-162　M650 出土器物

1、2. 陶扁壶　4. 铜钱　5. 铜带钩

铜钱　5 枚。均为大泉五十。圆形方穿，正面有轮无郭，背面轮郭俱全。钱文篆书，对读。标本 M650：4，直径 2.7、穿径 0.9、厚 0.26 厘米（图 4-162，4）。

（一四七）M651

1. 墓葬形制

位于墓地东北部，北面是 M686，西面为 M650。方向 10°（彩版八三，4）。

长方形土坑竖穴墓。墓口长 3.05、宽 1.9 ～ 2、深 2.65 米。距墓口 2.4 米处有生土二层台。木棺已腐朽，仅见板灰痕迹，长 2.3、宽 0.8 米。墓室西侧有壁龛（彩版八三，5），高 0.34、宽 0.32、深 0.3 米。龛外侧竖向排列两块青砖。砖长 34、宽 16、厚 5 厘米。墓内填黄褐色五花土，土质较疏松。经夯打，夯窝圆形，排列不均匀，直径 8 ～ 10、夯层厚 20 ～ 25 厘米。填土中发现铁锸 1 件。

人骨无。

随葬陶罐1件放置龛内。

2. 出土遗物

（1）陶器

陶罐 1件。

标本M651∶1，泥质灰陶。敞口，沿面微内斜，尖唇，束颈，折肩，下腹内收，小平底微凹。颈、腹部各饰五周凹弦纹，下腹及底部饰绳纹。口径19.2、底径8、高21厘米（图4-163，1；彩版八三，6）。

（2）铁器

铁锸 1件。

标本M651∶01，锈蚀严重。平面凹字形，上窄下宽中空成銎已残，弧刃，一角残缺。长6.8、残宽5.9、厚1.8厘米（图4-163，01）。

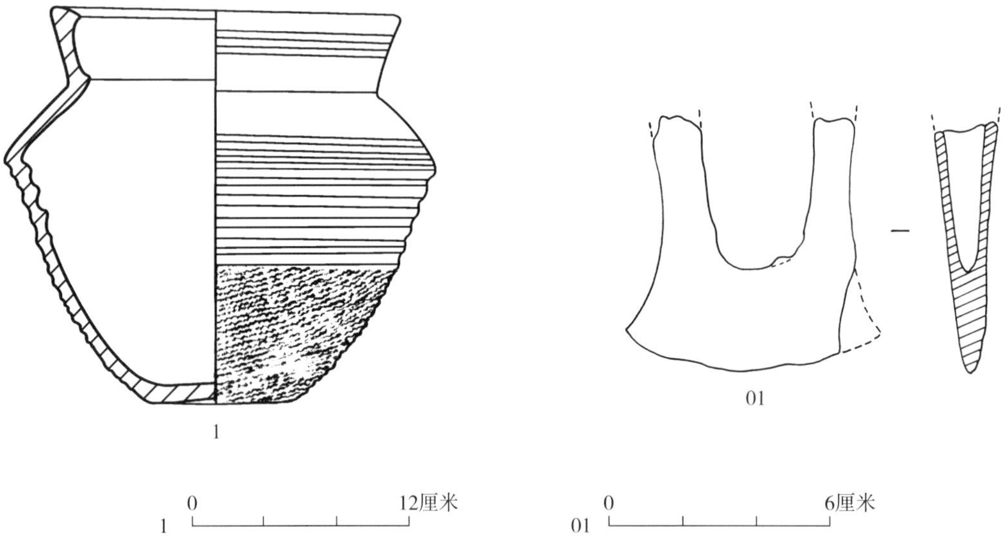

图4-163 M651出土器物

1. 陶罐 01. 铁锸

（一四八）M652

墓葬形制

位于墓地东北部，北面是M651，南面为M877、M828。方向190°。

长方形土坑竖穴墓。墓口长2.9、宽1.6～1.8、深3.2米。墓底四周为熟土二层台，南宽0.15、北宽0.2、东、西宽0.2～0.3、高0.7米。木棺已腐朽，仅见板灰痕迹。长2.55、宽1.2、深0.7、宽0.05米。墓内填黄褐色五花土，经过夯打，土质较致密。夯窝圆形，直径8～10、夯层厚60厘米。

人骨无。

随葬器物无。

（一四九）M664

1. 墓葬形制

位于墓地东北部，被 M663 和 M662 打破，东面是 M671、M669。方向 7°（图 4-164）。

长方形土坑竖穴墓。墓口长 2.5、宽 1.3、深 1.9 米。墓内填黄褐色五花土，土质较致密。夯窝圆形，分布较紧密，直径 6 ～ 7 厘米。填土中发现骨贝饰 1 件。

人骨 1 具。头向北，面向上，仰身直肢。骨骼保存较差，仅残存头骨和部分肋骨。男性，年龄 35 ～ 40 岁。

随葬器物无。

2. 出土遗物

骨器

骨贝饰 1 件。

标本 M664 : 01，体扁平，椭圆形。上面横向七道、竖向一道凹槽。长 2.1、宽 1.4、厚 0.6 厘米（图 4-164，01）。

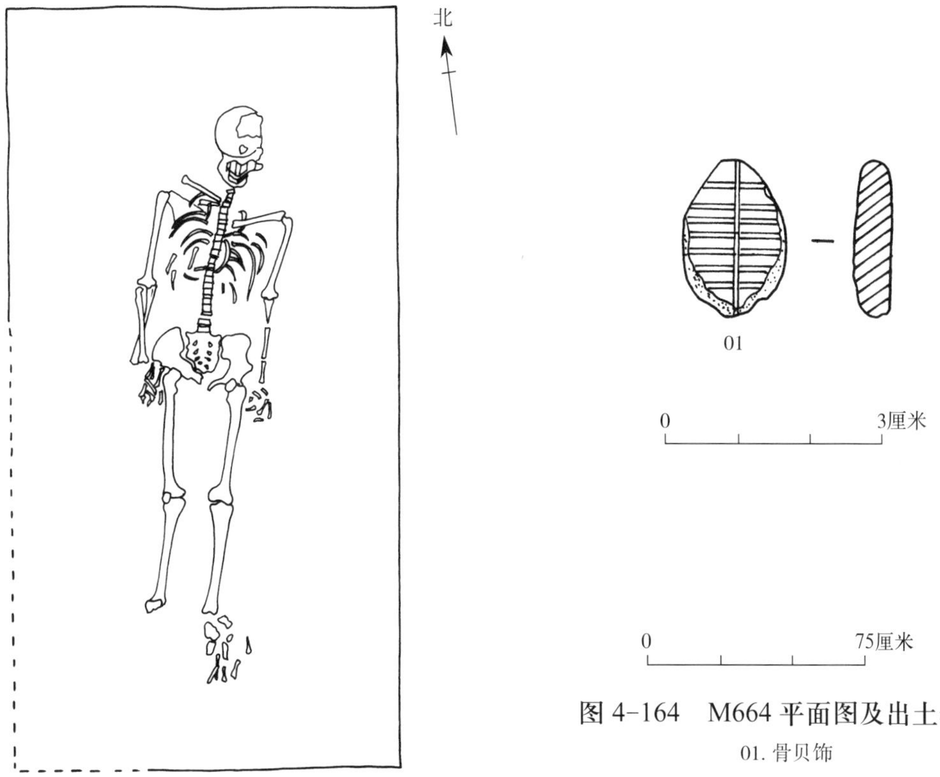

图 4-164 M664 平面图及出土器物

01. 骨贝饰

（一五〇）M669

1. 墓葬形制

位于墓地东北部，东面是 M670，西面为 M664。方向 10°（图 4-165；彩版八五，1）。

长方形土坑竖穴墓。墓口长 2、宽 0.84、深 1.4 米。墓底有生土二层台，宽 0.04 ～ 0.18 米。墓

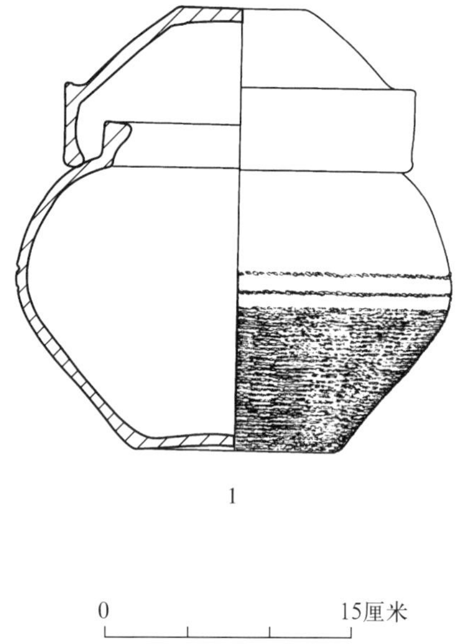

图 4-165　M669 及出土器物

1. 陶罐　2. 动物骨骼

底铺有白石灰，分布不均匀，厚 0.01 米。头龛半圆形，宽 0.59、高 0.4、进深 0.2 米。墓内填黄褐色五花土，土质较致密。夯窝圆形，分布较密集，直径 7～9 厘米。

人骨 1 具。头向北，面向西，仰身直肢。骨骼腐朽严重，仅存头骨和部分椎骨、肢骨残骸。性别无法鉴定，年龄 6～10 岁。

陶罐 1 件放在头龛东侧。乳猪、鱼、鸡骨置于龛内西侧。

2. 出土遗物

陶器

陶罐　1 件。

标本 M669∶1，泥质灰陶。钵形盖。罐敛口，平沿，斜直颈，溜肩，圆鼓腹，平底微内凹。腹中部饰两周戳印纹，下腹及底部饰绳纹。口径 16.2、底径 12、高 19.2、通高 26.3 厘米（图 4-165，1；彩版八五，2、3）。

（一五一）M670

1. 墓葬形制

位于墓地东北部，打破 M671，东面是 M672，西面为 M669。方向 16°（图 4-166）。

长方形土坑竖穴墓。墓口长 2.5、宽 1.2、深 0.75 米。墓底有生土二层台，宽 0.1～0.3、高 0.5 米。

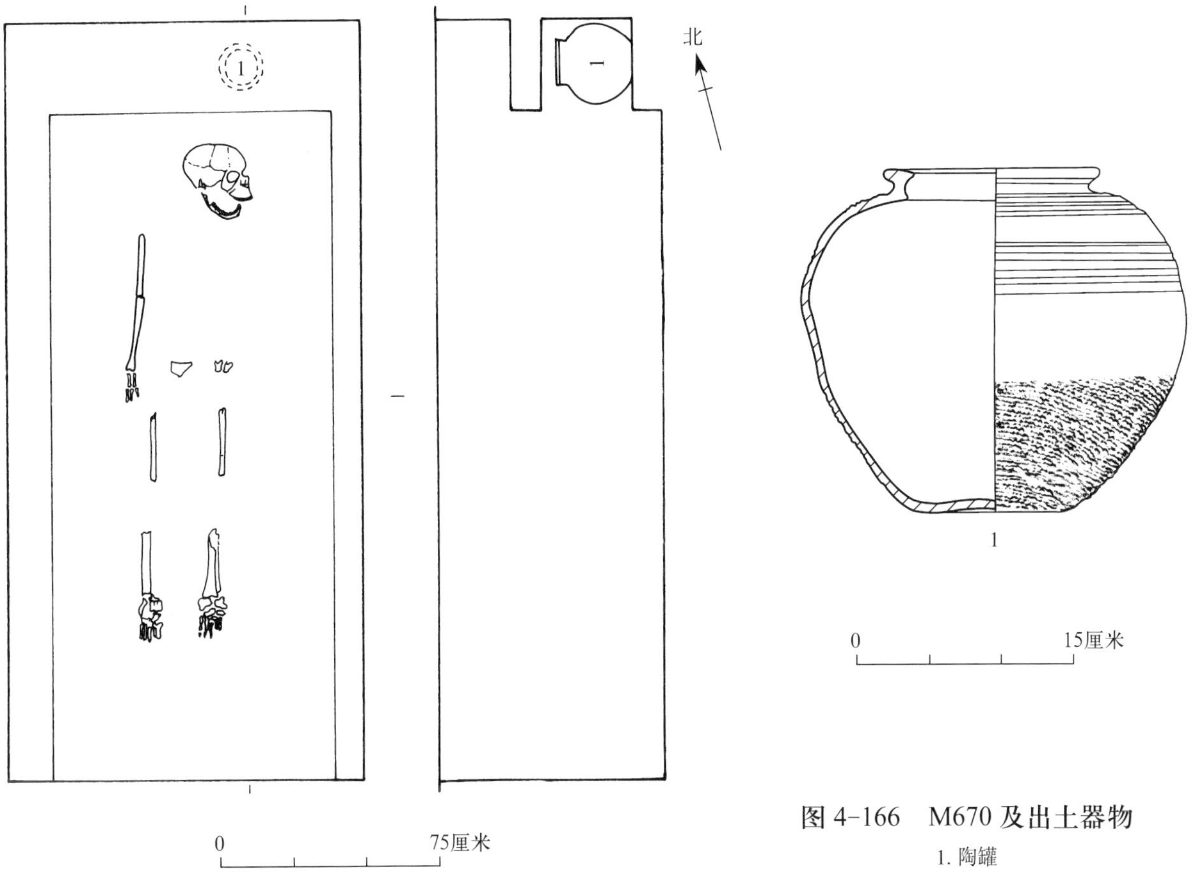

图 4-166　M670 及出土器物

1. 陶罐

壁龛宽 0.35、高 0.3、进深 0.3 米。墓内填黄褐色五花土，土质疏松。

人骨 1 具。头向北，面向东。仰身直肢。头骨较完整，仅存右上肢和下肢残骸。女性，年龄 40 ～ 50 岁。

壁龛内出土 1 件陶罐。

2. 出土遗物

陶器

陶罐　1 件。

标本 M670 : 1，泥质灰陶。敛口，沿面微内斜，圆唇，束颈，鼓腹，下部弧收，平底微凹。上腹有数周制作旋纹，下腹及底部饰绳纹。口径 14.8、底径 10、高 22.8 厘米（图 4-166，1）。

（一五二）M671

墓葬形制

位于墓地东北部，被 M670 打破，东面是 M672，西南面为 M669。方向 12°（图 4-167）。

长方形土坑竖穴墓。墓口长 2.65、宽 1.3 米，底残长 1.2、宽 0.7、深 1.5 米。墓底有生土二层台，宽 0.15 ～ 0.35、高 0.5 米。墓内填黄褐色五花土，土质疏松。

人骨 1 具。头向北，面向东。仰身直肢。女性，年龄 50 岁左右。

随葬器物无。

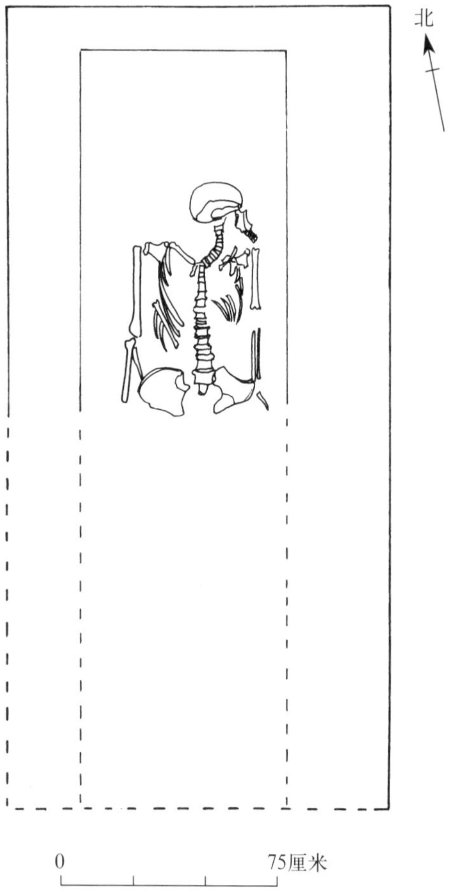

图 4-167　M671 平面图

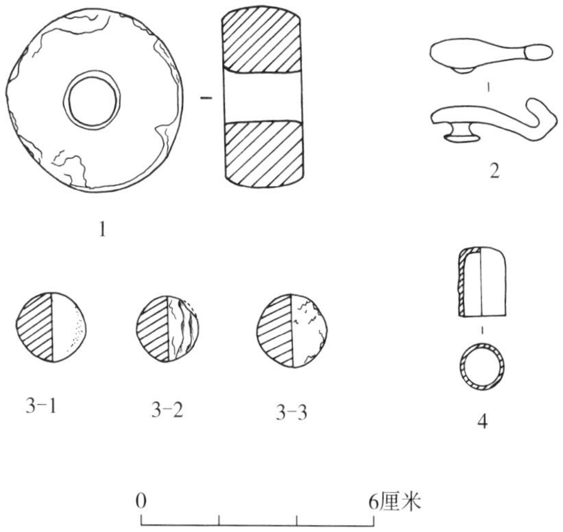

图 4-168　M673 出土器物

1. 陶纺轮　2. 铜带钩　3-1～3. 陶球　4. 铜衡帽

（一五三）M673

1. 墓葬形制

位于墓地东北部，北面是M674，东南面为M702，西南面是M704。方向6°。

长方形土坑竖穴墓。墓口呈梯形，长2.35、宽1.0～1.2、深1.02米。墓底有生土二层台，长1.9、宽0.7、深0.52米。二层台上面垒砌一层青砖。东、西壁各平铺顺向垒砌，南壁平铺“丁”字形垒砌。北壁无砖。砖长26、宽12、厚3厘米。墓内填黄褐色五花土，土质疏松。经夯打，夯窝圆形，分布稀疏，直径8厘米。

人骨1具。头向北，面向不详。仰身直肢，骨骼腐朽严重，仅残存少量下肢骨，性别无法鉴定，未成年。

随葬器物6件。陶纺轮1件，铜带钩1件及陶球3件放置墓主头部。铜衡帽1件放在墓主右股骨外侧。

2. 出土遗物

（1）陶器

陶纺轮　1件。

标本M673∶1，泥质红陶。圆形，中间有圆孔。表面较光滑，素面。直径4.5、孔径1.2、厚1.9厘米（图4-168，1；彩版八五，4）。

陶球　3件。

标本M673∶3-1～3，泥质灰陶。圆形，表面较光滑。素面。直径1.6～1.8厘米（图4-168，3-1～3；彩版八五，5）。

（2）铜器

铜带钩　1件。

标本M673∶2，琵琶形。钩呈兽首状，横断面近三角形，椭圆形纽位于背面尾部。长3.3厘米（图4-168，2；彩版八五，6）。

铜衡帽　1件。

标本M673∶4，圆筒形。平底，中间一周凸棱。长1.6、直径1.2厘米（图4-168，4）。

（一五四）M674

1. 墓葬形制

位于墓地东北部，打破M675，东面是M649，南面为M673。方向15°（彩版八六，1）。

长方形土坑竖穴墓。墓口呈梯形，长2.45、宽0.8～0.9、深0.25米。墓内填黄褐色五花土，土质较疏松。

人骨1具。头向北，面向东。仰身直肢，墓主左侧指骨压在盆骨下面，右侧尺骨、桡骨弯曲置于腹部，左侧股骨、胫骨微弯曲，略呈“弓”形。男性，年龄35～45岁。

随葬器物4件。陶壶、陶罐放在墓内西南角。铜钱2枚作为口琀放在墓主下颌骨处。

2. 出土遗物

（1）陶器

陶罐　1件。

标本M674∶2，泥质灰陶。侈口，窄平沿，方唇，束颈，鼓腹，平底微凹。器表有制作抹痕，腹部饰两周戳印纹。口径14.6、底径13.4、高15.2厘米（图4-169，2；彩版八六，2）。

陶壶　1件。

标本M674∶1，泥质灰陶。侈口，沿面外斜内凹，圆唇，束颈，鼓腹，平底。器表有抹痕，下腹饰两周戳印纹。口径11、底径16.4、高22厘米（图4-169，1；彩版八六，3）。

（2）铜器

铜钱　2枚。均为五铢。其中1枚破碎，仅能辨认“铢”字。圆形方穿，正面有轮无郭，背面

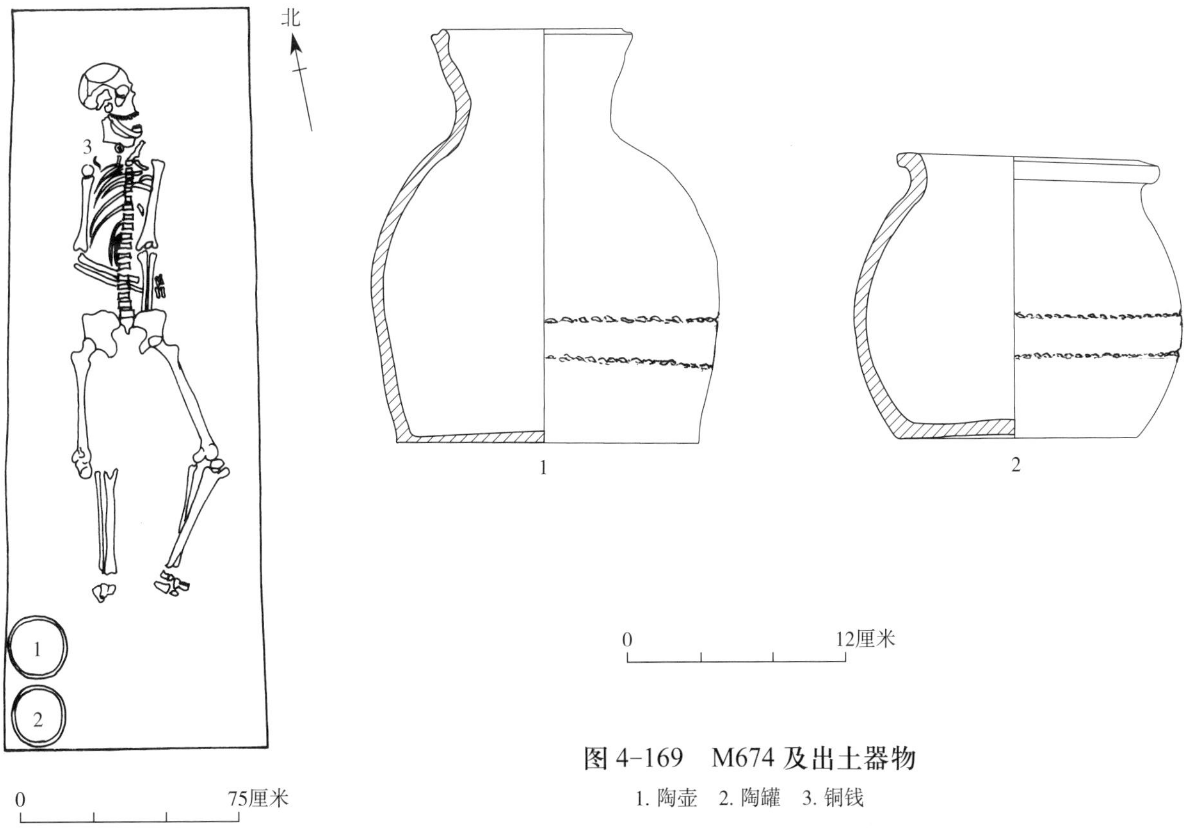

图4-169　M674及出土器物

1. 陶壶　2. 陶罐　3. 铜钱

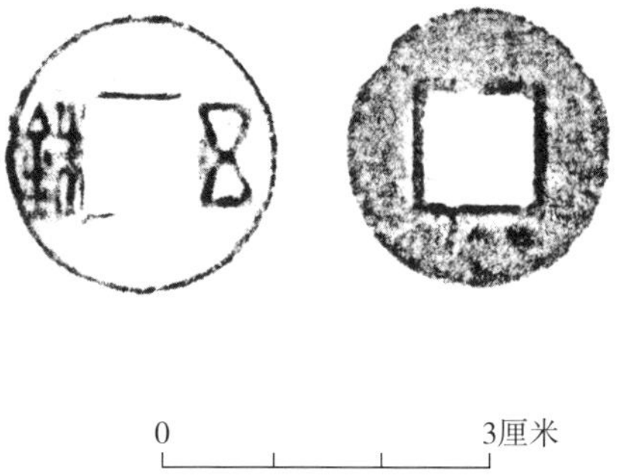

图 4-170　M674 出土铜钱 M674：3-1

轮郭俱全。“五”字两笔交叉微曲，“铢”字“金”头呈三角形，与“朱”等齐，“朱”字上部方折，穿上横郭。

标本 M674：3-1，直径 2.4、穿边长 1、厚 0.13 厘米（图 4-170）。

（一五五）M676

1. 墓葬形制

位于墓地东南部，南面是 M678，西面为 M681、M679。方向 95°（图 4-171）。

长方形土坑竖穴墓。墓口长 3.2、宽 1.6、深 1.2 米。墓底四周有生土二层台，宽 0.70～0.90、高 0.50 米。木棺已腐朽，仅见板灰痕迹，长 2.2、宽 0.9～0.7、高 0.5 米。墓内填黄褐色花土，经夯打，土质较坚硬。夯窝圆形，直径 10、间距 25 厘米。

人骨 1 具。头向东，面向上。仰身直肢。上肢自然垂直，下肢并拢。男性，年龄 35～40 岁。

墓主口内放置 1 件玉琀。

2. 出土遗物

玉器

玉琀　1 件。

标本 M676：1，白玉质。扇面形，表面平整光滑，边缘略抹斜，断面粗糙。长 1.1、高 1.1 厘米（图 4-171，1）。

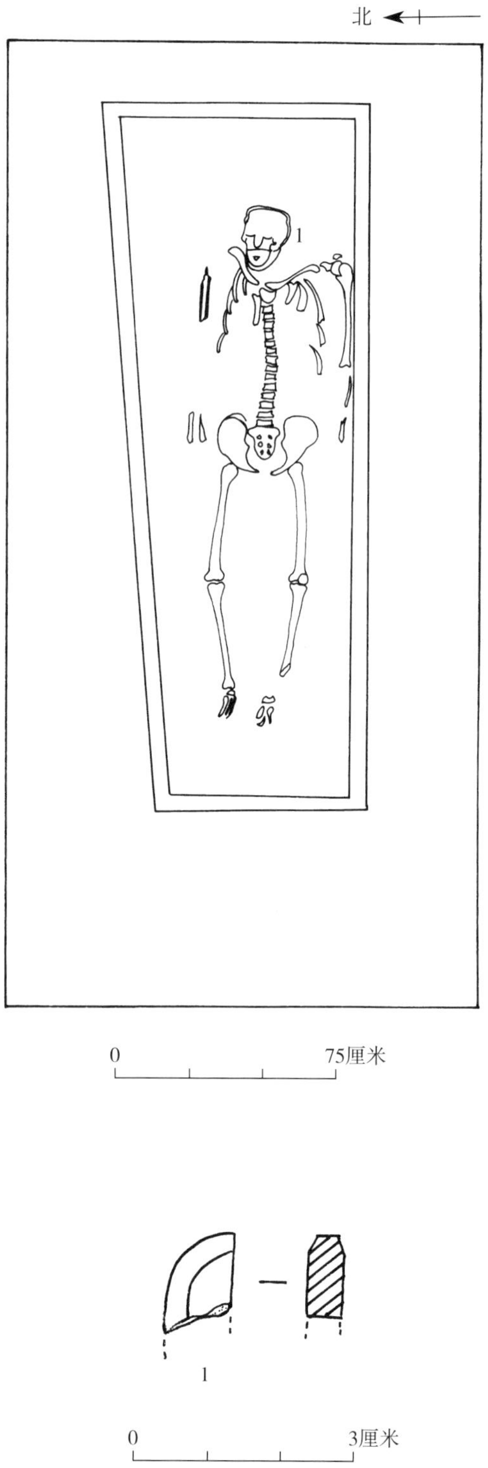

图 4-171　M676 及出土器物

1. 玉琀

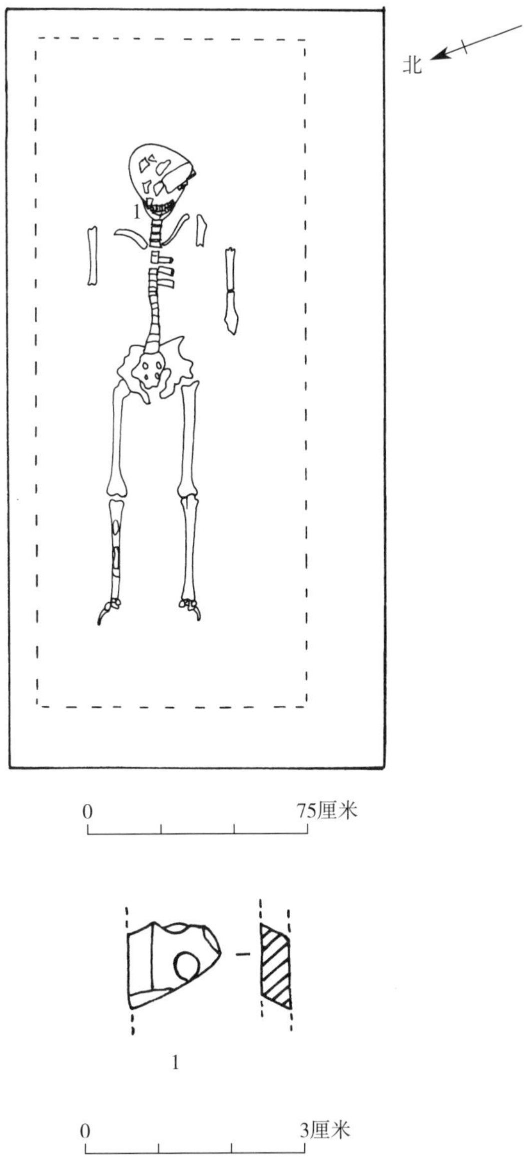

图 4-172　M677 及出土器物

1. 玉琀

（一五六）M677

1. 墓葬形制

位于墓地东南部，打破 M678，南面是 M900，西面为 M710。方向 110°（图 4-172）。

长方形土坑竖穴墓。墓口长 2.5、宽 1.26、深 1.4 米。墓内填黄褐色花土，土质较坚硬。夯窝圆形，直径 10、间距 25 厘米。

人骨 1 具。头向东，面向上。仰身直肢。骨骼腐朽严重。女性，年龄 30 ～ 40 岁。

玉琀 1 件放置在墓主口内。

2. 出土遗物

玉器

玉琀　1 件。

标本 M677∶1，青玉质。不规则形，较光滑，一面有阴线刻划圆形孔，断面粗糙。长 1、高 1.3、厚 0.4 厘米（图 4-172，1）。

（一五七）M678

墓葬形制

位于墓地东南部，北面是 M676，南面为 M677。方向 20°。

长方形土坑竖穴墓。墓口长 3、宽 1.4 米，底长 2.8、宽 1.3、深 2 米。墓壁斜直，下部内收，底部平整。墓内填黄褐色花土，土质较坚硬。

人骨无。

随葬器物无。

（一五八）M684

1. 墓葬形制

位于墓地东北部，西北面是 M685，西面为 M637。方向 25°。

长方形土坑竖穴墓。墓口长 2.67、宽 1.4、深 2.52 米。墓内填黄褐色五花土，土质较坚硬。夯窝圆形，排列不均匀，直径 5 ～ 12、夯层厚 13 ～ 21 厘米。填土中发现陶壶、陶钵各 1 件。

人骨 1 具。头向北，面向不明，仰身直肢。仅残存部分骨骼痕迹。男性。成年个体。

随葬器物无。动物骨骼仅见鸡翅膀。

2. 出土遗物

陶器

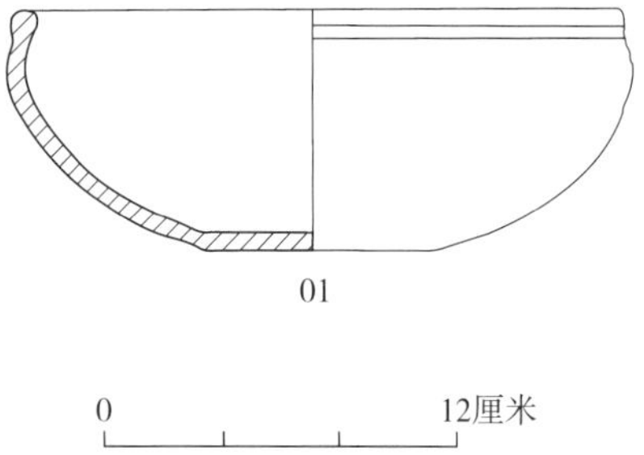

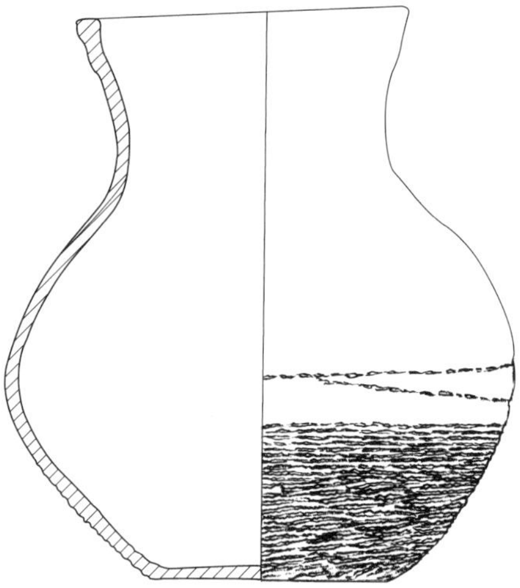

图 4-173　M684 出土器物

01. 陶钵　02. 陶壶

陶壶　1 件。

标本 M684 : 02，泥质灰陶。侈口，平沿，圆唇，束颈，鼓腹，平底。肩部饰两周戳印纹，腹部少许红彩，下腹饰绳纹。口径 15、底径 11、高 25.4 厘米（图 4-173，02）。

陶钵　1 件。

标本 M684 : 01，泥质灰陶。敛口，圆唇，下腹弧收，平底。素面。口径 20.6、底径 8.1、高 7.9 厘米（图 4-173，01）。

（一五九）M691

1. 墓葬形制

位于墓地东北部，北面是 M645，南面为 M675。方向 100°（图 4-174；彩版八六，4）。

长方形土坑竖穴墓。墓口长 2.6、宽 0.73 米，底长 2.6、宽 0.73、深 1.11 米。墓内填黄褐色五花土，土质较致密。

人骨 1 具。头向东，面向北，仰身直肢，墓主右上肢搭于左侧骨盆上。女性，年龄 45 ～ 55 岁。

随葬陶壶 1 件。

2. 出土遗物

陶器

陶壶　1 件。

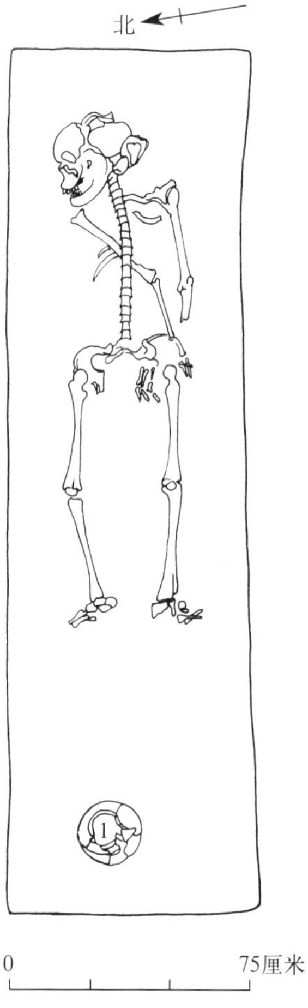

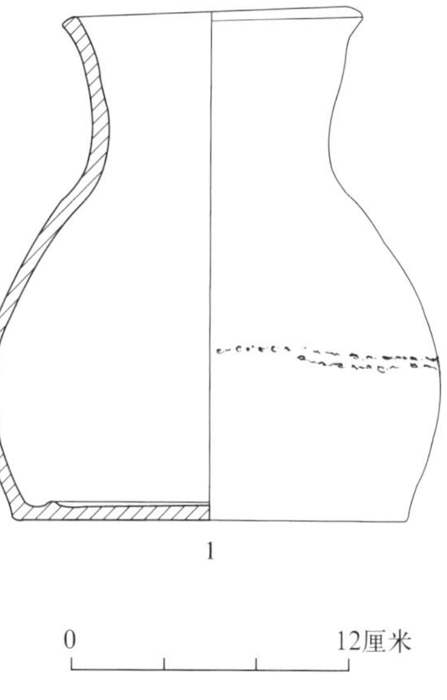

图 4-174　M691 及出土器物

1. 陶壶

标本 M691∶1，泥质灰陶。敞口，圆唇，束颈，鼓腹，平底。腹部饰两周戳印纹。口径 13、底径 17、高 21.6 厘米（图 4-174，1；彩版八六，5）。

（一六〇）M693

墓葬形制

位于墓地东北部，北面是 M833、M694，西面为 M831。方向 110°（图 4-175）。

梯形土坑竖穴墓。墓口长 2.35、宽 0.7 ～ 0.9、深 1 米。木棺腐朽，仅见灰痕，长 2.2、宽 0.6 ～ 0.8 米。墓内填黄褐色花土，土质疏松。

人骨 1 具。头向东，面向不详，仰身直肢。头骨残破移位墓主胸部，双手抚于骨盆外侧，骨骼保存较好。女性，年龄 35 ～ 45 岁。

随葬器物无。

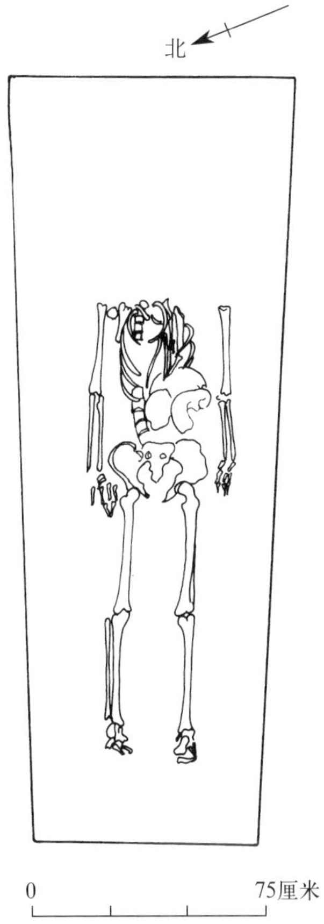

图 4-175　M693 平面图

（一六一）M695

1. 墓葬形制

位于墓地东北部，被 M692 打破，南面是 M683，西面为 M693。方向 12°（图 4-176）。

长方形土坑竖穴墓。墓口长 2.35、宽 1.1、深 1 米。墓底有生土二层台，长 2.35、宽 0.13、高 0.53 米。墓内填黄褐色粉砂黏土，土质较致密。

人骨 1 具。头向北，面向上，仰身直肢，墓主右手置于骨盆外侧，左手抚于左侧骨盆上。女性，年龄 40 ～ 50 岁。

随葬陶罐 1 件。中南部发现 1 具完整乳猪。

2. 出土遗物

陶器

陶罐　1 件。

标本 M695∶1，泥质灰陶。侈口，卷沿，沿内微凹，方唇，束颈，扁腹，下部弧收，平底。腹部饰七周凸弦纹，素面。口径 13、底径 9、高 13.6 厘米（图 4-176，1；彩版八六，6）。

（一六二）M704

墓葬形制

位于墓地东北部，被 M656 打破，东北面是 M673，西面为 M661。方向 19°（图 4-177）。

长方形土坑竖穴墓。墓口长 2.45、宽 0.94、深 1 米。墓底四周有生土二层台，宽 0.05 ～ 0.2、高 0.3 米。墓内填深褐色五花土，较致密。墓内南侧二层台中部发现有鸡骨。

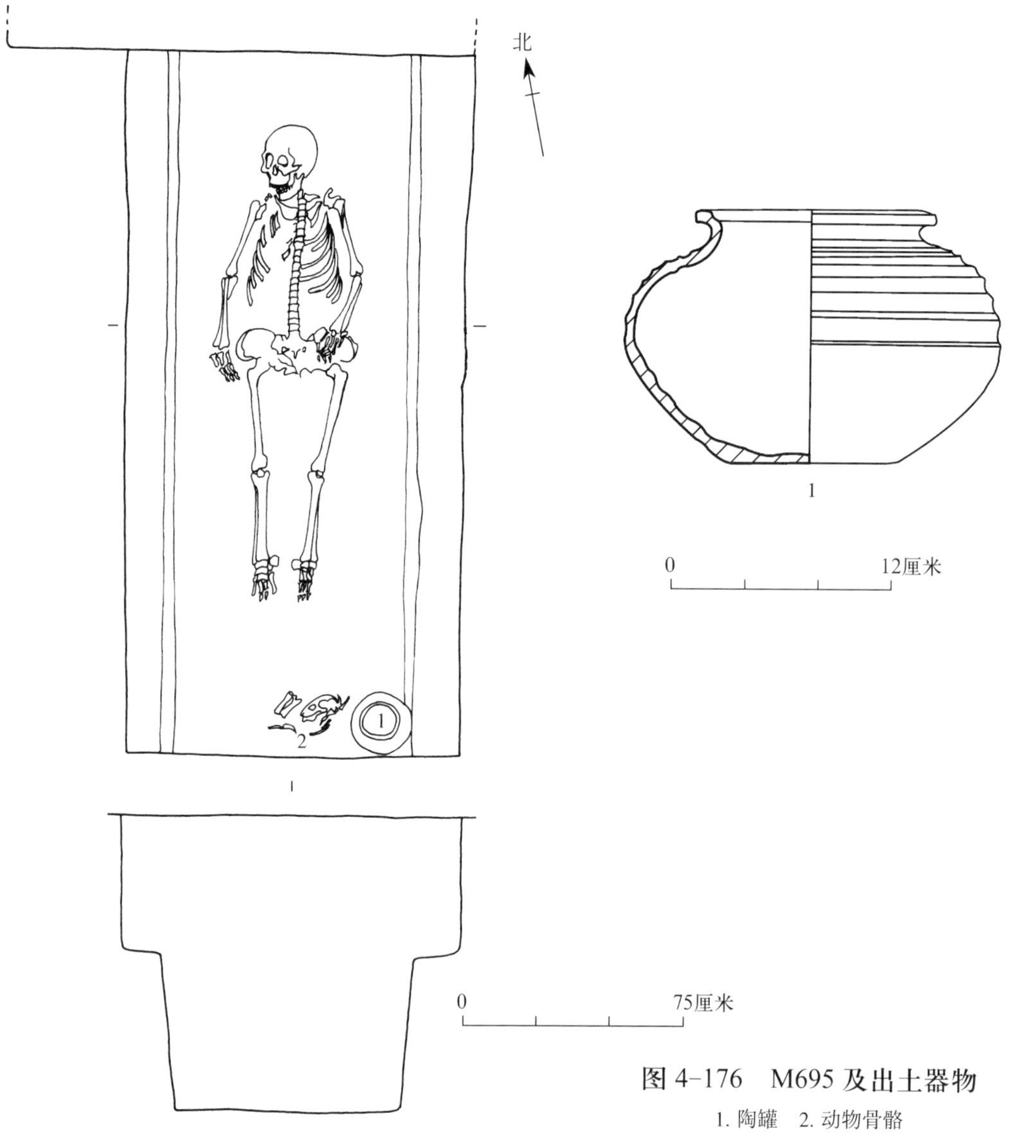

图4-176　M695及出土器物

1. 陶罐　2. 动物骨骼

人骨1具。头向北，面向左，仰身直肢。上肢腐朽，仅存部分脊椎骨，下肢及盆骨保存较好。男性，年龄25～35岁。

随葬器物无。

（一六三）M708

墓葬形制

位于墓地东北部，东面是M707，西面为M756。方向12°（图4-178）。

长方形土坑竖穴墓。墓口长2.7、宽1.5～1.7、深1.55米。墓底有生土二层台，宽0.15～0.4、高0.45米。木棺腐朽，仅见板灰。墓内填黄褐色花土，土质疏松。

人骨1具。头向北，面向上，仰身直肢。头骨破碎，双手抚骨盆处。女性，年龄30～40岁。

随葬器物无。

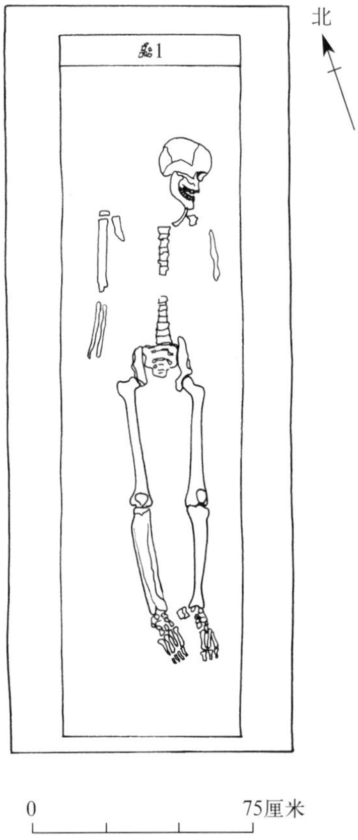

图 4-177　M704 平面图

1. 动物骨骼

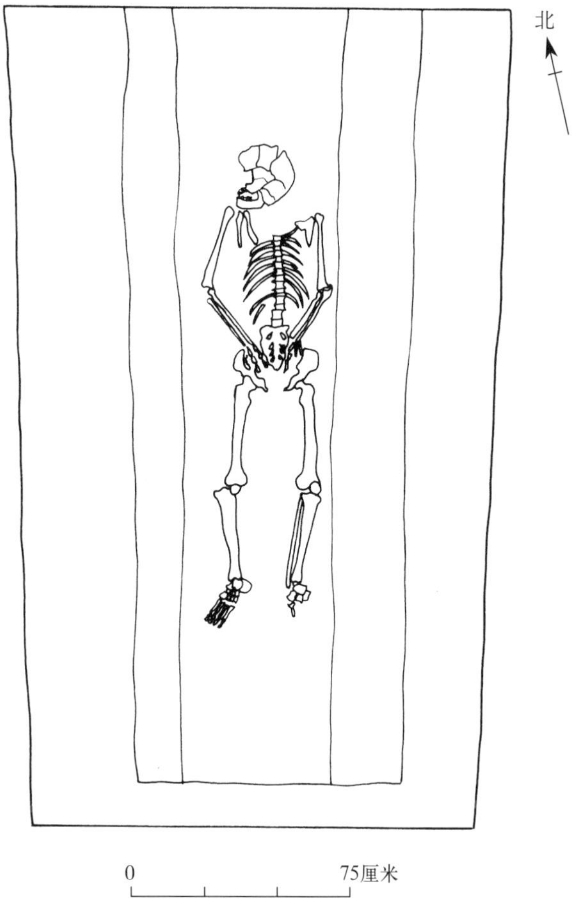

图 4-178　M708 平面图

（一六四）M725

墓葬形制

位于墓地东北部，北面是 M872，西南面为 M798、M726。方向 100°（图 4-179）。

长方形土坑竖穴墓。墓口长 2.16、宽 1.1、深 1.25 米。墓底有生土二层台，宽 0.08 ～ 0.15、深 0.70 米。木棺已腐朽，仅残存板灰痕迹，长 1.90、宽 0.60、厚 0.03 米。墓内填黄褐色五花土，经过夯打，较坚硬。夯窝圆形，不规则排列，直径 6 ～ 10、间距 20、夯层厚 15 ～ 20 厘米。

人骨 1 具。仰身直肢。头向东，面向南，骨骼保存较好。上肢放在躯体两侧，下肢垂直。女性，年龄 30 ～ 35 岁。

随葬器物无。

（一六五）M727

墓葬形制

位于墓地东北部，东面是 M728、M730，南面为 M797。方向 10°（图 4-180）。

长方形土坑竖穴墓。墓口长 2.04、宽 1.2、深 1 米。墓底有生土二层台，宽 0.2、深 0.5 米。木

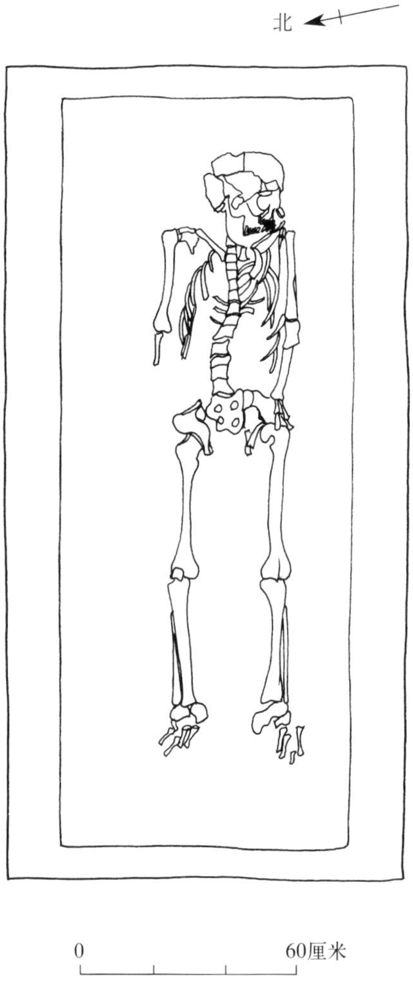

图 4-179　M725 平面图

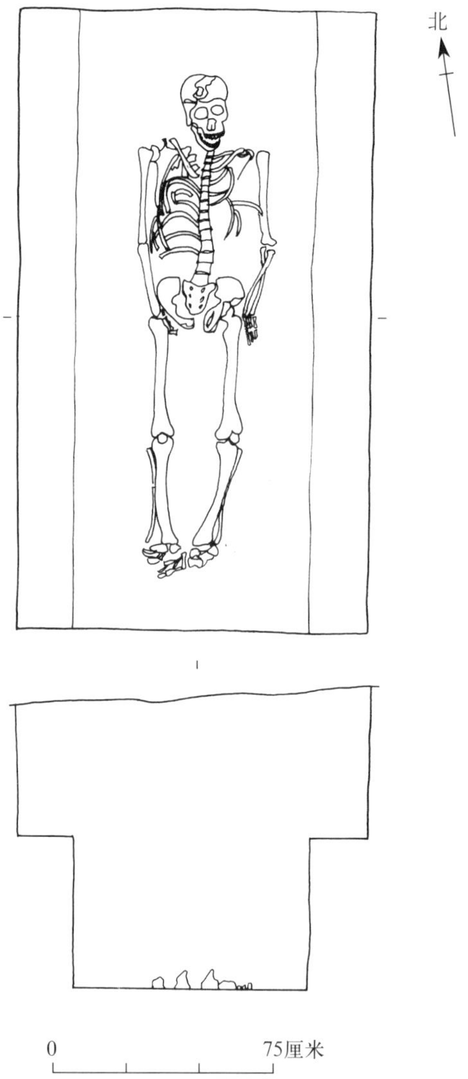

图 4-180　M727 平、剖面图

棺腐朽严重，灰痕不明显。墓内填黄褐色土，较疏松。

人骨 1 具。头向北，面向东，仰身直肢。躯干平躺，四肢自然下垂。男性，年龄 30 ～ 40 岁。

随葬器物无。

（一六六）M728

1. 墓葬形制

位于墓地东北部，北面是 M602，南面为 M730。方向 110°（图 4-181；彩版八七，1）。

长方形土坑竖穴墓。墓口长 2.35、宽 1.04、深 1.07 米。墓底有生土二层台，宽 0.18、深 0.45 米。木棺已腐朽，仅见板灰痕迹。墓内填黄褐色土，较致密。

人骨 1 具。头向东，仰身直肢，男性，年龄 30 ～ 40 岁。

随葬器物 2 件。陶扁壶 1 件放在墓底西南。铜钱 1 枚放置在墓主口内。

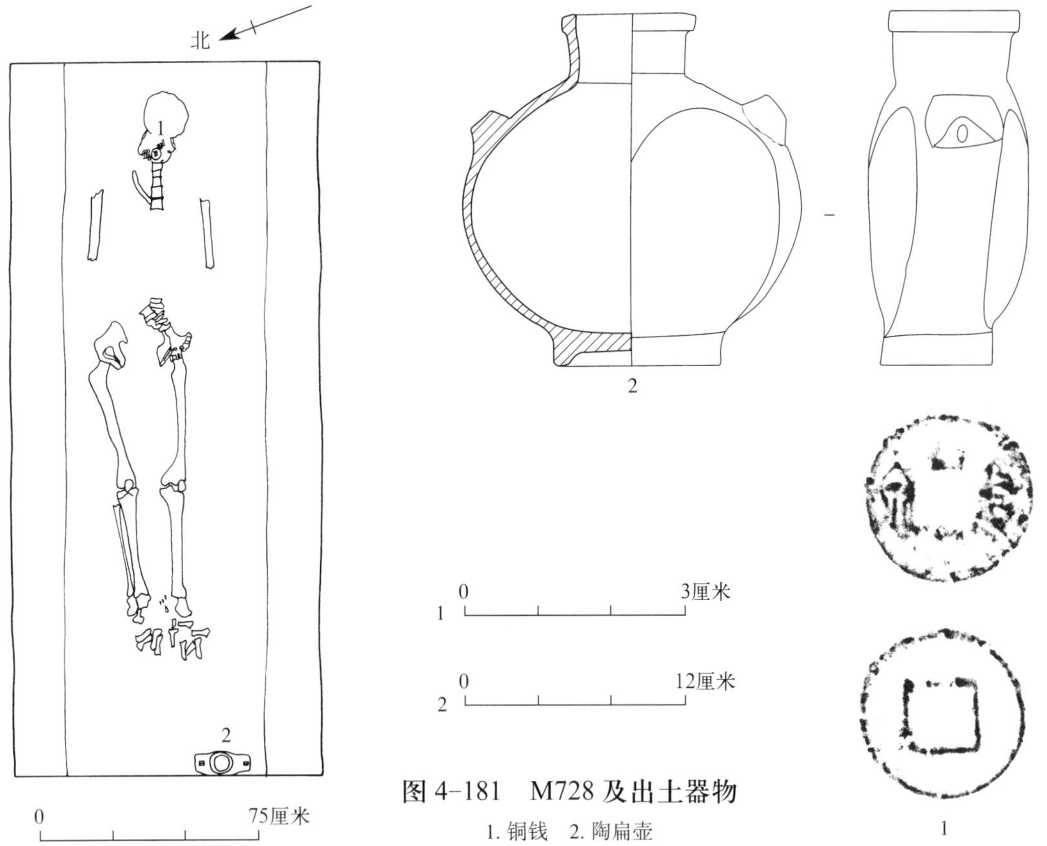

图 4-181　M728 及出土器物
1. 铜钱　2. 陶扁壶

2. 出土遗物

（1）陶器

陶扁壶　1 件。

标本 M728 : 2，夹砂灰陶。侈口，沿面外斜，方唇，束颈，扁鼓腹，圈足。肩上安对称桥形鼻。腹两侧饰对应“心”形图案。口径 7.2、底长径 9、短径 6、高 18.8 厘米（图 4-181，2；彩版八七，2）。

（2）铜器

铜钱　1 枚。

标本 M728 : 1，货泉，圆形方穿，正面有轮无郭，背面轮郭俱全。钱文篆书。直径 2.3、穿边长 0.8、厚 0.15 厘米（图 4-181，1）。

（一六七）M731

1. 墓葬形制

位于墓地东北部，被 M724、M602 打破，东南面为 M611。方向 100°（图 4-182；彩版八七，3）。

长方形土坑竖穴墓。墓口长 2.45、宽 1.3、深 2.55 米。墓底有生土二层台，宽 0.15、深 0.55 米。木棺已腐朽，仅见黑色板灰痕迹，长 1.9、宽 0.6、厚 0.06 米。墓内填黄褐色五花土，经过夯打，较坚硬。夯窝椭圆形，不规则排列，直径 4 ～ 10、间距 2 ～ 30、夯层厚 10 ～ 15 厘米。填土中发现铜钩形饰 1 件。

人骨 1 具。头向东，面向不明。仰身直肢，骨骼腐朽严重。性别无法鉴定，年龄 13 ～ 17 岁。

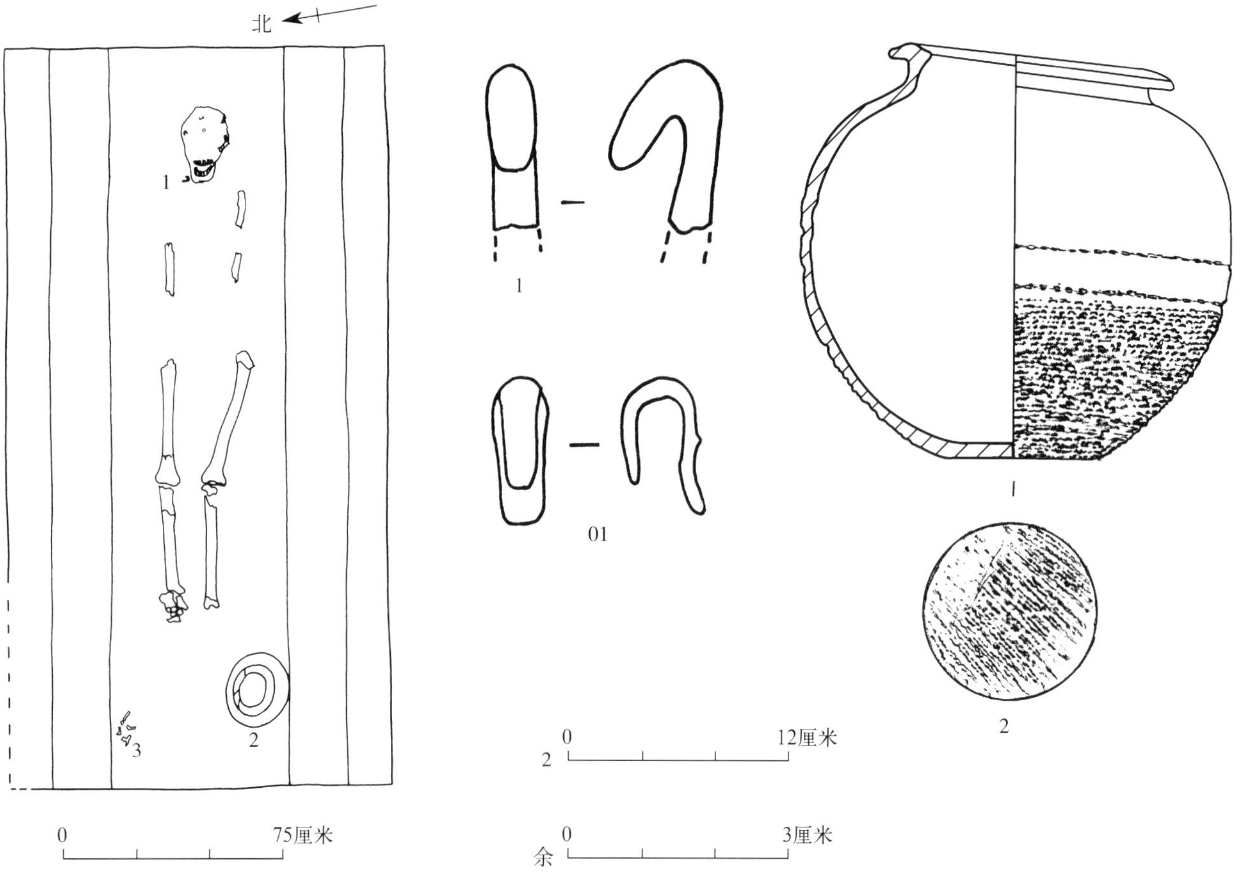

图4-182　M731及出土器物

1. 铜带钩　2. 陶罐　3. 动物骨骼　01. 铜钩形饰

随葬器物2件。陶罐1件放在墓底西南角。铜带钩1件置于墓主头骨牙齿处。乳猪骨散落西北角。

2. 出土遗物

（1）陶器

陶罐　1件。

标本M731∶2，泥质灰陶。敛口，沿面微弧，方唇，束颈，鼓腹，下部弧收，小平底。腹部饰两周戳印纹，下腹及底部饰绳纹。口径15.5、底径9.3、高20～22厘米（图4-182，2；彩版八七，4）。

（2）铜器

铜带钩　1件。

标本M731∶1，大部残缺，仅见钩首，断面半圆形。残长2.2厘米（图4-182，1）。

铜钩形饰　1件。

标本M731∶01，钩呈半圆状。长1.9厘米（图4-182，01）。

（一六八）M732

1. 墓葬形制

位于墓地东北部，被M601和M602打破，西面是M728、M730。方向105°（图4-183）。

长方形土坑竖穴墓。墓口长 2.1、宽 0.98、深 0.17 米。墓底有生土二层台，宽 0.15、深 0.6 米。木棺已腐朽，仅有少许板灰痕迹。墓内填黄褐色五花土，土质较坚硬。填土中发现陶柱体 1 件。

人骨 1 具。头向东，面向南仰身直肢，骨骼保存较好，上肢骨置于盆骨两侧，双足并拢。女性，年龄 22 ～ 28 岁。

随葬器物无。

2. 出土遗物

陶器

陶圆柱体　1 件。

标本 M732∶01，泥质灰陶。两端较平整，截面圆形，一面中间有圆形戳印纹。器表光滑，素面。直径 2.4、高 2.6 厘米。

（一六九）M733

墓葬形制

位于墓地东北部，东面是 M841，南面为 M681，西面是 M735。方向 110°（图 4-184）。

长方形土坑竖穴墓。墓口长 2.5、宽 1.4、深 0.7 米。墓底有生土二层台，宽 0.15 ～ 0.25、深 0.6

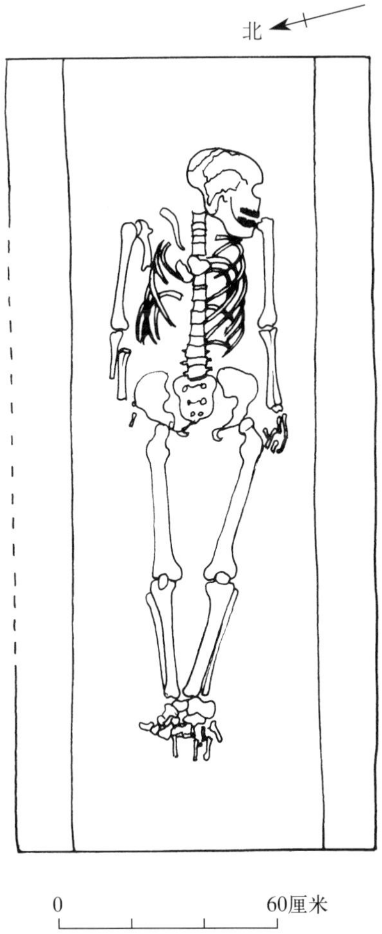

图 4-183　M732 平面图

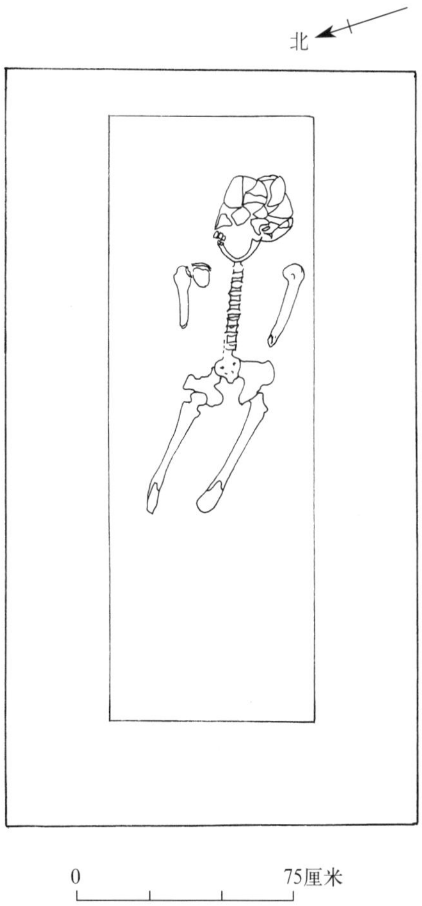

图 4-184　M733 平面图

米。墓内填黄褐色五花土，土质较致密。夯窝圆形，直径8、间距25厘米。

人骨1具。头向东，面向上，仰身直肢。骨骼保存较差，性别、年龄无法鉴定。

随葬器物无。

（一七〇）M737

1. 墓葬形制

位于墓地中部，打破M743，北面是M736，南面为M738。方向102°（图4-185；彩版八八，1）。

长方形土坑竖穴墓。墓口长3.9、宽2、深3.5米。墓底有二层台，上部平铺一层青砖，砖长24、宽12、厚3厘米。墓内填黄褐色五花土，土质较疏松。

人骨1具。头向东、面向上，骨骼保存较差，仅残留部分头骨遗骸，性别、年龄无法鉴定。

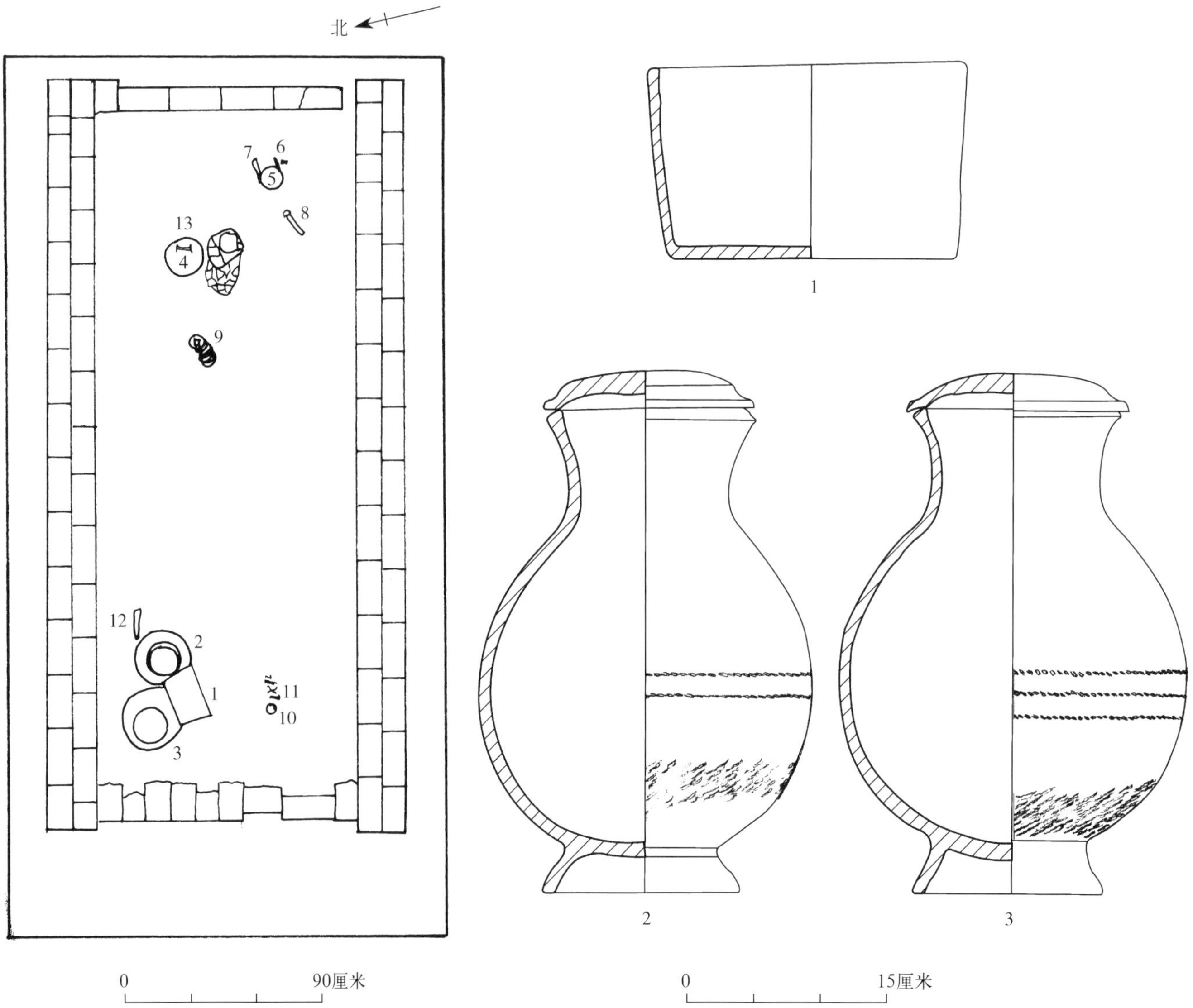

图4-185　M737及出土器物

1. 陶樽　2、3. 陶壶　4、5. 铜镜　6. 铜刷柄　7. 铁镜架　8. 铁削　9. 铜钱（20）　10. 铜环　11、12. 铜柿蒂形饰　13. 铁饰件

随葬器物32件。陶壶2件、1件陶樽放在墓底西北角（彩版八八，2）。铜镜2枚置于墓主头骨左、右两侧。铜刷柄1件、铁镜架1件、铁削1件放在墓主头骨左上方。铜环1件、铜饰件2件放置墓内西端偏南。铜钱20枚放置在墓主胸部。铁饰件1件放4号铜镜下方。

2. 出土遗物

（1）陶器

陶壶　2件。泥质灰陶。弧顶盖。壶侈口，方唇，束颈，溜肩，鼓腹，圈足。

标本M737：2，腹中部饰两周戳印纹，下腹饰绳纹。口径15.6、底径14.9、通高38.2厘米（图4-185，2；彩版八八，3）。

标本M737：3，腹部饰三周戳印纹，下腹饰绳纹。口径15.8、底径14.3、高35.6、通高38厘米（图4-185，3；彩版八八，4）。

陶樽　1件。

标本M737：1，泥质灰陶。侈口，圆唇，深腹，直壁，下部斜内收，平底，失足。素面。口径24、底径21.6、高14.4厘米（图4-185，1；彩版八八，5）。

（2）铜器

铜镜　2枚。

标本M737：4，铜华圈带云雷纹镜。圆形，圆纽，并蒂连珠纹纽座。座外均匀分布四组短竖线（每组四条），其外一周短斜线和凸弦纹组合纹带。再外两周窄凸面圈带，之间为内外均附凸弦纹的顺时针铭文带"清▢铜华以为镜，昭察衣服观容貌，丝组杂遝以为信，清光乎宜佳人"，方正式篆隶体，首尾间一乳丁隔开。外区八个云雷纹（两个重三角纹对置而成）以四个圆涡纹分成四组，每组两两相对各置一涡纹、且夹有铭文，逆时针合读为"家常贵富"。宽素平缘。面径17.1、缘厚0.65厘米（图4-186；彩版八九，1）。

标本M737：5，昭明连弧铭带镜。圆形，圆纽，圆纽座。座外均匀分布四组短竖线（每组三条）与四条短弧线相间环列，其外一周内向十二连弧纹圈带。外区两周短斜线和凸弦纹组合纹带，之间为顺时针铭文带"内清以昭明，光象夫日月，心不泄"。字体为方正式篆隶体、笔画呈楔形，首尾间用一横线隔开，铭文前半每字或两字间隔一"而"字，后半无间隔。宽素平缘。面径9.7、缘厚0.7厘米（图4-187，5；彩版八九，2）。

铜刷柄　1件。

标本M737：6，形似烟斗状，斗圆筒形中空，细长柄，尾部近龙首形，有圆形小孔。长12.6厘米（图4-187，6）。

铜环　1件。

标本M737：10，圆形。横断面近椭圆形。外径3.8、内径3.2厘米（图4-187，10）。

铜柿蒂形饰　2件。形制相同。扁平四瓣柿蒂状。整体方形，中间长方形孔。

标本M737：11，边长4.4、厚0.1厘米（图4-187，11）。

标本M737：12，四蒂花瓣沿中心各有一条阴刻线，圆形铜环，纽"U"形，组成铺首衔环。边长8、厚0.1厘米（图4-187，12；彩版八九，3）。

铜钱　20枚。均为五铢。圆形方穿，正面有轮无郭，背面轮郭俱全。根据钱文字体不同分为两种。

第一种　6枚。"五"字交叉两笔微曲，"朱"字上部方折，有的穿上横郭或穿下半星。

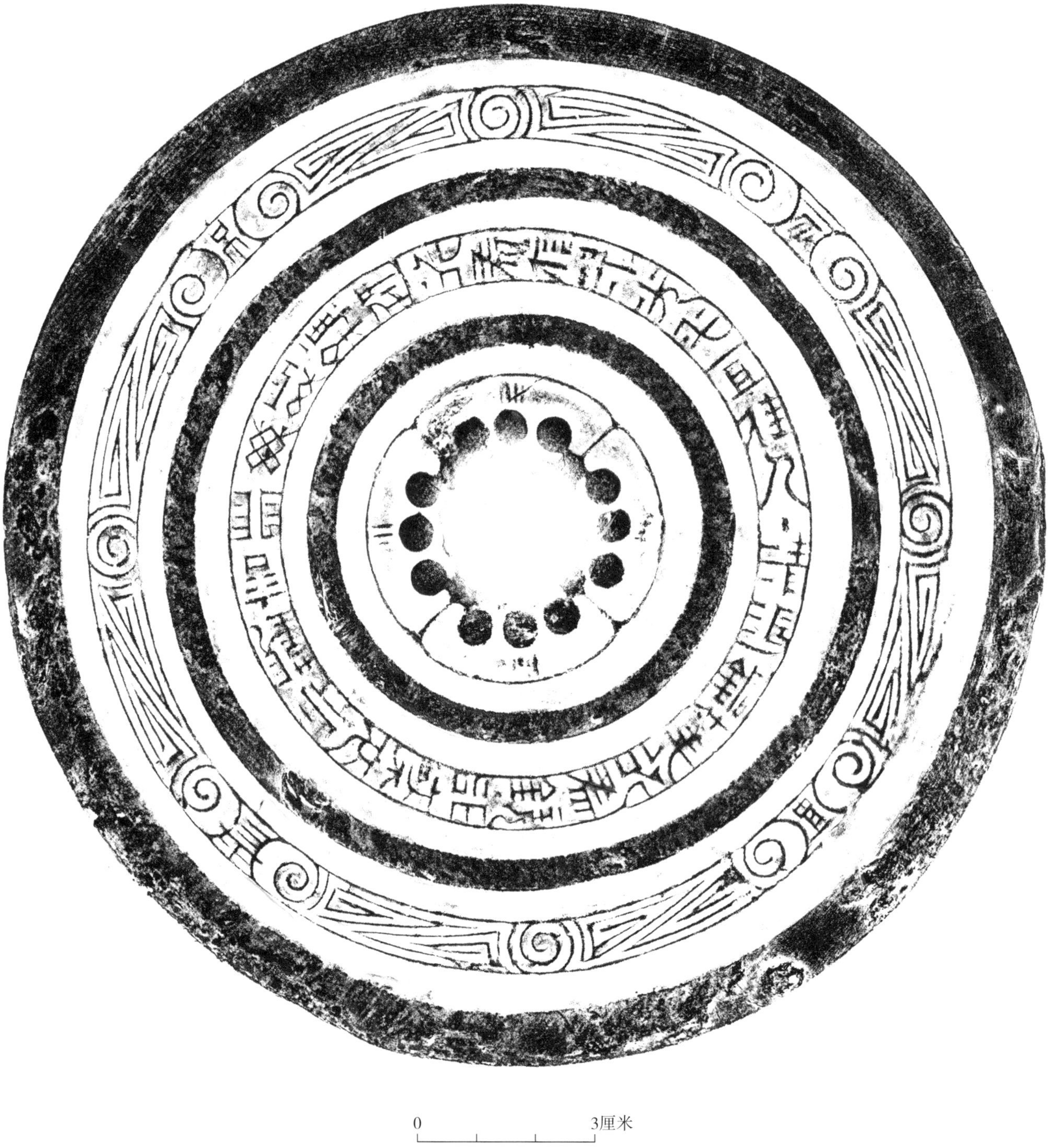

图 4-186　M737 出土铜镜 M737∶4

标本 M737∶9-1、2，直径 2.5、穿边长 1、厚 0.16 厘米（图 4-187，9-1、2）。

第二种　14 枚。“五”字两笔交叉弯曲，与上、下两横相交处微敞或垂直，有的“铢”字“金”字头低于“朱”字，“朱”字上部方折，有的穿上横郭或穿下半星。

标本 M737∶9-3～5，郭边长 2.6、穿边长 1、厚 0.2 厘米（图 4-187，9-3～5）。

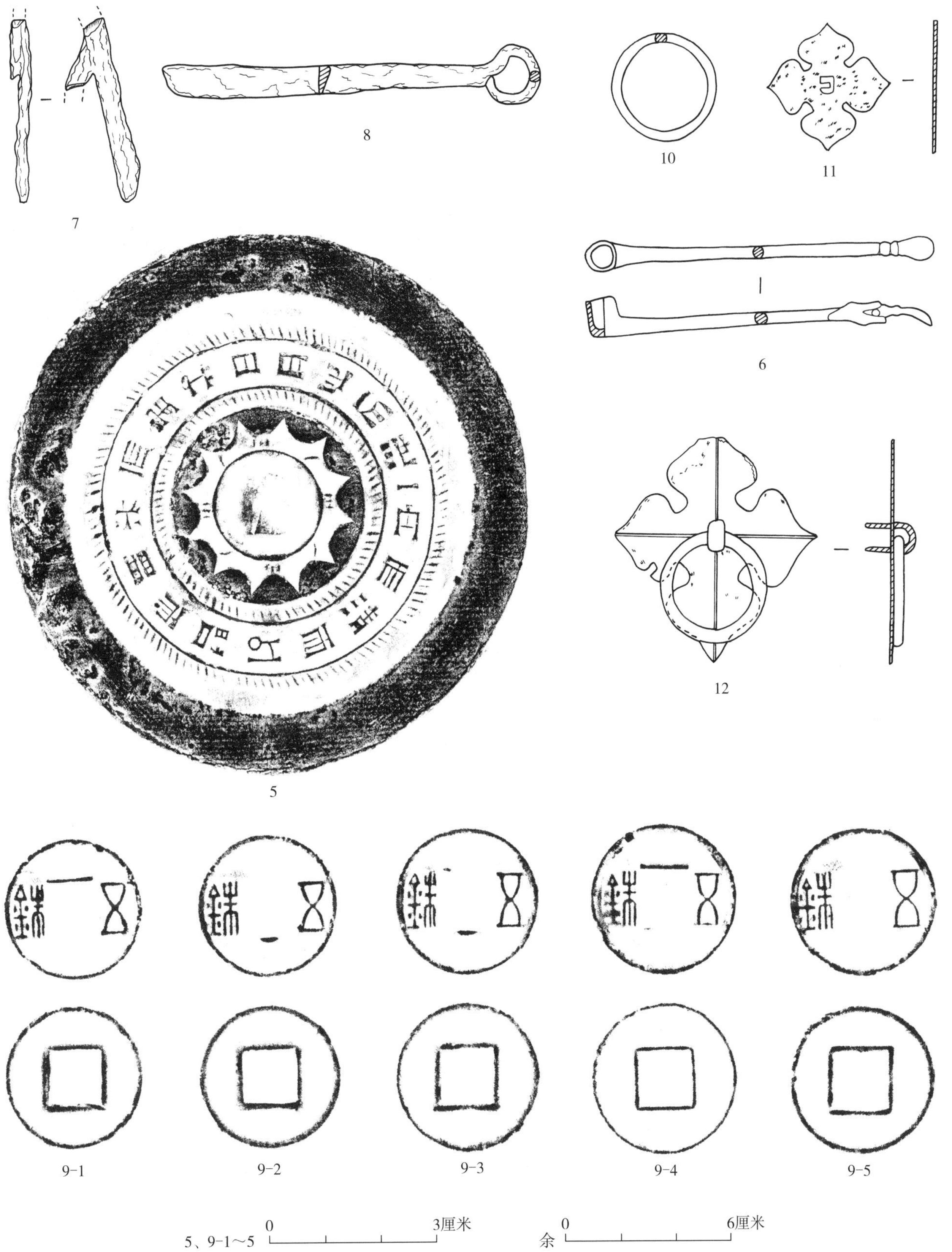

图 4-187　M737 出土器物

5. 铜镜　6. 铜刷柄　7. 铁镜架　8. 铁削　9-1～5. 铜钱　10. 铜环　11、12. 铜柿蒂形饰

（3）铁器

铁削　1件。

标本M737：8，环形首。截面三角形，平背，刃微弧，刀尖略残。长13.5、宽1厘米（图4-187，8）。

铁镜架　1件。

标本M737：7，叉形。两侧支脚扁长条形，顶端缺失。残高6.4厘米（图4-187，7）。

铁饰件　1件。

标本M737：13，残断为数节，不可复原。

（一七一）M738

1. 墓葬形制

位于墓地中部，北面是M743、M737，南面为M739，西面是M477。方向95°（图4-188；彩版九〇，1）。

长方形土坑竖穴墓。墓口长2.8、宽1.92、深1.25米。木棺已腐朽，仅见板灰痕迹。墓内填黄褐色五花土，土质较疏松。填土中发现乳猪、鱼骨。

人骨1具。头向东，面向上，仰身直肢，骨骼腐朽严重，仅残留头骨及部分下肢骨。性别、年龄无法鉴定。

随葬器物48件。陶钫2件放置墓底西北角（彩版九〇，2）。铜镜、铜刷柄、铁镜架放在墓主头骨左上方。铜泡钉3件，铜铺首衔环4件散落头骨右侧。36枚铜钱1枚含在墓主口内，35枚集中放置在左腹部。

2. 出土遗物

（1）陶器

陶钫　2件。泥质灰陶。均失盖。钫方口，平沿，束颈，鼓腹，圆形圈足。下腹饰绳纹。

标本M738：13，尖唇，底部饰绳纹。口边长12、底径12.8、高38厘米（图4-188，13；彩版九〇，3）。

标本M738：14，圆唇。口边长12.8、底径12、高38厘米（图4-188，14；彩版九〇，4）。

（2）铜器

铜镜　1枚。

标本M738：1，日光连弧铭带镜。圆形，圆纽，圆纽座。座外均匀伸出四条短弧线，其间夹饰外附三短竖线的短折线，再外一周内向八连弧纹圈带。外区两周短斜线和凸弦纹组合纹带，之间为顺时针铭文带“见日月心，勿夫毋忘”，圆转式篆隶体、个别笔画加重呈楔形，每字间隔类似涡纹符号。窄素平缘。面径6.8、缘厚0.45厘米（图4-189，1；彩版八九，4）。

铜刷柄　1件。

标本M738：2，形似烟斗状，斗圆筒形中空，细长柄，尾端残缺。残长4.2厘米（图4-189，2）。

铜铺首衔环　4件。形制相同。变体兽面纹。整体倒梯形，双目圆睁，双耳向上竖立，顶部突出，形成“山”字形，鼻下垂后卷呈半圆形，内衔一圆环。背面中部有一环形短钉。

标本M738：7，直径2、宽2.6、通高4.1厘米（图4-189，7；彩版八九，5）。

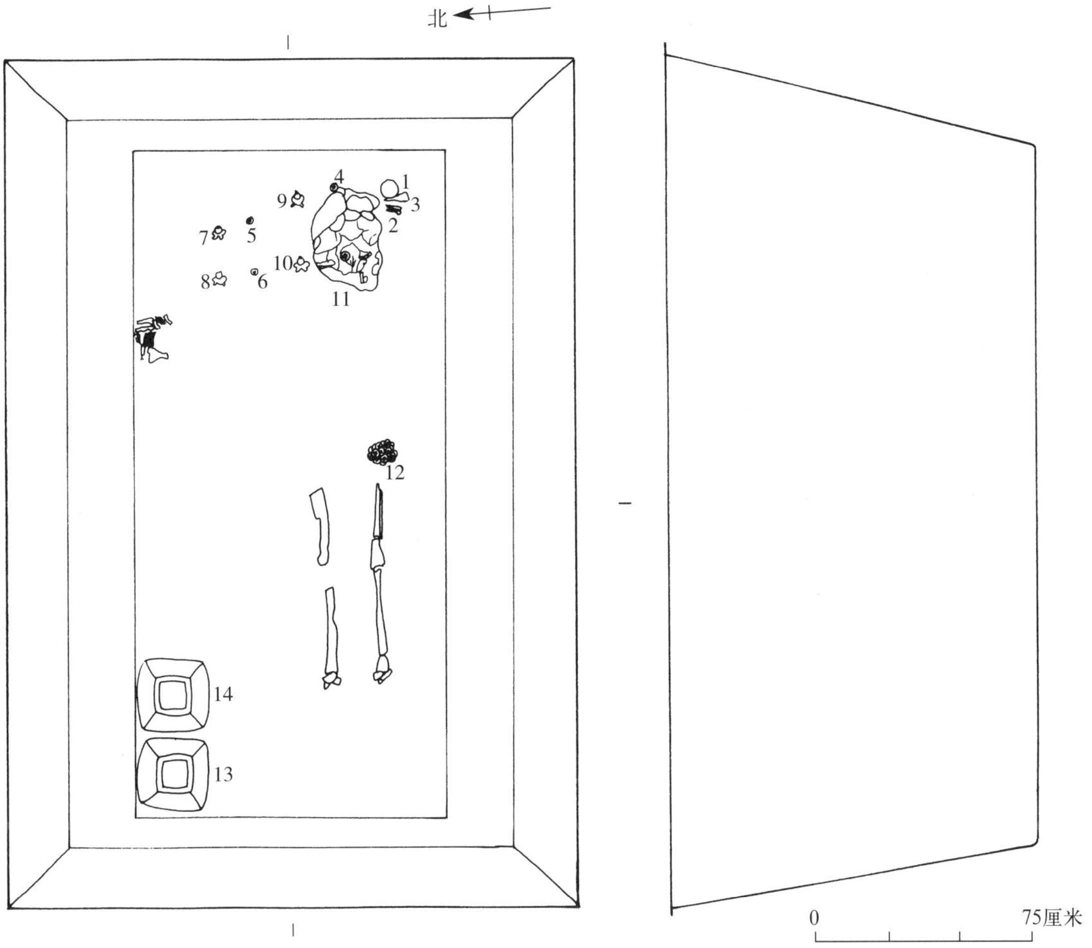

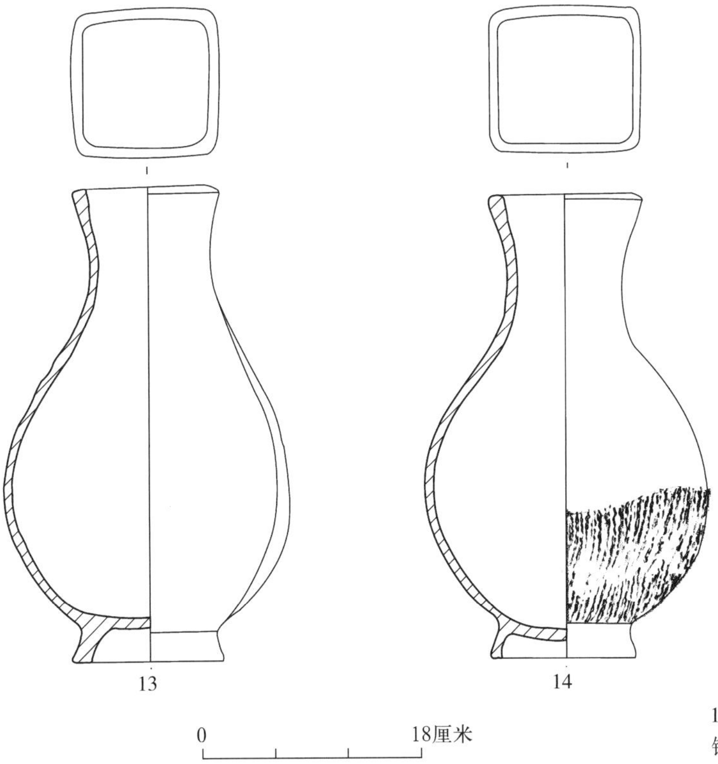

图 4-188　M738 及出土器物

1. 铜镜　2. 铜刷柄　3. 铁镜架　4～6. 铜泡钉　7～10. 铜铺首衔环　11. 铜钱　12. 铜钱（35）　13、14. 陶钫

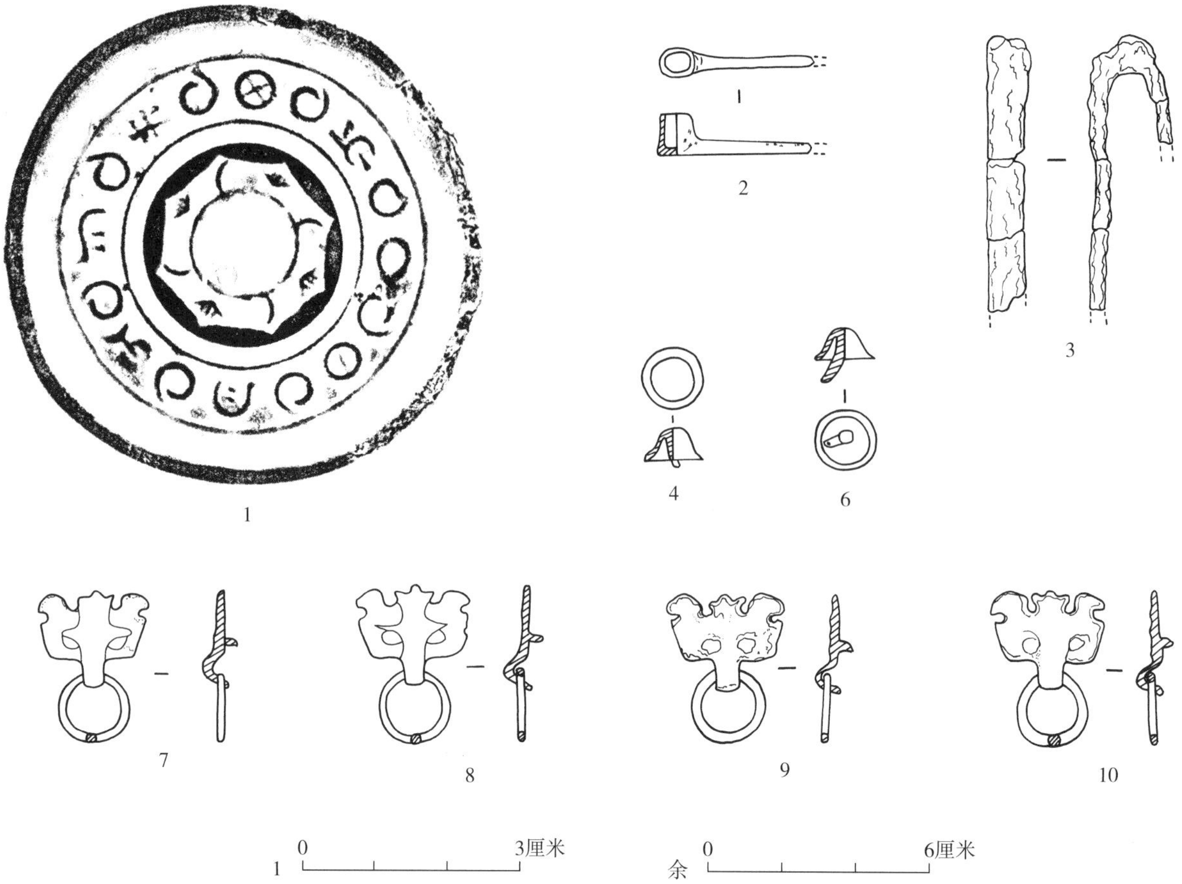

图4-189 M738出土器物

1. 铜镜 2. 铜刷柄 3. 铁镜架 4、6. 铜泡钉 7～10. 铜铺首衔环

标本M738∶8，直径2、宽2.6、通高4.2厘米（图4-189，8；彩版八九，6）。

标本M738∶9，直径2、宽2.6、通高3.9厘米（图4-189，9；彩版八九，7）。

标本M738∶10，直径2、宽2.6、通高4.2厘米（图4-189，10；彩版八九，8）。

铜泡钉 3件。伞形泡面弧起。内有尖钉。素面。

标本M738∶4，直径1.65、高1.05厘米（图4-189，4）。

标本M738∶6，直径1.6、高1.4厘米（图4-189，6）。

铜钱 36枚。1枚锈蚀严重，部分缺失。均为五铢，圆形方穿，正面有轮无郭，背面轮郭俱全。根据钱文字体不同分为两种。

第一种 5枚。“五”字两笔交叉微曲，“朱”字上部方折，有的穿上横郭。

标本M738∶12-1、2，直径2.5、穿边长1、厚0.14厘米（图4-190，12-1、2）。

第二种 30枚。“五”字两笔交叉弯曲，与上、下两横相交处垂直或微内收，有的“铢”字“金”字头低于“朱”字，“朱”字上部方折，有的穿下半星。

标本M738∶12-3～6，直径2.5、穿边长1、厚0.2厘米（图4-190，12-3～6）。

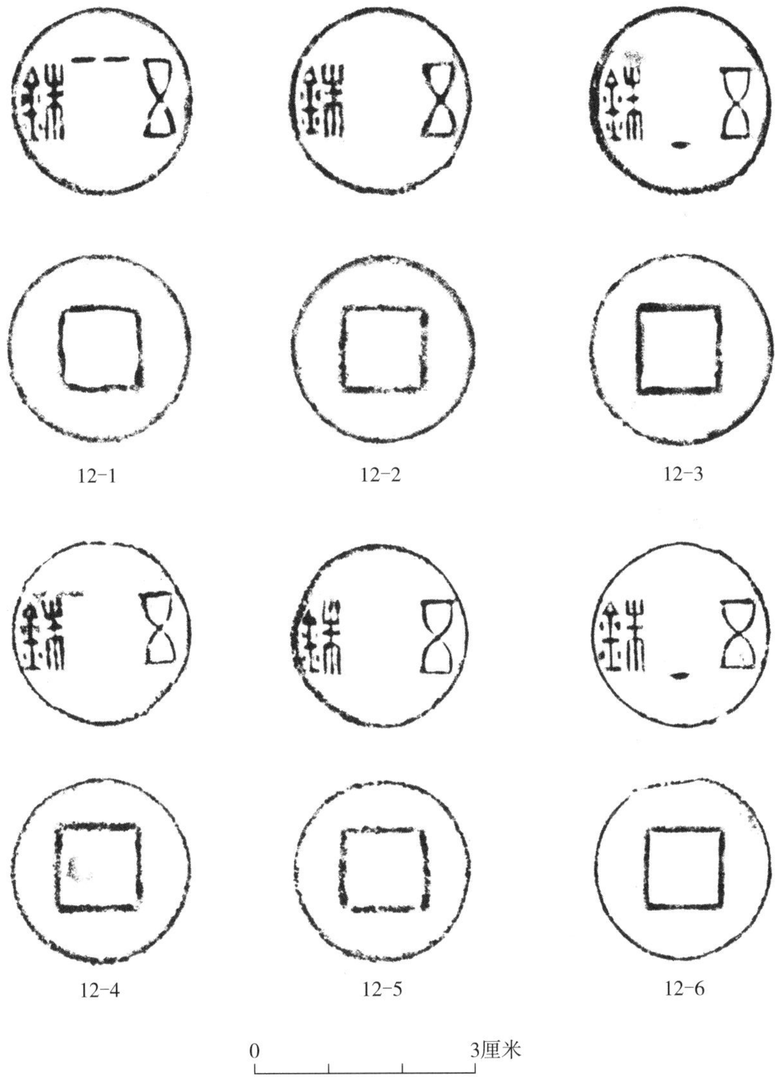

图 4-190　M738 出土器物

12-1～6. 铜钱

（3）铁器

铁镜架　1 件。

标本 M738∶3，叉形。已残。两侧支脚扁长条形。残高 7.3 厘米（图 4-189，3）。

（一七二）M739

1. 墓葬形制

位于墓地中部，北面是 M738，西面为 M474。方向 100°（图 4-191；彩版九一，1）。

长方形土坑竖穴墓。墓口长 3.1、宽 2.1、深 4.34 米。墓底有生土二层台，宽 0.70～0.90、高 0.50 米。墓内填黄褐色五花土，土质较疏松。

人骨 1 具。头向东，面向不详。仅存部分头骨残骸。性别、年龄无法鉴定。

随葬品 22 件。陶壶 2 件东西并排平放在墓内西南角。铜镜、铜刷柄、铁镜架位于墓主头骨右上

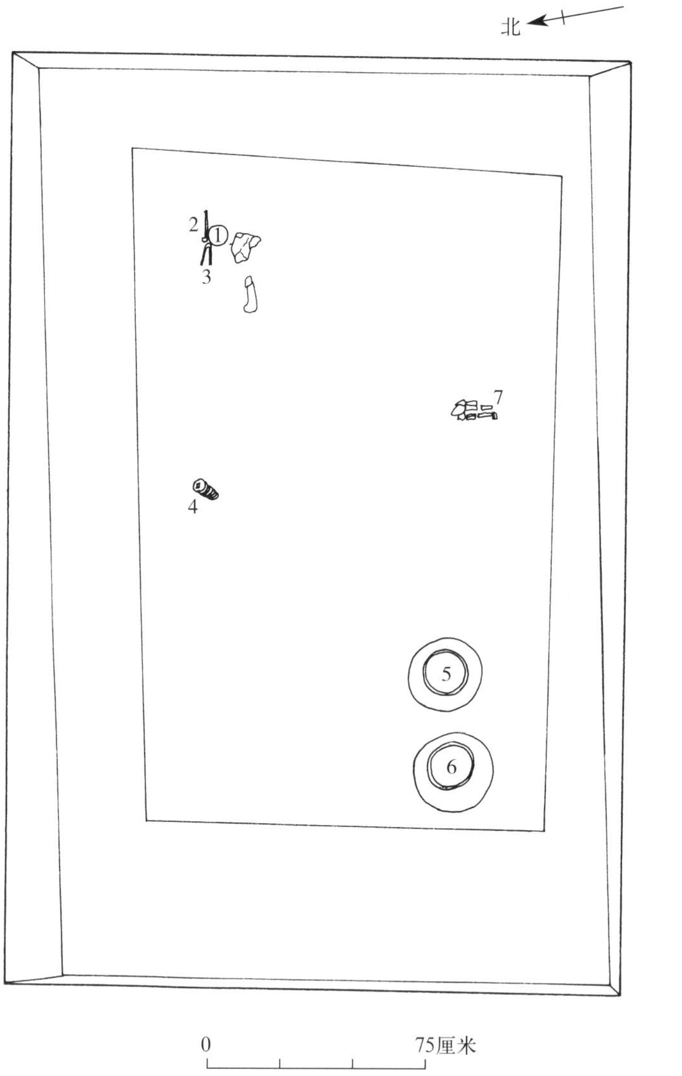

图 4-191 M739 平面图

1. 铜镜 2. 铜刷柄 3. 铁镜架 4. 铜钱（17） 5、6. 陶壶 7. 动物骨骼

方。铜钱 17 枚置于中部偏北。乳猪骨放在中部偏南。

2. 出土遗物

（1）陶器

陶壶　2 件。形制相同。泥质灰陶。侈口，斜沿内凹，尖唇，束颈，鼓腹，圈足。器表有制作抹痕，腹部饰两周戳印纹，下腹饰绳纹。

标本 M739：5，口径 16、底径 12.8、高 34 厘米（图 4-192，5；彩版九一，2）。

标本 M739：6，口径 15.5、底径 13.2、高 34 厘米（图 4-192，6；彩版九一，3）。

（2）铜器

铜镜　1 枚。

标本 M739：1，日光连弧铭带镜。圆形，圆纽，圆纽座。座外均匀伸出四条短弧线，其间夹饰双层月牙纹，再外一周内向八连弧纹圈带。外区两周短竖线和凸弦纹组合纹带，之间为顺时针铭文

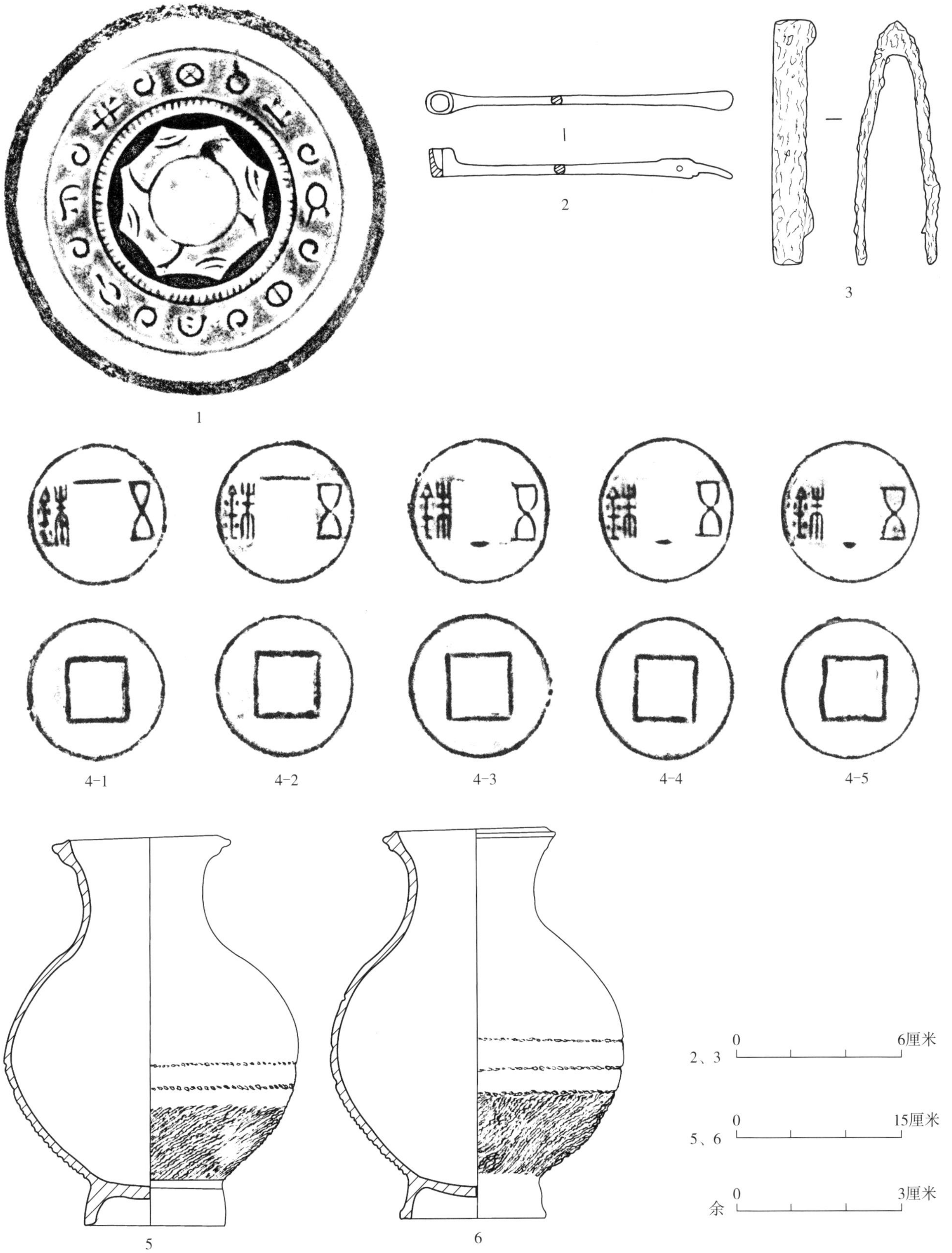

图 4-192　M739 出土器物

1. 铜镜　2. 铜刷柄　3. 铁镜架　4-1～5. 铜钱　5、6. 陶壶

带“见日月心，勿夫毋忘”，圆转式篆隶体，有简化，每字间隔一类似涡纹符号。窄素平缘。面径7、缘厚0.3厘米（图4-192，1；彩版九一，4）。

铜刷柄　1件。

标本M739∶2，形似烟斗状，斗圆筒形中空，细长柄，尾部翘起扁弧形，圆形小孔。长11厘米（图4-192，2）。

铜钱　17枚。均为五铢。圆形方穿，正、反两面轮郭俱全。根据钱文字体不同分为两种。

第一种　3枚。“五”字较窄，两笔交叉微曲，“朱”字上部方折，有的穿上横郭。

标本M739∶4-1，直径2.5、穿边长1、厚0.16厘米（图4-192，4-1）。

第二种　14枚。“五”字两笔交叉弯曲，与上、下两横相交处微内收或垂直，“朱”字上部方折，有的穿上横郭或穿下半星。

标本M739∶4-2～5，直径2.5、穿边长1、厚0.16厘米（图4-192，4-2～5）。

（3）铁器

铁镜架　1件。

标本M739∶3，叉形，两侧支脚扁长条形。高8.5厘米（图4-192，3；彩版九一，5）。

（一七三）M740

1. 墓葬形制

位于墓地中部，东南面为M741，西北面是M739。方向90°（图4-193）。

长方形土坑竖穴墓。墓口长2.36、宽1.3、深1.95米。墓底有生土二层台，宽0.17～0.3、高0.35

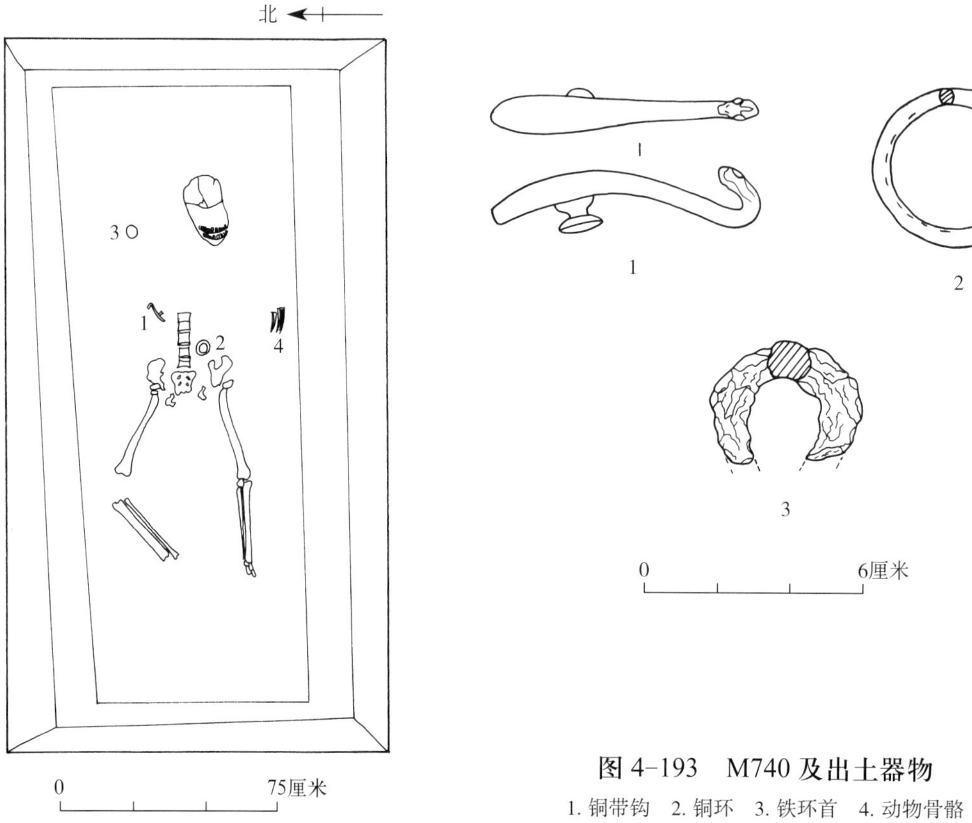

图4-193　M740及出土器物

1. 铜带钩　2. 铜环　3. 铁环首　4. 动物骨骼

米。墓内填黄褐色五花土，土质较疏松。

人骨 1 具。头向东，面向上，仰身直肢。仅存头骨、脊椎和部分下肢骨残骸。性别无法鉴定，年龄 15 ～ 17 岁。

随葬器物 3 件。铜带钩、铜环放置墓主腰部。铁饰件 1 件位于头骨右侧。中部偏南发现少量动物骨骼，未经鉴定，种属不明。

2. 出土遗物

（1）铜器

铜带钩　1 件。

标本 M740：1，柳叶形。形似马首状，双目突出，双耳分别竖立顶端两侧，横断面半圆形，圆形纽位于钩尾背面中部。长 7.3 厘米（图 4-193，1）。

铜环　1 件。

标本 M740：2，圆形，横断面椭圆形。直径 4.3 厘米（图 4-193，2）。

（2）铁器

铁环首　1 件。

标本 M740：3，环形，刀身缺失。残长 3.2 厘米（图 4-193，3）。

（一七四）M741

墓葬形制

位于墓地中部，东面是 M576，西南面为 M549，西北是 M740。方向 96°（图 4-194）。

长方形土坑竖穴墓。墓口长 3.38、宽 2.16、深 3.26 米。墓壁斜直，下部内收。木棺腐朽，仅见灰痕，长 1.93、宽 0.63、厚 0.10 米。墓内填黄褐色五花土，经夯打，土质较坚硬。夯窝圆形，分布不均匀。直径 8 ～ 10 厘米。

人骨 1 具。头向东，面向上，仰身直肢。骨骼保存较好，仅有上肢和肋骨腐朽。男性，年龄 25 ～ 30 岁。

随葬器物无。

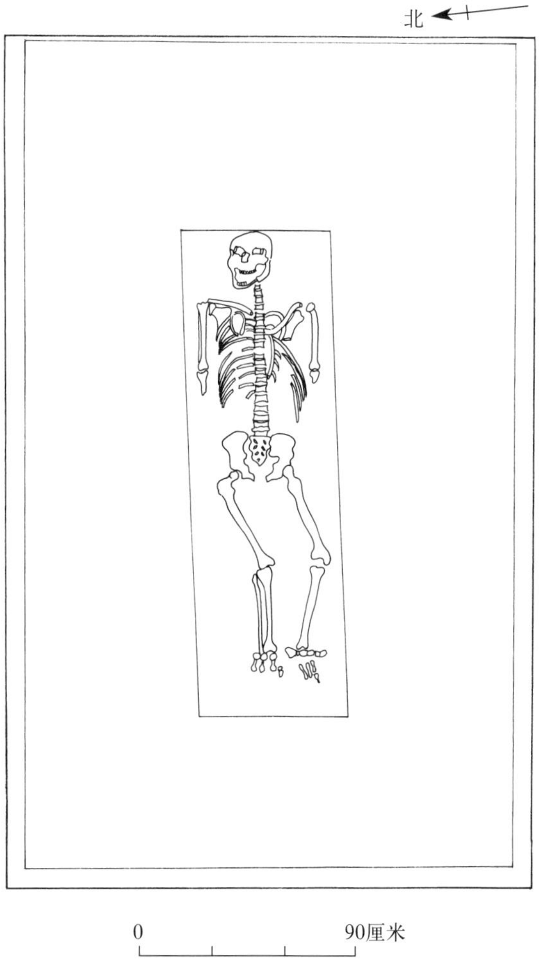

图 4-194　M741 平面图

（一七五）M742

1. 墓葬形制

位于墓地中部，北面是 M475，西面为 M737、M743。方向 10°（图 4-195）。

长方形土坑竖穴墓。墓口长 2.3、宽 1.14、深 1.16 米。墓壁斜直，下部内收。墓内填黄褐色五

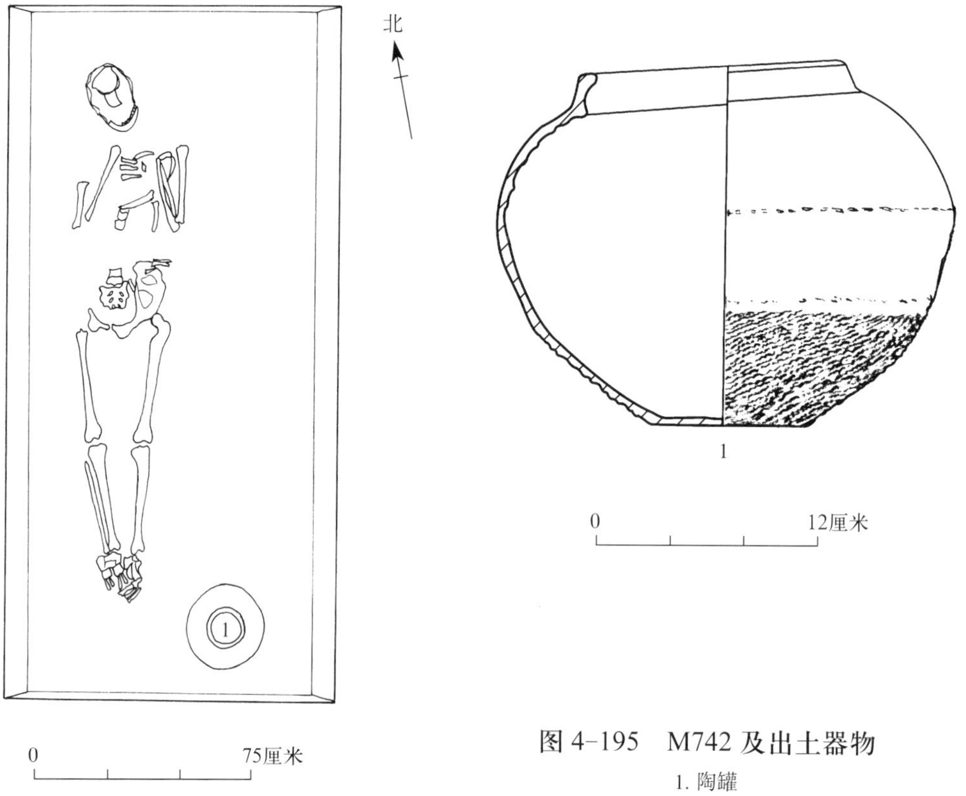

图 4-195　M742 及出土器物

1. 陶罐

花土，土质较疏松。

人骨 1 具。头向北，面向上，仰身直肢。骨骼腐朽严重，性别无法鉴定，成年个体。

墓底东南角出土陶罐 1 件。

2. 出土遗物

陶器

陶罐　1 件。

标本 M742 : 1，泥质灰陶。敛口，平沿，圆唇，颈部内收，圆腹，小平底。腹部饰两周戳印纹，下腹及底部饰绳纹。口径 14、底径 9、高 19.3 厘米（图 4-195，1）。

（一七六）M744

1. 墓葬形制

位于墓地中部，东面是 M826，西面为 M475。方向为 8°（图 4-196；彩版九二，1、2）。

长方形土坑竖穴墓。墓口长 3.5、宽 1.7、深 4.7 米。墓底有生土二层台，台上铺碎陶片。墓内填黄褐色五花土，土质较坚硬。经夯打，夯窝圆形，分布不均匀，排列无规律，直径 8 ～ 10 厘米。

人骨 1 具。头向北、面向上，骨骼腐朽，仅残留部分头骨遗骸。性别无法鉴定，年龄 20 ～ 25 岁。

随葬器物 96 件。陶钫 2 件，陶扁壶 1 件平放墓底西北角（彩版九二，3）。铜镜、铁削、石研磨器、石黛板置于墓主头骨右侧（彩版九三，1）。铜刷柄 1 件，铁镜架 1 件位于头骨左侧。铜带钩 2 件，其中 1 件放在墓主口内，另 1 件置于腰部（彩版九三，2）。铜印章 1 枚陈放在墓主腹部。85 枚铜钱分散于墓底中部。

2. 出土遗物

（1）陶器

陶钫　2件。泥质灰陶。方口，平沿，圆唇，侈口，束颈，沿下有折棱，溜肩，鼓腹。

标本M744：8，失盖。近方形圈足。腹部饰绳纹。口边长10.5、底径14、高33.2厘米（图4-197，8；彩版九三，3）。

标本M744：9，覆斗形盖，小平底上饰五个乳丁纹，圆形圈足。下腹饰稀疏绳纹。口边长12.1、底径14.6、通高36.6厘米（图4-197，9；彩版九三，4）。

陶扁壶　1件。

标本M744：10，夹砂灰陶。平沿，方唇，束颈，扁鼓腹，圈足。肩部两侧安对称桥形鼻，素面磨光。口径6、底长径10、短径7.2、高18.2厘米（图4-197，10；彩版九三，5）。

（2）石器

石黛板　1件。

标本M744：12，青灰色页岩。长方形扁薄石板，横截面长方形，断为数块，正面平整光滑，背面粗糙。长16、宽6、厚0.4厘米（图4-197，12；彩版九四，5）。

石研磨器　1件。

标本M744：11，砂岩质。圆形纽，纽面平整光滑，方形研体，研面平整光滑。边长3.1、厚1.4厘米（图4-197，11；彩版九四，6）。

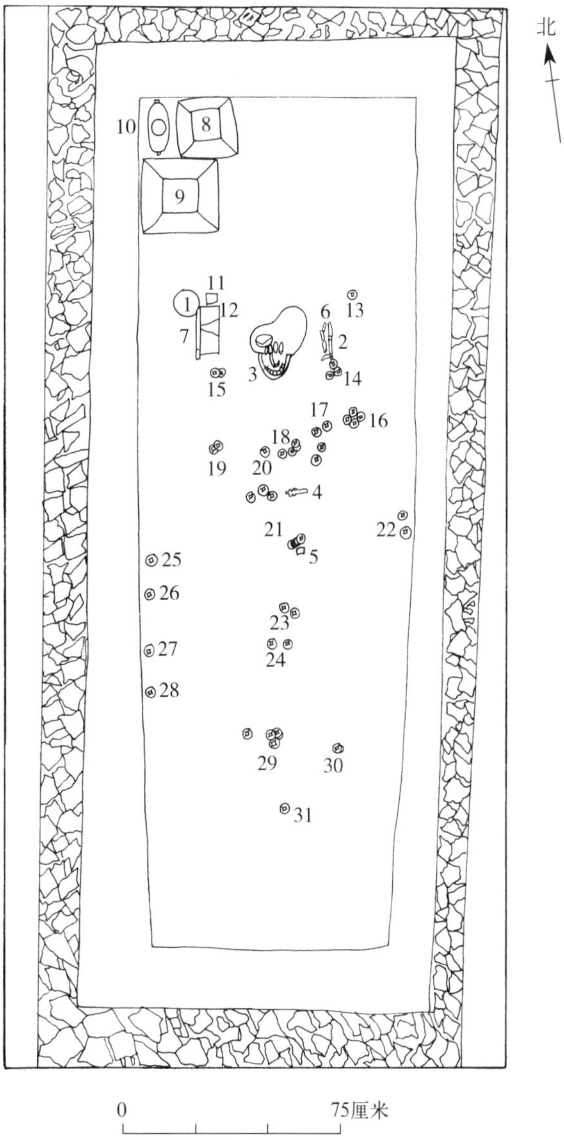

图4-196　M744平面图

1. 铜镜　2. 铜刷柄　3、4. 铜带钩　5. 铜印章　6. 铁镜架　7. 铁削　8、9. 陶钫　10. 陶扁壶　11. 石研磨器　12. 石黛板　13～31. 铜钱（85）

（3）铜器

铜镜　1枚。

标本M744：1，日光连弧铭带镜。圆形，圆纽，圆纽座。座外均匀伸出四条短弧线，其间夹饰月牙纹，再外一周内向八连弧纹圈带。外区两周短斜线和凸弦纹组合纹带，之间为顺时针铭文带“见日之光，天下大明”。圆转式篆隶体、首尾笔画呈楔形，每字间隔类似涡纹或带十字的菱形纹符号。宽素平缘。面径8.4、缘厚0.65厘米（图4-198，1；彩版九四，1）。

铜刷柄　1件。

标本M744：2，形似烟斗状，斗圆筒形中空，细长柄，尾部扁圆形，有圆形小孔。长12厘米（图

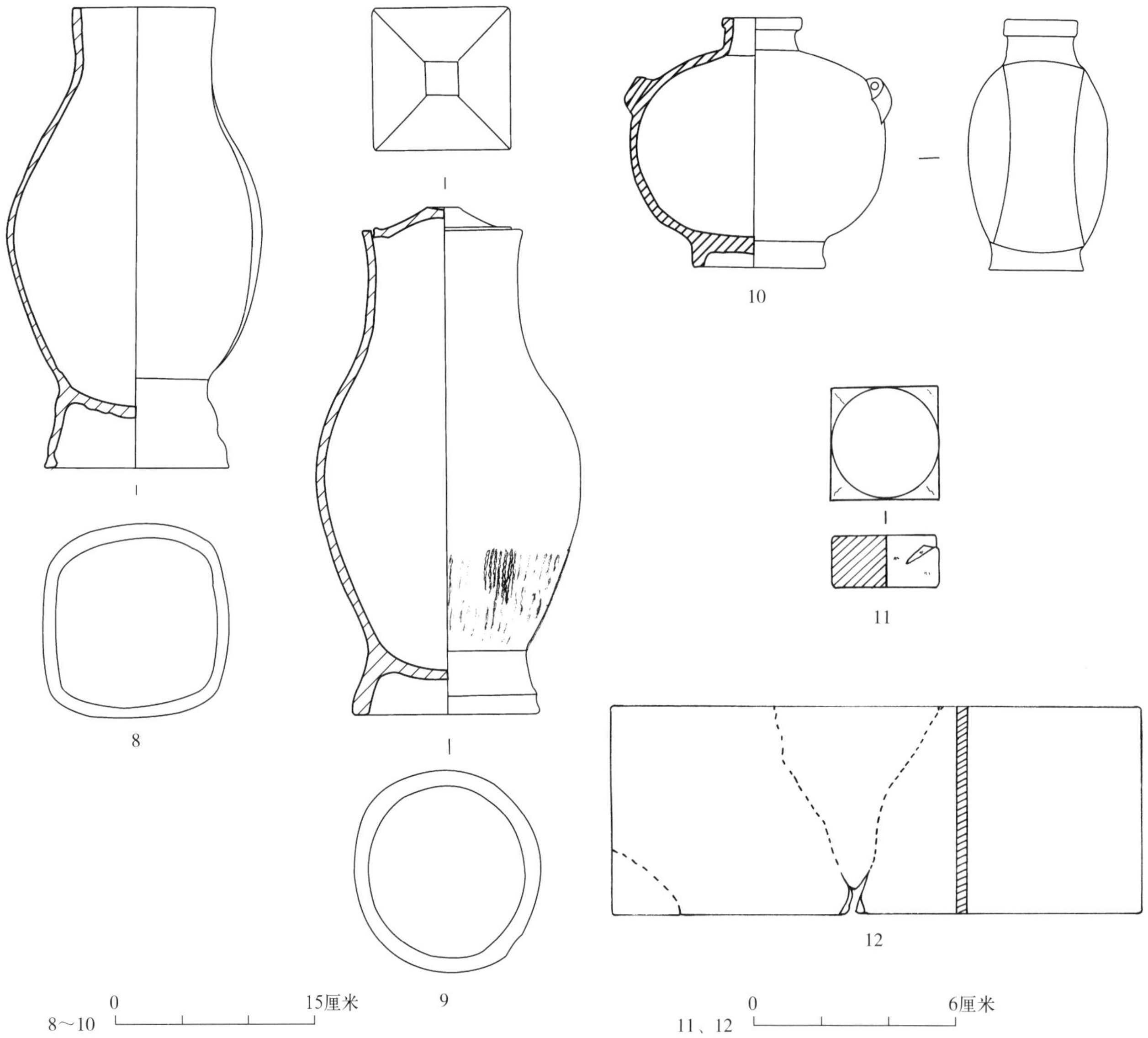

图 4-197　M744 出土器物

8、9. 陶钫　10. 陶扁壶　11. 石研磨器　12. 石黛板

4-198，2）。

铜带钩　2 件。

标本 M744∶3，琵琶形。钩呈马首状，双目突出，两耳竖立首部上端两侧，断面半圆形，圆形纽位于尾部背面前端。长 9.1、宽 1.3 厘米（图 4-198，3；彩版九四，2）。

标本 M744∶4，锈蚀严重。钩似鸟首状，双目突出。尾部拟“卧虎”状，四肢屈曲平卧，首回望，张口，双目圆睁，耳直立，尾部上翘弯曲贴于背部，作首尾相望之势。通体刻阴线纹，虎及背部圆纽表面均残存丝织物包裹痕迹。长 6.4 厘米（图 4-198，4；彩版九四，3）。

铜印章　1 枚。

标本 M744∶5，方形印体，桥形纽。印面方形，阴文篆书“魏陽印”。印面边长 1.4、通高 1.6 厘米（图 4-198，5；彩版九四，4）。

铜钱　85 枚。1 枚破碎，字迹不清，余均为五铢。圆形方穿，正面有轮无郭，背面轮郭俱全。根据钱文字体不同分为两种。

第一种　10 枚。“五”字两笔交叉微曲，“铢”字“金”字头呈三角形，“朱”字上部方折。标本 M744：21-1，直径 2.5、穿边长 1、厚 0.16 厘米（图 4-198，21-1）。

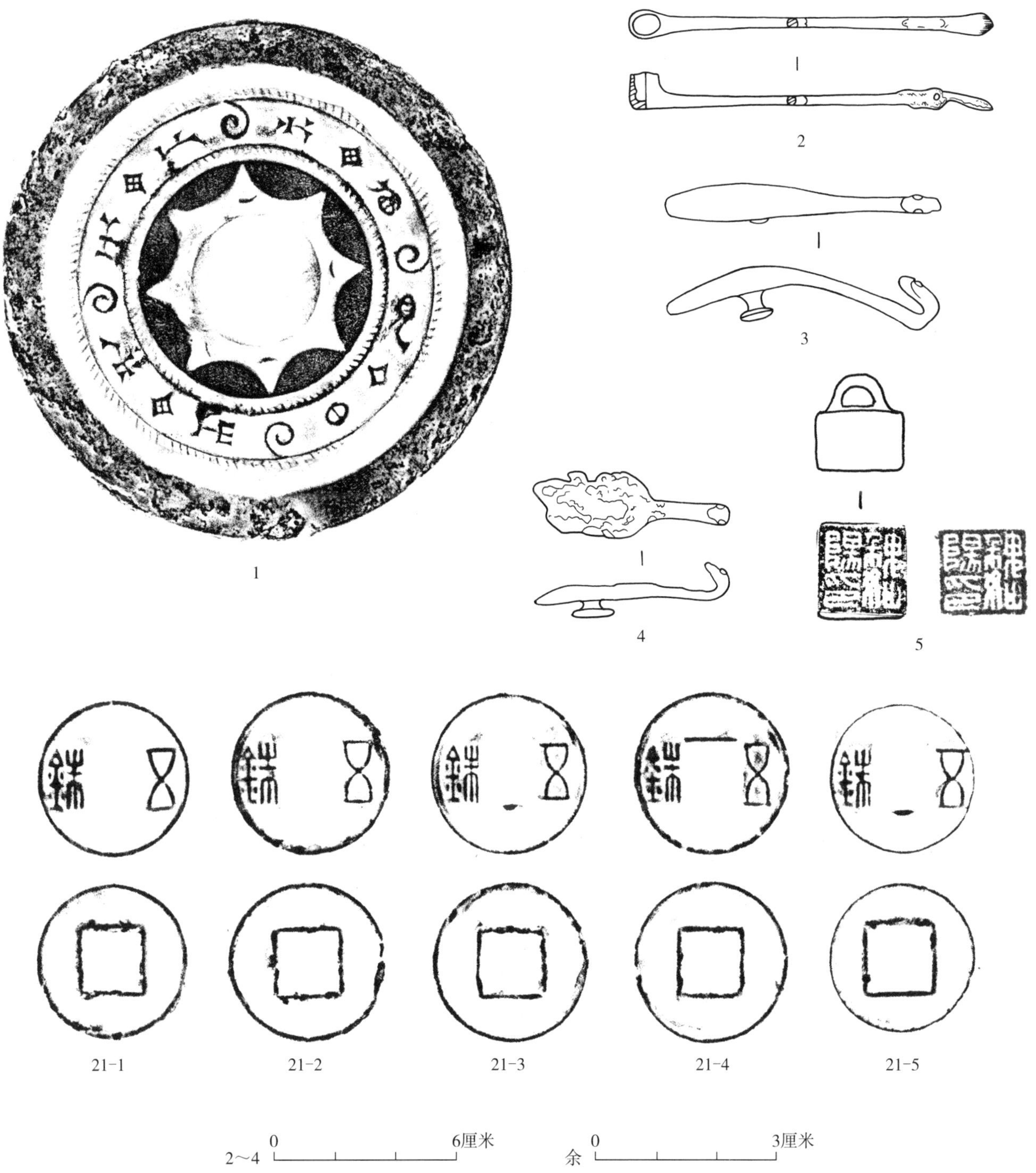

图 4-198　M744 出土器物

1. 铜镜　2. 铜刷柄　3、4. 铜带钩　5. 铜印章　21-1～5. 铜钱第二种　74枚。“五”字两笔交叉弯曲，与上、下两横相交处微内收或垂直，“铢”字“金”字头三角形，有的略低于“朱”字，“朱”字上部方折，有的穿上横郭、穿下半星或周郭部分被磨。

标本M744∶21-2～5，直径2.6、穿边长1、厚0.2厘米（图4-198，21-2～5）。

（4）铁器

铁削　1件。

标本M744∶7，环缺失，刀身截面三角形，弧背，弧刃。削尖残失。刀外面拟有刀鞘残痕。残长17.9厘米（图4-199，7）。

铁镜架　1件。

标本M744∶6，叉形。两侧支脚扁平长条形，两支脚缺失，中间交叉处残碎。锈蚀较重。残高6.5厘米（图4-199，6）。

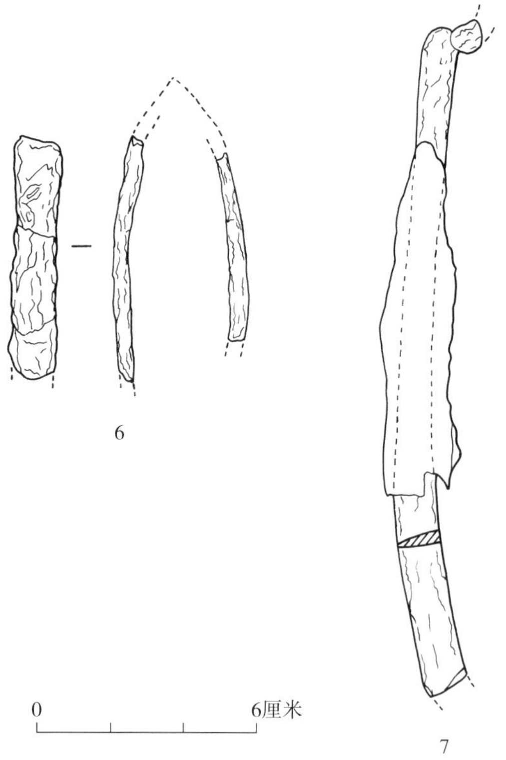

图4-199　M744出土器物

6. 铁镜架　7. 铁削

（一七七）M746

1. 墓葬形制

位于墓地中部，被M578打破，北面是M579，西面为M748。方向85°（图4-200；彩版九五，1）。

长方形土坑竖穴墓。墓口长2.9、宽0.9、深1.6米。墓底有生土二层台，宽0.05～0.15、高0.35米。墓内填黄褐色五花土，土质疏松。

人骨1具。头向东，面向下，仰身直肢，骨骼腐朽严重，仅存头骨和部分肢骨。男性，年龄35～45岁。

随葬器物2件。陶罐1件放于墓内东北角。铜带钩1件放置墓主口内。乳猪骨放在东南角。

2. 出土遗物

（1）陶器

陶罐　1件。

标本M746∶1，夹砂红陶。敞口，平沿，圆唇，束颈，折肩，下腹弧内收。口沿上面饰三道对应刻痕，肩下饰一周戳印纹、两周凹弦纹，下腹及底部饰绳纹。口径21.6、底径10、高22厘米（图4-200，1；彩版九五，2）。

（2）铜器

铜带钩　1件。

标本M746∶2，已残，仅存钩和颈部。钩似蛇首状，双目凸出，断面半圆形。残长2.4厘米（图4-200，2）。

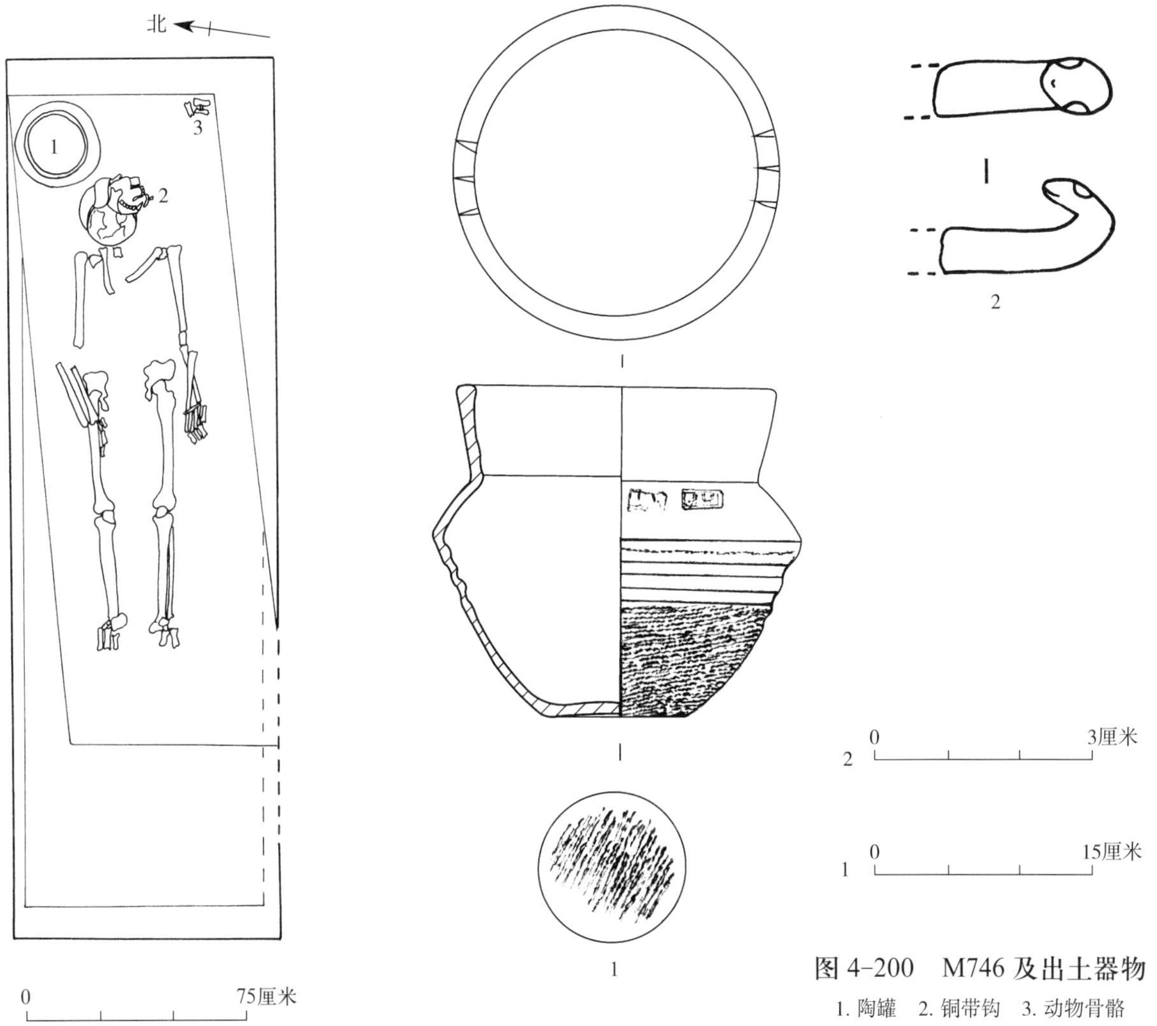

图 4-200　M746 及出土器物

1. 陶罐　2. 铜带钩　3. 动物骨骼

（一七八）M748

1. 墓葬形制

位于墓地中部，东面是 M746、M578，南面为 M484。方向 105°（图 4-201；彩版九五，3）。

长方形土坑竖穴墓。墓口长 2.9、宽 1.6、深 1.7 米。墓内填黄褐色五花土，土质疏松。

人骨无。

墓内随葬器物 6 件。2 件陶钫放置墓室西端。铜钱 4 枚散放于中部。鱼、鲷科、真鲷、鸡骨放在陶钫之间。

2. 出土遗物

（1）陶器

陶钫　2 件。泥质灰陶。覆斗形盖，斜壁，方平顶。宽沿角部有棱。钫方口，平沿，束颈，溜肩，鼓腹，下腹弧内收，圆形圈足。下腹及底部饰绳纹。

标本 M748∶1，口边长 10.5、底径 13.2、通高 37.6 厘米（图 4-202，1；彩版九五，4）。

标本 M748∶2，腹饰两周戳印纹。口边长 10.4、底径 14、通高 37.2 厘米（图 4-202，2；彩版九五，5）。

（2）铜器

铜钱　4枚。均为五铢，其中2枚破碎。圆形方穿，正面有轮无郭，背面轮郭俱全。“五”字两笔交叉弯曲，与上、下两笔相交处微敞或垂直，1枚“金”字头低于“朱”字，“朱”字上部方折，另一枚穿上横郭。

标本M748∶3、5，直径2.6、穿边长1、厚0.2厘米（图4-202，3、5）。

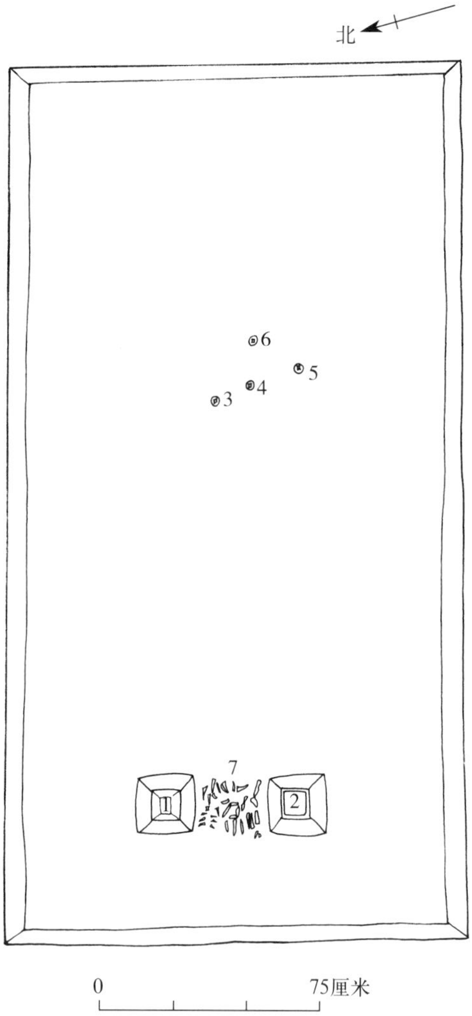

图4-201　M748平面图

1、2. 陶钫　3～6. 铜钱　7. 动物骨骼

（一七九）M750

1. 墓葬形制

位于墓地中部，被M749打破，东北面是M903，东为M780。方向5°（图4-203）。

长方形土坑竖穴墓。墓口长2.1、宽1.3、深2米。墓底有生土二层台，长2.1、宽0.25、高0.4米。墓内填黄褐色五花土，土质较致密。填土中发现铜钱2枚。

人骨1具。头向北，面向东，仰身直肢，右下肢缺失。性别、年龄不明。

随葬器物无。

2. 出土遗物

铜器

铜钱　2枚。圆形方穿，“五”字两笔交叉弯曲，与上、下两横相交长微侈，“朱”字上部方折，周郭部分被磨。

标本M750∶01-1，直径2.3、穿边长0.9、厚0.09厘米（图4-203，01-1）。

（一八〇）M755

1. 墓葬形制

位于墓地东北部，被M754打破，西面是M758。方向11°（图4-204；彩版九六，1）。

长方形土坑竖穴墓。墓口长2.35、宽0.94、深0.88米。墓底有生土二层台，宽0.10～0.22、高0.20米。墓内填黄褐色五花土，土质较致密。经夯打，夯窝圆形，分布较紧密，直径7～8厘米。

人骨1具。头向北，骨骼腐朽严重，仅存头骨残骸。性别、年龄不明。

随葬陶罐1件放置墓主头端二层台上。

2. 出土遗物

陶器

陶罐　1件。

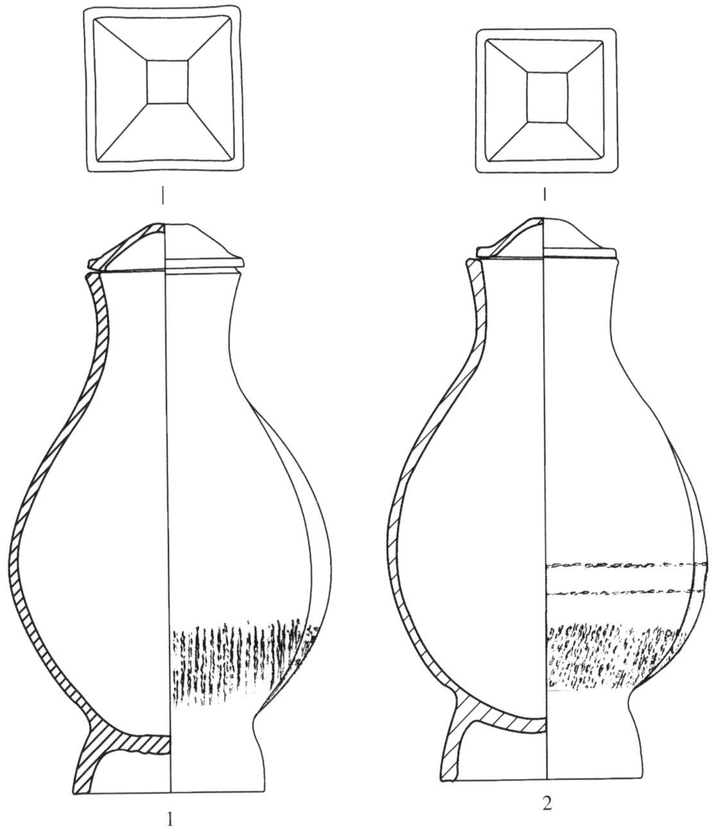

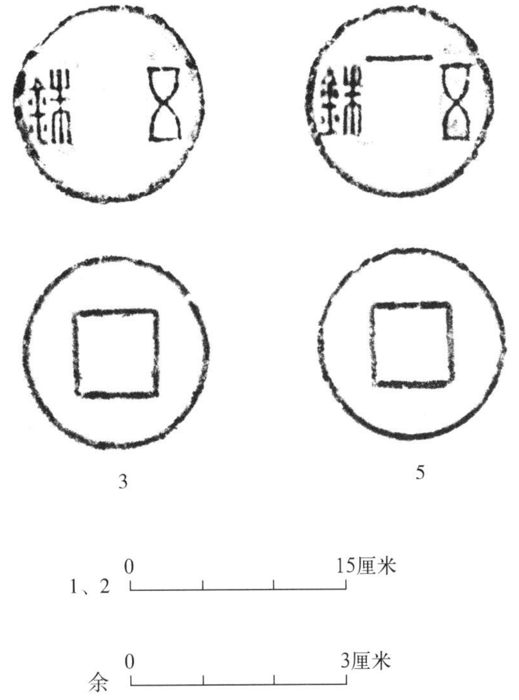

图 4-202　M748 出土器物

1、2. 陶钫　3、5. 铜钱

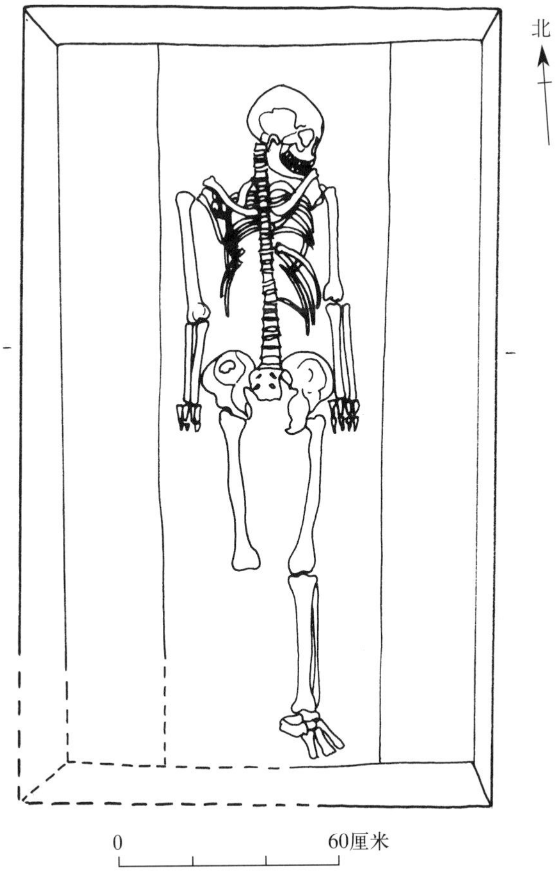

图 4-203　M750 及出土器物

01-1. 铜钱

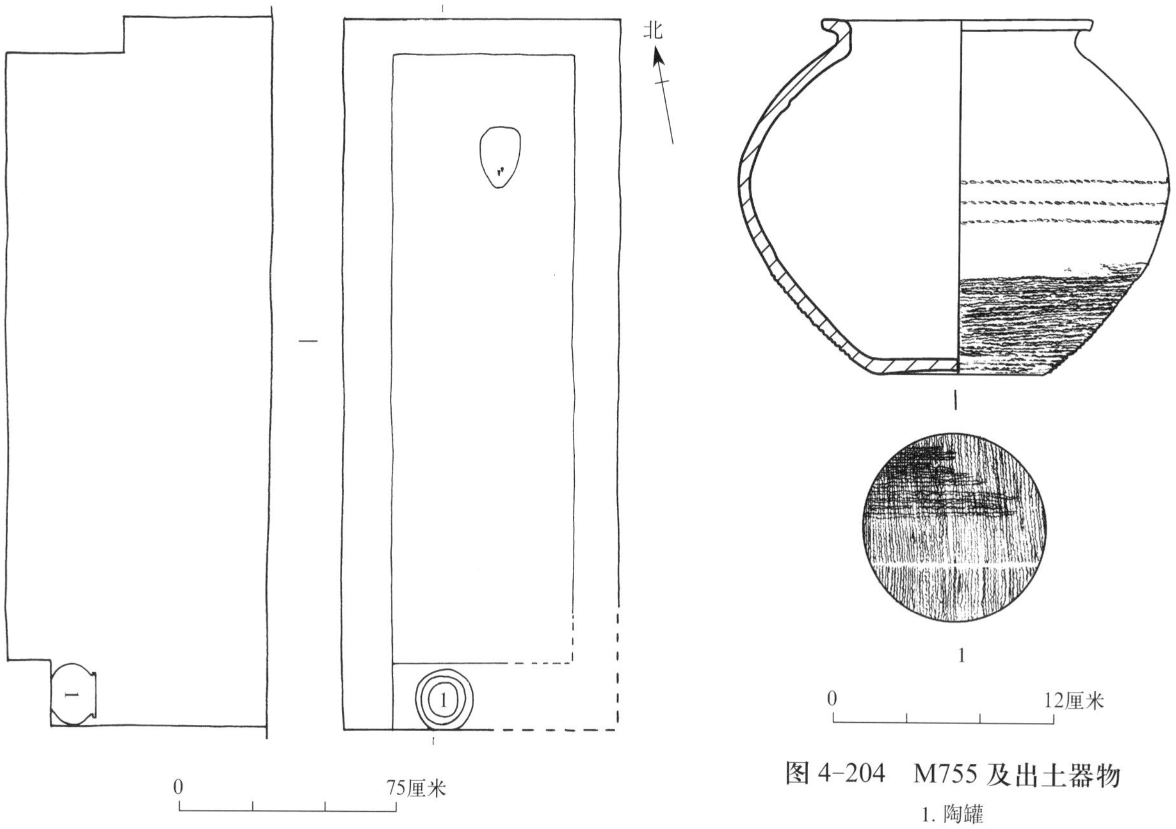

图4-204　M755及出土器物
1. 陶罐

标本M755∶1，泥质灰陶。侈口，折平沿，方唇，束颈，圆腹，下部弧收，平底微凹。腹中部饰三周戳印纹，下腹及底部饰绳纹。口径14.8、底径9.2、高18.8厘米（图4-204，1；彩版九六，2）。

（一八一）M756

墓葬形制

位于墓地东北部，东面是M708，西北面为M754。方向10°（图4-205；彩版九六，3）。

长方形土坑竖穴墓。墓口长2.45、宽1.2、深0.8米。木棺已腐朽，仅见板灰痕迹，长2.25、宽0.7米。墓内填黄褐色五花土，土质较疏松。经过夯打，夯窝圆形，分布稀疏，直径7厘米。

人骨1具。头向北，面向上，仰身直肢。右上肢放在骨盆处。男性，年龄40～45岁。

随葬器物无。

（一八二）M760

墓葬形制

位于墓地东北部，被M870打破，西南面为M606。方向10°（图4-206）。

长方形土坑竖穴墓。墓口长2.1、宽0.9、深2.30米。墓底有生土二层台，宽0.15、高0.15米。墓内填黄褐色五花土，土质较疏松。夯窝圆形，分布不均匀，直径7～10、间距10～20厘米。

人骨1具。头向北，面向东，仰身屈肢。右上肢放在骨盆处，右下肢向左弯曲。女性，年龄45～55岁。

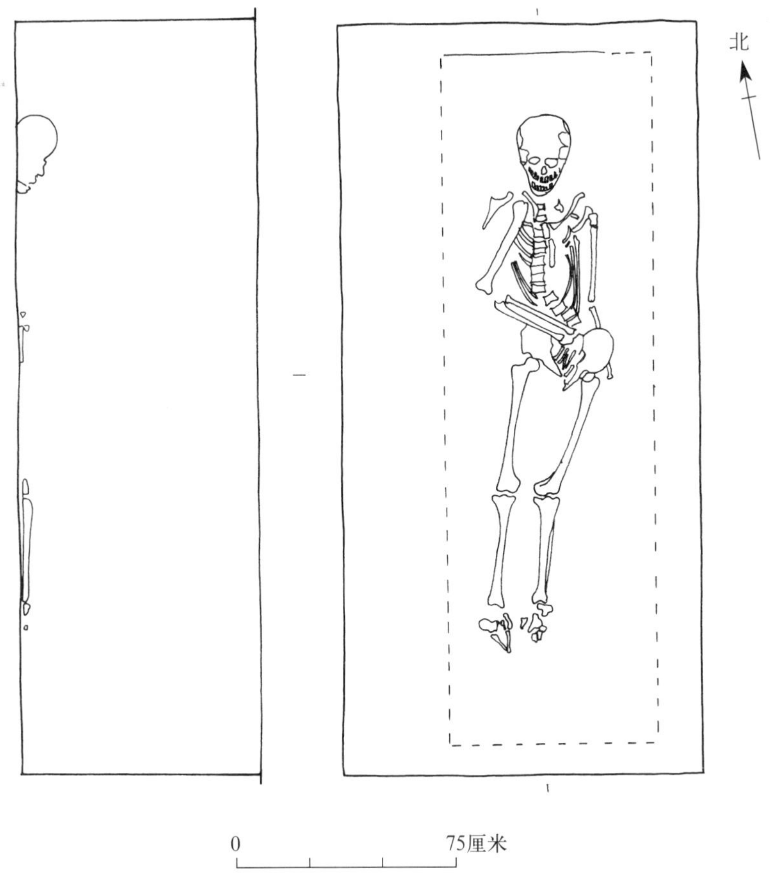

图 4-205　M756 平、剖面图

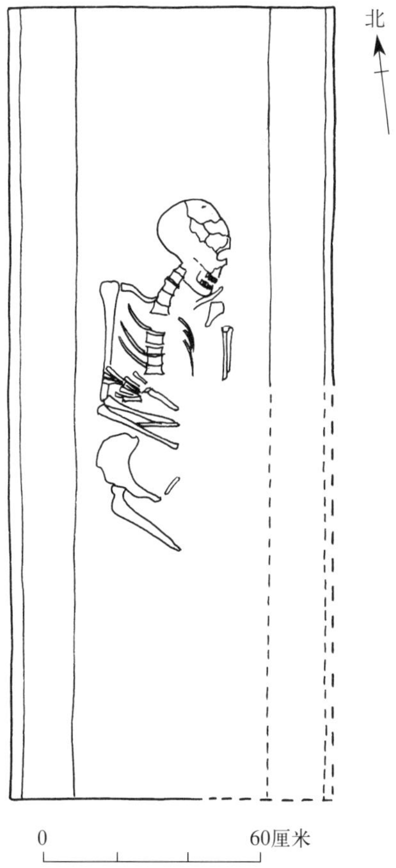

图 4-206　M760 平面图

随葬器物无。

（一八三）M765

1. 墓葬形制

位于墓地中部，东面是 M762，西南面为 M764。方向 15°（图 4-207；彩版九六，4）。

长方形土坑竖穴墓。墓口长 2.4、宽 0.9 米，底长 2.3、宽 0.6、深 1 米。木棺已腐朽，仅见板灰痕迹。东、西两侧有生土二层台，宽 0.1、高 0.2 米。墓内填黄褐色五花土，土质较坚硬。

人骨 1 具。头向北，面向东，仰身直肢。男性，年龄 40 ～ 50 岁。

随葬陶罐 1 件。放在墓室东南角。发现少量动物骨骼，未经鉴定，属性不明。

2. 出土遗物

陶器

陶罐　1 件。

标本 M765 : 1，泥质灰陶。盘口，口沿剖面三角形，沿外缘斜下垂，高领，溜肩，圆鼓腹下收，小平底。颈上部一周凸棱，腹部三周戳印纹，下腹及底部饰绳纹。口径 12、底径 8、高 27.5 厘米（图 4-207，1；彩版九六，5）。

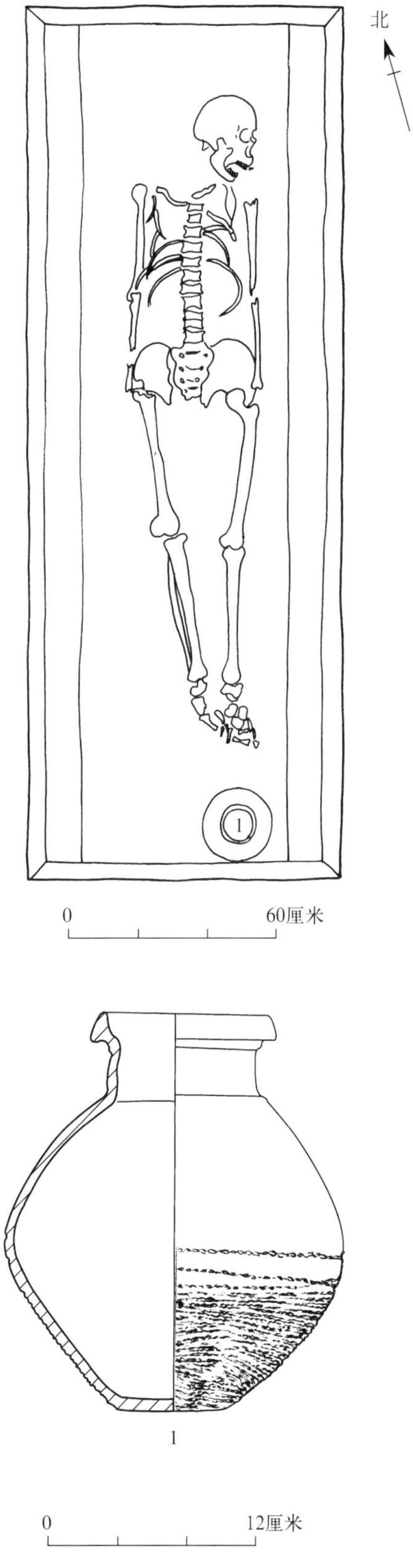

图 4-207　M765 及出土器物
1. 陶罐

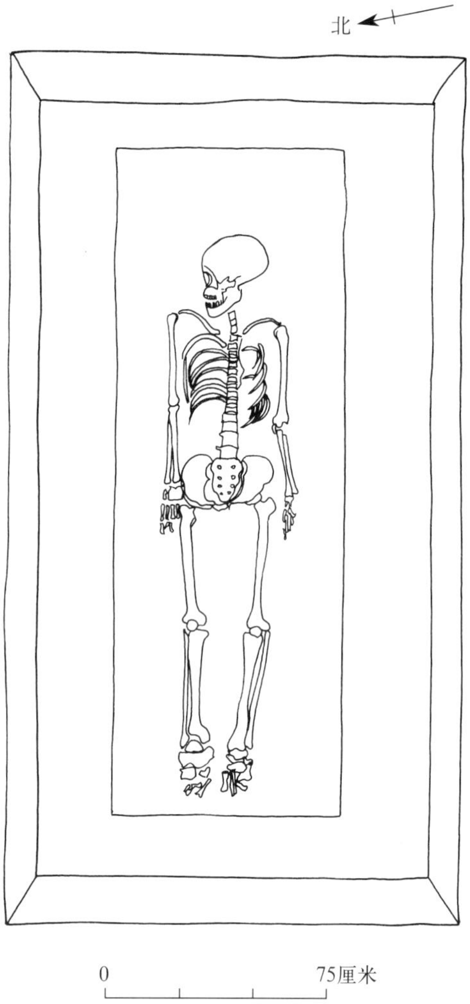

图 4-208　M768 平面图

（一八四）M768

墓葬形制

位于墓地中部，东北面是 M763，西面为 M540。方向 103°（图 4-208）。

长方形土坑竖穴墓。墓口长 2.8、宽 1.5、深 2.9 米。底长 2.5、宽 1.3 米。木棺腐朽，仅见灰痕，长 2.15、宽 0.75 米。墓内填黄褐色五花土，土质较坚硬。经夯打，夯窝圆形，分布密集，有的相互叠压，直径 12、夯层厚 12 厘米。

人骨 1 具。骨骼保存较好，头向东，面向北，仰身直肢。口微张，四肢平放。男性，年龄 20～25 岁。

随葬器物无。

（一八五）M770

1. 墓葬形制

位于墓地中部，被M574打破，北面是M766，东南面为M875。方向10°（图4-209；彩版九七，1）。

长方形土坑竖穴墓。墓口残长1.3、宽1.4米，底长2.2、宽0.8、深1.75米。墓底四周有生土二层台，宽0.2、高0.6米。北壁有头龛，宽0.35、高0.4、进深0.25米。墓内填黄褐色花土，土质较坚硬。

人骨1具。头向北，面向上，仰身直肢，左下肢微内曲。男性，年龄21～25岁。

壁龛内放置陶罐1件。

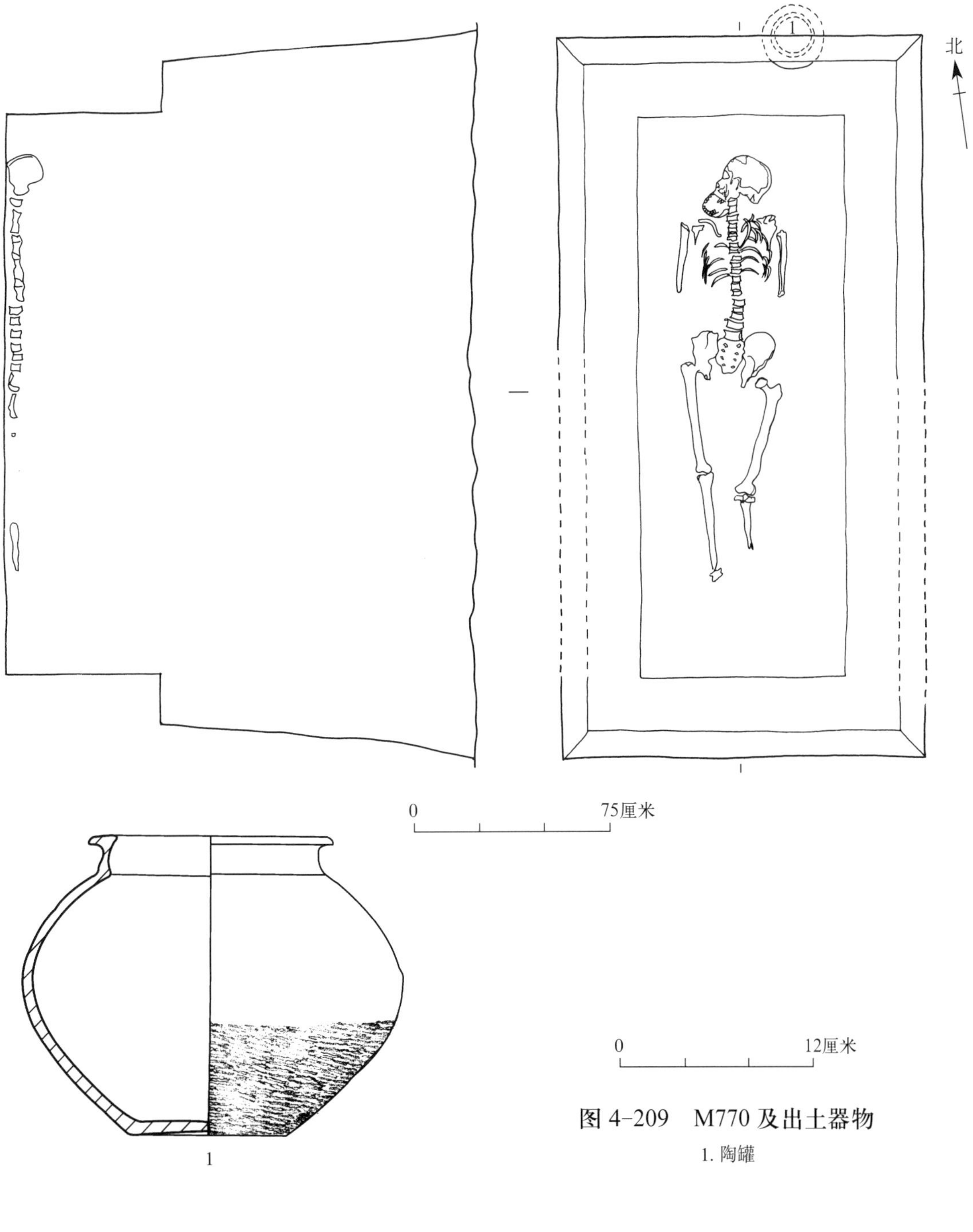

图4-209　M770及出土器物

1. 陶罐

2. 出土遗物

陶器

陶罐　1件。

标本M770∶1，泥质灰陶。平折沿，尖唇，束颈，圆腹，小平底微内凹。下腹及底部饰绳纹。口径9.6、底径17.6、高21.6厘米（图4-209，1；彩版九七，2）。

（一八六）M771

墓葬形制

位于墓地中部，南面和西南面为M475、M513、M512。方向10°（图4-210）。

长方形土坑竖穴墓。墓口长2.5、宽1.4、深2.2、底长2.5、宽1.3米。木棺腐朽，仅见灰痕，长2.2、宽0.8米。墓内填黄褐色五花土，土质较坚硬。

人骨1具。头向北，面向上，仰身直肢。骨骼保存较差，头骨残破，上肢躯干缺失。女性，年龄40～45岁。

随葬器物无。

（一八七）M772

墓葬形制

位于墓地中部，东北面是M773，东南面为M822、M821。方向90°（图4-211）。

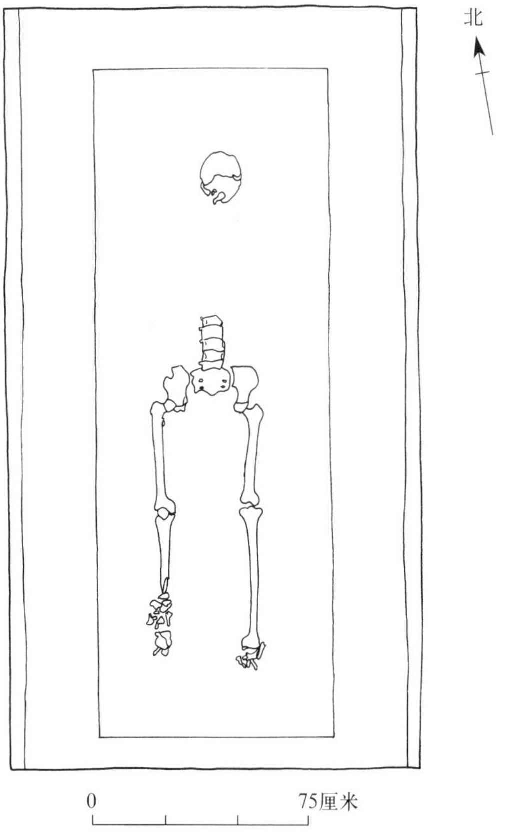

图4-210　M771平面图

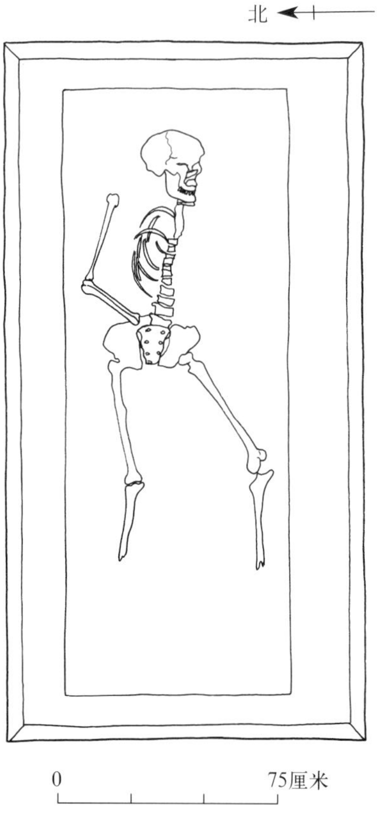

图4-211　M772平面图

长方形土坑竖穴墓。墓口长 2.3、宽 1.2、深 2.3、底长 2.2、宽 1.1 米。木棺已腐朽。仅见板灰痕迹，长 2.00、宽 0.75 米。墓内填黄褐色花土，土质较坚硬。

人骨 1 具。头向东，面向南，仰身屈肢，左上肢缺失。女性，年龄 35 ～ 40 岁。

随葬器物无。

（一八八）M774

1. 墓葬形制

位于墓地中部，被 M586 叠压。东北面是 M589。方向 270°（图 4-212；彩版九七，3）。

长方形土坑竖穴墓。墓口长 2.6、宽 1.5 米，底长 2.5、宽 1.3、深 3.3 米。墓底有生土二层台，宽 0.2 ～ 0.3、高 0.6 米。墓内填黄褐色花土，经过夯打，土质较坚硬。夯窝圆形，分布密集，有的互相叠压，直径 9 ～ 12、间距 3 ～ 10、夯层厚 12 厘米。

人骨 1 具。头向西，面向不详，仰身直肢。疑似男性。成年个体。

墓底西南出土陶罐 1 件。乳猪骨放于陶罐北侧。

2. 出土遗物

陶器

陶罐　1 件。

标本 M774 : 1，泥质灰陶。敛口，沿面外弧，圆腹，下部内收，小平底。腹部饰一周凹弦纹、间饰三周戳印纹，下腹饰绳纹。口径 19、底径 9.2、高 21.6 厘米（图 4-212，1；彩版九七，4）。

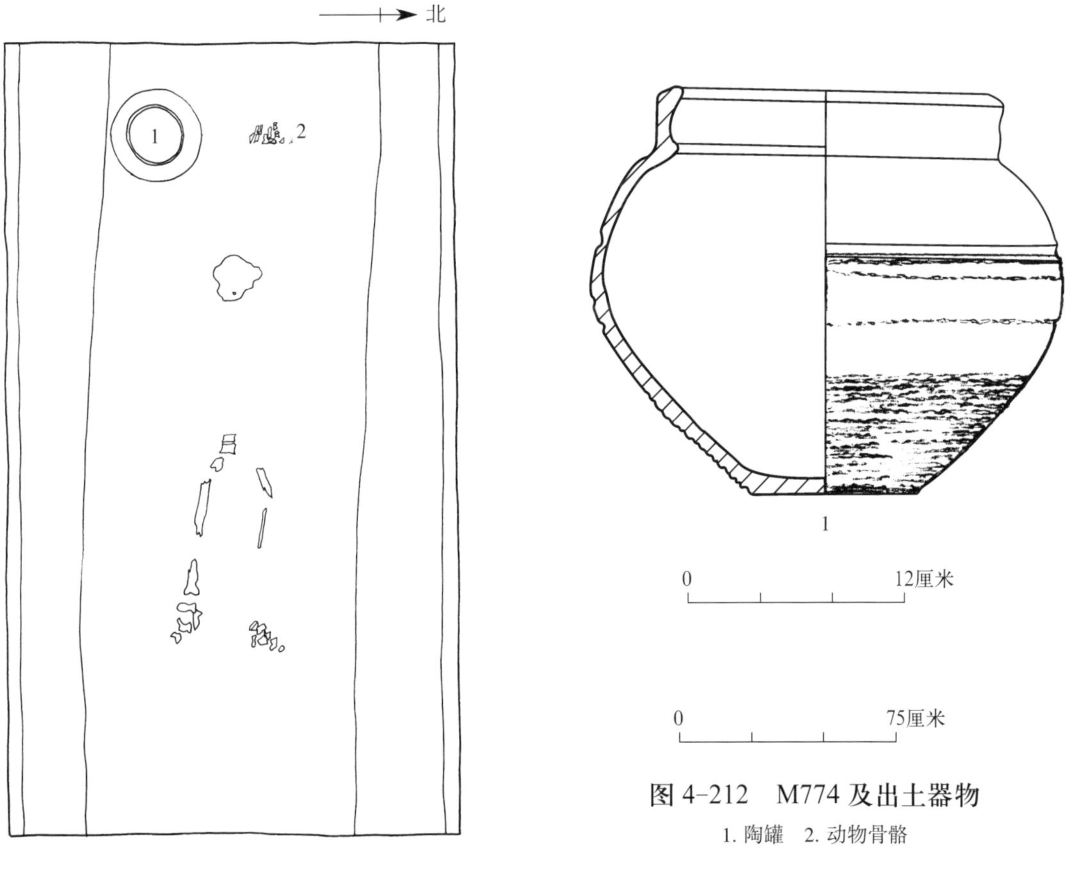

图 4-212　M774 及出土器物

1. 陶罐　2. 动物骨骼

（一八九）M775

墓葬形制

位于墓地中部，北面是M749，西南面为M922。方向10°（图4-213）。

长方形土坑竖穴墓。墓口长2.8、宽1.6、底长2.6、宽1.45、深2米。墓口向下1.3米处，四周有生土二层台，宽0.3～0.35、高0.7米。墓内填黄褐色花土，土质较坚硬。夯打痕迹模糊不清。

人骨1具。头向北，面向不详，仰身直肢。骨骼腐朽严重，仅残存少量牙齿。性别、年龄无法鉴定。

随葬器物无。

（一九〇）M777

墓葬形制

位于墓地中部，东面是M581，西面为M779。方向5°（图4-214）。

长方形土坑竖穴墓。墓口长2.1、宽1、底长1.9、宽0.9、深1.2米。墓室东、西两侧有生土二层台，宽0.15、高0.3米。墓内填黄褐色花土，土质较坚硬。

人骨1具。头向北，面向上，仰身直肢。骨骼保存较差，仅残存头骨及下肢遗骸。性别无法鉴定，

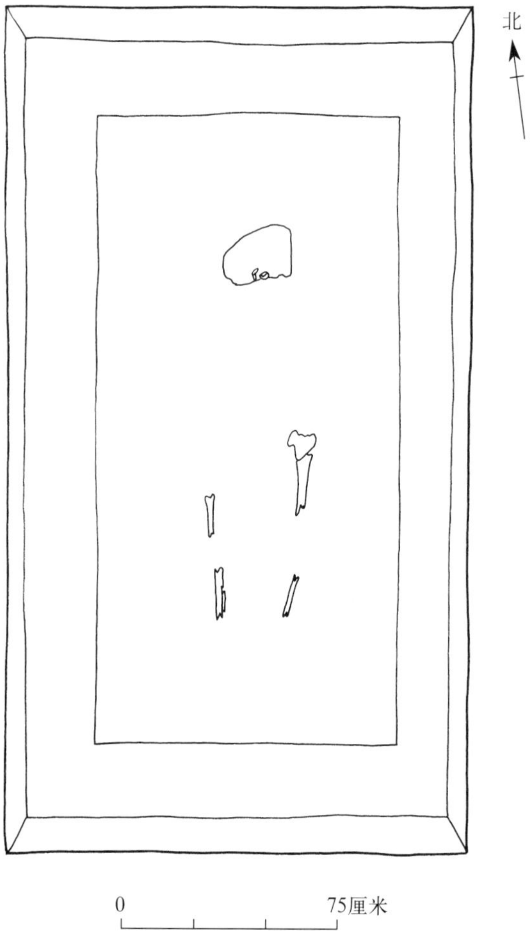

图4-213　M775平面图

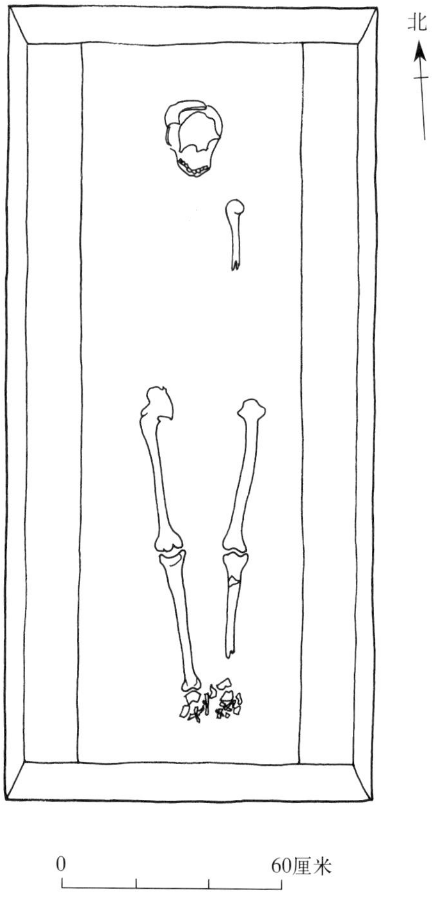

图4-214　M777平面图

年龄 30 ～ 35 岁。

随葬器物无。

（一九一）M779

墓葬形制

位于墓地中部，东面是 M777，西面为 M778、M776。方向 10°（图 4–215）。

长方形土坑竖穴墓。墓口长 2.4、宽 1.3、深 1.8 米。椁室东、西两壁有生土二层台，宽 0.3、高 0.5 米。墓内填黄褐色花土，经过夯打，土质较坚硬。夯窝圆形，直径 10、夯层厚 10、间距 10 ～ 30 厘米。

人骨 1 具。头向北，面向东，仰身直肢。骨骼严重腐朽，上肢缺失，仅残存头骨及下肢骨遗骸。男性，年龄 40 岁左右。

随葬器物无。

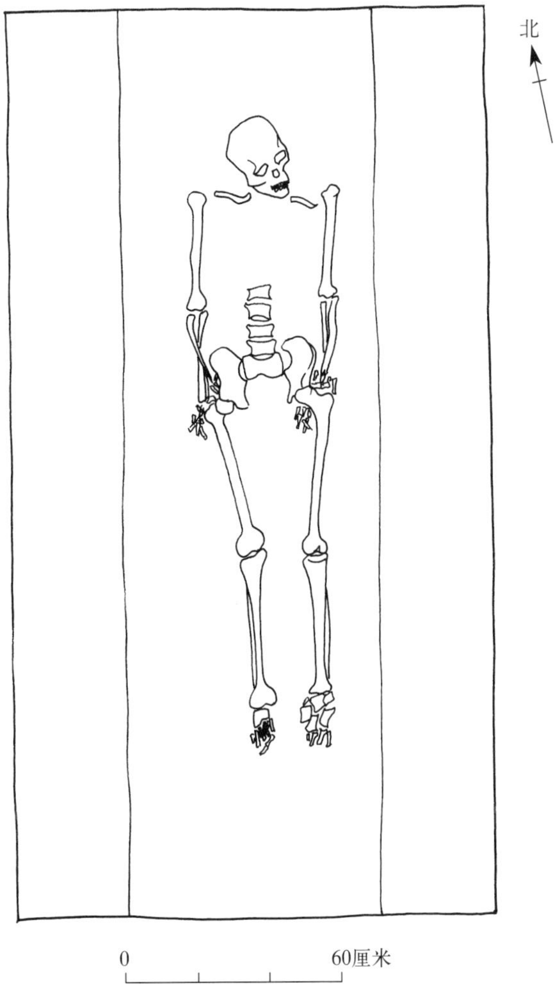

图 4–215　M779 平面图

（一九二）M781

1. 墓葬形制

位于墓地东北部，被 M656 叠压，被 M782 打破。方向 288°（图 4–216；彩版九八，1）。

长方形土坑竖穴墓。墓口长 2.55、宽 0.74、深 0.4 米。木棺已腐朽，仅见板灰。墓内填深褐色五花土，土质较疏松。

人骨 1 具。头向西，面向不清，仰身直肢。骨骼腐朽严重，仅残存部分肢骨。性别无法鉴定，成年个体。

随葬器物 9 件。陶壶 2 件南北并排放在墓内西端。铜刷柄、铁镜架各 1 件置于墓主头骨右上侧。铜钱 2 枚放置在墓主右上肢内侧。铁琀 1 件，放在墓主口内。漆器 2 件置于西北角。陶壶西侧有乳猪骨、鱼骨。

2. 出土遗物

（1）陶器

陶壶　2 件。泥质灰陶。侈口，斜沿，圆唇，束颈，溜肩，鼓腹。素面。

标本 M781 : 1，平底。颈部饰绳纹。腹部有制作抹痕。口径 12.8、底径 15、高 24.8 厘米（图 4–217，1；彩版九八，2 左）。

标本 M781 : 2，平底微凹。口径 12、底径 14.6、高 23.2 厘米（图 4–217，2；彩版九八，2 右）。

（2）铜器

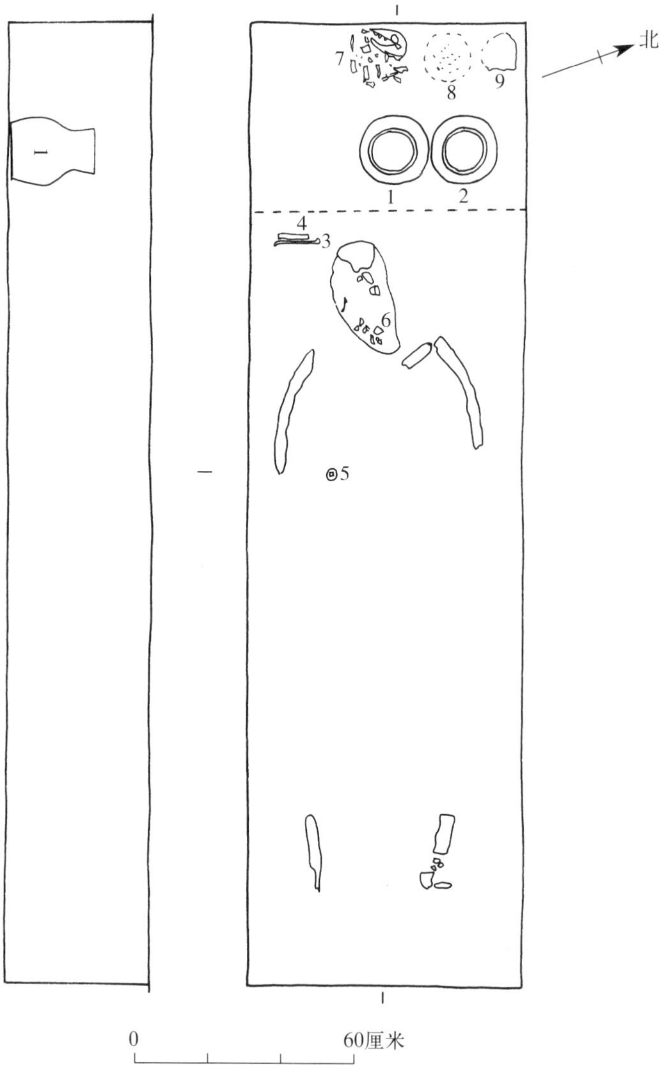

图 4-216　M781 平、剖面图

1、2. 陶壶　3. 铜刷柄　4. 铁镜架　5. 铜钱（2）　6. 铁琀　7. 动物骨骼　8、9. 漆器（未复原）

铜刷柄　1 件。

标本 M781∶3，形似烟斗状，斗呈圆筒形中空，细长柄，尾端翘起近龙首形，有圆形小孔。长 12.1 厘米（图 4-217，3）。

铜钱　2 枚。为五铢，圆形方穿，正面有轮无郭，背面轮郭俱全。根据钱文字体不同分为两种。

第一种　1 枚。“五”字两笔交叉微曲，“铢”字“金”头呈镞形，与“朱”等齐，“朱”字上部方折。

标本 M781∶5-1，直径 2.5、穿边长 1、厚 0.17 厘米（图 4-217，5-1）。

第二种　1 枚。“五”字两笔交叉弯曲，与上、下两横相交处垂直，“铢”字“金”头呈镞形，“朱”字上部方折，穿上横郭。

标本 M781∶5-2，直径 2.6、穿边长 1、厚 0.16 厘米（图 4-217，5-2）。

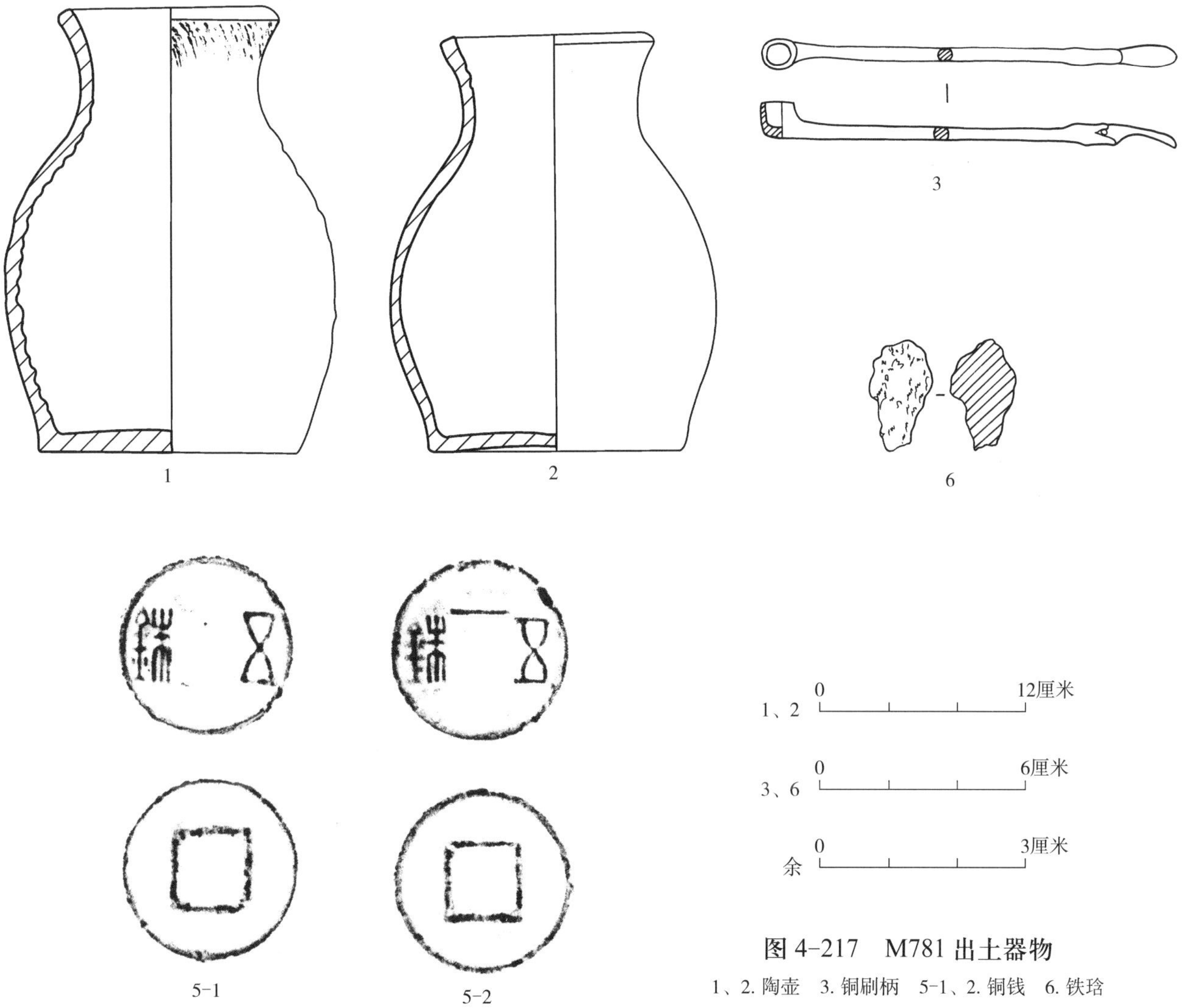

图 4-217　M781 出土器物

1、2. 陶壶　3. 铜刷柄　5-1、2. 铜钱　6. 铁琀

（3）铁器

铁琀　1 件。

标本 M781：6，锈蚀。椭圆形，一端尖，表面粗糙，长 3.1、厚 1.9 厘米（图 4-217，6）。

铁镜架　1 件。

标本 M781：4，残破严重，不能复原。

（4）漆器

2 件。

标本 M781：8-9，仅见残片，器形不明。

（一九三）M782

1. 墓葬形制

位于墓地东北部，被 M656 叠压。打破 M781。方向 18°（图 4-218；彩版九八，3）。

长方形土坑竖穴墓。墓口长 2.15、宽 0.58、深 0.20 米。墓内填黄褐色五花土，土质较致密。

人骨1具。头向北，面向左，仰身直肢，四肢自然伸直，左手置骨盆外侧，右手抚骨盆右侧。女性，年龄15～18岁。

铜镜1枚放置墓主头骨右上方。

2. 出土遗物

铜器

铜镜　1枚。

标本M782∶1，素面镜，锈蚀严重。制作较为粗糙，体较薄。圆形，弓形纽，镜身近平，边缘略卷。面径7.6、缘厚0.15厘米（彩版九八，4）。

（一九四）M783

墓葬形制

位于墓地东北部，被M656打破。方向20°（图4-219）。

长方形土坑竖穴墓。墓口长2.2、宽0.58、深0.2米。墓内填黄褐色五花土，土质较坚硬。

人骨1具。头向北，面向右。仰身直肢。左手置于骨盆外侧，右手抚骨盆上面。下肢并拢，双足外张。男性，年龄40～50岁。

随葬器物无。

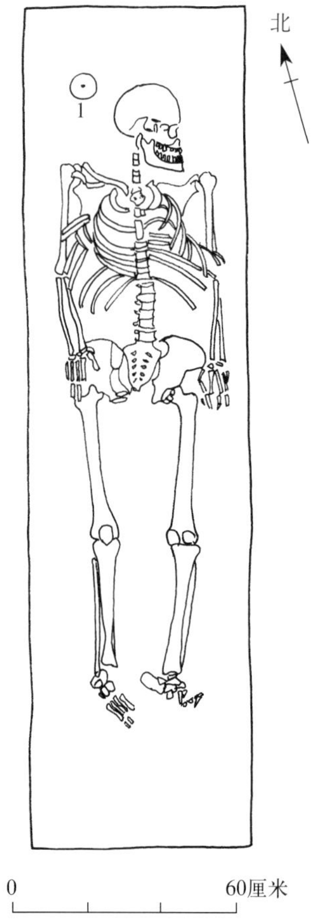

图4-218　M782平面图

1. 铜镜

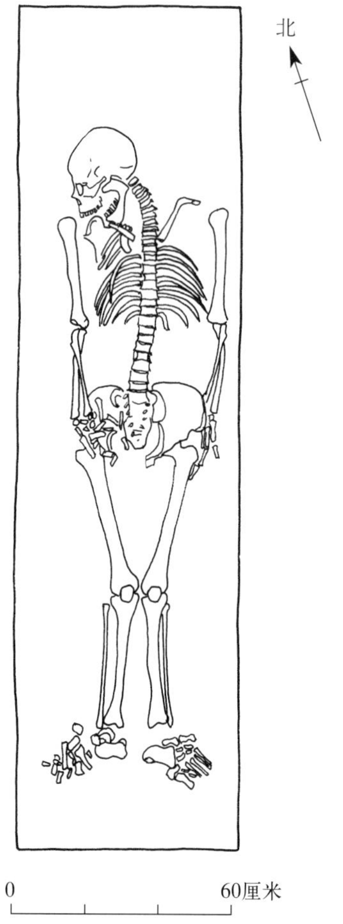

图4-219　M783平面图

（一九五）M803

1. 墓葬形制

位于墓地东北部，东面是 M806，南面为 M809，西面是 M860。方向 100°。

长方形土坑竖穴墓。墓口长 3、宽 1.96、深 3.9 米。墓底有生土二层台，宽 0.1 ～ 0.2、深 0.8 米。脚箱位于西端，长 1.25、宽 0.5、高 0.5 米。用青砖错缝或对缝垒砌而成。南、北壁顺向七层、西侧“丁”字形三层。箱底部“丁”字形平铺一排，再顺向垒砌一排。砖长 32、宽 12、厚 5 ～ 6 厘米。墓内填黄褐色花土，土质疏松。夯窝圆形，排列不均匀，直径 7 ～ 10 厘米。填土中发现 1 件铁夯具。

人骨 1 具。头向东，面向不详。骨骼腐朽严重，仅残存少量下颌骨和脊椎骨。性别无法鉴定，成年个体。

铜钱 1 枚放在墓主下颌骨处。乳猪、鸡、鱼、羊骨放置脚箱内。

2. 出土遗物

（1）铜器

铜钱　1 枚。

标本 M803 : 1，半两。破碎不能复原。

（2）铁器

铁夯具　1 件。

标本 M803 : 01，筒状，锈蚀严重。残碎数块，未能修复。

（一九六）M806

墓葬形制

位于墓地东北部，被 M801 打破，西面是 M803，西南面为 M809。方向 118°（图 4-220）。

长方形土坑竖穴墓。墓口长 2.2、宽 0.6、深 1.45 米。墓底有生土二层台，宽 0.25、高 0.45 米。墓内填黄褐色五花土，土质较疏松。

人骨 1 具。头向东，面向上，仰身直肢，墓主上肢骨部分缺失，下肢并拢。女性，年龄 18 ～ 23 岁。

随葬器物无。

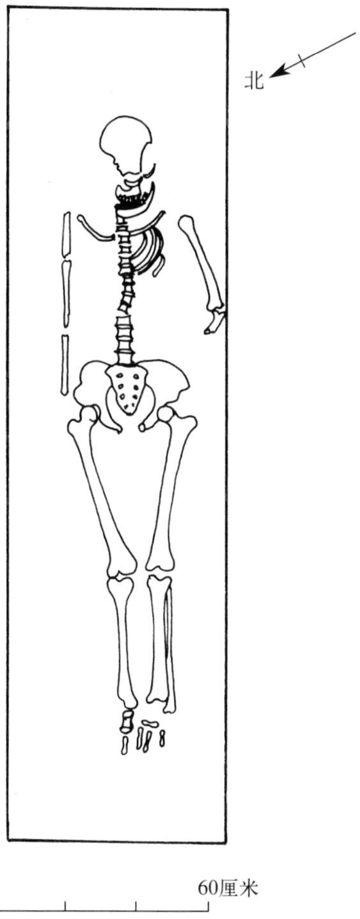

图 4-220　M806 平面图

（一九七）M810

1. 墓葬形制

位于墓地东北部，被 M804 打破，北面是 M635，南面为 M916。方向 105°（图 4-221；彩版九九，1）。

长方形土坑竖穴墓。墓口长 2.7、宽 1.1、深 0.76 米。墓底有生土二层台，宽 0.05 ～ 0.15、高 0.65 米。墓内填黄褐色花土，土质较疏松。

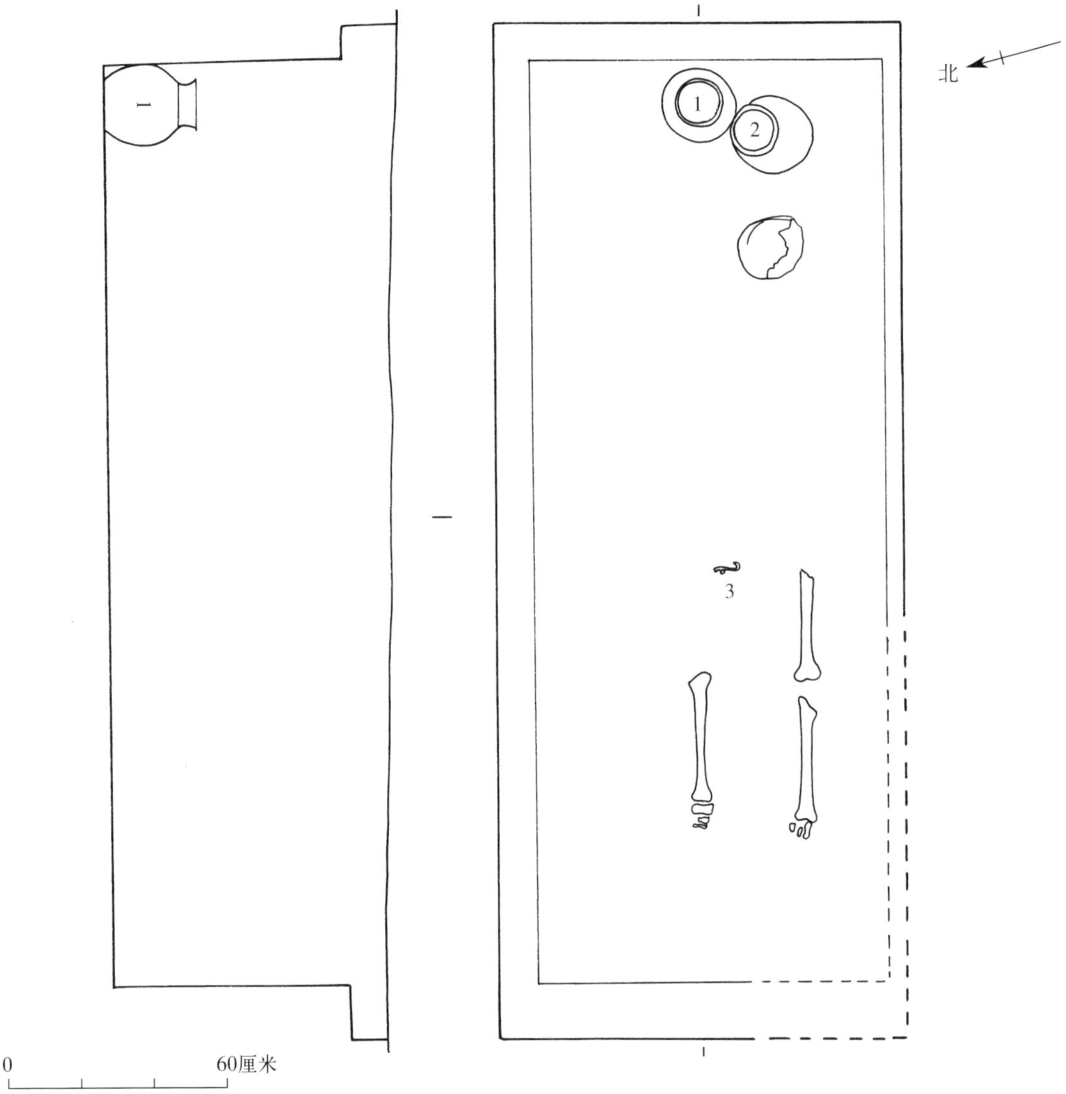

图 4-221　M810 平、剖面图

1、2. 陶壶　3. 铜带钩

人骨 1 具。头向东，面向不详，仰身直肢，骨骼保存较差，仅残存部分下肢骨。疑似男性。成年。

随葬器物 3 件。陶壶 2 件南北并排位于墓内东南（彩版九九，2）。铜带钩 1 件置于墓主腰部。

2. 出土遗物

（1）陶器

陶壶　2 件。泥质灰陶。形制相同。侈口，斜沿，圆唇，束颈，鼓腹，平底微凹。颈、腹部白彩饰两周凹弦纹，上腹白彩绘卷云纹与圆点纹，腹部饰四周戳印纹。

标本 M810∶1，腹部一周戳印纹在白彩带纹下。口径 13、底径 14.8、高 24 厘米（图 4-222，1；彩版九九，3）。

标本 M810∶2，口径 12.6、底径 14、高 23.2 厘米（图 4-222，2；彩版九九，4）。

（2）铜器

铜带钩　1 件。

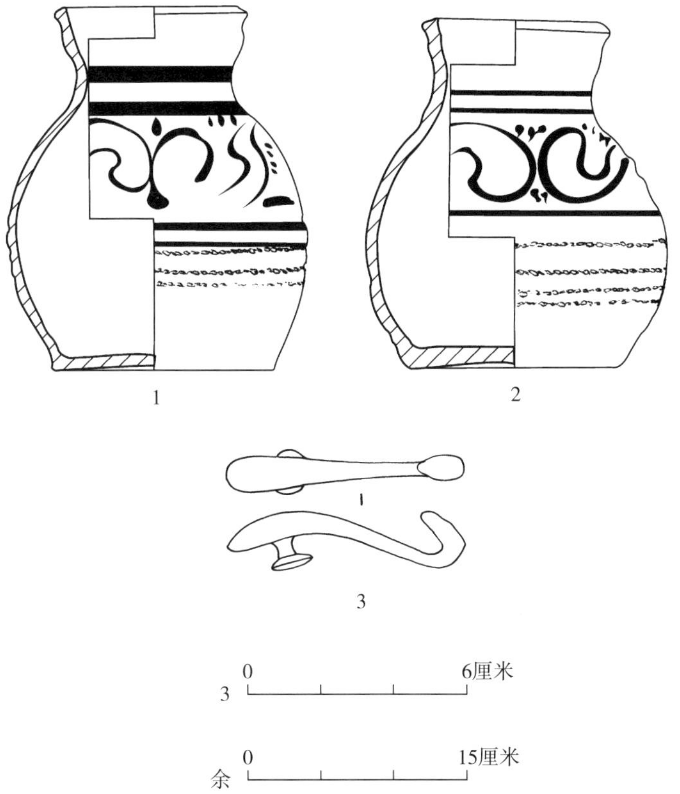

图 4-222　M810 出土器物

1、2. 陶壶　3. 铜带钩

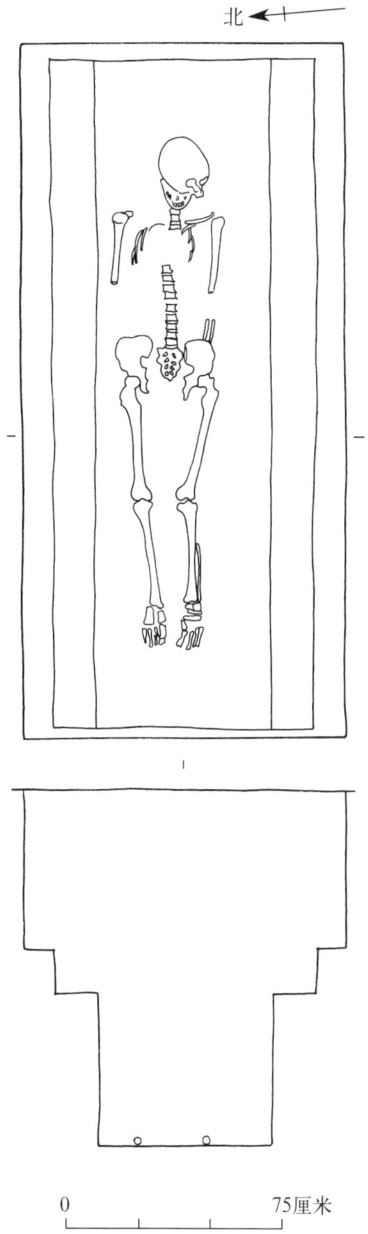

图 4-223　M811 平、剖面图

标本 M810：3，琵琶形。钩呈马首状，断面呈半圆形，圆形纽位于钩尾背面中部。长 6.5 厘米（图 4-222，3；彩版九九，5）。

（一九八）M811

墓葬形制

位于墓地东北部，被 M668 打破，北面是 M667，西面为 M896。方向 95°（图 4-223）。

长方形土坑竖穴墓。墓口长 2.3、宽 1.1、深 1.18 米。墓底有生土二层台，台宽 0.1 ～ 0.15、高 0.65 米。墓内填黄褐色五花土，土质较疏松。

人骨 1 具。头向东，面向上，仰身直肢。墓主部分肋骨腐朽。女性，年龄 40 ～ 50 岁。

随葬器物无。

（一九九）M812

1. 墓葬形制

位于墓地东北部，打破 M813，北面是 M814。方向 100°（图 4-224；彩版一〇〇，1）。

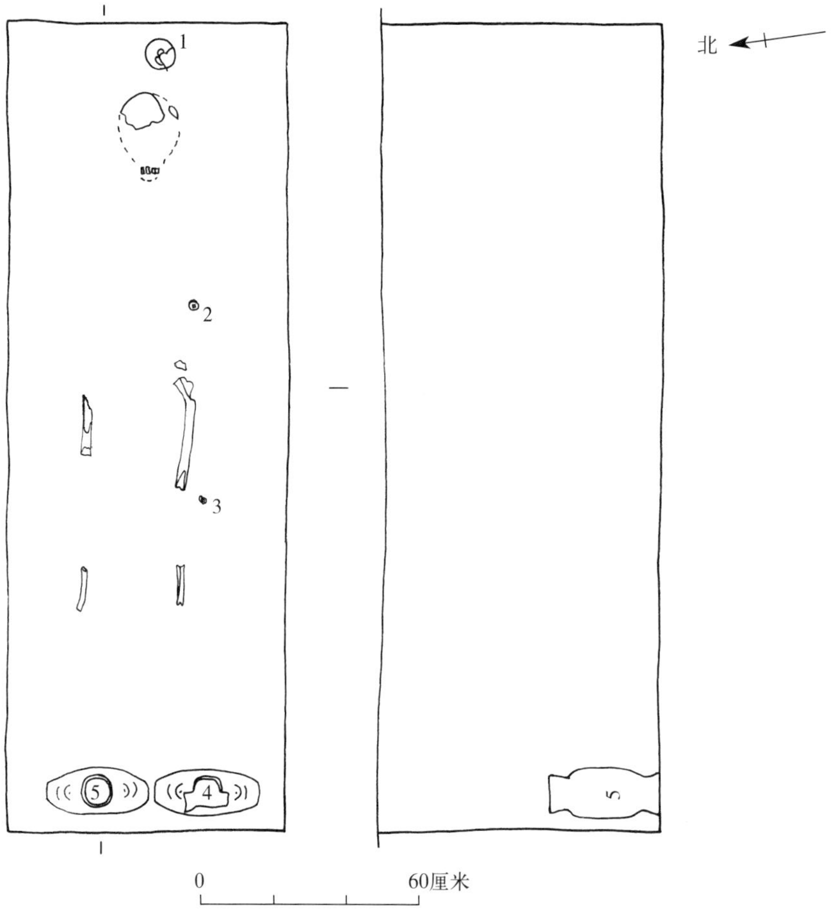

图 4-224　M812 平、剖面图

1. 铜镜　2. 铜钱（5）　3. 铜钱　4、5. 陶扁壶

长方形土坑竖穴墓。墓口长 2.15、宽 0.76、深 0.76 米。墓内填黄褐色五花土，土质较疏松。填土中发现 2 件陶盘。

人骨 1 具。头向东，面向上，仰身直肢。骨骼腐朽严重，仅存头骨及部分下肢残骸。性别、年龄无法鉴定。

随葬器物 9 件。陶扁壶 2 件平放于墓内西端（彩版一〇〇，2）。铜镜 1 枚放置墓主头骨上方。铜钱 6 枚，其中 5 枚放于墓主腰间左侧，另 1 枚放在左膝外侧。

2. 出土遗物

（1）陶器

陶扁壶　2 件。夹砂灰陶。侈口，斜平沿，圆唇，束颈，扁鼓腹，圈足。肩上两侧安对称桥形鼻，素面。

标本 M812∶4，口径 10、底长径 13.6、短径 10、高 28 厘米（图 4-225，4；彩版一〇〇，3）。

标本 M812∶5，口径 9.5、底长径 13、短径 8.6、高 28 厘米（图 4-225，5；彩版一〇〇，4）。

陶盘　2 件。泥质灰陶。敞口，斜折沿，浅腹，下部弧收，凹底。素面。

标本 M812∶01，方唇。口径 20、底径 5.8、高 3.8 厘米（图 4-225，01）。

标本 M812∶02，圆唇。口径 19.5、底径 4.6、高 3.8 厘米（图 4-225，02）。

（2）铜器

铜镜　1枚。

标本M812∶1，日光连弧铭带镜。圆形，圆纽，圆纽座。座外均匀伸出四组短竖线（每组三条），再外一周内向八连弧纹圈带。外区两周短斜线和凸弦纹组合纹带，之间为顺时针铭文带“见日之光，天下大明”。圆转式篆隶体、首尾笔画加重呈楔形，每字间隔类似涡纹或带十字的菱形纹符号。宽

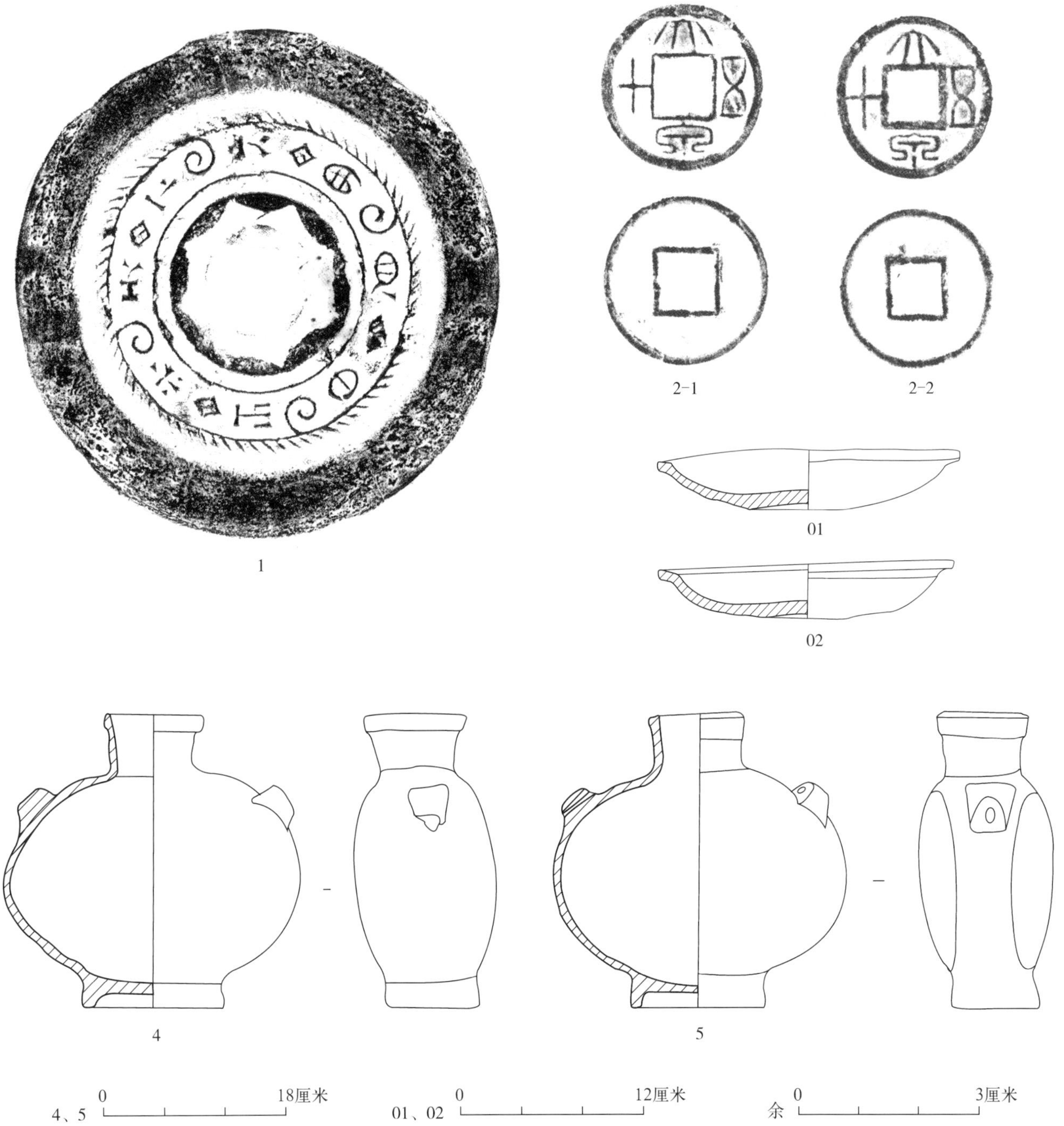

图4-225　M812出土器物

1. 铜镜　2-1、2. 铜钱　4、5. 陶扁壶　01、02. 陶盘

素平缘。面径8.2、缘厚0.45厘米（图4-225，1；彩版一〇〇，5）。

铜钱　6枚。为半两、大泉五十，圆形方穿。

半两　1枚。

标本M812∶3，锈蚀严重，残缺不全。

大泉五十　5枚。钱正面有轮无郭，背面轮郭俱全。

标本M812∶2-1，钱文篆书，对读，笔画纤细，“五”两笔交叉弯曲，与上、下两横相交处微内收。直径2.7、穿边长1、厚0.2厘米（图4-225，2-1）。

标本M812∶2-2，钱文笔画略粗，“五”字两笔交叉弯曲，与上、下两相交处垂直。直径2.6、穿边长0.9、厚0.16厘米（图4-225，2-2）。

（二〇〇）M815

1. 墓葬形制

位于墓地东北部，西侧被现代窖打破，南面为M858。方向101°（彩版一〇一，1）。

长方形土坑竖穴墓。墓口长3.1、宽1.8、深3.5米。墓底有生土二层台，宽0.1～0.3米。西侧二层台横排一层青砖，可能为拱起的壁龛。砖长32、宽12、厚6厘米。木棺已腐朽，仅见板灰痕迹，长2.05、宽0.75米。墓内填黄褐色五花土，经夯打，土质较致密。夯窝圆形，直径6～12、间距5～15厘米。

人骨1具。头向东，仅存部分头骨残骸。性别、年龄无法鉴定。

随葬器物4件。陶罐、陶钵放在西端二层台青砖下面。铜带钩1件放在墓主口内。铁镜架1件置于墓主头骨右上方。鸡骨放在壁龛内。

2. 出土遗物

（1）陶器

陶罐　1件。

标本M815∶3，泥质灰陶。侈口，斜折沿，方唇，直颈，溜肩，腹部折内收，小平底。口部饰一周戳印纹，腹部饰三周戳印纹，下腹饰细绳纹。口径22.8、底径12、高36.6厘米（图4-226，3；彩版一〇一，2）。

陶钵　1件。

标本M815∶4，直口，平沿，直颈，折腹，下部斜内收，小平底微内凹。素面。口径21.4、底径7.3、高9.8厘米（图4-226，4；彩版一〇一，3）。

（2）铜器

铜带钩　1件。

标本M815∶1，琵琶形。钩似鸟首状，尖长嘴，双眼凸出，横断面正方形，尾部半圆形，圆形纽位于背部尾端。长4.3厘米（图4-226，1；彩版一〇一，4）。

（3）铁器

铁镜架　1件。

标本M815∶2，锈蚀较重。叉形，两侧支脚扁长条形，一侧略缺。高7.8厘米（图4-226，2）。

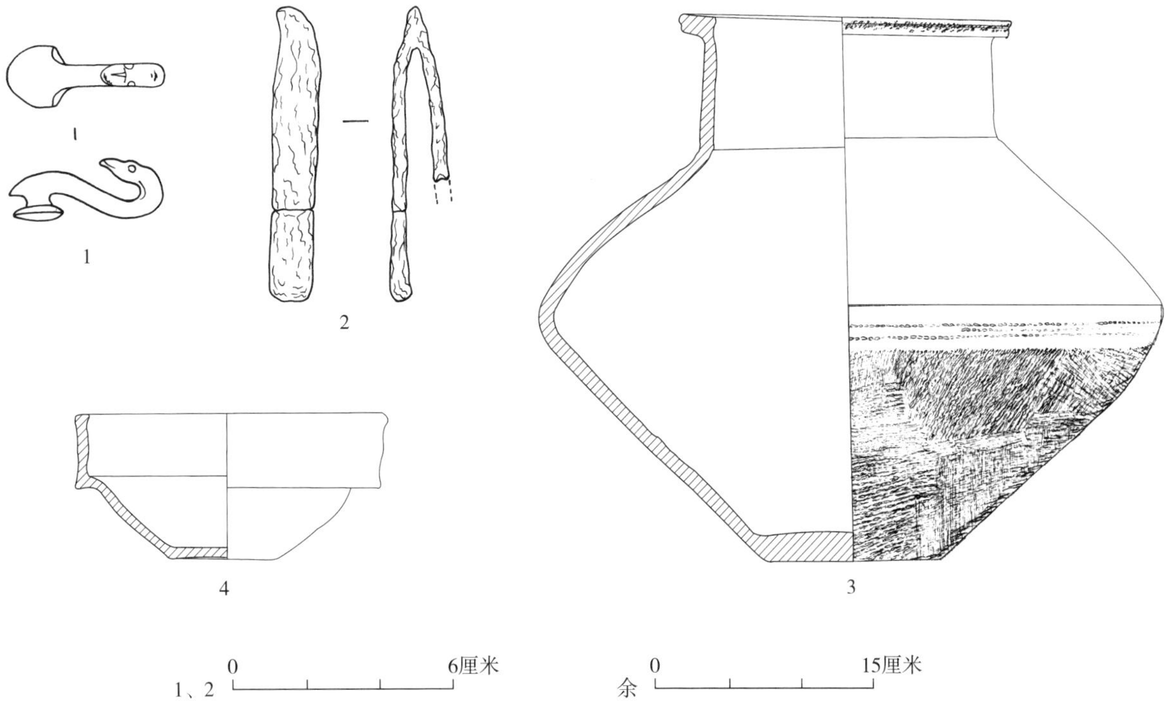

图 4-226 M815 出土器物

1. 铜带钩 2. 铁镜架 3. 陶罐 4. 陶钵

（二〇一）M816

1. 墓葬形制

位于墓地东北部，东北面是 M858，东面是 M914，南面为 M818。方向 11°（图 4-227；彩版一〇一，5）。

长方形土坑竖穴墓。墓口长 2.2、宽 1.1、深 1.32 米。墓底有生土二层台，宽 0.07 ～ 0.2、高 0.5 米。北壁有长方形壁龛，高 0.4、宽 0.28、进深 0.2 米。墓内填黄褐色五花土，土质较疏松。

人骨 1 具。头向北，面向上，仰身直肢，头骨和部分肢骨残缺。男性，年龄 25 ～ 30 岁。

随葬器物 2 件。陶罐 1 件放在壁龛内。铁饰件 1 件放置墓主头骨右侧。乳猪骨放在二层台西侧。

2. 出土遗物

（1）陶器

陶罐 1 件。

标本 M816∶1，泥质灰陶。侈口，斜沿，尖唇。束颈，弧肩，圆鼓腹，下腹弧内收，平底内凹。腹及底部饰绳纹，间饰数周凹弦纹。口径 13.6、底径 8、高 23.2 厘米（图 4-227，1；彩版一〇一，6）。

（2）铁器

铁饰件 1 件。

标本 M816∶2，残碎为数块，器形不明。

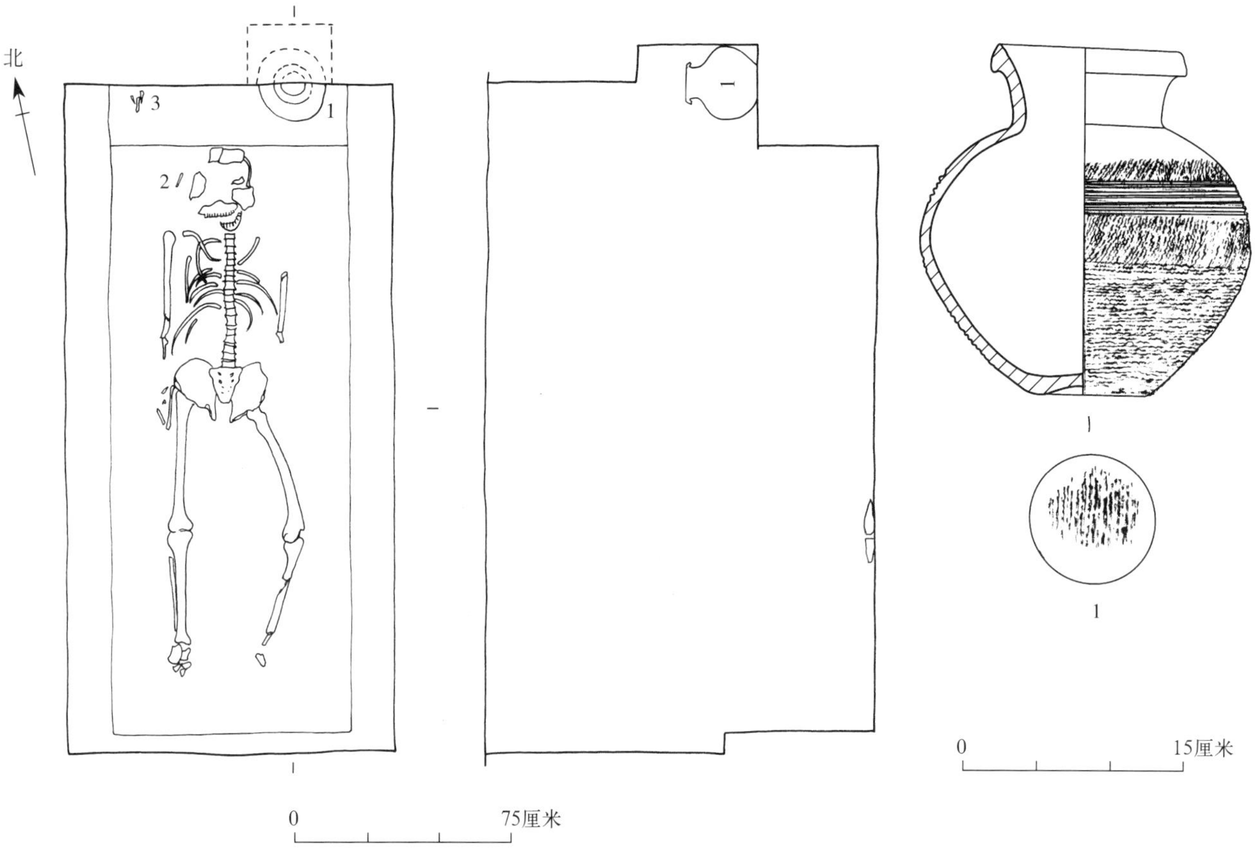

图 4-227　M816 及出土器物

1. 陶罐　2. 铁饰件　3. 动物骨骼

（二〇二）M817

1. 墓葬形制

位于墓地东北部，被 M813 打破，北面是 M896，西南面为 M815。方向 10°（图 4-228）。

长方形土坑竖穴墓。墓口残长 1.2、宽 1.2、深 1.75 米。墓底有生土二层台，宽 0.15、高 0.70 米。墓内填黄褐色五花土，经夯打，土质较致密。夯窝圆形，分布密集，直径 9～12 厘米。

人骨 1 具。头向东，面向不明，仰身直肢。骨骼严重腐朽，仅残存下肢及少许趾骨。性别无法鉴定，成年。

铁环首刀　1 件，放在墓主左下肢骨外侧。

2. 出土遗物

铁器

铁环首刀　1 件。

标本 M817：1，锈蚀较严重，断为数段。环形首，刀身断面三角形，平背，直刃。表面残存丝织物包裹痕迹。长 25、宽 1.1～3.5 厘米（图 4-228，1）。

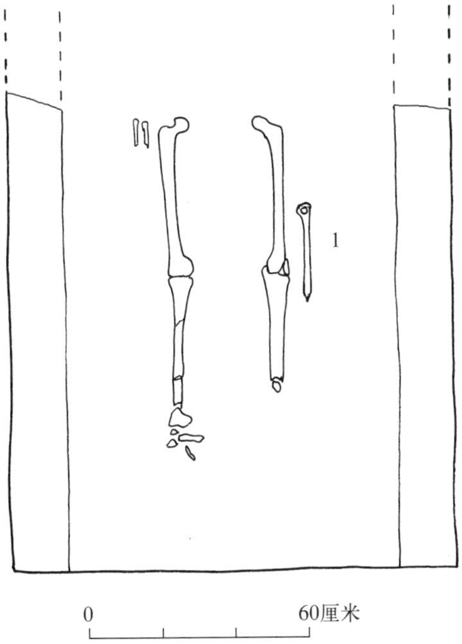

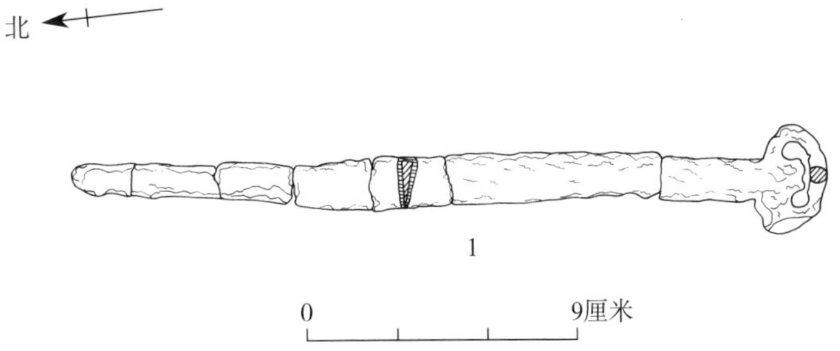

图 4-228　M817 及出土器物

1. 铁环首刀

（二〇三）M819

1. 墓葬形制

位于墓地东北部，北面是 M917，南面为 M820。方向 105°（图 4-229；彩版一〇二，1）。

梯形土坑竖穴墓。墓口长 2.4、宽 1.26 ～ 1.36 米，底长 2.4、宽 1.26 ～ 1.36、深 1.9 米。墓底有生土二层台，宽 0.05 ～ 0.22、高 0.7 米。墓内填黄褐色五花土，土质较疏松。

人骨 1 具。头向东，面向不详，仰身直肢。骨骼腐朽，仅存少量骨骼残骸。女性，年龄 25 ～ 30 岁。

随葬器物 2 件。陶罐 1 件置于墓内西端中部。铜钱 1 枚位于陶罐东侧。

2. 出土遗物

（1）陶器

陶罐　1 件。

标本 M819 : 1，泥质灰陶。敛口，弧沿，圆唇，颈部内收，弧肩，圆腹，下部内收，平底微内凹。上腹饰数周凹弦纹，腹部间饰三周戳印纹，下腹及底部饰绳纹。口径 17.5、底径 10、高 20.5 厘米（图 4-229，1；彩版一〇二，2）。

（2）铜器

铜钱　1 枚。

标本 M819 : 2，锈蚀、破碎严重，仅可辨为半两铜钱。

（二〇四）M823

墓葬形制

位于墓地东北部，南面是 M824，西面为 M640。方向 102°。

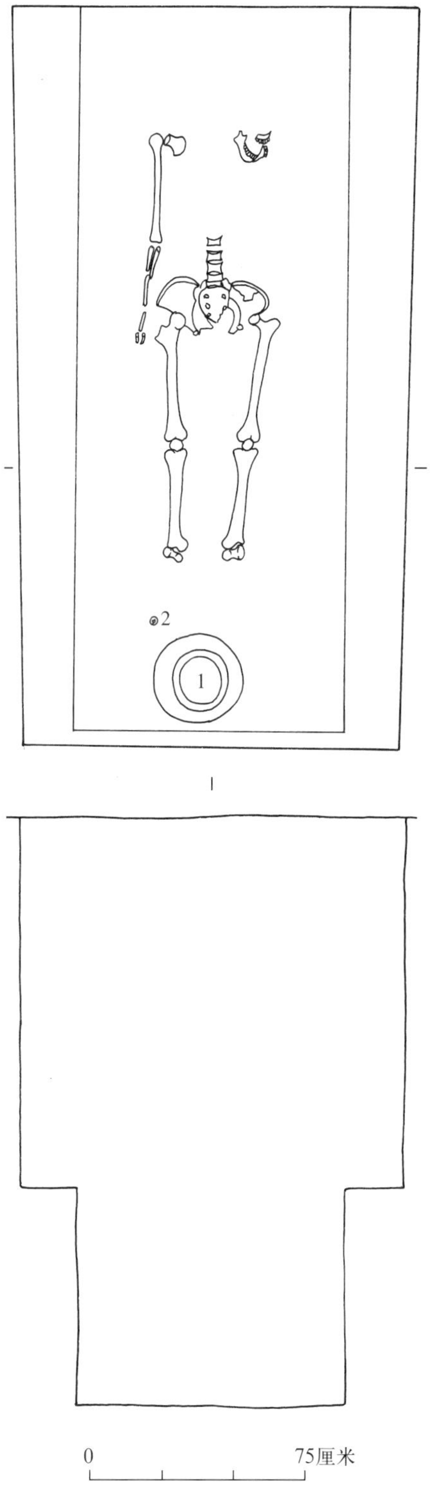

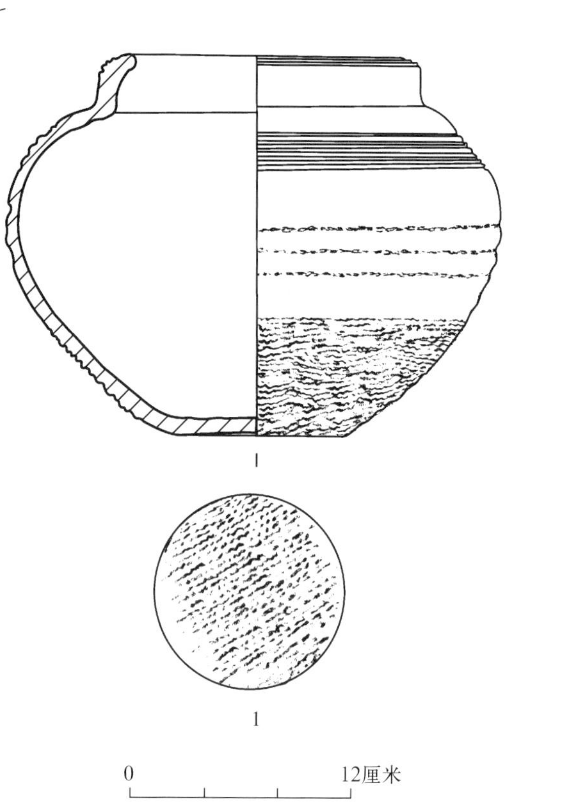

图 4-229　M819 及出土器物

1. 陶罐　2. 铜钱

长方形土坑竖穴墓。直壁规整。墓口长 2.65、宽 1.4、深 2.28 米。墓底有生土二层台，宽 0.32、高 0.32 米。墓内填黄褐色五花土，土质较致密。夯窝圆形，排列无规律，直径 5 ～ 10、夯层厚 15 ～ 20 厘米。

人骨 1 具。头向东，面向上，仰身直肢。骨骼腐朽严重，性别、年龄无法鉴定。

随葬器物无。

（二〇五）M824

1. 墓葬形制

位于墓地东北部，南面是M792，西南面为M799。方向190°（图4-230；彩版一〇二，3）。

长方形土坑竖穴墓。墓口长2.4、宽1.3、深2.48米。墓底有生土二层台，宽0.1～0.32、高0.67米。墓内填黄褐色五花土，经过夯打，土质较致密。夯窝圆形，直径8～12、夯层厚12～20厘米。

人骨1具。头向南，面向上，仰身直肢。骨骼已腐朽，仅残存部分骨骼痕迹。性别无法鉴定，成年个体。

墓底西北角出土陶罐1件。

2. 出土遗物

陶器

陶罐　1件。

标本M824∶1，泥质灰陶，敛口，弧沿，折肩，下腹内收，小平底。肩上部饰五周凹弦纹，中腹间饰两周戳印纹，下腹饰绳纹。口径15.5、底径8、高20厘米（图4-230，1；彩版一〇二，4）。

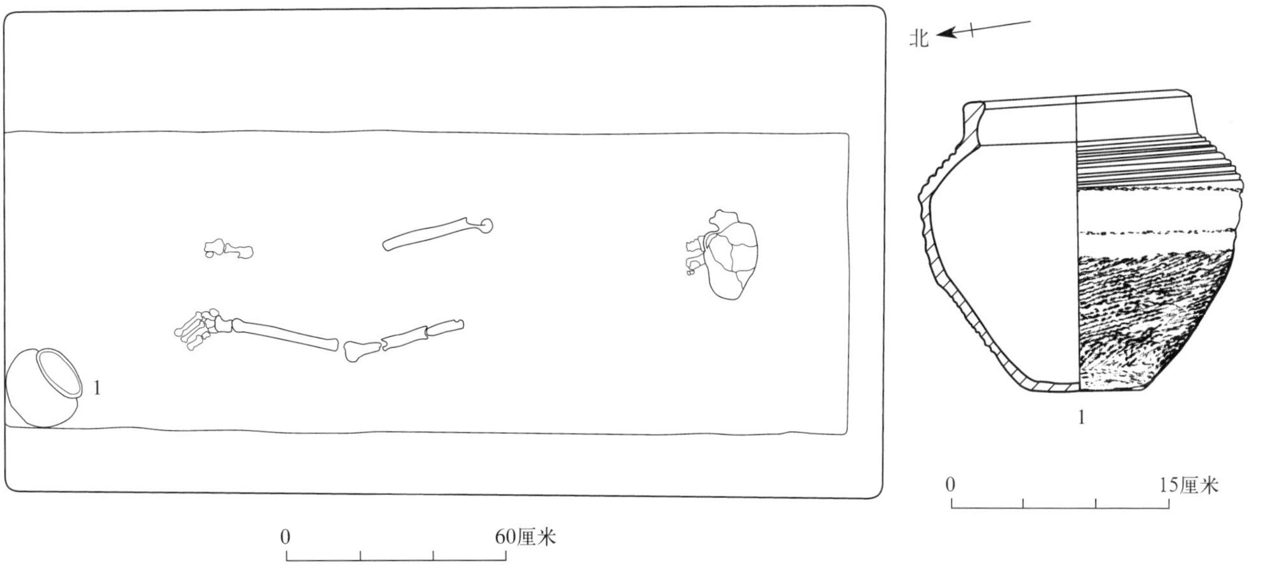

图4-230　M824及出土器物

1. 陶罐

（二〇六）M828

墓葬形制

位于墓地东北部，东距断崖约2米，南面是M830，西北面为M877。方向15°（图4-231；彩版一〇二，5）。

长方形土坑竖穴墓。墓壁斜直、规整。墓口长2.2、宽1.1、深1.5～1.55米。墓底有生土二层台，宽0.15～0.20、高0.74米。墓内填黄褐色五花土，局部经过夯打，土质较坚硬。夯窝圆形，直径6～8厘米。

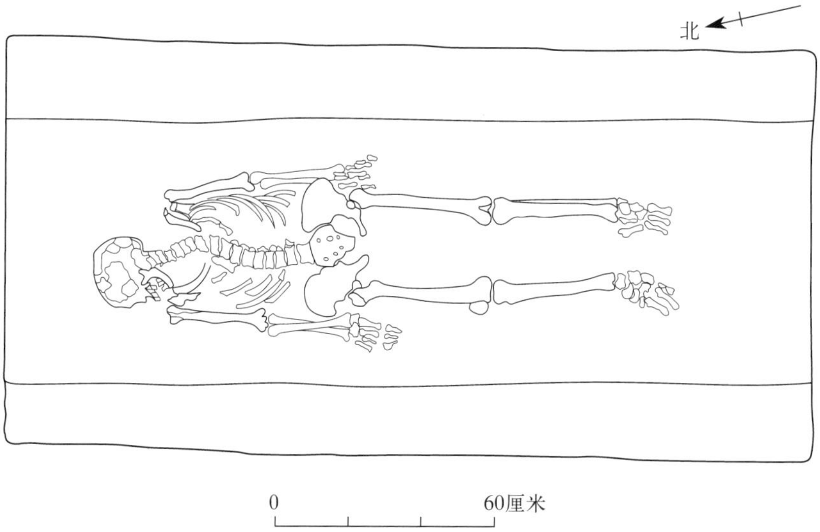

图4-231　M828平面图

人骨1具。头向北，面向西，仰身直肢。骨骼保存较好。女性，年龄40～45岁。

随葬器物无。

（二〇七）M834

墓葬形制

位于墓地东北部，被M694打破，西面是M699。方向110°（图4-232）。

长方形土坑竖穴墓。墓口长1.05、宽0.96、高1.55米。墓底有生土二层台，长1.1、宽0.16～0.19、高0.55米。墓内填黄褐色粉砂土，土质较致密。

人骨1具。头向东，墓主右上肢向内弯曲，右手置于骨盆左侧，左上肢放在骨盆外侧，下肢稍微弯曲。男性，年龄35～40岁。

随葬器物无。

（二〇八）M836

1. 墓葬形制

位于墓地东北部，被M698和M700打破，东面是M838。方向10°（图4-233；彩版一〇三，1）。

长方形土坑竖穴墓。墓口长2.2、宽0.85、深1.72米。墓底四周有生土二层台，宽0.16～0.20、高0.41米。东侧有壁龛，长0.26～0.34、高0.43、进深0.25米。墓内填黄褐色五花土，土质较疏松。夯窝圆形，直径7～11、夯层厚20～30厘米。

人骨1具。头向北，面向上，仰身直肢。骨骼腐朽严重，上肢已缺失，性别无法鉴定，年龄13～16岁。

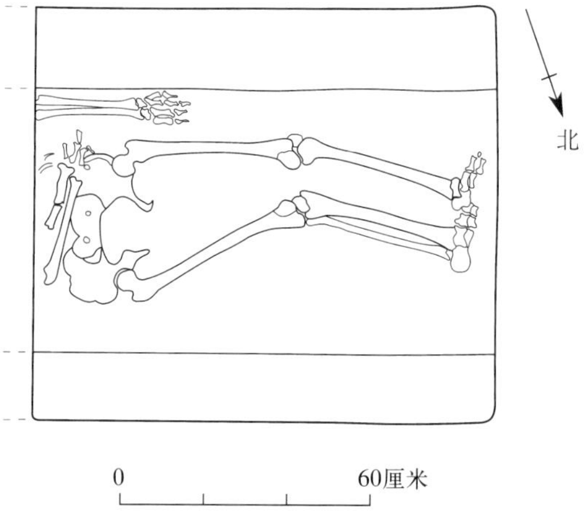

图4-232　M834平面图

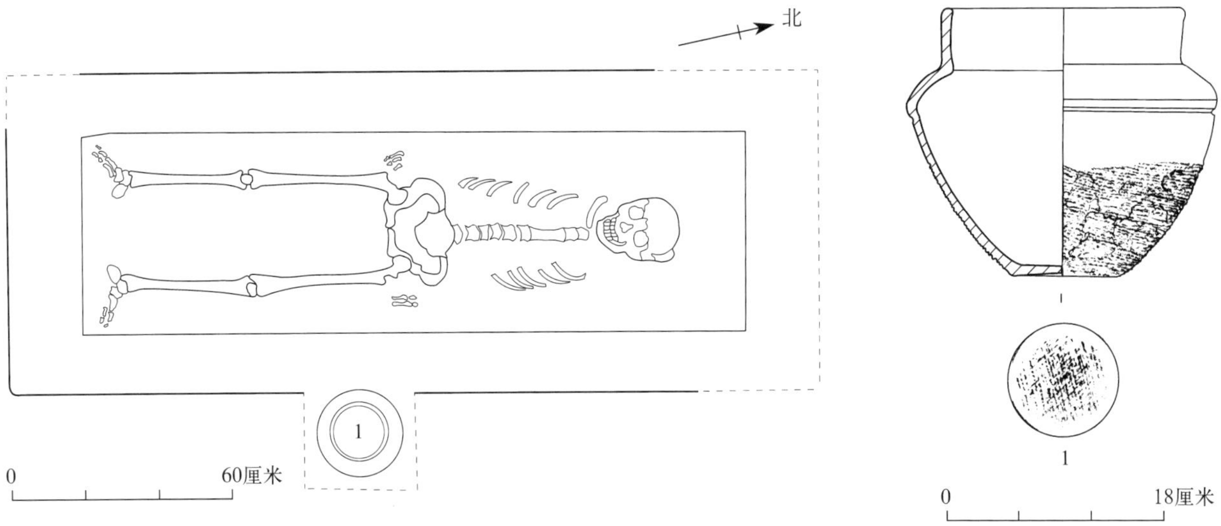

图 4-233　M836 及出土器物

1. 陶罐

壁龛内出土陶罐 1 件。

2. 出土遗物

陶器

陶罐　1 件。

标本 M836∶1，泥质灰陶。直口，沿近平，圆唇，高颈，折肩，肩、腹间有凸棱，下腹弧内收，平底微凹。肩下饰一周凹弦纹，下腹及底部饰绳纹。口径 20、底径 8.8、高 21.2 厘米（图 4-233，1；彩版一〇三，2）。

（二〇九）M837

1. 墓葬形制

位于墓地东北部，被 M832 打破，北面是 M831，南面为 M718。方向 100°（图 4-234）。

长方形土坑竖穴墓。墓口长 2.02、宽 1.2、深 1.72 米。墓底四壁有生土二层台，南、北壁长 2～2.02、宽 0.18 米，东、西端长 0.84、宽 0.18 米，东壁被打破，高 0.3 米。墓内填黄褐色粉砂黏土，土质较疏松。

人骨 1 具。头向北，面向上，仰身直肢，墓主双手置于骨盆外侧。疑似女性，年龄 45～55 岁。

铁环首刀 1 件放在墓主左面盆骨外侧。

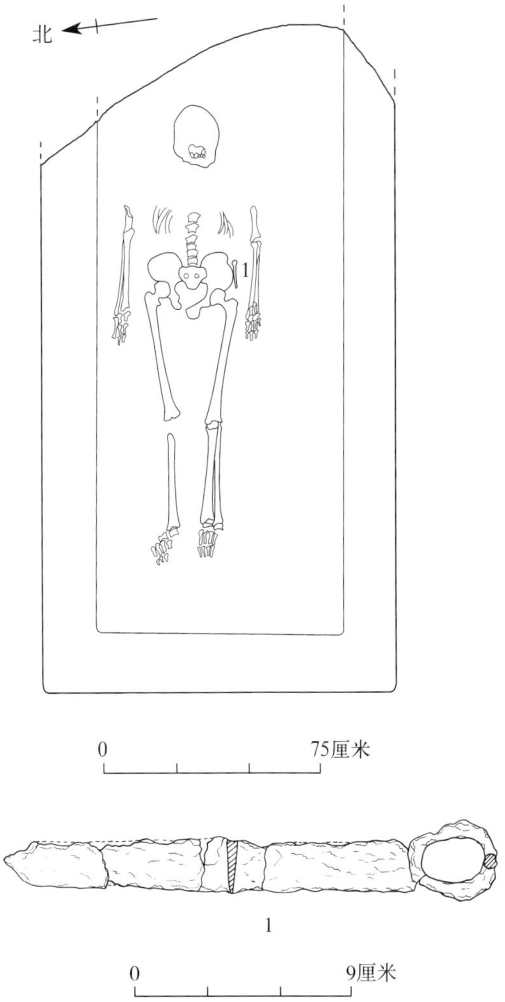

图 4-234　M837 及出土器物

1. 铁环首刀

2. 出土遗物

铁器

铁环首刀　1件。

标本M837：1，环首椭圆形。刀扁长条形，平背，直刃，截面三角形。长20.4、宽2.1厘米（图4-234，1）。

（二一〇）M841

1. 墓葬形制

位于墓地东北部，被M681打破，东面是M679，西面为M733。方向360°（图4-235）。

长方形土坑竖穴墓。墓口长2.5、宽1.4、底长2.5、宽0.8、深2米。墓底有生土二层台，宽0.2、高0.4米。墓内填黄褐色五花土，经过夯打，土质较致密。夯窝圆形，直径6、间距25厘米。

人骨1具。头向北，面向西，仰身直肢。男性，年龄30岁左右。

陶罐1件放在墓内西北角。

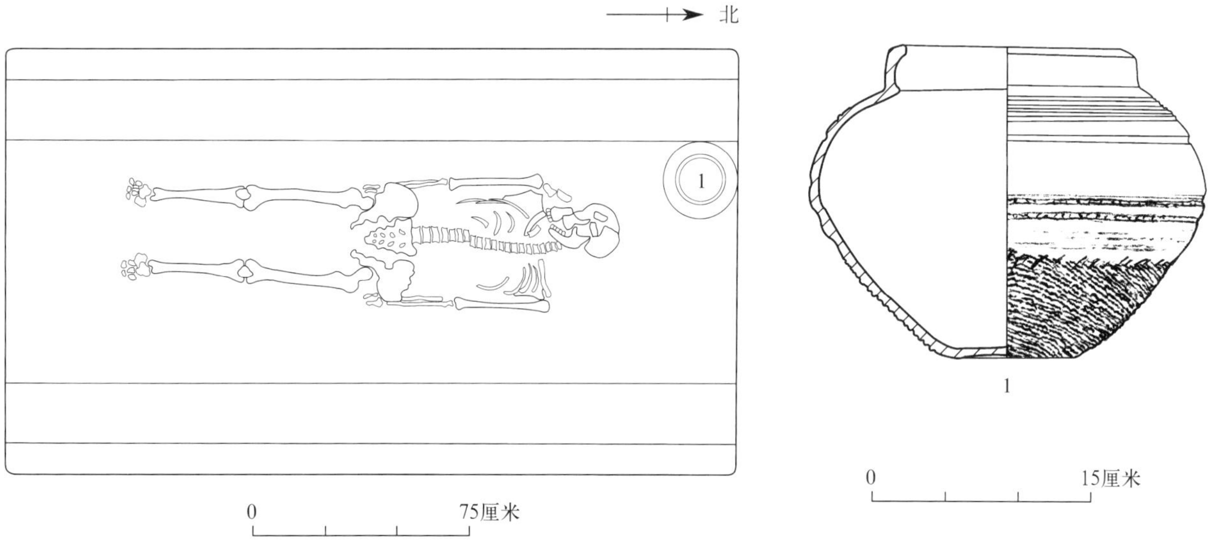

图4-235　M841及出土器物

1. 陶罐

2. 出土遗物

陶器

陶罐　1件。

标本M841：1，夹砂灰褐陶。一侧面黑灰色。敛口，沿面内斜，弧肩，鼓腹，下部内收，平底微凹。肩、腹部饰四周凹弦纹，间饰两周戳印纹，下腹及底部饰绳纹。口径17、底径9.2、高20.8厘米（图4-235，1；彩版一〇三，3）。

（二一一）M845

墓葬形制

位于墓地北部，被M844打破，东北面是M842，西北面为M843。方向20°。

长方形土坑竖穴墓。墓口长 2.6、宽 1.8、深 2.6 米。墓圹南、北壁垂直，东、西壁内收。墓底四周有生土二层台，高 0.6、宽 0.2 ～ 0.3 米。墓内填黄褐色花土，土质较致密。经夯打，夯窝圆形，直径 10、间距 25 厘米。

人骨 1 具。头向北，骨骼保存较差，仅残存少量下肢骨遗骸。性别、年龄无法鉴定。

随葬器物无。

（二一二）M846

墓葬形制

位于墓地东北部，北面是 M714，东南面为 M849，西面是 M712。方向 99°（图 4-236）。

长方形土坑竖穴墓。墓口长 2.3、宽 0.7、深 0.46 米。墓内填黄褐色五花土，土质较疏松。

人骨 1 具。头向东，面向南，仰身直肢。疑似男性，年龄 20 ～ 30 岁。

随葬器物无。

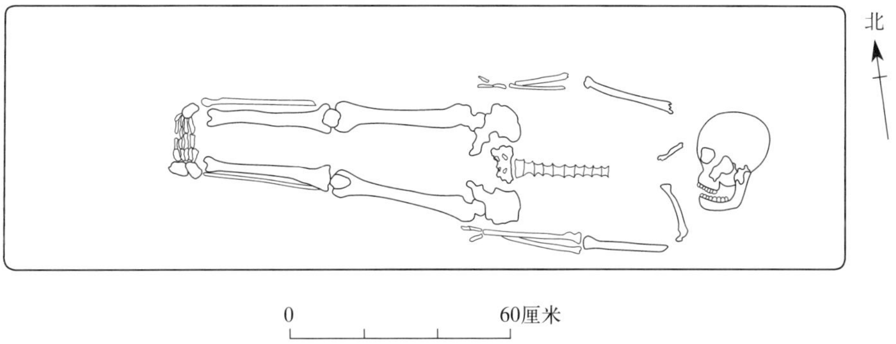

图 4-236　M846 平面图

（二一三）M848

1. 墓葬形制

位于墓地东北部，东北面是 M849。方向 26°（图 4-237）。

长方形土坑竖穴墓。墓长 2.4、宽 1、深 1.8 米。墓底有生土二层台，宽 0.1 ～ 0.2、高 0.3 ～ 0.5 米。壁龛位于墓室南端，距墓口约 1.3 米，长 0.3、宽 0.25、高 0.3 米。木棺已腐朽，仅见板灰痕迹。墓内填黄褐色五花土，经过夯打，土质较致密。夯窝圆形，排列不均匀，直径 8 ～ 10、夯层厚 25 厘米。

人骨 1 具。头向北，面向上，仰身直肢。骨骼严重腐朽，性别无法鉴定，年龄 20 ～ 30 岁。

随葬器物 2 件。陶罐 1 件放置壁龛内。铜印章 1 枚陈放在墓主左股骨外侧。

2. 出土遗物

（1）陶器

陶罐　1 件。

标本 M848 : 2，泥质灰陶。敛口，斜折沿，沿微曲，方唇，束颈，鼓腹，下部弧收，平底微凹。腹中部饰三周戳印纹，下腹及底部饰绳纹。口径 14.5、底径 8.8、高 22.5 厘米（图 4-237，2；彩版一〇三，4）。

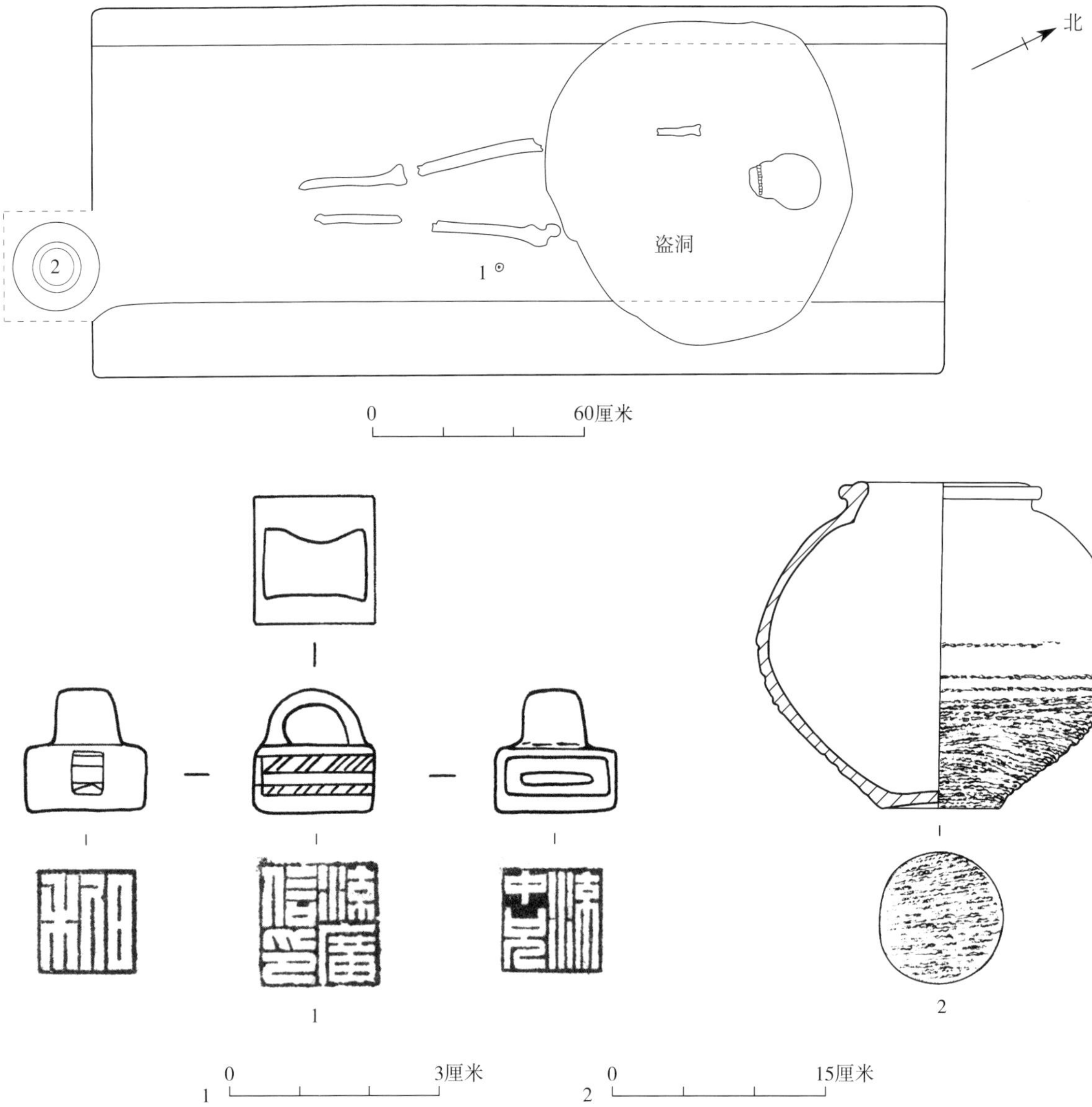

图 4-237　M848 及出土器物

1. 铜印章　2. 陶罐

（2）铜器

铜印章　1 枚。

标本 M848∶1，桥形纽，子母印，均为方形印体。子印双面阴文篆书。是吉祥语与人名结合在一起的印章。上刻“日利”、下为“流中兄”。子印边长 1.4、高 0.5 厘米。母印阴文篆书“流廣信印”。印面边长 1.6、通高 1.9 厘米（图 4-237，1；彩版一〇三，5～7）。

（二一四）M849

墓葬形制

位于墓地东北部，北面是 M714、M846，西南面为 M848。方向 103°（图 4-238）。

长方形土坑竖穴墓。墓口长 2.2、宽 1.2、深 1.15 米。木棺已腐朽，仅见有板灰痕迹。墓内填黄褐色五花土，土质疏松。乳猪、猪骨放在墓主右下肢骨外侧。

人骨 1 具。头向东，面向上，仰身直肢，下肢自然伸直。骨骼腐朽严重，仅残存部分头骨、椎骨和下肢骨遗骸。男性，年龄 40 ～ 45 岁。

随葬器物无。

（二一五）M854

墓葬形制

位于墓地东北部，被 M852 和 M599 打破，南面为 M612。方向 99°（图 4-239；彩版一〇四，1）。

长方形土坑竖穴墓。墓口长 2.35、宽 1.22、深 2.1 米。墓底有生土二层台，宽 0.70、高 0.40 米。木棺已腐朽，仅见板灰痕迹，长 1.95、宽 0.18、高 0.4 米。墓内填黄褐色五花土，经过夯打，土质较致密。夯窝圆形，排列无规律，直径 5 ～ 8、间距 6 ～ 10、夯层厚 10 ～ 15 厘米。

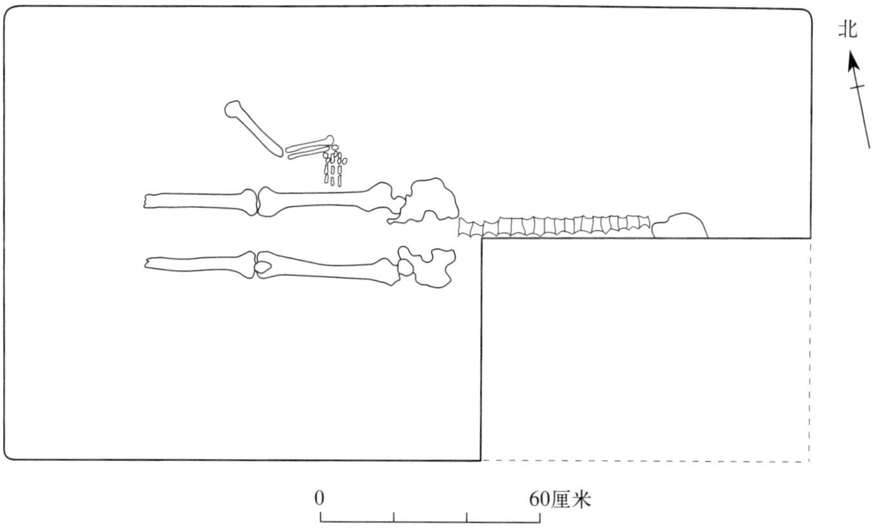

图 4-238　M849 平面图

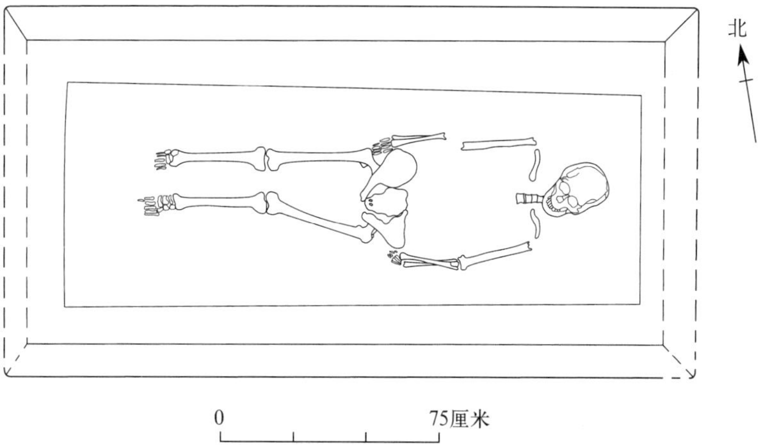

图 4-239　M854 平面图

人骨1具。头向东，面向上，仰身直肢。女性，年龄35～40岁。

随葬器物无。

（二一六）M857

1. 墓葬形制

位于墓地东北部，东面是M913，南面是M855，西面为M613。方向101°（图4-240；彩版一〇四，2）。

长方形土坑竖穴墓。墓口长2.16、宽1.04、深1.3米。墓底有生土二层台，宽0.08～0.16、高0.30米。木棺已腐朽，仅见板灰，长1.84、宽0.64、高0.3米。墓内填黄褐色五花土，经过夯打，土质较致密。夯窝圆形，排列不均匀，直径6～11、夯层厚15～20厘米。

人骨1具。头向东，面向不明。仰身直肢。女性，年龄35～40岁。

陶壶1件置于墓内东南。

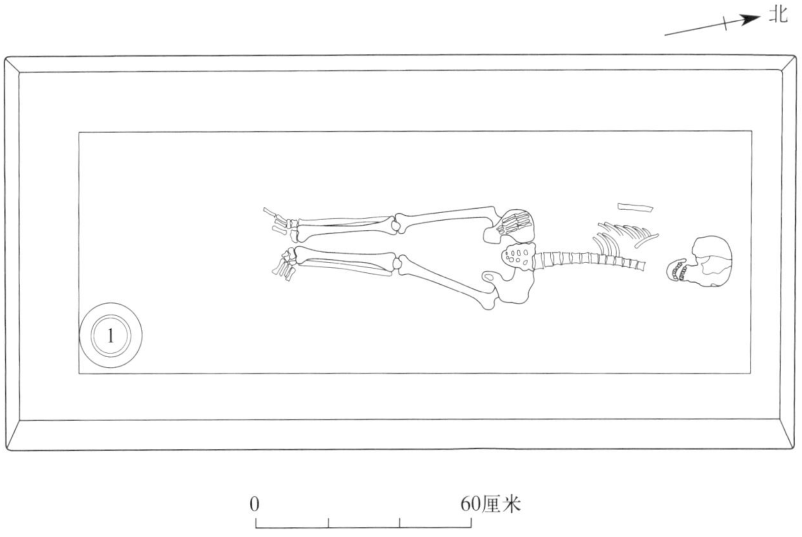

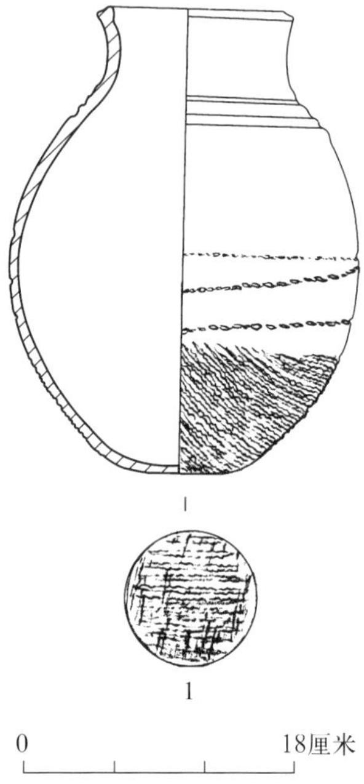

图4-240　M857及出土器物

1. 陶壶

2. 出土遗物

陶器

陶壶　1件。

标本M857∶1，泥质灰陶。侈口，弧沿，圆唇，束颈，弧肩，圆鼓腹，下腹内收，圜底。颈、腹部饰三周凹弦纹、腹部间饰三周戳印纹，下腹及底部饰绳纹。口径13.6、底径8.8、高30厘米（图4-240，1；彩版一〇四，3）。

（二一七）M860

墓葬形制

位于墓地东北部，东面是M803，南面为M809，西北面是M913。方向3°（图4-241；彩版一〇四，4）。

长方形土坑竖穴墓。墓口长 2.4、宽 1.3 米，底长 2.35、宽 1.2、深 2.1 米。木棺已腐朽，仅残存板灰痕迹，长 2.35、宽 0.72、高 0.7 米。墓内填黄褐色五花土，土质较致密。夯窝圆形，排列无规律，直径 7 ～ 11、夯层厚 15 ～ 25 厘米。

人骨 1 具。头向北，面向上，仰身直肢。骨骼保存较差，仅残存部分上肢及肋骨。墓主左手抚盆骨上面，右手放在右侧盆骨下。女性，年龄 30 ～ 35 岁。

随葬器物无。

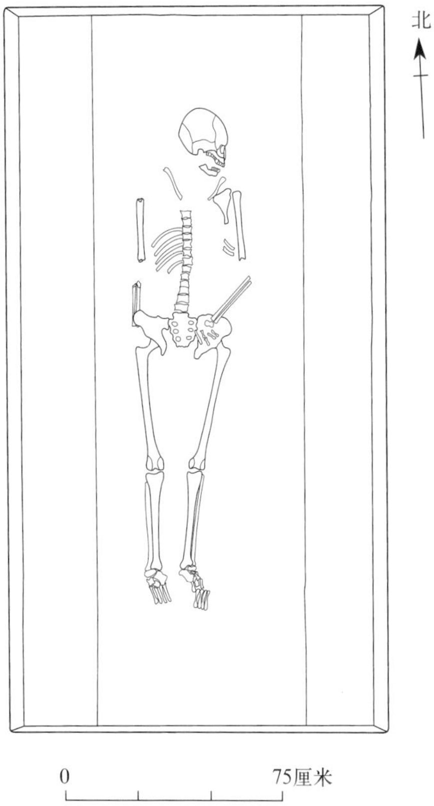

图 4-241　M860 平面图

（二一八）M865

1. 墓葬形制

位于墓地东北部，打破 M929，南面是 M863，西面为 M939。方向 17°（图 4-242）。

长方形土坑竖穴墓。墓口长 3.3、宽 1.47、深 1.9 米。墓底四壁有生土二层台，宽 0.12 ～ 0.2、高 0.60 米。木棺已腐朽，仅见板灰痕迹，长 2.2、宽 0.8 ～ 0.9 米。墓内填黄褐色五花土，土质较疏松。

人骨 1 具。头向北。骨骼腐朽严重，仅残存头骨部分遗骸。性别、年龄不明。

随葬陶壶 2 件，平放在墓内西南角。

2. 出土遗物

陶器

陶壶　2 件。形制相同。泥质灰陶。侈口，沿面外斜，尖唇，束颈，弧肩，鼓腹，下部弧内收，圈足。

标本 M865∶1，腹部饰刻划纹，间饰三周戳印纹。口径 13.1、底径 15.2、高 31.6 厘米（图 4-242，1；彩版一〇五，1）。

标本 M865∶2，沿下及下腹饰绳纹、间饰三周凹弦纹、一周戳印纹。口径 14、底径 14.5、高 32.8 厘米（图 4-242，2；彩版一〇五，2）。

（二一九）M867

墓葬形制

位于墓地东北部，北面是 M869，西面为 M866。方向 110°。

长方形土坑竖穴墓。墓口长 2.27、宽 1.54、深 2.6 米。墓底有生土二层台，宽 0.12 ～ 0.16、高 0.8 米。墓内填黄褐色五花土，经过夯打，土质较致密。夯窝圆形，直径 8 ～ 10、夯层厚 20 ～ 30 厘米。墓底中部发现乳猪和鸡骨。

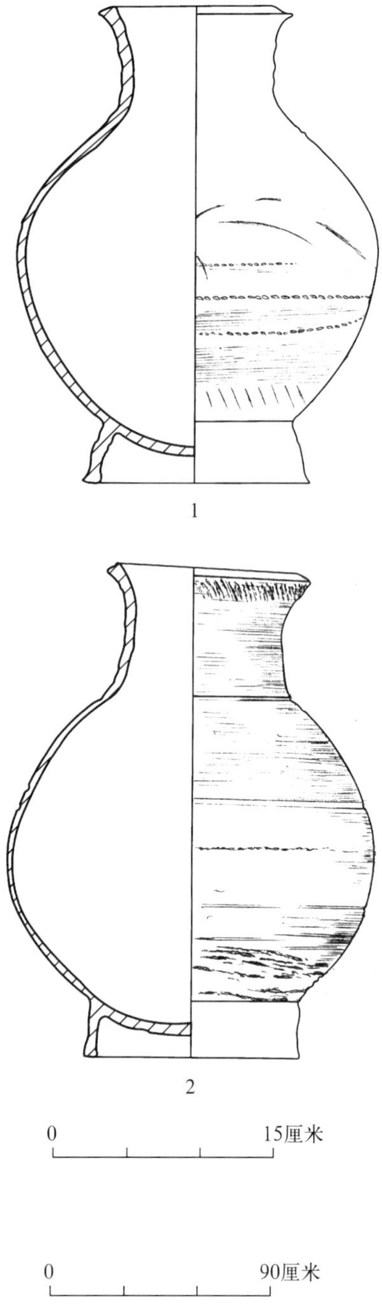

图4-242 M865及出土器物

1、2. 陶壶

人骨1具。头向东。骨骼已腐朽，仅存墓主头骨部分残骸。性别、年龄无法鉴定。

随葬器物无。

（二二〇）M868

1. 墓葬形制

位于墓地东北部，东面是M866，南面为M926。方向95°（图4-243；彩版一〇五，3）。

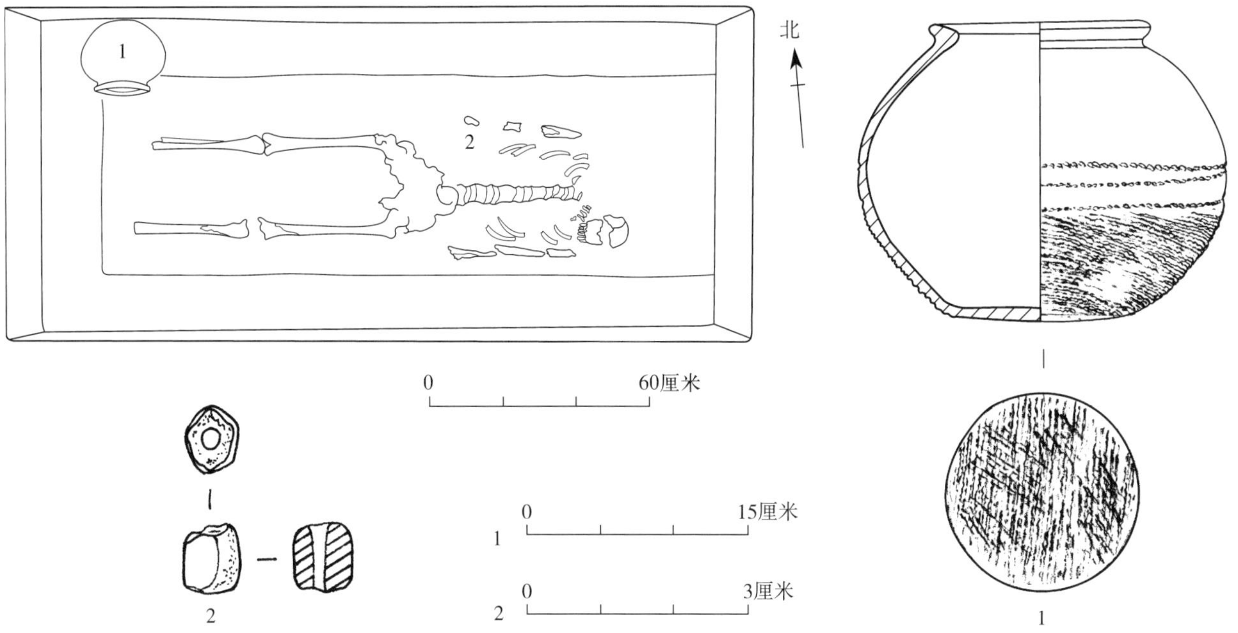

图 4-243　M868 及出土器物

1. 陶罐　2. 石珠

长方形土坑竖穴墓。墓口长 2、宽 0.87、深 0.88 米。墓底有生土二层台，南、北壁长 1.8、宽 0.14、高 0.3 米，西壁二层台长 0.51、宽 0.16、高 0.3 米。墓内填黄褐色五花土，土质较致密。

人骨 1 具。头向东，面向上，仰身直肢。仅残存骨骼痕迹。性别无法鉴定，年龄 18 ～ 25 岁。

随葬器物 2 件。陶罐 1 件放置二层台西北角，石珠 1 件放在墓主右手骨处。

2. 出土遗物

（1）陶器

陶罐　1 件。

标本 M868∶1，泥质灰陶。敛口，圆唇，束颈，鼓腹，圜底。中腹三周戳印纹，下腹及底部饰绳纹。口径 15.5、底径 14、通高 20 厘米（图 4-243，1；彩版一〇五，4）。

（2）石器

石珠　1 件。

标本 M868∶2，圆柱形，截面五边形，中部穿孔，一面平整，另一面凹凸不平。高 0.9 厘米（图 4-243，2）。

（二二一）M869

墓葬形制

位于墓地东北部，南面为 M867。方向 80°。

长方形土坑竖穴墓。墓口长 2.68、宽 1.23、深 2.3 米。木棺已腐朽，仅见板灰痕迹，长 0.8、宽 0.63 米。墓内填黄褐色五花土，经过夯打，土质较致密。夯窝圆形，排列不均匀，直径 8 ～ 10、夯层厚 20 ～ 30 厘米。

人骨1具。头向东，骨骼腐朽严重，仅存部分下肢骨遗骸。性别不明。成年个体。

随葬器物无。

（二二二）M873

1. 墓葬形制

位于墓地东北部，东面是M874、M605、M872，南面为M876、M871。方向10°（图4-244；彩版一〇五，5）。

长方形土坑竖穴墓。墓口长2.5、宽1.3、深2.17米。东、西壁有生土二层台，宽0.24、高0.70米。木棺已腐朽，板灰不甚明显。墓内填黄褐色土，土质较坚硬。

人骨1具。头向北，下肢平伸。仅遗留头部骨渣、牙齿和下肢骨残骸。性别无法鉴定，年龄20～30岁。

随葬陶罐1件，放在西侧二层台上。

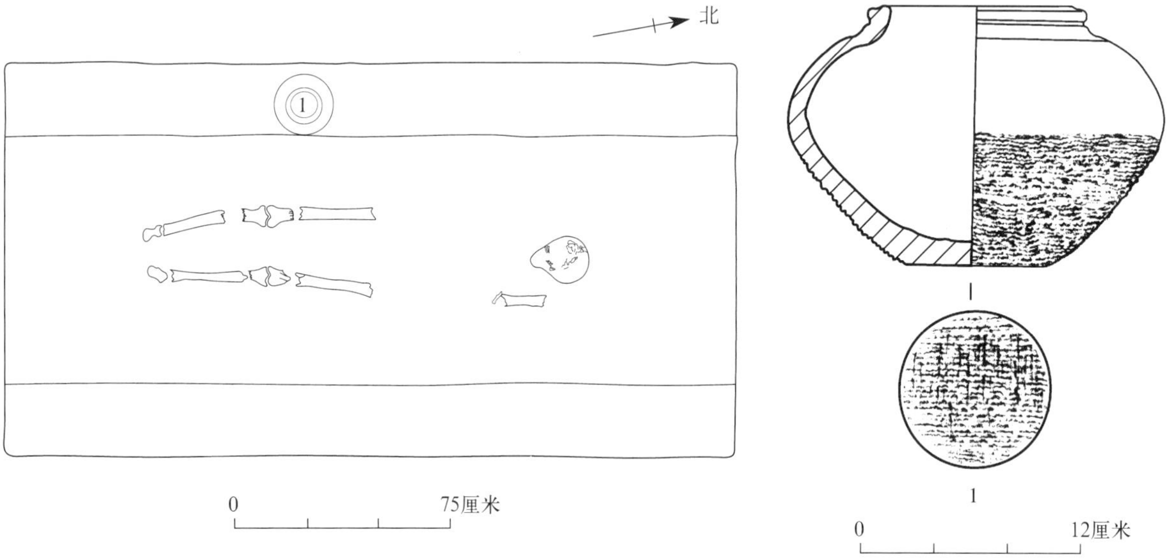

图4-244　M873及出土器物

1. 陶罐

2. 出土遗物

陶器

陶罐　1件。

标本M873：1，泥质灰陶。敛口，沿面微外斜，圆唇，束颈，弧肩，扁圆腹，下部斜收，小平底。颈部饰一周凹弦纹，下腹及底部饰绳纹。口径12、底径8.4、高13.6厘米（图4-244，1；彩版一〇五，6）。

（二二三）M875

1. 墓葬形制

位于墓地东北部，东南面是M876，西北面为M574。方向10°（图4-245；彩版一〇六，1）。

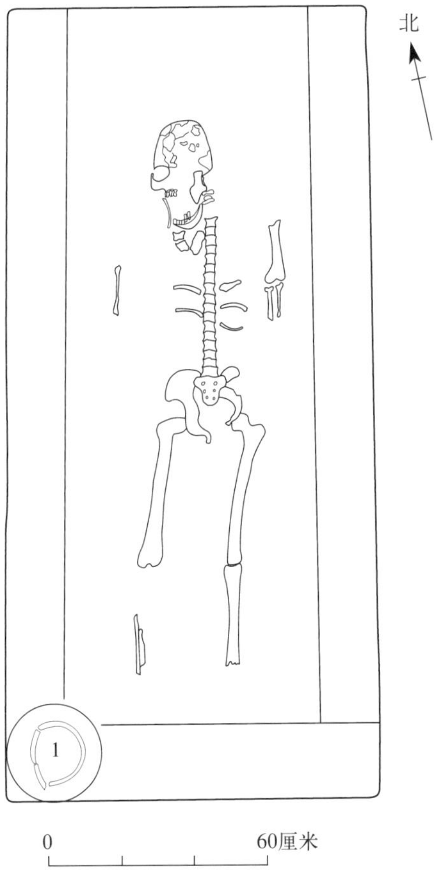

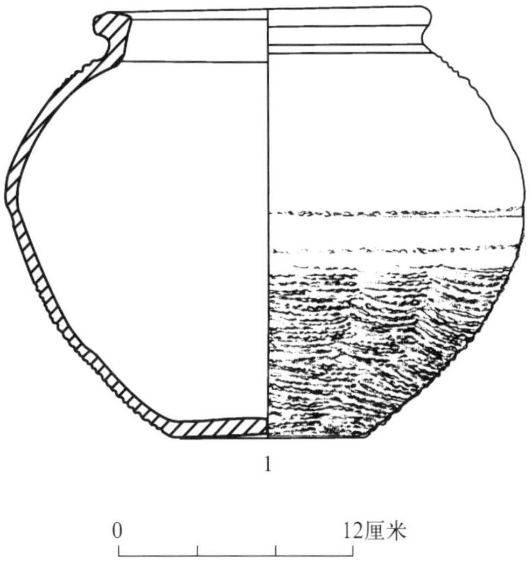

图 4-245　M875 及出土器物

1. 陶罐

长方形土坑竖穴墓。墓口长 2.1、宽 1.01、深 0.7 米。墓底有生土二层台，宽 0.16 ～ 0.2、高 0.3 ～ 0.5 米。木棺腐朽严重，未见板灰痕迹。墓内填黄褐色五花土，土质较坚硬。

人骨 1 具。头向北，面向西，仰身直肢。女性，年龄 24 ～ 30 岁。

随葬陶罐 1 件，放置在西南生土台上。

2. 出土遗物

陶器

陶罐　1 件。

标本 M875∶1，泥质灰陶。敛口，沿面微弧，圆唇，圆腹，下部内收，平底微凹。腹部饰两周戳印纹，下腹及底部饰绳纹。口径 17、底径 10、高 21 厘米（图 4-245，1；彩版一〇六，2）。

（二二四）M876

墓葬形制

位于墓地东北部，被 M871 打破，东北面是 M873。方向 100°（图 4-246）。

长方形土坑竖穴墓。墓口长 2.48、宽 1.22、深 1.16 米。木棺腐朽，仅见灰痕，长 2、宽 0.86、厚 0.08 米。墓内填黄褐色五花土，土质较疏松。

人骨 1 具。骨骼腐朽严重，仅存下肢骨残骸。女性，年龄 30 ～ 40 岁。

随葬器物无。

（二二五）M878

1. **墓葬形制**

位于墓地东北部，东临断崖约10米，上部被M830打破，东北面是M827。方向12°（图4-247）。

长方形土坑竖穴墓。墓口长2.5、宽1.4、深1.4米。墓底有生土二层台，宽0.2～0.25米。墓底发现条带状白灰痕迹，长1.7、宽0.6、高0.05米。墓内填黄褐色五花土，土质较致密。

人骨1具。头向北。骨骼腐朽，仅存少许牙齿及部分骨骼残骸。性别无法鉴定，未成年个体。

随葬器物3件。陶钵2件放在墓内东南角。铜带钩1件置于墓主头部。

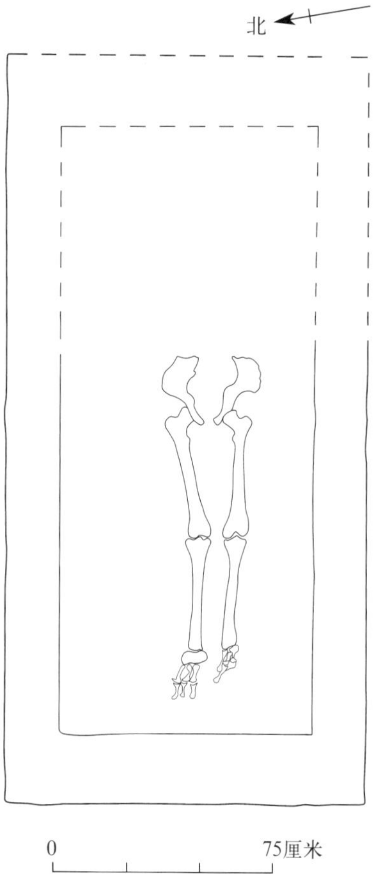

图4-246 M876平面图

2. **出土遗物**

（1）**陶器**

陶钵 2件。泥质灰陶。小平底。素面。

标本M878∶2，直口，沿面内斜，下腹折收。口径21.6、底径7、高10厘米（图4-247，2；彩版一〇六，3）。

标本M878∶3，侈口，圆唇，下腹弧收，凹底。沿下一周凹弦纹。器表有制作抹痕。口径21.6、底径13、高8厘米（图4-247，3）。

（2）**铜器**

铜带钩 1件。

标本M878∶1，琵琶形。钩缺失，横断面半圆形，圆形纽位于后背尾部。残长4.2厘米（图4-247，1）。

（二二六）M892

1. **墓葬形制**

位于墓地东北部，东面是M623，南面为M621。方向99°（图4-248；彩版一〇六，4）。

长方形土坑竖穴墓。墓口长2.5、宽1.1、深2.4米。墓底南、北两侧有生土二层台，宽0.2、高0.5米。木棺已腐朽，仅见板灰痕迹。墓内填黄褐色五花土，经夯打，土质较致密。夯窝圆形，排列无规律，直径8、夯层厚25厘米。

人骨1具。头向东，骨骼腐朽严重，仅残留少量骨骼痕迹。性别、年龄不明。

随葬器物2件。陶罐1件位于墓内西南角。铜镜1枚放置墓主头骨左下方。

2. **出土遗物**

（1）**陶器**

陶罐 1件。

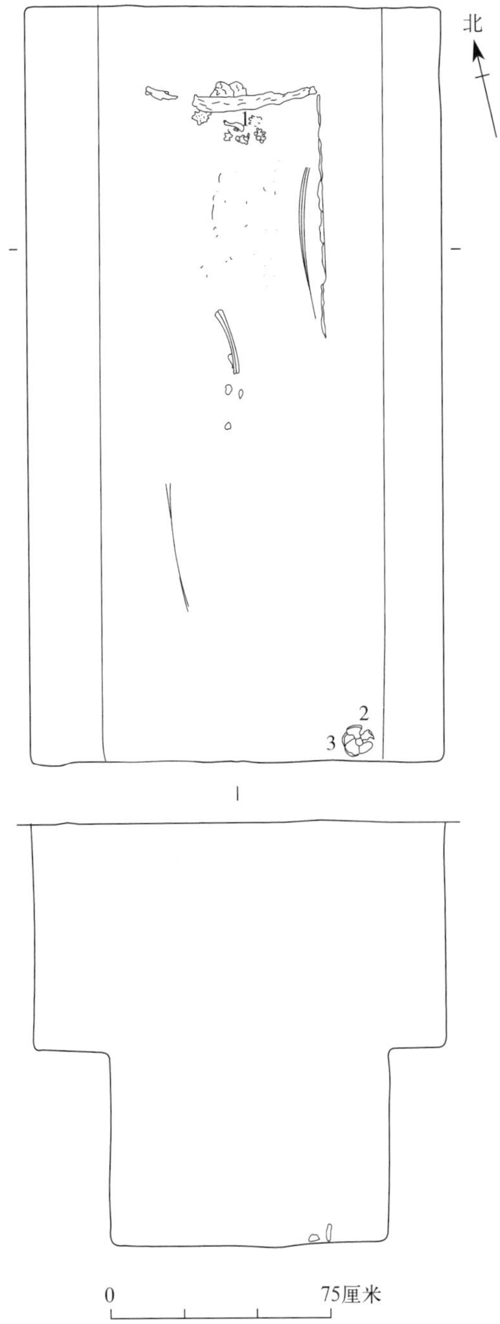

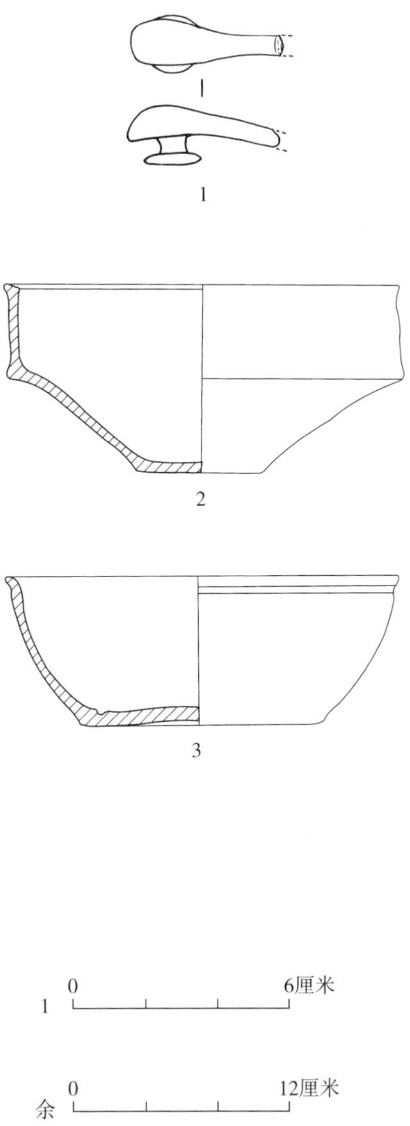

图 4-247　M878 及出土器物

1. 铜带钩　2、3. 陶钵

标本 M892∶2，泥质灰陶。侈口，卷沿，方唇，束颈，鼓腹，下部内收，小平底。腹部饰两周戳印纹，下腹及底部饰绳纹。口径 17、底径 9.6、高 21.2 厘米（图 4-249，2；彩版一〇六，5）。

（2）铜器

铜镜　1 枚。

标本 M892∶1，圈带叠压蟠虺镜。圆形，三弦纽。纽外一周窄凹面圈带。其外由主纹和地纹组成。地纹成组平行折线纹；主纹为四蟠虺纹，身躯作“C”形卷曲、其右侧又接一弧形，虺纹被一周凹面圈带叠压，其上均匀分布的四枚乳丁亦位于“C”内。宽素卷缘。面径 9.4、缘厚 0.35 厘米（图 4-249，1；彩版一〇六，6）。

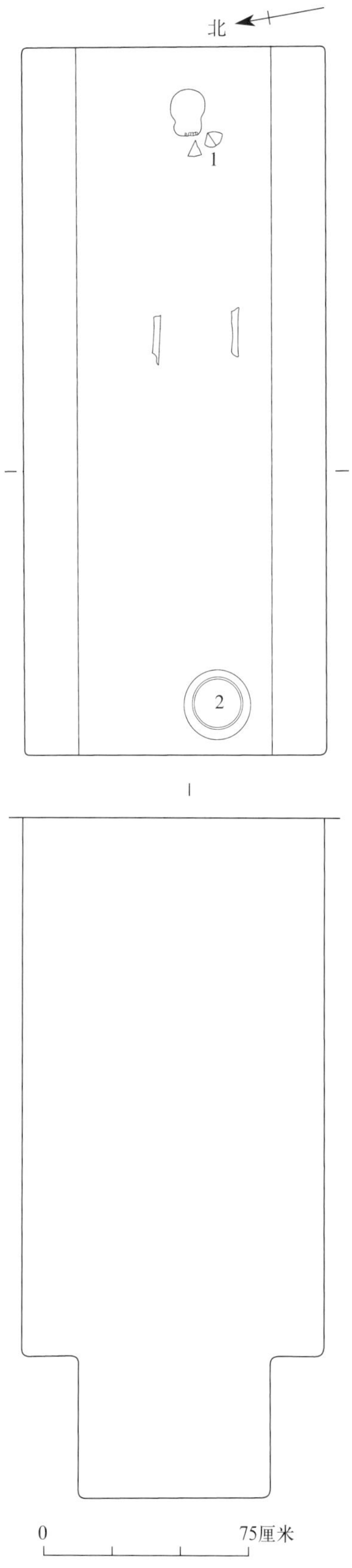

图4-248　M892平、剖面图

1. 铜镜　2. 陶罐

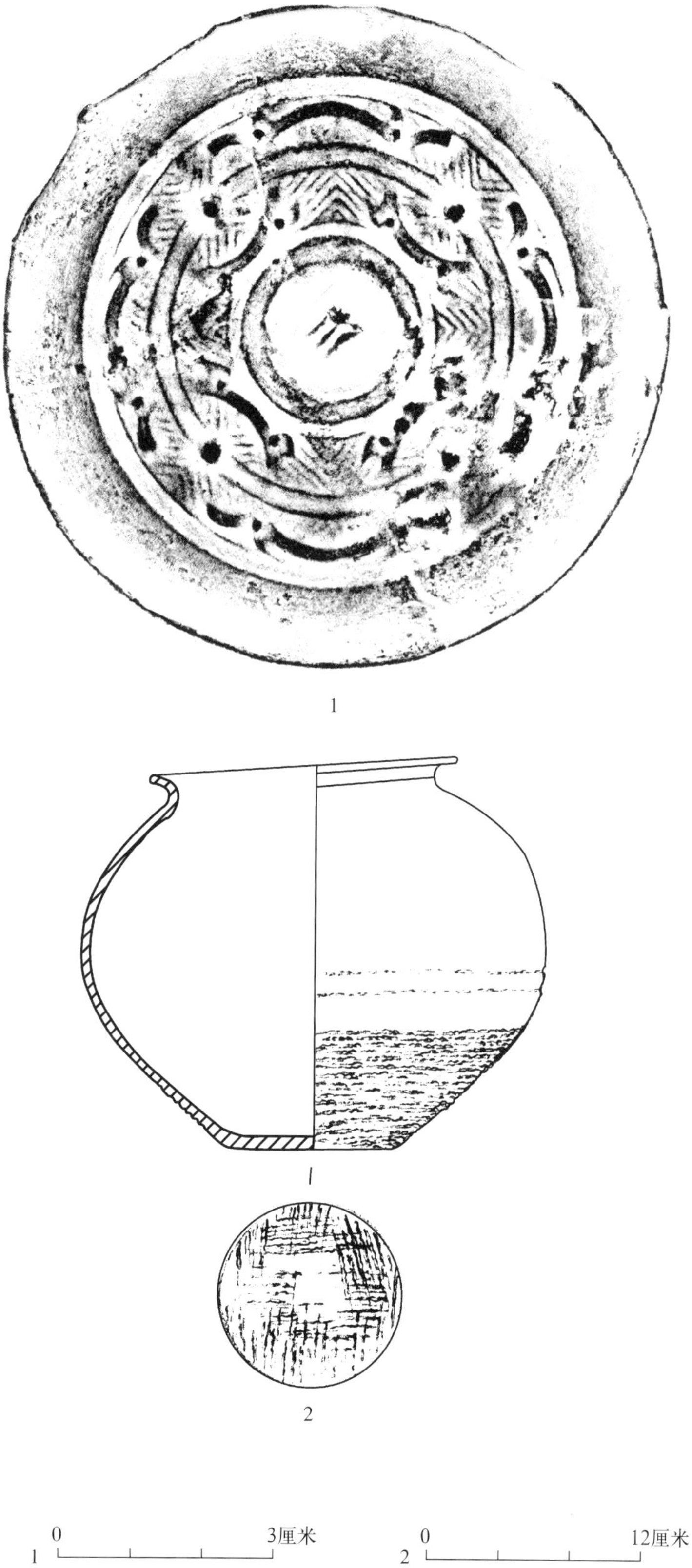

图4-249　M892出土器物

1. 铜镜　2. 陶罐

（二二七）M901

墓葬形制

位于墓地东北部，被M780打破，南面为M779、M778。方向10°（图4-250）。

长方形土坑竖穴墓。墓口长2.4、宽1.3、深1.7米。墓底东、西两侧有生土二层台，宽0.1、高0.5米。墓内填黄褐色五花土，经过夯打，土质较坚硬。夯窝圆形，分布无规律，直径11、夯层厚10厘米。

人骨1具。头向北，面向不详，仰身直肢。骨骼保存较差，仅见头骨残渣及下肢骨。性别无法鉴定，中年个体。乳猪骨放置墓主趾骨南侧。

随葬器物无。

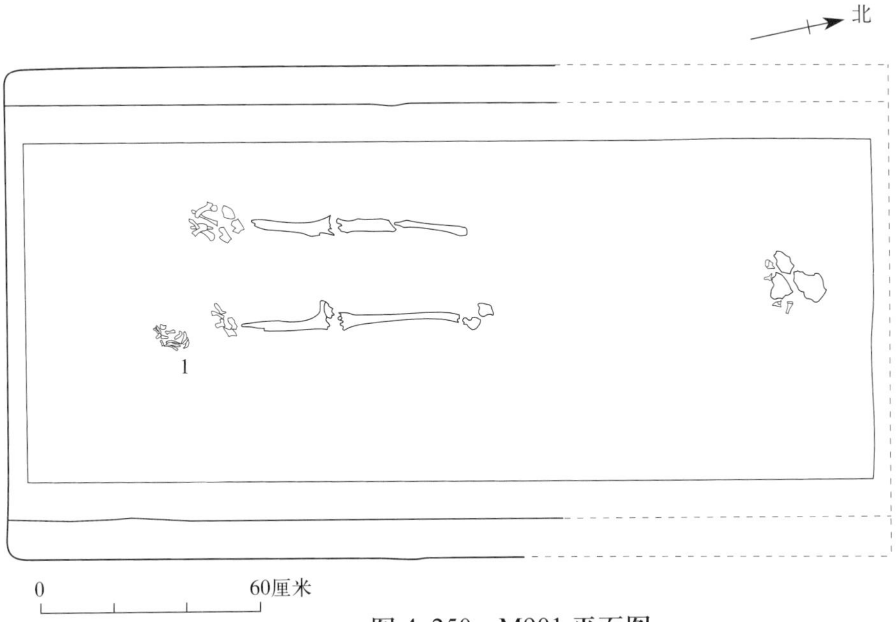

图4-250 M901平面图

1. 动物骨骼

（二二八）M909

墓葬形制

位于墓地东北部，东北面是M911。方向18°。

长方形土坑竖穴墓。墓口长2.6、宽1.2、深2.4米。墓底四周有生土二层台，宽0.2、高0.7米。墓内填黄褐色五花土，土质较硬。

人骨1具。头向北。骨骼腐朽严重，仅存趾骨残渣遗骸。性别、年龄无法鉴定。

随葬器物无。

（二二九）M914

1. 墓葬形制

位于墓地东北部，被M859打破，北面是M858，西面为M816。方向10°（图4-251；彩版一〇七，1）。

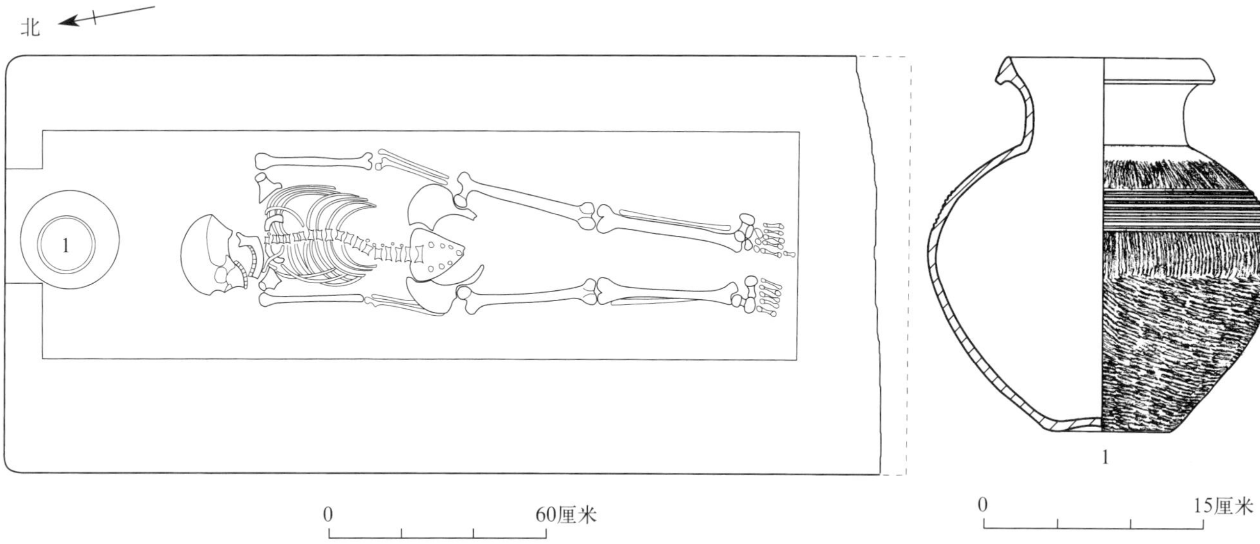

图 4-251　M914 及出土器物

1. 陶罐

长方形土坑竖穴墓。墓口残长 2.44、宽 1.1、深 2 米。墓底有生土二层台，宽 0.2～0.3、高 0.6 米。墓室北侧发现头龛，宽 0.3、高 0.4 米。墓内填黄褐色五花土，土质较疏松。

人骨 1 具。头向北，面向西。仰身直肢。骨骼保存完好。女性，年龄 20～25 岁。

陶罐 1 件放置壁龛内。

2. 出土遗物

陶器

陶罐　1 件。

标本 M914∶1，泥质灰陶。侈口，斜沿，尖唇，束颈，弧肩，鼓腹，平底内凹。腹及底部饰细绳纹，上腹间饰数周凹弦纹。口径 14.8、底径 8.4、高 24.8 厘米（图 4-251，1；彩版一〇七，2）。

（二三〇）M915

墓葬形制

位于墓地东北部，东面是 M918、M917，西面为 M914。方向 10°（图 4-252）。

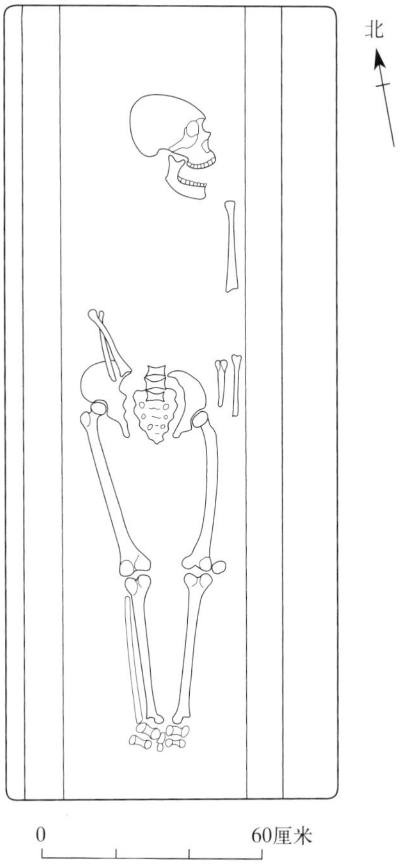

图 4-252　M915 平面图

长方形土坑竖穴墓。墓口长 2.1、宽 0.9、深 1.4 米。墓底有生土二层台，宽 0.1、深 0.3 米。墓内填黄褐色五花土，土质较疏松。

人骨 1 具。头向北，面向东，仰身直肢。嘴巴张开，双腿并拢，略向东倾斜。男性，年龄 35 ～ 45 岁。

随葬器物无。

（二三一）M921

1. 墓葬形制

位于墓地中部，被 M584 打破，北面是 M751，东面为 M775。方向 110°。

长方形土坑竖穴墓。墓口长 3.2、宽 2、深 2.8 米。墓内填黄褐色五花土，土质较致密。填土中发现铜刷柄 1 件，铜钱 11 枚。发现的动物骨骼有马的跖骨，以及大型哺乳动物肢骨片。

人骨 1 具。头向东。骨骼腐朽严重，性别、年龄无法鉴定。

随葬器物无。

2. 出土遗物

铜器

铜刷柄　1 件。

标本 M921 : 01，形似烟斗状，斗圆筒形中空，细长柄，尾端上翘，有圆形小孔。长 10.7 厘米（图 4-253，01）。

铜钱　11 枚。均为五铢，圆形方穿，正面有轮无郭，背面轮郭俱全。根据钱文字体不同分为两种。

第一种　2 枚。“五”字两笔交叉直或微曲，“铢”字“金”头呈三角形或镞形，与“朱”等齐，“朱”字上部方折。

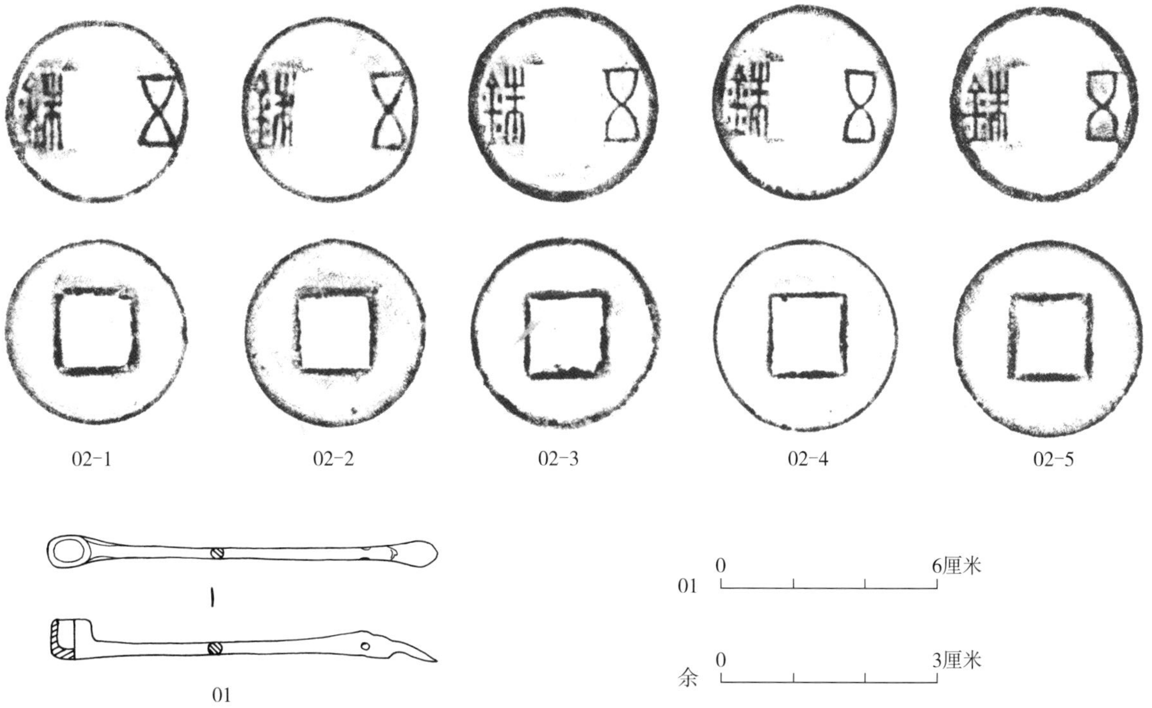

图 4-253　M921 出土器物

01. 铜刷柄　02-1～5. 铜钱

标本 M921∶02-1、2，直径 2.5、穿边长 1、厚 0.15 厘米（图 4-253，02-1、2）。

第二种　9 枚。“五”字两笔交叉弯曲，与上、下两横相交处外放、微内收或垂直，“铢”字“金”头呈三角形，较小，与“朱”等齐，“朱”字上部方折。

标本 M921∶02-3 ～ 5，直径 2.6、穿边长 1、厚 0.2 厘米（图 4-253，02-3 ～ 5）。

（二三二）M924

墓葬形制

位于墓地东北部，西面是 M933、M899。方向 6°（图 4-254）。

长方形土坑竖穴墓。墓口长 2.6、宽 1.3、深 1.4 米。木棺已腐朽，仅见板灰痕迹。长 2、宽 0.8 米。墓内填黄褐色五花土，土质较疏松。

人骨 1 具。头向北，面向上，仰身直肢。骨骼腐朽严重，性别无法鉴定，成年个体。

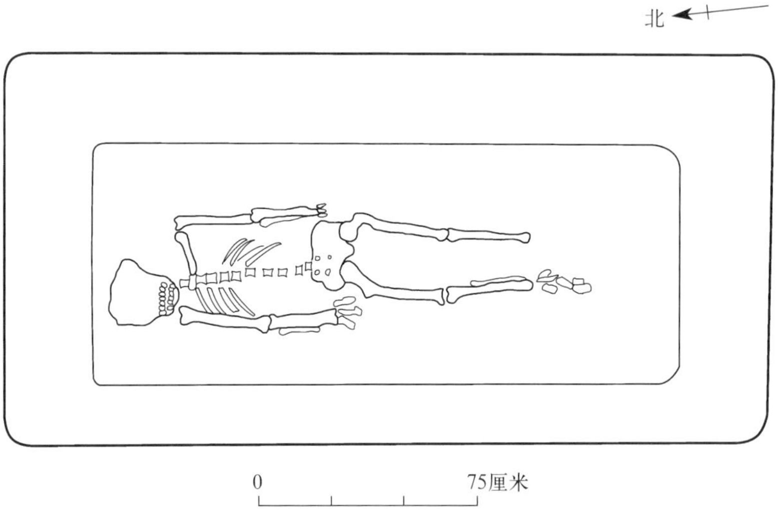

图 4-254　M924 平面图

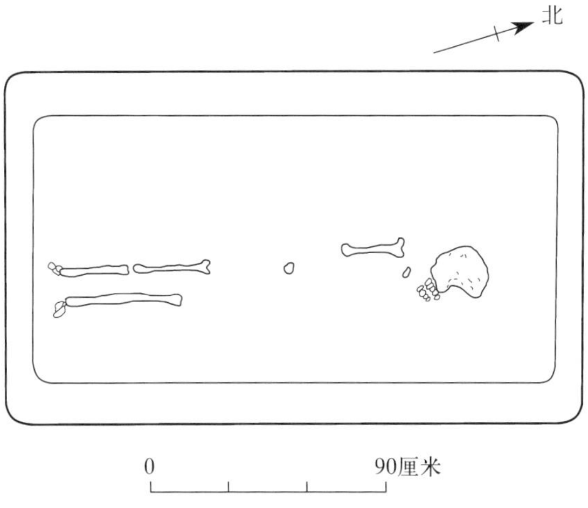

图 4-255　M925 平面图

随葬器物无。

（二三三）M925

墓葬形制

位于墓地东北部，被 M923 打破，北面是 M912、M900。方向 15°（图 4–255）。

长方形土坑竖穴墓。墓口长 2.2、宽 1.3、深 2.1 米。墓底有生土二层台，宽 0.09 ～ 0.15、高 0.30 米。墓内填黄褐色五花土，土质较疏松。

人骨 1 具。头向北，面向上，仰身直肢。骨骼严重腐朽，仅残存头骨和肢骨遗骸。性别无法鉴定，成年个体。

随葬器物无。

（二三四）M927

墓葬形制

位于墓地东北部，被 M863 打破，南面是 M887，西面为 M692。方向 15°（图 4–256）。

长方形土坑竖穴墓。墓口长 2、宽 1.11、深 0.95 米。墓底东、西壁有生土二层台，宽 0.2、高 0.31 米。墓内填黄褐色五花土，土质较疏松。

人骨 1 具。头向北，面向上，仰身直肢。骨骼腐朽严重，仅见头骨和部分肢骨残骸。性别无法鉴定，年龄 20 ～ 30 岁。

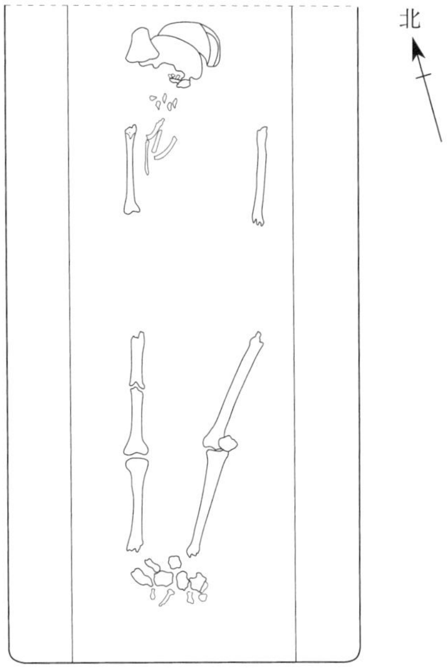

图 4–256　M927 平面图

随葬器物无。

（二三五）M930

1. 墓葬形制

位于墓地东北部，被M889打破，东面是M932，南面为M898。方向5°（图4-257；彩版一〇七，3）。

长方形土坑竖穴墓。墓壁垂直、规整。墓口长2.7、宽1.3～1.4、深1.1米。墓内填黄褐色花土，经过夯打，土质较坚硬。夯窝圆形，排列无规律，直径5厘米。填土中发现陶壶1件。

人骨1具。头向北，面向东，仰身直肢。骨骼保存较好。女性，年龄35～45岁。

随葬器物无。

2. 出土遗物

陶器

陶壶 1件。

标本M930∶01，已残。泥质灰陶。弧顶盖。侈口，圆唇，束颈，鼓腹，圈足。下腹饰绳纹。口径14、底径14.5、复原高31.2厘米（图4-257，01；彩版一〇七，4）。

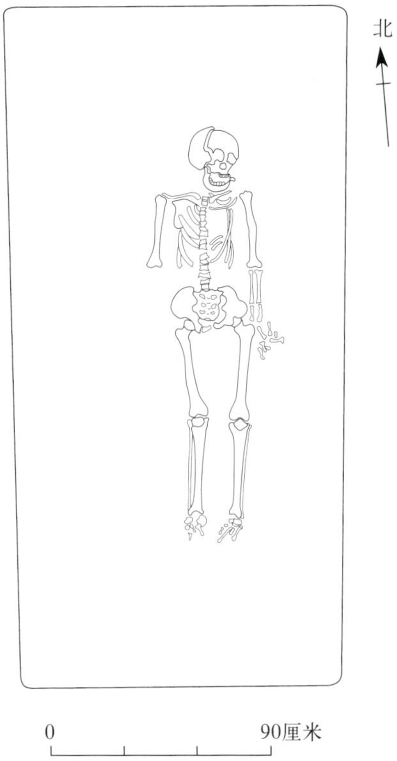

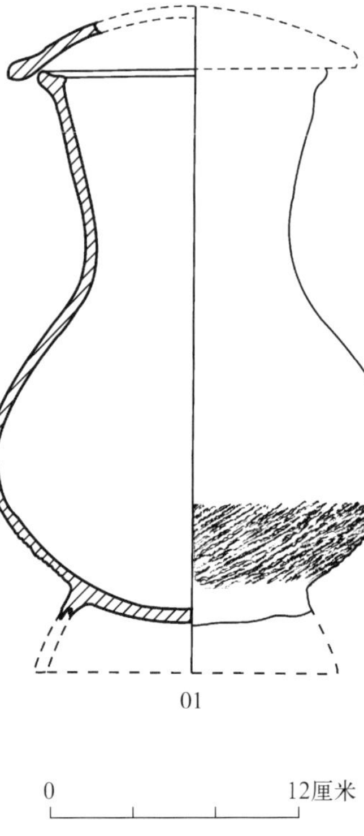

图4-257 M930及出土器物
01. 陶壶

（二三六）M931

1. 墓葬形制

位于墓地东北部，被M932打破，东面是M934，南面为M898。方向10°（图4-258；彩版一〇七，5）。

长方形土坑竖穴墓。墓口长2、宽1.04、深1.2米。墓底东、西壁有生土二层台，宽0.14米。北壁发现壁龛，宽0.22、高0.2、进深0.14米。墓内填黄褐色五花土，虽经夯打，质亦疏松。夯窝圆形，排列不均匀，直径7～11、夯层厚20～30厘米。

人骨1具。头向北，仰身直肢。骨骼腐朽，仅存下肢和部分牙齿残骸。性别、年龄不明。

陶罐1件放置壁龛内。

2. 出土遗物

陶器

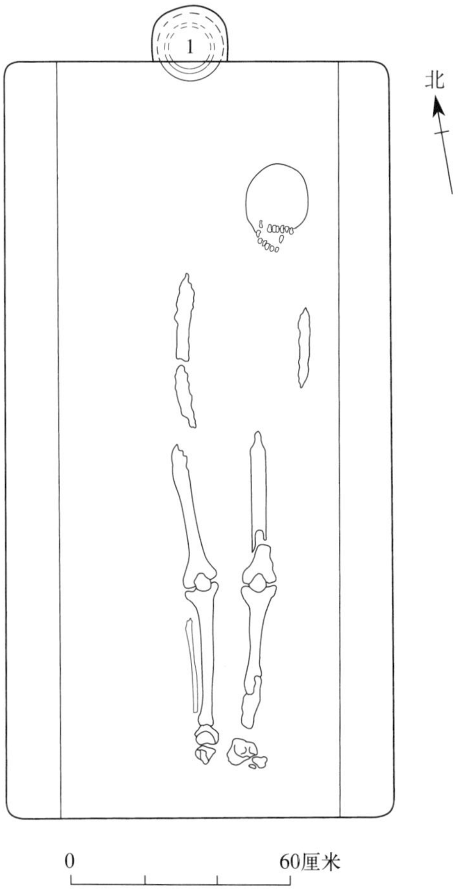

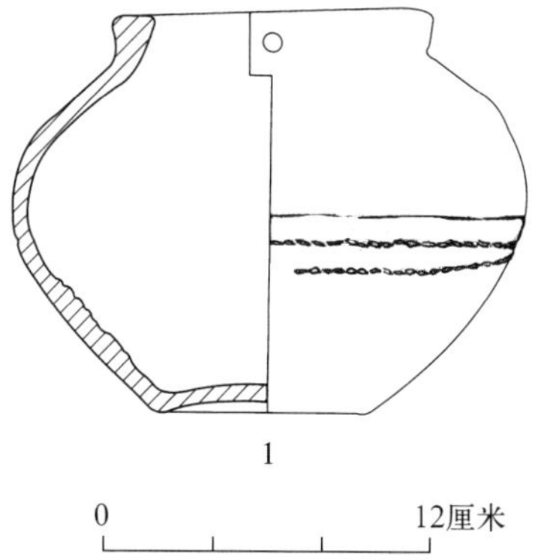

图 4-258　M931 及出土器物

1. 陶罐

陶罐　1 件。

标本 M931∶1，泥质灰陶。敛口，平沿，束颈，弧肩，鼓腹，下部弧收，平底内凹。口沿相对位置各镂一圆形孔，腹部饰一周弦纹、两周戳印纹。口径 11.4、底径 7.8、高 14.4 厘米（图 4-258，1；彩版一〇七，6）。

（二三七）M932

1. 墓葬形制

位于墓地东北部，打破 M931、M934，西面为 M930。方向 105°（图 4-259；彩版一〇八，1）。长方形土坑竖穴墓。墓口长 2.5、宽 0.8 ～ 0.86、深 0.4 米。墓内填黄褐色五花土，土质较疏松。人骨 1 具。头向东，骨骼腐朽严重，仅遗留部分头骨残骸。性别、年龄不明。

随葬陶罐 1 件，平放于墓内西端中部。

2. 出土遗物

陶器

陶罐　1 件。

标本 M932∶1，泥质灰陶。侈口，折沿，沿面内斜，方唇，束颈，弧肩，鼓腹下弧收，凸底。

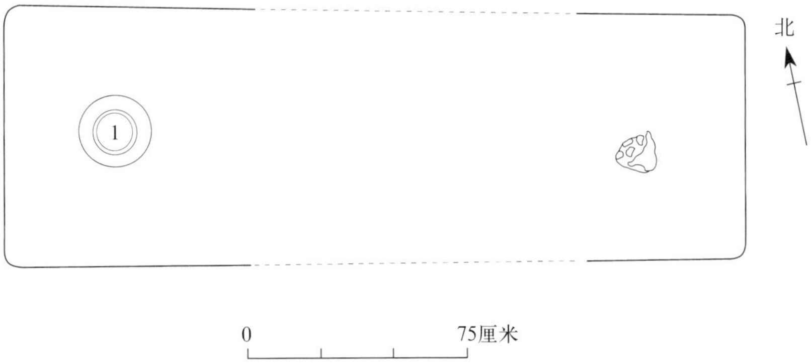

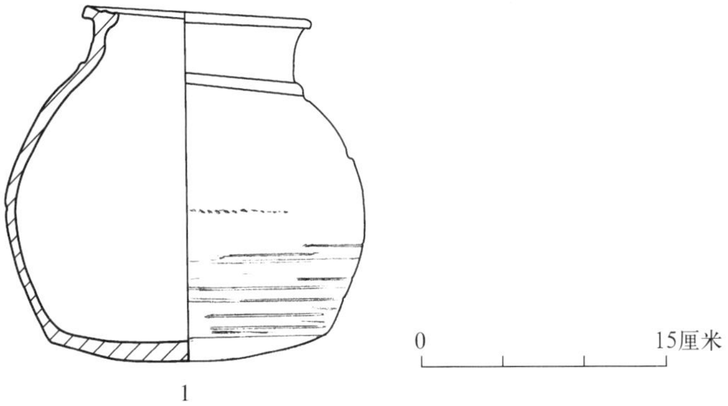

图 4-259　M932 及出土器物

1. 陶罐

颈部一周凸弦纹，肩部间饰一周凹弦纹，腹部饰一周戳印纹，下腹饰弦纹。口径 14、底径 17、高 20.9 厘米（图 4-259，1；彩版一〇八，2）。

（二三八）M938

1. 墓葬形制

位于墓地东北部，被 M863 打破，东南面是 M935，西面为 M927。方向 0°。

长方形土坑竖穴墓。墓口残长 1、宽 1.1、深 0.9 米。墓底东、西两侧有生土二层台，宽 0.2、高 0.45 米。壁龛位于墓室南端，长 0.3、宽 0.1、高 0.2 米。墓内填褐色花土，土质较疏松。

人骨无。

随葬陶罐 1 件，放于壁龛内。

2. 出土遗物

陶器

陶罐　1 件。

标本 M938：1，泥质灰陶。敛口，沿面微内斜，方唇，束颈，圆腹，下腹弧收，平底内凹。腹部饰三周戳印纹、间饰刻划纹，下腹及底部饰绳纹。口径 18.2、底径 11、高 21 厘米（图 4-260）。

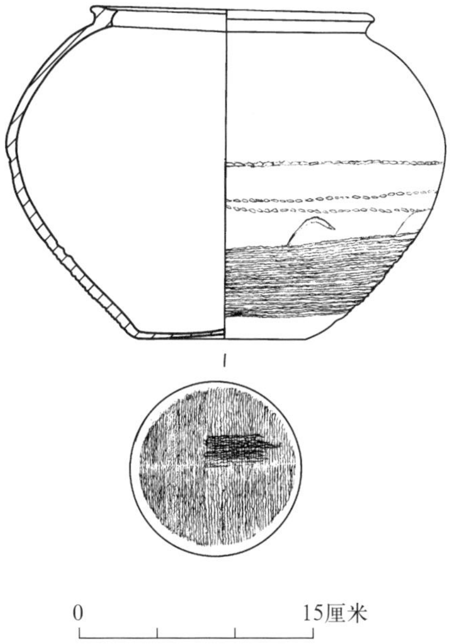

图 4-260　M938 出土陶罐 M938：1

（二三九）M939

墓葬形制

位于墓地东北部，被 M864 打破，南面是 M863，西面为 M861。方向 10°。

长方形土坑竖穴墓。墓口长 2.5、宽 1.4、深 0.4 米。墓内填黄褐色五花土，土质较疏松。

人骨 1 具。骨骼保存较差，仅遗留下肢骨残骸。性别无法鉴定，成年个体。

随葬器物无。

（二四〇）M948

1. 墓葬形制

位于墓地北部，东南面是 M949，西南面为 M950。方向 4°（图 4-261；彩版一〇八，3）。

长方形土坑竖穴墓。墓口长 2.4、宽 1.4、深 2.8 米。墓底有生土二层台，宽 0.05 ～ 0.40、高 0.60 米。墓内填黄褐色五花土，经过夯打，但土质较疏松。夯窝圆形，排列不均匀，直径 8 ～ 10、夯层厚 21 ～ 32 厘米。填土中发现陶罐 1 件。

人骨 1 具。头向北，面向上，仰身直肢。骨骼保存较差，仅存部分头骨、脊椎、盆骨和下肢骨残骸。疑似男性，年龄 40 ～ 50 岁。

随葬器物 2 件。陶罐 1 件放在北端二层台上。铜带钩 1 件置于墓主头骨左侧。

2. 出土遗物

（1）陶器

陶罐　2 件。灰陶。敛口，沿面微外斜，弧肩，圆腹，下部弧收，小平底。

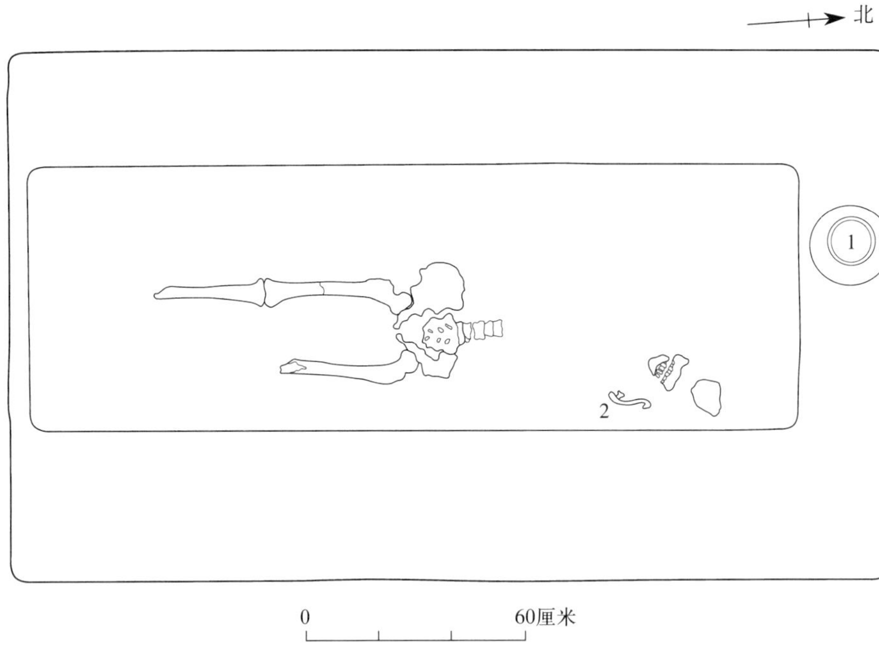

图 4-261　M948 平面图

1. 陶罐　2. 铜带钩

标本 M948 : 1，泥质陶。尖唇，腹部有数周抹制弦纹，腹饰一周戳印纹，下腹及底部饰绳纹。口径 14、底径 11、高 19.8 厘米（图 4-262，1；彩版一〇八，4）。

标本 M948 : 01，夹砂陶。方唇，卷沿，束颈，鼓腹。素面。口径 15、底径 19、高 26 厘米（图 4-262，01）。

（2）铜器

铜带钩　1 件。

标本 M948 : 2，琵琶形。钩呈马首状，钩及颈部棱角分明，横断面三角形，圆形纽位于背部尾端。长 8.6 厘米（图 4-262，2；彩版一〇八，5）。

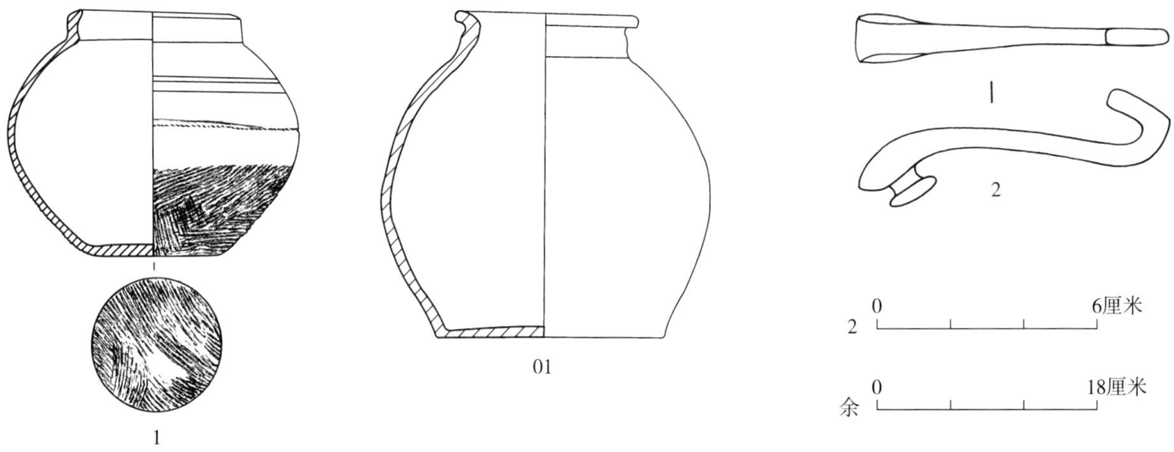

图 4-262　M948 出土器物

1、01. 陶罐　2. 铜带钩

二　砖椁墓

砖椁墓共有 472 座。

（一）M2

1. 墓葬形制

位于墓地西南部，东北面是 M83，东南面为 M56，西面是 M24。方向 104°（图 4-263；彩版一〇九，1）。

长方形土坑竖穴砖椁墓。墓口长 3.05、宽 1.7～1.83、深 2.63 米。椁长 2.8、宽 0.95、高 0.77 米。四壁青砖横排错缝平铺垒砌。墓底平铺一层青砖，“人”字形排列。墓底北侧有生土二层台，宽 0.15 米。砖长 28、宽 12、厚 4 厘米。墓内填浅灰褐色五花土，经过夯打，土质较致密。填土中发现圆陶片 1 件。

人骨无。

随葬器物 3 件。陶罐 2 件位于椁室西北。残铜镜 1 件放置东部中间。

2. 出土遗物

（1）陶器

陶罐　2件。泥质灰陶。侈口，斜折沿，方唇，鼓腹，平底。器表有数周制作旋纹，素面。

标本 M2∶2，腹部饰两周戳印纹。口径 14.8、底径 19.8、高 28.2 厘米（图 4-264，1；彩版一〇九，3）。

标本 M2∶1，腹部饰两周凹弦纹。口径 15.5、底径 17、高 25.8 厘米（图 4-264，2；彩版一〇九，2）。

圆陶片　1 件。

标本 M2∶01，夹砂灰褐陶。素面。直径 3.7 厘米（图 4-264，01）。

（2）铜器

铜镜片　1 件。

标本 M2∶3，草叶纹，不能复原。

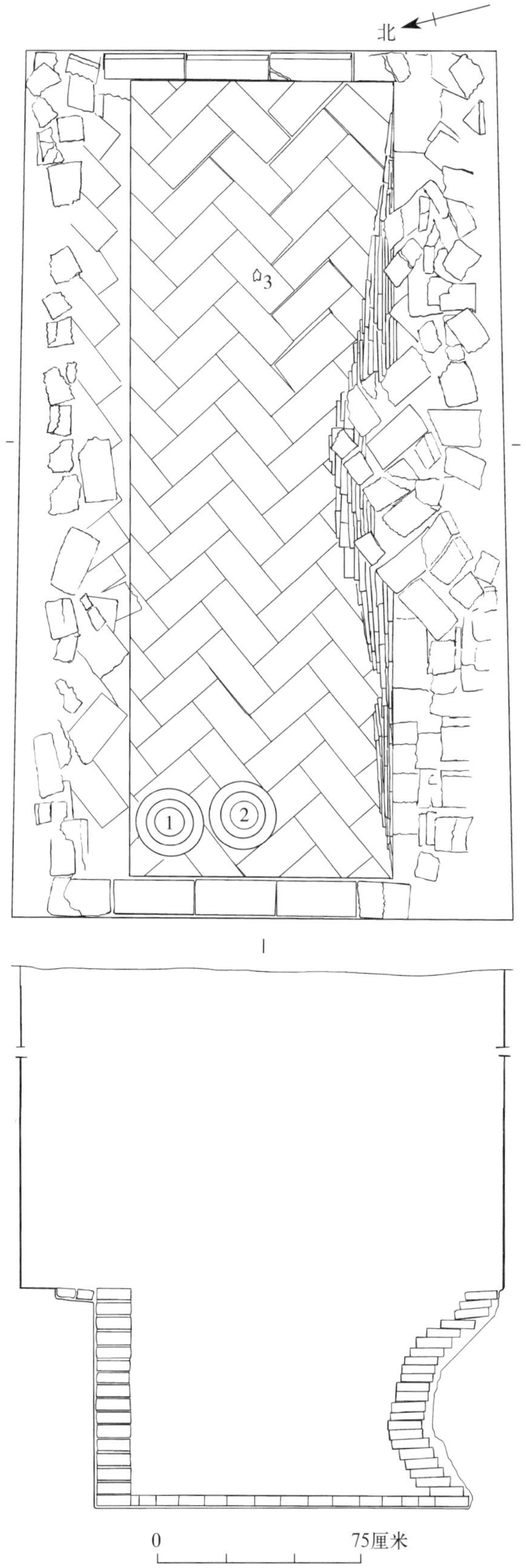

图 4-263　M2 平、剖面图

1、2. 陶罐　3. 铜镜片

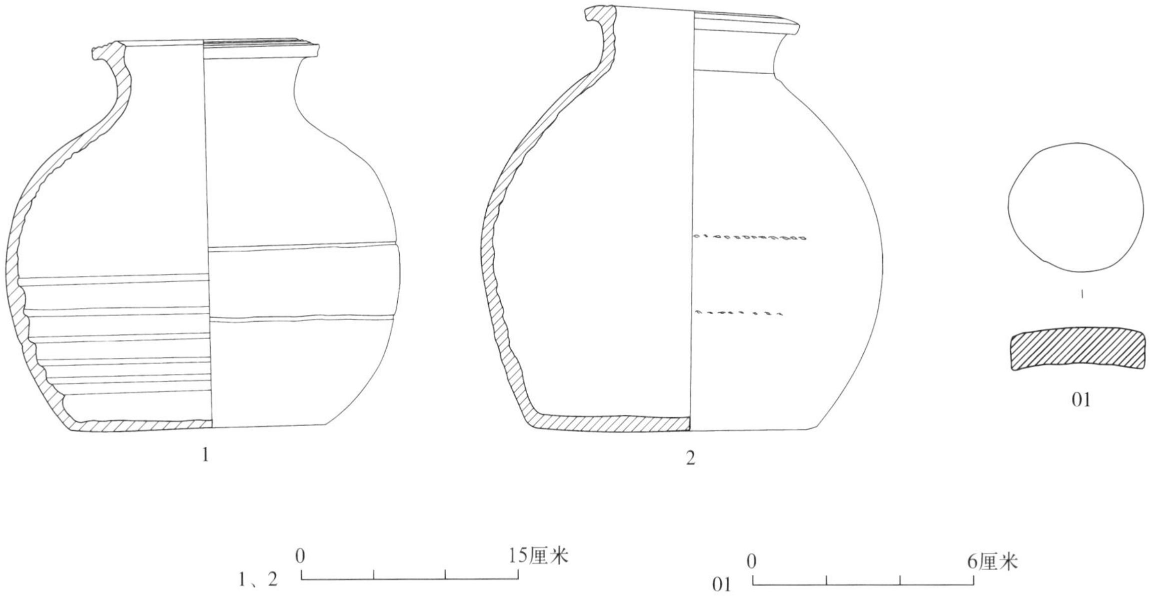

图 4-264　M2 出土器物

1、2. 陶罐　01. 圆陶片

（二）M3

1. 墓葬形制

位于墓地西南部，东北面被 M1 打破，东面是 M86，西面为 M46。方向 110°（图 4-265；彩版一〇九，4）。

长方形土坑竖穴砖椁墓。墓口长 4.5、宽 2.95 ～ 3.1、深 5.26 米。椁长 3.4、宽 0.96、深 1.9 米。四周均用青砖垒砌而成，四角分别伸出长 0.18、高 0.22、深 0.18 米方洞，可能为木架结构"井"字形椁。脚箱两侧各留有宽 0.1、进深 0.4 米凹槽。椁壁向内倾斜，南壁尤为严重。脚箱位于椁室西部，以木棺两端为界，长 0.8、宽 0.96、深 0.9 米。墓底部平铺一层青砖，"人"字形排列（彩版一一〇，1、2）。木棺已腐朽，仅存板灰痕迹。长 2.1、宽 1.18 米。砖长 28、宽 12、厚 4 厘米。墓内填黄褐色五花土，经过夯打，质地致密。夯窝圆形，直径 10、夯层厚 15 ～ 28 厘米。

人骨 1 具。头向东，面向上。由于严重盗扰，墓主躯干、肢骨已无存，仅见头骨。性别无法鉴定，年龄 8 ～ 10 岁。

随葬陶钫 2 件，鸡骨和少量漆皮放置脚箱内。

2. 出土遗物

陶器

陶钫　2 件。泥质灰陶。覆斗形盖，斜壁，圆顶，上部有凸棱。盖上部饰对应鱼、鹤图案。钫方口，平沿，束颈，沿外侧折棱，圆鼓腹，方形圈足。下腹饰竖向和横向绳纹。

标本 M3∶1，口边长 13.6、底边长 15.6、通高 45.2 厘米（图 4-265，1；彩版一一〇，3）。

标本 M3∶2，下腹饰横向绳纹，底部饰斜向绳纹。口边长 13.6、底边长 15.6、通高 45.6 厘米（图 4-265，2；彩版一一〇，4）。

陶钫M3：2盖纹饰拓片（1/2）

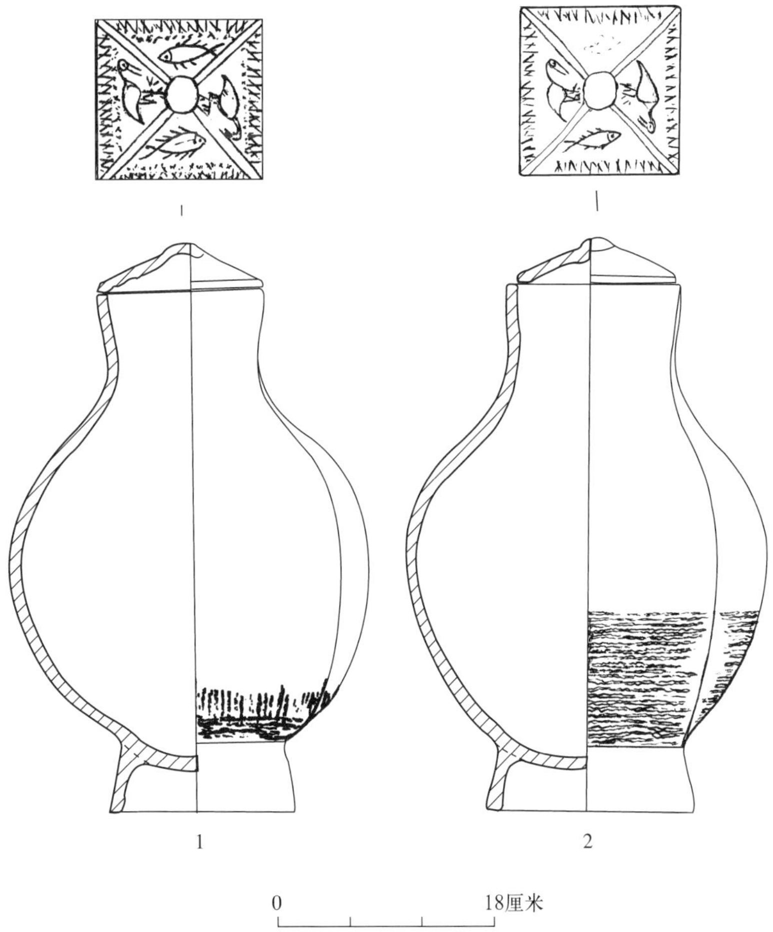

图 4-265　M3 及出土器物

1、2. 陶钫

（三）M4

1. 墓葬形制

位于墓地西南部，打破M9，被M17打破，西北面是M100。方向111°（图4-266；彩版一一一，1）。

长方形土坑竖穴砖椁墓。墓口长3.4、宽1.6～1.88、深1.88米。椁长3、宽0.95、高0.67米。四壁横排错缝叠砌平铺二十二层青砖。底部西、南、北壁有生土二层台，宽0.12～0.31、高0.81米。二层台顶部平铺一层青砖，北壁和西端部分缺失，南壁保存较好。墓底高低不平，斜向平铺一层青砖，“人”字形排列，砖长25、宽12、厚3厘米（彩版一一一，2）。木棺已腐朽，仅见板灰痕迹。长2.2、宽0.8、厚0.04米。墓内填黄褐色五花土，经过夯打，土质较致密。夯窝圆形，直径5、夯层厚15厘米。填土中发现铜镞1枚。

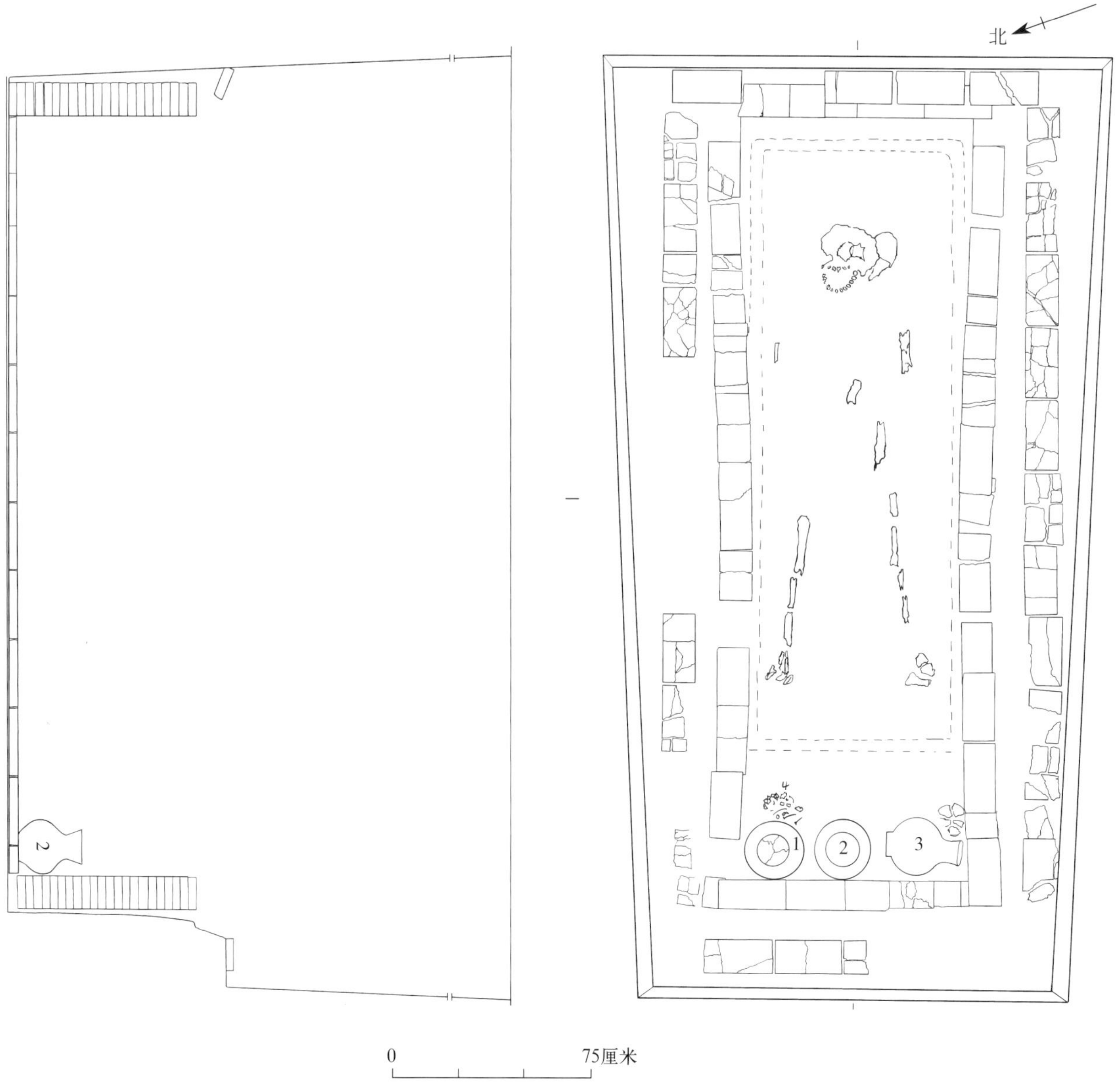

图4-266　M4平、剖面图

1～3. 陶壶

人骨1具。头向东，面向右，仰身直肢。骨骼腐朽严重，仅存骨渣痕迹，性别无法鉴定，壮年个体。

随葬陶壶3件。南北并排置于椁室西端。陶壶东侧有乳猪、鱼骨。

2. 出土遗物

（1）陶器

陶壶　3件。泥质灰陶。弧顶盖。壶敞口，圆唇，束颈，鼓腹。素面。

标本M4∶1，圜底。下腹及底部饰绳纹。口径14.4、底径13.2、通高33厘米（图4-267，1；彩版一一一，3）。

标本M4∶2，底微凹。下腹饰四周戳印纹。口径13.8、底径27、通高30厘米（图4-267，2；彩版一一一，4）。

标本M4∶3，凹底。下腹饰四周戳印纹。口径14.4、底径21、通高30厘米（图4-267，3；彩版一一一，5）。

（2）铜器

铜镞　1件。

标本M4∶01，锈蚀严重。已残，前端扁尖，身两侧有锋刃，圆铤，尾部尖。长4.95厘米（图4-267，01）。

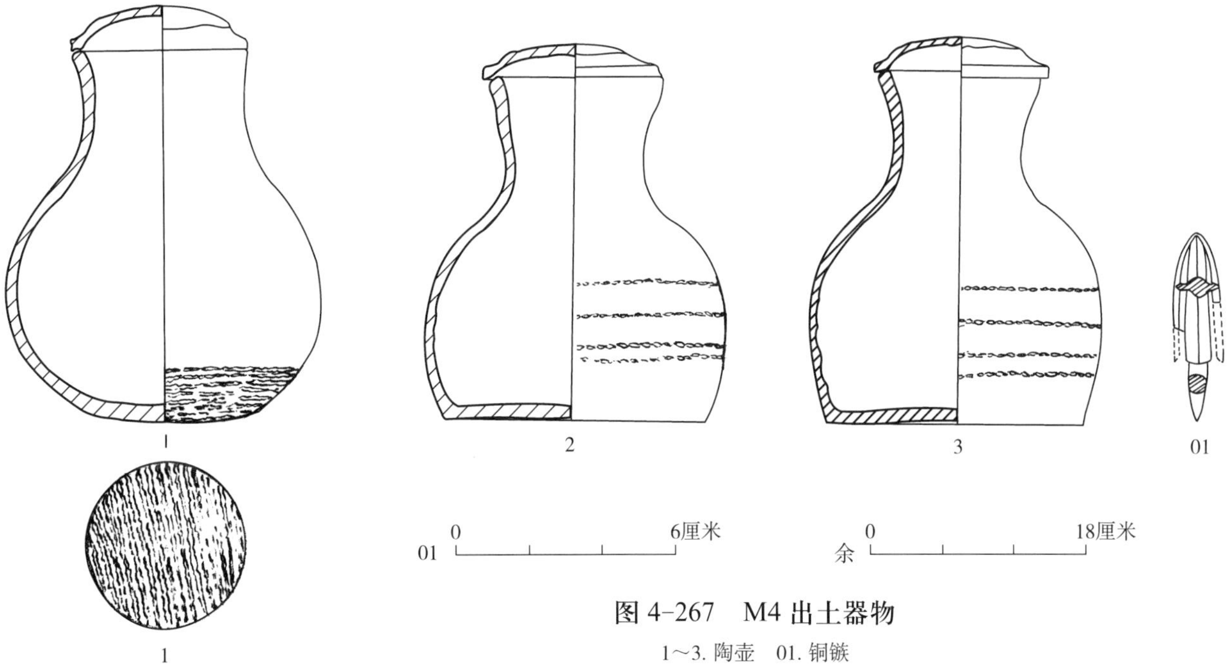

图4-267　M4出土器物

1～3. 陶壶　01. 铜镞

（四）M7

1. 墓葬形制

位于墓地西南部，东北面是M15、M6，东面为M8。方向120°（图4-268；彩版一一二，1）。

长方形土坑竖穴砖椁墓。墓口长2.95、宽1.64、深2.43米。椁长2.3、宽1.04、高0.7米。椁室两端各立两块方砖，直径0.45、厚0.04米，其上压缝垒砌四层青砖，两侧压缝垒砖十八层，顶部排放1～2层残砖（彩版一一二，2）。壁龛位于椁室南壁中部，长0.4、高0.5、进深0.34米。龛上部放置2块

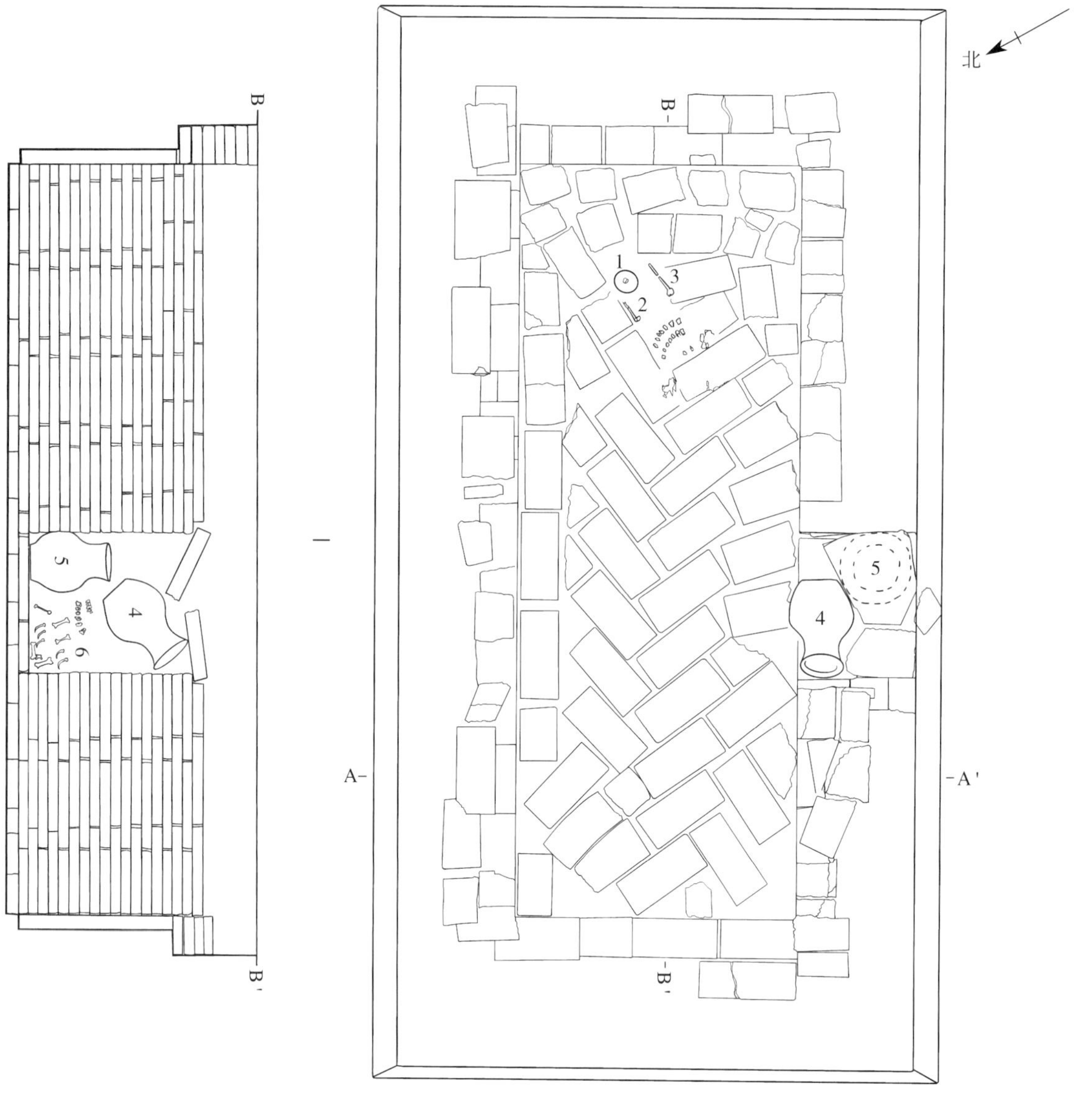

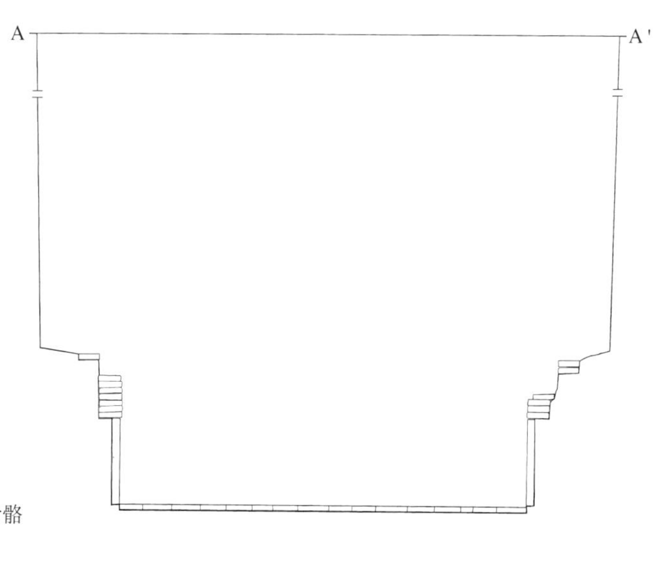

0 60厘米

图 4-268 M7 平、剖面图

1. 铜镜 2. 铁环首刀 3. 铜簪 4、5. 陶壶 6. 动物骨骼

青砖。墓底平铺一层青砖，“人”字形排列。砖长25、宽11～12、厚3厘米。墓内填浅灰褐色五花土，经过夯打，土质较致密。夯窝圆形，直径7～10、厚约40厘米。

人骨1具。头向东。骨骼保存较差，除部分牙齿，余均腐朽殆尽。性别、年龄无法鉴定。

随葬器物5件。彩绘陶壶2件并排平放在龛内。铜镜、铜簪、铁环首刀放在墓主头骨顶端左侧。墓内还发现乳猪、鸡、真鲷骨。

2. 出土遗物

（1）陶器

陶壶　2件。形制相同。泥质灰陶。弧顶盖。壶敞口，圆唇，束颈，鼓腹，下腹内收，平底。盖与肩部饰彩色卷云图案。

标本M7：4，下腹饰两周戳印纹。口径11.5、底径15.2、通高25.6厘米（图4-269，4；彩版一一二，3）。

标本M7：5，下腹部饰四周戳印纹。口径12.2、底径15.6、通高27厘米（图4-269，5；彩版一一二，4）。

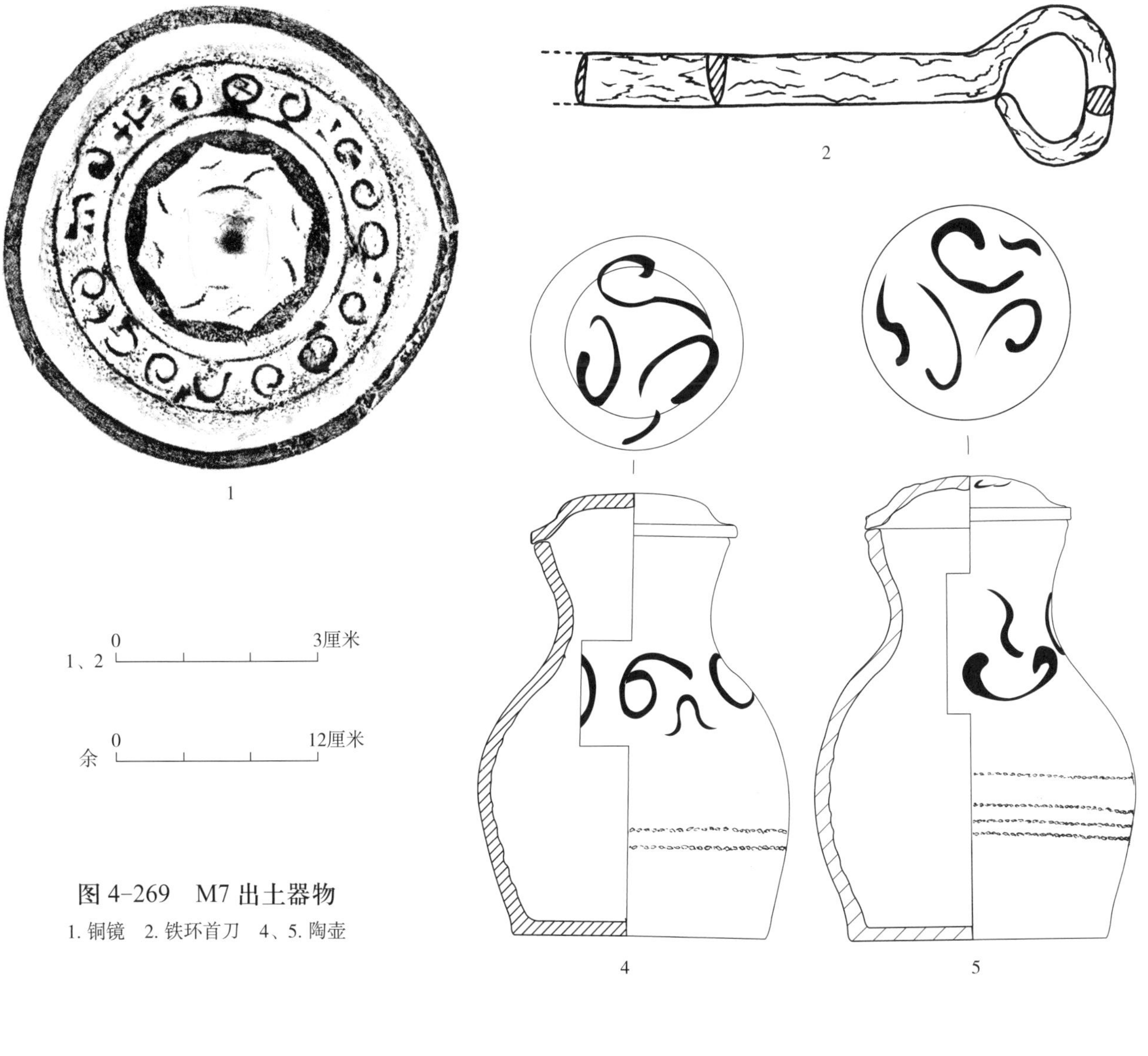

图4-269　M7出土器物

1. 铜镜　2. 铁环首刀　4、5. 陶壶

（2）铜器

铜镜　1枚。

标本M7∶1，日光连弧铭带镜。圆形，圆纽，圆纽座。座外均匀伸出四条短弧线，其间夹饰月牙纹，再外一周内向八连弧纹圈带。外区两周短斜线和凸弦纹组合纹带，之间为顺时针铭文带“见日月心，勿夫毋忘”，字体为圆转式篆隶体、有简化字，每字间隔似涡纹。窄素平缘。面径6.8、缘厚0.4厘米（图4-269，1；彩版一一二，5）。

铜簪　1件。

标本M7∶3，长条形。锈蚀严重，不能复原。

（3）铁器

铁环首刀　1件。

标本M7∶2，环首，刀身较窄，前端残缺，直背。残长8厘米（图4-269，2）。

（五）M8

1. 墓葬形制

位于墓地西南部，东面是M79，东南面为M96、M103，西北面是M6、M7。方向130°（图4-270；

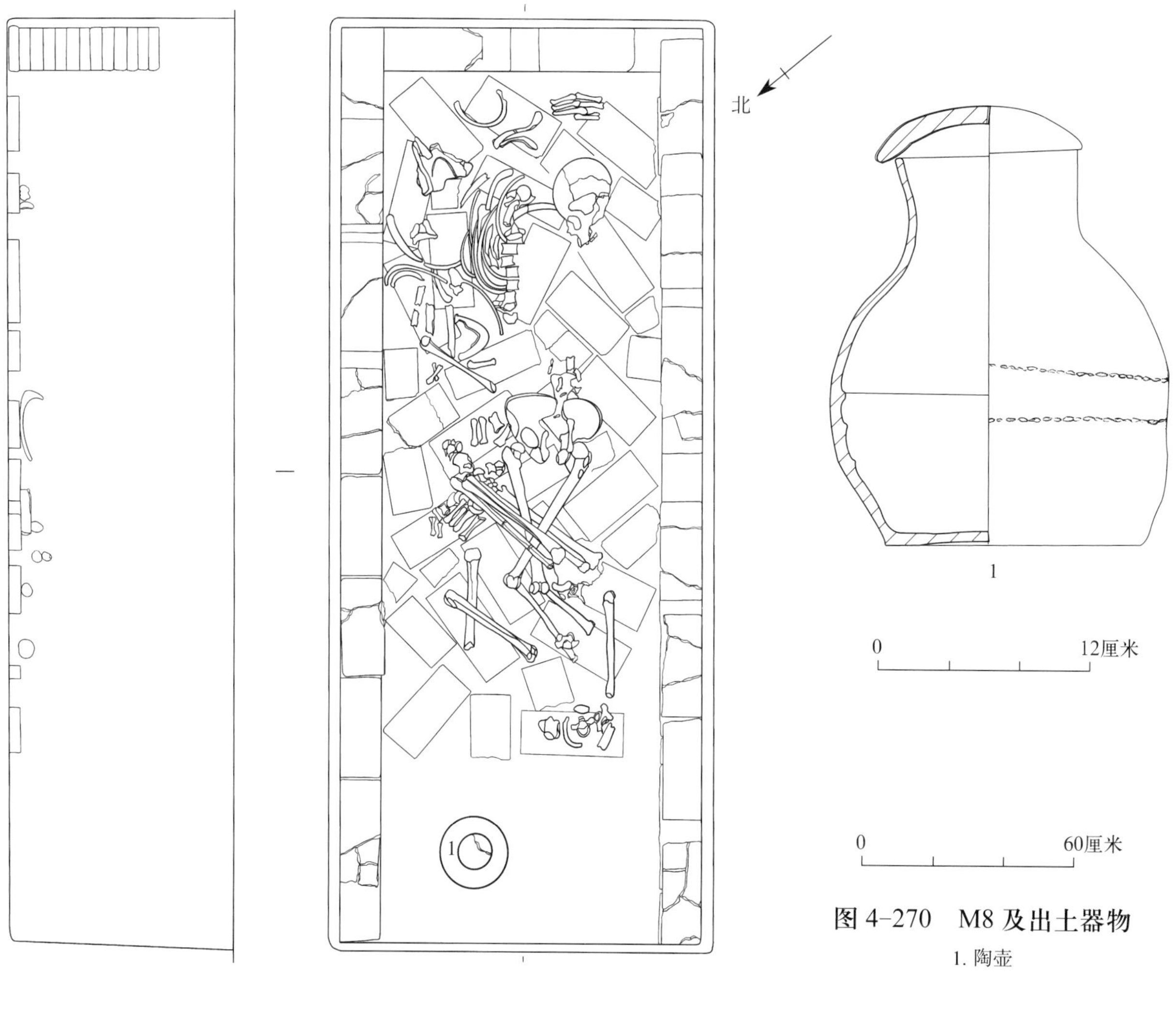

图4-270　M8及出土器物

1. 陶壶

彩版一一三，1）。

长方形土坑竖穴砖椁墓。墓口长2.56、宽1.1、深0.64米。椁长2.5、宽1.02、高0.4米。东、南、北壁均用青砖错缝平铺叠砌而成。西侧为土圹。墓底平铺一层青砖。砖长26、宽13、厚5厘米。墓内填黄褐色五花土，扰动严重，土质较松软。

人骨1具。骨骼摆放凌乱，葬式不详。男性，年龄30～35岁。

墓底西侧偏北出土陶壶1件。

2. 出土遗物

陶器

陶壶 1件。

标本M8:1，泥质灰陶。弧顶盖。壶敞口，圆唇，束颈，鼓腹，平底内凹。下腹饰两周戳印纹，内壁有三周凸棱。口径10.4、底径14.5、通高23.8厘米（图4-270，1；彩版一一三，2）。

（六）M10

1. 墓葬形制

位于墓地西南部，东北面是M20，南面为M37，西面是M230。方向108°（图4-271）。

长方形土坑竖穴砖椁墓。墓口长1.98、宽1.02、深0.92米。椁长1.9、宽1、高0.66米。椁室均用青砖错缝横排平铺叠砌。西、南部被盗扰，仅残存壁面。墓底平铺一层青砖，“人”字形排列。砖长28、宽12、厚3厘米。墓内填红褐和灰褐色五花土，土质较致密。填土中发现铁锸1件。

人骨无。

随葬器物9件。铜车辖2件放在墓室中部偏南。铜盖弓帽7件，放置在墓室东段中部（图4-271）。

2. 出土遗物

（1）**铜器**

铜车軎 2件。

标本M10:1，喇叭状。内部空，柄部有一小孔，饰两周凸棱。长2.2、口径1.4、底径2厘米（图4-271，1）。

铜盖弓帽 7件。

标本M10:2，管状，顶为柿蒂形，中空成銎，柄部一侧有向上弯钩。残长1.8、宽1.9厘米（图4-271，2）。

（2）**铁器**

铁锸 1件。

标本M10:01，扁薄长方形，弧刃，背部长条形孔，中空呈三角銎。宽13.6、高5.4厘米（图4-271，01）。

（七）M11

1. 墓葬形制

位于墓地西南部，北面是M22，东面为M34，西南面是M12。方向110°（图4-272）。

长方形土坑竖穴砖椁墓。墓口长3.15、宽2.05、深1.55～1.6米。因盗扰，仅椁室上部两端放

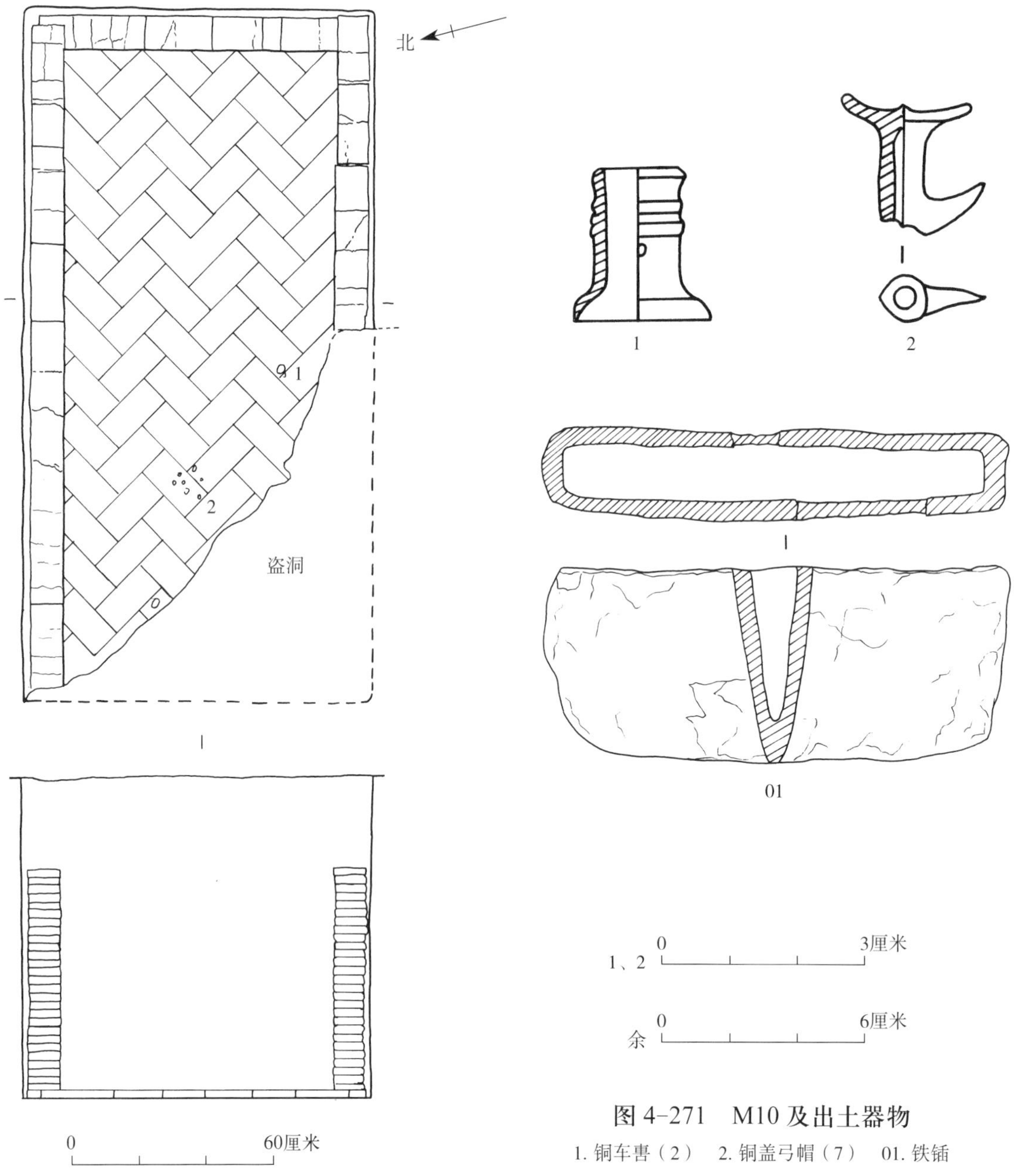

图4-271　M10及出土器物

1. 铜车軎（2）　2. 铜盖弓帽（7）　01. 铁锸

置有排列杂乱的青砖，墓底仅残存少量铺地砖，呈“人”字形排列。砖长28、宽12、厚4厘米。墓内填黄褐色五花土，土质较疏松。

人骨1具。腐朽严重。性别、年龄无法鉴定。

墓底中部放置的1枚铜镜，被扰乱，部位不明。

2. 出土遗物

铜器

铜镜　1枚。

标本M11∶1，星云镜。原为圆形，残缺仅存大半面。连峰纽，圆纽座。座外一周内向十六连弧纹圈带。其外两周凸弦纹间为主纹，四枚连珠纹座大乳丁分为四区，每区内各有弧线相连七枚小乳丁。

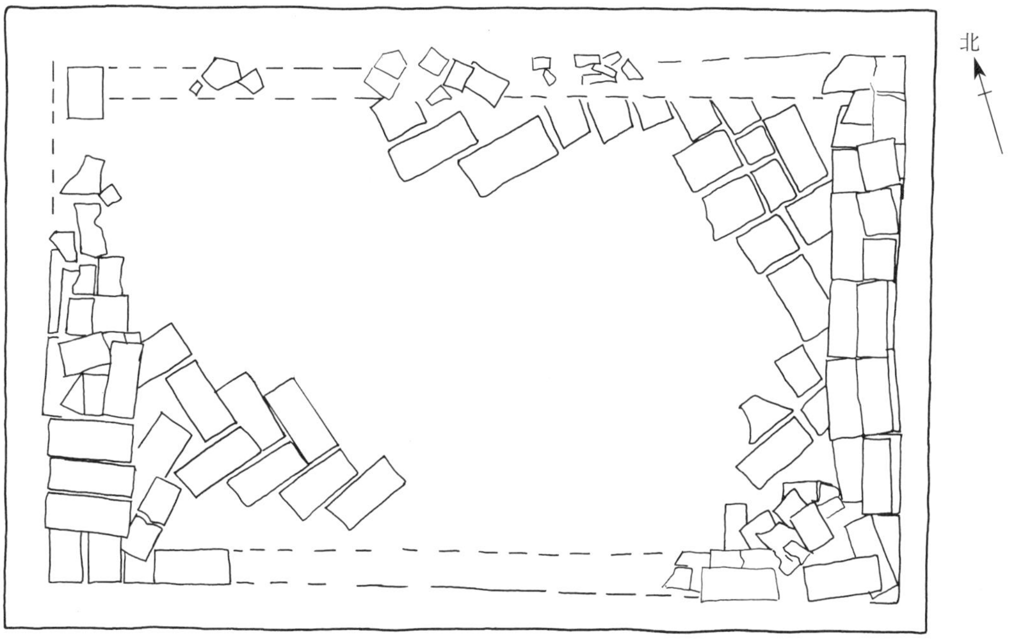

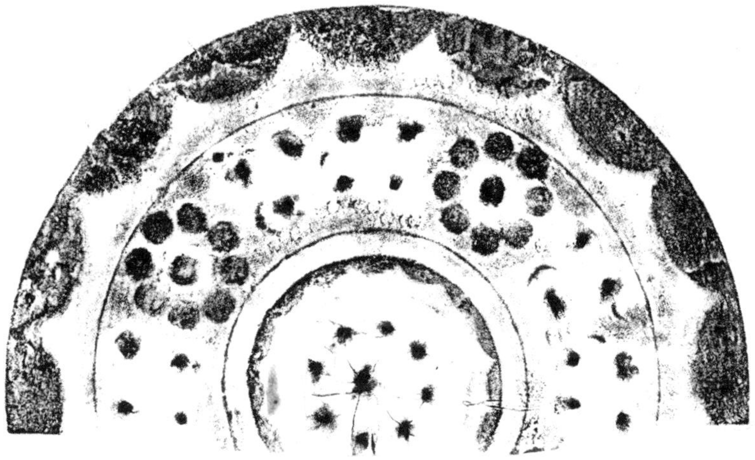

图 4-272　M11 及出土器物
1. 铜镜

内向十六连弧纹缘。面径 10.2、缘厚 0.3 厘米（图 4-272，1）。

（八）M12

1. 墓葬形制

位于墓地西南部，东北面是 M11，东南面为 M15。方向 104°（图 4-273；彩版一一四，1）。

长方形土坑竖穴砖椁墓。墓口长 3、宽 1.68、深 2.3 米。椁长 2.46、宽 1.14、深 0.81 米。四壁均用青砖平铺错缝叠压垒砌而成。壁龛位于椁室中部南侧，长 0.84、高 0.43、进深 0.15 ～ 0.2 米。口部由四块青砖斜立封堵。底部四周有生土二层台，宽 0.17 米。台面顶端横排顺向排列一层青砖。墓底铺地砖、中间三列对缝竖排，两边各横排一列。砖长 36、宽 15、厚 6 ～ 7 厘米（彩版一一四，3）。

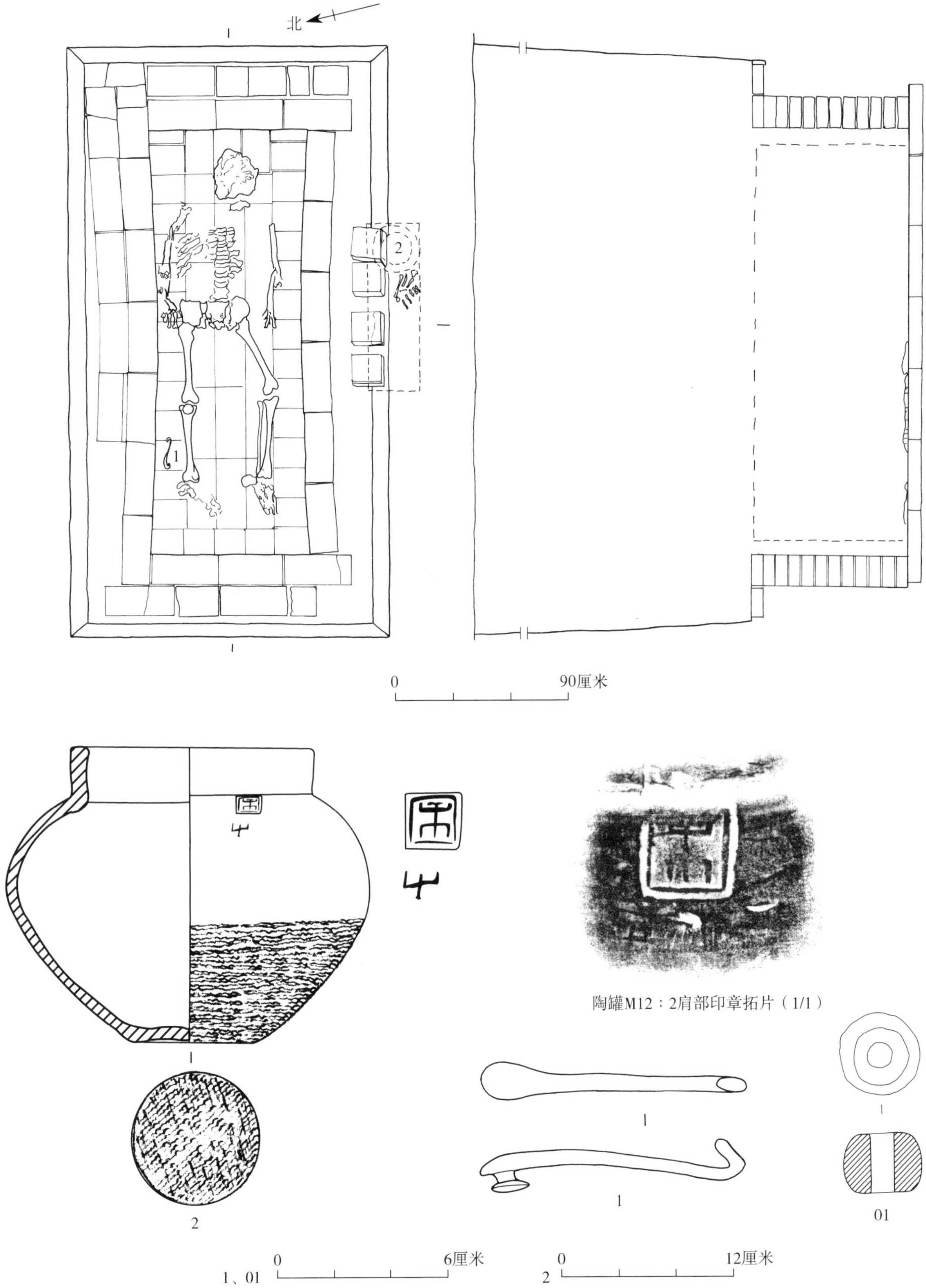

图4-273　M12及出土器物

1. 铜带钩　2. 陶罐　01. 陶纺轮

墓内填黄白色五花土，经过夯打，土质较致密。圆形夯窝，分布稀疏，直径 7 ～ 10、夯层厚 40 厘米。填土中发现陶纺轮 1 件。

人骨 1 具。头向东，面向上，仰身直肢。双手放置骨盆两侧，左下肢向外侧屈曲。男性，年龄 45 ～ 50 岁。

随葬器物 2 件。陶罐 1 件放在龛内（彩版一一四，2）。铜带钩 1 件置于墓主右腓骨外侧。陶罐西侧散落乳猪和鸡骨。

2. 出土遗物

（1）陶器

陶罐　1 件。

标本 M12∶2，泥质灰陶。圆唇，直颈，圆鼓腹，下斜内收，平底微凹。肩部饰有印章，下腹及底部饰细绳纹。口径 16.8、底径 8.8、高 20 厘米（图 4-273，2；彩版一一四，4）。

陶纺轮　1 件。

标本 M12∶01，泥质灰陶。圆形，中部有圆孔。素面。直径 2.8、孔径 0.8、厚 1.8 厘米（图 4-273，01；彩版一一四，5）。

（2）铜器

铜带钩　1 件。

标本 M12∶1，琵琶形。钩呈马首状，形体细长，背部隆起，圆形纽位于尾端背部。长 9.2 厘米（图 4-273，1；彩版一一四，6）。

（九）M13

墓葬形制

位于墓地西南部，北面打破 M14，西北面是 M53，西南面为 M54。方向 113°（图 4-274）。

长方形土坑竖穴砖椁墓。墓口长 4、深 2.12 米。墓底四周有生土二层台，宽 0.4、高 2.88 米。椁长 3.24、宽 1.3、深 0.90 米。四壁均用青砖垒砌。上部平行或竖行铺成。外侧一～三层，内侧垒砌成室内墙体。四角伸出长 0.16、宽 0.16、深 0.16 ～ 0.2 米方洞，可能仿“井”字形木椁。椁室四角及偏西内侧墙体各留长 0.06、宽 0.1、进深 0.06 米凹槽，四周均向内倾斜。墓底平铺两层青砖，均“人”字形。第一层东北～西南向，第二层东南～西北排列。砖长 26、宽 11 ～ 12、厚 4 厘米。木棺已腐朽，仅残存板灰痕迹。墓内填黄褐色五花土，经过夯打，土质较坚硬。夯窝较模糊，夯打情况不详。仅发现少量鸡骨。

人骨无。

随葬器物无。

（一〇）M14

1. 墓葬形制

位于墓地西南部，被 M13 打破，北面是 M30，西面为 M53。方向 115°（图 4-275）。

长方形土坑竖穴砖椁墓。墓口长 3.56、宽 1.8 米，底长 3.32、宽 1.44、深 2.1 米。四周有生土二层台。北宽 0.2、南宽 0.14、东宽 0.22、西宽 0.16、高 1 米。二层台顶部均平铺顺向垒砌一层青砖。

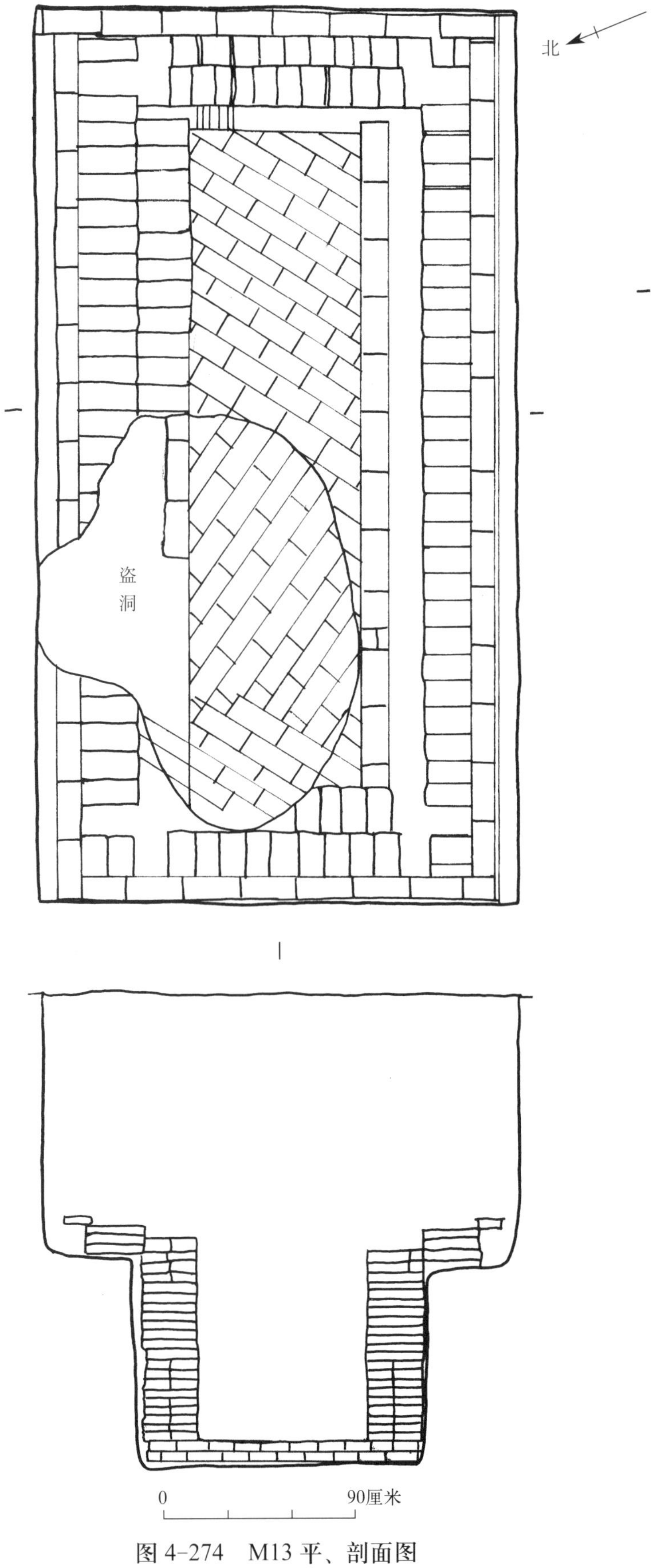

图 4-274　M13 平、剖面图

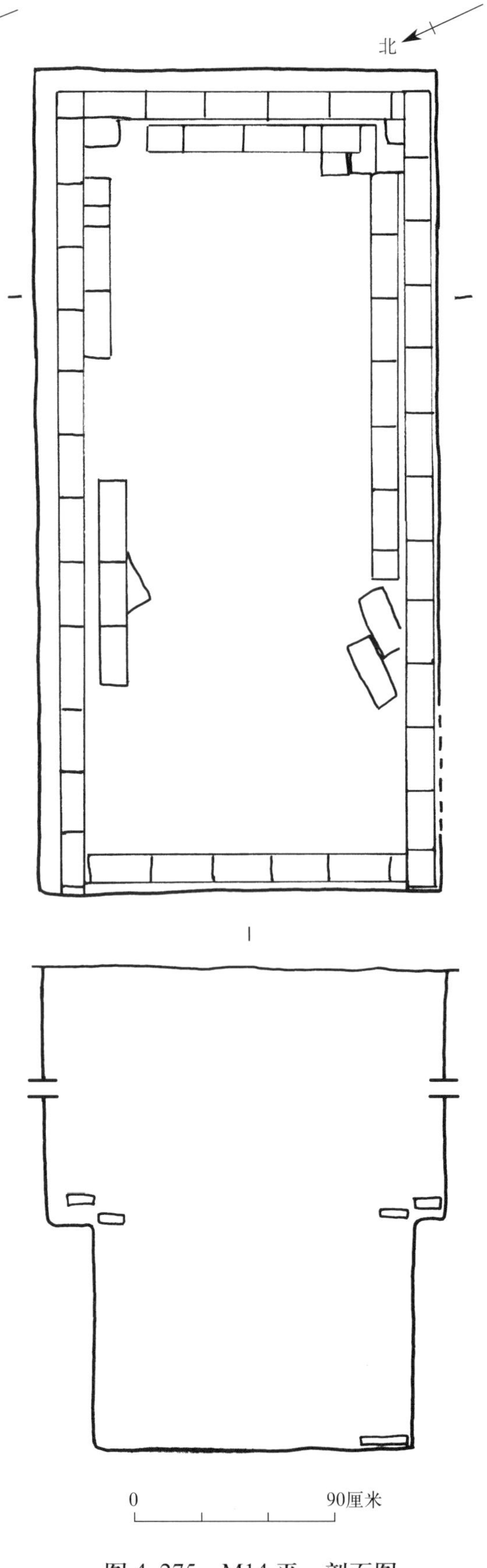

图 4-275　M14 平、剖面图

椁室四周用青砖平铺，因扰乱结构不详。砖长 26 ～ 28、宽 12、厚 3 厘米。墓底铺地青砖多被破坏，仅有四周外侧残存一行青砖。墓内填黄褐色五花土，土质较疏松。似经夯打，加工情况不明。填土中发现陶器 11 件。盘、樽、器盖各 1 件，耳杯 8 件以及少量鸡骨和狗牙齿等。

人骨无。

随葬器物无。

2. 出土遗物

陶器

陶樽　1 件。

标本 M14 : 09，泥质灰陶。直口，平沿，尖唇，深腹，直壁，下部内收，圜底，马蹄足。素面。口径 21、高 14.2 厘米（图 4-276，09；彩版一一三，3）。

陶盘　1 件。

标本 M14 : 08，泥质灰陶。敞口，斜折沿，方唇，浅腹，近底折棱，平底。素面。口径 20.4、底径 17.5、高 4 厘米（图 4-276，08）。

陶耳杯　8 件。均泥质陶。器身椭圆形，敞口，尖唇，下腹内收。口沿两侧有新月形耳。

标本 M14 : 01，灰陶。平底。长径 15.4、短径 12、高 5.2 厘米（图 4-276，01；彩版一一三，4 左）。

标本 M14 : 02，灰褐陶。底微凹。口长 15.4、宽 14、底长 9.6、高 5.8 厘米（图 4-276，02；彩版一一三，4 右）。

陶器盖　1 件。

标本 M14 : 011，泥质灰陶。弧顶形，斜平沿，方唇。直径 12、高 2.2 厘米（图 4-276，011）。

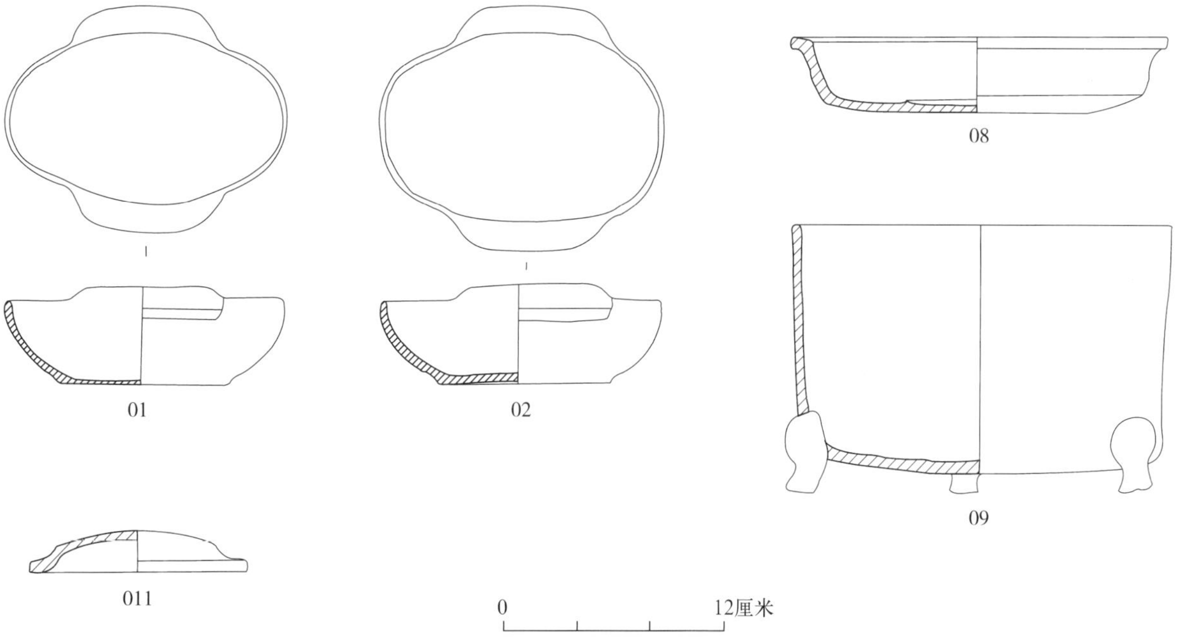

图 4-276　M14 出土器物

01、02. 陶耳杯　08. 陶盘　09. 陶樽　011. 陶器盖

（一一）M15

墓葬形制

位于墓地西南部，西南面是M6、M7，东面为M60、M84。方向110°（图4-277）。

长方形土坑竖穴砖椁墓。墓口长2.95、宽1.38米，底长2.85、宽1.18、深1.66米。椁长2.61、宽1.17、高0.63米。椁室四周均用青砖平铺错缝横向叠砌。砖长28、宽12、厚3厘米。墓内填黄褐色五花土，土质较致密。有夯打痕迹，具体情况不明。

人骨1具。骨架凌乱堆放在椁室西端。性别无法鉴定，年龄6～12岁。

随葬器物无。

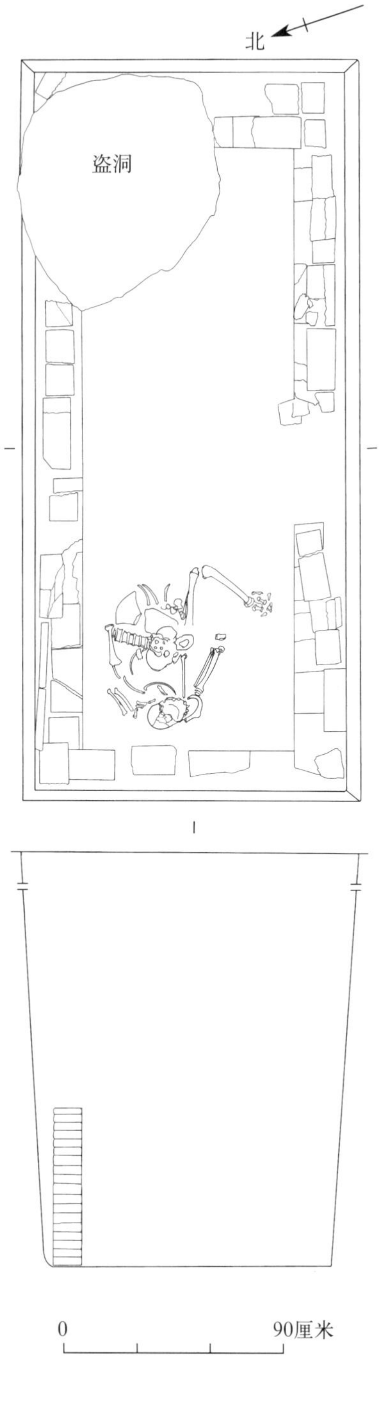

图4-277　M15平、剖面图

（一二）M17

1. 墓葬形制

位于墓地西南部，北面打破M4，东面是M36，南面为M39。方向115°（图4-278；彩版一一五，1）。

长方形土坑竖穴砖椁墓。墓口长4.36、宽2.2～2.3、深3.73米。椁长3.3、宽1.3、高0.85米。椁室四壁用青砖错缝平铺叠砌二十二层。四角及西侧留“井”字形凹槽，用作插挡板、以便分隔椁室与脚箱。墓底四周有生土二层台，顶部平铺叠砌四层青砖，上面两层对缝横排，下面两层对缝竖排，上、下内侧横排一层，分别与上、下层相连接。砖长26、宽13、厚3厘米。墓底铺地砖为错缝横向排列。木棺已腐朽，仅见板灰痕迹。长2.24、宽0.8米；南、北侧板厚0.03、东、西端板厚0.06米。墓内填浅黄褐色五花土，经过夯打，土质较致密。夯窝圆形，直径6～8、厚15～18厘米。

人骨1具。头向东，面向不清，仰身直肢。骨骼严重腐朽，仅见少许牙齿及骨渣，性别、年龄无法鉴定。

随葬器物6件。陶钫2件，放置在脚箱内。铜镜2枚位于棺室中下部右侧和墓主头骨右下方。铜饰件1件放在陶罐附近。1件铁镜架置于椁室东端偏南。

2. 出土遗物

（1）陶器

陶钫　2件。泥质灰陶。覆斗形盖。斜壁，小平顶，上饰五个突饰。钫方口，平沿，方唇，沿外侧折棱，束颈，鼓腹，方形圈足。下腹饰绳纹。

标本M17：1，口边长11.4、底边长13、通高39.2厘米（图4-279，1；彩版一一五，2）。

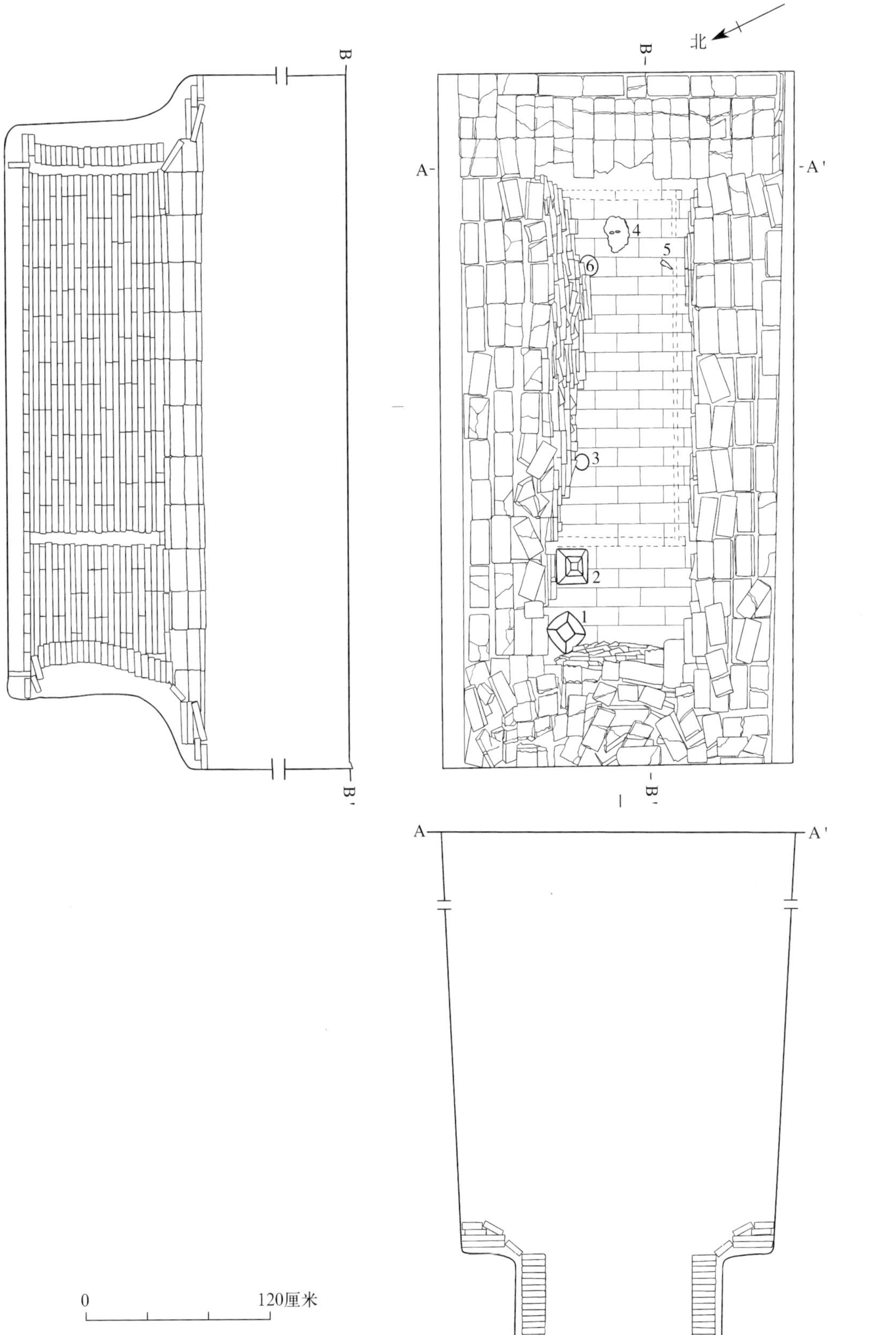

图 4-278　M17 平、剖面图

1、2. 陶钫　3、6. 铜镜　4. 铜饰件　5. 铁镜架

1

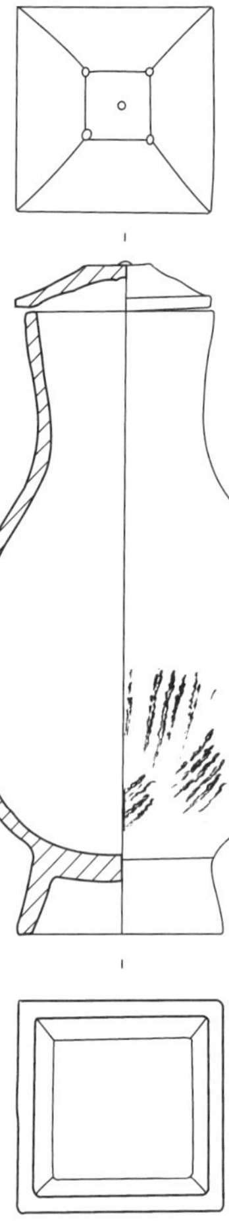
2

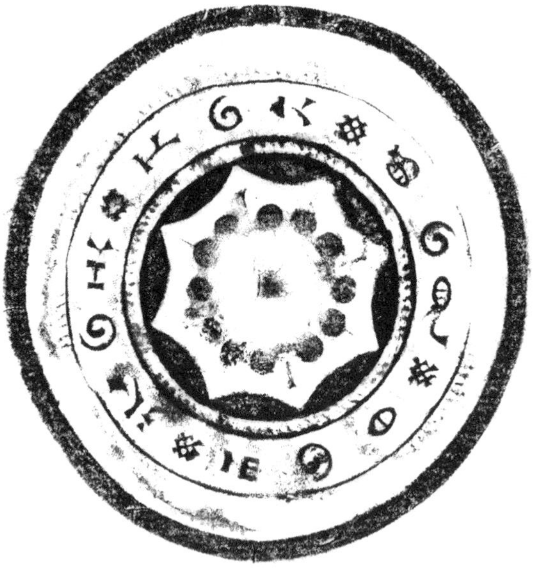
3

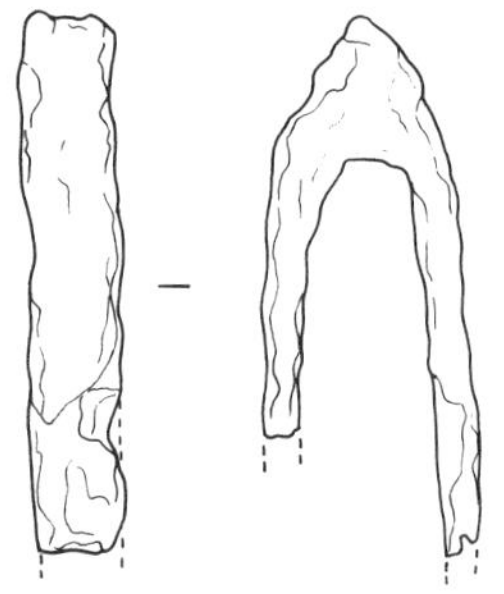
5

6

1、2 0 18厘米　5 0 6厘米　余 0 3厘米

图4-279 M17出土器物

1、2. 陶钫 3、6. 铜镜 5. 铁镜架

标本M17：2，下腹稀疏绳纹。口边长12、底边长12.8、通高40.3厘米（图4-279，2；彩版一一五，3）。

（2）铜器

铜镜　2枚。

标本M17：3，日光连弧铭带镜。圆形，圆纽，并蒂连珠纹纽座。座外均匀分布四条“丫”形纹与四条短竖线（各与一珠相连）相间环列。再外一周内向八连弧纹圈带。外区两周短斜线和凸弦纹组合纹带，之间为顺时针铭文带“见日之光，天下大明”，字体为圆转式篆隶体、笔画首尾加重呈楔形，每字间隔一类似涡纹或带十字的菱形纹符号。窄素平缘。面径7.4、缘厚0.5厘米（图4-279，3；彩版一一五，4）。

标本M17：6，昭明连弧铭带镜。圆形，圆纽，并蒂连珠纹纽座。座外均匀伸出四内附小乳丁的勾形弧线相连，其间夹饰内附三短竖线涡纹。再外一周内向八连弧纹圈带。外区两周短斜线和凸弦纹组合纹带，之间为顺时针铭文带“内清而以昭明，光之象夫日月，而心之忽而忠，而不泄”，字体为圆转式篆隶体、笔画首尾加重呈楔形。宽素平缘。面径10.6、缘厚0.45厘米（图4-279，6；彩版一一五，5）。

铜饰件　1件。

标本M17：4，锈蚀严重，器形不明。

（3）铁器

铁镜架　1件。

标本M17：5，叉形。两侧支架扁长条形，均残缺。高7.2厘米（图4-279，5）。

（一三）M20

墓葬形制

位于墓地西南部，南面是M37，西面为M10。方向350°（图4-280）。

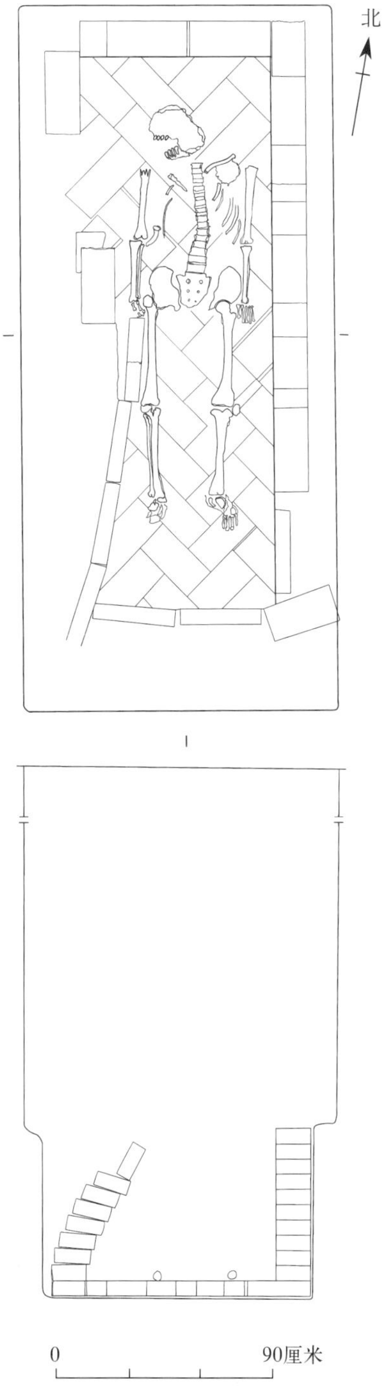

图4-280　M20平、剖面图

长方形土坑竖穴砖椁墓。墓口长2.78、宽1.28、深2.16米。椁长2.4、宽1.05、高0.6米。四壁均用青砖错缝平铺叠砌，口部上层内侧立一排青砖。因盗扰，北端及东侧部分缺失，南端保存完好。砖长33、宽14、厚6厘米。墓底四周有生土二层台。宽0.08～0.1、高0.7米。墓底平铺一层青砖，“人”字形排列。墓内填浅灰褐色五花土，较致密。

人骨1具。头向北，面向西，仰身直肢。墓主两手置于骨盆两侧。女性，年龄40～45岁。

随葬器物无。

（一四）M22

墓葬形制

位于墓地西南部，北部被M33打破，东南面是M34，南面为M11。方向110°（图4-281）。

长方形土坑竖穴砖椁墓。墓口长3.25、宽1.5、深3.55米。椁室西、北壁中部被盗扰，东壁青砖双行横排、双行竖排交替排列。墓底平铺一层青砖，呈“人”字形排列。西部上层残留少量铺地砖，排列方式与下层相同。砖长33、宽14、厚5厘米。墓内填黄褐色五花土，经夯打，土质较致密。夯窝圆形，直径10～12、厚15～20厘米。

人骨无。

随葬器物无。乳猪、鸡骨位于椁室西南角。

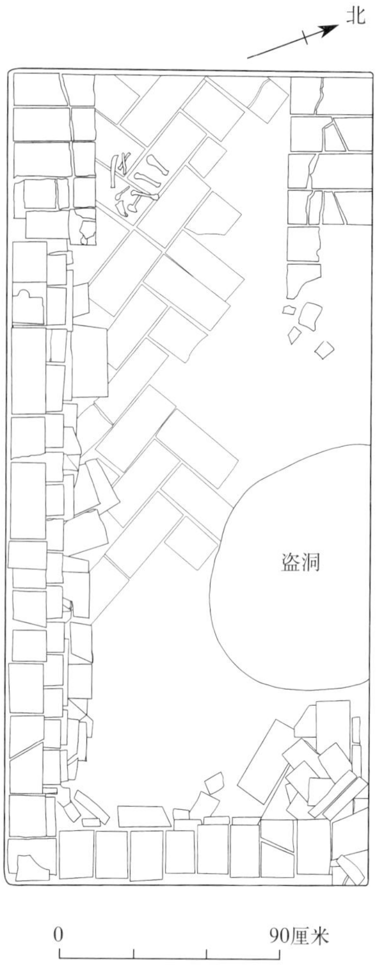

图4-281　M22平面图

（一五）M24

1. 墓葬形制

位于墓地西南部，北面是M31，东南面为M2。方向108°（图4-282；彩版一一六，1）。

长方形土坑竖穴砖椁墓。墓口长2.7、宽1.43、深1.63米。椁长2.57、宽1.07、高0.73米。四壁均用青砖错缝横排叠砌。北壁塌陷严重，向内侧倾斜。墓底平铺一层青砖，呈“人”字形排列。砖长27、宽11、厚3厘米。墓内填黄褐色五花土，经夯打，土质较致密。夯窝不明显。

人骨1具。头向东，面向上，仰身直肢。骨骼严重腐朽，躯干和上肢无存，头骨呈粉状。女性，年龄20～25岁。

随葬器物4件。陶壶1件位于墓内西北角。铜镜1件放在墓主头骨右侧。骨耳珰2件分别置于墓主头骨左右两侧。陶壶南侧有动物骨骼，未经鉴定，种属不明。

2. 出土遗物

（1）陶器

陶壶　1件。

标本M24∶3，泥质灰陶。弧顶盖，小平顶。壶敞口，沿面外斜，尖唇，束颈，鼓腹，平底微凹。器表有抹制痕，下腹饰两周戳印纹。口径4.7、底径15、通高27.2厘米（图4-282，3；彩版一一六，2）。

（2）铜器

铜镜　1枚。

标本M24∶1，日光连弧铭带镜。圆形，圆纽，圆纽座。座外均匀伸出四组短弧线（每组三条）。再外一周内向八连弧纹圈带。外区两周短斜线和凸弦纹组合纹带，之间为顺时针铭文带“见日之光，长不相忘”，字体为圆转式篆隶体、笔画首尾加重呈楔形，每字间隔似涡纹符号。宽素平缘。面径7.8、

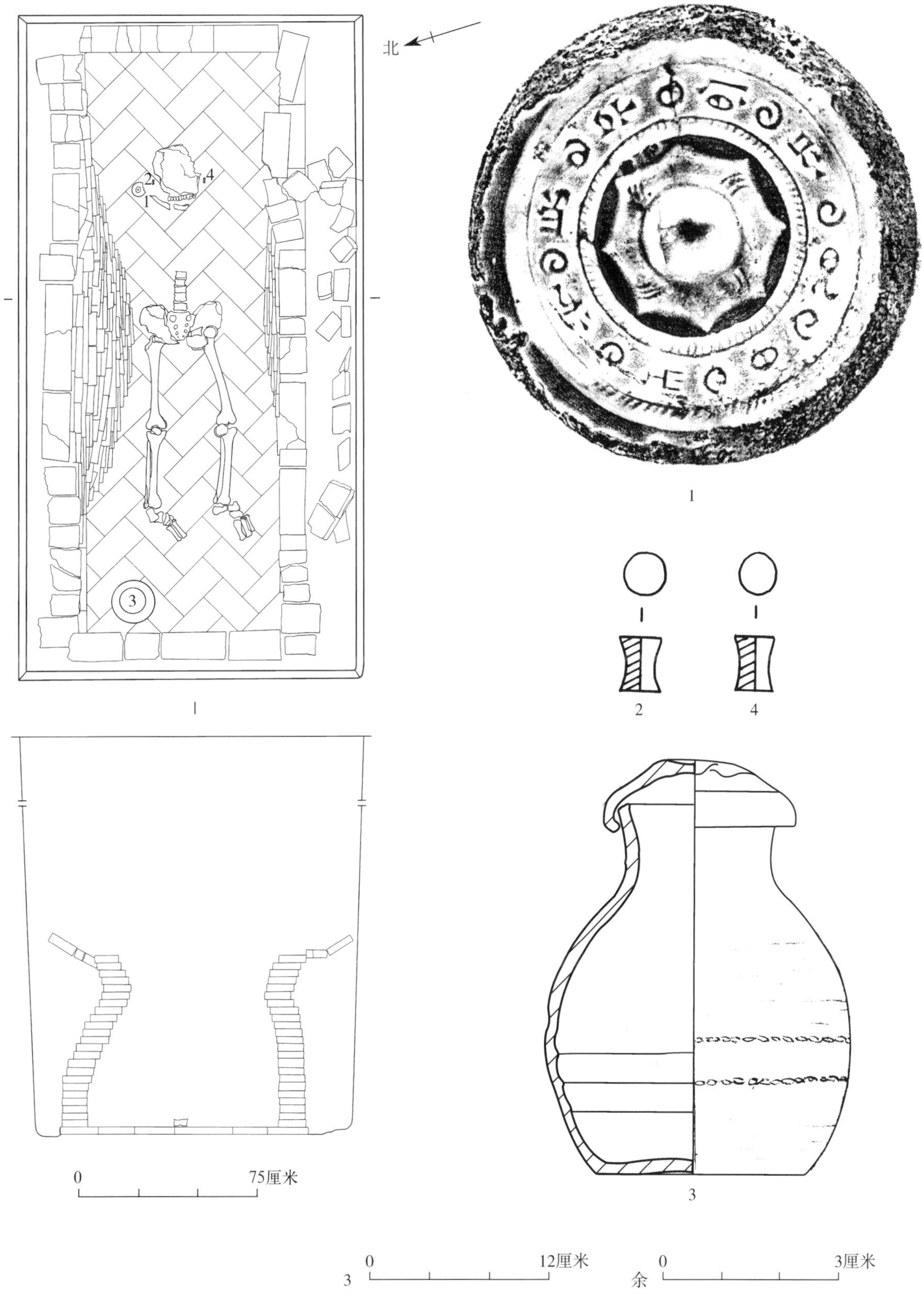

图 4-282　M24 及出土器物

1. 铜镜　2、4. 骨耳珰　3. 陶壶

缘厚 0.4 厘米（图 4-282，1；彩版一一六，3）。

（3）骨器

骨耳珰　2 件。

标本 M24：2、4，形制相同。柱状，中间内凹。长 0.9、顶径 0.7 厘米（图 4-282，2、4；彩版一一六，4）。

（一六）M25

1. 墓葬形制

位于墓地西南部，打破 M35、M29，东面为 M52。方向 107°（图 4-283；彩版一一六，5）。

长方形土坑竖穴砖椁墓。墓口长 3.7、宽 1.76 米，底长 2.04、宽 0.9、深 2.8 米。椁长 2.9、宽 1.14、高 0.59 米。椁室四壁均用青砖垒砌而成，由于塌落，凌乱叠压结构不明。墓底有生土二层台，宽 0.12 ～ 0.16、高 0.2 ～ 0.25 米。二层台面顶端顺向平铺二行一～四层青砖。砖长 25、宽 12、厚 3 厘米。墓内填黄褐色五花土，经过夯打，土质较致密。夯窝圆形，分布较密集，直径 7 ～ 10、夯层厚 14 厘米。

人骨 1 具。头向东，面向不清，仰身直肢。骨骼腐朽严重，性别、年龄无法鉴定。

随葬器物 59 件。陶壶 3 件南北排列位于椁室西端。铜镜 1 枚放在墓主头骨右侧。铜刷柄 1 件置于头骨左侧。铜带钩 2 件，铜钱 52 枚放置墓主骨盆处。发现少量动物骨骼，未经鉴定，种属不明。

2. 出土遗物

（1）陶器

陶壶　3 件。泥质灰陶。弧顶盖。壶敞口，尖唇，束颈，鼓腹。上腹饰白色弧形彩绘，大部分脱落。

标本 M25：6，平底。下腹饰两周戳印纹。口径 12.4、底径 14、通高 27.2 厘米（图 4-284，6；彩版一一七，1）。

标本 M25：7，弧底。下腹饰两周戳印纹。口径 13.5、底径 15.5、通高 29.8 厘米（图 4-284，

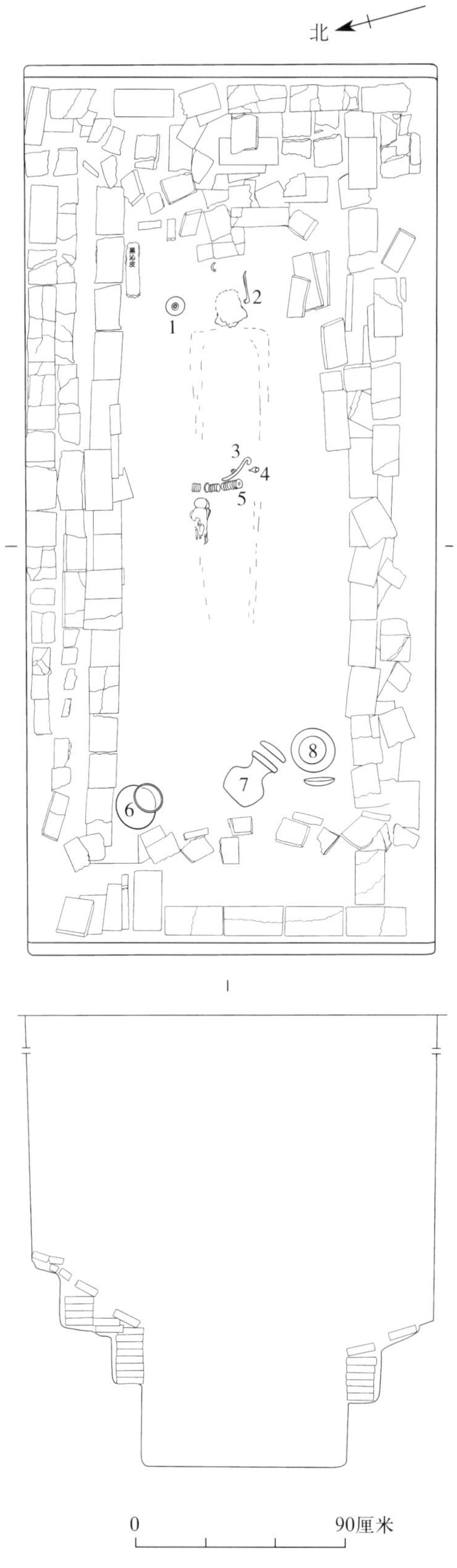

图 4-283　M25 平、剖面图

1. 铜镜　2. 铜刷柄　3、4. 铜带钩　5. 铜钱（52）　6～8. 陶壶

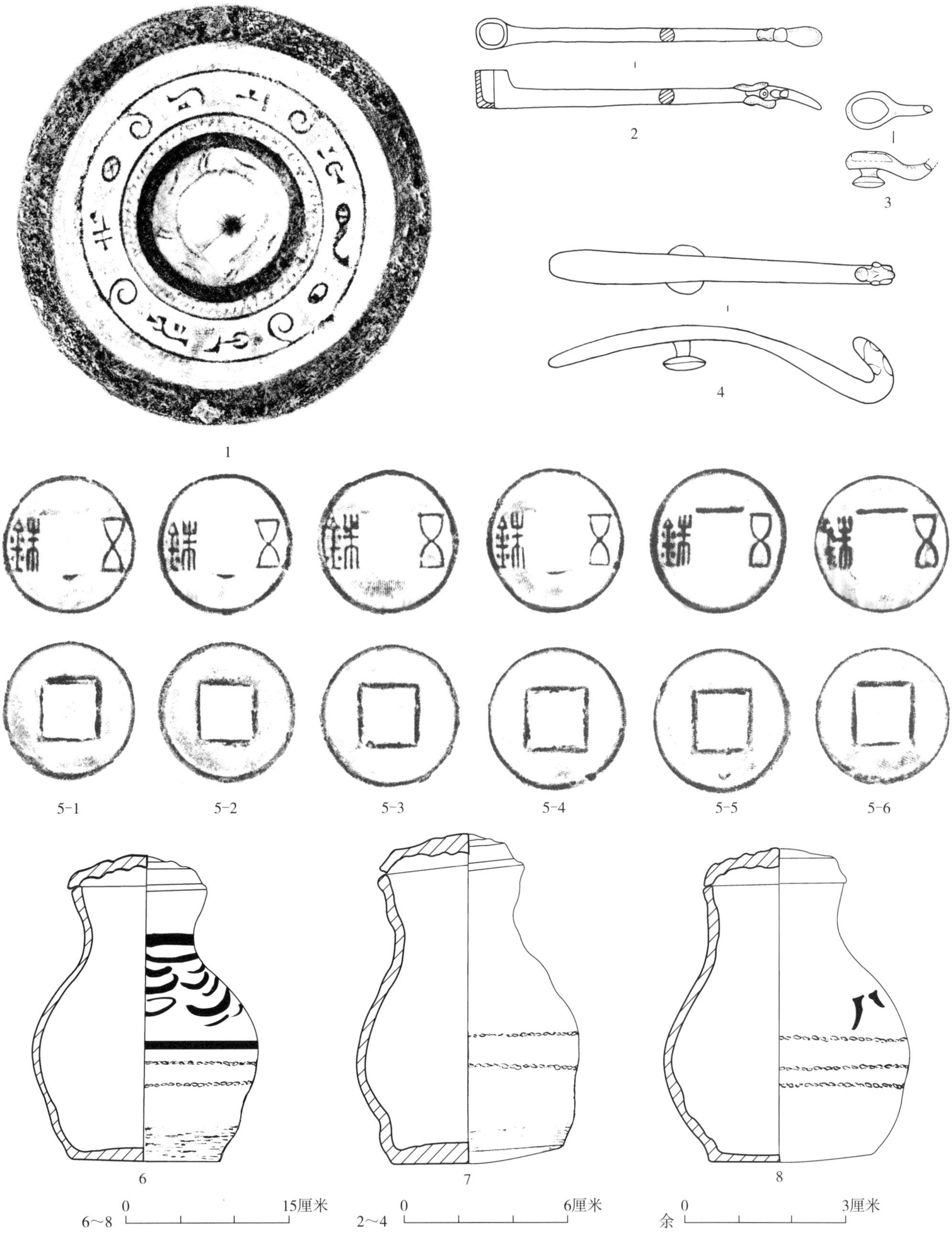

图 4-284　M25 出土器物

1. 铜镜　2. 铜刷柄　3、4. 铜带钩　5-1～6. 铜钱　6～8. 陶壶

7；彩版一一七，2）。

标本M25∶8，平底微圜。下腹饰三周戳印纹。口径13、底径15、通高27.6厘米（图4-284，8）。

（2）铜器

铜镜　1枚。

标本M25∶1，日光圈带铭带镜。圆形，圆纽，圆纽座。座外均匀伸出四组短弧线（每组两条），其间夹饰月牙纹。再外一周窄凸面圈带。外区两周短斜线和凸弦纹组合纹带，之间为顺时针铭文带“见日心忽，夫毋勿之忘”，字体为圆转式篆隶体、笔画首尾加重呈楔形、有简化字，每两字或三字间隔似涡纹符号。宽素平缘。面径7.7、缘厚0.45厘米（图4-284，1；彩版一一七，3）。

铜刷柄　1件。

标本M25∶2，形似烟斗状。斗圆筒形中空，细长柄，截面圆形，尾部扁平微曲，近尾部有小圆孔。长12.7厘米（图4-284，2；彩版一一七，4）。

铜带钩　2件。

标本M25∶3，体形较小，钩残缺。钩身椭圆形，腹部有凹槽。背部圆形纽，残长3.1厘米（图4-284，3）。

标本M25∶4，琵琶形。钩呈兽面状，器身细长，背部中端有圆纽。长12.6厘米（图4-284，4；彩版一一七，5）。

铜钱　52枚。均为五铢。圆形方穿，正面有轮无郭，背面轮郭俱全。根据钱文字体不同分为两种。

第一种　5枚。“五”字两笔交叉近直或微弯曲，“铢”字“金”头长三角形，与“朱”字平齐，“朱”字上部方折，下部圆折，有的穿下半星。

标本M25∶5-1、2，直径2.5、穿边长1、厚0.15厘米（图4-284，5-1、2；彩版一一七，6）。

第二种　47枚。“五”字两笔交叉弯曲，与上、下两横相交处垂直或微内收，“朱”字上部方折，下部圆折，有的穿上横郭或穿下半星。

标本M25∶5-3～6，直径2.6、穿边长1、厚0.16厘米（图4-284，5-3～6；彩版一一七，6）。

（一七）M26

1. 墓葬形制

位于墓地西南部，南面是M18，西面是M50，西北面为M21。方向340°（图4-285；彩版一一八，1、2）。

长方形土坑竖穴砖椁墓。墓口长2.52、宽1.21、深1.35米。椁长2.15、宽1.15、深0.88米。四壁均用青砖错缝横排叠砌。墓底平铺一层四列青砖，中间一列竖排，余三列横排。壁龛长0.32、高0.22、进深0.27米。龛外侧用一块青砖横立遮挡封堵。砖长35、宽15.5、厚7厘米（彩版一一八，3）。墓内填黄褐色五花土，土质较致密。经夯打，夯窝圆形，直径5～10厘米。

人骨1具。头向北，面向上，仰身直肢。男性，年龄35～45岁。

龛内出土1件陶罐。

2. 出土遗物

陶器

陶罐　1件。

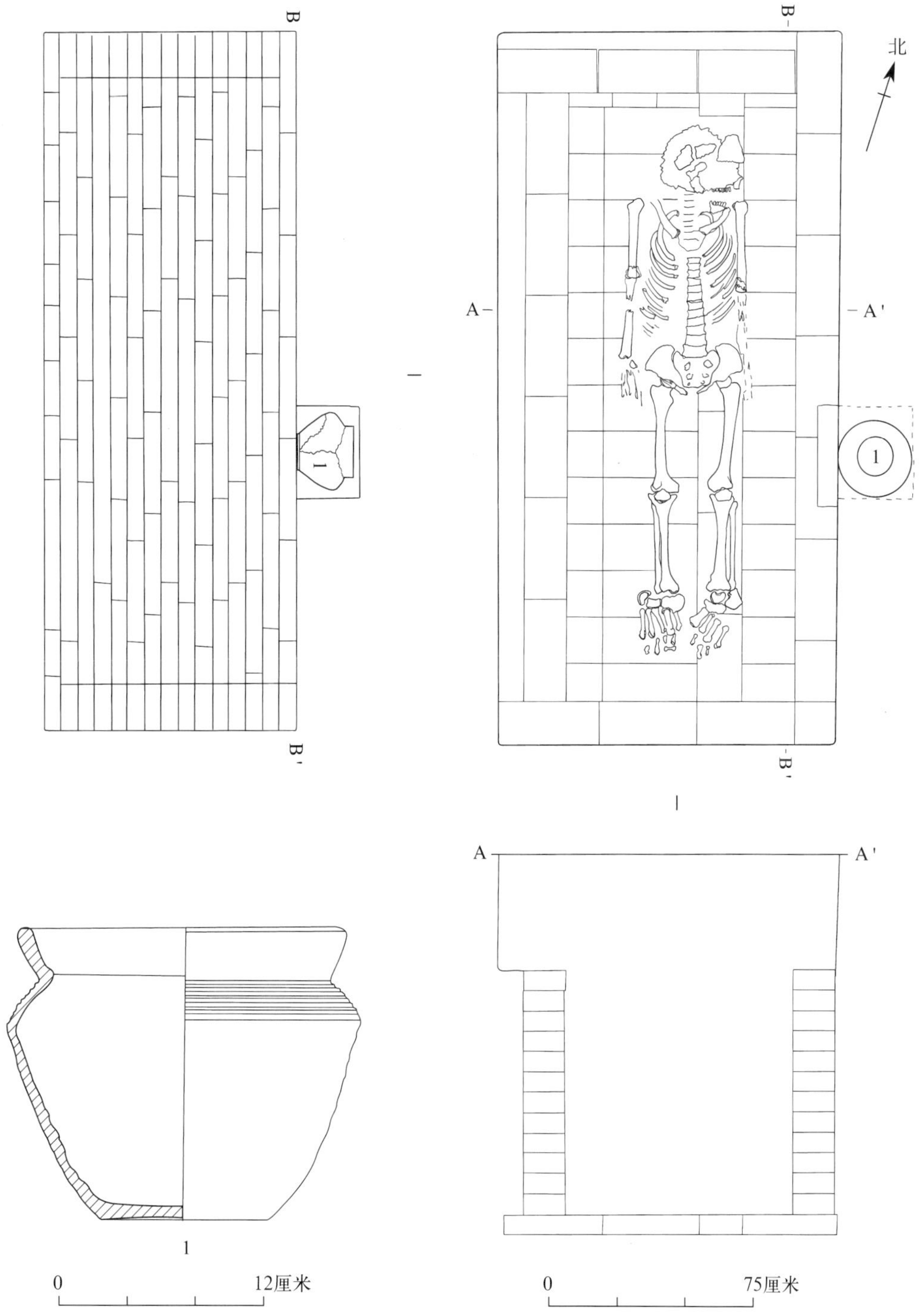

图 4-285　M26 及出土器物

1. 陶罐

标本 M26∶1，泥质灰陶。敞口，斜沿，圆唇，束颈，弧肩，下腹内收，平底微凹。肩部饰弦纹，素面。口径 19.2、底径 9.6、高 16.5（图 4-285，1；彩版一一八，4）。

（一八）M28

1. 墓葬形制

位于墓地西南部，被M32打破，北面是M38。方向115°（图4-286；彩版一一九，1）。

长方形土坑竖穴砖椁墓。墓口长3.2、宽2.1、底长3.07、宽1.32、深3.86米。椁长3、宽1.25、高0.7米。四壁青砖错缝横排叠砌。底部平铺一层青砖，为竖行对缝排列。砖长34、宽14、厚6厘米（彩版一一九，3）。脚箱位于墓室西端，长0.94、宽0.52米。墓内填深褐色五花土，经过夯打，土质较致密。夯窝圆形，分布较密集，直径8～12、夯层厚7～12、间距7～20厘米。

人骨1具。头向东。骨骼保存较差，仅残存少量脊椎和下肢骨，性别、年龄无法鉴定。

脚箱内放置陶罐1件。乳猪、鲤科、鱼骨散落在脚箱内（彩版一一九，2）。

2. 出土遗物

陶器

陶罐　1件。

标本M28∶1，泥质灰陶。侈口，窄平沿，方唇，束颈，鼓腹，平底。最大腹部饰三周戳印纹，

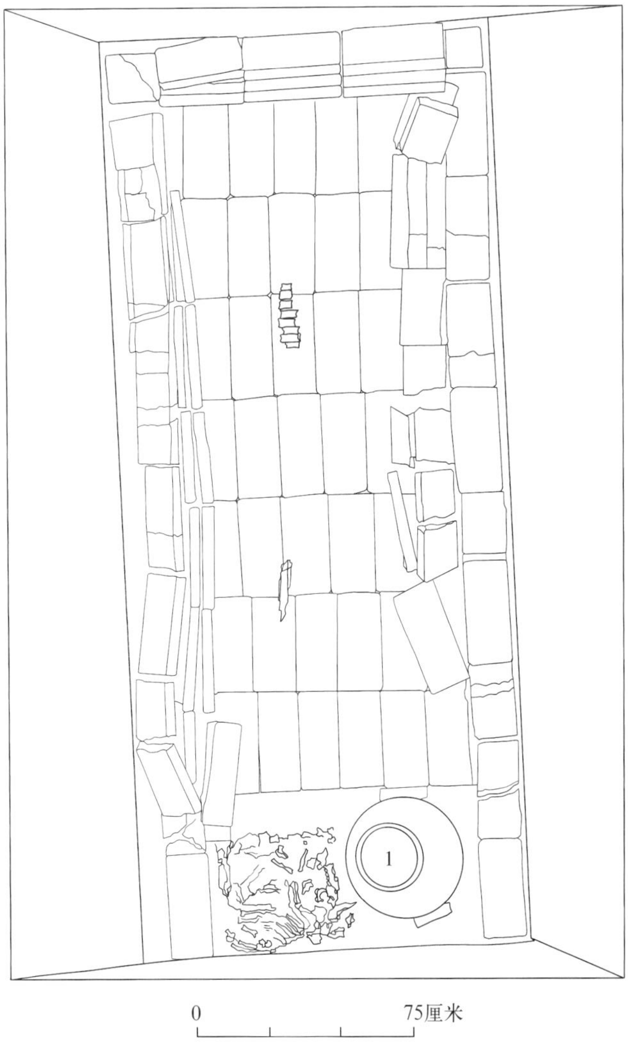

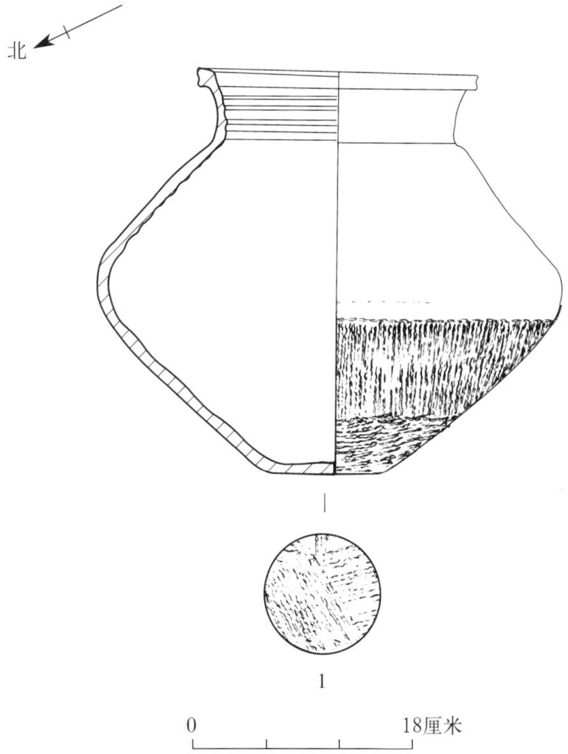

图4-286　M28及出土器物
1. 陶罐

下腹及底部饰绳纹。口径 24.3、底径 10、高 31.8 厘米（图 4-286，1；彩版一一九，4）。

（一九）M29

1. 墓葬形制

位于墓地西南部，被 M25 打破，北面是 M43、M42。方向 111°（图 4-287；彩版一二〇，1）。

长方形土坑竖穴砖椁墓。墓口长 3.5、宽 1.8、深 1.86 米。椁长 3、宽 1.17 ～ 1.32、高 0.66 米。四壁均用青砖平铺错缝横排叠砌。墓底有生土二层台，宽 0.18 ～ 0.4 米。四周平铺顺向一层两行青砖。墓底平铺一层青砖，横、竖相间排列。木棺已腐朽，仅见板灰痕迹。长 2.01、宽 0.72、厚 0.03 米。脚箱位于西端，长 1.04、宽 0.5 米。砖长 26、宽 14、厚 3 厘米。墓内填浅灰褐色五花土，经夯打，土质较致密。夯窝圆形（彩版一二〇，3），分布稀疏，加工痕迹不明显。

人骨 1 具。头向东。骨骼腐朽严重，仅残存少量头骨和肢骨。性别、年龄无法鉴定。

随葬器物 13 件（彩版一二〇，2）。陶壶 1 件，陶钫 2 件，铜熏炉 1 件及乳猪骨放在脚箱内。铜镜、铜刷柄、漆盒各 1 件（彩版一二一，1 ～ 3）、铜饰件 5 件放于墓主头骨右侧。铜钱 1 枚放在墓主头骨左侧。

2. 出土遗物

（1）陶器

陶壶　1 件。

标本 M29∶9，泥质灰陶。弧顶盖。壶敞口，圆唇，束颈，鼓腹，下腹内收，平底微内凹，呈假圈足状。腹部饰四周戳印纹。口径 9.8、底径 11.6、通高 22.2 厘米（图 4-287，9；彩版一二二，1）。

陶钫　2 件。泥质灰陶。覆斗形盖，斜壁，小平顶，顶上部饰五个突饰。钫方口，平沿，束颈，沿外侧有折棱，圆形圈足。下腹饰绳纹。

标本 M29∶7，方唇。下腹饰一周戳印纹。口边长 10、底边长 14.5、通高 39.4 厘米（图 4-287，7；彩版一二二，2）。

标本 M29∶8，尖唇。腹部饰两周戳印纹。口边长 10.6、底边长 14、通高 37.4 厘米（图 4-287，8；彩版一二二，3）。

（2）铜器

铜熏炉　1 件。

标本 M29∶6，形如盖豆。盖弧圆，上部为镂孔，图案雕为三兽交错连接。顶中部为一环纽，衔一圆环。炉身口为子母口，尖唇，鼓腹，圜底。腹中部凸出一圈带，身两侧对应铺首衔环，底呈喇叭状，柄中部外鼓，内部中空。口径 11.2、底径 7.6、通高 16 厘米（图 4-289，6；彩版一二三，1 ～ 3）。

铜镜　1 枚。

标本 M29∶2，清白连弧铭带镜。圆形，圆纽，并蒂连珠纹纽座。座外一周短斜线和凸弦纹组合纹带，再外一周窄凸面圈带。其外由弧线分别与四单乳丁或四双乳丁组成的花瓣状纹饰相间环列，并隔以带十字菱形纹。再外一周内向八连弧纹圈带。两周短斜线和凸弦纹组合纹带之间为顺时针铭文带“洁精白而事君，志驩而合明，微玄锡之泽，恐疏远日忘，怀美之穷皑，承驩之可，慕泉之说，而毋绝”，首尾间以附涡纹两小乳丁隔开，字体为方正式篆隶体，笔画加重呈楔形。宽素平缘。面径 17.1、缘厚 0.6 厘米（图 4-288；彩版一二二，4）。

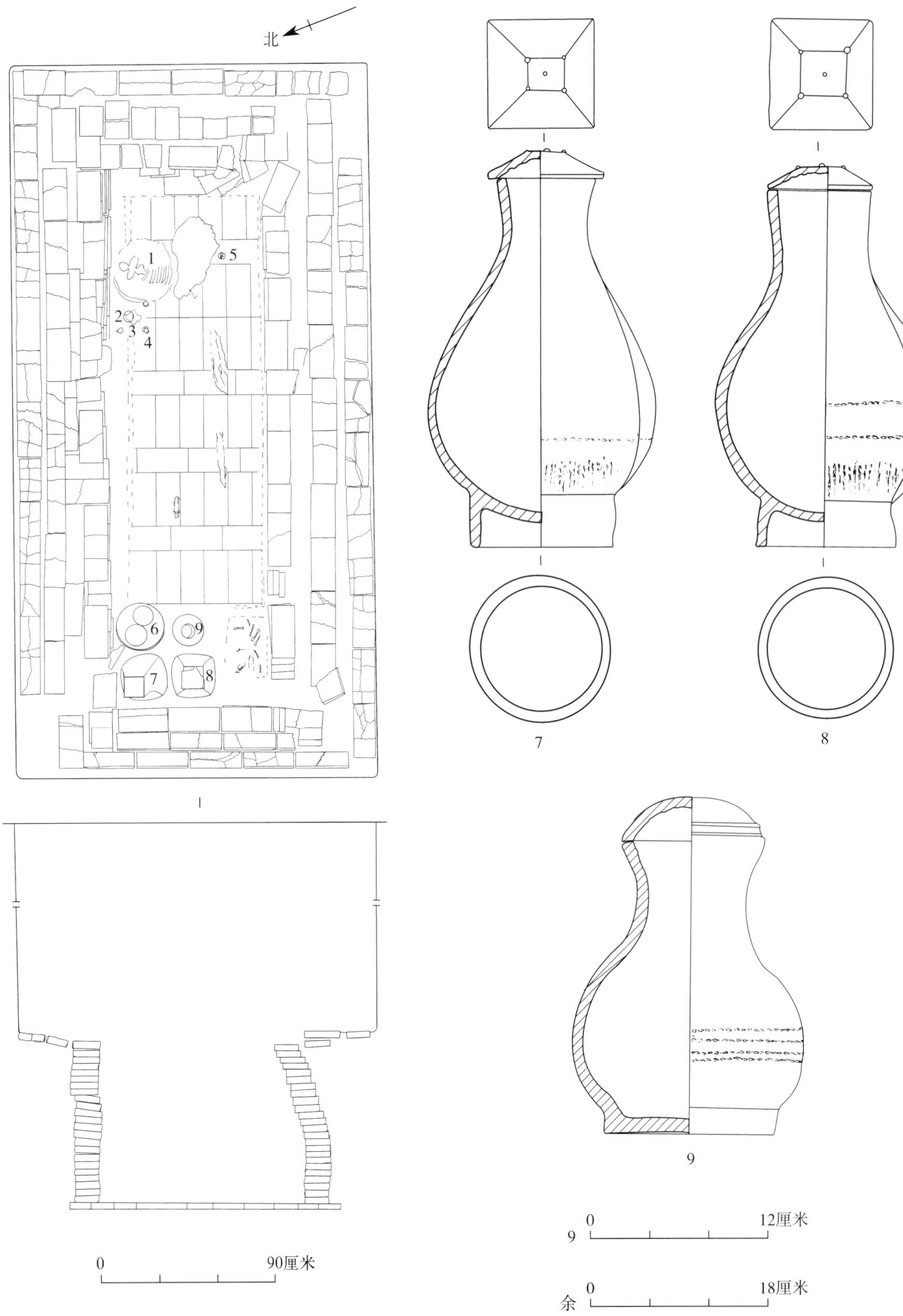

图 4-287　M29及出土器物

1. 漆奁盒　2. 铜镜　3. 铜刷柄　4-1. 铜柿蒂形饰　4-2～5. 铜泡钉　5. 铜钱　6. 铜熏炉　7、8. 陶钫　9. 陶壶

图 4-288　M29 出土铜镜 M29∶2

铜刷柄　1 件。

标本 M29∶3，细长，呈烟斗状。柄截面圆形，柄尾扁状向下微曲，近尾处圆形细孔，刷前端有圆形銎孔用以插塞鬃毛。长 12.5 厘米（图 4-289，3；彩版一二二，5）。

铜柿蒂形饰　1 件。

标本 M29∶4-1，四瓣柿蒂，正面中间有半圆环凸出，圆环衔于上，背面凸出两个扁形插头，与半圆环相通。对角宽 4.2 厘米（图 4-289，4-1；彩版一二二，6）。

铜泡钉　4 件。

标本 M29∶4-2～5，伞形。内中部有长尖钉。直径 1.9 厘米（图 4-289，4-2）。

铜钱　1 枚。

标本 M29∶5，五铢，残破锈蚀。圆形方穿，正面有轮无郭，背面轮郭俱全。“五”字两笔交叉微曲，“铢”字锈蚀。直径 2.6、穿边长 0.9、厚 0.16 厘米（图 4-289，5）。

（3）**漆器**

漆奁盒　1 件。

标本 M29∶1，已腐朽，仅见筋骨及漆片。未能复原。

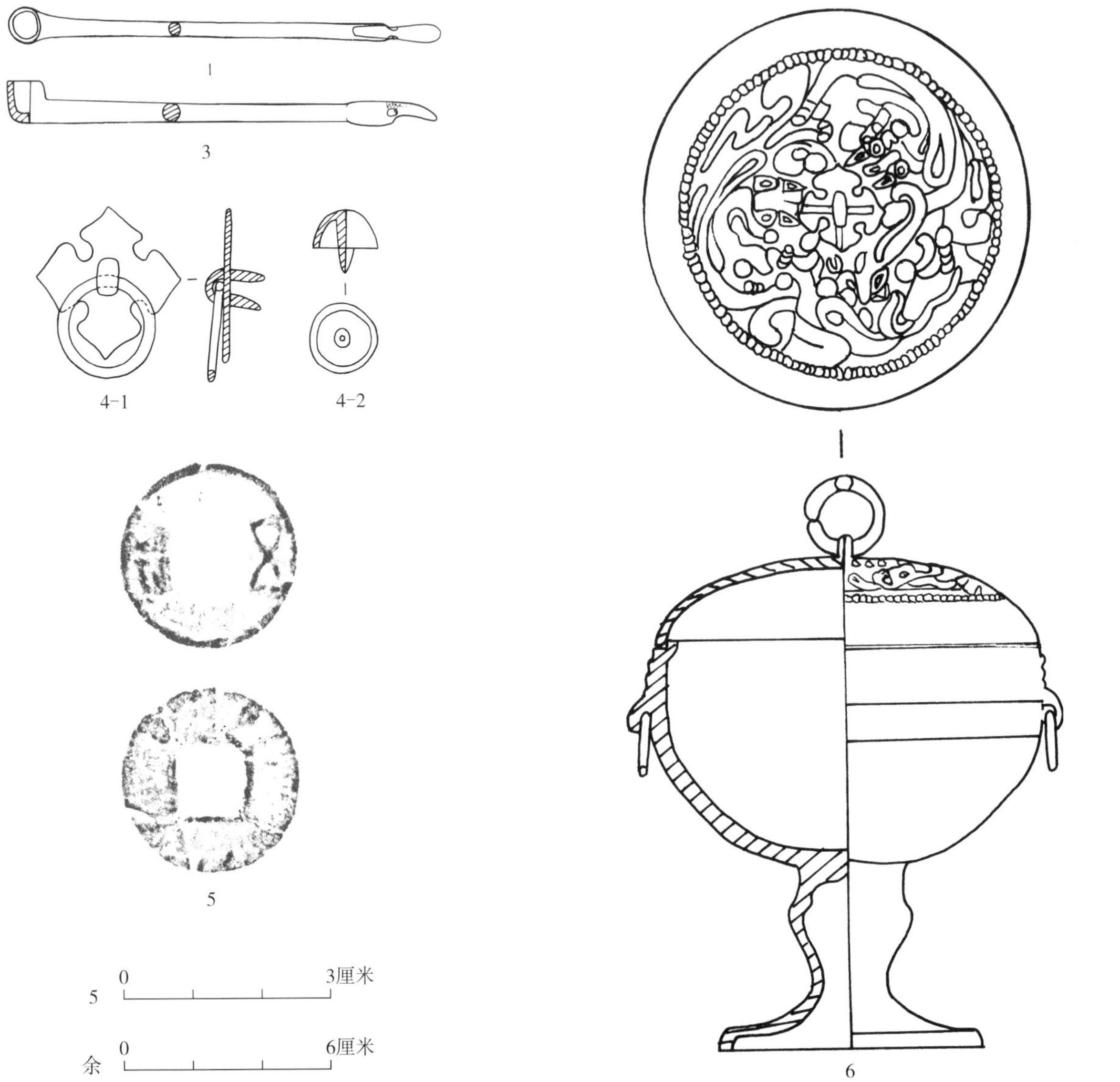

图 4-289　M29 出土器物

3. 铜刷柄　4-1. 铜柿蒂形饰　4-2. 铜泡钉　5. 铜钱　6. 铜熏炉

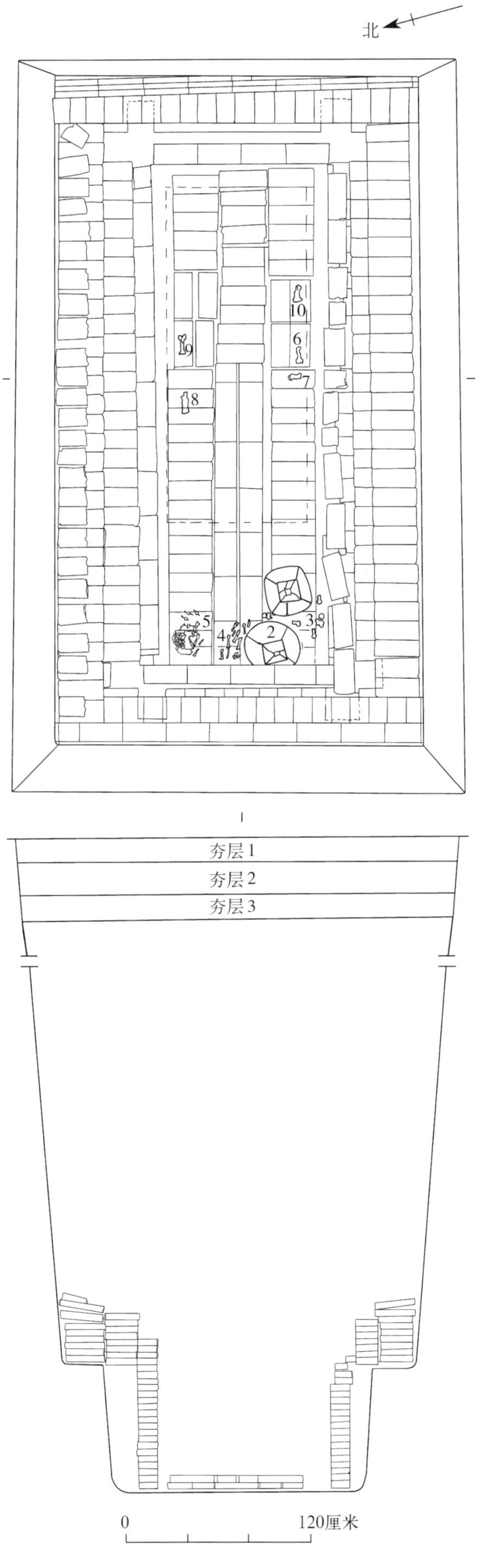

图 4-290　M30 平、剖面图

1、2. 陶钫　3-1～2. 铜铺首衔环（2）　3-3～5. 铜足（3）　4、5. 动物骨骼　6～10. 陶俑

（二〇）M30

1. 墓葬形制

位于墓地西南部，东面是 M92，南面为 M14，西面为 M5。方向 104°（图 4-290；彩版一二四，1）。

长方形土坑竖穴砖椁墓。墓口长 4.60、宽 2.8 ～ 2.90、深 4.00 米。椁长 3.6、宽 1.36、深 0.84 米。四壁上部青砖垒砌四行平或竖平铺。每行五～六层，其下为生土二层台，内侧一行单向青砖竖行平铺垒砌，外侧上部四角分别留长 0.18、高 0.18、进深 0.20 米方洞，象征“井”字形木椁，洞内有白色灰痕，应为木板朽痕。内侧四角留有进深 0.04、宽 0.10 米凹槽。砖长 28、宽 12 ～ 13、厚 3 ～ 4 厘米。墓底平铺两层青砖，均为对缝横向排列。木棺已腐朽，仅见板灰痕迹。长 2.10、宽 0.90 米。脚箱位于椁室西端，长 0.92、宽 0.88、深 0.84 米。墓内填黄褐色五花土，经夯打，质紧密。夯窝圆形，直径 8 ～ 12、夯层厚 15 ～ 20 厘米。

人骨无。发现 4 块动物骨骼，未经鉴定，属性不明。

随葬器物 12 件。陶钫 2 件放在脚箱内。铜铺首衔环饰 2 件、铜足 3 件置于陶钫南侧。陶俑 5 件放在棺内中部两侧。脚箱内散落乳猪、鸡、鱼骨。

2. 出土遗物

（1）陶器

陶钫　2 件。形制相同。泥质灰陶。覆斗形盖，斜壁，小平顶。钫方口，平沿，尖唇，沿外侧折棱，束颈，鼓腹，方形圈足。腹部有制作时刮削痕迹，底部饰绳纹。

标本 M30：1，口边长 14、底边长 16.8、通高 47.2 厘米（图 4-291，1；彩版一二四，2）。

标本 M30：2，口边长 14、底边长 16.4、通高 48 厘米（图 4-291，2；彩版一二四，3）。

陶俑　5 件。均泥质黄褐陶。捏塑而成。

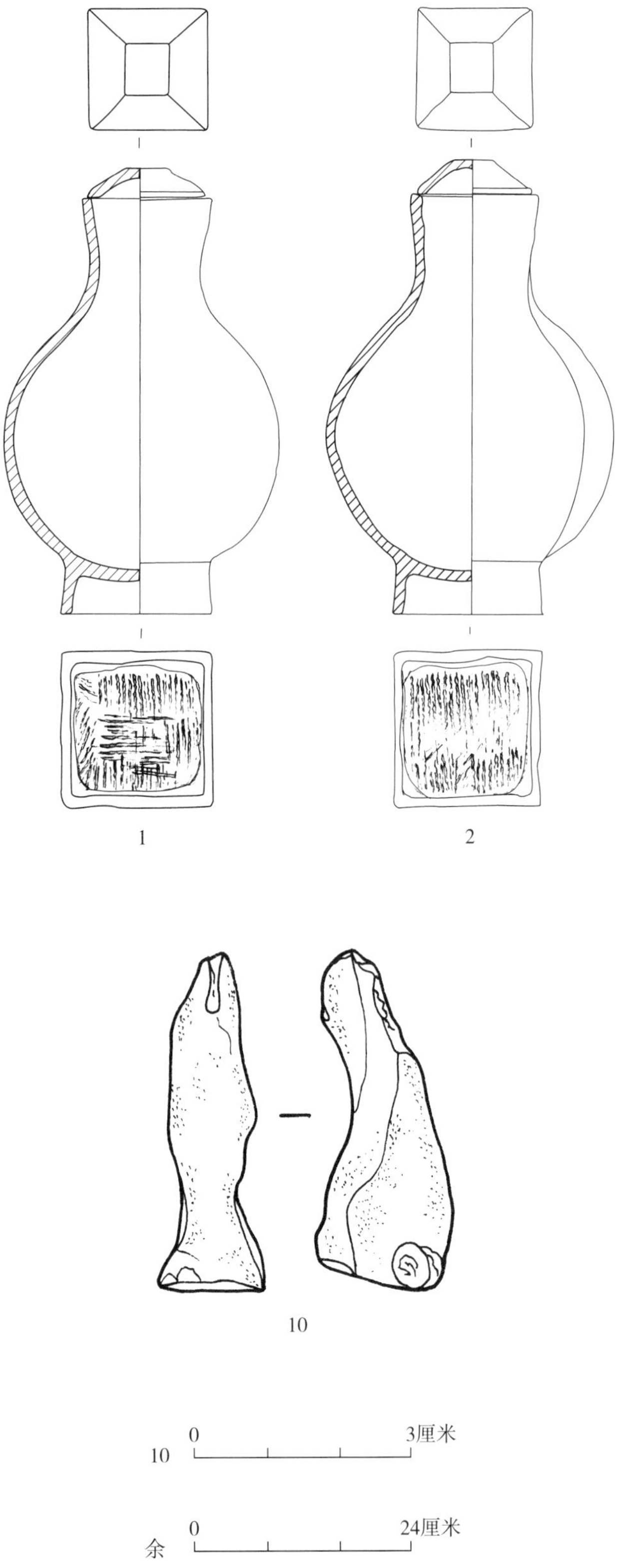

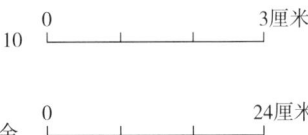

图 4-291 M30 出土器物

1、2. 陶钫 10. 陶俑

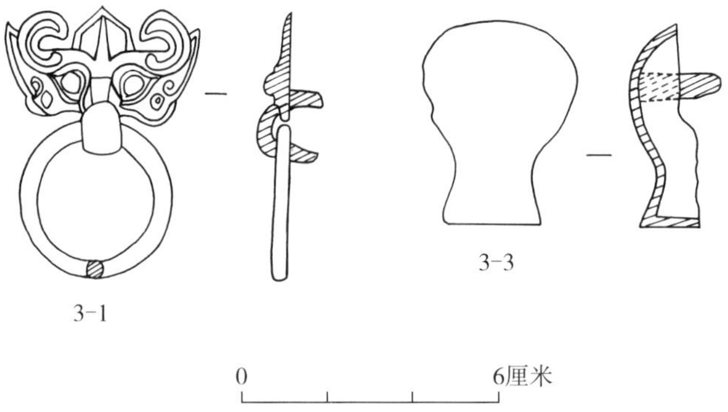

图 4-292 M30 出土器物

3-1. 铜铺首衔环 3-3. 铜足

质地较软，多数不能复原。

标本 M30 : 10，蹲坐状，形似披长袍。素面。高 4.5、宽 1.5 厘米（图 4-291，10）。

（2）铜器

铜铺首衔环 2 件。

标本 M30 : 3-1、2，形制大小相同。兽面微凸，扬眉瞪目，两耳上翘，额作山状，眼睛两侧卷起，鼻下垂内卷成钩，衔一圆铜环，背部有插钉。长 6.2、宽 4.5 厘米（图 4-292，3-1；彩版一二四，4）。

铜足 3 件。

标本 M30 : 3-3 ～ 5，马蹄形。上部近圆形，鼓起，下部呈亚腰形，微外弧，平底，背部内空，上部中间内一锥形插榫。

标本 M30 : 3-3，宽 3.5、高 4.6 厘米（图 4-292，3-3；彩版一二四，5）。

（二一）M31

1. 墓葬形制

位于墓地西南部，北面是 M7，南面为 M24。方向 116°（图 4-293；彩版一二五，1）。

长方形土坑竖穴砖椁墓。墓口长 2.94、宽 1.2、深 1.23 米。椁长 2.9、宽 1.14、高 0.75 米。四周横铺一层青砖。东、西两壁上部横排错缝平铺十四层，南壁横排错缝平铺十一层。脚箱位于西端，长 0.9、宽 0.29、高 0.31 米，台上

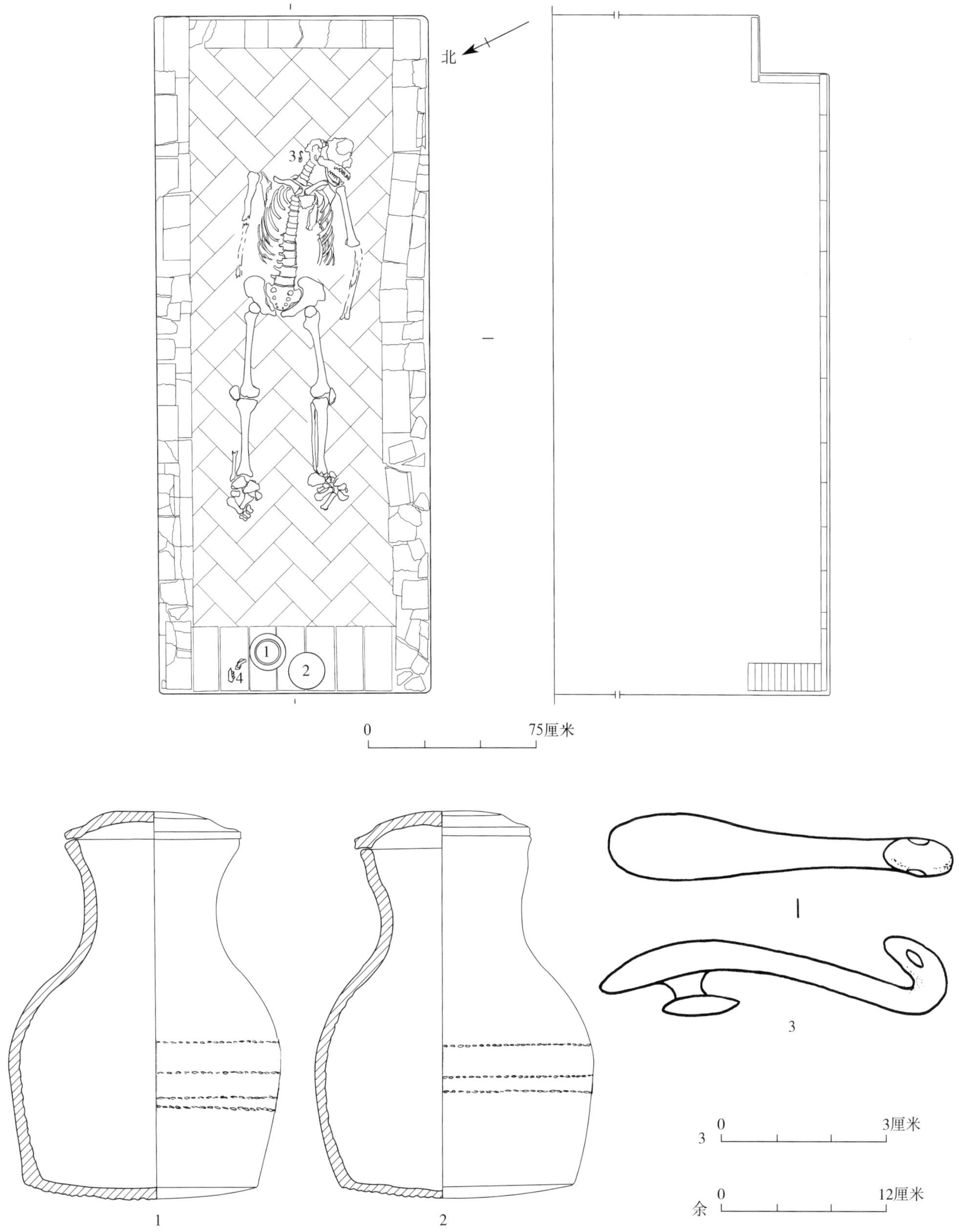

图 4-293　M31 及出土器物

1、2. 陶壶　3. 铜带钩

和侧面均用七块青砖竖排平铺而成。砖长26～28、宽12、厚3厘米。下部生土二层台长2.5、宽0.25、高0.3米。墓底斜铺一层青砖，“人”字形排列。墓内填黄褐色五花土，经过夯打，土质较致密。加工痕迹不明。

人骨1具。头向南，面向上，仰身直肢。头骨及上肢腐朽严重，男性，年龄27～30岁。

随葬器物3件。陶壶2件及乳猪骨放在脚箱内。铜带钩1件置于墓主头骨右侧。

2. 出土遗物

（1）陶器

陶壶 2件。泥质灰陶。弧顶盖。敞口，圆唇，束颈，鼓腹，平底微凸。素面。

标本M31∶1，腹部饰四周戳印纹，底部有轮制旋纹。口径12.4、底径16.8、通高27厘米（图4-293，1；彩版一二五，2左）。

标本M31∶2，腹部饰三周戳印纹。口径12.2、底径16.8、通高26.6厘米（图4-293，2；彩版一二五，2右）。

（2）铜器

铜带钩 1件。

标本M31∶3，琵琶形。钩呈马首状，双目凸出。近钩处截面圆形。圆形纽位于背面中部，长6.2厘米（图4-293，3；彩版一二五，3）。

（二二）M35

1. 墓葬形制

位于墓地西南部，被M25打破，南面是M9。方向121°（图4-294；彩版一二五，4）。

长方形土坑竖穴砖椁墓。墓口长3.4、宽1.56～1.66、深3.42米。椁长3.23、宽1.4、高1米。椁室上部四周横铺一层青砖，横向内侧再竖铺一层。南、北壁横排错缝平铺青砖，南壁七层，北壁十八层，下部为生土二层台，长1.2、宽0.11～0.14、高0.1～0.13米。东、西壁塌落严重，排列凌乱。墓底平铺两层青砖，上层“V”形，下层“人”字形排列。木棺已腐朽，仅见板灰痕迹。砖长27、宽12、厚3厘米。墓内填黄褐色五花土，土质较坚硬。

人骨1具。头向东。骨骼腐朽严重，性别、年龄无法鉴定。

随葬器物12件（彩版一二六，1）。陶钫2件，陶壶、陶樽、陶器盖各1件，陶耳杯3件放置

图4-294 M35平面图

1. 铁镜架 2. 铜镜 3. 铁环首刀 4. 铜辟兵钱 5、6. 陶钫 7. 陶壶 8. 陶樽 9. 陶器盖 10～12. 陶耳杯 13. 动物骨骼

在墓主足部。铁镜架 1 件，铜镜 1 件放在墓主头部。铁环首刀 1 件，铜辟兵钱 1 枚置于墓主腰间。墓内散落动物骨骼，未经鉴定，种属不明。

2. 出土遗物

（1）陶器

陶壶　1 件。

标本 M35∶7，泥质灰陶。弧顶盖。壶敞口，圆唇，束颈，鼓腹，平底微凹。下腹饰三周戳印纹，素面。口径 9.8、底径 12、通高 20.5 厘米（图 4-295，7；彩版一二六，2）。

陶钫　2 件。泥质灰陶。覆斗形盖，斜壁，小平顶，上部有五个突饰。钫方口，平沿，方唇，沿外侧折棱，束颈，方形圈足。下腹及底部饰绳纹。

标本 M35∶5，口边长 10.6、底边长 14、通高 42 厘米（图 4-295，5；彩版一二六，3）。

标本 M35∶6，口边长 10.6、底边长 13.2、通高 41 厘米（图 4-295，6；彩版一二六，4）。

陶樽　1 件。

标本 M35∶8，泥质灰陶。弧顶盖。樽直口，圆唇，圜底，蹄形足。素面。口径 9.6、通高 8 厘米（图

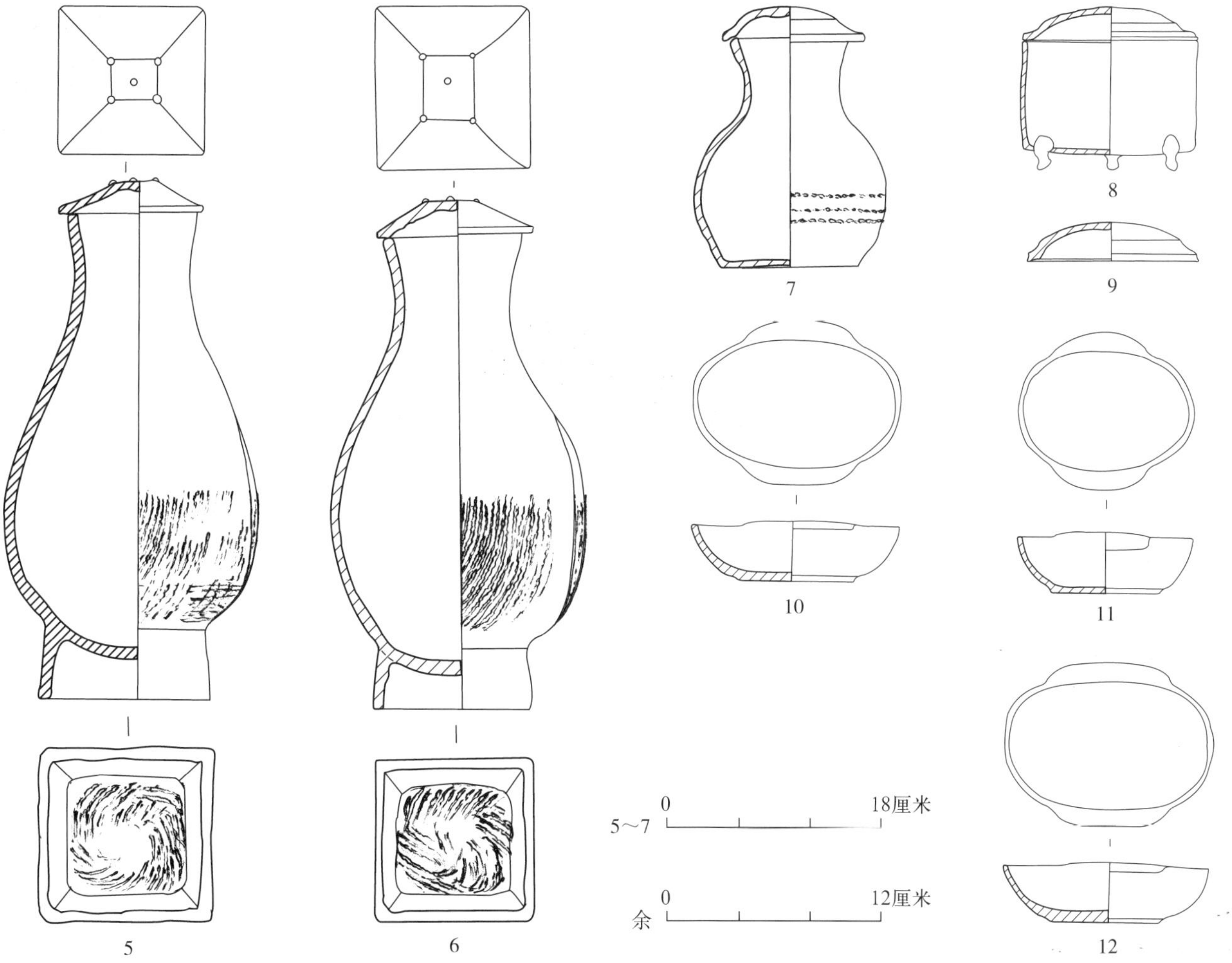

图 4-295　M35 出土器物

5、6. 陶钫　7. 陶壶　8. 陶樽　9. 陶器盖　10～12. 陶耳杯

4-295，8；彩版一二六，5）。

陶器盖　1件。

标本M35：9，泥质灰陶。覆碟式。敞口，平沿，圆唇。素面。口径9.6、高2厘米（图4-295，9；彩版一二六，6）。

陶耳杯　3件。泥质灰陶。器身椭圆形。敞口，体弧收，平底。口沿两侧有新月形耳，素面。

标本M35：10，圆唇。口长径11.6、短径8.8、高3.2厘米（图4-295，10）。

标本M35：11，尖唇。口长径9.8、短径8.4、高3.2厘米（图4-295，11；彩版一二七，1）。

标本M35：12，圆唇。口长径11.6、短径8.8、高3.2厘米（图4-295，12；彩版一二七，2）。

（2）铜器

铜镜　1枚。

标本M35：2，星云镜。圆形，连峰纽，圆纽座。其外为主纹，四枚带圆座大乳丁分为四区，每区内各有弧线相连五枚小乳丁。再外为一周内外两侧各附凸弦纹短斜线纹带。内向十六连弧纹缘。面径7、缘厚0.35厘米（图4-296，2；彩版一二七，3）。

铜辟兵钱　1枚。

标本M35：4，主体部分似铜钱，有郭，正中有圆形穿孔。符下端有圆环，上端凸起一方形穿柄，中间有一孔。两面形制相同，一面为“辟兵莫当”，另一面为“除凶去央（殃）”，字之间各有一小乳丁间隔，每面四个乳丁。符直径2.1、环直径1.4、长4厘米（图4-296，4；彩版一二七，4、5）。

（3）铁器

铁环首刀　1件。

标本M35：3，长条状，两端及刃面均残，两面有残鞘痕迹。残长8.4厘米（图4-296，3）。

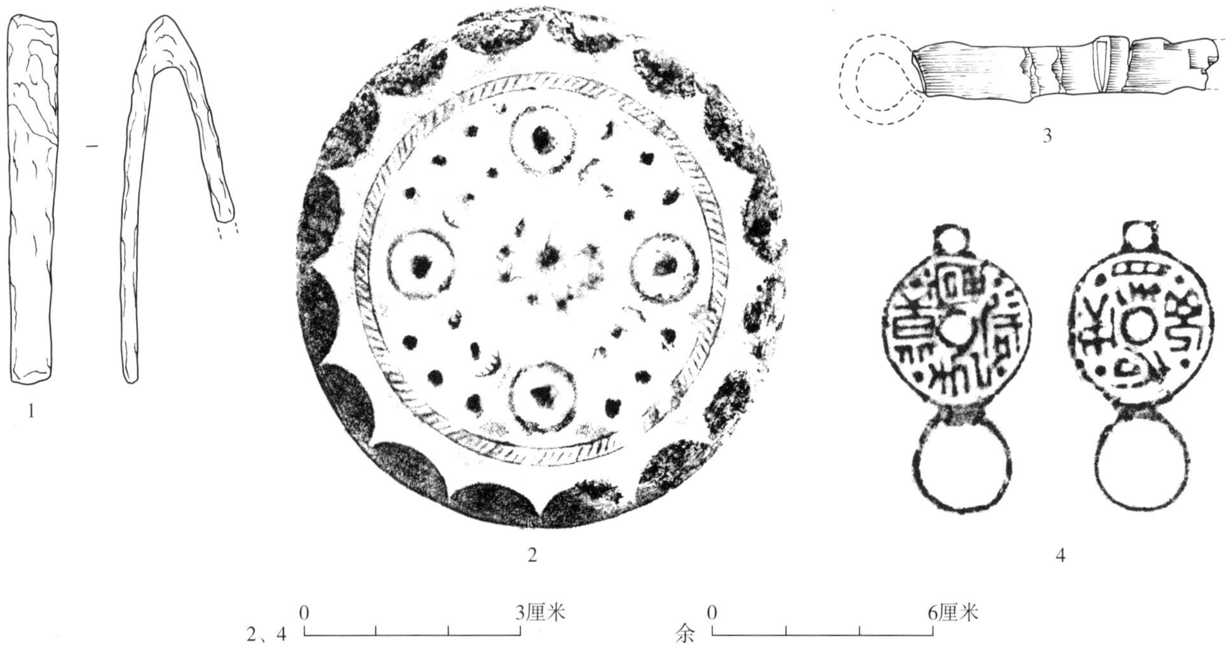

图4-296　M35出土器物

1. 铁镜架　2. 铜镜　3. 铁环首刀　4. 铜辟兵钱

铁镜架 1件。

标本M35∶1，叉形。两侧支脚扁平长条形，一侧残缺。高9.8厘米（图4-296，1；彩版一二七，6）。

（二三）M37

1. 墓葬形制

位于墓地西南部，打破M42、M41，北面是M10、M20。方向114°（图4-297；彩版一二八，1）。

长方形土坑竖穴砖椁墓。墓口长3.72、宽1.83、深3.35米。四周有生土二层台，宽0.15～0.24、高0.9米。台上部平铺一层青砖，横排对缝两行。四角留有长方形空洞，长0.16、宽0.12米。椁长3.66、宽0.9、高0.84米。东、西两壁向内凸出。东、西、北壁均错缝横排叠砌青砖，南壁及东、西壁南端青砖塌落，排列凌乱。砖长27、宽12、厚3厘米。墓内填浅灰褐色五花土，经过夯打，土质较致密。夯窝圆形，排列不规则，直径4～6、夯层10～15、间距3～20厘米。

人骨1具。头向南，面向上，仰身直肢。骨骼腐朽严重，仅残存头骨及下肢残骸。性别、年龄无法鉴定。

随葬器物16件（彩版一二八，2）。陶壶、陶钫各2件放在墓主足部下方。铜镜、铜刷柄、铜带钩各1件，铁镜架2件置于墓主头骨右侧。石黛板1件，石研磨器1件放在墓主头骨左侧。骨琀1件，骨鼻塞、骨耳塞各2件放置墓主头骨面部。陶壶东侧散落乳猪、鸡骨。

2. 出土遗物

（1）陶器

陶壶 2件。泥质灰陶。弧顶盖。侈口，圆唇，束颈，鼓腹。

标本M37∶10，小平底。腹部饰一周戳印纹，上腹有抹制痕。口径11、底径11.6、通高23.2厘米（图4-298，10）。

标本M37∶11，大平底微凸。颈部绳纹，下腹饰三周戳印纹。口径12.4、底径15、通高24.8

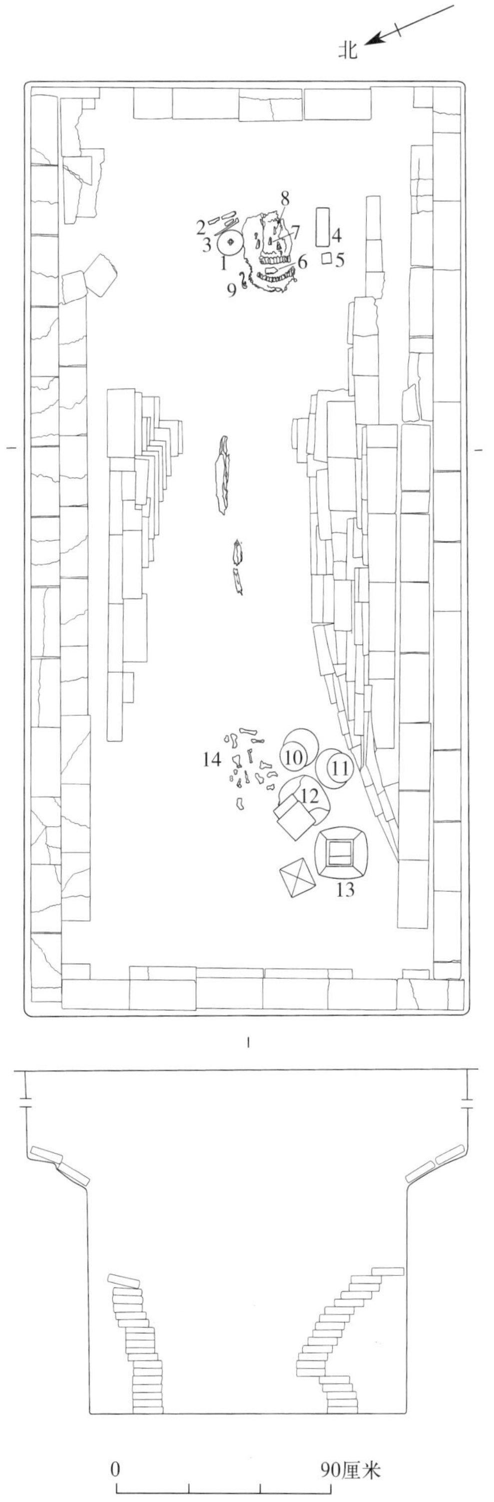

图4-297 M37平、剖面图

1. 铜镜 2. 铜刷柄 3. 铁镜架（2） 4. 石黛板 5. 石研磨器 6. 骨琀 7. 骨鼻塞（2） 8. 骨耳塞（2） 9. 铜带钩 10、11. 陶壶 12、13. 陶钫 14. 动物骨骼

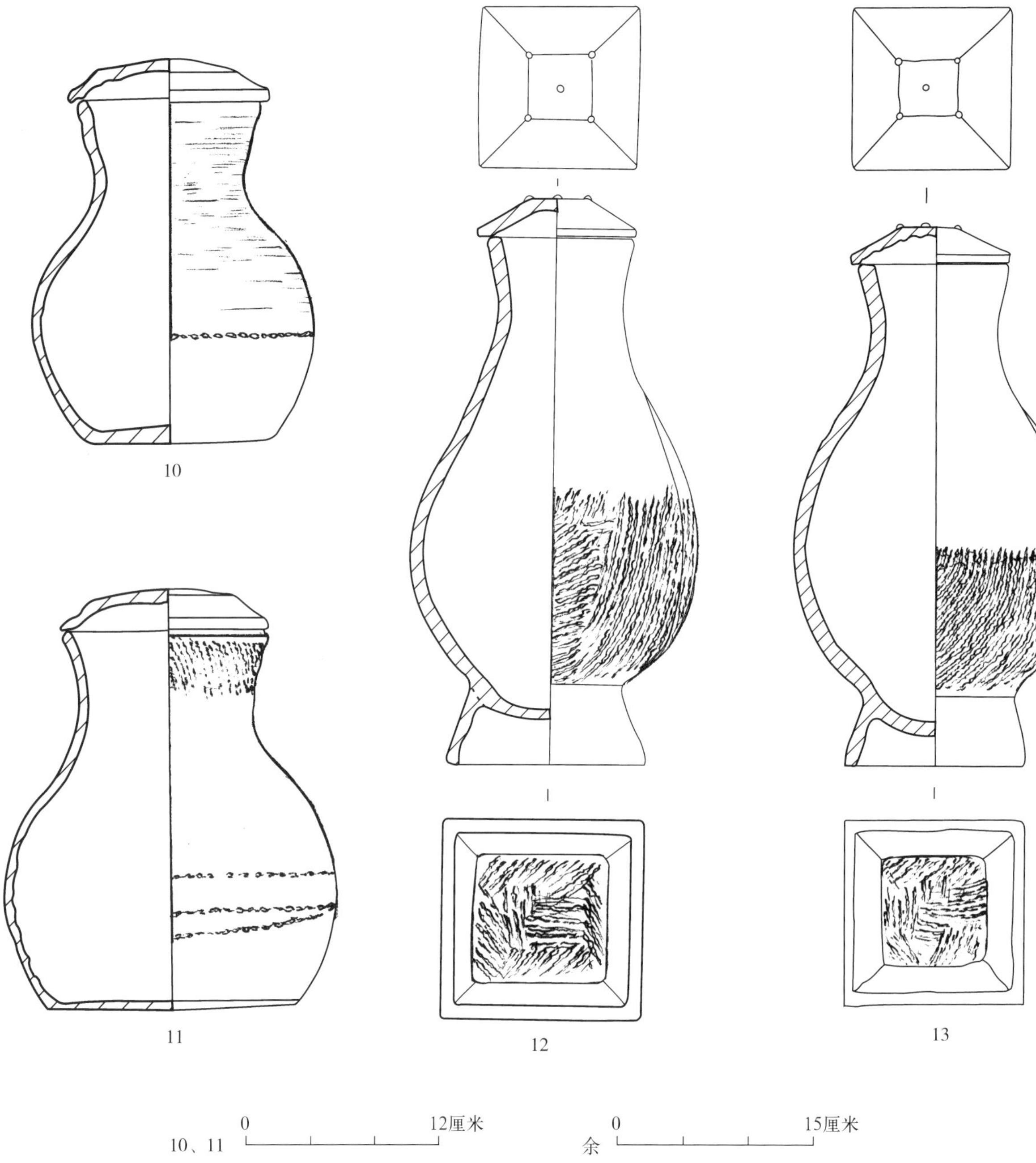

图4-298　M37出土器物

10、11. 陶壶　12、13. 陶钫

厘米（图4-298，11；彩版一二八，3）。

陶钫　2件。泥质灰陶。覆斗形盖。斜壁，小平顶，顶上部有五个突饰。钫方口，平沿，方唇，口沿外侧有折棱，束颈，鼓腹。方形圈足。下腹及底部饰绳纹。

标本M37：12，口边长12、底边长15.5、通高42厘米（图4-298，12）。

标本M37：13，口边长10.8、底边长14、通高40.8厘米（图4-298，13；彩版一二八，4）。

（2）石器

石黛板　1件。

标本M37∶4，青灰色页岩。长方形扁薄石板。横截面长方形，一面平整光滑，另一面粗糙，边缘略有崩痕。长16.4、宽6.2、厚0.3厘米（图4-299，4；彩版一二九，1）。

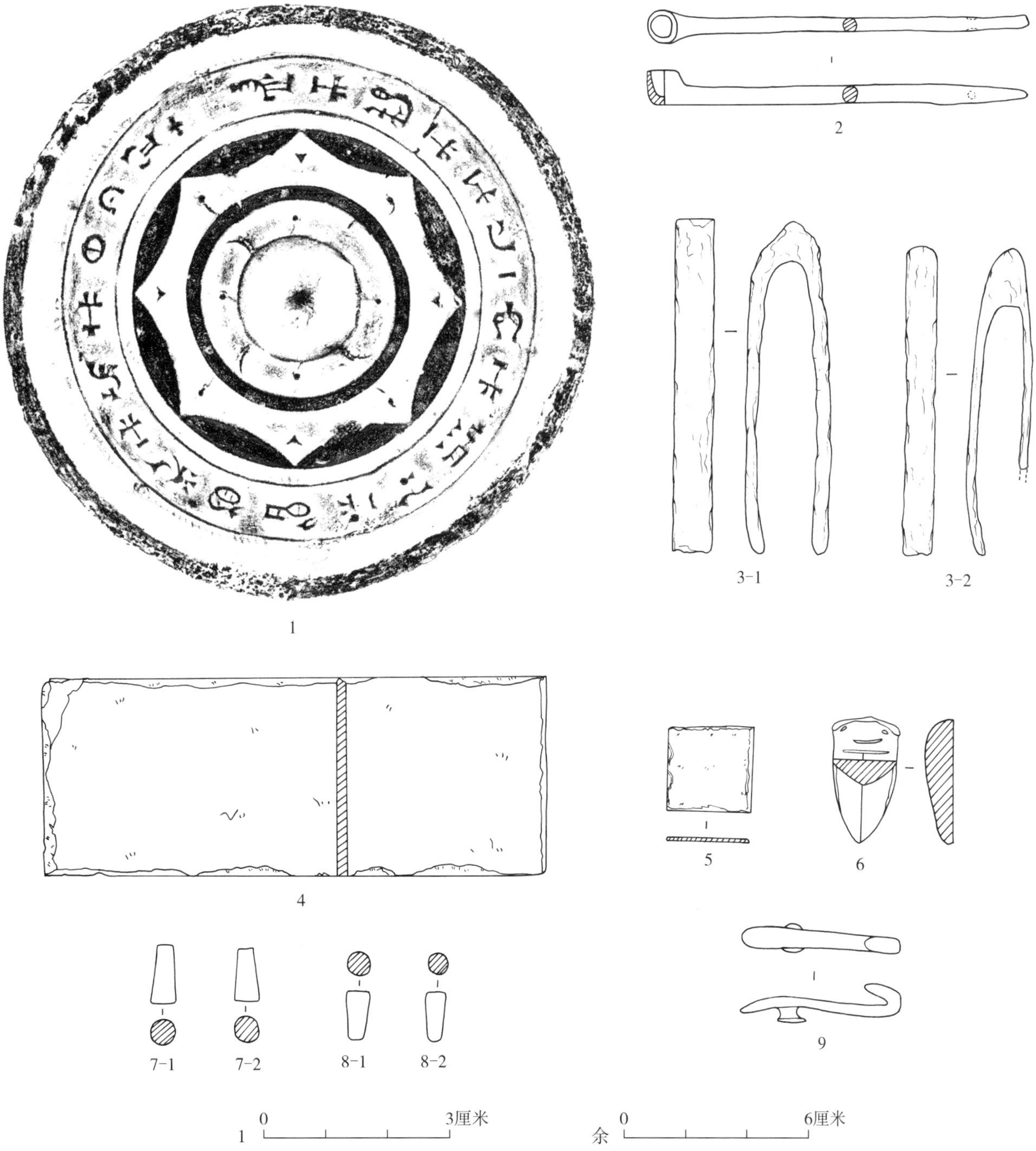

图4-299　M37出土器物

1. 铜镜　2. 铜刷柄　3-1、2. 铁镜架　4. 石黛板　5. 石研磨器　6. 骨琀　7-1、2. 骨鼻塞　8-1、2. 骨耳塞　9. 铜带钩

石研磨器　1件。

标本M37：5，青灰色页岩。正方形体扁薄，一面平整光滑，另一面粗糙，边缘有崩痕。边长2.7、厚0.1厘米（图4-299，5；彩版一二九，2）。

（3）铜器

铜镜　1枚。

标本M37：1，昭明圈带连弧铭带镜。圆形，圆纽，圆纽座。座外伸四条短弧线与四条中附小乳丁短弧线相间环列。其外周窄凸面圈带，带外四条中附小乳丁短弧线，其间夹饰“丫”形纹。再外一周八连弧纹圈带。外区两周短斜线和凸弦纹组合纹带，之间为顺时针铭文带“内而清以而昭明，光而象夫日月，心▢忽而▢，而不泄”，首尾间用横杠隔开，圆转式篆隶体、笔画首尾呈楔形。宽素平缘。面径9.8、缘厚0.6厘米（图4-299，1；彩版一二九，3）。

铜刷柄　1件。

标本M37：2，形似烟斗形。斗圆筒形中空，细长条柄，截面圆形，尾部扁锥状，有一圆形小孔，长12.5厘米（图4-299，2；彩版一二九，4）。

铜带钩　1件。

标本M37：9，琵琶形。钩呈兽形状，圆形纽位于背部中部。长5.2厘米（图4-299，9；彩版一二九，5）。

（4）铁器

铁镜架　2件。叉形。两支脚扁平长条形。

标本M37：3-1，高10.5厘米（图4-299，3-1；彩版一二九，6）。

标本M37：3-2，一侧残缺。长9.7厘米（图4-299，3-2）。

（5）骨器

骨琀　1件。

标本M37：6，三角蝉形。长3.9、宽2.3厘米（图4-299，6；彩版一二九，7）。

骨鼻塞　2件。

标本M37：7-1、2，圆锥状。高1.2～1.8、直径0.6～0.8厘米（图4-299，7-1、2；彩版一二九，8）。

骨耳塞　2件。

标本M37：8-1、2，圆锥状。高1.5～1.6、直径0.6～0.7厘米（图4-299，8-1、2；彩版一二九，9）。

（二四）M38

1. 墓葬形制

位于墓地西南部，东北面是M48，南面为M28。方向115°（图4-300；彩版一三〇，1）。

长方形土坑竖穴砖椁墓。墓口长2.4、宽1.1、深1.4米。椁室西、南、北壁用十一层青砖错缝平铺叠砌而成。墓底平铺一层青砖，“人”字形排列。砖长25、宽12、厚6厘米。墓内填黄褐色五花土，经过夯打，土质较坚硬，夯窝模糊不清。

人骨无。木棺已腐朽，仅见板灰痕迹。

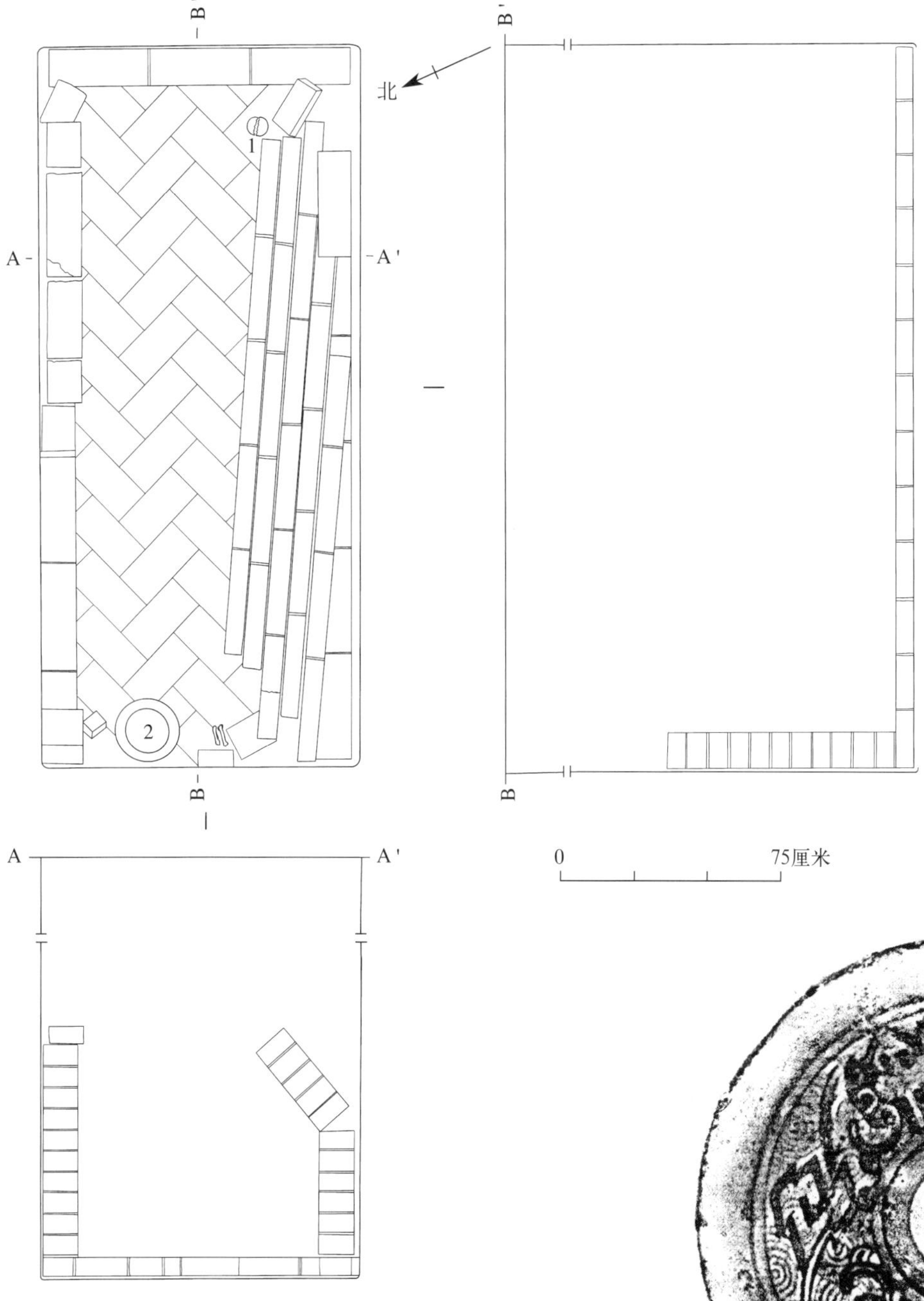

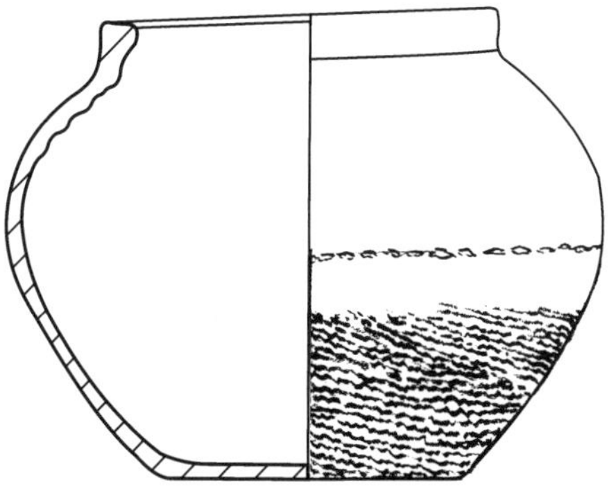

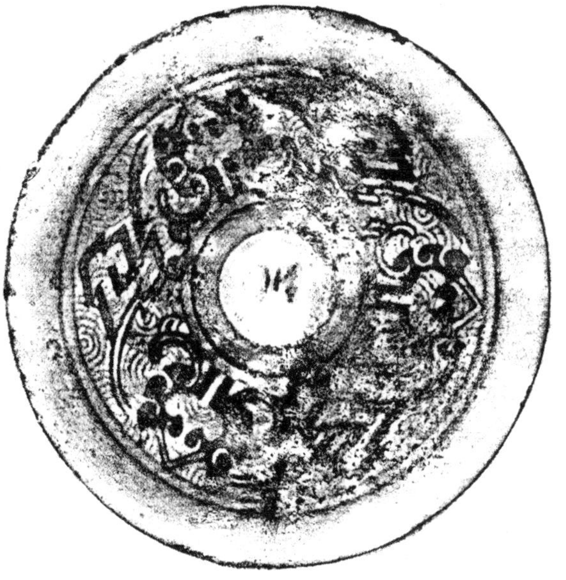

1　0　3厘米　2　0　12厘米

图4-300　M38及出土器物

1. 铜镜　2. 陶罐

随葬器物2件。陶罐1件放在墓内西端偏北。铜镜1枚置于东南角。少量动物骨骼及贝壳放在西端中部，未经鉴定，种属不明。

2. 出土遗物

（1）陶器

陶罐　1件。

标本M38：2，泥质灰陶。圆唇，敛口，鼓腹，平底。腹中部一周戳印纹，下腹及底部饰绳纹。口径15.6、底径12、高22厘米（图4-300，2）。

（2）铜器

铜镜　1枚。

标本M38：1，蟠螭叶纹镜。圆形，三弦纽。纽外一周窄凹面圈带，其外两周凸弦纹之间饰主纹和地纹。地纹为圆涡纹；主纹为三叶纹间隔蟠螭纹，螭首尾呈弧形卷曲、躯体中部折成菱形。宽素卷缘。面径7.6、缘厚0.2厘米（图4-300，1；彩版一三〇，2）。

（二五）M39

1. 墓葬形制

位于墓地西南部，东南面为M53。方向110°（图4-301）。

长方形土坑竖穴砖椁墓。墓壁斜直，四壁规整。墓口长3.4、宽1.2米，底长3.1、宽0.96、深0.75米。椁长3.4、宽1.2、高0.4米。墓内填黄褐色五花土。椁室青砖垒砌在碎陶片之上，横向错缝平铺。东壁十层、西壁及南部三层青砖垒砌。墓底碎陶片铺成，凹凸不平，厚0.05～0.1米。砖长25、宽

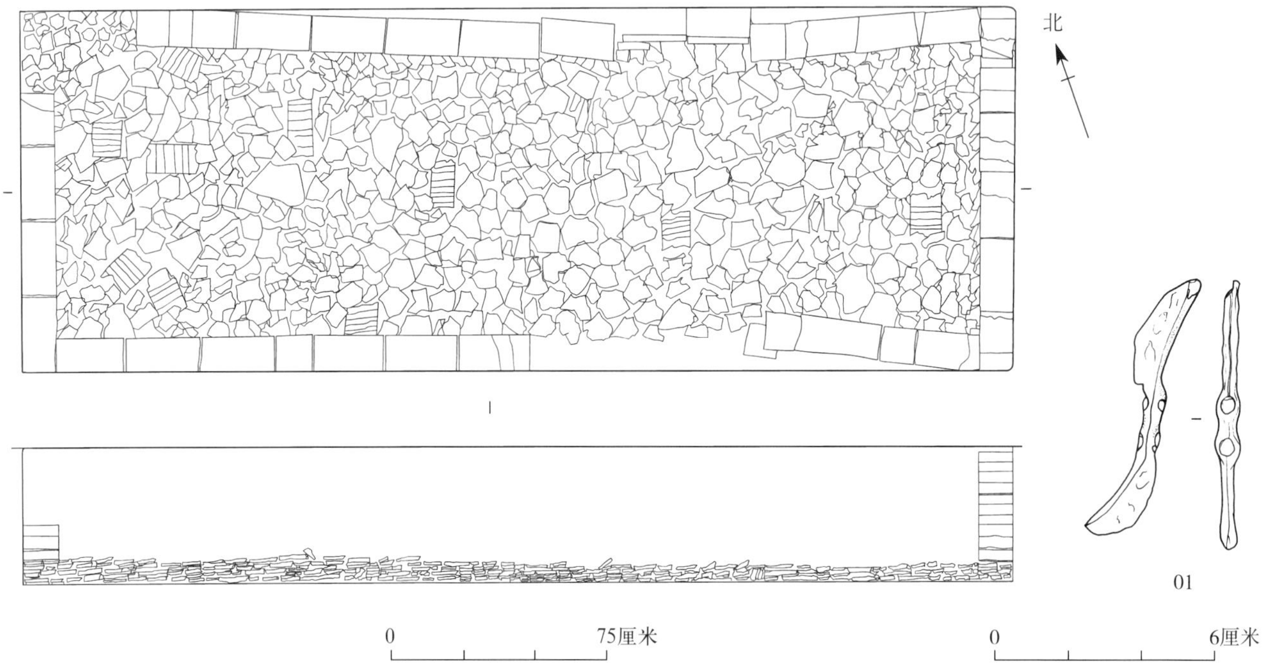

图4-301　M39及出土器物

01. 金属衔

12、厚4厘米。墓内填黄褐色五花土，经夯打，土质较致密。夯窝圆形，直径6～8厘米。填土中发现金属衔1件。

人骨无。

随葬器物无。

2. 出土遗物

金属器

金属衔　1件。

标本M39：01，长条弯曲状，两端有对应弧刃，中部有两个小圆孔。长7.15、宽0.6～1厘米（图4-301，01）。

（二六）M40

1. 墓葬形制

位于墓地西南部，打破M52，南面为M45。方向119°（图4-302、303；彩版一三〇，3）。

长方形土坑竖穴砖椁墓。墓口长4.6～4.8、宽3.3、深5.18米。椁长4.3、宽2.4、高0.86米。椁室青砖垒砌，四周上部四行平铺或竖立垒砌，每行二～六层，内侧单行青砖垒砌，外侧上部四角分别伸出长0.18、宽0.14、进深0.2米方洞，洞内有板灰痕迹，象征“井”字形木架结构。四角各留有进深0.04、宽0.1米凹槽。脚箱位于椁室西部，长0.9、宽1.12、深0.86米。木棺已腐朽，仅残存黑色板灰痕迹。长2.3、宽0.9米。墓底两层青砖铺设，上层平行或竖行、下层斜向“人”字形排列。砖长26～29、宽14、厚4厘米。墓内填黄褐色五花土，经夯打，土质较致密。夯窝圆形，直径7～14、夯层厚15～20厘米。

人骨1具。头向东，面向上。骨骼腐朽严重，仅存头骨残骸和少量牙齿。性别、年龄无法鉴定。

随葬器物119件（彩版一三一，1）。陶壶2件，陶钫3件（彩版一三〇，4），铜镜2枚，铜刷柄1件，铜带钩2件，铜印章1枚，铜柿蒂形饰88件，铜铺首衔环2件，铜盆1件，铜泡钉1件，铁镜架1件，铁环首刀1件，铁扒钉4件，铁棺饰5件，石黛板1件，石研磨器1件，残漆盒1件，腐朽皮具2件。脚箱内散落乳猪、猪、鸡、真鲷、鲷科、鱼骨。

2. 出土遗物

（1）陶器

陶壶　2件。泥质灰陶。侈口，沿面外斜，圆唇，束颈，溜肩，鼓腹。素面。

标本M40：89，弧顶盖。平底。口径10.8、底径12、通高24.4厘米（图4-304，89）。

标本M40：90，矮圈足。腹部饰三周戳印纹。口径12、底径13.6、高26.8厘米（图4-304，90；彩版一三一，2）。

陶钫　3件。泥质灰陶。覆斗形盖，斜壁，小平顶。钫方口微侈，平沿，方唇，束颈，沿外侧有折棱，溜肩，鼓腹，下腹弧收，方形圈足。下腹饰绳纹。

标本M40：91，上腹饰两周戳印纹。口边长13、底边长15、通高46厘米（图4-304，91）。

标本M40：92，顶盖内壁饰刻划文字，底部饰绳纹。口边长14.8、底边长18、通高52.8厘米（图4-304，92；彩版一三一，3）。

标本M40：93，腹中部饰三周戳印纹。口边长14.8、底边长18、通高52.2厘米（图4-304，

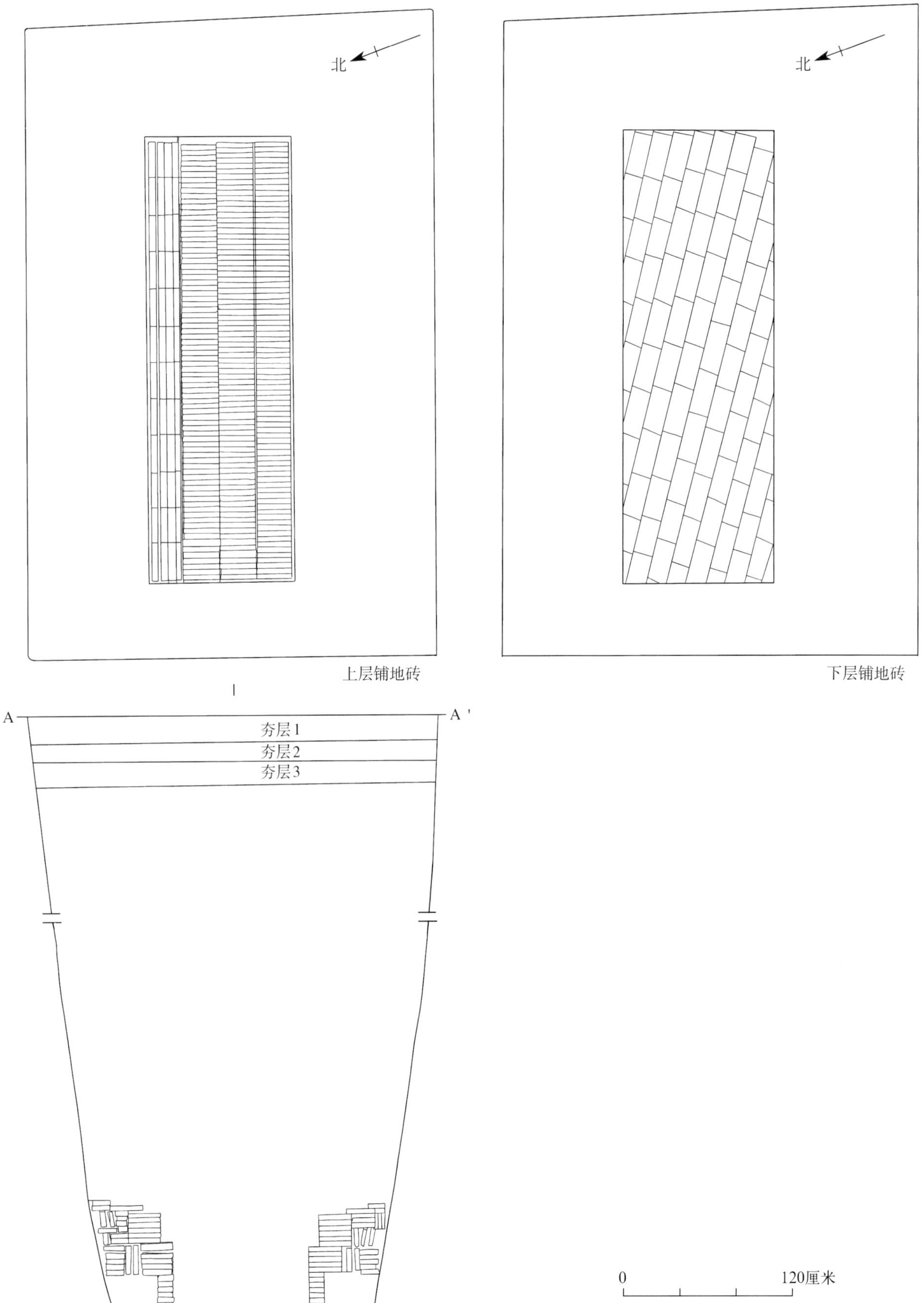

图4-302　M40平、剖面图

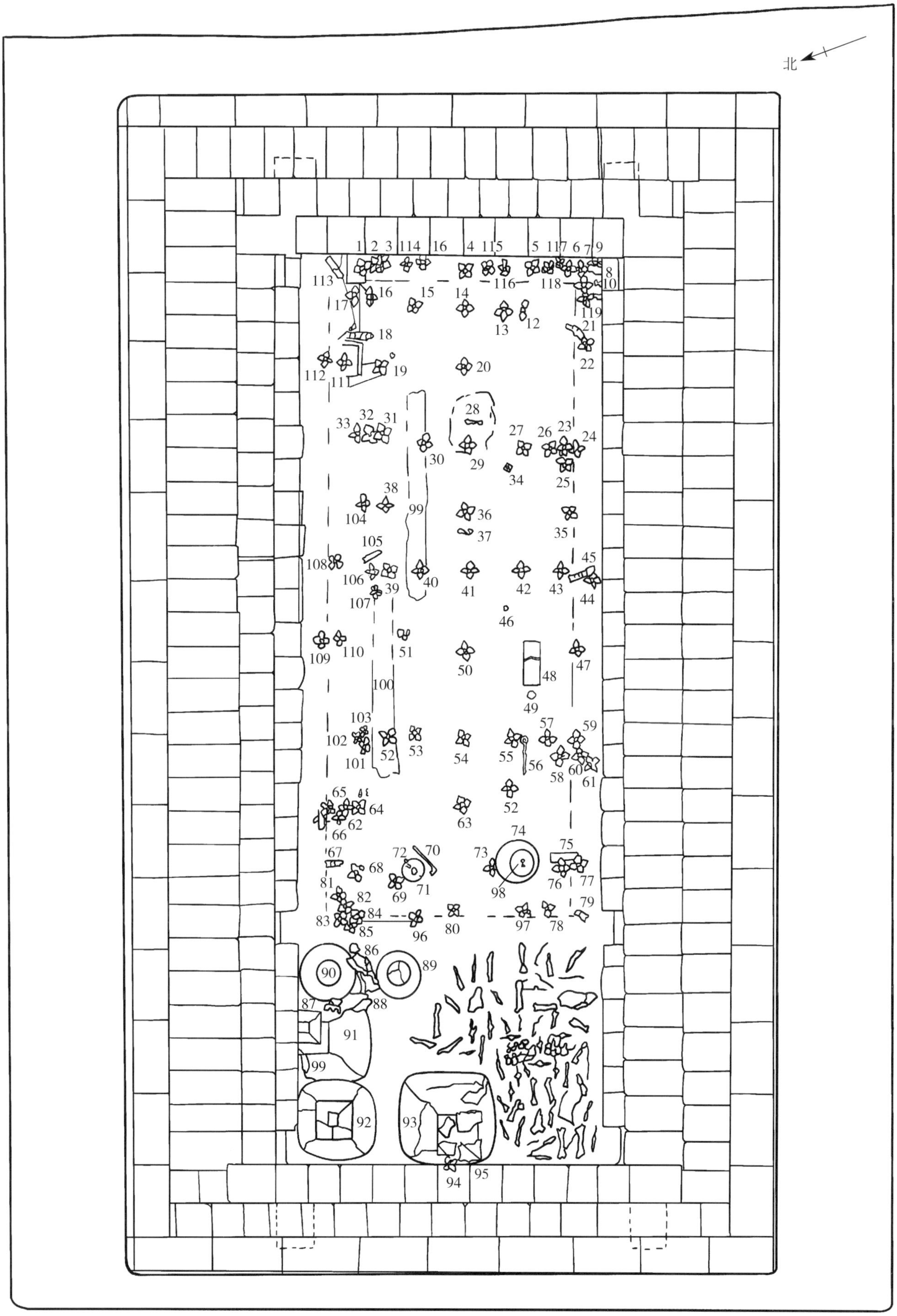

0　　60厘米

图 4-303　M40 平面图

1～7、9～17、19、20、22～27、29～33、35、36、38～43、45、47、50～55、57～66、68、69、73、76～78、80～85、94～97、101～104、106～112、114～119. 铜柿蒂形饰　8、67、79、105、113. 铁棺饰　18、21、44、75. 铁扒钉　28、37. 铜带钩　34. 铜印章　46. 铜泡钉　48. 石黛板　49. 石研磨器　56. 铁环首刀　70. 铜刷柄　71、98. 铜镜　72. 铁镜架　74. 漆盒　86、87. 铜铺首衔环　88. 铜盆　89、90. 陶壶　91～93. 陶钫　99、100. 皮具

陶钫M40：92盖内刻字拓片（1/2）

图 4-304　M40 出土器物

89、90. 陶壶　91～93. 陶钫

93）。

（2）石器

石黛板　1件。

标本M40：48，青灰色页岩。长方形扁薄石板，横截面长方形，中间断为两截，一面平整光滑，另一面较粗糙。长15.4、宽6、厚0.3厘米（图4-305，48；彩版一三一，4）。

石研磨器　1件。

标本M40：49，青灰色页岩。扁圆形，研磨面较光滑，边缘有崩痕。直径3.1、厚0.25厘米（图4-305，49；彩版一三一，5）。

（3）铜器

铜镜　2枚。锈蚀严重。

标本M40：71，星云镜。圆形，连峰纽，圆纽座。外为主纹，四枚带圆座大乳丁分为四区，每区内各有五枚小乳丁。再外为一周内外两侧各附凸弦纹的短斜线纹带，内向十六连弧纹缘。面径7.5、缘厚0.35厘米（图4-305，71；彩版一三二，1）。

标本M40：98，重圈铭带镜。圆形，圆纽，并蒂连珠纹纽座。座外两周窄凸面圈带间为顺时针铭文带“久不相见，长不相忘”，每字间隔涡纹或带十字菱形纹；外圈带与一周短斜线和凸弦纹组合纹带之间为顺时针铭文带“内清质以昭明，光辉象日月，心忽穆而愿忠，㷍雍塞而不泄”。均为圆转式篆隶体，首尾笔画多加重呈楔形。宽素平缘。面径10、缘厚0.45厘米（图4-305，98；彩版一三二，2）。

铜刷柄　1件。

标本M40：70，形状似烟斗，斗圆筒形中空，细长柄，截面圆形，尾部断失。残长11.5厘米（图4-305，70；彩版一三二，3）。

铜带钩　2件。琵琶形。钩呈马首状，双目凸出。

标本M40：28，钩身略宽，背部圆隆，横截面近圆形，圆形纽位于背面近尾处。长7.3厘米（图4-305，28；彩版一三二，4）。

标本M40：37，体形粗短，横截面半圆形，圆形纽位于背面近尾处。长3.9厘米（图4-305，37）。

铜盆　1件。

标本M40：88，宽折沿，敞口，浅腹，下收为平底或圜底。薄壁，腐朽严重，不能复原。

铜印章　1枚。

标本M40：34，方形印体，桥形纽，印面方形，阴文篆书“徐弘之印”，人名。印面边长1.6、通高1.3厘米（图4-305，34；彩版一三二，5、6）。

铜柿蒂形饰　88件。形制相同，花瓣大小一致。扁平四瓣柿蒂状，中部一环形。

标本M40：3，直径5.4厘米（图4-305，3；彩版一三二，7）。

标本M40：57，直径5.4～5.7厘米（图4-305，57；彩版一三二，8）。

铜铺首衔环　2件。形制相同。

标本M40：86、87，正面鎏金。兽面纹，双目圆睁，两耳上翘，额作山状，双眼两侧饰卷棱纹，鼻下内卷成钩，内衔一圆环，背部有扁形插钉。通长6.2、环外径3.7、钉长0.5厘米（图4-305，

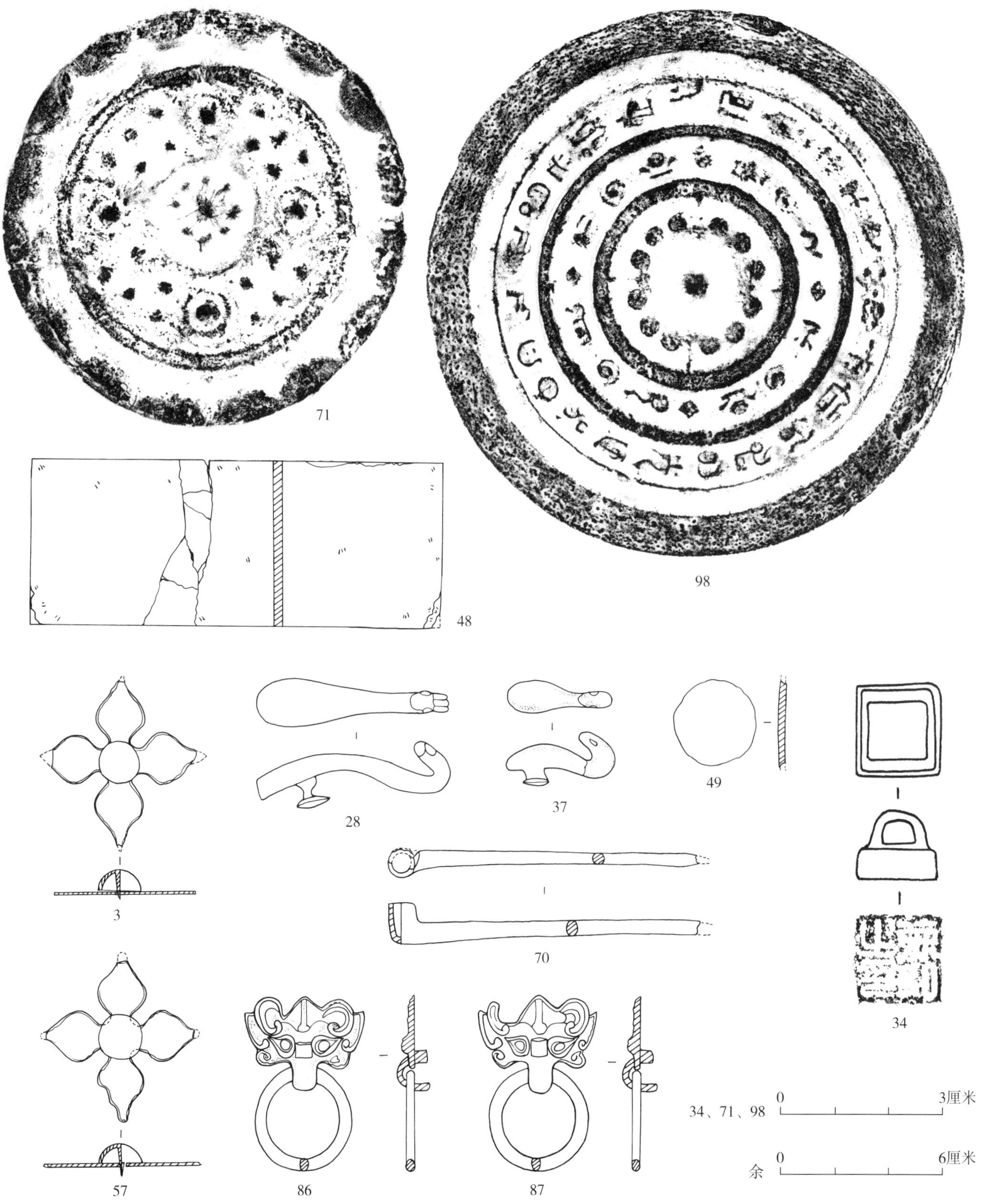

图 4-305　M40 出土器物

3、57. 铜柿蒂形饰　28、37. 铜带钩　34. 铜印章　48. 石黛板　49. 石研磨器　70. 铜刷柄　71、98. 铜镜　86、87. 铜铺首衔环

86、87；彩版一三二，9、10）。

铜泡钉　1件。

标本M40∶46，伞形。半圆形，已残，不能复原。

（4）铁器

铁环首刀　1件。

标本M40∶56，已残。椭圆形环，刀身扁长条状，背部较厚，刃略薄。残长11.7、宽1厘米（图4-306，56）。

铁镜架　1件。

标本M40∶72，叉形。两侧支脚为扁长条形，残缺。残高4厘米（图4-306，72）。

铁棺饰　5件。锈蚀严重，器形不明。

铁扒钉　4件。形状相同。均扁长条状，一端有折扒。

标本M40∶44，长10.1、宽1.6～2厘米（图4-306，44）。

（5）漆器

漆盒　1件。

标本M40∶74，圆形，仅残存金箍和漆皮外花纹，盖上饰有金属"十"字形花瓣，不能复原。

（6）其他

皮具　2件。

标本M40∶99、100，腐朽严重，仅见残片，未能提取。

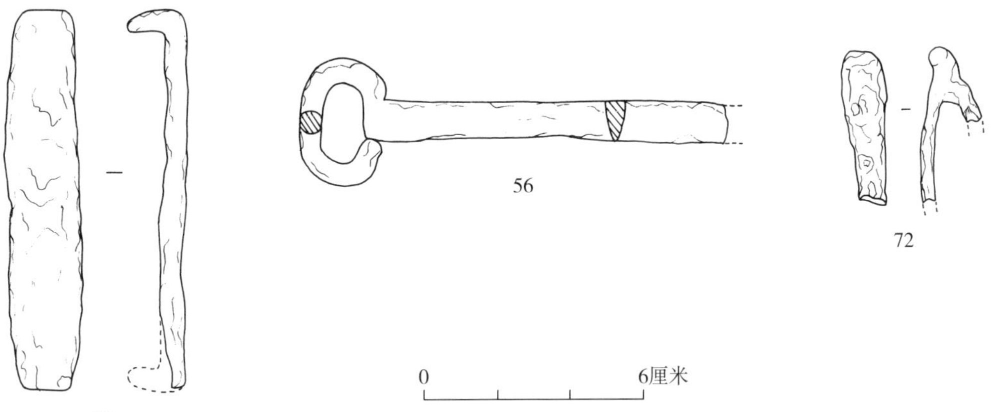

图4-306　M40出土器物

44. 铁扒钉　56. 铁环首刀　72. 铁镜架

（二七）M41

墓葬形制

位于墓地西南部，被M37打破，打破M43。方向102°（图4-307）。

长方形土坑竖穴砖椁墓。墓口长1.36、宽1、深0.65米。椁长1.15～1.25、宽0.83、高0.65米。由单行青砖错缝垒砌而成，由于破坏，仅残存五层。墓底铺地砖单向平行横铺一层。砖长37、宽13、厚7厘米。木棺已腐朽，仅见板灰痕迹。墓内填黄褐色五花土，经夯打，土质较致密。夯窝圆形，直径4、夯层厚3厘米。

人骨1具。头向北，仰身直肢。骨骼保存较差，仅残留部分下肢骨遗骸。男性。成年个体。

随葬器物无。

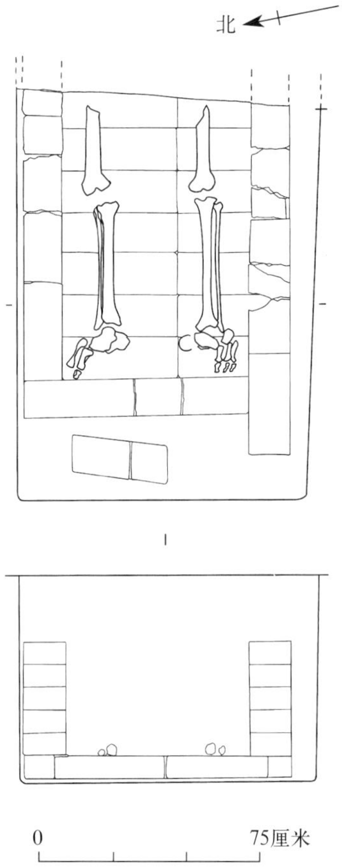

图4-307 M41平、剖面图

（二八）M45

1. 墓葬形制

位于墓地西南部，打破M52、M46，北面是M40。方向105°（图4-308；彩版一三三，1）。

长方形土坑竖穴砖椁墓。墓口长3.7、宽2.08、深1.13米。椁室均用青砖垒砌。东端二十层，西端二十四层，均为横排错缝叠砌。南、北壁内凹、塌落严重，排列杂乱。墓底有生土二层台，宽0.2、高1.08米。二层台上面横排错缝平铺两层青砖，上层紧贴墓壁，下层略向内移，呈阶梯状。外侧上部四角分别留两个长0.16～0.2、宽0.1、进深0.03米方洞，象征"井"字形木架结构。砖长28、宽13、厚3厘米。墓底青砖横竖对缝平铺。脚箱位于西端，宽0.74、深0.82米。木棺已腐朽，仅见板灰痕迹。长1.94、宽0.75米。墓内填黄褐色五花土，土质较疏松。

人骨1具。骨腐朽严重，性别、年龄不明。

随葬器物32件（彩版一三三，2～5）。陶钫4件（彩版一三四，1），陶俑6件，铜镜7枚，铜刷柄、铜眉笔柄、铜带钩、铜印章、铜冒饰、铜钱、铁环首刀、残漆盒各1件，铁环2件，铜饰件5件。

2. 出土遗物

（1）陶器

陶钫 4件。泥质灰陶。覆斗形盖。斜壁，上部有五个突饰、小平顶。钫方口，平沿，束颈，鼓腹，最大径居下腹。

标本M45∶27，方唇，圆形圈足。盖上部饰彩绘，下腹饰竖向、斜向绳纹。口边长10、底径14.4、通高37.4厘米（图4-309，27；彩版一三四，2）。

标本M45∶28，方唇，圆形圈足。下腹饰竖向绳纹。口边长10、底径14、通高37.1厘米（图4-309，28；彩版一三四，3）。

标本M45∶29，尖唇，平底。下腹饰一周戳印纹。口边长9、底径14、通高29厘米（图4-309，29）。

标本M45∶30，尖唇，平底。下腹饰三周戳印纹。口边长8.8、底径14.4、通高29厘米（图4-309，30）。

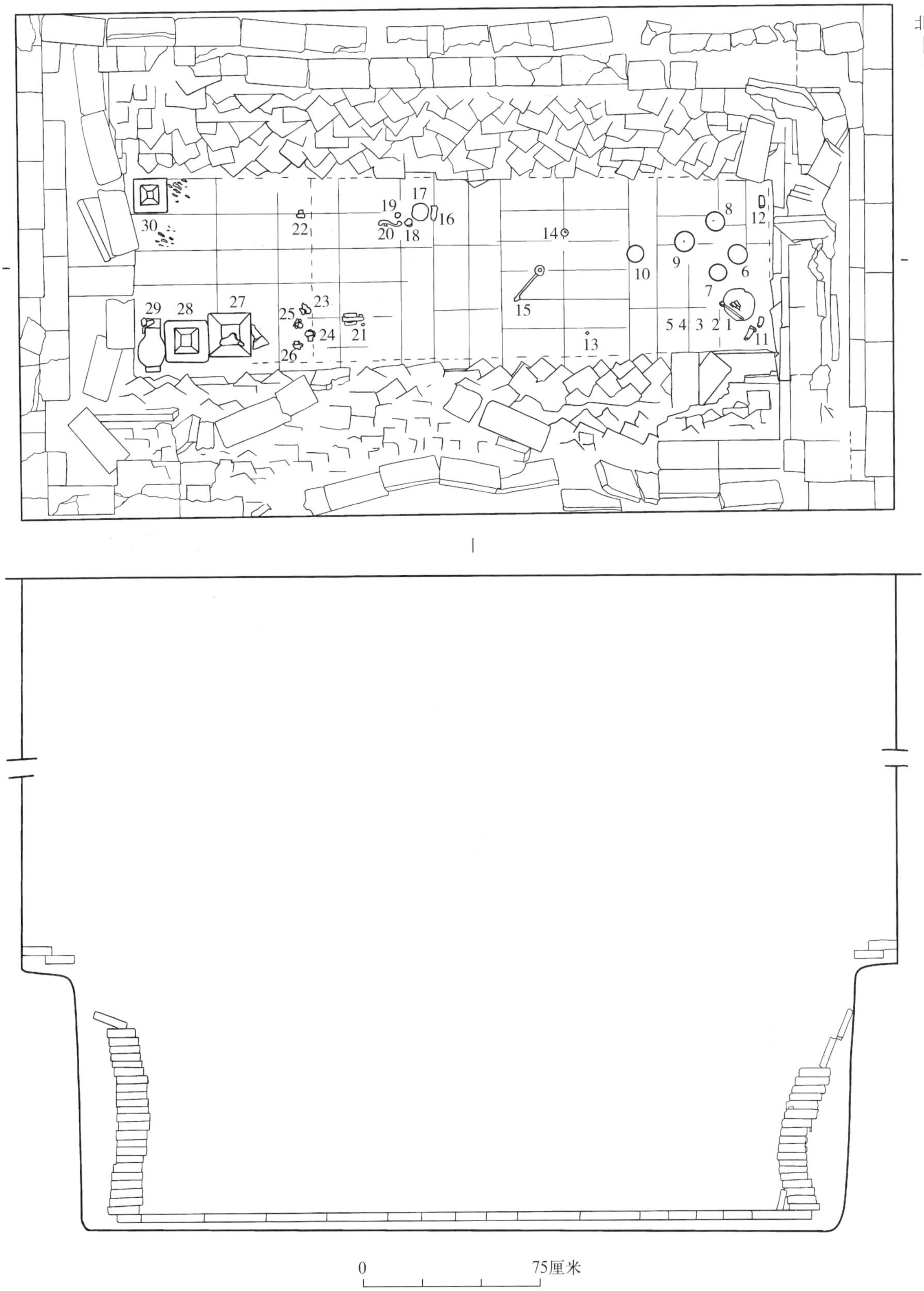

图 4-308　M45 平、剖面图

1、6～10、17. 铜镜　2. 铜刷柄　3. 铜眉笔柄　4. 铜冒饰　5. 漆盒　11、12、16. 陶俑　21. 陶俑（3）　13. 铜印章　14. 铜钱　15. 铁环首刀　18、19. 铁环　20. 铜带钩　22～26. 铜饰件　27～30. 陶钫

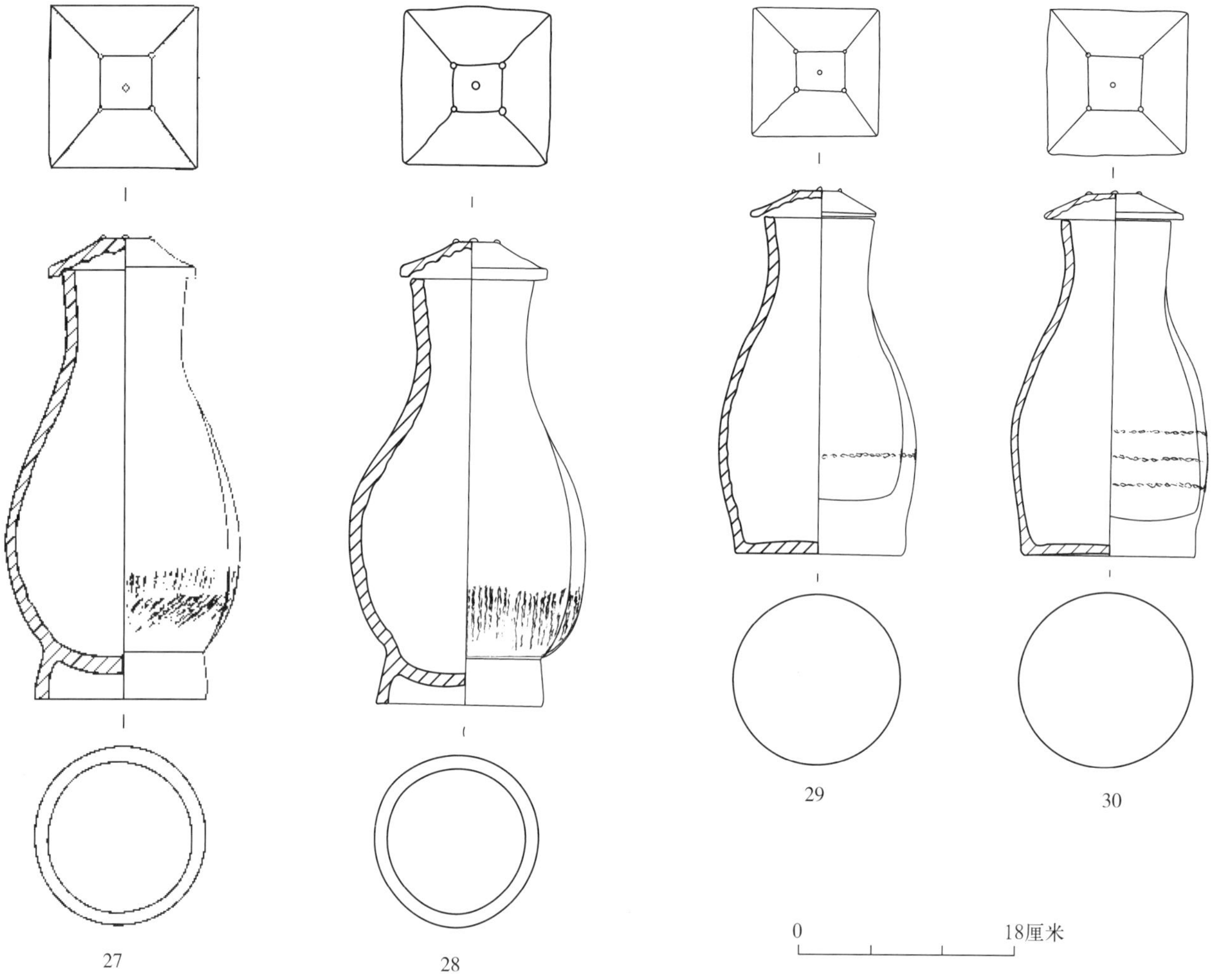

图 4-309　M45 出土器物

27～30. 陶钫

陶俑　6件。均残缺，不能复原。泥质灰褐陶。质软，形体小，为捏塑而成，仅具人体雏形。

（2）铜器

铜镜　7枚。

标本 M45∶1，昭明圈带连弧铭带镜。圆形，圆纽，并蒂连珠纹纽座。座外均匀分布四组短竖线（每组三条），其外一周窄凸面圈带，带外均置四组由小乳丁、短弧线、曲线组成的花状组合，夹饰附短竖线外弧月牙纹。再外周内向八连弧纹圈带。外区两周短斜线和凸弦纹组合纹带，之间为顺时针铭文带“内清质以昭明忠，光之之象而夫日月，心忽穆愿忠，雍然塞不泄”，为圆转式篆隶体。宽素平缘。面径13.1、缘厚0.6厘米（图 4-310，1；彩版一三四，4）。

标本 M45∶6，似为日光圈带铭带镜，锈蚀严重。圆形，圆纽，圆纽座。座外一周窄凸面圈带。外区两周短斜线和凸弦纹组合纹带，其间为顺时针铭文带“见日月心，勿夫毋忘”。窄素平缘。面径7、缘厚0.35厘米（图 4-310，6；彩版一三五，1）。

标本 M45∶7，日光圈带铭带镜，锈蚀较重。圆形，圆纽，圆纽座。座外一周窄凸面圈带。外区

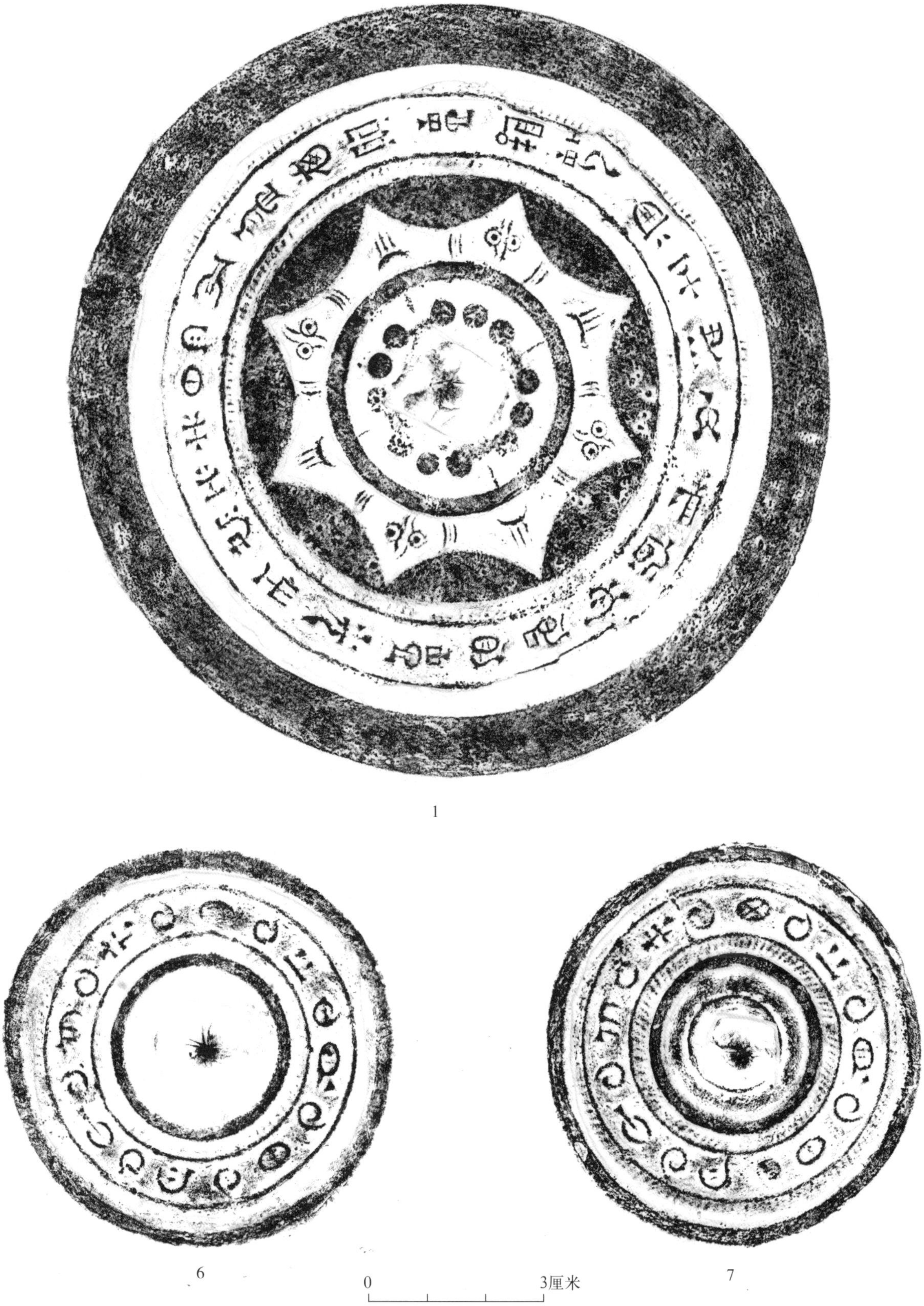

图 4-310　M45 出土器物

1、6、7. 铜镜

两周短斜线和凸弦纹组纹带，其间为顺时针铭文带“见日月心，勿夫毋忘”，为圆转式篆隶体，每字间隔类似涡纹符号。窄素平缘。面径6.7、缘厚0.3厘米（图4-310，7；彩版一三五，2）。

标本M45∶8，日光圈带铭带镜。圆形，圆纽，圆纽座。座外一周窄凸面圈带。外区两周短斜线和凸弦纹组合纹带，其间为顺时针铭文带“见日月心，勿夫毋忘”，为圆转式篆隶体、个别笔画加重呈楔形，有简化字，每字间隔类似涡纹符号。窄素平缘。面径7、缘厚0.3厘米（图4-311，8；彩版一三五，3）。

标本M45∶9，日光圈带铭带镜，锈蚀严重。圆形，圆纽，圆纽座。座外均匀伸出四组短弧线（每组两条），其间夹饰月牙纹。再外周窄凸面圈带。外区两周短斜线和凸弦纹组合纹带，其间为顺时针铭文带“见日心，勿夫毋勿忘忘”，字体为圆转式篆隶体，有简化字，每字或两字间隔类似涡纹符号。宽素平缘。面径7.8、缘厚0.5厘米（图4-311，9；彩版一三五，4）。

标本M45∶10，日光圈带铭带镜。圆形，圆纽，圆纽座。座外一周窄凸面圈带。外区两周短斜线和凸弦纹组合纹带，其间为顺时针铭文带“见日月心，勿夫毋忘”，为圆转式篆隶体、个别笔画加重呈楔形，有简化字，每字间隔类似涡纹符号。窄素平缘。面径7、缘厚0.3厘米（图4-311，10；彩版一三五，5）。

标本M45∶17，日光连弧铭带镜，锈蚀较重。圆形，圆纽，圆纽座。座外均匀伸出四条短弧线，其间夹饰双层月牙纹。再外周内向八连弧纹圈带。外区两周短斜线和凸弦纹组合纹带，其间为顺时针铭文带“见日月心，勿夫毋忘”，字体为圆转式篆隶体，有简化字，每字间隔类似涡纹符号。窄素平缘。面径6.9、缘厚0.4厘米（图4-311，17；彩版一三五，6）。

铜刷柄　1件。

标本M45∶2，形似烟斗状。斗圆筒形中空，细长柄，截面圆形，尾扁平微曲，近尾部有圆形小孔。长12.8厘米（图4-311，2；彩版一三四，5）。

铜眉笔柄　1件。

标本M45∶3，平面锥状，圆形孔，尾部有圆形小孔。长4.3厘米（图4-311，3）。

铜带钩　1件。

标本M45∶20，琵琶形。钩呈马首状，双目凸出，近钩处横截面近圆形，圆形纽位于背部尾中端。长6.8厘米（图4-311，20；彩版一三四，6）。

铜冒饰　1件。

标本M45∶4，长条圆筒状，中空，顶部有环形纽，筒内似有朽木残痕，疑为木柲冒饰。与洛阳西郊汉墓（3064∶5）[1]、徐州石桥汉墓（M2∶37）[2]相同。高2.25、直径0.9厘米（图4-312，4）。

铜印章　1枚。

标本M45∶13，圆形印体，鼻形纽。印面圆形，阳文篆书“出入日利”，表示吉祥用语。印面直径1.5、通高0.9厘米（图4-312，13；彩版一三六，1、2）。

铜饰件　5件。多鎏金。顶部圆形菌状，顶中部浮雕有兽头，周边有凸起莲花瓣，柄部为方形孔。

标本M45∶22，直径3、高3厘米（图4-312，22；彩版一三六，3、4）。

[1]　中国科学院考古研究所洛阳发掘队：《洛阳西郊汉墓发掘报告》，《考古学报》1963年第2期。

[2]　徐州博物馆：《徐州石桥汉墓清理报告》，《文物》1984年第11期。

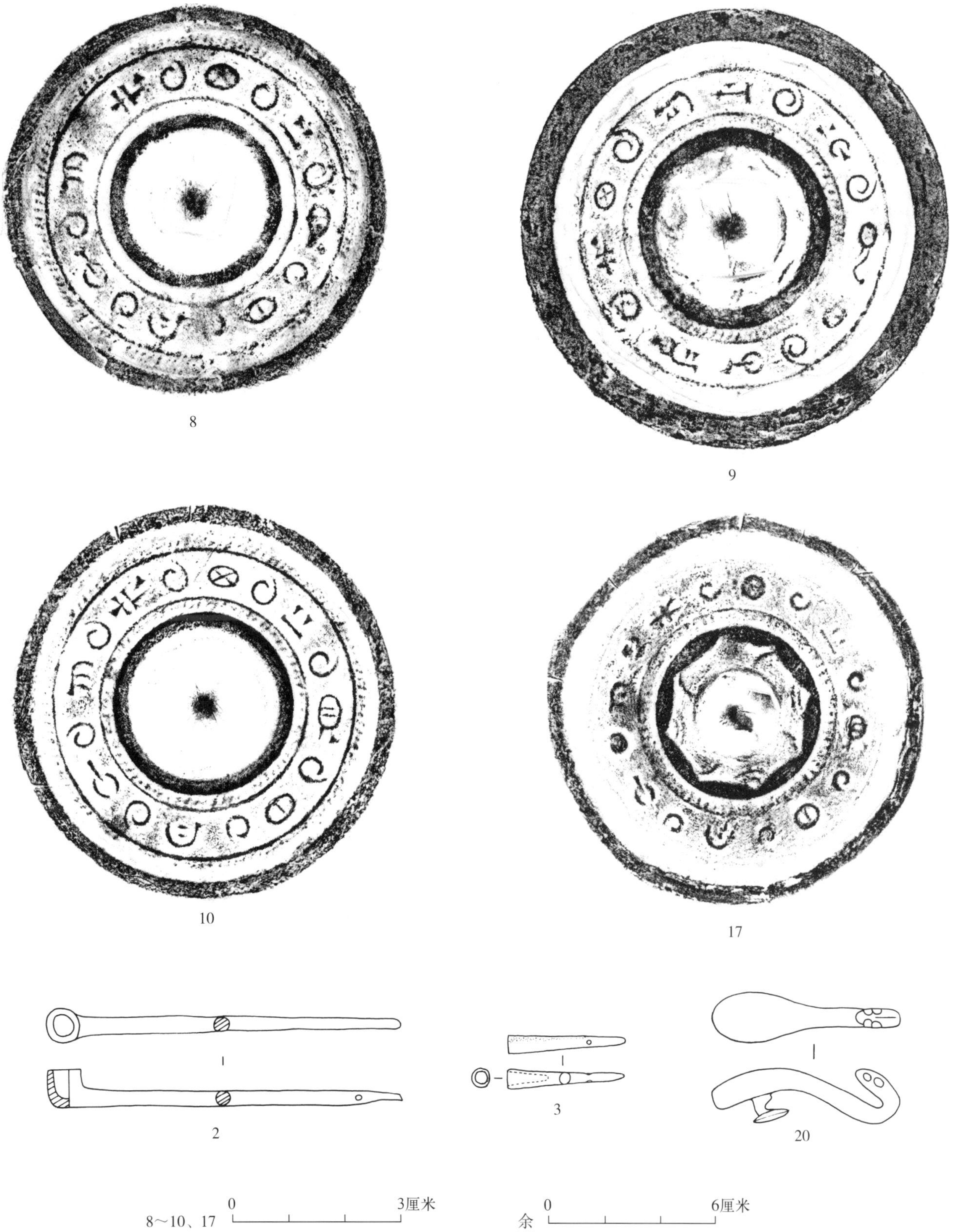

图 4-311 M45 出土器物

8～10、17. 铜镜 2. 铜刷柄 3. 铜眉笔柄 20. 铜带钩

标本M45：23，下部对应4个方形凹印。直径4.5～4.6、高4.8厘米（图4-312，23；彩版一三六，5、6）。

标本M45：24，稍残。下部有3个方孔，一个三角孔。直径4.5～4.7、高4.6厘米（图4-312，24；彩版一三六，7、8）。

标本M45：25，稍残。下部有3个方孔，一个三角孔。直径4.5～4.7、高4.6厘米（图4-312，25；彩版一三六，9、10）。

标本M45：26，稍残。下部有3个方孔，一个三角孔。直径4.5～4.7、高4.6厘米（图4-312，26；彩版一三六，11、12）。

铜钱　1枚。

标本M45：14，半两。圆形方穿，正、背两面无轮无郭。钱文篆书，“两”字中间不出头，两人字连笔成山。直径2.4、穿边长0.9、厚0.9厘米（图4-312，14）。

（3）铁器

铁环首刀　1件。

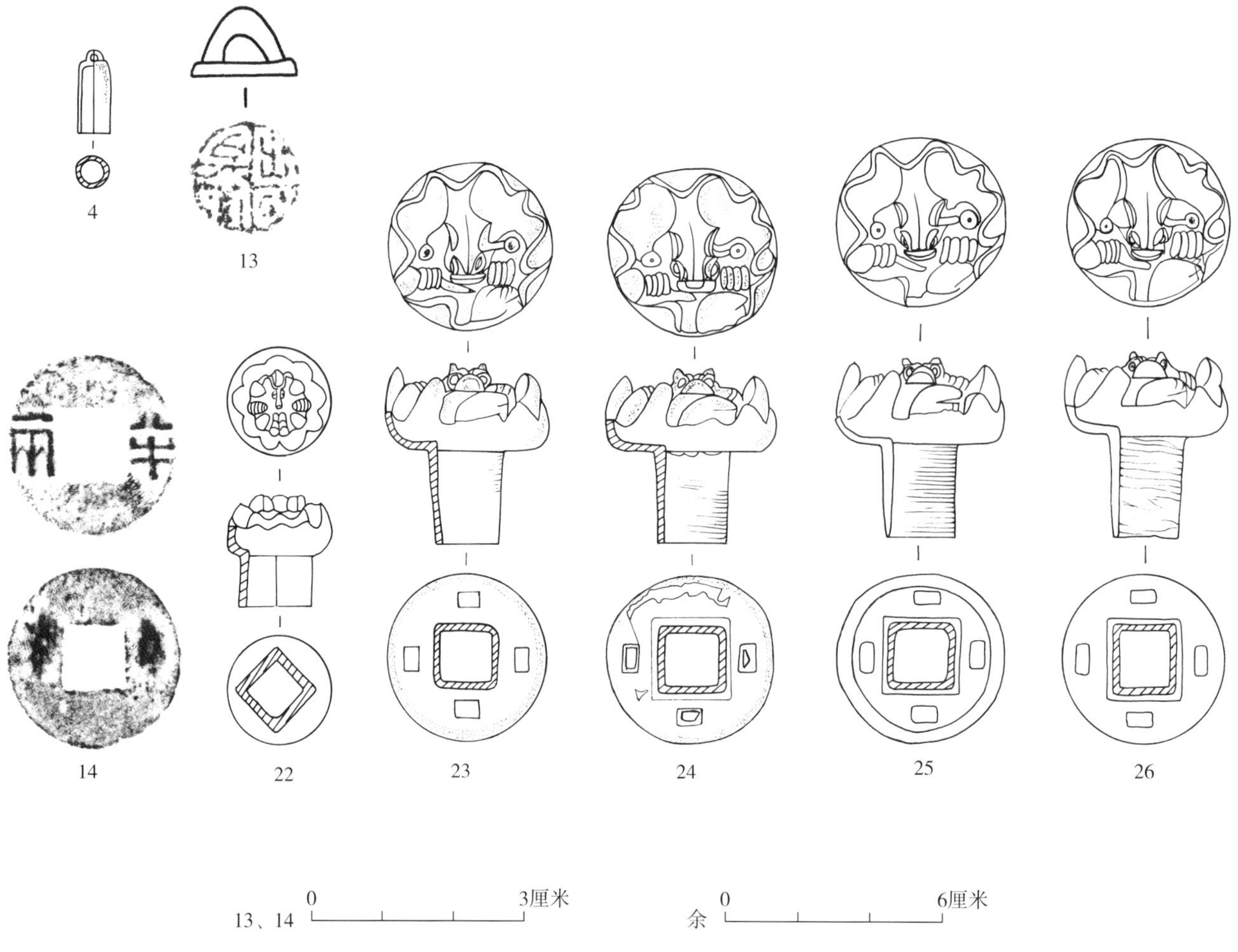

图4-312　M45出土器物

4. 铜冒饰　13. 铜印章　14. 铜钱　22～26. 铜饰件

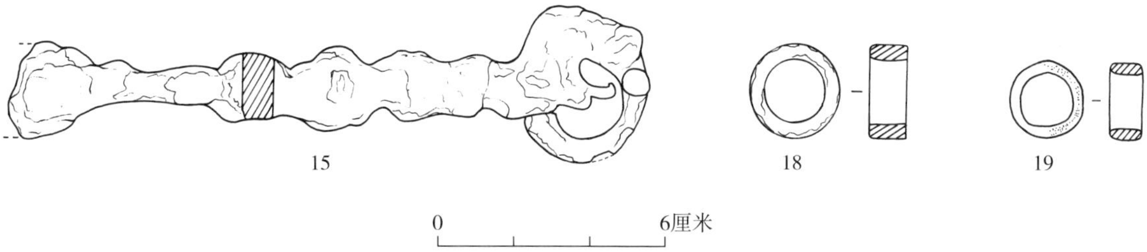

图 4-313　M45 出土器物

15. 铁环首刀　18、19. 铁环

标本 M45∶15，刀身直，锈蚀严重，背部与刃难以分辨。残长 16.9 厘米（图 4-313，15）。

铁环　2 件。圆形。截面扁平状。

标本 M45∶18，直径 2.4 厘米（图 4-313，18）。

标本 M45∶19，直径 2 厘米（图 4-313，19）。

（4）**漆器**

漆盒　1 件。

标本 M45∶5，腐朽严重，仅见漆器残片，不能复原。

（二九）M46

墓葬形制

位于墓地西南部，被 M45 打破，东面是 M3，西南面为 M36。方向 110°（图 4-314）。

长方形土坑竖穴砖椁墓。墓口长 2.6、宽 1.35、深 1.42 米。椁长 2.52、宽 1.12 ～ 1.2、高 0.76 米。四周青砖横排错缝垒砌。墓底竖立对缝平铺一层青砖。砖长 35、宽 16、厚 6 ～ 7 厘米。墓内填黄褐色五花土，经过夯打，土质较致密。夯窝圆形，直径 10、夯层厚 10 ～ 15 厘米。

人骨 1 具。头向东，面向上，仰身直肢。骨骼腐朽严重。疑似男性，年龄 50 ～ 60 岁。

随葬器物无。

（三〇）M47

墓葬形制

位于墓地西南部，被 M44 打破，北面是 M51。方向 110°（图 4-315）。

长方形土坑竖穴砖椁墓。墓口长 2.88、宽 1.14 米，底长 2.73、宽 0.86、深 0.58 米。椁残长 2.76、宽 1.1、高 0.58 米。椁室破坏严重，仅残存东壁及南、北壁东侧部分青砖。上、下横排错缝叠砌三～七层，中间横立一层。砖长 27 ～ 28、宽 14、厚 4 厘米。墓底铺地砖横排错缝排列。墓内填黄褐色五花土，经夯打，土质较坚硬。加工痕迹不明显。

人骨 1 具。头向东。骨骼腐朽严重，仅残存部分头骨遗骸，性别、年龄无法鉴定。

随葬器物无。

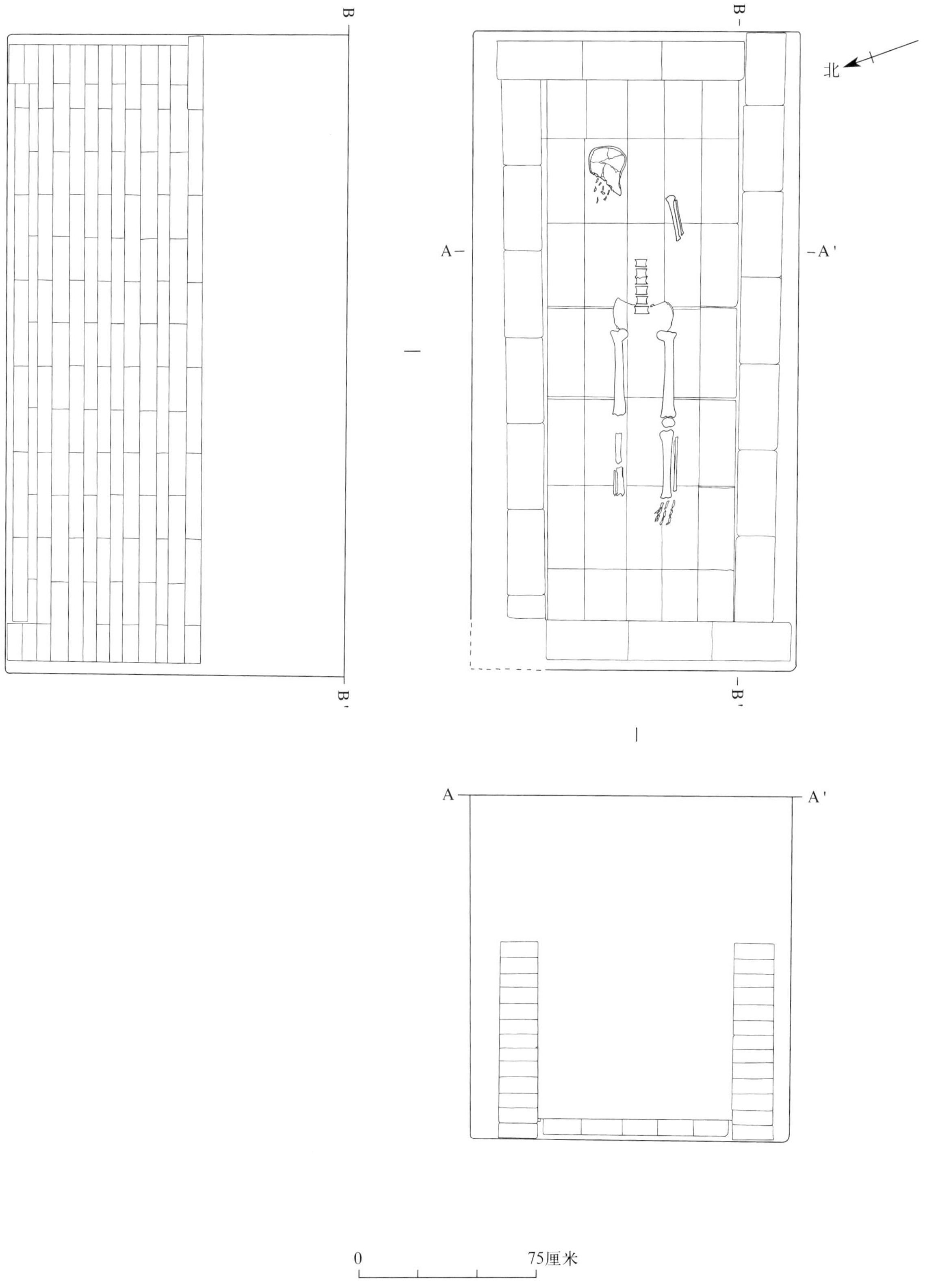

图4-314　M46平、剖面图

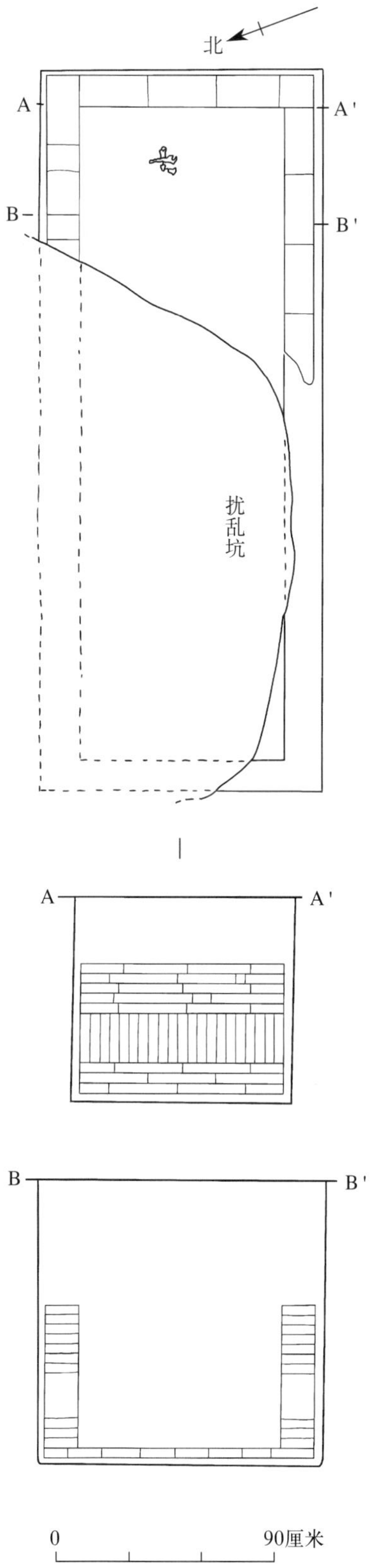

图 4-315　M47 平、剖面图

（三一）M50

1. 墓葬形制

位于墓地西南部，被 M48 打破，东面是 M26，东南面为 M18。方向 110°（图 4-316；彩版一三七，1）。

长方形土坑竖穴砖椁墓。墓口长 2.9、宽 1.76 米，底长 2.78、宽 1.3、深 1.14 米。椁室垒砌青砖破坏殆尽，结构不详。壁龛位于北壁中部偏东，长 0.33、高 0.25、进深 0.17 米。墓底仅残存西北角少量铺地砖。砖长 33、宽 13、厚 3 厘米（彩版一三八，1）。墓内填浅灰褐色五花土，经过夯打，土质较致密。夯窝圆形，排列密集（彩版一三七，2～4），直径 7～12 厘米。中间有深 0.3～0.6 米柱洞。填土中出土铜钱 1 枚。墓室北部盗洞内发现有马骨（彩版一三七，5），保存完整。横卧，脖颈扭曲，头转向背部，前蹄屈曲，后蹄舒展。

人骨无。

壁龛内出土彩绘陶壶 2 件。

2. 出土遗物

（1）陶器

陶壶　2 件。泥质灰陶。弧顶盖。壶侈口，平沿，圆唇，束颈，鼓腹，矮圈足。上腹及盖上部饰白、红、黑色彩绘，脱落不清，腹及底部饰绳纹。

标本 M50∶1，口径 14、底径 12、通高 24.4 厘米（图 4-316，1；彩版一三八，2 左）。

标本 M50∶2，口径 13.2、底径 8.8、通高 26 厘米（图 4-316，2；彩版一三八，2 右）。

（2）铜器

铜钱　1 枚。

标本 M50∶01，五铢，锈蚀严重，部分缺失。圆形方穿，正面有轮无郭，背面轮郭俱全。“五”字两笔交叉微曲，与上、下两横相交处垂直。“朱”字上部方折，下部圆折。直径 2.6、穿边长 0.9、厚 0.15 厘米。

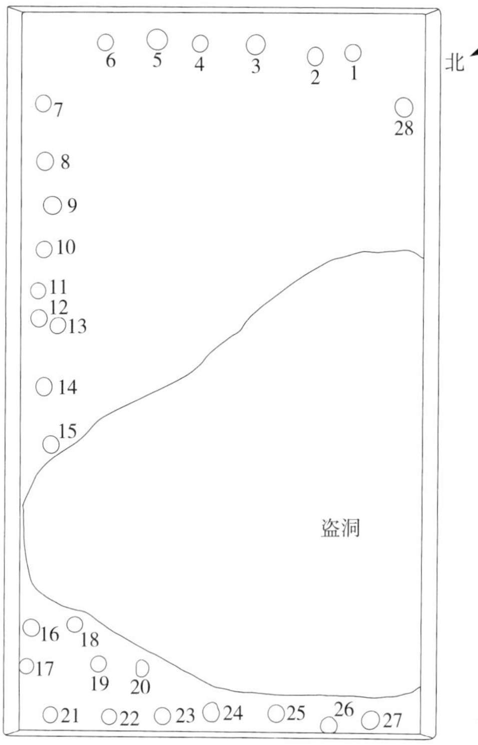

距墓口1.35米层位填土中柱洞平面图

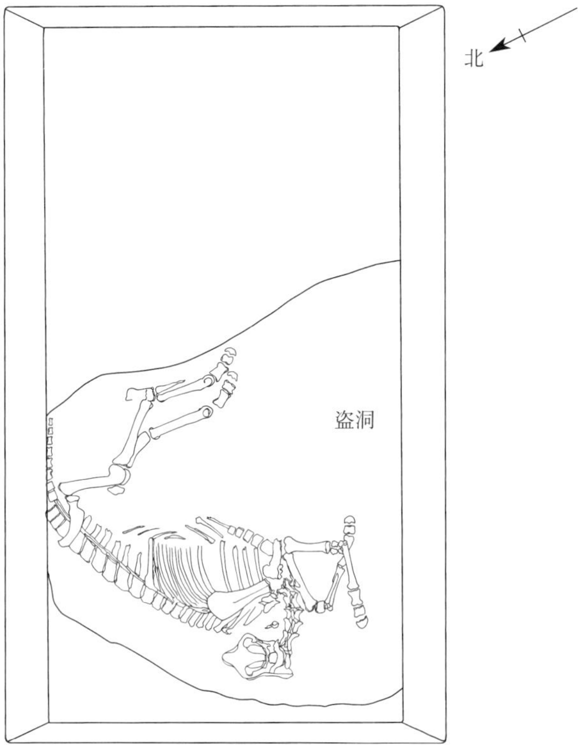

距2.6米盗洞层位马骨平面图

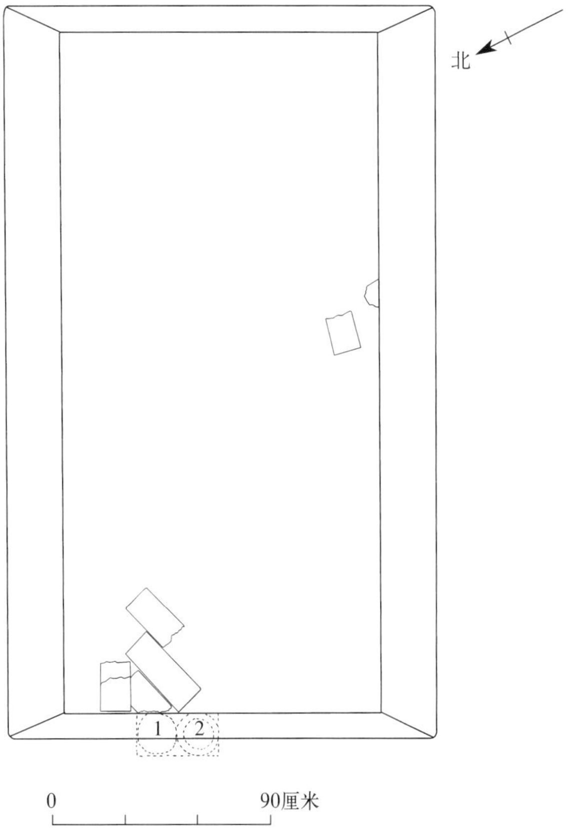

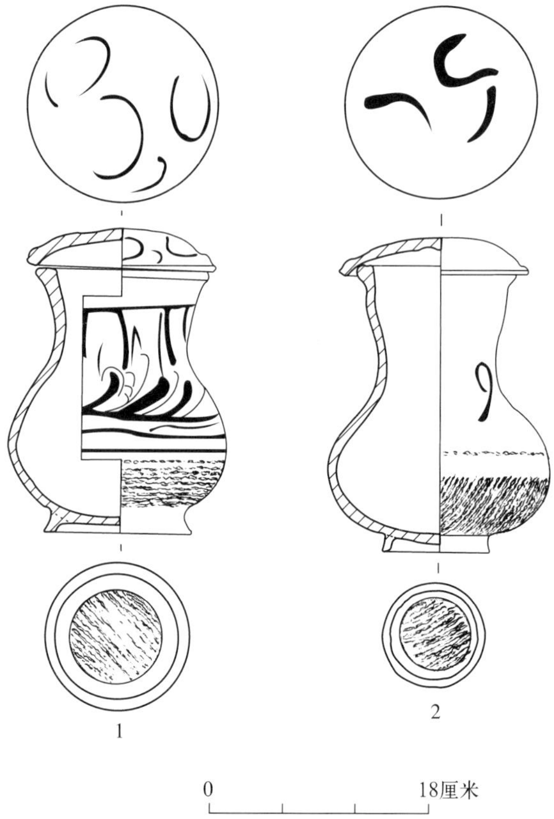

图4-316 M50及出土器物

1、2. 陶壶

（三二）M51

1. 墓葬形制

位于墓地西南部，北面是M48、M50，南面为M47。方向120°（图4-317；彩版一三八，5）。长方形土坑竖穴砖椁墓。墓口长2.9、宽1.66、深2.86米。椁室长2.52、宽1.17、高0.79米。

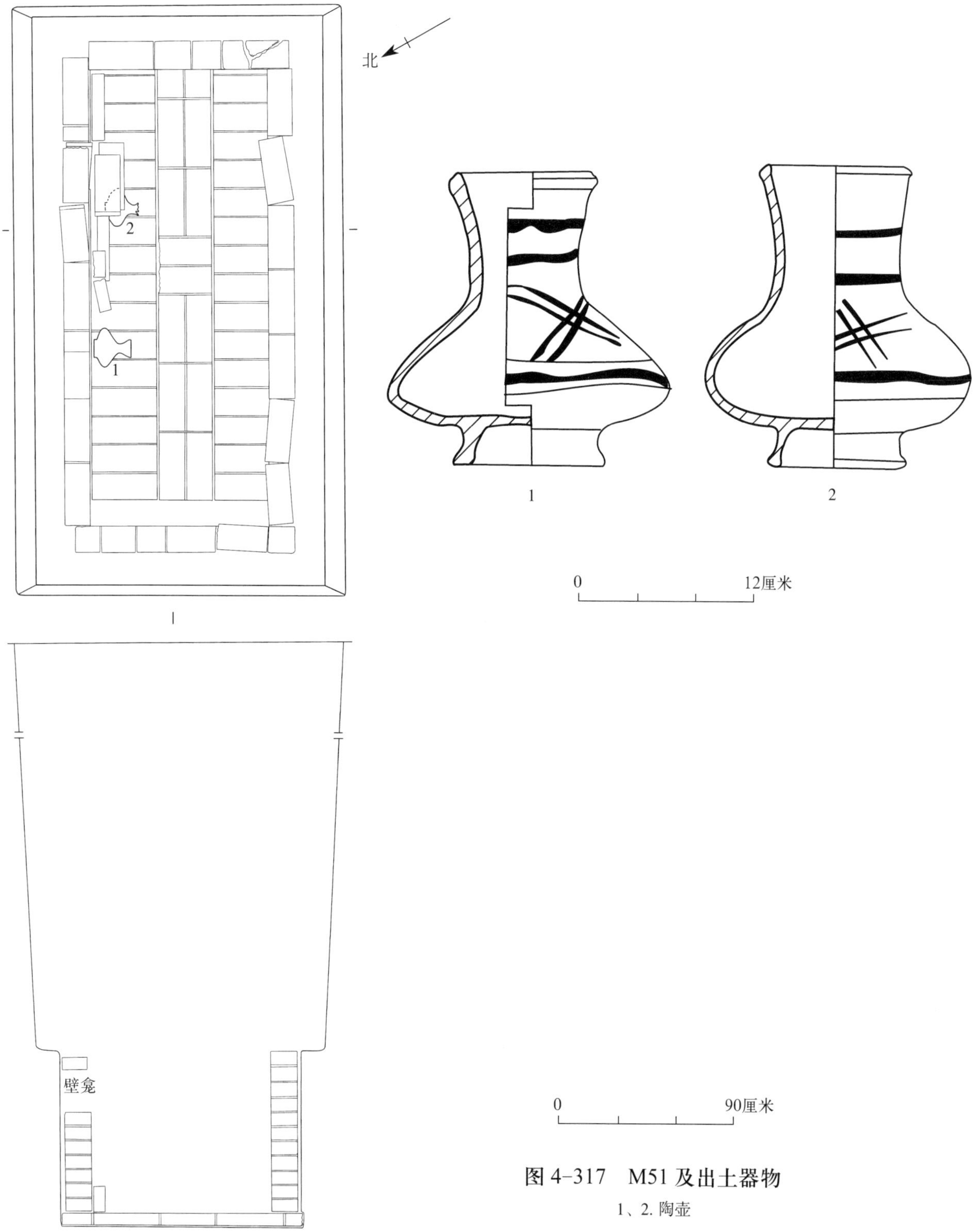

图4-317　M51及出土器物

1、2. 陶壶

四壁青砖垒砌，东侧八层、西侧及南、北两壁各十一层，均横排错缝平铺叠砌。东壁中间上部壁龛塌落。高0.21、进深0.16米。墓底四周有生土二层台，宽0.15、高0.85米。墓底平铺一层青砖，中间竖排对缝两列，两边横排各一行。砖长27～33、宽12～14、厚6厘米（彩版一三八，3）。墓内填浅灰褐色五花土，经过夯打，土质较致密。夯窝圆形，直径7～12厘米。

人骨无。

随葬彩绘陶壶2件，应放在龛内，现已滑落至墓底。

2. 出土遗物

陶器

陶壶　2件。形制相同。泥质灰陶。侈口，斜沿，圆唇，束颈，扁腹，圈足。腹部白地，上饰红、黑色彩绘。

标本M51∶1，口径10、底径10、高19.2厘米（图4-317，1；彩版一三八，4左）。

标本M51∶2，口径10.4、底径9.6、高20厘米（图4-317，2；彩版一三八，4右）。

（三三）M53

1. 墓葬形制

位于墓地西南部，北面是M5，南面为M54，西面是M39。方向110°（图4-318）。

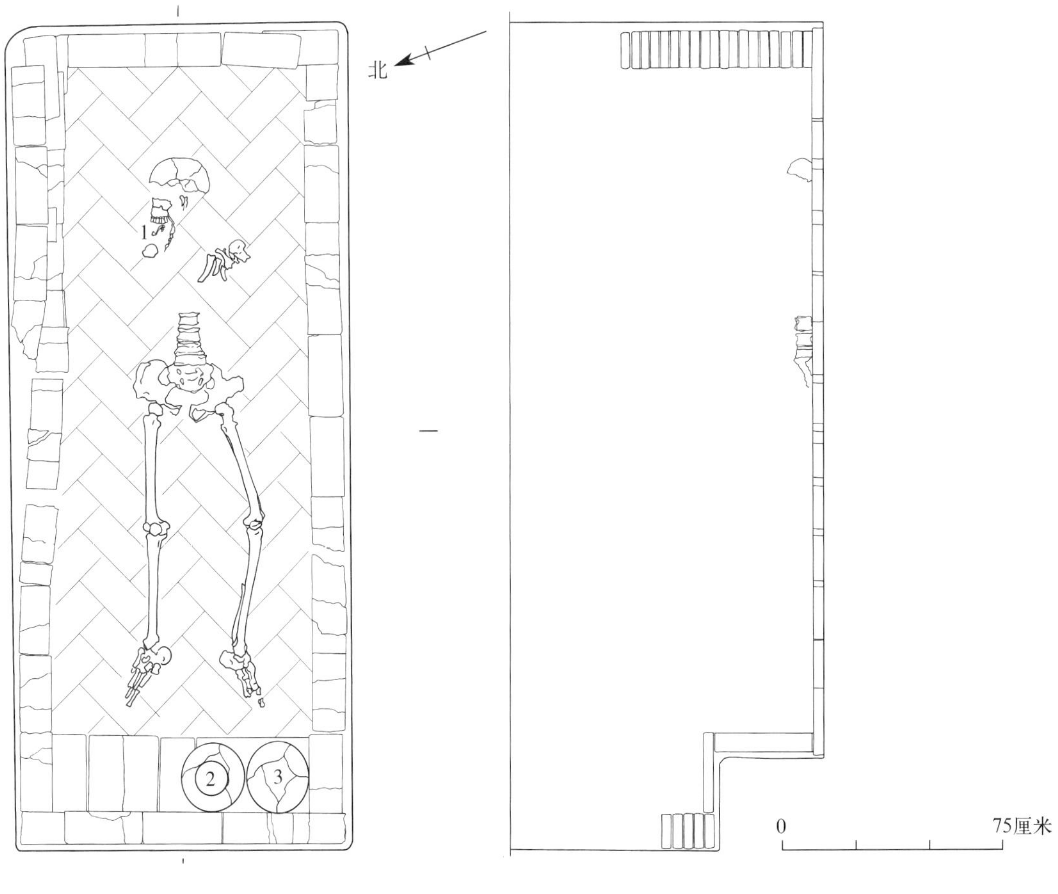

图4-318　M53平、剖面图

1. 铜带钩　2、3. 陶壶

长方形土坑竖穴砖椁墓。墓口长 2.72、宽 1.16、深 1.07 米。椁长 2.65、宽 1.1、高 0.67 米。南、北、东壁用十九层青砖，横排错缝平铺叠砌。砖长 26、宽 11、厚 3 厘米。底部西端生土二层台长 0.88、宽 0.3、高 0.35 米。脚箱上面侧壁横排五层、内侧竖排一层，侧面竖立一层。墓底平铺一层青砖，“人”字形排列。墓内填浅黄褐色五花土，土质较致密。

人骨 1 具。头向东，面向右，仰身直肢。骨骼保存较差，躯干及上肢已腐朽。男性，年龄 45 ～ 55 岁。

随葬器物 3 件。陶壶 2 件放在脚箱内，铜带钩 1 件放置在墓主口内。

2. 出土遗物

（1）陶器

陶壶　2 件。泥质灰陶。侈口，斜沿，圆唇，束颈，弧肩，鼓腹，平底。素面。

标本 M53：2，下腹饰三周戳印纹。口径 13、底径 17.5、通高 23.8 厘米（图 4-319，2）。

标本 M53：3，口残缺，底微凹。器表有抹制痕，腹部饰两周戳印纹。残口径 10、底径 16、残高 20.8 厘米（图 4-319，3）。

（2）铜器

铜带钩　1 件。

标本 M53：1，琵琶形。钩呈马首状，双目凸出，尾部稍宽，体隆起，圆形纽位于后背尾部。长 4.5 厘米（图 4-319，1）。

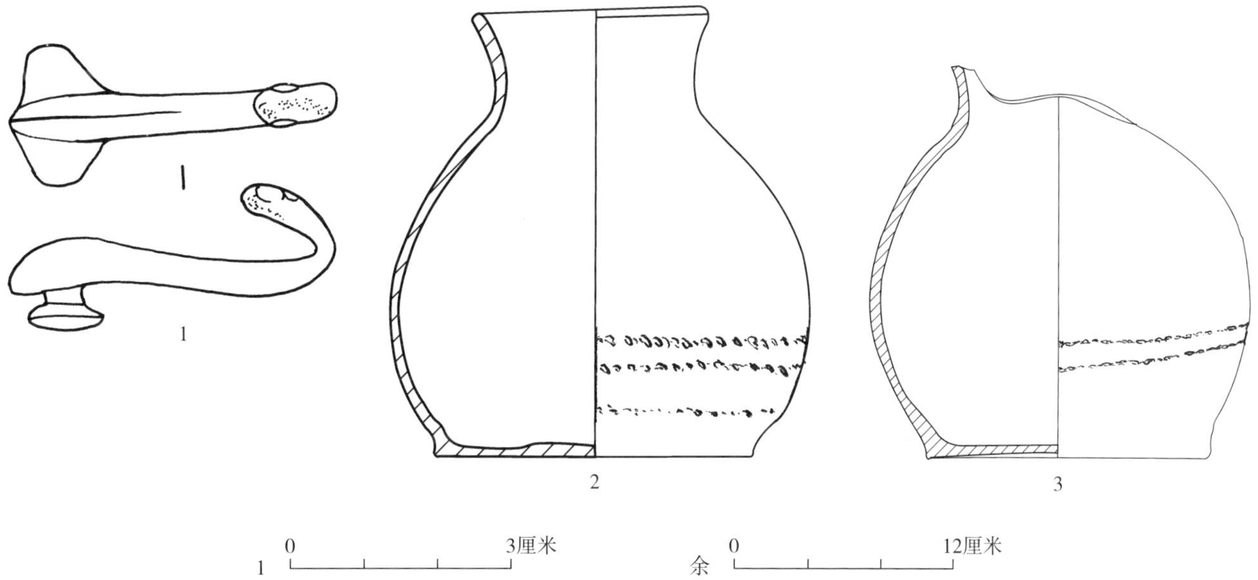

图 4-319　M53 出土器物

1. 铜带钩　2、3. 陶壶

（三四）M54

1. 墓葬形制

位于墓地西南部，北面是 M53，西面为 M39。方向 15°（图 4-320；彩版一三九，1）。

长方形土坑竖穴砖椁墓。墓口长 2.9、宽 1.45、深 2.2 米。椁长 2.88、宽 1.25、高 0.7 米。墓底四周均平铺横排错缝垒砌十二层青砖。东、西两壁向内弧。脚箱位于椁室北部，用青砖顺向垒砌。

墓底平铺一层青砖，“人”字形排列。砖长30、宽12、厚5厘米。墓内填黄褐色五花土，土质较致密。

人骨1具。头向北。骨骼腐朽严重，仅存部分肋骨及椎骨。性别无法鉴定，成年个体。

随葬器物2件。铁块1件放在墓底南端东侧。陶壶1件置于脚箱内。罐内放置乳猪骨。

2. 出土遗物

（1）陶器

陶壶　1件。

标本M54∶2，泥质灰陶。侈口，卷沿，方唇，束颈，弧肩，鼓腹，平底微凹。腹部饰四周戳印纹。口径14、底径18.8、高23.8厘米（图4-320，2；彩版一三九，2）。

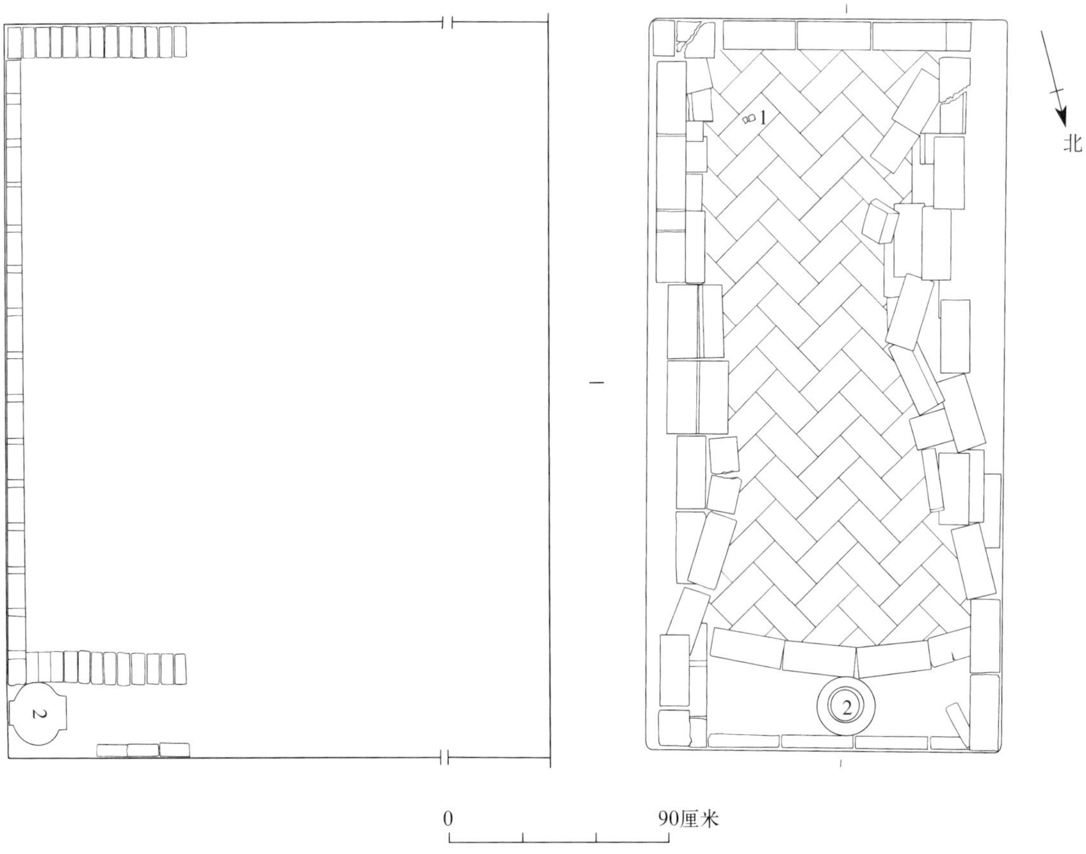

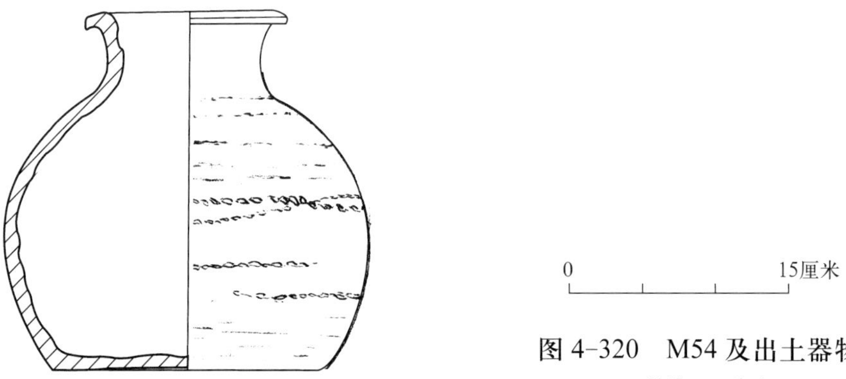

图4-320　M54及出土器物

1. 铁块　2. 陶壶

（2）铁器

铁块　1件。

标本M54∶1，锈蚀严重，已残。半环形，截面扁平状。宽3厘米。

（三五）M56

1. 墓葬形制

位于墓地西南部，北面是M83，西北面为M2。方向195°（图4-321；彩版一三九，3）。

长方形土坑竖穴砖椁墓。墓口长2.75、宽1.4、深1.02米。椁长2.47、宽1.02、高0.84米。北及东壁北端缺失，南、西及东壁南端十一层青砖，均为横排错缝平铺叠砌。墓底平铺一层青砖，竖排对缝排列。砖长34、宽15、厚7厘米。木棺已腐朽，仅见板灰痕迹。壁龛位于西壁偏北，长0.25、进深0.21米，高度不详。墓内填黄褐色五花土，土质较致密。

人骨1具。头向南偏右，面向上，仰身直肢。上肢自然下垂置于盆骨两侧。女性，年龄35～45岁。

随葬陶罐1件，位于壁龛内。

2. 出土遗物

陶器

陶罐　1件。

标本M56∶1，泥质灰陶。侈口，平沿，圆唇，束颈，折肩下腹斜内收。小平底，近底微外凸。腹部饰多周凹弦纹。口径19.6、底径10、高16.8厘米（图4-321，1；彩版一三九，4）。

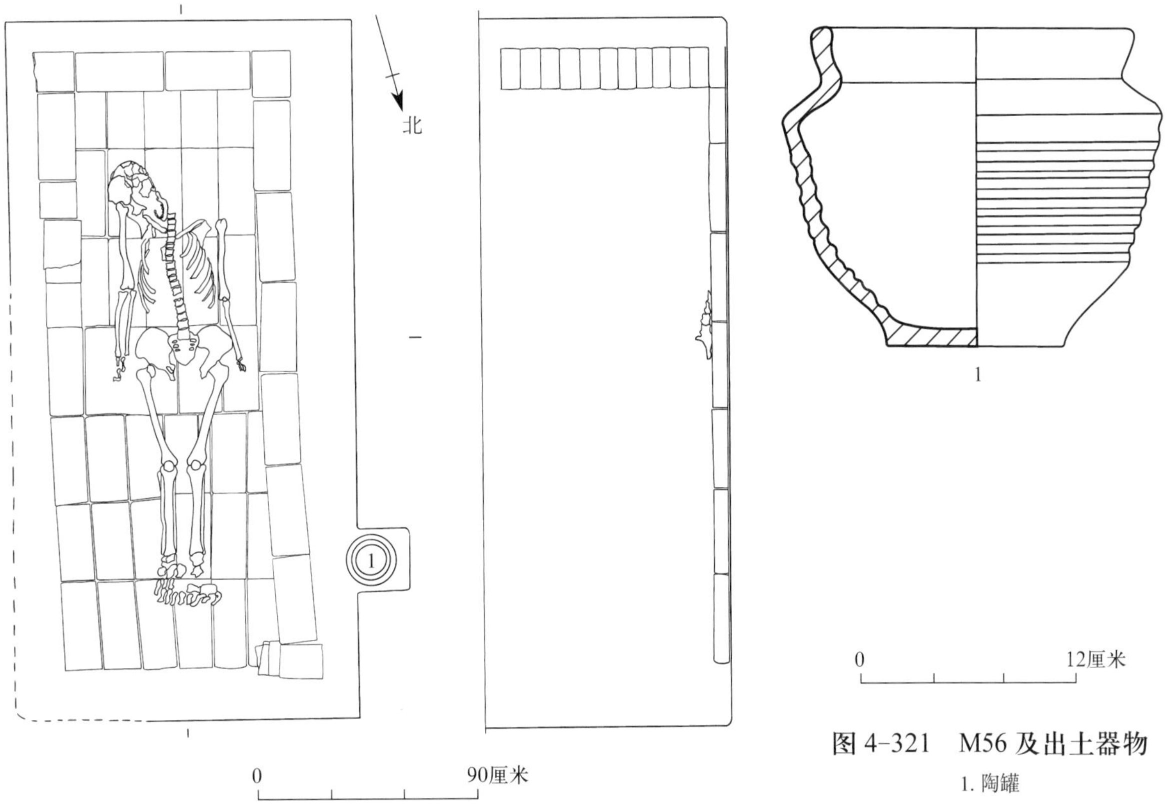

图4-321　M56及出土器物

1. 陶罐

（三六）M57

1. 墓葬形制

位于墓地西南部，北面是M62，东南面为M94、M98。方向108°（图4-322）。

长方形土坑竖穴砖椁墓。墓口长3.17、宽1.35、深0.92米。椁长3.1、宽1.24、高0.33～0.72米。西壁无砖。南、北、东壁上部横排错缝平铺垒砌四～六层青砖；下部土台高0.18～0.55米。口上部南、北壁各横排一层、东壁横排错缝垒砌四层。砖长25、宽11、厚3厘米。墓内填黄褐色五花土，土质较致密。

人骨无。

随葬器物10件。陶壶2件东西排列置于西北角。铜镜1枚位于东北部，铜钱7枚放在中部偏北。动物骨骼放在椁室东南角，未进行鉴定，种属不明。

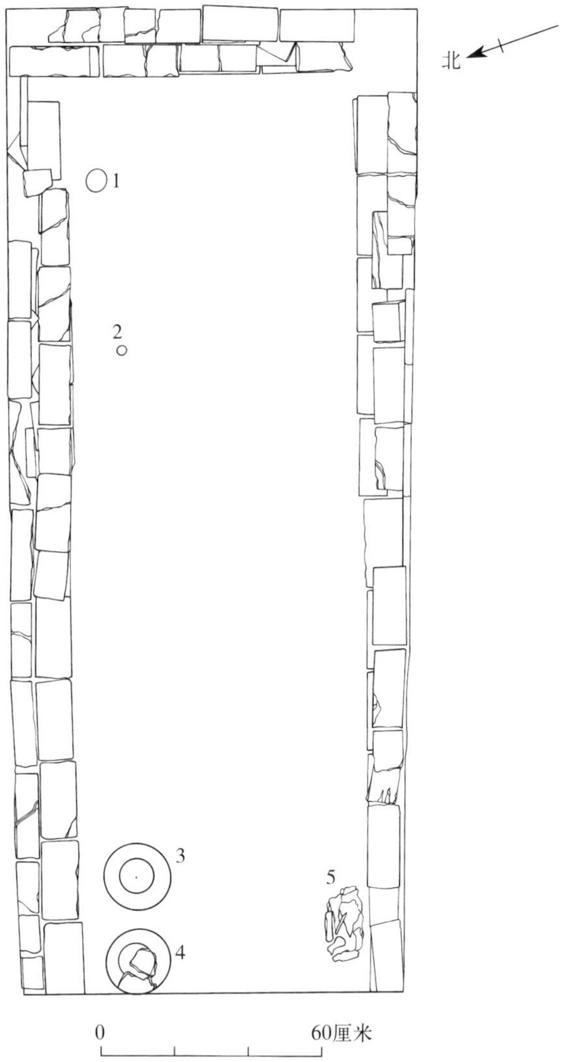

图4-322　M57平面图

1. 铜镜　2. 铜钱（7）　3、4. 陶壶　5. 动物骨骼

2. 出土遗物

（1）陶器

陶壶　2件。泥质灰陶。弧顶盖。壶侈口，斜沿，尖唇，束颈，鼓腹，平底。盖及腹部红色彩绘脱落，图案模糊不清。

标本M57∶3，下腹饰两周戳印纹。口径11.6、底径18、通高25.6厘米（图4-323，3；彩版一四○，1左）。

标本M57∶4，下腹饰三周戳印纹。口径11.6、底径16、通高25.2厘米（图4-323，4；彩版一四○，1右）。

（2）铜器

铜镜　1枚。

标本M57∶1，日光圈带铭带镜。圆形，圆纽，圆纽座。座外均匀伸出的四组短竖线（每组三条）与四条短竖线相间环列。再一周窄凸面圈带。外区两周短斜线和凸弦纹组合纹带，其间为顺时针铭文带“见日月心，勿夫毋忘”，字体为圆转式篆隶体，有简化字，每字间隔一类似涡纹符号。窄素平缘。面径6.8、缘厚0.3厘米（图4-323，1；彩版一四○，2）。

铜钱　7枚。均为五铢，圆形方穿，正面有轮无郭，背面轮郭俱全。“五”字两笔交叉微曲，字体瘦长，“铢”字“金”头呈三角形，与“朱”等齐，“朱”字上部方折，有的穿上横郭。

标本M57∶2-1，直径2.5、穿边长1、厚0.16厘米（图4-323，2-1）。

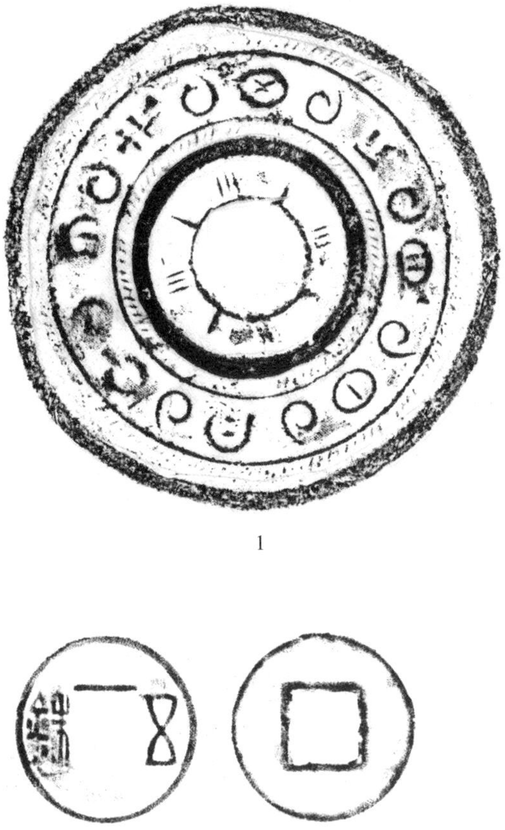

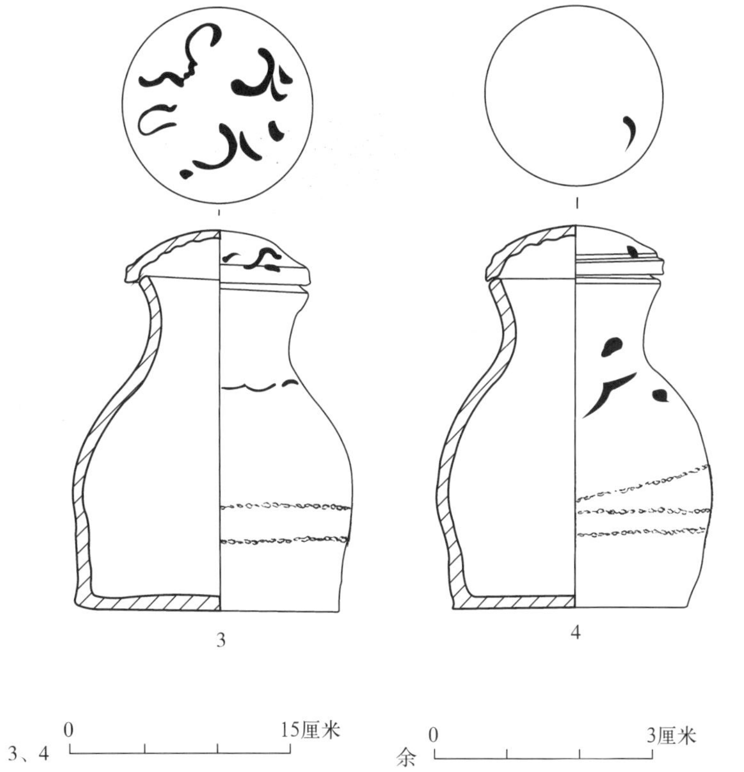

图 4-323 M57 出土器物

1. 铜镜 2-1. 铜钱 3、4. 陶壶

（三七）M58

1. 墓葬形制

位于墓地西南部，北面是 M88，南面为 M66。方向 106°（图 4-324）。

长方形土坑竖穴砖椁墓。墓口长 3、宽 1.1、深 0.9 米。椁长 2.93、宽 1.04 ～ 1.1、高 0.58 米。四壁均用青砖垒砌。西壁直缝平铺十八层，东、南、北壁错缝平铺叠砌十八层。墓底一层铺地砖“人”字形排列，仅西侧残存少量青砖。砖长 31、宽 12、厚 4 厘米。墓内填黄褐色五花土，土质较疏松。

人骨 1 具。骨骼腐朽严重，性别无法鉴定，成年个体。

随葬器物 2 件。陶壶 1 件位于椁室西北角。铜钱 1 枚放置椁室东端。乳猪、鲤鱼、鱼、鸡骨置于西南角。

2. 出土遗物

（1）陶器

陶壶 1 件。

标本 M58：1，泥质灰陶。侈口，平沿，尖唇，束颈，鼓腹，喇叭形圈足。腹上部绘红色彩带，中间绘黑彩云雷纹，彩绘脱落模糊。口径 14.8、底径 16、高 32.8 厘米。

（2）铜器

铜钱 1 枚。

标本 M58：2，五铢，锈蚀严重，不能复原。

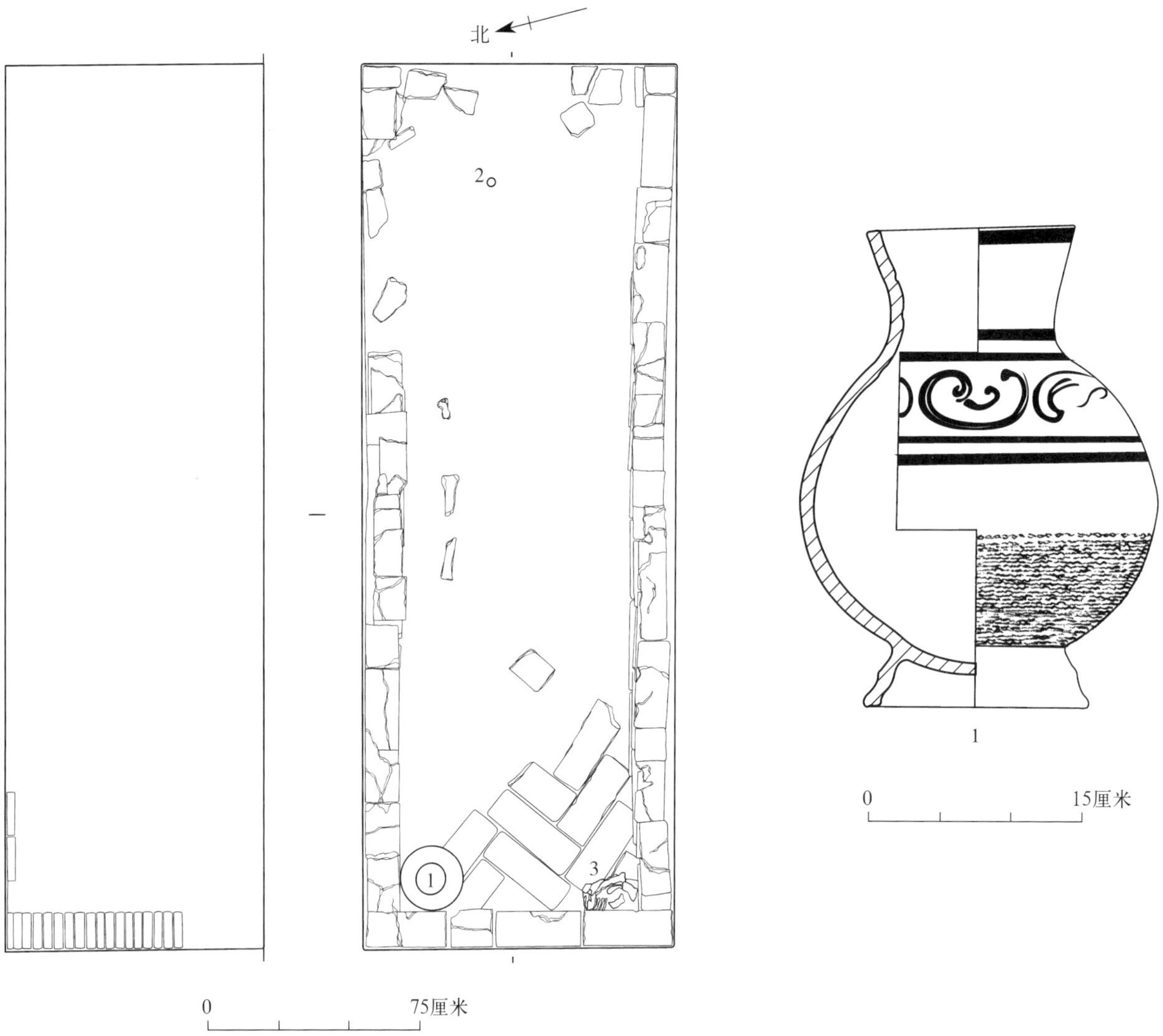

图 4-324　M58 及出土器物

1. 陶壶　2. 铜钱　3. 动物骨骼

（三八）M60

1. 墓葬形制

位于墓地西南部，打破 M84，西面是 M15。方向 106°（图 4-325；彩版一四〇，5）。

长方形土坑竖穴砖椁墓。墓口长 2.55、宽 1.38、深 2 米。椁室均用青砖平铺错缝叠砌而成，西壁无砖。墓底铺地砖“人”字形平铺一层。北侧壁龛长 0.52、高 0.7、进深 0.22 米。砖长 27、宽 12、厚 4 厘米。墓内填黄褐色五花土，土质较坚硬。

人骨 1 具。头向东，仰身直肢。男性，年龄 50～60 岁。

随葬器物 2 件。陶壶 1 件放置壁龛内西侧。铜带钩 1 件放在墓主头骨下颌处。乳猪、鱼骨置于龛内东侧。

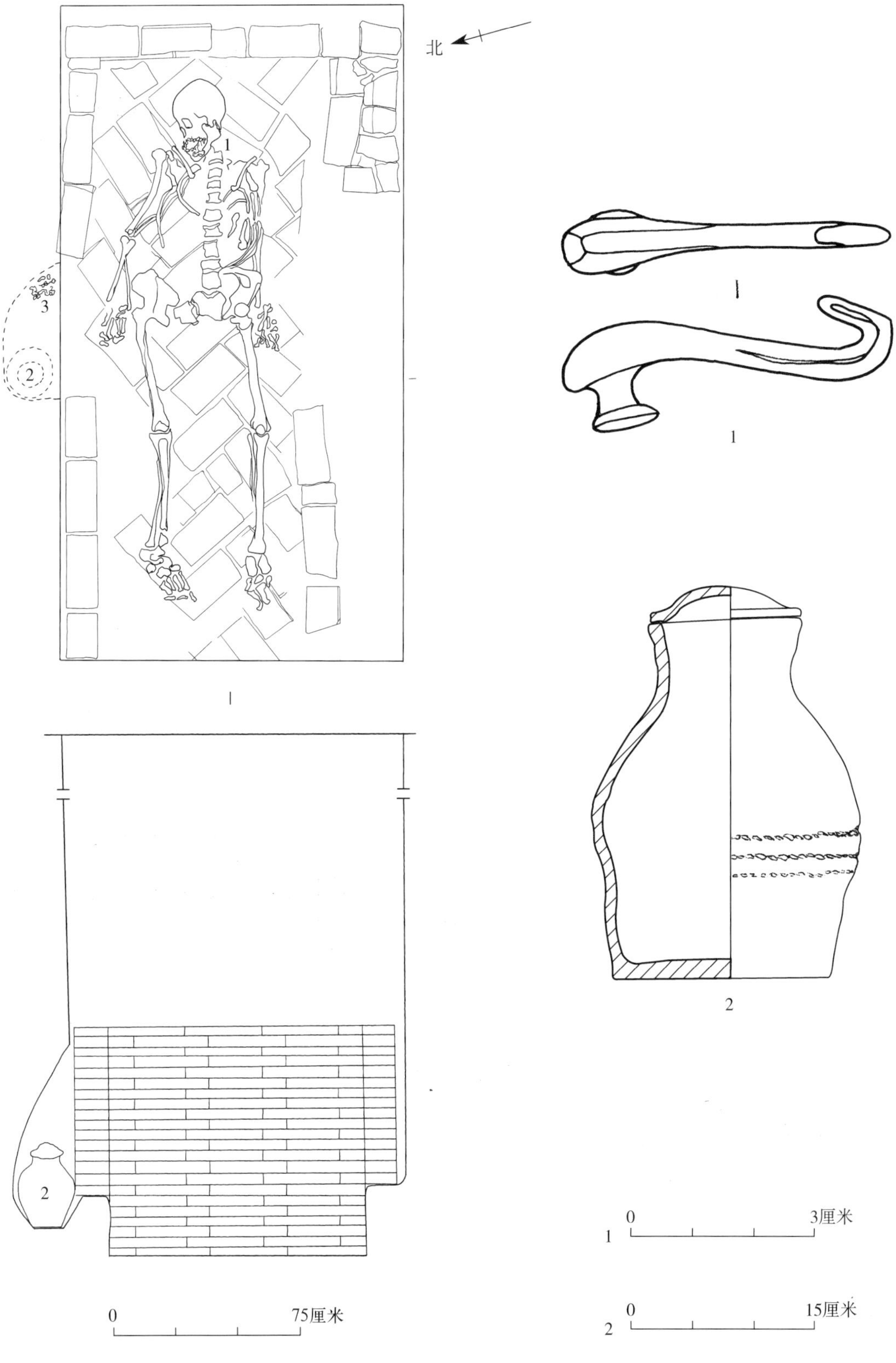

图 4-325　M60 及出土器物

1. 铜带钩　2. 陶壶　3. 动物骨骼

2. 出土遗物

（1）陶器

陶壶　1件。

标本M60：2，泥质灰陶。弧顶盖。壶侈口，平沿，圆唇，束颈，鼓腹，平底。腹下饰三周戳印纹。口径12.4、底径18、通高30.8厘米（图4-325，2；彩版一四〇，3）。

（2）铜器

铜带钩　1件。

标本M60：1，琵琶形。钩呈马首状，圆形纽位于背部尾端。长5.3厘米（图4-325，1；彩版一四〇，4）。

（三九）M62

1. 墓葬形制

位于墓地西南部，北面是M97，南面为M57。方向106°（图4-326；彩版一四一，1）。

长方形土坑竖穴砖椁墓。墓口长3.42、宽1.67～1.83、深2.7米。椁长3.33、宽1.7、高0.45米。椁室东、西、南壁横排一～四层青砖，北壁为土圹。横排错缝叠砌平铺，局部坍塌。砖长25、宽12、厚4厘米。墓内填黄褐色五花土，经夯打，土质较致密。夯窝圆形，夯层不明显，直径8厘米。

人骨1具。头向东。骨骼保存较差，仅残存部分头骨和肢骨残骸。性别、年龄无法鉴定。

随葬器物18件。陶钫、陶壶各2件南北排列放置椁室东北角（彩版一四一，2）。铜镜1枚放在墓主头骨左上方。铜钱11枚位于墓主腰部右侧，铁削1件放置墓主足部，残铁块1件放在椁室东南角。

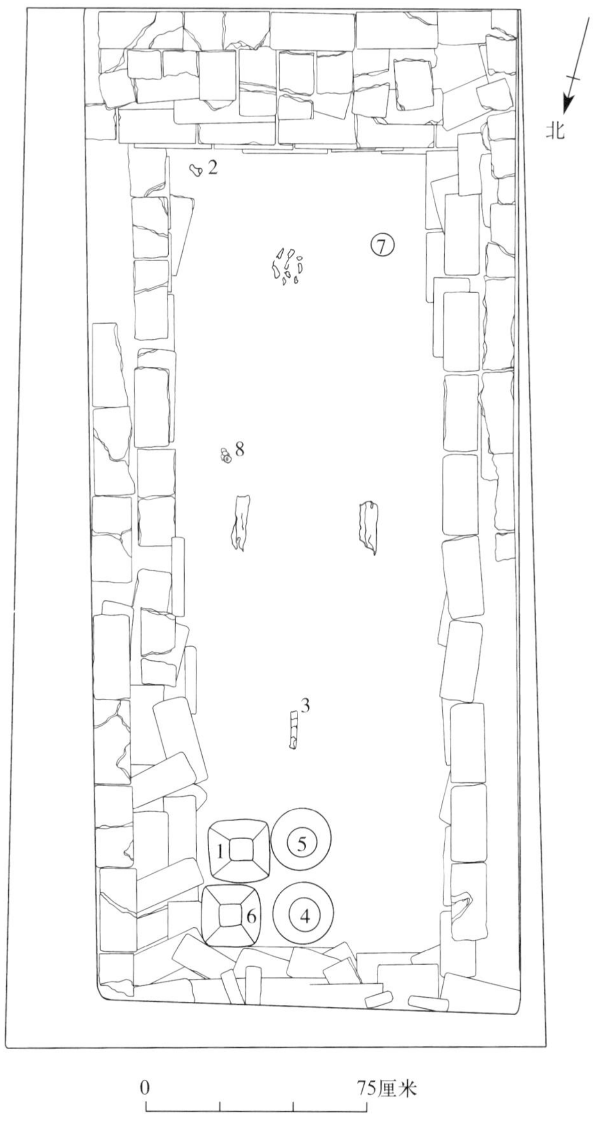

图4-326　M62平面图

1、6. 陶钫　2. 铁块　3. 铁削　4、5. 陶壶　7. 铜镜　8. 铜钱（11）

2. 出土遗物

（1）陶器

陶壶　2件。泥质灰陶。弧顶盖。壶侈口，斜沿，方唇，束颈，鼓腹，平底。素面。

标本M62：4，腹部饰四周戳印纹。口径10.4、底径14.8、通高25.4厘米（图4-327，

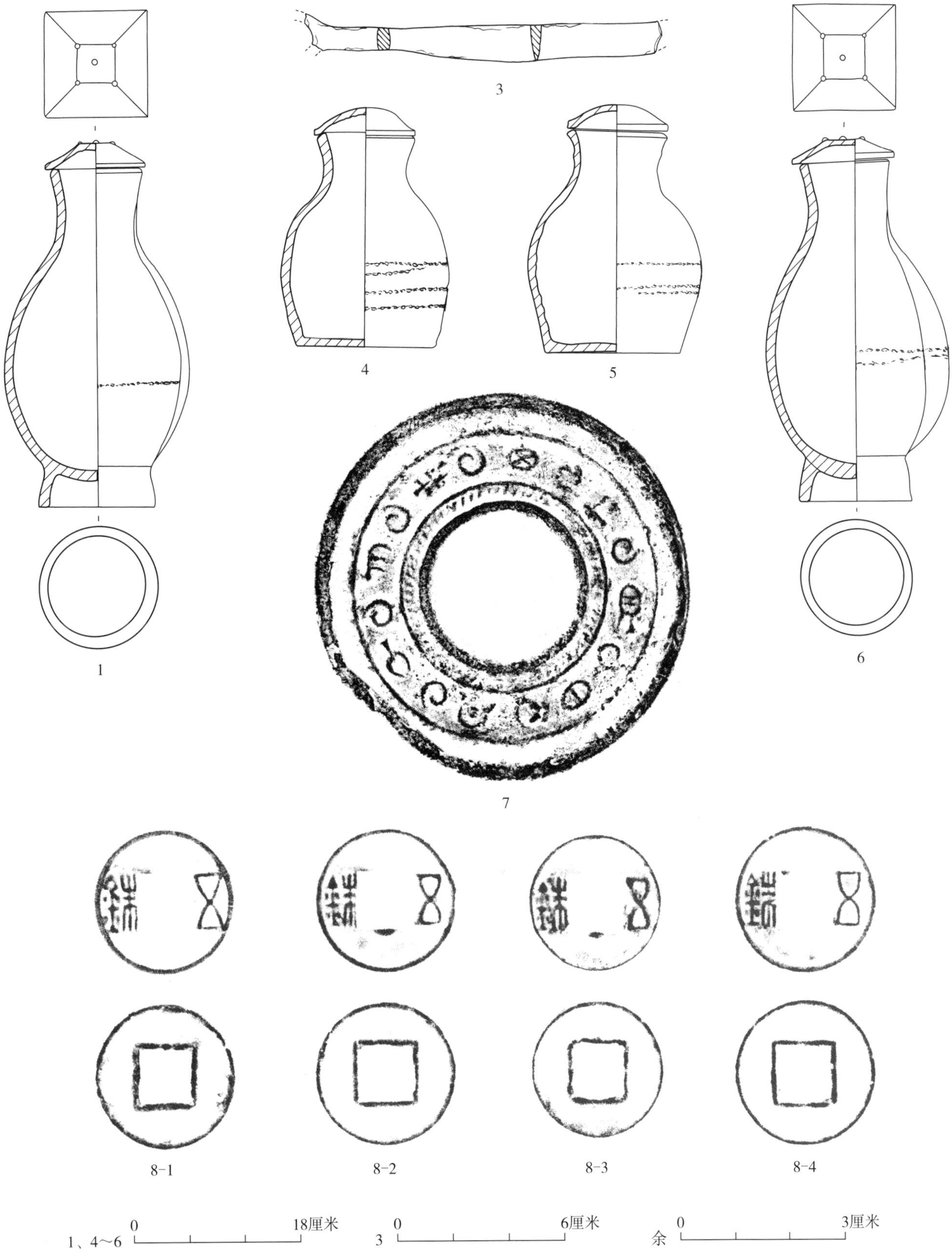

图 4-327　M62 出土器物

1、6. 陶钫　3. 铁削　4、5. 陶壶　7. 铜镜　8-1～4. 铜钱

4；彩版一四一，3）。

标本M62∶5，底微凹。腹部饰三周戳印纹。口径11、底径14.8、通高26.4厘米（图4-327，5）。

陶钫　2件。泥质灰陶。覆斗形盖，斜壁，小平顶，顶部饰五个凸点。钫侈口，平沿，方唇，沿外侧有折棱，束颈，鼓腹，圆形圈足。

标本M62∶1，下腹饰一周戳印纹。口边长6.6、底径12.4、通高38.4厘米（图4-327，1；彩版一四一，4）。

标本M62∶6，腹部饰两周戳印纹。口边长6.6、底径12、通高38.8厘米（图4-327，6）。

（2）铜器

铜镜　1枚。

标本M62∶7，日光圈带铭带镜。圆形，圆纽，圆纽座。座外一周窄凸面圈带。外区两周短斜线和凸弦纹组合纹带，其间为顺时针铭文带“见日月心，勿夫毋忘”，字体为圆转式篆隶体、个别笔画加重呈楔形，有简化字，每字间隔类似涡纹符号。窄素平缘。面径6.9、缘厚0.15厘米（图4-327，7；彩版一四一，5）。

铜钱　11枚。均为五铢。圆形方穿，正面有轮无郭，背面轮郭俱全。根据钱文字体不同分为两种。

第一种　7枚。“五”字两笔交叉近直或微弯曲，“铢”字“金”头呈镞形或三角形，与“朱”等齐，“朱”字上部方折，有的穿下半星。

标本M62∶8-1、2，直径2.5、穿边长1、厚0.15厘米（图4-327，8-1、2；彩版一四一，6左1、2）。

第二种　4枚。“五”字两笔交叉弯曲，与上、下两横相交处近垂直，“铢”字“金”头呈三角形，与“朱”等齐，“朱”字上部方折。

标本M62∶8-3、4，直径2.56、穿边长1、厚0.16厘米（图4-327，8-3、4；彩版一四一，6右1、2）。

（3）铁器

铁削　1件。

标本M62∶3，两端残缺，长条状，直背，弧刃。残长12.8、宽1.2厘米（图4-327，3）。

铁块　1件。

标本M62∶2，锈蚀严重，器形不明。

（四〇）M63

墓葬形制

位于墓地西南部，北面是M111，东南面为M128，南面是M109。方向112°。

长方形土坑竖穴砖椁墓。墓口长3、宽1.4、深2米。墓底西端有生土二层台，长1.2、宽0.3、高0.6米。台上面并列竖排平铺一层青砖，砖长31、宽13、厚5厘米。墓内填黄褐色五花土，土质较致密。

人骨无。

随葬器物无。

（四一）M64

墓葬形制

位于墓地西南部，东面是M108、M106，南面为M80。方向110°。

长方形土坑竖穴砖椁墓。墓口长2.5、宽1.2、深2.1米。椁长2.5、宽1.1、高0.84米。四壁均用青砖错缝平铺叠砌，东、南、北壁有生土二层台，高0.45米。台上顺向错缝平铺八层青砖。砖长31、宽14、厚5厘米。墓内填黄褐色五花土，经夯打，土质较坚硬。夯窝圆形或椭圆形，分布较密集，直径7～13、夯层厚15～25厘米。

人骨无。

随葬器物无。

（四二）M66

1. 墓葬形制

位于墓地西南部，北面是M58，西面为M85。方向102°（图4-328；彩版一四二，1）。

长方形土坑竖穴砖椁墓。墓口长3.72、宽2.71、深3.34米。椁长3.56、宽2、高1.19米。四壁均用青砖垒砌，南、北壁错缝叠砌平铺十一层和侧立平铺一层青砖。台面直缝叠砌六层、纵向两层；东、西壁台上错缝叠砌，再纵向直缝叠砌四层横向一层。东壁残存纵向错缝叠砌平铺六层青砖。墓底平铺一层青砖，“人”字形排列。脚箱位于墓室西端，长1.3、宽1.98米。砖长30、宽13、厚4厘米。木棺已腐朽，仅残存板灰痕迹。墓内填褐色五花土，经过夯打，土质较致密。夯窝椭圆形，排列不规则，直径10～14、间距4～20、夯层厚15～20厘米。

人骨无。

随葬陶钫2件，放于脚箱西北角。真鲷、鱼骨环绕在陶钫外侧。

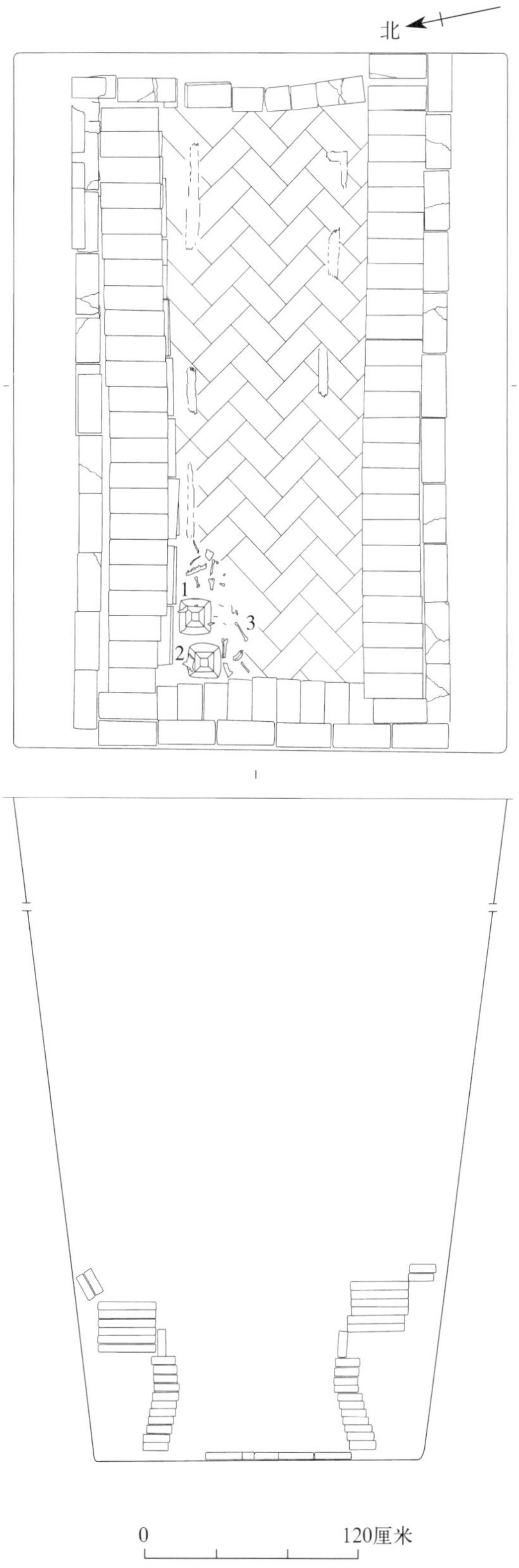

图4-328　M66平、剖面图
1、2. 陶钫　3. 动物骨骼

2. 出土遗物

陶器

陶钫　2件。泥质灰陶。覆斗形盖，斜壁，小平顶，盖上饰刻划纹。钫方口，平沿，尖唇，束颈，鼓腹，方形圈足。腹部素面，底部饰绳纹。

标本M66：1，口边长12.6、底边长16、通高44.2厘米（图4-329，1；彩版一四二，2）。

标本M66：2，口边长13.2、底边长14、通高42.4厘米（图4-329，2；彩版一四二，3）。

（四三）M67

1. 墓葬形制

位于墓地西南部，北面是M68，西面为M72。方向13°（图4-330；彩版一四二，4）。

长方形土坑竖穴砖椁墓。墓口长2.7、宽1.5、深2.1米。椁长2.35、宽1.1、高0.87米。椁室四壁用十二层青砖错缝平铺叠砌。壁龛为长方形，顶部略弧，长0.45、高0.3～0.35、进深0.24米。口外侧用青砖平铺竖向垒砌。墓底平铺一层青砖为竖向对缝排列。砖长34、宽15、厚7厘米。墓

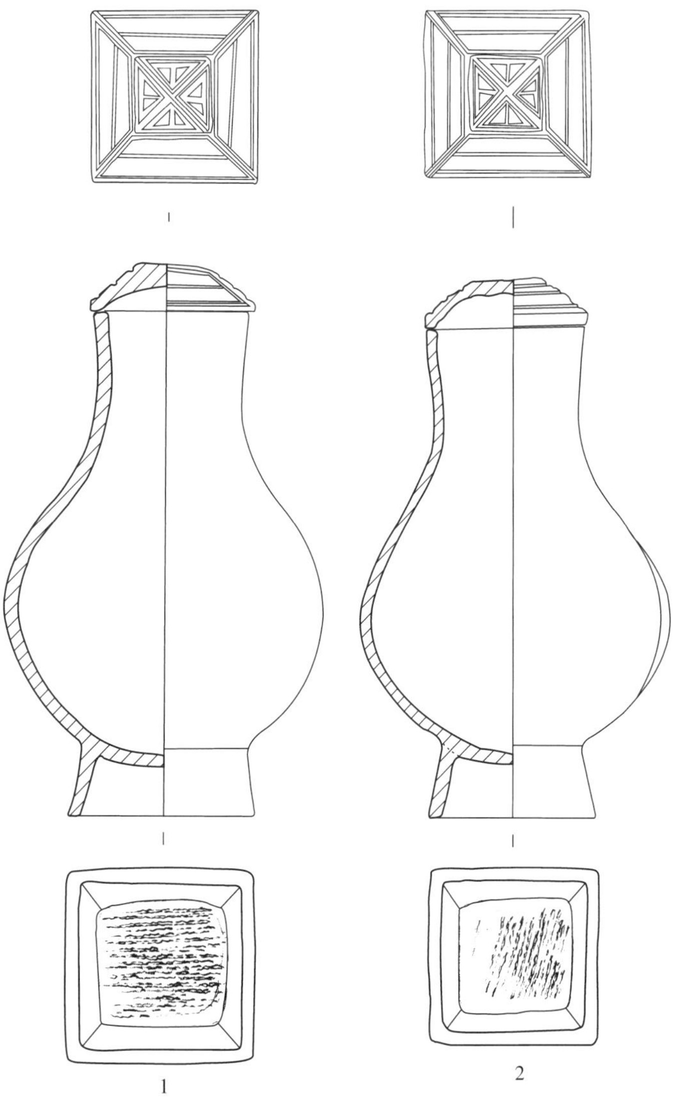

陶钫M66：2盖纹饰拓片（1/2）

0　18厘米

图4-329　M66及出土器物

1、2. 陶钫

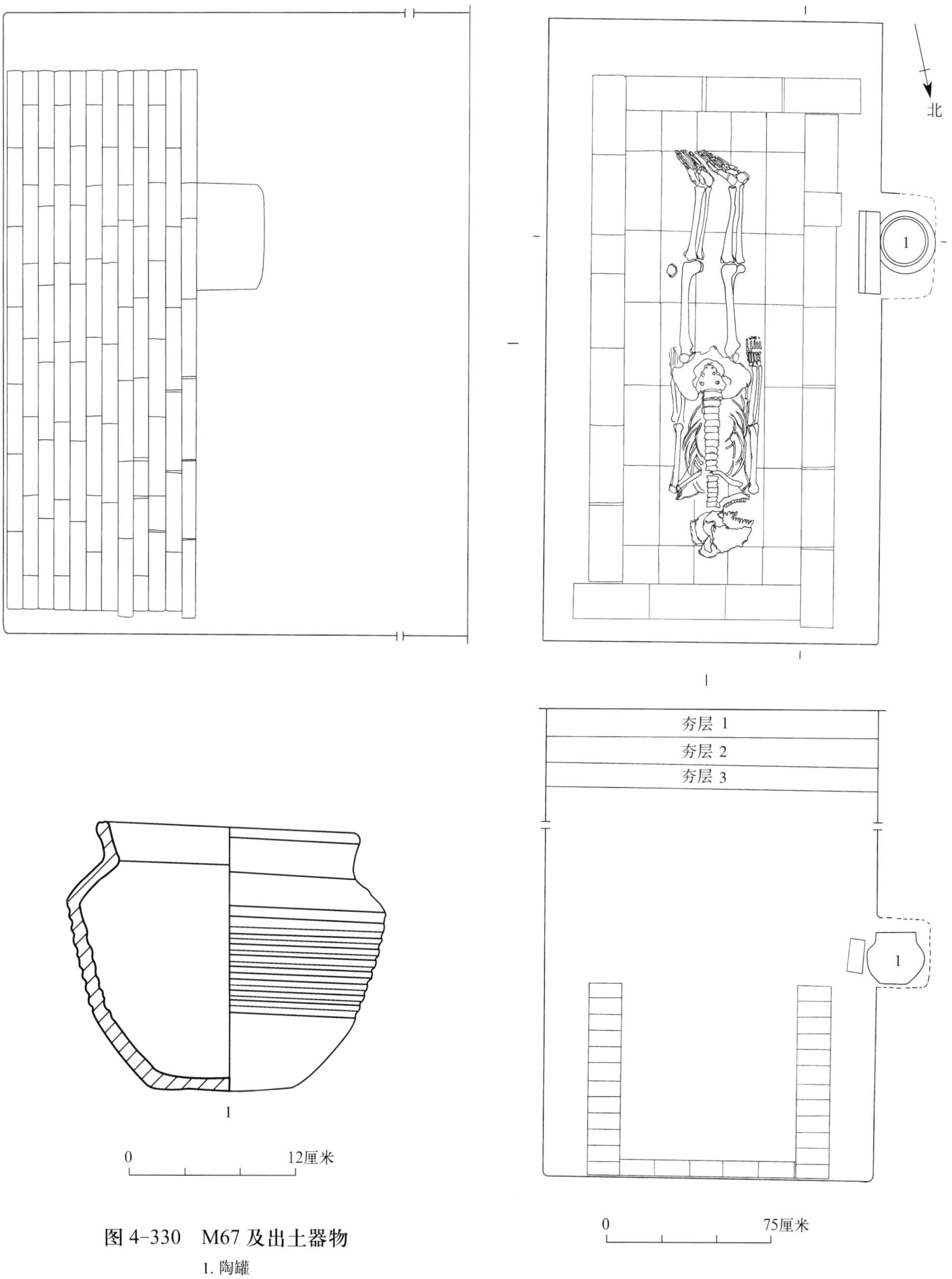

图 4-330　M67 及出土器物
1. 陶罐

内填黄褐色五花土，夹杂红褐色黏土块。经夯打，土质较坚硬。夯窝圆形，分布较密集。夯层厚10～15厘米。

人骨1具。头向北，面向西，仰身直肢。性别无法鉴定，年龄24～30岁。

随葬陶罐1件，放置在壁龛内。

2. 出土遗物

陶器

陶罐　1件。

标本M67∶1，泥质灰陶。敞口，圆唇，束颈，折肩，下腹弧收，小平底。腹部饰九周凹弦纹。口径18.8、底径10、高19厘米（图4-330，1；彩版一四二，5）。

（四四）M68

1. 墓葬形制

位于墓地西南部，东面是M109，南面为M67，西面是M79、M96。方向103°（图4-331；彩版一四三，1）。

长方形土坑竖穴砖椁墓。墓口长2.66、宽1、深1.4米。椁长2.4、宽0.72、高0.91米。椁室四壁均用青砖错缝平铺叠砌，墓底平铺一层青砖，“人”字形排列。椁室西端为脚箱。砖长28～33、宽14、厚4～5厘米。墓内填黄褐色五花土，经过夯打，土质较坚硬。夯窝圆形，分布较密集，直径8～10、夯层厚10～15厘米。

人骨1具。头向东，仰身直肢。骨骼腐朽严重，仅残存部分牙齿，盆骨及下肢骨残缺。男性。成年个体。

随葬器物2件。陶罐1件放置脚箱内。铜带钩1件放在墓主口内。发现少量动物骨骼，未经鉴定，种属不明。

2. 出土遗物

（1）陶器

陶罐　1件。

标本M68∶2，泥质灰陶。侈口，斜沿，圆唇，束颈，圆腹，下部弧收，小平底内凹。中腹饰一周戳印纹，下腹及底部饰绳纹。口径15.2、底径6.6、高24.1厘米（图4-331，2）。

（2）铜器

铜带钩　1件。

标本M68∶1，琵琶形。钩呈马首状，圆形纽位于背部尾端。长6.3厘米（图4-331，1）。

（四五）M69

1. 墓葬形制

位于墓地西南部，东南面是M136、M139，东南面为M111。方向110°（图4-332；彩版一四三，2）。

长方形土坑竖穴砖椁墓。墓口长3.65、宽1.83、深4.04米。椁室四壁青砖错缝平铺，最下面两行横向竖立叠砌。东、西壁二层台垒砌的青砖，上层四行直铺，下层平铺。南、北两侧横立一排青砖。西部南、北壁两侧有对称插槽，从顶部延伸至底部，应为木板间隔器物箱与椁室的挡板。插槽宽0.11、

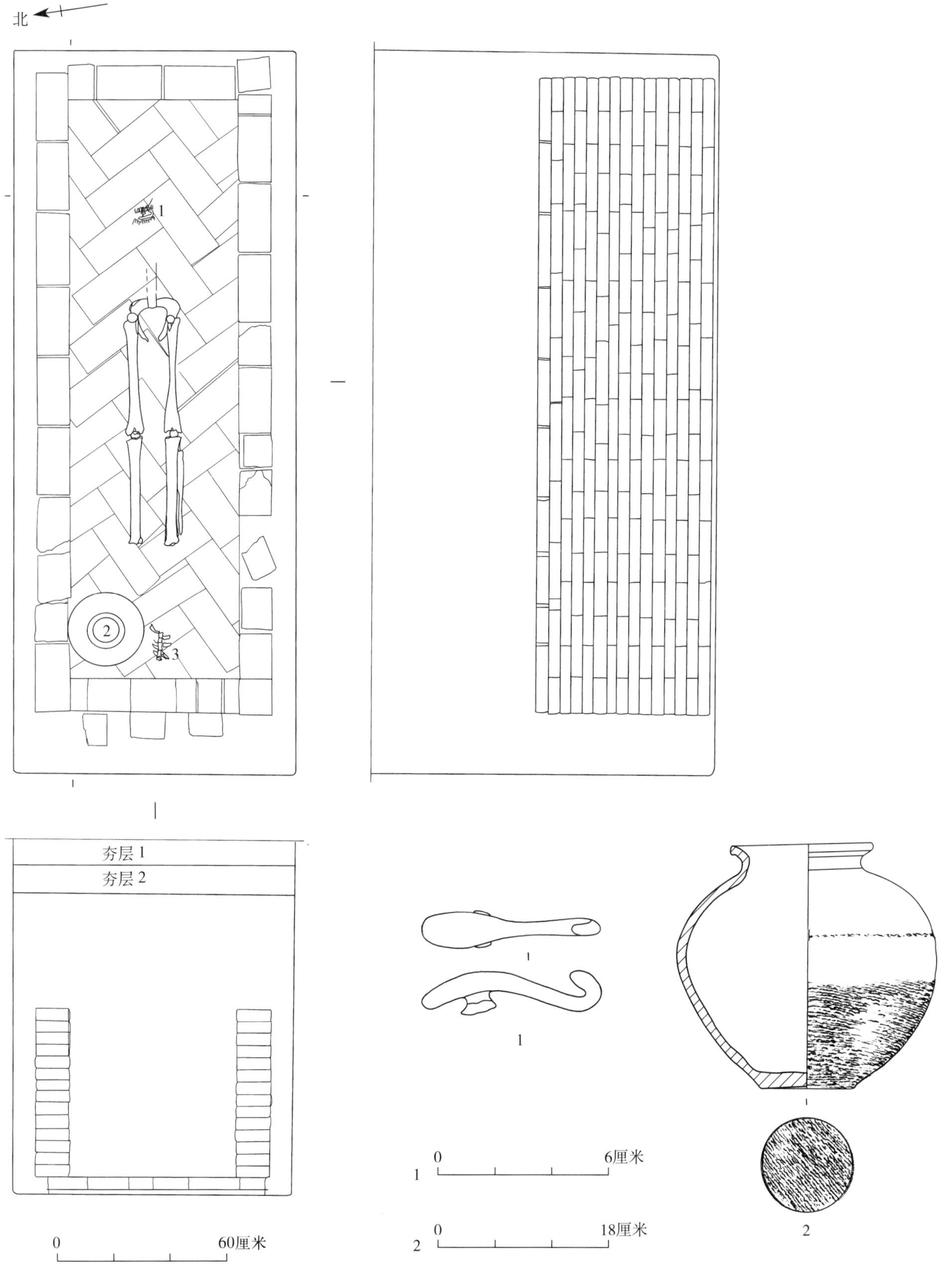

图 4-331　M68 及出土器物

1. 铜带钩　2. 陶罐　3. 动物骨骼

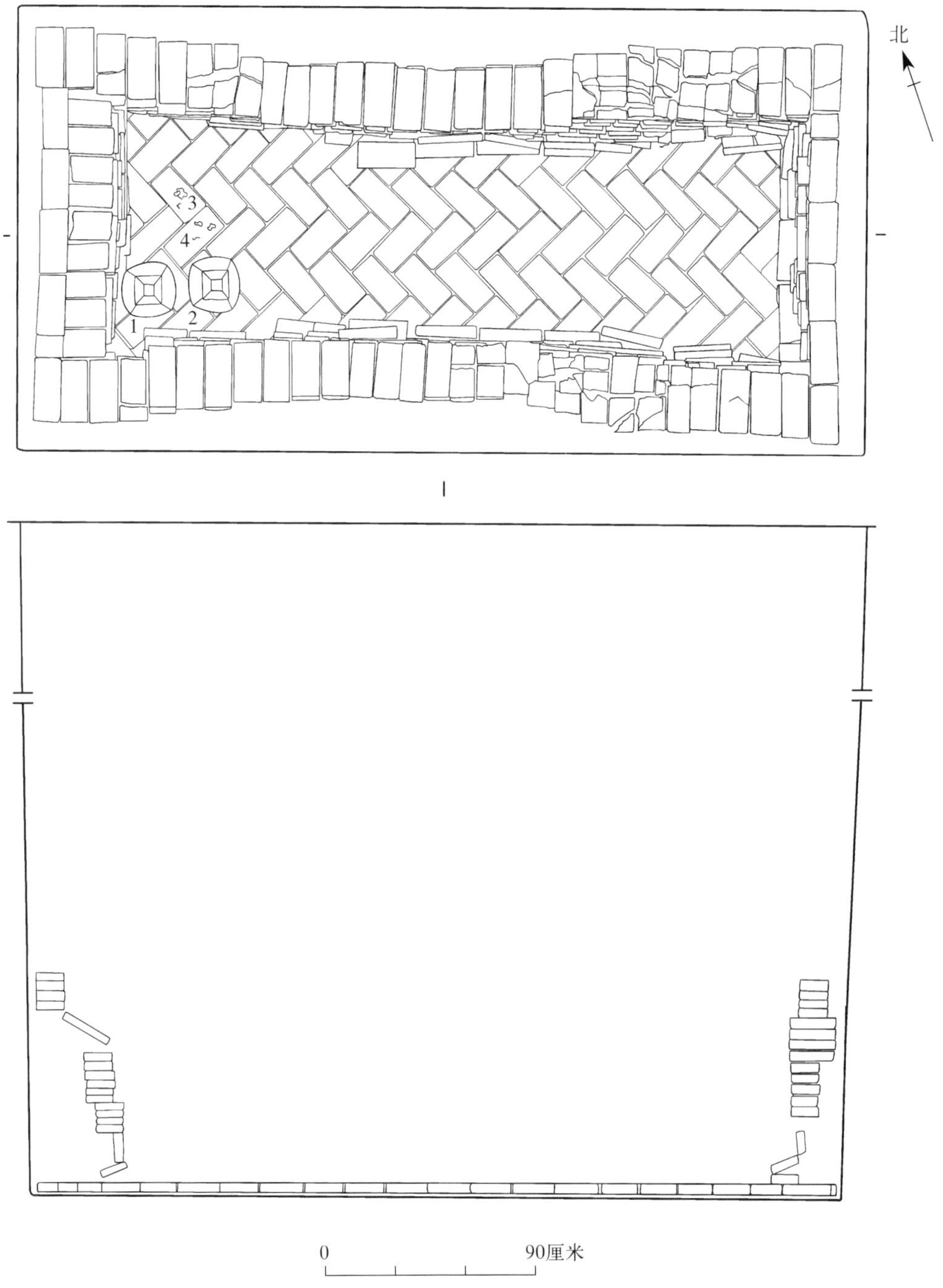

图 4-332　M69 平、剖面图

1、2. 陶钫　3. 铜铺首衔环　4. 铜足

高 0.65、深 0.07 米。墓底平铺一层青砖，“人”字形排列。椁室西部有脚箱，长 0.97、宽 0.67 米。砖长 29、宽 13、厚 4 厘米。墓内填黄褐色五花土，经夯打，土质较坚硬。夯窝圆形，分布密集，直径 15～17、间距 3～15、夯层厚 7～12 厘米。填土中发现石研磨器 1 件。

人骨无。

随葬器物 4 件。陶钫 2 件，铜铺首衔环 1 件，铜足 1 件及乳猪、鸡骨放置在脚箱内。

2. 出土遗物

（1）陶器

陶钫　2件。形制相同。泥质灰陶。覆斗形盖，斜壁，方形平顶。钫方口，平沿，尖唇，束颈，鼓腹，方形圈足。底部饰绳纹，素面。

标本M69∶1，口边长13、底边长14、通高40.4厘米（图4-333，1；彩版一四三，3左）。

标本M69∶2，口边长12、底边长14.4、通高41.6厘米（图4-333，2；彩版一四三，3右）。

（2）石器

石研磨器　1件。

标本M69∶01，圆形。体扁薄，一面光滑，另一面粗糙。直径3.2、厚0.3厘米（图4-333，01；彩版一四三，4）。

（3）铜器

铜铺首衔环　1件。

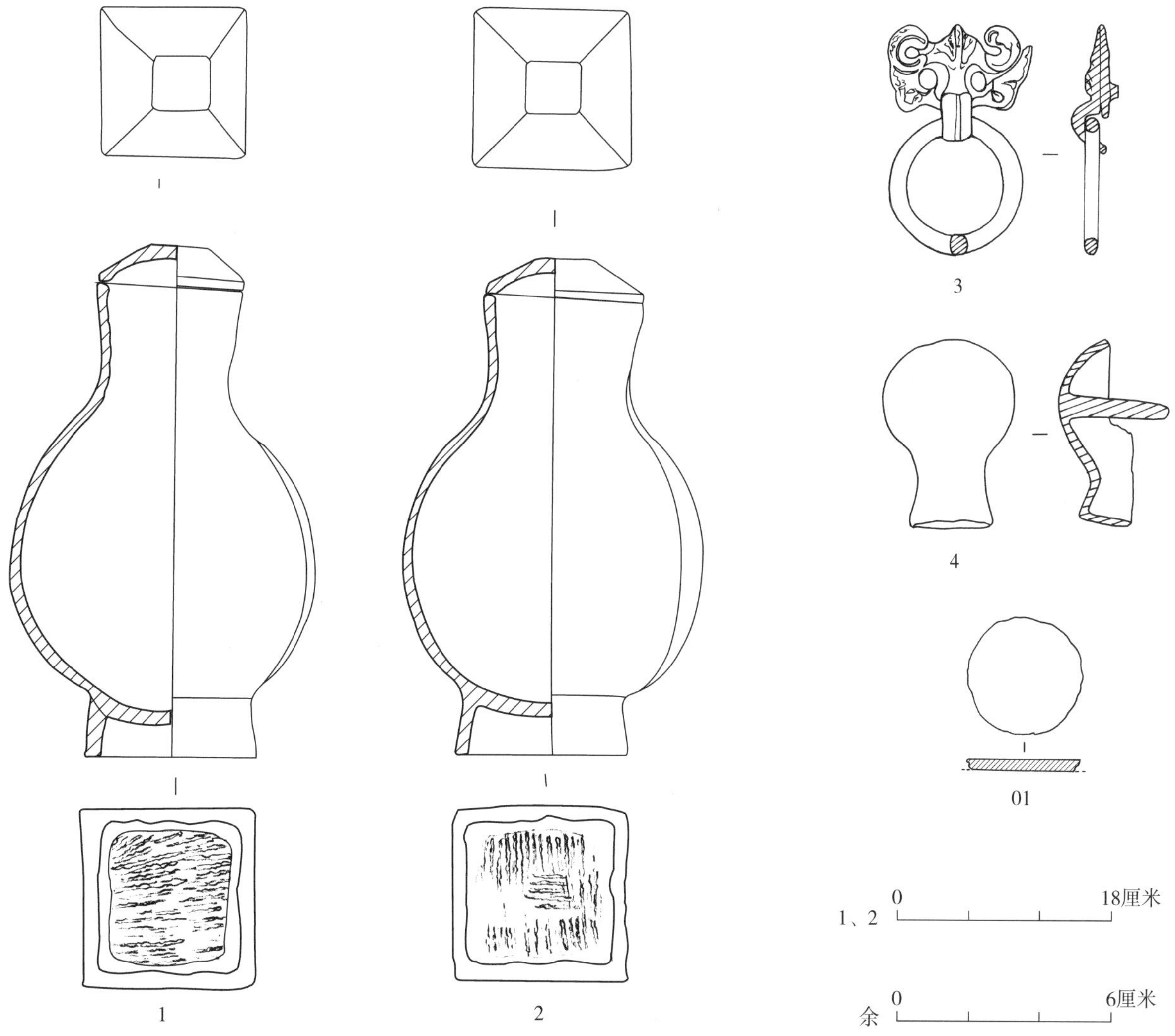

图4-333　M69出土器物

1、2. 陶钫　3. 铜铺首衔环　4. 铜足　01. 石研磨器标本M69：3，兽面突凸，两耳内卷，扬眉瞪目，鼻下垂向后弯曲成钩，衔一扁圆铜环，背面有一扁状插钉。宽4、长6.2厘米（图4-333，3）。

铜足　1件。

标本M69：4，马蹄状，正面上部近圆形，鼓起。下部外弧，平底。背部中空，外缘上部较下部内收，皆平整，上部中央内部出一锥形插榫。宽2.7、高5.0厘米（图4-333，4；彩版一四三，5）。

（四六）M72

墓葬形制

位于墓地西南部，打破M99，东面是M67，西北面为M103。方向106°（图4-334）。

长方形土坑竖穴砖椁墓。墓口长2.8、宽1.25～1.35、深2.75米。椁室破坏严重，仅东、西、北壁残存有垒砌青砖，南壁无砖。底部铺少量青砖“人”字形排列。砖长32、宽13、厚4～7厘米。墓内填黄褐色五花土，土质较松软。

人骨无。

随葬器物无。

（四七）M78

墓葬形制

位于墓地西南部，打破M84，南面是M79。方向116°。

长方形土坑竖穴砖椁墓。墓口长2.94、宽1.45、深2.4米。椁长2.5、宽1.05、高1米。椁室破坏，南、东侧残存少量青砖，由二十五层青砖错缝平铺叠砌，结构不明。砖长26、宽12、厚3厘米。墓内填黄褐色五花土，土质疏松。

人骨无。

随葬器物无。

图4-334　M72平面图

（四八）M79

1. 墓葬形制

位于墓地西南部，北面是M78，东南面为M68，南面是M96，西面是M8。方向106°（图4-335；彩版一四四，1）。

长方形土坑竖穴砖椁墓。墓口长3.14、宽1.78、深1.94米。椁长2.95、宽1.75、高0.89米。椁室四周十八层青砖横排错缝平铺叠砌。西端青砖横排垒砌三层形成脚箱，长0.85、宽0.5、深0.13米。墓底仅西北角平铺一层青砖，“人”字形排列，余均

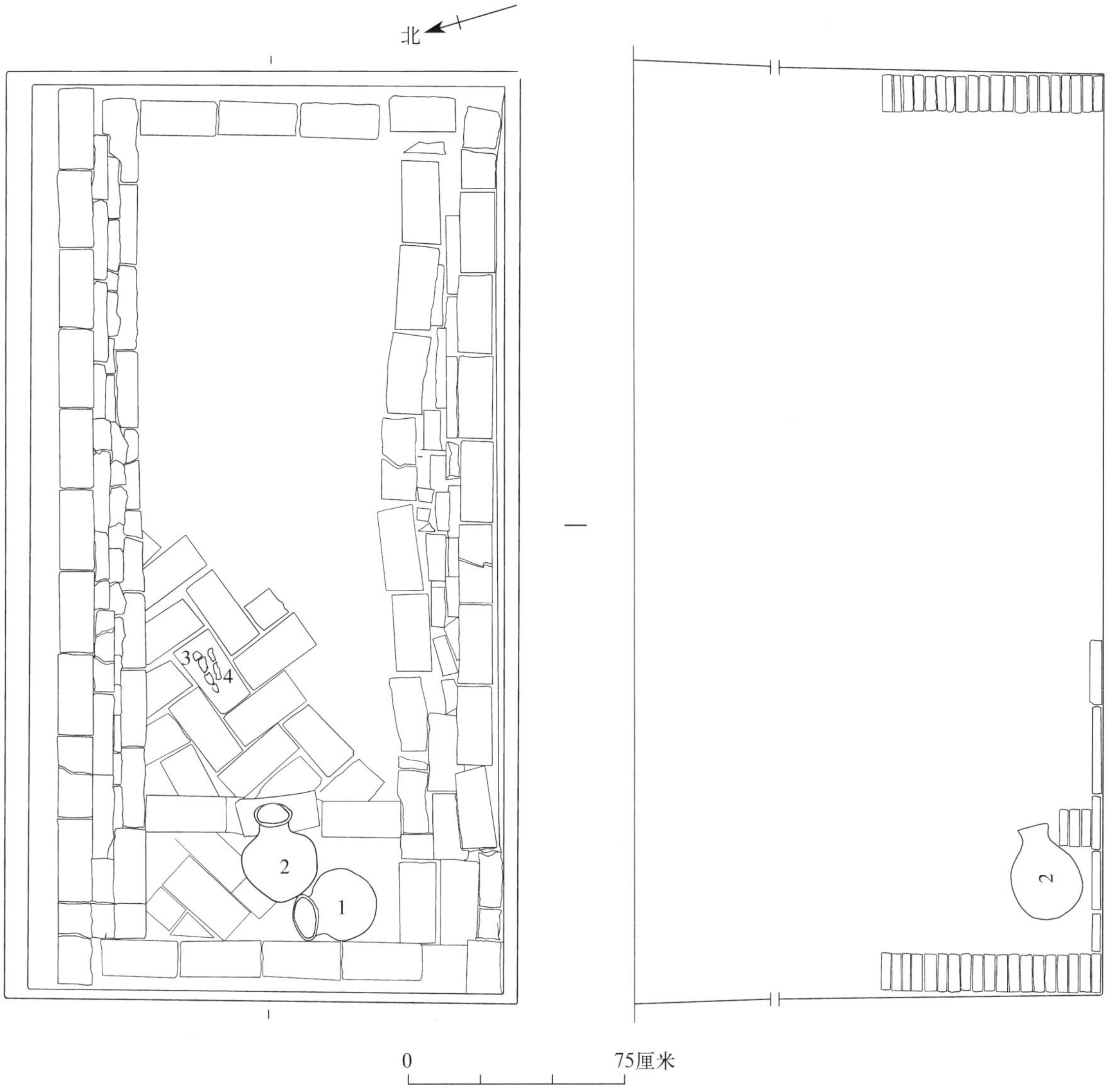

图 4-335　M79 平、剖面图

1、2. 陶壶　3. 铁饰件　4. 滑石

被破坏殆尽。砖长 27、宽 12、厚 4 厘米。墓内填黄褐色五花土，土质较坚硬。似经夯打，夯窝不甚明显。

人骨无。

随葬器物 4 件。陶壶 2 件位于脚箱内。铁饰件 1 件，滑石 1 件放置椁室西北角。

2. 出土遗物

（1）陶器

陶壶　2 件。泥质灰陶。侈口，沿面外斜，尖唇，束颈，圆腹，平底。下腹饰绳纹。

标本 M79：1，腹部饰一周戳印纹。口径 14.8、底径 8.8、高 30.8 厘米（图 4-336，1；彩版一四四，2 左）。

标本 M79：2，腹部饰三周戳印纹。口径 14.8、底径 8.8、高 31.2 厘米（图 4-336，2；彩版

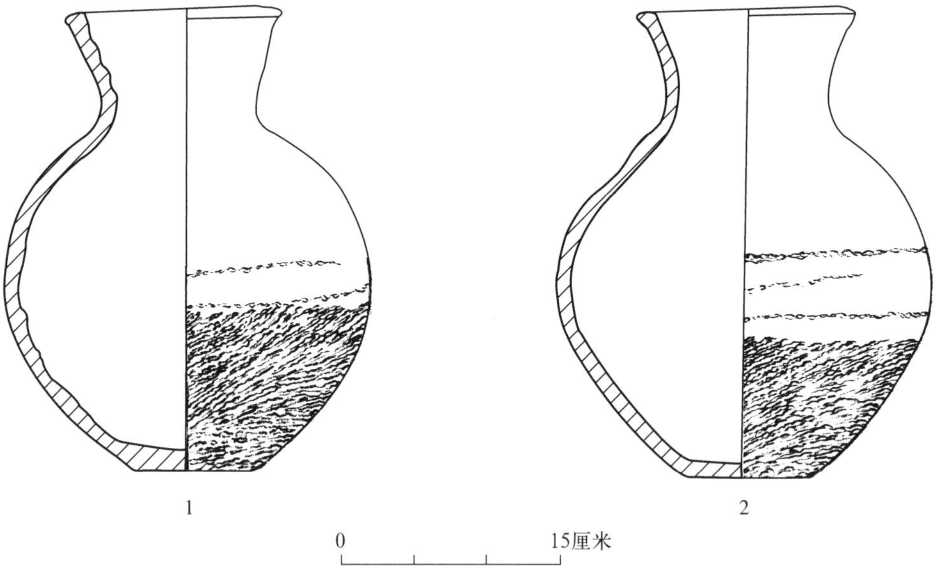

图 4-336　M79 出土器物

1、2. 陶壶

一四四，2 右）。

（2）石器

滑石　1 件。

标本 M79 : 4，破碎严重，未能复原。

（3）铁器

铁饰件　1 件。

标本 M79 : 3，已残，器形不明。

（四九）M80

墓葬形制

位于墓地西南部，北面是 M64，东面为 M106，西南面是 M56。方向 102°（图 4-337）。

长方形土坑竖穴砖椁墓。墓口长 2.95、宽 1.94、深 3.04 米。椁长 2.88、宽 1.15、残高 0.64 米，用十四层青砖垒砌。墓底铺地砖“人”字形排列。木棺已腐朽，未见板灰痕迹。砖长 31、宽 12、厚 4 厘米。墓内填浅黄褐色粉砂土，经夯打，土质较致密。加工情况不明。

人骨无。

随葬器物无。

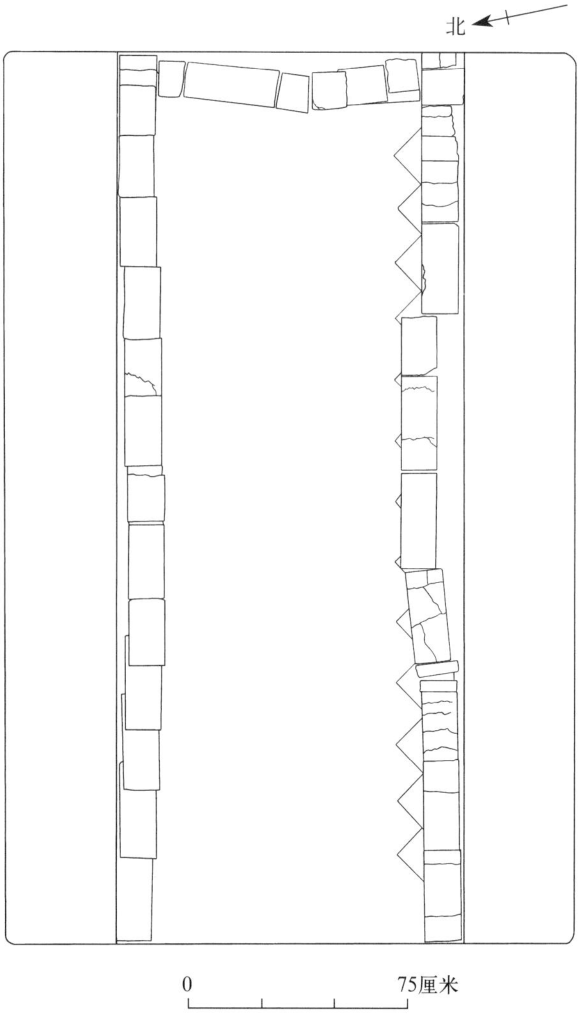

图 4-337　M80 平面图

（五〇）M83

墓葬形制

位于墓地西南部，东南面为 M64、M80，南面 M56，西南面是 M2。方向 102°。

长方形土坑竖穴砖椁墓。墓壁斜内收。墓口长 2.75、宽 1.4、深 2.2 米。因扰乱特别严重，椁室结构不详。砖长 27、宽 12、厚 4 厘米。墓内填黄褐色五花土，土质较致密。

人骨无。

随葬器物无。

（五一）M84

1. 墓葬形制

位于墓地西南部，被 M60 打破，南面是 M78。方向 116°（图 4-338）。

长方形土坑竖穴砖椁墓。墓口长 2.52、宽 1.39、深 1.9 米。椁室破坏严重，结构不明。仅北壁残存少量青砖，壁龛为不规则长方形，外部用两块青砖遮挡（彩版一四四，3、4），宽 0.4、高 0.28、进深 0.3 米。砖长 35、宽 15、厚 6 厘米。墓内填黄褐色五花土，经夯打，土质较坚硬。夯窝圆形，直径 6～9、夯层厚 7 厘米，5～7 个一组，间距 20～50 厘米，大致分为六组，分别位于墓内东、西两侧。

人骨无。

壁龛内放置陶罐 1 件。

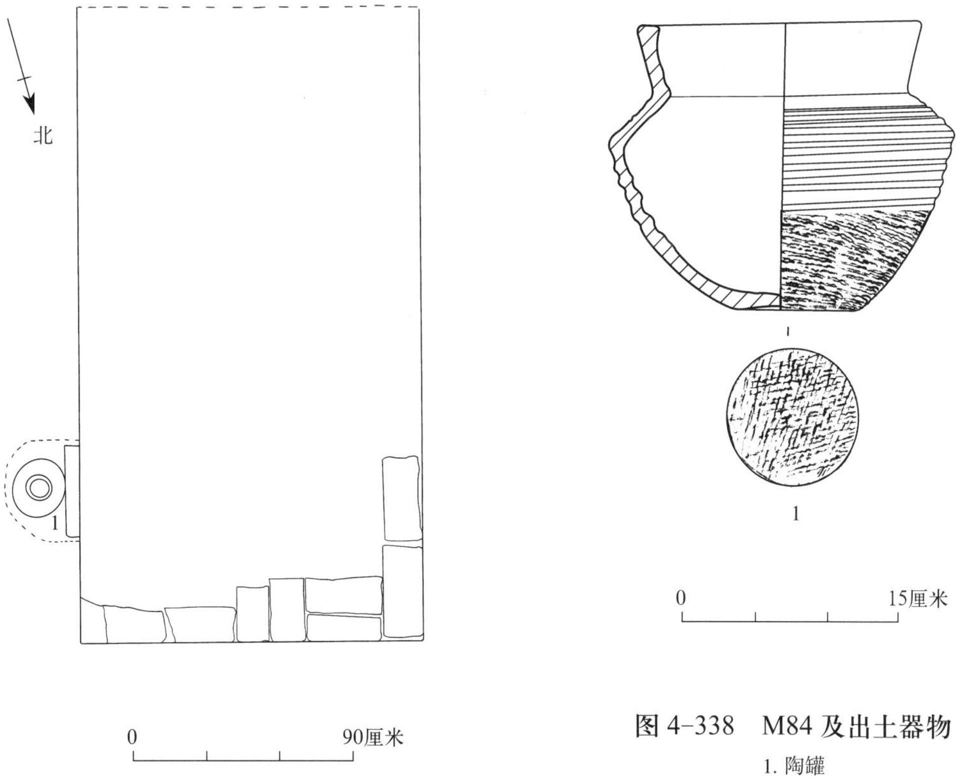

图 4-338　M84 及出土器物

1. 陶罐

2. 出土遗物

陶器

陶罐　1件。

标本M84∶1，泥质灰陶。侈口，平沿，圆唇，束颈，折肩，下腹弧内收，凹底。肩上部饰弦纹，肩下饰五周凹弦纹，下腹及底部饰绳纹。口径19.6、底径9.2、高19.2厘米（图4-338，1；彩版一四四，5）。

（五二）M85

1. 墓葬形制

位于墓地西南部，东面是M66，西北面为M90。方向120°（图4-339）。

长方形土坑竖穴砖椁墓。墓口长3.55、宽1.85～1.9、深1.5～1.65米。椁长3.4、宽1.63～1.8、高0.72～0.76米。椁室北壁垒砌两层青砖，上层两排对缝横向、下层青砖单排竖立。东、西壁单行错缝平铺叠砌七层。南壁错缝平铺两层。墓底平铺一层青砖，“人”字形排列。砖长28、宽13、厚4厘米。墓内填黄褐色五花土，经夯打，较致密。圆形夯窝，直径8～13、间距6～8厘米。填土中发现1件铜带钩。

人骨无。

随葬器物无。

2. 出土遗物

铜器

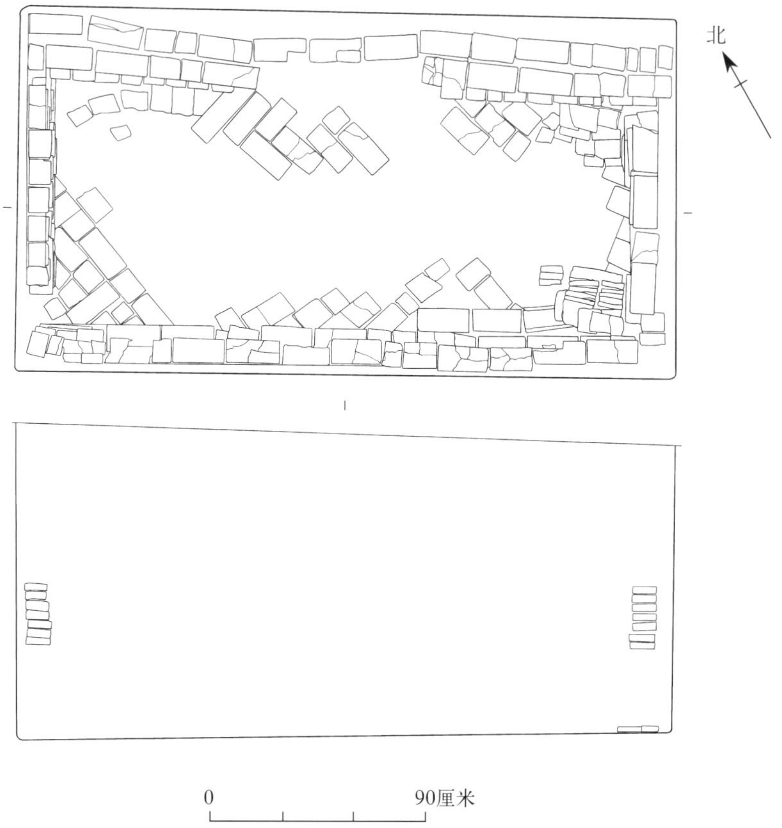

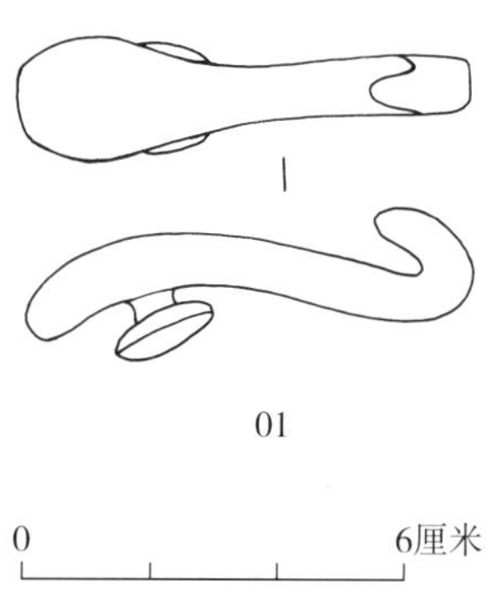

图4-339　M85及出土器物

01. 铜带钩

铜带钩　1件。

标本M85：01，琵琶形。钩呈马首状，圆形纽位于背部尾端。长7.1厘米（图4-339，01）。

（五三）M87

1. 墓葬形制

位于墓地西南部，被M105和M81打破，东南面是M76、M77。方向203°（图4-340）。

长方形土坑竖穴砖椁墓。墓口长3.45、宽2.30、深2.58米。椁长3.06、宽2.4、高0.9米。椁室破坏严重，青砖垒砌情况不明。仅墓底铺地砖为错缝平铺叠砌。砖长34、宽15、厚8厘米。墓内填黄褐色五花土，经过夯打，土质较致密。夯窝椭圆形，不规则排列，直径5～13、间距1～10、夯层厚12～20厘米。填土中发现1件铁锸。

人骨无。

随葬器物无。

2. 出土遗物

铁器

铁锸　1件。

标本M87：01，器身凹字形，弧刃，背两端中空成銎。宽5.4～7、高7.0厘米（图4-340，01）。

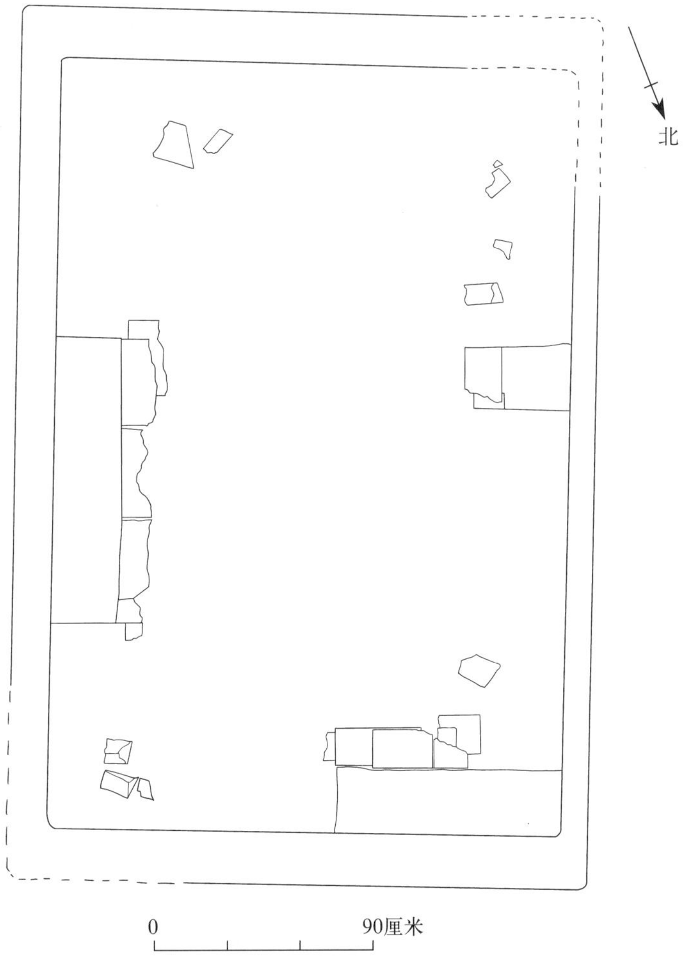

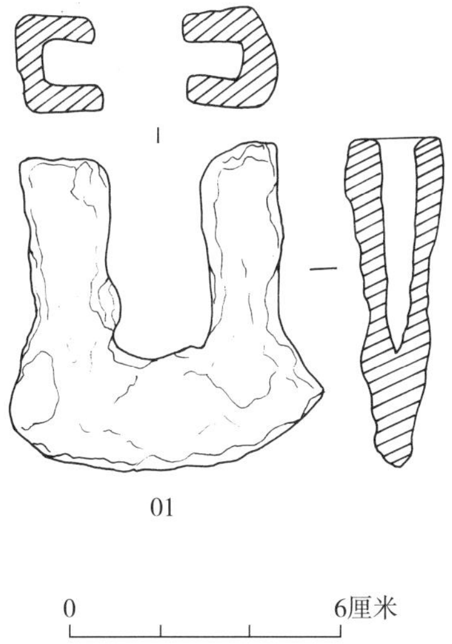

图4-340　M87及出土器物

01. 铁锸

（五四）M89

墓葬形制

位于墓地西南部，被M65、M88打破，东面是M55，西面为M73。方向198°。

长方形土坑竖穴砖椁墓。墓口长2.77、宽1.42米，底长2.46、宽1.19、深1.58米。东、西、南壁有生土二层台，宽0.1、高0.46米。墓内填褐色五花土，土质较坚硬。填土中发现少量碎砖。

人骨1具。男性，年龄40～50岁。

随葬器物无。

（五五）M91

1. 墓葬形制

位于墓地西南部，打破M105，被M61打破，南面是M92，西北面是M86，方向100°（图4-341；彩版一四五，1）。

长方形土坑竖穴砖椁墓。墓口长2.95、宽1.4、深2.85米。椁长2.8、宽1.18、高0.84米。四壁横排错缝平铺叠砌二十三层青砖。长方形脚箱，长1、宽0.45、深0.84米。墓底有生土二层台，宽0.05～0.1米。墓底铺地砖，“人”字形排列。木棺腐朽，仅存板灰，长2.31、宽0.75米。砖长25、宽12、厚4厘米（彩版一四五，2）。墓内填黄褐色五花土，经夯打，较致密。夯窝椭圆形，排列不规则，直径7～11、间距16～50、夯层厚15～20厘米。

人骨1具。头向东，仅残存少量头骨及牙齿，性别无法鉴定，年龄12～17岁。

随葬器物116件。陶钫2件放置脚箱内。铜镜2枚放在墓主头骨上端和足部。铁环首刀3件置于头骨左、右两侧和足部左侧。铜刷柄1件、铁镜架1件放在头骨左侧（彩版一四五，3）。铜钱102枚，其中1枚放在墓主足部，其余置于腰部左侧。铜环、铜饰件各1件，铜泡钉3件放在墓主足部或放置铜镜上。脚箱内有乳猪、狗骨。

2. 出土遗物

（1）**陶器**

陶钫　2件。泥质灰陶。覆斗形盖，斜壁，小平顶。钫侈口，平沿，束颈，圆鼓腹，圆形圈足。

标本M91∶13，素面。口边长10.8、底径13.2、通高35.6厘米（图4-341，13；彩版一四五，4）。

标本M91∶14，腹部饰一周戳印纹、底部饰绳纹。口边长10.5、底径13、通高35.7厘米（图4-341，14；彩版一四五，5）。

（2）**铜器**

铜镜　2枚。

标本M91∶1，四乳四虺镜。圆形，圆纽，柿蒂纹纽座。纽座四叶间饰两侧各附两弧线桃形花苞。其外一周窄凸面圈带。再外两周短斜线和凸弦纹组合纹带，其间为主纹，四枚带圆座乳丁分为四区，每区内各有一虺纹，双钩形身躯内外两侧各一歧冠立鸟纹、左上方一简化鸟纹、前后饰短弧线和涡纹。宽素平缘。面径6.2、缘厚0.65厘米（图4-342，1；彩版一四六，1）。

标本M91∶11，日有熹对称连叠草叶镜。圆形，圆纽，柿蒂纹纽座。座外两周凹面方格（大方格外附凸弦纹）之间为缪篆体顺时针铭文带“日有熹，宜酒食，常贵富，乐毋事”，每边三字，四

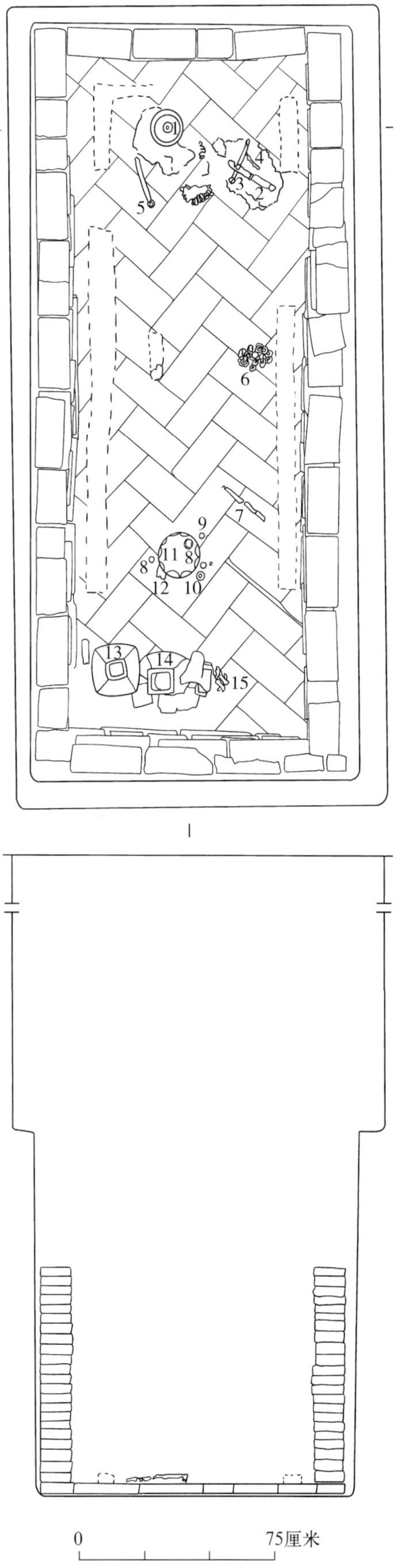

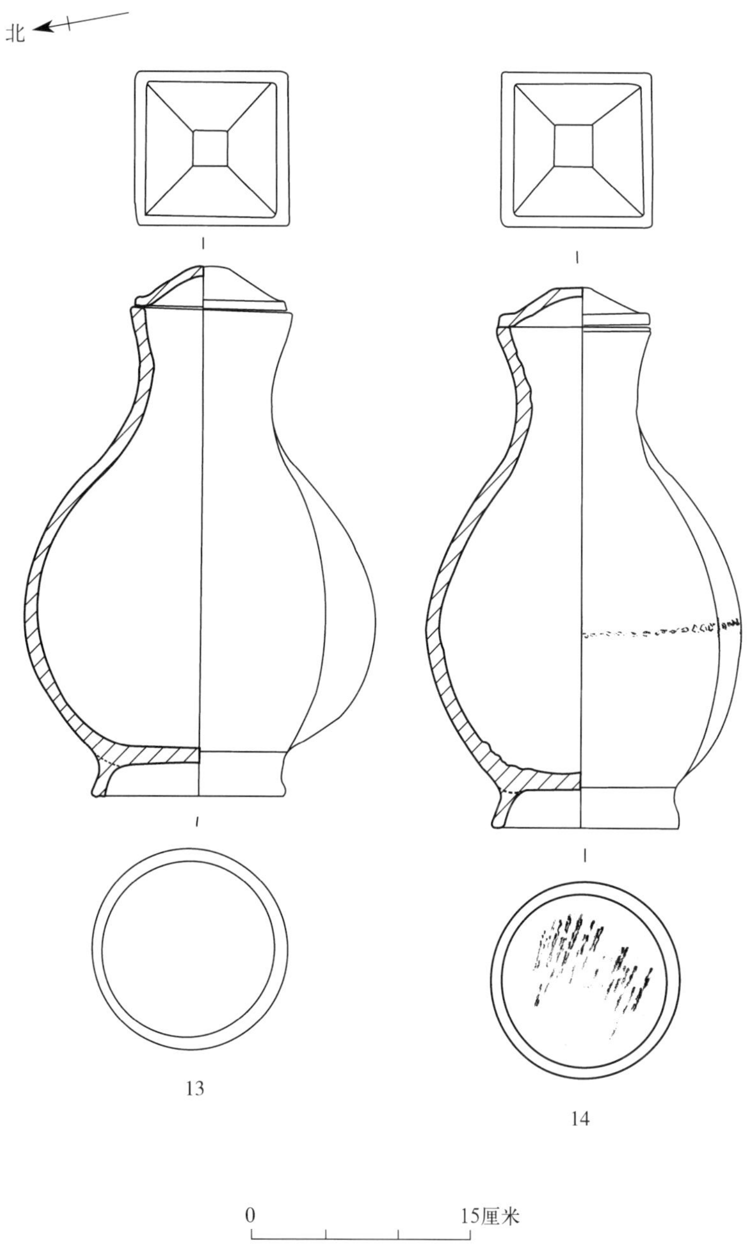

图 4-341　M91 及出土器物

1、11. 铜镜　2、5、7. 铁环首刀　3. 铜刷柄　4. 铁镜架　6. 铜钱（101）　8. 铜环　9. 铜泡钉（3）　10. 铜钱　12. 铜柿蒂形饰　13、14. 陶钫　15. 动物骨骼

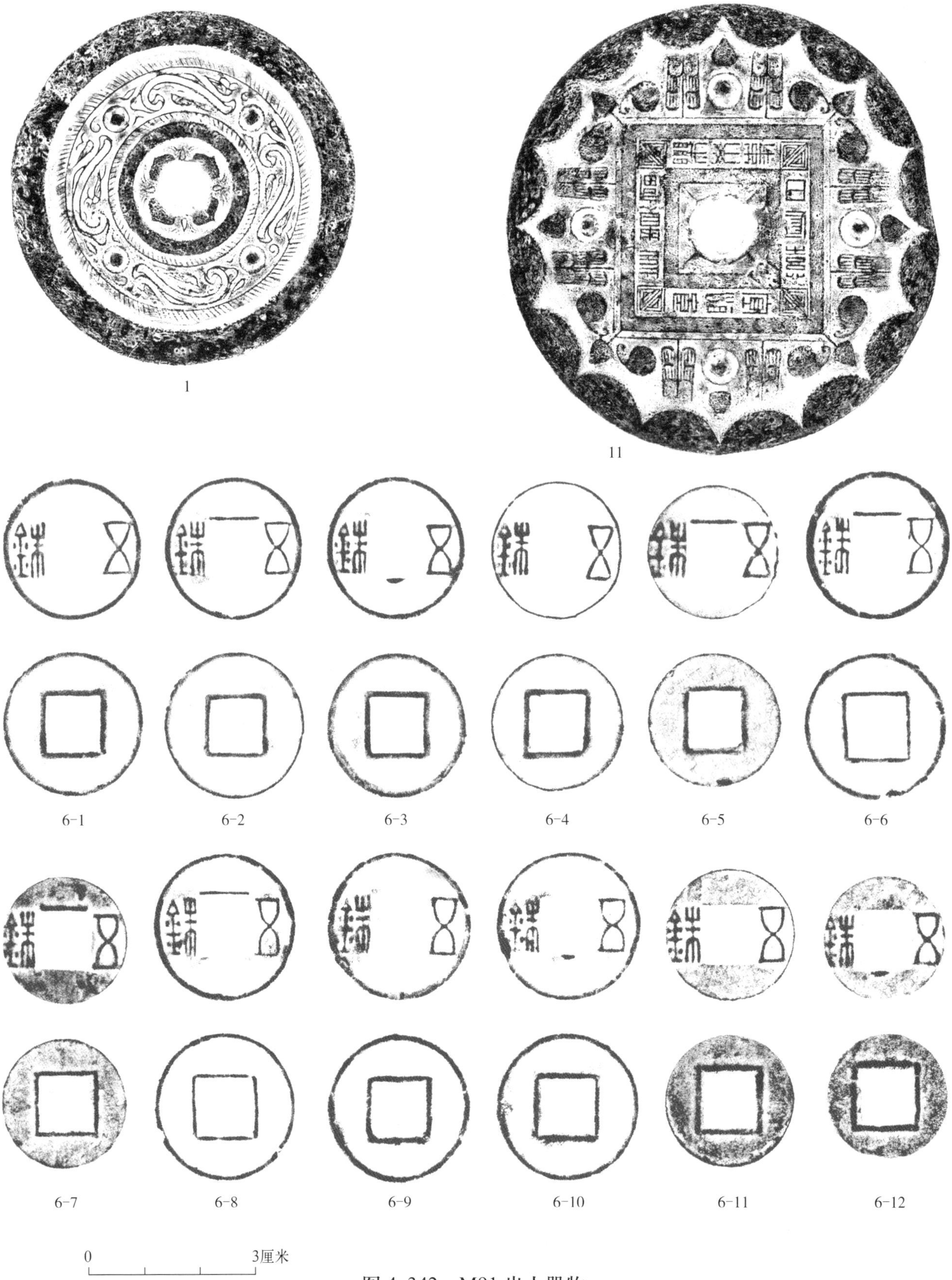

图4-342　M91出土器物

1、11. 铜镜　6-1～12. 铜钱

角各一对称重三角形组成的方格。大方格四角各向外伸出双叶一苞花叶纹；四边中心点外各一圆座大乳丁，钉外一桃形花苞、两侧各一连叠草叶纹。内向十六连弧纹缘。面径7.2、缘厚0.5厘米（图4-342，11；彩版一四六，2）。

铜刷柄　1件。

标本M91∶3，形似烟斗状。斗圆筒形中空，细长柄，截面圆形，尾部扁平向下微曲，有圆形小孔。长12.5厘米（图4-343，3；彩版一四六，3）。

铜柿蒂形饰　1件。

标本M91∶12，表面鎏金。四瓣柿蒂，体较薄，中部长方孔。表面对应刻划凹印。对角长4.3厘米（图4-343，12）。

铜环　1件。

标本M91∶8，环形，截面圆形。直径6厘米（图4-343，8）。

铜泡钉　3件。形制相同。

标本M91∶9-2，伞形。内有顶针。径长3.4厘米（图4-343，9-2）。

铜钱　102枚。均为五铢。圆形方穿，正面有轮无郭，背面轮郭俱全。根据钱文字体不同分为两种。

第一种　24枚。“五”字交叉两笔微曲，“铢”字“金”头呈镞形或三角形，较小，与“朱”等齐，“朱”字上部方折。有的穿上横郭或穿下半星，个别周郭部分被磨。

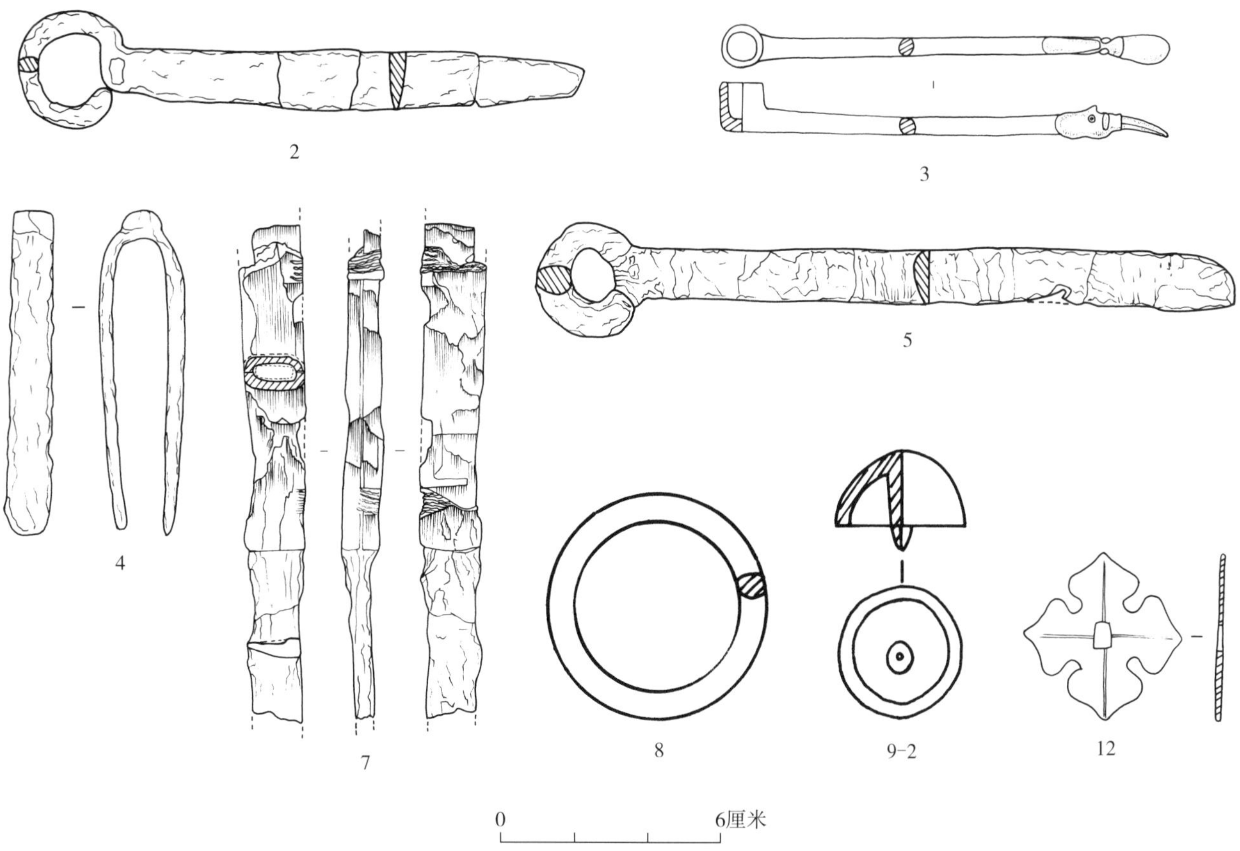

图4-343　M91出土器物

2、5、7. 铁环首刀　3. 铜刷柄　4. 铁镜架　8. 铜环　9-2. 铜泡钉　12. 铜柿蒂形饰

标本M91∶6-1～5，直径2.5、穿边长1、厚0.16厘米（图4-342，6-1～5；彩版一四六，4左1～3）。

第二种　78枚，“五”字交叉两笔弯曲，与上、下两横相交处微敞、内收或垂直，“铢”字“金”头呈镞形或三角形，与“朱”等齐或低于“朱”字，“朱”字上部方折，有的穿上横郭，少数周郭部分被磨或全磨去。

标本M91∶6-6～12，直径2.6、穿边长1，厚0.17厘米（图4-342，6-6～12；彩版一四六，4右1）。

（3）铁器

铁环首刀　3件。刀身扁平长条形。

标本M91∶2，柄部环形，微弧，背刃略薄，前部微残。长15.4厘米（图4-343，2）。

标本M91∶5，刀身略长，刃较薄，弧背。木质刀鞘锈蚀刀身上，并有绳绑痕迹。长19.2厘米（图4-343，5）。

标本M91∶7，上、下部缺失，鞘外似有绳绑痕迹。残长13.2厘米（图4-343，7）。

铁镜架　1件。

标本M91∶4，叉形。两侧支脚扁平长条形。高8.5厘米（图4-343，4；彩版一四六，5）。

（五六）M92

墓葬形制

位于墓地西南部，东面是M90，西面为M30。方向116°（图4-344）。

长方形土坑竖穴砖椁墓。墓口长3.06、宽1.22～1.44、深0.9米。椁长2.97、宽1.05、高0.09米。四壁横排错缝平铺叠砌青砖。因扰乱，南、北壁残存两层，东、西壁已破坏。墓底仅南、北两侧残留少量青砖。木棺腐朽，仅见板灰。砖长26、宽12、厚3厘米。墓内填黄褐色五花土，土质较致密。

人骨无。

随葬器物无。

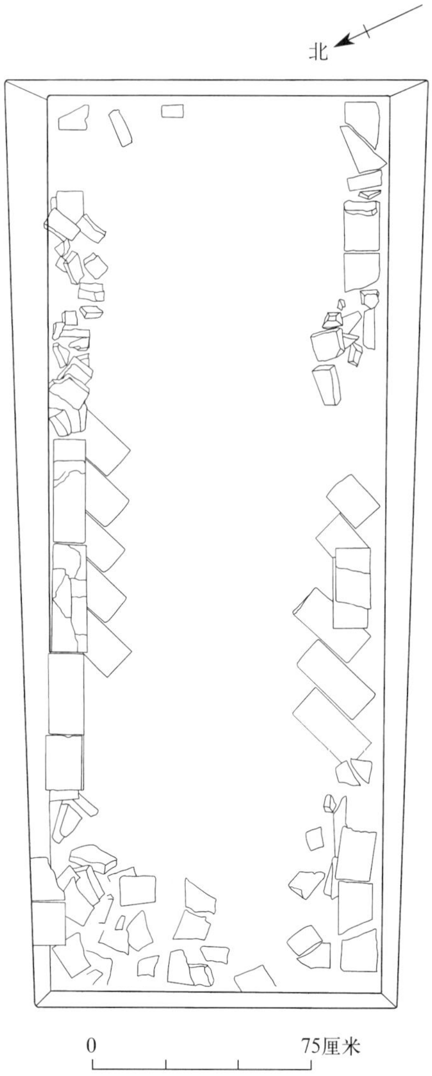

图4-344　M92平面图

（五七）M93

墓葬形制

位于墓地西南部，北面是M76，南面为M85，西南面是M90。方向100°（图4-345）。

长方形土坑竖穴砖椁墓。墓口长2.66、宽1.23、深1.8米。椁长2.5、宽1.02、高0.55米。因盗扰，西壁破坏，余横排错缝平铺叠砌九～十层青砖。墓底仅残存边缘少量青砖，排列方式不详。砖长

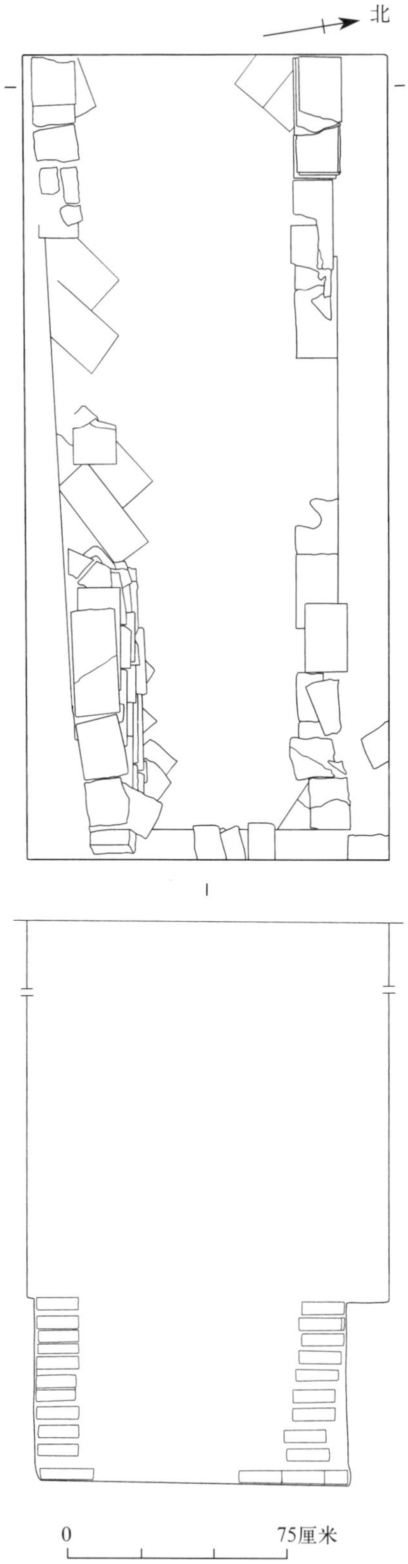

图 4-345　M93 平、剖面图

33 ～ 35、宽 14、厚 4 厘米。南、北两侧有生土二层台，宽 0.03 ～ 0.2、高 0.59 米。墓内填黄褐色五花土，土质疏松。

人骨无。

随葬器物无。

（五八）M95

1. 墓葬形制

位于墓地西南部，打破 M109、M110，南面为 M108。方向 166°（图 4-346）。

长方形土坑竖穴砖椁墓。墓口长 4.32、宽 1.66 米，底长 5.1、宽 1.26、深 1.7 米。椁长 4.68、宽 1.55、高 1.15 米。椁室上部外侧各横排一层、四壁下部横排错缝两层青砖。上、下部中间填充大量砖瓦陶片，厚 0.15 ～ 0.28 米。墓底平铺一层青砖，斜向条状排列。砖长 27、宽 12、厚 4 厘米。墓内填黄褐色五花土。填土中发现铜圆形饰 1 件，盖弓帽 1 件。

人骨无。

随葬的铜当卢 1 件，已被扰乱。

2. 出土遗物

铜器

铜当卢　1 件。

标本 M95∶1，平面桂叶形，体扁薄，一面饰环形纽。残长 3.3、宽 1.5 厘米（图 4-346，1）。

铜盖弓帽　1 件。

标本 M95∶02，鎏金。上部四瓣柿蒂，中部微凸束颈，颈下微鼓，下部一侧有一钩，身中空成銎。高 3.5、宽 1.6 厘米（图 4-346，02）。

铜圆形饰　1 件。

标本 M95∶01，鎏金。圆形薄片状，微凹，中部有方孔。直径 5.2 厘米。

（五九）M96

墓葬形制

位于墓地西南部，打破 M99、M103，北面是 M79。方向 102°（图 4-347）。

长方形土坑竖穴砖椁墓。墓口长 3、宽 1.8、深 1.6 米。

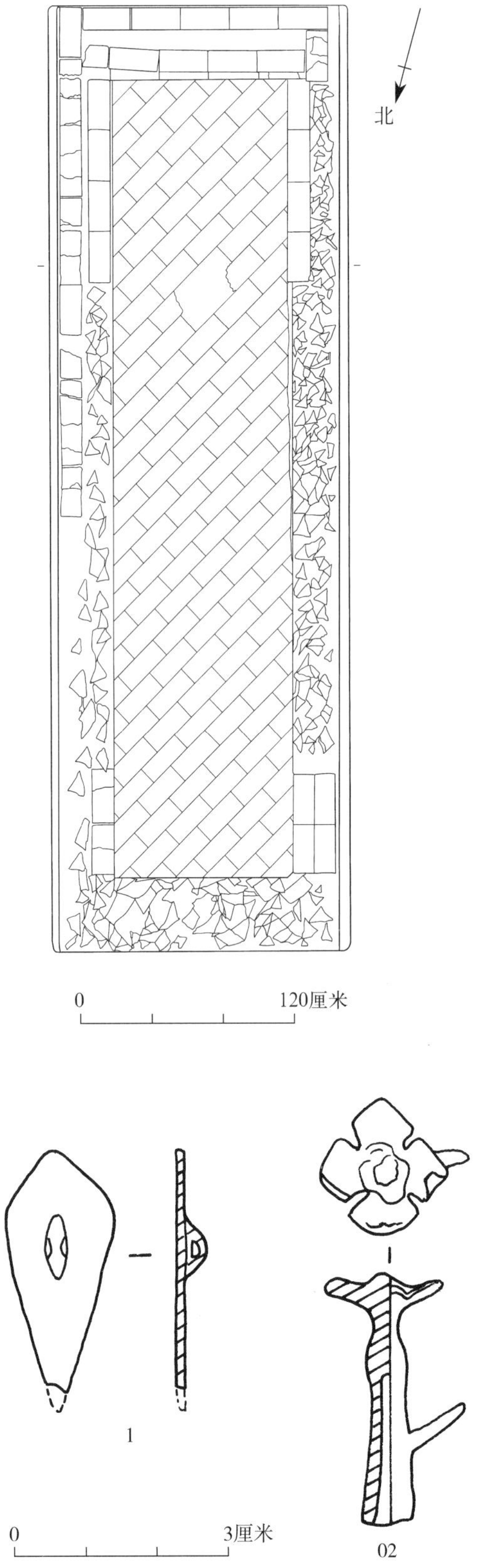

图 4-346　M95及出土器物

1. 铜当卢　02. 铜盖弓帽

图 4-347　M96平、剖面图

椁长 2.8、宽 0.78、高 0.68 米。四壁均用青砖横排错缝平铺叠砌。西端保存较完整。墓底平铺一层青砖，“人”字形排列。砖长 29、宽 12、厚 3.5 厘米。墓内填黄褐色五花土，经夯打，较致密。夯窝圆形，直径 5 ～ 8、间距 8 ～ 12、厚 5 ～ 7 厘米。乳猪、鸡骨放在墓内西南。

人骨无。

随葬器物无。

（六〇）M97

1. 墓葬形制

位于墓地西南部，北面是 M106，南面为 M62。方向 103°（图 4-348；彩版一四七，1）。

长方形土坑竖穴砖椁墓。墓口长 2.8、宽 1.3、深 1.71 米。椁长 2.71、宽 1.25、高 0.61 米。四壁用青砖平铺错缝垒砌十一层，南、北壁中间积压变形向内收。东、西壁平直。墓底铺一层青砖，“人”

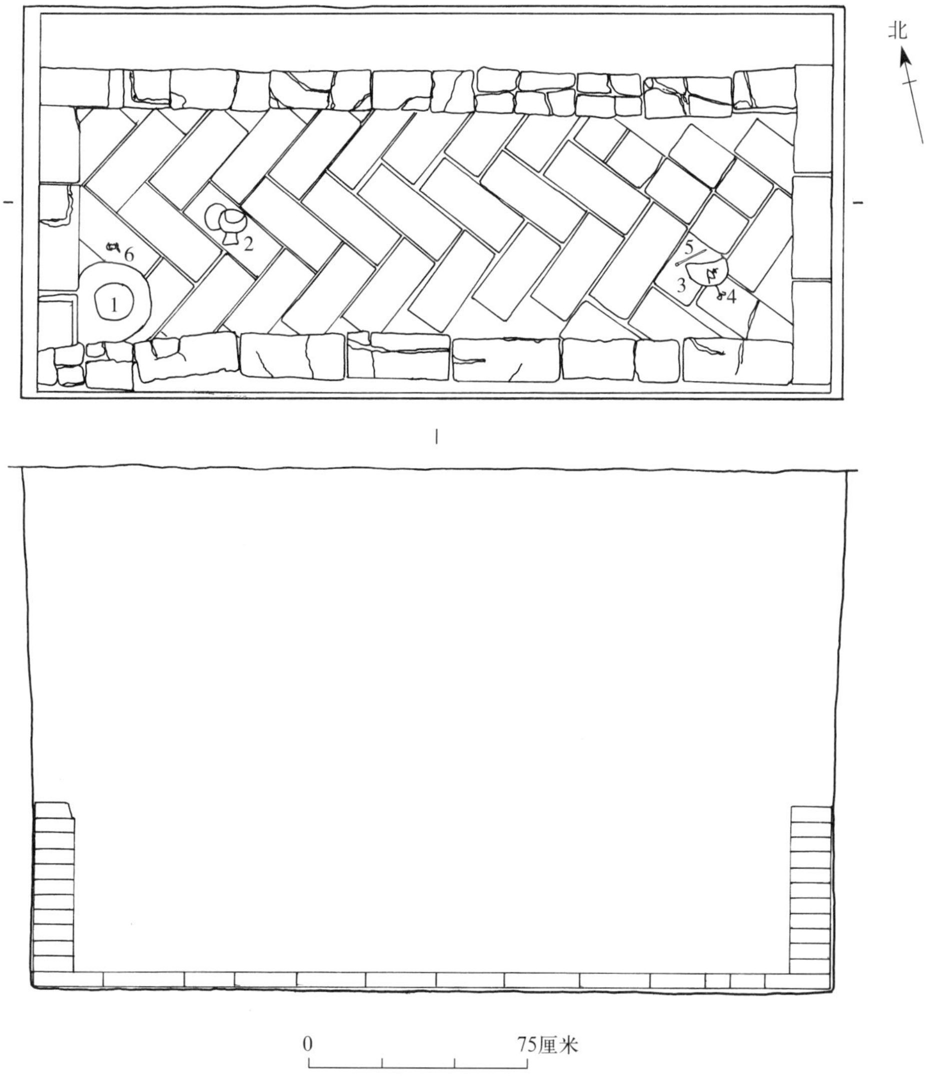

图 4-348　M97 平、剖面图

1. 陶罐　2. 铜熏炉　3. 铜镜　4. 铜饰件（2）　5. 铜刷柄　6. 动物骨骼

字形排列。墓底四壁有生土二层台，宽0.18、高0.60米。砖长35、宽15、厚5厘米。墓内填黄褐色花土，土质较松软。局部经夯打，圆形夯窝，直径5厘米，夯层不明显。

人骨无。

随葬器物6件。陶罐1件位于墓室西南角。铜熏炉1件放在西端中部。铜镜、铜刷柄各1件，铜饰件2件放置东南角。陶罐北侧发现乳猪骨。

2. 出土遗物

（1）陶器

陶罐 1件。

标本M97∶1，泥质灰陶。敛口，弧沿，圆唇，束颈，鼓腹，下部内收，小平底。腹部饰五周戳印纹，下腹及底部饰绳纹。口径16、底径8、高24厘米（图4-349，1；彩版一四七，2）。

（2）铜器

铜熏炉 1件。

标本M97∶2，由盖、身、柄、座和承盘五部分组成。盖与身以子母扣相扣合，盖为直壁母口，顶部鼓起作火苗状。其上重叠凸峰和镂孔交错分布。盖与身口部设枢轴以扣接。炉身为子口微敛，尖唇，圆腹，圜底。底下部有一圆形中空插座。腹中部饰一周凸圈带。其上侧对饰两铺首衔环。身底设圈足状结构套入柄内，柄座皆中空，与承盘接为一体。柄近管状，中部鼓起。座呈矮喇叭形圈足。承盘敞口，折沿，折腹，矮圈足，圈足上与炉座相连，内中空。盖径9.5、炉身口径9、承盘口径23.1、盘底径7.2、通高14.6厘米（图4-349，2；彩版一四七，3、4）。

铜镜 1枚。

标本M97∶3，日光对称连叠草叶镜，残。原为圆形，圆纽，柿蒂纹纽座。座外一双凸弦纹小方格和一凹面大方格（外附一凸弦纹方格）间为缪篆体铭文带“见日之光，天下大明”，每边两字，每字间隔一横线，四角各一内含斜线方格。大方格四角各向外伸出双叶一苞花叶纹；四边中心点外各一圆座乳丁，钉外一桃形花苞、两侧各一连叠草叶纹。内向十六连弧纹缘。面径13.6、缘厚0.35厘米（图4-349，3）。

铜刷柄 1件。

标本M97∶5，鎏金。形状似烟斗状，斗圆筒形中空，细长柄，截面圆形，尾部微曲呈锥状，近尾处有圆形小孔。长10.45厘米（图4-349，5；彩版一四七，5）。

铜饰件 2件。

标本M97∶4-1，近三角状，鎏金。上部有四个椭圆孔，下部为长形扁状銎孔。高3.8、宽2.4、厚0.4厘米（图4-349，4-1）。

（六一）M102

1. 墓葬形制

位于墓地西南部，北面是M235，东面为M100。方向105°（图4-350；彩版一四八，1）。

长方形土坑竖穴砖椁墓。墓口长3.6、宽2、深3米。椁长3.51、宽1.86、高1.23米。四壁青砖平铺错缝垒砌二十层。南、北壁外力挤压向中间内收，青砖局部脱落。东、西壁保存较好。墓底平铺一层砖，中间为竖排，余均为横排对缝平铺。墓地有生土二层台，宽0.20～0.30、高1.2米。

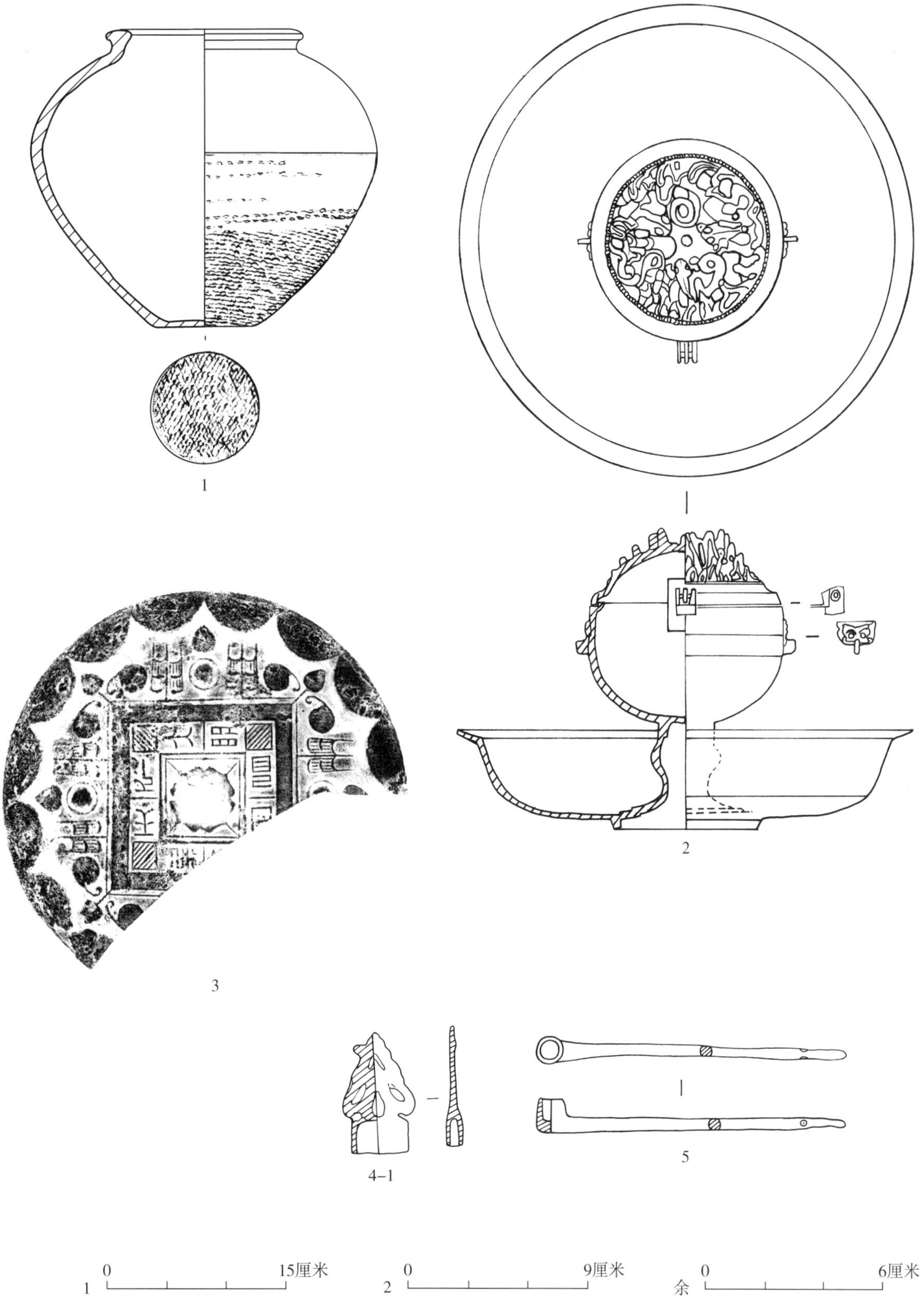

图 4-349 M97 出土器物

1. 陶罐 2. 铜熏炉 3. 铜镜 4-1. 铜饰件 5. 铜刷柄

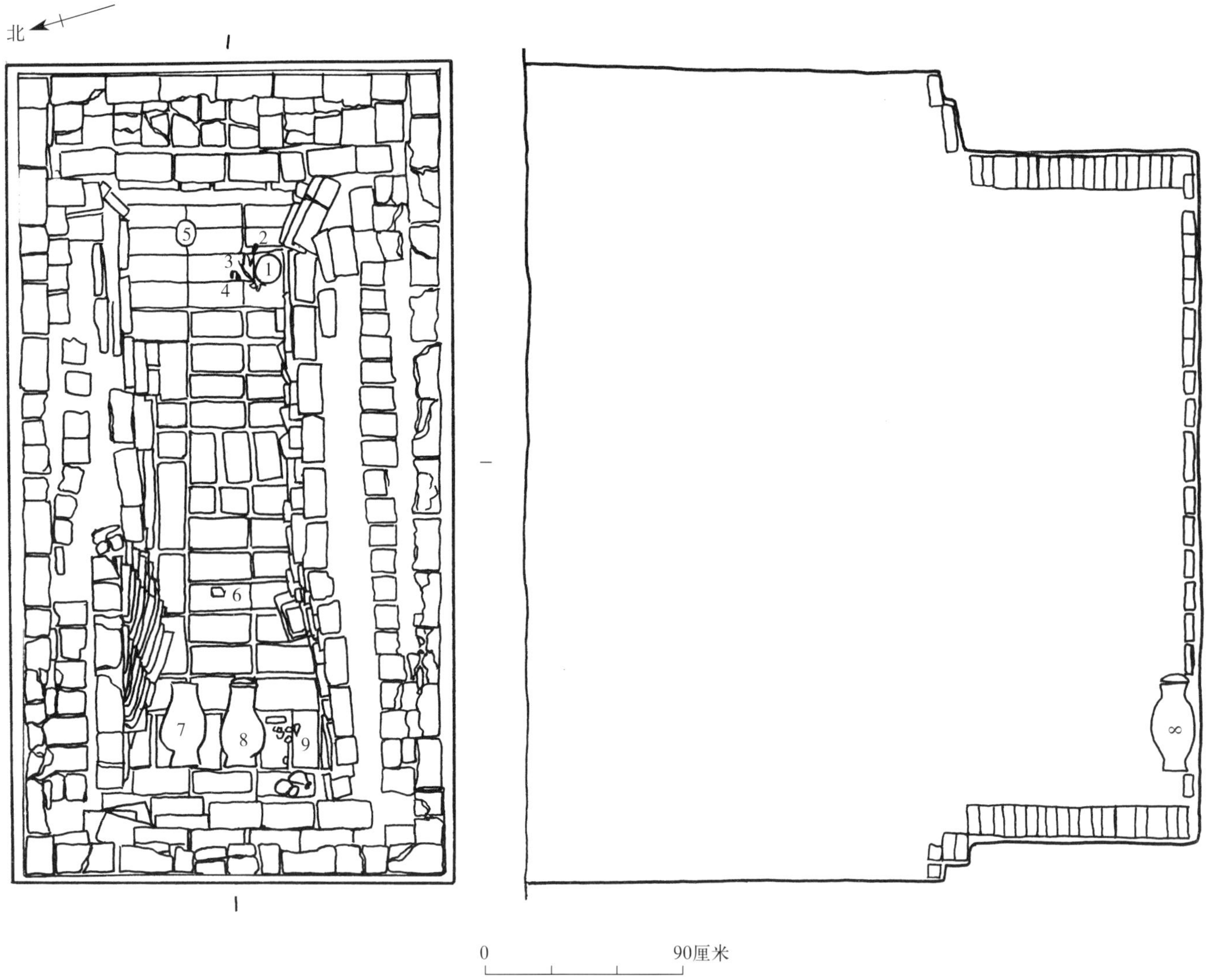

图 4-350　M102 平、剖面图

1、5. 铜镜　2. 铜刷柄　3. 铜眉笔柄　4. 铁镜架　6. 铁环　7、8. 陶钫　9. 动物骨骼

东、西壁较规整，台面铺青砖。台内平铺一层青砖。砖长 24、宽 12、厚 4 厘米（彩版一四八，4）。木棺腐朽，仅见板灰。墓内填黄褐色花土，经夯打，土质较致密。夯窝圆形，分布较密集（彩版一四八，2、3），直径 6 ～ 10 厘米，夯层不明显。

人骨无。

随葬器物 8 件。陶钫 2 件南北排列（彩版一四九，1），放置在墓室西端，南侧有乳猪和鱼骨。铜镜 2 枚（彩版一四九，2）、铜刷柄 1 件、铁镜架 1 件、铜眉笔柄 1 件分别置于墓室东端。铁环 1 件放在墓室中部偏西。

2. 出土遗物

（1）陶器

陶钫　2 件。形制相同。泥质灰陶。覆斗形盖，方平顶，斜壁，顶部有 5 个凸点。钫侈口，方唇，束颈，鼓腹，方形圈足。最大径居下腹。素面。

标本 M102∶7，口边长 12.8、底边长 14.8、通高 41.4 厘米（图 4-351，7；彩版一四九，3）。

标本 M102∶8，口边长 12.4、底边长 14、通高 40.2 厘米（图 4-351，8；彩版一四九，4）。

（2）铜器

铜镜　2 枚。

标本 M102∶1，清华连弧铭带镜。圆形，圆纽，并蒂连珠纹纽座。座外分布四组短竖线（每组三条，均与一珠相连）。其外一周窄凸面圈带。带外四组内外各附三短竖线月牙纹与四中附小乳丁的涡纹相间环列。再外一周内向八连弧纹圈带。外区两周短斜线和凸弦纹组合纹带，其间为顺时针铭文带“[涠]清华兮清皎白，奄惠芳，承加泽兮结乎之，安佼信，爚流光乎以佳人”，首尾间“十”字隔开，方正式篆隶体，笔画呈楔形。宽素平缘。面径 12.6、缘厚 0.5 厘米（图 4-352，1；彩版一四九，5）。

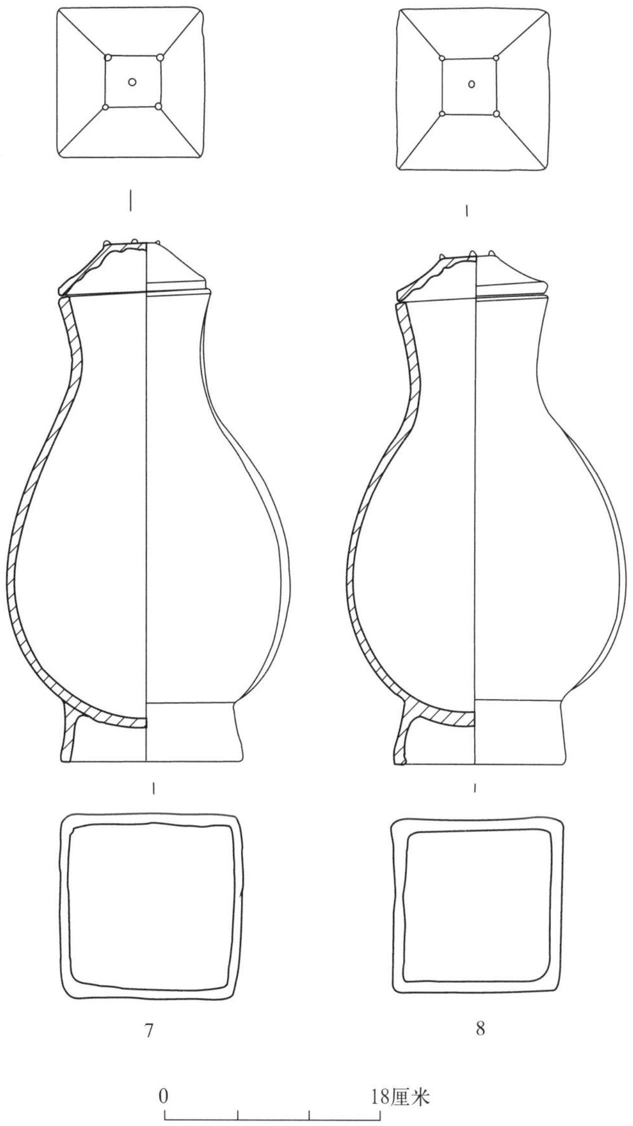

图 4-351　M102 出土器物

7、8. 陶钫

标本 M102∶5，日光连弧铭带镜。圆形，圆纽，圆纽座。座外均匀伸出四条锥形短线与四组内附三短竖线月牙纹相间环列，两者间夹饰一短弧线。再外一周内向八连弧纹圈带。外区两周短斜线和凸弦纹组合纹带，其间顺时针铭文带“见日之光，相[忘]长不”，圆转式篆隶体，个别笔画呈楔形，每字间隔类似涡纹或带十字的菱形纹。宽素平缘。面径 8.3、缘厚 0.55 厘米（图 4-352，5；彩版一四九，6）。

铜刷柄　1 件。

标本 M102∶2，形状似烟斗状，圆形斗中空，细长柄，截面圆形，尾部穿孔处断失。残长 11.4 厘米（图 4-353，2；彩版一四八，5）。

铜眉笔柄　1 件。

标本 M102∶3，圆筒形，中空，口部缺失，柄呈锥状，尾部有圆形小孔。残长 5.9 厘米（图 4-353，3）。

（3）铁器

铁镜架　1 件。

1

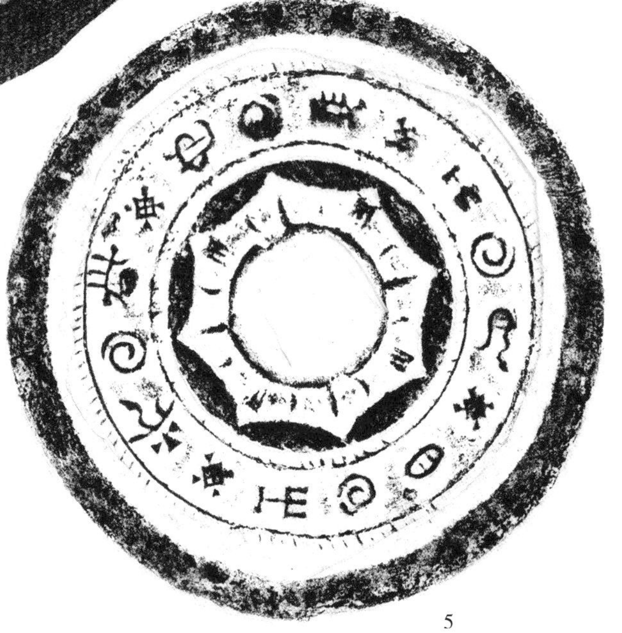

5

0　　3厘米

图 4-352　M102 出土器物

1、5. 铜镜

标本 M102：4，叉形。两侧支脚扁平长条形，均残断。残高 8.0 厘米（图 4-353，4）。

铁环　1 件。

标本 M102：6，圆形。已残断，截面圆形。直径 2.2 ～ 3.1 厘米（图 4-353，6）。

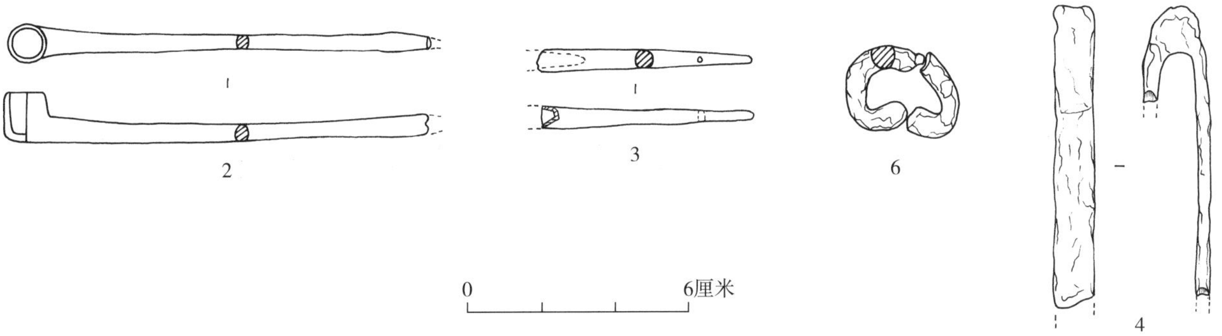

图 4-353　M102 出土器物

2. 铜刷柄　3. 铜眉笔柄　4. 铁镜架　6. 铁环

（六二）M105

1. 墓葬形制

位于墓地西南部，打破 M87，被 M91、M61 打破。方向 200°。

长方形土坑竖穴砖椁墓。墓口长 2.64、宽 1.5、深 2 米。椁长 2.48、宽 1.2、高 0.92 米。四壁横排错缝平铺叠砌二十三层青砖，破坏严重，仅残存东、北、西壁部分青砖。墓底铺一层青砖，“人”字形排列。砖长 30、宽 12、厚 4 厘米。墓内填褐色土，经夯打，较致密。夯窝椭圆形，不规则排列，直径 7～11、间距 5～20、夯层厚 15～20 厘米。

人骨无。

墓室东北角随葬铜扣 1 件。

2. 出土遗物

铜器

铜扣　1 件。

标本 M105∶1，圆形平顶。底面四根短圆柱，两根连在一起，一组残缺。直径 1.3、高 0.7 厘米。

（六三）M106

1. 墓葬形制

位于墓地西南部，北面是 M108，南面为 M97，西面是 M80。方向 103°（彩版一五〇，1）。

长方形土坑竖穴砖椁墓。墓口长 4.9、宽 2.14～2.32、深 3.06 米。椁长 3.75、宽 1.18～1.62、高 1.08 米。两侧束腰形有三个凹形缺口相对应。墓底四周有生土二层台，宽窄不一，两端 0.46～0.48、高 0.35 米。台上平铺两排青砖。脚箱位于西端，长 0.85、宽 1.18 米。砖长 27、宽 13、厚 3 厘米。木棺腐朽，仅存板灰，长 2.15、宽 0.8 米。墓内填浅红灰褐五花粉砂黏土，土质较致密。夹杂有人头骨、上肢、趾骨和牛骨。

人骨 1 具。因扰乱，性别无法鉴定，年龄 4～6 岁。墓底铺碎砖瓦片，厚 0.13 米。

随葬器物 25 件。陶钫 2 件，铜柿蒂形饰 1 件，铜铺首衔环 1 件，放在脚箱内南端。铁剑 1 件置于墓主上身左侧。铁环首刀 2 件放在上躯右侧。陶俑 18 件放在墓主头骨处。乳猪、鸡、羊骨散落于脚箱内东北角。

2. 出土遗物

（1）陶器

陶钫　2件。形制相同。泥质灰陶。覆斗形盖，斜壁，小平顶，盖上有五个突饰。钫方口，平沿，方唇，侈口，束颈，沿外侧有折棱，鼓腹，方形圆足。下腹饰绳纹。

标本M106∶1，腹部饰两周戳印纹。口边长12.8、底边长14.8、通高45.8厘米（图4-354，1；彩版一五〇，2）。

标本M106∶2，口边长12.6、底边长14.8、通高46.4厘米（图4-354，2；彩版一五〇，3）。

陶俑　18件。形制相近，略残。均泥质黄褐陶。火候低，质软，有的未经烧制，可能是泥俑。捏塑成形，不甚规整，仅表现出人体轮廓。表面饰淡黄色彩，有的可能是白彩。可辨为男俑，昂首站立，头部较小，身着长袍，双手似抱拳相交于腰前。

标本M106∶8-1，高5、宽1.6厘米（图4-355，8-1；彩版一五〇，4）。

标本M106∶8-2，高5.5、宽1.8厘米（图4-355，8-2；彩版一五〇，5）。

标本M106∶8-3，高4.7、宽1.7厘米（图4-355，8-3；彩版一五〇，6）。

标本M106∶8-4，高4.8、宽1.7厘米（图4-355，8-4；彩版一五〇，7）。

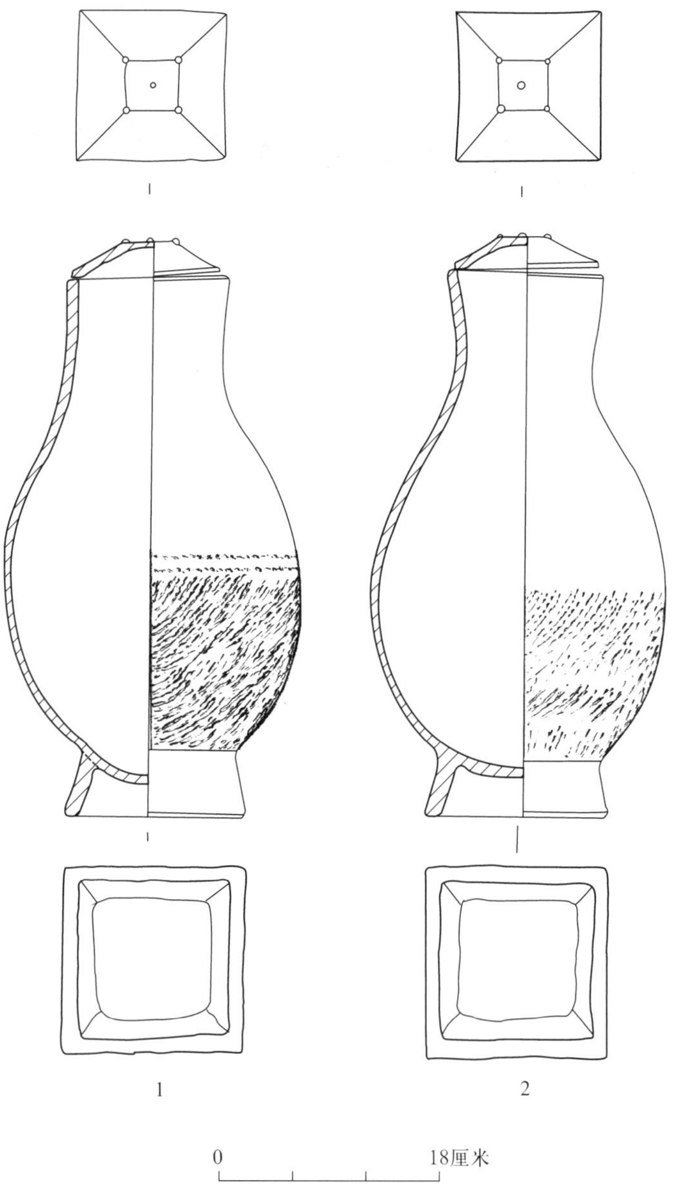

图4-354　M106出土器物

1、2. 陶钫

（2）铜器

铜柿蒂形饰　1件。

标本M106∶3，四花瓣形，中部有方孔，半圆形钉插于内，外部衔圆环。对角长3.7厘米（图4-356，3）。

铜铺首衔环　1件。

标本M106∶4，兽面突凸，两耳内卷，扬眉瞪目，鼻下垂向后弯曲成钩，椭圆环，背面有扁状插钉。长5.7、宽4.1厘米（图4-356，4）。

（3）铁器

铁剑　1件。

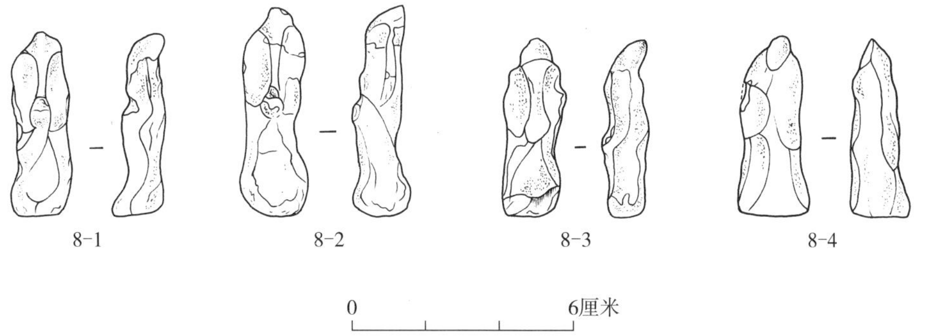

图 4-355　M106 出土器物

8-1～4. 陶俑

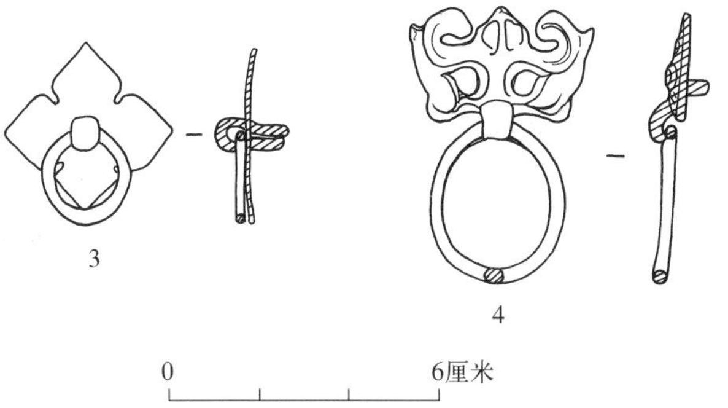

图 4-356　M106 出土器物

3. 铜柿蒂形饰　4. 铜铺首衔环

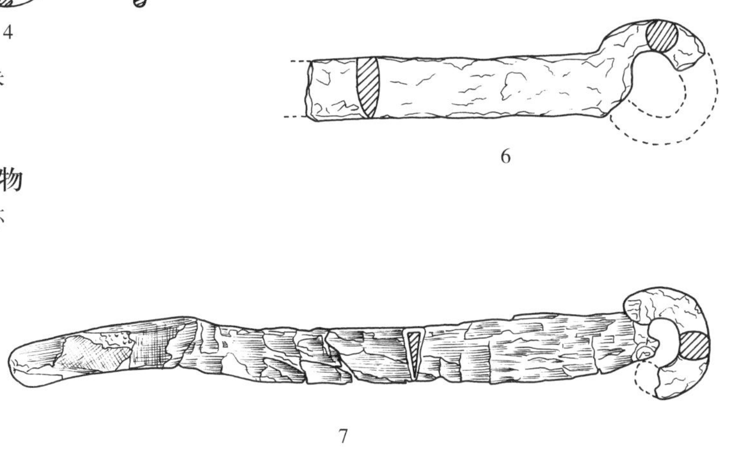

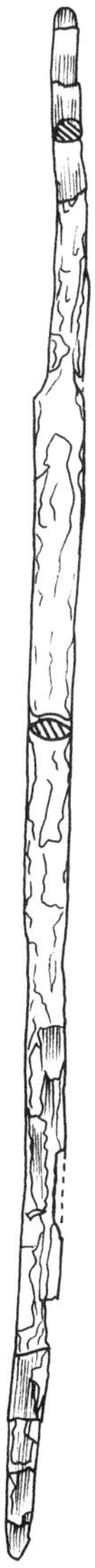

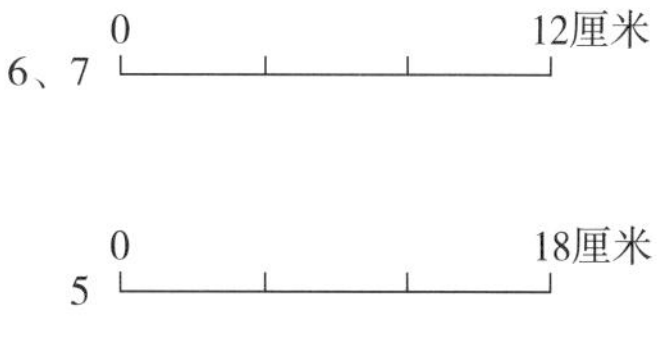

图 4-357　M106 出土器物

5. 铁剑　6、7. 铁环首刀

标本 M106∶5，细扁长条形，双面刃，截面近菱形，剑柄细长，截面近方形，剑身附着鞘皮。长 87、宽 1.6 ～ 2.4 厘米（图 4-357，5；彩版一五一，1）。

铁环首刀　2 件。锈蚀严重。

标本 M106∶6，断失。截面圆锥状。残长 22.4 厘米（图 4-357，6）。

标本 M106∶7，刀微曲，背厚，刃扁薄。截面三角状，刀前端弧圆。外表锈蚀木质残刀鞘。长 38.4 厘米（图 4-357，7；彩版一五一，2）。

（六四）M107

1. 墓葬形制

位于墓地西南部，被M104打破，北面是M137、M138。方向95°（图4-358；彩版一五一，3）。

长方形土坑竖穴砖椁墓。墓口长2.6、宽1.12、深1.08米。椁长2.6、宽1.1、高0.6米。四壁用青砖砌成，均为横排错缝叠砌平铺十六层。因挤压西、北两壁内弧。墓底铺一层砖，“人”字形排列。砖长26、宽12、厚3厘米。墓内填黄褐色花土，土质较致密。

人骨1具。头向东，面向不详，直肢。骨骼腐朽，仅残存头部骨渣、牙齿及部分下肢骨。性别无法鉴定，成年个体。

随葬器物2件。铜镜1枚放在墓主头骨右上方。铜钱15枚置于腰部右侧。

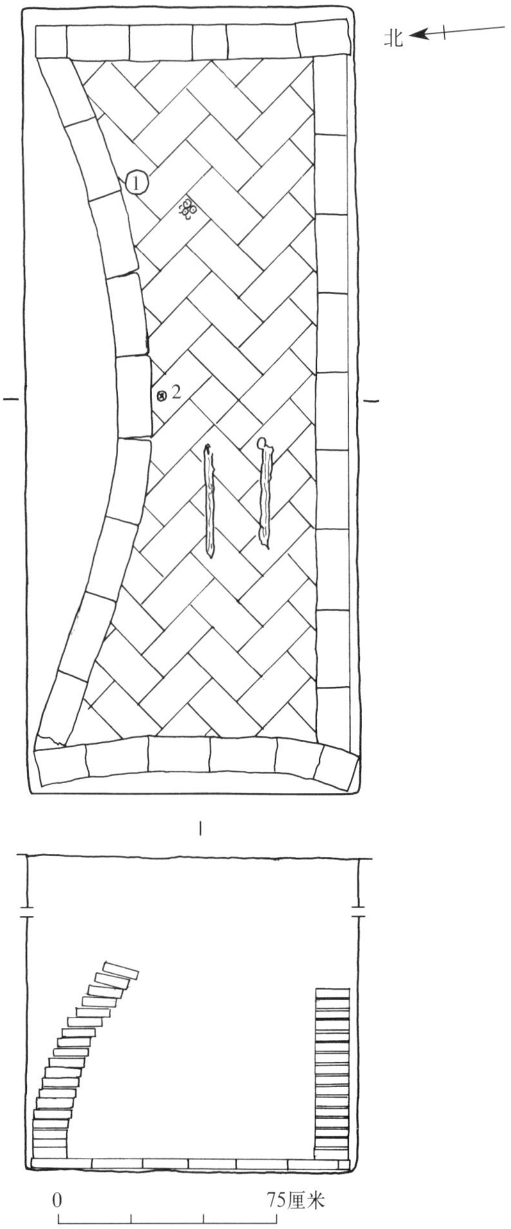

图4-358　M107及出土器物

1. 铜镜　2. 铜钱（15）

2. 出土遗物

铜器

铜镜　1 枚。

标本 M107∶1，日光凸弦连弧铭带镜。圆形，圆纽，圆纽座。座外四组短竖线（每组三条）。其外一周凸弦纹。纹外均匀伸出四条锥形短线，其间夹饰月牙纹，再外一周内向八连弧纹圈带。外区两周短斜线和凸弦纹组合纹带，之间顺时针铭文带“日月心忽夫毋勿艮忘”。圆转式篆隶体，部分笔画呈楔形，每两字或三字间隔类似涡纹符号。窄素平缘。面径 7.9、缘厚 0.65 厘米（图 4-358，1；彩版一五一，4）。

铜钱　15 枚。均为五铢。圆形方穿，正面有轮无郭，背面轮郭俱全。根据钱文字体不同分为两种。

第一种　5 枚。“五”字两笔交叉微斜直，“铢”字“金”头呈三角形，与“朱”等齐，“朱”字上部方折，有的穿上横郭或穿下半星。

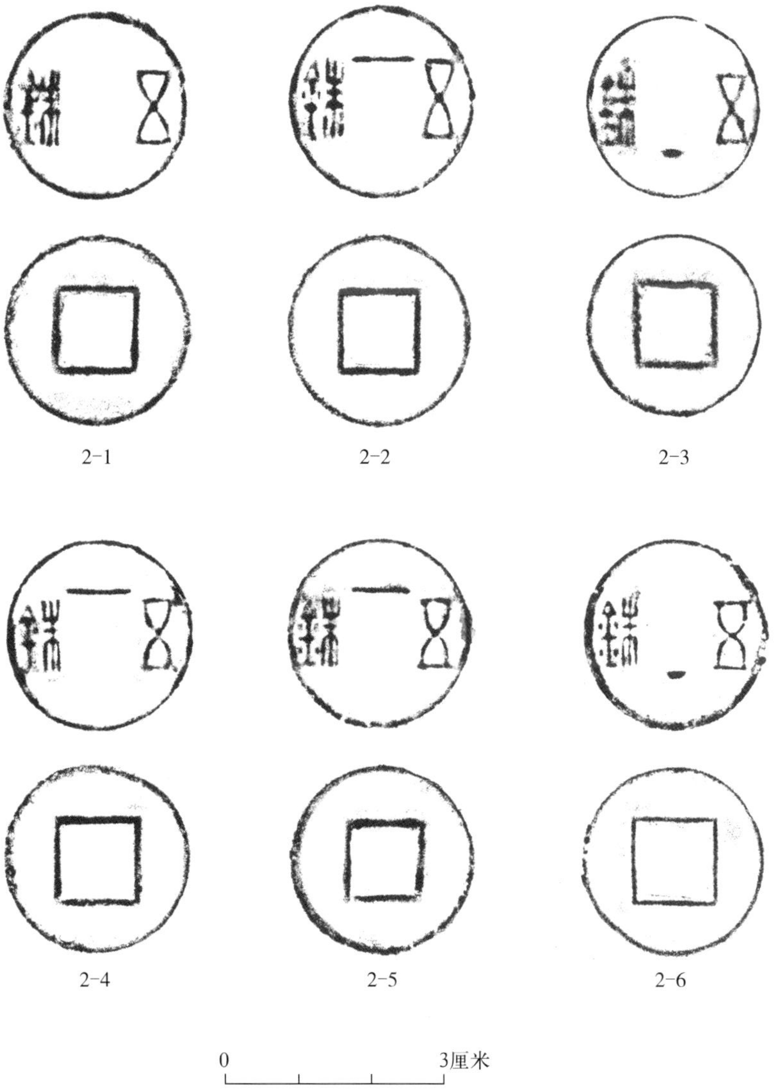

图 4-359　M107 出土器物

2-1～6. 铜钱

标本M107∶2-1～3，直径2.5、穿边长1、厚0.17厘米（图4-359，2-1～3；彩版一五一，5上）。

第二种　10枚。“五”字两笔交叉弯曲，与上、下两横相交处微放或垂直，“铢”字“金”头呈三角形，有的略低于“朱”字，“朱”字上部方折，有的穿上横郭或穿下半星。

标本M107∶2-4～6，直径2.5、穿边长1、厚0.2厘米（图4-359，2-4～6；彩版一五一，5下）。

（六五）M108

1. 墓葬形制

位于墓地西南部，东北面是M132，东面为M126，南面是M106。方向105°（彩版一五二，1）。

长方形土坑竖穴砖椁墓。墓口长4.3、宽1.95、深3.06米。椁长3.52、宽1.42、高1.2米。墓底铺三层青砖，四壁青砖错缝平铺砌二十三层，南、北、东壁挤压变形，局部塌陷。四周有生土二层台，宽0.3～0.46、高1.2米。台上面四周平铺青砖，四角有“井”字形凹槽，疑为放置木板。墓内填黄褐色五花土，经夯打，质地坚硬。夯窝圆形，分布稀疏，直径8～12厘米，夯层不明显。

人骨1具。腐朽严重，性别、年龄无法鉴定。

随葬器物17件。陶器有钫2件（彩版一五二，2），陶盆、盘、樽、勺、案、单把杯、熏炉、盘各1件，铁削1件。耳杯6件位于墓室西端，部分耳杯放置在案上。石琀1件放在墓室东端中部。墓内发现有乳猪、鸡、鱼、真鲷、鲷科、猪骨等。

2. 出土遗物

（1）陶器

陶钫　2件。形制相同。泥质灰陶。覆斗形盖，斜壁，小平顶，上饰五个突饰。钫方口，平沿，圆唇，束颈，沿外侧折棱，鼓腹，方形圈足。腹部饰三周戳印纹，下腹及底部饰绳纹。

标本M108∶1，口边长12、底边长16、通高43.8厘米（图4-360，1；彩版一五三，1）。

标本M108∶2，口边长12、底边长14、通高44.2厘米（图4-360，2；彩版一五三，2）。

陶盆　1件。

标本M108∶9，夹细砂灰陶。敞口，沿面微弧，方唇，浅腹，下部折收，圜底。底部饰两周凹弦纹，素面。口径27.6、高6厘米（图4-360，9）。

陶盘　1件。

标本M108∶3，泥质灰陶。斜折沿，浅腹，下斜内收，平底。素面。口径22.4、底径16、高4厘米（图4-360，3）。

陶单把杯　1件。

标本M108∶7，夹细砂灰陶。弧顶盖，方唇，沿内有凹槽，盖上饰三道凹弦纹，顶部刻饰“田”形纹饰。杯直口，斜沿，筒形腹，平底，三足。头中部镂圆形孔，腹部两周凸棱，腹一侧安有兽头形把，素面磨光。口径10、底径10、通高11.2厘米（图4-361，7；彩版一五三，3）。

陶熏炉　1件。

标本M108∶8，泥质灰陶。盖体雕刻凹凸三组山形纹，与三组对应孔，每组四个。炉敞口，方唇，中间有一圆形孔，呈“塔”状，下部残缺。口径9.6、底径3.5、残高10.6厘米（图4-361，8；彩版一五三，4）。

陶樽　1件。

标本M108∶4，夹细砂灰陶磨光。弧顶盖，方唇，沿内有凹槽，顶刻“田”形及三角形图案与衔环，间饰两周凸棱。樽直口，深腹，壁直，下腹微内收，平底，三蹄形足。腹壁饰对应铺首衔纽，素面。口径20.5、底径19.2、通高18.2厘米（图4-361，4；彩版一五三，5）。

陶案　1件。

标本M108∶6，夹细砂灰陶。方形，敞口，尖唇，斜壁内收，浅盘，平底。底部四角下安有可分离的足。素面磨光。口长38.4、宽26.4、底长38、宽26、高5.6厘米（图4-361，6）。

陶勺　1件。

标本M108∶5，夹砂灰陶。勺头椭圆形，深腹，下部弧收，圜底，柄部呈鸭首状。素面磨光。口长径8.9、高8厘米（图4-361，5；彩版一五三，6）。

陶耳杯　6件。夹细砂灰陶。形制相同。器身椭圆形。敞口，圆唇，腹弧收，平底。口沿两侧

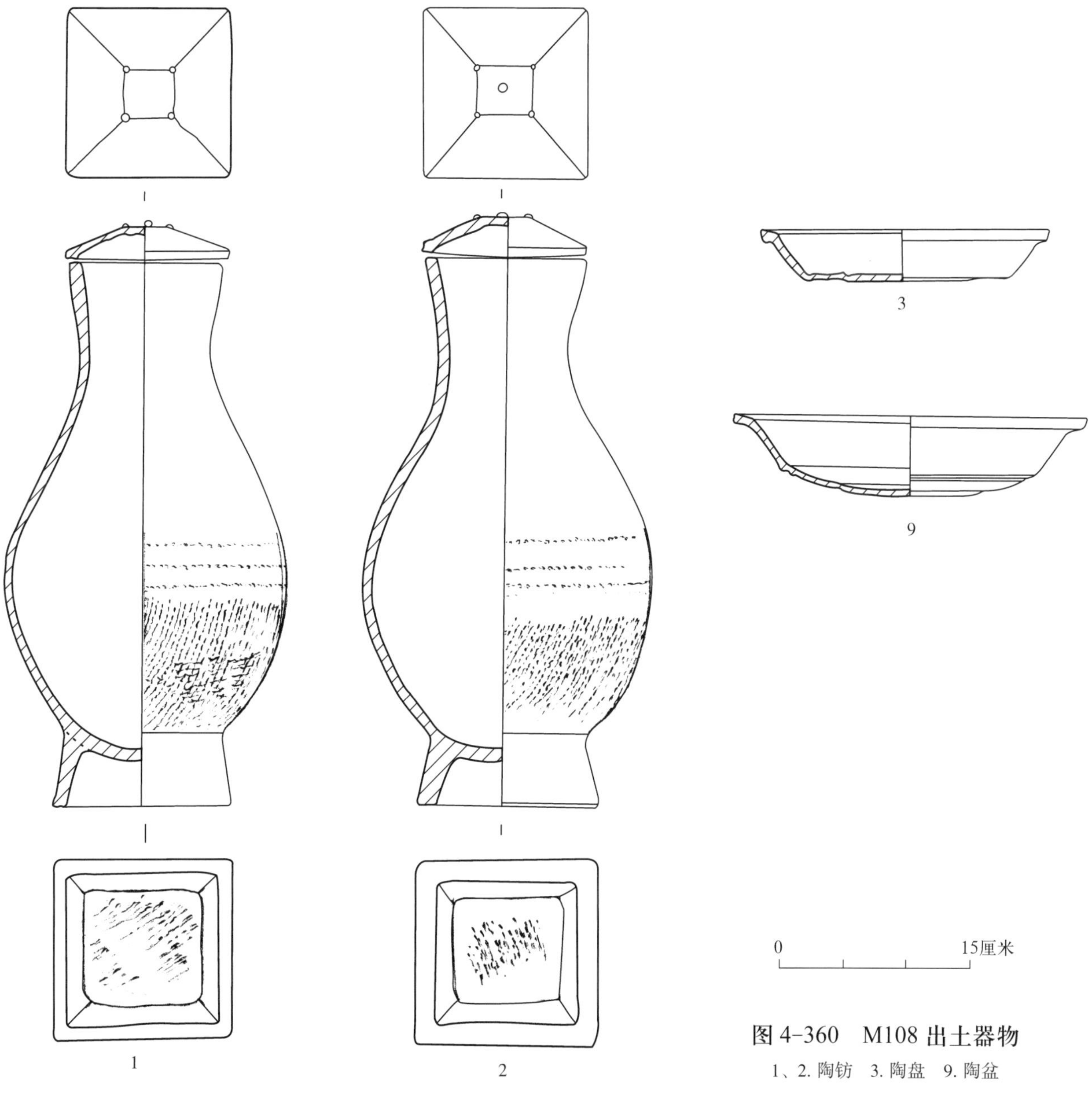

图4-360　M108出土器物

1、2. 陶钫　3. 陶盘　9. 陶盆

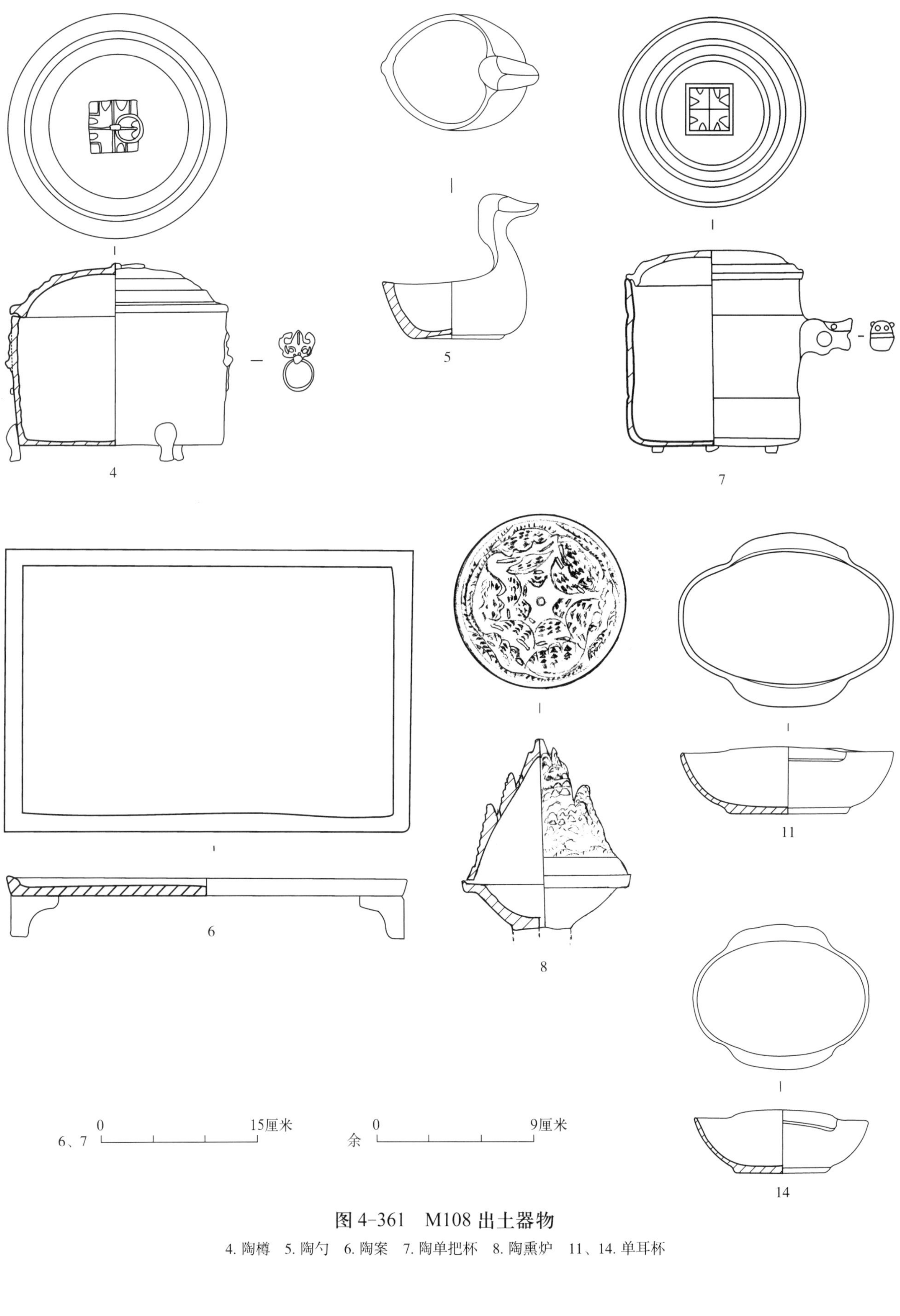

图 4-361 M108 出土器物

4. 陶樽 5. 陶勺 6. 陶案 7. 陶单把杯 8. 陶熏炉 11、14. 单耳杯

新月形耳向上微翘。素面。

标本M108∶11，口长径12、短径8、高3.5厘米（图4-361，11；彩版一五三，7左1）。

标本M108∶14，口长径10、短径3.9、高3.5厘米（图4-361，14；彩版一五三，7右1）。

（2）石器

石琀　1件。

标本M108∶17，蝉形。前端长方形，两翼三角形。后面较平，背部纵向饰凸棱纹。长3.9、宽2.2、高1厘米（图4-362，17；彩版一五三，8）。

（3）铁器

铁削　1件。

标本M108∶16，柄与前端残缺，柄扁片状，直背略厚，刃部薄利。残长6.6、宽1.4厘米（图4-362，16）。

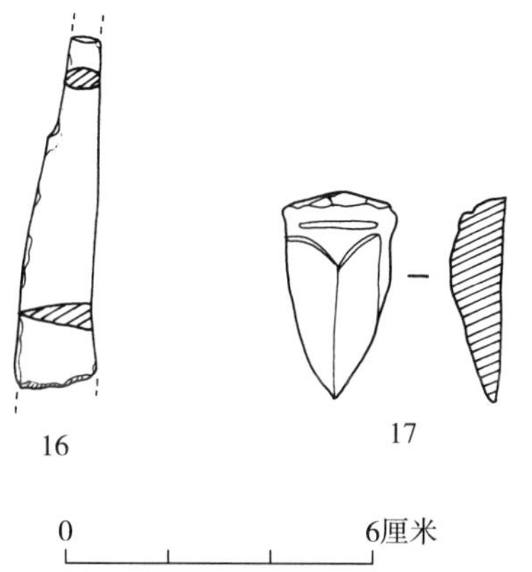

图4-362　M108出土器物

16.铁削　17.石琀

（六六）M109

墓葬形制

位于墓地西南部，打破M110，被M95打破，西北面是M68。方向107°（图4-363）。

长方形土坑竖穴砖椁墓。墓口残长1.2、宽1.3、深1.4米。椁长1.11、宽1.08、高0.8米。椁室用青砖横排错缝平铺叠砌而成。因破坏严重，仅残存西侧垒砌青砖及东部铺地砖。底部青砖“人”字形排列。砖长31、宽14、厚5厘米。墓内填黄褐色五花土，土质较疏松。

人骨无。

随葬器物无。

（六七）M113

墓葬形制

位于墓地西南部，北面是M112，西南面为M94。方向103°（图4-364）。

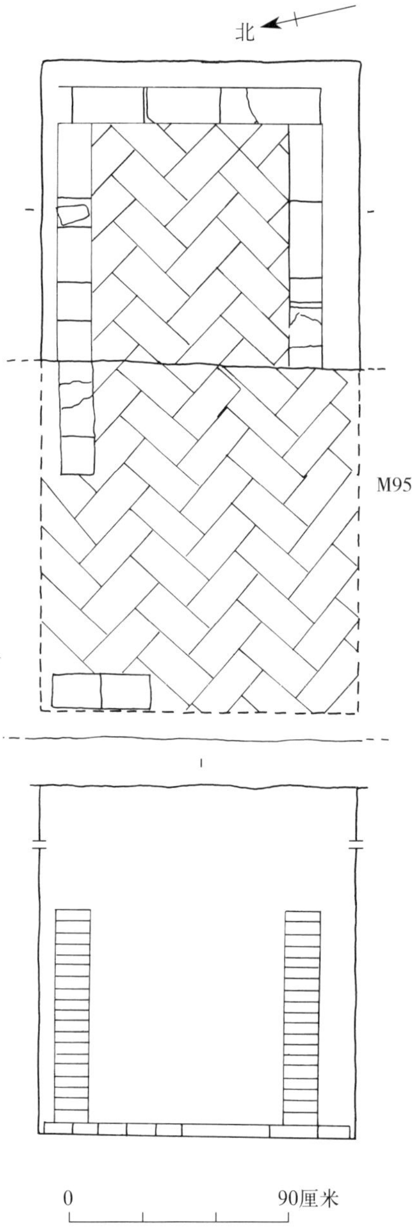

图 4-363 M109 平、剖面图

长方形土坑竖穴砖椁墓。墓口长 2.8、宽 1.3、深 1.92 米。椁长 2.77、宽 1.1、高 0.58 米。椁室四壁用青砖横排错缝平铺叠砌而成。多用整砖，少量残砖垒砌。南、北两侧上面两层用整砖，下部整或残砖夹杂其中，东、西底层竖向青砖平行垒砌。脚箱位于西端，宽 0.25、高 0.31 米，条形竖立青砖平铺。墓底平铺一层砖，“人”字形排列。砖长 28、宽 11、厚 3 厘米。墓内填黄褐色五花土，土质致密。

人骨 1 具。头向东，面向北，仰身直肢，墓主左上肢微弯曲。头骨、上肢及躯干部分缺失。男性，年龄 20 ～ 25 岁。

随葬器物无。

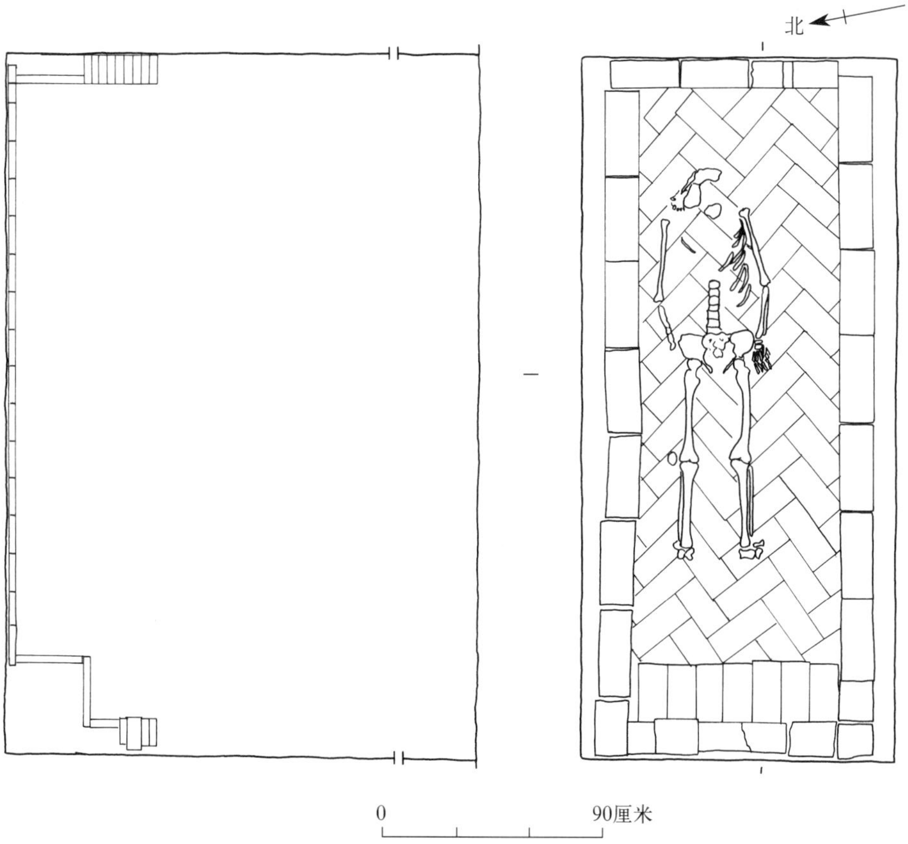

图 4-364　M113 平、剖面图

（六八）M114

1. 墓葬形制

位于墓地西南部，西面是 M141、M146。方向 193°（图 4-365；彩版一五二，3）。

长方形土坑竖穴砖椁墓。墓口长 2.75、宽 1.5、深 2.88 米。椁长 2.45、宽 1.34、高 0.7 米。椁室四壁均用青砖平铺错缝垒砌。东侧壁龛长方形，长 0.65、宽 0.15、高 0.3 米。墓底平铺一层四排青砖，中间两列对缝竖排七行，两边两列横排十八行。砖长 33 ～ 34、宽 13、厚 5 ～ 6 厘米。墓内填黄褐色五花土，经夯打，土质较坚硬。夯窝圆形，排列较整齐，直径 8 ～ 13、间距 6、夯层厚 20 厘米。

人骨 1 具。头向南，面向东，侧身屈肢。上肢分置躯干两侧，下肢叠压屈曲。仅存头骨及部分上肢和股骨。女性。中年个体。

随葬陶罐 1 件，放在龛南端（彩版一五二，4）。乳猪、鸡骨置于龛北侧。

2. 出土遗物

陶器

陶罐　1 件。

标本 M114 : 1，泥质灰陶。斜折沿，尖唇，束颈，弧肩，圆鼓腹，下收为小平底。腹部饰两周绳纹，下腹及底部饰绳纹。口径 17.6、底径 10、高 22 厘米（图 4-365，1）。

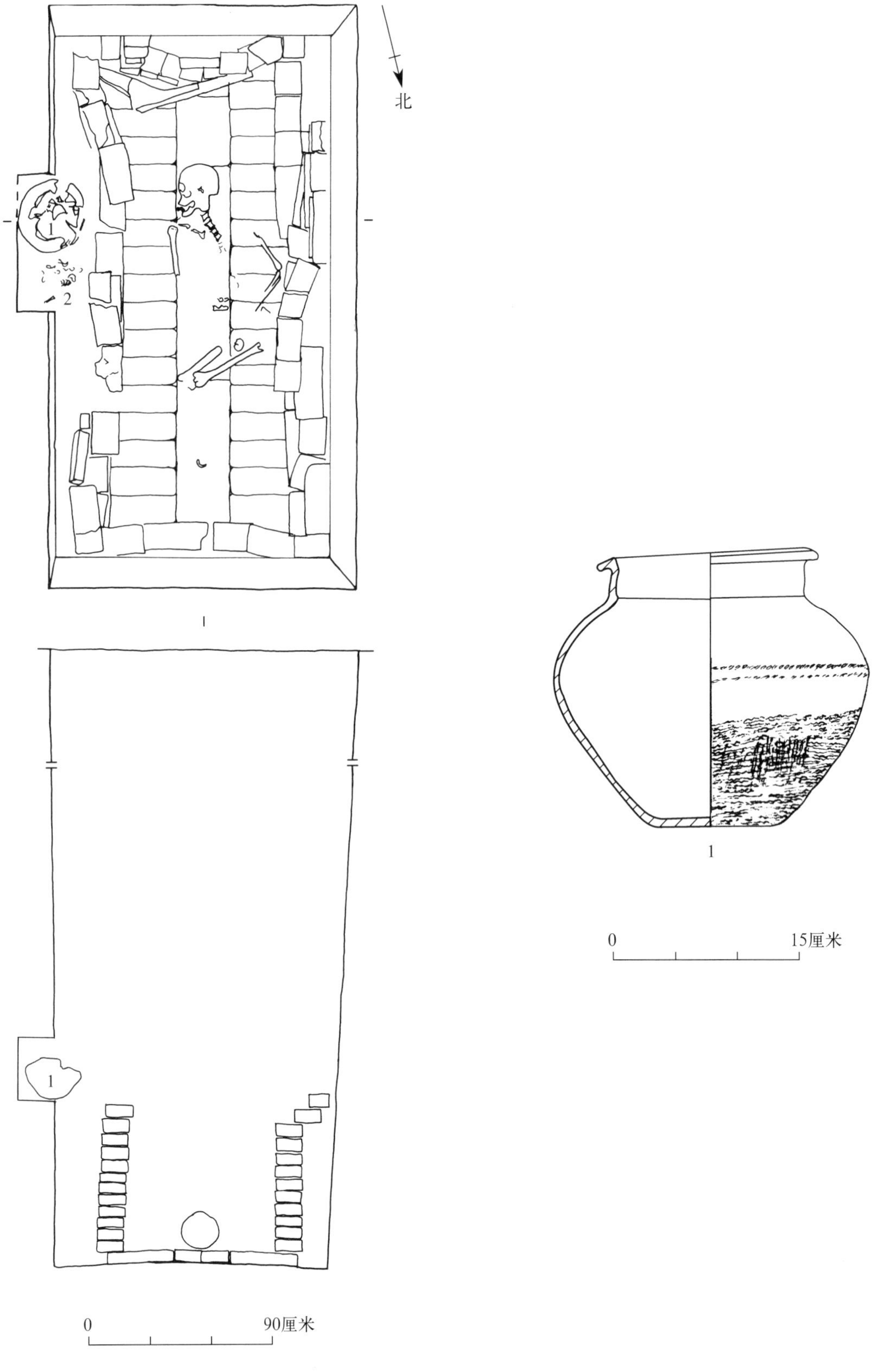

图4-365　M114及出土器物

1. 陶罐　2. 动物骨骼

（六九）M117

1. 墓葬形制

位于墓地西南部，打破 M118，北面是 M245。方向 115°（图 4-366；彩版一五四，1）。

长方形土坑竖穴砖椁墓。椁长 2.65、宽 1.15、深 0.54 米。椁室四壁均用青砖平铺错缝叠砌。墓底平铺一层青砖，“人”字形排列。砖长 26、宽 12、厚 4 厘米。

人骨 1 具。头向东，葬式不详。腐朽严重，性别、年龄无法鉴定。

随葬陶器 6 件（彩版一五四，2）。陶壶 2 件，陶耳杯 2 件，陶盘、陶樽各 1 件，均放置椁室西端。

2. 出土遗物

陶器

陶壶　2 件。形制相同。泥质灰陶。弧顶盖。壶侈口，斜沿，圆唇，束颈，弧肩，鼓腹，平底。腹部饰两周戳印纹。

标本 M117∶1，口径 12.8、底径 15.2、通高 25.6 厘米（图 4-366，1）。

标本 M117∶2，口径 12.8、底径 14、通高 26.1 厘米（图 4-366，2）。

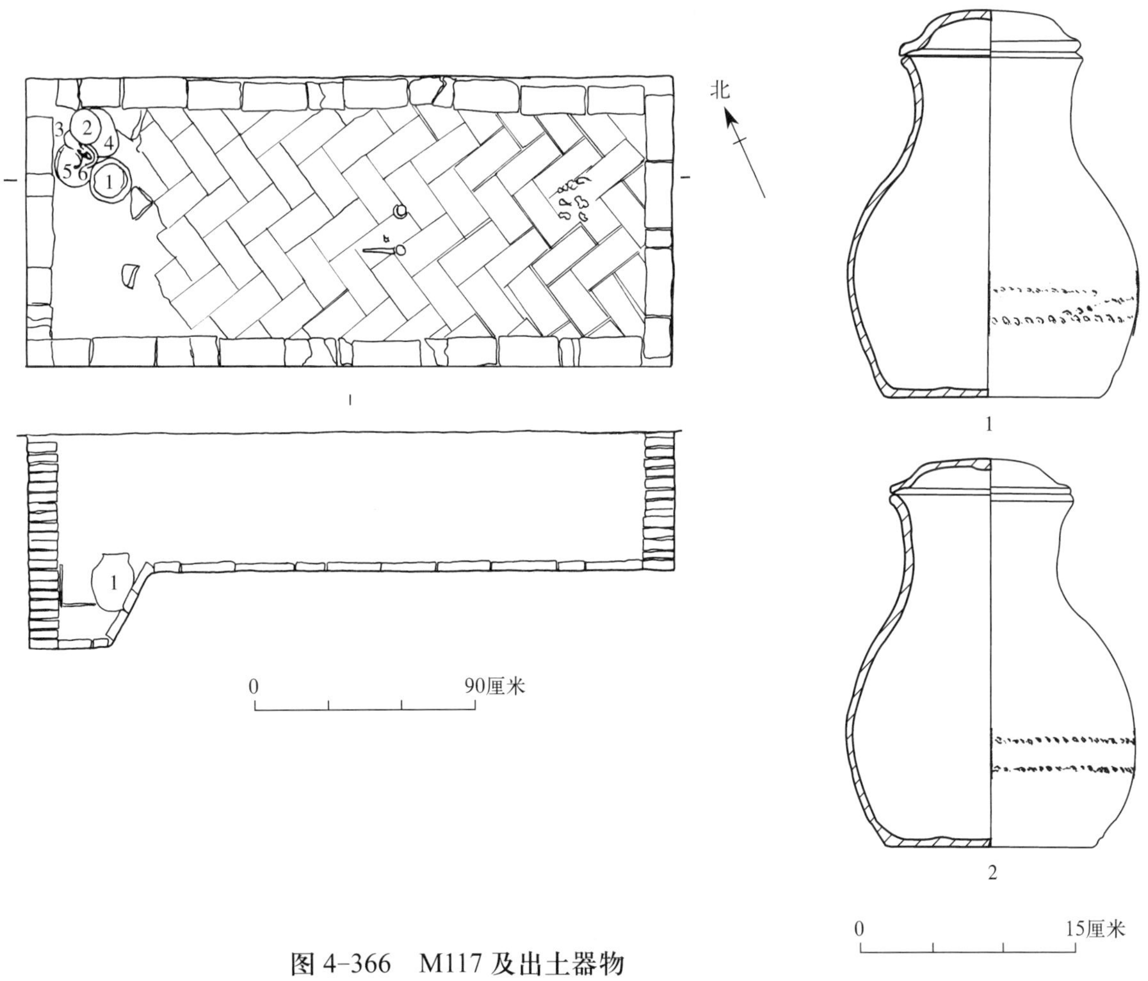

图 4-366　M117 及出土器物

1、2. 陶壶　3、6. 陶耳杯　4. 陶盘　5. 陶樽

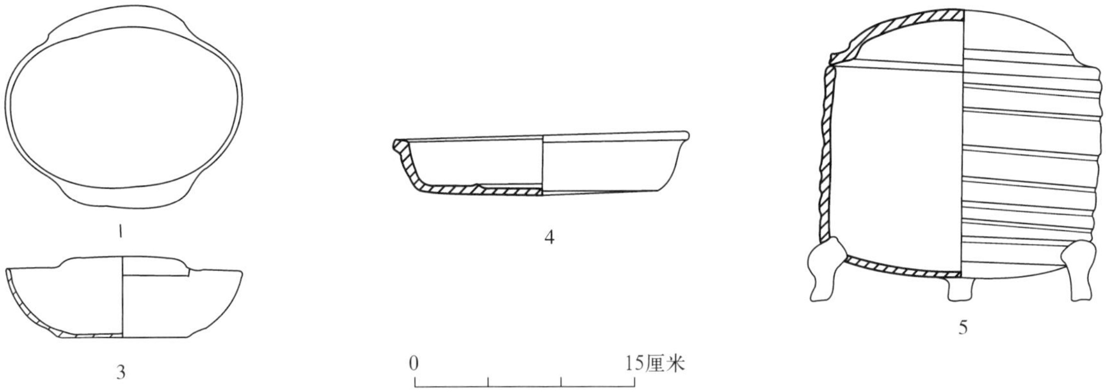

图4-367 M117出土器物

3. 陶耳杯 4. 陶盘 5. 陶樽

陶樽 1件。

标本M117：5，泥质灰陶。弧顶盖，沿上微凹。樽直口，平沿，圆唇，深腹，直壁，圜底，蹄形足。腹部饰六周凹弦纹。口径18.4、底径18.3、通高19.4厘米（图4-367，5；彩版一五四，3）。

陶盘 1件。

标本M117：4，泥质灰陶。敞口，斜窄沿，方唇，浅腹，下部斜收，平底微凸。素面。口径20.1、底径16、高4.4厘米（图4-367，4；彩版一五四，4）。

陶耳杯 2件。形制相同。泥质灰陶。圆唇，敞口，体收，平底。口沿两侧有新月形耳，素面。

标本M117：3，口长径16、短径8.5、高5.6厘米（图4-367，3；彩版一五四，5）。

（七〇）M118

1. 墓葬形制

位于墓地西南部，被M117打破，北面是M245。方向24°（图4-368）。

长方形土坑竖穴砖椁墓。墓口长3.3、宽1.75、深2.96米。椁长2.58、宽1.2、高0.86米。椁室四壁均用青砖平铺错缝叠砌而成。墓底平铺一层青砖，为竖行对缝排列。砖长35、宽16、厚5厘米。墓内填黄褐色花土，土质较坚硬。经夯打，加工痕迹不明显。夯窝直径4～9、夯层厚7～13厘米。

人骨1具。头向北，面向右，仰身直肢。头骨被压扁，躯干及上肢部分缺失。女性，年龄40～50岁。

随葬器物3件。陶豆柄1件放在左股骨内侧。骨簪2件均放置墓主头骨右侧。

2. 出土遗物

（1）陶器

陶豆柄 1件。

标本M118：3，泥质灰陶。圆形，中间圆孔，经过加工，两端表面较平整。外径4.1、残高3.6厘米。

（2）骨器

骨簪 2件。均为长条锥形，一端略残，断面圆形。

标本M118：1，残长8.1、直径0.4～0.5厘米（图4-368，1）。

标本M118：2，残长6.8、直径0.5～0.55厘米（图4-368，2）。

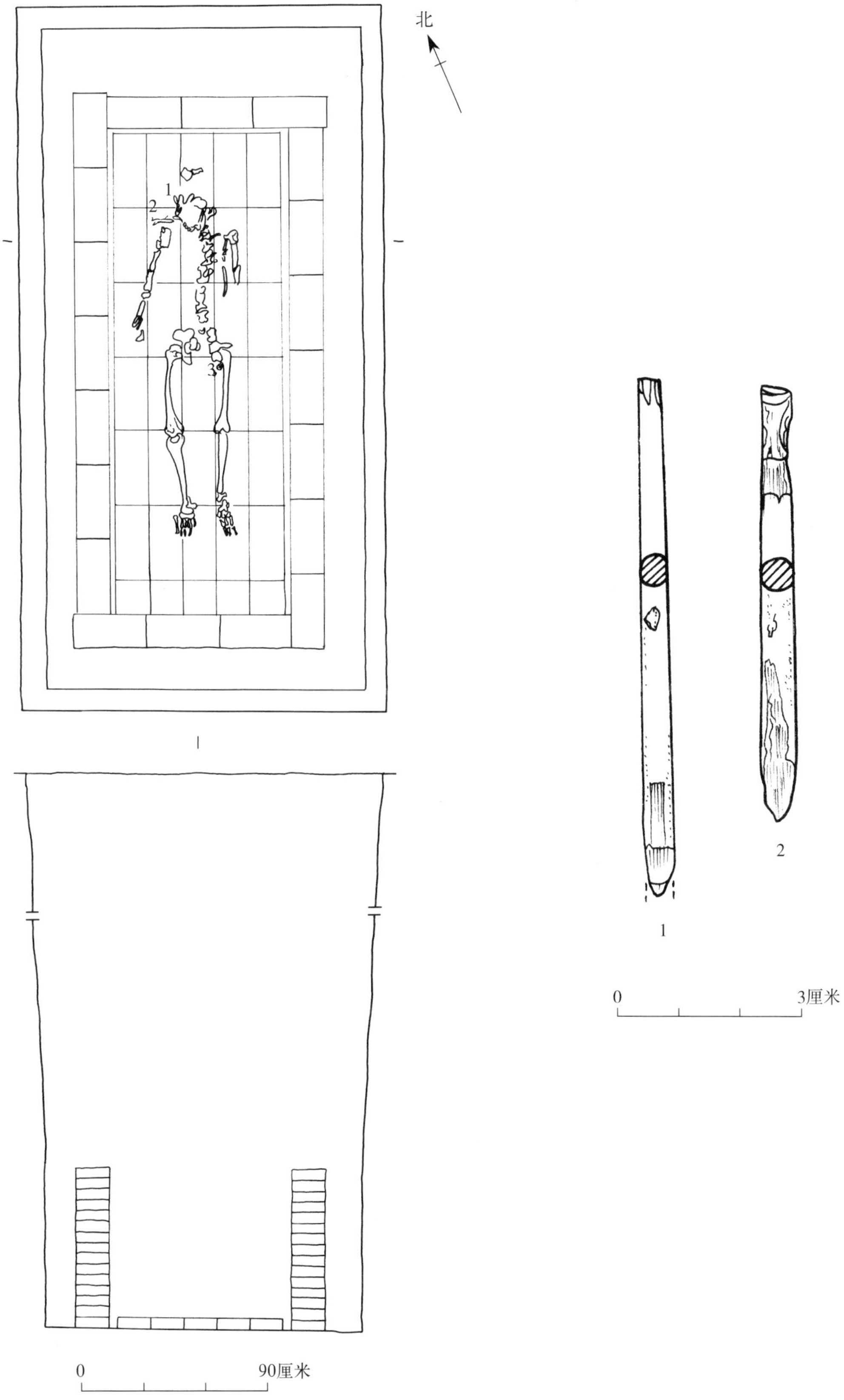

图 4-368　M118 及出土器物

1、2. 骨簪　3. 陶豆柄

（七一）M119

1. 墓葬形制

位于墓地西南部，东北面是M246，东南面为M245。方向26°（图4-369）。

长方形土坑竖穴砖椁墓。墓口长2.85、宽1.65、深2.17米。椁长2.4、宽1.06、高0.77米。椁室四壁错缝叠砌平铺十层青砖。中部挤压略向内收。墓底平铺一层青砖，右侧竖排、余为横排。椁室东侧中部壁龛为长方形，长0.35、宽0.25、高0.3米。砖长35、宽15、厚7厘米。墓内填黄褐色五花土，经夯打，土质较致密。夯窝圆形，直径8～10、间距15～30厘米。

人骨1具。面向不详，仰身直肢。腐朽严重，仅残存下肢部分股骨，性别、年龄无法鉴定。

随葬器物2件。陶罐1件放置龛内。铜钱1枚放在墓主左股骨内侧。

2. 出土遗物

（1）陶器

陶罐 1件。

标本M119∶2，泥质灰陶。敞口，斜沿，圆唇，高颈，折肩，下腹斜内收，小平底微凹。上腹有抹制痕，下腹及底部饰绳纹。口径17.2、底径7.6、高18.8厘米（图4-369，2）。

（2）铜器

铜钱 1枚。

标本M119∶1，賹六化。圆形方穿，正面轮郭俱全，背面平素。直径3.56、穿边长1、厚0.17厘米（图4-369，1）。

（七二）M121

1. 墓葬形制

位于墓地西南部，被M104打破，南面是M112、M113。方向110°。

倒梯形竖穴砖椁墓。墓口长3、宽1.8～1.9、深1.8米。椁室均用青砖垒砌。南、北、东壁为二～三层青砖侧立对缝叠砌，西壁土圹无砖。墓底铺地砖因严重破坏，仅残存少量青砖，排列情况不详。四壁有生土二层台，宽0.3～0.53、深0.3米。边箱位于东壁二层台，宽0.76、高0.31、进深0.32米。砖长32、宽14、厚7厘米。墓内填黄褐色五花土，土质较疏松。

人骨无。

随葬陶罐1件，放置边箱内。乳猪、鸡骨放在陶罐北侧。

2. 出土遗物

陶器

陶罐 1件。

标本M121∶1，泥质灰陶。直口，斜沿，圆唇，颈部微内弧，鼓腹，下腹内收，底微凹。肩上部饰八周凹弦纹，中腹饰一周戳印纹，下腹及底部饰细绳纹。口径19、底径10.8、高20.4厘米（图4-369，3）。

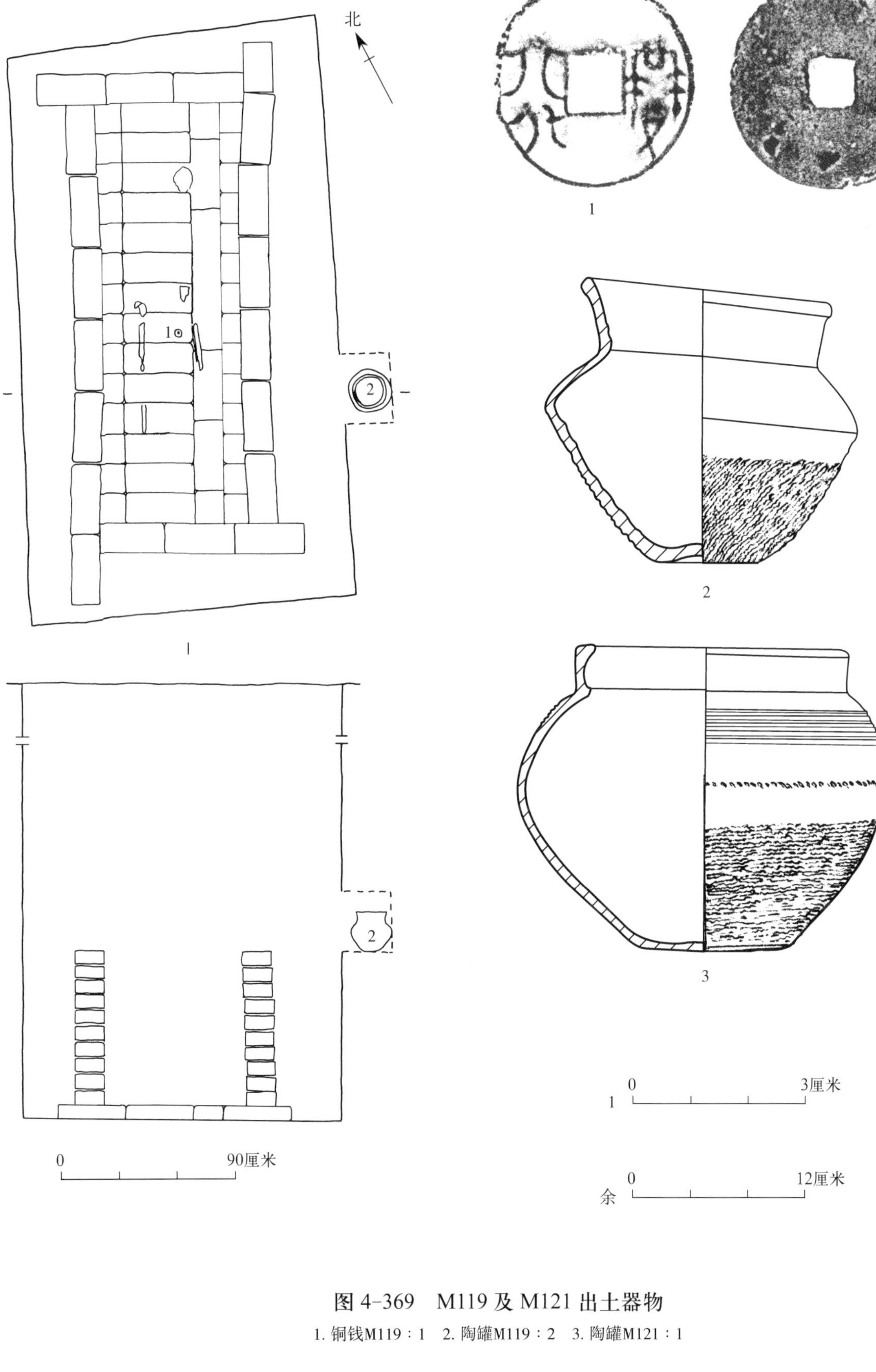

图 4-369　M119 及 M121 出土器物

1. 铜钱M119：1　2. 陶罐M119：2　3. 陶罐M121：1

（七三）M125

1. 墓葬形制

位于墓地西南部，打破M115，东北面是M114。方向14°（图4-370；彩版一五五，1）。

长方形土坑竖穴砖椁墓。墓口长2.45、宽1.5、深1.74米。椁长2.45、宽1.28、高0.7米。四壁用十层青砖平铺错缝垒砌。龛壁位于西壁中部，呈不规则长方形，宽0.9、高0.35、进深0.42米。墓底平铺一层碎砖，中间两行竖排对缝，两侧各横排1列。砖长32～35、宽12～13、厚6厘米。墓

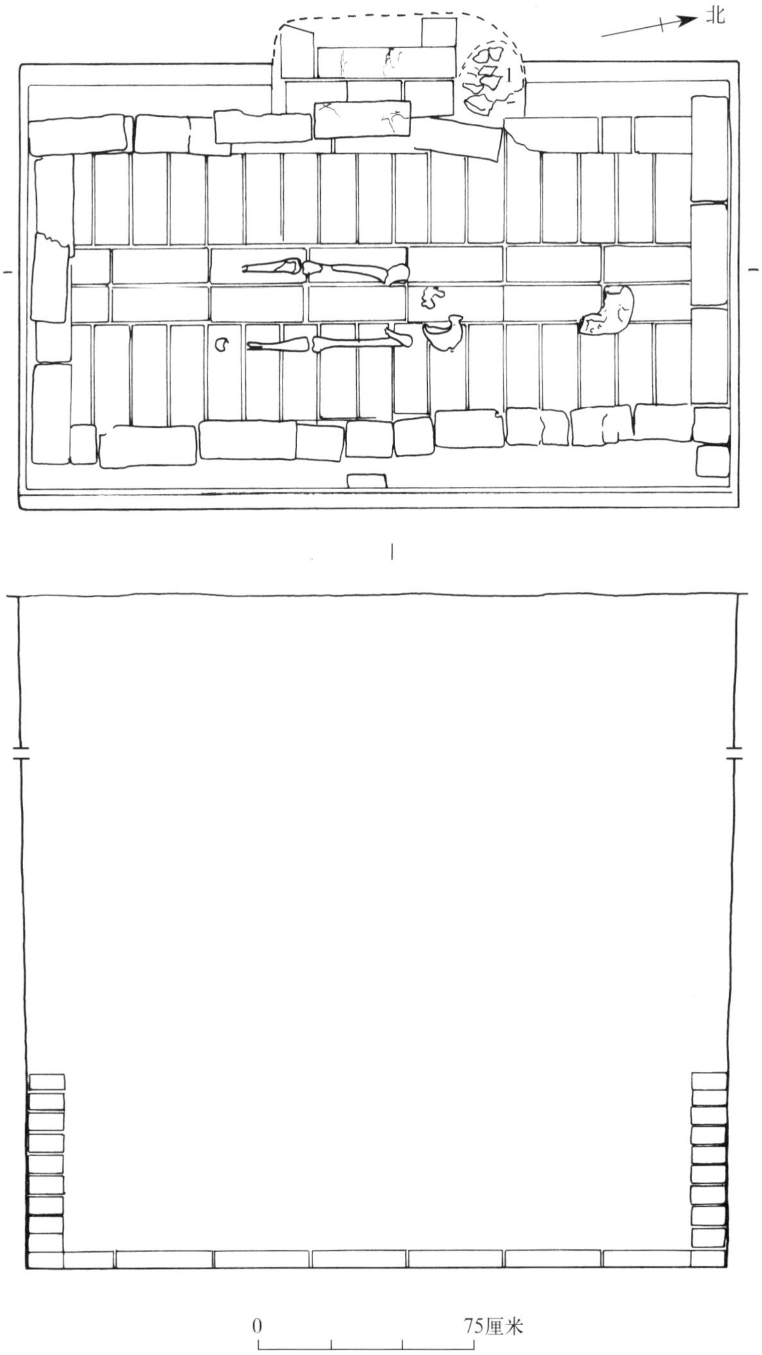

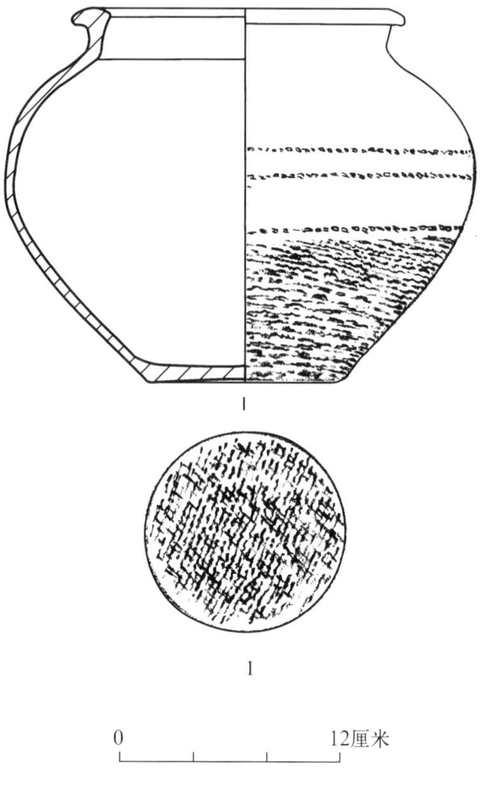

图4-370 M125及出土器物

1. 陶罐

内填黄褐色花色土，土质较坚硬。

人骨 1 具。头向北，面向左，仰身直肢。骨骼腐朽严重，仅残存头骨及部分下肢骨。女性，年龄 25 ～ 30 岁。

陶罐 1 件放在龛内。

2. 出土遗物

陶器

陶罐　1 件。

标本 M125：1，泥质灰陶。敛口，折沿，沿面外弧，尖唇，束颈，圆鼓腹，平底微内凹。腹部饰三周戳印纹，下腹及底部饰绳纹。口径 18、底径 10.8、高 19.6 厘米（图 4-370，1；彩版一五五，2）。

（七四）M128

1. 墓葬形制

位于墓地西南部，打破 M140、M145，西北面为 M63。方向 118°（图 4-371；彩版一五五，3）。

长方形土坑竖穴砖椁墓。墓壁斜直，底部内收。墓圹南壁中部发现工具痕迹。墓口长 3.33、宽 1.61 ～ 1.7、深 2 米。椁长 3.3、宽 1.43 ～ 1.49、高 1 米。椁室四壁均用青砖平铺横向或纵向叠砌而成。砖长 26、宽 12、厚 3 厘米。墓底未铺砖。墓内填黄褐色五花土，经夯打，土质较坚硬。夯窝椭圆形，排列不规则，直径 6 ～ 10、夯层厚 15 ～ 20、间距 10 ～ 16 厘米。

人骨无。

随葬陶钫 2 件放置在墓室东北角。

2. 出土遗物

陶器

陶钫　2 件。泥质灰陶。覆斗形盖，斜壁，小平顶，顶上有五个突饰。钫侈口，平沿，方唇，长颈，沿下有折棱、鼓腹、圆形圈足。

标本 M128：1，腹部饰一周戳印纹。口边长 11.2、底径 14.8、通高 41.4 厘米（图 4-371，1；彩版一五五，4 左）。

标本 M128：2，口边长 11、底径 14.4、通高 41.4 厘米（图 4-371，2；彩版一五五，4 右）。

（七五）M131

墓葬形制

位于墓地西南部，打破 M143，被 M124 打破，东南面为 M112。方向 120°（图 4-372）。

长方形土坑竖穴砖椁墓。墓口长 3.7、宽 2.52、深 2.4 米。椁长 2.56、宽 0.7、高 1.06 米。椁室四壁均用青砖垒砌而成。西壁上部竖排错缝叠砌平铺五层青砖，层层向外，形成阶梯状；下部为土圹。南、北、东壁破坏严重，凌乱不堪，情况不明。墓底西侧遗留铺地砖为横排平铺。砖长 36、宽 14、厚 6 厘米。墓内填黄褐色花土，土质疏松。填土中发现小型哺乳动物骨骼。

人骨无。

随葬器物无。

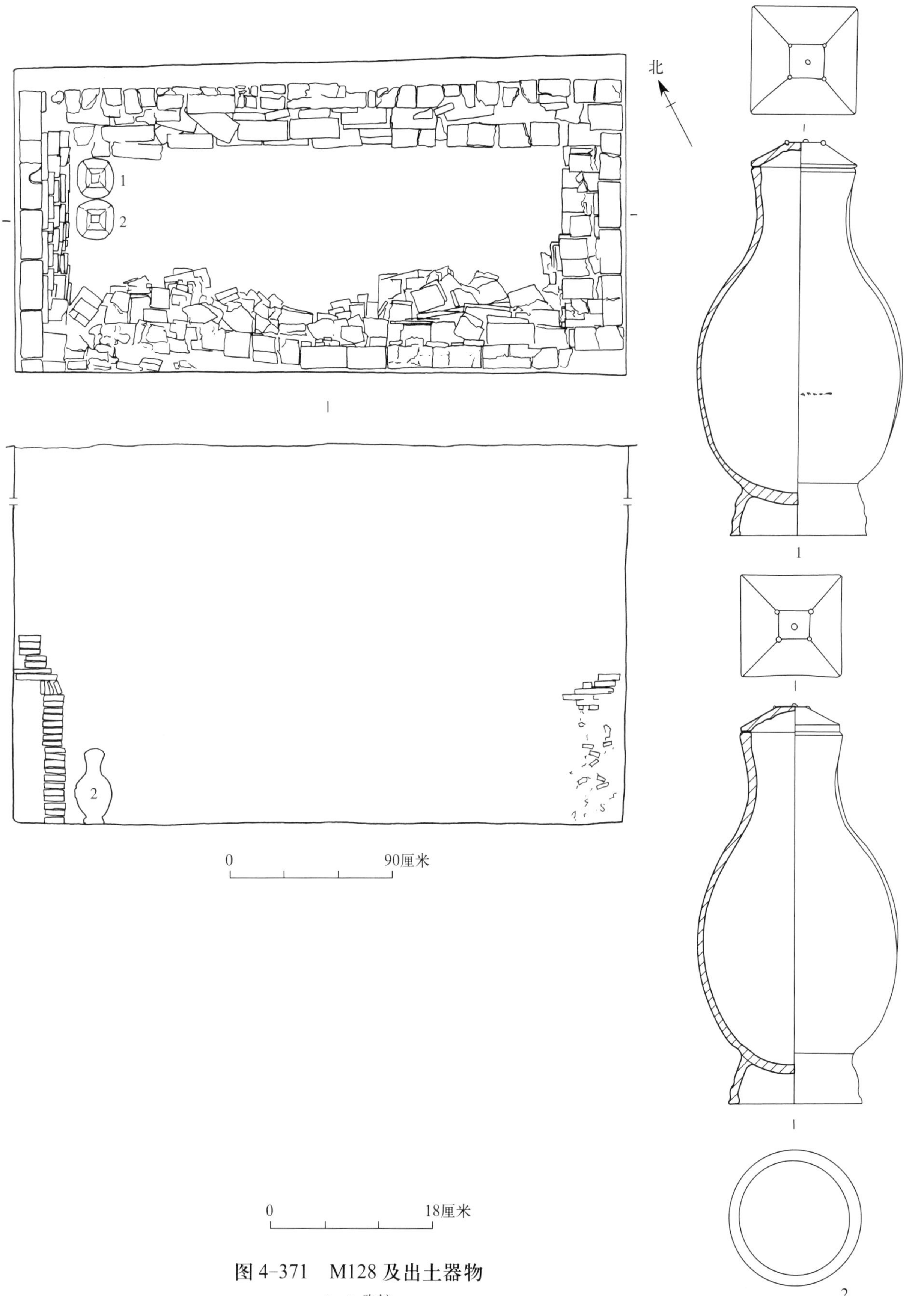

图4-371　M128及出土器物

1、2. 陶钫

图 4-372　M131 平、剖面图

（七六）M132

1. 墓葬形制

位于墓地西南部，被M138打破，南面是M126，西南面为M108。方向100°。

长方形土坑竖穴砖椁墓。墓口长3、宽1.4、深3.5米。椁室青砖破坏殆尽，垒砌方式不详。墓底四壁有生土二层台，宽0.05、高1米。东、西端发现第二层生土台，宽0.2～0.21、深0.4～0.85米。因盗扰，墓底第二层生土台上残留少量青砖，排列情况不明。砖长32、宽12、厚6厘米。墓内填黄褐色五花土，土质疏松。盗洞内发现一具四肢蜷缩的马骨、小型哺乳动物肋、肢骨及鸡前肢骨等。

人骨无。

随葬陶壶1件，放置在西端第二层生土台中部。

2. 出土遗物

陶器

陶壶　1件。

标本M132∶1，泥质灰陶。弧顶盖，上绘红、紫黑色卷云纹。壶侈口，斜平沿，方唇，束颈，鼓腹，圈足。腹部多饰白彩，间饰红、黑、紫色勾连纹，腹部饰两周戳印纹，下腹饰细绳纹。口径14.2、底径13.4、通高30.5厘米（图4-373；彩版一五五，5）。

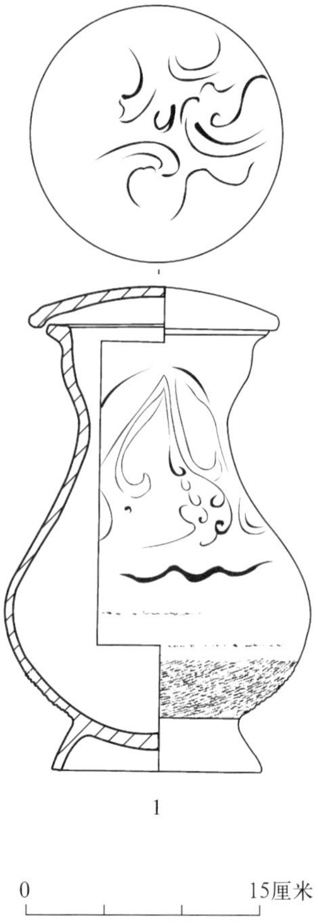

图4-373　M132出土陶壶M132∶1

（七七）M133

1. 墓葬形制

位于墓地西南部，打破M116，北面是M142、M122。方向112°（图4-374；彩版一五六，1）。

近长方形土坑竖穴砖椁墓。墓口长3.5、宽1.76～1.86、深2.06米。椁长3.5、宽1.2、高0.6米。椁室四壁为青砖平铺横排错缝叠砌，两端坍塌。砖长27、宽12、厚3厘米（彩版一五六，2）。墓底四周有生土二层台。长3.5、宽0.23、深0.98米。台面平铺一～二行青砖。墓底未铺青砖。墓内填黄褐色五花土，土质较致密。

人骨1具。头向东。骨骼腐朽严重，仅残存部分牙齿、头骨碎片及股骨。性别、年龄无法鉴定。

随葬器物23件（彩版一五六，3）。陶壶、陶钫各2件，陶盘、陶樽各1件置于椁室西端。铜饰件2件，铜刷柄、铁镜架、铜镜、铁棺钉各1件放在墓主头骨右侧。陶耳杯11件及乳猪、鸡骨放在椁室西端。

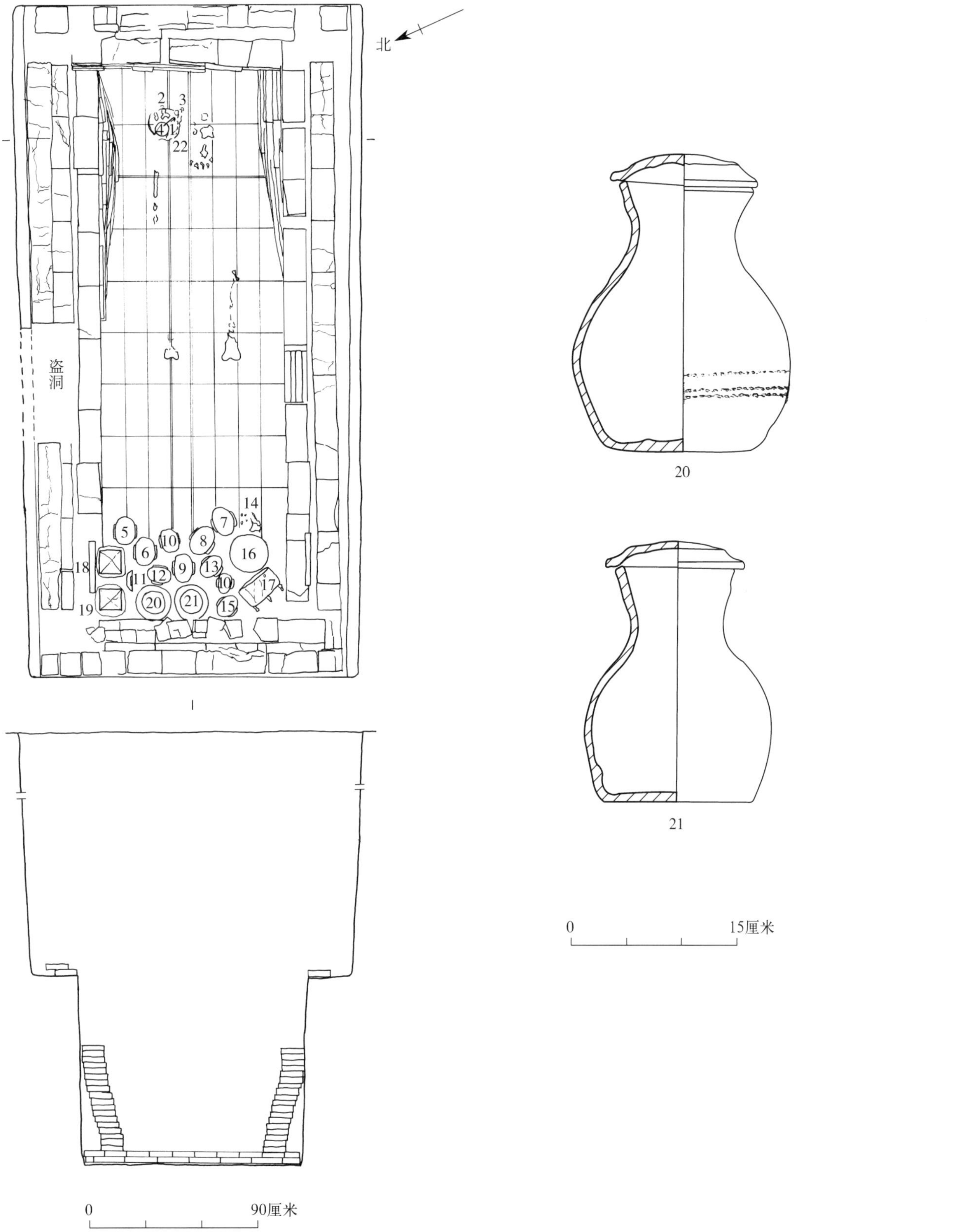

图 4-374　M133 及出土器物

1. 铜刷柄　2. 铜柿蒂形饰（2）　3. 铁镜架　4. 铜镜　5～15. 陶耳杯　16. 陶盘　17. 陶樽　18、19. 陶钫　20、21. 陶壶　22. 铁棺钉

2. 出土遗物

（1）陶器

陶壶　2件。泥质灰陶。弧顶盖。壶敞口，圆唇，束颈，弧肩，鼓腹，平底。素面。

标本M133∶20，下腹饰三周戳印纹。口径12、底径14、通高25.6厘米（图4-374，20；彩版一五六，4）。

标本M133∶21，器表有抹制痕，素面。口径10.8、底径13.6、通高22.9厘米（图4-374，21；彩版一五六，5）。

陶钫　2件。泥质灰陶。覆斗形盖，斜壁，小平顶，对角有棱，顶部有五个突饰。钫方口，平沿，方唇，束颈，四角有折棱，溜肩，鼓腹，方形圈足。

标本M133∶18，下腹及底部饰绳纹。口边长11、底边长14、通高39.2厘米（图4-375，18；彩版一五七，1）。

标本M133∶19，腹部有刮削抹痕。口边长10、底边长14、通高39厘米（图4-375，19；彩版一五七，2）。

陶樽　1件。

标本M133∶17，泥质灰陶。直口，口沿微凹，圆唇，深腹，直壁，蹄形足。素面。口径21.6、底径21.2、高14.8厘米（图4-375，17；彩版一五七，3）。

陶盘　1件。

标本M133∶16，泥质灰陶。敞口，平沿，圆唇，浅腹，平底。腹部有制作旋纹，素面。口径22、底径20、高4厘米（彩版一五七，4）。

陶耳杯　11件。泥质灰陶。器身椭圆形，敞口，尖唇，下腹弧收，沿两侧安新月形耳，平底。素面。

标本M133∶11，口长径15.5、短径8.8、高5.1厘米（图4-376，11；彩版一五七，5）。

标本M133∶15，口长径9.8、短径5.6、高3厘米（图4-376，15）。

（2）铜器

铜镜　1枚。

标本M133∶4，日光连弧铭带镜。圆形，圆纽，圆纽座。座外均匀伸出四短弧线、其间夹饰涡纹，再外一周内向八连弧纹圈带。外区两周短斜线和凸弦纹组合纹带，之间为顺时针铭文带“见日之光，天下大明”，圆转式篆隶体、首尾笔画呈楔形，每字间隔类似涡纹或带十字的菱形纹符号。窄素平缘。面径7.3、缘厚0.55厘米（图4-377；彩版一五七，6）。

铜刷柄　1件。

标本M133∶1，形似烟斗状。斗圆筒形中空，细长柄。尾部尖，形似龙头吐舌，近尾处有圆形小孔，长13厘米（图4-378，1；彩版一五七，7）。

铜柿蒂形饰　2件。扁平薄片状。

标本M133∶2-1，其一蒂缺失。长5、宽7.1、厚0.1厘米（图4-378，2-1）。

标本M133∶2-2，仅一组对角有蒂瓣。长3.5、宽1.5、厚0.1厘米（图4-378，2-2）。

（3）铁器

铁镜架　1件。

标本M133∶3，叉形。两侧支脚扁长条形，一侧缺失。残高10厘米（图4-378，3；彩版一五七，8）。

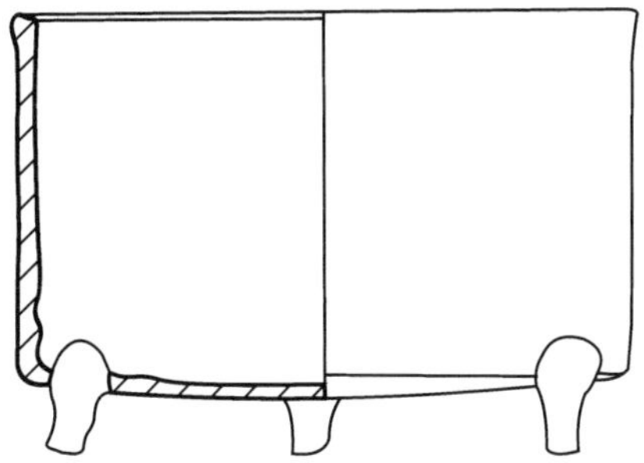

17

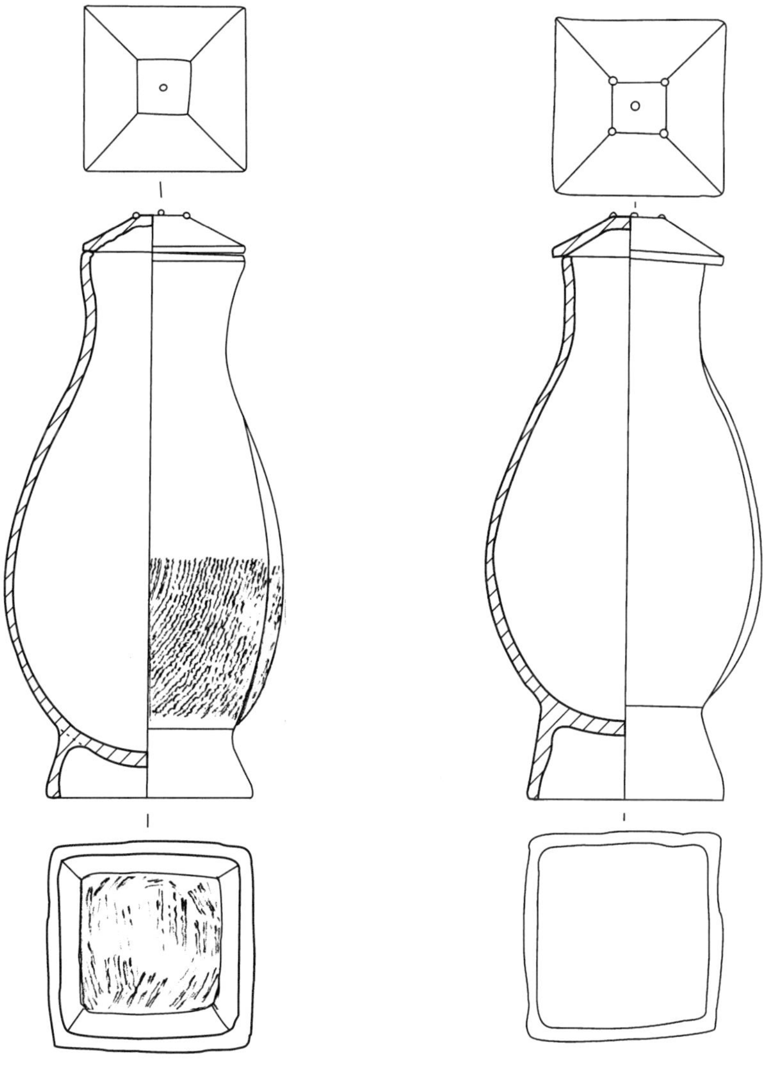

18

19

17 0 12厘米　余 0 15厘米

图 4-375　M133 出土器物

17. 陶樽　18、19. 陶钫

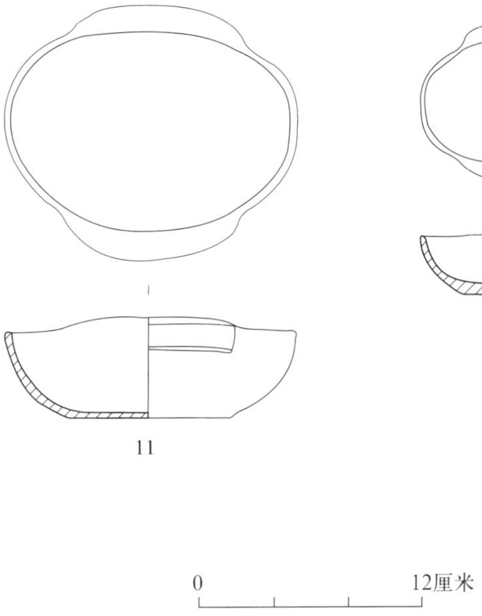

图 4-376 M133 出土器物

11、15. 陶耳杯

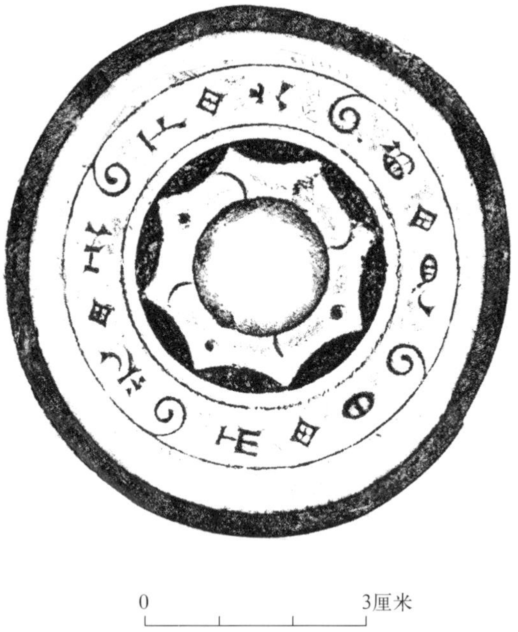

图 4-377 M133 出土铜镜 M133：4

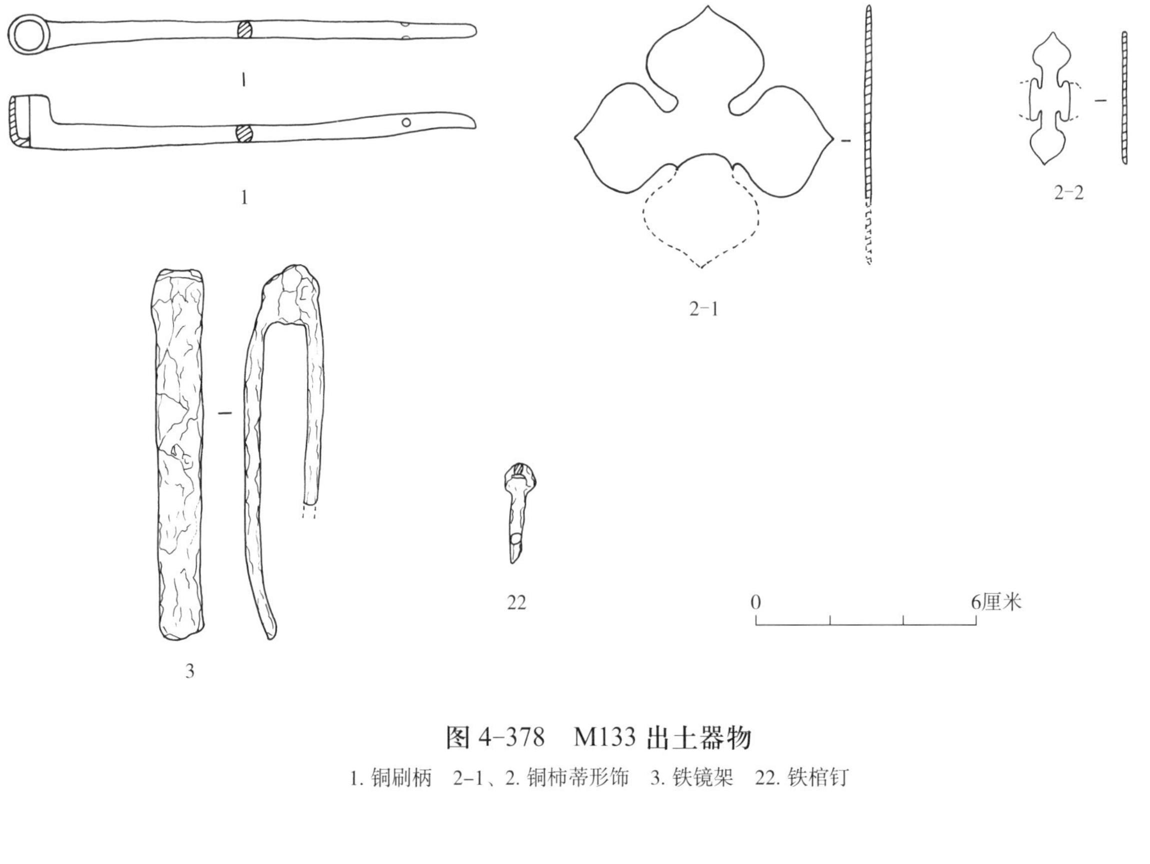

图 4-378 M133 出土器物

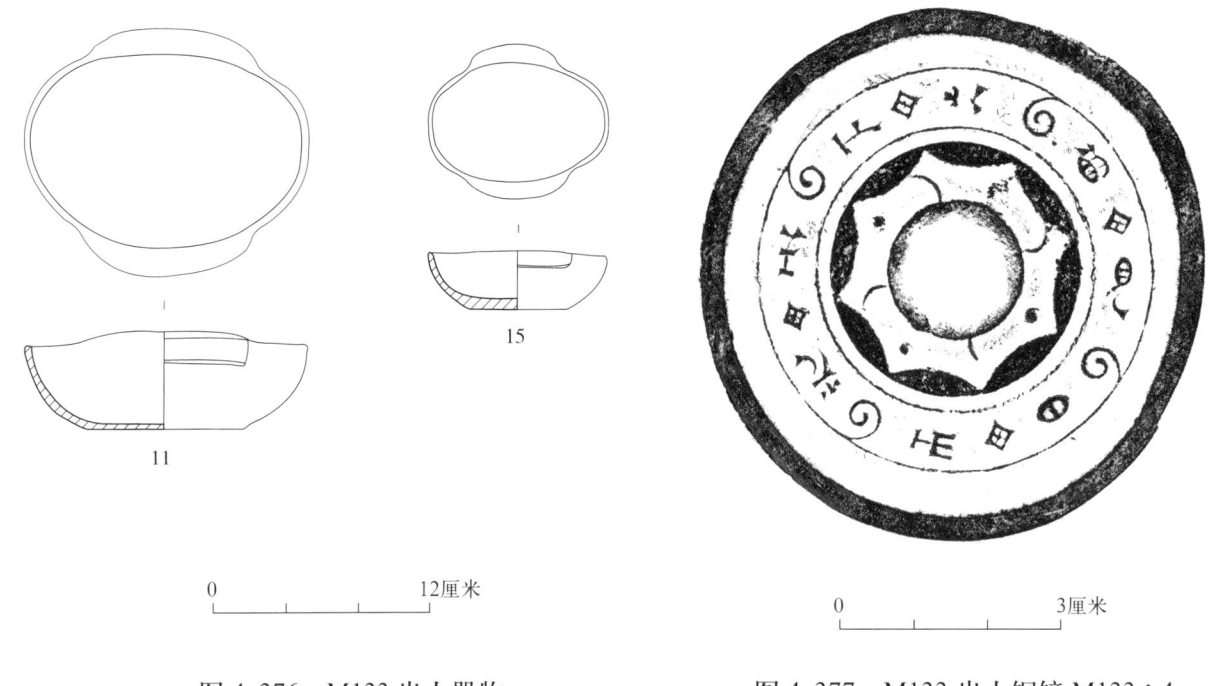

1. 铜刷柄 2-1、2. 铜柿蒂形饰 3. 铁镜架 22. 铁棺钉

铁棺钉　1件。

标本M133∶22，长条形。截面圆形，一端尖，一端环状。长2.65厘米（图4-378，22）。

（七八）M138

1. 墓葬形制

位于墓地西南部，打破M132，被M137打破，西南面为M126。方向110°。

长方形土坑竖穴砖椁墓。墓口长3.4、宽1.5、底长3.34、宽1.46、深2.1米。椁长2.92、宽1.15、高0.82～0.89米。椁室四壁均用青砖平铺横排错缝垒砌四～七层。四周有生土二层台，东、西端台宽0.24米。垒砌方式东端台面第一层横排，第二层竖排，第三四层横排。西端台面第一层横排，第二三层竖排，第四五层横排垒砌。墓底横排错缝排列一层青砖。砖长25～27、宽12、厚4厘米。墓内填黄褐色五花土，土质较疏松。

人骨无。

随葬陶器4件。钫1件，壶1件，器盖2件放在椁室西北角。乳猪、鸡骨放置西南处。

2. 出土遗物

陶器

陶壶　1件。

标本M138∶3，泥质灰陶。弧顶盖，下部有折棱。壶侈口，斜沿，圆唇，束颈，鼓腹，平底微凹。下腹饰六周凹弦纹。口径12、底径18、通高26.2厘米（图4-379）。

陶钫　1件。

标本M138∶1，泥质灰陶。覆斗形盖，斜壁，小平顶。钫直口，平沿，圆唇，束颈，鼓腹，下腹残缺。素面。口边长10.3、残高24.4厘米。

陶器盖　2件。

标本M138∶2、4，泥质灰陶。均残破，未能修复。

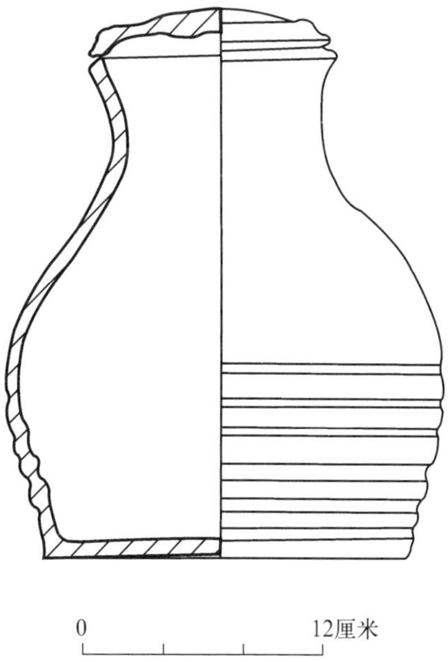

图4-379　M138出土陶壶M138∶3

（七九）M139

1. 墓葬形制

位于墓地西南部，被M136、M129、M127打破。方向108°（图4-380；彩版一五八，1）。

长方形土坑竖穴砖椁墓。墓口长3.35、宽1.6、深1.24米。椁长3.35、宽1.57、高0.86米。椁室南侧塌落，北侧残存二～三层，东侧青砖缺失。墓底铺一层青砖，“人”字形排列。砖长28、宽13、厚4厘米。墓内填黄褐色五花土，经过夯打，土质较致密。夯窝圆形，分布较稀疏，直径8～10厘米。

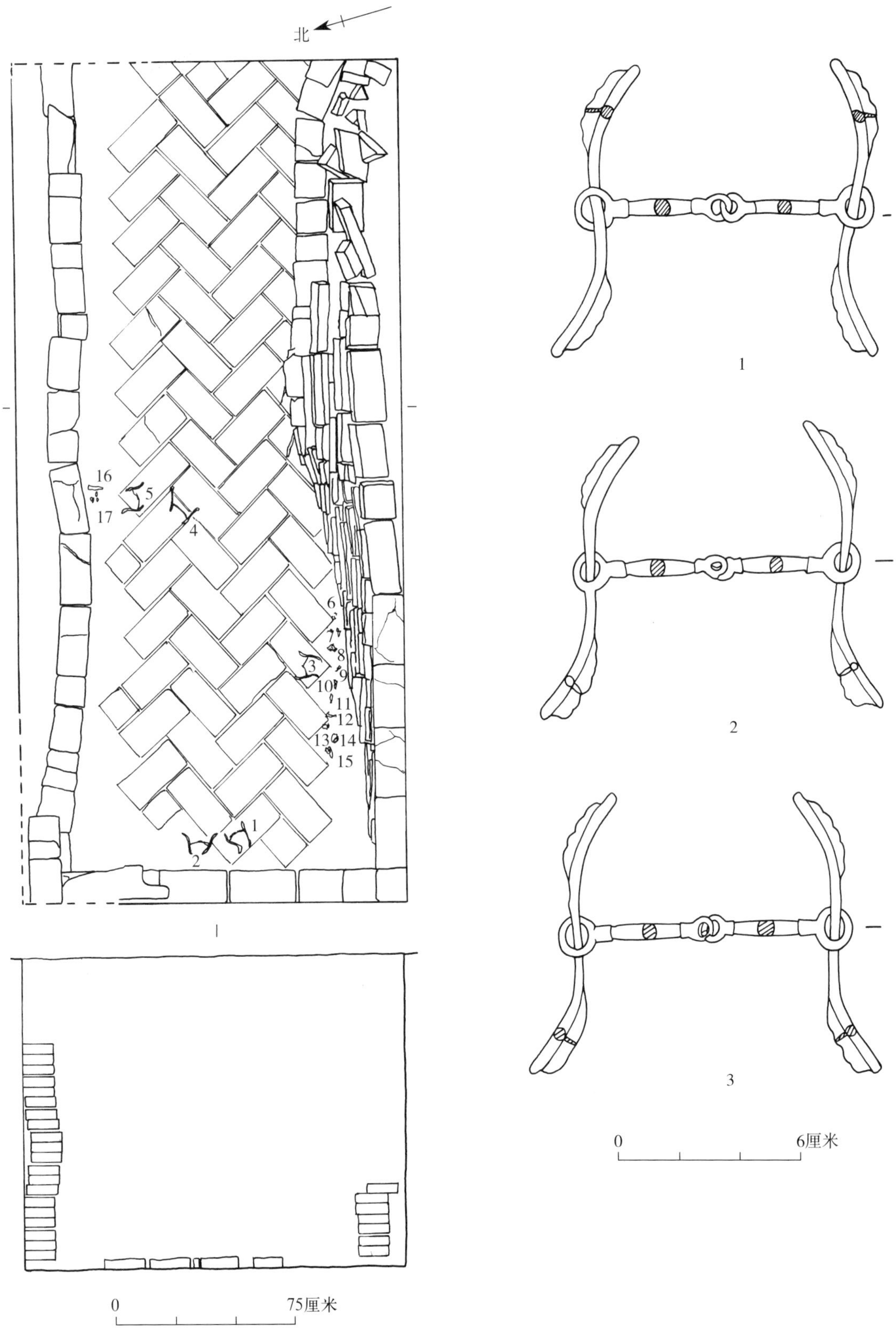

图4-380 M139及出土器物

1～5. 铜衔镳 6～13. 铜盖弓帽 14. 铜车軎 15. 骨贝饰（2） 16. 铜当卢 17. 铜圆饼饰（3）

填土中发现有一些铜车马器，多数不完整。

人骨1具。头向东，骨骼腐朽特别严重，仅发现少量头骨残渣。性别、年龄无法鉴定。

随葬器物20件。铜衔镳5件，铜盖弓帽8件，铜圆饼饰3件，铜车辖、铜当卢各1件，铜车軎2件，铜衡帽2件，铜车輚3件，骨贝饰2件。

2. 出土遗物

（1）铜器

铜衔镳　5件。形制相同。衔作两节环状，镳上下部作锯齿状，中间有两个小圆孔。

标本M139∶1，衔长9.5、镳长9.5厘米（图4-380，1）。

标本M139∶2，衔长9.5、镳长9.5厘米（图4-380，2）。

标本M139∶3，衔长9.8、镳长9.8厘米（图4-380，3；彩版一五八，2）。

标本M139∶4，衔长9.8、镳长9.8厘米（图4-381，4；彩版一五八，3）。

标本M139∶5，衔长9.8、镳长9.8厘米（图4-381，5；彩版一五八，4）。

铜车軎　2件。近喇叭状，中部空，两侧均圆形，中部有一环形辖插入孔内。

标本M139∶14，宽1.7、高1.2厘米（图4-382，14）。

标本M139∶09，宽2.9、高1.2厘米（图4-382，09）。

铜车辖　1件。

标本M139∶08，长条形，上部有圆环。长1.5厘米（图4-382，08；彩版一五八，5）。

铜圆饼饰　3件。均圆形薄片。

标本M139∶17-1，直径1.1厘米（图4-383，17-1）。

标本M139∶17-2，直径1厘米（图4-383，17-2）。

标本M139∶17-3，直径0.95厘米（图4-383，17-3）。

铜盖弓帽　8件。形制相同。圆形顶，上部内收，中上部微鼓，体下有倒钩，中空成銎。

标本M139∶7，长2.5厘米（图4-383，7）。

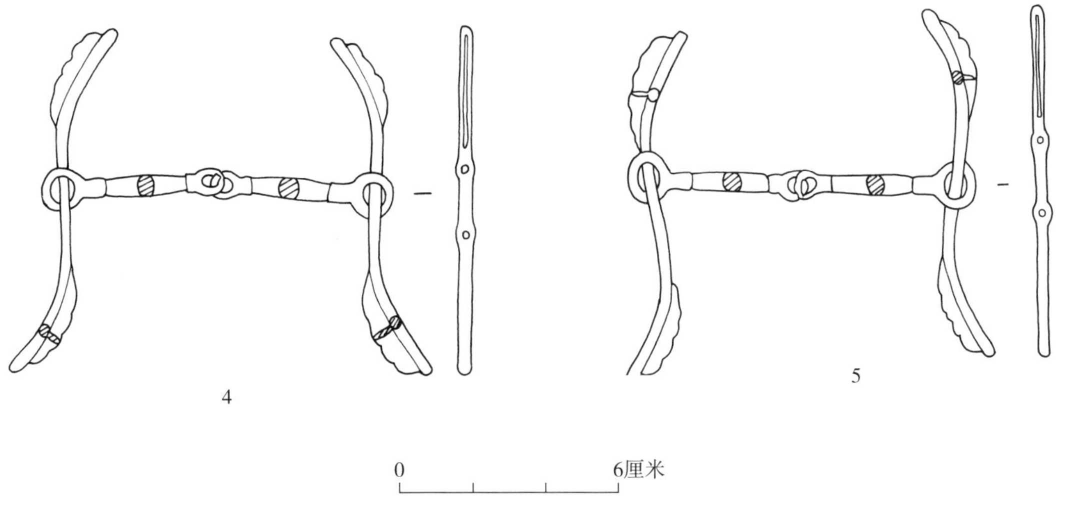

图4-381　M139出土器物

4、5. 铜衔镳

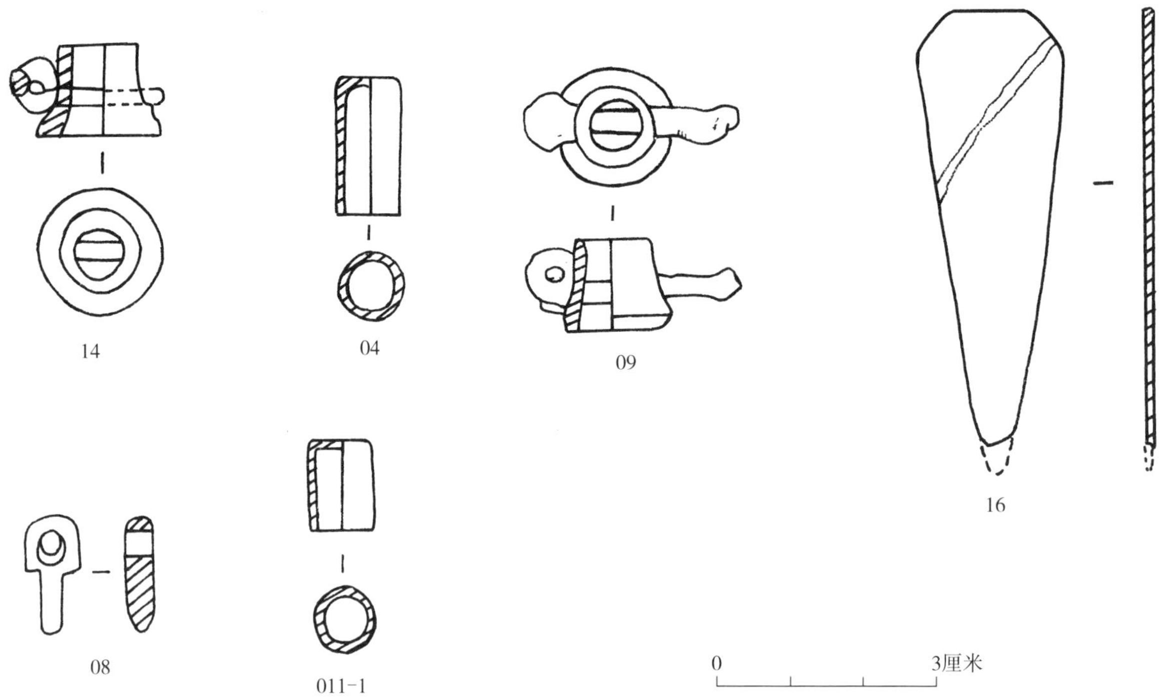

图4-382　M139出土器物

14、09. 铜车軎　16. 铜当卢　04、011-1. 铜衡帽　08. 铜车辖

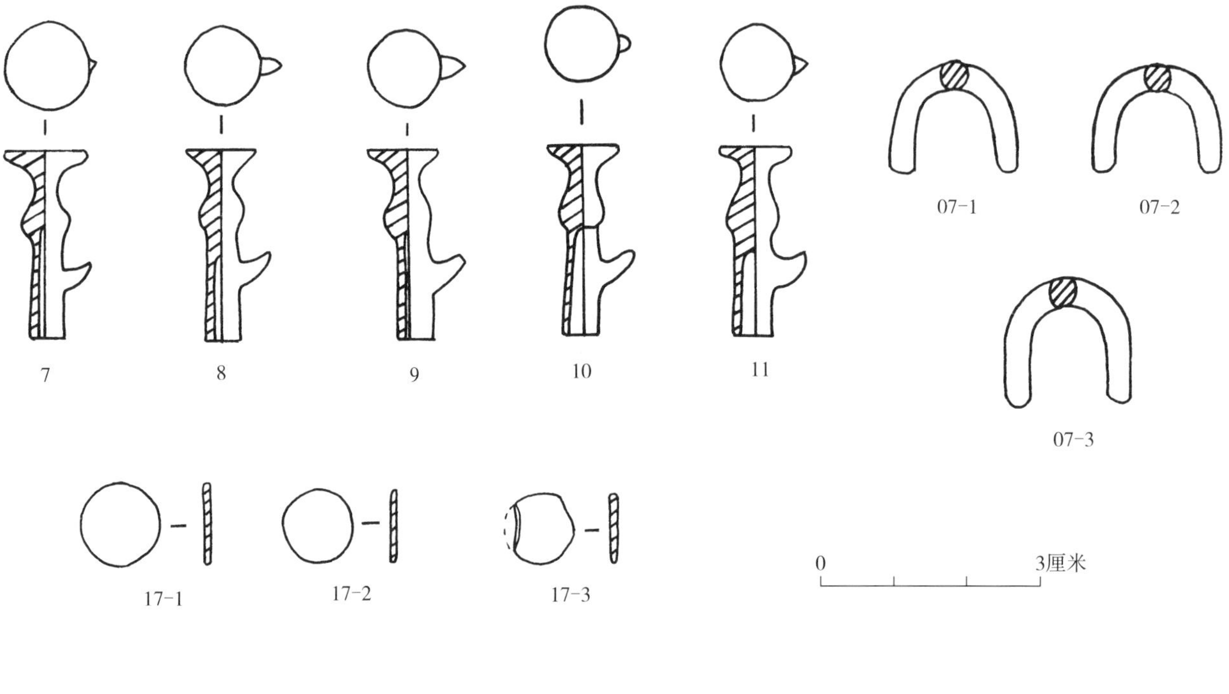

图4-383　M139出土器物

7～11. 铜盖弓帽　17-1～3. 铜圆饼饰　07-1～3. 铜车轙

标本 M139：8，长 2.6 厘米（图 4-383，8）。

标本 M139：9，长 2.5 厘米（图 4-383，9）。

标本 M139：10，长 2.5 厘米（图 4-383，10）。

标本 M139：11，长 2.5 厘米（图 4-383，11）。

铜衡帽　2 件。筒形。

标本 M139：011-1，直径 0.9、高 1.2 厘米（图 4-382，011-1；彩版一五八，6 左）。

标本 M139：04，直径 0.9、高 1.8 厘米（图 4-382，04；彩版一五八，6 右）。

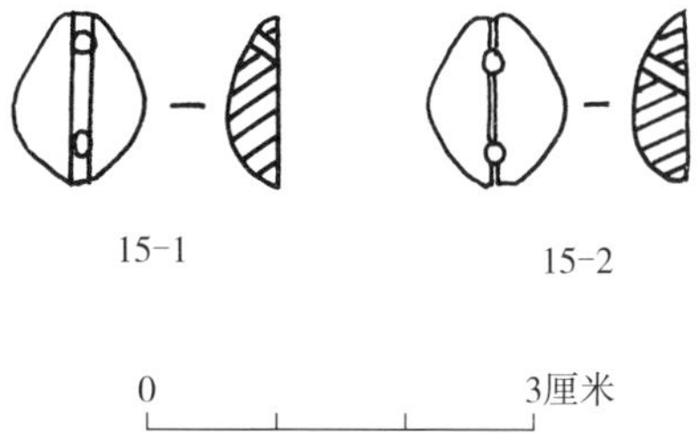

图 4-384　M139 出土器物

15-1、2. 骨贝饰

铜车軎　3 件。

标本 M139：07-1 ～ 3，形制大小相同。半圆形，截面圆形。长 1.4、宽 1.7 厘米（图 4-383，07-1 ～ 3；彩版一五八，7）。

铜当卢　1 件。

标本 M139：16，长三角形薄片，横断面长条形。素面。长 5.8、宽 2 厘米（图 4-382，16；彩版一五八，8）。

（2）骨器

骨贝饰　2 件。

标本 M139：15-1，长 1.3、宽 1、厚 0.4 厘米（图 4-384，15-1；彩版一五八，9 左）。

标本 M139：15-2，长 1.3、宽 1、厚 0.4 厘米（图 4-384，15-2；彩版一五八，9 右）。

（八〇）M140

1. 墓葬形制

位于墓地西南部，被 M128 打破，西面是 M110。方向 125°（图 4-385；彩版一五九，1）。

长方形土坑竖穴砖椁墓。墓口长 3.25、宽 2、深 3 米。椁长 2.78、宽 1.25、高 0.85 米。椁室四壁均用青砖叠砌。东、西壁错缝纵向平铺叠砌十五层；南、北壁横向错缝平铺十五层，再纵横叠压各一层。墓底平铺一层青砖，“人”字形排列。椁室西部有脚箱。平面为长方形，长 0.9、宽 0.55、深 0.85 米。木棺已腐朽，仅残存板灰痕迹。长 2.05、宽 0.84 米。砖长 30、宽 13、厚 4 厘米。墓内填褐色五花土，经过夯打，土质较致密。夯窝椭圆形，不规则排列，直径 8 ～ 15、间距 20 ～ 60、夯层厚 15 ～ 20 厘米。

人骨 1 具。头向东。骨骼腐朽严重，仅残存头骨残片及少量牙齿。性别、年龄无法鉴定。

随葬器物 6 件。陶钫 2 件放在脚箱内南端。铜镜、铜刷柄、铁镜架各 1 件置于墓主头骨左上方。铜带钩 1 件已残，一段在墓主口内，一段置于头骨左上侧。小型食虫目的头、肩胛骨和后腿放置于脚箱内。

2. 出土遗物

（1）陶器

图 4-385　M140平、剖面图

1. 铜镜　2. 铜带钩　3. 铜刷柄　4. 铁镜架　5、6. 陶钫陶钫　2件。泥质深灰陶。覆斗形盖，斜壁，平方顶，四角下斜，盖上中部饰一支鹤，四面印有鱼形图案，沿边缘饰波浪纹。钫方口，平沿，方唇，束颈，颈下部折棱，溜肩，鼓腹，下腹弧收，方形圈足。下腹及底部饰绳纹。

标本M140∶5，颈上部饰红色彩绘。口边长12.6、底边长12.6、通高48.4厘米（图4-386；彩版一五九，2）。

标本M140∶6，颈上部饰红色“V”字形图案，腹部红彩脱落不清。口边长13、底边长14.2、通高47.8厘米（图4-387，6；彩版一五九，3）。

（2）铜器

铜镜　1枚。

标本M140∶1，星云镜。圆形，连峰纽，圆纽座。座上四短弧线与四外附三短竖线的内弧月牙纹相间环列，其外周内向十六连弧纹圈带。再外一周短斜线和凸弦纹组合纹带与一周凸弦纹间为主纹，四枚并蒂连珠座大乳丁分为四区，每区内各有弧线相连七枚小乳丁。内向十六连弧纹缘。面径10.5、缘厚0.55厘米（图4-387，1；彩版一五九，4）。

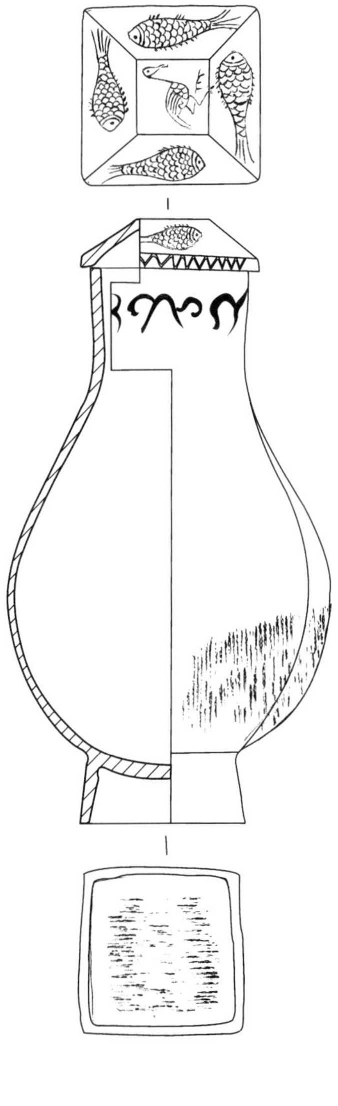

图4-386　M140出土陶钫M140∶5

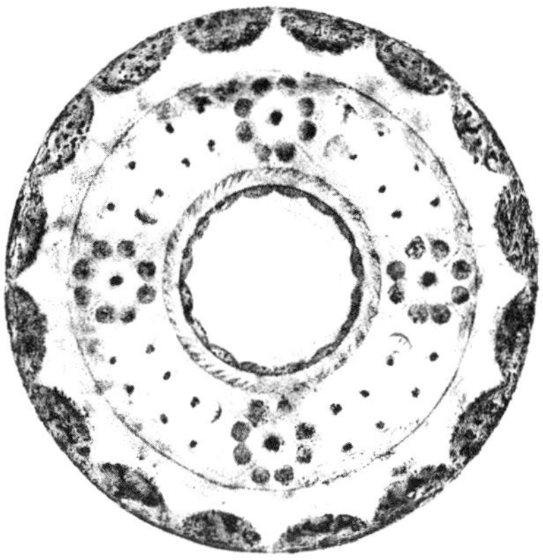

1

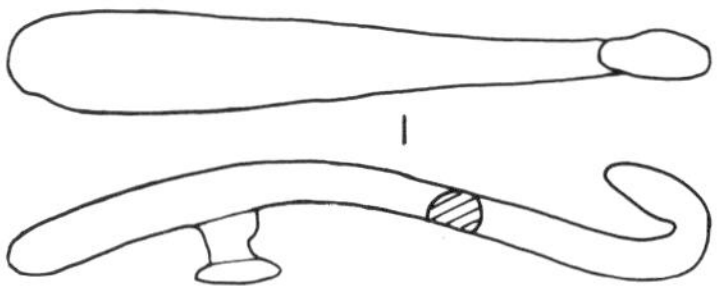

2

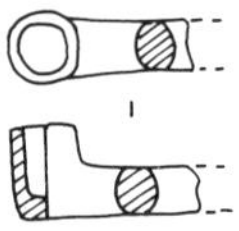

3

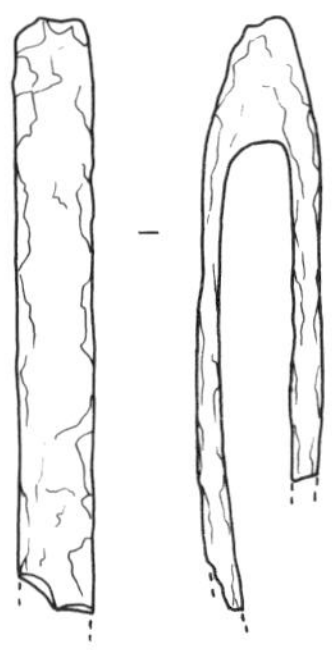

4

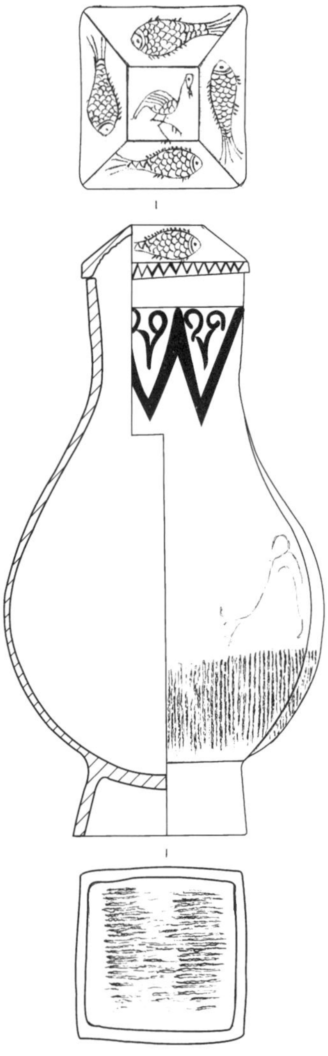

6

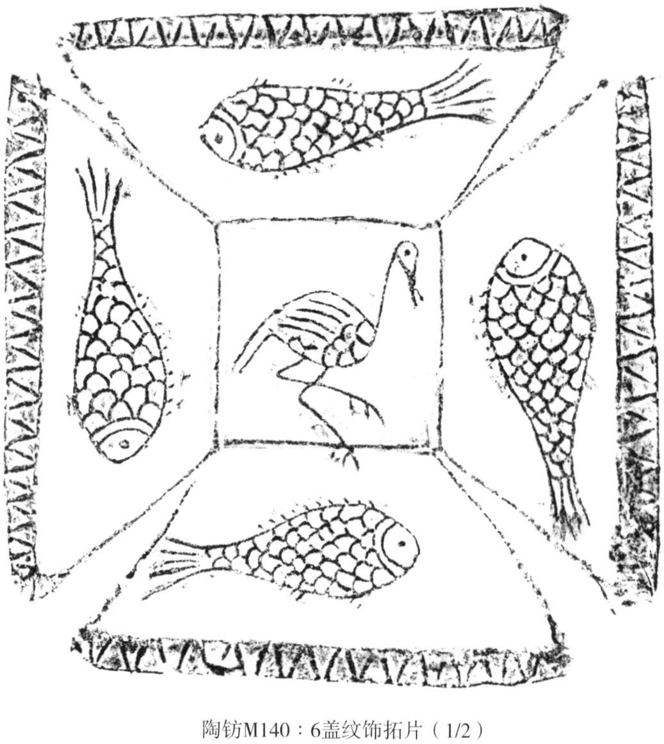

陶钫M140：6盖纹饰拓片（1/2）

6　0　18厘米

余　0　6厘米

图 4-387　M140 出土器物

1. 铜镜　2. 铜带钩　3. 铜刷柄　4. 铁镜架　6. 陶钫

铜刷柄　1件。

标本M140∶3，形状似烟斗，斗圆筒形中空，细长柄。残长2.5厘米（图4-387，3）。

铜带钩　1件。

标本M140∶2，琵琶形。钩呈兽首状，圆形纽位于后背中部。长9.6厘米（图4-387，2；彩版一五九，5）。

（3）铁器

铁镜架　1件。

标本M140∶4，叉形，两侧支脚扁平长条形，已残失。残高7.8厘米（图4-387，4；彩版一五九，6）。

（八一）M141

1. 墓葬形制

位于墓地西南部，打破M146，被M134打破，西南面是M135。方向100°。

长方形土坑竖穴砖椁墓。墓口长3.1、宽1.7米，底长2.9、宽1.05、深2.68米。椁长2.85、宽1.05、高0.68米。椁室均用青砖错缝平铺垒砌而成。南、北两侧平铺二十一层，东侧二十三层。南、北、西壁顶部用一层青砖叠砌成二层台。西侧有脚箱，长0.78、宽0.38、高0.31米。台面青砖平铺，下面竖立。砖长26、宽12、厚4厘米。墓内填黄褐色五花土，经过夯打，土质较坚硬。夯窝椭圆形，分布不规律，直径5～7、间距10～30、夯层厚5～8厘米。

人骨无。

随葬陶器5件。钫2件，耳杯2件，樽1件均位于椁室西侧器物台上。其中2件耳杯置于樽内。

2. 出土遗物

陶器

陶钫　2件。形制相同。泥质灰陶。覆斗形盖，斜壁、小平顶，上部有五个突饰。钫方口，平沿，圆唇，束颈，沿下部折棱，鼓腹，方形圈足。下腹及底部饰绳纹。

标本M141∶1，口边长12、底边长14、通高43.2厘米（图4-388，1）。

标本M141∶2，口边长11.6、底边长

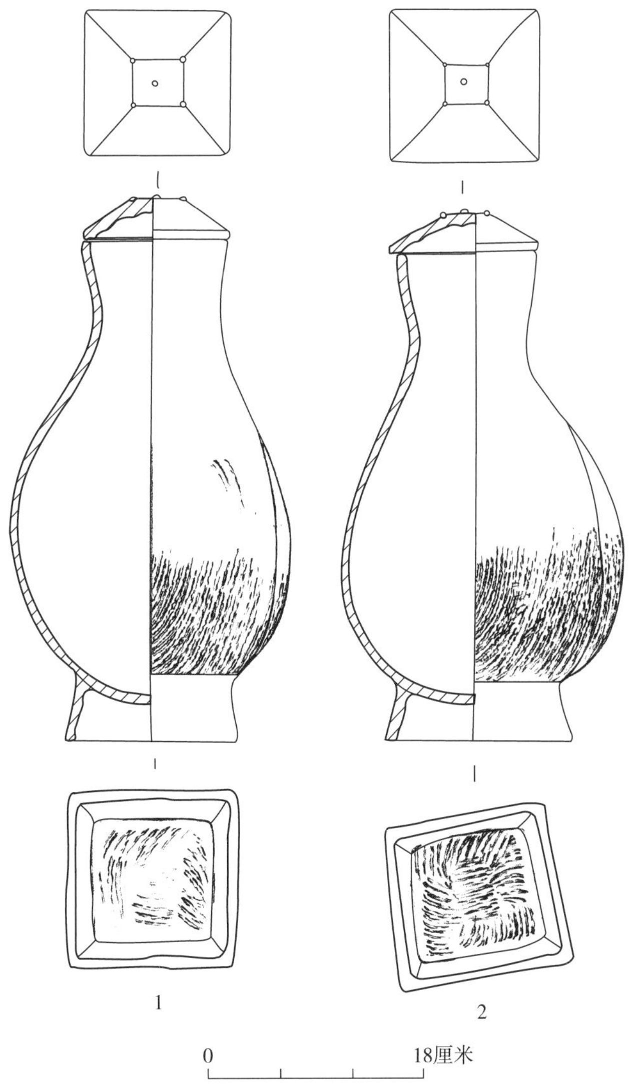

图4-388　M141出土器物

1、2. 陶钫

14、通高42厘米（图4-388，2；彩版一六〇，1）。

陶樽 1件。

标本M141∶3，泥质灰陶。弧顶盖，斜平沿。樽直口，平沿，方唇，深腹，直壁，底微圜，蹄形足。素面。口径19.6、底长18、通高16.8厘米（图4-389，3；彩版一六〇，2）。

陶耳杯 2件。泥质灰陶。器身椭圆形。侈口，平沿，方唇，体弧收，平底。口沿两侧饰新月形耳。素面。

标本M141∶4，口长径15.2、短径9.4、高5.4厘米（图4-389，4）。

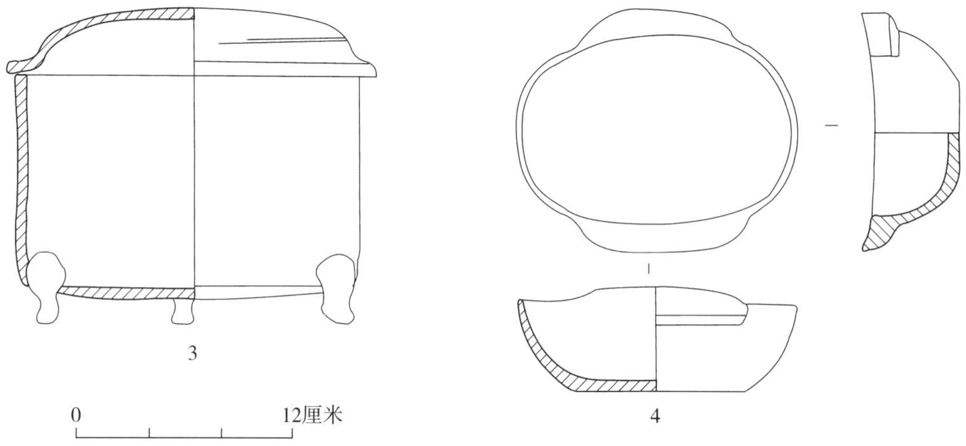

图4-389 M141出土器物

3. 陶樽 4. 陶耳杯

（八二）M144

1. 墓葬形制

位于墓地西北部，东面是M147。方向108°（彩版一六〇，3）。

长方形土坑竖穴砖椁墓。墓口长2.9、宽1.5、深1.87米。椁长1.95、宽0.78、高0.7米。椁室四壁均用十二层青砖横排错缝叠砌平铺而成。壁龛位于南壁中部，平面为长方形，长0.3、高0.3、进深0.22米。龛外侧平立两块青砖作为封口。墓底铺地砖为两横向两竖向排列。砖长33、宽16、厚6厘米。墓内填黄褐色五花土，经过夯打，土质较致密，夹杂褐色黏土块。夯窝圆形，分布密集，直径7～11、夯层厚15～20厘米。

人骨1具。头向东，面向上，仰身直肢。男性，年龄50～60岁。

随葬陶器2件。陶罐1件、陶钵1件放在壁龛内，其中陶钵盖在陶罐口上面。

2. 出土遗物

陶器

陶罐 1件。

标本M144∶2，泥质灰陶。直口，沿内斜，圆唇，高颈，折肩，下腹弧内收，小平底微凹。颈

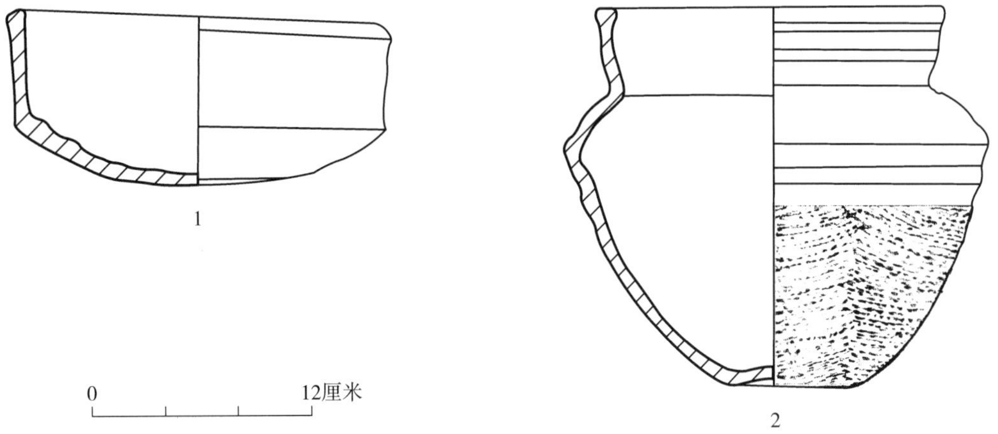

图 4-390　M144 出土器物

1. 陶钵　2. 陶罐

部有四周抹制弦纹，下腹饰绳纹。口径 19.2、底径 6.5、高 20 厘米（图 4-390，2；彩版一六〇，4）。

陶钵　1 件。

标本 M144∶1，泥质灰陶。直口，圆唇，下腹斜内收，圜底。素面。口径 20.8、底径 4、高 9.2 厘米（图 4-390，1；彩版一六〇，5）。

（八三）M146

1. 墓葬形制

位于墓地西南部，被 M134、M141 打破，南面是 M115，西南面为 M135。方向 20°（图 4-391）。

长方形土坑竖穴砖椁墓。墓口长 2.7、宽 1.25、深 1.85 米。椁长 2.5、宽 1.2、高 0.85 米。椁室四壁均用青砖直缝横立或横铺垒砌。壁龛位于东壁，长 0.28、高 0.3、进深 0.28 米。墓底横排对缝排列一层青砖。砖长 34、宽 16、厚 5 厘米。墓内填黄褐色花土，土质较致密。夯窝不明显。

人骨 1 具。头向北，骨骼严重腐朽，仅残存部分盆骨及下肢骨。男性，年龄 35 ～ 45 岁。

随葬陶罐 1 件，与乳猪骨骼放在壁龛内。

2. 出土遗物

陶器

陶罐　1 件。

标本 M146∶1，夹砂灰褐陶。直口，沿面微内凹，圆唇，高领，肩弧折，下腹内收，凹底。口下部饰五周凹弦纹，肩上饰二十周凹弦纹，肩下部饰六周凹弦纹，下腹及底部饰绳纹。口径 16.8、底径 10.8、高 20.5 厘米（图 4-391，1）。

（八四）M147

1. 墓葬形制

位于墓地西北部，南面是 M248，西面为 M144。方向 20°（图 4-392；彩版一六一，1）。

长方形土坑竖穴砖椁墓。墓口长 2.9、宽 1.4、深 2.1 米。椁长 2.1、宽 0.74 ～ 0.78、高 0.72 米。

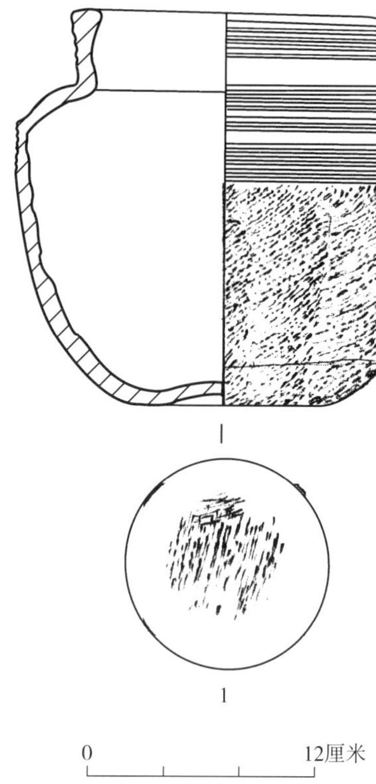

图4-391　M146及出土器物

1. 陶罐

椁室四壁均用单行青砖错缝平铺叠砌十一层。头箱位于椁室顶端，长0.78、宽0.3、高0.24米。台面用青砖平铺而成，与椁室连为一体。墓底平铺一层青砖，中间两行竖排，两侧一行横排。砖长34、宽13、厚6厘米。墓内填黄褐色花土，夹褐色黏土块。经过夯打，土质致密坚硬。夯窝圆形，分布较密集，直径7、夯层厚15～20厘米。填土中发现铁夯具1件。

人骨1具。头向北，面向及葬式不详。骨骼腐朽严重，仅残存少许下肢及盆骨遗骸。性别、年龄无法鉴定。

随葬陶罐1件及乳猪、鸡、鱼骨放在头箱内。

2. 出土遗物

（1）陶器

陶罐　1件。

标本M147∶1，泥质灰褐。直口，斜沿，圆腹，下部内收，底凹。上腹饰一周、下腹饰两周凹弦纹，中腹间饰一周戳印纹，下腹及底部饰绳纹。口径16、底径8、高22.4厘米（图4-392，1；彩版一六一，2）。

（2）铁器

铁夯具　1件。

标本M147∶01，筒状，平口，平底。中空，下部微内收。口径7.3、底径6.4、高8.3厘米（图4-392，01；彩版一六一，3）。

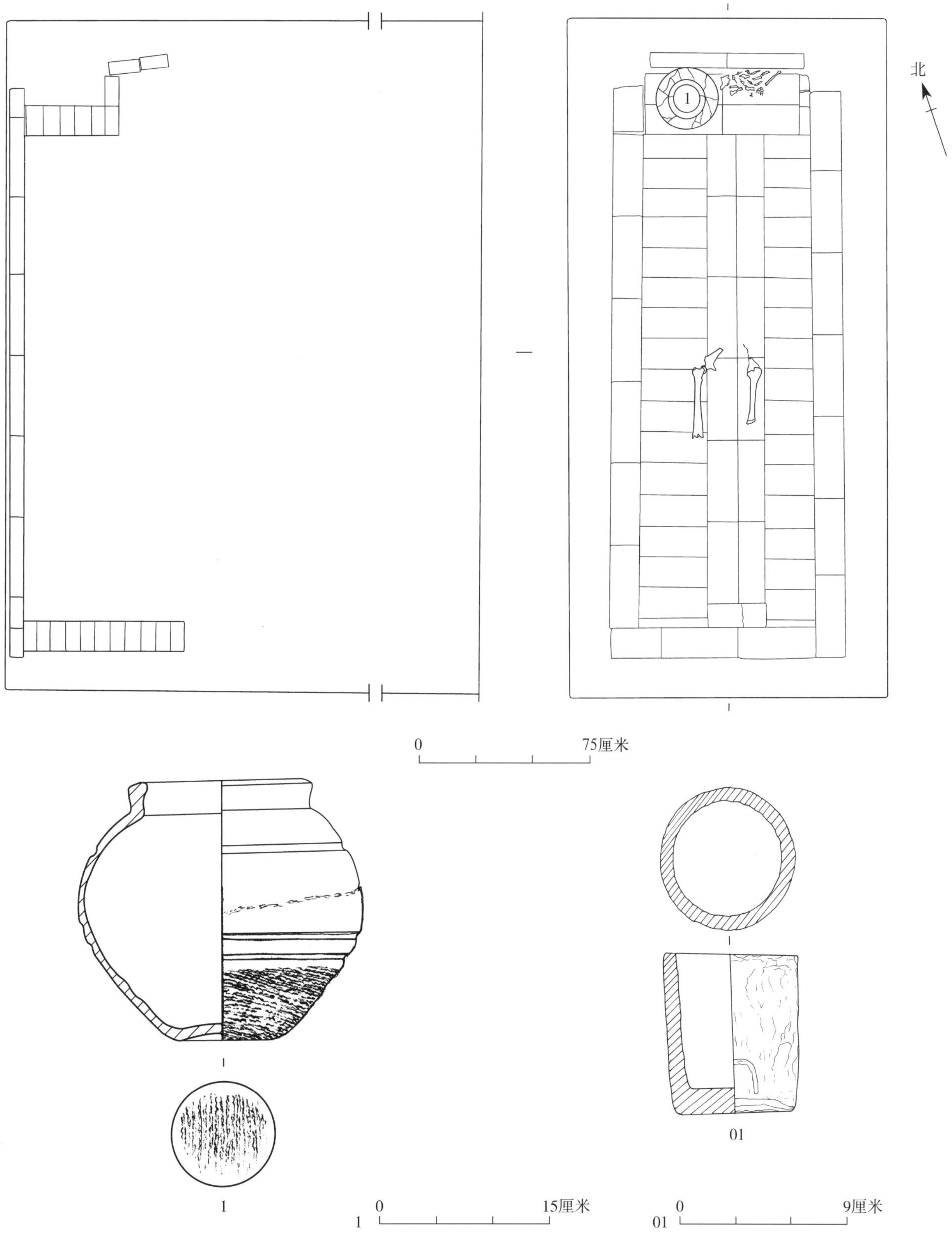

图 4-392　M147 及出土器物

1. 陶罐　01. 铁夯具

（八五）M148

1. **墓葬形制**

位于墓地西北部，东南面是M144，西面为M150。方向104°（图4-393）。

长方形土坑竖穴砖椁墓。墓口长2.5、宽1.4、深1.9米。椁室垒砌青砖严重破坏，仅在填土中发现较多碎砖，结构不明。壁龛位于墓南壁中东部，平面长方形，顶部略弧，平底。长0.4、宽0.5、进深0.3米。外侧用两块青砖横立于龛外。砖长33～34、宽17、厚7厘米。墓内填黄褐色五花土，土质较疏松。

人骨1具。填土中发现零散人骨，性别、年龄无法鉴定。

随葬陶器2件。陶罐1件，钵1件放在龛内，钵盖在罐口上面。

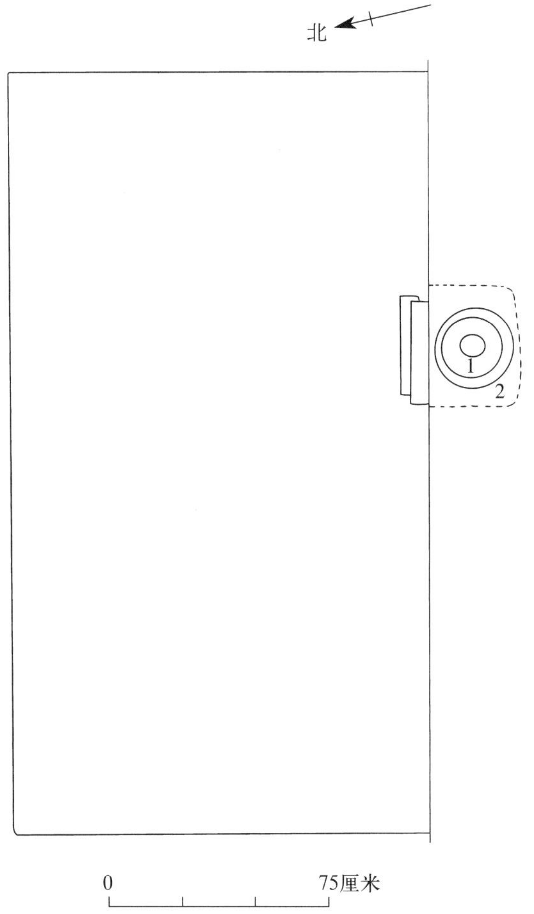

图4-393 M148平面图
1. 陶钵 2. 陶罐

2. **出土遗物**

陶器

陶罐 1件。

标本M148∶2，泥质黑灰陶。敞口，折沿，圆唇，高颈，折肩，下部内收，平底内凹。肩部刻划一“五”字，有数周制作旋纹，间饰两周凹弦纹，下腹及底部饰绳纹。口径19.2、底径9.6、高21厘米（图4-394，2）。

陶钵 1件。

标本M148∶1，泥质灰陶。直口，圆唇，下腹斜收，小平底微凹。素面。口径20.8、底径8、高8.8厘米（图4-394，1）。

（八六）M150

墓葬形制

位于墓地西北部，打破M155，东面为M148。方向105°。

长方形土坑竖穴砖椁墓。墓口长3.7、宽1.7、深0.6米。椁残长1.1、宽1.04、深0.6米。椁室青砖垒砌而成。因破坏，东壁仅残留三行青砖，为横排错缝叠砌平铺。砖一面素面，另一面饰绳纹。砖长26、宽12、厚4厘米。墓内填黄褐色五花土，土质较疏松。

人骨无。

随葬器物无。

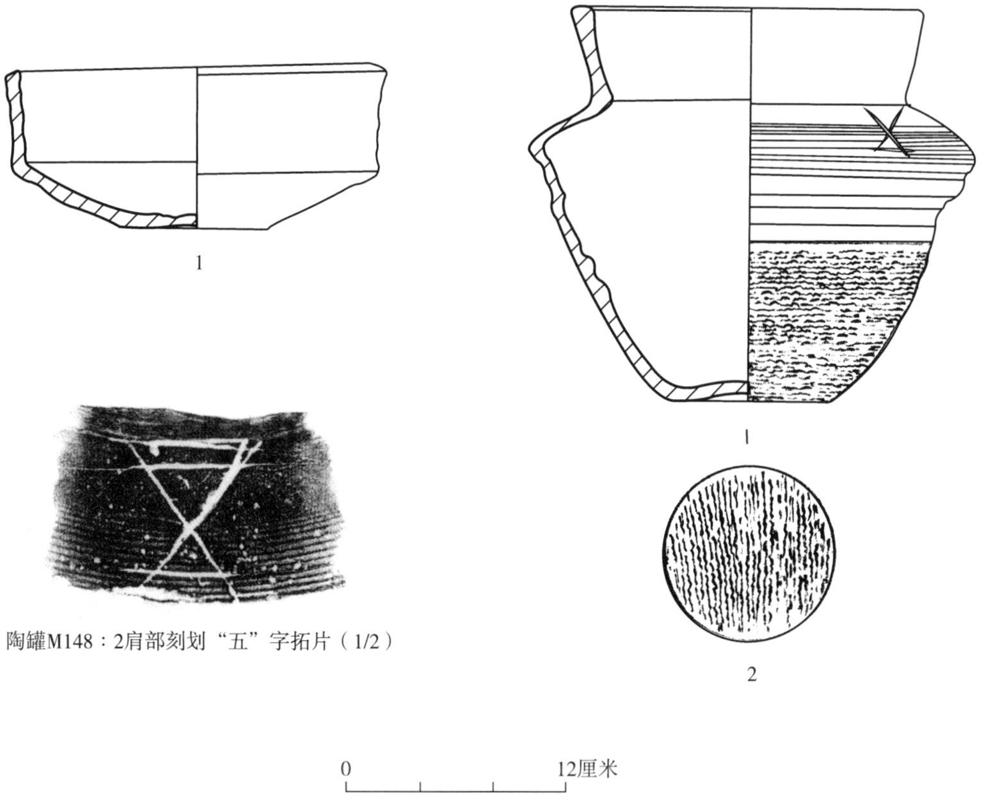

图 4-394　M148 出土器物

1. 陶钵　2. 陶罐

（八七）M151

1. 墓葬形制

位于墓地西北部，被 M71 打破，东面是 M150，西南面为 M75。方向 20°（图 4-395）。

长方形土坑竖穴砖椁墓。墓口长 2.8、宽 1.6、深 3.2 米。椁室青砖垒砌，因破坏严重，结构不详。壁龛位于墓室北壁中部，呈不规则圆形，斜弧壁，顶略低，平底。宽 0.3 ～ 0.45、高 0.3、进深 0.25 米。墓内填黄褐色五花土，经夯打，土质较致密。夯窝圆形，分布密集，直径 7 ～ 10、厚 10 ～ 15 厘米。填土中夹杂较多碎砖，尺寸不详。

人骨 1 具。头向北。骨骼凌乱，仅见颅骨和肢骨残骸。性别无法鉴定，成年个体。

陶罐 1 件放在壁龛内。

2. 出土遗物

陶器

陶罐　1 件。

标本 M151：1，泥质灰陶。侈口，斜沿，圆唇，束颈，弧肩，圆鼓腹，下腹弧收，平底微凹。腹部饰绳纹，间饰多周凹弦纹。口径 12.8、底径 8、高 24 厘米（图 4-395，1）。

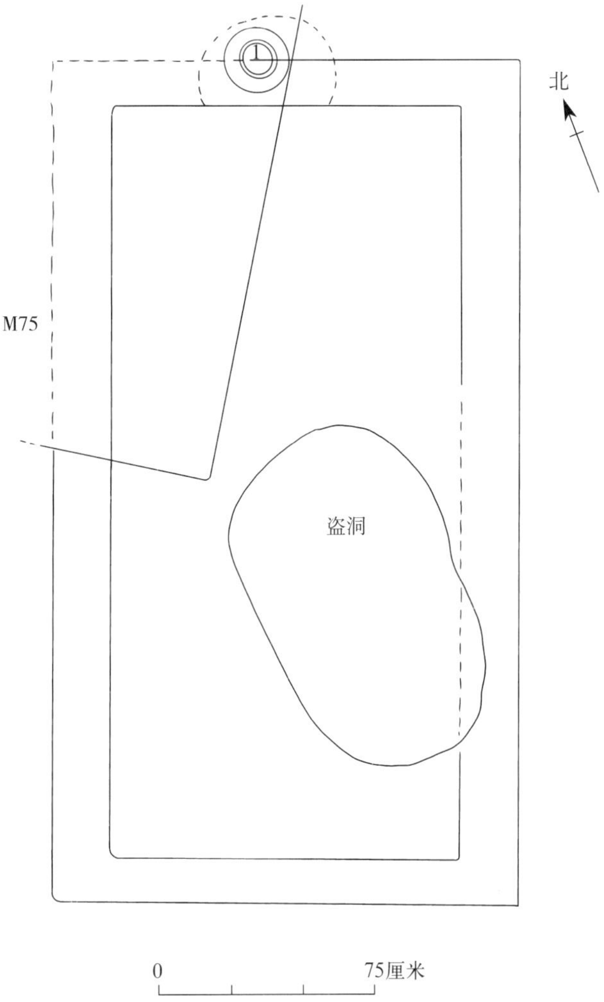

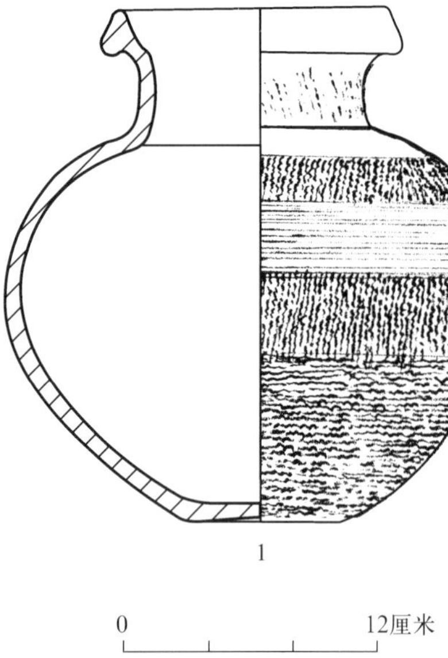

图 4-395　M151 及出土器物

1. 陶罐

（八八）M152

1. 墓葬形制

位于墓地西北部，东面是M161，西南面为M162，西北面是M400。方向20°。

长方形土坑竖穴砖椁墓。墓口长2.8、宽1.5、深1.25米。椁长2.19、宽1.19、高0.8米。椁室四壁错缝平铺垒砌十层青砖。墓底四周有生土二层台，宽0.11～0.2、高0.8米。墓圹东侧壁龛长0.3、宽0.3、高0.3米。墓底纵横交错平铺一层青砖。砖长34～35、宽15、厚6厘米。墓内填黄褐色五花土，土质疏松。

人骨1具。面向东，仰身直肢。男性，年龄25～30岁。

随葬陶罐1件，放置在壁龛内。

2. 出土遗物

陶器

陶罐　1件。

标本 M152∶1，泥质灰陶。敞口，斜沿，圆唇，高颈，折肩，下腹斜内收，小平底。肩上饰两周凹弦纹，上腹饰六周凹弦纹，下腹及底部饰细绳纹。口径 20、底径 8.8、高 22 厘米（图 4-396）。

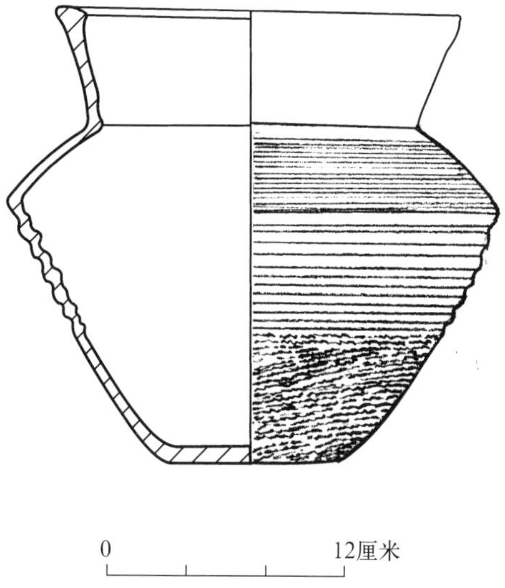

图 4-396　M152 出土陶罐 M152∶1

（八九）M154

1. 墓葬形制

位于墓地西北部，北面是 M153，东南面为 M166，西面是 M396。方向 290°（彩版一六一，4）。

长方形土坑竖穴砖椁墓。墓口长 2.8、宽 1.5、深 1.93 米。椁长 2.54、宽 1.16、高 0.8 米。椁室四壁均用青砖错缝平铺垒砌十层。墓底四周有生土二层台，宽 0.06 ～ 0.28、高 0.8 米。北侧壁龛长 0.3、宽 0.2、高 0.3 米（彩版一六一，5）。钵口平放一块青砖。墓底一层铺底砖纵向排列。砖长 35、宽 15、厚 7 厘米。墓内填黄褐色五花土，上面较硬，下部松软。夯窝圆形，直径 6 ～ 8 厘米，分布稀疏，夯层不明显。

人骨 1 具。头向西，面向南，仰身直肢。骨骼保存较完整。男性，年龄 25 ～ 30 岁。

随葬陶钵 1 件，放置在壁龛内。

2. 出土遗物

陶器

陶钵　1 件。

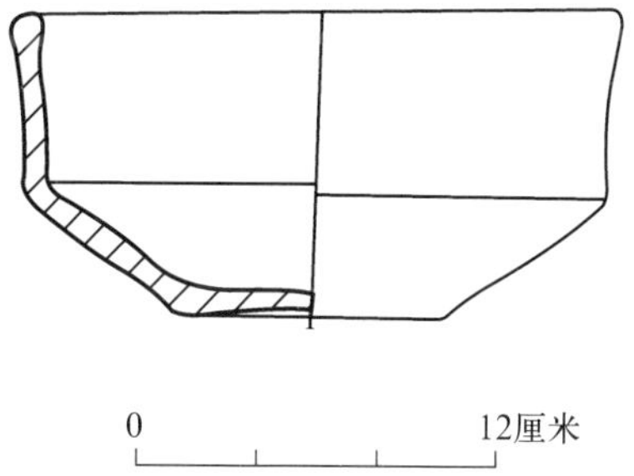

图 4-397　M154 出土陶钵 M154∶1

标本 M154∶1，泥质灰陶。直口，圆唇，折腹，下部斜内收，小平底微凹。素面。口径 20.1、底径 9、高 10 厘米（图 4-397；彩版一六一，6）。

（九〇）M157

1. 墓葬形制

位于墓地西北部，东面是 M209，西北面为 M391。方向 19°（图 4-398；彩版一六二，1、2）。

长方形土坑竖穴砖椁墓。墓口长 2.6、宽 1.3、深 2.4 米。椁长 2.25、宽 0.7、高 0.64 米。椁室四壁均单行青砖错缝平铺叠砌九～十层。壁龛扁长方形，位于墓室北壁中间，长 0.7、高 0.07 ～ 0.15、进深 0.16 米。底部横排对缝平铺一层青砖。砖长 33 ～ 34、宽 15 ～ 16、厚 6 厘米。墓内填灰褐色五花土，经夯打，较坚硬。夯窝圆形，直径 6、夯层厚 30 厘米。

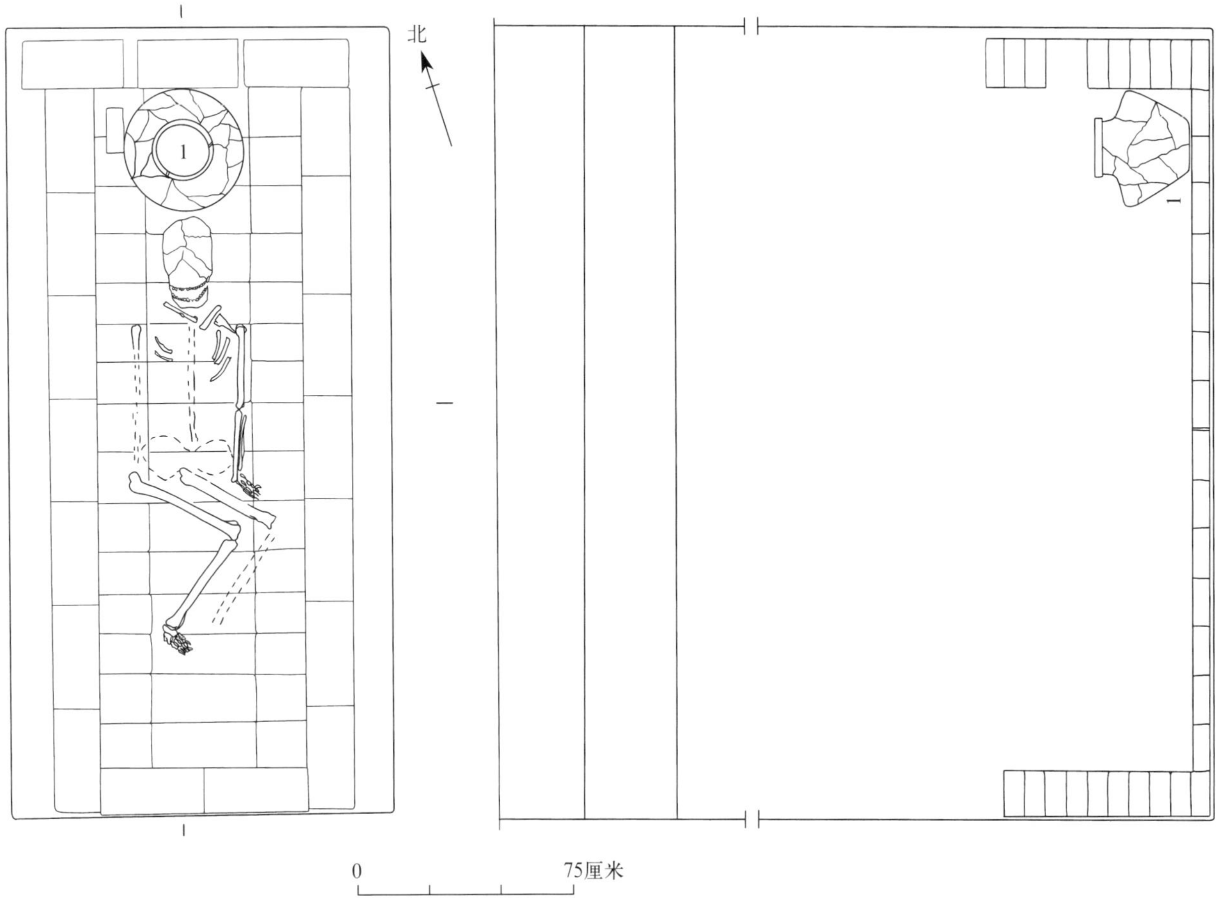

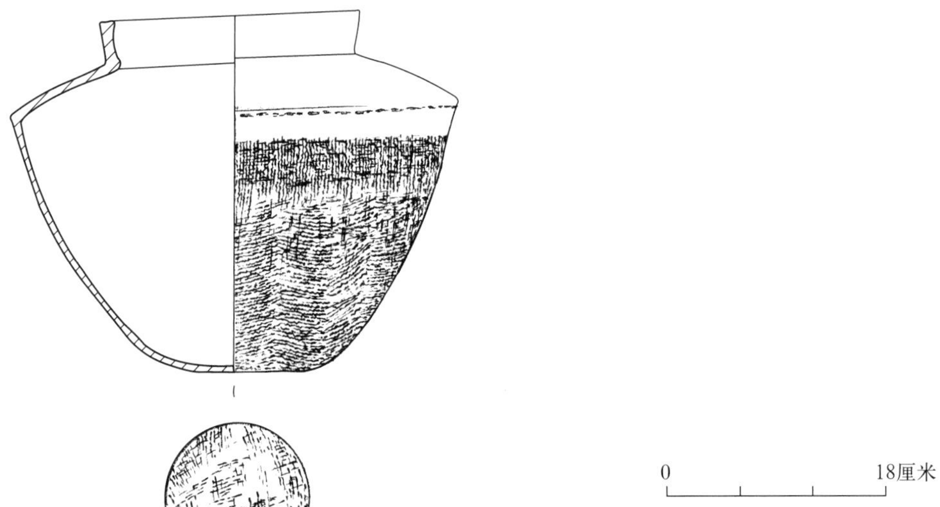

1

图4-398　M157及出土器物

1. 陶罐

人骨 1 具。头向北，面向上，仰身屈肢。上体直肢，下肢弯曲。疑似男性。成年个体。

随葬陶罐 1 件，放在墓主头上部，壁龛内放置乳猪骨。

2. 出土遗物

陶器

陶罐　1 件。

标本 M157∶1，泥质灰陶。直口，平沿，尖唇，高颈，下腹弧收，小平底。肩上部磨光，肩、腹间饰一周戳印纹，腹及底部饰绳纹。口径 21.2、底径 9、高 28.8 厘米（图 4-398，1；彩版一六二，3）。

（九一）M160

1. 墓葬形制

位于墓地西北部，打破 M161，东南面是 M180，南面为 M163。方向 18°（图 4-399）。

长方形土坑竖穴砖椁墓。墓口长 2.6、宽 0.9、深 0.4 ～ 0.82 米。椁长 2.37、宽 0.86、高 0.5 米。椁室用青砖平铺错缝垒砌而成。东、北、西壁平铺，南壁为土圹。墓底平铺一层青砖，中间竖排，

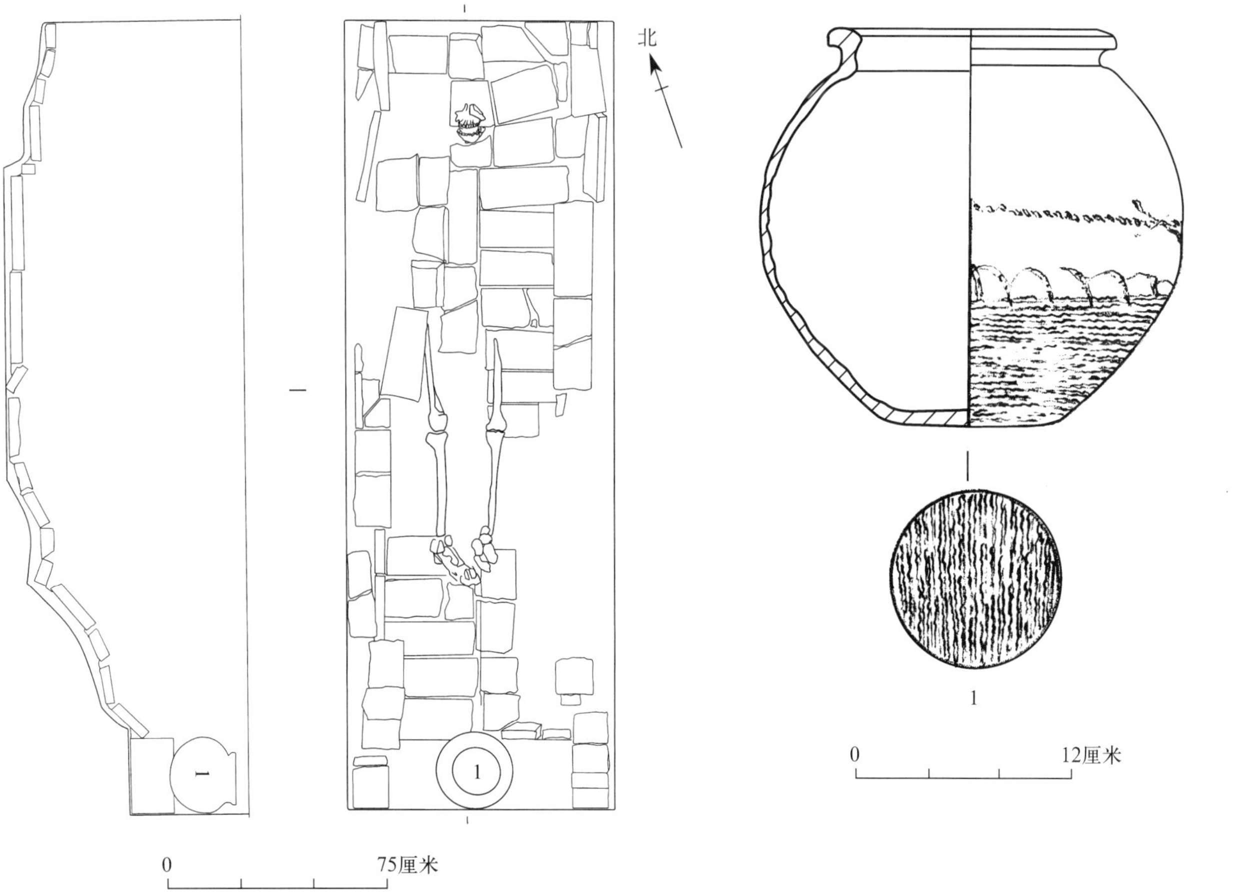

图 4-399　M160 及出土器物

1. 陶罐

两边为横排。脚箱位于南端，青砖竖立垒砌，长0.6、宽0.23、高0.35米。砖长31、宽13、厚4厘米。墓内填黄褐色五花土，质松软。

人骨1具。头向北，面向上。仰身直肢。仅残存颌骨、牙齿及少量下肢。性别无法鉴定，年龄25～30岁。

随葬陶罐1件放在脚箱内。

2. 出土遗物

陶器

陶罐 1件。

标本M160∶1，泥质灰陶。敛口，弧沿，方唇，束颈，鼓腹，小平底。腹部饰一周戳印纹，间饰一周刮削痕迹，下腹及底部饰绳纹。口径16、底径10、高21厘米（图4-399，1）。

（九二）M163

1. 墓葬形制

位于墓地西北部，西南打破M178，东面是M197、M191，西面为M179。方向20°（图4-400；彩版一六二，4）。

长方形土坑竖穴砖椁墓。墓口长4.05、宽2.3、深3.24米。椁长3.75、宽1.95、高1.17米。椁室四壁垒砌青砖四～十一层。外行对缝横铺二层；中间对缝竖排平铺三层。内侧上部对缝竖排平铺；下部对缝横铺。西侧七层、东侧八层、北端十七层、南端八层。四角东、西两边上、下留有“井”字形凹槽，部分作为脚箱。墓底对缝横排一层青砖。砖长28、宽13、厚4厘米。木棺已腐朽，仅见板灰痕迹。长2.2、宽0.04、厚0.003米。墓内填黄褐色五花土，经过夯打，土质较致密。夯窝圆形，分布密集，直径8～10、间距2～20厘米。

人骨1具。骨骼腐朽严重，性别、年龄无法鉴定。

随葬器物3件。陶钫2件及猪、鸡、乳猪、真鲷、鱼骨放在脚箱内。铜镜1枚放置墓主头部左侧。

2. 出土遗物

（1）陶器

陶钫 2件。形制相同。泥质灰陶。覆斗形盖，斜壁小方顶。钫方口，平沿，尖唇，束颈，沿下有折棱，鼓腹，方形圈足。下腹有抹痕，底部饰绳纹。

标本M163∶1，腹部饰一周戳印纹。口边长13、底边长15、通高41.6厘米（图4-401，1；彩版一六二，5左）。

标本M163∶2，腹部饰三周戳印纹。口边长13.4、圈足边长14、通高44.2厘米（图4-401，2；彩版一六二，5右）。

（2）铜器

铜镜 1枚。

标本M163∶3，星云镜，锈蚀严重。圆形，连峰纽，似为圆纽座。座外为主纹，四枚带圆座大乳丁分四区，每区内各有五枚小乳丁。再外为一周内外两侧各附一凸弦纹短斜线纹带，内向十六连弧纹缘。面径7.3、缘厚0.45厘米（图4-401，3；彩版一六二，6）。

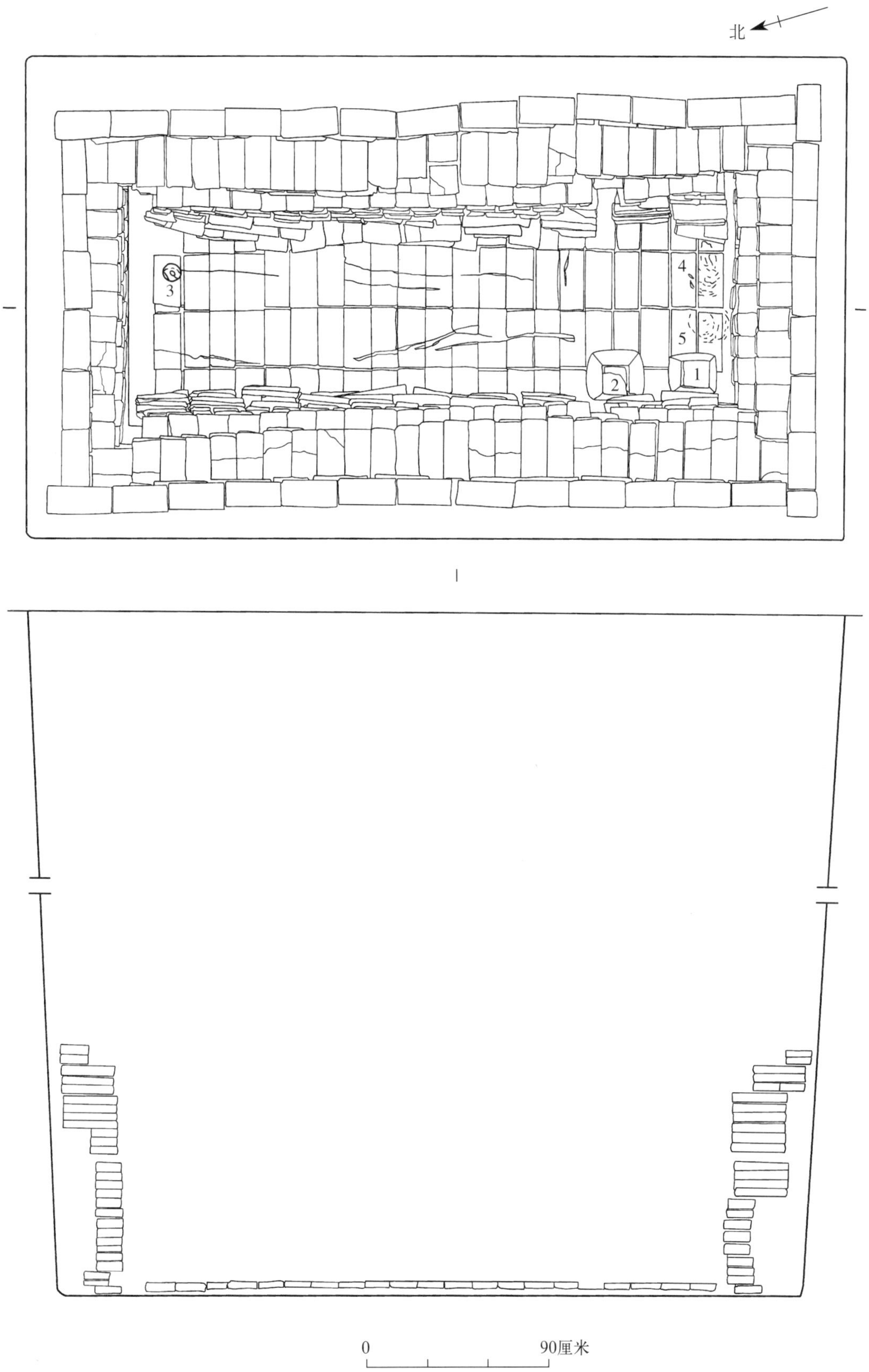

图 4-400　M163 平、剖面图

1、2. 陶钫　3. 铜镜　4、5. 动物骨骼

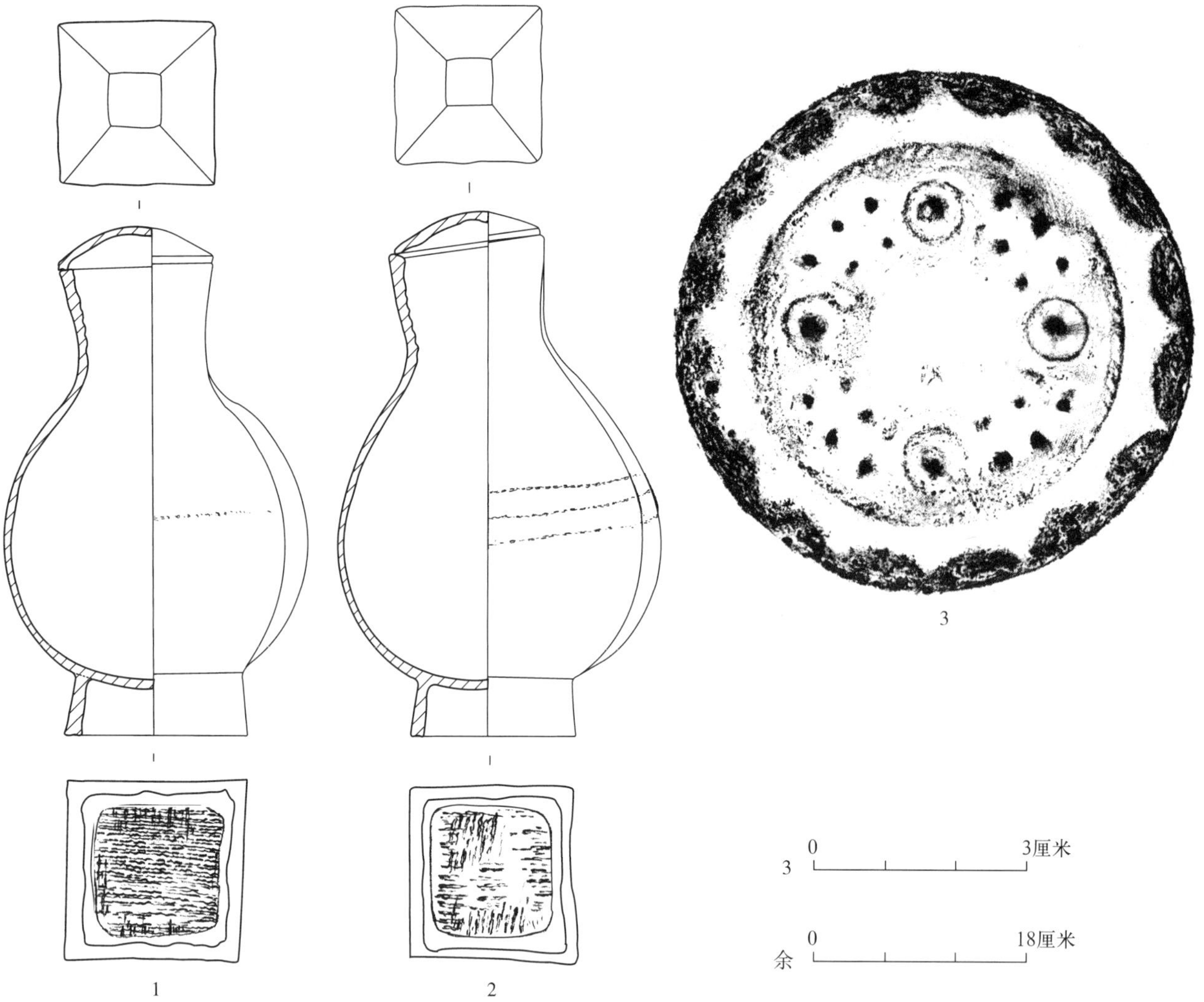

图 4-401 M163 出土器物

1、2. 陶钫 3. 铜镜

（九三）M167

1. 墓葬形制

位于墓地西北部，打破 M209，东面是 M185，南面为 M202。方向 126°（图 4-402）。

长方形土坑竖穴砖椁墓。墓口长 3.3、宽 1.5、深 1.5 米。椁室长 2.45、宽 0.7、高 0.65 米。椁室四壁青砖“人”字形斜立贴砌，上部外侧向内倾斜，多用碎砖垒砌。墓底铺地砖“人”字形排列。砖长 27、宽 13、厚 4 厘米。墓内填黄褐色五花土，经过夯打，土质较致密。夯窝圆形，分布较密集，直径 8 ～ 10、夯层厚 15 ～ 20 厘米。

人骨 1 具。头向东，面向上，仰身直肢。骨骼保存较差，仅残留少量牙齿和部分下肢遗痕。性别、年龄无法鉴定。

随葬器物 4 件。陶壶 2 件放置墓室顶端。铜钱 2 枚，其中 1 枚放置墓室东北角，另 1 枚放在墓主口内。

2. 出土遗物

（1）陶器

陶壶　2件。形制相同。夹砂灰陶。侈口，沿外斜，方唇，束颈，鼓腹，平底。器表有抹制痕，腹部饰三周戳印纹。

标本M167：1，口径10.8、底径14、通高21厘米（图4-402，1）。

标本M167：2，器表有刮削痕迹。口径12、底径14、通高23厘米（图4-402，2）。

（2）铜器

铜钱　2枚。

五铢　1枚。

标本M167：4，锈蚀严重，不能复原。

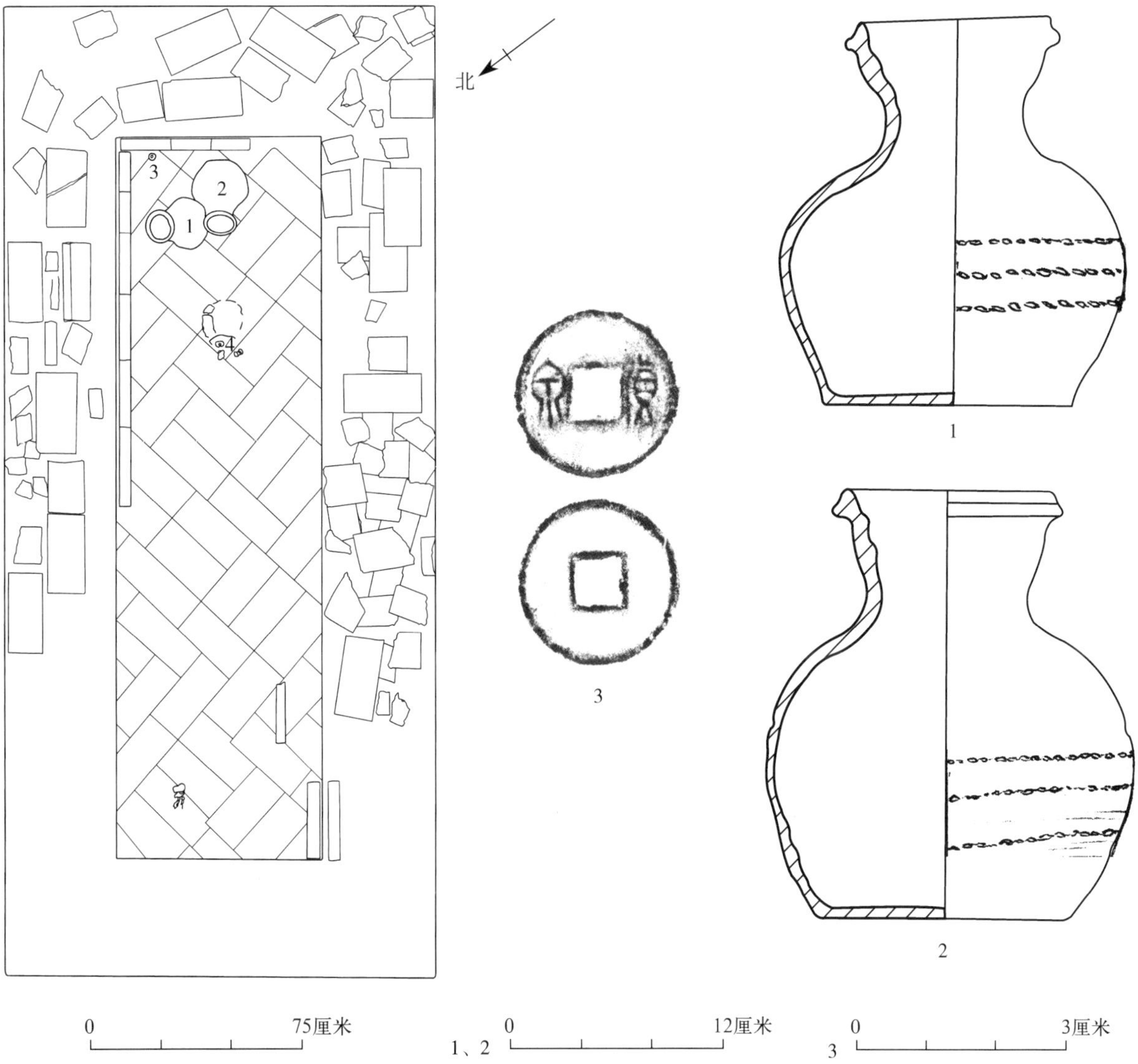

图4-402　M167及出土器物

1、2. 陶壶　3、4. 铜钱

货泉 1枚。

标本M167∶3，圆形方穿，正、背面穿郭俱全。钱文篆书，笔画纤细，钱直径2.3、穿边长0.8、厚0.17厘米（图4-402，3）。

（九四）M168

1. 墓葬形制

位于墓地西北部，北面是M174、M188，西面为M185、M177、M189。方向21°（图4-403；彩版一六三，1）。

长方形土坑竖穴砖椁墓。墓口长2.5、宽1.4、深2.15米。椁长2.37、宽0.92、高0.65米。椁室四壁青砖平铺垒砌八层，其中上部四层直缝、下部四层错缝叠砌。底部平铺一层青砖，“人”字形排列。壁龛位于墓室东壁中部，长0.35、高0.45、进深0.15米。南、北两侧各用一块青砖竖立，外侧上部压三块青砖。砖长33～34、宽13～14、厚6～7厘米。墓内填黄褐色五花土，经夯打，土质较坚硬。夯窝圆形，直径8～10、夯层厚15～20厘米。

人骨1具。头向北，面向左，仰身直肢。骨骼腐朽严重。男性，年龄20～25岁。

壁龛内放置陶罐1件。

2. 出土遗物

陶器

陶罐 1件。

标本M168∶1，泥质灰陶。直口，弧沿，圆唇，弧肩，扁圆腹，下部内收。凹底。下腹及底部饰绳纹。口径16、底径8、高21.6厘米（图4-403，1）。

（九五）M171

墓葬形制

位于墓地西北部，打破M183，南面是M176，西面是M195。方向21°。

长方形土坑竖穴砖椁墓。墓口长2.76、宽1.28、深1.5米。椁室扰乱严重，垒砌青砖破坏殆尽。仅墓底东部中段残留少量铺地砖。砖长33～34、宽15、厚7厘米。墓内填灰黑褐色五花土、夹杂少量粉砂黏土，经夯打，土质较致密。圆形夯窝，具体情况不明。

人骨1具。骨骼腐朽严重，仅残留少量股骨遗骸。男性，年龄50～60岁。

随葬器物无。

（九六）M172

1. 墓葬形制

位于墓地西北部，东面是M164，南面为M166，西面是M153。方向15°（图4-404；彩版一六三，2）。

长方形土坑竖穴砖椁墓。墓口长3.03、宽1.55、深2.3米。椁长2.98、宽1.54、高0.84米。椁室四壁均用青砖单行错缝平铺，东、西壁上部再横向、纵向叠压两层。墓底平铺一层青砖，“人”字形排列。砖长25～27、宽12、厚4厘米。墓内填黄褐色五花土，土质较致密。

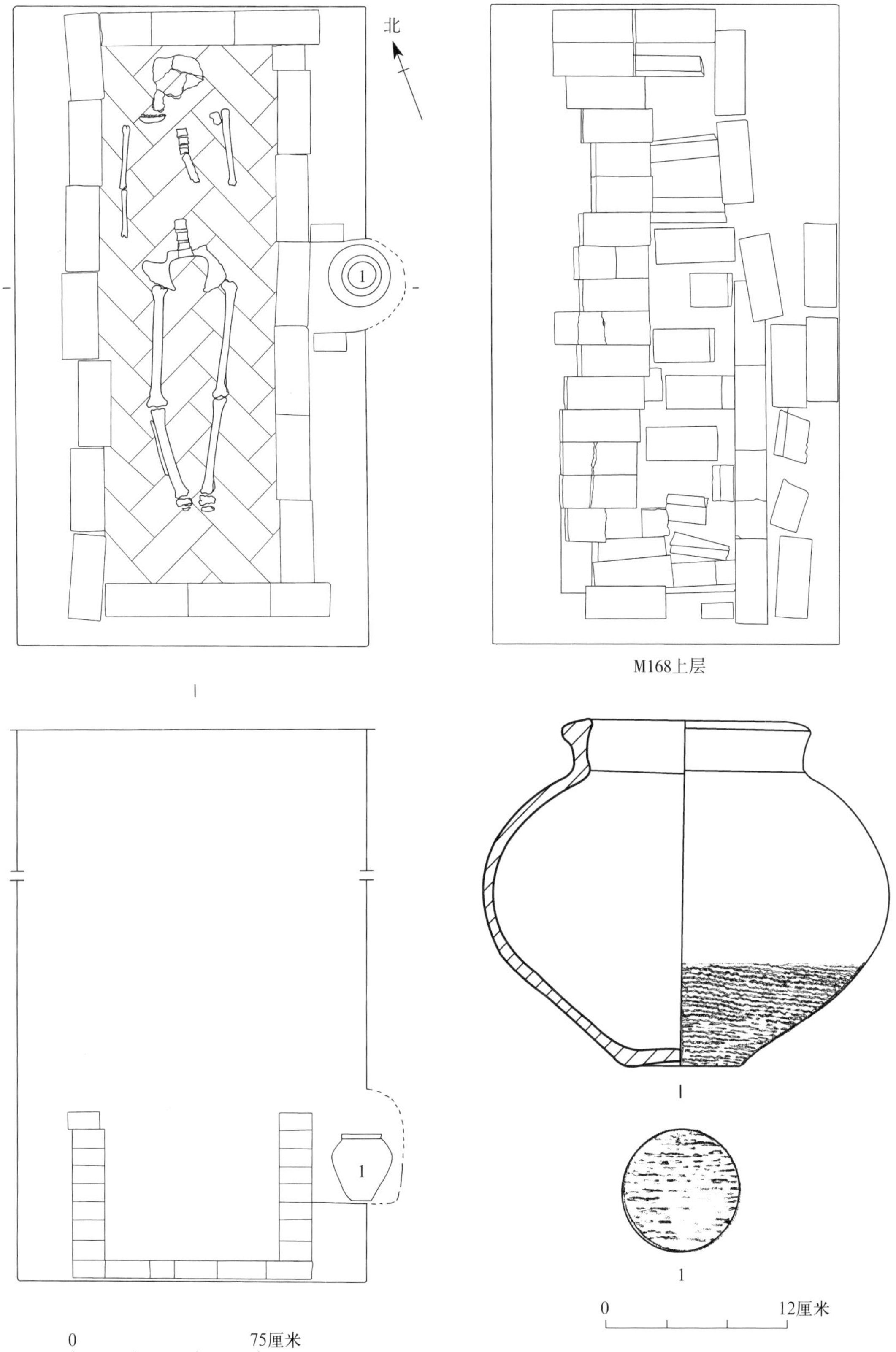

图 4-403　M168 及出土器物

1. 陶罐

图4-404 M172平、剖面图

1. 铜带钩 2、3. 陶钫 4. 动物骨骼

人骨1具。头向北，骨骼保存较差，仅遗留头骨及下肢骨残渣。性别、年龄无法鉴定。

随葬器物3件。陶钫2件放在西南角。铜带钩1件置于墓主头骨南侧。乳猪、鸡、鱼骨散落于南端。

2. 出土遗物

（1）陶器

陶钫 2件。形制相同。泥质灰陶。覆斗形盖，斜壁，小平顶，顶部饰五个突饰。钫方口微侈，平沿，方唇，束颈，溜肩，鼓腹，下腹弧内收，方形圈足。下腹及底部饰绳纹。

标本M172：2，腹部饰三周戳印纹。口边长11.3、底边长11.2、通高43.6厘米（图4-405，2；彩版一六三，3左）。

标本M172：3，腹部饰两周戳印纹，间饰少量刻划纹，底部绳纹稀疏。口边长11.2、底边长12.4、通高44.6厘米（图4-405，3；彩版一六三，3右）。

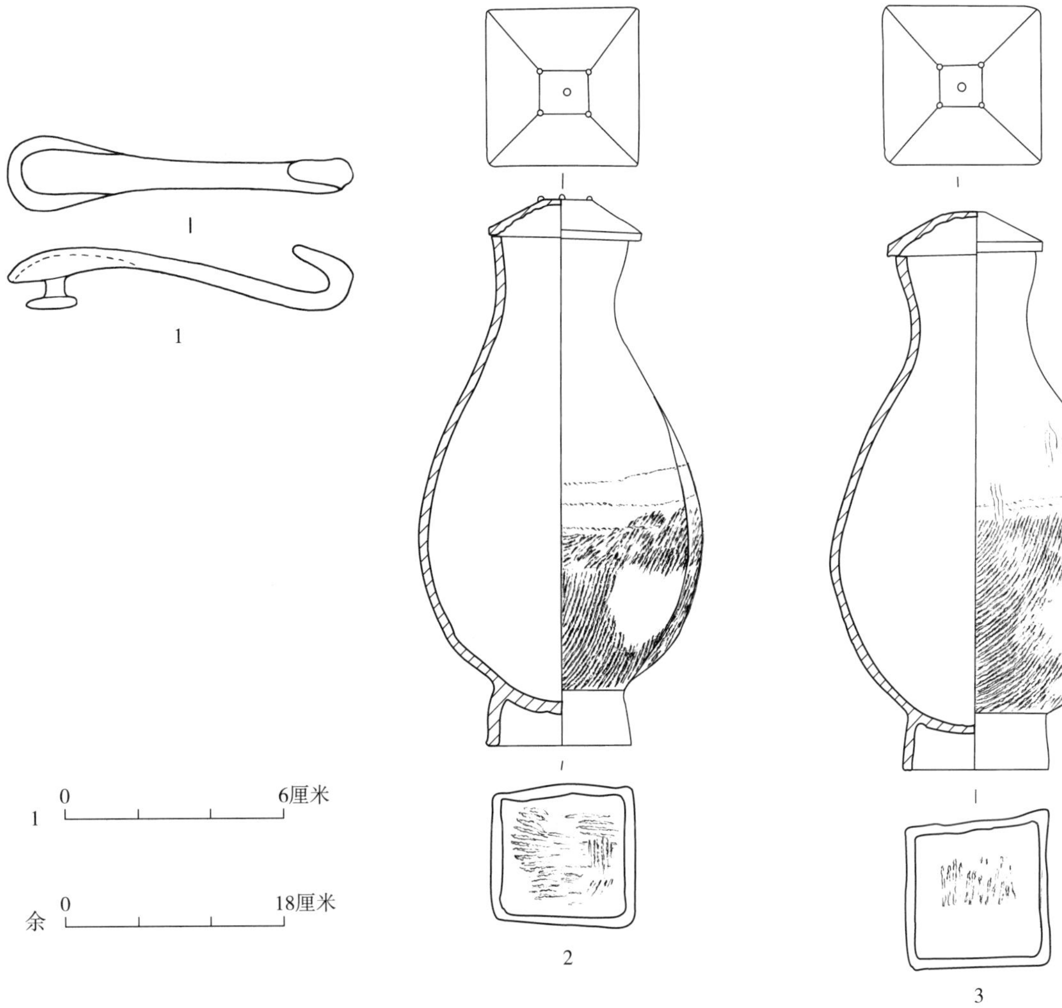

图 4-405　M172 出土器物

1. 铜带钩　2、3. 陶钫

（2）铜器

铜带钩　1 件。

标本 M172∶1，琵琶形。钩似鸟首状，圆形纽位于背部尾端。长 9.5 厘米（图 4-405，1；彩版一六三，4）。

（九七）M173

墓葬形制

位于墓地西北部，东南面是 M174，西面是 M165，西北面为 M166。方向 130°（图 4-406）。

长方形土坑竖穴砖椁墓。墓口长 2.4、宽 0.7、深 0.53 米。椁室四壁青砖垒砌，因扰乱，仅北端残存少量青砖，结构不详。墓底平铺一层青砖，“人”字形排列。砖长 25、宽 12、厚 3 厘米。墓内填黄褐色五花土，土质较疏松。

人骨 1 具。头向东，仰身直肢。骨骼腐朽严重，躯干及部分上肢骨缺失。性别无法鉴定，中年个体。

随葬器物无。

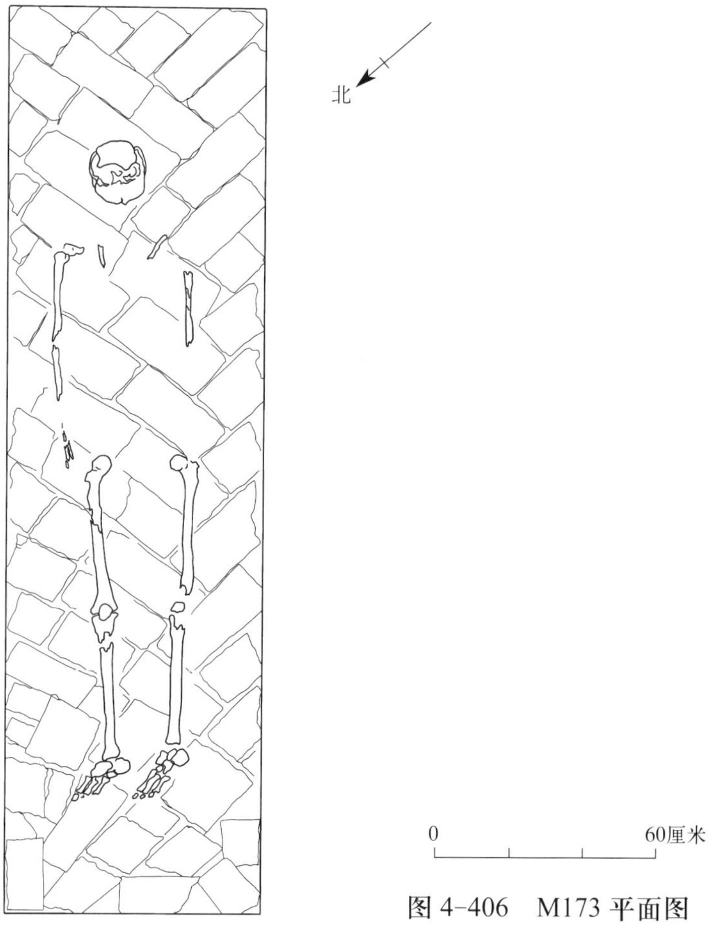

图 4-406　M173 平面图

（九八）M174

1. 墓葬形制

位于墓地西北部，东面是M175，西南面为M188，西北面是M173。方向110°（图4-407；彩版一六四，1）。

长方形土坑竖穴砖椁墓。墓口长2.8、宽1.42～1.5、深1.32米。椁长2.53、宽1.13、高0.82米。椁室四壁青砖错缝平铺垒砌十一层。四周有生土二层台，宽0.05～0.12、高0.82米。墓底纵向排列平铺一层青砖。南侧壁龛长0.26、宽0.25、高0.26米。砖长35、宽15、厚7厘米。墓内填黄褐色五花土，土质疏松。

人骨1具。仰身直肢。骨骼腐朽，性别无法鉴定，年龄30～40岁。

随葬器物2件。陶罐1件放在龛内。铜印章1枚置于墓主左侧肱骨外侧。

2. 出土遗物

（1）陶器

陶罐　1件。

标本M174∶2，泥质灰陶。直口，弧沿，圆唇，高领，折肩，体收、凹底。肩上有十多周制作旋纹，肩下饰五周凹弦纹。口径18.5、底径8、高20.2厘米（图4-407，2；彩版一六四，2）。

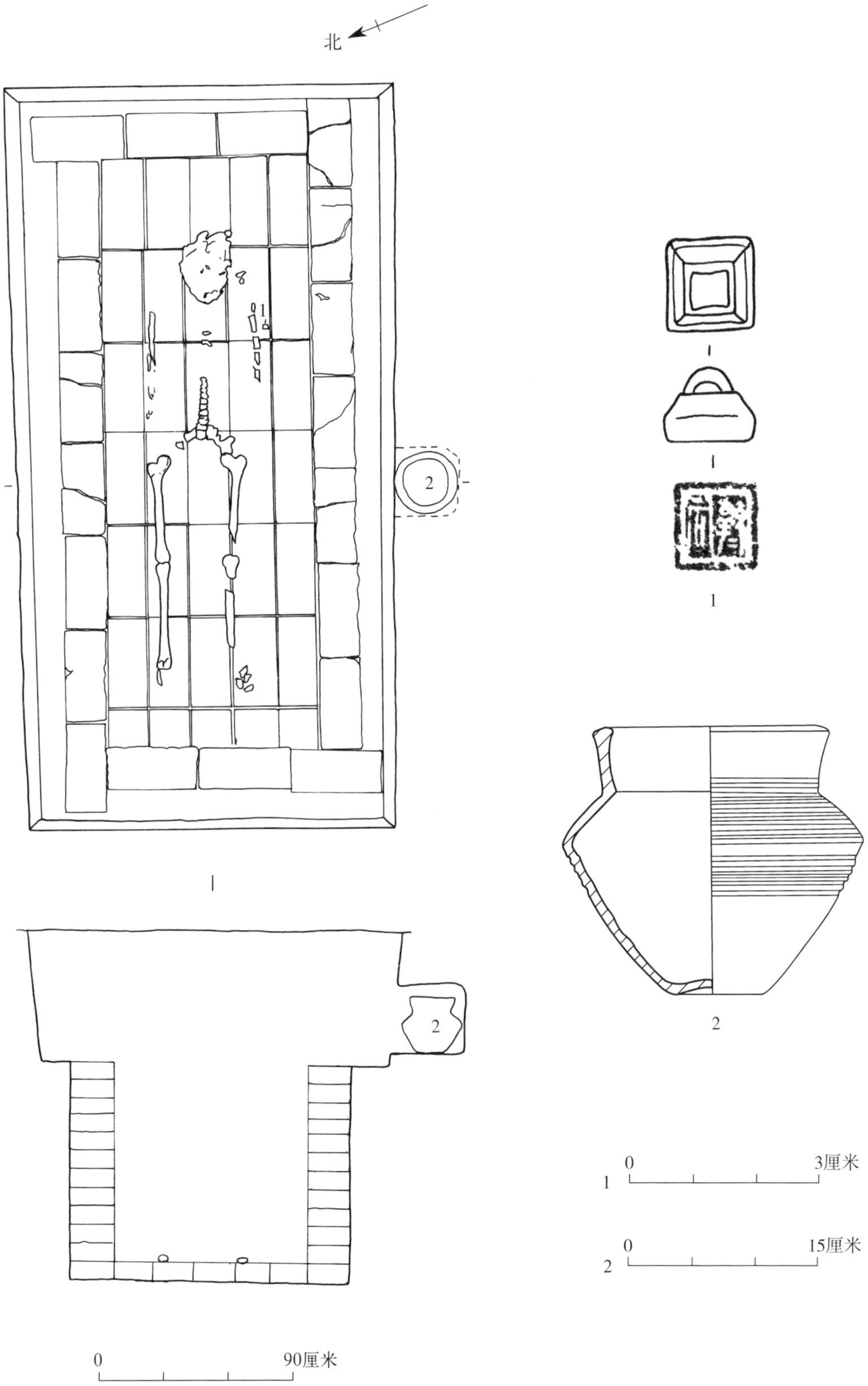

图 4-407　M174 及出土器物

1. 铜印章　2. 陶罐

（2）铜器

铜印章 1枚。

标本M174：1，覆斗形印体，桥型纽，印面方形，阴文篆书“撒同”，人名。印面边长1.4、通高1.1厘米（图4-407，1；彩版一六四，3、4）。

（九九）M175

1. 墓葬形制

位于墓地西北部，东面是M205，西面为M174。方向114°（图4-408；彩版一六四，5）。

长方形土坑竖穴砖椁合葬墓。墓口长2.5、宽1.54、深1.3米。椁长2.34、宽1.32、高0.6米。椁室四壁青砖垒砌，南壁直缝平铺。北壁单行青砖斜立垒砌，下部每层青砖间留0.07～0.1米空隙。西壁上部外侧平铺一层青砖。墓底青砖单层斜向平铺，“人”字形排列。砖长24、宽12、厚3～4厘米。墓内填黄褐色五花土，经夯打，土质较致密。夯窝圆形，分布稀疏，加工情况不明。

人骨2具。骨骼保存较差，右侧墓主仅残留少量牙齿及下肢骨残骸。性别、年龄无法鉴定。左侧墓主，头向东，面向上，仰身直肢。性别无法鉴定，年龄8～9岁。

随葬铜钱8枚，分别放置墓主骨骼附近。

2. 出土遗物

铜器

铜钱 8枚。均大泉五十。圆形方穿，正、背面穿郭俱全。钱文篆书，对读。

标本M175：1、3，直径2.8、穿边长1、厚0.2厘米（图4-408，1、3；彩版一六四，6）。

（一〇〇）M178

墓葬形制

位于墓地西北部，北部被M163打破，南面被M203打破，西面是M179。方向23°（图4-409）。

长方形土坑竖穴砖椁墓。墓口残长2.55、宽1.5、深1.16米。椁长2.37、宽1.1、高0.82米。椁室四壁单行青砖平铺错缝叠砌。砖长33、宽16、厚7厘米。墓底竖向对缝排列一层青砖。墓内填黄褐色五花土，夹杂少量黑黏土块。经夯打，土质较致密。夯窝圆形，分布稀疏，直径7～8厘米，夯层情况不明。

人骨1具。头向北，面向左，仰身屈肢。右上肢放于胸前，下肢略向左弯曲。女性，年龄35～45岁。

随葬器物无。

（一〇一）M179

1. 墓葬形制

位于墓地西北部，东面是M163、M178，西面为M164。方向195°（图4-410；彩版一六五，1）。

长方形土坑竖穴砖椁墓。墓口长2.8、宽1.46、深1.75米。椁长2.35、宽1.12、高0.68米。椁室四壁用十层青砖平铺错缝叠砌。壁龛位于墓室东侧，顶上部半圆形，长0.3、高0.3、进深0.3米。墓底铺地砖中间两列竖向，两侧为横向排列。砖长34、宽16、厚7厘米。墓内填黄褐色五花土，夹杂褐色黏土块。墓壁局部遗留长条形工具痕迹。经过夯打，土质较坚硬。夯窝圆形，分布密集，直

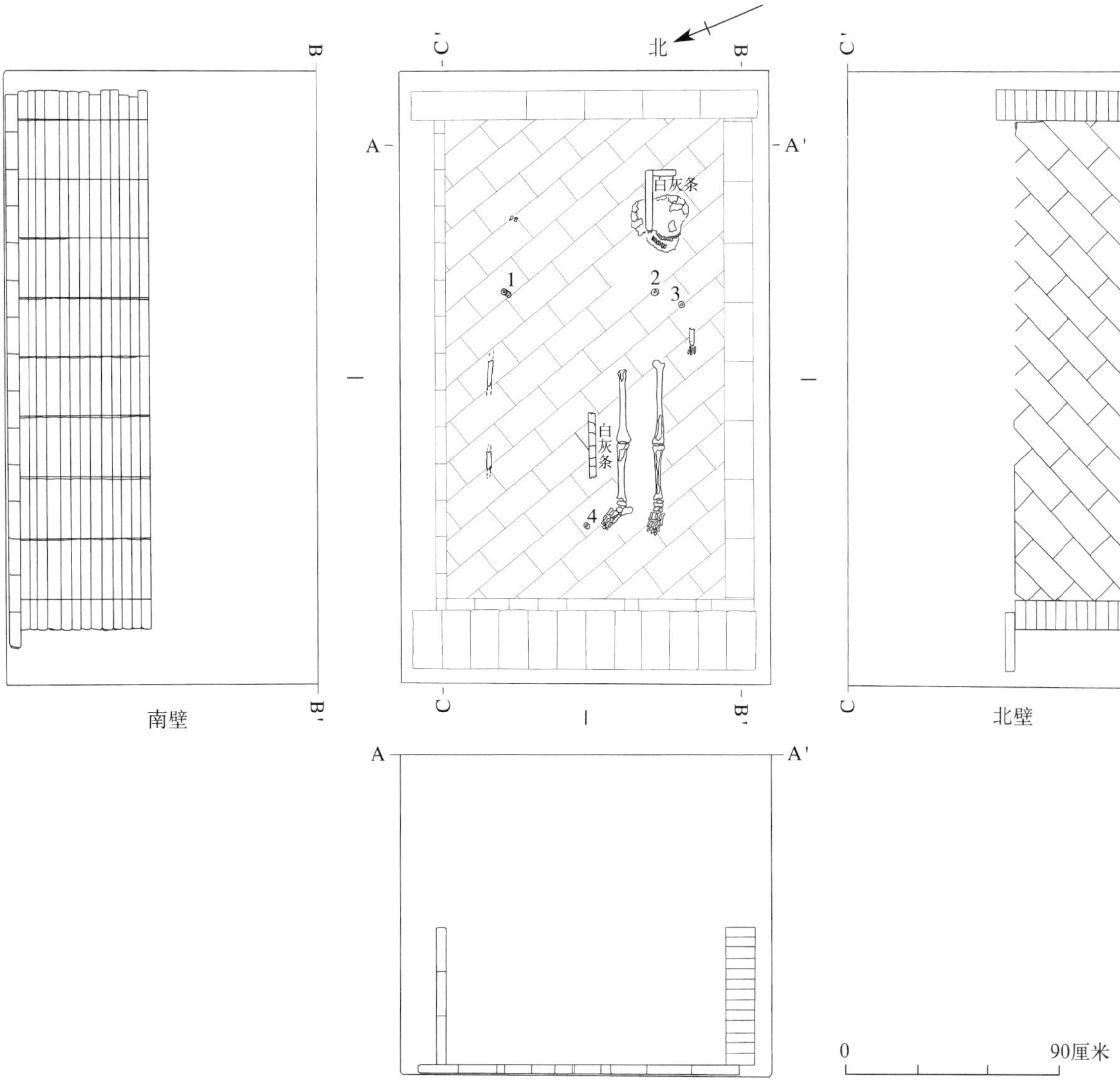

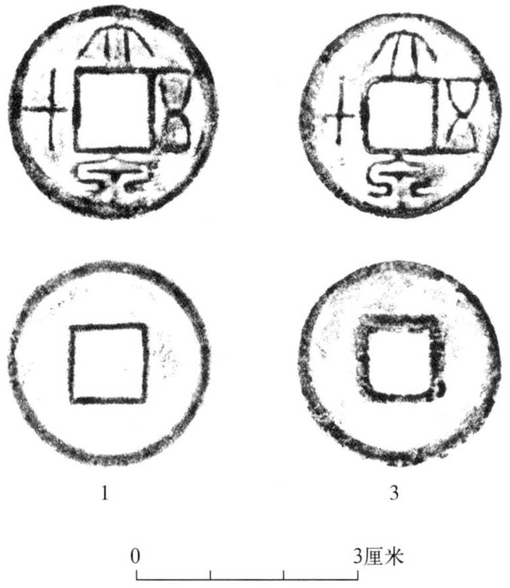

图 4-408　M175 及出土器物

1. 铜钱（4）　2. 铜钱（2）　3、4. 铜钱

径7～10、夯层厚15～20厘米。

人骨1具。头向南，面向左，仰身屈肢。上肢横放于胸前下肢向左弯曲。男性，年龄45～50岁。

随葬陶罐1件，放在壁龛内（彩版一六五，2）。

2. 出土遗物

陶器

陶罐　1件。

标本M179∶1，泥质灰陶。敞口，弧沿，尖唇，高颈，折肩，下腹内收，小平底微凹。肩饰十多周凹弦纹，腹部饰三周凹弦纹，下腹及底部饰绳纹。口径20、底径8.8、高19.6厘米（图4-410，1；彩版一六五，3）。

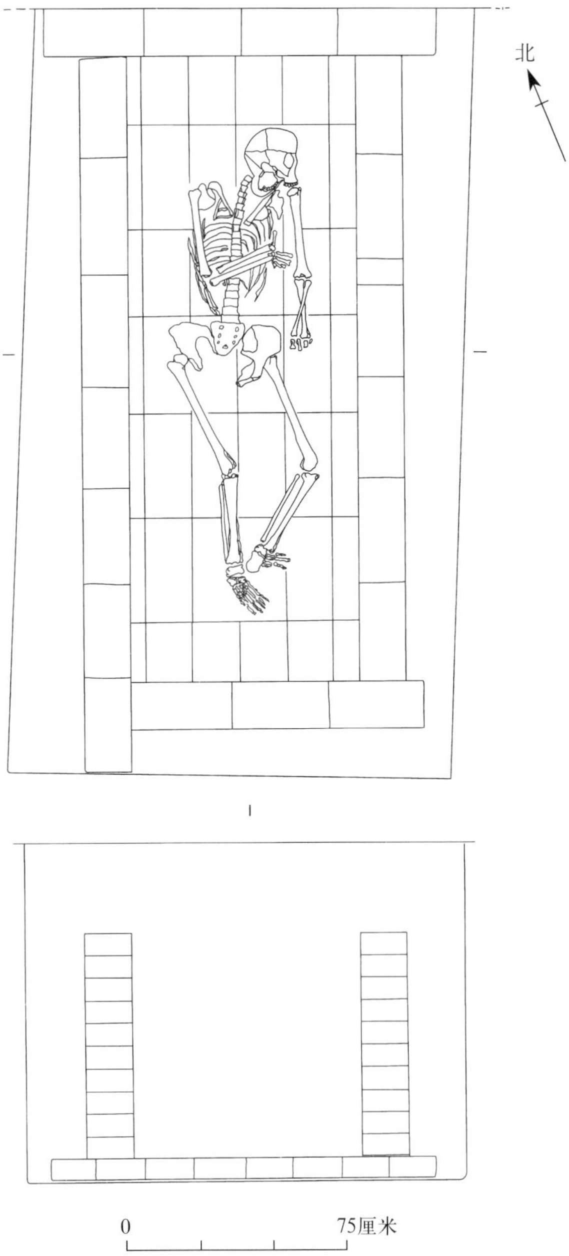

图4-409　M178平、剖面图

（一〇二）M189

1. 墓葬形制

位于墓地西北部，被清代M177打破，东北面是M168。方向120°（图4-411；彩版一六五，4）。

长方形土坑竖穴砖椁墓。墓口长2.33、宽0.61～0.69、深0.7米。椁室四壁均用青砖单向对缝竖立垒砌两层。墓底纵向、对缝平铺一层青砖。砖长26、宽11、厚3厘米。墓内填黄褐色五花土，土质较疏松。填土中发现1枚铜钱。

人骨1具。面向北，仰身直肢。下肢缺失。男性，年龄35～40岁。

陶筒瓦1件放置墓主头骨顶端。

2. 出土遗物

（1）陶器

陶筒瓦　1件。

标本M189∶1，夹砂灰陶。长条“弓”形，一端有凹槽。腹饰绳纹及十五周凹弦纹。长37、宽15、高8厘米（图4-411，1）。

（2）铜器

铜钱　1枚。

标本M189∶01，货泉。破碎缺失，仅存篆书“泉”字。

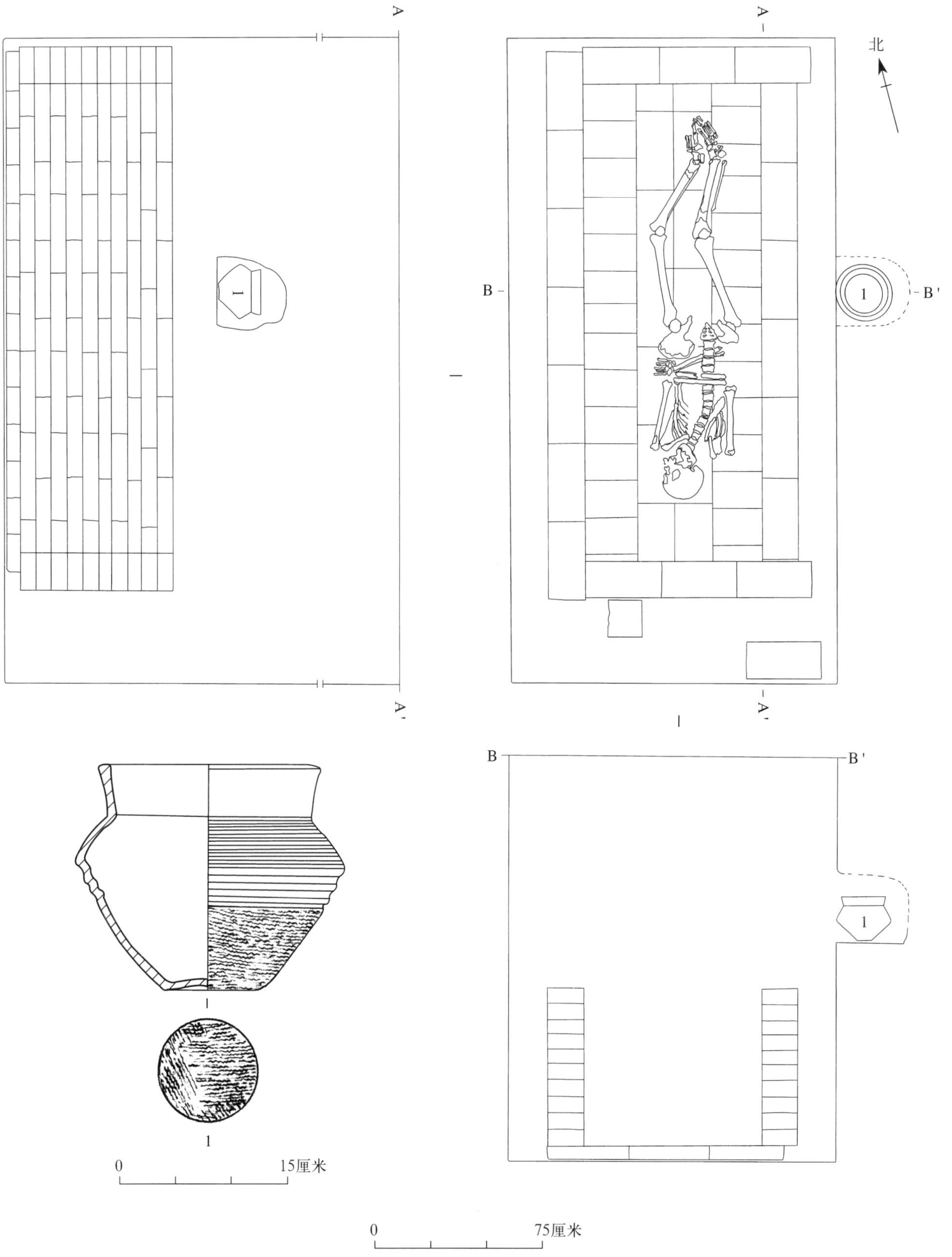

图 4-410　M179 及出土器物

1. 陶罐

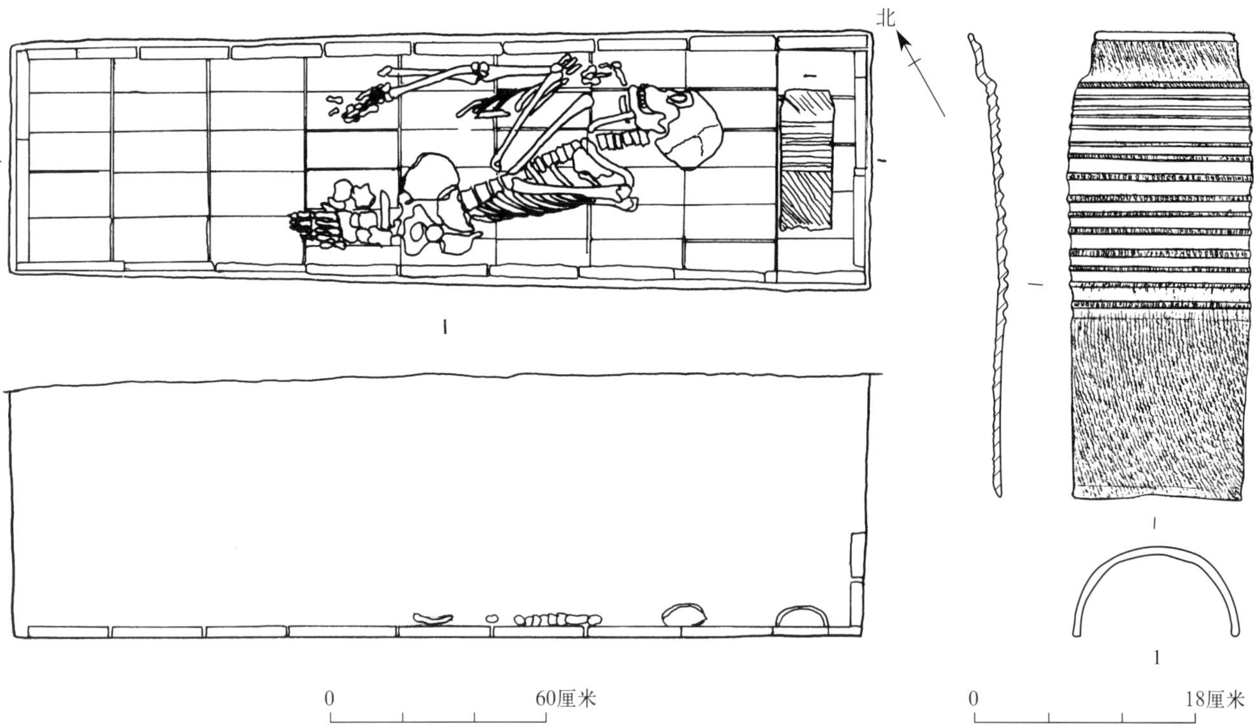

图 4-411　M189 及出土器物

1. 陶筒瓦

（一〇三）M191

1. 墓葬形制

位于墓地西北部，北面是M197、M200，南面为M198。方向300°（图4-412；彩版一六六，1）。

长方形土坑竖穴砖椁墓。墓口长3.3、宽1.8、深1.95米。椁长2.75、宽1、高0.9米。椁室四壁青砖错缝平铺叠砌而成，南、北壁顶部两行青砖并排平铺一层；东、西壁上面两层青砖叠铺垒砌。墓底平铺一层青砖，“人”字形排列。砖长27、宽13、厚4厘米。墓内填黄褐色五花土，经夯打，土质较坚硬，底部残留有白灰痕迹。夯窝圆形，分布密集，直径15～17、夯层厚5～8厘米。

人骨1具。头向西，面向不详，仰身直肢。骨骼保存较差，仅存少量牙齿和下肢骨。性别无法鉴定，年龄30～40岁。

随葬器物5件。陶壶2件置于东南角。陶耳杯1件，陶盘1件位于东端中部。铜带钩1件放在墓主口内。墓内东北发现动物骨骼，未经鉴定，种属不明。

2. 出土遗物

（1）陶器

陶壶　2件。形制相同。泥质深灰陶。侈口，沿面外斜，尖唇，束颈，圆腹，小平底。下腹及底部饰绳纹。

标本M191∶1，上腹绘红色卷云纹，多脱落。颈、腹部分别饰四周凹弦纹，下腹间饰一周戳印纹。口径14、底径10、高28.8厘米（图4-413，1；彩版一六六，2）。

标本M191∶2，上腹绘红、白彩云纹，颈部绘两周白色弦纹、间饰一周红色水波纹，腹部饰白色弦纹、

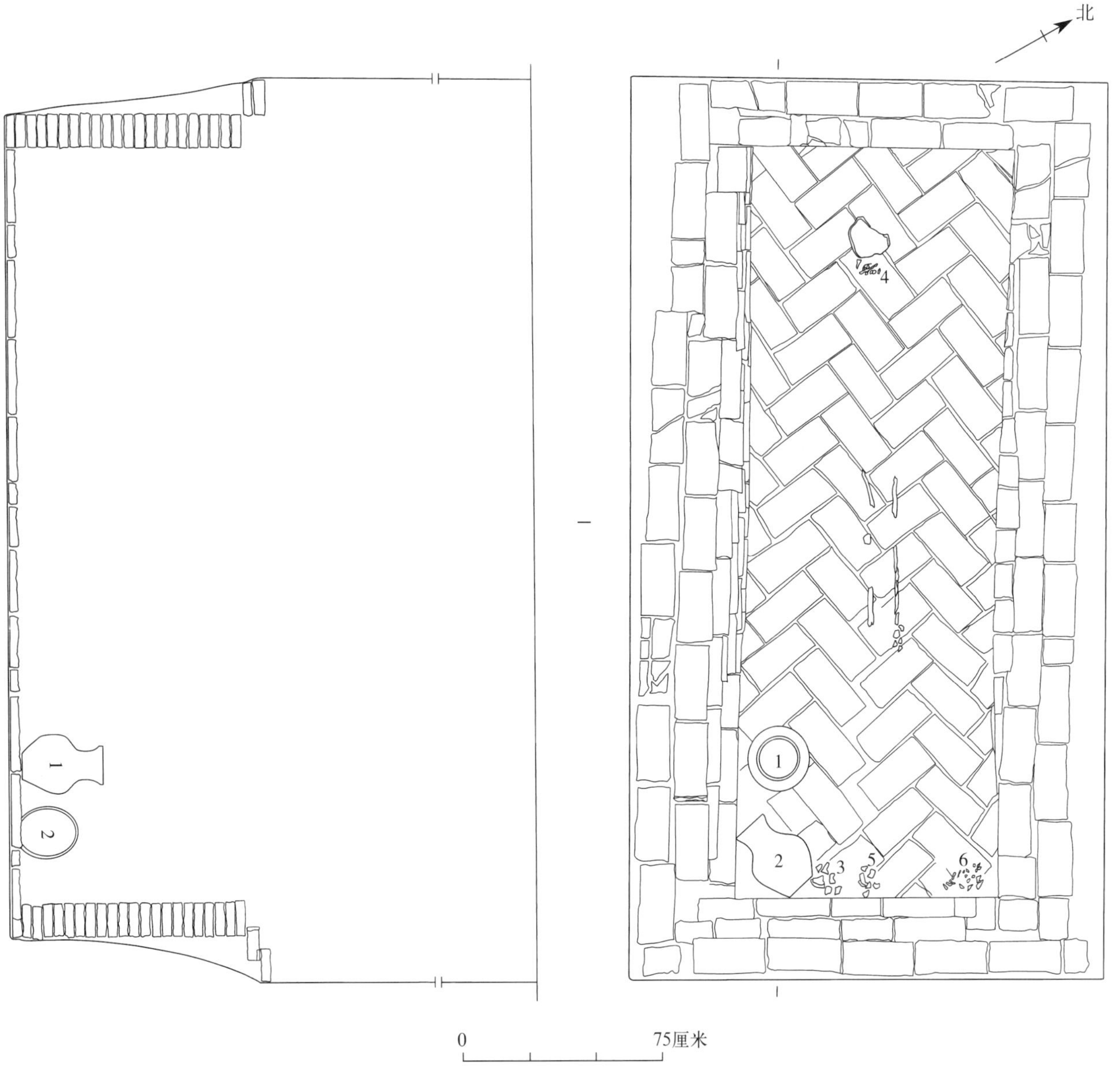

图 4-412　M191 平、剖面图

1、2. 陶壶　3. 陶耳杯　4. 铜带钩　5. 陶盘　6. 动物骨骼

红色水波纹。口径 15、底径 8.8、高 28.3 厘米（图 4-413，2；彩版一六六，3）。

陶盘　1 件。

标本 M191 : 5，泥质灰陶。敞口，斜沿，方唇，下部弧收。沿上部饰白色点纹间饰红彩弦纹，盘内底部饰白色及红彩图案。口径 22.4、底径 8、高 3 厘米（图 4-413，5；彩版一六六，4）。

陶耳杯　1 件。

标本 M191 : 3，泥质灰陶。器身椭圆形，敞口，圆唇，体弧内收，平底。口沿两侧有新月形耳，上耳及内壁底部饰红彩图案。口长径 10.6、短径 9.6、高 3.7 厘米（图 4-413，3；彩版一六六，5）。

（2）铜器

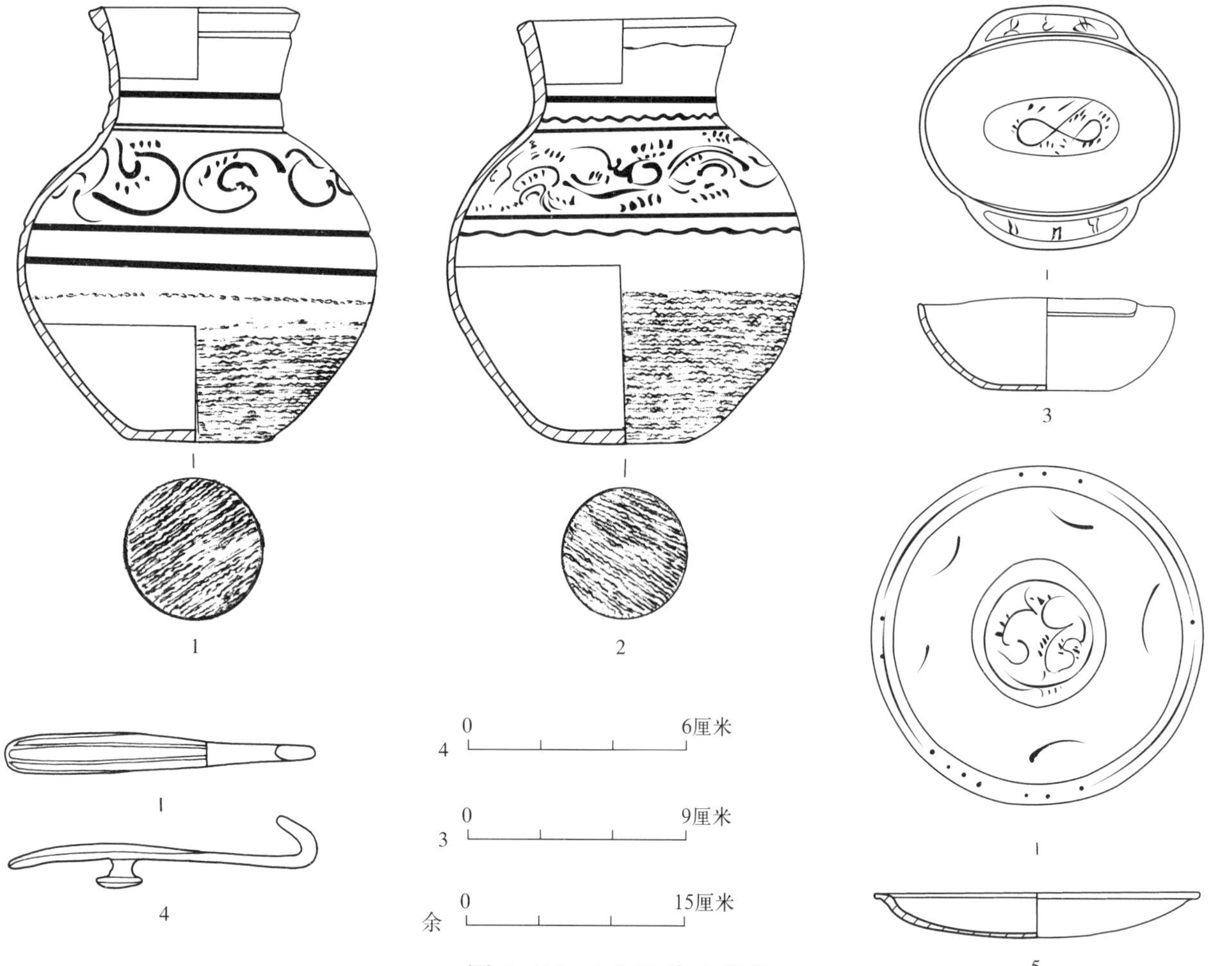

图4-413　M191出土器物
1、2. 陶壶　3. 陶耳杯　4. 铜带钩　5. 陶盘

铜带钩　1件。

标本M191∶4，琵琶形。钩呈兽首状，圆形纽位于背部中端。长8.5厘米（图4-413，4；彩版一六六，6）。

（一〇四）M192

1. 墓葬形制

位于墓地西北部，北面是M203，东面为M204，西南面是M173。方向107°（图4-414）。

长方形土坑竖穴砖椁墓。墓口长2.6、宽1.1、深2.3米。椁长2.5、宽1.2、高0.64米。椁室四壁均用青砖平铺错缝叠砌。南、北、西三壁上面两青砖之间留0.1～0.15米空隙，下部错缝叠砌，东端单行青砖斜立“人”字形垒砌。墓底铺地砖“人”字形排列。砖长25、宽12、厚4厘米。墓内填黄褐色五花土、中间夹杂褐色黏土块。经过夯打，土质较紧密。夯窝圆形，分布密集，直径7～10、厚15～20厘米。

人骨1具。头向东，面向上，仰身直肢。骨骼腐朽严重，仅残存头部及少量下肢骨遗骸。性别、年龄无法鉴定。

随葬铜器 52 件。铜镜 1 枚放在墓主头顶端。铜钱 1 枚放置墓主口中。1 件铜环、49 枚铜钱置于墓主左上肢骨处。

2. 出土遗物

铜器

铜镜　1 枚。

标本 M192：1，四乳四虺镜，锈蚀严重。圆形，圆纽，圆纽座。其外一周凸弦纹。再外两组短斜线和凸弦纹组合纹带之间为主纹，四枚带圆座乳丁分为四区，每区内可辨一双钩形虺纹、外侧立鸟简化为弧线、内侧似无。宽素平缘。面径 7.7、缘厚 0.5 厘米（图 4-414，1）。

铜环　1 件。

标本 M192：4，圆形。截面圆形。外径 2、厚 0.4 厘米。

铜钱　50 枚。均为五铢。圆形方穿，正面有轮无郭，背面轮郭俱全。根据钱文字体不同分为两种。

第一种　13 枚。“五”字两笔交叉交直或微弯曲，“铢”字“金”头呈镞形，与“朱”等齐，“朱”字上部方折。

标本 M192：3-1、2，直径 2.5、穿边长 1.1、厚 0.15 厘米（图 4-414，3-1、2）。

第二种　37 枚。“五”字两笔交叉弯曲，与上、下两横相交处微敞、内收或垂直，“铢”字“金”头呈三角形，略低于“朱”字，“朱”字上部方折，有的穿上横郭或穿下半星。

标本 M192：3-3 ～ 5，直径 2.6、穿边长 1、厚 0.12 厘米（图 4-414，3-3 ～ 5）。

（一〇五）M193

1. 墓葬形制

位于墓地西北部，打破 M204，东面是 M213，南面为 M205。方向 115°（图 4-415；彩版一六七，1、2）。

长方形土坑竖穴砖椁墓。墓口长 2.7、宽 1.5、深 2.5 米。椁长 2.23、宽 0.94、高 0.8 米。椁室上面铺设 0.2 ～ 0.3 米碎砖及瓦片。四周覆盖 0.2 ～ 0.3 米碎砖瓦及陶片。南、北、西三壁均为青砖单向错缝平铺叠砌。南、北壁上部外侧各平铺二层、西端上部外侧平立四块青砖。头箱位于东端，长 0.6、宽 0.4、高 0.8 米。南、北壁青砖平立，西侧与椁室相连，东侧与墓壁垂直。墓底平铺一层青砖，“人”字形排列。砖长 24、宽 11、厚 4 厘米。墓内填黄褐色五花土，经过夯打，土质较紧密。夯窝圆形，分布稀疏，夯层不明显。

人骨 1 具。头向东，面向上，仰身直肢。骨骼腐朽严重，仅残存少量牙齿及骨骼痕迹。性别、年龄无法鉴定。

随葬器物 48 件。陶双耳壶 1 件，陶扁壶 1 件，乳猪、鸡、兔、狗、鱼骨放在头箱内。铜镜 1 枚陈放于墓主头骨左上方，铜钱 44 枚散落头骨左、右及左上肢骨内侧。铜带钩 1 件放置墓主口内。

2. 出土遗物

（1）陶器

陶壶　1 件。

标本 M193：1，泥质灰陶。敞口，斜沿，圆唇，束颈，弧肩，鼓腹，体弧收，假圈足。沿下、颈下、腹部饰四周凹弦纹，领部饰八周弦纹，下腹饰一周戳印纹，肩两侧饰对称环形鼻，上饰刻划网纹。上腹饰两只相对称鸟衔鱼图案。口径 12、底径 13.6、高 26.5 厘米（图 4-416，1；彩版一六

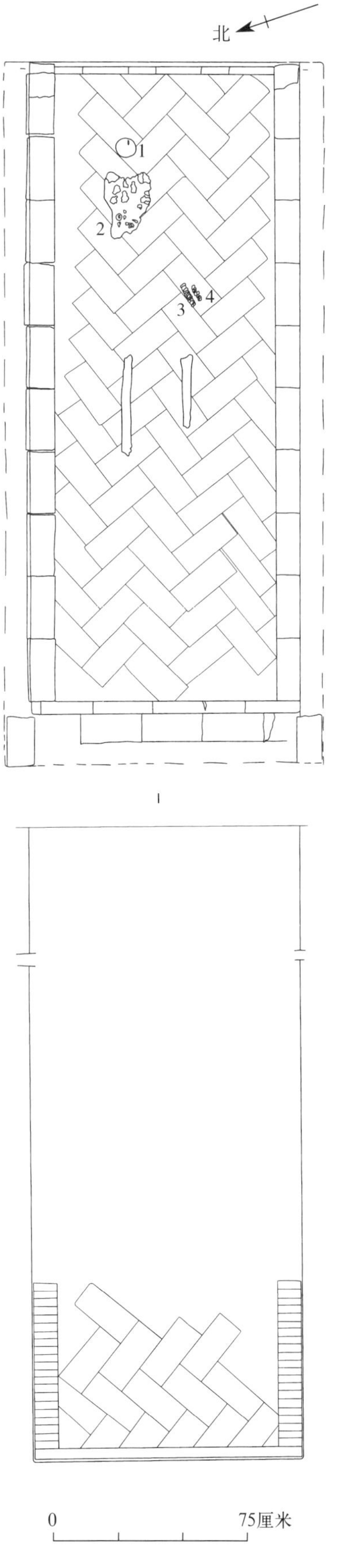

1

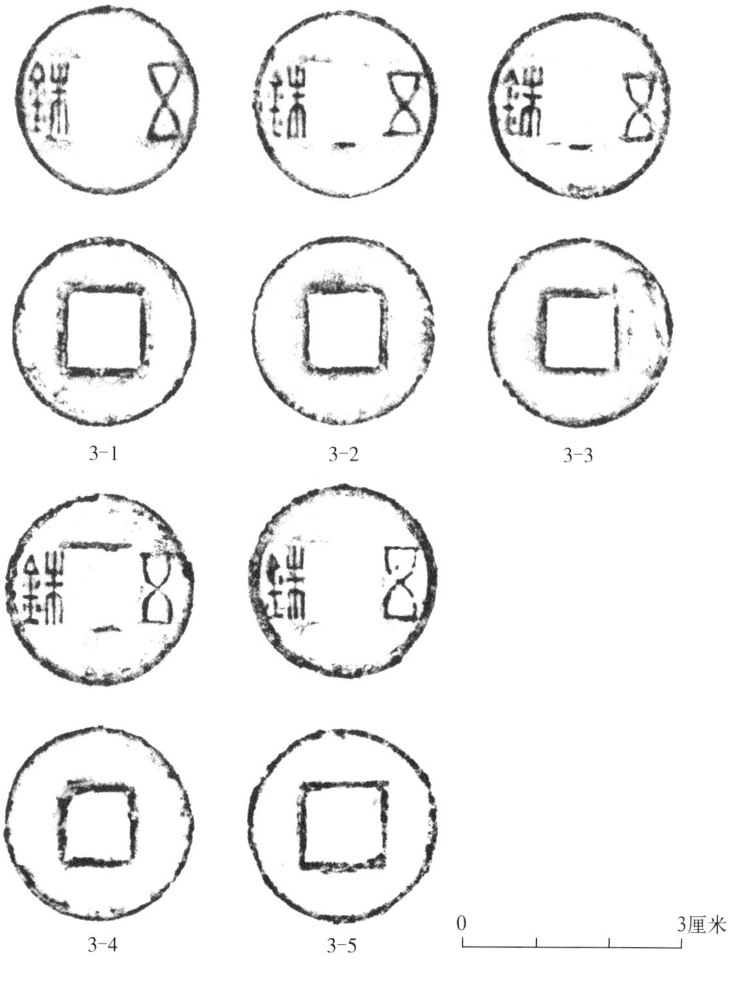

图 4-414　M192 及出土器物

1. 铜镜　2. 铜钱　3. 铜钱（49）　4. 铜环

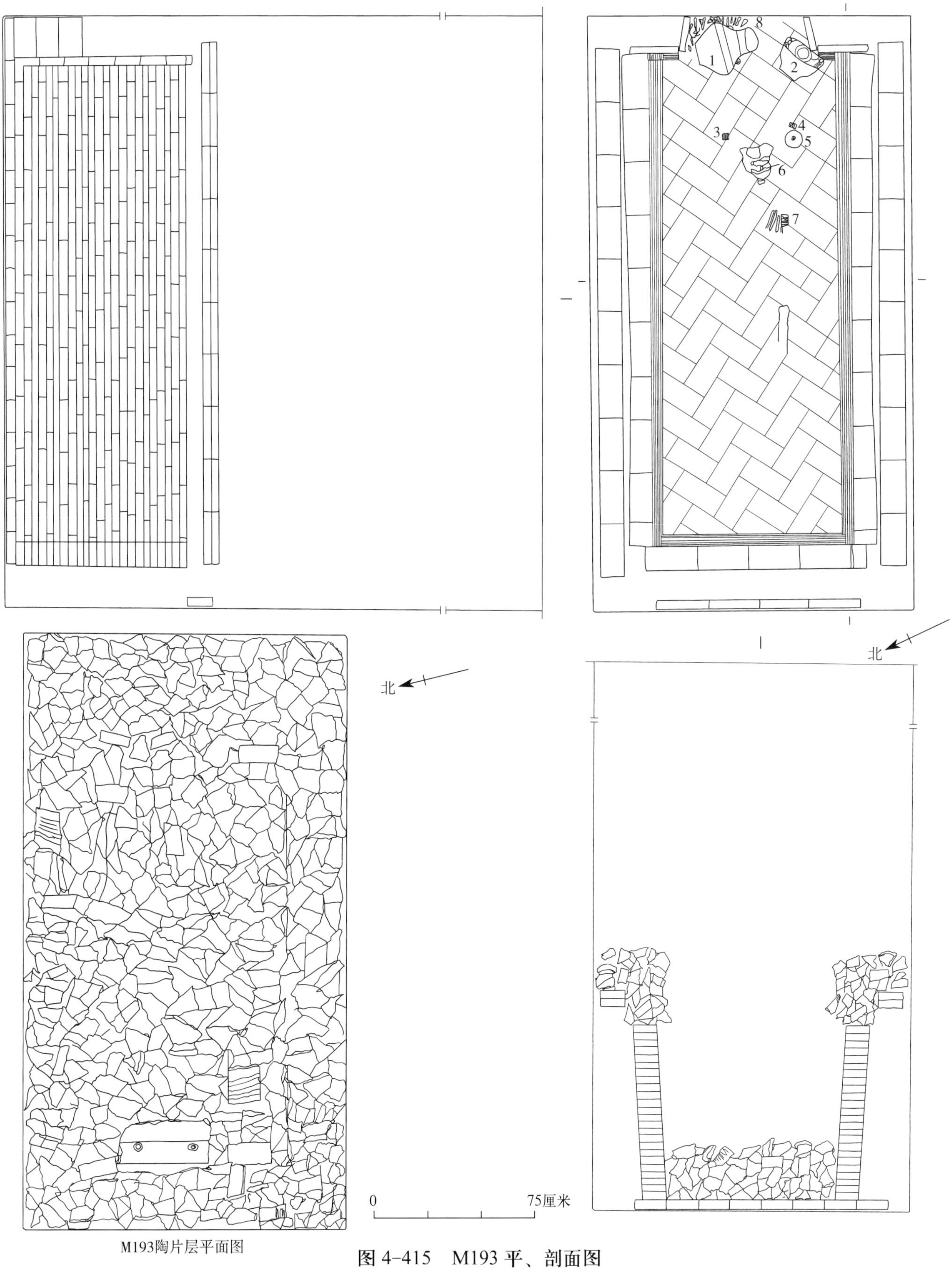

图 4-415　M193 平、剖面图

1. 陶壶　2. 陶扁壶　3. 铜钱（13）　4. 铜钱（11）　5. 铜镜　6. 铜带钩　7. 铜钱（20）

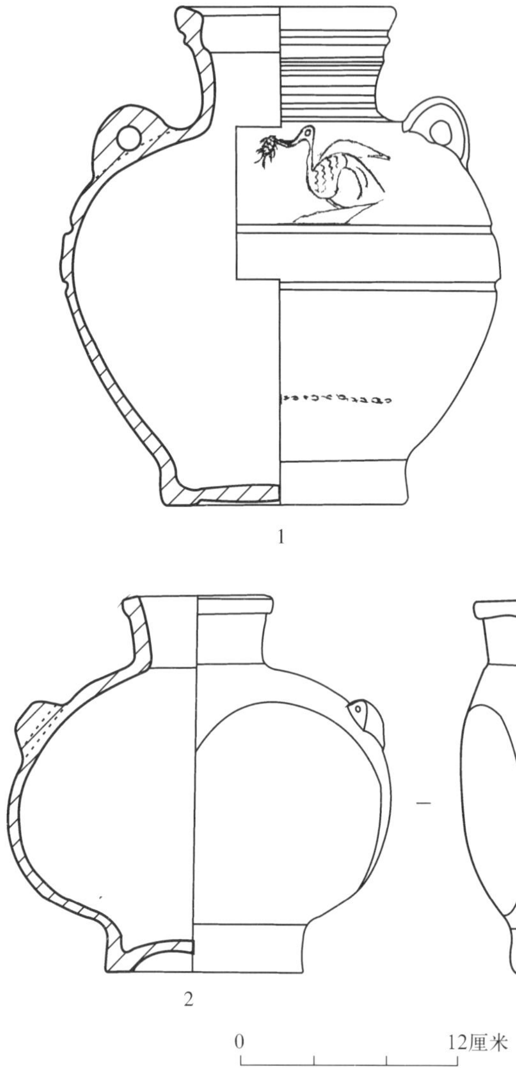

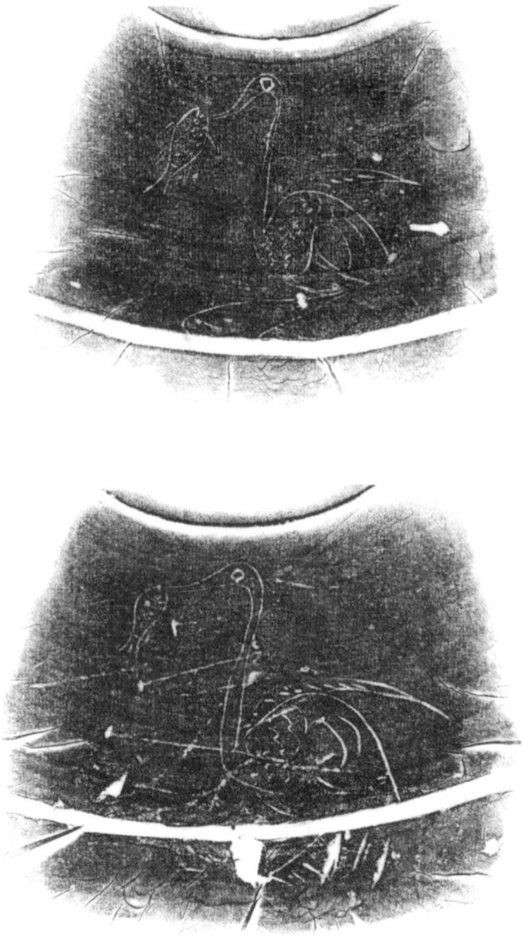

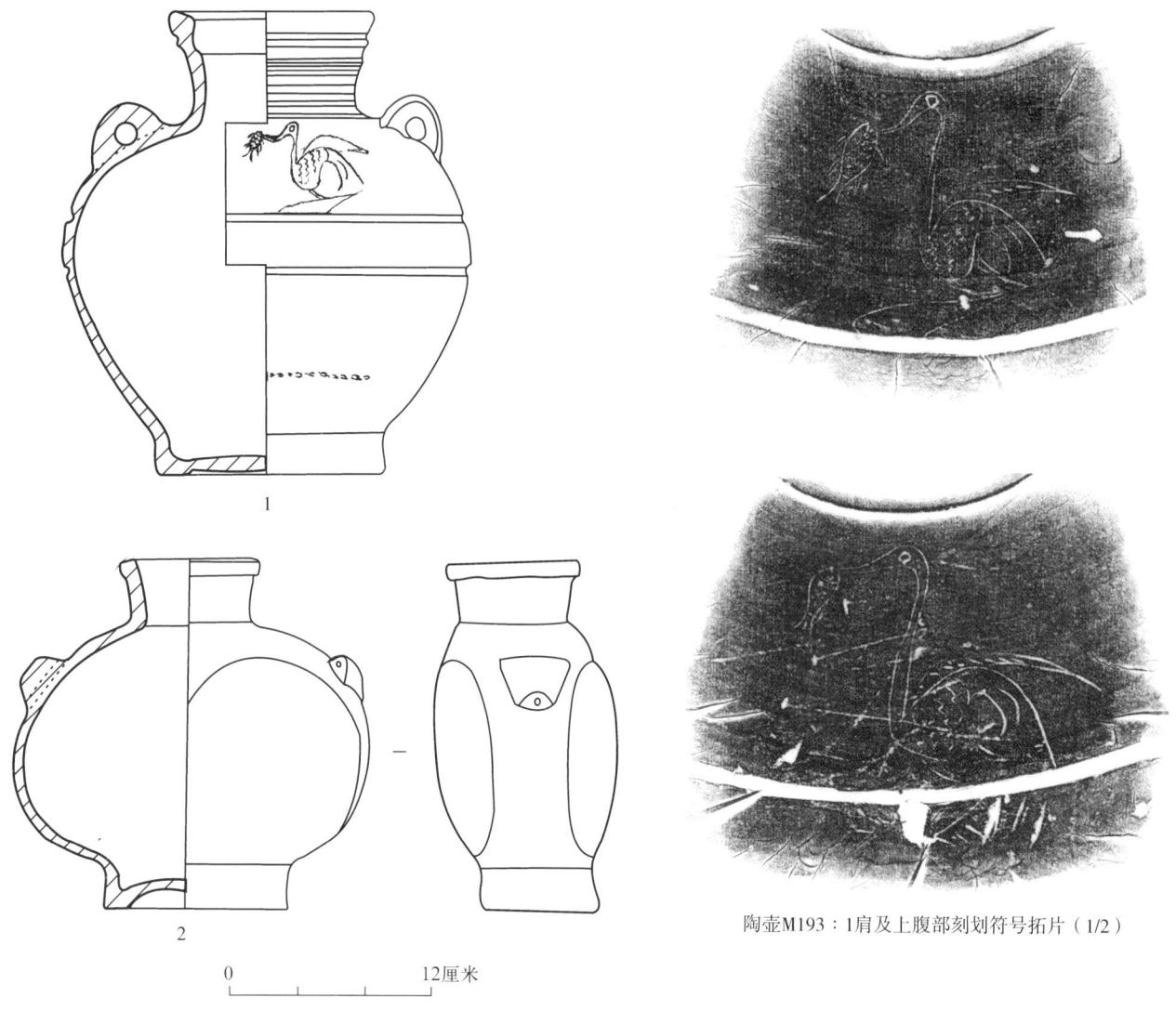

陶壶M193：1肩及上腹部刻划符号拓片（1/2）

图4-416　M193出土器物

1. 陶壶　2. 陶扁壶

七，3）。

陶扁壶　1件。

标本M193：2，夹砂灰陶。直口，斜沿，圆唇，高领，扁圆腹，圈足。肩上安对称桥形鼻，腹部两侧有对应“心”形状饰，素面。口径8、底长径10.8、短径7、高20厘米（图4-416，2；彩版一六七，4）。

（2）铜器

铜镜　1枚。

标本M193：5，四乳四虺镜。圆形，圆纽，圆纽座。座外均匀伸出四组短竖线（每组三条）、夹饰斜向短弧线，其外凸弦纹。再外两周短斜线和凸弦纹组合纹带，之间为主纹，四枚带圆座乳丁分为四区，每区内各有一虺纹，双钩形身躯外侧各一立鸟纹、内侧立鸟简化为弧线，前后饰短弧线。宽素平缘。面径8.1、缘厚0.45厘米（图4-417，5；彩版一六七，5）。

铜带钩　1件。

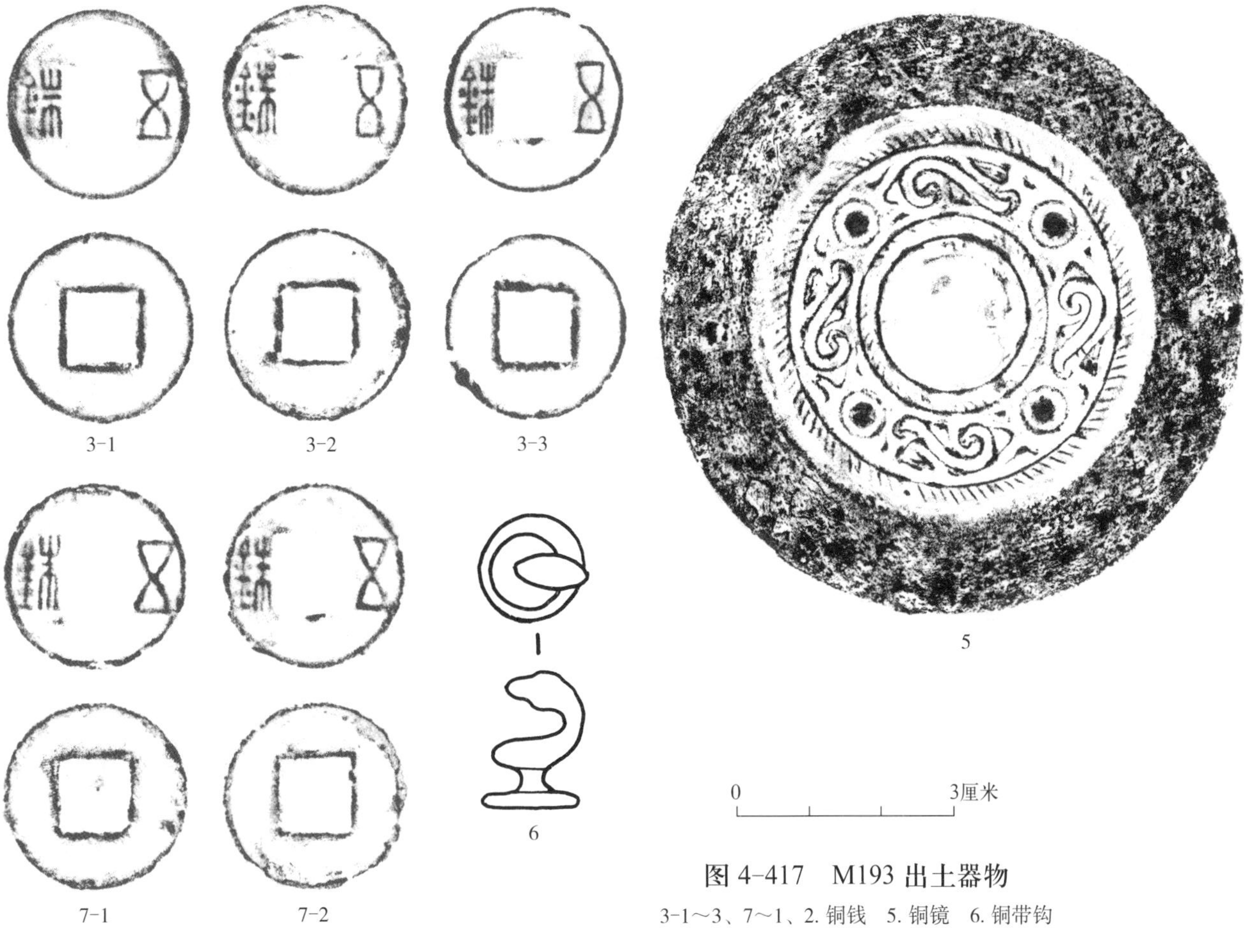

图 4-417　M193 出土器物

3-1～3、7～1、2. 铜钱　5. 铜镜　6. 铜带钩

标本 M193∶6，形体较小。钩身一端向上弯曲形成钩首，圆形纽位于另一面。宽 1.3、高 1.9 厘米（图 4-417，6）。

铜钱　44 枚。均为五铢。圆形方穿，正面有轮无郭，背面轮郭俱全。根据钱文字体不同分两种。

第一种　13 枚。“五”字两笔交叉较直，“铢”字“金”头呈三角形，与“朱”等齐，“朱”字上部方折，有的穿下半星。

标本 M193∶7-1、2，直径 2.5、穿边长 1、厚 0.14 厘米（图 4-417，7-1、2；彩版一六七，6 左 1、2）。

第二种　31 枚。“五”字两笔交叉弯曲，与上、下两横相交处微内收或垂直，“铢”字“金”头呈三角形，与“朱”等齐，“朱”字上部方折，有的穿下半星。

标本 M193∶3-1 ～ 3，直径 2.6、穿边长 1、厚 0.19 厘米（图 4-417，3-1 ～ 3；彩版一六七，6 右 1、2）。

（一〇六）M196

1. 墓葬形制

位于墓地西北部，被清代 M156 打破，东面是 M149。方向 105°（图 4-418；彩版一六八，1）。长方形土坑竖穴砖椁墓。墓口长 2.46、宽 1.29、深 1.92 米。椁长 2.42、宽 1.06、高 0.77 米。椁

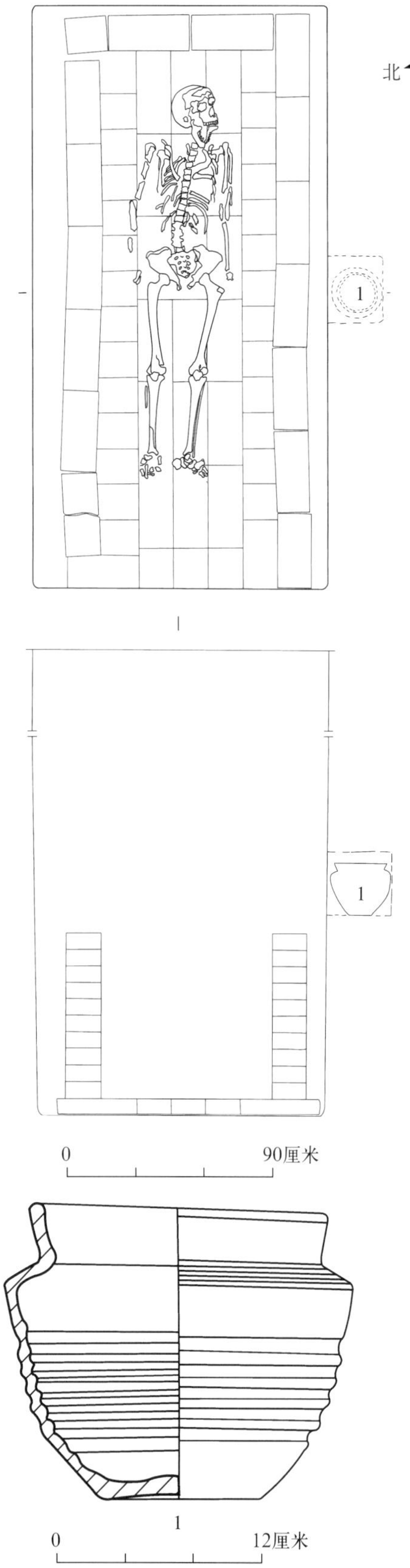

图 4-418　M196 及出土器物
1. 陶罐

室四壁均用青砖垒砌而成。西壁破坏严重，东、南、北三壁错缝平铺叠砌十层青砖。墓底平铺一层青砖，中间三排条铺、两侧横铺交错排列。墓圹南侧壁龛宽 0.28、高 0.27、进深 0.28 米（彩版一六八，2）。砖长 35、宽 15、厚 7 厘米。墓内填黄褐色五花土，经过夯打，土质较坚硬。夯窝椭圆形，排列不规则，直径 6 ～ 9、夯层厚 20、间距 6 ～ 15 厘米。

人骨 1 具。头向东，面向左，仰身直肢，男性，年龄 45 ～ 50 岁。

壁龛内出土陶罐 1 件。

2. 出土遗物

陶器

陶罐　1 件。

标本 M196：1，泥质灰陶。敞口，圆唇，束颈，折肩，下腹内收，平底微凹。肩上部饰五周抹制弦纹痕，肩下部饰六周凹弦纹。口径 17.3、底径 9.2、高 16.5 厘米（图 4-418，1；彩版一六八，3）。

（一〇七）M197

1. 墓葬形制

位于墓地西北部，打破 M200，南面为 M191。方向 290°（图 4-419；彩版一六八，4）。

长方形土坑竖穴砖椁墓。椁长 2.7、宽 0.92～1.05、高 0.3 米。椁室四壁均用青砖错缝垒砌。南、北两壁上面四层青砖错缝、镂空平铺，中间留 0.09 ～ 0.15 米空隙。墓底未铺青砖。砖长 26、宽 12、厚 4 厘米。

人骨 1 具。头向西，面向不详，仰身直肢。骨骼保存较差，仅存少量头骨、牙齿及下肢骨残骸。女性，中年个体。

陶壶 2 件放置墓底东端。

2. 出土遗物

陶器

陶壶　2 件。形制相同。泥质灰陶。弧顶盖。侈口，斜沿，尖唇，束颈，鼓腹，平底。素面。腹部饰两周戳印纹，近底部有刮削痕迹。

标本 M197：1，口径 12、底径 16、通高 26

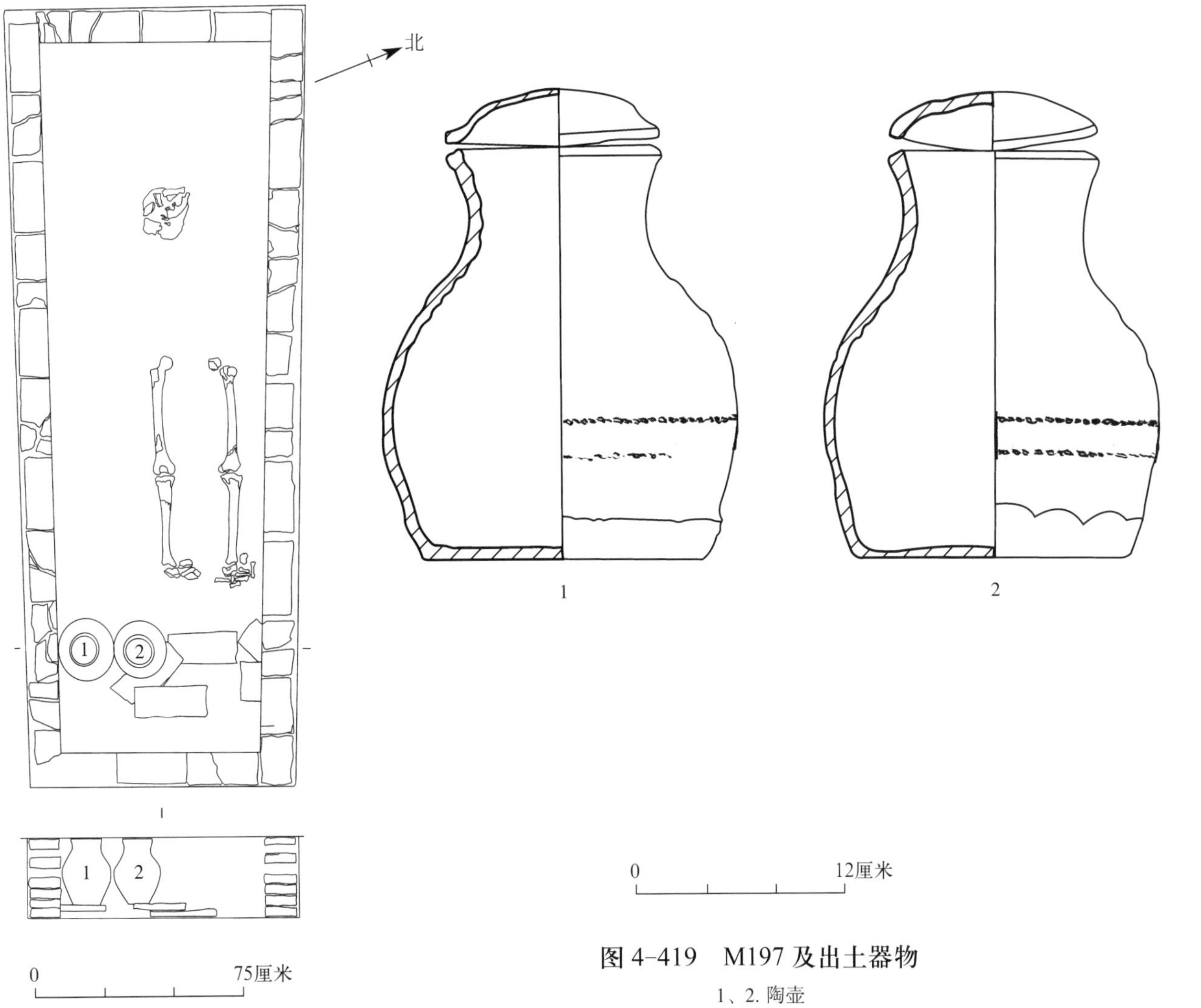

图 4-419　M197 及出土器物

1、2. 陶壶

厘米（图 4-419，1；彩版一六八，5）。

标本 M197∶2，口径 12、底径 16、通高 26 厘米（图 4-419，2；彩版一六八，6）。

（一〇八）M198

1. 墓葬形制

位于墓地西北部，北面是 M191，南面为 M194。方向 110°（图 4-420；彩版一六九，1）。

长方形土坑竖穴砖椁墓。墓口长 2.8、宽 1.26、深 2.6 米。椁长 1.9、宽 1.1、高 0.76 米。椁室四壁用十八层青砖平铺错缝垒砌而成。头箱位于东端，用三块青砖横向平铺与椁室分开。长 1.1、宽 0.7、深 0.65 米。墓底铺两层青砖。上层“人”字形排列。下层东、西向横立十排青砖，西面八块青砖，南、北向横立两排。砖长 25、宽 11、厚 3 厘米。墓内填黄褐色五花土，土质较疏松。

人骨 1 具。头向东，面向上，仰身直肢。骨骼腐朽严重，仅残留少量头骨残片和下肢骨遗骸。性别无法鉴定，成年个体。

随葬器物 29 件。陶壶 2 件，铜镜 1 件，铁镜架 1 件放置头箱内西北角。铜钱 25 枚，其中 2 枚

图 4-420 M198 平、剖面图

1. 铜镜 2、3. 陶壶 4. 铜钱（3） 5. 铜钱（22） 6. 铁镜架

含在墓主口内。另 23 枚放置墓主股骨间。乳猪、鲷科、真鲷、鱼骨置于陶壶内。

2. 出土遗物

（1）陶器

陶壶　2 件。形制相同。泥质红褐陶。侈口，沿面外斜，尖唇，束颈，溜肩，圆腹，圈足。腹部饰一周戳印纹。

标本 M198：2，口径 16、底径 12.8、高 34 厘米（图 4-421，2；彩版一六九，2）。

标本 M198：3，口径 16、底径 12.8、高 33.2 厘米（图 4-421，3；彩版一六九，3）。

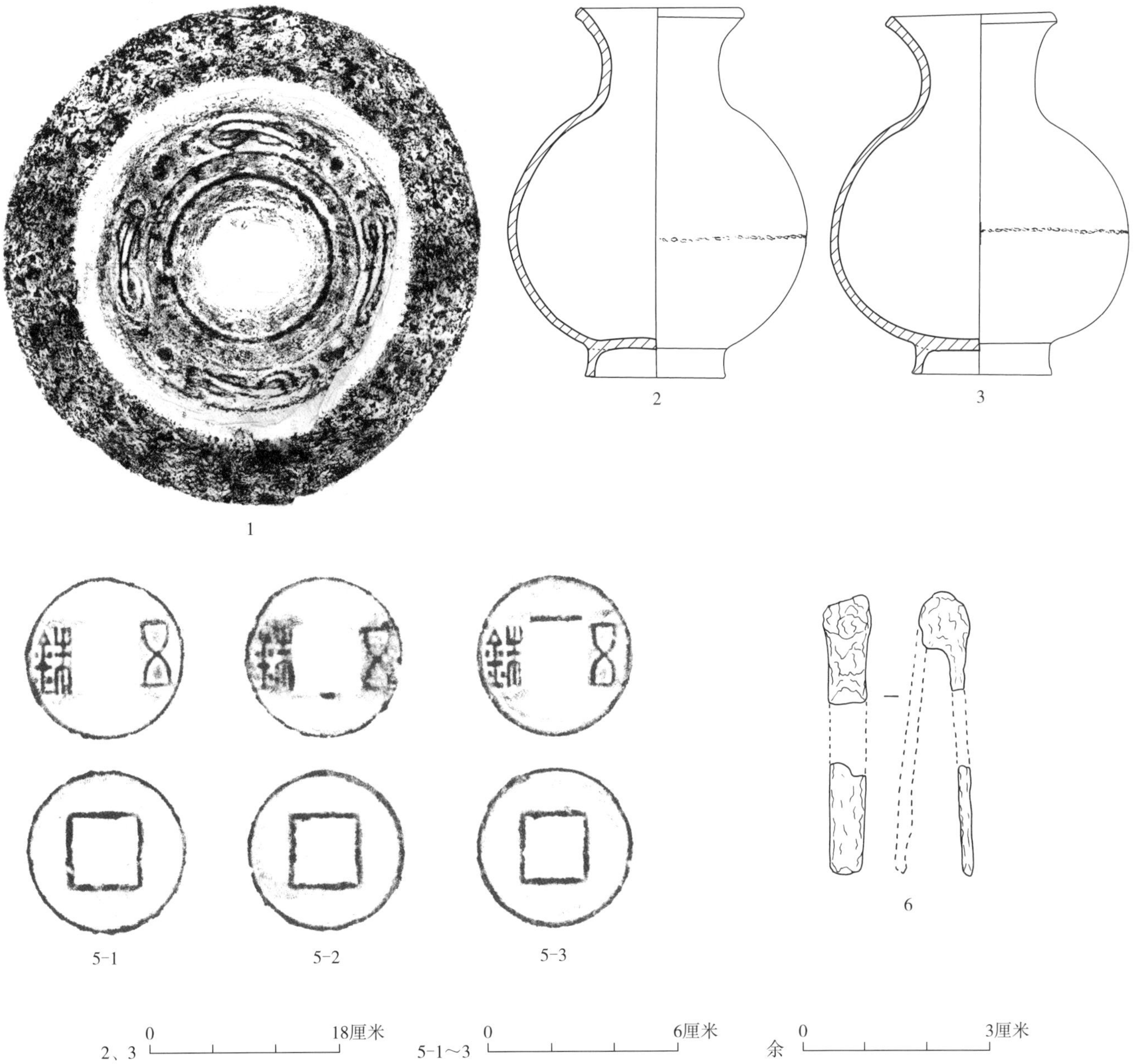

图 4-421　M198 出土器物

1. 铜镜　2、3. 陶壶　5-1～3. 铜钱　6. 铁镜架

（2）铜器

铜镜　1枚。

标本M198∶1，四乳四虺镜，锈蚀严重。圆形，圆纽，圆纽座。座外一周凸弦纹。再外两周短斜线和凸弦纹组合纹带，其间为主纹，四枚带圆座乳丁分为四区，每区内各有一虺纹，双钩形身躯内外侧鸟纹均简化为弧线。宽素平缘。面径7.7、缘厚0.5厘米（图4-421，1；彩版一六九，5）。

铜钱　25枚。均为五铢。圆形方穿，正面有轮无郭，背面轮郭俱全。“五”字两笔交叉弯曲，与上、下两横相交处微内收或垂直，“铢”字“金”头呈三角形，与“朱”等齐，有的低于“朱”字，“朱”字上部方折，有的穿上横郭或穿下半星。

标本M198∶5-1～3，直径2.5、穿边长1、厚0.16厘米（图4-421，5-1～3；彩版一六九，4）。

（3）铁器

铁镜架　1件。

标本M198∶6，叉形。两侧支脚扁长条形，已残断。复原高8.6厘米（图4-421，6）。

（一〇九）M202

墓葬形制

位于墓地西北部，北面是M209、M167，南面为M169。方向120°（图4-422）。

长方形土坑竖穴砖椁墓。墓口长2.05、宽0.61～0.7、深0.28米。椁长1.91、宽0.51、高0.15米。椁室四壁均青砖侧立垒砌，首尾相接。墓底铺地砖竖立对缝排列。砖长24、宽12、厚3厘米。墓内填黄褐色五花土，土质较疏松。

人骨1具。头向东，面向右，仰身直肢，双手抚骨盆处。男性，年龄25～30岁。

随葬器物无。

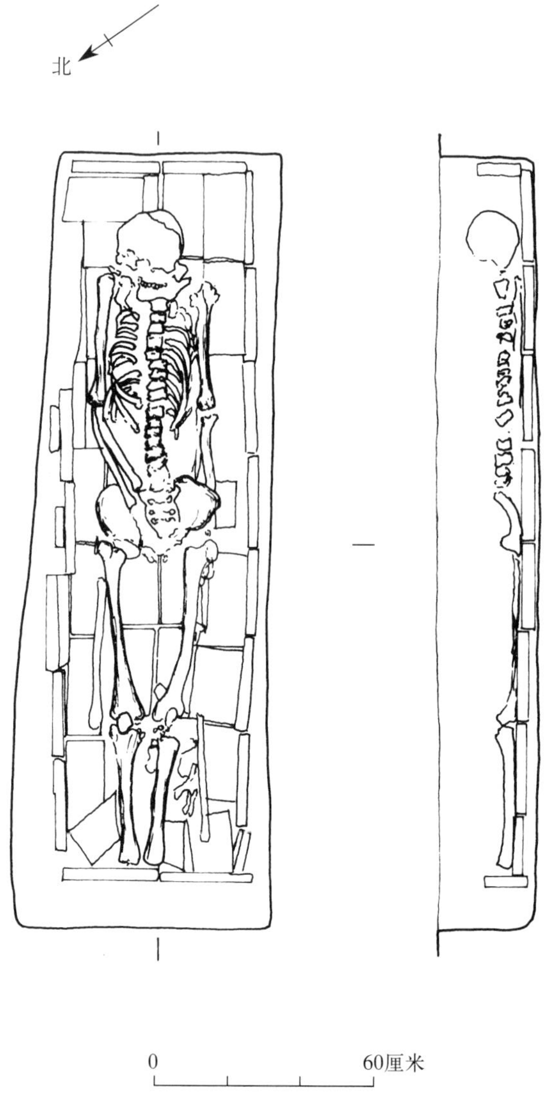

图4-422　M202平、剖面图

昌 邑 辛 置

——2010～2013年墓葬发掘报告

（三）

山东省文物考古研究院
昌　邑　市　博　物　馆　编著

文物出版社

2010-2013 Excavating Report of Tombs at Xinzhi in Changyi

(III)

by

Shandong Provincial Institute of Cultural Relics and Archaeology

Changyi Municipal Museum

Cultural Relics Press

三　瓦椁墓

瓦椁墓共有11座。

（一）M5

1. 墓葬形制

位于墓地西南部，北面是M36，东面是M30，南面为M53。方向112°（图4-883；彩版二三一，1）。

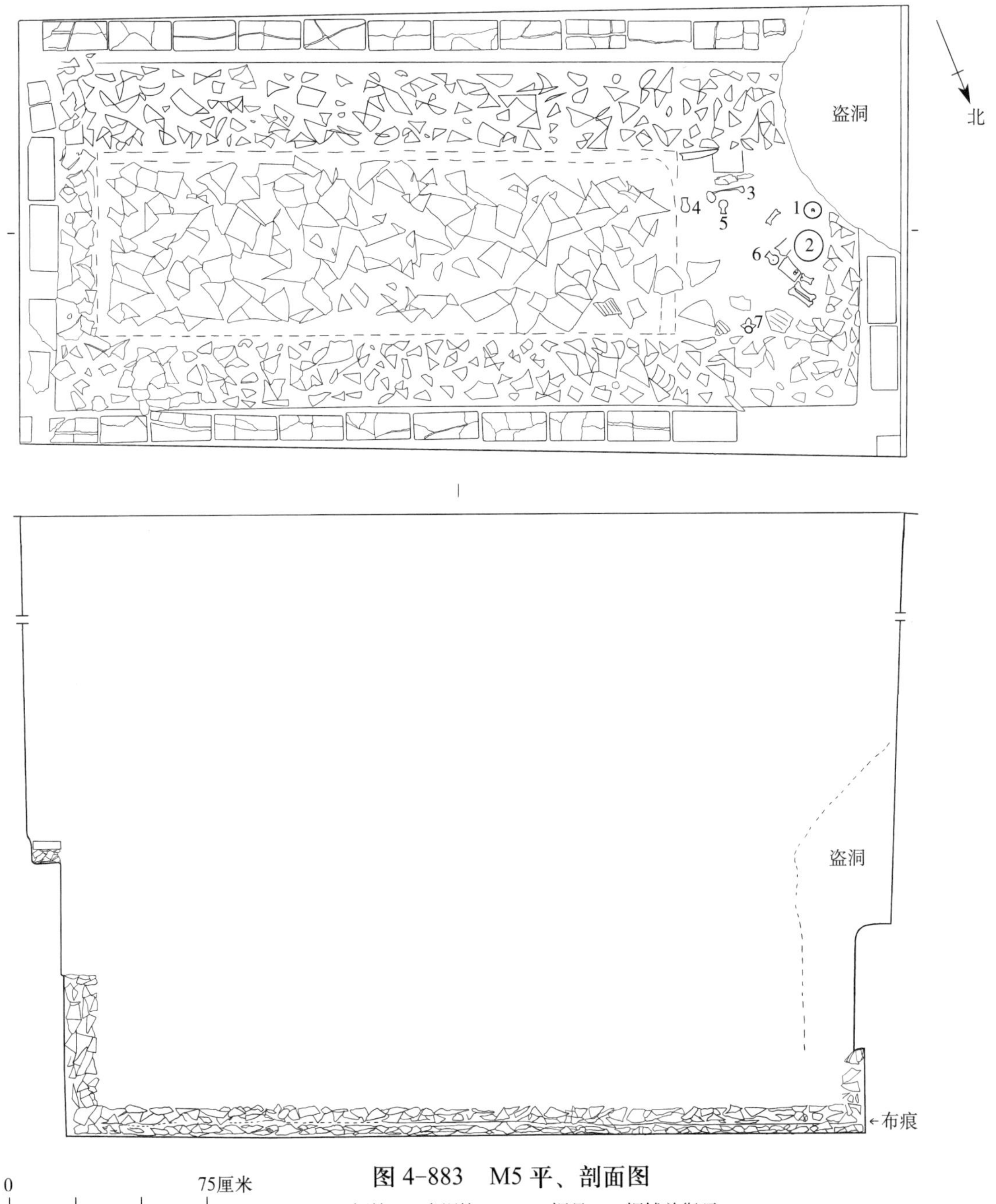

图4-883　M5平、剖面图

1、2. 铜镜　3. 铜刷柄　4～6. 铜足　7. 铜铺首衔环

长方形土坑竖穴瓦椁墓。墓口长3.44、宽1.6～1.7、深2.46米。瓦椁长3.1、宽1.3、高0.6米。四壁及椁底均用碎瓦及陶片铺成，厚0.12米。可辨器形有陶板瓦、陶筒瓦、陶鬲、陶豆、陶罐、陶壶、陶盆、陶瓮、陶甑、陶钵、陶转轮、陶井圈、陶器座等。墓底四周有生土二层台，宽0.15、高0.5米。台面横排一层青砖。砖长25、宽11、厚3厘米。木棺已腐朽，仅见有板灰痕迹。长2.22、宽0.73、两端挡板厚0.06、立板厚0.45米。墓内填黄褐色五花土，经过夯打，质地致密。

人骨无。

随葬器物7件。铜镜2件，铜刷柄1件，铜铺首衔环1件，铜器足3件均放在墓底西端（彩版二三一，2）。西南角有乳猪骨。中南部发现少量红色漆片，北侧中部遗留丝织物痕迹。

2. 出土遗物

铜器

铜镜　2枚。

标本M5∶1，昭明圈带连弧铭带镜。圆形，圆纽，圆纽座。座外均匀伸出四组短线纹（每组两条）、夹饰三条短竖线。再外一周窄凸面圈带，带外伸出四条锥形短线，与四组内附三条短线月牙纹相间环列，两者间夹饰短竖线。其外一周内向八连弧纹圈带。外区两周短斜线和凸弦纹组合纹带之间为顺时针铭文带“内清以而昭□明，之光象日月，心忽穆而愿忠，塞不泄”。字体为圆转式篆隶体、笔画首尾加重呈楔形。宽素平缘。面径10.4、缘厚0.7厘米（图4-884，1；彩版二三一，3）。

标本M5∶2，日光圈带铭带镜。圆形，圆纽，圆纽座。座外均匀伸出四组（每组三条）与四条短竖线相间环列。再外一周窄凸面圈带。外区两周短斜线和凸弦纹组合纹带之间为顺时针铭文带“见日月心，勿夫毋忘”，字体为圆转式篆隶体、有简化字，每字间隔似涡纹符号。窄素平缘。面径6.9、缘厚0.3厘米（图4-884，2；彩版二三一，4）。

铜刷柄　1件。

标本M5∶3，形似烟斗状。斗圆筒形圆形中空，柄截面圆形，尾部残缺。残长8.5厘米（图4-884，3；彩版二三一，5）。

铜铺首衔环　1件。

标本M5∶7，鎏金。四瓣柿蒂状，中部有方孔插以半环状纽，使背部凸有两个插钉，外部衔有一铜圆环。对角长3.4厘米（图4-884，7）。

铜足　3件。

标本M5∶4～6，形制基本相同。鎏金。蹄形，正面上部近圆形，鼓起，下部内收下部外弧，平底，背部内空，外缘上部较下部内收，皆平整，上部中央内部出一锥形插榫。宽3.8、高1.7厘米（图4-884，4）。

（二）M36

1. 墓葬形制

位于墓地中部，东北面是M45、M46，南面为M5。方向115°（图4-885；彩版二三二，1）。

长方形土坑竖穴瓦椁墓。墓口长3.6、宽2米，底长3.24、宽1.76、深3.3米。椁室长2.66、宽1.14、高0.82米。椁室四壁堆砌大量碎瓦、陶片，厚0.2米。墓底四周有生土二层台，南、北两壁长3.36、宽0.14；东、西两端长1.64、宽0.16、高1米。上部平铺一～二层青砖，面上散落较多碎陶片，厚0.06米。墓底用厚0.1米陶片铺垫。墓内填黄褐色五花土，经过夯打，土质较致密。圆形夯窝，直径8～10、

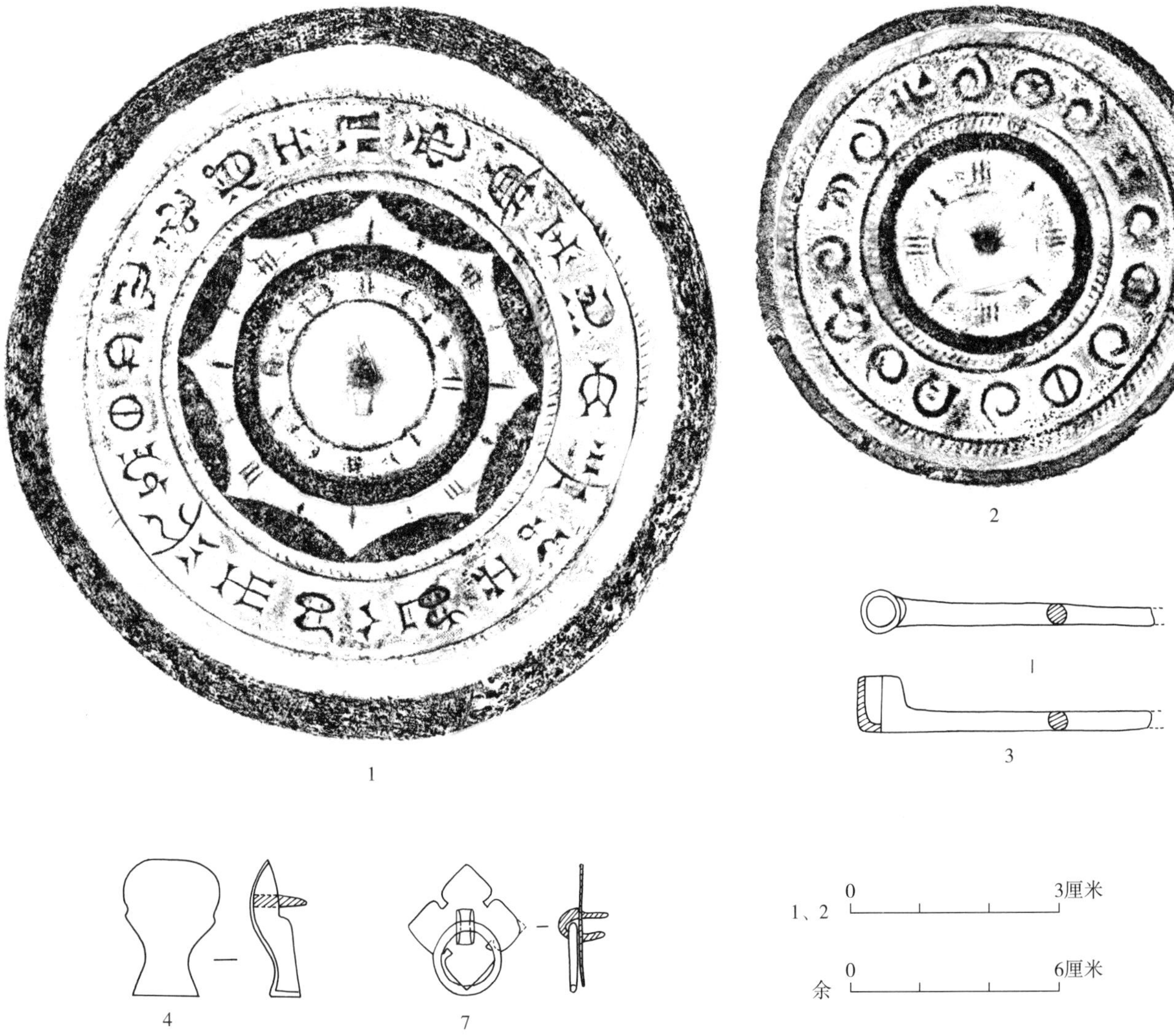

图 4-884　M5 出土器物

1、2. 铜镜　3. 铜刷柄　4. 铜足　7. 铜铺首衔环

夯层厚 13 ～ 15 厘米。

人骨无。

随葬器物 15 件（彩版二三二，3）。陶钫 4 件放于脚端。铜镜 6 枚分散置于墓主头及胸部（彩版二三二，2）。铜钱 1 枚放在头部。玉饰件、铁镜架各 1 件，铜刷柄 1 件，铜眉笔柄 1 件放在中部南侧。陶钫北侧有动物骨骼，未经鉴定，种属不明。

2. 出土遗物

（1）陶器

陶钫　4 件。泥质灰陶。覆斗形盖。斜壁，小平顶，上部饰五个突饰。方口，平沿，方唇，沿外侧有折棱，束颈，圆形圈足。

标本 M36：11，失盖。下腹饰稀疏绳纹。口边长 10.8、底径 13、高 36.4 厘米（图 4-885，

图 4-885 M36及出土器物

1. 铜钱 2～7. 铜镜 8. 玉饰件 9-1. 铜眉笔柄 9-2. 铜刷柄 10. 铁镜架 11～14. 陶钫 15. 动物骨骼

11）。

标本 M36∶12，腹部饰一周戳印纹。口边长 10.8、底径 13.5、通高 39.8 厘米（图 4-885，12）。

标本 M36∶13，素面。口边长 8.8、底径 10.4、通高 28.8 厘米（图 4-885，13）。

标本 M36∶14，素面。口边长 9.6、底径 10.4、通高 28.9 厘米（图 4-885，14）。

（2）玉器

玉饰件　1 件。

标本 M36∶8，残缺。体两侧饰云纹，中上部一端有圆孔。残长 4.4、宽 2.7 厘米（图 4-887，8；彩版二三二，4）。

（3）铜器

铜镜　6 枚。日光圈带铭带镜。圆形，圆纽，圆纽座。座外一周窄凸面圈带。外区两周短斜线和凸弦纹组合纹带，其间为顺时针铭文带“见日月心，勿夫”，字体为圆转式篆隶体、个别笔画加重呈楔形、有简化字，每字间隔似涡纹。窄素平缘。

标本 M36∶2，面径 6.5、缘厚 0.25 厘米（图 4-886，2；彩版二三三，1）。

标本 M36∶3，面径 6.5、缘厚 0.2 厘米（图 4-886，3；彩版二三三，2）。

标本 M36∶4，面径 6.5、缘厚 0.25 厘米（图 4-886，4；彩版二三三，3）。

标本 M36∶5，面径 6.4、缘厚 0.25 厘米（图 4-886，5；彩版二三三，4）。

标本 M36∶6，面径 6.5、缘厚 0.25 厘米（图 4-886，6；彩版二三三，5）。

标本 M36∶7，重圈铭带镜，锈蚀严重。圆形，圆纽，并蒂连珠纹纽座。座外相间环列四个“丫”形纹与四组短竖线（每组三条），其外一周短斜线和凸弦纹组合纹带。再外两周窄凸面圈带间为顺时针铭文带“见日之光，长不相忘”，每字间隔带十字菱形纹。再外两周短斜线和凸弦纹组合纹带之间为顺时针铭文带，可辨“洁而白清而事君，志□明，而玄锡而泽，□□恐□而日忘，美而□□□”，字体均圆转式篆隶体，首尾笔画多加重呈楔形。宽素平缘。面径 13.2、缘厚 0.7 厘米（图 4-887，7；彩版二三三，6）。

铜刷柄　1 件。

标本 M36∶9-2，形似烟斗状。斗圆筒形中空，细长条柄，截面圆形，柄尾部扁平向下微曲，近尾部有圆形小孔。长 12.8 厘米（图 4-887，9-2；彩版二三二，5）。

铜眉笔柄　1 件。

标本 M36∶9-1，圆锥形。前端中空，尾部有小圆孔。长 6.1 厘米（图 4-887，9-1）。

铜钱　1 枚。

标本 M36∶1，残破。锈蚀严重，文字不清。穿下有半星。直径 1.3、穿边长 0.4、厚 0.1 厘米（图 4-887，1）。

（4）铁器

铁镜架　1 件。

标本 M36∶10，叉形，两侧支脚扁平长条形。高 11.3 厘米（图 4-887，10；彩版二三二，6）。

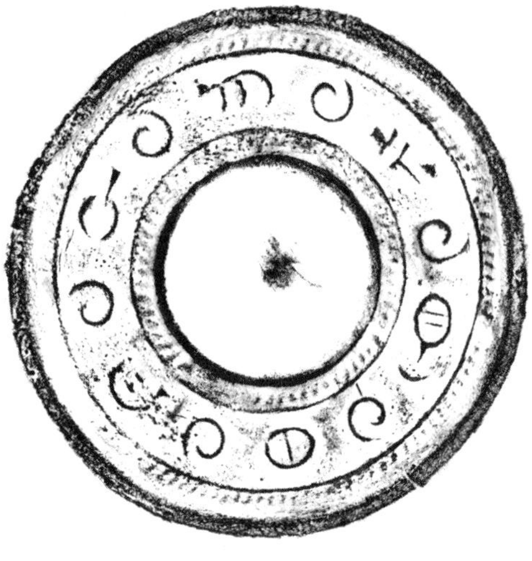
2

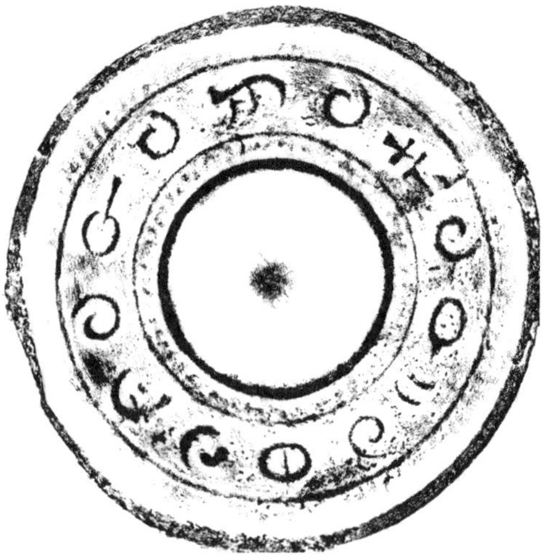
3

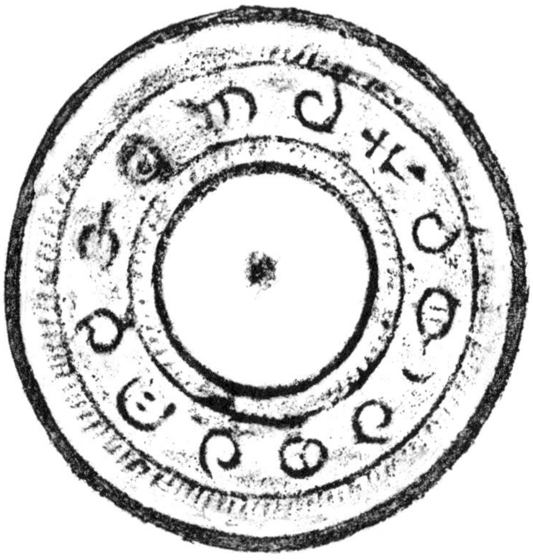
4

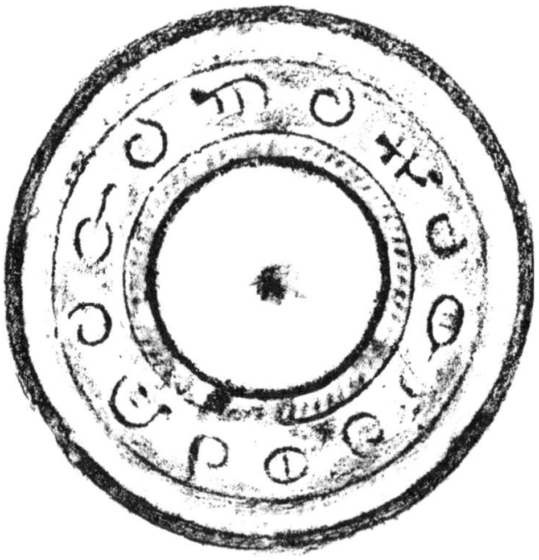
5

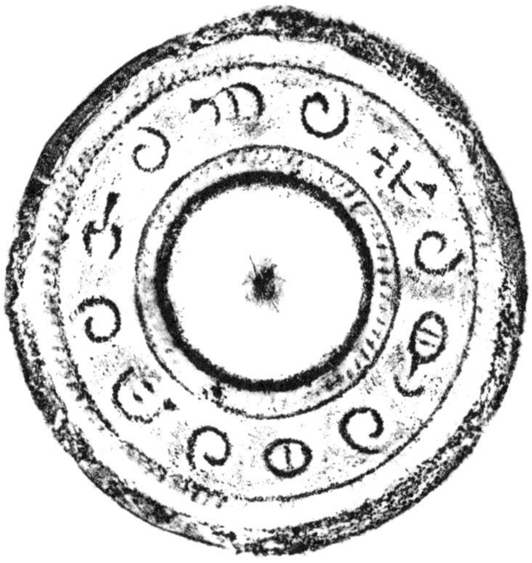
6

0 3厘米

图4-886 M36出土器物

2～6. 铜镜

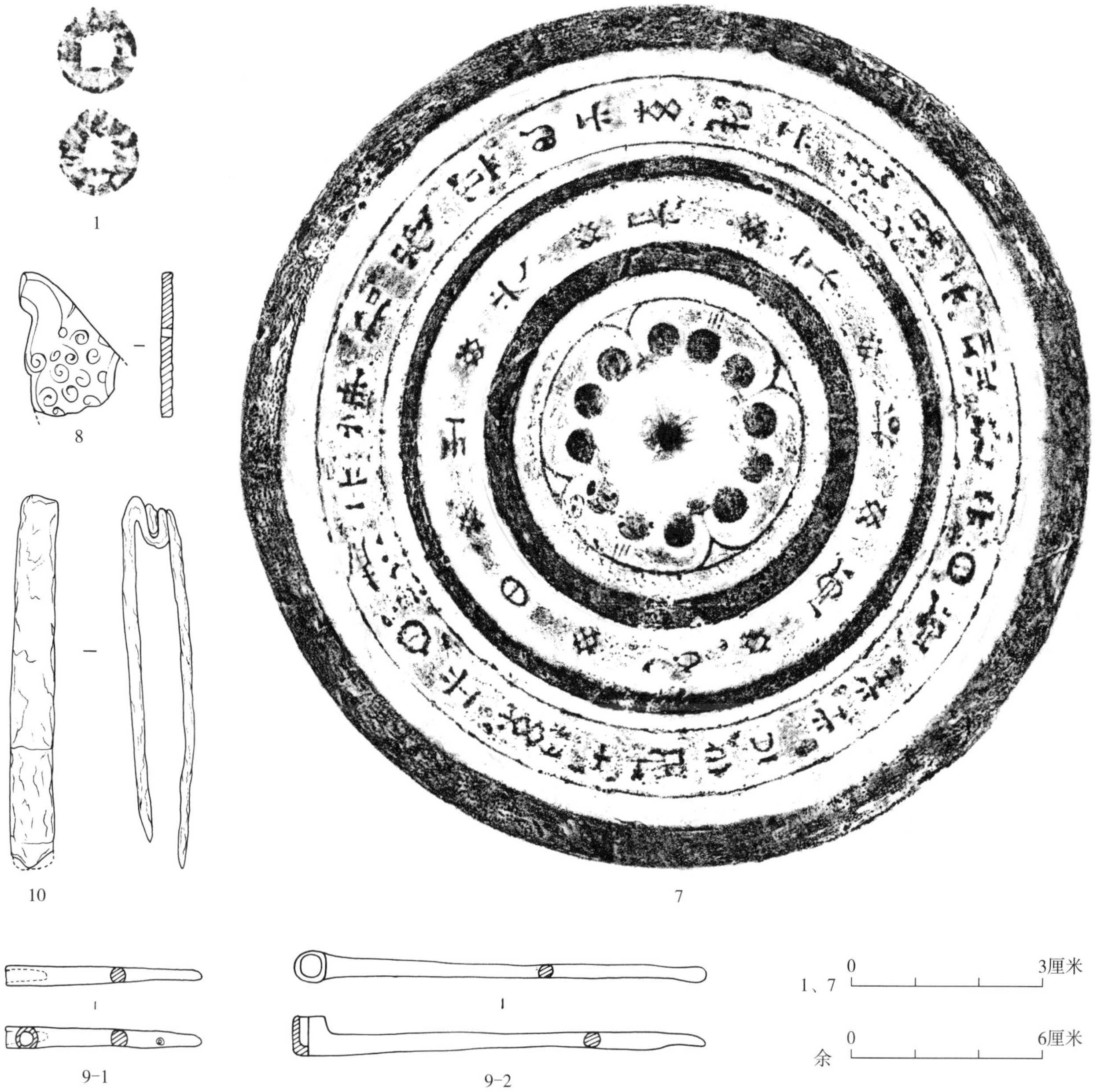

图 4-887　M36 出土器物

1. 铜钱　7. 铜镜　8. 玉饰件　9-1. 铜眉笔柄　9-2. 铜刷柄　10. 铁镜架

（三）M142

1. 墓葬形制

位于墓地中部，被 M115、M120、M122 打破，南面为 M133。方向 110°（图 4-888；彩版二三四，1）。

长方形土坑竖穴瓦椁墓。墓口长 4、宽 2.14、深 3.53 米。椁长 3.46、宽 1.4、高 1.35 米。椁室四壁均填碎陶、瓦片。墓底有生土二层台，宽 0.33、高 1.17 米。台上覆盖厚约 0.2 米碎陶、瓦片，

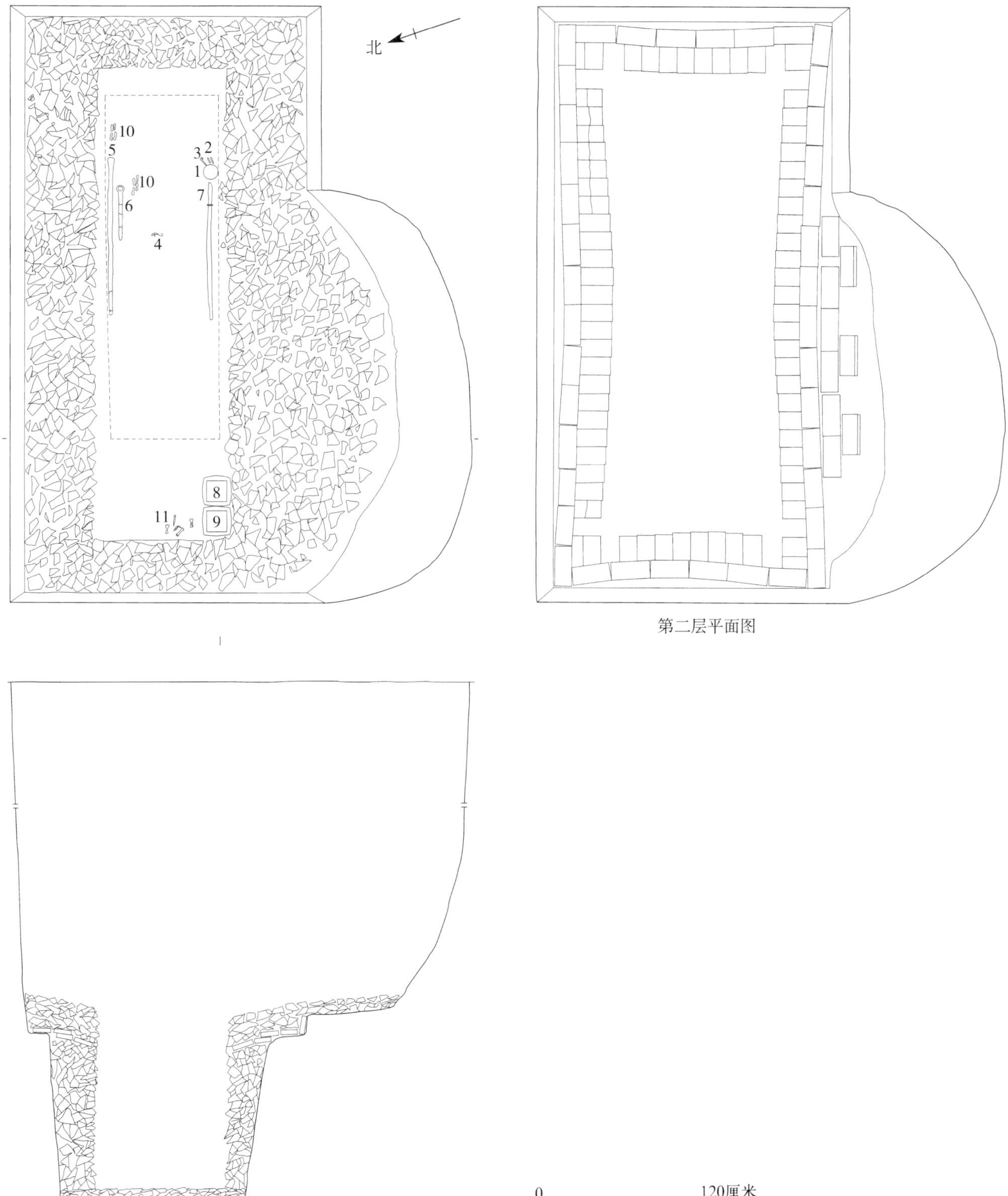

图 4-888　M142 平、剖面图

1. 铜镜　2. 铁镜架　3. 铜刷柄　4. 铜带钩　5. 铁殳　6. 铁环首刀　7. 铁剑　8、9. 陶钫　10. 陶俑（8）　11. 动物骨骼

周围边缘平铺一层青砖，上面再铺一层碎陶、瓦片。墓底铺垫厚 0.1 米碎陶片。木棺已腐朽，仅见板灰痕迹。长 2.3、宽 0.78 米。砖长 27、宽 12、厚 3 厘米。墓内填黄褐色五花土，经过夯打，土质较坚硬。夯窝圆形，分布密集，排列无序，直径 8 ～ 13、间距 6 ～ 12、夯层厚 30 ～ 35 厘米。

人骨 1 具。仅见骨骼痕迹。

随葬器物 17 件。陶钫 2 件放在墓室南端。铜镜 1 枚，铁镜架 1 件，铜刷柄 1 件，放在墓主头骨左侧。铜带钩 1 件置于墓主腰部。铁殳 1 件、铁环首刀 1 件，放置墓主躯干右侧。铁刀 1 件放置躯干左侧。陶俑 8 件放在墓主右侧。乳猪、小型食虫目、鱼骨散落于脚箱内北端。

2. 出土遗物

（1）陶器

陶钫　2 件。泥质灰陶。失盖。钫方侈口，平沿，方唇，束颈，沿外侧有折棱，溜肩，鼓腹，下腹弧收，方形圈足。

标本 M142 : 8，下腹及底部饰绳纹。口边长 12.5、底边长 13.2、高 40.4 厘米（图 4-889，8）。

标本 M142 : 9，素面。口边长 12、底边长 13.8、高 40.5 厘米（图 4-889，9）。

陶俑　8 件。泥质黄褐陶。多数破碎，不能复原。均捏塑制作，不甚规整，仅表现出人体轮廓。有的未经烧制，可能是泥俑。下部束身，表面施淡黄色彩，有的可能是白色彩绘。

标本 M142 : 10-1，头部残失。腰部较细，身着长裙，可辨为女俑。高 4.2、宽 2.5 厘米（图 4-889，10-1）。

标本 M142 : 10-2，头部较小，昂首站立，身着长袍，双手似抱拳相交于腰前，可辨为男俑。高 4.9、宽 2.1 厘米（图 4-889，10-2）。

（2）铜器

铜镜　1 枚。

标本 M142 : 1，昭明重圈铭带镜。圆形，圆纽，并蒂连珠纹纽座。其外两周窄凸面圈带间铭文为“内清，日月，心忽而穆忠，然雍塞泄”。再外两周短斜线和凸弦纹组合纹带之间为铭文带“内清以昭明，光象而日月，心忽而愿穆忠，然雍塞泄”。顺时针篆书。宽素平缘。面径 10.6、缘厚 0.45 厘米（图 4-890，1；彩版二三四，2）。

铜带钩　1 件。

标本 M142 : 4，琵琶形。钩呈鸟头形，圆形纽位于背部尾端。长 6.4 厘米（图 4-889，4；彩版二三四，3）。

铜刷柄　1 件。

标本 M142 : 3，形似烟斗状，斗圆筒形中空，细长柄，截面圆形，尾部尖细。长 13 厘米（图 4-889，3；彩版二三四，4）。

（3）铁器

铁剑　1 件。

标本 M142 : 7，体细长，双面刃，截面扁椭圆形，中部有棱，细长柄，近格外有绳状缠绕，剑身外侧有鞘状物粘附。长 91.2、宽 1.6 ～ 3.6 厘米（图 4-890，7）。

铁环首刀　1 件。

标本 M142 : 6，环首，刀身直，厚背，窄刃，刃部较锋利，截面三角状，前锋弧圆，外部锈蚀，

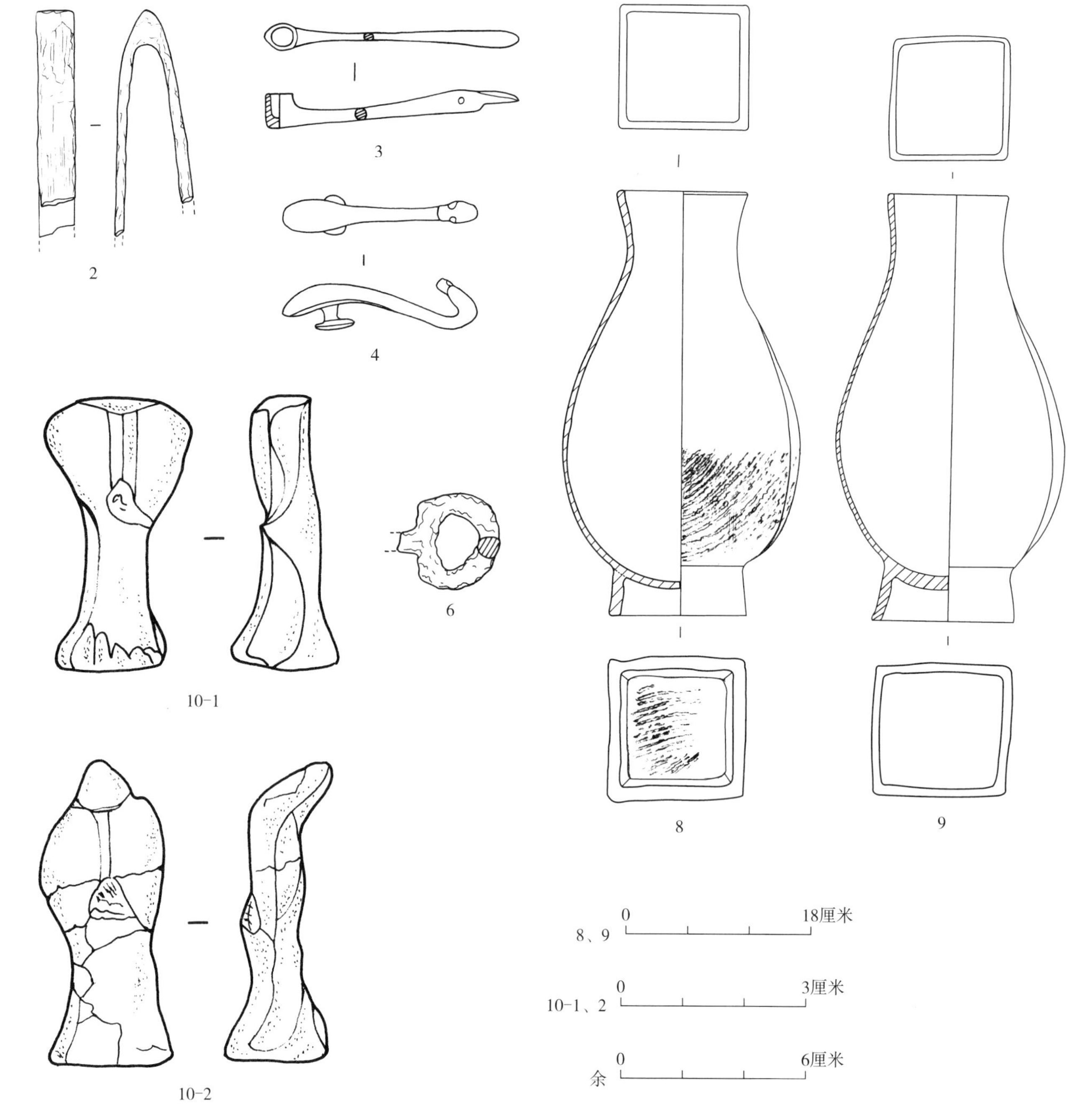

图4-889　M142出土器物

2. 铁镜架　3. 铜刷柄　4. 铜带钩　6. 铁环首刀　8、9. 陶钫　10-1、2. 陶俑

粘附木状刀鞘。长34.4厘米（图4-890，6；彩版二三四，5）。

铁殳　1件。

标本M142∶5，体较长，截面圆形。从上至下由粗变细。长106.6厘米（图4-890，5；彩版二三四，6）。

铁镜架　1件。

标本M142∶2，叉形，两侧支脚扁长条形，均残缺。残高7.2厘米（图4-889，2）。

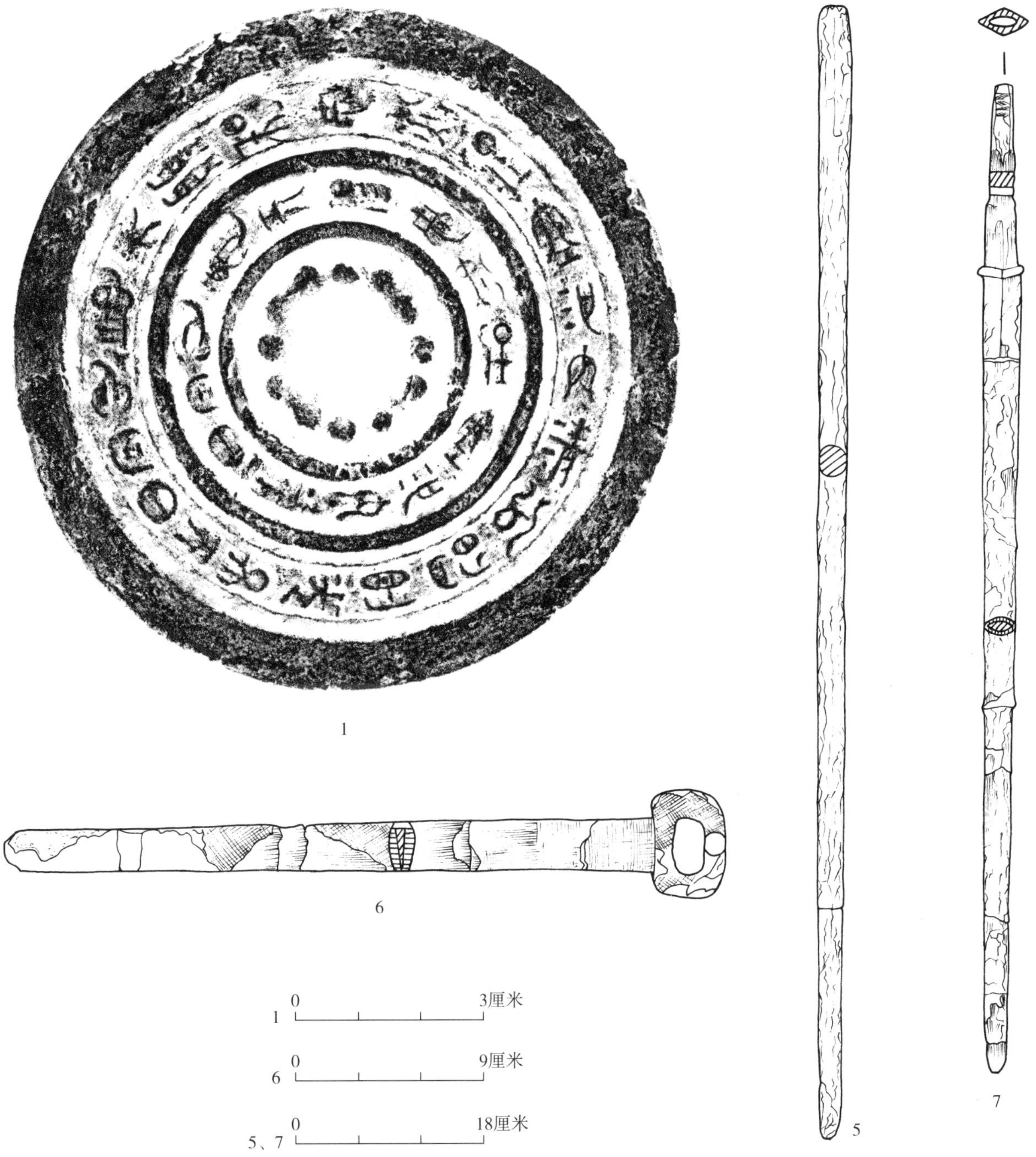

图 4-890　M142 出土器物
1. 铜镜　5. 铁殳　6. 铁环首刀　7. 铁剑

（四）M230

1. 墓葬形制

位于墓地西南部，打破 M234，东面是 M10，南面为 M232。方向 120°（彩版二三五，1）。

长方形土坑竖穴瓦椁墓。墓口长 3.64、宽 2.77 米，底长 3.4、宽 2.48、深 2.6 米。椁长 3.4、宽 2.48、高1米。椁室四壁内侧均填充大量碎陶、瓦片。墓底有生土二层台，宽0.25、高1.2米。木棺已腐朽，仅发现板灰痕迹。长2.08、宽1.1米。墓底铺垫0.2米碎陶片。墓内填黄褐色五花土，经过夯打，土质较致密。夯窝椭圆形，不规则排列，直径6～19、间距5～19、夯层厚10厘米。填土中夹杂大量陶片、碎砖、人骨和动物残骸，主要有狗下颌牙齿、骶骨、羊肩胛骨、蹄骨、牛距骨；啮齿动物、大型哺乳动物髋骨、中型哺乳动物头骨。发现铜钱25枚。铁环首刀1件。

人骨2具。头骨均破碎，肢骨断裂，零乱叠压堆积在椁室西南角。其中1号个体男性，年龄40～50岁，2号个体女性，年龄50～60岁。

随葬器物32件。计有铜镜2枚，铜刷柄1件，铜带钩1件，铜铺首衔环4件，铜足3件，铜柿蒂形饰1件，铜车辖2件，铜钱10枚，铜环1件，铜泡4件，铁镜架2件，铁钉1件。

2. 出土遗物

（1）铜器

铜镜　2枚。形制基本相同，均为昭明连弧铭带镜。圆形，圆纽，圆纽座。

标本M230：1，座外伸出四组短竖线（每组三条）与四条短弧线相间环列。其外一周窄凸面圈带，带外分布四组内附三短竖线的短横线、其间夹饰短横线或菱形纹，再外一周内向八连弧纹圈带。外区两周短斜线和凸弦纹组合纹带之间为顺时针铭文带“内青以昭明，光□□日月”，字体为方正式篆隶体，首尾间用“之”字隔开，每字间隔一“而”字。宽素卷缘。面径11.1、缘厚0.55厘米（图4-891，1；彩版二三五，2）。

标本M230：12，座外均匀伸出四组短竖线（每组三条），再外一周内向十二连弧纹圈带。外区两周短斜线和凸弦纹组合纹带，其间为顺时针铭文带“内清以昭明，光夫日月□”，字体为方正式篆隶体、笔画首尾加重呈楔形，每字间隔一“而”字。宽素卷缘。面径9.5、缘厚0.65厘米（图4-891，12；彩版二三五，3）。

铜带钩　1件。

标本M230：11，琵琶形。钩呈马首状，形体略狭长，钩背隆起，截面呈圆角三角形，圆形纽位于近中部处。长7.3厘米（图4-892，11；彩版二三五，4）。

铜刷柄　1件。

标本M230：13，形似烟斗状。斗圆筒形中空，长条形柄，尾端扁平，有一圆形小孔，尖部微下垂。长12.3厘米（图4-892，13；彩版二三五，5）。

铜柿蒂形饰　1件。

标本M230：6，四瓣柿蒂纹，衔一圆环，背面有扁状插钉。长3.6、宽3.6厘米（图4-893，6）。

铜铺首衔环　4件。兽面。双眼突凸，耳内卷，鼻下垂，后弯曲成钩，衔一圆环，背面有扁状插钉。

标本M230：3-1，长4.2、宽4.2厘米（图4-893，3-1）。

标本M230：3-2，长5、宽3.4厘米（图4-893，3-2）。

标本M230：17-1、2，长4、宽2.9厘米（图4-893，17-1；彩版二三五，6、7）。

铜车辖　2件。

标本M230：7-1、2，形制相同。凤鸟状，嘴尖，两眼突出，头上有冠，体肥，尾羽上翘至头部，底部方形插座。高3.6厘米（图4-892，7-1、2）。

铜足　3件。

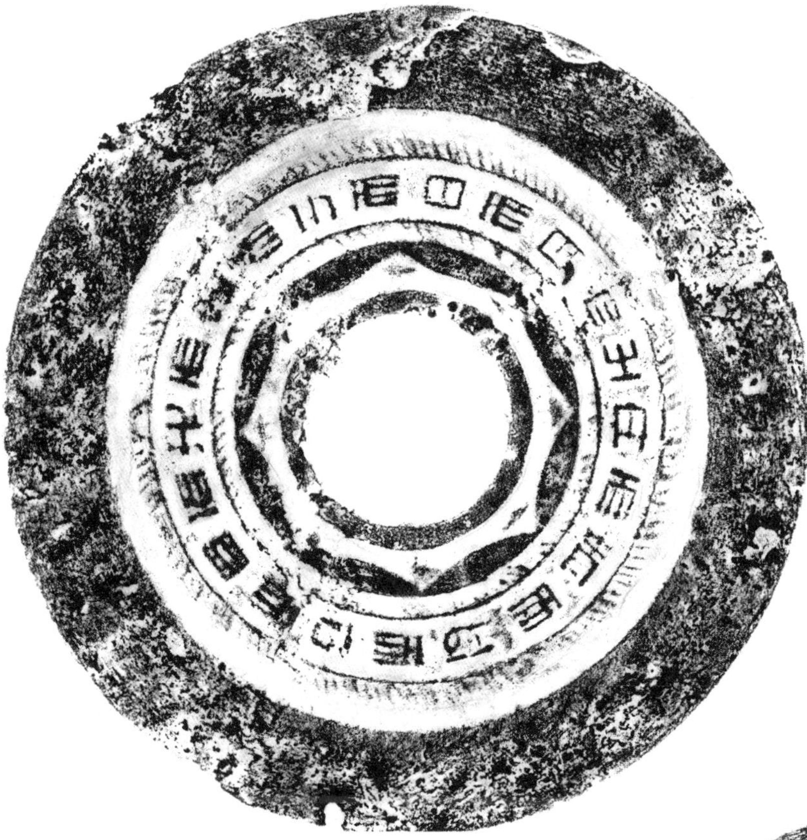

1

12

0　3厘米

图 4-891　M230 出土器物

1、12. 铜镜

标本 M230∶5-1，马蹄形。正面弧圆，近下部束身，底部平，背部中空，有扁插针。高 4、宽 2.5 厘米（图 4-893，5-1）。

铜泡钉　4 件。形制相同。圆形泡面弧起，内有尖钉。

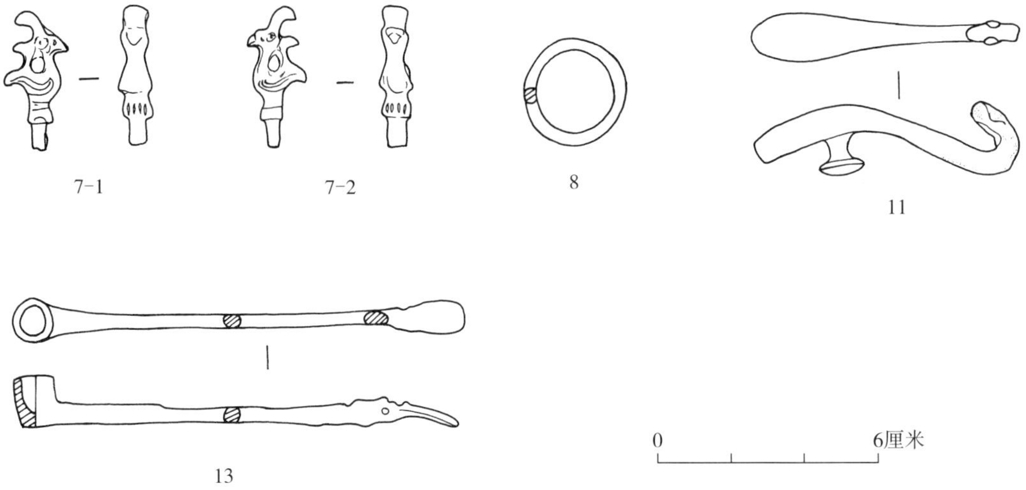

图 4-892　M230 出土器物

7-1、2. 铜车辖　8. 铜环　11. 铜带钩　13. 铜刷柄

标本 M230∶4，外径 1.8、高 1.6 厘米（图 4-893，4）。

标本 M230∶18-1，外径 1.6～1.7、长 0.9～1.3 厘米（图 4-893，18-1）。

铜环　1 件。

标本 M230∶8，圆形，环截面圆形。直径 2.9 厘米（图 4-892，8）。

铜钱　35 枚。为五铢、大泉五十。

五铢　34 枚。圆形方穿，正面有轮无郭，背面轮郭俱全。根据钱文字体不同分两种。

第一种　6 枚。“五”字两笔交叉较直，“铢”字“金”头呈三角形，与“朱”等齐，“朱”字上部方折。

标本 M230∶16-1，直径 2.5、穿边长 1、厚 0.15 厘米（图 4-894，16-1）。

第二种　28 枚。“五”字两笔交叉弯曲，与上、下两相交处微放、内收或垂直，“铢”字“金”头呈三角形，较小，与“朱”等齐或低于“朱”字，“朱”字上部方折，有的穿上横郭或穿下半星。

标本 M230∶16-2～4，直径 2.4、穿边长 1、厚 0.19 厘米（图 4-894，16-2～4）。

大泉五十　1 枚。

标本 M230∶15，圆形方穿，正、背两面穿郭俱全。钱文篆书，对读。直径 2.8、穿边长 1、厚 0.2 厘米（图 4-894，15）。

（2）铁器

铁环首刀　1 件。

标本 M230∶02，椭圆形环，刀身扁长条形，直背，刃扁薄。前段残缺。残长 13.5 厘米（图 4-894，02）。

铁镜架　2 件。叉形，两侧支脚扁长条形。

标本 M230∶2，锈蚀严重，两支脚已残。残高 2.7 厘米（图 4-893，2）。

标本 M230∶14，一侧支脚残缺。高 8.8 厘米（图 4-893，14）。

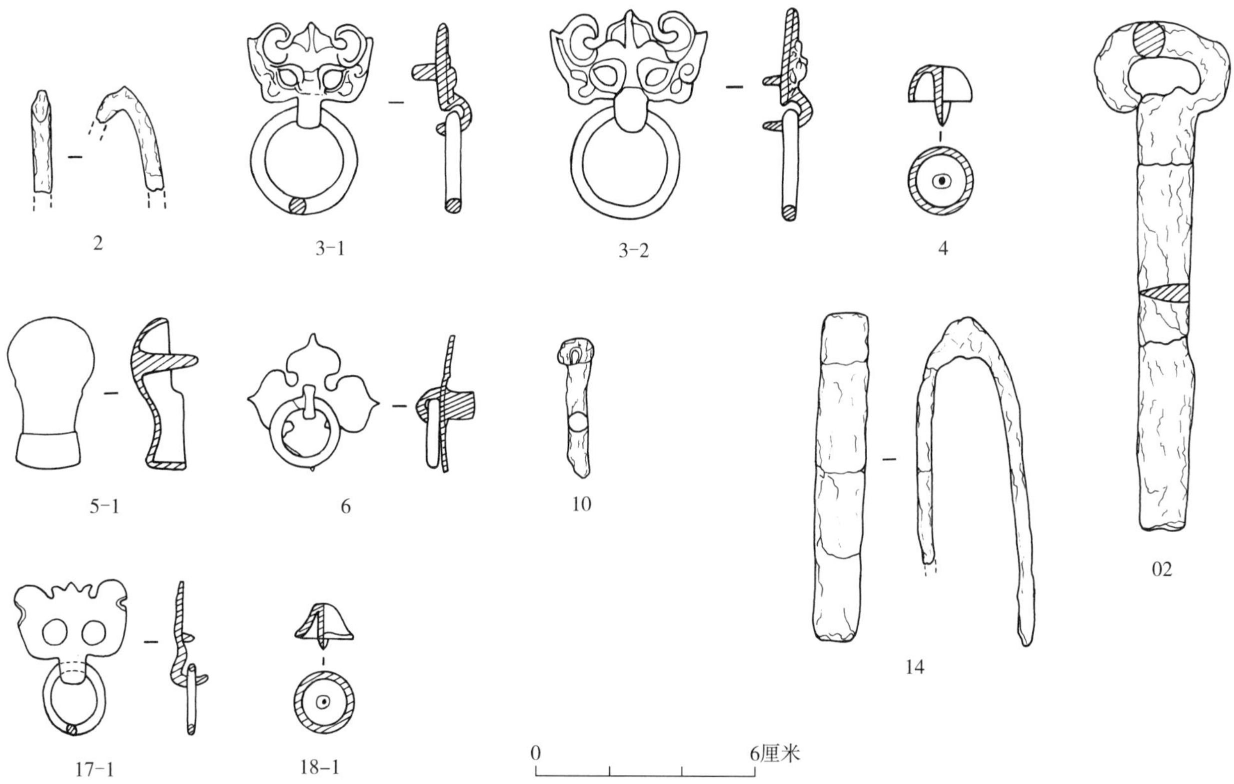

图 4-893　M230 出土器物

2、14. 铁镜架　3-1、2、17-1. 铜铺首衔环　4、18-1. 铜泡钉　5-1. 铜足　6. 铜柿蒂形饰　10. 铁钉　02. 铁环首刀

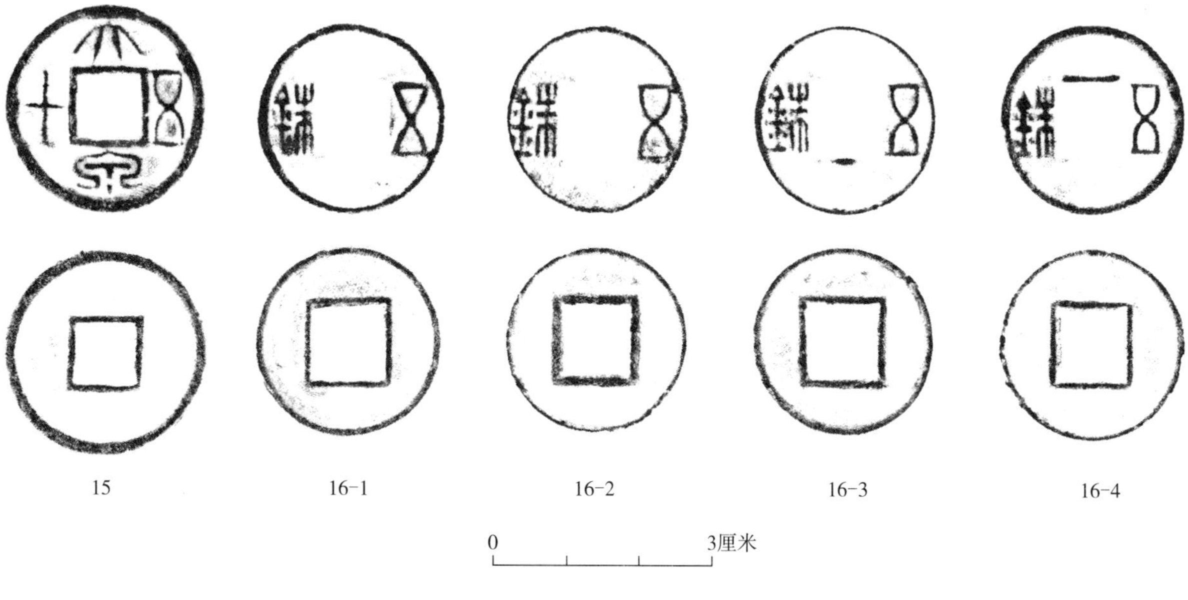

图 4-894　M230 出土器物

15、16-1～4. 铜钱

铁钉　1件。

标本M230：10，锥状，顶部圆形。长3.7厘米（图4-893，10）。

（五）M253

1. 墓葬形制

位于墓地中部，北面是M271，西面为M252、M270。方向100°（彩版二三六，1）。

长方形土坑竖穴瓦椁墓。墓口长3.6、宽1.6米，底长3.4、宽1.4、深3米。椁长2.7、宽1、高1.25米。椁室四壁及底部均用碎瓦陶片填充而成。墓内填黄褐色五花土，土质疏松。填土中发现乳猪、鲤科、鲷科、真鲷、猪、鸡、鱼、小型鹿骨。

人骨无。

随葬陶壶2件放在椁室东北角。乳猪、鱼骨置于东北角，陶壶南侧。

2. 出土遗物

陶器

陶壶　2件。泥质灰陶。弧顶盖。侈口，沿面外斜，束颈，鼓腹，高圈足。素面。器表有制作抹痕。

标本M253：1，圆唇，腹部饰两周戳印纹，间饰两周凹弦纹。口径13.2、底径15.6、通高36.2厘米（图4-895，1；彩版二三六，2左）。

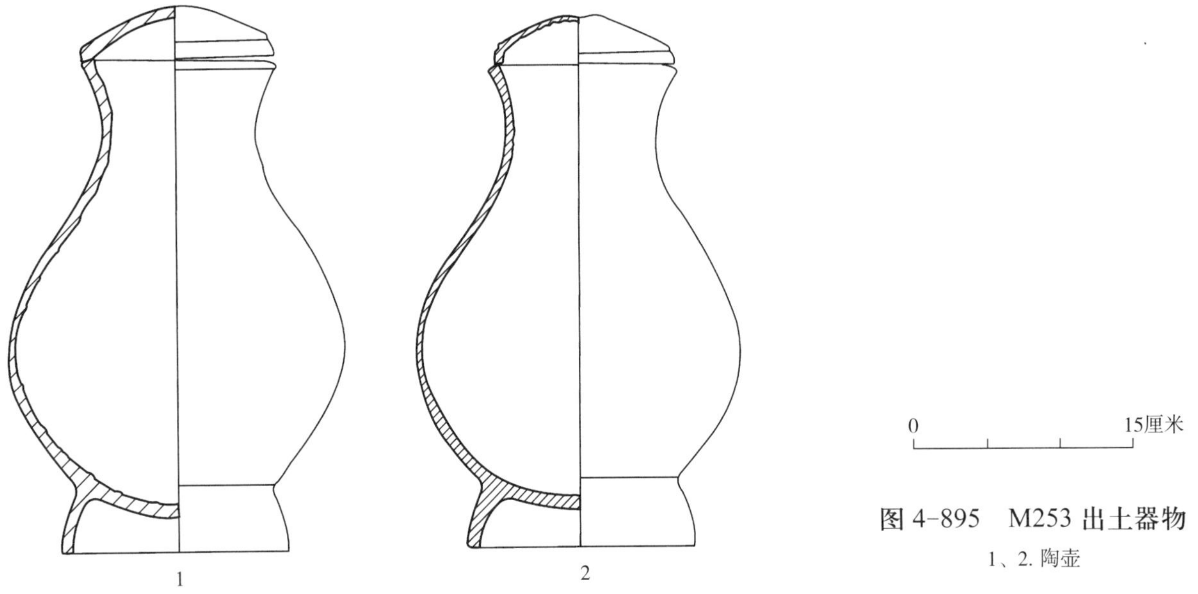

图4-895　M253出土器物

1、2. 陶壶

标本M253：2，盖顶微凹。尖唇，腹部饰两周戳印纹。口径13、底径15.7、通高35.4厘米（图4-895，2；彩版二三六，2右）。

（六）M255

1. 墓葬形制

位于墓地中部，打破M256，东北面是M257。方向100°（图4-896；彩版二三六，3）。

长方形土坑竖穴瓦椁墓。墓口长3.9、宽1.6米，底长3.5、宽1.5、深1.7米。椁长2.8、宽0.8、

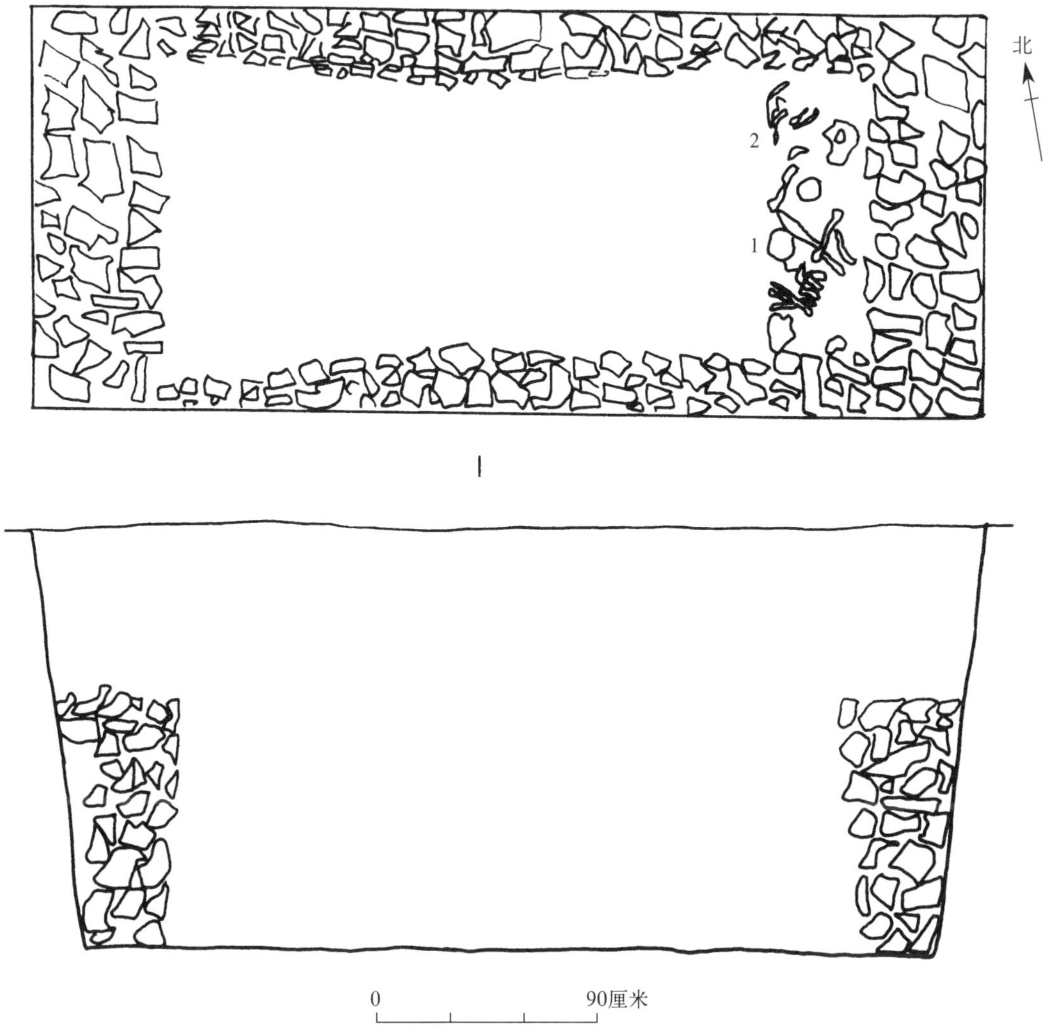

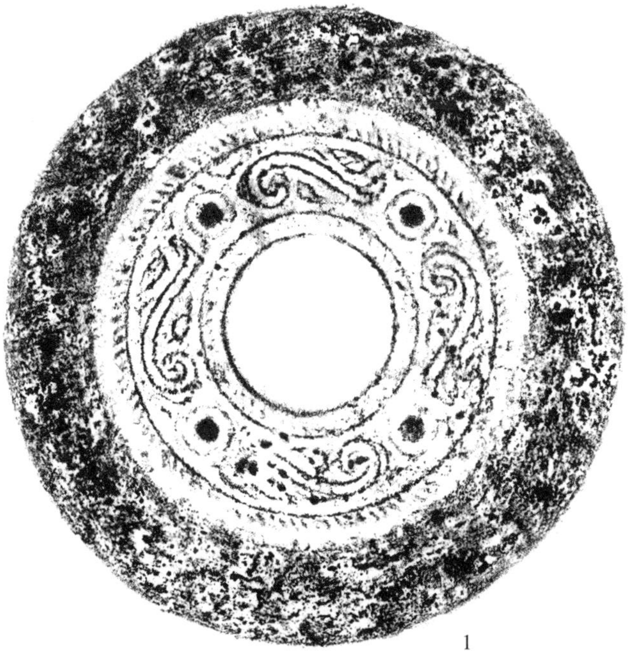

1

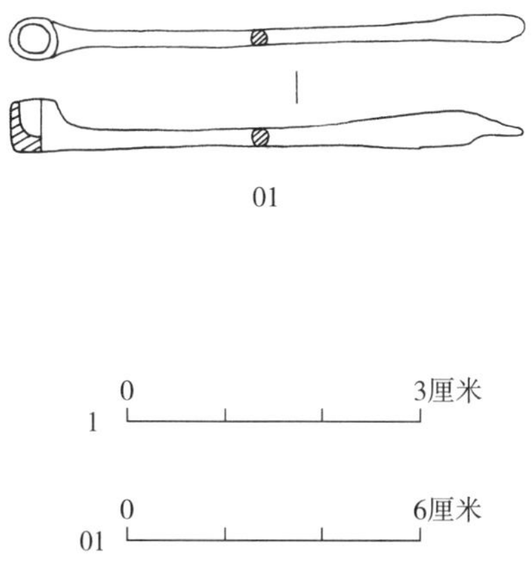

图 4-896　M255 及出土器物

1. 铜镜　2. 动物骨骼　01. 铜刷柄

高0.5米。椁室四壁及底部均用碎瓦、残砖、陶片填充。墓内填黄褐色五花土，上、下扰乱严重，土质较松软。填土中发现铜刷柄1件。

人骨1具。凌乱堆放在墓室东侧。男性，年龄35～40岁。

人骨下面发现铜镜1件。乳猪、鸡、中型哺乳动物、兔骨放置于墓内东北角。

2. 出土遗物

铜器

铜镜　1枚。

标本M255∶1，四乳四虺镜，锈蚀较重。圆形，圆纽，圆纽座。座外均匀伸出四组短竖线（每组三条）与四条短竖线相间环列，再外一周凸弦纹。外区两周短斜线和凸弦纹组合纹带，其间为主纹，四枚带圆座乳丁分为四区，每区内各有一虺纹，双钩形身躯内外两侧各一简单鸟纹，前后饰短弧线。宽素平缘。面径8.6、缘厚0.4厘米（图4-896，1；彩版二三六，4）。

铜刷柄　1件。

标本M255∶01，形似烟斗状。斗圆筒形中空。长条形柄，尾部断面扁圆形。长10.6厘米（图4-896，01）。

（七）M532

1. 墓葬形制

位于墓地中部，被M531打破，南面是M429，西面为M499。方向105°（图4-897；彩版二三七，1）。

长方形土坑竖穴瓦椁墓。墓口长4.1、宽2.3米，底长3.6、宽1.8、深3.2米。椁长2.7、宽1、高0.9米。椁室口部外围和内侧，分别环形垒砌两层和一层青砖。四壁及墓底均用0.2～0.4米碎陶片堆砌而成。砖长28、宽11、厚4厘米。墓内填黄褐色五花土，土质较疏松。夯窝圆形，分布较密集，直径6～12、夯层厚20厘米。填土中发现陶器4件，计有盘1件，耳杯1件，器盖2件。

人骨1具。头向东。骨骼腐朽严重，仅见部分椎骨和下肢骨残痕。性别无法鉴定，成年个体。

随葬陶器8件。陶钫2件，陶樽、陶盘各1件，陶耳杯4件均放在墓底西端（彩版二三七，2）。

2. 出土遗物

陶器

陶钫　2件。泥质灰陶。覆斗形盖，斜壁，小平顶，上部饰四组三角纹，四边饰鱼形图案。方口，平沿，尖唇，侈口，束颈，外侧沿有折棱，溜肩，鼓腹，最大径居下腹，方形圈足。

标本M532∶1，下腹饰绳纹。口边长13、底边长13、通高40.2厘米（图4-897，1）。

标本M532∶2，素面。口边长12、底边长13.6、通高41.2厘米（图4-897，2）。

陶盘　2件。泥质灰陶。敞口，斜折沿，方唇，浅腹，下部弧收，圜底。素面。

标本M532∶4，腹部饰三周凹弦纹。口径27、底径16、高4.8厘米（图4-898，4；彩版二三七，3）。

标本M532∶01，口径21.6、底径14、高5厘米（图4-898，01）。

陶樽　1件。

标本M532∶3，泥质灰陶。弧顶盖，沿面饰两周戳印纹。樽直口，沿面微内收，深腹，直壁，圜底，蹄形足。素面。口径23.3、底径23、通高19.2厘米（图4-898，3；彩版二三七，4）。

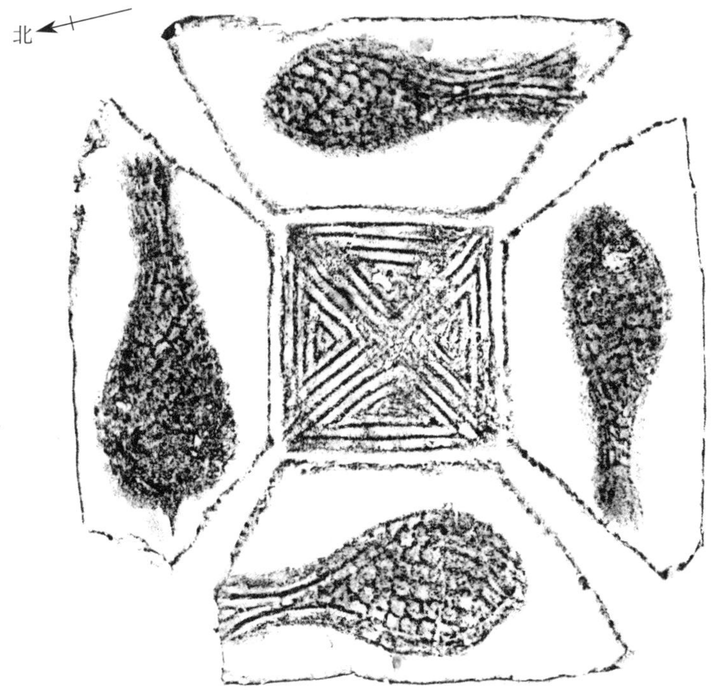

陶钫M532：1盖纹饰拓片（1/2）

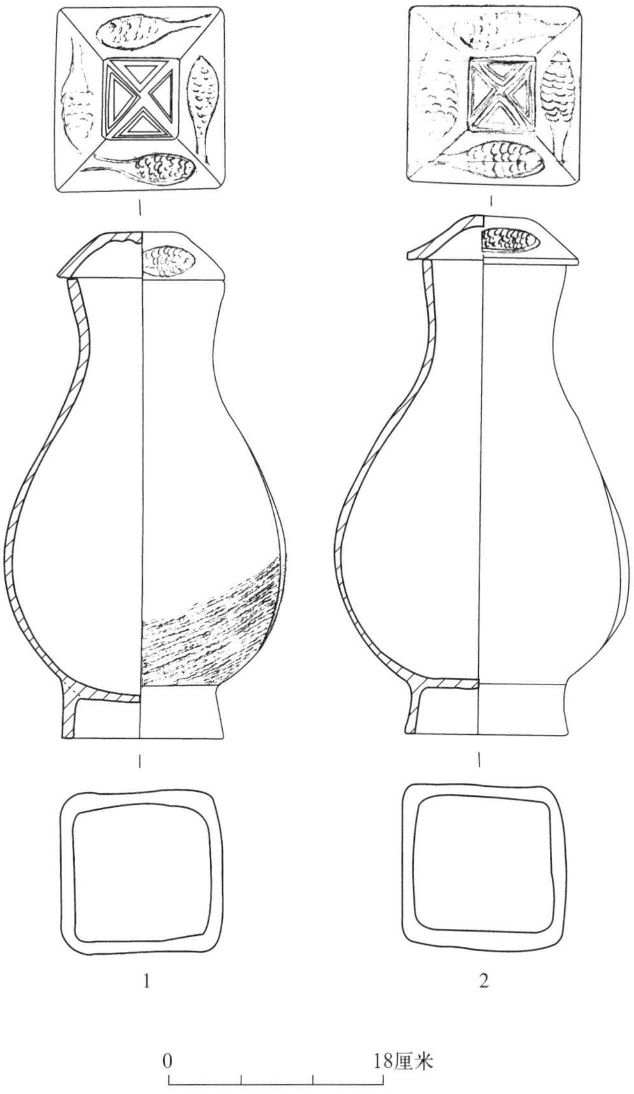

图 4-897　M532 及出土器物

1、2. 陶钫　3. 陶樽　4. 陶盘　5～8. 陶耳杯

陶耳杯　5件。泥质灰陶。器身椭圆形。敞口，平沿，尖唇，体弧收，平底。素面。口沿两侧饰新月形耳。

标本M532∶5，口长径14.4、短径12、高3厘米（图4-898，5）。

陶器盖　2件。泥质灰陶。弧顶盖。素面。

标本M532∶02，直径16、高2.4厘米（图4-898，02）。

标本M532∶03，直径16、高2.4厘米（图4-898，03）。

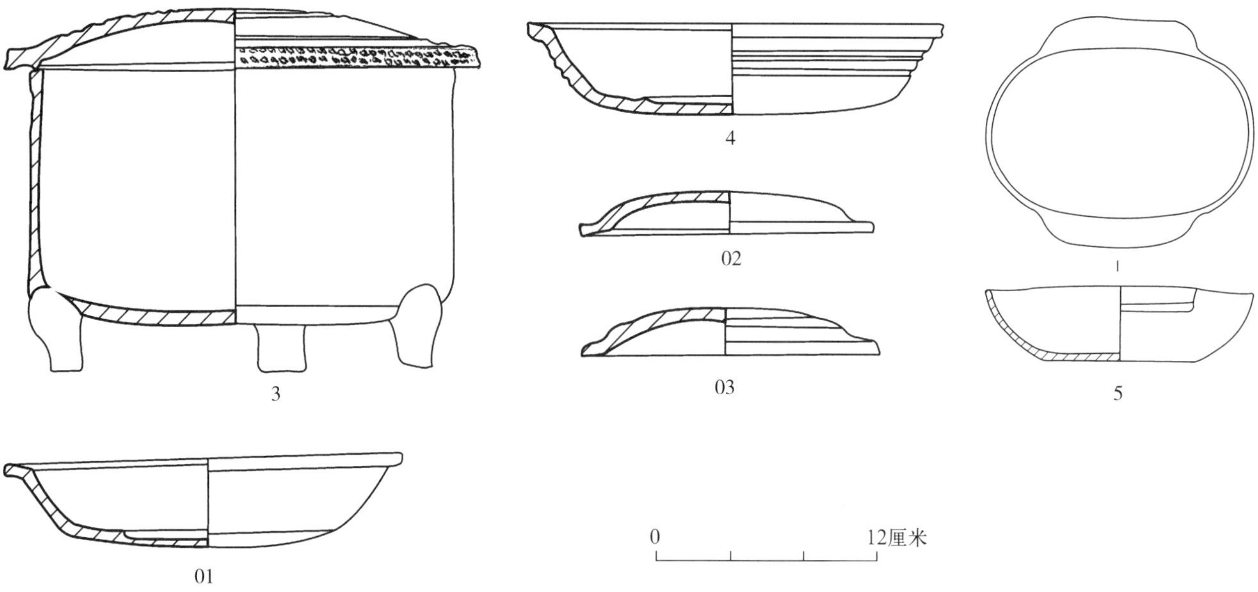

图4-898　M532出土器物

3. 陶樽　4、01. 陶盘　5. 陶耳杯　02、03. 陶器盖

（八）M582

1. 墓葬形制

位于墓地中部，北面是M581，南面为M911。方向100°（图4-899）。

长方形土坑竖穴瓦椁墓。墓口长3.3、宽2.8、深4.8米。椁长2.25、宽1.7、高0.8米。椁室四壁厚0.5米碎陶片堆筑，上面靠近墓壁顺向垒砌一排青砖。墓底用厚0.1米碎陶片铺垫而成。砖长25、宽12、厚3厘米。墓内填黄褐色五花土，经过夯打，土质较紧密。夯窝圆形，分布稀疏，直径9～22、夯层厚20～25厘米。填土中发现铜器81件，其中铜钱78枚，刷柄、带钩各1件，残铁环首刀1件。

人骨1具。骨骼堆放在墓内西北角。头向、面向、葬式不详。男性，年龄40～50岁。

随葬铜镜1枚放在墓内中部偏北。

2. 出土遗物

（1）铜器

铜镜　1枚。

标本M582∶1，四乳禽兽镜，锈蚀严重。圆形，圆纽，圆纽座。座外一周凸弦纹。再外两周短斜线和凸弦纹组合纹带，其间为主纹，四枚带圆座乳丁分为四区，每区内饰一动物，似为青龙、白虎、

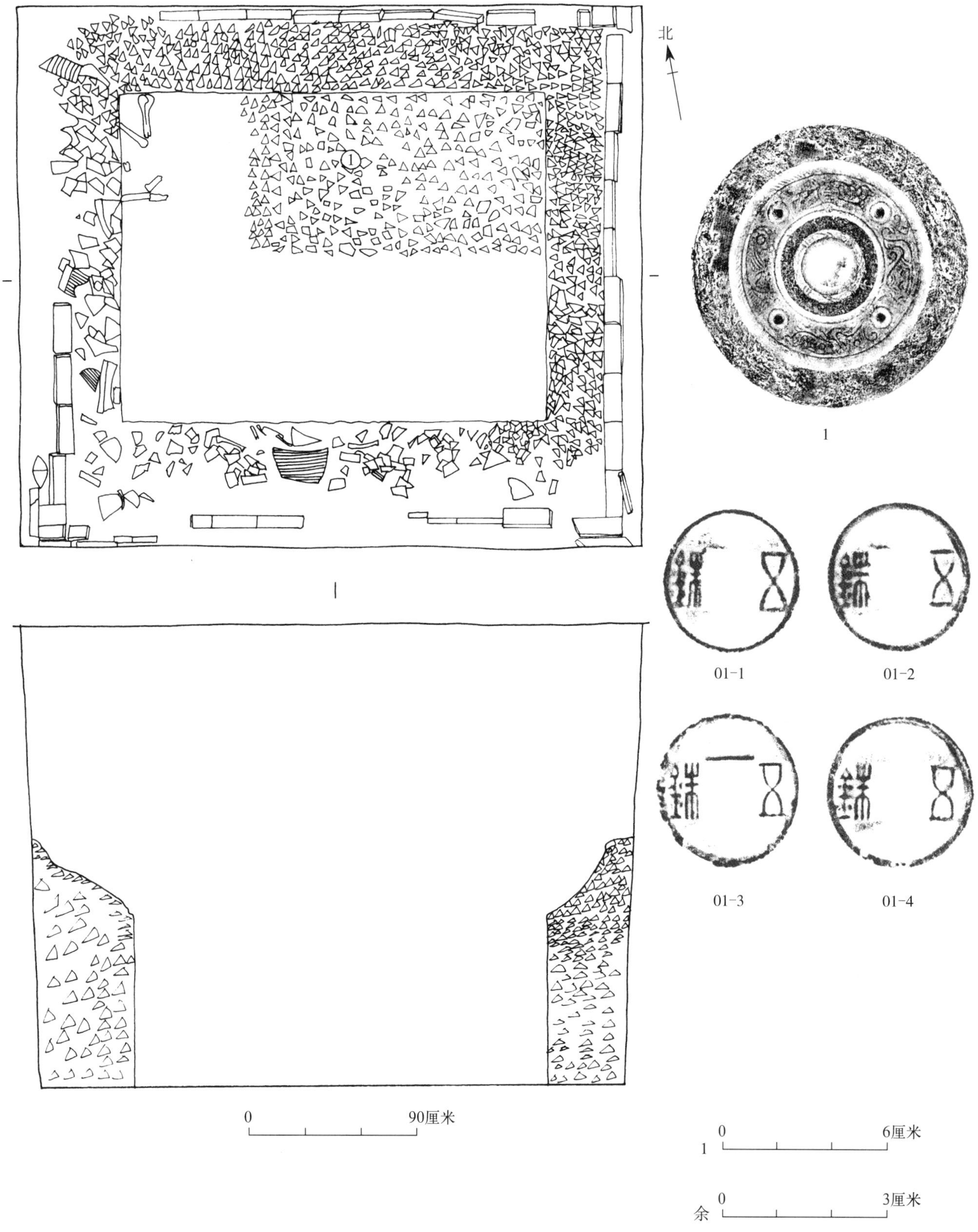

图 4-899　M582 及出土器物
1. 铜镜　01-1～4. 铜钱

朱雀、玄武。宽素平缘。面径 10.1、缘厚 0.4 厘米（图 4-899，1）。

铜带钩　1 件。

标本 M582∶07，琵琶形。钩呈马首状，双眼突出，断面半圆形，圆形纽位于背面尾部。长 6.4 厘米。

铜刷柄　1 件。

标本 M582∶04，形似烟斗形，斗椭圆形中空，长条形柄，柄端扁平翘起，有圆形小孔。长 8.4 厘米。

铜钱　78 枚。均为五铢。圆形方穿，正面有轮无郭，背面轮郭俱全。根据钱文字体不同分为两种。

第一种　17 枚。“五”字两笔交叉微曲，“铢”字“金”字头呈镞形，“朱”字上部方折。

标本 M582∶01-1，直径 2.5、穿径 1、厚 0.17 厘米（图 4-899，01-1）。

第二种　61 枚。“五”字两笔交叉弯曲，与上、下两横相交处垂直。“铢”字“金”字头呈镞形或三角形，“朱”字上部方折，有的穿上横郭。

标本 M582∶01-2～4，直径 2.6、穿径 1、厚 0.2 厘米（图 4-899，01-2～4）。

（2）铁器

铁环首刀　1 件。

标本 M582∶05，刀身残缺，仅残存环首，圆形。直径 3.7、内径 1.8～1.9 厘米。

（九）M754

1. 墓葬形制

位于墓地东北部，打破 M755，东南面是 M756，西面为 M758、M757。方向 15°（图 4-900；彩版二三八，1）。

长方形土坑竖穴瓦椁墓。墓口长 3.30、宽 1.8、深 6.1 米。椁长 3.5、宽 1.64、高 1 米。椁室四壁碎陶片填充堆砌而成。墓底铺垫一～三层碎陶片。墓内填黄褐色五花土，经过夯打，土质较疏松。夯窝圆形，直径 4～7 厘米。

人骨 1 具。头向北。骨骼腐朽严重，性别、年龄无法鉴定。

随葬器物 36 件。陶壶 2 件，放于墓内南偏西处。铜镜、铜刷柄、铁镜架各 1 件，放在墓主头骨左侧。铜钱 26 枚置于墓主腰部右侧。铜钱 5 枚放在东南角。动物骨骼置于东南角，主要有乳猪、鱼以及大型哺乳动物下颌骨。

2. 出土遗物

（1）陶器

陶壶　2 件。泥质灰陶。弧顶盖。壶侈口，沿面微外斜，尖唇，束颈，溜肩，鼓腹，最大径居下腹，圈足。

标本 M754∶5，腹部饰一周凹弦纹，腹中部饰三周戳印纹，下腹饰弦纹间饰绳纹。口径 14.6、底径 14.9、通高 32.6 厘米（图 4-900，5；彩版二三八，2）。

标本 M754∶6，器表有制作抹痕，腹中部间饰一周凹弦纹、两周戳印纹，下腹饰绳纹。口径 13.2、底径 14、通高 33.3 厘米（图 4-900，6；彩版二三八，3）。

（2）铜器

铜镜　1 枚。

标本 M754∶1，日光圈带铭带镜。锈蚀较重。圆形，圆纽，圆纽座。座外一周窄凸面圈带。

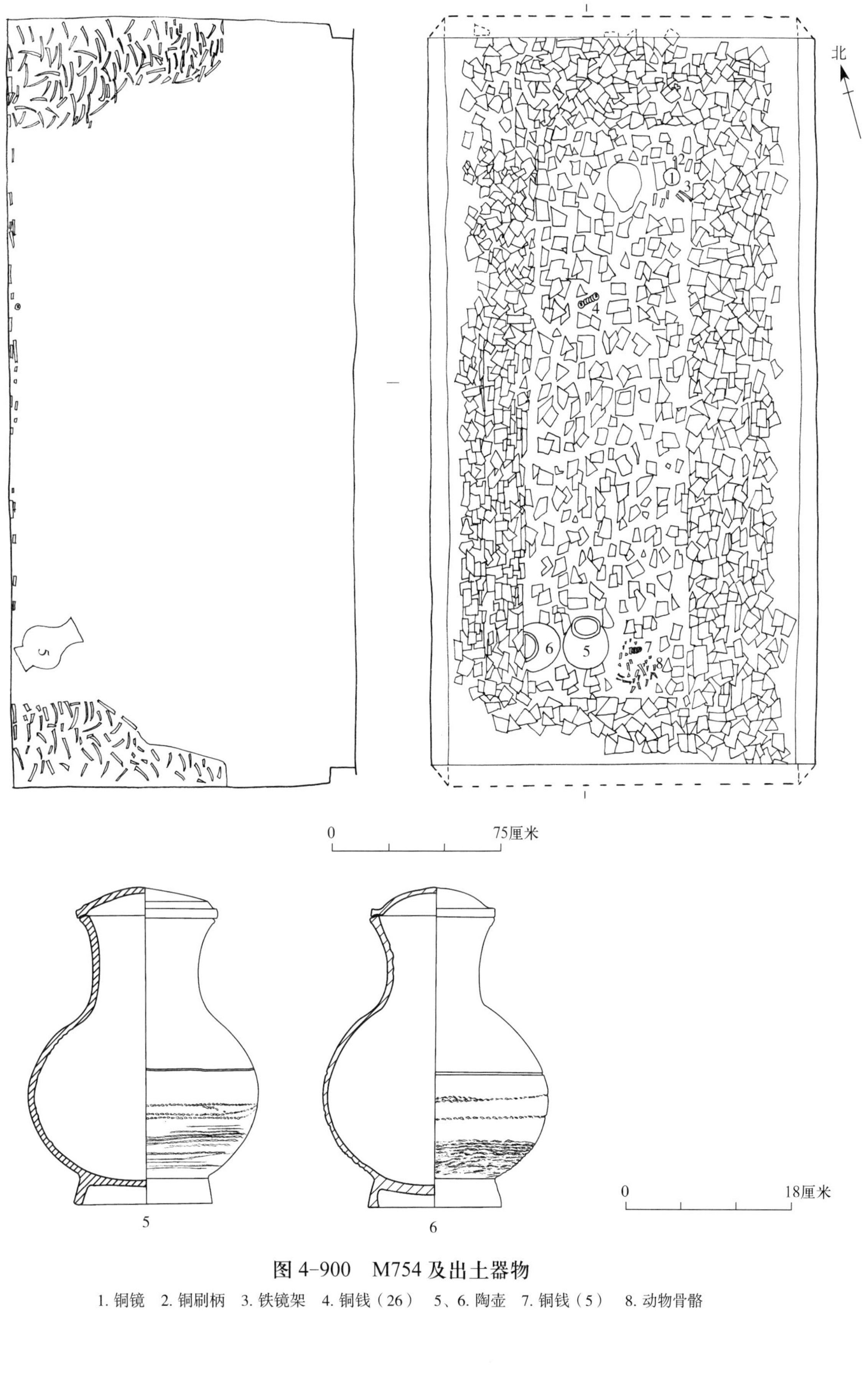

图 4-900 M754及出土器物

1. 铜镜 2. 铜刷柄 3. 铁镜架 4. 铜钱（26） 5、6. 陶壶 7. 铜钱（5） 8. 动物骨骼

再外两周短斜线和凸弦纹组合纹带，其间为顺时针铭文带“日月心，勿夫忘”。字体为圆转式篆隶体、有简化字，每字间隔类似涡纹符号。窄素平缘。面径6.8、缘厚0.5厘米（图4-901，1；彩版二三八，4）。

铜刷柄　1件。

标本M754：2，形似烟斗状，斗圆筒形中空，细长柄，尾部近龙首形，有圆形小孔。长12.9厘米（图4-901，2；彩版二三八，5）。

铜钱　31枚。均为五铢。圆形方穿，正面有轮无郭，背面轮郭俱全。根据钱文字体不同分为两种。

第一种　19枚。有的“五”字瘦长或较宽，两笔交叉微曲，“朱”字上部方折，有的穿上横郭。标本M754：7-1～3，直径2.5、穿边长1、厚0.16厘米（图4-901，7-1～3）。

第二种　12枚。“五”两笔交叉弯曲，与上、下两横相交处微内收或垂直，“铢”字“金”头

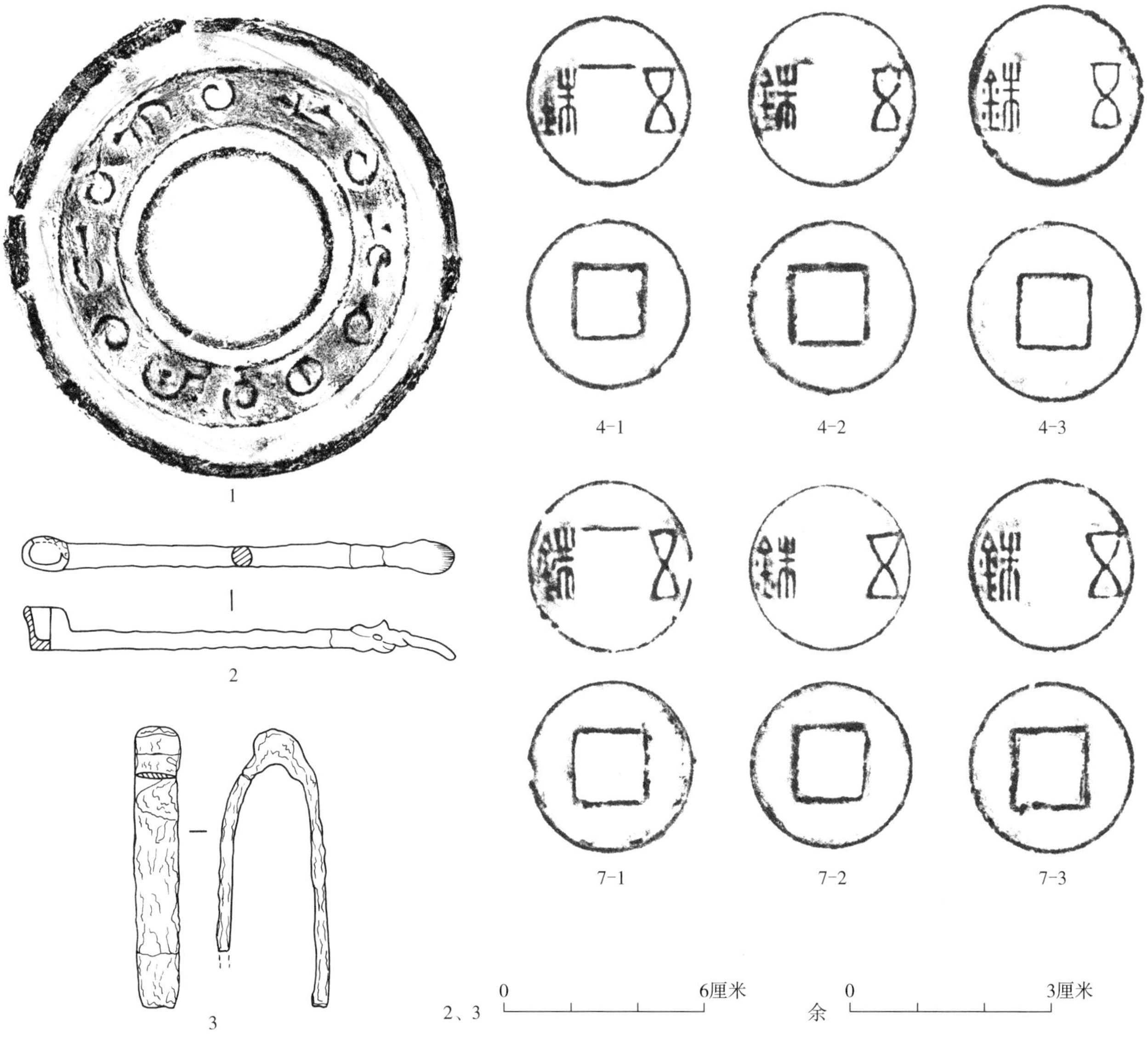

图4-901　M754出土器物

1. 铜镜　2. 铜刷柄　3. 铁镜架　4-1～3、7-1～3. 铜钱

呈三角形，有的低于“朱”字，“朱”字上部方折，有的穿上横郭。

标本 M754：4-1 ～ 3，直径 2.5、穿边长 1、厚 0.2 厘米（图 4-901，4-1 ～ 3）。

（3）铁器

铁镜架　1 件。

标本 M754：3，叉形，两侧支脚扁长条形，一侧支脚残缺。高 8.1 厘米（图 4-901，3）。

（一〇）M757

1. 墓葬形制

位于墓地东北部，打破 M758，东面为 M754。方向 20°（图 4-902；彩版二三九，1）。

长方形土坑竖穴瓦椁墓。墓口长 3.70、宽 1.8、深 2 米。椁长 3.6、宽 1.6、高 1.15 米。椁室四壁陶、瓦片和碎砖填充堆砌而成。西、南、北壁上面各平铺顺向垒砌一层青砖。其中东壁为五层。砖长 24、宽 12、厚 3 厘米。木棺已腐朽，仅见板灰痕迹。墓内填黄褐色五花土，经过夯打，土质较疏松。夯窝圆形，直径 5 ～ 7 厘米。

人骨 1 具。头向北，面向、葬式等不明，骨骼腐朽严重，性别、年龄无法鉴定。

随葬器物 78 件。陶壶 3 件放在墓底南端。铜镜 6 枚环绕于墓主头骨周围或覆于其上（彩版二三九，2）。铜刷柄 1 件，铁镜架 1 件置于墓主头骨左侧铜镜下面。铜钱 64 枚，铜带钩 1 件放置腰部。铜环首刀 1 件放在墓主腰间右侧。铁削 1 件置于墓主头骨北侧。墓底南端发现乳猪、鱼骨。

2. 出土遗物

（1）陶器

陶壶　3 件。泥质灰陶。侈口，沿面外斜，束颈，弧肩，鼓腹。高圈足。

标本 M757：12，方唇。表面有抹痕，腹部饰三周戳印纹。口径 13、底径 16.5、高 43.3 厘米（图 4-902，12；彩版二三九，3）。

标本 M757：13，尖唇。腹部饰一周凹弦纹、四周戳印纹。口径 15.6、底径 15、高 38.2 厘米（图 4-902，13）。

标本 M757：14，方唇。腹中部饰三周戳印纹。口径 11.2、底径 11.6、高 33 厘米（图 4-902，14）。

（2）铜器

铜镜　6 枚。均锈蚀严重。

标本 M757：2，日光圈带铭带镜。锈蚀较重。圆形，圆纽，圆纽座。座外一周窄凸面圈带。外区两周短斜线和凸弦纹组合纹带，其间为顺时针铭文带“见日月心，勿夫”，字体为圆转式篆隶体、个别首尾笔画加重呈楔形，每字间隔一类似涡纹符号。窄素平缘。面径 6.4、缘厚 0.45 厘米（图 4-903，2；彩版二四〇，1）。

标本 M757：3，日光圈带铭带镜。圆形，圆纽，圆纽座。座外一周极窄凸面圈带。外区两周短斜线和凸弦纹组合纹带，其间为顺时针铭文带“见日月心，勿夫毋忘”。字体为圆转式篆隶体，每字间隔一类似涡纹符号。窄素平缘。面径 6.5、缘厚 0.55 厘米（图 4-903，3；彩版二四〇，2）。

标本 M757：4，昭明圈带连弧铭带镜。圆形，圆纽，圆纽座。座外一周窄凸面圈带，带外四条短弧线与四组外附三短线的双层月牙纹相间环列，其外一周内向八连弧纹圈带。外区两周短斜线和

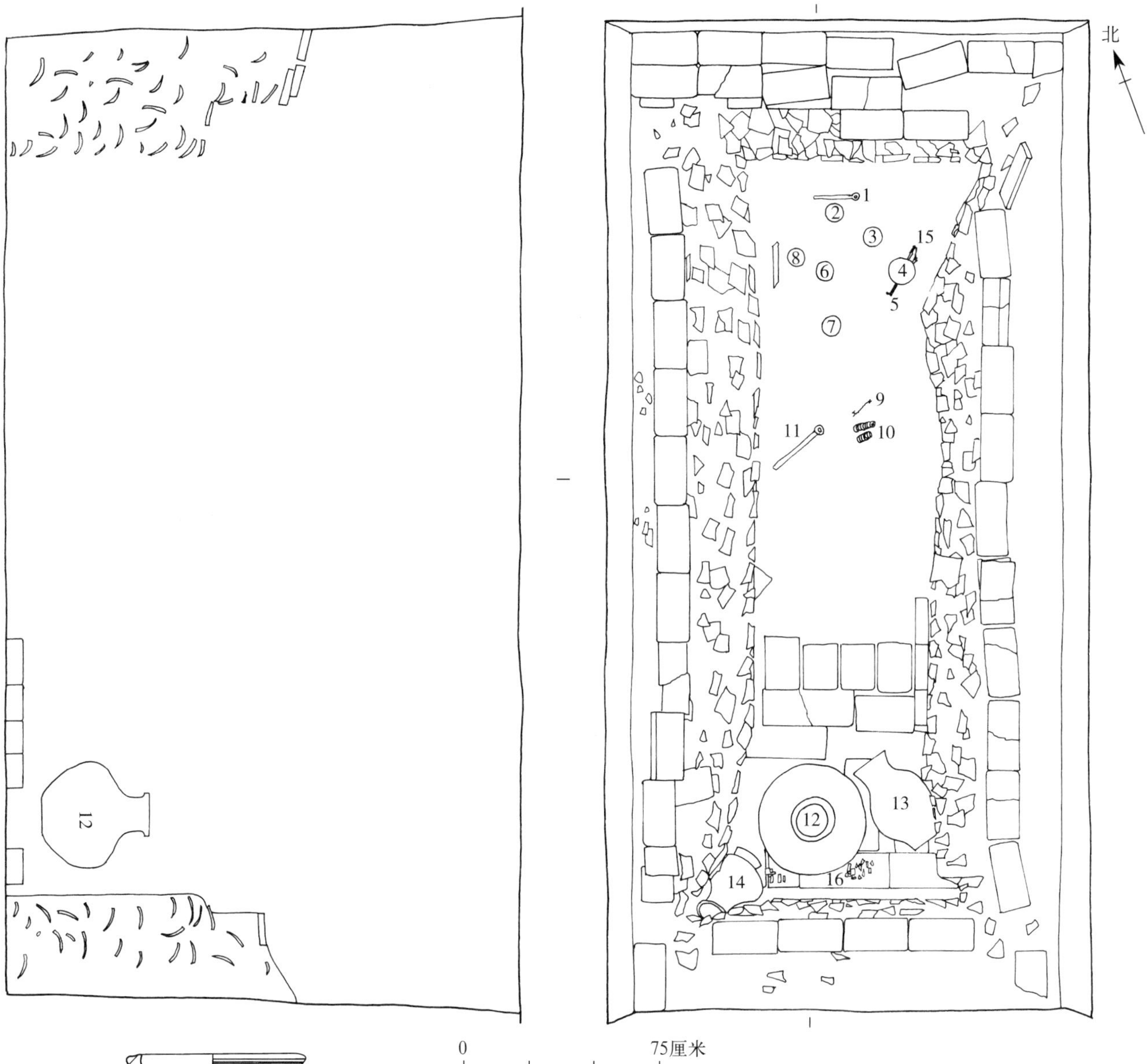

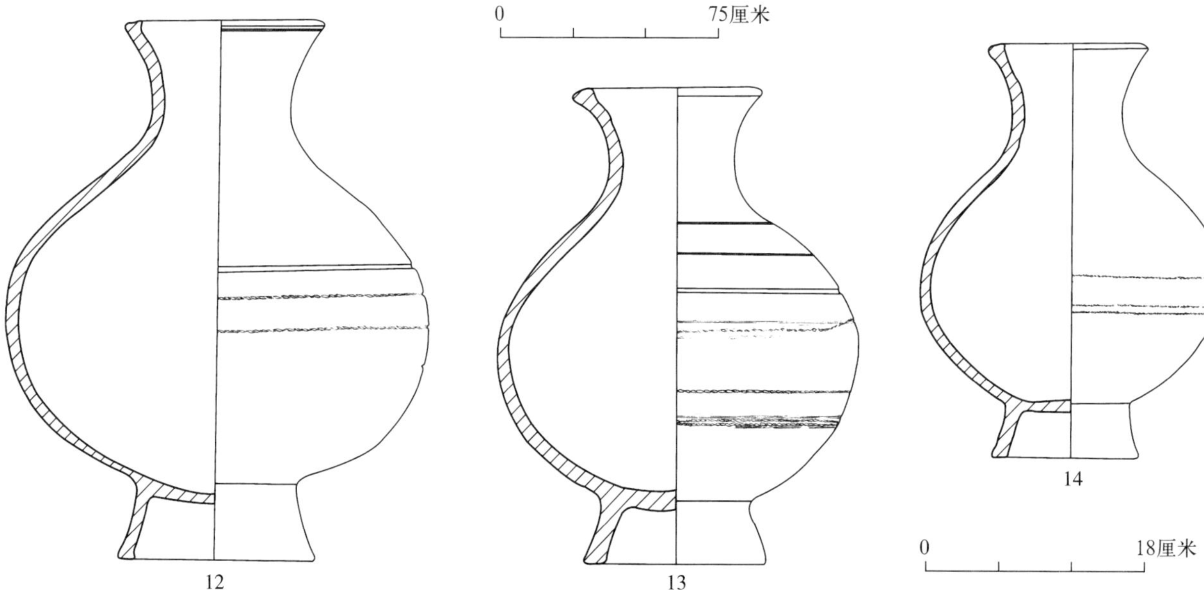

图 4-902　M757 及出土器物

1. 铁削　2～4、6～8. 铜镜　5. 铜刷柄　9. 铜带钩　10. 铜钱（64）　11. 铁环首刀　12～14. 陶壶　15. 铁镜架　16. 动物骨骼

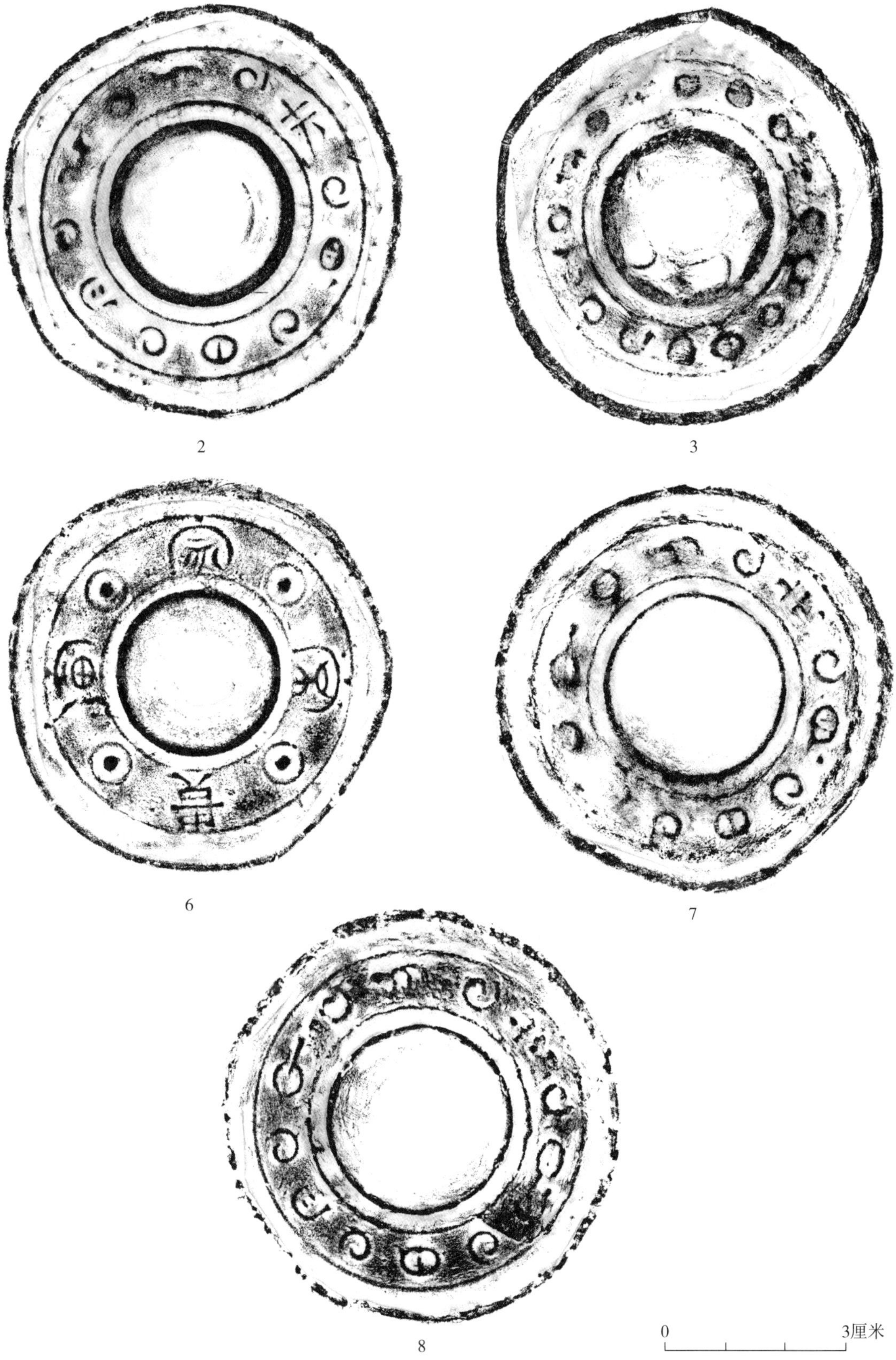

图 4-903　M757 出土器物

2～3、6～8. 铜镜

凸弦纹组合纹带，带间为顺时针铭文带“内……日月，心忽夫……日之”。首尾之间以两短线隔开，字体为圆转式篆隶体、笔画首尾加重呈楔形。窄素平缘。面径9.6、缘厚0.35厘米（图4-904，4；彩版二四〇，3）。

标本M757∶6，家常贵富四乳铭文镜。圆形，圆纽，圆纽座。座外一周极窄凸面圈带。再外两周短斜线和凸弦纹组合纹带，其间为主纹，四枚带圆座乳丁分为四区，每区内各一篆书铭文，连读为“家常贵富”。素面卷缘。面径6.7、缘厚0.4厘米（图4-903，6；彩版二四〇，4）。

标本M757∶7，日连弧铭带镜。圆形，圆纽，圆纽座。座外均匀伸出四条短弧线，其间夹饰月牙纹。再外一周内向八连弧纹圈带。外区两周短斜线和凸弦纹组合纹带，其间为顺时针铭文带，“见日月心勿夫”。字体为圆转式篆隶体。窄素平缘。面径6.4、缘厚0.3厘米（图4-903，7；彩版二四〇，5）。

标本M757∶8，日光圈带铭带镜。圆形，圆纽，圆纽座。座外一周极窄凸面圈带。外区两周短斜线和凸弦纹组合纹带，其间为顺时针铭文带“见日月心，勿夫”。字体为圆转式篆隶体、个别首尾笔画加重呈楔形，每字间隔一类似涡纹符号。窄素平缘。面径6.4、缘厚0.55厘米（图4-903，8；彩版二四〇，6）。

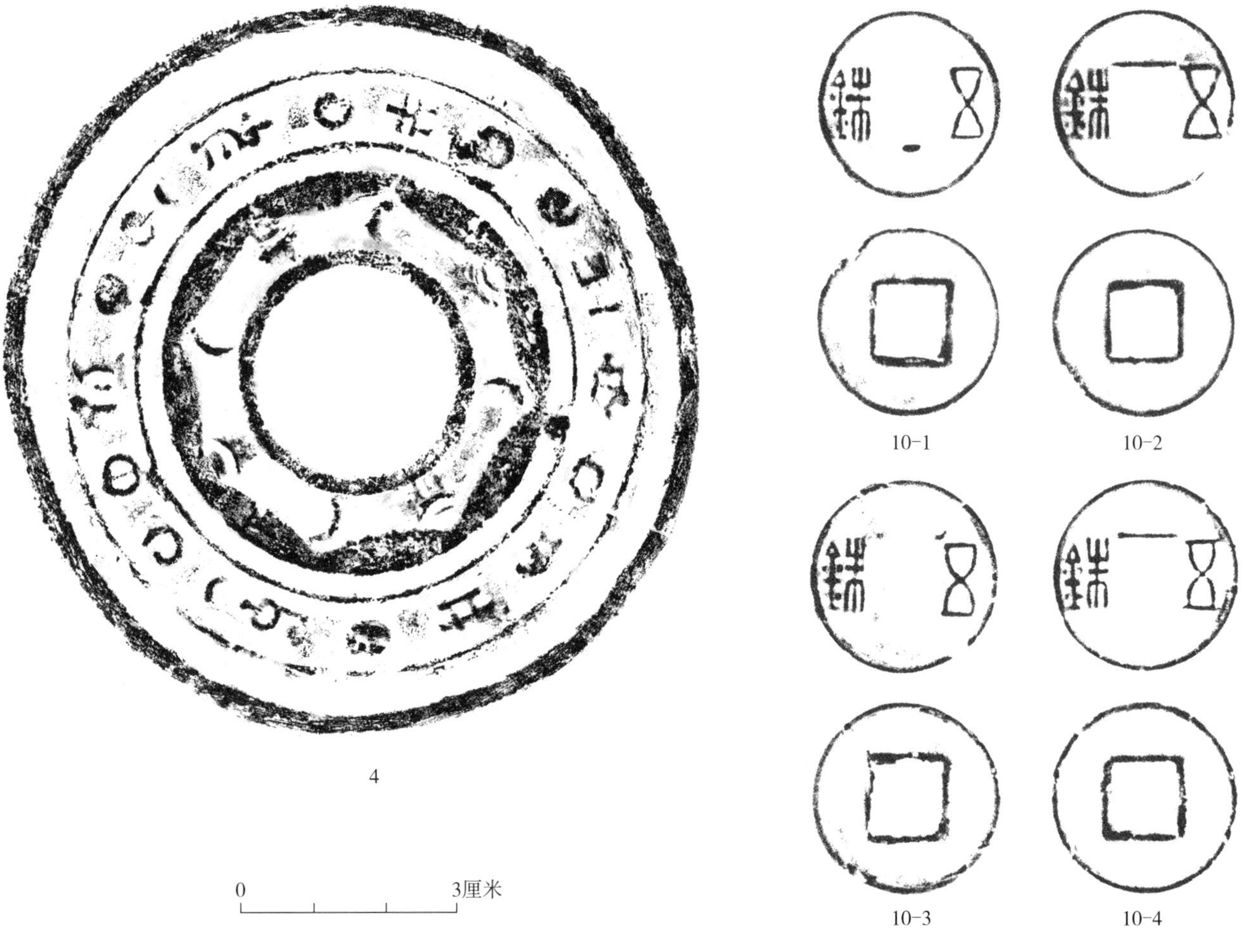

图4-904 M757出土器物

4. 铜镜 10-1～4. 铜钱

铜带钩 1件。

标本M757∶9，琵琶形。通体细长，钩呈马首状，横断面近方形，圆形纽位于背中部，纽面略凸，尾部粗短，末端较平。长10.8厘米（图4-905，9；彩版二三九，4）。

铜刷柄 1件。

标本M757∶5，锈蚀严重。形似烟斗状，斗圆筒形中空，细长柄，截面近方形，柄端翘起，有圆形小孔。长12.2厘米（图4-905，5；彩版二三九，5）。

铜环首刀 1件。

标本M757∶11，环形首，断面三角形，平背，直刃。长22.4厘米（图4-905，11；彩版二三九，6）。

铜钱 64枚。均为五铢。圆形方穿，正面有轮无郭，背面轮郭俱全。根据钱文字体不同分为两种。

第一种 28枚。“五”字两笔交叉微曲，“朱”字上部方折，有的穿上横郭或穿下半星。

标本M757∶10-1、2，直径2.5、穿边长1、厚0.14厘米（图4-904，10-1、2）。

第二种 36枚。“五”字两笔交叉弯曲，“铢”字“金”头低于“朱”字，“朱”字上部方折，有的穿上横郭。

标本M757∶10-3、4，直径2.4、穿径0.9、厚0.2厘米（图4-904，10-3、4）。

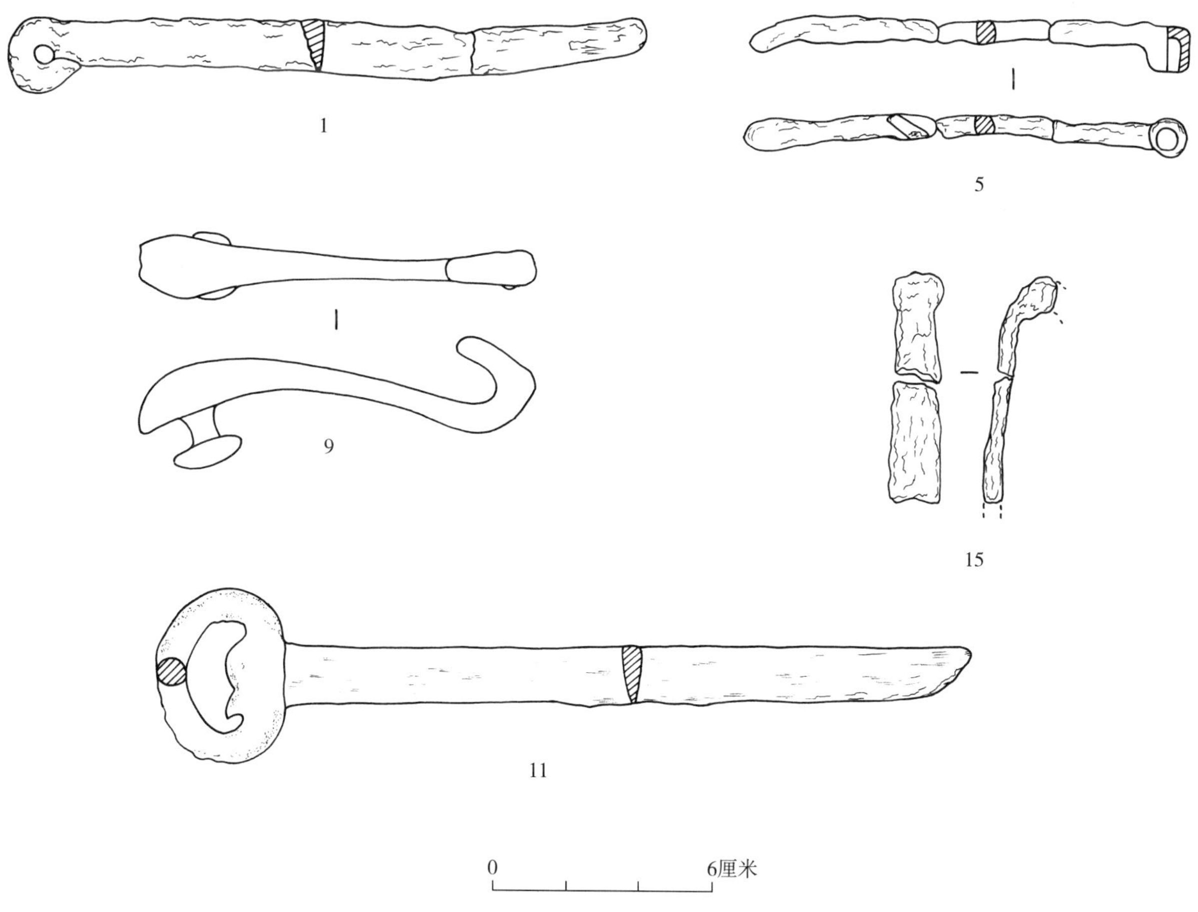

图4-905 M757出土器物

1. 铁削 5. 铜刷柄 9. 铜带钩 11. 铁环首刀 15. 铁镜架

（3）铁器

铁镜架　1件。

标本M757∶15，叉形，两侧支脚扁长条形，均缺失。残长6厘米（图4-905，15）。

铁削　1件。

标本M757∶1，环形首，断面呈三角形，弧背，直刃微内弧，截面三角形。长17.3厘米（图4-905，1）。

（一一）M911

1. 墓葬形制

位于墓地中部，北面是M582，西南面为M909。方向85°（图4-906）。

长方形土坑竖穴瓦椁墓。墓口长3.1、宽1.5、深2.2米。椁长2.75、宽1.25、高1.3米。椁室四壁用碎陶瓦片填充。墓底有生土二层台，宽0.15、高0.7米。墓内填黄褐色五花土，经过夯打，土质较坚硬。夯窝圆形，分布稀疏，排列无规律，直径8～12、夯层厚30厘米。填土中发现铜器8件。其中铜带钩1件，铜刷柄1件，铜钱6枚。

人骨无。

随葬陶扁壶2件，放在墓底西北角。乳猪骨散落于椁室西南角。

2. 出土遗物

（1）陶器

陶扁壶　2件。夹砂灰陶。侈口，沿面外斜，束颈，扁圆腹，圈足。肩上两侧安对称桥形鼻，腹两侧呈“心”形图案，素面。

标本M911∶1，圆唇。口径8.7、底长径12、短径8.8、高22.4厘米（图4-906，1）。

标本M911∶2，尖唇。口径9.5、底长径13.2、短径8.4、高27.5厘米（图4-906，2）。

（2）铜器

铜带钩　1件。

标本M911∶01，琵琶形。钩呈马首形，断面长方形，钩尾背面三角形，圆形纽位于背部尾端，其正面两条凸棱。长6.8厘米（图4-907，01）。

铜刷柄　1件。

标本M911∶03，形似烟斗状，斗圆筒形中空，细长柄，尾部微上翘，中部侧弯。长11.5厘米（图4-907，03）。

铜钱　6枚。均为大泉五十。圆形方穿，正、背两面穿郭俱全。钱文篆书，对读。根据钱文字体不同分为两种。

第一种　4枚。“五”字两笔交叉弯曲，与上、下两横相交处内收。

标本M911∶02-1，直径2.8、穿边长1、厚0.3厘米（图4-907，02-1）。

第二种　2枚。形制略小，“五”字两笔交叉弯曲，与上、下两横相交处外放。

标本M911∶02-2，直径2.7、穿边长1、厚0.2厘米（图4-907，02-2）。

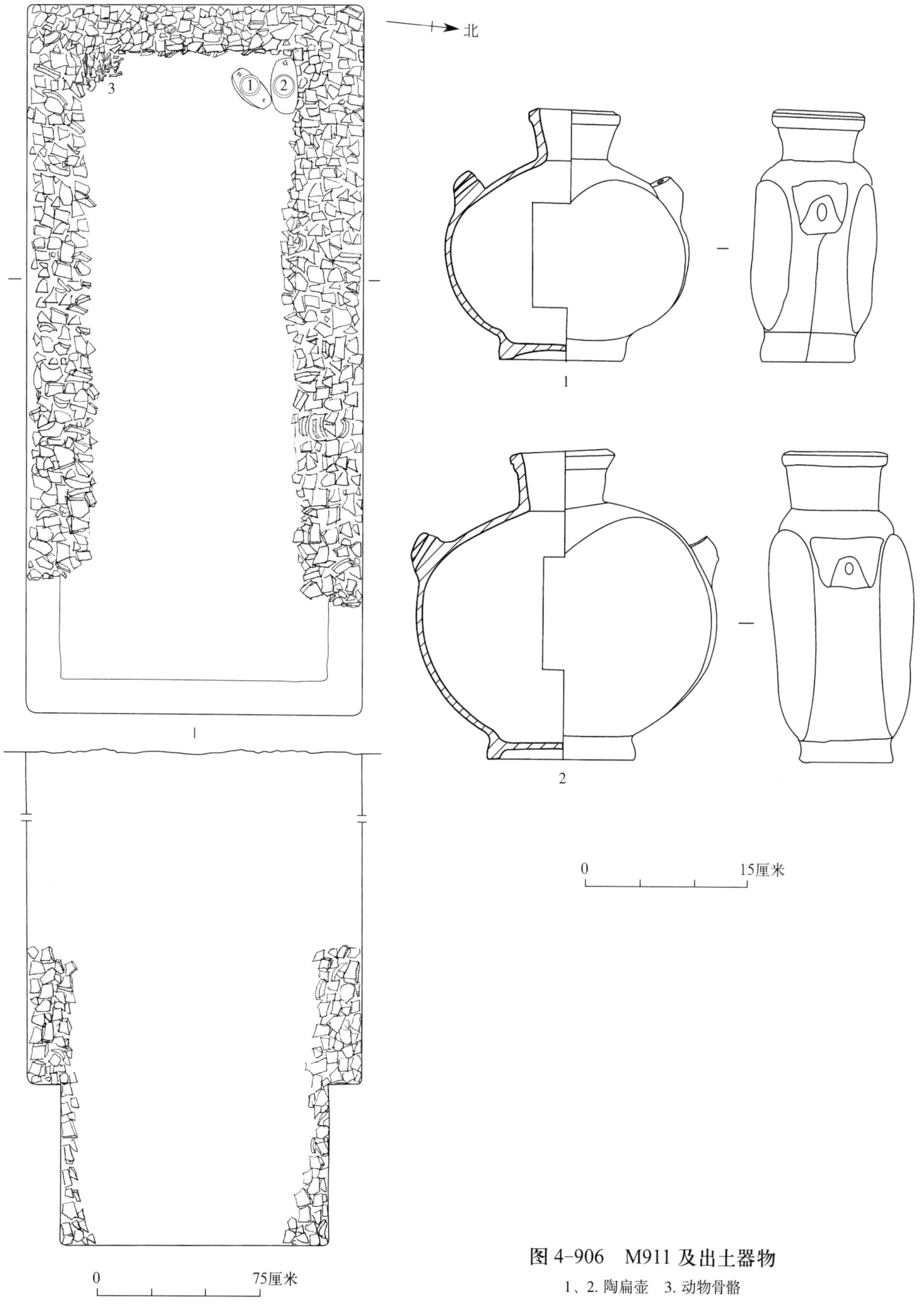

图 4-906 M911 及出土器物

1、2. 陶扁壶 3. 动物骨骼

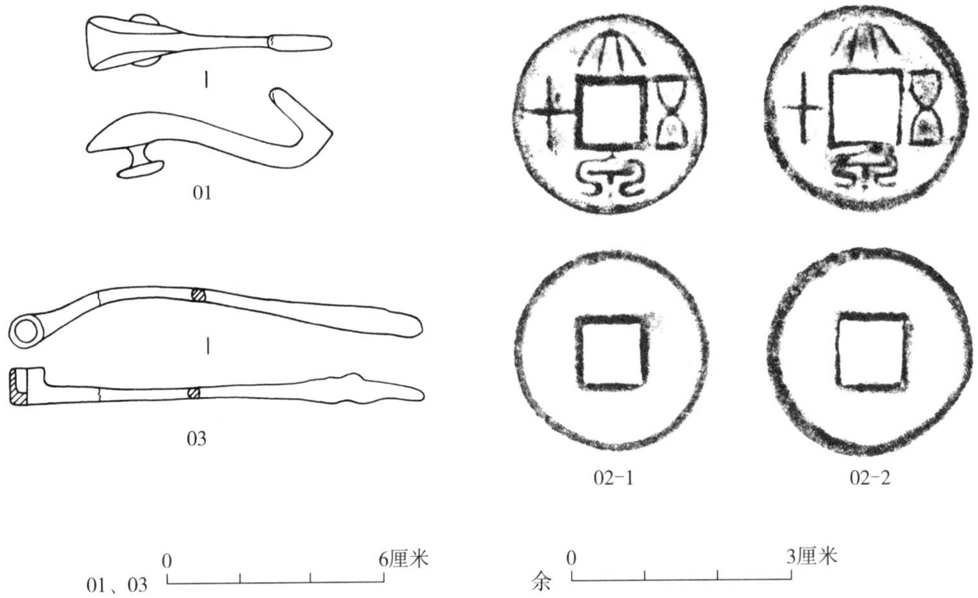

图4-907 M911出土器物

01. 铜带钩 02-1、2. 铜钱 03. 铜刷柄

四 瓮棺墓

瓮棺墓共有10座。

（一）M591

1. 墓葬形制

位于墓地中部，东南面为M588，西面是M590。方向10°（图4-908；彩版二四一，1、2）。

近圆形土坑竖穴瓮棺墓。墓口径2.1、深0.5米。墓内填黄褐色五花土，土质较坚硬。夹杂少量灰陶片、料姜石等。填土中复原陶瓮1件。墓内出土陶器8件。4件陶瓮放置在墓内中部。3件陶盆中，2件陶盖在1、4号陶瓮口部、另1件陈放2号陶瓮内。案1件陶盖在3号瓮口部。

人骨6具。放置在4件陶瓮中。1号陶瓮内人骨2具。1号个体性别无法鉴定。成年个体。2号个体男性，年龄40左右。2号陶瓮内人骨2具。1号个体女性，年龄30～35岁。2号个体性别无法鉴定。成年个体。3号陶瓮人骨1具。性别无法鉴定，成年个体。4号陶瓮人骨1具。女性，年龄25～30岁。动物骨骼发现有猪的脊椎骨和蹄骨。

2. 出土遗物

陶器

陶瓮 5件。敛口，圆唇，束颈，鼓腹，下腹内收，平底。素面。

标本M591∶1，泥质灰陶。沿内弧，平底微内凹。上腹器表脱落。口径47.5、底径21.6、复原高56厘米（图4-909，1）。

标本M591∶2，夹砂黄灰褐陶。弧沿。口径41、底径24、高56.8厘米（图4-909，2；彩版

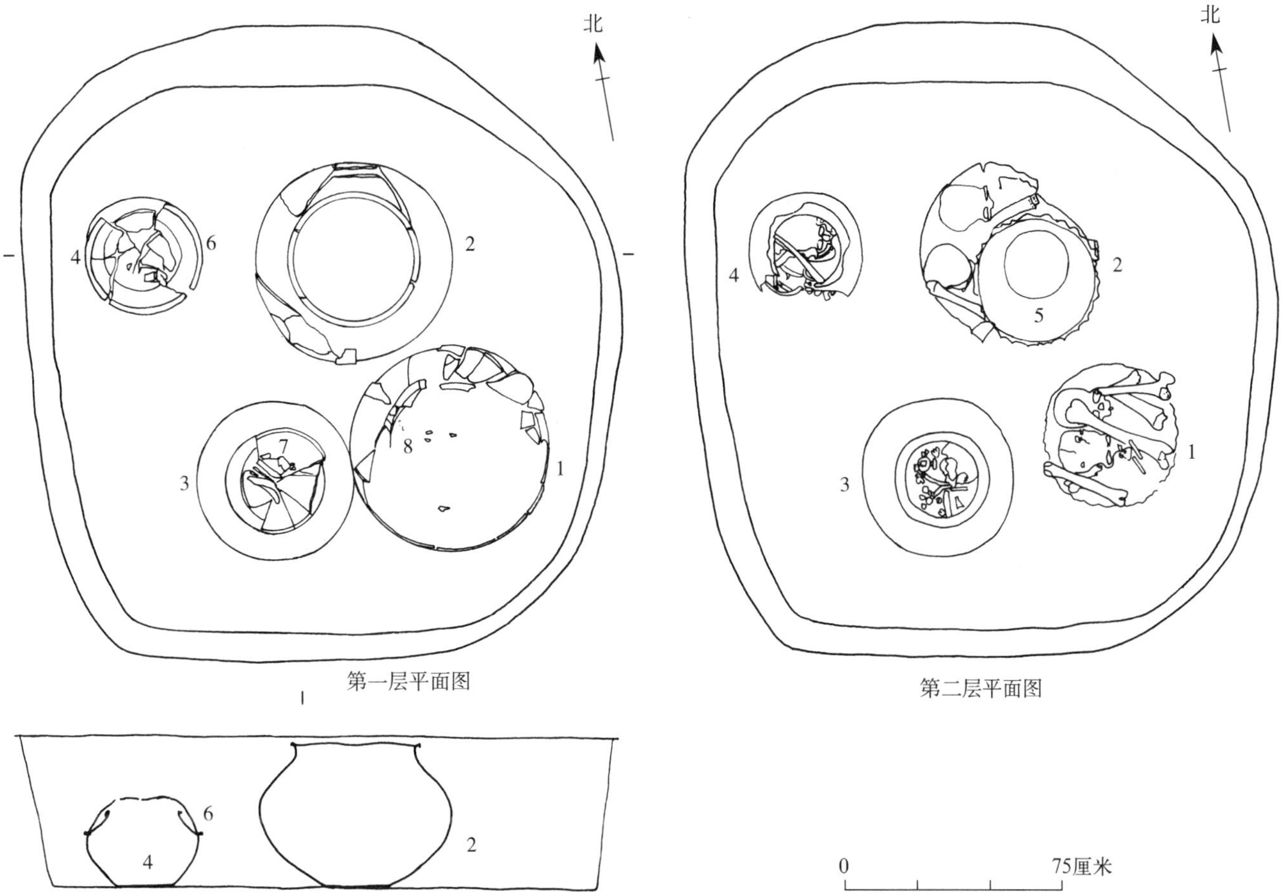

图 4-908　M591 平、剖面图

1～4. 陶瓮　5、6、8. 陶盆　7. 陶案

二四一，3）。

标本 M591∶3，泥质灰陶。卷沿。口径 33、底径 21、高 44.5 厘米（图 4-909，3；彩版二四一，4）。

标本 M591∶4，泥质灰陶。折沿，沿面内斜。肩部饰一周附加堆纹。口径 29.2、底径 20、高 30 厘米（图 4-909，4）。

标本 M591∶01，泥质灰陶。口沿残缺，颈部饰附加堆纹。口径 38、底径 25、高 43.2 厘米。

陶盆　3 件。泥质灰陶。侈口，折平沿，沿面微弧，浅腹。素面。

标本 M591∶5，尖唇，口沿周边有意损残，呈齿轮状，下部弧内收，平底微凹。口径 45、底径 22.8、高 13.2 厘米（图 4-909，5）。

标本 M591∶6，圆唇，下腹弧内收，凹底。内壁有制作抹痕。口径 33.6、底径 16.8、高 9.9 厘米（图 4-909，6）。

标本 M591∶8，圆唇，沿面微弧，下部弧收。平底内凹。底内壁有轮制痕迹，素面。口径 40、底径 20、复原 10 厘米（图 4-909，8）。

陶案　1 件。

标本 M591∶7，泥质灰胎黄褐皮陶。敞口，圆唇，浅盘，下部弧收，平底微凹。素面。口径 30.5、底径 28、高 2.3 厘米（图 4-909，7；彩版二四一，5）。

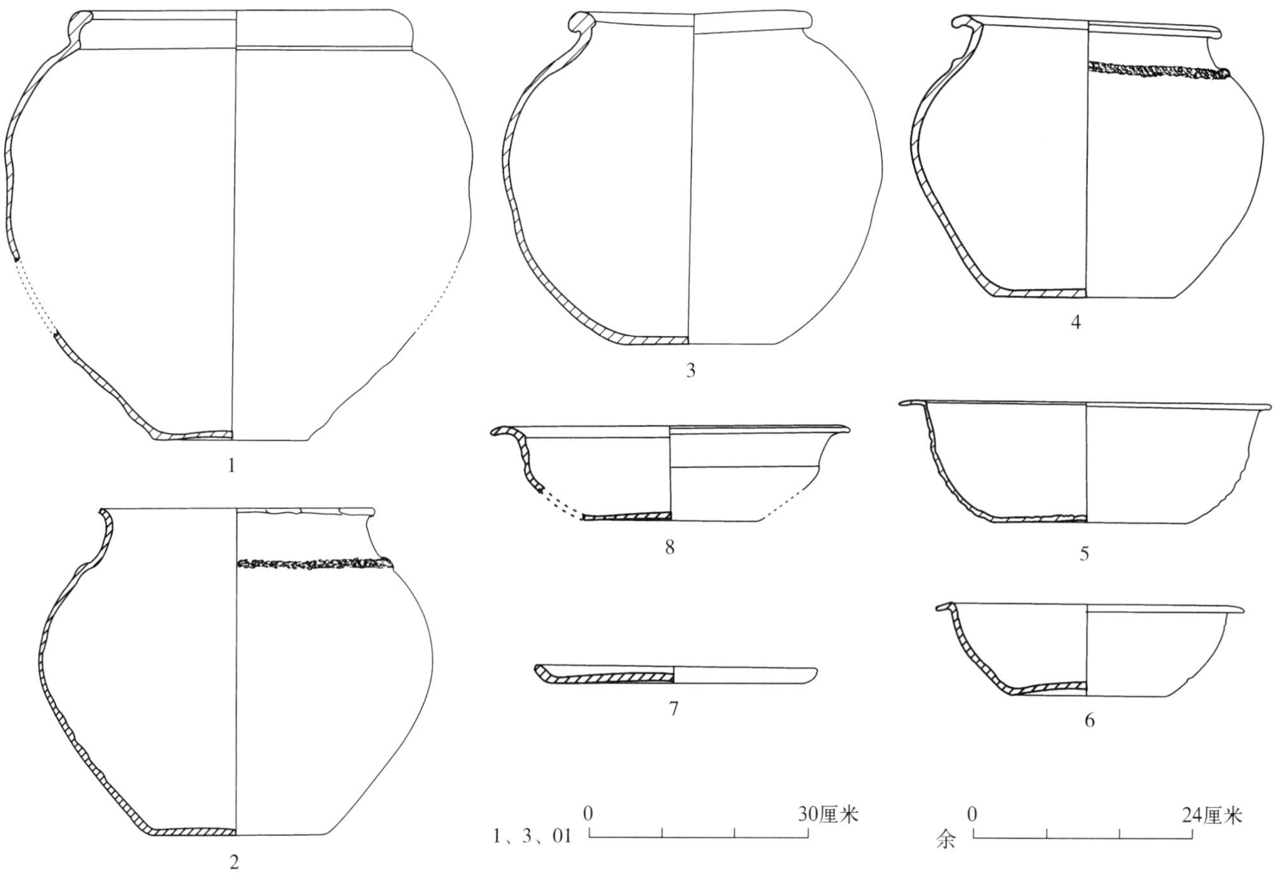

图 4-909　M591 出土器物

1～4. 陶瓮　5、6、8. 陶盆　7. 陶案

（二）M600

1. 墓葬形制

位于墓地中部，北面是 M584，西面为 M747。方向 5°（图 4-910）。

倒梯形土坑竖穴瓮棺墓。墓口长 1.5、宽 0.74～0.8、深 1 米。墓内填黄褐色五花土，土质较致密。陶盆、陶板瓦各 1 件，作为葬具均放在墓内中部偏南距底 0.2 米处。

人骨无。

随葬器物无。

2. 出土遗物

陶器

陶盆　1 件。

标本 M600∶1，泥质灰陶。敞口，斜折沿，方唇，深腹，直壁，下部弧收，底部残。腹部饰数周凹弦纹，下腹饰绳纹。口径 48.5、残高 25.2 厘米（图 4-910，1）。

陶板瓦　1 件。

标本 M600∶2，泥质灰陶。已残。弓形，外侧饰绳纹、四周饰凹弦纹。残长 22、宽 29.8～31 厘米（图 4-910，2）。

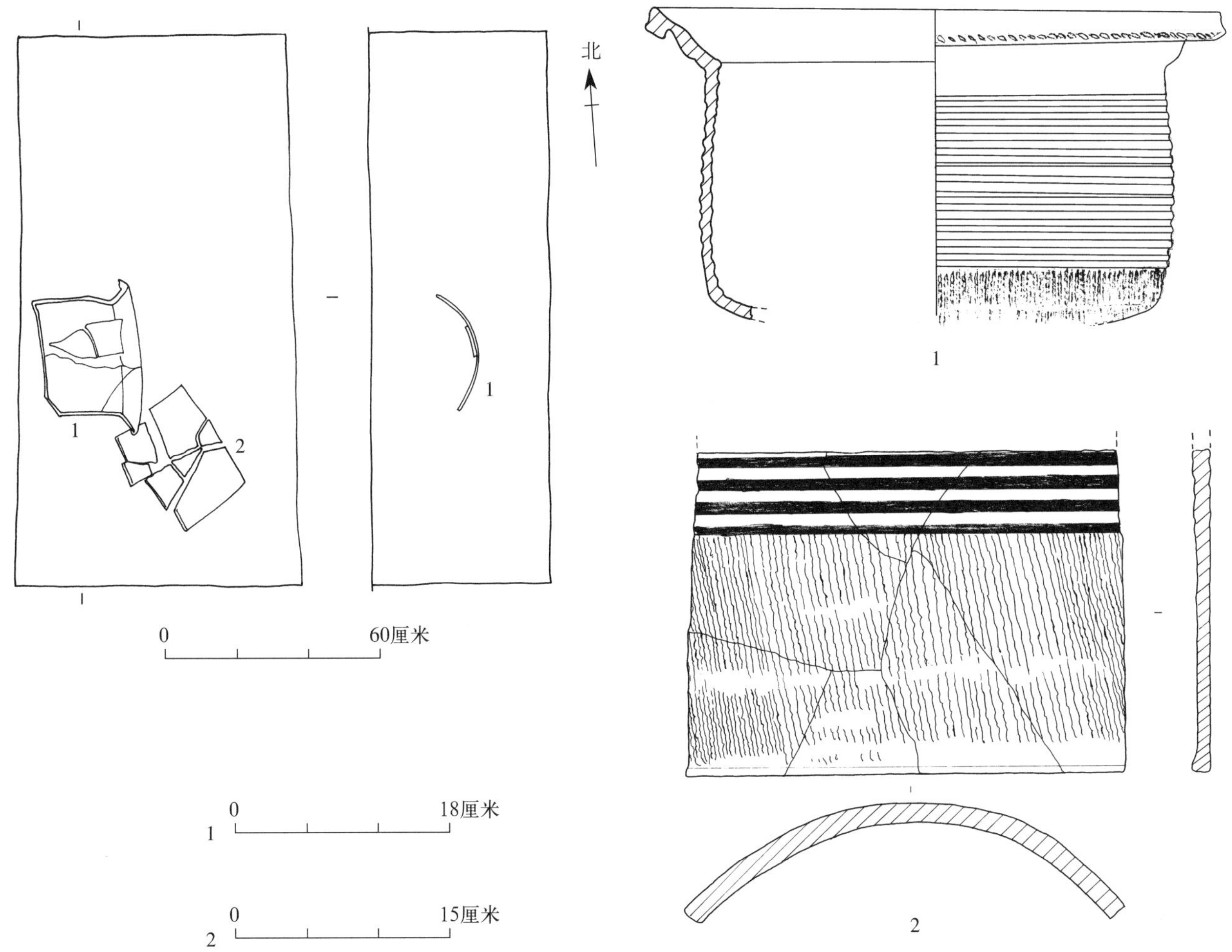

图 4-910　M600 及出土器物
1. 陶盆　2. 陶板瓦

（三）M715

1. 墓葬形制

位于墓地中部，北面是M716，东面为M719，南面是M850。方向103°（图4-911；彩版二四二，1、2）。

长方形土坑竖穴瓮棺墓。墓口长2.25、宽0.9、深1.5米。棺长1.9、宽0.6、深0.45米。由两件夹砂陶瓮对接而成。墓内填黄褐色五花土，土质疏松。填土中发现少量塌落的陶瓮碎片。

人骨1具。头向东，面向上。仰身直肢，双腿并拢。骨骼保存较好。男性，年龄20～25岁。

陶瓮2件位于墓底。

2. 出土遗物

陶器

陶瓮　2件。泥质灰陶。形制相同。直口，平沿，圆唇，筒状腹，圜底。器表饰数周凹弦纹，中腹间饰数周戳印纹，下腹及底部饰绳纹。

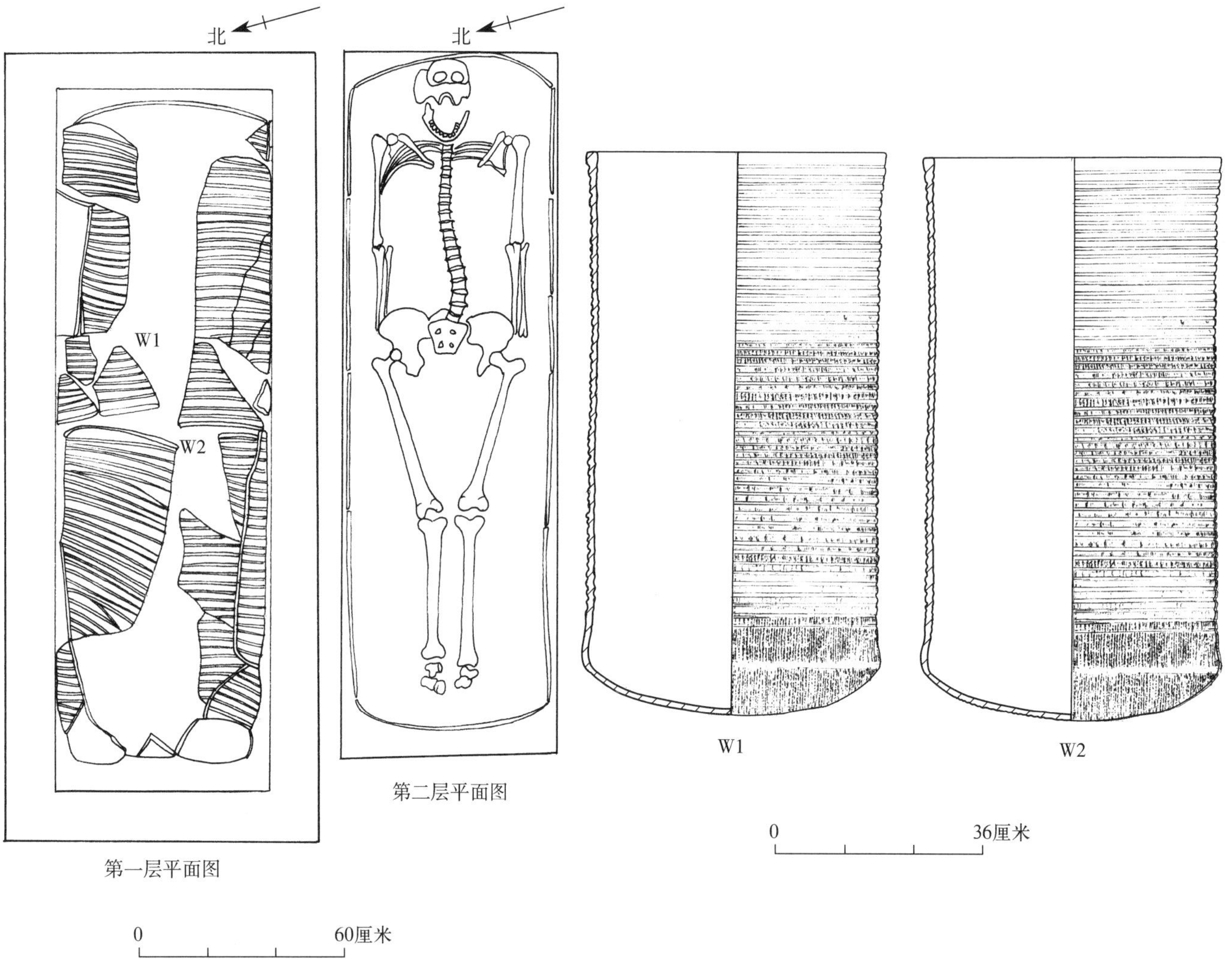

图 4-911　M715 及出土器物

W1、W2. 陶瓮

标本 M715：W1，口径 52、底径 52、高 95 厘米（图 4-911，W1；彩版二四二，3）。

标本 M715：W2，口径 52、底径 52、高 95 厘米（图 4-911，W2；彩版二四二，4）。

（四）M718

1. 墓葬形制

位于墓地中部，北面是 M837，南面为 M717，西面是 M716。方向 105°（图 4-912）。

长方形土坑竖穴瓮棺墓。墓口长 1.9、宽 0.76、深 0.45 米。棺长 1.7 米，由两件陶瓮对接而成。墓内填黄褐色五花土，土质疏松，夹杂少量碎陶片。填土中发现铜钱 1 枚。

人骨 1 具。头朝东，面向不详。仰身直肢。骨骼腐朽严重。仅残存少量头骨及胫骨遗骸。性别、年龄无法鉴定。

陶瓮 2 件放在墓底。

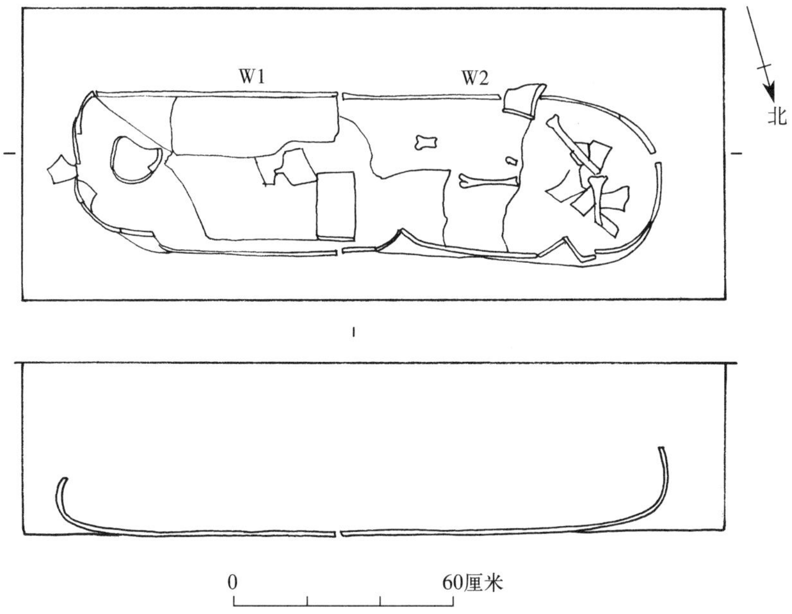

图 4-912　M718 平、剖面图

W1、W2. 陶瓮（未修复）

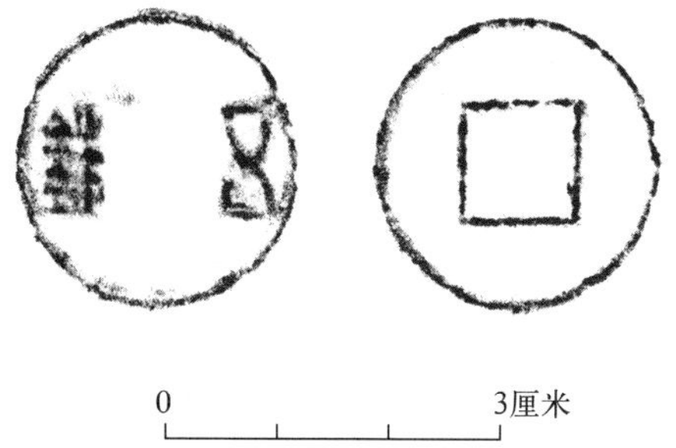

图 4-913　M718 出土铜钱 M718：01

2. 出土遗物

（1）陶器

陶瓮　2 件。

标本 M718：W1、W2，泥质灰陶。均残，未修复。

（2）铜器

铜钱　1 枚。

标本 M718：01，五铢。圆形方穿，正面有轮无郭，背面轮郭俱全。“五”字两笔交叉弯曲，“朱”字上部有圆折意。直径 2.6、穿边长 1、厚 0.14 厘米（图 4-913）。

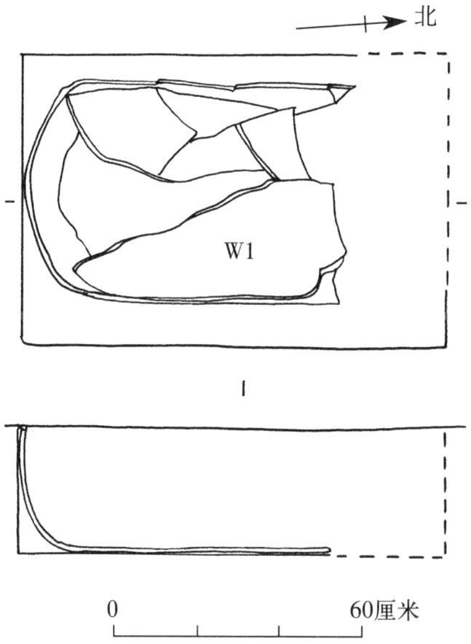

图 4-914　M729 平、剖面图

W1. 陶瓮（未修复）

（五）M729

1. 墓葬形制

位于墓地东北部，被 M723 打破，东面是 M815，西面为 M722。方向 5°（图 4-914）。

长方形土坑竖穴瓮棺墓。墓口被破坏，残长 1.02、宽 0.68、深 0.3 米。棺残长 0.78、宽 0.54、高 0.3 米。墓内填黄褐色五花土，较坚硬。夹杂少量碎陶片。

人骨无。

陶瓮 1 件放在墓内底部。

2. 出土遗物

陶器

陶瓮　1件。

标本M729∶W1，泥质灰陶。已残，未修复。

（六）M747

1. 墓葬形制

位于墓地南部，东面是M600，东南面为M842，西面是M746、M578。方向5°（图4-915；彩版二四三，1、2）。

长方形土坑竖穴瓮棺墓。墓口长3.15、宽1.15、深1.3米。北、南、东壁有生土二层台，宽0.25～0.45、高0.40米。棺为2件夹砂陶瓮对口组成。墓内填黄褐色花土，土质疏松。

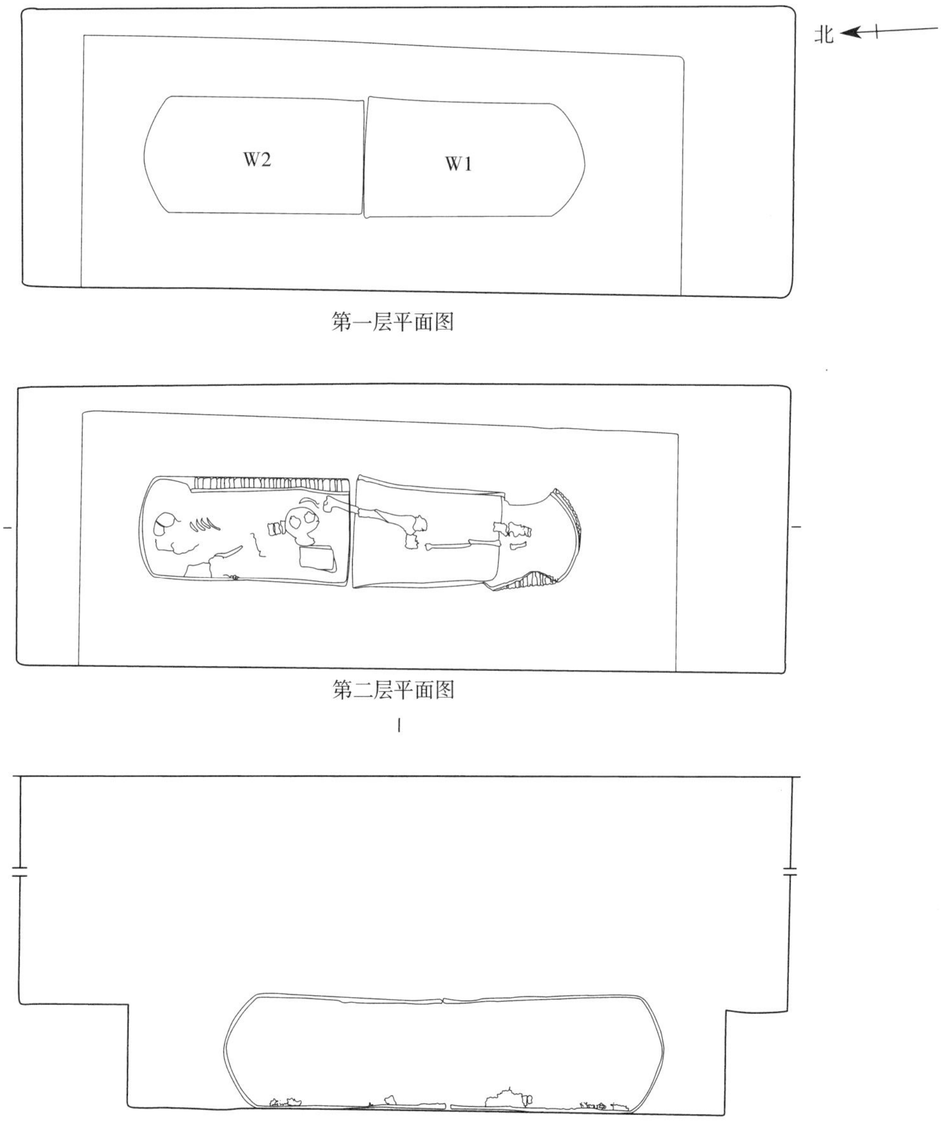

图4-915　M747平、剖面图

W1、W2. 陶瓮

人骨1具。头向北，面向上，仰身直肢。骨骼保存较差，仅残存头骨和肢骨遗骸。女性，年龄40左右。

2. 出土遗物

陶器

陶瓮 2件。泥质灰陶。形制相同。直口，平沿，圆唇，筒状腹，直壁，圜底，底部中间有圆形小孔。上腹饰数周凹弦纹，中腹间饰戳印纹，下腹及底部饰绳纹。

标本M747：W1，口径43、底径44、高90厘米（图4-916，W1；彩版二四三，3）。

标本M747：W2，上腹饰数周凹弦纹，下腹及底部饰绳纹。口径41、高90厘米（图4-916，W2；彩版二四三，4）。

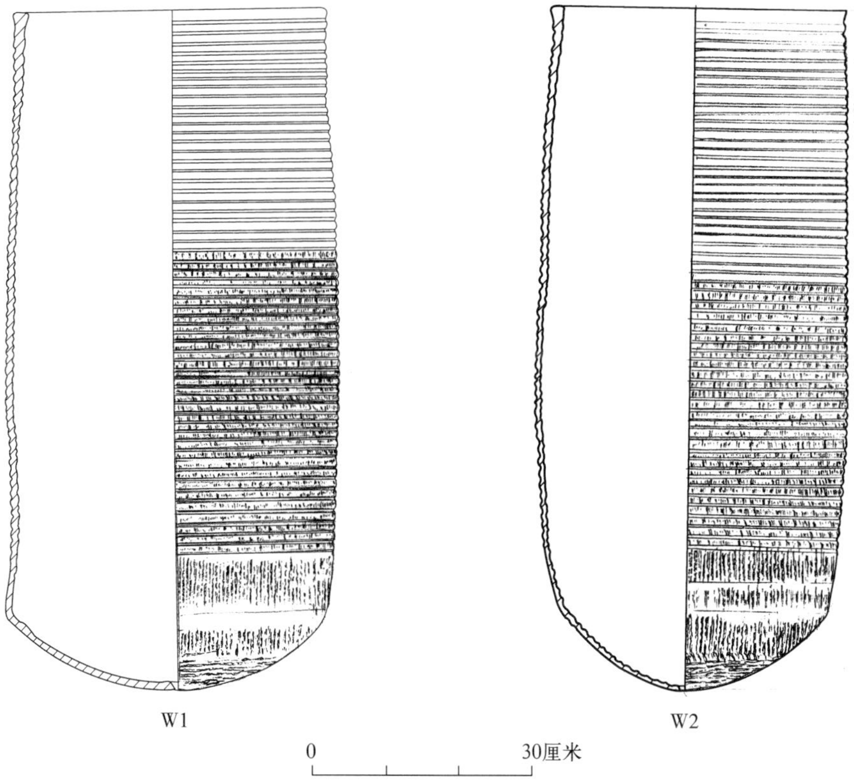

图4-916 M747出土器物

W1、W2. 陶瓮

（七）M818

1. 墓葬形制

位于墓地东北部，北面是M816，西南面是M857，西北面是M608。方向99°（图4-917；彩版二四四，1）。

长方形土坑竖穴瓮棺墓。墓口长2.1、宽0.76、深1.2米。棺为陶瓮对接而成。对接处略有空隙。墓内填黄褐色五花土，土质较疏松。

人骨1具。头向东，面向南，仰身直肢。墓主四肢自然下垂。仅存头骨、盆骨和肢骨残骸。女性。中年个体。

陶瓮2件放在墓底。

2. 出土遗物

陶器

陶瓮　2件。泥质灰陶。形制相同。直口，平沿，圆唇，筒状腹，圜底。上腹饰数周凹弦纹，中腹饰斜向绳纹，下腹饰方格纹，中间有间隔，近底部饰绳纹。

标本M818：W1，口径49.7、底径51、高101厘米（图4-917，W1）。

标本M818：W2，口径50、底径51、高101厘米（图4-917，W2；彩版二四四，2）。

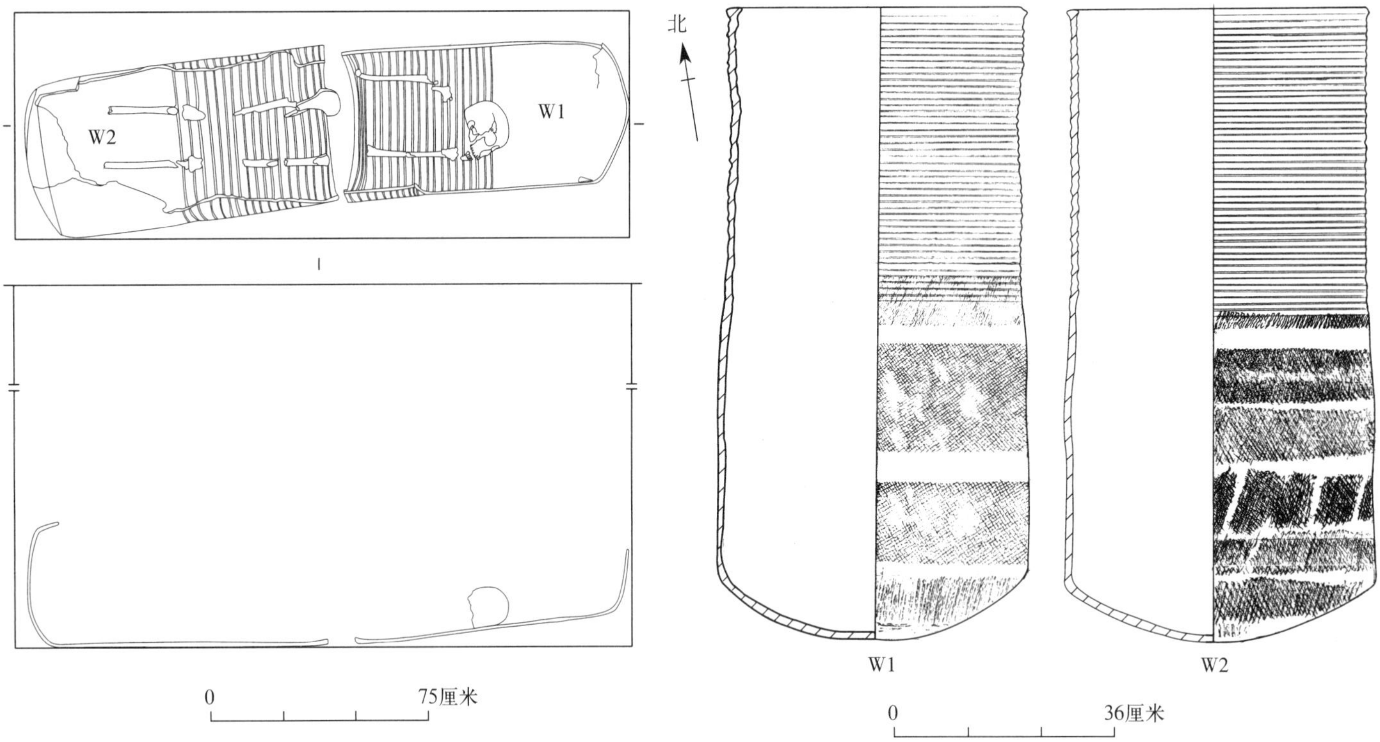

图4-917　M818及出土器物

W1、W2. 陶瓮

（八）M833

1. 墓葬形制

位于墓地中部，被M694打破，南面是M693，西面是M835。方向110°（图4-918）。

长方形土坑竖穴瓮棺墓。墓口长1.11、宽0.9、深1.24米。棺为陶瓮，上面已被破坏。墓内填黄褐色五花土，土质较致密。

人骨1具。头向东，面向北，仰身直肢。骨骼保存较好，仅下肢残缺。疑似男性，年龄17～22岁。

陶瓮1件放在墓底。

2. 出土遗物

陶器

陶瓮　1件。

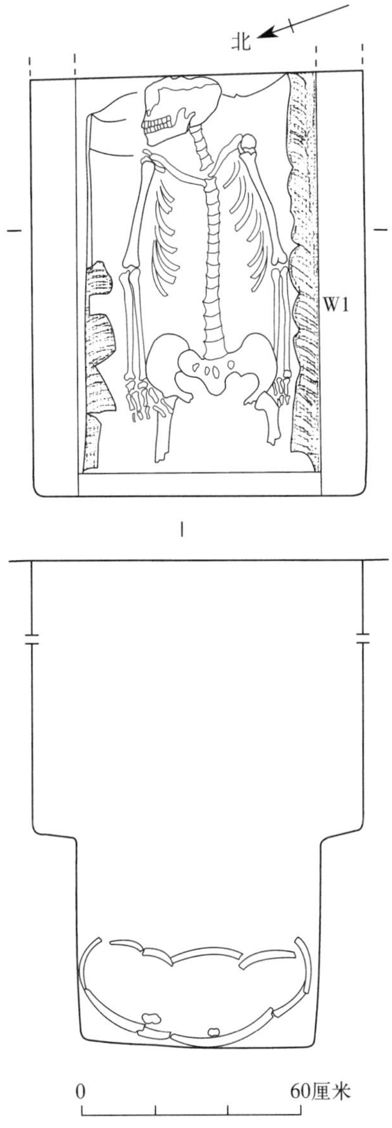

图 4-918　M833 平、剖面图

W1. 陶瓮

标本 M833∶W1，泥质灰陶。直口，平沿，圆唇，筒形腹，下腹及底部残。器表饰凹弦纹，下腹中间饰戳印纹与网纹。口径 50、底径 52、残高 80 厘米。

（九）M838

1. 墓葬形制

位于墓地中部，东面是 M699，南面为 M701，西面是 M836。方向 10°（图 4-919；彩版二四四，3、4）。

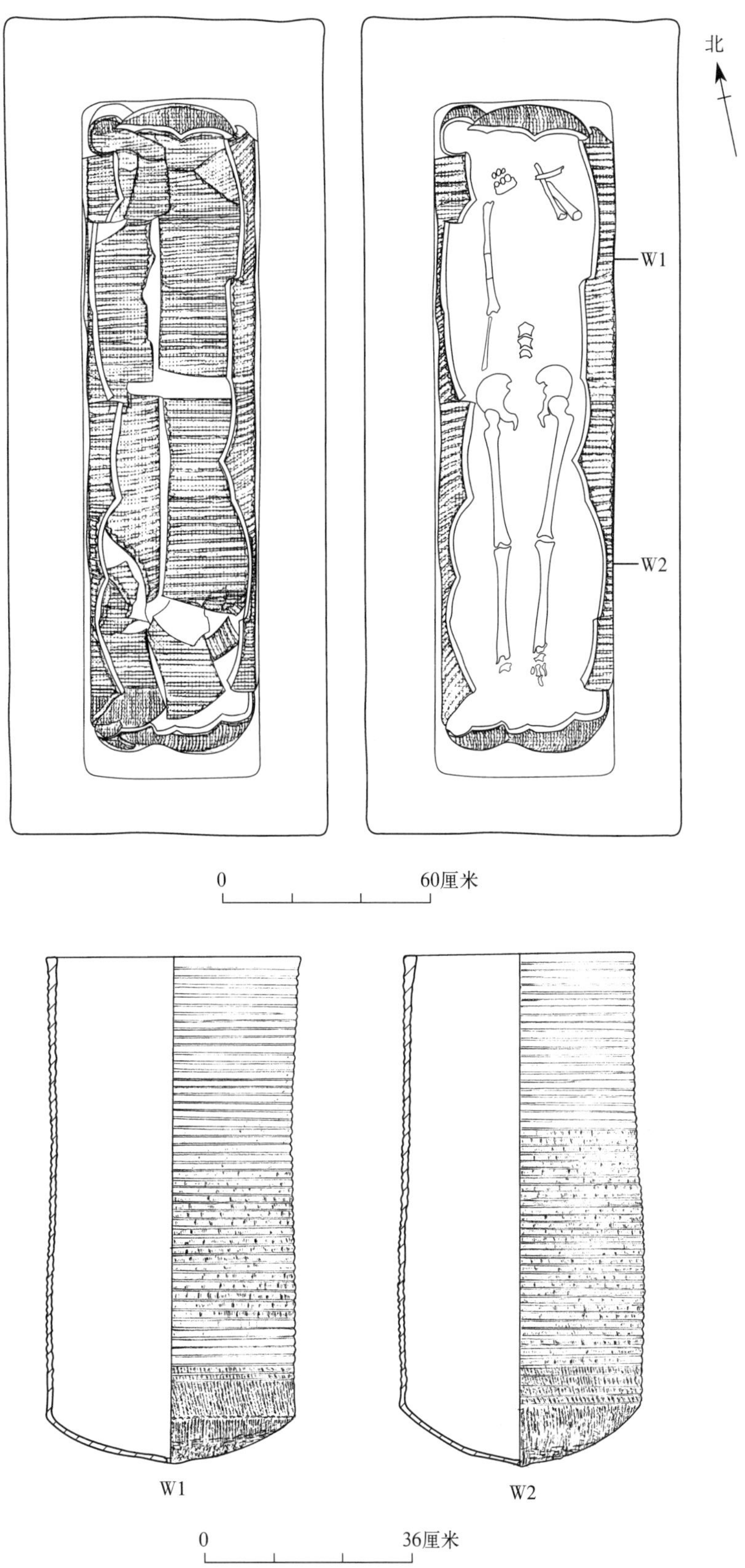

图 4-919　M838 及出土器物

W1、W2. 陶瓮

长方形土坑瓮棺墓。墓口长2.25、宽0.90、深1.7米。墓内填黄褐色五花土，土质较疏松。

人骨1具。头向北，面向上，仰身直肢。骨骼保存较差，仅残存头部及少量牙齿。性别无法鉴定，年龄10～12岁。

陶瓮2件放在墓底。

2. 出土遗物

陶器

陶瓮　2件。泥质灰陶。形制相同。直口，平沿，圆唇，圆筒状腹，圜底。中间有圆形小孔。器表饰凹弦纹，腹中部间有饰戳印纹，底部饰绳纹。

标本M838：W1，口径43.5、底径14、高84厘米（图4-919，W1；彩版二四五，1）。

标本M838：W2，口径40、底径42、高85厘米（图4-919，W2；彩版二四五，2）。

（一〇）M907

1. 墓葬形制

位于墓地中部，北面是M910，东面为M713，西面是M908。方向20°（图4-920）。

长方形土坑竖穴瓮棺墓。墓口长1.5、宽0.6、深0.5米。2件陶瓮对接而成，长1.3、宽0.4米。墓内填黄褐色五花土，土质较致密。

人骨1具。头向北，面向不详，仰身直肢。骨骼腐朽严重。性别无法鉴定，成年个体。

2. 出土遗物

陶器

陶瓮　2件。

标本M907：W1、W2，泥质灰陶。已残，未修复。

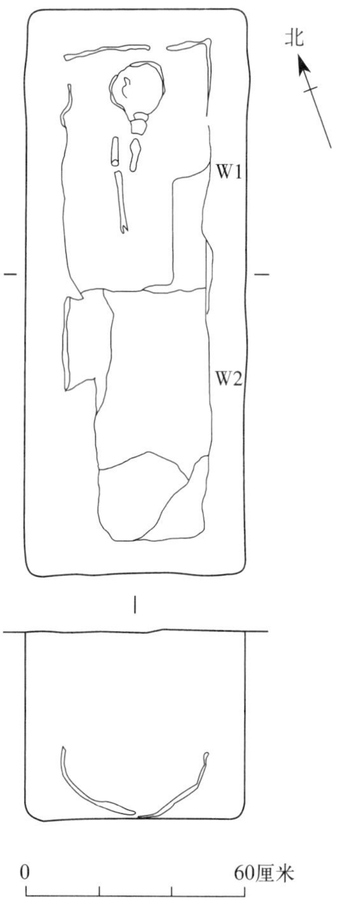

图4-920　M907平、剖面图
W1、W2. 陶瓮

五　瓦棺墓

瓦棺墓只有1座。

M776

墓葬形制

位于墓地中部，打破M778，东面是M779。方向105°（彩版二四五，3、4）。

长方形土坑竖穴瓦棺墓。墓口长1.9、宽0.9、深0.5米。墓棺为陶板瓦，底部仰面放置陶瓦3件，上面放置人骨，两侧再各竖立瓦3件，形成圆桶形，然后再用陶瓦覆盖挡住缝隙，两端用瓦遮挡。4件一组，计三组。长0.44、宽 0.33 米。墓内填黄褐色五花土，土质较坚硬。

人骨 1 具。头向东，面向上，四肢弯曲，男性，年龄 20 ～ 25 岁。

随葬器物无。

六 砖室墓

砖室墓共有 57 座。

（一）M71

墓葬形制

位于墓地西南部，打破 M151，北面是 M196，西南面为 M75。方向 110°（图 4-921）。

甲字形土坑竖穴砖室墓。有墓室、墓道组成。墓道呈斜坡状，长 0.75、宽 0.78 米。墓口长 3.18、宽 2.06、深 1.27 米。墓室长 3.05 ～ 3.15、宽 1.72 ～ 2.00、深 0.78 米。墓门用青砖垒堵。墓室四周青砖错缝条形平铺顺向叠砌，砖与砖之间卯榫咬合，衔接紧密，层与层白灰粘合。砖侧面菱形纹，长 0.36、宽 0.14、厚 0.06 米。墓底平铺一层青砖，竖排对缝排列。砖长 27、宽 14、厚 4 厘米（图 4-922，01）。墓内填黄褐色五花土，较疏松。填土中包含乳猪、中型哺乳动物、貉、鸡骨。

人骨无。

随葬器物无。

（二）M75

墓葬形制

位于墓地中部，西南面为 M19。方向 112°（图 4-922）。

甲字形土坑竖穴砖室墓。墓道斜坡形，已扰乱，长度不详。墓口长 2.62、宽 2.34、深 1.26 米。墓室两壁外弧，由于破坏严重，形制与结构不明。四壁青砖错缝条形平铺叠砌而成。砖与砖卯榫咬合，中间白灰粘合。墓室周边仅残存十二层青砖。砖侧面菱形纹，长 0.33 ～ 0.35、宽 0.16、厚 0.07 米（图 4-922，01）。墓底仅残存少量青砖，“人”字形排列。砖长 28、宽 14、厚 4 厘米。墓内填黄褐色五花土，土质较疏松。

人骨无。

随葬器物无。

（三）M176

墓葬形制

位于墓地中部，西北面是 M171。方向 126°（图 4-923）。

甲字形土坑竖穴砖室墓。墓道未完全清理。残长 0.87、宽 0.98 米。墓口长 3.35、宽 3.35、深 0.9 米。墓室平面近正方形，墓壁用青砖垒砌，顺向平铺错缝十二层，由于扰乱严重，形制与结构不详。南、北长 3.24、东、西宽 3.2、高 0.6 米。南壁墓门宽 0.97 米。外侧封门用青砖垒砌。砖长 27、宽 14、厚 5 厘米。墓底平铺两层青砖，下层东西向条形平铺，上层斜向，“人”字形排列。墓内填黄褐色

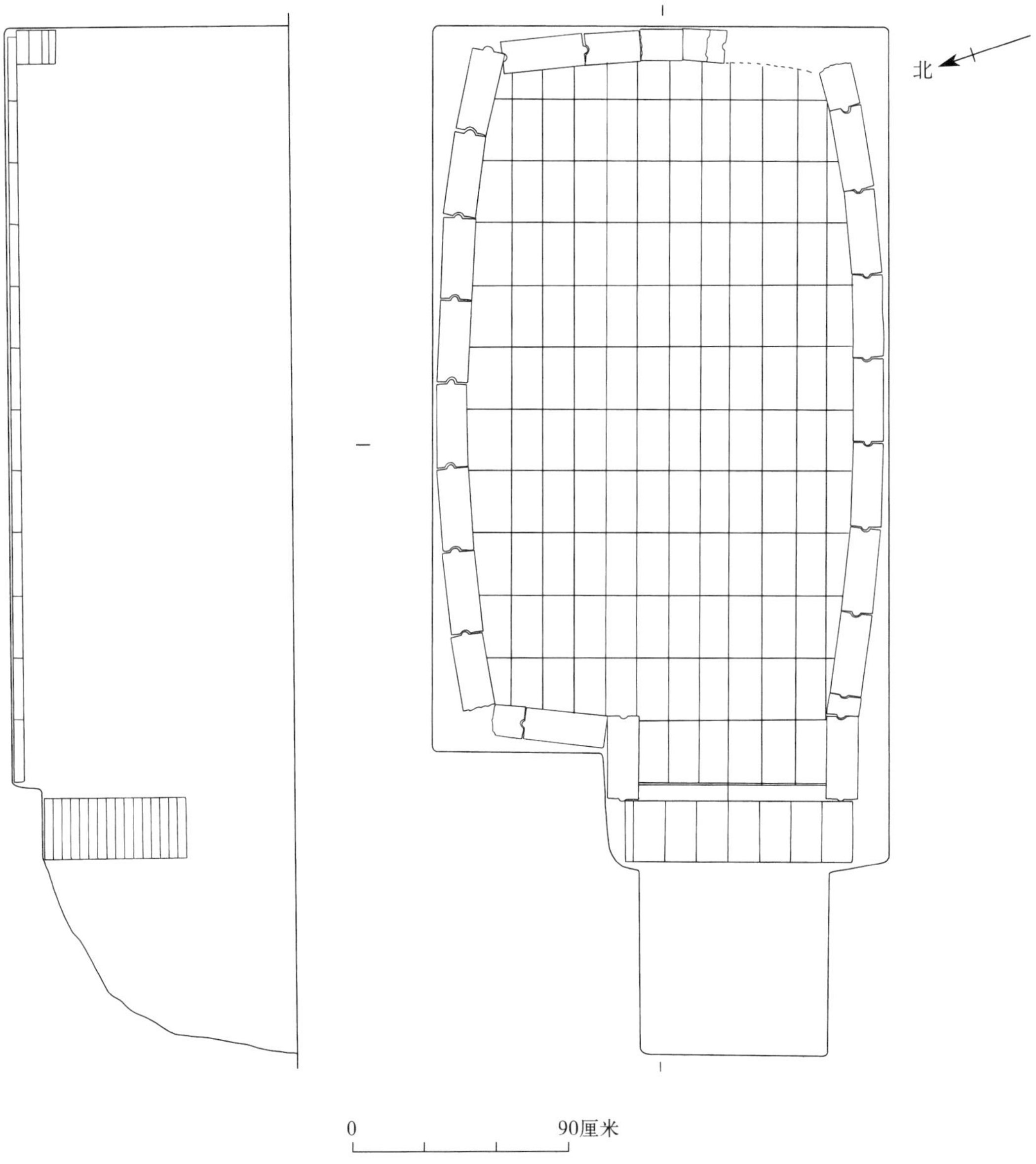

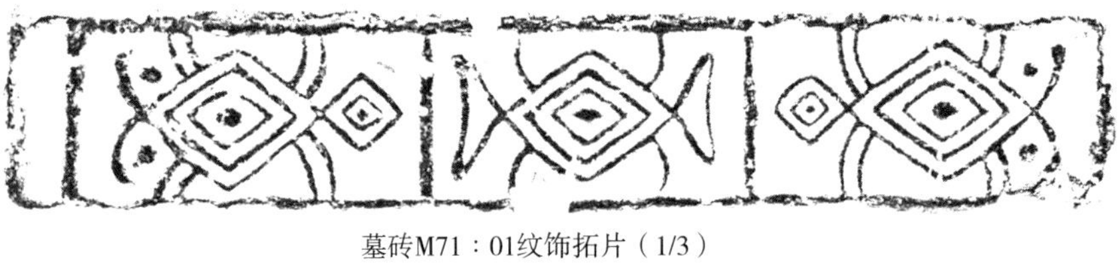
墓砖M71：01纹饰拓片（1/3）

图4-921　M71平、剖面图

粉砂黏土，土质疏松，夹杂大量碎砖。

人骨无。

随葬器物无。

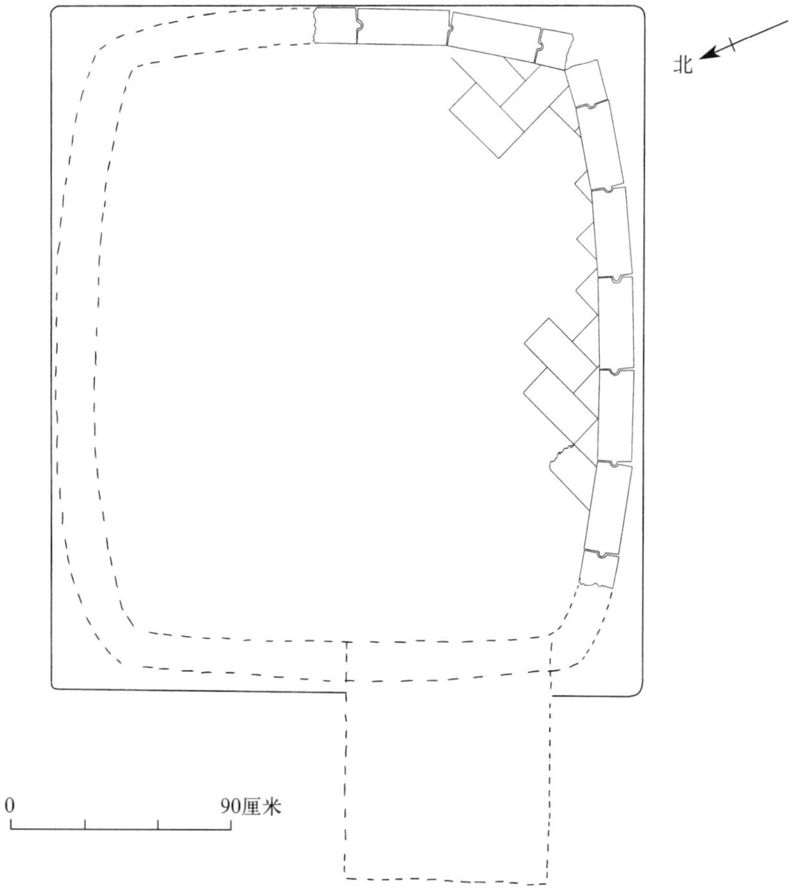

墓砖M75：01纹饰拓片（1/3）

图 4-922　M75 平面图

（四）M239

1. 墓葬形制

位于墓地西南部，南面是 M226、M219。方向 105°。

中字形土坑竖穴砖室墓。由主室、前室、甬道、墓道组成。墓道长 5.9、最处宽 1.56、至墓底深 1.8 米。甬道长 0.7、宽 1.08、深 0.3 米。墓门均用残砖封堵。主室青砖垒砌。平面似船形，墓壁外弧。长 3.42、最宽 2.6 米。由于遭到严重破坏，形制与结构不明，仅残留二十二层青砖。前室青砖盗扰殆尽。墓底铺地砖被扰乱，排列方式不详。墓砖长 34、宽 14、厚 6 厘米（图 4-924），砖侧面菱形花纹。墓内填黄褐色五花粉砂黏土。土质疏松。填土中发现釉陶壶、灯、猪圈各 1 件，铜钱 5 枚及兔骨。

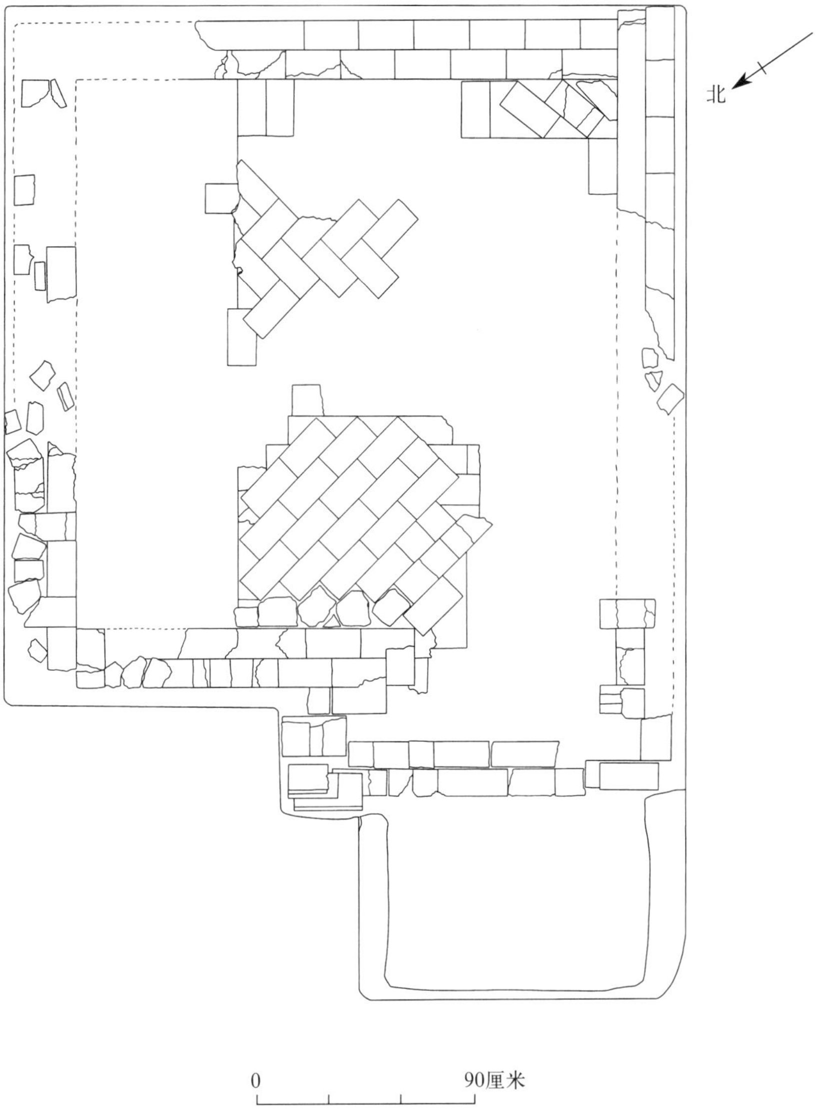

图 4-923 M176 平面图

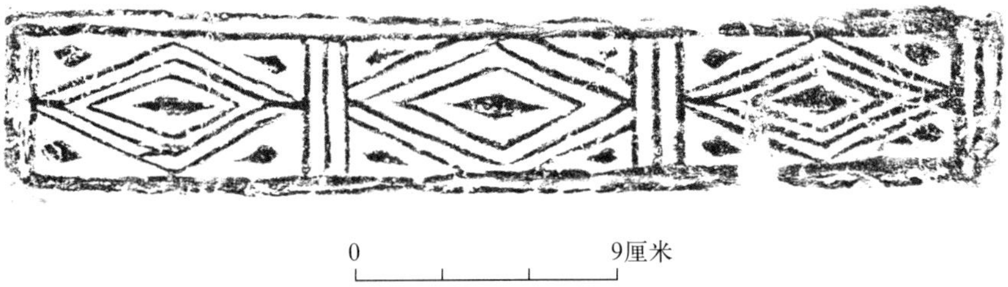

图 4-924 M239 出土墓砖 M239：06 纹饰拓片

人骨 1 具。严重扰乱，散于墓内不同部位，葬式不详。女性，年龄 20 ～ 25 岁。

2. 出土遗物

（1）釉陶

釉陶壶　1 件。

标本 M239：04，褐绿釉。圆唇，盘口，喇叭形颈，鼓腹，高圈足。口沿下饰一周凸棱，颈、肩部饰五组凹弦纹，肩两侧饰对应铺首衔环。口径 21.2、底径 22、高 44.4 厘米（图 4-925）。

图 4-925　M239 出土釉陶壶 M239：04

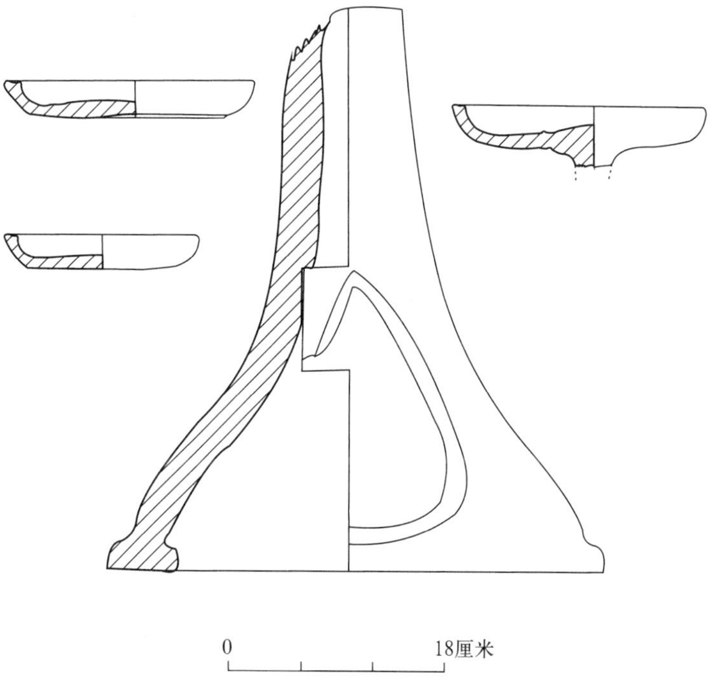

图 4-926　M239 出土釉陶灯 M239：03

釉陶灯　1 件。

标本 M239：03，泥质红胎，绿褐色釉。3 个残灯盏，一个残灯座。灯座圆形柄，喇叭形圈足，底部有镂孔。底座径 20.5、残高 22.5 厘米。三个灯盏均为敞口，下部内收。两个平底，一个底部带残纽。口径分别为 21、21 和 15 厘米；高 2.4、2 和 4.8 厘米（图 4-926）。

釉陶猪圈　1 件。

标本 M239：05，泥质红胎，绿褐色釉。长方形，中部有长条脊梁，两端向上翘，两端及中部分别有条状凸棱。长 18.2、宽 14、高 7 厘米。

（2）铜器

铜钱　5 枚。均为五铢。其中 3 枚残缺，圆形方穿，正面有轮无郭，背面轮郭俱全。“五”字两笔交叉弯曲，与上、下两横相交处微内收，“铢”字“金”头呈三角形，“朱”字上部方折，穿下半星。

标本 M239：02-1，直径 2.6、穿边长 1、厚 0.14 厘米（图 4-927）。

（五）M299

1. 墓葬形制

位于墓地中部，打破M300，南面为M300、M306。方向0°（图4-928；彩版二四六，1）。

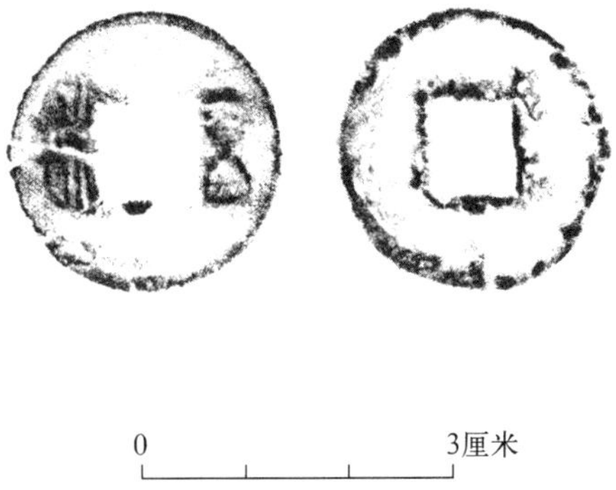

图4-927 M239出土铜钱M239：02-1

甲字形土坑竖穴砖室墓。由墓室、墓道组成。墓门用青砖封堵，宽1.4、高0.34米。墓室长3.1、宽1.2、深0.36米。墓室均用青砖错缝平铺垒砌，因扰乱仅残存三层。墓道呈斜坡状，残长1.8、宽0.94米。靠近墓室平铺一层青砖，“人”字形排列。砖侧面饰绳纹，两端有榫卯，长35、宽15、厚6厘米（图4-929）。墓底铺地砖破坏殆尽，排列情况不明。墓内填黄褐色五花土，土质较疏松。夹杂大量釉陶片、碎砖、铁钉和人骨残骸。填土中发现残铜镜1枚，铜钱9枚。

人骨无。

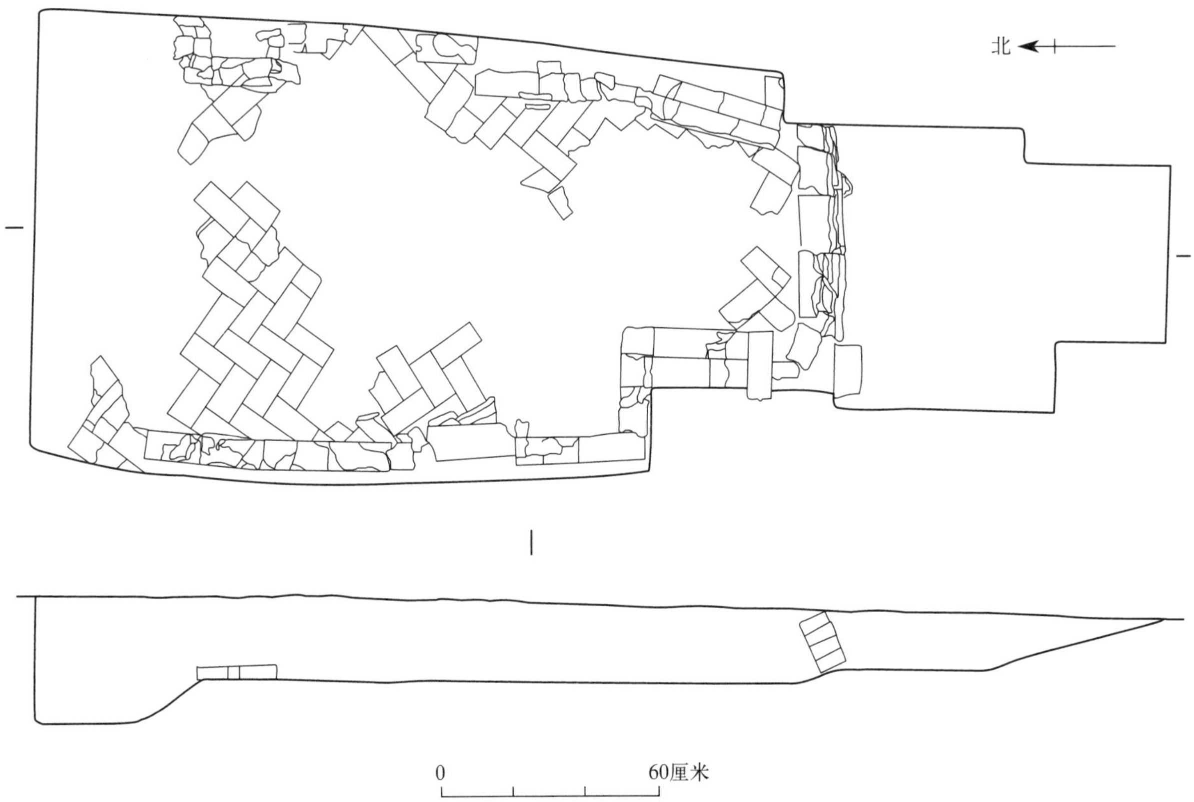

图4-928 M299平、剖面图

0　9厘米

图 4-929　M299 出土墓砖 M299：03 纹饰拓片

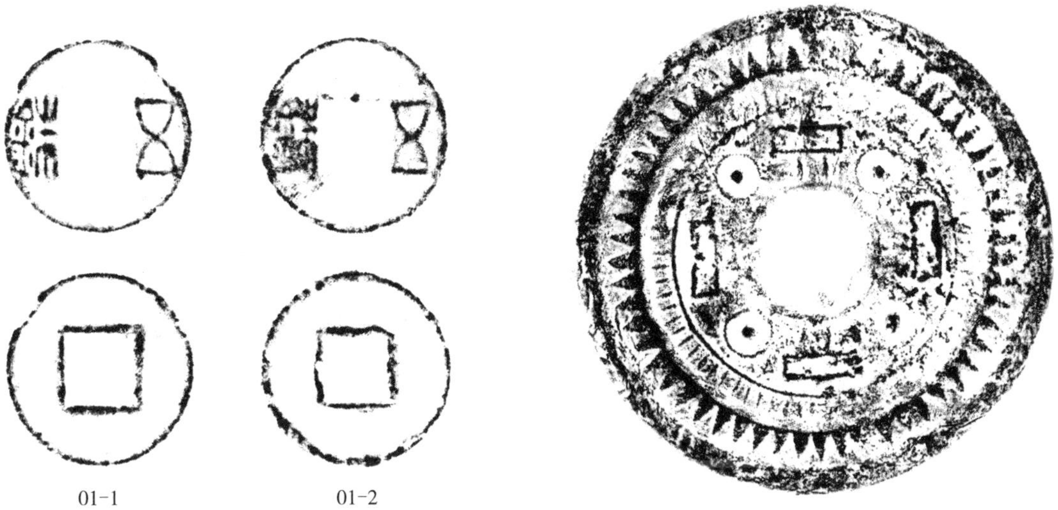

01-1　01-2　02

0　3厘米

图 4-930　M299 出土器物

01-1、2. 铜钱　02. 铜镜

2. 出土遗物

铜器

铜镜　1 枚。已残。

标本 M299：02，简化博局镜。圆形，圆纽，圆纽座。座外四“T”形纹与四圆座乳丁相间环列，再外一周短竖线和凸弦纹组合纹带。锯齿纹缘。面径 6.6、缘厚 0.4 厘米（图 4-930，02；彩版二四六，2）。

铜钱　9 枚，均为五铢。圆形方穿，钱正、反两面均有郭，有的穿上一星。五字两笔交叉弯曲，朱字上、下部圆折。

标本 M299：01-1、2，直径 2.6、穿边长 1、厚 0.16 厘米（图 4-930，01-1、2）。

（六）M310

墓葬形制

位于墓地中部，打破 M311，东面是 M314，南面为 M315。方向 110°。

甲字形土坑竖穴砖室墓。由墓室和墓道组成。墓口长 3.15、宽 2、深 0.12 米。墓壁规整，底部平整。墓室均用青砖垒砌。由于破坏严重，形制与结构不明。墓底铺地砖错缝斜向平铺，“人”字形排列。

砖一面饰绳纹，长25、宽12、厚4厘米。墓内填黄褐色五花土，夹杂大量青砖及人骨残骸。

人骨1具。扰乱在填土中，情况不详。

随葬器物无。

（七）M345

1. 墓葬形制

位于墓地中部，东南面是M159，西面为M344。方向290°（图4-931；彩版二四六，3）。

甲字形土坑竖穴砖室墓。墓道斜坡状，长2.85、宽1.35米。墓门位于西壁偏南，宽0.8、高0.6米。外侧用残砖斜立叠砌封门。墓口长3.7、宽2.4、深0.7米；墓室长2.75、宽1.8、高0.7米。四壁青砖错缝平铺或立式叠砌。每层两行顺向错缝叠砌，平铺五层后下面再立式一层。四壁和底部立式青砖均用白灰绘三角形树木形状，上层青砖立式同样绘制白色图案（彩版二四六，4）。墓底铺地砖"人"字形排列。砖长25～27、宽13、厚4～5厘米。墓内填黄褐色五花土，土质较疏松。填土中发现铜环3件，铜钱46枚，琉璃耳珰2件。

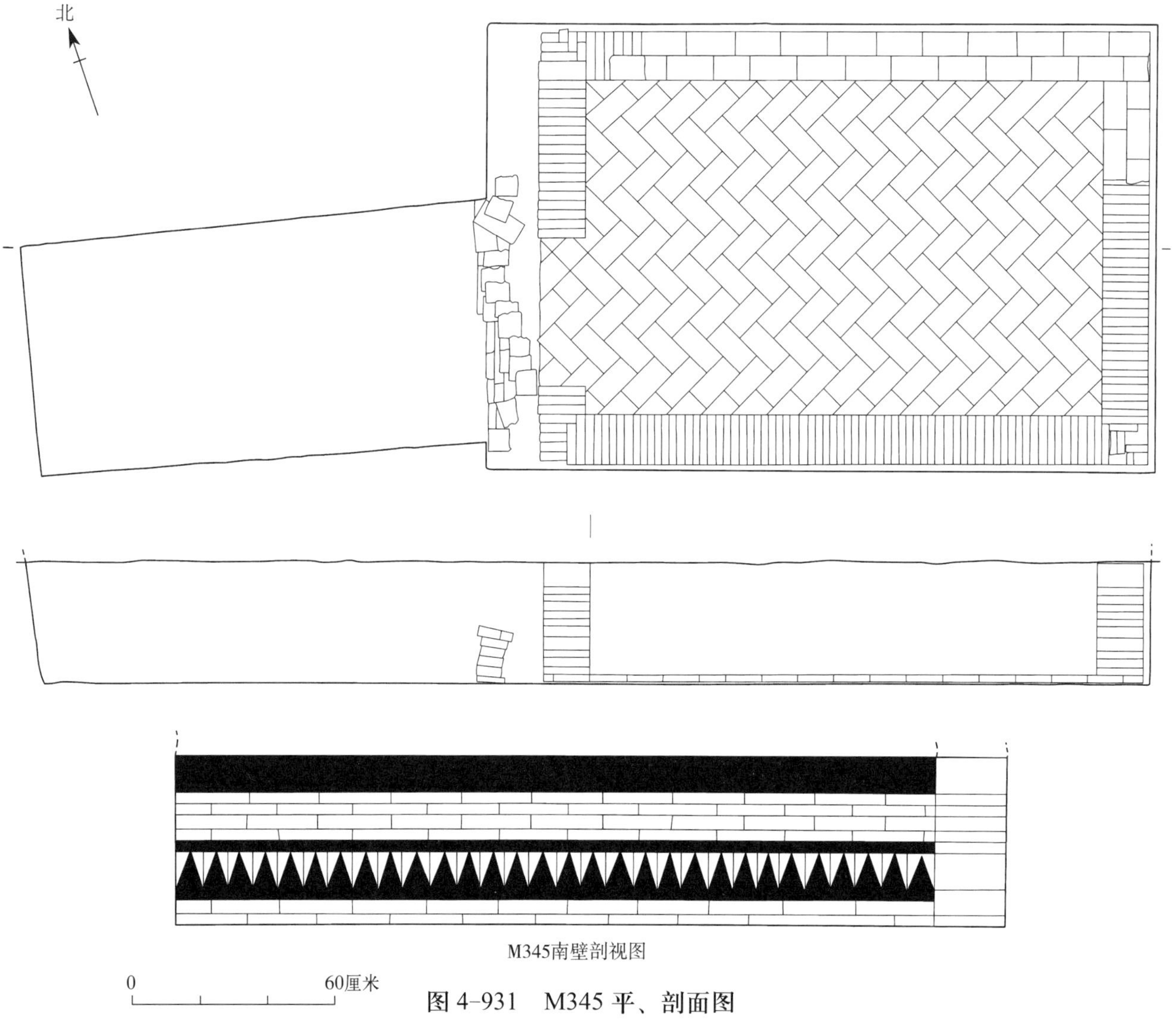

图4-931　M345平、剖面图

人骨 1 具。扰乱在填土中，葬式不明。性别、年龄无法鉴定。

随葬器物无。

2. 出土遗物

（1）铜器

铜环　3 件。圆形。截面圆形。素面。

标本 M345：03，已残。外径 2、内径 1.4 厘米（图 4-932，03）。

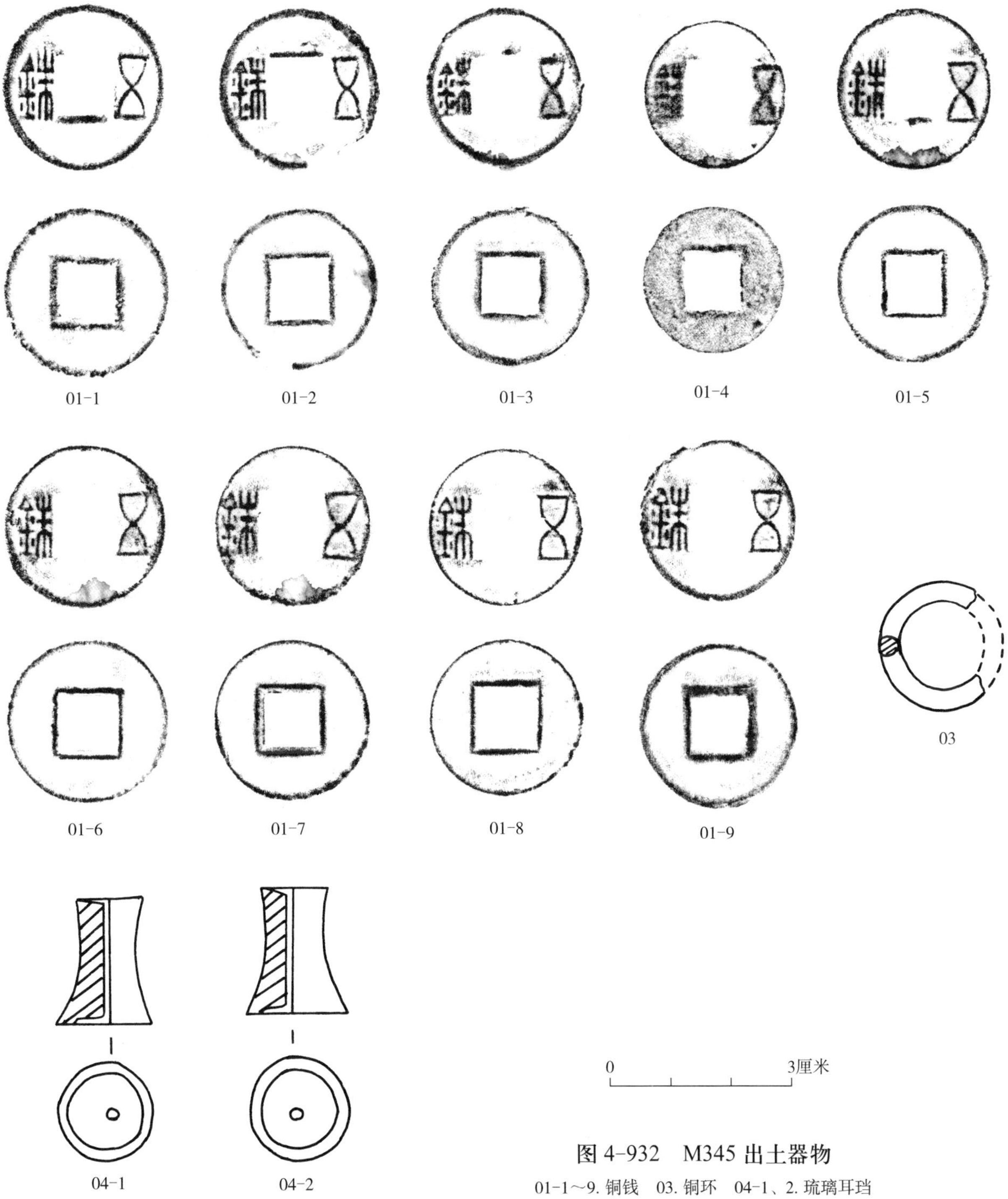

图 4-932　M345 出土器物

01-1～9. 铜钱　03. 铜环　04-1、2. 琉璃耳珰

铜钱 46枚。均为五铢。圆形方穿，正面有轮无郭、背面轮郭俱全。根据钱文字体不同分为三种。

第一种 8枚。“五”字两笔交叉微曲，“铢”字“金”头呈三角形，与“朱”等齐，“朱”字上部方折。其中一枚穿下横郭，一枚穿上横郭，个别郭被磨。

标本M345：01-1～4，直径2.7、穿边长1、厚0.14厘米（图4-932，01-1～4）。

第二种 18枚。“五”字宽大，两笔交叉弯曲。“铢”字“金”头呈三角形，“朱”字上部方折，有的穿下半星，部分郭被磨。

标本M345：01-5～7，直径2.6、穿边长0.98、厚0.16厘米（图4-932，01-5～7）。

第三种 20枚，其中7枚残破，部分缺失。“五”字变宽，两笔交叉弯曲，“铢”字“金”头三角形，“朱”字上部圆折。

标本M345：01-8、9，直径2.6、穿边长1、厚0.16厘米（图4-932，01-8、9）。

（2）其他

琉璃耳珰 2件。形制、大小相同。

标本M345：04-1、2，宝石蓝色。束腰柱状，两端圆形，中间内凹，一端稍大，另一端略小，凹面中心有一小圆孔。素面。长2、外径1.1～1.6、孔径0.2厘米（图4-932，04-1、2；彩版二四六，5）。

（八）M396

墓葬形制

位于墓地西北部，打破M405、M398，西北面是M395。方向290°（图4-933；彩版二四七，1、2）。

甲字形土坑竖穴砖室墓。墓道斜坡状，长2.3、宽0.9～1.2、深0.45～0.6米。墓口长1.65～3.5、宽0.8～2、深0.84米。墓室长1.65、宽0.96、高0.69米。四壁均用青砖错缝平铺或立式垒砌。西壁为墓门，上方为拱形券顶已塌落，宽0.9、高0.34米。东、南、北三壁绘常青树图案（彩版二四七，3）。砖一面饰绳纹，长26～28、宽13、厚5厘米。墓内填黄褐色五花土。夹杂大量碎砖、陶瓦片及少许人骨残骸。经过夯打，土质较坚硬。夯窝圆形，分布稀疏。

人骨1具。头向东。性别、年龄无法鉴定。

随葬器物无。

（九）M404

1. 墓葬形制

位于墓地西北部，东南面为M392、M394，西北面是M956、M957。方向115°（图4-934；彩版二四八，1）。

甲字形土坑竖穴砖室墓。墓道斜坡状，长3.5、宽0.99米。墓门高1.16、宽1.4米。封门砖“人”字形垒砌（彩版二四八，3），高1.11米。墓室长2.38、宽1.23、深1.08米。东、南、北壁由下到上碎砖侧立垒砌一层，再错缝平铺叠压四层，然后再垒砌十四层。上部单排青砖侧立拱券顶（彩版二四八，2）。墓底铺地砖“丁”字形排列。砖一面饰绳纹，长27、宽13、厚5厘米。墓内填黄褐色五花土，土质较松软。夹杂大量碎砖、陶片等。填土中发现铜钱10枚及狗、鸡、猪骨。

人骨1具。头向东。仅残存头骨碎片、少量牙齿及趾骨遗骸。性别无法鉴定，年龄12～15岁。

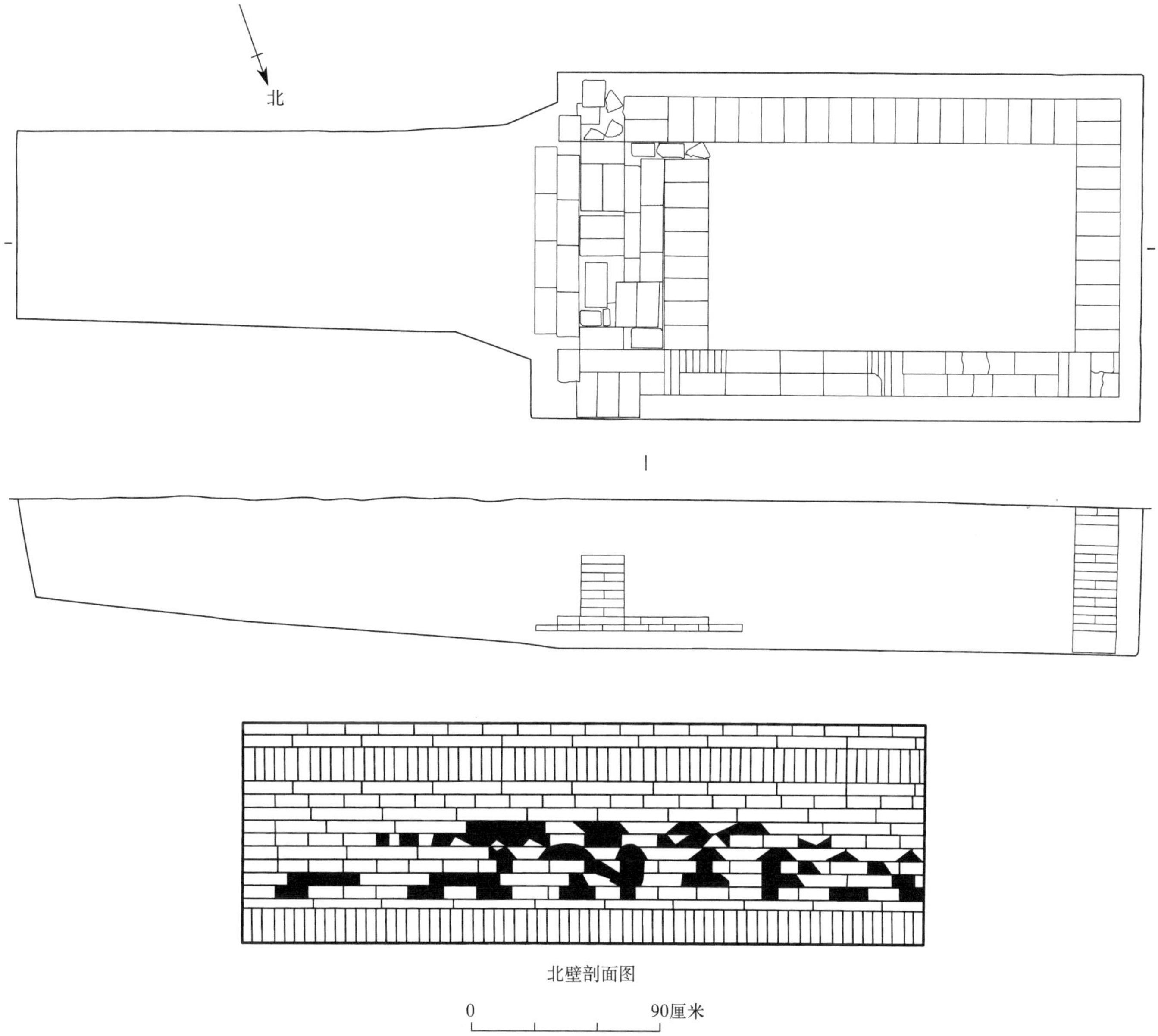

图 4-933　M396 平、剖面图

随葬器物 25 件。铜钱 24 枚，其中 4 枚散落墓主头骨右侧、20 枚放在墓主腰部左侧。铜龙凤佩饰 1 件放在墓主腰部左侧，叠压铜钱下面。

2. 出土遗物

铜器

铜龙凤佩饰　1 件。

标本 M404∶5，圆形。龙盘卷状，形成一圆圈，龙身截面圆形，龙首有一侧粘有凤鸟，上部粘有圆环，下部方形座。高 5.4、宽 4.9 厘米（图 4-935，5；彩版二四八，4）。

铜钱　34 枚。均为五铢。圆形方穿，钱正、反两面均有郭。根据钱文字体不同分为两种。

第一种　10 枚。五字两笔交叉弯曲，与上、下两横相交处微内收或敞，朱字上部方折，下部圆折，

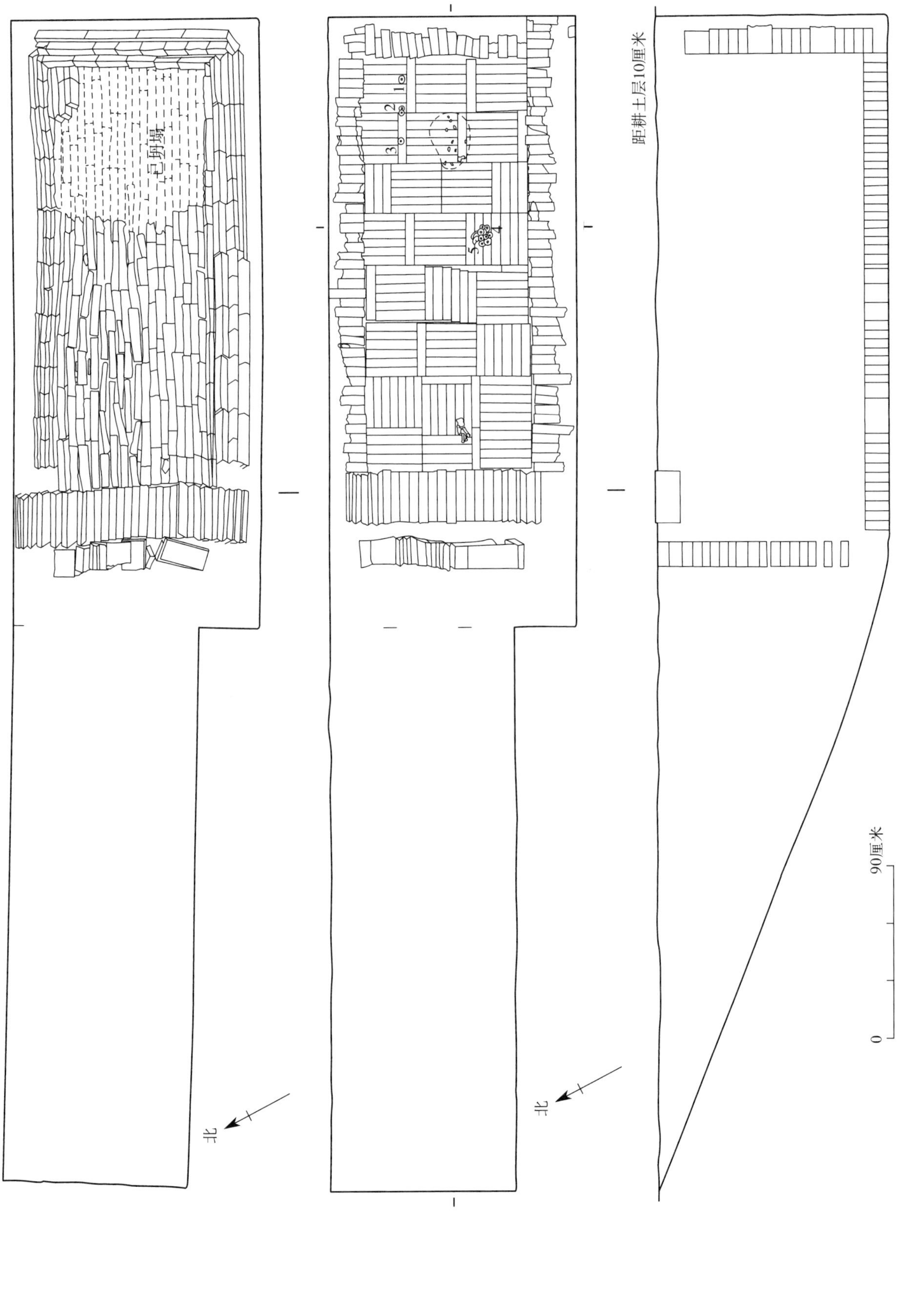

图4-934　M404平、剖面图
1～4. 铜钱　5. 铜龙凤佩饰

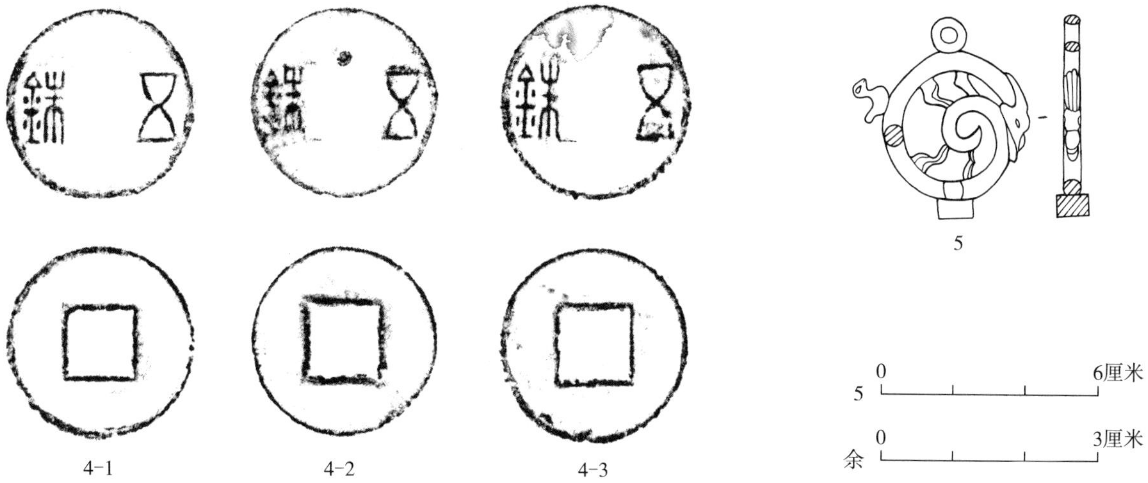

图 4-935　M404 出土器物

4-1～3. 铜钱　5. 铜龙凤佩饰

有的穿上一星。

标本 M404∶4-1、2，直径 2.5、穿边长 0.9、厚 0.15 厘米（图 4-935，4-1、2）。

第二种　24 枚。五字两笔交叉弯曲，与上、下两笔相交近垂直，朱字上部圆折。

标本 M404∶4-3，直径 2.6、穿边长 1、厚 0.16 厘米（图 4-935，4-3）。

（一〇）M411

1. 墓葬形制

位于墓地中部，北面是 M417，东北面是 M420，东面为 M412。方向 120°（图 4-936；彩版二四九，1）。

甲字形土坑竖穴砖室墓。由墓室、甬道、墓门、墓道组成。墓道斜坡状，与墓门、甬道相连。长 5、宽 0.75 ～ 1.2、深 0 ～ 2.05 米。墓门拱形（彩版二四九，2），宽 2、高 3.25 米。封门砖为横排错缝叠砌（彩版二四九，3）。甬道长 0.55、宽 0.55 米。墓室椭圆形。墓口长 3、宽 0.95 ～ 1.8 米，底长 3.1、宽 1.35 ～ 1.95、深 1.6 米。墓室四壁弧形，南、北两壁横排或立排错缝平铺青砖。西壁残存八层。墓底平铺一层青砖，横排错缝排列。砖侧面饰菱形纹和穿璧纹（图 4-937，012）。砖有两种，一种长 32、宽 14、厚 6 厘米；另一种长 26、宽 12、厚 4 厘米。墓内填黄褐色五花土，土质较疏松，填土中发现陶盘 2 件，陶案 1 件，铜钱 5 枚，铁钉 5 件，铜泡钉、琉璃耳珰各 1 件。

人骨 2 具。位于甬道近墓门处，堆砌在一起，葬式不明。1 号男性，年龄 40 ～ 45 岁；2 号女性，年龄 40 岁左右。

随葬器物 11 件。陶扁壶、陶樽各 1 件；陶勺 3 件、陶耳杯 3 件，铜钱 2 枚，由于墓葬扰乱，除铜镜 1 枚放于墓主头骨下面外，其余器物均无准确出土位置。乳猪骨放在墓室中部。

2. 出土遗物

（1）陶器

陶扁壶　1 件。

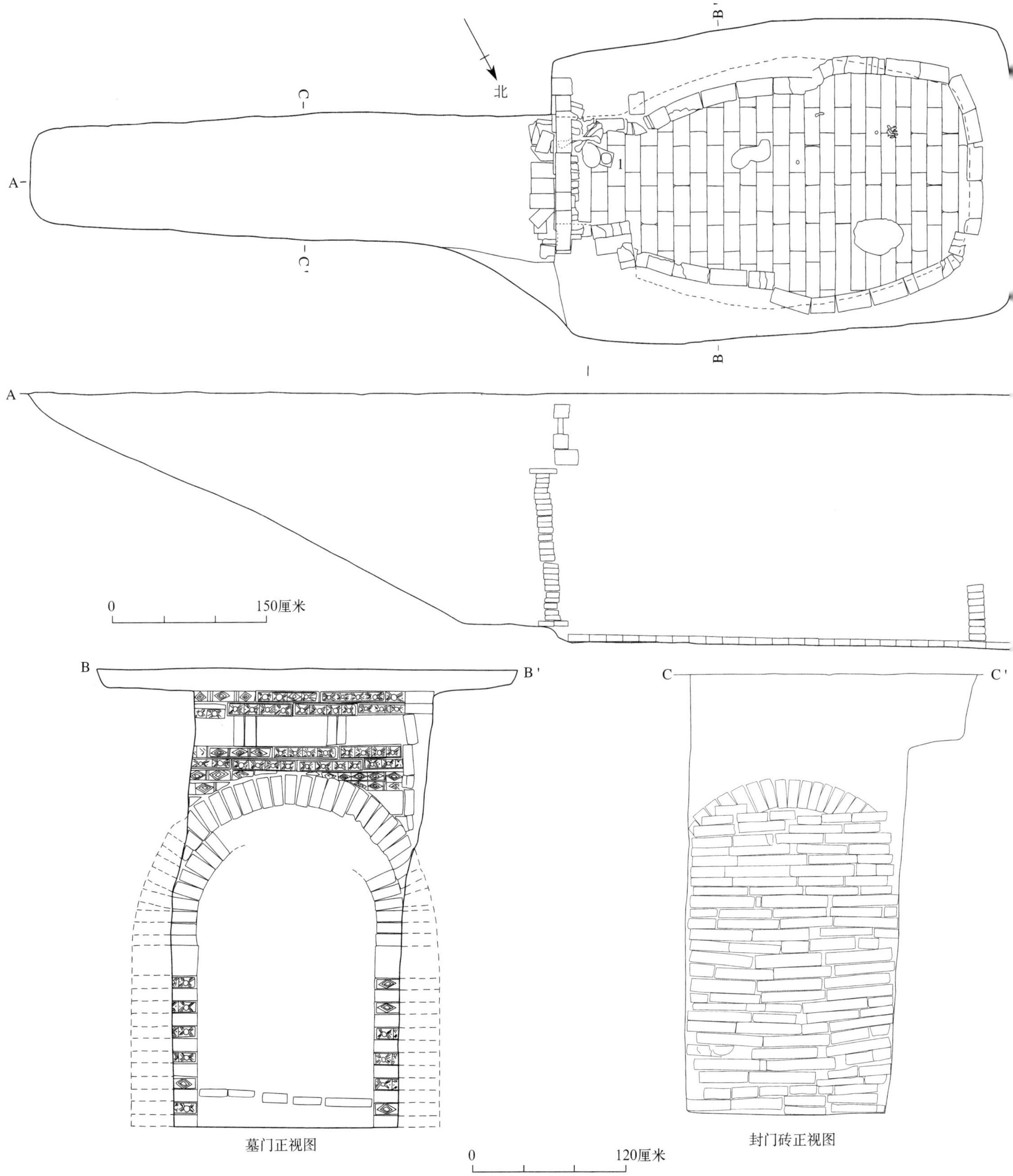

图 4-936 M411 平、剖面图

1. 陶扁壶 2、3、7. 陶勺 4～6. 陶耳杯 8. 陶樽 9. 铜镜 10. 铜钱（2）

标本M411∶1，夹砂白陶。平沿，圆唇，喇叭颈，广肩，鼓腹，平底微内凹。肩上部安两个对称盲鼻，素面。口径12、底长径16、短径10.8、高21.6厘米（图4-937，1；彩版二四九，4）。

陶盘　2件。泥质陶。敞口，圆唇。浅腹，斜壁。素面。

标本M411∶010，红褐陶。平底微凹。口径23、底径17、高3.4厘米（图4-937，010）。

标本M411∶011，红陶。口径23、底径18、高3.8厘米（图4-937，011）。

陶樽　1件。

标本M411∶8，泥质红褐陶。敞口，沿面内斜，腹部微内收，底微凹。腹部饰两组波浪纹，三组五周凹弦纹。口径20.6、底径18.8、高9.7厘米（图4-937，8）。

陶耳杯　3件。均泥质陶。器身椭圆形。敞口，口沿两侧饰新月形耳，尖唇，平沿，下腹弧收，平底。素面。

标本M411∶4，红陶。口长径10.2、短径8、高3.3厘米（图4-937，4）。

标本M411∶5，红陶。口长径14.6、短径12、高4厘米（图4-937，5）。

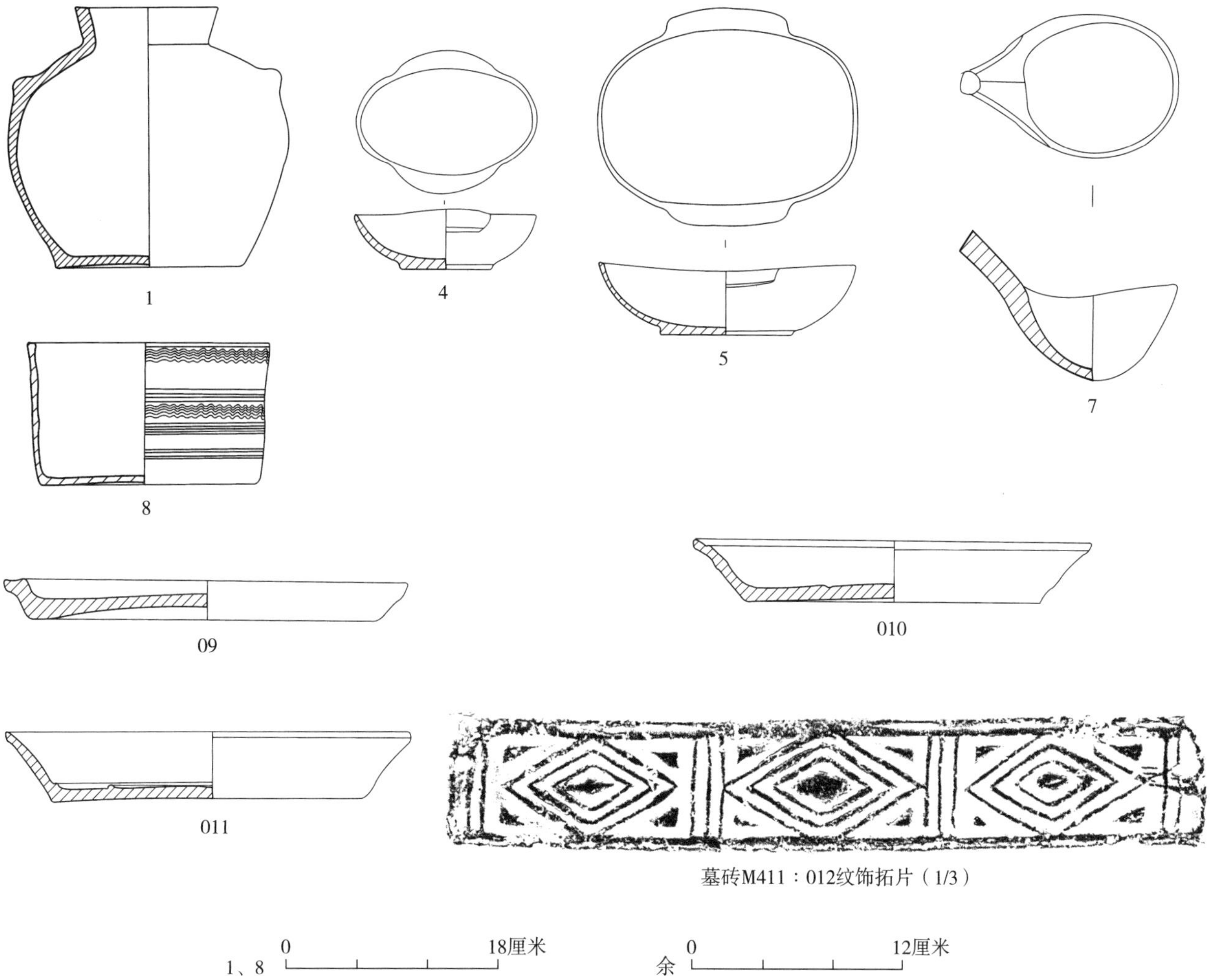

图4-937　M411出土器物

1. 陶扁壶　4、5. 陶耳杯　7. 陶勺　8. 陶樽　09. 陶案　010、011. 陶盘

陶案 1件。

标本M411：09，泥质红褐陶。斜折沿，沿面微凹，方唇，浅腹，凹底。素面。口径45、底径40、高2.2厘米（图4-937，09）。

陶勺 3件。

标本M411：7，泥质红褐陶。把首残缺，勺头椭圆形，敞口，深腹下部内收，圜底。素面。口长9.5、宽8、残高8.2厘米（图4-937，7）。

（2）铜器

铜镜 1枚。

标本M411：9，锈蚀严重。圆形，圆纽，纹饰不清。面径9.3、缘厚0.35厘米（彩版二四九，5）。

铜泡钉 1件。

标本M411：05，伞形，内有一钉。直径1.95厘米（图4-938，05）。

铜钱 7枚。为五铢和货泉。

五铢 6枚。完整2枚，锈蚀破碎4枚。圆形方穿，正面有轮无郭、背面轮郭俱全。五字两笔交叉弯曲，与上、下两横相交近垂直，朱字上、下部圆折。

标本M411：10-1、2，直径2.5、穿边长1、厚0.13厘米（图4-938，10-1、2）。

货泉 1枚。

标本M411：06，圆形方穿，正面有轮无郭，背面轮郭俱全。内外郭较窄，钱文篆文书，笔画纤细。直径2.2、边长0.6、厚0.13厘米（图4-938，06）。

（3）铁器

铁钉 5件。

标本M411：01，均锈蚀严重。残碎数断，不可复原。

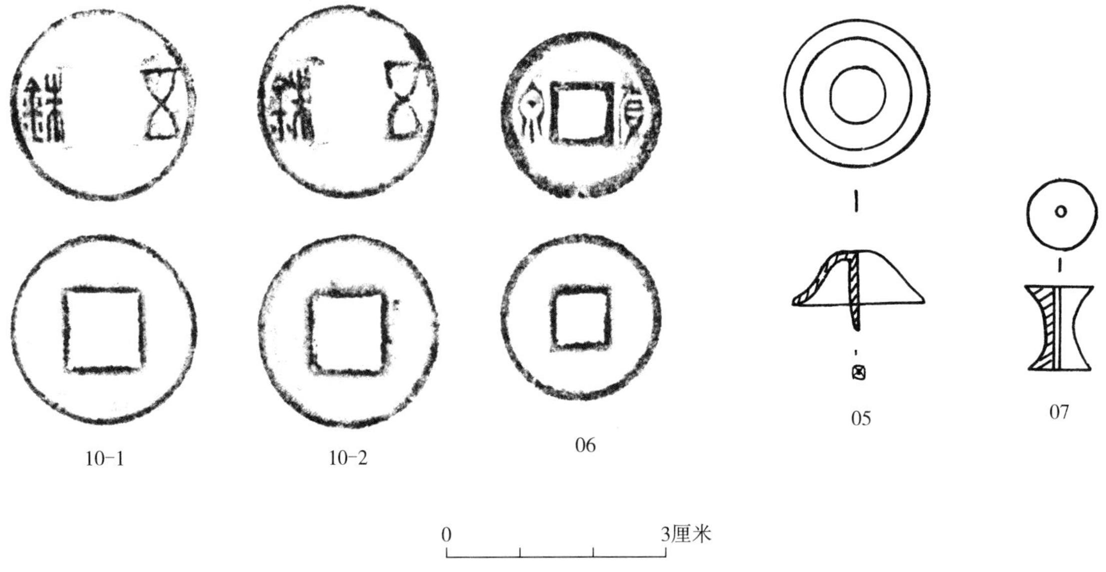

图4-938 M411出土器物

10-1、2、06. 铜钱 05. 铜泡钉 07. 琉璃耳珰

(4) 其他

琉璃耳珰 1件。

标本 M411：07，束腰柱形，两侧内弧，中间一小圆孔。直径 1.1 厘米（图 4-938，07）。

(一一) M418

1. 墓葬形制

位于墓地中部，打破 M424，北面是 M512，南面为 M419、M417。方向 110°。

甲字形土坑竖穴砖室墓。墓道斜坡状，发现有夯窝痕迹，情况不明，长 2.2、宽 0.9 米。墓口长 4.14、宽 2.5 ～ 2.6、深 0.9 米。墓室椭圆形，长 3.22 ～ 3.46、宽 1.9 ～ 2.9 米。甬道与墓室连成一体，长 0.62、宽 1.9、内长 0.62、宽 0.94 米，墓室四周青砖垒砌，因破坏严重，券顶、门道、甬道皆无。仅南壁残存十五层、北壁为十四层、西壁仅五层。墓底平铺一层青砖，为竖行错缝排列。砖侧面菱形花纹，长 33、宽 14、厚 6 厘米（图 4-939，04）。墓内填黄褐色五花土，土质较疏松。夹杂大量碎砖。填土中出土陶案 1 件，陶耳杯 3 件，铜钱 2 枚。动物骨骼仅发现有完整鱼骨。

人骨 2 具。均扰乱散于扰土中。葬式不明。1 号个体男性，年龄 35 ～ 40 岁；2 号个体女性，年龄 20 ～ 25 岁。

随葬器物无。

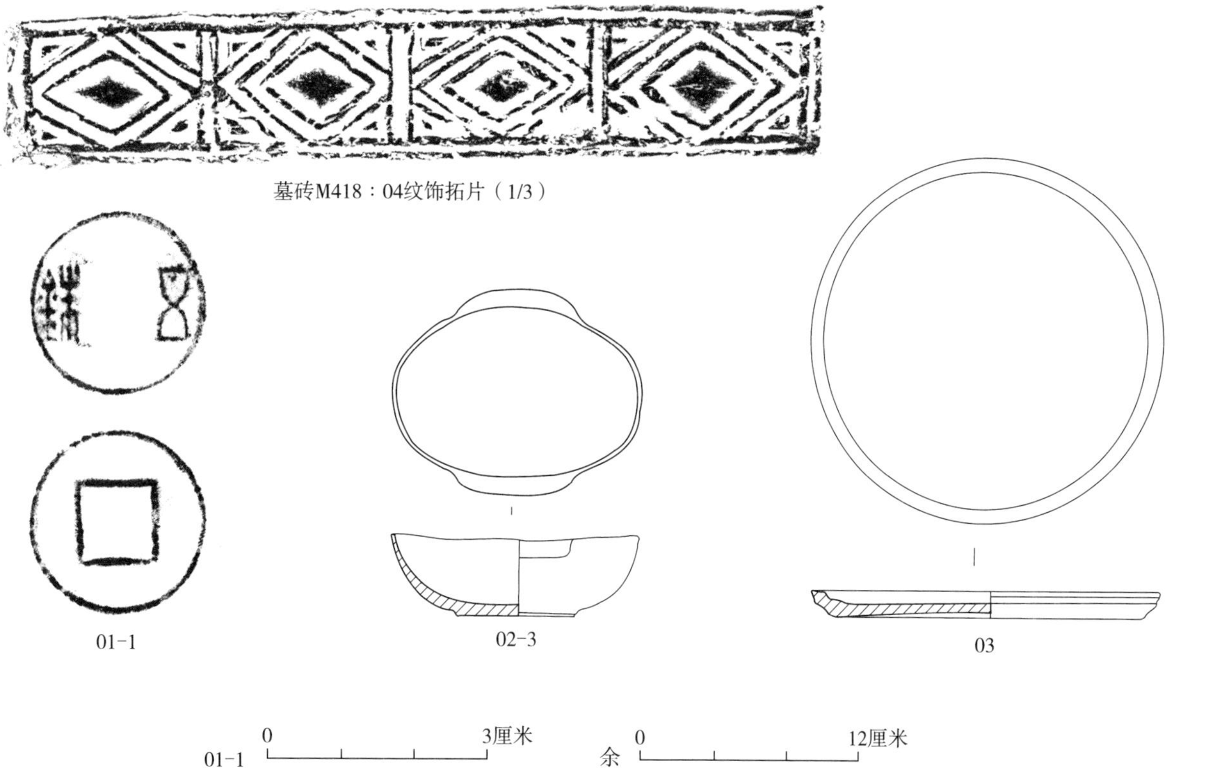

图 4-939 M418 出土器物

01-1. 铜钱 02-3. 陶耳杯 03. 陶案

2. 出土遗物

（1）陶器

陶耳杯　3件。泥质红陶。器身椭圆形，尖唇，敞口，体收，平底微凹。口沿两侧饰新月形耳，素面。

标本M418：02-3，口长径13.6、短径11、高4.3厘米（图4-939，02-3）。

陶案　1件。

标本M418：03，泥质红陶。敞口，尖唇，沿微凹，浅盘，下部斜收，平底微凹。素面。口径34、底径30、高2.4厘米（图4-939，03）。

（2）铜钱

铜钱　2枚，均为五铢，1枚锈蚀严重。圆形方穿，正面有轮无郭，背面轮郭俱全。五字两笔交叉弯曲，与上、下两横交接处垂直，朱字上部方折，下部微圆折。

标本M418：01-1，直径2.4、穿边长1、厚0.14厘米（图4-939，01-1）。

（一二）M428

1. 墓葬形制

位于墓地中部，打破M491～M496，东北面为M429，西南面为M498。方向100°（图4-940）。

甲字形土坑竖穴砖室墓。墓道呈斜坡状，长3.4、宽0.82米。墓口长8.5、宽2.84、深1.64米。

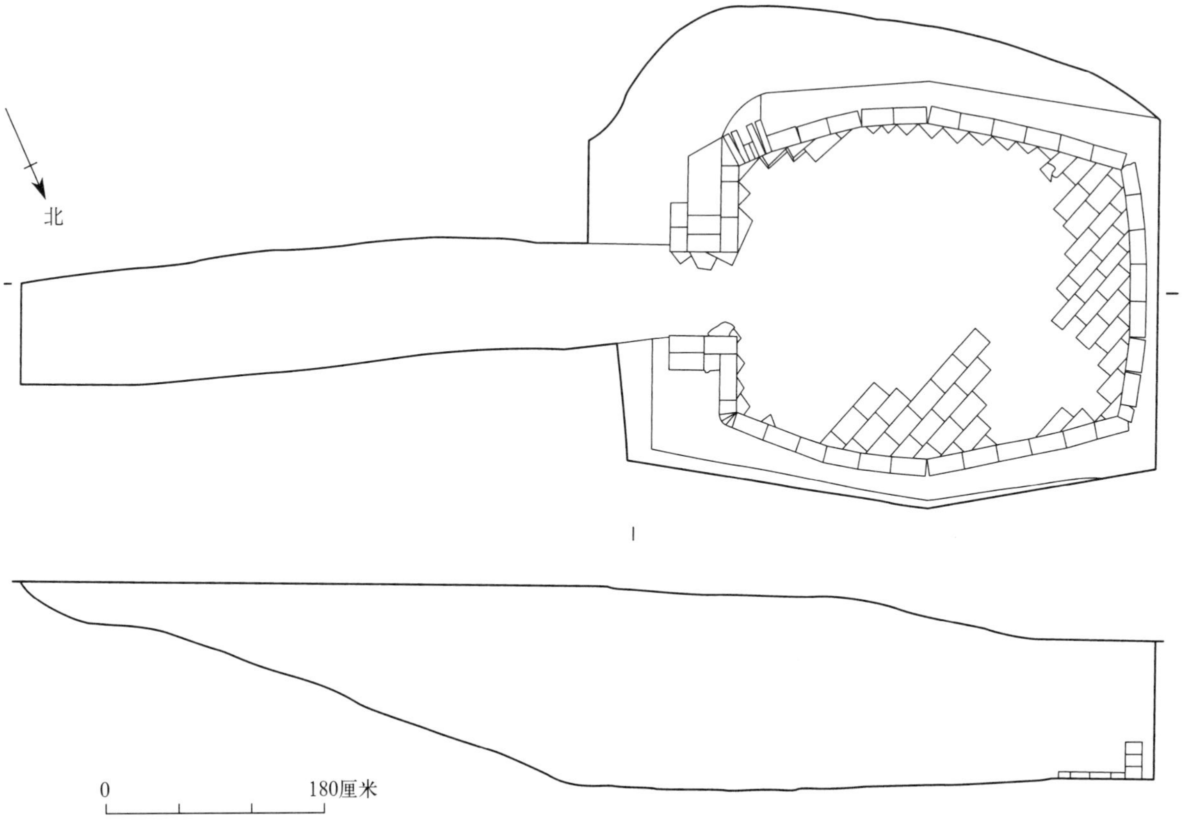

图4-940　M428平、剖面图

墓室长 3.4、宽 2 ～ 2.7 米。甬道长 0.56、宽 0.7 米。墓室、甬道青砖垒砌。因遭盗扰，墓室四壁及甬道仅剩五层青砖。墓底铺地砖斜向平铺，“人”字形排列，由于遭破坏，仅西北角遗留部分青砖。砖一面饰绳纹，长 33、宽 14、厚 4 厘米。墓内填黄褐色五花土，土质较疏松。圆形夯窝，分布密集，直径 8 ～ 10、夯层 10 厘米。夹杂大量碎砖、陶片、人骨等。填土发现器物 9 件。陶器 5 件。计有陶罐 2 件，陶案 1 件，陶盘 1 件，陶耳杯 1 件。铜钱 4 枚。

人骨 1 具。性别无法鉴定，年龄 30 ～ 40 岁。

随葬器物无。

2. 出土遗物

（1）陶器

陶罐　2 件。泥质陶。敛口，沿面微凹，尖唇，束颈，鼓腹，下部内收，大平底微凹。下腹有数周制作旋纹。

标本 M428 : 01，褐陶。腹部饰两周戳印纹。口径 20.8、底径 22、高 26.4 厘米（图 4-941，

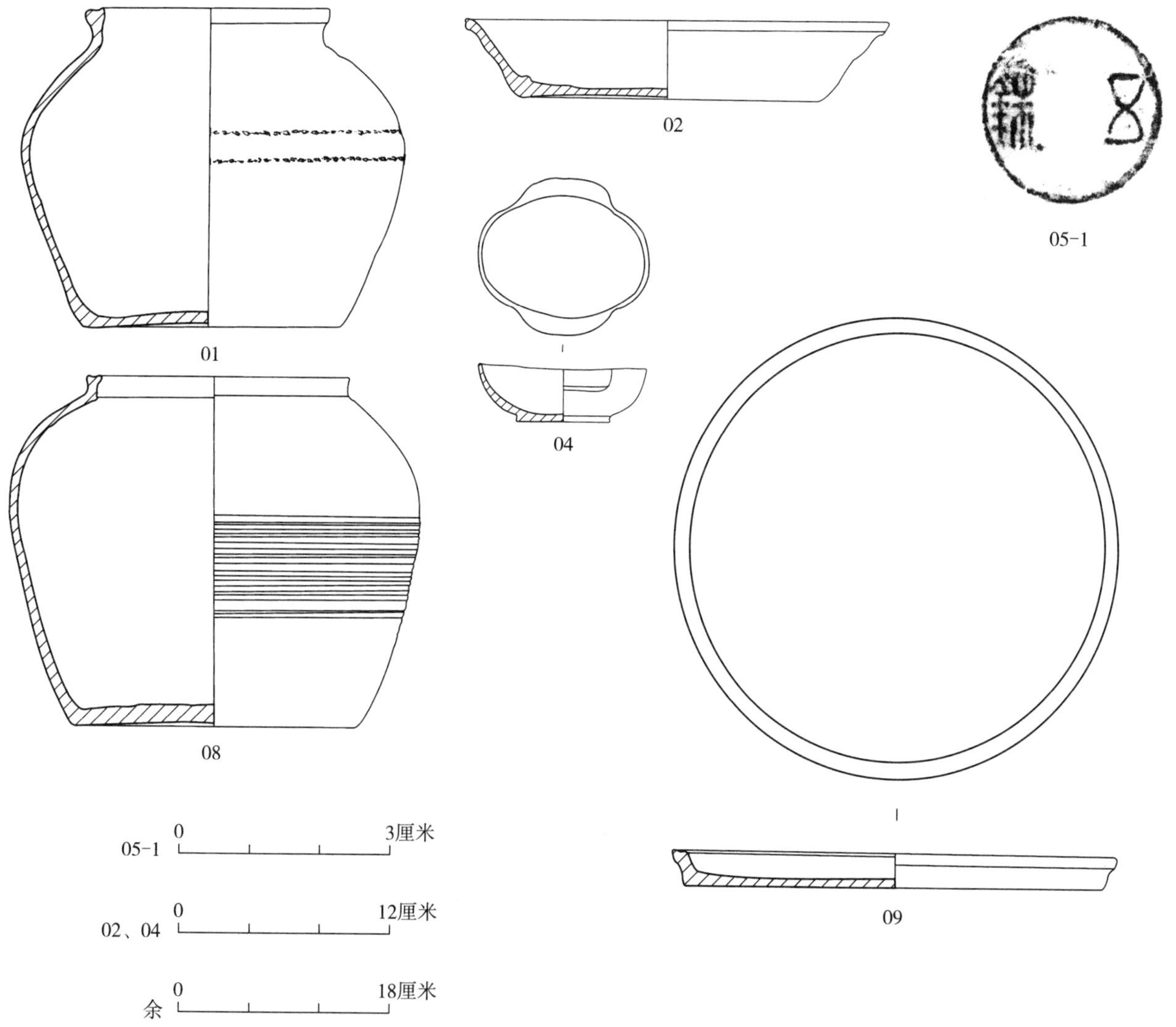

图 4-941　M428 出土器物

01、08. 陶罐　02. 陶盘　04. 陶耳杯　05-1. 铜钱　09. 陶案

01）。

标本M428:08，红褐陶。口径20.5、底径22、高26.5厘米（图4-941，08）。

陶盘 1件。泥质灰陶。

标本M428:02，敞口，斜沿内凹，方唇，浅腹，斜壁，平底。素面。口径24、底径17、高4.4厘米（图4-941，02）。

陶耳杯 1件。

标本M428:04，泥质灰陶。器身椭圆形，敞口，弧身，平底。口沿两侧饰新月形耳，素面。口长径9.8、短径8.6、高3.2厘米（图4-941，04）。

陶案 1件。

标本M428:09，泥质红陶。敞口，沿面微凹，圆唇，浅盘，斜壁，平底。素面。口径38、底径36、高3厘米（图4-941，09）。

（2）铜器

铜钱 4枚，均为五铢，其中1枚破碎。圆形方穿，正面有轮无郭，背面轮郭俱全。“五”字两笔交叉弯曲，与上、下两横相交处外放，“铢”字“金”头呈三角形，与“朱”等齐，“朱”字上部圆折。

标本M428:05-1，直径2.6、穿径0.9、厚0.13厘米（图4-941，05-1）。

（一三）M430

1. 墓葬形制

位于墓地中部，打破M409、M432、M433，东面是M434，西面为M263。方向105°（图4-942）。

甲字形土坑竖穴砖室墓。斜坡状墓道，长4.2米。墓口长4、宽2.5～2.6米，底长3.3、宽2.4、深1.05米。墓室不规则长方形，南、北两壁外弧。均用青砖平铺顺向垒砌。因破坏严重，仅残存六层青砖。东侧偏北为甬道，由青砖顺砌，宽1.07米。墓底平铺一层青砖，大部分已缺失，仅存周边少量青砖。砖长27、宽13、厚5厘米。墓内填黄褐色五花土，土质较松软。内含大量碎砖、瓦片及人骨遗骸。填土中发现陶扁壶1件，石珠1件，铜钱2枚。

人骨无。

随葬器物无。

2. 出土遗物

（1）陶器

陶扁壶 1件。

标本M430:01，夹砂白陶。敞口，斜沿，圆唇，束颈，扁腹，凹底。肩上部饰对称桥形鼻，素面。口径13.2、底长径14.4、短径10、高22.8厘米（图4-943，01）。

（2）石器

石珠 1件。

标本M430:03，扁圆形。中间圆形孔，表面由数条纵横阴线分隔，凸棱感较强，器表有绿彩。直径1.1、孔径0.2、厚0.8厘米（图4-943，03）。

（3）铜器

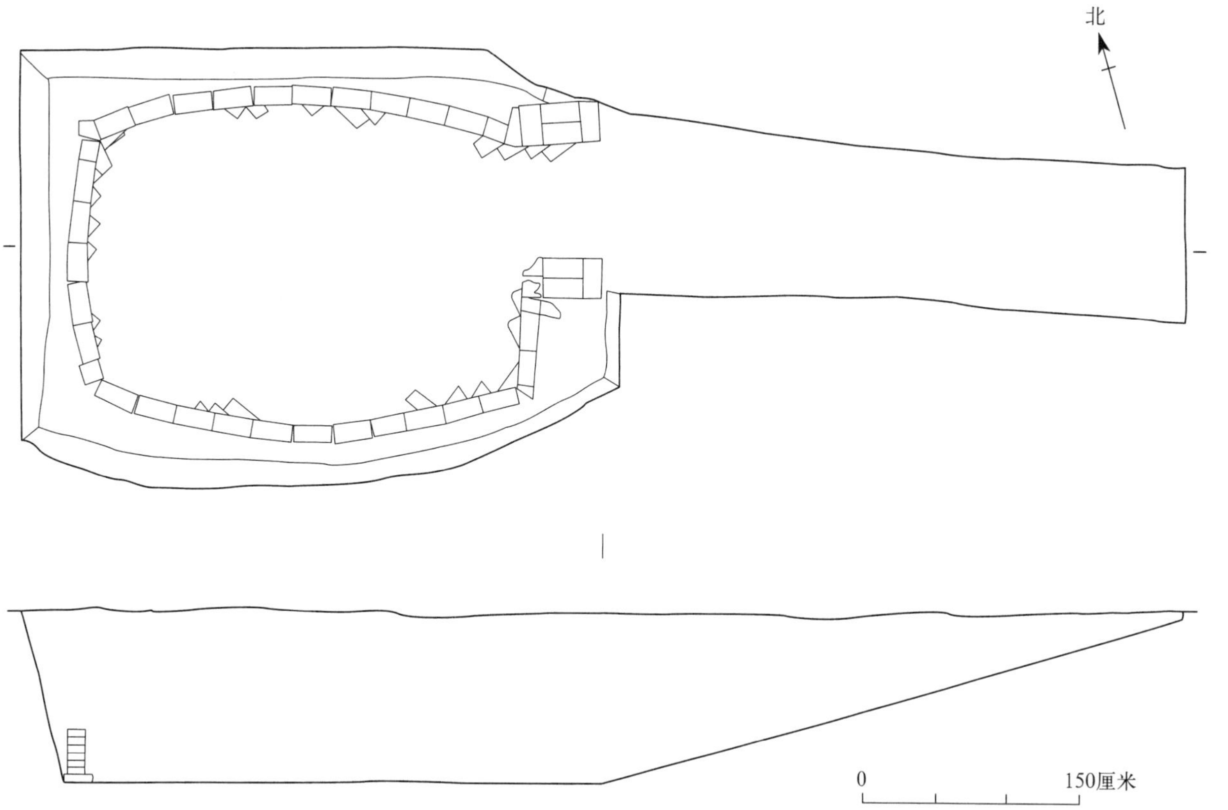

图 4-942　M430 平、剖面图

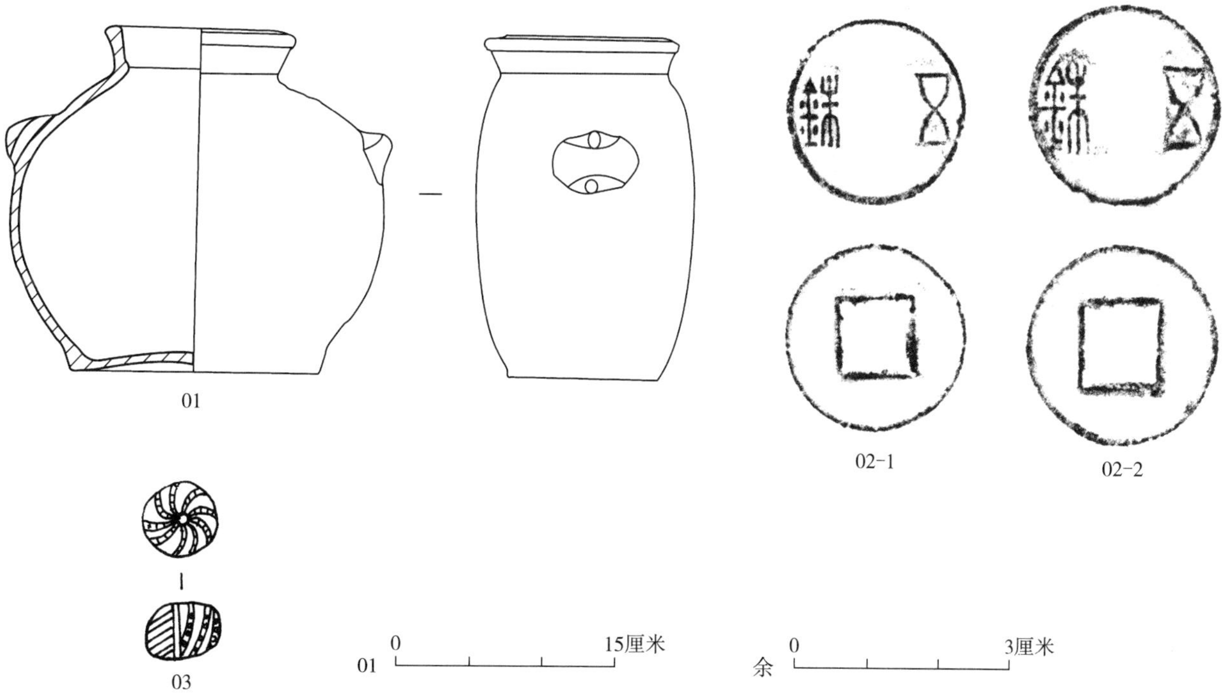

图 4-943　M430 出土器物

01. 陶扁壶　02-1、2. 铜钱　03. 石珠

铜钱　2枚。均为五铢。圆形方穿，正面有轮无郭，背面、轮郭俱全。根据钱文字体不同分为两种。

第一种　1枚。五字两笔交叉弯曲，与上、下两横相交处垂直，朱字上部方折，下部圆折。

标本M430∶02-1，直径2.5、穿边长1、厚0.15厘米（图4-943，02-1）。

第二种　1枚。五字变宽，两笔交叉弯曲，铢字较大，上、下两笔均圆折。

标本M430∶02-2，直径2.7、穿边长1、厚0.16厘米（图4-943，02-2）。

（一四）M468

1. 墓葬形制

位于墓地中部，北面是M501，南面为M470。方向90°（图4-944）。

甲字形土坑竖穴砖室墓。墓道斜坡状，长2.8、宽0.68～0.9米。墓门宽0.9、高0.43米。封门砖为平铺错缝叠砌，仅残存九层。墓室长方形，破坏严重，仅残存底部。墓口长3.1、宽1.2、深0.5米。墓室长2.8、宽0.66、高0.35～0.43米。墓室四壁均用青砖平铺错缝叠砌。砖侧面菱形纹，长35、宽13、厚5厘米。墓底铺地砖平行排列，仅东部遗留少许青砖。砖长25、宽12、厚4厘米。墓内填黄褐色五花土，土质较疏松。填土中出土铜钱2枚。

人骨1具。填土中发现少量牙齿及人骨残骸。性别无法鉴定，年龄20岁左右。

随葬器物无。

2. 出土遗物

铜器

铜钱　2枚。

标本M468∶01，五铢，圆形方穿，正面有轮无郭，背面轮郭俱全。“五”字交叉两笔近直，“铢”字“金”头呈三角形，与“朱”平齐，“朱”字上部方折。直径2.5、穿边长1、厚0.16厘米（图4-944，01）。

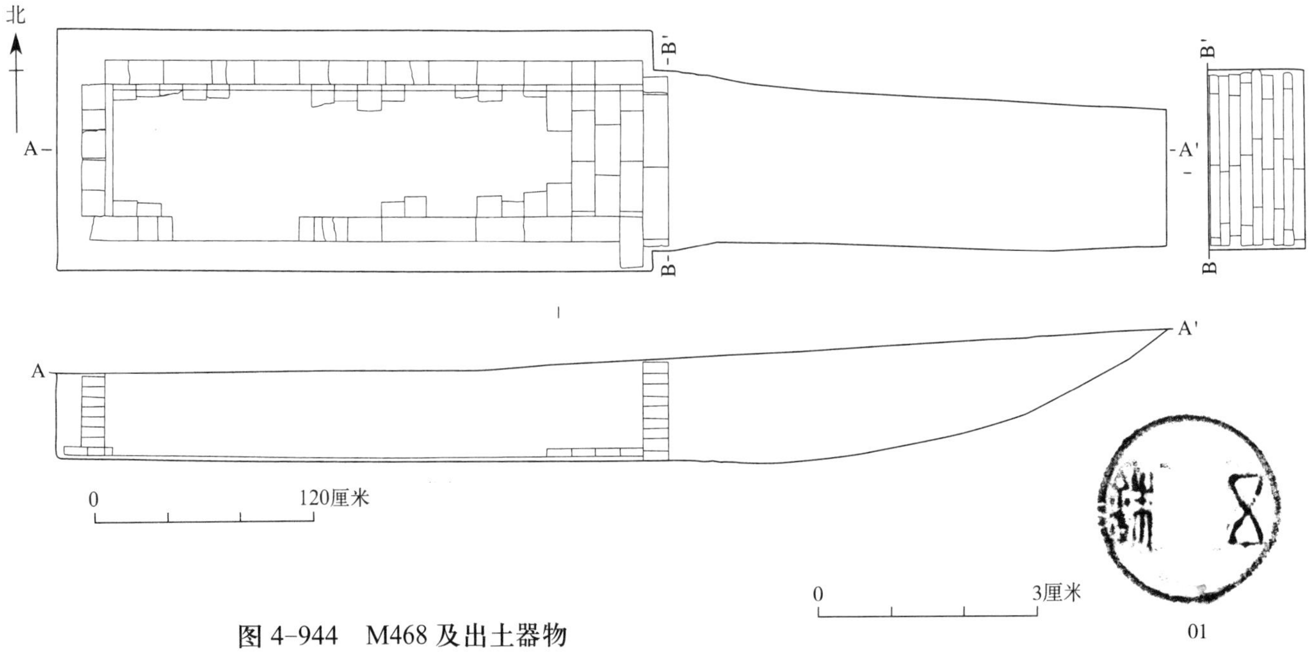

图4-944　M468及出土器物

01. 铜钱

（一五）M475

1. 墓葬形制

位于中部，打破 M513，东面是 M744。方向 0°（图 4-945）。

甲字形土坑竖穴砖室墓。墓道斜坡状，长 1.18、宽 0.76 米。墓口长 3.78、宽 1.36 ～ 1.48、深 0.42 米。墓室用青砖垒砌而成。因扰乱，仅南壁发现少量青砖。形制与结构不详。墓底平铺一层砖，“人”字形排列，仅残存西侧及中部少量青砖。砖一面有绳纹，长 27、宽 13、厚 5 厘米。墓内填黄褐色五花土，土质较疏松。夹杂大量碎砖、陶片。填土中发现铜钱 1 枚。

人骨无。

随葬器物无。

2. 出土遗物

铜器

铜钱　1 枚。

标本 M475∶01，五铢，圆形方穿，正面有轮无郭，背面轮郭俱全。“五”字两笔交叉弯曲，与上、下两横相交处垂直，“铢”字“金”头呈三角形，与“朱”平齐，“朱”字上部方折。直径 2.5、穿边长 1、厚 0.15 厘米（图 4-945，01）。

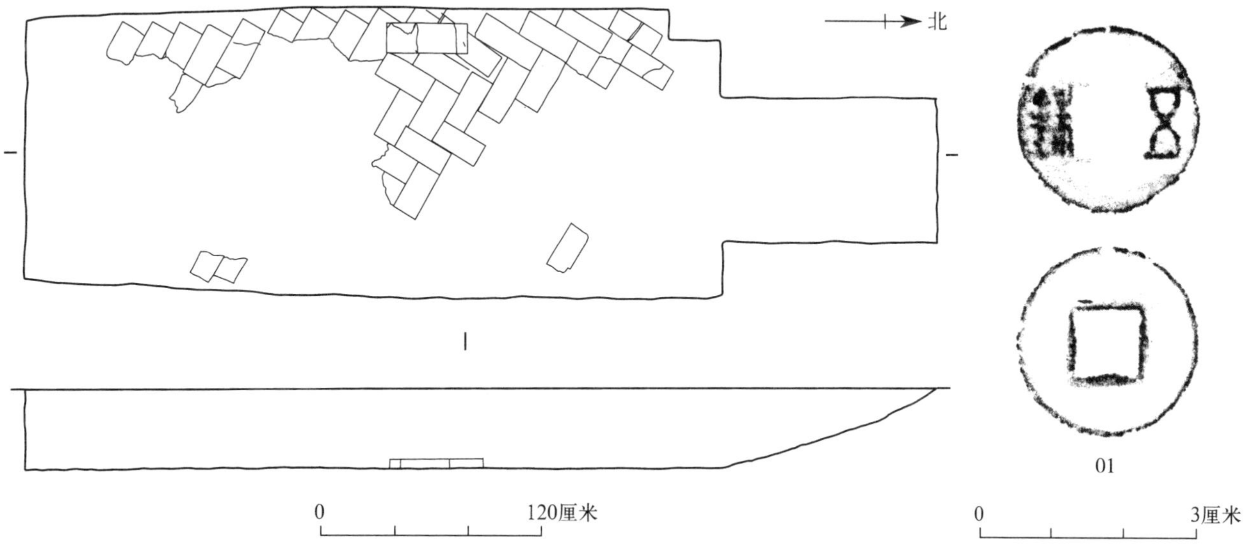

图 4-945　M475 及出土器物

01. 铜钱

（一六）M476

1. 墓葬形制

位于墓地中部，打破 M478，北面为 M480、M473、M474。方向 105°（图 4-946）。

甲字形土坑竖穴砖室墓。墓道斜坡状，长 2.2、宽 1 米。墓室长 3.4、宽 1.96、深 1.16 米。均用青砖垒砌。因扰乱严重，仅北壁中部残存七层青砖，为平铺横排错缝叠砌。砖一面饰绳纹，长 27、

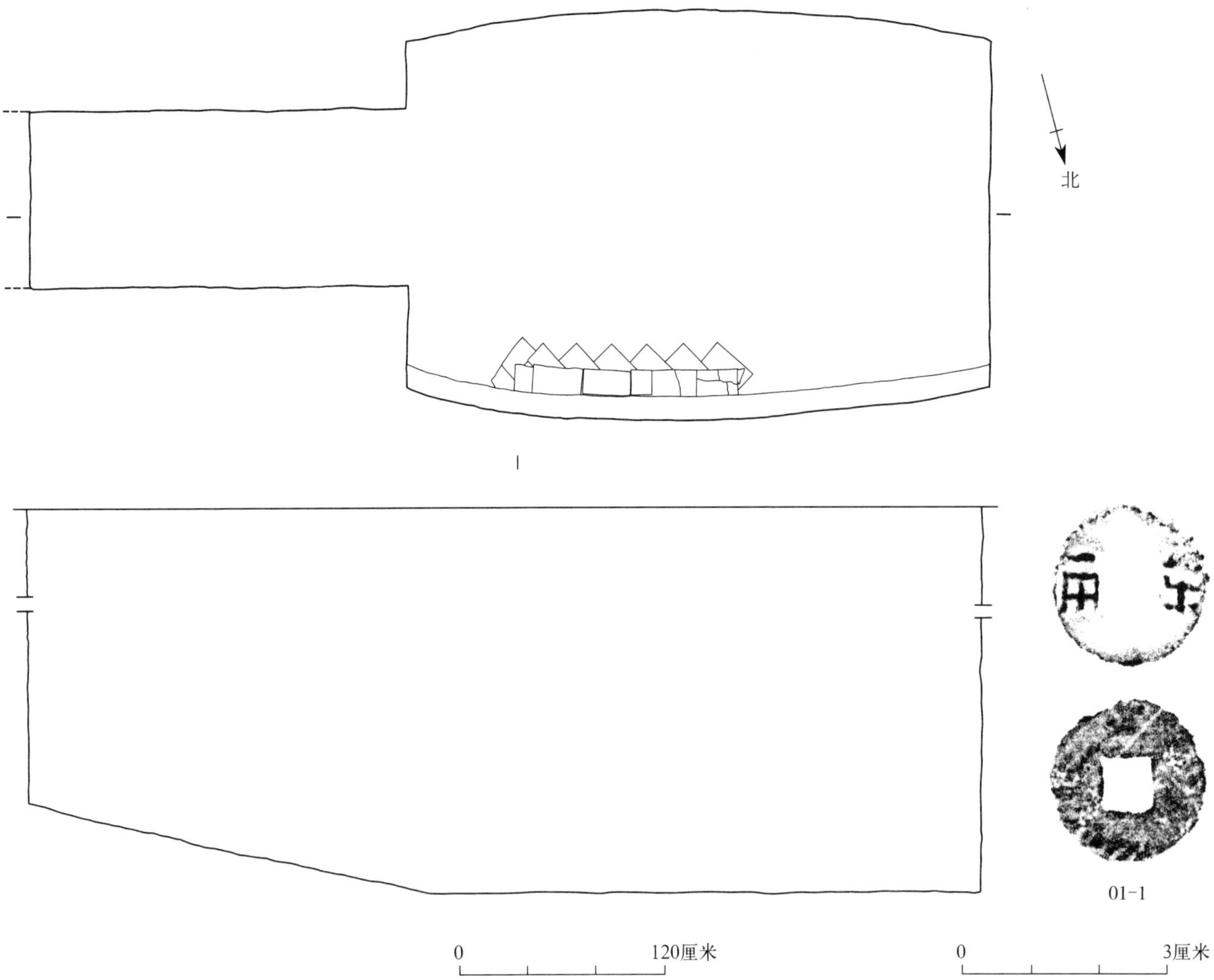

图4-946　M476及出土器物

01-1. 铜钱

宽13、厚5厘米。墓底平铺一层青砖，仅见北侧边缘有少量青砖，排列方式不详。墓内填黄褐色五花土，土质较疏松。填土中发现铜钱2枚。

人骨2具。1号个体男性，年龄35～40岁。2号个体女性，年龄20～30岁。

随葬器物无。

2. 出土遗物

铜器

铜钱　2枚。半两。圆形方穿，正、背两面均无郭。钱文篆书，“两”字中间不出头，两“人”字作横划。

标本M476∶01-1，直径2.3、穿边长0.8、厚0.08厘米（图4-946，01-1）。

（一七）M477

1. 墓葬形制

位于墓地中部，被 M479 打破，东面是 M737、M738。方向 95°（图 4-947）。

甲字形土坑竖穴砖室墓。墓道位于墓室东侧，呈斜坡状，残长 2.4、宽 0.8 米。墓长 3.6、宽 1.68～1.8、深 1.5 米。墓室青砖破坏殆尽，垒砌方式不明。墓底铺地砖大多缺失，仅北侧边缘残存少量青砖，斜向平铺，“人”字形排列。砖长 27、宽 14、厚 4 厘米。墓内填黄褐色五花土，土质较疏松。夹杂大

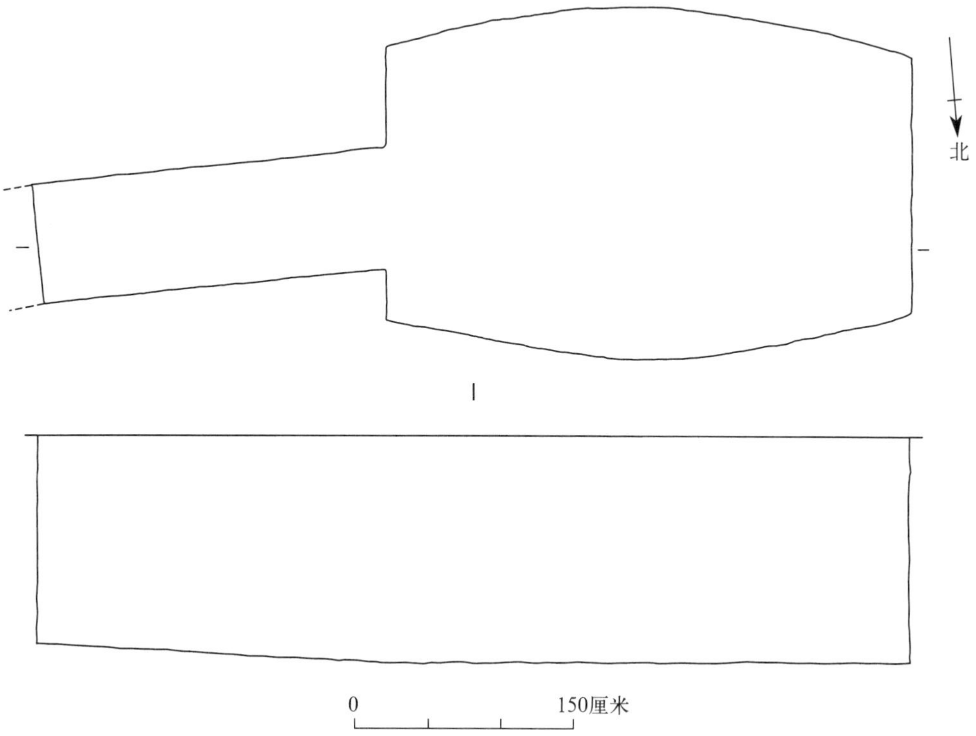

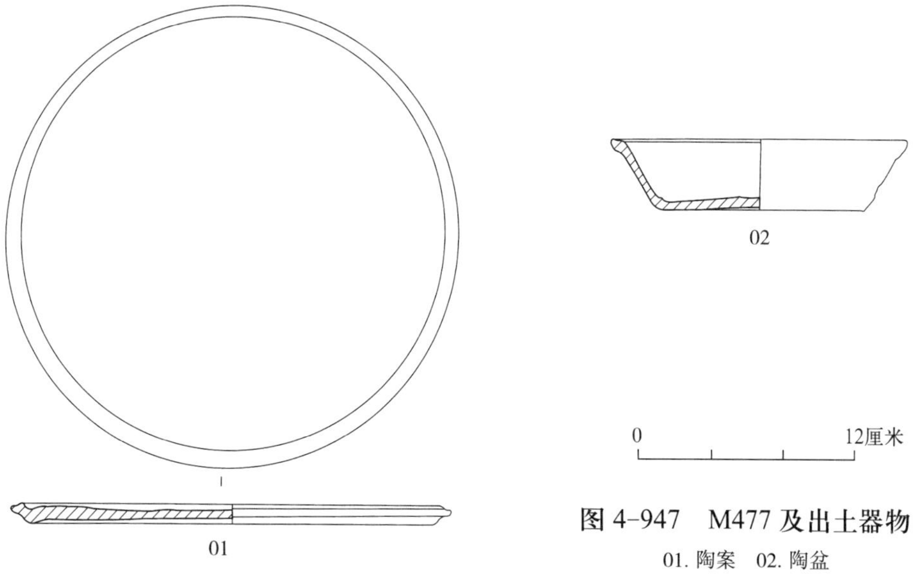

图 4-947　M477 及出土器物

01. 陶案　02. 陶盆

量碎砖、陶片和人骨。填土中发现陶案、陶盆各1件。

人骨1具。葬式不明。女性，年龄35～40岁。

随葬器物无。

2. 出土遗物

陶器

陶盆　1件。

标本M477∶02，泥质灰陶。敞口，斜折沿，圆唇，浅腹，下部斜内收，平底微凹。素面。口径16.4、底径11.5、高3.8厘米（图4-947，02）。

陶案　1件。

标本M477∶01，泥质红陶。敞口，斜沿，圆唇，浅盘，平底。素面。口径50、底径46、高2.4厘米（图4-947，01）。

（一八）M481

1. 墓葬形制

位于墓地中部，打破M490，北面是M487，西南面为M412、M413。方向100°（图4-948；彩版二五〇，1）。

中字形土坑竖穴砖室墓。由后室、甬道、前室、前后甬道、两侧耳室、墓道组成。墓道斜坡状，与前甬道相连，长2.7、宽1.1、深0.8米。墓道封门砖竖排一层、横向两排为一组叠砌而成。东侧偏南有顶门砖，下部侧立两块、中间留有一定距离，中部平铺两层四块、上部竖排平铺一块、最外再侧立斜放两块青砖。墓底横排错缝平铺一层青砖，前室中部被破坏。后室椭圆形。墓口长3.5、宽1.65～2.18、深0.8米。墓室南、北两壁横排错缝平铺或立式垒砌八层，西壁横排错缝平铺或立排十三层青砖。前甬道长0.72、宽0.76米。后甬道长0.45、宽0.82米。南侧垒砌有垛台。前室长方形，与后甬道相连。长1.95、宽1.15米。南侧耳室长0.95、宽0.95、深0.35米；北侧耳室长1.1、宽0.9、深0.65米。砖长28、宽13、厚5厘米。墓内填黄褐色五花土，夹杂大量碎砖、陶片及人骨残骸。填土中发现器物24件。其中陶耳杯9件，陶盘3件，陶勺2件，陶案、陶樽、陶灯、陶灯盏各1件，铜钱6枚。

人骨1具。性别、年龄无法鉴定。

随葬陶壶1件，放在墓底北部中段。

2. 出土遗物

（1）**陶器**

陶壶　1件。

标本M481∶1，泥质灰陶。侈口，沿内弧，圆唇，束颈，溜肩，最大径居上腹，平底内凹。颈部饰两周凸棱纹，肩部有制作抹痕。素面。口径16、底径20、高30.4厘米（图4-949，1；彩版二五〇，2）。

陶盘　3件。泥质灰陶。敞口，圆唇，浅腹。素面。

标本M481∶04，平底。盘底内壁饰红色彩绘。口径21.2、底径11.6、高2.4厘米（图4-949，04；彩版二五〇，3）。

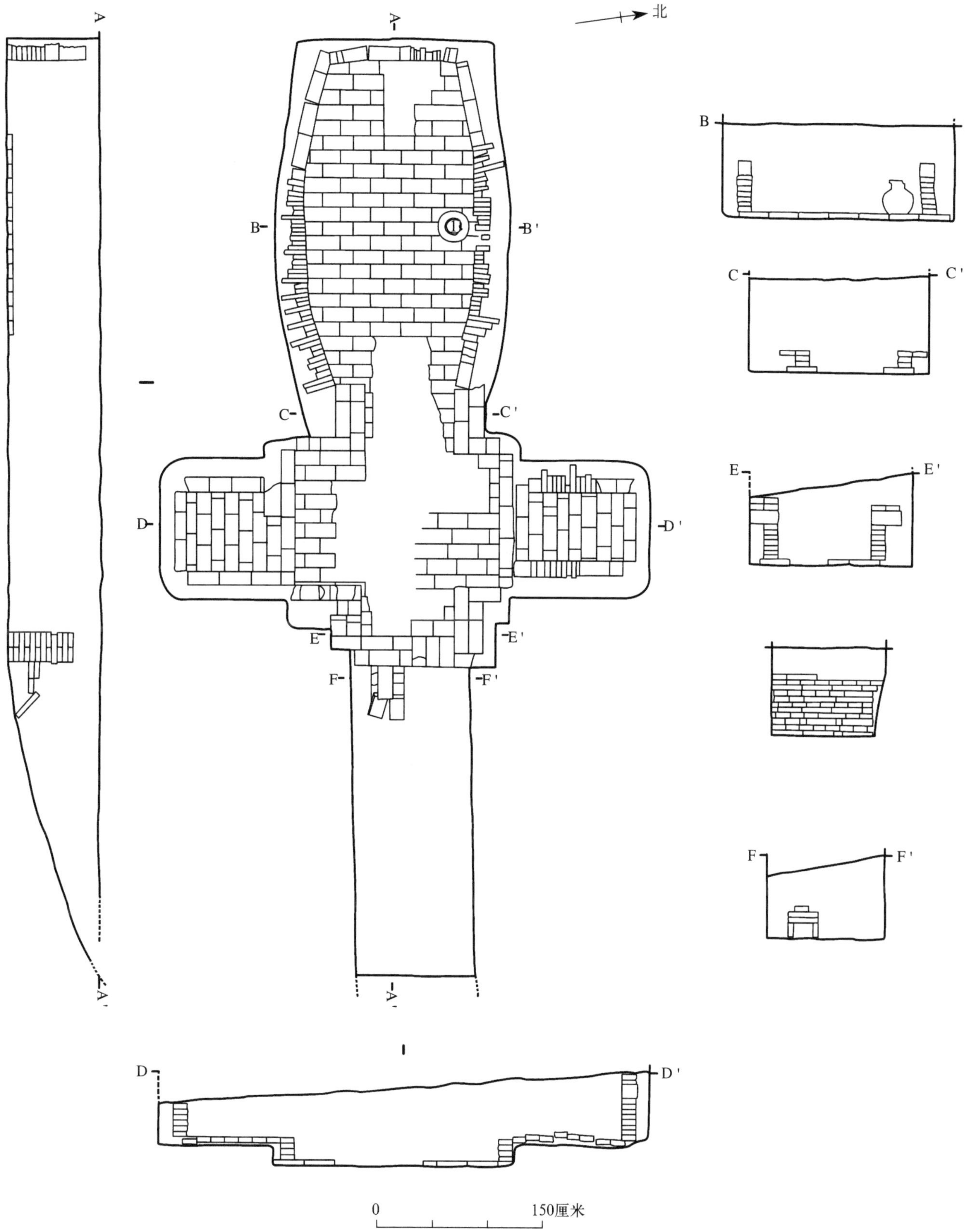

图 4-948　M481 平、剖面图

1. 陶壶

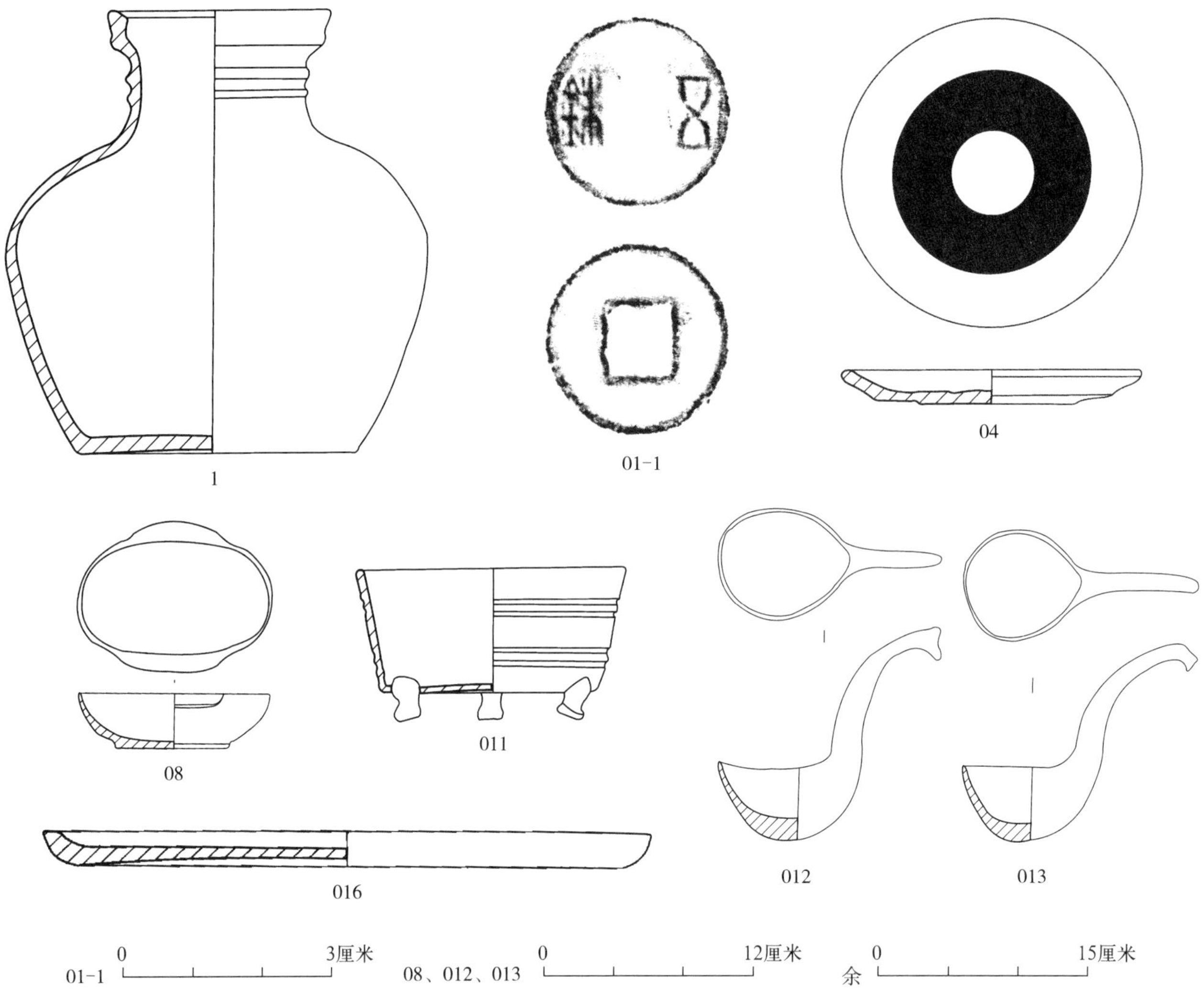

图 4-949　M481 出土器物

1. 陶壶　01-1. 铜钱　04. 陶盘　08. 陶耳杯　011. 陶樽　012、013. 陶勺　016. 陶案

标本 M481：017，底微凹。口径 20.4、底径 12.4、高 2.5 厘米。

标本 M481：021，凹底。口径 22、底径 12、高 3.3 厘米。

陶樽　1 件。

标本 M481：011，泥质灰陶。敞口，平沿，圆唇，底微凹，三蹄足。腹部饰两组四周凹弦纹，内壁上部饰大红彩，下部饰紫红彩，脱落较严重。口径 19.5、底径 16、高 10.6 厘米（图 4-949，011；彩版二五〇，4、5）。

陶耳杯　9 件。泥质灰陶。器身椭圆形，尖唇，敞口，体弧收，平底。口两侧饰对应耳纽，多数内壁饰红彩，多已脱落。

标本 M481：08，口长 10.7、宽 8、底长 6.3、宽 3.1、高 3 厘米（图 4-949，08；彩版二五〇，6）。

陶案　1 件。

标本 M481：016，泥质灰陶。平沿，圆唇，浅盘，平底内凹。盘内饰红彩间饰四周凹弦纹。直径 43.3、高 2.6 厘米（图 4-949，016）。

陶勺　2件。泥质灰陶。椭圆形口，侈口，尖唇，深腹，下部弧收，圜底。柄向上弯曲，素面。

标本M481：012，长12.6、高11.8厘米（图4-949，012；彩版二五〇，7）。

标本M481：013，长13.6、高11厘米（图4-949，013）。

陶灯　1件。

标本M481：018，泥质灰陶。上部残，圆柱柄，中部有孔，外带三个弯曲状支架，喇叭形底座，柄部饰有镂孔。复原高31厘米。

陶灯盏　1件。

标本M481：015，泥质灰陶。敞口，圆唇，斜壁，浅盘，下部弧收，底微平。沿外下部有红彩。口径9、底6、高1.8厘米。

（2）铜器

铜钱　6枚。五铢。圆形方穿，钱正、反两面均有郭。五字两笔交叉弯曲，与上、下两横相交处垂直，朱字上部有圆折意，下部圆折。

标本M481：01-1，直径2.6、穿径1、厚0.15厘米（图4-949，01-1）。

（一九）M485

1. 墓葬形制

位于墓地中部，北面是M549，东面为M745，西面是M554。方向103°（图4-950；彩版二五一，1）。

甲字形土坑竖穴砖室墓。由后室、前室、甬道、墓道组成。墓道斜坡状与甬道相连。长2.95、宽0.7～0.8、深0.9米，后室南、北并排两座墓。南侧墓口长3、宽1.04～1.16、深0.59米。墓室均青砖垒砌，南、北壁残存十三层，西壁有十七层，横排错缝平铺。北侧墓口长2.8、宽1.14、深0.63米。南、北、西壁横排错缝平铺或立式垒砌十一层青砖。前室与后室东端相连。长0.92、宽2～2.12、深0.63米。甬道长0.55、宽0.66米。南侧垒砌有垛台。后室南侧墓底铺地砖，“人”字形排列。北侧墓室、前室及甬道横排错缝平铺一层青砖，大部分已被破坏。砖长27、宽14、厚5厘米。墓内填黄褐色五花土，上下扰动严重，夹杂大量碎砖、陶片、人骨及石块等。填土中发现陶钵、陶盘各1件，陶耳杯2件，铜钱17枚。

人骨1具，多扰乱在填土中，情况不详。

随葬铜镜1枚，放在南侧墓底中部。

2. 出土遗物

（1）陶器

陶钵　1件。

标本M485：02，泥质灰陶。敛口，斜折沿，方唇，下腹弧收，平底。素面。口径18、底径8、高6.4厘米（图4-951，02）。

陶盘　1件。

标本M485：04，泥质灰褐陶。敞口，沿面微斜，方唇，下部斜内收。底部有两周凸棱。口径22、底径16、高3.6厘米（图4-951，04）。

陶耳杯　2件。泥质灰陶。器身椭圆形，敞口，尖唇，下腹弧收，平底。口沿两侧饰新月形耳。

标本M485：06，口长径12、短径7.2、高3.4厘米（图4-951，06）。

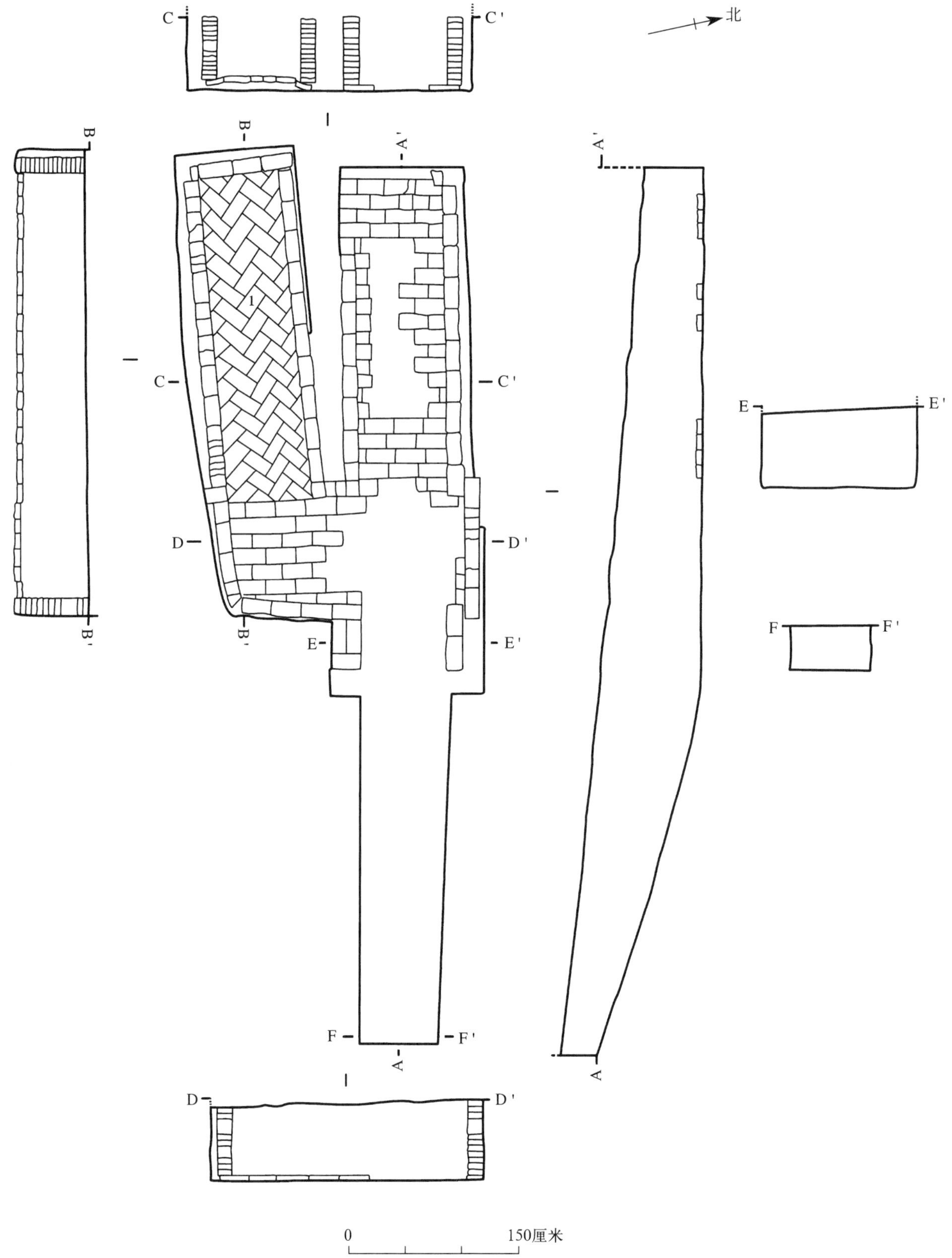

图 4-950 M485 平、剖面图

1. 铜镜

标本 M485：07，口长径 11、短径 9、高 3.3 厘米（图 4-951，07）。

（2）铜器

铜镜　1 枚。

标本 M485：1，四乳神兽镜，锈蚀较重。圆形，圆纽，圆纽座。座外为主纹，四枚带圆座乳丁分为四区，每区内饰一向左回首奔走的神兽，身躯似虎而头小颈长，其中三只向上曲颈回首、一只向下扭身回首。外围一周凸弦纹、一周凸弦和短线组合纹带。宽卷缘内侧饰锯齿纹和凸弦纹各一周。

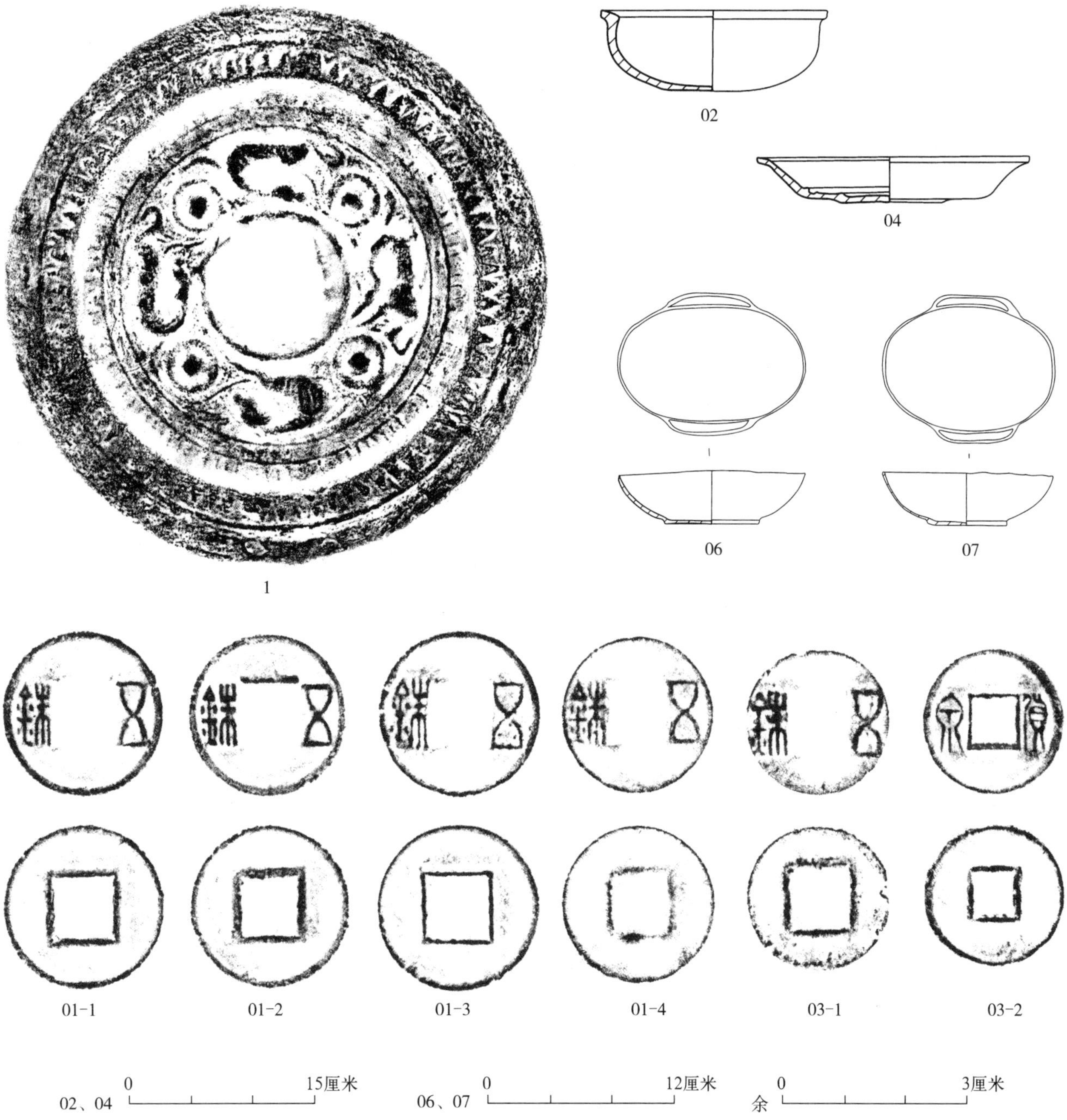

图 4-951　M485 出土器物

1. 铜镜　01-1～4、03-1、2. 铜钱　02. 陶钵　04. 陶盘　06、07. 陶耳杯

面径 8.6、缘厚 0.55 厘米（图 4-951，1；彩版二五一，2）。

铜钱　17 枚。为五铢、货泉。

五铢　16 枚。圆形方穿，正面有轮无郭，背面穿郭俱全。根据钱文字体不同分为两种。

第一种　14 枚。“五”字两笔交叉弯曲，与上、下两横相交处近垂直或微内收，“铢”字“金”头有镞形或三角形，“朱”字上部方折，有的穿上横郭或周郭部分被磨。

标本 M485 : 01-1 ～ 4，直径 2.6、穿径 1、厚 0.16 厘米（图 4-951，01-1 ～ 4）。

第二种　2 枚。五字两笔交叉弯曲，与上、下两横相交处微内收，朱字上、下两笔圆折，周郭部分被磨掉。

标本 M485 : 03-1，直径 2.4、穿径 0.9、厚 0.1 厘米（图 4-951，03-1）。

货泉　1 枚。

标本 M485 : 03-2，圆形方穿，钱正、反两面均有郭。钱文笔篆书。笔画纤细。直径 2.1、穿径 0.6、厚 0.16 厘米（图 4-951，03-2）。

（二〇）M486

墓葬形制

位于墓地中部，北面是 M554、M485，东南面为 M483。方向 106°（图 4-952）。

甲字形土坑竖穴砖室墓。由墓室、甬道及墓道组成。墓道与甬道相连，呈斜坡状。长 1.7、宽 0.6、深 0.25 米。墓室近椭圆形。墓口长 2.86、宽 1.1 ～ 1.8、深 0.25 米。墓室南、北、西壁均用青或红砖横排错缝平铺。西、北壁四层，南壁五层。由于扰乱结构

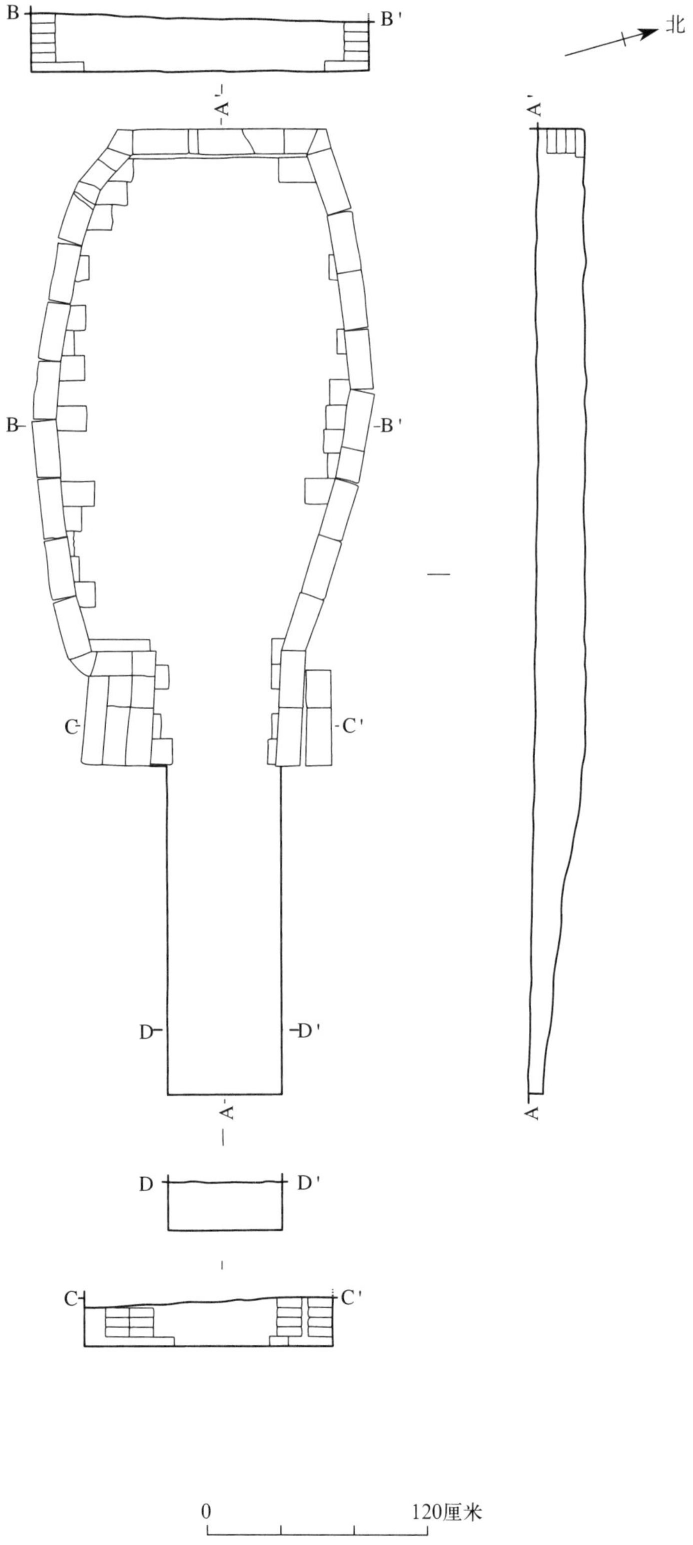

图 4-952　M486 平、剖面图

不详。甬道长 0.48、宽 0.66 米。墓内填黄褐色五花土。土质疏松。夹杂大量碎砖、陶片等。墓底横排错缝平铺一层青砖，大部分被破坏。砖侧面菱形纹，长 30、宽 13、厚 5 厘米。

人骨无。

随葬器物无。

（二一）M488

墓葬形制

位于墓地中部，打破 M489、M490。方向 98°（图 4-953）。

甲字形土坑竖穴砖室墓。由墓室、甬道、墓道组成。墓道斜坡状与甬道相连。长 3、宽 0.84、深 0.14 ～ 0.6 米，墓门青砖横排错缝叠砌十三层，部分青砖缝隙相接处嵌入碎瓦片，以起加固作用。墓室近似椭圆形。墓口长 3.18、宽 2.04 ～ 2.53、深 0.6 米。墓室青砖垒砌，南、北、西三壁残存横排错缝平铺八层青砖。由于破坏严重，形制与结构不详。甬道长 0.54、宽 0.86 米。墓底平铺一层青砖，呈“人”字形排列。铺地砖大多已被扰乱。砖长 26 ～ 28、宽 14、厚 5 厘米。墓内填黄褐色五花土。夹杂大量碎砖、陶片、石块及人骨遗骸。

人骨 1 具。性别、年龄无法鉴定。

随葬器物无。

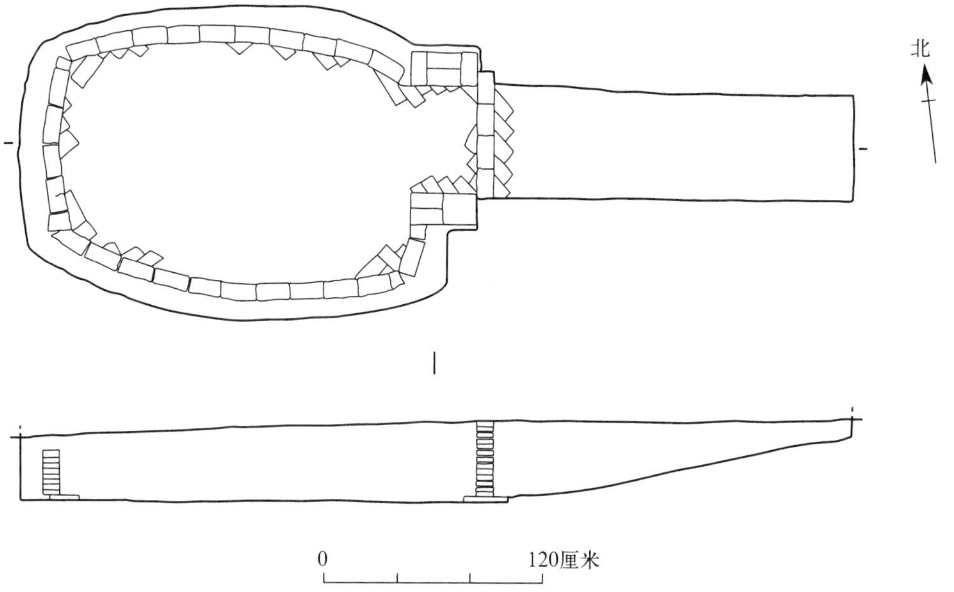

图 4-953　M488 平、剖面图

（二二）M510

1. 墓葬形制

位于墓地东北部，打破 M538，北面是 M509，南面为 M550。方向 90°（图 4-954）。

甲字形土坑竖穴砖室墓。由墓室、墓道组成。墓道斜坡状，长 1.8、宽 0.8、深 0.1 ～ 0.3 米。墓室东壁为墓门，无封门砖。墓口长 3.2、宽 0.86、深 0.32 米。墓室长 3.18、宽 0.78、高 0.3 ～ 0.32 米。

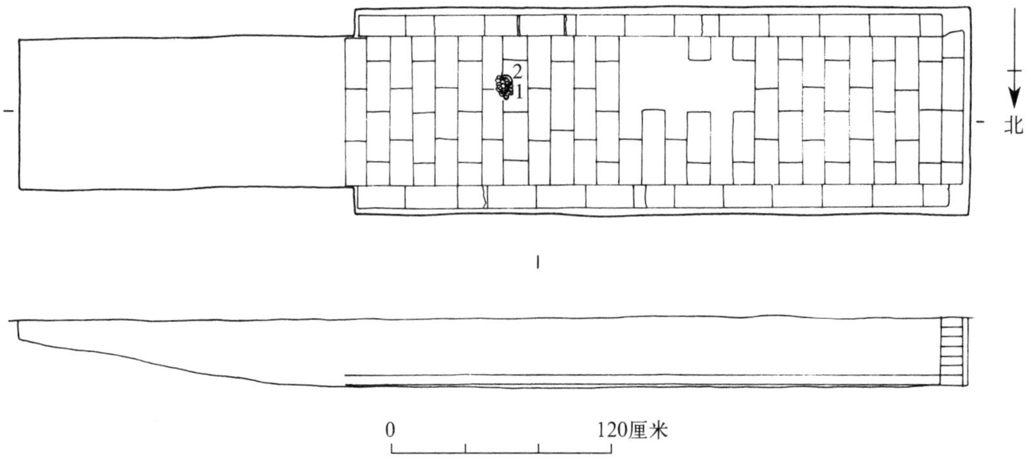

图 4-954　M510 平、剖面图

1. 铜钱（90）　2. 铜镜

南、北、西壁均用青砖单行平铺错缝叠砌而成。由于盗扰，仅残存下部少量青砖，上部结构不详。墓底平铺一层青砖。砖一面饰绳纹，长 27、宽 12、厚 5 厘米。墓内填黄褐色五花土，土质疏松。填土中发现陶钵 1 件。

人骨无。

随葬铜器 91 件。铜镜 1 枚，铜钱 90 枚均放在墓室东端中部。铜钱用布包裹在一起，出土时见有麻布痕迹。

2. 出土遗物

（1）陶器

陶钵　1 件。

标本 M510∶01，泥质灰陶。直口，平沿，深腹，小平底。素面。口径 20.2、高 7.6 厘米（图 4-955，01）。

（2）铜器

铜镜　1 枚。

标本 M510∶2，四乳飞凤镜。圆形，圆纽，圆纽座。座外饰一展翅飞翔的凤鸟，身躯压在纽及纽座下，鸟首、双翅、尾之间均匀分布四枚圆座乳丁。外围一周凸弦纹、一周凸弦和短线组合纹带。宽素卷缘，内侧一周锯齿纹和凸弦纹。面径 9.2、缘厚 0.6 厘米（图 4-955，2）。

铜钱　90 枚。为半两、五铢、磨郭五铢、剪边五铢、货泉。

半两　2 枚。圆形方穿，正、背两面无轮无郭。钱文篆书，“两”字中间不出头，两“人”字上部缩短呈波浪形或横划。

标本 M510∶1-1、2，直径 2.4、穿边长 1、厚 0.09 厘米（图 4-955，1-1、2）。

五铢　51 枚。圆形方穿，正面有轮无郭，背面轮郭俱全。根据钱文字体不同分两种。

第一种　13 枚。“五”字两笔交叉弯曲，与上、下两横相交处垂直或微内收，“铢”字“金”头呈三角形，与“朱”等齐，“朱”字上部方折或有圆折意，有的穿上半星。

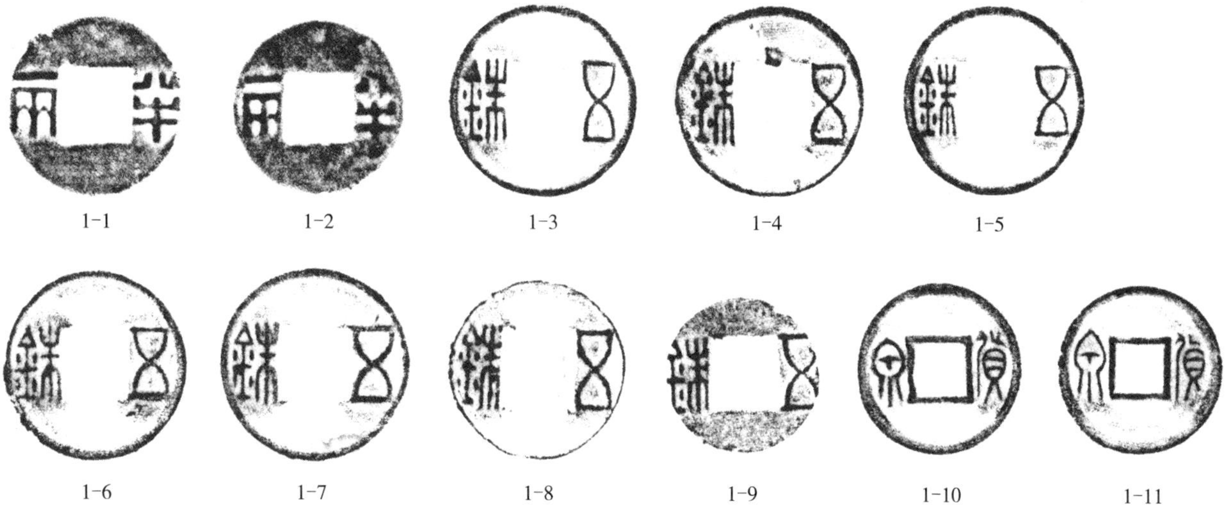

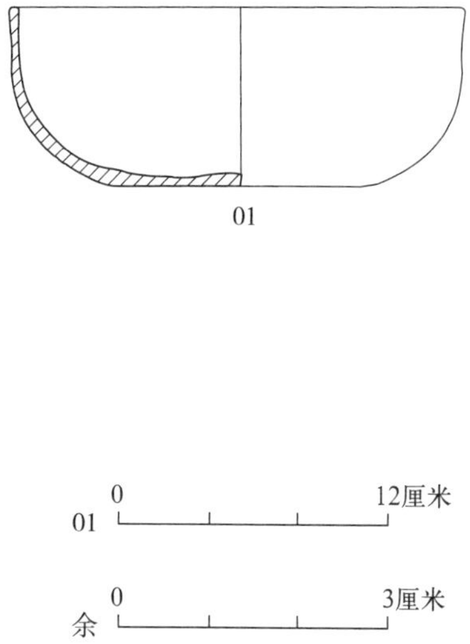

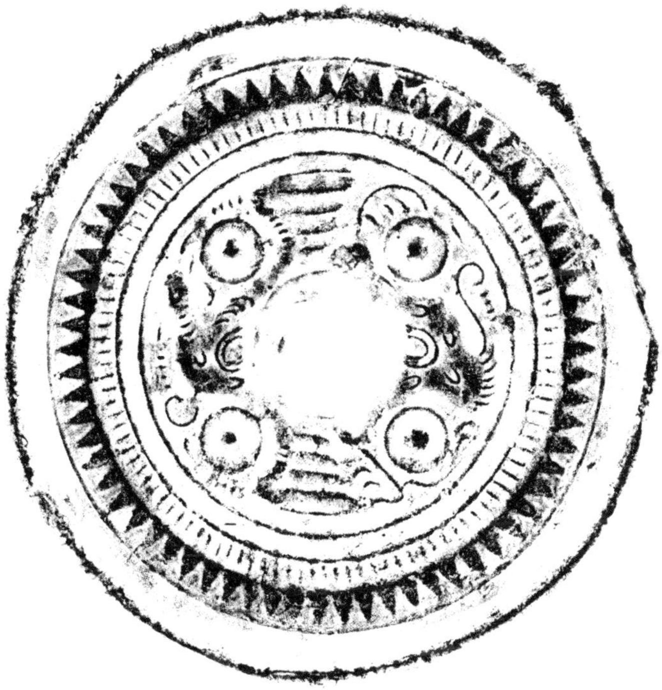

图 4-955　M510 出土器物

1-1～11. 铜钱　2. 铜镜　01. 陶钵

标本 M510：1-3 ～ 5，直径 2.5、穿边长 1、厚 0.13 厘米（图 4-955，1-3 ～ 5）。

第二种　38 枚。“五”字两笔交叉弯曲，与上、下两横相交处外敞，“铢”字“金”头呈三角形，与“朱”等齐，“朱”字上部方折。

标本 M510：1-6、7，直径 2.5、穿边长 1、厚 0.14 厘米（图 4-955，1-6、7）。

磨郭五铢　27 枚。周郭部分被剪去，“五”字两笔交叉弯曲，“铢”字“金”头呈三角形，与“朱”等齐，“朱”字方折。

标本 M510：1-8，直径 2.3、穿边长 1、厚 0.07 厘米（图 4-955，1-8）。

剪边五铢　7 枚。周郭被剪去，“五铢”二字部分被剪。

标本 M510：1-9，直径 1.8 ～ 2.2、穿边长 1、厚 0.09 厘米（图 4-955，1-9）。

货泉　3枚。圆形方穿，正面有轮无郭，背面轮郭俱全。大小略有不同，钱文篆书。

标本M510：1-10，钱文笔画略粗。直径2.28、穿边长0.7、厚0.19厘米（图4-955，1-10）。

标本M510：1-11，钱文笔画纤细。直径2.2、穿边长0.7、厚0.1厘米（图4-955，1-11）。

（二三）M525

1. 墓葬形制

位于墓地中部，打破M526、M529，北面是M527，西南面为M524。方向98°（图4-956）。

甲字形土坑竖穴砖室墓。由墓室、甬道、墓道组成。墓道斜坡状与甬道相连。长5.3、宽1.06、深1.3米。甬道长0.7、宽0.7米。墓室近椭圆形。墓口长3.2、宽1.48～2.62、深1.3米。墓室南、北壁横排错缝平铺三层青砖。墓底铺地砖，“人”字形排列，破坏严重，仅残存少量青砖。墓底中间较高，四边稍低，呈“凸”字形。墓底平铺两层青砖，横向与竖向交错排列。砖长24、宽12、厚4厘米（图4-957，06）。墓内填黄褐色五花土，经夯打，土质较致密，因扰乱，情况不详。夹杂大量砖块及人骨。填土中发现陶案2件，陶盘2件，陶耳杯2件，铜钱1枚。

人骨无。

随葬器物无。

2. 出土遗物

（1）陶器

陶案　2件。

标本M525：04-2，泥质灰陶。敞口，沿面微凹，圆唇，浅盘，平底内凹。素面。口径46、底径42、高3厘米（图4-957，04-2）。

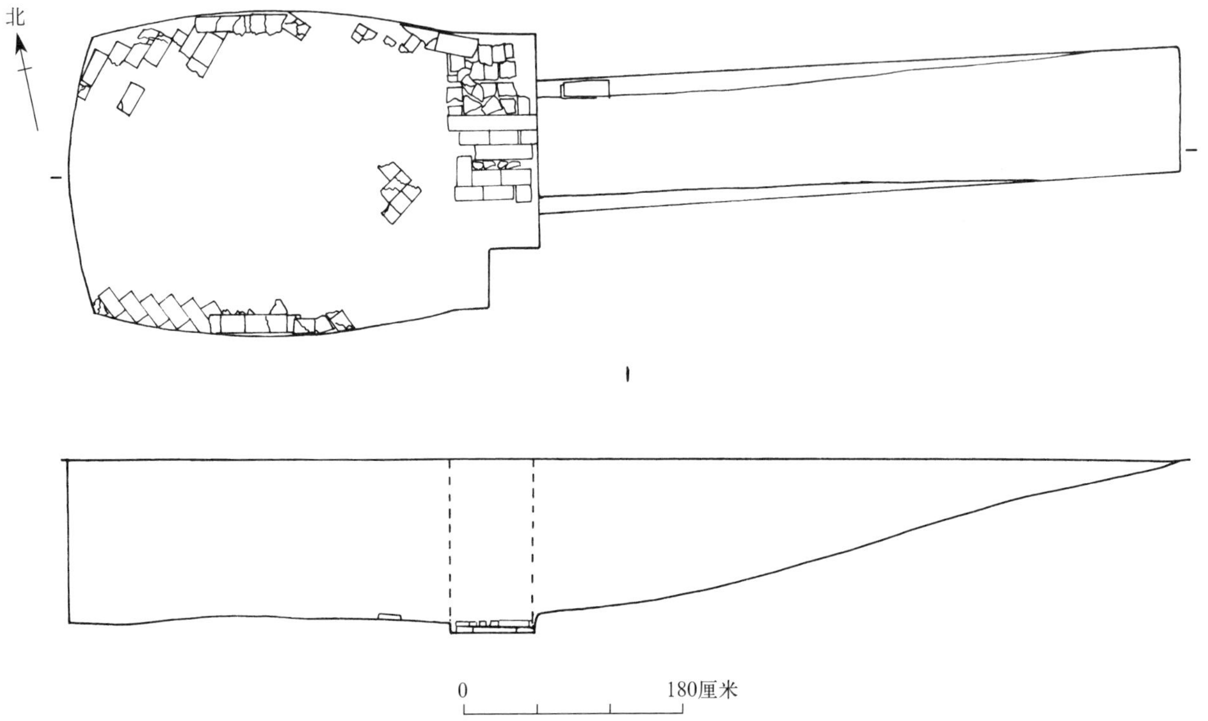

图4-956　M525平、剖面图

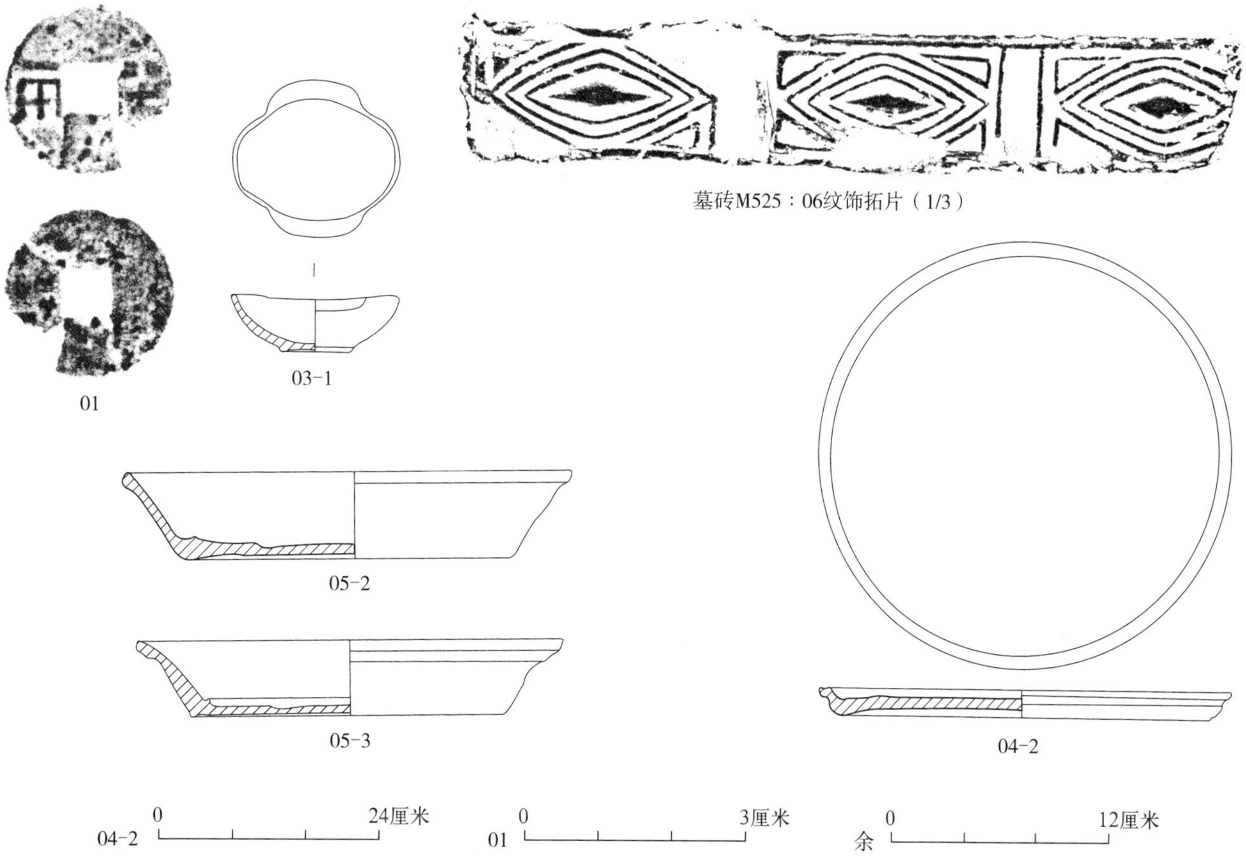

图 4-957　M525 出土器物

01. 铜钱　03-1. 陶耳杯　04-2. 陶案　05-2、3. 陶盘

陶盘　2 件。泥质灰陶。敞口，圆唇，浅腹，斜壁，平底微凹。素面。

标本 M525：05-2，口径 24.6、底径 18、高 4.6 厘米（图 4-957，05-2）。

标本 M525：05-3，口径 23.3、底径 17、高 4 厘米（图 4-957，05-3）。

陶耳杯　2 件。泥质陶。器身椭圆形。尖唇，敞口，体弧收，口沿两侧安对称新月形耳。素面。

标本 M525：03-1，灰陶。凹底。长径 8.8、短径 8.4、高 3 厘米（图 4-957，03-1）。

标本 M525：03-2，红褐陶。平底。口长径 13.8、短径 10.4、高 4 厘米。

（2）铜器

铜钱　1 枚。

标本 M525：01，半两，部分残缺。圆形方穿，正、背两面无轮无郭，钱文篆书，“两”字中间不出头，两“人”字横划。直径 2.3、穿边长 0.7、厚 0.09 厘米（图 4-957，01）。

（二四）M531

1. 墓葬形制

位于墓地中部，打破 M534、M531，东北面为 M533，东南面是 M535。方向 110°（图 4-958）。甲字形土坑竖穴砖室墓。由墓室、墓道组成。墓道斜坡状与墓室相连。长 2.6、宽 0.4 米。墓室平面近椭圆形。墓口长3.4、宽1.34～1.6、深0.76米。由青砖垒砌而成。南、北壁横排错缝平铺，其东部残存两层、西壁仅五层青砖。墓底横排错缝平铺一层青砖，仅遗留东部少量青砖。砖长26、宽13、厚5厘米。墓内填黄褐色花土，土质较疏松。夹杂大量砖块、陶片及部分人骨遗骸。填土中发现陶扁壶2件。

人骨1具。扰乱填土当中，葬式不明。女性，年龄30～40岁。

随葬器物无。

2. 出土遗物

陶器

陶扁壶　2件。夹砂白陶。敞口，斜折沿，圆唇，粗短颈，扁鼓腹，平底微凹。肩上部安对称桥形鼻，

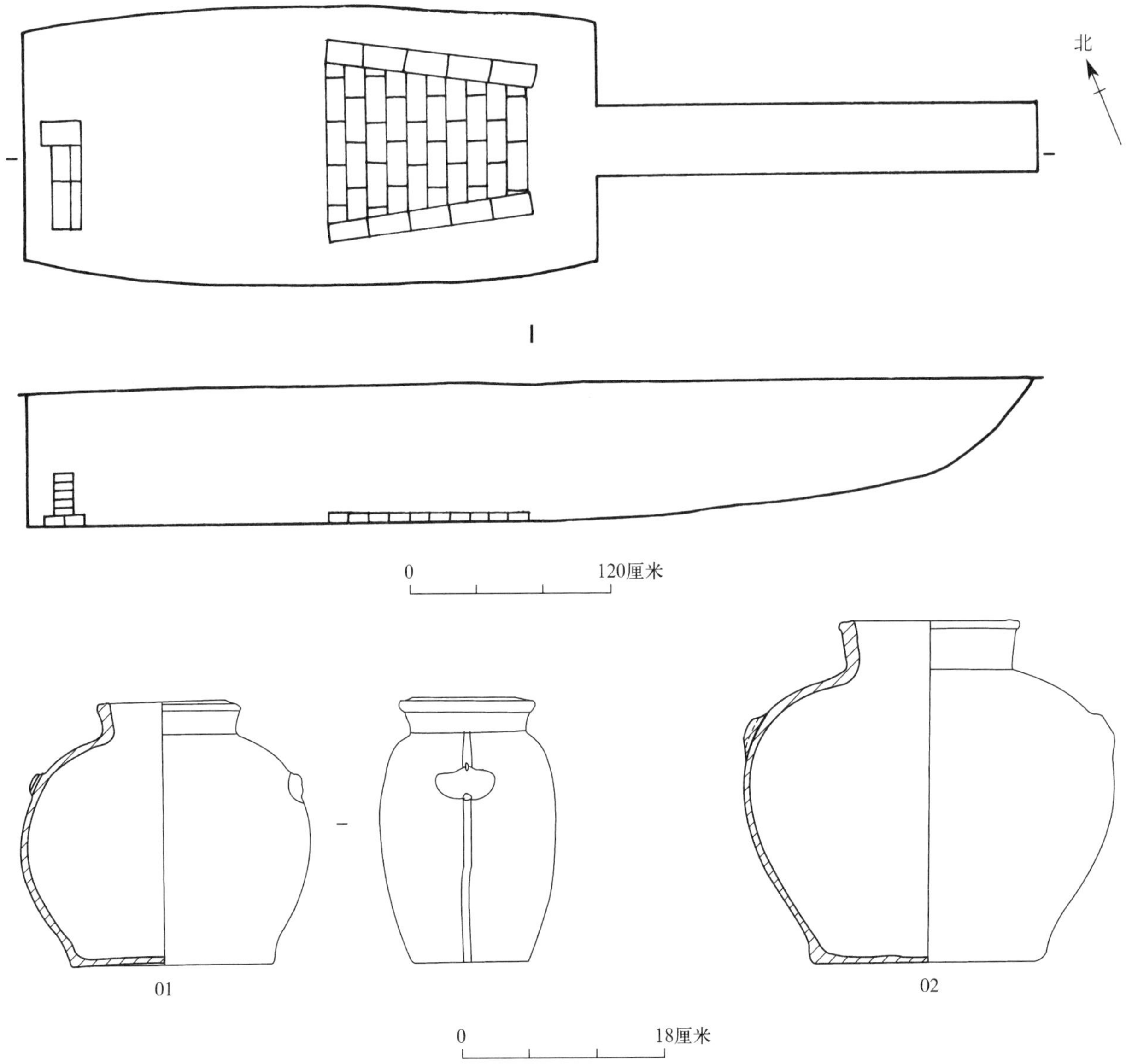

图4-958　M531及出土器物

01、02. 陶扁壶

素面。

标本 M531：01，口径 12.8、底长径 18、短径 10.8、高 22.8 厘米（图 4–958，01）。

标本 M531：02，口径 16、底长径 20、短径 14、高 29.6 厘米（图 4–958，02）。

（二五）M540

1. 墓葬形制

位于墓地中部，打破 M560、M56，东北面是 M567，南面为 M562。方向 83°（图 4–959）。

甲字形土坑竖穴砖室墓。由墓室、墓道组成。墓道位于墓室东端，呈斜坡状。长 2.1、宽 0.9、深 1.47 ~ 1.75 米。墓口长 4.55、宽 1 ~ 2.24、深 1.75 米。墓室椭圆形，青砖因盗扰，四壁垒砌青砖及墓底铺地砖无存，形制与结构不详。仅墓底东端残存少量青砖。墓门垒砌青砖仅遗留下面两层。青砖一面饰绳纹，侧面菱形纹。长 34、宽 14、厚 6 厘米。墓内填黄褐色五花土，土质较疏松。内含大量碎砖、陶片及少量人骨遗骸。填土中发现陶盘 2 件，陶耳杯 1 件，铜钱 3 枚。

人骨无。

随葬器物无。

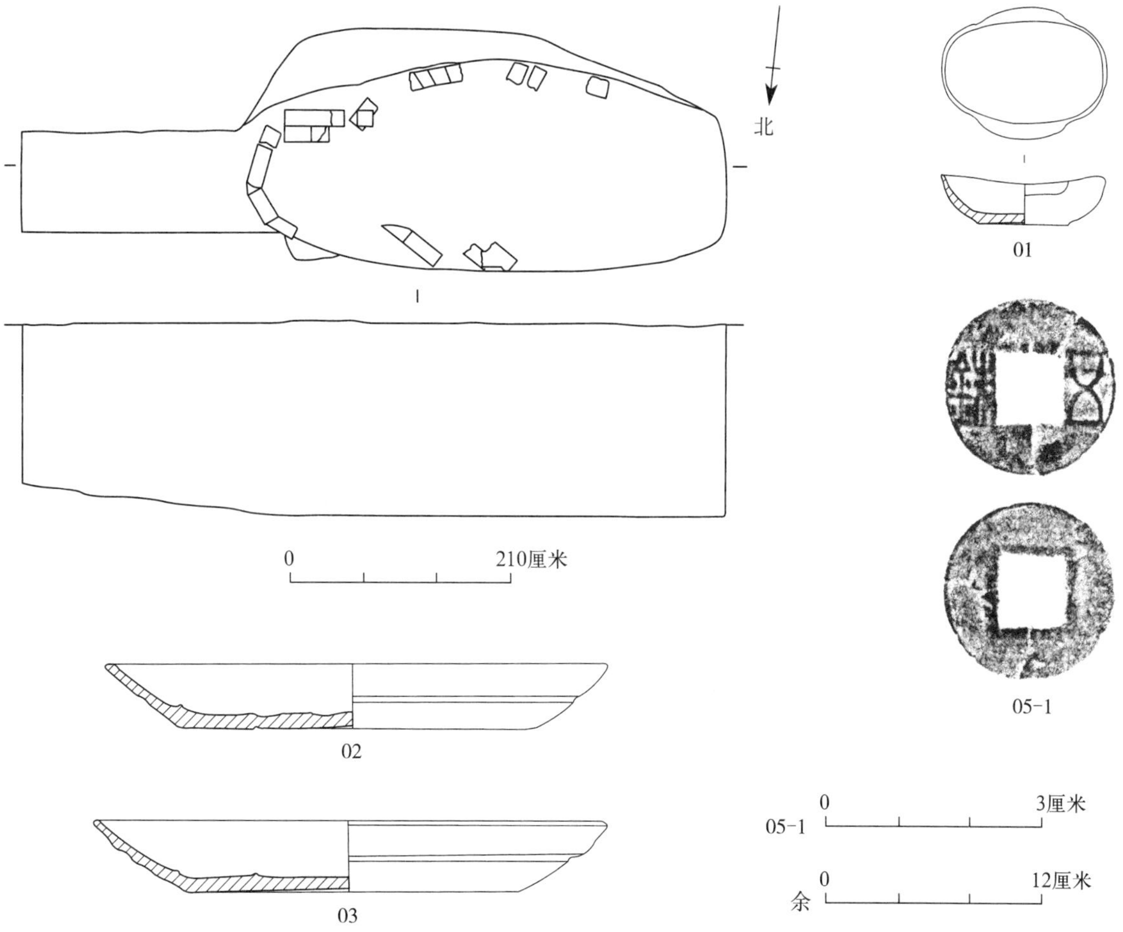

图 4–959 M540 及出土器物

01. 陶耳杯 02、03. 陶盘 05–1. 铜钱

2. 出土遗物

（1）陶器

陶盘 2件。形制相同。泥质陶。敞口，圆唇，浅腹，斜壁，平底微凹。素面。

标本M540：02，灰陶。腹部饰一周凹弦纹，内壁一周凸棱，底部饰一周凹弦纹。口径27.5、底径19.5、高3.6厘米（图4-959，02）。

标本M540：03，红陶。口径28.4、底径18.6、高4厘米（图4-959，03）。

陶耳杯 1件。

标本M540：01，泥质红褐陶。器身椭圆形，敞口，尖唇，体收，平底。口两侧安新月形耳，素面。长径9、短径7、高2.6厘米（图4-959，01）。

（2）铜器

铜钱 3枚。均为五铢。圆形方穿，正面有轮无郭，背面轮郭俱全。"五"字两笔交叉弯曲，与上、下两横相交处垂直，"铢"字"金"头呈三角形，与"朱"平齐，"朱"字上部有圆折，周郭部分被磨。

标本M540：05-1，直径2.3、穿边长0.9、厚0.1厘米（图4-959，05-1）。

（二六）M549

1. 墓葬形制

位于墓地中部，东南面是M745，南面为M485。方向100°（图4-960）。

甲字形土坑竖穴砖室墓。墓道未进行清理，长度不明。墓门用青砖平铺垒砌。墓口长3.5、宽1.3米，底长3.5、宽1.05、深1.35米。由墓室和墓道组成。墓室椭圆形，长3.1、宽1、深1.2米。四壁用青砖平铺顺向垒砌而成，中部两层青砖为"丁"字形。墓底平铺一层青砖"人"字形排列。砖长26、宽12、厚4厘米（图4-960，01）。墓内填黄褐色五花土，土质较松软。

人骨无。

随葬铜钱10枚，放置墓底中部偏东。

2. 出土遗物

铜器

铜钱 10枚。有半两、五铢。

半两 1枚。

标本M549：1-1，圆形方穿，正、背面无轮郭，背平素，钱文篆书。"半"字不清，"两"字中间不出头，内无两人字。直径2.3、穿边长0.9、厚0.1厘米（图4-960，1-1）。

五铢 9枚。圆形方穿，正面有轮无郭，背两面轮郭俱全。"五"字两笔交叉弯曲，与上、下两横交接处垂直，"朱"字上部有圆，有的穿上一星。

标本M549：1-2～4，直径2.6、穿边长1、厚0.16厘米（图4-960，1-2～4）。

（二七）M550

1. 墓葬形制

位于墓地中部，打破M56，北面是M538、M510，西南面为M563。方向100°（图4-961）。

甲字形土坑竖穴砖室墓。由墓室和墓道组成。墓道斜坡状与墓室相连。长2、宽0.8、深0.2～0.8米。

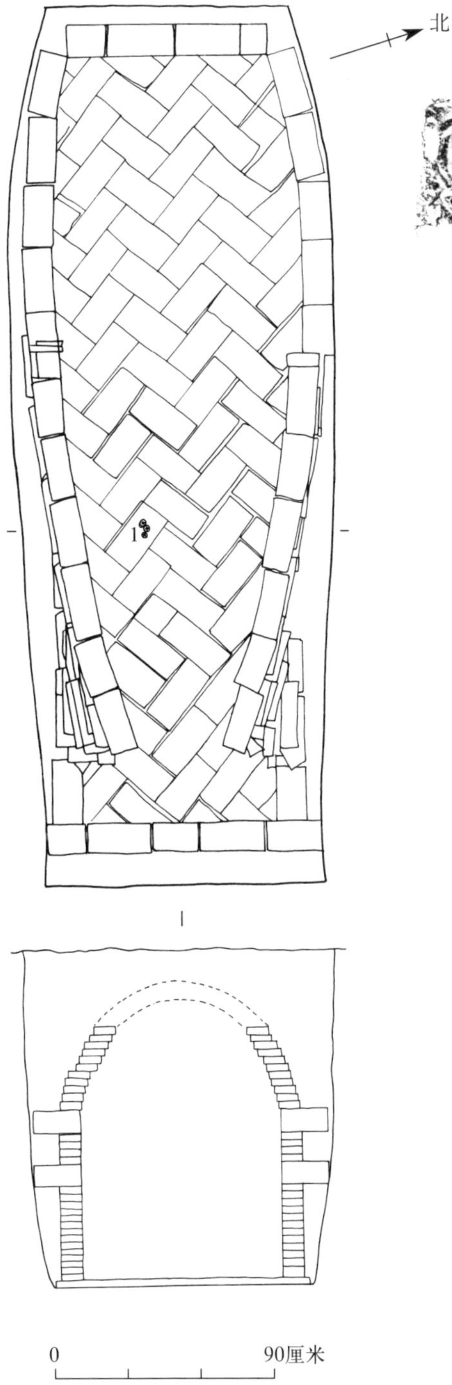

墓砖M549：01纹饰拓片（1/3）

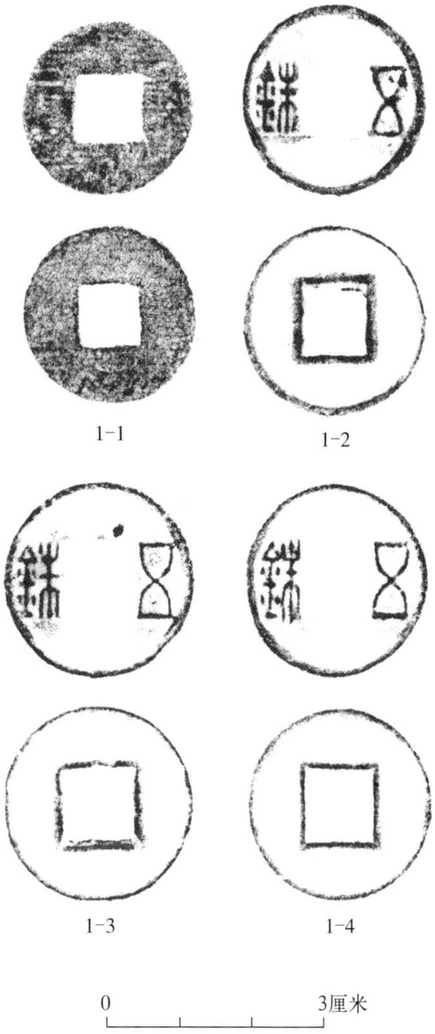

图 4-960　M549 及出土器物

1. 铜钱

墓室长 3.1、宽 0.65、深 0.65 米。南、西、北三壁用青砖平铺顺向垒砌十六层。墓室东侧为墓门，封门用青砖横排错缝叠砌。墓底铺地砖为错缝横排，中部和东侧铺地砖缺失。砖长 28、宽 12、厚 4 厘米。墓内填黄褐色五花土，土质较坚硬。夹杂大量碎砖、陶片和人骨残骸。填土中发现铜钱 12 枚。

人骨无。

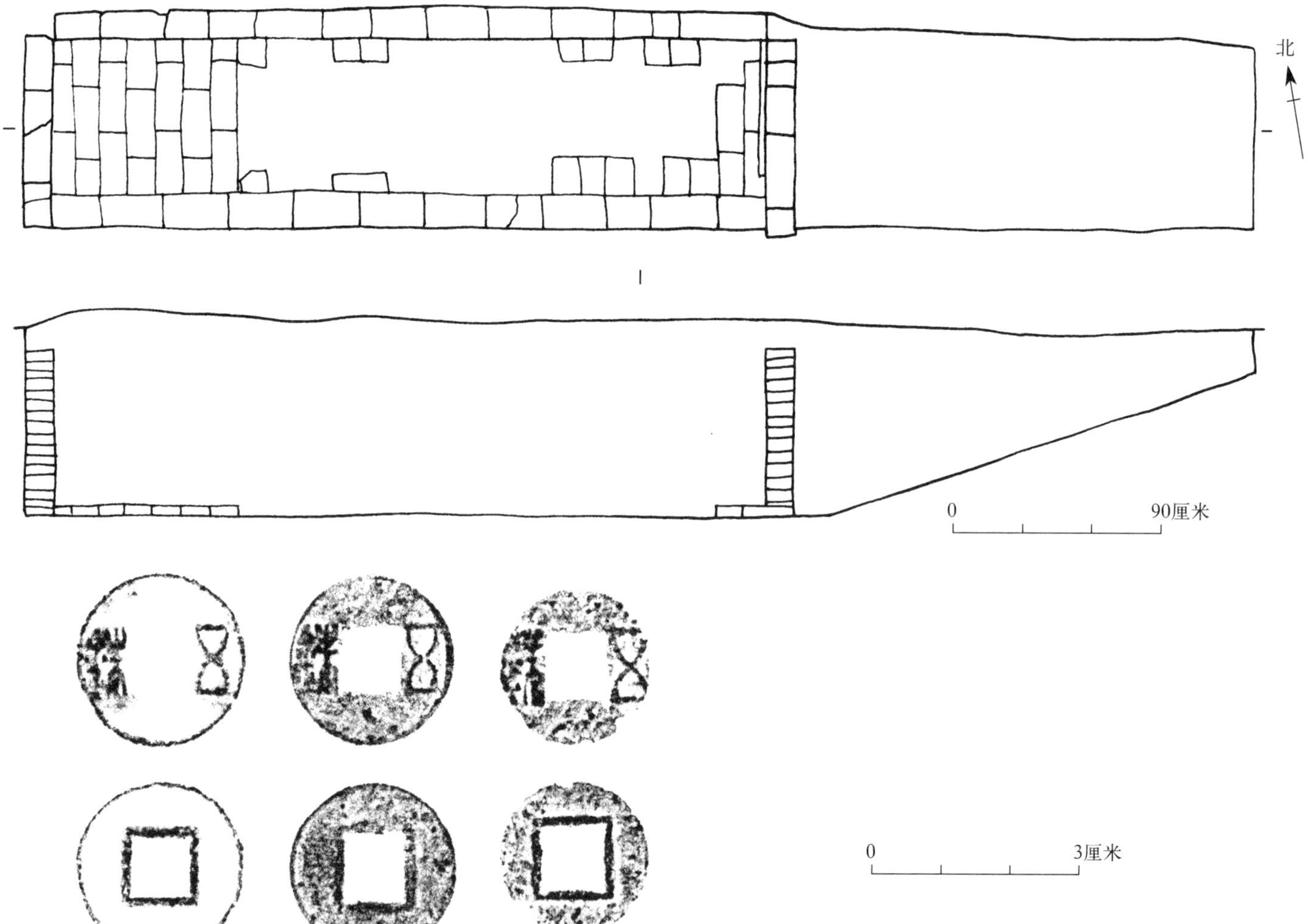

图 4-961　M550 及出土器物
02. 铜钱

随葬器物无。

2. 出土遗物

铜器

铜钱　12 枚。均为五铢。圆形方穿，正面有轮无郭，背两面轮郭俱全。“五”字两笔交叉弯曲，与上、下两横相交处外放，“朱”字上部圆折，有的郭部分被磨。

标本 M550∶02-1，直径 2.5、穿边长 0.9、厚 0.1 厘米（图 4-961，02-1）。

标本 M550∶02-2，直径 2.3、穿边长 0.9、厚 0.1 厘米（图 4-961，02-2）。

标本 M550∶02-3，直径 2.1、穿边长 0.9、厚 0.1 厘米（图 4-961，02-3）。

（二八）M557

1. 墓葬形制

位于墓地中部，被 M556 打破，打破 M558、M559。方向 100°（图 4-962；彩版二五一，3）。甲字形土坑竖穴砖室墓。由墓室和墓道组成。墓道位于墓室东侧，呈斜坡状。长 3.9、宽 1.1、至墓底深 1.26 米。墓室为青砖砖砌，长 3.56、宽 1.84 ～ 2.04、深 1.26 米。平面椭圆形，大部分被破坏，仅存南壁中部十层和北壁东部十二层青砖，均为错缝平铺叠砌而成。墓底平铺一层铺地砖，“人”字形排列。砖一面饰绳纹，长 26、宽 13、厚 4 厘米（图 4-962，04）。墓内填黄褐色五花土，经盗扰，土质较疏松。夹杂大量碎砖、陶片和人骨遗骸。填土中发现陶壶、陶扁壶各 1 件，铁斧 1 件。

人骨无。

随葬器物无。

2. 出土遗物

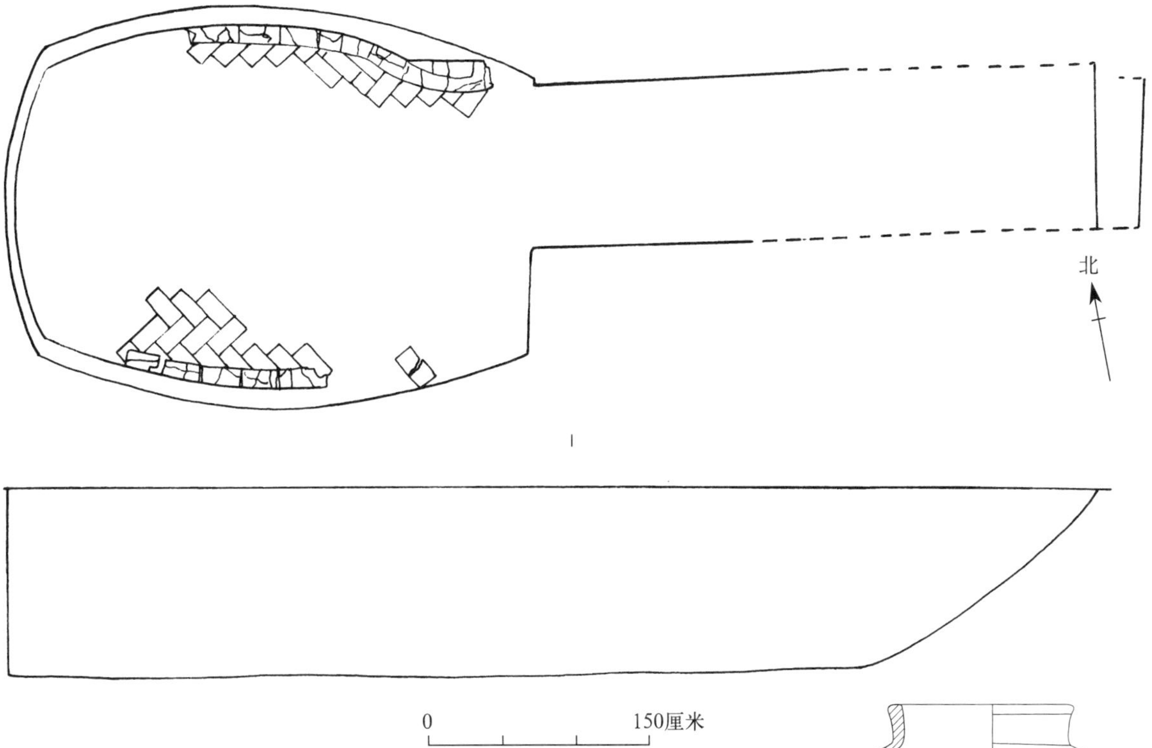

墓砖M557：04纹饰拓片（1/3）

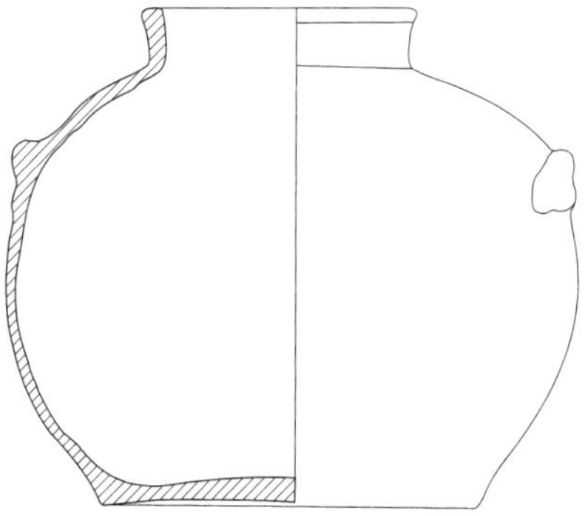

03

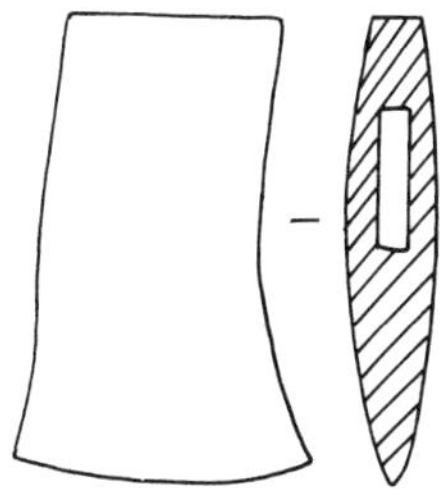

01

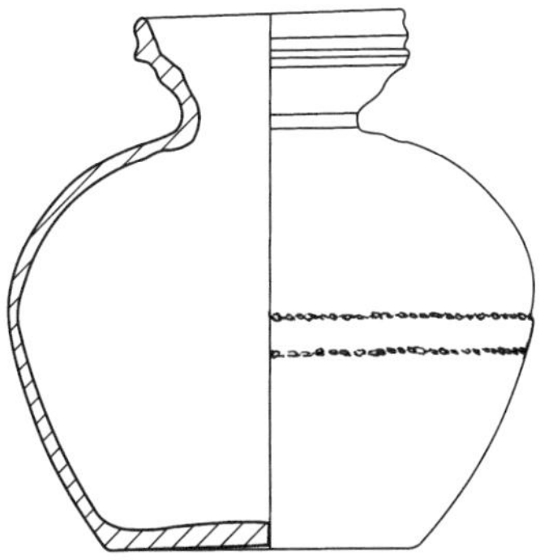

02

0　12厘米
01
0　18厘米
余

图 4-962　M557 及出土器物

01. 铁斧　02. 陶壶　03. 陶扁壶

（1）陶器

陶壶　1件。

标本M557：02，泥质灰陶。侈口，折沿，沿面内弧，圆唇，束颈，鼓腹，平底微凹。颈部一周凹弦纹，腹部饰两周戳印纹。口径13.6、底径16、高26.5厘米（图4-962，02）。

陶扁壶　1件。

标本M557：03，夹砂白陶。喇叭口，圆唇，粗短颈，扁鼓腹，平底微凹。肩上部安两个对称盲鼻。素面。口径15.8、底长径21、短径16、高27.2厘米（图4-962，03；彩版二五一，4）。

（2）铁器

铁斧　1件。

标本M557：01，平面近梯形，上窄下宽，平顶，弧刃，中部有长方形孔。长12.4、宽5.9～8.2、厚2.6厘米（图4-962，01）。

（二九）M581

1. 墓葬形制

位于墓地东北部，东北面是M583，南面为M582。方向280°（图4-963；彩版二五二，1）。

甲字形土坑竖穴砖室墓。由墓室、墓门、墓道组成。墓道斜坡状，长4.08、宽1.12、深2.01米。

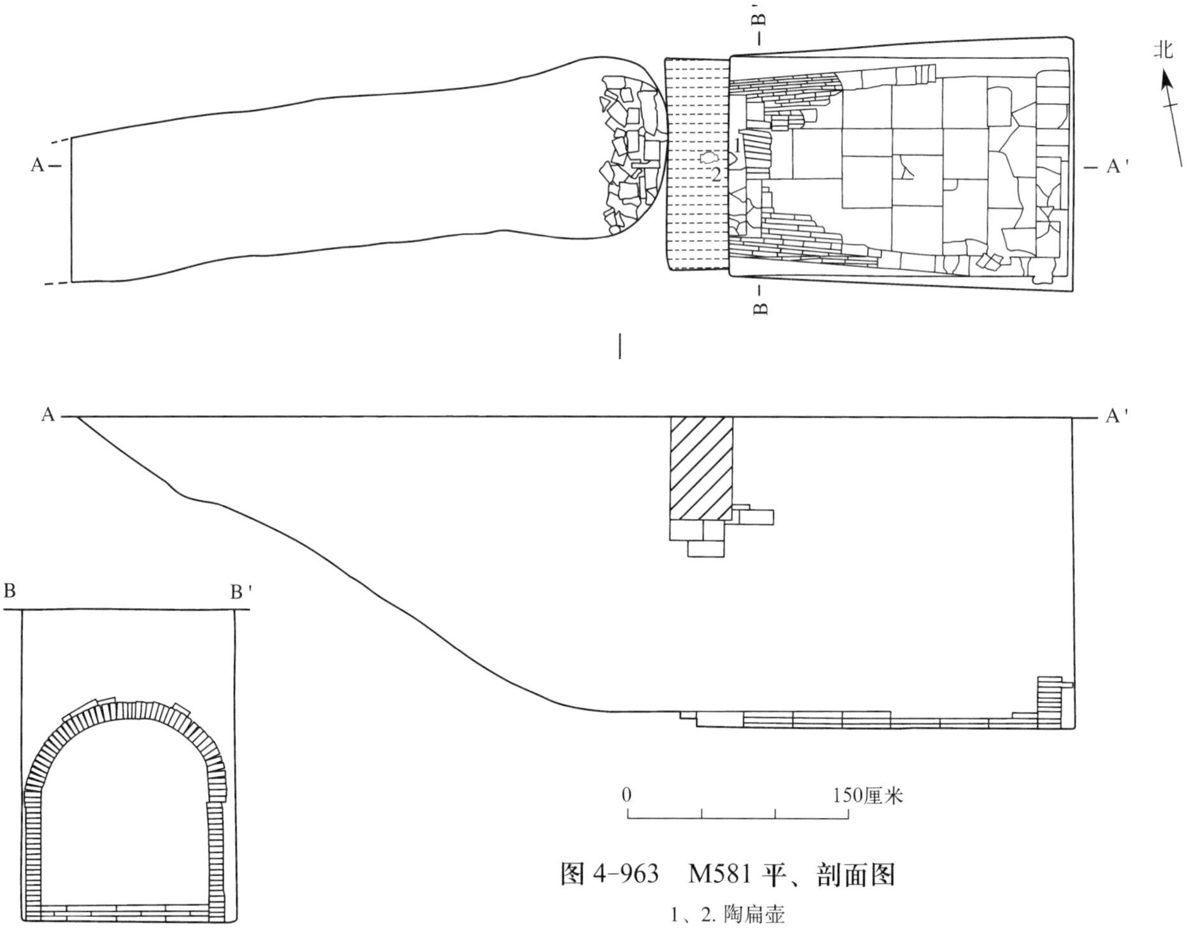

图4-963　M581平、剖面图

1、2. 陶扁壶

墓室长 2.34、宽 1.44 ～ 1.68 米。用青砖顺向错缝垒砌。墓门上部青砖错缝叠压垒砌拱形券顶（彩版二五二，2），再顺向平铺一层青砖，上面铺有碎瓦片。高 1.2、宽 0.94、厚 0.49 米。砖长 28、宽 13、厚 4 厘米。外侧墓门多用碎砖垒砌（彩版二五二，3），砖长 29、宽 13、厚 4 厘米。墓底用方形铺地砖，平铺错缝顺向垒砌三层，砖长 39、宽 11、厚 4 厘米。墓内填土呈黄褐色，土质较坚硬。中间夹杂一层碎砖瓦片。填土中发现陶罐 1 件。

人骨无。

随葬陶扁壶 2 件置于墓门北侧。乳猪、鱼骨和漆皮散落于墓底南侧。

2. 出土遗物

陶器

陶壶　1 件。

标本 M581：01，泥质灰陶。口残，束颈，鼓腹，小平底。下腹饰绳纹，腹中部饰两周戳印纹。底径 6、残高 24 厘米（图 4-964，01）。

陶扁壶　2 件。夹砂灰陶。侈口，高颈，扁鼓腹，下部内收，椭圆形圈足。肩上部安对称桥形鼻。

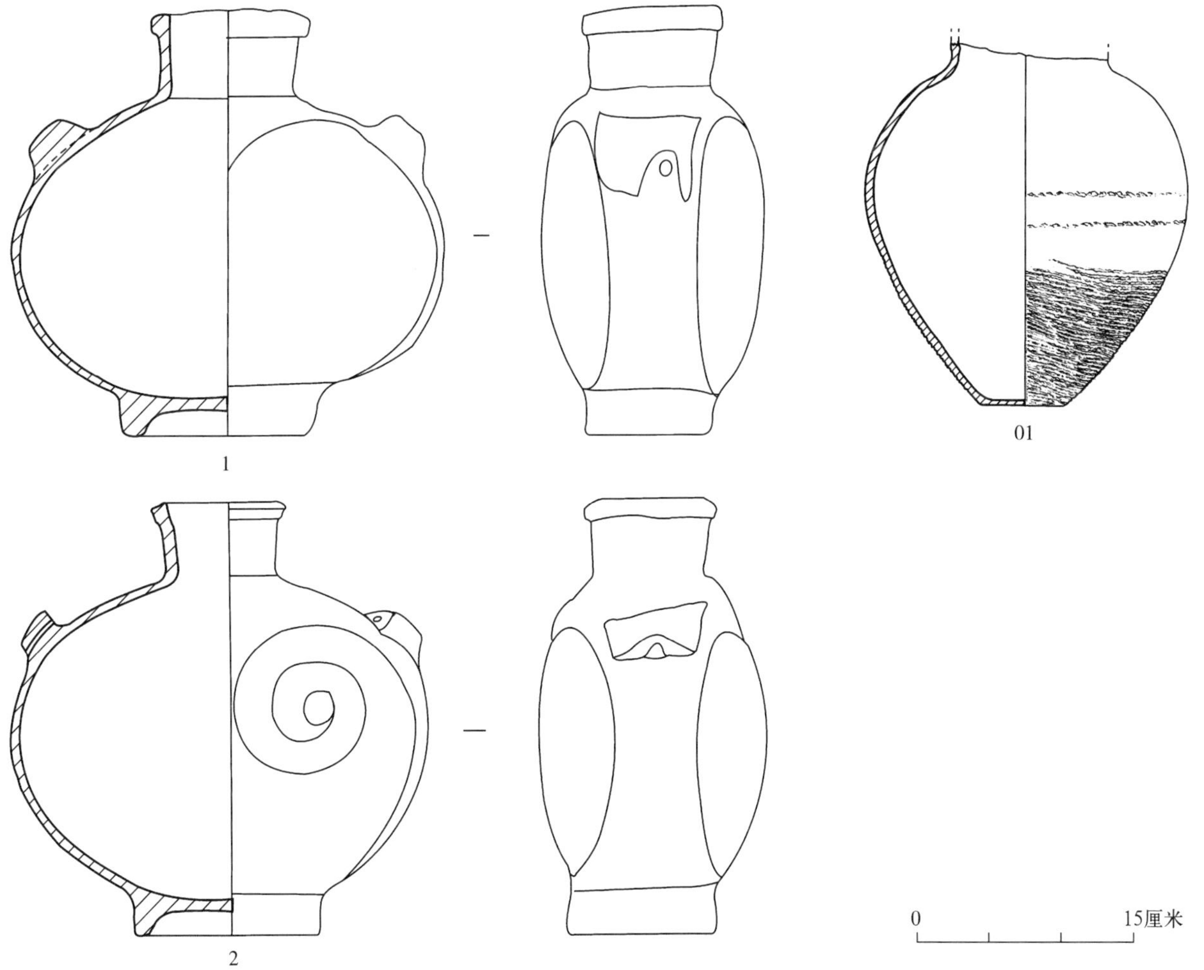

图 4-964　M581 出土器物

1、2. 陶扁壶　01. 陶壶

标本M581：1，圆唇，腹两侧似“心”形图案。口径10.5、底长径13、短径8、高28厘米（图4-964，1；彩版二五二，4）。

标本M581：2，方唇，腹两侧饰对应卷云纹。口径9.5、底长径12.6、短径8、高28.8厘米（图4-964，2；彩版二五二，5）。

（三〇）M584

墓葬形制

位于墓地中部，打破M921、M922，南面为M580。方向100°（图4-965；彩版二五三，1、2）。

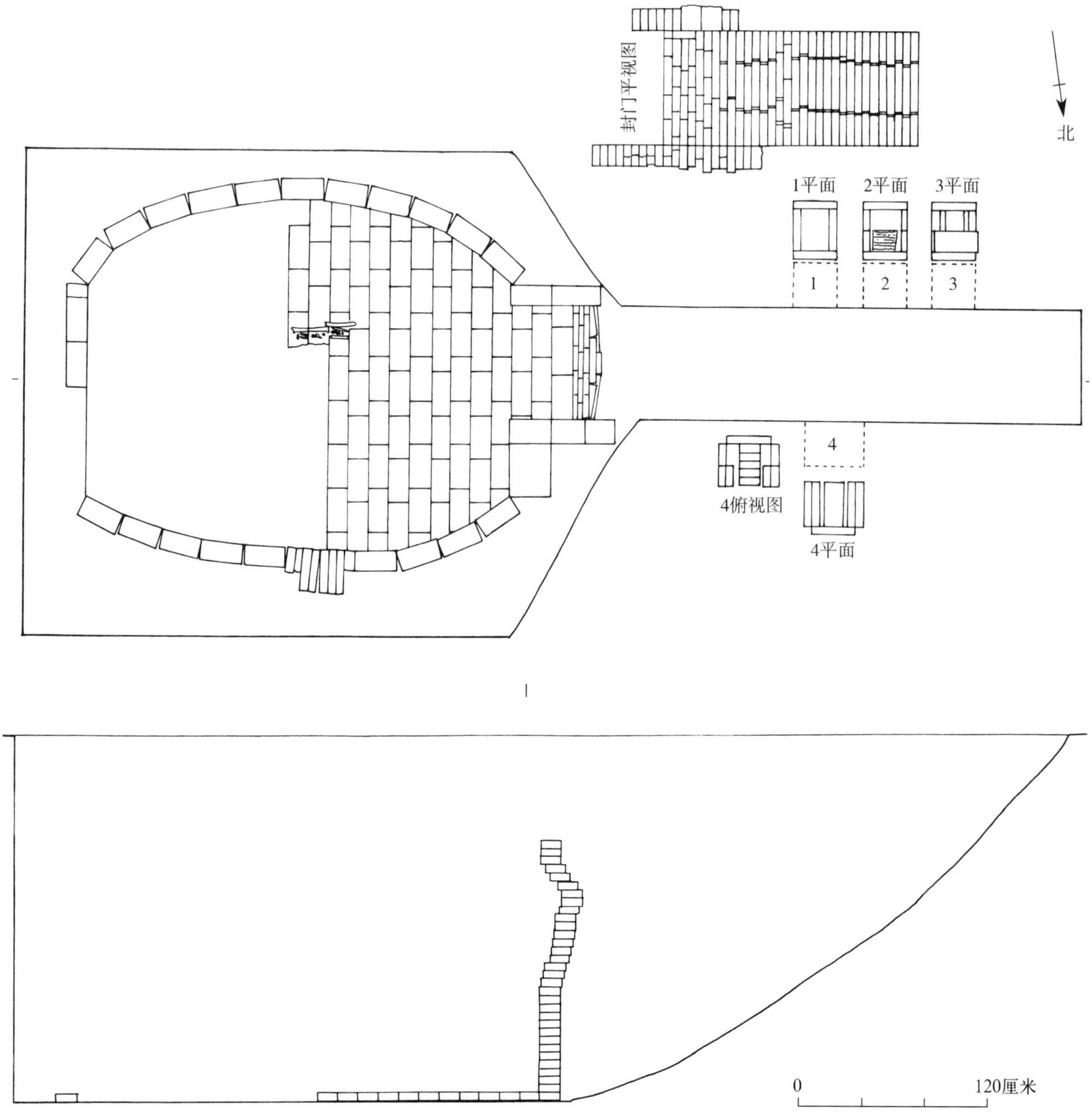

图4-965　M584平、剖面图

甲字形土坑竖穴砖室墓。由墓道、甬道和墓室组成。墓道斜坡状，长3、宽0.7、深至墓门2.2米。甬道被破坏，残高1.6、宽0.7、进深0.2米。墓室长2.7、宽2.12、高1.6米。四壁青砖平铺错缝顺向垒砌，由于扰乱仅残存九层。南壁发现三个壁龛（彩版二五三，3～6），上下左右均放置两块青砖。其中龛1高0.26、宽0.28、进深0.28米。龛2高0.26、宽0.28、进深0.28米。龛3高0.26、宽0.28、进深0.28米，北壁为龛4，高0.26、宽0.4、进深0.28米。墓底一层铺地砖为横向平铺而成。砖长28、宽13、厚5厘米。墓内填黄褐色五花土，土质较坚硬。夹杂大量陶片、碎砖及部分人骨残骸。

人骨1具。性别、年龄无法鉴定。

随葬器物无。

（三一）M585

1. 墓葬形制

位于墓地中部，打破M606，东北面是M870，西南面为M874。方向100°（图4-966）。

甲字形土坑竖穴砖室墓。墓道位于墓室西侧，呈斜坡状。长3.5、宽0.83、深0～2.25米。墓门垒砌八层青砖为错缝平铺叠压，中间为黄褐色淤土，下部垒砌两层青砖。墓口长3.96、宽2.83、深2.25米。墓室东、南、北壁圆弧形。东、南、北三壁均青砖错缝平铺垒砌。墓底铺地砖错缝平铺，多破坏殆尽，排列情况不明。砖一面绳纹，侧面为菱形纹，长32、宽14、厚5厘米（图4-967，09、010）。墓内填黄褐色五花土，土质较疏松。夹杂大量碎砖、陶片及人骨残骸。填土中发现陶罐1件，陶魁1件，陶案1件，陶盘1件，铜柿蒂形饰3件及狗骨。

人骨无。

随葬器物无。

2. 出土遗物

（1）陶器

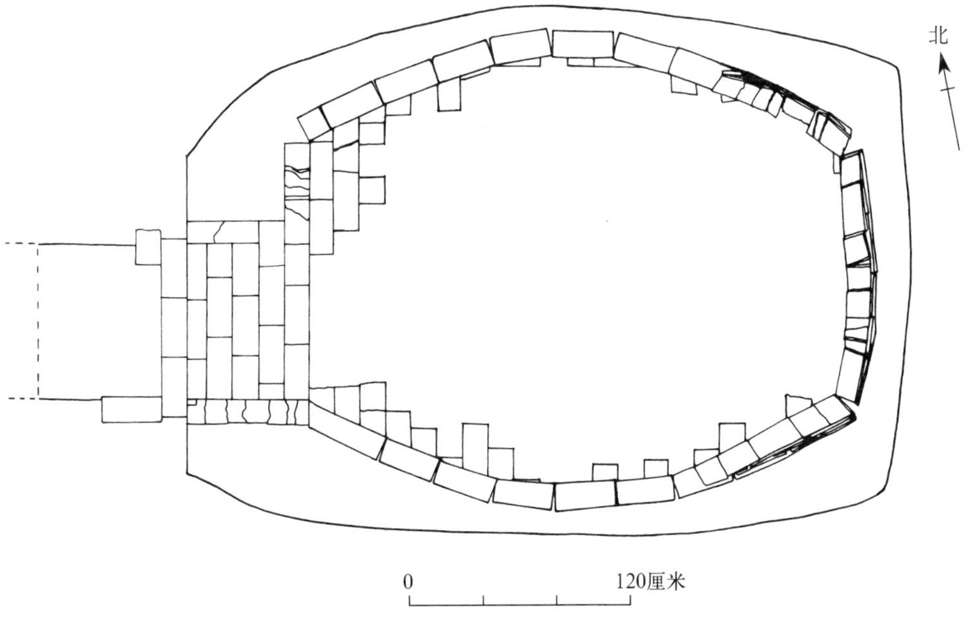

图4-966　M585平面图

陶罐 1件。

标本M585：08，泥质灰陶。侈口，折沿，方唇，束颈，鼓腹，底残。下腹饰绳纹。口径14.3、残高21厘米。

陶盘 1件。泥质灰陶。

标本M585：05，敞口，斜壁，底凹凸不平。底内壁一周凹弦纹。口径21、底径15、高4厘米（图4-967，05）。

陶案 1件。

标本M585：03，泥质红褐陶。敞口，圆唇，浅盘，斜壁，平底内凹。素面。口径52、底径42、高2.4厘米（图4-967，03）。

陶魁 1件。

标本M585：02，泥质红陶。椭圆形口，圆唇，直壁，平底。一端带龙首状把手，素面。口长径26.8、短径24、底径12、高14厘米。

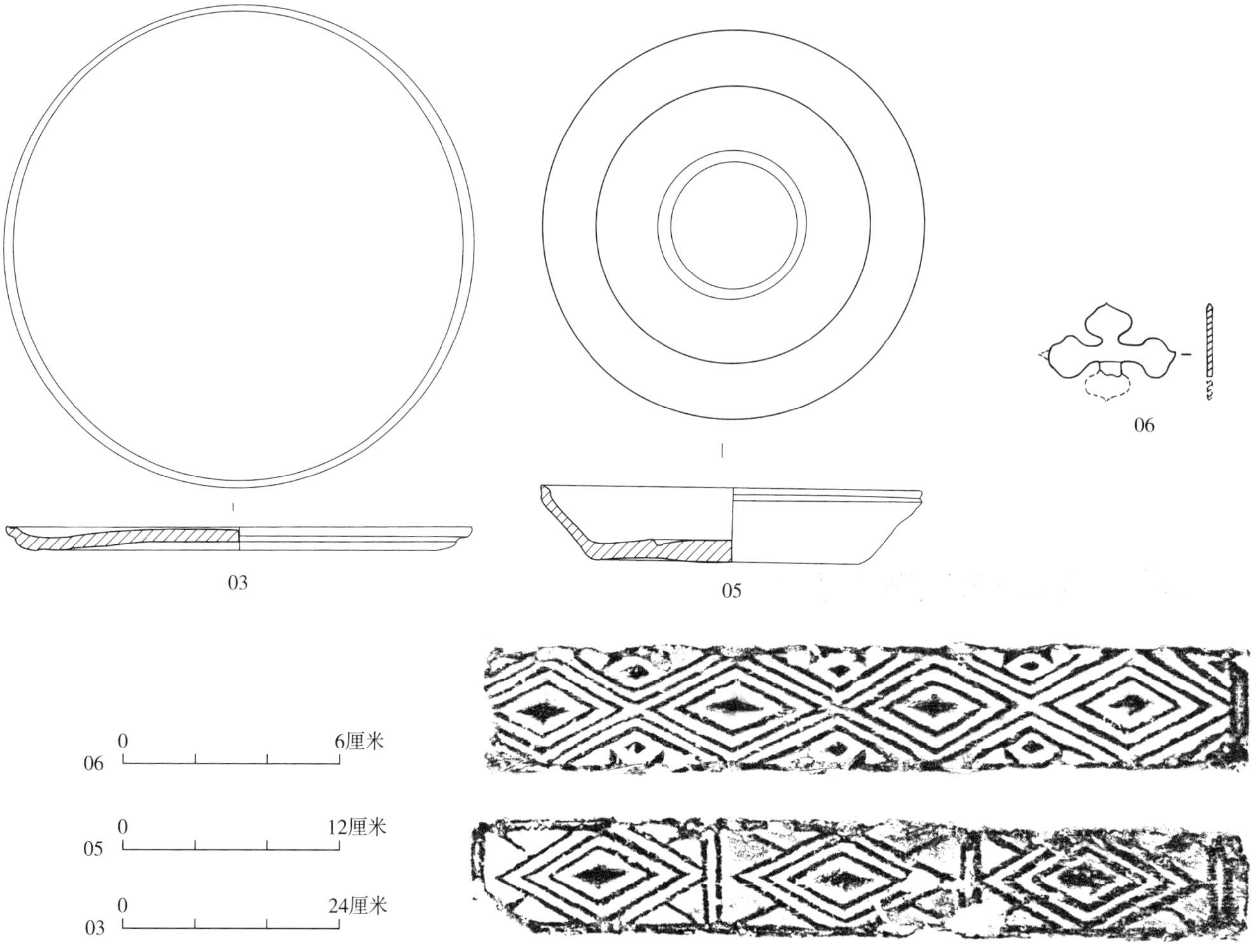

墓砖M585：09、010纹饰拓片（1/3）

图4-967 M585出土器物

03. 陶案 05. 陶盘 06. 铜柿蒂形饰

（2）铜器

铜柿蒂形饰　3件。形制基本相同。

标本M585：06，体扁薄，四瓣柿蒂，其中一蒂缺失。长3.5、残宽2.1厘米（图4-967，06）。

（三二）M586

墓葬形制

位于墓地东北部，打破M774，北面是M587，西面为M780。方向102°（图4-968）。

甲字形土坑竖穴砖室墓。由墓室、甬道、墓门、墓道组成。墓道斜坡状与墓门连接。长2、宽1.45～1.52米。墓口长5.5、宽2.7～2.8、深0.98米。墓室用青砖平铺顺向错缝垒砌而成。前室长1.54、宽2.74米。北壁青砖单排三层，南壁双排三层。铺地砖两层，第一层斜向平铺。第二层“人”字形排列，后室长2.76、宽2.8、深1米。南、北壁双排三层，东壁双排“丁”字形垒砌三层。墓底铺地砖两层，仅周边残存少量青砖，排列方式大致与前室相同。第一层斜向平铺。第二层情况不详。甬道连接前室和后室。长0.6、宽0.92米。墓门破坏严重，结构不明。砖一面饰绳纹，长28、宽14、厚4厘米。墓内填黄褐色五花土，土质疏松。填土中夹杂少量陶片及人骨残骸。

人骨无。

随葬器物无。

（三三）M589

1. 墓葬形制

位于墓地东北部，北面是M588，西南面为M587、M586。方向90°（图4-969）。

甲字形土坑竖穴砖室墓。墓口长2.9、宽1.74～1.8、深2.04米。墓室均用青砖垒砌。南、北两壁双排错缝顺向垒砌，现残存三层青砖。墓底铺地砖两层，均“人”字形垒砌。第一层立向、第二层平铺。墓道呈斜坡状，长4.95、宽0.87～1.05、深0.1～2.04米。在墓室与墓道处单排“丁”字形垒砌封门墙，高0.28～0.48米。砖长28、宽12、厚5厘米。墓内填黄褐色五花土，土质较疏松。填土中发现铜钱1枚。

人骨无。

随葬器物无。

2. 出土遗物

铜器

铜钱　1枚。

标本M589：01，五铢，圆形方穿，正面有轮无郭，背面轮郭俱全。“五”字两笔交叉弯曲，“铢”字“金”字头呈三角形，“朱”字上部圆折。直径2.57、穿径1、厚0.14厘米（图4-969，01）。

（三四）M590

1. 墓葬形制

位于墓地东北部，东面是M591，西南面为M905。方向93°（图4-970；彩版二五四，1）。

中字形土坑竖穴砖室墓。由后室、前室、甬道、耳室、墓道组成。墓道斜坡状，长4.56、宽0.84～0.96、

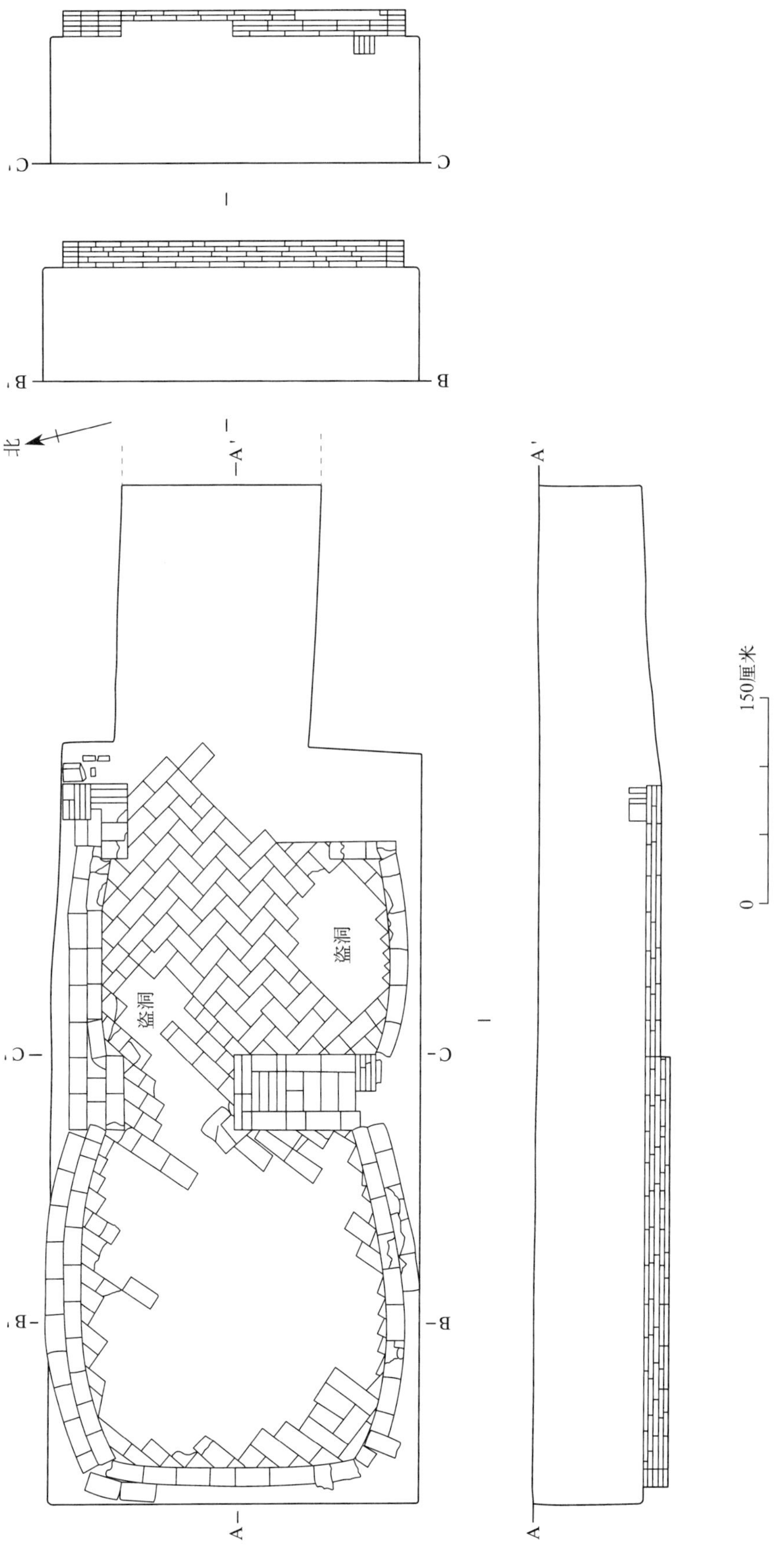

图4-968　M586平、剖面图

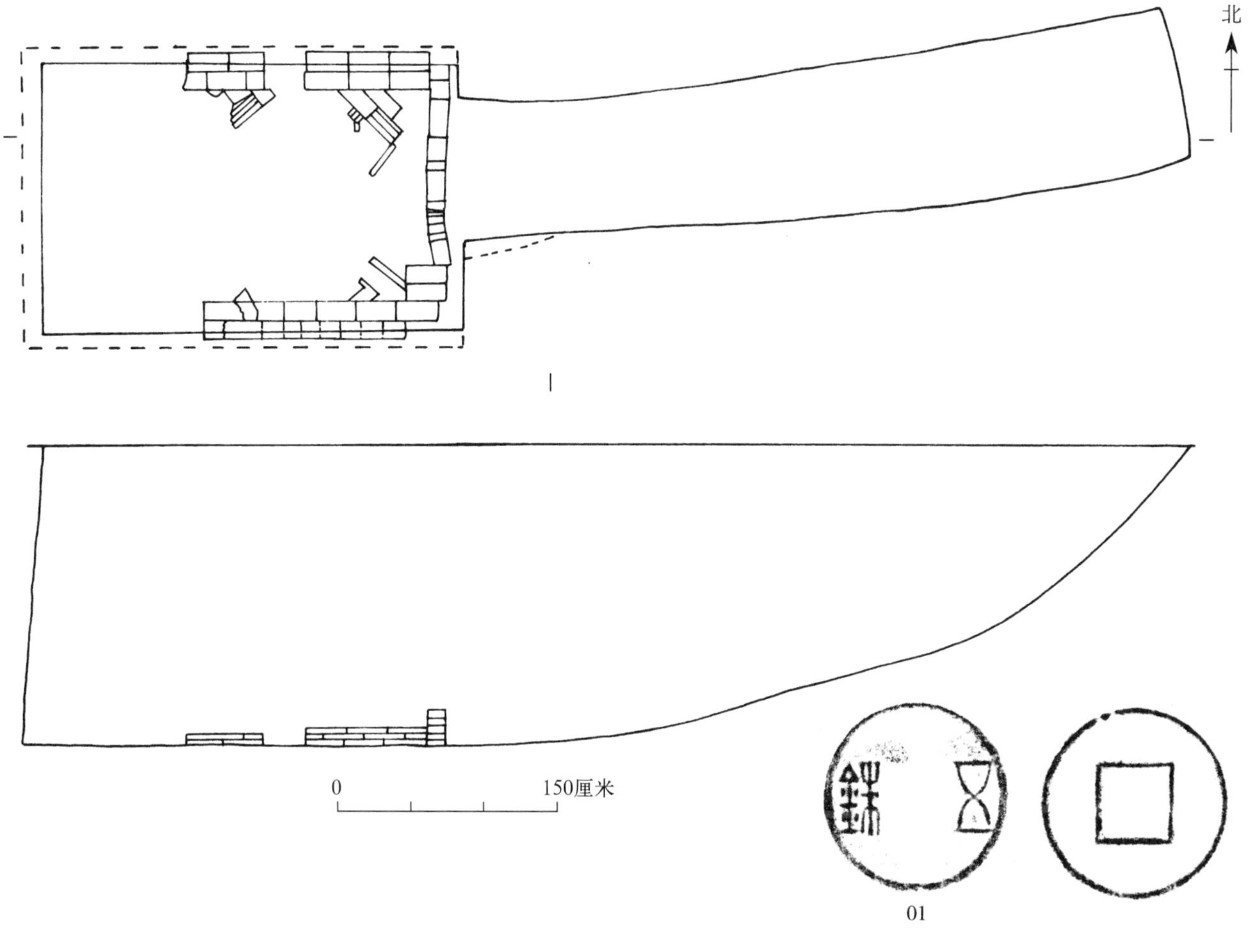

图 4-969　M589 及出土器物

01. 铜钱

深 0 ～ 2.22 米。墓口长 5.9、宽 0.9 ～ 2.28、深 2.22 米。后室南、北、东壁用青砖错缝平铺或侧向叠砌六层。东侧残存部分盝顶（彩版二五四，2、3），砖与砖缝隙多用厚薄不等陶片加固，长 2.55、宽 1.1 ～ 1.86、深 1.86 米。前室青砖垒砌方式与后室相同。长 1.98、宽 1.92、深 1.13 米。耳室分为南、北两个室。南侧东、西、南三壁垒砌与后室相同。北侧墓室口部多用横铺，南侧多竖向、横、竖向混铺，排列无规律。底部平铺三层青砖。长 1.06、宽 0.7、深 1.05 米。北耳室双排青砖对缝横向平铺与单排青砖“丁”字形垒砌交替使用。底部形制同南耳室。长 0.72、宽 0.26 ～ 0.32、高 0.6 米。南壁残长 0.48、宽 0.3、残高 0.6 米。西端破坏殆尽。下部三层青砖均为平铺，上面一层侧向青砖排列一层。每三层青砖平铺加一层侧向交替垒砌。甬道长 0.6、宽 0.85、高 0.3 米。南壁残存六层青砖，采用双排对缝、错缝或“丁”字形平铺垒砌。墓底平铺一层青砖，“人”字形排列。砖长 30、宽 14、厚 5 厘米。墓内填黄褐色五花土，土质较坚硬。夹杂大量碎砖、釉陶片及人骨残骸。填土中发现 1 件釉陶案，铁环首刀 1 件。

人骨 2 具。仅残存墓主头骨。1 号个体，性别、年龄无法鉴定。2 号个体，男性，成年。

2. 出土遗物

（1）釉陶

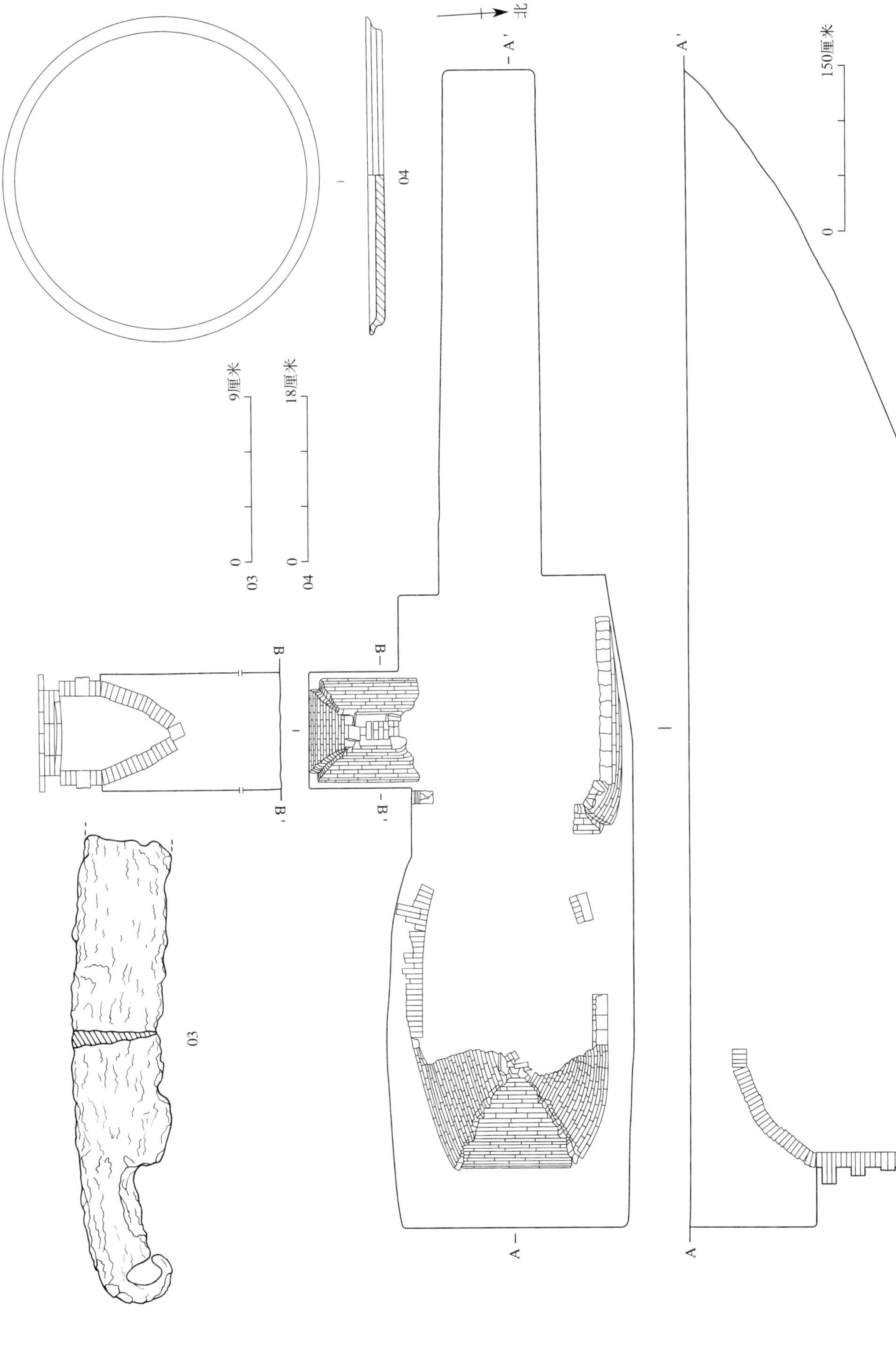

图4-970　M590及出土器物

03. 铁环首刀　04. 釉陶案

釉陶案　1件。

标本M590∶04，泥质红褐胎黄褐釉。敞口，圆唇，沿微凹，浅盘，平底。素面。口长径35、底径32、高1.8厘米（图4-970，04）。

（2）铁器

铁环首刀　1件。

标本M590∶03，锈蚀较重。断面三角形，弧背，直刃，刀身前端缺失。残长24.9厘米（图4-970，03）。

（三五）M602

1. 墓葬形制

位于墓地东北部，打破M731，东面是M611，西南面为M728。方向290°（图4-971；彩版

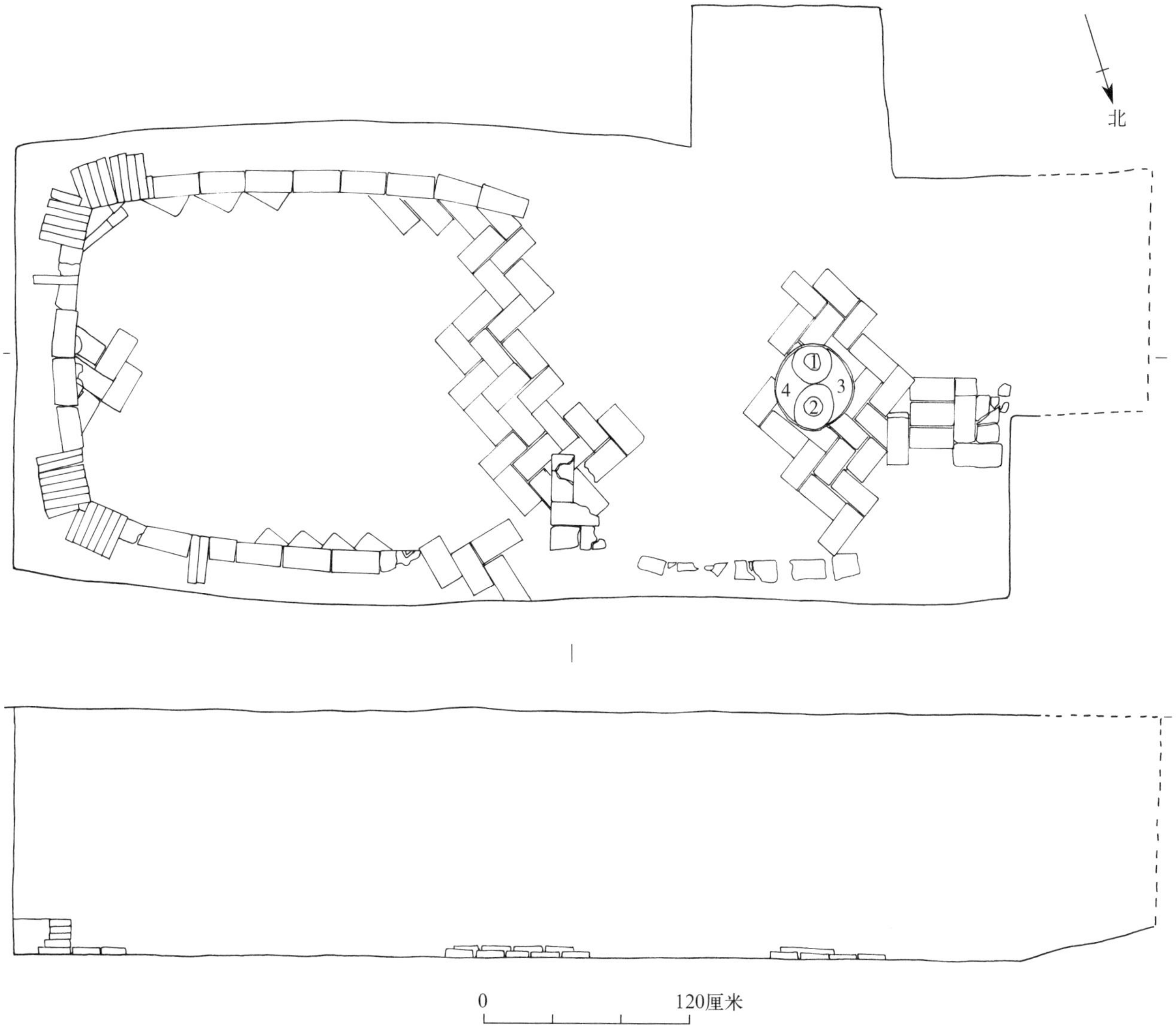

图4-971　M602平、剖面图

1～3. 陶盘　4. 陶案

二五五，1、2）。

中字形土坑竖穴砖椁墓。由后室、前室、耳室及墓道组成。墓室呈不规则长方形，长6、宽2.3～2.8、深1.4米。四壁均用青砖垒砌。三层顺向平铺后，中间一层横向垒砌。耳室位于前室南侧，长1～1.2、宽0.9、高1.4米。由于破坏严重，垒砌青砖破坏殆尽。墓底铺地砖"人"字形排列。砖长27、宽13、厚4厘米。墓内填黄褐色五花土，土质较坚硬。夹杂大量碎砖。填土中发现器物10件。其中陶耳杯3件，陶魁、陶勺、铜泡钉、铜铃各1件，铜钱3枚。

人骨无。

随葬陶器4件。陶案1件，陶盘3件，均放在前室。

2. 出土遗物

（1）陶器

陶案　1件。

标本M602∶4，泥质灰陶。敞口，沿面内凹圆唇，浅盘，下部内收，凹底。素面。口径44、底径36、高3厘米（图4-972，4；彩版二五五，3）。

陶盘　3件。形制相同。泥质灰陶。敞口，沿面外斜，尖唇，浅腹，平底。盘内底部饰两周凸弦纹，弦纹间饰白色彩绘。

标本M602∶1，底部内饰白彩，已脱落，仅遗留白色痕迹。口径21.5、底径16、高3.5厘米（图4-972，1；彩版二五五，4）。

标本M602∶2，腹部有一周凸弦纹，底部内饰两周凸弦纹，间饰白色彩绘。口径20.8、底径15.6、高3.4厘米（图4-972，2）。

标本M602∶3，腹部有轮制凸弦纹，盘内底部饰三周凸弦纹。口径19.8、底径12.5、高3.8厘米（图4-972，3）。

陶魁　1件。

标本M602∶08，泥质灰陶。椭圆形口，敞口，沿面内斜，尖唇，深腹，下部弧收，平底微凹。柄部向下弯曲，素面。长27.6、宽20.8、底径14、高8.8厘米（图4-972，08；彩版二五五，5）。

陶勺　1件。

标本M602∶04，泥质灰陶。破碎严重，未修复。

陶耳杯　3件。泥质灰陶。器身椭圆形。侈口，平沿，下腹弧收，平底。口沿两侧饰新月形耳，素面。

标本M602∶05，方唇，内壁饰红彩。口长径13、短径10、高4.6厘米（彩版二五五，6）。

标本M602∶06，尖唇，内壁饰红彩。口长径13.6、短径12.4、高5.4厘米。

（2）铜器

铜铃　1件。

标本M602∶03，体扁薄扁正方形，中空，顶端有圆弧形实心纽，横截面近似椭圆形。高3.3、宽3.3～3.5厘米（图4-972，03）。

铜泡钉　1件。

标本M602∶02，半圆形。伞形泡面弧起，内有尖钉。直径2.3、高1.1厘米（图4-972，02）。

铜钱　3枚。均为五铢。圆形方穿，钱正、反两面均有郭。"五"字两笔交叉弧曲，"铢"字"金"

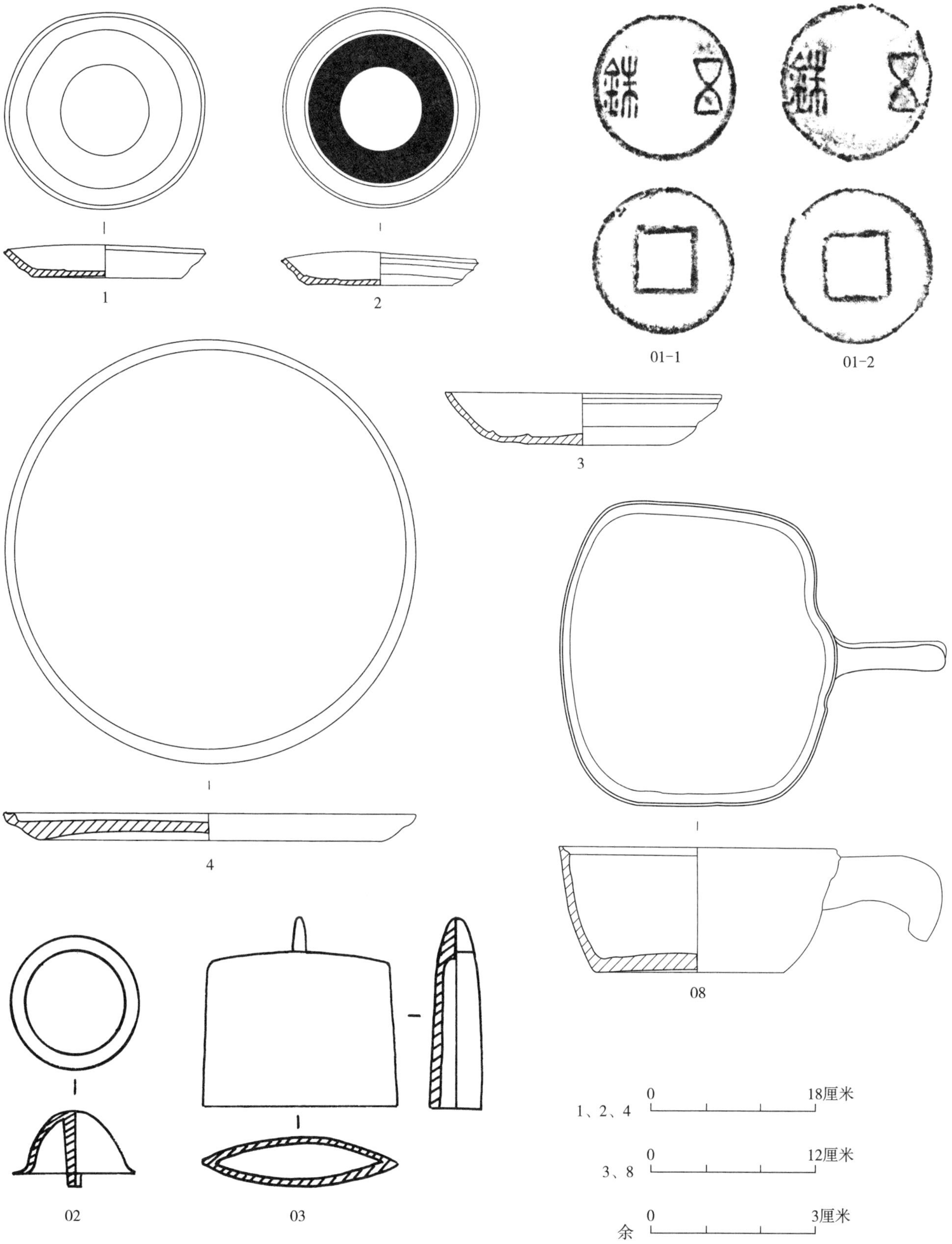

图 4-972　M602 出土器物

1～3. 陶盘　4. 陶案　01-1、2. 铜钱　02. 铜泡钉　03. 铜铃　08. 陶魁

字头呈三角形，“朱”字上部圆折。

标本 M602：01-1、2，直径 2.6、穿径 1、厚 0.16 厘米（图 4-972，01-1、2）。

（三六）M605

1. 墓葬形制

位于墓地东北部，打破 M720，东北面是 M615，东面是 M604。方向 100°。

中字形土坑竖穴砖室墓。由墓道、前室、耳室、后室组成。墓道斜坡状，位于前室西壁南侧，东西长 3.8、南北宽 1.2、深 0～1.54 米。前室残存铺地砖为斜向平铺。后室南、北壁仅见少量青砖。耳室位于前室南侧，东西长 1.34、南北宽 0.48 米。墓底铺地砖斜向排列，砖一面饰绳纹两侧菱形纹，长 34、宽 14、厚 6 厘米（图 4-973，05）。墓内填黄褐色五花土，土质较疏松。夹杂大量碎砖、陶片及人骨残骸。填土中发现陶案、陶盘各 1 件，铜钱 2 枚。

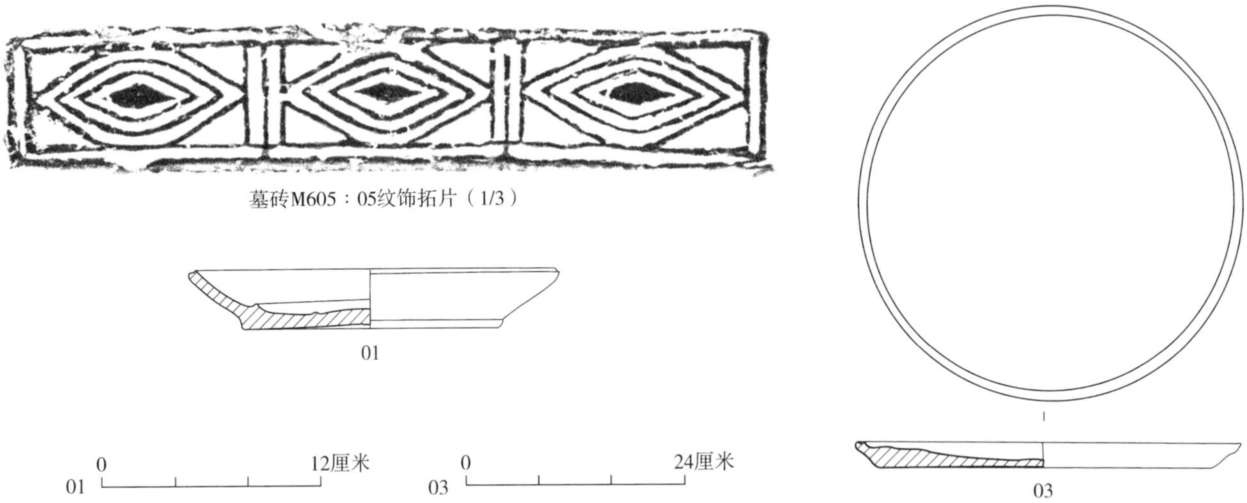

图 4-973　M605 出土器物

01. 陶盘　03. 陶案

人骨 1 具。性别、年龄无法鉴定。

随葬器物无。

2. 出土遗物

（1）陶器

陶盘　1 件。

标本 M605：01，泥质灰陶。敞口，尖唇，浅腹，斜壁，平底微凹。口径 20.2、底径 14.4、高 3.2 厘米（图 4-973，01）。

陶案　1 件。

标本 M605：03，泥质红陶。敞口，沿面微凹，圆唇，浅腹，平底。素面。口径 42、底径 36、高 2.8 厘米（图 4-973，03）。

（2）铜器

铜钱　2枚。均为五铢。圆形方穿，正面有轮无郭，背面轮郭俱全。根据钱文字体不同分为两种。

第一种　1枚。“五”字两笔交叉微曲，“铢”字“金”头三角形，“朱”字上部方折，周郭部分被磨掉。

标本M605∶02，直径2.3、穿径1、厚0.09厘米（图4-974，02）。

第二种　1枚。“五”字两笔交叉弯曲，与上、下两横相交处近垂直，“铢”字“金”头呈镞形，“朱”字上、下两笔圆折。

标本M605∶04，直径2.6、穿径1、厚0.13厘米（图4-974，04）。

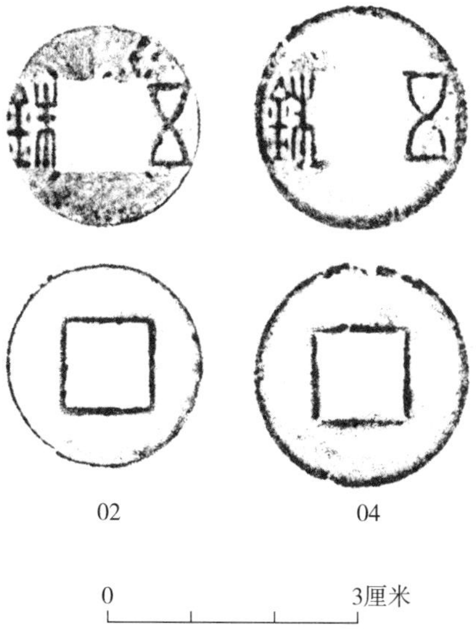

图4-974　M605出土器物

02、04. 铜钱

（三七）M656

1. 墓葬形制

位于墓地东北部，北面打破M704，南面打破M793。方向280°（图4-975）。

中字形土坑竖穴砖室墓。由后室、前室、耳室、甬道、墓道组成。墓道斜坡状与墓室相连，仅见两层封门砖，长3.62、宽1.14～1.28、深0～0.75米。墓口长5.8、宽1.14～5.8、深0.63米。墓室均用青砖错缝垒砌。后室长3.46、宽1.75～2.1、高0.54米。东、南、北壁残存四～十一层青砖。采用侧立“丁”字形和平铺顺向垒砌。前室长1.54、宽2.28、高0.56米。南、北耳室砌筑方式与后室相同。南耳室有十一层青砖，长1.36、宽0.98、高0.56米。北耳室仅残存五层青砖，长1.36、宽0.82、高0.24米。甬道位于前室中部偏南，中间平铺顺向两排，两边侧向“丁”字形垒砌各一排。长0.56、宽0.88、高0.42米。墓底平铺一层青砖“人”字形排列。砖侧面饰菱形纹，长27、宽14、厚5厘米。墓内填黄褐色五花土。含大量碎砖、陶片、料姜石及人骨残骸。填土中发现陶瓮1件，铜钱23枚。

人骨1具。男性。成年个体。

随葬铜镜1枚，放在墓道口部南侧。

2. 出土遗物

（1）陶器

陶瓮　1件。

标本M656∶01，夹砂白陶。侈口，方唇，短颈，鼓腹，圜底。肩部刻划交叉符号，素面。口径28、高43.2厘米（图4-976，01）。

（2）铜器

铜镜　1枚。

标本M656∶1，日光凸弦铭带镜。圆形，圆纽，圆纽座。座外一周凸弦纹。外区两周短斜线和凸弦纹组合纹带，其间为顺时针铭文带“见日月心，勿夫”。圆转式篆隶体、个别笔画呈楔形，每字间隔一类似涡纹符号。窄素平缘。面径6.5、缘厚0.25厘米（图4-976，1）。

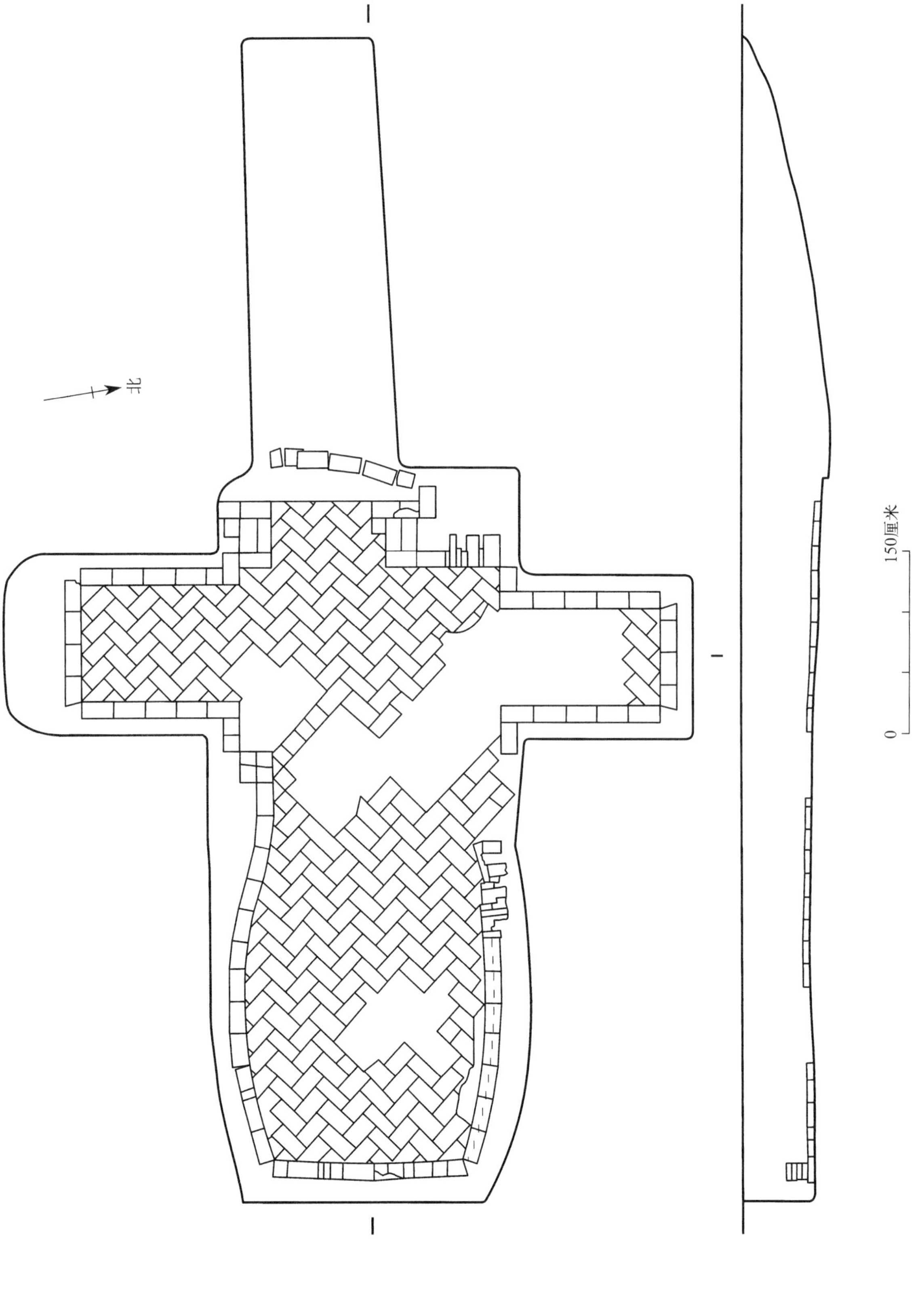

图 4-975　M656 平、剖面图

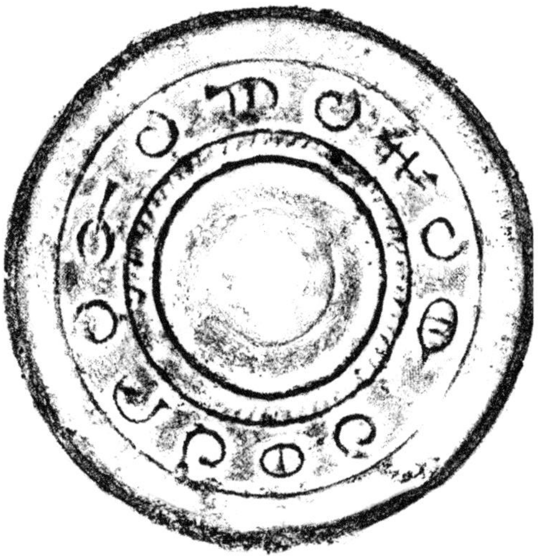

1

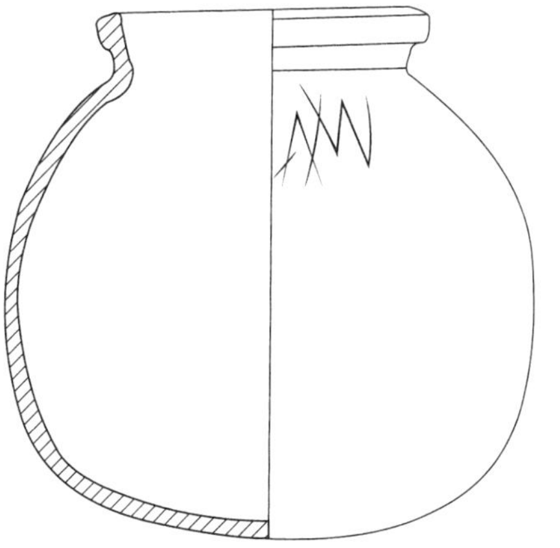

01

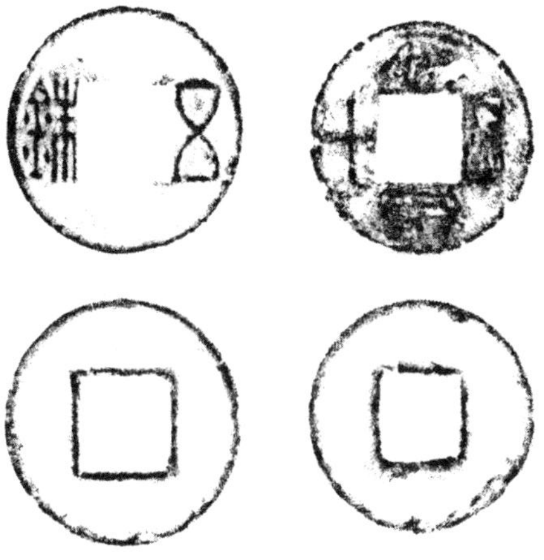

02-1　02-2

01　0　24厘米

余　0　3厘米

图 4-976　M656 出土器物

1. 铜镜　01. 陶瓮　02-1、2. 铜钱

铜钱　23 枚，其中 3 枚破碎。为五铢、大泉五十。

五铢　22 枚。圆形方穿，正、背面轮郭俱全。“五”字两笔交叉弯曲，“铢”字“金”头呈三角形，与“朱”等齐，“朱”字上部方折。

标本 M656：02-1，直径 2.6、穿边长 1、厚 0.14 厘米（图 4-976，02-1）。

大泉五十　1 枚。圆形方穿，正面有轮无郭，背面轮郭俱全。钱文篆书，对读。

标本 M656：02-2，直径 2.4、穿边长 0.9、厚 0.12 厘米（图 4-976，02-2）。

（三八）M681

1. 墓葬形制

位于墓地东北部，打破 M841，南面为 M682。方向 290°（图 4-977）。

甲字形土坑竖穴砖室墓。分墓道、甬道、墓室组成。墓道斜坡状，长 2.4、宽 1.08、深至墓门 1.62 米。甬道被破坏，残高 0.2 ～ 0.28、宽 0.8、进深 0.5 米。墓长 3.6、宽 2.4、深 1.62 米。墓室长 3.3、宽 1.3 ～ 1.98、残高 0.5 米。南、北、东壁青砖平铺错缝顺向垒砌，仅残存九层。墓底一层铺地砖南北横向平铺而成。砖长 32、宽 12、厚 4 厘米（图 4-977，01）。墓内填黄褐色五花土，土质较坚硬。填土中发现铜钱 3 枚。

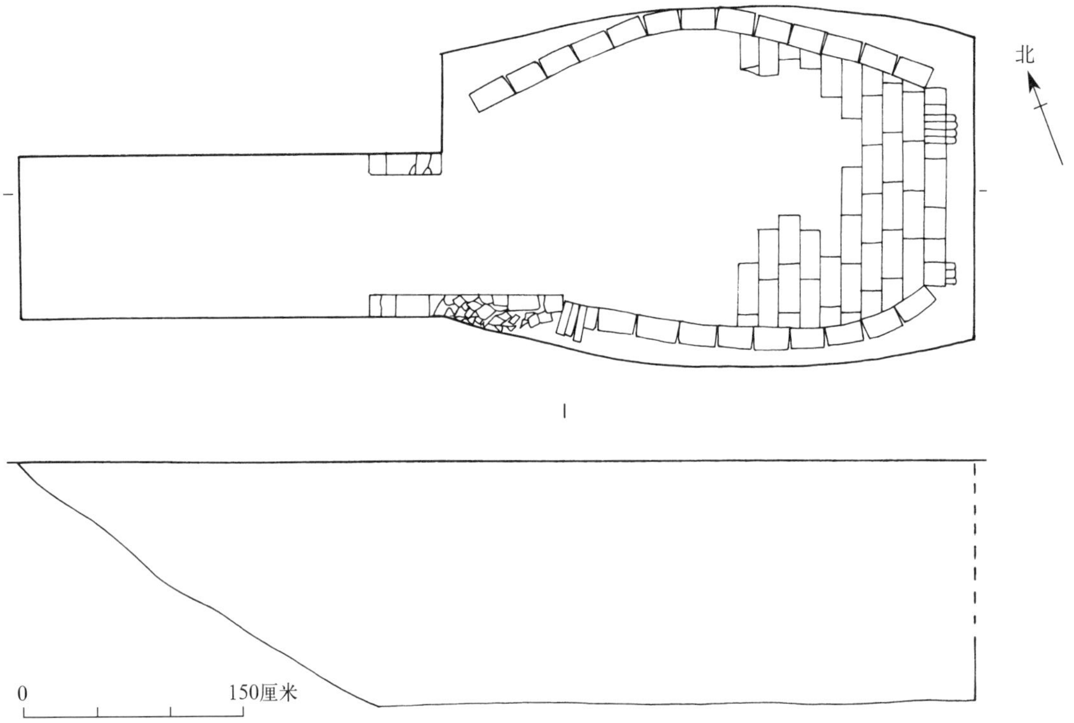

墓砖M681：01纹饰拓片（1/3）

图 4-977　M681 平、剖面图

人骨无。

随葬器物无。

2. 出土遗物

铜器

铜钱　3 枚，锈蚀严重，其中 2 枚破碎，1 枚残缺，“五铢”二字能辨认。

（三九）M711

1. 墓葬形制

位于墓地东北部，打破 M714，北面是 M840，南面为 M712。方向 283°（图 4-978；彩版二五六，1、2）。

长方形土坑竖穴砖室墓。由墓道和墓室组成。墓口长 2.37、宽 0.85、深 0.95 米。墓道呈斜坡状，长 1.93、宽 0.44 ～ 0.57、深 0.3 ～ 0.95 米。墓室平面长方形，长 2.05、宽 0.5、高 0.72 米。顶部侧向“丁”字形拱起，中间碎砖填充。东、南、北壁青砖平铺错缝顺向垒砌而成。西壁为墓门。墓底铺地砖“丁”字形。砖一面饰绳纹侧面菱形纹，长 35、宽 13、厚 5 厘米（图 4-979，01）。木棺已腐朽，仅见板

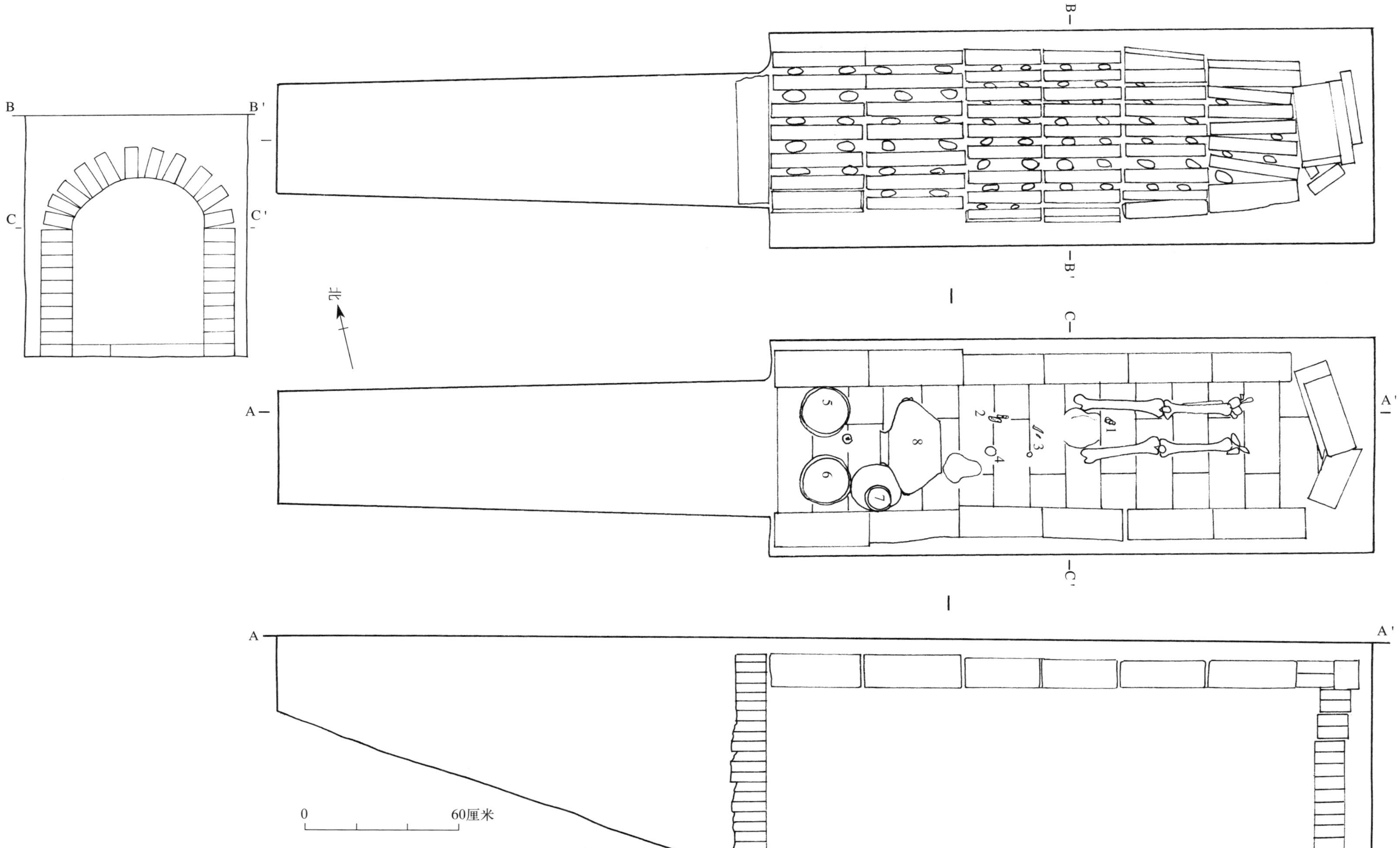

图 4-978　M711 平、剖面图

1. 铜钱（42）　2. 圆陶片　3. 铜环　4. 陶纺轮　5、6. 陶钵　7. 陶罐　8. 陶扁壶

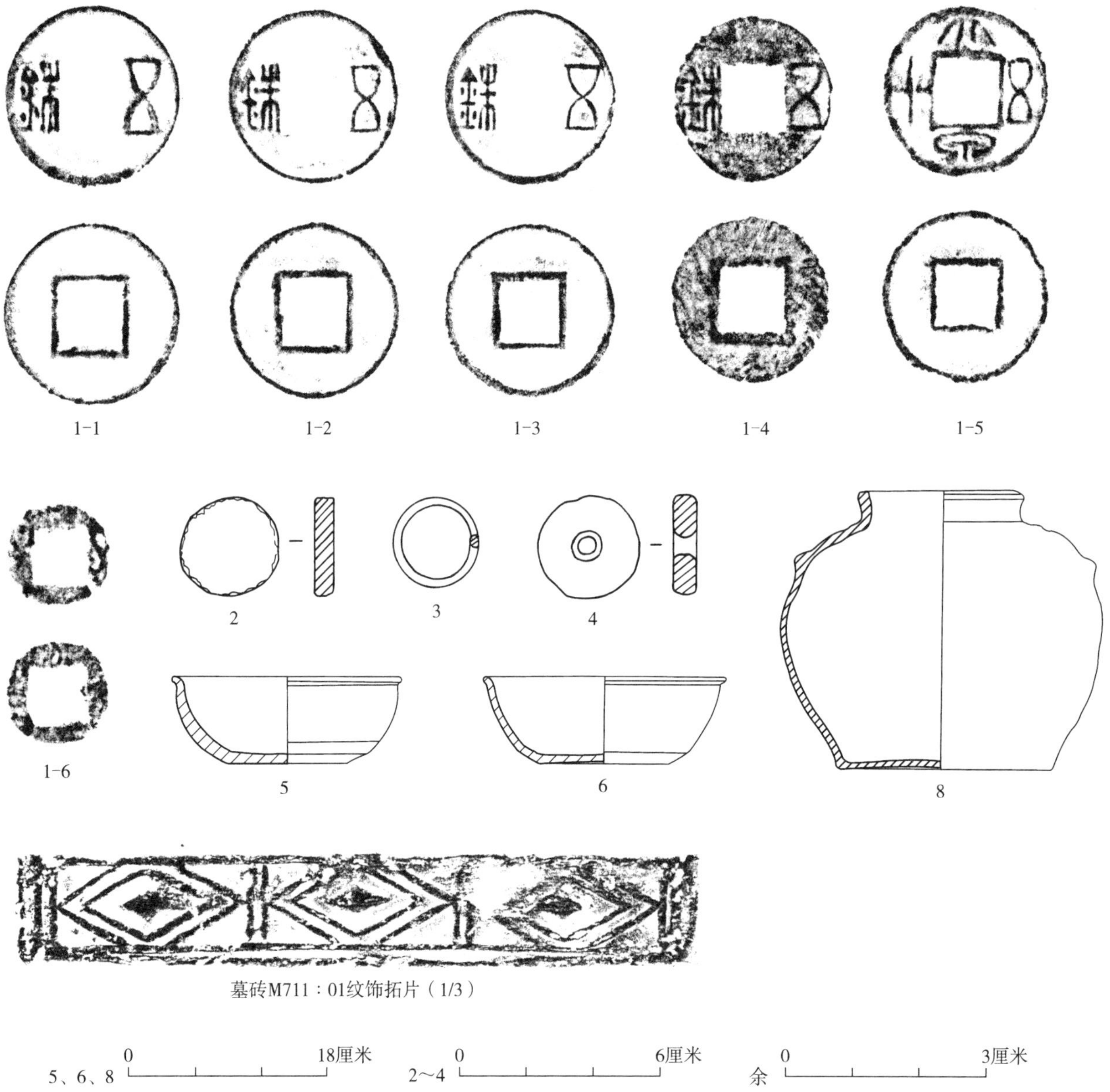

图 4-979　M711 出土器物

1-1～6. 铜钱　2. 圆陶片　3. 铜环　4. 陶纺轮　5、6. 陶钵　8. 陶扁壶

灰痕迹。长 1.4、宽 0.4 米。墓内填黄褐色五花土，土质较疏松。夹杂少量黏土块和碎砖等。

人骨 1 具。头向西，面向上，仰身直肢。骨骼腐朽严重，仅存下肢骨残骸。性别无法鉴定，16 岁以下未成年。

随葬器物 49 件。陶罐、陶扁壶、陶纺轮各 1 件，陶钵 2 件放在墓室西端。圆陶片 1 件，铜环 1 件，铜钱 42 枚散落于墓主上身周围。

2. 出土遗物

（1）陶器

陶罐　1 件。

标本M711∶7，残破严重，未能修复。

陶钵　2件。泥质灰陶。侈口，圆唇，弧腹，平底。素面。

标本M711∶5，口径20.2、底径10.9、高7.6厘米（图4-979，5）。

标本M711∶6，底微凹。口径21.5、底径11.5、高7.6厘米（图4-979，6；彩版二五六，3）。

陶扁壶　1件。

标本M711∶8，夹砂灰陶。敞口，平沿，方唇，粗短颈，扁鼓腹，平底。肩上部安对称桥形盲鼻，素面。口径15、底长径19.2、短径12.8、高30.4厘米（图4-979，8；彩版二五六，4）。

陶纺轮　1件。

标本M711∶4，夹砂灰陶。圆形，中间有圆孔，边缘外弧。表面较平整。素面。直径3、厚0.7厘米（图4-979，4）。

圆陶片　1件。

标本M711∶2，夹砂红陶。表面略粗糙，扁圆形，截面长条形。边缘略有磕痕。素面。直径2.9、厚0.6厘米（图4-979，2）。

（2）铜器

铜环　1件。

标本M711∶3，圆形，横断面仅椭圆形。素面。外径2.7、内径2.1厘米（图4-979，3；彩版二五六，5）。

铜钱　42枚。为五铢、大泉五十。

五铢　41枚。圆形方穿，正面有轮无郭，背面轮郭俱全。根据钱文字体不同分为两种。

第一种　12枚。“五”两笔交叉弯曲，与上、下两横相交处微敞或垂直，“铢”字“金”头呈三角形，有大、小之分，“朱”字上部方折。

标本M711∶1-1、2，直径2.6、穿边长1、厚0.13厘米（图4-979，1-1、2）。

第二种　29枚。“五”字两笔交叉弯曲，与上、下两横相交处敞口，“铢”字“金”字旁头呈三角形，“朱”字上部圆折，有的周郭部分被磨，个别剪边严重，“五铢”二字仅存半字。

标本M711∶1-3～5，直径2.5、穿边长1、厚0.12厘米（图4-979，1-3～5）。

大泉五十　1枚。

标本M711∶1-6，钱文篆书，对读。直径1.5、穿边长0.9、厚0.12厘米（图4-979，1-6）。

（四〇）M712

1. 墓葬形制

位于墓地东北部，北面是M711，东面为M846，西面是M713。方向277°（图4-980）。

长方形土坑竖穴砖室墓。由墓室、墓道组成。墓道长1.8、宽0.5、深0.25～0.95米。墓口长2.8、宽0.8、深0.95米。墓葬被盗严重，垒砌青砖破坏殆尽，形制与结构不明。墓底仅见少量铺地砖，红砖横向排列。砖长35、宽14、厚5厘米。墓内填黄褐色细砂土，土质较疏松。填土中发现陶扁壶1件，铜钱1枚。

人骨无。

随葬器物无。

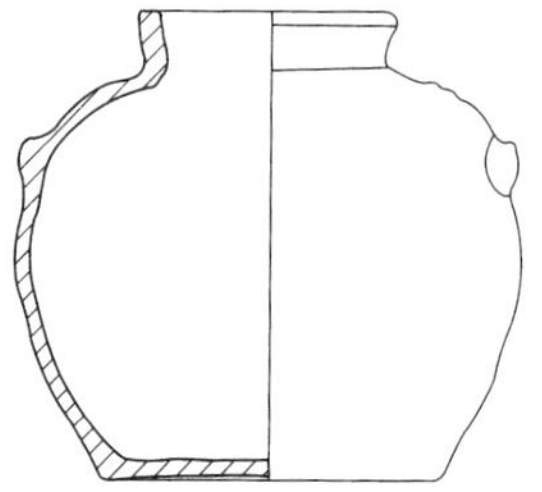

图4-980　M712及出土器物

01. 陶扁壶

2. 出土遗物

（1）陶器

陶扁壶　1件。

标本M712∶01，夹砂白陶。喇叭形口，方唇，粗短颈，扁鼓腹，平底微凹。肩上部安对称桥形盲鼻，素面。口径14、底长径14、短径11、高25厘米（图4-980，01）。

（2）铜器

铜钱　1枚。

标本M712∶02，五铢，部分缺失。圆形方穿，正面有轮无郭，背面轮郭俱全。周郭部分被磨。“五”字存多部分，两笔交叉弯曲，“朱”字上部方折。直径2.4、穿边长1、厚0.1厘米。

（四一）M714

1. 墓葬形制

位于墓地东北部，被M711打破，东面是M710，南面为M846。方向284°（图4-981）。

甲字形土坑竖穴砖室墓。由墓室、墓道组成。墓道斜坡状，长4、宽0.9、深至墓门1.3米。墓口长3.7、宽1.3～1.6、深1.3米。墓室长3.45、宽0.96、高0.45～0.9米。因遭盗扰，垒砌青砖破坏殆尽，仅存少量铺地砖“人”字形排列。砖长26、宽12、厚5厘米。墓内填黄褐色细砂土，土质较疏松。填土中夹杂大量碎砖及零散人骨遗骸。发现铜钱2枚。

人骨1具。男性，年龄30～40岁。

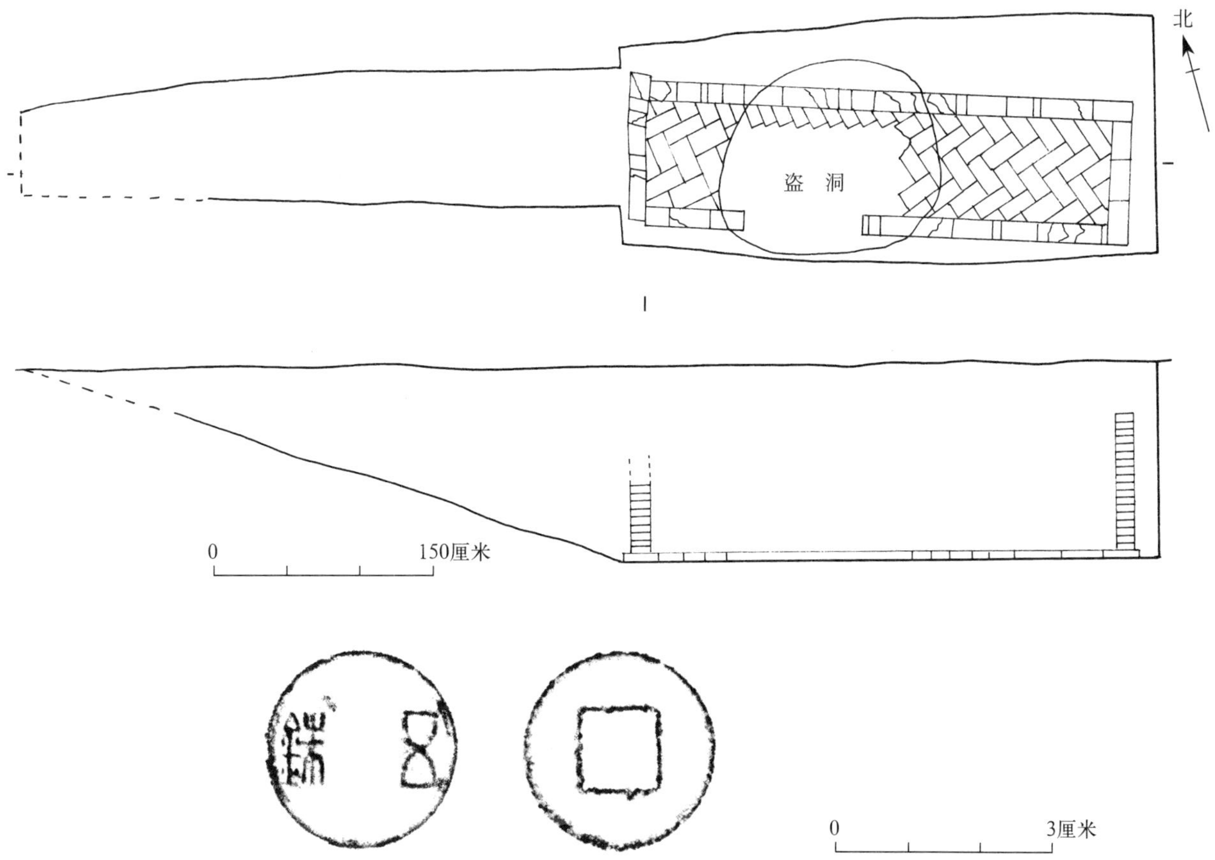

图 4-981　M714 及出土器物

01. 铜钱（2）

随葬器物无。

2. 出土遗物

铜器

铜钱 2 枚。1 枚破碎严重。

标本 M714：01-1，五铢，圆形方穿，正面有轮无郭，背面轮郭俱全。“五”字两笔交叉弯曲，与上、下两横相交处为微收，“朱”字上部方折。直径 2.6、穿边长 1、厚 0.14 厘米（图 4-981，01-1）。

（四二）M719

1. 墓葬形制

位于墓地东北部，打破 M734，北面是 M832，东面为 M898。方向 275°（图 4-982；彩版二五七，1）。

“刀”形土坑竖穴砖室墓。由墓室、甬道、墓道组成。墓道长 4.2、宽 0.9 ～ 1.05、深至墓门 1.24 米。甬道宽 0.76、高 0.1 ～ 0.8 米。墓口长 3.7、宽 1.8 ～ 2.1、深 1.18 米。墓室由红砖和青砖错缝平铺、侧立顺向或对缝“丁”字形垒砌（彩版二五七，2）。长 2.94、宽 1.7、深 0.8 ～ 0.92 米。墓底铺地砖“人”字形排列。砖一面饰绳纹、侧面菱形纹，长 34、宽 14、厚 5 厘米（图 4-983，014；彩版二五七，3）。墓内填黄褐色五花土，土质疏松。夹杂少量碎砖及人骨遗骸。填土中发现陶器 14 件。扁壶、案、樽、

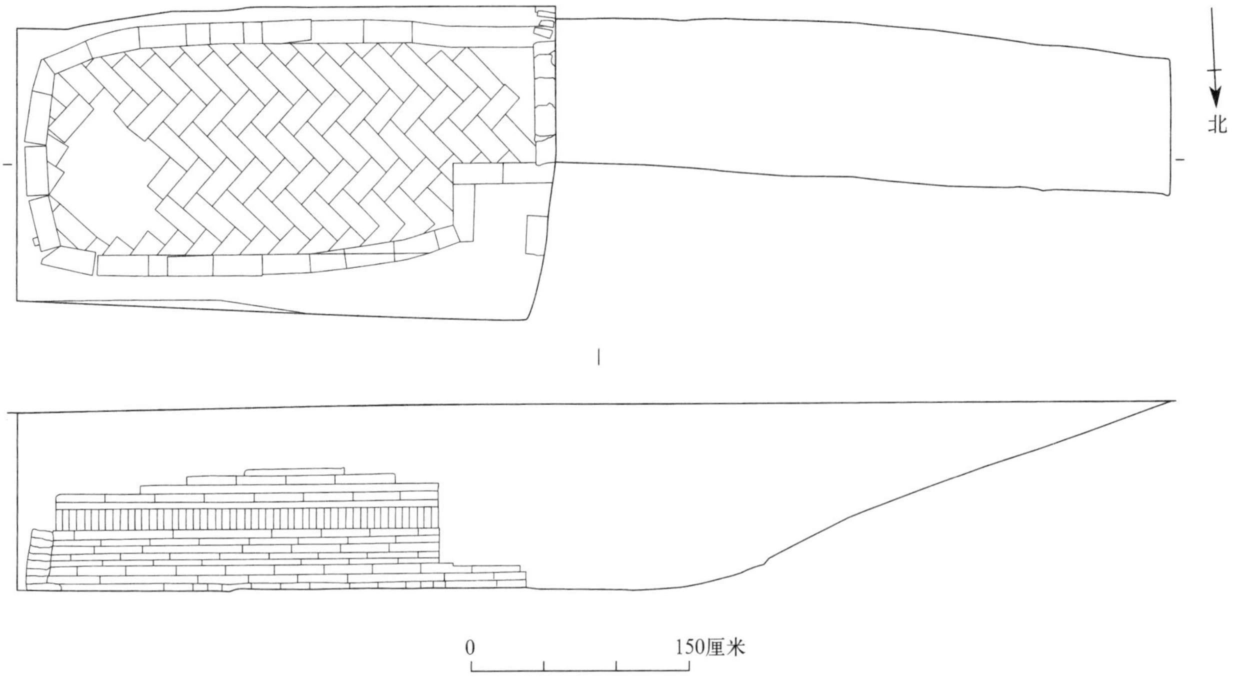

图 4-982 M719 平、剖面图

魁、勺各1件，盆、盘各2件，耳杯5件。

人骨1具。男性，年龄30～40岁。

随葬器物无。

2. 出土遗物

陶器

陶扁壶 1件。

标本M719∶03，夹砂白陶。喇叭口，粗短颈，扁鼓腹，平底微凹。肩上部安对称桥形盲鼻，素面。口径16、底长径24.8、短径12、高26厘米（图4-983，03；彩版二五八，1）。

陶盘 2件。泥质灰陶。敞口，方唇。浅腹，斜壁，平底内凹。素面。

标本M719∶05，底盘内底部饰一周凹弦纹。口径21、底径13、高4.2厘米（图4-983，05）。

标本M719∶06，沿内斜，方唇。盘内底部饰两周圆形凸弦纹。口径20.9、底径14.2、高3.9厘米（图4-983，06；彩版二五八，2）。

陶樽 1件。

标本M719∶011，泥质灰陶。直口，平沿，尖唇，深腹，直壁，下部微内收，平底，蹄形足。口沿外侧饰一周凹弦纹。口径19.2、高10厘米（图4-983，011；彩版二五八，3）。

陶耳杯 5件。泥质陶。器身椭圆形。尖唇，敞口，下腹内收，口沿两侧饰新月形耳，素面。

标本M719∶09，红黄绿釉陶。底微凹。口长径16、短径12、高4.5厘米（图4-984，09；彩版二五八，4）。

陶盆 2件。泥质灰陶。敞口，沿面内凹，方唇，深腹，下部斜收，小平底。腹部饰数周凹弦纹。

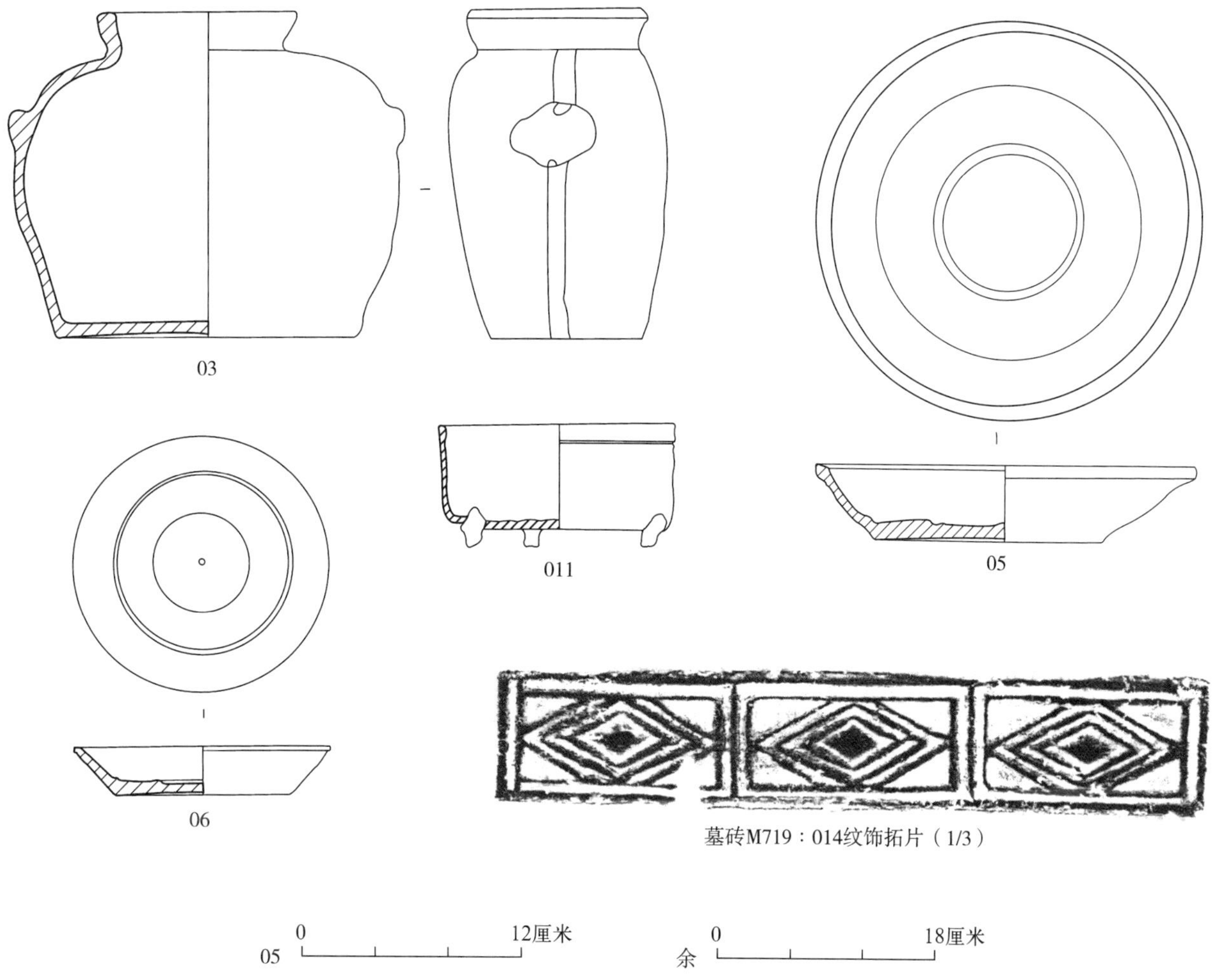

图 4-983　M719 出土器物

03. 陶扁壶　05、06. 陶盘　011. 陶樽

标本 M719：01，口径 41.6、底径 18.4、高 16.8 厘米（图 4-984，01）。

标本 M719：02，口径 37、底径 14.5、高 18 厘米（图 4-984，02；彩版二五八，5）。

陶案　1 件。

标本 M719：08，泥质红陶。尖唇，浅盘，圜底。素面。口径 46.4、高 2.2 ～ 3.2 厘米（图 4-984，08）。

陶魁　1 件。

标本 M719：012，泥质灰陶。把首残缺，不规则形口，斜沿，尖唇，下腹弧收，平底微凹。素面。口长 22.5、宽 16.8、高 8.2 厘米（图 4-984，012；彩版二五八，6）。

陶勺　1 件。

标本 M719：013，泥质红陶。把首残缺，椭圆形口，尖唇，深腹，下部内收，圜底。素面。残长 9、宽 6、残高 6.2 厘米（图 4-984，013；彩版二五八，7）。

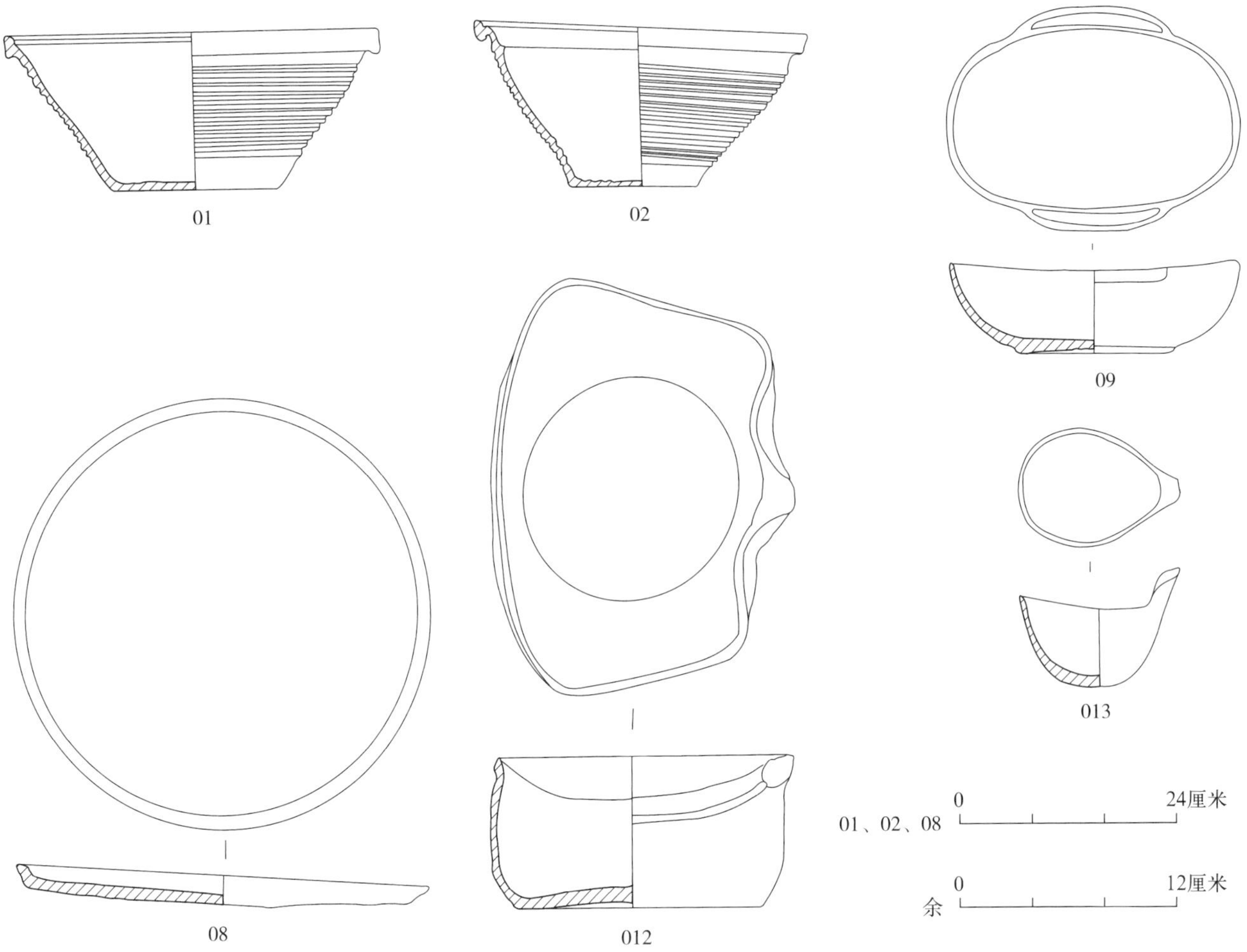

图 4-984　M719 出土器物
01、02. 陶盆　08. 陶案　09. 陶耳杯　012. 陶魁　013. 陶勺

（四三）M749

1. 墓葬形制

位于墓地中部，被 M517 打破，打破 M775，东北面是 M750。方向 276°（图 4-985）。

甲字形土坑竖穴砖室墓。由墓室、甬道、封门墙、墓道组成。墓道长 1.8、宽 0.9～1.04、至墓底深 2.08 米。甬道长 0.7、宽 0.8、高 0.92 米。墓口长 3.4、宽 2.52、深 2.06 米。墓室平面近椭圆形，长 3.29、宽 2.32、高 1.04 米。墓壁青砖平铺错缝“丁”字形垒砌，仅残留十九层。墓底青砖交错平铺一层，“人”字形排列，中间破坏殆尽，仅剩周边少量青砖。墓门平铺错缝顺向垒砌十一层青砖封堵。宽 0.26、高 0.52 米，砖一面饰绳纹两侧面饰菱形纹，长 33、宽 14、厚 6 厘米（图 4-986，05）。墓内填黄褐色花土，土质疏松。夹杂大量砖块及人骨遗骸。填土中发现陶樽 1 件，陶勺 1 件，陶耳杯 1 件，铜钱 4 枚。

人骨 1 具。男性，年龄 35～40 岁。

随葬器物无。

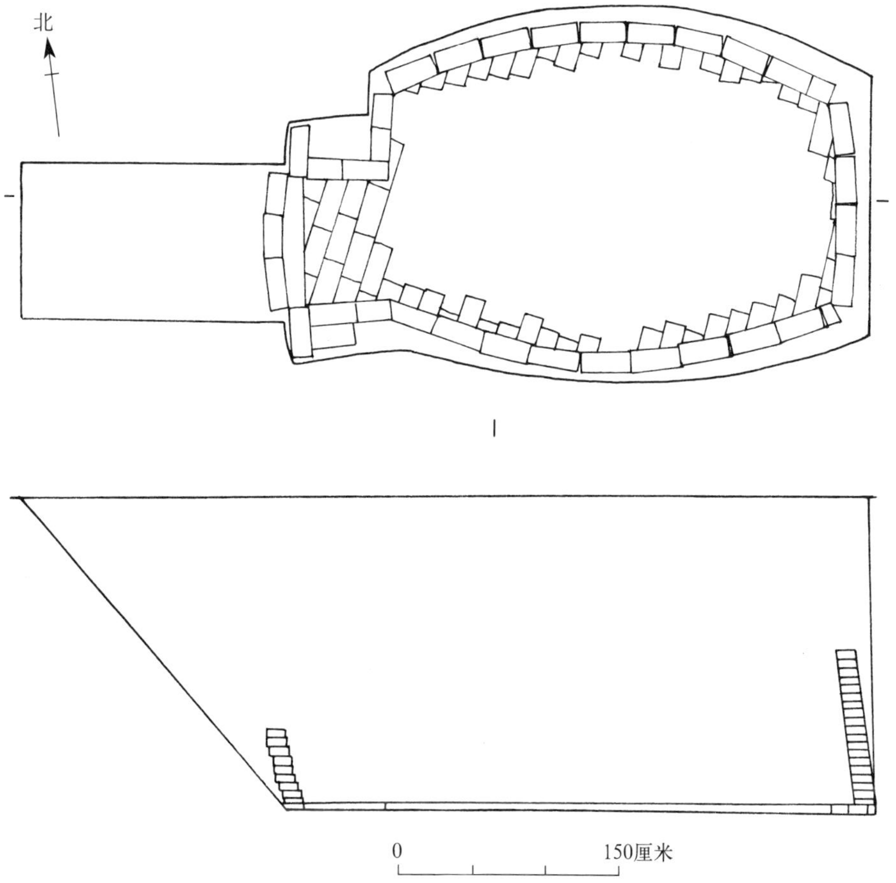

图 4-985　M749 平、剖面图

2. 出土遗物

（1）陶器

陶樽　1 件。

标本 M749∶01，泥质灰陶。直口，圆唇，深腹，直壁，下部斜直内收，平底，蹄形足。素面。口径 18.4、高 11 厘米（图 4-986，01）。

陶耳杯　1 件。

标本 M749∶03，泥质灰陶。器身椭圆形，侈口，平沿，方唇，下腹弧收，平底。口两侧饰对称新月形耳，素面。口长径 13、短径 10、高 4 厘米。

陶勺　1 件。

标本 M749∶02，泥质灰陶。勺头椭圆形，敞口，圆唇，深腹，下部弧内收，圜底。柄向上弯曲，素面。长 13.2、宽 8、高 10.6 厘米（图 4-986，02）。

（2）铜器

铜钱　4 枚。均为五铢。圆形方穿，正面有轮无郭，背面轮郭俱全。根据钱文字体不同分两种。

第一种　1 枚。“五”字两笔交叉弯曲，与上、下两横相交处微内收，“朱”字上部方折。

标本 M749∶04-1，直径 2.5、穿边长 1、厚 0.12 厘米（图 4-986，04-1）。

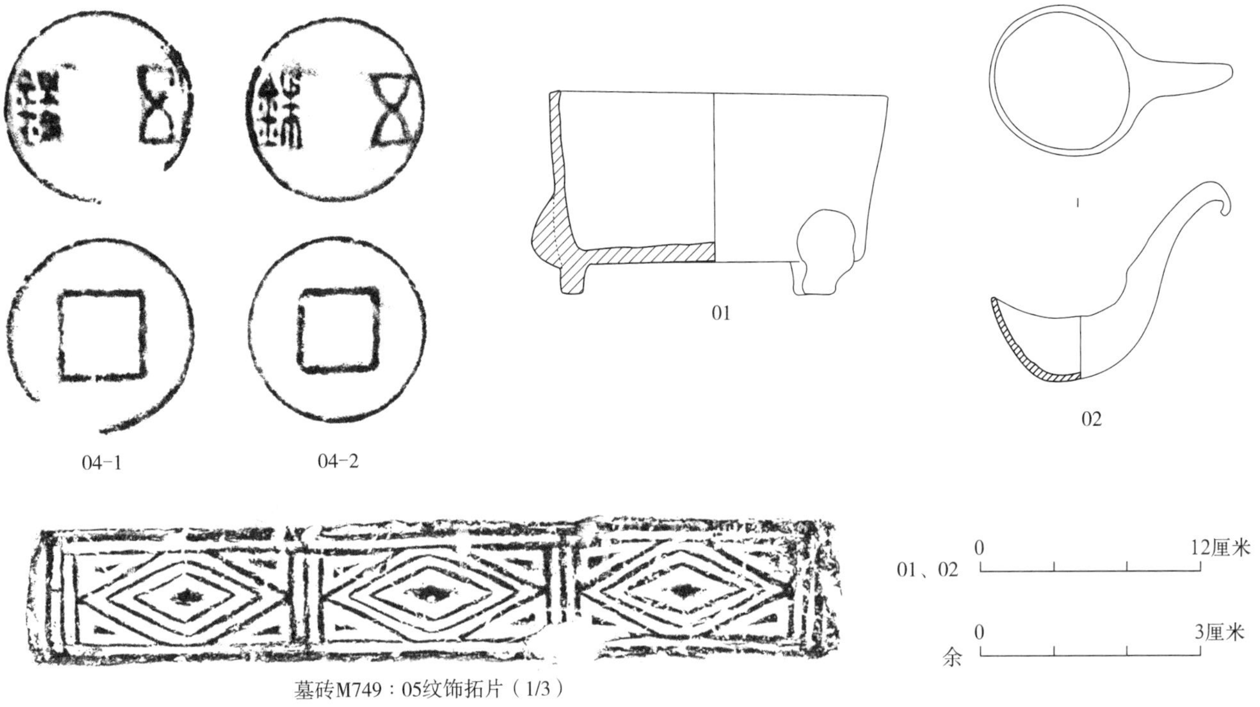

图 4-986　M749 出土器物

01. 陶樽　02. 陶勺　04-1、2. 铜钱

第二种　3 枚。“五”字两笔交叉弯曲，与上、下两横相交处微侈，“朱”上部圆折。标本 M749∶04-2，直径 2.4、穿边长 0.9、厚 0.13 厘米（图 4-986，04-2）。

（四四）M780

1. 墓葬形制

位于墓地东北部，打破 M901，北面是 M903，东面为 M586。方向 283°（图 4-987）。

甲字形土坑竖穴砖室墓。由墓室、甬道、墓道组成。墓道斜坡状，长 1.26、宽 0.8 米。甬道长 0.7、宽 0.75 米。墓口长 4.08、宽 1.6～1.89、深 1.2 米。墓底长 4.25、宽 1.26～1.56 米。墓室呈不规则长方形，长 3.2、宽 1.04～1.3、残高 0.08～0.48 米。南、北两壁外弧，均用青或红砖平铺错缝叠砌而成。墓底平铺纵向排列一层，中间部分已被破坏。砖一面饰绳纹，长 26、宽 13、厚 4 厘米。墓内填黄褐色花土，扰乱严重，夹杂大量碎砖、陶片等。填土中发现铜钱 2 枚。

人骨无。

随葬器物无。

2. 出土遗物

铜器

铜钱　2 枚。为五铢。圆形方穿，正面有轮无郭，背面轮郭俱全。“五”字两笔交叉弯曲，“铢”字“金”头呈三角形，较小，与“朱”等齐，“朱”字上部方折。

标本 M780∶01-1，直径 2.5、穿边长 1、厚 0.12 厘米（图 4-987，01-1）。

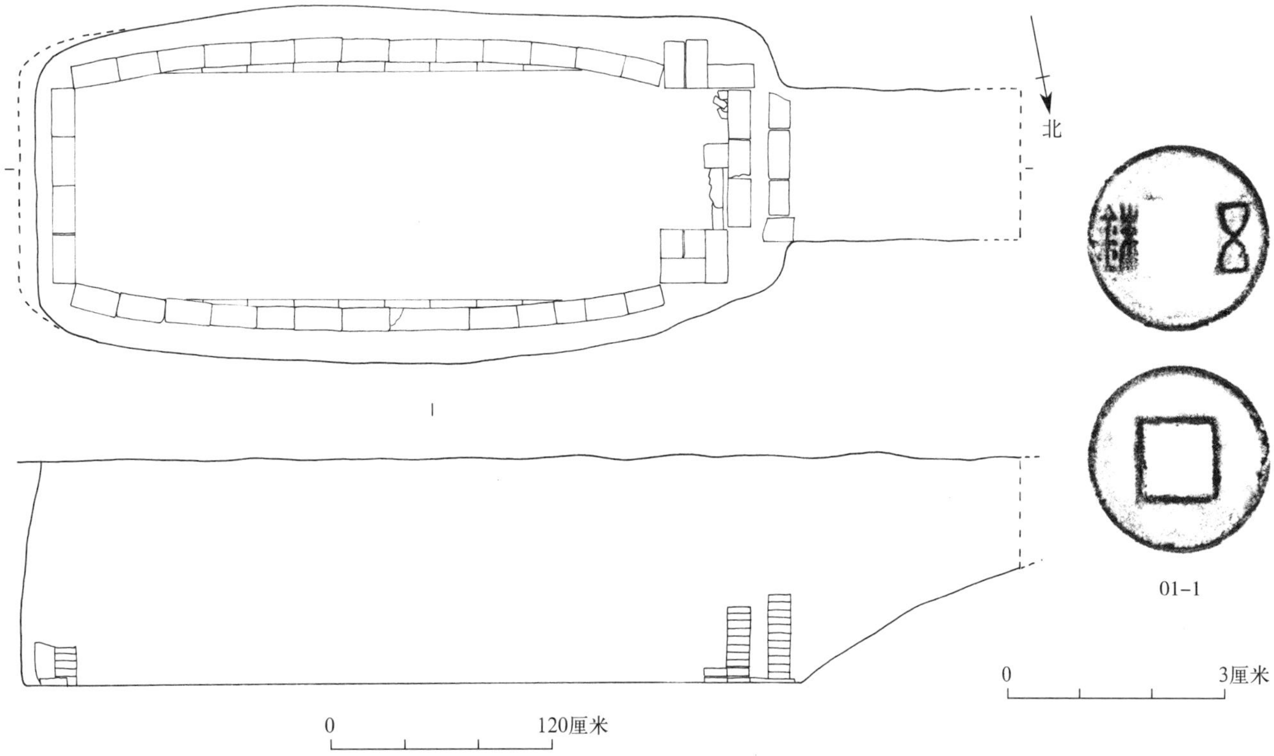

图 4-987　M780 及出土器物

01. 铜钱

（四五）M799

1. 墓葬形制

位于墓地中部，北面是 M825，东北面是 M824，东面为 M792。方向 268°（图 4-988；彩版二五九）。

中字形土坑竖穴砖室墓。由墓道、墓门、前室、后室、侧室、器物箱组成（彩版二六〇，1 ～ 4）。墓口长 6.51、宽 4.83、深 2.43 米。墓道斜坡状，长 5.6、宽 1.3 米。墓门位于西侧，青砖平铺垒砌，高 1.75、宽 0.8 米，上部青砖竖立垒砌，高 0.28、宽 0.8 米。前室东西长 1.89、南北宽 1.8 米。后室长方形，长 3.5、宽 3、深 1.68 米。南、北壁青砖平铺垒筑，其下面青砖立向对缝垒筑。侧室在墓门南面，长 1.33、宽 1.02、高 1.47 米。东、西、南壁由青砖平铺顺向对缝垒砌。北侧单行青砖竖立垒砌成拱形，顶部青砖竖立斜向垒砌。器物箱在前室北侧，东、北壁青砖平铺顺向对缝垒砌，西部破坏。底部三层青砖平铺垒筑，长 1.75、宽 0.56、深 0.88 米。墓底铺地砖后室至前室平铺顺向对缝垒砌。砖长 30、宽 14、厚 5 厘米（图 4-989，08）。墓内填黄褐色五花土，土质较疏松。填土中发现陶耳杯 2 件、陶盘 2 件，铜柿蒂形饰 1 件，铜钱 6 枚，石饰件 2 件。

人骨 1 具。仅发现零星股骨遗骸。疑似男性。成年个体。

随葬陶器 8 件。陶扁壶 1 件放在后室西南角。陶鼎 1 件，陶豆 1 件，陶勺 1 件陈置于墓门北侧。陶壶 2 件，陶勺 1 件，陶魁 1 件放置器物箱内。

2. 出土遗物

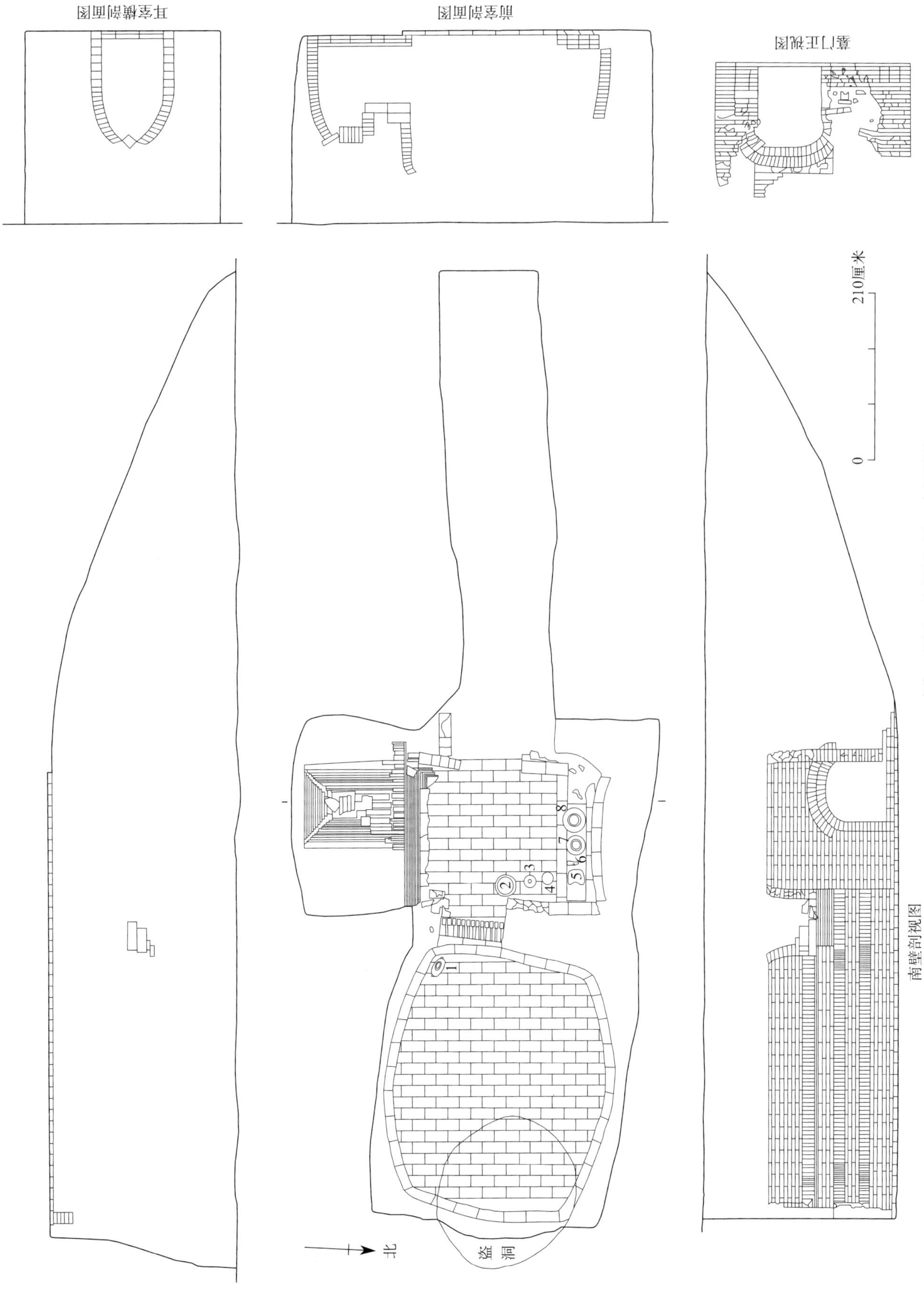

图4-988　M799平、剖面图

1. 陶扁壶　2. 陶鼎　3. 陶豆　4、6. 陶勺　5. 陶魁　7、8. 陶壶

（1）**陶器**

陶鼎　1件。

标本M799∶2，绿褐色釉陶，侈口，斜折沿，圆唇，束颈，上腹略内收，圜底，蹄形足。腹部两侧各饰一铺首衔环，素面。口径27、高13.4厘米（图4-989，2；彩版二六一，1）。

陶豆　1件。

标本M799∶3，泥质灰陶。红褐胎，绿釉。侈口，沿面微外斜，圆唇，浅盘，下部弧收，细高柄，喇叭形圈足。柄部分别饰三周凹弦纹，圈足上部饰两周凹弦纹。口径16、底径13.6、高24厘米（图4-989，3）。

陶壶　2件。夹砂白陶。侈口，沿内弧，尖唇，束颈，鼓腹，底内凹。素面。

标本M799∶7，颈部饰六周凸棱弦纹，肩部饰对称桥形鼻。口径13.5、底径16、高28厘米（图4-989，7；彩版二六一，2）。

标本M799∶8，圆鼓腹。颈饰数周凹弦纹，肩部两周凸棱，肩部饰数周弦纹，肩部饰数周连弧弦纹。口径14.8、底径14、高34.5厘米（图4-989，8；彩版二六一，3）。

陶扁壶　1件。

标本M799∶1，夹砂白陶。侈口，沿面外斜，方唇，喇叭颈，扁鼓腹，平底内凹。肩上部安两个对称桥形盲鼻，素面。口径14、底长径19、短径11.2、高22厘米（图4-989，1；彩版二六一，4）。

陶盘　2件。泥质陶，红褐胎绿釉。敞口，圆唇，浅腹，斜壁，大平底。盘内底部饰两周凹弦纹，素面。

标本M799∶06，底微凹。口径21.5、底径15、高3.6厘米（图4-989，06；彩版二六一，5）。

标本M799∶07，黄釉。凹底。口径22、底径16、高3.4厘米（图4-989，07）。

陶耳杯　2件。泥质陶。器身椭圆形，敞口，体收，平底。沿两侧饰对应新月形耳。

标本M799∶05，胎红褐色，黄釉。圆唇。口长径13.6、短径10、高3.7厘米（图4-989，05；彩版二六一，6）。

陶魁　1件。

标本M799∶5，泥质灰陶。椭圆形口，尖唇，斜沿，深腹，下部弧收，平底微凹。柄首部向下弯曲，形以龙首状，素面。长25、宽23.4、高9.2厘米（图4-989，5）。

陶勺　2件。泥质灰陶。勺头椭圆形，敞口，圆唇，下部弧收，圜底。柄首向下方弯曲，素面。

标本M799∶4，长15.2、宽6、高9厘米（图4-989，4）。

标本M799∶6，长14.8、宽5.8、高9.2厘米（图4-989，6）。

（2）**石器**

石饰件　2件。形制相同，大小略不同。圆柱状似灯笼。横断面圆形。中间有圆形小孔。表面由七纵、两横向阴线分隔，其凸棱立体感较强。

标本M799∶03-1，外径1、高0.9厘米（图4-990，03-1）。

标本M799∶03-2，外径1.3、高1厘米（图4-990，03-2）。

（3）**铜器**

铜柿蒂形饰　1件。

标本M799∶01，扁平薄片状，四瓣柿蒂，上下两瓣残失。长7、宽3、厚0.1厘米（图4-990，

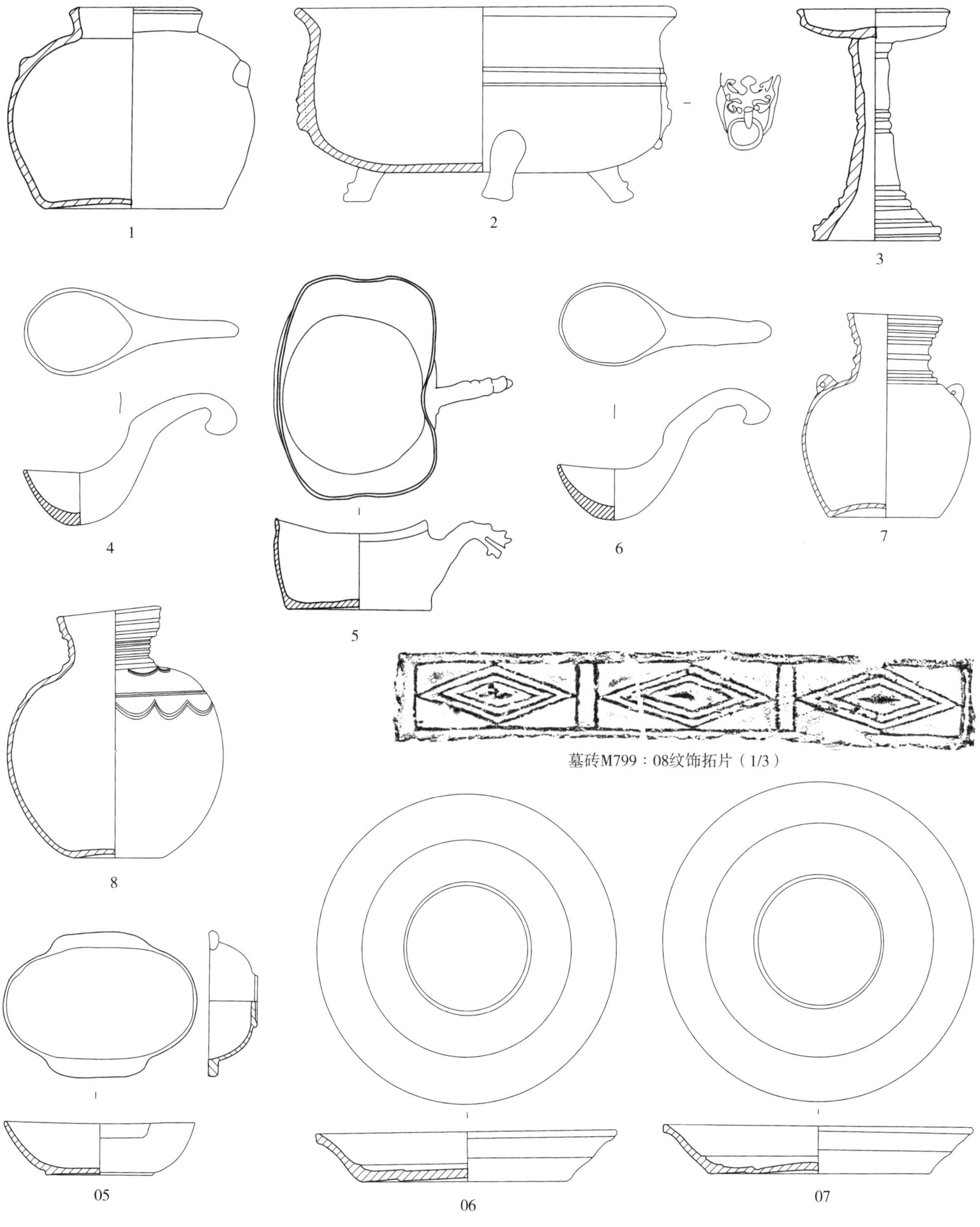

墓砖M799：08纹饰拓片（1/3）

图4-989　M799出土器物

1. 陶扁壶　2. 陶鼎　3. 陶豆　4、6. 陶勺　5. 陶魁　7、8. 陶壶　05. 陶耳杯　06、07. 陶盘

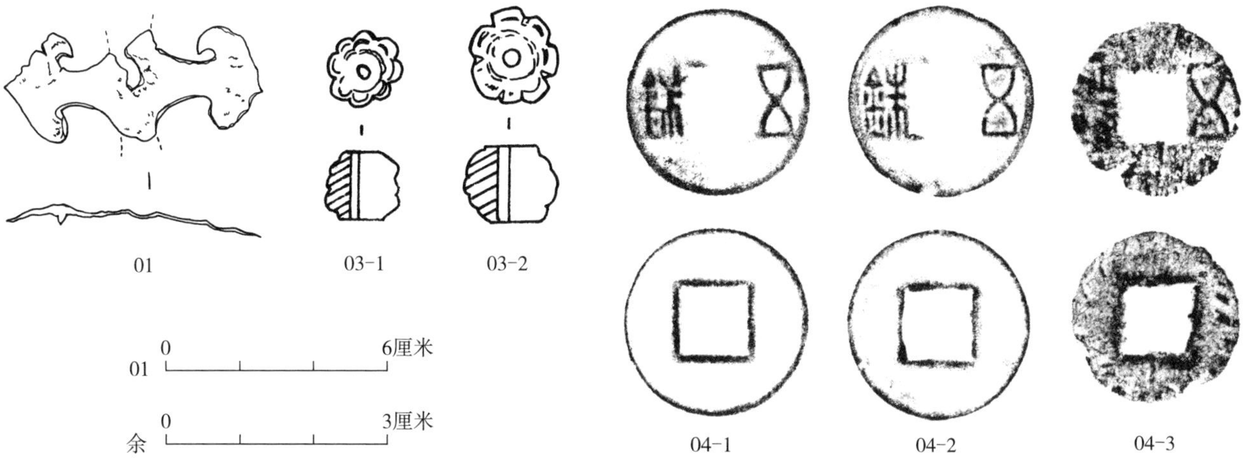

图 4-990　M799 出土器物
01. 铜柿蒂形饰　03-1、2. 石饰件　04-1～3. 铜钱

01）。

铜钱　6 枚。均为五铢，其中 1 枚残缺。圆形方穿，正面有轮无郭，背两面轮无郭俱全。“五”字两笔交叉弯曲，“铢”字“金”头呈三角形，与“朱”等齐，“朱”字上部圆折，有的周郭部分被磨去。

标本 M799：04-1 ～ 3，直径 2.3 ～ 2.5、穿边长 1、厚 0.13 厘米（图 4-990，04-1 ～ 3）。

（四六）M804

1. 墓葬形制

位于墓地东北部，打破 M810、M820、M638，西北面是 M819。方向 280°（图 4-991；彩版二六二，1、2）。

中字形土坑竖穴砖室墓。由墓道、耳室、前室、甬道、后室组成。墓道斜坡状，位于墓室西侧，长 4.8、宽 1.16 ～ 1.52、深 0.1 ～ 1.6 米。封门砖单数层双排平铺对缝“丁”字形垒砌（彩版二六二，3），双数层单排对缝顺向垒砌。高 0.35、宽 0.85 米。左侧耳室未垒青砖。长 1.36、宽 1.1 米。右侧耳室平铺错缝或对缝“丁”字形垒砌。长 1.04、宽 1.1 米。后室墓口长 4.24、宽 2.9 米。砖室平铺错缝顺向或“丁”字形垒砌。长 3.56、宽 1.12 ～ 2.46、深 1.6 米。前室长 2.6、宽 1.3 米。甬道连接前室与后室，单排平铺错缝顺向垒砌。长 0.7、宽 0.85 米。砖侧面饰菱形纹，顶端饰鱼纹（彩版二六三，2），长 34、宽 14、厚 6 厘米（图 4-992，034）。墓内填黄褐色花土，土质疏松。夹杂较多人骨遗骸。填土中发现有陶钵 2 件，陶案 2 件，陶魁 2 件，陶壶 1 件（彩版二六三，1），陶盆 1 件，陶盘 3 件，勺 5 件，陶耳杯 11 件；铜泡钉 2 件，铜钱 31 枚，石串珠 1 件。

人骨 2 具。1 号个体男性，年龄 45 ～ 55 岁；2 号个体女性。成年。

随葬器物无。

2. 出土遗物

（1）陶器

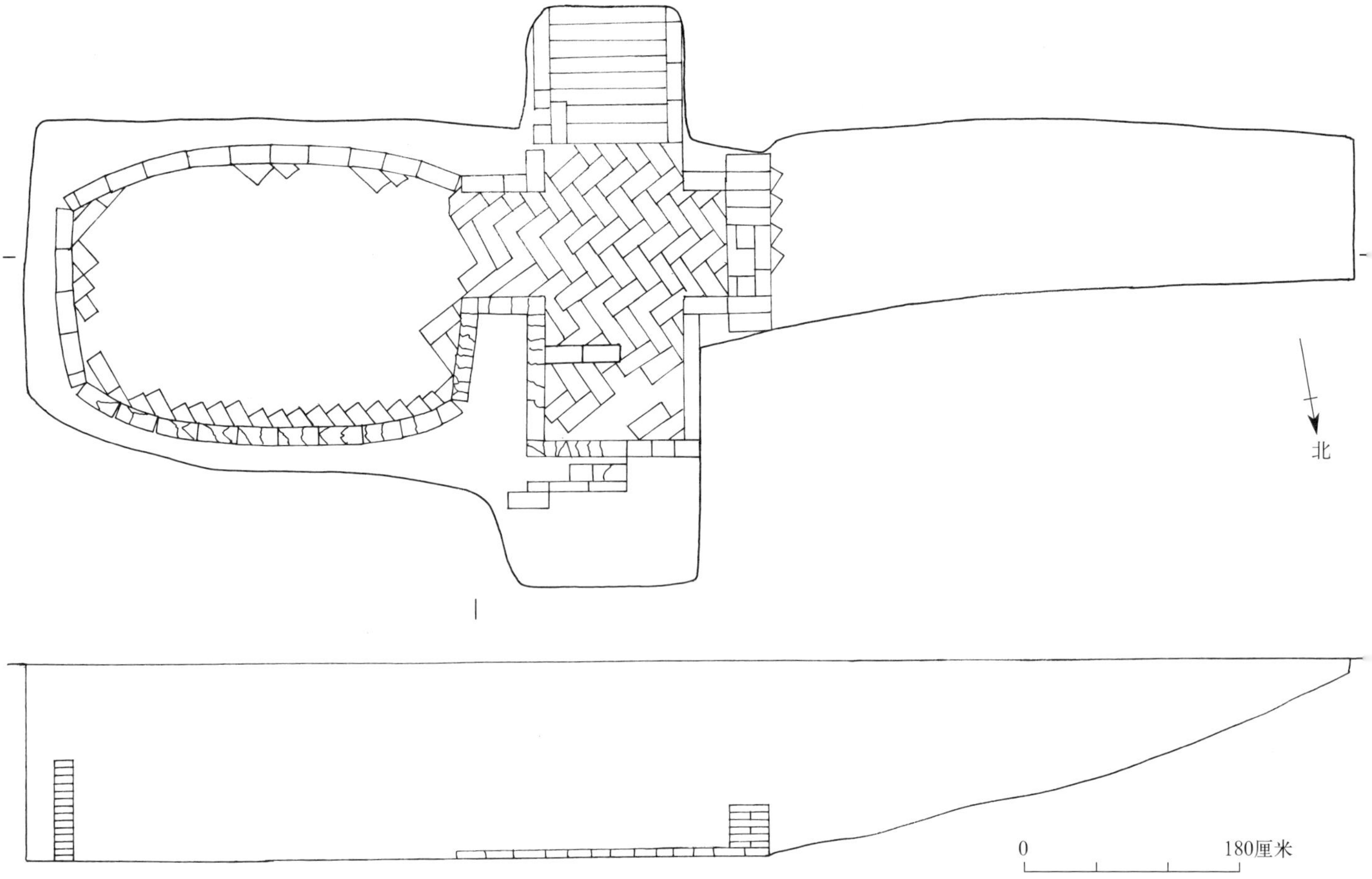

图 4-991 M804 平、剖面图

陶罐 1 件。

标本 M804∶029，夹砂白陶。敛口，沿面外斜，尖唇，束颈，溜肩，鼓腹，下部内收，凹底。颈部饰三周弦纹，肩部相对位置各饰一带孔桥形耳，腹部饰数周断续刻划纹。口径 8.7、底径 14.5、高 24.8 厘米（彩版二六三，3）。

陶壶 1 件。

标本 M804∶010，泥质陶。红胎绿釉。敞口，斜沿，沿面内凹，圆唇，束颈，溜肩，鼓腹，下腹弧内收，喇叭形圈足。颈至肩部分别饰三组凹弦纹，圈足上部饰两周凹弦纹，腹部间饰三周戳印纹，腹及两侧肩部饰兽头。口径 20、底径 19.2、高 41.2 厘米（图 4-992，010；彩版二六三，4）。

陶钵 2 件。泥质陶，绿釉。敞口，圆唇，深腹，下部弧收。底残缺。

标本 M804∶01，鼓腹，束颈，底部残。口径 23.6、底径 8、复原高 9.2 厘米（图 4-992，01；彩版二六三，5）。

标本 M804∶012，沿内折，沿下饰一凸棱弦。口径 23.5、底径 11、复原高 10 厘米（图 4-992，012；彩版二六三，6）。

陶盘 3 件。形制相同。泥质红褐陶，绿釉。侈口，斜折沿，圆唇，浅腹，斜壁，下部内收，平底。素面。

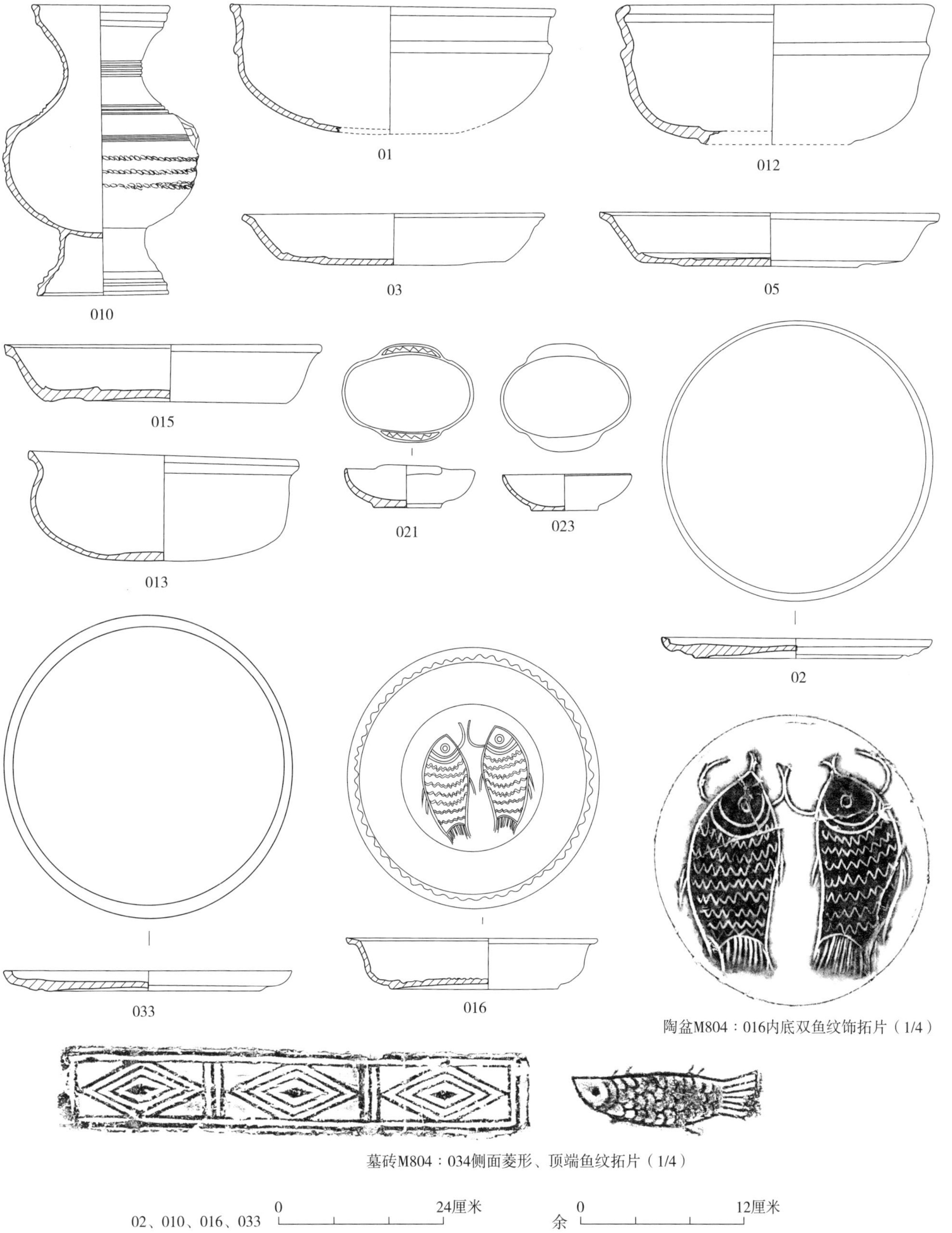

图 4-992　M804 出土器物

01、012. 陶钵　02、033. 陶案　03、05、015. 陶盘　010. 陶壶　013. 陶盂　016. 陶盆　021、023. 陶耳杯

标本M804∶03，口径22、底径10、高3.8厘米（图4-992，03；彩版二六四，1）。

标本M804∶05，口径25、底径13、高3.8厘米（图4-992，05）。

标本M804∶015，凹底。口径23.2、底径18、高4厘米（图4-992，015）。

陶耳杯　11件。泥质红褐陶。器身椭圆形，敞口，尖唇，下部斜收，平底。口沿两侧饰新月形耳。

标本M804∶021，黄绿釉。耳上有“之”字形刻划纹。口长径9.5、短径7、高3.1厘米（图4-992，021）。

标本M804∶023，绿釉。口长径9.4、短径7.6、高2.6厘米（图4-992，023；彩版二六四，2）。

陶盂　1件。

标本M804∶013，泥质红褐陶，绿釉。侈口，斜折沿，圆唇，束颈，深腹，下部弧收，圜底。口径20、底径8、高7.8厘米（图4-992，013）。

陶盆　1件。

标本M804∶016，红褐胎，绿釉。敞口，斜折沿，方唇，浅腹，下部斜收，凹底。沿内饰一周水波纹，内壁底部饰两周凹弦纹、刻划有双鱼图案。口径36.7、底径25、高7.2厘米（图4-992，016；彩版二六四，3、4）。

陶案　2件。形制相同。泥质陶，红褐胎绿釉。敞口，圆唇，浅盘，下部斜收，凹底。素面。

标本M804∶02，口径40、底径30、高3厘米（图4-992，02；彩版二六四，5）。

标本M804∶033，口径42.4、底径33.6、高2.8厘米（图4-992，033；彩版二六四，6）。

陶魁　2件。泥质红陶，绿褐釉。龙头状把首，椭圆形口，圆唇，深腹，下部外弧，平底。沿下一周凹弦纹。

标本M804∶027，口长14、宽20.4、总长25.4、高10.5厘米（图4-993，027）。

标本M804∶028，口长21.2、宽16.8、总长24.4、高10.2厘米（图4-993，028；彩版二六四，7）。

陶勺　5件。泥质红褐陶，绿釉。龙首状把，勺头椭圆形，敞口，尖唇，下部内收，圜底，素面。

标本M804∶014，长13、宽6、高12.6厘米（图4-993，014；彩版二六四，8）。

标本M804∶018，长12.6、宽5.8、高10.8厘米。

标本M804∶019，长13.8、宽5.8、高9.3厘米（图4-993，019）。

（2）铜器

铜泡钉　2件。伞形，泡面弧起，内有尖钉。

标本M804∶011，直径1.4、高1厘米（图4-993，011）。

标本M804∶017，直径1.6、高1.1厘米（图4-993，017）。

铜钱　31枚。为五铢、货泉。圆形方穿。

五铢　30枚。正面有轮无郭，背面轮郭俱全。“五”字两笔交叉弯曲，“铢”字“金”头呈三角形，与“朱”等齐，“朱”字上部圆折。

标本M804∶04-1，直径2.5、穿边长1、厚0.15厘米（图4-993，04-1）。

货泉　1枚。正、背两面穿郭俱全，钱为篆书。

标本M804∶032-2，直径2.1、穿边长0.8、厚0.1厘米（图4-993，032-2）。

（3）骨器

骨珠　1件。

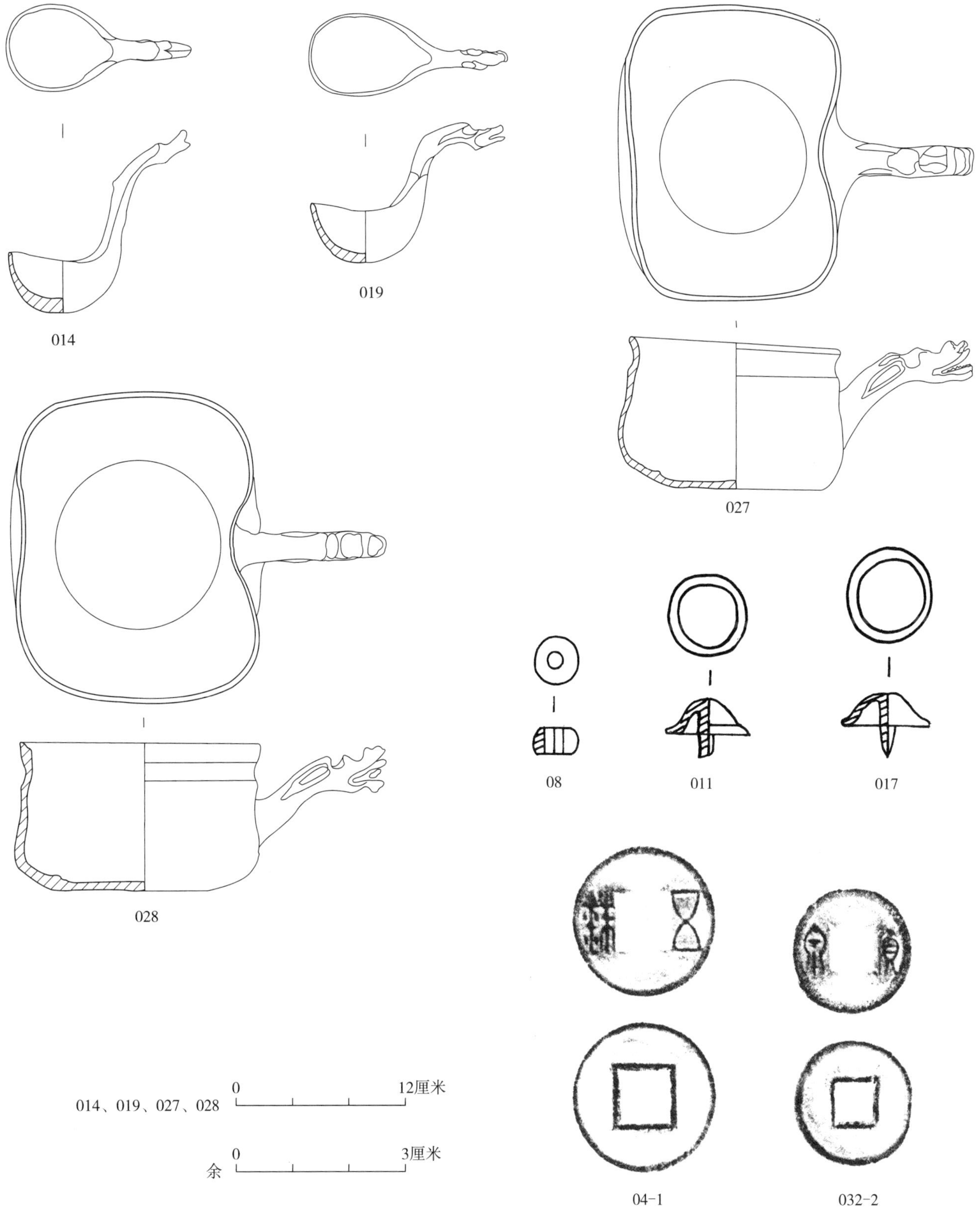

图 4-993　M804 出土器物

04-1、032-2. 铜钱　08. 骨珠　011、017. 铜泡钉　014、019. 陶勺　027、028. 陶魁

标本M804∶08，扁圆形。中间有圆孔，表面布满白色水垢痕迹。外径0.8、内径0.2、高0.4厘米（图4-993，08）。

（四七）M821

1. 墓葬形制

位于墓地中部，打破M822，东北面是M797，东面为M640。方向100°（图4-994）。

甲字形土坑竖穴砖室墓。由墓室、墓门、墓道组成。墓道斜坡状，位于墓室西侧与墓门连接。长3、宽1.15米，墓门及封门砖破坏，形制不明。墓室椭圆形，长3.2、宽2.25、深1.5米。由于扰乱，仅残存北壁五层青砖。为平铺顺向错缝垒砌。墓底平铺一层青砖，为顺向对缝垒砌。砖长29、宽12、厚4厘米（图4-994，02）。墓内填黄褐色五花土，土质疏松。夹杂大量砖块、陶片及人骨残骸。填土中发现陶盘1件。

人骨1具。男性，年龄35～40岁。

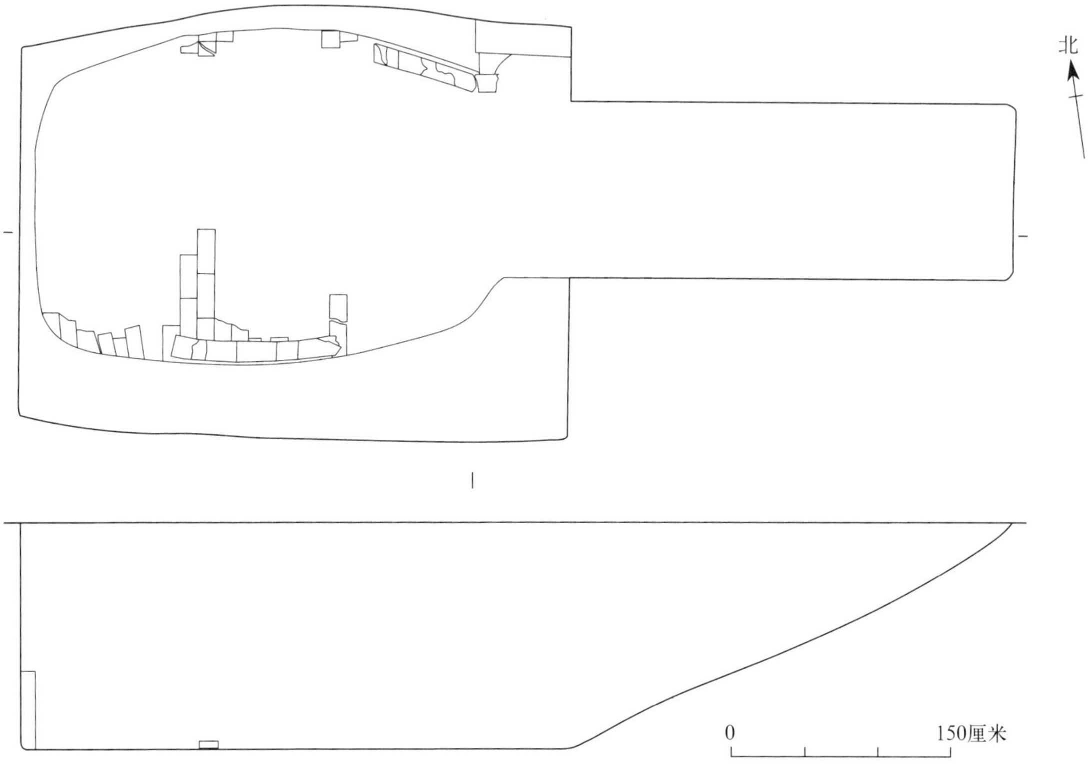

墓砖M821∶02纹饰拓片（1/4）

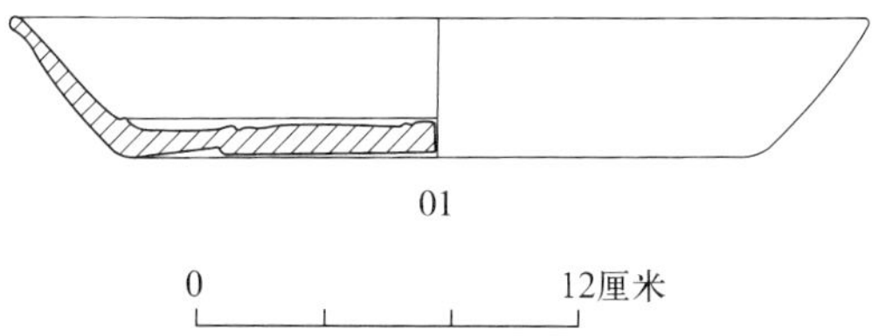

图4-994　M821及出土器物

01. 陶盘

随葬器物无。

2. 出土遗物

陶器

陶盘　1件。

标本M821∶01，泥质红陶。敞口，圆唇，浅腹，斜壁，平底微凹。素面。口径26、底径19、高4.1厘米（图4-994，01）。

（四八）M825

1. 墓葬形制

位于墓地中部，北面是M821，东面为M824，南面是M799。方向85°（图4-995）。

甲字形土坑竖穴砖室墓。由墓室、墓门、墓道组成。墓道斜坡状与墓门连接，长5.12、宽1米。墓口长3.2、宽2.16、深2.2米。墓室椭圆形，均用青砖垒砌。由于扰乱严重，南壁仅残存单排平铺错缝顺向垒砌七层青砖。墓门及封门情况不详。墓底铺地砖斜向平铺一层。砖长27、宽13、厚4厘米。墓内填黄褐色五花土，土质疏松。内含大量碎砖、陶片及人骨残骸。填土中发现陶盘2件，陶耳杯1件，铜钱2枚。

人骨1具。男性，年龄30～35岁。

随葬器物无。

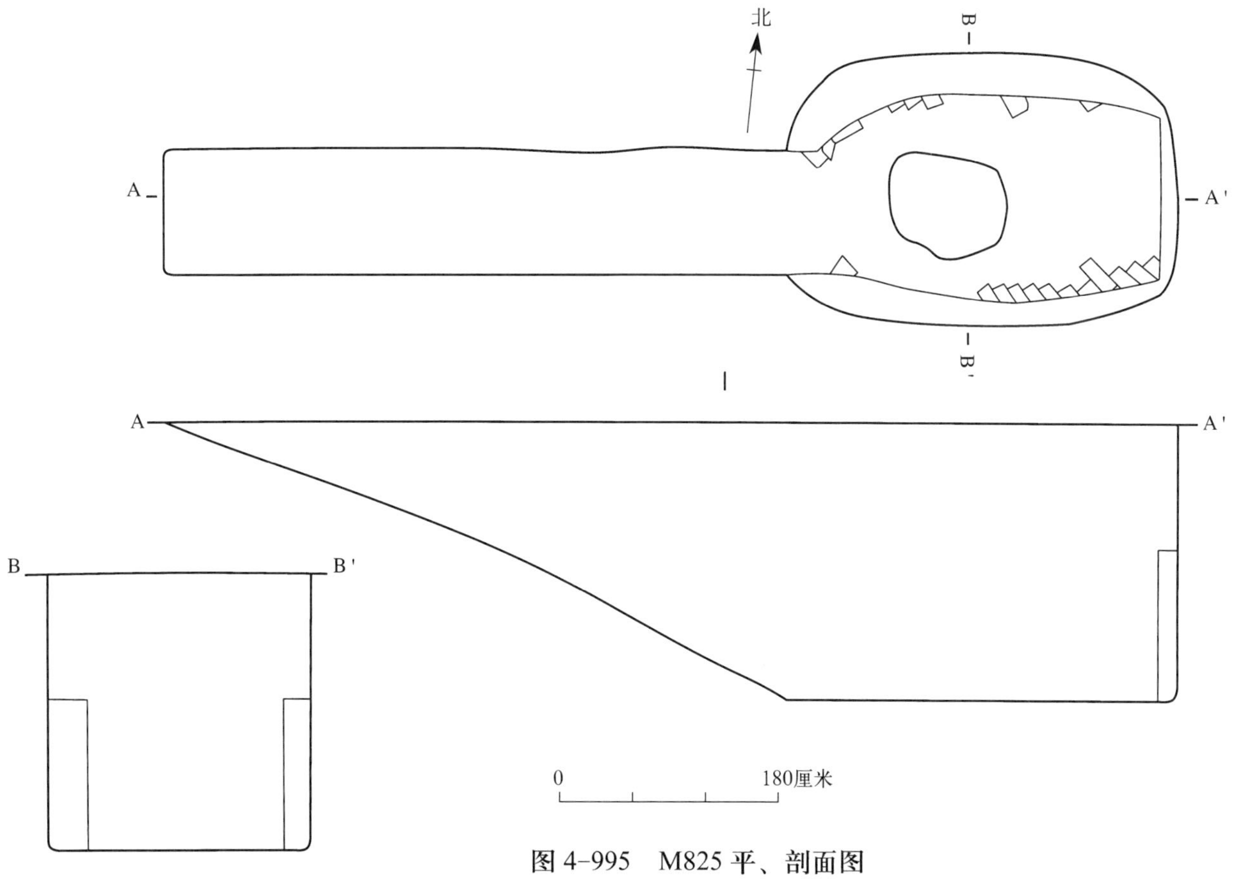

图4-995　M825平、剖面图

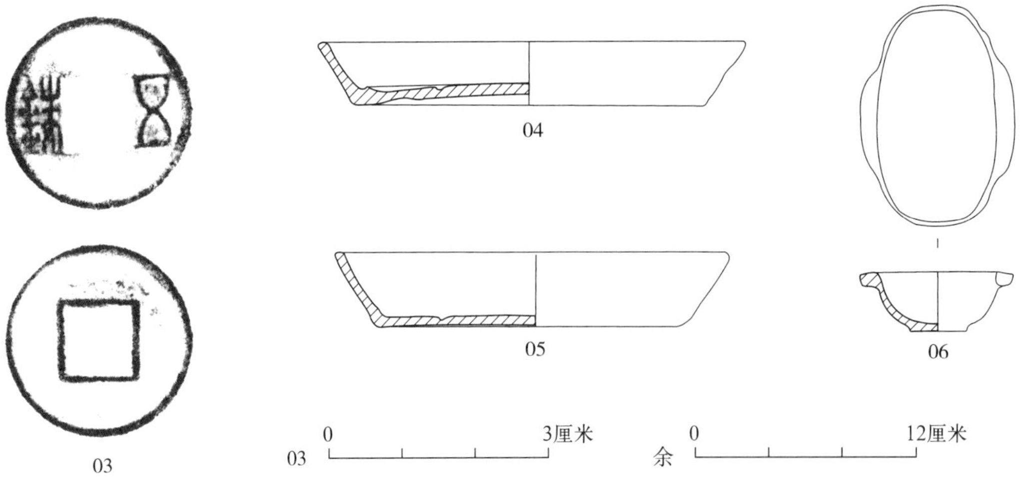

图 4-996　M825 出土器物

03. 铜钱　04、05. 陶盘　06. 陶耳杯

2. 出土遗物

（1）陶器

陶盘　2件。泥质红陶。敞口，圆唇，浅腹。底内壁饰一周凹弦纹。

标本 M825：04，平底微凹。口径 23.4、底径 19、高 3.4 厘米（图 4-996，04）。

标本 M825：05，平底。口径 21.6、底径 17、高 4 厘米（图 4-996，05）。

陶耳杯　1件。泥质红褐陶。

标本 M825：06，器身椭圆形，敞口，尖唇，体收，平底。沿两侧饰对应耳纽。口长径 11.5、短径 8.4、高 3.2 厘米（图 4-996，06）。

（2）铜器

铜钱　2枚。均为五铢。圆形方穿，正面有轮无郭，背面轮郭俱全。“五”字两笔交叉弯曲，与上、下两横相交处外放，“铢”字“金”头长三角形，较小，与“朱”等齐，“朱”字上部方折。

标本 M825：03，直径 2.5、穿边长 1、厚 0.15 厘米（图 4-996，03）。

（四九）M830

1. 墓葬形制

位于墓地东北部，东临断崖，打破 M878，北面是 M828，南面是 M937、M879。方向 285°（图 4-997）。

甲字形土坑竖穴砖室墓。墓道斜坡状，长 4.8、宽 1.04～1.3、深 0.4～1.5 米。门道与墓室连接，长 0.7、宽 0.8、深 0.65 米。由于扰乱青砖垒筑情况不明。墓室长 6、宽 3.35、高 1.6 米。墓室四壁由青砖平铺错缝顺向垒砌而成。墓底铺地砖“人”字形排列。青砖有两种规格，有的侧面饰菱形纹。长 27、宽 13、厚 4 厘米；长 35、宽 15、厚 6 厘米（图 4-997，02）。墓内填黄褐色五花土，土质较疏松。夹杂碎砖及部分人骨残骸。填土中发现铜钱 8 枚。

人骨 1 具。男性，年龄 30～40 岁。

随葬器物无。

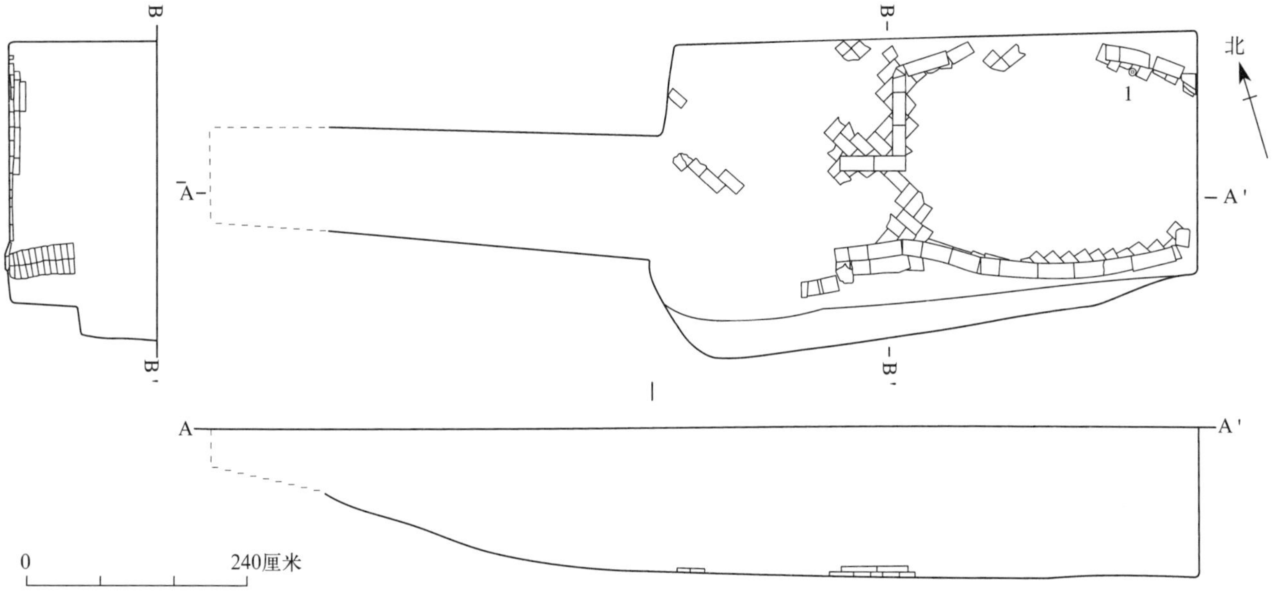

1-1

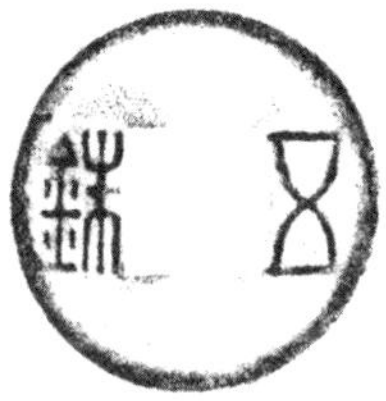

1-2

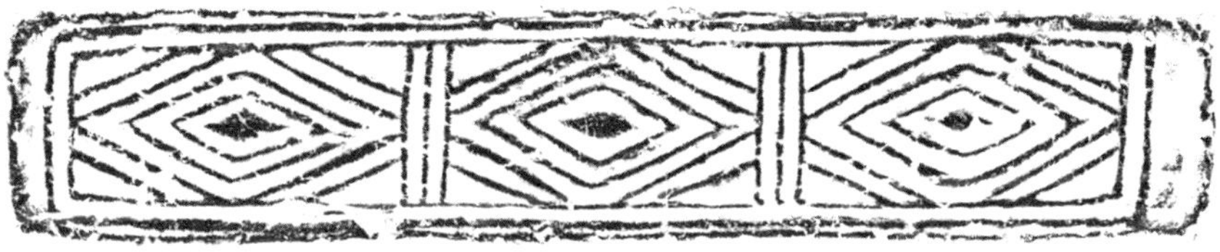

墓砖M830：02纹饰拓片（1/3）

0　3厘米

图 4-997　M830 及出土器物

1. 铜钱（8）

2. 出土遗物

铜器

铜钱　8 枚。均为五铢。圆形方穿，正面有轮无郭，背面轮郭俱全。根据钱文字体不同分为两种。

第一种　1 枚。“五”字两笔交叉弯曲，“铢”字“金”头呈三角形，较大，略低于“朱”字，“朱”字上部方折。

标本 M830：1-1，直径 2.7、穿边长 1、厚 0.19 厘米（图 4-997，1-1）。

第二种　7 枚。“五”字两笔交叉弯曲，“铢”字“金”头呈三角形，较小，与“朱”等齐，“朱”字上部圆折。

标本 M830：1-2，直径 2.5、穿边长 1、厚 0.18 厘米（图 4-997，1-2）。

（五〇）M862

墓葬形制

位于墓地东北部，打破 M880，北面是 M936，西南面为 M865、M929。方向 280°。

甲字形土坑竖穴砖室墓。墓道位于墓室西端，呈斜坡状，长2.3、宽0.8～0.85、深0.62～1.18米。墓门青砖错缝顺向垒砌，仅残存八层。墓底铺地砖错缝排列。由于遭到破坏，仅见局部少量青砖。墓口长4.5、宽1.3～1.4、深1.2米。墓室顶部坍塌，长3、宽1.05、高0.36米。东、南、北壁为青砖平铺错缝顺向垒砌。其中东、北壁破坏严重。砖侧面饰菱形纹，长34、宽14、厚4厘米。墓内填黄褐色五花土，土质较疏松。

人骨无。

随葬器物无。

（五一）M863

1. 墓葬形制

位于墓地东北部，打破M929、M938，北面是M865。方向275°（图4-998；彩版二六五，1）。

甲字形土坑竖穴砖室墓。墓道呈斜坡状，长2.8、宽0.8～1.2、深0.4～1.5米。墓室与墓道由封门砖相隔。墓门平铺错缝顺向垒砌（彩版二六五，2）。甬道长0.7、宽1.08米。墓口长3.1、宽1.2～1.8、深1.55米。墓室东、南、北三壁均错缝顺向或“丁”字形垒砌而成。墓底铺地砖错缝顺向平铺一层。砖侧面饰菱形纹，长24、宽16、厚6厘米（图4-999，01；彩版二六五，3）。墓内填黄褐色五花土，土质较疏松。

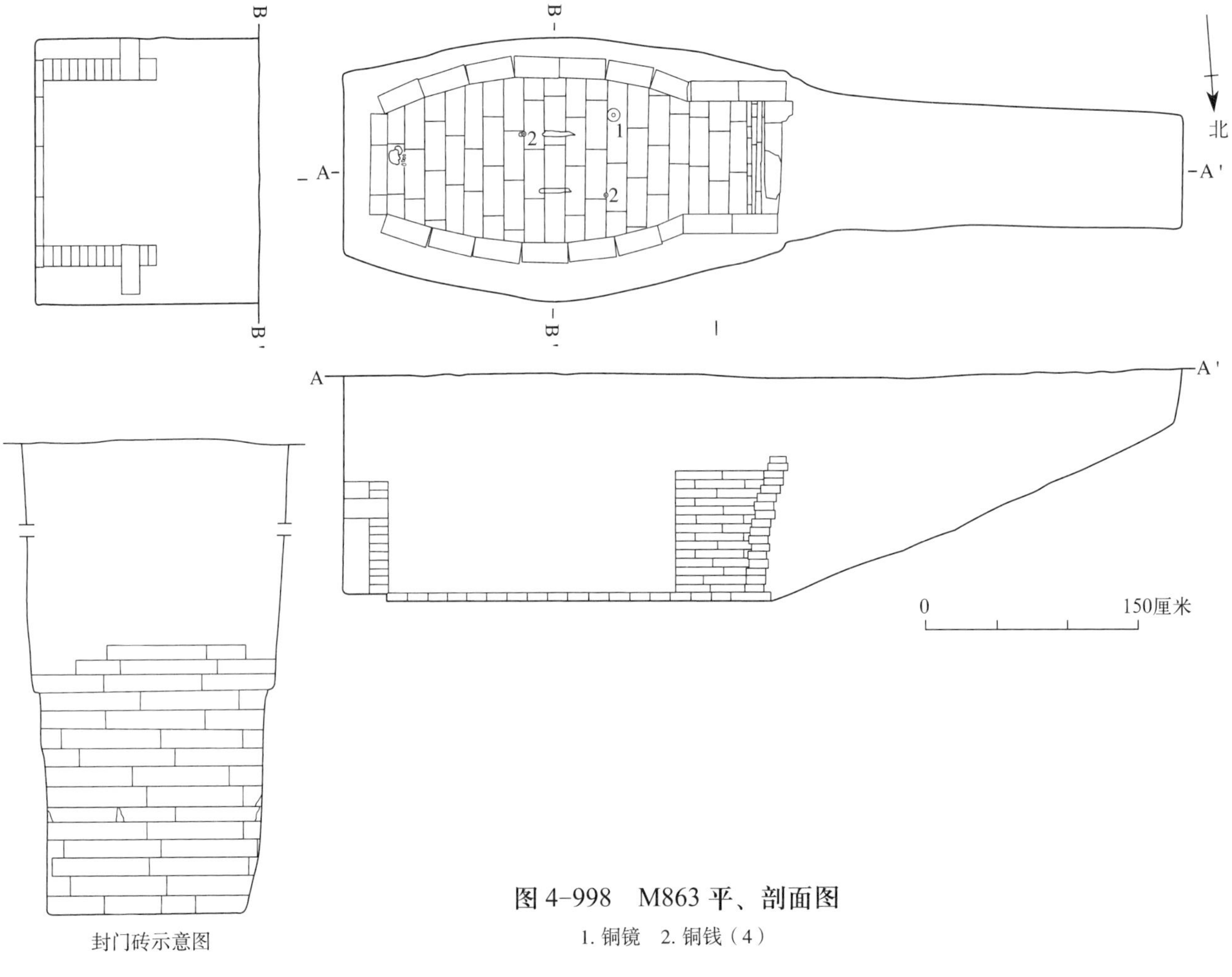

图4-998　M863平、剖面图

1. 铜镜　2. 铜钱（4）

人骨1具。头向东。骨骼腐朽严重，仅存部分头骨和肢骨残骸。性别无法鉴定，年龄10～16岁。

随葬器物5件。铜镜1枚放在墓主左足部外侧。铜钱4枚分别置于墓主双足及左手部。

2. 出土遗物

铜器

铜镜　1枚。

标本M863：1，四乳飞凤镜。圆形，圆纽，圆纽座。座外饰一展翅飞翔的凤鸟，身躯压在纽及纽座下，鸟首、双翅、尾之间均匀分布四枚圆座乳丁。外围一周凸弦纹、一周凸弦和短线组合纹带。宽素卷缘内侧一周锯齿纹。面径8.6、缘厚0.5厘米（图4-999，1；彩版二六五，4）。

铜钱　4枚。其中1枚破碎，均为五铢。圆形方穿，正面有轮无郭，背面轮郭俱全。根据钱文字体不同分为两种。

第一种1枚。“五”字两笔交叉微曲，“铢”字“金”头呈三角形，与“朱”等齐，“朱”字上部方折。

标本M863：2-1，直径2.5、穿边长1、厚0.1厘米（图4-999，2-1）。

第二种　2枚。“五”字两笔交叉弯曲，“铢”字“金”头呈三角形，与“朱”等齐，“朱”

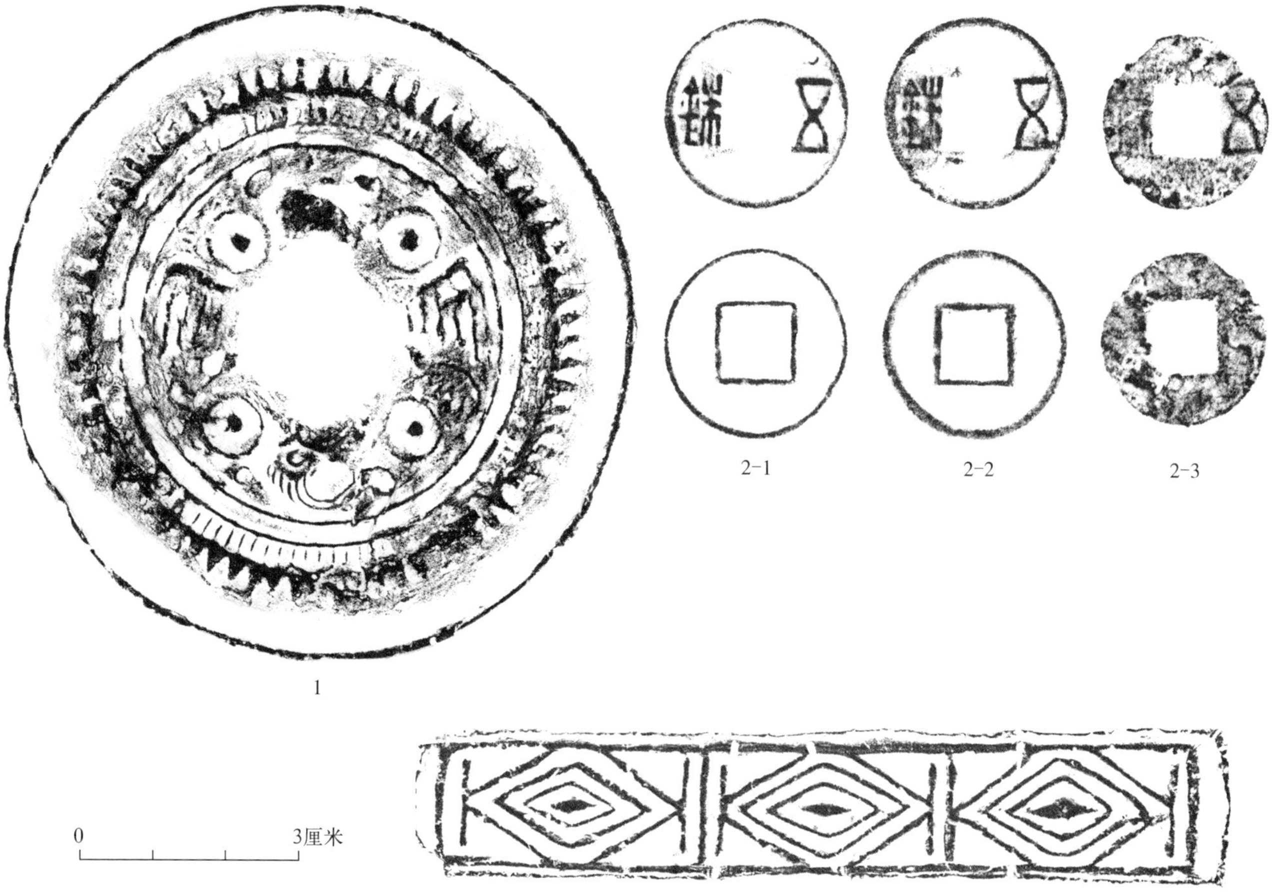

墓砖M863：01纹饰拓片（1/3）

图4-999　M863出土器物

1. 铜镜　2-1～3. 铜钱

字上部有圆折意。另一枚为剪边五铢。

标本M863：2-2、3，直径2.5、穿边长1、厚0.14厘米（图4-999，2-2、3）。

（五二）M885

1. 墓葬形制

位于墓地中部，东北面是M884，南面为M947。方向95°（图4-1000；彩版二六六，1）。

甲字形土坑竖穴砖室墓。由墓室和墓道两部分组成。墓道呈斜坡状与墓室相连，长2.8、宽0.7～1，至墓底深1.4米。墓口长3.56、宽1.4、深1.45米。墓室长3.1、宽0.8～0.88、深1.08米。平面近长方形。有拱形顶，除东西两端外，残存六组拱形排列，每组十六块青砖，东端八层，砖缝内均填塞大小不等、厚约0.01米碎陶片。墓室四壁最下一层侧立顺向垒砌，余均平铺顺向错缝垒砌十三层青砖，上部略向内收。椁室西端有墓门，顶部呈半圆形，悬于椁室西端青砖平铺顺向错缝垒砌，高1.18、宽0.29～0.85米。墓门西侧紧贴墓门垒砌青砖二十四层，顺向错缝排列。砖侧面菱形纹，长30、宽13、厚5厘米（图4-1001，03）。墓底铺地砖分三列对缝平铺，中部略凸，两边微凹。墓内填黄褐色五花土，中间夹杂大量碎砖、陶片及人骨残骸。填土中发现铜钱2枚。铜泡钉2件。

人骨1具。头朝东，面向下。女性，年龄30～40岁。

随葬器物4件。白陶罐1件、陶扁壶1件、陶钵1件，放置在墓室西端。铜镜1枚陈置于东端南壁处。

2. 出土遗物

（1）陶器

陶罐　1件。

标本M885：1，夹砂白陶。侈口，斜折沿，沿面外弧，尖唇，束颈，圆腹，圈足。上腹刻一“子”字，素面。口径15.2、底径12、高27.2厘米（图4-1001，1；彩版二六六，2）。

陶钵　1件。

标本M885：4，泥质灰陶。敞口，圆唇，弧腹内收，凹底。器表有制作磨痕，素面。口径17、底径10、高6.8厘米（图4-1001，4；彩版二六六，3）。

陶扁壶　1件。

标本M885：3，夹砂白陶。侈口，沿面外斜，圆唇，扁鼓腹，平底微内凹。肩上部安对称桥形盲鼻，素面。口径15.5、底长径20.5、短径12.8、高24.4厘米（图4-1001，3；彩版二六六，4）。

（2）铜器

铜镜　1枚。

标本M885：2，四乳神兽镜。圆形，圆纽，圆纽座。座外为主纹，四枚带圆座乳丁分为四区，每区内浮雕一神兽或禽鸟，其中两只似豹而长颈小首、昂首奔跑，一似孔雀敛翅蹲地，一似鹿奔驰。其外两周凸弦纹之间似有铭文、锈蚀不清，再外一周短线纹带。宽素卷缘。面径10.5、缘厚1厘米（图4-1001，2；彩版二六六，5）。

铜泡钉　2件。形制相同。伞形，泡面圆形，内有尖钉。边缘残存黄色鎏金痕迹。

标本M885：02-1，直径1.8、高1厘米（图4-1001，02-1）。

铜钱　2枚。均为五铢。圆形方穿，正面有轮无郭，背面轮郭俱全。“五”字两笔交叉弯曲，“铢”字“金”头呈三角形，与“朱”等齐，“朱”字上部圆折。

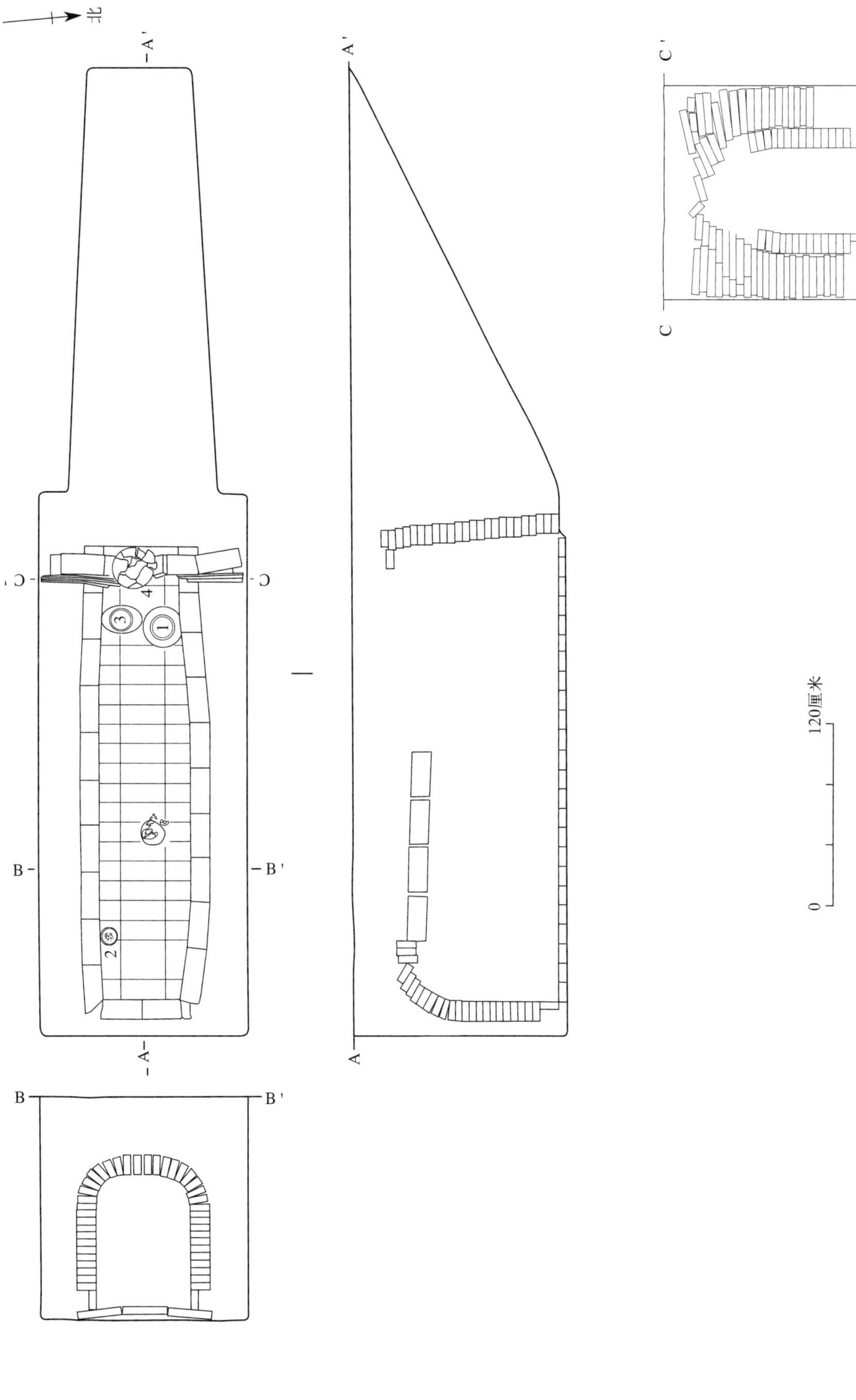

图4-1000　M885平、剖面图
1. 陶罐　2. 铜镜　3. 陶扁壶　4. 陶钵

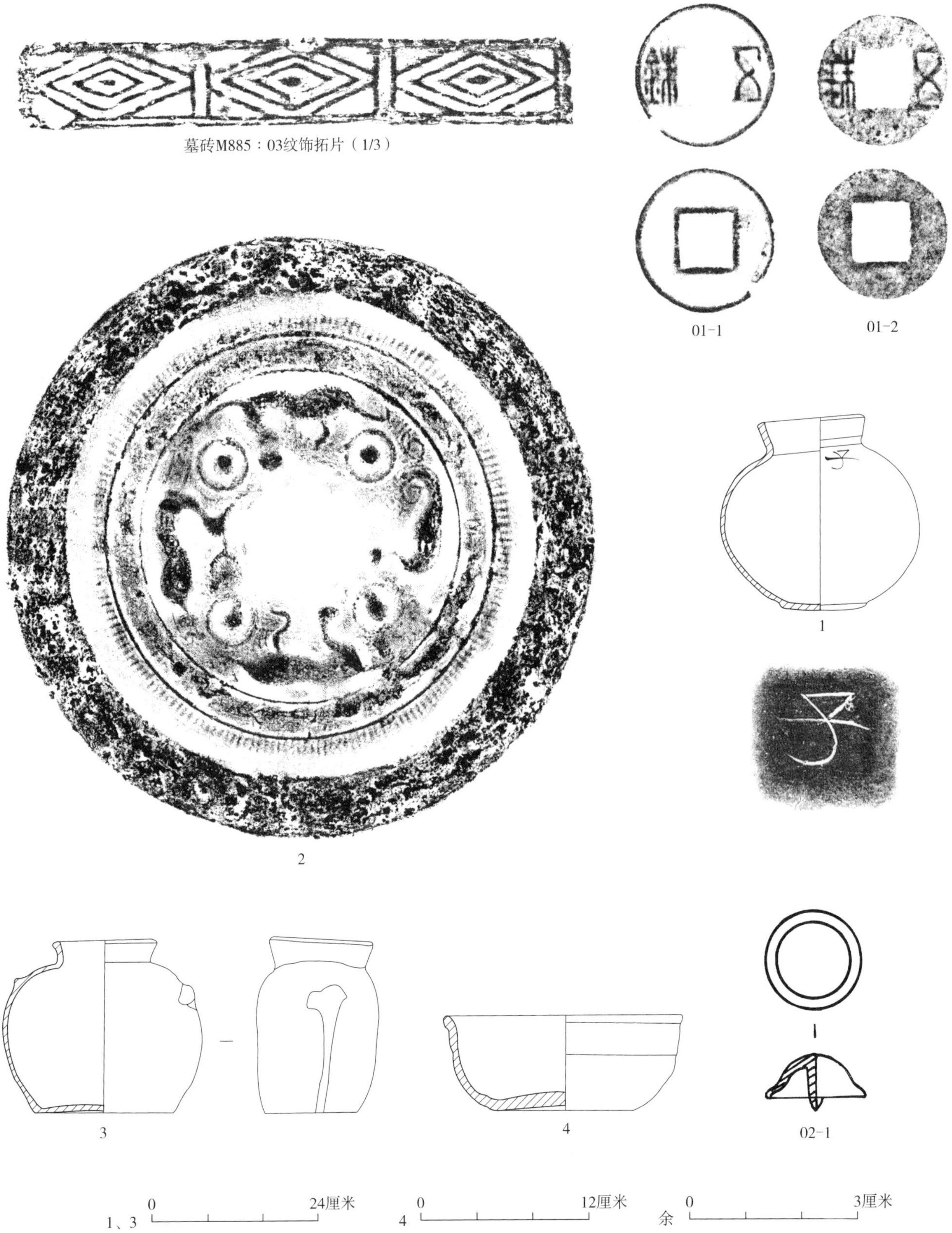

图 4-1001　M885 出土器物

1. 陶罐　2. 铜镜　3. 陶扁壶　4. 陶钵　01-1、2. 铜钱　02-1. 铜泡钉

标本 M885：01-1，直径 2.5、穿边长 1、厚 0.13 厘米（图 4-1001，01-1）。

标本 M885：01-2，周郭被剪去。直径 2.3、穿边长 1、厚 0.09 厘米（图 4-1001，01-2）。

（五三）M887

墓葬形制

位于墓地东北部，打破 M888，北面是 M927，西面为 M692、M695。方向 265°（图 4-1002）。

甲字形土坑竖穴砖室墓。墓道未发掘。由墓室和墓道组成。墓室长 2.12、宽 0.96、深 0.4 米。墓室南、北、西壁由青砖平铺错缝顺向垒砌。东壁破坏严重。墓底一层青砖错缝平铺。砖侧面饰菱形纹，长 35、宽 15、厚 5 厘米（图 4-1002，01）。墓内填黄褐色五花土，夹杂大量碎砖瓦块。

人骨无。

随葬器物无。

墓砖M887：01纹饰拓片（1/3）

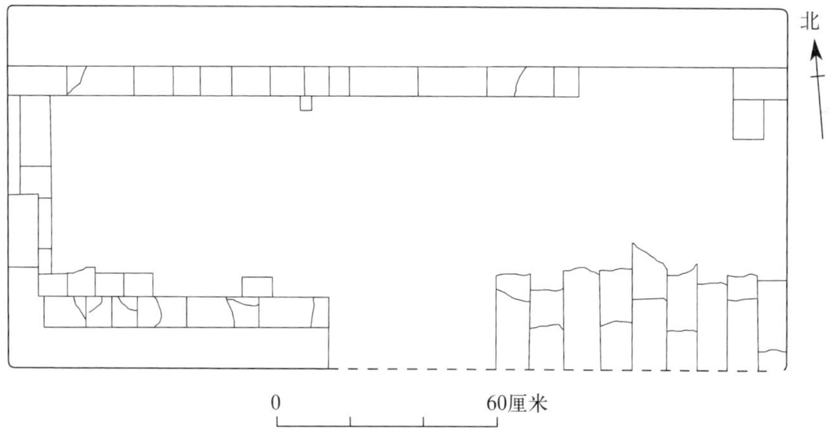

图 4-1002　M887 平面图

（五四）M898

墓葬形制

位于墓地东北部，北面是 M930、M931，西面为 M719。方向 282°（图 4-1003）。

甲字形土坑竖穴砖室墓。由墓室和墓道组成。墓道位于墓室西部南端，长 1、宽 0.8、深 1.1～1.2 米。墓门被破坏殆尽，仅存两行封门砖，为“丁”字形与顺向平铺。墓口长 3.8、宽 2.1、深 1.2 米。墓室弧壁，长 3.12、宽 2、高 0.3 米。四壁青砖平铺错缝顺砌而成。墓底铺地砖错缝斜向，“人”字形排列。砖侧面菱形纹，长 32、宽 14、厚 5 厘米（图 4-1003，01）。墓内填黄褐色五花土，土质较

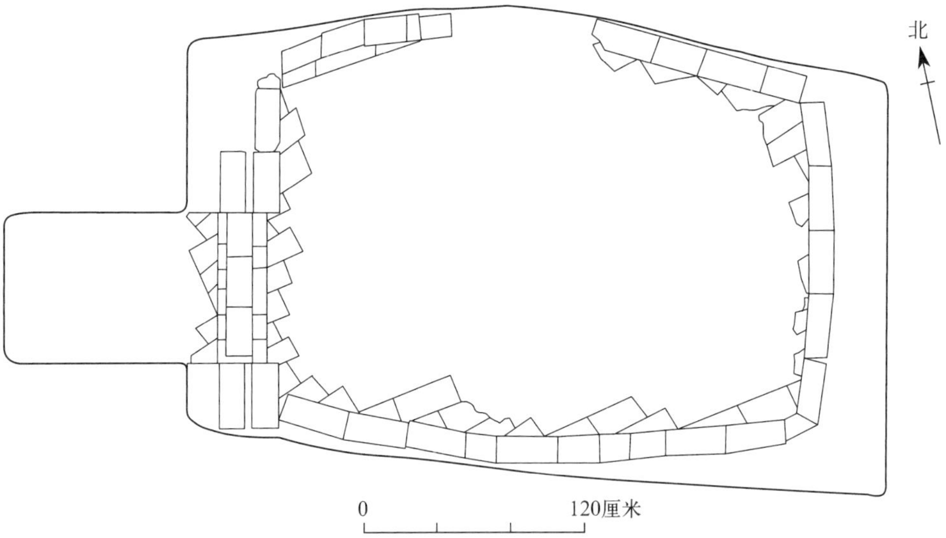

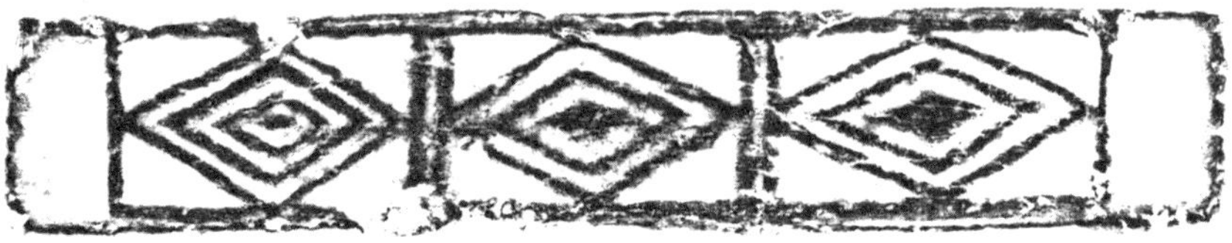

墓砖M898：01纹饰拓片（1/3）

图4-1003 M898平面图

坚硬。夹杂较多碎砖。经过夯打，夯窝圆形，排列不均匀，直径7～9、夯层厚19～21厘米。

人骨无。

随葬器物无。

（五五）M900

1. 墓葬形制

位于墓地东北部，打破M912，南面是M925、M923，西北面为M677。方向284°（图4-1004）。

甲字形土坑竖穴砖室墓。由墓室、甬道、墓道组成。墓道位于西壁偏南，长1.6、宽1、深2.1米。墓口长3.7、宽3、深2.1米。墓室近方形，长3.06、宽2.84米，四壁青砖平铺错缝顺砌。西南留有墓门，宽0.74米，外接墓道。墓底铺地砖两层，上层错缝，部分“丁”字形；下层均“人”字形排列。砖长27、宽14、厚4厘米。墓内填黄褐色五花土，土质较疏松。经过夯打，夯窝圆形，排列不均匀，直径8～10、夯层厚20～30厘米。填土中发现铜镜2枚，铜钱10枚。

人骨无。

随葬器物无。

2. 出土遗物

铜器

铜镜　2 枚。

标本 M900∶01，圆形，圆纽。锈蚀非常严重，纹饰不清，仅辨外围一周凸弦和短线组合纹带。宽卷缘内侧饰锯齿纹。面径 7.7、缘厚 0.4 厘米（图 4-1004，01）。

标本 M900∶02，仅存外围两残块，锈蚀严重。内侧主纹余双凸线方格一角，角外一圆座乳丁、两侧线条状纹饰不清。外围一周凸弦纹、一组凸弦和短线组合纹带，其间似有铭文。宽卷缘饰锯齿纹、凸弦纹、云气纹各一周。面径 11.6、缘厚 0.45 厘米（图 4-1004，02）。

铜钱　10 枚。五铢、货泉。

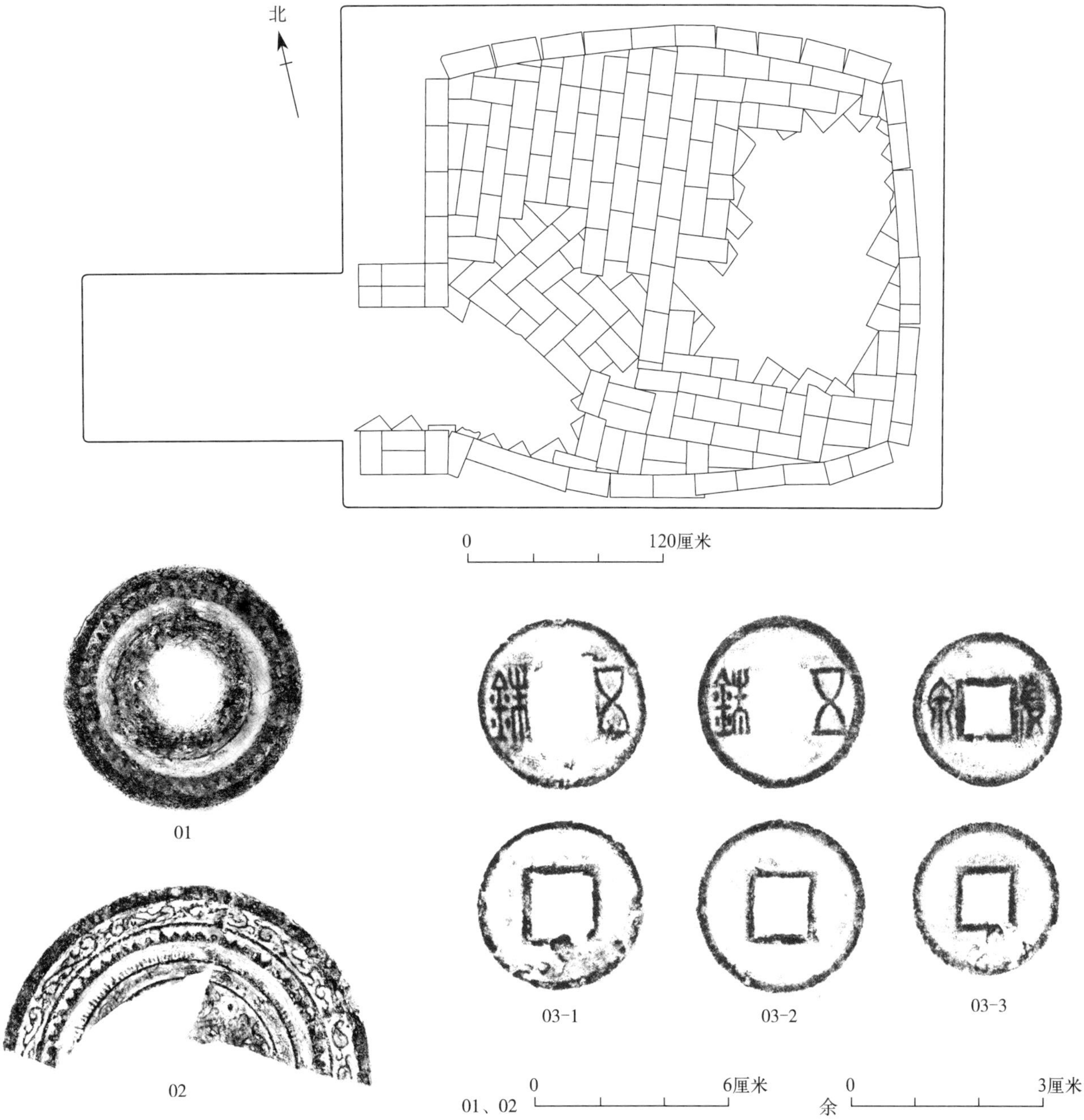

图 4-1004　M900 及出土器物

01、02. 铜镜　03. 铜钱（10）

五铢 9枚。圆形方穿，正面有轮无郭，背面轮郭俱全。“五”字两笔交叉弯曲，与上、下两横相交处微放或近垂直，“铢”字“金”头呈三角形，略低于“朱”字或等齐，“朱”字上部圆折。

标本M900∶03-1、2，直径2.6、穿边长1、厚0.15厘米（图4-1004，03-1、2）。

货泉 1枚。圆形方穿，正、背两面穿郭俱全。钱文篆书。

标本M900∶03-3，直径2.3、穿边长0.8、厚0.15厘米（图4-1004，03-3）。

（五六）M903

1. 墓葬形制

位于墓地东北部，东面是M905，南面为M780，西北面是M904。方向270°（图4-1005；彩版二六七，1）。

长方形土坑竖穴甲字形砖室墓。由墓室、甬道、墓道组成。墓道长0.6、宽0.8米。甬道长0.6、宽0.7、高0.75米。甬道与墓道间叠砌一道砖墙，用于封门。墓口长4.1、宽2.6、深1.5米，墓室长3.1、宽1.3～2、高0.6米。均青砖平铺错缝叠砌十二层。墓底铺地砖“人”字形排列。砖一面饰绳纹，长30、宽12、厚6厘米。墓内填黄褐色五花土，质松软。夹杂大量碎砖、陶片及人骨等。填土中发现铜钱3枚，陶盘1件。

人骨无。

随葬陶器7件。罐1件放在墓室西北角。魁、耳杯、勺、案各1件陈放墓室偏西，樽1件，勺1件放于陶案北侧。

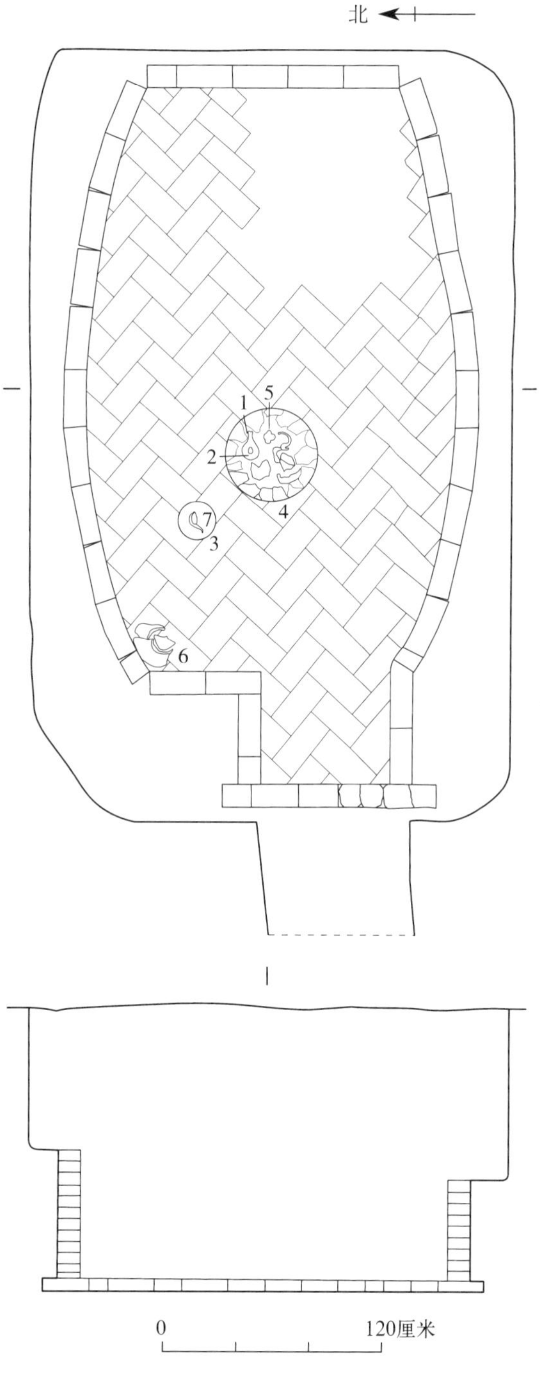

图4-1005 M903平、剖面图

1. 陶魁 2、7. 陶勺 3. 陶樽 4. 陶案 5. 陶耳杯 6. 陶罐

2. 出土遗物

（1）陶器

陶罐 1件。

标本M903∶6，泥质灰陶。直口，沿面微内斜，圆唇，束颈，鼓腹，最大径位于腹上部，下部微收，大平底。素面。表面粗糙。口径20、底径23、高27.2厘米（图4-1006，6；彩版二六七，2）。

陶盘 1件。

标本M903∶01，泥质灰陶。敞口，圆唇，浅腹，斜壁，平底微凹。素面。口径22、底径16、高3.4厘米（图4-1006，01）。

陶樽 1件。

标本M903∶3，直口，平沿，深腹，直壁，上腹微内收，平底微凹，蹄形足。腹部饰两周凹弦纹。口径18、底径18、高12.4厘米（图4-1006，3；彩版二六七，3）。

陶耳杯　1件。

标本M903∶5，泥质灰陶。器身椭圆形，侈口，平沿，方唇，体弧收，平底。器身椭圆形，口沿两侧饰新月形耳，素面。口长径14、短径10.6、高3厘米。

陶案　1件。

标本M903∶4，泥质灰陶。敞口，尖唇，浅盘，下部斜收，底微凹。素面。口径48、高2厘米（图4-1006，4；彩版二六七，4）。

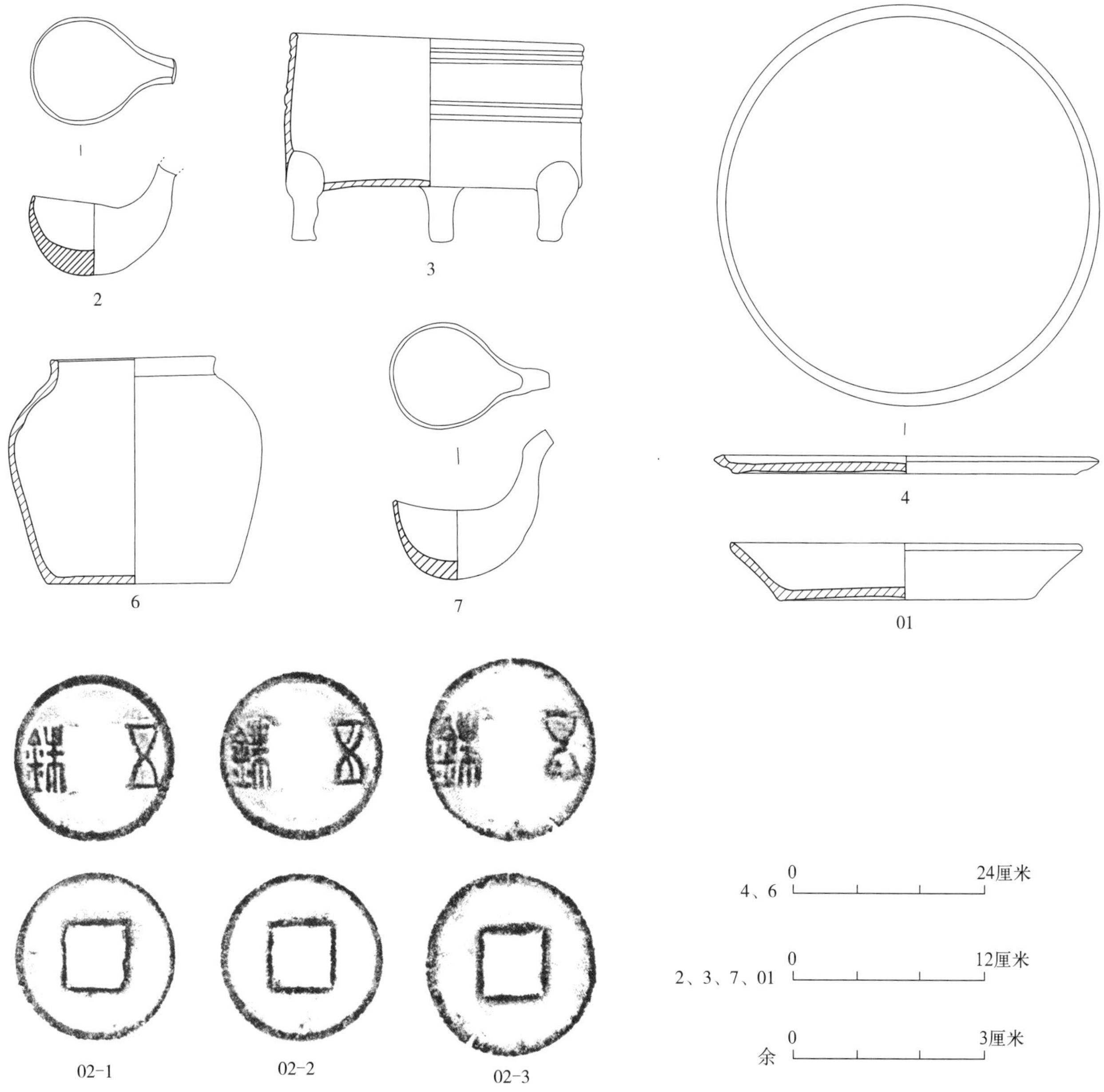

图4-1006　M903出土器物

2、7. 陶勺　3. 陶樽　4. 陶案　6. 陶罐　01. 陶盘　02-1～3. 铜钱

陶魁　1件。

标本M903∶1，泥质灰陶。近方形口，平沿，圆唇，鼓腹，下部外弧，平底微凹。柄首部饰龙首状，素面。口长27、宽25.4、高8.5厘米（彩版二六七，5）。

陶勺　2件。泥质灰陶。把首残缺，敞口，圆唇，深腹，下部弧收，圜底。素面。

标本M903∶2，残长9、残高6.6厘米（图4-1006，2）。

标本M903∶7，残长9.8、残高9厘米（图4-1006，7）。

（2）铜器

铜钱　3枚。均为五铢。圆形方穿，正面有轮，背两面轮郭俱全。根据钱文字体不同分两种。

第一种　2枚。"五"字两笔交叉微曲或弯曲，"铢"字"金"头呈三角形，与"朱"等齐，"朱"字上部方折，其中一枚"五"字上下中间各有一撇。

标本M903∶02-1、2，直径2.5、穿边长1、厚0.12厘米（图4-1006，02-1、2）。

第二种　1枚。"五"字两笔交叉弯曲，"铢"字"金"头呈三角形，与"朱"等齐，"朱"字上部圆折。

标本M903∶02-3，直径2.6、穿边长0.9、厚0.12厘米（图4-1006，02-3）。

（五七）M958

1. 墓葬形制

位于墓地西北部，东南面是M395，南面为M404。方向110°（图4-1007；彩版二六八，1）。

长方形土坑竖穴砖室墓。由墓室和墓道组成。墓道呈斜坡状，长1.73、宽0.77、深0.4～0.7米。墓口长4.16、宽1.57、深0.6米；墓室长3.4、宽1.28、高0.52米。南、西、北壁由九层青砖平铺错缝顺砌。东部为墓门。封门砖错缝平铺或"丁"字向垒砌。墓底铺地砖斜铺"人"字形排列。砖侧面饰菱形纹，长33、宽13、厚5厘米（图4-1008，08；彩版二六八，2）。墓内填淤土，夹杂大量

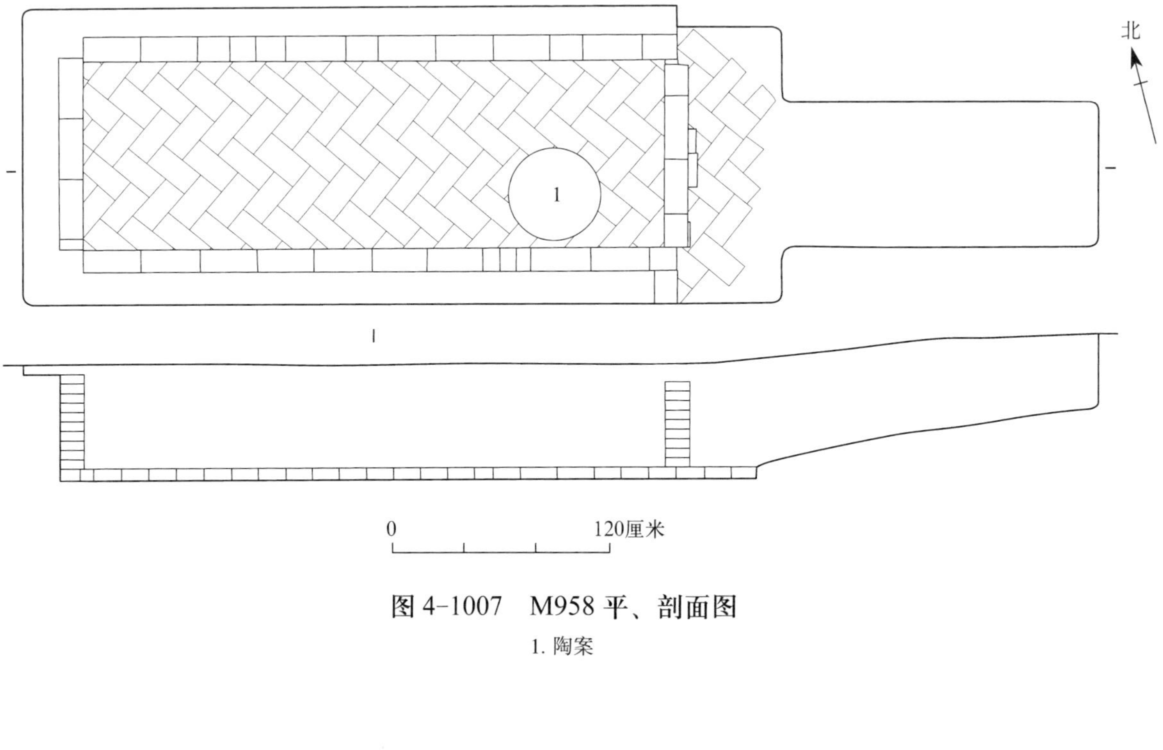

图4-1007　M958平、剖面图

1. 陶案

碎砖和釉陶片。填土中发现陶器7件。陶魁、陶勺、陶樽各1件，陶耳杯、陶盘各2件。

人骨无。

陶案1件，放在墓室东端偏南。

2. 出土遗物

陶器

陶盘　2件。泥质灰陶。敞口，浅腹，斜壁，平底微内凹。素面。

标本M958：05，尖唇，沿面内凹，沿外侧饰一周凸棱，盘内底部饰两周凹弦纹。口径22、底径16、高3.6厘米（图4-1008，05；彩版二六八，3）。

标本M958：06，圆唇，口径21.2、底径16.5、高3.5厘米（图4-1008，06）。

陶樽　1件。

标本M958：07，泥质黑皮陶。直口，圆唇，深腹，直壁，底微凹。腹部饰三周凹弦纹。口径19、底径19、高10厘米（图4-1008，07）。

陶耳杯　2件。泥质陶。器身椭圆形，尖唇，敞口，体弧收，平底。口沿两侧有新月形耳，素面。

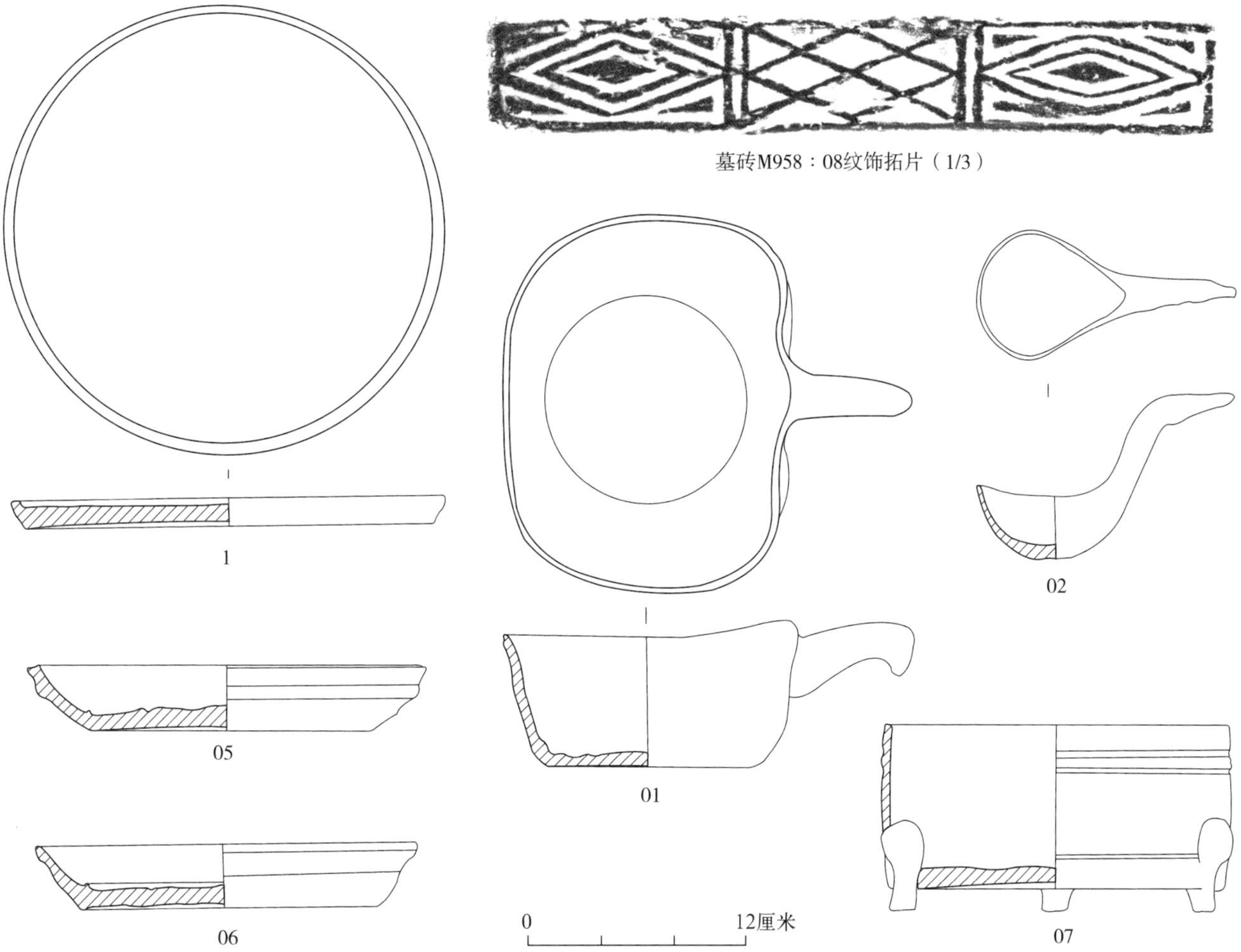

图4-1008　M958出土器物

1. 陶案　01. 陶魁　02. 陶勺　05、06. 陶盘　07. 陶樽

标本M958：03，灰陶。口长径12、短径8.5、高3.4厘米。

标本M958：04，红陶。口长径14、短径10.4、高4厘米。

陶案　1件。

标本M958：1，泥质灰褐陶。圆唇，浅腹，斜壁内收，平底微凹。素面。口径24、底径22.7、高1.6厘米（图4-1008，1；彩版二六八，4）。

陶魁　1件。

标本M958：01，泥质灰陶。椭圆形口，圆唇，深腹，下部内收，平底微凹。把手残缺。素面。口径20.5、底径13、高8厘米（图4-1008，01）。

陶勺　1件。

标本M958：02，泥质黄褐陶。勺头椭圆形，敞口，尖唇，下部弧收，圜底。一端把首向上弯曲。素面。长14.4、宽7、高9厘米（图4-1008，02）。

第三节　器物类型

这次发掘出土器物众多，类型复杂，是研究汉代物质文化遗存的重要实物资料。下面仅就陶器、铜镜、铜钱进行类型学分析，以期揭示它们之间的演变规律。

一　陶器

陶器是墓葬中最主要的随葬品，也是分期断代的重要标尺。这次发掘，出土陶器1009件（包括9件瓮棺）。不仅数量多，而且形制复杂。种类主要有陶罐、陶壶、陶钵、陶钫、陶扁壶、陶单把杯、陶熏炉、陶瓮、陶樽、陶案、陶盘、陶盆、陶瓦、陶勺、陶耳杯、陶魁、陶豆、陶灯、陶灯盏、陶猪圈、陶盂、陶鼎、陶甑、陶器盖、陶俑等20余种。现选取陶罐、陶壶、陶钵、陶钫等12种形态特征变化明显的器物进行类型学分析。

（一）陶罐

192件，复原188件。根据器形不同分为11型，有些器物又分为不同式。不能归入者列其他罐。

A型　20件。分两亚型。

Aa型　10件。侈口，束颈，折肩，深腹，腹壁斜直，下收为小平底。腹部饰绳纹。标本M148：2。

Ab型　10件。分三式。

Ⅰ式　1件。形体微胖。口近直，折肩，深腹，腹壁近直，弧收为小平底。腹部饰绳纹。标本M146：1。

Ⅱ式　8件。形体偏矮，侈口，斜肩，腹壁弧收，小平底。腹部饰绳纹。标本M84：1。

Ⅲ式　1件。扁腹。侈口，高颈，斜肩，折收为小平底。腹部饰绳纹。标本M367：1。

B型　43件。根据器形不同，分两亚型。

Ba 型　12 件。

Ⅰ式　1 件。直口，束颈，圆鼓腹，最大腹径居中，下收为小平底。下腹饰绳纹。标本 M12∶2。

Ⅱ式　11 件。直口，沿面内侧凹弧，最大腹径居上腹。下腹饰绳纹。标本 M200∶1。

Bb 型　31 件。

Ⅰ式　5 件。敛口，平沿，方唇，束颈，鼓腹，小平底。下腹饰绳纹。标本 M38∶2。

Ⅱ式　4 件。敛口，斜平沿，束颈，沿面内侧微凹弧，鼓腹，小平底。下腹饰绳纹。标本 M908∶1。

Ⅲ式　22 件。敛口，沿面内侧凹弧，圆唇，鼓腹，小平底。下腹饰绳纹。标本 M819∶1。

C 型　9 件。分两式。

Ⅰ式　1 件。形体瘦高。平沿，侈口，喇叭形颈，弧肩，鼓腹，最大腹径居中下部，小平底。下腹饰绳纹。标本 M291∶1。

Ⅱ式　8 件。形体变矮，扁圆体。斜沿，直颈，斜肩，折腹，最大径居中部，小平底。下腹饰绳纹。标本 M852∶1。

D 型　7 件。根据器形变化分两式。

Ⅰ式　3 件。形体细高。侈口，斜沿，直颈，鼓腹，小平底。下腹饰绳纹。标本 M765∶1。

Ⅱ式　4 件。形体较Ⅰ式矮，侈口，束颈，圆球形腹，小平底微凹。下腹饰绳纹。标本 M100∶1。

E 型　13 件。根据器形不同分两式。

Ⅰ式　4 件。折沿，方唇，敛口，束颈，扁圆腹，小平底。下腹饰绳纹。标本 M212∶1。

Ⅱ式　9 件。斜沿，圆唇，直口，直颈，圆鼓腹。小平底。下腹饰绳纹。标本 M125∶1。

F 型　16 件。分三式。

Ⅰ式　10 件。卷沿，尖唇，侈口，束颈，鼓腹，溜肩，小平底。标本 M432∶1，

Ⅱ式　5 件。圆唇，广肩，腹部较Ⅰ式圆。标本 M68∶2。

Ⅲ式　1 件。方唇，球形腹，大平底。标本 M423∶5。

G 型　4 件。圆唇，折沿，小口，束颈，鼓腹，小平底。下腹饰绳纹。标本 M380∶1。

H 型　12 件。

Ⅰ式　4 件。敛口，尖唇，束颈，鼓腹，小平底。下腹饰绳纹。标本 M403∶1。

Ⅱ式　8 件。敛口，方唇，束颈，鼓腹，大平底。素面。标本 M874∶3。

Ⅰ型　27 件。

Ⅰ式　18 件。浑圆体。折平沿，方唇，侈口，直颈，广肩，球形腹，最大腹径居中部，下收为小平底。下腹饰绳纹。标本 M369∶2、M745∶1。

Ⅱ式　8 件。沿面外斜，方唇，侈口，斜直颈，喇叭状口，溜肩，鼓腹，最大腹径居下部，底较Ⅰ式大。下腹饰绳纹。标本 M597∶1。

Ⅲ式　1 件。方唇，沿斜折，侈口，喇叭颈，大平底。素面。标本 M880∶3。

J 型　23 件。

Ⅰ式　10 件。斜沿，方唇，敛口，鼓腹，最大径在上腹部，小平底。下腹饰绳纹。标本

M870：1。

Ⅱ式　13件。腹部较Ⅰ式扁，最大径居中部。标本M273：1、M266：1。

K型　3件。敛口，束颈，鼓腹，大平底。素面。

标本M903：6、M428：01、M428：08。

（二）陶壶

320件。根据底部不同，分为2型。4件不能归入者单列其他壶。

A型　113件，圈足。分四亚型。

Aa型　40件。根据器物整体形状分四式。

Ⅰ式　16件。弧顶盖。壶圆唇，侈口，沿面微凹，束颈，溜肩，折腹，喇叭形圈足。通体饰白彩。标本M524：1。

Ⅱ式　2件。弧顶盖饰红、蓝、黑、白、黄色勾连纹。壶侈口，平沿，圆唇，束颈，扁圆腹。腹部绘红、蓝、黑勾连纹及水波纹。下腹饰绳纹。标本M445：2。

Ⅲ式　15件。弧顶盖绘红、紫、黑色卷云纹。壶侈口，斜平沿，方唇，束颈，鼓腹。腹部多饰白彩，间饰红、黑、紫色勾连纹，腹部两周戳印纹，下腹饰细绳纹。标本M132：1。

Ⅳ式　7件。形体粗矮。弧顶盖。壶侈口，平沿，圆唇，束颈，鼓腹，矮圈足。腹及底部饰绳纹。腹及盖上饰白、红、黑色彩绘。标本M50：1。

Ab型　67件。弧顶盖。壶侈口，沿面外斜，束颈。腹饰绳纹。分三式。

Ⅰ式　32件。球形腹。标本M453：5。

Ⅱ式　11件。圆鼓腹。标本M252：7。

Ⅲ式　24件。鼓腹，矮圈足。标本M466：1。

Ac型　6件。分三式。

Ⅰ式　2件。侈口，沿面外斜，束颈，溜肩，鼓腹，下腹内收，矮圈足。腹饰绳纹。标本M511：6。

Ⅱ式　2件。侈口，束颈，肩部微弧，下腹弧收，最大腹径下移，喇叭圈足，大平底。标本M697：4。

Ⅲ式　2件。绿釉。敞口，斜沿，沿面内凹，扁圆腹，下腹喇叭形高圈足。腹部凹弦纹，上腹部两侧饰兽头。标本M804：010。

B型　203件。平底。根据器形变化分五型。

Ba型　15件。分两式。

Ⅰ式　4件。浑圆体。弧顶盖。壶敞口，平沿，束颈，圆鼓腹，平底微凹。下腹及底部饰绳纹。标本M855：3。

Ⅱ式　11件。形体较Ⅰ式高。弧顶盖。壶侈口，束颈，溜肩，鼓腹，下部内收，小平底。下腹及底部饰绳纹。标本M936：3。

Bb型　31件。分三式。

Ⅰ式　2件。敞口，沿内弧，束颈，鼓腹，平底。腹饰戳印纹。标本M213：2。

Ⅱ式　12件。敞口，沿面微内弧，束颈，鼓腹，平底。腹饰戳印纹。标本M164：1。

Ⅲ式　17件。底较Ⅱ式大。弧顶盖。壶敞口，圆唇，束颈，扁圆腹，大平底。下腹戳印纹。标本M4：2。

Bc型　14件（复原12件）。

Ⅰ式　1件。胖体。侈口，卷沿，方唇，束颈，鼓腹，平底。腹饰戳印纹。标本M54：2。

Ⅱ式　5件。侈口，斜沿，束颈，鼓腹，平底。腹饰戳印纹。标本M221：3。

Ⅲ式　6件。侈口，斜沿，束颈，鼓腹，大平底。素面。标本M634：3。

Bd型　24件。分三式。

Ⅰ式　7件。侈口，沿面外斜，束颈，圆鼓腹，小平底。腹部绘红色卷云纹，下腹及底部饰绳纹。标本M191：1。

Ⅱ式　10件。侈口，沿面外斜，束颈，鼓腹，平底。上腹饰白、红彩带纹，下腹戳印纹。标本M537：1。

Ⅲ式　7件。敞口，斜沿，束颈，鼓腹，大平底。腹部饰白色带纹，中间云纹。标本M228：6。

Be型　108件。分三式。

Ⅰ式　55件。泥质灰陶。弧顶盖。壶敞口，圆唇，束颈，鼓腹，平底。素面。标本M133：20。

Ⅱ式　27件。底部较Ⅰ式稍大。弧顶盖。壶侈口，束颈，鼓腹，近底部外凸，平底。素面。标本M235：10。

Ⅲ式　26件。弧顶盖。壶侈口，沿面外斜，束颈，鼓腹，下腹内收，近底部外凸，平底。下腹戳印纹。标本M667：4。

Bf型　2件。

盘口，圆唇，束颈，鼓腹，下腹内收，小平底。下腹饰绳纹。标本M682：01。

Bg型　3件。

黄绿釉陶。敞口，圆唇，喇叭形颈，鼓腹。小平底。腹饰凹弦纹、戳印纹。标本M478：8。

Bh型　3件。

泥质灰陶。敞口，斜沿，束颈，鼓腹，平底。肩两侧按对称环形鼻，上腹饰对称鸟衔鱼图案。标本M193：1、M799：7。

Bi型　3件。

夹砂白陶。侈口，沿内弧，束颈，鼓腹，小平底。肩部两周凸棱，上腹饰数周连弧纹。标本M799：8。

（三）陶钵

22件（复原20件）。根据器形不同，分三型。2件不能归入者列在其他型。

A型　9件。分两式。

Ⅰ式　8件。直口，斜沿，圆唇，下腹折收，小平底。素面。标本M878：2。

Ⅱ式　1件。直口，圆唇，下腹弧收，圜底。素面。标本M144：1。

B型　4件。分三式。

Ⅰ式　1件。侈口，圆唇，弧壁，下收为平底。素面。标本M878：3。

Ⅱ式　2件。敛口，斜沿，尖唇，底部较Ⅰ式变小。标本M936：01。

Ⅲ式　1件。平沿，浅腹，弧壁，小平底。标本M808：01。

C型　7件。分三式。

Ⅰ式　1件。直口，圆唇，直壁，深腹，圜底。素面。标本M450：3。

Ⅱ式　1件。直口，圆唇，腹较Ⅰ式浅，平底。素面。标本M510：01。

Ⅲ式　5件。侈口，浅腹，弧壁，平底。素面。标本M711：6。

（四）陶钫

139件。根据底部不同，分三型。

A型　98件。方形圈足。根据腹部变化分为4式。

Ⅰ式　2件。覆斗形盖，小平顶，对角有棱。钫直口，方唇，平沿，束颈，溜肩，球形腹，形体肥硕。盖顶饰鹤、四壁印鱼形图案。颈上及腹部分别饰两周红色弦纹，颈四周各用红彩饰两个“三角”图案，肩部饰红彩火焰纹。标本M809：1。

Ⅱ式　13件。腹部较Ⅰ式瘦。覆斗形盖，斜壁，方形平顶。钫方口，平沿，尖唇，束颈，鼓腹。体稍胖。底部饰绳纹。标本M69：1。

Ⅲ式　32件。覆斗形盖，斜壁，小平顶。盖上五个突饰。钫方口，平沿，方唇，侈口，束颈，鼓腹，体瘦。下腹饰绳纹。标本M106：1。

Ⅳ式　51件。覆斗形盖，顶部五个乳丁纹。钫平沿，侈口，束颈，溜肩，鼓腹，体瘦长。素面。标本M751：4。

B型　36件。圆形圈足。分三式。

Ⅰ式　2件。覆斗形盖，斜壁，小平顶。钫平沿，侈口，束颈，圆鼓腹。体肥胖。素面。标本M91：13。

Ⅱ式　16件。覆斗形盖，斜壁，小平顶。钫方口，平沿，尖唇，沿外侧有折棱，束颈，溜肩，鼓腹，腹较Ⅰ式稍瘦。下腹饰绳纹。标本M451：2。

Ⅲ式　18件。覆斗形盖。斜壁，小平顶，上部五个突饰。钫方口，平沿，束颈，鼓腹，形体瘦高。最大径居下腹。标本M45：27。

C型　5件。平底。分两亚型。

Ca型　4件。覆斗形盖，斜壁，小平顶。盖上五个突饰，中间一个。钫方口，尖唇，颈部较细，体瘦高，最大径居下腹。圆形底。素面。下腹饰一周戳印纹。标本M45：29。

Cb型　1件。覆斗形盖。钫形体瘦小，方形底。素面。标本M232：8。

（五）陶扁壶

49件。根据整体形状不同，分两型。

A型　34件。分两式。

Ⅰ式　10件。小口，平沿，方唇，细高颈，扁腹，下腹斜内收，凹底。肩上部饰两个对称桥形鼻。素面。标本M166：2。

Ⅱ式　24件。直口，尖圆唇，宽领，高颈，弧肩，扁腹，下腹弧收，圈足。肩上部饰两个对称桥形鼻，素面。标本M650：1、M581：2。

B型　15件。分两式。

Ⅰ式　6件。敞口，斜沿，圆唇，束颈，扁腹，下腹内收，凹底。肩部饰对称桥形鼻，素面。标本M430：01。

Ⅱ式　9件。腹部较Ⅰ式胖，下腹弧收，底加大。标本M799：1。

（六）陶盘

43件（复原41件）。根据器形不同分为两型。

A型　14件。分两式。

Ⅰ式　7件。敞口，折沿，弧壁，圜底。素面。标本M455：5。

Ⅱ式　7件。敞口，折沿，斜直壁，浅腹，平底。素面。标本M108：3。

B型　27件。敞口，浅腹，斜直壁，平底。素面。标本M903：01。

（七）陶樽

26件。根据底部不同分为两型。

A型　14件。3件失盖。弧顶盖。直口，平沿，圆唇，直壁，深腹，圜底，马蹄足。素面。标本M117：5。

B型　12件。根据腹部深浅变化，分两式。

Ⅰ式　6件。3件失盖。弧顶盖，上部环形纽。直口，深腹，直壁，平底，马蹄形足。腹侧按铺首衔环。素面。标本M108：4。

Ⅱ式　6件。失盖。腹部较Ⅰ式浅。圆唇，直口，浅腹，上腹微内收，平底。素面。标本M903：3。

（八）陶案

17件。根据器形不同分两型。

A型　1件。方形。敞口，尖唇，斜壁，浅盘，平底。角下部按四个分离的三角形足。标本M108：6。

B型　16件。圆形。分两式。

Ⅰ式　14件。泥质灰褐陶，圆唇，侈口，浅腹，斜壁，大平底。标本M958：1。

Ⅱ式　2件。绿色釉陶，形制与Ⅰ式基本相同。标本M804：033。

（九）陶勺

15件（复原10件）。分四式。

Ⅰ式　1件。鸭嘴形柄，勺头椭圆形，敞口，斜壁，平底。标本M108：5。

Ⅱ式　1件。锥状柄，勺头椭圆形，敞口，弧壁，圜底。标本M958：02。

Ⅲ式　5件。鸟首形柄，勺头椭圆形，敞口，弧壁，圜底。标本M749：02。

Ⅳ式　3件。龙首形柄，勺头椭圆形，敞口，弧壁，圜底。标本M804；019。

（一〇）陶盆

9件。分三型。

A型 1件。侈口，折沿，深腹，直壁。标本M600：1。

B型 6件。根据器形不同分三式。

Ⅰ式 2件。敞口，方唇，斜沿，浅腹，斜壁，圜底。标本M108：9、M808：3。

Ⅱ式 1件。敞口，圆唇，沿面微弧，浅腹，下部弧收，平底微内凹。素面。标本M591：8，

Ⅲ式 1件。腹较Ⅰ式深。侈口，折沿，斜壁，浅腹，平底。标本M804：016。

Ⅳ式 2件。侈口，折沿，深腹，弧壁，下收为平底。标本M591：5。

C型 2件。敞口，方唇，深腹，斜壁，小平底。标本M719：01。

（一一）陶魁

8件（复原6件），分两式。

Ⅰ式 2件。短柄，首部弯曲。近方形口，斜壁，深腹，平底。素面。标本M602：08。

Ⅱ式 4件。短柄，龙首形。近方形口，斜壁，深腹，平底。素面。标本M804：027。

（一二）陶瓮

6件。根据器形变化分四型。

A型 2件。敛口，弧沿，圆唇，束颈，鼓腹，下腹内收，小平底。素面。标本M591：2。

B型 2件。敛口，折沿，沿面内斜，鼓腹，平底。肩部饰一周附加堆纹。标本M591：4。

C型 1件。小口，圆唇，短颈，圆腹，小平底。素面。标本M591：3。

D型 1件。侈口，方唇，束颈，鼓腹，圜底。肩部刻交叉符号，素面。标本M656：01。

二 铜镜

铜镜是墓葬中常见的随葬品，这次发掘出土铜镜171枚（附表一），见于142座墓葬中。可分为素面镜、蟠螭镜等不同类型，有的还可以细分为若干亚类型。

（一）素面镜

2枚。弓形纽。标本M513：1、M782：1。

（二）蟠螭镜

2枚。三弦纽。主纹为三条首尾相连的蟠螭纹或三蟠螭纹与三叶纹相间分布。标本M38：1、M599：2。

（三）蟠虺镜

5枚。三弦纽。主纹为四条蜷曲的蟠虺纹。标本M534：1等3枚虺纹作两“C”形，叠压一周凹

面圈带及四乳丁。标本 M388∶1 与之相近，缺少凹面圈带。标本 M705∶1 主纹呈“S”形，其外一周内向十六连弧纹圈带。

（四）四花叶镜

3枚。圆纽或伏兽纽，纽外凹面、凸弦纹方格各一。方格四角伸出花叶纹，四边中点外各一圆座乳丁、钉外饰花叶或花瓣纹或无。标本 M370∶1、M663∶3、M894∶1。

（五）草叶镜

10 枚。圆纽，柿蒂纹纽座，座外一双凸弦纹小方格和一凹面大方格之间设铭文。大方格四角多向外伸出一花枝纹，四边中点外各一大乳丁、钉外一桃形花苞、两侧分饰草叶纹。标本 M660∶2 等 5 枚为对称单层草叶。标本 M97∶2 等 3 枚为对称连叠草叶。标本 M814∶1 为四螭单列连叠草叶。标本 M2∶3 仅存一残片。

（六）星云镜

13 枚。连峰纽，圆纽座，座外多有一周内向十六连弧纹圈带。主纹由四枚并蒂连珠纹座或圆座大乳丁分为四区，各有弧线相连的小乳丁。标本 M140∶1、M35∶2。

（七）连弧（圈带）铭带镜

90 枚。绝大部分为圆纽、圆纽座，座外多有短弧线等几何纹。之外为连弧纹圈带、或窄凸面圈带、或凸弦纹，少数兼具两种纹饰，其间又设几何纹。外区铭文带夹于两组短斜线和凸弦纹组合纹带之间，根据铭文不同分四种类型。

1. 日光镜

61 枚。多数为圆纽、圆纽座，连峰纽、圆纽座或圆纽、并蒂连珠纹纽座的较少。铭文以“见日之光，天下大明”为主，圆转式篆隶体。标本 M17∶3、M452∶6。

2. 昭明镜

22 枚。多为圆纽座，少量并蒂连珠纹纽座。铭文完整者为“内清质以昭明，光辉象夫日月，心忽扬而愿忠，然雍塞不泄”，有增、减字现象，字间多隔一“而”字。字体可分为圆转式篆隶体和方正式篆隶体两种。标本 M17∶6、M210∶3。

3. 重圈铭带镜

3 枚。标本 M36∶7 为日光清白重圈、M40∶98 为日光昭明重圈、M142∶1 为两昭明重圈，均圆转式篆隶体。

4. 其他铭带镜

4 枚。标本 M29∶2、M237∶1 为清白连弧铭带镜、M102∶1 为清华连弧铭带镜、M737∶4 为铜华圈带云雷纹镜，均为方正式篆隶体。

（八）四乳铭文镜

9 枚。圆纽，圆纽座，其外一周窄凸面圈带。主纹被四枚圆座乳丁分为四区，每区各一篆书铭文，连读为“家常贵富”。标本M228∶1等4枚笔画圆转，标本M224∶1等5枚笔画方折。

（九）四乳禽兽镜

29枚。圆纽，多圆纽座，其外多为一周窄凸面圈带。主纹被四枚圆座乳丁分为四区，多饰线条式禽兽纹。根据主纹不同分为六类。

1. 四乳四虺镜

17枚。每区内各一双钩形虺纹、其内外两侧各一鸟纹，个别纹饰略复杂。标本M241∶1、M820∶2。

2. 四乳八鸟镜

3枚。每区内两相对而立鸟纹。标本M515∶1。

3. 四乳龙虎镜

2枚。每区内各一龙或虎，标本M205∶1、M216∶3。

4. 四乳禽兽镜

3枚。标本M233∶1柿蒂纹纽座，座外叶间篆书“长宜子孙”四字，每区内分饰两禽或兽纹；标本M582∶1、M625∶3每区饰一鸟或兽纹。

5. 四乳神兽镜

2枚。标本M485∶1，每区各浅浮雕一向左回首的异兽。标本M885∶2，每区浅浮雕一鸟或兽纹。

6. 四乳飞凤镜

2枚。以镜纽为中心浅浮雕饰一展翅凤鸟，鸟首、双翅、尾之间均匀分布四圆座乳丁。标本M510∶2、M863∶1。

（一〇）博局镜

4枚。圆纽，圆纽座。标本M208∶1等3枚座外设双凸线方格，其四角各对一圆座乳丁（或“V”形纹）将主纹分为四区，每区一“T”形纹、一姿态各异的鸟兽。标本M299∶1，主纹仅四“T”形与四圆座乳丁相间环列。

三 铜钱

铜钱是古代墓葬中最常见的物品，对墓葬的分期断代起着非常重要的作用。这次发掘共发现汉代铜钱2209枚，其中12枚文字不清（附表二）。类型主要有賹六化、半两、五铢（含磨郭五铢、剪边五铢）、大泉五十、货泉等。下面分别进行类型划分。

（一）賹六化

1枚。圆形方穿，正面轮郭俱全，背面平素。标本M119∶1。

（二）半两

79枚。出土于27座墓葬中，每座墓出土数量不一，一般1～4枚，最多的M663出土31枚。

圆形方穿，绝大多数正、背面无轮无郭（少数正面隐有外郭），背面均平素，有的正面微弧。钱文篆书，两字写法有“双人式”和“连山式”；绝大多数“半”字下笔、“两”字上笔与其他平画等齐。标本 M42：1-1、M315：1-1、M476：1-1、M663：2-1 ～ 3。

（三）五铢

2010 枚。出土于 151 座墓葬内。圆形方穿，正面有轮无郭，背面轮郭俱全，“五铢”二字篆书，部分有穿上横郭或穿下半星的特征。根据铜钱的磨损、剪切与否分为 3 型。

A 型　钱形完整。根据钱文字形变化分五式（图 4-1009）。

Ⅰ式　字体多较瘦、少数较宽。“五”字中间两笔较直或微曲，上、下两横多出头；“铢”字“金”头呈三角形或镞形，与“朱”平齐，“朱”字上部方折。有的字体长大、较宽，“铢”字四点长。标本 M91：6-1、M107：2-3、M227：3-2、M511：5-2。

Ⅱ式　字体较瘦、部分瘦长。“五”字中间两笔弯曲程度较轻、部分末端内收；“铢”字的“金”字头呈三角形或镞形，“朱”字头方折。标本 M221：5-3、M314：4-5、M527：1-3、M737：9-3。

Ⅲ式　字体较宽、少数较瘦。“五”字中间两笔弯曲程度大、末端平行或近平行；“铢”字的“金”字头呈三角形、少数呈镞形，“朱”字头方折。标本 M91：6-8、M235：6-5、M582：1-4、M625：4-4。

Ⅳ式　字体较宽。“五”字中间两笔弯曲而外放；“铢”字的“金”字头呈三角形，“朱”字头方折。标本 M230：16-2、M683：2、M825：3、M404：4-1。

Ⅴ式　字体宽大、部分较为潦草。“五”字中间两笔弯曲，与上、下两横相交处外放；“铢”字“金”头呈三角形，“朱”字上部圆折。标本 M345：1-9、M540：5-1、M711：1-3、M903：2-3。

B 型　磨郭五铢。发现较少，出土于 21 座墓中。该型铜钱周郭被磨损，有些周郭被完全磨去，甚者钱肉也被磨去大半。其钱文字体见于 A 型各式中。标本 M91：6-12、M226：3-4、M736：4-4、M885：1-2。

C 型　剪边五铢。发现很少，仅见于 6 座墓中。这类铜钱外郭或更大一部分剪掉，使郭肉分开，一钱化作两钱使用。标本 M438：1-2、M577：2、M711：1-5、M904：3-3。

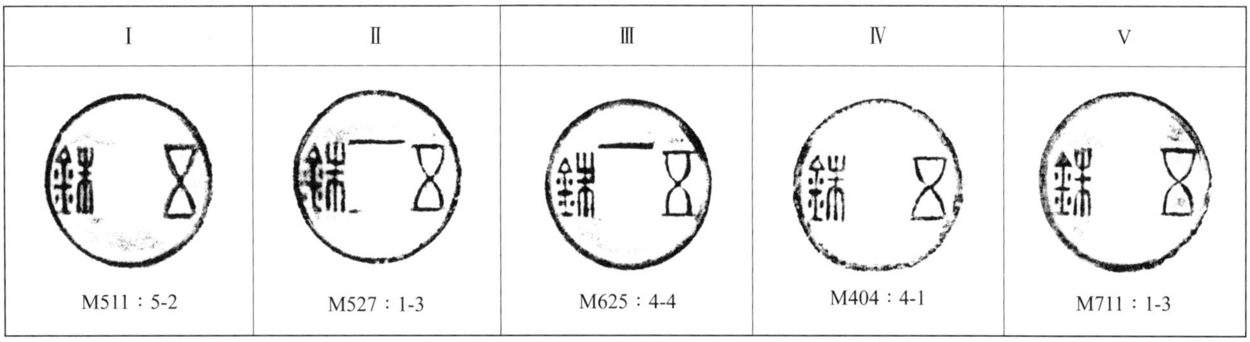

图 4-1009　A 型五铢钱分式图

（四）大泉五十

71 枚。出土于 17 座墓葬中。圆形方穿，正、背面轮郭俱全。钱文篆书，对读，“五”字中间两笔均弯曲瘦长。分为大小、薄厚两种。标本 M175：1、M216：4、M609：1、M859：1。

（五）货泉

36 枚。出土于 14 座墓葬中。圆形方穿，正、背面轮郭俱全。钱文篆书，笔画纤细。标本 M166：4-2、M220：1、M485：3-2、M804：32-2。

上面对墓葬中出土的陶器、铜钱和铜镜进行了粗略的划分，至于墓葬的年代问题，还要依据墓葬形制和陶器以及铜镜和铜钱提供的有关年代信息，进行综合分析，才能得到比较准确的判断。

第四节　分期与年代

本次发掘由于遗址原来地表已经去掉，因而没有发现文化堆积以及确切年代记载的相关材料。好在出土器物丰富、墓葬形制变化明显，且相互之间打破叠压关系较多，这些就为墓葬分期断代研究提供了重要基础资料。

下面首先根据墓内随葬陶器的具体特征，同时对比其他地区出土有关资料，将陶罐、陶壶等 12 种典型陶器分为四个发展阶段（表 4-1；图 4-1010 ～ 1013）；然后结合陶器组合，参考伴出的铜钱、铜镜及打破关系来进行分期断代的尝试。初步将时代相对明确的墓葬分为四期；再根据相互打破关系，来确定无随葬品或随葬品特征不明显的墓葬时代。对无随葬品或随葬品特征不明显，打破关系亦难以反映具体年代的墓葬，只能推断其大致年代时间段。

表 4-1　汉代主要陶器型式分期表

时代	罐													壶										
	A		B		C	D	E	F	G	H	I	J	K	A			B							
	a	b	a	b										a	b	c	a	b	c	d	e	f	g	[illegible]
西汉早期	✓	Ⅰ Ⅱ Ⅲ	Ⅰ Ⅱ	Ⅰ Ⅱ	Ⅰ Ⅱ	Ⅰ Ⅱ	Ⅰ Ⅱ	Ⅰ	✓	Ⅰ	Ⅰ	Ⅰ Ⅱ		Ⅰ										
西汉中期								Ⅱ		Ⅱ	Ⅰ Ⅱ	Ⅱ		Ⅱ Ⅲ			Ⅰ							
西汉晚期								Ⅲ			Ⅲ			Ⅳ	Ⅰ Ⅱ Ⅲ	Ⅰ Ⅱ	Ⅱ	Ⅰ Ⅱ Ⅲ	Ⅰ Ⅱ Ⅲ	Ⅰ Ⅱ Ⅲ	Ⅰ Ⅱ Ⅲ	✓	✓	[illegible]
东汉时期													✓			Ⅲ								[illegible]

注：“✓”表示存在，未分型式。

一　西汉早期

从出土器物来看，陶器种类较少，形制比较简单，仅有罐、壶和钵。其中罐特别流行，主要有Aa型、Ab型Ⅰ式～Ⅲ式、Ba型Ⅰ式、Ⅱ式、Bb型Ⅰ式～Ⅲ式、C型Ⅰ式、Ⅱ式、D型Ⅰ式、Ⅱ式、E型Ⅰ式、Ⅱ式、F型Ⅰ式、G型、H型Ⅰ式、I型Ⅰ式、J型Ⅰ式、Ⅱ式。壶仅见Aa型Ⅰ式。钵有A型Ⅰ式、Ⅱ式、B型Ⅰ式。

铜钱、铜镜的种类和数量均较少。铜钱主要为半两钱，从形制及钱文字体判断，多为汉代四铢半两（少数或晚至武帝早期），时代应在汉武帝铸行五铢之前。M119虽然出土一枚战国时期的賹六化铜钱，但其伴出的陶罐时代为西汉早期阶段。

铜镜主要有素面镜、蟠螭镜、圈带叠压蟠虺镜、四花叶镜，均流行于西汉早期阶段；M97出土日光对称连叠草叶镜一般认为流行于西汉中期，从该墓出土陶器来观察，时代可早至西汉早期阶段。

砖椁墓均使用大型青砖，长31～35、宽12～14、厚5～6厘米。未见椁室垒砌小型薄砖现象。最大的M614，砖长48、宽21、厚8厘米。

这一时期的墓葬主要有：

1. **土坑墓**

74座。

有M9、M42、M52、M100、M103、M110、M161、M181、M200、M207、M256、M257、M279、M287、M296、M306、M308、M315、M329、M332、M335、M350、M358、M360、M365、M382、M383、M392、M394、M395、M425、M433、M458、M470、M487、M501、M505、M513、M526、M534、M579、M599、M604、M637、M651、M669、M670、M695、M731、M742、M746、M755、M765、M770、M774、M782、M803、M815、M816、M817、

	钫				扁壶		盘		樽		案		勺	盆			耳杯	魁	瓮			
C	A	B	C a	C b	A	B	A	B	A	B	A	B		A	B	C			A	B	C	D
Ⅰ	Ⅰ Ⅱ	Ⅰ																				
	Ⅲ Ⅳ	Ⅱ Ⅲ	✓	✓	Ⅰ Ⅱ		Ⅰ Ⅱ		✓	Ⅰ	✓		Ⅰ	✓	Ⅰ		✓					
Ⅱ Ⅲ					Ⅱ	Ⅰ Ⅱ		✓		Ⅱ		Ⅰ Ⅱ	Ⅱ Ⅲ Ⅳ		Ⅱ Ⅲ Ⅳ	✓	✓	Ⅰ Ⅱ	✓	✓	✓	✓

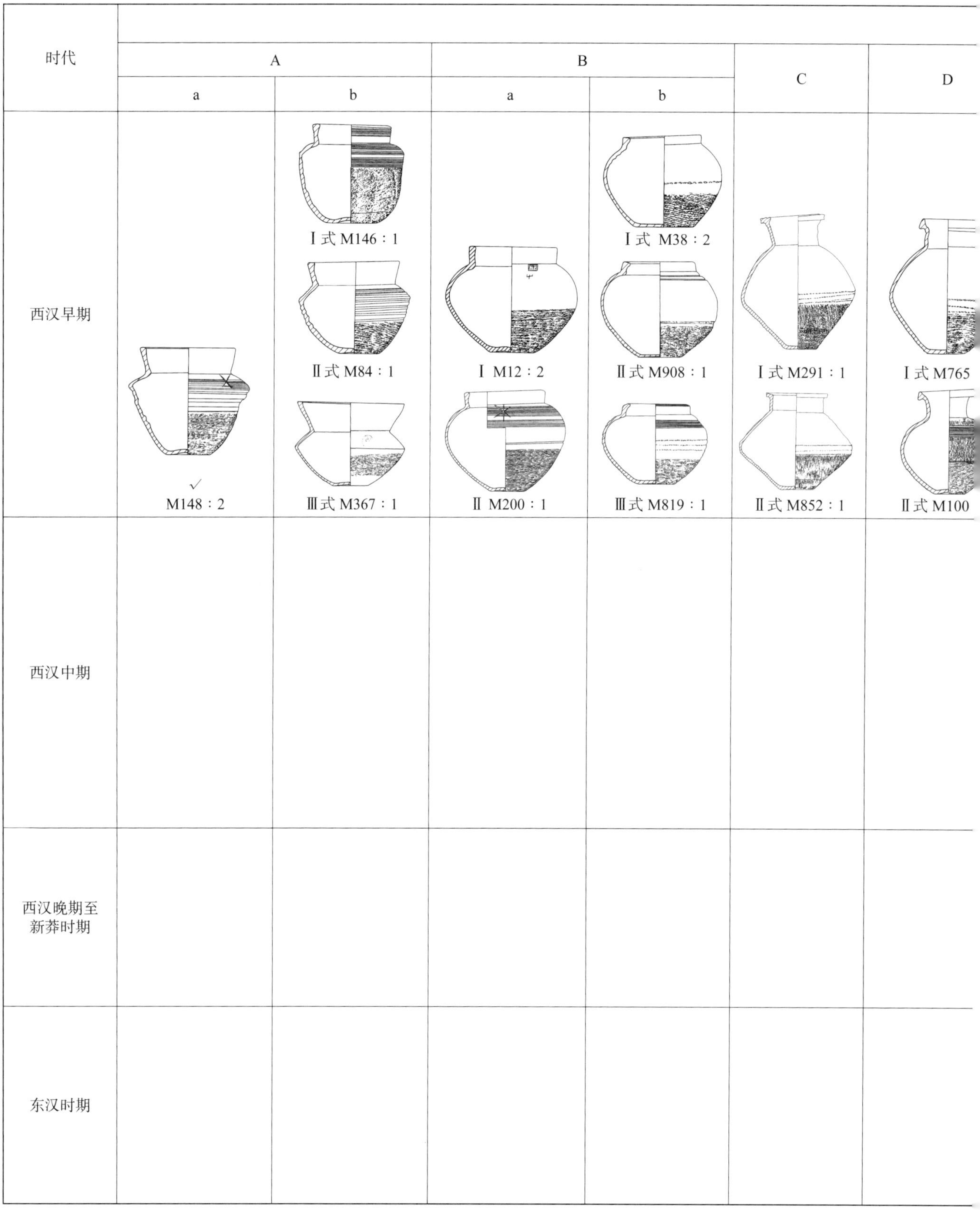

图 4-1010　汉代典型陶器分期图

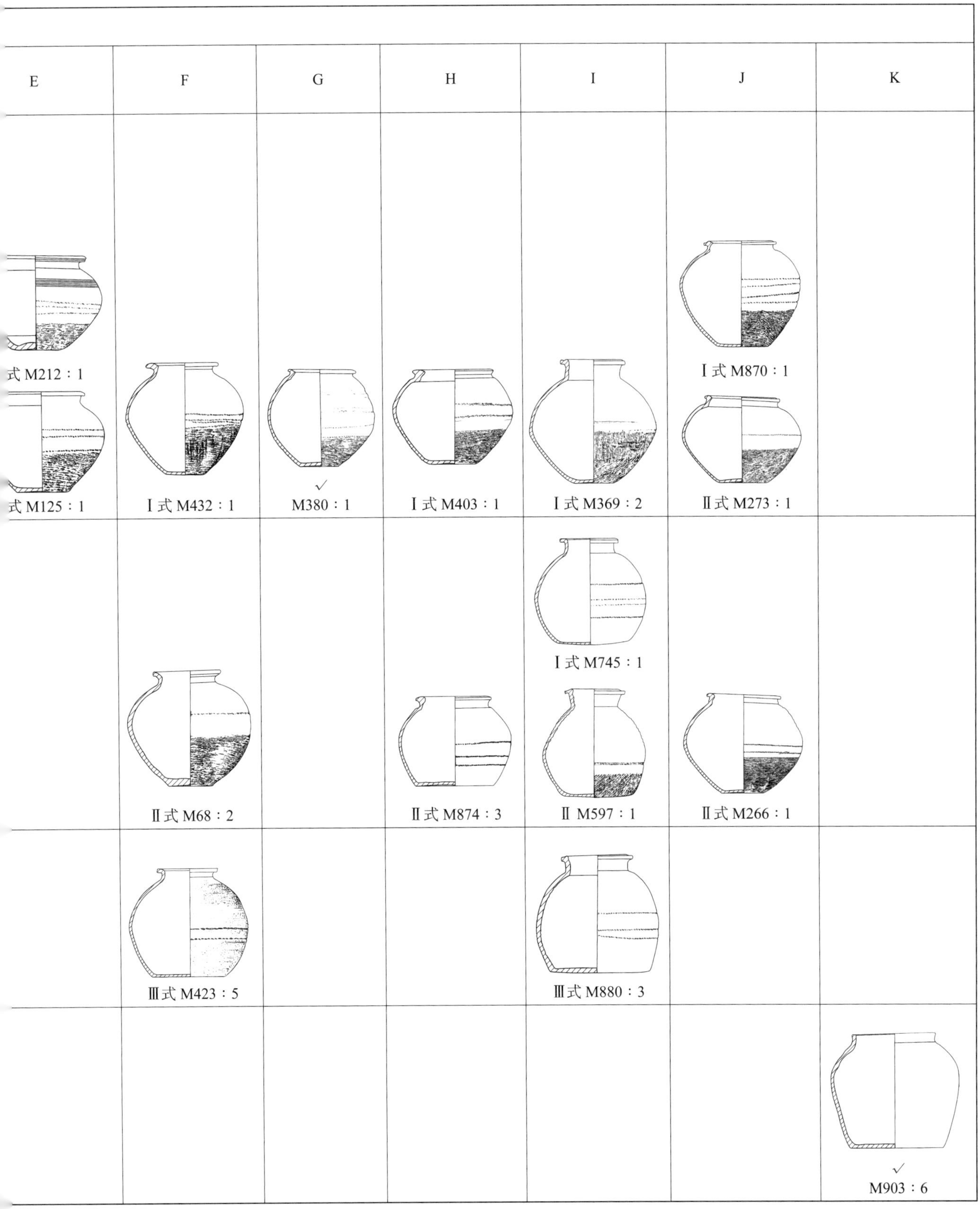
E
F
G
H
I
J
K
式 M212：1
Ⅰ式 M870：1
式 M125：1
Ⅰ式 M432：1
M380：1
Ⅰ式 M403：1
Ⅰ式 M369：2
Ⅱ式 M273：1
Ⅰ式 M745：1
Ⅱ式 M68：2
Ⅱ式 M874：3
Ⅱ M597：1
Ⅱ式 M266：1
Ⅲ式 M423：5
Ⅲ式 M880：3
M903：6

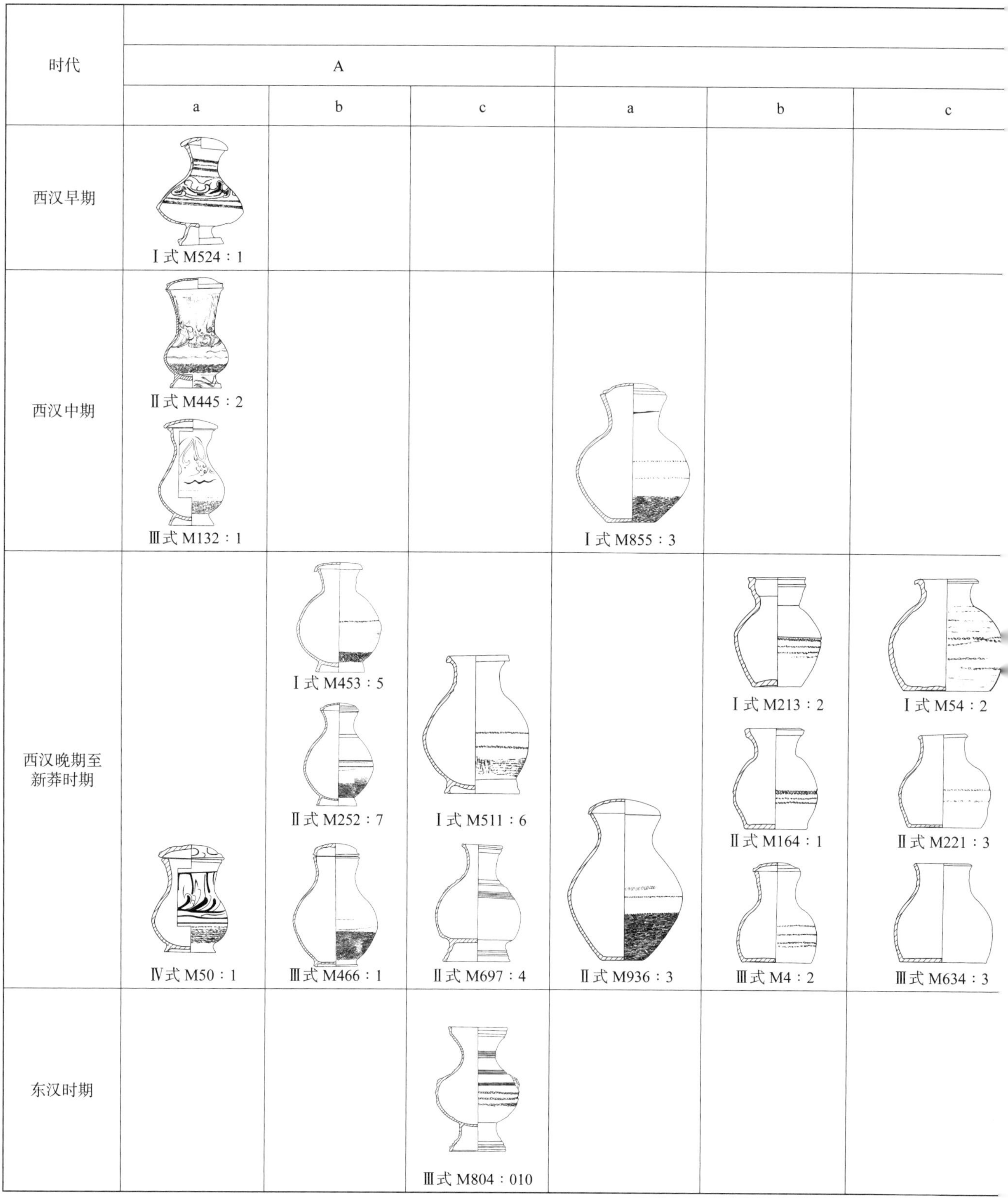
时代
A
a
b
c
a
b
c
西汉早期
Ⅰ式 M524：1
西汉中期
Ⅱ式 M445：2
Ⅲ式 M132：1
Ⅰ式 M855：3
西汉晚期至新莽时期
Ⅰ式 M453：5
Ⅱ式 M252：7
Ⅰ式 M511：6
Ⅰ式 M213：2
Ⅰ式 M54：2
Ⅱ式 M164：1
Ⅱ式 M221：3
Ⅳ式 M50：1
Ⅲ式 M466：1
Ⅱ式 M697：4
Ⅱ式 M936：3
Ⅲ式 M4：2
Ⅲ式 M634：3
东汉时期
Ⅲ式 M804：010

注：“√”表示存在，未分型式。

图 4-1011　汉代典型陶器分期图

B					
d	e	f	g	h	i
 Ⅰ式 M191：1 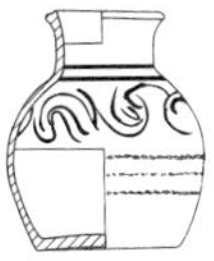 Ⅱ式 M537：1 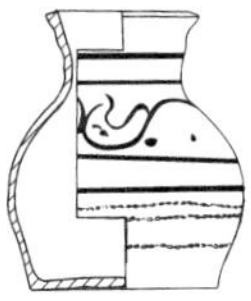 Ⅲ式 M228：6	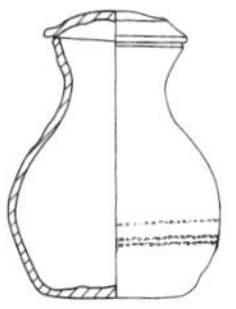 Ⅰ式 M133：20 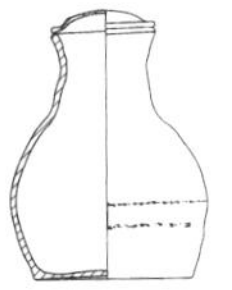 Ⅱ式 M235：10 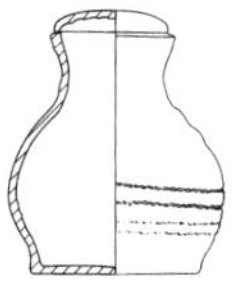 Ⅲ式 M667：4	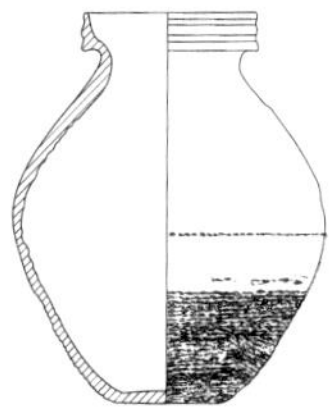 √ M682：01	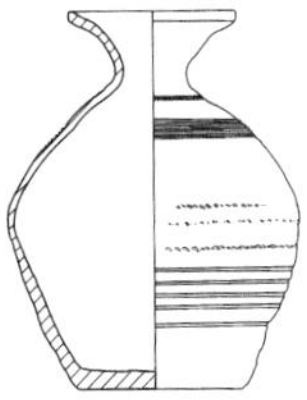 √ M478：8	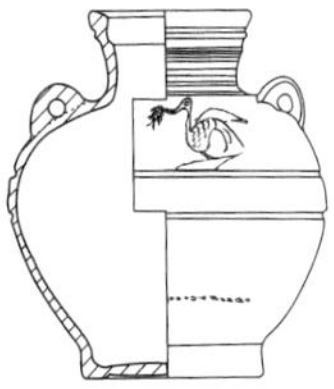 √ M193：1	
				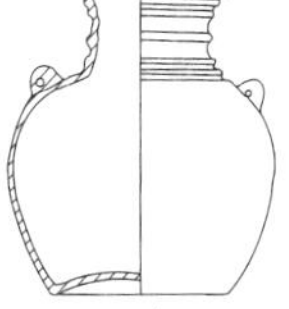 √ M799：7	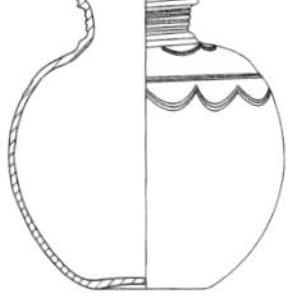 √ M799：8

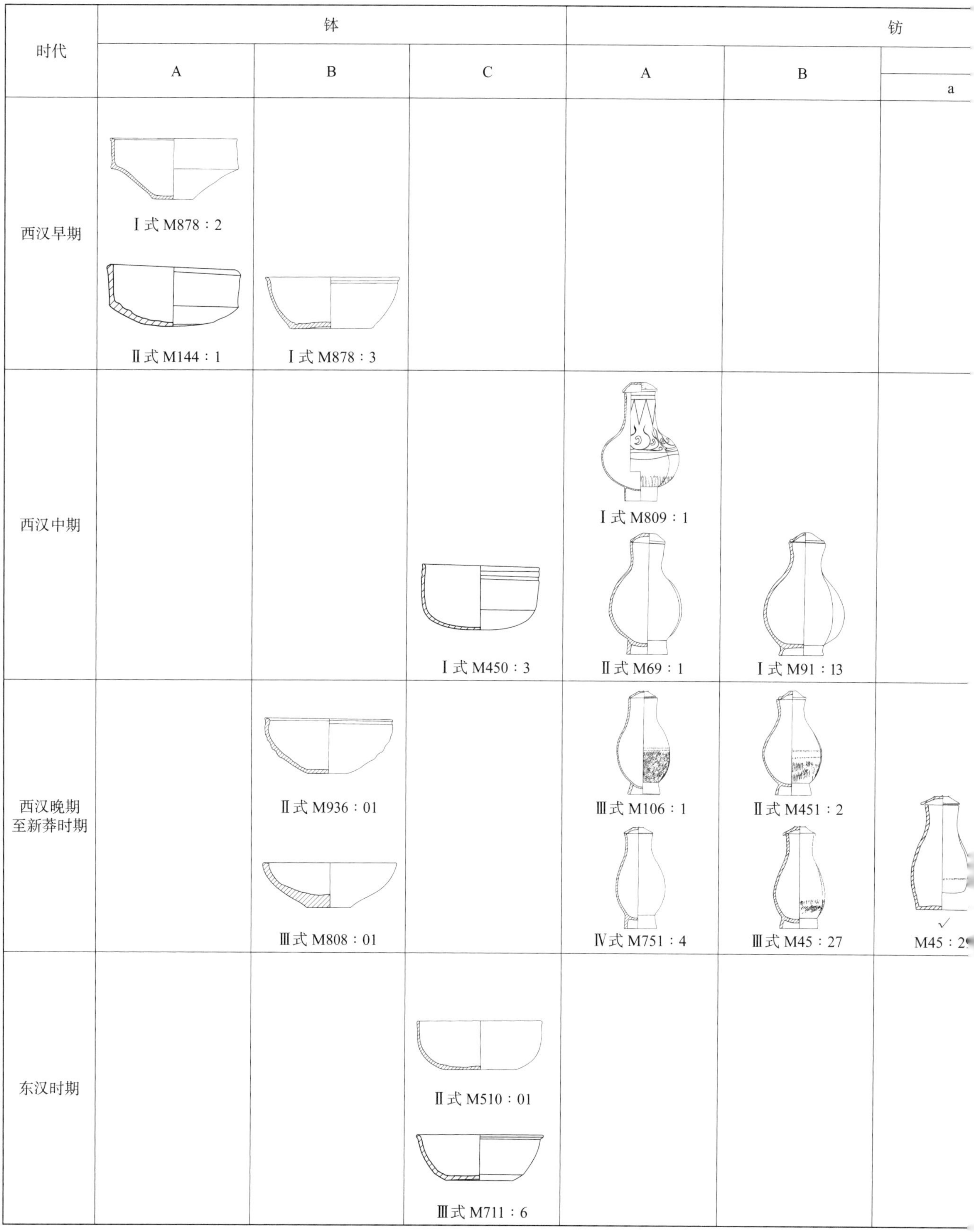

时代
钵
钫
A
B
C
A
B
a
西汉早期
Ⅰ式 M878：2
Ⅱ式 M144：1
Ⅰ式 M878：3
西汉中期
Ⅰ式 M809：1
Ⅰ式 M450：3
Ⅱ式 M69：1
Ⅰ式 M91：13
西汉晚期
至新莽时期
Ⅱ式 M936：01
Ⅲ式 M808：01
Ⅲ式 M106：1
Ⅳ式 M751：4
Ⅱ式 M451：2
Ⅲ式 M45：27
东汉时期
Ⅱ式 M510：01
Ⅲ式 M711：6

图 4-1012　汉代典型陶器分期图

	扁壶		盘		樽	
b	A	B	A	B	A	B
 ✓ M232：8	 Ⅰ式 M166：2 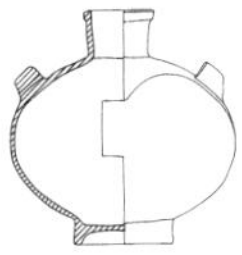 Ⅱ式 M650：1		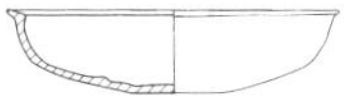 Ⅰ式 M455：5 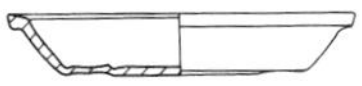 Ⅱ式 M108：3		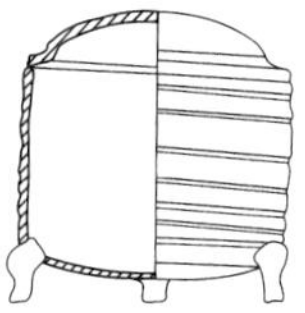 ✓ M117：5	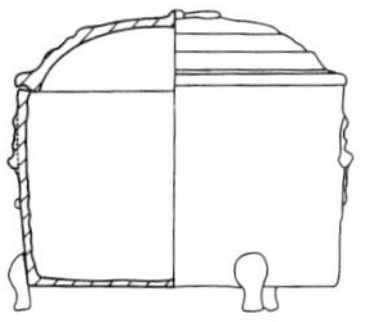 Ⅰ式 M108：4
	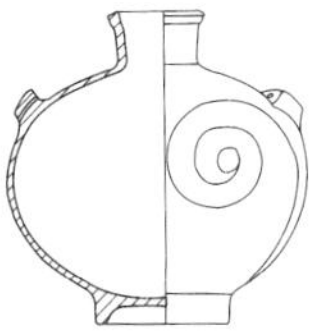 Ⅱ式 M581：2	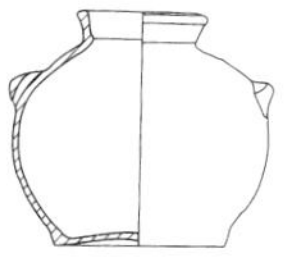 Ⅰ式 M430：01 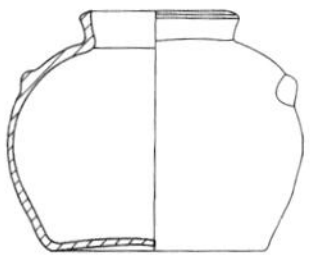 Ⅱ式 M799：1		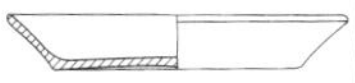 ✓ M903：01		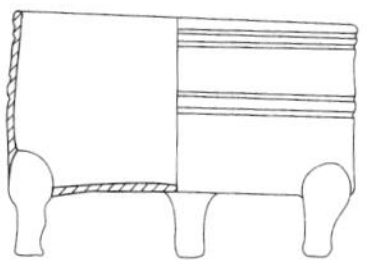 Ⅱ式 M903：3

时代	案		勺	
	A	B		A
西汉早期				
西汉中期				
西汉晚期至新莽时期	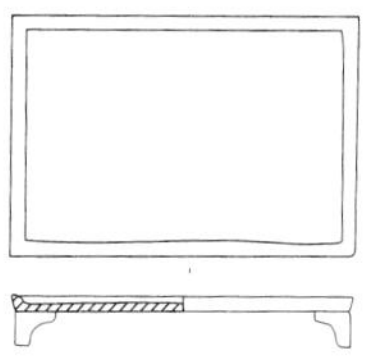 ✓ M108：6		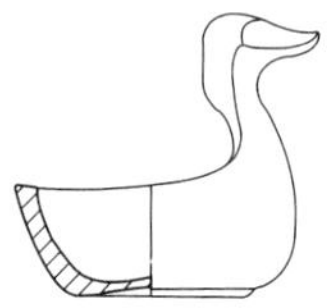 Ⅰ式 M108：5	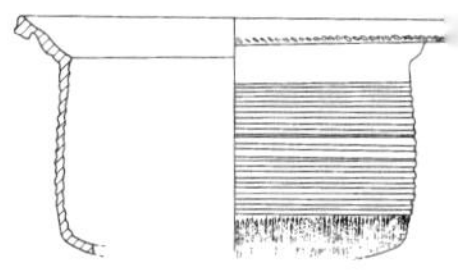 ✓ M600：1
东汉时期		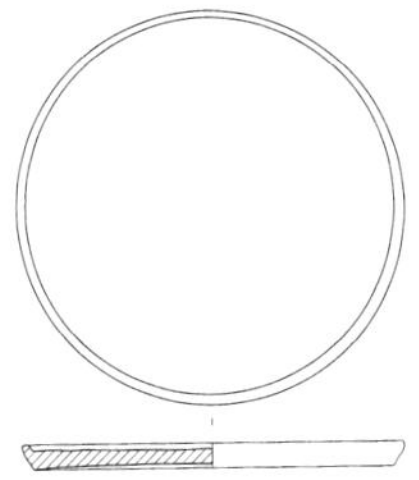 Ⅰ式 M958：1 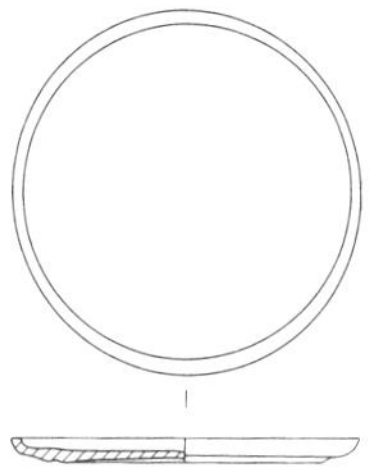 Ⅱ式 M804：033	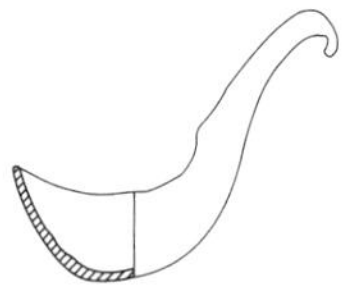 Ⅱ式 M958：02 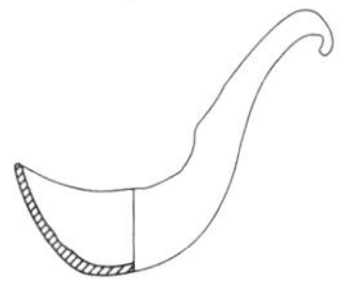 Ⅲ式 M749：02 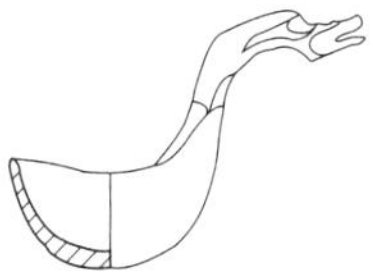 Ⅳ式 M804：019	

注：“✓”表示存在，未分型式。

图 4-1013　汉代典型陶器分期图

盆		魁
B	C	
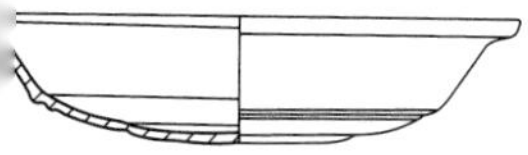 Ⅰ式 M108：9		
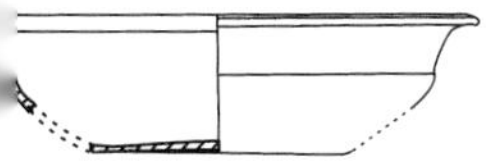 Ⅱ式 M591：8 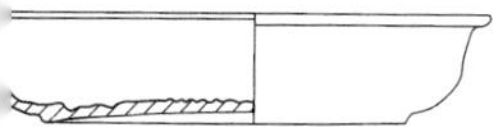 Ⅲ式 M804：016 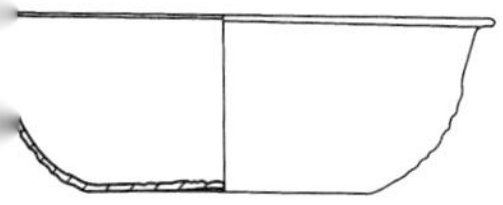 Ⅳ式 M591：5	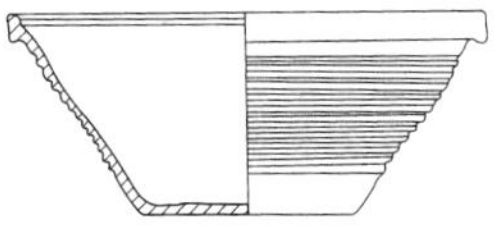 M719：01	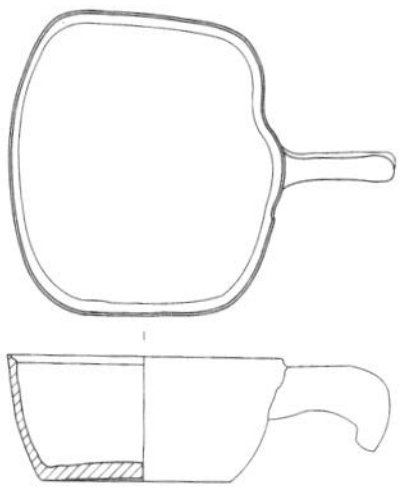 Ⅰ式 M602：08 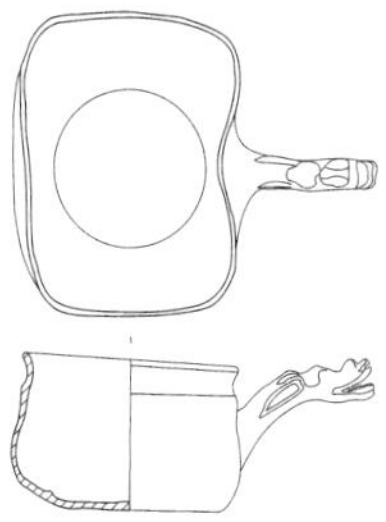 Ⅱ式 M804：027

M819、M824、M836、M841、M848、M868、M873、M875、M878、M892、M914、M931、M938、M948。

2. **砖椁墓**

140座。

其中93座（M12、M26、M28、M38、M51、M56、M67、M84、M97、M114、M118、M119、M121、M125、M144、M146～M148、M151、M152、M154、M157、M160、M168、M174、M179、M196、M212、M242、M247、M254、M262、M273、M291、M295、M321、M327、M341、M366、M367、M369、M372、M374、M375、M380、M398、M403、M405、M429、M432、M434、M449、M454、M464、M472、M483、M490、M491、M493、M496、M524、M552～M555、M559、M563、M606、M614、M626、M663、M709、M710、M716、M721～M723、M726、M734、M743、M758、M769、M796、M829、M852、M853、M858、M870、M894、M908、M917、M918、M929）墓葬形制、所用青砖和随葬品时代特征明显，为西汉早期。

另外47座（M20、M22、M41、M46、M63、M64、M72、M80、M87、M93、M109、M131、M171、M178、M217、M270、M297、M298、M312、M322、M330、M343、M384、M412、M419、M439、M456、M494、M518、M521、M547、M548、M567、M615、M620、M623、M636、M706、M773、M778、M829、M835、M866、M913、M916、M920、M954）虽然没有随葬品，但垒砌椁室普遍使用大型青砖，墓葬形制与有随葬品的西汉早期砖椁墓基本一致，所用青砖也没有明显区别，所以，此类墓葬也暂定为西汉早期阶段。

二 西汉中期

这一时期罐数量减少，西汉早期I型Ⅰ式、J型Ⅱ式罐继续存在；新出现F型Ⅱ式、H型Ⅱ式、I型Ⅱ式罐，Aa型Ⅱ式、Ⅲ式、Ba型Ⅰ式壶，C型Ⅰ式钵和A型Ⅰ式、B型Ⅰ式、Ⅱ式钫。

铜钱品种和数量较多。铜钱主要为A型Ⅰ式～Ⅲ式五铢，分别铸造于西汉武帝时期、昭帝至宣帝前期、宣帝后期；另有少量半两钱，但在M213、M662等墓葬中均与以上型式的五铢钱伴出；M601、M820等墓葬虽然仅出半两钱，但从出土陶器来看，当为西汉中期阶段。

铜镜种类和数量较少，主要有蟠虺镜、草叶镜、星云镜等，少量四花叶镜、四乳四虺镜、昭明镜等。其中前三者盛行于西汉中期阶段；M370：1为四花叶镜、M855、M874出土的日光对称单层草叶镜，以往多见于西汉早期墓葬中，根据同出的陶器来进行判断，上述墓葬应为西汉中期阶段；M91、M820出土的四乳四虺镜多流行于西汉晚期至东汉早期，在长安地区宣元时期墓葬亦有发现[1]，结合其他器物推测，这两座墓葬应为西汉中期阶段；M699昭明镜字体为圆转式篆隶体，多见于西汉中期阶段，所伴出的陶器亦属同一时期。

砖椁墓内大型青砖继续使用，新出现一些小型薄砖。在64座完整砖椁墓葬中，使用大型青砖墓葬32座，垒砌小型薄砖墓葬32座（M2、M3、M11、M30、M68、M69、M91、M163、M258、

[1] 程林泉、韩国河：《长安汉镜》，山西人民出版社，2002年，第83页。

M266、M269、M303、M304、M356、M381、M399、M402、M445、M450、M492、M613、M635、M659、M686、M699、M705、M720、M805、M826、M840、M874、M922）。大型青砖和小型薄砖各占 50%。小型薄砖一般长 24 ～ 30、宽 11 ～ 13、厚 3 ～ 4 厘米。

这一时期的墓葬主要有：

1. 土坑墓

6 座。

有 M180、M527、M530、M641、M930、M932。

2. 砖椁墓

64 座。

有 M2、M3、M11、M30、M68、M69、M91、M163、M258、M266、M269、M271、M303、M304、M311、M356、M368、M370、M379、M381、M388、M399、M402、M406、M408、M410、M422、M423、M426、M436、M445、M450、M474、M489、M492、M509、M578、M597、M608、M610、M613、M635、M655、M658、M659、M661、M686、M699、M705、M720、M745、M805、M809、M813、M820、M826、M840、M855、M856、M874、M895、M899、M912、M922。

三 西汉晚期至新莽时期

这一时期，罐的数量继续减少，仅存 F 型Ⅲ式、I 型Ⅲ式罐；壶的数量增加；钫、扁壶等也特别流行。主要器形有 Aa 型Ⅳ式、Ab 型Ⅰ式～Ⅲ式、Ac 型Ⅰ式、Ⅱ式、Ba 型Ⅱ式、Bb 型Ⅰ式～Ⅲ式、Bc 型Ⅰ式～Ⅲ式、Bd 型Ⅰ式～Ⅲ式、Be 型Ⅰ式～Ⅲ式、Bf 型、Bg 型、Bh 型壶，B 型Ⅱ式、Ⅲ式钵，A 型Ⅲ式～Ⅳ式、B 型Ⅱ式、Ⅲ式、Ca 型和 Cb 型钫。新出现 A 型Ⅰ式、Ⅱ式扁壶，A 型Ⅱ式盘，A 型、B 型Ⅰ式樽，A 型案，Ⅰ式勺，A 型、B 型Ⅰ式盆和耳杯等。

铜钱种类和数量较多，A 型Ⅰ式～Ⅲ式五铢继续存在，新出现 A 型Ⅳ式五铢和 B 型磨郭五铢，亦有少量半两、大泉五十、货泉等铜钱。其中 A 型Ⅳ式五铢铸造于西汉元帝及以后时期；磨郭五铢盛行于西汉晚期阶段。

M45、M489、M503 等墓葬虽然出土有西汉半两钱，从出土陶器形态分析，其时代应为西汉晚期至新莽时期。虽然 M812 发现的半两钱与大泉五十同出，但大泉五十、货泉为新莽时期铸行货币，墓内尽管有半两钱伴出，其时代也不会为西汉早期墓葬。

铜镜种类和数量亦很丰富，其中日光镜数量最多；其次为昭明镜和四乳四虺镜。重圈铭带镜及其他连弧铭带镜、家常贵富四乳铭文镜、四乳八鸟镜、四乳龙虎镜、四乳禽兽镜、简化博局镜等数量相对较少，这些铜镜均盛行于西汉晚期阶段。

另外，M252、M660、M814 等一批墓葬发现的草叶镜及 M35、M40、M140、M164、M453、M580、M936 等墓葬出土的星云镜，虽然主要流行于西汉中期阶段，结合墓葬其他随葬品进行判断，墓葬时代应为西汉晚期至新莽时期。

这一阶段，小型薄砖占绝对优势。在砖椁墓葬中，使用小型薄砖垒砌墓葬 198 座，使用大砖垒砌的墓葬仅有5座（M50、M264、M489、M643、M675）。

M673为土坑墓，二层台也使用小型青砖。砖长26、宽12、厚3厘米。

同一座墓葬内大、小型青砖共同存用现象2座（M331、M935）。如M331小型薄砖长25、宽13、厚3厘米；大型青砖长32、宽14、厚4厘米；M935小型薄砖长27、宽12、厚3厘米，大型青砖长32、宽13、厚5厘米。

另有5座瓦椁墓葬二层台上面摆放一层青砖（M5、M142、M532、M582、M757）。均为小型薄砖，一般长24～28、宽11～12、厚3～4厘米。

这一时期的墓葬数量较多，主要有：

1. 土坑墓

48座。

有M101、M112、M153、M164、M166、M188、M194、M213、M220～M222、M233、M260、M281、M363、M446、M448、M451、M478、M484、M498、M503、M511、M512、M528、M576、M609、M622、M640、M647、M648、M650、M673、M674、M684、M691、M728、M737～M739、M744、M748、M781、M810、M812、M857、M865、M921。

2. 砖椁墓

247座。

其中199座（M4、M7、M8、M14、M17、M24、M25、M29、M31、M35、M37、M39、M40、M45、M50、M53、M54、M57、M58、M60、M62、M66、M79、M102、M105、M106～M108、M117、M128、M133、M138～M141、M167、M172、M175、M189、M191～M193、M197、M198、M203、M205、M208、M210、M214、M216、M219、M223、M224、M226～M229、M232、M234、M235、M237、M240、M241、M243、M244、M252、M261、M264、M268、M272、M276、M280、M282～M286、M288～M290、M292、M294、M301、M305、M314、M331、M333、M337～M340、M342、M359、M364、M371、M373、M376、M377、M389、M393、M401、M417、M424、M431、M437、M442、M443、M452、M453、M455、M460～M462、M465、M466、M469、M489、M499、M500、M504、M506、M515、M516、M533、M536～M538、M542、M543、M564、M574、M580、M587、M596、M603、M611、M612、M624、M625、M627、M628、M631～M634、M643、M644～M646、M649、M653、M654、M657、M660、M662、M665～M668、M672、M675、M680、M682、M686、M688、M689、M694、M696、M697、M700、M702、M713、M724、M730、M736、M751、M752、M753、M762、M763、M766、M808、M814、M822、M839、M859、M864、M871、M872、M879、M880、M888、M893、M896、M935、M936、M946、M953、M952）墓葬形制、所用青砖和随葬品时代特征明显，为西汉晚期至新莽时期。

另外48座（M10、M13、M15、M47、M78、M83、M92、M95、M96、M113、M173、M202、M215、M236、M245、M259、M263、M265、M267、M274、M277、M309、M352、M353、M391、M400、M413、M416、M440、M463、M502、M541、M551、M588、M621、M630、M685、M687、M690、M692、M703、M798、M800、M877、M889、M890、M905、M934）虽然没有随葬品，但普遍使用小型薄砖，形制与有随葬品的西汉晚期至新莽时期砖椁墓所用青砖基本一致，

因此，这批墓葬暂定为西汉晚期至新莽时期。

3. **瓦椁墓**

11 座。

有 M5、M36、M142、M230、M253、M255、M532、M582、M754、M757、M911。

4. **瓮棺墓**

1 座。M600。

四　东汉时期

这一时期陶器数量开始下降，器类方面也发生了一些变化。罐已经罕见，只有K型，且数量极少。壶也仅有Ac型Ⅲ式、Bh型和Bj型。流行C型Ⅱ式、Ⅲ式钵、A型Ⅱ式扁壶继续存在，新出现B型Ⅰ式、Ⅱ式扁壶和B型盘，B型Ⅱ式樽，B型Ⅰ式、Ⅱ式案，Ⅱ式～Ⅳ式勺，B型Ⅱ式～Ⅳ式、C型盆，Ⅰ式、Ⅱ式魁，A型、B型、C型、D型瓮。

铜钱虽然数量较少，但是种类很多。半两、A型Ⅰ式～Ⅳ式、B型磨郭五铢、大泉五十、货泉继续存在，新出现A型Ⅴ式五铢、C型剪边五铢。其中A型Ⅴ式五铢铸造并流行于东汉时期，C型剪边五铢盛行于东汉中期以后，其他种类的铜钱多与这两种铜钱伴出。

M476、M525虽然仅出半两，但根据墓葬形制和其他出土器物综合判断，其时代应为东汉时期。

铜镜种类和数量较少，主要有极简博局镜、四乳禽兽镜、四乳神兽镜、四乳飞凤镜等，其中后两者纹饰多呈浅浮雕形式。M656虽然出土西汉晚期常见的日光凸弦铭带镜，但从墓葬形制和其他出土器物推测，其时代亦为东汉时期。

东汉时期，墓葬内青砖使用形式出现多样化，规格大小差异很大，似乎不再注重青砖的统一性，有的直接用一些碎砖垒砌，也有的砖室墓垒砌比较规范，有些还涂有白色彩绘。

这一时期，西汉早期的大型青砖基本不见，小砖继续存在，还出现墓底铺大方砖。最流行的是一面绳纹，另一面素面，侧面为菱形花纹，个别还设计有榫卯结构，有的还根据需要对青砖进行加工。

另外，这批墓葬，破坏比较严重，墓室结构和形制残缺不全，虽然出土有魏晋时期的白陶扁壶以及釉陶器等，但大部分发现在填土当中，且数量少，器物组合不完整。因此，这类墓葬尽管存在有魏晋时期诸多文化特征，由于资料的欠缺，为墓葬分期断代造成一定困难。所以，这里不再进行详细划分。如果这一阶段墓葬资料丰富后，再做进一步分期研究。

这一时期的墓葬数量较少，主要有：

1. **土坑墓**

1 座。M750。

2. **砖椁墓**

6 座。

其中5座（M438、M577、M679、M767、M904）墓葬形制、所用青砖和随葬品时代特征明显，为东汉时期。

另外1座（M717）墓内未见随葬品，填土中也未发现出土遗物，但从墓葬使用的菱形花纹砖来看，应当属东汉时期。

3. 瓮棺墓

1座。M591。

4. 砖室墓

57座。

其中45座（M239、M299、M345、M404、M411、M418、M428、M430、M468、M475、M476、M477、M481、M485、M510、M525、M531、M540、M549、M550、M557、M581、M584、M585、M589、M590、M602、M605、M656、M711、M712、M714、M719、M749、M780、M799、M804、M821、M825、M830、M863、M885、M900、M903、M958）墓葬形制、所用青砖和随葬品时代特征明显，为东汉时期。

另外12座（M71、M75、M176、M310、M396、M486、M488、M586、M681、M862、M887、M898）虽然未见随葬物品，但从墓葬形制以及使用菱形花纹砖来看，亦属于东汉时期当无疑问。

五 未归期别墓葬

由于受田野资料限制，有些墓葬在分期当中，难以将其具体归入某一个发展阶段，所以将其单独列为未归期别墓葬予以介绍，以便了解它们的有关资料信息。

（一）土坑墓

111座。这些墓葬或未见随葬品、或仅在填土中发现部分器物，不能判断确切年代，但是根据打破关系、墓葬形制、出土器物特征可以初步推测其大致时期。具体可分为以下4种情况。

1. 第一种

16座（M43、M99、M143、M183、M313、M317、M325、M427、M459、M497、M629、M664、M671、M760、M783、M854）虽然没有随葬品，但是根据其形制及被西汉早期墓葬打破的情况来看，可以初步推测，其时代下限应为西汉早期阶段，或可早至战国时期。其打破关系如下：

M41 → M43

M72 → M99

M131 → M143

M171 → M183

M312 → M313

M308 → M317

M295 → M325

M425 → M427

M496 → M497

M782 → M783

2. 第二种

1座（M619）虽然未见随葬品，但被西汉中期墓葬所打破，其打破关系为：

M613 → M619

结合墓葬形制推断，时代下限应为西汉中期阶段，或可早至战国时期，亦不能确定具体时间段。

3. 第三种

83座（M70、M111、M130、M155、M162、M165、M169、M185、M199、M201、M204、M206、M218、M225、M238、M275、M278、M307、M319、M323、M324、M344、M346、M362、M378、M397、M409、M414、M435、M441、M444、M467、M479、M480、M495、M507、M508、M519、M523、M535、M539、M544、M545、M558、M560、M561、M562、M642、M652、M678、M693、M704、M708、M725、M727、M733、M741、M756、M768、M771、M772、M775、M777、M779、M806、M811、M823、M828、M834、M845、M846、M849、M860、M867、M869、M876、M901、M909、M915、M924、M925、M927、M939）未见随葬品，但均被西汉晚期至新莽时期墓葬和东汉时期砖室墓所打破。结合墓葬形制初步判断，其时代不会晚于西汉晚期至新莽时期，或可早至战国时期，由于缺乏相关旁证资料，具体时代难以定论。其打破关系如下：

M193（西汉晚期）→ M204

M205（西汉晚期）→ M206

M210（西汉晚期）→ M218

M331（西汉晚期）→ M346

M413（西汉晚期）→ M414

M668（西汉晚期）→ M811

M692（西汉晚期）→ M834

M864（西汉晚期）→ M939

M871（西汉晚期）→ M876

M430（东汉时期）→ M409

M428（东汉时期）→ M495

M863（东汉时期）→ M927

M656（东汉时期）→ M704

M780（东汉时期）→ M901

4. 第四种

11座（M33、M248、M328、M354、M457、M529、M676、M677、M732、M740、M837）填土中发现有铜带钩、铜削、铁刀、铁饰件、玉琀等物品。墓内普遍设有生土二层台，填土中使用夯打技术，以及墓主埋葬方式等，与时代明确的墓葬进行比较对照，其特征基本一致，看来时代也应该属于西汉时期，但不能明确判断具体属于西汉时期哪一历史发展阶段。

（二）瓮棺墓

8座。有M715、M718、M729、M747、M818、M833、M838、M907。这批墓葬相互间仅存在一组打破关系，亦属于被西汉早期墓葬打破的墓例，即：

M723 → M729

初步判断，该墓年代不会太晚，或与之相近。至于其他瓮棺墓，由于墓内没有随葬品，加之可对比的资料又不多，因而只能做出其时代与上述墓葬年代基本相同的结论。

（三）砖椁墓

15 座。 有 M85、M89、M150、M293、M318、M348、M361、M407、M415、M471、M473、M546、M569、M906、M937。

由于破坏比较严重，这类墓葬垒砌青砖均残缺不全，难以确定具体属于哪个阶段，只能暂定为西汉时期。

（四）瓦棺墓

1 座。M776。棺上、下板瓦覆盖，两端再用板瓦封堵，中间放置人骨。该墓有一组打破关系，即：

M776 → M778（西汉早期）

由此分析，M776 年代晚于 M778，或者与之相近，但具体时代难以确定。

第五节 陶器演变

第四节对墓葬进行了分期，下面就陶器的演化递变过程进行分析，以探讨其发展演进规律。

1. 陶罐

数量较多，器类比较复杂。西汉早期特别流行，中期数量明显减少，晚期至新莽时期仅少量存在。东汉时期基本消失。

Aa 型 体瘦。侈口，斜直颈，折肩，下腹斜收，小平底。

Ab 型 浑圆体。近直口，折肩，平底，扁圆体腹。发展为宽斜沿，喇叭形口，扁体腹，下腹急内收，小平底。

Ba 型 体扁圆。直颈，鼓腹，最大径居中腹，小平底。演变为浑圆体，腹圆鼓，最大径移居上腹部。

Bb 型 敛口，短颈，扁圆腹，平底。演变为沿内弧，高颈，鼓腹，小平底。

C 型 体瘦高。折平沿，侈口，束颈，鼓腹，小平底。发展为扁圆体，折腹，小平底。

D 型 瘦高体，斜折沿，侈口，直颈，鼓腹，小平底。演变成浑圆体，束颈，球形腹。

E 型 扁圆腹，折沿，敛口，束颈，小平底。演变为圆鼓腹。

F 型 西汉早、中、晚共存。均为卷沿。Ⅰ式为鼓腹，小平底。Ⅱ式体胖，圆形腹。Ⅲ式浑圆体，球形腹，大平底。

G 型 斜折沿，浑圆体，圆鼓腹，小平底。

H 型 西汉早、中期存在。敛口，扁圆体。由鼓腹、小平底，向圆腹、大平底演变。

I 型 形体较大。Ⅰ式，早期出现，中期继续存在，折沿，鼓腹，小平底。Ⅱ式底部较Ⅰ式大。Ⅲ式仅见于西汉晚期至新莽时期，体胖，腹浑圆，大平底。

J 型 折沿，敛口，圆鼓。Ⅰ式，体较高，最大径居上腹，小平底。Ⅱ式早期出现，中期并存，形体较Ⅰ式矮，扁圆体，最大腹径居中，底稍大。

K型　数量较少。西汉时期未见，仅东汉时期出现。侈口，折肩，大平底。

2. 陶壶

A型　圈足。西汉早期开始出现，中期流行，晚期至新莽时期数量减少，东汉时期已经完全消失。

Aa型　西汉早期至晚期存在。弧形盖。腹部多饰彩绘。Ⅰ式，细高颈，扁腹，下部折收，喇叭形高圈足，底部有折棱。Ⅱ式，颈部较Ⅰ式矮，扁圆腹，下部弧收，圈足较Ⅰ式矮，圈足近底有台式折棱。Ⅲ式，鼓腹，圈足部折棱消失。Ⅳ式，形体粗胖，圈足低矮，底部接近地面。

Ab型　西汉早、中期未见，晚期流行。Ⅰ式，喇叭形颈，球形腹，浑圆体，最大腹径居中，高圈足。Ⅱ式，体较Ⅰ式瘦，鼓腹，最大腹径下移，居腹中上部，圈足变矮。Ⅲ式，腹最大径移至下部，矮圈足。

Ac型　西汉早、中期不见，晚期流行，东汉时期继续存在。Ⅰ式，鼓腹，浑圆体，最大腹径居中部。矮圈足。Ⅱ式，扁圆体，底部近平，最大腹径居下腹部，圈足较Ⅰ式高。Ⅲ式，釉陶。侈口，喇叭形口，细高颈，扁圆腹。高圈足。腹侧有衔环。

B型　为平底壶。西汉早期未见，中期仅少量存在，晚期至新莽时期特别流行。东汉时期仅偶尔见到，已经基本绝迹。

Ba型　Ⅰ式西汉中期出现，喇叭形口，束颈，扁圆腹，最大径居中腹。小平底。Ⅱ式，西汉晚期至新莽时期，体形较Ⅰ式高，鼓腹，最大径居下腹部。

Bb型　仅西汉晚期至新莽时期出现。Ⅰ式，侈口、折沿，喇叭形颈，鼓腹，最大径居中腹，小平底。Ⅱ式，口沿微折，最大腹径移至下部，下腹弧内收，近底外凸，底部较Ⅰ式大。Ⅲ式，大平底。

Bc型　Ⅰ式，形体矮胖。侈口，短颈，圆腹，平底。Ⅱ式。形体稍瘦，鼓腹，底较大。Ⅲ式，体瘦，大平底。

Bd型　Ⅰ式，侈口，喇叭颈，球形腹，最大径居中部。小平底。Ⅱ式，鼓腹，最大腹径下移，底较Ⅰ式大。Ⅲ式，鼓腹，最大径居下腹部。近底外凸，平底。

Be型　数量最多。Ⅰ式，侈口，束颈，鼓腹，下部内收。小平底。Ⅱ式，近底微外凸，底较Ⅰ式大。Ⅲ式，下腹部内弧，近底部外凸，平底。

Bf型　仅2件。形制近似。盘口，束颈，深腹，浑圆体，小平底。

Bg型　红色釉陶。同一墓内出土，喇叭口，束颈，鼓腹，小平底。

Bh型　喇叭口，束颈，圆鼓腹，肩上按双耳，平底微内凹。

Bj型　喇叭口，束颈，球形腹，小平底。

3. 陶扁壶

该墓地中出土数量较多的器物之一。出现时代较晚，西汉早、中期不见，西汉晚期至新莽时期开始出现，并大量存在，一直延续到东汉时期。根据器形变化而划分为A、B两型，均为夹砂白陶。

A型　细高颈，桥形鼻，鼓腹，下腹斜内收，圈足或假圈足。素面。分为2式。Ⅰ式，西汉晚期出现，广肩，鼓腹，下腹斜内收，最大径居上腹部，平底微内凹。Ⅱ式，东汉时期继续存在，浑圆体，扁鼓腹，下部弧内收，最大径居中腹部，圈足底。

B型　仅东汉时期流行。Ⅰ式，侈口，粗短颈，矮体，鼓腹，近底部微外凸，平底。Ⅱ式，体较Ⅰ式矮胖，下部弧内收，大平底。

4. **陶钫**

数量较多，时代特征明显而成为一大特点，西汉早期阶段不见，西汉中期开始出现。

A型　钫为方形圈足。Ⅰ式、Ⅱ式浑圆体，球形腹。Ⅲ式、Ⅳ式西汉晚期至新莽时期流行。其形态变化非常明显，Ⅱ式腹较Ⅰ式略瘦、圆鼓腹，Ⅲ式体型稍瘦、鼓腹，Ⅳ式瘦高体，腹部微鼓。

B型　圆形圈足，形态变化跟A型基本一致。Ⅰ式，体浑圆，腹圆鼓，最大腹径居中腹。Ⅱ式，体较Ⅰ式稍瘦，鼓腹，最大腹径开始下移。Ⅲ式瘦高体，最大腹径移至下腹部。

C型　大平底。数量较少，已经接近消失。根据底部形状不同分为Ca型和Cb型。

Ca型　形体瘦小，最大腹径居下腹部，底部圆形。

Cb型　体型较小，似瓶形，方形平底。

5. **陶钵**

西汉早期出现，晚期至新莽时期及东汉时期继续存在。分三型。

A型　仅早期存在，中、晚期消失。根据形态不同分为两式。Ⅰ式，直壁，折腹，急收为小平底。Ⅱ式，下腹弧收，圜底。这类钵出土时有的盖在罐口上面。实际起到器盖的作用，时代可能早到战国晚期阶段。

B型　西汉早、晚期存在，中期缺失。分为三式，Ⅰ式，敞口，窄沿，深腹，壁近直，平底。Ⅱ式，口微敛，底较Ⅰ式小。Ⅲ式，腹变浅，小平底。

C型　西汉早期未见，中期出现，晚期至新莽时期消失，东汉时期存在。Ⅰ式，直口，深腹，圜底。Ⅱ式，腹部较Ⅰ式浅，平底。Ⅲ式，敞口，弧壁，平底。

6. **陶盘**

西汉早、中期未见，晚期至新莽时期开始出现，东汉时期流行。根据口沿变化，分两型。

A型　分两式，均西汉晚期存在。Ⅰ式，斜折沿，浅腹，弧壁，圜底。Ⅱ式，斜壁，大平底。

B型　仅发现于东汉时期。敞口，斜直壁，大平底。

7. **陶樽**

西汉早、中期不见，晚期至新莽时期开始出现，延续到东汉时期。多与扁壶、盘、案、勺、耳杯等共存。

A型　弧顶盖，直口，深腹，直壁，圜底，马蹄足。

B型　平底。Ⅰ式为西汉晚期至新莽时期出现。弧顶盖，有的失盖。深腹，直口，直壁，深腹，马蹄足。个别腹部饰铺首衔环装饰。Ⅱ式属于东汉时期，整体形状与Ⅰ式略同，但腹部均演变为浅腹，这种变化是比较明显的。

8. **陶盆**

数量较少，西汉早、中期未见。晚期至新莽时期开始出现。东汉流行。

A型　宽折沿，深腹，腹壁近直，底部残缺。

B型　Ⅰ式，西汉晚期产生，斜沿，敞口，浅腹，圜底。Ⅱ式，折沿，小平底。Ⅲ式，斜折沿，浅腹，大平底。Ⅳ式，折平沿，深腹，平底。

9. **陶案**

数量较少，形制变化不甚明显。西汉早、中期不见。西汉晚期至新莽时期开始出现。根据形制不同分两型。

A型 仅西汉晚期发现1件。方形体，底部四角安有可以分离的三角形支架。

B型 东汉时期新出现。Ⅰ式，泥质红褐或灰褐陶，腹壁斜折。Ⅱ式均为绿色釉陶。下腹弧折。

10. 陶魁

魁比较罕见，数量较少。西汉时期基本不见，东汉时期比较流行。近方形口，平底。根据柄部变化分两式。Ⅰ式柄部较平，尾部向下弯曲。Ⅱ式柄部向上扬起，尾部龙首形。

11. 陶勺

西汉时期早、中期未见，晚期至新莽开始出现。东汉时期特别流行。勺头均呈椭圆形。Ⅰ式，鸭嘴形柄，平底。Ⅱ式，柄呈圆锥状，腹较浅，圜底。Ⅲ式，鸟首形柄，尾部向下弯曲。Ⅳ式，柄部向上翘起，尾部呈龙首形。

可以看出，这批陶器从西汉早期延续到东汉时期，每一阶段都有一批典型陶器出现，其阶段性非常明显。而且，从某种陶器的产生、延续到消失殆尽，需要相当长的发展过程。这一过程，对于深入研究该地区两汉时期物质文化遗存提供了重要参考资料。

从类型学角度来分析，陶器特征比较明显，发展关系基本是连续的，不间断的，相互之间的衔接链条还是紧密的，但表现了很强的阶段性，至于中间出现缺环现象，也是由于时代早晚不同所产生的。

西汉早期阶段，主要以罐类为主，器类单调，仅伴随着少量的壶和钵。

西汉中期阶段，罐继续流行，但数量明显减少，新发现壶和钫。

西汉晚期至新莽时期，陶器数量大增，器类复杂，特别是壶的大量出现，成为该期最大特点。钫、扁壶这一阶段也很发达，樽、盘、案、勺、盆等在墓葬内频繁出现，耳杯数量较多。

东汉时期，西汉早、中期阶段流行的一些器物基本不见或者已经消失殆尽。许多器物均由西汉晚期至新莽时期传承下来的。如耳杯虽然大量存在，但其形制变化不大，只是西汉时期的耳杯，多泥质陶，到东汉时期新发现一批釉陶耳杯。新出现的器物仅有魁，这种器物在西汉时期基本没有发现，仅在东汉时期才能见到，或表现出很强的时代特征，这种认识得到了考古类型学有力的佐证。

第五章　明代墓葬

第一节　概述

共30座，均为小型墓葬。除6座带墓道外，其余为土坑竖穴墓。墓口一般长1.7～2.8、宽0.6～1.6、深0.3～1.5米。最大者为M949，长3.6、宽3.2、深3.68米。墓内填黄褐色或灰褐色五花土，多数土质较疏松，包含少量碎陶片等。均未经夯打。

（一）墓葬形制

这批墓葬形制可分为土坑墓、砖椁墓、砖室墓和浇浆墓四大类。除数座迁葬外，大部分墓葬均有木棺。

1. 土坑墓

12座。多呈长方形或近梯形。单人葬6座，其余多双人合葬，一座三人合葬墓（M638）。多平底下挖土坑，底部放置木棺。部分合葬墓系先挖大土圹，在其内再分别下挖小土坑，单独放置棺木。

2. 砖椁墓

12座。系在土坑底部以青砖构建椁室。四壁均以平砖（多为半砖）错缝垒砌，底部未铺青砖。保存较好者可见近穹隆状墓顶。所用青砖多为前朝旧物，不乏汉魏菱形纹、绳纹砖等，值得一提的是M842中发现一块带有“訾水亭”文字的墓砖。

3. 砖室墓

4座。均带斜坡墓道。方向均向南，整体较短，口部壁直或较陡。墓道尽处有拱状墓门，以碎砖鳞次封堵。墓室构筑方式与砖椁墓近似。均为双人合葬，2座为双室，其余2座为单室置双棺。墓主头向均与墓道相反。

4. 浇浆墓

2座。系以三合土浇筑椁室。均为多人合葬，其中M949内葬四人，为本墓地合葬人数最多者。除一人为椁室外土坑放置棺木外，另外三人各有单独椁室。M950为双人并排置于椁室内。两墓头向均向东。

（二）随葬器物

出土器物200余件，主要有陶器、瓷器和铜器等。铜器以铜钱为主，多散落于棺底，还有少量铜簪、耳环、顶针等。M786墓中发现了墓主衣物残留铜扣和琉璃扣。瓷器主要为碗和罐。约三分之二的墓葬出土瓷碗，多置于墓主头端，下葬时可能置于棺外或上部。瓷罐仅6件，出土位置明确者在脚端、头端和头龛内。陶器均为瓦，约三分之一出于墓葬中，大多位于墓主头部，可能下葬时放置在棺上。部分陶瓦上有朱书符箓痕迹，当为镇墓之用。另有三座墓葬出土买地券，其中两块带朱书文字。

除7座单人葬外，其余均为多人合葬，双人居多，另有2座三人和1座四人合葬。墓主多为仰身直肢葬，少量人骨被迁出，属于迁葬墓。除M520不见人骨外，其余墓葬人骨保存较差。头向朝南者10座，向北者14座，头向东者有5例，仅有1例向西。可判断年龄的个体中，男、女性各22例。这些个体死亡年龄段主要集中于中年期，其次是壮年期、老年期和青年期，缺乏婴幼儿期和少年期个体。男女两性的死亡高峰期均集中于中年期，但壮年期和老年期的女性死亡比例明显大于男性，男性的死亡年龄基本集中于中年期，其他年龄段很少。

此期墓葬呈小区域分布，可能为数个家族墓地，各区域内分布有规律，打破关系较少。下面分类进行介绍。

第二节　墓葬分述

一　土坑墓

12座。系在平地下挖长方形或梯形土圹，底部放置木棺。部分合葬墓系先挖较大土圹，底部再分别下挖长方形或梯形土坑放置棺木，外部形成生土二层台。

（一）M16

1. 墓葬形制

位于墓地西南部，北面是M18，西南面是M27。方向159°（图5-1；彩版二六九，1）。

长方形土坑竖穴合葬墓。墓口长2.2、宽1.75、深1.0米。直壁光滑，平底。底部在生土上挖出两个墓室，平面均为梯形。西侧墓室长2.06、宽0.54～0.64米，木棺长1.75、宽0.37～0.45米；东侧墓室长2、宽0.54～0.68米，木棺长1.33、宽0.3米。深均0.6米。墓内填浅灰褐色花土，土质较致密。

人骨2具。均头向南，面向上，仰身直肢。西侧人骨男性，35～40岁。东侧人骨女性，年龄大于35岁，上肢错位，下肢小腿骨和大腿骨叠放，肋骨凌乱，应是迁葬。陶瓦1件，置于西侧人骨头骨上部。铜钱5枚，散落于西侧人骨骨盆周围。

2. 出土遗物

（1）陶器

陶瓦　1件。

标本M16∶1，板瓦。泥质灰陶。一端较窄，瓦背拱起。素面。长16.6、宽16厘米（图5-1，1）。

（2）铜器

铜钱　5枚。为天圣元宝、皇宋通宝、熙宁元宝、元祐通宝。圆形方穿。

元祐通宝　1枚。钱文篆书，旋读。

标本M16∶2，直径2.4、穿边长0.7、厚0.1厘米（图5-1，2）。

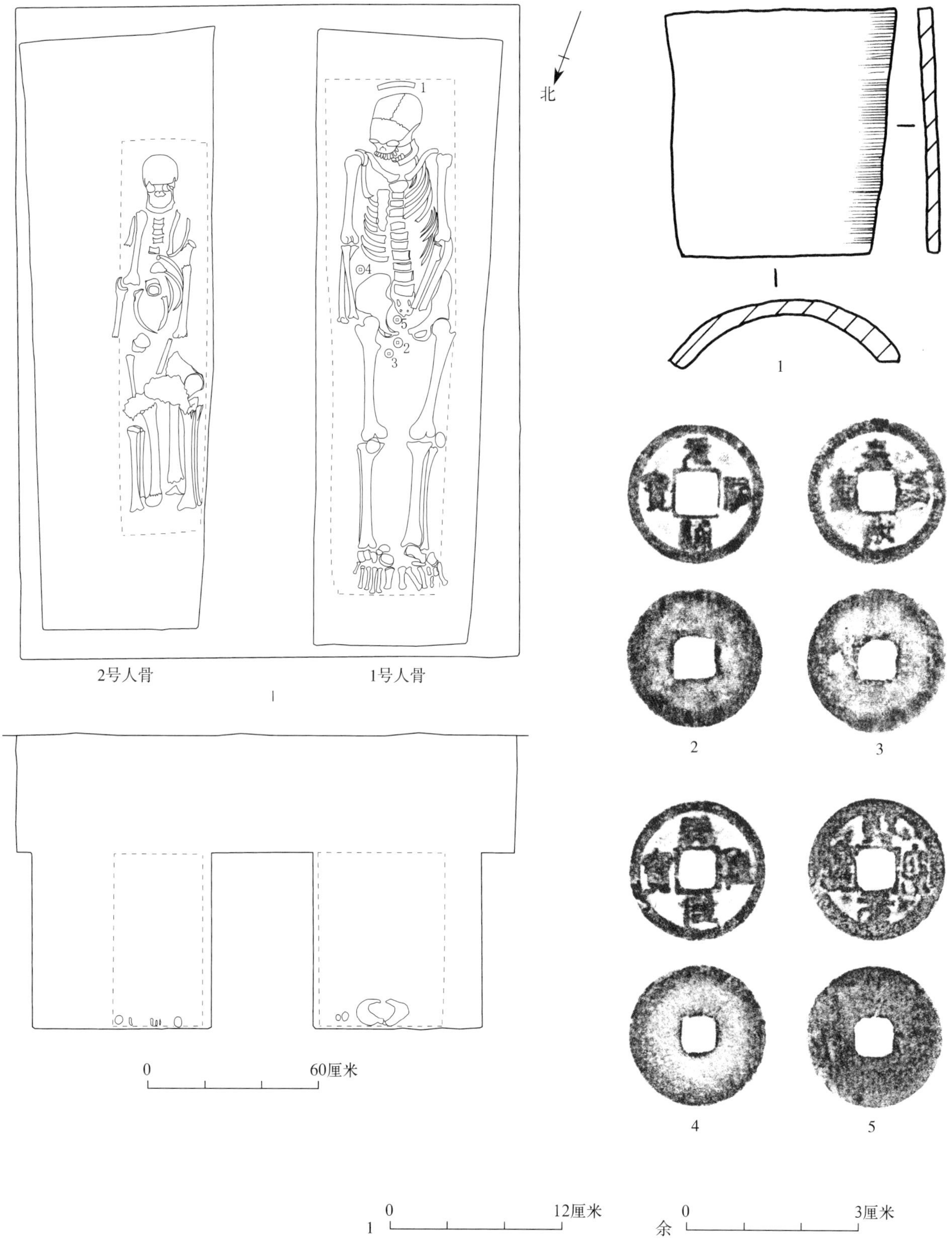

图 5-1　M16及出土器物

1. 陶瓦　2～4. 铜钱　5. 铜钱（2）

皇宋通宝　1 枚。钱文楷书，对读。

标本 M16 : 3，直径 2.4、穿边长 0.7、厚 0.09 厘米（图 5-1，3）。

天圣元宝　1 枚。钱文篆书，旋读。

标本 M16 : 4，直径 2.3、穿边长 0.7、厚 0.12 厘米（图 5-1，4）。

熙宁元宝　2 枚。钱文篆书，旋读。

标本 M16 : 5，直径 2.4、穿边长 0.6、厚 0.1 厘米（图 5-1，5）。

（二）M420

1. 墓葬形制

位于墓地中部，打破 M426，北面是 M427，南面为 M411。方向 330°。

倒梯形土坑竖穴合葬墓。系在土坑底挖两并列土圹放置棺木。因上部扰乱，仅残存底部两个土圹。西侧长 2.3、宽 0.52 ～ 0.76 米；东侧长 1.9、宽 0.58 ～ 0.6 米；残深均为 0.32 米。两圹内各发现有木棺残痕，均长 1.8、宽 0.5 米。墓内填浅灰褐色土，土质较疏松。

人骨 2 具。头向北，仰身直肢。西侧墓主女性，40 ～ 50 岁；东侧墓主面向上，男性，30 ～ 35 岁。

出土器物 2 件。铜钱 1 枚，位于西侧人骨左腹部。酱釉碗 1 件，置于东棺底东北角。

2. 出土遗物

（1）瓷器

酱釉碗　1 件。

标本 M420 : 2，敞口，圆尖唇，斜弧腹，近底急收，圈足。腹下部饰一周凸棱纹，内外壁上部及内底施酱釉，余部白瓷胎。口径 15.4、高 5.2 厘米（图 5-2，2）。

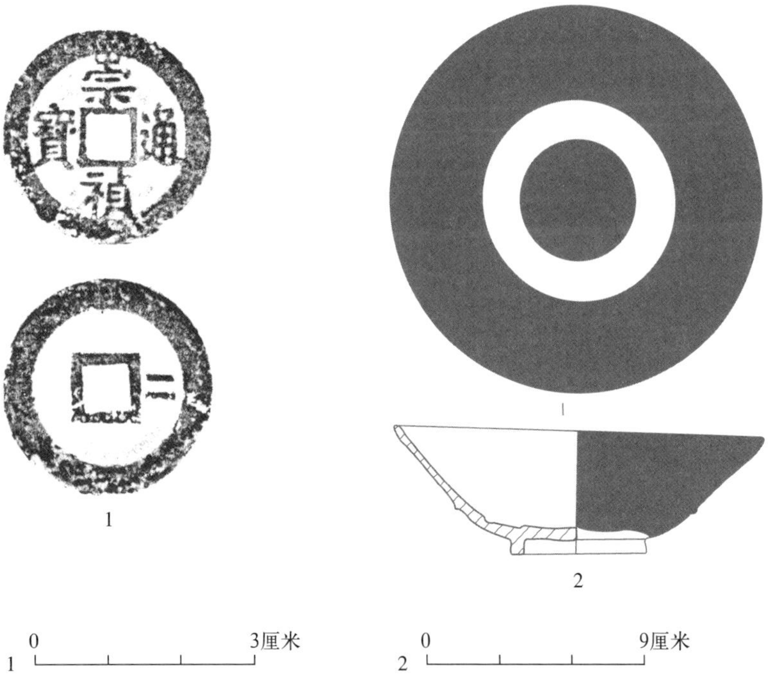

图 5-2　M420 出土器物

1. 铜钱　2. 酱釉碗

（2）铜器

铜钱　1枚。

标本M420∶1，崇祯通宝，圆形方穿，正、背两面轮郭俱全。钱文楷书，对读，背面穿右有一“二”字。直径2.9、穿边长0.7、厚0.18厘米（图5-2，1）。

（三）M520

1. 墓葬形制

位于墓地中部，东面是M517，西面为M557、M556。方向330°（图5-3）。

梯形土坑竖穴墓。墓口长2.14、宽0.6～0.72、残深0.3米。壁面光滑规整。底部较平，北端中部有土坯1块，长42、宽10厘米。墓内填褐色土，土质较疏松。填土中夹杂少量泥质灰陶片及铜钱5枚。

人骨无。

随葬器物2件。黑釉碗、陶瓦各1件，均置于墓底北端中部。

2. 出土遗物

（1）陶器

陶瓦　1件。

标本M520∶2，板瓦，泥质灰陶。一端宽，另一端窄。瓦面拱起，上绘红色符箓，脱落不清。长16.8、宽16.4厘米（图5-3，2；彩版二六九，2）。

（2）瓷器

黑釉碗　1件。

标本M520∶1，敞口微敛，圆方唇，斜弧腹，圈足。内外壁上部及内底施酱黑釉，外底绘黑彩“十”字，余部白瓷胎。口径11.1、高4.4厘米（图5-3，1；彩版二六九，3）。

（3）铜器

铜钱　5枚。有皇宋通宝、元丰通宝、元祐通宝。圆形方穿。

皇宋通宝　1枚。

标本M520∶01-1，钱文篆书，对读。直径2.4、穿边长0.7、厚0.1厘米（图5-3，01-1）。

元丰通宝　2枚。钱文篆书、楷书各1枚，旋读。

标本M520∶01-2、3，直径2.5、穿边长0.7、厚0.1厘米（图5-3，01-2、3）。

元祐通宝　2枚。钱文行书，旋读。

标本M520∶01-4，直径2.4、穿边长0.7、厚0.13厘米（图5-3，01-4）。

（四）M583

1. 墓葬形制

位于墓地东北部，北面是M589，西南面是M581，西北面为M586。方向0°（图5-4）。

长方形土坑竖穴墓。墓口长2.5、宽1.2、深0.8米。直壁规整。底平，见倒梯形木棺残痕，长2.1、宽0.6～0.7米。墓内填黄褐色花土，土质较坚硬。

人骨1具。头向北，面向右，仰身直肢。女性，30～35岁。

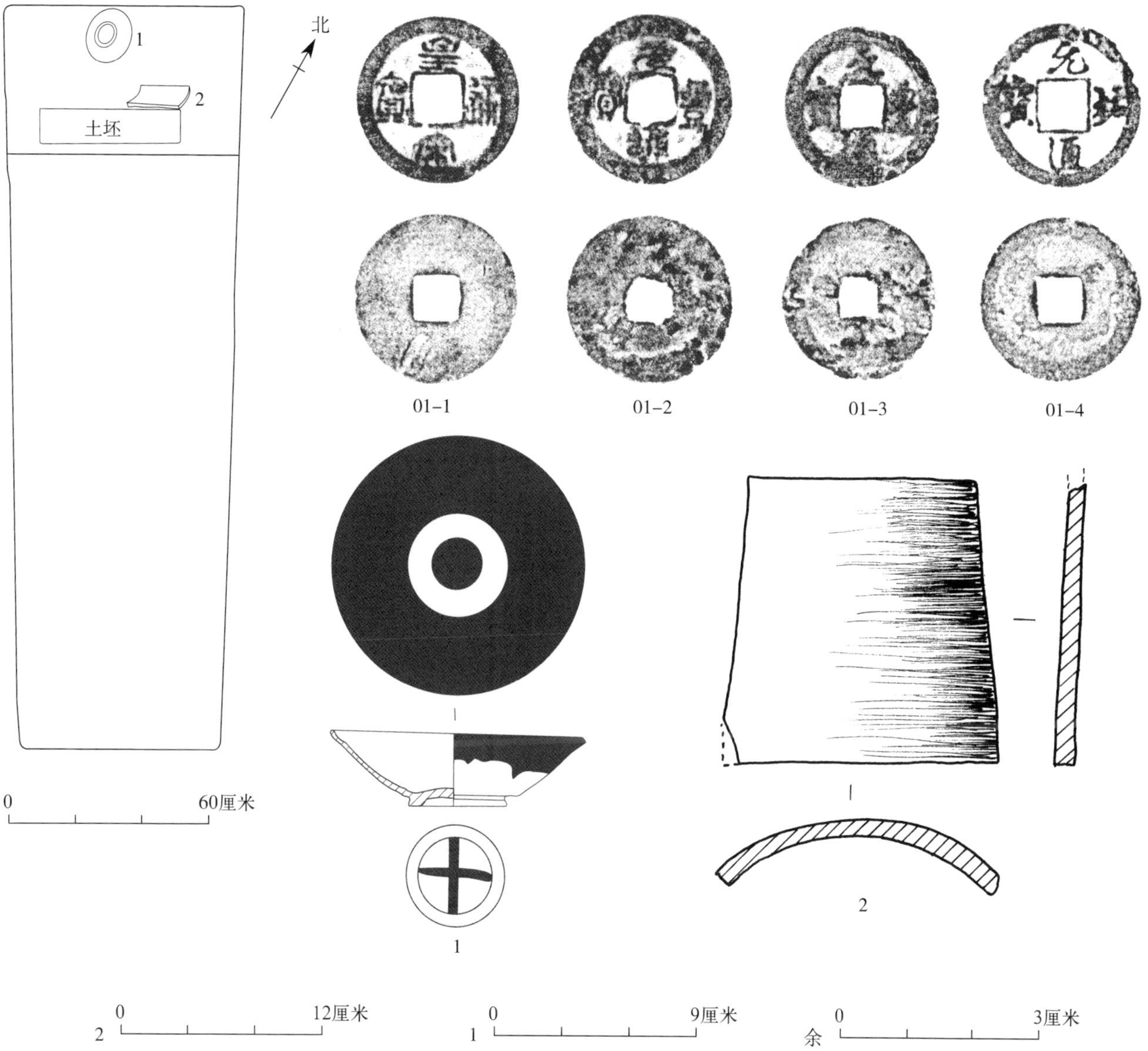

图 5-3　M520 及出土器物

1. 黑釉碗　2. 陶瓦　01-1～4. 铜钱

出土器物 9 件。黑釉碗 1 件，置于棺底东南角。陶瓦 1 件，在棺底北端中部。铜簪 1 件，发现于墓主头骨顶端。铜钱 6 枚，位于骨盆处。

2. 出土遗物

（1）陶器

陶瓦　1 件。

标本 M583∶4，板瓦，残存半方。泥质灰陶。瓦背拱起。素面。残长 15、宽 14 厘米（图 5-4，4）。

（2）瓷器

黑釉碗　1 件。

标本 M583∶3，敞口，圆尖唇，斜弧腹，近底急收，圈足。内外壁上部及内底施黑釉，余部为黄褐胎。

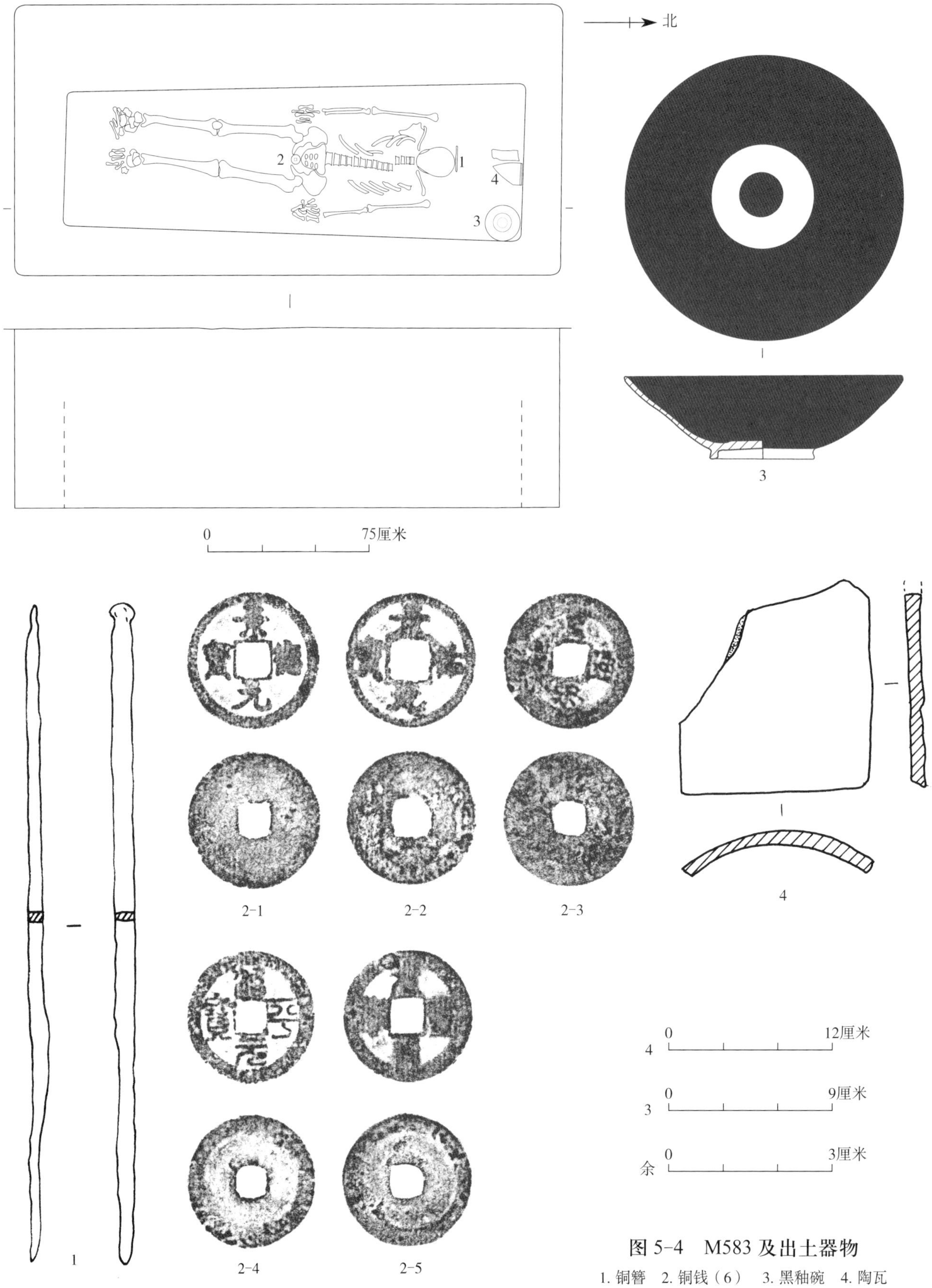

图 5-4　M583及出土器物

1. 铜簪　2. 铜钱（6）　3. 黑釉碗　4. 陶瓦

口径 15.2、高 4.4 厘米（图 5-4，3）。

（3）铜器

铜簪　1 件。

标本 M583 : 1，扁平长条形。横截面近椭圆形，顶端束腰，略似蘑菇状，尾端钝尖。素面。长 11.8 厘米（图 5-4，1）。

铜钱　6 枚。有元丰通宝、皇宋通宝、景德元宝、景祐元宝、治平元宝。圆形方穿。

景德元宝　1 枚。

标本 M583 : 2-1，钱文楷书，旋读。直径 2.4、穿径 0.7、厚 0.1 厘米（图 5-4，2-1）。

景祐元宝　2 枚。钱文楷书，旋读。

标本 M583 : 2-2，直径 2.4、穿径 0.8、厚 0.1 厘米（图 5-4，2-2）。

皇宋通宝　1 枚。

标本 M583 : 2-3，钱文楷书，对读。直径 2.3、穿径 0.6、厚 0.1 厘米（图 5-4，2-3）。

治平元宝　1 枚。

标本 M583 : 2-4，钱文篆书，旋读。直径 2.4、穿径 0.6、厚 0.1 厘米（图 5-4，2-4）。

元丰通宝　1 枚。

标本 M583 : 2-5，钱文篆书，旋读。直径 2.4、穿径 0.6、厚 0.12 厘米（图 5-4，2-5）。

（五）M638

1. 墓葬形制

位于墓地东北部，北部被 M804 打破，南面是 M636，西面为 M820。方向 160°（图 5-5）。

倒梯形土坑竖穴三人合葬墓。墓口长 2.5、宽 1.65 ～ 1.86、残深 0.34 米。直壁规整。南壁中部偏西部有一壁龛，因遭破坏，尺寸不详。墓底平整，仅见 3 具倒梯形木棺残痕。中部木棺长 1.95、宽 0.48 ～ 0.72 米；西侧木棺长 1.9、宽 0.2 ～ 0.35 米；东侧木棺长 1.5、宽 0.3 ～ 0.38 米。墓内填黄褐色五花土，土质较致密。

人骨 3 具。头向南，面向上，仰身直肢。保存较好。中部墓主男性，40 ～ 45 岁。其余两具人骨均为女性，摆放痕迹明显，当为迁葬。西侧墓主 30 ～ 40 岁，东侧墓主 40 ～ 50 岁。

出土器物 6 件。酱釉罐 1 件，位于头龛内。铜钱 5 枚，其中 3 枚散布于中部墓主躯干处，2 枚在西侧墓主下肢处。

2. 出土遗物

（1）瓷器

酱釉罐　1 件。

标本 M638 : 1，敛口，圆唇，鼓腹，矮圈足。沿下有四个对称竖桥形纽系。外上部及内壁施酱黑釉，余部为白瓷胎。口径 8.8、高 12.4 厘米。

（2）铜器

铜钱　5 枚。均为万历通宝，圆形方穿，正、背两面轮郭俱全。钱文楷书，对读。

标本 M638 : 2，直径 2.5、穿径 0.5、厚 0.12 厘米（图 5-5，2）。

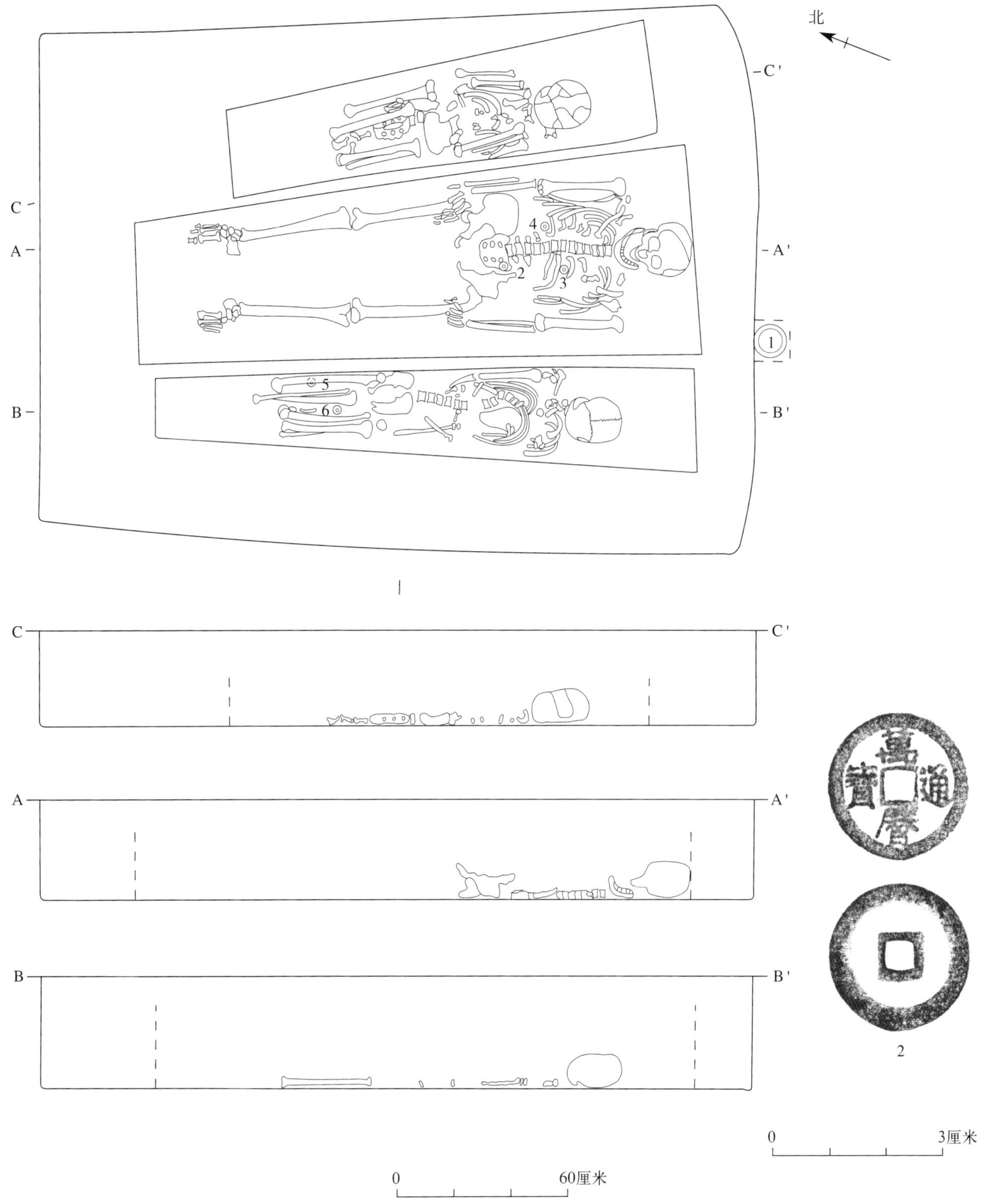

图 5-5 M638 及出土器物

1. 酱釉罐 2～6. 铜钱

（六）M785

1. 墓葬形制

位于墓地东北部，东面是 M789，南面为 M790，西面是 M792。方向 322°（图 5-6）。

倒梯形土坑竖穴墓。墓口长 2.2、宽 0.42 ～ 0.6、残深 0.4 米。直壁规整，底部平整，铺浅灰色草木灰。墓内填浅褐色五花土，土质较坚硬，内含大量碎砖。

人骨 1 具。头向北偏西，面向上，仰身直肢。女性，40 ～ 50 岁。

出土器物 6 件。铜钱 5 枚，其中 2 枚放在墓主右腹部，3 枚置于左前臂内侧，1 枚陈放在骨盆处。铜簪 1 件，位于墓主头骨顶部。

2. 出土遗物

铜器

铜簪　1 件。

标本 M785：5，长条锥形。横截面呈圆形，首端残缺，尾端钝尖。素面。残长 8.4 厘米（图 5-6，5）。

铜钱　5 枚。为万历通宝、崇祯通宝。圆形方穿，钱正、背两面穿郭俱全。钱文楷书，对读。

万历通宝　4 枚。

标本 M785：3，直径 2.5、穿边长 0.6、厚 0.14 厘米（图 5-6，3）。

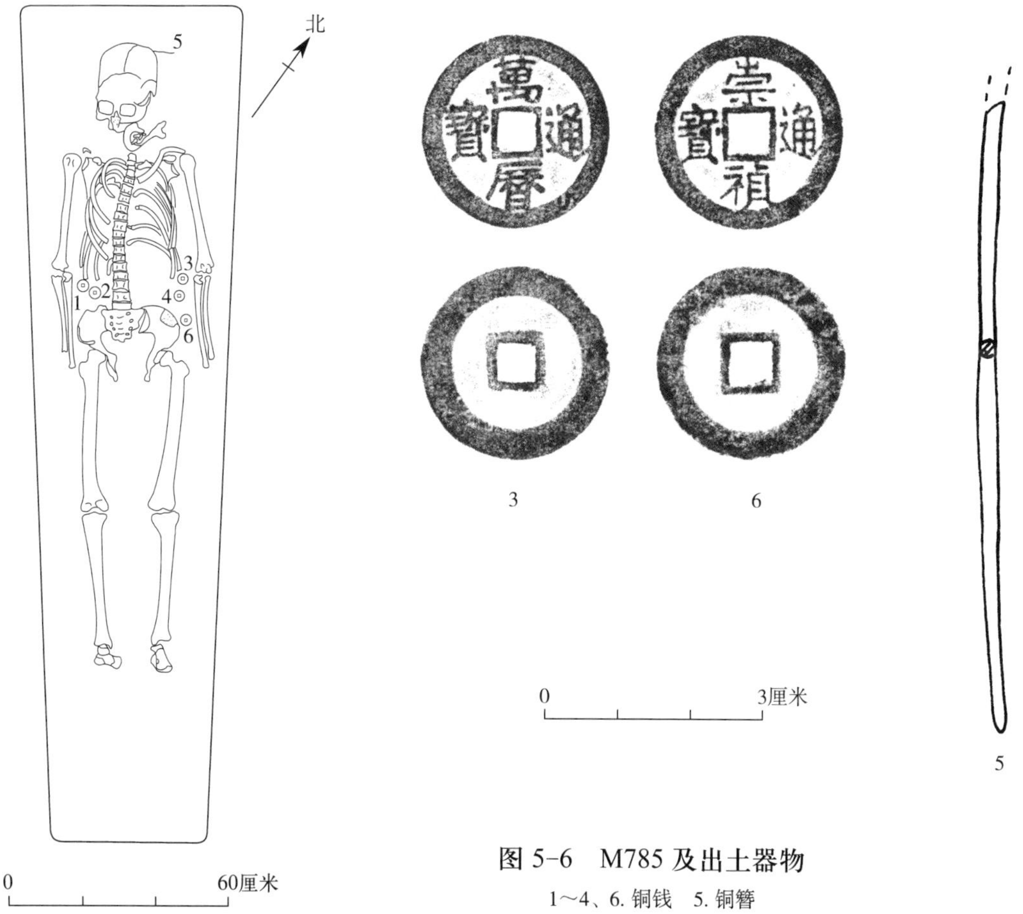

图 5-6　M785 及出土器物

1～4、6. 铜钱　5. 铜簪

崇祯通宝　1枚。

标本M785：6，直径2.6、穿边长0.6、厚0.13厘米（图5-6，6）。

（七）M786

1. 墓葬形制

位于墓地东北部，北面是M788，东面是M784，西面为M616，与M791可能是异穴合葬。方向355°（图5-7）。

倒梯形土坑竖穴墓。墓口长1.9、宽0.5～0.7、残深0.4米。直壁规整，平底。墓内填浅褐色五花土，土质较致密。

人骨1具。头向北，面向上，仰身直肢。性别疑似女性，14～16岁。

出土器物9件。酱釉罐1件，位于墓底西北角。铜玉套耳环2件，分别在头骨两侧。铜扣5枚，散落于左肩外侧和左胸。琉璃扣1枚，在头骨左侧。

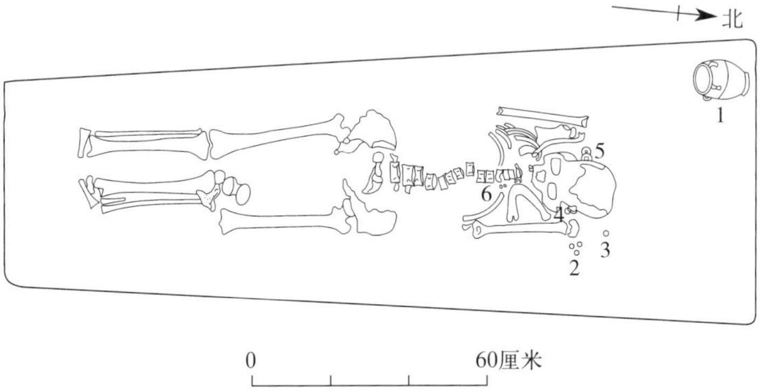

图5-7　M786平面图

1. 酱釉罐　2. 铜扣（3）　3. 琉璃扣　4、5. 铜玉套环　6. 铜扣（2）

2. 出土遗物

（1）瓷器

酱釉罐　1件。

标本M786：1，直口微敛，圆唇，鼓腹，假圈足。颈部饰四个对称竖桥形纽系。颈部有一周连珠纹。外壁上部施酱黑釉，中部白瓷胎，下部酱褐釉，底为黄瓷胎。内壁上部酱黑釉，下部白瓷胎。口径9、高12.4厘米（图5-8，1）。

（2）铜器

铜玉套环　2件。均为铜环和玉环相套组合。素面。铜环系由薄片弯曲而成。玉环由内向外渐薄，截面近三角形，表面光滑润泽。

标本M786：4，铜环直径2.0～2.2、玉环直径2厘米（图5-8，4）。

标本M786：5，铜环微残，直径2.0、玉环直径2.0厘米（图5-8，5）。

铜扣　5枚。球形，中空，一端带环形纽。

标本M786：2-1，高1.2厘米（图5-8，2-1）。

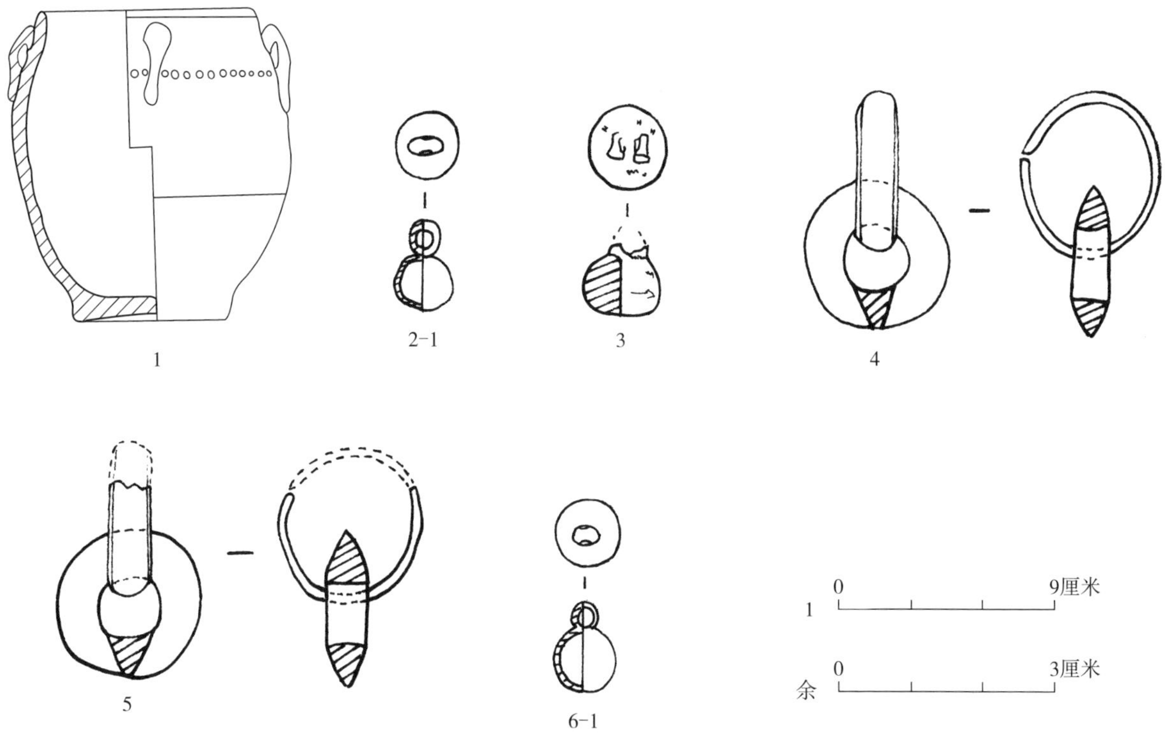

图 5-8　M786 出土器物

1. 酱釉罐　2-1、6-1. 铜扣　3. 琉璃扣　4、5. 铜玉套环

标本 M786∶2-2，纽微残，残高 0.9 厘米。

标本 M786∶6-1，高 1.2 厘米（图 5-8，6-1）。

（3）其他

琉璃扣　1 枚。

标本 M786∶3，扁圆形，实心。一端带环形纽，略残。残高 0.9 厘米（图 5-8，3）。

（八）M789

1. 墓葬形制

位于墓地东北部，东北面是 M787，西南面是 M785。方向 135°（图 5-9；彩版二七〇，1）。

梯形土坑竖穴墓。墓口长 2.1、宽 0.6 ～ 0.8、残深 0.4 米。直壁规整，平底。墓内填浅褐色五花土，土质较致密。填土中发现较多灰白色石灰渣，以墓东西两边及中部居多，疑为填于棺周围塌落所致。

人骨 1 具。头向东南，面向右，仰身直肢。男性，40 ～ 50 岁。

出土器物 9 件。黑釉罐、酱釉碗各 1 件，并排置于墓底南端。铜钱 7 枚，散落于人骨各处。

2. 出土遗物

（1）瓷器

黑釉罐　1 件。

标本 M789∶1，敛口，溜肩，鼓腹，圈足。肩部饰四个对称竖桥形纽系。外壁及内口处施酱黑釉，余部白瓷胎。口径 8.1、高 11.1 厘米（图 5-9，1；彩版二七〇，2）。

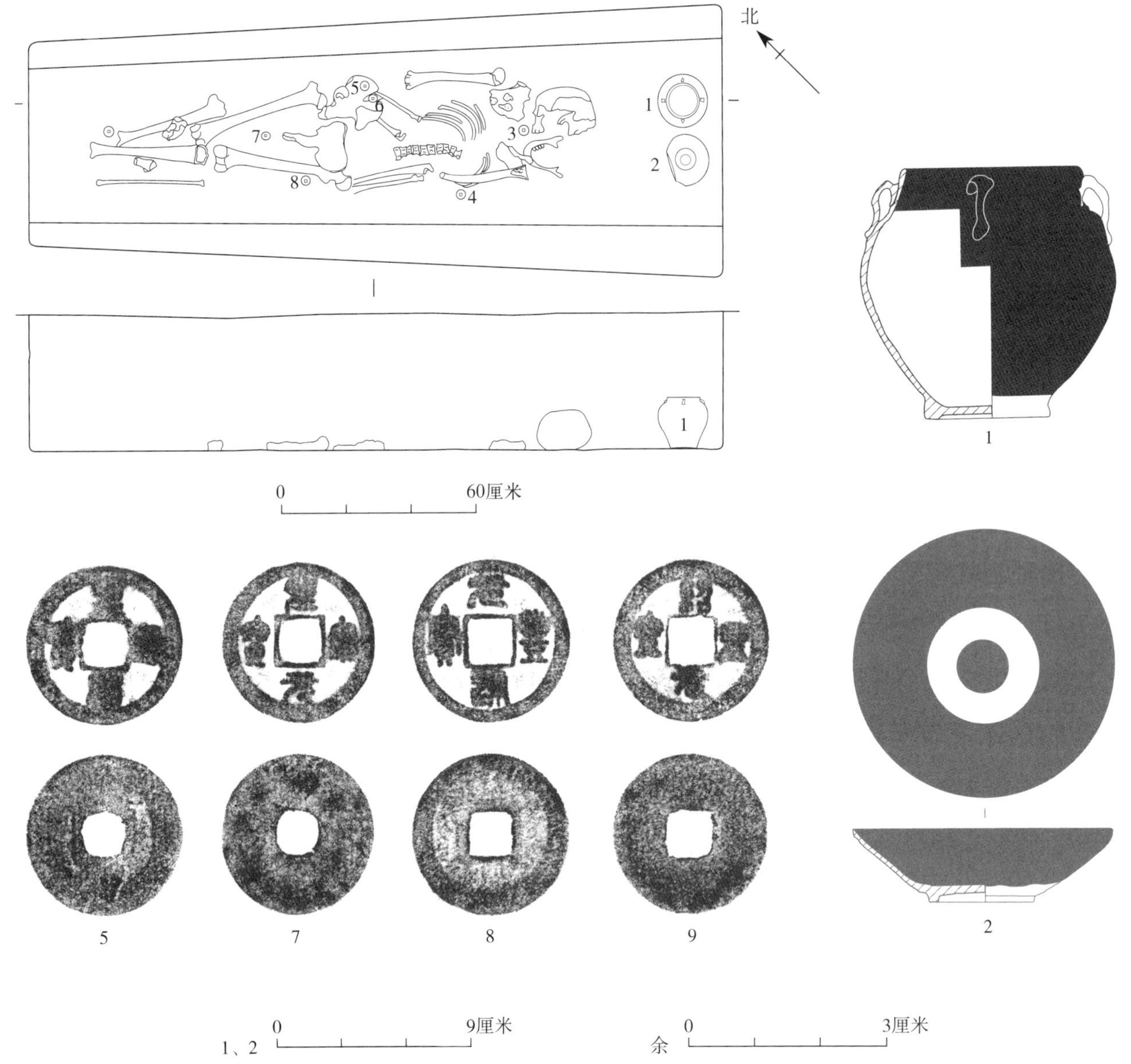

图 5-9　M789 及出土器物

1. 黑釉罐　2. 酱釉碗　3～9. 铜钱

酱釉碗　1 件。

标本 M789 : 2，敞口，圆尖唇，斜弧腹，圈足。内外壁上部及内底施酱釉，余部白瓷胎。口径 11.7、高 4.3 厘米（图 5-9，2；彩版二七〇，3）。

（2）铜器

铜钱　7 枚。为皇宋通宝、圣宋元宝、绍圣元宝、元丰通宝。圆形方穿。

皇宋通宝　2 枚。钱文楷书，旋读。

标本 M789 : 5，直径 2.4、穿边长 0.7、厚 0.07 厘米（图 5-9，5）。

圣宋元宝　1 枚。

标本 M789∶7，钱文篆书，旋读。直径 2.4、穿边长 0.7、厚 0.1 厘米（图 5-9，7）。

元丰通宝　3 枚。钱文篆书，旋读。

标本 M789∶8，直径 2.4、穿边长 0.7、厚 0.08 厘米（图 5-9，8）。

绍圣元宝　1 枚。

标本 M789∶9，钱文篆书，旋读。直径 2.4、穿边长 0.7、厚 0.07 厘米（图 5-9，9）。

（九）M791

1. 墓葬形制

位于墓地东北部，东面是M784，西南面是M788，西北面为M787、M593，可能与M788为异穴合葬。方向 330°（图 5-10）。

倒梯形土坑竖穴墓。墓口长 2.15、宽 0.55 ～ 0.75、残深 0.55 米。直壁规整。底平，铺有浅灰色草木灰。墓内填浅褐色五花土，土质较致密。

人骨 1 具，头向北偏西，面向上，仰身直肢。男性，40 ～ 45 岁。

出土器物 7 件。铜钱 5 枚，散落于脊椎骨下。填土中发现酱釉罐、褐釉碗各 1 件。

2. 出土遗物

（1）瓷器

酱釉罐　1 件。

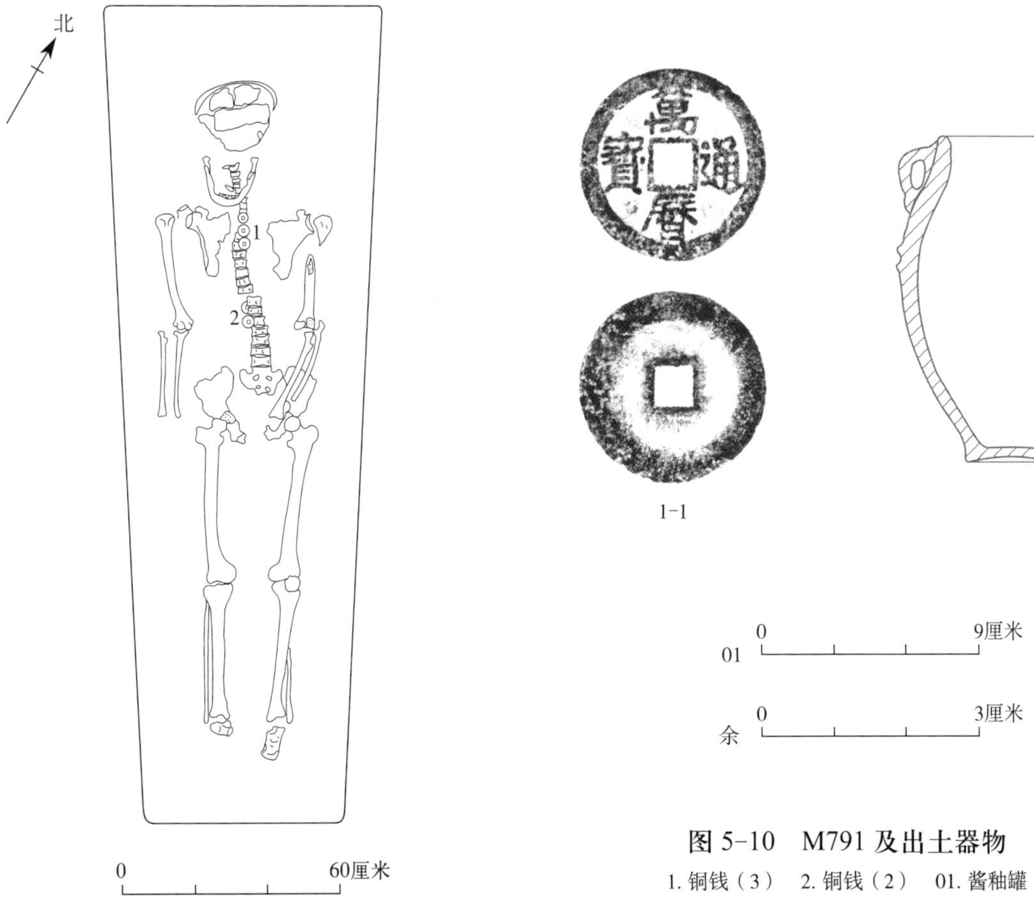

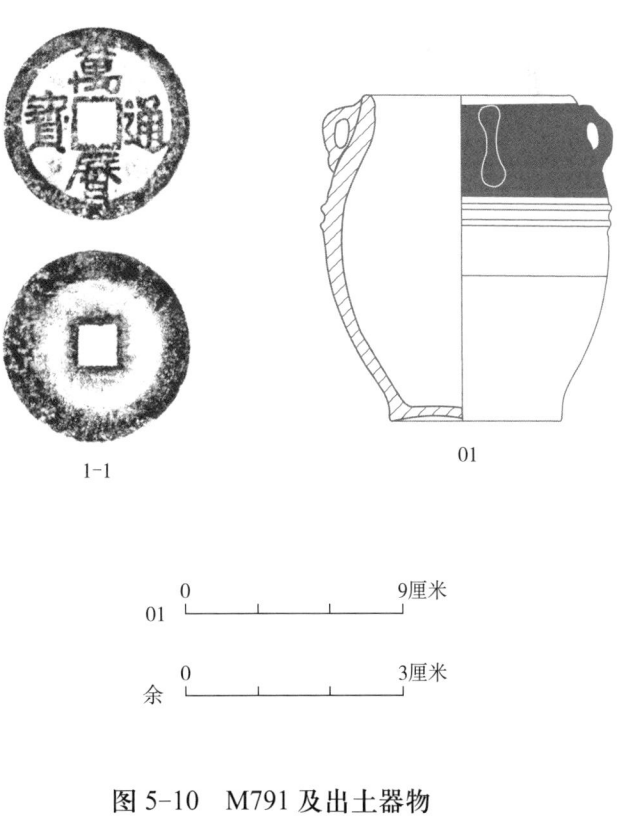

图 5-10　M791 及出土器物

1. 铜钱（3）　2. 铜钱（2）　01. 酱釉罐

标本 M791：01，敛口，圆唇，鼓腹，矮圈足。颈部饰四个对称竖桥形纽系。颈及腹部分别饰一周及两周凸棱纹。肩上部施酱黑釉，腹部白釉，下部为酱褐及黄褐瓷胎。口径 8.6、高 13 厘米（图 5-10，01）。

褐釉碗 1 件。

标本 M791：02，敞口，圆尖唇，斜弧腹，近底急收，圈足。内外壁上部和内底施灰褐釉，余部为白瓷胎。口径 15.8、高 4.2 厘米。

（2）铜器

铜钱 5 枚。均为万历通宝，圆形方穿，钱正、背两面穿郭俱全。钱文楷书，对读。

标本 M791：1-1，直径 2.5、穿边长 0.6、厚 0.1 厘米（图 5-10，1-1）。

（一〇）M801

1. 墓葬形制

位于墓地东北部，北部打破 M806，北面是 M820，东面为 M805，西面为 M809。方向 158°（图 5-11）。

不规则倒梯形土坑竖穴合葬墓。系先挖西墓圹，后在东侧二次合葬。墓口长 3.3、宽 2.12～3.02、残深 0.9 米。直壁规整，平底。墓底有生土二层台，宽 0.2～0.7、高 0.35 米。西侧见有木棺残痕，长 1.8、宽 0.4～0.6 米，底部铺一层浅灰色草木灰。墓内填黄褐色五花土，土质疏松。填土中发现酱釉罐 1 件。

西部墓室人骨 1 具。头向南偏东，面向上，仰身直肢。男性，年龄大于 35 岁。东侧墓室无人骨。

出土器物 3 件。黑釉碗、陶瓦各 1 件，均置于墓主头骨南侧。铜钱 1 枚，位于墓主胸部。

2. 出土遗物

（1）陶器

陶瓦 1 件。

标本 M801：3，板瓦。泥质灰陶。一端较窄，瓦背拱起。素面。长 18.6、宽 17.2 厘米（图 5-11，3）。

（2）瓷器

酱釉罐 1 件。

标本 M801：01，敛口，圆唇，鼓腹，矮圈足。颈部饰四个对称竖桥形纽系，肩及腹部饰三周凸棱纹。外壁上部及内壁施酱釉，余部白瓷胎。口径 7、高 11.2 厘米（图 5-11，01）。

黑釉碗 1 件。

标本 M801：2，敞口，圆唇，斜弧腹，近底急收，圈足。内外壁上部及内底施黑釉，余部为白瓷胎。口径 11.4、高 4.6 厘米（图 5-11，2）。

（3）铜器

铜钱 1 枚。

标本 M801：1，元祐通宝。圆形圆穿，有轮无郭。钱文篆书，旋读。直径 2.4、穿边长 0.7、厚 0.1 厘米（图 5-11，1）。

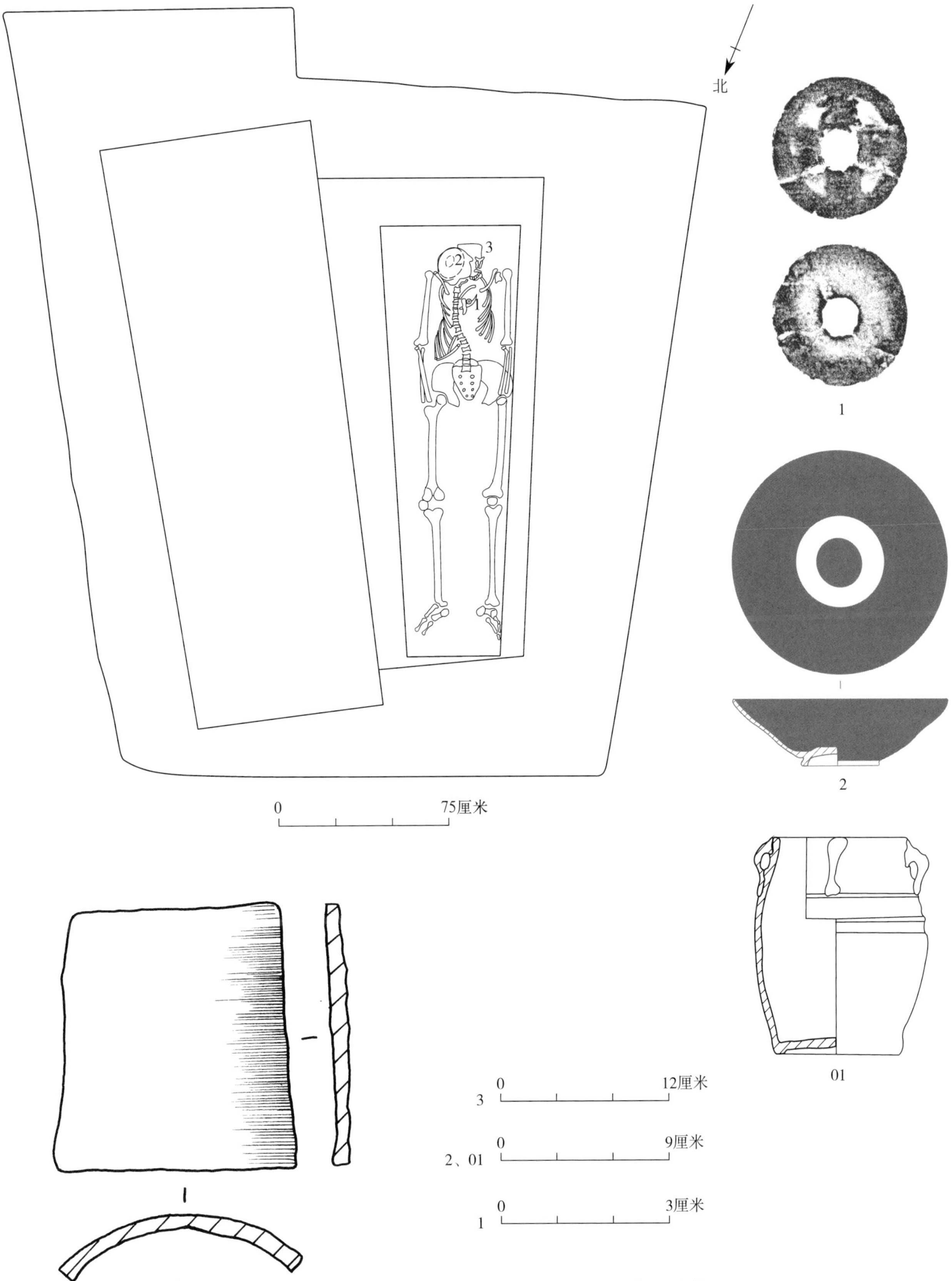

图 5-11　M801及出土器物

1. 铜钱　2. 黑釉碗　3. 陶瓦　01. 酱釉罐

（一一）M807

1. 墓葬形制

位于墓地东北部，西部打破M808，北面是M805，东面为M636。方向140°。

倒梯形土坑竖穴合葬墓。墓口长2.6、宽1.65～1.8、深1.4～1.65米，底长2.7、宽1.8～2.0米。南、西两壁为内斜，略呈袋状。其余两壁直壁规整。底平，东侧见有倒梯形木棺朽痕，长1.7、宽0.6米。墓内填黄褐色花土，土质较疏松，内含较多碎青砖。

人骨2具。头向南偏东。仰身直肢。东墓主面向上，女性，年龄大于30岁。西墓主面向左，男性，30～35岁。

出土器物4件。铜钱3枚、铜簪1件，分别见于东、西墓主头骨下面。

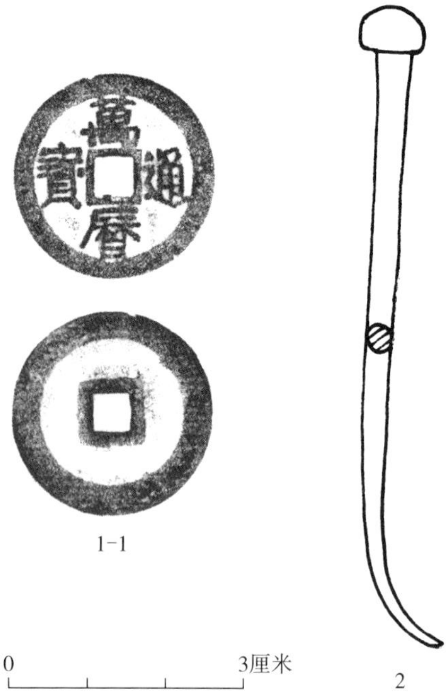

图5-12　M807出土器物

1-1. 铜钱　2. 铜簪

2. 出土遗物

铜器

铜簪　1件。

标本M807∶2，圆锥形。首端为蘑菇状纽，尾端尖锐，略曲。长8厘米（图5-12，2）。

铜钱　3枚。均为万历通宝，圆形方穿，正、背两面轮郭俱全。钱文楷书，对读。

标本M807∶1-1，直径2.5、穿边长0.6、厚0.12厘米（图5-12，1-1）。

（一二）M843

1. 墓葬形制

位于墓地中部，东面是M842，东南面为M845，西北面是M578。方向350°（图5-13；彩版二六九，4）。

长方形土坑竖穴合葬墓。墓口长2.6、宽1.6、深1米。壁竖直规整，平底。墓底双棺，均呈长方形。西侧木棺长2.0、宽0.66、残高0.36米，东侧木棺长1.8、宽0.5、残高0.2米。墓内填黄褐色花土，土质较致密。

人骨2具。头向北，面向上，仰身直肢。西墓主女性，30～40岁。东墓主男性，40～45岁。

随葬器物36件。酱釉碗1件，置于东墓主右臂外侧。陶瓦1件，位于西墓主头骨顶部。另有铜钱34枚，散布于西墓主上肢骨内侧、右手骨、骨盆处和东墓主骨盆左侧。

2. 出土遗物

（1）陶器

陶瓦　1件。

标本M843∶3，板瓦，泥质灰陶。一端宽，另一端窄，瓦背拱起，素面。长16.7、宽13～14.5厘米。

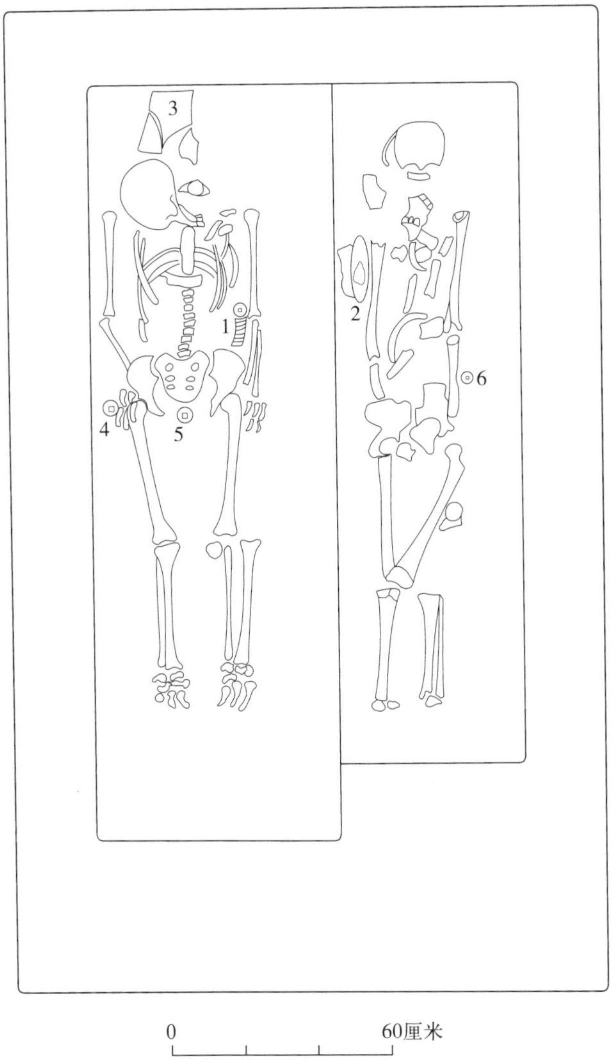

图 5-13　M843 平面图

1. 铜钱（31）　2. 酱釉碗　3. 陶瓦　4～6. 铜钱

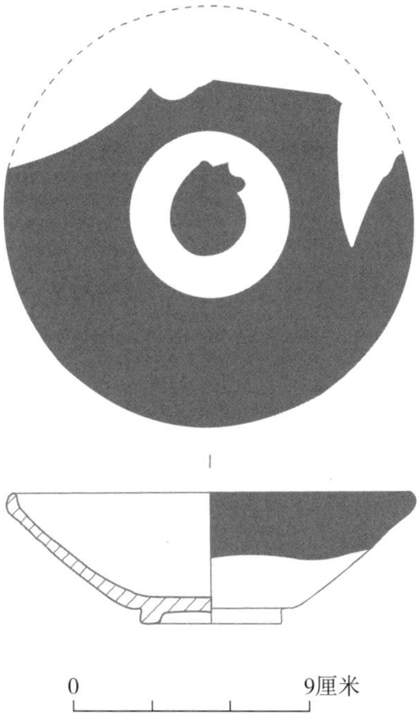

图 5-14　M843 出土酱釉碗 M843：2

（2）瓷器

酱釉碗　1 件。

标本 M843：2，口部残缺。敞口微敛，圆尖唇，斜弧腹，近底急收，圈足。内外壁上部及内底施酱釉，余部为白瓷胎。口径 15.5、高 4.8 厘米（图 5-14）。

（3）铜器

铜钱　34 枚。宋元通宝、淳化元宝、咸平元宝、祥符通宝、天圣元宝、景祐元宝、皇宋通宝、至和通宝、治平通宝、熙宁元宝、元丰通宝、元祐通宝、元符通宝、圣宋元宝、政和通宝、正隆元宝。圆形方穿。

宋元通宝　1 枚。

标本 M843：1-1，钱文篆书，对读。直径 2.4、穿边长 0.6、厚 0.08 厘米（图 5-15，1-1）。

淳化元宝　1 枚。

标本 M843：1-2，钱文行书，旋读。直径 2.3、穿边长 0.5、厚 0.1 厘米（图 5-15，1-2）。

咸平元宝　2 枚。旋读。

标本 M843：1-3，钱文楷书。直径 2.3、穿边长 0.6、厚 0.15 厘米（图 5-15，1-3）。

标本 M843：1-4，钱文篆书。直径 2.3、穿边长 0.6、厚 0.12 厘米（图 5-15，1-4）。

祥符通宝　3 枚。钱文楷书，旋读。

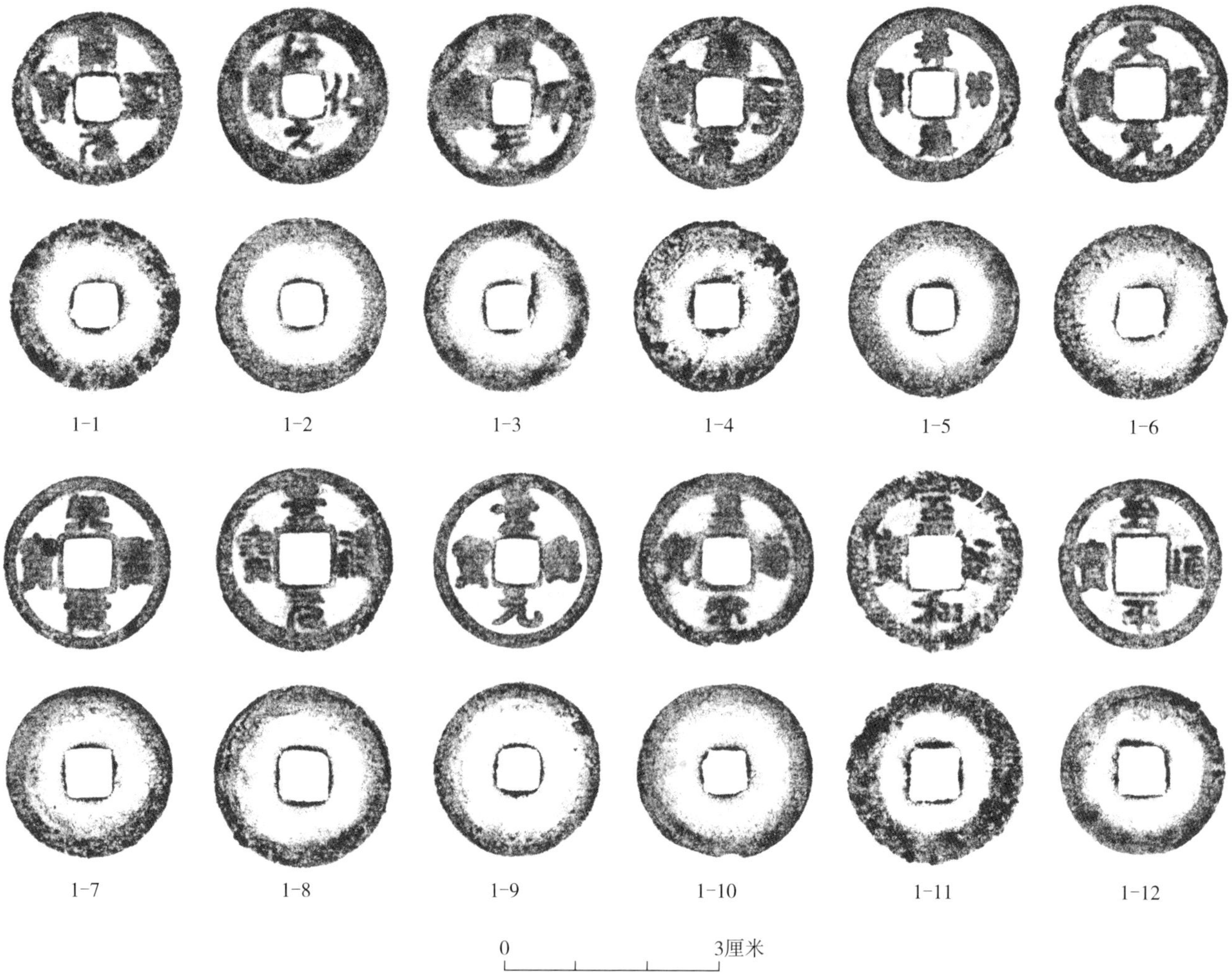

图5-15 M843出土器物
1-1～12.铜钱

标本M843：1-5，直径2.4、穿边长0.6、厚0.1厘米（图5-15，1-5）。

天圣元宝 3枚。旋读。钱文楷书1枚，篆书2枚。

标本M843：1-6，钱文楷书。直径2.4、穿边长0.7、厚0.09厘米（图5-15，1-6）。

标本M843：1-7，钱文篆书。直径2.3、穿边长0.7、厚0.09厘米（图5-15，1-7）。

景祐元宝 5枚。旋读。钱文楷书3枚，篆书2枚。

标本M843：1-8，钱文楷书。直径2.4、穿边长0.7、厚0.1厘米（图5-15，1-8）。

标本M843：1-9，钱文篆书。直径2.5、穿边长0.7、厚0.1厘米（图5-15，1-9）。

皇宋通宝 2枚。钱文楷书，对读。

标本M843：1-10，直径2.4、穿边长0.7、厚0.1厘米（图5-15，1-10）。

至和通宝 1枚。

标本M843：1-11，钱文楷书，对读。直径2.4、穿边长0.7、厚0.1厘米（图5-15，1-11）。

治平通宝 1枚。

标本M843：1-12，钱文楷书，对读。直径2.3、穿边长0.8、厚0.08厘米（图5-15，1-12）。

熙宁元宝　2 枚。对读。

标本 M843∶1-13，钱文楷书。直径 2.4、穿边长 0.7、厚 0.1 厘米（图 5-16，1-13）。

标本 M843∶1-14，钱文篆书。直径 2.3、穿边长 0.6、厚 0.1 厘米（图 5-16，1-14）。

元丰通宝　3 枚。旋读。钱文行书 1 枚，篆书 2 枚。

标本 M843∶1-15，钱文行书。直径 2.3、穿边长 0.6、厚 0.1 厘米（图 5-16，1-15）。

标本 M843∶1-16，钱文篆书。直径 2.3、穿边长 0.7、厚 0.1 厘米（图 5-16，1-16）。

元祐通宝　2 枚。钱文行书，旋读。

标本 M843∶1-17，直径 2.3、穿边长 0.6、厚 0.1 厘米（图 5-16，1-17）。

元符通宝　1 枚。

标本 M843∶1-18，钱文行书，旋读。直径 2.3、穿边长 0.8、厚 0.09 厘米（图 5-16，1-18）。

圣宋元宝　2 枚。钱文篆书，旋读。

标本 M843∶1-19，直径 2.3、穿边长 0.7、厚 0.12 厘米（图 5-16，1-19）。

政和通宝　4 枚。对读。钱文楷书 3 枚，篆书 1 枚。

标本 M843∶1-20，钱文楷书。直径 2.5、穿边长 0.7、厚 0.1 厘米（图 5-16，1-20）。

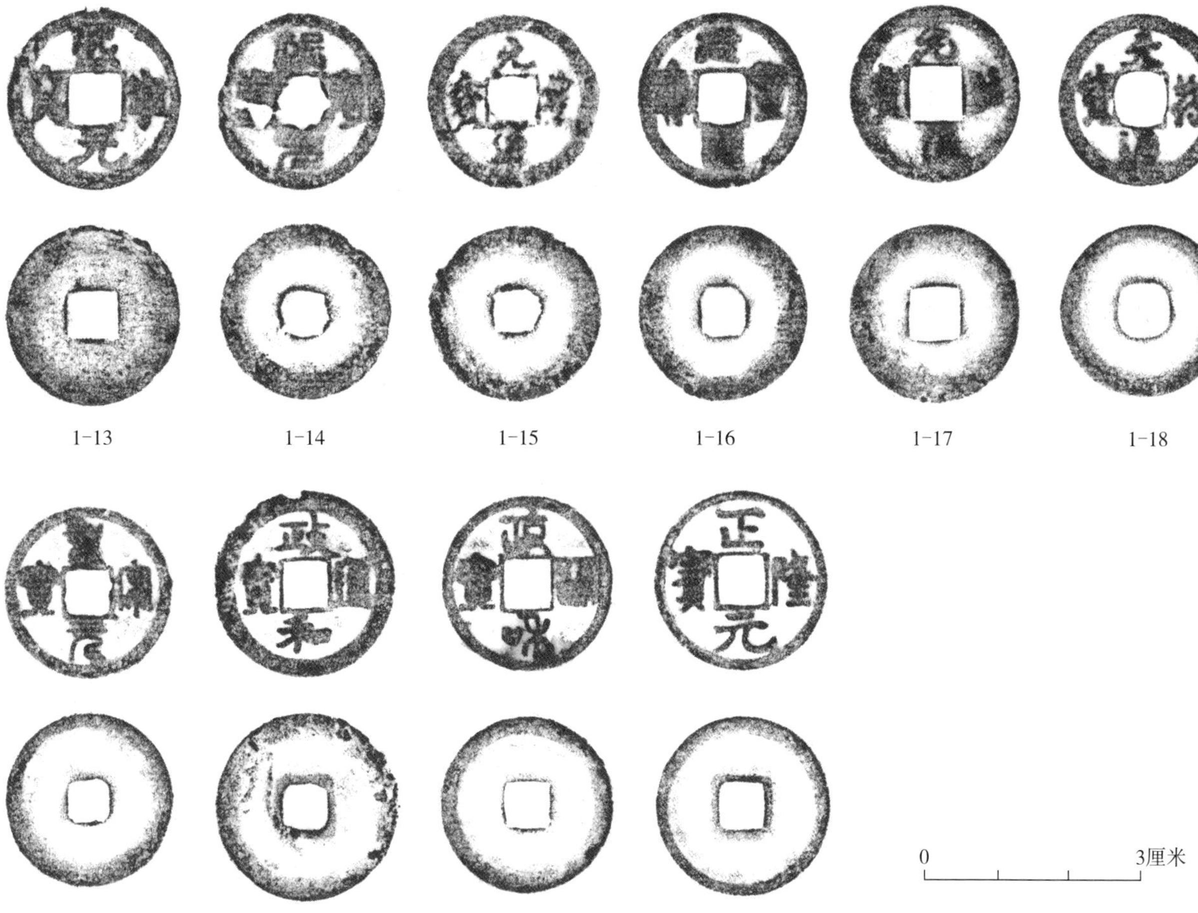

图 5-16　M843 出土器物

1-13～22. 铜钱

标本 M843：1-21，钱文篆书。直径 2.3、穿边长 0.7、厚 0.09 厘米（图 5-16，1-21）。

正隆元宝　1 枚。

标本 M843：1-22，钱文楷书，旋读。直径 2.4、穿边长 0.7、厚 0.1 厘米（图 5-16，1-22）。

二　砖椁墓

12 座。系先挖出长方形土圹，由墓底四周垒砌长方形或梯形砖椁，安置完木棺后起券封顶。顶部多坍塌破坏无存。多为合葬墓，系二次挖开墓室，在砖椁一侧加修椁室或直接土坑放置木棺。其中三座为两具人骨同椁室合葬，均为迁葬，不见木棺迹象。

（一）M23 和 M27

1. 墓葬形制

位于墓地西南部，北面是 M49，东面为 M16，西南面是 M33。方向 154°（图 5-17；彩版二七一，1）。

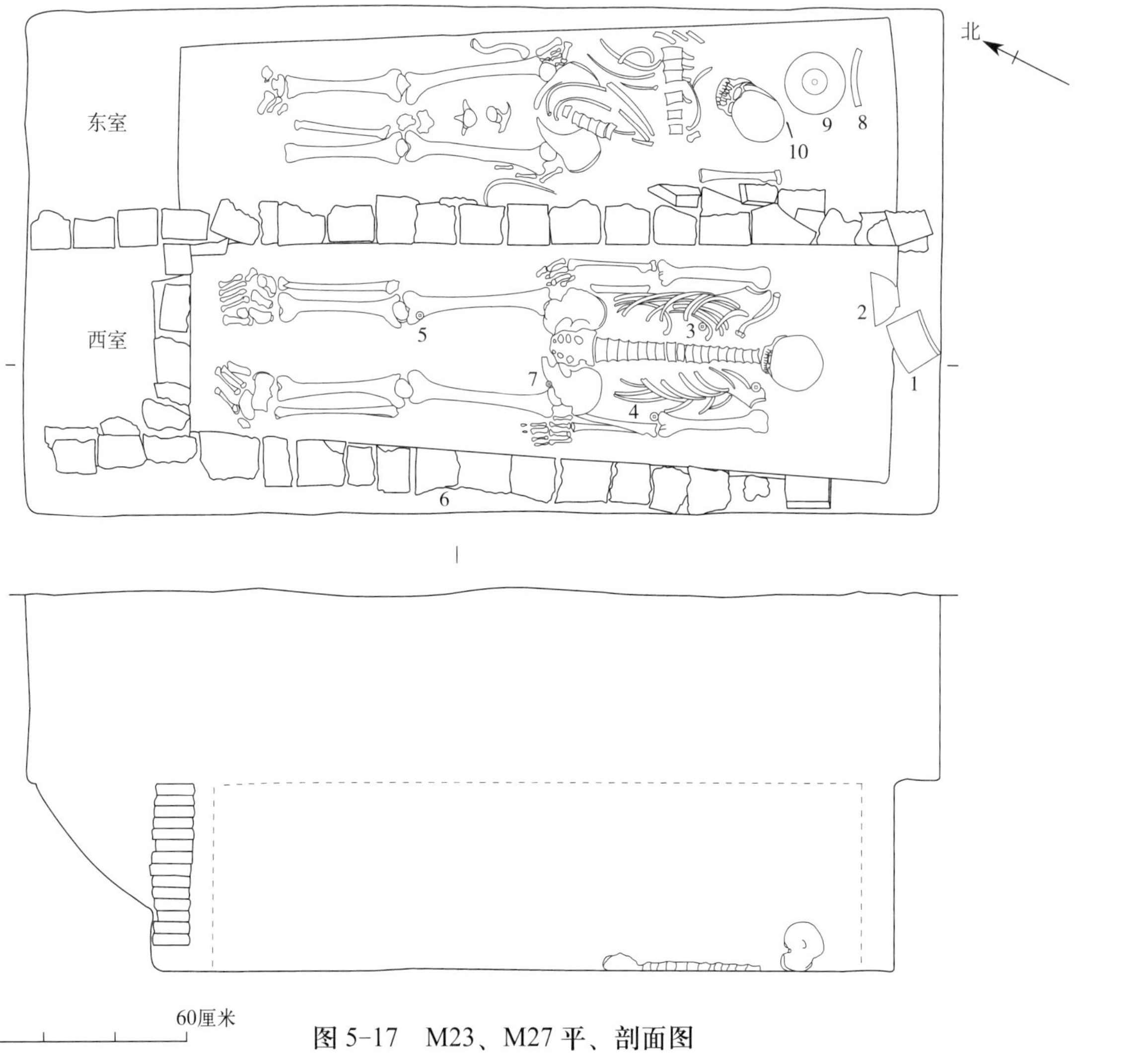

图 5-17　M23、M27 平、剖面图

1、8. 陶瓦　2、9. 黑釉碗　3～7. 铜钱（18）　10. 骨簪

长方形土坑竖穴砖椁合葬墓。墓口长 2.52、宽 1.34、深 1.02 米。直壁较光滑，平底。西椁室平面呈梯形，长 2.04、宽 0.68 ～ 0.79、高 0.5 米。除头端外，其余三面由青灰碎砖砌成，南北两壁向北略有延伸。东侧墓室长 1.97、宽 0.44 ～ 0.52、高 0.5 米，仅有木棺（彩版二七二，1）。墓内填浅灰褐色花土，土质较疏松。

人骨 2 具。均头向南偏东，面向上，仰身直肢。西墓主男性，40 ～ 45 岁。东墓主女性，30 ～ 35 岁，躯干和上肢骨均有不同程度的移位，较凌乱，应为迁葬。

出土器物 23 件。陶瓦、黑釉碗各 2 件（彩版二七一，2），分别位于两头骨顶端。铜钱 18 枚，散落于西室躯干骨和股骨处。骨簪 1 件，位于东侧头骨顶端。

2. 出土遗物

（1）陶器

陶瓦　2 件。均为板瓦，泥质灰陶。上窄下宽。瓦背拱起，上有红彩符箓。

标本 M23 : 1，符箓脱落不清。长 18.4、宽 14.8 厘米（图 5-18，1；彩版二七一，3）。

标本 M23 : 8，瓦背左右书“吉利”二字，中为符箓。长 17.5、宽 17 厘米（彩版二七一，4）。

（2）瓷器

黑釉碗　2 件。圆唇，斜弧腹，圈足。

标本 M23 : 2，敞口外侈。外壁、内壁上部及底部施黑釉，余部白瓷胎。外壁阴刻竖排条纹与水

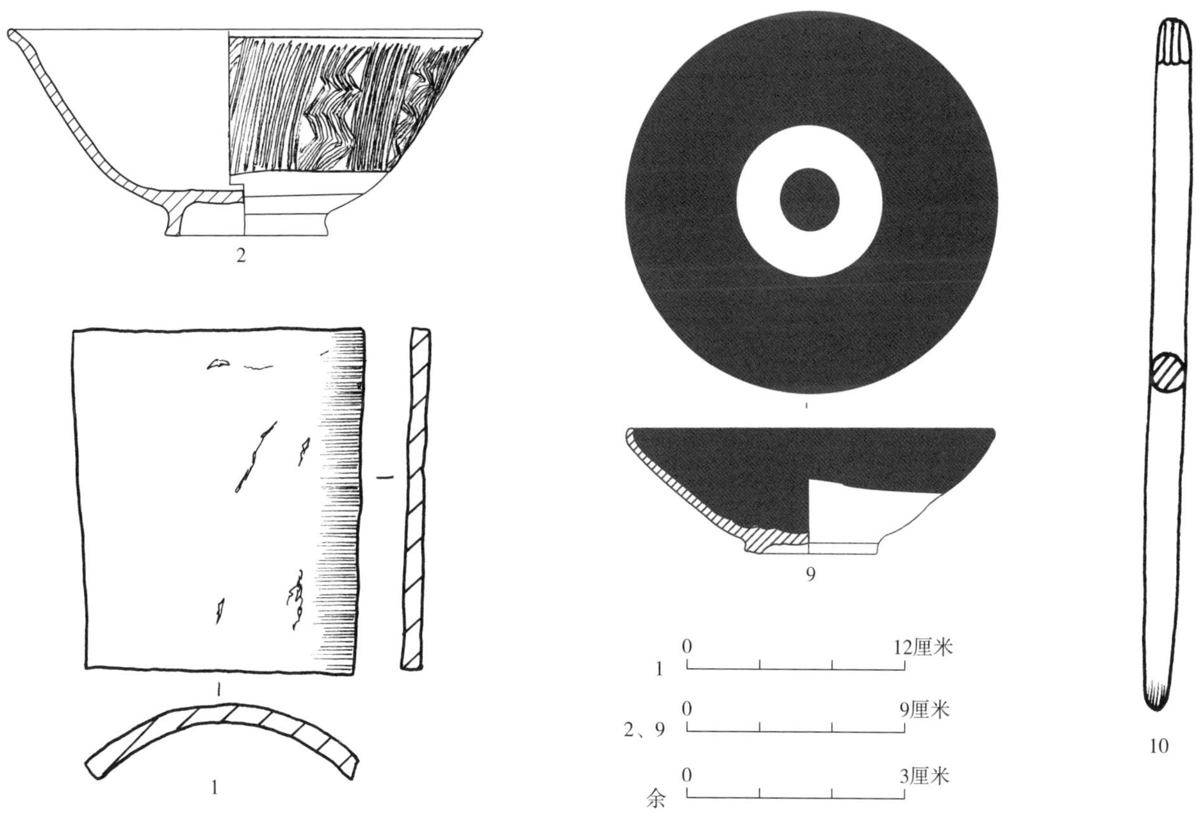

图 5-18　M23、M27 出土器物

1. 陶瓦　2、9. 黑釉碗　10. 骨簪

波纹。口径19.4、高6.4厘米（图5-18，2；彩版二七一，5）。

标本M23∶9，敞口微敛，内外壁上部及内底施黑釉，余部白瓷胎。口径15.2、高5厘米（图5-18，9；彩版二七一，6）。

（3）铜器

铜钱　18枚。有淳化元宝、天圣元宝、景祐元宝、皇宋通宝、嘉祐元宝、熙宁元宝、元丰通宝。圆形方穿。

淳化元宝　1枚。

标本M23∶3-1，钱文楷书，旋读。直径2.4、穿边长0.7、厚0.1厘米（图5-19，3-1）。

天圣元宝　1枚。

标本M23∶3-2，钱文篆书，旋读。直径2.5、穿边长0.8、厚0.1厘米（图5-19，3-2）。

景祐元宝　1枚。

标本M23∶4-1，钱文篆书，旋读。直径2.3、穿边长0.8、厚0.1厘米（图5-19，4-1）。

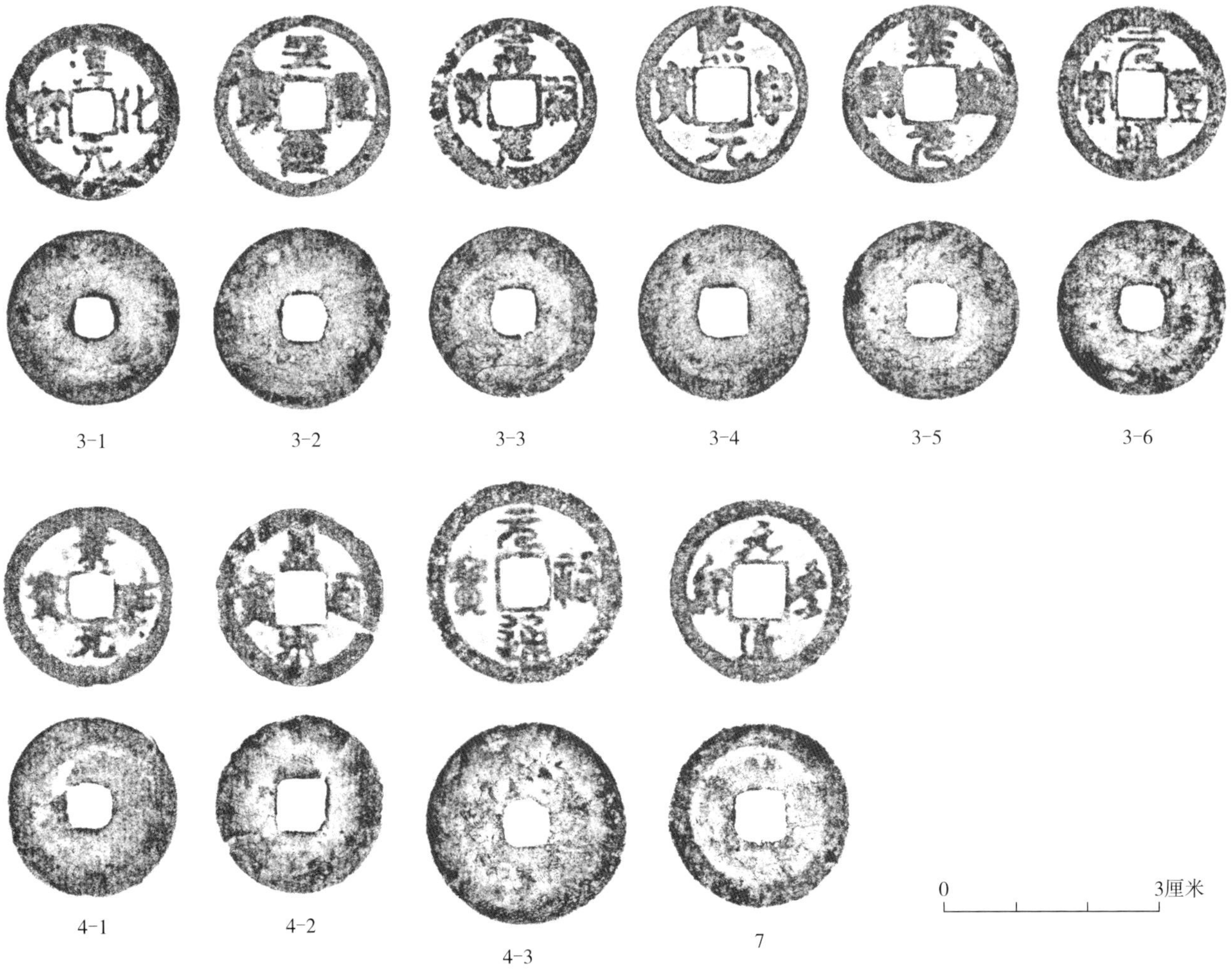

图5-19　M23、M27出土器物

3-1～6、4-1～3、7. 铜钱

皇宋通宝　1枚。

标本M23∶4-2，钱文楷书，对读。直径2.3、穿边长0.7、厚0.09厘米（图5-19，4-2）。

嘉祐元宝　2枚。钱文楷书，旋读。

标本M23∶3-3，直径2.4、穿边长0.7、厚0.1厘米（图5-19，3-3）。

熙宁元宝　6枚。旋读。

标本M23∶3-4，钱文楷书。直径2.4、穿边长0.8、厚0.1厘米（图5-19，3-4）。

标本M23∶3-5，钱文篆书。直径2.4、穿边长0.8、厚0.09厘米（图5-19，3-5）。

元丰通宝　5枚。

标本M23∶3-6，钱文篆书，旋读。直径2.4、穿边长0.7、厚0.12厘米（图5-19，3-6）。

标本M23∶7，钱文行书，旋读。直径2.5、穿边长0.8、厚0.14厘米（图5-19，7）。

元祐通宝　1枚。

标本M23∶4-3，钱文篆书，旋读。直径2.8、穿边长0.8、厚0.18厘米（图5-19，4-3）。

（4）骨器

骨簪　1件。

标本M23∶10，长条锥形。簪首圆钝，末端平直。截面呈圆形。表面光滑。长9.2厘米（图5-18，10）。

（二）M129

1. 墓葬形制

位于墓地西南部，打破M139，北面是M133。方向135°（图5-20；彩版二七二，2）。

长方形土坑竖穴砖椁合葬墓。墓口长2.6、宽2.55、深1.35米。墓壁光滑规整。墓底用青灰色碎砖横排叠砌三个椁室，底部较平整，无铺地砖。西椁室长2、宽0.65～0.9、高0.39米。中椁室长2.3、宽0.7～1、高0.57米。东椁室长2.4、宽0.85～0.95、高0.56米。西椁室北端隔离出一长方形脚箱，长0.38、宽0.25、高0.36米。三椁室内均见灰白色木棺痕迹，西室长1.68、宽0.4米。中室长1.95、宽0.6米。东室长1.92、宽0.55米。墓内填褐色五花土，土质较致密。填土中夹杂人骨残块、牙齿，另有少量泥质灰陶片，可辨器形有罐、豆。填土中发现铜钱1枚。

人骨3具。均头向东，仰身直肢。西、东墓主均面向上，中室略面向右。西室人骨女性，30～35岁，骨骼较凌乱，摆放痕迹明显，应为迁葬。中室人骨男性，45～50岁。东室人骨女性，35～40岁。

出土器物5件。黑釉碗1件，紧靠东室头骨西侧。铜钱4枚，分别发现于中室和东室人骨股骨处。

2. 出土遗物

（1）瓷器

黑釉碗　1件。

标本M129∶1，敞口微敛，圆唇，斜弧腹，近底急收，圈足。内外壁上部和内底施酱黑釉，余部白瓷胎。腹部饰两周凹弦纹。口径15.3、高5厘米（图5-20，1）。

（2）铜器

铜钱　5枚。为咸平元宝、祥符通宝、天禧通宝、熙宁元宝、元祐通宝。圆形方穿，钱正面轮郭俱全，背面郭较低，无穿郭。

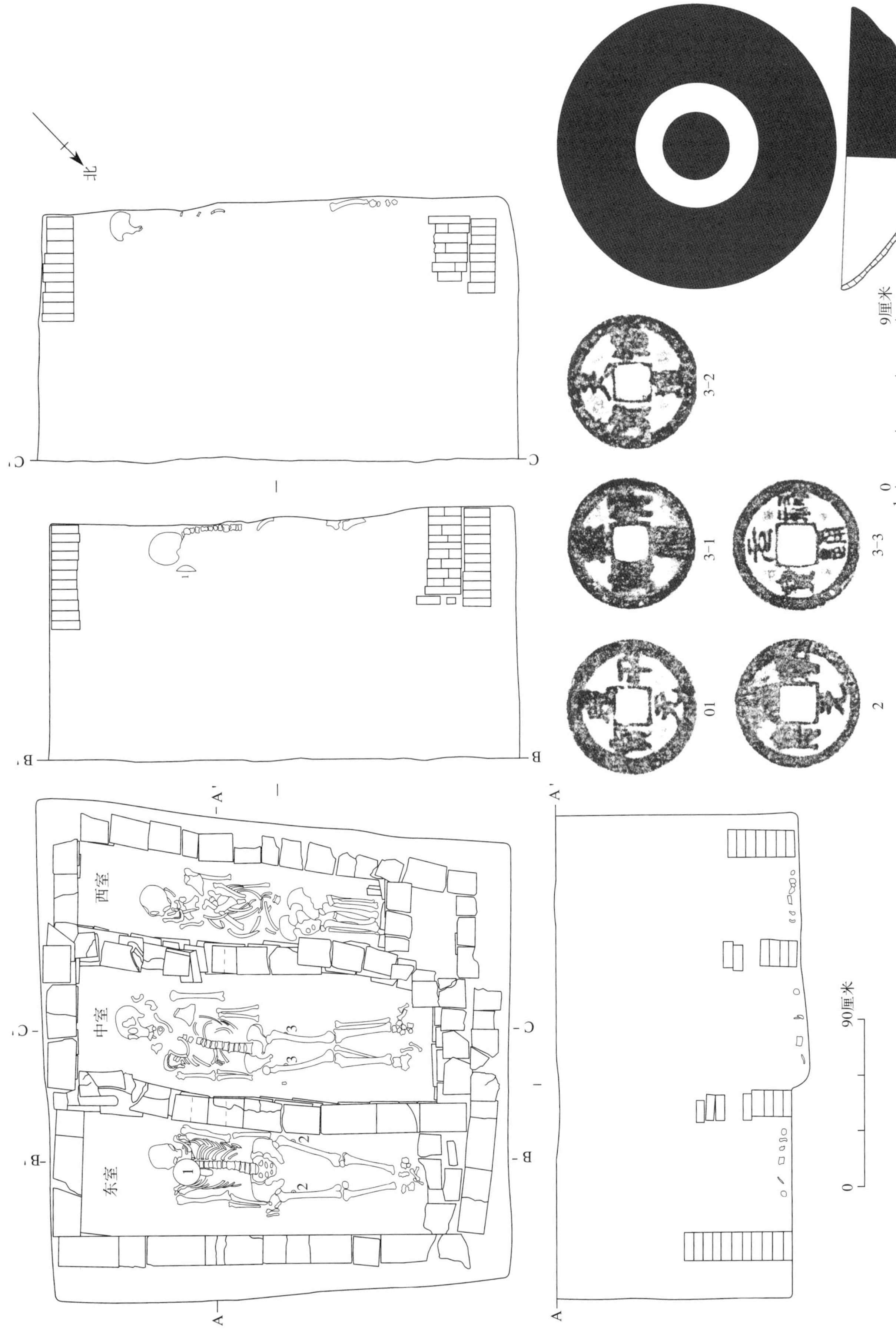

图 5-20　M129及出土器物

1. 黑釉碗　2. 铜钱　3. 铜钱（3）　01. 铜钱

咸平元宝　1枚。

标本M129∶01，钱文楷书，旋读。直径2.4、穿边长0.6、厚0.13厘米（图5-20，01）。

祥符通宝　1枚。

标本M129∶3-1，钱文楷书，旋读。直径2.4、穿边长0.7、厚0.1厘米（图5-20，3-1）。

天禧通宝　1枚。

标本M129∶3-2，钱文楷书，旋读。直径2.4、穿边长0.7、厚0.1厘米（图5-20，3-2）。

熙宁元宝　1枚。

标本M129∶2，钱文楷书，旋读。直径2.3、穿边长0.6、厚0.13厘米（图5-20，2）。

元祐通宝　1枚。

标本M129∶3-3，钱文篆书，旋读。直径2.3、穿边长0.8、厚0.13厘米（图5-20，3-3）。

（三）M231

1. 墓葬形制

位于墓地西南部，西北部打破M243，北面为M224，东面是M232。方向185°（图5-21；彩版二七七，1、2）。

带墓道长方形竖穴砖室合葬墓。墓道向南，未发掘。墓室长2.8、宽2.23、残深0.47米。墓室以砖块垒砌，分东西两室，均呈长方形。西室长2.8、宽0.93、残高0.28。东室长2.3、宽0.95、残高0.45米。墓门位于南端，以碎砖错落垒砌。其余三壁均以碎砖平铺顺砌而成，其间夹杂较多绳纹砖。墓底平整，无砖。顶部各以碎砖鳞次券成拱形，从北向南渐高。根据垒砌方式和深度等分析，当为先砌东室，后二次依托西壁加筑东室。墓内填黄褐色花土，土质较疏松。

人骨2具。头向南，面向上，仰身直肢。西墓室人骨男性，30～40岁。东墓室墓主女性，30～40岁。

出土器物8件。酱釉碗2件，分置于墓主头骨左上方。陶瓦1件，位于西室墓主头骨右侧。铜钱5枚分别位于东室墓主胸部和西室墓主盆骨处。

2. 出土遗物

（1）陶器

陶瓦　1件。

标本M231∶5，板瓦，泥质灰陶。平面呈长方形，一角微残。瓦背拱起，上施红彩符箓。长16.5、宽14.8厘米。

（2）瓷器

酱釉碗　2件。敞口微敛，圆唇，斜弧腹，近底急收，圈足。内外壁上部及内底施酱釉，余部白瓷胎。

标本M231∶3，口径16.2、高5.6厘米（图5-21，3）。

标本M231∶4，口径15.5、高5.6厘米（图5-21，4）。

（3）铜器

铜钱　5枚。钱文可识者有太平通宝、咸平元宝。圆形方穿。

咸平元宝　2枚。钱文楷书，旋读。

标本M231∶1-1，直径2.4、穿边长0.6、厚0.1厘米（图5-21，1-1）。

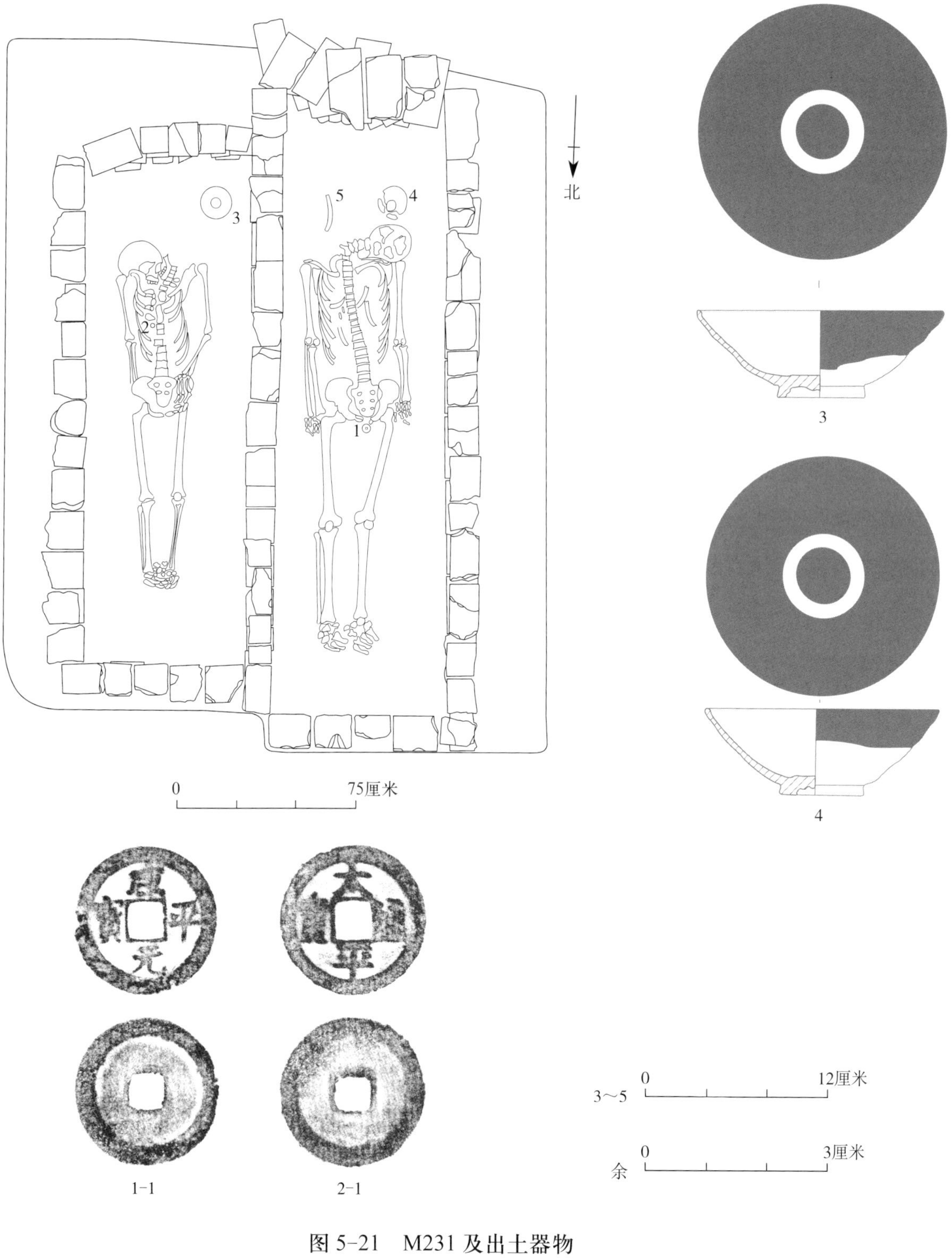

图 5-21　M231 及出土器物

1、2. 铜钱（5）　3、4. 酱釉碗　5. 陶瓦

太平通宝　1 枚。

标本 M231∶2-1，钱文楷书，旋读。直径 2.4、穿边长 0.6、厚 0.1 厘米（图 5-21，2-1）。

另有 2 枚锈蚀严重，钱文无法辨认。

（四）M351

1. 墓葬形制

位于墓地中部，北部打破M353，东北面是M332，西面为M352。方向175°（图5-22；彩版二七三，1）。

倒梯形土坑竖穴砖椁墓。墓口长2.5、宽0.9～1.1、残深0.08米。椁室长2.5、宽0.77～0.9、残深0.08米。四壁以碎砖错缝平铺而成，因破坏严重，仅存一～二层。砖块多饰绳纹，宽12、厚4厘米。墓底较平，未铺砖，残存木棺痕迹。墓内填黄褐色五花土，土质较松软。

人骨1具。头向南，面向不明，仰身直肢。头骨缺失，保存较差。男性，35～45岁。

出土器物2件。酱釉碗1件位于墓主头骨顶端。铜钱1枚，放在墓主胸部，朽蚀严重，无法提取。

2. 出土遗物

（1）瓷器

酱釉碗　1件。

标本M351∶1，敞口微敛，圆唇，斜弧腹，圈足。内外壁上部及内底施酱釉。口径16.4、高5.8厘米（图5-22，1）。

（2）铜器

铜钱　1枚。朽蚀严重，钱文不清。

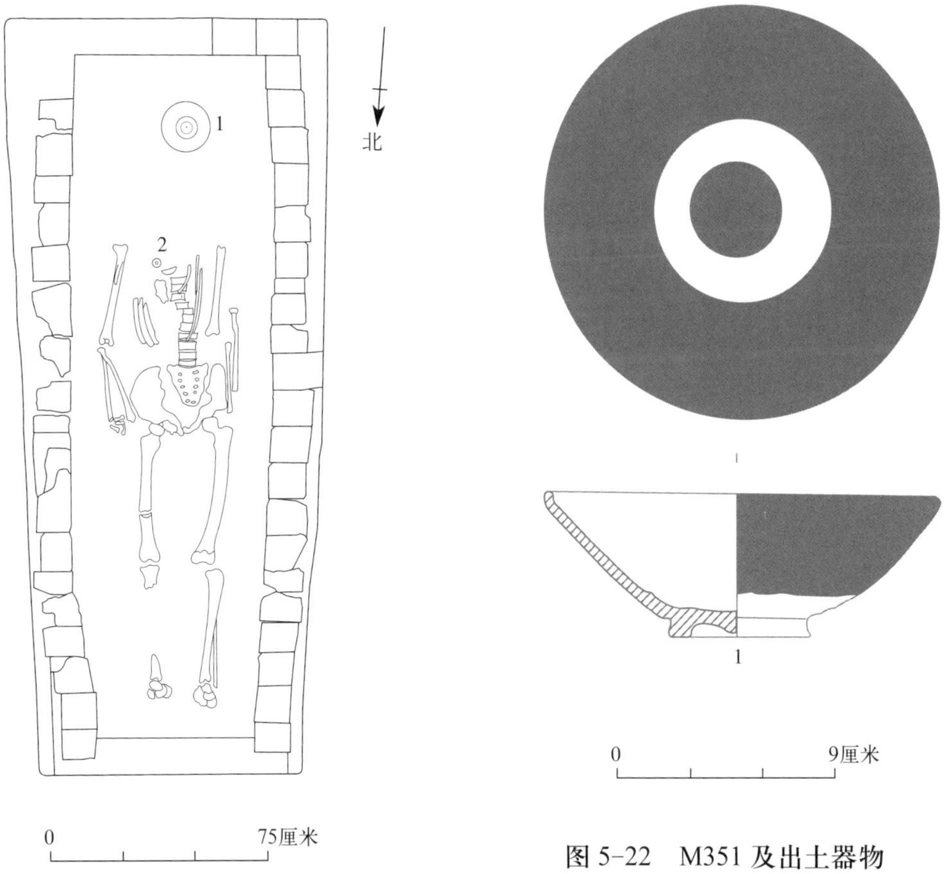

图5-22　M351及出土器物

1. 酱釉碗　2. 铜钱（未取）

（五）M514

1. 墓葬形制

位于墓地中部，打破M516、M515、M519，南面是M557。方向330°（图5-23；彩版二七三，2）。

梯形土坑竖穴砖椁合葬墓。墓口长3.53、宽2.66～2.76、残深0.75米。壁面光滑规整。墓底两椁室由青灰碎砖平铺错缝顺砌而成，底部无铺地砖，较平整。两椁室相邻壁中部上方有一通气孔，上部被破坏。东侧椁室长3、宽0.9～1.2米。西侧椁室长3、宽0.9～1.05米。两室深均为0.63米。墓内填褐色土，土质较疏松。填土中夹杂少量泥质灰陶片。

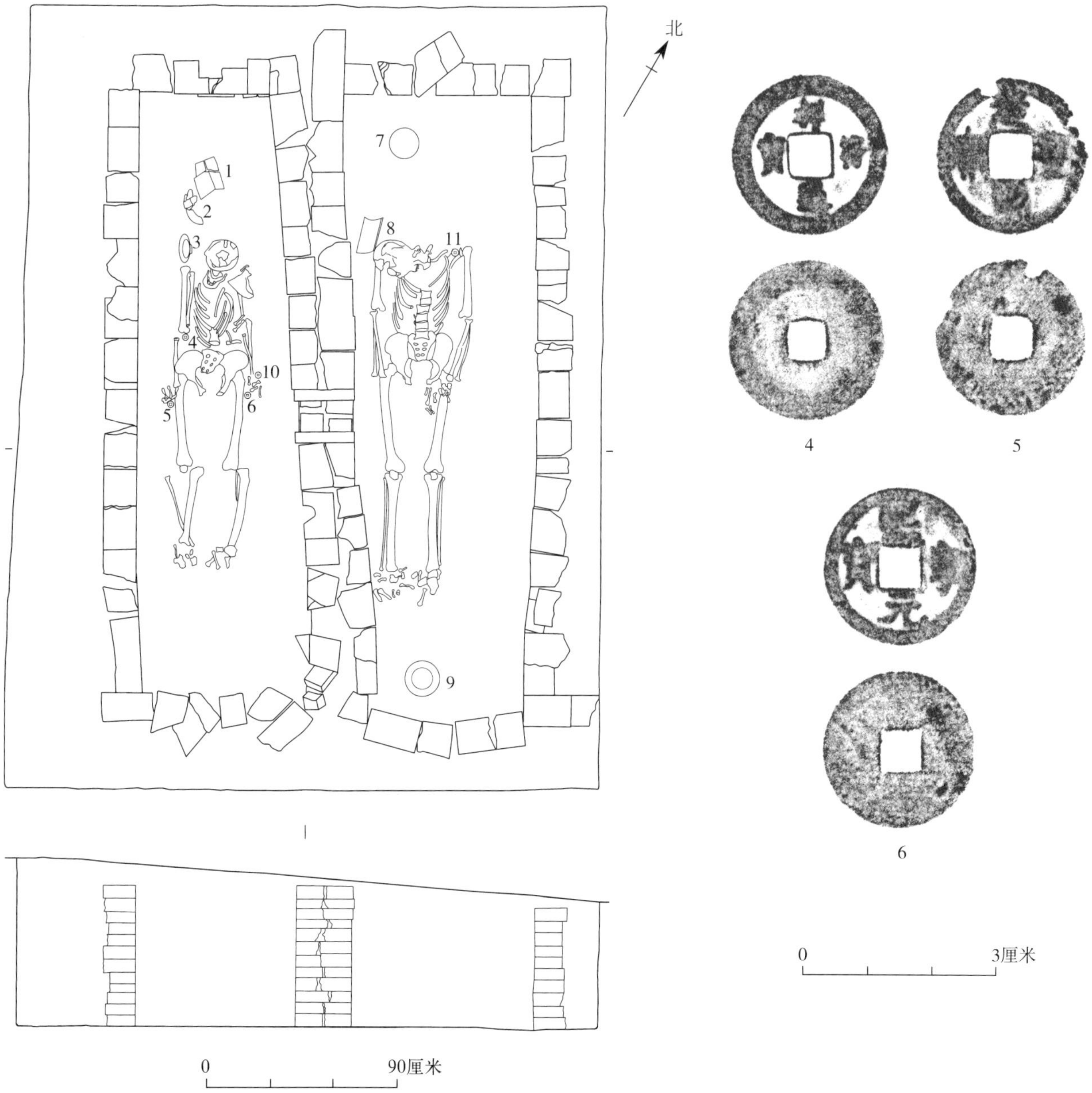

图5-23　M514及出土器物

1、8. 陶瓦　2. 白瓷碗　3、7. 黑釉碗　4～6、10、11. 铜钱　9. 酱釉罐

人骨2具。头向北，面向上，仰身直肢。东室人骨男性，50～60岁。西室女性，45～55岁。

出土器物11件。酱釉罐1件位于东椁室南端。瓷碗3件，1件在东头骨顶端，2件放在西头骨右上方。陶瓦2件，分置于两头骨顶端。铜钱5枚，1枚压于东墓主左肩下，4枚散布于西墓主骨盆周边。

2. 出土遗物

（1）陶器

陶瓦　2件。均为板瓦，泥质灰陶。上窄下宽，瓦背拱起。

标本M514：1，上绘红彩符箓，脱落不清。长16.6、宽15.2厘米（图5-24，1）。

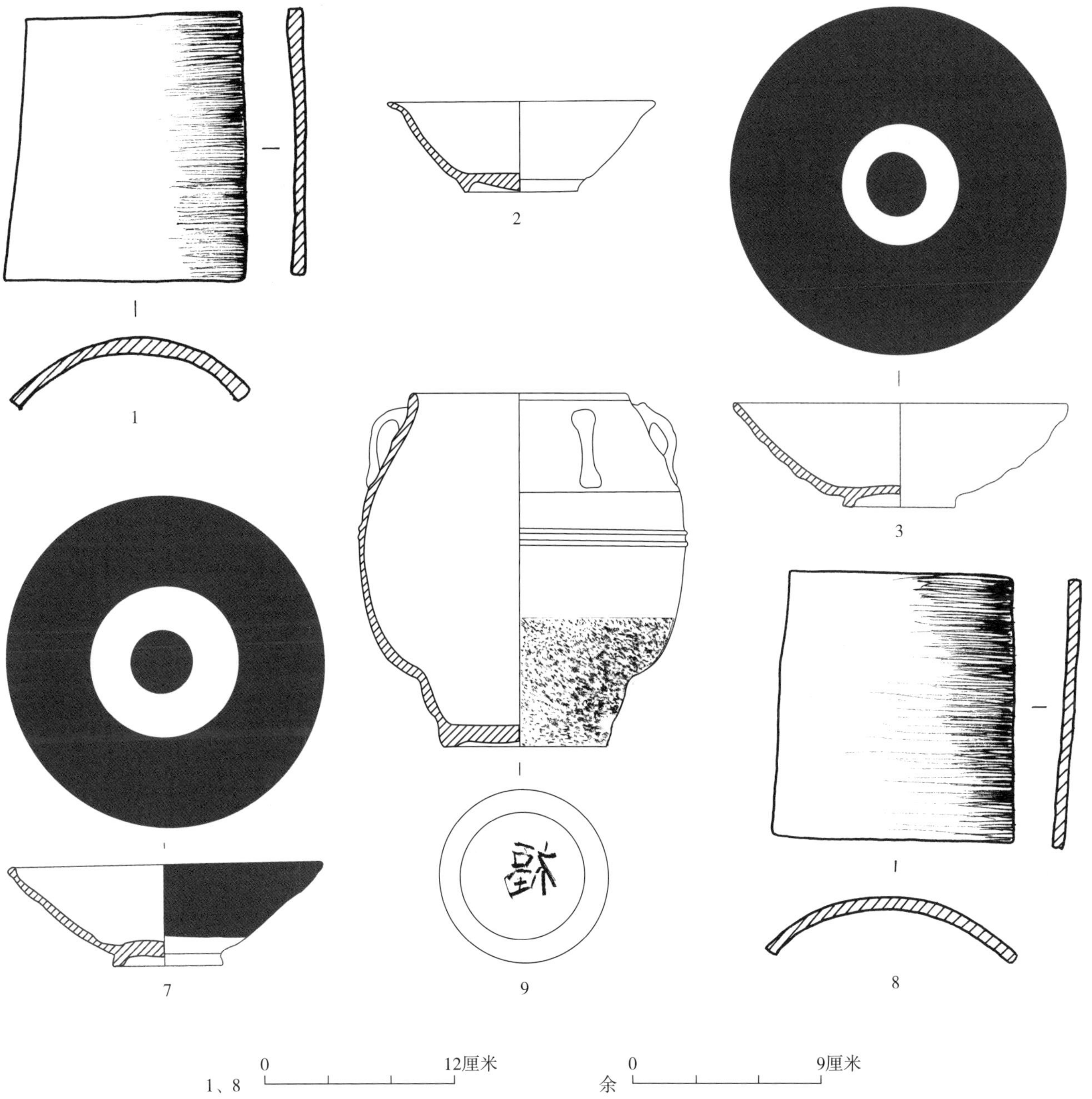

图5-24　M514出土器物

1、8. 陶瓦　2. 白瓷碗　3、7. 黑釉碗　9. 酱釉罐标本 M514：8，素面。长 16.6、宽 11 厘米（图 5-24，8）。

（2）瓷器

酱釉罐　1 件。

标本 M514：9，敛口，圆唇，鼓腹，腹下急收后平缓向下，矮圈足。肩部有四个对称桥形纽系，其下环绕一周乳丁纹，腹部有两周凸棱纹，底部阴印一“福”字。肩部及内部施酱绿釉，中部为白瓷胎，下部施黄褐色釉。口径 10.2、高 16.2 厘米（图 5-24，9）。

瓷碗　3 件。均敞口，圆唇，斜弧腹，圈足。

标本 M514：2，白瓷碗，口外侈。通体白釉。局部有锔修。口径 12.6、高 4.2 厘米（图 5-24，2）。

标本 M514：3，黑釉碗，内外壁上部和内底施黑釉，余部黄褐瓷胎。口径 16、高 4.8 厘米（图 5-24，3）。

标本 M514：7，黑釉碗，口微敛。内外壁上部和内底施黑釉，余部白瓷胎。口径 15、高 5 厘米（图 5-24，7）。

（3）铜器

铜钱　5 枚。为祥符通宝、元丰通宝、熙宁元宝。圆形方穿。

祥符通宝　1 枚。

标本 M514：4，钱文楷书，对读。直径 2.4、穿边长 0.6、厚 0.1 厘米（图 5-23，4）。

元丰通宝　2 枚。钱文篆书，旋读。

标本 M514：5，直径 2.36、穿边长 0.7、厚 0.1 厘米（图 5-23，5）。

熙宁元宝　2 枚。钱文楷书。旋读。

标本 M514：6，直径 2.4、穿边长 0.6、厚 0.09 厘米（图 5-23，6）。

（六）M575

1. 墓葬形制

位于墓地中部，北面是 M826，东面为 M799。方向 275°（图 5-25；彩版二七八，1）。

带墓道土坑竖穴砖室合葬墓。墓道向西，未发掘。墓室长 3.4、宽 2.4、深 1.6 米。直壁，规整。墓室以砖块垒砌，分南北两墓室，部分遭破坏。两室均呈长方形，北侧墓室长 2.2、宽 0.7～0.8、深 0.66 米，南侧墓室长 2.35、宽 0.84、深 0.3 米。墓门位于墓室西侧，以平砖封砌，南室已不存。其余三壁均以平砖错缝顺砌而成，上部以碎砖错落鳞次拱起，形成近券顶，从东向西渐高。墓底平整，未铺砖。墓内所用青砖多为前朝旧物，制作粗糙，烧造火候较低。多长 28、宽 14、厚 4 厘米。北室墓底有木棺灰痕，长 1.8、宽 0.5～0.6 米。墓内填黄褐色五花土，土质较坚硬。填土中夹杂大量碎砖及少量人骨及黑釉碗 1 件。

仅北侧墓室残存人骨 1 具。头向西，面向右，仰身直肢。男性，45～55 岁。

出土铜钱 4 枚，分散于北墓主左肩、胸部及左骨盆下。

2. 出土遗物

（1）瓷器

黑釉碗　1 件。

标本 M575：01，敞口，圆唇，斜弧腹，圈足，足尖斜削。内外壁上部和内底施黑釉，余部白瓷

2　3　4

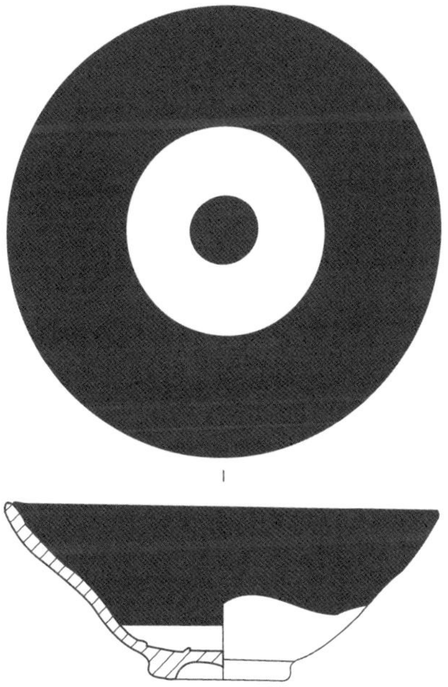

01

01　0　9厘米

余　0　3厘米

图 5-25　M575 及出土器物

1～4. 铜钱　01. 黑釉碗

胎。口径16、高6.2厘米（图5-25，01）。

（2）铜器

铜钱 4枚。有咸平元宝、绍圣元宝、祥符元宝。圆形方穿，正、背两面均有郭。

咸平元宝 1枚。

标本M575∶4，钱文楷书，旋读。直径2.4、穿径0.6、厚0.13厘米（图5-25，4）。

绍圣元宝 1枚。

标本M575∶2，钱文行书，旋读。直径2.3、穿边长0.7、厚0.1厘米（图5-25，2）。

祥符元宝 2枚。钱文楷书，旋读。

标本M575∶3，直径2.5、穿径0.6、厚0.14厘米（图5-25，3）。

（七）M698

1. 墓葬形制

位于墓地东北部，打破M836，西北面是M706，东南面为M838。方向352°（图5-26；彩版二七四，1）。

长方形土坑竖穴带券顶砖椁墓。墓口长2.5、宽1.3、深1.56米。墓内填浅褐色五花土，土质较致密。直壁规整，局部光滑。椁室保存较好，长1.8、宽0.9、深0.33米。椁顶由北端起券，鳞次叠压，至南端围成近穹隆状（彩版二七四，2）。所用均为汉魏时期碎砖，多素面，纹饰有菱纹、绳纹等，长短、宽度、厚薄均不一，长24～32、宽12～15、厚0.35～8厘米不等。椁室平面略呈弧边长方形，南高北低，长1.75、宽0.89～1.08、深0.6～0.7米。东、西、南三壁由碎青砖平铺错缝顺砌而成，东、西壁九层，南壁十三层。北壁底部和顶部各平铺两层青砖，两侧各垒砌九层碎砖，中部形成一个大壁龛。平面呈方形，边长0.45、进深0.1米。墓底较平整，无铺地砖。墓底东南和西南角分别放置一无人工加工痕迹的卵石块，可能是镇墓之用。

人骨2具。头向北，面向上。两具人骨较凌乱，人为摆放痕迹明显，应为二次葬。东墓主男性，35～45岁；西墓主女性，40～45岁。

出土陶买地券1件，竖立于壁龛内。

2. 出土遗物

陶器

陶买地券 1件。

标本M698∶1，泥质灰陶。正方形。为汉代铺地方砖制成，边长40.7、厚6.5厘米。以朱砂书于正面，背面为大方格纹。竖书，右读，共17行。文字中间有剥落，下部被土锈侵蚀，部分已无法释读（彩版二七四，3、4）。释文抄录如下：

维正德十五年岁次庚辰叁月己丑朔越口日……………………………

昌邑县忠孝乡辛营社……正德……………………………于正德

捌年柒月初八日故，葬送俱托口口，未得实……………………

捌月之首五之辰，已将祖父母之骨殖□□。另行创置茔兆一所……

不遑所厝，令日口择此…………………………………………

本县住宅口口俩南之源现为吉地。出口钱……千玖佰玖…………贯

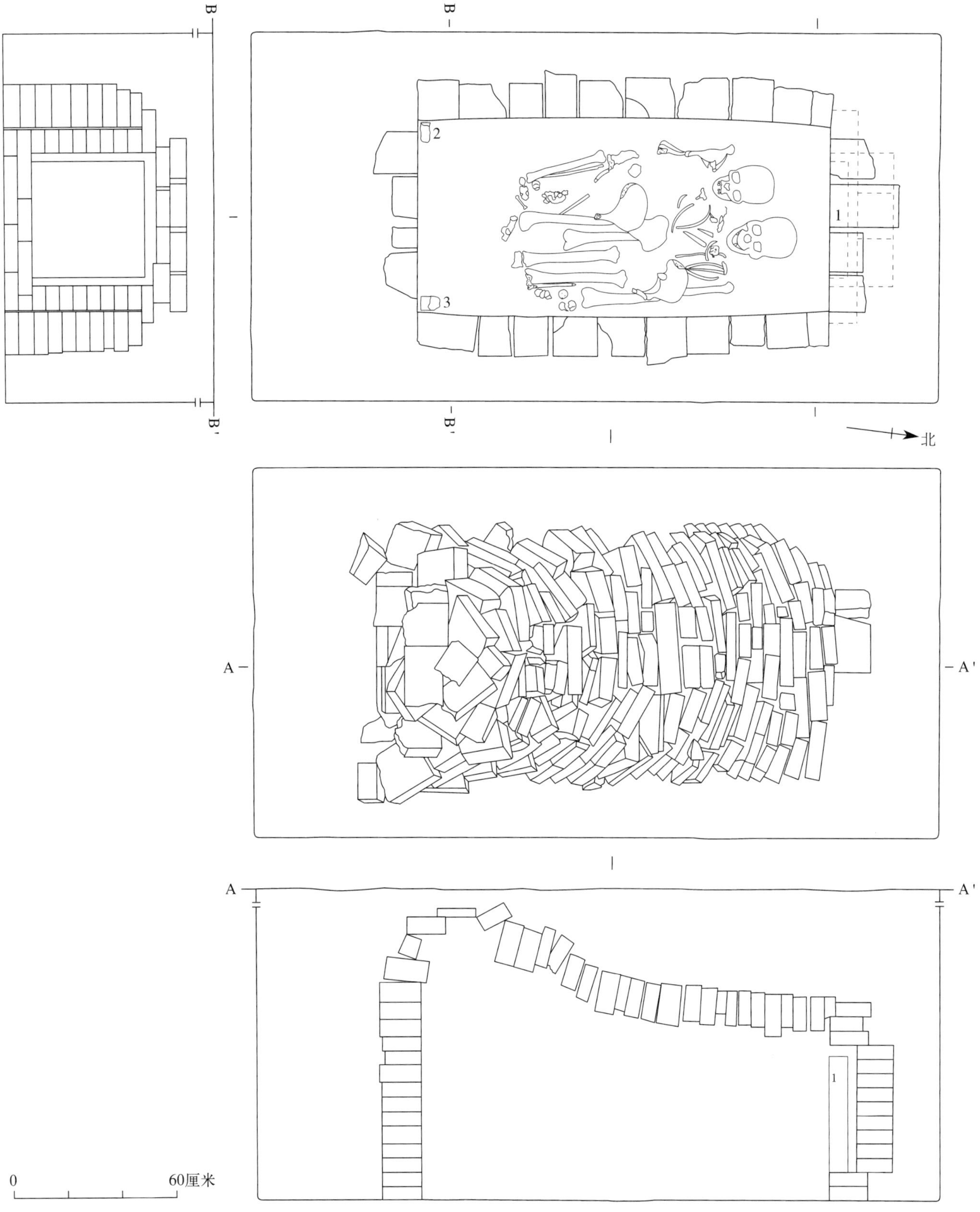

图 5-26 M698 平、剖面图

1. 陶买地券 2、3. 镇墓石

文买到墓地一方……………………………………………………

虎，南至朱雀，北至玄武……………………………………

路将军，齐整阡陌，致………………………………………

于恩荣其地若有干犯…………………………………………共为

信契。财地交相，各已分付。令工匠修茔，安告………………

知见人岁月主，代保时日直符…………………………………

避万里。若违此约，地府主使，自当其祸………………………

安口。急急如五帝使者女青律令。

券二本。一本奉付后土，一本乞付墓中。令祖父……妆…………

照□□分券……………………………………………………

正德拾伍年叁月初捌日……

（八）M707

1. 墓葬形制

位于墓地东北部，南部打破M709，东南面是M716，西面为M708。方向342°（图5-27；彩版二七五，1）。

长方形土坑竖穴砖椁合葬墓。墓口长2.3、宽1.6、深1.05米。直壁规整。西侧为砖砌椁室。由口部残存的砖块形状推测，上部原为券顶，已破坏。椁室平面呈长方形，长2.1、宽0.76、深0.6米。四壁以平砖错缝顺砌而成，所用多为前代碎砖。无铺底。椁内有木棺痕迹。椁室东略下挖，东、南、北三面形成生土二层台，宽0.15～0.34、高0.2米。东部放置木棺，残存浅灰痕迹，长1.95、宽0.36～0.45、深0.2米。无椁。墓内填浅褐色五花土，土质疏松。

人骨2具，头向北，西侧面向上，东侧面向右，均仰身直肢。两人骨均为男性，西侧墓主成年个体，东侧墓主40～50岁。

出土器物4件，均发现于砖椁内。酱釉碗1件，在墓主左手骨处。铜钱3枚，置于墓主右腹部。

2. 出土遗物

（1）瓷器

酱釉碗　1件。

标本M707：2，敞口微敛，圆唇，斜弧腹，圈足。内外壁上部和内底施酱釉，余部为白瓷胎。口径15.8、高5.2厘米（图5-27，2；彩版二七五，2）。

（2）铜器

铜钱　3枚。有宋元通宝、皇宋通宝、元丰通宝，圆形方穿，正、背两面轮郭俱全。

宋元通宝　1枚。

标本M707：1-1，钱文楷书，对读。直径2.4、穿边长0.6、厚0.12厘米（图5-27，1-1）。

皇宋通宝　1枚。

标本M707：1-2，钱文篆书，对读。直径2.3、穿边长0.7、厚0.1厘米（图5-27，1-2）。

元丰通宝　1枚。

标本M707：1-3，钱文行书，旋读。直径2.5、穿边长0.7、厚0.09厘米（图5-27，1-3）。

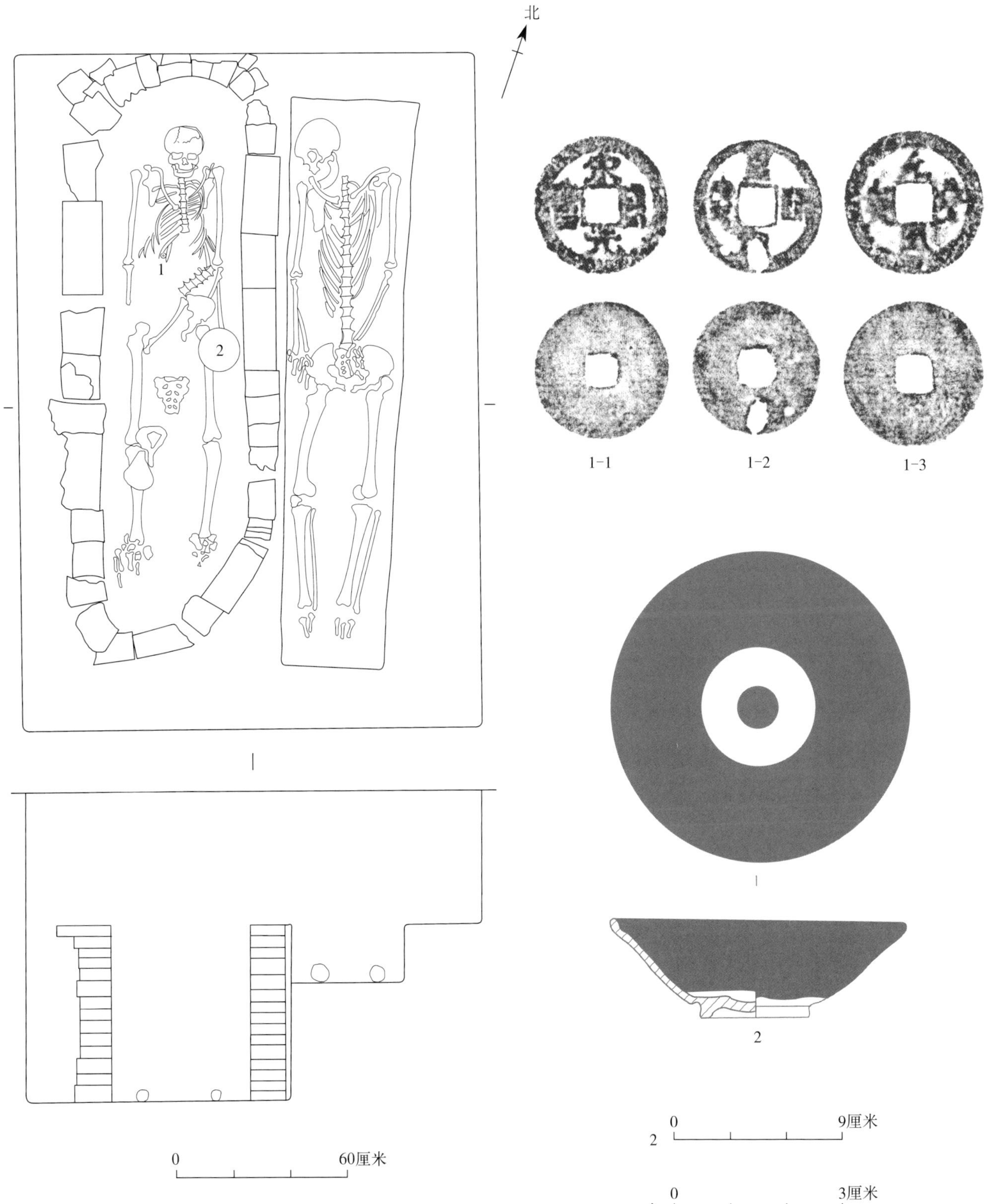

图 5-27 M707 及出土器物

1. 铜钱（3） 2. 酱釉碗

（九）M844

1. 墓葬形制

位于墓地中部，打破M845，东面是M842，西北面为M843。方向325°（图5-28；彩版二七六，1、2）。

梯形土坑竖穴砖椁合葬墓。墓口长2.45、宽1.4～1.74、深1米。直壁规整。墓内东侧以青灰碎砖平铺错缝顺砌椁室，平面呈梯形，长2.1、宽0.52～0.68、深0.55米。其西侧为土坑墓室，平面亦呈梯形，长1.79、宽0.6～0.4、深0.3米。墓内填黄褐色花土，土质较致密。

人骨2具。头向北，东侧面向上，西侧不详，均仰身直肢。东墓主男性，年龄35～40岁；西墓主女性，25～30岁。

出土器物10件。酱釉碗、陶瓦各1件，分置于东墓主左上肢骨外侧和头骨顶部。铜钱8枚，散布于两人骨身旁。

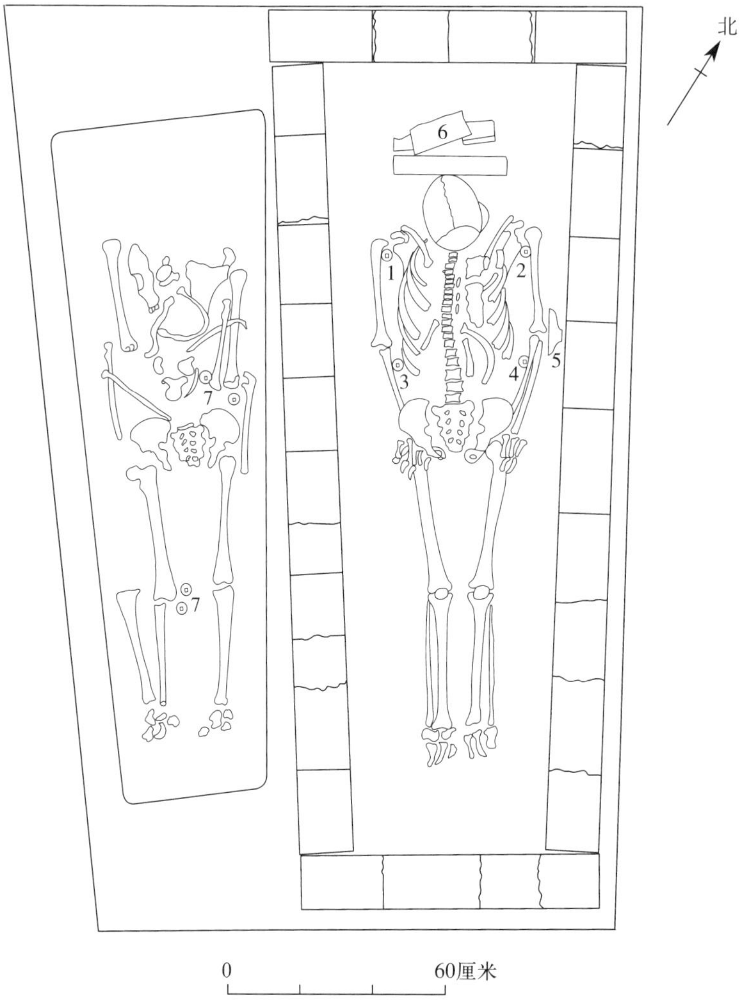

图5-28　M844平面图

1～4. 铜钱　5. 酱釉碗　6. 陶瓦　7. 铜钱（4）

2. 出土遗物

（1）陶器

陶瓦　1件。

标本M844∶6，板瓦，泥质灰陶。近长方形，一端残缺。瓦背拱起，素面。长18.4、宽15厘米。

（2）瓷器

酱釉碗　1件。

标本M844∶5，敞口，圆唇，斜弧腹，圈足。内外壁上部和内底施酱釉，余部为白瓷胎。口径16.2、高5厘米（图5-29，5）。

（3）铜器

铜钱　8枚。为景德元宝、天禧通宝、元祐通宝、嘉祐通宝、熙宁元宝、元丰通宝。圆形方穿，正面轮郭俱全，背面有轮无郭。

景德元宝　1枚。

标本M844∶4，钱文楷书，旋读。直径2.4、穿边长0.6、厚0.09厘米（图5-29，4）。

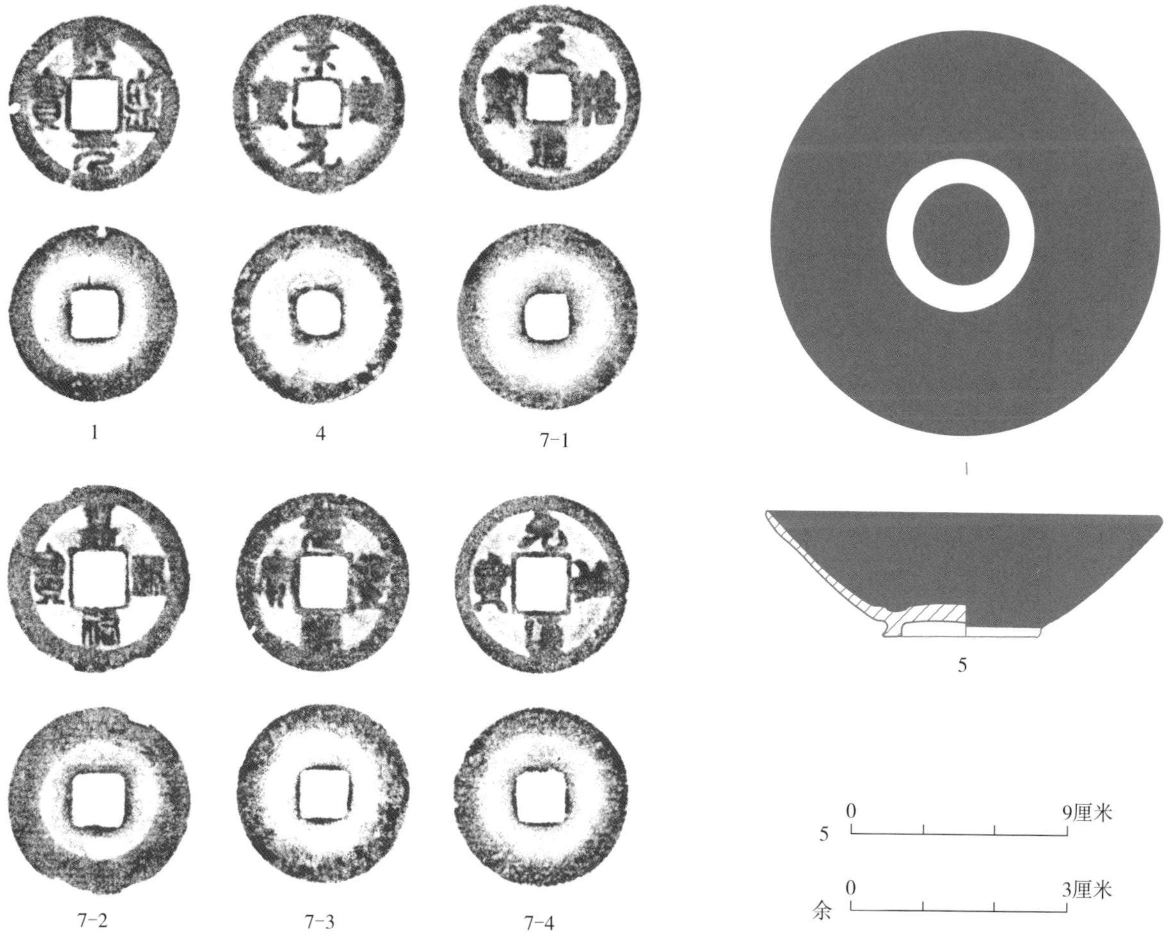

图5-29　M844出土器物

1、4、7-1～4. 铜钱　5. 酱釉碗

天禧通宝　1枚。

标本M844：7-1，钱文楷书，旋读。直径2.5、穿边长0.7、厚0.09厘米（图5-29，7-1）。

嘉祐通宝　1枚。

标本M844：7-2，钱文篆书，对读。直径2.5、穿边长0.8、厚0.08厘米（图5-29，7-2）。

熙宁元宝　1枚。

标本M844：1，钱文篆书，旋读。直径2.3、穿边长0.7、厚0.1厘米（图5-29，1）。

元丰通宝　1枚。

标本M844：7-3，钱文篆书，旋读。直径2.3、穿边长0.7、厚0.1厘米（图5-29，7-3）。

元祐通宝　3枚。钱文行书，旋读。

标本M844：7-4，直径2.4、穿边长0.8、厚0.1厘米（图5-29，7-4）。

（一〇）M851

墓葬形制

位于墓地东北部，打破M852，东北面是M940，西南面为M612。方向139°（图5-30）。

长方形土坑竖穴砖椁合葬墓。墓口长1.95、宽0.88、深0.65米。直壁规整。底部垒砌长方形砖椁，长1.66、宽0.83、深0.26米。四壁均以长条形青砖平铺错缝顺砌五层。椁底无铺砖，四角各放置一块鹅卵石。墓内填黄褐色五花土，土质较疏松。

人骨2具。头向东，面向上。骨架放置凌乱，应为二次迁葬。

随葬器物无。

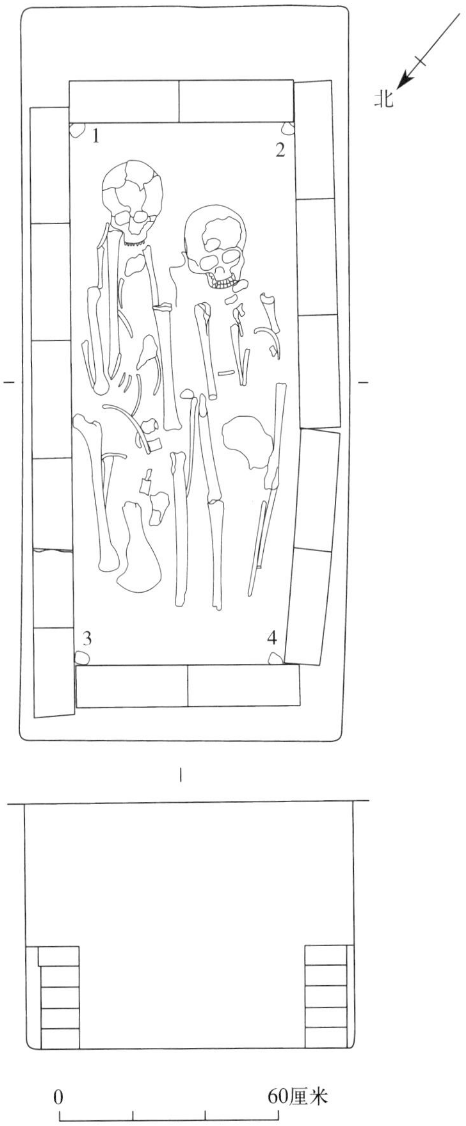

图5-30　M851平、剖面图

1～4. 鹅卵石

（一一）M940

墓葬形制

位于墓地东北部，北面是M809，西南面是M851、M852，西面为M853。方向160°（图5-31；彩版二七五，3）。

梯形土坑竖穴砖椁合葬墓。墓口长1.8、宽0.8～0.94、深0.95米。直壁略规整。砖椁距墓口0.67米，内填淤土，平面呈倒梯形，长1.64、宽0.75～0.88、深0.3米。椁室四壁均为平砖错缝顺砌五层。所用青砖杂乱，可早至汉和魏晋。椁底无铺地砖，底部不平，四角和中部各放置1块鹅卵石。墓内填黄褐色五花土，土质较疏松。

人骨 2 具。头向南，面向上，葬式不详。骨架放置凌乱，且股骨和胫骨等叠压，应为二次迁葬。东墓主男性，40 ～ 50 岁；西墓主骨骼保存一般，性别疑似女性，年龄大于 40 岁。

随葬器物无。

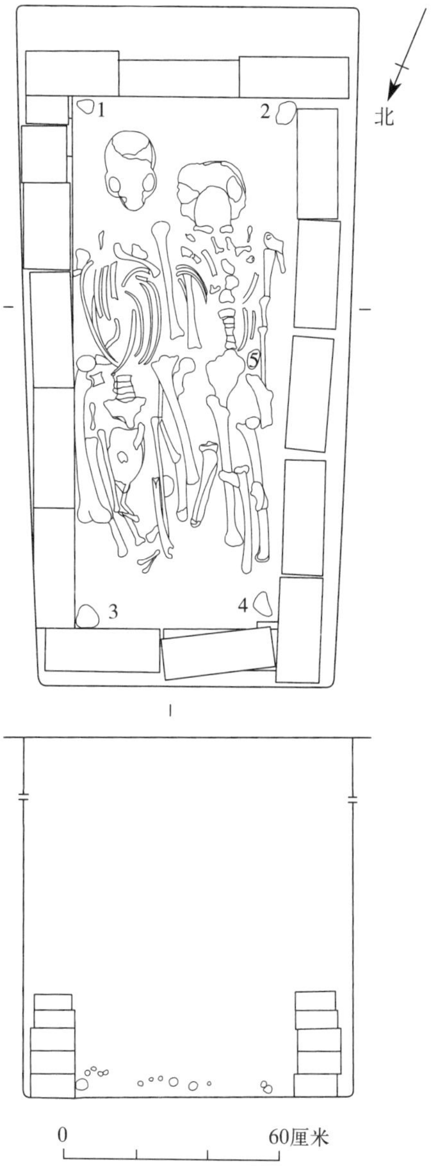

图 5-31　M940 平、剖面图
1～5. 鹅卵石

三　砖室墓

砖室墓共有 4 座。

（一）M831

1. 墓葬形制

位于墓地东北部，东北角打破 M835，西北角被 M701 打破，南面是 M832、M837，西面为 M839。方向 355°（图 5-32；彩版二七八，2）。

带墓道土坑竖穴砖室合葬墓。墓道向南，南端弧形，平面呈长条状，长 2.25、宽 1.22 ～ 1.35、深 1.05 ～ 1.6 米。底部在墓门处较平，向南斜坡状抬升后又略平缓，随后垂直向上到开口处。墓室开口长 2.7、宽 1.7、深 1.55 米。直壁规整。砖室顶部距墓口 0.15 ～ 0.55 米。墓门拱形，宽 1.4、通高 1.22 米（彩版二七九，1、2）。两侧平砖垒砌后上部券起（彩版二七九，3），高 0.47 米，中部以碎砖错落封堵，上部以平砖垒砌略高于墓室。墓室平面呈长方形，长 2.2、宽 1.5、高 0.7 米。东、西、北三壁用碎砖平铺错缝顺砌而成（彩版二七九，4）。上部以碎砖错落鳞次拱起，近券顶，从北向南渐高，长 2.35、高 0.15 ～ 0.47 米。底部平整，未铺砖。墓室、墓门所用青砖尺寸各一、形制多样，不乏绳纹和菱形纹者，均为汉唐旧物。墓室内填浅灰淤土，底部有两木棺朽痕。西侧棺长 1.74、宽 0.5 ～ 0.4、厚 0.04 米；东侧棺长 1.85、宽 0.55 ～ 0.48、厚 0.05 米。墓内填黄褐色五花土，土质较致密，内含少许陶片及酱釉碗 1 件。

人骨 2 具。头向北，仰身直肢。东侧墓主男性，45 ～ 50 岁，头骨移位至西墓主腹部西侧；西侧人骨面向上，女性，45 ～ 50 岁。

出土铜钱 3 枚放置于东侧墓主肩部。

2. 出土遗物

（1）瓷器

酱釉碗　1 件。

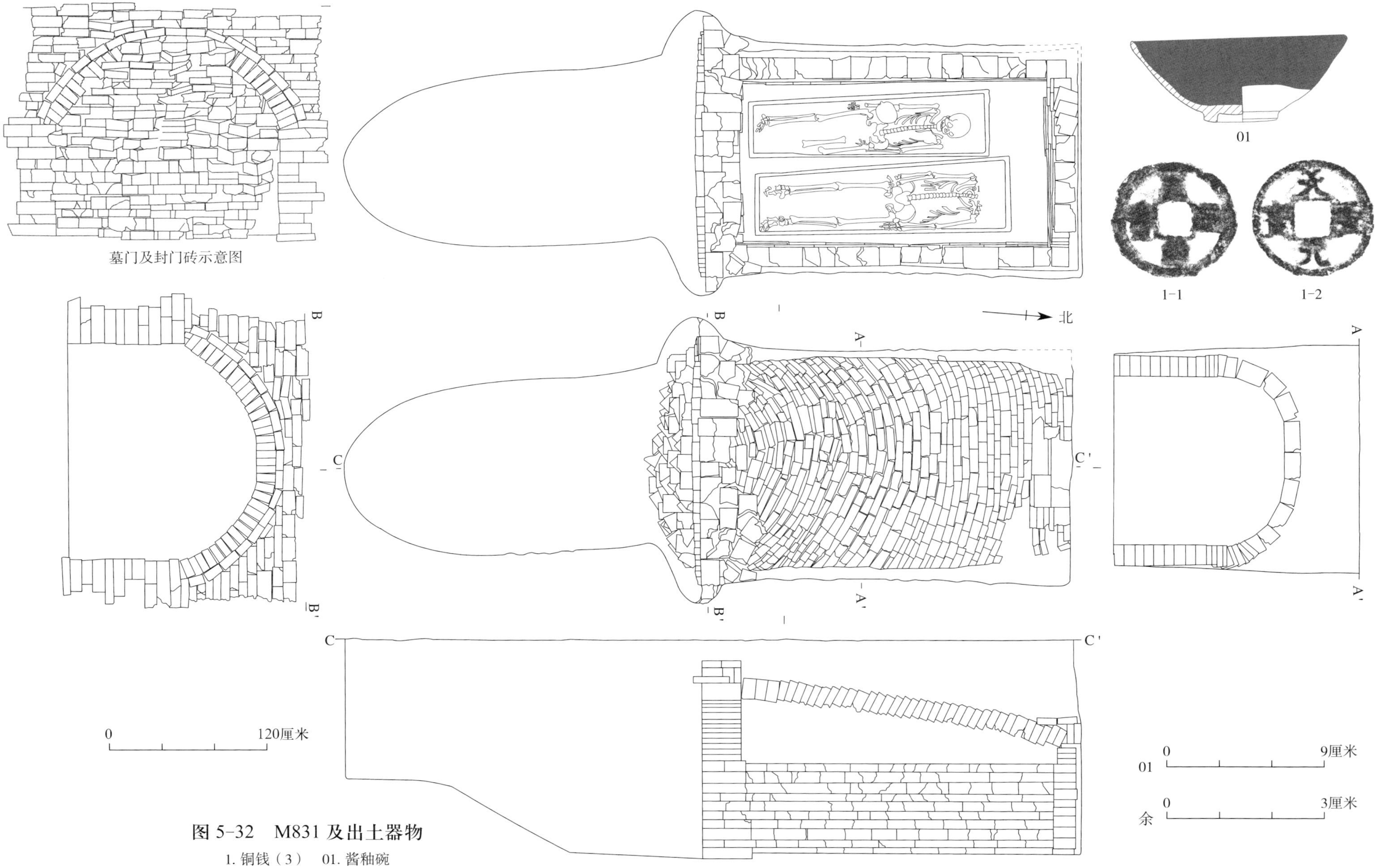

图 5-32　M831 及出土器物

1. 铜钱（3）　01. 酱釉碗

标本 M831：01，敞口微敛，圆唇，斜弧腹，圈足，足尖斜削。内外壁上部和内底施酱釉，余部为黄瓷胎。口径 12、底径 5.6、高 6.6 厘米（图 5-32，01）。

（2）铜器

铜钱　3 枚。其中 1 枚锈蚀残缺，面文不明。另 2 枚为皇宋通宝、天圣元宝，圆形方穿，正面轮郭俱全，背面有轮无郭，面文楷书，旋读。

皇宋通宝　1 枚。

标本 M831：1-1，直径 2.3、穿边长 0.6、厚 0.13 厘米（图 5-32，1-1）。

天圣元宝　1 枚。

标本 M831：1-2，直径 2.3、穿边长 0.7、厚 0.1 厘米（图 5-32，1-2）。

（二）M832

1. 墓葬形制

位于墓地东北部，西部打破 M837，北面是 M693，南面为 M719。方向 350°（图 5-33；彩版二八〇，1、2）。

带墓道土坑竖穴砖室合葬墓。墓道向南，平面略呈梯形，口部长 1.9、宽 1.0 ～ 1.15、深 1.15 米。底部近墓门处平缓，向南 0.6 米后斜坡状向上直至开口。墓室口长 2.5、宽 2.03、深 1.14 米。墓室分东、西两室。墓门拱形（彩版二八〇，3）高 1.03、宽 0.65 米，两侧平砖垒砌后上部券起，门内以碎砖错落封堵，略向外鼓起，上部以平砖垒砌近齐平于墓室顶部。墓门内正对东墓室，呈长方形，长 2.3、宽 0.85、高 0.6 米，东、西、北三壁均由碎砖平铺错缝顺砌而成，少量丁砌。顶部以碎砖错落鳞次拱起，近券顶，从北向南渐高，南端部分塌落，宽 0.9、高 0.5 米。西室平面亦呈长方形，长 2.0、宽 0.95、高 0.5 米。四壁多以碎砖平铺错缝顺砌而成，局部丁砌。东壁中部局部为侧砖修筑。顶部以碎砖错落鳞次拱起，近券顶，中部略高，宽 0.98、高 0.57 米。墓室底部均无铺地砖。两室底部均平整，未铺砖。所用青砖形制各异，不乏饰绳纹和菱形纹者，均为汉唐旧物。两室内填浅灰粉砂淤土，底部均见一木棺残痕，西棺长 1.71、宽 0.43 米，东棺长 1.7、宽 0.5 米。墓内填黄褐色五花土，土质较致密。

人骨 2 具。头向北，面向上，仰身直肢。西侧墓室人骨保存略差，性别、年龄不明。东侧墓室女性，45 ～ 55 岁。

出土器物 4 件。黑釉碗 1 件置于东侧室东南部。铜钱 3 枚散落于西侧墓主身体侧面。

2. 出土遗物

（1）瓷器

黑釉碗　1 件。

标本 M832：2，敞口微敛，圆唇，斜弧腹，圈足。内外壁上部和内底施黑釉，余部为白瓷胎。口径 12.3、底径 6、高 5.8 厘米（图 5-34，2）。

（2）铜器

铜钱　3 枚。钱文为天圣元宝和元丰通宝，旋读，圆形方穿，正面轮郭俱全，背面有轮无郭。

天圣元宝　1 枚。

标本 M832：1-1，钱文楷书。直径 2.4、穿边长 0.8、厚 0.1 厘米（图 5-34，1-1）。

元丰通宝　2 枚。

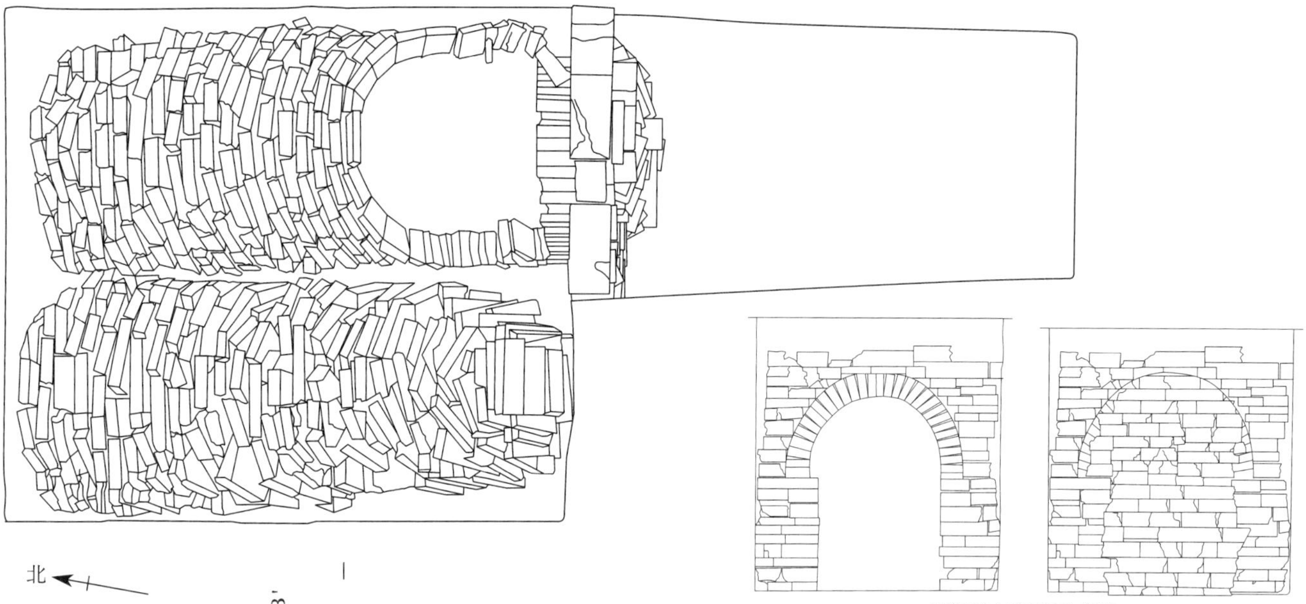

墓门及封门砖示意图

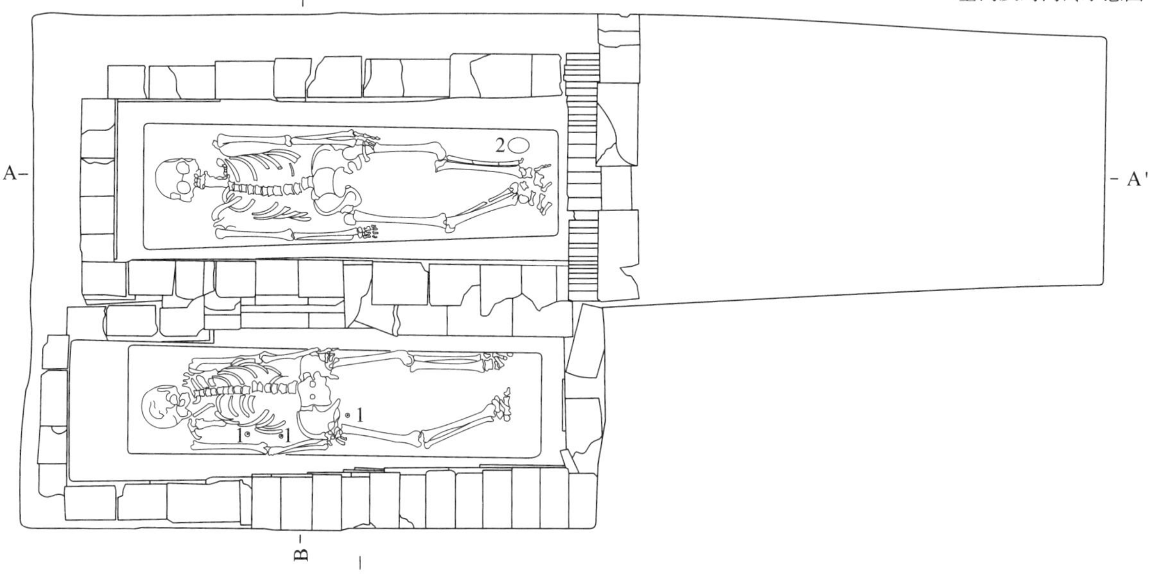

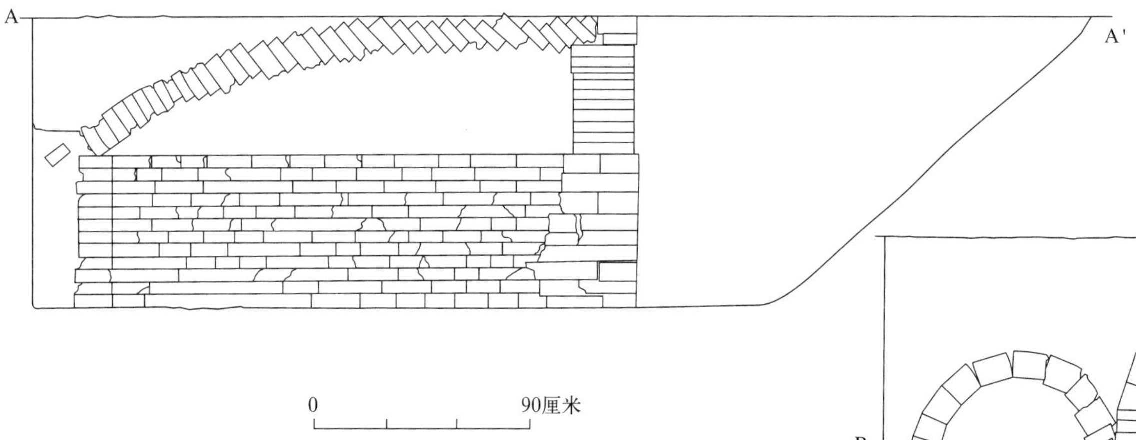

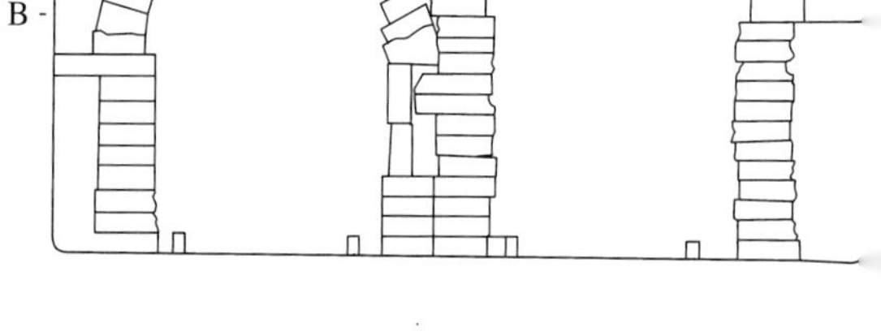

图 5-33　M832 平、剖面图

1. 铜钱（3）　2. 黑釉碗

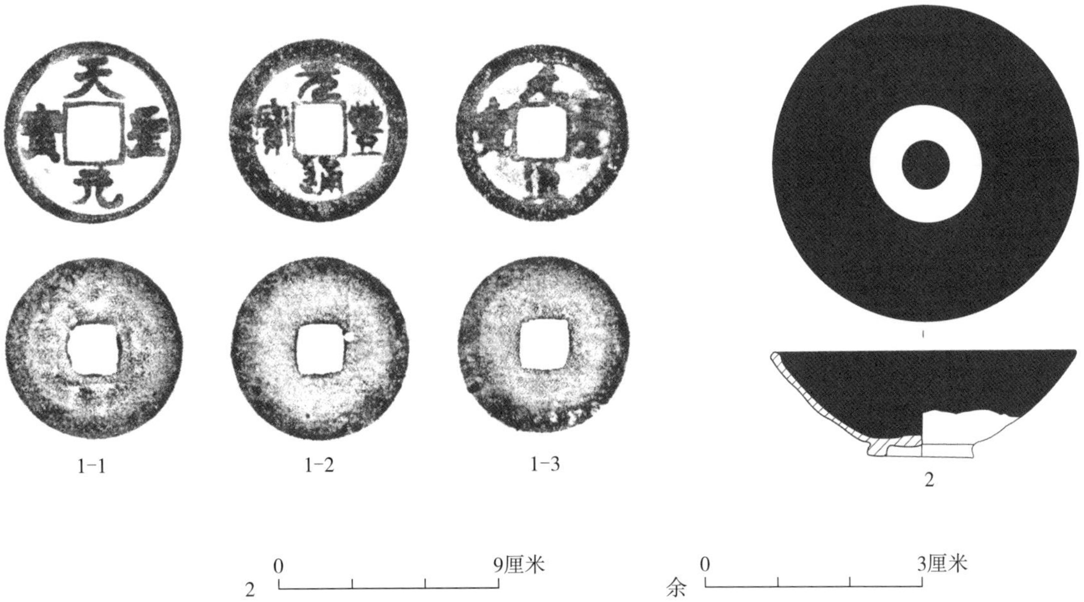

图 5-34 M832 出土器物

1-1～3. 铜钱 2. 黑釉碗

标本 M832∶1-2，面文篆书。直径 2.4、穿边长 0.7、厚 0.1 厘米（图 5-34，1-2）。

标本 M832∶1-3，面文行书。直径 2.3、穿边长 0.7、厚 0.1 厘米（图 5-34，1-3）。

（三）M842

1. 墓葬形制

位于墓地中部，北面是 M600、M747，东南面为 M845，西面是 M843。方向 0°（图 5-35；彩版二八一，1、2）。

带墓道土坑竖穴砖室合葬墓。墓口通长 6、宽 1.23 ～ 2.73、深 1.2 ～ 1.59 米。墓道向南，斜坡向下，墓门处最宽（彩版二八二，1、2），向南渐收，南端急收口外延，最南端未发掘，残长 2.6、宽 2.8 ～ 1.4、深 1.6 ～ 1.4 米。壁面较直，向下略内收，较规整。分东西两个墓室，南端各有拱形墓门。墓门底部平铺数层砖块后起拱，上部再平铺顺砌数层青砖，略高于墓室顶部。东室墓门高 0.82、宽 0.84 米；西室墓门高 0.71、宽 0.84 米。门内以碎砖错落封堵，向外鼓起。两墓室平面均呈长方形，西室长 2.3、宽 0.8 米，东室长 2.5、宽 0.9 米，高均为 0.5 米。东、西、北三壁各以碎砖平铺错缝顺砌而成。东室东壁中部略偏北有一长方形壁龛（彩版二八二，3），高和宽均 0.28、进深 0.5 米。顶部以碎砖鳞次错落拱起，近券顶，南高北低。墓底均平整，未铺砖。整个墓室所用青砖形制多样，不乏饰绳纹和菱形纹者，均为汉唐旧物，其中一块青砖上见有“訾水亭”三字。墓内填黄褐色花土，有少量的灰陶片。

人骨 2 具。头向北，仰身直肢。东侧人骨面向右，男性，40 岁左右。西侧墓主面向上，女性，35 ～ 45 岁。

出土器物 9 件。酱釉碗 1 件平放于东室底部西南角。陶买地券 1 件，嵌于东室壁龛内。陶瓦 1 件，放在西侧人骨胸部。铜钱 6 枚，出土位置不明。

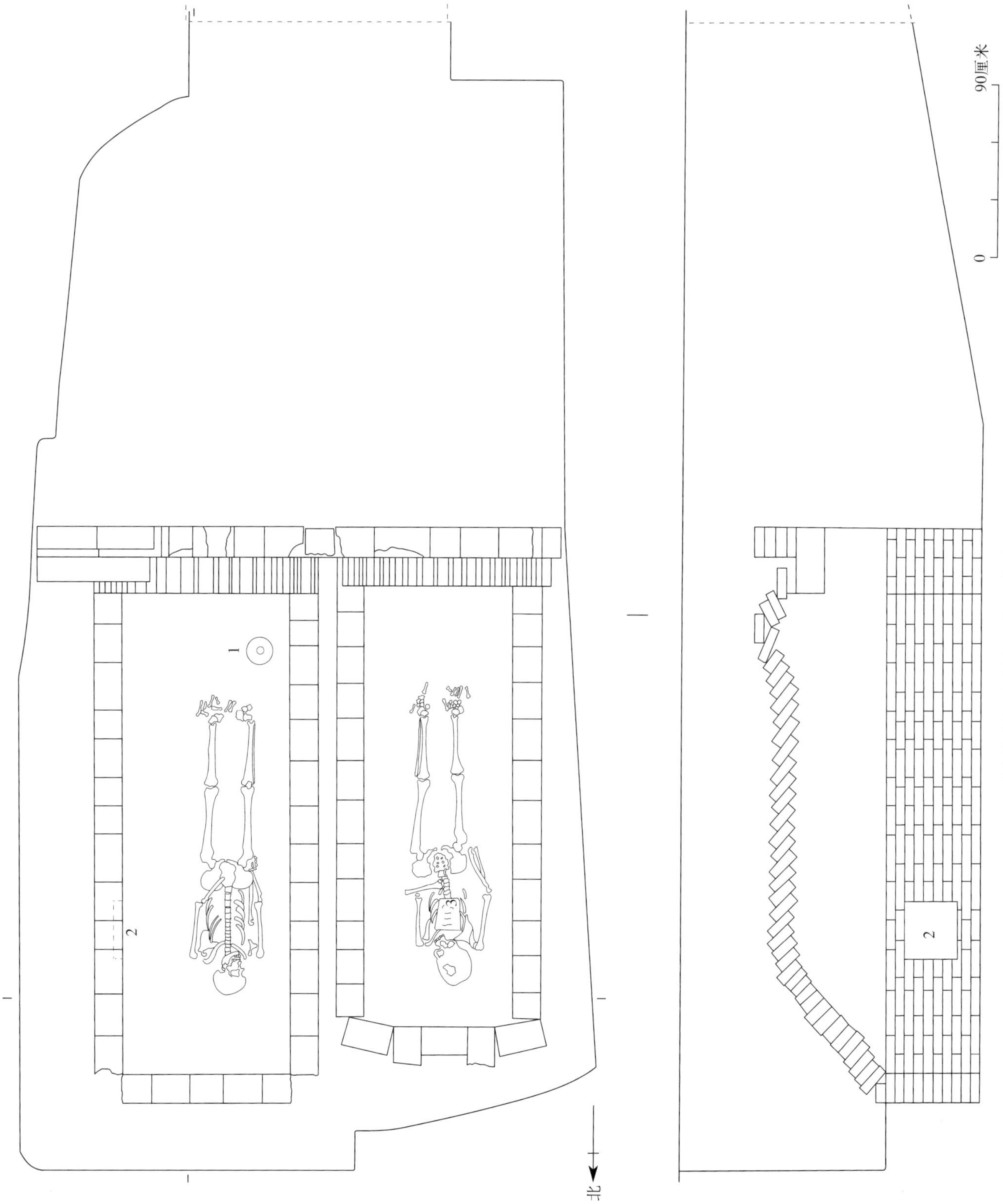

图5-35 M842平、剖面图
1. 酱釉碗 2. 陶买地券 3. 陶瓦

2. 出土遗物

（1）陶器

陶瓦　1件。

标本M842：3，板瓦，泥质灰陶。一端宽，另一端窄。瓦背拱起，上绘红色符箓。长16.6、宽15、高4厘米（图5-36，3）。

陶买地券　1件。

标本M842：2，泥质灰陶。正方形，素面，未见文字痕迹。边长28、厚约5厘米。

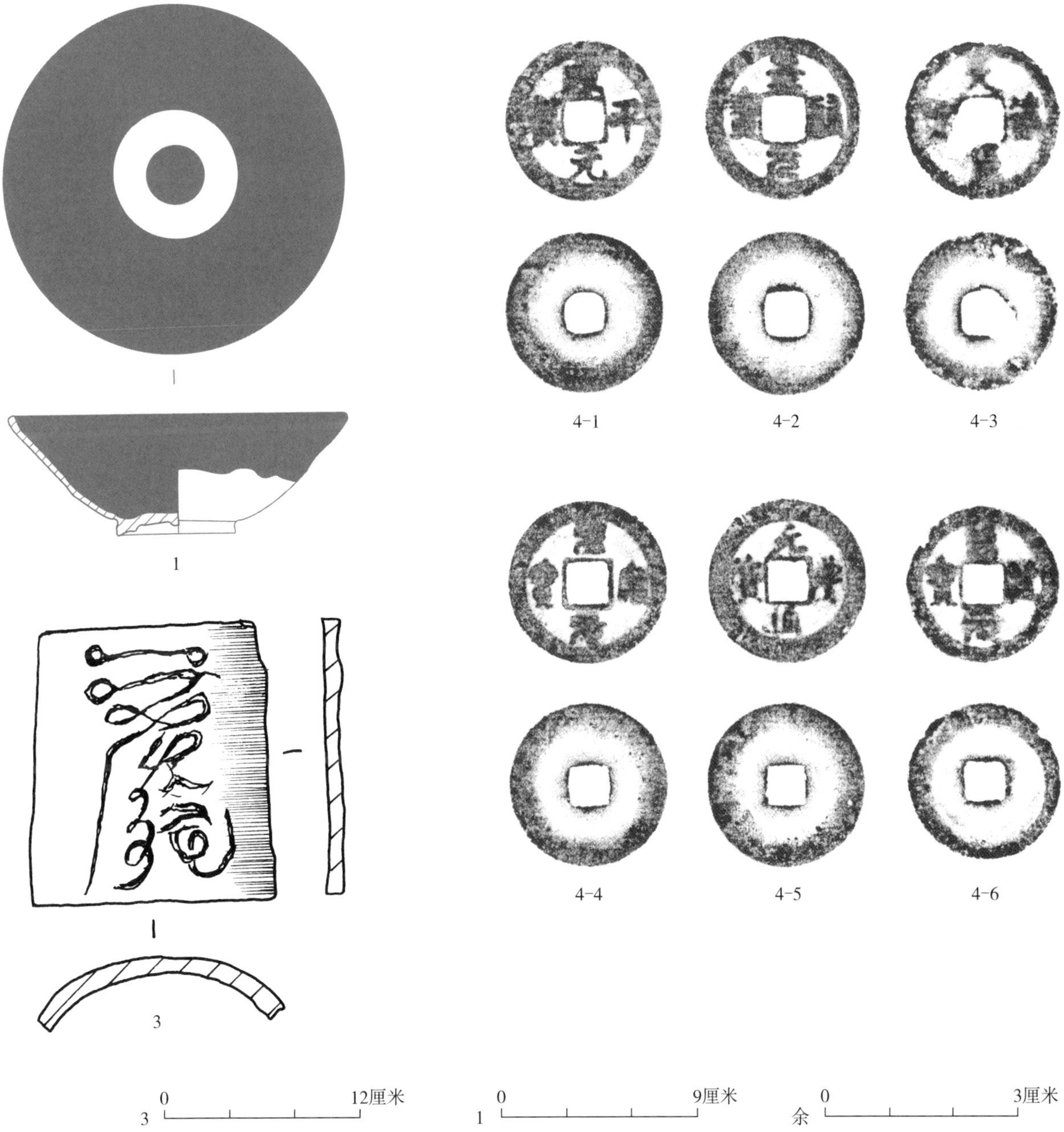

图5-36　M842出土器物

1. 酱釉碗　3. 陶瓦　4-1～6. 铜钱

（2）瓷器

酱釉碗　1件。

标本M842∶1，敞口微敛，圆唇，斜弧腹，圈足。内外壁上部和内底施酱黑釉，余部为白瓷胎。口径15.6、底径5.5、高5.4厘米（图5-36，1）。

（3）铜器

铜钱　6枚。面文分别为咸平元宝、天禧通宝、圣宋元宝、景祐元宝、元丰通宝、绍圣元宝，均旋读。圆形方穿，正面轮郭俱全，背面有轮无郭。

咸平元宝　1枚。

标本M842∶4-1，钱文楷书。直径2.4、穿边长0.7、厚0.09厘米（图5-36，4-1）。

天禧通宝　1枚。

标本M842∶4-3，钱文楷书。直径2.4、穿边长0.7、厚0.1厘米（图5-36，4-3）。

圣宋元宝　1枚。

标本M842∶4-4，钱文篆书。直径2.4、穿边长0.7、厚0.1厘米（图5-36，4-4）。

景祐元宝　1枚。

标本M842∶4-2，钱文篆书。直径2.4、穿边长0.8、厚0.08厘米（图5-36，4-2）。

元丰通宝　1枚。

标本M842∶4-5，钱文行书。直径2.4、穿边长0.7、厚0.1厘米（图5-36，4-5）。

绍圣元宝　1枚。

标本M842∶4-6，钱文篆书。直径2.3、穿边长0.6、厚0.1厘米（图5-36，4-6）。

（四）M861

1. 墓葬形制

位于墓地东北部，东北部打破M864，东面是M939，西南面为M692。方向15°（图5-37；彩版二八三，1）。

带墓道土坑竖穴砖室墓。直壁规整。墓道向南，长1.3、宽1.14～1.5、深1.1～1.45米。近墓门处较宽，向南略延伸后内折变窄，再向外略内收，底部由墓门处平缓向南，至墓道口处直壁向上直至开口。墓室南端为墓门（彩版二八三，2），两侧以青砖顺丁错缝平铺数层，上以丁砖起拱（彩版二八三，3），外封嵌以丁砖和平砖。墓门内以平砖错落封堵，向外鼓起。墓门内为长方形砖室，长2.1、宽1.35、深2.15米。东、西、北三壁以青砖平铺错缝顺砌而成，上部以碎砖丁砌内收起券，顶部已坍塌（彩版二八四，1、2）。墓底平整，以碎砖错落平铺。墓室底部铺有草木灰，厚约0.15米，上有两木棺痕迹，东侧长1.85、宽0.5米，西侧长1.87、宽0.4～0.47米。墓内填黄褐色五花土，土质较致密。

人骨2具。头向东，面向上，仰身直肢。东侧墓主男性，年龄50～60岁。西侧人骨女性，50～60岁。

出土器物12件。酱釉碗、铜簪各1件，分别位于西侧墓主左肩处和头骨上方。铜钱10枚，置于东侧人骨左脚处。

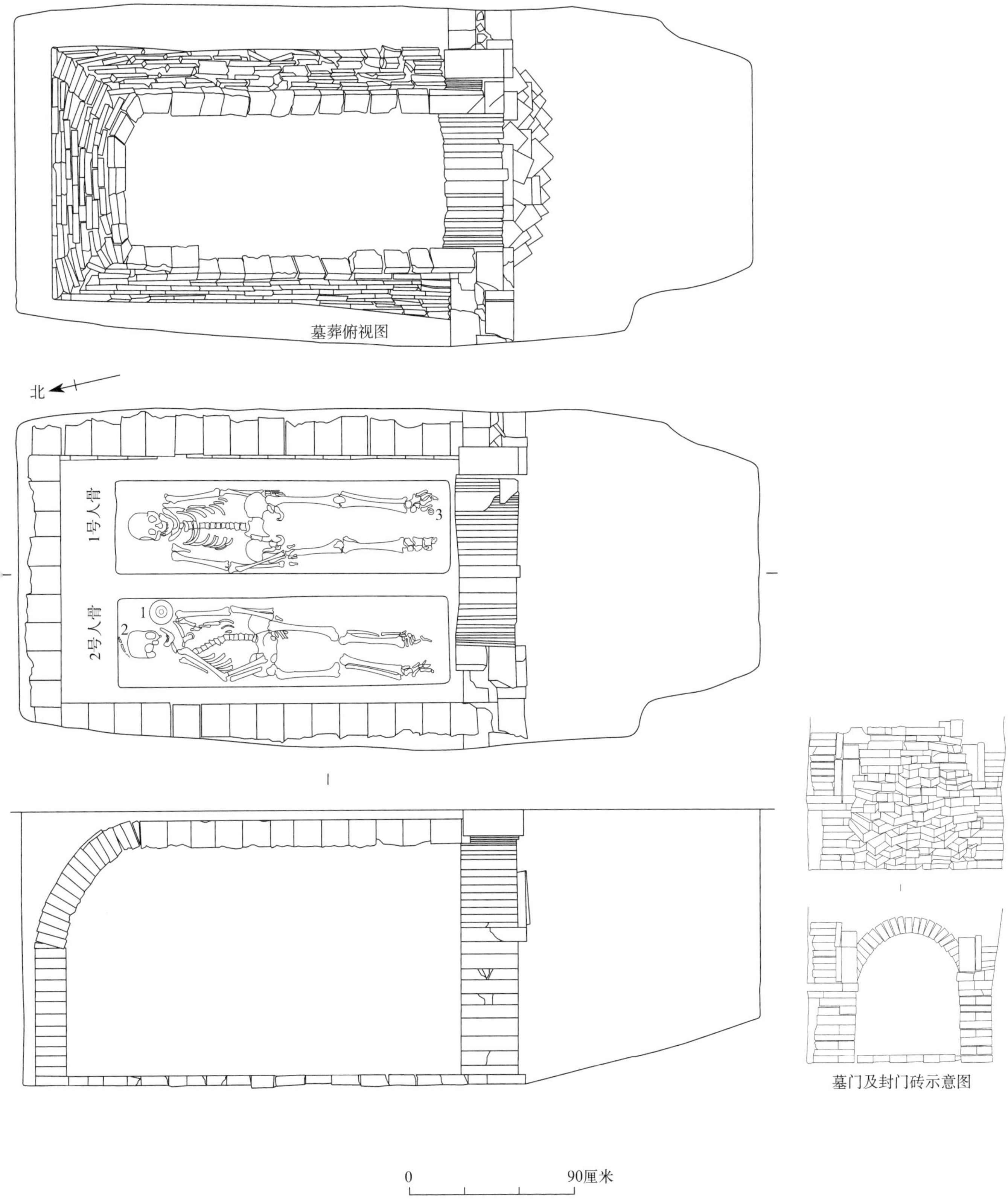

图 5-37　M861 平、剖面图

1. 酱釉碗　2. 铜簪　3. 铜钱（10）

2. 出土遗物

（1）瓷器

酱釉碗　1件。

标本M861∶1，敞口，圆唇，斜弧腹，近底急收，圈足。内外壁上部和内底施酱釉，余部为白瓷胎。口径15.6、高5.2厘米（图5-38，1）。

（2）铜器

铜簪　1件。

标本M861∶2，长条形。首端圆钝，尾端残。横截面呈椭圆形。素面。残长9.9厘米。

铜钱　10枚。为至道元宝、天禧通宝、元祐通宝、治平元宝、熙宁元宝、元丰通宝、绍圣通宝、政和通宝、天圣元宝。圆形方穿，正面轮郭俱全，背面有轮无郭。

至道元宝　1枚。

标本M861∶3-1，钱文行书，旋读。直径2.4、穿边长0.6、厚0.1厘米（图5-38，3-1）。

天禧通宝　1枚。

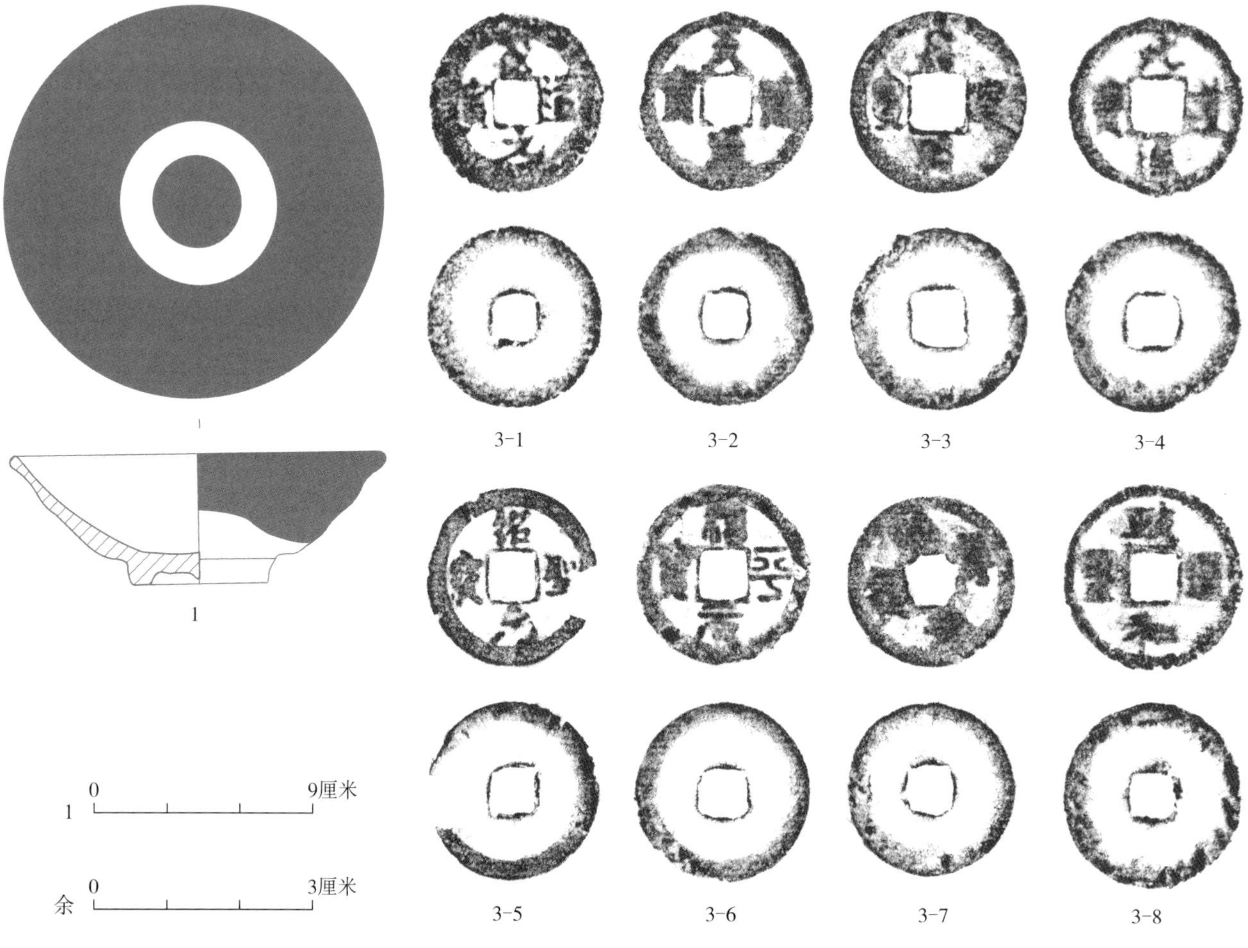

图5-38　M861出土器物

1. 酱釉碗　3-1～8. 铜钱

标本 M861：3-2，钱文楷书，旋读。直径 2.4、穿边长 0.7、厚 0.1 厘米（图 5-38，3-2）。

嘉祐通宝　1 枚。

标本 M861：3-3，钱文楷书，对读。直径 2.4、穿边长 0.8、厚 0.1 厘米（图 5-38，3-3）。

治平元宝　1 枚。

标本 M861：3-6，钱文篆书，旋读。直径 2.4、穿边长 0.7、厚 0.1 厘米（图 5-38，3-6）。

熙宁元宝　1 枚。

标本 M861：3-7，钱文楷书，旋读。直径 2.3、穿边长 0.7、厚 0.1 厘米（图 5-38，3-7）。

元丰通宝　2 枚。钱文行书，旋读。

标本 M861：3-4，直径 2.4、穿边长 0.7、厚 0.1 厘米（图 5-38，3-4）。

绍圣元宝　1 枚。

标本 M861：3-5，钱文行书，旋读。直径 2.4、穿边长 0.7、厚 0.1 厘米（图 5-38，3-5）。

政和通宝　1 枚。

标本 M861：3-8，钱文楷书，对读。直径 2.5、穿边长 0.7、厚 0.14 厘米（图 5-38，3-8）。

天圣元宝　1 枚。锈蚀严重，残破。

四　浇浆墓

浇浆墓有 2 座。

此类墓葬系先挖土坑，以石灰三合土浇浆，制成椁室，内置木棺，再以浇浆封顶。两座墓葬相距不远，可能为同一家族墓，但两墓结构又有不同。

（一）M949

1. 墓葬形制

位于墓地中部最北面，东南面是 M544，西北面为 M948。方向 131°（图 5-39；彩版二八五，1、2）。

长方形土坑竖穴浇浆合葬墓。墓口长 3.6、宽 3.2、深 3.68 米。墓室东、西两壁各有浅壁龛。椁室距墓口约 2.8 米，近方形，长 2.52、宽 2.48、深约 0.72 米。墓室分三次修建，先修南侧两椁室，系以石灰三合土浇浆制成，两室南壁各有两透窗。上浇浆封顶。两椁室均长方形，南椁室长 2.06、宽 0.62 ～ 0.66、壁厚 0.1 米；其北椁室长 2.06、宽 0.62 ～ 0.72、壁厚 0.1 米。在两椁室北部又二次浇筑一椁室，长 1.96、宽 0.64 ～ 0.76、壁厚 0.1 米。椁顶整体修筑呈庑殿顶式，背面见有竹席痕迹，推测为封闭椁室时先以竹席封顶，在其上再以三合土筑顶。椁底均为灰沙，厚 0.03 米。在三椁室北面又挖一土坑放置木棺，长 1.74、宽 0.46 ～ 0.5、厚 0.02 米（彩版二八六，1）。其上浇筑一层砂浆，呈长方形，长 2.56、宽 0.88、厚 0.13 米。墓内填黄褐色五花土，土质较疏松，内夹少量灰砂碎块。填土中发现铜钱 7 枚。

人骨 4 具。均头向东，面向上，仰身直肢。最南侧人骨女性，50 ～ 60 岁。其北侧人骨男性，50 ～ 60 岁。再北人骨保存女性，50 ～ 60 岁。最北端人骨女性，50 ～ 60 岁。

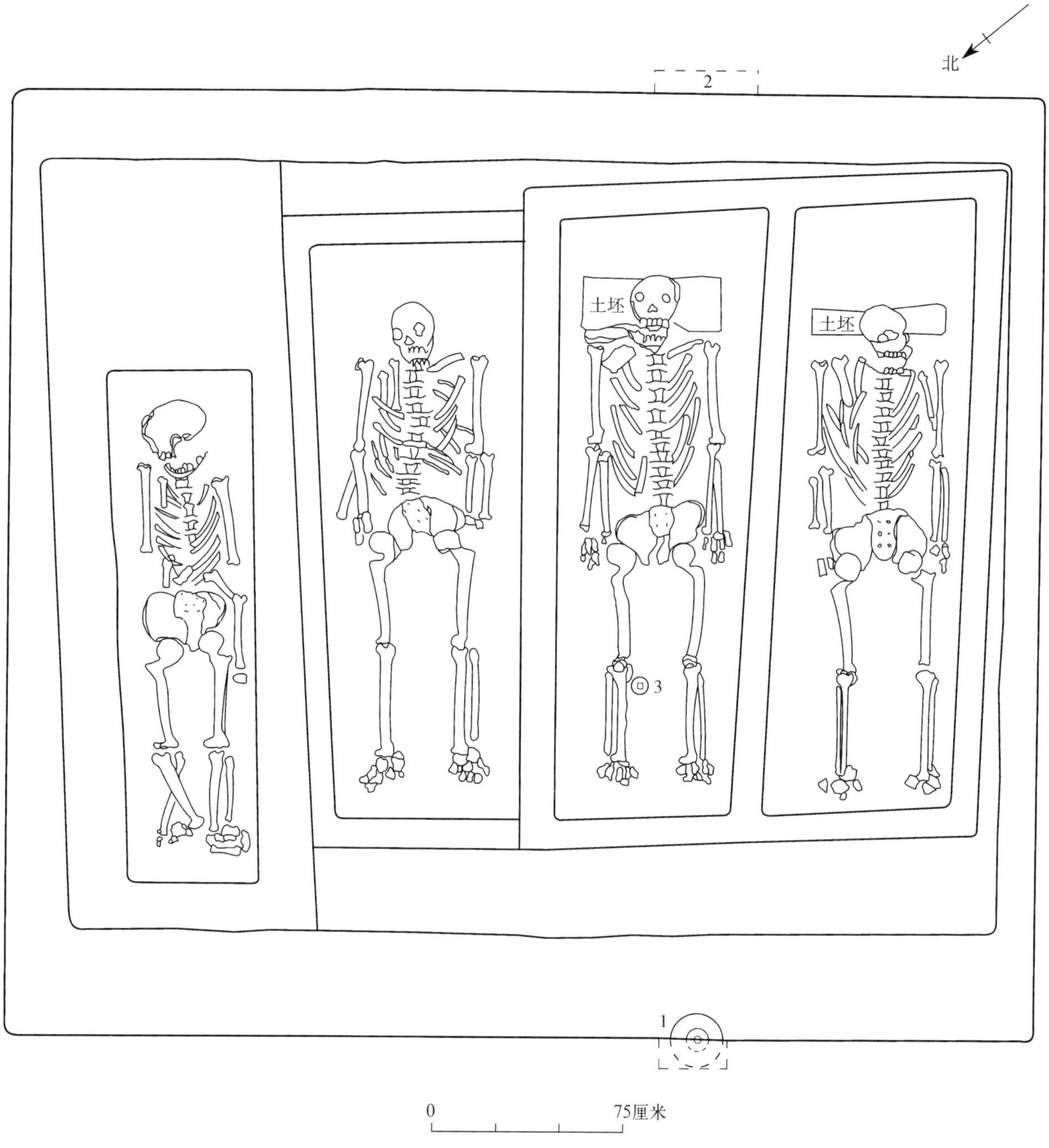

图 5-39　M949 平面图

1. 酱釉碗　2. 陶买地券　3. 铜钱（4）

出土器物 13 件。酱釉碗 1 件平放于墓室上方西侧，一半进入西壁龛内。陶买地券 1 件嵌立于东壁龛内（彩版二八五，3）。铜钱 4 枚，位于南第二室墓主下肢骨处。另外南侧两墓主头下各有一长方形土坯。

2. 出土遗物

（1）陶器

陶买地券　1 件。

标本 M949∶2，泥质灰陶。正方形，文字丹书。直径 37、厚 7 厘米（彩版二八五，4）。释文如下：

嘉靖二十八年四月二十二日立

代保人：时直胜光之神

日直传送之神

月直从魁之神

年直神后之神

右给付显考傅逵执照

后土阴君之神　一本给付墓中亡人傅逵，收把付身永为照，用须至券者。

券立二本，一本奉。

故契邪神，不得干扰。先有为者，永避万里。地府主使，自当其咎。吾帝使者，女清律令。

缚付直符。今以酒脯丝帛致拱（供），为墓契。各已分付。工匠修茔，安以后子孙，永吉也。

墓伯，封界畔。道路将军，齐整阡陌。致使千秋百载，永无殃咎。若有干犯，并令山川神。其。

入壬丙穴，四兽捧穴俱全。东至青龙，西至白虎，南至朱雀，北至玄武。内方勾陈，四域丘承（丞）。

九百文买到墓地一亩一分，南北长一十五步，东西阔一十步，计积二十五步。东西入甲庚穴，南北。

水出巽方。夹带丙山龙脉，此水来去潮迎。地属西南阁之原，堪为茔兆。已备银钱九千。

不遑所厝。择今日者卜此冢，坤方迁立茔兆，巽山发龙过脉，巳山为主贪狼星来潮。

信乡礼义社人孝子傅世勋等，伏奄逝父亲傅逵，改卜创立茔兆一所，夙夜忧思。

维嘉靖二十八年岁次己酉四月庚子朔越念二日辛酉，莱州府平度州昌邑县居。

（2）瓷器

酱釉碗　1 件。

标本 M949∶1，敞口微敛，圆唇，斜弧腹，近底急收，圈足。内外壁上部和内底施酱釉，余部为白瓷胎。口径 16.4、高 5.9 厘米（图 5-40，1）。

（3）铜器

铜钱　11 枚。为淳化元宝、天圣元宝、景祐元宝、皇宋通宝、熙宁元宝、元丰通宝、元祐通宝、圣宋元宝。圆形方穿，正面轮郭俱全，背面有轮无郭。

淳化元宝　1 枚。

标本 M949∶3-1，钱文行书，旋读。直径 2.4、穿边长 0.7、厚 0.1 厘米（图 5-40，3-1）。

天圣元宝　1 枚。锈蚀严重，残。

景祐元宝　1 枚。

标本 M949∶02-2，钱文楷书，旋读，字迹不清。直径 2.4、穿边长 0.7、厚 0.13 厘米。

皇宋通宝　2 枚。钱文楷书，对读。

标本 M949∶01-1，直径 2.4、穿边长 0.7、厚 0.1 厘米（图 5-40，01-1）。

熙宁元宝　3 枚。钱文楷书，旋读。其中 1 枚锈蚀严重，残。

标本 M949∶01-2，直径 2.3、穿边长 0.7、厚 0.1 厘米（图 5-40，01-2）。

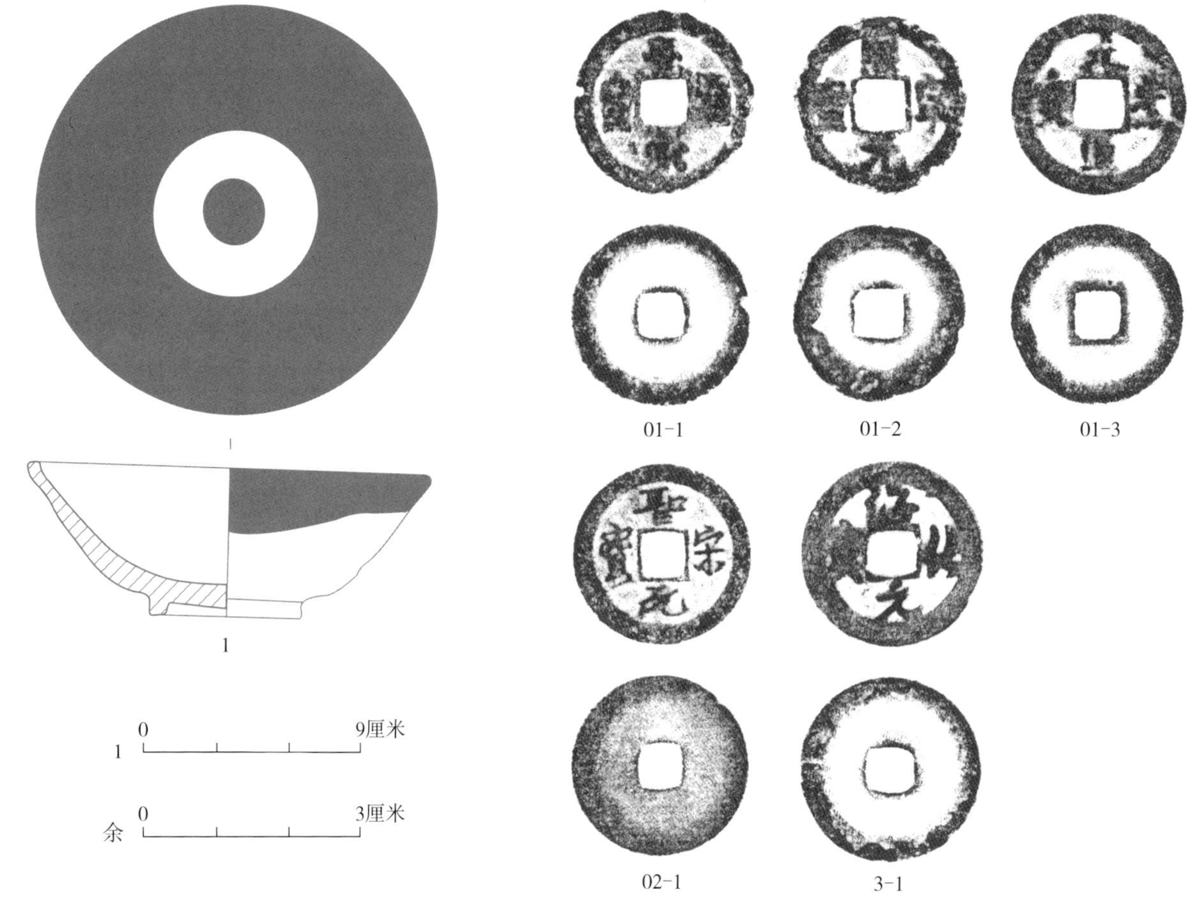

图 5-40　M949 出土器物

1. 酱釉碗　3-1、01-1～3、02-1. 铜钱

元丰通宝　1 枚。

标本 M949 : 01-3，钱文行书，旋读。直径 2.4、穿边长 0.7、厚 0.14 厘米（图 5-40，01-3）。

元祐通宝　1 枚。锈蚀严重，残。

圣宋元宝　1 枚。

标本 M949 : 02-1，钱文行书，旋读。直径 2.4、穿边长 0.7、厚 0.1 厘米（图 5-40，02-1）。

（二）M950

1. 墓葬形制

位于墓地中部，东北面是 M948，西南面为 M448，西北面为 M951。方向 112°（图 5-41；彩版二八六，2）。

长方形土坑竖穴浇浆合葬墓。墓口长 3.5、宽 2.8、深 2.5 米。椁室距墓口 1.9 米，系由三合土浇浆筑成。平面梯形，长 2.44、宽 1.64 ～ 1.98 米，壁厚约 0.15、底厚 0.04 米。椁盖已遭破坏。墓内填黄褐色五花土，土质较疏松。填土中发现 4 枚铜钱。

人骨 2 具。均头向东，仰身直肢。北侧人骨面向右，男性，年龄 45 ～ 50 岁。南侧人骨面向左，

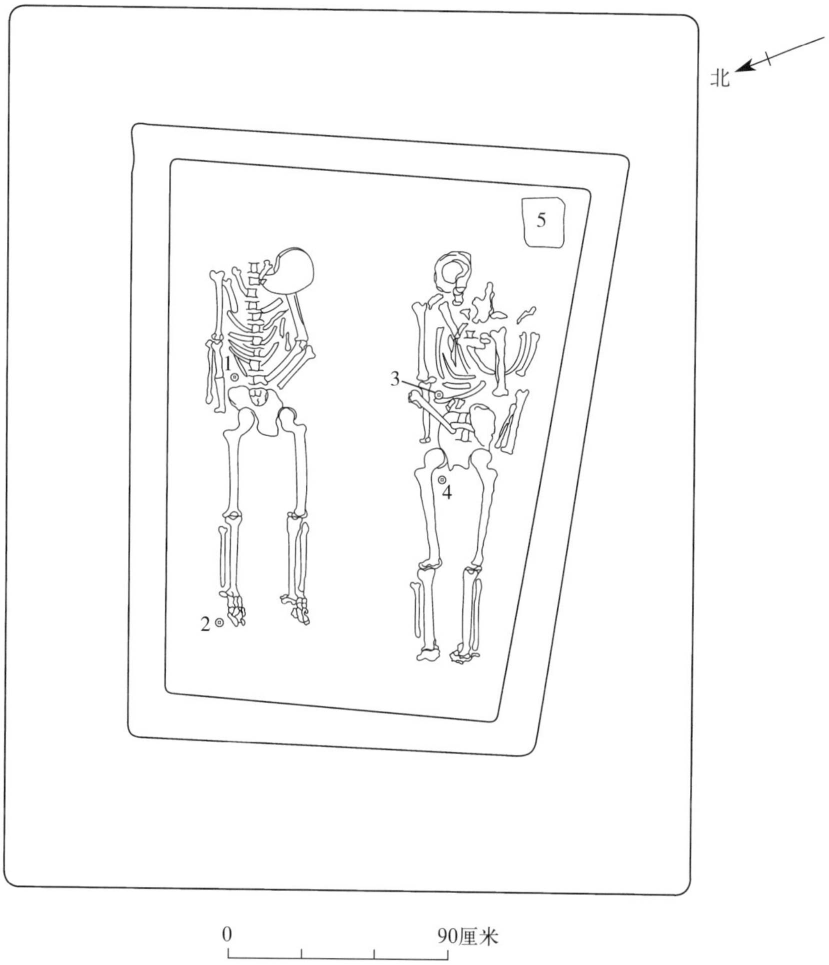

图 5-41　M950 平面图

1～4. 铜钱　5. 陶瓦

女性，年龄大于 60 岁。

出土器物 5 件。陶瓦 1 件放置在椁内东南角。铜钱 4 枚分别散落于两人骨旁。

2. 出土遗物

（1）陶器

陶瓦　1 件。

标本 M950∶5，板瓦，泥质灰陶。上窄下宽，瓦背拱起，上绘红色符箓，脱落不清。长 23.4、宽 18.4 ～ 19.9 厘米（图 5-42，5）。

（2）铜器

铜钱　8 枚。可识者有治平元宝、元丰通宝、元祐通宝。圆形方穿，正面轮郭俱全，背面有轮无郭。

治平元宝　1 枚。

标本 M950∶1，钱文楷书，旋读。直径 2.4、穿边长 0.7、厚 0.13 厘米（图 5-42，1）。

元丰通宝　2 枚。钱文篆书，旋读。

标本 M950∶01-1，直径 2.4、穿边长 0.8、厚 0.12 厘米（图 5-42，01-1）。

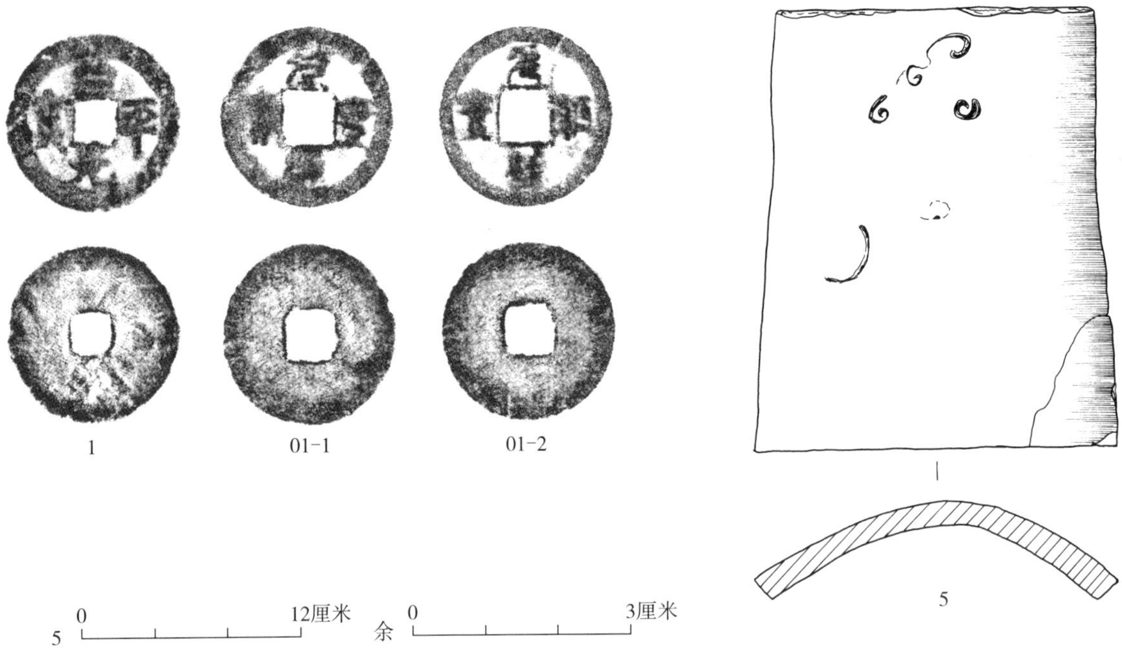

图 5-42 M950 出土器物

1、01-1、2. 铜钱 5. 陶瓦

元祐通宝 2 枚。钱文篆书，旋读。

标本 M950：01-2，直径 2.4、穿边长 0.8、厚 0.13 厘米（图 5-42，01-2）。

另有 3 枚锈蚀严重，钱文无法辨认。

第三节 小结

（一）年代分析

明代墓葬出土器物不多，但仍可通过墓葬结构和葬俗等对其年代进行大致的推定。

砖椁墓和砖室墓所用青砖均多为前朝旧物，属于二次利用。系此批砖结构墓葬的最大特点。青砖多为残块，不乏带有绳纹、菱形纹等纹饰者，与本墓地汉代墓葬用青砖相符。而墓顶以青砖鳞次拱起近似券顶状，是此地明代墓葬构建的特点之一。浇浆墓最早出现于元代，清初后逐渐消失不见，明代也是此类墓葬结构的兴盛时期。

出土器物共 226 件，主要有瓷碗、瓷罐、陶瓦和铜钱等。其中，2 块带纪年买地券的发现，为墓葬绝对年代的判断提供了十分重要的依据。

M698 出土买地券纪年为“正德十五年”（1520 年），为明代中期阶段，则与之结构、葬俗等相近之 M851、M940 时代亦当不远。M949 出土买地券纪年为“嘉靖二十八年”（1549 年），亦属于明代中期阶段。

1. 瓷碗

24 件，整体特征较明显，口部略内敛。弧腹，近底急收。由早到晚敛口渐不明显，腹部弧度也渐小。瓷质均较粗糙，胎泛黄，多施黑釉或酱色釉。如 M949 出土瓷碗，可根据买地券纪年推断为明代中期。标本 M351：1，与淄博周村汇龙湖明墓 A 型瓷碗[1]和临淄车站村明代墓[2]出土瓷大碗相近，时代约当于明代中后期阶段。另有 2 件形态略殊，工艺和瓷质亦不同。标本 M514：2，烧制较精致，整体较小，白瓷。敞口，外侈。标本 M23：2，体形略大，瓷质亦稍粗糙，胎泛黄。敞口，外侈。外壁阴刻竖排条纹和水波纹。除内底有涩圈无釉外，通体施黑釉。其与临淄车站村明代晚期墓 M30 出土瓷小碗[3]形制相近、纹饰相同，时代亦当不远。

2. 瓷罐

6 件，均为四系罐，直口微敛，矮圈足，多施酱色或黑色釉，整体特征亦与其他地区明代墓葬出土瓷罐相近。如标本 M789：1 与淄博周村汇龙湖明墓[4] Ⅱ式四系罐、招远磁口墓地[5]明代晚期 A 型瓷罐和阳谷马庙明墓 B 型瓷罐[6]均较相似。而标本 M786：1 则与临淄车站村明代墓 C 型、D 型瓷小四系罐[7]相近，时代当为明代中晚期。

3. 铜钱

铜钱数量较多，共计有 167 枚，其中 147 枚为北宋钱币，整体来说对墓葬分期断代意义不大，但仍有 13 枚为明代钱币，其中万历通宝 11 枚，崇祯通宝 2 枚，时代均为明代晚期。

综上所属，此批墓葬时代约当明代中晚期阶段，部分可能晚至清初。

（二）葬俗特点

这批墓葬虽然数量不多，但其特殊形制和随葬器物还是展现出了当时此地独特的丧葬习俗。

墓葬形制除土坑墓外，还有砖椁墓、砖室墓和浇浆墓三类。砖椁墓为以碎砖块错缝垒砌四壁，一般十一～十五层，平面多呈倒梯形，与木棺形状相近。大多长 2 ～ 3、宽 0.5 ～ 1.2、高 0.5 ～ 0.7 米，仅 M698、M851、M940 三座墓葬整体略短，椁室长度在 1.64 ～ 1.75 米，其内人骨均为迁葬。墓底均不铺砖。墓顶多坍塌破坏严重，仅 M698 保存完好，系以青砖券起，顶部略呈拱形，至脚端渐高。随葬品多放置在头端，少量脚端，铜钱散落于棺内。砖室墓整体垒砌方式等与砖椁墓相似，但在墓室一端带有墓道和墓门。墓道均向南，长度在 1.3 ～ 2.6 米。墓门均以青砖券起，内以碎砖鳞次封堵，向门外隆起。浇浆墓仅 2 座，其中 M949 浇筑椁壁较厚，致密坚硬，而 M950 浇筑质量则较差，且椁

[1] 南开大学考古学与博物馆学系、淄博市文物事业管理局、周村区文物管理所：《山东淄博周村汇龙湖明代墓地发掘简报》，《中国国家博物馆馆刊》2015年第2期。

[2] 临淄区文物管理局：《淄博市临淄区车站村明代墓发掘简报》，《海岱考古（第十二辑）》，科学出版社，2019年。

[3] 临淄区文物管理局：《淄博市临淄区车站村明代墓发掘简报》，《海岱考古（第十二辑）》，科学出版社，2019年。

[4] 南开大学考古学与博物馆学系、淄博市文物事业管理局、周村区文物管理所：《山东淄博周村汇龙湖明代墓地发掘简报》，《中国国家博物馆馆刊》2015年第2期。

[5] 山东省文物考古研究院、招远市文物管理所：《山东招远市磁口墓地》，《胶东调水考古报告集》，科学出版社，2020年。

[6] 山东省文物考古研究所：《山东省阳谷县马庙元明墓地发掘简报》，《华夏考古》1998年第3期。

[7] 临淄区文物管理局：《淄博市临淄区车站村明代墓发掘简报》，《海岱考古（第十二辑）》，科学出版社，2019年。

顶可能较薄，发掘时已坍塌。根据对M949进行发掘清理情况来看，系先以灰沙三合土浇筑出椁室四壁，下棺后又在其上浇筑出墓顶，其后二次合葬在其侧加筑椁室，构筑方式相同。

出土器物中，绝大多数为铜钱，除部分在填土中（可能扰动）或位置不明外，基本发现于棺内墓主身下，推测为入殓时撒于棺内。大多数墓葬亦出土有瓷碗，多见于墓主头端，少量在一侧、脚端或壁龛内，当为下葬后放置在棺外。约三分之一墓葬出土陶瓦，多带红彩符箓，均位于墓主头端，当为下葬时放置棺上做镇墓之用。少量出土有瓷罐，多位于墓主头端，较少脚端或填土中。三件买地券均出土于壁龛内，两件位于墓主头端，一件在砖室墓侧壁内。另还有少量墓葬出土有铜簪、铜扣、琉璃扣、铜套玉环和骨簪等。

这些墓葬中，大多数为多人合葬墓，双人为主，少量三人和四人。且多数合葬墓为夫妻同穴异室合葬，即椁室分双室或三室等，各自安置棺木，土坑墓亦有在土圹内分别下挖竖穴以各自下棺者。少量同室合葬，且其内人骨多迁葬。墓主头向南和北者较多，少量向东，仅一例向西，当反映了家族差异。

第六章　清代墓葬

第一节　概述

共117座。除一座带墓道外，其余均为土坑竖穴墓，规模较小。墓口一般长1.9～2.6、宽0.4～1.6、深0.2～1.4米。最小者为M86，长仅1.3、宽0.3～0.4、深0.5米。墓室面积最大者为M195，长4.48、宽4.24、深2.0米。墓内填黄褐色或浅灰褐色五花土，多数土质较疏松，包含少量碎陶片等。均未经夯打。

（一）墓葬形制

根据葬具等形制，可分为土坑墓、砖椁墓和浇浆墓两种。墓内多有倒梯形或长方形木棺。

1. 土坑墓

70座。平面多倒梯形，部分长方形。大多为平地下挖土圹下葬木棺，少数有生土二层台。多为单人葬，部分相近者可能是并穴合葬，另有12座为双人同穴合葬。

2. 砖椁墓

45座。先下挖土坑，倒梯形居多，少数长方形，在其内以青砖构建椁室，均为倒梯形。四壁以青砖错缝顺砌而成，部分头端和侧面各有头龛和壁龛。保存较好者有券形墓顶，部分在顶部又加抹一层石灰。所用青砖多较规整，烧制火候亦较高。多为单人椁室，也有少量墓葬为双人合葬，但均双室分别放置，当为二次合葬。

3. 浇浆墓

2座。系下挖土坑后，为以三合土浇筑椁室或墓室。M792为浇筑椁室，壁面整体较薄，椁室内放置双棺。而M923带墓道，除浇筑单室外，近墓道处还浇筑有模仿木斗拱结构墓门。

（二）随葬器物

出土器物近八百件，其中近五分之三为铜钱和铜扣，基本发现于棺内人骨各处。其余主要有瓷器和陶器。瓷器主要有碗和罐，多分别放于壁龛和头龛内，或者置于墓主一侧和头端。还有少量瓷壶和瓷灯盏。陶器均为瓦，多为板瓦，少量筒瓦，均放置在墓主头端或胸部等。其余还有部分铜器，多为饰件，如簪、戒指、耳环、耳坠、头饰、帽饰等，另有少量银饰件和铁饰件等，均发现于墓主头端或手旁等。另外还见有个别复合材质烟具和印章等。

除23座为双人合葬外（包含M944和M945），其余均为单人葬。墓主多仰身直肢葬，个别墓主上肢骨略屈，少量人骨略凌乱，为迁葬。人骨整体保存较好。头向东者居多，为54例。向南者28

例，其中部分略偏东，极少偏西。向北23例，部分略偏西。向西仅1例，略偏北。另有5例向东南和3例向东北。提取的136具人骨标本，有124例个体可判断具体年龄，6例个体仅能大致推断年龄段。男性60例，疑似男性3例；女性61例，疑似女性1例。死亡年龄段主要集中于中年期，其次是壮年期和老年期，幼儿期、青年期和少年期所占比例较小，缺少婴儿期个体。除青年期外，清代男女两性在各年龄段的死亡比例较为接近。男女两性的死亡高峰期均集中于中年期，但女性在壮年期和老年期的死亡比例略高于男性。青年期只有女性个体。

整体来看，清代墓葬在本墓地各区均有分布，局部集中排列，可能为多个家族墓地。小区域内头向、位置和构建方式等可见明显规律，且打破关系较少。下面分类进行介绍。

第二节 墓葬分述

一 土坑墓

土坑墓共有70座。

（一）M18

1. 墓葬形制

位于墓地西南部，北面是M26，西面为M51、M47。方向154°（图6-1）。

长方形土坑竖穴合葬墓。墓口长2.5、宽1.95、深1.1米。底部挖两倒梯形墓室。西侧墓室长2.09、宽0.74～0.87米；东侧墓室长2.09、宽0.57～0.76米。深均为0.5米。两墓室底各见木棺灰痕迹，尺寸相同，长1.77、宽0.5米。西侧棺木南端有白色灰条痕迹，长0.5、宽0.05、厚约0.05米。墓内填浅灰褐色五花土，土质较紧密。

人骨2具。均头向南，面向上，仰身直肢。西侧墓主男性，40岁左右。东侧人骨女性，30～40岁。

随葬器物3件。黑釉罐、陶瓦各1件，位于西室南端。黑釉灯盏1件，置于西侧二层台南部。

2. 出土遗物

（1）**陶器**

陶瓦 1件。

标本M18∶3，板瓦。泥质灰陶。一端略窄，瓦背拱起。素面。长18.2、宽17.6厘米（彩版二八七，1）。

（2）**瓷器**

黑釉罐 1件。

标本M18∶1，敛口，圆唇，溜肩，鼓腹，矮圈足。沿下有四个对称竖桥形纽系。外壁上部施黑釉，余部白瓷胎。底部中心墨书一“任”字。口径11.6、高13.4厘米（图6-1，1；彩版二八七，2）。

黑釉灯盏 1件。

标本M18∶2，敞口，口沿一侧延伸呈舌形，两侧各有一突起。腹微弧，平底。舌部内壁戳印六个圆圈，呈五瓣花蕊状。内壁及外壁上部施黑釉，舌部无釉。口长15、宽9厘米（图6-1，2；彩版二八七，3）。

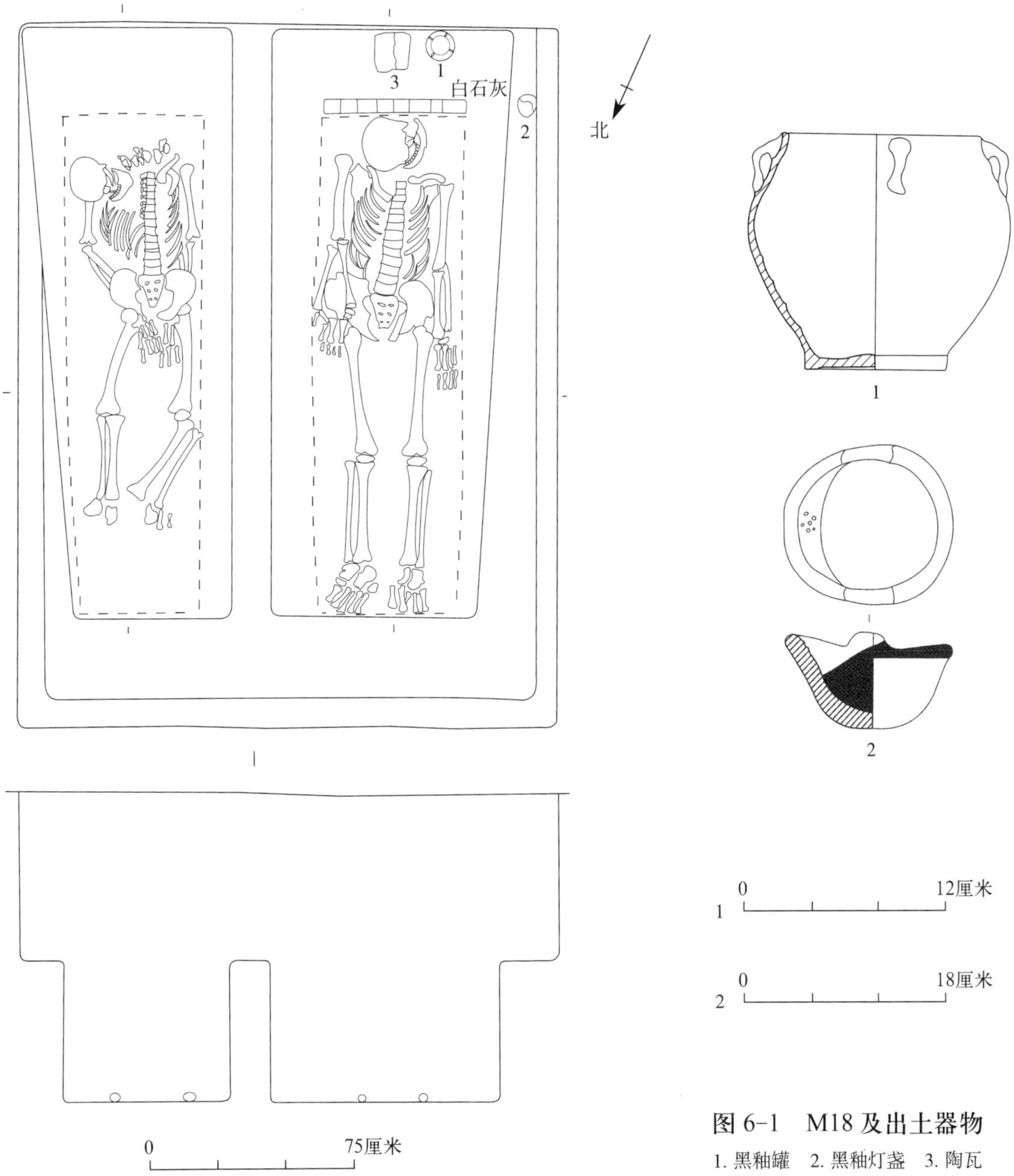

图 6-1　M18 及出土器物

1. 黑釉罐　2. 黑釉灯盏　3. 陶瓦

（二）M19

1. 墓葬形制

位于墓地西南部，东面是 M75，南面为 M21。方向 154°（图 6-2；彩版二八七，4）。

近长方形土坑竖穴合葬墓。墓口长 2.3、宽 1.78 ～ 1.82、深 1 米。底部挖两倒梯形墓室。西侧墓室长 2.04、宽 0.54 ～ 0.6 米，东侧墓室长 2.04、宽 0.56 ～ 0.62、深均为 0.5 米。底部均见木棺灰痕迹，西侧棺长 1.9、宽 0.42 ～ 0.5 米，东侧棺长 1.9、宽 0.45 米。墓内填浅灰褐色五花土，土质较致密。

人骨 2 具。均头向东，面向上，仰身直肢。西侧人骨男性，45 ～ 55 岁。东侧墓主女性，30 ～ 40 岁。

随葬器物 9 件。黑釉碗 2 件分置于两棺南端。陶瓦 1 件位于西头骨顶部。铜钱 6 枚分别放在东

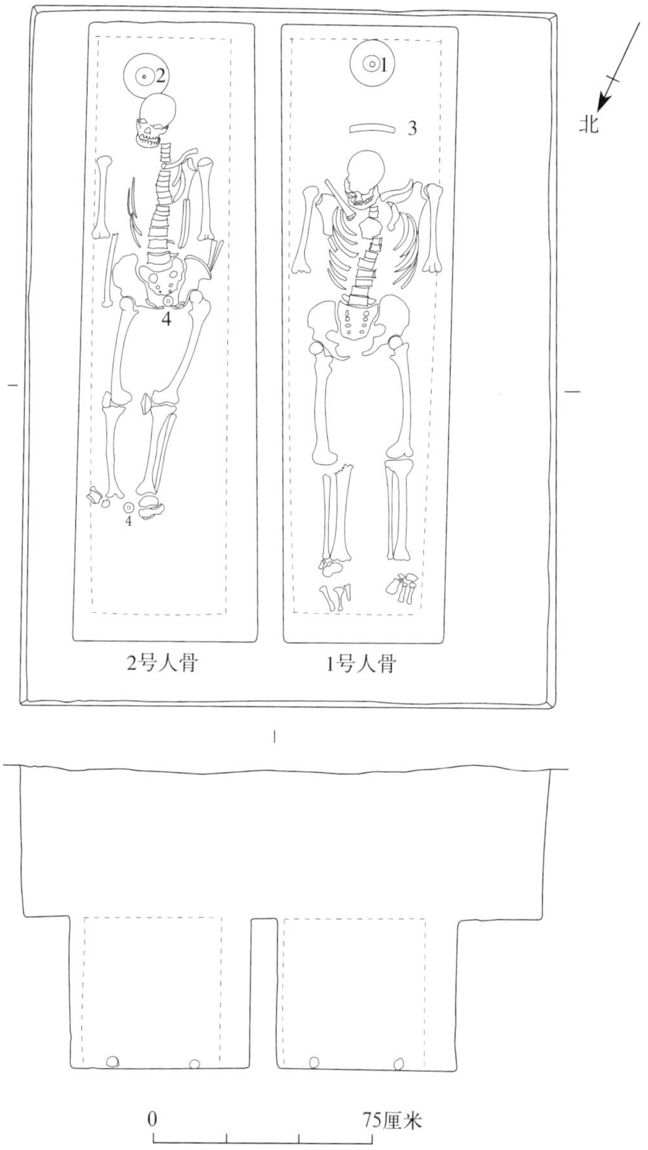

图 6-2　M19 平、剖面图

1、2. 黑釉碗　3. 陶瓦　4. 铜钱（6）

墓主盆骨和足部。

2. 出土遗物

（1）陶器

陶瓦　1 件。

标本 M19：3，板瓦。泥质灰陶。残缺，瓦背拱起，素面。残长 14.8、残宽 10.6 厘米（图 6-3，3）。

（2）瓷器

黑釉碗　2 件。敞口，圆尖唇，斜弧腹，圈足。内外壁上部及内底施黑釉，余部白瓷胎。

标本 M19：1，口径 14.3、高 6 厘米（图 6-3，1）。

标本 M19：2，口径 15.2、高 5.4 厘米（图 6-3，2）。

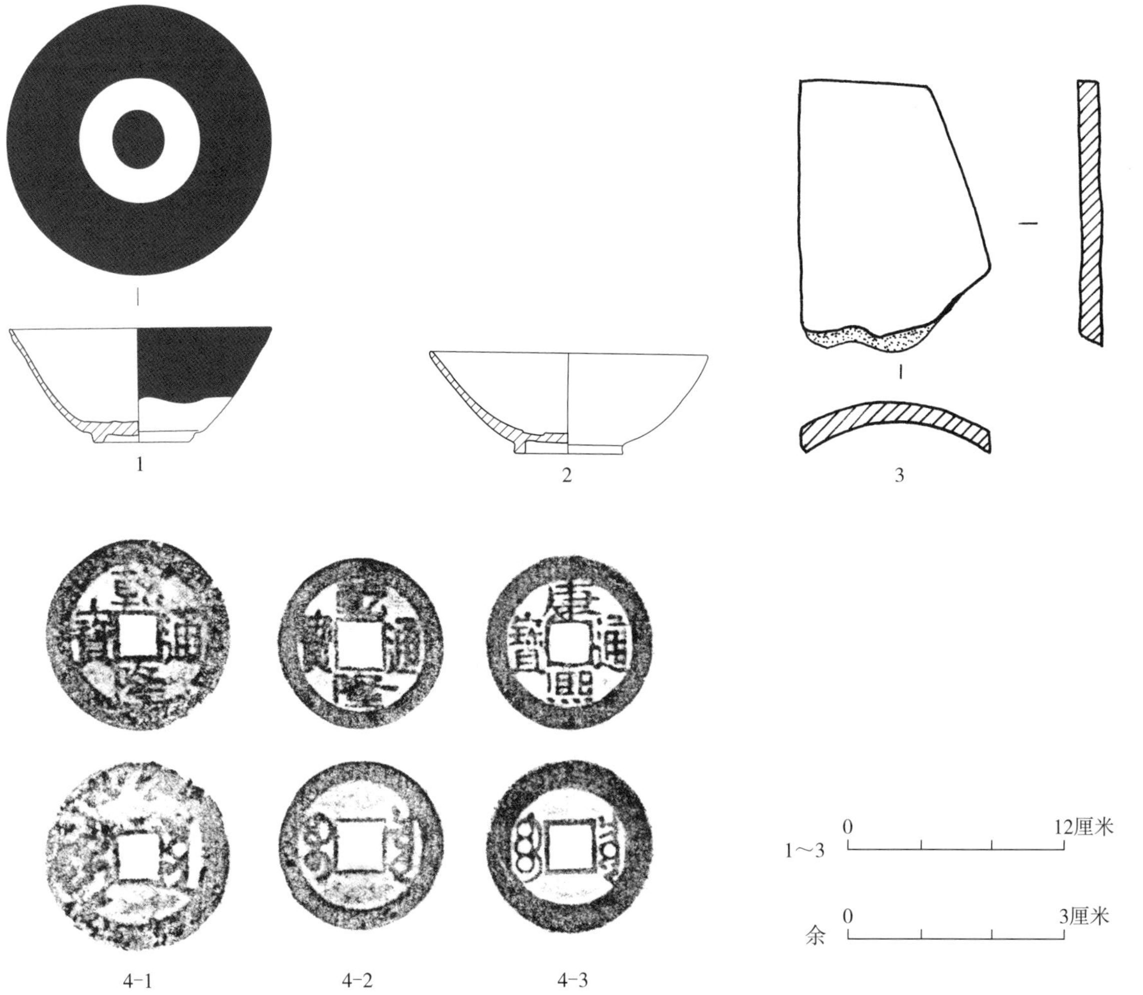

图 6-3　M19 出土器物
1、2. 黑釉碗　3. 陶瓦　4-1～3. 铜钱

（3）铜器

铜钱　6 枚。为乾隆通宝、康熙通宝。圆形方穿，正、背两面穿郭俱全。

乾隆通宝　2 枚。钱文楷书，对读，背穿左右为满文局。

标本 M19∶4-1，直径 2.5、穿边长 0.5、厚 0.1 厘米（图 6-3，4-1）。

标本 M19∶4-2，直径 2.3、穿边长 0.5、厚 0.1 厘米（图 6-3，4-2）。

康熙通宝　4 枚。钱文楷书，对读，背穿左右为满文局。

标本 M19∶4-3，直径 2.3、穿边长 0.5、厚 0.1 厘米（图 6-3，4-3）。

（三）M32

1. 墓葬形制

位于墓地西南部，打破 M28，东北面是 M38。方向 160°（图 6-4；彩版二八八，1）。

长方形土坑竖穴墓。墓口长 2.22、宽 0.78、深 0.74 米。墓底见倒梯形浅灰色木棺痕迹，长 1.96、

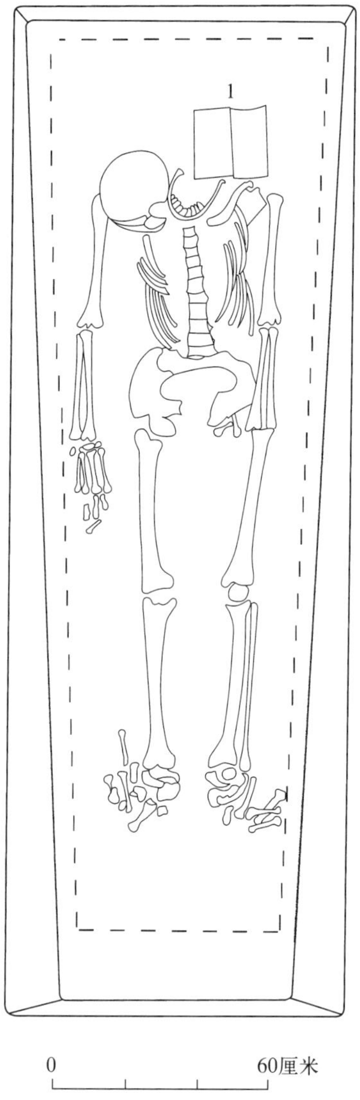

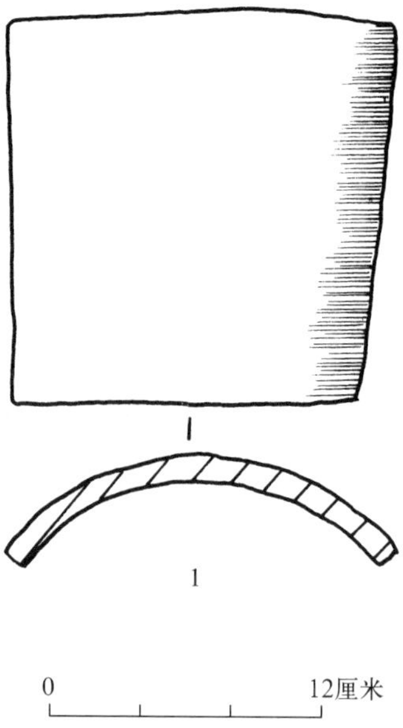

图 6-4　M32 及出土器物

1. 陶瓦

宽 0.48 ～ 0.64 米。墓内填浅灰褐色五花土，土质较致密，内含少量碎陶片。

人骨 1 具。头向南，面向北，仰身直肢。头骨移位至右肩处，女性，17 ～ 20 岁。

随葬陶瓦 1 件，放置于墓主左肩上部。

2. 出土遗物

陶器

陶瓦　1 件。

标本 M32 : 1，板瓦。泥质灰陶。一端较窄，瓦背拱起。素面。长 17、宽 15.4 ～ 17.2 厘米（图 6-4，1）。

（四）M34

1. 墓葬形制

位于墓地西南部，西北面是 M22，西南面为 M11。方向 90°（图 6-5）。

倒梯形土坑竖穴墓。墓口长 2.64、宽 0.68 ～ 0.88 米，底长 2.4、宽 0.6 ～ 0.8、深 0.5 米。四壁距墓底 0.3 米处有二层台，宽 0.1 米。底部见有木棺朽痕。墓内填浅褐色五花土，土质较疏松。

人骨 1 具。头向东，仰身直肢。女性，17 ～ 20 岁。

随葬器物 2 件。黑釉罐 1 件放于东侧二层台上偏北。陶瓦 1 件位于墓主头骨上方。

2. 出土遗物

（1）陶器

陶瓦　1 件。

标本 M34∶1，板瓦。泥质灰陶。一端微窄，瓦背拱起。素面。长 16.4、宽 18 厘米（图 6–5，1）。

（2）瓷器

黑釉罐　1 件。

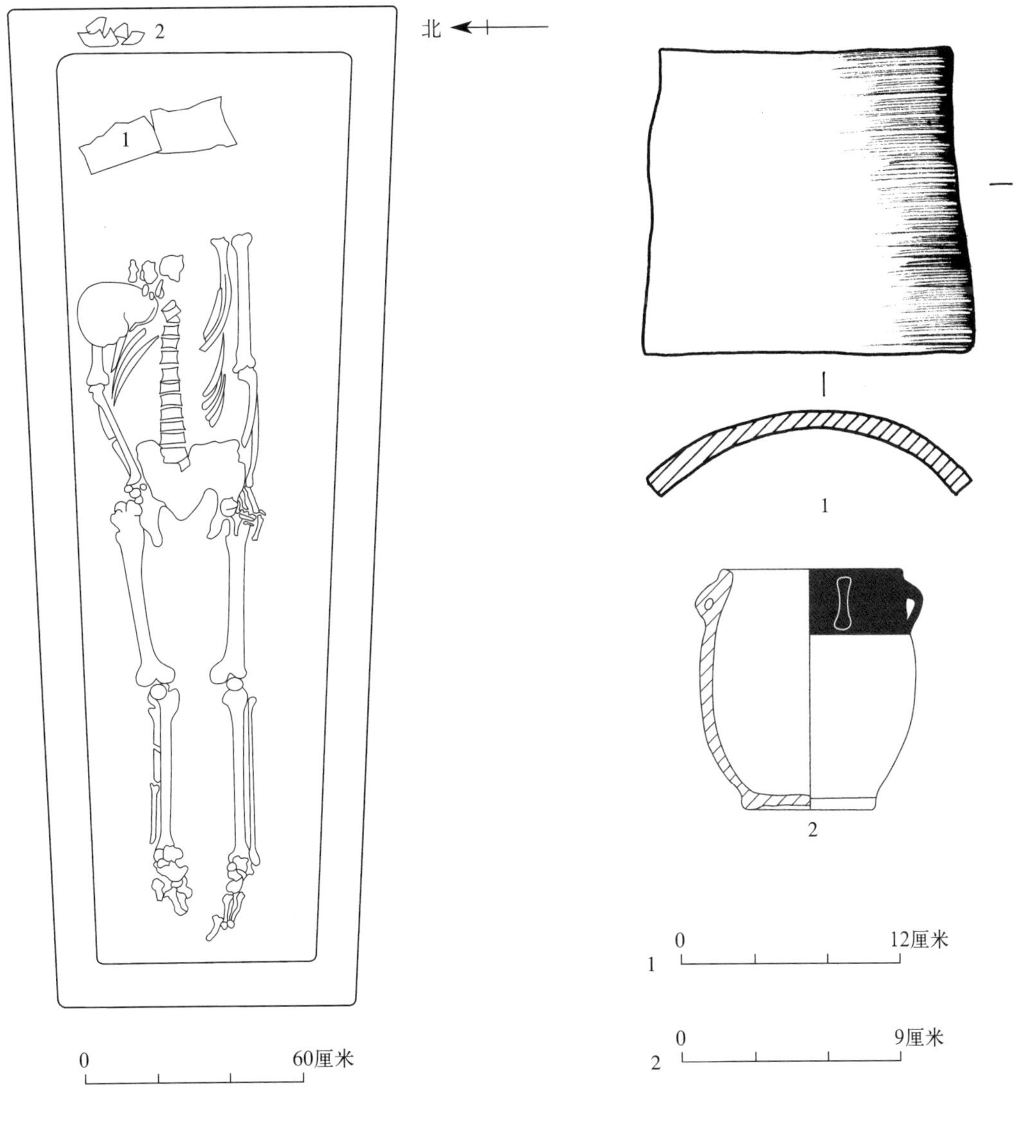

图 6–5　M34 及出土器物

1. 陶瓦　2. 黑釉罐

标本 M34：2，敛口，圆唇，鼓腹，矮圈足。肩部饰四个对称竖桥形纽系。外壁上部施黑釉，中部白釉，下部分别为酱褐和黄褐色瓷胎。口径 7.5、高 9.6 厘米（图 6-5，2）。

（五）M48

1. 墓葬形制

位于墓地西南部，打破 M50，南面是 M51，西面为 M38。方向 164°（图 6-6）。

倒梯形土坑竖穴墓。墓口长 2.72、宽 0.74～0.86、深 0.7 米。底部发现浅灰色木棺朽痕，长 2、宽 0.62 米。墓内填浅灰褐色五花土，土质疏松。

人骨 1 具。头向南，仰身直肢。女性，50～60 岁。

随葬器物 7 件。黑釉罐 1 件置于墓底南端中部。黑釉碗 1 件放在墓主头部左侧。陶瓦 1 件位于墓主左肩部。铜钱 4 枚分别放在盆骨和胸部。

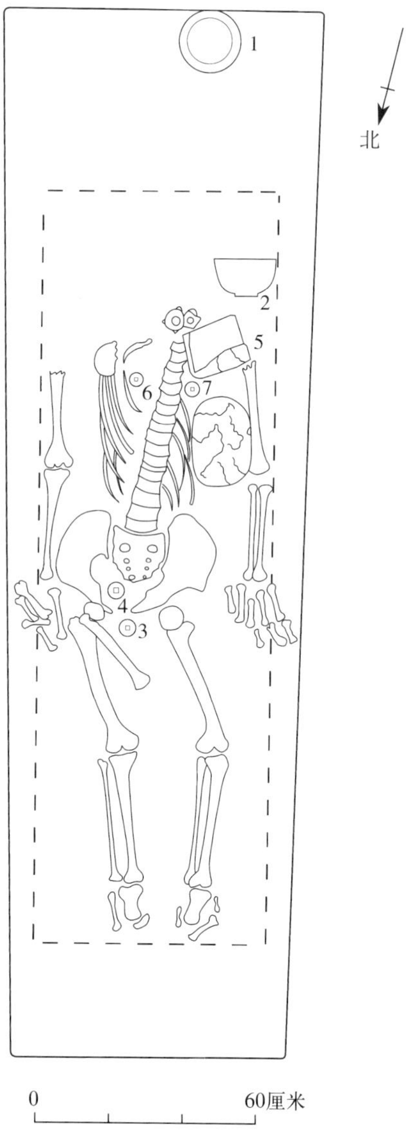

图 6-6 M48 平面图

1. 黑釉罐 2. 黑釉碗 3、4、6、7. 铜钱 5. 陶瓦

2. 出土遗物

（1）陶器

陶瓦 1 件。

标本 M48：5，板瓦。泥质灰陶。一角残，瓦背拱起。素面。长 17、宽 16.8 厘米（图 6-7，5）。

（2）瓷器

黑釉罐 1 件。

标本 M48：1，敛口，圆唇，鼓腹，矮圈足。沿下有四个对称的竖桥形纽系。外壁上部及内壁施黑釉，余为黄褐色瓷胎。口径 7.8、高 11.8 厘米（图 6-7，1）。

黑釉碗 1 件。

标本 M48：2，敞口，圆尖唇，斜弧腹，近底急收，圈足。内外壁上部及内底施黑釉，余部白瓷胎。口径 15、高 5.8 厘米（图 6-7，2）。

（3）铜器

铜钱 4 枚。为康熙通宝、雍正通宝。圆形方穿，正、背两面穿郭俱全。正面钱文楷书，对读，背穿之左右为满文局。

康熙通宝 3 枚。钱文楷书，对读。

标本 M48：4-1，直径 2.7、穿边长 0.7、厚 0.12 厘米（图 6-7，4-1）。

标本 M48：4-2，直径 2.5、穿边长 0.6、厚 0.14 厘米（图 6-7，4-2）。

雍正通宝 1 枚。

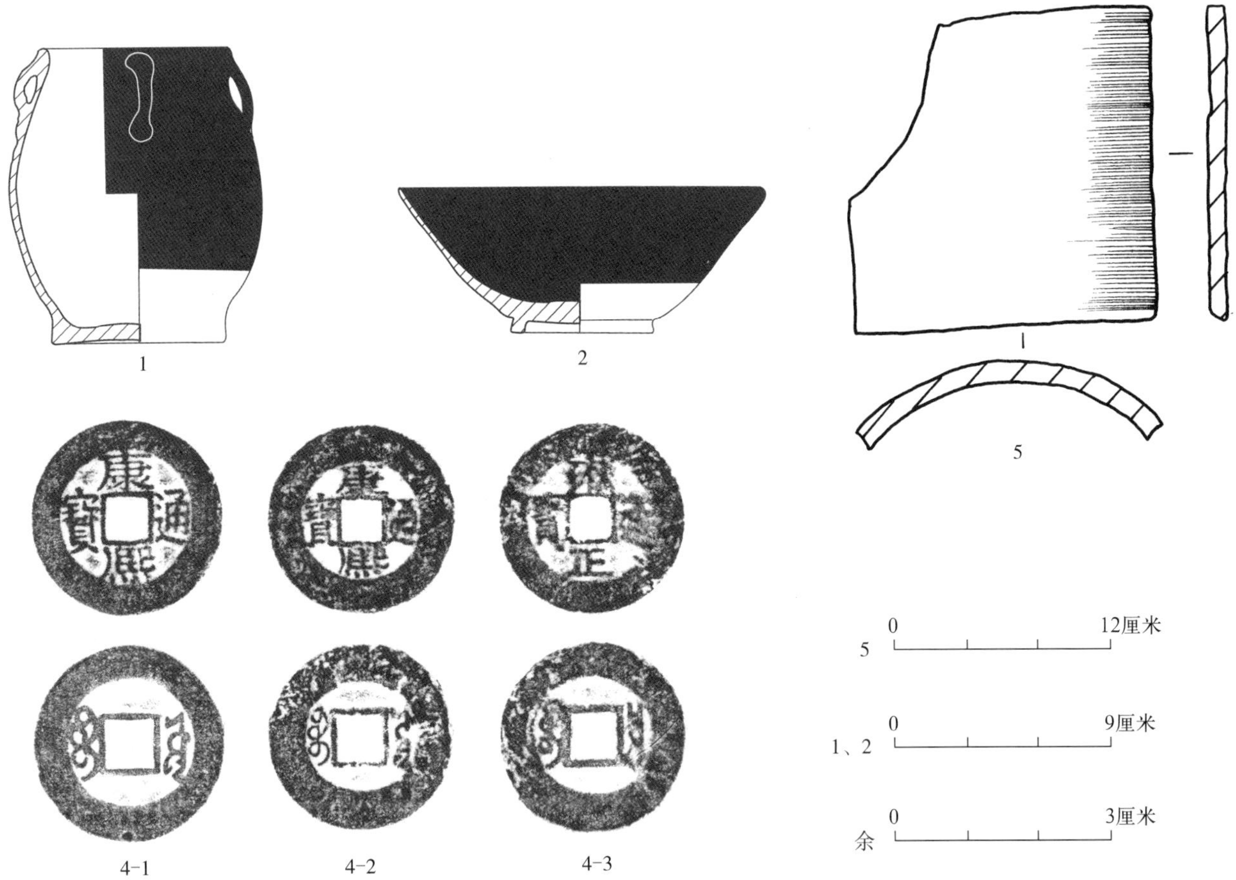

图 6-7　M48 出土器物

1. 黑釉罐　2. 黑釉碗　4-1～3. 铜钱　5. 陶瓦

标本 M48 : 4-3，钱文楷书，对读。直径 2.6、穿边长 0.7、厚 0.15 厘米（图 6-7，4-3）。

（六）M55

1. 墓葬形制

位于墓地西南部，西部打破 M89，北面是 M65，西南面为 M88。方向 78°（图 6-8）。

倒梯形土坑竖穴墓。墓口长 2.14、宽 0.44 ～ 0.8、深 0.31 米。墓壁光滑规整，底部平整。墓内填黄褐色五花土，土质致密。填土中夹杂少量泥质灰陶片。

人骨 1 具。头向东，仰身直肢。男性，45 ～ 55 岁。

随葬器物 3 件。黑釉碗 1 件位于墓主右股骨外侧。铜扣 2 枚置于墓主右前臂外侧。

2. 出土遗物

（1）瓷器

黑釉碗　1 件。

标本 M55 : 2，敞口，圆尖唇。斜弧腹，近底急收，圈足。上部施黑釉。口径 14.2、高 5 厘米（图 6-8，2）。

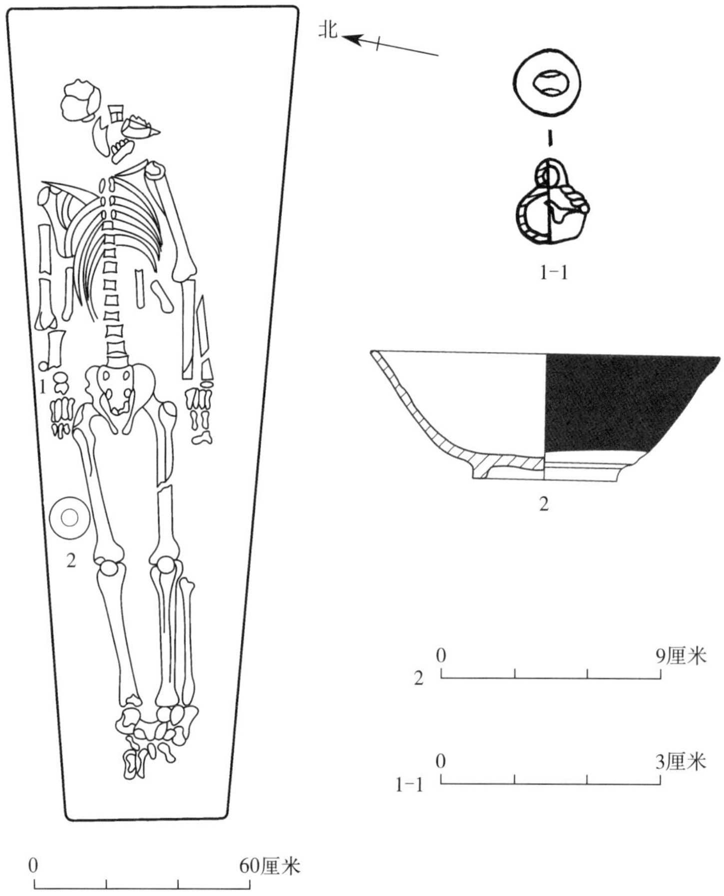

图 6-8　M55 及出土器物

1. 铜扣（2）　2. 黑釉碗

（2）铜器

铜扣　2 枚。球形，中空，环形纽。素面。

标本 M55∶1-1，直径 0.9、高 1.1 厘米（图 6-8，1-1）。

（七）M61

1. 墓葬形制

位于墓地西南部，打破 M91、M105，西面是 M86。方向 95°（图 6-9）。

倒梯形土坑竖穴墓。墓口长 1.84、宽 0.9 ～ 0.98、深 0.38 米。墓壁光滑规整，底部较平整。墓内填黄褐色五花土，土质较致密。填土中夹杂少量泥质灰陶片。

人骨 1 具。头向东，仰身屈肢。头骨略移位，下肢微屈，左肢骨叠压于右肢骨之上。女性，20 ～ 24 岁。

随葬器物 2 件。陶瓦 1 件，断成两段，分置于墓主头骨左右。铜扣 2 枚位于墓主胸部。

2. 出土遗物

（1）陶器

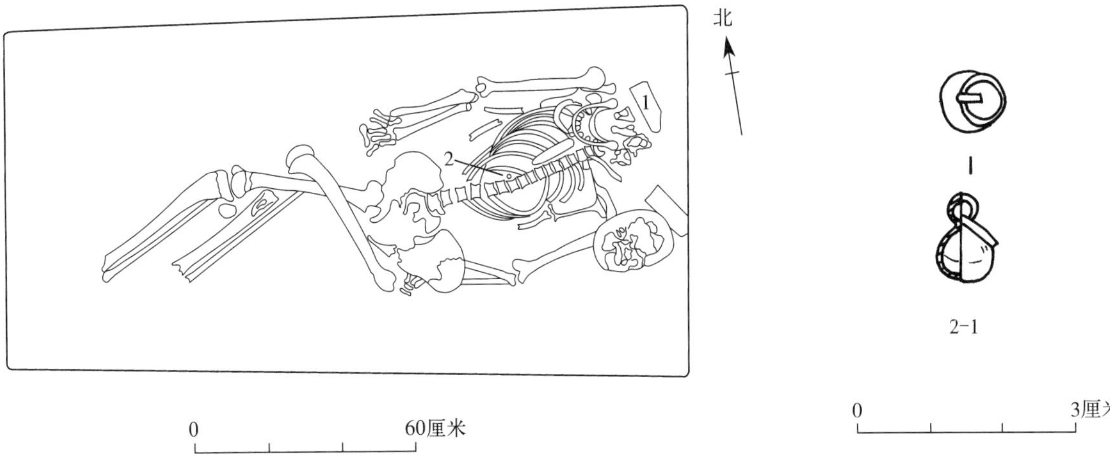

图 6-9　M61 及出土器物

1. 陶瓦　2. 铜扣（2）

陶瓦　1 件。

标本 M61∶1，筒瓦。泥质灰陶。瓦背拱起呈半圆形。素面，一侧带有白灰。长 16、宽 10 厘米。

（2）铜器

铜扣　2 枚。

标本 M61∶2-1，球形，中空，环形纽，纽连接一圆环。素面。高 1.2 厘米（图 6-9，2-1）。

（八）M73

1. 墓葬形制

位于墓地西南部，东面是 M89，西南面为 M77。方向 36°（图 6-10）。

倒梯形土坑竖穴墓。墓口长 2.36、宽 0.64 ～ 0.78、深 0.25 米。墓壁光滑规整，平底。墓内填褐色土，土质较致密，内含少量料姜石。

人骨 1 具。头向东，面向右，仰身直肢。女性，22 ～ 26 岁。

随葬器物 5 件。银耳环 2 件分置于墓主头骨左右。琉璃扣 3 枚散落于墓主胸部。

2. 出土遗物

（1）金银器

银耳环　2 件。形制相同。整体呈圆环形，一半为扁平状，另一半为圆条形，首尾相接。素面。

标本 M73∶1-1，直径约 2.4 厘米（图 6-10，1-1）。

标本 M73∶1-2，略扭曲变形，长约 3.2 厘米（图 6-10，1-2）。

（2）其他

琉璃扣　3 枚。整体呈球形，实心。一端平整，带环形纽。扣体白色，纽红色。

标本 M73∶2-1、2，长 1.4 厘米（图 6-10，2-1、2）。

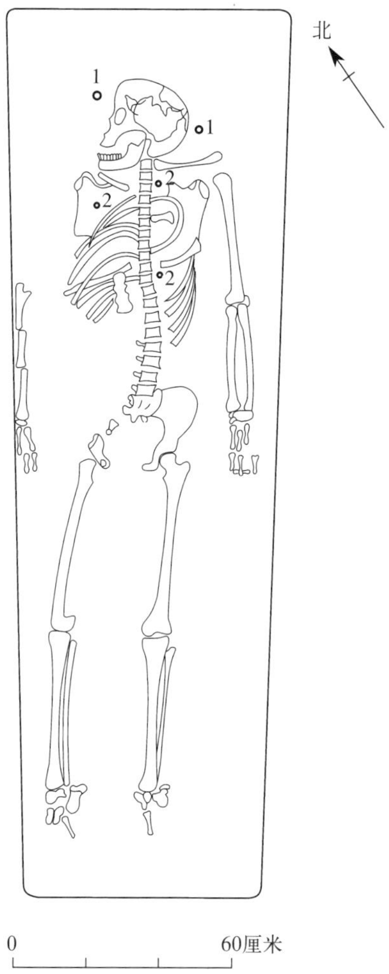

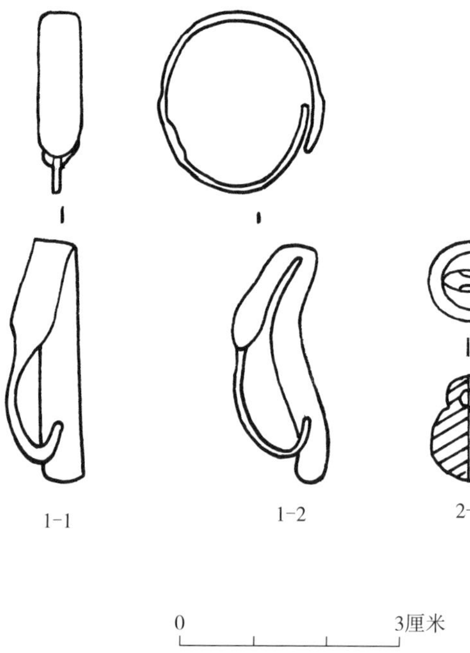

图 6-10　M73 及出土器物

1. 银耳环（2）　2. 琉璃扣（3）

（九）M76

墓葬形制

位于墓地西南部，东面是M77，南面为M93，西北面是M87。方向145°。

倒梯形土坑竖穴墓。墓口长2.56、宽0.56～0.76、深0.6米。墓壁规整，底部平整。墓内填黄褐色五花土，土质较疏松。填土中夹杂少量灰陶片。

人骨1具。头向东，面向左，仰身直肢。女性，30～40岁。

随葬器物无。

（一〇）M77

1. 墓葬形制

位于墓地西南部，北面是M82，东面为M73，西南面是M76。方向145°（图6-11；彩版二八八，2）。

倒梯形土坑竖穴墓。墓口长2.64、宽0.92～1.08、深0.85米。墓壁垂直，局部光滑规整，底部较平。墓内填黄褐色五花土，土质较疏松，内含少量灰色陶片。

人骨1具。头向东，面向右，仰身直肢。男性，25～30岁。

随葬器物2件。酱釉壶1件位于墓主头骨左侧近墓壁处。陶瓦1件平放于墓主头骨左侧上方。

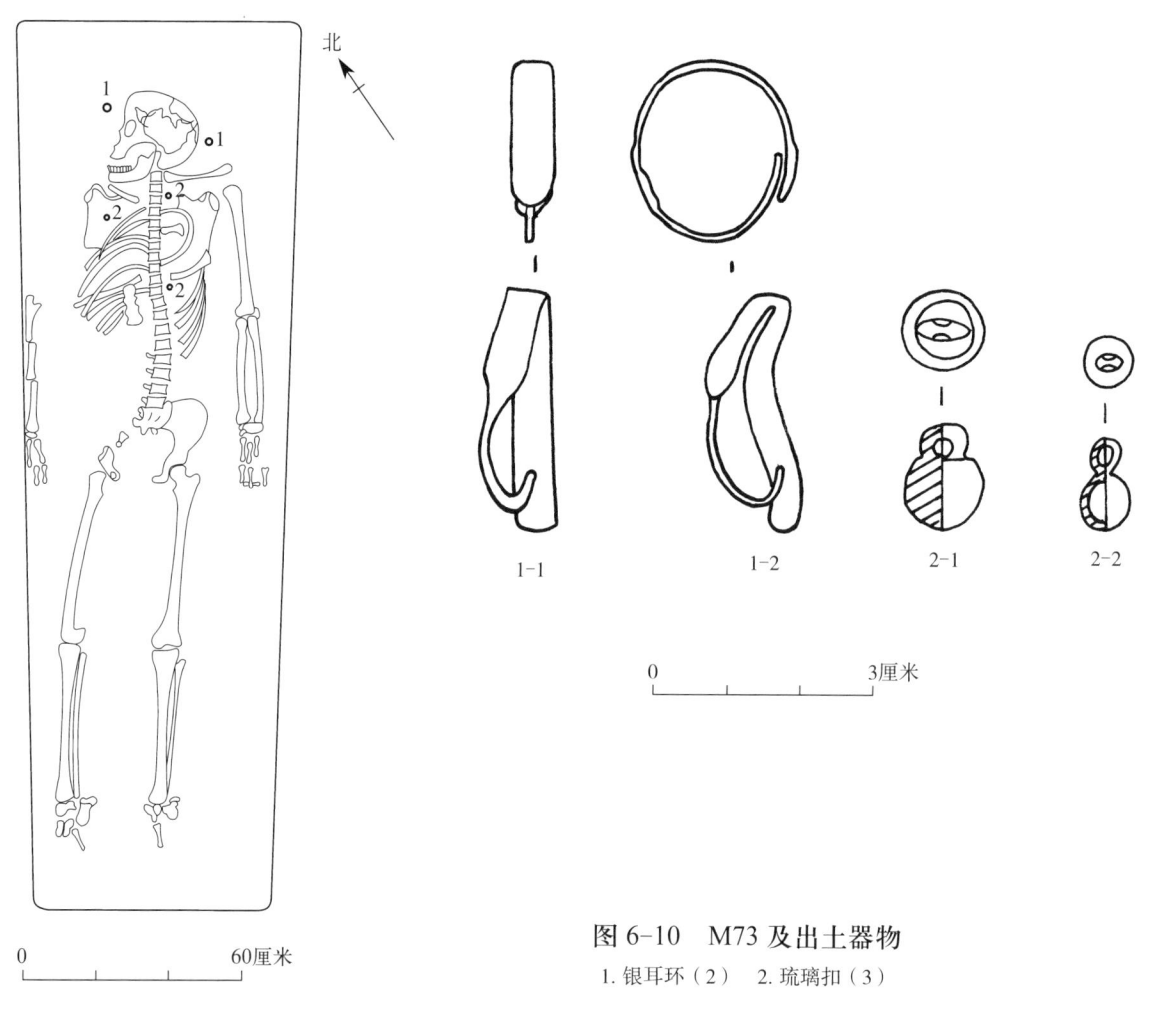

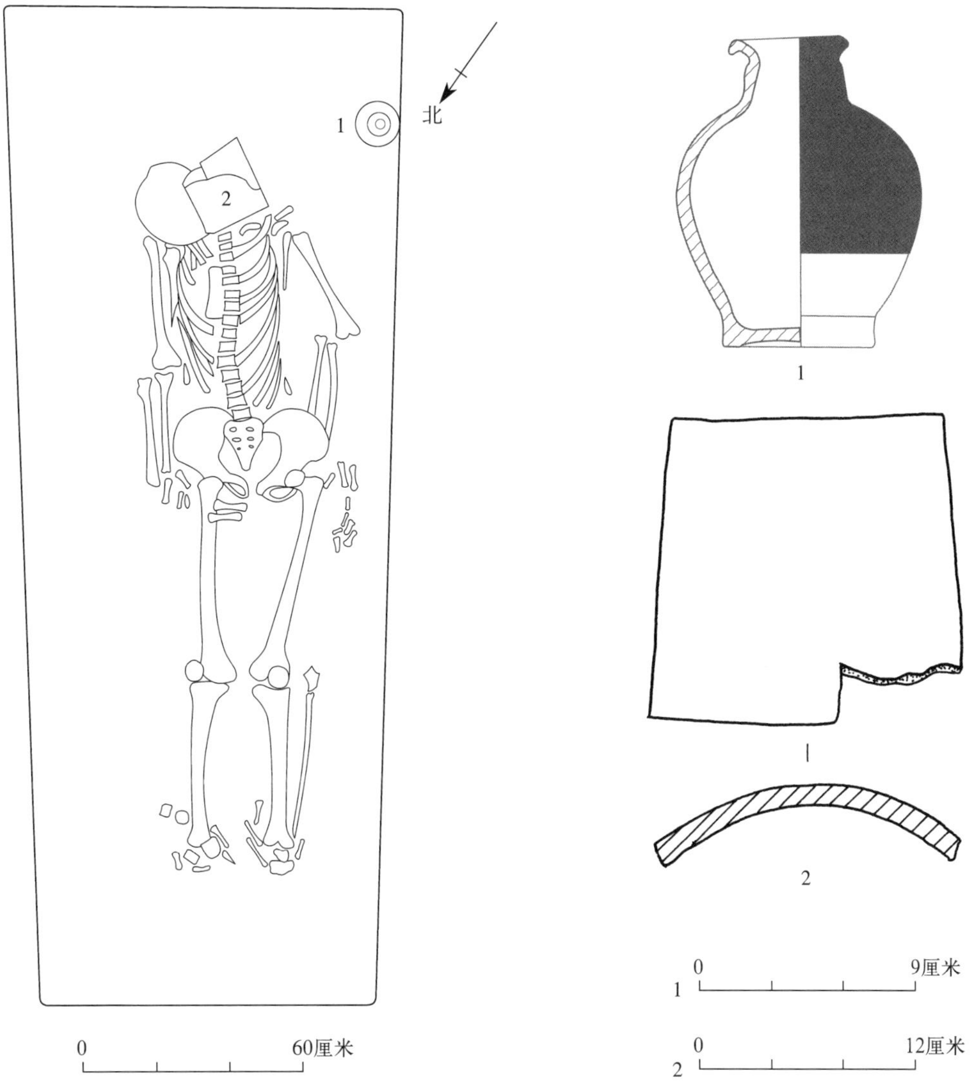

图 6-11　M77 及出土器物

1. 酱釉壶　2. 陶瓦

2. 出土遗物

（1）陶器

陶瓦　1 件。

标本 M77 : 2，板瓦。泥质灰陶。一角残，瓦背拱起。素面。长 16.4、宽 17 厘米（图 6-11，2；彩版二八八，3）。

（2）瓷器

酱釉壶　1 件。

标本 M77 : 1，圆唇，卷沿，束颈，鼓腹，圈足。上部施酱釉，下部白瓷胎。口径 5、高 12.4 厘米（图 6-11，1；彩版二八八，4）。

（一一）M81

1. 墓葬形制

位于墓地西南部，打破M87，东面是M82，西面为M1。方向80°（图6-12）。

倒梯形土坑竖穴墓。墓口长2.9、宽0.96～1.08、深0.4米。壁面光滑规整，底部平整。墓底见有白灰色木棺腐朽残痕，木棺长方形，长1.98、宽0.62米。墓内填黄褐色五花土，土质较致密，内含少量泥质灰陶片，可辨器形见有残陶罐。

人骨1具。头向东，面向下，仰身直肢。女性，23～27岁。

随葬器物3件。黑釉碗1件置于墓主头骨顶部。铜扣2枚位于墓主左肩部.

2. 出土遗物

（1）瓷器

黑釉碗　1件。

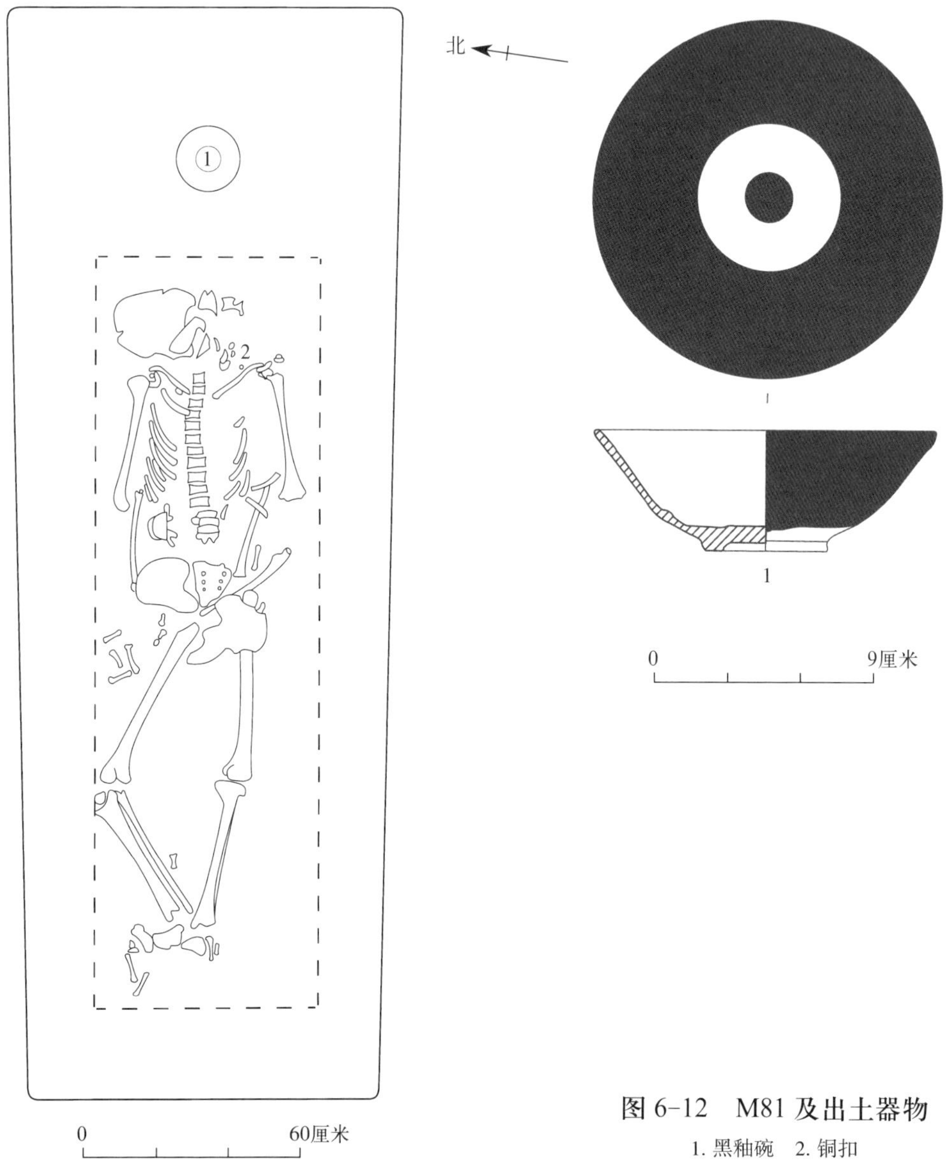

图6-12　M81及出土器物

1. 黑釉碗　2. 铜扣

标本 M81：1，敞口，圆尖唇，斜弧腹，近底急收，圈足。内外壁上部及内底施黑釉，余部白瓷胎。口径 14、高 4.8 厘米（图 6-12，1）。

（2）铜器

铜扣　2 枚。球形或椭球形，空心，一端带圆环。素面。

标本 M81：2-1，高 1.5 厘米。

标本 M81：2-2，高 1.2 厘米。

（一二）M86

1. 墓葬形制

位于墓地西南部，东面是 M91，西面是 M3，西北面为 M1。方向 68°（图 6-13）。

倒梯形土坑竖穴墓。墓口长 1.58、宽 0.36 ～ 0.48、深 0.5 米。壁面较光滑。底部平整，见白灰色木棺残痕，呈倒梯形，长 1.52、宽 0.32 ～ 0.42 米。墓内填黄褐色五花土，土质较疏松。

人骨 1 具。头向东，面向上，仰身直肢。骨骼保存较差，性别无法鉴定，4 ～ 8 岁。

随葬器物 9 件。铜钱 5 枚发现于墓主头骨和股骨处。铜扣 4 枚散落于墓主躯干周围。

2. 出土遗物

铜器

铜扣　4 枚。

标本 M86：6，球形，空心，一端有环形纽。素面。高 1.8 厘米（图 6-13，6）。

铜钱　5 枚。除 M86：4 腐朽未提取外，其余 4 枚分别为元丰通宝、宽永通宝、乾隆通宝、道光通宝。

元丰通宝　1 枚。

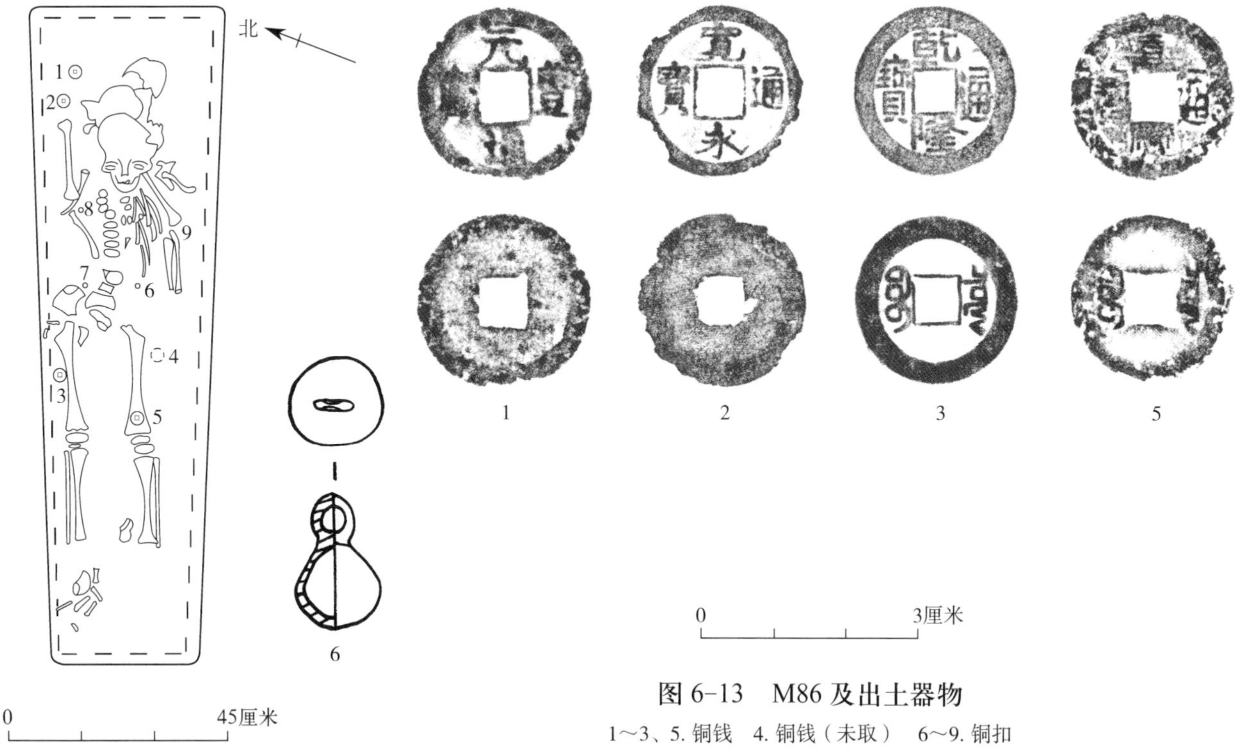

图 6-13　M86 及出土器物

1～3、5. 铜钱　4. 铜钱（未取）　6～9. 铜扣

标本M86∶1，正面轮郭俱全，背面有轮无郭。钱文楷书，旋读。直径2.3、穿边长0.7、厚0.08厘米（图6-13，1）。

宽永通宝　1枚。

标本M86∶2，正面轮郭俱全，背面有轮无郭。钱文楷书，对读。直径2.3、穿边长0.7、厚0.1厘米（图6-13，2）。

乾隆通宝　1枚。

标本M86∶3，正、背面轮郭俱全。钱文楷书，对读，背穿之左右为满文局。直径2.3、穿边长0.58、厚0.15厘米（图6-13，3）。

嘉庆通宝　1枚。

标本M86∶5，正、背面轮郭俱全。钱文楷书，对读，背穿之左右为满文局。直径2.3、穿边长0.7、厚0.12厘米（图6-13，5）。

（一三）M88

1. 墓葬形制

位于墓地西南部，北部打破M89，南面是M58，西面为M77、M76。方向353°（图6-14）。

倒梯形土坑竖穴墓。墓口长2.4、宽0.94～1.02、深0.5米。壁面光滑，底部平整。墓底残存倒梯形灰白色木棺痕迹，长2、宽0.6～0.7米。墓内填褐色五花土，土质较致密。

人骨1具。头向北，仰身直肢。骨骼保存较差，仅残存上肢及部分趾骨。疑似男性，20～25岁。

随葬器物46件。铜钱45枚，1枚放在墓主右臂外侧，其余位于墓主左臂内侧。陶瓦1件平放于墓主胸部（图6-14）。

2. 出土遗物

（1）陶器

陶瓦　1件。

标本M88∶1，板瓦。泥质灰陶。一端略窄，瓦背拱起。素面。长16.4、宽17.5厘米（图6-14，1）。

（2）铜器

铜钱　45枚。均为康熙通宝，圆形方穿，正、背面轮郭俱全。钱文楷书，对读，背穿左右为满文局。

标本M88∶2-1，直径2.4、穿边长0.6、厚0.1厘米（图6-14，2-1）。

标本M88∶2-2，直径2.2、穿边长0.6、厚0.1厘米（图6-14，2-2）。

（一四）M90

1. 墓葬形制

位于墓地西南部，北面是M93，南面为M85，西面是M92。方向46°（图6-15）。

倒梯形土坑竖穴墓。墓口长2.88、宽0.72～1.1、深0.65米。壁面光滑规整。底部较平，发现有倒梯形灰白色木棺残痕，长2.3、宽0.5～0.8米。墓内填褐色五花土，土质较疏松。

人骨1具。头向东，面向上，仰身直肢。女性，15～18岁。

随葬器物2件。酱釉碗1件置于墓底西侧中部，靠西壁侧立。铜扣1枚位于墓主胸部。

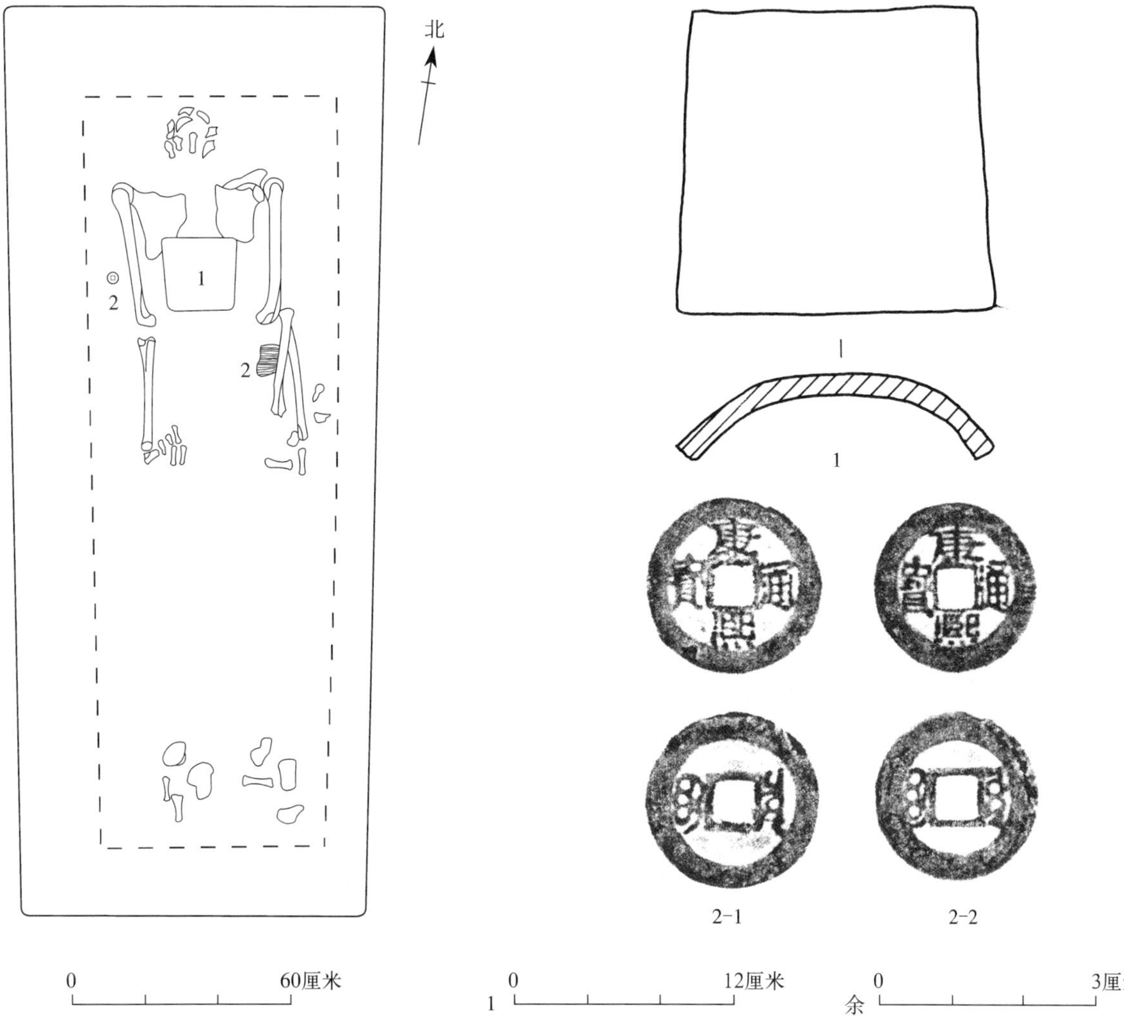

图 6-14　M88 及出土器物

1. 陶瓦　2. 铜钱（45）

2. 出土遗物

（1）瓷器

酱釉碗　1 件。

标本 M90∶1，敞口，圆尖唇，斜弧腹，近底急收，圈足。外壁饰五周凸棱。外上部及内底施酱釉，余部白瓷胎。口径 16、高 4.8 厘米（图 6-15，1）。

（2）铜器

铜扣　1 枚。

标本 M90∶2，球形，空心，一端有环形纽。素面。高 1.5 厘米（图 6-15，2）。

（一五）M98

1. 墓葬形制

位于墓地西南部，东北面是 M94，西北面为 M57。方向 135°（图 6-16；彩版二八九，1）。

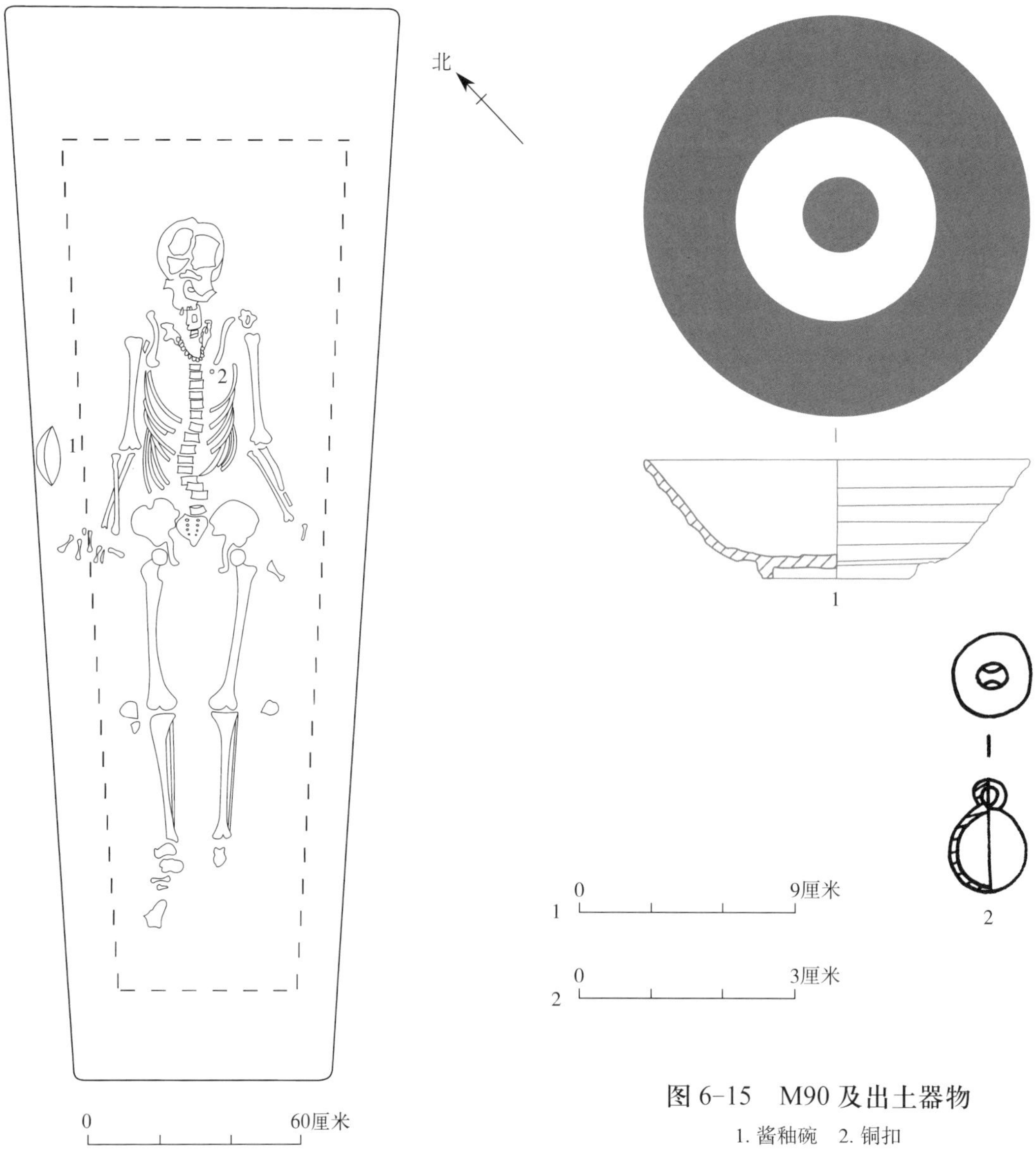

图 6-15　M90 及出土器物

1. 酱釉碗　2. 铜扣

长方形土坑竖穴墓。墓口长 1.96、宽 0.66、深 0.9 米。底长 1.68、宽 0.5 米。壁面不甚规则，下部斜内收。底部较平，见有倒梯形木棺残痕，长 1.48、宽 0.3 ～ 0.44 米。墓内填深黄褐色五花土，土质较致密。

人骨 1 具。头向东，面向下，仰身直肢。骨骼保存较差。女性，55 ～ 65 岁。

随葬器物 15 件。酱釉碗 1 件置于墓主右手下部。铜钱 4 枚、铜扣 7 枚位于墓主胸部。铜耳勺 1 件、铜耳环 2 件，均陈放在墓主头骨左侧。

2. 出土遗物

（1）**瓷器**

酱釉碗　1 件。

标本 M98：1，敞口，圆尖唇，斜弧腹，近底急收，圈足。内外壁上部和内底施酱釉，余部白瓷

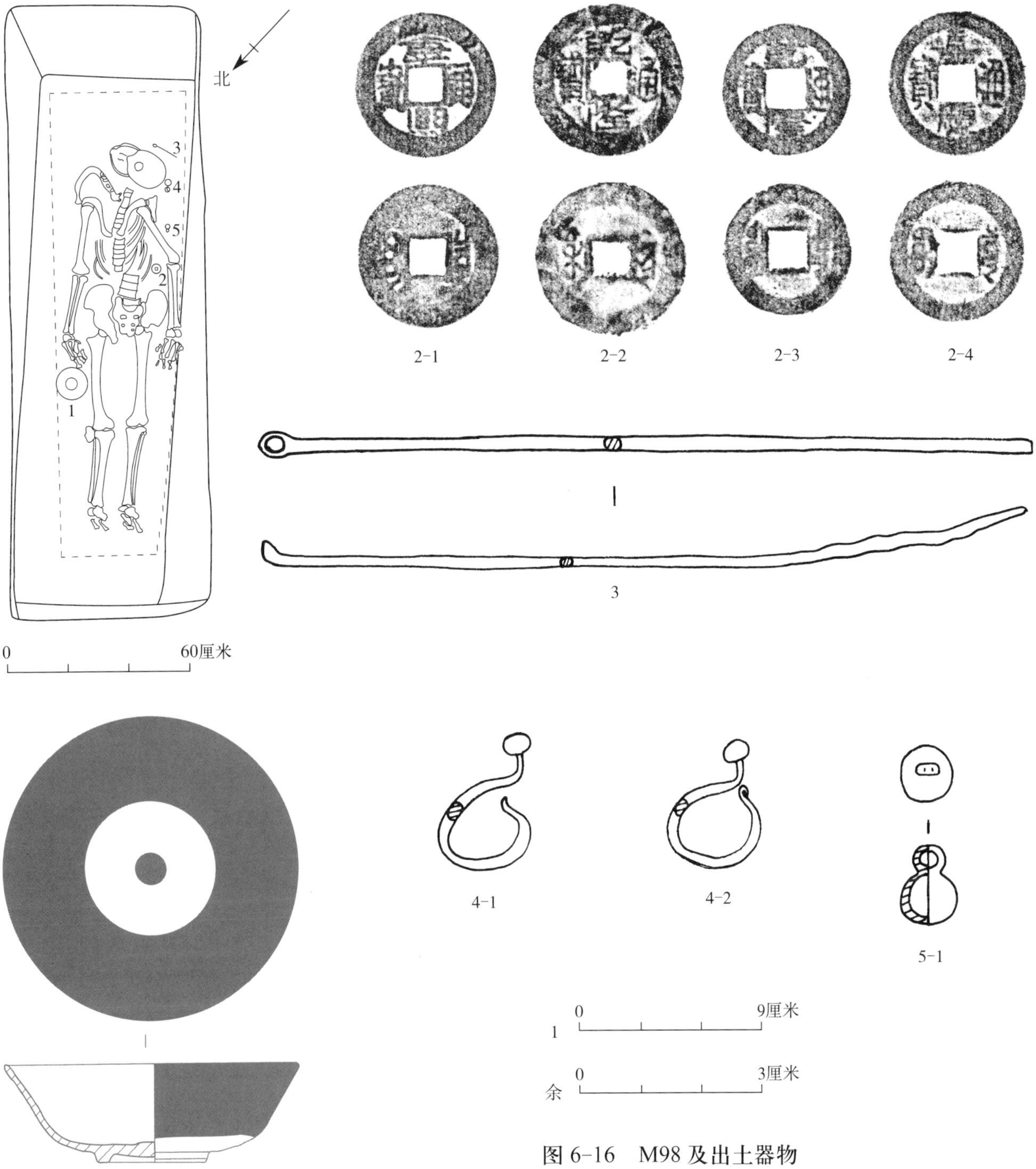

图 6-16　M98 及出土器物

1. 酱釉碗　2. 铜钱（4）　3. 铜耳勺　4. 铜耳环（2）　5. 铜扣（7）

胎。口径 14.5、高 4.8 厘米（图 6-16，1）。

（2）铜器

铜耳勺　1 件。

标本 M98 : 3，长条形。截面椭圆形，首端钝尖，末端呈圆勺形。素面。长 12.7 厘米（图 6-16，3；彩版二八九，2）。

铜耳环　2件。横截面呈圆形，弯曲近环形，首端外曲，带小蘑菇状纽，尾端较尖细。素面。

标本M98∶4-1，直径1.6、高2.1厘米（图6-16，4-1；彩版二八九，3左）。

标本M98∶4-2，直径1.6、高2.2厘米（图6-16，4-2；彩版二八九，3右）。

铜扣　7枚。均为球形，空心。一端有环形纽。素面。

标本M98∶5-1，高1.3厘米（图6-16，5-1）。

铜钱　4枚。为康熙通宝、乾隆通宝、嘉庆通宝。圆形方穿，正、背两面穿郭俱全，背穿左右为满文局。

康熙通宝　1枚。

标本M98∶2-1，钱文楷书，对读。直径2.3、穿边长0.5、厚0.1厘米（图6-16，2-1）。

乾隆通宝　2枚。钱文楷书，对读。

标本M98∶2-2，直径2.5、穿边长0.5、厚0.1厘米（图6-16，2-2）。

标本M98∶2-3，直径2.1、穿边长0.5、厚0.15厘米（图6-16，2-3）。

嘉庆通宝　1枚。

标本M98∶2-4，钱文楷书，对读。直径2.3、穿边长0.6、厚0.1厘米（图6-16，2-4）。

（一六）M104

1. 墓葬形制

位于墓地西南部，打破M107、M121，西南面为M131。方向105°（图6-17）。

长方形土坑竖穴合葬墓。墓口长2.76、宽2.16、深0.6米。墓壁垂直规整。底部较平，均见长方形木棺痕迹。南侧木棺长2.04、宽0.56米。北侧木棺长1.8、宽0.56米。墓内填黄褐色五花土，土质较疏松，内夹杂少量灰陶片及铜钱6枚。

人骨2具。均头向东，面向上，仰身直肢。南侧墓主男性，35～40岁。北侧人骨较凌乱，上肢骨叠压在胸部，盆骨及下肢骨摆放痕迹明显，应为迁葬而来，女性，25～30岁。

随葬陶瓦1件，位于南侧墓主头骨顶端。

2. 出土遗物

（1）陶器

陶瓦　1件。

标本M104∶1，板瓦，残存半边。泥质灰陶。瓦背拱起，上有朱书符箓等痕迹，漫灭不清。残长12、残宽12厘米（图6-17，1）。

（2）铜器

铜钱　6枚。均为康熙通宝，圆形方穿，正、背两面轮郭俱全。钱文楷书，对读，背穿之左右为满文局。

标本M104∶01-1，直径2.8、穿边长0.7、厚0.1厘米（图6-17，01-1）。

（一七）M116

1. 墓葬形制

位于墓地西南部，东北面是M133，南面为M136。方向113°。

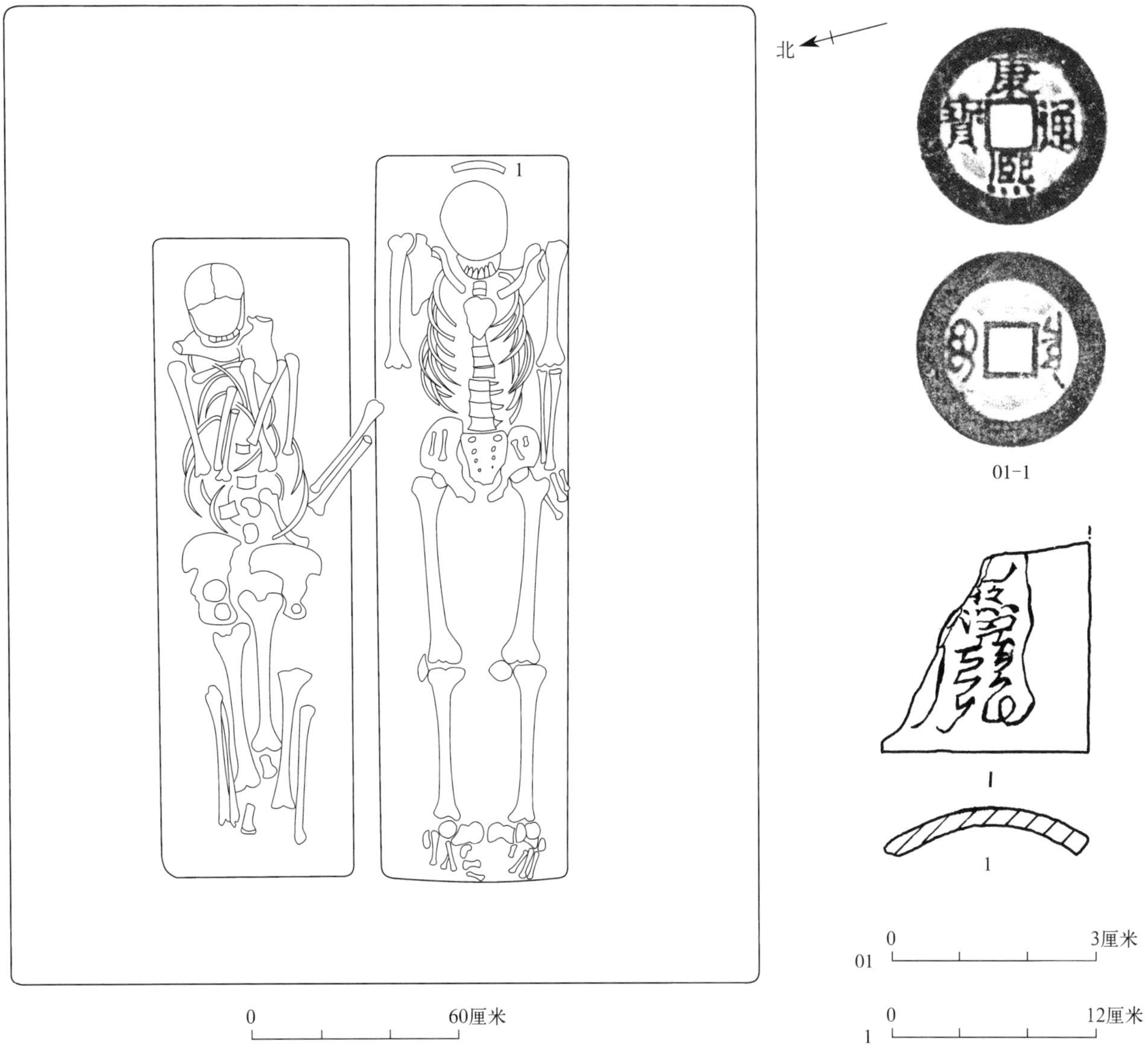

图 6-17　M104 及出土器物

1. 陶瓦　01-1. 铜钱

倒梯形土坑竖穴墓。墓口长 2.36、宽 0.58 ～ 0.74、深 0.7 米。墓壁垂直。底部平整，发现有倒梯形木棺残痕。长 2.0、宽 0.42 ～ 0.6 米。墓内填黄褐色五花土，土质较疏松。填土中发现黑釉罐 1 件。

人骨 1 具。头向东，面向上，仰身直肢。双手并拢置于盆骨处。男性，50 ～ 60 岁。

随葬陶瓦 1 件，位于墓主头部顶端。

2. 出土遗物

（1）**陶器**

陶瓦　1 件。

标本 M116∶1，板瓦，泥质灰陶。瓦背拱起。素面。长 16、宽 16.5 厘米。

（2）**瓷器**

黑釉罐　1 件。

标本 M116∶01，敛口，圆唇，微束颈，鼓腹，矮圈足。沿下有四个对称竖桥形纽系。腹部饰四道凸棱纹。外上部及内壁施黑釉，余部白瓷胎。口径 7.3、高 10.7 厘米。

（一八）M120

1. 墓葬形制

位于墓地西南部，打破 M142，北面是 M115，南面为 M122。方向 132°（图 6-18）。

倒梯形土坑竖穴墓。墓口长 2.04、宽 0.56～0.7、深 0.45 米。直壁，平底，墓底见倒梯形木棺残痕，长 1.78、宽 0.48～0.52 米。墓内填黄褐色五花土，土质较疏松。

人骨 1 具。头向东，面向上，仰身直肢。女性，30 岁左右。

墓主腰部左侧发现铜扣 1 枚。

2. 出土遗物

铜器

铜扣　1 枚。

标本 M120∶1，球形，空心。一端带环形纽。素面。高 1.4 厘米。

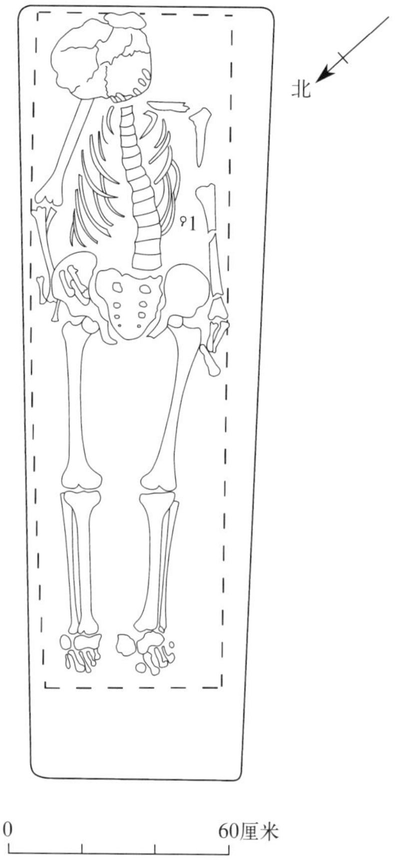

图 6-18　M120 平面图

1. 铜扣

（一九）M122

1. 墓葬形制

位于墓地西南部，打破 M142，东北面是 M120，南面为 M133。方向 132°（图 6-19）。

长方形土坑竖穴墓。墓口长 2.4、宽 0.72、残深 0.2 米。直壁，平底。墓底见长方形木棺残痕，长 2.22、宽 0.58 米。墓内填黄褐色五花土，土质较疏松。

人骨 1 具。头向东，面向上，仰身直肢。骨骼保存较差，男性，45～55 岁。

随葬酱釉碗 1 件，置于墓主头骨顶部。

2. 出土遗物

瓷器

酱釉碗　1 件。

标本 M122∶1，敞口，圆尖唇，斜弧腹，近底急收，圈足。内外壁上部和内底施酱釉，余部为白瓷胎。口径 16、高 6 厘米（图 6-19，1）。

（二〇）M124

墓葬形制

位于墓地西南部，打破 M130、M131，西北面是 M123。方向 58°。

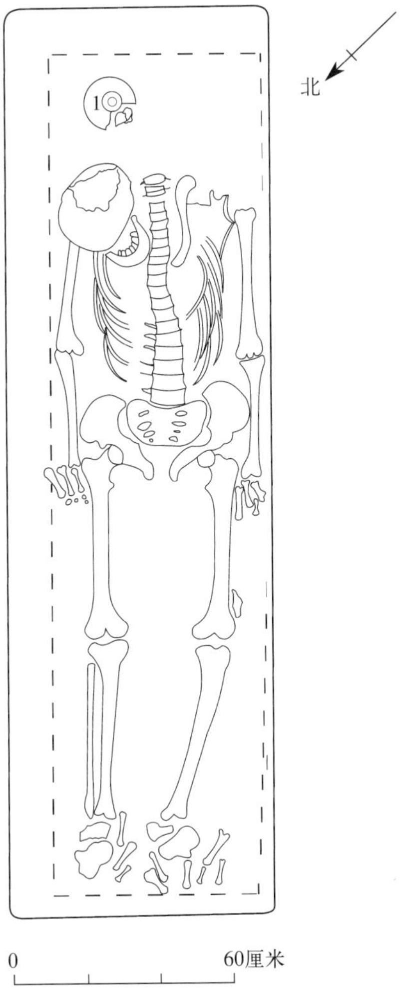

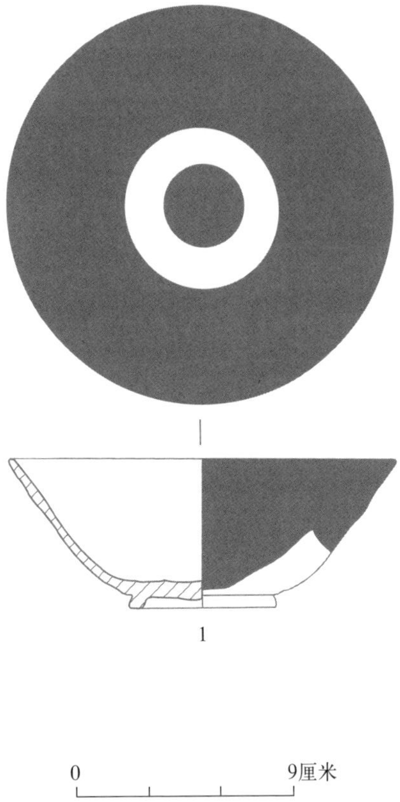

图 6-19　M122 及出土器物

1. 酱釉碗

倒梯形土坑竖穴墓。墓口长 1.7、宽 0.52 ～ 0.64、残深 0.5 米。墓壁垂直，底部较平。墓内填黄褐色五花土，土质疏松。

人骨 1 具。头向东，面向上，仰身直肢。人骨凌乱无序，应为二次迁葬，女性，22 ～ 27 岁。

随葬器物无。

（二一）M126

1. 墓葬形制

位于墓地西南部，北面是 M132，东北面是 M138，南面是 M130，西面为 M108。方向 90°（图 6-20）。

倒梯形土坑竖穴合葬墓。墓口长 2.88、宽 1.88 ～ 2.2、深 0.6 米。头龛 2 个，分别位于东椁壁中部与墓主头骨相对位置，均长方形，宽 0.36、高 0.2、进深 0.2 米。墓底发现两侧梯形黑褐色木棺痕迹，长 2.02、宽 0.7、高 0.48 米，棺板厚 0.05 米。墓内填黄褐色五花土，土质较疏松，内夹杂少量灰陶片。填土中包含有乳猪和牛骨。

人骨 2 具。头向东，面向上，仰身直肢。南侧人骨男性，40 ～ 50 岁。北侧墓主女性，年龄 40 ～ 50 岁。

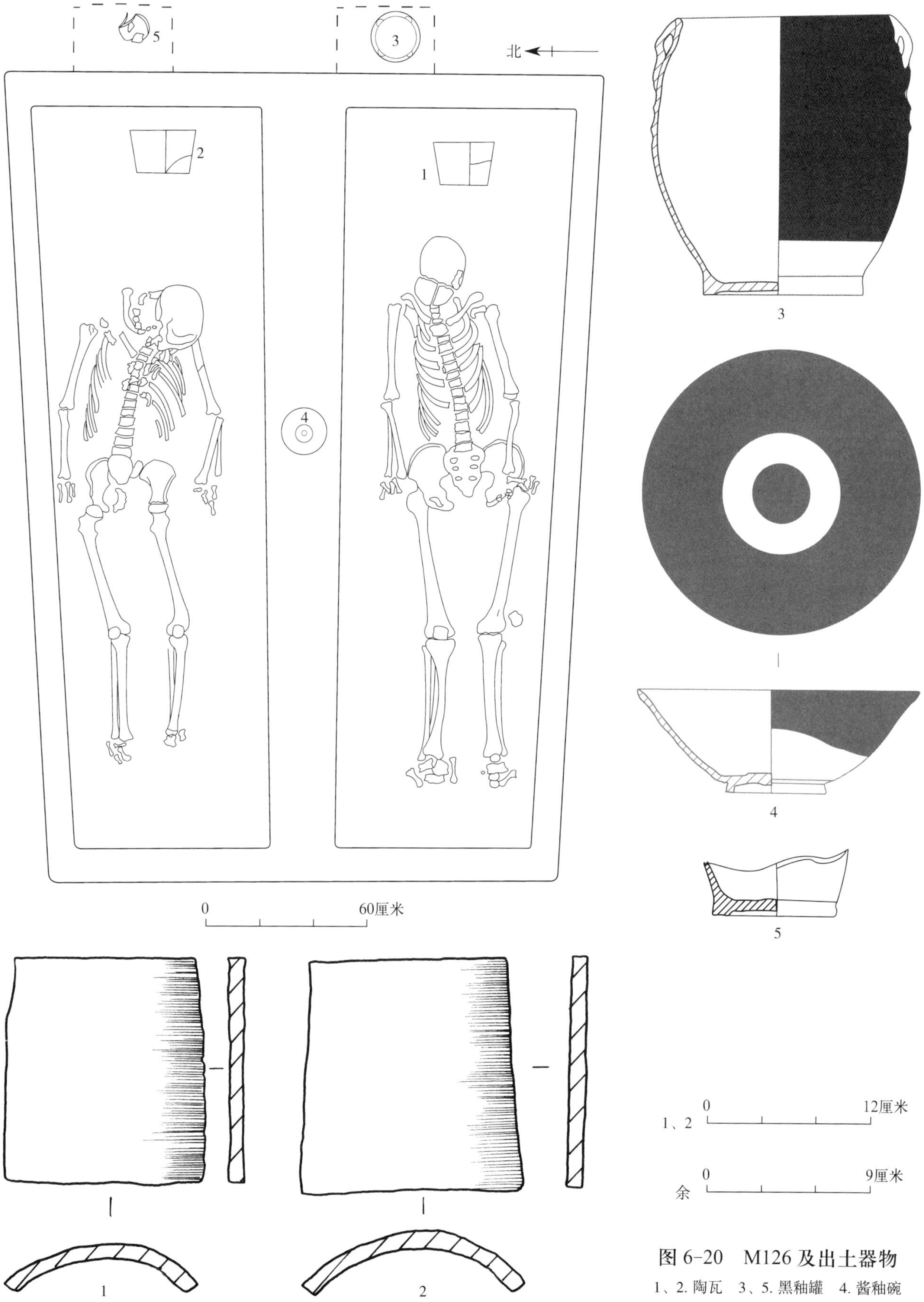

图 6-20　M126及出土器物

1、2. 陶瓦　3、5. 黑釉罐　4. 酱釉碗

随葬器物5件。黑釉罐2件分置于2个头龛内。酱釉碗1件放在两棺之间上部。陶瓦2件分别位于两墓主头骨顶部。

2. 出土遗物

（1）陶器

陶瓦　2件。

标本M126：1，板瓦，泥质灰陶。一端略窄。素面。长16.6、宽16.4厘米（图6-20，1）。

标本M126：2，板瓦，泥质灰陶。一端略窄。素面。长16.2、宽14.8厘米（图6-20，2）。

（2）瓷器

黑釉罐　2件。

标本M126：3，敛口，圆唇，微束颈，鼓腹，矮圈足。沿下饰四个对称竖桥形纽系，一周凸棱纹从纽下穿过，肩部饰两周凸棱纹，上部施黑釉，下部白瓷胎。口径11.7、高15厘米（图6-20，3）。

标本M126：5，仅残存底部。矮圈足。内壁及外上部施黑釉，底部白瓷胎。残高3.8、底径6.8厘米（图6-20，5）。

酱釉碗　1件。

标本M126：4，敞口，圆尖唇，斜弧腹，近底急收，圈足。内外壁上部及内底施酱釉，余部白瓷胎。口径15.5、高5.5厘米（图6-20，4）。

（二二）M127

1. 墓葬形制

位于墓地西南部，北部打破M139，东面是M129，南面为M145。方向105°（图6-21）。

倒梯形土坑竖穴墓。墓口长3.9、宽1.08～1.26、深0.35米。壁面光滑规整。底部平整，发现有倒梯形灰白色木棺朽痕，长1.78、宽0.38～0.6米。墓内填黄褐色五花土，土质较致密，内夹杂少量泥质灰陶碎片。

人骨1具。头向东，面向上，仰身直肢。女性，25～35岁。

随葬器物4件。陶瓦1件置于墓主头骨顶部。铜扣3枚散落在墓主颈椎、肋骨、骨盆处（图6-21）。

2. 出土遗物

（1）陶器

陶瓦　1件。

标本M127：1，板瓦。泥质灰陶。上窄下宽，瓦背拱起。素面。长17.2、宽16～17.4厘米（图6-21，1）。

（2）铜器

铜扣　3枚。

标本M127：2，球形，空心，一端带环形纽。

（二三）M134

1. 墓葬形制

位于墓地西南部，打破M141、M146、M135。方向125°（图6-22；彩版二八九，4）。

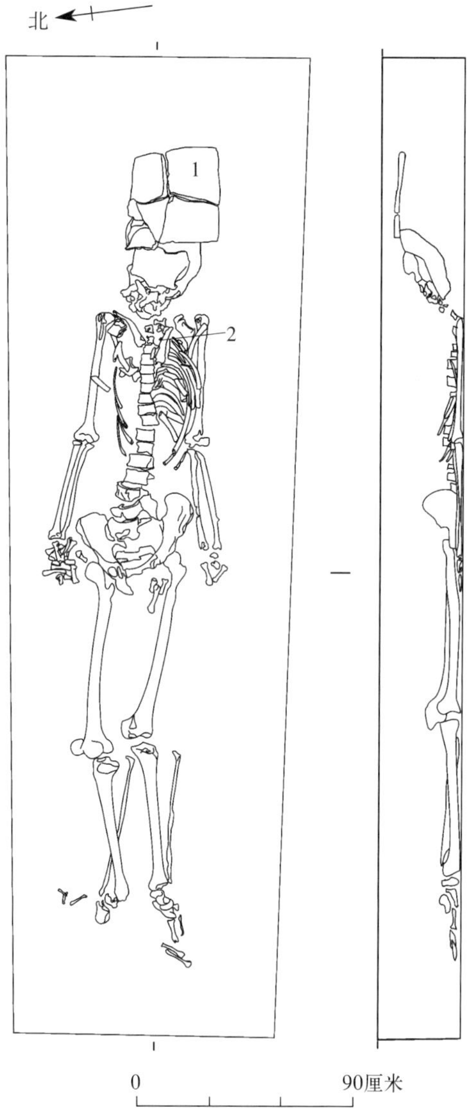

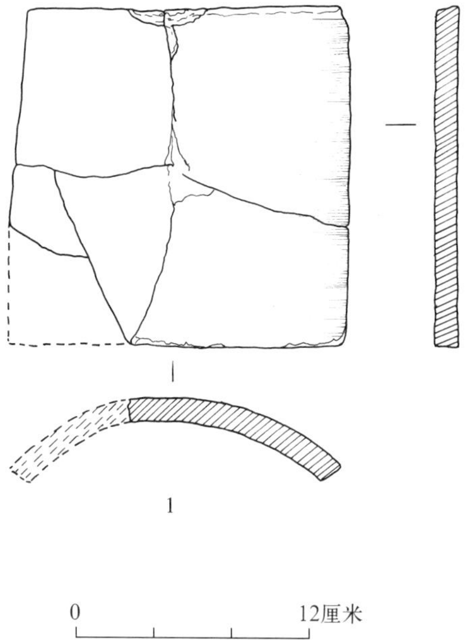

图 6-21　M127 及出土器物

1. 陶瓦　2. 铜扣（3）

倒梯形土坑竖穴墓。墓口长 3.25、宽 0.87～1.12、深 1.02 米。墓壁垂直规整。东端有生土二层台，长 1.12、宽 0.3、高 0.5 米。底部平整，发现有黑色木棺残痕。墓内填黄褐色五花土，土质致密。

人骨 1 具。头向东，面向上，仰身直肢。墓主头骨上部略移位。男性，40～50 岁。

随葬器物 8 件。黑釉罐、黑釉碗各 1 件，平放于二层台中部。陶瓦 1 件置于墓主头骨上。铜扣 5 枚分散于墓主胸部各处。

2. 出土遗物

（1）陶器

陶瓦　1 件。

标本 M134 : 3，板瓦，一角残缺。泥质灰陶。一端略窄，瓦背拱起。素面。长 17、宽 13.8～15 厘米（图 6-23，3）。

（2）瓷器

黑釉罐　1 件。

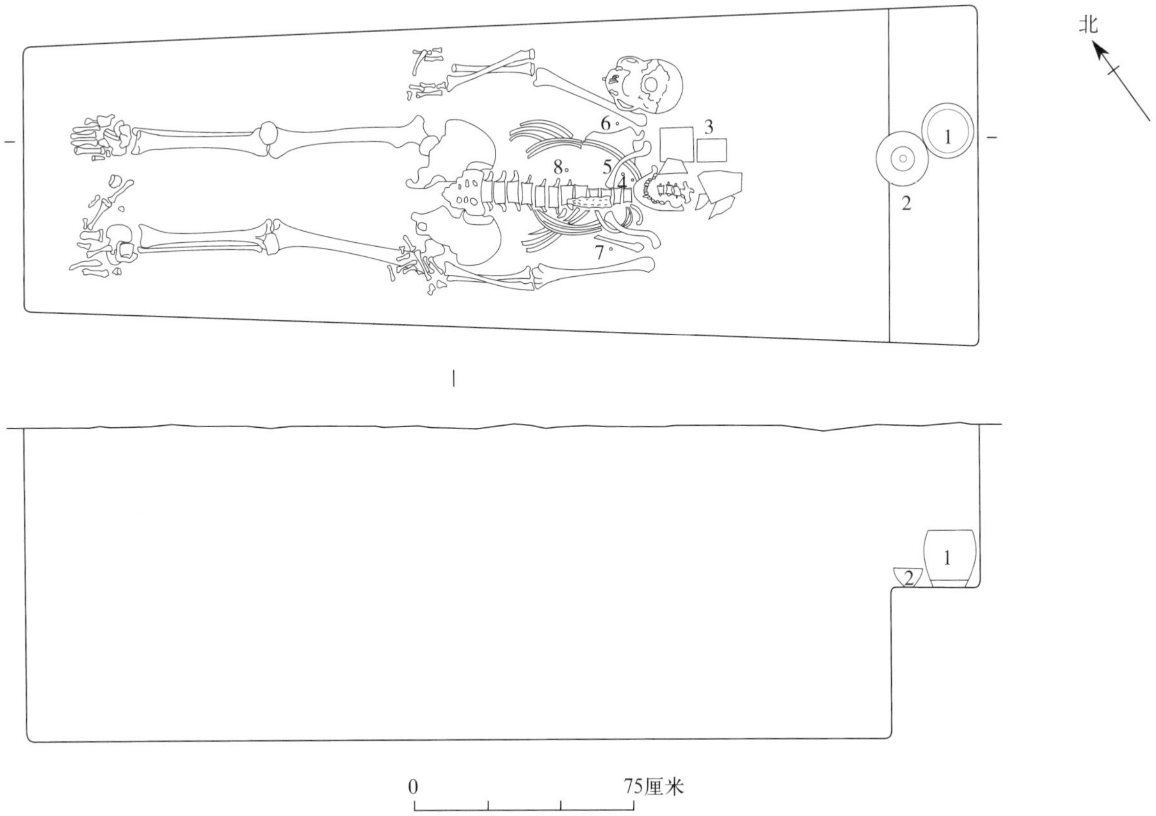

图 6-22　M134 平、剖面图

1. 黑釉罐　2. 黑釉碗　3. 陶瓦　4～8. 铜扣

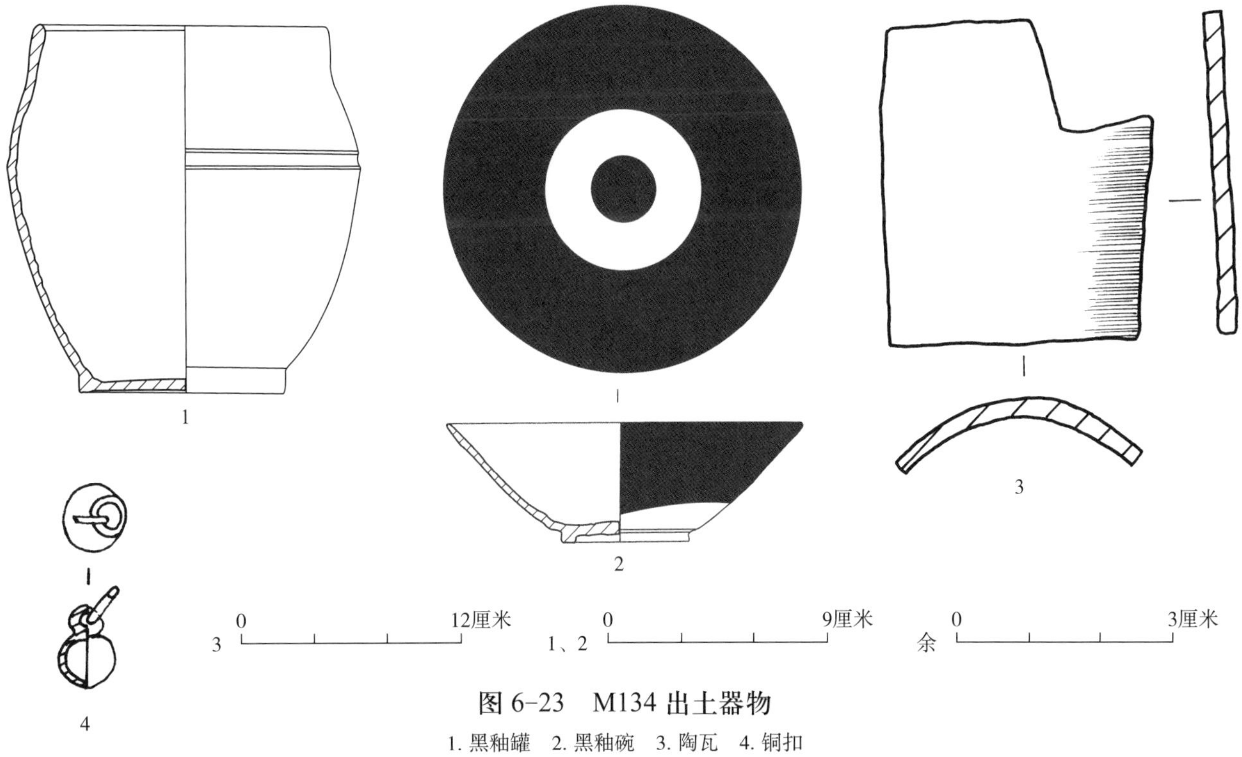

图 6-23　M134 出土器物

1. 黑釉罐　2. 黑釉碗　3. 陶瓦　4. 铜扣

标本M134：1，直口微敛，圆唇，鼓腹，矮圈足。腹部饰两周凸棱纹。内外壁上部施黑釉，外下部白瓷胎，内下部施酱釉。口径12、高14.6厘米（图6-23，1）。

黑釉碗　1件。

标本M134：2，敞口，圆尖唇，斜弧腹，近底急收，圈足。内外壁上部和内底施黑釉，余为白瓷胎。口径14.6、高4.8厘米（图6-23，2）。

（3）铜器

铜扣　5枚。

标本M134：4，球形，空心，一端带环形纽，纽上连接一环。素面。高1.1厘米（图6-23，4）。

（二四）M136

1. 墓葬形制

位于墓地西南部，打破M139，北面是M116，西面为M69。方向135°（图6-24；彩版二九〇，1）。

倒梯形土坑竖穴墓。墓口长2.15、宽0.5～0.75、深0.5米。墓壁光滑规整。东壁中部有长方形头龛，宽0.3、高0.25、进深0.2米。南壁中部长方形壁龛，宽0.3、高0.15、进深0.16米。墓底中部下凹，仅见木棺残痕，长1.63、宽0.45米。墓内填褐色五花土，土质较疏松。

人骨1具。头向东，面向右，仰身直肢。男性，40～50岁。头骨下枕有一黄色土坯，呈长方形，长50、宽7、高8厘米。

随葬器物4件。酱釉罐、黑釉碗各1件，分置于头龛和壁龛内。陶瓦1件放置在墓主右股骨外侧。铜扣1枚位于墓主颈部。

2. 出土遗物

（1）陶器

陶瓦　1件。

标本M136：3，板瓦。泥质灰陶。一端略窄，瓦背拱起。素面。长16.6、宽16.2厘米（图6-24，3）

（2）瓷器

酱釉罐　1件。

标本M136：1，敛口，圆唇，微束颈，鼓腹，矮圈足。内外壁上部施浅酱色釉，内底施酱釉，其余为白瓷胎。口径12、高16.2厘米（图6-24，1）。

黑釉碗　1件。

标本M136：2，敞口，圆尖唇，斜弧腹，近底急收，圈足。内外壁上部及内底施黑釉，余部为白瓷胎。口径15、高4.5厘米（图6-24，2）。

（3）铜器

铜扣　1枚。

标本M136：4，球形，空心，一端带环形纽。素面。高1.5厘米（图6-24，4）。

（二五）M137

墓葬形制

位于墓地西南部，打破M138，南面为M107。方向115°。

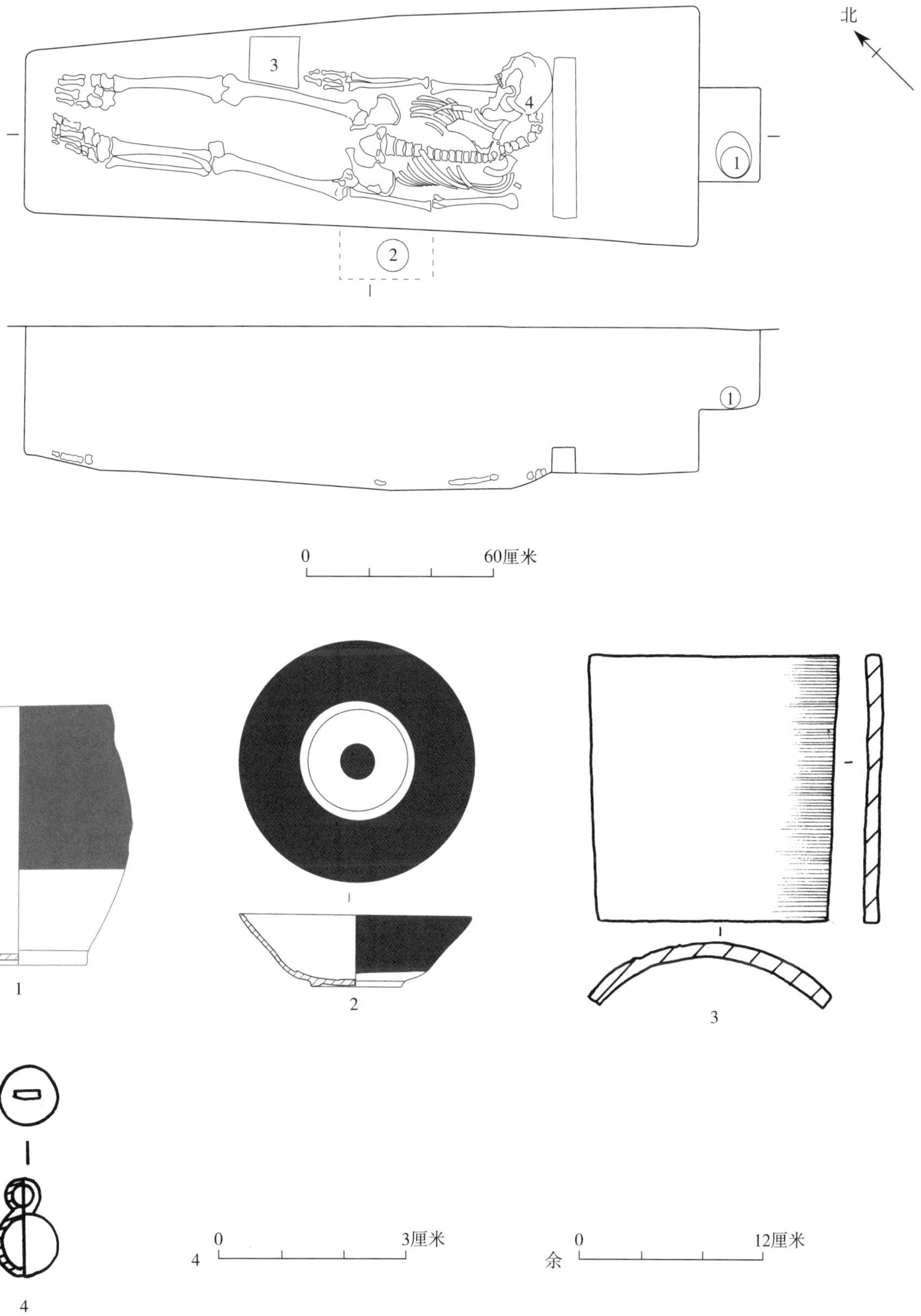

图 6-24　M136 及出土器物

1. 酱釉罐　2. 黑釉碗　3. 陶瓦　4. 铜扣

倒梯形土坑竖穴墓。墓口残长1.13、残宽0.64～0.74、残深0.23米。墓内填黄褐色五花土，质地较疏松。

人骨1具。头向东，面向不详，直肢葬。仅存下肢骨，女性，年龄无法鉴定。

随葬器物无。

（二六）M158

1. 墓葬形制

位于墓地西北部，被M156打破，北面为M187，东南面是M149。方向126°（图6-25；彩版二九一，1）。

倒梯形土坑竖穴墓。墓口长1.95、宽0.4～0.56、残深0.35米。东壁中部有长方形头龛，宽0.26、高0.23、进深0.25米。北壁偏东侧长方形壁龛，宽0.15、高0.07、进深0.12米。墓底发现倒梯形木棺残痕，长1.66、宽0.36～0.49米。墓内填褐色五花土，土质较疏松。

人骨1具。头向东，面向上，仰身直肢。女性，30～40岁。

随葬器物14件。黑釉罐、黑釉碗各1件，分置于头龛和壁龛内。陶瓦1件位于墓主头部。铜钱7枚，散落于墓主躯干和下肢各处。银耳环2件在墓主头骨左侧和右上肢骨内侧。铜扣1枚位于墓主颈部。铁戒指1件在墓主右指骨处。

2. 出土遗物

（1）陶器

陶瓦 1件。

标本M158∶3，板瓦。泥质灰陶。一端略窄，瓦背拱起，上有朱书符箓，脱落不清。长18.4、

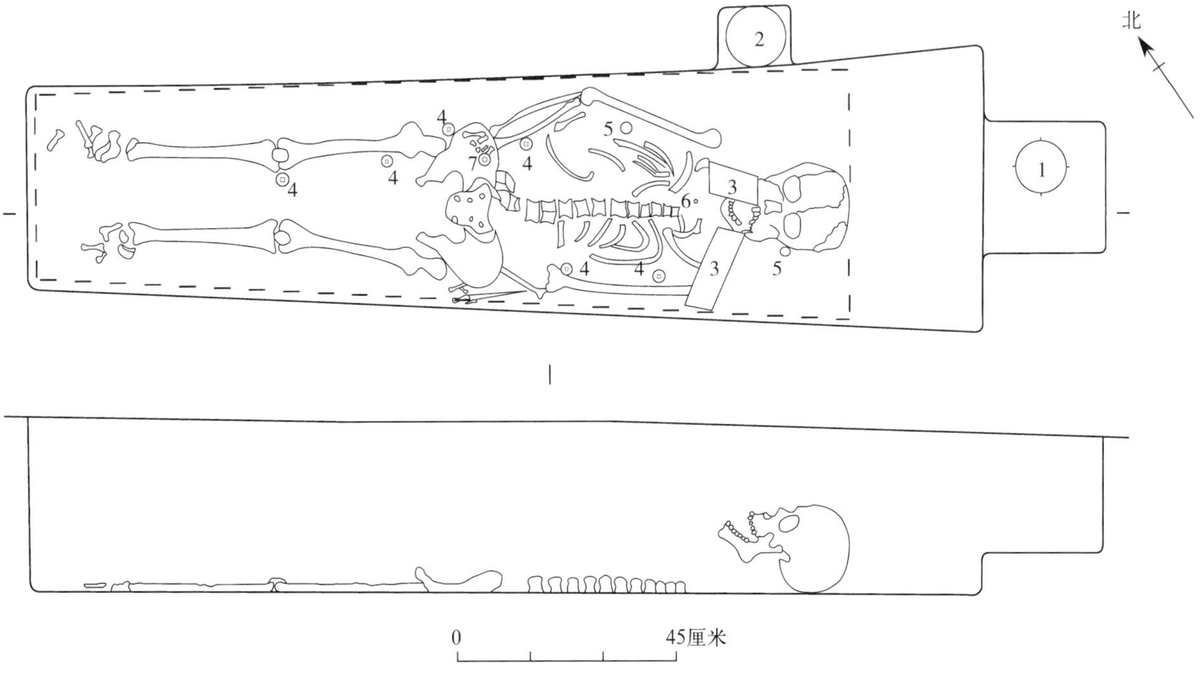

图6-25 M158平、剖面图

1. 黑釉罐 2. 黑釉碗 3. 陶瓦 4. 铜钱（7） 5. 银耳环（2） 6. 铜扣 7. 铁戒指

宽 18.5 厘米（图 6-26，3；彩版二九一，2）。

（2）瓷器

黑釉罐　1 件。

标本 M158∶1，敛口，圆唇，鼓腹，矮圈足。沿下饰四个对称竖桥形纽系，腹部饰五道凸棱纹。外壁上部和内壁施黑釉，余部为白瓷胎。口径 7.8、高 11.6 厘米（图 6-26，1；彩版二九一，3）。

黑釉碗　1 件。

标本 M158∶2，敞口微侈，圆尖唇，斜弧腹，近底急收，圈足。内外壁上部和内底施黑釉，余部为白瓷胎。口径 13.8、高 5.2 厘米（图 6-26，2；彩版二九一，4）。

（3）金银器

银耳环　2 件。形制相同。首尾相接呈环形，截面呈圆形。素面。

标本 M158∶5-1、2，直径 2.5 厘米（图 6-26，5-1、2；彩版二九一，5）。

（4）铜器

铜扣　1 枚。

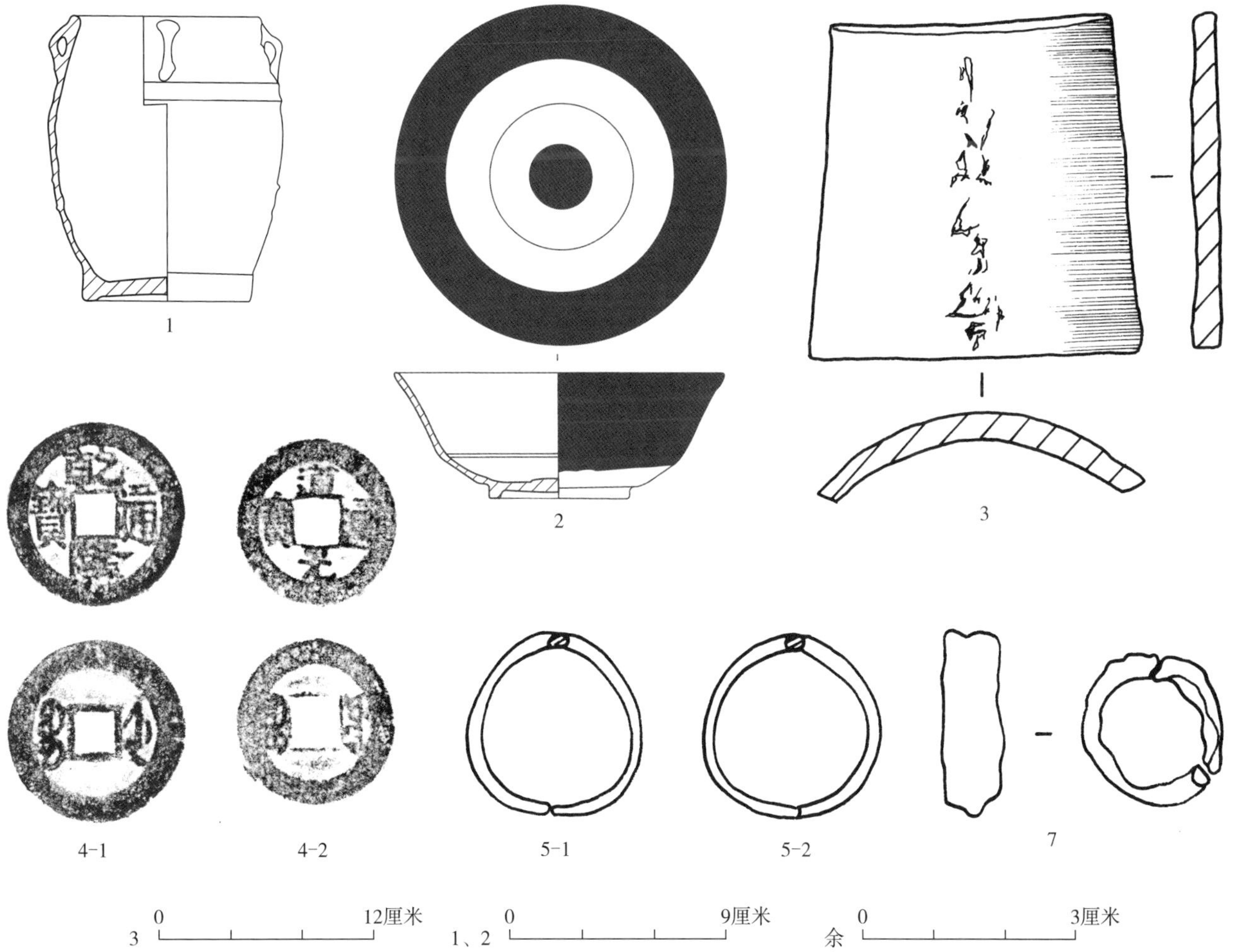

图 6-26　M158 出土器物

1. 黑釉罐　2. 黑釉碗　3. 陶瓦　4-1、2. 铜钱　5-1、2. 银耳环　7. 铁戒指

标本 M158∶6，球形，中空，残。

铜钱　7枚。为乾隆通宝、道光元宝。圆形方穿，正、背面穿郭俱全。钱文楷书，对读。背穿之左右为满文局。

乾隆通宝　6枚。

标本 M158∶4-1，直径2.5、穿边长0.6、厚0.13厘米（图6-26，4-1）。

道光通宝　1枚。

标本 M158∶4-2，直径2.3、穿边长0.6、厚0.13厘米（图6-26，4-2）。

（5）铁器

铁戒指　1件。

标本 M158∶7，环形。锈蚀较重，截面呈弧形。素面。直径2厘米（图6-26，7）。

（二七）M170

1. 墓葬形制

位于墓地西北部，北面是M212，东南面为M279。方向140°（图6-27；彩版二九〇，2）。

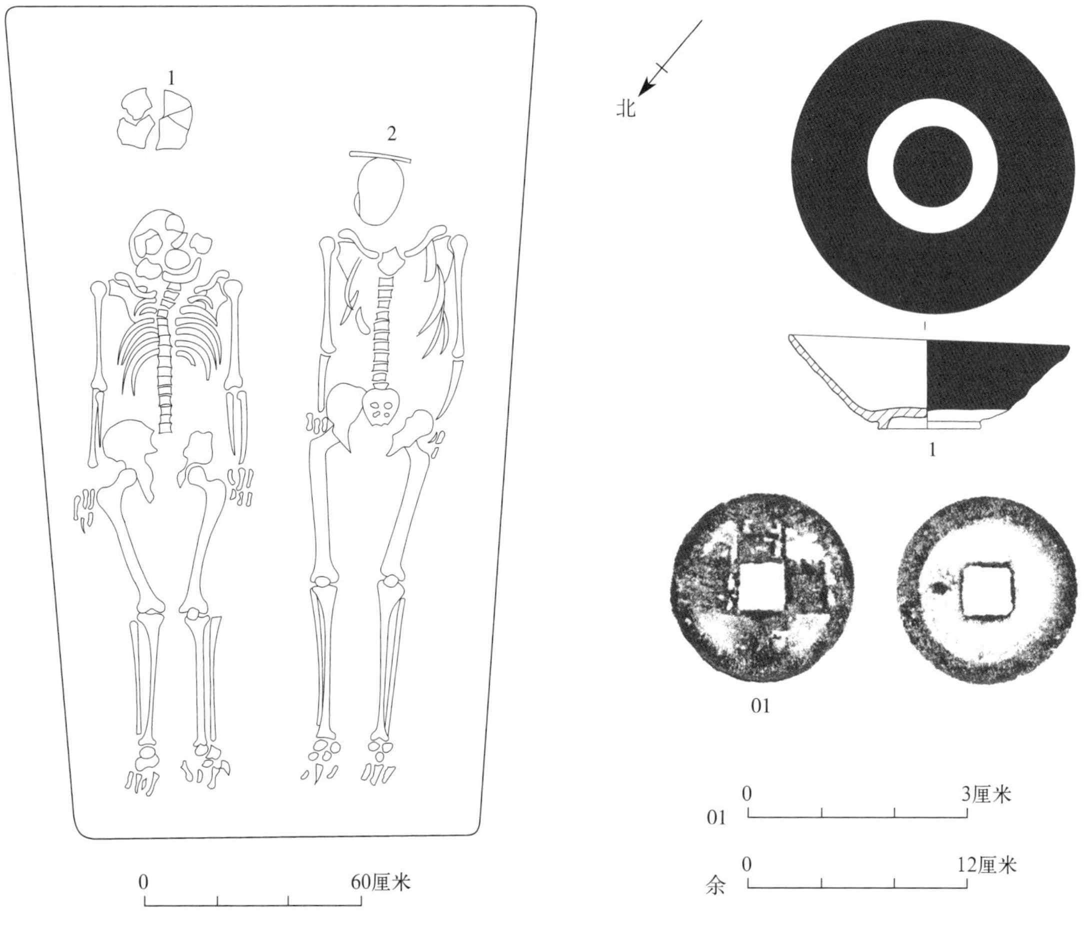

图6-27　M170及出土器物

1. 黑釉碗　2. 陶瓦　01. 铜钱

倒梯形土坑竖穴合葬墓。墓口长 2.2、宽 1.1 ～ 1.46、残深 0.4 米。直壁规整。底部平整，发现两倒梯形木棺灰痕。西侧棺长 1.95、宽 0.55 ～ 0.6 米。东侧棺长 1.8、宽 0.45 ～ 0.58 米。墓内填黄褐色五花土，土质较疏松。填土中发现铜钱 1 枚。

人骨 2 具。头向南，面向上，仰身直肢。西侧人骨男性，50 ～ 60 岁；东侧人骨女性，55 ～ 60 岁。

随葬器物 2 件。黑釉碗 1 件置于东侧墓主头骨上方。陶瓦 1 件，位于西侧墓主头骨后方。

2. 出土遗物

（1）陶器

陶瓦　1 件。

标本 M170 : 2，板瓦。泥质灰陶。瓦背拱起，素面。

（2）瓷器

黑釉碗　1 件。

标本 M170 : 1，敞口，圆尖唇，斜弧腹，近底急收。内外壁上部和内底施酱黑釉，余部黄褐胎。口径 15.5、高 4.8 厘米（图 6-27，1）。

（3）铜器

铜钱　1 枚。

标本 M170 : 01，周元通宝，正面轮郭俱全，钱文隶书，对读。背郭较低，穿左有一星。直径 2.5、穿边长 0.8、厚 0.1 厘米（图 6-27，01）。

（二八）M177

墓葬形制

位于墓地西北部，打破 M189，北面是 M185，东面为 M168，西面是 M169。方向 117°。

倒梯形土坑竖穴墓。墓口长 1.95、宽 0.58 ～ 0.7、残深 0.35 米。直壁规整，底较平整。墓内填黄褐色五花土，土质较疏松，夹杂少量灰陶片。

人骨 1 具。头向东，面向左，仰身直肢。骨骼凌乱，摆放痕迹明显，应为二次迁葬。骨骼保存较差。男性，25 岁左右。

随葬器物无。

（二九）M184

1. 墓葬形制

位于墓地西北部，北面是 M186，东面为 M183，南面是 M195，西面是 M207。方向 119°（图 6-28）。

长方形土坑竖穴墓。墓口长 2.0、宽 0.6、残深 0.4 米。直壁规整。底部平整，发现灰色倒梯形木棺痕迹，长 1.9、宽 0.4 ～ 0.5 米。墓内填浅灰褐色五花土，土质较疏松。

人骨 1 具。头向东，面向上，仰身直肢。男性，40 ～ 50 岁。

随葬器物 7 件。铜钱 3 枚位于墓主左臂处。铜扣 3 枚散落于墓主颈部。陶瓦 1 件放在墓主胸部。

2. 出土遗物

（1）陶器

陶瓦　1 件。

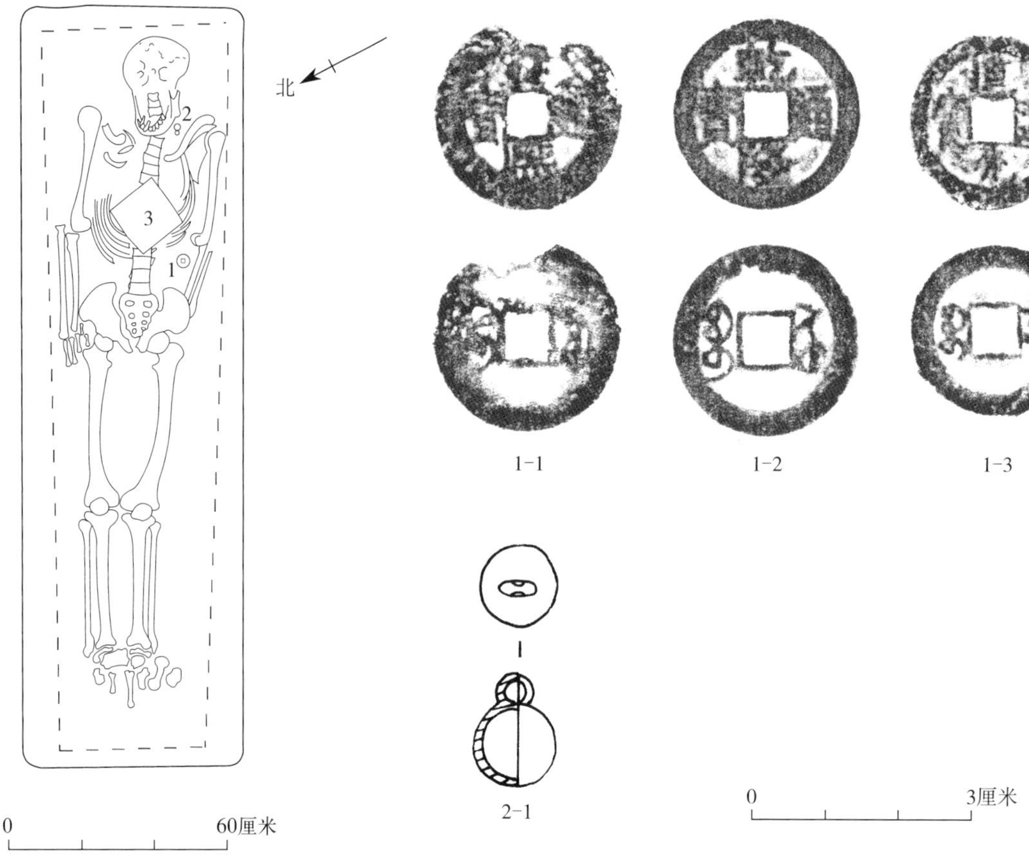

图 6-28　M184 及出土器物

1. 铜钱（3）　2. 铜扣（3）　3. 陶瓦

标本 M184∶3，板瓦。泥质灰陶。瓦背拱起，素面。

（2）铜器

铜扣　3 枚。球形，空心，一端带环形纽。素面。

标本 M184∶2-1，高 1.5 厘米（图 6-28，2-1）。

铜钱　3 枚。为康熙通宝、乾隆通宝、道光通宝。圆形方穿，正、背面轮郭俱全。钱文楷书，对读，背穿之左右为满文局。

康熙通宝　1 枚。

标本 M184∶1-1，直径 2.6、穿边长 0.6、厚 0.1 厘米（图 6-28，1-1）。

乾隆通宝　1 枚。

标本 M184∶1-2，直径 2.5、穿边长 0.7、厚 0.1 厘米（图 6-28，1-2）。

道光通宝　1 枚。

标本 M184∶1-3，直径 2.3、穿边长 0.6、厚 0.14 厘米（图 6-28，1-3）。

（三〇）M187

1. 墓葬形制

位于墓地西北部，北面是 M207，南面为 M158。方向 116°（图 6-29；彩版二九二，1）。

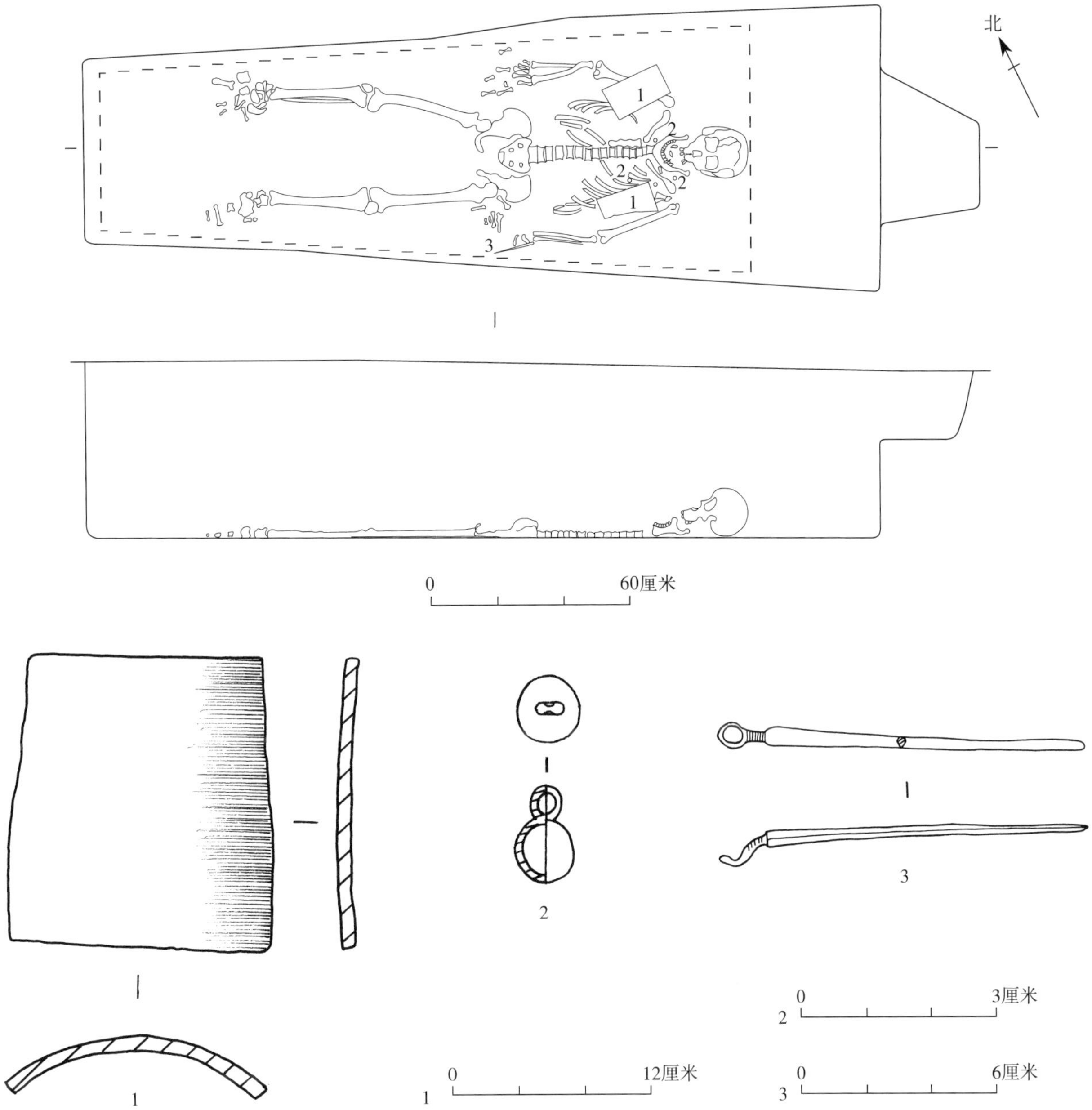

图 6-29　M187 及出土器物

1. 陶瓦　2. 铜扣（4）　3. 铜耳勺

倒梯形土坑竖穴墓。墓口长 2.35、宽 0.54 ～ 0.84、深 0.5 米。直壁规整。东壁中部有头龛，上部被破坏，宽 0.43、残高 0.2、进深 0.3 米。墓底平整，残存倒梯形灰色木棺痕迹，棺长 1.95、宽 0.46 ～ 0.73 米。墓内填褐色土，土质较疏松。

人骨 1 具。头向东，面向上，仰身直肢。女性，30 ～ 40 岁。

随葬器物 6 件。陶瓦 1 件破成两块，分别覆于墓主两上臂处。铜扣 4 枚散落于颈骨及左胸部。铜耳勺 1 件位于左手处。

2. 出土遗物

（1）陶器

陶瓦　1件。

标本M187∶1，板瓦。泥质灰陶。一端略窄，瓦背拱起。素面。长17.4、宽16厘米（图6-29，1）。

（2）铜器

铜耳勺　1件。

标本M187∶3，长条形，横截面近菱形，尾端略尖锐，首端急收，向下弯曲连接一圆勺。长11.4厘米（图6-29，3；彩版二九二，2）。

铜扣　4枚。球形，空心，一端带环形纽。素面。

标本M187∶2-1，高1.4厘米（图6-29，2-1）。

（三一）M211

1. 墓葬形制

位于墓地西北部，北面是M201，南面为M190。方向131°（图6-30）。

倒梯形土坑竖穴墓。墓口长2.24、宽0.56～0.8、残深0.6米。墓壁垂直，底部较平。墓底有灰白色倒梯形木棺残痕，长1.85、宽0.44～0.5米。墓内填浅灰褐色五花土，土质较疏松。填土中发现有猪距骨等。

人骨1具。头向东，面向上，仰身直肢。男性，23～27岁。

随葬器物17件。酱釉罐1件位于墓底东端。陶瓦1件发现于墓主头骨左侧。铜钱7枚分散于躯干骨各处。铜扣8枚均匀散落于胸部。

2. 出土遗物

（1）陶器

陶瓦　1件。

标本M211∶4，板瓦。泥质灰陶。一端略窄，瓦背拱起，素面。长18.9、宽16.4～18厘米（图6-31，4）。

（2）瓷器

酱釉罐　1件。

标本M211∶1，敛口，圆唇，鼓腹，矮圈足。腹上部饰两周凸棱纹。外上部及内口部施酱黑釉，余部为白褐胎。口径7.7、高10.8厘米（图6-31，1）。

（3）铜器

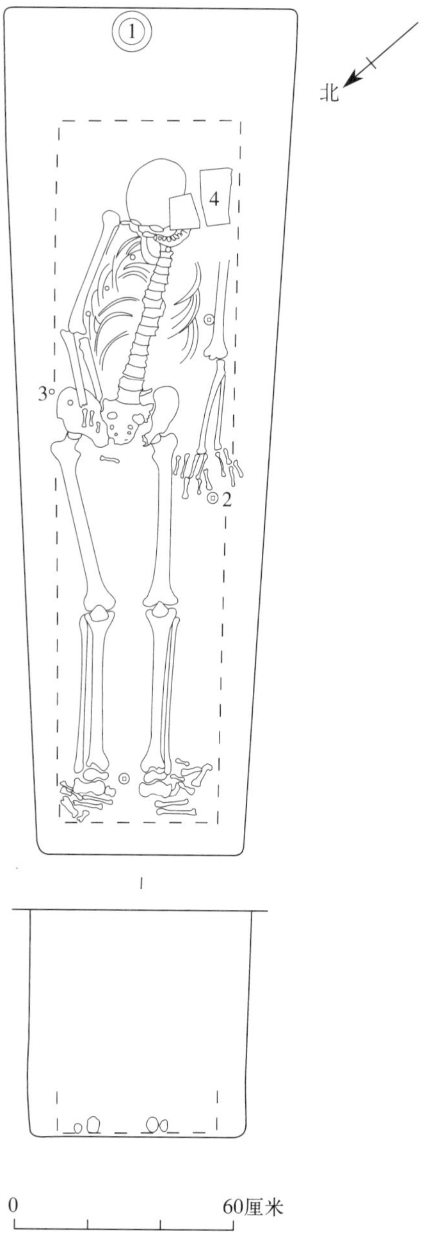

图6-30　M211平、剖面图

1. 酱釉罐　2. 铜钱（7）　3. 铜扣（8）　4. 陶瓦

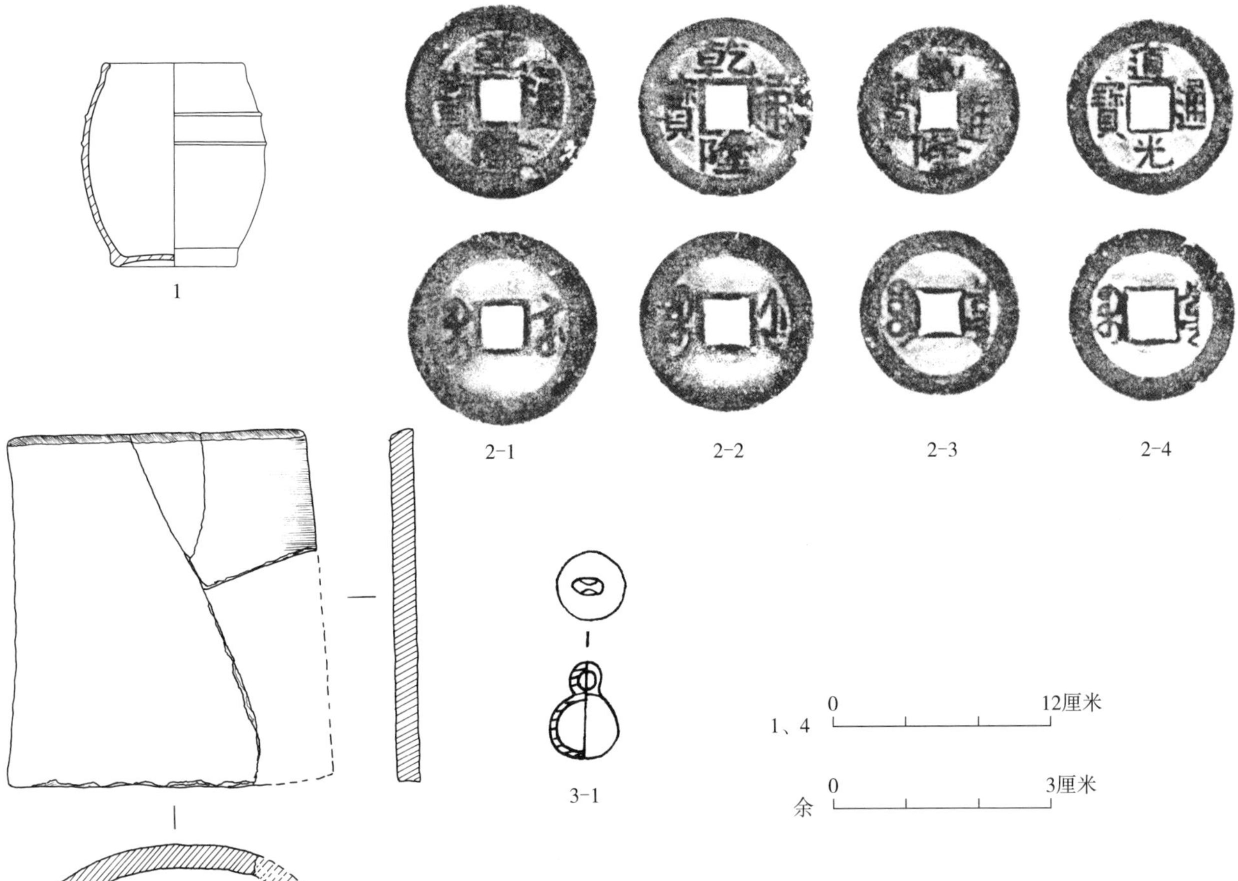

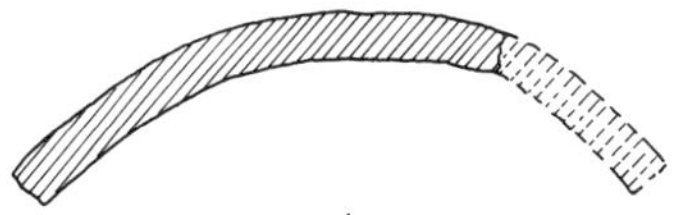

图 6-31　M211 出土器物

1. 酱釉罐　2-1～4. 铜钱　3-1. 铜扣　4. 陶瓦

铜扣　8 枚。球形，空心，一端带环形纽。素面。

标本 M211∶3-1，高 1.3 厘米（图 6-31，3-1；彩版二九二，3）。

铜钱　7 枚。乾隆通宝、道光通宝。圆形方穿，正、背两面轮郭俱全。正面钱文楷书，对读。背穿左右为满文局。

乾隆通宝　6 枚。

标本 M211∶2-1，直径 2.6、穿边长 0.6、厚 0.1 厘米（图 6-31，2-1）。

标本 M211∶2-2，直径 2.4、穿边长 0.6、厚 0.11 厘米（图 6-31，2-2）。

标本 M211∶2-3，直径 2.3、穿边长 0.5、厚 0.14 厘米（图 6-31，2-3）。

道光通宝　1 枚。

标本 M211∶2-4，直径 2.3、穿边长 0.6、厚 0.14 厘米（图 6-31，2-4）。

（三二）M246

1. 墓葬形制

位于墓地西南部，北面是 M247，东面为 M248，西南面是 M119。方向 48°（图 6-32；彩版二九二，4）。

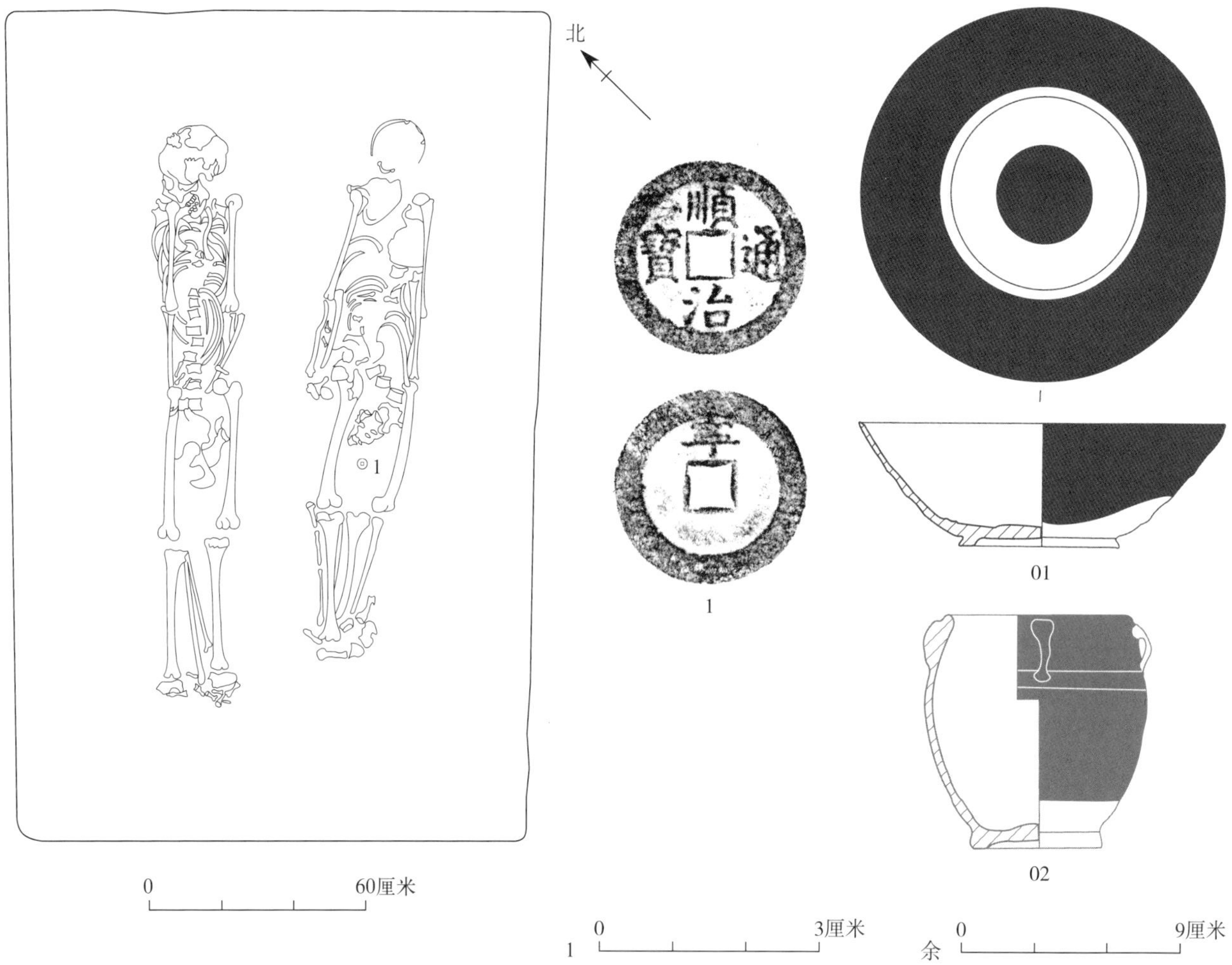

图 6-32 M246 及出土器物

1. 铜钱 01. 黑釉碗 02. 酱釉罐

倒梯形土坑竖穴合葬墓。墓口长2.2、宽1.4～1.5、残深0.4米。直壁规整。底部较平，发现两具木棺残痕，长1.72、宽0.32米。墓内填黄褐色五花土，土质较松软。填土中发现酱釉罐、黑釉碗各1件。

人骨2具。头向东，面向上，仰身直肢，或为迁葬。东侧人骨男性，35～45岁；西侧墓主女性，35～45岁。

随葬铜钱1枚，位于东墓主股骨之间。

2. 出土遗物

（1）瓷器

酱釉罐 1件。

标本M246：02，敛口，圆唇，溜肩，鼓腹，矮圈足。肩上有四个对称竖桥形纽系。外腹上部施酱黑釉，腹下部为黄褐胎，内壁及余部为白胎。口径7.5、高9.3厘米（图6-32，02）。

黑釉碗 1件。

标本M246：01，敞口，圆尖唇，斜弧腹，近底急收，矮圈足。内外壁上部及内底施黑釉。口径

15、高 5 厘米（图 6-32，01）。

（2）铜器

铜钱　1 枚。

标本 M246：1，顺治通宝，圆形方穿，正、背两面轮郭俱全。钱文楷书，对读，背面穿上有一楷书“寧”字。直径 2.6、穿边长 0.5、厚 0.12 厘米（图 6-32，1）。

（三三）M250

1. 墓葬形制

位于墓地西南部，北面是 M251，南面为 M249。方向 105°（图 6-33）。

倒梯形土坑竖穴墓。墓口长 2.4、宽 0.7～0.88、残深 0.5 米。直壁规整，底较平整。东壁中部有头龛，宽 0.22、进深 0.33 米。北壁中部偏东有壁龛，宽 0.14、进深 0.13 米。两龛均长方形，因上部扰乱，高度不详。墓底见有灰色木棺朽痕，厚约 0.03 米。墓内填黄褐色花土，土质较致密，内含少量陶片。

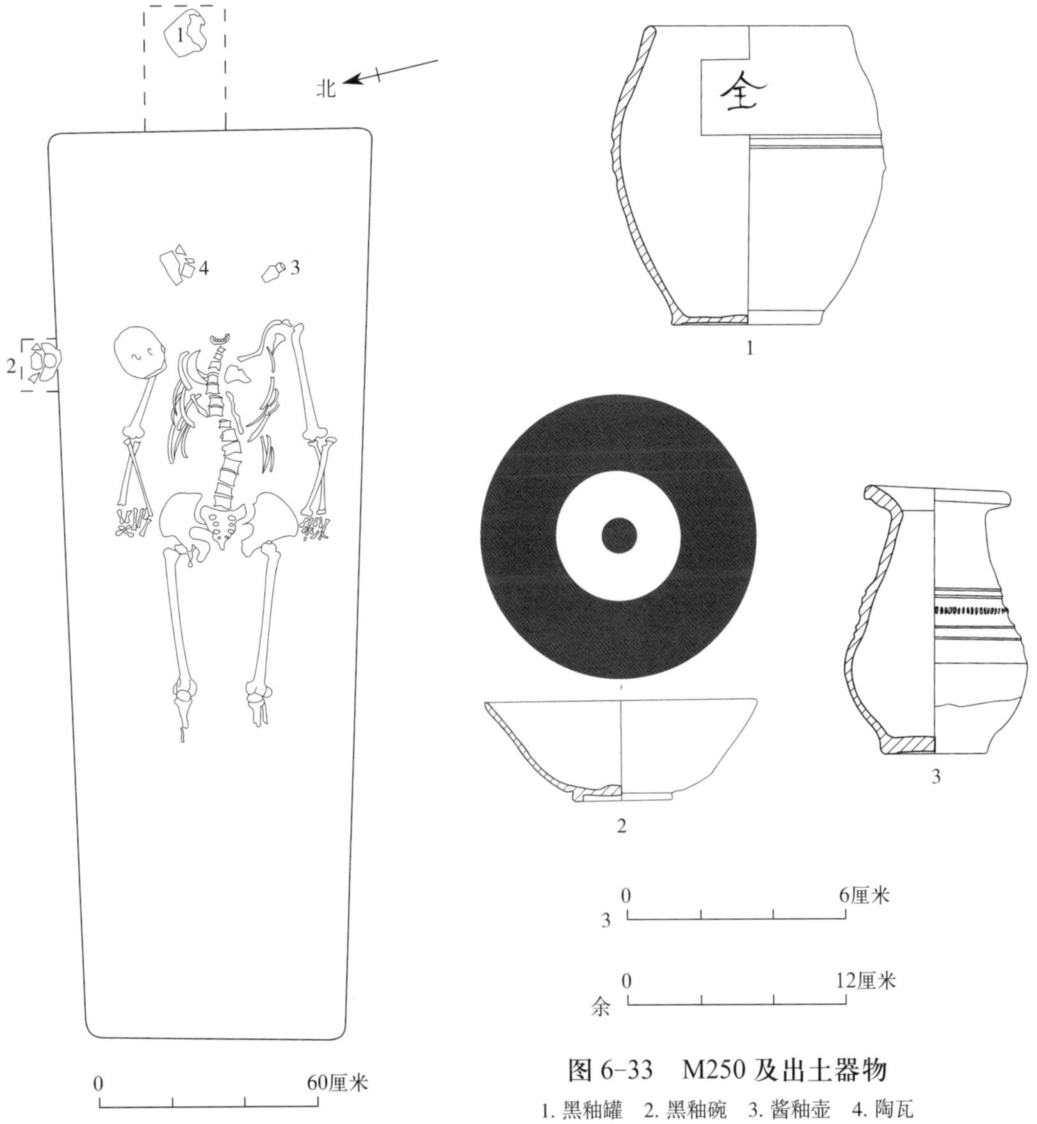

图 6-33　M250 及出土器物

1. 黑釉罐　2. 黑釉碗　3. 酱釉壶　4. 陶瓦

人骨1具。头向东，面向不详，仰身直肢。男性，25～35岁。

随葬器物4件。黑釉罐、黑釉碗各1件，分置于头龛和壁龛内。酱釉壶、陶瓦各1件分别放在墓主左、右肩上部。

2. 出土遗物

（1）陶器

陶瓦 1件。

标本M250∶4，板瓦。泥质灰陶。瓦背拱起。素面。

（2）瓷器

黑釉罐 1件。

标本M250∶1，敛口，圆唇，鼓腹，矮圈足。外壁上部及内口部施酱黑釉，余部白瓷胎。肩部有一阳印“全”字。口径11、高15.8厘米（图6-33，1）。

酱釉壶 1件。

标本M250∶3，侈口外翻，束颈，垂腹，矮圈足。肩及腹部饰五周凸棱及一周凸起连珠纹。外壁上部及内口部施酱色釉，外壁中下部为黄褐釉，底部白瓷胎。口径4、高7厘米（图6-33，3）。

黑釉碗 1件。

标本M250∶2，敞口，圆尖唇，斜弧腹，近底急收。内外壁上部及内底施黑釉，余部白瓷胎。口径15、高5.3厘米（图6-33，2）。

（三四）M251

墓葬形制

位于墓地西南部，南面是M250。方向105°。

长方形土坑竖穴墓。墓口长1.7、宽0.4、残深0.2米。墓壁垂直，底部平整。墓内填黄褐色五花土，土质较疏松。

人骨1具。头向东，面向上，仰身直肢。女性，30～40岁。

随葬器物无。

（三五）M316

1. 墓葬形制

位于墓地中部，北部打破M320、M388，南面是M357。方向125°（图6-34）。

倒梯形土坑竖穴墓。墓口长2.1、宽0.72～0.75、残深0.2米。直壁规整，底部平整。墓内填黄褐色五花土，土质较疏松，内夹少量泥质灰陶片。

人骨1具。头向东，面向上，仰身直肢。性别无法鉴定，成年个体。

随葬器物3件。陶瓦1件置于墓主腹部。铜钱2枚叠压于陶瓦下面（图6-34）。

2. 出土遗物

（1）陶器

陶瓦 1件。

标本M316∶1，板瓦。泥质灰陶。上端略窄。瓦面拱起，上有朱绘符文，左侧有一“位”字，

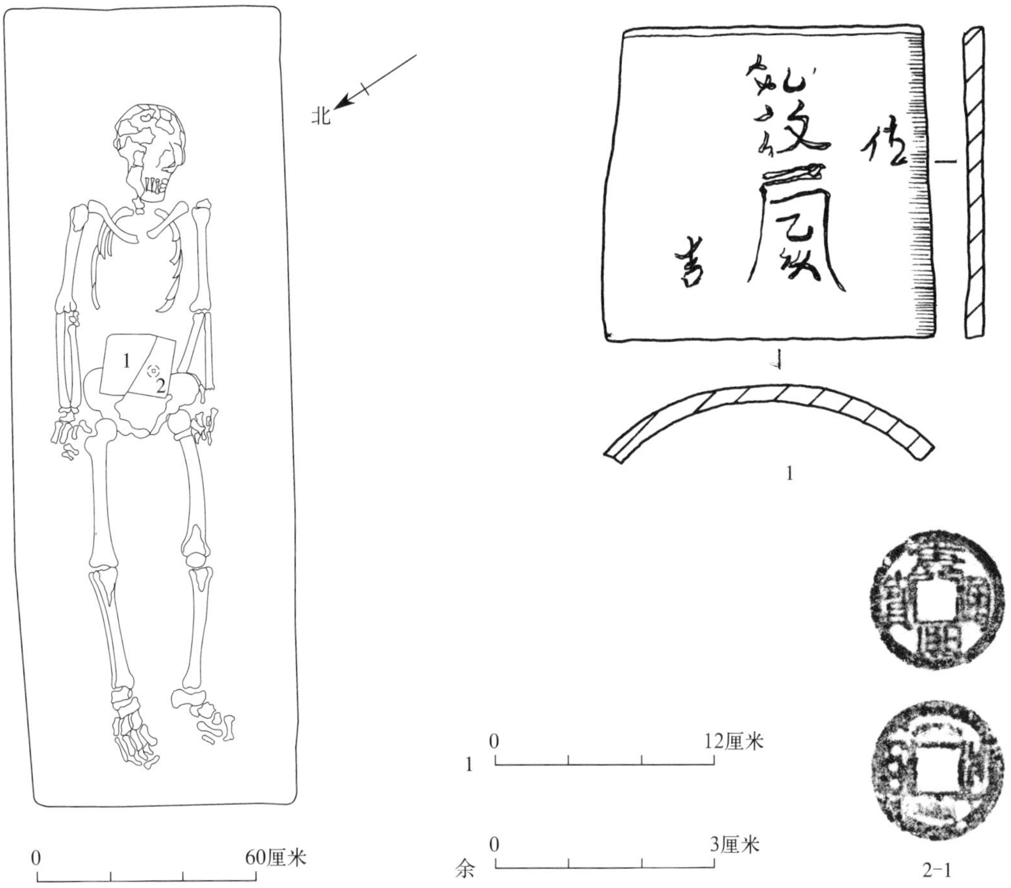

图 6-34　M316 及出土器物

1. 陶瓦　2. 铜钱（2）

右侧一“吉”字，中为符箓。长 16.7、宽 18 厘米（图 6-34，1）。

（2）铜器

铜钱　2 枚。均为康熙通宝，1 枚残破。圆形方穿，正、背两面穿郭俱全。钱文楷书，对读，背穿之左右为满文局。

标本 M316∶2-1，直径 1.9、穿边长 0.5、厚 0.07 厘米（图 6-34，2-1）。

（三六）M320

1. 墓葬形制

位于墓地中部，打破 M388，被 M316 打破，西面是 M318。方向 110°（图 6-35）。

倒梯形土坑竖穴墓。墓口长 2.25、宽 0.69 ～ 0.81、残深 0.47 米。直壁规整，底较平，有倒梯形木棺朽痕，长 1.87、宽 0.47 ～ 0.58、厚 0.04 米。墓内填黄褐色五花土，土质较疏松，内含少量泥质灰陶片。

人骨 1 具。头向东，面向上，仰身直肢。女性，30 ～ 40 岁。

发现铁铲 1 件，在墓主左肩部外侧。

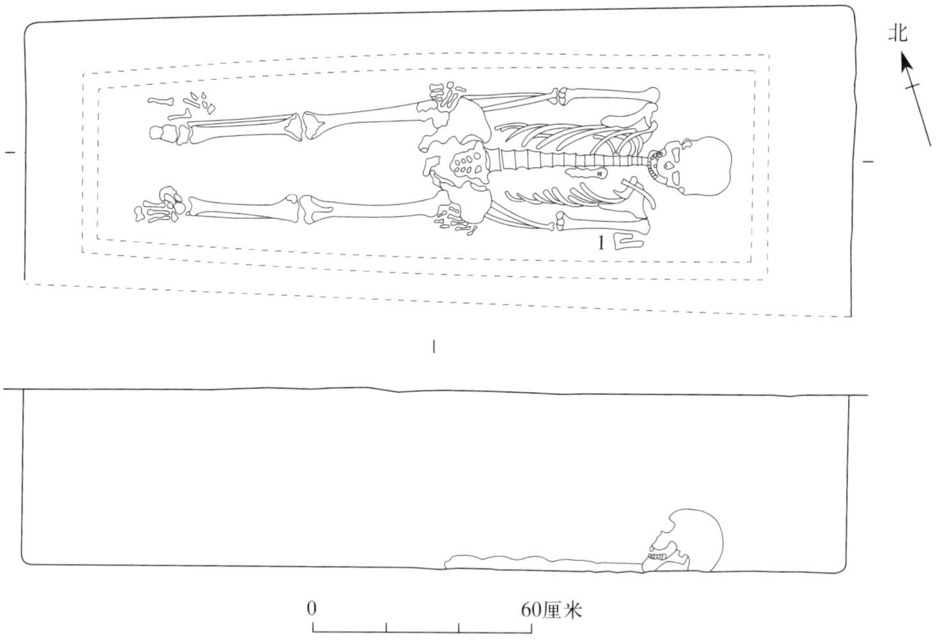

图 6-35 M320 平、剖面图
1. 铁铲

2. 出土遗物

铁铲 1件。

标本 M320∶1，近长方形。截面三角形。顶部有长方形孔。斜体上窄下宽，平刃。残长 9.3、宽 4.4、厚 0.8 厘米。

（三七）M336

1. 墓葬形制

位于墓地中部，打破 M354，北面是 M349，东面为 M332。方向 105°（图 6-36；彩版二九三，1）。

倒梯形土坑竖穴墓。墓口长 2.7、宽 0.76～1.0、深 1.1 米，底长 2.35、宽 0.55～0.75 米。壁面垂直、规整。南壁偏东侧长方形壁龛，宽 0.18、高 0.1、进深 0.17 米。底部较平，木棺仅残存南、北侧及底部部分棺板，棺长 2.35、宽 0.55～0.75、残高 0.2 米。墓内填黄褐色五花土，土质较疏松。填土中发现铜钱 3 枚，外面包裹丝织物。

人骨 1 具。头向东，面向上，仰身直肢。男性，50～60 岁。

随葬器物 6 件。黑釉罐 1 件位于墓底东端。酱釉碗 1 件放在壁龛内。陶瓦 1 件置于墓主右胸部。铜扣 3 枚散落于墓主腹部。

2. 出土遗物

（1）陶器

陶瓦 1件。

标本 M336∶2，板瓦。泥质灰陶。一端略窄，瓦背拱起。素面。长 15.2、宽 16.5 厘米（图 6-36，2；彩版二九三，2）。

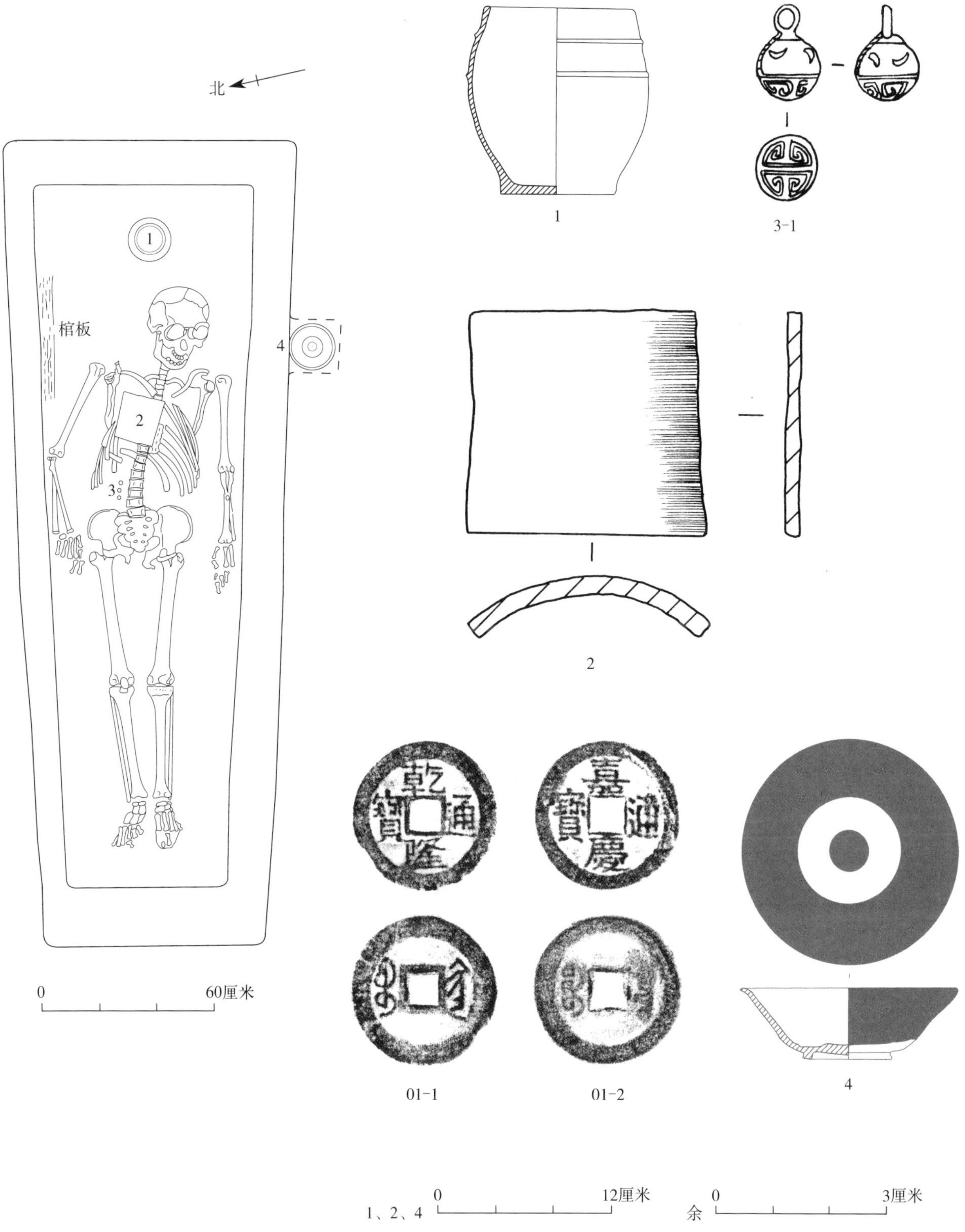

图 6-36 M336 及出土器物

1. 黑釉罐 2. 陶瓦 3. 铜扣（3） 4. 酱釉碗 01-1、2. 铜钱

（2）瓷器

黑釉罐　1件。

标本M336∶1，敛口，圆唇，鼓腹，平底。肩及腹部各饰一周凸棱纹。外壁上部及内口部施黑釉，余部白瓷胎。口径10、高12.5厘米（图6-36，1；彩版二九三，3）。

酱釉碗　1件。

标本M336∶4，敞口微侈，圆尖唇，斜弧腹，近底急收，圈足。内外壁上部及内底施酱色釉，余部白瓷胎。口径15.2、高4.8厘米（图6-36，4；彩版二九三，4）。

（3）铜器

铜扣　3枚。球形，中空，一端带环形纽，底部饰寿纹，上部有四个月牙纹。

标本M336∶3-1，高1.6厘米（图6-36，3-1；彩版二九三，5）。

铜钱　3枚。为乾隆通宝、嘉庆通宝。圆形方穿，正、背两面轮郭俱全。钱文楷书，对读，背穿左右为满文局。

乾隆通宝　2枚。

标本M336∶01-1，直径2.5、穿边长0.5、厚0.1厘米（图6-36，01-1；彩版二九三，6左）。

嘉庆通宝　1枚。

标本M336∶01-2，直径2.5、穿边长0.7、厚0.12厘米（图6-36，01-2；彩版二九三，6右）。

（三八）M347

1. 墓葬形制

位于墓地中部，打破M348、M356，西面为M197、M191。方向115°。

倒梯形土坑竖穴墓。墓口长2.2、宽1.1～1.3、残深0.24米。直壁，平底。墓底有倒梯形木棺痕迹，长1.8、宽0.5～0.6、厚0.08米。墓内填黄褐色五花土，土质较疏松。

人骨1具。头向东，面向不明，仰身直肢。男性，30～40岁。

随葬器物5件。黑釉罐1件放在棺内东北角。铜簪1件、铜钱2枚，分置于墓主头骨顶部和左侧。铜扣1枚位于墓主胸部。

2. 出土遗物

（1）瓷器

黑釉罐　1件。

标本M347∶4，敛口，圆唇，腹略鼓，矮圈足。肩上有四个耳系，两两相近，对称分布。腹部饰两周凸棱弦纹。腹上部及内壁除口沿处施黑釉。口径9.5、高15厘米（图6-37，4）。

（2）铜器

铜簪　1件。

标本M347∶1，长条锥形。体截面呈方形。首端尖锐，末端接覆斗状蘑菇纽。长12.2厘米（图6-37，1）。

铜扣　1枚。

标本M347∶2，球形，空心，一端带环形纽。素面。高1.5厘米（图6-37，2）。

铜钱　2枚。均为皇宋通宝，圆形方穿，正、背两面轮郭俱全。篆书、楷书各1枚，对读。

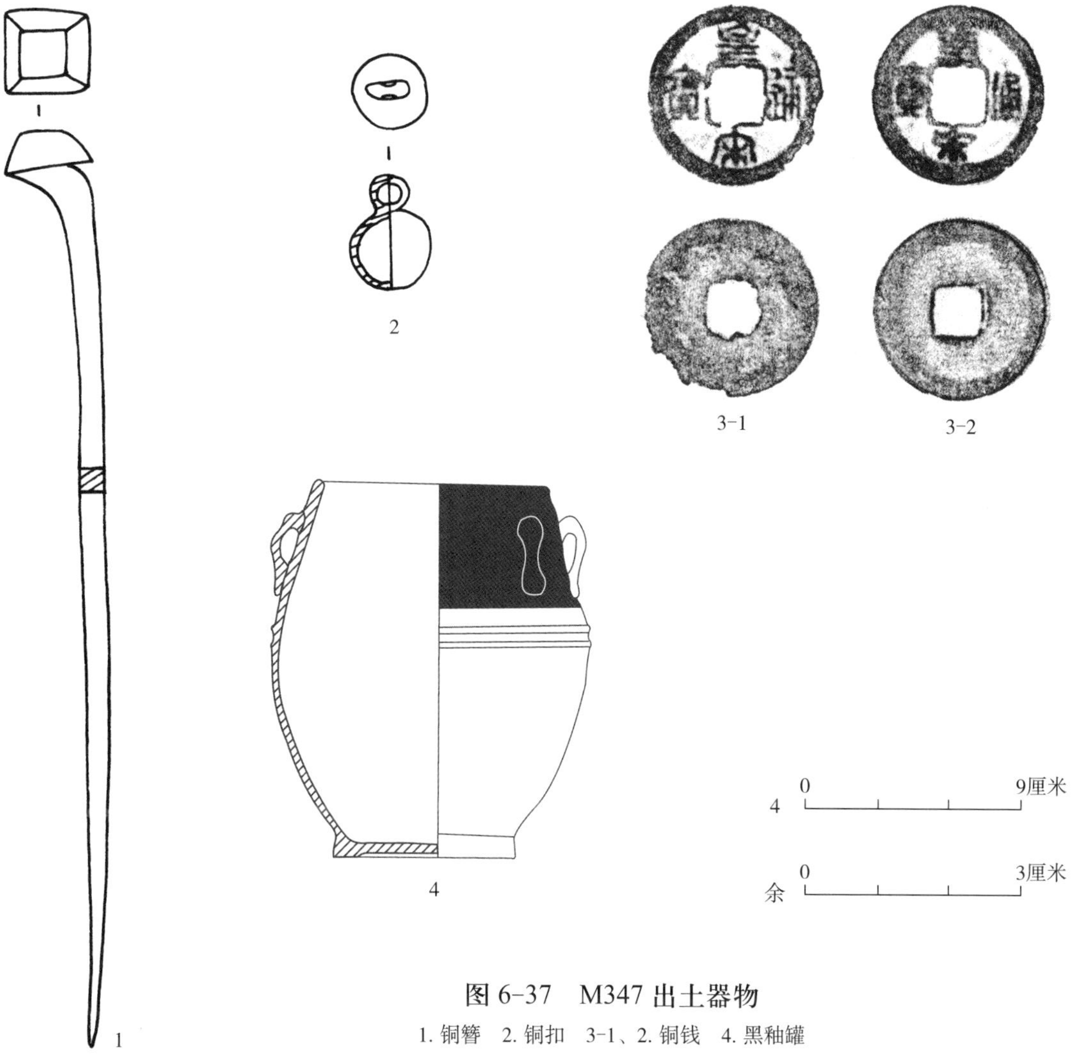

图 6-37　M347 出土器物

1. 铜簪　2. 铜扣　3-1、2. 铜钱　4. 黑釉罐

标本 M347：3-1、2，直径 2.4、穿边长 0.7、厚 0.09 厘米（图 6-37，3-1、2）。

（三九）M385

1. 墓葬形制

位于墓地中部，东北面是 M390，东南面为 M357。方向 150°（图 6-38）。

倒梯形土坑竖穴墓。墓口长 1.98、宽 0.5 ～ 0.7、残深 0.22 米。直壁规整。东壁中部有头龛，宽 0.56、进深 0.2 米，因上部破坏，高度不详。墓内填黄褐色土，土质较疏松，内夹杂少量泥质灰陶片和料姜石。

人骨 1 具。头向南，面向左，仰身直肢。男性，40 ～ 50 岁。

随葬器物 5 件。黑釉罐、黑釉碗各 1 件，并排平放于头龛内。铜钱 1 枚放在墓主左上臂骨外侧。陶瓦 1 件覆于胸部。铜扣 1 枚陈放在左股骨外侧。

2. 出土遗物

（1）陶器

陶瓦　1 件。

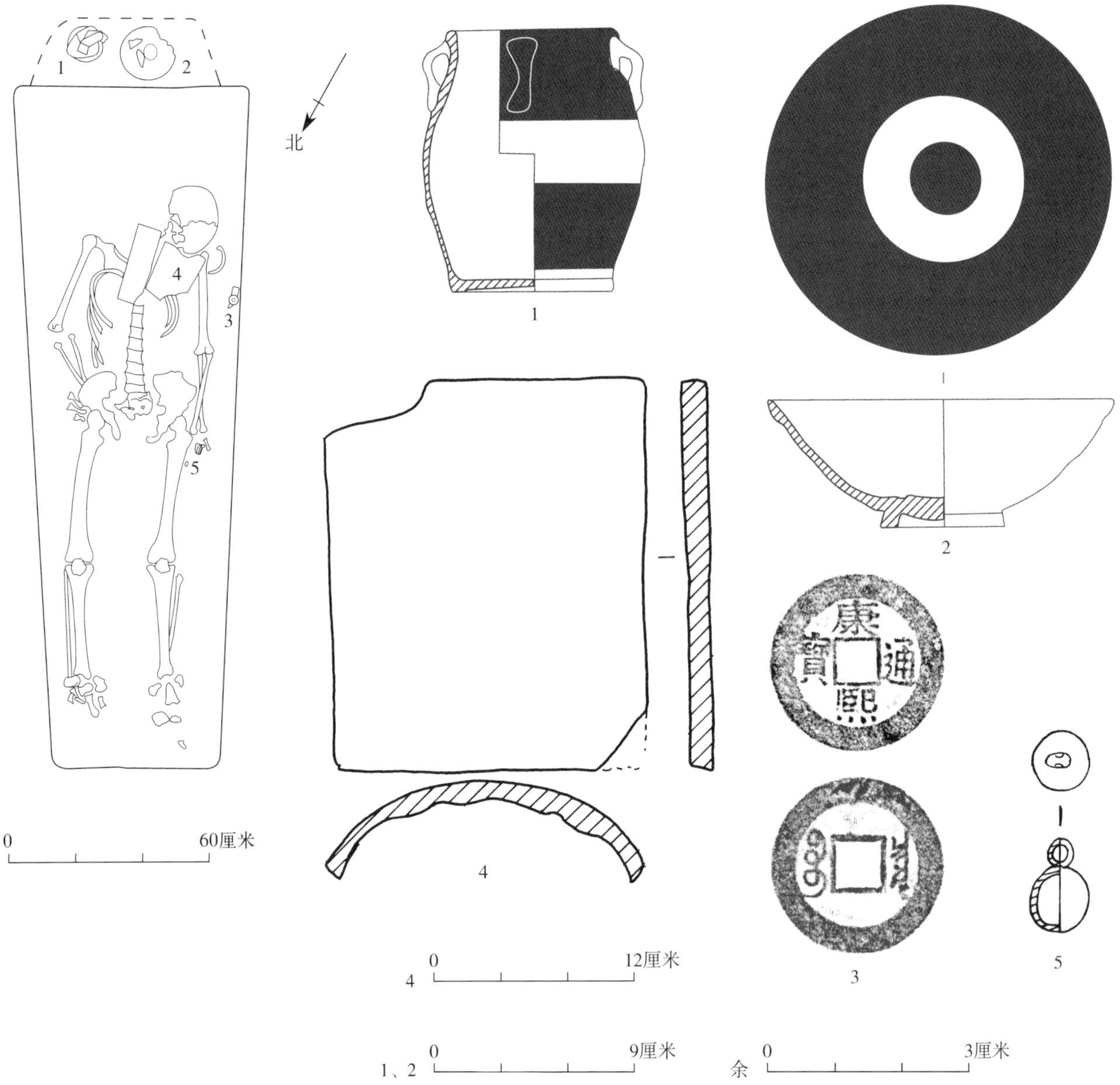

图 6-38　M385及出土器物

1. 黑釉罐　2. 黑釉碗　3. 铜钱　4. 陶瓦　5. 铜扣

标本M385∶4，板瓦。泥质灰陶。一端略窄，瓦背拱起，两角微残。素面。长22、宽18.5厘米（图6-38，4）。

（2）瓷器

黑釉罐　1件。

标本M385∶1，直口，微束颈，溜肩，鼓腹，矮圈足。肩部有四个对称竖桥形纽系。内外壁施黑釉，外壁中部和底部为白瓷胎。口径7.6、高11.4厘米（图6-38，1）。

黑釉碗　1件。

标本M385∶2，敞口，圆尖唇，斜弧腹，近底急收，圈足。内外壁上部和内底施黑釉，余部白瓷胎。

口径 15.4、高 5.6 厘米（图 6-38，2）。

（3）铜器

铜扣　1 枚。

标本 M385∶5，球形，中空，一端有环形纽。素面。高 1.35 厘米（图 6-38，5）。

铜钱　1 枚。

标本 M385∶3，康熙通宝。圆形方穿，正、背两面轮郭俱全。钱文楷书，对读，背穿左右为满文局。直径 2.6、穿边长 0.7、厚 0.13 厘米（图 6-38，3）。

（四〇）M386

1. 墓葬形制

位于墓地中部，打破 M389，东北面是 M387，东南面为 M318。方向 130°（图 6-39；彩版

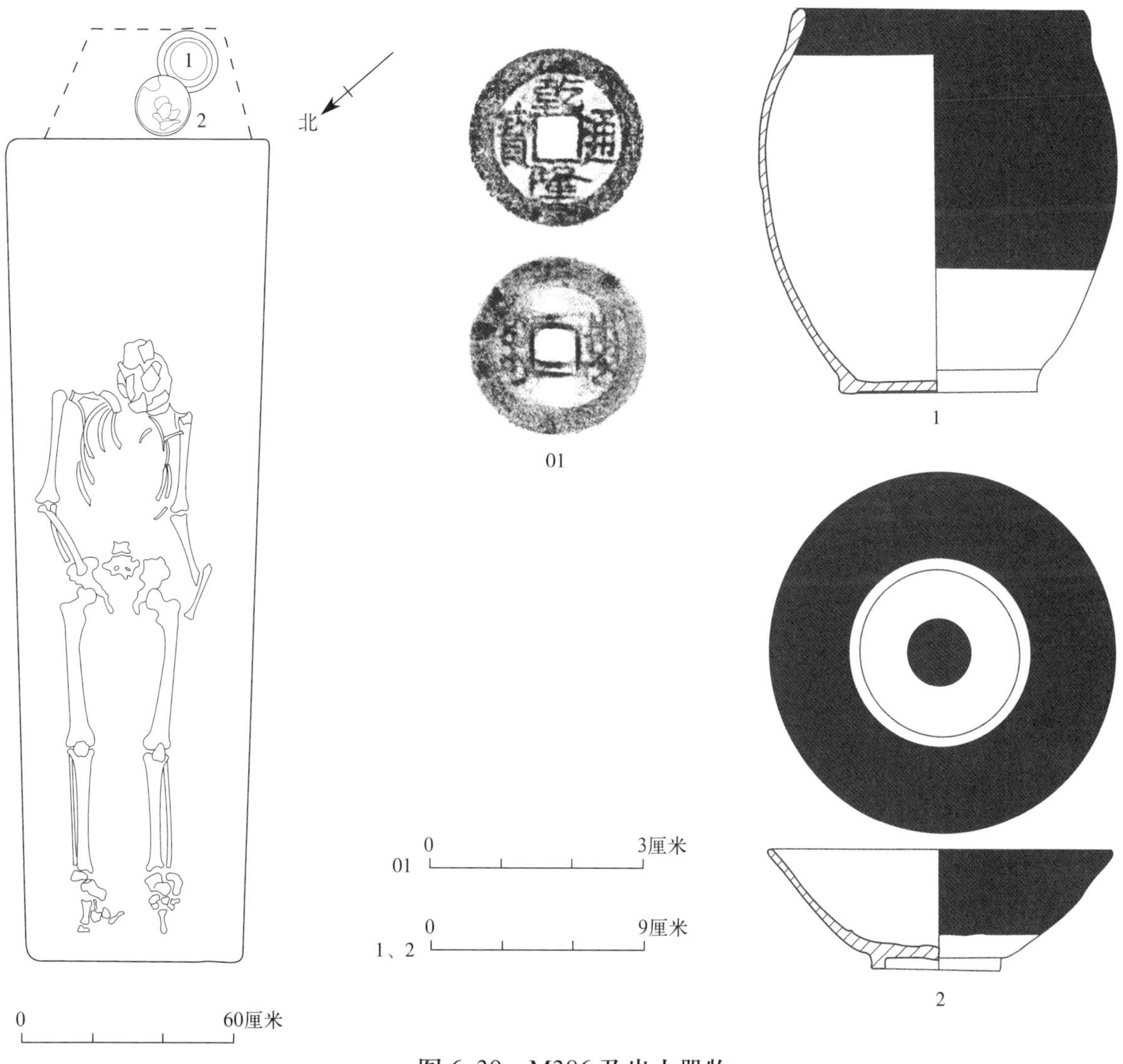

图 6-39　M386 及出土器物

1. 黑釉罐　2. 黑釉碗　01. 铜钱

二九四，1）。

倒梯形土坑竖穴墓。墓口长2.25、宽0.6～0.74、残深0.26米。东壁中部有头龛，上部被破坏，外宽内窄，口宽0.58、残高0.1、进深0.3米。墓内填黄褐色土，土质较疏松。填土中发现铜钱1枚。

人骨1具。头向东，面向不详，仰身直肢。男性，40岁左右。

随葬器物2件。黑釉罐、黑釉碗各1件，均平放于头龛内。

2. 出土遗物

（1）瓷器

黑釉罐 1件。

标本M386∶1，敛口，圆唇，鼓腹，矮圈足。外上部及内口处施黑釉，余部为白瓷胎。口径12.5、高15.8厘米（图6-39，1；彩版二九四，2）。

黑釉碗 1件。

标本M386∶2，敞口，圆尖唇，斜弧腹，近底急收，圈足。内外壁上部和内底施黑釉，余部为白胎。口径14.8、高5厘米（图6-39，1；彩版二九四，3）。

（2）铜器

铜钱 1枚。

标本M386∶01，乾隆通宝。圆形方穿，正、背两面轮郭俱全。钱文楷书，对读，背穿左右为满文局。直径2.4、穿边长0.5、厚0.13厘米（图6-39，01）。

（四一）M387

1. 墓葬形制

位于墓地中部，打破M389，东面是M319，西南面为M386。方向110°（图6-40）。

倒梯形土坑竖穴墓。墓口长2.05、宽0.5～0.7、残深0.18米。壁面光滑规整，底部较平整。墓内填黄褐色五花土，土质较疏松，内夹杂少量泥质灰陶片。

人骨1具。头向东，面向上，仰身直肢。女性，30～40岁。

随葬器物2件。陶瓦1件分两半置于墓主头骨两侧。铁器1件位于墓主头骨左侧。

2. 出土遗物

（1）陶器

陶瓦 1件。

标本M387∶1，板瓦。泥质灰陶。一端微窄，瓦背拱起。素面。长16.6、宽16厘米（图6-40，1）。

（2）铁器

铁器 1件。

标本M387∶2，长条形，锈蚀严重，器形不明。

（四二）M421

1. 墓葬形制

位于墓地中部，北面打破M422，南面打破M423，西面是M418。方向260°（图6-41；彩版二九四，4）。

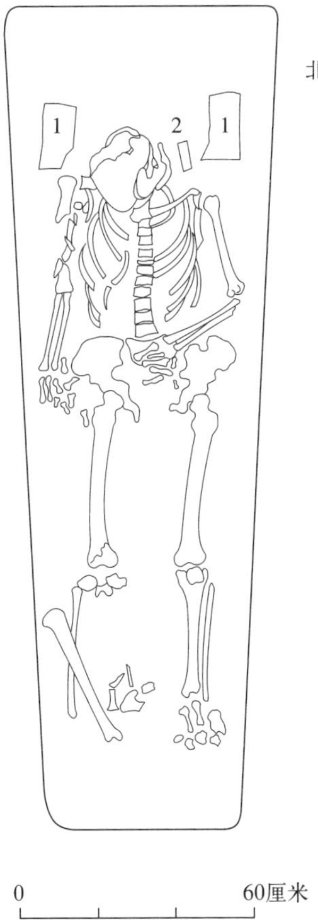

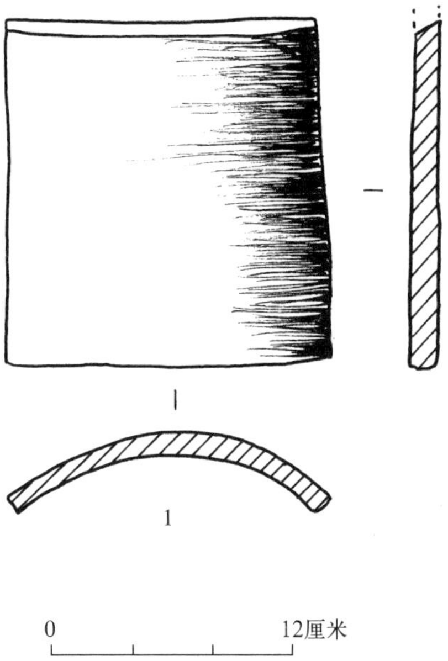

图 6-40　M387 及出土器物

1. 陶瓦　2. 铁器

长方形土坑竖穴合葬墓。墓口长 2.0、宽 1.2、残深 0.26 米。直壁，平底。墓底有黑灰色木棺残痕。墓内填浅灰褐色土，土质较疏松。

人骨 2 具。头向西，面向上，仰身直肢。南侧墓主男性，40 ～ 45 岁。北侧墓主女性，35 ～ 45 岁。

随葬陶瓦 1 件，覆于南侧墓主头骨上面。

2. 出土遗物

陶瓦　1 件。

标本 M421∶1，板瓦。泥质灰陶。一角残，瓦背拱起。素面。长 16.5、宽 15.2 厘米（图 6-41，1）。

（四三）M517

1. 墓葬形制

位于墓地中部，东面是 M511，西面为 M520。方向 325°（图 6-42）。

倒梯形土坑竖穴墓。墓口长 1.98、宽 0.6 ～ 0.68、残深 0.18 米。壁面光滑规整，平底。墓内填黄褐色五花土，质地较疏松。

人骨 1 具。头向北，面向上，仰身直肢。骨骼保存较差，疑似男性，年龄壮年或接近中年。墓主头骨下横置有青灰色土坯，长 40、厚 10 厘米。

出土铜钱 1 枚，位于墓主左肩处（图 6-42）。

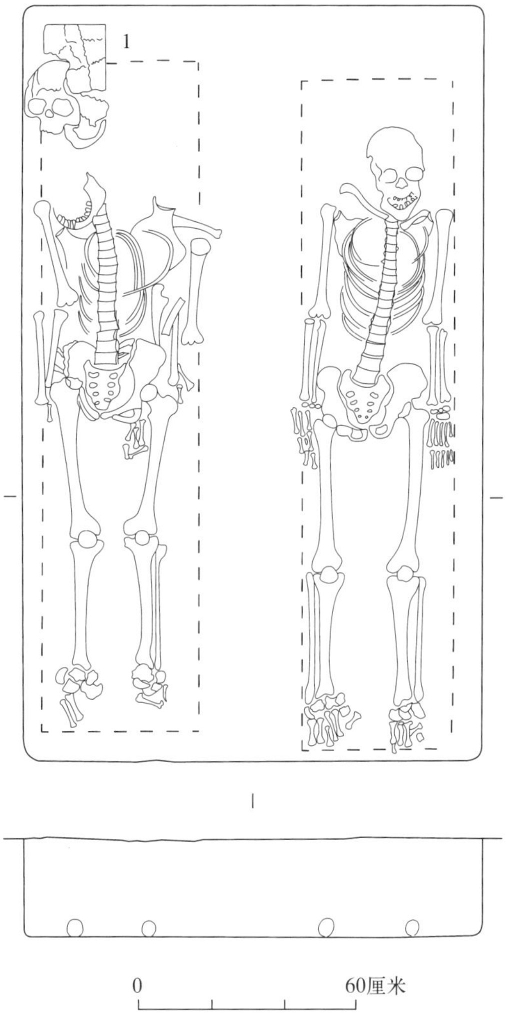

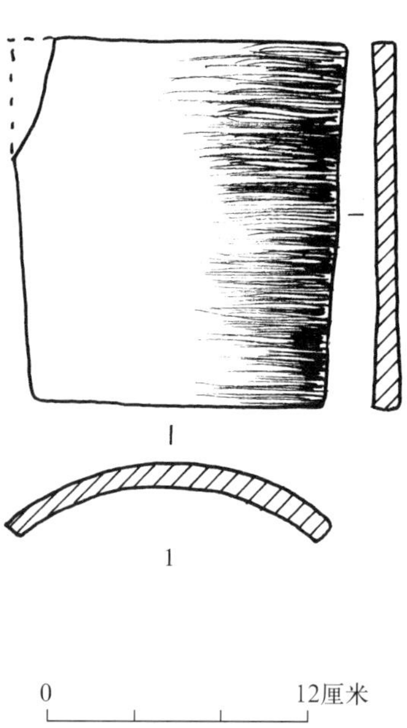

图 6-41 M421 及出土器物

1. 陶瓦

2. 出土遗物

铜器

铜钱 1 枚。

标本 M517∶1，康熙通宝。圆形方穿，正、背两面穿郭俱全。钱文楷书，对读，背穿左侧为满文局，右侧有一“河”字。直径 2.5、穿边长 0.5、厚 0.1 厘米（图 6-42，1）。

（四四）M522

1. 墓葬形制

位于墓地中部，打破 M523，东面是 M499，南面为 M436。方向 150°（图 6-43）。

长方形土坑竖穴合葬墓。墓口长 2、宽 1.4、残深 0.18 米。壁面较粗糙，墓底平。墓底两具长方形木棺残痕，长约 1.7、宽 0.5 米。墓内填浅灰褐色五花土，土质较疏松。

人骨 2 具。头向南，面向上，仰身直肢。东侧墓主男性，40～50 岁。西侧墓主女性，30～40 岁。东侧墓主头骨下面垫有青灰色土坯，长 32、宽 13、厚 7 厘米。

随葬器物 5 件。酱釉碗、陶瓦各 1 件，分置于东侧墓主头骨左上方和顶端。铜钱 3 枚散落于西

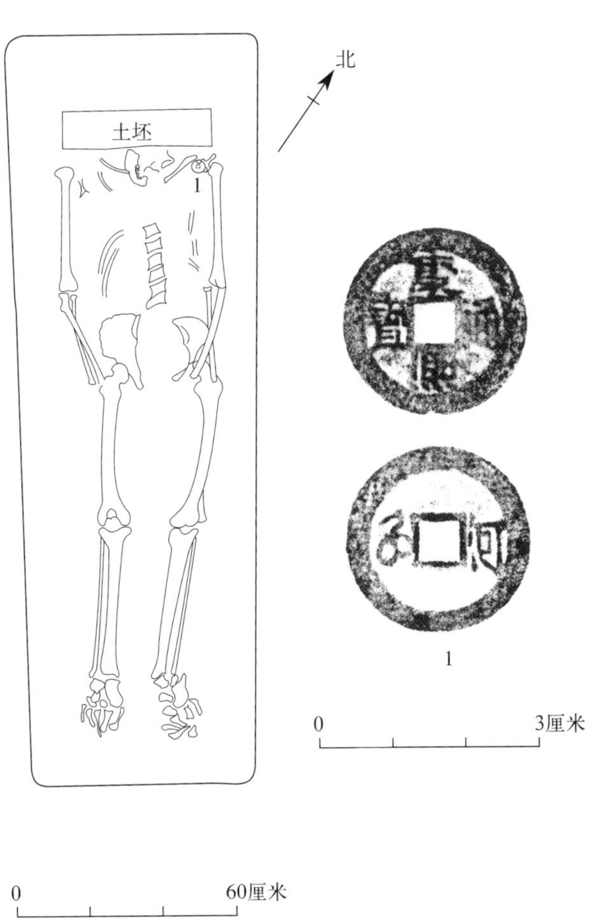

图 6-42 M517 及出土器物

1. 铜钱

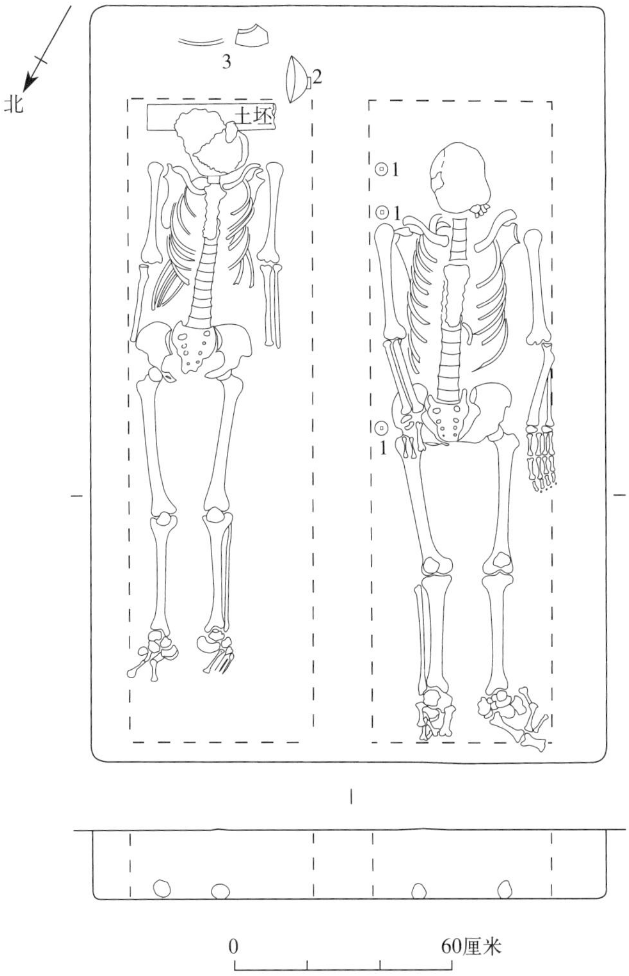

图 6-43 M522 平、剖面图

1. 铜钱（3） 2. 酱釉碗 3. 陶瓦

侧人骨躯干右侧。

2. 出土遗物

（1）陶器

陶瓦 1 件。

标本 M522∶3，板瓦，残存半方。泥质灰陶。瓦背拱起。素面。残长 12.0、宽 17.0 厘米。

（2）瓷器

酱釉碗 1 件。

标本 M522∶2，敞口。斜弧腹，近底急收，圈足。

（3）铜器

铜钱 3 枚。有景德元宝、天圣元宝、顺治通宝。圆形方穿。

景德元宝 1 枚。

标本 M522∶1-1，正面轮郭俱全，背面无穿郭，轮郭较浅。钱文楷书，旋读。直径 2.4、穿边长 0.7、厚 0.1 厘米（图 6-44，1-1）。

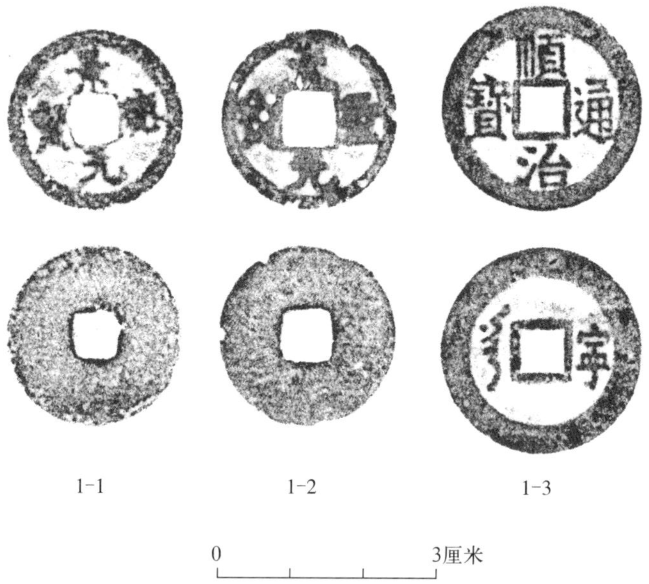

图 6-44 M522 出土器物

1-1～3. 铜钱

天圣元宝 1枚。

标本M522∶1-2，正面穿郭俱全，背面无穿郭，轮郭较浅。钱文楷书，旋读。直径2.4、穿边长0.7、厚0.1厘米（图6-44，1-2）。

顺治通宝 1枚。

标本M522∶1-3，正、背两面轮郭俱全。钱文楷书，对读，背穿右侧有一“寧”字，左侧为满文局。直径2.7、穿边长0.5、厚0.13厘米（图6-44，1-3）。

（四五）M556

1. 墓葬形制

位于墓地中部，打破M557，东面为M520，南面是M553。方向330°（图6-45）。

倒梯形土坑竖穴合葬墓。墓口长2.3、宽1.4～1.6、残深0.08米。墓壁光滑规整，底较平。墓内填黄褐色五花土，土质较疏松，内夹杂少量泥质灰陶片。

人骨2具。头向北，仰身直肢。骨骼保存较差。西侧墓主头骨位置发现一土坯，长43、厚8厘米。

随葬器物12件。陶瓦1件置于西侧墓主头骨右侧。铜钱11枚，分别散布于西侧墓主左胸处、股骨头处和东侧墓主肩部、下肢骨处。

2. 出土遗物

（1）陶器

陶瓦 1件。

标本M556∶1，板瓦，残碎。泥质灰陶。瓦背拱起。素面。

（2）铜器

铜钱 11枚。有开元通宝、皇宋通宝、治平元宝、熙宁元宝、元丰通宝、康熙通宝、嘉庆通宝、

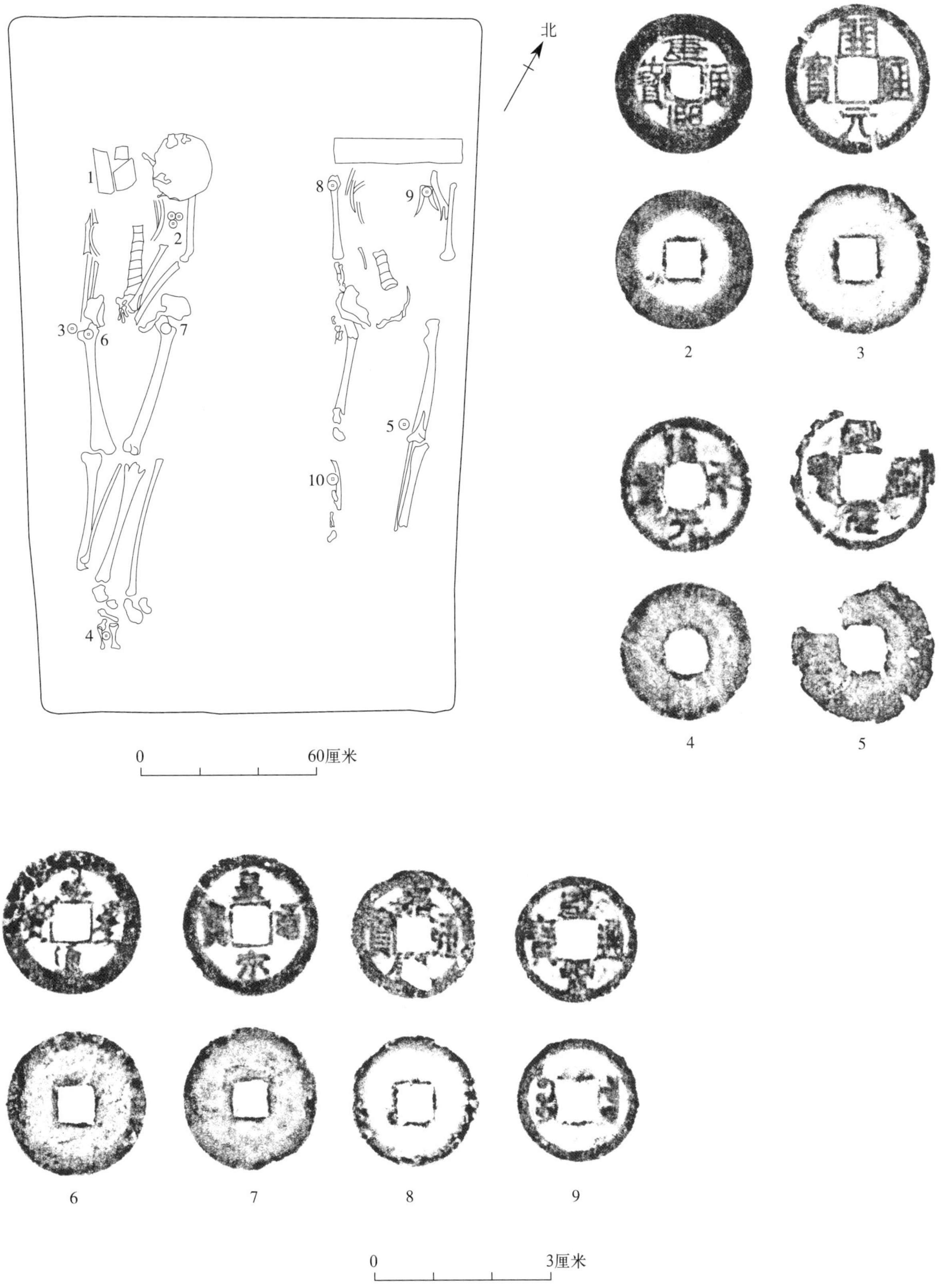

图 6-45　M556 及出土器物

1. 陶瓦　2. 铜钱（2）　3～10. 铜钱

咸丰通宝。圆形方穿，正、背面均有郭。

开元通宝 1枚。

标本M556∶3，钱文隶书，对读。直径2.5、穿边长0.7、厚0.13厘米（图6-45，3）。

皇宋通宝 1枚。

标本M556∶7，钱文楷书，对读。直径2.3、穿边长0.6、厚0.1厘米（图6-45，7）。

治平元宝 1枚。

标本M556∶4，钱文楷书，旋读。直径2.3、穿边长0.77、厚0.08厘米（图6-45，4）。

熙宁元宝 1枚。

标本M556∶5，钱文篆书，旋读。直径2.4、穿边长0.7、厚0.1厘米（图6-45，5）。

元丰通宝 1枚。

标本M556∶6，钱文行书，旋读。直径2.4、穿边长0.6、厚0.13厘米（图6-45，6）。

康熙通宝 4枚。钱文楷书，对读，背穿之左右为满文局。

标本M556∶2，直径2.3、穿边长0.52、厚0.13厘米（图6-45，2）。

嘉庆通宝 1枚。

标本M556∶8，钱文楷书，对读，背穿之左右为满文局。直径2.2、穿边长0.6、厚0.13厘米（图6-45，8）。

咸丰通宝 1枚。

标本M556∶9，钱文楷书，对读，背穿之左右为满文局。直径2、穿边长0.7、厚0.15厘米（图6-45，9）。

（四六）M573

1. 墓葬形制

位于墓地中部，打破M766，北面是M762，西面为M764。方向215°。

倒梯形土坑竖穴墓。墓口长2.5、宽0.58～0.96、残深0.6米。直壁规整，平底。墓内填黄褐色五花土，土质较松软。

人骨1具。头向南，面向不清，仰身直肢。男性，25～35岁。

出土铜扣3枚，位于墓主胸部。

2. 出土遗物

铜扣 3枚。球形，中空，一端带环形纽。

标本M573∶1-1，高1.2厘米。

（四七）M592

1. 墓葬形制

位于墓地东北部，北面是M617，东北面为M618，西南面是M594。方向298°（图6-46；彩版二九五，1）。

长方形土坑竖穴墓。墓口长2.0、宽0.85、残深0.3米。直壁规整，平底。墓底有倒梯形木棺残痕，两端紧贴墓壁，长2.0、宽0.45～0.64米。墓内填深褐色五花土，土质较致密。

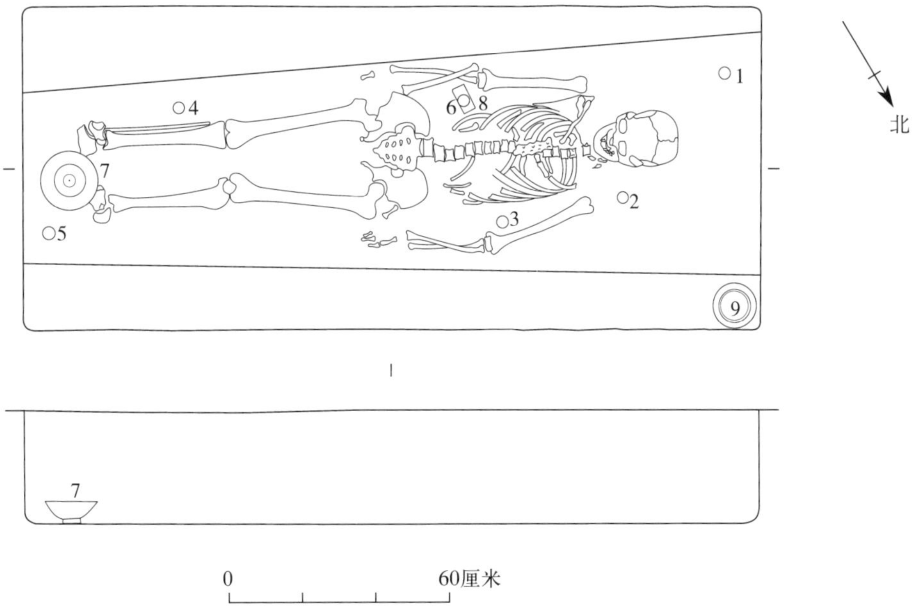

图 6-46　M592 平、剖面图

1～5、8. 铜钱　6. 骨印章（带印盒）　7. 酱釉碗　9. 黑釉罐

人骨 1 具。头向西，面向上，仰身直肢。男性，25 岁。

随葬器物 9 件（套）。黑釉罐、酱釉碗各 1 件，分别位于墓室西北角及棺内脚端。铜钱 6 枚散落于棺底。骨印章（带印盒）1 套，位于墓主腹部右侧。

2. 出土遗物

（1）瓷器

黑釉罐　1 件。

标本 M592∶9，敛口，圆唇，鼓腹，矮圈足。肩部有一周凸棱纹。外上部及内口部施黑釉，余部白瓷胎。口径 8.4、高 10.5 厘米（图 6-47，9）。

酱釉碗　1 件。

标本 M592∶7，敞口，圆尖唇，斜弧腹，近底急收，圈足。内外壁上部及内底施酱色釉，余部白瓷胎。口径 15.4、高 5 厘米（图 6-47，7）。

（2）铜器

铜钱　6 枚。为大清铜币、光绪元宝。圆形，正、背两面均有郭。

大清铜币　4 枚。钱正面中央有“大清铜币”四字，楷书，对读，外有一周凸弦纹，其上、下模糊不清，右有一“己”字，左有一“酉”字，背面中央为蟠龙。

标本 M592∶1，钱直径 2.85、厚 0.16 厘米（图 6-47，1）。

光绪元宝　2 枚。正面中央有“光绪元宝”四字，楷书，对读，外有一周凸弦纹，其上有“江南省造”四字，右有一“乙”字，左有一“巳”字，下有“当十铜元”，背面中央为蟠龙。

标本 M592∶4，钱直径 2.8、厚 0.15 厘米（图 6-47，4）。

（3）骨器

骨印章　1 套（带印盒）。

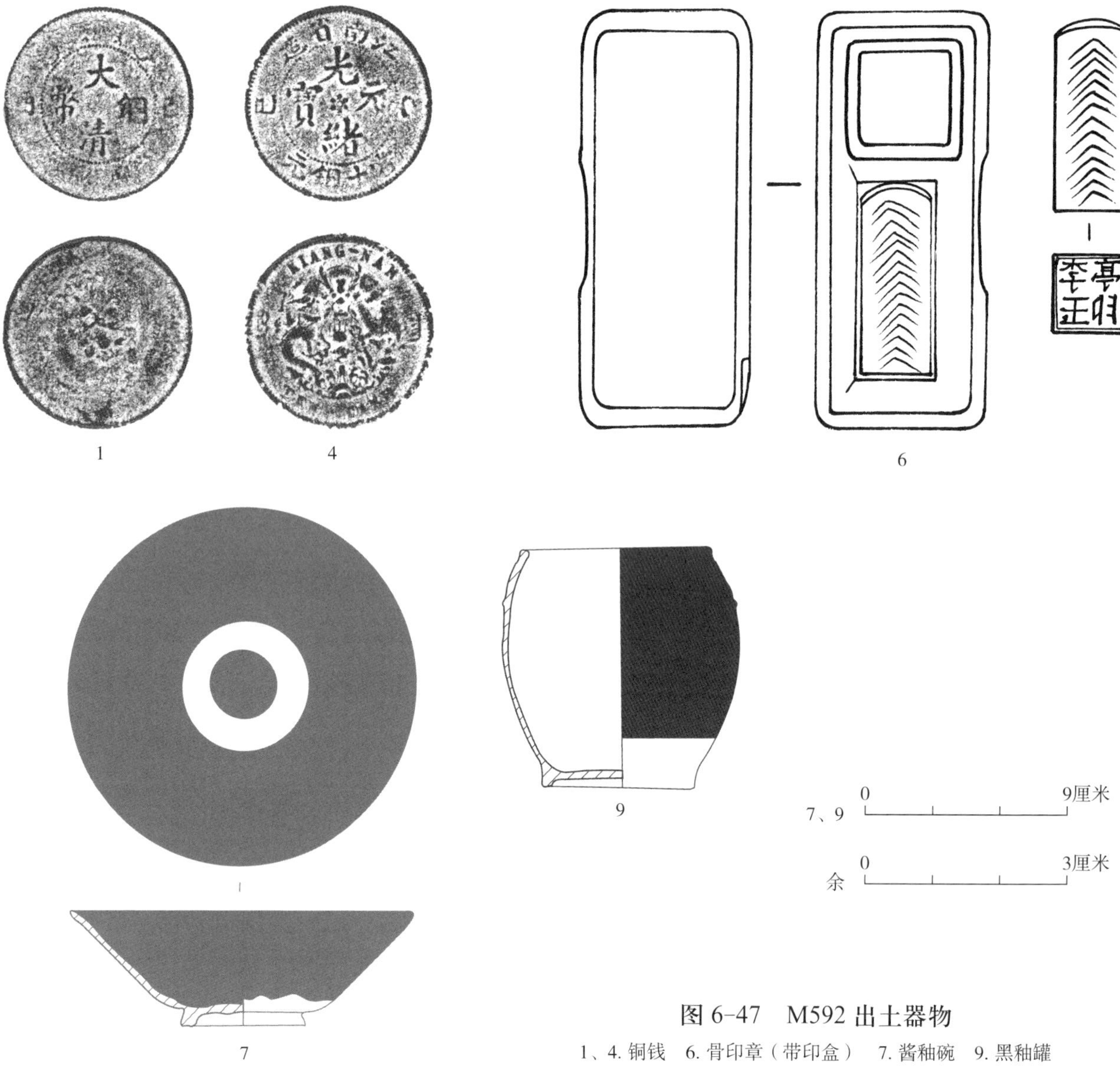

图 6-47　M592 出土器物

1、4. 铜钱　6. 骨印章（带印盒）　7. 酱釉碗　9. 黑釉罐

标本 M592∶6，印章长方体状，顶面微弧。印面呈方形，楷书阳刻“李玉亭印”四字，右读。边长 1.1、高 2.8 厘米。印盒圆角长方形，表面浅绿色。一侧有开启用槽口。上下相扣而成。内有两槽，分别放置印章和印泥。长 6、宽 2.5 厘米（图 6-47，6；彩版二九五，2）。

（四八）M593

1. 墓葬形制

位于墓地东北部，北面是 M596，西南面是 M787。方向 138°（图 6-48）。

倒梯形土坑竖穴墓。墓口长 2.55、宽 0.7 ～ 0.8、残深 0.3 米，底长 2.55、宽 0.4 ～ 0.5 米。直壁规整，平底。底部发现有倒梯形木棺朽痕，长 1.85、宽 0.4 ～ 0.46 米，木棺底部铺有大量浅灰色草木灰，厚 0.02 ～ 0.03 米。墓内填浅褐色五花土，土质较致密。

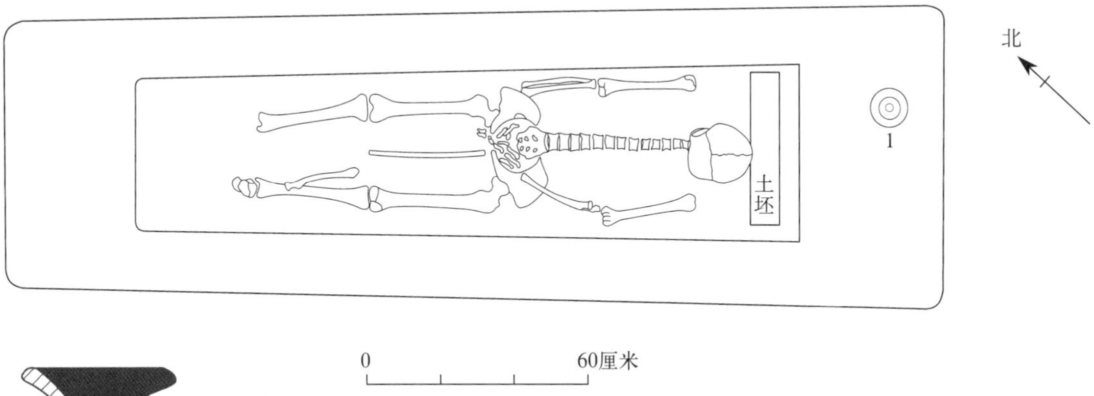

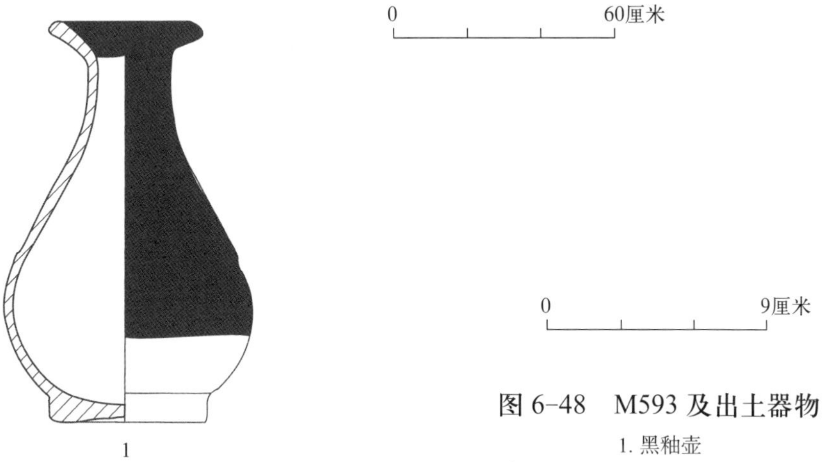

图 6-48　M593 及出土器物

1. 黑釉壶

人骨 1 具。骨骼保存较差，女性，40 ～ 45 岁。墓主头骨下垫有一长条形土坯，长 40、宽 8、厚 10 厘米。

随葬黑釉壶 1 件，置于墓底东南角。

2. 出土遗物

瓷器

黑釉壶　1 件。

标本 M593 : 1，侈口，圆唇，高束颈，垂腹，矮圈足。外壁上部及内口部施黑釉，余部白瓷胎。口径 6.4、高 16 厘米（图 6-48，1）。

（四九）M594

1. 墓葬形制

位于墓地东北部，东北面是 M592，西面为 M784。方向 0°（图 6-49）。

倒梯形土坑竖穴墓。墓口长 2.1、宽 0.6 ～ 0.7、残深 0.15 米。直壁规整，平底。墓内填浅褐色五花土，土质较坚硬。

人骨 1 具。头向北，面向右，仰身直肢。女性，30 岁左右。

随葬器物 8 件。铜扣 6 枚，分散于墓主右前胸及骨盆处。玉环、铜耳环各 1 件，均位于墓主头骨右侧。

2. 出土遗物

（1）玉器

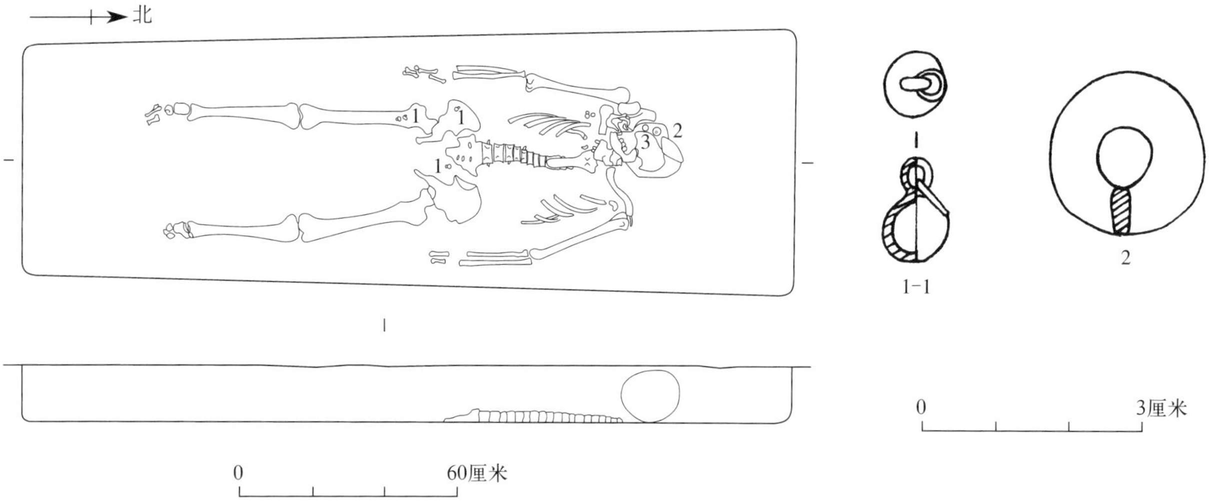

图 6-49　M594 及出土器物

1. 铜扣（6）　2. 玉环　3. 铜耳环

玉环　1 件。

标本 M594 : 2，白玉质。截面近呈椭圆形。表面光滑润泽，素面。直径 2.1、厚 0.3 厘米（图 6-49，2；彩版二九五，3）。

（2）铜器

铜耳环　1 件。

标本 M594 : 3，残断。

铜扣　6 枚。球形，中空，一端带环形纽，纽连接一环。

标本 M594 : 1-1，高 1.4 厘米（图 6-49，1-1；彩版二九五，4）。

（五〇）M595

1. 墓葬形制

位于墓地东北部，东北面是 M616，西面为 M790。方向 5°（图 6-50）。

倒梯形土坑竖穴墓。墓口长 1.8、宽 0.45 ～ 0.5、残深 0.18 米。墓壁垂直规整，平底。墓内填浅褐色五花土，土质较致密。

人骨 1 具。头向北，仰身直肢。女性，30 ～ 40 岁。

随葬器物 3 件。铜耳环 1 件，放在墓主头骨左侧。铜顶针 1 件位于墓主右手指骨。铜扣 1 枚发现于墓主骨盆处。

2. 出土遗物

铜器

铜耳环　1 件。

标本 M595 : 1，以细条弯曲呈环形，一端圆钝，另一端略尖细。素面。直径 2.3 厘米（图 6-50，1）。

铜顶针　1 件。

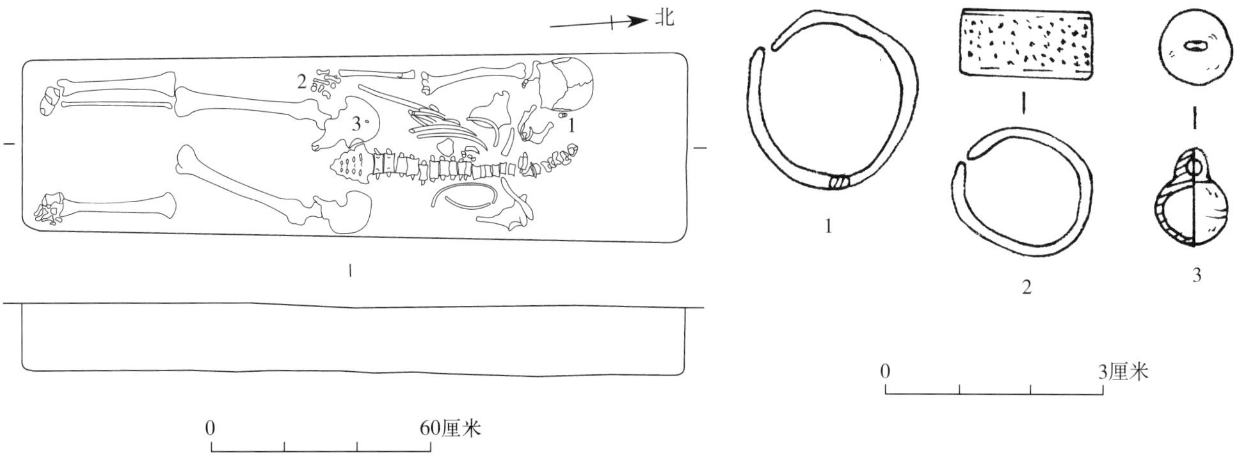

图 6-50　M595 及出土器物

1. 铜耳环　2. 铜顶针　3. 铜扣

标本 M595∶2，环形，整体较宽，表面遍布小凹点。直径 1.8、宽 0.9 厘米（图 6-50，2）。

铜扣　1 枚。

标本 M595∶3，球形，中空，一端带环形纽。高 1.3 厘米（图 6-50，3）。

（五一）M598

1. 墓葬形制

位于墓地东北部，打破 M611，东面是 M599，南面为 M596，西面是 M602、M902。方向 198°（图 6-51；彩版二九五，5）。

倒梯形土坑竖穴墓。墓口长 2.51、宽 0.62 ～ 0.92、深 0.8 米。墓底有倒梯形木棺残痕迹，长约 1.96、宽 0.52 ～ 0.73 米。墓内填黄褐色五花土，土质较疏松。填土中发现黑釉碗 1 件。

人骨 1 具。头向南，面向上，仰身直肢。男性，40 ～ 45 岁。

随葬器物 9 件。酱釉罐 1 件平放于墓底西南角。陶瓦 1 件放在墓主胸部。铜钱 3 枚散落于墓主胸部和股骨处。铜扣 2 枚分散于墓主右肋骨和右小腿外侧。铁棺饰 1 件位于右肩胛骨处。

2. 出土遗物

（1）陶器

陶瓦　1 件。

标本 M598∶5，板瓦。泥质灰陶。一端略窄，瓦背拱起。素面。长 17.4、宽 16.4 厘米（图 6-52，5）。

（2）瓷器

酱釉罐　1 件。

标本 M598∶4，敛口，圆唇，微束颈，鼓腹，矮圈足。颈部一周凸棱，腹部有一圈凹弦纹。外上部及内口施酱釉，余部白瓷胎。口径 9.5、高 12.2 厘米（图 6-52，4；彩版二九五，6）。

黑釉碗　1 件。

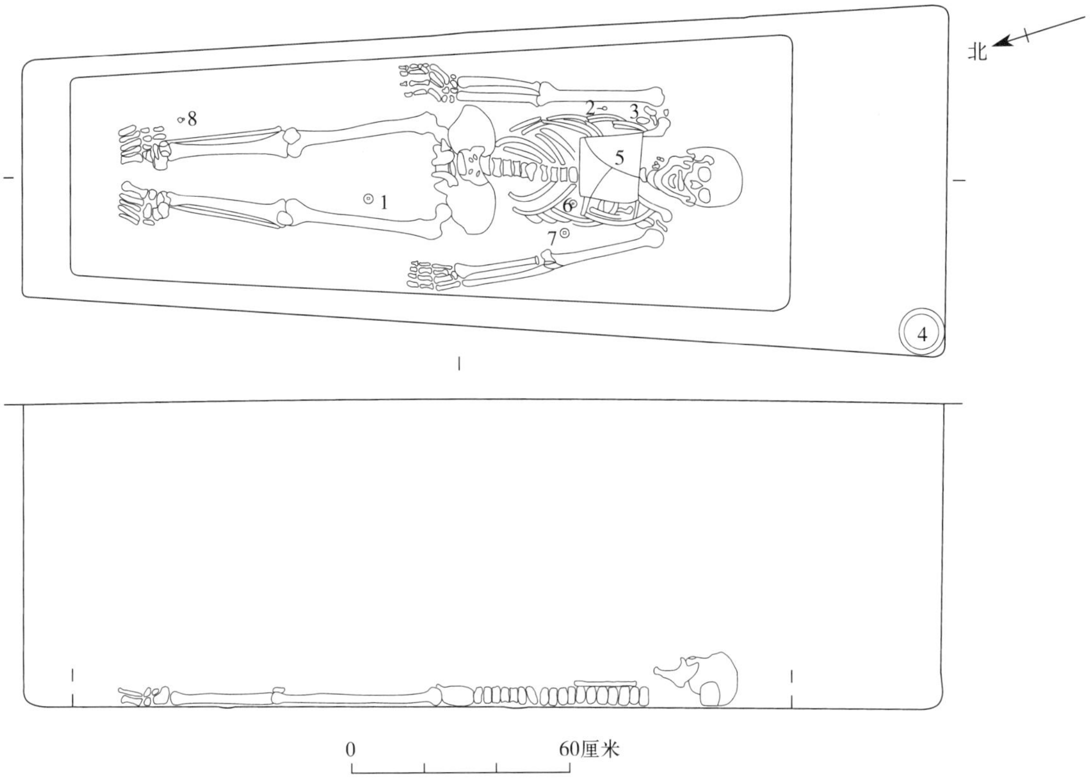

图 6-51 M598 平、剖面图

1、6、7. 铜钱 2、8. 铜扣 3. 铁棺饰 4. 酱釉罐 5. 陶瓦

标本 M598：01，敞口微侈，圆唇，斜弧腹，近底急收，圈足。内外壁上部和内底施黑釉，余部为白瓷胎。口径 15.8、高 5 厘米（图 6-52，01；彩版二九五，7）。

（3）铜器

铜扣 2 枚。球形，中空，一端带环形纽。

标本 M598：2，高 1.7 厘米（图 6-52，2）。

标本 M598：8，表面饰条状凸起。高 1.6 厘米（图 6-52，8）。

铜钱 3 枚。有宽永通宝、乾隆通宝、道光通宝。圆形方穿，正、背两面轮郭俱全。钱文楷书，对读。

宽永通宝 1 枚。

标本 M598：7，直径 2.2、穿径 0.6、厚 0.09 厘米（图 6-52，7）。

乾隆通宝 1 枚。背穿之左右为满文局。

标本 M598：6，直径 2.2、穿径 0.6、厚 0.14 厘米（图 6-52，6）。

道光通宝 1 枚。背穿之左右为满文局。

标本 M598：1，直径 2.2、穿径 0.6、厚 0.17 厘米（图 6-52，1）。

（4）铁器

铁棺饰 1 件。

标本 M598：3，锈蚀，形制不明。

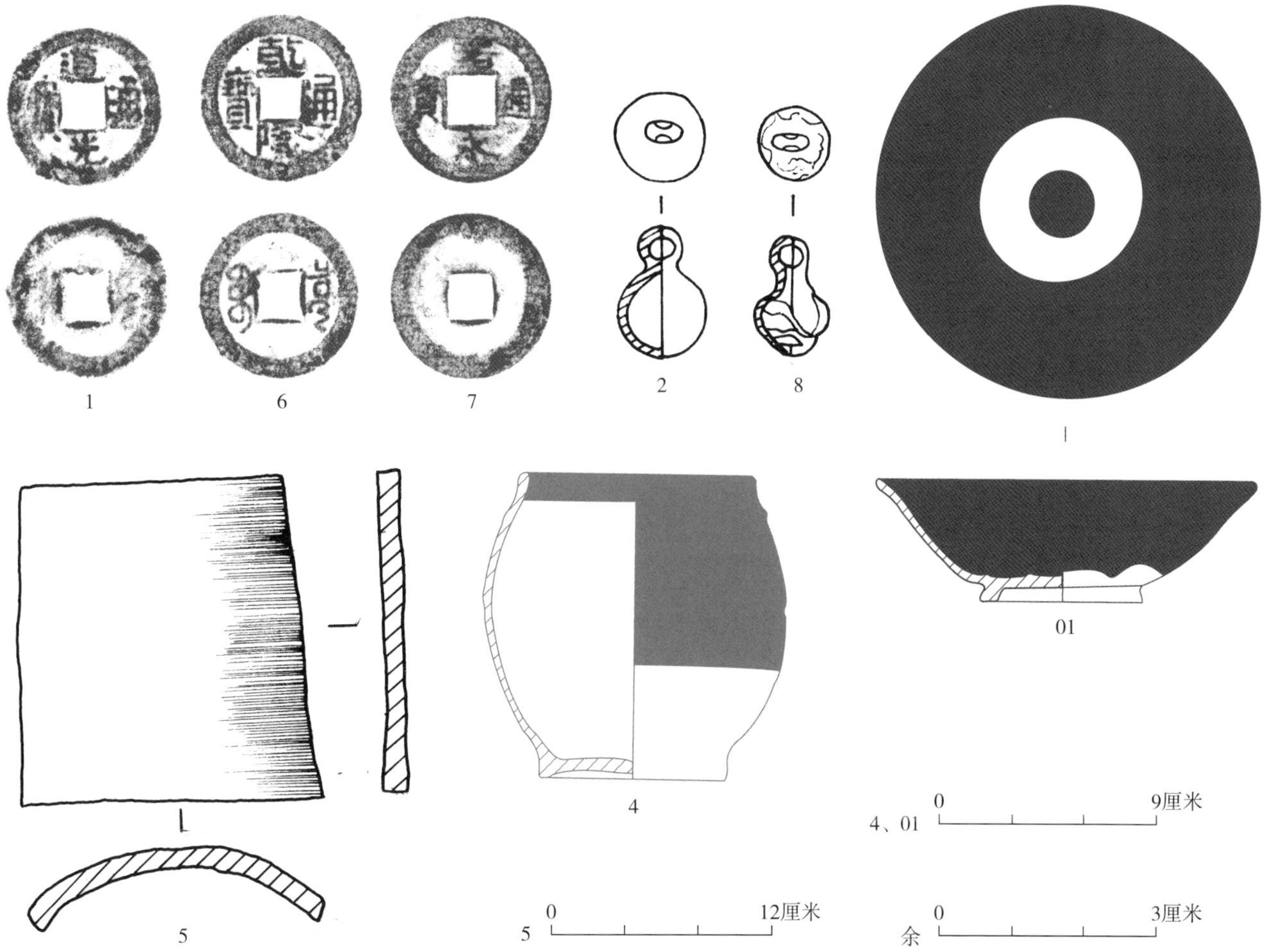

图 6-52　M598 出土器物

1、6、7. 铜钱　2、8. 铜扣　4. 酱釉罐　5. 陶瓦　01. 黑釉碗

（五二）M639

1. 墓葬形制

位于墓地东北部，打破 M685，北面是 M804、M916，南面为 M637。方向 132°（图 6-53）。

倒梯形土坑竖穴合葬墓。墓口长 2.93、宽 2.32 ～ 2.68、残深 0.8 米。直壁规整。墓底有两倒梯形木棺朽痕，东侧棺长 1.9、宽 0.34 ～ 0.58 米。西侧棺长 1.95、宽 0.5 ～ 0.6 米。墓内填黄褐色五花土，土质较疏松。填土中发现褐釉罐 1 件。

人骨 2 具。头向南偏东，面向上，仰身直肢。东侧墓主女性，50 ～ 60 岁。西侧墓主男性，40 ～ 50 岁。

随葬器物 6 件。陶瓦 2 件，均见于两个墓主头骨上面。铜钱 4 枚，1 枚在东墓主股骨处，另 3 枚散布于西墓主骨盆和股骨处。

2. 出土遗物

（1）陶器

陶瓦　2 件。均为板瓦。泥质灰陶。一端窄，瓦背拱起。素面。

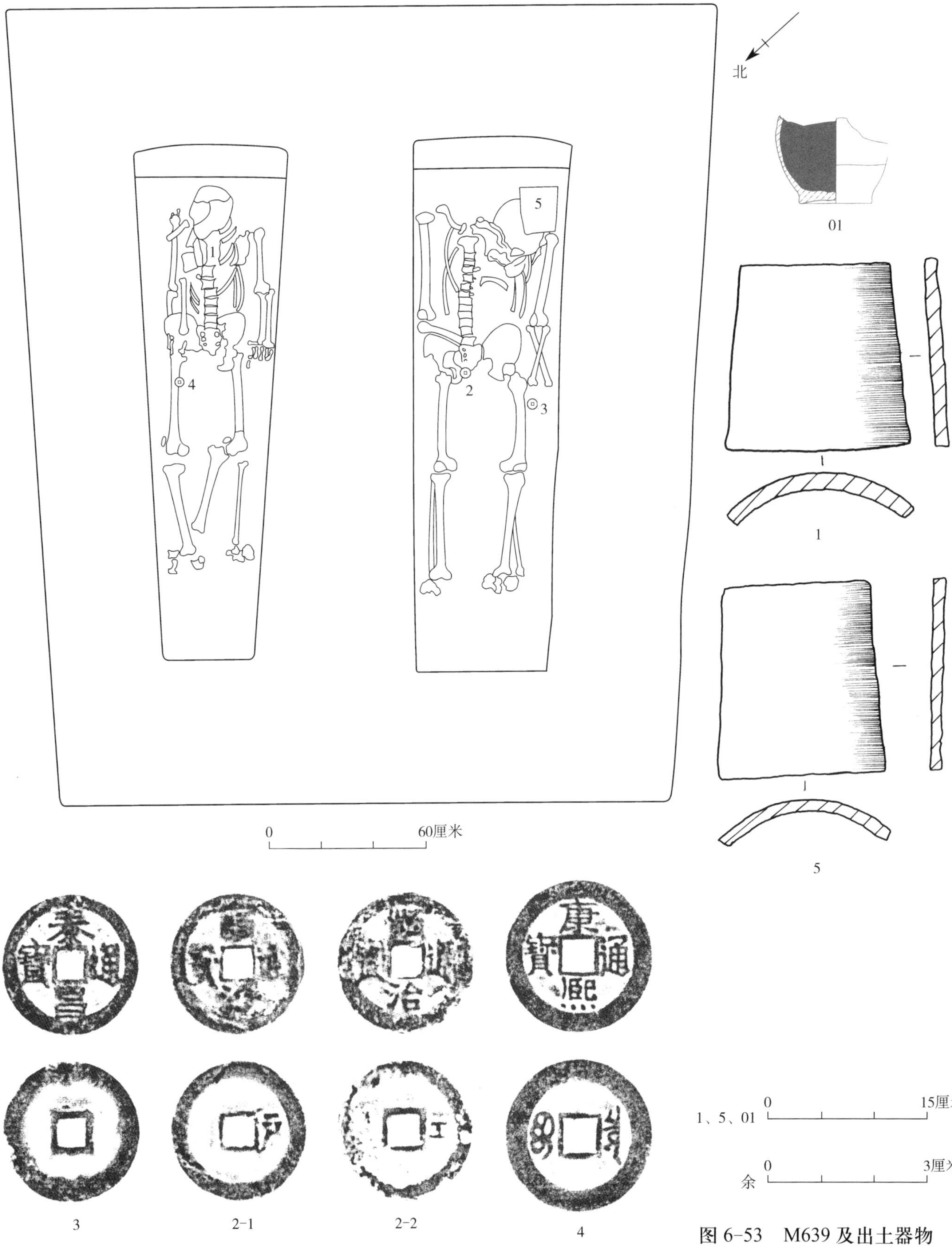

图 6-53　M639及出土器物

1、5. 陶瓦　2～4. 铜钱　01. 褐釉罐

标本 M639∶1，长 16.4、宽 17.3 厘米（图 6-53，1）。

标本 M639∶5，长 17.8、宽 15.6 厘米（图 6-53，5）。

（2）**瓷器**

褐釉罐　1 件。

标本 M639∶01，残存下腹及底部。鼓腹，矮圈足。腹部为白瓷胎，下为红褐胎，内壁施绿褐釉。残高 8.0、底径 6.8 厘米（图 6-53，01）。

（3）**铜器**

铜钱　4 枚。有泰昌通宝、顺治通宝、康熙通宝。圆形方穿，正、背两面轮郭俱全。

泰昌通宝　1 枚。

标本 M639∶3，钱文楷书，对读。直径 2.57、穿径 0.6、厚 0.1 厘米（图 6-53，3）。

顺治通宝　2 枚。

标本 M639∶2-1、2，钱文楷书，对读。一枚背穿右侧有一“户”字，另枚为“工”字。左侧为满文局。直径 2.57、穿径 0.6、厚 0.1 厘米（图 6-53，2-1、2）。

康熙通宝　1 枚。

标本 M639∶4，圆形方穿，正、背两面轮郭俱全，背穿之左右为满文局。钱文楷书，对读。直径 2.8、穿径 0.6、厚 0.1 厘米（图 6-53，4）。

（五三）M701

1. 墓葬形制

位于墓地东北部，打破 M839，北面是 M838，东面为 M831，西面为 M700。方向 68°（图 6-54）。

倒梯形土坑竖穴墓。墓口长 2.1、宽 0.42 ～ 0.68、残深 0.1 ～ 0.26 米。墓壁垂直规整，底部平整。墓内填浅褐色五花土，土质较疏松。

人骨 1 具。头向东，面向西，仰身直肢。性别无法鉴定，13 ～ 15 岁。

随葬器物 9 件。铜扣 7 枚分散于墓主胸部。琉璃扣 1 枚，位于墓主左上臂处。铁饰件 1 件发现

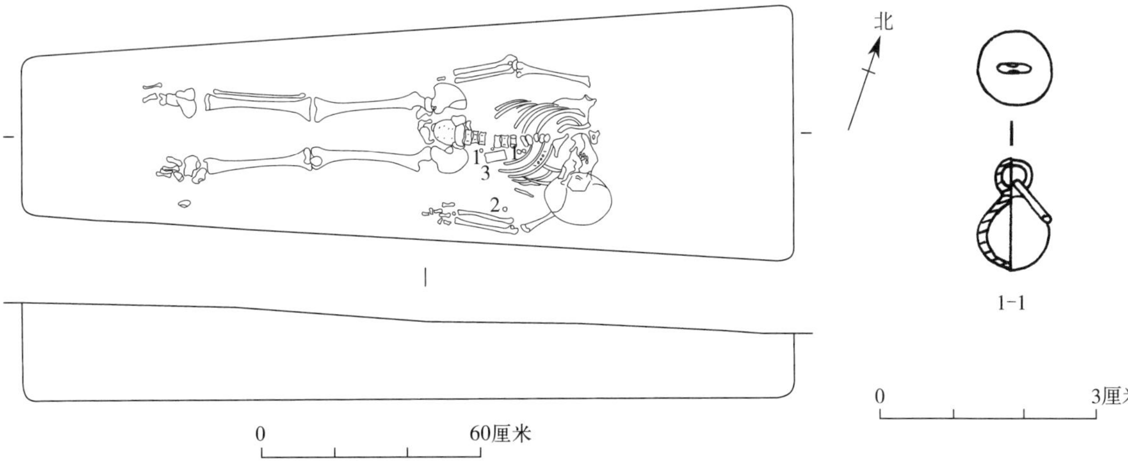

图 6-54　M701 及出土器物

1. 铜扣（7）　2. 琉璃扣　3. 铁饰件

于墓主腹部。

2. 出土遗物

（1）铜器

铜扣　7枚。球形，中空，一端带环形纽，纽连接一环。

标本M701∶1-1，高1.5厘米（图6-54，1-1）。

（2）铁器

铁饰件　1件。

标本M701∶3，扁薄长方形。截面呈长方形，表面凹凸不平。锈蚀较重。长5.7、宽1.9～2.7、厚0.3～0.5厘米。

（3）其他

琉璃扣　1枚。

标本M701∶2，球形，实心，一端带环形纽。

（五四）M759

1. 墓葬形制

位于墓地东北部，南面是M758、M755。方向135°（图6-55）。

倒梯形土坑竖穴合葬墓。墓口长2.64、宽1.68～1.8、残深0.82米。墓底东侧见有倒梯形木棺朽痕，长1.88、宽0.43～0.51米。墓内填黄褐色五花土，土质较疏松。

人骨2具。头向南偏东，面向上，仰身直肢。东侧人骨男性，35～40岁。西侧墓主女性，35～40岁。出土铜扣1枚，位于东墓主胸部。

2. 出土遗物

铜器

铜扣　1枚。

标本M759∶1，球形，中空，一端带环形纽。

（五五）M761

1. 墓葬形制

位于墓地东北部，北面是M944，东南面为M765，西南面为M572。方向155°（图6-56；彩版二九六，1）。

倒梯形土坑竖穴墓。墓口长2.3、宽0.6～0.85、残深0.4米。壁面垂直光滑，底部发现有木棺腐朽灰痕。墓内填黄褐色五花土，土质较松软。

人骨1具。头向南偏东，面向左，仰身直肢。男性，40～45岁。

随葬器物10件。黑釉罐1件位于墓底东南角。铜钱2枚分置于墓主右肩、右手指处。铜扣7枚散落于墓主胸部、腹部、墓底西北角和东南角。

2. 出土遗物

（1）瓷器

黑釉罐　1件。

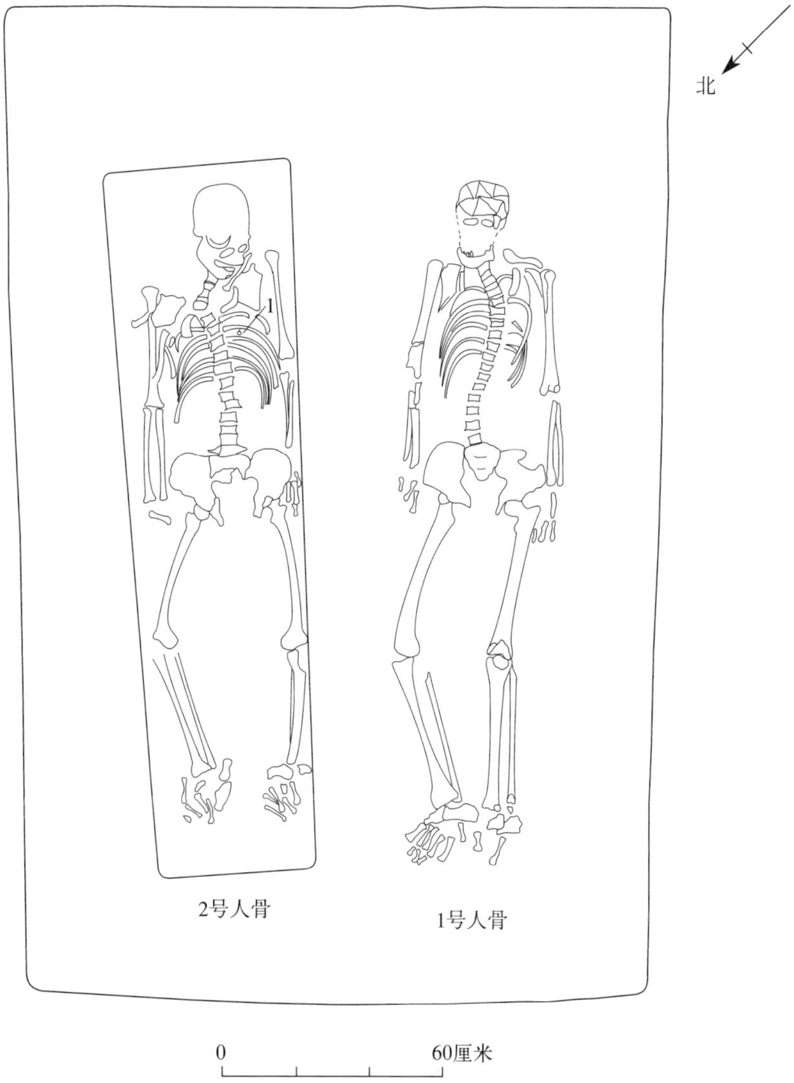

图 6-55　M759 平面图
1. 铜扣

标本 M761∶7，敛口，圆折肩，弧腹，内凹底。近底部有两周乳丁纹。外部施黑釉，内部施黄釉，口部为白瓷胎。口径 8、高 10 厘米（图 6-56，7）。

（2）铜器

铜扣　7 枚。可分两型。

A 型　6 枚。通体较扁，圆形扣面，背面中部有环形纽。

标本 M761∶3-1，扣面一周凸点纹，中部纹饰不清。直径 1.5 厘米（图 6-56，3-1）。

标本 M761∶4-1、5，面饰对向双鸟纹，直径 2.2 厘米（图 6-56，4-1、5）。

B 型　1 枚。

标本 M761∶6，球形，中空，一端带环形纽。面饰凹线纹。残高 1.5 厘米（图 6-56，6）。

铜钱　2 枚。为宽永通宝、乾隆通宝。圆形方穿，正、背两面轮郭俱全。钱文楷书，对读。

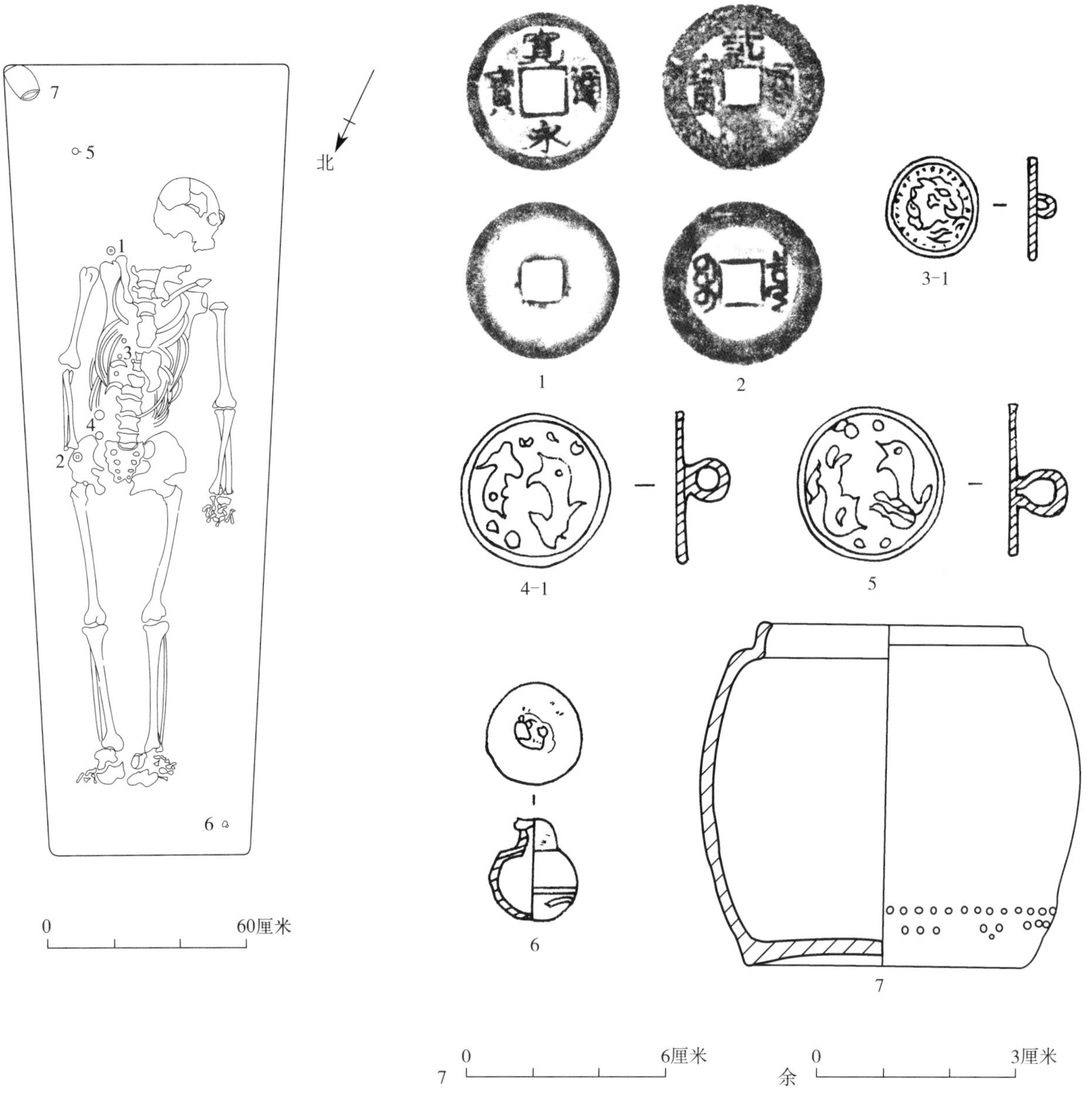

图6-56　M761及出土器物

1、2. 铜钱　3～6. 铜扣　7. 黑釉罐

宽永通宝　1枚。

标本M761∶1，直径2.3、穿径0.6、厚0.09厘米（图6-56，1）。

乾隆通宝　1枚。

标本M761∶2，背穿左右为满文局。直径2.4、穿径0.6、厚0.12厘米（图6-56，2）。

（五六）M764

1. 墓葬形制

位于墓地东北部，北面是M765，东面为M766，西南面为M763。方向220°（图6-57；彩版

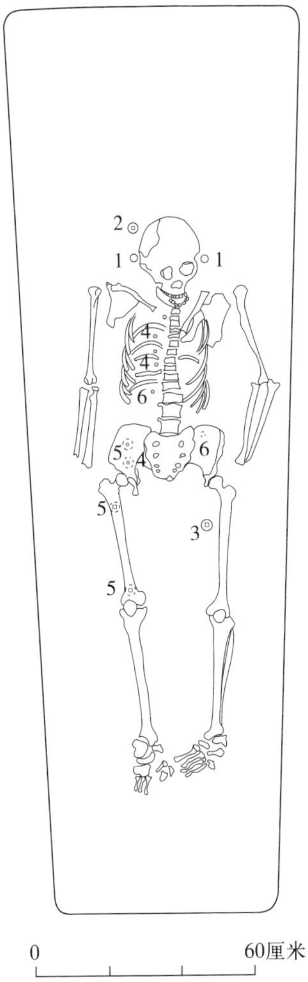

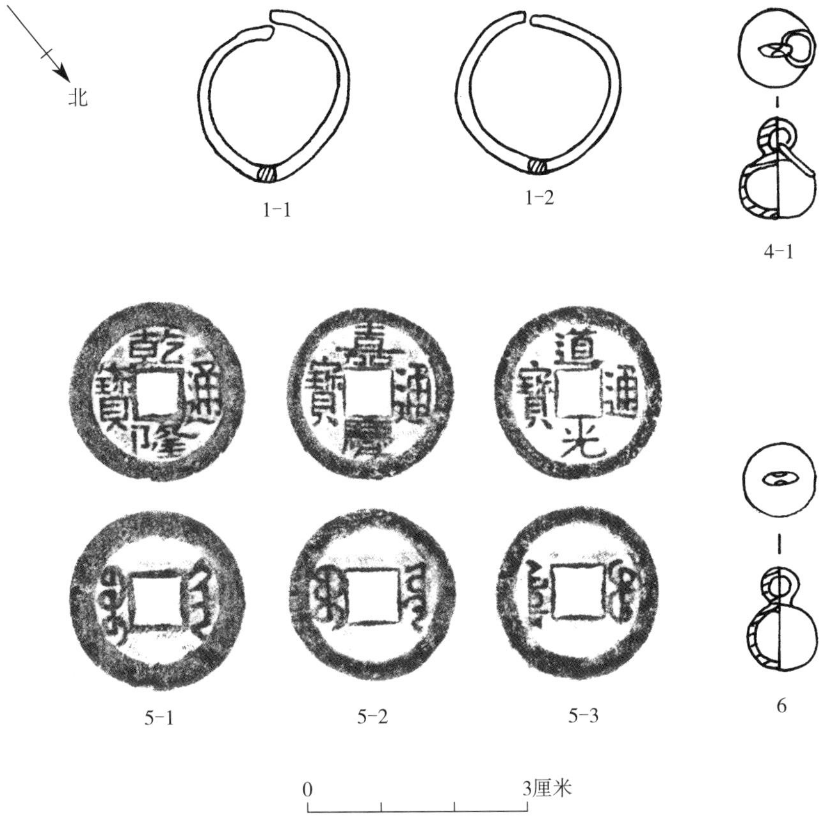

图 6-57　M764 及出土器物

1. 银耳环（2）　2、3. 铜钱　4. 铜扣（5）　5. 铜钱（4）　6. 铜扣

二九六，2）。

倒梯形土坑竖穴墓。墓口长 2.4、宽 0.6 ～ 0.8、残深 0.3 米。直壁规整。墓底平整，发现有木棺朽痕，厚约 0.03 米。墓内填黄褐色五花土，土质较松软。

人骨 1 具。头向南偏西，面向上，仰身直肢。女性，30 ～ 40 岁。

随葬器物 14 件。银耳环 2 件分别位于墓主头骨两侧。铜钱 6 枚，其中 1 枚置于墓主头骨右侧，1 枚放于墓主左股骨内侧，另外 4 枚压于墓主右盆骨和右股骨下。铜扣 6 枚，5 枚散落于墓主胸部，1 枚放在左盆骨下。

2. 出土遗物

（1）金银器

银耳环　2 件。以细条弯曲相接，两端略圆钝，横截面呈圆形。素面。

标本 M764 : 1-1，直径 2.1 厘米（图 6-57，1-1；彩版二九六，3 左）。

标本 M764 : 1-2，直径 2.3 厘米（图 6-57，1-2；彩版二九六，3 右）。

（2）铜器

铜扣　6 枚。球形，中空，一端带环形纽。

标本 M764：4-1，纽连接一环。高 1.3 厘米（图 6-57，4-1）。

标本 M764：6，高 1.3 厘米（图 6-57，6）。

铜钱　6 枚。有乾隆通宝、嘉庆通宝、道光通宝，圆形方穿，正、背两面轮郭俱全。

乾隆通宝　2 枚。钱文楷书，对读，背穿之左右为满文局。

标本 M764：5-1，直径 2.4、穿边长 0.7、厚 0.14 厘米（图 6-57，5-1）。

嘉庆通宝　2 枚。钱文楷书，对读，背穿之左右为满文局。

标本 M764：5-2，直径 2.3、穿边长 0.7、厚 0.13 厘米（图 6-57，5-2）。

道光通宝　2 枚。钱文楷书，对读，背穿之左右为满文局。

标本 M764：5-3，直径 2.4、穿边长 0.6、厚 0.15 厘米（图 6-57，5-3）。

（五七）M787

墓葬形制

位于墓地东北部，东北面是 M593，西南面为 M789。方向 145°。

长方形土坑竖穴墓。墓口长 2.35、宽 0.7、残深 0.6 米。墓底铺一层浅灰色草木灰，发现有长方形木棺朽痕迹，长 1.95、宽 0.5 米。墓内填浅褐色五花土，土质较坚硬。

人骨 1 具。头向南，面向上，仰身直肢。男性，40～50 岁。

随葬器物无。

（五八）M788

1. 墓葬形制

位于墓地东北部，北面是 M787、M593，东北面为 M791，南面为 M616。方向 325°（图 6-58）。

倒梯形土坑竖穴墓。墓口长 2.45、宽 0.5～0.8、残深 0.65 米。墓底铺有一层浅白色草木灰。墓内填浅褐色五花土。填土中发现黑釉碗 1 件。

人骨 1 具。头向北偏西，面向上，仰身直肢。骨骼保存较差，女性，50～59 岁。

随葬黑釉罐 1 件，位于墓底北端。

2. 出土遗物

瓷器

黑釉罐　1 件。

标本 M788：1，敛口，圆唇，鼓腹，矮圈足。颈部饰四个对称桥形纽系。外壁上部及内口部施酱黑釉，上腹施白色底釉，下部为褐色和黄褐瓷胎。口径 8、高 10 厘米（彩版二九六，4）。

黑釉碗　1 件。

标本 M788：01，敞口，圆尖唇，斜弧腹，近底急收，圈足。内外壁上部和内底施黑釉，余部白瓷胎。口径 15、高 5.4 厘米（图 6-58，01）。

（五九）M790

1. 墓葬形制

位于墓地东北部，北面是 M785，东面为 M595，西南面为 M793。方向 358°（图 6-59）。

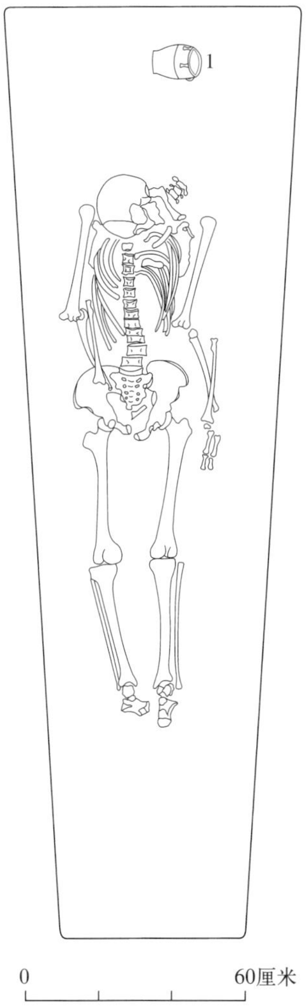

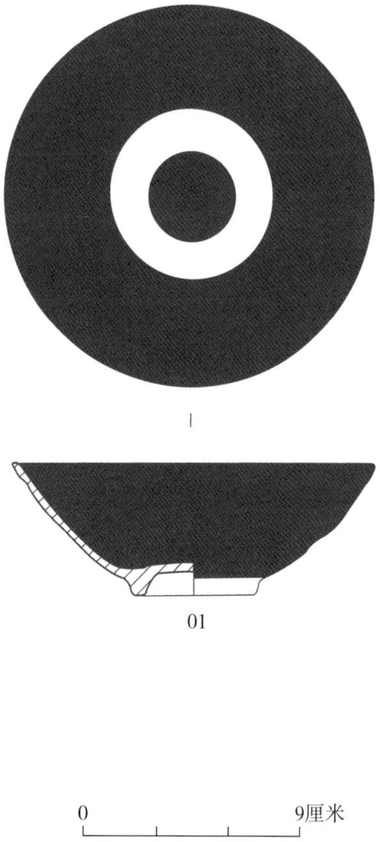

图 6-58　M788 及出土器物

1. 黑釉罐　01. 黑釉碗

长方形土坑竖穴墓。墓口长 2.9、宽 2.14、深 2.3 米。底部棺室平面呈倒梯形，长 2.4、宽 0.6 ～ 0.84、深 0.7 米。墓内填浅褐色五花土，土质较致密。

人骨 1 具。头向北，面向不清，仰身直肢。女性，35 ～ 45 岁。

随葬器物 4 件。铜钱、铜扣各 1 枚，均位于墓主左胸部。银耳环 2 件分置于墓主两肩胛骨上部（图 6-59）。

2. 出土遗物

（1）金银器

银耳环　2 件。由长条片弯曲相接而成，一端圆钝，另一端较细。

标本 M790 : 1，表面阴刻卷云纹。直径 2.2 ～ 2.7 厘米（图 6-59，1）。

标本 M790 : 2，表面纹饰不清。直径 2.3 厘米（图 6-59，2）。

（2）铜器

铜扣　1 枚。

标本 M790 : 4，球形，中空，一端有环形纽。高 1.4 厘米（图 6-59，4）。

铜钱　1 枚。

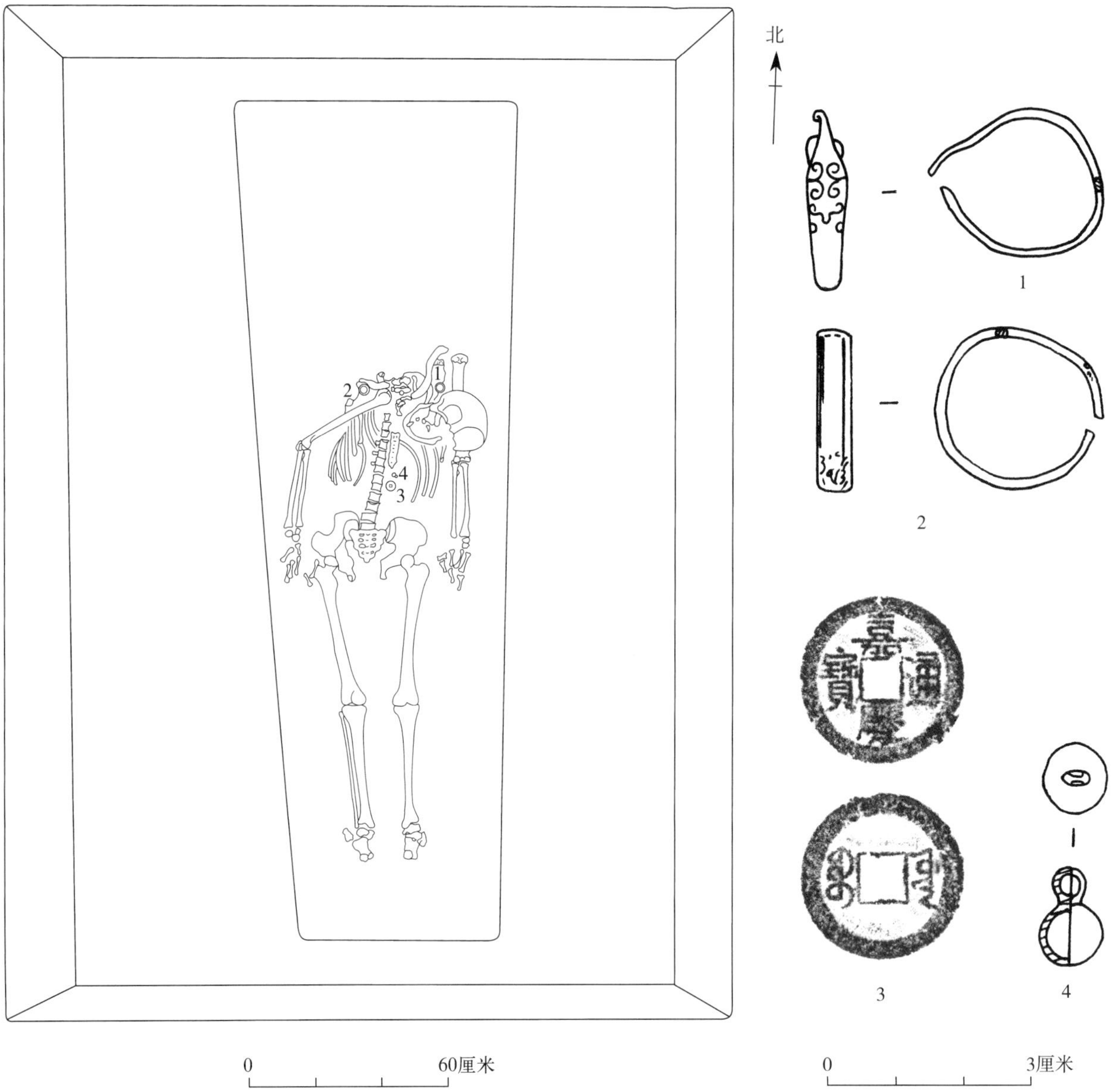

图 6-59　M790 及出土器物

1、2. 银耳环　3. 铜钱　4. 铜扣

标本 M790：3，嘉庆通宝。圆形方穿，钱正、背两面穿郭俱全。钱文楷书，对读，背穿之左右为满文局。直径 2.4、穿边长 0.6、厚 0.15 厘米（图 6-59，3）。

（六〇）M793

1. 墓葬形制

位于墓地东北部，北面是 M792，东面是 M790，西面为 M795。方向 356°（图 6-60）。

倒梯形土坑竖穴墓。墓口长 2.35、宽 0.8～1、残深 0.1 米。直壁规整，平底，墓底有倒梯形木棺残朽痕迹。墓内填浅褐色五花土，土质较紧密。

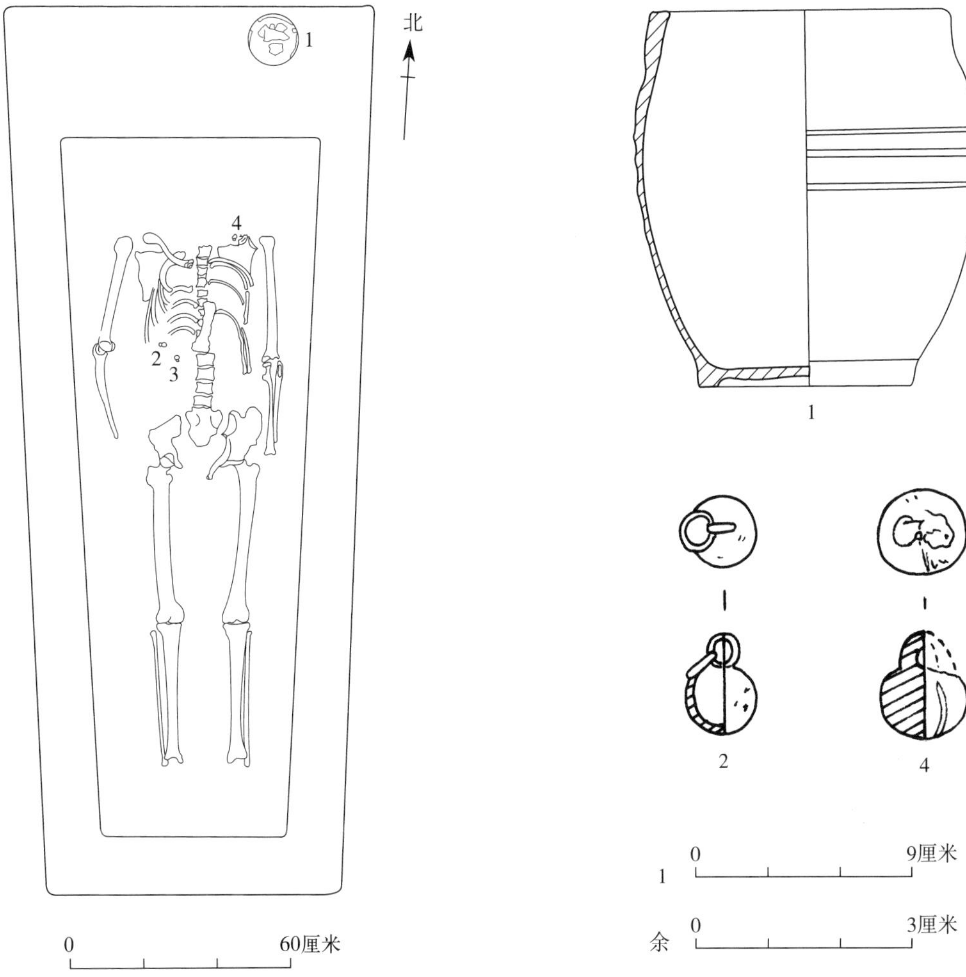

图 6-60　M793 及出土器物

1. 黑釉罐　2. 铜扣　3、4. 琉璃扣

人骨 1 具。头向北，面向不详，仰身直肢。男性，40 ～ 50 岁。

随葬器物 4 件。瓷罐 1 件位于墓底东北角。铜扣 1 枚、琉璃扣 2 枚，散落于墓主右胸及左肩部。

2. 出土遗物

（1）瓷器

黑釉罐　1 件。

标本 M793∶1，敛口，圆唇，微束颈，鼓腹，矮圈足。腹部饰三周凸棱纹。外壁上部及内口部施黑釉。口径 12.2、高 15 厘米（图 6-60，1）。

（2）铜器

铜扣　1 枚。

标本 M793∶2，球形，中空，一端带环形纽。高 1.3 厘米（图 6-60，2）。

（3）其他

琉璃扣　2 枚。球形，实心，一端带环形纽。

标本 M793∶4，高 1.4 厘米（图 6-60，4）。

（六一）M794

1. 墓葬形制

位于墓地东北部，打破M795，北面是M799，西面是M886。方向340°（图6-61）。

倒梯形土坑竖穴墓。墓口长2.3、宽0.6～0.9、残深0.46米。直壁规整，底部平整，墓底有木棺腐朽痕迹。墓内填浅褐色五花土，土质致密。

人骨1具。头向北偏西，面向上，仰身直肢。女性，40～50岁。

随葬器物7件。银耳环2件分置于墓主头骨两侧。铜扣5枚散落于墓主胸部（图6-61）。

2. 出土遗物

（1）金银器

银耳环　2件。

标本M794∶1-1，弯曲近圆形，首端外曲，带蘑菇状纽。长约3.0厘米（图6-61，1-1）。

标本M794∶1-2，弯曲近圆形，首端残断。残长约3.1厘米（图6-61，1-2）。

（2）铜器

铜扣　5枚。球形，空心，一端突起，连接一环。

标本M794∶2-1，高1.4厘米（图6-61，2-1）。

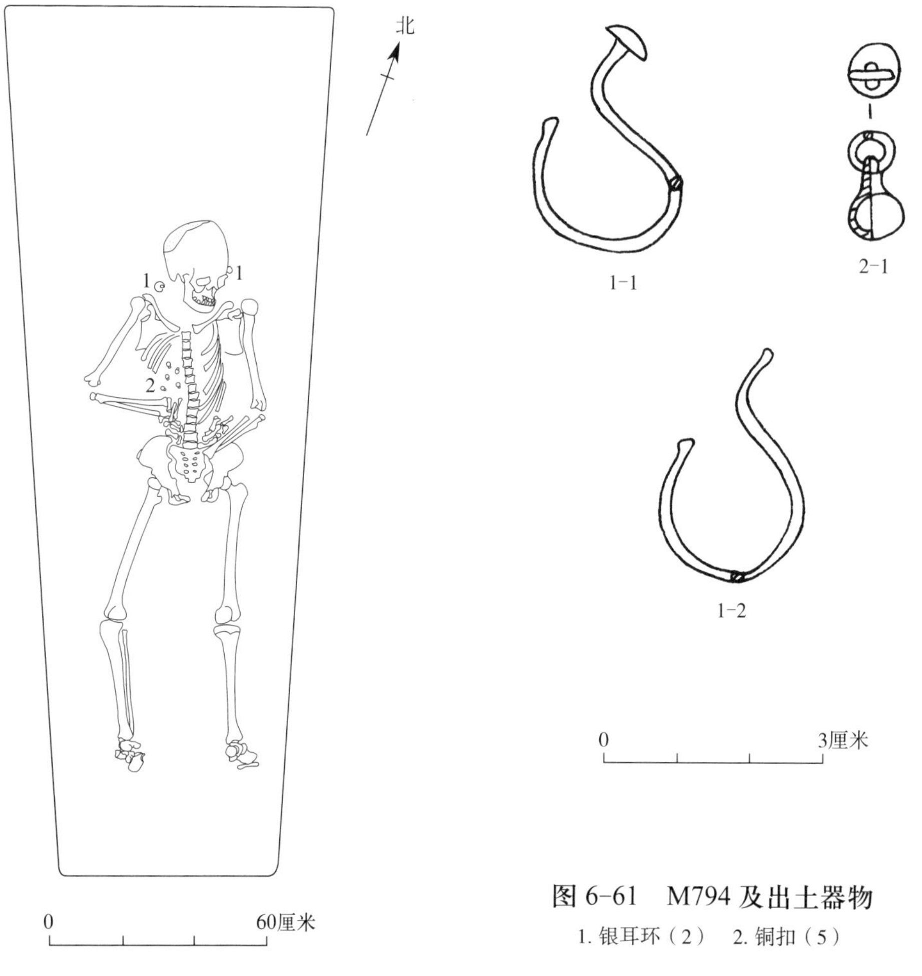

图6-61　M794及出土器物

1. 银耳环（2）　2. 铜扣（5）

（六二）M802

墓葬形制

位于墓地东北部，东面是M819，西北面是M859。方向108°。

长方形土坑竖穴墓。墓口长2.4、宽1.2、深1.2米。墓底有生土二层台，宽0.2～0.25、高0.6米。直壁规整，底部较平整。墓内填黄褐色五花土，土质较疏松。

人骨1具。头向东偏南，面向左，仰身直肢。男性，50～60岁。

随葬器物无。

（六三）M882

1. 墓葬形制

位于墓地中部偏东北，北面是M799，东面是M881，西面为M883。方向336°（图6-62）。

倒梯形土坑竖穴墓。墓口长2.46、宽0.6～0.9、残深0.4～0.5米。墓壁垂直规整，平底。墓

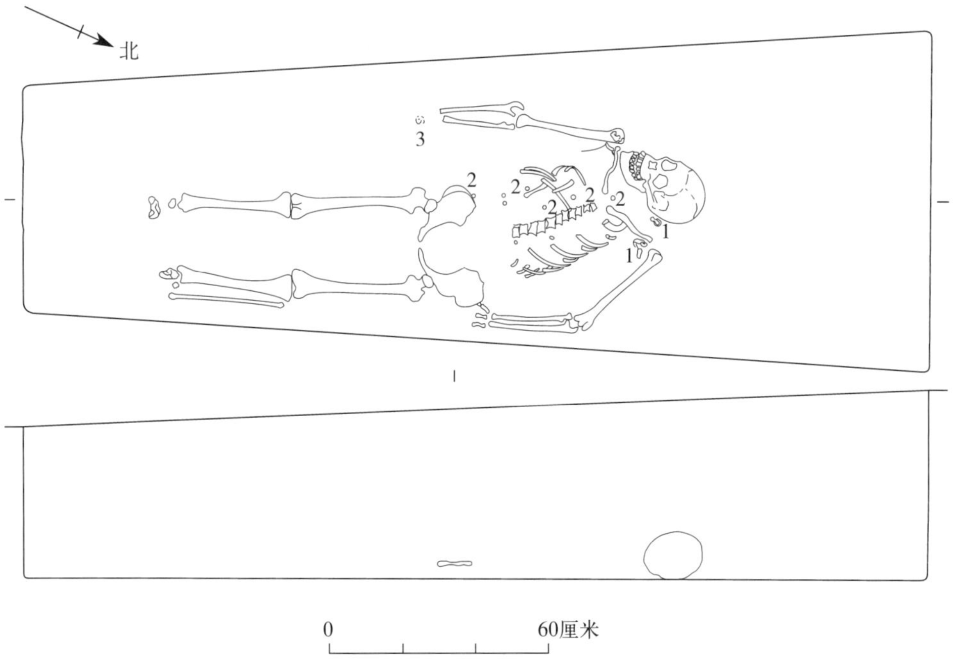

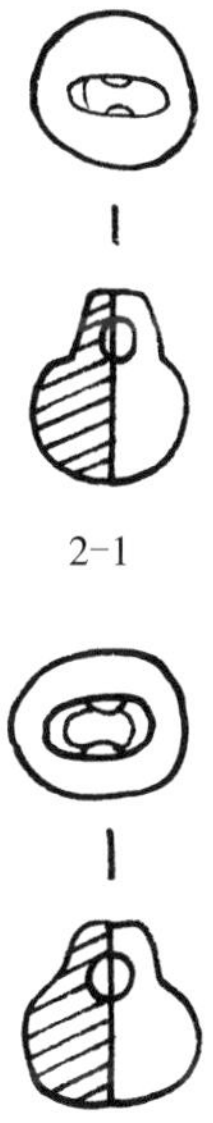

2-1

2-3

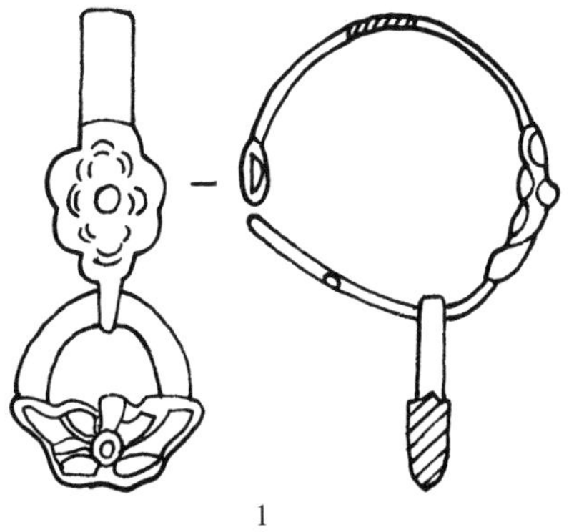

1

图6-62　M882及出土器物

1. 银耳环　2. 琉璃扣（9）　3. 铜顶针

内填浅褐色五花土，土质较致密。

人骨1具。头向北偏西，面向右，仰身直肢。骨骼保存较差，女性，18～22岁。

随葬器物11件。银耳环、铜顶针各1件，分别位于墓主头骨左侧和右手处。琉璃扣9件，散落于墓主前胸及骨盆处。

2. 出土遗物

（1）金银器

银耳环 1件。

标本M882∶1，由环和坠两部分套合在一起，耳环上宽下窄，正面饰一朵六瓣梅花图案，坠亦为环形，底部饰多瓣荷花纹饰。环直径3.1、坠直径1.8、通高4.4厘米（图6-62，1；彩版二九七，1）。

（2）铜器

铜顶针 1件。

标本M882∶3，由扁平长片弯曲呈环形，表面遍布小凹点。直径1.9、宽0.8厘米（彩版二九七，2）。

（3）其他

琉璃扣 9件。球形，实心，一端带环形纽。根据颜色不同可分两型。

A型 2件。红色。

标本M882∶2-1，高1.3厘米（图6-62，2-1；彩版二九七，3左）。

标本M882∶2-2，纽微残。残高0.8厘米。

B型 7件。白色。

标本M882∶2-3，高1.3厘米（图6-62，2-3；彩版二九七，3中）。

标本M882∶2-5，高1.2厘米（彩版二九七，3右）。

（六四）M884

1. 墓葬形制

位于墓地中部偏东北，北面是M799，东面是M883，西面为M885。方向345°（图6-63）。

倒梯形土坑竖穴墓。墓口长2.4、宽1.1～1.6、残深0.2米。墓壁规整，底部较平整。墓内填浅褐色五花土，土质较致密。

人骨2具。头向北，仰身直肢。东侧墓主面向右，男性，35～40岁。西侧墓主面向上，女性，25～30岁。

随葬器物13件。烟具1套（含铜烟锅和琉璃烟嘴），置于东侧墓主胸部。铜钱5枚放于西侧墓主左下肢骨外侧。铜扣、琉璃扣各3枚，散落于两具人骨胸部和头骨处。玉环1件放在西侧墓主胸部右侧。

2. 出土遗物

（1）玉器

玉环 1件。

标本M884∶7，白玉质。截面略呈圆角菱形。表面光滑润泽，素面。直径2.6厘米（图6-64，7；彩版二九七，4）。

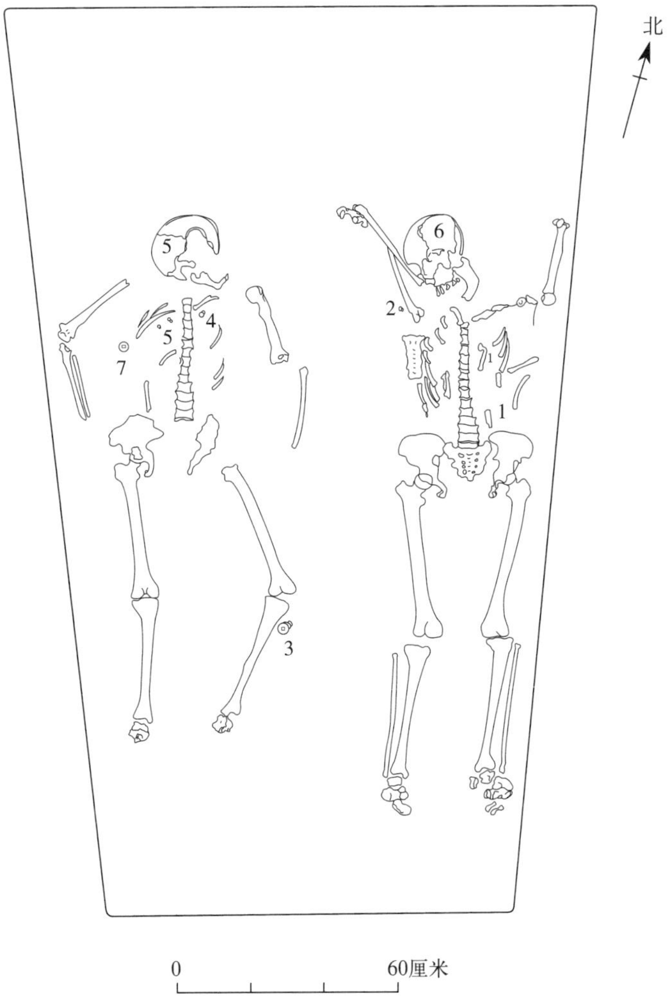

图 6-63　M884 平面图

1. 铜、琉璃烟具　2、4、6. 铜扣　3. 铜钱（5）　5. 琉璃扣（3）　7. 玉环

（2）铜器

铜、琉璃烟具　1 套。

标本 M884∶1，通体长条形。由铜烟锅、木烟杆和琉璃烟嘴组成。烟锅尾端略粗，有銎孔与烟杆连接，仅锅处略窄，弯曲向上，锅内凹。素面。长 5、直径 2 厘米。烟杆朽残严重。烟嘴有銎孔与烟杆连接，圆柱状，近口部收腰。长 4.9、直径 1.5 厘米（图 6-64，1；彩版二九七，5）。

铜扣　3 枚。球形，空心，一端带环形纽。

标本 M884∶2，高 1.3 厘米（图 6-64，2）。

标本 M884∶4，高 1.2 厘米（图 6-64，4）。

铜钱　5 枚。破碎严重，钱文不明。

（3）其他

琉璃扣　3 枚。球形，实心，一端带环形纽。

标本 M884∶5-1，高 1.1 厘米（图 6-64，5-1；彩版二九七，6 左）。

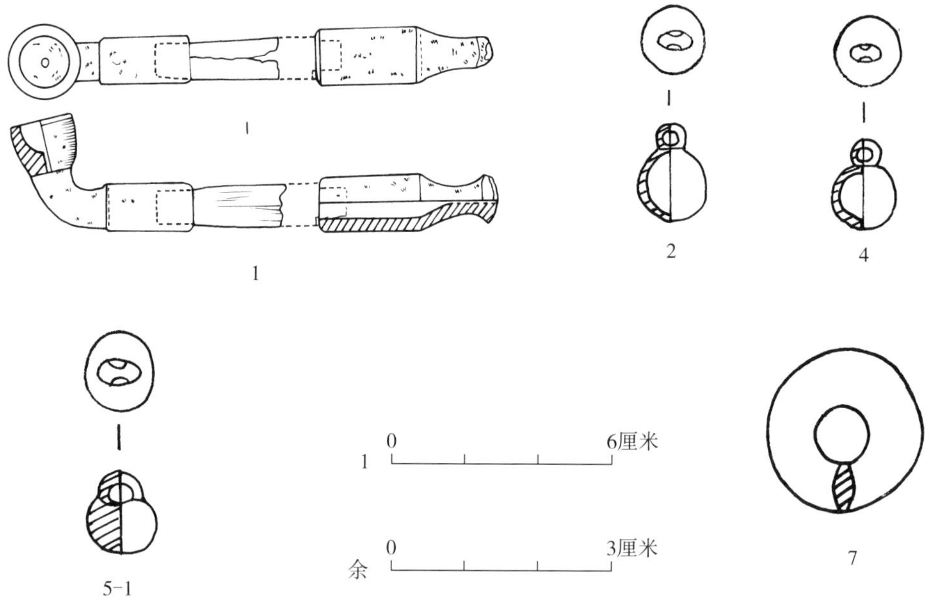

图 6-64 M884 出土器物

1. 铜、琉璃烟具 2、4. 铜扣 5-1. 琉璃扣 7. 玉环

（六五）M886

墓葬形制

位于墓地中部偏东北，东面是M794、M795，西面为M881。方向15°。

倒梯形土坑竖穴墓。墓口长1.6、宽0.3～0.46、残深0.2米。墓壁规整，平底。墓内填浅褐色五花土，土质较致密，内夹杂少量近现代陶瓷片。

人骨1具。头向北，面向右。骨骼排列凌乱，下肢骨叠放，应为二次迁葬。女性，30～35岁。

随葬器物无。

（六六）M943

1. 墓葬形制

位于墓地东北部，打破M946，被M941打破，西南面为M762。方向210°（图6-65；彩版二九七，7）。

倒梯形土坑竖穴墓。墓口长2、宽0.7～0.9、深0.55米。墓壁垂直，底较平。

人骨1具。头向南，仰身直肢。男性，50～60岁。

随葬器物12件。陶瓦1件，位于墓主头骨右侧。铜钱7枚散落于墓底部。铜扣4枚发现于墓主胸腹部。

2. 出土遗物

（1）陶器

陶瓦 1件。

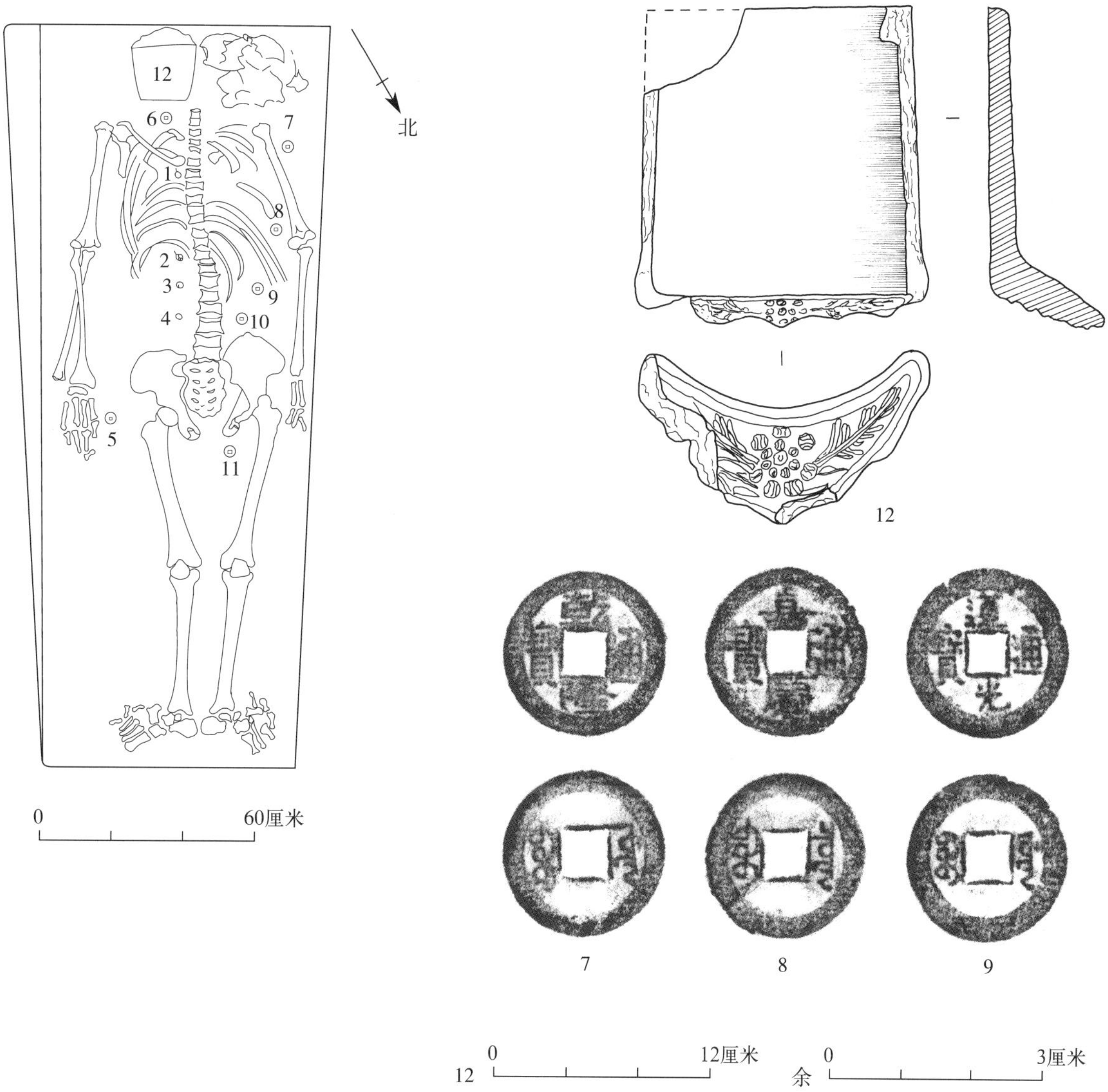

图 6-65　M943 及出土器物

1～4. 铜扣　5～11. 铜钱　12. 陶瓦

标本 M943：12，板瓦。泥质灰陶。瓦体呈弧形，一端略窄。窄端带三角形“滴水”，上饰花草纹。长 17.4、宽 15.4 ～ 16.6 厘米（图 6-65，12）。

（2）**铜器**

铜扣　4 枚。

标本 M943：1 ～ 4，球形，空心，一端带环形纽（彩版二九七，8）。

铜钱　7 枚。为乾隆通宝、嘉庆通宝、道光通宝。圆形方穿，正、背两面轮郭俱全。钱文楷书，对读。背穿之左右为满文局。

乾隆通宝　3 枚。

标本 M943：7，直径 2.3、穿边长 0.7、厚 0.15 厘米（图 6-65，7）。

嘉庆通宝　1枚。

标本M943∶8，直径2.3、穿边长0.6、厚0.14厘米（图6-65，8）。

道光通宝　3枚。

标本M943∶9，直径2.3、穿边长0.6、厚0.16厘米（图6-65，9）。

（六七）M947

1. 墓葬形制

位于墓地中部，打破M752，东面是M904，西面为M576。方向320°（图6-66）。

倒梯形土坑竖穴墓。墓口长2.4、宽1～1.2、深1.1米。墓壁较为规整，底部平整。墓底有长方形木棺痕迹，长2、宽0.6、高0.5米，周围发现铁棺钉9枚。墓内填黄褐色五花土，土质较疏松。

人骨1具。头向北偏西，面向上，仰身直肢。性别疑似女性，30～40岁。

随葬铜钱1枚，位于墓主口内。

2. 出土遗物

铜器

铜钱　1枚。

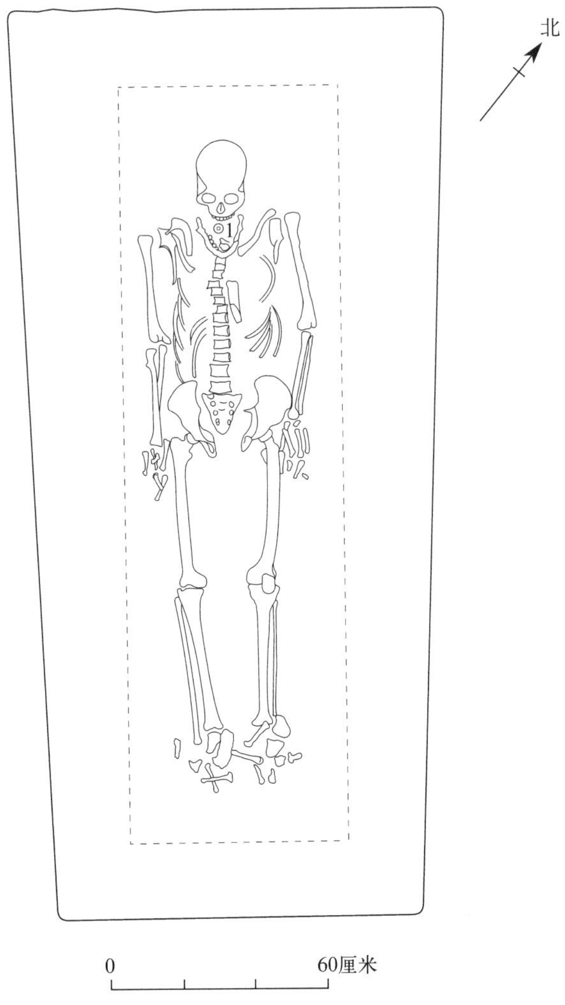

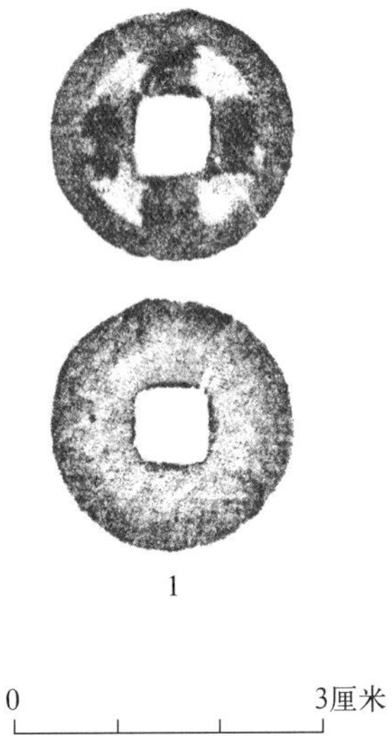

图6-66　M947及出土器物

1. 铜钱

标本 M947∶1，元丰通宝。圆形方穿，正、背两面轮郭俱全。钱文篆书，旋读。直径 2.4、穿边长 0.7、厚 0.1 厘米（图 6-66，1）。

（六八）M951

1. 墓葬形制

位于墓地东北部，东南面是 M950，西南面为 M954。方向 157°（图 6-67）。

长方形土坑竖穴墓。北端被断崖打破。墓口残长 1.4 ～ 2.16、宽 0.9、深 1.27 米。墓壁规整，底部较平整。墓底有长方形木棺腐朽痕迹，残长 1.36 ～ 1.84、宽 0.5 米。墓内填黄褐色五花土，土质较疏松。填土内发现酱釉罐 1 件。

人骨 1 具。头向南偏东，面向上，仰身直肢。女性，40 ～ 45 岁。

随葬陶瓦 1 件，发现于墓主头骨上方。墓主左下臂内侧有一石块。

2. 出土遗物

（1）陶器

陶瓦　1 件。

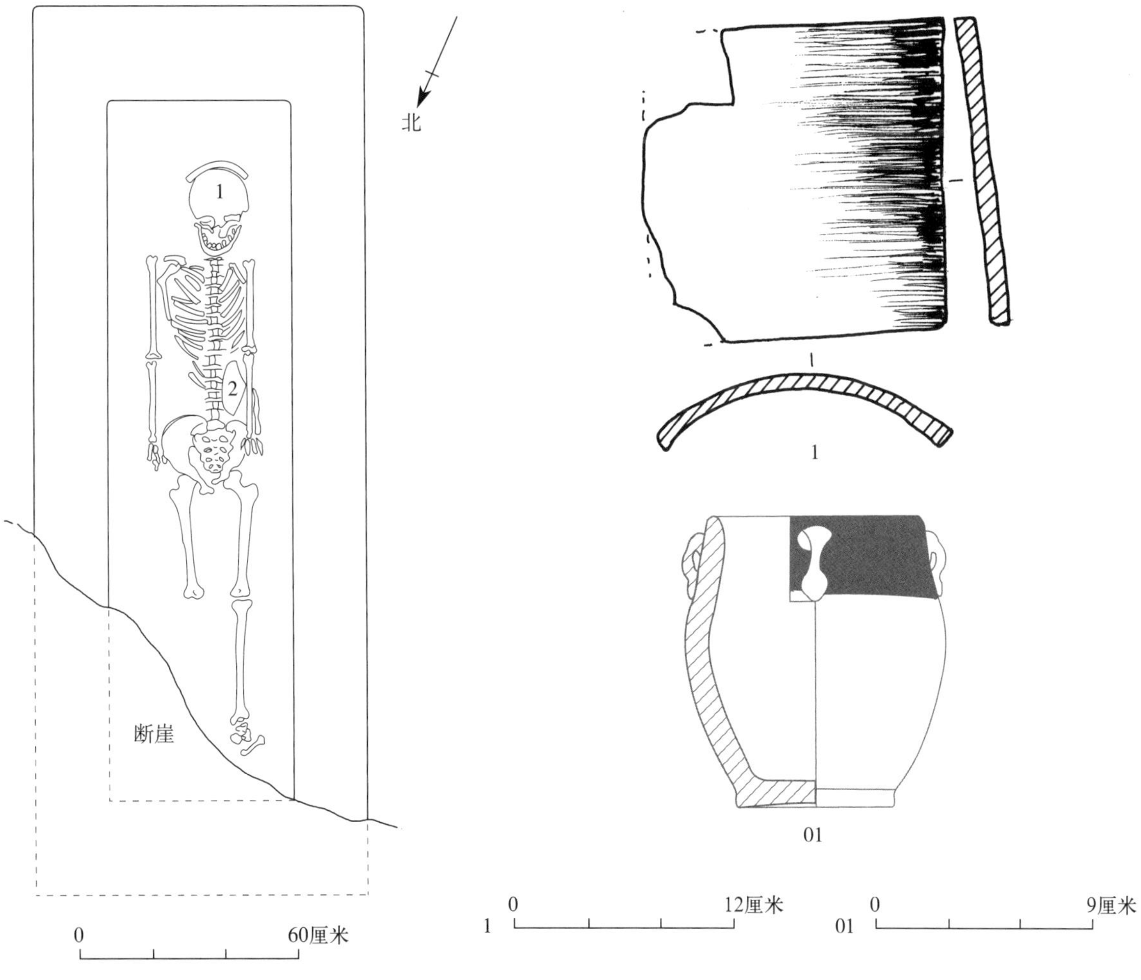

图 6-67　M951 及出土器物

1. 陶瓦　2. 石块　01. 酱釉罐

标本 M951：1，板瓦。泥质灰陶。两角残，瓦面拱起。素面。长 16.6、宽 16.2 厘米（图 6-67，1）。

（2）**瓷器**

酱釉罐　1 件。

标本 M951：01，直口微敛，圆唇，溜肩，微鼓腹，矮圈足。沿下有四个对称的竖桥条形纽。肩上部施酱釉，腹上部为白瓷胎，近底部为红褐胎，余部和内壁为褐胎。口径 8.6、高 11.6 厘米（图 6-67，01）。

（六九）M956

1. 墓葬形制

位于墓地西北部，打破 M957，东南面是 M404，南面为 M955。方向 111°（图 6-68）。

长方形土坑竖穴墓。墓口长 2.9、宽 1.3、深 1 米。四壁距墓底 0.6 米深处留有生土二层台，东宽 0.4、西宽 0.1、南宽 0.25～0.35、北宽 0.15～0.25 米。东壁二层台上有壁龛，平面略呈马蹄形，宽 0.25、高 0.15、进深 0.38 米。墓底有倒梯形木棺腐朽痕迹，长 1.85、上宽 0.6、下宽 0.35、厚 0.05 米。墓内填黄褐色五花土，质地较疏松。

人骨 1 具。头向东略偏南，面向北，仰身直肢。男性，35～45 岁。

随葬器物 3 件。酱釉罐、酱釉碗各 1 件，均平放于壁龛内。陶瓦 1 件置于墓主头端上方。

2. 出土遗物

（1）**陶器**

陶瓦　1 件。

标本 M956：2，板瓦。泥质灰陶。上窄下宽，瓦背拱起。素面。长 18.8、宽 17～18.5 厘米（图 6-68，2）。

（2）**瓷器**

酱釉罐　1 件。

标本 M956：1，敛口，圆方唇，溜肩，微鼓腹，矮圈足。肩部有四个对称的竖条形纽。肩上施酱釉，余部白瓷胎。口径 7.5、高 10.1 厘米（图 6-68，1）。

酱釉碗　1 件。

标本 M956：3，敞口外侈，圆唇，斜弧腹，近底急收，圈足。口沿施一圈黑釉，内外壁上部和内底施酱釉，余部为白瓷胎。口径 15、高 6 厘米（图 6-68，3）。

（七〇）M957

1. 墓葬形制

位于墓地西北部，被 M956 打破，东南面是 M404。方向 104°（图 6-69）。

长方形土坑竖穴墓。墓口长 2.95、宽 1.26、深 0.95 米。四壁距墓底约 0.55 米深处有生土二层台，东宽 0.33、西宽 0.3、南宽 0.36、北宽 0.25 米。东壁二层台上壁龛残宽 0.2、高 0.15、进深 0.25 米。墓底有倒梯形木棺腐朽痕迹，长 1.85、上宽 0.6、下宽 0.4 米。墓内填黄褐色五花土，土质较疏松。

人骨 1 具。头向东偏南，面向南，仰身直肢。女性，35～40 岁。

随葬器物 2 件。酱釉罐 1 件置于北侧壁龛内。陶瓦 1 件在墓主头端上方。

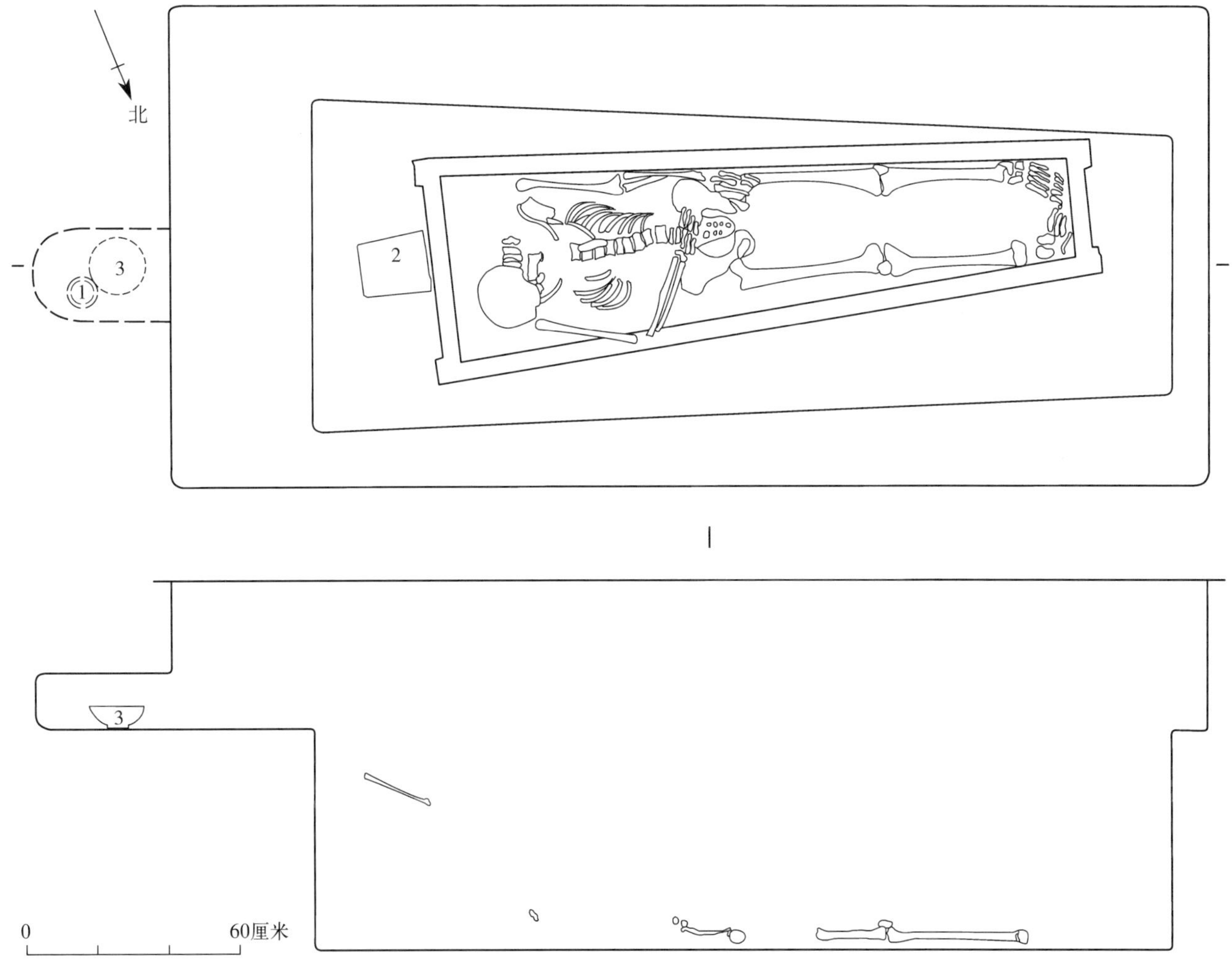

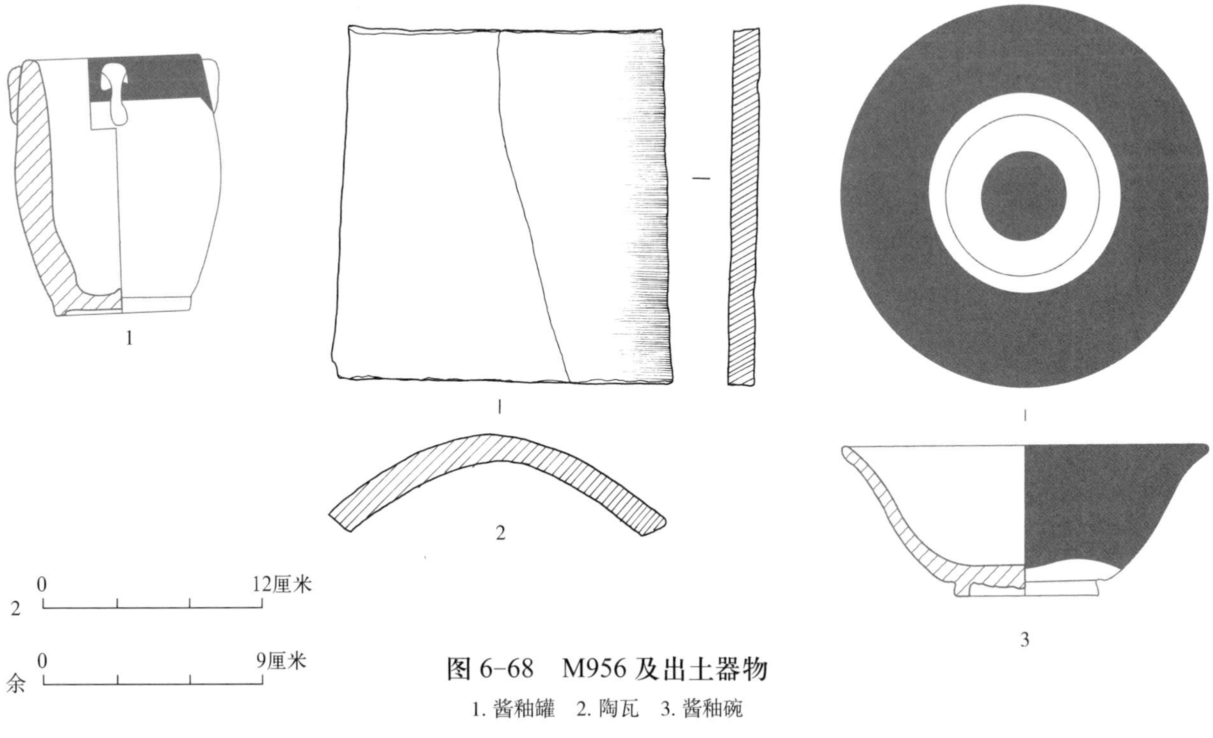

图 6-68　M956及出土器物

1. 酱釉罐　2. 陶瓦　3. 酱釉碗

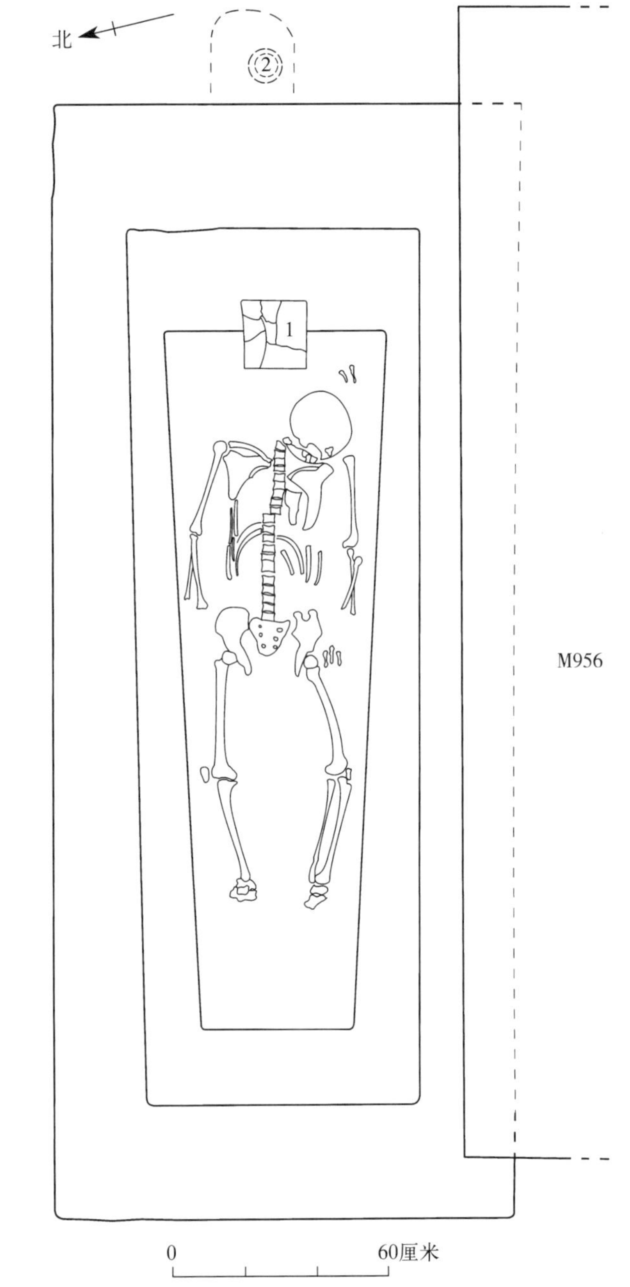

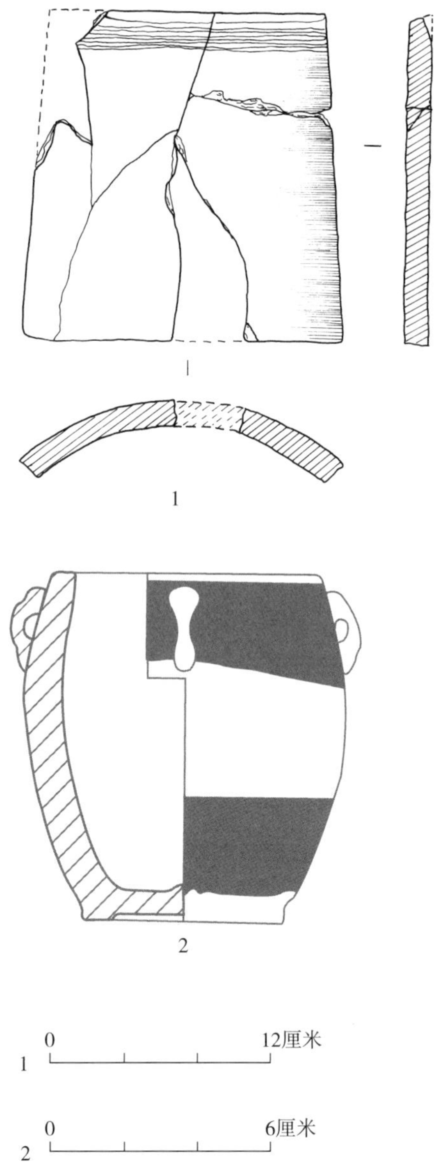

图 6-69　M957 及出土器物

1. 陶瓦　2. 酱釉罐

2. 出土遗物

（1）**陶器**

陶瓦　1件。

标本M957∶1，板瓦。泥质灰陶。一角微残，上窄下宽，瓦背拱起。素面。长17.2、宽14～15.9厘米（图6-69，1）。

（2）**瓷器**

酱釉罐　1件。

标本M957∶2，敛口，方唇，溜肩，微鼓腹，圈足。肩上有四个对称的竖条形纽。肩部施酱釉，腹部为白胎，近底部及内壁为褐胎。口径7.4、高9.2厘米（图6-69，2）。

二　砖椁墓

砖椁墓共有 44 座。

（一）M1

1. 墓葬形制

位于墓地西南部，打破 M3，东南面是 M86，西北面为 M40。方向 200°（图 6-70；彩版二九八，1）。

倒梯形土坑竖穴砖椁墓。墓口长 2.55、宽 0.73 ～ 0.93、深 0.4 米。墓壁较直，底部平整。墓底有倒梯形砖椁，南高北低，长 2.5、宽 0.7 ～ 0.9、深 0.15 ～ 0.25 米。四壁均用青砖侧铺错缝顺砌而成，无铺底。砖长 25.5、宽 12.5、厚 6 厘米。椁内底部有倒梯形木棺腐朽痕迹，长 1.8、宽 0.4 ～ 0.6 米。墓内填灰褐色花土，土质较疏松。填土中发现大量铁棺钉及少量青花瓷片。

人骨 1 具。头向南，面向右，仰身直肢。女性，17 ～ 20 岁。

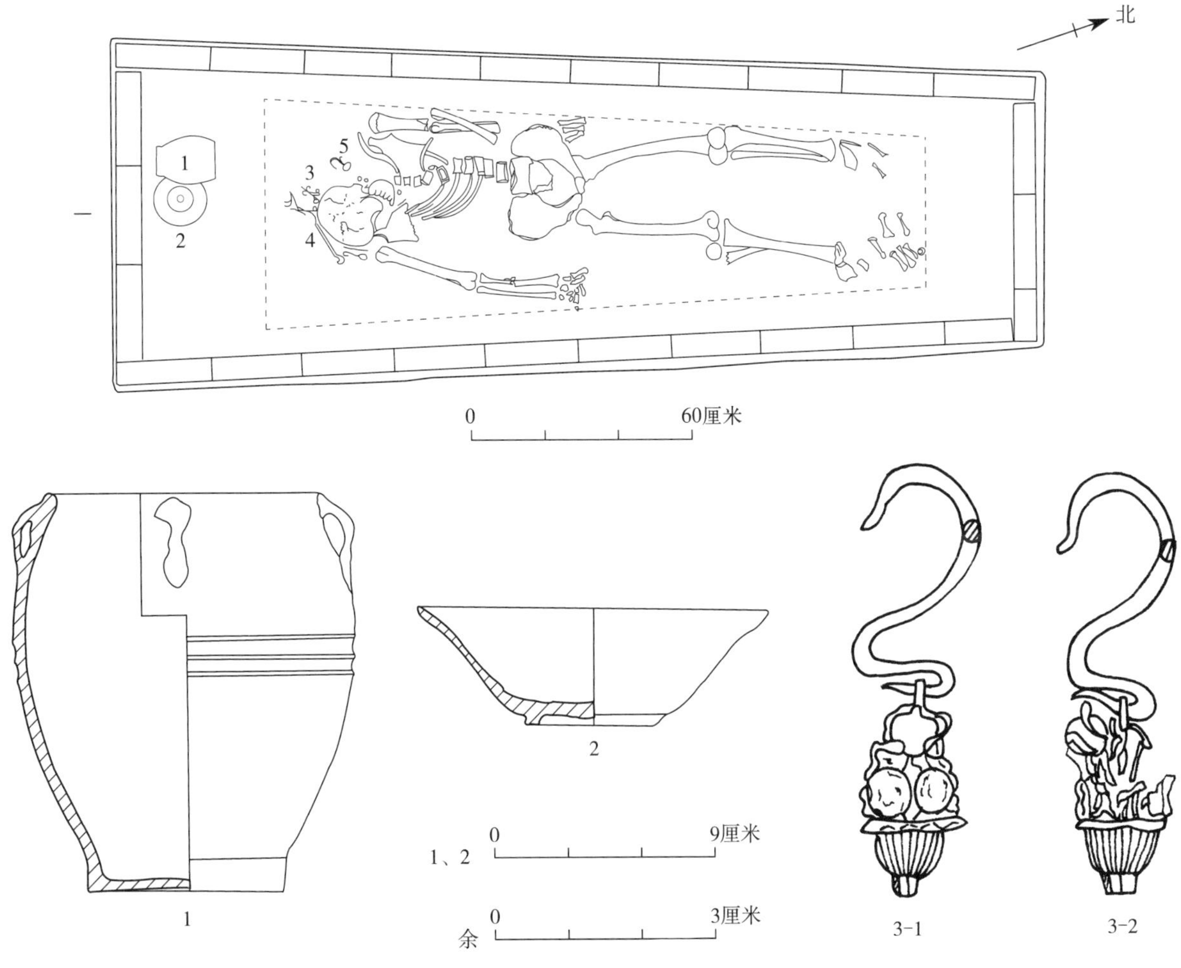

图 6-70　M1 及出土器物

1. 黑釉罐　2. 黑釉碗　3. 铜耳坠（3）　4. 铜簪　5. 铜扣（4）

随葬器物10件。黑釉罐、黑釉碗各1件（彩版二九八，2），位于椁底南端。铜耳坠3件、铜簪1件、铜扣4件，均发现于墓主头骨周围。

2. 出土遗物

（1）瓷器

黑釉罐 1件。

标本M1∶1，敛口，圆唇，溜肩，鼓腹，矮圈足。沿下有四个对称竖桥形纽系。腹部饰三周凸棱纹。外壁上部施黑釉，余部白瓷胎。口径11.5、高15.8厘米（图6-70，1；彩版二九八，3）。

黑釉碗 1件。

标本M1∶2，敞口外侈，圆尖唇，斜弧腹，近底急收，圈足。内外壁上部及内底施黑釉，余部白瓷胎。口径14.4、高4.8厘米（图6-70，2；彩版二九八，4）。

（2）铜器

铜簪 1件。

标本M1∶4，长条形，首端呈耳勺状，尾端尖锐。

铜耳坠 3件。钩体略似变体“M”形，横截面圆形，两端尖锐，尾端连接花卉形坠体，内有球形花蕊，下包以半球状花托。

标本M1∶3-1、2，长5.2厘米（图6-70，3-1、2）。

铜扣 4件。

标本M1∶5，球形，空心，一端带环形纽。

（二）M44

1. 墓葬形制

位于墓地西南部，打破M47，西南面为M49。方向120°（图6-71；彩版二九九，1）。

倒梯形土坑竖穴砖椁墓。墓口长2.7、宽0.88～1.18、深0.8～0.95米。墓底部平面呈倒梯形，东高西低，长2.65、宽0.8～1.13、高0.7～0.86米。四壁砌法一致，底部先以双重立砖侧砌一层，其上平铺错缝顺砌两层，上又以双重侧砖顺砌一层，再上以平砖错缝顺砌六层。顶部结构不详。底部无铺地砖。头龛位于东椁壁中部，口部呈“凸”字形，宽0.24、高0.27、进深0.18米。南椁壁偏东上部有一壁龛，近正方形，宽0.13、高0.14、进深0.13米。砖长26、宽12.5、厚6厘米。墓内填浅黄色五花土，土质较紧密。

人骨1具。头向东偏南，面向上，仰身直肢。女性，中年个体。

随葬器物11件。陶瓦1件置于墓主左胸部。铜簪1件位于头骨左上方。铜钱7枚分散于左肩部和右下肢骨处。黑釉罐、黑釉碗各1件，分别放在头龛和壁龛内（彩版二九九，2）。

2. 出土遗物

（1）陶器

陶瓦 1件。

标本M44∶1，板瓦。泥质灰陶。一端略窄，瓦背拱起。素面。长15.6、宽15厘米（图6-71，1；彩版二九九，3）。

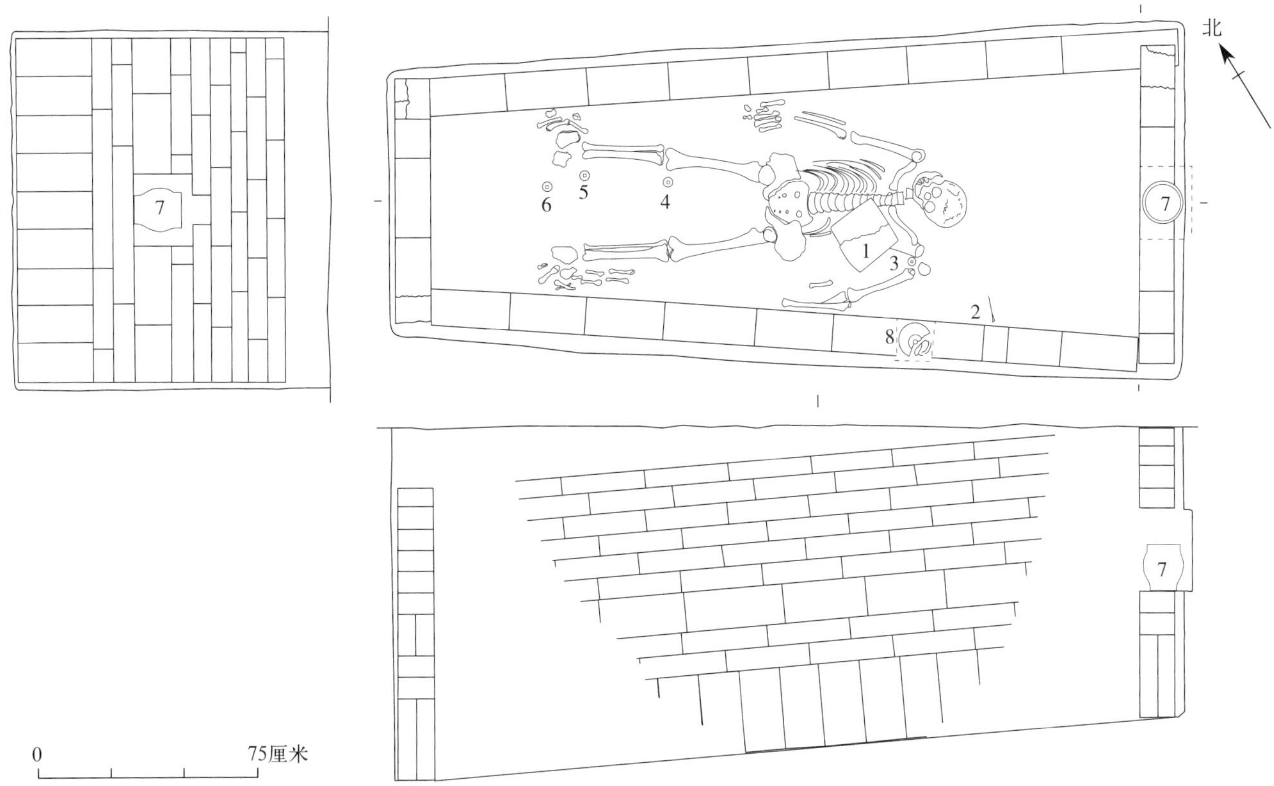

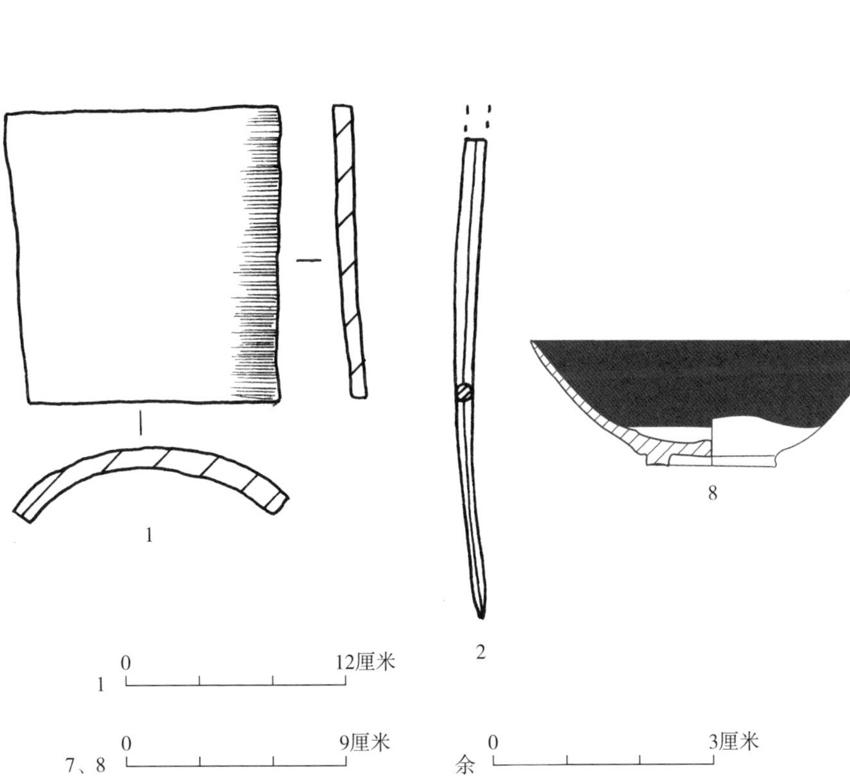

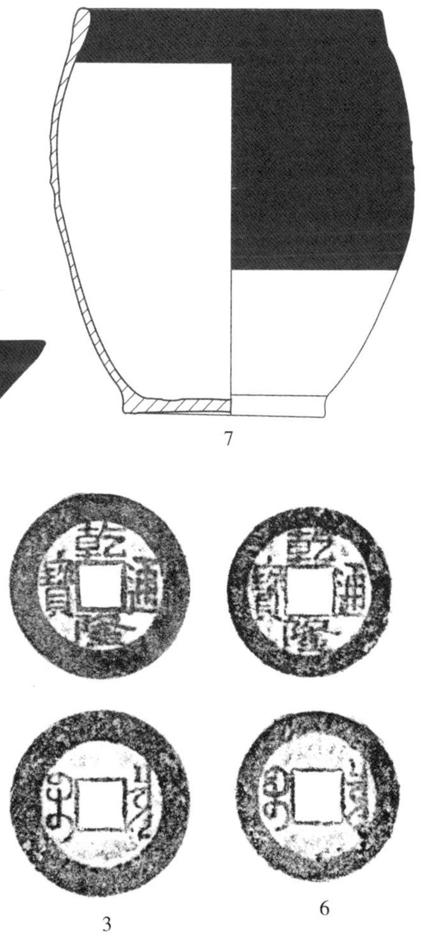

图 6-71　M44 及出土器物

1. 陶瓦　2. 铜簪　3～6. 铜钱（7）　7. 黑釉罐　8. 黑釉碗

（2）瓷器

黑釉罐　1件。

标本M44∶7，敛口，圆唇，鼓腹，平底微内凹。腹部有三周凸棱纹。外壁上部及内口施黑釉，余部白瓷胎。口径12.4、高16.2厘米（图6-71，7；彩版二九九，4）。

黑釉碗　1件。

标本M44∶8，敞口，圆尖唇，斜弧腹，近底急收，圈足。内外壁上部及内底施黑釉，余部白瓷胎。口径14.8、高5厘米（图6-71，8；彩版二九九，5）。

（3）铜器

铜簪　1件。

标本M44∶2，长条锥形。尾端尖锐，一端残断，横截面略呈方形。残长6.35厘米（图6-71，2）。

铜钱　7枚。均为乾隆通宝，圆形方穿，正、背两面穿郭俱全。钱文楷书，对读，背穿之左右为满文局。

标本M44∶3，直径2.5、穿边长0.6、厚0.13厘米（图6-71，3）。

标本M44∶6，直径2.4、穿边长0.7、厚0.13厘米（图6-71，6）。

（三）M49

1. 墓葬形制

位于墓地西南部，东北面是M44，西北面为M28。方向120°（图6-72；彩版三〇〇，1）。

倒梯形土坑竖穴砖椁墓。墓口长2.56、宽0.78～1.16、深1.4米。底部砖椁平面呈倒梯形，西高东低，长2.5、宽0.7～1.1、深0.6米。四壁砌法相同，底部先双重立砖侧砌一层，上面平铺错缝顺砌两层，其上用双重侧砖顺砌一层，再上平砖错缝顺砌六层。底部无铺地砖。头龛位于东椁壁中部（彩版三〇〇，2），呈“凸”字形，宽0.23、高0.28、进深0.23米；北椁壁偏东上部壁龛长方形（彩版三〇〇，3），宽0.16、高0.14、进深0.16米。砖长26、宽13、厚7厘米。墓内填黄褐色五花土，土质较致密。

人骨1具。头向东偏南，面向上。骨骼摆放痕迹明显，应为迁葬，男性，40～50岁。

随葬器物3件（彩版三〇一，1）。黑釉罐1件置于头龛内。黑釉碗2件叠放于壁龛内。

2. 出土遗物

瓷器

黑釉罐　1件。

标本M49∶1，直口微敛，圆唇，微束颈，鼓腹，饼足微内凹。颈部与腹部各有一周凸棱纹。外壁上部施黑釉，余部白瓷胎。口径11.2、高15.5厘米（图6-72，1；彩版三〇一，2）。

黑釉碗　2件。

标本M49∶2，敞口，圆尖唇，斜弧腹，近底急收，圈足。内外壁上部和内底施黑釉，余部为白瓷胎。口径14.6、高5厘米（图6-72，2；彩版三〇一，3）。

标本M49∶3，敞口，圆尖唇，斜弧腹，近底急收，圈足。内外壁上部和内底施黑釉，余部为白瓷胎。口径14.8、高5厘米（图6-72，3；彩版三〇一，4）。

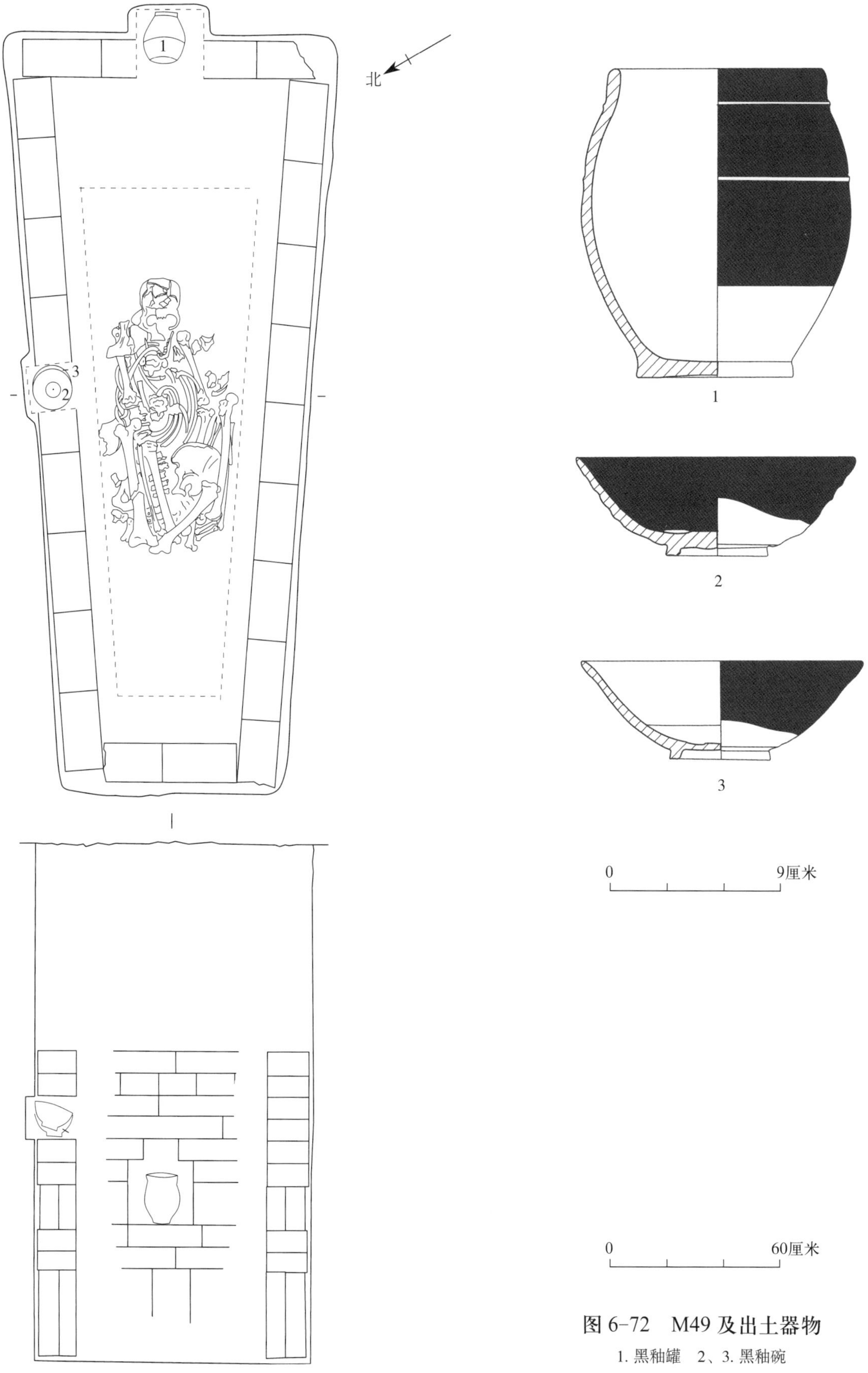

图 6-72 M49 及出土器物

1. 黑釉罐 2、3. 黑釉碗

（四）M65

1. 墓葬形制

位于墓地西南部，打破M89，南面是M55。方向60°。

倒梯形土坑竖穴砖椁墓。墓口长2.48、宽0.8～1.08、深0.51米。墓壁规整，底部较平。砖椁形制和尺寸不详，仅残存东端和东南角少量青砖。砖长27、宽13、厚6厘米。墓内填黄褐色五花土，土质较致密。填土中夹杂少量泥质灰陶片，可辨器形仅有罐。

人骨1具。头向东，面向左，仰身直肢。女性，24～30岁。

出土铜扣1枚，位于墓主颈部。

2. 出土遗物

铜器

铜扣 1枚。

标本M65∶1，球形，空心，一端带环形纽。

（五）M82

1. 墓葬形制

位于墓地西南部，南面是M77，西面为M81。方向153°（图6-73）。

倒梯形土坑竖穴砖椁墓。墓口长2.5、宽0.7～0.9、深0.8米。四壁均匀涂抹一层黑色草木灰，厚约0.4厘米。墓内以砖砌椁室，因扰乱尺寸不详。仅残留东、西两壁局部，以侧砖顺砌而成。底部较平整，无铺地砖，发现有黑色长方形木棺腐朽痕迹，长1.85、宽0.58～0.68米，周边有铁棺钉5枚。青砖长25、宽12、厚5厘米。墓内填褐色五花土，土质较致密，内夹杂青灰色碎砖及少许料姜石。

人骨1具。头向南偏东，面向上，仰身直肢。性别无法鉴定，年龄14～16岁。

随葬器物10件。黑釉罐1件放置于墓底西南角。琉璃环1件位于墓主骨盆中间。铜扣1枚放在墓主颈椎骨处。琉璃扣7枚散落于墓主躯干附近。

2. 出土遗物

（1）瓷器

黑釉罐 1件。

标本M82∶1，直口微敛，圆唇，溜肩，鼓腹，矮圈足。沿下近口饰四个对称竖桥形纽系，纽下饰三周凸棱。外壁上部及内部施黑釉，余部白瓷胎。口径7.4、高11.3厘米（图6-73，1；彩版三〇一，5）。

（2）铜器

铜扣 1件。

标本M82∶3，球形，空心，一端带环形纽。

（3）其他

琉璃环 1件。

标本M82∶2，由两个圆环套在一起，截面均呈圆形。素面。直径2厘米（图6-73，2；彩版三〇一，6）。

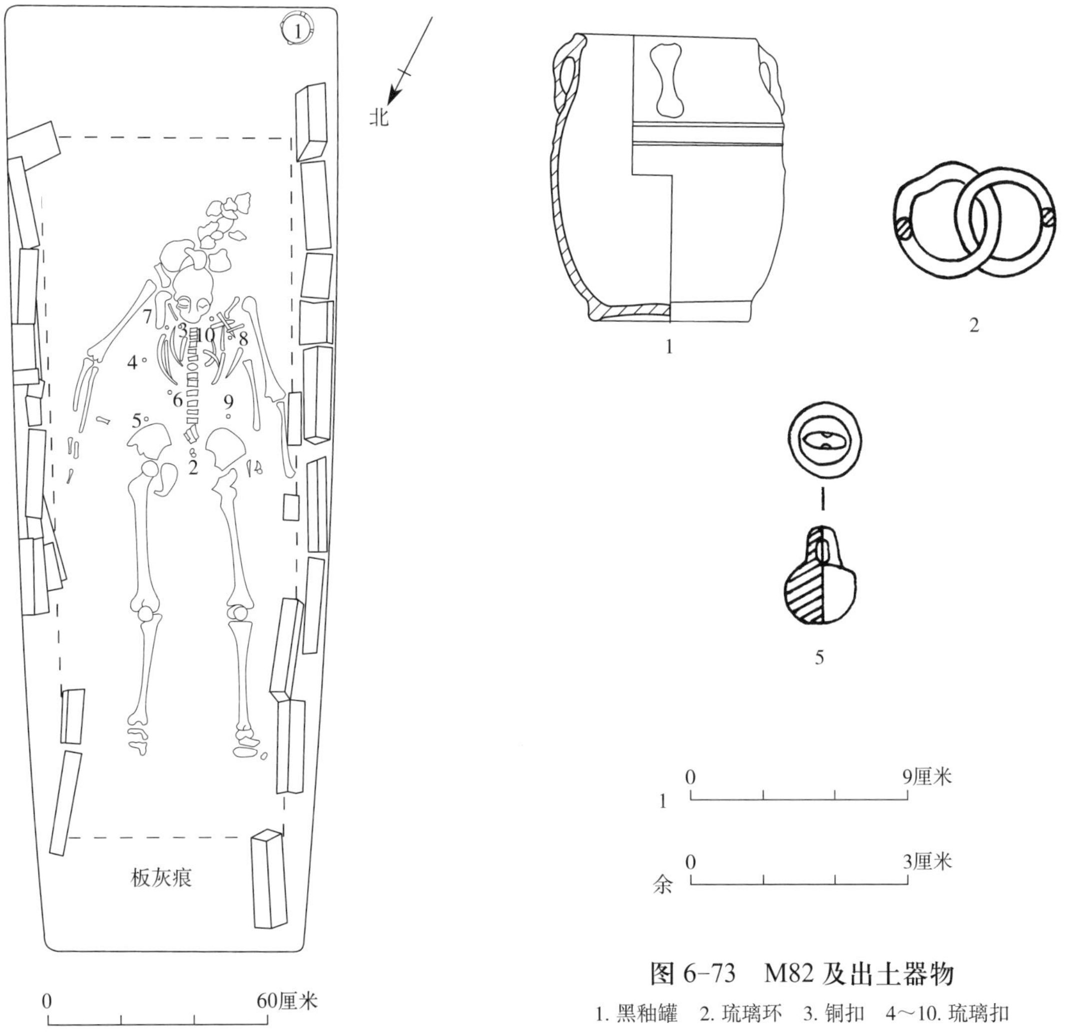

图 6-73　M82 及出土器物

1. 黑釉罐　2. 琉璃环　3. 铜扣　4～10. 琉璃扣

琉璃扣　7 枚。整体扁圆形，实心，一端有环形纽。

标本 M82 : 5、6，紫红色，高 1.3 厘米（图 6-73，5；彩版三〇一，7 左 1、2）。

标本 M82 : 7、8，乳白色，高 1.2 厘米（彩版三〇一，7 左 3、4）。

（六）M94

1. 墓葬形制

位于墓地西南部，北面是 M131，西南面是 M98，西北面为 M57。方向 135°（图 6-74；彩版三〇二，1、2）。

长方形土坑竖穴砖椁墓。墓口长 2.65、宽 1.25、深 0.95 米。墓壁略斜内收，平底。椁室呈倒梯形，长 2.58、宽 0.78 ～ 1.22、高 0.78 米。四壁平铺错缝顺砌，均十一层，砖缝间填抹白灰。东壁中部有“凸”字形头龛，宽 0.2、高 0.25、进深 0.16 米。南椁壁偏东上部长方形壁龛，宽 0.14、高 0.15、进深 0.13 米。椁室顶部以三排青砖侧立拱起，形成券顶，高 0.2 米，砖缝间填碎砖。无铺地砖。青砖长 28、宽 13、厚 6 厘米。椁内填青灰色淤土，底部发现木棺腐朽痕，长约 2.15、宽 0.52 ～ 0.7 米，

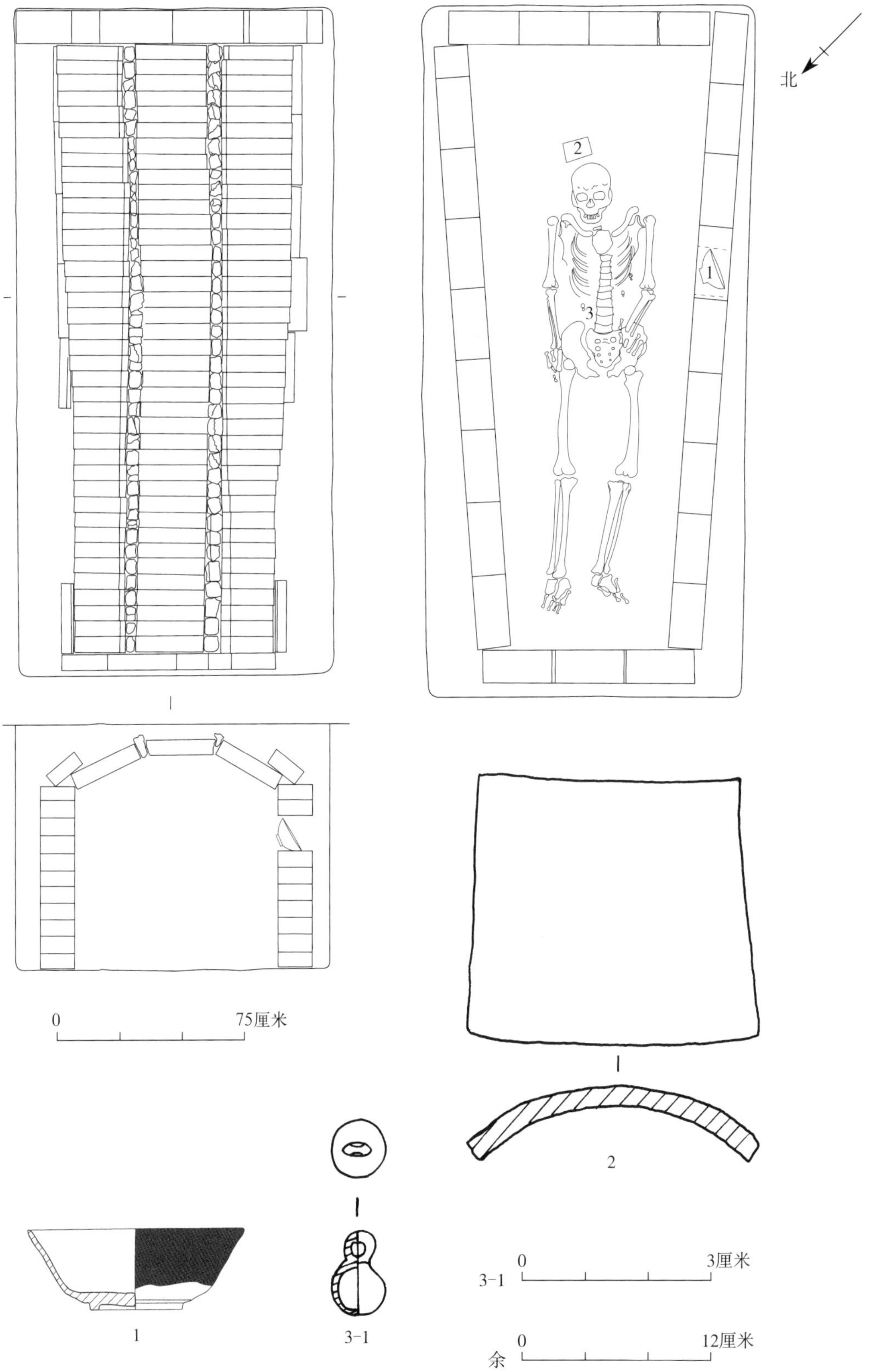

图 6-74　M94 及出土器物

1. 黑釉碗　2. 陶瓦　3. 铜扣（7）

棺板厚约 5 厘米。墓内填灰褐色五花土，土质较疏松。

人骨 1 具。头向东，面向上，仰身直肢。男性，40 ～ 50 岁。

随葬器物 9 件。黑釉碗 1 件置于壁龛内（彩版三〇二，3）。陶瓦 1 件位于墓主头骨顶端。铜扣 7 枚分散于墓主胸前。

2. 出土遗物

（1）陶器

陶瓦　1 件。

标本 M94 : 2，板瓦。泥质灰陶。一端略窄，瓦背拱起。素面。长 16.5、宽 18.4 厘米（图 6-74，2；彩版三〇二，4 右）。

（2）瓷器

黑釉碗　1 件。

标本 M94 : 1，敞口，圆尖唇，斜弧腹，近底急收，圈足。内外壁上部及内底施黑釉，余部白瓷胎。口径 13.8、高 5 厘米（图 6-74，1；彩版三〇二，4 左）。

（3）铜器

铜扣　7 枚。

标本 M94 : 3，球形，空心，一端有环形纽。素面。高 1.3 厘米（图 6-74，3）。

（七）M115

1. 墓葬形制

位于墓地西南部，打破 M142，被 M125 打破，北面是 M146。方向 110°（图 6-75）。

倒梯形土坑竖穴砖椁墓。墓口长 2.7、宽 0.9 ～ 1.17、深 0.84 米。直壁。以青砖垒砌倒梯形砖椁，长 2.64、宽 0.88 ～ 1.15 米。四壁垒砌方式相同，底部先平铺错缝顺砌三层砖，其上以两重竖砖顺砌一层，向上再平铺错缝顺砌两层，再以两重竖砖顺砌一层，最上再平铺错缝顺砌两层砖。所用青砖长 26.5、宽 13、厚 6 厘米。南壁因挤压变形略有坍塌，中部有一长方形壁龛，宽 0.16、高 0.3、进深 0.13 米。底部较平整，无铺底砖。墓内填黄褐色五花土，土质较疏松。

人骨 1 具。头向东，面向上，仰身直肢。女性，年龄 50 岁左右。

随葬器物 3 件。黑釉壶 1 件，置于左胸部。黑釉罐 1 件，放在壁龛内。陶瓦 1 件，位于头骨上部。

2. 出土遗物

（1）陶器

陶瓦　1 件。

标本 M115 : 3，板瓦。泥质灰陶。一端较窄，瓦背拱起。素面。长 17、宽 17 厘米（图 6-75，3）。

（2）瓷器

黑釉罐　1 件。

标本 M115 : 2，敛口，圆唇，鼓腹，平底略内凹。外壁上部及内口部施黑釉，内壁浅灰瓷胎，外壁下部白瓷胎。口径 11.2、高 15.2 厘米（图 6-75，2）。

黑釉壶　1 件。

标本 M115 : 1，侈口，圆唇，束颈，垂腹，矮圈足。肩部饰三道凸棱及一圈凸点纹。外上部及

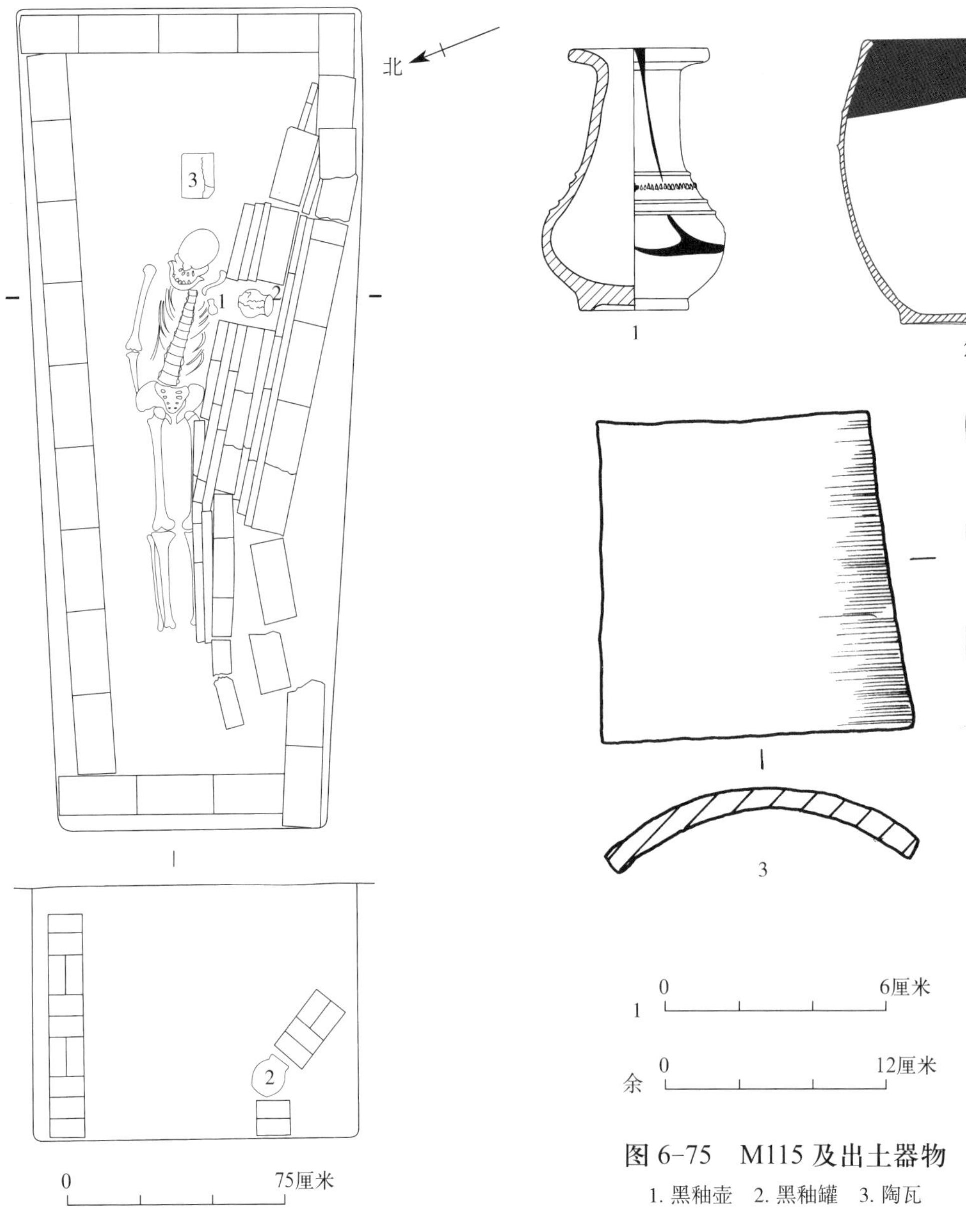

图 6-75　M115 及出土器物

1. 黑釉壶　2. 黑釉罐　3. 陶瓦

内口部施黑釉，余部为白瓷胎。口径 3.9、高 7 厘米（图 6-75，1；彩版三〇三，1）。

（八）M123

1. 墓葬形制

位于墓地西南部，打破 M130，东南面是 M124，西北面为 M106。方向 51°（图 6-76）。

倒梯形土坑竖穴砖椁墓。墓口长 2.7、宽 0.78 ～ 1、残深 0.5 米。直壁规整光滑。椁室东高西低，长 2.2、宽 0.46 ～ 0.74、残高 0.06 ～ 0.24 米。四壁以青砖平铺错缝顺砌而成。砖长 26、宽 13、厚 6 厘米。底部未铺砖，较平整。墓底有黑色倒梯形木棺腐朽痕迹，长 1.7、宽 0.4 ～ 0.6、残高 0.03 ～ 0.05 米。墓内填黄褐色五花土，土质较疏松。

人骨 1 具。头向东，面向上，仰身直肢。骨骼保存较差，男性，40 ～ 55 岁。

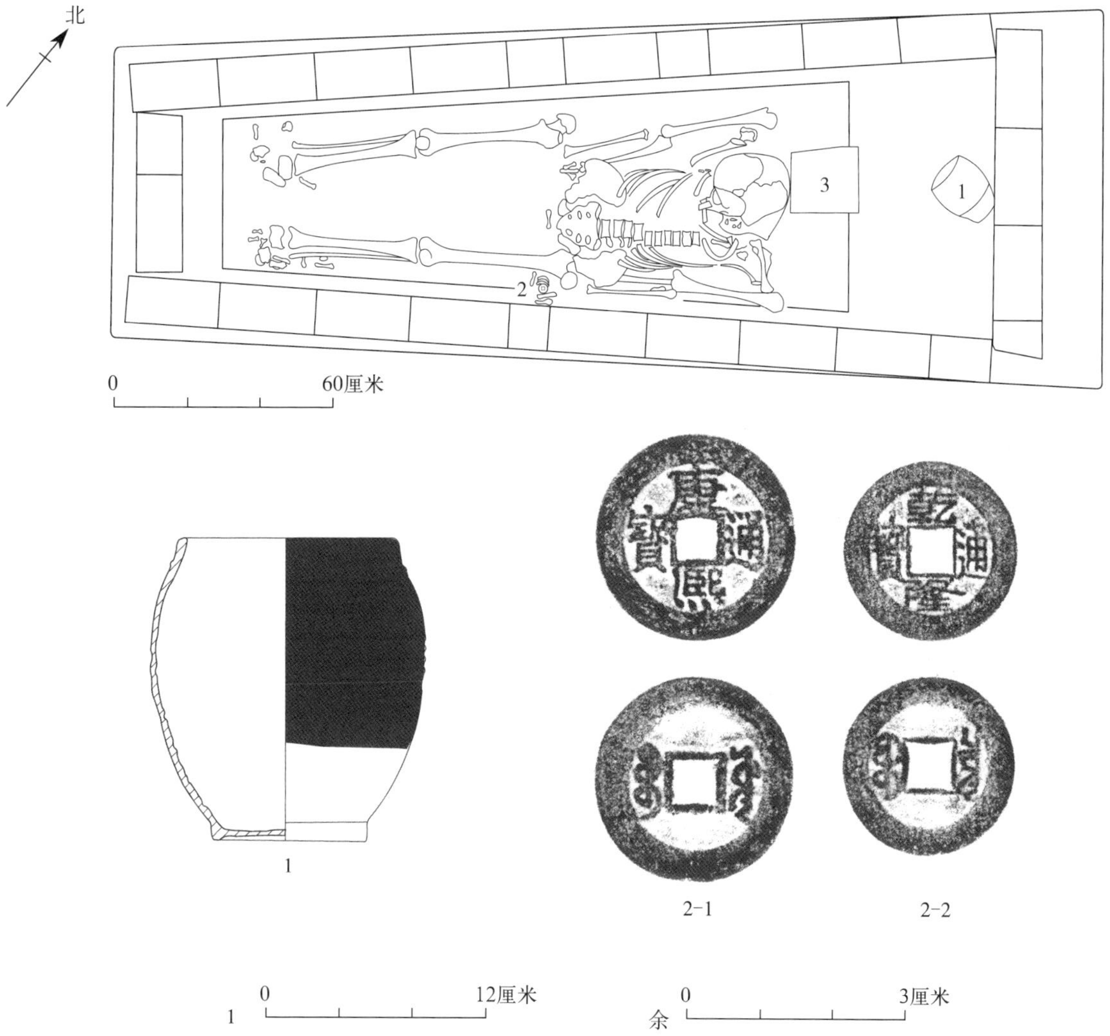

图 6-76　M123 及出土器物

1. 黑釉罐　2. 铜钱（5）　3. 陶瓦

随葬器物 7 件。黑釉罐 1 件放于椁室东端中部。铜钱 5 枚置于墓主左手骨处。陶瓦 1 件位于墓主头骨顶端。

2. 出土遗物

（1）陶器

陶瓦　1 件。

标本 M123∶3，板瓦。泥质灰陶。一端略窄，瓦背拱起。素面。长 19.4、宽 17.4 厘米。

（2）瓷器

黑釉罐　1 件。

标本 M123∶1，敛口，圆唇，鼓腹，矮圈足。颈部饰一周凸棱纹，腹部有两周凹弦纹。内外壁上部施黑釉，余部白瓷胎。口径 12、高 16.1 厘米（图 6-76，1；彩版三〇三，2）。

（3）铜器

铜钱 5枚。为康熙通宝、乾隆通宝。圆形方穿，正、背面轮郭俱全。钱文楷书，对读。背穿之左右为满文局。

康熙通宝 2枚。

标本M123：2-1，直径2.7、穿边长0.6、厚0.1厘米（图6-76，2-1）。

乾隆通宝 3枚。

标本M123：2-2，直径2.4、穿边长0.7、厚0.14厘米（图6-76，2-2）。

（九）M135

1. 墓葬形制

位于墓地西南部，被M134打破，南面是M142，西面为M117。方向150°（图6-77）。

倒梯形土坑竖穴砖椁墓。墓口长2.76、宽0.76～1.0、深0.86米。椁室东高西低，长2.76、宽0.76～1、深0.64～0.86米。四壁底部先平铺错缝顺砌两层，上部三层双重竖砖夹两层平砖次第错缝垒砌，最上再顺砌平铺两层青砖。砖长26、宽13、厚6厘米。东椁壁上部有头龛，近“凸”字形，上角斜抹，宽0.32、高0.28、进深0.3米。北壁中部长方形壁龛宽0.18、高0.14、进深0.13米。椁底部无铺地砖，仅见黑灰色木棺腐朽痕迹。墓内填黄褐色五花土，土质致密，夹杂少量陶片。

人骨1具。头向东，面向上，仰身直肢。女性，45～55岁。

随葬器物8件（彩版三〇三，3）。黑釉罐、黑釉碗各1件，分置于头龛和壁龛内。陶瓦1件位于墓主头骨顶端。铜扣5枚散落于墓主下颌骨和肋骨处。

2. 出土遗物

（1）陶器

陶瓦 1件。

标本M135：4，板瓦，一角微残。泥质灰陶。一端略窄，瓦背拱起。素面。长16、宽17厘米（图6-77，4；彩版三〇三，4）。

（2）瓷器

黑釉罐 1件。

标本M135：1，直口，圆唇，鼓腹，矮圈足。腹上部饰两周凸棱。内口部及外壁上部施黑釉，余部白瓷胎。口径11.6、高15.4厘米（图6-77，1；彩版三〇三，5）。

黑釉碗 1件。

标本M135：2，敞口，圆尖唇，斜弧腹，近底急收，圈足。内外壁上部及内底施黑釉，余部白瓷胎。口径14.2、高4.8厘米（图6-77，2；彩版三〇三，6）。

（3）铜器

铜扣 5枚。

标本M135：3-1，球形，空心，一端带环形纽。素面。高1.4厘米（图6-77，3-1）。

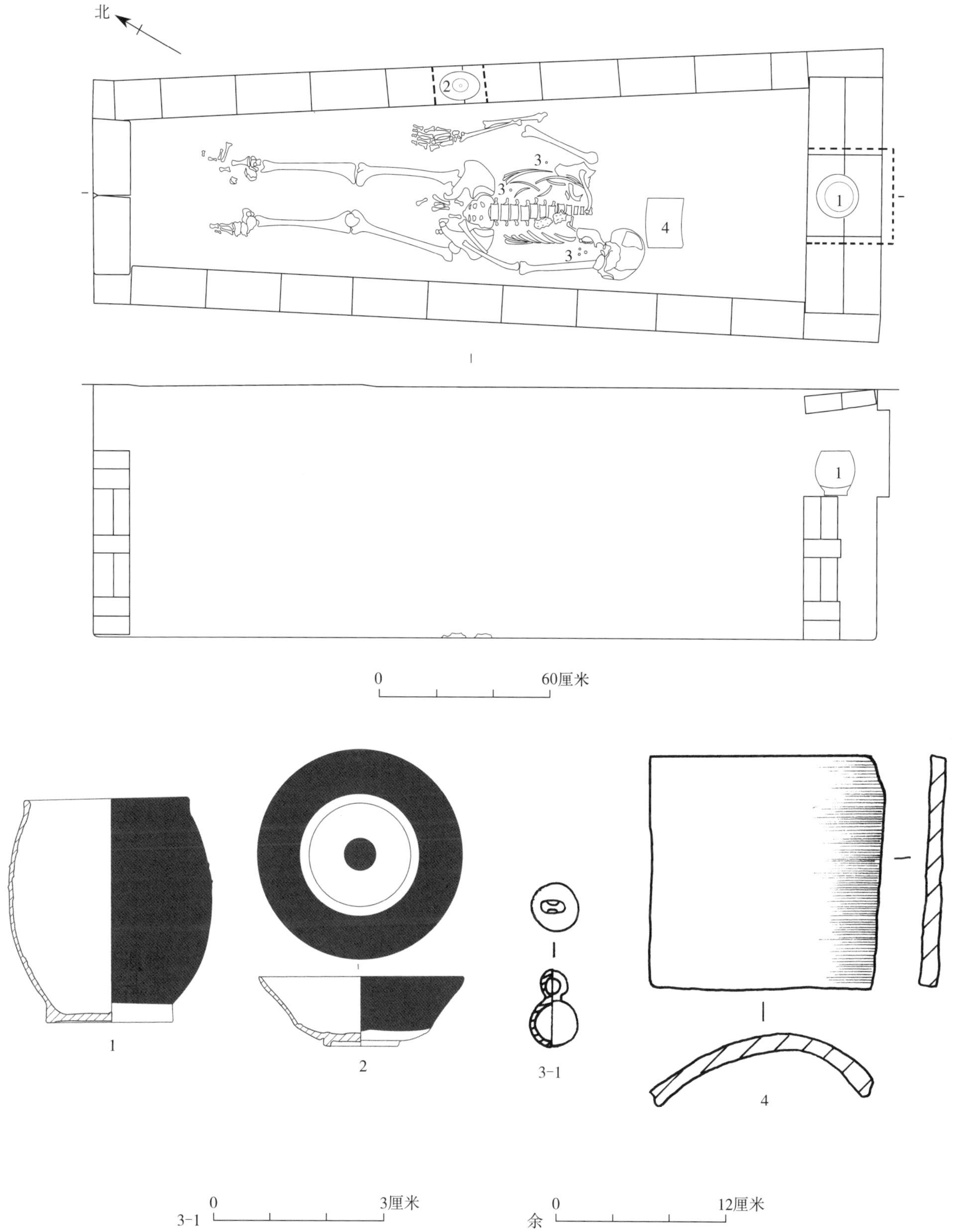

图6-77　M135及出土器物

1. 黑釉罐　2. 黑釉碗　3. 铜扣（5）　4. 陶瓦

（一〇）M156

1. 墓葬形制

位于墓地西北部，打破M158、M196，东面为M149。方向127°（图6-78；彩版三〇四，1、2）。

长方形土坑竖穴砖椁墓。墓口长3.15、宽1.58、深1.25米。墓底砖砌椁室，呈倒梯形，长2.37、宽0.58～0.84、深0.95米。椁室四壁以平砖错缝顺砌，顶部两层窄端渐向外扩成长方形。东壁中部有“凸”字形头龛，宽0.39、高0.36、进深0.21米。南壁中部长方形壁龛宽0.16、高0.13、进深0.13米。椁顶以四排侧砖横向拱起形成券顶，顶部两排已被破坏。两端分别以丁砖和顺砖平铺数层封砌。砖长27、宽13、厚6厘米。椁底无铺砖，见倒梯形黑色木棺腐朽灰痕，长1.78、宽0.51～0.71米。墓内填黄褐色五花土，土质较疏松。填土中发现黑釉碗1件。

人骨1具。头向东，面向上，仰身直肢。男性，40～50岁。

随葬器物6件。黑釉罐1件滑落于头龛外侧。陶瓦1件位于墓主头骨顶部。铜扣2枚散落于墓主胸部。铜钱2枚。其一在右胫骨内侧，另枚发现于填土中。

2. 出土遗物

（1）陶器

陶瓦　1件。

标本M156∶2，板瓦。泥质灰陶。一端略窄，瓦背拱起。素面。长15.4、宽15.6厘米（图6-78，2）。

（2）瓷器

黑釉罐　1件。

标本M156∶1，敛口，圆唇，微束颈，鼓腹，平底微凹。腹部饰两周凸棱纹。外壁上部及内口部施黑釉，内下部施黄褐釉，外下部白瓷胎。口径11.8、高15.9厘米（图6-78，1）。

黑釉碗　1件。

标本M156∶02，敞口，圆尖唇，斜弧腹，近底急收，圈足。内外壁上部及内底施黑釉，余部白瓷胎。口径14.8、高4.8厘米（图6-78，02）。

（3）铜器

铜扣　2枚。球形，空心，一端带环形纽。素面。

标本M156∶3-1，高1.5厘米（图6-78，3-1）。

铜钱　2枚。为乾隆通宝、嘉庆通宝。圆形方穿，两面穿郭俱全。钱文楷书，对读。背穿之左右为满文局。

乾隆通宝　1枚。

标本M156∶01，直径2.3、穿边长0.5、厚0.15厘米（图6-78，01）。

嘉庆通宝　1枚。

标本M156∶4，直径2.3、穿边长0.6、厚0.13厘米（图6-78，4）。

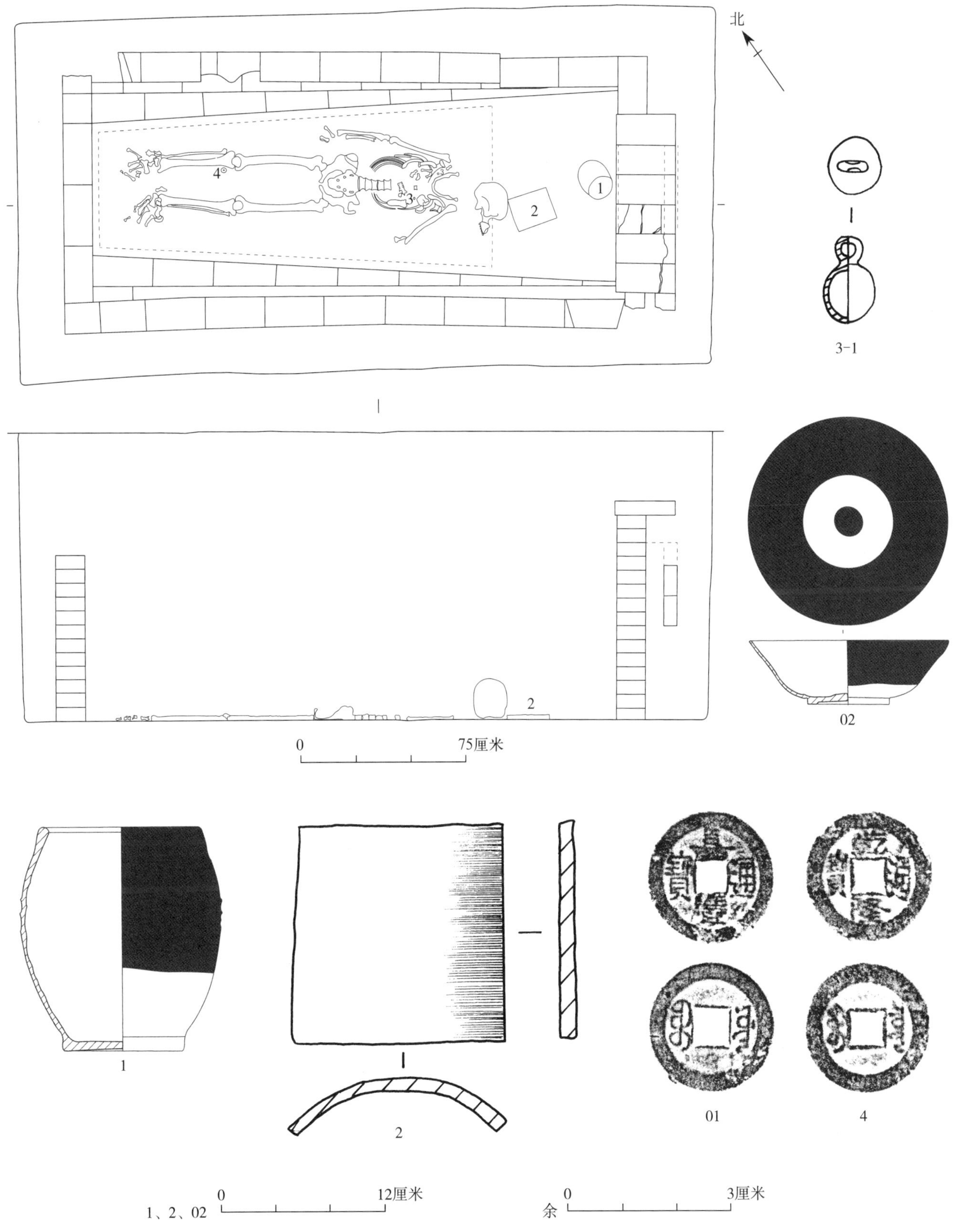

图 6-78　M156及出土器物

1. 黑釉罐　2. 陶瓦　3. 铜扣（2）　4、01. 铜钱　02. 黑釉碗

（一一）M159

1. 墓葬形制

位于墓地西北部，打破M207，西北面是M345。方向39°（图6-79；彩版三〇五，1）。

倒梯形土坑竖穴砖椁墓。墓口长2.8、宽0.98～1.3、深0.55～0.65米。椁室倒梯形，长2.76、

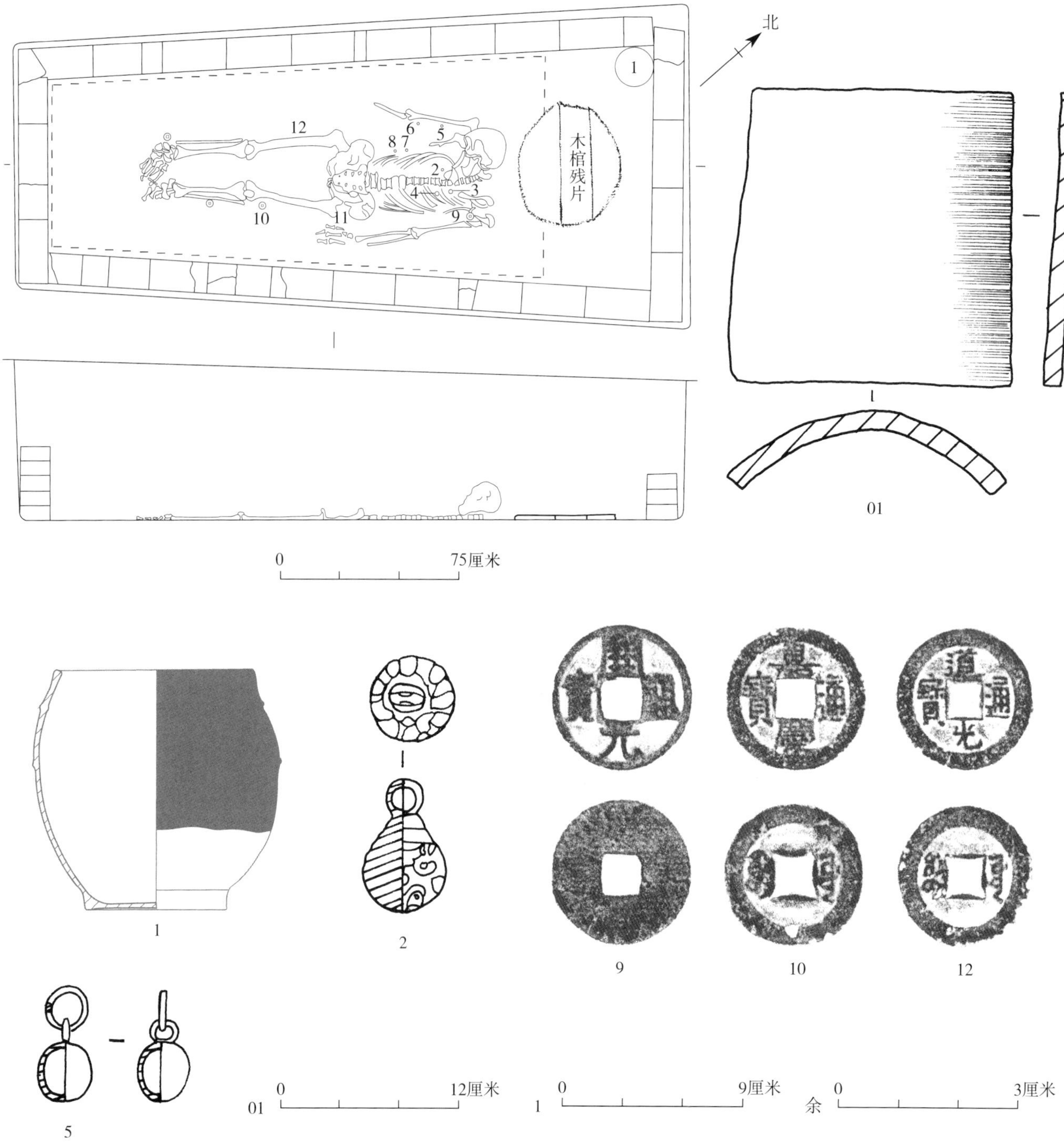

图6-79　M159及出土器物

1. 酱釉罐　2～8. 铜扣　9～12. 铜钱　01. 陶瓦

宽 0.67 ～ 0.97、残深 0.3 米。四壁均以平砖错缝顺砌而成。砖长 27、宽 12.5、厚 6 厘米。底部未铺青砖，较平整。发现长方形木棺腐朽痕迹及黄色棺木残痕，墓主头端见有圆形朱漆木板，直径约 0.47 米，浮雕荷花纹饰，棺长 2.3、宽 0.64 ～ 0.88 米（彩版三〇五，2）。墓内填褐色五花土，土质较疏松，夹杂残破砖块。填土中发现陶瓦 1 件。

人骨 1 具。头向东北，面向上，仰身直肢。男性，年龄大于 55 岁。

随葬器物 12 件。酱釉罐 1 件位于墓底东北角。铜扣 7 枚散落于墓主躯干各处。铜钱 4 枚，其中 1 枚在墓主右肩处，另外 3 枚分散于墓主下肢周边。

2. 出土遗物

（1）陶器

陶瓦　1 件。

标本 M159∶01，板瓦。泥质灰陶。一端略窄，瓦背拱起。素面。长 19、宽 18.6 厘米（图 6-79，01）。

（2）瓷器

酱釉罐　1 件。

标本 M159∶1，敛口，圆唇，鼓腹，圈足。肩及腹部各有一周凸棱纹。内上部及外口部施酱釉，余为白胎瓷。口径 10、高 11.6 厘米（图 6-79，1）。

（3）铜器

铜扣　7 枚。

标本 M159∶2 ～ 8，球形，空心，一端带环形纽（图 6-79，2、5）。

铜钱　4 枚。为开元通宝、嘉庆通宝、道光通宝。钱文楷书，对读。

开元通宝　1 枚。

标本 M159∶9，正面轮郭俱全，光背。直径 2.3、穿边长 0.7、厚 0.08 厘米（图 6-79，9）。

嘉庆通宝　2 枚。正、背两面轮郭俱全，背穿之左右为满文局。

标本 M159∶10，直径 2.3、穿边长 0.6、厚 0.12 厘米（图 6-79，10）。

道光通宝　1 枚。

标本 M159∶12，正、背两面轮郭俱全，背穿之左右为满文局。直径 2.3、穿边长 0.6、厚 0.15 厘米（图 6-79，12）。

（一二）M186

1. 墓葬形制

位于墓地西北部，北面是 M190，南面为 M184，西面为 M159。方向 119°（图 6-80）。

倒梯形土坑竖穴砖椁墓。墓口长 2.5、宽 0.92 ～ 1.1、残深 0.45 米。西、南、北三面有生土二层台，西宽 0.14、南宽 0.25、北宽 0.2 米，高均为 0.1 米。二层台上青砖平铺错缝顺砌椁室，均残存两层，东壁未见青砖。椁室倒梯形，长 2.46、宽 0.88 ～ 1.02 米。底部无砖，较平整。砖长 26、宽 13、厚 6 厘米。墓内填浅灰褐五花土，土质较疏松。

人骨 1 具。头向东南，面向右，侧身屈肢。下肢骨微曲。女性，40 ～ 50 岁。

随葬器物 9 件。黑釉罐 1 件放在墓底东北角。铜钱 4 枚置于墓主左手骨处。铜簪 1 件位于盆骨处。

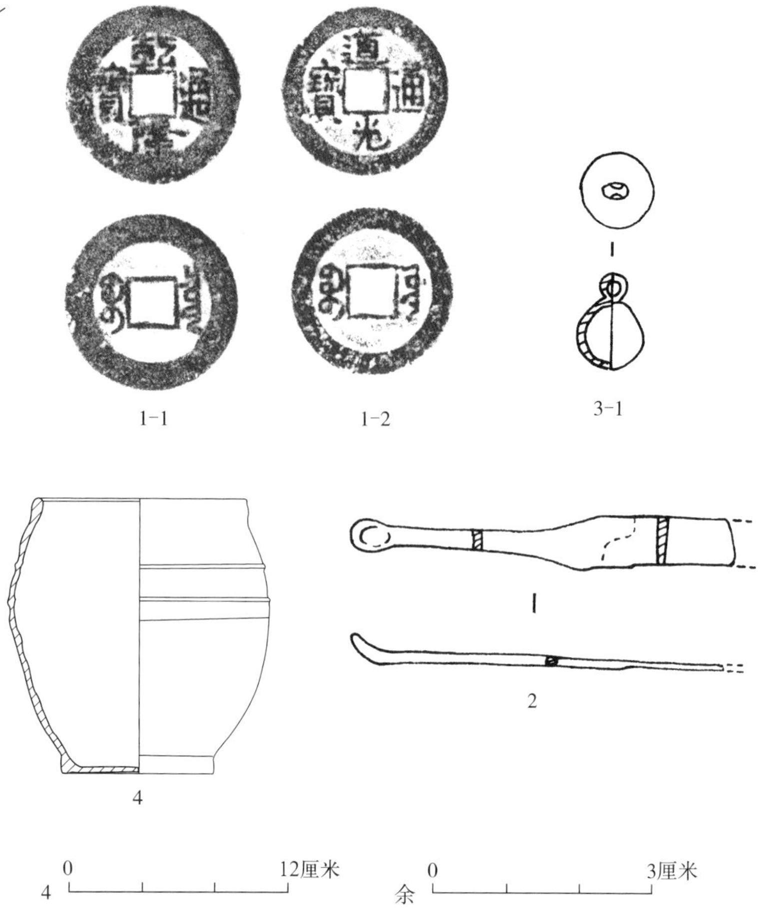

图 6-80 M186 及出土器物

1. 铜钱（4） 2. 铜簪 3. 铜扣（3） 4. 黑釉罐

铜扣 3 枚散落于右臂骨外侧。

2. 出土遗物

（1）瓷器

黑釉罐 1 件。

标本 M186∶4，敛口，圆唇，微束颈，鼓腹，矮圈足近平底。上腹饰两周凸棱纹。外上部及内口部施黑釉，余部白胎瓷。口径 11.6、高 14.6 厘米（图 6-80，4）。

（2）铜器

铜簪 1 件。

标本 M186∶2，长条形。首端残，扁平，渐变为圆条状，至尾端呈圆勺形。素面。长 5.2 厘米（图 6-80，2）。

铜扣 3 枚。球形，空心，一端带环形纽。素面。

标本 M186∶3-1，高 1.25 厘米（图 6-80，3-1）。

铜钱 4 枚。为乾隆通宝、道光通宝。圆形方穿，正、背面穿郭俱全。钱文楷书，对读。背穿之左右为满文局。

乾隆通宝　2 枚。

标本 M186∶1-1，直径 2.4、穿边长 0.6、厚 0.1 厘米（图 6-80，1-1）。

道光通宝　2 枚。

标本 M186∶1-2，直径 2.3、穿边长 0.6、厚 0.16 厘米（图 6-80，1-2）。

（一三）M195

1. 墓葬形制

位于墓地西北部，北面是 M184，东面为 M171，南面是 M149。方向 130°（图 6-81、82；彩版三〇六，1、2）。

土坑竖穴砖椁合葬墓。墓口长 4.48、宽 4.24、深 2.0 米。墓壁整体较规整，西壁北部呈不规整

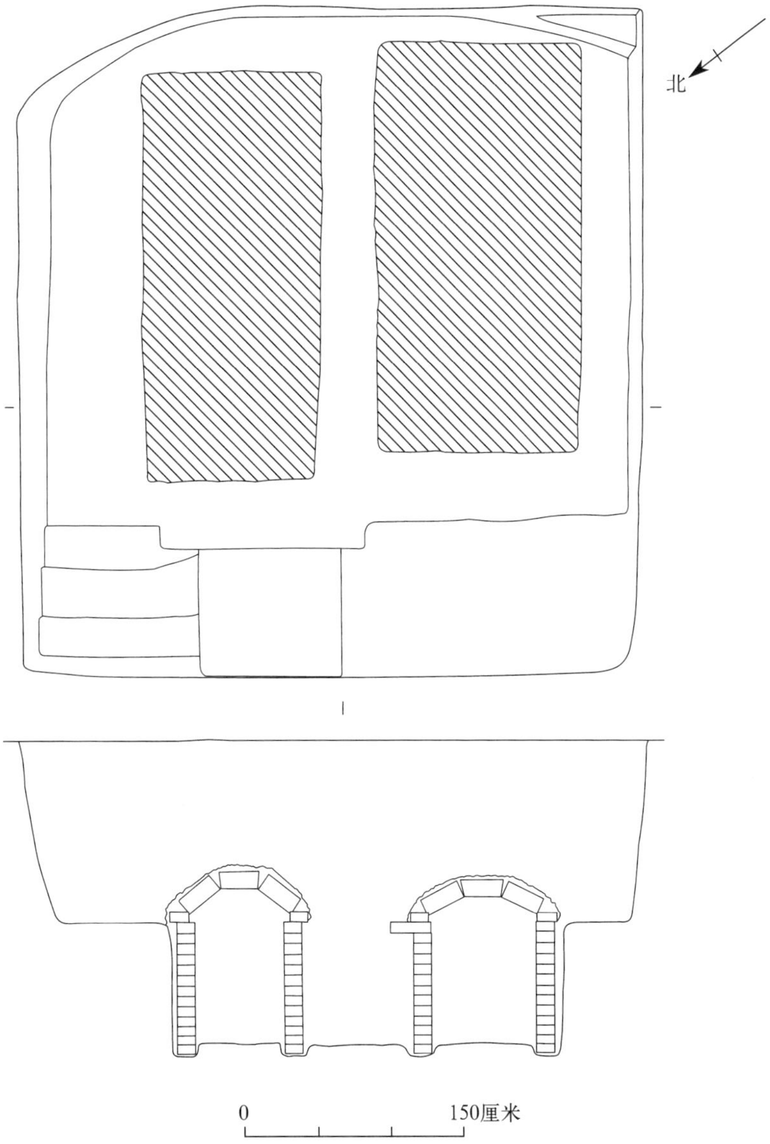

图 6-81　M195 券顶平、剖面图

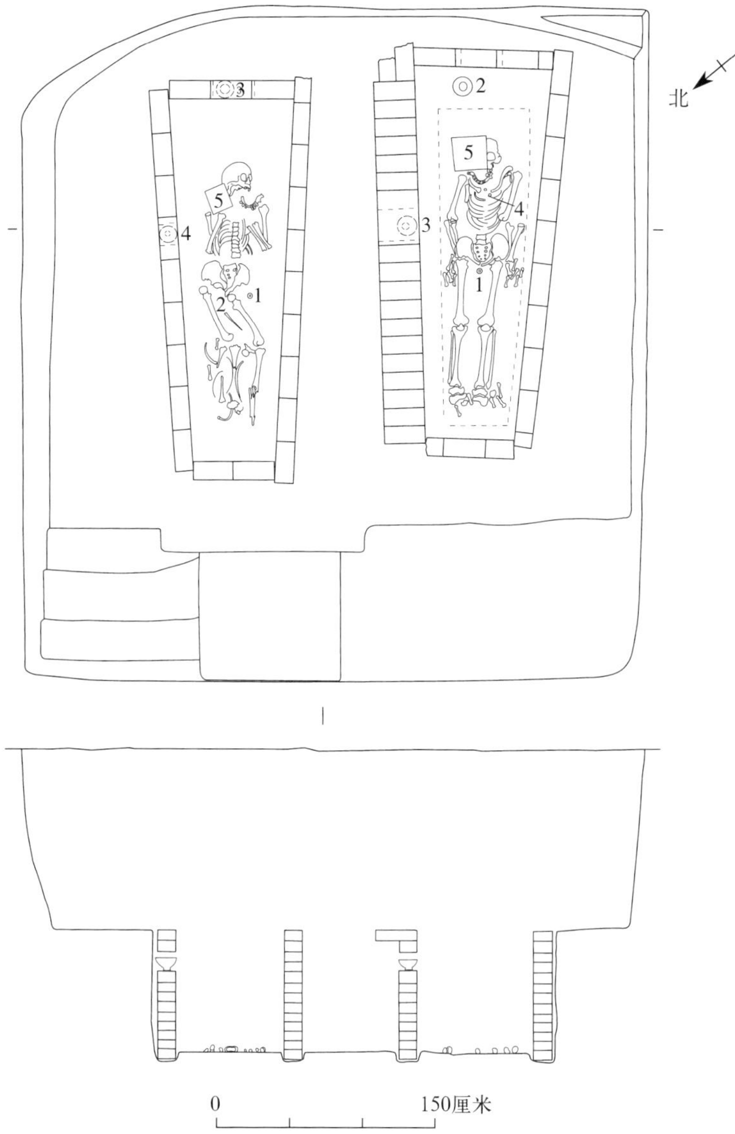

图 6-82　M195 平、剖面图

左：1. 铜钱（2）　2. 黑釉罐　3. 黑釉碗　4. 铜扣（2）　5. 陶瓦　右：1. 铜钱（2）　2. 铜簪　3. 黑釉罐　4. 黑釉碗　5. 陶瓦

三级台阶状。距墓口约 1.2 米处四壁内收，形成两倒梯形椁室。西侧室长 2.7、宽 0.84 ～ 1.2 米，东侧室长 2.66、宽 0.8 ～ 1.1 米，高均为 0.8 米。两室四壁均为平砖错缝顺砌（彩版三〇六，3），各十三层，以白灰抹缝。东壁中部各有头龛（彩版三〇六，4），均“凸”字形，宽 0.28、高 0.26、进深 0.125 米。北壁中部均有长方形壁龛，宽 0.14、高 0.14、进深 0.125 米。椁室上部各横向侧立四排青砖拱起形成券顶，高 0.2 米，顶部两排为梯形砖。其上又涂一层白灰护封。砖长 27、宽 12.5、厚 6.5 厘米。两椁室底部均见倒梯形木棺腐朽灰痕，长 2.1、宽 0.4 ～ 0.6 米。墓内填浅灰褐色五花土，土质较疏松。

人骨 2 具。头向东南，面向上，仰身直肢。西侧人骨男性，35 ～ 45 岁。东侧墓主女性，40 ～ 50 岁。

随葬器物 13 件。黑釉罐 2 件分别位于西室头龛外侧和东室头龛内。黑釉碗 2 件在两室壁龛内。

陶瓦 2 件分别覆于墓主头骨处。铜钱 4 枚，每室各 2 枚放在墓主骨盆处。铜扣 2 枚在西侧人骨颈部。铜簪 1 件发现于东侧人骨两股骨之间。

2. 出土遗物

（1）**陶器**

陶瓦　2 件。均为板瓦，泥质灰陶。一端略窄，瓦背拱起。

标本 M195 :右 5，上部带红彩符箓，字迹不清。长 19、宽 15.2 厘米（图 6-83，右 5；彩版三〇七，1）。

标本 M195 :左 5，素面。长 21.2、宽 16.6 ～ 19.8 厘米（彩版三〇七，2）。

（2）**瓷器**

黑釉罐　2 件。敛口，圆唇，鼓腹，矮圈足。腹部各饰两周凸弦纹。

标本 M195 :左 2，外上部及内口部施黑釉，内下部施酱釉，余部白胎瓷。口径 12、高 15.4 厘米（图 6-83，左 2；彩版三〇七，3）。

标本 M195 :右 3，外上部及内口部施黑釉，内下部黄褐釉，余部白瓷胎。口径 11.6、高 15.8 厘米（图 6-83，右 3；彩版三〇七，4）。

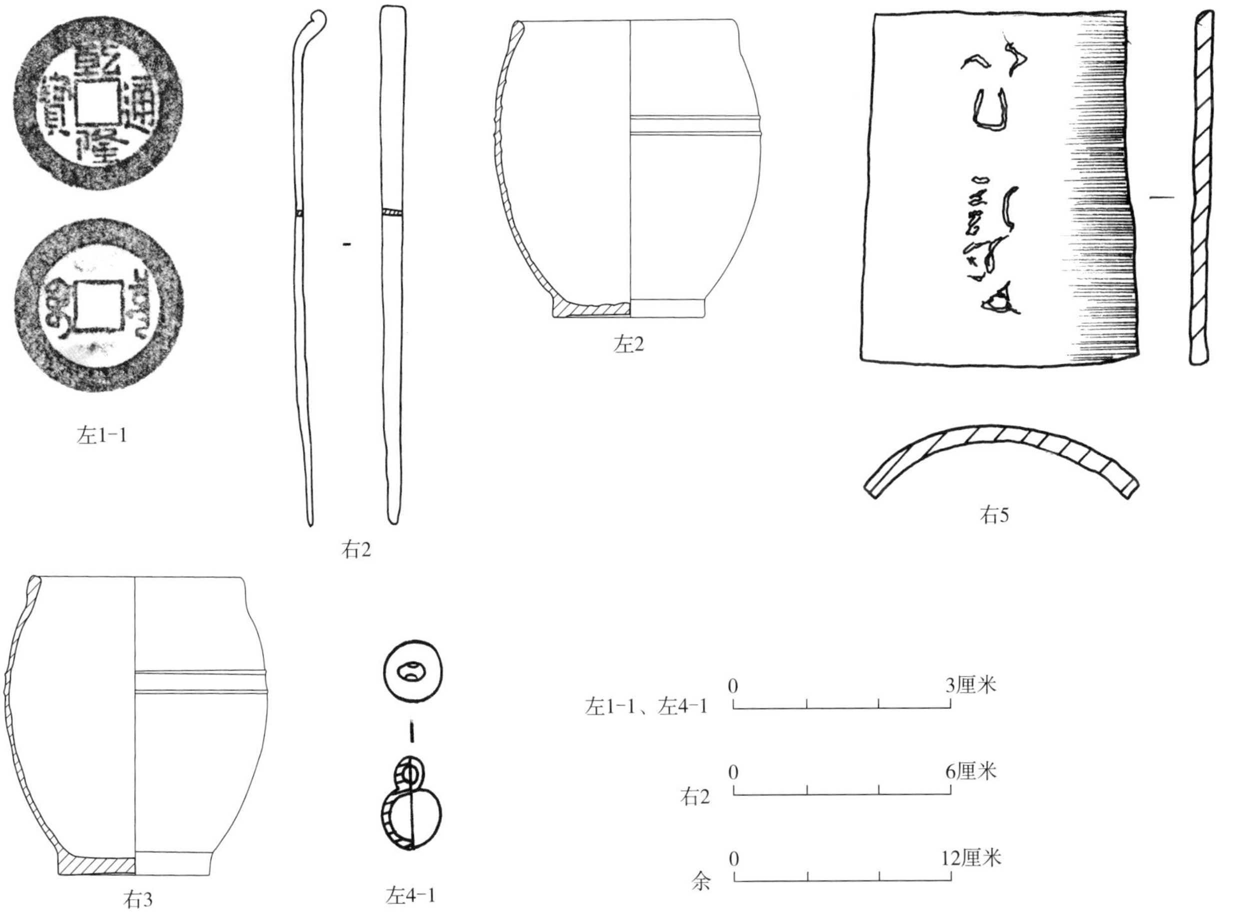

图 6-83　M195 出土器物

左1-1. 铜钱　左2. 黑釉罐　左4-1. 铜扣　右2. 铜簪　右3. 黑釉罐　右5. 陶瓦

黑釉碗　2件。敞口微侈，尖唇，斜弧腹，近底急收，圈足。

标本M195∶左3，内外壁上部及内底施酱色釉，有数周黑釉弦纹带，余部白瓷胎。口径14、高5.2厘米（彩版三〇七，5）。

标本M195∶右4，内外壁上部及内底施黑釉，余部为白胎瓷。口径15、高5.2厘米（彩版三〇七，6）。

（3）铜器

铜簪　1件。

标本M195∶右2，长条锥形。截面呈椭圆形，首端稍尖，末端圆钝略翘起。素面。长13.8、宽0.2～0.7厘米（图6-83，右2）。

铜扣　2枚。

标本M195∶左4-1，球形，空心，一端带环形纽。素面。高1.2厘米（图6-83，左4-1）。

铜钱　4枚。均为乾隆通宝，形制大小相同。圆形方穿，正、背两面穿郭俱全。钱文楷书，对读，背穿之左右为满文局。

标本M195∶左1-1，直径2.3、穿边长0.5、厚0.14厘米（图6-83，左1-1）。

（一四）M249

1. 墓葬形制

位于墓地西南部，北面是M250。方向110°（图6-84；彩版三〇五，3）。

长方形土坑竖穴砖椁合葬墓。墓口长3.5、宽2.3、深0.85米。墓底南侧倒梯形砖椁，长2.6、宽0.84～1.14、高0.85米，东高西低。四壁除第二层为侧砖外，其余均为平砖错缝顺砌。砖长28、宽13、厚6厘米。底部未铺砖，发现有木棺腐朽痕迹。其东部下挖一倒梯形土坑，长2.5、宽0.58～0.86、深0.8米，底部发现倒梯形木棺腐朽灰痕，长2.4、宽0.5～0.8米。墓内填灰褐色五花土，土质较紧密。

人骨2具。头向东偏南，面向上，仰身直肢。南墓主女性，20～30岁。北墓主男性，30～40岁。

随葬器物5件。黑釉罐1件位于北土坑外东部中间。陶瓦2件分置于两具墓主头骨上方。铜簪、铜扣各1件分别放在南墓主头骨左侧和胸部。

2. 出土遗物

（1）陶器

陶瓦　2件。均为板瓦，泥质灰陶。一端略窄，瓦背拱起。素面。

标本M249∶3，一角微残。长17.4、宽17厘米（图6-84，3）。

标本M249∶5，长16、宽17厘米（图6-84，5）。

（2）瓷器

黑釉罐　1件。

标本M249∶4，敛口，圆唇，溜肩，鼓腹，矮圈足。沿下饰四个对称竖桥形纽系，肩部及腹部各有一周凸棱纹。内外壁上部及内底施黑釉，余部白瓷胎。口径12、高15.8厘米（图6-84，4）。

（3）铜器

铜簪　1件。

标本M249∶1，整体呈长条形。尾端残断，向首端渐粗，横截面呈圆形，首端急收后呈数节状，首端为一圆勺（图6-84，1）。

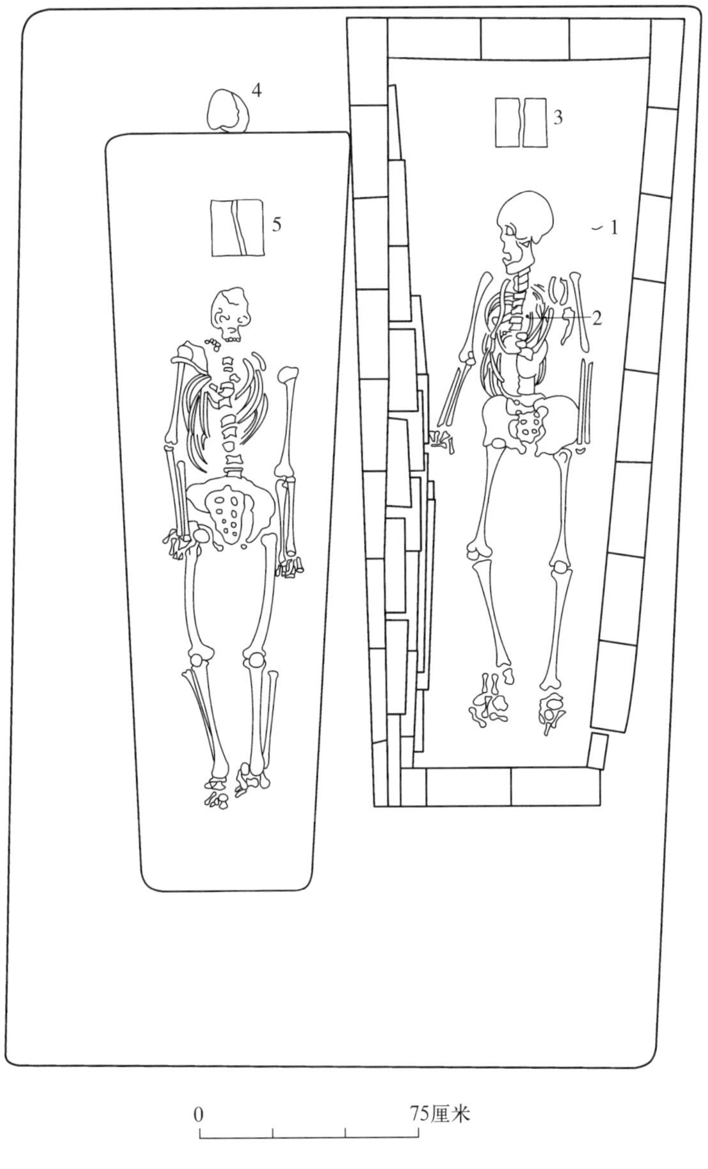

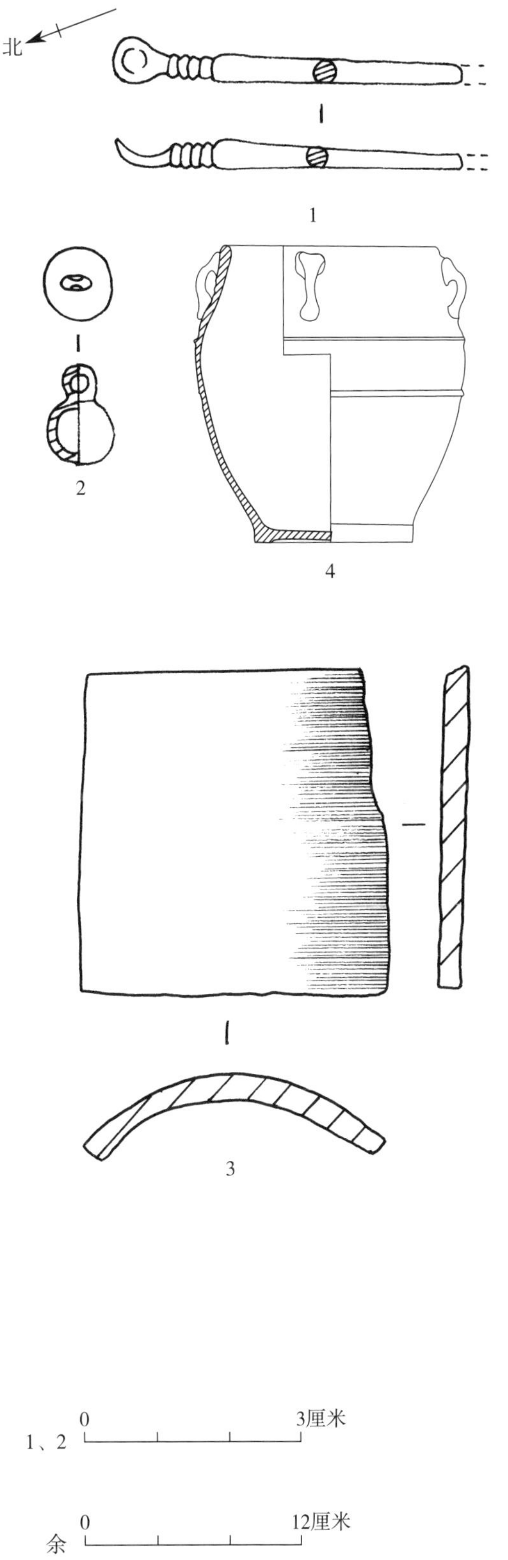

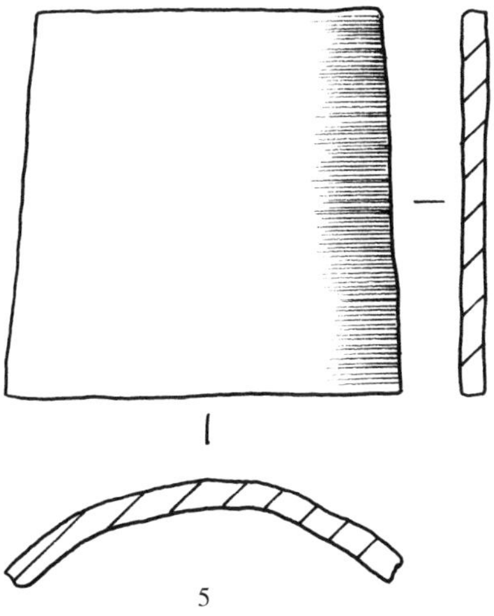

图 6-84　M249 及出土器物

1. 铜簪　2. 铜扣　3、5. 陶瓦　4. 黑釉罐

铜扣 1件。

标本M249∶2，球形，中空，一端为环形纽。素面。高1.3厘米（图6-84，2）。

（一五）M349

1. 墓葬形制

位于墓地中部偏西，北面是M356，东南面为M332，南面为M336。方向115°（图6-85；彩版三〇八，1、2）。

倒梯形土坑竖穴砖椁墓。墓口长3.5、宽1.4～1.7、残深0.13米。直壁。墓底砖砌带券顶倒梯形椁室，长2.85、宽0.93～1.22、高0.75～0.95米。椁室东高西低，四壁皆平砖错缝顺砌而成，东壁十六层，西壁十三层，南、北壁均十四层砖。南壁中部偏东部长方形壁龛，宽0.17、高0.12、进深0.12米。椁顶以侧砖竖向并排券起，每排16块砖，多已坍塌。砖长26、宽13、厚6厘米。墓底较平整，四角各横铺一块青砖，当为放置棺材之用。木棺仅残存倒梯形黑色灰痕，长2.03、宽0.7～0.91米。墓内填黄褐色五花土，土质较疏松，内含少量陶片。

人骨1具。头向东，面向左，仰身直肢。女性，35～45岁。

随葬器物8件。酱釉罐1件放在墓底东南角。酱釉碗1件滑落于壁龛外墓底处。陶瓦、铜簪各1件，分置于墓主头骨右侧和顶端。铜扣4枚散落于墓主腹部。

2. 出土遗物

（1）陶器

陶瓦 1件。

标本M349∶3，筒瓦。泥质灰陶。瓦背拱起呈半圆形，一端有瓦舌，另一端带瓦当，面饰兽面纹。瓦身素面。长19.4、宽11厘米（图6-85，3）。

（2）瓷器

酱釉罐 1件。

标本M349∶1，敛口，圆唇，微束颈，鼓腹，矮圈足。肩及腹部各饰有一周、两周凸棱纹。口径10.5、高12.2厘米（图6-85，1）。

酱釉碗 1件。

标本M349∶2，敞口，圆唇，斜弧腹，近底急收，圈足。内外壁上部及内底施酱釉，余部白瓷胎。口径16、高5厘米（图6-85，2）。

（3）铜器

铜簪 1件。

标本M349∶4，簪体呈长条状，横截面圆形，尾端圆尖，近首端以细丝编成流苏状。长11.4厘米（图6-85，4）。

铜扣 4枚。球形，中空，一端接环形纽。

标本M349∶5-1，纽接一环，高1.9厘米（图6-85，5-1）。

标本M349∶5-2，略扁，尾端凸起。高1.4厘米（图6-85，5-2）。

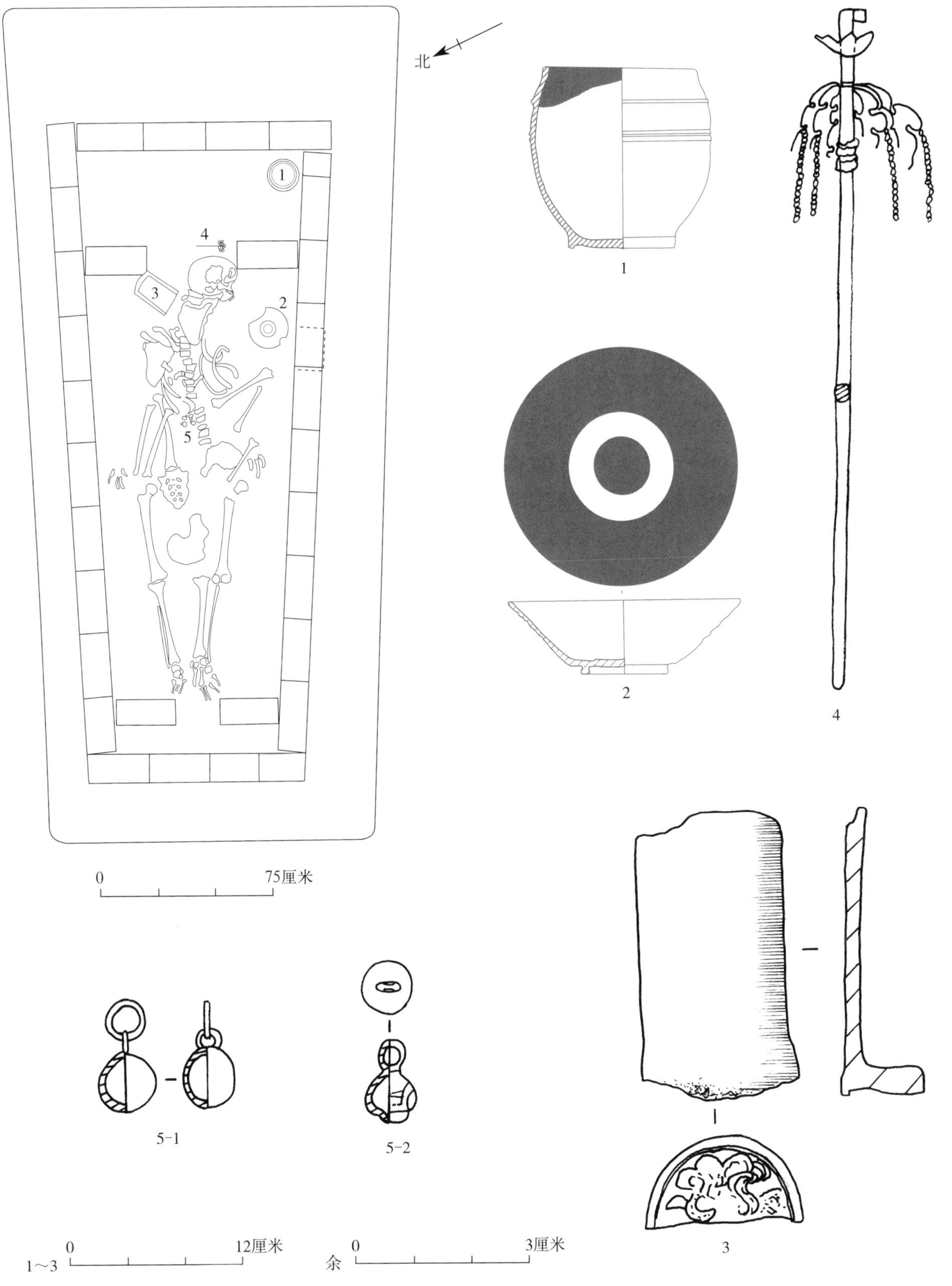

图 6-85　M349 及出土器物

1. 酱釉罐　2. 酱釉碗　3. 陶瓦　4. 铜簪　5. 铜扣

（一六）M355

1. 墓葬形制

位于墓地中部偏西，打破M350、M356、M358，北面是M357。方向115°（图6-86；彩版三〇九，1、2）。

长方形土坑竖穴砖椁合葬墓。墓口长3.08～3.2、宽2.76～2.88、深1.1米。墓内分别用青砖构筑两椁室。南室系在长方形土圹内建倒梯形椁室，长2.6、宽1～1.23、高1.12米。四壁均以平砖错缝顺砌而成，各十五层。南、北壁顶部两层窄端向外渐扩形成长方形。北壁中部偏东长方形壁龛，宽0.15、高0.13、进深0.13米。北室系下挖长方形土圹形成二层台，东宽0.45、高0.44米，西宽0.32、高0.29米，南宽0.15、高0.23米，北宽0.15、高0.45米。在其上又平铺顺砌青砖形成长方形椁室，长2.6、宽1.16、高0.75米，部分已坍塌。两室上部均以四列青砖横向侧立拱起形成券顶。除券顶最上两列为梯形砖外，其余青砖长26、宽13、厚6厘米。两室底部均无铺地砖，均见有倒梯形木棺腐朽痕迹。南室呈黑灰色，长1.92、宽0.52～0.7米。北室浅灰色，长1.25、宽0.34～0.4米。墓内填黄褐色五花土，土质较疏松。

人骨2具。头向东偏南，面向上，仰身直肢。南墓主男性，23～27岁。北侧人骨保存较差，性别无法鉴定，10～11岁。

随葬器物7件（彩版三一〇，1）。瓷罐2件分置于两椁室东南角。黑釉碗2件，其中1件滑落于南室壁龛下面墓底处，另一件位于北室南壁下端。铜钱1枚放置在南室瓷碗内。铜扣2枚散落于北墓主颈部。

2. 出土遗物

（1）瓷器

瓷罐　2件。敛口，圆唇，鼓腹，矮圈足。

标本M355∶1，黑釉罐，腹部饰两周凸棱纹。内外壁上部施黑釉。口径11、高13.2厘米（图6-87，1；彩版三一〇，2）。

标本M355∶4，酱釉罐，肩腹部饰两周凸棱纹。外壁上部及内口部施酱釉。口径10.4、高13.2厘米（图6-87，4；彩版三一〇，3）。

黑釉碗　2件。敞口微侈，圆唇，斜弧腹，近底急收，圈足。内外壁上部及内底施黑釉，余部白瓷胎。

标本M355∶2，口径15.8、高5.8厘米（图6-87，2；彩版三一〇，4）。

标本M355∶5，口径16.3、高5厘米（图6-87，5；彩版三一〇，5）。

（2）铜器

铜扣　2枚。球形，中空，一端带环形纽，纽接圆环。

标本M355∶6-1，高1.9厘米（图6-87，6-1）。

铜钱　1枚。

标本M355∶3，乾隆通宝。圆形方穿，正、背两面轮郭俱全。钱文楷书，对读。直径2.3、穿边长0.6、厚0.1厘米（图6-87，3）。

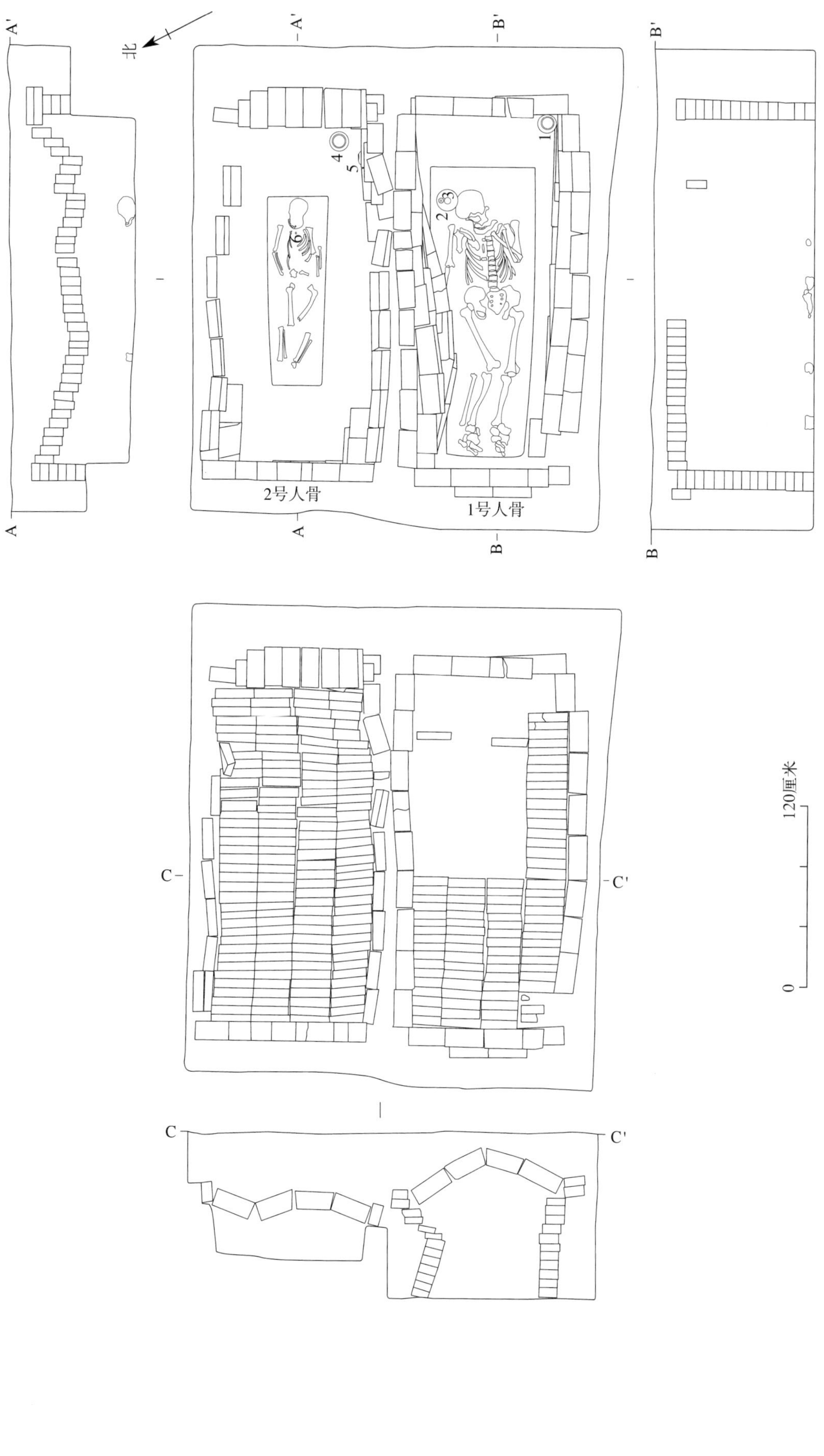

图 6-86　M355 平、剖面图

1. 黑釉罐　2、5. 黑釉碗　3. 铜钱　4. 酱釉罐　6. 铜扣（2）

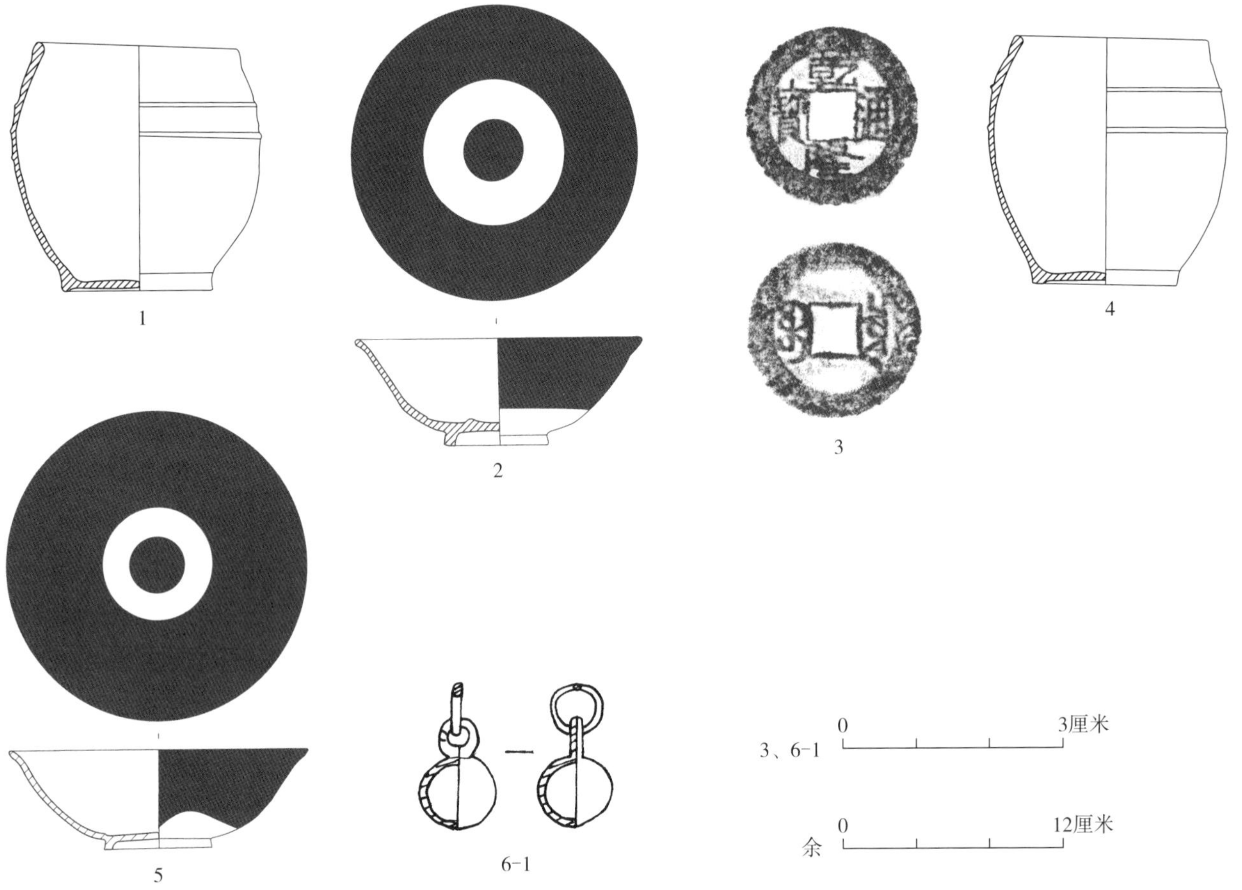

图 6-87　M355 出土器物

1. 黑釉罐　2、5. 黑釉碗　3. 铜钱　4. 酱釉罐　6-1. 铜扣

（一七）M357

1. 墓葬形制

位于墓地中部偏西，东南面是M363，南面为M355，西南面为M350。方向110°（图6-88；彩版三一一，1、2）。

不规则形土坑竖穴砖椁合葬墓。墓口长2.8～4.6、宽3.8、深1.2米。距墓口约0.3米处下挖长方形土圹，四周形成不规则生土台。圹内两倒梯形椁室。北椁室长2.7、宽1.15～1.2、高1.1米。南椁室长2.45、宽1.1～1.2、高1.0米。两室构筑方式相同。四壁均以平砖错缝顺砌，南壁中部东侧均有长方形壁龛，宽0.16、高0.16、进深0.13米。南、北壁顶部一层窄端外扩呈长方形。上部各以侧砖横向拱起形成券顶，北室五列侧砖，顶部三列为梯形砖；南室四列，顶部两列为梯形砖。北室青砖之间均以白灰抹缝，椁顶涂抹一层夹白灰色黄泥，厚0.3～0.5厘米。青砖长25、宽12～13、厚6厘米。底部无铺地砖，仅见木棺腐朽灰痕。墓内填黄褐色五花土，土质较疏松。

人骨2具。头向东，仰身直肢。北墓主男性，面向上，45～55岁。南墓主女性，面向右，55～65岁。

随葬器物9件。瓷罐2件分置于北椁室东南角和南人骨颈部。黑釉碗2件位于两室南侧。铜扣

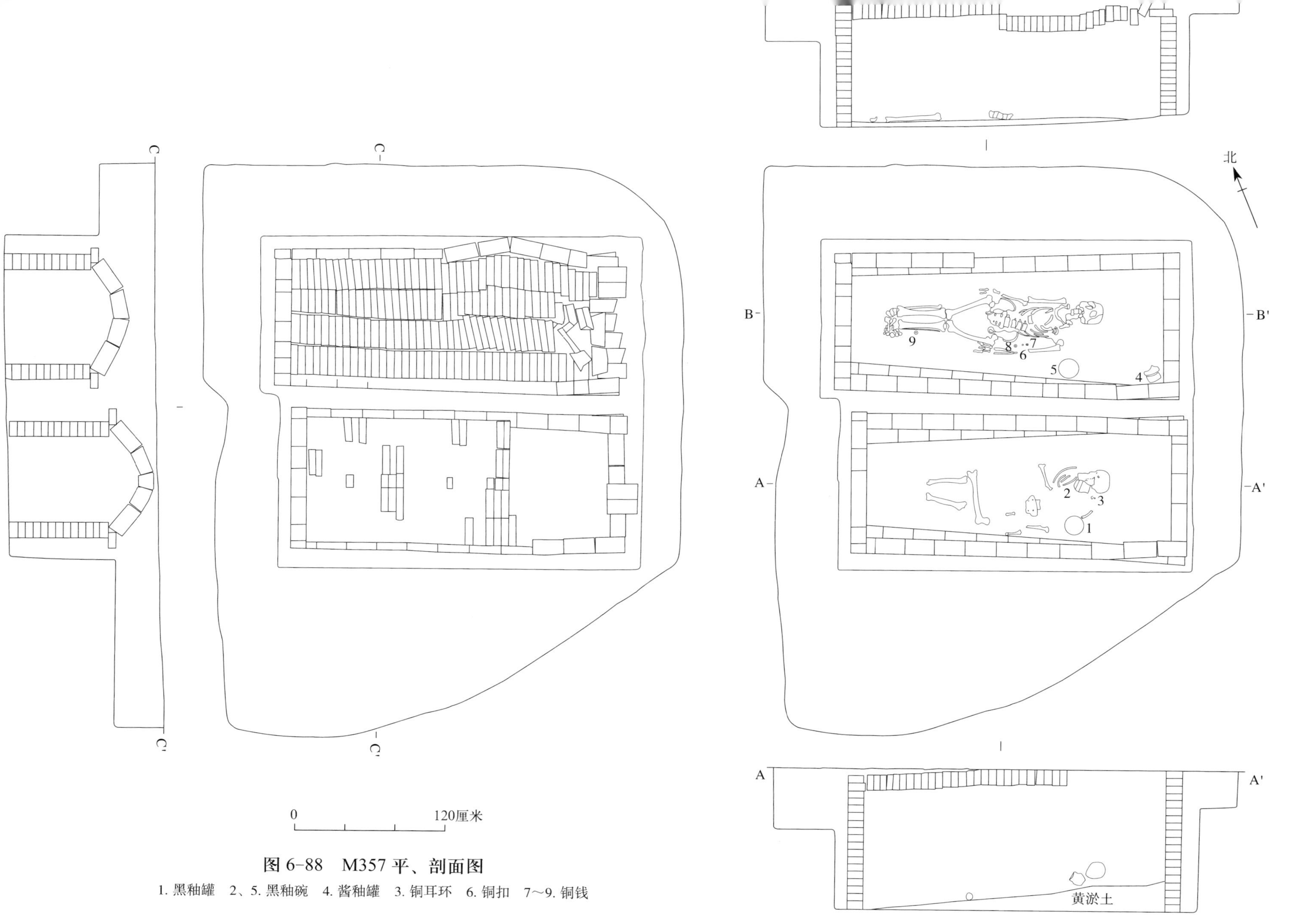

图 6-88　M357 平、剖面图

1. 黑釉罐　2、5. 黑釉碗　4. 酱釉罐　3. 铜耳环　6. 铜扣　7～9. 铜钱

1枚在北室人骨左胸外侧。铜钱3枚分散在北室棺内。铜耳环1件放在南侧墓主左侧。

2. 出土遗物

（1）**瓷器**

瓷罐　2件。敛口，圆唇，鼓腹，矮圈足。肩及腹部各饰一周凸棱纹。外壁上部和内口部施黑釉，余部白瓷胎。

标本M357∶1，黑釉罐。口径10.5、高13.3厘米（图6-89，1；彩版三一二，1）。

标本M357∶4，酱釉罐。口径10.5、高12.8厘米（图6-89，4；彩版三一二，2）。

黑釉碗　2件。敞口微侈，圆尖唇，斜弧腹，近底急收，圈足。内外壁上部和内底施黑釉，余部白瓷胎。

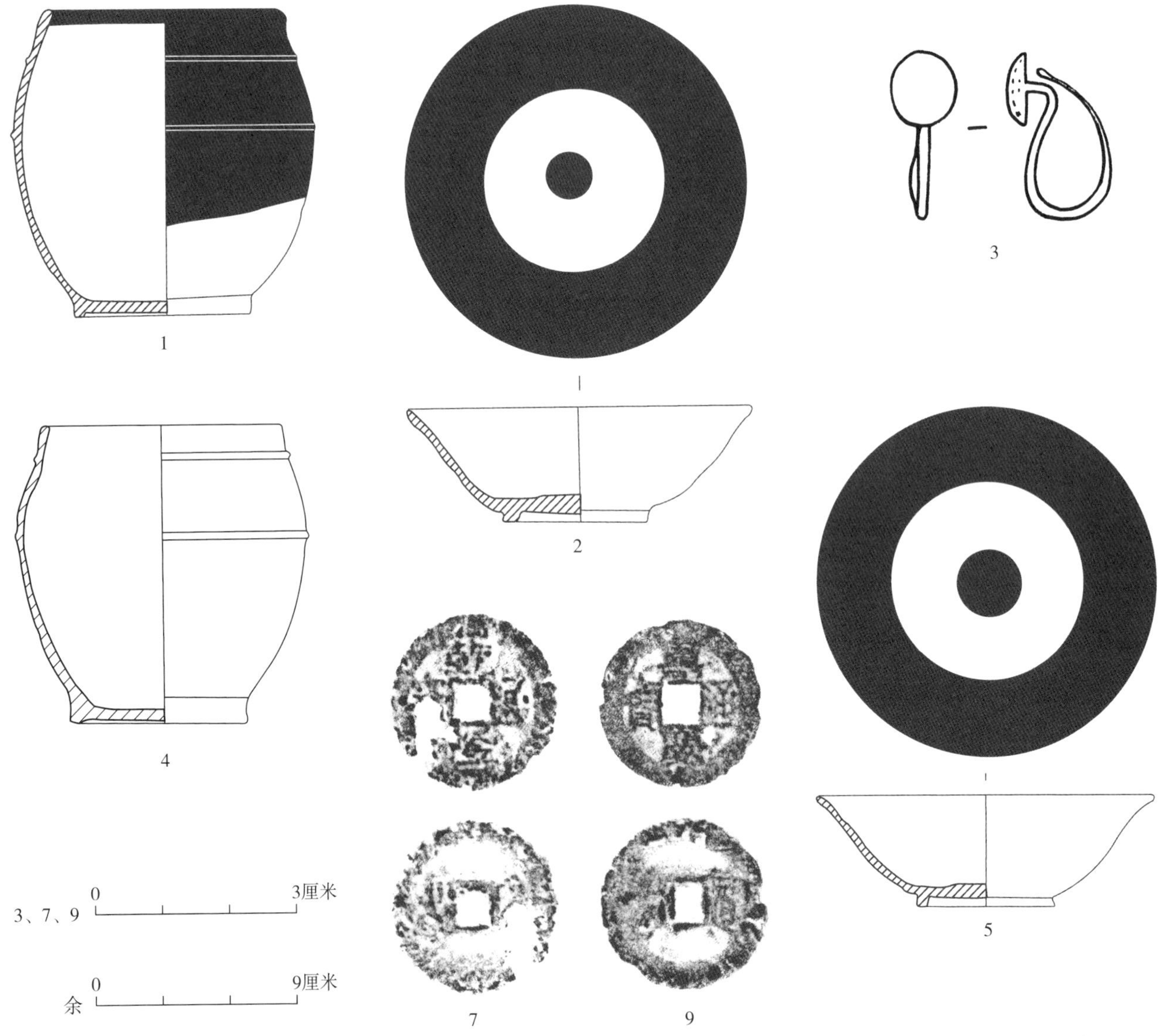

图6-89　M357出土器物

1. 黑釉罐　2、5. 黑釉碗　4. 酱釉罐　3. 铜耳环　7、9. 铜钱

标本 M357∶2，口径 15.4、高 5 厘米（图 6-89，2；彩版三一二，3）。

标本 M357∶5，口径 15、高 4.8 厘米（图 6-89，5；彩版三一二，4）。

（2）铜器

铜耳环　1 件。

标本 M357∶3，弯折近椭圆形。一端有圆形蘑菇状纽，另一端渐细至尾端为一圆突。素面。长 2.4、宽 1.6 厘米（图 6-89，3；彩版三一二，5）。

铜扣　1 枚。

标本 M357∶6，球形，空心，一端带环形纽。

铜钱　3 枚。乾隆通宝、嘉庆通宝，圆形方穿，正、背两面轮郭俱全。钱文楷书，对读，背穿之左右为满文局。

乾隆通宝　2 枚。部分锈蚀残缺。

标本 M357∶7，直径 2.4、穿边长 0.6、厚 0.1 厘米（图 6-89，7）。

嘉庆通宝　1 枚。

标本 M357∶9，直径 2.5、穿边长 0.6、厚 0.1 厘米（图 6-89，9）。

（一八）M482

1. 墓葬形制

位于墓地中部，北面是 M481，南面为 M569。方向 340°（图 6-90；彩版三一三，1）。

长方形土坑竖穴砖椁合葬墓。墓口长 2.35 ～ 2.65、宽 1.65、残深 0.53 ～ 0.63 米。四壁较直略规整。墓底西侧以青砖构建倒梯形椁室，长 2.3、宽 0.8 ～ 0.9、残高 0.56 米。四壁均以青灰砖平铺错缝顺砌而成。砖长 26、宽 12、厚 5 厘米。东壁中下部有一长方形壁龛，宽 0.13、高 0.17、进深 0.12 米。平底，未铺砖，见木棺朽痕。砖椁东侧加挖一近长方形土坑，长 2.35、宽 0.58 ～ 0.66、残深 0.53 米。底部见有木棺朽痕。墓内填黄褐色五花土，土质较疏松。

人骨 2 具。头向北，面向上，仰身直肢。西侧墓主男性，50 ～ 60 岁；东侧墓主女性，35 ～ 45 岁。

随葬器物 22 件。酱釉罐 1 件位于西椁室上部东南角。陶瓦 1 件覆于东侧墓主头骨上面。铜钱 5 枚，其中 4 枚分散于西侧墓主腹部和左手处，另枚置于东侧墓主口内。另出土铁棺钉 15 枚，其中 6 枚在西侧墓室木棺处，另外 9 枚散落于东侧木棺周边。

2. 出土遗物

（1）陶器

陶瓦　1 件。

标本 M482∶4，板瓦。泥质灰陶。一端略窄，瓦背拱起。素面。长 19.4、宽 16 厘米（图 6-91，4）。

（2）瓷器

酱釉罐　1 件。

标本 M482∶1，侈口，圆唇，微束颈，鼓腹，圈足。肩部有四个对称竖桥形纽系。上部施酱釉，中部黄褐色釉，下部深褐色瓷胎。口径 7.4、高 26.4 厘米（图 6-91，1）。

（3）铜器

铜钱　5 枚。为皇宋通宝、熙宁通宝、天禧通宝。圆形方穿。

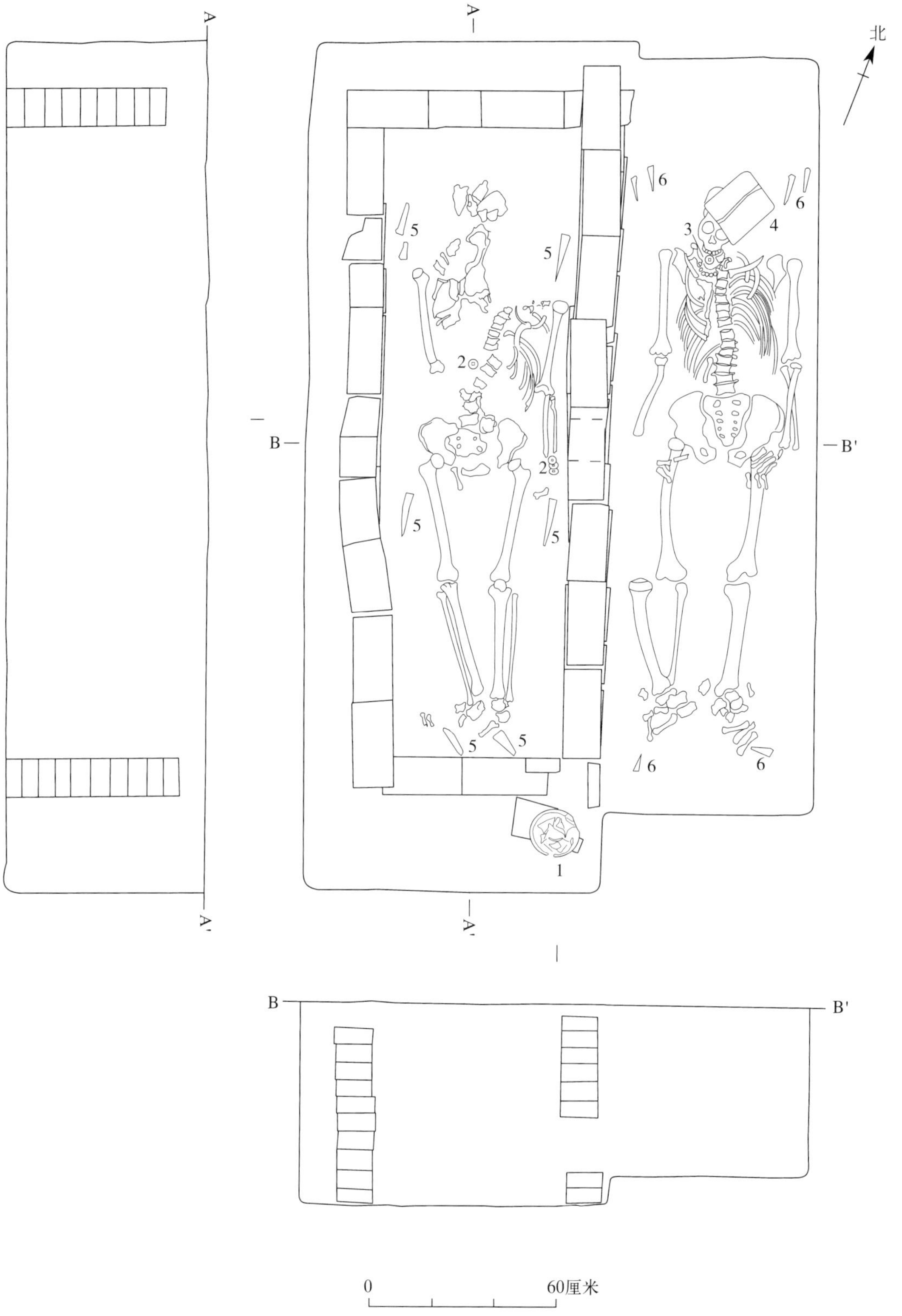

图6-90　M482平、剖面图

1. 酱釉罐　2. 铜钱（4）　3. 铜钱　4. 陶瓦　5. 铁棺钉（6）　6. 铁棺钉（9）

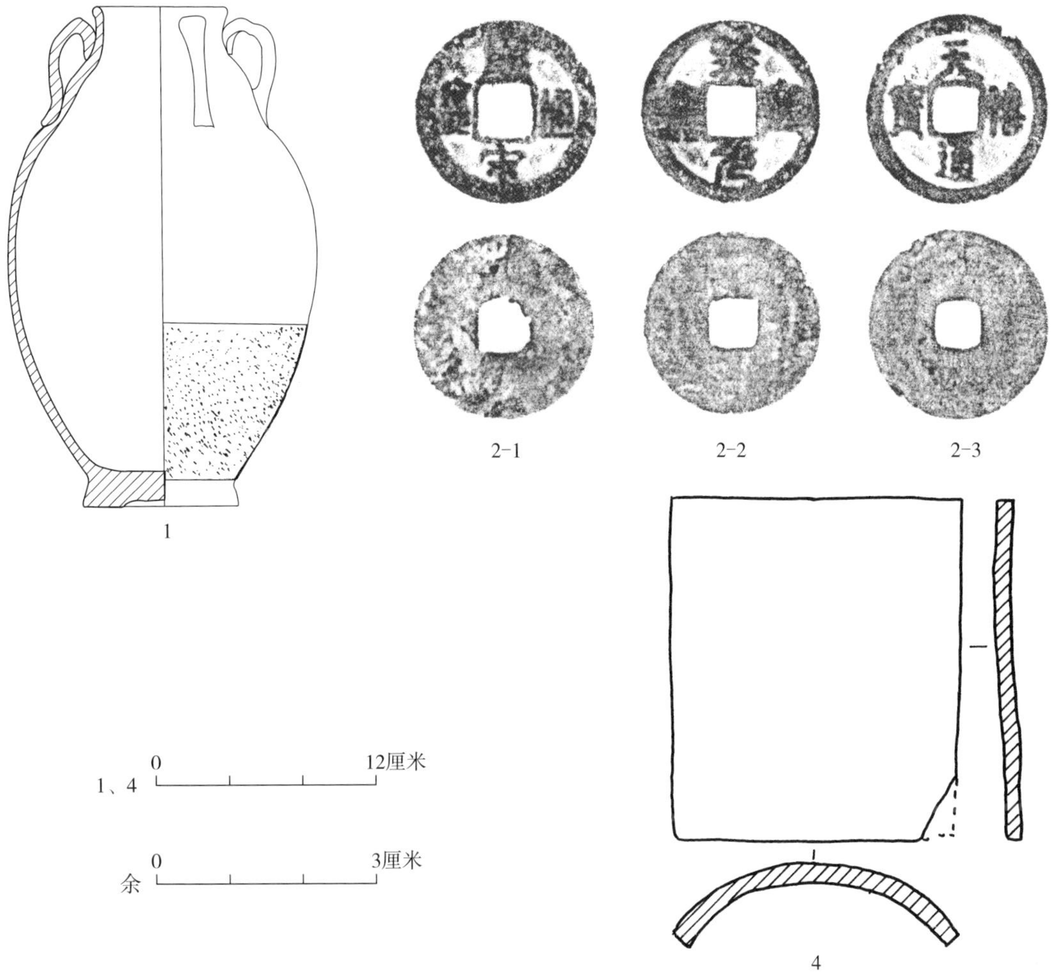

图 6-91　M482 出土器物

1. 酱釉罐　2-1～3. 铜钱　4. 陶瓦

皇宋通宝　1 枚。

标本 M482 : 2-1，钱文楷书，对读。直径 2.4、穿径 0.7、厚 0.1 厘米（图 6-91，2-1）。

熙宁元宝　3 枚，其中 2 枚锈蚀严重。钱文篆书，旋读。

标本 M482 : 2-2，直径 2.4、穿径 0.7、厚 0.1 厘米（图 6-91，2-2）。

天禧通宝　1 枚。

标本 M482 : 2-3，钱文楷书，旋读。直径 2.5、穿径 0.6、厚 0.1 厘米（图 6-91，2-3）。

（4）铁器

铁棺钉　15 枚。

标本 M482 : 5、6，长条形，首端带蘑菇状纽，尾端尖锐。

（一九）M565

1. 墓葬形制

位于墓地中部，打破 M769、M767，东南面是 M567。方向 202°（图 6-92；彩版三一三，2、3）。

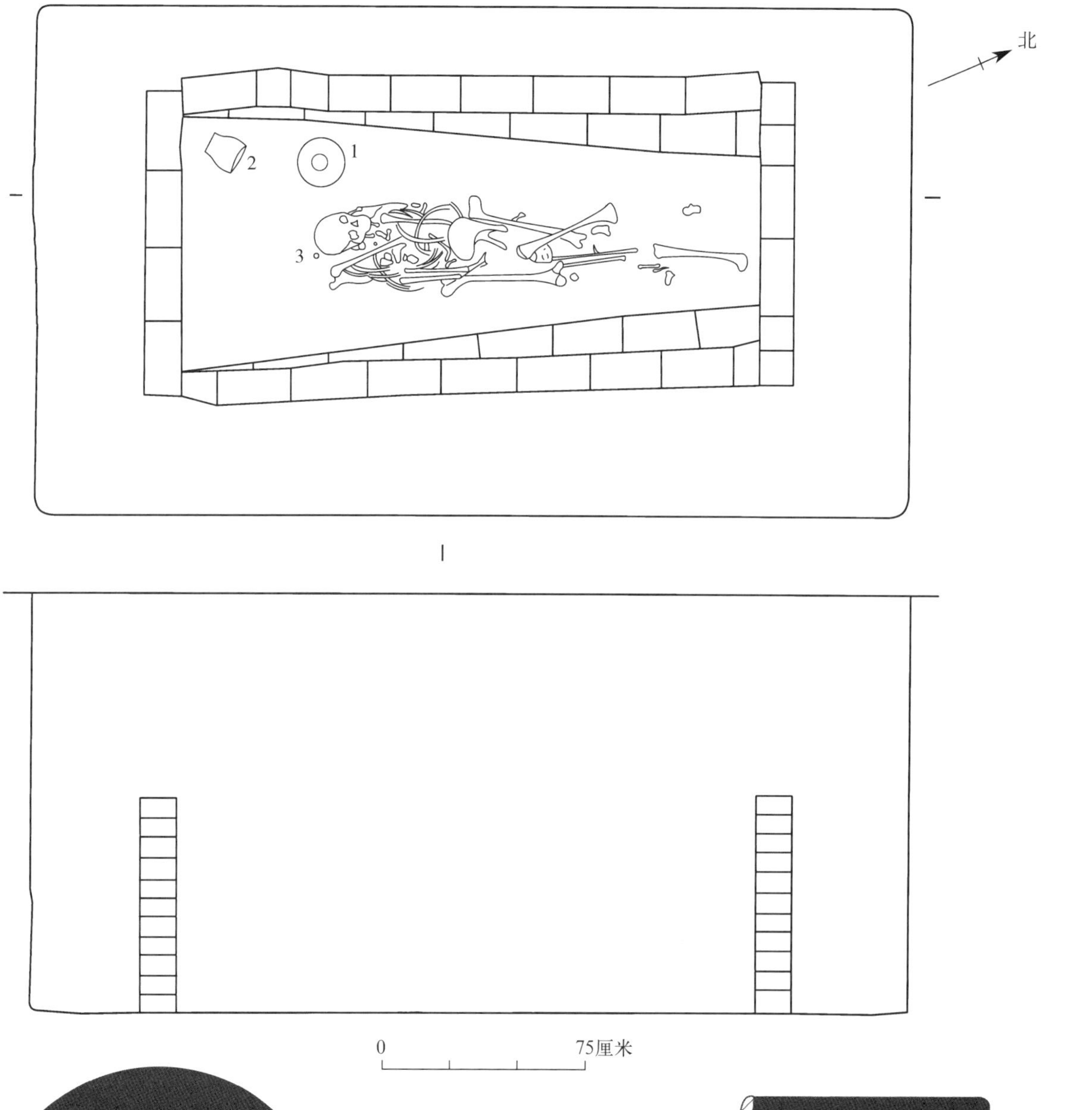

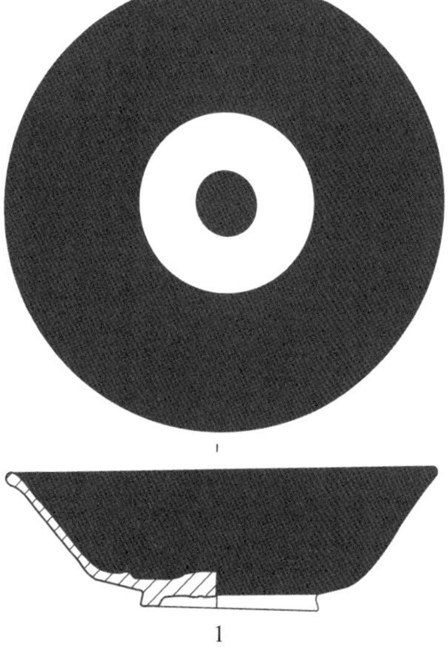

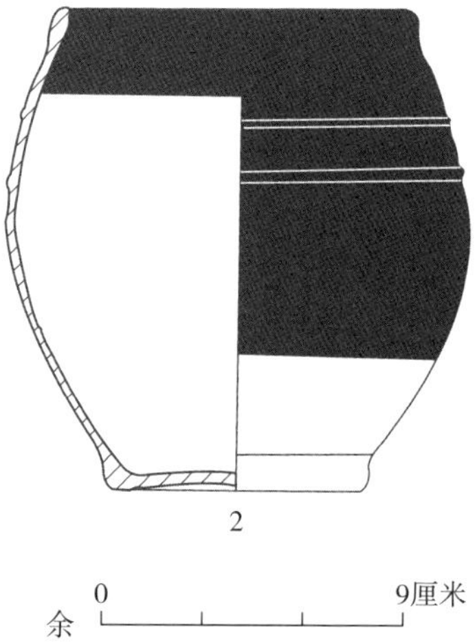

图 6-92　M565及出土器物

1. 黑釉碗　2. 黑釉罐　3. 铜头饰

长方形土坑竖穴砖椁墓。墓口长 3.2、宽 1.8、深 1.5 米。椁室平面倒梯形，长 2.13、宽 0.53 ～ 0.9、深 0.78 米。四壁均为平砖错缝顺砌而成，东西壁顶层窄端外扩呈长方形，南北两侧顶部各向上内收平铺四层青砖。西壁南侧长方形壁龛，宽 0.18、高 0.14、进深 0.14 米。青砖长 26、宽 13、厚 6.5 厘米。椁顶为四列青砖侧立拱起形成券顶，部分坍塌，顶端两列为倒梯形砖。底部无铺地砖，发现有木棺腐朽痕迹，长约 1.8、宽 0.45 米。墓内填黄褐色五花土，土质较疏松。

人骨 1 具。头向南，面向上，仰身直肢。人骨略凌乱，女性，35 ～ 45 岁。

随葬器物 3 件。黑釉罐 1 件放在墓底西南角。黑釉碗 1 件倒扣于墓主头骨左侧，应是从上方壁龛内掉落。铜头饰 1 枚位于墓主头骨右上方。

2. 出土遗物

（1）瓷器

黑釉罐　1 件。

标本 M565 : 2，敛口，圆唇，鼓腹，矮圈足。肩部有两周凸棱纹。外上部及内口部施黑釉，余部白瓷胎。口径 11、高 14 厘米（图 6-92，2）。

黑釉碗　1 件。

标本 M565 : 1，敞口，圆唇，斜弧腹，近底急收，圈足。内外壁上部及内底施黑釉，余部为黄瓷胎。口径 15.4、高 5 厘米（图 6-92，1）。

（2）铜器

铜头饰　1 枚。

标本 M565 : 3，整体呈圆球形，空心，表面密布乳状凸起，一端有长条纽。高 2.1 厘米（图 6-92，3）。

（二〇）M566

1. 墓葬形制

位于墓地中部，东北面是 M570，西面为 M769。方向 200°（图 6-93；彩版三一四，1）。

倒梯形土坑竖穴砖椁合葬墓。墓口长 2.8、宽 2.4 ～ 2.6、深 0.7 ～ 0.85 米。墓底东西并列倒梯形砖构椁室。东侧长 2.7、宽 0.88 ～ 1.18、高 0.4 ～ 0.5 米。西侧长 2.76、宽 0.92 ～ 1.2、残高 0.25 米。四壁均以四至八层平砖错缝顺砌而成，仅东室南壁最下一层为侧砖。青砖长 25 ～ 26、宽 12、厚 6 厘米。底部为土底，较平整。东侧椁室底部见有木棺腐朽灰痕，长 1.9、宽 0.55 ～ 0.8、厚 0.02 ～ 0.04 米；西侧椁室底部铺有一层草木灰，厚 0.07 ～ 0.08 米。墓内填浅褐色五花土，土质较致密。填土中发现铁饰件 1 件。

人骨 2 具。头向南，面向上，仰身直肢。东侧墓主女性，45 ～ 55 岁；西侧墓主男性，40 ～ 45 岁。

随葬器物 15 件。黑釉罐 2 件分置于两椁底东南角。黑釉碗 1 件位于东墓主左臂处。陶瓦 2 件分别位于两具人骨肩部。铜钱 4 枚分别放在西墓主指骨处。铜扣 4 枚散布在两墓主胸部和骨盆处。铜簪、铜耳环各 1 件发现于东墓主头两侧。

2. 出土遗物

（1）陶器

陶瓦　2 件。均泥质灰陶。素面。

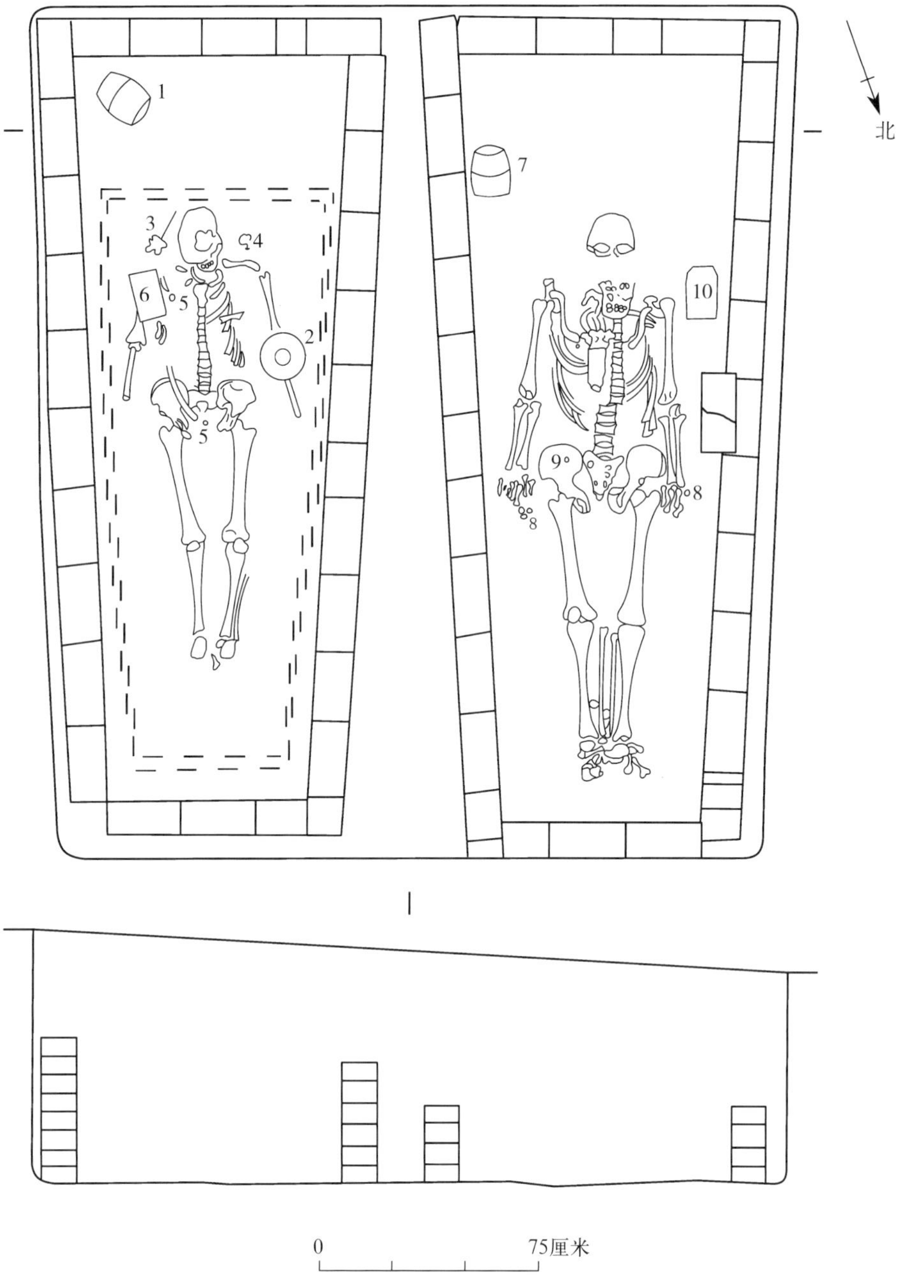

图 6-93 M566 平、剖面图

1、7. 黑釉罐 2. 黑釉碗 3. 铜簪 4. 铜耳环 5. 铜扣（2） 6、10. 陶瓦 8. 铜钱（4） 9. 铜扣（2）

标本 M566：6，板瓦，残存半边。长 17.3、残宽 12 厘米（图 6-94，6）。

标本 M566：10，筒瓦，一端带瓦舌。长 18、宽 9.4 厘米（图 6-94，10；彩版三一四，2）。

（2）瓷器

黑釉罐 2 件。敛口，圆唇，微束颈，鼓腹，矮圈足。

标本 M566：1，内外壁上部施黑釉，余为白瓷胎。口径 10.2、高 12.6 厘米（图 6-94，1；彩版三一四，3）。

标本 M566：7，腹部饰两周凸棱纹。内外壁上部施酱黑釉，余为白瓷。口径 11.6、高 15 厘米（图

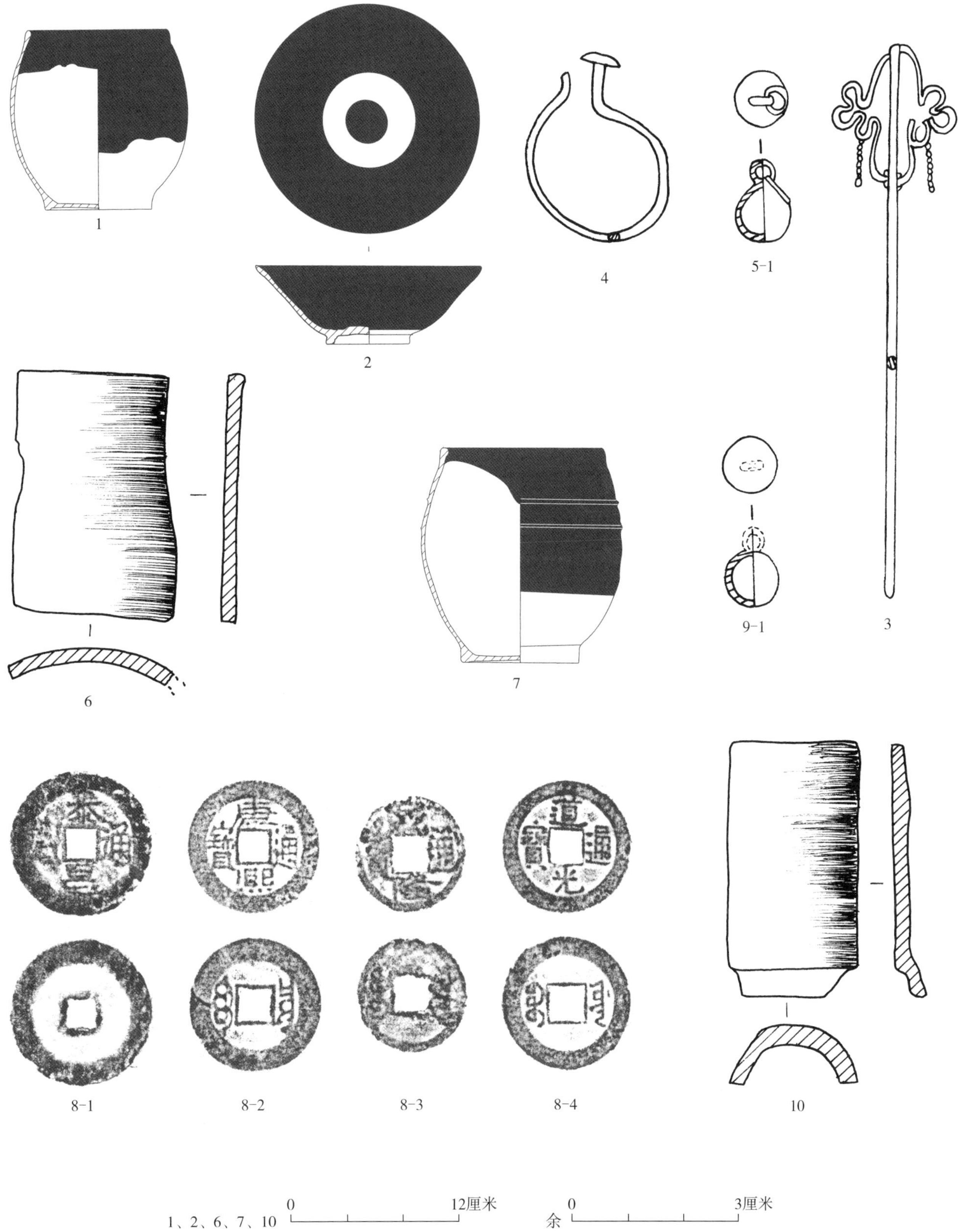

图 6-94　M566 出土器物

1、7. 黑釉罐　2. 黑釉碗　3. 铜簪　4. 铜耳环　5-1. 铜扣　6、10. 陶瓦　8-1～4. 铜钱　9-1. 铜扣

6-94，7；彩版三一四，4）。

黑釉碗　1件。

标本M566∶2，敞口，尖唇，斜弧腹，近底急收，圈足。内外壁上部及内底施黑釉，余部白瓷胎。口径16、高5.6厘米（图6-94，2；彩版三一四，5）。

（3）铜器

铜簪　1件。

标本M566∶3，整体细长条状，横截面圆形，尾端圆润，首端以两条细丝编成对称绶带状，各坠流苏。长9.6厘米（图6-94，3）。

铜耳环　1件。

标本M566∶4，整体弯折呈环形，首端外曲，带蘑菇状纽，尾端略细。素面。长3.3厘米（图6-94，4）。

铜扣　4枚。球形，中空，一端带环状纽。

标本M566∶5-1，纽连接一环。高1.45厘米（图6-94，5-1）。

标本M566∶9-1，高1厘米（图6-94，9-1）。

铜钱　4枚。有泰昌通宝、康熙通宝、乾隆通宝、道光通宝。圆形方穿，正、背面两面轮郭俱全。钱文均楷书，对读。

泰昌通宝　1枚。

标本M566∶8-1，直径2.6、穿径0.6、厚0.13厘米（图6-94，8-1）。

康熙通宝　1枚。背穿之左右为满文局。

标本M566∶8-2，直径2.4、穿径0.6、厚0.14厘米（图6-94，8-2）。

乾隆通宝　1枚。背穿之左右为满文局。

标本M566∶8-3，直径2、穿径0.7、厚0.1厘米（图6-94，8-3）。

道光通宝　1枚。背穿之左右为满文局。

标本M566∶8-4，直径2.3、穿径0.7、厚0.15厘米（图6-94，8-4）。

（4）铁器

铁饰件　1件。

标本M566∶01，扁薄长方形，截面长方形。素面。残长6、宽1.9～2.3、厚0.4厘米。

（二一）M568

1. 墓葬形制

位于墓地中部，打破M767，东面是M769、M565。方向205°（图6-95）。

倒梯形土坑竖穴砖椁墓。墓口长2.8、宽1.06～1.28、深0.94米。墓壁垂直规整。底部倒梯形椁室，长2.72、宽0.92～1.19、深0.76米。四壁平砖错缝顺砌五～六层。砖长26、宽13、厚6厘米。底未铺砖，底较平整。墓内填黄褐色土，土质较疏松，内夹少量瓷片，可辨器形有碗。

人骨1具。头向南，面向右，仰身直肢。男性，40～50岁。

随葬器物12件。酱釉罐1件位于墓底西南角。黑釉碗1件放于墓主头骨右侧靠椁壁处。陶瓦1件覆于墓主左上肢处。铜钱4枚分置于墓主身体侧面。铜扣5枚散落于胸前。

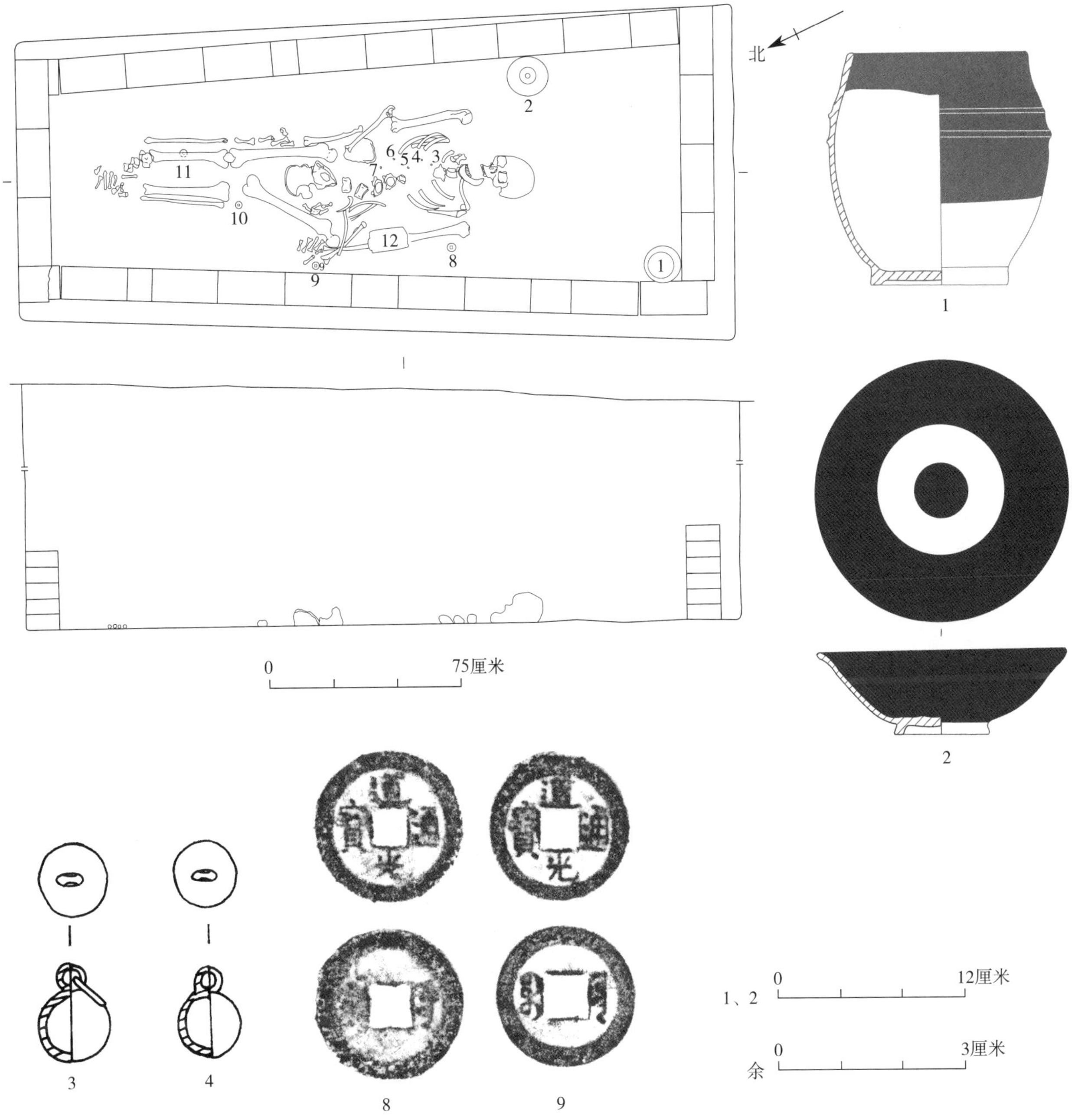

图 6-95　M568 及出土器物

1. 酱釉罐　2. 黑釉碗　3～7. 铜扣　8～11. 铜钱　12. 陶瓦

2. 出土遗物

（1）陶器

陶瓦　1 件。

标本 M568 : 12，筒瓦。泥质灰陶。一端残，另一端带瓦舌，瓦背拱起呈半圆形。残长 16、宽 10 厘米（彩版三一五，1）。

（2）瓷器

酱釉罐　1件。

标本M568：1，敛口，圆唇，鼓腹，矮圈足。腹上部饰两周凸棱纹。内外壁上部施酱色釉，余部为白瓷胎。口径11.2、高14.3厘米（图6-95，1；彩版三一五，2）。

黑釉碗　1件。

标本M568：2，敞口微侈，圆唇，斜弧腹，近底急收，圈足。内外壁上部及内底施酱色釉。口径16、高5.2厘米（图6-95，2；彩版三一五，3）。

（3）铜器

铜扣　5枚。球形，中空，一端带环形纽。

标本M568：3，纽连接一环。高1.5厘米（图6-95，3）。

标本M568：4，高1.4厘米（图6-95，4）。

铜钱　4枚。其中1枚锈蚀严重，部分缺失。均为道光通宝，圆形方穿，正、背两面轮郭俱全，钱文楷书，对读，背穿之左右为满文局。

标本M568：8，直径2.4、穿边长0.7、厚0.13厘米（图6-95，8）。

标本M568：9，直径2.3、穿边长0.7、厚0.15厘米（图6-95，9）。

（二二）M570

1. 墓葬形制

位于墓地中部，东面是M571，西南面为M566。方向170°（图6-96；彩版三一五，4）。

倒梯形土坑竖穴砖椁墓。墓口长2.9、宽1.3～1.4、残深1.07米。直壁规整。椁室底部倒梯形，北高南低，长2.67、宽0.97～1.19、高0.7～0.77米。东、西两壁由青砖平砖错缝顺砌，因挤压内凸，部分塌落。南、北两侧有熟土二层台，上面平铺少量青砖。砖长25、宽12、厚5厘米。顶部以五列青砖拱起形成券顶，大部已坍塌。顶上面一列为小方砖，其侧两列各为梯形砖。底部未铺砖，较平整，有木棺腐朽痕迹，长约2.1、宽约0.65米。墓内填黄褐色五花土，土质较疏松。

人骨1具。头向南，仰身直肢。男性，40～50岁。

随葬器物17件。黑釉罐1件放在墓底西南角。陶瓦1件断成两块散落墓主两侧锁骨上。铜钱7枚分散墓主周围。铜扣8枚散落于墓主胸前和腹部。

2. 出土遗物

（1）陶器

陶瓦　1件。

标本M570：1，筒瓦。泥质灰陶。一端残，瓦背拱起呈半圆形。素面。残长14、宽9.8厘米（图6-96，1）。

（2）瓷器

黑釉罐　1件。

标本M570：4，敛口，圆唇，微束颈，鼓腹，矮圈足。颈和腹部分别饰一和两周凸棱纹。外上部及内口部施酱色釉，余部白瓷胎。口径10.5、高12.8厘米（图6-96，4；彩版三一五，5）。

（3）铜器

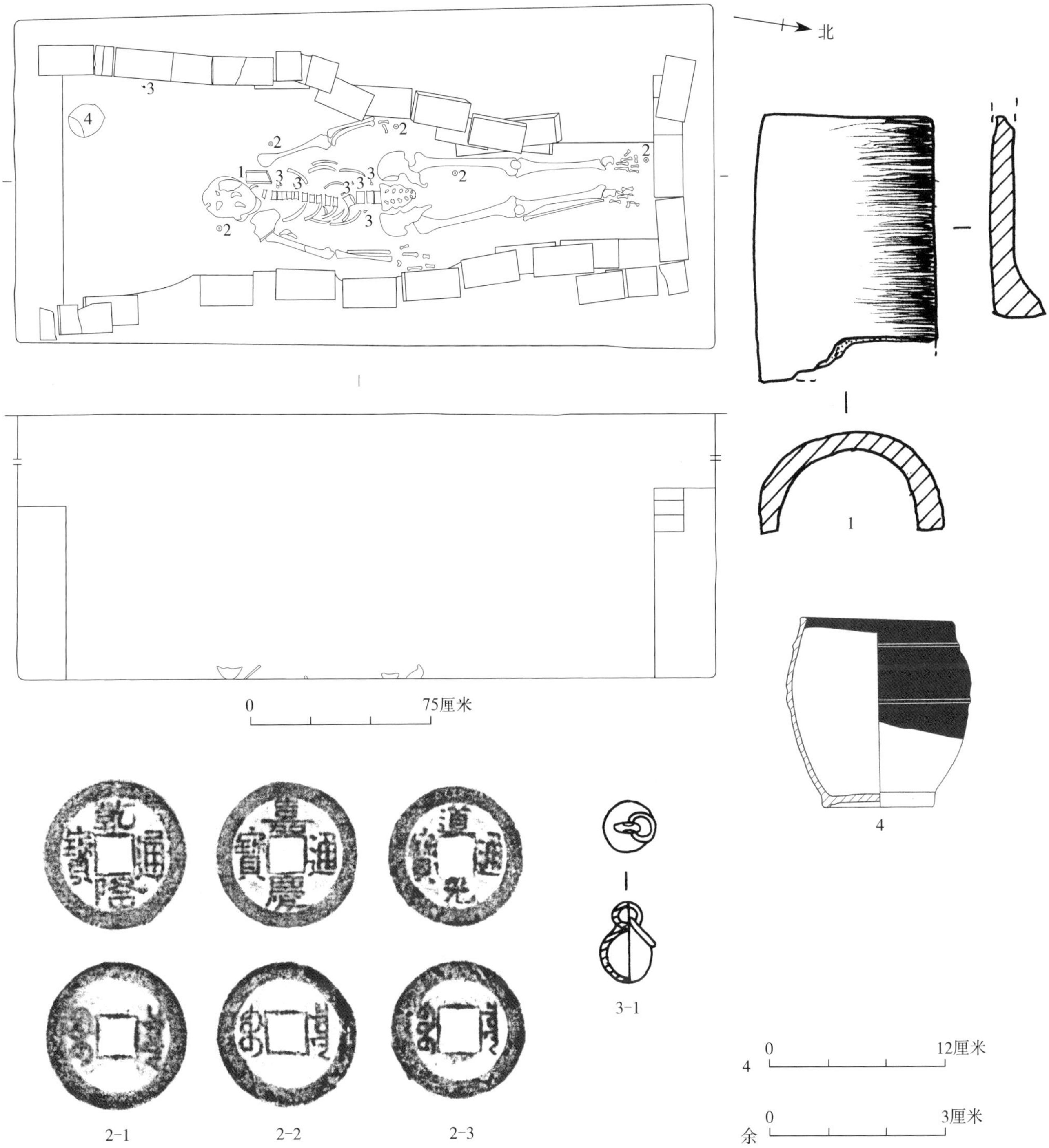

图 6-96　M570 及出土器物

1. 陶瓦　2. 铜钱（7）　3. 铜扣（8）　4. 黑釉罐

铜扣　8 枚。

标本 M570∶3-1，球形，中空，一端带环形纽，纽连接一环。高 1.4 厘米（图 6-96，3-1）。

铜钱　7 枚。有乾隆通宝、嘉庆通宝、道光通宝。圆形方穿，正、背两面穿郭俱全。钱文楷书，对读，背穿之左右为满文局。

乾隆通宝　4枚。

标本M570：2-1，直径2.5、穿径0.6、厚0.13厘米（图6-96，2-1）。

嘉庆通宝　2枚。

标本M570：2-2，直径2.4、穿径0.6、厚0.15厘米（图6-96，2-2）。

道光通宝　1枚。

标本M570：2-3，直径2.3、穿径0.6、厚0.15厘米（图6-96，2-3）。

（二三）M571

1. 墓葬形制

位于墓地中部，北面是M942，东面为M572，西面是M570。方向165°（图6-97；彩版三一六，1）。

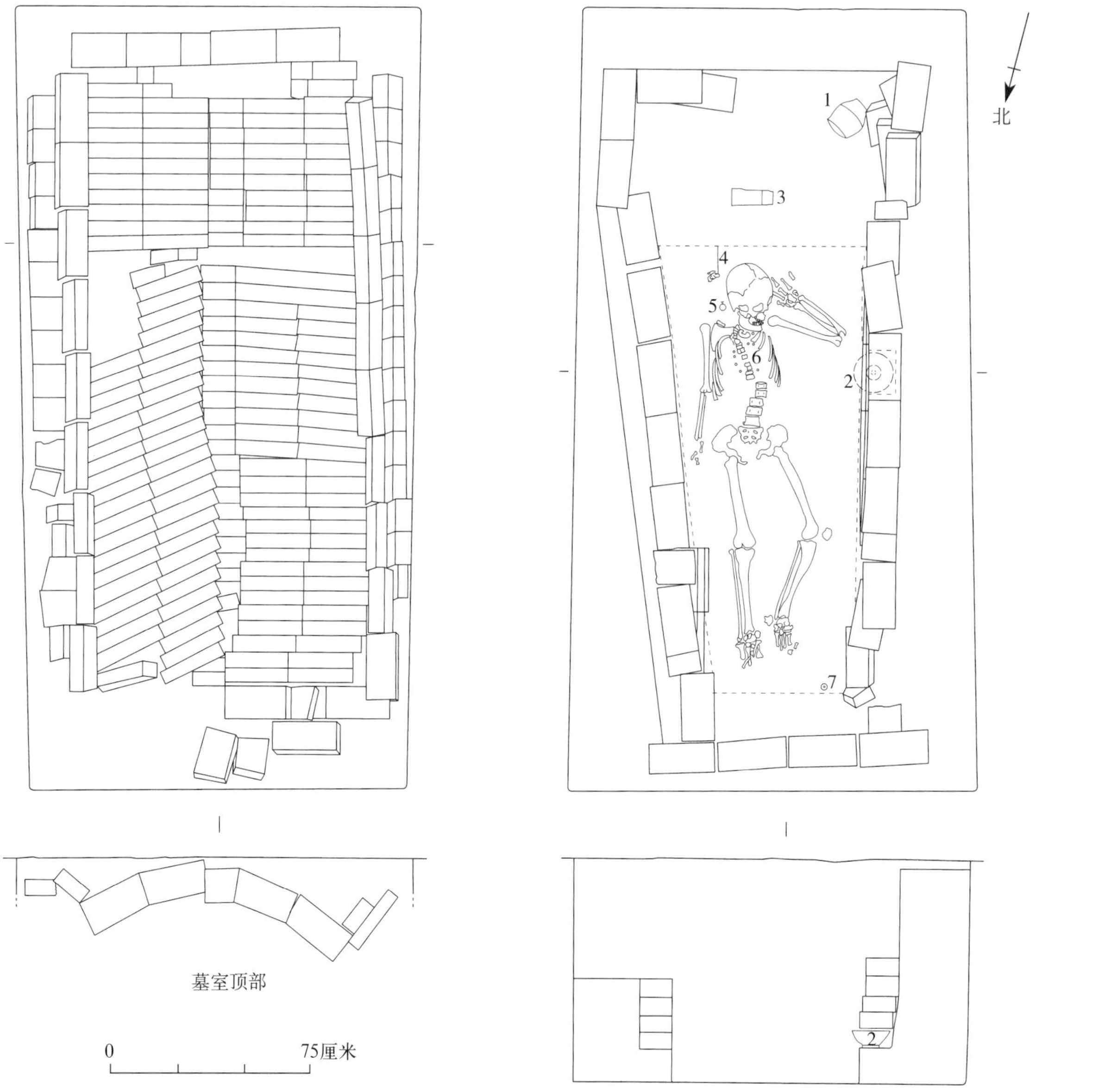

图6-97　M571平、剖面图

1. 酱釉罐　2. 酱釉碗　3. 陶瓦　4. 铜簪　5. 铜耳环　6. 铜扣（8）　7. 铜钱

倒梯形土坑竖穴砖椁墓。墓口长 2.8、宽 1.4 ～ 1.5、残深 0.8 米。直壁光滑。墓底椁室呈倒梯形，北高南低，长 2.52、宽 0.8 ～ 1.2、高 0.75 ～ 0.8 米。四周有熟土二层台，宽 0.2 ～ 0.4、高 0.13 ～ 0.43 米。台上各以青砖平砖错缝顺砌椁室。西壁中部长方形壁龛，宽 0.16、高 0.07、进深 0.1 米。东、西椁壁上部外侧再平铺顺砌两层青砖，其上用五列青砖拱起形成券顶。最顶一列为小型方砖，其侧两列各为梯形砖。砖长 24、宽 12、厚 6 厘米。底部未铺砖，较为平整，发现倒梯形木棺腐朽灰痕，长 2.28、宽 0.5 ～ 0.75 米。墓内填浅褐色五花土，质地坚硬。

人骨 1 具。头向南，面向左，仰身直肢。左上肢折屈，骨骼保存较差。女性，成年个体。

随葬器物 14 件。酱釉罐 1 件位于墓底西南角。酱釉碗 1 件放在壁龛内。陶瓦 1 件置于墓主头骨上方。铜簪、铜耳环各 1 件陈置墓主头骨右侧。铜钱 1 枚见于椁底西北角。铜扣 8 枚散落墓主胸部。

2. 出土遗物

（1）陶器

陶瓦　1 件。

标本 M571：3，板瓦，残存半边。泥质灰陶。瓦背拱起。素面。长 14.6、残宽 5.8 厘米（图 6-98，3）。

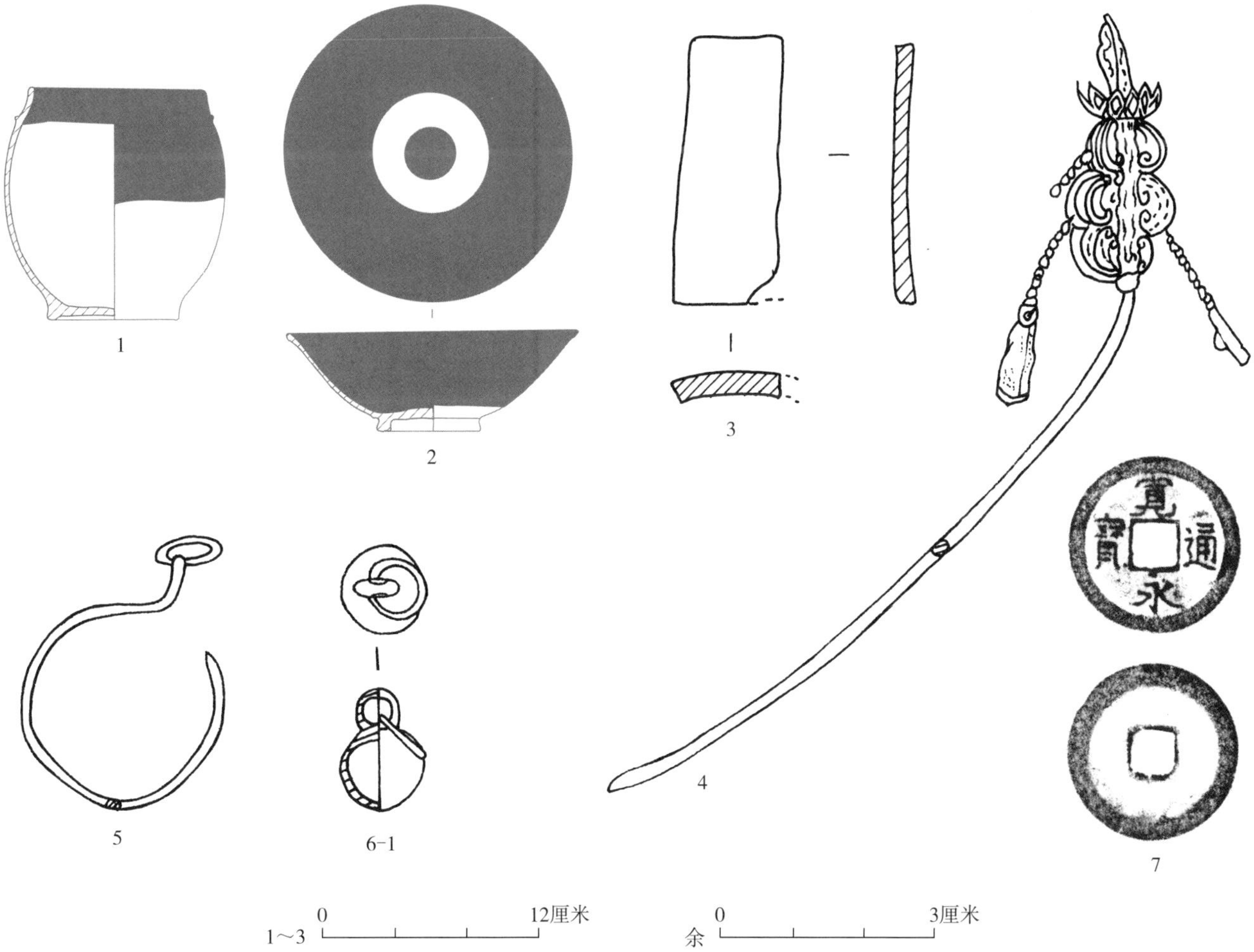

图 6-98　M571 出土器物

1. 酱釉罐　2. 酱釉碗　3. 陶瓦　4. 铜簪　5. 铜耳环　6-1. 铜扣　7. 铜钱

（2）瓷器

酱釉罐　1件。

标本M571：1，敛口，微束颈，鼓腹，矮圈足。肩及上腹各饰一周凸棱纹。外壁上部及内口处施酱色釉。口径10、高12.6厘米（图6-98，1）。

酱釉碗　1件。

标本M571：2，敞口微侈，圆尖唇，斜弧腹，近底急收，圈足。内外壁上部及内底施酱色釉。口径16、高5.4厘米（图6-98，2）。

（3）铜器

铜簪　1件。

标本M571：4，整体呈长条状，略弯曲，横截面呈圆形。尾端圆润，首端如禅杖状，下坠流苏。长13.5厘米（图6-98，4；彩版三一六，2）。

铜耳环　1件。

标本M571：5，弯曲近环形，首端外曲，带蘑菇状纽，另一端略尖细。素面。直径2.9、高3.3厘米（图6-98，5）。

铜扣　8枚。球形，中空，一端带环形纽。

标本M571：6-1，纽连接一环。高1.6厘米（图6-98，6-1）。

铜钱　1枚。

标本M571：7，宽永通宝。圆形方穿，正、背两面轮郭俱全。钱文楷书，对读。直径2.4、穿径0.6、厚0.1厘米（图6-98，7）。

（二四）M572

1. 墓葬形制

位于墓地中部，北面是M942，西面为M571。方向176°（图6-99）。

倒梯形土坑竖穴砖椁墓。墓口长2.75、宽0.96～1.3、深0.68米。直壁规整。墓底椁室为倒梯形，长2.65、宽0.91～1.26、残高0.24米。四壁均以平砖错缝顺砌而成。砖长24、宽12、厚5厘米。底部为土底，较平整，有木棺腐朽灰痕，外髹黑漆，内髹红漆，长约2.3、宽约0.75米。墓内填黄褐色五花土，土质较疏松。

人骨1具。头向南，面向上，仰身直肢。男性，50～60岁。

随葬器物10件。陶瓦1件位于墓主头骨右侧。铜钱3枚置于左手骨处和足端。铜扣6枚散落于胸部及腹部。

2. 出土遗物

（1）陶器

陶瓦　1件。

标本M572：1，筒瓦。泥质灰陶。瓦面拱起呈半圆形。素面。长11、宽9.2厘米（图6-99，1）。

（2）铜器

铜扣　6枚。球形，中空，一端带环形纽。

标本M572：3-1，高1.6厘米（图6-99，3-1）。

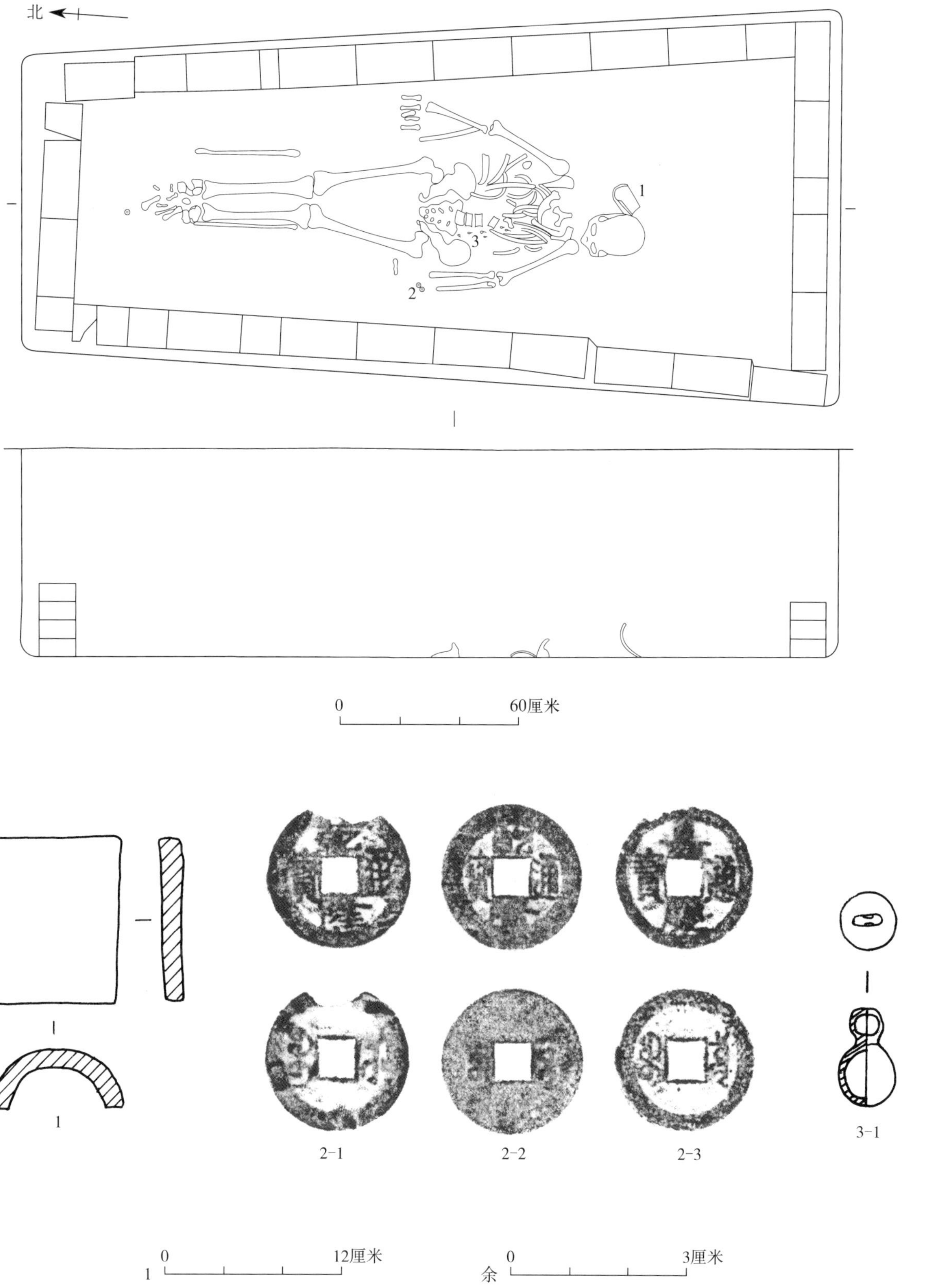

图 6-99　M572 及出土器物

1. 陶瓦　2. 铜钱（3）　3. 铜扣（6）

铜钱　3枚。有乾隆通宝、嘉庆通宝。圆形方穿，正、背两面轮郭俱全。钱文楷书，对读。背穿之左右为满文局。

乾隆通宝　2枚。

标本M572：2-1、2，直径2.4、穿径0.6、厚0.17厘米（图6-99，2-1、2）。

嘉庆通宝　1枚。

标本M572：2-3，直径2.3、穿径0.6、厚0.1厘米（图6-99，2-3）。

（二五）M601

1. 墓葬形制

位于墓地东北部，打破M732，东面是M902，南面为M721。方向170°（图6-100；彩版三一六，3）。

倒梯形土坑竖穴砖椁墓，东壁略塌陷。墓口长2.95、宽1～1.5、残深0.9米。直壁规整。椁室呈倒梯形，长2.78、宽0.9～1.22、高0.8米。四壁以平砖错缝顺砌而成，东壁略变形。青砖长27、宽13、厚6厘米。底部无砖，较平整，见有黑灰色木棺痕迹。墓内填黄褐色五花土，土质较致密。

人骨1具。头向南，面向上，仰身直肢。男性，35～45岁。

随葬器物8件。黑釉罐1件位于墓底东南角。陶瓦1件覆于墓主胸部。铜钱4枚散落于墓主骨盆外侧和左下肢附近。铜扣2枚发现在右腹部外侧。

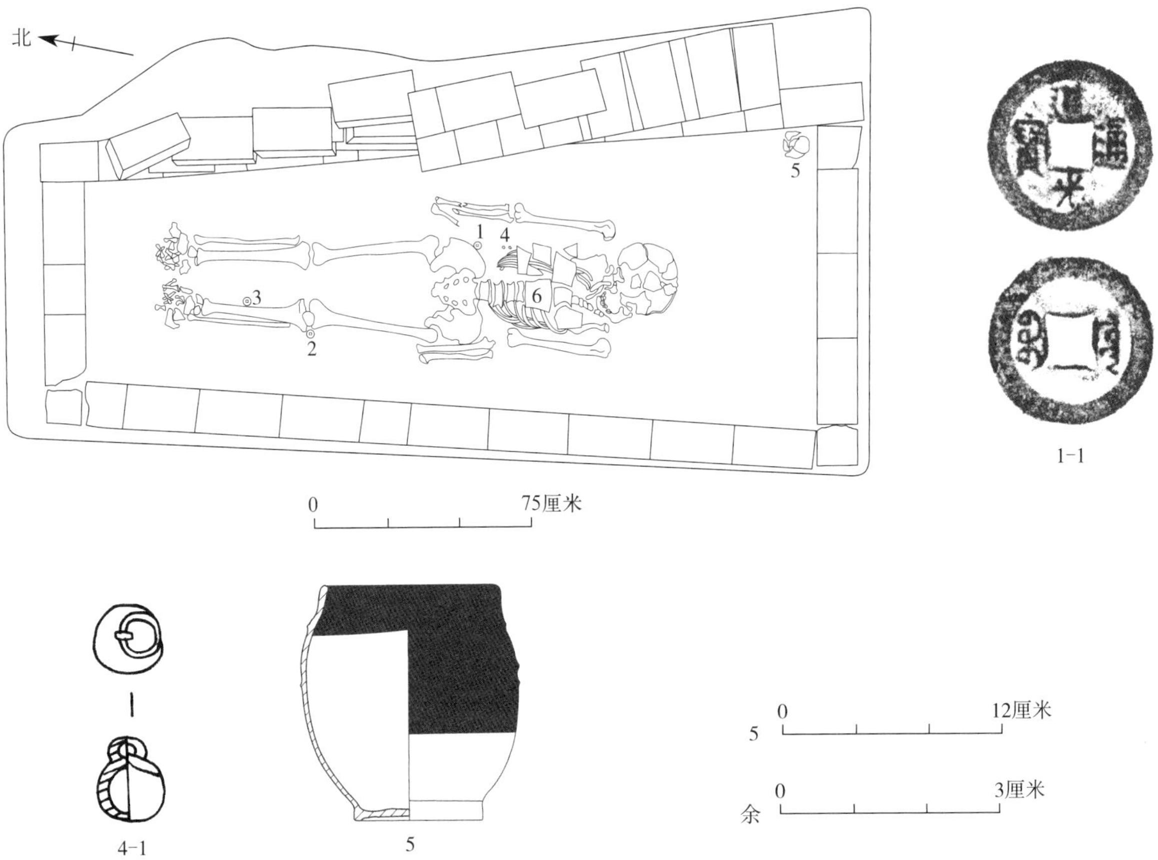

图6-100　M601及出土器物

1. 铜钱（2）　2、3. 铜钱　4. 铜扣（2）　5. 黑釉罐　6. 陶瓦

2. 出土遗物

（1）陶器

陶瓦　1件。

标本M601：6，板瓦。泥质灰陶。一端略窄，瓦背拱起。素面。长17、宽17.2厘米。

（2）瓷器

黑釉罐　1件。

标本M601：5，敛口，圆唇，微束颈，鼓腹，矮圈足。颈部及腹部有三周凸棱纹。外上部及内口部施酱黑釉，余部白胎瓷。口径10、高12.5厘米（图6-100，5）。

（3）铜器

铜扣　2枚。球形，中空。一端带环形纽。

标本M601：4-1，高1.1厘米（图6-100，4-1）。

铜钱　4枚。均为道光通宝，圆形方穿，正、背两面轮郭俱全。钱文楷书，对读，背穿之左右为满文局。

标本M601：1-1，直径2.4、穿径0.6、厚0.16厘米（图6-100，1-1）。

（二六）M607

1. 墓葬形制

位于墓地东北部，北面是M613，东南面为M855，西面为M619。方向330°（图6-101）。

倒梯形土坑竖穴砖椁墓。墓口长2.45、宽0.85～1.06、残深0.4～0.52米。墓底青砖垒砌倒梯形椁室，南高北低，长2.34、宽0.58～0.96、高0.4～0.52米。四壁底部先铺约0.1米熟土，其上垒砌青砖。四壁青砖均为错缝顺砌，底部两层为平砖，以上侧砖和平砖相次垒砌，仅残存三～四层。

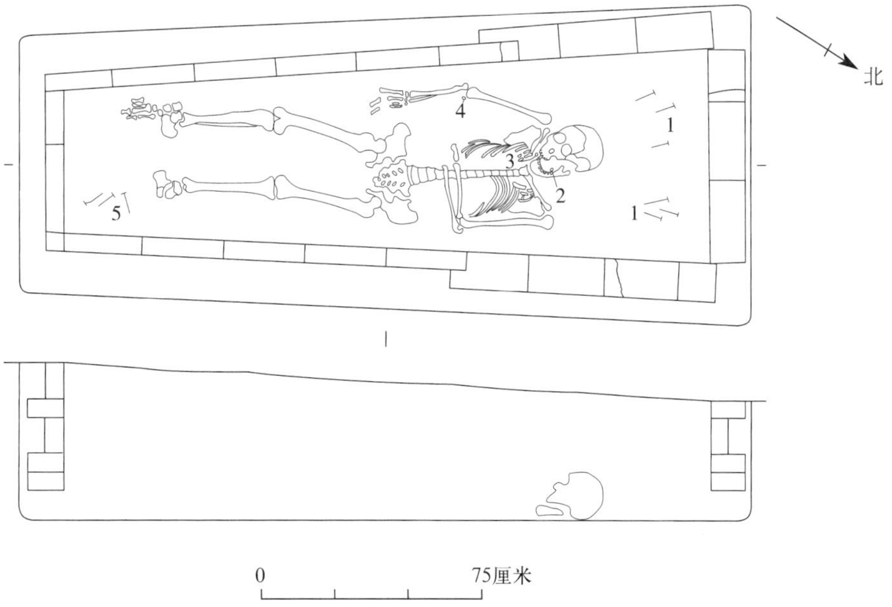

图6-101　M607平、剖面图

1. 铁棺钉（6）　2～4. 铜扣　5. 铁棺钉（3）

砖长16、宽12、厚6厘米。底部未铺砖，较平整。墓内填黄褐色五花土，土质疏松。

人骨1具。头向北偏西，面向上，仰身直肢。女性，20～25岁。

随葬器物12件。铜扣3枚散落于墓主胸部等处。铁棺钉9枚散落椁室两端。

2. 出土遗物

（1）铜器

铜扣 3枚。球形，中空，一端带环形纽。

标本M607：2，高1.2厘米。

标本M607：3，高1.1厘米。

标本M607：4，高1.25厘米。

（2）铁器

铁棺钉 9枚。

标本M601：1、5，长条形，首端带蘑菇状纽，尾端尖锐。

（二七）M616

1. 墓葬形制

位于墓地东北部，北面是M788，东面是M786，西面为M595。方向350°（彩版三一七，1）。

倒梯形土坑竖穴砖椁墓。墓口长2.77、宽0.86～1.3、残深0.62～0.78米。椁室呈倒梯形，北高南低，长2.76、宽0.84～1.28、残高0.62～0.78米。四壁均以平砖错缝顺砌而成，八～十一层不等。东壁中部长方形壁龛，宽0.17、高0.12、进深0.12米。青砖长26、宽13、厚6厘米。底部未铺砖。墓内填黄褐色五花土，质地坚硬。

人骨1具。头向北，仰身直肢。男性，45～50岁。

随葬器物13件。酱釉罐1件放在椁底东北角。黑釉碗1件斜置于壁龛内。铜钱4枚分散于墓主身下。铜扣7枚散落于墓主胸腹上部。另在瓷碗内发现乳猪和鱼骨。

2. 出土遗物

（1）瓷器

酱釉罐 1件。

标本M616：1，敛口，圆唇，鼓腹，矮圈足。肩及腹部饰三周凸棱纹。外壁上部及内口部饰黑釉，余部白瓷胎。口径12、高14厘米（图6-102，1；彩版三一七，2）。

黑釉碗 1件。

标本M616：2，敞口微侈，圆尖唇，斜弧腹，近底急收，圈足。内外壁上部及内底施酱色釉。口径15.2、高5.4厘米（图6-102，2；彩版三一七，3）。

（2）铜器

铜扣 7枚。球形，中空，一端带环形纽。

标本M616：5-1，纽连接一环。高1.3厘米（图6-102，5-1）。

标本M616：8-1，微残。高1.4厘米（图6-102，8-1）。

铜钱 4枚。有宽永通宝、乾隆通宝、道光通宝。圆形方穿，正、背两面轮郭俱全。钱文楷书，对读。

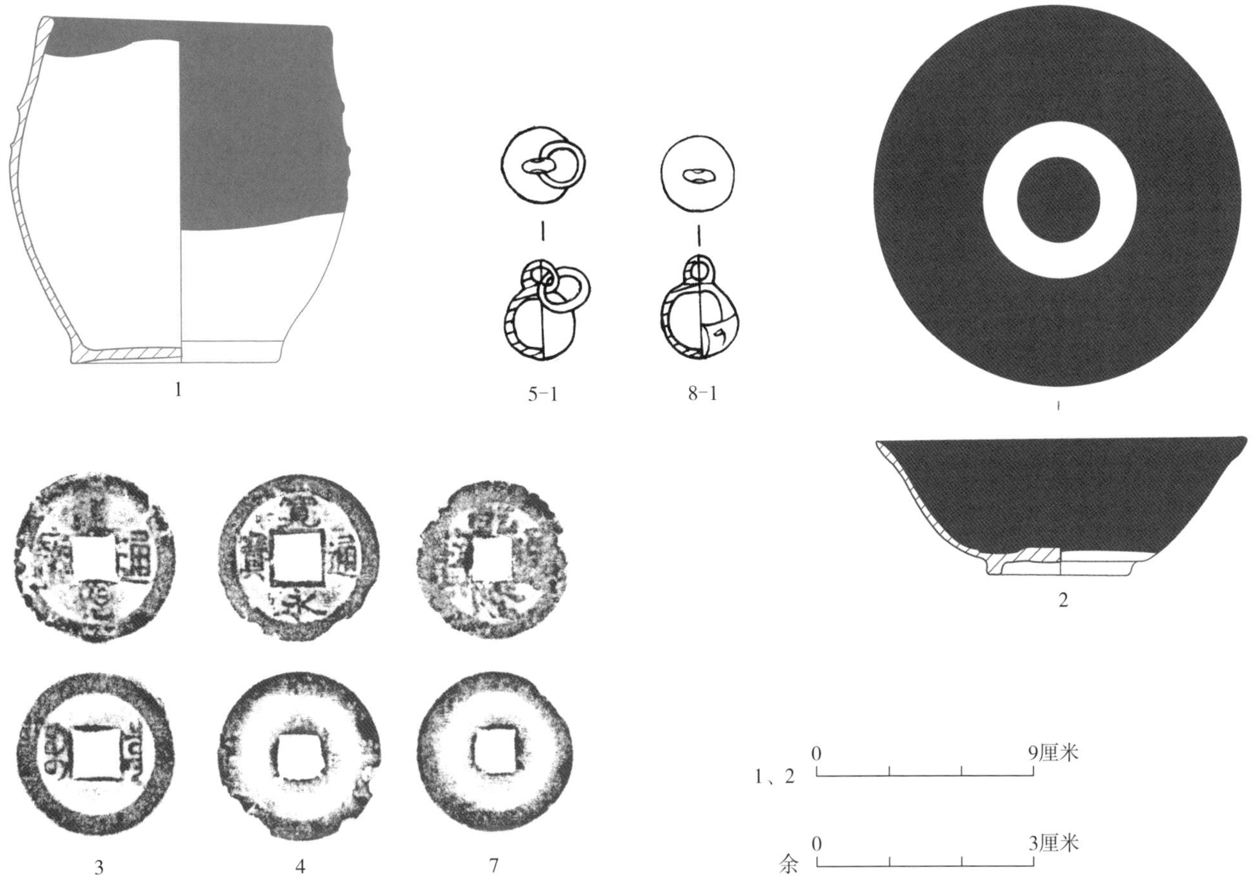

图 6-102　M616 出土器物

1. 酱釉罐　2. 黑釉碗　3、4、7. 铜钱　5-1、8-1. 铜扣

宽永通宝　1 枚。

标本 M616 : 4，直径 2.2、穿径 0.7、厚 0.1 厘米（图 6-102，4）。

乾隆通宝　2 枚。背穿之左右为满文局。

标本 M616 : 7，直径 2.1、穿径 0.5、厚 0.1 厘米（图 6-102，7）。

道光通宝　1 枚。

标本 M616 : 3，背穿之左右为满文局。直径 2.3、穿径 0.6、厚 0.16 厘米（图 6-102，3）。

（二八）M617

1. 墓葬形制

位于墓地东北部，东面是 M618，西南面为 M592。方向 303°（图 6-103）。

倒梯形土坑竖穴砖椁墓。墓口长 2.8、宽 0.9 ～ 1.26、残深 0.52 ～ 0.6 米。直壁规整。椁室底部呈倒梯形，北高南低，长 2.72、宽 0.82 ～ 1.22、残高 0.52 ～ 0.6 米。四壁多以平砖错缝顺砌而成，仅南、北两壁最底一层为半砖侧铺丁砌而成。青砖长 24、宽 12、厚 5 厘米。墓底未铺砖，仅靠近东、西两壁各平铺半块青砖，应为垫棺所用。墓内填黄褐色五花土，土质较致密。

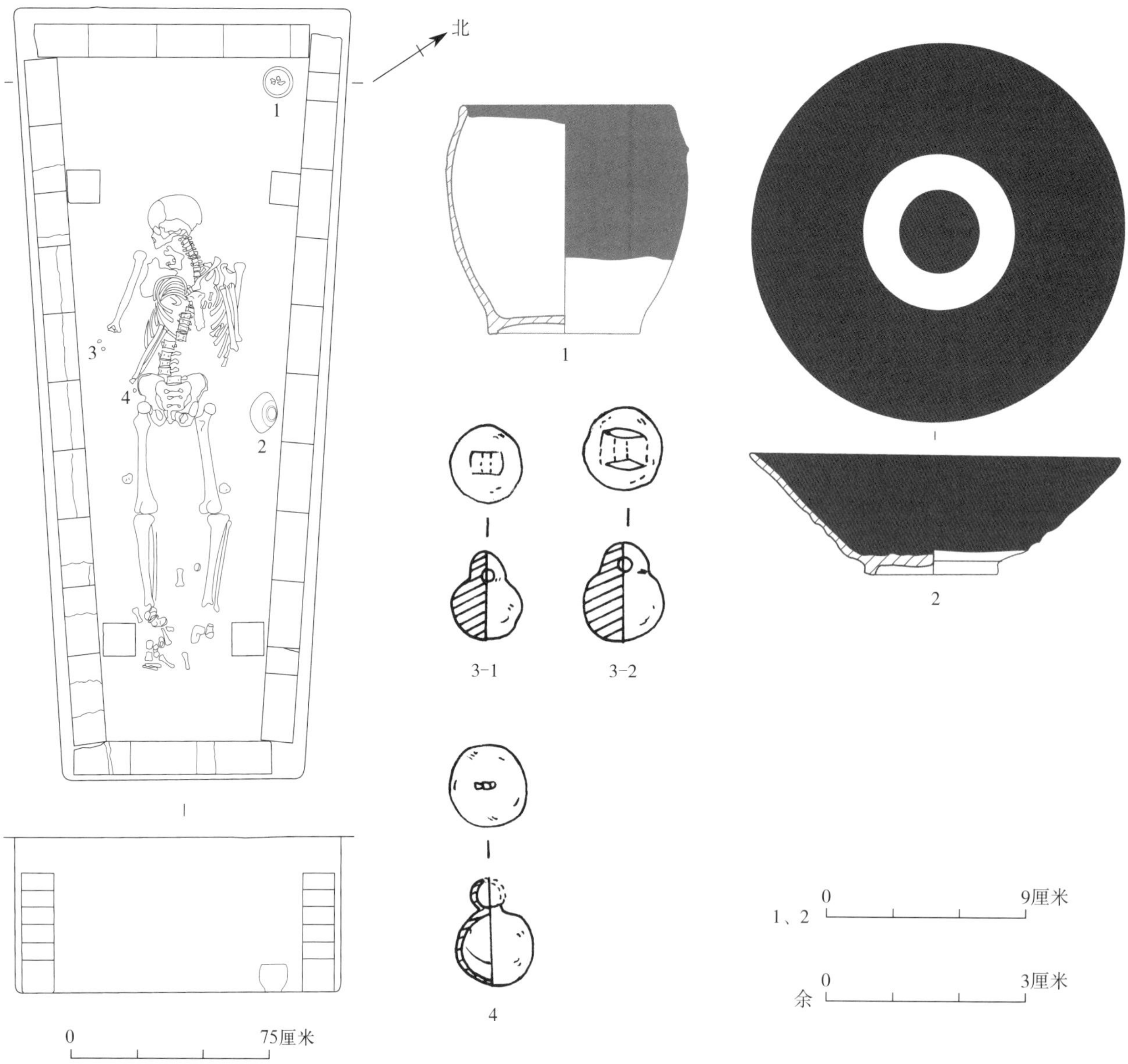

图 6-103　M617 及出土器物

1. 酱釉罐　2. 黑釉碗　3. 琉璃扣（2）　4. 铜扣

人骨 1 具。头向北，面向右，仰身直肢。男性，40 ～ 50 岁。

随葬器物 5 件。酱釉罐、黑釉碗各 1 件，分置于椁底西北角和中部近北壁处。铜扣 1 枚在墓主盆骨外侧。琉璃扣 2 枚发现于墓主右臂外。

2. 出土遗物

（1）瓷器

酱釉罐　1 件。

标本 M617 : 1，敛口，圆唇，鼓腹，矮圈足。颈部饰一周凸棱纹。外壁上部及内口部施酱色釉。口径 9.6、高 10 厘米（图 6-103，1；彩版三一七，4）。

黑釉碗　1件。

标本M617：2，敞口，圆尖唇，斜弧腹，近底急收，圈足。内外壁上部及内底施酱色釉，余部白瓷胎。口径16.6、底径6、高5.4厘米（图6-103，2；彩版三一七，5）。

（2）铜器

铜扣　1枚。

标本M617：4，球形，中空，一端带环形纽。高1.6厘米（图6-103，4）。

（3）其他

琉璃扣　2枚。球形，实心，一端带环形纽。

标本M617：3-1，高1.3厘米（图6-103，3-1；彩版三一七，6左）。

标本M617：3-2，高1.5厘米（图6-103，3-2；彩版三一七，6右）。

（二九）M618

1. 墓葬形制

位于墓地东北部，西南面是M592，西北面为M617。方向5°。

倒梯形土坑竖穴砖椁墓。墓口长2.4、宽0.8～1、残深0.72米。直壁规整。底部砖椁破坏严重，仅残存东壁北端少量青砖。砖长25、宽11、厚5厘米。墓底未铺砖，有黑色木棺腐朽痕迹，长2.05、宽0.58～0.72米。墓内填黄褐色五花土，土质较致密，内含大量碎青砖。

人骨1具。头向北，仰身直肢。男性，40～45岁。

随葬器物12件。酱釉罐1件位于椁底西北角。陶瓦1件置于墓主胸部。铜钱4枚散落于墓主身下。铜扣6枚分散于墓主胸、腹间。

2. 出土遗物

（1）陶器

陶瓦　1件。

标本M618：6，筒瓦。泥质灰陶。瓦背拱起呈半圆形。素面。长11.4、宽9.4厘米（图6-104，6；

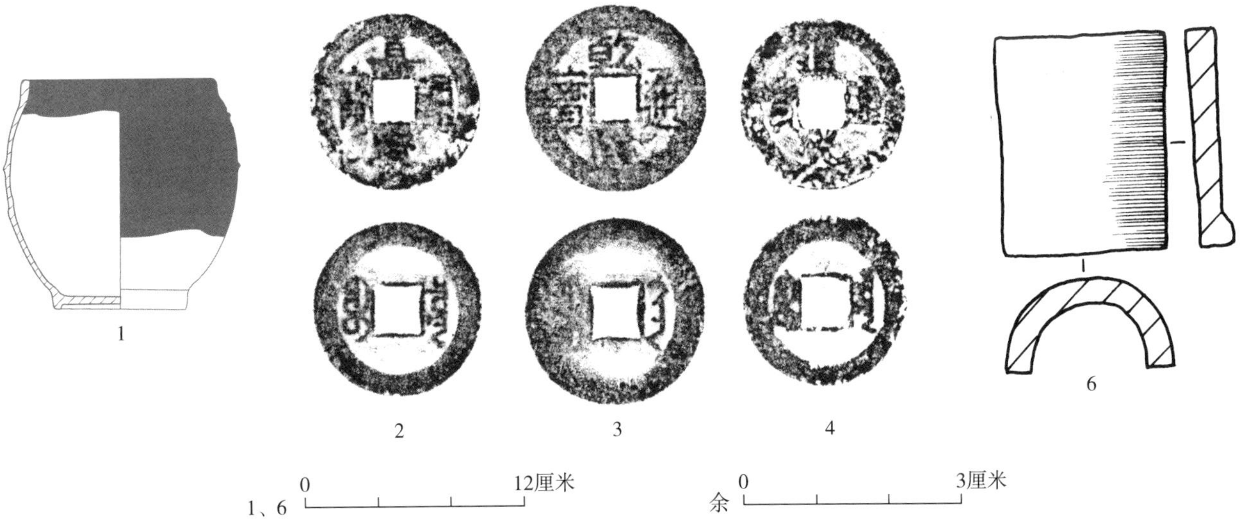

图6-104　M618出土器物

1. 酱釉罐　2～4. 铜钱　6. 陶瓦

彩版三一八，1）。

（2）瓷器

酱釉罐 1件。

标本M618：1，敛口，圆唇，微束颈，鼓腹，矮圈足。肩部及腹部各饰一周凸棱纹。外壁上部及内口施酱色釉。口径10.6、高12.2厘米（图6-104，1；彩版三一八，2）。

（3）铜器

铜扣 6枚。球形，中空，一端带环形纽，纽连接一环。

标本M618：5-1，高1.6厘米。

铜钱 4枚。有乾隆通宝、嘉庆通宝、道光通宝。圆形方穿，正、背两面轮郭俱全。钱文楷书，对读。背穿之左右为满文局。

乾隆通宝 2枚。

标本M618：3，直径2.3、穿径0.4、厚0.1厘米（图6-104，3）。

嘉庆通宝 1枚。

标本M618：2，直径2、穿径0.4、厚0.1厘米（图6-104，2）。

道光通宝 1枚。

标本M618：4，直径2.3、穿径0.6、厚0.1厘米（图6-104，4）。

（三〇）M735

1. 墓葬形制

位于墓地东北部，东面是M733，东南面是M681，西面为M850。方向75°。

倒梯形土坑竖穴砖椁合葬墓。墓口长3.52、宽2～2.4、残深0.2米。直壁规整。墓底有南、北两个椁室。北室长2.23、宽0.47～0.8、高0.72米。四壁底部先顺砌一层侧砖，其上再平铺顺砌七层青砖。东壁中部长方形头龛，宽0.27、高0.16、进深0.13米。北壁中部偏东长方形壁龛，宽0.13、高0.11、进深0.13米。南室长2、宽0.54～0.74、高0.56米。四壁底部先顺砌四层侧砖，其上再顺铺一层青砖。砖长27、宽13、厚5厘米。两椁底均未铺砖。墓内填黄褐色五花土，土质较致密。

人骨2具。头向东偏北，仰身直肢。年龄均35～45岁。北侧人骨面向上，男性。南侧人骨面向右，女性。

随葬器物8件。黑釉罐2件分别位于两椁底东南角。黑釉碗1件平放于壁龛内。陶瓦2件分置于两具墓主头骨顶端。铜簪1件放于北侧墓主头骨前端。铜钱2枚发现于北侧墓主腹部。

2. 出土遗物

（1）陶器

陶瓦 2件。均为板瓦。泥质灰陶。一端略窄，瓦背拱起。素面。

标本M735：3，长15、宽15厘米（图6-105，3；彩版三一八，3）。

标本M735：7，长18、宽16.2厘米（图6-105，7）。

（2）瓷器

黑釉罐 2件。直口微敛，圆唇，微束颈，鼓腹，矮圈足。

标本M735：2，腹部饰两周凸棱纹。外壁上部和内口处施黑釉。颈下阳刻一“上”字。口径

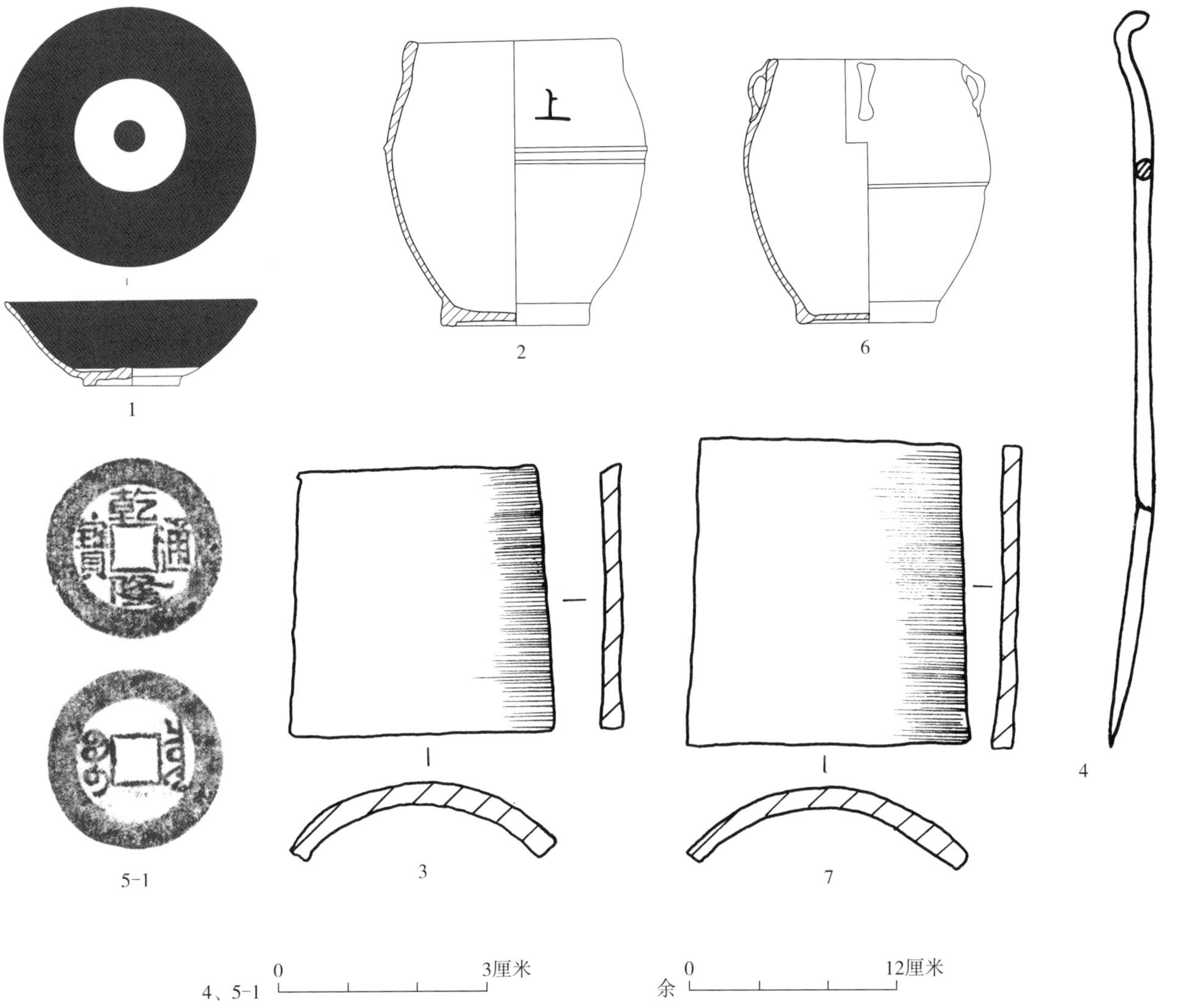

图 6-105　M735 出土器物

1. 黑釉碗　2、6. 黑釉罐　3、7. 陶瓦　4. 铜簪　5-1. 铜钱

12、高 16 厘米（图 6-105，2；彩版三一八，4）。

标本 M735：6，颈部有四个对称竖桥形纽系。外壁上部和内口处施黑釉。口径 11、高 14.8 厘米（图 6-105，6；彩版三一八，5）。

黑釉碗　1 件。

标本 M735：1，敞口，圆唇，斜弧腹，近底急收，圈足。内外壁上部及内底施黑釉。口径 14.5、高 4.8 厘米（图 6-105，1；彩版三一八，6）。

（3）铜器

铜簪　1 件。

标本 M735：4，长条锥形，略弯折，横截面近圆形。首端细尖，末端呈圆勺状。素面。长 10.3 厘米（图 6-105，4）。

铜钱　2 枚。均为乾隆通宝。圆形方穿，正、背两面轮郭俱全。钱文楷书，对读，背穿之左右为满文局。

标本M735：5-1，直径2.5、穿边长0.6、厚0.13厘米（图6-105，5-1）。

（三一）M784

1. 墓葬形制

位于墓地东北部，东面是M594，西面是M786，西北面为M791。方向5°（图6-106）。

倒梯形土坑竖穴砖椁墓。墓口长2.7、宽1～1.26、残深0.7米。直壁规整。椁室倒梯形，长2.58、宽0.94～1.22、残高0.18米。四壁均以平砖错缝顺砌而成，南壁残存一层，其余三壁均存三层。砖长25、宽12、厚6厘米。墓底未铺砖，发现铺一层深灰色草木灰。墓内填浅褐色五花土，土质较坚硬，内夹大量碎砖及4枚铁棺钉。填土中发现黑釉碗1件。

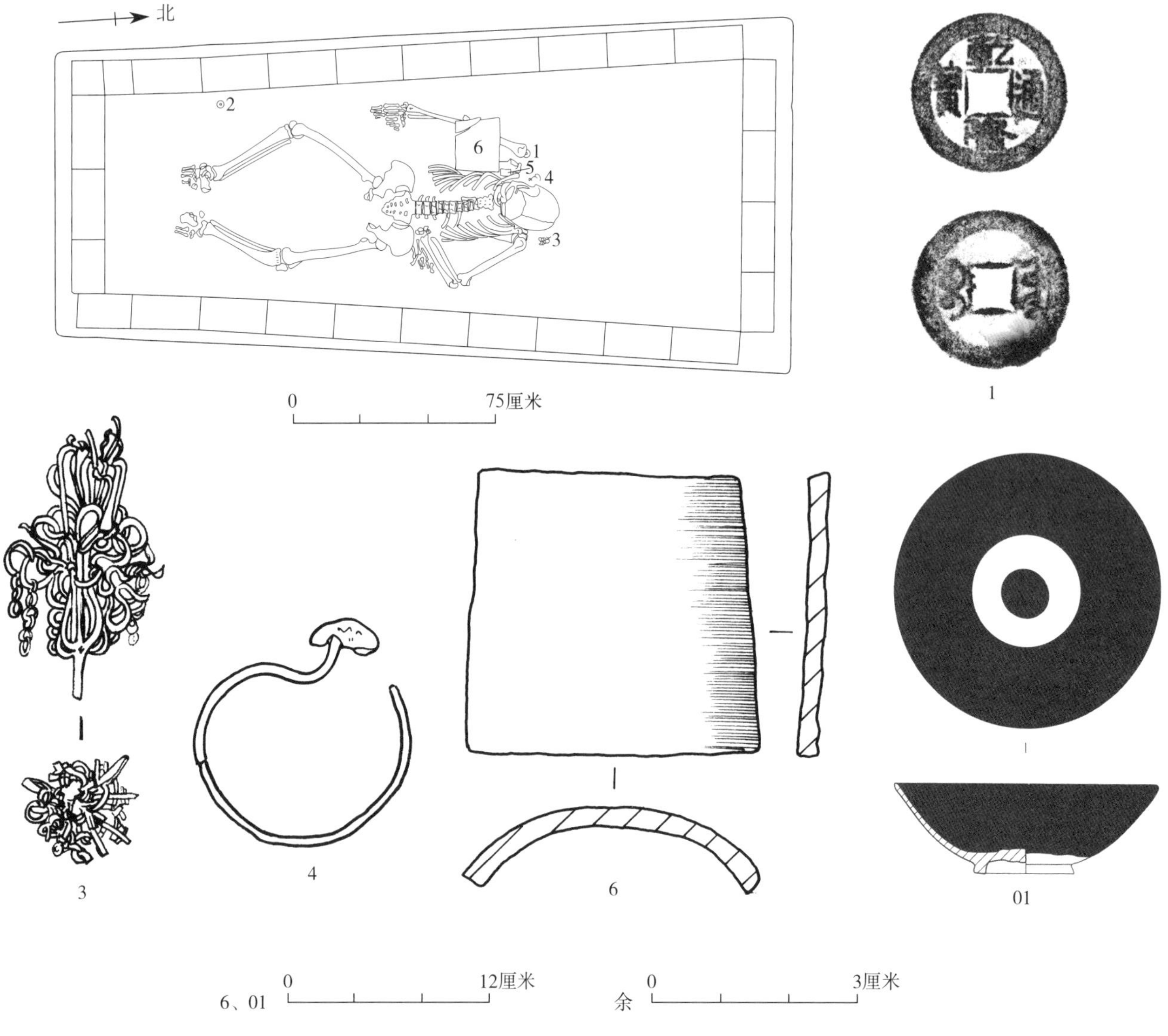

图6-106 M784及出土器物

1、2. 铜钱 3. 铜簪 4. 铜耳环 5. 铁器 6. 陶瓦 01. 黑釉碗

人骨1具。头向北，面向上，仰身直肢。左臂微折，双腿外分。女性，40～45岁。

随葬器物6件。陶瓦1件覆于墓主右上臂骨处。铜钱2枚分别位于墓主右肩部及右趾骨处。铜簪、铜耳环各1件分置于墓主头骨左、右侧。铁器1件在右肩胛骨处。

2. 出土遗物

（1）陶器

陶瓦　1件。

标本M784：6，板瓦。泥质灰陶。一端窄，瓦背拱起。素面。长16.4、宽17.3厘米（图6-106，6）。

（2）瓷器

黑釉碗　1件。

标本M784：01，敞口，圆尖唇，斜弧腹，近底急收，圈足。内外壁上部及内底施黑釉，余部为白瓷胎。口径15.6、高5.2厘米（图6-106，01）。

（3）铜器

铜簪　1件。

标本M784：3，残存首部，以细丝缠绕弯曲呈禅杖状，其上缀饰数条流苏，每条流苏由若干小铜环相连，有残缺。柄呈长条形，仅存小段，截面呈圆形。残长4厘米（图6-106，3）。

铜耳环　1件。

标本M784：4，细长条弯曲而成，一端有蘑菇状纽，另一端较尖细。素面。直径3.2厘米（图6-106，4）。

铜钱　2枚。乾隆通宝。圆形方穿，正、背两面轮郭俱全。钱文楷书，对读。背穿之左右为满文局。

标本M784：1，直径2.3、穿边长0.6、厚0.13厘米（图6-106，1）。

（4）铁器

铁器　1件。

标本M784：5，扁平长方形。锈蚀严重，器形不明，或为棺饰。

（三二）M795

1. 墓葬形制

位于墓地东北部，被M794打破，北面是M792，东面为M793。方向9°（图6-107；彩版三一九，1）。

倒梯形土坑竖穴砖椁墓。墓口长2.8～2.95、宽2.15～2.3、深1.78米，底长2.75～2.9、宽1.98～2.0米。斜壁下内收，壁面较平整光滑。椁室呈倒梯形，北高南低，长2.79、宽0.7～1.15、高0.75～0.9米。四壁均以青砖错缝顺砌，底部先平铺三层青砖，上面三层侧砖和两层平砖交错垒砌，顶部又平铺两层青砖。砖长27、宽13、厚6厘米。椁室上方北壁中部一头龛，两侧立砖，上部以两块平砖相对拱起呈尖顶状。宽0.46、高0.45、进深0.16米。龛底垫0.05米熟土。西椁壁中部壁龛，因挤压变形，形状尺寸不详。墓底未铺砖，见有浅灰色草木灰痕迹。墓内填浅褐色五花土，土质较坚硬，内含较多碎青砖块。

人骨1具。头向北，面向上，仰身直肢。男性，30～35岁。

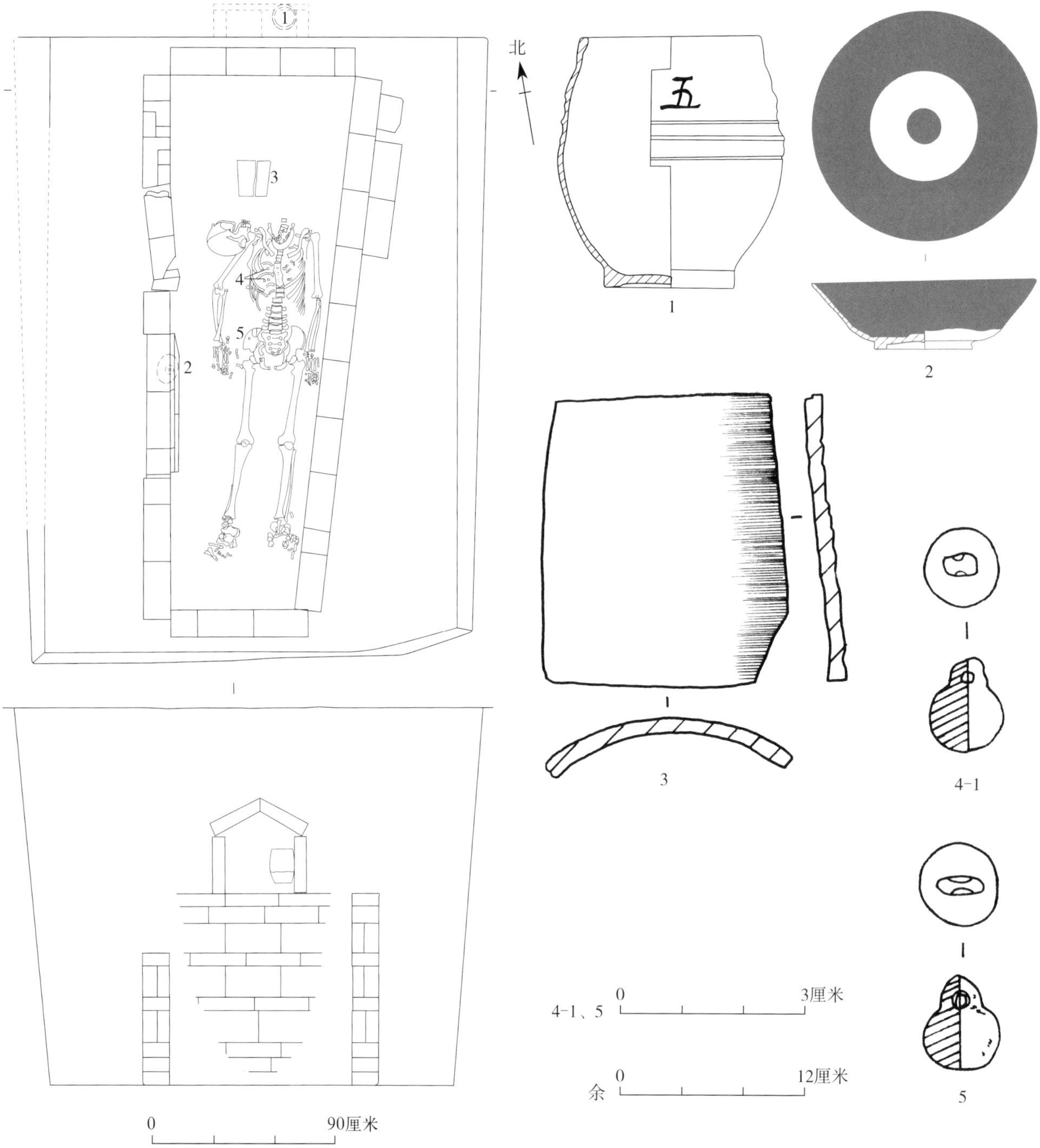

图 6-107　M795 及出土器物

1. 黑釉罐　2. 酱釉碗　3. 陶瓦　4. 琉璃扣（4）　5. 琉璃扣

随葬器物 8 件。黑釉罐、酱釉碗各 1 件，分置于头龛和壁龛内。陶瓦 1 件位于墓主头骨上方。琉璃扣 5 枚散落于墓主胸、腹部。

2. 出土遗物

（1）陶器

陶瓦　1 件。

标本 M795：3，板瓦。泥质灰陶。一端略窄，瓦背拱起。长 18.6、宽 16 厘米（图 6-107，3；彩版三一九，2）。

（2）瓷器

黑釉罐　1 件。

标本 M795：1，敛口，圆唇，微束颈，鼓腹，矮圈足。腹部饰三周凸棱纹。外壁上部及内口施黑釉。肩部阳印“五子登科”四字。口径 11.6、高 16 厘米（图 6-107，1；彩版三一九，3）。

酱釉碗　1 件。

标本 M795：2，敞口，圆尖唇，斜弧腹，近底急收，圈足。内外壁上部及内底施酱色釉，余部白瓷胎。口径 14.5、高 4.4 厘米（图 6-107，2；彩版三一九，4）。

（3）其他

琉璃扣　5 枚。球形，实心，一端带环形纽。

标本 M795：4-1，高 1.5 厘米（图 6-107，4-1；彩版三一九，5 左 1）。

标本 M795：5，高 1.5 厘米（图 6-107，5）。

（三三）M797

1. 墓葬形制

位于墓地东北部，北面是 M727，南面为 M640。方向 135°（图 6-108；彩版三二〇，1）。

长方形土坑竖穴砖椁合葬墓。墓口长 3.3、宽 2.6 ～ 3.1、残深 0.72 米。直壁规整。两个椁室均呈倒梯形。西室长 2.71、宽 0.76 ～ 1.1、高 0.51 米。四壁砌法不同，东壁一层侧砖和两层平砖向上交替错缝顺砌，其余三壁均为先错缝顺砌七层侧砖，上部再顺砌一层平砖。西壁变形略向内凸。东室长 2.74、宽 0.94 ～ 1.12、高 0.66 ～ 0.72 米，四壁均为平铺错缝顺砌十一～十二层砖。南壁中部偏东长方形壁龛，宽 0.18、高 0.14、进深 0.13 米。砖长 26、宽 13、厚 6 厘米。墓底均未铺砖，仅见木棺腐朽痕迹，东室底部残存部分铁棺钉。墓内填黄褐色五花土，土质较疏松，夹杂少量泥质灰陶片及碎砖。

人骨 2 具。头向东南，面向上，仰身直肢。西侧墓主男性，45 ～ 55 岁。东侧墓主骨骼略凌乱，女性，60 岁左右。

随葬器物 9 件。瓷罐 2 件分置于两椁底西南角。黑釉碗 1 件放在壁龛中。陶瓦 2 件分别位于两具墓主头骨上方。铜钱 2 枚散落在东侧墓主下肢骨处。铜扣、琉璃扣各 1 枚散落于西侧墓主颈部。

2. 出土遗物

（1）陶器

陶瓦　2 件。均为板瓦。泥质灰陶。一端略窄，瓦背拱起。素面。

标本 M797：2，长 18、宽 16.4 厘米（彩版三二〇，2）。

标本 M797：7，两角微残。长 16、宽 16.6 厘米（图 6-109，7）。

（2）瓷器

瓷罐　2 件。敛口，圆唇，鼓腹，矮圈足。

标本 M797：1，黑釉罐，肩部及腹部各饰一周凸棱纹。外壁上部及内口处施酱色釉，余部白瓷胎。口径 10.4、高 13.6 厘米（图 6-109，1；彩版三二〇，3）。

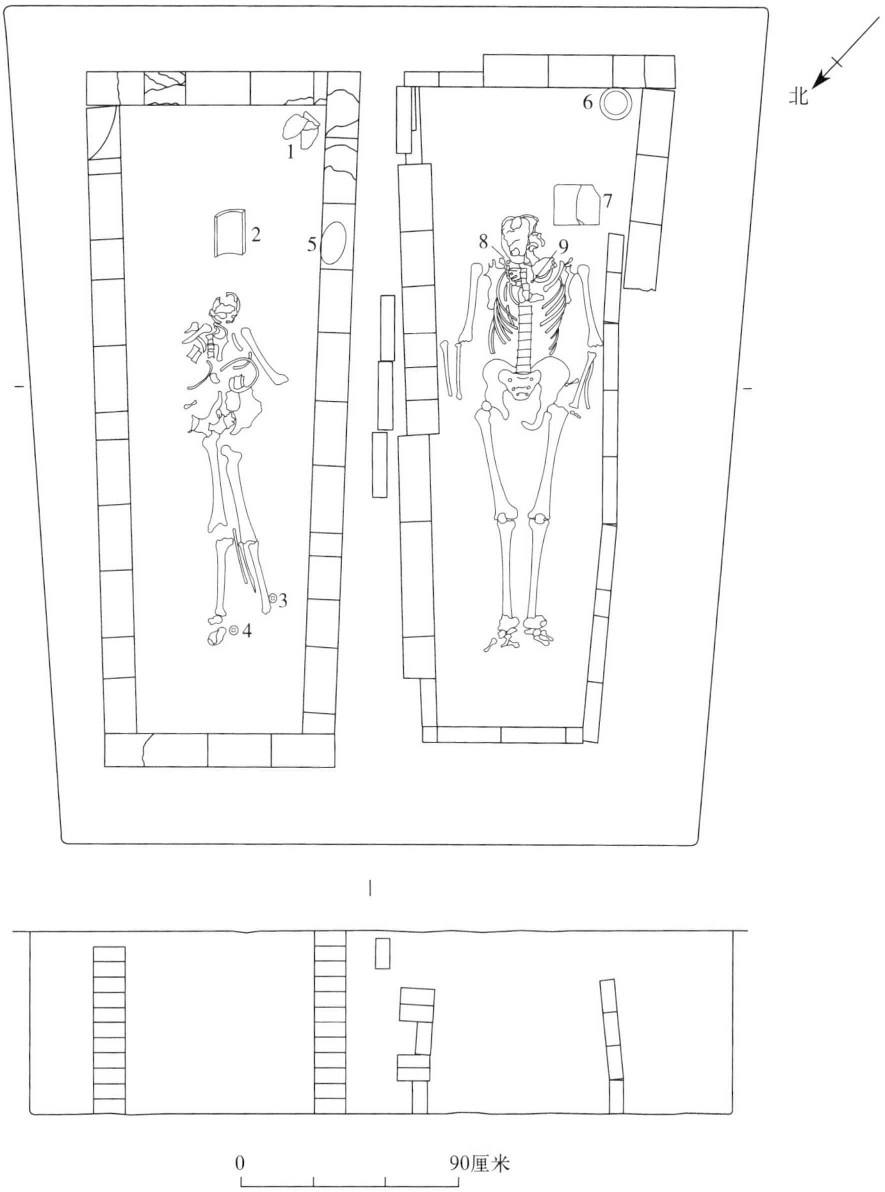

图 6-108　M797 平、剖面图

1. 黑釉罐　2、7. 陶瓦　3、4. 铜钱　5. 黑釉碗　6. 酱釉罐　8. 铜扣　9. 琉璃扣

标本 M797∶6，酱釉罐，肩部饰两周凸棱纹。外壁上部及内口处施酱红釉，余部白瓷胎。口径 11.4、高 14.6 厘米（图 6-109，6；彩版三二〇，4）。

黑釉碗　1 件。

标本 M797∶5，敞口，圆尖唇，斜弧腹，近底急收，圈足。内外壁上部及内底施黑釉，余部为白瓷胎。口径 15、高 4.3 厘米（图 6-109，5；彩版三二〇，5）。

（3）铜器

铜扣　1 件。

标本 M797∶8，球形，空心，一端带环形纽。

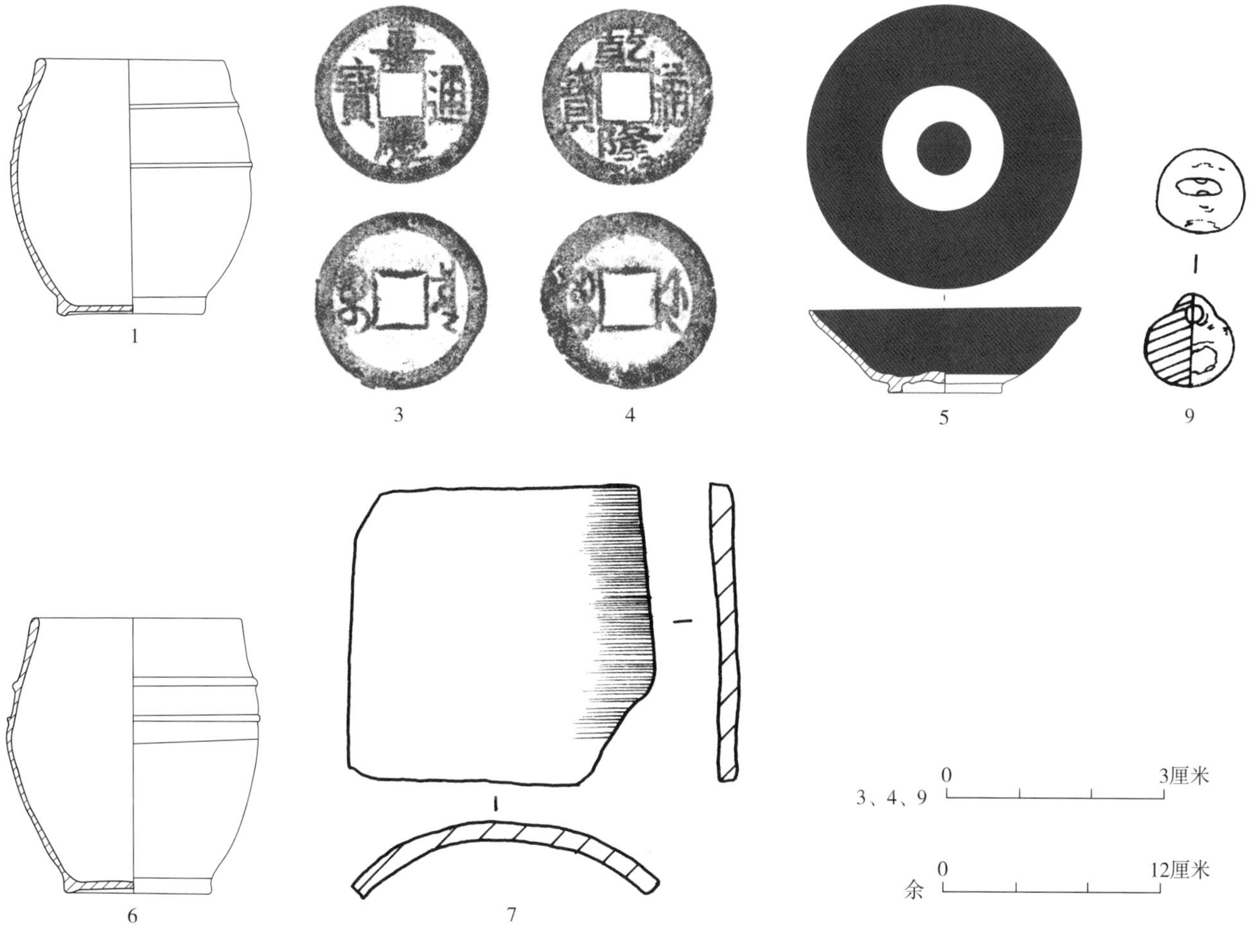

图 6-109　M797 出土器物

1. 黑釉罐　3、4. 铜钱　5. 黑釉碗　6. 酱釉罐　7. 陶瓦　9. 琉璃扣

铜钱　2 枚。乾隆通宝、嘉庆通宝，圆形方穿，正、背两面轮郭俱全。钱文楷书，对读，背穿之左右为满文局。

乾隆通宝　1 枚。

标本 M797∶4，直径 2.4、穿边长 0.7、厚 0.16 厘米（图 6-109，4）。

嘉庆通宝　1 枚。

标本 M797∶3，直径 2.4、穿边长 0.6、厚 0.16 厘米（图 6-109，3。

（4）其他

琉璃扣　1 件。

标本 M797∶9，球形，实心，一端带环形纽。高 1.2 厘米（图 6-109，9）。

（三四）M847

1. 墓葬形制

位于墓地东北部，北面是 M681，南面为 M714。方向 24°（图 6-110）。

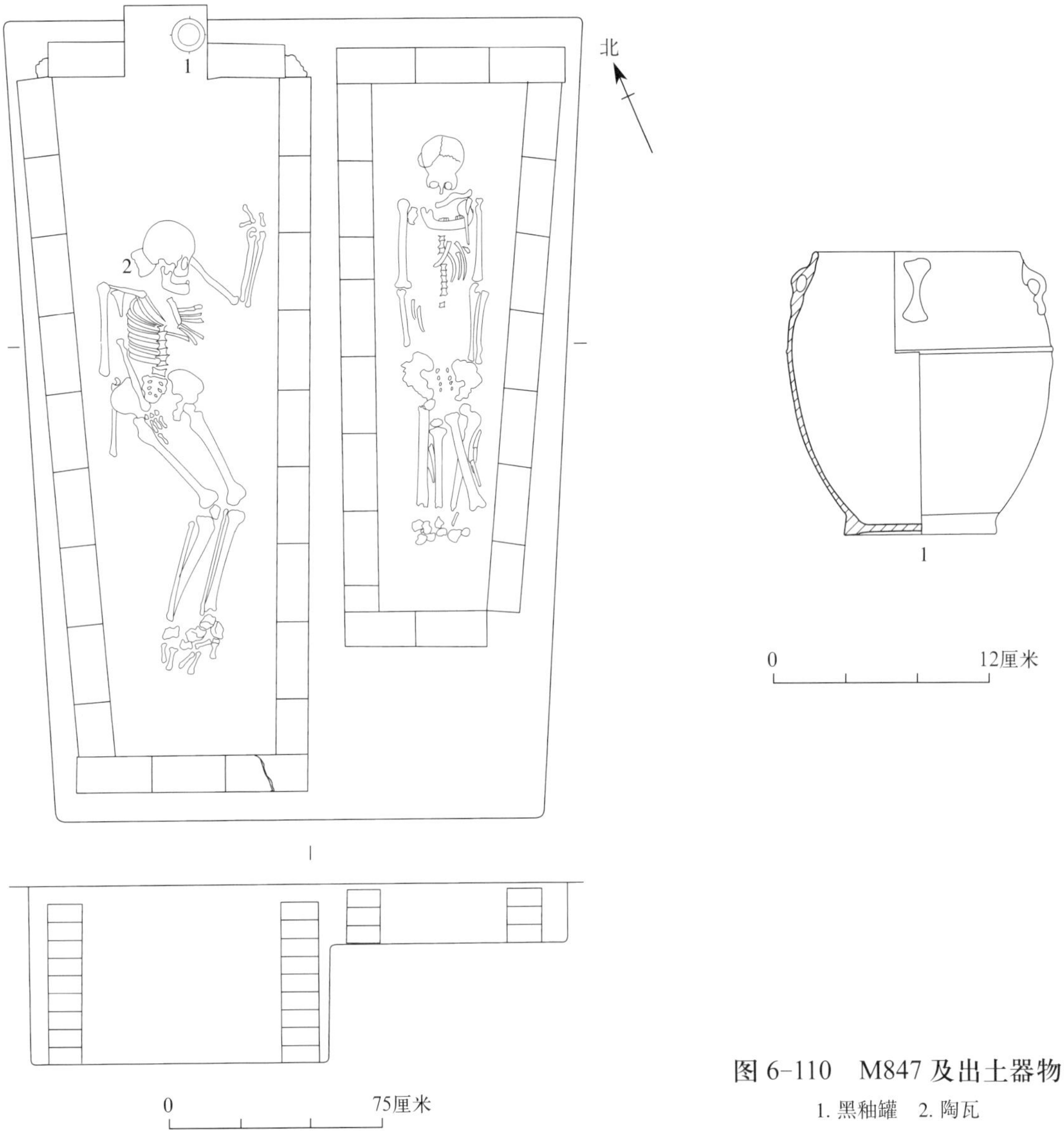

图6-110　M847及出土器物

1. 黑釉罐　2. 陶瓦

长方形土坑竖穴砖椁合葬墓。墓口长2.7、宽1.7～2、残深0.2～0.6米。直壁规整。两椁室呈倒梯形。东室底高于西室，当为二次葬。东室长2.02、宽0.6～0.8、残高0.2米。西室长2.53、宽0.8～1.03、残高0.6米。四壁均为平砖错缝顺砌而成，底均未铺砖。青砖长26、宽12、厚6厘米。西室北壁中部长方形壁龛，宽0.29、残高0.2、进深0.25米。墓内填黄褐色粉砂五花土，土质疏松。

人骨2具。头向北偏东。西墓主面向左，下肢叠放，当为迁葬。女性，45～55岁。东侧墓主面向上，侧身曲肢，左臂上折，下肢微曲。男性，35～45岁。

随葬器物2件。黑釉罐1件平放于壁龛内。陶瓦1件置于西侧墓主头骨侧。

2. 出土遗物

（1）陶器

陶瓦　1件。

标本 M847∶2，板瓦。泥质灰陶。残破。

（2）瓷器

黑釉罐　1件。

标本 M847∶1，敛口，圆唇，微束颈，鼓腹，矮圈足。颈部饰四个对称竖桥形纽系。腹部有一周凸棱。外壁上部及内壁施黑釉，余部白瓷胎。口径 11.2、高 15.4 厘米（图 6-110，1）。

（三五）M850

1. 墓葬形制

位于墓地东北部，北面是 M715，东南面为 M735。方向 43°（彩版三二一，1）。

长方形土坑竖穴砖椁墓。墓口长 3.1、宽 1 ～ 1.4、残深 0.7 米。直壁规整。底部椁室呈倒梯形，长 2.74、宽 0.80 ～ 1.15、残高 0.66 米。四壁均平砖错缝顺砌而成。砖长 26、宽 12、厚 6 厘米。北壁中部壁龛，口部近“凸”字形，高 0.3、宽 0.3、进深 0.24 米。底部未铺砖。墓内填黄褐色五花土，土质较疏松。

人骨 1 具。头向东北，面向上，仰身直肢。男性，30 ～ 35 岁。

随葬器物 5 件。黑釉罐、黑釉瓷碗各 1 件，分置于壁龛内和椁底中部近西壁处。铜扣 3 件散落在墓主胸部。

2. 出土遗物

（1）瓷器

黑釉罐　1件。

标本 M850∶2，敛口，圆唇，微束颈，鼓腹，圈足。腹部饰两周凸棱纹。外壁上部及内口处施黑釉，余部白瓷胎。口径 11.5、高 15.6 厘米（图 6-111，2）。

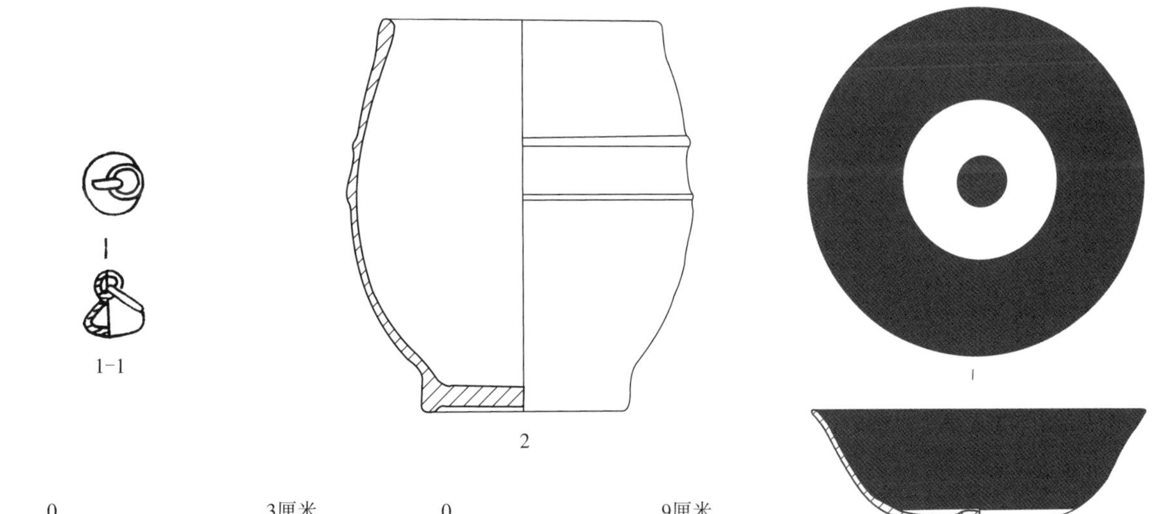

图 6-111　M850 出土器物

1-1. 铜扣　2. 黑釉罐　3. 黑釉碗

黑釉碗 1件。

标本M850：3，敞口微侈，圆尖唇，斜弧腹，近底急收，圈足。内外壁上部及内底施黑釉，余部白瓷胎。口径13.8、底径5.3、高5厘米（图6-111，3）。

（2）铜器

铜扣 3件。扁球形，中空，一端带环形纽，纽连接一环。

标本M850：1-1，高0.8厘米（图6-111，1-1）。

（三六）M881

1. 墓葬形制

位于墓地东北部，北面是M799，东面为M886，西面是M882。方向15°（彩版三二一，2）。

倒梯形土坑竖穴砖椁墓。椁室为倒梯形，长2.45、宽0.66～0.92、残高0.6米。四壁平砖错缝顺砌而成，南壁残存九层，其余三壁为十层。东壁中部偏北长方形壁龛，顶部被破坏，残高0.11、宽0.13、进深0.23米。青砖长26、宽12、厚5厘米。底部无砖，仅铺垫部分草木灰。墓内填浅褐色五花土，土质较坚硬。

人骨1具。头向北，面向上，仰身直肢。疑似男性，成年个体。

随葬器物7件。酱釉罐、陶瓦各1件，分别位于墓主头骨左上方和右侧。黑釉碗1件放在墓主头骨左侧，当为壁龛内掉落。铜钱4枚散落于墓主胸、腹部及脚端。

2. 出土遗物

（1）陶器

陶瓦 1件。

标本M881：5，板瓦。泥质灰陶。一端略窄，瓦背拱起。素面。长15.6、宽17.2厘米（图6-112，5）。

（2）瓷器

酱釉罐 1件。

标本M881：1，敛口，圆唇，微束颈，鼓腹，矮圈足。肩和腹部各饰一周凸棱纹。外壁上部及内口处施酱色釉，余部白瓷胎。口径11.5、高14.6厘米（图6-112，1；彩版三二一，3）。

黑釉碗 1件。

标本M881：2，敞口，圆尖唇，斜弧腹，近底急收，圈足。内外壁上部及内底施黑釉，余部白瓷胎。口径15.4、底径6、高5厘米（图6-112，2；彩版三二一，4）。

（3）铜器

铜钱 4枚。为乾隆通宝、嘉庆通宝。圆形方穿，正、背两面轮郭俱全。钱文楷书，对读，背穿之左右为满文局。

乾隆通宝 2枚。

标本M881：3，直径2、穿边长0.6、厚0.1厘米（图6-112，3）。

嘉庆通宝 2枚。

标本M881：7，直径2.3、穿边长0.6、厚0.13厘米（图6-112，7）。

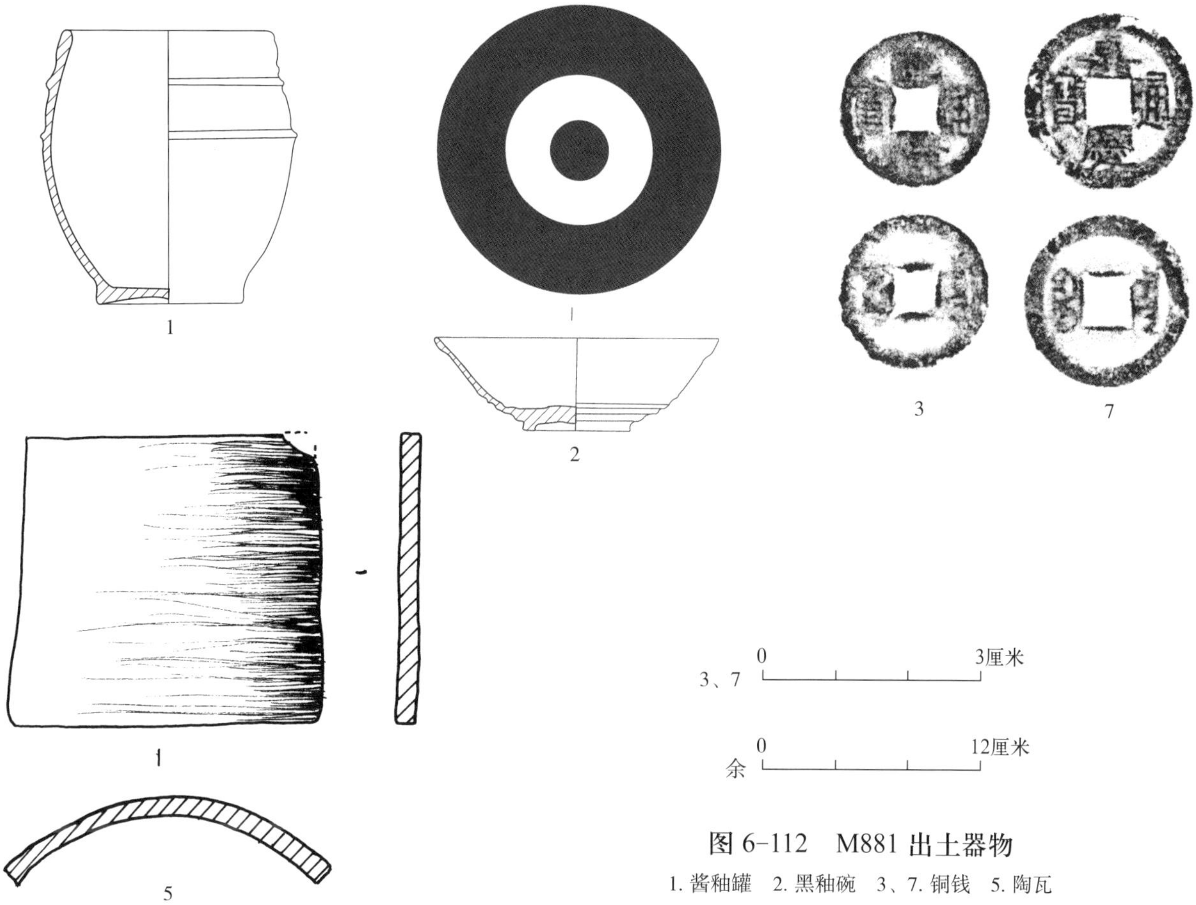

图 6-112　M881 出土器物

1. 酱釉罐　2. 黑釉碗　3、7. 铜钱　5. 陶瓦

（三七）M883

1. 墓葬形制

位于墓地东北部，北面是 M799，东面为 M882，西面是 M884。方向 340°（图 6-113；彩版三二二，1）。

倒梯形土坑竖穴砖椁墓。上部被破坏。椁室长 2.5、宽 0.66 ～ 0.9、残高 0.36 ～ 0.43 米。四壁以平砖错缝顺砌而成，南壁残存六层，其余三壁为七层。砖长 25、宽 11.5、厚 5.5 厘米。墓底未铺砖，较为平整。墓内填浅褐色五花土，土质较致密。

人骨 1 具。头向北偏西，面向左，仰身直肢。女性，45 ～ 50 岁。

随葬器物 9 件。酱釉罐 1 件置于墓底西北角。陶瓦 1 件覆于墓主腹部。铜簪 2 件、铜耳环 1 件，均位于墓主头骨枕部。铜钱 4 枚散落于墓主上下肢处和脚端。

2. 出土遗物

（1）陶器

陶瓦　1 件。

标本 M883∶3，板瓦。泥质灰陶。一端略窄，瓦背拱起。素面。长 17.4、宽 17.4 厘米（图 6-113，3）。

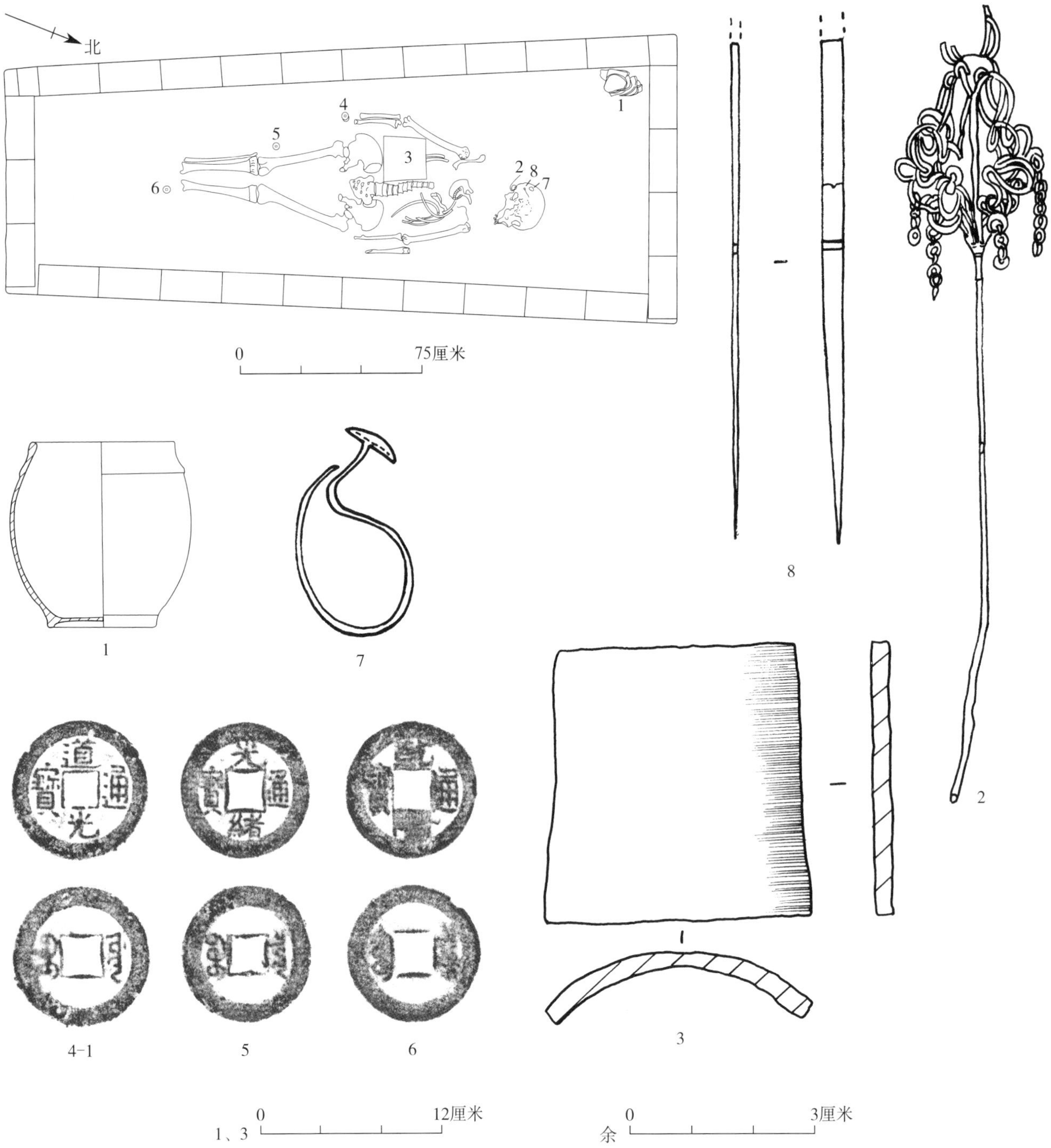

图 6-113　M883 及出土器物

1. 酱釉罐　2、8. 铜簪　3. 陶瓦　4. 铜钱（2）　5、6. 铜钱　7. 铜耳环

（2）**瓷器**

酱釉罐　1件。

标本 M883∶1，敛口，圆唇，微束颈，鼓腹，矮圈足。肩部有一周凸棱纹。外壁上部及内口处施酱色釉，余部白瓷胎。口径 9.4、高 11.8 厘米（图 6-113，1；彩版三二二，2）。

（3）铜器

铜簪 2件。

标本M883∶2，顶端以细丝缠绕呈禅杖形。其上缀饰数条流苏，每条流苏由若干小铜环环扣相连，有残缺，柄端呈长条形，截面呈圆形。长12.6厘米（图6-113，2）。

标本M883∶8，扁长条锥形。截面呈椭圆形，首端残断，尾端尖锐。素面。长7.9、宽0.1～0.4厘米（图6-113，8）。

铜耳环 1件。

标本M883∶7，整体环形。首端外曲，带蘑菇形纽，另一端略尖细。素面。直径2厘米（图6-113，7）。

铜钱 4枚。为乾隆通宝、道光通宝、光绪通宝。圆形方穿，正、背两面轮郭俱全。钱文楷书，对读，背穿之左右为满文局。

乾隆通宝 1枚。

标本M883∶6，直径2.2、穿边长0.6、厚0.15厘米（图6-113，6）。

道光通宝 2枚。

标本M883∶4-1，直径2.3、穿边长0.6、厚0.16厘米（图6-113，4-1）。

光绪通宝 1枚。

标本M883∶5，直径2.2、穿边长0.6、厚0.14厘米（图6-113，5）。

（三八）M902

1. 墓葬形制

位于墓地东北部，被M602打破，西面是M601。方向163°（图6-114；彩版三二二，3）。

倒梯形土坑竖穴砖椁墓。墓口长2.85、宽1.1～1.3、深0.9米。底部椁室呈倒梯形，南高北低，长2.55、宽1.1～1.3、高0.45米。四壁平砖错缝顺砌而成。椁底未铺砖，仅见较多黑灰色木棺腐朽痕迹，厚约0.1米，髹红漆。四角各横铺一块青砖，应为垫棺之用。砖长24、宽12、厚5厘米。墓内填黄褐色五花土，土质较松软。

人骨1具。头向南偏东，面向上，仰身直肢。女性，年龄大于60岁。

随葬器物10件。铜簪、银饰件和铜帽花各1件，均位于墓主头骨顶端。银戒指2件置于墓主左手指处。铜扣1枚在墓主右胸部。铜钱4枚放于右手处。

2. 出土遗物

（1）金银器

银饰件 1件。

标本M902∶1-2，扁薄片状，龙形。残存龙体部分，龙体屈曲，体下部有一爪，表面阴刻鳞片。残长4、宽2.2、厚0.1厘米。

银戒指 2件。环形。

标本M902∶3-1，首尾相接处重叠，戒面呈心形，近戒面处略宽。直径2.2厘米（图6-115，3-1）。

标本M902∶3-2，通体略宽，相交处略残缺。直径2.2厘米（图6-115，3-2）。

（2）铜器

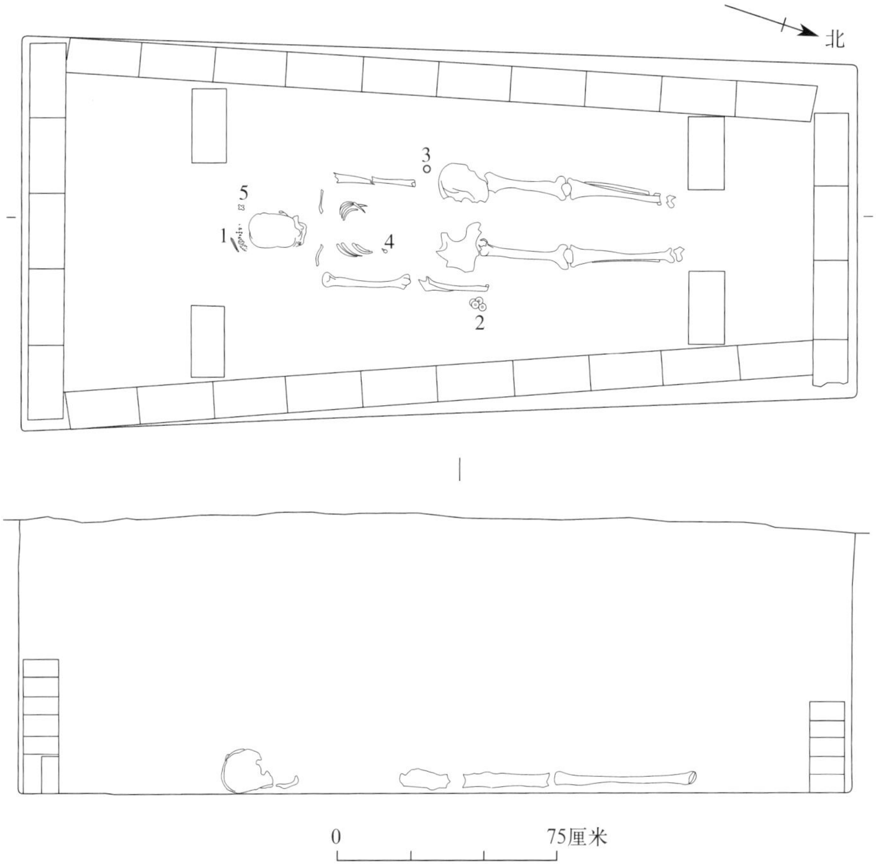

图 6-114 M902 平、剖面图

1. 铜簪、银饰件 2. 铜钱（4） 3. 银戒指（2） 4. 铜扣 5. 铜帽花

铜帽花 1件。

标本 M902∶5，平面近菱形，团花攒珠式，双层重叠花瓣，中心攒一颗红色琉璃珠。长 2.4、宽 1.8、高 1.3 厘米（图 6-115，5；彩版三二二，4）。

铜簪 1件。

标本 M902∶1-1，顶端呈禅杖状，其上缀饰 5 条流苏，每条流苏由若干小铜环环扣相连，末端垂铃状坠饰。柄呈长条状，横截面圆形。长 13.3 厘米（图 6-115，1-1）。

铜扣 1枚。

标本 M902∶4，球形，空心，一端带环形纽。高 1.8 厘米（图 6-115，4）。

铜钱 4枚。有景德元宝、宽永通宝、嘉庆通宝、道光通宝，圆形方穿。

景德元宝 1枚。

标本 M902∶2-1，正面轮郭俱全，背面有轮郭。钱文楷书，旋读。直径 2.5、穿边长 0.7、厚 0.12 厘米（图 6-115，2-1）。

宽永通宝 1枚。

标本 M902∶2-2，正、背两面轮郭俱全。钱文楷书，对读，背穿上方有一“文”字。直径 2.4、穿边长 0.7、厚 0.1 厘米（图 6-115，2-2）。

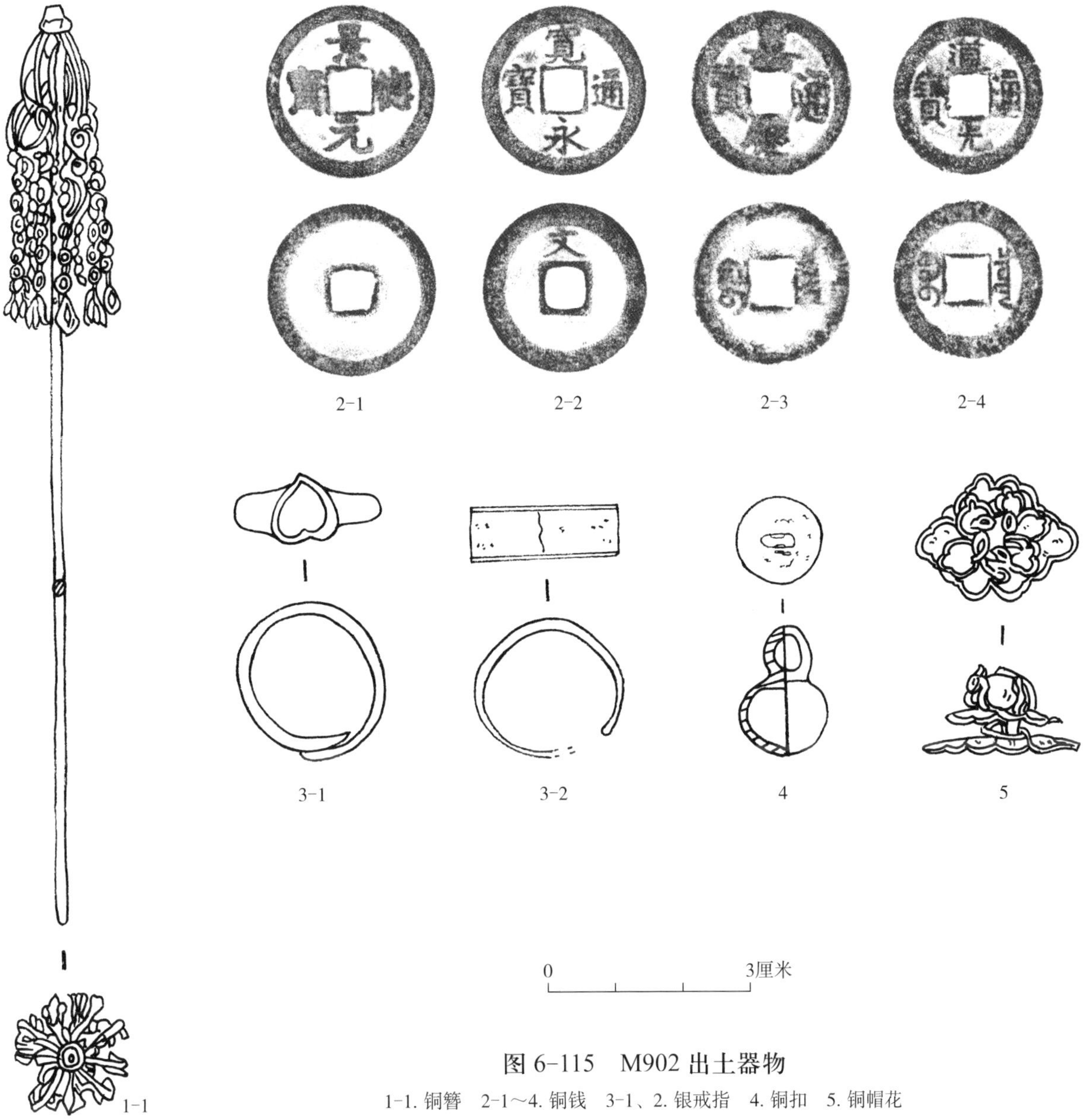

图 6-115　M902 出土器物

1-1. 铜簪　2-1～4. 铜钱　3-1、2. 银戒指　4. 铜扣　5. 铜帽花

嘉庆通宝　1 枚。

标本 M902 : 2-3，正、背两面轮郭俱全，背穿之左右为满文局。钱文楷书，对读。直径 2.4、穿边长 0.7、厚 0.15 厘米（图 6-115，2-3）。

道光通宝　1 枚。

标本 M902 : 2-4，正、背两面轮郭俱全，背穿之左右为满文局。钱文楷书，对读。直径 2.3、穿边长 0.7、厚 0.13 厘米（图 6-115，2-4）。

（三九）M910

1. 墓葬形制

位于墓地东北部，东北面是 M753，南面为 M907。方向 50°（图 6-116）。

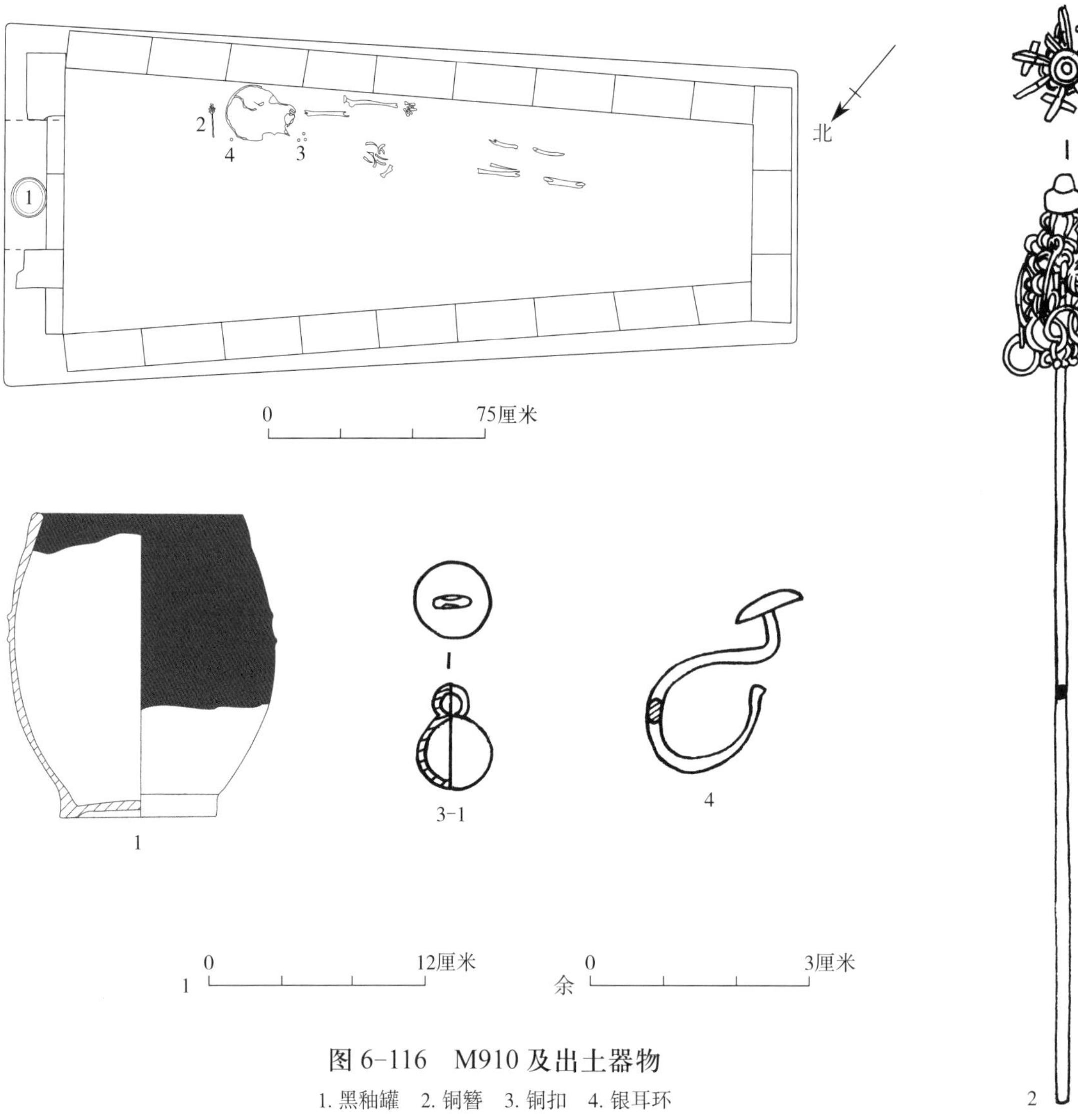

图6-116　M910及出土器物

1. 黑釉罐　2. 铜簪　3. 铜扣　4. 银耳环

倒梯形土坑竖穴砖椁墓。墓口长2.7、宽0.9～1.2、深1.1米。墓底以青砖垒砌倒梯形椁室，北高南低，长2.35、宽0.52～0.88、残高0.4米。南、北两壁青砖平铺错缝顺砌，残存六层。东、西两壁底部先错缝顺砌平铺三层青砖，上面分别垒砌侧砖和平砖各一层。青砖长27、宽13、厚6厘米。北椁壁中部长方形头龛，宽0.4、残高0.06、进深0.2米。椁底未铺砖，仅发现黑灰色木棺腐朽痕迹。墓内填黄褐色五花土，土质较松软，内含大量碎砖。

人骨1具。头向东北，面向左，仰身直肢。保存较差，疑似男性，中年个体。

随葬器物6件。黑釉罐1件平放于头龛内。铜簪、银耳环各1件，位于墓主头骨顶部。铜扣3枚散落于墓主颈部。

2. 出土遗物

（1）瓷器

黑釉罐　1件。

标本M910∶1，敛口，圆唇，微束颈，鼓腹，圈足。腹部饰两周凸棱纹。外壁上部及内口处施黑釉，余部白瓷胎。口径 11.5、高 16.2 厘米（图 6-116，1；彩版三二三，1）。

（2）金银器

银耳环 1 件。

标本 M910∶4，整体近椭圆形，首端外曲，带蘑菇状纽。素面。直径 2 厘米（图 6-116，4；彩版三二三，2）。

（3）铜器

铜簪 1 件。

标本 M910∶2，顶端呈禅杖状，下缀饰数条流苏，每条流苏由若干小铜环相连，有残缺。柄呈长条状，横截面呈圆形。长 12.3 厘米（图 6-116，2；彩版三二三，3）。

铜扣 3 枚。球形，空心，一端带环形纽。

标本 M910∶3-1，高 1.4 厘米（图 6-116，3-1）。

（四〇）M928

1. 墓葬形制

位于墓地东北部，东面是 M868，西南面为 M941。方向为 155°。

长方形土坑竖穴砖椁墓。墓口长 3.54、宽 1.93、深 1.22 米。直壁规整。四周有生土二层台，宽约 0.3 米。椁室呈倒梯形，长 2.85、宽 1.2 ～ 1.0、残高 0.32 米，距墓口约 0.92 米。四壁以平砖错缝顺砌而成，残存六～七层。东、西两层台上面南侧丁铺一层青砖，上面局部丁铺一层侧砖，当均为椁顶残迹，其余已坍塌。青砖长 24、宽 12、厚 5 厘米。墓底未铺砖，见木棺黑灰色朽痕，长 1.85、宽 0.7 ～ 0.5 米。另椁底近四角各见一横铺青砖，当为垫棺之用。墓内填黄褐色五花土，土质较疏松，内含少量陶片。

人骨 1 具。头向东南，面向上，仰身直肢。男性，45 ～ 55 岁。

随葬器物 6 件。瓷罐、瓷碗各 1 件，分置于椁底东南角和中东部。铜钱 4 枚散落于墓主肩、腹部和足部。

2. 出土遗物

（1）瓷器

黑釉罐 1 件。

标本 M928∶1，敛口，圆唇，鼓腹，矮圈足。肩及腹部各饰一周凸棱纹。外壁上部、内口施黑釉，余部为白瓷胎。口径 9、腹径 11.4、底径 7、高 11 厘米（图 6-117，1）。

黑釉碗 1 件。

标本 M928∶2，敞口，圆尖唇，斜弧腹，近底急收，圈足。内外壁上部及内底施黑釉，余部白瓷胎。口径 15.4、底径 5.2、高 5.5 厘米（图 6-117，2）。

（2）铜器

铜钱 4 枚。为天命通宝、崇祯通宝、乾隆通宝、嘉庆通宝。圆形方穿，正、背两面穿郭俱全。钱文楷书，对读。

崇祯通宝 1 枚。

标本 M928∶3-1，直径 2.6、穿边长 0.7、厚 0.12 厘米（图 6-117，3-1）。

天命通宝 1 枚。

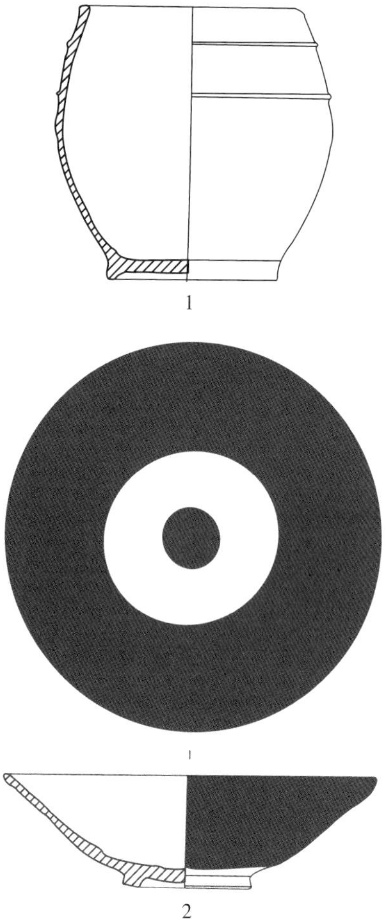

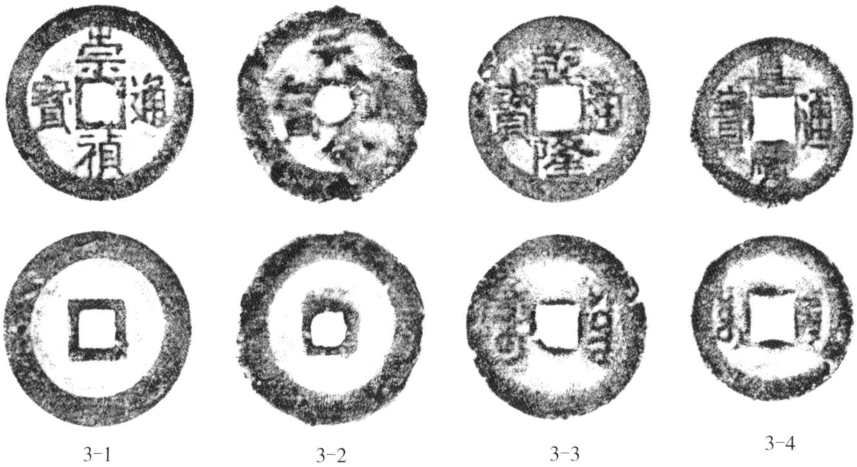

1、2　0　9厘米
余　0　3厘米

图 6-117　M928 出土器物

1. 黑釉罐　2. 黑釉碗　3-1～4. 铜钱

标本 M928：3-2，直径 2.6、穿边长 0.7、厚 0.14 厘米（图 6-117，3-2）。

乾隆通宝　1 枚。

标本 M928：3-3，背穿之左右为满文局。直径 2.5、穿边长 0.6、厚 0.1 厘米（图 6-117，3-3）。

嘉庆通宝　1 枚。

标本 M928：3-4，背穿之左右为满文局。直径 2.3、穿边长 0.6、厚 0.1 厘米（图 6-117，3-4）。

（四一）M941

1. 墓葬形制

位于墓地东北部，打破 M943，东北面是 M928。方向 175°（图 6-118；彩版三二三，4）。

倒梯形土坑竖穴砖椁墓。墓口长 2.85、宽 1.2～1.3、深 1 米。直壁规整。底部砖椁呈倒梯形，长 2.6、宽 0.78～0.88、深 0.75 米。四壁底部先用残砖丁砌一层，上部平砖错缝顺向垒砌十五层，局部坍塌。青砖长 26、宽 12、厚 5 厘米。椁底未铺砖，仅见木棺腐朽痕迹。墓内填黄褐色花土，土质较疏松，夹杂有碎砖。

人骨 1 具。头向南，仰身直肢。女性，50～60 岁。

随葬器物 17 件。酱釉罐 1 件放置在椁底东南角。铜钱 6 枚散落于墓主肩、腹部和脚端。铜戒指 2 枚分别在墓主双臂处。铜簪 1 件位于头骨左侧。铜头饰、铜帽花各 1 件，均发现于脚端。铜扣 4 枚散落于胸前。陶瓦1件发现于椁底南端。

2. 出土遗物

（1）陶器

陶瓦　1件。

标本M941∶17，筒瓦，残断。泥质灰陶。一端带瓦舌，表面施绿釉。残长17.4、残宽9厘米（图6-119，17）。

（2）瓷器

酱釉罐　1件。

标本M941∶15，敛口，圆唇，溜肩，鼓腹，矮圈足。近口部有一穿孔。外壁上部施酱釉。口径9、高11.6厘米（图6-119，15）。

（3）铜器

铜头饰　1件。

标本M941∶13，扁体凤鸟形。昂首，呈飞翔状，尾羽舒展飘逸，颈下有两条须状羽。长4.7、宽3厘米（图6-119，13；彩版三二三，5）。

铜帽花　1件。

标本M941∶14，团花攒珠形，双层重叠花瓣，中心攒一颗红色琉璃圆珠。长2.8、宽2厘米（图6-119，14；彩版三二三，6）。

铜簪　1件。

标本M941∶2，顶端呈禅杖状，其上缀饰5条流苏，每条流苏由若干小铜环环扣相连，末端垂铃状坠饰，柄端呈长条形，截面呈圆形，略残。残长7.3厘米（图6-119，2）。

铜戒指　2件。环形，相接处重叠，横截面呈扁体椭圆或月牙形。素面。

标本M941∶7，直径2.05厘米（图6-119，7；彩版三二三，7左）。

标本M941∶8，直径2.1厘米（图6-119，8；彩版三二三，7右）。

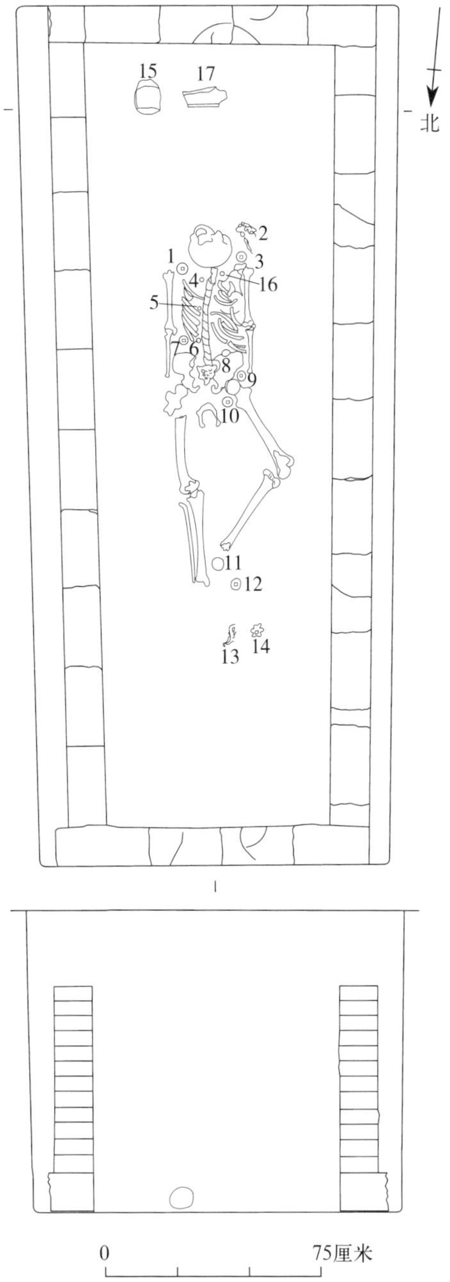

图6-118　M941平、剖面图

1、3、9～12. 铜钱　2. 铜簪　4～6、16. 铜扣　7、8. 铜戒指　13. 铜头饰　14. 铜帽花　15. 酱釉罐　17. 陶瓦

铜扣　4枚。

标本M941∶4～6、16，球形，空心，一端带环形纽。

铜钱　6枚。为康熙通宝、乾隆通宝、嘉庆通宝、光绪通宝、光绪元宝。除光绪元宝外，其余5枚均圆形方穿，正、背两面轮郭俱全。钱文楷书，对读。背穿之左右为满文局。

康熙通宝　1枚。

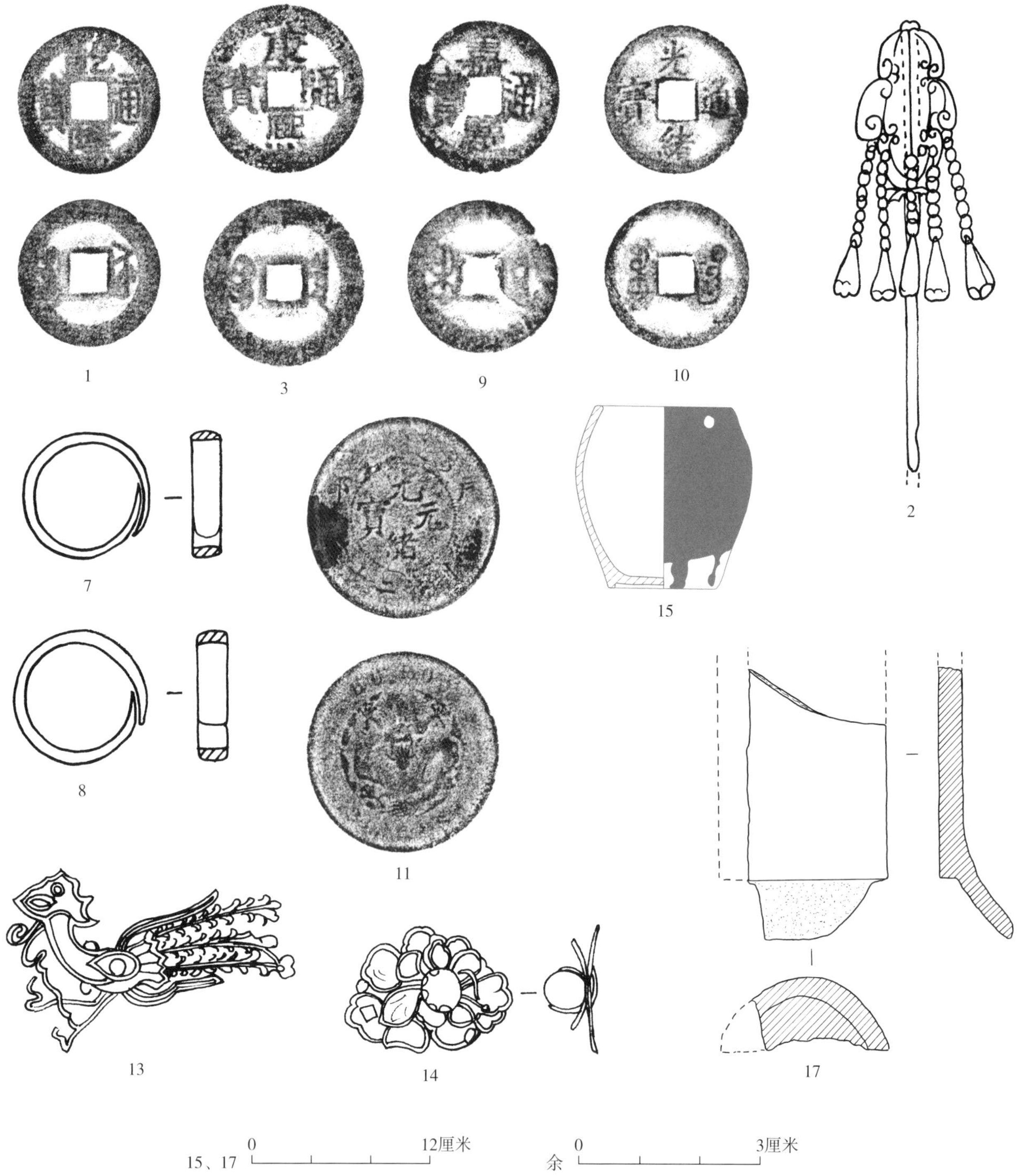

图 6-119 M941 出土器物

1、3、9～11. 铜钱 2. 铜簪 7、8. 铜戒指 13. 铜头饰 14. 铜帽花 15. 酱釉罐 17. 陶瓦

标本 M941∶3，直径 2.6、穿边长 0.7、厚 0.1 厘米（图 6-119，3）。

乾隆通宝 1 枚。

标本 M941∶1，直径 2.3、穿边长 0.6、厚 0.12 厘米（图 6-119，1）。

嘉庆通宝 1 枚。

标本 M941：9，直径 2.4、穿边长 0.6、厚 0.1 厘米（图 6-119，9）。

光绪通宝　2 枚。

标本 M941：10，直径 2.4、穿边长 0.7、厚 0.07 厘米（图 6-119，10）。

光绪元宝　1 枚。

标本 M941：11，圆形，正面中部为对读“光绪元宝”，外带珠圈，外缘上为满文及“户部”，下为“当制钱二十文”。背面中央为“飞龙”（图 6-119，11），上缘为“HU POO”，下缘文字不清。直径 3.7、厚 0.6 厘米（图 6-119，11）。

（四二）M942

1. 墓葬形制

位于墓地东北部，东北面是 M944，南面为 M571、M572。方向 85°（图 6-120）。

倒梯形土坑竖穴砖椁墓。墓口长 2.7、宽 0.8 ～ 1.15、深 0.5 米。直壁规整。椁室底部呈倒梯形，长 2.45、宽 0.54 ～ 0.9、高 0.5 米。四壁以平砖和侧砖交替错缝顺砌而成。东壁中部长方形壁龛，宽 0.35、残高 0.27、进深 0.13 米。青砖长 26、宽 13、厚 6 厘米。椁底未铺砖。墓内填黄褐色五花土，土质致密。

人骨 1 具。头向东，面向上，仰身直肢。保存一般，性别无法鉴定，年龄 15 ～ 18 岁。

随葬器物 5 件。铜钱 3 枚散落于墓主盆骨周围。铜扣 2 枚位于墓主胸部。

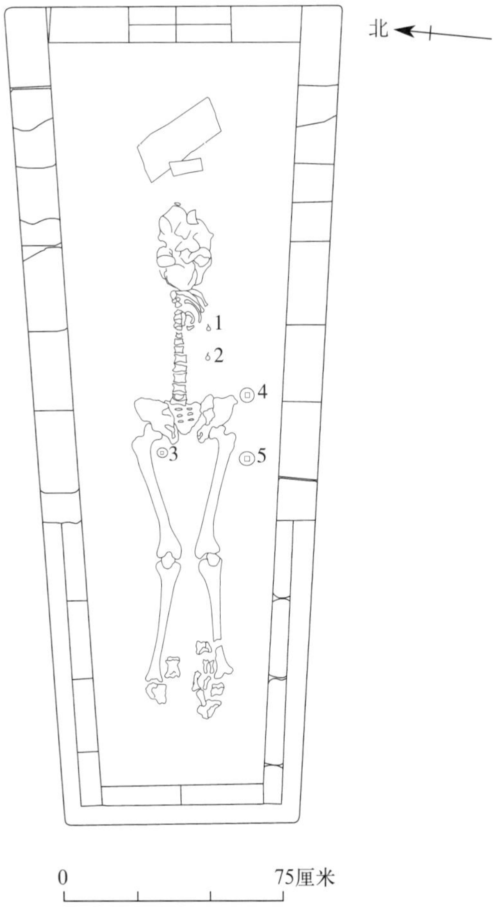

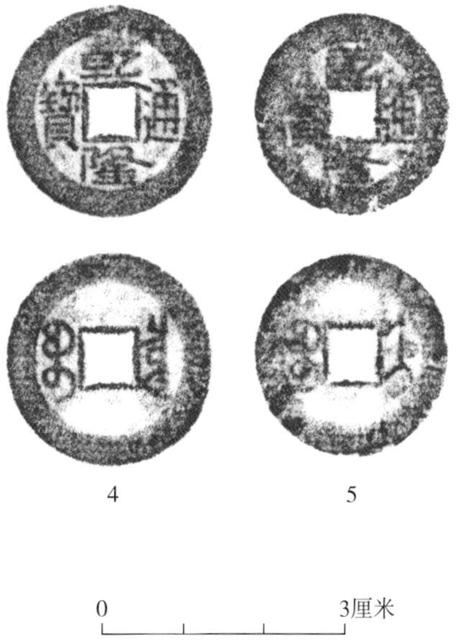

图 6-120　M942 及出土器物

1、2. 铜扣　3～5. 铜钱

2. 出土遗物

铜器

铜扣　2枚。

标本M942：1、2，球形，空心，一端带环形纽。

铜钱　3枚。均为乾隆通宝，圆形方穿，正、背两面轮郭俱全。钱文楷书，对读，背穿之左右为满文局。

标本M942：4，直径2.5、穿边长0.7、厚0.14厘米（图6-120，4）。

标本M942：5，直径2.4、穿边长0.6、厚0.13厘米（图6-120，5）。

（四三）M944和M945

1. 墓葬形制

两墓为夫妻合葬墓，一并介绍，均位于墓地东北部，M945打破M952，南面是M761，西南面为M942。方向140°（图6-121）。

倒梯形土坑竖穴砖椁墓。M944墓口长2.7、宽1～1.4、深1米。M945墓口长2.7、宽1～1.3、深1.1米。均直壁规整。底部椁室均呈倒梯形。M944长2.7、宽1～1.3、高0.78米；M945长2.7、宽1～1.3、高0.55米。除M944南壁底部先顺砌一层侧砖外，其余椁壁均平砖错缝顺砌而成。青砖长25、宽12、厚6厘米。椁底均无铺地砖，仅见木棺朽痕及部分残片。另M944椁底近四角处各横铺一块青砖，应为垫棺之用。

人骨2具。头向南，面向上，仰身直肢。M944男性，40～46岁。M945女性，30～40岁。

随葬器物17件。酱釉碗2件分别位于M944墓主右肩和M945左肩处。酱釉罐2件分置于两椁底南端。陶瓦2件位于M944胸部和M945头部。铜钱6枚散落两墓主身旁。铜扣2枚发现于M944胸部。铜戒指2枚分别放在M945双手处。银耳环1件位于M945墓主头骨左侧。

2. 出土遗物

（1）陶器

陶瓦　2件。均泥质灰陶，素面。

标本M944：4，筒瓦，一端带瓦舌。横截面半圆形。长23.8、宽12厘米（图6-122，4）。

标本M945：10，板瓦。一端较窄，瓦背拱起。长17、宽14.5～16.6厘米（图6-123，10）。

（2）瓷器

酱釉罐　2件。敛口，圆唇，溜肩，鼓腹，矮圈足。肩部饰两周凸棱纹。外壁上部施酱釉。

标本M944：1，口径9.5、高10.9厘米（图6-122，1）。

标本M945：8，口径9.3、高11.2厘米。

酱釉碗　2件。敞口，圆尖唇，斜弧腹，近底急收，圈足。内外壁上部及内底施酱釉，余部为白瓷胎。

标本M944：2，口径16、高5.5厘米（图6-122，2）。

标本M945：9，口径15.5、高5厘米（图6-123，9）。

（3）金银器

银耳环　1件。

标本M945：2，近圆形，一端圆钝，另一端较尖细外曲，横截面圆形。直径1.5厘米（图6-123，2）。

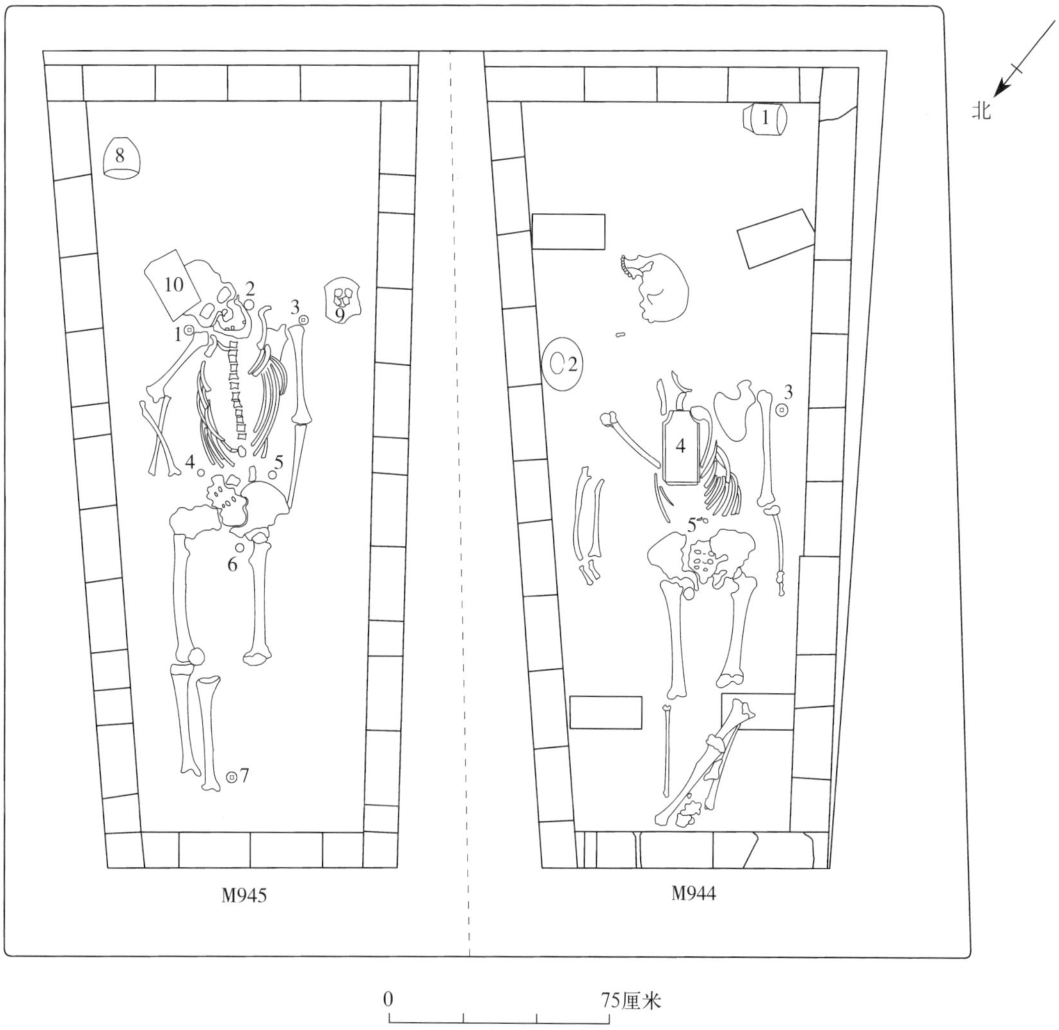

图 6-121　M944、M945 平面图

M944：1. 酱釉罐　2. 酱釉碗　3. 铜钱（2）　4. 陶瓦　5. 铜扣（2）　M945：1、3、6、7. 铜钱　2. 银耳环　4、5. 铜戒指　8. 酱釉罐　9. 酱釉碗　10. 陶瓦

（4）**铜器**

铜戒指　2 件。环形。

标本 M945 : 4，戒面呈竖椭圆形，由外向内套刻两正方形，内刻一变体“卍”字形图案。直径 1.9 厘米（图 6-123，4）。

标本 M945 : 5，戒面平整，呈横椭圆形。其中心刻一朵六瓣梅花图案，周边饰圆点和曲线纹。直径 2.1 厘米（图 6-123，5）。

铜钱　6 枚。为光绪通宝和乾隆通宝。圆形方穿，正、背两面轮郭俱全。钱文楷书，对读，背穿之左右为满文局。

光绪通宝　2 枚，均出土于 M944 内。

标本 M944 : 3-1，直径 2.3、穿边长 0.6、厚 0.12 厘米（图 6-122，3-1）。

乾隆通宝　4 枚，均出土于 M945 内。

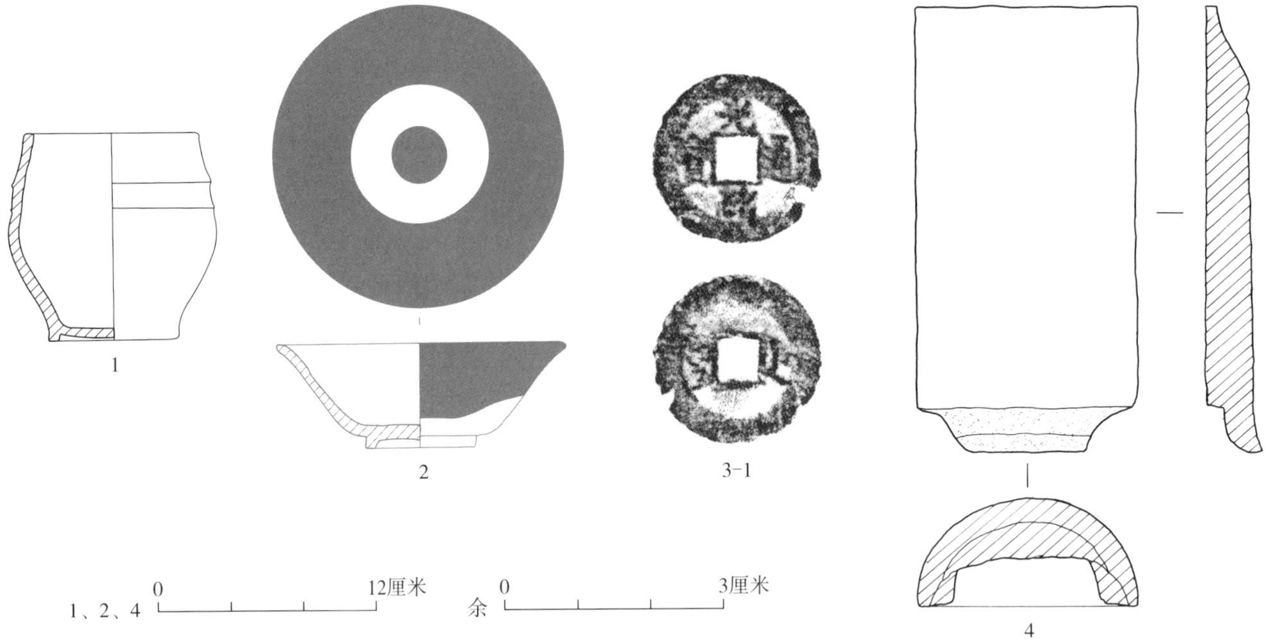

图 6-122 M944 出土器物

1. 酱釉罐 2. 酱釉碗 3-1. 铜钱 4. 陶瓦

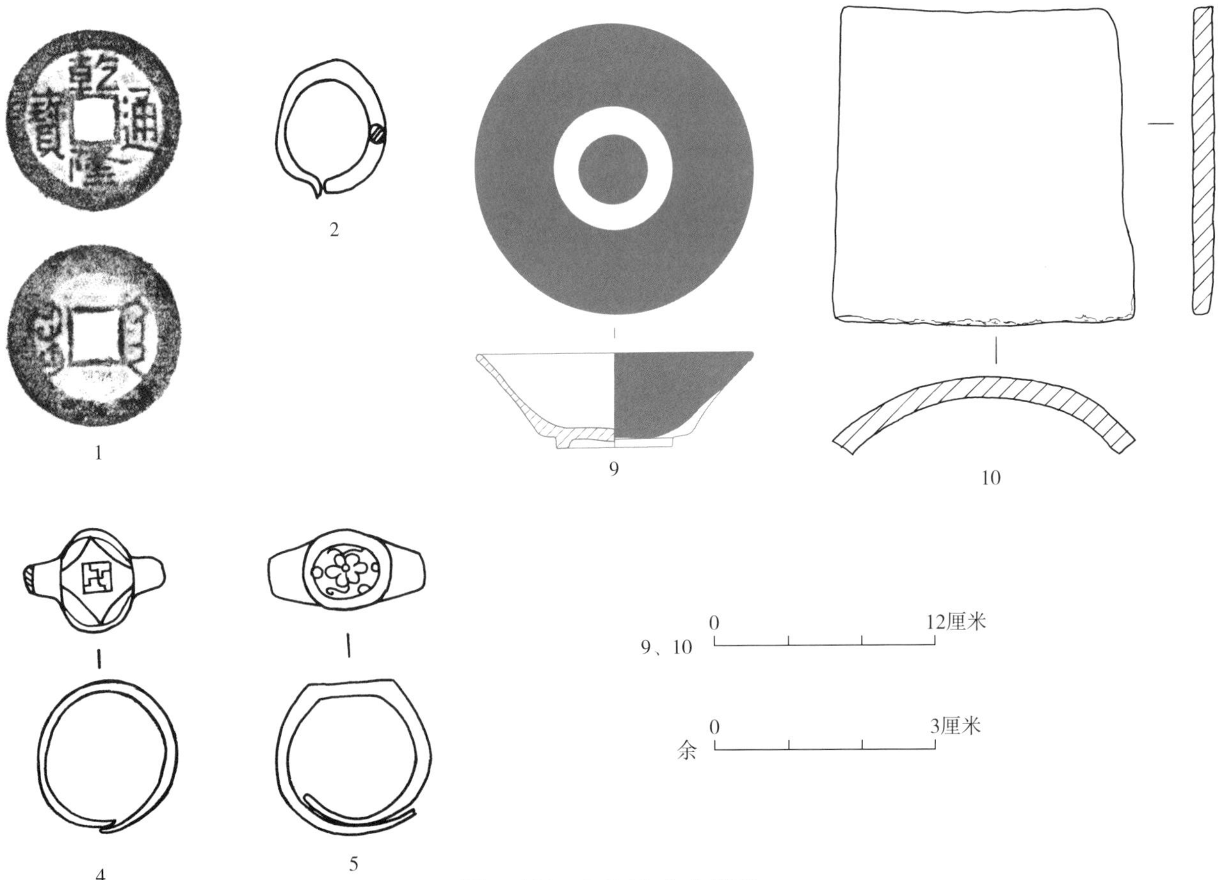

图 6-123 M945 出土器物

1. 铜钱 2. 银耳环 4、5. 铜戒指 9. 酱釉碗 10. 陶瓦

标本 M945∶1，直径 2.4、穿边长 0.6、厚 0.12 厘米（图 6-123，1）。

铜扣　2 枚。

标本 M944∶5，球形，空心。一端带环形纽。

（四四）M955

1. 墓葬形制

位于墓地西南部，北面是 M956，东面为 M404，南面是 M959。TN58E46 中部。方向 104°（图 6-124；彩版三二四，1）。

倒梯形土坑竖穴砖椁墓。墓口长 2.34、上宽 0.92、下宽 0.66、深 0.65 米。壁面规整。砖椁距墓口约 0.23

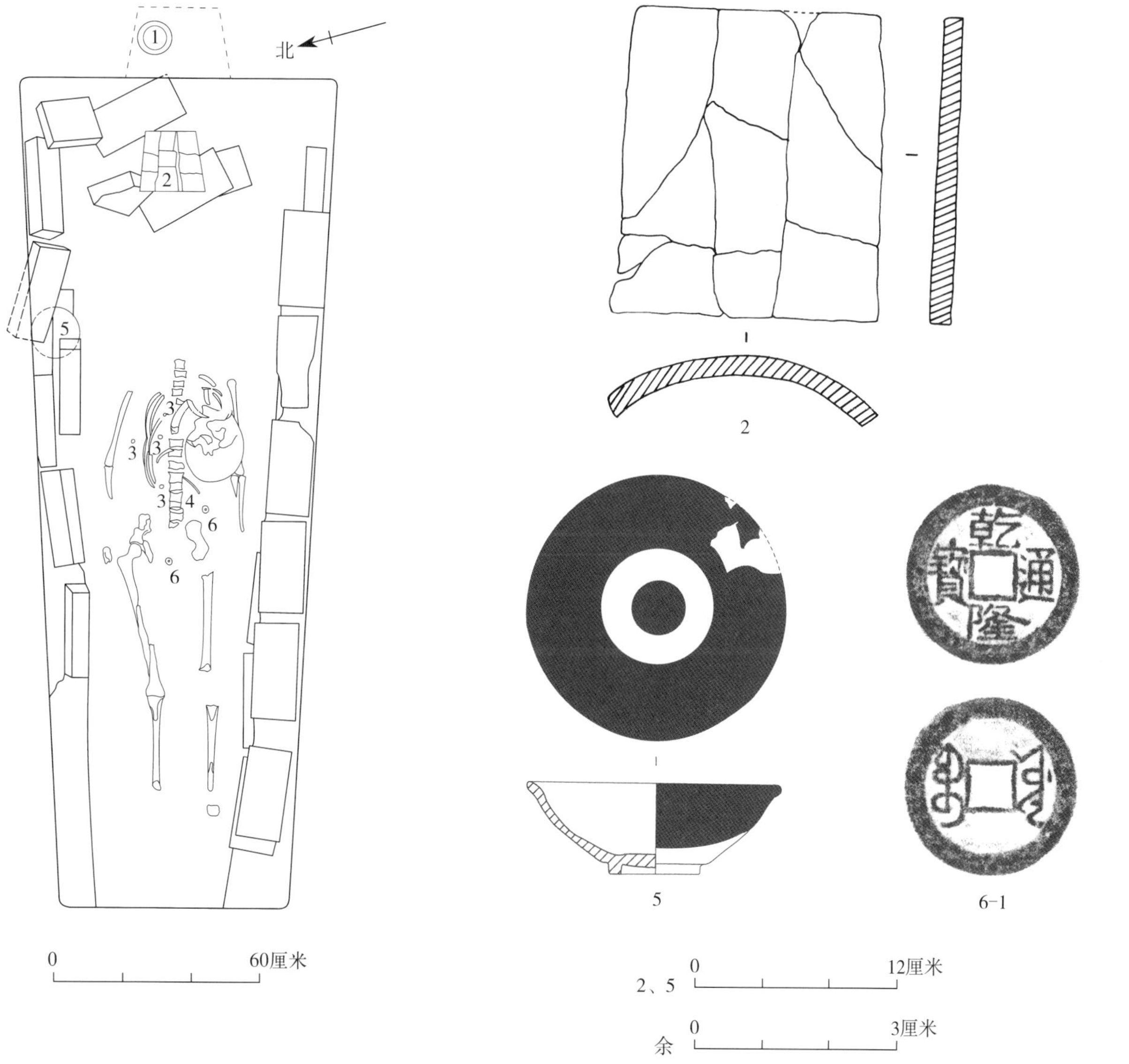

图 6-124　M955 及出土器物

1. 黑釉罐　2. 陶瓦　3. 铜扣（4）　4. 铜耳勺　5. 黑釉碗　6. 铜钱（2）

米，上宽下窄呈倒梯形。高0.42米。西壁无砖，南、北两壁在熟土二层台上各以青砖平铺一～二层，多已坍塌。东壁距墓底0.25米深处有长方形头龛，宽0.3、高0.15、进深0.2米。北壁砖下面原亦有壁龛，已坍塌。底部无铺地砖。墓内填黄褐色花土，土质较疏松。

人骨1具。头向东，仰身直肢。保存较差，性别、年龄无法鉴定。

随葬器物10件。黑釉罐1件平放于头龛内。黑釉碗1件置于壁龛内。陶瓦1件位于墓底头端上方。铜钱2枚发现于墓主身下。铜扣4枚散落于墓主胸、腹部。铜耳勺1件在墓主头骨下方。

2. 出土遗物

（1）陶器

陶瓦　1件。

标本M955∶2，板瓦。泥质灰陶。弓状。素面。长17.5、宽14.5～15.8厘米（图6-124，2；彩版三二四，2）。

（2）瓷器

黑釉罐　1件。

标本M955∶1，直口，圆唇，溜肩，微鼓腹，矮圈足。沿下有四个对称的竖桥形纽系。外壁上部、下腹及内壁施酱釉，余部白瓷胎。口径7.8、高10.8厘米（彩版三二四，3）。

黑釉碗　1件。

标本M955∶5，敞口外侈，圆唇，斜弧腹，圈足。内外壁上部及内底施酱釉，余部白瓷胎。口径14.9、高5.1厘米（图6-124，5；彩版三二四，4）。

（3）铜器

铜耳勺　1件。

标本M955∶4，长条锥形，横截面呈方形，首端钝尖，末端呈半圆耳勺造型。素面。长10.3厘米（彩版三二四，5）。

铜扣　4枚。

标本M955∶3，球形，空心，一端带环形纽。

铜钱　2枚。均为乾隆通宝，圆形方穿，正、背两面轮郭俱全。钱文楷书，对读，背穿之左右为满文局。

标本M955∶6-1，直径2.6、穿边长0.6、厚0.13厘米（图6-124，6-1）。

三　砂浆墓

砂浆墓仅有2座。

（一）M792

1. 墓葬形制

位于墓地东北部，北面是M824，东北面为M785，西面是M799。方向128°（图6-125）。

倒梯形土坑竖穴合葬墓。墓口长3.5、宽2.7～3.0、残深1米，底长2.4、宽1.3～1.6米。直壁规整。东壁中部略向外扩，可能是壁龛或墓道，上部被破坏，宽1.43、进深0.2米。墓底中部向下挖倒梯形土圹，

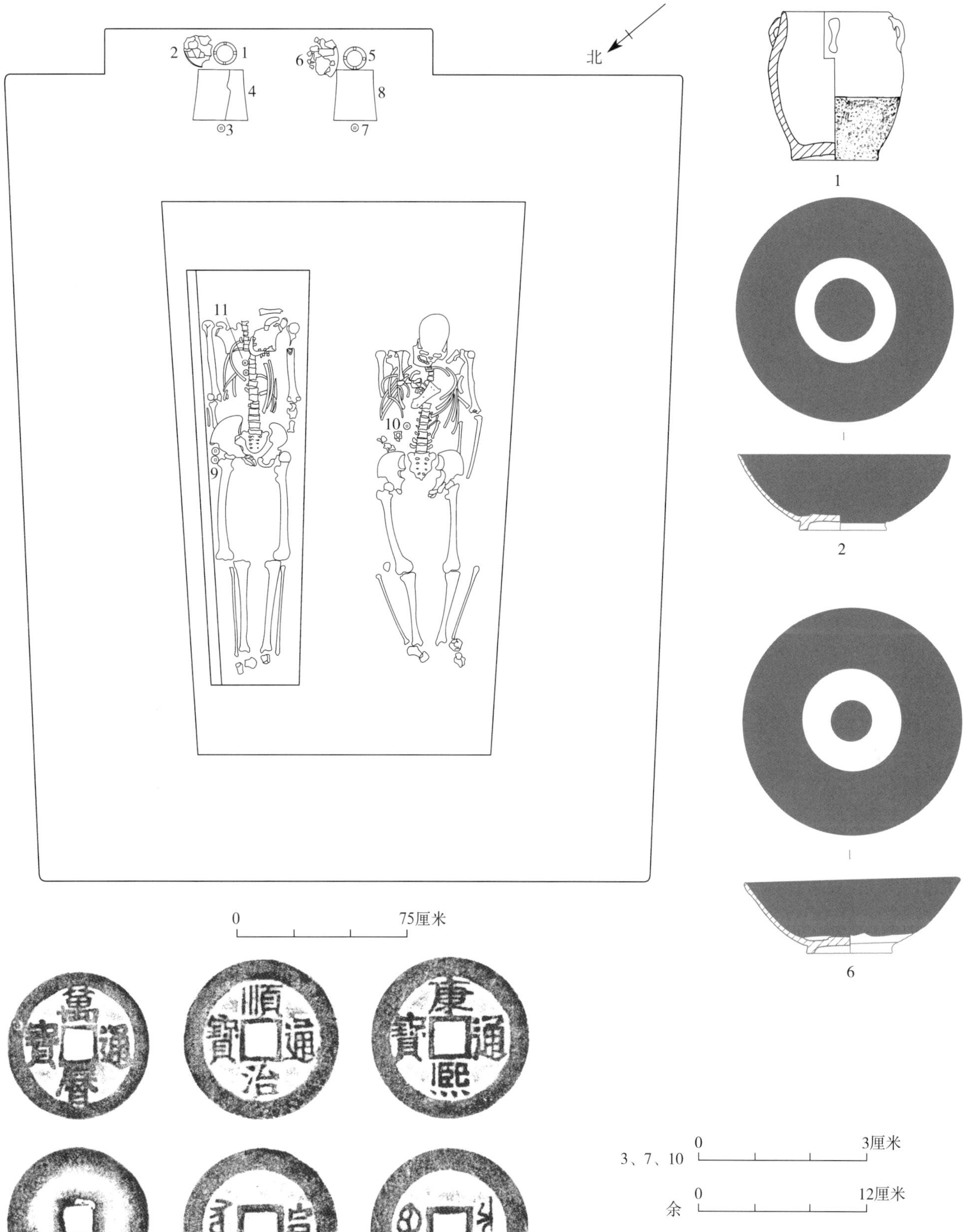

10　3　7

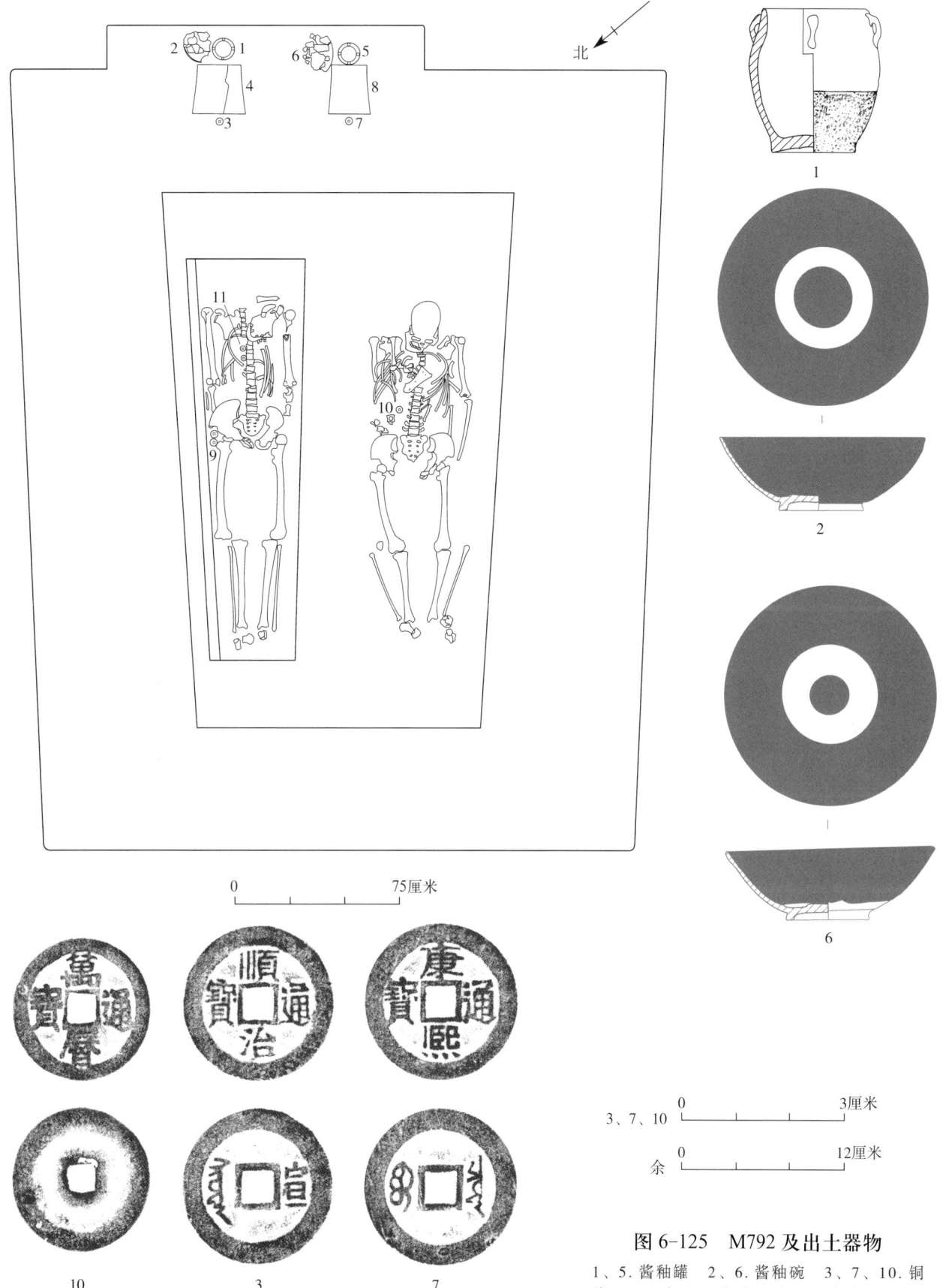

图 6-125　M792及出土器物

1、5. 酱釉罐　2、6. 酱釉碗　3、7、10. 铜钱　4、8. 陶瓦　9. 铜钱（2）　11. 铜钱（4）

长2.4、宽1.26～1.56米。四壁以砂浆三合土涂抹，整体较薄。墓底亦以砂浆涂抹，厚度0.01～0.05米。椁内放置两棺，北侧棺长1.8、宽0.34～0.5、残高0.25米，残存北侧部分棺板，长1.8、宽0.25、厚0.05米。南侧棺尺寸不详。墓内填浅褐色五花土，土质较致密。

人骨2具。头向东南，面向上，仰身直肢。北侧墓主男性，40～50岁。南侧墓主女性，40～45岁。

随葬器物15件。酱釉罐、酱釉碗、陶瓦、铜钱各2件，分南、北两组平放于东壁豁口处。另有铜钱7枚，其中6枚分散于北墓主胸部和骨盆处，1枚置于南侧墓主腹部。

2. 出土遗物

（1）陶器

陶瓦　2件。均为板瓦。泥质灰陶。一端略窄，瓦背拱起。素面。

标本M792∶4，长22、宽16～19厘米。

标本M792∶8，长21.5、宽18～22.4厘米。

（2）瓷器

酱釉罐　2件。敛口，圆唇，溜肩，微鼓腹，饼足内凹。肩部有四个对称的竖桥形纽系。肩部施酱釉，腹部为白釉，下部至底为黄褐瓷胎。

标本M792∶1，口径8、高10.2厘米（图6-125，1）。

标本M792∶5，底部中心墨书一“任”字。口径8.4、高11.7厘米。

酱釉碗　2件。敞口，圆唇，斜弧腹，近底急收，圈足。内外壁上部及内底施酱釉，余部白瓷胎。

标本M792∶2，口径15.4、高5.4厘米（图6-125，2）。

标本M792∶6，口径15.6、高5.2厘米（图6-125，6）。

（3）铜器

铜钱　9枚。万历通宝、顺治通宝、康熙通宝。圆形方穿，钱正、背两面轮郭俱全。钱文楷书，对读。

万历通宝　7枚。

标本M792∶10，直径2.5、穿边长0.6、厚0.1厘米（图6-125，10）。

顺治通宝　1枚。

标本M792∶3，背穿右侧有一“宣”字，左侧为满文局。直径2.7、穿边长0.6、厚0.13厘米（图6-125，3）。

康熙通宝　1枚。

标本M792∶7，背穿之左右为满文局。直径2.7、穿边长0.6、厚0.13厘米（图6-125，7）。

（二）M923

1. 墓葬形制

位于墓地东北部，打破M925，北面是M912、M900，西面为M849。方向231°（图6-126；彩版三二五，1、2）。

带墓道长方形土坑竖穴砂浆墓。直壁规整。墓道位于墓室西南端，斜坡状，由口部向内渐宽，近墓门处内收，长3.7、宽1.25～2米。墓圹南、北、东三侧距地表0.54米处留生土二层台，宽约0.2米。其内紧靠三面墓壁以砂浆三合土浇筑墓室，长3.5、宽1.46、高1.9米。三合土厚约0.12米。上

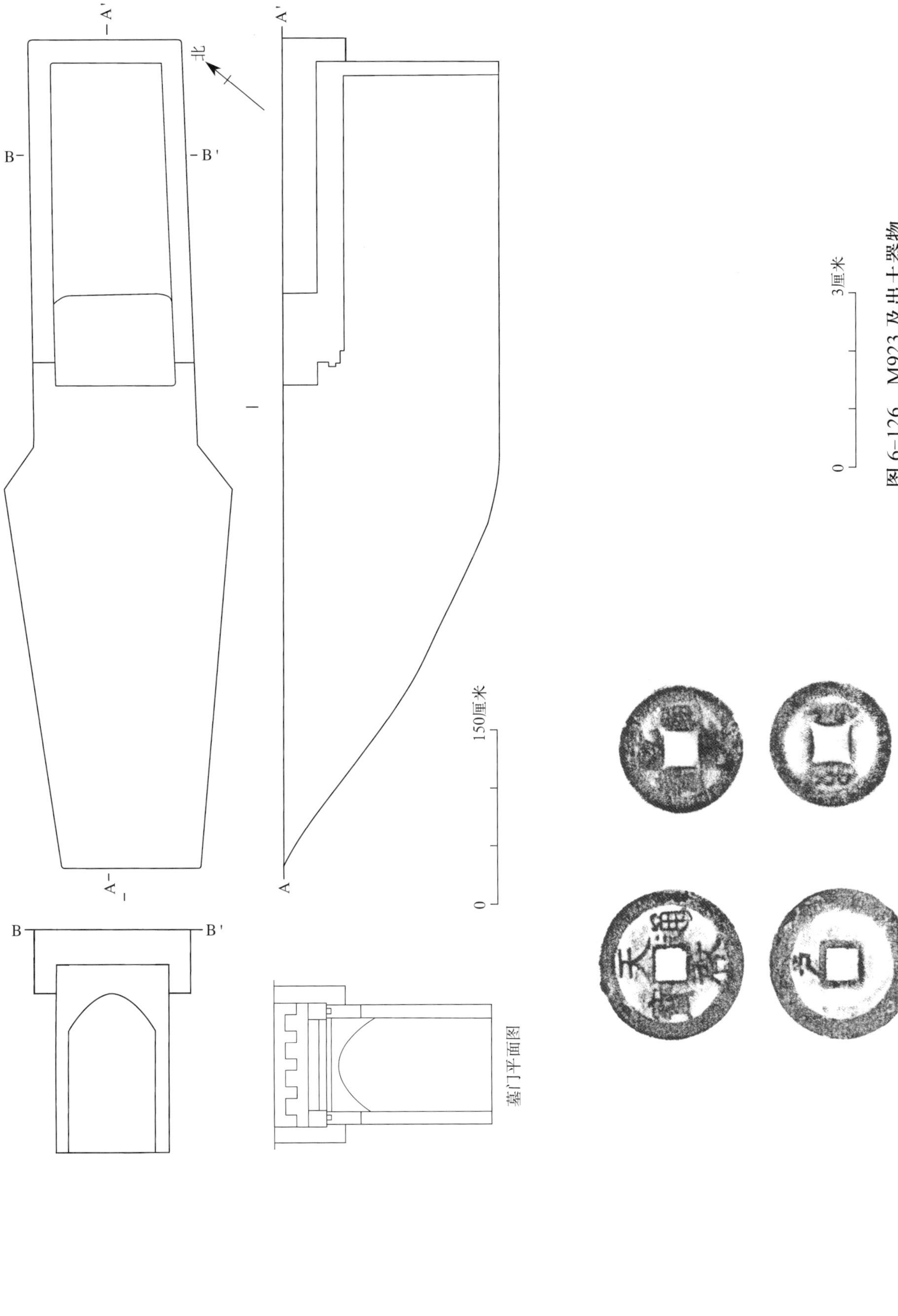

图 6-126　M923 及出土器物

01. 铜钱（2）

部拱起，顶面不甚平整。底部亦以较薄三合土平铺一层，平整。墓门呈拱形（彩版三二五，3），上有仿门楣和斗拱结构，因早期破坏，封门已无存。墓门向外至墓道口处两侧壁面均经涂抹石灰加工。填土中发现铜钱2枚。墓内填黄褐色五花土，土质较疏松。

人骨1具。扰乱严重，头向、面向和葬式等不明。骨骼保存较差，仅存部分下肢骨，性别无法鉴定，成年个体。

随葬器物无。

2. 出土遗物

铜器

铜钱 2枚。为天启通宝、乾隆通宝。圆形方穿，正、背两面穿郭俱全。钱文楷书，对读。

天启通宝 1枚。

标本M923：01-1，背穿上有一“户”字。直径2.6、穿边长0.6、厚0.13厘米（图6-126，01-1）。

乾隆通宝 1枚。

标本M923：01-2，背穿之左右为满文局。直径2.2、穿边长0.6、厚0.14厘米（图6-126，01-2）。

第三节 小结

（一）分期与年代

辛置墓地的117座清代墓葬，出土了近800件文物，其中如瓷碗和瓷罐等器形特点，表现出了一定差别。墓葬结构尤其是砖椁墓也有明显的变化，反映出了时代早晚有别。根据对墓葬形制和出土器物整体上的分析，可大致分为两期。

第一期，包括M1、M18、M19、M34、M44、M48、M49、M55、M77、M82、M88、M90、M94、M104、M122、M123、M134～M136、M170、M195、M246、M249、M316、M347、M385、M386、M482、M517、M522、M593、M639、M735、M784、M788、M792、M795、M847、M850、M884、M910、M923、M942等43座。

此期墓葬砖椁多较规整，头龛多呈凸字形。椁壁多以青砖平铺错缝筑成，也有部分为平砖和侧砖相次垒砌。所用青砖火候较高，整体较规整。

出土的瓷罐可分四系和无系两大类。其中四系罐与本墓地明代瓷罐形制相近，但颈部微束，口略大。无系罐早期口部多直口或略敛，微束颈，最大径在中部。器形与济南解放东路清初墓葬[1]出土瓷罐相似。瓷碗亦由明代器形直接演变而来，口略内敛或仅外壁口有内敛，外壁施釉亦较明代瓷碗更低。瓷瓶M593：1与明代典型玉壶春瓶相比垂腹更加明显，与招远磁口M115[2]出土瓷瓶形

[1] 济南市考古研究所：《济南市解放东路元、清墓葬发掘报告》，《海岱考古（第十二辑）》，科学出版社，2019年。

[2] 山东省文物考古研究院、招远市文物管理所：《山东招远市磁口墓地》，《胶东调水考古报告集》，科学出版社，2020年。

态基本相同，时代为明末清初。出土铜钱多为天命通宝、顺治通宝、康熙通宝、雍正通宝、乾隆通宝等，部分有宋代和明代铜钱。综合分析，本期时代约为清前期，上限可至明末清初，下限约18世纪末。

第二期，包括M61、M81、M86、M98、M115、M116、M126、M156、M158、M159、M184、M186、M211、M250、M336、M349、M355、M357、M556、M565、M566、M568、M570～M572、M592、M598、M601、M616、M617、M618、M761、M764、M790、M793、M797、M881、M883、M902、M928、M941、M943～M945、M951、M955～M957等48座。

此期墓葬砖椁整体来说更加规整，所用青砖规格相近，直边锋利，火候更高。椁室均倒梯形，头龛和壁龛多为长方形，但头龛相对较少。四壁基本均为平砖错缝顺砌而成。

出土瓷罐圈足更矮，外壁施釉与第一期相比更靠近底部。四系罐多溜肩或无颈。而无系罐多敛口，溜肩，最大径渐低，器型与章丘宁家埠[1]、寿光刘家官庄[2]和章丘西河[3]等墓地晚清墓葬出土瓷罐均相近。瓷碗口部渐变为敞口微侈，外壁施釉亦更靠近器底。此批墓葬仍有相当数量出土陶瓦，但其中包含少量筒瓦，这不见于第一期。铜和琉璃扣与第一期相似，仍多为空心球形，但M761中发现了6枚扁平圆形铜扣，当为较晚形态。此期出土铜钱多为嘉庆通宝、道光通宝、咸丰通宝、光绪通宝、光绪元宝和大清铜币等，也见少量日本宽永通宝等。另外，M592内出土刻有李玉亭名字骨印章，据当地人介绍，其系昌邑南店村人，20世纪20年代去世。综合分析，本期时代约为清后期，部分墓葬晚至民国。

另有M32、M65、M73、M76、M120、M124、M127、M137、M177、M187、M251、M320、M387、M421、M573、M594、M595、M607、M701、M759、M787、M794、M802、M882、M886、M947等26座墓葬通过对其形制、葬俗和少量随葬品特征等分析亦可断定其时代为清代，但因无随葬品或出土器物较少等原因未参与详细分期。

（二）葬俗特点

本墓地的117座清代墓葬特点鲜明，为该地区清代墓葬形制和葬俗等研究提供了丰富新资料。

土坑墓为本批墓葬中之大宗，近六成。整体看均沿袭明代形制和葬式，但夫妻同穴合葬比例大减。墓壁也更为规整。

砖椁墓构建方式与明代略相近，但也有了较多不同。整体呈倒梯形，且由头端向脚端渐低。所用青砖多为整砖，且时代越晚越规整，质地也更坚硬。四壁仍多以青砖平铺错缝顺砌而成，有的以平砖和侧砖相次垒砌。新出现头龛和壁龛，呈凸字形或长方形，位于头端和一侧，以放置瓷罐或瓷碗等随葬品。墓底不铺砖。墓顶改为了规整券顶，系以侧砖首尾相接依次拱起而成，因弧顶形成的缝隙则以碎砖块镶砌，到了后期出现了专门梯形砖封顶。部分顶部再涂抹一层石灰封护。

[1] 济青公路文物考古队宁家埠分队：《章丘宁家埠遗址发掘报告》，《济青高级公路章丘工段考古发掘报告集》，齐鲁书社，1993年。

[2] 潍坊市博物馆、山东省文物考古研究院：《寿光刘家官庄墓群发掘报告》，《海岱考古（第十二辑）》，科学出版社，2019年。

[3] 山东省文物考古研究所、北京大学考古文博学院：《章丘市西河遗址2008年考古发掘报告》，《海岱考古（第五辑）》，科学出版社，2012年。

浇浆墓仅两座，整体构建方式与明代相似。其中M923浇筑较精美，西侧带墓道，墓门上部为仿木结构门楣。根据现存情况来看，系先挖土圹，对四壁和墓道进行修整，在其内浇筑墓室及墓门，墓顶单独封护并与墓门连接。浇筑完成后又对墓壁做涂抹石灰处理。墓门封堵情况不详。另座M792整体浇筑质量较差，顶部已坍塌破坏。

出土器物近800件，大部分为铜钱，约占三分之一，基本发现于棺内墓主身下各处，当系入殓时撒于棺内。另有2枚分别发现于墓主口内，为口琀之用。其次为铜扣和琉璃扣，约占三成，基本发现于人骨上半部，以铜质居多。瓷器以罐和碗为主，多组合出现，其中罐多发现于头端或头龛内，碗则多见于壁龛或身体一侧，少量也放在头端。另有少量壶、瓶和灯盏等。半数以上墓葬出土陶瓦，大多位于墓主头部上方或一侧。根据部分出土时高于头骨等情况分析，下葬时可能放于棺上。少量有红彩符箓痕迹，早期与明代相同均为板瓦，到了清后期已有部分用筒瓦下葬。还出土有部分簪、耳环、耳坠、戒指、帽饰等，材质有铜、银、铁等。另外，分别有一座墓出土了铜烟具（琉璃烟嘴）和骨印章（带印盒）。

这些墓葬中，大多数为单人葬，少见明代较常见的夫妻合葬，不见三人及以上葬。单人葬中当有较多为夫妻异穴合葬。墓主多仰身直肢葬，少量人骨凌乱，为迁葬。近半数墓主头向东，其余向南或向北，极少向西。

第七章　辛置墓地古人口学研究

人口是社会的基本组成部分，在社会发展中起着十分重要的作用。人口变化将直接影响社会的演化、环境变迁及资源的利用[1]。古人口学研究为我们提供了关于古代人口数量、结构及其动态演变规律[2]等方面的内容，为探寻古代人口发展态势、揭示不同时期人口发展规律提供了重要的参考信息[3]。在生产力水平还十分有限的古代社会，人口因素往往与当时的社会、环境和资源息息相关。人口规模、结构等对研究古代居民生产、生活和社会性质具有重要意义。但需要说明的是，一个社会的人口构成和规模是不断变化发展的，古人口学只是对这一动态发展过程的静态反映，人口流动、埋藏条件、葬俗等都会影响古人口学研究的结果。

辛置墓地位于昌邑市都昌街道办事处辛置村西侧，面积约 6 万平方米。墓地所处地势较高，其西南及西北侧坡度较缓，东北以及东南侧为高约 3 米的断崖。多年来由于周边群众常年取土，致使部分墓葬遭到一定程度破坏。2010 至 2013 年，为配合辛置社区旧城改造工作，山东省文物考古研究院与昌邑市博物馆联合对该墓地进行了勘探和抢救性发掘。共清理墓葬 964 座，其中周代墓葬 26 座，汉代墓葬 791 座，明代墓葬 30 座，清代墓葬 117 座。

一　性别、年龄鉴定

在考古学中，个体的属性（性别、年龄）是我们研究古代丧葬习俗、古病理学和古人口学的基础[4]。通过对古代人骨标本的研究，我们可以了解到性别、年龄差异对古代居民的饮食习惯、疾病、行为模式和丧葬习俗等方面的影响[5]。

对于如何获得较为准确的年龄数据，学术界目前公认的方法是多种因素综合分析法。因此，本文在进行年龄鉴定时，同时选取了朱泓[6]、邵象清[7]、Jane E. Buikstra[8]、 Tim D. White[9] 等学者在其

---

[1]　王建华：《黄河中下游地区史前人口研究》，科学出版社，2011年，第5页。

[2]　〔英〕夏洛特·罗伯茨，基思·曼彻斯特：《疾病考古学》，山东画报出版社，2010年，第41页。

[3]　武文军：《古人口学有关问题新探》，《西北人口》1983年第2期。

[4]　Tim D. White，Pieter A. Folkens. The Human Bone Manual，Elsevier Academic, 2005, 359.

[5]　Jane E. Buikstra, Douglas H. Ubelaker. Standards for Data Collection from Human Skeletal Remains. Arkansas Archaeological Survey, 1994, 15.

[6]　朱泓主编：《体质人类学》，高等教育出版社，2004年。

[7]　邵象清：《人体测量手册》，上海辞书出版社，1985年。

[8]　Jane E. Buikstra， Douglas H. Ubelaker. Standards for Data Collection from Human Skeletal Remains. Arkansas Archaeological Survey， 1994.

[9]　Tim D. White, Pieter A. Folkens. The Human Bone Manual，Elsevier Academic，2005.

相关著作中介绍的方法，对昌邑辛置墓地古代居民的年龄情况做出综合的统计分析。坐骨与耻骨是性别差异性最大的两个部位[1]，因此，本文在进行性别鉴定时，以坐骨和耻骨的形态特征为主要鉴定依据，辅之以颅骨和四肢长骨的性别特征。

（一）性别鉴定

首先要说明的是，本文中的“性别”特指生物学角度上两性之间的区别，而非建立在男性和女性生物学区别之上的社会和文化差异。男性和女性体内的性激素决定了骨骼上所见的性别二分现象，然而这种性别二分现象在未成年人的骨骼上无法充分表现出来，直到青春期骨骼变化才开始出现[2]。因此，对于未成年人的性别判断目前还只能依靠探测基因中X、Y染色体的特殊序列来完成。对于成年人的鉴定则主要依据坐骨、耻骨等骨盆上的性别特征并辅之以颅骨和四肢长骨的性别特征加以辨别。

1. 材料与方法

在昌邑辛置墓地中的26座周代墓葬中共清理出人类遗骸33具，其中有29例成年个体可进行性别鉴定。在792座汉代墓葬中共清理出人类遗骸556具，其中可供鉴定的成年个体386例。在30座明代墓葬中共清理出人类遗骸52具，其中可供鉴定的成年个体50例。在117座清代墓葬中共清理出人类遗骸136具，其中可供鉴定的成年个体127例。

受两性生理功能差异影响，骨盆部位表现出极大的两性差异。男性骨盆给人的整体感觉是粗壮、厚重，肌棘明显。骨盆入口的纵径大于横径，盆腔高而窄，呈漏斗形。骨盆出口狭小，坐骨棘发达。耻骨下角呈“V”形，其所成夹角在70～75°之间，耻骨支移行部呈上宽下窄的三角形，耻骨下支的下缘突出[3]。男性的坐骨大切迹相对较窄，使得耳状关节面与坐骨大切迹的距离较近，能够连成一条曲线[4]。第一骶椎上关节面的面积相对较大，占整个骶骨底部的2/5～1/2。女性骨盆较为纤细，肌棘不明显。骨盆入口的横径大于纵径，呈椭圆形。盆腔浅而宽。坐骨棘不发达。耻骨下角呈“U”形，两侧夹角在90～110°之间，耻骨支移行部呈上下宽度大致相等的方形，耻骨下支下缘凹入。坐骨大切迹宽而浅，使耳状关节面与坐骨大切迹之间距离较远[5]。

颅骨也具有较为显著的性别特征，但在准确性上略差于骨盆。因此，本文在鉴定性别时以骨盆部位的性别特征为主要依据，辅之颅骨的性别特征。颅骨表面特征的性别差异主要表现在颅骨表面的解剖结构形态方面。男性颅骨粗大、厚重。眉弓发达，眶上缘较圆钝，前额倾斜，颧骨与颧弓高而突出，乳突和枕外隆突较为发达。女性颅骨光滑、纤细。眉弓不发达，眶上缘锐薄，额结节明显，颧骨低而不突出，乳突较小[6]。

除骨盆和颅骨外，四肢长骨和胸骨也具有一定的性别特征，在骨盆和颅骨性别鉴定时辅之以四肢长骨和胸骨的性别鉴定，有助于提高鉴定的准确性[7]。

[1] 邵象清：《人体测量手册》，上海辞书出版社，1985年，第34页。

[2] 〔英〕夏洛特·罗伯茨，基思·曼彻斯特：《疾病考古学》，山东画报出版社，2010年，第34、45页。

[3] 席焕久，陈昭主编：《人体测量方法（第二版）》，科学出版社，2010年，第282～286页。

[4] RH Steckel, CS Larsen, PW Sciulli, PL Walker. Data Collection Codebook. The Global History of Health Project, 23-24.

[5] 邵象清：《人体测量手册》，上海辞书出版社，1985年，第34页。

[6] 朱泓主编：《体质人类学》，高等教育出版社，2004年，第95、96页。

[7] Tim D. White, Pieter A. Folkens. The Human Bone Manual, Elsevier Academic, 2005, 363.

2. 鉴定结果

经鉴定，周代墓葬中有男性 13 例，疑似男性 1 例；女性 10 例，男女两性的鉴定率约为 69.70%（23/33）。汉代墓葬中有男性 124 例，疑似男性 16 例；女性 112 例，疑似女性 13 例，男女两性的鉴定率约为 42.45%（239/556）。明代墓葬中有男性 25 例，女性 25 例，疑似女性 2 例，男女两性的鉴定率约为 96.15%（50/52）。清代墓葬中有男性 60 例，疑似男性 4 例；女性 63 例，疑似女性 1 例，男女两性的鉴定率约为 90.44%（123/136）。受保存条件限制，其余骨骼遗骸无法通过观察手段判断性别（详情见表 7-21 ～ 24）。

（二）年龄鉴定

在人的一生中，骨骼中的元素是按照一定时间规律依次变化的。在婴儿时期，这种变化主要包括骨化点的发育和生长。在幼儿和少年期，骨骼和牙齿开始生长，骨骺开始形成并逐渐愈合。20 岁之后，骨骺还会继续愈合，并且随着时间的流逝，骨骼开始变质并发生退行性变化[1]。因此，本文根据骨骼的年龄变化规律对各年龄段个体采用不同的鉴定方法。

1. 鉴定方法

对于婴儿期至少年期（0 ～ 14 岁）的鉴定依据，来自牙齿萌出及四肢长骨的生长发育规律。通常情况下，婴儿在出生 5 ～ 8 个月后，乳齿开始萌出，至 20 ～ 30 个月，乳齿全部萌出。6 岁左右，第一枚恒齿开始萌出（第一臼齿），此后，随着生长发育，乳齿开始松动、脱落，恒齿陆续萌出，到 13 岁左右，除第三臼齿外的全部恒齿均已萌出[2]。对于未能保存下来牙齿的个体，则根据各年龄未成年四肢长骨最大长的测量结果来估计年龄[3]。青年期（15 ～ 23 岁）主要根据骨骺愈合情况进行年龄鉴定。人类的骨骺大约在 13 岁时开始愈合，除髋骨、锁骨和肩胛骨外，各肢骨的骨骺部位在 20 岁左右基本愈合完毕。壮年期及以后（24 岁以上）主要依据耻骨联 合面和耳状关节面的退行性变化规律来进行年龄鉴定，对于中老年个体还要辅之以颅内缝愈合的年龄规律进行鉴定。耻骨联合面的形态具有十分明显的年龄特征。耻骨联合面由隆嵴和沟组成，20 岁之前可见较为明显的隆嵴，此后，随着年龄的增长隆嵴逐渐变得低平直至完全消失，联合面的边缘开始出现增生，至 30 岁左右周缘完全形成，此后耻骨联合面开始下凹，并出现骨质疏松现象。耳状关节面的形态变化规律与耻骨联合面相似，只是在形态上存在一些差异。

2. 鉴定结果

在昌邑辛置周代墓葬中有 24 例个体可判断具体年龄，2 例个体仅可判断大致年龄段，鉴定率约为 72.73%（24/33）。汉代墓葬中，有 303 例个体可判断具体年龄，21 例个体仅可判断大致年龄段，鉴定率约为 54.50%（303/556）。明代墓葬中，有 44 例个体可判断具体年龄，1 例个体仅可判断大致年龄段，鉴定率约为 84.62%（44/52）。清代墓葬中有 124 例个体可判断具体年龄，6 例个体仅可判断大致年龄段，鉴定率约为 91.18%（124/136）（详情参见表 7-21 ～ 24）。

---

[1] Tim D. White, Pieter A. Folkens. The Human Bone Manual, Elsevier Academic, 2005, 363.

[2] 朱泓主编：《体质人类学》，高等教育出版社，2004年，第97、98页。

[3] IG Fazekas, F Kósa. Forensic Fetal Osteology, Akademial Kiado, 1978, i-iv.

二　人口自然结构

人口结构包括人口的自然结构、社会结构和地域结构。人口自然结构是以人口的生物学特征为划分依据，包括性别结构和年龄结构两个部分。人口自然结构对一个人群的发展规模和速度具有制约作用，从而对社会经济发展产生重要影响。其中，性别结构是最基本的人口自然结构，它对婚姻与家庭情况起到影响，而年龄结构则直接影响着某一地区的人口发展速度[1]。人口自然结构研究对我们探索古代社会结构、生产生活方式和婚姻状况等方面具有重要价值。

（一）性别结构

依据目前较为普遍使用的性别结构统计方法，即以女性人口数做基数，计算每百名女性中的男性所占比例（男女性比 = 男性个体总数 / 女性个体总数 ×100%）。经统计，昌邑辛置墓地周代居民的男女性别比值为155.56%（14/9）；汉代居民的男女性别比值约为106.14%（121/114）；明代居民的男女性别比值约为100.00%（22/22）；清代居民的男女性别比值约为101.61%（63/62）。

（二）年龄结构

1. 周代墓葬

昌邑辛置周代墓葬中有24例个体可判断具体年龄，2例个体仅能大致推断年龄段，其中男性13例，疑似男性1例；女性9例（表7-1）。

表7-1　辛置周代居民死亡年龄分布统计表

年龄分期	男性（%）	男？（%）	女性（%）	女？（%）	性别不明（%）	合计（%）
婴儿期（0～2）	0（0.00）	0（0.00）	0（0.00）	0（0.00）	0（0.00）	0（0.00）
幼儿期（3～6）	0（0.00）	0（0.00）	0（0.00）	0（0.00）	1（33.33）	1（3.85）
少年期（7～14）	0（0.00）	0（0.00）	0（0.00）	0（0.00）	1（33.33）	1（3.85）
青年期（15～23）	0（0.00）	0（0.00）	1（11.11）	0（0.00）	0（0.00）	1（3.85）
壮年期（24～35）	6（46.15）	0（0.00）	3（33.33）	0（0.00）	0（0.00）	9（34.62）
中年期（36～55）	7（53.85）	1（100.00）	4（44.44）	0（0.00）	1（33.33）	13（50.00）
老年期（56+）	0（0.00）	0（0.00）	1（11.11）	0（0.00）	0（0.00）	1（3.85）
合计	13（100.00）	1（100.00）	9（100.00）	0（0.00）	3（100.00）	26（100.00）

[1]　辛怡华：《元君庙墓地所反映的人口自然结构之分析》，《考古》1991年第5期。

墓地中周代居民的死亡年龄段主要集中于壮年期和中年期。其中中年期所占比重最大，其次是壮年期，幼儿期、青年期、少年期和老年期比例较小，缺少婴儿期个体（图 7-1）。

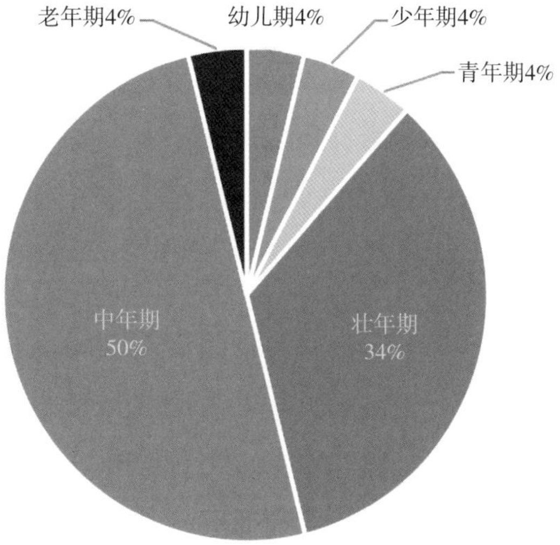

图 7-1　辛置周代居民死亡年龄段分布图

由图 7-2 可知，男女两性的死亡高峰期均集中于中年期，但在青年期和老年期，只存在女性个体。壮年期和中年期的男性死亡比例均高于女性。

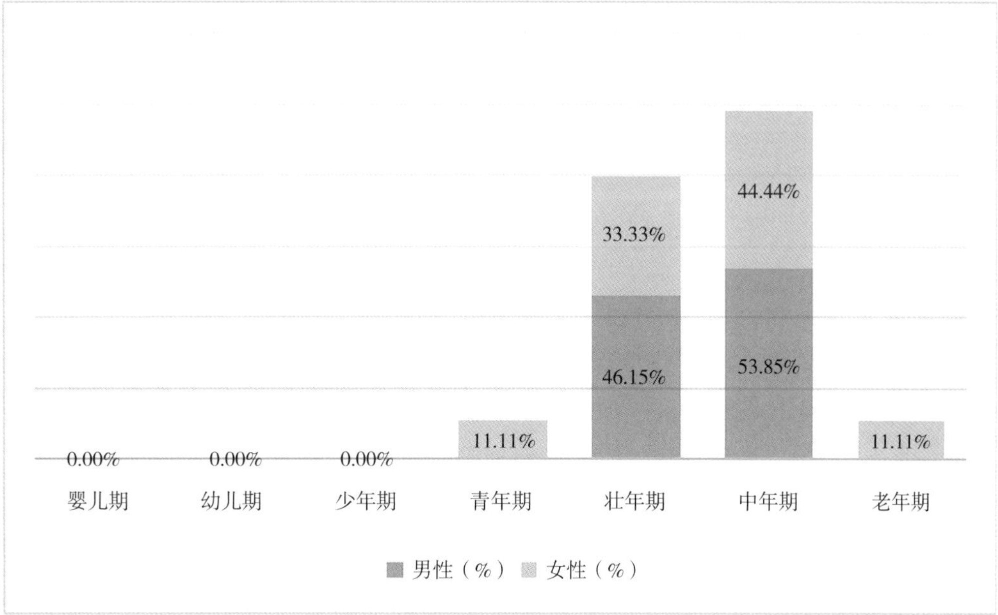

图 7-2　辛置周代男女两性各年龄段死亡率分布图

2. 汉代墓葬

昌邑辛置汉代墓葬中有303例个体可判断具体年龄，21例个体仅能大致推断年龄段，其中男性110例，疑似男性11例；女性105例，疑似女性9例（表7-2）。

表7-2　辛置汉代居民死亡年龄分布统计表

年龄分期	男性（%）	男？（%）	女性（%）	女？（%）	性别不明（%）	合计（%）
婴儿期（0～2）	0（0.00）	0（0.00）	0（0.00）	0（0.00）	0（0.00）	0（0.00）
幼儿期（3～6）	0（0.00）	0（0.00）	0（0.00）	0（0.00）	5（5.62）	5（1.54）
少年期（7～14）	0（0.00）	0（0.00）	0（0.00）	0（0.00）	23（25.84）	23（7.10）
青年期（15～23）	10（9.09）	2（18.18）	12（11.43）	3（33.33）	25（28.09）	52（16.05）
壮年期（24～35）	32（29.09）	4（36.36）	42（40.00）	2（22.22）	28（31.46）	108（33.33）
中年期（36～55）	64（58.18）	4（36.36）	49（46.67）	3（33.33）	8（8.99）	128（39.51）
老年期（56+）	4（3.64）	1（9.09）	2（1.90）	1（11.11）	0（0.00）	8（2.47）
合计	110（100.00）	11（100.00）	105（100.00）	9（100.00）	89（100.00）	324（100.00）

汉代居民的死亡年龄段主要集中于壮年期和中年期。其中中年期所占比重最大，其次是壮年期和青年期，幼儿期、少年期和老年期比例较小，缺少婴儿期个体（图7-3）。

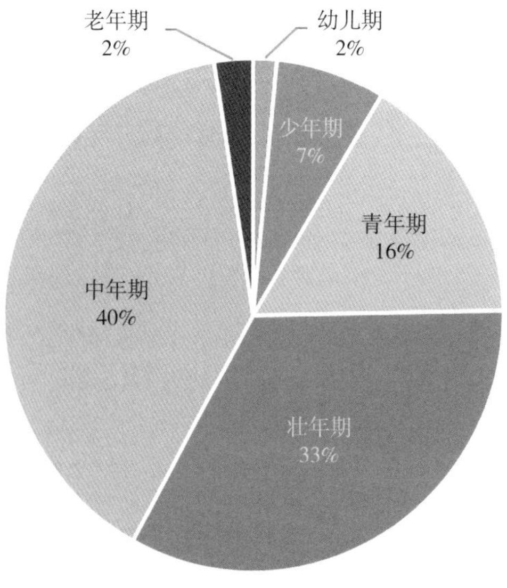

图7-3　辛置汉代居民死亡年龄段分布图

男女两性在各年龄段的死亡比例略有差异。在青年期和壮年期，女性死亡率高于男性；而在中年期和老年期，男性的死亡率迅速增长并超过了女性。从平均死亡年龄来看，昌邑辛置汉代居民中男女两性的死亡高峰均位于中年期。其中，男性死亡年龄基本集中于中年期，而女性在壮年期和中年期的死亡比例相近（图 7-4）。

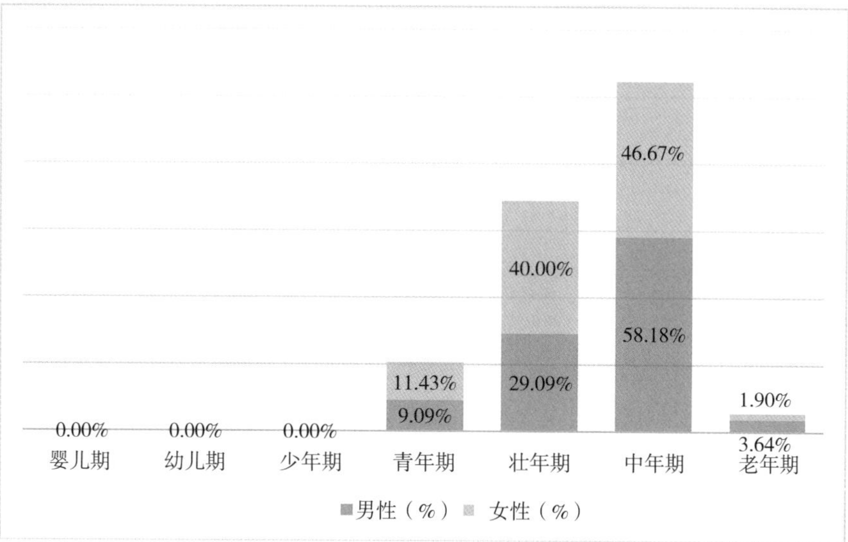

图 7-4　辛置汉代男女两性各年龄段死亡率分布图

3. 明代墓葬

昌邑辛置明代墓葬中有 44 例个体可判断具体年龄，1 例个体仅能大致推断年龄段，其中男性 22 例，女性 22 例（表 7-3）。

表 7-3　辛置明代居民死亡年龄分布统计表

年龄分期	男性（%）	男？（%）	女性（%）	女？（%）	性别不明（%）	合计（%）
婴儿期（0～2）	0（0.00）	0（0.00）	0（0.00）	0（0.00）	0（0.00）	0（0.00）
幼儿期（3～6）	0（0.00）	0（0.00）	0（0.00）	0（0.00）	0（0.00）	0（0.00）
少年期（7～14）	0（0.00）	0（0.00）	0（0.00）	0（0.00）	0（0.00）	0（0.00）
青年期（15～23）	0（0.00）	0（0.00）	0（0.00）	1（100.00）	0（0.00）	1（2.22）
壮年期（24～35）	3（13.64）	0（0.00）	7（31.82）	0（0.00）	0（0.00）	10（22.22）
中年期（36～55）	16（72.73）	0（0.00）	10（45.45）	0（0.00）	0（0.00）	26（57.78）
老年期（56+）	3（13.64）	0（0.00）	5（22.73）	0（0.00）	0（0.00）	8（17.78）
合计	22（100.00）	0（0.00）	22（100.00）	1（100.00）	0（0.00）	45（100.00）

明代居民的死亡年龄段主要集中于中年期，其次是壮年期和老年期，缺乏青年期和未成年个体（图7-5）。

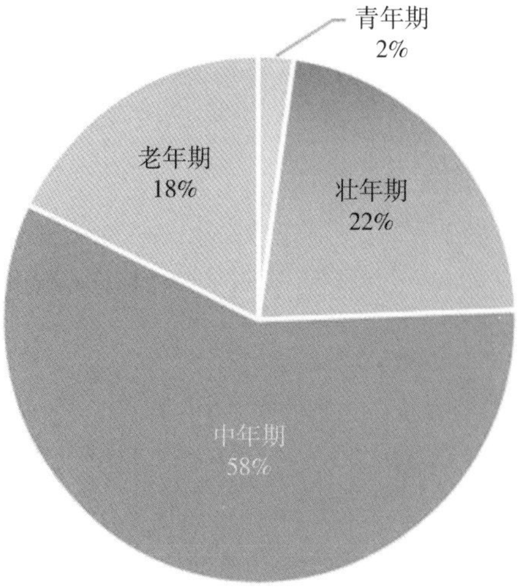

图 7-5　辛置明代居民死亡年龄段分布图

男女两性在各年龄段的死亡比例存在较大差异。男女两性的死亡高峰期均集中于中年期，但壮年期和老年期的女性死亡比例明显大于男性，男性的死亡年龄基本集中于中年期，其他年龄段很少（图 7-6）。

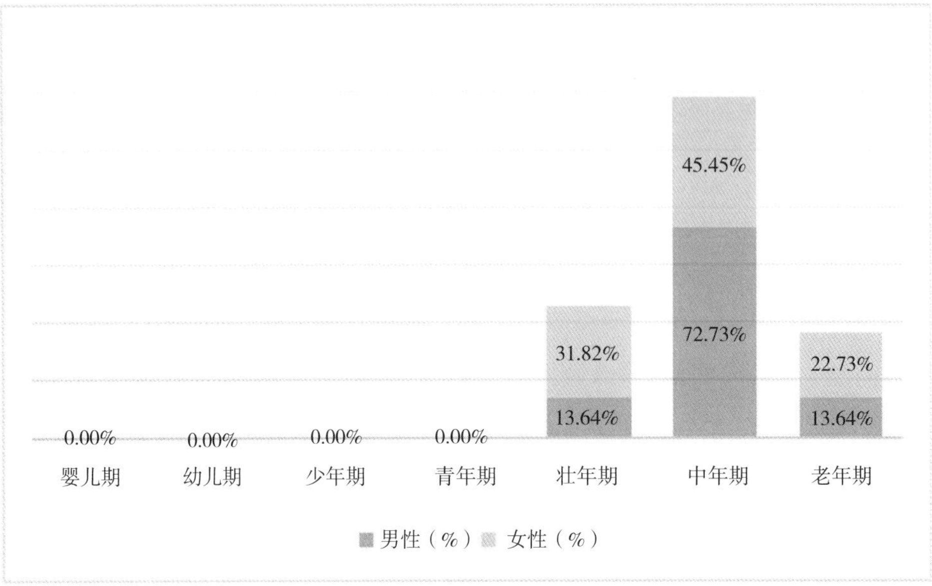

图 7-6　辛置明代男女两性各年龄段死亡率分布图

4. **清代墓葬**

昌邑辛置清代墓葬中有 124 例个体可判断具体年龄，6 例个体仅能大致推断年龄段，其中男性 60 例，疑似男性 3 例；女性 61 例，疑似女性 1 例（表 7-4）。

表 7-4　辛置清代居民死亡年龄分布统计表

年龄分期	男性（%）	男？（%）	女性（%）	女？（%）	性别不明（%）	合计（%）
婴儿期（0～2）	0（0.00）	0（0.00）	0（0.00）	0（0.00）	0（0.00）	0（0.00）
幼儿期（3～6）	0（0.00）	0（0.00）	0（0.00）	0（0.00）	1（20.00）	1（0.77）
少年期（7～14）	0（0.00）	0（0.00）	0（0.00）	0（0.00）	2（40.00）	2（1.54）
青年期（15～23）	0（0.00）	1（33.33）	5（8.20）	0（0.00）	2（40.00）	8（6.15）
壮年期（24～35）	9（15.00）	1（33.33）	11（18.03）	0（0.00）	0（0.00）	21（16.15）
中年期（36～55）	43（71.67）	1（33.33）	36（59.02）	1（100.00）	0（0.00）	81（62.31）
老年期（56+）	8（13.33）	0（0.00）	9（14.75）	0（0.00）	0（0.00）	17（13.08）
合计	60（100.00）	3（100.00）	61（100.00）	1（100.00）	5（100.00）	130（100.00）

清代居民的死亡年龄段主要集中于中年期，其次是壮年期和老年期，幼儿期、青年期和少年期所占比例较小，缺少婴儿期个体（图 7-7）。

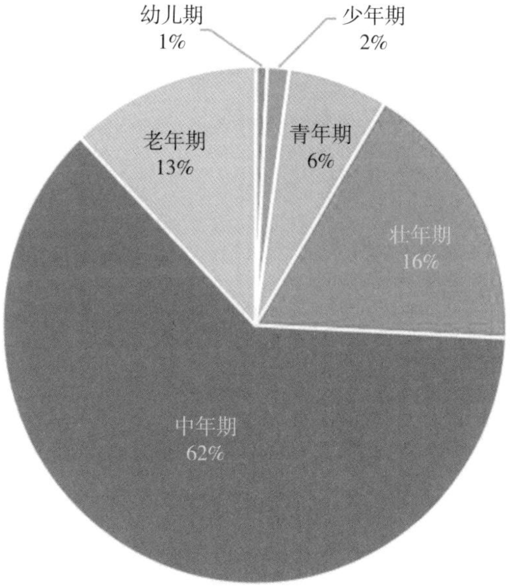

图 7-7　辛置清代居民死亡年龄段分布图

青年期外，清代男女两性在各年龄段的死亡比例较为接近。男女两性的死亡高峰期均集中于中年期，但女性在壮年期和老年期的死亡比例略高于男性。青年期只有女性个体（图 7-8）。

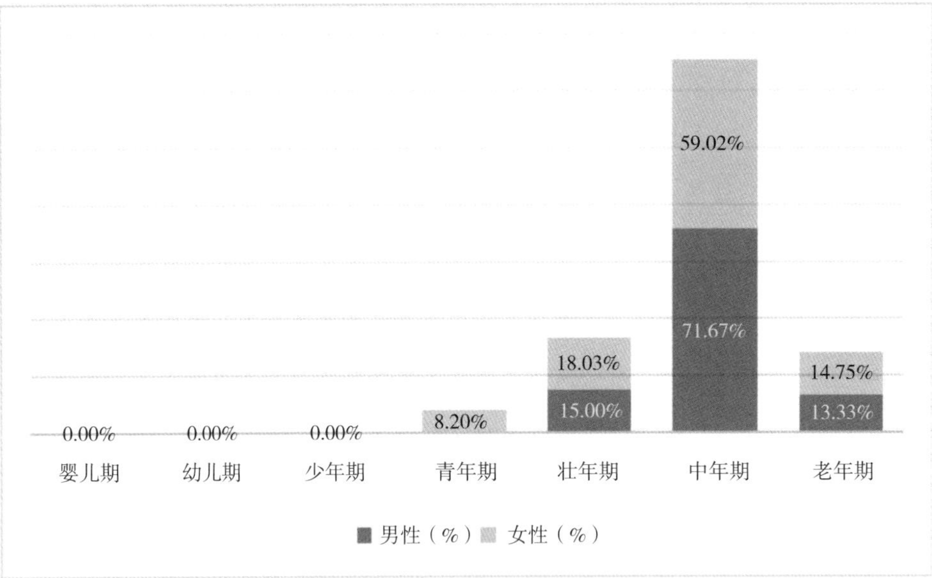

图 7-8 辛置清代男女两性各年龄段死亡率分布图

三 人口寿命

为了能够更直观地了解男女两性的群体死亡状况，本文选取具有较为明确的年龄数值和性别鉴定结果的个体分别计算出他们的平均死亡年龄和平均预期寿命，并制作简略生命表。

（一）平均死亡年龄

平均死亡年龄指在一定时期内死亡者的年龄总和比之总体死亡人数所得的年龄平均值[1]。经统计，昌邑辛置墓地周代墓葬中可明确判断年龄的个体共24例，平均死亡年龄约34.6岁。其中男性13例，平均死亡年龄约37.3岁；女性8例，平均死亡年龄约36.0岁。汉代墓葬中可明确判断年龄的个体共303例，平均死亡年龄约31.9岁。其中男性108例，平均死亡年龄约37.6岁；女性101例，平均死亡年龄约35.3岁。明代墓葬中可明确判断年龄的个体共44例，平均死亡年龄约42.5岁。其中男性22例，平均死亡年龄约43.5岁；女性21例，平均死亡年龄约42.7岁。清代墓葬中可明确判断年龄的个体共124例，平均死亡年龄约39.3岁。其中男性59例，平均死亡年龄约42.5岁；女性58例，平均死亡年龄约38.7岁。

（二）平均预期寿命

平均预期寿命亦称平均寿命，指一群人从出生到死亡平均每人可以存活的预期时间。它可以反映出一个社会的生活质量。在不同时期和社会条件下，人群寿命的长短有着很大的差别，体质状况、遗传基因、生活条件等因素都会对个体的寿命产生影响。为了更科学地计算出古代居民在出生时平

[1] 李永胜：《人口统计学》，西南财经大学出版社，2002年，第178、179页。

均可预期存活的年数，通常采用编制简略生命表的方法来实现。

1. 生命表

现代人口学认为，人口规模超过 300 万的地区适于编制完全生命表，人口规模小于 30 万时可编制简略生命表。若人口数量只有几百时，由于随机误差过大不宜编制生命表[1]。但古人口学的研究对象主要来自古代墓葬，通常情况下，保存较好的大型墓葬区能够出土数百具人类遗骸，极个别能够达到数千具，但相较于现代人口学标准，古人口生命表的统计结果难免存在较大误差。为尽可能减小误差，本文只对个体数超过 100 例的汉代和明清居民制作简略生命表。

生命表，有时也称为离散时间生存分析，是一种数学工具，用于表示人群的死亡经历并探讨特定年龄的死亡概率对生存率的影响[2]。在假设特定年龄死亡率在个人一生中不发生变化的前提下，生命表可以帮助我们了解特定年龄死亡率对一系列离散年龄类别的累积影响。生命表分析中的核心概念是死亡率和生存率。给定年龄段的一组人在有限的时间间隔内会发生可预测的死亡人数，死亡的比例取决于时间间隔的长度以及特定人群的特定年龄死亡概率。在时间间隔结束时，幸存者的数量将等于原始队列减去已死亡的个体。因此，幸存者在每个相继的年龄区间都从出生时的最大值 1 下降到最后一个幸存者死亡时的 0[3]。构建生命表的方法一般有两种，一是队列生命表，要求至少观察一个最大寿命，该方法是基于同时出生个体的集体死亡经历来记录；二是瞬时寿命表，通过确定特定年龄段的死亡率对假设的一组人群的影响而构建。本文将根据张伯伦在《Demography in Archaeology》一书中介绍的方法，通过制作瞬时生命表来估计昌邑辛置墓地古代居民的平均预期寿命。

（1）汉代墓葬

昌邑辛置汉代墓葬可供编制简略生命表的个体数量共计 304 例，其中男性 108 例，女性 101 例（表 7-5 ～ 7）。

表 7-5　辛置汉代居民简略生命表

年龄组 x	生存率 l_x	组内死亡比例 d_x	死亡率 q_x	组内平均生存年数 L_x	组内幸存人年数总和 T_x	平均预期寿命 e_x
0 ～ 1	1.00	0.00	0.00	1.00	32.90	32.90
1 ～ 5	1.00	0.01	0.01	3.97	31.90	31.90
5 ～ 10	0.99	0.04	0.04	4.84	27.93	28.30
10 ～ 15	0.95	0.05	0.06	4.61	23.09	24.38
15 ～ 20	0.89	0.07	0.07	4.31	18.49	20.66
20 ～ 25	0.83	0.10	0.12	3.90	14.18	17.10
25 ～ 30	0.73	0.13	0.18	3.32	10.28	14.08
30 ～ 35	0.60	0.11	0.18	2.73	6.96	11.62
35 ～ 40	0.49	0.19	0.38	2.00	4.23	8.57

[1] 查瑞传：《人口普查资料分析技术》，中国人口出版社，1991年，第220～258页。

[2] A. Chamberlain. Demography in Archaeology. Cambridge University Press, 2006, 27-28.

[3] A. Chamberlain. Demography in Archaeology. Cambridge University Press, 2006, 28-29.

年龄组 x	生存率 l_x	组内死亡比例 d_x	死亡率 q_x	组内平均生存年数 L_x	组内幸存人年数总和 T_x	平均预期寿命 e_x
40～45	0.31	0.12	0.39	1.23	2.23	7.28
45～50	0.19	0.11	0.60	0.66	1.00	5.31
50～55	0.08	0.05	0.65	0.25	0.34	4.46
55～60	0.03	0.02	0.88	0.07	0.08	3.13
60～65	0.00	0.00	1.00	0.01	0.01	2.50

表7–6 辛置汉代男性居民简略生命表

年龄组 x	生存率 l_x	组内死亡比例 d_x	死亡率 q_x	组内平均生存年数 L_x	组内幸存人年数总和 T_x	平均预期寿命 e_x
0～1	1.00	0.00	0.00	1.00	38.75	38.75
1～5	1.00	0.00	0.00	4.00	37.75	37.75
5～10	1.00	0.00	0.00	5.00	33.75	33.75
10～15	1.00	0.00	0.00	5.00	28.75	28.75
15～20	1.00	0.02	0.02	4.95	23.75	23.75
20～25	0.98	0.09	0.09	4.68	18.80	19.15
25～30	0.89	0.10	0.11	4.19	14.12	15.89
30～35	0.79	0.11	0.14	3.66	9.93	12.62
35～40	0.68	0.21	0.32	2.85	6.27	9.28
40～45	0.46	0.16	0.34	1.92	3.43	7.40
45～50	0.31	0.19	0.64	1.04	1.50	4.92
50～55	0.11	0.07	0.67	0.37	0.46	4.17
55～60	0.04	0.04	1.00	0.09	0.09	2.50
60～65	0.00	0.00	——	0.00	0.00	0.00

表7–7 辛置汉代女性居民简略生命表

年龄组 x	生存率 l_x	组内死亡比例 d_x	死亡率 q_x	组内平均生存年数 L_x	组内幸存人年数总和 T_x	平均预期寿命 e_x
0～1	1.00	0.00	0.00	1.00	36.66	36.66
1～5	1.00	0.00	0.00	4.00	35.66	35.66
5～10	1.00	0.00	0.00	5.00	31.66	31.66
10～15	1.00	0.00	0.00	5.00	26.66	26.66
15～20	1.00	0.02	0.02	4.95	21.66	21.66

年龄组 x	生存率 l_x	组内死亡比例 d_x	死亡率 q_x	组内平均生存年数 L_x	组内幸存人年数总和 T_x	平均预期寿命 ex
20 ～ 25	0.98	0.11	0.11	4.63	16.71	17.05
25 ～ 30	0.87	0.12	0.14	4.06	12.08	13.86
30 ～ 35	0.75	0.16	0.21	3.37	8.02	10.66
35 ～ 40	0.59	0.24	0.40	2.38	4.65	7.83
40 ～ 45	0.36	0.18	0.50	1.34	2.28	6.39
45 ～ 50	0.18	0.11	0.61	0.62	0.94	5.28
50 ～ 55	0.07	0.05	0.71	0.22	0.32	4.64
55 ～ 60	0.02	0.01	0.50	0.07	0.10	5.00
60 ～ 65	0.01	0.01	1.00	0.02	0.02	2.50

由以上三组简略生命表（表 7-5 ～ 7）可知，昌邑辛置汉代居民的总体平均预期寿命约为 32.90 岁，其中男性与女性的平均预期寿命分别为 38.75 岁和 36.66 岁，与平均死亡年龄结果略有差异。

（2）明清墓葬

由于明代墓葬较少且与清代墓葬时代相近，因此在制作生命表时将二者合并统计。昌邑辛置明清墓葬可供编制简略生命表的个体数量共计 168 例，其中男性 81 例，女性 79 例（表 7-8 ～ 10）。

表 7-8　辛置明清居民简略生命表

年龄组 x	生存率 l_x	组内死亡比例 d_x	死亡率 q_x	组内平均生存年数 L_x	组内幸存人年数总和 T_x	平均预期寿命 e_x
0 ～ 1	1.00	0.00	0.00	1.00	41.79	41.79
1 ～ 5	1.00	0.00	0.00	4.00	40.79	40.79
5 ～ 10	1.00	0.01	0.01	4.99	36.79	36.79
10 ～ 15	0.99	0.01	0.01	4.94	31.80	31.99
15 ～ 20	0.98	0.03	0.03	4.84	26.86	27.35
20 ～ 25	0.95	0.04	0.04	4.67	22.02	23.13
25 ～ 30	0.92	0.07	0.07	4.42	17.35	18.93
30 ～ 35	0.85	0.08	0.09	4.06	12.93	15.19
35 ～ 40	0.77	0.15	0.20	3.48	8.87	11.46
40 ～ 45	0.62	0.21	0.34	2.57	5.39	8.70
45 ～ 50	0.41	0.20	0.49	1.55	2.81	6.85
50 ～ 55	0.21	0.08	0.37	0.85	1.26	6.07
55 ～ 60	0.13	0.11	0.86	0.37	0.42	3.18
60 ～ 65	0.02	0.02	1.00	0.04	0.04	2.50

表 7-9 辛置明清男性居民简略生命表

年龄组 x	生存率 l_x	组内死亡比例 d_x	死亡率 q_x	组内平均生存年数 L_x	组内幸存人年数总和 T_x	平均预期寿命 e_x
0～1	1.00	0.00	0.00	1.00	44.48	44.48
1～5	1.00	0.00	0.00	4.00	43.48	43.48
5～10	1.00	0.00	0.00	5.00	39.48	39.48
10～15	1.00	0.00	0.00	5.00	34.48	34.48
15～20	1.00	0.00	0.00	5.00	29.48	29.48
20～25	1.00	0.00	0.00	5.00	24.48	24.48
25～30	1.00	0.06	0.06	4.85	19.48	19.48
30～35	0.94	0.07	0.08	4.51	14.63	15.59
35～40	0.86	0.10	0.11	4.07	10.12	11.71
40～45	0.77	0.27	0.35	3.15	6.05	7.90
45～50	0.49	0.28	0.58	1.76	2.90	5.88
50～55	0.21	0.09	0.41	0.83	1.14	5.44
55～60	0.12	0.12	1.00	0.31	0.31	2.50
60～65	0.00	0.00	-	0.00	0.00	0.00

表 7-10 辛置明清女性居民简略生命表

年龄组 x	生存率 l_x	组内死亡比例 d_x	死亡率 q_x	组内平均生存年数 L_x	组内幸存人年数总和 T_x	平均预期寿命 e_x
0～1	1.00	0.00	0.00	1.00	41.42	41.42
1～5	1.00	0.00	0.00	4.00	40.42	40.42
5～10	1.00	0.00	0.00	5.00	36.42	36.42
10～15	1.00	0.00	0.00	5.00	31.42	31.42
15～20	1.00	0.03	0.03	4.94	26.42	26.42
20～25	0.97	0.06	0.06	4.72	21.49	22.05
25～30	0.91	0.08	0.08	4.37	16.77	18.40
30～35	0.84	0.09	0.11	3.96	12.41	14.85
35～40	0.75	0.22	0.29	3.20	8.45	11.31
40～45	0.53	0.16	0.31	2.25	5.25	9.88
45～50	0.37	0.14	0.38	1.49	3.01	8.19
50～55	0.23	0.08	0.33	0.95	1.52	6.67
55～60	0.15	0.11	0.75	0.47	0.57	3.75
60～65	0.04	0.04	1.00	0.09	0.09	2.50

由以上三组简略生命表(表7-8～10)可知，昌邑辛置明清居民的总体平均预期寿命约为41.79岁，其中男性与女性的平均预期寿命分别为44.48岁和41.42岁。

受埋葬习俗和性别鉴定方法限制，汉代和明清墓葬在人口统计中缺乏未成年个体，从而造成严重的数据偏倚。为了尽可能科学地修正辛置墓地的人口统计结果，本文将引入模型生命表对汉代和明清居民人口数据进行调整。

2. 模型生命表

模型生命表总结了典型或理想人群的死亡率经验。通过对一系列具有大致相似死亡率的历史人口的特定年龄死亡率数据进行平均，来构建模型生命表[1]。

目前学界使用较为广泛的模型生命表是由普林斯顿大学人口研究办公室的寇尔和德姆尼等学者汇编的“区域模型生命表”。该模型生命表基于300多个被普查人口，并根据不同社会发展水平分为四个区域，分别是“北区”，“南区”，“东区”和“西区”[2]。其中“西区”模型生命表给出的平均死亡率模式，是古人口学中使用最广泛的模式。通常认为，西区模型生命表在高死亡率水平下给出了最可靠的结果，适用于模拟历史时期或史前人口[3]。

（1）汉代墓葬

从实际鉴定结果来看，汉代墓葬中主要缺乏婴幼儿期个体。此外，有学者根据《史记》《汉书》等文献记载，认为汉代居民寿命可远大于70岁，近80岁[4]。因此本文参考年龄别死亡率（m_x）[5]，选择“西区”一级模型生命表对汉代婴幼儿和老年期死亡个体数量进行调整（表7-11），并根据调整后的数据重新编制简略生命表（表7-11～14）。

表7-11　辛置汉代居民死亡年龄分布

年龄组	男性（原）	女性（原）	总体（原）	男性（调整后）	女性（调整后）	总体（调整后）
0～1	0	0	0	128	115	243
1～5	0	0	4	46	52	98
5～10	0	0	12	9	11	20
10～15	0	0	16	6	8	14
15～20	2	2	20	8	10	17
20～25	10	11	30	10	11	21
25～30	11	12	40	11	12	23
30～35	12	16	32	12	16	28
35～40	23	24	57	23	24	47

[1] A. Chamberlain. Demography in Archaeology. Cambridge University Press, 2006, 31-32.

[2] A. J. Coale， P. Demeny， B. Vaughan. Regional Model Life Tables and Stable Populations. Academic Press, 1983, 1-2.

[3] A. Chamberlain. Demography in Archaeology. Cambridge University Press, 2006, 31-32.

[4] 郑正、王兴平：《古代中国人寿命与人均粮食占有量》，《江苏社会科学》2000年第一期。

[5] 年龄别死亡率m_x=x岁到x+n岁之间的死亡人数/x岁到x+n岁之间的平均人口数。

年龄组	男性（原）	女性（原）	总体（原）	男性（调整后）	女性（调整后）	总体（调整后）
40～45	17	18	36	17	18	35
45～50	21	11	34	21	11	32
50～55	8	5	15	8	5	13
55～60	4	1	7	7	5	12
60～65	0	1	1	7	6	12
65～70	0	0	0	6	5	10
70～75	0	0	0	4	4	8
75～80	0	0	0	2	2	4

表7-12 辛置汉代居民简略生命表（调整后）

年龄组 x	生存率 l_x	组内死亡比例 d_x	死亡率 q_x	组内平均生存年数 L_x	组内幸存人年数总和 T_x	平均预期寿命 e_x
0～1	1.00	0.38	0.38	0.81	18.13	18.13
1～5	0.62	0.15	0.25	2.17	17.32	27.99
5～10	0.46	0.03	0.07	2.25	15.15	32.61
10～15	0.43	0.02	0.05	2.12	12.91	29.75
15～20	0.41	0.03	0.07	1.99	10.79	26.17
20～25	0.39	0.03	0.09	1.85	8.80	22.82
25～30	0.35	0.04	0.10	1.67	6.95	19.72
30～35	0.32	0.04	0.14	1.47	5.28	16.68
35～40	0.27	0.07	0.27	1.18	3.81	13.96
40～45	0.20	0.05	0.28	0.86	2.63	13.20
45～50	0.14	0.05	0.35	0.60	1.77	12.27
50～55	0.09	0.02	0.22	0.42	1.17	12.48
55～60	0.07	0.02	0.26	0.32	0.75	10.24
60～65	0.05	0.02	0.36	0.22	0.43	7.99
65～70	0.03	0.02	0.47	0.13	0.21	6.06
70～75	0.02	0.01	0.66	0.06	0.08	4.19
75～80	0.01	0.01	1.00	0.02	0.02	2.50

表 7-13　辛置汉代男性居民简略生命表（调整后）

年龄组 x	生存率 l_x	组内死亡比例 d_x	死亡率 q_x	组内平均生存年数 L_x	组内幸存人年数总和 T_x	平均预期寿命 e_x
0～1	1.00	0.39	0.39	0.80	18.73	18.73
1～5	0.61	0.14	0.23	2.14	17.92	29.59
5～10	0.46	0.03	0.06	2.25	15.78	34.04
10～15	0.44	0.02	0.04	2.14	13.53	31.01
15～20	0.42	0.02	0.06	2.03	11.40	27.26
20～25	0.39	0.03	0.08	1.90	9.36	23.72
25～30	0.36	0.03	0.09	1.73	7.47	20.53
30～35	0.33	0.04	0.11	1.56	5.73	17.39
35～40	0.29	0.07	0.24	1.28	4.18	14.28
40～45	0.22	0.05	0.24	0.98	2.89	13.07
45～50	0.17	0.07	0.39	0.68	1.92	11.37
50～55	0.10	0.02	0.24	0.46	1.24	11.93
55～60	0.08	0.02	0.28	0.34	0.78	9.89
60～65	0.06	0.02	0.37	0.23	0.44	7.80
65～70	0.04	0.02	0.48	0.13	0.21	5.96
70～75	0.02	0.01	0.66	0.06	0.08	4.19
75～80	0.01	0.01	1.00	0.02	0.02	2.50

表 7-14　辛置汉代女性居民简略生命表（调整后）

年龄组 x	生存率 l_x	组内死亡比例 d_x	死亡率 q_x	组内平均生存年数 L_x	组内幸存人年数总和 T_x	平均预期寿命 e_x
0～1	1.00	0.37	0.37	0.82	17.52	17.52
1～5	0.63	0.17	0.26	2.20	16.70	26.42
5～10	0.47	0.03	0.07	2.24	14.51	31.15
10～15	0.43	0.02	0.06	2.09	12.27	28.44
15～20	0.41	0.03	0.07	1.96	10.17	25.03
20～25	0.38	0.03	0.09	1.79	8.22	21.84
25～30	0.34	0.04	0.11	1.61	6.42	18.82
30～35	0.30	0.05	0.17	1.39	4.81	15.88
35～40	0.25	0.08	0.30	1.07	3.42	13.57
40～45	0.18	0.06	0.32	0.74	2.35	13.36

年龄组 x	生存率 l_x	组内死亡比例 d_x	死亡率 q_x	组内平均生存年数 L_x	组内幸存人年数总和 T_x	平均预期寿命 e_x
45～50	0.12	0.03	0.29	0.51	1.61	13.58
50～55	0.08	0.02	0.19	0.38	1.11	13.18
55～60	0.07	0.02	0.24	0.30	0.73	10.67
60～65	0.05	0.02	0.34	0.22	0.43	8.21
65～70	0.03	0.02	0.45	0.13	0.21	6.17
70～75	0.02	0.01	0.66	0.06	0.08	4.19
75～80	0.01	0.01	1.00	0.02	0.02	2.50

调整后，汉代居民在婴儿时期的死亡率大大提高，5～15岁的青少年死亡率较低，30岁以后死亡率显著提高，45～50岁时死亡率有所下降，之后又迅速升高（图7-9）。这一死亡率变化也引起了平均预期寿命的波动，汉代居民出生时的平均预期寿命下降至18.13岁，其中男性18.73岁，女性17.52岁。随着婴幼儿期之后死亡率的下降，汉代居民在5～10岁时的平均预期寿命达到最大值，为32.61岁，其中男性34.04岁，女性31.15岁。

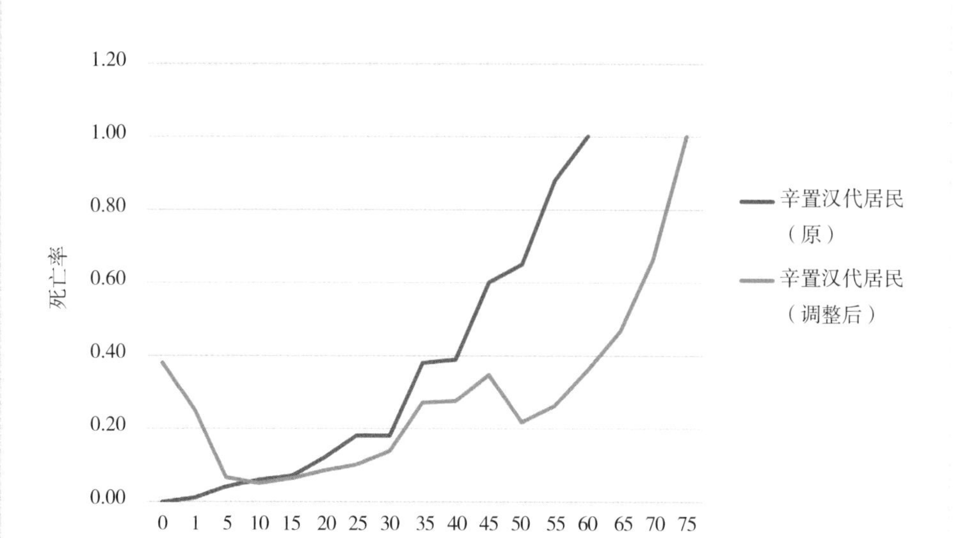

图7-9　辛置汉代居民死亡率分布图

（2）明清墓葬

与汉代墓葬类似，明清墓葬中同样缺乏未成年个体。此外，明清墓葬中还存在一定数量的老年个体，受鉴定方法限制，55岁以上的老年个体难以确定具体年龄。因此，我们需要对明清墓地中的儿童和老年个体数量进行调整。根据明清墓葬中青壮年的年龄别死亡率（m_x），本文选择区域模型生命表中“西区”五级生命表对明清未成年个体数量进行调整，选择广东中山李氏家族1750～1799

年生命表[1]对老年个体数量进行调整（表 7-15），并根据调整后的数据重新编制简略生命表（表 7-15 ~ 18）。

表 7-15　辛置明清居民死亡年龄分布

年龄组	男性（原）	女性（原）	总体（原）	男性（调整后）	女性（调整后）	总体（调整后）
0 ~ 1	0	0	0	43	43	86
1 ~ 5	0	0	0	18	22	40
5 ~ 10	0	0	1	4	5	9
10 ~ 15	0	0	2	3	4	7
15 ~ 20	0	2	5	4	5	9
20 ~ 25	0	5	6	5	5	10
25 ~ 30	5	6	11	5	6	11
30 ~ 35	6	7	13	6	7	13
35 ~ 40	8	17	26	8	17	25
40 ~ 45	22	13	35	22	13	35
45 ~ 50	23	11	34	23	11	34
50 ~ 55	7	6	13	7	6	13
55 ~ 60	10	9	19	9	7	16
60 ~ 65	0	3	3	8	8	16
65 ~ 70	0	0	0	9	8	17
70 ~ 75	0	0	0	7	10	17
75 ~ 80	0	0	0	5	7	12
80 ~ 85	0	0	0	4	5	9
85 ~ 90	0	0	0	1	4	5
90 ~ 95	0	0	0	0	1	1

表 7-16　辛置明清居民简略生命表（调整后）

年龄组 x	生存率 l_x	组内死亡比例 d_x	死亡率 q_x	组内平均生存年数 L_x	组内幸存人年数总和 T_x	平均预期寿命 e_x
0 ~ 1	1.00	0.22	0.22	0.89	32.86	32.86
1 ~ 5	0.78	0.10	0.13	2.90	31.97	41.17
5 ~ 10	0.67	0.02	0.03	3.31	29.07	43.21

[1] I-Chin Yuan. Life tables for a southern Chinese family from 1365 to 1849. Human Biology, 1931, 3（2）: 157-179.

年龄组 x	生存率 l_x	组内死亡比例 d_x	死亡率 q_x	组内平均生存年数 L_x	组内幸存人年数总和 T_x	平均预期寿命 e_x
10～15	0.65	0.02	0.03	3.20	25.77	39.68
15～20	0.63	0.02	0.04	3.10	22.56	35.75
20～25	0.61	0.03	0.04	2.97	19.47	32.03
25～30	0.58	0.03	0.05	2.84	16.49	28.35
30～35	0.55	0.03	0.06	2.68	13.66	24.68
35～40	0.52	0.06	0.13	2.44	10.97	21.13
40～45	0.45	0.09	0.20	2.05	8.54	18.79
45～50	0.36	0.09	0.24	1.60	6.49	17.86
50～55	0.28	0.03	0.12	1.29	4.90	17.78
55～60	0.24	0.04	0.17	1.10	3.60	14.92
60～65	0.20	0.04	0.21	0.90	2.50	12.50
65～70	0.16	0.04	0.28	0.68	1.60	10.12
70～75	0.11	0.04	0.39	0.46	0.92	8.07
75～80	0.07	0.03	0.44	0.27	0.46	6.57
80～85	0.04	0.02	0.60	0.14	0.19	4.83
85～90	0.02	0.01	0.83	0.05	0.05	3.33
90～95	0.00	0.00	1.00	0.01	0.01	2.50

表7-17　辛置明清男性居民简略生命表（调整后）

年龄组 x	生存率 l_x	组内死亡比例 d_x	死亡率 q_x	组内平均生存年数 L_x	组内幸存人年数总和 T_x	平均预期寿命 e_x
0～1	1.00	0.23	0.23	0.89	32.93	32.93
1～5	0.77	0.09	0.12	2.91	32.05	41.36
5～10	0.68	0.02	0.03	3.35	29.14	42.81
10～15	0.66	0.02	0.02	3.26	25.79	39.09
15～20	0.64	0.02	0.03	3.17	22.53	34.98
20～25	0.62	0.03	0.04	3.05	19.36	31.07
25～30	0.60	0.03	0.04	2.92	16.31	27.32
30～35	0.57	0.03	0.06	2.77	13.39	23.46
35～40	0.54	0.04	0.08	2.59	10.62	19.68
40～45	0.50	0.12	0.23	2.20	8.02	16.13
45～50	0.38	0.12	0.32	1.61	5.82	15.24

年龄组 x	生存率 l_x	组内死亡比例 d_x	死亡率 q_x	组内平均生存年数 L_x	组内幸存人年数总和 T_x	平均预期寿命 e_x
50～55	0.26	0.04	0.14	1.22	4.21	16.10
55～60	0.23	0.05	0.21	1.01	3.00	13.31
60～65	0.18	0.04	0.24	0.79	1.99	11.18
65～70	0.14	0.05	0.35	0.56	1.20	8.85
70～75	0.09	0.04	0.41	0.35	0.64	7.21
75～80	0.05	0.03	0.50	0.20	0.29	5.50
80～85	0.03	0.02	0.80	0.08	0.09	3.50
85～90	0.01	0.01	1.00	0.01	0.01	2.50
90～95	0.00	0.00	-	0.00	0.00	0.00

表 7-18　辛置明清女性居民简略生命表（调整后）

年龄组 x	生存率 l_x	组内死亡比例 d_x	死亡率 q_x	组内平均生存年数 L_x	组内幸存人年数总和 T_x	平均预期寿命 e_x
0～1	1.00	0.22	0.22	0.89	32.78	32.78
1～5	0.78	0.11	0.15	2.89	31.89	40.98
5～10	0.66	0.03	0.04	3.26	29.01	43.62
10～15	0.64	0.02	0.03	3.14	25.75	40.28
15～20	0.62	0.03	0.04	3.03	22.60	36.54
20～25	0.59	0.03	0.04	2.90	19.57	33.02
25～30	0.57	0.03	0.05	2.76	16.68	29.41
30～35	0.54	0.04	0.07	2.59	13.92	25.96
35～40	0.50	0.09	0.18	2.28	11.33	22.65
40～45	0.41	0.07	0.16	1.89	9.05	21.94
45～50	0.35	0.06	0.16	1.59	7.15	20.71
50～55	0.29	0.03	0.11	1.37	5.57	19.29
55～60	0.26	0.04	0.14	1.20	4.20	16.30
60～65	0.22	0.04	0.19	1.01	3.00	13.55
65～70	0.18	0.04	0.23	0.80	2.00	11.07
70～75	0.14	0.05	0.37	0.57	1.20	8.61
75～80	0.09	0.04	0.41	0.35	0.63	7.21
80～85	0.05	0.03	0.50	0.19	0.28	5.50
85～90	0.03	0.02	0.80	0.08	0.09	3.50

年龄组 x	生存率 l_x	组内死亡比例 d_x	死亡率 q_x	组内平均生存年数 L_x	组内幸存人年数总和 T_x	平均预期寿命 e_x
90～95	0.01	0.01	1.00	0.01	0.01	2.50

经模型生命表调整，明清居民未成年个体的死亡数据得到完善，老年期个体数量大大增加，最大寿命提升至90余岁。调整后，明清居民的死亡高峰期集中于0～1岁的婴儿期和45岁左右的中年期个体。5～30岁个体的死亡率较低，50岁左右死亡率有所下降，55岁以后死亡率逐年递增。未成年个体死亡数据的补充使明清居民出生时的平均预期寿命下降至32.86岁，其中男性32.93岁，女性32.78岁。随着婴幼儿期之后死亡率的下降，明清居民在5～10岁时的平均预期寿命达到最大值，为43.21岁，其中男性42.81岁，女性43.62岁（图7-10）。

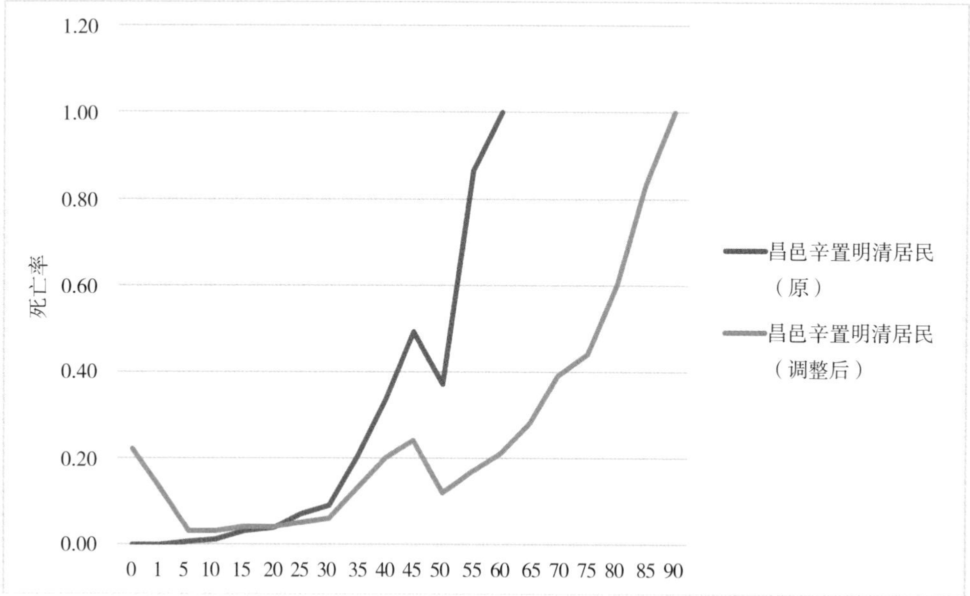

图7-10 辛置明清居民死亡率分布图

四 生存分析

生存分析是对生存时间的统计分析技术。生存时间常被用来表示自然界、人类社会或技术过程某种状态的持续时间。在实际应用中，我们通常用生存时间来表示“寿命”，因此也可将生存分析看作对寿命数据进行的分析。生存分析是研究一批个体的生存时间，任何个体的寿命都带有偶然性，而一批个体的生存时长则具有一定的规律性[1]。为了更好地阐明昌邑辛置墓地中古代居民的生存规律，本文在生命表基础上，引入生存分析中的四个函数项目对辛置汉代和明清居民的寿命进行描述。这四个生存分析函数分别是生存函数S（t）、累积死亡函数F（t）、死亡密度函数f（t）和危险函数λ（t）（表7-19、20）。

[1] 董晓芳：《排序集抽样下生存数据的非参数估计》，河北科学技术出版社，2016年，第21、22页。

表 7-19　辛置汉代居民生存函数估算值

年龄	男性				女性			
	生存率 S（t）	累积死亡率 F（t）	死亡密度 f（t）	危险率 λ（t）	生存率 S（t）	累积死亡率 F（t）	死亡密度 f（t）	危险率 λ（t）
0	0.605	0.395	0.395	0.492	0.633	0.367	0.367	0.449
1	0.463	0.537	0.035	0.066	0.466	0.534	0.042	0.076
5	0.436	0.564	0.005	0.012	0.432	0.568	0.007	0.015
10	0.418	0.582	0.004	0.009	0.407	0.593	0.005	0.012
15	0.395	0.605	0.005	0.011	0.377	0.623	0.006	0.016
20	0.364	0.636	0.006	0.016	0.342	0.658	0.007	0.019
25	0.330	0.670	0.007	0.020	0.303	0.697	0.008	0.024
30	0.292	0.708	0.007	0.024	0.253	0.747	0.010	0.037
35	0.221	0.779	0.014	0.055	0.176	0.824	0.015	0.071
40	0.169	0.831	0.011	0.054	0.119	0.881	0.011	0.077
45	0.104	0.896	0.013	0.095	0.084	0.916	0.007	0.069
50	0.079	0.921	0.005	0.054	0.068	0.932	0.003	0.042
55	0.057	0.943	0.004	0.066	0.052	0.948	0.003	0.054
60	0.035	0.965	0.004	0.092	0.034	0.966	0.004	0.083
65	0.018	0.982	0.003	0.127	0.019	0.981	0.003	0.117
70	0.006	0.994	0.002	0.198	0.006	0.994	0.002	0.198
75	0.000	1.000	0.001	0.400	0.000	1.000	0.001	0.400

表 7-20　辛置明清居民生存函数估算值

年龄	男性				女性			
	生存率 S（t）	累积死亡率 F（t）	死亡密度 f（t）	危险率 λ（t）	生存率 S（t）	累积死亡率 F（t）	死亡密度 f（t）	危险率 λ（t）
0	0.770	0.230	0.230	0.260	0.780	0.220	0.220	0.247
1	0.678	0.322	0.023	0.032	0.663	0.337	0.029	0.041
5	0.657	0.343	0.004	0.006	0.636	0.364	0.005	0.008
10	0.644	0.356	0.003	0.004	0.617	0.383	0.004	0.006
15	0.625	0.375	0.004	0.006	0.593	0.407	0.005	0.008
20	0.600	0.400	0.005	0.008	0.569	0.431	0.005	0.008
25	0.576	0.424	0.005	0.008	0.541	0.459	0.006	0.010
30	0.541	0.459	0.007	0.012	0.503	0.497	0.008	0.015

年龄	男性				女性			
	生存率 S（t）	累积死亡率 F（t）	死亡密度 f（t）	危险率 λ（t）	生存率 S（t）	累积死亡率 F（t）	死亡密度 f（t）	危险率 λ（t）
35	0.498	0.502	0.009	0.017	0.412	0.588	0.018	0.040
40	0.383	0.617	0.023	0.052	0.346	0.654	0.013	0.035
45	0.261	0.739	0.025	0.076	0.291	0.709	0.011	0.035
50	0.224	0.776	0.007	0.030	0.259	0.741	0.006	0.023
55	0.177	0.823	0.009	0.047	0.223	0.777	0.007	0.030
60	0.135	0.865	0.009	0.055	0.180	0.820	0.008	0.042
65	0.088	0.912	0.009	0.085	0.139	0.861	0.008	0.052
70	0.052	0.948	0.007	0.103	0.087	0.913	0.010	0.091
75	0.026	0.974	0.005	0.133	0.052	0.948	0.007	0.103
80	0.005	0.995	0.004	0.267	0.026	0.974	0.005	0.133
85	0.000	1.000	0.001	0.400	0.005	0.995	0.004	0.267
90	—	—	—	—	0.000	1.000	0.001	0.400

（一）汉代墓葬

生存函数曲线表明（图7-11）：

（1）汉代居民男女两性的生存率总体呈单调下降趋势，0～1岁时生存率下降较快，1～30岁期间生存率下降趋势较平缓，30岁以后又迅速下降。10岁以前男女两性的生存率下降趋势基本一致，10岁以后女性生存率下降速度明显快于男性，至40岁左右，两性生存率差异达到最大值，45岁以后两性生存率又趋于一致。

（2）汉代居民男女两性的累积死亡率总体呈单调上升趋势，0～1岁时累积死亡率上升速度最快，1～30岁期间上升趋势较为平缓，30岁以后又迅速上升。10岁以前男女两性的累积死亡率上升趋势基本一致，10岁以后女性累积死亡率上升速度略高于男性，至40岁左右，两性累积死亡率差异达到最大值，50岁以后两性累积死亡率趋于一致。

（3）汉代居民死亡密度最大值在0岁左右，之后死亡密度迅速下降。0～1岁时下降速度最快，其次是1～5岁，5岁以后趋于平缓。男女两性的死亡密度基本一致。

（4）汉代居民在出生时的生存危险率最高，之后迅速下降，10岁左右危险率达到最低值，10～25岁危险率缓慢上升，30～50岁时出现小幅波动，之后恢复单调上升趋势。25岁以前男女两性的生存危险率基本一致，25～40岁，女性的生存危险率出现小幅上升，40～50岁出现小幅下降，50岁以后呈上升状态；男性在30～35岁时危险率出现小幅上升，35～40岁时略有下降，40～45岁时又有所上升，45～50岁时再次快速下降，50岁以后呈单调上升状态。

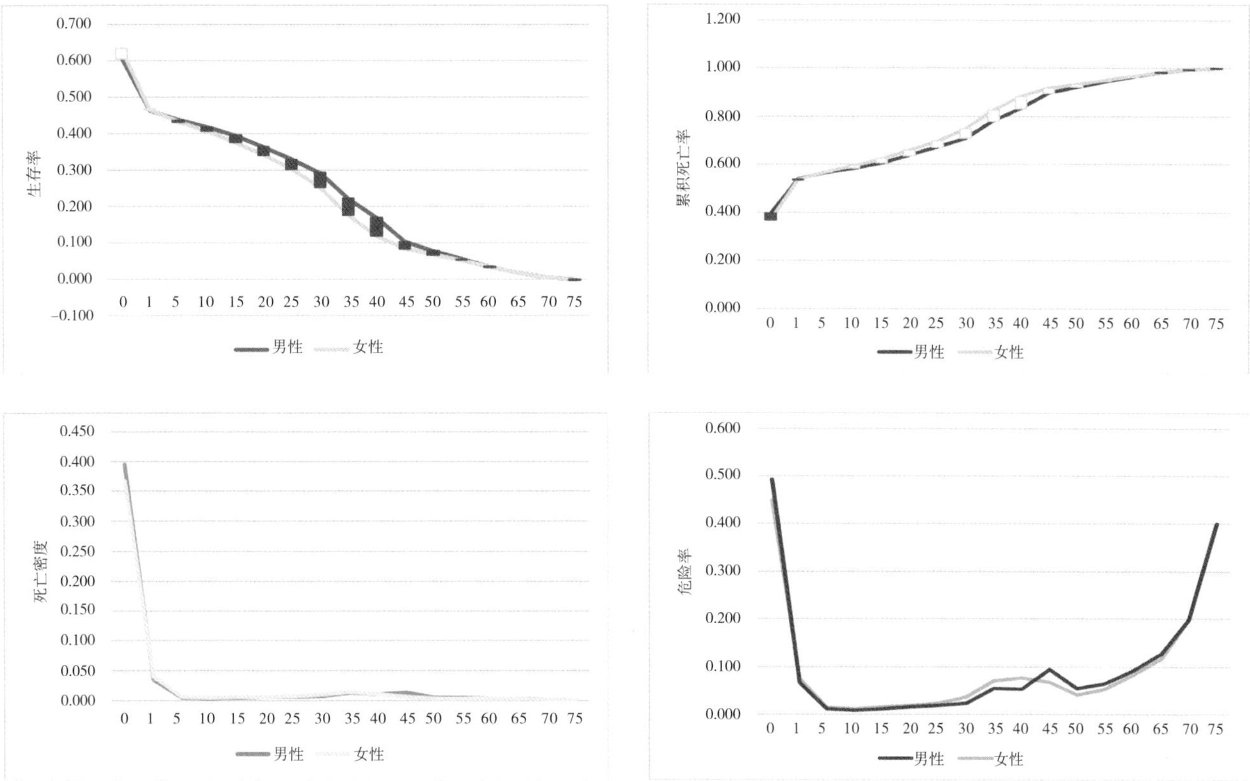

图 7-11　汉代居民生存函数曲线图

（二）明清墓葬

生存函数曲线表明（图 7-12）：

（1）明清居民男女两性的生存率总体呈单调下降趋势，0 ～ 1 岁时生存率下降较快，1 ～ 35 岁期间生存率下降速度放缓，35 ～ 45 岁期间生存率又出现快速下降，45 岁以后平稳下降。出生时男女两性的生存率下降趋势基本一致，1 ～ 40 岁期间女性生存率下降速度明显快于男性，至 40 岁左右，两性生存率差异达到最大值，45 岁以后，男性生存率下降速度开始快于女性，在 65 岁左右两性生存率差异达到最大值。

（2）明清居民男女两性的累积死亡率总体呈单调上升趋势，0 ～ 1 岁时累积死亡率上升速度最快，1 ～ 35 岁期间上升趋势较为平缓，35 ～ 45 岁期间累积死亡率快速上升，45 岁以后平稳单调上升。出生时男女两性的累积死亡率上升趋势基本一致，1 ～ 40 岁左右女性累积死亡率上升速度高于男性，至 35 岁左右，两性累积死亡率差异达到最大值，50 岁以后男性累积死亡率上升速度超过女性，并在 65 岁左右两性累积死亡率差异达到最大值。

（3）明清居民死亡密度最大值在 0 岁左右，之后死亡密度迅速下降。0 ～ 1 岁时下降速度最快，其次是 1 ～ 5 岁，30 ～ 50 岁期间死亡密度存在小幅波动，其余年龄段基本保持平稳下降趋势。男性的死亡密度在 35 ～ 45 岁期间出现小幅上升，45 ～ 50 岁时死亡密度迅速下降，此后趋于平缓；女性在 30 ～ 35 岁期间死亡密度出现小幅上升，35 ～ 50 岁时缓慢下降，50 岁以后趋于平缓。

（4）明清居民在出生时的生存危险率最高，之后迅速下降，10 岁左右危险率达到最低值，

30～50岁时存在小幅波动，之后恢复单调上升趋势。30岁以前男女两性的生存危险率基本一致，30～35岁时，女性的生存危险率出现小幅上升，35～50岁期间出现小幅下降，50岁以后呈阶段性上升状态；男性在35～45岁时生存危险率迅速上升，45～50岁时又迅速下降，50岁以后呈阶段性上升状态，但男性在50岁以后的生存危险率上升速度明显高于女性。

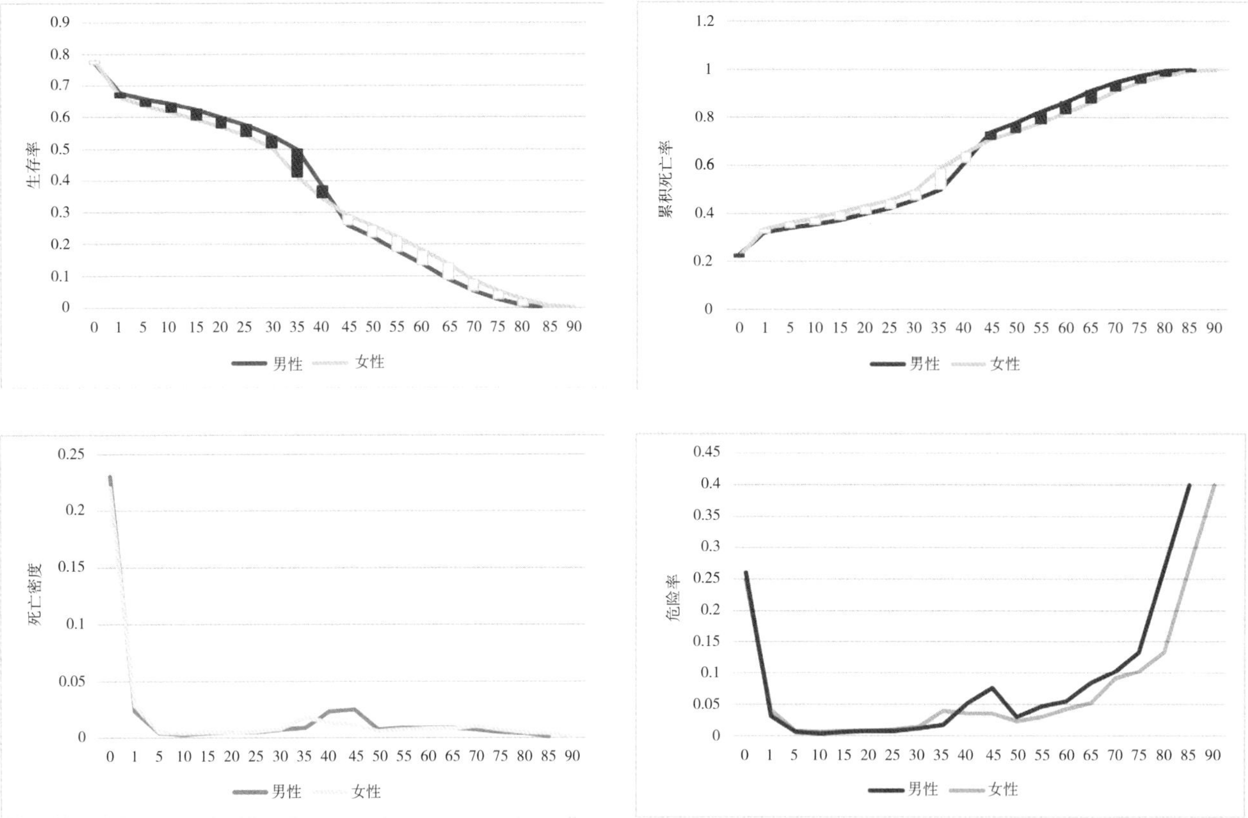

图7-12 明清居民生存函数曲线图

五 分析与讨论

（一）人口自然结构

1. 性别结构

从男女性别比的统计结果来看，辛置墓地古代人群存在一定程度的男女比例失调。周代和汉代墓葬中的男性占比较大，而明清墓葬中的女性数量略多于男性。造成这种性比值异常的原因可能是多样的，其中有自然原因，也有社会原因。首先，从样本的代表性来看，汉代墓葬中的人骨遗骸保存较差，鉴定率仅有42.91%，而周代墓葬的总体样本量较小，因此二者在统计时可能存在较大误差，不一定能够代表当时的实际人口性别比。其次，清代人口表现出稍高的女性比例，可能与当时的婚姻和埋葬习俗有关。清代墓葬中存在较多的男女合葬墓，其中包含一些1男2女合葬现象。此外，未成年个体无法通过骨骼形态判断性别。若能够将这些未成年个体的性别计入统计，则很可能会极大地缓解这种性比失调现象。

2. 年龄结构

昌邑辛置墓地各时代的墓葬中均缺少未成年个体，特别是婴幼儿。造成这种现象的原因可能主要有两个方面。一方面，可能是受埋藏条件的影响。周代和汉代墓葬中的人骨遗骸整体保存情况较差，大部分未成年骨骼遗骸可能已腐蚀殆尽。另一方面，可能与当地的埋藏习俗有关。明清墓葬中的骨骼遗骸整体保存较好，但仍缺少未成年个体。考虑到明清族谱中普遍缺乏对15岁以下未成年个体的记录，家族中的未成年儿童可能还未得到家族的正式认可，因此早夭的未成年个体特别是婴幼儿可能未葬入家族墓地。此外，周代和明代未成年个体的缺失还可能与发掘区域的选择和样本量较少有关。

辛置墓地中各时代男女两性在不同年龄段上的死亡比例均存在较大差异。总体来看，主要表现为青壮年期女性死亡比例较高，男性死亡比例更集中于中年期，老年期的女性略多于男性。青壮年期女性死亡率偏高可能与生殖死亡有关，这种生殖死亡不仅指分娩时的风险，在整个孕期都存在死亡的风险，而分娩时的并发症和过于频繁的怀孕都会在很大程度上影响女性的死亡率[1]。然而，在成功度过生育期后，女性的死亡风险可能要低于男性，这其中既有自然因素也存在社会因素。首先，相较于男性而言，女性拥有更强而有效的免疫系统，更有能力抵抗疾病的侵袭。根据考特尼对现代美国男女两性的健康研究显示，男性比女性更容易罹患多种严重的慢性疾病，且在15种高致死病中，男性具有更高的死亡率，而男性的平均死亡年龄要比女性低7岁左右。此外，男性在社会生产活动中可能承担更大的劳动强度和生产风险，从而导致其更早的死亡。

（二）人口寿命

1. 平均死亡年龄

平均死亡年龄是全体死亡者的平均年龄，它不仅受死亡水平的影响，还会受到年龄结构的影响[2]。辛置墓地中四个时代的人口平均死亡年龄大致在30至40岁之间，由于各时代墓地中均缺少未成年个体特别是婴幼儿，且在医疗水平欠发达的古代社会，新生儿难产及未成年儿童的夭折率应是较高的，因此各时代的实际平均死亡年龄可能会低于上述统计结果（表7-21～24）。

2. 平均预期寿命

从统计结果来看，无论是汉代还是明清居民的总体平均预期寿命均低于男女两性的平均预期寿命，这是由于一部分具有具体年龄数值但无法鉴定性别的未成年个体参与了总体平均预期寿命的统计，从而拉低了总体平均预期寿命的统计值。

现代人口学研究认为，古代和我国在20世纪20～30年代时的人口平均预期寿命为33岁[3]，到新中国成立前平均预期寿命仍不超过35岁[4]。而根据墓葬内人骨遗骸死亡年龄鉴定结果计算出的平均寿命来看，昌邑辛置墓地中汉代居民的平均预期寿命已超过30岁，清代居民的平均寿命更是超过了40岁。可见，直接使用墓葬内人骨遗骸死亡年龄鉴定结果计算出的平均预期寿命是明显偏离实际的。造成这种明显数据统计偏倚的主要原因是，墓地内缺乏婴幼儿个体，未成年儿童的个体数量也较少。此外，受鉴定方法限制，目前我们无法通过常规的观察手段直接判断未成年个体的性别，且对于50

---

[1]　〔英〕夏洛特·罗伯茨，基思·曼彻斯特：《疾病考古学》，山东画报出版社，2010年，第41～43页。

[2]　刘岚：《对"古代中国人寿命与人均粮食占有量"的质疑》，《人口研究》2002年第2期。

[3]　许仕廉：《人口论纲要》，中华书局，1934年，第204页。

[4]　尹德挺，石万里：《新中国成立70年来我国人口素质变迁》，《人口与健康》2019年第10期。

岁以上老年个体的年龄鉴定也存在很大的局限性。为了解决这种数据缺失问题，人口学中通常采用模型生命表来修正原始数据。本文选择了人口学中较常用的区域模型生命表，对昌邑辛置汉代墓葬中的未成年和老年个体以及清代墓葬中的未成年个体数据进行修正。为了使修正后的人口数据更加符合当时的实际情况，本文选择了袁贻瑾先生根据广东中山李氏家族族谱编制的生命表，对辛置明清墓葬中的老年个体数据进行调整。中山李氏家族成员与昌邑辛置明清居民在时代与个体身份上均十分接近，是较为理想的模型生命表，唯一比较遗憾的是，李氏族谱中缺少对15岁以下未成年个体的记录，无法更准确地获知当时的未成年尤其是新生儿的死亡率。

调整后，汉代居民的平均预期寿命下降至18.13岁，其中男性18.73岁、女性17.52岁；明清居民的平均预期寿命下降至32.86岁，其中男性32.93岁、女性32.78岁。从统计结果来看，明清居民的平均预期寿命符合现代人口学的统计结果，而汉代居民的平均预期寿命则远低于当时的平均水平。造成这一结果的原因可能有两个方面，其一，是受模型生命表人口结构的影响；其二，也是造成平均寿命较低的主要原因是，汉代居民在青壮年时期的年龄别死亡率非常高。汉代居民在20～30岁间的年龄别死亡率分别为12.30%、19.14%、18.50%，明清居民的年龄别死亡率分别为3.82%、7.41%、9.52%，区域模型生命表中西区一级生命表的年龄别死亡率分别为9.63%、10.82%、12.27%。可见，即使是平均预期寿命最低的西区一级生命表的年龄别死亡率仍远低于辛置汉代居民。因此，在调整了未成年死亡个体数量后，汉代居民的平均预期寿命大幅度下降了。此外，调整后的生命表在0～5岁期间出现了平均预期寿命递增现象，这与一般意义上的人口平均预期寿命的变化规律相矛盾，即所谓的“生命表中平均预期寿命的矛盾现象”。这种矛盾现象是由婴幼儿期死亡率过高引起的，在平均预期寿命还不是特别高的情况下，生命表中平均预期寿命的矛盾现象将始终存在[1]。

寿命是人类生命期的长度。寿命的长短一方面受社会经济条件和卫生医疗水平的制约，另一方面受体质、遗传因素、生活习惯、生活条件等个人因素的影响。在不同社会、不同时期，人的寿命有很大差别；而在同一社会条件下，每个人的寿命长短也相差悬殊[2]。纵向来看，辛置墓地明清居民的平均寿命明显高于汉代居民，明清居民寿命的显著提高是由多种因素引起的。从遗传因素角度来看，明清居民寿命的提高可能与人群交流有关，由于汉代与明清间的时代跨度较大，因此即使共同葬于同一区域，仍可能存在大范围的人群交流甚至替代。其次，相较于汉代，明清时期在医疗水平方面已有显著提高。战国至两汉是中医理论的奠基时代，隋唐时期实践医学进一步发展与丰富，宋元时期医学理论得到深入发展，到明清时期已进入到中医理论与实践完全结合的成熟时代[3]。医疗水平的提高在一定程度上会对人口寿命产生积极的影响。此外，农业技术的发展、高产作物的引进等也会改善明清居民的生活条件。

（三）生存分析

从上述四个生存曲线可知，无论是汉代还是明清时期，男性在青壮年期的生存情况都要明显优于女性，特别是在30～40岁间。通常情况下，古代社会女性死亡的年轻化被认为与生育有关。受

[1] 乔晓春：《生命表矛盾现象的理论解释》，《人口研究》1990年第6期。

[2] 广东省人口普查办公室编：《世纪之交的中国人口（广东卷）》，中国统计出版社，2005年，第98页。

[3] 谢跃生：《医学概论》，电子科技大学出版社，2014年，第12页。

儒家思想影响，古人尤为重视孝道，而繁衍子孙、传宗接代则成为“奉先思孝”的首要前提[1]。孟子言“不孝有三，无后为大”。在这种传统思想影响下，加之缺乏避孕知识与措施，古代妇女一生中可能生育八胎至十胎[2]。这种频繁的怀孕以及分娩时的风险都会在很大程度上影响古代女性寿命。

40岁以后，汉代男女两性的生存状态趋同，但明清女性的生存情况则开始优于男性，特别是在50岁以后，男性的生存风险明显高于女性。在传统社会中，通常施行“男主外、女主内”的劳动分工，男性承担了更多的重体力劳动。加之昌邑辛置明清墓地中的全部女性个体均实施了缠足，因此女性可能主要从事家务劳动和纺织工作，农业生产活动则全部由家中的男性成员完成[3]。这种长年累月的繁重劳动可能影响了明清男性的寿命。

此外，需要注意的是，一个古代人群的人口信息反映的是一个死去的群体在死亡时的人口情况，这可能与某些在一定年龄、性别所发生的疾病、劳动强度、基因遗传和生殖繁衍等因素直接相关。以上这些人口学证据还不足以证明男女两性的生存状态在这一时期是否存在明显差异，还需要结合疾病、创伤等多方面的研究来综合考察该群体内男女两性的健康状况和生产劳动强度等问题。

表7-21　辛置周代居民性别、年龄鉴定表

墓号	性别	年龄	墓号	性别	年龄
M6	女	中年	M334	女	35～45
M21-1	男	30左右	M390	女	成人
M21-2	女	23～27	M447	无法鉴定	无法鉴定
M21-3	男	30左右	M891	无法鉴定	无法鉴定
M21-4	男	35～40	M897	男	40～50
M21-5	男	25～35	M919	男?	40～50
M21-6	无法鉴定	3～5	M926	男	45～55
M59	女	40～45	M959	无法鉴定	中年
M74	男	24～30	M960	男	40左右
M145	女	22～28	M961	无法鉴定	成人
M149	女	45～55	M963	女	50～60
M182	男	25～30	M964-1	男	40～50
M190	女	16～20	M964-2	无法鉴定	成人
M209	男	25～30	M964-3	无法鉴定	未成年
M300	无法鉴定	7～12	M933	男	45左右
M302	女	30～35	M962	无法鉴定	成人
M326	男	45～55			

[1] 李宏利：《明清上海士人群体寿命探析——以墓志为中心》，《史林》2014年第6期。

[2] 袁祖亮：《中国古代人口史专题研究》，中州古籍出版社，1994年，第101页。

[3] Y Zhao, L Guo, Y Xiao, et al. Osteological characteristics of Chinese foot-binding in archaeological remains. International Journal of Paleopathology, 2020, 28:48-58.

表7-22 辛置汉代居民性别、年龄鉴定表

土坑墓					
墓号	性别	年龄	墓号	性别	年龄
M42	女	25～30	M519	无法鉴定	无法鉴定
M43	女?	16～20	M526	无法鉴定	无法鉴定
M52	无法鉴定	14～16	M527	无法鉴定	无法鉴定
M70	女	35～40	M528	男	25～30
M99	女	27～33	M529	男	30～40
M103	无法鉴定	无法鉴定	M534	无法鉴定	12～15
M110	女	30～35	M535	女	35～45
M111	无法鉴定	成人	M539	无法鉴定	无法鉴定
M112	无法鉴定	无法鉴定	M544	无法鉴定	无法鉴定
M130	无法鉴定	中年	M560	女	30～40
M143	无法鉴定	无法鉴定	M561	无法鉴定	无法鉴定
M153	女	30～40	M562	无法鉴定	无法鉴定
M155	女	30～40	M579	无法鉴定	无法鉴定
M162	男	15～20	M619	无法鉴定	成人
M164	无法鉴定	成人	M629	男	35～40
M165	无法鉴定	20～25	M640	无法鉴定	无法鉴定
M166	无法鉴定	8～10	M641	男	成人
M169	男	45～55	M642	无法鉴定	20～30
M180	无法鉴定	成人	M647	无法鉴定	无法鉴定
M181	男?	中年	M650	无法鉴定	无法鉴定
M183	女	45～50	M664	男	35～40
M185	无法鉴定	8～9	M669	无法鉴定	6～10
M188	男	40～50	M670	女	40～50
M194	女	40～45	M671	女	50左右
M199	女	30～35	M673	无法鉴定	未成年
M200	男	17～22	M674	男	35～45
M201	无法鉴定	35～45	M676	男	35～40
M206	男	35～40	M677	女	30～40
M207	女?	成人	M684	男	成人
M213	无法鉴定	15～18	M691	女	45～55

墓号	性别	年龄	墓号	性别	年龄
M218	女	35～45	M693	女	35～45
M220	无法鉴定	12～14	M695	女	40～50
M221	无法鉴定	20～30	M704	男	25～35
M222	女	25～35	M708	女	30～40
M225	无法鉴定	11～12	M725	女	30～35
M233	女?	14～16	M727	男	30～40
M238	女	30～40	M728	男	30～40
M248	男?	25～35	M731	无法鉴定	13～17
M256	无法鉴定	成人	M732	女	22～28
M260	无法鉴定	无法鉴定	M733	无法鉴定	无法鉴定
M275	女	45～55	M737	无法鉴定	无法鉴定
M278	无法鉴定	成人	M738	无法鉴定	无法鉴定
M279	男	35～45	M739	无法鉴定	无法鉴定
M281	男	40～45	M740	无法鉴定	15～17
M287	无法鉴定	成人	M741	男	25～30
M296	女	40～50	M742	无法鉴定	无法鉴定
M307	男	40～45	M744	无法鉴定	20～25
M308	女	成人	M746	男	35～45
M315	无法鉴定	13～18	M756	男	40～45
M317	女	35～40	M760	女	45～55
M319	无法鉴定	成人	M765	男	40～50
M323	男?	成人	M768	男	20～25
M324	男	35～40	M770	男	21～25
M328	男	25～30	M771	女	40～45
M329	无法鉴定	12～15	M772	女	35～40
M332	男	23～25	M774	男?	成人
M344	无法鉴定	成人	M775	无法鉴定	无法鉴定
M346	女	40～50	M777	无法鉴定	30～35
M350-1	女	成人	M779	男	40左右
M350-2	无法鉴定	7.5～9	M781	无法鉴定	成人
M354	无法鉴定	成人	M782	女	15～18
M358	女	35～45	M783	男	40～50

墓号	性别	年龄	墓号	性别	年龄
M360	女	35～45	M803	无法鉴定	成人
M362	男	40～50	M806	女	18～23
M363	无法鉴定	成人	M810	男？	成人
M365	无法鉴定	成人	M811	女	40～50
M378	无法鉴定	无法鉴定	M812	无法鉴定	无法鉴定
M382	女？	45～55	M815	无法鉴定	无法鉴定
M383	男	40～50	M816	男	25～30
M392	无法鉴定	成人	M817	无法鉴定	成人
M394	女	30～40	M819	女	25～30
M395	无法鉴定	成人	M823	无法鉴定	无法鉴定
M397	无法鉴定	8～9.5	M824	无法鉴定	成人
M409	男	35～40	M828	女	40～45
M414	无法鉴定	无法鉴定	M834	男	35～40
M425	无法鉴定	成人	M836	无法鉴定	13～16
M427	男	35～40	M837	女？	45～55
M433-1	女	40～50	M841	男	30左右
M433-2	女？	50～60	M845	无法鉴定	无法鉴定
M435	无法鉴定	成人	M846	男？	20～30
M441	无法鉴定	未成年	M848	无法鉴定	20～30
M448	无法鉴定	25～30	M849	男	40～45
M451	无法鉴定	无法鉴定	M854	女	35～40
M457	女	30～40	M857	女	35～40
M458	女	35～40	M860	女	30～35
M459	无法鉴定	30～40	M868	无法鉴定	18～25
M467	无法鉴定	无法鉴定	M869	无法鉴定	成人
M470	无法鉴定	无法鉴定	M873	无法鉴定	20～30
M478	无法鉴定	无法鉴定	M875	女	24～30
M479	无法鉴定	无法鉴定	M876	女	30～40
M484	男	35～40	M878	无法鉴定	未成年
M487	无法鉴定	成人	M901	无法鉴定	中年
M495	男？	中年	M914	女	20～25

墓号	性别	年龄	墓号	性别	年龄
M497	女	25 ～ 35	M915	男	35 ～ 45
M498	无法鉴定	15 ～ 17	M921	女?	40 以上
M501	女	35 ～ 40	M924	无法鉴定	成人
M503	女	成人	M925	无法鉴定	成人
M505	无法鉴定	无法鉴定	M927	无法鉴定	20 ～ 30
M507	女	30 ～ 35	M930-2	无法鉴定	无法鉴定
M508	无法鉴定	6 ～ 12	M930-1	女	35 ～ 45
M511	无法鉴定	无法鉴定	M939	无法鉴定	成人
M512	男	40 ～ 50	M948	男?	40 ～ 50
M513	女	20 ～ 25			
砖椁墓					
墓号	性别	年龄	墓号	性别	年龄
M3	无法鉴定	8 ～ 10	M426	无法鉴定	无法鉴定
M4	无法鉴定	壮年	M429	无法鉴定	成人
M8	男	30 ～ 35	M431	女	35 ～ 45
M11	女	30 ～ 35	M432	无法鉴定	无法鉴定
M12	男	45 ～ 50	M434	男	40 ～ 50
M15	无法鉴定	6 ～ 12	M437	无法鉴定	无法鉴定
M20	女	40 ～ 45	M438	无法鉴定	成人
M24	女	20 ～ 25	M449	男	40 ～ 50
M26	男	35 ～ 45	M452	无法鉴定	成人
M31	男	27 ～ 30	M453	无法鉴定	无法鉴定
M41	男	成人	M454	男	成人
M46-1	男?	50 ～ 60	M455	无法鉴定	无法鉴定
M46-2	无法鉴定	30 ～ 40	M456	女	35 ～ 40
M53	男	45 ～ 55	M460	无法鉴定	无法鉴定
M54	无法鉴定	成人	M462	无法鉴定	25 左右
M56	女	35 ～ 45	M464	无法鉴定	无法鉴定
M58	无法鉴定	成人	M465	无法鉴定	成人
M60	男	50 ～ 60	M466	无法鉴定	无法鉴定
M67	无法鉴定	24 ～ 30	M469	女	18 ～ 22

墓号	性别	年龄	墓号	性别	年龄
M68	男	成人	M472	女	30～40
M79	无法鉴定	成人	M473	无法鉴定	13～16
M89	男	40～50	M474	无法鉴定	无法鉴定
M91	无法鉴定	12～17	M483	无法鉴定	16～19
M92	无法鉴定	成人	M491	女	中年
M93	无法鉴定	成人	M492	无法鉴定	成人
M106	无法鉴定	4～6	M493	无法鉴定	无法鉴定
M107	无法鉴定	成人	M494	无法鉴定	3.5～5.5
M113	男	20～25	M499	无法鉴定	无法鉴定
M114	女	中年	M502	无法鉴定	6～8
M117	无法鉴定	无法鉴定	M506	女?	20～25
M118	女	40～50	M515	男	50～60
M119	无法鉴定	无法鉴定	M516	女	40～45
M125	女	25～30	M521	无法鉴定	13～18
M133	无法鉴定	无法鉴定	M524	无法鉴定	无法鉴定
M138	男	成人	M536	无法鉴定	无法鉴定
M140	无法鉴定	无法鉴定	M537	无法鉴定	无法鉴定
M144	男	50～60	M538	无法鉴定	无法鉴定
M146	男	35～45	M541	男	40～50
M147	无法鉴定	无法鉴定	M542	无法鉴定	无法鉴定
M148	无法鉴定	无法鉴定	M551	无法鉴定	无法鉴定
M151	无法鉴定	成人	M552	无法鉴定	无法鉴定
M152	男	25～30	M553	无法鉴定	无法鉴定
M154	男	25～30	M554	无法鉴定	成人
M157	男?	成人	M555	男	30～40
M160	无法鉴定	25～30	M559	无法鉴定	无法鉴定
M167	无法鉴定	无法鉴定	M563	无法鉴定	无法鉴定
M168	男	20～25	M564	男	30～35
M171	男	50～60	M567	无法鉴定	成人
M172	无法鉴定	无法鉴定	M577	男	45～55
M173	无法鉴定	中年	M580	无法鉴定	成人

墓号	性别	年龄	墓号	性别	年龄
M174	无法鉴定	30～40	M588	无法鉴定	无法鉴定
M175	无法鉴定	8～9	M596	无法鉴定	30～40
M178	女	35～45	M606	无法鉴定	无法鉴定
M179	男	45～50	M608	男	23～26
M189	男	35～40	M610	男	30～35
M191	无法鉴定	30～40	M611	无法鉴定	未成年
M193-1	无法鉴定	无法鉴定	M613	男	45～55
M193-2	无法鉴定	青年	M614	无法鉴定	无法鉴定
M196	男	45～50	M620	女	45～55
M197	女	中年	M621	女	16～20
M198	无法鉴定	成人	M623	无法鉴定	成人
M202	男	25～30	M624	男	22～28
M203	无法鉴定	8～12	M625	无法鉴定	无法鉴定
M205	无法鉴定	无法鉴定	M631	男	20～25
M208	疑似男	中年	M632	女	24～30
M210	无法鉴定	成人	M633	男	无法鉴定
M216	女	30～40	M634	女	30左右
M217	无法鉴定	成人	M635	无法鉴定	20～30
M219	无法鉴定	成人	M645	女	无法鉴定
M223	男	35～45	M654	男	成人
M227	女?	20～30	M659	男	30～35
M229	无法鉴定	无法鉴定	M660	女	25左右
M236	无法鉴定	15～20	M661	男	成人
M237	女	30～35	M662	无法鉴定	无法鉴定
M241	男?	30～40	M663	无法鉴定	无法鉴定
M243	男	30左右	M665	无法鉴定	成人
M247	无法鉴定	20～30	M666	无法鉴定	无法鉴定
M254	女	55～65	M667	无法鉴定	成人
M258	无法鉴定	成人	M668	男	40～50
M259	女	25～30	M672	女	35～40
M263	无法鉴定	成人	M680-1	男	成人

墓号	性别	年龄	墓号	性别	年龄
M264	无法鉴定	成人	M680-2	无法鉴定	7～10
M266	无法鉴定	18～24	M683	无法鉴定	无法鉴定
M267	无法鉴定	壮年	M685	无法鉴定	无法鉴定
M268	无法鉴定	成人	M686	女	25～30
M269	无法鉴定	20～25	M694	无法鉴定	无法鉴定
M273	男	中年	M699	女	20～24
M277	男	成人	M700	无法鉴定	无法鉴定
M280	无法鉴定	无法鉴定	M702	女	20～25
M282	女	30～40	M703	无法鉴定	17～20
M284	无法鉴定	无法鉴定	M705	无法鉴定	成人
M285	无法鉴定	无法鉴定	M710	无法鉴定	无法鉴定
M286	无法鉴定	13～16	M713	无法鉴定	无法鉴定
M289	无法鉴定	无法鉴定	M717	无法鉴定	无法鉴定
M290	无法鉴定	无法鉴定	M720	无法鉴定	无法鉴定
M291	无法鉴定	中年	M721	无法鉴定	无法鉴定
M292	无法鉴定	中年	M723	无法鉴定	无法鉴定
M293	男	30左右	M724	女	30～35
M294	无法鉴定	30～40	M726	无法鉴定	无法鉴定
M301	无法鉴定	无法鉴定	M730	无法鉴定	无法鉴定
M303	男?	20～25	M734	无法鉴定	无法鉴定
M304	男	35～45	M736	无法鉴定	成人
M305	女	30～35	M751	无法鉴定	壮年
M309	无法鉴定	成人	M753	男	25～30
M311	无法鉴定	无法鉴定	M758	男	20～25
M312	无法鉴定	无法鉴定	M762	无法鉴定	20～25
M314	女	25左右	M763	无法鉴定	成人
M318	无法鉴定	成人	M766	男	45～55
M321	无法鉴定	成人	M769	无法鉴定	无法鉴定
M327北椁	无法鉴定	无法鉴定	M773	无法鉴定	无法鉴定
M327南椁	无法鉴定	12～16	M778	男	45～55
M333	无法鉴定	无法鉴定	M796	女	30左右

墓号	性别	年龄	墓号	性别	年龄
M337	无法鉴定	中年	M798	无法鉴定	10左右
M338	男	成人	M805	女?	疑似成人
M339	无法鉴定	无法鉴定	M814	女	30以上
M340	女	22～26	M827	无法鉴定	成人
M341	女	35～45	M835	无法鉴定	成人
M348	无法鉴定	成人	M839	无法鉴定	20～30
M352	无法鉴定	无法鉴定	M840	男?	25～30
M359	无法鉴定	成人	M853	男	40～45
M364	女	40～50	M855	无法鉴定	无法鉴定
M366	男	40～50	M856	男	45～50
M367	女	20～25	M859	男	40～45
M369	男	27～33	M866	无法鉴定	成人
M370	无法鉴定	11～13	M870	无法鉴定	无法鉴定
M371	无法鉴定	成人	M871	无法鉴定	20～30
M376	无法鉴定	40～50	M874	女?	30左右
M377	男	45～50	M880	无法鉴定	30左右
M380	男	25～30	M888	无法鉴定	成人
M381	无法鉴定	无法鉴定	M890	无法鉴定	成人
M384	无法鉴定	成人	M893	男性	35～40
M389	女?	成人	M895	无法鉴定	成人
M391	无法鉴定	无法鉴定	M896	男	40～50
M399	女	40～50	M899	无法鉴定	成人
M400	无法鉴定	15～18	M905	无法鉴定	10～15
M401	男	40～50	M906	无法鉴定	成人
M402	无法鉴定	成人	M913	无法鉴定	幼儿
M403	无法鉴定	成人	M916	无法鉴定	3～5
M405	女	40～50	M920	无法鉴定	3～5
M408	男	30～35	M929	女	35～45
M412	无法鉴定	30～40	M934	男	30～40
M415	无法鉴定	无法鉴定	M935	无法鉴定	30～40
M416	无法鉴定	无法鉴定	M937	无法鉴定	20～30

墓号	性别	年龄	墓号	性别	年龄
M422	无法鉴定	无法鉴定	M946	无法鉴定	无法鉴定
M424	男	中年	M952	无法鉴定	无法鉴定
瓦棺墓					
墓号	性别	年龄	墓号	性别	年龄
M5	无法鉴定	无法鉴定	M532	无法鉴定	成人
M230-1	男	40～50	M582	男	40～50
M230-2	女	50～60	M776	男	20～25
M255	男	35～40	M911	无法鉴定	成人
瓮棺葬					
墓号	性别	年龄	墓号	性别	年龄
M591-1	无法鉴定	成人	M718	无法鉴定	无法鉴定
M591-2	女	25～30	M747	女	40左右
M591-3	男	40左右	M818	女	中年
M591-4	无法鉴定	成人	M833	男?	17～22
M591-5	无法鉴定	成人	M838	无法鉴定	10～12
M591-6	女	30～35	M907	无法鉴定	成人
M715	男	20～25			
砖室墓					
墓号	性别	年龄	墓号	性别	年龄
M239	女	20～25	M590-1	无法鉴定	无法鉴定
M310	女	成人	M590-2	男	成人
M404	无法鉴定	12～15	M605	无法鉴定	无法鉴定
M411-1	男	40～45	M656	男	成人
M411-2	女	40左右	M711	无法鉴定	未成年
M418-1	男	35～40	M714	男	30～40
M418-2	女	20～25	M719	男	30～40
M428	无法鉴定	30～40	M749	男	35～40
M430	无法鉴定	无法鉴定	M799	男?	成人
M468	无法鉴定	20左右	M804-1	男	45～55
M476-1	男	35～40	M804-2	女	成人
M476-2	女	20～30	M821	男	35～40

墓号	性别	年龄	墓号	性别	年龄
M477	女	35 ～ 40	M825	男	30 ～ 35
M481	无法鉴定	无法鉴定	M830	男	30 ～ 35
M485	无法鉴定	无法鉴定	M863	无法鉴定	10 ～ 16
M488	无法鉴定	无法鉴定	M885	女	30 ～ 40
M525	无法鉴定	无法鉴定	M903-1	男	45 ～ 55
M531	女	30 ～ 40	M903-2	女?	中年
M584	无法鉴定	无法鉴定	M958	无法鉴定	13 ～ 17
M585	女	30 ～ 35			

表 7–23 辛置明代居民性别、年龄鉴定表

墓号	性别	年龄	墓号	性别	年龄
M16 右	女	35 以上	M786	女?	14 ～ 16
M16 左	男	35 ～ 40	M789	男	40 ～ 50
M27 右	女	30 ～ 35	M791	男	40 ～ 45
M27 左	男	40 ～ 45	M801	男	35 以上
M129-1	女	30 ～ 35	M807 北	女	30 以上
M129-2	男	45 ～ 50	M807 南	男	30 ～ 35
M129-3	女	35 ～ 40	M831-1	男	45 ～ 50
M231 东室	女	30 ～ 40	M831-2	女	45 ～ 50
M231 西室	男	30 ～ 40	M832	女	45 ～ 55
M351	男	35 ～ 45	M842 右侧	女	35 ～ 45
M420 右侧	女	40 ～ 50	M842 左侧	男	40 左右
M420 左侧	男	30 ～ 35	M843-1	女	30 ～ 40
M514 右侧	女	45 ～ 55	M843-2	男	40 ～ 45
M514 左侧	男	50 ～ 60	M844 右侧	女	25 ～ 30
M520 右侧	男	无法鉴定	M844 左侧	男	35 ～ 40
M520 左侧	女	无法鉴定	M851	女	40 ～ 50
M575	男	45 ～ 55	M861 东室	男	50 ～ 60
M583	女	30 ～ 35	M861 西室	女	50 ～ 60
M638-1	男	40 ～ 45	M940 东室	男	40 ～ 50
M638-2	女	30 ～ 40	M940 西室	女?	40 以上
M638-3	女	40 ～ 50	M949 北 1	女	50 ～ 60

墓号	性别	年龄	墓号	性别	年龄
M698 东侧	男	35～45	M949 北 2	女	50～60
M698 西侧	女	40～45	M949 南	女	50～60
M707 东室	男	40～50	M949 中	男	50～60
M707 西室	男	成人	M950 北	女	60 以上
M785	女	40～50	M950 南	男	45～50

表 7–24　辛置清代居民性别、年龄鉴定表

墓号	性别	年龄	墓号	性别	年龄
M1	女	17～20	M482 东侧	男	50～60
M18 右侧	女	40～50	M482 西侧	女	35～45
M18 左侧	男	40 左右	M517	男?	壮年
M19 右侧	女	30～40	M522 右侧	女	30～40
M19 左侧	男	45～55	M522 左侧	男	40～50
M32	女	中年	M565	女	35～45
M34	男	25～30	M566 东	女	45～55
M44	女	中年	M566 西	男	40～45
M48	女	50～60	M568	男	40～50
M49	男	40～50	M570	男	40～50
M55	男	45～55	M571	女	成人
M61	女	20～24	M572	男	50～60
M65	女	24～30	M573	男	25～35
M73	女	22～26	M593	女	40～45
M76	女	30～40	M594	女	30 左右
M77	男	25～30	M595	女	30～40
M81	女	23～27	M598	男	40～45
M82	无法鉴定	14～16	M601	男	35～45
M86	无法鉴定	4～8	M607	女	20～25
M88	男?	20～25	M616	男	45～50
M90	女	15～18	M617	男	40～50
M94	男	40～50	M618	男	40～45
M98	女	55～65	M639-1	女	50～60
M104 右侧	女	25～30	M639-2	男	40～50

墓号	性别	年龄	墓号	性别	年龄
M104 左侧	男	35 ～ 40	M701	无法鉴定	13 ～ 15
M115	女	50 左右	M735 左室（北）	男	35 ～ 45
M116	男	50 ～ 60	M735 左室（南）	女	35 ～ 45
M120	女	30 左右	M759 右侧	男	35 ～ 40
M122	男	45 ～ 55	M759 左侧	女	35 ～ 40
M123	男	40 ～ 45	M761	男	40 ～ 45
M124	女	22 ～ 27	M764	女	30 ～ 40
M126 右侧	女	40 ～ 50	M784	女	40 ～ 45
M126 左侧	男	40 ～ 50	M785	女	40 ～ 50
M127	女	25 ～ 35	M786	女?	14 ～ 16
M134	男	40 ～ 50	M787	男	40 ～ 50
M135	女	45 ～ 55	M788	女	50 ～ 59
M136	男	40 ～ 50	M790	女	35 ～ 45
M137	女	无法鉴定	M791	男	40 ～ 45
M156	男	40 ～ 50	M792 东室	男	40 ～ 50
M158	女	30 ～ 40	M792 西室	女	40 ～ 45
M159	男	55 以上	M793	男	40 ～ 50
M170 右侧	女	55 ～ 60	M794	女	40 ～ 50
M170 左侧	男	50 ～ 60	M795	男	30 ～ 35
M177	男	25 左右	M797 右侧	女	60 左右
M184	男	40 ～ 50	M797 左侧	男	45 ～ 55
M186-1	女	30 ～ 40	M802	男	50 ～ 60
M186-2	女	40 ～ 50	M847 东室	男	35 ～ 45
M195 右侧	女	40 ～ 50	M847 西室	女	45 ～ 55
M195 左侧	男	35 ～ 45	M850	男	30 ～ 35
M211	男	23 ～ 27	M881	男?	成人
M246 西侧	女	35 ～ 45	M882	女	18 ～ 22
M246 东侧	男	35 ～ 45	M883	女	45 ～ 50
M249 北室	男	30 ～ 40	M884-1	男	35 ～ 40
M249 南室	女	20 ～ 30	M884-2	女	25 ～ 30
M250	男	25 ～ 35	M886	女	30 ～ 35
M251	女	30 ～ 40	M902	女	60 以上

墓号	性别	年龄	墓号	性别	年龄
M316	无法鉴定	成人	M910	男?	中年
M320	女	30～40	M923	无法鉴定	成年
M336	男	50～60	M928	男	45～55
M347	男	30～40	M941	女	50～60
M349	女	35～45	M942	无法鉴定	15～18
M355右侧	无法鉴定	10～11	M943	男	50～60
M355左侧	男	23～27	M944	男	40～45
M357北椁	男	45～55	M945	女	35～40
M357南椁	女	55～65	M947	女?	30～40
M385	男	40～50	M951	女	40～45
M386	男	40左右	M955	无法鉴定	无法鉴定
M387	女	30～40	M956	男	35～45
M421右侧	女	35～45	M957	女	35～40
M421左侧	男	40～45			

第八章　辛置墓地出土动物的鉴定与分析

第一节　周代墓葬出土动物遗存

一　出土动物概况

9座周代墓葬中出土有动物遗存，可鉴定动物包括鸡、真鲷、狗、小型食虫目和猪等。下面是各墓葬出土动物遗存的具体情况。

1.M6

猪　2件，为掌骨，代表1个半岁左右乳猪个体的蹄部。

小型食虫目32件，包括颌骨、前后肢、脊椎等，代表3个完整个体。

2.M59

猪　4件，包括两侧前肢等，代表1个半岁左右乳猪个体的前腿。

狗　39件，包括前后肢、脊椎等，代表1个成年个体的主要肢骨及躯干部分。

3.M74

猪　57件，包括头骨、颌骨、前后肢、脊椎等，代表1个半岁左右的完整乳猪个体。

鸡　2件，为右侧后肢骨，代表1个成年个体的右腿。

鱼　93件，其中8件上颌骨和前颌骨可鉴定为真鲷，1件标本可鉴定为鲷科，其余包括头骨、鳃盖骨、鳍骨、脊椎等。代表3条鱼（包括2条真鲷）。

4.M149

猪　30件，包括前后肢、脊椎等，代表1个半岁左右乳猪个体的躯干和主要肢骨。

5.M182

猪　33件，包括头骨、下颌、前后肢、脊椎等，代表2个完整的半岁左右乳猪个体。

鸡　1件，为右侧肱骨，代表1个成年个体的右侧翅膀。

6.M190

猪　7件，包括前后肢等，代表1个半岁左右乳猪个体的部分前后腿。

7.M300

猪　3件，为前肢，代表1个半岁左右乳猪个体的前腿。

鸡　15件，包括前后肢、综荐骨等，代表1个无头的完整未成年个体和1个未成年个体的右侧肢骨。

鱼　5件，包括肋骨、鳍骨等，代表1条鱼。

8.M961

猪 9件，均为未成年个体的脊椎。

9.M962

猪 37件，包括头骨、颌骨、前后肢、脊椎等，代表1个完整的半岁左右乳猪个体。

狗 1件，为1成年个体的下颌。

鱼 3件，包括肋骨等，代表1条鱼。

二 统计与分析

1. 定量统计

周代墓葬出土的动物遗存均属于脊椎动物，其中猪的标本数最多，为182件，其次是鱼骨，101件，狗40件，小型食虫目32件，鸡18件（图8-1）。

最小个体数方面，周代墓葬中共出土24个个体，其中猪的个体数为10，占所有动物的41.7%；鸡的个体数为4，占比为16.7%；鱼的个体数为5，包括2条真鲷；狗的个体数为2，小型食虫目的个体数为3。

从以上的数量统计结果来看，猪的出土数量最多，是周代墓葬使用最多的随葬动物；其次是鱼，可鉴定属种均为海鱼。

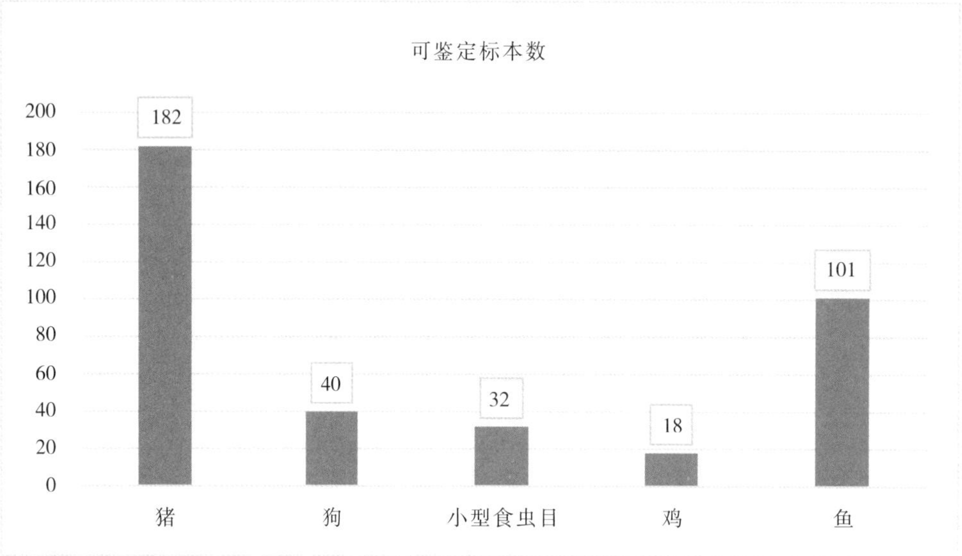

图8-1 周代墓葬出土动物遗存数量统计图

2. 随葬动物特征

通过观察出土动物牙齿的萌出、磨蚀程度以及其他骨骼的愈合情况，我们对动物的死亡年龄进行了统计。猪全部10个个体都是小于或约等于半岁的未成年个体；鸡的4个个体中，有2个是未成年个体；狗和小型食虫目均是成年个体。对此，我们认为，猪是古代居民生活中重要的肉食资源，对于一般的贵族阶层或平民阶层来说，使用一头体型较大、肉量较多的成年猪进行随葬与其经济条件和社会地位未必相匹配，所以选择体型较小的乳猪更为合适；狗作为看家护院的帮手与主人有更密切的感情联系，一般会陪在主人身边多年，所以被用作随葬墓中的更可能是成年个体。

从各种动物保存的骨骼部位来看，10个猪的个体中，4个为完整个体，2个为猪的前腿，1个为躯干部分和主要肢骨，1个为单侧的前后腿，1个为猪的前蹄，1个为猪的脊椎，完整个体占比40%；4个鸡的个体中，1个为除头部外完整的个体，1个为右侧肢骨，1个为右侧翅膀，1个为右侧后腿，完整个体占比25%；2个狗的个体中，1个保存了躯干和主要肢骨，未发现头部，1个为下颌骨；小型食虫目均为完整个体；鱼骨由于较小且易碎，不易保存，所以我们认为其均代表完整个体。由此可见，猪要么使用整体随葬，要么选取附着肉较多的部位随葬；鸡多为部分随葬，且多选取右侧肢骨，猪和鸡应该是主要作为肉食供墓主死后享用；狗生前多是作为看家护院的角色，但墓葬中未发现狗的完整骨架，可见该时期用狗随葬并非是出于陪伴的目的，而可能代表一种特殊的祭祀方式；小型食虫目体型较小，也不是常见的肉食，不清楚其是人为有意捉来随葬还是自己混入墓内的。

各类动物的出土率有明显的差别。9座周墓均选择了猪随葬，其中3座墓葬单独葬猪；各有3座墓葬使用鸡或鱼随葬，2座墓葬使用狗随葬，1座墓葬出土了小型食虫目的骨骼。除了猪有单独随葬的现象，其余几座墓葬都采用多种动物组合的形式。其中2座墓葬为猪+鸡+鱼的组合，猪+鸡、猪+狗、猪+小型食虫目、猪+鱼+狗的组合各有1座。

该墓地广泛使用了猪进行随葬。猪在周代一般是士这一阶层所用的祭牲，据《国语·楚语》记载，“国君有牛享，大夫有羊馈，士有豚犬之奠，庶人有鱼炙之荐”[1]，“豚”指小猪，诸侯、大夫可享用牛、羊，士可享用猪、狗，而该墓地的周代墓葬中未发现牛羊的骨骼，说明其并非上层贵族墓，而按照礼制庶人祭典只能用烤熟的鱼，由此，可以推断这几座周墓随葬动物的标准应属于士一阶层。然而，东周时期，王室式微，地方上的诸侯势力强大起来后往往不再遵循周礼，在当时礼崩乐坏的历史背景下，该地随葬用猪也有可能是士以下阶层的僭越行为。同时，该墓地也使用鱼进行随葬，《仪礼·特牲馈食礼》详细记载了“士”一阶层的祭祀礼仪，“特牲”即指一豕（猪），其中说到“宾长在右，及执事举鱼、腊鼎”[2]，说明在当时鱼也是一种重要的祭品。鱼在古代还有一种美好的寓意，《诗经·小雅·无羊》中记载：“牧人乃梦，众维鱼矣，旐维旟矣，大人占之；众维鱼矣，实维丰年；旐维旟矣，室家溱溱。”[3]意思是说牧人梦到蝗虫都变成了鱼，请来太卜占此梦，太卜说蝗虫化作鱼是吉兆，意味着来年风调雨顺。所以，用鱼随葬表达了为子孙后代祈求福祉的愿望。周代时鸡常常被用在消灾除恶的祭祀活动中，《周礼·春官·鸡人》中对此记载道：“凡祭祀，面禳，衅，共其鸡牲。”[4]“面禳”是指面向四方祈祷，以求消除灾祸，“衅”指血祭，墓葬里使用鸡随葬，应该也是出于保佑墓主，辟邪除恶的用意。

[1]（春秋）左丘明著，（三国）韦昭注：《国语》，上海古籍出版社，2015年，第358页。

[2] 杨天宇译注：《仪礼译注》，上海古籍出版社，2004年，第427～428页。

[3] 王秀梅译注：《诗经》，中华书局，2006年，第267～270页。

[4] 杨天宇译注：《周礼译注》，上海古籍出版社，2016年，第398页。

第二节 汉代墓葬出土动物遗存

一 出土动物遗存概况

242座汉代墓葬出土有动物遗存，遗存共25431件，可鉴定动物包括蚶、文蛤、蜗牛、两栖动物、大型鸟、鸡、真鲷、鲫鱼、鲤鱼、狗、马、貉、牛、兔科、小型啮齿目、小型食虫目、小型食肉目、羊和猪等。下面将按照墓葬形制的分类，分别对各墓葬出土的动物种属、部位和数量进行详细地描述。

（一）土坑墓

1.M9

猪 33件，包括前肢、后肢、肋骨等。代表1个完整的小于半岁乳猪个体。

2.M100

猪 15件，包括头骨、胸骨和股骨，代表3个完整的半岁左右乳猪个体。

鸡 1件，为左侧尺骨，代表1个成年个体的翅膀。

3.M153

猪 4件，为脊椎残块。

鸡 36件，包括颅骨、前肢、髋骨等，代表1个完整的成年个体。

鱼 11件，为肋骨残块。

小型食虫目 3件，包括下颌、后肢等。代表1个完整的成年个体。

4.M161

猪 2件，为右侧肩胛骨，代表2个个体的前腿。

鸡 5件，包括桡骨、后肢骨，代表2个个体的翅膀和后腿。

兔 1件，为肱骨。

5.M180

猪 22件，包括尺骨、后肢、脊椎等，代表2个完整的半岁左右乳猪个体。

鸡 9件，包括后肢和脊椎，代表1个未成年个体的后腿和脊椎。

小型啮齿目 3件，包括肱骨、上颌等，代表1个成年个体。

6.M181

大型哺乳动物脱落关节 1件。

7.M199

猪 1件，为肱骨，代表1个半岁左右乳猪个体的前肢。

8.M200

猪 22件，包括前肢、髂骨、脊椎等，代表1个完整的半岁左右乳猪个体。

9.M225

猪　3 件，为上颌。代表 1 个半岁左右乳猪头部。

10.M256

猪　111 件，包括头骨、前肢、后肢、脊椎等，代表 2 个完整的半岁左右乳猪个体和 1 个成年个体的后腿。

鸡　101 件，包括前肢、后肢、脊椎等，代表 6 个完整的未成年个体。

鱼　257 件，其中 3 件前颌骨可鉴定为真鲷；3 件齿骨可鉴定为鲷科；3 件咽齿可鉴定为鲤鱼；其余标本包括头部骨骼、躯椎、肋骨、鳍骨等。至少代表 2 条真鲷和 1 条鲤鱼。

11.M257

猪　20 件，包括肩胛骨、胫骨、头骨和脊椎等，代表 1 个完整的半岁左右乳猪个体。

鱼　31 件，包括头部骨骼、鳍骨、肋骨等，代表 1 条鱼。

12.M260

猪　34 件，包括前肢、后肢和头骨，代表 1 个完整的半岁左右乳猪个体。

13.M275

猪　2 件，为左侧前肢，代表 1 个半岁左右乳猪个体的左前腿。

14.M278

猪　15 件，包括前肢、后肢等，代表 1 个半岁左右乳猪的腿骨。

鸡　5 件，包括前肢、肋骨，代表 1 个成年个体的前半身。

15.M281

猪　24 件，包括头骨、前肢、后肢、胸椎等，代表 2 个完整的半岁左右乳猪个体。

16.M306

猪　41 件，包括头骨、前肢、后肢骨等，代表 2 个完整的半岁左右乳猪个体。

鸡　195 件，包括前肢、后肢、脊椎等，代表 8 个完整的未成年个体。

鱼　112 件，包括头部骨骼、脊椎、鳍条等，代表 2 条鱼。

17.M308

猪　36 件，包括头骨、肩胛骨、股骨、颈椎等，代表 1 个完整的半岁左右乳猪个体。

18.M315

鸡　43 件，包括前肢、股骨、颈椎等，代表 2 个除头以外完整的个体（1 未成年）。

19.M317

猪　7 件，均为左侧跖骨，代表 4 个个体的蹄骨。

20.M344

猪　27 件，包括头骨、前肢和胫骨等，代表 3 个完整的半岁左右乳猪个体。

鸡　55 件，包括前肢、后肢、脊椎等，代表 2 个完整的成年个体。

鱼　50 件，包括躯椎、鳍条等，代表 1 条鱼。

21.M346

猪　5 件，包括头骨和下颌等，代表 1 个 2 岁左右雌猪个体的头部。

22.M362

猪 11件，包括髋骨和肋骨等，代表1个半岁左右乳猪个体的躯干部分。

23.M365

猪 14件，包括头骨、前肢、脊椎等，代表1个半岁左右乳猪个体的前半身。

24.M382

猪 19件，包括前肢、胸椎等，代表1个半岁左右乳猪个体的前半身。

鱼 86件，其中2件上颌骨可鉴定为真鲷；1件齿骨可鉴定为鲷科；其余标本包括头部骨骼、肋骨、尾椎等，至少代表2条真鲷。

25.M392

猪 13件，包括前肢、后肢骨，代表2个半岁左右乳猪个体的主要肢骨。

26.M394

猪 3件，包括前肢骨，代表1个半岁左右乳猪个体的前腿。

鸡 60件，包括前肢、后肢、脊椎等，代表1个完整的未成年个体。

鱼 60件，包括肋骨、脊椎和背鳍，代表1条鱼。

27.M448

猪 143件，包括头骨、前肢、后肢、脊椎等，代表2个完整的小于半岁乳猪个体。

28.M470

鸡 2件，为右腿骨，代表1个未成年个体的腿部。

29.M503

猪 35件，包括前肢、后肢、脊椎等，代表1个完整的半岁左右乳猪个体。

30.M505

猪 5件，包括头骨、前肢骨，代表1个半岁左右乳猪个体的前半身。

鸡 5件，包括前肢、后肢骨，代表1个成年个体的主要肢骨。

鱼 128件，其中5件前颌骨可鉴定为真鲷，1件齿骨可鉴定为鲷科，其余标本包括头部骨骼、脊椎、鳍骨、鱼鳞等。代表5条真鲷。

31.M512

猪 96件，包括头骨、前肢、后肢、脊椎等，代表2个完整的半岁左右乳猪个体。

小型啮齿目骨骼 7件，包括前后肢，代表1个成年个体腿骨。

32.M526

猪 37件，包括颌骨、前肢、肋骨等，代表1个半岁左右乳猪个体的前半身。

鸡 76件，包括前肢、后肢、脊椎等，代表6个完整的未成年个体。

鱼 50件，其中2件齿骨可鉴定为鲷科，1件咽齿可鉴定为鲤鱼，其余标本包括头部骨骼、躯椎、鳍骨、鱼鳞等。代表1条鲷科和1条鲤鱼。

33.M528

鸡 肢骨残片1件。

34.M579

猪　35件，包括髋骨、脊椎、趾骨，代表1个半岁左右乳猪个体的躯干部分和蹄骨。
鸡　95件，包括前肢、脊椎等，代表1个成年个体的前半身。
35.M599
小型啮齿目骨骼　22件，包括颌骨、后肢、脊椎等，代表1个完整的成年个体。
36.M642
猪　56件，包括头骨、肱骨、脊椎等，代表1个半岁左右乳猪个体的前半身。
鸡　8件，包括乌喙骨、后肢骨，代表1个成年个体的翅膀和后腿。
37.M647
鸡　24件，包括前肢、髂骨、脊椎等，代表2个未成年个体的主要肢骨和躯干。
鱼　13件，其中4件齿骨可鉴定为鲷科，其余标本包括头部骨骼、躯椎。代表2条鲷科。
38.M648
猪　37件，包括头骨、前肢、后肢、肋骨等，代表1个完整的半岁左右乳猪个体。
39.M650
猪　26件，包括游离齿和听骨，代表1个小于半岁乳猪个体的头部。
鱼　1件，为鱼鳞。
40.M669
猪　7件，包括肋骨和脊椎，代表1个半岁左右乳猪个体的躯干部分。
鸡　15件，包括前肢、后肢、肋骨等，代表1个完整的未成年个体。
鱼　79件，包括头部骨骼、尾椎和鳍条等，代表3条鱼。
41.M684
鸡　1件，为左侧肱骨，代表1个成年个体的翅膀。
42.M695
猪　14件，包括头骨、颌骨、前后肢，代表1个完整的小于半岁乳猪个体。
43.M704
鸡　9件，包括桡骨等，代表1个成年个体的翅膀。
44.M731
猪　胸椎5件。
45.M738
猪　30件，包括前肢、后肢、脊椎等，代表1个完整的半岁左右乳猪个体。
鱼　23件，其中1件齿骨可鉴定为鲷科，2件咽齿可鉴定为鲤鱼，其余标本包括头部骨骼、肋骨、鳍骨和鱼鳞等。代表1条鲷科和1条鲤鱼。
46.M739
猪　36件，包括头骨、尺骨、后肢等，代表1个完整的小于半岁乳猪个体。
47.M746
猪　5件，包括前肢、脊椎等，代表1个半岁左右乳猪个体的前半身。
48.M748

鸡　3件，为乌喙骨，代表2个个体的翅膀。

鱼　327件，其中7件头骨可鉴定为真鲷；16件头骨可鉴定为鲷科；其余标本包括头部骨骼、脊椎、鳍骨。代表7条真鲷。

49.M774

猪　80件，包括头骨、前肢、后肢、脊椎等，代表2个完整的小于半岁乳猪个体。

50.M781

猪　41件，包括头骨、前肢、后肢、脊椎等，代表2个完整的小于半岁乳猪个体。

鱼　21件，包括主鳃盖骨等，代表1条鱼。

51.M815

猪　骨骼为跖骨1件，代表1个半岁左右乳猪的蹄部。

鸡　59件，包括前肢、后肢、脊椎等，代表1个完整的个体。

52.M816

猪　下颌和肋骨等4件，代表1个半岁左右乳猪个体的头部和躯干。

53.M849

猪　16件，包括前肢、蹄骨等，代表1个半岁左右乳猪个体的前腿。

54.M867

猪　13件，包括前肢、后肢、肋骨，代表1个完整的半岁左右乳猪个体。

鸡　13件，包括前肢、颈椎，代表1个个体的前半身。

55.M901

猪　70件，包括头骨、前肢、后肢、脊椎等，代表1个完整的小于半岁乳猪个体。

56.M921

马　25件，包括脊椎、跖骨等，代表1个个体的脊椎和后蹄。

（二）砖椁墓

1.M4

猪　82件，包括头骨、前肢、后肢等。代表2个完整的小于半岁乳猪个体。

鱼　28件，包括尾椎、鳍条和鳃盖骨等。代表1条鱼。

2.M7

猪　141件，包括头骨、前肢、后肢、脊椎等。代表4个完整的小于半岁乳猪个体。

鸡　97件，包括头骨、前肢、后肢、脊椎等。代表7个完整个体（3未成年）。

鱼　90件，其中24件头部骨骼可鉴定为真鲷；其余鱼骨包括基枕骨、脊椎、鳍骨等，可能也为真鲷。代表4条真鲷。

3.M12

猪　120件，包括头骨、前肢、后肢、脊椎等。代表2个完整的小于半岁乳猪个体。

鸡　30件，包括头骨、前肢、后肢等。代表2个完整个体。

4.M22

猪　122 件，包括头骨、前肢、后肢、脊椎等。代表 2 个完整的小于半岁乳猪个体。

鸡　101 件，包括头骨、前肢、后肢、颈椎等。代表 3 个完整的未成年个体。

5.M28

猪　131 件，包括头骨、肱骨、后肢等。代表 2 个完整的半岁左右乳猪个体。

鱼　133 件，其中 2 件可鉴定为鲤鱼，为咽齿；其余鱼骨为肋骨和脊椎等，可能也属鲤鱼。代表 1 条鲤鱼。

6.M29

猪　160 件，包括头骨、前肢、后肢、脊椎等。代表 2 个完整的小于半岁乳猪个体和 1 个成年个体。

7.M30

猪　75 件，包括头骨、前肢、后肢、脊椎等。代表 3 个完整的小于半岁乳猪个体。

鸡　576 件，包括头骨、前肢、后肢、脊椎等。代表 14 个完整个体（13 未成年）。

鱼　74 件，包括脊椎和鳍条等。可能为 1 条鱼。

8.M31

猪　88 件，包括头骨、前肢、后肢、脊椎等。代表 1 个完整的半岁左右乳猪个体。

9.M37

猪　176 件，包括头骨、前肢、后肢等。代表 3 个完整的半岁左右乳猪个体。

鸡　44 件，包括前肢、后肢、脊椎等。代表 2 个完整的未成年个体。

10.M38

文蛤壳　1 件。

11.M40

猪　412 件，包括头骨、前肢、后肢、脊椎等。代表 12 个完整的半岁左右或小于半岁乳猪个体。

鸡　319 件，包括颅骨、前肢、后肢、脊椎等。代表 13 个完整的未成年个体。

鱼　327 件，其中 12 件头骨可鉴定为真鲷；6 件头骨可鉴定为鲷科，可能也为真鲷；1 件咽齿可鉴定为鲤科；其余标本包括头部骨骼、尾椎等。代表 3 条真鲷和 1 条鲤鱼。

12.M50

马　170 件，代表 1 个完整的成年个体。

13.M54

猪　5 件，包括前肢、髋骨、脊椎。代表 1 个完整的半岁左右乳猪个体。

14.M58

猪　88 件，包括头骨、前肢、后肢、脊椎等，代表 2 个完整的半岁左右乳猪个体。

鸡　11 件，包括前肢、后肢、综荐骨，代表 1 个完整的成年个体。

鱼　3 件，其中 1 件咽齿可鉴定为鲤鱼，其余标本为鳍条。代表 1 条鲤鱼。

15.M60

猪　5 件，包括游离齿、脊椎等，代表 1 个成年个体的脱落牙齿和躯干部分。

鱼　4 件，为躯椎，代表 1 条鱼。

16.M66

鱼　241件，其中鲫鱼2件，为咽齿；真鲷23件，为头部骨骼；其余包括头骨、脊椎、鳍骨等。代表2条真鲷和1条鲫鱼。

17.M69：8

猪　51件，包括头骨、前肢、后肢等，代表4个完整的半岁左右乳猪个体。

鸡　8件，包括前肢、后肢、肋骨，代表2个完整的成年个体。

18.M91

猪　59件，包括颌骨、肱骨、后肢、脊椎。代表3个完整的半岁左右乳猪个体。

狗　1件，为股骨远端，代表1个成年个体的后腿。

19.M95

蚶壳　1件。

20.M96

猪　12件，包括肱骨和脊椎等，代表1个半岁左右乳猪个体的前半身。

鸡　2件，为肱骨，代表1个成年个体的翅膀。

21.M97

猪　24件，包括前肢、后肢等，代表1个半岁左右乳猪个体的主要肢骨。

22.M102

猪　151件，包括头骨、前肢、后肢、脊椎等，代表2个完整的小于半岁乳猪个体。

鱼　88件，包括副蝶骨和肋骨等，代表1条鱼。

23.M106

猪　13件，包括头骨、前后肢、肋骨等，代表1个完整的半岁左右乳猪个体。

鸡　118件，包括前肢、后肢、脊椎等，代表2个完整的未成年个体。

羊　128件，为蹄骨，代表3个个体的腿部（1未成年）。

牛　18件，包括股骨、脊椎、蹄骨等，代表1个青年个体的后半身。

貉　1件，为下颌，代表1个成年个体的下颌。

猪、鸡、羊、貉出土于盗洞中，牛骨出土于填土中。

24.M108

猪　111件，包括头骨、前肢、后肢、枢椎等。代表5个完整的半岁左右乳猪个体。

鸡　100件，包括下颌、前肢、后肢、综荐骨，代表10个完整个体（1未成年）。

鱼　83件，其中7件头骨可鉴定为真鲷；10件头骨可鉴定为鲷科；其余标本包括头骨、尾椎、鳍骨等。至少代表4条真鲷。

25.M114

猪　36件，包括头骨、前肢、后肢、脊椎等。代表2个完整的半岁左右乳猪个体。

鸡　38件，包括前肢、后肢、脊椎等。代表3个完整的未成年个体。

26.M121

猪　22件，包括脊椎等。代表1个小于半岁的乳猪个体。

鸡　2件，为肢骨残片。

27.M131

猪　股骨近端1件，代表1个半岁左右乳猪个体的后腿。

28.M132

鸡　4件，为前肢，代表1个成年个体的翅膀。

马　294件，代表1个完整的成年个体和2个未成年个体，出自盗洞内。

此外盗洞内还发现小型哺乳动物肋骨和肢骨12件，可能为鼠类的遗存。

29.M133

猪　27件，包括头骨、前肢、后肢、寰椎，代表2个完整的半岁左右乳猪个体。

鸡　6件，包括前肢骨，代表2个成年个体的翅膀。

30.M138

猪　64件，包括头骨、前肢、后肢，代表5个完整的半岁左右乳猪个体。

鸡　30件，包括颅骨、前肢、后肢、脊椎等，代表3个完整的未成年个体。

31.M140

小型食虫目　142件，代表7个完整的成年个体。

32.M146

猪　肩胛骨1件，代表1个半岁左右乳猪个体的前腿。

33.M147

猪　8件，包括头骨、后肢，代表1个小于半岁乳猪个体的头部和后腿。

鸡　15件，包括前肢、后肢、脊椎等，代表1个完整的未成年个体。

鱼　50件，其中4件头骨可鉴定为鲷科。至少代表1条鲷科。

34.M157

猪　43件，包括头骨、前肢、后肢、脊椎等。代表1个小于半岁乳猪完整个体，2个乳猪头部骨骼。

35.M163

猪　57件，包括头骨、前肢、后肢、脊椎等，代表1个完整的半岁左右乳猪个体。

鸡　142件，包括前肢、后肢、脊椎等，代表11个完整的未成年个体。

鱼　429件，其中4件上颌骨可鉴定为真鲷；76件头骨可鉴定为鲷科；其余标本包括头骨、脊椎、鳍骨、鱼鳞。代表7条真鲷。

36.M172

猪　156件，包括头骨、前肢、后肢、脊椎等，代表2个完整的半岁左右乳猪个体。

鸡　13件，包括前肢、后肢等，代表1个未成年个体的主要肢骨。

鱼　91件，其中3件头骨可鉴定为真鲷；8件头骨可鉴定为鲷科；其余标本包括头部骨骼、鳍骨等。代表2条真鲷。

37.M193

猪　39件，包括头骨、下颌骨、前肢、后肢、脊椎等，代表2个完整的半岁左右乳猪个体。

鸡　112件，包括前肢、后肢、脊椎等，代表4个除头部外完整的个体（包括1个未成年个体）。

狗　3件，为掌跖骨，代表1个成年个体的蹄爪。

鱼　90件，主要为尾椎。

兔　2件，为掌骨和寰椎，代表1个成年个体的部分前半身骨骼。

38.M198

猪　65件，包括头骨、前肢、后肢、脊椎等，代表2个完整的半岁左右乳猪个体。

鱼　130件，其中1件齿骨可鉴定为鲷科；2件头骨可鉴定为真鲷；其余包括头部骨骼、脊椎、鳍骨等。代表4条真鲷。

39.M203

猪　28件，包括头骨、肩胛骨、脊椎等。代表1个小于半岁乳猪个体的前半身。

40.M210

中型哺乳动物残骨　3件。

41.M224

猪　93件，包括头骨、前肢、后肢等，代表2个完整的半岁左右乳猪个体。

鸡　74件，包括前肢、后肢、脊椎等，代表5个完整的未成年个体。

鱼　2件，代表1条鱼。

42.M228

猪　7件，包括头骨、前后肢、脊椎等，代表1个完整的半岁左右乳猪个体。

43.M229

猪　74件，包括头骨、前肢、后肢、脊椎等，代表2个完整的半岁左右乳猪个体。

44.M237

猪　20件，包括脱落牙齿、头骨、前肢、后肢、骶椎等，代表1个完整的小于半岁乳猪个体和1个成年个体的牙齿。

鸡　6件，包括锁骨、肱骨和股骨等，代表3个个体（2未成年）的主要肢骨。

小型食肉目　22件，代表1个完整的成年个体。

45.M241

猪　121件，包括头骨、前肢、胫骨、脊椎等，代表3个完整的半岁左右的乳猪个体。

牛　10件，包括颌骨、前后肢、脊椎等，代表1个完整的未成年个体。

46.M252

猪　95件，包括头骨、前肢、后肢、脊椎等，代表6个完整的半岁左右乳猪个体。

鸡　16件，包括颅骨、前肢、跗跖骨、综荐骨，代表3个完整的成年个体。

鱼　8件，包括头骨、背鳍和鱼鳞等，代表1条鱼。

47.M261

猪　55件，包括头骨、肱骨、后肢等，代表2个完整的半岁左右乳猪个体。

鱼　9件，其中3件头骨可鉴定为真鲷；其余标本包括头骨。代表1条真鲷。

48.M264

猪　1件，为近端趾骨。

鸡　3件，包括综荐骨和股骨，代表1个个体的后腿。

49.M266

猪　72件，包括头骨、前肢、后肢、脊椎等，代表3个完整的半岁左右乳猪个体。

鸡　22件，包括前肢、后肢、脊椎和肋骨等，代表5个完整个体（3未成年）。

50.M267

猪　6件，包括肩胛骨和下颌骨，代表1个半岁左右乳猪个体的前半身。

51.M268

猪　29件，包括头骨、颌骨、前后肢、脊椎，代表1个完整的半岁左右乳猪个体及1个乳猪头。

鱼　89件，其中7件可鉴定为鲤科，6件可鉴定为鲷科，其余标本主要为脊椎和鳍骨，代表1条鲤科鱼，2条鲷科鱼。

52.M269

猪　14件，包括下颌、尺骨、胫骨，代表2个完整的半岁左右乳猪个体。

鸡　22件，包括前肢、后肢，代表5个个体（2未成年）的主要肢骨。

鱼　10件，其中5件可鉴定为真鲷；其余标本为鳃盖骨和上枕骨。代表2条真鲷。

53.M273

猪　31件，包括头骨、前后肢、脊椎等，代表1个完整的半岁左右乳猪个体。

54.M283

猪　93件，包括头骨、前肢、后肢、脊椎等，代表6个完整的半岁左右乳猪个体。

鱼　58件，其中1件齿骨可鉴定为鲷科，1件前颌骨可鉴定为真鲷，其余标本包括头部骨骼、躯椎、背鳍。代表1条真鲷。

55.M285

猪　38件，包括头骨、前肢、胫骨、脊椎等，代表3个完整的半岁左右乳猪个体。

56.M288

猪　23件，包括上下颌骨、前肢、后肢、脊椎等，代表2个完整的半岁左右乳猪个体。

鸡　58件，包括前肢、后肢、颈椎等，代表3个完整的未成年个体。

鱼　4件，其中3件可鉴定为真鲷前颌骨，另外1件为匙骨。代表2条真鲷。

57.M289

猪　203件，包括头骨、前肢、后肢、脊椎，代表5个半岁左右的乳猪个体。

鸡　83件，包括颅骨、前肢、后肢、综荐骨等，代表5个完整个体（2未成年）。

鱼　68件，其中1件上颌骨可鉴定为真鲷，其余标本包括头部骨骼、脊椎、鳍骨。代表3条真鲷。

58.M290

猪　22件，包括头骨和下颌，代表2个半岁左右乳猪头部。

59.M291

猪　118件，包括头骨、前肢、后肢、脊椎等，代表1个完整的半岁左右乳猪个体。

鱼　29件，包括头部骨骼、鳍骨，代表2条鱼。

60.M297

猪　3件，包括后肢骨，代表1个半岁左右乳猪的后腿。

61.M301

猪　75件，包括头骨、前肢、后肢、脊椎等，代表1个完整的半岁左右乳猪个体。

鲤鱼　1件，为咽齿，代表1条鲤鱼。

62.M311

猪　1件，为头骨，代表1个半岁左右的乳猪头部。

鸡　87件，包括前肢、后肢、脊椎等，代表2个完整的未成年个体。

63.M327

中型哺乳动物髌骨　1件。

64.M333

猪　148件，包括头骨、前肢、后肢、寰椎等。代表2个完整的半岁左右乳猪个体。

鱼　骨骼47件，其中4件头骨可鉴定为真鲷；2件齿骨可鉴定为鲷科；其余标本包括头部骨骼、躯椎等。代表2条真鲷。

65.M337

猪　12件，包括头骨和下颌。代表1个半岁左右的乳猪头部。

66.M338

猪　102件，包括头骨、前肢、后肢、脊椎等，代表3个完整的半岁左右乳猪个体。

鱼　22件，包括头部骨骼、脊椎、背鳍等，代表2条鱼。

67.M340

猪　109件，包括头骨、前后肢、肋骨等，代表1个完整的半岁左右乳猪个体。

鸡　2件，为肩胛骨，代表1个成年个体的前肢。

68.M341

猪　33件，包括头骨、前后肢、髋骨等，代表1个完整的半岁左右乳猪个体。

鸡　31件，包括前肢、后肢、脊椎等，代表2个完整个体。

鱼　30件，其中6件头骨可鉴定为真鲷；其余标本包括尾椎、鳍条。代表1条真鲷。

69.M364

猪　34件，包括头骨、胸椎、股骨，代表1个完整的半岁左右乳猪个体。

鸡　78件，包括前肢、后肢、脊椎等，代表17个完整的未成年个体。

鱼　128件，其中7件头骨可鉴定为真鲷；3件齿骨可鉴定为鲷科；其余标本包括头骨、尾椎、背鳍。代表3条真鲷。

70.M367

鸡　50件，包括前肢、股骨。代表1个个体的主要肢骨。

71.M369

猪　53件，包括头骨、前肢、后肢、脊椎等，代表4个完整的半岁左右乳猪个体。

鸡　104件，包括颅骨、前肢、后肢、脊椎等，代表6个完整的未成年个体。

鱼　9件，其中1件咽齿可鉴定为鲤鱼，其余标本包括主鳃盖骨、鳍骨、尾椎。代表1条鲤鱼。

72.M372

鸡　79件，包括前肢、后肢、脊椎等，代表6个完整的未成年个体。

73.M374

鸡　肢骨残片18件。

74.M376

猪　13件，包括头骨、肋骨，代表2个半岁左右乳猪个体的头部和躯干。

75.M377

猪　胸椎棘突2件。

76.M379

猪　9件，包括头骨、肱骨，代表1个半岁左右乳猪个体的头部和前腿。

鸡　13件，包括前肢、股骨等，代表1个未成年个体的主要肢骨。

77.M380

猪　15件，包括髋骨、脊椎等，代表1个半岁左右乳猪个体的躯干部分。

鸡　51件，包括前肢、后肢、脊椎等，代表1个完整的成年个体。

78.M399

猪　142件，包括头骨、下颌、前后肢、脊椎等，代表1个完整的半岁左右乳猪个体及1个乳猪个体的左前肢。

鸡　103件，包括前后肢、脊椎等，代表5个完整的成年个体。

鱼　150件，其中12件可鉴定为鲤科，4件可鉴定为鲷科，其余为鳃盖骨、脊椎等，代表2条鲤科鱼，1条鲷科鱼。

79.M402

鸡　26件，包括前肢、髋骨、脊椎等，代表1个完整的成年个体。

80.M403

猪　20件，包括听骨、前肢、胫骨、胸椎等，代表1个完整的半岁左右乳猪个体。

81.M405

猪　40件，包括臼齿、肩胛骨、脊椎等，代表1个完整的半岁左右乳猪个体。

鸡　5件，为跗跖骨等，代表1个成年个体的后腿。

82.M406

猪　1件，为下颌，代表1个小于半岁乳猪个体的下颌。

鸡　1件，为股骨，代表1个成年个体的后腿。

83.M407

猪　13件，包括头骨、前肢、股骨等，代表2个完整的小于半岁乳猪个体。

鸡　12件，包括前肢、跗跖骨、胸椎等，代表3个完整的未成年个体。

84.M416

猪　61件，包括头骨、前肢、后肢、脊椎等，代表4个完整的半岁左右乳猪个体。

鸡　44件，包括前肢、后肢、脊椎等，代表4个完整个体。

鱼　19件，其中2件齿骨可鉴定为鲷科，3件咽齿可鉴定为鲤鱼，其余标本包括头部骨骼、鳍骨等。

代表2条鲷科鱼和1条鲤鱼。

85.M417

猪　44件，包括头骨、前肢、后肢等，代表1个完整的半岁左右乳猪个体。

鸡　14件，包括前肢、后肢、肋骨等，代表2个完整的未成年个体。

鱼　175件，其中9件头骨鉴定为真鲷；其余标本包括头骨等。代表3条真鲷。

86.M419

鸡　3件，为前肢，代表1个个体的翅膀。

中型哺乳动物　4件，大型哺乳动物1件，均为肢骨残片。

87.M422

猪　98件，包括头骨、前肢、股骨、脊椎等，代表1个完整的半岁左右乳猪个体。

鸡　31件，包括前肢、后肢、脊椎等，代表2个完整的未成年个体。

88.M424

猪　225件，包括头骨、前肢、后肢、脊椎等，代表6个完整的半岁左右乳猪个体。

鸡　149件，包括下颌、前肢、后肢、脊椎等，代表5个完整的未成年个体。

鱼　36件，其中4件咽齿可鉴定为鲤鱼，其余标本包括头部骨骼、脊椎、鳍骨等。代表2条鲤鱼。

89.M429

猪　110件，包括头骨、前肢、后肢等，代表3个完整的小于半岁乳猪个体。

鸡　94件，包括前肢、后肢、脊椎等，代表6个完整的成年个体。

鱼　164件，其中3件齿骨可鉴定为鲷科，3件咽齿可鉴定为鲤鱼，其余标本包括头部骨骼、脊椎、鳍骨等，代表3条鲷科和1条鲤鱼。

90.M431

猪　34件，包括头骨、前肢、后肢等，代表2个完整的半岁左右乳猪个体。

鸡　14件，包括前肢、后肢等，代表2个未成年个体的主要肢骨。

鱼　11件，包括鳍骨，代表1条鱼。

91.M436

猪　36件，包括下颌、前后肢、脊椎等，代表1个完整的小于半岁乳猪个体。

鱼　3件，包括舌骨、尾椎，代表1条鱼。

92.M437

猪　6件，包括前肢、后肢，代表1个完整的半岁左右乳猪个体。

鸡　17件，包括前肢、后肢、颈椎等，代表2个完整的未成年个体。

鱼　45件，包括头部骨骼、鳍骨、躯椎，代表1条鱼。

93.M443

猪　2件，为肱骨、胫骨，代表1个半岁左右乳猪腿部。

鱼　108件，包括头部骨骼、躯椎、鳍骨，代表1条鱼。

94.M449

猪　5件，为胫骨，代表3个半岁左右乳猪的后腿。

鸡　52 件，包括前肢、后肢、综荐骨等，代表 3 个完整的未成年个体。

95.M452

猪　22 件，包括头骨、颈椎、后肢等，代表 2 个完整的半岁左右乳猪个体。

鸡　10 件，包括前肢、后肢、综荐骨，代表 1 个完整的未成年个体。

96.M453

猪　46 件，包括头骨、前后肢、脊椎等，代表 1 个完整的半岁左右乳猪个体。

97.M455

猪　34 件，包括头骨、前肢、后肢等，代表 1 个完整的半岁左右乳猪个体。

鸡　39 件，包括前肢、后肢、综荐骨等，代表 2 个完整个体。

鱼　75 件，其中 2 件上颌骨可鉴定为真鲷，其余标本包括头部骨骼、脊椎、鳍骨。代表 2 条真鲷。

98.M474

猪　8 件，包括头骨、前肢、后肢。代表 2 个完整的半岁左右乳猪个体。

99.M489

猪　14 件，包括头骨、前肢、后肢、脊椎等，代表 3 个完整的半岁左右乳猪个体。

鸡　101 件，包括前肢、后肢、脊椎等，代表 8 个完整个体（2 未成年）。

蜗牛壳　1 件。

鱼　209 件，其中 2 件咽齿可鉴定为鲤鱼，其余标本包括头部骨骼、鳍骨等。代表 1 条鲤鱼。

100.M490

猪　14 件，包括前肢、寰椎等，代表 1 个半岁左右乳猪个体的前半身。

鸡　9 件，包括综荐骨、后肢，代表 1 个个体的后半身。

鱼　38 件，其中 1 件齿骨可鉴定为鲷科，其余标本包括头部骨骼、脊椎、鳍骨。代表 1 条鲷科。

101.M491

猪　40 件，包括桡骨、后肢、脊椎等，代表 2 个完整的半岁左右乳猪个体。

102.M499

鸡　65 件，包括前肢、后肢等，代表 5 个个体（1 未成年）的主要肢骨。

鱼　159 件，其中 3 件头骨可鉴定为鲷科；1 件咽齿可鉴定为鲤鱼；其余标本包括头部骨骼、尾椎、鳍骨等。代表 2 条鲷科和 1 条鲤鱼。

103.M500

猪　194 件，包括头骨、前肢、后肢等，代表 2 个完整的半岁左右乳猪个体。

鱼　209 件，其中 2 件头骨可鉴定为真鲷，包括前颌骨和上颌骨；1 件齿骨可鉴定为鲷科；6 件咽齿可鉴定为鲤鱼；其余标本包括头部骨骼、躯椎、鳍骨等。代表 1 条真鲷和 1 条鲤鱼。

104.M524

猪　1 件，为上颌，代表 1 个成年个体的头部。

羊　1 件，为跖骨，代表 1 个未成年个体的蹄部。

鸡　28 件，包括前肢、后肢，代表 3 个个体（1 成年雄性和 1 未成年）的主要肢骨。

105.M536

猪　55件，包括头骨、前肢、髋骨等，代表1个完整的小于半岁乳猪个体。

106.M538

猪　12件，包括上颌、前肢、后肢等，代表1个完整的小于半岁乳猪个体。

107.M552

鸡　乌喙骨1件。

108.M554

猪　15件，包括下颌、前肢，代表1个小于半岁乳猪个体的前半身。

鸡　44件，包括前肢、后肢、脊椎等，代表3个完整的未成年个体。

鱼　60件，其中2件上颌骨可鉴定为真鲷；4件头骨可鉴定为鲷科；3件头骨可鉴定为鲤科；其余标本包括头部骨骼、鳍骨等。代表2条真鲷和1条鲤鱼。

109.M555

鸡　11件，包括前肢、股骨，代表1个个体的翅膀和后腿。

110.M563

猪　53件，包括头骨、桡骨、后肢，代表1个完整的半岁左右乳猪个体。

鸡　24件，包括前肢、后肢、脊椎等，代表1个完整的未成年个体。

鱼　50件，包括尾椎、鳍条，代表1条鱼。

111.M569

猪　16件，包括头骨、前肢、胸椎等，代表1个小于半岁乳猪个体的前半身。

鸡　14件，包括前肢、后肢、颈椎，代表1个完整的未成年个体。

鱼　36件，其中3件前颌骨可鉴定为真鲷，1件齿骨可鉴定为鲷科，其余标本包括头部骨骼、尾椎、背鳍等。代表2条真鲷。

112.M574

猪32件，包括头骨、前后肢，代表2个完整的小于半岁乳猪个体。

鸡5件，包括胫骨、胸椎，代表1个未成年个体的脊椎和后腿。

113.M578

真鲷　41件，包括头部骨骼、尾椎、鳍骨等，代表2条真鲷。

114.M580

猪　931件，包括头骨、前肢、后肢、脊椎等，代表11个完整的半岁左右乳猪个体。

鸡　167件，包括颅骨、前肢、后肢等，代表13个完整的成年个体。

鱼　127件，包括肋骨，代表1条鱼。

115.M596

猪　47件，包括头骨、前肢、髋骨、脊椎，代表2个完整的半岁左右乳猪个体。

鸡　21件，包括桡骨、后肢等，代表5个未成年个体的主要肢骨。

鱼　27件，其中2件头骨可鉴定为真鲷；其余标本包括头骨、尾椎、背鳍。代表1条真鲷。

116.M597

猪　24件，包括前后肢、脊椎等，代表4个完整的半岁左右乳猪个体。

鸡　6 件，包括后肢骨，代表 2 个未成年个体的后腿。

鱼　78 件，包括头部骨骼、尾椎、鳍骨。代表 1 条鱼。

117.M603

猪　15 件，包括下颌等，代表 1 个半岁左右乳猪个体的头部。

鱼　34 件，为肋骨，代表 1 条鱼。

118.M606

猪　199 件，包括头骨、前肢、后肢、寰椎等，代表 3 个完整的半岁左右乳猪个体。

鸡　3 件，包括股骨、骶骨，代表 1 个个体的后半身。

鱼　35 件，其中 1 件咽齿可鉴定为鲤鱼，其余标本包括脊椎、鳍骨。代表 1 条鲤鱼。

119.M608

猪　158 件，包括头骨、前肢、骶椎等，代表 1 个完整的小于半岁乳猪个体。

鸡　3 件，为肱骨，代表 1 个个体的翅膀。

鱼　15 件，为尾椎，代表 1 条鱼。

120.M611

猪　1 件，为胫骨，代表 1 个乳猪个体的后腿。

鸡　6 件，包括翅膀和后腿，代表 1 个成年个体。

鱼　1 件，为头骨，代表 1 条鱼。

121.M614

猪　22 件，包括下颌、前肢、后肢等，代表 3 个完整的半岁左右乳猪个体。

鸡　113 件，包括前肢、后肢、骶椎等，代表 2 个完整个体。

鱼　7 件，主要为前鳃盖骨，代表 2 条鱼。

122.M624

猪　4 件，包括后腿和肋骨，代表 1 个半岁左右乳猪个体。

鸡　1 件，为肱骨，代表 1 个未成年个体的翅膀。

123.M625

猪　32 件，包括前肢、脊椎，代表 2 个半岁左右乳猪个体的前腿和躯干。

124.M632

猪　165 件，包括头骨、前肢、后肢、脊椎，代表 3 个完整的半岁左右乳猪个体。

125.M633

小型食虫目　34 件，代表 1 个完整的成年个体。

126.M634

猪　17 件，包括前肢、后肢，代表 1 个完整的半岁左右乳猪个体。

127.M635

鱼　10 件，包括上枕骨等，代表 1 条鱼。

128.M636

猪　2 件，为下颌，代表 1 个半岁左右乳猪个体头部。

鸡 31件，包括前肢、髋骨、脊椎等，代表1个完整的成年个体。

鱼 42件，其中1件齿骨可鉴定为鲷科，其余标本包括头部骨骼、鳍条、鱼鳞。代表3条鲷科。

129.M645

猪 10件，包括前后肢、髋骨等，代表1个完整的半岁左右乳猪个体。

130.M655

鸡 17件，包括前肢、胫骨、胸骨，代表1个完整的未成年个体。

131.M657

猪 39件，包括头骨、前肢、后肢等，代表3个完整的半岁左右乳猪个体。

鸡 59件，包括前肢、后肢、脊椎等，代表5个完整的未成年个体。

鱼 56件，其中1件齿骨可鉴定为鲷科，其余标本包括头部骨骼、尾椎、鳍骨。代表2条鲷科。

132.M658

猪 15件，包括乳臼齿、前肢、股骨，代表3个完整的半岁左右乳猪个体。

鸡 13件，包括前肢、后肢、脊椎等，代表2个完整的未成年个体。

鱼 10件，其中1件齿骨可鉴定为鲷科，2件前颌骨可鉴定为真鲷，其余标本包括头骨、鳍骨。代表1条真鲷。

133.M659

猪 4件，主要为肋骨。

鸡 6件，包括前肢、后肢、脊椎，代表1个完整的未成年个体。

鱼 21件，其中1件上颌骨可鉴定为真鲷，1件下鳃盖骨可鉴定为鲷科，其余标本包括头部骨骼、支鳍骨。代表2条真鲷。

134.M661

猪 174件，包括头骨、前肢、后肢等，代表8个完整的半岁左右乳猪个体。

鸡 24件，包括前肢、跗跖骨，代表1个未成年个体的主要肢骨。

鱼 52件，其中1件上颌骨可鉴定为真鲷，其余标本包括头部骨骼、尾椎、鳍骨。代表4条真鲷。

135.M662

猪 73件，包括头骨、前肢、后肢、脊椎等，代表4个完整的半岁左右乳猪个体。

鸡 4件，包括前肢、髋骨和腰椎，代表1个完整个体。

136.M663

猪 53件，包括头骨、前肢、后肢等，代表2个完整的小于半岁乳猪个体。

鸡 30件，包括前肢、后肢、综荐骨等，代表2个完整的成年个体。

鱼 68件，其中1件前颌骨可鉴定为真鲷，2件咽齿可鉴定为鲤鱼，1件咽齿可鉴定为鲫鱼，其余标本包括头部骨骼、尾椎、鳍骨等。代表1条真鲷、1条鲤鱼和1条鲫鱼。

137.M665

猪 114件，包括头骨、前肢、后肢等，代表1个完整的半岁左右乳猪个体。

鸡 2件，为乌喙骨，代表1个个体的翅膀。

鱼 81件，其中5件标本可鉴定为鲷科；4件头骨可鉴定为真鲷；其余标本包括头部骨骼、脊椎、鳍棘等。代表3条真鲷。

138.M666

猪　20件，包括头骨、游离齿、前肢、后肢、脊椎等，代表1个完整的半岁左右乳猪个体。

139.M667

猪　78件，包括头骨、前肢、后肢、脊椎等，代表2个完整的小于半岁乳猪个体。

140.M683

猪　4件，为掌骨等，代表1个半岁左右乳猪个体的蹄部。

鸡　131件，包括前肢、后肢、脊椎，代表6个完整个体（1未成年）。

鱼　16件，包括前鳃盖骨、脊椎、尾鳍，代表2条鱼。

141.M688

猪　11件，包括后肢骨，代表1个半岁左右乳猪个体的后腿。

142.M694

猪　16件，包括头骨、下颌、前后肢等，代表1个完整的半岁左右乳猪个体。

鸡　6件，包括前后肢等，代表1个完整的未成年个体。

143.M696

猪　14件，包括前肢、跟骨等，代表2个半岁左右乳猪个体的主要肢骨。

大型鸟　29件，包括前肢、后肢、脊椎等，代表2个完整的成年个体。

144.M700

猪　39件，包括头骨、前肢、后肢等，代表2个完整的半岁左右乳猪个体。

鸡　44件，包括前肢、后肢、脊椎等，代表4个完整的未成年个体。

145.M702

猪　16件，包括头骨、前后肢，代表2个完整的半岁左右乳猪个体。

鱼　92件，其中1件齿骨可鉴定为鲷科，其余标本包括头部骨骼、脊椎、鳍骨。代表1条鲷科。

146.M703

猪　3件，为听骨、寰椎，代表1个半岁左右乳猪头颈部。

鸡　15件，包括前肢、后肢、脊椎等，代表1个完整的成年个体。

鱼　10件，其中1件齿骨可鉴定为鲷科，其余标本包括头部骨骼、鳍条。代表1条鲷科。

147.M720

猪　19件，包括头骨、前后肢等，代表1个完整的半岁左右乳猪个体。

148.M721

猪　108件，包括头骨、前肢、后肢、脊椎等，代表1个完整的半岁左右乳猪个体和1个雌性成年个体。

鸡　22件，包括前肢、股骨、脊椎等，代表1个完整的未成年个体。

149.M723

猪　83件，包括头骨、前肢、后肢、脊椎，代表6个完整的半岁左右乳猪个体。

鸡　5件，包括乌喙骨、跗跖骨，代表2个成年个体的翅膀和后腿。

鱼　500件，其中2件可鉴定为鲤鱼咽齿；13件头骨可鉴定为真鲷；19件可鉴定为鲷科；其余标本包括头部骨骼、脊椎、鳍骨等。代表7条真鲷和1条鲤鱼。

150.M724

猪　99件，包括头骨、前肢、后肢等，代表2个完整的小于半岁乳猪个体。

鸡　54件，包括前肢、后肢、脊椎等，代表3个完整个体（1未成年）。

鱼　128件，其中1件前颌骨可鉴定为真鲷，2件齿骨可鉴定为鲷科，其余标本包括头部骨骼、躯椎、鳍骨。代表2条真鲷。

151.M726

鱼　20件，包括前鳃盖骨、脊椎、鳍骨。代表1条鱼。

152.M730

猪　6件，包括头骨，代表1个半岁左右的乳猪头部。

153.M736

猪　19件，包括前肢、股骨等，代表2个半岁左右乳猪个体的主要肢骨。

鱼　47件，其中3件齿骨可鉴定为鲷科，其余标本包括头部骨骼、鳍骨、尾椎等。代表2条鲷科。

154.M745

猪　17件，包括头骨、肩胛骨、股骨，代表1个完整的半岁左右乳猪个体。

鸡　33件，包括前肢、后肢、颈椎等，代表3个完整的未成年个体。

鱼　9件，包括副蝶骨、舌颌骨，代表1条鱼。

155.M762

猪　29件，包括听骨、前肢、跟骨等，代表1个完整的半岁左右乳猪个体。

156.M766

猪　52件，包括头骨、前肢、后肢、寰椎等，代表1个完整的小于半岁乳猪个体。

157.M809

鸡　3件，包括肱骨、胫骨，代表1个个体的翅膀和后腿。

158.M813

鸡　1件，为髋骨。

159.M814

猪　69件，包括头骨、前肢、后肢、寰椎等，代表3个完整的半岁左右乳猪个体。

鸡　4件，包括乌喙骨、脊椎，代表1个个体的翅膀和躯干。

160.M822

猪　13件，包括前肢、胫骨，代表1个完整的半岁左右乳猪个体。

鱼　53件，其中4件头骨可鉴定为鲷科；其余标本包括头部骨骼、躯椎、背鳍等。代表1条鲷科。

161.M855

猪　177件，包括头骨、前肢、后肢、脊椎等，代表1个完整的半岁左右乳猪个体。

鸡　1件，为乌喙骨，代表1个个体的翅膀。

鱼　121件，其中1件上颌骨可鉴定为真鲷；2件头骨鉴定为鲷科；其余标本包括头部骨骼、躯椎、背鳍。代表 2 条真鲷。

162.M872

猪　57 件，包括头骨、前肢、后肢、脊椎等，代表 3 个完整的半岁左右乳猪个体。

鸡　60 件，包括前肢、后肢、脊椎等，代表 2 个完整的成年个体。

163.M874

猪　32 件，包括游离齿、前肢、后肢、脊椎等，代表 1 个完整的半岁左右乳猪个体。

164.M880

猪　107 件，包括头骨、颌骨、前后肢、脊椎等，代表 3 个完整的半岁左右乳猪个体。

鸡　33 件，包括头骨、前后肢、脊椎等，代表 1 个完整的成年个体。

鱼　3 件，包括头骨和鳃盖骨，代表 1 条鱼。

165.M888

小型食虫目　29 件，包括头骨、下颌、前后肢、脊椎等，代表 2 个完整的个体及 7 个个体的下颌。

166.M890

兔　5 件，包括头骨、颌骨、髋骨，代表 1 个成年个体的头部和盆骨。

鸡　19 件，包括前后肢骨，代表 2 个成年个体的翅膀和腿部。

167.M895

猪　69 件，包括头骨、前肢、后肢等，代表 2 个完整的半岁左右乳猪个体。

鸡　17 件，包括前肢、后肢、综荐骨，代表 2 个完整的成年个体。

鱼　9 件，包括脊椎、鳍条，代表 1 条鱼。

168.M908

猪　15 件，包括脊椎、坐骨等，代表 2 个半岁左右乳猪个体的躯干。

鸡　21 件，包括颅骨、前肢、后肢等，代表 1 个完整的成年个体。

鱼　134 件，其中 7 件头骨可鉴定为鲷科；3 件头骨可鉴定为真鲷；其余标本包括头部骨骼、脊椎、鳍条。代表 2 条真鲷。

169.M912

猪　74 件，包括头骨、颌骨、前后肢、脊椎，代表 1 个完整的半岁左右乳猪个体。

鸡　181 件，包括头骨、前后肢、脊椎等，代表 3 个完整的成年个体和 2 个未成年个体。

鱼　239 件，其中 19 件可鉴定为鲷科，6 件可鉴定为鲤科，6 件咽齿可鉴定为鲤鱼；其余标本包括头部骨骼、脊椎、鳍条。代表 3 条鲤鱼和 2 条鲷科鱼。

170.M936

小型食虫目　1 件，为下颌。

中型哺乳动物　5 件，为肢骨残片。

（三）瓦椁墓

1.M5

猪　100 件，包括前肢、后肢、脊椎、肋骨等。代表 3 个完整的小于半岁乳猪个体。

2.M142

猪　23件，包括前肢、后肢、脊椎等，代表4个完整的半岁左右乳猪个体。

小型食虫目　6件，包括上下颌骨和后肢，代表1个完整个体。

鱼　71件，其中7件可鉴定为鲷科，包括头部骨骼、鳍骨、尾椎等。代表2条鲷科鱼。

3.M230

狗　2件，包括下颌游离牙齿、跖骨。

羊　3件，包括肩胛骨、掌骨、距骨。

啮齿动物　1件，为髋骨。

中型哺乳动物　1件，大型哺乳动物8件，包括头骨、肢骨等残片。

从动物遗存的种属、部位及保存状态，我们认为该墓葬的动物遗存应出自墓葬填土并非随葬动物。

4.M253

猪　114件，包括头骨、前肢、后肢、肋骨等，代表5个半岁左右的完整乳猪个体和1个成年个体的头部。

马　1件，为肩胛骨。

牛　2件，包括下颌、股骨，分别代表1个老年个体的颌骨和1个未成年个体的后腿。

羊　4件，包括前后肢、髋骨，代表一个个体的主要躯干部分。

大型哺乳动物　6件，包括肢骨片、肋骨。

鱼　151件，包括头部骨骼、躯椎、尾椎、鳍骨和鱼鳞等，代表2条鱼。

5.M255

猪　177件，包括头骨、下颌、前肢、后肢、脊椎等，代表2个完整的半岁左右乳猪个体。

鸡　5件，为肋骨。

兔　1件，为左侧肩胛骨，代表1条左侧前腿。

6.M754

猪　55件，包括头骨、下颌、前肢、后肢、脊椎等，代表2个完整的半岁左右乳猪个体。

鱼　3件，包括头部骨骼、脊椎，代表1条鱼。

大型哺乳动物　1件，为下颌支。

7.M757

猪　152件，包括头骨、前肢、后肢、脊椎等，代表3个完整的半岁左右乳猪个体。

鱼　9件，包括上枕骨、躯椎和尾椎，代表1条鱼。

小型食虫目　35件，包括头骨、脊椎、后肢等，代表2个完整个体。

8.M911

猪　18件，包括前肢和后肢骨等，代表3个完整的半岁左右乳猪个体。

（四）瓮棺墓

M591

猪　3件，包括寰椎、趾骨，代表一个成年个体的颈部和蹄骨。

（五）砖室墓

1.M71

猪　32件，包括头骨、前肢、后肢、肋骨等。代表3个完整的半岁左右乳猪个体。

鸡　18件，包括前肢、跗跖骨、脊椎等。代表2个成年个体的主要肢骨和躯干部分。

貉　18件，包括头骨、肩胛骨、后肢、脊椎等。代表1个完整的成年个体，多数骨骼带有烧痕。

2.M239

兔　2件，为胫骨和股骨，代表1个兔的左后腿。

3.M404

猪　1件，为肋骨。

鸡　1件，为肱骨，代表1个成年个体的翅膀。

狗　1件，为尺骨，代表1个成年个体的前腿。

小型啮齿目　1件，为髋骨。

4.M411

狗　头骨1件，代表1个成年个体的头部。

貉　7件，包括下颌、前肢、脊椎、髋骨等，代表1个完整个体。

两栖动物　1件，为胫腓骨，代表1个个体的后腿。

5.M418

鱼　2件，为头部骨骼，代表1条鱼。

6.M581

猪　30件，包括桡骨、蹄骨、肋骨等，代表1个半岁左右乳猪个体的前腿、蹄部。

7.M585

狗　58件，包括游离齿、前肢、后肢等，代表3个成年个体的脱落牙齿和主要肢骨。

二　统计与分析

（一）定量统计

下文将对汉代墓葬出土的动物遗存从可鉴定标本和最小个体数两个方面进行统计。

1. 可鉴定标本

软体动物3件，其中蚶、文蛤、蜗牛各有1件。

脊椎动物25428件，其中鱼类遗存7531件，占所有脊椎动物的29.6%；两栖动物1件，占比小于0.01%；鸟类遗存5503件，占比21.6%；哺乳动物12393件，占比48.7%（图8-2）。鱼类遗存中，鲷科410件，鲤科73件，其余鱼骨无法依照保存部位判断具体属种。鸟类遗存中，鸡5474件，占鸟类的绝大多数，其余数十件记作大型鸟，具体属种暂未确定。哺乳动物中，偶蹄目数量最多，为11428件，占比92.2%，包括猪、牛、羊三种动物，其中猪11262件，羊135件，牛31件，猪的数量占据绝对优势；其次是奇蹄目，466件，均为马，占比3.8%；小型食虫目250件，占比2.0%；食肉动物114件，占比0.9%，其中狗66件，貉26件，小型食肉动物22件；小型啮齿目34件，占比0.3%；

兔形目 11 件，占比不足 0.1%。

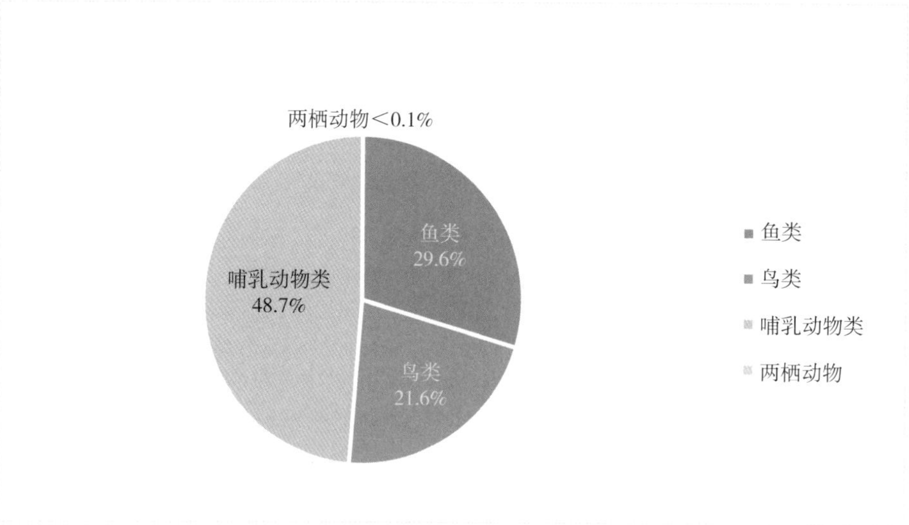

图 8-2 汉代墓葬出土脊椎动物标本数量构成图

2. 最小个体数

软体动物中，蚶、文蛤、蜗牛各有 1 个个体。

脊椎动物中，鱼类的最小个体数为 196，其中真鲷个体数最多，为 94，占比 48.0%；鲷科为 30，占比 15.3%；鲤鱼个体数为 22，占比 11.2%；鲫鱼为 2，占比 1.0%，鲤科为 3，占比 1.5%；其他暂未判断出具体属种的鱼类有 45 个个体，占比 23.0%（图 8-3）。

鸟类中，鸡的个体数为 347，另外还有 2 个成年的大型鸟个体。

哺乳动物共有 458 个个体，其中猪的数量最多，最小个体数为 396，占比 86.5%；小型食虫目个体数为 23，占比 5.0%；狗的个体数为 8，占比 1.7%；马、羊、兔的个体数均为 6，各占比 1.3%；牛、小型啮齿目的个体数均为 5，各占比 1.1%；貉的个体数为 3，占比 0.7%（图 8-4）。

另有 1 个两栖动物个体，可能为后期混入填土。

从可鉴定标本和最小个体数两方面的统计结果来看，猪、鸡、鱼是数量最多的三种动物，在该墓地的随葬动物中发挥着最为重要的作用。

（二）死亡年龄统计

随葬的猪大约可以代表 396 个个体，其中 383 个为半岁左右或小于半岁的未成年个体，占 96.7%。

随葬的鸡大约可以代表 347 个个体，其中 153 个为成年个体，194 个为未成年个体，未成年个体占 55.9%。

羊 6 个个体，其中 2 个为未成年个体，占 33.3%。

马 6 个个体，其中 2 个为未成年个体，占 33.3%。

牛 5 个个体，其中 3 个为未成年个体，占 60%。

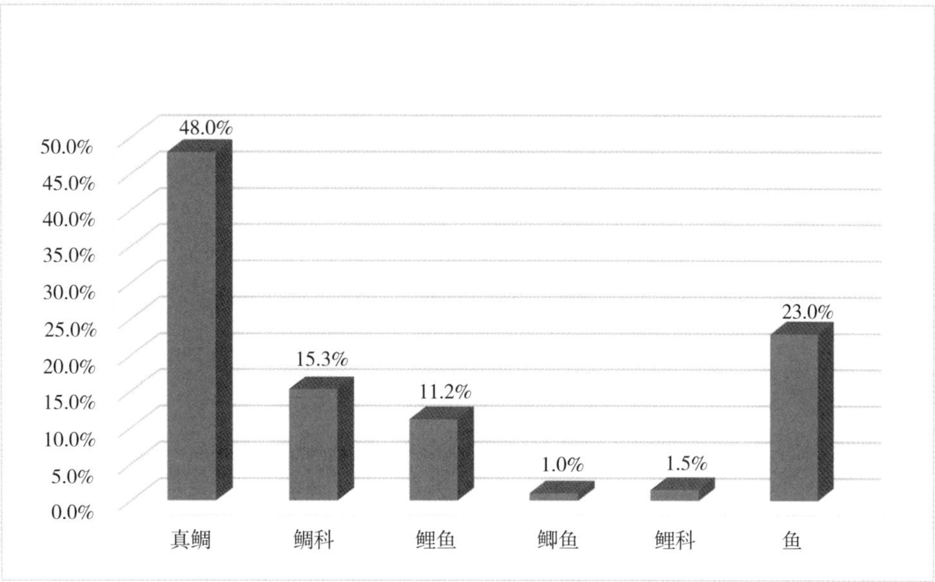

图 8-3　汉代墓葬出土鱼类最小个体数比重图

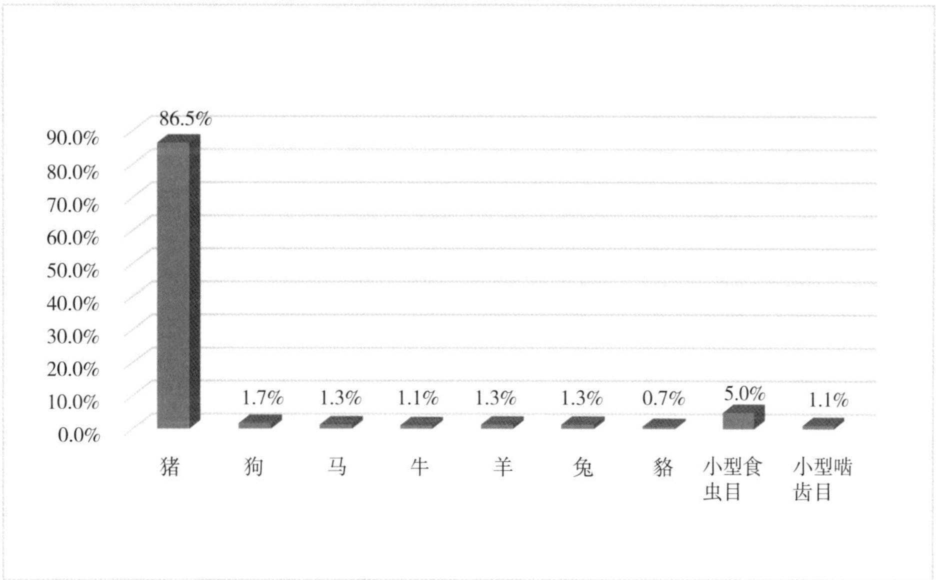

图 8-4　汉代墓葬出土哺乳动物最小个体数比重图

小型食虫目　23 个个体，均为成年个体。

狗　8 个个体，均为成年个体。

兔　6 个个体，均为成年个体。

小型啮齿目　5 个个体，均为成年个体。

貉　3 个个体，均为成年个体。

根据死亡年龄的统计结果可知(图 8-5)，该遗址汉墓中出土数量最多的猪和鸡以未成年个体为主；其他动物则多以成年个体为主。

根据文献记载，“今闾巷县佰。阡陌屠沽，无故烹杀，相聚野外。负粟而往，挈肉而归。夫一豕之肉，得中年之收，十五斗粟，当丁男半月之食。”[1]这段话的意思是（西汉时期）买一头猪所需的粮食相当于一个男子半月所需的粮食。由此可见，在当时一头完整的猪对于平民阶层来说价格是很高的，这也可能是汉代平民阶层随葬时多用乳猪的原因；另一方面，对于一般贵族和平民阶层来说，其墓葬规模相对较小，随葬一整只成年猪不太现实，所以更倾向选择体型小的乳猪。

此外有学者提出，在时间框架下，汉代墓葬随葬动物的选择随着时间推移发生了转变，即“在精神内涵方面从关注虚拟性精神涵义的‘虚’到注重实用性食物陪葬的‘实’”[2]，辛置墓地汉墓所发现的动物骨骼多为与先民日常生活关系密切的家禽（鸡）、家畜（猪）和水产品（鱼）等，显然是作为食物随葬墓中的。从食物选择的角度来说，未成年个体更为鲜嫩，更受欢迎，因此先民会更多地选择未成年个体随葬墓中，这应该与人们生前的生活饮食习惯密切相关。

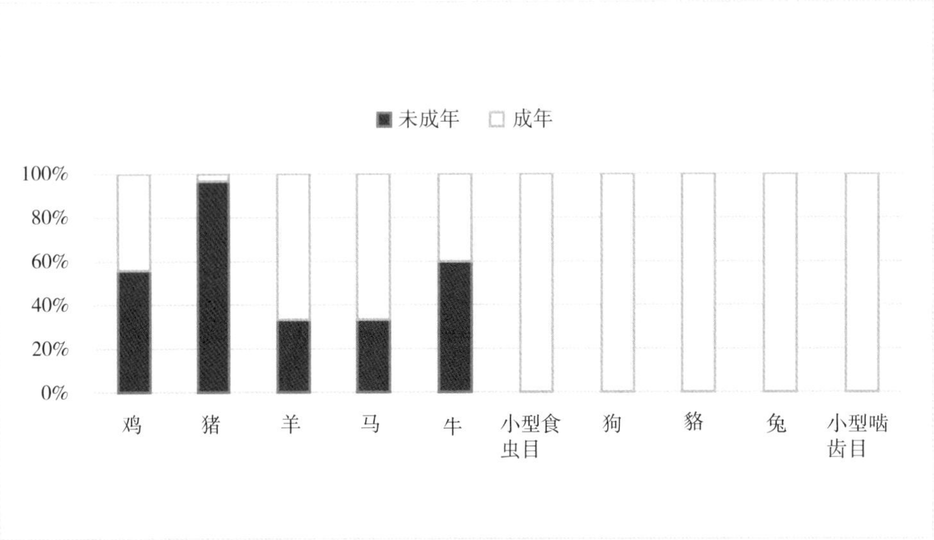

图8-5　汉代墓葬各类动物死亡年龄结构图

（三）动物随葬方式

1. 猪

绝大多数墓葬出土的猪都以完整个体随葬，少数墓葬里仅使用猪的一部分进行随葬，其中有7个墓葬仅发现猪的头骨，共代表8个个体；4个墓葬仅发现猪的单侧前肢，共代表5个个体；4个墓葬仅发现猪的单侧后肢，共代表6个个体；4个墓葬仅发现猪的前半身，共代表6个个体；1个墓葬发现猪的单侧前后肢，代表1个个体。此外还有个别墓葬既用完整个体也用猪头或单侧前肢随葬。可以看出，少数墓葬虽然没有使用完整的个体随葬，但在部位选择上有明显的倾向性，一般会选择猪头或带肉较多的猪腿用来随葬，代表着对地位和财富的向往。

2. 鸡

大多数墓葬出土的鸡都是以完整个体随葬，少数墓葬仅发现了鸡的部分骨骼，其中6座墓葬仅发现鸡的单侧翅膀，共代表6个个体；3座墓葬仅发现鸡的单侧后肢，共代表3个个体。翅膀和后腿

[1]　（汉）桓宽：《盐铁论·散不足》，上海人民出版社，1974年，第67～68页。

[2]　邓惠：《考古材料所见之汉墓动物随葬》，《南方文物》2015年第3期，第58～69页。

是肉较多且口感较好的部位，选择这些部位随葬也许和墓主生前的饮食倾向有密切联系。

3. 鱼

鱼作为随葬动物一般以完整个体下葬，有些墓葬虽然出土的鱼骨比较零散，但考虑到鱼骨大多较小且不易保存，所以笔者认为墓葬中随葬的鱼都是完整个体。

4. 其他动物

该墓地出土的马主要是完整个体，在个别墓葬的填土中也发现少量肩胛、蹄骨等。牛主要保存了牙齿、肢骨和脊椎，未发现牛头和较完整的骨架，应该只是部分随葬。羊保存的部位主要为蹄骨和肩胛骨，都是较为零散的发现，数量很少。出土狗的 6 座墓葬中，仅有 1 座随葬的是完整个体，一座出土了成年个体的狗头，其余墓葬出土的狗分别保存了单侧前肢、单侧后肢和蹄骨，可能是依据带肉多的部位选择，也不排除是混入墓葬的可能性。出土的兔没有发现完整个体，多是头骨、单侧的前肢或后肢。M696 发现的一具大型鸟骨骼，骨骼结构较为完整，显然是以完整个体下葬。墓葬中出土的貉骨骼结构较为完整，应为完整个体随葬。小型啮齿目和小型食虫目均是完整个体，但由于其体积很小，且不是饮食中常见的动物种类，不排除这类小动物后期误入墓葬的可能性。

各类动物的随葬方式如表 8-1 所示，该地居民在选择随葬动物的部位时，多注重实用性，随葬动物多是作为墓主人的食物存在的。猪、鸡、鱼是该地比较流行的随葬动物，与人们的生活密切相关，且较容易获得，多以完整个体随葬，少数会选用带肉较多或具有特别文化含义的部位随葬；体格较大的哺乳动物如牛羊等则通常选择肉多的肢骨或中轴骨骼部位随葬，但马的情况相对特殊，比起食用功能，更有着身份或等级的象征意味，所以如果选择马随葬，多是完整个体；狗、兔等完整个体较为少见，出土的多是带肉较多的部位。啮齿目和食虫目这类小型哺乳动物都是完整个体，可能是后期混入墓葬的，并非用于随葬。

表 8-1　汉代墓葬出土不同动物的骨骼部位随葬情况

动物种属	骨骼部位随葬情况
猪	多数是完整个体，少数腿部或头部
鸡	多数是完整个体，少数翅膀或腿部
鱼	完整个体
小型食肉目	完整个体
小型啮齿目	完整个体
大型鸟	完整个体
貉	完整个体
马	多数完整个体，少数腿部
羊	肩胛或蹄部
牛	后肢或脊椎
兔	头部或腿部
狗	完整个体或头部、腿部

（四）动物出土概率分析

汉代墓葬中共有242座出土有动物骨骼，其中201座墓葬出土有猪骨，出土率83%；125座墓葬出土有鸡骨，出土率52%；97座墓葬出土有鱼骨，出土率40%，其中53座出土有鲷科（包括真鲷）骨骼，22座出土有鲤科（鲤鱼、鲫鱼）骨骼；8座墓葬出土小型食虫目骨骼；6座墓葬出土狗骨骼；各有5座墓葬出土兔和小型啮齿目骨骼；各有4座墓葬出土牛、羊、马骨骼；有3座墓葬出土貉的骨骼；各有1座墓葬出土有蚶、文蛤、蜗牛、两栖动物骨骼（图8-6）。由此可见，猪在各墓葬中的出土率最高，是该墓地使用最广泛的随葬动物；其次是鸡，一半以上的墓葬中随葬有鸡；再其次是鱼，40%以上的墓葬中随葬有鱼，且以鲷科为主的海鱼出土率要高于鲤科等淡水鱼。根据《孟子·梁惠王上》的记载，孟子在与梁惠王的问答中说道："鸡豚狗彘，毋失其时，七十者可以食肉矣。"[1]梁惠王是战国时期魏国国君，由此可以看出，早在战国时期，鸡、猪、狗的饲养已经是平民阶层日常生活中不可或缺的一部分。及至汉代，鸡、猪也仍是平民阶层畜养的主要家禽家畜，比较容易获得，所以它们在一般平民的墓葬中被广泛使用也符合该阶层的经济文化观念。此外，墓葬中较为广泛的使用鱼来随葬则与辛置墓地的地理位置有较大的关系。辛置墓地地处山东半岛西北部，位于潍河下游，莱州湾畔，靠河近海，淡水鱼类和海洋鱼类资源丰富，因此鱼类应该也是该地居民重要的肉食资源。

该时期用狗随葬的现象并不多见，出土狗骨的墓葬仅有6座，分别为M91（砖椁墓）、M193（砖椁墓）、M230（瓦椁墓，动物骨骼出土于填土中）、M404（砖室墓）、M411（砖室墓）、M585（砖室墓）。M411随葬的为成年狗的头骨、M585随葬了狗的完整个体，这些墓葬规格较高，随葬品较为丰富，其余几座墓葬出土的狗骨仅一两件，也不排除混入墓室或填土的可能性。

出土羊骨的墓葬有4座，包括M106（砖椁墓，发现于盗洞内）、M524（砖椁墓）、M230（瓦椁墓）、M253（瓦椁墓），这些墓葬出土的羊骨主要为零散的肩胛骨和蹄骨，出土的位置多为盗洞或填土内，无法确定其是否用于随葬。

出土牛骨的墓葬有4座，包括M106（砖椁墓，发现于墓葬填土内）、M241（砖椁墓）、M230（瓦椁墓）、M253（瓦椁墓），这些墓葬出土的牛骨多为零散的肢骨、脊椎、蹄骨、脱落牙齿等。

出土马骨的墓葬有4座，包括M50（砖椁墓）、M132（砖椁墓）、M253（瓦椁墓）、M921（土坑墓）。其中M50的马骨发现于盗洞中，填土距墓口2.6米深处，位于墓室北部，横卧，脖颈扭曲，头转向背部，前蹄屈曲，后蹄舒展，保存完好。此马应是掉入此深洞、又逢大风雨淤泥而死，或病死后，人为埋放于此深洞中。盗洞填土里发现一白瓷片，层位和马骨同，瓷片和马骨应为同期填埋于盗洞中的，或者说马骨起码晚于白瓷片时期，不属于汉代。M132在接近墓底的填土中发现一匹未成年的马骨架，靠近北壁，身体屈曲，四肢蜷缩，保存较完好；M132的盗洞内发现一个未成年完整骨架和部分散落的成年马骨，可能是后来人为埋放于此洞中。M253和M921出土的马骨主要为散落的肩胛骨和跖骨，也可能是混入填土中的。

动物出土率的差异与墓葬的等级差异也息息相关。随葬狗、羊、牛、马等动物的墓葬，出土随葬品较为丰富，规格相对其他墓葬较高。因此，笔者推断，汉代鲁北地区，一般平民阶层的随葬动

[1] 杨伯峻译注：《孟子译注》，中华书局，2014年，第16页。

物以猪、鸡、鱼为主，而规格较高的墓葬（应为一般贵族或富人阶层的墓葬），除猪、鸡、鱼等常用随葬动物外，另外可能会用狗、羊、牛等动物随葬。

这种不同阶层墓葬随葬动物的差异，在汉代的一些文献资料中可以得到印证。根据文献记载，“古者，庶人鱼菽之祭，春秋修其祖祠。士一庙，大夫三，以时有事于五祀，盖无出门之祭。今富者祈名岳，望山川，椎牛击鼓，戏倡舞像。中者南居当路，水上云台，屠羊杀狗，鼓瑟吹笙。贫者鸡豕五芳，卫保散腊，倾盖社场。”[1]这段话描述了古代和当今（西汉时期）祭祀用牲的阶级差别，富者用牛，中者用羊和狗，贫者则用鸡和猪，显然，汉代时期，用于祭祀的动物已经被划分了阶层，而这一等级的差异在墓葬中也应有所体现，因此在随葬动物的选择方面，不同阶层也应有不同的选择。《史记·平淮书》有言：“其没入奴婢，分诸苑养狗、马、禽兽，及与诸官。”[2]根据此描述可以看出，汉代时期，狗、马、鸟类和兽类通常被分给各个官府官员，即一般的贵族阶层。从辛置墓地汉代墓葬出土动物的种属来看，猪、鸡、鱼是大多数墓葬较为普遍使用的随葬动物，对于等级的区分度不高；而狗、羊、牛、马等出土量较少的动物更能反映墓主身份的差异，多出土于规格相对较高的墓葬中（应为一般贵族或富人墓葬）。

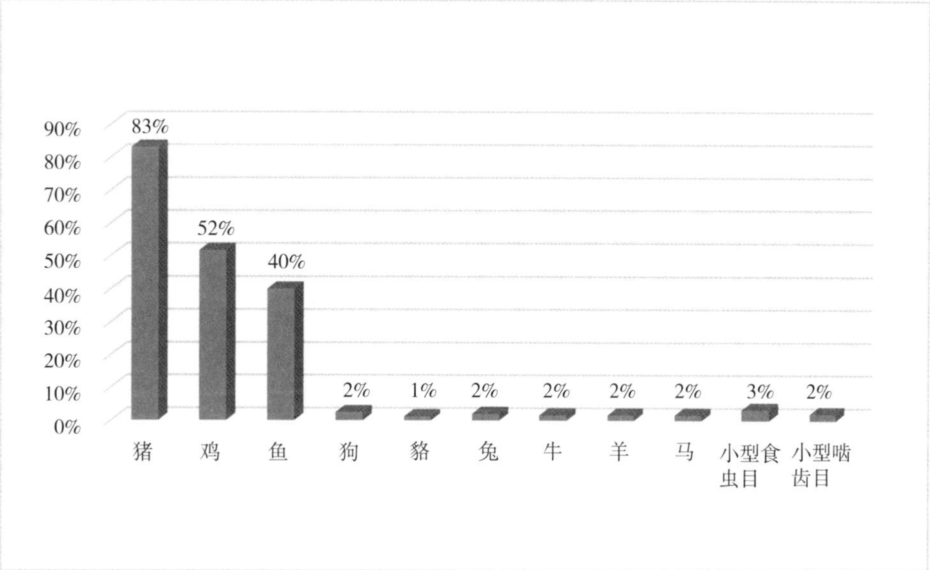

图 8-6 汉代墓葬各类动物出土概率统计图

（五）随葬动物的组合特征

该遗址汉墓的随葬动物组合并不固定，根据统计结果显示（图 8-7），只随葬猪的墓葬有 64 座，随葬猪 + 鸡组合的墓葬有 33 座，随葬猪 + 鱼组合的墓葬有 24 座，随葬猪 + 鸡 + 鱼组合的有 61 座，随葬鸡 + 鱼组合的墓葬有 3 座，只随葬鱼的墓葬有 5 座，只随葬鸡的墓葬有 14 座，只随葬马的墓葬有 2 座，只随葬小型食虫目的墓葬有 3 座，随葬猪 + 鸡 + 兔、猪 + 鱼 + 食虫目组合的墓葬各有 2 座。

[1] （汉）桓宽：《盐铁论·散不足》，上海人民出版社，1974年，第68页。

[2] （汉）司马迁撰，（宋）裴骃集解，（唐）司马贞索隐，（唐）张守节正义：《史记》，中华书局，2012年，第1436页。

其余随葬动物组合的墓葬各 1 座。

根据以上数据可以看出，先民随葬动物的组合多以猪为主体，另外配合鸡、鱼等动物进行组合。其中，以单独葬猪和猪＋鸡＋鱼三种动物组合为主，大多数墓葬以 2～3 种动物的组合为主，单独随葬鸡或鱼，以及随葬 3 种以上动物的墓葬较为少见。另外，有些墓葬虽然发现了除猪、鸡、鱼之外的其他动物骨骼（如 M489 的蜗牛壳、M404 的小型啮齿目髋骨等），但根据发现的骨骼部位及数量来看，很可能是意外进入墓中，并不属于随葬动物。

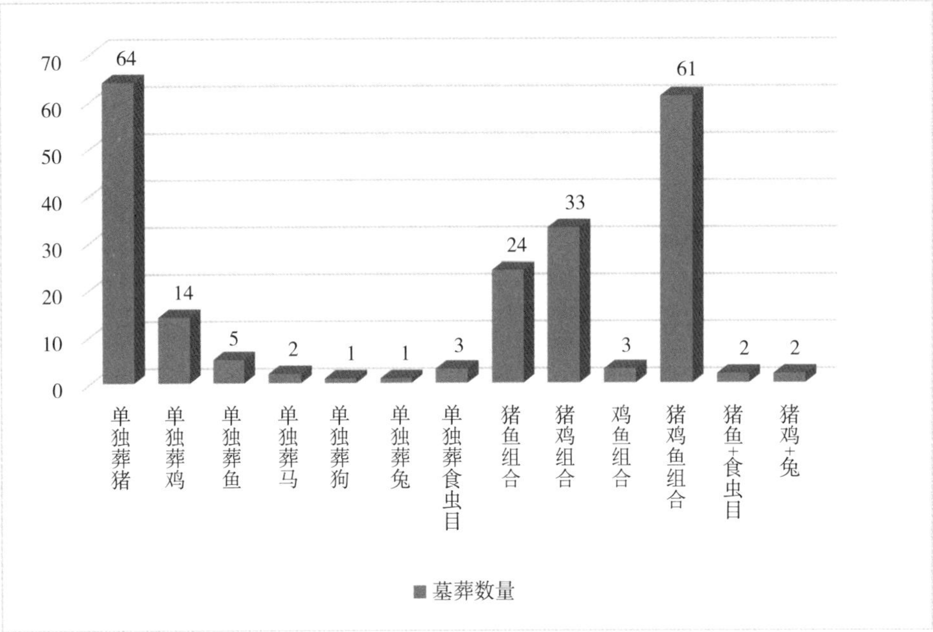

图 8-7　汉代墓葬随葬动物组合统计图

第三节　清代墓葬出土动物遗存

出土动物遗存的清代墓葬有 3 座，共出土 33 件，各墓葬的具体情况描述如下。

1.M126

牛　1 件，为下颌脱落的臼齿。

2.M211

猪　1 件，为右侧距骨。

3.M616

猪　28 件，包括头骨、颌骨、前后肢、脊椎等，代表 1 个完整的半岁左右乳猪个体。

鱼　3 件，包括头骨等，代表 1 条鱼。

清墓中出土的动物遗存数量很少，除了 M616 随葬了一头完整的乳猪和一条鱼外，其余墓葬发现的是个别零散的牙齿或关节短骨，推断其混入填土的可能性较大。从 M616 的随葬动物来看，乳猪和鱼的组合是该墓地周、汉墓中常见的动物随葬组合，可见虽然相隔了一千多年的时间，但仍然保留了当地浓厚的随葬动物特色。

第四节　结语

通过对辛置墓地各时期墓葬出土动物遗存的统计和分析，并结合相关文献资料的记载，我们对该遗址墓葬中随葬动物的特征有了一定的认识。

一　周代墓葬

使用的随葬动物主要为猪、鸡、鱼、狗等，种属较少，其中小于半岁的乳猪是最常见的随葬动物，几乎每个墓葬中都有发现，主要是完整个体或带肉较多的部位；鸡使用的频率也较高，多为翅膀和腿，完整个体较少；鱼主要是真鲷，都以完整个体随葬；狗未发现完整个体，主要是长骨和躯干部分或下颌骨埋入墓内。随葬的动物大多是猪＋其他 1 ～ 2 种动物的组合形式，也有部分墓葬单独使用猪进行随葬。结合周代礼制方面的文献记载，可以推断这些周墓随葬动物的标准应属于士阶层，但在东周时期礼崩乐坏的历史环境下，也有可能存在士以下阶层的僭越行为。

二　汉代墓葬

汉代时，随葬动物的种属、数量、组合形式都较周代有了较大的变化，可以总结为以下几点特征。

第一，随葬动物的种属上，猪、鸡、鱼是数量最多、分布最广泛的三种随葬动物。鱼类主要由鲷科和鲤科构成，鲷科的数量更多，由于该遗址靠河近海，海水和淡水鱼类资源都较为丰富，与人们的日常生活关系密切。狗、牛、羊、马、兔、貉等哺乳动物在墓葬中也有发现，出土率很低，根据相关文献记载，这些动物一般为贵族或更高阶层的人享用，对于大多数平民阶层来说不是日常消费的动物种类。

第二，从随葬动物的死亡年龄上看，出土数量最多的猪和鸡均以未成年个体为主，羊、马中也存在未成年个体。猪和鸡是居民日常生活中最常见的家畜家禽，与人们的饮食息息相关，幼年个体口味更佳，应更受欢迎，且幼年个体体型小，便于摆放在墓内。

第三，从动物骨骼保存的部位来看，猪、鸡、鱼这三种常见的随葬动物多以完整个体随葬，少数选择其带肉较多的前后腿或可能有特殊文化含义的猪头随葬。牛、羊、狗、兔等极少以完整个体随葬，多选择带肉较多的肢骨部分随葬。马均以完整个体随葬，对墓主的身份和阶层有着特殊的象征意味。

第四，从墓葬形制与随葬动物的关系来看，不同的墓葬形制并没有明显的随葬习俗的差异。结合具体的墓葬发掘资料，我们发现墓葬中动物骨骼一般与陶器并存，且动物骨骼通常置于随葬陶器旁边或散落于周围，极少数墓葬中动物骨骼置于陶器内。普通墓葬中，动物骨骼普遍放置于墓底；带有壁龛或器物台的墓葬中，动物骨骼一般与随葬陶器共同放置于壁龛内或器物台上。

第五，从随葬动物的选择和组合来看，猪的出土率最高，其次是鸡和鱼。随葬动物的组合形式种类繁多，多数墓葬都以猪为主要的随葬动物，单独葬猪和猪＋鸡＋鱼的组合方式最为常见，其次是猪＋鸡或猪＋鱼的随葬组合，充分表明了猪在该遗址汉墓随葬动物中的重要地位。

三 小结

本次发现的墓葬中，以汉代墓葬数量最多，动物遗存也多出自汉墓，从周墓到汉墓乃至清墓，随葬动物特征基本一致，都以猪为主要的随葬动物。表明从东周开始该地形成了以单独葬猪或猪+鸡+鱼为特征的葬俗，周代晚期，礼崩乐坏，且随着猪的饲养越来越普遍，汉代时继续延续了该传统，成为一种普遍存在的葬俗，直至清墓中仍有该葬俗的残留。

第九章　辛置汉代铜镜研究

第一节　辛置汉代铜镜初探

昌邑辛置墓葬发掘中，出土汉代铜镜 171 枚。这批铜镜多数保存较好，部分锈蚀严重，有的仅为残片。笔者试从类型、年代、纹饰、铭文等方面对其进行一些分析，以求教于方家。

一　分型分式

这批铜镜，除 4 枚锈蚀、残损难辨外，其余 167 枚可分为素面镜、蟠螭镜、蟠虺镜、四花叶镜、草叶镜等十大类。

（一）素面镜

2 枚。弓形纽，全素面，边缘略卷。标本 M513∶1。

（二）蟠螭镜

2 枚。三弦纽，纽外一周窄凹面圈带（或两周凸弦纹）。主纹为三条首尾相连的蟠螭或三蟠螭与三叶纹相间分布；圆涡纹为地。宽素卷缘。标本 M38∶1。

（三）蟠虺镜

5 枚。三弦纽。纽外一周窄凹面圈带。主纹为四条卷曲的蟠虺纹；地纹为圆涡纹或平行折线纹。宽素卷缘。根据主纹不同分三式。

Ⅰ式　3 枚。圈带叠压蟠虺镜。四蟠虺作一大一小、方向相反的两“C”形卷曲（个别小“C”形不完整），其上叠压一周凹面圈带、均匀分布四乳丁。标本 M534∶1。

Ⅱ式　1 枚。圈带蟠虺镜。主纹与Ⅰ式相近，唯缺少叠压的一周凹面圈带。标本 M388∶01。

Ⅲ式　1 枚。圈带蟠虺连弧镜。主纹为四条呈“S”形卷曲的蟠虺纹，其外一周内向十六连弧纹圈带。标本 M705∶1。

（四）四花叶镜

3 枚。圆纽或伏兽纽。纽外一凹面、一凸弦纹（个别无）方格。方格四角伸出双叶一苞花枝纹（有的另加一花瓣、有的仅有花瓣）、四边中心点外各一圆座乳丁（乳丁外饰花叶纹、或花瓣纹、或无纹饰）。内向十六连弧纹缘。3 件纹饰各有不同之处。标本 M370∶1，残碎严重，纽外凹面与凸弦纹方格间设铭文（仅可辨“明”字），格四角外似一弧形花瓣。标本M894：1，伏兽纽，无纽座，圆乳丁外无纹饰。标本M663：3，柿蒂纹纽座，圆乳丁外围以四桃形花瓣。

（五）草叶镜

10枚（M2：3仅一残片）。圆纽，柿蒂纹纽座（个别圆纽座）。座外一双凸弦纹小方格（部分单线、个别单线内附凹面方格）和一凹面大方格（多数外附凸弦纹）。两组方格之间多为铭文带（个别无）。大方格四角多向外伸出一花枝纹，枝尖外射（个别为乳丁）；四边中心点外各一大乳丁（个别仅有草叶纹），钉外一桃形花苞、两侧分饰草叶纹。内向十六连弧纹缘。根据铭文、花枝、草叶的不同分为五型。

A型　4枚。日光对称单层草叶镜。两方格之间为铭文带“见日之光，天下大明”；大方格四角各向外伸出一花枝纹；四边中心点乳丁外一桃形花苞、两侧各一单层草叶纹。根据四角花枝纹不同分两式。

Ⅰ式　3枚。大方格四角伸出双叶花枝纹。标本M660：2。

Ⅱ式　1枚。大方格四角伸出双叶一苞花枝纹。标本M855：1。

B型　1枚。对称单层草叶镜。无铭文，外区纹饰同A型Ⅰ式。标本M252：1。

C型　2枚。日光对称连叠草叶镜。两方格之间为铭文带；大方格四角各向外伸出双叶一苞花枝纹；四边中心点外乳丁外一桃形花苞、两侧各一连叠草叶纹。标本M97：3铭文“见日之光，天下大明”，标本M422：1铭文“见日之光，长乐未央”。

D型　1枚。日有熹对称连叠草叶镜。纹饰与C型完全一致，铭文“日有熹，宜酒食，常贵富，乐毋事”。标本M91：11。

E型　1枚。四螭单列连叠草叶镜。大方格四角各一大乳丁，四边中心点外各一连叠草叶纹。围绕草叶和乳丁分饰四条蟠螭纹。标本M814：1。

（六）星云镜

13枚。连峰纽，圆纽座（少数无）。部分纽座上分布短弧线等几何纹，较大者座外多有一周内向十六连弧纹。主纹内外有短斜线纹或凸弦纹，由四枚大乳丁分为四区，每区内各有弧线相连的小乳丁。内向十六连弧纹缘。根据纽座及其外连弧纹圈带的有无分为三型。

A型　7枚。圆纽座，外设一周内向十六连弧纹圈带，主纹四区内各七枚小乳丁。根据主纹区大乳丁座的不同分两亚型。

Aa型　6枚。并蒂连珠纹座大乳丁。根据纽座上几何纹不同分两式。

Ⅰ式　2枚。座上均匀分布四短弧线，间饰四外附三短竖线的月牙纹。标本M140：1。

Ⅱ式　1枚。座上均匀分布四外附三短竖线的月牙纹。标本M453：2。

Ⅲ式　3枚。座上无纹饰。标本M11：1。

Ab型　1枚。圆座大乳丁。标本M269：2。

B型　4枚。圆纽座，其外无连弧纹圈带，主纹四区内各五枚小乳丁。标本M35：2。

C 型　2 枚。无纽座，亦无连弧纹圈带，主纹四区内各五枚小乳丁。标本 M164∶3。

（七）连弧（圈带）铭带镜

90 枚。根据铭文不同又可分为日光镜、昭明镜、重圈铭带镜、其他铭带镜等四种类型。

1. 日光镜

61 枚。圆形，绝大部分为圆纽、圆纽座，个别连峰纽、极少并蒂连珠纹纽座。座外多有短弧线等几何形纹饰。之外为连弧纹圈带、或为窄凸面圈带、或为凸弦纹，少数兼具两种纹饰，其间又设几何纹。外区主纹为日光铭带，夹于两组短斜线和凸弦纹组合之间，铭文以“见日之光，天下大明”、“见日月心，勿夫毋忘”为主（这两种铭文镜除文字不同外，其余纹饰等基本一致，故统一归入日光镜介绍），亦有少量增字、减字或其他类似语句，字体为圆转式篆隶体（部分笔画首尾加重呈楔形），每字间隔一涡纹或带十字的菱形纹（个别两字间隔涡纹或双层月牙纹）。多为窄素平缘，少数宽缘。根据纽座外主要纹饰的不同分为五型。

A 型　22 枚。日光连弧铭带镜，纽座外饰有内向八连弧纹圈带。根据纽及纽座不同分为三亚型。

Aa 型　2 枚。圆纽，并蒂连珠纹纽座。标本 M17∶3，纽座与连弧纹之间均匀分布四短竖线，间饰四“丫”形纹。标本 M499∶1，纽座与连弧纹之间一周内外均附凸弦纹的短斜线纹带。

Ab 型　19 枚。圆纽，圆纽座。根据纽座与连弧纹之间纹饰不同分五式。

Ⅰ式　12 枚。纽座外均匀伸出四条短弧线，其间夹饰月牙纹、或双层月牙纹、或内（外）附三短线的月牙纹（短折线）、或涡纹，以前者最多、后者仅见一例。M744∶1，夹饰月牙纹。标本 M543∶1，双层月牙纹。标本 M226∶1，外附三短线月牙纹。标本 M133∶4，夹饰涡纹。

Ⅱ式　2 枚。纽座外均匀伸出四组短弧线。标本 M24∶1，每组三条弧线，其间无纹饰。标本 M516∶1，每组两条弧线，夹饰“丫”形弧线。

Ⅲ式　1 枚。纽座外均匀伸出四条短竖线，夹饰月牙纹。标本 M166∶1。

Ⅳ式　2 枚。纽座外均匀伸出四组短竖线（每组三条）。标本 M466∶7，短竖线间似夹饰月牙纹。标本 M812∶1，短竖线间无纹饰。

Ⅴ式　2 枚。纽座外纹饰较复杂。标本 M533∶1，座外四组内附三短竖线的月牙纹夹饰三角纹。标本 M102∶5，座外均匀伸出的四条锥形短线夹饰内附三短竖线的月牙纹，每两者之间又一短弧线。

Ac 型　1 枚。连峰式纽，圆纽座。座与连弧纹之间均匀分布四条内附两短线的月牙纹，夹饰涡纹。标本 M879∶1。

B 型　27 枚。日光圈带铭带镜，纽座外饰有一周窄凸面圈带。根据镜纽不同分为两亚型。

Ba 型　2 枚。连峰纽，纽外均匀伸出四组短弧线（每组三条）夹饰涡纹。标本 M452∶6。

Bb 型　25 枚。圆纽。根据纽座与凸面圈带之间纹饰不同分五式。

Ⅰ式　1 枚。座外均匀伸出四条短弧线，夹饰外附三短竖线的月牙纹。标本 M646∶1。

Ⅱ式　2 枚。座外均匀伸出四组短弧线（每组两条），夹饰月牙纹。标本 M25∶1。

Ⅲ式　5 枚。座外均匀伸出的四组（每组三条）与四条短竖线相间环列。标本 M5∶2。

Ⅳ式　17 枚。纽座与凸面圈带之间无纹饰。标本 M45∶10。

C 型　5 枚。日光凸弦铭带镜，纽座外饰有一周凸弦纹，二者之间无纹饰。标本 M656∶1。

D 型　2 枚。日光圈带连弧铭带镜，纽座外依次饰有一周窄凸面圈带、内向八连弧纹。标本

M451：1，纽座外分列八短竖线；圈带外均匀伸出四条短弧线，夹饰内附三短竖线的双层月牙纹。标本M667：1，座外四组（每组三条）与四条短竖线相间环列；圈带外均匀伸出四条短弧线，夹饰内附三短竖线的月牙纹。

E型 5枚。日光凸弦连弧铭带镜，纽座外依次饰有一周凸弦纹、内向八连弧纹。座外均匀伸出四组短竖线（每组三条）；凸弦纹外伸出的四条锥形短线，夹饰单层或双层月牙纹。标本M107：1。

2. 昭明镜

22枚。圆纽，多圆纽座、个别并蒂连珠纹纽座。座外多有短竖线等几何形纹饰。之外或为连弧纹圈带，或兼具窄凸面圈带和连弧纹（其间又多设几何纹）。外区主纹为昭明铭带，夹于两组短斜线和凸弦纹组合纹带之间，铭文完整者为“内清质以昭明，光辉象夫日月，心忽穆而愿忠，然雍塞而不泄”，字体为圆转或方正式篆隶体、部分首尾笔画加重呈楔形。多有增字、省字现象，相当数量铜镜每字或多字间隔一“而”字。宽素平缘。根据纽座外主要纹饰的不同分为三型。

A型 10枚。昭明连弧铭带镜，纽座外一周内向连弧纹圈带，多为八连弧（个别十二连弧）。根据纽座不同分两亚型。

Aa型 1枚。并蒂连珠纹纽座，字体为圆转式篆隶体，铭文有省字。标本M17：6。

Ab型 9枚。圆纽座。根据铭文字体不同分两式。

Ⅰ式 1枚。圆转式篆隶体，省字严重，每字间隔一涡纹。标本M822：4。

Ⅱ式 8枚。方正式篆隶体。大多铭文仅前半句，且有省字，每字或多字间隔一“而”字。标本M210：3。

B型 1枚。昭明圈带铭带镜，圆纽座外一周窄凸面圈带，字体为圆转式篆隶体。标本M699：2。

C型 11枚。昭明圈带连弧铭带镜，纽座外一周窄凸面圈带和一周八连弧纹圈带。根据纽座不同分两亚型。

Ca型 2枚。并蒂连珠纹纽座。铭文为圆转式篆隶体、有增字或省字现象。标本M45：1。

Cb型 9枚。圆纽座。根据铭文字体不同分两式。

Ⅰ式 7枚。圆转式篆隶体，多有省字。标本M450：4，笔画圆滑。标本M5：1，笔画首尾加重呈楔形。

Ⅱ式 2枚。方正式篆隶体，省字严重，每字或两字间隔一“而”字。标本M221：1。

3. 重圈铭带镜

3枚。圆纽，并蒂连珠纹纽座。座外两周窄凸面圈带之间、再外两组短斜线和凸弦纹组合纹带之间为铭文带，均圆转式篆隶体，首尾笔画多加重呈楔形。宽素平缘。标本M36：7内外圈分别为日光、清白铭带，标本M40：98为日光、昭明铭带，标本M142：1为两圈昭明铭带。

4. 其他铭带镜

4枚。圆纽，并蒂连珠纹纽座。宽素平缘。铭文均方正式篆隶体。

清白连弧铭带镜 2枚。纽座外一周短斜线和凸弦纹组合纹带，其外一周窄凸面圈带、外饰短弧线等几何纹。再外一周内向八连弧纹圈带。两组短斜线和凸弦纹组合纹带之间为清白铭文带。标本 M29：2。

清华连弧铭带镜　1 枚。形制纹饰与清白镜基本一致，唯所附几何纹不同。标本 M102：1。

铜华圈带云雷纹镜　1 枚。纽座外四组短竖线，其外一周短斜线和凸弦纹组合纹带，再外两周窄凸面圈带之间为铜华铭文带。外区云雷纹由涡纹分成四组，且夹有铭文"家常贵富"。该镜字体虽较方正，但圆转笔画较多，也未见其他 3 枚笔画首尾加重呈楔形的现象。标本 M737：4。

（八）四乳铭文镜

9 枚。圆纽座。座外一周窄凸面圈带（个别为凸弦纹）。其外两周短斜线和凸弦纹组合纹带之间为主纹，四枚带圆座的乳丁分为四区，每区各一篆书铭文，连读为"家常贵富"。根据铭文字体不同分两式。

Ⅰ式　4 枚。除"贵"字外，其他三字笔画圆转。标本 M228：1。

Ⅱ式　5 枚。铭文笔画方折。标本 M511：1，铭文左侧各饰一立鸟。

（九）四乳禽兽镜

29 枚。圆纽，圆纽座（个别柿蒂纹纽座），座外多饰短弧线等几何纹。其外一周窄凸面圈带（或凸弦纹）。再外两组短斜线和凸弦纹组合纹带之间为主纹，四枚圆座（个别柿蒂纹座）乳丁分为四区，每区内饰禽或兽纹。多宽素平缘。根据主纹不同可细分为四乳四虺、四乳八鸟、四乳龙虎、四乳禽兽（狭义）、四乳四兽、四乳飞鸟镜等六类。

1. 四乳四虺镜

17 枚。每区内各有一虺纹、其内外两侧各一鸟纹（少数内侧无）、前后饰或象征云气的短弧线。根据所附鸟纹的不同分为四型。

A 型　1 枚。内外及左侧各置一鸟纹（可辨鹤类和雀类），姿态各异。标本 M241：1。

B 型　2 枚。内外各置一形制相近的清晰雀类立鸟纹。标本 M91：1，立鸟带有歧冠、且虺纹左上方另附一简化鸟纹。

C 型　8 枚。外侧雀类立鸟纹清晰，内侧简化为轮廓甚至仅有一道弧线。标本 M101：1。

D 型　3 枚。外侧各一立鸟纹、内侧无。标本 M227：1。

E 型　3 枚。内外两侧的鸟纹均简化为一道弧线。标本 M229：1。

2. 四乳八鸟镜

3 枚。每区内饰两相对而立鸟纹。标本 M515：1。

3. 四乳龙虎镜

2 枚。每区内各一带翼龙或虎，作逆时针奔走状，周围饰有短弧线（或象征云气）。标本 M205：1。

4. 四乳禽兽镜（狭义）

3 枚。此类仅指每枚镜背上均饰有禽、兽纹的铜镜。标本 M233：01，柿蒂纹纽座，叶间篆书"长宜子孙"四字，每区内分饰两禽或兽，分别为两长尾立鸟相对、翼虎逐羊、短尾长尾立鸟各一、翼龙逐鹿。标本 M582：1，每区内各一鸟或兽纹，似为四神。标本 M625：3 每区内分饰龙、鸟、虎、鱼纹各一。

5. 四乳神兽镜

2枚。标本M485：1每区内各浮雕一形态各异的神兽。标本M885：2每区浮雕一鸟或兽纹。

6. 四乳飞凤镜

2枚。以镜纽为中心饰一展翅凤鸟，鸟首、双翅、尾之间均匀分布四枚圆座乳丁。宽卷缘内侧饰锯齿纹和凸弦纹。标本M510：2。

（一〇）博局镜

4枚。均为简化博局镜，根据主纹不同分两型。

A型　3枚。鸟兽简化博局镜。圆纽，圆纽座（个别柿蒂纹）、外附圆点或短弧线等几何纹，其外设双凸线方格。格四角各对一圆座乳丁（或“V”形纹）将主纹分为四区，每区一“T”形纹、一姿态各异的鸟兽。再外一周短斜线和凸弦纹组合纹带。标本M208：1，主纹似为青龙、白虎、玄武和一异兽，宽平缘饰双线波折纹和一周圆点。标本M393：03，饰八禽鸟纹，云气纹缘。标本M859：2，饰青龙、白虎、朱雀和一异兽，宽缘饰锯齿纹、凸弦纹、双线波折纹。

B型　1枚。极简博局镜。纽座外四“T”形纹与四圆座乳丁相间环列。锯齿纹缘。标本M299：02。

二　年代推断

（一）素面镜

形制较原始。出土此类镜的M513墓底设有生土二层台，同时还出2件骨鼻塞。骨鼻塞应是平民对贵族使用玉鼻塞的模仿。西汉早期玉塞由玉琀发展为多窍塞，西汉中期含九窍塞的葬玉组合定型[1]。因此，小型墓中骨鼻塞的流行当在西汉早期及以后。同时结合墓葬形制推测，此次出土的两件素面镜大致为西汉早期或稍早。

（二）蟠螭镜

继承战国同类镜发展而来的，但是纹饰已经大为简化。标本M38：1主纹为三花叶间隔三蟠螭、螭体中部折成菱形，当是综合了战国蟠螭叶纹镜和蟠螭菱纹镜的特点，与章丘女郎山M237：1[2]基本一致，时代应为西汉早期。标本M599：2与《长安汉镜》E型Ⅰ式[3]相近而略简化，亦为西汉早期。

（三）蟠虺镜

应是从蟠螭镜演变而来。这次发现的5枚均与国博馆藏的蟠虺镜十分相似[4]，其中Ⅰ式与其第一类A型基本一致，时代为西汉早期至中期；Ⅱ式接近第二类Bb型，唯缺少连弧纹，可能为西汉中期；

[1]　石荣传：《三代至两汉玉器分期及用玉制度研究》，山东大学2005年博士学位论文，第172页。

[2]　济南市考古研究所：《章丘女郎山》，科学出版社，2012年，第33页。

[3]　程林泉、韩国河：《长安汉镜》，陕西人民出版社，2002年，第47页。

[4]　苏强：《国博馆藏西汉新莽铜镜的类型与分期》，《中国国家博物馆馆刊》2013年第5期，第133、134页。

Ⅲ式同第二类A型十分相像，西汉初至晚期均有出土，中期盛行。

（四）四花叶镜

此前所见四花叶镜时代均为西汉早期，武帝初年以后基本不见。标本M663：3与《长安汉镜》西汉早期1993XZZM29：1[1]较为相像，但缺少双线方格及铭文，时代应接近。标本M894：1与临沂金雀山西汉早期M34：30[2]基本一致。标本M370：1根据伴出陶器推测为西汉中期。

（五）草叶镜

有研究认为日光大明草叶纹镜出现于西汉初年，流行于西汉前期和中期，个别的可延续到西汉晚期[3]。但其中西汉晚期仅见一枚，伴出武、昭、宣时期五铢，在这次昌邑汉墓的分期中亦可归入西汉中期。据此推测，A型Ⅰ式自西汉早期流行至西汉中期、A型Ⅱ式时代为西汉早期、B和C型时代为西汉中期。

D型除铭文外，其余纹饰与C型一致，也应为西汉中期。E型带螭龙纹的草叶镜较为少见，西安地区出土3件[4]，虽然纹饰布局不尽相同，但其时代应相差不远，大致西汉中期前后。

（六）星云镜

一般认为“星云镜主要流行于西汉中期武、昭、宣帝时期”[5]；但是部分地区西汉晚期也有发现，如上海福泉山西汉晚期墓亦出土过Aa型Ⅰ式和Ab型[6]。故可以认为A型延续至西汉晚期，但已衰退。B、C两型纹饰简化，出现时代可能相对较晚，但亦属西汉中、晚期。

（七）连弧（圈带）铭带镜

1. 日光镜

该镜是汉代出土数量最多、流行最广泛的镜类之一，其纹饰虽较为简单、但类型多样。洛阳烧沟出土的此类镜自西汉中期一直延续至新莽时期[7]。西安地区出土日光镜较多，研究较为充分[8]，与之相对应来看，昌邑Ab型Ⅰ式自武帝初年出现，流行至西汉晚期，其中西汉晚期居多；Ab型Ⅱ式，主要为西汉中晚期，可晚至新莽；Ab型Ⅲ、Ⅳ式时代为西汉晚期至新莽；Ab型Ⅴ式根据纹饰判断，或在西汉中、晚期；Bb型前三式主要流行于西汉中晚至晚期；C型为西汉晚期。济南魏家庄[9]出土较多日光镜，其中所对应的Ab型Ⅰ式时代主要为西汉中晚期；Ab型Ⅲ式为西汉中期和中晚期各一；Bb型Ⅳ式为西汉中晚期；D型时代为西汉晚期。Aa型并蒂连珠纹纽座和Ac、Ba连峰纽一般来说出

[1]　程林泉、韩国河：《长安汉镜》，陕西人民出版社，2002年，第57、58页。

[2]　临沂市博物馆：《山东临沂金雀山九座汉代墓葬》，《文物》1989年第1期，第42页。

[3]　白云翔：《西汉时期日光大明草叶纹镜及其铸范的考察》，《考古》1999年第4期，第74页。

[4]　程林泉、韩国河：《长安汉镜》，陕西人民出版社，2002年，第64页。

[5]　孔祥星、刘一曼：《中国古代铜镜》，文物出版社，1984年，第66页。

[6]　王正书：《上海福泉山西汉墓群发掘》，《考古》1988年第8期，第703页。

[7]　洛阳区考古发掘队：《洛阳烧沟汉墓》，科学出版社，1959年，第237页。

[8]　程林泉、韩国河：《长安汉镜》，陕西人民出版社，2002年，第102～104页。

[9]　济南市考古研究所：《济南魏家庄》，线装书局，2017年，第185、186页。

现相对略早，对照其他纹饰来看，约在西汉中期。E型凸弦连弧铭带镜发现较少，从形制来看，似为Ab型与C型之组合，或为西汉晚期。

2. 昭明镜

昭明镜的一个显著特点是铭文字体可分为圆转式和方正式篆隶体两种，其中后者字间又多隔一"而"字。前种字体主要流行于武昭时期，后者出现较晚[1]。西安地区昭明镜中圆转式篆隶体西汉中期常见；铭文中多加"而"字的方正式篆隶体流行于西汉晚期和新莽时期，东汉早期以后消失[2]。广州汉墓中，前者流行于西汉中期和晚期，后者多见于西汉晚期、东汉前期偶见[3]。因此，Aa型、Ab型Ⅰ式、B型、Ca型、Cb型Ⅰ式时代为西汉中期至晚期，Ab型Ⅱ式、Cb型Ⅱ式为西汉晚期至新莽时期（或可晚至东汉前期）。

3. 重圈铭带镜

3枚铜镜的字体均为圆转式篆隶体，结合日光镜和昭明镜的时代特点推测其流行于西汉中期至晚期。

4. 其他铭带镜

4枚铜镜字体均为方正式篆隶体，除铜华镜外首尾笔画多加重呈楔形。其中2枚清白镜在鲁中南地区的东汉早期墓中亦有发现[4]；标本M102∶1清华镜铭文与荆州博物馆及汉名斋所藏西汉中晚期同类镜[5]相近，但后者字体为圆转式篆隶体；标本M737∶4铜华镜在洛阳西汉中期[6]、晚期[7]墓中都有所发现。综上，初步推测清白镜、清华镜时代大致为西汉晚期至东汉早期，铜华镜为西汉中至晚期。

（八）四乳铭文镜

该类仅有"家常贵富"一种铭文，字体可分为笔画圆折和方折两种。后者在洛阳烧沟西汉末期[8]、广州西汉后期[9]墓中曾出土，故时代当为西汉晚期。结合铜镜铭文的字体演化来看，前者可能出现时代稍早，推测为西汉中晚期至晚期。

（九）四乳禽兽镜

1. 四乳四虺镜

B、C两型在西安地区最早见于宣元时期，而大多数出土于西汉晚期至新莽墓葬中[10]；鲁中南汉

[1] 邱龙升：《西汉镜铭篆隶再研究》，《云南农业大学学报》2011年第4期，第90页。

[2] 程林泉、韩国河：《长安汉镜》，陕西人民出版社，2002年，第117页。

[3] 广州市文物管理委员会、广州市博物馆：《广州汉墓》，文物出版社，1981年，第234、286、341页。

[4] 李曰训：《鲁中南汉墓出土铜镜的分类与分期》，《东方考古（第9集）》，科学出版社，2012年，第418页。

[5] 清华大学汉镜文化研究课题组：《汉镜文化研究（下）》，清华大学出版社，2014年，第250页。

[6] 孔祥星、刘一曼：《中国铜镜图典》，文物出版社，1992年，第239页。

[7] 中国科学院考古研究所洛阳发掘队：《洛阳西郊汉墓发掘报告》，《考古学报》1963年第2期，第24页。

[8] 洛阳区考古发掘队：《洛阳烧沟汉墓》，科学出版社，1959年，第169页。

[9] 广州市文物管理委员会、广州市博物馆：《广州汉墓》，文物出版社，1981年，第286页。

[10] 程林泉、韩国河：《长安汉镜》，陕西人民出版社，2002年，第83～86页。

墓所出同类镜集中于东汉早期[1]；结合国博馆藏铜镜[2]可知四乳四虺镜出现于西汉中期偏晚，流行于西汉晚期至东汉早期，沿用至东汉中期。其中纹饰较精美的A型可能时代略早，纹饰简化的D、E两型可能出现较晚。

2. 四乳八鸟镜

此类镜流行时间较长，济南魏家庄西汉晚期[3]、广州东汉前期[4]墓葬中都曾出土形制十分相像的铜镜，故其时代从西汉晚期一直延续至东汉早期。

3. 四乳龙虎镜

龙、虎纹线条刻画生动、具体，洛阳烧沟西汉晚期[5]、南阳西汉晚期和新莽时期墓[6]中都有所出土，故推测时代为西汉晚期至新莽时期。

4. 四乳禽兽镜（狭义）

该类镜上龙、虎、禽兽的线条式表现方法亦见于西汉晚期的龙虎镜、其他禽兽镜、博局镜等。标本M233∶01与广州东汉前期同类镜[7]较为接近。因此，此三枚镜可能流行于西汉晚期至东汉前期。

5. 四乳神兽镜

这种铜镜与以往一个显著的区别是主纹为浮雕式，其出现时代较晚，或是东汉晚期至魏晋各种神兽镜、画像镜的肇始之作。整体与湖北鄂城出土东汉四乳禽兽镜[8]较为接近，初步推测时代为东汉中至晚期。

6. 四乳飞凤镜

出土较少，此前章丘女郎山[9]、鲁中南东汉晚期墓[10]分别出土过1、2枚形制相近的飞鸟镜，《中国古代铜镜图典》所载六朝时期飞鸟镜[11]亦较类似，但此3枚均无四乳丁。而四乳丁多见于西汉晚期至东汉时期的禽兽镜上，故推测其时代为东汉中至晚期。

（一〇）博局镜

从西安、洛阳地区分析西汉晚期至东汉早期是博局镜繁荣发展时期，主要有四神博局镜、鸟兽博局镜、几何博局镜、简化博局镜等，前两种出现于西汉晚期、王莽至东汉早期为最盛期，第三种应晚于前两种出现、新莽至东汉早期盛行，简化博局镜则流行于东汉中晚期；广州地区各类博局镜均流行于东汉后期[12]。据此分析，A型3枚稍简化的鸟兽博局镜时代大致为西汉晚期至东汉早期；B

[1] 李曰训：《鲁中南汉墓出土铜镜的分类与分期》，《东方考古（第9集）》，科学出版社，2012年，第449页。
[2] 苏强：《国博馆藏西汉新莽铜镜的类型与分期》，《中国国家博物馆馆刊》2013年第5期，第135页。
[3] 济南市考古研究所：《济南魏家庄》，线装书局，2017年，第186页。
[4] 广州市文物管理委员会、广州市博物馆：《广州汉墓》，文物出版社，1981年，第341页。
[5] 洛阳区考古发掘队：《洛阳烧沟汉墓》，科学出版社，1959年，第170页。
[6] 南阳市文物考古研究所：《南阳出土铜镜》，文物出版社，2010年，第334页。
[7] 广州市文物管理委员会、广州市博物馆：《广州汉墓》，文物出版社，1981年，第342页。
[8] 孔祥星、刘一曼：《中国铜镜图典》，文物出版社，1992年，第260页。
[9] 济南市考古研究所：《章丘女郎山》，科学出版社，2012年，第106页。
[10] 李曰训：《鲁中南汉墓出土铜镜的分类与分期》，《东方考古（第9集）》，科学出版社，2012年，第434、436页。
[11] 孔祥星、刘一曼：《中国铜镜图典》，文物出版社，1992年，第459页。
[12] 程林泉、韩国河：《长安汉镜》，陕西人民出版社，2002年，第138页。

型极度简化，应为东汉中晚期。

以上仅是根据以往研究成果对各类铜镜的主要流行时代做出的大致推断，其具体年代还需结合墓葬出土陶器、铜钱等时代加以判定，不排除有部分出现较早的铜镜流传时间较长而出现在晚期墓葬中。

三 纹饰内涵

根据目前考古资料，中国铜镜最初起源于黄河上游的甘青地区，大约商代后期传入黄河中下游的中原地区[1]，春秋战国时期开始普遍流行，铸造工艺及装饰艺术迅速发展。汉代又不断革新，成为铜镜发展史上第一个繁荣时期，仅就镜背装饰而言，其图案布局和纹饰造型在继承战国基础上变化很大。然而，不论任何时期所铸造的铜镜，其形制和纹饰都不可避免地要受到当时社会文化和精神思想的影响。一般认为汉代铜镜作为汉文化的载体之一，其造型和纹饰、铭文反映了当时的宇宙观念、自然崇拜、神仙信仰和人生哲理等种种文化。下文试对此次昌邑铜镜的纹饰变化及其所反映的文化内涵做一简要讨论。

1. 蟠螭、蟠虺镜类

这两种铜镜的纹饰较为相似，以螭龙或虺龙作为主纹。前者继承战国同类镜而来，但相对之前的繁缛复杂又显得简单，螭纹躯体的缠绕弯曲程度简化为三相连的“C”形（或两弧形夹菱形）。蟠虺镜主纹则进一步简化为一大一小两“C”形卷曲，标本M705∶1甚至简作一“S”形，可能成为后来四乳四虺镜主纹的原型。

纹饰的简化或许表明审美观念转变为崇尚简约，但是其蕴含的精神思想应是一致的，即圆形镜体反映了当时“圆镜象天”的传统，镜纽为天之中心，蟠螭、蟠虺作为天界神物游走于用圆涡纹来表现的云气之中。虽然战国铜镜已有在纽外加方框象征大地以表现“天圆地方”的宇宙观念，但是一直到东汉都流行有纽外无方框的铜镜，表明两种不同的象征模式并行发展。另外螭纹一般为三条，虺纹则变为四条、且身躯内均有一乳丁，可能是“天之四方”观念的表现；而部分在虺纹之上叠压一周圆形凹面圈带并串联四乳丁，可能用乳丁象征天上星辰、圈带表示星辰的运行轨迹，圆形则有周而复始、循环不息之意，形象的表达了当时的天文观点。标本M705∶1在主纹之外另加有一周连弧纹，这种装饰后来发展为星云、草叶等铜镜的边缘，或是对宇宙边际——形埒的象征[2]，如此则进一步丰富了铜镜所反映的天文内涵。

2. 星云镜

一般认为这种铜镜是由蟠螭镜发展而来的，星云纹实际上是蟠螭纹的变形[3]。我们认为星云纹是在蟠螭纹变化的基础上，结合蟠虺纹的部分特征演变而来的。其中最明显的区别在于地纹的消失；相近的地方在于连弧纹边缘和主纹区的四个大乳丁是继承（或曰借鉴）部分蟠虺镜而来的。时代较早的星云纹比较复杂，小乳丁分布较多且不甚规律、缠绕连接的弧线亦较繁复，这与骨节突出的蟠螭纹十分相近（小乳丁即或由其骨节转化而来）；较晚的则纹饰相对简单，小乳丁固定为七个或五个，

[1] 宋新潮：《中国早期铜镜及其相关问题》，《考古学报》1997年第2期，第163页。

[2] 王煜：《象天法地：先秦至汉晋铜镜图像寓意概说》，《南方文物》2017年第1期，第195页。

[3] 孔祥星、刘一曼：《中国铜镜图典》，文物出版社，1992年，第215页。

仅有简单弧线连接，甚至省略弧线，发展成为一种“程式化”的做法。昌邑此类镜纹饰多相对简化，时代相对略晚。

既然形式上源于蟠螭镜，其背后的思想文化也应当有所继承。圆形以象天，连弧纹缘作为天之边际，大小乳丁以象星辰，乳间小的弧线或作为天上云气的象征，整体上是对自然界宇宙形象的直观表达。有学者提出汉晋铜镜图像中“圆乳形镜纽与环绕其外的镜乳相配的基本格局，即象征着以昆仑为中心天柱而与各方天柱相配的宇宙基本模式”[1]。依此观点，星云镜中心的圆纽象征昆仑、四大乳丁为天之四柱、各小乳丁为天地之间大量名山。不过从蟠螭纹和星云纹的演化来看，早期相对复杂的星云纹应当还是出于对自然宇宙的观察和想象，从单纯的螭龙游于天到虺龙游于星辰之间到龙体消失转变为更多星辰，这一演变规律相对比较明显；晚期更为简单抽象的可能已经转变为所谓的“天柱”模式，这种变化当与彼时昆仑神话的盛行有关。

3. 花叶、草叶镜类

从纹饰变化分析，这两类铜镜是在继承战国带方框四花叶镜的基础上发展而来的，三者具有一定演变规律。战国四花叶镜一般或在纽外方框四角向外伸出连贯式（或单一）的桃形花瓣，或在框外四边中心置一带凹圆形蕊的四花瓣，也有二者相组合的形式。西汉早期简单的四花叶镜（标本M894：1）省却地纹，在框外四角花苞（省略战国花瓣中间的分隔线，故称花苞）的两侧各添加一花叶，四边中心仅置一大乳丁；稍复杂的（标本M663：3）在大乳丁周围饰四花瓣，与战国镜更为接近；至于花叶镜的连弧纹边缘可能受同时期蟠虺镜影响。草叶镜则是将花叶镜大乳丁周边的花瓣去掉，改为在两侧添加草叶纹、外侧置一花苞，是为对称草叶镜；后又发展出将方框四角花苞或四边中心乳丁替换为草叶的单列草叶镜。

这两类镜一个显著特征是在纽座外设置方形边框，这种以圆套方的格局当是战国时“天圆地方”宇宙观念的延续。同时出于表达大地概念的需要，又设置出新的纹饰。首先，在象征天之中柱昆仑的镜纽外多设置有柿蒂纹纽座，此种纹饰名为“方华”或“方花纹”，以四瓣花标志四方[2]。我们认为其四方既可指天之四方，又可指地之四方，应根据所处环境具体分析。部分花叶、草叶镜四大乳丁外侧的四瓣花具有同样意义。其次，方框四角的花苞纹、四边的草叶纹一般都与框相连、且末端呈射线状，隐喻着大地向四面八方不断蔓延、穷尽无垠的含义。至于选择用花叶、草叶来指代大地，或许因其是自然界中最常见的植物，生于大地而繁衍不息，具有强大生命力，最能够体现地的孕育之德。

4. 其他镜类

四乳禽兽镜泛指由四枚圆座乳丁分成的主纹区内装饰各类禽或兽纹的铜镜，多流行于西汉晚期，纹饰呈线条式；东汉较少，以浅浮雕式为主。其中四乳四虺镜最早出现于西汉中期，从其纹饰来看，似是由蟠虺镜演变而来的，尤其是“S”形虺纹与之尤为接近。其他此类镜则是保持在主体框架的同时，将虺纹替换做禽鸟、龙、虎、异兽纹等形象。从形制分析，这些铜镜当是早期“圆镜象天”和“天柱”模式的延续，镜纽为中心昆仑之柱、四乳为四方之柱、天柱之间各种瑞鸟或神兽奔走于云气之中。值得注意的是主纹区的内外两侧均有一周短斜线纹、部分纽座外也设有短斜线或弧线，观察之时颇

[1] 王煜：《象天法地：先秦至汉晋铜镜图像寓意概说》，《南方文物》2017年第1期，第188页。

[2] 李零：《“方华蔓长，此名曰昌”——为“柿蒂纹”正名》，《中国国家博物馆馆刊》2012年第7期，第35页。

有旋转运行之感，或是古人对天道循环不息的表达。

连弧（圈带）铭带镜是以铭文为主要装饰的铜镜，西汉中期出现、晚期盛行。这是铜镜装饰手段的重大改变，说明当时人们不再单一的隐喻对自然和宇宙的认识，而是借用文字来直白的表达更多方面的内容。然而也许是由于整个社会思想所限，铭带镜上还是保留了一部分宇宙因素，只是将其尽量简略化。如仅用镜纽和连弧纹来表现中心和边际，纽外饰象征云气的各种弧线、短线纹。

博局镜一般在圆纽座外设方框；内区分置“T、L、V”形符号，且有四或八乳丁，其间饰有神兽、禽鸟、仙人等纹饰；外区多饰三角纹、云气纹，部分带有铭文。东汉中期以后纹饰多简化。博局图式是对古代占验用具——式的模仿，而式则是古人观念中宇宙模式的模拟[1]。此外，博局镜还综合了此前出现的其他所有象征天地的因素，诸如方地、天柱、方花、神兽、云气等等。可以说博局纹镜是对时人观念中天地宇宙模式最为完整、最为丰富的平面表达[2]，而各种禽兽纹饰则应是受当时神仙思想的影响。

四　铭文试析

从目前考古资料来看，镜背铸造铭文始于战国晚期[3]，西汉早期较少，中期开始普遍流行，西汉晚期至东汉早期时期大为盛行，东汉中晚期继续流行。昌邑汉墓出土铜镜共计108枚带有铭文，占总数的63%强，足见其流行程度。这反映出汉代人们在购买铜镜时十分青睐镜背铭文，原因当是由于文字所具有的丰富含义。下文从铭文种类、字体演变、社会思想等方面进行初步分析。

（一）铭文种类

这批铜镜铭文种类较多，除个别文字不清外，其余根据内容相关性大致分为10类。

1.“日有熹”类

1枚（标本M91：11），内容为“日有熹，宜酒食，常贵富，乐毋事”。

2.“见日之光”类

19枚，内容主要为“见日之光”后接“天下大明”“长乐未央”“长不相忘”等三种文字。另有少数与后者含义相近、但是文字颠倒或者不同，如“相忘长不”“长久忘相”等。标本M133：4。

3.“见日月心”类

46枚，内容主要为“见日月心，勿夫毋忘”。相当一部分有增字或减字现象。标本M7：1。

4.“昭明”类

22枚，完整铭文应为“内清质以昭明，光辉象夫日月，心忽穆而愿忠，然雍塞而不泄。”此次发现的铭文均有省字或字序颠倒现象，部分多加有“而”字。如“内清而以昭明，光之象夫日月，而心之忽而忠，而不泄”“内日月，心忽夫，不泄”等。标本M37：1。

[1] 李零：《式与中国的宇宙模式》，《中国方术考》，东方出版社，2001年，第89～176页。

[2] 王煜：《象天法地：先秦至汉晋铜镜图像寓意概说》，《南方文物》2017年第1期，第197页。

[3] 蔡运章：《洛阳发现战国时期有铭铜镜略论》，《文物》1997年第9期，第67页。

5.“清白”类

2 枚，标本 M29：2 内容为“洁精白而事君，志驩而合明，微玄锡之泽，恐疏远日忘，怀美之穷皑，承驩之可，慕泉之说，而毋绝”，标本 M237：1 略有减字。

6.“清华”类

1 枚，标本 M102：1 内容为“湜清华兮清皎白，奄惠芳，承加泽兮结乎之，安佼信，爚流光乎以佳人”。

7.“铜华”类

1 枚，标本 M737：4 内容为“清湜铜华以为镜，昭察衣服观容貌，丝组杂遝以为信，清光乎宜佳人”，该镜外区另有四字铭文“家常贵富”。

8.“家常贵富”类

9 枚，内容仅此四字，标本 M224：1。

9.“长宜子孙”类

1 枚，标本 M233：01，内容仅此四字。

10. 重圈类

3 枚，其中日光清白重圈（标本 M36：7）、日光昭明重圈（标本 M40：98）、两昭明重圈（标本 M142：1）各一，亦有减字现象。

从数量来看，“见日月心”类最多，约占总数的 42.6%；其次为“昭明”类和“见日之光”类，各约占 20%、17.6%；再次为“家常贵富”类约占 9%；其余各类数量很少，这在一定程度上反映了人们对不同铭文的喜好不同。

从文字规范程度来看，数量较少的铭文一般较为规范，反而是比例最高的三种铭文较为混乱，多见增、减字、倒序现象。结合镜体来看，制作精良、保存较好的往往铭文完整，制作粗糙、锈蚀严重的则减字较多。

这种现象，一方面可能与生产者的文化水平有关，部分制镜者或许并不理解铭文含义，只是单纯地认为做出类似文字即可。另外可能与当时的生产、经济状况和民众需求有一定关系。首先有些生产者为了节约成本只用少量的铜料制造较小的镜子，难以容纳全部文字；而部分购买者受经济条件所限只需一面铜镜即可。其次，部分铜镜可能只用作随葬品而不需要太高质量。

（二）字体演变

西汉正是汉字由篆书向隶书转变的时期，铜镜铭文为我们认识这一时期的字体演变提供了重要资料。具体到昌邑汉墓出土的铜镜铭文，大致可分为缪篆体、圆转式篆隶体、方正式篆隶体三种，篆书很少。

草叶纹镜上的“日有熹”“见日之光”类铭文位于纽外方框内，字体为方正平直、填密匀满的小篆变体，与汉印缪篆同出一辙，当为缪篆体，标本 M91：11、M422：1。

日光镜上的“见日之光”“见日月心”类、昭明镜上部分“昭明”类铭文字形笔画圆转，篆体意味较浓，为圆转式篆隶体。前两者字体多呈长圆形，简体和连笔较多，有些字首尾笔画加重呈楔形，标本 M133：4、M226：1，后者字体部分呈方圆、部分长圆，多数字首尾笔画加重呈楔形，标本 M17：6、M450：4。

部分“昭明”“清白”“清华”类铭文字体方正、部分略扁、笔画平直、隶味较重、首尾笔画多加重呈楔形，为方正式篆隶体。标本M210：3、M737：5。

“铜华”类铭文（标本M737：4）字体方正，但是圆转笔画较多，或介于圆转式与方正式篆隶体之间。

“日光昭明”（标本M40：98）、“昭明”（标本M142：1）类重圈铭文内外两圈均为圆转式篆隶体。“日光清白”类重圈铭文（标本M36：7）内圈日光铭文为圆转式、外圈清白铭文则为方正式篆隶体。

“家常贵富”类铭文部分笔画圆转，篆意浓厚，为圆转式篆隶体，标本M228：1；部分笔画平直、首尾加重呈楔形，为方正式篆隶体，标本M511：1。

“长宜子孙”类（标本M233：01）铭文四字分置柿蒂纹纽座之间，篆体书写，与纹饰相得益彰。

结合铜镜时代来看，西汉早、中期以缪篆体为主，中期偏晚开始出现圆转式篆隶体，晚期圆转式和方正式篆隶体盛行。

（三）社会思想

铜镜铭文的产生应与当时的社会背景有密切关系，不同铭文反映了人们不同的精神追求，对了解当时的社会思想、文化风俗具有重要意义。就这批铜镜铭文而言，其反映的汉代社会思想可分为以下三类。

1. 富贵之念

任何时期，富贵都是人生的一个重要目标，追求富贵则是占有重要地位的社会思想之一。汉代人毫不掩饰对富贵的追求，在当时可以说是正面的、积极向上的一种人生目标，休养生息政策提高了汉代人的经济和生活水平，刺激了汉人博取富贵和显示富贵的心理诉求，且这种思想贯穿了整个汉代[1]。文献中有大量的汉代人渴求富贵而厌弃贫困的记载，如西汉朱买臣之妻因贪慕富贵、耻于贫寒而改嫁[2]。因此，与日常生活密切相关的铜镜上自然会铸造出此类吉祥铭文，以迎合购买者的心理需求。这次发现的有“日有熹，宜酒食，常贵富，乐毋事”“家常贵富”等铭文。

2. 相思之情

相思自古以来就是人们最重要的感情之一，而相思产生于离别，离别越久，思情越重。汉代虽然有着“文景之治”“光武中兴”的繁盛时代，但因种种原因导致离别之苦的情况不胜枚举。徭役、兵役是平民百姓难以避免的；文景削藩，导致七国之乱；武帝穷兵，北击匈奴，南伏百越；西汉晚期政治黑暗，灾害频繁，社会动乱。凡此种种，或是从军远征、戍守边疆，或是躲避灾难、流落他乡，皆导致亲人离家、天各一方。在这样的社会背景下，怨别离、重相思的风气自然十分流行。铜镜上频繁出现的相思类铭文正是这种思想文化的产物。从出土数量上来看，仅“见日月心，勿夫毋忘”类铭文就占了42%多，足以见当时相思之风气的盛行。与之相似的还有“见日之光，长不相忘”类铭文，这些文字朴实直白，表达的感情真挚细腻。另外还有部分铭文相对委婉地传达出相思之情，如“昭明”铭中的“心忽穆而愿忠”，“清白”铭中的“恐疏远日忘”。

[1] 邓林：《汉代铜镜铭文研究》，上海大学2017年博士学位论文，第56页。

[2] （汉）班固：《汉书·朱买臣传》，中华书局，1962年，第2791页。

3. 广告意识

广告宣传是提高顾客购买欲望的重要手段之一，此次昌邑铜镜上的部分铭文反映了汉代人的广告意识。

首先，夸耀铜镜质量。“见日之光”铭文直接言明铜镜如同日光一般亮洁。这里的“见”字一般读为“现”，李学勤先生释为“视”，有如同之意[1]，为正确理解该铭文提供了依据。“昭明”类中的“内清质以昭明，光辉象夫日月”与之含义相近，并在前面增加了铜镜质地清纯的句子。“清华”“铜华”铭的首句都有选择精华铜料来制作镜子的含义，表明其质量之高。

其次，赞美铜镜使用者。“清华”铭最后一句“爚流光乎以佳人”与“铜华”铭的“清光乎宜佳人”异曲同工，都是在夸赞用镜之人为“佳人”。“佳人”在古代既可指才女美女、又可称呼君子贤士，这表明该铜镜男女皆宜；而句中的“以”“宜”则有铜镜光辉与佳人相得益彰的含义，该广告语可谓一举多得。

此外，各种吉祥语铭文也具有一定的广告作用。前述“家常贵富”类铭文有恭维买主富贵长存之意；“长宜子孙”则迎合了当时社会希望家族兴旺、子孙蕃昌的家庭观念。这些都有助于铜镜的销售。

五　结语

通过上述分析，结合墓葬分期，可以看出这批铜镜在形制、纹饰、铭文等方面具有一定演变规律。

1. 西汉早期

数量较少，种类有素面镜、蟠螭镜、蟠虺镜、四花叶镜、草叶镜。镜纽主要为弓形纽、三弦纽，少量伏兽纽、圆纽；仅圆纽外有柿蒂纹纽座；镜缘多为宽素卷缘，十六连弧纹缘开始出现。镜背纹饰一方面继承了战国同类镜的特点，如蟠螭镜、蟠虺镜纹饰由主纹和地纹组成；四花叶镜、草叶镜中的花叶、花瓣等纹饰在战国镜中均已出现。另一方面又有所发展和创新，如螭纹逐渐简化、演变出虺纹；后两类镜则省去地纹，使主纹更加突出，其纹饰布局更为规整。这一时期铭文很少，仅见标本M97：3一枚。

2. 西汉中期

数量增多，个别四花叶镜存在，继续流行蟠虺镜、草叶镜，新出现星云镜、昭明镜、四乳四虺镜，其中后两者数量很少。镜纽多为三弦纽、圆纽、连峰纽；纽座有柿蒂纹和圆形两种；镜缘中素面卷缘减少，十六连弧纹缘盛行，开始出现宽素平缘。纹饰方面地纹逐渐消失，主题纹饰开始简化；新出现以四乳丁将镜背分为四区，主题纹饰环绕镜纽分区布局的形式；流行蟠虺纹、草叶纹、星云纹，新出现四乳四虺纹，内向连弧纹开始进入内区。铭文增多，以草叶镜上的缪篆体“日光”铭为主、“日有憙”铭仅见1条；连弧（圈带）铭带镜上的“昭明”铭较少，字体开始转变为圆转式篆隶体，且铭文成为镜背的主题纹饰。

3. 西汉晚期至新莽时期

数量最多，草叶镜、星云镜继续存在、但已趋于减少，连弧（圈带）铭带镜大为盛行，各种四乳禽兽镜亦较流行，新出现数量较少的博局镜。镜纽以圆纽为主、连峰纽减少；纽座亦以圆形最多，

[1] 李学勤：《日光镜铭新释》，《文博》2013年第2期，第16、17页。

柿蒂纹、并蒂连珠纹很少；镜缘中十六连弧纹缘减少，宽、窄素面平缘盛行，新出现少量内侧饰锯齿纹、云气纹、波折纹的宽卷缘。纹饰方面，地纹完全消失，以四乳丁分四区布局的禽兽纹盛行，博局纹很少；铭文成为大量铜镜装饰的主体，且多配以连弧纹、圈带纹。铭文种类、数量繁多，以“日月心”类最多，“昭明”“日光”类次之，少量“家常贵富”铭，另有很少的“清白”“清华”“铜华”及重圈铭带镜。字体中，缪篆体趋于消失，盛行圆转式和方正式篆隶体。

4. 东汉时期

数量很少，仅有四乳神兽、四乳飞凤和简化博局镜。圆纽、圆纽座，多内侧饰锯齿纹的宽卷缘。纹饰布局上仍延续此前的四乳丁分四区方式，但禽兽镜主题纹饰的制作方法由之前的线条式转变为浅浮雕式，博局纹极度简化为仅剩“T”字。标本M885：2四乳神兽镜主纹外侧似有铭文，但锈蚀严重难以分辨；其余未见铭文。

综上可见，此次昌邑汉墓出土铜镜在符合全国汉镜发展规律的大背景下又有一定地方特点。首先，西汉早期，铜镜铭文很少，未发现其他地区常见的带铭文的蟠螭、蟠虺镜，草叶镜数量也偏少。其次，西汉中期，连弧（圈带）铭带很少，此时未见“日光”镜。第三，西汉晚期至新莽时期，博局镜很少，星云镜相对较多，“日月心”铭文镜突出。第四，东汉时期，与墓葬数量相比，铜镜太少。

造成上述特点的原因，一方面与墓葬等级有关，这次发掘的多为小型平民墓葬，墓主人财力有限，一般只能购买普通铜镜。另一方面与某些铜镜种类的发展传播有关。如长安地区星云镜数量多、且集中在西汉中期；山东、上海等地则晚至西汉晚期，可能与该镜传入时间相对较晚有关。再者，与本地区汉代先民的精神追求相关。据目前材料，“日月心”铭文镜仅在鲁北发现较多、其他地区很少，而博局镜恰好相反，或许说明西汉晚期该地大量借铜镜表达相思之情，对其宇宙象征性的关注则很少。至于东汉铜镜的数量很少应与绝大多数墓葬被破坏有关。

总之，这批铜镜数量较多、种类丰富，为研究汉代铜镜的发展演变、宇宙观念、社会思想、字体转变、区域特征、丧葬习俗等等方面提供了重要资料。

第二节 辛置汉代铜镜微痕现象分析

昌邑辛置墓地出土大量汉代铜镜，其保存状况不甚统一。在对这批器物表层锈蚀物、土锈等附着物清理、去除后，发现其表面微观信息包括研磨痕迹，铸造孔洞（缺陷）、织物痕迹、细微裂隙及划痕，镜背铸有精美纹饰与铭文等。笔者借鉴古玉器制作工艺[1]、瓷器胎釉气泡[2]及铜器织物痕迹[3]等研究方法，采用便携式显微镜在不同放大倍率视野下，观察这批器物表面微痕现象并探讨其成因，以求方家指正。

[1] 王荣、朔知、王昌燧：《薛家岗玉器加工工艺的微痕迹初探》，《文物保护与考古科学》2009年第4期。

[2] 朱顺龙：《古陶瓷显微科技气泡测定研究初探——以越窑青瓷研究为例》，《中国文物科学研究》2018年3月。

[3] 金普军、杨小刚、黄伟等：《李家坝青铜器上残留织物纤维的初步研究》，《农业考古》2010年第8期。

一　研磨痕迹

研磨痕迹多分布于镜体背面边缘、纹饰及镜纽等部位，镜面研磨痕迹则不甚明显，这可能与古代“磨镜”工艺有关（图 9-1 ～ 6；彩版三二六，1 ～ 6）。镜体铸造后必须进行修补和磨镜两个工序，这也是其能够达到使用需要而采用的工艺流程。而修补工艺与磨镜则不同。清代郑复光在《镜镜詅痴》中记载，“古镜质坚，惟铸后必须刮磨……”这里“刮”是指包括镜面修补在内的刮治、修型过程，可以认为是对镜面“粗加工”。“磨”无疑是指进一步精细研磨、上光工序，可认为是“精加工”。

显然古代“磨镜”工艺主要针对供人们照容、梳妆之用镜面一侧，而镜背则因纹饰、镜纽、铭文等内容影响，研磨工艺难度增加，或因其无照容、梳妆等功能，磨镜工艺则相对简单一些或只是进行“粗加工”处理，从而留下磨痕。研磨痕迹多呈现同心圆现象或者具有一定方向性，这正是“磨镜”工序所留下痕迹。研究表明，镜体硬度增加也利于研磨工艺，当锡含量达 20% 及以上时，高锡青铜在研磨后不至于留下磨痕[1]，这里所说“不至于留下磨痕”指的是对镜面进行“精加工”，研磨痕迹十分精细、微小，肉眼察看难以发现。即使通过低倍率显微镜观察，也难以提取古人对镜面加工痕迹。

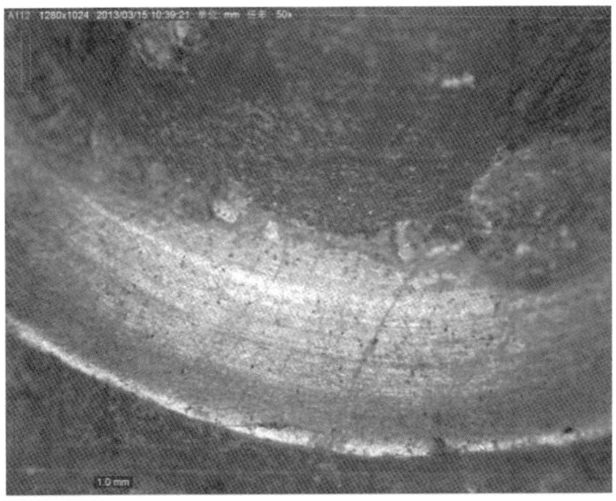

图 9-1　M737：5 镜缘磨痕（50X）

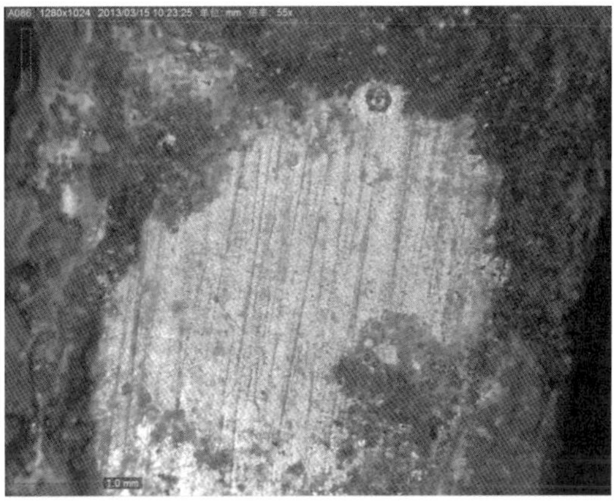

图 9-2　M737：5 镜背锈蚀层下磨痕（50X）

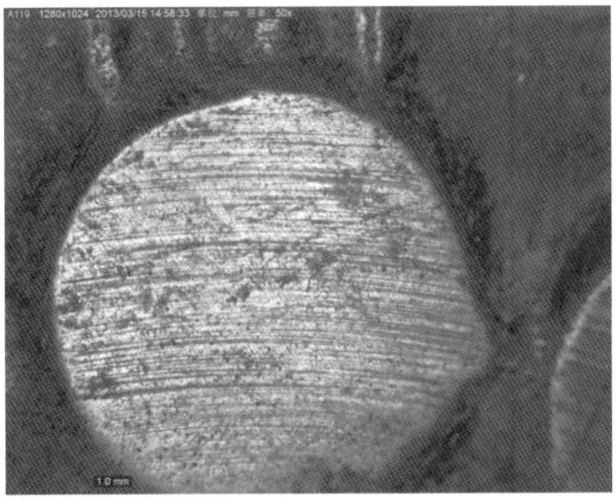

图 9-3　M737：4 纹饰磨痕（50X）

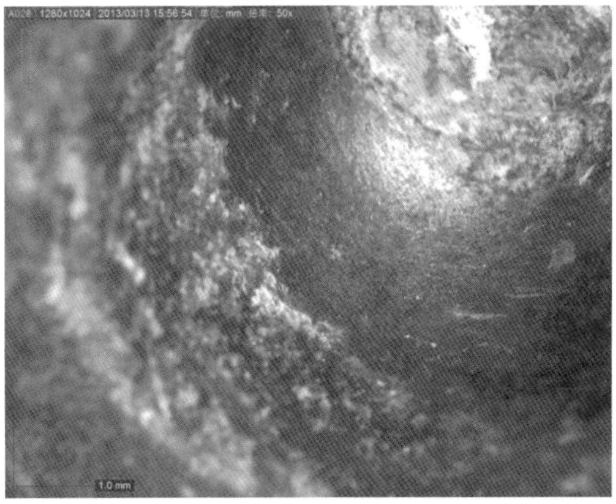

图 9-4　M739：1 镜纽磨痕（50X）

[1]　姚君、张慧丹：《汉代铜镜材料工艺的美学体现》，《美术大观》2019年第7期。

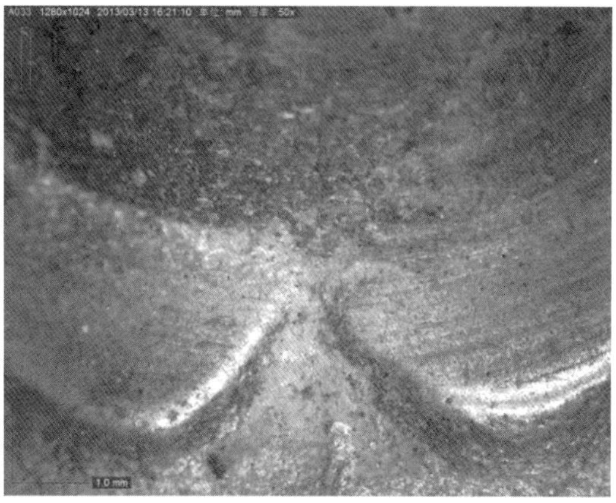
图9-5　M735：1纹饰磨痕（50X）

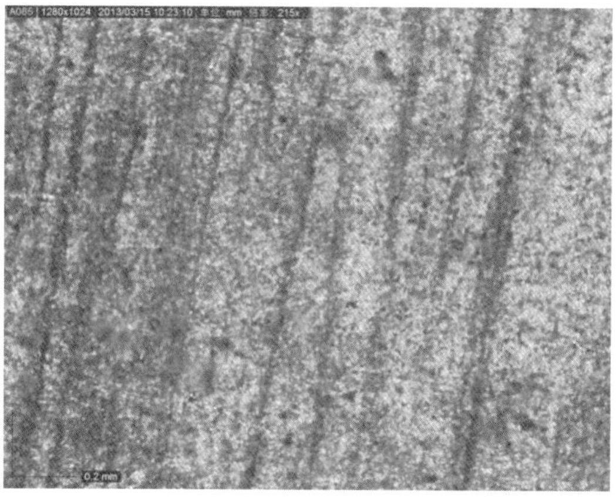
图9-6　M737：5镜体表层磨痕（220X）

二　铸造孔洞

这批器物铸造缺陷主要表现为基体存在孔洞。一般而言，古镜常见缺陷多为气泡或沙眼，又称为铸孔或铸洞，即所谓“镜病”（图9-7、8；彩版三二七，1、2）。值得注意的是，铸造孔洞与腐蚀孔有明显区别。腐蚀孔一般因青铜器遭受埋藏环境侵蚀或自身基体组织疏松，局部金相结构不均而出现腐蚀现象。这种腐蚀孔大多形状不规则，极少呈现出规则圆形且孔洞边缘模糊不清。而气泡、沙眼多数形状为圆形且边界清晰整齐。

清代费南辉编撰笔记体小说《野语》中关于“镜病”记载：“余每见旧镜，虽无纤翳，而灯光照之，倒影在地，有若星点、若水泡者，偶问之镜工，工曰：此镜病也，范铸初成，铜质不精，往往有砂眼，钉以紫铜磨治后，不见钉痕，惟镜光反映他处，钉痕必见”。故可知，砂眼作为青铜铸件常见缺陷古人早已知晓，且可用黄铜或紫铜来填补修正，以保障在日常生活中不耽误其使用。但是这种缺陷在灯光照射镜面时，则可以显露出其本来缺陷状态。这批古镜由于锈蚀物掩盖，或因铜料冶炼、铜液浇铸技术比较规范，出现铸造孔洞现象镜面不甚常见。

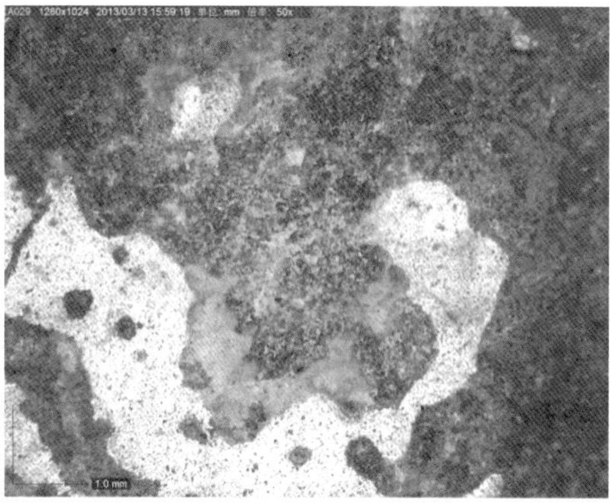
图9-7　M739：1镜面孔洞（50X）

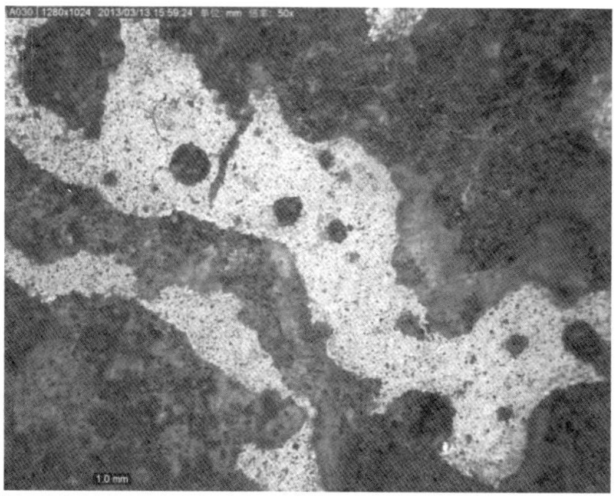
图9-8　M739：1镜面孔洞（50X）

三　织物痕迹

部分镜体表面微观照片（50 倍或 220 倍）可见残留织物痕迹。织物因铜锈、铁锈或其他附着物侵蚀呈现出绿色、蓝色或褐色色泽，说明其在入土时是用织物包裹后一同埋藏于地下，经过长时间地下环境腐蚀，锈蚀物侵蚀到织物组织中而导致其呈现铜锈或铁锈颜色（图 9-9 ～ 12；彩版三二七，3 ～ 6）。

不同镜体表面织物组织结构也不尽相同，其中最常见织物组织为平纹组织，即由经纱和纬纱以一上一下交织形成的织物。将织物痕迹放大220倍，对照视野中标尺，大致测算织物痕迹组织经纬值（图 9-13、14；彩版三二八，1、2）。结果显示，织物经纬线间距范围为经线间距 0.2 ～ 0.4 毫米，纬线间距 0.4 ～ 0.7 毫米，经纬密度分别约为 50 × 25 根 / 厘米^2，25 × 15 根 / 厘米^2。织物经密分别约为 50 根 / 厘米、25 根 / 厘米，纬密分别约为 25 根 / 厘米、15 根 / 厘米。

据《礼仪》郑玄注：“布，八十缕为升”。先秦以皮弁、玄端为朝服，皆以十五升夏布为之，即一布幅内含一千二百缕苎麻布。这里所说“升”相当于现代织物组织学中工艺密度，表示一定宽度内纱线多少。《国语 · 鲁语上》：“子服之妾，衣不过七升之布”。七升之布，缕数不及其半，故为粗布。一布幅为 2.2 尺，一汉尺约为 23.5 厘米。据此测算，织物（标本 M699：1）一布幅为三十二升左右，织物（标本 M660：2）一布幅为十六升左右，表明其经纬密度已经比较高。

图 9-9　M737：4 镜面织物（50X）

图 9-10　M660：2 镜面织物（50X）

图 9-11　M241：3 镜刷表面织物（50X）

图 9-12　M737：4 镜面织物（220X）

图 9-13　M699：1 镜面织物（220X）

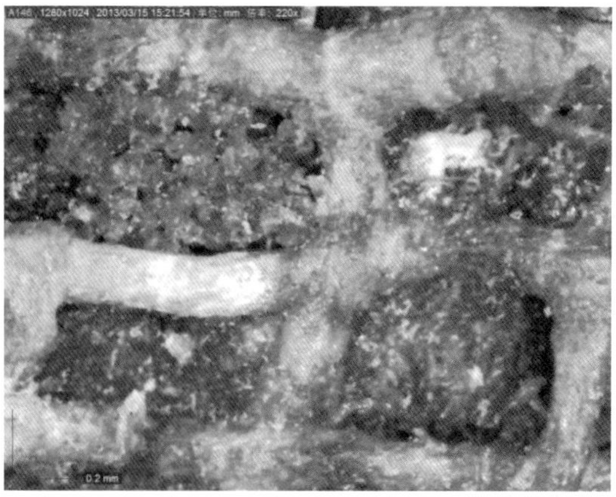

图 9-14　M660：2 镜面织物（220X）

四　裂隙及划痕

细微裂隙和划痕现象存在于少数镜体表层。多数裂隙呈直线型，茬口齐整且内部充满绿色锈蚀物。该现象证明镜体在墓葬埋藏过程中已断裂，齐整茬口显示其脆性较大，这与其独特铸造工艺有关。《周礼·考工记》中记载古镜制作工艺，书中所述其制作合金比例“金锡半谓之鉴隧之齐”。这里所说“金”为赤铜，“锡”为广义锡类金属，包含锡和铅，且“六齐”中金锡比应是合金铸锭体积比，即铜 50%，锡 50%，是铸造铜质镜子合剂[1]。锡含量增高意味着其脆性增大，故其容易破碎，出现“坠地分两片”现象。

《物类相感志向. 杂著》中记载“锡铜相和硬且脆，水淬之极硬”淬火可增加表面应力，使其变得更硬。此种合金质地特殊性，导致其容易出现断裂、裂隙等破损现象。古人对镜体质地硬与脆特性早有认识，为了达到破损器物继续发挥其使用功能而采取修复工艺。我国古代就存在对破镜修复工艺，即“破镜重圆”[2]。也有学者发现铜镜在埋藏之前就人为摔碎，放置于不同墓葬之中，古人视死如生，追求另外世界“破镜重圆”[3]。镜体出现这种断裂一般会分为几片，或呈散落状，不属于细微裂隙讨论范畴，此处不再赘述。这批青铜材质古镜细小裂隙应该因其长期埋藏于地下，地壳运动或棺椁坍塌、挤压而造成。部分镜体裂隙弯曲且宽度不一，说明其脆性相对较小，铜基体有一定韧性。在外力挤压过程中出现不规则的撕裂性裂隙（图 9-15～17；彩版三二八，3～5）。

少数器物基体虽然未造成“伤筋动骨式”损伤，但是表面存在多种样式划痕。这些划痕无一定方向性，且划痕宽度、深度不同，表现出一定随意性（图 9-18～20；彩版三二九，1～3）。这些微小划痕应为文物出土后人为造成的机械损伤。由于这种损伤极其轻微，在肉眼观察下难以发现。根据划痕形貌特征推测，器物表面因存在锈蚀物、泥土及硬结物等，在清理保护过程中，由于工具选择不当或清理时力度把握不准，而造成二次损伤。微痕迹象观察结果，可为后期保护修复提供参考，避免类似划痕损伤再次出现。

---

[1]　孙飞鹏：《从柏林东亚艺术馆藏中国古代铜镜成分看〈考工记〉的流传》，《中国国家博物馆馆刊》2011年第5期。

[2]　何堂坤：《关于我国古代“破镜重圆”技术的初步研究》，《四川文物》1988年第12期。

[3]　李胜军、王军花：《“破镜重圆”考》，《寻根》2008年第2期。

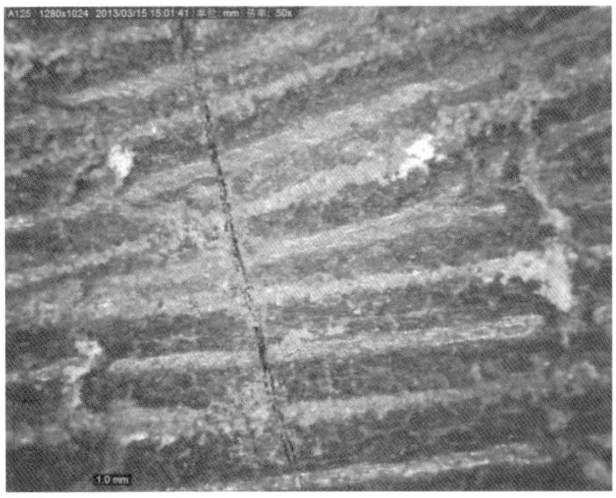

图 9-15　M737：4 镜背裂隙（50X）

图 9-16　M739：1 镜背裂隙（50X）

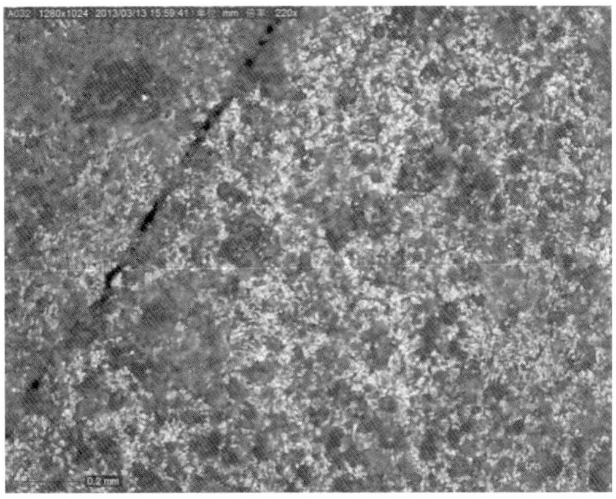

图 9-17　M739：1 镜面裂隙（220X）

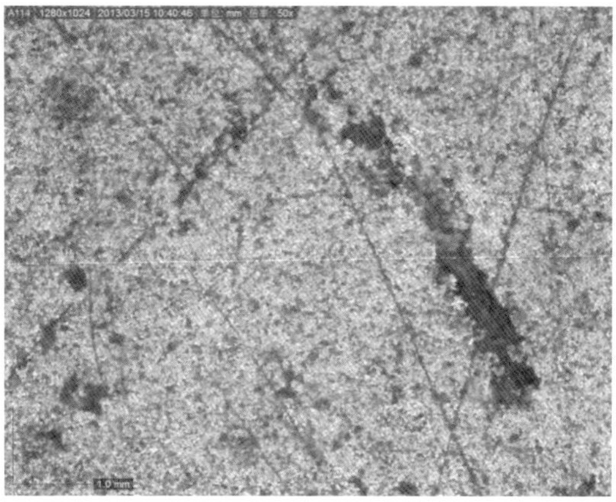

图 9-18　M737：5 镜面划痕（50X）

图 9-19　M738：1 镜面划痕（50X）

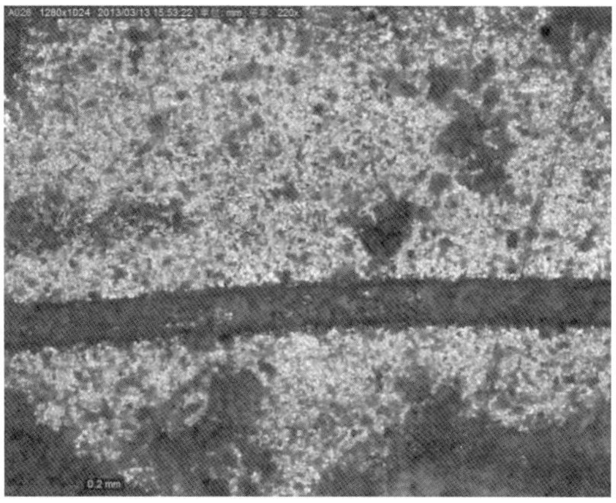

图 9-20　M739：1 镜面划痕（220X）

五　纹饰与铭文

铜镜作为古人照面、梳妆、饰容之生活用具，随着社会进步和文明发展，镜体表面纹饰与铭文赋予其丰富文化内涵且源远流长[1]。按照纹饰种类归纳，本文所探讨文物为草叶纹镜、规矩纹镜、星

[1]　车正萍：《试论汉代铜镜的纹饰》，中央民族大学2004年硕士学位论文。

云纹镜及连弧纹铭文镜等。其中草叶纹镜是汉代流行最为广泛镜类之一，以四乳草叶纹镜占绝大多数，主要流行在西汉前期和中期。镜体边缘饰连弧纹，草叶纹形状犹如麦穗，因此学者称其为“麦穗纹”，这在一定程度上反映古代中国是以农业社会立国，采取重农政策，努力发展农业生产历史史实与草叶纹镜流行年代比较吻合（图9-21～23；彩版三二九，4～6）。

另一种为汉宣帝至王莽前时段流行的昭明镜，镜体中部铭文带多铸“内清质以昭明，光辉向夫日月，心忽扬而愿忠，然雍塞而不泄”，以赋予其文化内涵。部分因锈蚀遮盖，字体不甚清晰，如“清”字（图9-24；彩版三三〇，1）。也有为了简单节省空间，铭文铸造不全，一些字与字之间填上一个“而”符号且字体多方折，使整个铭文呈现出一种固有韵律美。这里“而”其实为“天”小篆书体，被重复置于铭文之间，告诉人们铜镜如天，故昭明镜也称“天镜”（图9-25；彩版三三〇，2）。“昭”通“照”，字体为上下结构，与现代书写手法不同，含照耀、照亮之意（图9-26；彩版三三〇，3）。这些铭文字体变化，记录了汉代书法由篆书向隶书转变过程。

图9-21　M739：1镜背草叶纹局部（50X）

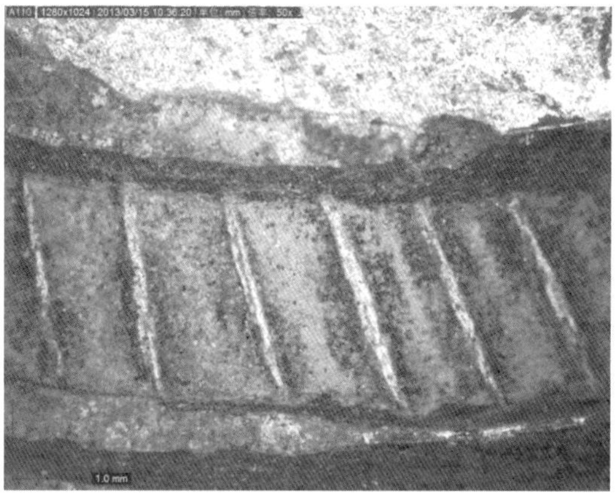

图9-22　M737：5镜背斜线纹（50X）

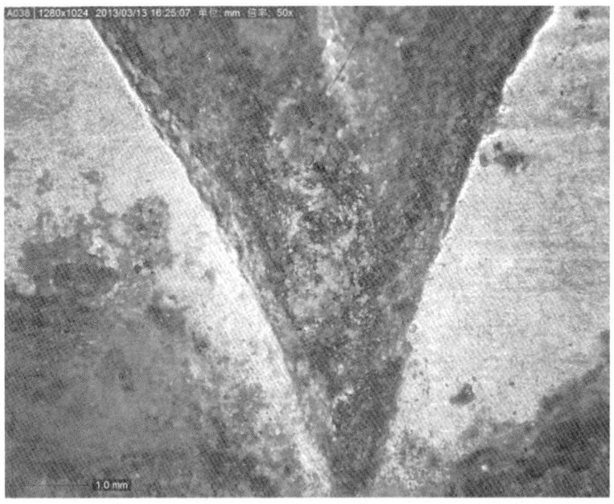

图9-23　M739：1镜背连弧纹（50X）

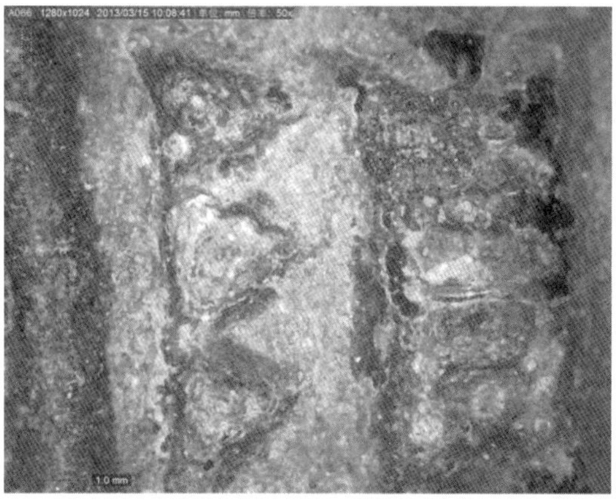

图9-24　M736：3镜背“清”字（50X）

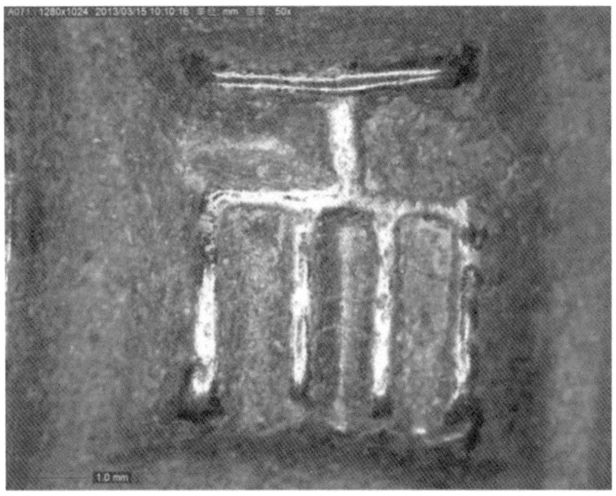

图 9-25　M736：3 镜背“天”符号（50X）

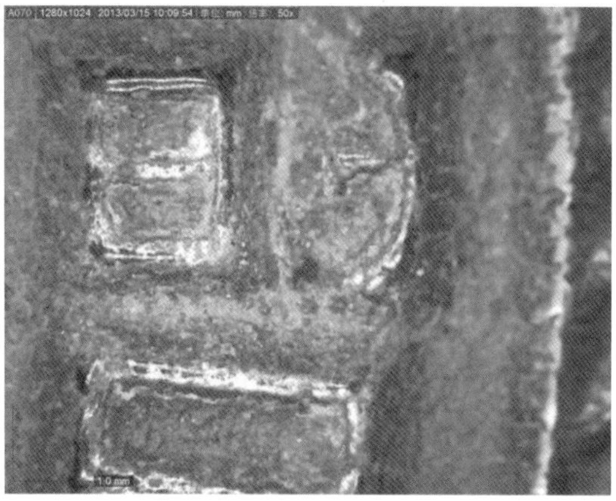

图 9-26　M736：3 镜背“昭”字（50X）

六　小结

铜镜微痕既有长期深埋于地下自然形成微细现象，也存在人为加工处理微小痕迹。如为使器物表面光滑光亮而研磨，痕迹较精细且具备一定方向性。通过观察织物显微形貌结构，了解其组织结构并测算其经纬密值，弥补肉眼观察容易导致重要信息遗漏的缺憾。但限于文物样品和技术条件，本文将这批汉代铜镜所展现微痕遗迹进行粗浅总结，而对织物材质、铜基体金相组织、内部结构等未有涉猎。随着工作开展，还需从金属材质、锈蚀物成分及织物类别等方面，进一步采集样品，提取微观信息以丰富其研究内容。

尽管所取得资料较为有限，但是通过这种微痕信息提取方法上的尝试，积累这方面素材，既可为墓葬考古学研究及文物保护修复提供参考资料，又可为类似青铜器表面微细现象分析提供借鉴。当然，便携式显微镜操作简单且携带方便，较适用于考古发掘现场微痕现象提取，是值得推广应用的一种文物表面微观信息提取技术，具有广泛的应用前景。

第一〇章　结语

此次发掘，共清理各类墓葬964座。其中周代墓葬26座，汉代墓葬791座，明代墓葬30座，清代墓葬117座。这批墓葬的发现与发掘，对于深入研究该地区两周、汉代及明清时期的物质文化遗存和丧葬习俗提供了极其珍贵的实物资料，因此具有十分重要的研究价值。

第一节　周代墓葬

周代墓葬的发现，是这次发掘的重要收获之一。墓葬数量虽然不多，但提供的资料信息量却非常丰富，为当地两周时期的物质文化遗存和埋葬习俗的研究提供了一批科学资料。

这些墓葬，分布比较分散，排列亦不甚规律，属于一批平民墓葬。第1次发掘清理2座（M6、M21）；第2次发掘清理7座（M59、M74、M145、M149、M182、M190、M209），第3次发掘清理6座（M300、M302、M326、M334、M490、M447），第4次发掘仅发现1座（M897）；第5次发掘清理10座（M897、M919、M926、M933、M959～M964）。

墓葬均为小型土坑竖穴墓，葬式多仰身直肢，墓主头向一般朝向东，偏北或偏南，方向大致在95°～125°之间。发掘中清理出人类遗骸33具，其中男性13例，女性10例，男女性别比值为130.00%，男女比例失调。平均死亡年龄约34.6岁，其中男性37.3岁，女性36.0岁。青壮年期女性死亡比例高于男性，可能与生殖死亡有关。

墓内木棺多已腐朽，仅见棺灰痕迹。底部多有生土二层台，个别为熟土二层台。随葬有数量不等的陶、铜、石、骨器等物品，一般放于墓主头端附近或壁龛内。陶器主要有鬲、豆、罐、簋、罍、鼎和纺轮。铜器有鼎、舟、敦、戈、刀币等。石、骨器仅见石纺轮和骨笄。随葬品多的墓葬6件，少的1件，还有的墓葬一无所有。

除上述随葬品外，墓内还发现有猪、鸡、鱼、狗等动物骨骼。其中小于半岁的乳猪最为常见，几乎每座墓葬都有发现，主要是完整个体或带肉较多的部位；鸡使用频率也较高，多为翅膀和腿，完整个体较少；鱼主要是真鲷，均以完整个体随葬；狗未发现完整个体，主要是长骨和躯干部分或下颌骨。随葬动物大多是猪与其他1～2种动物的组合形式，也有墓葬单独使用猪进行随葬。

上面我们对墓葬资料进行了简单回顾与大致的梳理，下面再根据墓内出土的有关陶器，对这批墓葬进行进一步分析：

第一类，墓葬以素面陶鬲为代表。包括M6、M149、M182等。这类墓葬数量较多，时代亦比较集中。陶器组合由鬲、豆、罐组成。这种陶器组合，临淄东古墓地[1]中经常见到。特别是素面陶鬲，在昌乐

[1]　山东省文物考古研究所、齐城遗址博物馆：《临淄东古墓地发掘简报》，《海岱考古（第一辑）》，山东大学出版社，1989年。

岳家河周代墓葬中多有发现（B Ⅰ式鬲 M132：2；图九，6），而辛置 M6 出土的素面陶鬲（M6：1），则属于仿铜陶礼器范畴，与昌乐岳家河周墓 C 型鬲（M132：4；图九,8）非常相似[1]。

学术界一般认为，山东鲁北、胶东地区发现的素面陶鬲，是夏商时期东夷古老民族的物质文化遗存，文化面貌与特征属于夷人风格，或是传承夷人文化的本地遗物。它代表了我国东部地域特定时间内一种古老文化的重要特征。对素面陶鬲的研究自然构成了齐文化渊源和齐文化形成道路的研究的一个组成部分[2]。

第二类，墓葬以绳纹陶鬲为代表。大多数学者认为，绳纹陶鬲属于周式鬲，即周人使用的陶鬲。主要有 M897、M919、M963、M962。陶器组合与上述相同，亦为鬲、豆、罐，但陶鬲由素面变为绳纹系统。其中 M897 的时代与第一类墓葬大致相当。而 M919、M962、M963 时代则相对较晚，或许已经进入西周晚期阶段。

第三类，墓葬数量较少，仅发现一座（M926），陶器组合与上述鬲、豆、罐有别，为簋、豆、罐。其中，簋（M926：1）与昌乐常家庄 A 型簋（M13：15）[3] 特征酷似，其时代应为西周中期偏晚阶段。

从陶器特征来看，昌邑辛置的 Aa 型陶鬲（M897：3）与昌乐常家庄出土的 A Ⅰ鬲（M13：5）[4] 十分相似。辛置的陶豆（M963：1、M919：1）与广饶草桥遗址发现的Ⅰ式豆（图二，1）[5] 近同。陶双耳罐（M959：2）与广饶草桥遗址的陶罐（标本 1；图二,11）基本一致，而辛置 M300 随葬的陶双耳罐（M300：3），则比较罕见，时代特点亦比较鲜明，应属于当地文化因素。

资料显示，陶鬲的演变还是比较明显的，如辛置墓葬的陶鬲（M300：1），鬲裆已近平，足尖基本消失。这类陶鬲在昌乐岳家河周代墓葬中曾发现过（M155：2；图九,11）[6]。时代应进入春秋时期。

辛置墓葬的铜戈（M447：4）与淄博磁村Ⅰ式戈（M03：5）[7]、海阳嘴子前墓葬的戈（M1：69）[8] 类同。铜舟（M447：3）与海阳嘴子前（M1：62）[9] 及淄博磁村（M101：3）[10] 十分相似，铜鼎（M447：1）与莱芜戴鱼池出土的铜鼎（图三，1、2）[11] 亦非常接近。其时代应属于春秋时期当无问题。

另外，辛置 M326 为一座仿铜陶礼器墓。陶盖豆（M326：2）与昌乐都北遗址（M53：8；图五，

[1] 山东省潍坊市博物馆、山东省昌乐县博物馆：《山东昌乐岳家河周墓》，《考古学报》1990年第1期。

[2] 杜在忠：《山东胶莱地区的素面陶鬲》，《考古学文化论集（2）》，文物出版社，1989年。

[3] 潍坊市博物馆、昌乐县文管所：《山东昌乐县商周文化遗址调查》，《海岱考古（第一辑）》，山东大学出版社，1989年。

[4] 潍坊市博物馆、昌乐县文管所：《山东昌乐县商周文化遗址调查》，《海岱考古（第一辑）》，山东大学出版社，1989年。

[5] 王建国：《山东广饶县草桥遗址发现西周陶器》，《考古》1996年第5期。

[6] 山东省潍坊市博物馆、山东省昌乐县博物馆：《山东昌乐岳家河周墓》，《考古学报》1990年第1期。

[7] 淄博市博物馆：《山东淄博磁村发现四座春秋墓葬》，《考古》1991年第6期。

[8] 海阳市博物馆：《海阳嘴子前》，齐鲁书社，2002年。

[9] 海阳市博物馆：《海阳嘴子前》，齐鲁书社，2002年。

[10] 淄博市博物馆：《山东淄博磁村发现四座春秋墓葬》，《考古》1991年第6期。

[11] 莱芜市图书馆、泰安市文物考古研究室：《山东莱芜市戴鱼池战国墓》，《文物》1989年第2期。

1）[1]、昌乐岳家河墓葬A Ⅰ式盖豆（M135：5；图一三，2）[2]、临淄两醇（3197：6）[3]、临淄国家村战国墓葬的陶盖豆（M5：12；图一五，6）[4]、新泰周家庄东周墓地Ⅰ式陶盖豆（M48：6）[5]、莒县大朱家村陶盖豆（M12：6；图四，14）[6]雷同。说明该墓葬时代已经进入战国时期。

通过上述分析，可以看出，辛置周代墓葬的文化面貌地方特点还是比较明显的，时间链条比较长，从西周中期偏晚阶段，经春秋时期，一直延至战国时期。这里面既有自己的文化特色，又同周围地区同时期墓葬具有广泛统一性。与昌乐都北、昌乐岳家河、昌乐常家庄、淄博磁村、淄博商王墓地、临淄两醇墓地、东古墓地、新泰周家庄、广饶草桥、莱芜戴鱼池、海阳嘴子前、莒县大朱家村战国墓葬等文化面貌非常近似，应属于同一个大的文化系统。

由于各个墓地时代不尽相同，所以，在进行文化遗存的对比过程中，必须建立在同一时间段基础之上，这样进行的比较研究，才能得出比较准确的结论。

第二节　汉代墓葬

一　墓葬形制

这批墓葬，分布密集，排列有一定规律，一般分区域成片或成组分布，多见两墓并列埋葬，部分墓葬之间有打破叠压关系。这种埋葬方式，一般认为属于不同姓氏的家族墓地，其社会关系比较亲密，且时代相距亦不会太远。

所发现的墓葬，其类型比较复杂，除土坑竖穴墓外，多为砖椁墓、砖室墓及少量瓦椁墓和瓮棺墓。其中以砖椁墓为主，土坑墓次之，砖室墓较少，瓦椁墓、瓮棺墓罕见，瓦棺墓仅见一座。

土坑墓均为长方形，墓壁垂直，规模较小，底部两侧或四周多有生土二层台，少数有壁龛，个别墓葬设有头箱。随葬品一般为一件陶罐或一至二件陶壶，有的发现铜镜和铜钱等。

据统计，在240座土坑墓中，有随葬品的墓葬133座，约占55.42%。无随葬品的墓葬107座，约占44.58%。即使有随葬品的墓葬，贫富差别亦比较明显。如M220、M256、M363、M609、M803等仅放置一枚铜钱。而M737，随葬品32件，其中铜镜2枚、陶壶2件，铜柿蒂形饰2件；陶樽、铜刷柄、铁镜架、铁削、铜环各1件，铜钱20枚。M738，随葬品48件，器类有陶钫、铜镜、铜刷柄、铁镜架及36枚铜钱。M744，墓主为魏陽，随葬品特别丰富。总计97件，器类有陶钫、陶扁壶、铜镜、铜刷柄、铜带钩、铜印章、铁镜架、铁削、石黛板、石研磨器及85枚铜钱。

通过简单对比，可以看出，这批土坑墓葬，虽然形制规模较小，随葬品亦不算太丰富，但贫富

[1] 山东省文物考古研究院、潍坊市博物馆、昌乐县博物馆：《昌乐都北遗址M53、M60的发掘》，《海岱考古（第十一辑）》，科学出版社，2018年。

[2] 山东省潍坊市博物馆、山东省昌乐县博物馆：《山东昌乐岳家河周墓》，《考古学报》1990年第1期。

[3] 山东省文物考古研究所、齐城遗址博物馆：《临淄两醇墓地发掘简报》，《海岱考古（第一辑）》，山东大学出版社，1989年。

[4] 淄博市临淄区文物局：《山东淄博市临淄区国家村战国墓》，《考古》2007年第8期。

[5] 山东省文物考古研究所、新泰市博物馆：《新泰周家庄东周墓地》，文物出版社，2014年。

[6] 何德亮：《山东莒县大朱家村发现战国墓葬》，《考古》1991年第10期。

之间两极分化还是比较严重的。墓葬中所反映的此类现象，基本代表了当时社会上各个家庭之间经济方面贫富差别的基本状况。

砖椁墓形制与结构，比较复杂，一般在二层台内单砖垒砌椁室，底部铺砖，均为单椁单棺，部分墓葬有壁龛、器物台或器物箱。墓向多朝向东，少量向北。填土多经过夯打，土质较坚硬。夯窝圆形，直径一般在 5 ～ 8 厘米。葬式多为仰身直肢，墓主肢骨多腐朽严重，仅残存部分骨骼遗骸。

随葬品亦以陶器为主，另有少量铜、铁、石、骨和漆器等。多数墓葬放置陶罐、陶壶或陶钫，后两者多是成双成对，每墓出土 2 件，个别墓葬随葬有三件陶壶或者四件陶钫。有些墓葬发现有铜镜、铜带钩、铜钱和一些铜车马明器。仅少数墓葬发现有铜印章等。

随葬品方面，砖椁墓与土坑墓基本相似。据统计，在 472 座砖椁墓葬中，有随葬品的墓葬 341 座，约占 72.25%。一无所有者 131 座，仅占砖室墓的 27.75%。M45，随葬品 32 件，仅铜镜就有 7 枚，为墓地之冠。如 M235 随葬品 70 件。器类有铜镜、铜带钩、铁环首刀、铁镜架、陶钫、陶壶、陶樽、陶耳杯、陶俑、石黛板、石研磨器及 50 枚铜钱。又如 M40，为徐泓之墓，随葬品 119 件，器类有陶壶、陶钫，铜镜、铜刷柄、铜带钩、铜印章，铁镜架、铁环首刀，石黛板、石研磨器等，其中铜柿蒂形饰、铜铺首衔环、铁棺饰、铁扒钉等多达百余件。再如 M91，随葬品 116 件，器类有陶钫，铜镜、铜刷柄，铁镜架、铁环首刀等，其中铜钱 102 枚，是墓地中放置铜钱最多的墓葬。

与此相反的是，有许多墓葬随葬品不仅数量少，还极其简陋。如 M826、M389、M614 仅随葬一枚铜钱，多数墓葬随葬品为一件陶罐（M242）或一件陶壶（M254），可见贫富差别是相当明显的。

瓦椁墓是椁室四壁均用碎陶片填充堆砌而成，墓底再铺垫一～三层碎陶片。填土多数经过夯打，质地较坚硬。此类墓葬，在青州东刘镇墓地中发现过 1 座（M30，图二八）[1]、青州谢家埠发现过 2 座[2]。

考古发掘证实，瓦椁墓内填充如此多的陶片，类似战国时期的积石墓以及胶东地区汉代的积贝墓和贝砖墓[3]，其目的是为了起防盗作用。因为这类墓葬规模较大，规格亦高，随葬品又非常丰富，多用陶钫、陶壶、铜镜、铁殳、铁剑等贵重物品随葬，如 M36 随葬铜镜 6 枚，陶钫 4 件；M757 放置铜镜 6 枚，陶壶 3 件，铜钱 64 枚。特别是 M142，墓内随葬品 17 件。其中有铜镜、铁镜架、铜刷柄、铜带钩及铁殳、铁剑、铁环首刀等；陶钫 2 件，陶俑 8 件。看来墓主人有可能为一名武士。不然的话，为什么随葬如此多的铁质武器。

由此分析，这些墓主人生前的身份和地位较高，拥有大量财富，死后仍将财物一起埋入墓内。为了防盗，就采取填用碎陶、瓦片的埋葬方式，足见其费尽了心思。尽管如此，还是有些瓦椁墓被遭盗扰。

瓮棺墓多为两件相同大小的大型筒状陶瓮口与口相扣成棺，里面放置人骨。大多葬式为仰身直肢，属于一次埋葬，骨骼保存较好，无随葬品。此类墓在青州东刘镇墓地也曾清理过一座（M34，

[1]　山东省文物考古研究所、潍坊市博物馆：《青州市东刘镇墓地发掘报告》，《海岱考古（第七辑）》，科学出版社，2014年。

[2]　潍坊市文物管理委员会办公室、昌乐县文物管理所：《山东昌乐谢家埠遗址的发掘》，《考古》2005年第5期。

[3]　青岛市文物保护考古研究所：《胶州盛家庄汉墓发掘报告》，《青岛考古（第一辑）》，科学出版社，2011年。

图三一）[1]。M591则是将人骨折叠在一起，放在陶瓮中，应为二次埋葬。少数用盆和瓦或者筒状陶质器物套接而成。

据考古材料，瓮棺墓出现于我国新石器时代，在滕州西公桥大汶口文化遗址中就发现过。至解放前，西南边疆一些少数民族中还保留这种习俗。其葬具多数是人们日常生活中使用的陶器。辛置墓地多数瓮棺为专门作葬具烧制的筒形瓮，即为两件形制相同的长条形圜底瓮相对接而成。据研究，此类葬具年代从战国早期至西汉，山东、河北、辽宁都有发现[2]。此外还有部分汉墓以大陶罐或陶盆等放置人骨等，均较为少见。总之，此次发现的如此之多瓮棺墓，对研究该地区汉代葬俗提供了可靠的实物资料。

瓦棺墓仅发现1座（M776），是用陶板瓦垒砌作棺，墓主葬式为仰身直肢。这类墓葬类似青岛地区的砖棺墓，如黄岛台头遗址M104，系用9块砖构成，底板、盖板分别为两块砖对接平铺，两侧边板分别为两块砖对接竖立，两端挡板为一块砖一分为二竖立[3]。

砖室墓破坏严重，仅见墓底和部分残壁，个别存有券顶。一般由斜坡墓道、墓门、甬道、墓室组成。多分前后室，有的有侧室或耳室。墓室方形或长方形，墓圹较直或呈弧形。四壁多用条砖错缝垒砌，有的青砖平铺、中间再侧立青砖。铺底砖为人字形或斜行平铺。墓道一般向西，个别朝东。墓门多用青砖垒砌封堵。多数墓内人骨无存，仅在填土中发现部分残存骨骼。随葬品多发现在填土中，陶器有扁壶、盆、钵、勺、魁、耳杯、案、盘、灯、鼎、猪圈，另有少量铜镜和五铢钱等器物。

通过以往研究认为，土坑墓普遍存在于各个历史发展时期，山东地区发现的西汉早期墓都是土坑墓，西汉中期之后，尽管新出现了其他墓葬形制，但土坑墓仍不失为汉代一种主要的墓葬形制，终于东汉，它始终在山东地区汉代各类墓葬形制中居于主导地位。而砖椁墓的埋葬形式反映的是鲁北地区的特点。它从西汉中期开始出现，迅速发展起来，分部范围逐渐扩大，构筑形制日益复杂，渐次向大型砖室墓发展[4]。

辛置汉代墓葬资料基本符合上述推论，土坑竖穴墓基本流行于西汉早期阶段，盛行壁龛和生土二层台。而砖椁墓则有所不同，西汉早期数量相对较多，晚期至新莽时期则占绝大多数。瓮棺墓多见于战国至西汉时期，东汉时期虽有发现，但比较少见。瓦椁墓西汉早、中期未见，西汉晚期至新莽时期流行。砖室墓西汉时期未见，到东汉时期则特别盛行，基本成为当时一种较为固定的埋葬形式。

由此可见，汉代墓葬形制的发展与演变过程，对于该地区埋葬习俗的研究是非常重要的，尤其是大量西汉早期砖椁墓的发现，为汉代墓葬形制的研究增添了一批崭新的资料。

无论砖椁墓还是砖室墓，垒砌青砖不仅作为建筑形式的重要载体，而且形制大小、有无花纹及榫卯结构等，对于墓葬分期断代具有一定参考价值。

在辛置墓地，西汉早期的墓葬四壁均用大型青砖垒砌，没有使用小型薄砖的现象，有些土坑墓中的壁龛、头箱或者器物台也使用大型青砖。西汉中期大型青砖继续使用，新发现一批使用小型薄

[1] 山东省文物考古研究所、潍坊市博物馆：《青州市东刘镇墓地发掘报告》，《海岱考古（第七辑）》，科学出版社，2014年。

[2] 白云翔：《战国秦汉时期瓮棺葬研究》，《考古学报》2001年第3期。

[3] 青岛市文物保护考古研究所：《黄岛区台头遗址2010年度发掘简报》，《青岛考古（第二辑）》，科学出版社，2015年。

[4] 郑同修、杨爱国：《山东汉代墓葬形制初论》，《华夏考古》1996年第4期。

砖垒砌的墓葬，这一时期大、小青砖所占比例大致相同。西汉晚期至新莽时期小型薄砖流行起来，仅见个别使用大型青砖的墓例。

东汉时期砌筑墓葬的青砖，其形式多样化，大、小青砖混合使用，甚至有的墓葬所垒砌的青砖为二次使用。青砖侧面多印有菱形、几何形花纹，部分两端设置榫卯结构，还有的根据券顶需要对青砖进行加工处理。

这批墓葬，除分为不同类型和结构外，墓内还发现556具人类遗骸。经过有关专家进行鉴定，其中可确定性别的有男性124例、女性112例，男女性别比约为110.71%，存在一定程度的男女比例失调，可能与人骨保存较差有关。死亡年龄段主要集中于壮年期和中年期，缺少婴儿期个体，可能与埋藏条件以及当地葬俗有关。

有303例个体可判断具体年龄，21例个体仅能大致推断年龄段，其中男性110例，疑似男性11例；女性105例，疑似女性9例。总体平均预期寿命约为32.90岁，其中男性与女性的平均预期寿命分别为38.75岁和36.66岁，平均预期寿命低于当时平均水平，主要原因是青壮年时期的年龄段死亡率过高。

死亡年龄方面，男女两性的死亡高峰均位于中年期，而在各年龄段的死亡比例略有差异。男性死亡年龄基本集中于中年期，女性在壮年期和中年期的死亡比例相近。在青年期和壮年期，女性死亡率高于男性；而在中年期和老年期，男性的死亡率迅速增长并超过了女性。一般认为其原因是男性在青壮年期的生存情况要明显优于女性，特别是在30～40岁间；而通常情况下，古代社会女性死亡的年轻化被认为与生育有关。

总之，昌邑辛置墓地汉代人类遗骸的发现与研究，对于该地区古代居民的体质类型研究提供了十分重要的实物标本。

二　随葬品

这批墓葬，随葬品比较丰富，质地主要分为陶、铜、铁、石、骨等。

陶器是出土数量最多的随葬品之一，器类有罐、壶、钫、钵、扁壶、盂、单把杯、樽、耳杯、盘、案、盆、瓮、甑、勺、魁、熏炉、瓦、器盖、俑、纺轮等20余种。

铜器主要有铜镜、铜钱、刷柄、带钩、衔镳、衡帽、樽帽、当卢、车辖、车軎、车轙、盖弓帽、承弓器、弩机、熏炉、盆、印章、镞、铃、冒饰、铺首衔环、扣、泡钉、棺饰等。

铁器则以杖、殳、剑、环首刀、镜架、夯具、镢、削、钉等为主。

石器有黛板、研磨器、剑格、剑首、剑璏、耳塞、石琀、纺轮和球等。

骨器仅见耳珰、鼻塞、笄、贝饰等。

琉璃器主要是耳珰。

木器仅见一件平底盘。

漆器有各类奁盒，仅见漆皮及一些漆器筋骨，无法复原。

发现的皮具，均已腐朽，未能提取。

墓内如此众多的随葬品，为我们深入研究该批墓葬的性质和分期与年代提供了重要的实物资料。特别是大量陶器的发现，是这次发掘所获的重大成果之一。

陶器制作规整、造型优美。主要有平底器、圈足器、三足器等。平底器多为罐、壶、盆、案、盘、耳杯等；圈足器多为壶、钫和扁壶；三足器仅有樽和鼎，还见个别陶案为四足器。

陶器质地多为泥质陶，夹砂陶较少。陶色以灰陶和灰褐陶为主，白陶占一定比例，红褐陶罕见。

器表纹饰以素面为主，绳纹使用非常普遍，装饰部位多在罐、壶及钫的腹及底部。腹部多间饰数量不等的戳印纹等。

彩绘装饰特别盛行。在许多壶、钫及个别樽上面绘有彩色纹样，主要有红、白、褐、黑、黄等颜色，色泽艳丽，线条优美。可惜色彩大部分脱落，图案不甚清晰，仅留少量彩绘痕迹。主要纹饰为卷云纹、三角纹和其他纹样组合在一起的图案。这些丰富多彩的图案，代表了出土陶器的时代特点。

另外，还发现许多釉陶器，主要有壶、盘、案、勺、盆、鼎、灯、灯盏、魁、钵、耳杯、猪圈等。

这批陶器不仅数量多，而且器类齐全。据统计，壶、罐、钫、耳杯4类陶器总计777件，约占全部出土陶器总数的77%。其中壶的数量最多，有320件，约占全部陶器的31.7%；罐次之，共192件，约占总数的19%；钫139件，约占13.7%；耳杯126件，约占12.4%。可见，上述陶器在当时丧葬活动中的使用频率是相当普遍的。

值得一提的是墓葬中发现了众多白陶器，已经引起学术界的广泛关注。主要种类有扁壶和少量瓮、罐等。

化学成分分析结果显示，辛置汉墓中烧造的这批白陶器至少使用了两种原料：一种是高镁质的滑石质黏土，另一种是含氧化钾较高的瓷石质的原料。而且这两类质地的白陶所用原料均不同于已知山东地区早期白陶烧制所用的黏土种类。同时，和器类相结合的研究还表明，这两种原料在汉代被分别用来生产不同类型的器物，其中滑石质黏土主要用来生产扁壶、罐一类的小型容器，而瓷石质原料则用来生产体型较大的陶瓮。

需要指出的是，辛置墓地所出汉代白陶的制作工艺似乎并非传承自山东地区自大汶口文化至殷商时代使用沉积高岭土制作白陶的工艺技术，相反却有中国南方制作陶瓷的工艺传统的痕迹，这种情况值得进一步研究[1]。

除陶器外，墓葬中发现171枚铜镜，出土于142座墓葬中。这批铜镜数量多，种类齐全，大部分比较完整，也有些已经残破，不能复原。大多数锈蚀，部分较为严重。一般每墓出1枚，最多的一座（M45）随葬7枚。除少数被扰乱见于填土外，多数置棺内头骨附近，个别位于中部或脚端。部分置于漆盒中，有些与铁镜架、铜刷柄、铜眉笔柄共出。还有的铜镜残片，作为口含放在墓主口内。

发现的铜镜类型主要分为素面镜、蟠螭镜、蟠虺镜、四花叶镜、草叶镜、星云镜、连弧（圈带）铭带镜、日光镜、昭明镜、重圈铭带镜、其他铭带镜、四乳铭文镜、四乳四虺镜、四乳八鸟镜、四乳龙虎镜、四乳禽兽镜、四乳飞凤镜、四乳神兽镜、博局镜等。其时代大致覆盖西汉早期至东汉时期。

可见，铜镜在汉代已经成为人们生活中最常见的一种日用品，一度受到人们的广泛喜爱，所以，人死后一般将生前使用过的铜镜放入墓内一起随葬。这种习俗一直被沿用下来。

此次发掘，出土铜钱数量亦比较多，总计达2209枚，其中少量锈蚀或破碎严重、无法确定种类，其余保存较好。出土时可见到部分铜钱用麻绳或绢条串联，并包裹以麻布或绸缎类织品，表面织物朽痕清晰非常清晰，可见墓主生前对钱币的重视。这批铜钱，经山东省文物保护修复中心蔡友振，

[1] 崔剑锋、何德亮、杨哲峰、王子孟、王龙：《山东昌邑辛置墓地出土汉代白陶的成分分析》，《陶瓷考古通讯》2014年第2期（总4期），第70～73页。

使用便携式显微镜观察测量，（标本 M503 ∶ 2-1）呈块状，若干铜钱锈蚀粘连并由织物包裹。通过对织物局部观察，可见织物为平纹组织。这是纺织中常见的一种组织形式，即由经纱与纬纱上下交织形成的织物。《礼仪》郑玄注："布八十缕为升。"即一幅布内有经线 80 根为一升布。 这里的"升"相当于现代织物组织学中的工艺密度，表示一定宽度内纱线的多少。一布幅为 2.2 尺，一汉尺约为 23.5 厘米。通过测量和计算单位面积内经纬线数，可以得到织物大致经纬密度数值。数据显示，这件铜钱表面的织物经纬密度大约为 44 厘米 ×36 厘米，大致为 28 升（见彩版三三〇，4）。

这批铜钱，类型丰富，品种众多。主要有賹六化、半两、五铢（含磨郭五铢、剪边五铢）、大泉五十、货泉等。其中，五铢钱有 2010 枚，约占全部出土铜钱的 91%。说明五铢钱是汉代时期最为流行的一种货币。

墓葬内发现的 12 枚铜印章（附表三），也是这次发掘的主要收获之一。印章内容多为人名，如徐弘、撒同、毛安、纪□、张毋害、玄妭、魏陽、颜咸、魏忠等。其中，撒姓为我国少数姓氏，属于回族十三姓之一。为多民族、多源流的古老姓氏。来源多以回族、蒙古族人居首，常见于朝鲜族、达斡尔族、锡伯族、满族、苗族、侗族、傣族等中，也有从蒙古族汉化成汉族的。山东地区撒姓多居住在宁津、庆云和无棣等地。辛置墓地发现的撒姓先民应是汉代人员迁徙与交往的结果。M45∶13 则为出入日利，属于吉祥用语，仅发现这一例。还有人名与吉祥用语结合在一起的印章，这类也较少。如 M848∶1 为一方子母印，印文为日利、流中兄、流廣信，是吉祥语与人名结合在一起的印章。服章（M663∶5）是说古代表示官阶身份的服饰。《左传·宣公十二年》："君子小人，物有服章。"晋·杜预注："尊卑别也。"北魏杨衒之《洛阳伽蓝记·闻义里》也有："观其贵贱，亦有服章"的记载。玄妭（M700∶7）即为美妇，《说文》曰"妭，妇人美也。"

据考证，这批铜印章均属于私人之印，虽然未发现官印，但同样为研究当地的人文与历史提供了一批重要实物资料。

另外，发掘中还出土 1 件铜辟兵钱（M35∶4），一面书写"除凶去央（殃）"、另一面为"辟兵莫当"。可理解为"消除凶灾，非此辟兵物莫属"。应为吉祥祝福语，大意是说去除灾祸疾病，没有辟兵不能担当的。亦为消灾避难，辟凶趋吉。《荆楚岁时记》载，以五彩丝系臂，名曰辟兵，令人不病瘟。汉代花钱"除凶去央（殃），辟兵莫当"，是我国钱币史上最早出现的吉语钱之一，是具有辟兵功能的压胜钱，也有的称之为厌胜钱或者佩钱。

有的学者认为辟兵钱作为辟兵之术的反映，是兵家阴阳家的一部分。战争之类更容易威胁到他们的生活和财产，所以通过辟兵的行为保全生命和财产，也是种美好的愿望[1]。

此类铜质辟兵钱，山东地区较为罕见，目前，仅在青岛崂山解定夫妇墓（图一一）[2]、巨野红土山汉墓（图一五，1，图版拾陆，1）[3] 和枣庄凤凰山墓地（M37∶4）[4] 发现过类似器物。

除陶、铜、铁、石、骨等随葬品外，墓葬内还发现大量动物骨骼，据统计，经过鉴定的 242 座墓葬中，出土的动物遗存总计达 25431 件。

---

[1] 成桉：《汉辟兵、千金钱再考》，《中国钱币》2018年第6期。

[2] 孙善德、刘璞：《青岛崂山县发现一座西汉夫妇合葬墓》，《文物资料丛刊9》，文物出版社，1985年，第184页。

[3] 山东省菏泽地区汉墓发掘小组：《巨野红土山西汉墓》，《考古学报》1983年第4期。

[4] 山东省文物考古研究院、枣庄市文物局：《枣庄凤凰山墓地发掘报告》，《京沪高速铁路山东段考古报告集》，文物出版社，2017年。

这批动物，种属包括猪、鸡、鱼（主要为鲷科和鲤科）、狗、牛、羊、马、兔和貉等，以猪、鸡和鱼的数量最多，它们以不同组合的形式出现在墓葬中，从出现频率来看，明显以猪为主。不同形制的墓葬，其随葬动物组合及出土位置并无明显差异，多数情况下随葬动物均发现于随葬陶器周边。从死亡年龄观察，随葬数量多的猪和鸡均以未成年个体为主；而发现数量较多的乳猪、鸡和鱼等小型动物，通常以完整个体的形式出现于墓葬中，其他动物则以身体的某个部位（通常为带肉较多的四肢骨骼）随葬为主。

通过对墓葬内随葬动物的鉴定，种种特征均显示出，这些随葬动物不仅与墓主人生前日常饮食生活密切相关，而且对于研究汉代人类与动物之间的联系也是十分重要的。

三　与周围地区汉代墓葬的关系

昌邑辛置汉代墓葬的发掘，为该地区汉代考古学文化的分期断代研究提供了一批重要实物资料，已经引起学术界的广泛关注。

通过对这批墓葬资料的系统整理与认真研究，可以看出，辛置墓地同潍坊、淄博市域内所发现的汉代墓葬关系非常密切，与寿光三元孙[1]、潍坊前埠下[2]、青州凤凰台[3]、戴家楼[4]、东刘镇[5]、马家冢子[6]、临淄徐家村[7]、临淄西汉齐王墓随葬器物坑[8]、临淄金岭镇一号东汉墓[9]、临淄商王墓地[10]、淄博张庄[11]、昌乐谢家埠[12]等，它们之间无论在墓葬形制还是随葬器物方面，其面貌特征基本是一致的，反映出较强的时代特征和地域性特点。

墓葬形制为土坑竖穴墓、砖椁墓、砖室墓和少量瓦椁墓及瓮（瓦）棺墓。土坑墓底部多有生土二层台，有的台上铺有一～二层青砖；多数有壁龛，有的壁龛用青砖封口。砖椁墓一般在二层台内垒砌椁室，砌砖方式有平铺、斜铺、人字形等，呈现多样化；有的设置器物箱、头龛、壁龛等。

随葬品主要是陶罐、陶壶、陶钫、扁壶及铜镜、铜钱、带钩和一些车马明器等。这些随葬品与周边地区墓葬进行比较，其间存在许多共同特点。

如辛置西汉早期的AaⅠ式壶（M563：1）与临淄徐家村西汉墓AⅡ式壶（M28：1；图一四，1）

[1] 山东省文物考古研究所：《山东寿光县三元孙墓地发掘报告》，《华夏考古》1996年第2期。

[2] 山东省文物考古研究所、寒亭区文物管理所：《山东潍坊后埠下墓地发掘报告》，《山东省高速公路考古报告集1997》，科学出版社，2000年。

[3] 山东省文物考古研究所、山东大学历史系考古教研室、青州市博物馆：《青州市凤凰台遗址的发掘》，《海岱考古（第一辑）》，山东大学出版社，1989年。

[4] 山东省文物考古研究所：《山东青州市戴家楼战国西汉墓》，《考古》1985年第12期。

[5] 山东省文物考古研究所、潍坊市博物馆：《青州市东刘镇墓地发掘报告》，《海岱考古（第七辑）》，科学出版社，2014年。

[6] 山东省青州市博物馆：《山东青州市马家冢子东汉墓的清理》，《考古》2007年第6期。

[7] 山东淄博市临淄区文化旅游局：《山东淄博市临淄徐家村战国西汉墓的发掘》，《考古》2006年第1期。

[8] 山东省淄博市博物馆：《西汉齐王墓随葬器物坑》，《考古学报》1985年第2期。

[9] 山东省文物考古研究所：《山东临淄金岭镇一号东汉墓》，《考古学报》1999年第1期。

[10] 淄博市博物馆：《临淄商王墓地》，齐鲁书社，1997年。

[11] 淄博市博物馆：《山东淄博张庄东汉画像石墓》，《考古》1986年第8期。

[12] 潍坊市文物管理委员会办公室、昌乐县文物管理所：《山东昌乐谢家埠遗址的发掘》，《考古》2005年第5期。

接近。

辛置的Ab型Ⅲ式罐（M196：1）、AaⅠ式壶（M524：1）与青州戴家楼D型壶（M94：1；图七，3）、B型壶（M93：1；图七，6）相同。

辛置的Aa型罐（M148：2）与潍坊后埠下B型罐（M78：1；图二八，2）、辛置Aa型Ⅲ式壶（M132：1）与潍坊后埠下C型壶（M13：1；图二六，5）类似。

辛置的陶熏炉（M370：3）与寿光三元孙的陶熏炉（M17：1；图八，10）雷同。

辛置的陶扁壶（M166：2）、陶盘口壶（M682：01）与青州凤凰台的陶扁壶（M401：6；图三七，1）、陶壶（M105：1）近似。

辛置的铜熏炉（M29：6、M97：2）与寿光三元孙（M1：2；图一二）、临淄商王墓地（M1：99；图版二三，1）及齐王墓随葬器物坑的铜熏炉（M5：21；图一六，1）相似。

辛置墓地的Ⅰ式陶魁（M737：1、M602：8）与青州马家冢子东汉墓（QM：139；图四，10）、临淄金岭镇一号东汉墓（M1：111；图一一，4；图版八，1）的陶魁相近。

辛置的Ⅱ式陶魁（M903：1、M804：027）、Ⅲ式陶勺（M804：14、M804：019）与淄博张庄东汉画像石墓的陶魁（图四，4）、陶勺（图四，9）及商王墓地Ⅰ型陶魁（M86：3；图八九，9）、陶勺（M86：8）酷似。

辛置的C型Ⅲ式陶壶（M804：010）与青州马家冢子东汉墓AⅡ式壶（QM：37）基本一致。

通过对比发现，由于潍坊后埠下墓地与昌邑辛置墓地距离较近，无论墓葬类型还是随葬品组合，其相互关系更紧密一些。墓葬形制均有土坑墓、砖椁墓和砖室墓及瓮棺墓等，而且结构和垒砌方式大致相同。随葬品中的陶器两者均有罐、壶、钫、扁壶、瓮、耳杯、案、樽、盘、灯、盏、勺、盆、钵等，多数器物两者形似。铜镜中星云镜、日光镜等两地共存。至于小件器物则更似同一墓地所出。

看来墓葬之间地理位置相当重要，如果同一时期的墓葬，距离相隔较远，文化面貌亦可能出现差异；距离相近共同特征一致性就多些，有的甚至完全相同，这点已经成为学术界的一种共识。

整体观察，上述墓地之间相同文化因素较多，应为同一个文化类型，所处位置同属于齐文化分布范围之内。

但由于地理位置不尽相同，也出现一些不同的文化现象，如寿光三元孙、临淄徐家村墓葬坑壁上均有脚窝、辛置墓葬未见使用脚窝现象。

昌乐谢家埠发现的15座石椁墓以及椭圆形、六边形砖椁墓；青州东刘镇墓地的积石墓（M48，图二九）和圆形土坑墓（M37，图三二）等墓葬形制在辛置墓地中均未发现。

临淄徐家村西汉墓（M39）使用模印双龙纹空心砖垒砌砖椁墓，辛置墓地亦没有见到此种青砖垒砌的墓葬。

随葬品方面，青州戴家楼出土的陶蒜头壶（M87：1；图七，5）、青州马家冢子东汉墓的釉陶熏炉（QM：149；图七，5）以及大量动物陶俑（图七）等随葬品，在昌邑辛置墓葬出土遗物中也均未见到。

诚如上述，这种差别的出现，一是由于地域的不同，二是在时间段上可能有先后之别，各个墓地之间亦不是同步发展的。所以，这种现象的产生是正常的，并不影响大家对该地区汉代墓葬的认识，以及与昌邑辛置墓葬相互关系的判断。

从上文得知，辛置汉代墓葬与周围的潍坊、淄博地区以往发现的同一时期的墓葬其文化面貌是基本一致的。如果与同属鲁北地区的济南地区汉墓进行比较的话，其墓葬形制、随葬品组合等方面亦具有较强的相似性。

如西汉时期墓葬均以土坑墓和砖椁墓为主，其中前者多带二层台和壁龛；章丘于家埠[1]还发现一座瓦椁墓。两地随葬品均以陶壶、陶罐为主，二者一般单独随葬。器形方面，两地陶罐形制多有相似之处；陶壶则差异明显，辛置陶壶形式多样，济南地区则为盘口鼓腹壶。从随葬陶壶或陶罐数量看，济南魏家庄[2]一般为每墓3～5件、以单数居多，随葬2件的墓葬较少；偏东的章丘女郎山[3]、于家埠等地与辛置相似，一般为每墓2件。如辛置西汉中晚期随葬品多见每墓2件陶壶或2件陶罐或2件陶扁壶等组合形式。济南奥体中路、魏家庄、于家埠等地发现的少量白陶器与辛置所出同类器亦有相近之处。而辛置墓葬出土数量较多的陶钫、陶扁壶等器物在济南地区汉墓中则很少发现。魏家庄汉墓随葬较多的铁质容器，在辛置汉墓中没有见到。这种现象，可能与济南郡所设历城铁官有一定关系。

以枣庄、济宁为中心的鲁中南地区，汉代墓葬发掘取得重大成果，主要有滕州东小宫[4]、封山[5]、东郑庄[6]、顾庙[7]、寨山[8]、朱洼[9]、枣庄渴口[10]、凤凰山[11]、曲阜柴峪[12]、花山[13]、兖州徐家营[14]、嘉祥长直集[15]、梁山薛垓[16]等。这批汉墓的发现，对于研究该地区汉代时期的历史提供了一批重要实物资料。

[1] 济南市考古研究所等：《章丘市于家埠汉代墓葬2012年发掘报告》，《海岱考古（第七辑）》，科学出版社，2014年。

[2] 济南市考古研究所：《济南市魏家庄汉代墓葬发掘报告》，《海岱考古（第八辑）》，科学出版社，2013年。济南市考古研究所：《济南魏家庄》，线装书局，2017年。

[3] 济青公路文物考古队绣惠分队：《章丘女郎山战国、汉代墓地发掘报告》，《济青高级公路章丘工段考古发掘报告集》，齐鲁书社，1993年。济南市考古研究所：《章丘女郎山》，科学出版社，2013年。

[4] 山东省文物考古研究所、滕州市博物馆：《山东滕州市东小宫周代、两汉墓地》，《考古》2000年第10期。山东省文物考古研究所、滕州市博物馆：《滕州东小宫墓地》，《鲁中南汉墓》，文物出版社，2009年。

[5] 山东省文物考古研究所、滕州市博物馆：《滕州封山墓地》，《鲁中南汉墓》，文物出版社，2009年。

[6] 山东省文物考古研究所、滕州市博物馆：《滕州东郑庄墓地》，《鲁中南汉墓》，文物出版社，2009年。

[7] 山东省文物考古研究所、滕州市博物馆：《滕州顾庙墓地》，《鲁中南汉墓》，文物出版社，2009年。

[8] 山东省文物考古研究所、枣庄市文物局、枣庄市博物馆：《滕州寨山汉墓发掘报告》，《京沪高速铁路山东段考古报告集》，文物出版社，2017年。

[9] 山东省文物考古研究所、枣庄市博物馆、滕州市博物馆：《滕州朱洼汉代墓葬发掘报告》，《海岱考古（第八辑）》，科学出版社，2013年。

[10] 山东省枣庄市博物馆：《山东枣庄渴口汉墓》，《考古学集刊·14》，文物出版社，2004年。

[11] 山东省文物考古研究院、枣庄市文物局：《枣庄凤凰山墓地发掘报告》，《京沪高速铁路山东段考古报告集》，文物出版社，2017年。

[12] 山东省文物考古研究所、曲阜市文物局：《曲阜柴峪墓地》，《鲁中南汉墓》，文物出版社，2009年。

[13] 山东省文物考古研究所、曲阜市文物局：《曲阜花山墓地》，《鲁中南汉墓》，文物出版社，2009年。

[14] 山东省文物考古研究所、济宁市文物局、兖州市博物馆：《兖州徐家营墓地》，《鲁中南汉墓》，文物出版社，2009年。

[15] 山东省文物考古研究所、济宁市文物局、嘉祥县文物局：《嘉祥长直集墓地》，《鲁中南汉墓》，文物出版社，2009年。

[16] 山东省文物局等：《梁山薛垓墓地》，文物出版社，2013年。

上述墓葬特征，如果与辛置汉代墓葬进行对照，其形制和随葬品差异比较大。如在鲁中南地区，西汉早期墓葬以石椁墓为主，有一定数量土坑竖穴墓；中至晚期绝大多数为石椁墓，少量土坑竖穴墓和砖椁墓；晚期新出现少量石室墓。部分石椁墓上面刻有画像。随葬的器物陶器以鼎、盒、壶、罐为主要组合；模型明器仓、灶、井、圈、磨在西汉早期即已出现，但数量很少，多为单件出现，没有形成一定组合。

以日照为中心的山东沿海地区西汉时期多为土墩式封土墓[1]，每座封土下少则1座、多则数十座墓葬。这种墓葬或与江浙地区流行的土墩墓有一定联系，其墓内普遍使用木椁。一般以土坑竖穴木椁墓为主，且多带器物箱。土坑竖穴墓和石椁墓较少。随葬品陶器以鼎、盒、壶、罐为主要组合，西汉晚期盒消失；模型明器出现较早，主要为灶和井，不见仓、磨和圈等。

在日照海曲汉代墓葬中[2]出土器物特别丰富，主要有陶器、铜器、玉器、石器、漆器、木器、竹器、铁器、角器等1200余件，其中漆木竹器就达500件左右。主要有奁、盆、盘、耳杯、杖、盒、虎子、木桶、剑鞘、案、筑、壶、尊、卮形杯、砚盒、瓢、钵、勺、匕、毛笔、简牍等。500余件陶器中，有50余件漆衣陶和240余件施釉陶，已与瓷器十分接近。其特点亦与江浙地区相类似。

胶东地区的西汉墓葬除简单土坑墓外，主要为土坑竖穴木椁墓（多为砖木混合椁），且多带有器物箱；砖椁墓略少，多无附属设施；石椁墓较少。在胶州盛家庄[3]、胶州朱郎埠[4]还发现积贝墓，是在墓坑内填充贝壳，即以防盗为主要目的。这种墓葬与战国积石墓、鲁北的瓦椁墓当有类似性质。该区发现的随葬品数量较多，陶器组合以鼎、壶、钫、罐为主，陶盒少见；模型明器仅见陶灶，且数量不多，有些墓葬还有数量较多釉陶器、原始瓷器和部分漆木器。

综上可见，在西汉时期，包括辛置在内的潍坊、淄博、济南等地同为鲁北文化区，出土的汉代墓葬虽然各具特点，但整体特征较为接近，其共性更为明显。而与鲁中南、鲁东南、胶东等地相比，墓葬形制和随葬品方面均有较大差异。东汉时期，随着汉文化的大发展，整个山东地区汉代墓葬的文化面貌基本趋于一致，如墓葬形制多为砖（石）室墓等。随葬品中陶樽、案、盘、勺、耳杯等祭奠用器使用较普遍；仓、灶、井、猪圈等陶器模型明器特别流行；鸡、犬、猪等动物形象广泛出现。均反映出东汉时期在文化面貌方面呈现的大一统文化特征，这种墓葬制度在全国各地基本也是一致的。

第三节　明代墓葬

明代墓葬共计30座，仅占总计九百余座墓葬的约三十分之一，数量较少，但形制多样，葬俗、葬制和随葬品等均颇具特色。

整体上来看，这些墓葬大部分集中分布于墓地东部，其余较为分散。第1次发掘清理3座（M16、M23、M27）；第2次发掘清理2座（M129、M231）；第3次发掘清理4座（M351、M420、

[1] 山东省文物考古研究院：《山东沿海汉代土墩式封土墓考古报告集》，文物出版社，2020年。

[2] 何德亮、郑同修、崔圣宽：《日照海曲汉代墓地考古的主要收获》《文物世界》2003年第5期。

[3] 青岛市文物保护考古研究所：《胶州盛家庄汉墓发掘报告》，《青岛考古（第一辑）》，科学出版社，2011年。

[4] 烟台市博物馆：《山东莱州市朱郎埠墓群发掘报告》，《华夏考古》2009年第1期。

M514、M520）；第4次发掘清理18座（M575、M583、M638、M698、M707、M785、M786、M789、M791、M801、M807、M831、M832、M842～M844、M851、M861）；第5次发掘清理3座（M940、M949、M950）。

墓葬整体规模较小，墓主均为平民。除部分人骨因迁葬较凌乱外，其余均为仰身直肢葬。墓主头向南和向北者居多，少量向东，极少向西。发掘中采集人类遗骸52具，其中50具可判定性别，男、女性各有25例，性别比值100%，较为均衡。可明确判断年龄的个体共44例，平均死亡年龄约42.5岁。其中男性22例，平均死亡年龄约43.5岁；女性21例，平均死亡年龄约42.7岁。基于本墓地部分女性骨骼中缠足现象的研究，山东大学赵永生团队已有相关成果发表[1]。

这批墓葬以青砖构筑墓室或椁室者计16座，约占全部30座墓葬的一半。所用青砖多为不规则半砖，为借用前朝旧物，其中不乏此处汉代墓葬常见的菱形花纹砖等。以碎砖垒砌墓室，反映了当时下层人民困苦的生活状况。明代中后期社会凋敝，经济倒退，贫富分化日益严重。在这种社会状况下，仍有相当多的平民以青砖垒砌墓室或椁室，可能与明代中后期社会生活趋于世俗化有关。有研究认为，“明代的社会风尚转变，以正德时期为分水岭。……正德以后，社会生活奢侈、颓靡，趋于享受化、世俗化。成化年间，丧葬习俗奢靡化的风气已经渐渐蔓延开来，在全国成为普遍现象。……民间丧葬大多循俗，不合古礼，在丧礼中也体现出讲究脸面、追逐排场的世俗倾向。”[2]经济困顿仍要追求排场，当是利用古人墓葬旧砖建今人墓室的主要原因。

值得一提的是，M842出土一块残砖上一侧带有阳印“訾水亭”三字，可能为一古地名。该陶文的发现，为本地区历史沿革等研究提供了重要实物资料。

M698、M851和M940三座墓葬均为砖椁或砖室墓，其墓室或砖椁四角均放置有一块鹅卵石（其中M698为两块）。此类葬俗亦见于章丘女郎山明代墓葬[3]，或亦与当时镇墓思想有关。明代贵族墓葬曾见有在棺内四角放置金锭、银锭或铁锭的现象，亦有在棺底四角放置银锭形砖的[4]。此三座墓墓室面积较小，出土器物亦少，墓主当为一般平民百姓。放置鹅卵石可能与贵族放置金银锭含义相近，亦代表其共同的丧葬思想。再就是这几座墓葬人骨凌乱，均为迁葬墓，不知是否有特殊意义。

浇浆墓是一种明代较为流行的墓葬形制，在全国各地均有发现。明代宋应星在其著作《天工开物》中介绍石灰用法时提到，“用以襄墓及贮水池，则灰一分，入河沙、黄土二分，用糯粳米、羊桃藤汁和匀，轻筑坚固，永不隳坏，名曰三和土。”即为此类墓葬制法。1987年，潍坊市博物馆与昌邑县图书馆曾在辛置二村西南250米处抢救发掘过两座明代浇浆墓[5]。按报告描述当在辛置墓地西南不远处，不知是否属同一墓地。所发掘的两座墓时代亦为明代中期阶段，其中M1出土有墓志，下葬时间为1554年，与M949仅相差五年。而两墓的形制结构等与M949几乎相同，仅墓向、尺寸和随葬器类等略有差异，当为不同家族、身份之区别所致。

另外，M949内为四人合葬，为本墓地明清墓葬中人骨最多者。根据浇浆椁室的结构和打破关系

[1] 赵永生、郭林、肖雨妮、牛月明、张晓雯、何德亮、曾雯：《考古遗存出土中国缠足女性的骨学特征》，《国际古病理学期刊》2020年第28期，第48～58页。

[2] 李俞霏、梁惠娥：《明代中后期山东婚丧礼俗管窥》，《民俗研究》2018年第6期。

[3] 济青公路文物考古队绣惠分队：《章丘女郎山宋金元明壁画墓的发掘》，《济青高级公路章丘工段考古发掘报告集》，齐鲁书社，1993年。

[4] 何文静、吴玲：《从〈金瓶梅〉中相关描述看明代棺内四角置锭现象》，《中国钱币》2019年第5期。

[5] 潍坊市博物馆、昌邑县图书馆：《山东昌邑县辛置二村明代墓》，《考古》1989年第11期。

等推断，先以灰沙三合土浇筑南部两墓室，下葬后二次挖开，在北侧又浇筑一座椁室，最后第三次挖开，在最北又下葬一木棺，未再筑椁室。根据人骨专家鉴定，南部第二室内为男性，其余均为女性，所有人骨死亡年龄均在 50～60 岁。出土的买地券和瓷碗均对应男墓主，反映了男尊女卑的家主地位。其余墓主当均为其妻妾，而椁室结构的不同也反映了地位的特殊。最南一室与男性椁室同时修筑，当为正房妻室。另外两室均为后期合葬，可能为两妾，有无浇浆椁室或许也与家庭经济状况变化有关。

辛置明代墓葬共发现各类器物 226 件，发现于 28 座墓葬中。质地主要有铜、瓷、陶、琉璃、玉和骨等。

铜器以铜钱为主，其余还有簪、扣和环等饰件。陶器多为瓦，其次还有买地券。瓷器主要为碗和罐。琉璃器仅见扣一件。玉器为两件环，各与铜环套在一起。骨器为簪一件。

在墓葬中随葬钱币的习俗可能自货币的出现即已存在。汉及以后，铜钱成为墓葬中最常见的随葬品。辛置墓地明代 30 座墓葬中，有 24 座随葬有铜钱，占比达 80%。据统计，共出土铜钱 167 枚，其中明代钱币 13 枚，其余除 7 枚朽蚀严重面文不明外，均为北宋钱币，占比约高达 88.02%。这一现象在北方明代墓葬中是极其常见的。据研究，北方随葬铜钱的明代墓葬中，九成以上出土前朝铜钱，而尤以宋钱最多[1]。这一方面反映了宋代经济发达，铜钱发行量大，另一方面也与明代推行"宝钞""禁用铜钱"导致铜钱铸量小有关。"山东银钱杂用，其钱皆用宋年号者，每二可当新钱一，而新钱废不用。"（谢肇淛《五杂俎・物部四》卷十二）有些地区墓葬中出土铜钱数量有意放置与墓主人年龄相同[2]。在辛置墓地出土铜钱的明墓中，单个墓室随葬钱币数量一般为 1～5 枚。M843 两室最多，随葬 34 枚，其中西侧墓主随葬 33 枚，东侧墓主仅 1 枚。据体质人类学专家鉴定，西侧墓主为女性，年龄在 30～40 岁，与随葬钱币数目相近，或亦是此类葬俗的表现。值得一提的是，M638 出土的部分铜钱钱面发现有织物残片，以便携式显微镜观察测量，织物经线粗细差别较大，最粗处约 0.735 毫米，最细处约 0.231 毫米。从图中分别测量一段距离，取经纬间距平均值约为 0.57 毫米 ×0.54 毫米，经纬密度约为 17.54 根 ×18.52 根 / 厘米^2。织物经密近 16 根 / 厘米，纬密近 18 根 / 厘米。初步计算该织物一布幅约为 10 升，经纬密度比较低（彩版三三〇，5）。

另外，在 30 座墓葬中有 11 座随葬有陶板瓦，部分见有明显朱书彩绘，均为道教符箓，这也是北方地区明清时期葬俗的重要特征之一[3]。板瓦均发现于墓主头骨上方或附近，可能是下葬时放置在棺木之上，居于头端，当为镇墓之用。

买地券是汉代始见的一种丧葬用器，到明代已仅为余焰。清人言"古人卜葬，必先作买地券，或镌于瓦石，或书作铁券。盖俗例如此。……然此风自汉、晋时已有之……不知此例自何代始止？"（洪亮吉《北江诗话》卷六）可见到了清代此葬俗已罕见。据统计，目前所见的明代买地券一百三十余件[4]。辛置明墓出土的三块买地券中，两块带有朱书文字，内容略相近。概写用钱几许，买地四至，以及保人和执照人之类，为明代买地券的常见形式。其中 M949 出土买地券文字保存较好，大部可识。由券文可知，此为傅世勋为其父墓主傅逵所修墓葬。"地属西南阁之原"，正与该地位置地貌相符。该买地券文字清晰，内容丰富，且保存较好，因而，具有重要的艺术和历史研究价值。

[1] 夏寒：《浅议明墓中的古钱》，《四川文物》2006年第2期。

[2] 葛林杰：《宋元明铺钱葬俗研究》，《东南文化》2020年第2期。

[3] 李金凤、白彬：《河南卫辉县大司马明清墓葬出土朱书板瓦初探》，《四川文物》2012年第1期。

[4] 段立强：《明代买地券研究》，哈尔滨师范大学2020年硕士论文。

辛置墓地出土明代墓葬整体数量不多，但形制多样，结构不一，为本地区明代葬俗和社会研究提供了重要的新资料。而M842出土买地券，通体未见文字迹象，这在以往考古发现中较为少见。其原因除可能由自然侵蚀全部剥落外，更大可能是并未真正作为买地券使用。与另外两块有字买地券均位于墓主头端不同，此券砌于墓室一侧。考虑到其原为汉魏铺地砖，而该墓所用条砖也均为汉魏旧物，这块方砖有可能在墓中只是作为普通建筑材料使用。

第四节　清代墓葬

本墓地共发现清代墓葬117座，占所有墓葬的12.14%。虽然数量相对不多，但结构多样，随葬品较丰富，葬制、葬俗等颇具特色。

这些墓葬分布于整个墓地各区，在小区域内集中分布，为多个家族墓地。墓葬尺寸均不大，墓主均为平民。除少量人骨因迁葬较凌乱外，其余均为仰身直肢葬。头向东或偏东南者居多，其次向北和向南，向西最少。发掘中采集人类遗骸136具，有124例可判别性别，其中男性60例，疑似3例；女性61例，疑似女性1例。男女性别比值约为95.24%，整体较均衡。可明确判断年龄的个体共124例，平均死亡年龄约39.3岁。其中男性59例，平均死亡年龄约42.5岁；女性58例，平均死亡年龄约38.7岁。女性平均寿命明显低于男性。而有关此批墓葬女性缠足方面的研究也已有相关成果发表[1]。

墓室平面多呈倒梯形，与下葬的木棺形状相合。墓壁规整，多经过专门加工。根据葬具结构等将这些墓葬分为土坑墓、砖椁墓和浇浆墓。各类墓葬形制基本均沿袭自明代，但仍有较多变化。最明显的为砖椁墓，所用青砖多较规整，尺寸相同，质地致密。椁室多留有壁龛和头龛放置瓷器。此种葬俗为鲁北地区小范围内的特色，相似结构也见于广饶十村清代墓地[2]等。但相比而言也有部分差别，如辛置不见脚龛，少见瓷灯盏，而广饶十村清墓不见瓷碗随葬等。土坑墓和浇浆墓与明代结构相近，但其中带墓道浇浆墓M923，墓门为浇筑仿木结构，在本地较为少见。

辛置清代墓葬中共出土器物798件，发现于109座墓葬中，质地主要有铜、瓷、陶、银、铁、骨、玉和琉璃等。

铜器主要为铜钱和铜扣，另外还有簪、帽饰、帽花、头饰、顶针、耳环、戒指和烟嘴等。陶器仅见瓦，其中板瓦为主，部分为筒瓦，个别带滴水。瓷器有碗、罐、壶、瓶和灯盏等。银器为戒指、耳环和饰件。铁器除棺钉和棺饰外，还有戒指和饰件，另有铲一件。骨器仅见印章一套。玉器为两件环。琉璃器除扣外，还见有环。除此外，在M211填土中还发现有猪距骨。

整体来看，随葬种类多样，但数量并不丰富，且较多器物如扣、棺钉等并非作为随葬品下葬。不过这些器物仍为我们探讨该地区清代葬俗、葬制和社会生活等提供了重要实物资料。

铜钱是最常见的随葬品，计有264枚，占出土器物的33.08％。发现于58座墓葬中，约占此批清墓的半数。与明代墓葬多随葬北宋铜钱不同，这些多为本朝铜钱，仅有少量宋钱和明钱。此外，有6座墓葬出有“宽永通宝”铜钱。宽永通宝为日本后水尾天皇宽永二年（1625年，明天启五年）

[1]　赵永生、郭林、肖雨妮、牛月明、张晓雯、何德亮、曾雯：《考古遗存出土中国缠足女性的骨学特征》，《国际古病理学期刊》2020年第28期，第48～58页。

[2]　山东省文物考古研究所、东营市历史博物馆：《广饶县十村遗址发掘报告》，《海岱考古（第九辑）》，科学出版社，2016年。

始铸，其后累朝鼓铸，直至德川幕府灭亡，铸造流通达二百余年，故传世量极大。因清初开海禁，中日贸易频繁，宽永通宝大量流入中国并与清制钱混用流通，以至乾隆皇帝多次下诏要求查禁。但直至道光年间，仍有官员上奏要求查禁掺使。[1]辛置出土的这6枚宽永通宝，大多与乾隆、嘉庆、道光通宝等年号钱同出，即反映了这一时期中日两国频繁的经济文化往来与交流。其中M336填土中采集的两枚铜钱（M336 ： 01），由两层织物包裹，其中外层织物已脱落。内外层织物密度有明显差别，内层较疏松，外层较致密。通过显微照片可清晰看到该织物为平纹组织，即由经纱和纬纱以一上一下交织形成的织物。将局部相对清晰织物放大50倍，拍照并测量一段组织距离取平均值。其内层织物经线粗细差别较大，最粗处约0.387毫米，最细处约0.181毫米。从图中测量分别测量一段距离，取经纬间距平均值约为0.48毫米 ×0.63毫米，经纬密度约为20.83根 ×15.87根 / 厘米 ^{2}。而外层织物经纬线粗细差别较小，取经纬线间距平均值约为0.41毫米 ×0.44毫米，经纬密度约为24.39根 ×22.72根 / 厘米 ^{2}。内层织物经密约为21根 / 厘米，纬密约为16根 / 厘米，外层织物经密约为24根 / 厘米，纬密约为23根 / 厘米（彩版三三〇，6）。

除铜钱和铜扣外，辛置清墓中最常见的器物为瓷罐和瓷碗，二者共同或单独出现于74座墓葬中，占总数的63.25%。其中，两种器物同出于37座墓葬中。瓷罐多发现于头龛内或墓主头端，而瓷碗多见于一侧壁龛内或墓主身侧，少量与罐并列。值得一提的是，只有一座M18出土瓷灯盏，与瓷罐组合，且出土于墓室一侧二层台上，与瓷碗常在位置一致。招远磁口墓地[2]16座清代墓葬中有11座出土瓷灯盏，龙口望马史家墓地[3]19座墓出土10件瓷灯盏，但均不见瓷碗。两墓地均以瓷罐和瓷灯盏为组合随葬，这说明在辛置墓地中，瓷碗很可能即作为灯盏使用。这种用法也是自明代沿袭而来。

陶瓦也是本墓地较为常见的随葬器物，基本均发现于墓主头部上方或一侧。由M249、M955、M956等几座墓发掘情况来看，陶瓦高于头骨，间隔较厚淤土，说明当时应当放置在棺上。此葬俗亦由明代传承而来，为镇墓之用，但带红彩符箓者比例大减。到清后期，出土陶瓦中已有9件为筒瓦，有的还带有滴水、瓦舌和瓦当等，且基本不带红彩符箓，说明陶瓦的随葬习俗已经是形式大于内涵，丧失了早期道教镇墓的意义。

M482出土的一件瓷四系瓶形制特殊。据研究，此类器物是金元时期北方地区具有代表性的一类器物，约产生于金初，元代流行[4]。但明代遗迹中仍见有出土，如寿光市刘家官庄祭祀坑K1[5]和章丘女郎山明墓M60[6]、M375[7]等。这一件瓷四系瓶出土于清代前期墓葬，位于墓葬砖椁上部外侧，似在单独垒砌器物箱中，其余器物均不见此类放置方法，可能有特殊祭祀意义在其内。

辛置明代墓葬中即在部分墓主头下发现长条形土坯痕迹，在部分清代墓葬中也有发现。此类葬

---

[1] 邹志谅：《由查禁宽永钱看清廷维护国家法定货币之态度》，《江苏钱币》2008年第4期。

[2] 山东省文物考古研究院、招远市文物管理所：《山东招远市磁口墓地》，《胶东调水考古报告集》，科学出版社，2020年。

[3] 山东博物馆：《山东龙口望马史家墓地发掘简报》，《海岱考古（第十辑）》，科学出版社，2017年。

[4] 陈杰：《从“仁和馆”铭四系瓶谈起——兼谈四系瓶的几个问题》，《北方文物》2003年第3期。

[5] 济青公路文物考古队绣惠分队：《章丘女郎山宋金元明壁画墓的发掘》，《济青高级公路章丘工段考古发掘报告集》，齐鲁书社，1993年。

[6] 潍坊市博物馆、山东省文物考古研究院：《寿光刘家官庄墓群发掘报告》，《海岱考古（第十二辑）》，科学出版社，2019年。

[7] 济南市考古研究所：《章丘女郎山》，科学出版社，2013年。

俗同样也见于广饶十村[1]、章丘西河[2]及淮安楚州翔宇花园[3]等处清代墓葬。根据位置和形状推测为明器枕，具体生产和使用方式等有待考证研究。据研究，民国临淄地区停灵期间有“寝苫枕块”习俗，“枕块的块，就是土块，枕块就是孝子用一块土块做枕头，头睡在土块上”[4]，不知与下葬土枕有无关联。

还有，在少量墓葬中，发现棺底四角各垫一青砖现象，当为下葬时落棺所用。此类结构也见于广饶十村清墓[5]，系清代中后期新出现的葬俗形式。

由上述可见，这一批清代墓葬地方特色明显，而时代跨度较大，基本自清初延续至民国时期，随葬品也较丰富，为该地区清代下层居民葬制和民俗学等研究提供了重要新资料。

[1] 山东省文物考古研究所、东营市历史博物馆：《广饶县十村遗址发掘报告》，《海岱考古（第九辑）》，科学出版社，2016年。

[2] 山东省文物考古研究所、北京大学考古文博学院：《章丘市西河遗址2008年考古发掘报告》，《海岱考古（第五辑）》，科学出版社，2012年。

[3] 淮安市博物馆：《淮安楚州翔宇花园明清墓葬群发掘简报》，《东南文化》2012年第1期。

[4] 李春雷：《民国山东丧葬习俗研究（1912～1937）》，山东师范大学2011年硕士论文。

[5] 山东省文物考古研究所、东营市历史博物馆：《广饶县十村遗址发掘报告》，《海岱考古（第九辑）》，科学出版社，2016年。

附表一 汉代墓葬出土铜镜统计表

序号	编号	类型	铭文	流行年代	备 注
1	M2∶3	草叶纹镜		西汉中期	仅一残片，不能复原
2	M5∶1	昭明圈带连弧铭带镜	内清以而昭□明，之光象日月，心忽穆而愿忠，塞不泄	西汉中、晚期	
3	M5∶2	日光圈带铭带镜	见日月心，勿夫毋忘	西汉中晚至晚期	
4	M7∶1	日光连弧铭带镜	见日月心，勿夫毋忘	西汉中、晚期	
5	M11∶1	星云镜		西汉中、晚期	已残
6	M17∶3	日光连弧铭带镜	见日之光，天下大明	西汉中期	
7	M17∶6	昭明连弧铭带镜	内清而以昭明，光之象夫日月，而心之忽而忠，而不泄	西汉中、晚期	
8	M24∶1	日光连弧铭带镜	见日之光，长不相忘	西汉中晚至新莽	
9	M25∶1	日光圈带铭带镜	见日心忽，夫毋勿之忘	西汉中晚至晚期	
10	M29∶2	清白连弧铭带镜	洁精白而事君，志驩而合明，微玄锡之泽，恐疏远日忘，怀美之穷皑，承驩之可，慕泉之说，而毋绝	西汉晚至东汉早期	
11	M35∶2	星云镜		西汉中、晚期	
12	M36∶2	日光圈带铭带镜	见日月心，勿夫	西汉中晚至晚期	
13	M36∶3	日光圈带铭带镜	见日月心，勿夫	西汉中晚至晚期	
14	M36∶4	日光圈带铭带镜	见日月心，勿夫	西汉中晚至晚期	
15	M36∶5	日光圈带铭带镜	见日月心，勿夫	西汉中晚至晚期	
16	M36∶6	日光圈带铭带镜	见日月心，勿夫	西汉中晚至晚期	
17	M36∶7	日光清白重圈铭带镜	内圈：见日之光，长不相忘 外圈：洁而白清而事君，志□明，而玄锡而泽，□□恐□而日忘，美而□□□	西汉中、晚期	锈蚀严重
18	M37∶1	昭明圈带连弧铭带镜	内清以昭明，光象夫日月，心而忽穆，不泄	西汉中、晚期	
19	M38∶1	蟠螭叶纹镜		西汉早期	
20	M40∶71	星云镜		西汉中、晚期	
21	M40∶98	日光昭明重圈铭带镜	内圈：久不相见，长不相忘 外圈：内清质以昭明，光辉象日月，心忽穆而愿忠，然雍塞而不泄	西汉中、晚期	
22	M45∶1	昭明圈带连弧铭带镜	内清质以昭明忠，光之之象而夫日月，心忽穆愿忠，雍然塞不泄	西汉中、晚期	
23	M45∶6	日光圈带铭带镜	见日月心，勿夫毋忘	西汉中晚至晚期	
24	M45∶7	同上	见日月心，勿夫毋忘	西汉中晚至晚期	
25	M45∶8	同上	见日月心，勿夫毋忘	西汉中晚至晚期	
26	M45∶9	同上	见日心，勿夫毋勿忘忘	西汉中晚至晚期	
27	M45∶10	同上	见日月心，勿夫毋忘	西汉中晚至晚期	

序号	编号	类型	铭文	流行年代	备 注
28	M45：17	日光连弧铭带镜	见日月心，勿夫毋忘	西汉中、晚期	
29	M57：1	日光圈带铭带镜	见日月心，勿夫毋忘	西汉中晚至晚期	
30	M62：7	日光圈带铭带镜	见日月心，勿夫毋忘	西汉中晚至晚期	
31	M91：1	四乳四虺镜		西汉中至东汉早期	
32	M91：11	日有熹对称连叠草叶镜	日有熹，宜酒食，常贵富，乐毋事	西汉中期	
33	M97：3	日光对称连叠草叶镜	见日之光，天下大明	西汉中期	已残
34	M101：1	四乳四虺镜		西汉晚至东汉早期	
35	M102：1	清华连弧铭带镜	泿清华兮清皎白，奄惠芳，承加泽兮结乎之，安佼信，爚流光乎以佳人	西汉晚至东汉早期	
36	M102：5	日光连弧铭带镜	见日之光，相忘长不	西汉中、晚期	
37	M107：1	日光凸弦连弧铭带镜	日月心，忽夫毋勿长忘	西汉晚期	
38	M133：4	日光连弧铭带镜	见日之光，天下大明	西汉中、晚期	
39	M140：1	星云镜		西汉中、晚期	
40	M142：1	昭明重圈铭带镜	内圈：内清，日月，心忽而穆忠，然雍塞泄 外圈：内清以昭明，光象而日月，心忽而愿穆忠，然雍塞泄	西汉中、晚期	
41	M163：3	星云镜		西汉中、晚期	
42	M164：3	星云镜		西汉中、晚期	
43	M166：1	日光连弧铭带镜	见日月心，勿长毋勿忘	西汉中期至新莽	
44	M192：1	四乳四虺镜		西汉晚至东汉早期	
45	M193：5	四乳四虺镜		西汉晚至东汉早期	
46	M198：1	四乳四虺镜		西汉晚至东汉早期	
47	M205：1	四乳龙虎镜		西汉晚期至新莽	
48	M208：1	神兽简化博局镜		西汉晚期至东汉早期	
49	M210：3	昭明连弧铭带镜	内清质以昭，日月光	西汉晚期至新莽	
50	M216：3	四乳龙虎镜		西汉晚期至新莽	
51	M221：1	昭明圈带连弧铭带	内而清而以昭而明光而象夫日之月心忽而不泄	西汉晚期至新莽	
52	M222：1	昭明连弧铭带镜	内清以昭明，光夫日月	西汉晚期至新莽	
53	M224：1	家常贵富四乳铭文镜	家常贵富	西汉晚期	
54	M226：1	日光连弧铭带镜	见日月心，勿夫毋忘	西汉中、晚期	
55	M227：1	四乳四虺镜		西汉晚至东汉早期	
56	M228：1	家常贵富四乳铭文镜	家常贵富	西汉中晚至晚期	
57	M229：1	四乳四虺镜		西汉晚至东汉早期	

序号	编号	类型	铭文	流行年代	备 注
58	M230：1	昭明连弧铭带镜	内青以昭明，光□□日月	西汉晚期至新莽	
59	M230：12	昭明连弧铭带镜	内清以昭明，光夫日月□	西汉晚期至新莽	
60	M232：1	日光连弧铭带镜	见日月心，勿夫毋忘	西汉中、晚期	
61	M233：01	四乳禽兽镜	长宜子孙	西汉晚期至东汉前期	盗洞内
62	M235：1	日光连弧铭带镜	见日之光，天下大明	西汉中、晚期	
63	M237：1	清白连弧铭带镜	洁精白而事君，志驩之合明，微玄锡而泽，志疏远日忘，怀美之穷，承□之可说，而毋	西汉晚至东汉早期	
64	M240：1	四乳四虺镜		西汉晚至东汉早期	
65	M240：2	家常贵富四乳铭文镜	家常贵富	西汉中晚至晚期	
66	M240：3	日光凸弦铭带镜	锈蚀不清	西汉晚期	
67	M240：4	日光凸弦铭带镜	见日月心长	西汉晚期	
68	M241：1	四乳四虺镜		西汉中期至新莽	
69	M243：1	四乳四虺镜		西汉晚至东汉早期	
70	M252：1	对称单层草叶镜		西汉中期	
71	M255：1	四乳四虺镜		西汉晚至东汉早期	
72	M258：1	星云镜		西汉中、晚期	
73	M260：1	四乳四虺镜		西汉晚至东汉早期	
74	M269：2	星云镜		西汉中、晚期	
75	M276：1	日光圈带铭带镜	日月心，勿夫毋忘	西汉中晚至晚期	
76	M285：1	日光连弧铭带镜	日月心，勿夫毋之忠，勿忘	西汉晚期	
77	M299：02	简化博局镜		东汉中、晚期	
78	M338：3	昭明圈带连弧铭带镜	内清以昭明，光日月，心忽而穆忠，然雍塞而不泄	西汉中、晚期	
79	M342：1	家常贵富四乳铭文镜	家常贵富	西汉晚期	
80	M370：1	日光四花叶镜	仅可辨“明”字	西汉早期	残为数块
81	M381：1	星云镜		西汉中、晚期	
82	M388：01	圈带蟠虺镜		西汉中期	
83	M393：03	八禽简化博局镜		西汉晚期至东汉早期	
84	M411：9	纹饰不清		不详	
85	M422：1	日光对称连叠草叶镜	见日之光，长乐未央	西汉中期	
86	M448：1	家常贵富四乳铭文镜	家常贵富	西汉晚期	
87	M450：4	昭明圈带连弧铭带镜	内清以日月，心忽夫穆忠，然雍塞不泄	西汉中、晚期	
88	M451：1	日光圈带连弧铭带镜	日月心，忽夫毋之忠，勿忘	西汉晚期	

序号	编号	类型	铭文	流行年代	备 注
89	M452：6	日光圈带铭带镜	见日之光，长久忘相	西汉中期	
90	M453：2	星云镜		西汉中、晚期	
91	M460：1	日光连弧铭带镜	日月心，勿夫毋之忠，勿忘	西汉晚期	
92	M462：4	日光凸弦铭带镜	仅可辨“勿”字	西汉晚期	锈蚀严重
93	M465：1	日光圈带铭带镜	可辨“见之……”	西汉中期	
94	M466：7	日光连弧铭带镜	见日之光□不忘忘	西汉晚期至新莽	
95	M466：8	昭明圈带连弧铭带镜	内清以昭明，光象而不辉日月，心忽而穆忠，然雍塞泄	西汉中、晚期	
96	M478：1	四乳四虺镜		西汉晚至东汉早期	
97	M485：1	四乳神兽镜		东汉中、晚期	
98	M499：1	日光连弧铭带镜	见日之光，长不相忘	西汉中期	
99	M506：1	家常贵富四乳铭文镜	家常贵富	西汉中晚至晚期	已残
100	M510：2	四乳飞凤镜		东汉中、晚期	
101	M511：1	家常贵富四乳铭文镜	家常贵富	西汉晚期	
102	M512：1	日光圈带铭带镜	见日心，勿夫毋勿忘忘	西汉中晚至晚期	
103	M513：1	素面镜		西汉早期	
104	M515：1	四乳八鸟镜		西汉晚期至东汉早期	
105	M516：3	日光连弧铭带镜	见日之光，长而忘夫	西汉中晚至新莽	
106	M533：1	日光连弧铭带镜	见日月心，勿夫毋忘	西汉中、晚期	
107	M534：1	圈带叠压蟠虺镜		西汉早、中期	
108	M536：1	昭明圈带连弧铭带镜	内明光昭而象不日月，心忽而穆忠，然雍塞泄	西汉中、晚期	
109	M543：1	日光连弧铭带镜	见日月心，勿夫毋忘	西汉中、晚期	
110	M563：3	不详		不详	已残，口含
111	M580：1	星云镜		西汉中、晚期	
112	M582：1	四乳禽兽镜		西汉晚期至东汉前期	
113	M599：2	缠绕蟠螭镜		西汉早期	
114	M622：3	日光圈带铭带镜	见日月心，勿夫毋忘	西汉中晚至晚期	
115	M624：04	昭明连弧铭带镜	内清质以昭，象夫日月	西汉晚期至新莽	
116	M625：3	四乳禽兽镜		西汉晚期至东汉前期	
117	M631：2	四乳八鸟镜		西汉晚期至东汉早期	
118	M632：1	四乳四虺镜		西汉晚至东汉早期	盗扰
119	M634：1	日光圈带铭带镜	见日月心，勿夫毋忘	西汉中晚至晚期	

序号	编号	类型	铭文	流行年代	备注
120	M640：1	四乳四虺镜		西汉晚至东汉早期	
121	M646：1	日光圈带铭带镜	见日月心，勿夫毋忘	西汉中晚至晚期	
122	M647：3	昭明连弧铭带镜	内清以昭明，光日月，不泄	西汉晚期至新莽	
123	M649：3	日光圈带铭带镜	见日月心，勿夫毋忘	西汉中晚至晚期	
124	M656：1	日光凸弦铭带镜	见日月心，勿夫	西汉晚期	
125	M660：2	日光对称单层草叶镜	见日之光，天下大明	西汉早、中期	
126	M662：1	四乳四虺镜		西汉晚至东汉早期	
127	M663：3	四花瓣四花叶镜		西汉早期	已残
128	M665：3	家常贵富四乳铭文镜	家常贵富	西汉晚期	
129	M667：1	日光圈带连弧铭带镜	日月心，勿夫毋之忠，勿长毋忘忘	西汉晚期	
130	M680：1	昭明连弧铭带镜	内清以昭明，光夫日月	西汉晚期至新莽	
131	M697：1	日光凸弦连弧铭带镜	□日月心，勿夫毋勿忘	西汉晚期	
132	M699：1	昭明圈带连弧铭带镜	内清以昭明，光夫日月，心忽而穆忠，然雍塞而不泄	西汉中、晚期	
133	M699：2	昭明圈带铭带镜	内清以，日月，心忽而忠，然雍塞泄	西汉中、晚期	
134	M702：3	日光连弧铭带镜	见日月心，勿夫毋忘	西汉中、晚期	
135	M705：1	圈带蟠虺连弧镜		西汉中期	
136	M730：1	日光凸弦铭带镜	见日心，勿夫勿□	西汉晚期	已残
137	M736：3	昭明连弧铭带镜	内清以昭，光夫日月，不泄	西汉晚期至新莽	
138	M737：4	铜华圈带云雷纹镜	内区：清湢铜华以为镜，昭察衣服观容貌，丝组杂遝以为信，清光乎宜佳人 外区：家常贵富	西汉中、晚期	
139	M737：5	昭明连弧铭带镜	内清以昭明，光象夫日月，心不泄	西汉晚期至新莽	
140	M738：1	日光连弧铭带镜	见日月心，勿夫毋忘	西汉中、晚期	
141	M739：1	日光连弧铭带镜	见日月心，勿夫毋忘	西汉中、晚期	
142	M744：1	日光连弧铭带镜	见日之光，天下大明	西汉中、晚期	
143	M751：1	日光凸弦连弧铭带镜	日月，心忽夫毋勿忘忘	西汉晚期	
144	M753：1	四乳八鸟镜		西汉晚期至东汉早期	
145	M754：1	日光圈带铭带镜	日月心，勿夫忘	西汉中晚至晚期	
146	M757：2	日光圈带铭带镜	见日月心，勿夫	西汉中晚至晚期	
147	M757：3	日光圈带铭带镜	见日月心，勿夫毋忘	西汉中晚至晚期	
148	M757：4	昭明圈带连弧铭带镜	内……日月，心忽夫……日之	西汉中、晚期	
149	M757：6	家常贵富四乳铭文镜	家常贵富	西汉中晚至晚期	
150	M757：7	日光连弧铭带镜	见日月心，勿夫	西汉中、晚期	

序号	编号	类型	铭文	流行年代	备 注
151	M757：8	日光圈带铭带镜	见日月心，勿夫	西汉中晚至晚期	
152	M782：1	素面镜		西汉早期	
153	M805：2	星云镜		西汉中、晚期	
154	M812：1	日光连弧铭带镜	见日之光，天下大明	西汉晚期至新莽	
155	M813：1	圈带叠压蟠虺镜		西汉早、中期	
156	M814：1	四螭单列连叠草叶镜		西汉中期	
157	M820：2	四乳四虺镜		西汉中至东汉早期	
158	M822：4	昭明连弧铭带镜	内日月，心忽夫，不泄	西汉中、晚期	
159	M855：1	日光对称单层草叶镜	见日之光，天下大明	西汉早期	
160	M855：2	日光对称单层草叶镜	见日之光，天下大明	西汉早、中期	已残
161	M859：2	鸟兽简化博局镜		西汉晚期至东汉早期	盗扰
162	M863：1	四乳飞凤镜		东汉中、晚期	
163	M871：1	日光圈带铭带镜	见日月心，勿夫毋忘	西汉中晚至晚期	
164	M874：1	日光对称单层草叶镜	仅存“天下大明”四字	西汉早、中期	已残
165	M879：1	日光连弧铭带镜	见日之光，长不相忘	西汉中期	
166	M885：2	四乳神兽镜	铭文不清	东汉中、晚期	
167	M892：1	圈带叠压蟠虺镜		西汉早、中期	
168	M894：1	四花叶镜		西汉早期	
169	M900：01	主纹不清		新莽至东汉	宽卷缘内侧饰锯齿纹
170	M900：02	主纹不清		新莽至东汉	残；宽卷缘饰锯齿、凸弦和云气纹
171	M936：1	星云镜		西汉中、晚期	

附表二 汉代墓葬出土铜钱统计表

序号	墓号	名称	数量	流行时代	保存状况	备注
1	M25	五铢	52	西汉中期		
2	M29	五铢	1	西汉中期		
3	M36	不详	1	不详	锈蚀严重	
4	M42	半两	2	西汉早期		
5	M45	半两	1	西汉早期		
6	M50	五铢	1	西汉中期	残	
7	M52	不详	2	不详	2枚未取	
8	M57	五铢	7	西汉中期		
9	M58	五铢	1	不详	锈蚀严重	
10	M62	五铢	11	西汉中期		
11	M91	五铢	102	西汉中期、晚期		部分磨郭
12	M101	不详	5	不详	5枚破碎	
13	M103	五铢	2	西汉中期		
14	M107	五铢	15	西汉中期		
15	M112	五铢	4	西汉中期		
16	M119	賹六化	1	战国后期		
17	M166	货泉	9	新莽至东汉初年		
18	M167	五铢	1	不详	锈蚀严重	
		货泉	1	新莽至东汉初年		
19	M175	大泉五十	8	新莽		
20	M188	大泉五十	1	新莽		
21	M189	货泉	1	新莽至东汉初年	残，仅有“泉”字	
22	M192	五铢	50	西汉中期		
23	M193	五铢	44	西汉中期		
24	M194	货泉	3	新莽至东汉初年		
25	M198	五铢	25	西汉中期、晚期		
26	M203	大泉五十	15	新莽		
27	M205	五铢	11	西汉中期		
28	M208	货泉	3	新莽至东汉初年		

序号	墓号	名称	数量	流行时代	保存状况	备注
29	M213	半两	1	西汉早期		
		五铢	4	西汉中期		
30	M216	大泉五十	1	新莽		
31	M219	五铢	27	西汉中期		
32	M220	货泉	1	新莽至东汉初年		
33	M221	五铢	10	西汉中期		
34	M223	五铢	3	西汉中期		
35	M226	五铢	9	西汉中期、晚期		部分磨郭
36	M227	五铢	19	西汉中期		
37	M228	五铢	18	西汉中期		
38	M229	五铢	15	西汉中期		
39	M230	五铢	34	西汉中期、晚期		
		大泉五十	1	新莽		
40	M232	五铢	2	西汉中期		
41	M235	五铢	50	西汉中期	残1枚	
42	M239	五铢	5	西汉中期	残3枚	
43	M240	五铢	19	西汉中期、晚期		部分磨郭
44	M243	五铢	10	西汉中期、晚期		部分磨郭
45	M252	五铢	2	西汉中期		
46	M256	不详	1	不详	1枚破碎	
47	M260	五铢	32	西汉中期		
48	M261	五铢	4	西汉中期		
49	M268	五铢	6	西汉中期		
50	M281	五铢	1	西汉中期		
		大泉五十	5	新莽		
51	M285	五铢	4	西汉中期		
52	M286	五铢	2	西汉中期		
53	M288	五铢	6	西汉中期		
54	M289	五铢	1	不详	锈蚀残，仅辨“五”字	
55	M294	五铢	12	西汉中期、晚期		个别磨郭
56	M299	五铢	9	东汉		

序号	墓号	名称	数量	流行时代	保存状况	备注
57	M303	五铢	5	西汉中期		
58	M304	五铢	2	西汉中期		
59	M305	五铢	16	西汉中期、晚期		部分磨郭
60	M314	五铢	10	西汉中期		
61	M315	半两	3	西汉早期	1枚破碎	
62	M331	五铢	3	西汉中期		
63	M333	五铢	3	西汉中期		
64	M339	五铢	1	西汉中期		
65	M340	不详	1	不详	锈蚀破碎	
66	M345	五铢	46	西汉中期、西汉晚期、东汉		
67	M359	货泉	9	新莽至东汉初年		
68	M363	五铢	1	东汉		
69	M364	五铢	1	西汉中期		
70	M369	半两	1	西汉早期		
71	M373	五铢	1	西汉中期		
72	M389	五铢	6	西汉中期、晚期	1枚残破	
73	M393	五铢	2	不详	锈蚀碎，仅辨“五”字	
74	M404	五铢	34	西汉晚期、东汉		
75	M411	五铢	6	西汉晚期、东汉		
		货泉	1	新莽至东汉初年		
76	M418	五铢	2	西汉中期	1枚锈蚀	
77	M423	五铢	1	西汉中期		
78	M428	五铢	4	东汉	1枚破碎	
79	M430	五铢	2	西汉中期、东汉		
80	M438	五铢	12	西汉中期、东汉晚期		部分剪边
81	M448	五铢	1	西汉中期		
82	M462	五铢	17	西汉中期		
83	M468	五铢	2	西汉中期		
84	M469	五铢	7	西汉中期、晚期		部分磨郭
85	M475	五铢	1	东汉		
86	M476	半两	2	西汉早期		

序号	墓号	名称	数量	流行时代	保存状况	备注
87	M478	五铢	16	西汉中期		
88	M481	五铢	6	东汉		
89	M485	五铢	16	西汉中期、西汉晚期、东汉		部分磨郭
		货泉	1	新莽至东汉初年		
90	M489	半两	1	西汉早期	锈蚀破碎	
91	M491	半两	1	西汉早期		
92	M493	半两	1	西汉早期		
93	M498	五铢	4	西汉中期、晚期		部分磨郭
94	M503	半两	14	西汉早期		
95	M510	半两	2	西汉早期		
		五铢	85	西汉中期、西汉晚期、东汉		部分磨郭、剪边
		货泉	3	新莽至东汉初年		
96	M511	五铢	13	西汉中期		
97	M512	五铢	29	西汉中期		
98	M525	半两	1	西汉早期		
99	M527	五铢	10	西汉中期		
100	M530	五铢	2	西汉中期		
101	M533	五铢	11	西汉中期		
102	M534	五铢	1	不详	锈蚀，可辨“五”字	
103	M540	五铢	3	东汉		
104	M543	五铢	3	西汉中期		
105	M549	半两	1	西汉早期		
		五铢	9	东汉		
106	M550	五铢	12	东汉		
107	M555	五铢	13	西汉中期		
108	M564	五铢	17	西汉中期		
109	M576	五铢	1	西汉晚期		磨郭
110	M577	五铢	4	东汉		部分剪边
111	M580	五铢	1	西汉中期		
112	M582	五铢	78	西汉中期		
113	M587	不详	1	不详	锈蚀破碎	

序号	墓号	名称	数量	流行时代	保存状况	备注
114	M589	五铢	1	东汉		
115	M599	不详	1	不详	锈蚀严重， 字迹不清	
116	M602	五铢	3	东汉		
117	M605	五铢	2	西汉晚期、东汉		1枚磨郭
118	M606	半两	1	西汉早期		
119	M609	大泉五十	1	新莽		
120	M610	半两	1	西汉早期		
121	M614	半两	1	西汉早期		
122	M622	五铢	12	西汉中期、晚期		
123	M624	五铢	8	西汉中期		
124	M625	五铢	10	西汉中期		
125	M627	五铢	1	西汉中期		
126	M628	五铢	1	不详	锈蚀严重	
127	M631	大泉五十	6	新莽		
128	M641	五铢	3	西汉中期、晚期		
129	M646	五铢	8	西汉中期		
130	M647	五铢	4	西汉中期		
131	M648	大泉五十	2	新莽		
132	M650	大泉五十	5	新莽		
133	M654	大泉五十	4	新莽		
134	M656	五铢	22	西汉晚期		
		大泉五十	1	新莽		
135	M662	半两	1	西汉早期		
		五铢	8	西汉中期		
136	M663	半两	31	西汉早期	10枚破碎	
137	M665	五铢	21	西汉中期		
138	M668	大泉五十	8	新莽		
139	M674	五铢	2	西汉中期	1枚破碎	
140	M680	五铢	64	西汉中期		
141	M681	五铢	3	不详	3枚破碎	
142	M683	五铢	1	西汉晚期		

序号	墓号	名称	数量	流行时代	保存状况	备注
143	M686	五铢	7	西汉中期		
144	M694	五铢	3	西汉中期		
145	M696	五铢	10	西汉中期		
146	M697	五铢	37	西汉中期		
147	M699	五铢	36	西汉中期		
148	M710	半两	1	西汉早期		
149	M711	五铢	41	西汉中期、西汉晚期、东汉晚期		部分剪边
		大泉五十	1	新莽		
150	M712	五铢	1	东汉	残缺	
151	M713	货泉	1	新莽至东汉初年		
152	M714	五铢	2	西汉晚期	1枚破碎	
153	M718	五铢	1	东汉		
154	M722	半两	2	西汉早期		
155	M724	五铢	1	西汉中期		
156	M726	半两	3	西汉早期	2枚破碎	
157	M728	货泉	1	新莽至东汉初年		
158	M730	五铢	8	西汉中期		
159	M736	五铢	19	西汉中期、晚期		部分磨郭
160	M737	五铢	20	西汉中期		
161	M738	五铢	36	西汉中期、晚期		
162	M739	五铢	17	西汉中期		
163	M744	五铢	85	西汉中期	1枚残破	
164	M748	五铢	4	西汉中期	2枚破碎	
165	M749	五铢	4	西汉中期、东汉		
166	M750	五铢	2	东汉晚期		磨郭
167	M753	五铢	62	西汉中期、晚期		
168	M754	五铢	31	西汉中期		
169	M757	五铢	64	西汉中期		
170	M762	五铢	3	西汉中期		
171	M763	五铢	54	西汉中期、晚期		
172	M767	五铢	12	东汉		部分剪边
173	M780	五铢	2	西汉中期		

序号	墓号	名称	数量	流行时代	保存状况	备注
174	M781	五铢	2	西汉中期		
175	M799	五铢	6	东汉	1 枚残缺	部分磨郭
176	M803	半两	1	西汉早期	破碎	
177	M804	五铢	30	东汉		
		货泉	1	新莽至东汉初年		
178	M812	半两	1	西汉早期	残缺	
		大泉五十	5	新莽		
179	M814	五铢	14	西汉中期		
180	M819	半两	1	西汉早期	锈蚀破碎	
181	M820	半两	2	西汉早期		
182	M822	五铢	2	西汉中期	2 枚均残碎	
183	M825	五铢	2	西汉晚期		
184	M826	五铢	1	西汉中期		
185	M830	五铢	8	西汉晚期、东汉		
186	M840	五铢	1	西汉中期		
187	M859	大泉五十	1	新莽		
188	M863	五铢	4	西汉中期、东汉	1 枚破碎	1 枚磨郭
189	M874	五铢	1	西汉	破碎	
190	M885	五铢	2	西汉晚期、东汉		1 枚磨郭
191	M893	五铢	1	西汉中期		
192	M899	半两	1	西汉早期		
		五铢	3	东汉		1 枚剪边
193	M900	五铢	9	东汉	3 枚残破	
		货泉	1	新莽至东汉初年		
194	M903	五铢	3	西汉中期、东汉		
195	M904	五铢	17	东汉	3 枚残碎	部分磨郭、剪边
196	M911	大泉五十	6	新莽		
197	M917	半两	1	西汉早期		
198	M921	五铢	11	西汉中期		
199	M922	五铢	1	西汉中期		
200	M953	五铢	5	西汉中期、晚期		部分磨郭

附表三　汉代墓葬出土铜印章统计表

序号	编号	类型	形制			尺寸 印面边长 （直径×通高，厘米）	印文	时代
			印体	印纽	印面			
1	M40：34	砖椁墓	方形	桥形纽	方形	1.6×1.3	阴文篆书“徐弘之印”	西汉晚期
2	M45：13	砖椁墓	圆形	鼻形纽	圆形	1.5×0.9	阳文篆书“出入日利”	西汉晚期
3	M174：1	砖椁墓	覆斗形	桥型纽	方形	1.4×1.1	阴文篆书“撒同”	西汉早期
4	M284：3	砖椁墓	圆形	鼻形纽	圆形	1.6×0.8	阴文篆书“毛安”	西汉晚期
5	M465：4	砖椁墓	方形	龟形纽	方形	1.5×1.7	阴文篆书“纪口之印”	西汉晚期
6	M580：4	砖椁墓	方形	桥形纽	方形	1.6×1.4	阴文篆书“张毋害印”	西汉晚期
7	M663：5	砖椁墓	圆形	鼻形纽	圆形	1.1×0.7	阴文篆书“服章”	西汉早期
8	M700：7	砖椁墓	方形	桥形纽	方形	1.2×1.4	阴文篆书“玄妭”	西汉晚期
9	M744：5	土坑竖穴墓	方形	桥形纽	方形	1.4×1.6	阴文篆书“魏陽印”	西汉早期
10	M766：2	砖椁墓	方形	龟形纽	方形	1.5×1.3	阴文篆书“颜咸字文”	西汉晚期
11	M822：6	砖椁墓	方形	龟形纽	方形	1.6×1.9	阴文篆书“魏忠私印”	西汉晚期
12	M848：1	土坑竖穴墓	子母印 均方形	桥形纽	均方形	母印 1.6×1.9 子印 1.4×0.5	均阴文篆书 母印“流廣信印” 子印上面“日利”、 下面“流中兄”	西汉早期

后　记

昌邑辛置考古项目始终得到山东省文物考古研究院领导的大力支持，孙波院长曾多次听取汇报，协调、安排有关事宜，为报告顺利出版提供了保障。原院长郑同修非常关心整理工作，经常过问报告进展情况。

山东省文化和旅游厅文物保护与考古处王守功处长、兰玉富副处长对报告出版给予很大的支持。

本项目还得到中共昌邑市委、市政府、市文化和旅游局、市博物馆有关领导以及附近村民的大力支持与协助。在考古发掘期间，昌邑市委、市政府历届主要领导马跃启、张新强、吕珊珊、李平等先后亲临考古工地，看望工作人员。

在报告整理过程中，山东博物馆研究馆员杨爱国、章丘区博物馆副研究馆员李芳、同事高明奎、郝导华、王秀伟、李连香、党浩、张溯、韩辉、刘文涛等都给予了诸多帮助。

本报告的资料整理工作于2017年11月启动，主要由山东省文物考古研究院何德亮、王子孟和昌邑市博物馆刘洪波具体负责，昌邑市博物馆张浩亮、李晓彤参与了部分工作，刘洪波付出了艰辛的劳动。中期阶段，山东大学硕士研究生毕晓光、本科生解新海、河北东方学院本科生王睿等利用假期参加了有关资料的整理工作。

古代人骨鉴定是赵永生副教授及张晓雯、牛明月、肖雨妮、郭林完成。动物骨骼鉴定是宋艳波副教授及张琪伟、朱晓晴完成。

陶器、瓷器照片由何德亮拍摄。小件器物照片由李顺华、何德亮共同拍摄。

器物线图主要是由周宽超（山东省文物考古研究院）、苏昭秀（枣庄市博物馆）、王涛（临淄区文物局）绘制。墨线图由许姗（山东省文物考古研究院）、朱华（山东博物馆）、邢永超（潍坊市博物馆）、李昕等（曲阜师范大学）描绘。拓片由李胜利（山东省文物考古研究院）、石敬东（枣庄市博物馆）制作。印章由赖非研究馆员（山东博物馆）释读。买地券由李宝军（山东省文物考古研究院）释读。铜钱显微照片及有关文字描述由蔡友振（山东省文物保护修复中心）提供。自然环境与历史沿革部分由李周兴主任（昌邑市地方史志研究中心）审阅。

英文提要由中央民族大学黄义军教授翻译。文物出版社考古图书第二编辑中心责编秦彧为使整理工作少走弯路，及时介入指导，交稿后又夜以继日地编辑加工，为本报告的早日问世付出了许多辛劳。

昌邑辛置墓地发掘与报告整理编写工作是由何德亮全面主持。本报告是一个集体合作的成果，各章节由大家分别编写，最后由何德亮统稿。具体分工如下：

第一章：何德亮。

第二章：王子孟。

第三章：何德亮。

第四章：第一节何德亮；第二节何德亮、刘洪波（昌邑市博物馆）、房振（济南市考古研究院）、石敬东（枣庄市博物馆）；第三～五节何德亮。

第五章：王龙、刘洪波。

第六章：王龙、刘洪波。

第七章：赵永生、张晓雯（山东大学文化遗产研究院）。

第八章：宋艳波、张琪伟、朱晓晴（山东大学考古学与博物馆学系）。

第九章：第一节房振；第二节蔡友振（山东省文物保护修复中心）。

第一〇章：第一、二节何德亮；第三、四节王龙。

后记：何德亮。

文稿校对由何德亮、王龙负责，其中，王龙承担了大量的校勘工作。除部分作者参与外，罗鹭凌、刘晨、胡杨等参与了文稿的校对工作。

在本报告即将出版之际，向以上各位领导、同仁致以衷心的感谢！

编　者

昌 邑 辛 置

——2010～2013 年墓葬发掘报告

（二）

山东省文物考古研究院
昌 邑 市 博 物 馆 编著

文物出版社

2010-2013 Excavating Report of Tombs at Xinzhi in Changyi

(II)

by

Shandong Provincial Institute of Cultural Relics and Archaeology
Changyi Municipal Museum

Cultural Relics Press

（一一〇）M203

1. 墓葬形制

位于墓地西北部，北面是M178，南面为M192。方向122°（图4-423；彩版一七〇，1）。

长方形土坑竖穴砖椁墓。长2.25、宽1.1、深1.3米。椁长1.75、宽0.70、深0.6米。椁室四壁均青砖垒砌。上部外侧平铺一层，南、北两壁斜立“人”字形。东、西两壁为错缝叠砌。墓底铺地砖“人”字形排列。砖长25、宽12、厚4厘米。墓内填黄褐色五花土，夹杂少量黏土块。经过夯打，土质较致密。夯窝圆形，分布稀疏，情况不明。填土中发现乳猪骨骼。

人骨1具。头向东，面向上，骨骼腐朽严重，性别无法鉴定，年龄8～12岁。

随葬器物16件。石琀1件放在墓主口内。15枚铜钱散落在人骨周围。

2. 出土遗物

（1）石器

石琀　1件。

标本M203∶4，圆锥形。器表较粗糙，外面泥质灰陶，内为白石膏。直径1.6、高1.3厘米（图4-423，4）。

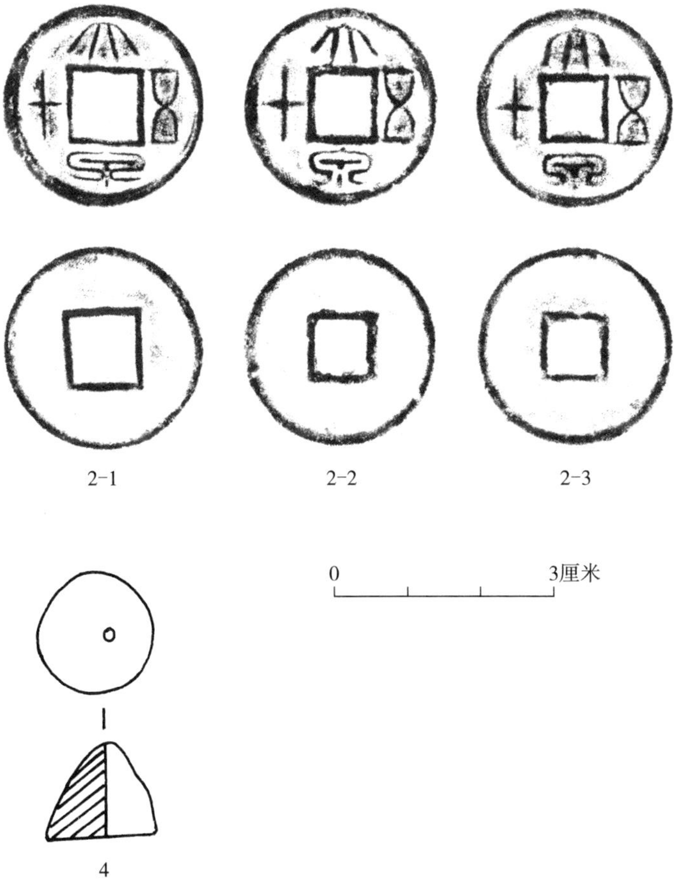

图4-423　M203及出土器物

1. 铜钱　2. 铜钱（6）　3. 铜钱（8）　4. 石琀

（2）铜器

铜钱15枚。均大泉五十。圆形方穿，正、背面轮郭俱全。大小略有差异，钱文篆书，对读。

标本M203：2-1，直径2.7、穿边长1、厚0.28厘米（图4-423，2-1；彩版一七〇，2左）。

标本M203：2-2，直径2.7、穿边长0.9、厚0.27厘米（图4-423，2-2；彩版一七〇，2中）。

标本M203：2-3，直径2.6、穿边长1、厚0.26厘米（图4-423，2-3；彩版一七〇，2右）。

（一一一）M205

1. 墓葬形制

位于墓地西北部，南面打破M206，北面是M193、M213。方向115°（图4-424；彩版一七〇，3）。

长方形土坑竖穴砖椁墓。墓口长2.6、宽1.2、深1.9米。椁长2.3、宽0.75、高0.7米。椁室青砖垒砌而成。北、西、东三壁平铺叠砌，东壁土圹。四壁多用碎砖，每层空隙用土填充。头龛顶部拱形，下部长方形。宽0.65、高0.6、进深0.3米。底部六块青砖平铺，南、北两壁两块青砖横立。墓底一层铺地砖斜向平铺，“人”字形排列。砖长24、宽13、厚3厘米。墓内填黄褐色五花土，土质较致密。

人骨1具。头向东，面向不明。仰身直肢。骨骼严重腐朽，仅剩少量牙齿和下肢骨残骸。性别、年龄无法鉴定。

随葬器物20件。铜镜、铜刷柄、铁削、陶饰件各1件放在椁室中部偏北。铜铺首衔环4件，铜泡钉1件放置墓内东南角。11枚铜钱放置中部。东北角少量动物骨骼，未经鉴定，种属不明。

2. 出土遗物

（1）陶器

陶饰件 1件。

标本M205：8，圆锥形。顶端有一小圆突，平底。表面饰白彩，局部脱落。底径1.4、高1.3厘米（图4-426，8）。

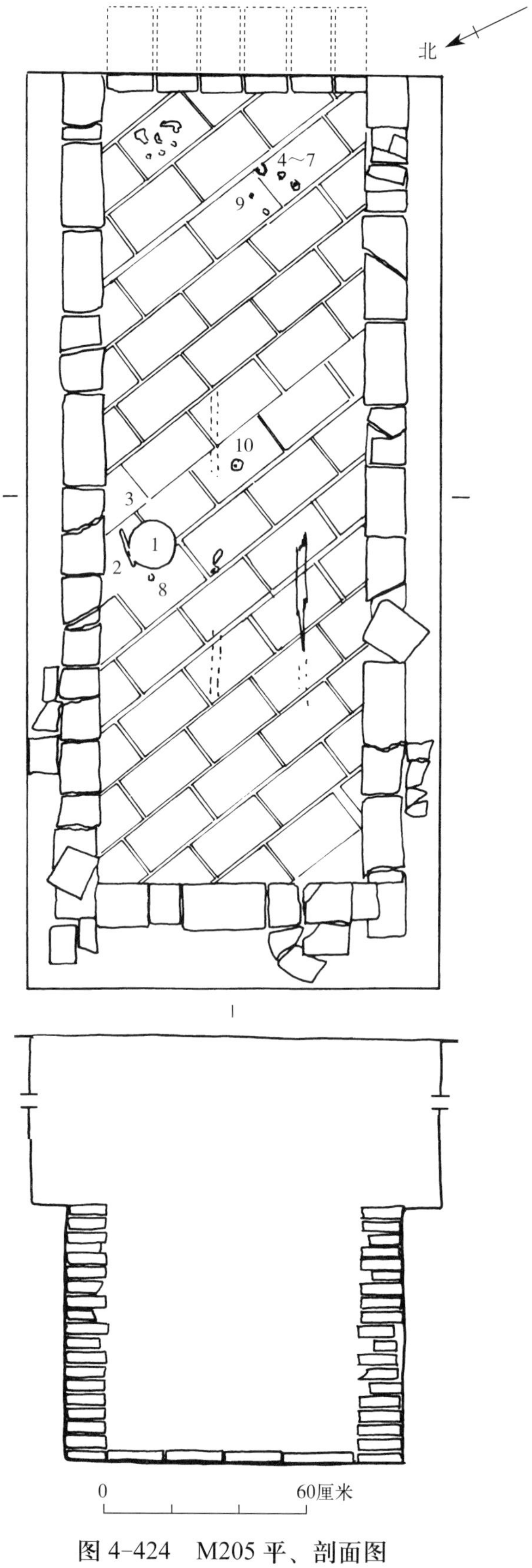

图4-424 M205平、剖面图

1. 铜镜 2. 铜刷柄 3. 铁削 4～7. 铜铺首衔环 8. 陶饰件 9. 铜泡钉 10. 铜钱（11）

（2）铜器

铜镜　1枚。

标本M205：1，四乳龙虎镜。圆形，圆纽，圆纽座。座外均匀伸出三组短竖线（每组三条）、夹饰四条斜向短弧线，其外一周窄凸面圈带。再外两周短斜线和凸弦纹组合纹带，之间为主纹，四枚带圆座乳丁分为四区，每区内各一带翼龙或虎，相间环绕，作逆时针奔驰状，周围饰短弧线。宽素平缘。面径11.1、缘厚0.6厘米（图4-425，1；彩版一七〇，4）。

铜刷柄　1件。

标本M205：2，形似烟斗状，斗圆筒形中空。细长柄，尾部扁圆，近尾处有圆形小孔，形似龙头吐舌。长11.8厘米（图4-426，2；彩版一七〇，5）。

铜铺首衔环　4件。形制相同。

标本M205：4～7，鎏金。形似兽面，两眼微凸，双耳外伸，中部额作“山”字形花叶状，鼻下垂弯曲成钩衔一圆环，背面一插钉。长3.7、宽3厘米（图4-426，4～7）。

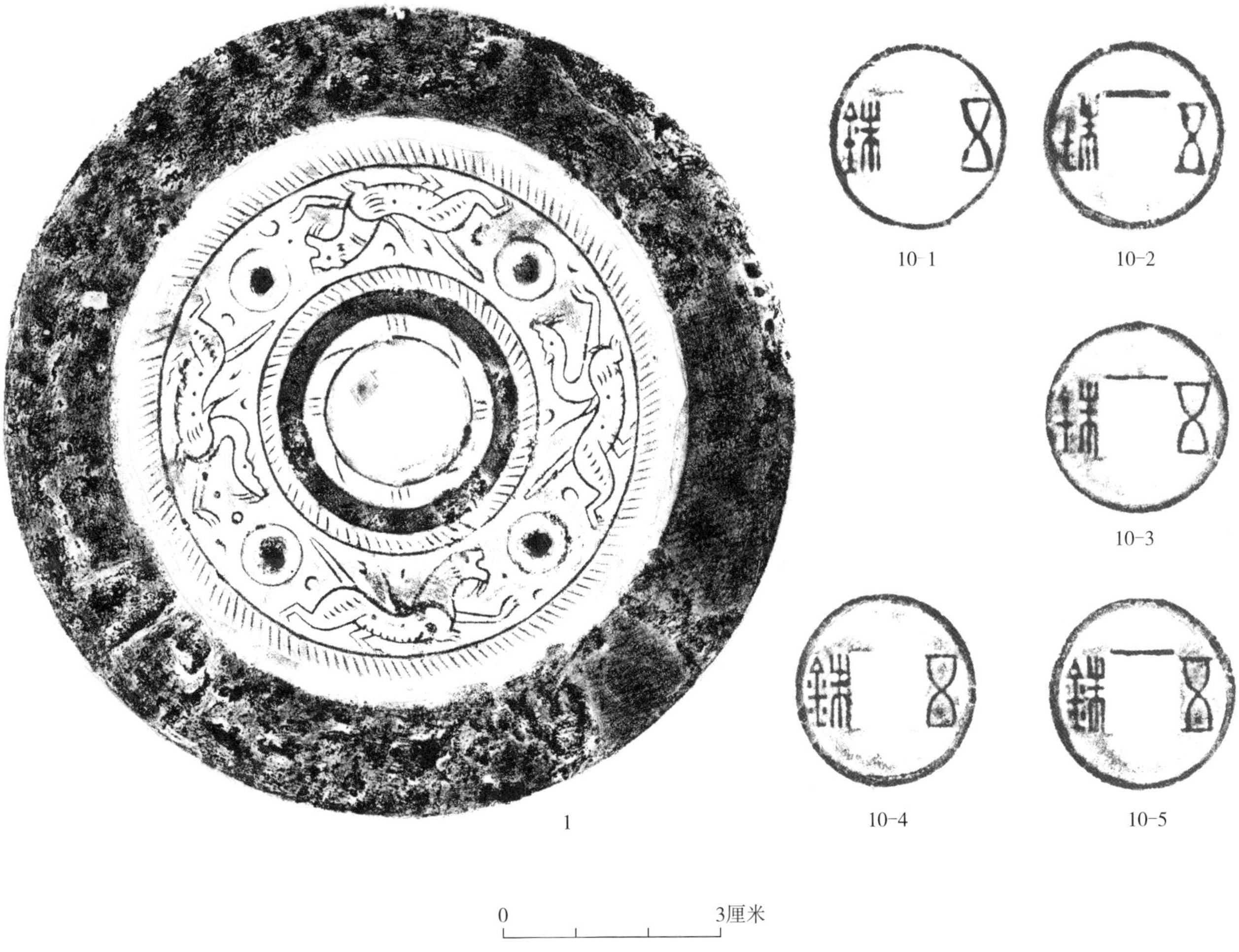

图4-425　M205出土器物

1. 铜镜　10-1～5. 铜钱

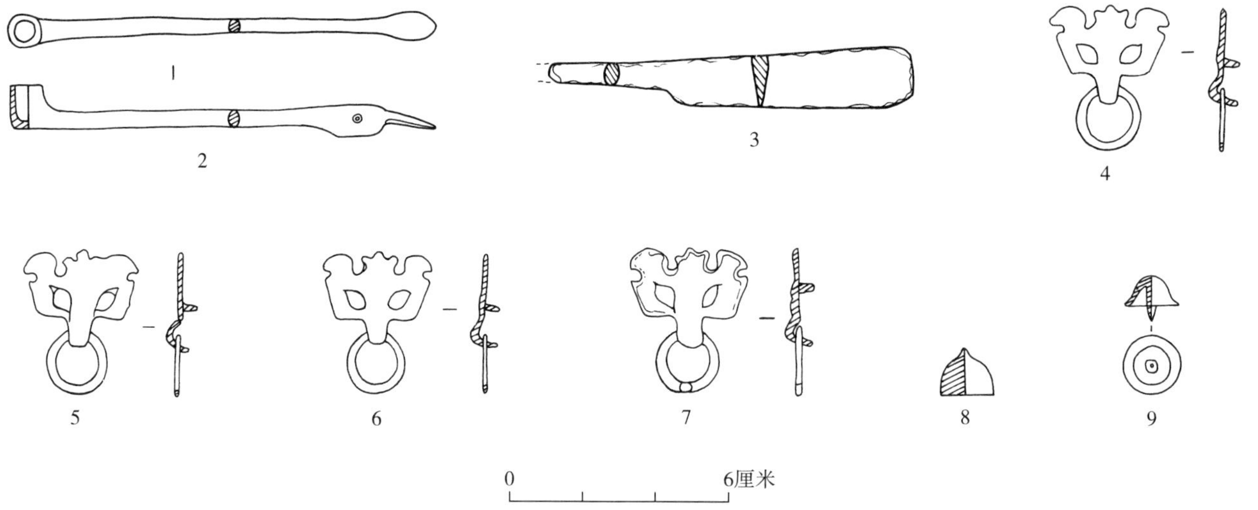

图 4-426　M205 出土器物

2. 铜刷柄　3. 铁削　4～7. 铜铺首衔环　8. 陶饰件　9. 铜泡钉

铜泡钉　1件。

标本 M205∶9，伞形。泡面弧起，内有尖钉。外径 1.7、高 1.2 厘米（图 4-426，9）。

铜钱　11枚。均为五铢。圆形方穿，正面有轮无郭，背面轮郭俱全。根据钱文字体不同分为两种。

第一种　3枚。“五”字两笔交叉微曲，“铢”字“金”头呈三角形，与“朱”等齐，“朱”字上部方折，有穿上横郭。

标本 M205∶10-1、2，直径 2.5、穿边长 1、厚 0.16 厘米（图 4-425，10-1、2；彩版一七〇，6 左 1、2）。

第二种　8枚。“五”字两笔交叉弯曲，与上、下两横相交处外敞、微内收或垂直，“铢”字“金”头呈三角形，有的与“朱”等齐或略低于“朱”字，“朱”字上部方折，有的穿上横郭。

标本 M205∶10-3～5，直径 2.6、穿边长 1、厚 0.14 厘米（图 4-425，10-3～5；彩版一七〇，6 右 1、2）。

（3）铁器

铁削　1件。

标本 M205∶3，椭圆形柄，长条形，背较厚，薄刃，尖部圆弧。残长 9.9、宽 1.5 厘米（图 4-426，3）。

（一一二）M208

1. 墓葬形制

位于墓地西北部，打破M217，北面是M216，南面为M212。方向114°（图4-427；彩版一七一，1）。

长方形土坑竖穴砖椁墓。墓口长 2.95、宽 1.18、深 2.4 米。椁长 2.9、宽 1.08、高 0.71 米。椁室四壁青砖垒砌。平铺横排错缝叠砌二十二层，中间空隙0.05～0.08米。墓底铺一层青砖“人”字形排列。砖长 26、宽 11、厚 3 厘米。墓内填黄褐色五花土，土质较疏松。

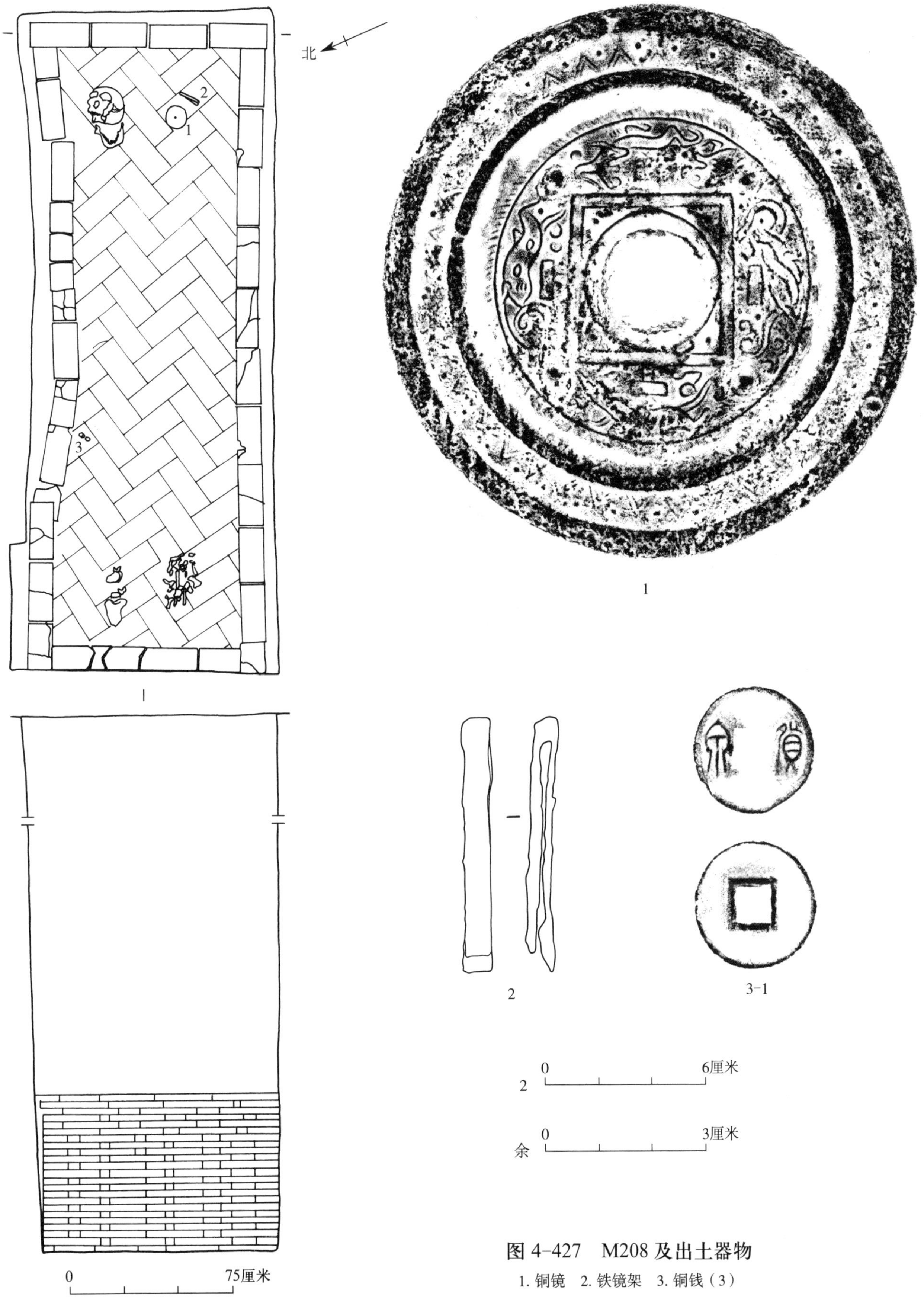

图 4-427　M208 及出土器物
1. 铜镜　2. 铁镜架　3. 铜钱（3）

人骨1具。头向东，面向上，骨骼腐朽严重，仅残存头、脊椎和趾骨遗骸。疑似男性。中年个体。

随葬器物5件。铜镜、铁镜架放在墓主头骨左侧。3枚铜钱放置墓室中部偏北处。

2. 出土遗物

（1）铜器

铜镜　1枚。

标本M208：1，神兽简化博局镜，锈蚀严重。圆形，圆纽，圆纽座。座外均匀伸出四组短竖线（每组三条）、夹饰一斜向短弧线。其外一周凸弦纹与两周凸线方格，格内四角各设一小圆点。格外四角各一较大圆座乳丁将主纹分为四区，每区内设一“T”形纹与方格中部相连；另各饰一姿态各异神兽，似青龙、白虎、玄武和一异兽。再外一周短斜线和凸弦纹带。宽平缘中部饰双线波折纹和一周圆点。面径10、缘厚0.25厘米（图4-427，1；彩版一七一，2）。

铜钱　3枚。均为货泉。圆形方穿，正、背面穿郭俱全。钱文篆书，笔画纤细。

标本M208：3-1，直径2.3、穿边长0.7、厚0.14厘米（图4-427，3-1）。

（2）铁器

铁镜架　1件。

标本M208：2，叉形，两侧支脚扁长条形。高9.2厘米（图4-427，2）。

（一一三）M210

1. 墓葬形制

位于墓地西北部，打破M218，北面是M206，南面为M214。方向114°（图4-428；彩版一七二，1）。

长方形土坑竖穴砖椁墓。墓口长3、宽1.54、深2.93米。椁长2.68、宽1.08、高0.93米。椁室四壁青砖“之”字形斜向侧立交叉垒砌。墓底有生土二层台，长3、宽1.44、高0.95米。台上面平铺一层青砖。墓底铺地砖“人”字形排列。砖长26、宽12、厚4厘米。墓内填黄褐色五花土，经过夯打，土质较致密。夯窝圆形，直径7～13、间距15～30厘米。填土中发现铁镢1件及中型哺乳动物骨骼。

人骨1具。头向东。骨骼保存较差，仅见少量头骨及肢骨残骸，性别无法鉴定，成年个体。

随葬器物5件。陶扁壶2件放在椁室东端，铜镜、铜刷柄、铁镜架各1件放置墓主头骨右侧。

2. 出土遗物

（1）陶器

陶扁壶　2件。夹细砂灰陶。直口，斜沿，尖唇，高颈，扁鼓腹，圈足。肩上部对称安桥形鼻，腹两侧有“心”形图案，素面。

标本M210：1，口径6.6、底长径13.6、高28.8厘米（图4-428，1；彩版一七二，2）。

标本M210：2，口径9.6、底长径12.8、高28厘米（图4-428，2；彩版一七二，3）。

（2）铜器

铜镜　1枚。

标本M210：3，昭明连弧铭带镜。圆形，圆纽，圆纽座。座外均匀分布四组内附三短竖线的短横线、夹饰短横线。其外一周内向八连弧纹圈带。外区两周短斜线和凸弦纹组合纹带，之间为顺时针铭文“内清质以昭，日月光”，方正式篆隶体、有简化、笔画首尾加重呈楔形，每字间隔一“而”字。宽素平缘。

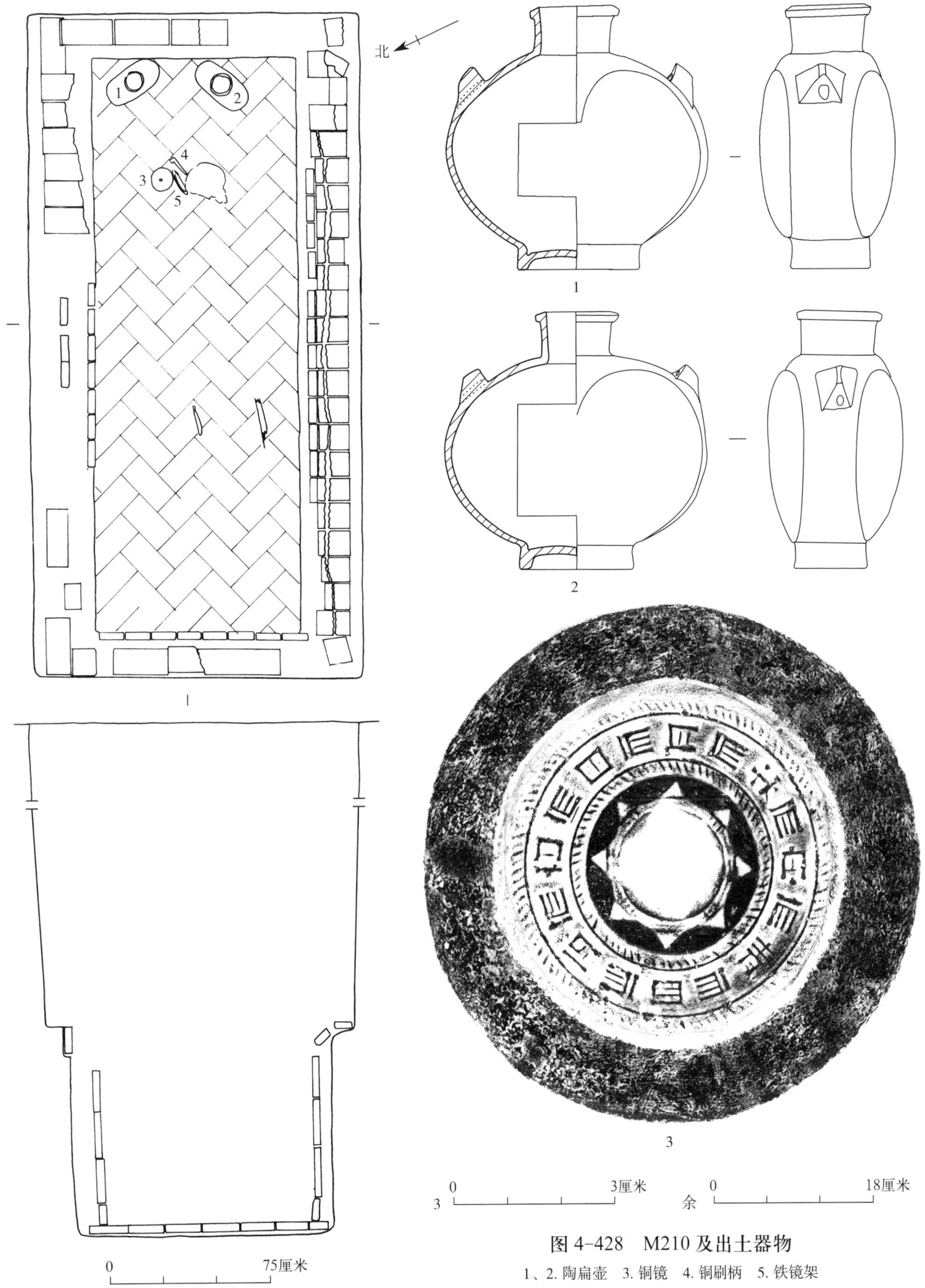

图 4-428　M210 及出土器物

1、2. 陶扁壶　3. 铜镜　4. 铜刷柄　5. 铁镜架

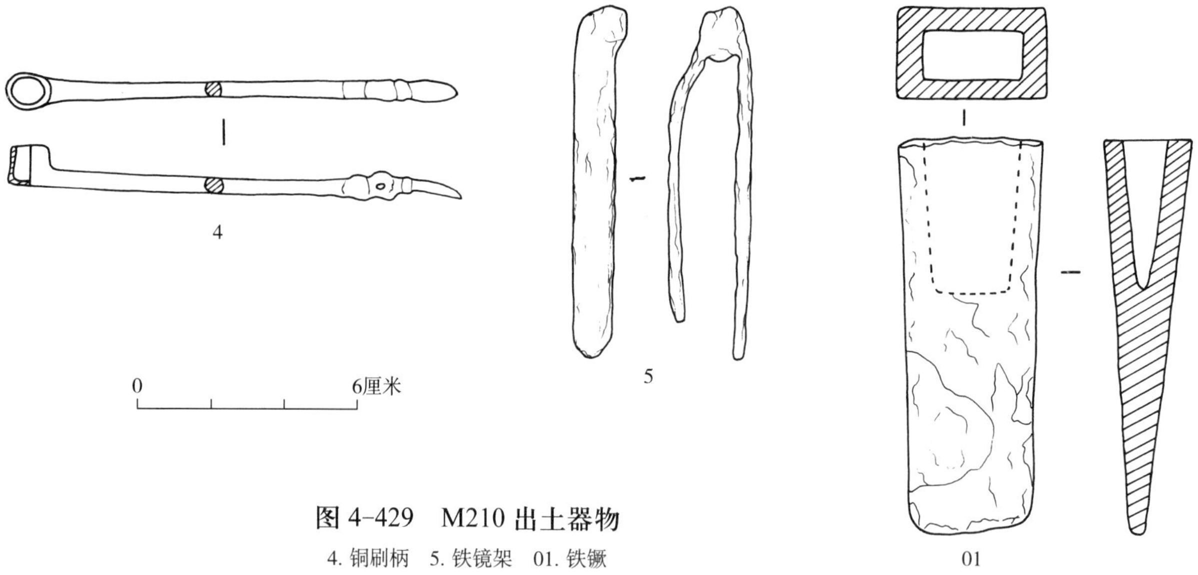

图 4-429　M210 出土器物

4. 铜刷柄　5. 铁镜架　01. 铁镢

面径 9.7、缘厚 0.55 厘米（图 4-428，3；彩版一七二，4）。

铜刷柄　1 件。

标本 M210∶4，形似烟斗状。斗圆筒形中空，细长柄，截面圆形，尾部扁尖，近尾处有圆形小孔，形似龙头吐舌。长 12.3 厘米（图 4-429，4；彩版一七二，5）。

（3）铁器

铁镜架　1 件。

标本 M210∶5，叉形。两侧支脚扁长条形，一侧缺失。残长 9.4 厘米（图 4-429，5；彩版一七二，6）。

铁镢　1 件。

标本 M210∶01，平面近似长方形，长方形孔，上宽下窄，侧面三角形。弧刃，有使用痕迹。长 10.5、宽 3.3 ～ 3.9 厘米（图 4-429，01）。

（一一四）M212

1. 墓葬形制

位于墓地西北部，北面是 M208，南面为 M170。方向 6°（图 4-430；彩版一七一，3）。

长方形竖穴砖椁墓。墓口长 2.7、宽 1.59、底长 2.6、宽 1.5、深 1.36 米。椁长 2.58、宽 1.08、高 0.7 米。椁室四壁均青砖单行垒砌十层，其中第七层侧立、八层顺向平铺，其余各层均横向错缝叠砌。墓底铺地砖中间两列竖排，两边一列为横排。砖长 35、宽 14、厚 6 厘米。墓内填黄褐色五花土，土质较致密。

人骨 1 具。头向北，骨骼已腐朽，仅存头部及下肢骨残渣。性别、年龄无法鉴定。

陶罐 1 件放在西壁砖椁外侧土台上。

2. 出土遗物

陶器

陶罐　1 件。

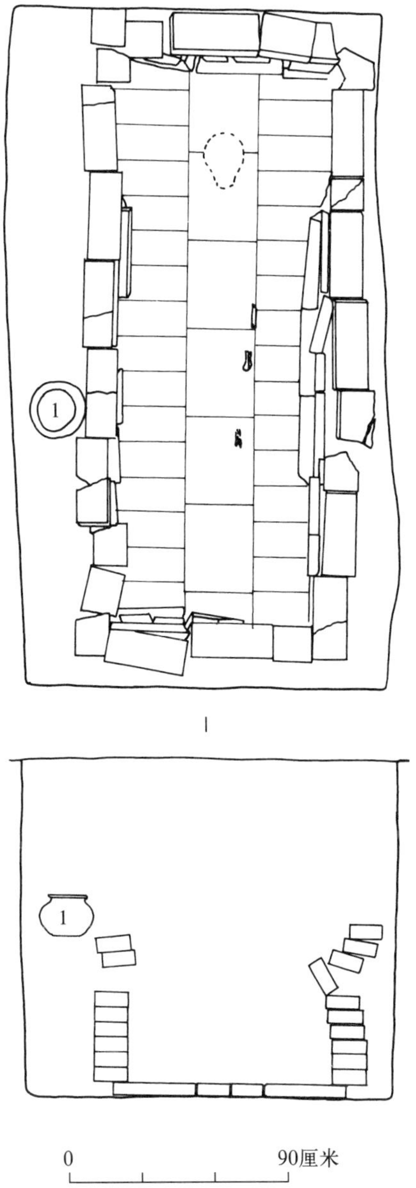

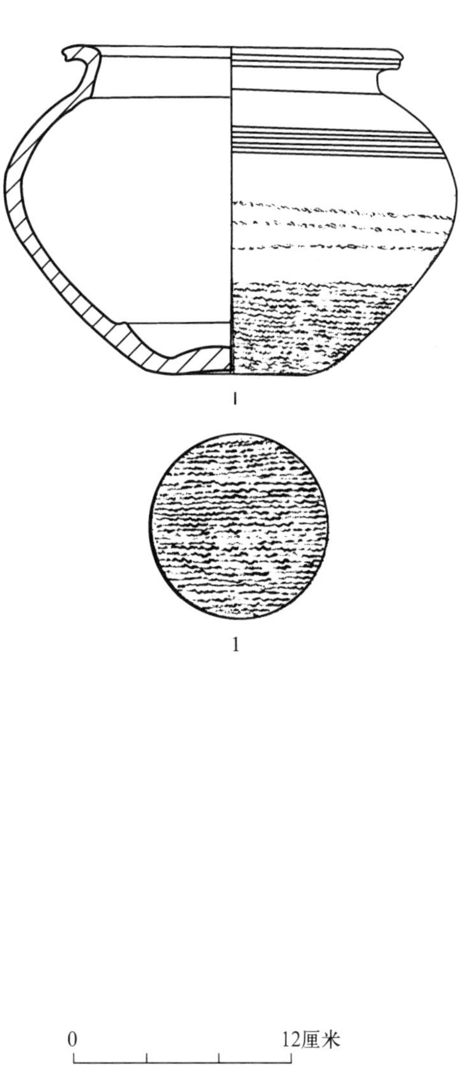

图 4-430　M212 及出土器物

1. 陶罐

标本 M212∶1，泥质灰陶。敛口，折沿，沿面外弧，方唇，束颈，弧肩，圆鼓腹，下部内收，底微凹。肩上饰六周弦纹，腹部饰三周戳印纹，下腹及底部饰绳纹。口径 18.8、底径 10、高 17.5 厘米（图 4-430，1；彩版一七一，4）。

（一一五）M214

1. 墓葬形制

位于墓地西北部，北面是 M218、M210，南面为 M215。方向 112°（图 4-431）。

长方形土坑竖穴砖椁墓。墓口长 2.82、宽 1.14、深 2.34 米。椁长 2.52、宽 0.94、高 0.86 米。椁室四壁青砖“人”字形斜向或直立交叉垒砌。墓底铺地砖“人”字形排列。墓底四周有生土二层台，宽 0.12、高 0.88 米。台上靠墓壁横排平铺一层青砖，仅个别青砖缺失。脚箱位于西端，长 0.86、宽 0.26、

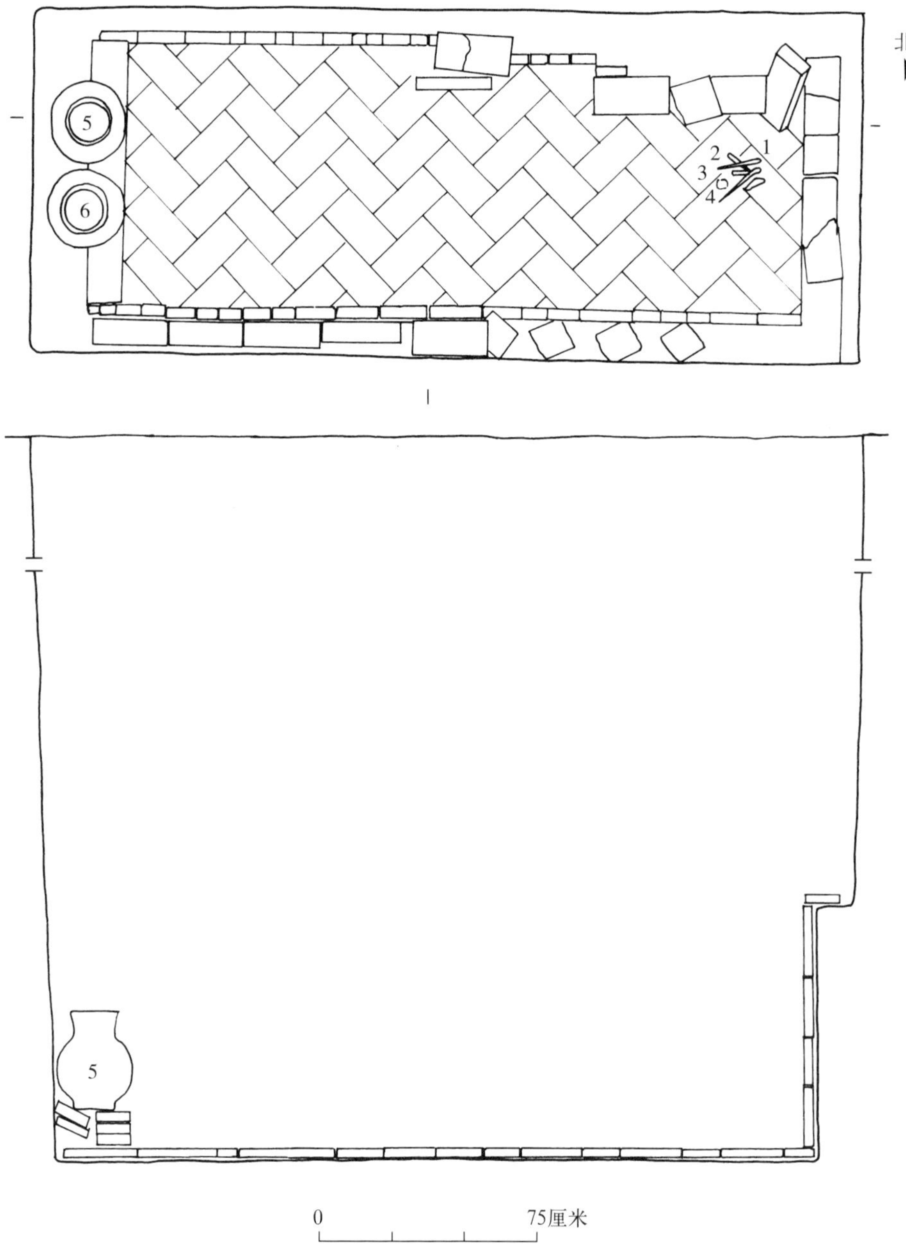

图4-431　M214平、剖面图

1. 铜刷柄　2. 铁镜架　3. 铁削　4. 铜圆筒　5、6. 陶壶

高0.1米。外侧横排对缝平铺三层、内侧两层青砖。砖长26、宽12、厚4厘米。墓内填黄褐色五花土，经过夯打，土质较致密。夯窝圆形，直径7～13、夯层厚30厘米。

人骨无。

随葬器物6件。陶壶2件放在脚箱内。铜刷柄、铁镜架、铁刀、铜圆筒各1件位于椁室东端。

2. 出土遗物

（1）陶器

陶壶　2件。形制相同。泥质灰陶。侈口，沿面外斜，方唇，束颈，弧肩，圆腹，圈足。腹中部饰一周凹弦纹、下腹及底部间饰绳纹。

标本 M214∶5，腹部饰一周戳印纹。口径 16、底径 14、高 31.6 厘米（图 4-432，5）。

标本 M214∶6，腹部饰两周戳印纹。口径 16.4、底径 15.2、高 31.4 厘米（图 4-432，6）。

（2）铜器

铜刷柄　1 件。

标本 M214∶1，形似烟斗状。斗圆筒形中空，细长柄，截面圆形，尾部扁尖，近尾处有圆形小孔，尾部形似龙头吐舌。长 12.8 厘米（图 4-432，1）。

铜圆筒　1 件。

标本 M214∶4，圆筒形。直径 1.9、高 2.8 厘米（图 4-432，4）。

（3）铁器

铁削　1 件。

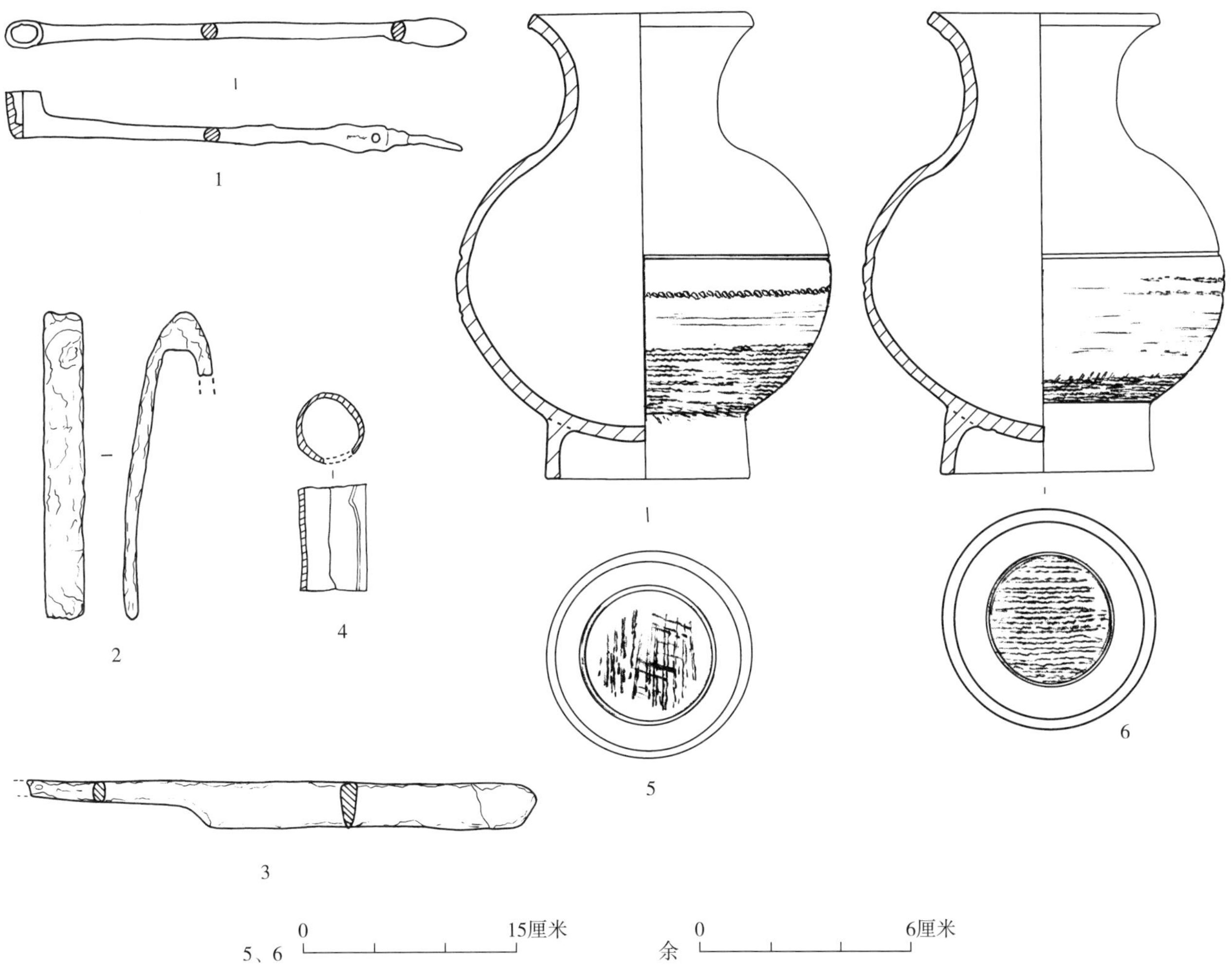

图 4-432　M214 出土器物

1. 铜刷柄　2. 铁镜架　3. 铁削　4. 铜圆筒　5、6. 陶壶

标本M214：3，椭圆形柄，刀身扁长条状，尖部圆形。柄残断。残长14.3、宽1.2厘米（图4-432，3）。

铁镜架　1件。

标本M214：2，叉形，两侧支脚扁长条形，一侧残。高8.4厘米（图4-432，2）。

（一一六）M215

墓葬形制

位于墓地西北部，打破M216，北面是M214。方向92°。

长方形土坑竖穴砖椁墓。墓口长3.37、宽0.96、残深0.1米。椁长3.07、宽1.25、高0.1米。椁室四壁青砖错缝叠砌而成。破坏严重，仅残留底部两层。砖长28、宽13、厚5厘米。墓内填浅灰褐色五花土，土质较致密。

人骨无。

随葬器物无。

（一一七）M216

1. 墓葬形制

位于墓地西北部，被M215打破，南面是M208。方向104°（彩版一七三，1）。

长方形土坑竖穴砖椁墓。墓口长2.88、宽1.42、深2.35米。椁长2.8、宽1.05、高0.75米。椁室青砖垒砌而成。椁室四壁均青砖横排错缝叠砌十七～十九层。外侧台上平铺一层青砖。墓底侧立平铺一层铺地砖，“人”字形排列。砖长23、宽12、厚3厘米。墓内填黄褐色五花土，经过夯打，土质较致密。夯窝椭圆形，排列不规律，直径6～9、间距5～50、夯层厚20厘米。

人骨1具。头向东，骨骼腐朽严重，仅存头骨残骸及部分牙齿。性别、年龄无法鉴定。

随葬器物4件。陶壶2件位于椁室东北角。铜镜1枚放在墓主头骨右上方。铜钱1枚置于椁室东端偏南处。

2. 出土遗物

（1）陶器

陶壶　2件。形制相同。泥质灰陶。侈口，沿面外斜，尖唇，束颈，溜肩，鼓腹，圈足。器表有轮制痕迹，下腹饰绳纹。

标本M216：1，腹部饰两周戳印纹。口径14、底径12、高28.8厘米（图4-433，1；彩版一七三，2）。

标本M216：2，腹部饰四周戳印纹。口径14、底径12、通高28.8厘米（图4-433，2；彩版一七三，3）。

（2）铜器

铜镜　1枚。

标本M216：3，四乳龙虎镜，锈蚀严重。圆形，圆纽，圆纽座。座外均匀伸出四组短竖线（每组三条）与四组斜向短弧线（每组两条）相间环列，其外一周窄凸面圈带。再外两周短斜线和凸弦纹组合纹带之间为主纹，四枚带圆座的乳丁分为四区，每区内似为各一带翼龙或虎相间环绕，作逆时针奔驰状，周围饰短弧线。宽素平缘。面径10.4、缘厚0.5厘米（图4-434，3；彩版一七三，4）。

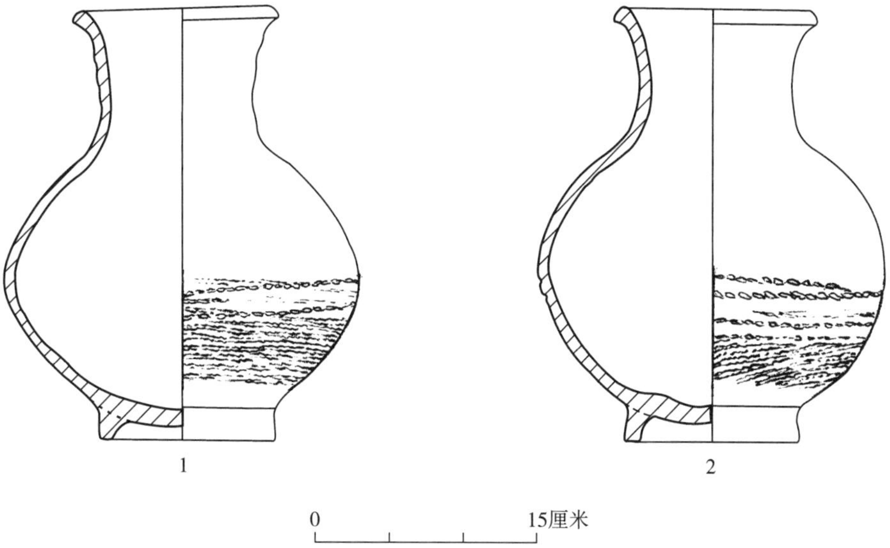

图 4-433　M216 及出土器物

1、2. 陶壶

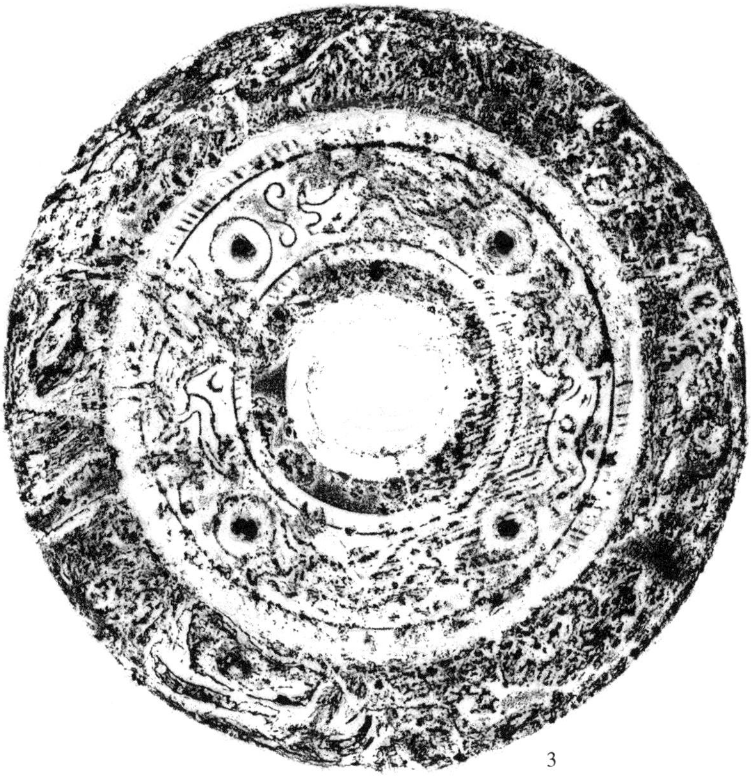

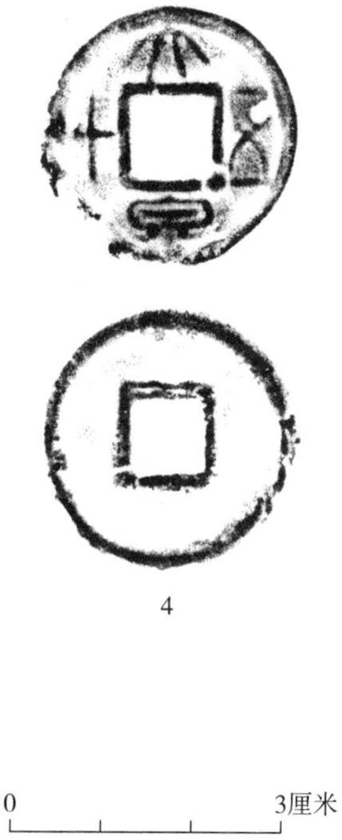

图 4-434　M216 出土器物

3. 铜镜　4. 铜钱

铜钱　1 枚。

标本 M216∶4，大泉五十，圆形方穿，正、背面轮郭俱全。钱文篆书，对读。直径 2.8、穿边长 1、厚 0.3 厘米（图 4-434，4；彩版一七三，5）。

（一一八）M217

墓葬形制

位于墓地西北部，被M208打破，东北面是M216，东南面为M212。方向107°（图4-435）。

长方形土坑竖穴砖椁墓。墓口残长1.42、宽1.4、深1.57米。椁长1.39、宽1.11、高0.78米。椁室四壁青砖错缝平铺叠砌十五层。砖长34、宽17、厚5厘米。墓底铺地砖两横向两竖向交错排列。墓内填黄褐色五花土，经过夯打，土质较致密。夯窝椭圆形，直径5～10、夯层厚20、间距10～30厘米。

人骨1具。头向东，骨骼严重腐朽，仅残存下肢骨遗骸。直肢。性别无法鉴定，成年个体。

随葬器物无。

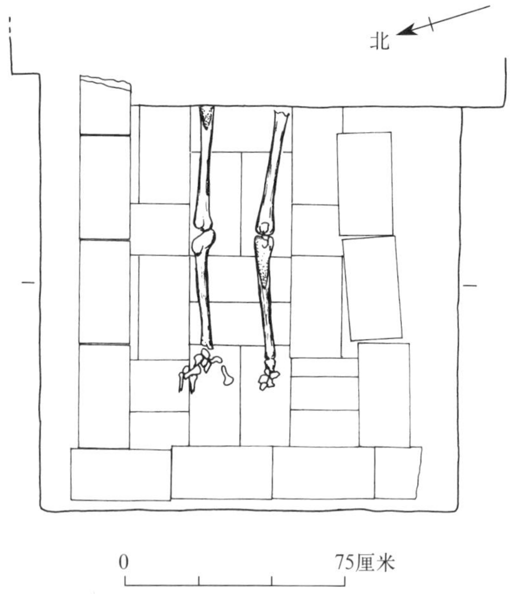

图4-435 M217平面图

（一一九）M219

1. 墓葬形制

位于墓地西南部，北面是M226，南面为M221。方向112°（图4-436）。

长方形土坑竖穴砖椁墓。墓口长2.7、宽1.1、深0.75米。椁长2.2、宽0.8、高0.65米。椁室青砖垒砌。东、北、南三壁用青砖斜立贴砌，西壁土圹。砖长24、宽13、厚3厘米。西侧生土二层台，长0.97、宽0.27、高0.4米。墓底多用碎砖平铺，排列凌乱无序。墓内填黄褐色五花土，土质较致密。

人骨1具。头向东，面向上，仰身直肢。头骨残破，四肢平放，部分肢骨及躯干缺失，性别无法鉴定，成年个体。

随葬铜钱27枚，放置墓主左侧腰部。

2. 出土遗物

铜器

铜钱　27枚。均为五铢。圆形方穿，正面有轮无郭，背面轮郭俱全。根据钱文字体不同分为两种。

第一种　3枚。“五”字两笔交叉微曲，“铢”字“金”头呈三角形，与“朱”等齐，“朱”字上部方折，有的穿上横郭。

标本M219：1-1～3，直径2.6、穿边长1、厚0.13厘米（图4-436，1-1～3）。

第二种　24枚。“五”字两笔交叉弯曲，与上、下两横相交处有的外放、内收或垂直，“铢”字“金”头三角形，与“朱”等齐，“朱”字上部方折，有的穿上横郭或穿下半星。

标本M219：1-4、5，直径2.4、穿边长1、厚0.17厘米（图4-436，1-4、5）。

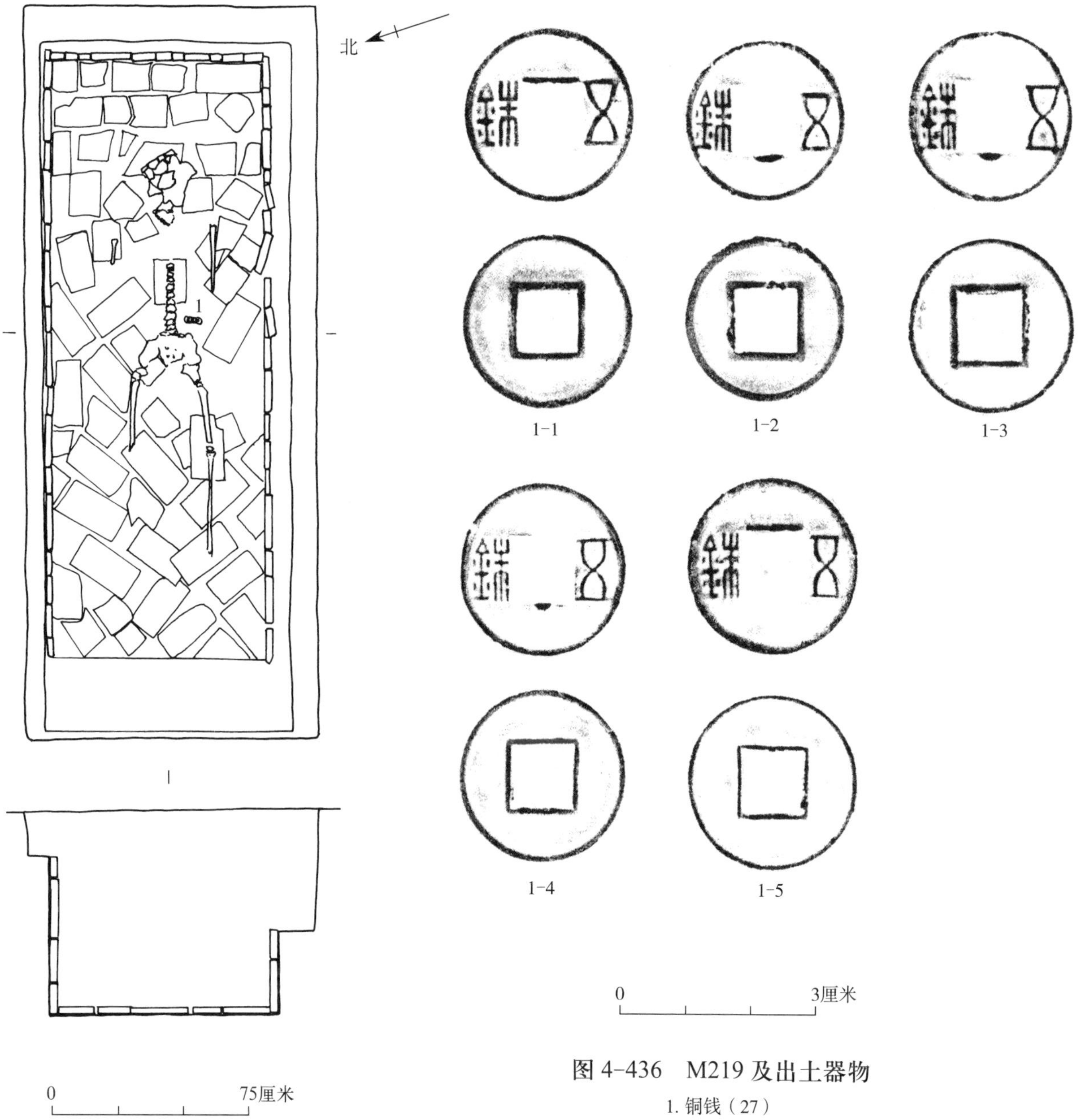

图 4-436　M219 及出土器物

1. 铜钱（27）

（一二〇）M223

1. 墓葬形制

位于墓地西南部，北面是 M221，南面为 M220。方向 110°（图 4-437）。

长方形土坑竖穴砖椁墓。墓口长 2.75、宽 1.1 ～ 1.17、深 1.03 米。椁残长 0.98、宽 1.01、高 0.33 米。椁室四壁青砖垒砌。由于遭到破坏，东侧残存部分青砖，南、北两壁单行青砖侧立垒砌，互相交错呈“V”字形。砖长 24、宽 12、厚 3 厘米。因扰乱严重，墓底情况不详。墓内填黄褐色五花土，土质较致密。

人骨 1 具。头向东，面向上，骨骼保存较差，仅残存破碎头骨遗骸。葬式不详。男性，年龄 35 ～ 45 岁。

随葬铜钱3枚，放在墓底中部。

2. 出土遗物

铜器

铜钱 3枚。均为五铢。圆形方穿，正面有轮无郭，背面轮郭俱全。根据钱文字体不同分为两种。

第一种 1枚。“五”字两笔交叉微曲，“铢”字“金”字头三角形较长，与“朱”字平齐，“朱”字头上部方折，下部圆折，穿上横郭。

标本M223：1-1，直径2.5、穿边长0.97、厚0.16厘米。

第二种 2枚。“五”字两笔交叉弯曲，与上、下两横相交处垂直或内收，“铢”字“金”字呈镞形，与“朱”字平齐，“朱”字上部方折，下部圆折，穿下半星。

标本M223：1-2、3，直径2.6、穿边长0.94、厚0.19厘米。

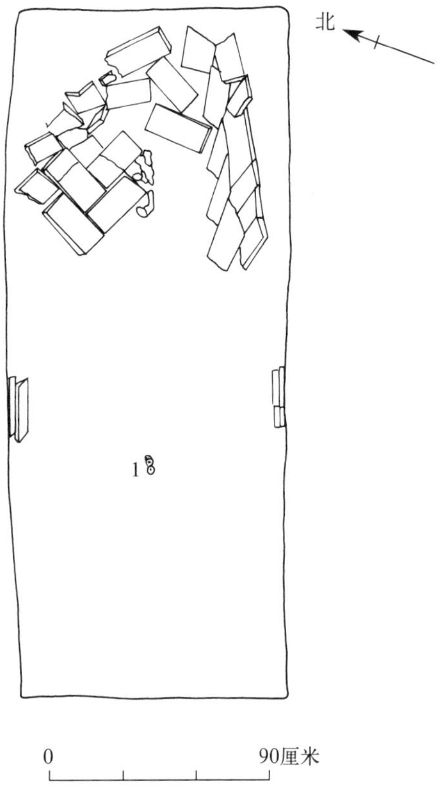

图4-437 M223平面图

1. 铜钱（3）

（一二一）M224

1. 墓葬形制

位于墓地西南部，东北面是M234，西北面为M227。方向116°（彩版一七四，1）。

长方形土坑竖穴砖椁墓。墓口长3.38、宽1.52、深3.08米。椁残长0.98、宽1.01、高0.33米。四壁均用青砖横排错缝平铺叠砌。由于破坏，北侧中部大多青砖已无，东、西端有残存少量青砖。西壁3块砖侧立在内侧。东、南壁塌陷严重。墓底四周有熟土二层台，宽0.12、深0.4～0.8米。台上东南顺向垒砌一层青砖，西北端缺失。脚箱位于西端长1.01、宽0.59、深0.7米。南、北壁留有宽0.05米凹槽。墓底平铺三层青砖，第一二层条形排列，第三层呈“人”字形。砖长24、宽12、厚3厘米。墓内填黄褐色五花土，经夯打，土质较致密。夯窝椭圆形，排列无规律，直径6～10、间距2～13、夯层厚20厘米。填土中发现石剑格1件。

人骨1具。头向东。骨骼已腐朽，仅存头骨残渣及少量牙齿。性别、年龄无法鉴定。

随葬器物14件。陶壶2件放置头箱内。铜镜、铁镜架、铜刷柄、铁环各1件置于墓主头骨顶端。石黛板1件，残陶俑3件放在墓主头骨左侧。石剑璏1件放在墓主腰间左侧，石剑格1件陈置于椁室西端中部。铜带钩1件置于墓主腰部。石球1件放置在椁室西端中部。头箱内散落有乳猪、鸡、鱼骨。

2. 出土遗物

（1）陶器

陶壶 2件。形制相同。泥质灰陶。弧顶盖。敞口，斜沿，尖唇，束颈，鼓腹，圈足。颈部一周凸棱，腹部饰两周戳印纹，下腹和底部饰绳纹。

标本M224：10，口径12、底径13.6、通高31.2厘米（图4-438，10；彩版一七四，2左）。

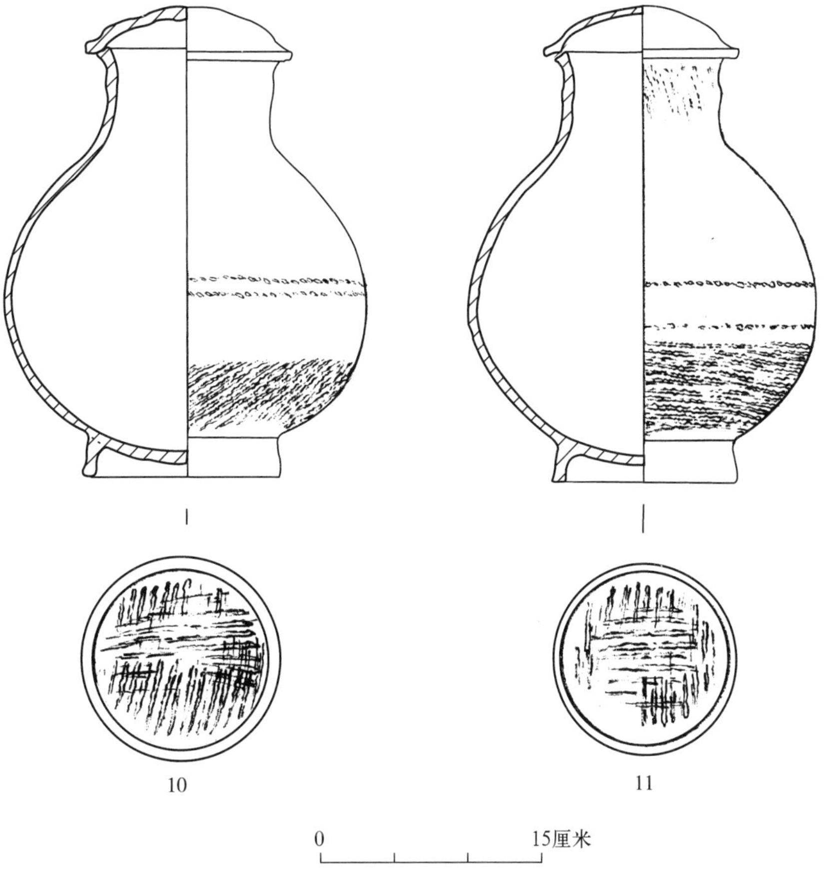

图 4-438　M224 出土器物

10、11. 陶壶

标本 M224：11，颈部有刮削痕迹。口径 12、底径 12.8、通高 31.6 厘米（图 4-438，11；彩版一七四，2 右）。

陶俑　3 件。

标本 M224：12-1 ～ 3，泥质灰褐陶。质地较软，捏塑而成，均残缺不全，未能复原。

（2）石器

石黛板　1 件。

标本 M224：5，青灰色页岩。长方形，体扁薄。横截面长条形，正面平整光滑，背面较粗糙。长 16.1、宽 6.3、厚 0.6 厘米（图 4-439，5；彩版一七四，3）。

石剑格　2 件。两端薄，中间厚。剑首一面平滑，另一面中间有长方形孔，两侧垂直。

标本 M224：9，截面椭圆形。长 3、宽 1.1、厚 0.9 厘米（图 4-439，9；彩版一七四，4）。

标本 M224：01，截面菱形，两侧斜直，下面内凹。长 5 厘米（图 4-439，01；彩版一七四，5）。

石剑璏　1 件。

标本 M224：6，横截面长方形。体中部长方形通孔，背面较光滑，正面中间纵向一条凸棱将正面分隔，界面内半弧状。长 9、宽 2.2、厚 1.6 厘米（图 4-439，6；彩版一七四，6）。

石球　1 件。

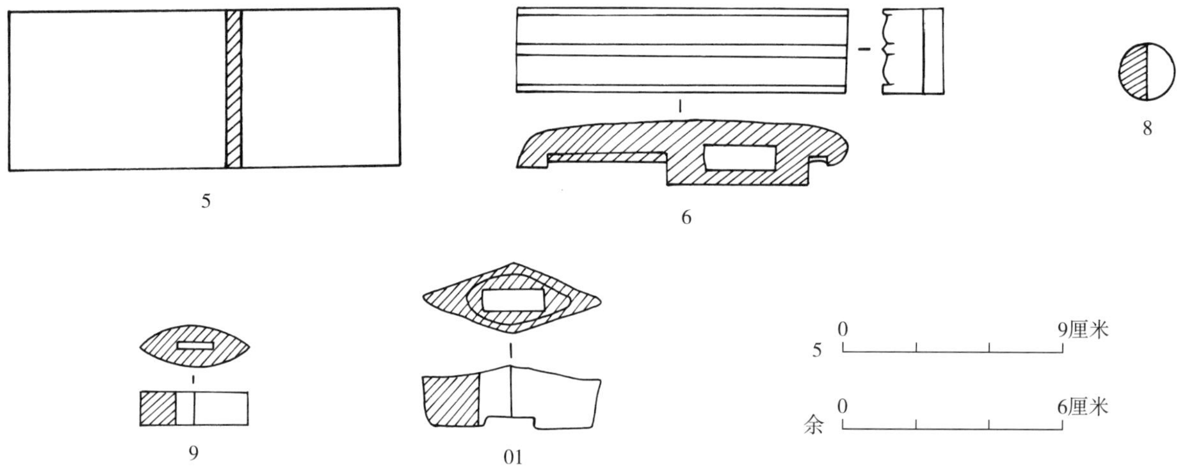

图 4-439 M224 出土器物

5. 石黛板 6. 石剑璏 8. 石球 9、01. 石剑格

标本 M224∶8，灰褐色。圆形，表面较光滑。直径 1.5 厘米（图 4-439，8）。

（3）铜器

铜镜 1 枚。

标本 M224∶1，家常贵富四乳铭文镜。圆形，圆纽，圆纽座。座外一周窄凸面圈带。再外两周短斜线和凸弦纹组合纹带，其间为主纹，四枚带圆座乳丁分为四区，每区各一篆书铭文、转角方折，连读为“家常贵富”。窄素平缘。面径 7.8、缘厚 0.5 厘米（图 4-440，1；彩版一七四，7）。

铜带钩 1 件。

标本 M224∶7，琵琶形。钩呈兽首状，背部隆起，近钩处横截面弧角三角形，圆形纽位于背部近尾端。长 9.6 厘米（图 4-440，7；彩版一七四，8）。

铜刷柄 1 件。

标本 M224∶3，形似烟斗状，斗圆筒形中空，细长柄，尾部残缺。残长 10.4 厘米（图 4-440，3）。

（4）铁器

铁镜架 1 件。

标本 M224∶2，与铜刷柄粘附锈蚀一体。叉形，两侧支脚扁长条形，均残缺。残高 7.3 厘米（图 4-440，2）。

铁环 1 件。

标本 M224∶4，环形，截面圆形。直径 4 厘米（图 4-440，4）。

（一二二）M226

1. 墓葬形制

位于墓地西南部，北面是 M239，南面为 M219。方向 120°（图 4-441）。

长方形土坑竖穴砖椁墓。墓口长 2.8、宽 1.35、深 2.1 米。椁长 2.4、宽 0.95～1、高 0.7 米。椁室四壁均用青砖横排错缝平铺垒砌。南、北两壁镂空，砖之间空隙 0.03～0.08 米。墓底青砖斜向平铺，

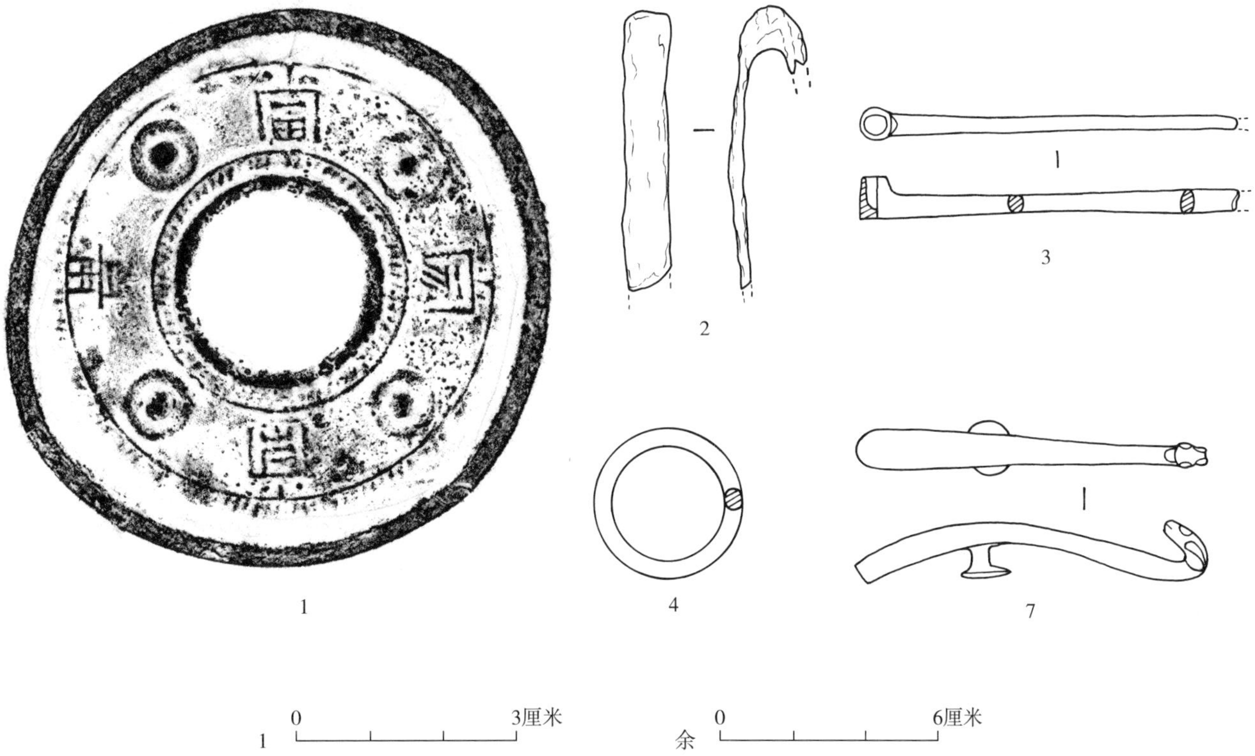

图 4-440　M224 出土器物

1. 铜镜　2. 铁镜架　3. 铜刷柄　4. 铁环　7. 铜带钩

“人”字形排列。砖长 24、宽 11、厚 3 厘米。墓内填黄褐色花土，土质较坚硬。夯窝椭圆形，分布稀疏，直径 5 ～ 8、夯层厚 5 ～ 7 厘米。

人骨 1 具。头向东。骨骼残缺不全，仅剩肢骨。性别无法鉴定，年龄 15 ～ 20 岁。

随葬器物 11 件。铜镜、铁镜架放在椁室东侧偏南。9 枚铜钱置于中部偏北。.

2. 出土遗物

（1）铜器

铜镜　1 枚。

标本 M226∶1，日光连弧铭带镜。圆形，圆纽，圆纽座。座外均匀伸出四短弧线、夹饰外附三短线月牙纹，再外一周内向八连弧纹圈带。外区两周短斜线和凸弦纹组合纹带，其间为顺时针铭文“见日月心，勿夫毋忘”，圆转式篆隶体、有简化，每字间隔类似涡纹符号。窄素平缘。面径 6.9、缘厚 0.65 厘米（图 4-441，1）。

铜钱　9 枚。均为五铢，圆形方穿，正面有轮无郭，背面轮郭俱全。根据钱文字体不同分为两种。

第一种　5 枚。“五”字两笔交叉微曲，“铢”字“金”头呈三角形，与“朱”等齐，“朱”字上部方折，有的穿上横郭或穿下半星。

标本 M226∶3-1、2，直径 2.5、穿边长 1、厚 0.14 厘米（图 4-441，3-1、2）。

第二种　4 枚。“五”字两笔交叉弯曲，与上、下两横相交处微内收或垂直，“铢”字“金”头呈三角形，与“朱”等齐，“朱”字上部方折，有的穿上横郭，个别周郭部分被磨去。

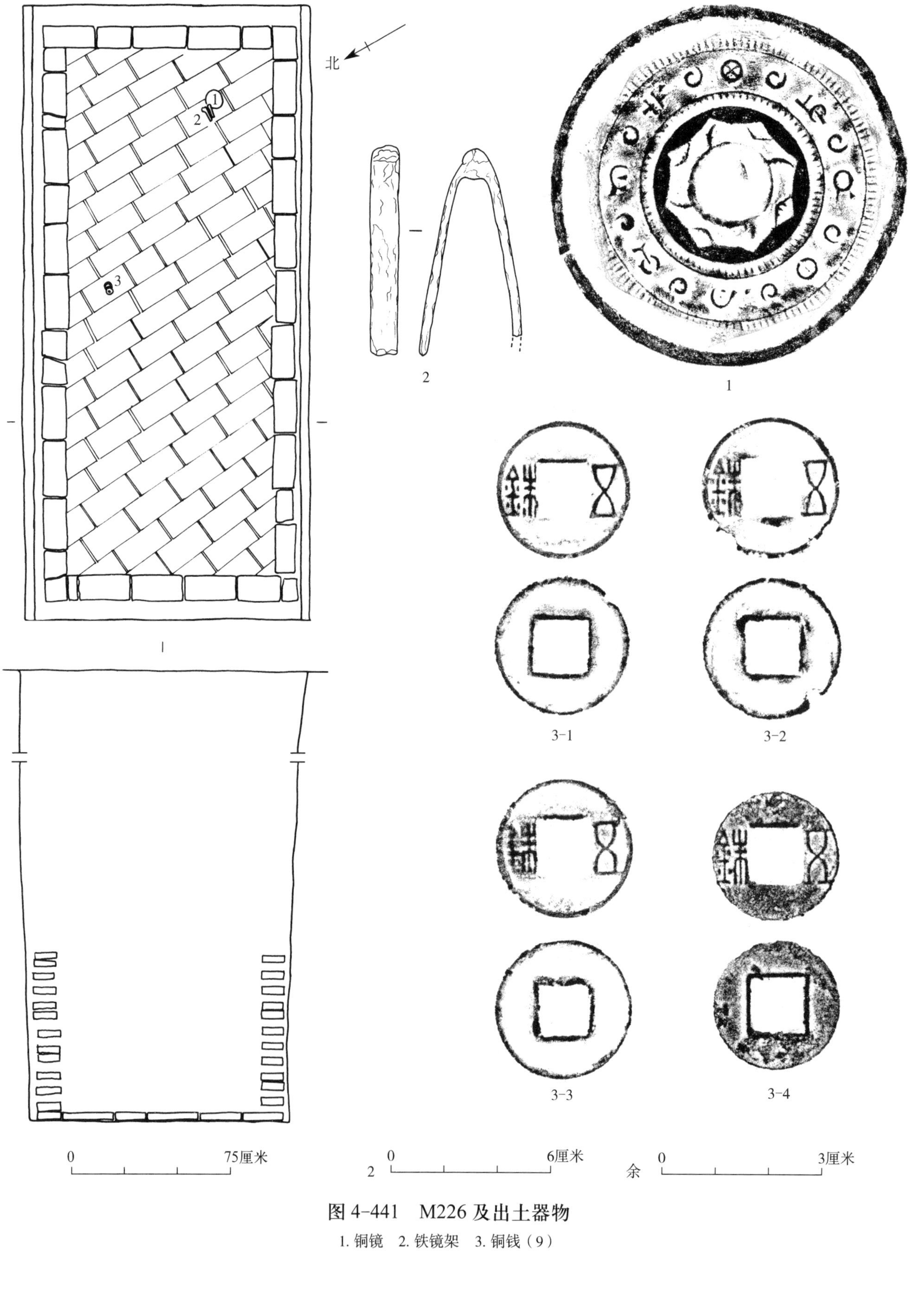

图4-441　M226及出土器物

1. 铜镜　2. 铁镜架　3. 铜钱（9）

标本 M226：3-3、4，直径 2.6、穿边长 1、厚 0.15 厘米（图 4-441，3-3、4）。

（2）铁器

铁镜架　1 件。

标本 M226：2，叉形，两侧支脚扁长条形。残高 7.6 厘米（图 4-441，2）。

（一二三）M227

1. 墓葬形制

位于墓地西南部，北面是 M223，东南面为 M224，西面是 M225。方向 112°（图 4-442；彩版一七五，1）。

长方形土坑竖穴砖椁墓。墓口长 2.8、宽 1.25、深 1.34 米。椁长 2.35、宽 1.09、高 0.64 米。四壁用青砖垒砌。东、南、北壁错缝平铺叠砌二十层。砖与砖之间缝隙 0.04 ～ 0.08 米。墓壁西侧土圹

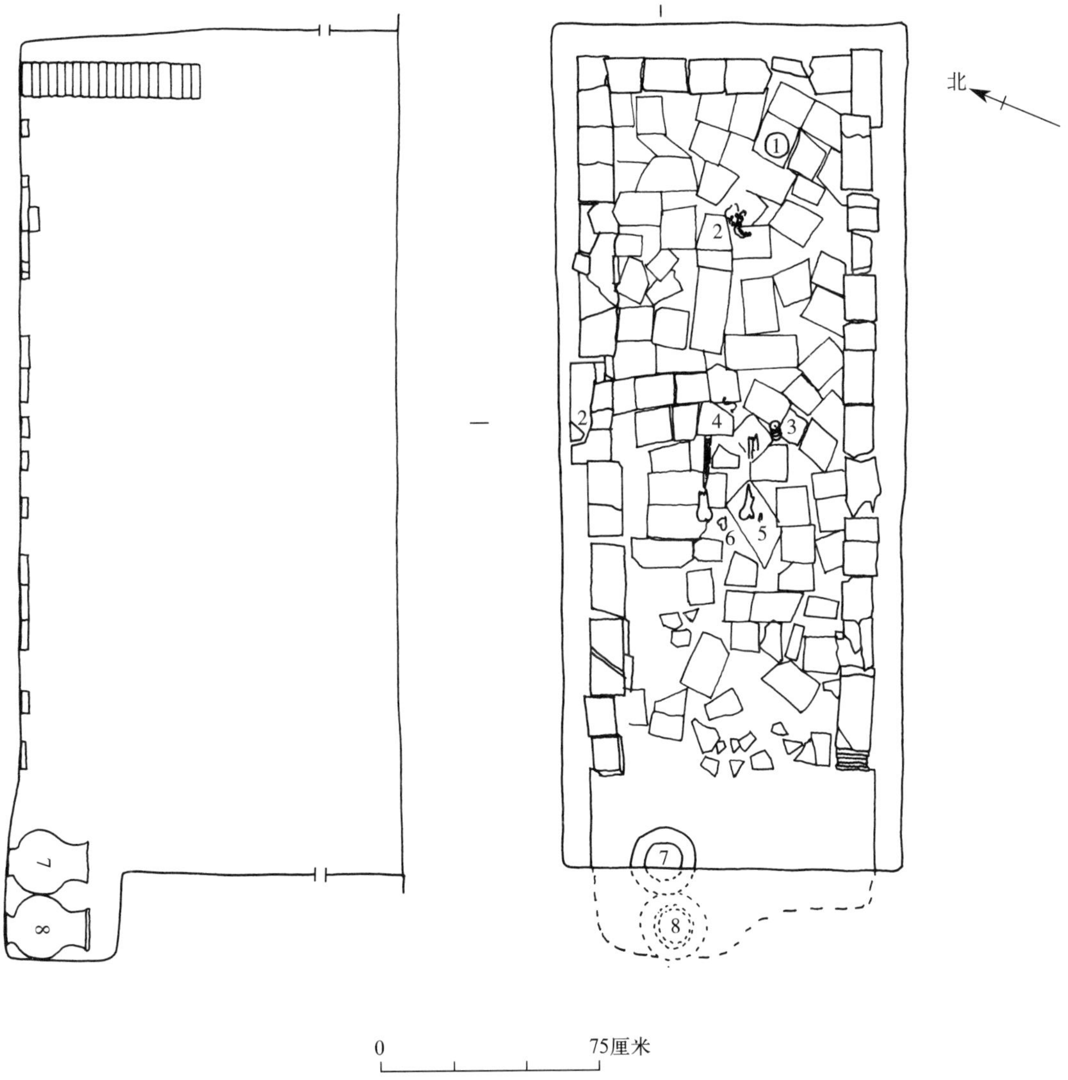

图 4-442　M227 平、剖面图

1. 铜镜　2、4. 铜带钩　3. 铜钱（19）　5. 铜衡帽　6. 铁环　7、8. 陶壶

无砖为壁龛，长1、高0.4、进深0.31米。墓底平铺一层碎砖和少量陶片。砖长26、宽12、厚3厘米。墓内填黄褐色土，土质疏松。

人骨1具。头向东。骨骼腐朽严重，仅存头骨残片及牙齿。疑似女性，年龄20～30岁。

随葬器物26件。陶壶2件放在壁龛内。铜镜1枚放置墓主头骨左上方。铜带钩2件，其中1件放在墓主口内，另1件位于两股骨之间。铜钱19枚放置墓主左股骨外侧。铜饰衡帽、铁环各1件置墓主左下肢骨左右两侧。

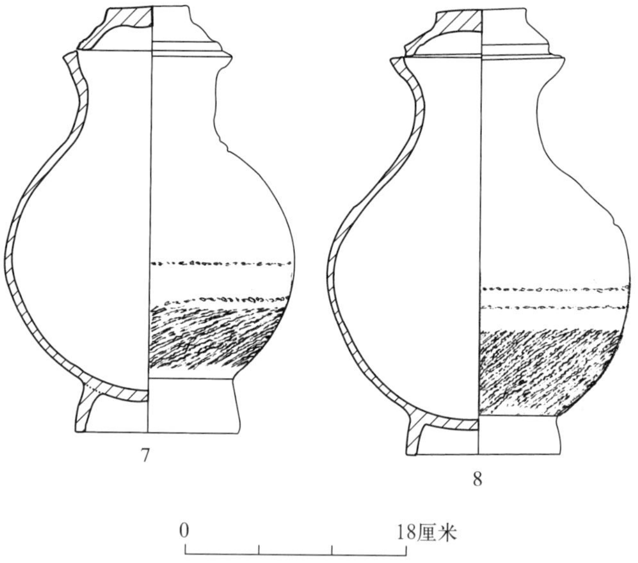

图4-443　M227出土器物

7、8. 陶壶

2. 出土遗物

（1）陶器

陶壶　2件。泥质黑褐陶。覆碗形盖，平顶。壶敞口，沿面外斜，束颈，鼓腹，圈足。下腹饰两周戳印纹，近底饰绳纹。

标本M227∶7，尖唇。口径13.6、底径13.6、通高34厘米（图4-443，7；彩版一七五，2）。

标本M227∶8，圆唇。上腹一周凹弦纹。口径14.4、底径12.8、通高35.2厘米（图4-443，8；彩版一七五，3）。

（2）铜器

铜镜　1枚。

标本M227∶1，四乳四虺镜。圆形，圆纽，圆纽座。座外一周凸弦纹。再外两周短斜线和凸弦纹组合纹带，其间为主纹，四枚带圆座乳丁分为四区，每区内各有一虺纹，双钩形身躯外侧各一立鸟纹、内侧鸟或简化为弧线或无，前后饰短弧线。宽素平缘。面径8.3、缘厚0.5厘米（图4-444，1；彩版一七五，4）。

铜带钩　2件。琵琶形。钩呈兽首状。

标本M227∶2，形体较小，圆形纽位于背部尾端。长3.1厘米（图4-444，2；彩版一七五，5）。

标本M227∶4，钩截面半圆形，圆形纽位于背部近尾端处。长6.7厘米（图4-444，4；彩版一七五，6）。

铜衡帽　1件。

标本M227∶5，圆柱状，中空成銎。素面。长1.8、径0.7厘米（图4-444，5）。

铜钱　19枚。均为五铢。圆形方穿，正面有轮无郭，背面轮郭俱全。根据钱文字体不同分为两种。

第一种　7枚。“五”字两笔交叉近直或微曲，“铢”字“金”头三角形，与“朱”等齐，“朱”字上部方折，有的穿上横郭或穿下半星。

标本M227∶3-1～3，直径2.5、穿边长1、厚0.15厘米（图4-444，3-1～3）。

第二种　12枚。“五”字两笔交叉弯曲，与上、下两横相交处外放、微内收或垂直，“铢”字“金”

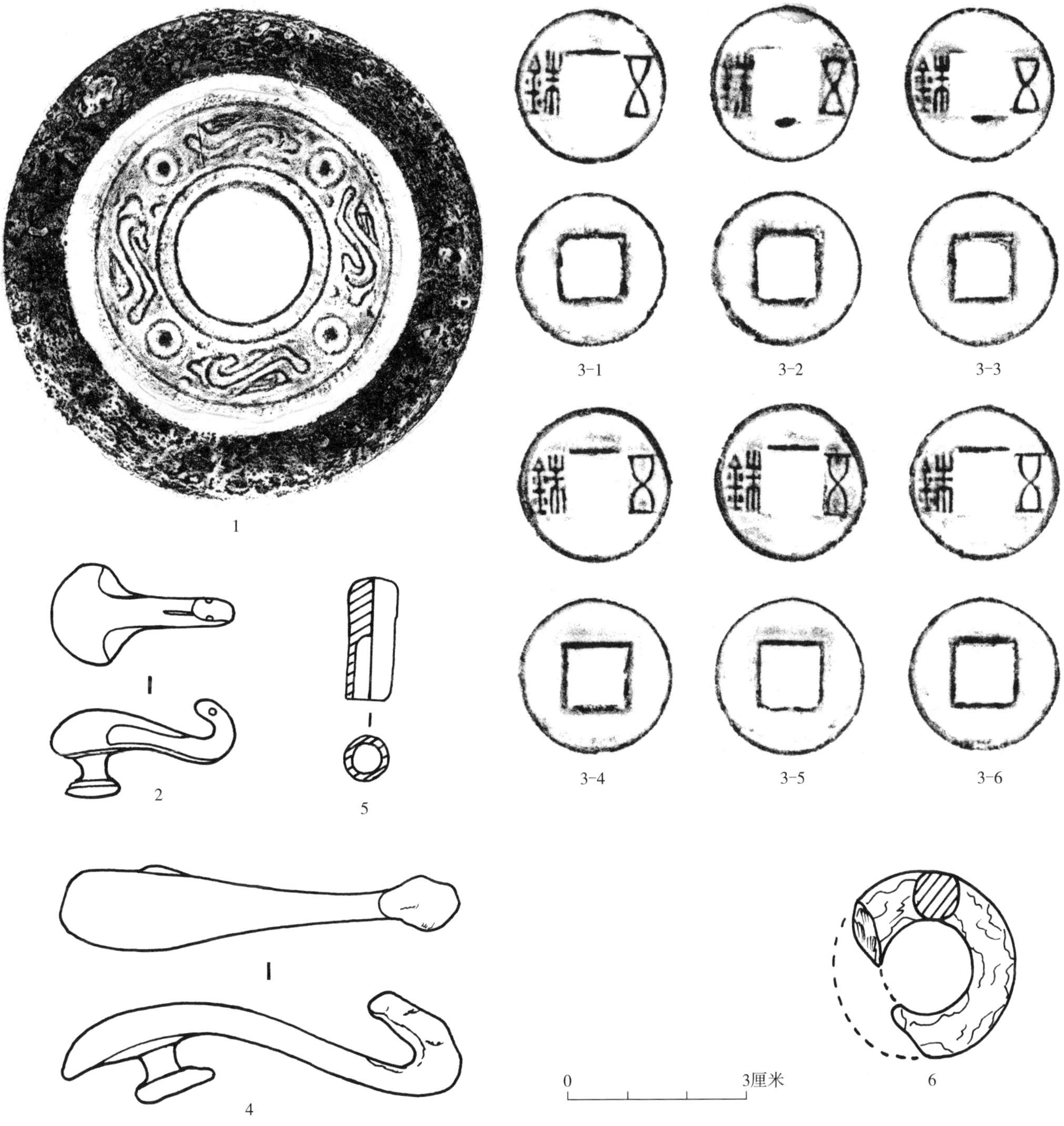

图 4-444　M227 出土器物

1. 铜镜　2、4. 铜带钩　3-1～6. 铜钱　5. 铜衡帽　6. 铁环

头三角形，较小，略低于“朱”字，“朱”字上部方折，有的穿上横郭。

标本 M227∶3-4～6，直径 2.5、穿边长 1、厚 0.16 厘米（图 4-444，3-4～6）。

（3）铁器

铁环　1 件。

标本 M227∶6，圆形。已残。直径 3 厘米（图 4-444，6）。

（一二四）M228

1. 墓葬形制

位于墓地西南部，北面是 M225，东南面为 M243，西南面是 M229。方向 120°（图 4-445；彩版一七六，1）。

长方形土坑竖穴砖椁墓。墓口长 2.9、宽 1.3、深 1.97 米。椁长 2.78、宽 1.2、高 0.75 米。椁室四壁用青砖平铺错缝垒砌二十二层，砖与砖缝隙距离 0.11 ～ 0.14 米。墓底铺地砖“人”字形排列。砖长 26、宽 12、厚 3 厘米。墓内填黄褐色五花土，土质较疏松。

人骨无。

墓内随葬器物 26 件。陶壶 2 件放在西北角。铜镜、铜刷柄、铁镜架、铁环首刀各 1 件，石鼻塞 2 件放置东端偏北。铜钱 18 枚散落东部偏中处。乳猪骨位于椁室西端。

2. 出土遗物

（1）陶器

陶壶　2 件。泥质灰陶。敞口，斜沿，尖唇，束颈，鼓腹，平底微凹。

标本 M228∶6，颈、腹部各有两周白色带纹，中间饰白色云纹，腹部饰三周戳印纹。口径 14、底径 16.8、高 24 厘米（图 4-446，6；彩版一七六，2 左）。

标本 M228∶7，上腹饰白色图案，下腹饰两周戳印纹。口径 12.8、底径 17.6、高 23.6 厘米（图 4-446，7；彩版一七六，2 右）。

（2）石器

石鼻塞　2 件。形制相同。白色，半圆形体，表面光滑。

标本 M228∶3-1，直径 1.6、高 1.3 厘米（图 4-447，3-1）。

标本 M228∶3-2，直径 1.7、高 1.1 厘米（图 4-447，3-2）。

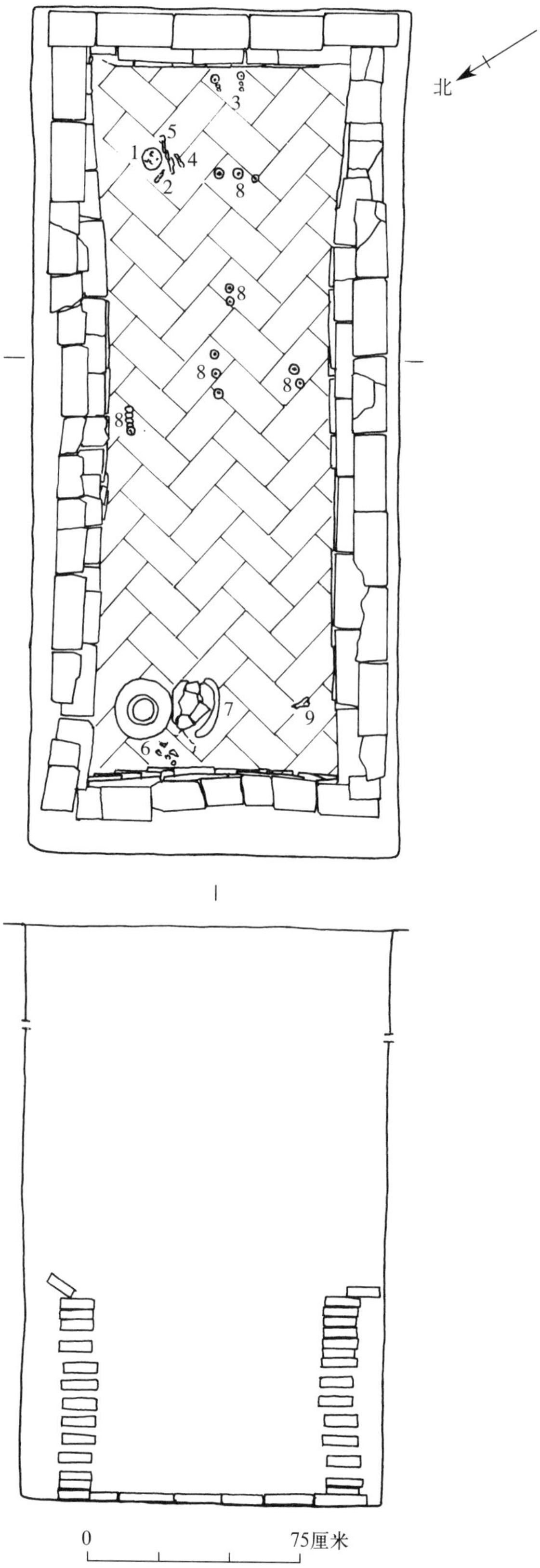

图 4-445　M228 平、剖面图

1. 铜镜　2. 铜刷柄　3. 石鼻塞（2）　4. 铁镜架　5. 铁环首刀　6、7. 陶壶　8. 铜钱（18）　9. 动物骨骼

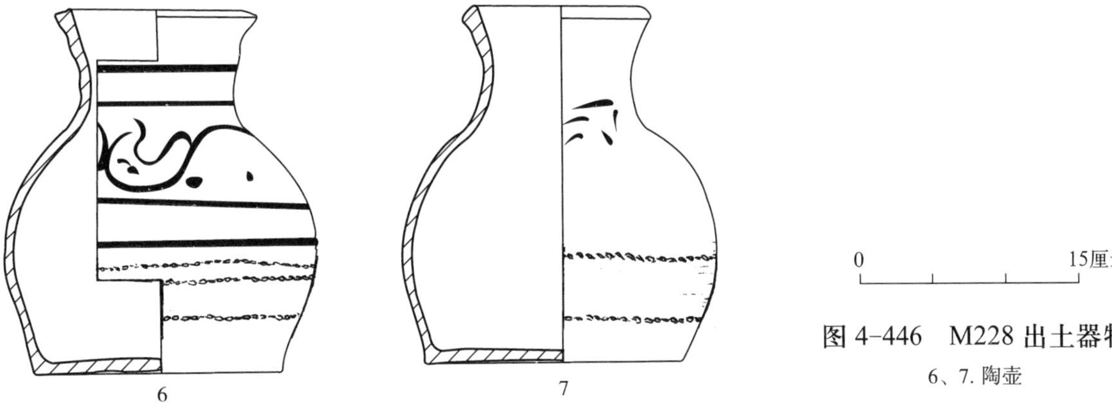

图 4-446　M228 出土器物

6、7. 陶壶

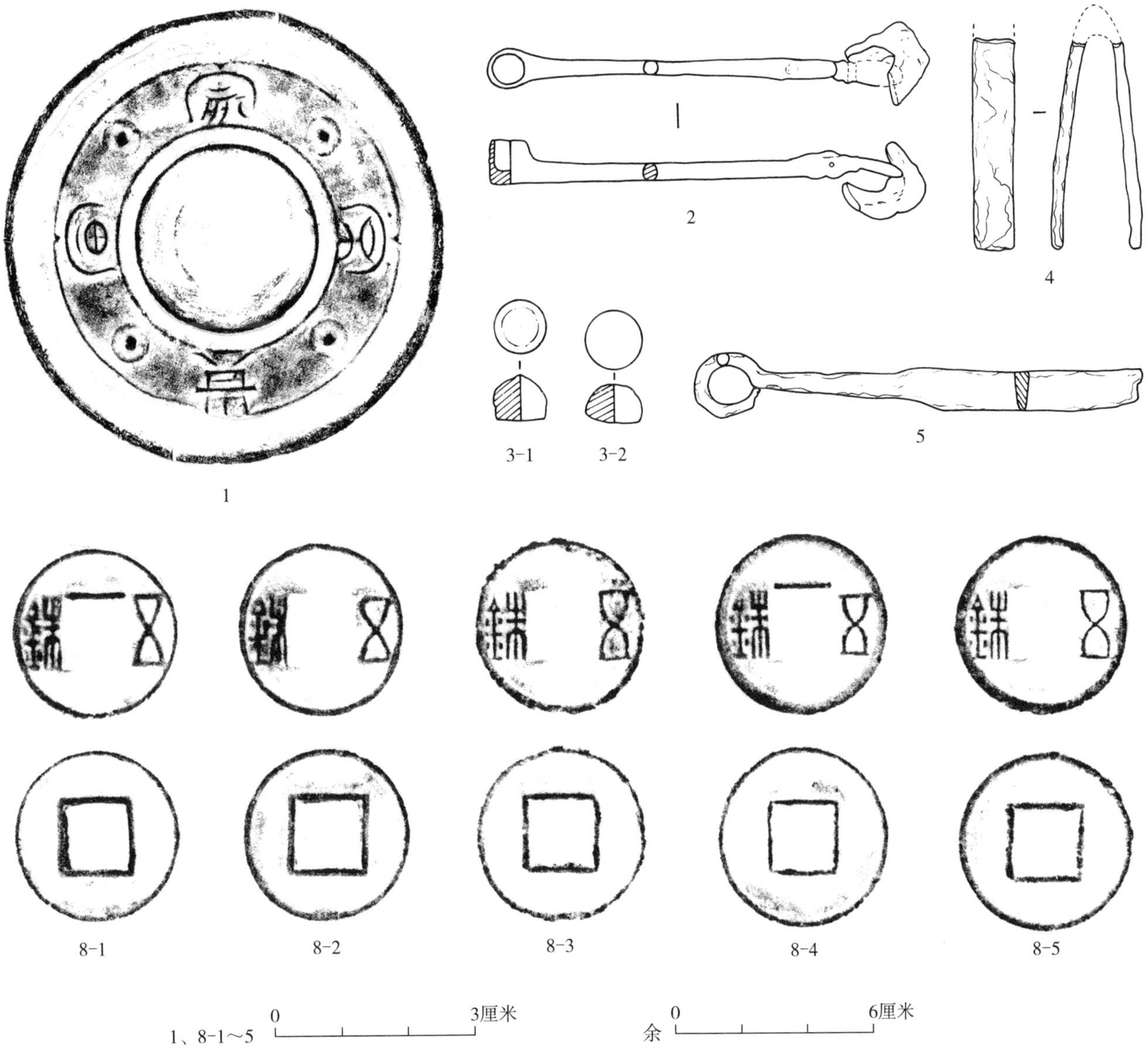

图 4-447　M228 出土器物

1. 铜镜　2. 铜刷柄　3-1、2. 石鼻塞　4. 铁镜架　5. 铁环首刀　8-1～5. 铜钱

（3）铜器

铜镜　1枚。

标本M228：1，家常贵富四乳铭文镜。圆形，圆纽，圆纽座。座外一周凸弦纹。再外两周短斜线和凸弦纹组合纹带，其间为主纹，四枚带圆座乳丁分为四区，每区各一篆书铭文，连读为“家常贵富”。素面卷缘。面径6.7、缘厚0.5厘米（图4-447，1；彩版一七六，3）。

铜刷柄　1件。

标本M228：2，形似烟斗状，斗圆筒形中空，细长柄，截面圆形。尾部粘连镜架残片。尾部圆形小孔，似龙头吐舌。长12.5厘米（图4-447，2；彩版一七六，4）。

铜钱　18枚。均为五铢。圆形方穿，正面有轮无郭，背面轮郭俱全。根据钱文字体不同分为两种。

第一种　5枚。“五”字两笔交叉近直，“铢”字“金”头呈三角形，与“朱”等齐，“朱”字上部方折，有的穿上横郭。

标本M228：8-1、2，直径2.5、穿边长1、厚0.16厘米（图4-447，8-1、2；彩版一七六，5左1、2）。

第二种　13枚。“五”字两笔交叉弯曲，与上、下两横相交处微内收或垂直，“铢”字“金”头呈三角形，较小，低于“朱”字，“朱”字上部方折，有的穿上横郭。

标本M228：8-3～5，直径2.6、穿边长1、厚0.17厘米（图4-447，8-3～5；彩版一七六，5右1、2）。

（4）铁器

铁环首刀　1件。

标本M228：5，环形首，柄较长，刀身微上翘，背部平直，弧刃。长13.5厘米（图4-447，5；彩版一七六，6）。

铁镜架　1件。

标本M228：4，叉形，两侧支脚扁长条形，上端残缺。残高6.1厘米（图4-447，4）。

（一二五）M229

1. 墓葬形制

位于墓地西南部，东北面是M228，东南面为M236，南面是M238。方向103°（图4-448）。

长方形土坑竖穴砖椁墓。墓口长3、宽1.4、底长2.9、宽1.3、深1.85米。椁室四壁青砖破坏无存，垒砌情况不详。西壁发现大量碎砖、瓦片，东、南、北三壁堆放部分青砖。砖长25、宽11、厚3厘米。墓内填黄褐色五花土，土质较软。

人骨1具。头向东，骨骼腐朽严重，仅剩少量牙齿。性别、年龄无法鉴定。

墓内随葬器物21件。陶扁壶2件、漆器1件放在椁室西北角。铜镜、铁镜架各1件置于墓主头部。铜钱15枚，铁剑1件放置中部偏南处。乳猪骨放于椁室西侧。

2. 出土遗物

（1）陶器

陶扁壶　2件。形制相同。泥质灰陶，均夹细砂。侈口，斜沿，方唇，高颈，扁圆腹，圈足。肩上安对称桥形鼻，腹两侧呈“心”形，素面。

标本M229∶3，口径8.8、底长径12.4、短径8、高24.8厘米（图4-449，3；彩版一七七，1）。

标本M229∶4，口径8.8、底长径11.6、短径8.4、高24.8厘米（图4-449，4；彩版一七七，2）。

（2）铜器

铜镜　1枚。

标本M229∶1，四乳四虺镜。圆形，圆纽，圆纽座。座外一周凸弦纹。再外两周短斜线和凸弦纹组合纹带，其间为主纹，四枚带圆座乳丁分为四区，每区内各有一虺纹，双钩形身躯内外侧鸟纹均简化为弧线，前后饰短弧线。宽素平缘。面径8、缘厚0.55厘米（图4-450，1；彩版一七七，3）。

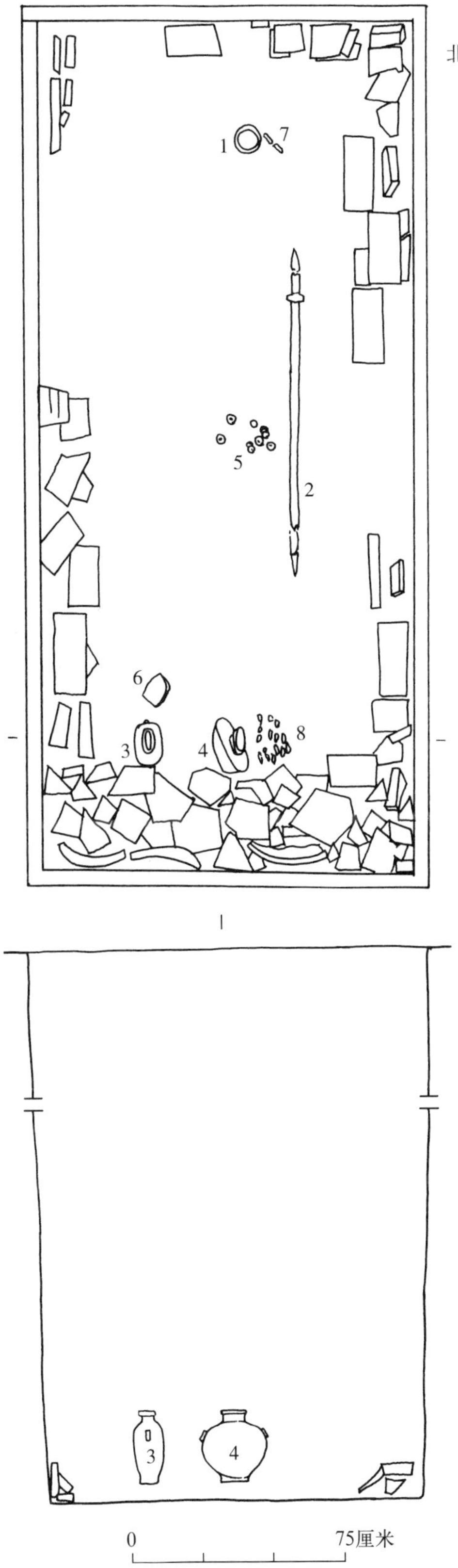

图4-448　M229平、剖面图

1. 铜镜　2. 铁剑　3、4. 陶扁壶　5. 铜钱（15）
6. 漆器　7. 铁镜架　8. 动物骨骼

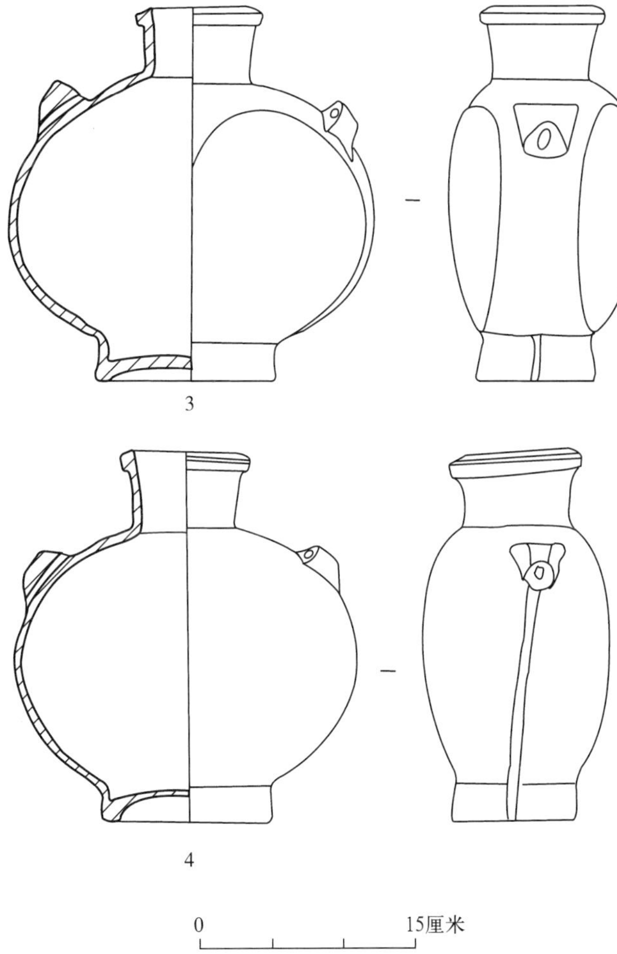

图4-449　M229出土器物

3、4. 陶扁壶

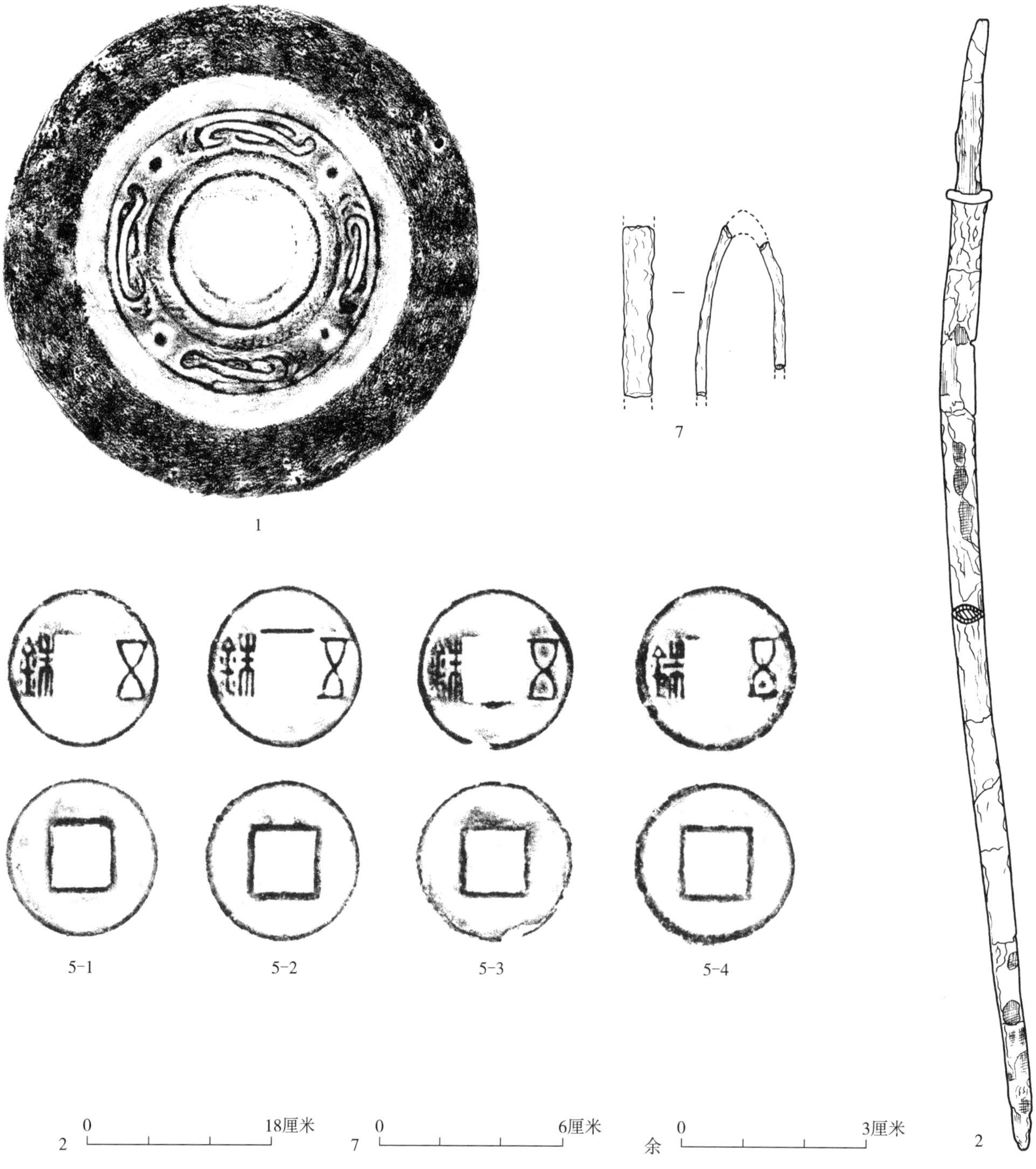

图 4-450 M229 出土器物

1. 铜镜 2. 铁剑 5-1～4. 铜钱 7. 铁镜架

铜钱 15枚。均为五铢，圆形方穿，正面有轮无郭，背面轮郭俱全。根据钱文字体不同分为两种。

第一种 6枚。“五”字两笔交叉直或微曲，“铢”字“金”头镞形，与“朱”等齐，“朱”字上部方折，有的穿上横郭。

标本 M229∶5-1、2，直径 2.6、穿边长 1、厚 0.16 厘米（图 4-450，5-1、2）。

第二种　9枚。"五"字两笔交叉弯曲，与上、下两横相交处近垂直，"铢"字"金"头呈三角形，有的与"朱"等齐或略低于"朱"字，"朱"字上部方折，有的穿下半星。

标本M229∶5-3、4，直径2.5、穿边长1、厚0.15厘米（图4-450，5-3、4）。

（3）**铁器**

铁剑　1件。

标本M229∶2，锈蚀严重。体细长，双面刃，截面近菱形，菱形铜剑格。剑柄细长，微上翘。截面椭圆形，前端扁尖。剑身外部附有木质残鞘物。长106.6、宽1.2～3.6厘米（图4-450，2；彩版一七七，4）。

铁镜架　1件。

标本M229∶7，叉形，两侧支脚扁平长条形，顶端与支脚均残。残高5.3厘米（图4-450，7）。

（4）**漆器**

漆器　1件。

标本M229∶6，仅见红色漆皮残片，器形不明。

（一二六）M232

1. 墓葬形制

位于墓地西南部，北面是M230，南面为M101，西面是M231。方向106°（彩版一七八，1）。

长方形土坑竖穴砖椁墓。墓口长3.53、宽1.62、深2.93米。椁长3.51、宽1.62、高0.92米。椁室四壁均平铺横排或顺向错缝叠砌十七层青砖。墓底竖排对缝排列一层青砖。砖长23、宽12、厚3厘米。墓内填黄褐色五花土，土质较致密。

人骨1具。头向东，骨骼保存较差，仅存少量下肢骨遗骸。性别、年龄无法鉴定。

随葬器物18件（彩版一七八，2）。陶钫3件，陶壶、陶盘、陶樽各1件，陶耳杯6件，放置在墓内西北角。铜镜、铁环首刀、残铁块各1件放在墓主头部左侧。铁镜架1件放置头部右侧。铜钱2枚位于下肢骨右侧。

2. 出土遗物

（1）**陶器**

陶壶　1件。

标本M232∶9，泥质灰陶。侈口，沿面外斜，圆唇，束颈，溜肩，鼓腹，体收，平底微凹。腹下部饰三周戳印纹。口径10、底径10、高18.4厘米（图4-451，9）。

陶钫　3件。泥质灰陶。覆斗形盖。斜壁，小平顶，上饰五个突饰。方口，平沿，方唇，口微侈，细长颈。溜肩，鼓腹，最大径居下腹。素面。

标本M232∶6，方形圈足。腹部饰两周戳印纹。口边长10.5、底边长12.8、通高40厘米（图4-451，6；彩版一七八，3）。

标本M232∶7，方形圈足。口边长11、底边长12.8、通高40.8厘米（图4-451，7）。

标本M232∶8，方形平底。口边长9、底边长11、通高23.2厘米（图4-451，8）。

陶樽　1件。

标本M232∶12，泥质灰陶。弧顶盖，斜折沿。直口，平沿，圆唇，圜底，蹄形足。素面。口径

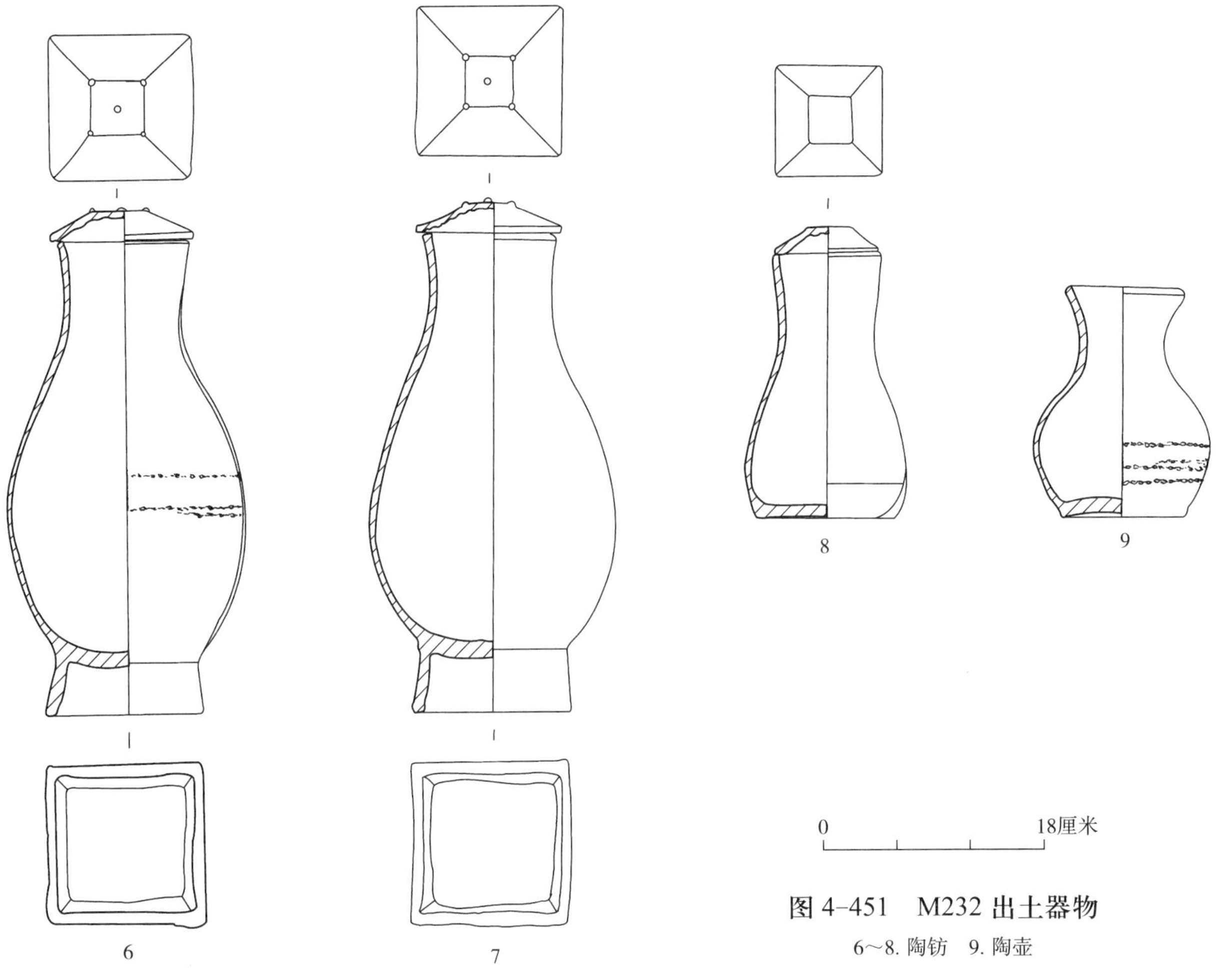

图 4-451　M232 出土器物

6～8. 陶钫　9. 陶壶

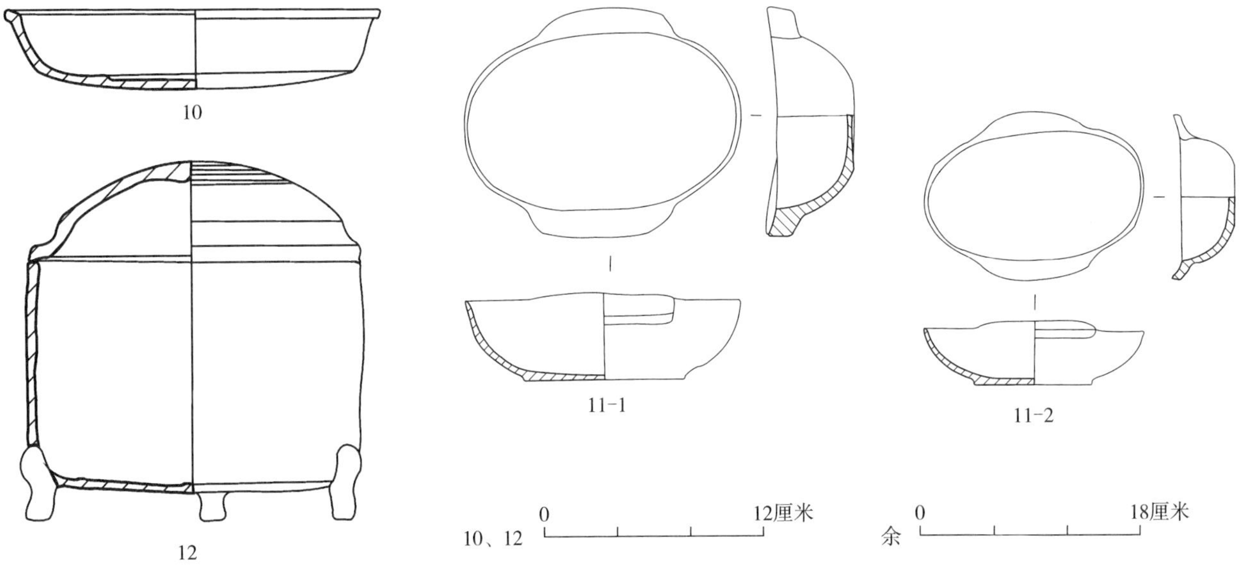

图 4-452　M232 出土器物

10. 陶盘　11-1、2. 陶耳杯　12. 陶樽

18、底径 17、通高 18.8 厘米（图 4-452，12；彩版一七八，4）。

陶盘　1 件。

标本 M232∶10，泥质灰陶。敞口，沿内斜，圆唇，下部斜收，有折棱，圜底。素面。口径 20.5、底径 17、高 4.5 厘米（图 4-452，10；彩版一七八，5）。

陶耳杯　6 件。泥质灰陶。器身椭圆形。侈口，平沿，方唇，体弧收，平底。口两侧饰新月形耳。素面。

标本 M232∶11-1，口长径 15、短径 12、高 9 厘米（图 4-452，11-1）。

标本 M232∶11-2，口长径 24、短径 17.5、高 6.6 厘米（图 4-452，11-2）。

（2）铜器

铜镜　1 枚。

标本 M232∶1，日光连弧铭带镜。圆形，圆纽，圆纽座。座外均匀伸出四短弧线、夹饰外附三短竖线的短折线，再外一周内向八连弧纹圈带。外区两周短斜线和凸弦纹组合纹带，其间为顺时针铭文带“见日月心，勿夫毋忘”，字体为圆转式篆隶体，有简化，每字间隔类似涡纹符号。窄素平缘。面径 6.8、缘厚 0.5 厘米（图 4-453，1；彩版一七八，6）。

铜钱　2 枚。均为五铢。圆形方穿，正面有轮无郭，背面轮郭俱全。根据钱文字体不同分为两种。

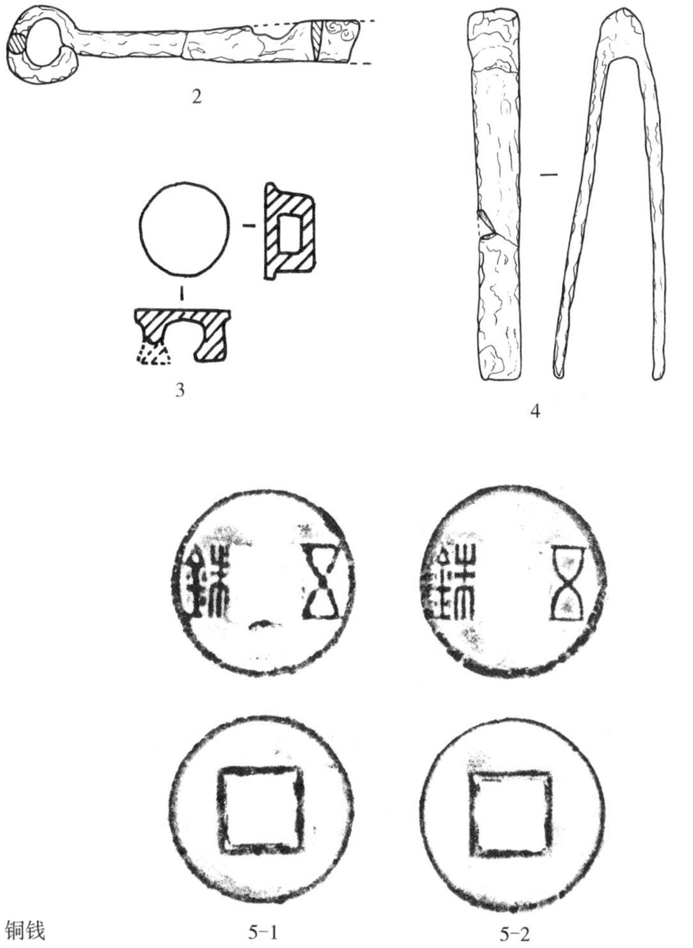

图 4-453　M232 出土器物

1. 铜镜　2. 铁环首刀　3. 铁块　4. 铁镜架　5-1、2. 铜钱第一种　1枚。“五”字两笔交叉较直，“铢”字“金”头呈三角形，与“朱”等齐，“朱”字上部方折，穿下半星。

标本M232∶5-1，直径2.5、穿边长1、厚0.17厘米（图4-453，5-1）。

第二种　1枚。“五”字两笔交叉弯曲，与上、下两横相交处垂直，“铢”字“金”头呈三角形，较小，与“朱”等齐，“朱”字上部方折。

标本M232∶5-2，直径2.6、穿边长1、厚0.18厘米（图4-453，5-2）。

（3）铁器

铁环首刀　1件。

标本M232∶2，环形首，截面圆形，刀身长条形，微上翘，背较厚，薄刃。残长10厘米（图4-453，2）。

铁镜架　1件。

标本M232∶4，叉形，两侧支脚扁长条形。高9.9厘米（图4-453，4）。

铁块　1件。

标本M232∶3，已残，腐朽严重，器形不明（图4-453，3）。

（一二七）M234

1. 墓葬形制

位于墓地西南部，被M230打破，东北面是M242，西面为M224。方向10°（彩版一七七，5）。

长方形土坑竖穴砖椁墓。墓口长3.94、宽1.72、深2米。椁长3.86、宽1.6、高0.9米。椁室四壁横排错缝平铺叠砌青砖。东壁中间多内凸，西壁侧立青砖塌落，仅残存两层，南壁部分被去掉。北壁保存较好。墓底平铺一层青砖，“人”字形排列。砖长27、宽14、厚3厘米。墓内填黄褐色五花土，经过夯打，土质较致密。夯窝椭圆形，排列不规则，直径6～9、间距4～20、夯层厚20厘米。

人骨无。

随葬铜车马构件50件。铜车軎3件，衡帽3件，衔镳4件，弩机2件，圆饼饰2件，车辖、饰件1件，扣4件，承弓器2件，纽11件，盖弓帽17件，散落于椁室中部东侧北端。

2. 出土遗物

铜器

铜弩机　2件。部件齐全，有郭、悬刀、钩心、牙、望山、箭槽、键等组成。

标本M234∶4，长4.4、宽2.5、厚0.9厘米（图4-454，4；彩版一七七，6左）。

标本M234∶11，长4.25、宽3、厚0.9厘米（图4-454，11；彩版一七七，6右）。

铜扣　4件。形制相同。

标本M234∶12-1，圆形面弧起，顶端有圆孔。外径1.2、内径0.4、厚0.4厘米（图4-454，12-1）。

铜衔镳　4件。

标本M234∶3-1、2，中间有两段带圆孔细长衔相连，两端呈波浪纹。长7.8厘米（图4-455，3-1、2）。

标本M234∶3-3、4，两端外弧，饰锯齿纹。长8.2厘米（图4-455，3-3、4）。

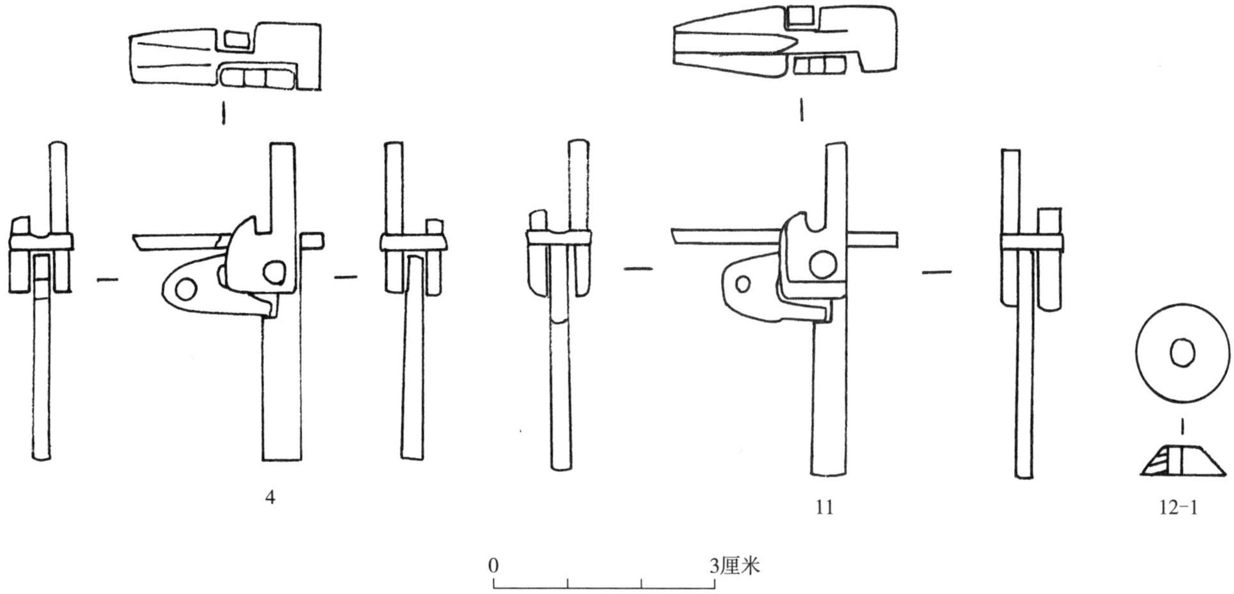

图 4-454　M234 出土器物

4、11. 铜弩机　12-1. 铜扣

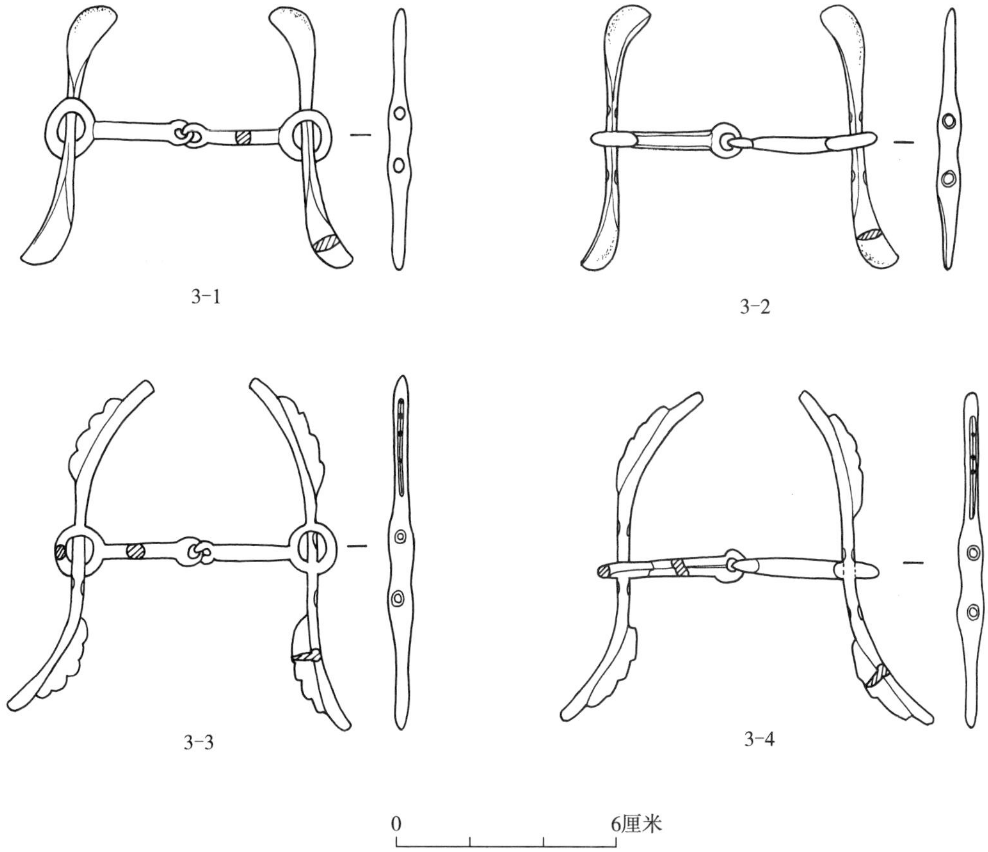

图 4-455　M234 出土器物

3-1～4. 铜衔镳

铜衡帽　3件。

标本M234∶6-1，鎏金。圆柱形，中部有一周凸棱，中空成銎。径长1.2、高1.8厘米（图4-456，6-1）。

铜盖弓帽　17件。鎏金。圆形顶，筒形。器中空成銎，器身中部侧面上挑一钩。

标本M234∶9-1，长2.9、顶径1.2厘米（图4-456，9-1）。

铜承弓器　2件。均鎏金。

标本M234∶2-1、2，鸟状，颈部弯曲较细，鸟头部有两印点似鸟眼，体长方形，空洞呈銎。长4.2、宽0.7厘米（图4-456，2-1、2）。

铜车軎　3件。

标本M234∶1-1，近喇叭状，身上部两周凸棱，下部有一辖孔，插铜质插钉。径2.2、高1.8厘米（图4-456，1-1）。

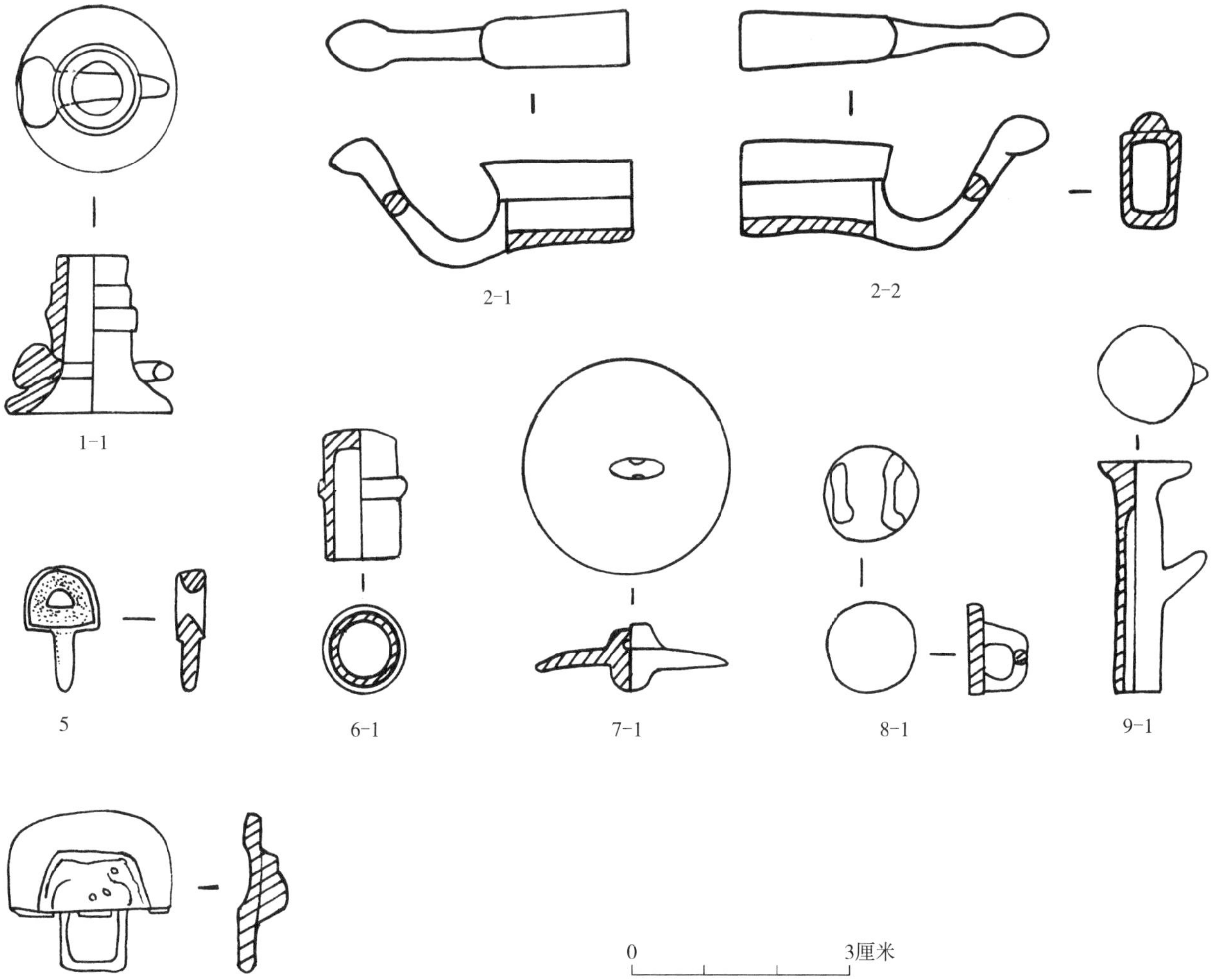

图4-456　M234出土器物

1-1. 铜车軎　2-1、2. 铜承弓器　5. 铜车辖　6-1. 铜衡帽　7-1. 铜圆饼饰　8-1. 铜纽　9-1. 铜盖弓帽　10. 铜饰件

铜车辖　1件。

标本M234∶5，一端马蹄形，内有马蹄形孔。中部连接一柱状钉，顶端稍尖。横截面正方形。长1.65、厚0.4厘米（图4-456，5）。

铜纽　11件。鎏金。表面圆形，背面两个对应半环状孔。

标本M234∶8-1，径长1.2、宽0.4厘米（图4-456，8-1）。

铜饰件　1件。

标本M234∶10，鎏金。钥匙形。一端呈马蹄形，中间突出。另端扁平。正面器表有鎏金痕迹。长2.2、宽2.3、高0.6厘米（图4-456，10）。

铜圆饼饰　2件。

标本M234∶7-1，鎏金。形制相同。圆形，上部有纽，带细圆孔，另一面中部有乳丁状圆点。径长2.8厘米（图4-456，7-1）。

（一二八）M235

1. 墓葬形制

位于墓地西南部，东北面是M101，南面为M102。方向115°（彩版一七九，1）。

长方形土坑竖穴砖椁墓。墓口长3.7、宽1.9、深1.4米。椁长3.55、宽1.14、高1.12米。椁室四壁均青砖垒砌。东、西、南壁塌陷，北壁仅残留少量青砖，结构不明。墓底四周有生土二层台，宽0.2～0.3、高0.84～1.02米。东、西、南台面均铺有青砖，西壁扰乱无砖。东、南壁横排两列，西端竖排一列。墓底横排对缝平铺一层青砖。砖长28、宽12、厚4厘米。墓内填黄褐色五花土，经夯打，土质较坚硬。夯窝圆形，直径10～12、间距15～20厘米。填土中发现石剑首1件，石剑格1件，石剑璏1件。

人骨无。

随葬器物71件（彩版一七九，2）。陶钫、陶壶、陶俑各2件，陶樽1件，陶耳杯7件，铜镜、铁镜架、铜带钩各1件，铜钱50枚，石黛板1件，石研磨器1件，铁环首刀1件。皮囊1件已腐朽，未提取。

2. 出土遗物

（1）陶器

陶壶　2件。泥质灰陶。弧顶盖。侈口，束颈，鼓腹，平底微凹。器表有抹制痕，素面。

标本M235∶10，下腹两周戳印纹。口径12.8、底径19.6、通高32厘米（图4-457，10；彩版一七九，3）。

标本M235∶11，口径13.2、底径18.6、通高26.4厘米（图4-457，11）。

陶钫　2件。形制相同。泥质灰陶。弧顶盖。侈口，平沿，方唇，束颈，鼓腹，圆形圈足。下腹和底部饰绳纹。

标本M235∶8，口边长11.2、底径14.4、通高39.6厘米（图4-458，8；彩版一七九，4）。

标本M235∶9，口边长11.2、底径14、通高38.8厘米（图4-458，9）。

陶樽　1件。

标本M235∶12，泥质夹细砂灰陶。覆盆式盖，平顶微弧，斜折沿。樽直口，尖唇，深腹，直壁，

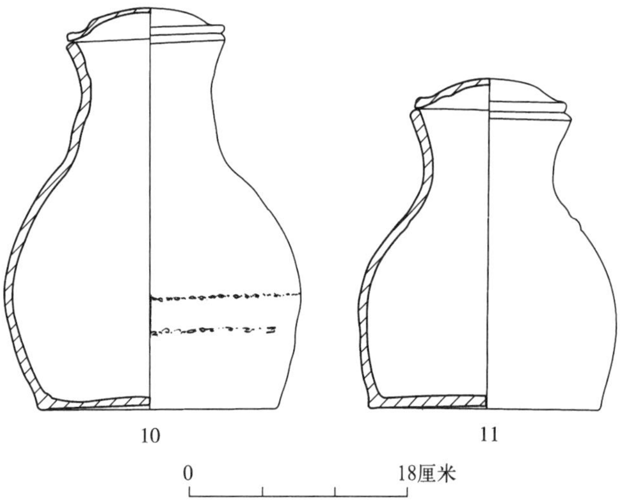

图 4-457 M235 出土器物

10、11. 陶壶

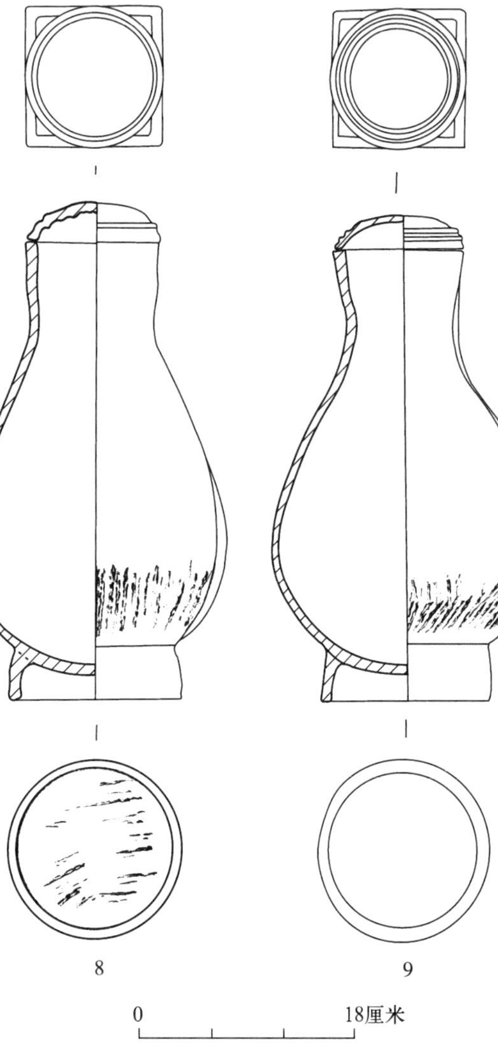

图 4-458 M235 出土器物

8、9. 陶钫

平底。素面。口径 19.6、底径 19.2、通高 18.8 厘米（图 4-459，12；彩版一七九，5）。

陶耳杯 7件。器身椭圆形。敞口，圆唇，体弧收，平顶。沿两侧有新月形耳。

标本 M235：17，夹细砂灰陶。口长 11.8、宽 8.8、高 3.2 厘米。

陶俑 2件。均泥质灰褐陶。捏塑而成。

标本 M235：20-1，头部残缺，双手抱拳放在胸前。身穿长袍。残高 5.3、宽 2.4 厘米（图 4-459，20-1）。

（2）石器

石剑首 1件。

标本 M235：03，菱形。长 3.1、厚 1.25 厘米（图 4-459，03；彩版一八〇，1）。

石剑格 1件。

标本 M235：02，菱形。中间有长方形孔。长 4.8、宽 1.7 厘米（图 4-459，02；彩版一八〇，2）。

石剑璏 1件。

标本 M235：01，平面长方形，上面外弧，背面有长方形孔。长 8.4、宽 2.4～2.6 厘米（图 4-459，01；彩版一八〇，3）。

石黛板 1件。

标本 M235：3，青灰色页岩。长方形扁薄石板，横截面长方形。正面较平整光滑，背面较粗糙，边缘有磕碰崩痕。长 14.7、宽 5.4、厚 0.3 厘米（图 4-459，3；彩版一八〇，4）。

石研磨器 1件。

标本 M235：7，青灰色页岩。正方形，扁薄体，横截面方形。研面光滑，背面较粗糙，局部有崩痕。长 2.3、宽 2.4、厚 0.2 厘米（图 4-459，7；彩版一八〇，5）。

（3）铜器

铜镜 1枚。

标本 M235：1，日光连弧铭带镜。圆形，圆纽，圆纽座。座外均匀伸出四短弧线、夹饰内附短竖线月牙纹，再外一周内向八连弧纹圈

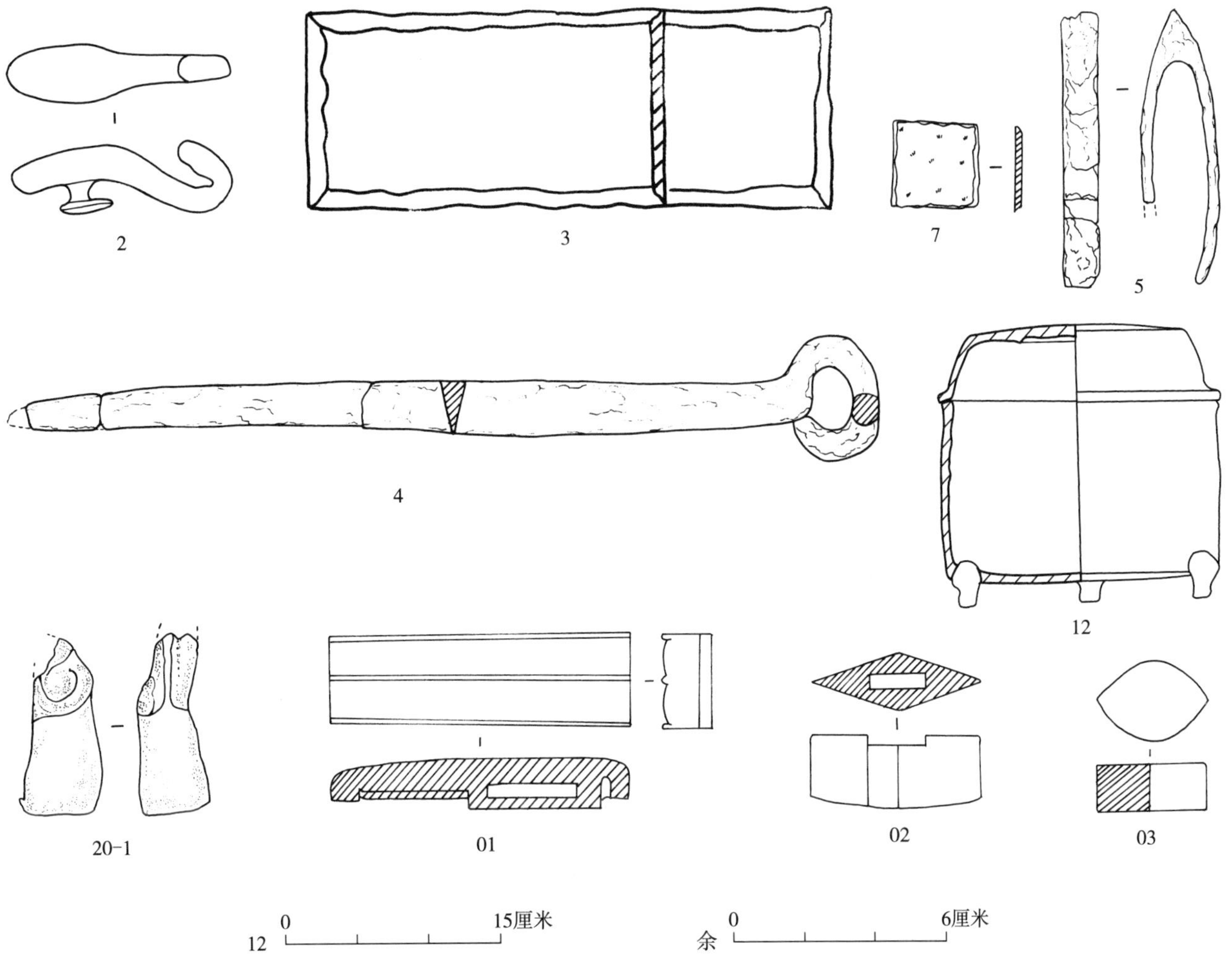

图 4-459　M235 出土器物

2. 铜带钩　3. 石黛板　4. 铁环首刀　5. 铁镜架　7. 石研磨器　12. 陶樽　20-1. 陶俑　01. 石剑璏　02. 石剑格　03. 石剑首

带。外区两周短斜线和凸弦纹组合纹带，其间为顺时针铭文“见日之光，天下大明”，字体为圆转式篆隶体、笔画首尾加重呈楔形，每字间隔一类似涡纹或带十字菱形纹符号。宽素平缘。面径 8.5、缘厚 0.5 厘米（图 4-460；彩版一八〇，6）。

铜带钩　1 件。

标本 M235 : 2，琵琶形。钩呈兽首状，横截面半圆形。圆形纽位于背部近尾端处。长 6.3 厘米（图 4-459，2；彩版一八〇，7）。

铜钱　50 枚，其中 1 枚残缺。均为五铢，圆形方穿，正面有轮无郭，背面轮郭俱全。根据钱文字体不同分为两种。

第一种　18 枚。“五”字两笔交叉近直，“铢”字“金”头呈镞形或三角形，“朱”字上部方折，有的穿上横郭。

标本 M235 : 6-1 ～ 3，直径 2.5、穿边长 1、厚 0.13 厘米（图 4-461，6-1 ～ 3）。

第二种　32 枚。“五”字两笔交叉弯曲，与上、下两横相交处微内收或垂直，有的两横划较长，

图4-460　M235出土铜镜M235：1

“铢”字“金”头呈三角形，与“朱”等齐，有的穿上横郭或穿下半星。

标本M235：6-4～7，直径2.6、穿边长1、厚0.15厘米（图4-461，6-4～7）。

（4）铁器

铁环首刀　1件。

标本M235：4，环形首，刀身长条形，直背，弧刃，截面三角形。尖部残缺。刀身锈蚀，外侧有木质刀鞘残痕。残长23.9厘米（图4-459，4；彩版一八〇，8）。

铁镜架　1件。

标本M235：5，叉形，两侧支脚扁长条形，一侧缺失。长7.5厘米（图4-459，5）。

（一二九）M236

墓葬形制

位于墓地西南部，北面是M228，东北面是M243，西面为M238，西北面是M229。方向120°。

长方形土坑竖穴砖椁墓。墓口长2.8、宽0.8、深0.15米。椁室扰乱严重，仅北壁残留少量青砖，结构不详。墓底平铺一层青砖，排列无序。砖长26、宽12、厚4厘米。墓内填黄褐色五花土，土质较疏松。

人骨1具。头向东，直肢。骨骼腐朽严重，仅见部分头骨碎片及下肢骨遗骸。性别、年龄无法鉴定。

随葬器物无。

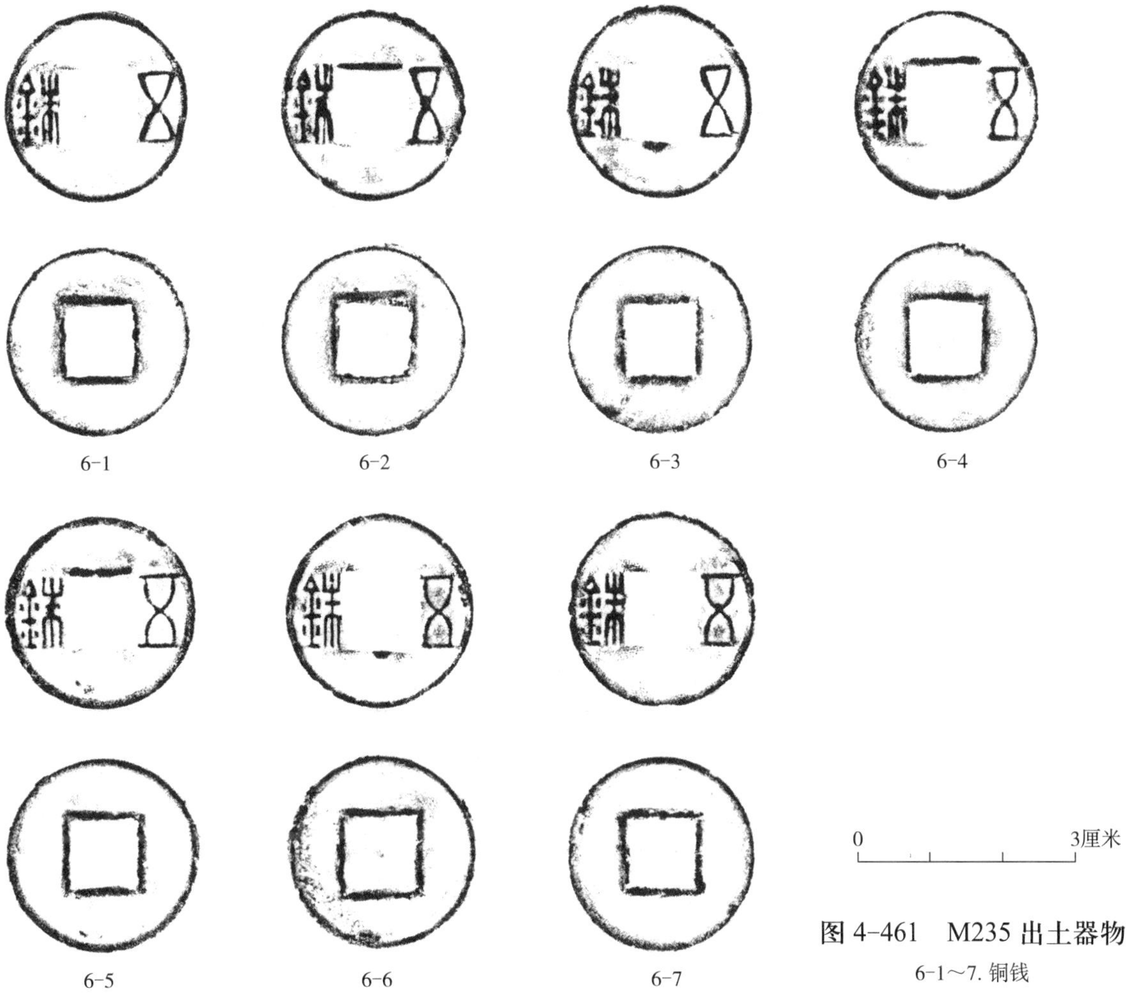

图 4-461　M235 出土器物

6-1～7. 铜钱

（一三〇）M237

1. 墓葬形制

位于墓地西南部，北面是 M100，西南面是 M240，西北面为 M102。方向 110°（图 4-462；彩版一八一，1）。

梯形土坑竖穴砖椁墓。墓口长 4 ～ 4.34、宽 1.82 ～ 1.96、深 1.37 米。椁长 2.4、宽 1.18、高 0.7 米。椁室均青砖垒砌。东、南两壁横排十八层，八九块青砖间有宽 0.1、进深 0.12、高 0.7、北壁也与南壁对应宽 0.04、进深 0.12、高 0.7 米插槽，使西端与椁室分割成脚箱。长 1.18、宽 0.52、深 0.7 米。墓底四周有生土二层台，西端被破坏，结构不详。东、南、北台面均平铺青砖。南、北两壁横排对缝二列，东端台面外侧靠墓圹横排一列、内侧竖排一列。墓底铺地砖“人”字形排列。砖长 28、宽 12、厚 3 厘米（彩版一八一，2）。墓内填黄褐色五花土，经过夯打，土质较坚硬。夯窝圆形，直径 10 ～ 12、间距 15 ～ 20 厘米。填土中发现铜刷柄、铁环首刀各 1 件。

人骨 1 具。零散于西侧生土台上。女性，年龄 30 ～ 35 岁。

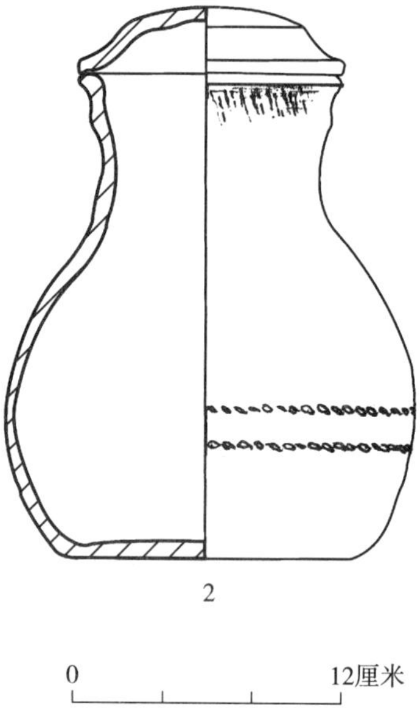

图 4-462　M237 及出土器物

1. 铜镜　2. 陶壶　3. 陶杯（3）

随葬器物 6 件。陶壶 1 件，陶耳杯 3 件放于头箱内北侧。铜镜 1 枚放置东南角；漆盒 1 件腐朽无法提取（未编号）。乳猪、小型食肉动物、鸡骨散落在头箱内。

2. 出土遗物

（1）**陶器**

陶壶　1 件。

标本 M237：2，泥质灰陶。弧顶盖。敞口，沿面外斜，圆唇，束颈，鼓腹，平底。器表有抹制痕，下腹饰两周戳印纹。口径 12、底径 13.2、通高 24 厘米（图 4-462，2；彩版一八一，3）。

陶耳杯　3 件。泥质灰陶，有的夹细砂。器身椭圆形，圆唇，敞口，体弧收，平底。沿两侧有新月形耳，素面。

标本 M237∶3-1，口长径 15.2、短径 12.4、高 5.4 厘米。

（2）铜器

铜镜 1 枚。

标本 M237∶1，清白连弧铭带镜。圆形，圆纽，并蒂连珠纹纽座。座外均匀分布四“丫”形纹，其外一周短斜线和凸弦纹组合纹带，再外一周窄凸面圈带，带外分列八组短弧线（每组两条、相邻两组方向相反），其间夹饰四组灯笼状纹（乳丁和弧线）、四组衣结状纹（涡纹和弧线）。再外一周内向八连弧纹圈带。两周短斜线和凸弦纹组合纹带之间为顺时针铭文带“洁精白而事君，志驪之合明，黴玄锡而泽，志疏远日忘，怀美之穷，承□之可说，而毋”，字体为方正式篆隶体，笔画首尾加重呈楔形。宽素平缘。面径 17.9、缘厚 0.7 厘米（图 4-463，1；彩版一八一，4）。

铜刷柄 1 件。

标本 M237∶02，形似烟斗状。细长柄，截面圆形，柄前端圆形銎孔，尾部微扁锥状，近尾处有细圆孔，长 12.35 厘米（图 4-463，02；彩版一八一，5）。

（3）铁器

铁环首刀 1 件。

标本 M237∶01，环形首，刀身长条状，直背，刃部扁薄。前端缺失。残长 4.5 厘米（图 4-463，01）。

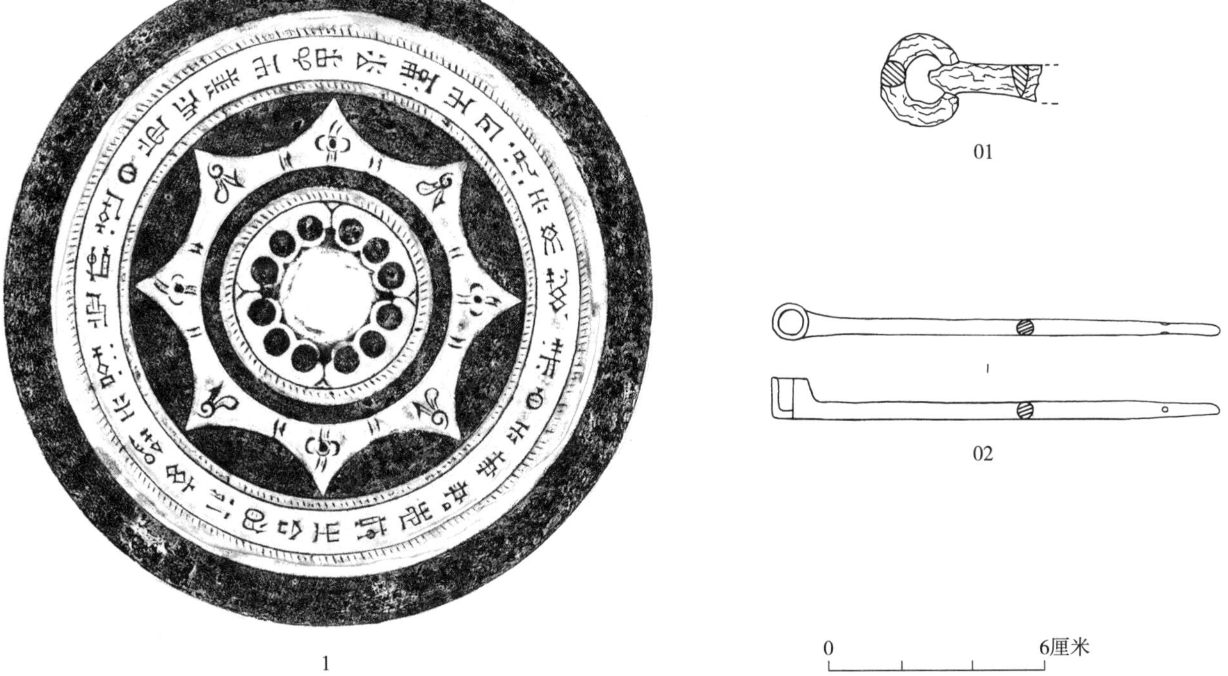

图 4-463 M237 出土器物

1. 铜镜 01. 铁环首刀 02. 铜刷柄

（一三一）M240

1. 墓葬形制

位于墓地西南部，打破 M244，东北面是 M237。方向 115°（彩版一八二，1）。

长方形土坑竖穴砖椁墓。墓口长 3.5、宽 1.7、深 3.1～3.6 米。椁长 3、宽 1.2、高 1 米。椁室四壁用青砖垒砌，由于破坏严重，现仅残存少量青砖，其余跌落填土中，有的堆砌在墓底。墓底平铺青砖竖行对缝排列。砖长 24、宽 12、厚 4 厘米。墓内填黄褐色五花土，土质较坚硬。

人骨 1 具。头向东。骨骼严重腐朽，仅剩少量头骨残渣。性别、年龄无法鉴定。

随葬器物 41 件。铜镜 4 枚，铁环首刀、铜刷柄各 1 件放在椁室东端（彩版一八二，2）。铁剑 1 件置于中东部偏南。铜带钩 3 件，铁环首刀 1 件，铜钱 19 枚放在椁室中北部，铜带钩 1 件放置中南部。铁镜架 1 件放于中部北侧及东部偏南。铜乳丁 8 件，铜饰件 1 件位于中部偏西。

2. 出土遗物

（1）铜器

铜镜　4 枚。均为圆形，圆纽，圆纽座。

标本 M240∶1，四乳四虺镜。座外伸出四组短竖线（每组三条），其外一周凸弦纹。再外两周短斜线和凸弦纹组合纹带，之间为主纹，四枚带圆座乳丁分为四区，每区内各有一虺纹，双钩形身躯外侧一立鸟、内侧鸟简化为弧线，前后饰短弧线。宽素平缘。面径 10、缘厚 0.75 厘米（图 4-464，1；彩版一八三，1）。

标本 M240∶2，家常贵富四乳铭文镜。座外一周极窄凸面圈带，再外两周短斜线和凸弦纹组合纹带，其间为主纹，四枚带圆座乳丁分为四区，每区各一篆书铭文，连读为“家常贵富”。素面卷缘。面径 6.3、缘厚 0.4 厘米（图 4-464，2；彩版一八三，2）。

标本 M240∶3，似为日光铭带镜，锈蚀严重。座外一周凸弦纹，再外两周短斜线和凸弦纹组合纹带，其间为铭文带，字迹不清。素面卷缘。面径 6.2、缘厚 0.25 厘米（图 4-464，3；彩版一八三，3）。

标本 M240∶4，日光铭带镜，锈蚀较重。座外一周凸弦纹。再外两周短斜线和凸弦纹组合纹带，其间为逆时针铭文带“见日月心㔷”，为圆转式篆隶体，每字间隔似涡纹符号。素面卷缘。面径 6.2、缘厚 0.2 厘米（图 4-464，4；彩版一八三，4）。

铜刷柄　1 件。

标本 M240∶11，形似烟斗状。斗圆筒形中空，细长柄，截面圆形，尾部扁状形，形似龙首吐舌，近尾部有一圆形小孔。长 12.4 厘米（图 4-465，11）。

铜带钩　4 件。形体较小。琵琶形。钩呈兽首状。圆形纽位于背部尾端。

标本 M240∶7-1，长 3.2 厘米（图 4-465，7-1；彩版一八二，3）。

标本 M240∶7-2，长 3.3 厘米（图 4-465，7-2；彩版一八二，4）。

标本 M240∶7-3，长 3.9 厘米（图 4-465，7-3；彩版一八二，5）。

标本 M240∶8，长 8.2 厘米（图 4-465，8；彩版一八二，6）。

铜柿蒂形饰　1 件。

标本 M240∶14，四瓣柿蒂形，外表中部有半环纽，衔一圆环，背面中部方形凸状铺钉，与外纽为一体。对角长 3.6 厘米（图 4-465，14）。

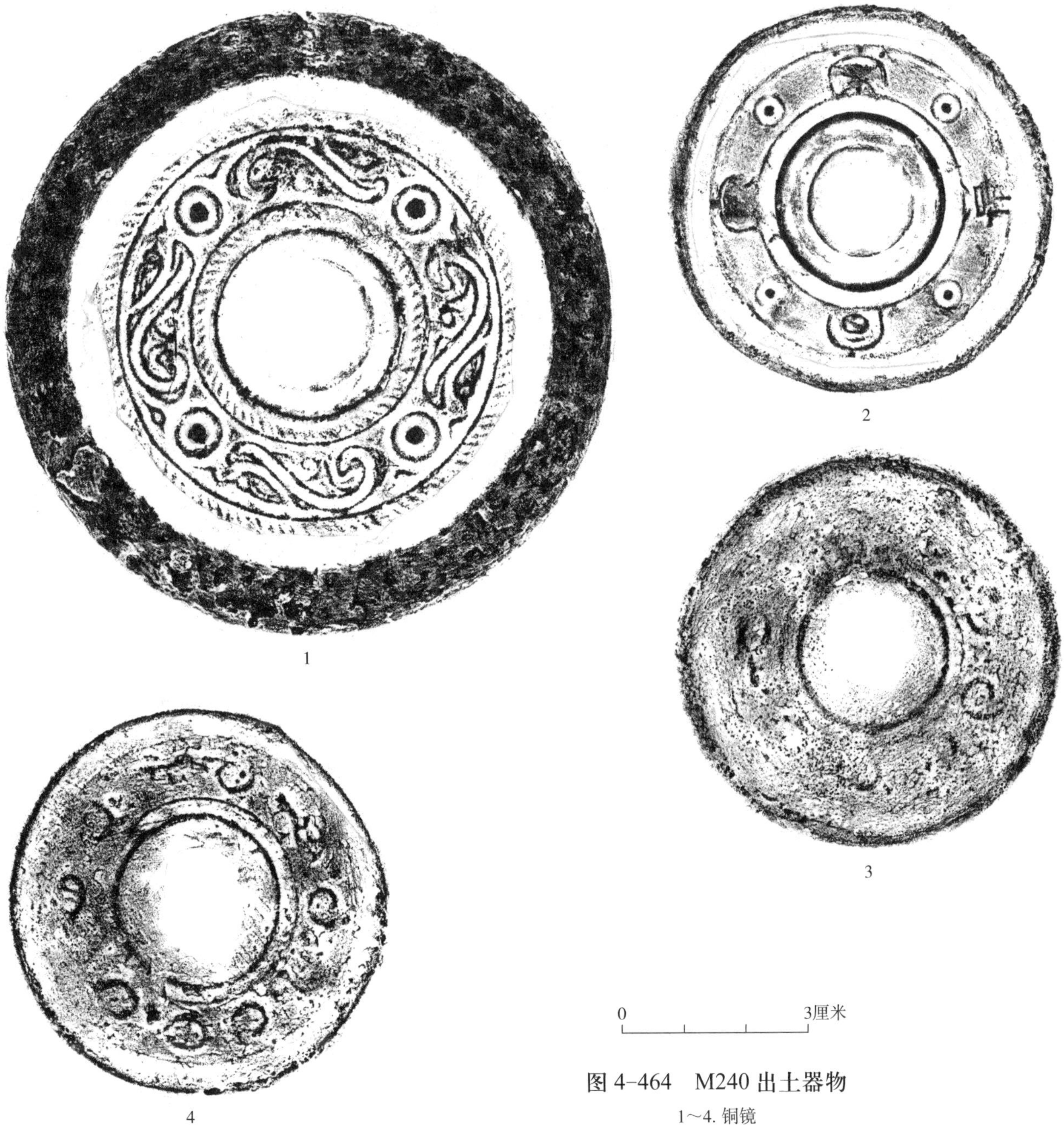

图 4-464　M240 出土器物

1～4. 铜镜

铜泡钉　8 件。

标本 M240：13-1，半圆状，内中部有一插钉。径长 1.2、高 1 厘米（图 4-465，13-1）。

铜钱　19 枚。均为五铢，其中 1 枚残缺。圆形方穿，正面有轮无郭，背面轮郭俱全。根据钱文字体不同分为两种。

第一种　7 枚。“五”字两笔交叉微曲，“铢”字“金”头呈三角形，与“朱”等齐，“朱”字上部方折。

标本 M240：10-1、2，直径 2.5、穿边长 1、厚 0.16 厘米（图 4-466，10-1、2）。

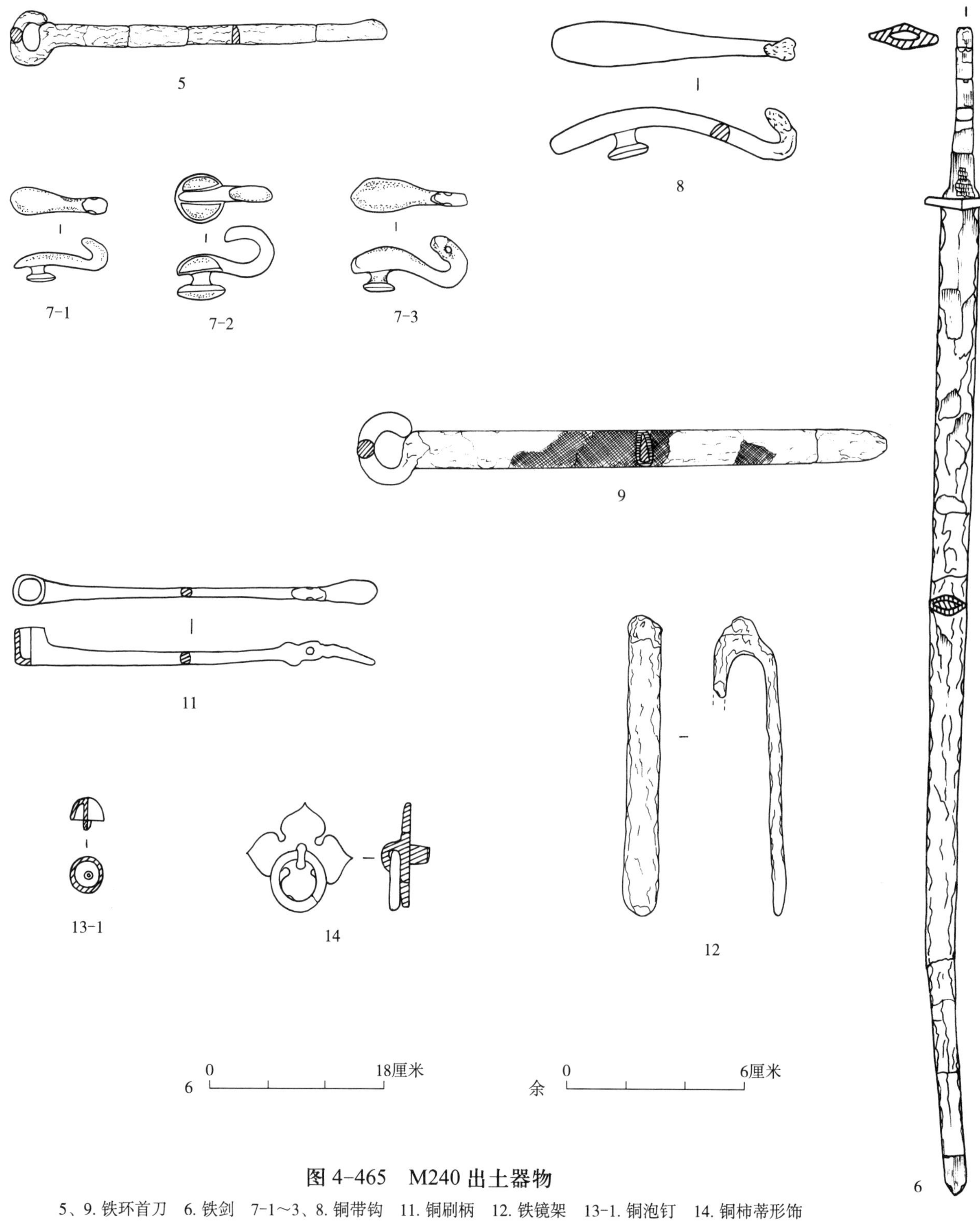

图 4-465　M240 出土器物

5、9. 铁环首刀　6. 铁剑　7-1～3、8. 铜带钩　11. 铜刷柄　12. 铁镜架　13-1. 铜泡钉　14. 铜柿蒂形饰

第二种　12 枚。“五”字两笔交叉弯曲，与上、下两横相交处微内收或垂直，“铢”字“金”头呈三角形，较小，与“朱”等齐，“朱”字上部方折，有的郭部分被磨。

标本 M240：10-3～5，直径 2.6、穿边长 1、厚 0.19 厘米（图 4-466，10-3～5）。

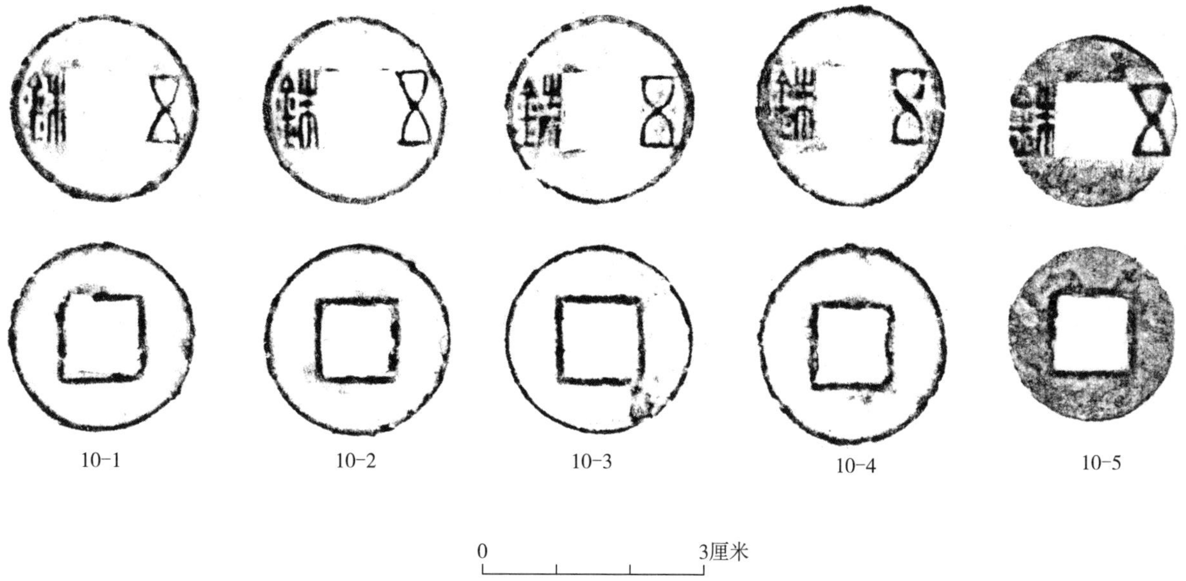

图 4-466　M240 出土器物

10-1～5. 铜钱

（2）铁器

铁剑　1 件。

标本 M240∶6，细长体，双面刃，截面中部呈菱形，外部粘附木质刀鞘痕迹。铜质菱形剑格。细长柄，截面扁圆状，外附木状物。格外遗留麻绳缠绕残痕。长 115.2、宽 1.8 ～ 7.2 厘米（图 4-465，6；彩版一八三，5）。

铁环首刀　2 件。均环首。长条形。截面三角形，直背，尖部弧圆。

标本 M240∶5，窄刃。长 12.8 厘米（图 4-465，5；彩版一八三，6）。

标本 M240∶9，宽刃，外侧遗留锈蚀木质刀鞘残痕。长 17.8 厘米（图 4-465，9；彩版一八三，7）。

铁镜架　1 件。

标本 M240∶12，叉形，两侧支脚扁长条形，一侧缺失。残高 9.8 厘米（图 4-465，12）。

（一三二）M241

1. 墓葬形制

位于墓地西南部，东北面是 M102、M237，东南面为 M244。方向 105°（彩版一八四，1）。

长方形土坑竖穴砖椁墓。墓口长 3.6、宽 1.9、深 4.9 米。椁长 2.75、宽 0.92、高 0.76 米。椁室四壁均青砖垒砌。西、南、东三壁单行砖顺向错缝叠砌。四周有生土二层台，高 0.17 米。台上两层青砖错缝平铺，下面垫黄褐色花土。四壁各有宽 0.04 ～ 0.08 米空槽，从上部下至底面。南、北两壁及东、西两端，其顶部各空 0.08 ～ 0.1 米间隙。墓底用青砖斜向平行排列一层。砖长 26、宽 12、厚 3 厘米。墓内填灰褐色五花土，经过夯打，土质较坚硬。夯窝椭圆形，分布无规律，直径 8 ～ 12、夯层 8 ～ 10 厘米。

人骨 1 具。头向东，面向上，仰身直肢。骨骼保存较差，仅剩头骨残片及部分下肢骨遗骸。性别、

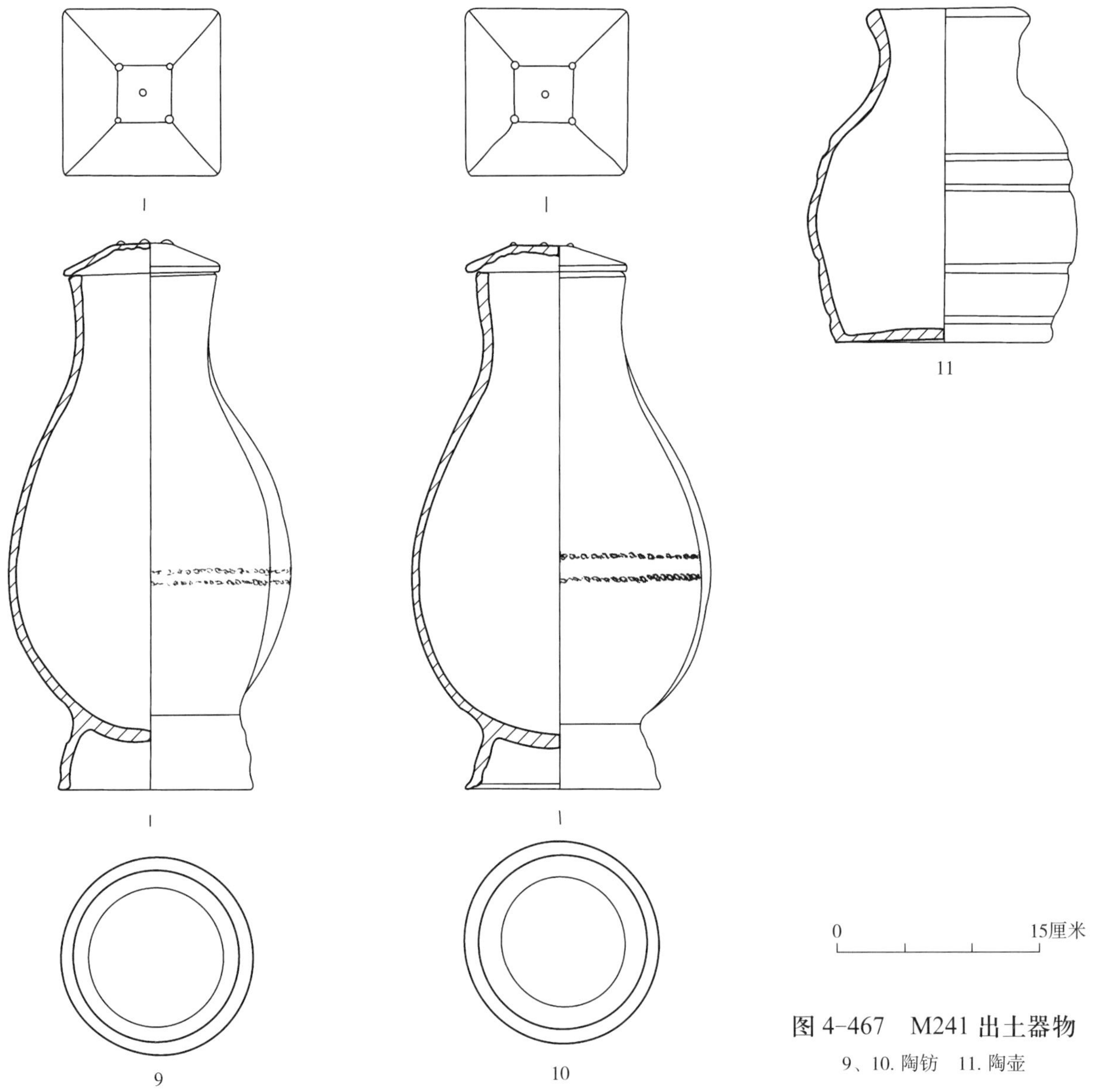

图 4-467　M241 出土器物

9、10. 陶钫　11. 陶壶

年龄无法鉴定。

随葬器物 13 件（彩版一八四，2）。陶钫 2 件，陶壶 1 件放置椁室西端。铜镜、铜刷柄、铁镜架、铜带扣各 1 件放置墓主头骨右侧。石研磨器、石黛板各 1 件放在头骨左侧。石剑格 2 件，置于下颌骨左侧。铜带钩、石剑璏各 1 件放在盆骨左侧。乳猪骨散落于椁室西端。

2. 出土遗物

（1）陶器

陶壶　1 件。

标本 M241：11，泥质灰陶。侈口，沿面外斜，圆唇，束颈，溜肩，鼓腹，平底微凹。腹部饰四周凹弦纹。口径 12、底径 15.5、高 24 厘米（图 4-467，11）。

陶钫　2 件。形制相同。泥质灰陶。覆斗形盖，斜壁，方唇，小平顶，上饰五个突饰。侈口，平沿，方唇，束颈，溜肩，鼓腹，下腹斜内收，圆形圈足。腹部饰两周戳印纹。

标本 M241∶9，口边长 11、底边长 14、通高 39.6 厘米（图 4-467，9）。

标本 M241∶10，口边长 11、底边长 14、通高 39.2 厘米（图 4-467，10）。

（2）石器

石剑格　1 件。

标本 M241∶6，菱形，两端薄，中间厚。中间长方形孔，用以置剑柄。长 4.4、宽 1.4、厚 1.7 厘米（图 4-468，6；彩版一八四，3）。

石剑首　1 件。

标本 M241∶13，截面菱形，两端薄，中间厚。长 3.3、宽 2、厚 1.4 厘米（图 4-468，13；彩版一八四，4）。

石剑璏　1 件。

标本 M241∶8，横截面长方形。中部长方形通孔，正面中间及两边阴刻三道直线，背面刻划凹凸相间粗横直线。长 7.2、宽 1.7、厚 1.2 厘米（图 4-468，8；彩版一八四，5）。

石黛板　1 件。

标本 M241∶5，青灰色页岩。长方形扁薄石板，横截面长方形，正面平整光滑，背面较粗糙，有崩痕。长 15.1、宽 5.3、厚 0.5 厘米（图 4-468，5；彩版一八四，6 下）。

石研磨器　1 件。

标本 M241∶4，砂岩质。圆形纽，纽面平整光滑，方形研体，研面平整光滑，局部有彩痕，纽面局部有磕损。直径 3、厚 1.5 厘米（图 4-468，4；彩版一八四，6 上）。

（3）铜器

铜镜　1 枚。

标本 M241∶1，四乳四虺镜。圆形，圆纽，圆纽座。座外均匀伸出四组短弧线（每组两条）、

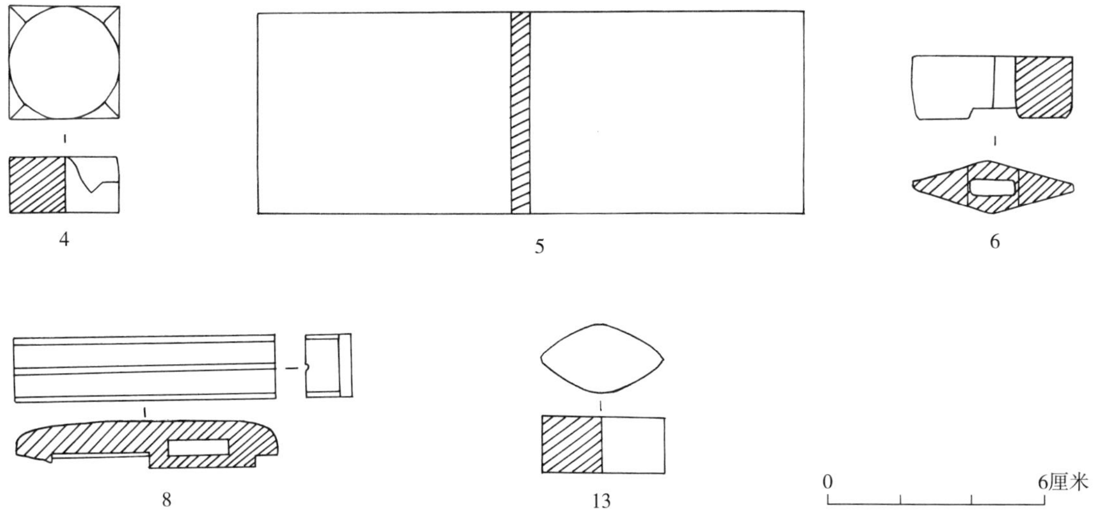

图 4-468　M241 出土器物

4. 石研磨器　5. 石黛板　6. 石剑格　8. 石剑璏　13. 石剑首

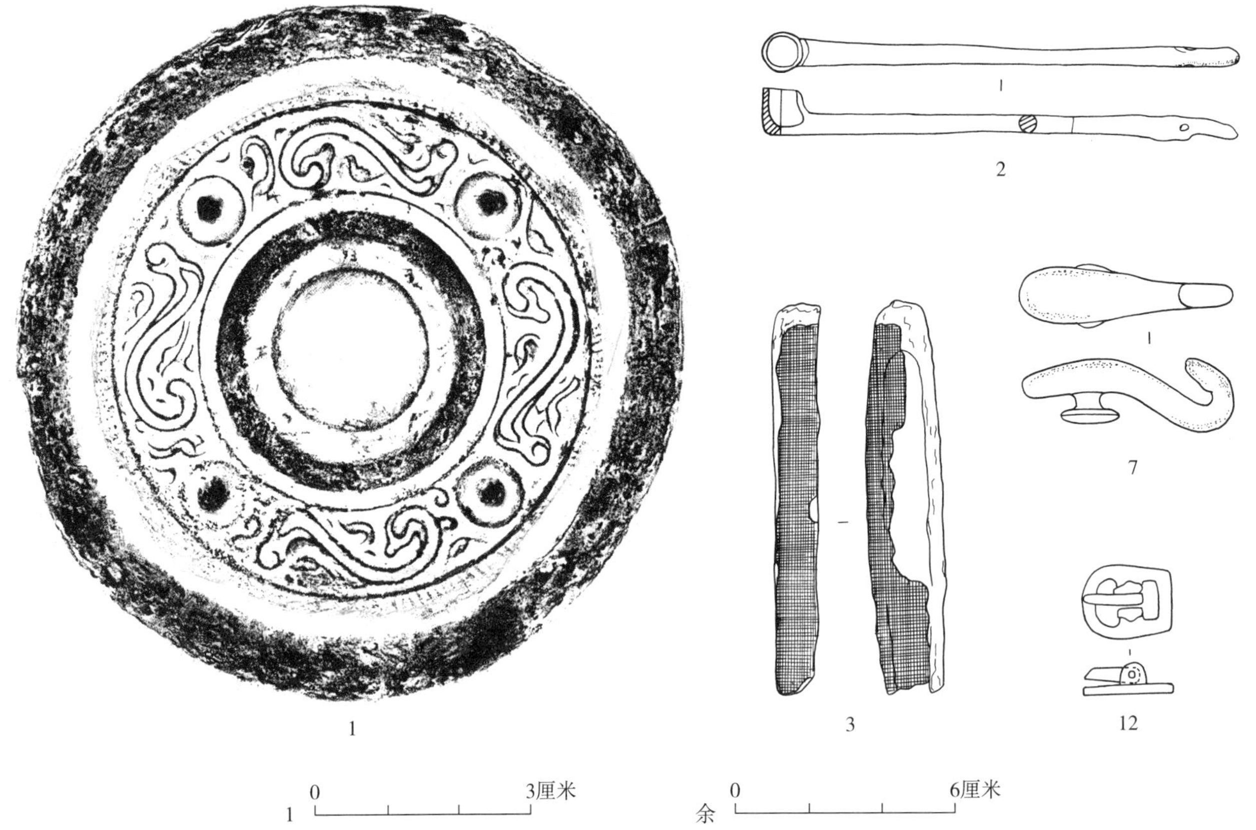

图 4-469　M241 出土器物

1. 铜镜　2. 铜刷柄　3. 铁镜架　7. 铜带钩　12. 铜带扣

夹饰月牙纹，再外一周窄凸面圈带。外区两周短斜线和凸弦纹组合纹带，其间为主纹，四枚带圆座乳丁分为四区，每区内各有一虺纹，双钩形身躯内外两侧及左侧分置一鸟纹、可辨鹤类和雀类，或回首而立、或伸颈行走、或展翅飞翔，间饰短弧线。宽素平缘。面径 9.1、缘厚 0.65 厘米（图 4-469，1；彩版一八四，7）。

铜刷柄　1 件。

标本 M241∶2，形似烟斗状，斗圆筒形中空。细长柄，截面圆形。尾部有圆形小孔，形似龙头吐舌。长 12.7 厘米（图 4-469，2）。

铜带钩　1 件。

标本 M241∶7，琵琶形。形体较短，钩呈兽首状，横截面半圆形，圆形纽位于背部近尾端处。长 5.8 厘米（图 4-469，7）。

铜带扣　1 件。

标本 M241∶12，近椭圆形。中间有横梁，上有扣鼻，因锈蚀不可活动。长 2.5、宽 1.4～2 厘米（图 4-469，12）。

（4）铁器

铁镜架　1 件。

标本 M241：3，叉形。两侧支脚扁长条形，两端圆弧，与刷柄锈蚀一体。外侧有腐朽细布包裹。高 10 厘米（图 4-469，3）。

（一三三）M242

1. 墓葬形制

位于墓地西南部，西南面是 M234，西面为 M222。方向 15°（图 4-470）。

长方形竖穴砖椁墓。墓口长 3.72、宽 1.74、深 1.62 米。椁长 3.45、宽 1.34、高 0.93 米。椁室四壁均错缝平铺叠砌十一层青砖；北壁上部塌陷，中间内凸，略显零乱；北、东两壁下部斜立两块青砖，其上叠压碎砖。墓底铺地砖中间条形平铺两排、两侧横向交错排列。砖长 34、宽 14、厚 6 厘米。墓内填黄褐色五花土，土质较致密。

人骨 1 具。头向北。骨骼腐朽严重，仅残存少量肢骨残渣。性别、年龄无法鉴定。

随葬陶罐 1 件。

2. 出土遗物

陶器

陶罐　1 件。

标本 M242：1，泥质夹细砂灰陶。直口，尖唇，弧沿，颈内凹，弧肩，圆鼓腹，下部弧收，平底微凹。肩部饰二十余周凹弦纹，中腹有制作拍打痕迹，下腹及底部饰绳纹。口径 20.8、底径 10、高 28.4 厘米（图 4-470，1）。

（一三四）M243

1. 墓葬形制

位于墓地西南部，被 M231 打破，西面是 M228，西南面为 M236。方向 100°（彩版一八五，1）。

长方形土坑竖穴砖椁墓。墓口长 3.7、宽 1.82、深 1.64 米。椁室均青砖垒砌，破坏严重，结构不明。四周有生土二层台，宽 0.16 ～ 0.3、深 1.04 米。南、北、东三侧台上横排一层、西端台上竖排一层青砖。墓底铺地砖斜向“人字形”排列。砖长 28、宽 11、厚 3 厘米。墓内填黄褐色五花土，土质疏松。填土中发现器物 14 件。陶甑、陶单把杯、铜带钩、铁镜架、铁剑、铜刷柄各 1 件，铜钱 8 枚。

人骨 1 具。骨骼凌乱堆于椁室东北角。性别、年龄无法鉴定。

随葬器物 5 件。铜镜 1 枚，铜钱 2 枚放置于椁室西北角。石研磨器、石黛板放在东端中部。

2. 出土遗物

（1）陶器

陶单把杯　1 件。

标本 M243：06，泥质黑褐陶。直口，尖唇，筒形腹，平底，三足。腹部饰两周凹弦纹，一侧有兽形带孔把手，素面。口径 8.6、带把手长 4.2、高 8.8 厘米（图 4-471，06）。

陶甑　1 件。

标本 M243：04，泥质黑褐陶。敞口，斜折沿，方唇，下部斜内收，矮圈足。底部有十五个条状孔，素面。口径 16.8、底径 6.5、高 6 厘米（图 4-471，04）。

（2）石器

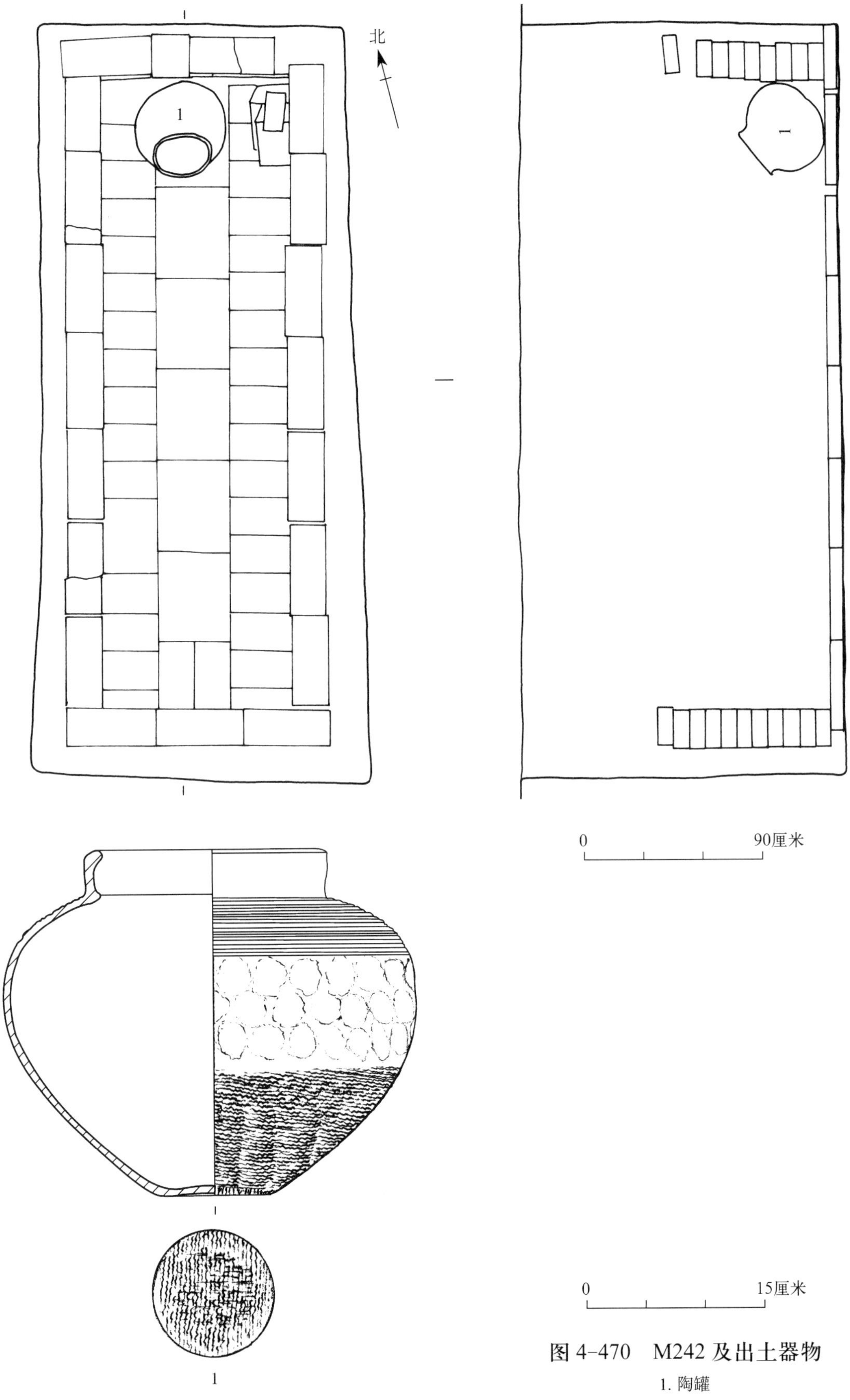

图 4-470　M242 及出土器物

1. 陶罐

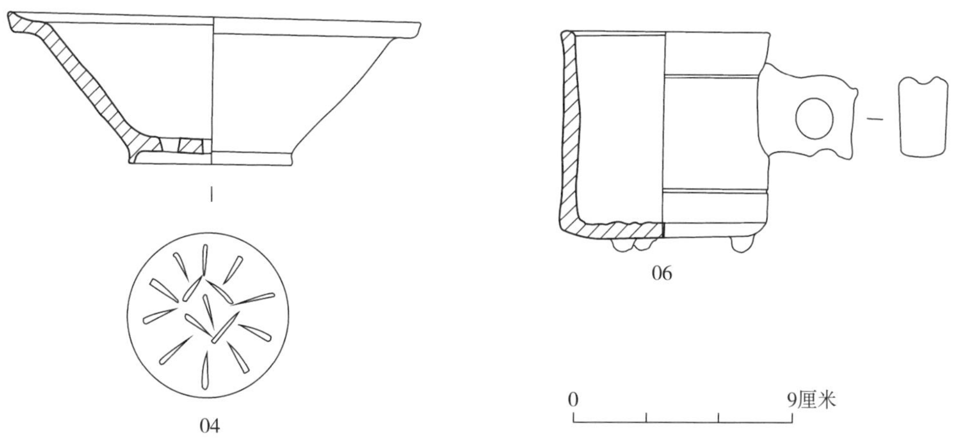

图 4-471　M243 出土器物

04. 陶甑　06. 陶单把杯

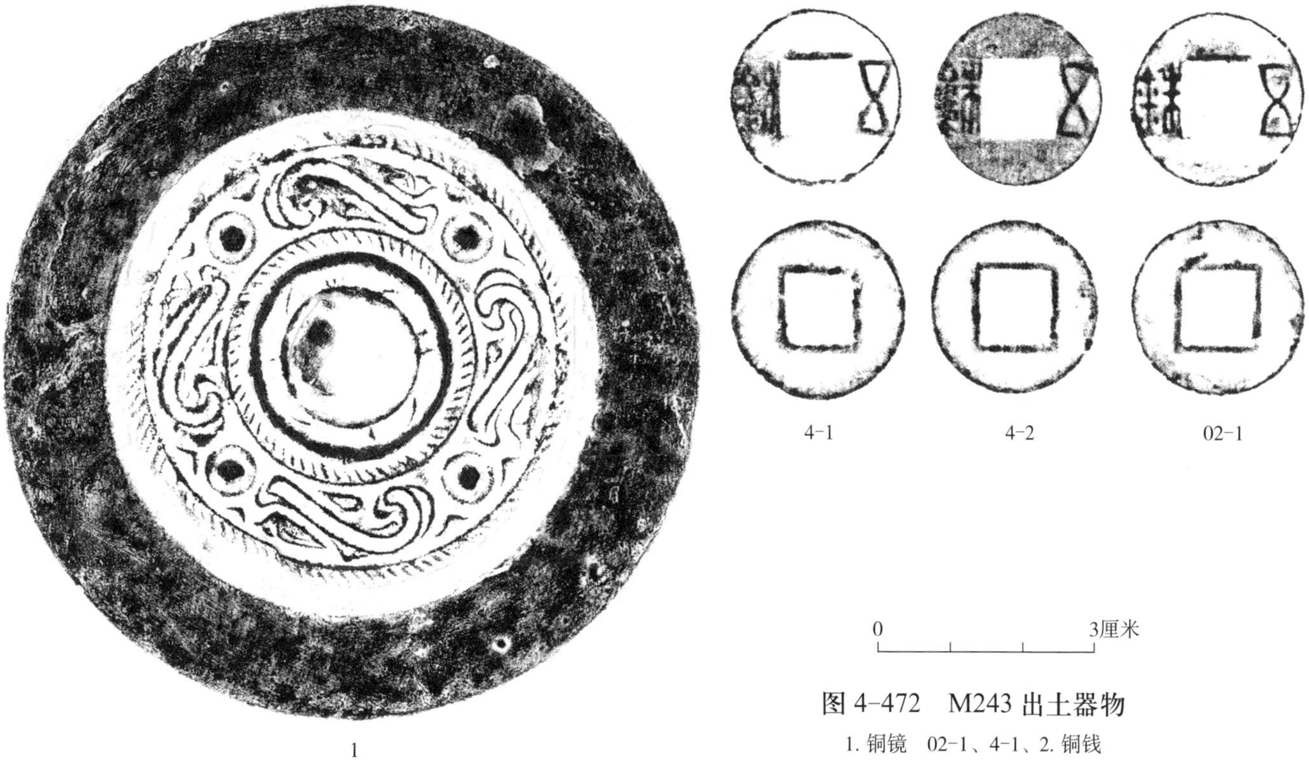

图 4-472　M243 出土器物

1. 铜镜　02-1、4-1、2. 铜钱

石黛板　1 件。

标本 M243∶3，青灰色页岩。平面长方形，横截面长条形。正面平整光滑，背面较粗糙。一角略残缺。长 12.6、宽 4.85、厚 0.45 厘米（图 4-473，3；彩版一八五，2 下）。

石研磨器　1 件。

标本 M243∶2，砂岩质。圆形纽，方形研体，研面平整光滑，纽与研体交界处有朱彩痕，圆形纽面饰浅浮雕虎形纹样。直径2.95、厚1.5厘米（图4-473，2；彩版一八五，2上）。

（3）铜器

铜镜　1枚。

标本M243：1，四乳四虺镜。圆形，圆纽，圆纽座。座外均匀伸出四组短竖线（每组三条）与四条短弧线相间环列，再外一周凸弦纹。外区两周短斜线和凸弦纹组合纹带，其间为主纹，四枚带圆座乳丁分为四区，每区内各有一虺纹，双钩形身躯外侧一立鸟、内侧一简化鸟纹，前后饰短弧线。面径9.5、缘厚1.4厘米（图4-472，1；彩版一八五，3）。

铜带钩　1件。

标本M243：01，琵琶形。钩呈兽首状，尾端略宽，中部横截面半圆形，圆形纽位于背部近尾端处。长9.8厘米（图4-473，01；彩版一八五，4）。

铜刷柄　1件。

标本M243：05，形似烟斗形。斗圆形中空，细长柄，截面椭圆形，柄端缺失。残长3.2厘米（图4-473，05）。

铜钱　10枚。均为五铢，其中1枚缺失一半。圆形方穿，正面有轮无郭，背面轮郭俱全。根据钱文字体不同分为两种。

第一种　3枚。“五”字两笔交叉微曲，“铢”字“金”头三角形，与“朱”等齐，“朱”字上部方折，有的穿上横郭或周郭部分被磨。

标本M243：4-1、2，直径2.4、穿边长1、厚0.15厘米（图4-472，4-1、2）。

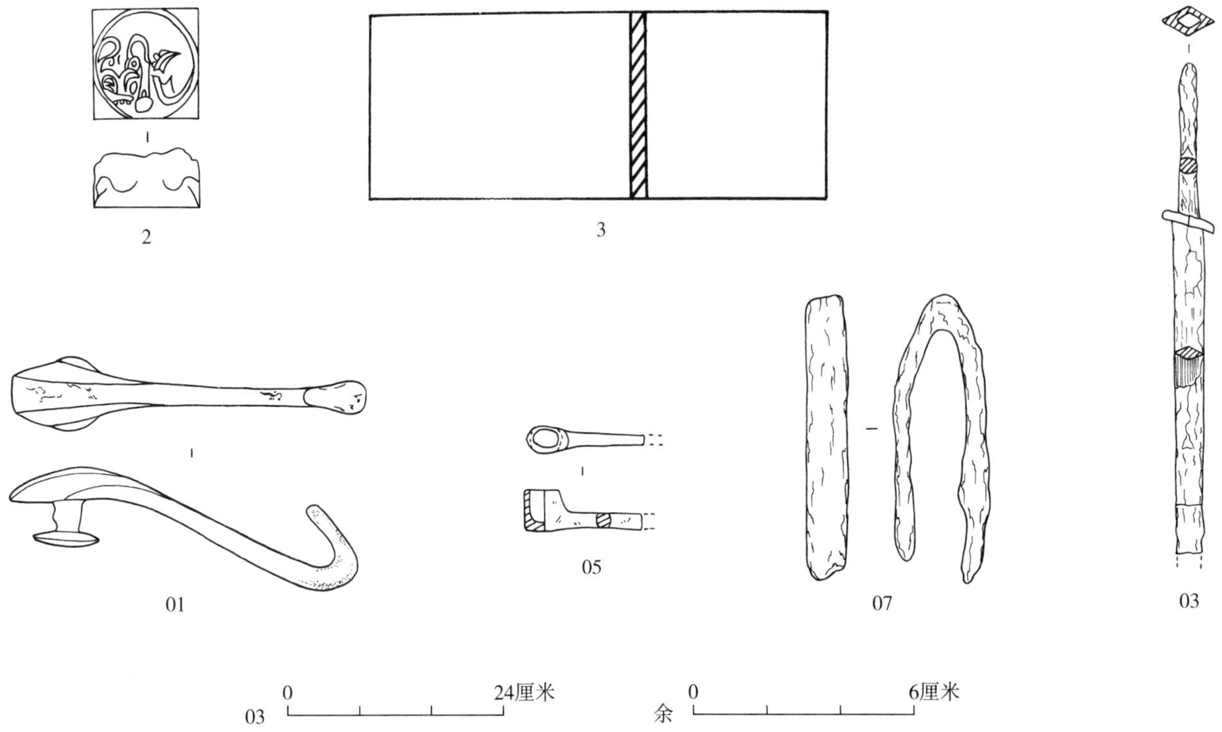

图4-473　M243出土器物

2. 石研磨器　3. 石黛板　01. 铜带钩　03. 铁剑　05. 铜刷柄　07. 铁镜架

第二种　7 枚。“五”字两笔交叉弯曲，与上、下两横相交处微敞，“铢”字“金”头三角形，较小，与“朱”等齐，“朱”字上部方折，有的穿上横郭。

标本 M243：02-1，直径 2.3、穿边长 1、厚 0.13 厘米（图 4-472，02-1）。

（4）铁器

铁剑　1 件。

标本 M243：03，扁长条形。剑身前端残缺。剑身双面刃，截面呈菱形。铜质菱形剑格，细长柄，截面近圆形。剑身外侧遗留木质剑鞘残痕。残长 52 厘米（图 4-473，03；彩版一八五，5）。

铁镜架　1 件。

标本 M243：07，叉形，两侧支脚扁长条形，下端断失。残高 7.7 厘米（图 4-473，07）。

（一三五）M244

1. 墓葬形制

位于墓地西南部，被 M240 打破，西北面是 M241。方向 115°（图 4-474）。

长方形土坑竖穴砖椁墓。墓口残长 1.5、宽 1.1、深 2.6 米。椁残长 1.5、宽 1.08、高 0.5 米。椁室青砖垒砌。南、北两壁平铺错缝、镂空，缝隙在 0.05～0.19 米之间。南壁残存青砖八层，高 0.3 米；北壁垒砌青砖十六层，高 0.5 米。西壁土圹未砌砖。墓底铺地砖斜向，呈“人”字形排列。砖长 26、宽 12、厚 3 厘米。墓内填黄褐色粉砂土，土质较致密。

人骨无。

随葬器物 15 件。铜盖弓帽 14 件，位于墓室中部。铁碎块 1 件放在中部偏北。

2. 出土遗物

（1）铜器

铜盖弓帽　14 件。形制相同。

标本 M244：1，圆形顶，柱状，中空，上部有两个小孔，一侧向上有弯钩，残破严重，不能复原。

（2）铁器

铁块　1 件。

标本 M244：2，锈蚀。长条状，器形不明。残长 5.7 厘米。

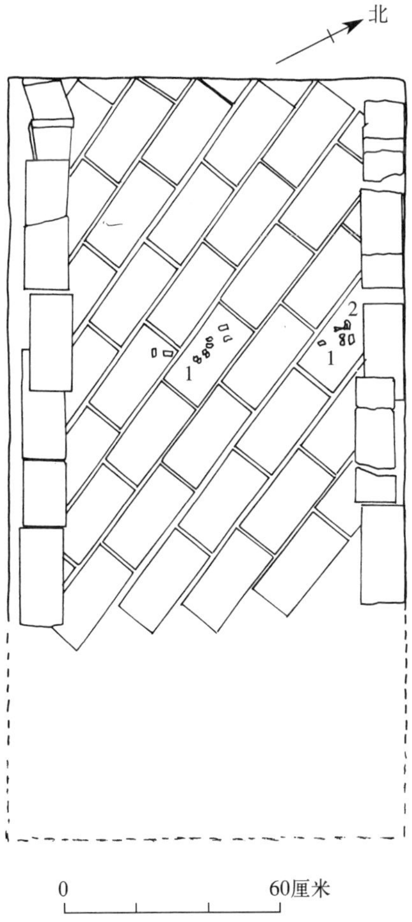

图 4-474　M244 平面图

1. 铜盖弓帽（14）　2. 铁块

（一三六）M245

1. 墓葬形制

位于墓地西南部，南面是 M118、M117。方向 115°（图 4-475）。

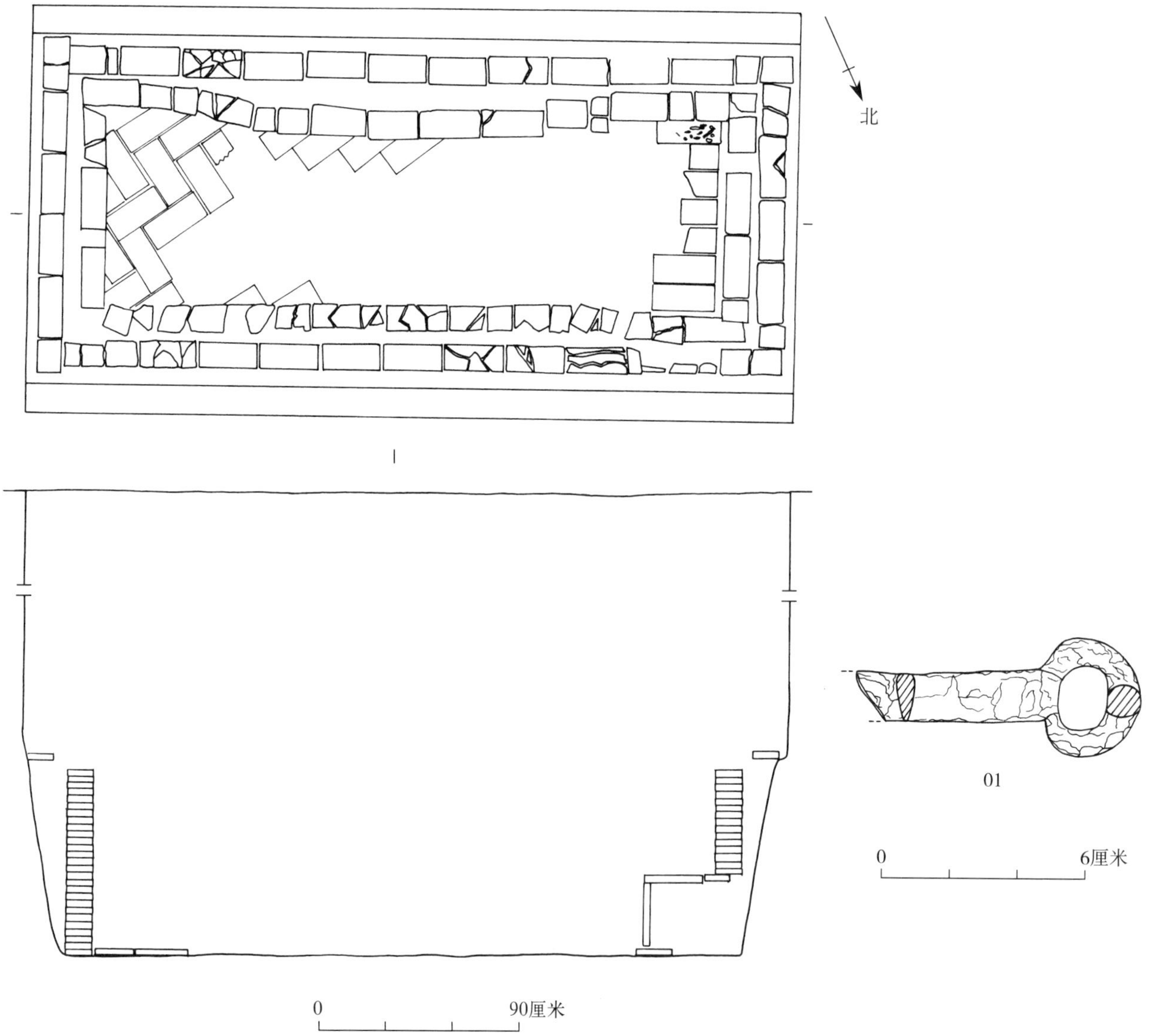

图4-475 M245及出土器物

01. 铁环首刀

长方形土坑竖穴砖椁墓。墓口长3.4、宽1.75、深2.6米。椁长3、宽0.87、高0.72米。椁室四壁均用二一层青砖平铺错缝叠砌。西侧脚箱宽0.31、高0.35米。墓底铺地砖“人”字形排列。砖长27、宽12、厚3厘米。墓内填黄褐色五花土，经夯打，土质较致密。夯窝椭圆形，分布无规律，直径10～13、夯层厚10厘米。填土中发现铜柄刷、铁环首刀各1件。脚箱内发现少量动物骨骼，未经鉴定，种属不明。

人骨无。

随葬器物无。

2. 出土遗物

（1）铜器

铜刷柄 1件。

标本 M245∶02，残碎严重，不能复原。残高 3 厘米。

（2）铁器

铁环首刀　1 件。

标本 M245∶01，环形柄，截面圆形，刀身长条形，前端缺失。厚背，刃部较薄。残长 8.4 厘米（图 4-475，01）。

（一三七）M247

1. 墓葬形制

位于墓地西南部，南面是 M246。方向 30°（图 4-476）。

长方形土坑竖穴砖椁墓。墓口残长 2.25、宽 1.05、深 0.2 米。椁室四壁用青砖平铺错缝叠砌而成。因破坏严重，仅残留两层青砖，中部缺失，垒砌方式不详。墓底铺地砖中间两列竖排，两边两列横排。砖长 30 ～ 33、宽 12、厚 6 ～ 8 厘米。墓内填黄褐色五花土，土质较松软。

人骨 1 具。头向北，骨骼腐朽，仅残存少量牙齿，性别无法鉴定，年龄 20 ～ 30 岁。

随葬铜带钩 1 件，放在墓主口内。

2. 出土遗物

铜器

铜带钩　1 件。

标本 M247∶1，琵琶形。两端均残，圆形纽位于背部。残长 3.8 厘米（图 4-476，1）。

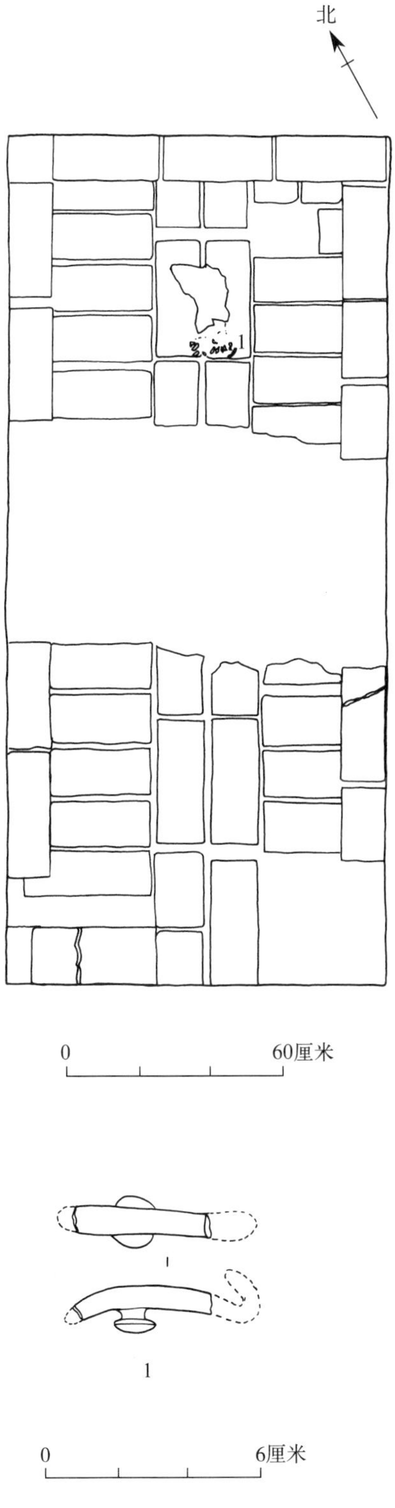

图 4-476　M247 及出土器物

1. 铜带钩

（一三八）M252

1. 墓葬形制

位于墓地中部，打破 M270，东北面是 M271，东面为 M253。方向 100°（图 4-477；彩版一八六，1）。

长方形土坑竖穴砖椁墓。墓口长 3.2、宽 1.6、深 0.7 米。椁长 3、宽 0.82、高 0.57 米。椁室四壁横排错缝叠砌平铺二十层青砖。墓底四周有生土二层台。南、北宽 0.27，东、西宽 0.08 ～ 0.15、深 0.70 米。台面均平铺青砖。南、北两壁横排对缝两层；东、西两端横排一层。墓底平铺一层青砖，“人”字形排列。墓内填黄褐色五花土，土质较疏松。夯窝圆形，直径 8 ～ 10、间距 15 ～ 20、夯层厚 24 厘米。砖长 27、宽 12、厚 3 厘米。

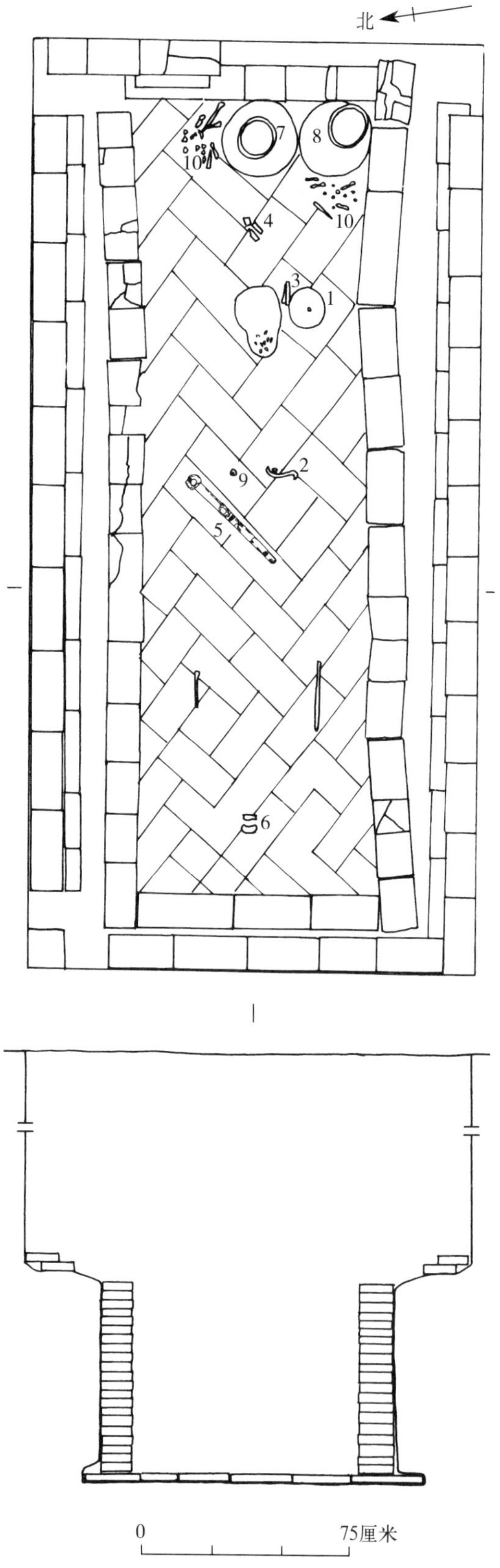

图 4-477 M252 平、剖面图

1. 铜镜 2. 铜带钩 3. 铁镜架 4. 陶俑（3） 5. 铁环首刀 6. 陶俑（2） 7、8. 陶壶 9. 铜钱（2） 10. 动物骨骼

人骨 1 具。头向东。骨骼严重腐朽，仅残存头骨碎片、牙齿及少量肢骨遗骸。性别、年龄无法鉴定。

随葬器物 13 件。陶壶 2 件放在椁室东南角。陶俑 5 件放在墓主头骨上方及足部。铜镜、铁镜架各 1 件置于头骨左侧。铜带钩 1 件，铜钱 2 枚放置墓主腰部。铁环首刀 1 件位于腰间右侧。乳猪、鸡、鱼骨散落于陶壶附近。

2. 出土遗物

（1）陶器

陶壶 2 件。泥质灰陶。侈口，沿面外斜，束颈，鼓腹，圈足。下腹饰绳纹。

标本 M252：7，弧顶盖。尖唇，颈、腹部饰两周凸弦纹，腹饰两周凹弦纹，间饰两周戳印纹。口径 14.4、底径 15.8、通高 39 厘米（图 4-478，7；彩版一八六，2 左）。

标本 M252：8，失盖。方唇，器表有制作抹痕，颈部饰一周凹弦纹，腹部饰三周凹弦纹、一周戳印纹，底部饰绳纹。口径 14、底径 16.1、高 34.7 厘米（图 4-478，8；彩版一八六，2 右）。

陶俑 5 件。形制基本相同。均泥质灰褐陶。制作粗糙，捏塑而成，站立状，拟身披长袍。

标本 M252：4-1，头上部残缺，右手抚胸部，左手放在长袍内，身体微前倾。高 5.1、宽 2.4、厚 1.8 厘米（图 4-478，4-1）。

标本 M252：4-2，胸部残断，高 5.5、宽 2.6、厚 1.5 厘米（图 4-478，4-2）。

标本 M252：6-1，头部缺失，残高 4.6、宽 2.5、厚 1.2 厘米（图 4-478，6-1）。

（2）铜器

铜镜 1 枚。

标本 M252：1，对称单层草叶镜，锈蚀严重。圆形，圆纽，似为柿蒂纹纽座。座外一凸弦纹小方格和一凹面大方格（外附一凸弦纹方格）间有纹饰，每边两涡纹夹三短竖线、四角各一双叶花枝纹。大方格四角各外伸出双叶花枝纹；四边中心点外各一圆座乳丁，钉外一桃形花苞、两侧各

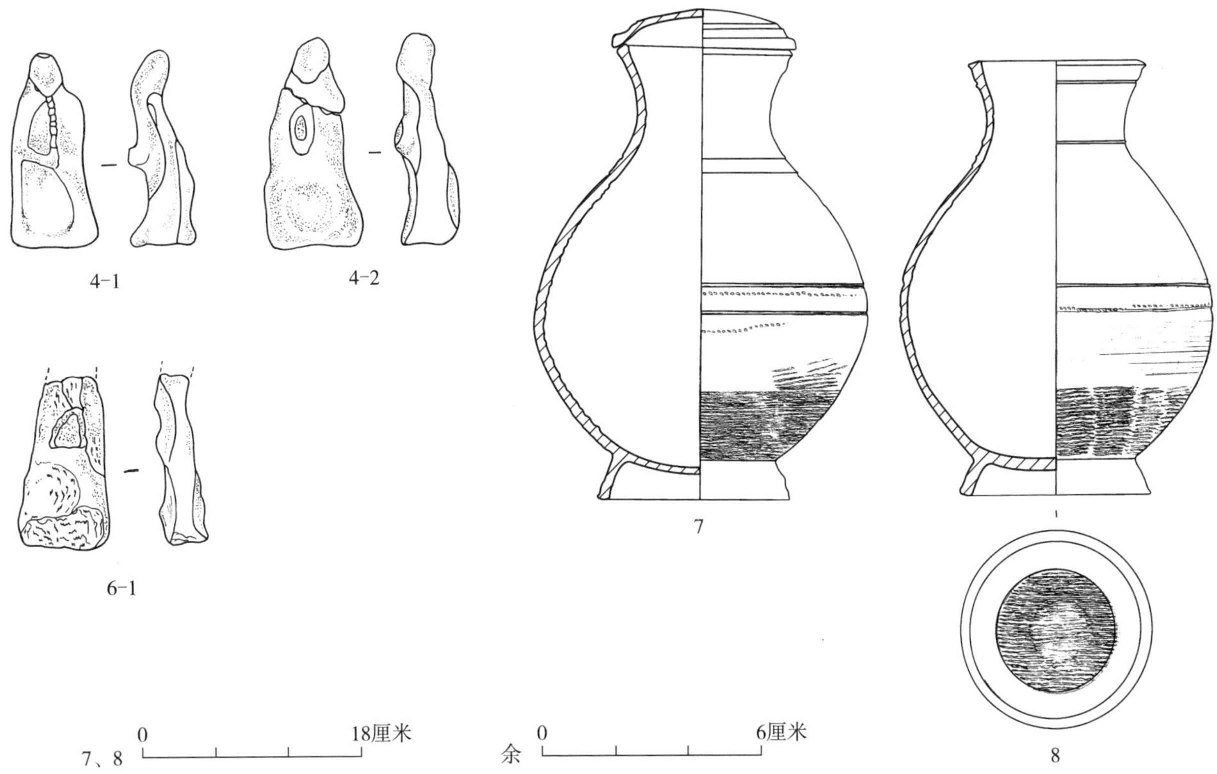

图 4-478　M252 出土器物

4-1、2、6-1. 陶俑　7、8. 陶壶

一单层草叶纹。内向十六连弧纹缘。面径 12.3、缘厚 0.35 厘米（图 4-479，1；彩版一八六，3）。

铜带钩　1 件。

标本 M252：2，琵琶形。钩呈兽首状，颈部细长，横断面近三角形，尾背部凹陷形成凹槽，圆形纽斜插于凹槽前端。长 12.3 厘米（图 4-479，2；彩版一八六，4）。

铜钱　2 枚，均为五铢。圆形方穿，正面有轮无郭，背面轮郭俱全。根据钱文字体不同分为两种。

第一种　1 枚。“五”字两笔交叉微曲，“铢”字“金”头呈镞形，“朱”字上部方折。

标本 M252：9-1，直径 2.5、穿边长 0.9、厚 0.17 厘米（图 4-479，9-1；彩版一八六，5 左）。

第二种　1 枚。“五”字两笔交叉弯曲，与上、下两横交接处微内收，“铢”字“金”字头呈镞形，“朱”字上部方折，穿上横郭。

标本 M252：9-2，直径 2.5、穿边长 0.9、厚 0.17 厘米（图 4-479，9-2；彩版一八六，5 右）。

（3）铁器

铁环首刀　1 件。

标本 M252：5，刀身扁平长条形，截面三角形。平背，直刃。刀身有木质鞘痕，断为数节。长 36.4 厘米（图 4-479，5）。

铁镜架　1 件。

标本 M252：3，叉形，两侧支脚扁长条形，一侧残缺。高 10.5 厘米（图 4-479，3；彩版一八六，6）。

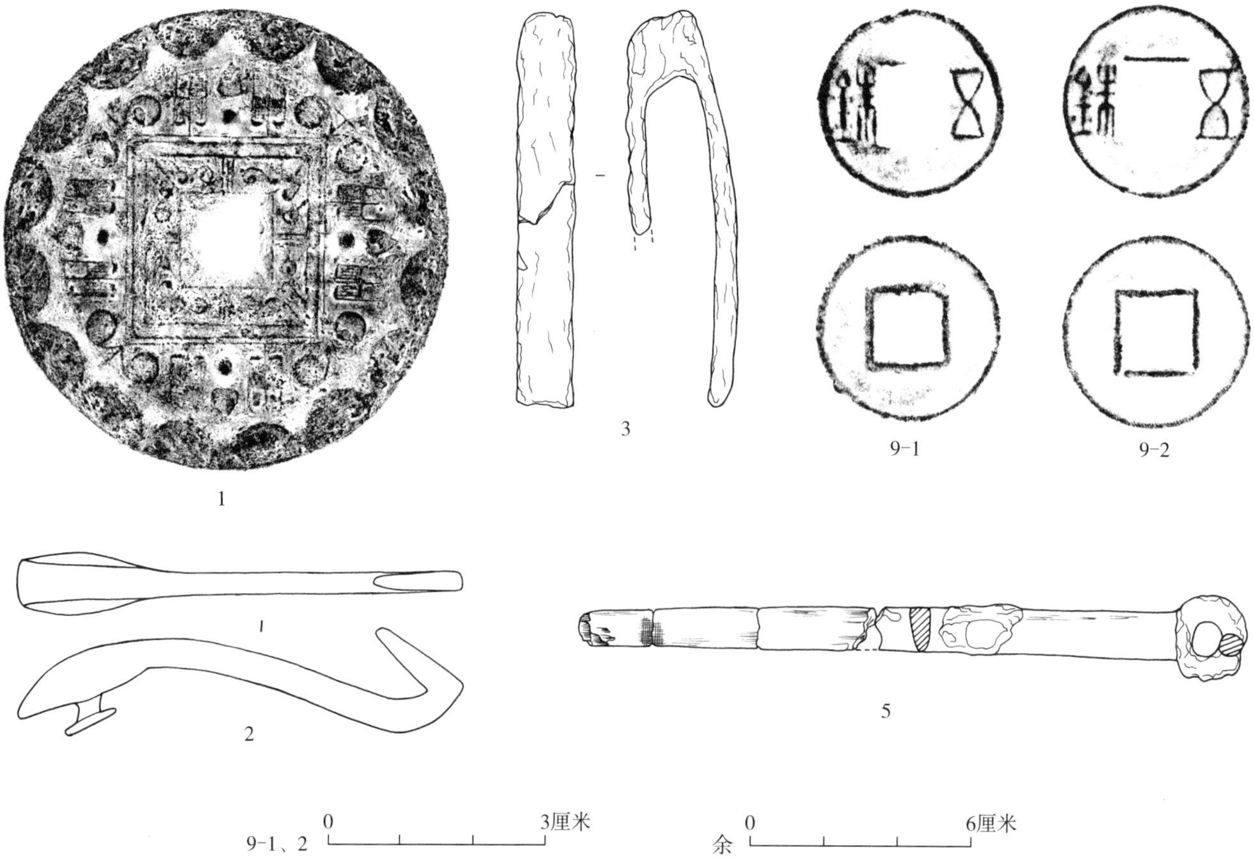

图4-479　M252出土器物

1. 铜镜　2. 铜带钩　3. 铁镜架　5. 铁环首刀　9-1、2. 铜钱

（一三九）M254

1. 墓葬形制

位于墓地中部，西北面是M276，东面为M256、M255。方向186°（图4-480；彩版一八七，1）。

长方形土坑竖穴砖椁墓。墓口长2.54、宽1.24、深1.24米。椁室由青砖垒砌而成，由于破坏严重，仅残留少量碎砖，尺寸不详。壁龛位于砖椁南壁中间，高0.3、宽0.24、进深0.2米。墓内填浅灰褐色五花土，土质较疏松。

人骨1具。头向南。因遭扰动，墓主葬式不详。女性，年龄55～65岁。

随葬彩绘陶壶1件，放在壁龛内。

2. 出土遗物

陶器

陶壶　1件。

标本M254∶1，泥质灰陶。弧顶盖，上饰白彩。壶侈口，沿面外斜，尖唇，束颈，溜肩，鼓腹，体弧内收，高圈足。颈肩部饰三周红彩，间饰两周白彩，腹部饰一周红彩，腹部白彩上用红彩绘兽首衔环、几何纹和祥云纹。口径10.4、底径10.4、通高27.3厘米（图4-480，1；彩版一八七，2）。

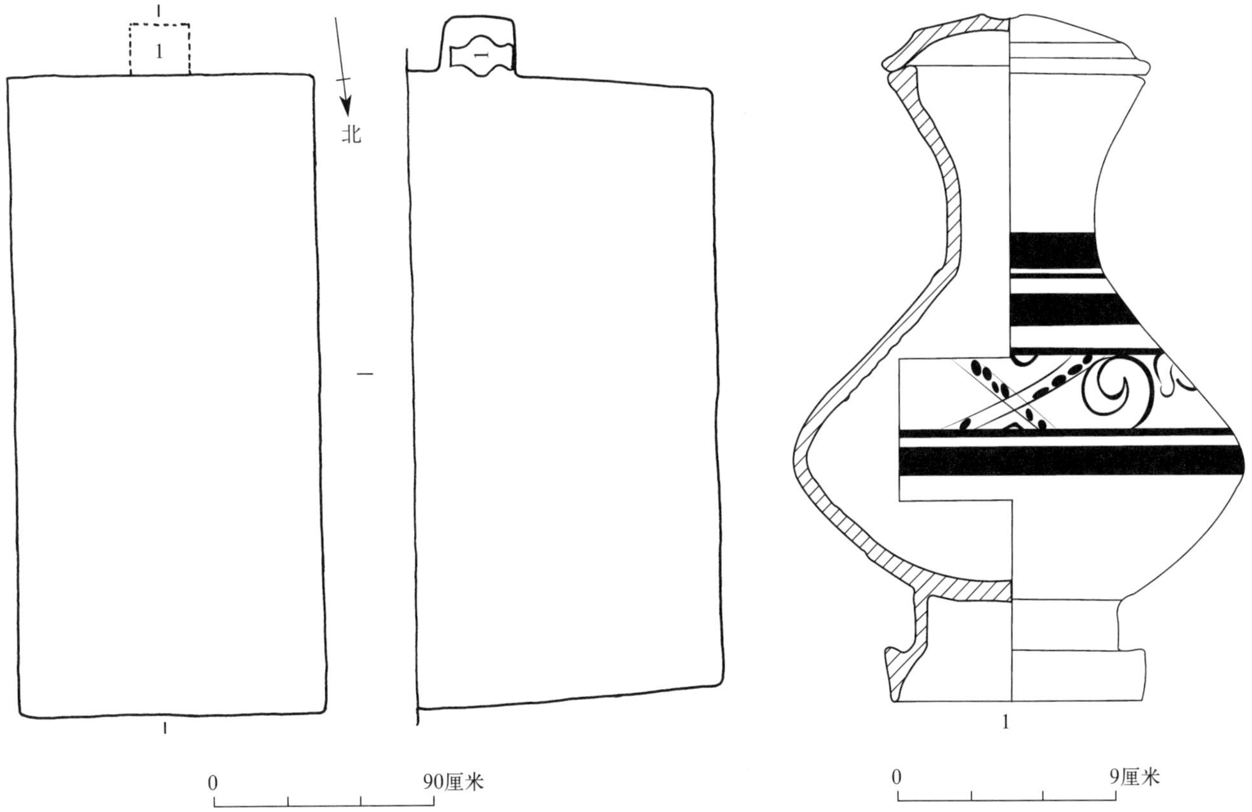

图 4-480　M254 及出土器物

1. 陶壶

（一四〇）M258

1. 墓葬形制

位于墓地中部，北面是 M259，西面为 M257。方向 112°（图 4-481；彩版一八七，3）。

长方形土坑竖穴砖椁墓。墓口长 3.04、宽 1.4、深 1.3 米。椁长 3、宽 1.3、深 0.88 米。椁室四壁均为青砖错缝垒砌，隔出 0.32 米为头箱。墓底平铺一层青砖，“人”字形排列。砖长 27 ～ 28、宽 12 ～ 14、厚 4 厘米。填土为浅灰褐色粉砂土，土质较疏松。

人骨 1 具。头向东。面向不详，仰身直肢。骨骼腐朽严重，仅残存部分肢骨残段。性别无法鉴定，成年个体。

随葬器物 3 件。陶罐 1 件置于头箱南端。铜镜 1 枚放在墓主头骨左侧。铜带钩 1 件位于墓主腰部。少许动物骨骼放在头箱中部。未经鉴定，种属不明。

2. 出土遗物

（1）陶器

陶罐　1 件。

标本 M258∶3，泥质灰陶。敛口，折沿，方唇，束颈，弧肩，鼓腹，下部弧收，平底微凹。器表有制作抹痕，腹部饰一周戳印纹。口径 16、底径 18、高 22.6 厘米（图 4-481，3）。

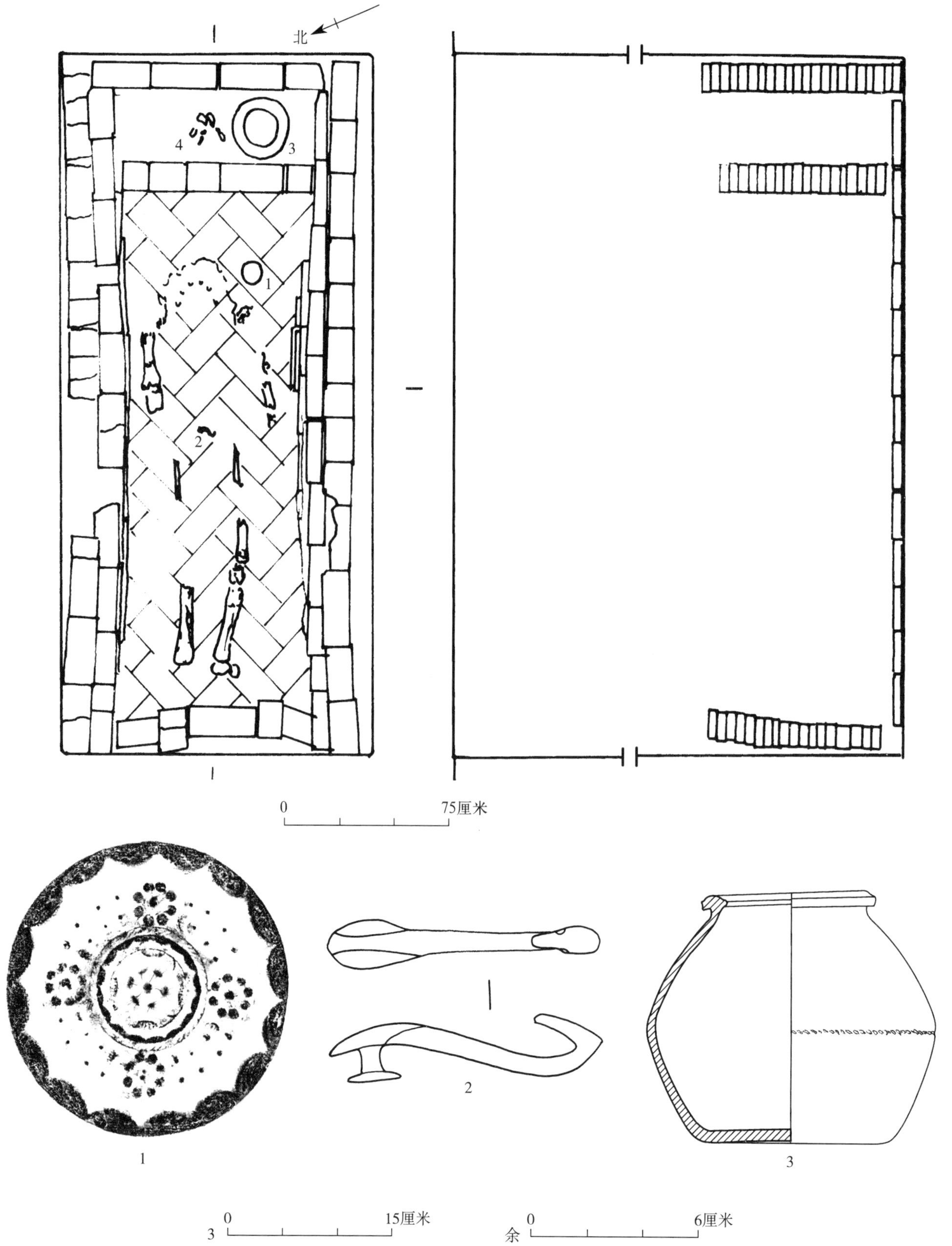

图4-481 M258及出土器物

1. 铜镜 2. 铜带钩 3. 陶罐 4. 动物骨骼

（2）铜器

铜镜　1 枚。

标本 M258：1，星云镜。圆形，连峰纽，圆纽座。座上四短弧线与四外附三短竖线的内弧月牙纹相间环列。座外一周内向十六连弧纹圈带。其外一周短斜线和凸弦纹组合纹带与一周凸弦纹之间为主纹，四枚连珠纹座的大乳丁分为四区，每区内各有弧线相连的七枚小乳丁。内向十六连弧纹缘。面径 10.5、缘厚 0.5 厘米（图 4-481，1；彩版一八七，4）。

铜带钩　1 件。

标本 M258：2，琵琶形。钩呈鹅首状，细长颈，横断面三角形，椭圆形纽位于背中部。长 9.8 厘米（图 4-481，2）。

（一四一）M259

墓葬形制

位于墓地中部，北面是 M260，南面为 M258。方向 100°（图 4-482）。

长方形土坑竖穴砖椁墓。墓口长 3.6、宽 1.3、深 1.74 米。椁室四壁青砖垒砌而成。因扰乱严重，青砖破坏殆尽，形制不详。砖长 34、宽 13、厚 4 厘米。墓内填浅灰褐色五花土，经过夯打，土质较疏松。夯窝圆形，分布稀疏，加工情况不明。

人骨 1 具。零散堆于墓底东端。女性，年龄 25 ～ 30 岁。

随葬器物无。

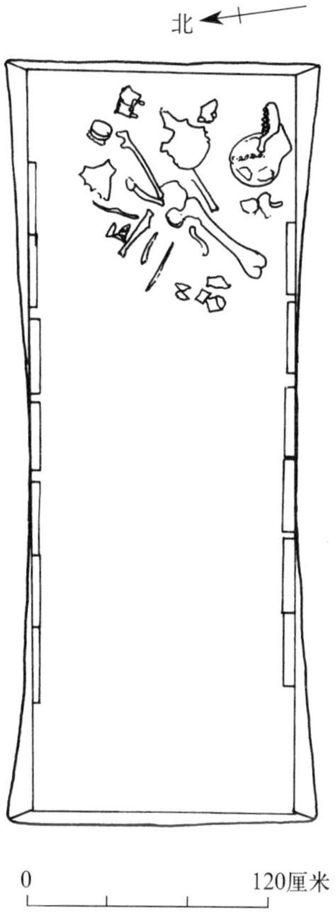

图 4-482　M259 平面图

（一四二）M261

1. 墓葬形制

位于墓地中部，东北面是 M293，西面为 M288。方向 20°（图 4-483）。

长方形土坑竖穴砖椁墓。墓口长 3.1、宽 1.5、底长 2.9、宽 1.3、深 1.75 米。椁长 2.55、宽 0.85、高 0.7 米。椁室四壁横排错缝叠砌二十二层青砖。墓底平铺一层青砖，“人”字形排列。砖长 26 ～ 28、宽 12、厚 3 厘米。墓内填黄褐色五花土，经过夯打，土质较硬。夯窝不明显。

人骨 1 具。头向北。仰身直肢。骨骼腐朽严重，性别、年龄无法鉴定。

随葬器物 6 件。陶钫 2 件位于椁室西北角。铜钱 4 枚放置东端偏南。乳猪、真鲷骨散落于东北角。

2. 出土遗物

（1）陶器

陶钫　2 件。泥质灰陶。覆斗形盖，斜壁，小平顶，顶部饰五个突饰。钫方口微侈，平沿，方唇，束颈，溜肩，鼓腹，下腹弧收，方形圈足。下腹饰绳纹。

标本 M261：1，口边长 10.4、底边长 11.5、通高 39.2 厘米（图 4-484，1）。

标本 M261：2，底部饰绳纹。口边长 10.6、底边长 12.2、通高 39 厘米（图 4-484，2）。

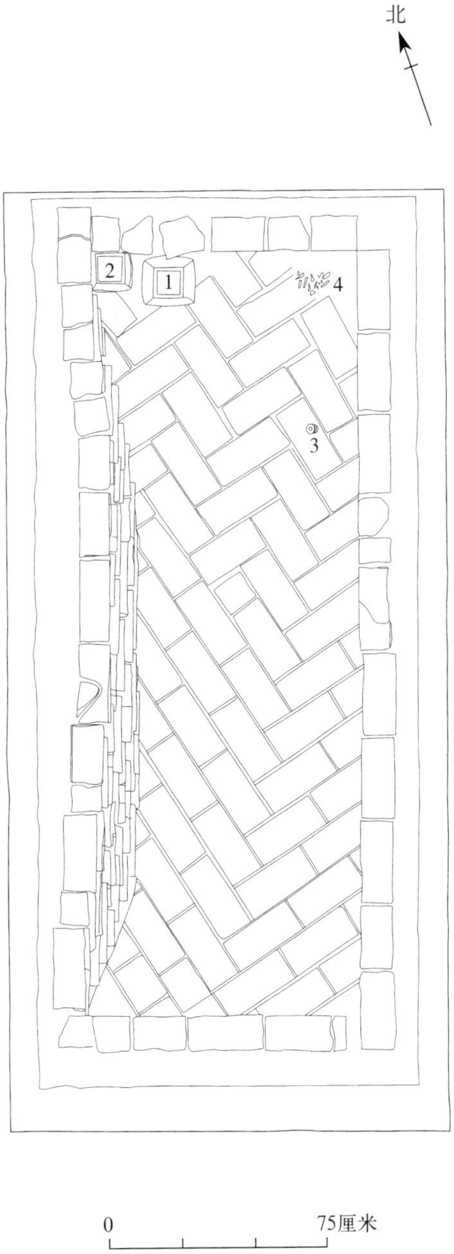

图 4-483　M261 平面图

1、2. 陶钫　3. 铜钱（4）　4. 动物骨骼

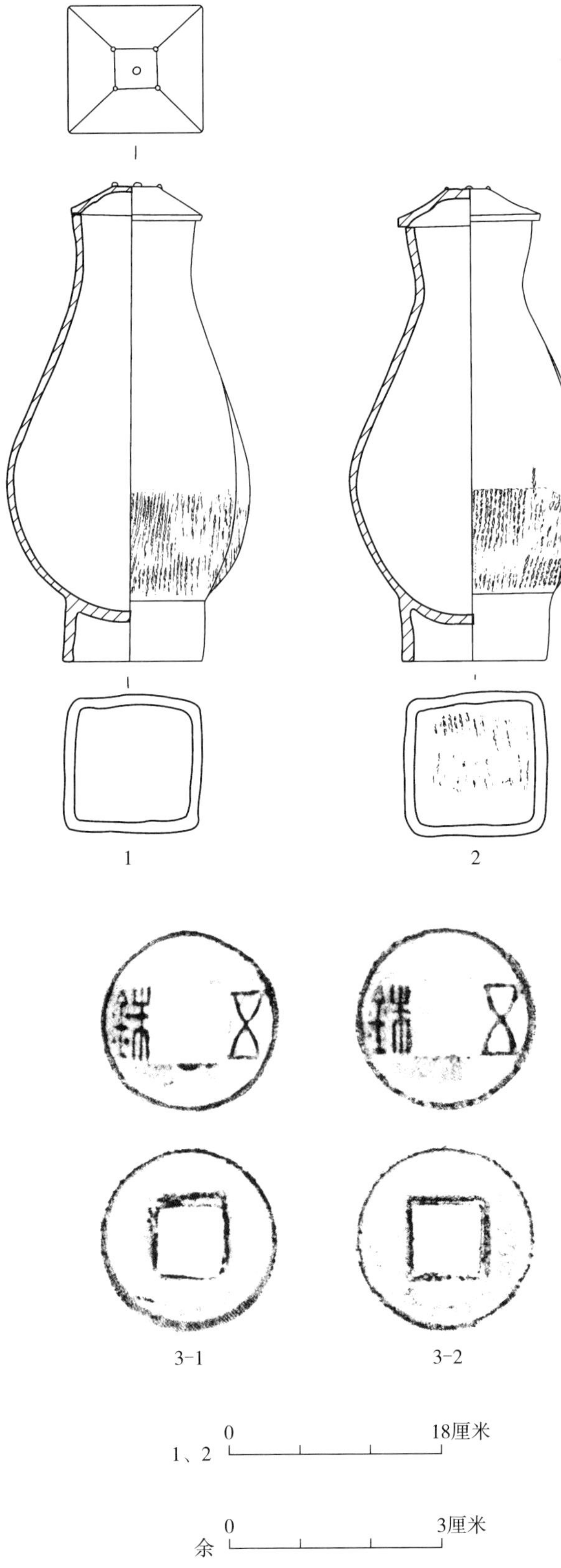

图 4-484　M261 出土器物

1、2. 陶钫　3-1、2. 铜钱

（2）铜器

铜钱　4枚，均为五铢。圆形方穿，正面有轮无郭，背面轮郭俱全。“五”字两笔交叉近直，“铢”字“金”头呈三角形，与“朱”等齐，“朱”字上部方折，有的穿下半星。

标本M261∶3-1、2，直径2.5、穿边长1、厚0.18厘米（图4-484，3-1、2）。

（一四三）M262

1. 墓葬形制

位于墓地中部，东南面是M408，西南面为M260。方向100°（图4-485）。

长方形土坑竖穴砖椁墓。墓口长3.1、宽1.24～1.3、深2.11米。椁长2.98、宽1.12、高0.66米。椁室四壁均用青砖平铺横排错缝垒砌。南、北、东三壁十三层，西壁垒砌十二层。墓底竖排对缝排列一层青砖，四角残存部分白灰条。砖长33、宽13～14、厚5厘米。墓内填黄褐色五花土，土质较松软。

人骨1具。头向东。直肢。骨骼保存较差，仅残存部分头骨碎片及少量下肢骨遗骸。性别、年龄无法鉴定。

随葬器物2件。陶罐1件置于椁室东北部。铜带钩1件放在墓主口内。大量动物骨骼分布在墓底东部，未经鉴定，种属不明。

2. 出土遗物

（1）陶器

陶罐　1件。

标本M262∶1，泥质灰陶。敛口，折沿，沿面外斜，方唇，束颈，鼓腹，下部弧收，平底微凹。上腹有制作抹痕，中腹饰三周断续戳印纹，下腹及底部饰绳纹。口径15.3、底径10、高23.2厘米（图4-485，1）。

（2）铜器

铜带钩　1件。

标本M262∶2，琵琶形。钩呈兽首状，横断面半圆形，椭圆形纽位于背部中端，钩两面自首至尾各有一道凸棱。长4.2厘米（图4-485，2）。

（一四四）M263

墓葬形制

位于墓地中部，北面是M265，东面为M430，西面是M360。方向280°（图4-486）。

长方形土坑竖穴砖椁墓。墓口长3.25、宽1.4、深1.32米。椁长2.71、宽0.68、高0.6米。椁室四壁均青砖平铺垒砌。东壁缺失，西壁十六层为单层横排错缝垒砌。南、北两壁下部为生土台，高0.25米，台上面垒砌双排青砖。北壁七层为横排错缝垒砌。除上部外，其余各层均有0.06～0.2米缝隙。外侧排列为单层横铺。南壁青砖大部分缺失。墓底平铺一层青砖，“人”字形排列。砖长29、宽13、厚4厘米。墓内填黄褐色五花土，土质较疏松。

人骨1具。头向西，仰身直肢。骨骼腐朽，头骨破碎，仅遗留部分肩胛骨及上、下肢骨残骸。性别无法鉴定，成年个体。

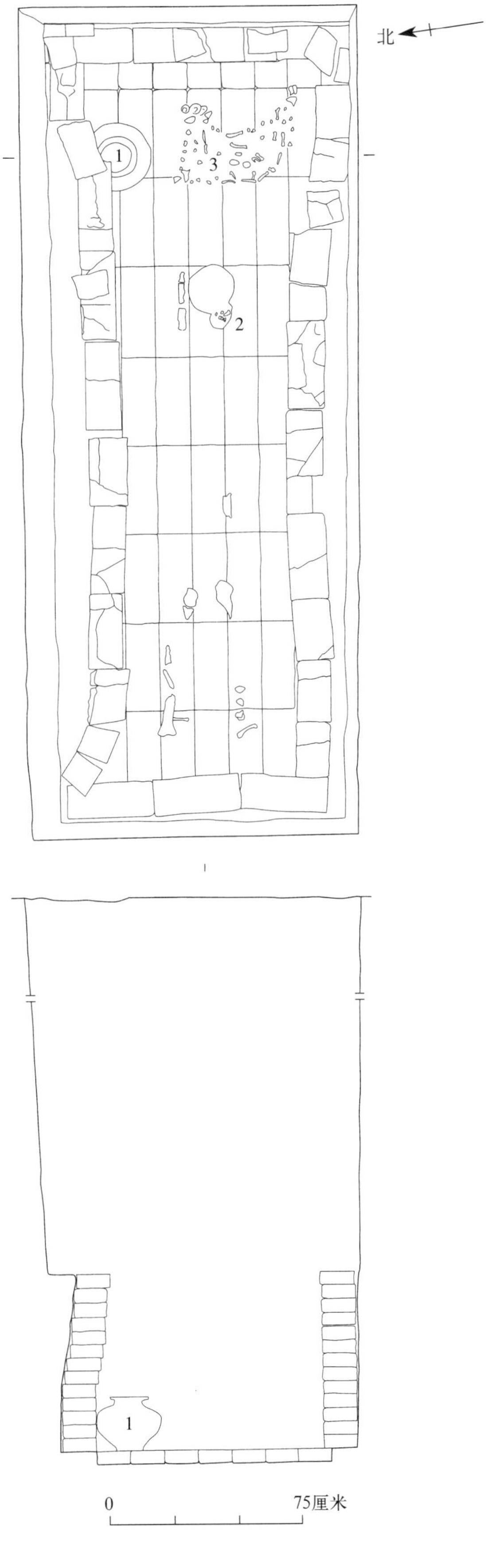

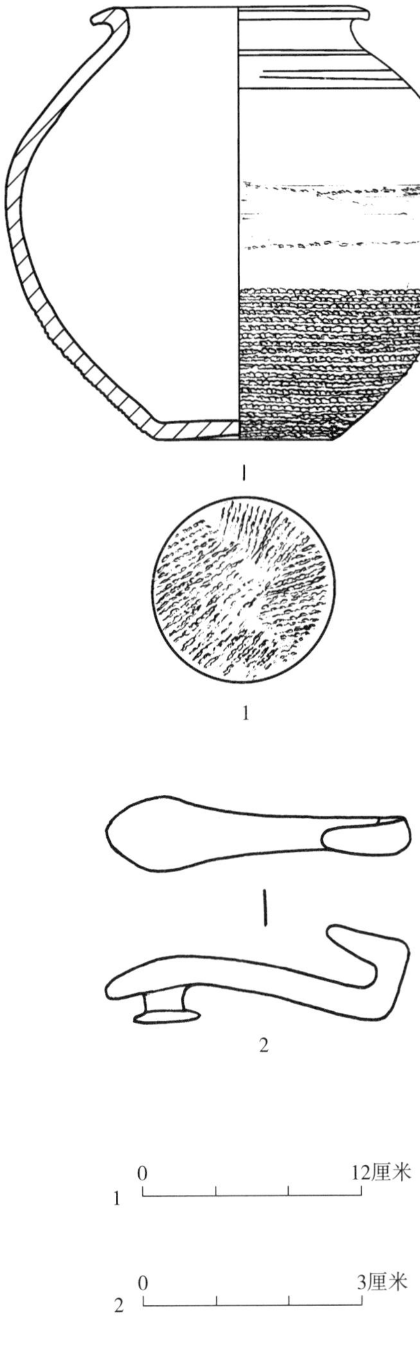

图 4-485　M262及出土器物

1. 陶罐　2. 铜带钩　3. 动物骨骼

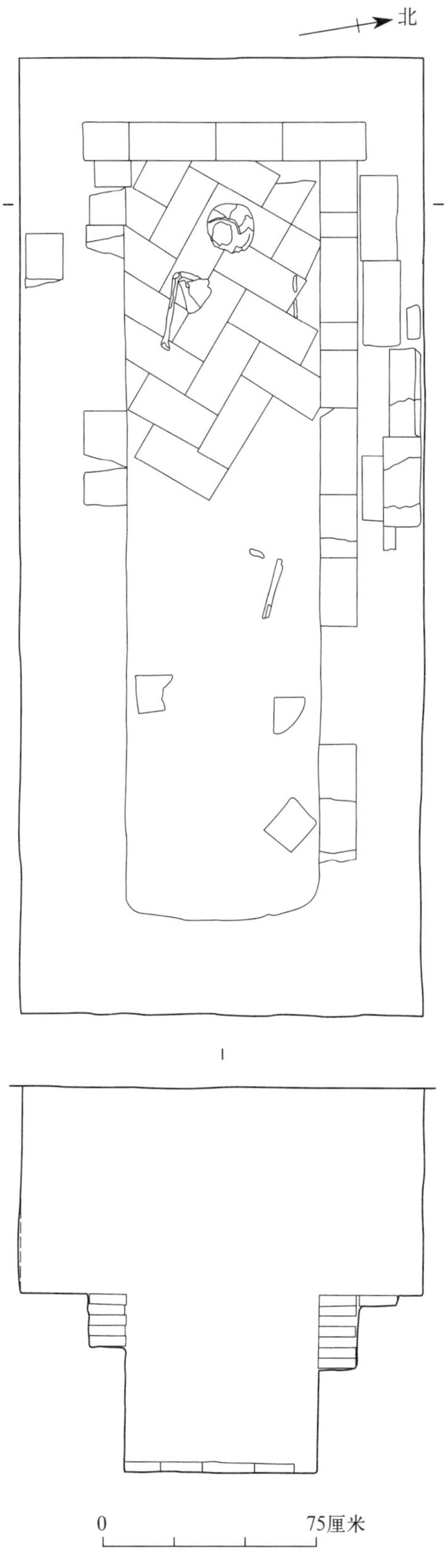

图 4-486　M263 平、剖面图

随葬品无。

（一四五）M264

1. 墓葬形制

位于墓地中部，东北面是 M265，西南面为 M360。方向 178°（图 4-487；彩版一八八，1）。

长方形土坑竖穴砖椁墓。墓口长 2.7、宽 1.2～1.3、深 2.5 米。椁长 2.5、宽 1.05、高 0.7 米。椁室四壁均青砖垒砌。东、西、北三壁横排错缝平铺十层青砖，因挤压东、西两壁略内凸。南壁塌陷略显凌乱，上面竖排两层青砖。头箱横排错缝垒砌，顶部竖排对缝平铺。长 85、宽 22、高 22 厘米。墓底斜向平铺一层青砖，呈“人”字形排列。砖上面遗留有四纵三横白灰痕迹。砖长 33、宽 12、厚 6 厘米。墓内填黄褐色五花土，土质较疏松。

人骨 1 具。头向南。仰身直肢。骨骼保存较差，仅残存部分下肢及趾骨遗骸。性别无法鉴定，成年个体。

随葬器物 4 件。彩绘陶壶 2 件，放置在头箱内东侧。铜带钩、金属球放于墓主头部。鸡骨放置椁室南端中部。

2. 出土遗物

（1）陶器

陶壶　2 件。泥质灰陶。弧顶盖，上饰白彩，间饰红彩，图案脱落。壶侈口，沿面微内斜，方唇，束颈，溜肩，鼓腹，体弧内收，矮圈足。腹部饰白色图案。

标本 M264∶3，腹部饰两周戳印纹，下腹饰绳纹。口径 13、底径 7.8、通高 23.2 厘米（图 4-488，3；彩版一八八，2 左）。

标本 M264∶4，腹部饰白彩。口径 13、底径 7.6、通高 20.8 厘米（图 4-488，4；彩版一八八，2 右）。

（2）铜器

铜带钩　1 件。

标本 M264∶1，琵琶形。钩呈兽首状，横断面近梯形，圆形纽位于背部后端。长 4.9 厘米（图

图4-487　M264平、剖面图

1. 铜带钩　2. 金属球　3、4. 陶壶　5. 动物骨骼　6. 白灰痕迹

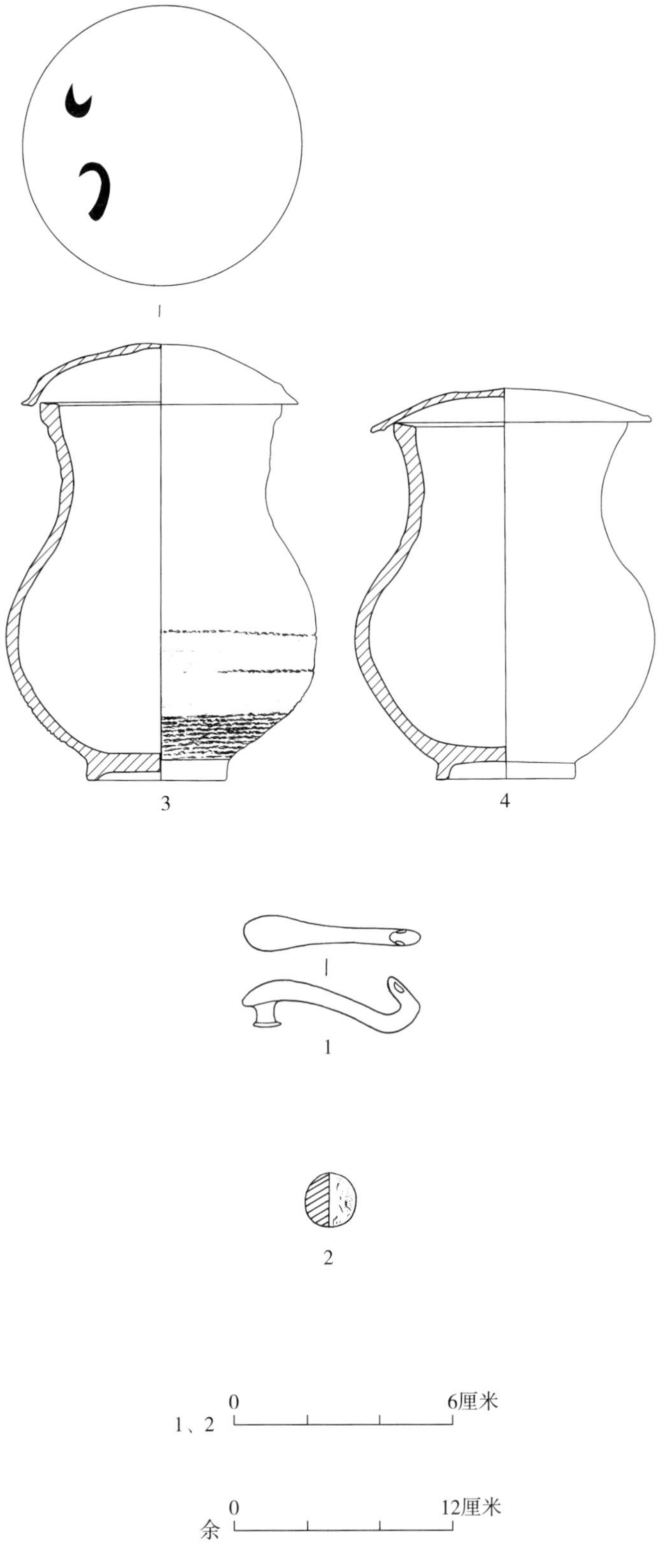

图4-488　M264出土器物

1. 铜带钩　2. 金属球　3、4. 陶壶

4-488，1）。

金属球　1件。

标本M264：2，圆形，表面较粗糙。直径1.4厘米（图4-488，2）。

（一四六）M265

墓葬形制

位于墓地中部，北面是M321，南面为M263，西面是M264。方向185°。

长方形土坑竖穴砖椁墓。墓口长3.1、宽1.2、深0.4米。椁长2.88、宽1.09、高0.38米。椁室青砖垒砌，因扰乱结构不明。墓底斜向平铺一层青砖，“人”字形排列。砖长26、宽12、厚3厘米。墓内填黄褐色五花土，土质较疏松。

人骨无。

随葬器物无。

（一四七）M266

1. 墓葬形制

位于墓地中部，北面是M287，东南面为M286，西面是M267。方向25°（图4-489）。

长方形土坑竖穴砖椁墓。墓口长3.1、宽1.46～1.5、深1.67米。椁长3、宽1.2、高0.77米。椁室四壁横排错缝平铺十七层青砖。墓底斜向平铺一层青砖，“人”字形排列。砖上残存部分白灰条，宽0.05～0.08米。砖长27、宽12、厚4厘米。墓内填黄褐色五花土，经过夯打，土质较致密。夯窝圆形，分布不均匀，南部密集，北部较稀疏，直径7～9、间距2～8厘米。

人骨1具。头向北，面向上，仰身直肢。骨骼腐朽严重，仅遗留部分头骨及下肢骨残骸。性别无法鉴定，青年个体（18～24）岁。

随葬器物3件。陶罐1件位于椁室西北角。铜带钩1件含在墓主口内。铜扣1件放在墓主下颌骨左侧。乳猪、鸡骨散落于陶罐周围。

2. 出土遗物

（1）陶器

陶罐　1件。

标本M266：1，泥质灰陶。敛口，沿面微弧，方唇，束颈，鼓腹，下部弧收，平底微凹。腹部饰七周凹弦纹，间饰三周戳印纹，下腹饰绳纹。口径20.4、底径11.6、高26.8厘米（图4-489，1）。

（2）铜器

铜带钩　1件。

标本M266：2，琵琶形。钩缺失。横断面近半圆形，圆形纽位于背中部。残长4厘米（图4-489，2）。

铜扣　1件。

标本M266：3，残破严重，无法复原。

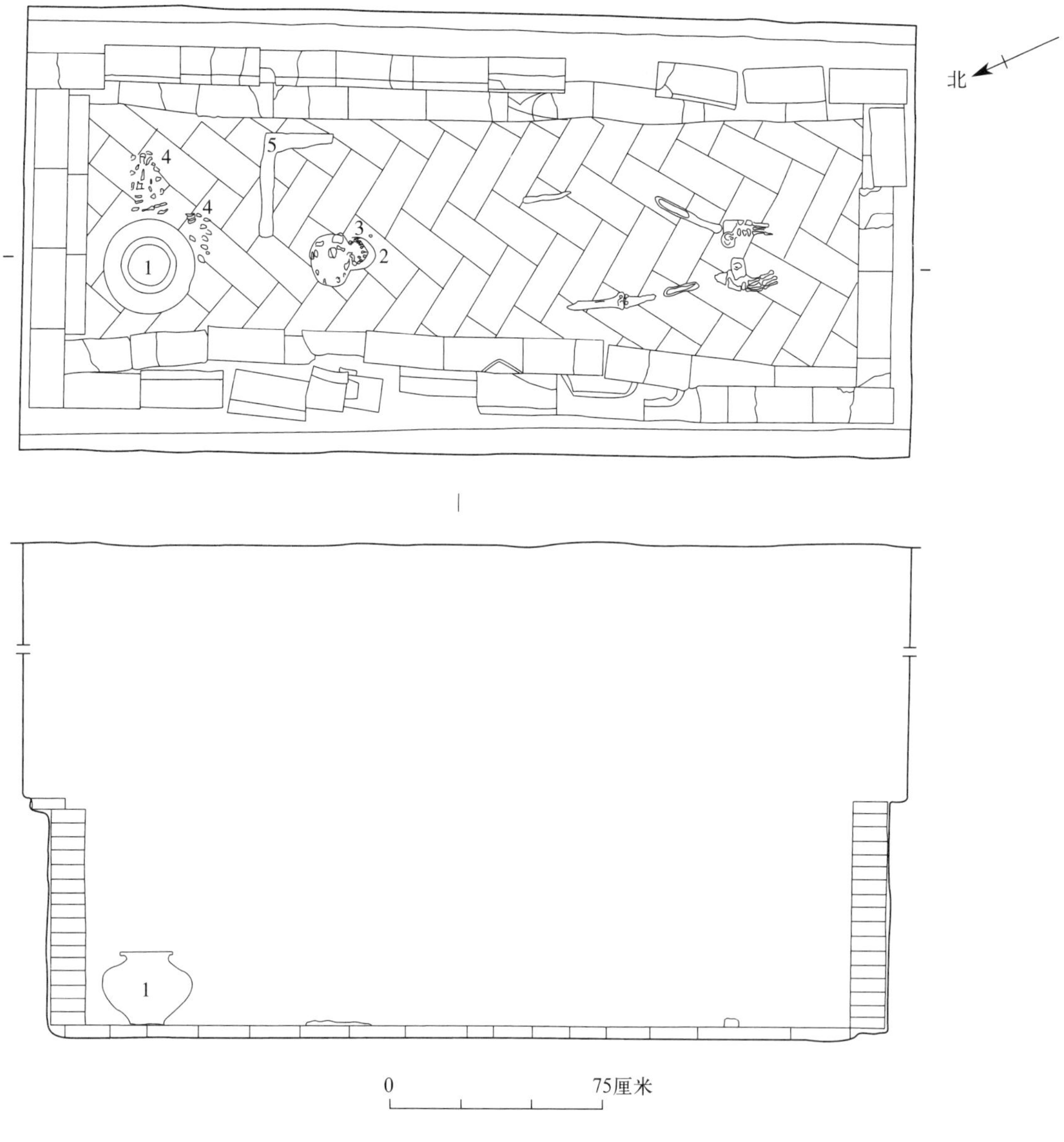

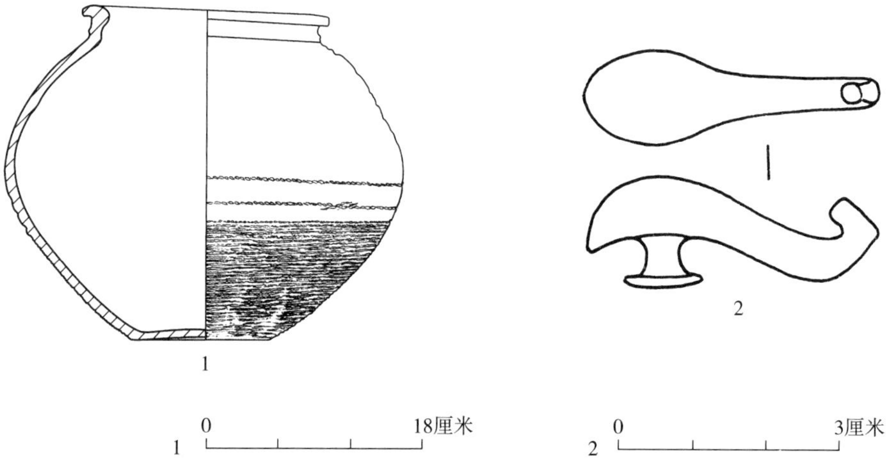

图4-489　M266及出土器物

1. 陶罐　2. 铜带钩　3. 铜扣　4. 动物骨骼　5. 白灰条

（一四八）M267

墓葬形制

位于墓地中部，被M268打破，东面为M266，南面是M285。方向15°（图4-490）。

长方形土坑竖穴砖椁墓。墓口长2.65、宽1.2、深1.08米。椁长2.49、宽1.16、深0.68米。椁室四壁均用青砖平铺横排错缝垒砌。北壁十七层，东、南、西壁为十四层。墓底未铺砖。砖长27、宽12、厚4厘米。墓内填黄褐色五花土，土质较疏松。乳猪骨置于椁室东北角。

人骨1具。头向北，面向上，仰身直肢。骨骼保存较差，墓主头骨破碎，仅残存部分上、下肢骨骼遗骸。性别无法鉴定，壮年个体。

随葬器物无。

图4-490　M267平、剖面图
1. 动物骨骼

（一四九）M268

1. 墓葬形制

位于墓地中部，打破M267，东面是M269。方向13°（图4-491）。

长方形土坑竖穴砖椁墓。墓口长2.8、宽1.1～1.24、深1.1米。椁长2.74、宽1.08、高0.62米。椁室四壁横排错缝平铺十七层青砖。墓底平铺一层青砖，“人”字形排列。砖长27、宽12、厚3厘米。墓内填黄褐色五花土，土质较疏松。

人骨1具。头向北，面向上，仰身直肢。骨骼腐朽严重，仅残存头骨残渣和下肢骨遗骸。性别无法鉴定，成年个体。

随葬器物9件。陶壶2件置椁室北端中部。铁镜架放在墓主头部左侧。铜钱6枚放置于墓主右臂处。大量动物骨骼放置椁室西北角，主要有乳猪头骨、鲤科和鲷科。

2. 出土遗物

（1）陶器

陶壶　2件。泥质灰陶。弧顶盖。壶侈口，斜沿，尖唇，束颈，溜肩，鼓腹，下腹内收，底微凹。器表有抹制痕，素面。

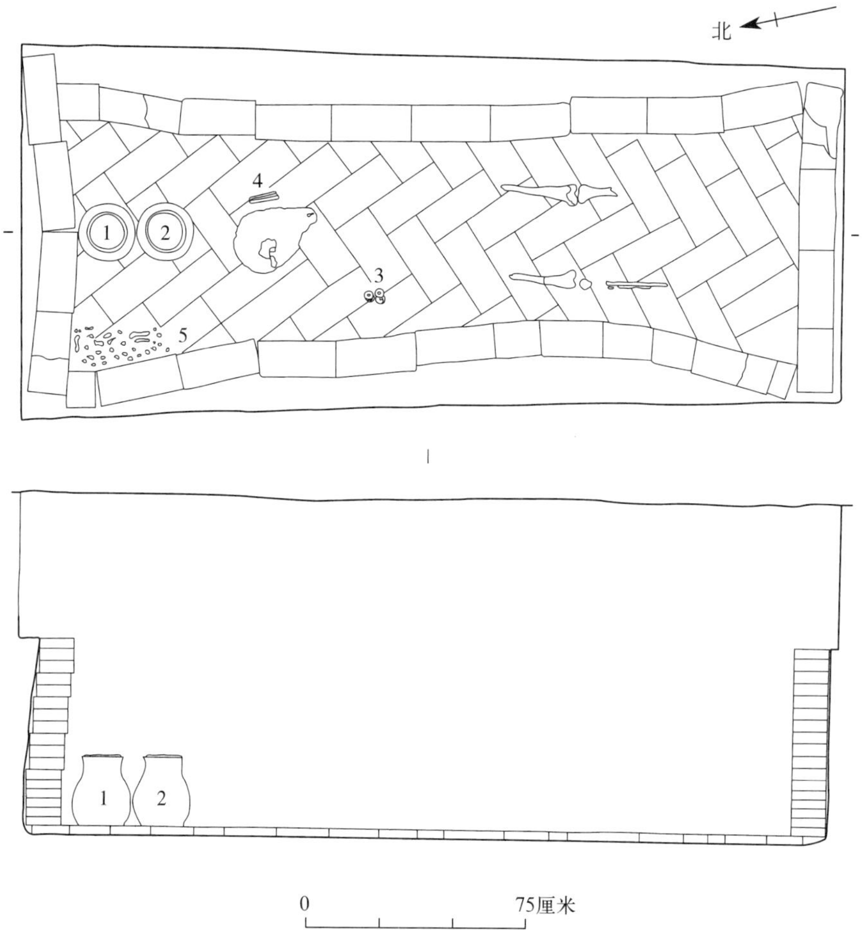

图 4-491 M268 平、剖面图

1、2. 陶壶 3. 铜钱（6） 4. 铁镜架 5. 动物骨骼

标本 M268∶1，上腹有两周制作抹痕，下腹饰三周凹弦纹。口径 14.4、底径 19、通高 25.6 厘米（图 4-492，1）。

标本 M268∶2，平底。下腹饰两周戳印纹。口径 14.7、底径 17、通高 25.6 厘米（图 4-492，2）。

（2）铜器

铜钱 6 枚。均为五铢。圆形方穿，正面有轮无郭，背面轮郭俱全。根据钱文字体不同分为两种。

第一种 3 枚。“五”字两笔交叉近直，“铢”字“金”头三角形，与“朱”等齐，“朱”字上部方折，有的穿下半星。

标本 M268∶3-1、2，直径 2.5、穿边长 1、厚 0.13 厘米（图 4-492，3-1、2）。

第二种 3 枚。“五”字两笔交叉弯曲，与上、下两横交接处近垂直。“铢”字“金”头三角形，与“朱”等齐，“朱”字上部方折。

标本 M268∶3-3、4，直径 2.6、穿边长 1、厚 0.16 厘米（图 4-492，3-3、4）。

（3）铁器

铁镜架 1 件。

标本 M268∶4，叉形，两侧支脚扁长条形，均缺失。残高 9.4 厘米（图 4-492，4）。

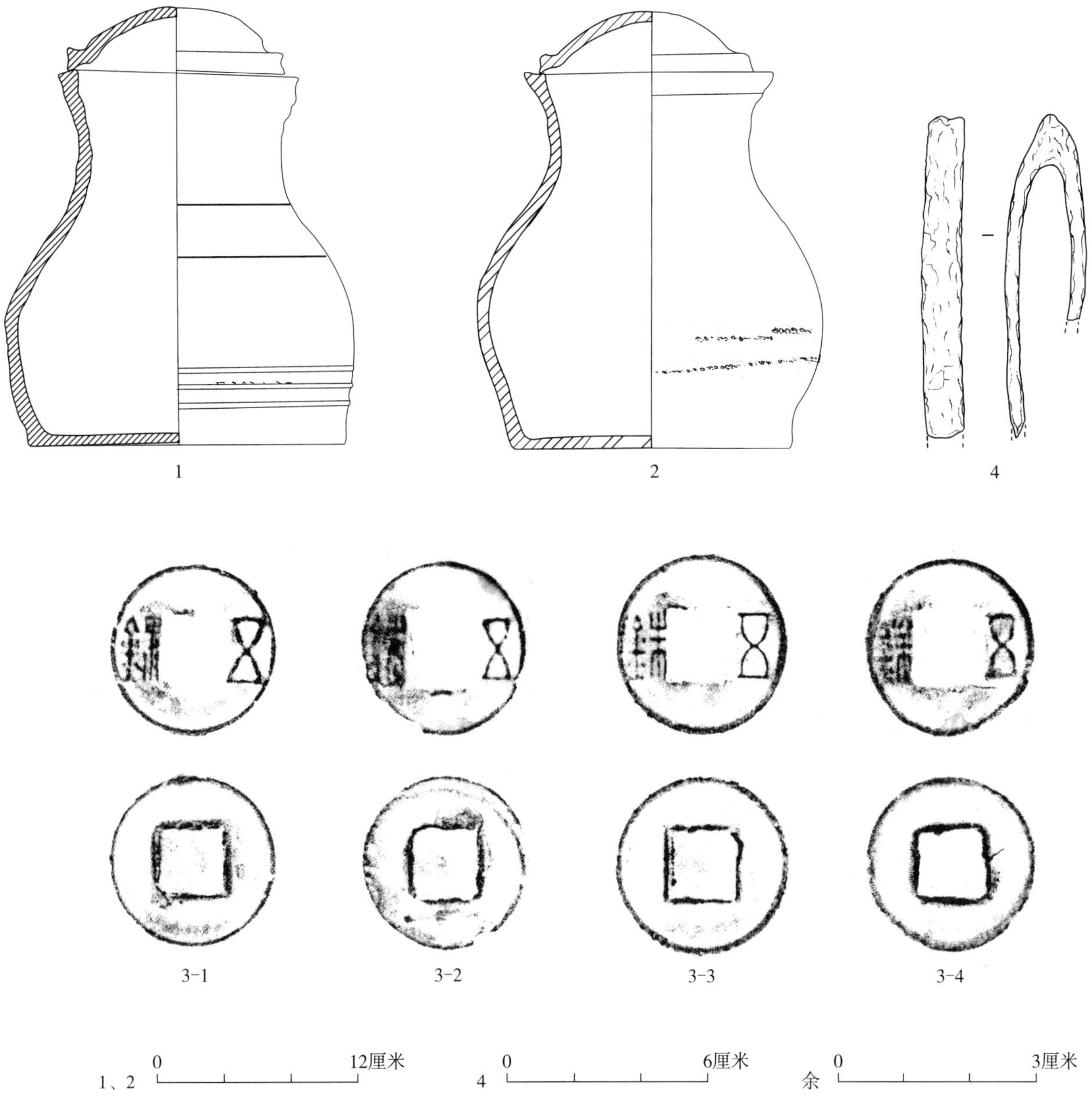

图 4-492　M268 出土器物

1、2. 陶壶　3-1～4. 铜钱　4. 铁镜架

（一五○）M269

1. 墓葬形制

位于墓地中部，北面是M290，东面为M280，西面是M268。方向10°（图4-493；彩版一八八，3）。

长方形土坑竖穴砖椁墓。墓口长3.05、宽1.3～1.4、深1.56米。椁长2.97、宽1.23、高0.77米。椁室四壁均用青砖横排错缝平铺垒砌。其中东、西、南三壁十四层，北壁十、十二层青砖为竖向垒砌。墓底平铺一层青砖，呈“人”字形排列。砖长32、宽12、厚4厘米。墓内填黄褐色五花土，经过夯打，土质较致密。夯窝圆形，分布不均匀，局部较密集，直径9～10厘米。

人骨1具。头向北，面向上。仰身直肢。骨骼保存较差，仅残存头骨和部分下肢骨遗骸。性别

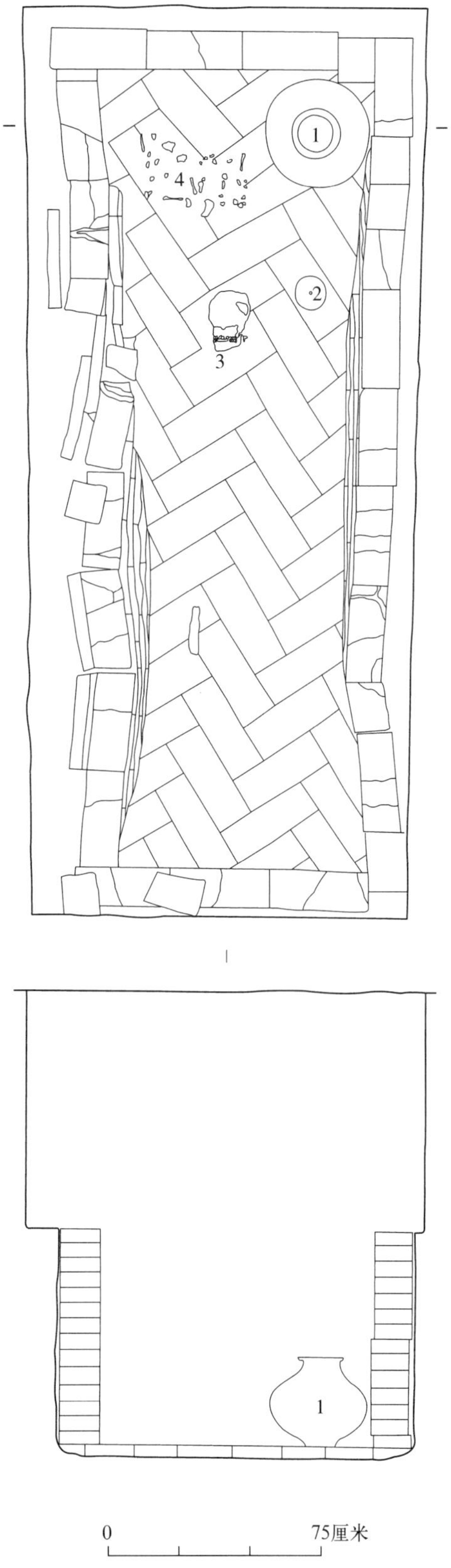

图4-493 M269平、剖面图

1. 陶罐 2. 铜镜 3. 铜带钩 4. 动物骨骼

无法鉴定，年龄20～25岁。

随葬器物3件。陶罐1件放在椁室东北角。铜镜1枚置于墓主头骨左侧，铜镜下有红色漆皮残片（未取）。铜带钩1件放于墓主口中。乳猪骨放置于陶罐西侧。

2. 出土遗物

（1）陶器

陶罐 1件。

标本M269∶1，泥质灰褐陶。直口，斜折沿，方唇，束颈，鼓腹，下部弧收，小平底。颈部表面有制作抹痕，间饰一周戳印纹。口径16.4、底径11.5、高32厘米（图4-494，1）。

（2）铜器

铜镜 1枚。

标本M269∶2，星云镜。圆形，连峰纽，圆纽座。座上均匀分布四短弧线与四外附三短竖线内弧月牙纹相间环列，座外一周内向十六连弧纹圈带。其外两周凸弦纹间为主纹，四枚圆座大乳丁分为四区，每区内各有弧线相连七枚小乳丁。内向十六连弧纹缘。面径11、缘厚0.45厘米（图4-494，2；彩版一八八，4）。

铜带钩 1件。

标本M269∶3，琵琶形。钩呈兽首状，横断面近半圆形，圆形纽位于背中部。长6.4厘米（图4-494，3）。

（一五一）M270

墓葬形制

位于墓地中部，被M252打破，东面是M253。方向185°。

长方形土坑竖穴砖椁墓。墓口长2.4、宽1.2、深0.7米。椁长2.4、宽1.2、高0.7米。椁室四壁青砖垒砌。东、南两壁均横向错缝排列六层青砖。墓底铺地砖为横向对缝排列。砖长34、宽13、厚6厘米。墓内填黄褐色五花土，土质较疏松。

人骨无。

随葬器物无。

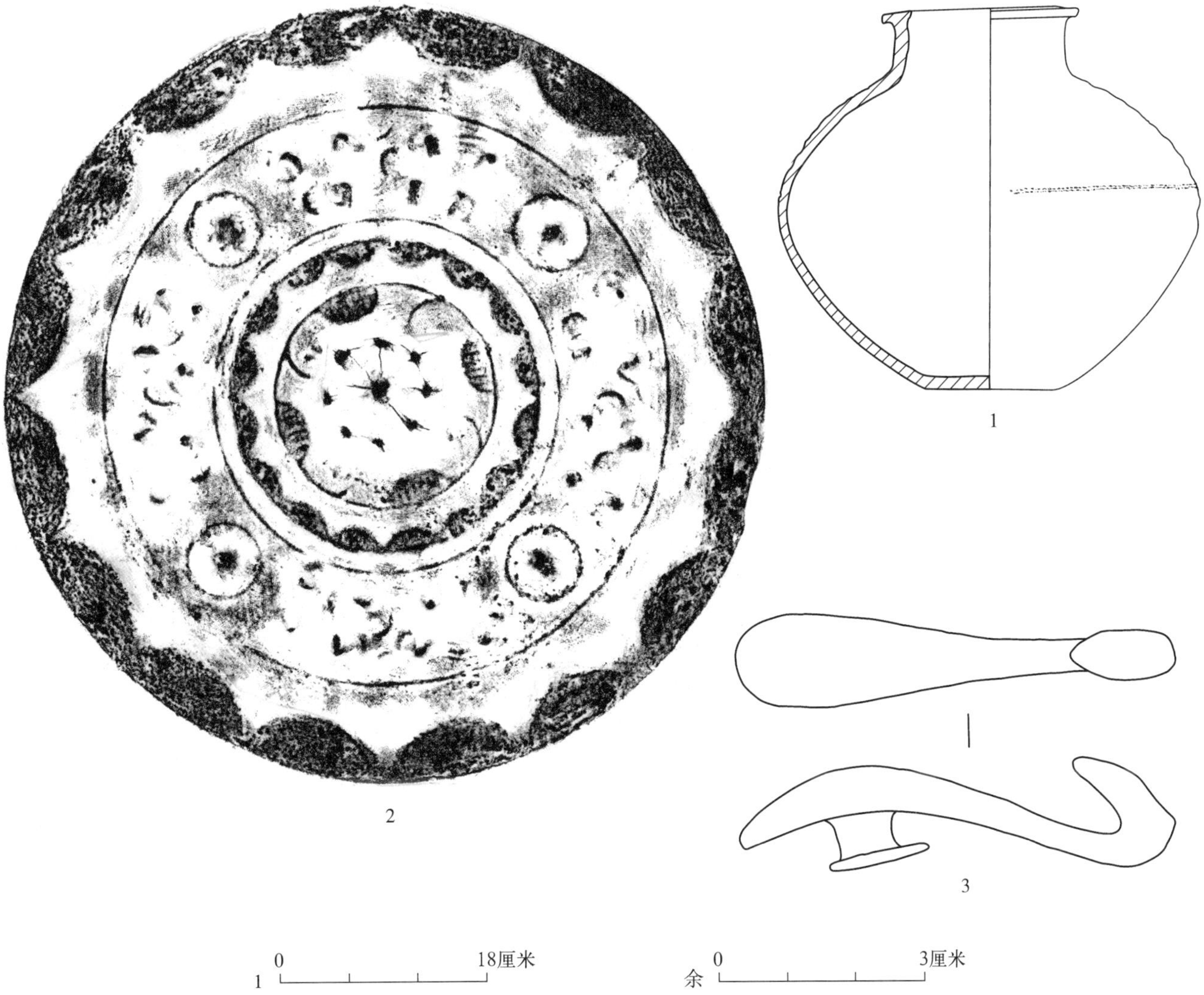

图 4-494　M269 出土器物

1. 陶罐　2. 铜镜　3. 铜带钩

（一五二）M271

1. 墓葬形制

位于墓地中部，东北面是 M276，南面为 M253。方向 110°（图 4-495）。

长方形土坑竖穴砖椁墓。墓口长 3.2、宽 1.4、深 0.63 米。椁长 3.05、宽 1.15、残高 0.6 米。椁室四壁横排错缝叠砌平铺十九层青砖。墓底平铺一层青砖，“人”字形排列。砖长 32、宽 13、厚 6 厘米。墓内填黄褐色五花土，土质较疏松。

人骨 1 具。头向东。骨骼保存较差，仅存部分下肢骨残骸。性别、年龄无法鉴定。

陶壶 1 件放置椁室东南角。

2. 出土遗物

陶器

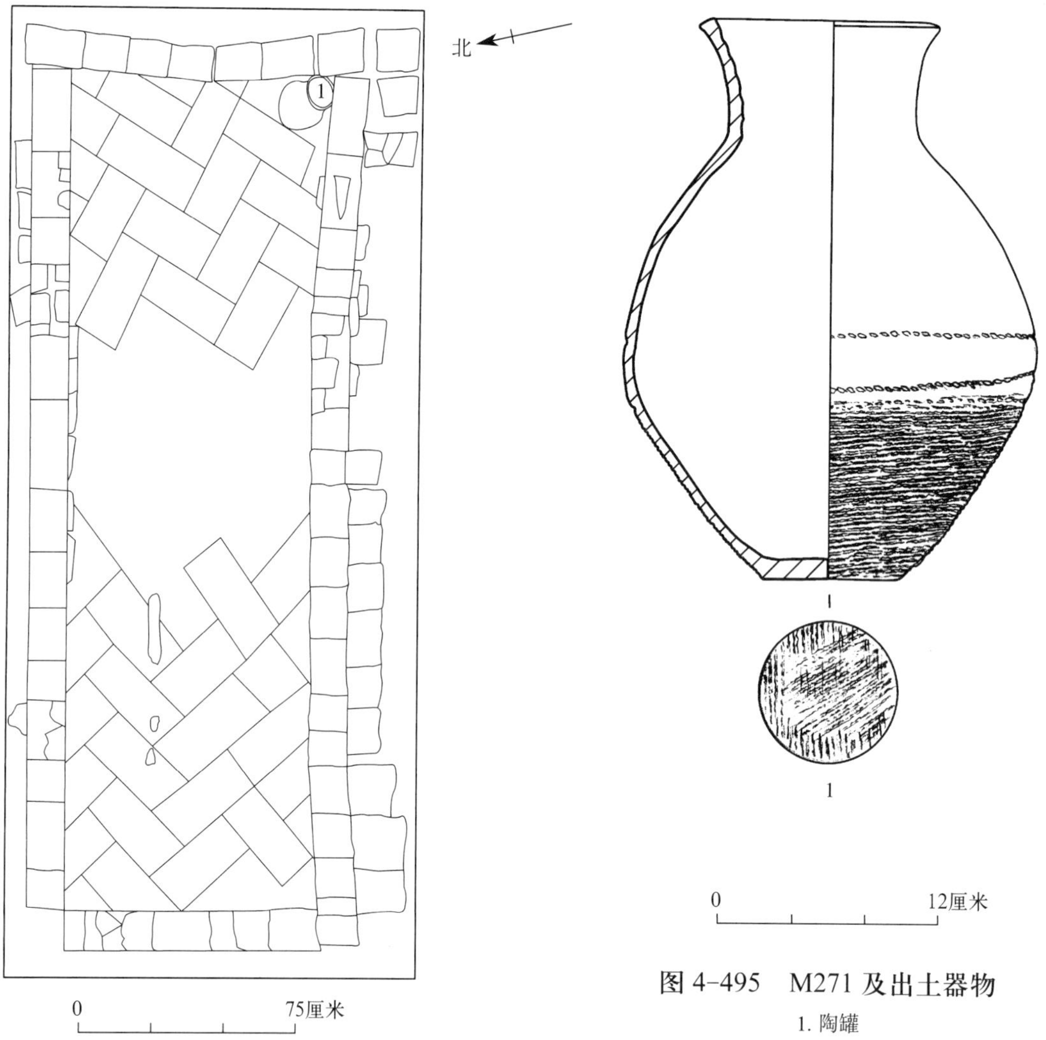

图 4-495　M271 及出土器物
1. 陶罐

陶壶　1 件。

标本 M271∶1，泥质灰陶。侈口，沿面外斜，尖唇，束颈，溜肩，鼓腹，小平底。腹部饰两周戳印纹，下腹及底部饰绳纹。口径 13、底径 7.4、高 29.8 厘米（图 4-495，1）。

（一五三）M272

1. 墓葬形制

位于墓地中部，打破 M273，北面是 M278，东面为 M277。方向 100°。

长方形土坑竖穴砖椁墓。墓口残长 2.7、宽 1.6、深 1.3 米。椁室四壁均用青砖垒砌。因扰乱，破坏比较严重，形制结构不详。墓内填黄褐色五花土，土质较疏松。填土中发现陶器盖 3 件，石剑璏 1 件。

人骨无。

随葬器物无。

2. 出土遗物

（1）陶器

陶器盖　3 件。泥质灰陶。素面。

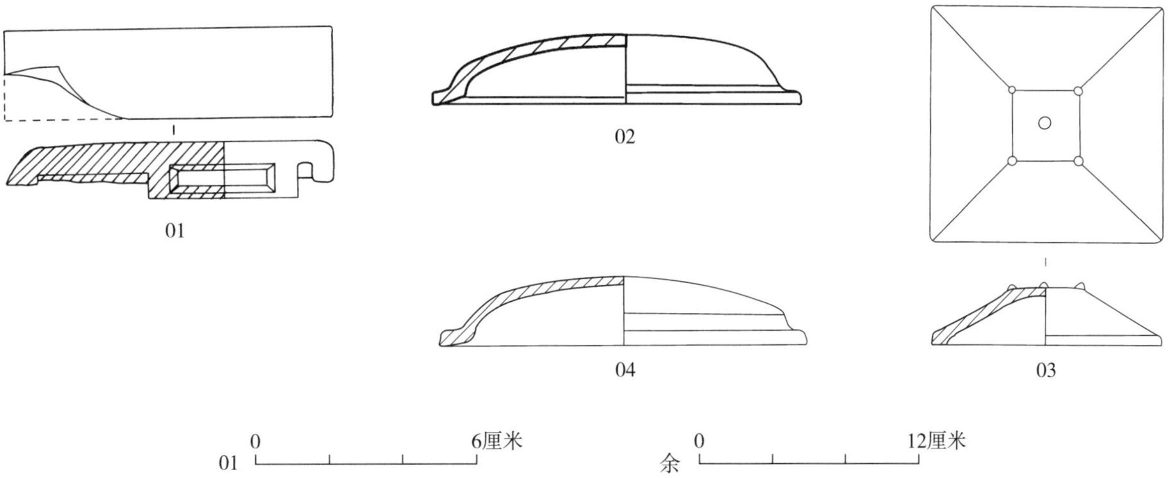

图 4-496　M272 出土器物

01. 石剑璏　02～04. 陶器盖

标本 M272∶03，覆斗形，上部饰五个凸纽。直径 13、高 3 厘米（图 4-496，03）。

标本 M272∶02，弧形顶。直径 20、高 3.8 厘米（图 4-496，02）。

标本 M272∶04，弧形顶，方唇。口径 20、高 3.8 厘米（图 4-496，04）。

（2）石器

石剑璏　1 件。

标本 M272∶01，长条形。已残，上面较平，下面长方形孔。长 9、宽 2.4 厘米（图 4-496，01）。

（一五四）M273

1. 墓葬形制

位于墓地中部，被 M272 打破，西北面是 M278，东北面为 M285。方向 10°（图 4-497）。

长方形土坑竖穴砖椁墓。墓口长 2.7、宽 1.6、深 0.63 米。椁长 2.3、宽 1.1、高 0.76 米。椁室四壁均青砖垒砌。东、西、南壁横排错缝叠砌平铺十三层青砖。北壁铺砖破坏殆尽。墓底铺地砖中间两行竖排对缝，两边各横排一列。墓底有生土二层台，宽 0.26～0.34、高 0.76 米。边箱位于西壁中部。长 0.83、宽 0.28、深 0.24 米。南、北两端各竖立四块、顶部平铺两块青砖。砖长 34、宽 14、厚 6 厘米。墓内填黄褐色五花土，土质较疏松。

人骨 1 具。头向北，面向上，仰身直肢。骨骼腐朽，头骨破碎，仅存盆骨及下肢残骸。男性。中年个体。

陶罐 1 件，乳猪骨均放置边箱内。

2. 出土遗物

陶器

陶罐　1 件。

标本 M273∶1，泥质灰陶。敛口，弧沿，方唇，束颈，扁鼓腹，下部内收，平底内凹。上腹有制作抹痕，腹部饰一周戳印纹，下腹饰细绳纹。口径 17、底径 11、高 19 厘米（图 4-497，1）。

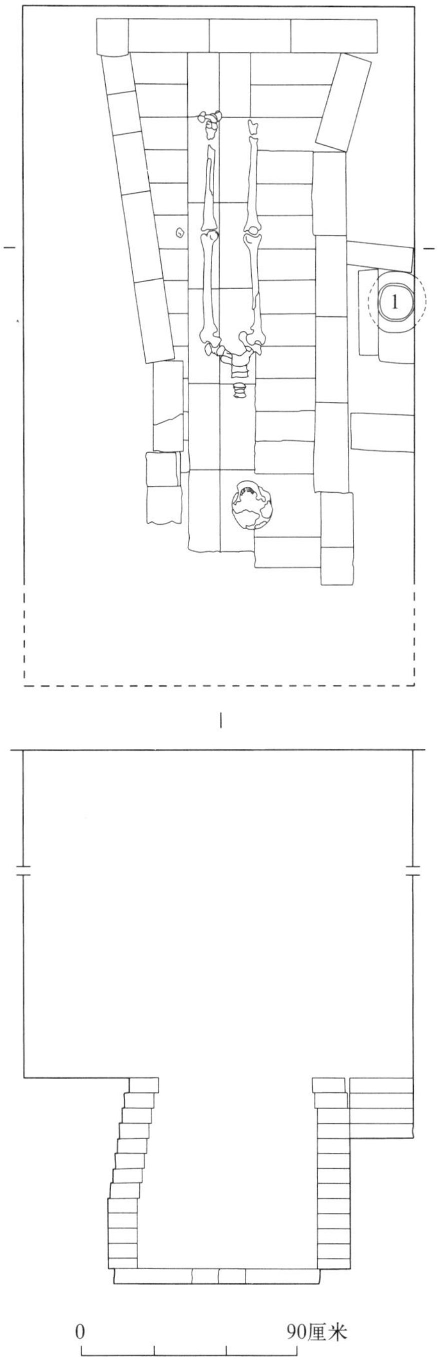

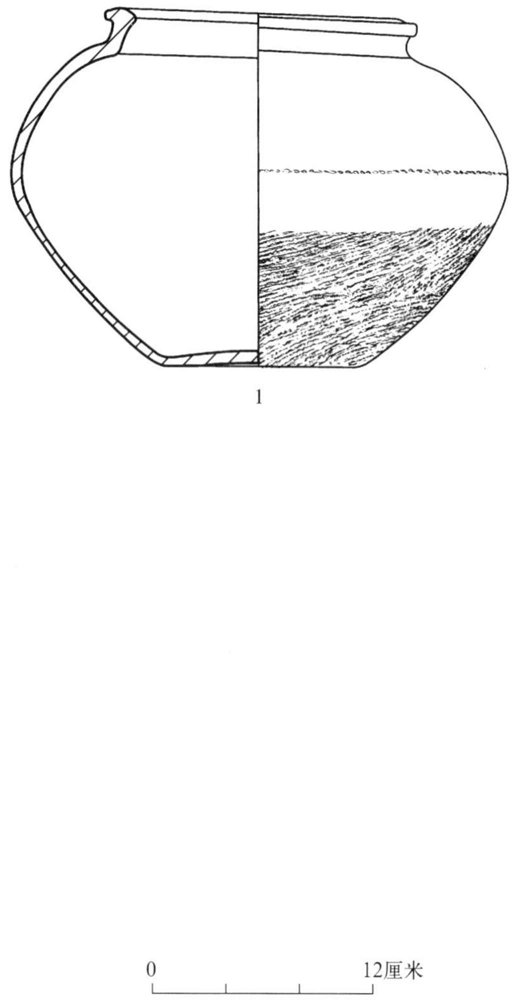

图4-497　M273及出土器物

1.陶罐

（一五五）M274

墓葬形制

位于墓地中部，东北面是M275，南面为M256、M254，西南面是M276。相邻M275。方向115°。

长方形土坑竖穴砖椁墓。墓口长2.8、宽1.02、深0.1米。椁室四壁均用青砖横排错缝叠砌而成。因遭扰乱，椁室仅残存两层青砖，垒砌方式不详。墓底平铺一层青砖，“人”字形排列。砖长25、宽 11、厚 4 厘米。墓内填黄褐色五花土，质地松软。中间夹杂大量碎砖、瓦块及陶片等。

人骨无。

随葬器物无。

（一五六）M276

1. 墓葬形制

位于墓地中部，北面是 M277，东北面是 M274，东南面为 M254，西南面为 M271。方向 100°（图 4-498；彩版一八九，1）。

长方形土坑竖穴砖椁墓。墓口长 2.9、宽 1.2、深 0.89 米。椁长 2.76、宽 1.02、深 0.76 米。四壁横排错缝叠砌平铺二十五层青砖。南、北、西壁有生土二层台，宽 0.1 ～ 0.14、高 0.79 米。南壁西端台上横排平铺一层青砖。墓底青砖“人”字形排列。砖长 27、宽 12、厚 3 厘米。墓内填黄褐色五花土，土质较疏松。

人骨 1 具。头向东，骨骼保存较差，仅残存头骨碎渣。性别、年龄无法鉴定。

随葬器物 3 件。陶壶 2 件放在椁室东南角。铜镜 1 枚置于墓主头骨左侧。发现少量动物骨骼，未经鉴定，种属不明。

2. 出土遗物

（1）陶器

陶壶　2 件。形制相同。泥质灰陶。弧顶盖。侈口，沿面外斜，高束颈，鼓腹，圈足。器表有制作抹痕，腹部饰三周戳印纹。

标本 M276∶2，圆唇。口径 11.4、底径 14.6、通高 35.3 厘米（图 4-498，2）。

标本 M276∶3，尖唇。口径 11.4、底径 13.3、通高 35.6 厘米（图 4-498，3）。

（2）铜器

铜镜　1 枚。

标本 M276∶1，日光圈带铭带镜。圆形，圆纽，圆纽座。座外一周窄凸面圈带。外区两周短斜线和凸弦纹组合纹带，其间为顺时针铭文带“日月心，勿夫毋忘”，字体为圆转式篆隶体、笔画首尾加重呈楔形，有简化字，每字间隔类似涡纹符号。窄素平缘。面径 6.6、缘厚 0.45 厘米（图 4-498，1；彩版一八九，2）。

（一五七）M277

1. 墓葬形制

位于墓地中部，东面是 M275，东南面为 M274，南面是 M276。方向 115°。

长方形土坑竖穴砖椁墓。墓口长 2.5、宽 0.9、深 0.9 米。椁室青砖垒砌而成，因破坏严重，仅在墓底凌乱摆放少量青砖，椁室结构不明。墓内填黄褐色五花土，土质较松软。填土中发现陶器盖 1 件。砖长 25、宽 11、厚 4 厘米。

人骨 1 具。骨骼遭扰乱，仅发现头骨。男性。成年个体。

随葬器物无。

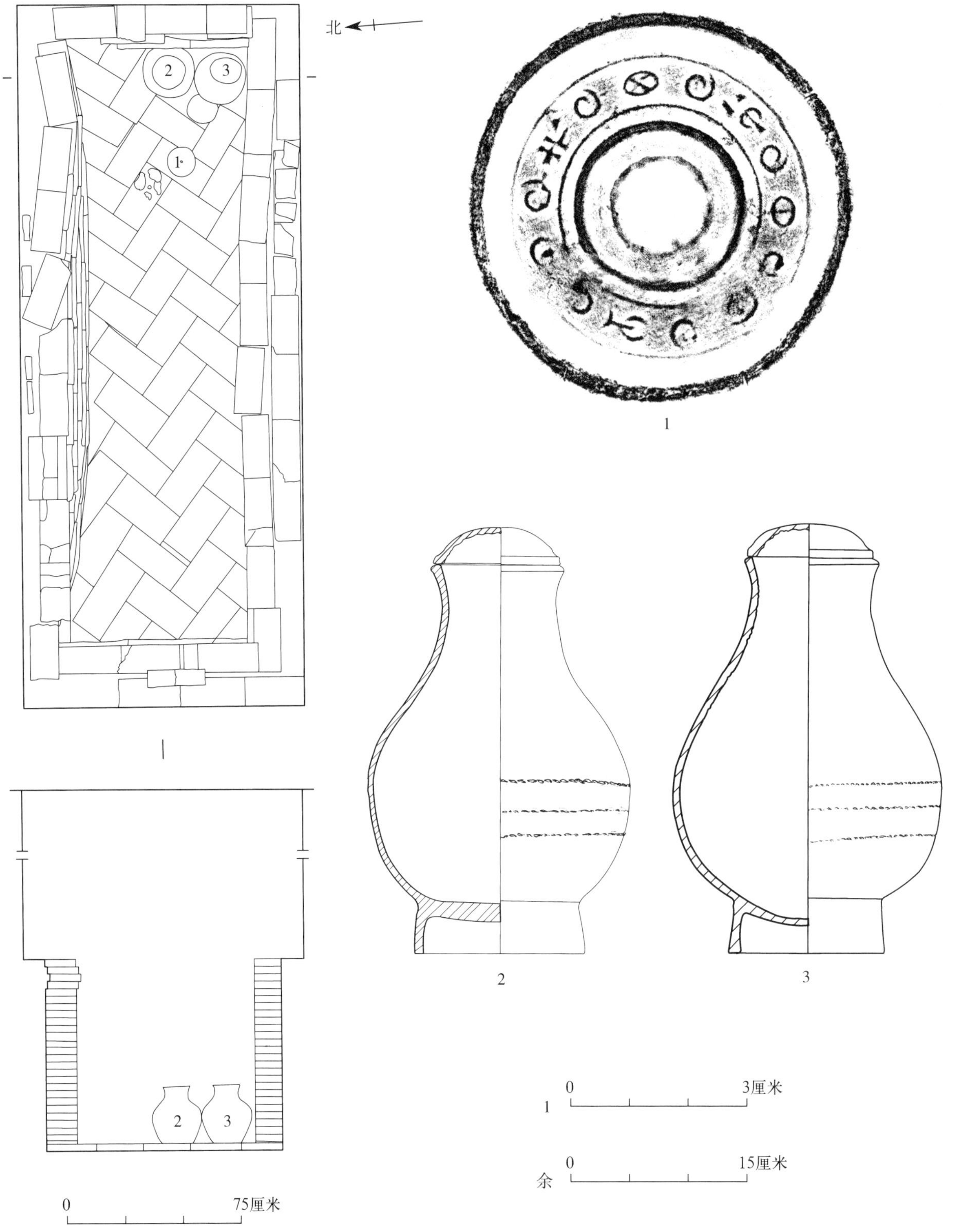

图4-498　M276及出土器物

1. 铜镜　2、3. 陶壶

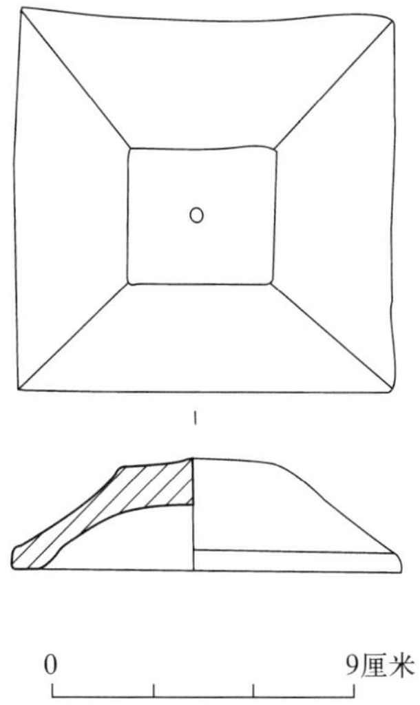

图 4-499　M277 出土器物 M277∶01

2. 出土遗物

陶器

陶器盖　1 件。

标本 M277∶01，泥质灰陶。覆斗形，方唇，顶部中间一突饰。素面。口径 11.6、宽 11.6、高 6.6 厘米（图 4-499）。

（一五八）M280

1. 墓葬形制

位于墓地中部，北面是 M337、M283，西北面为 M281。方向 24°（图 4-500；彩版一八九，3）。

长方形土坑竖穴砖椁墓。墓口长 2.8、宽 1.2、深 1.3 米。椁长 2.7、宽 0.72～0.76、高 0.6 米。椁室均

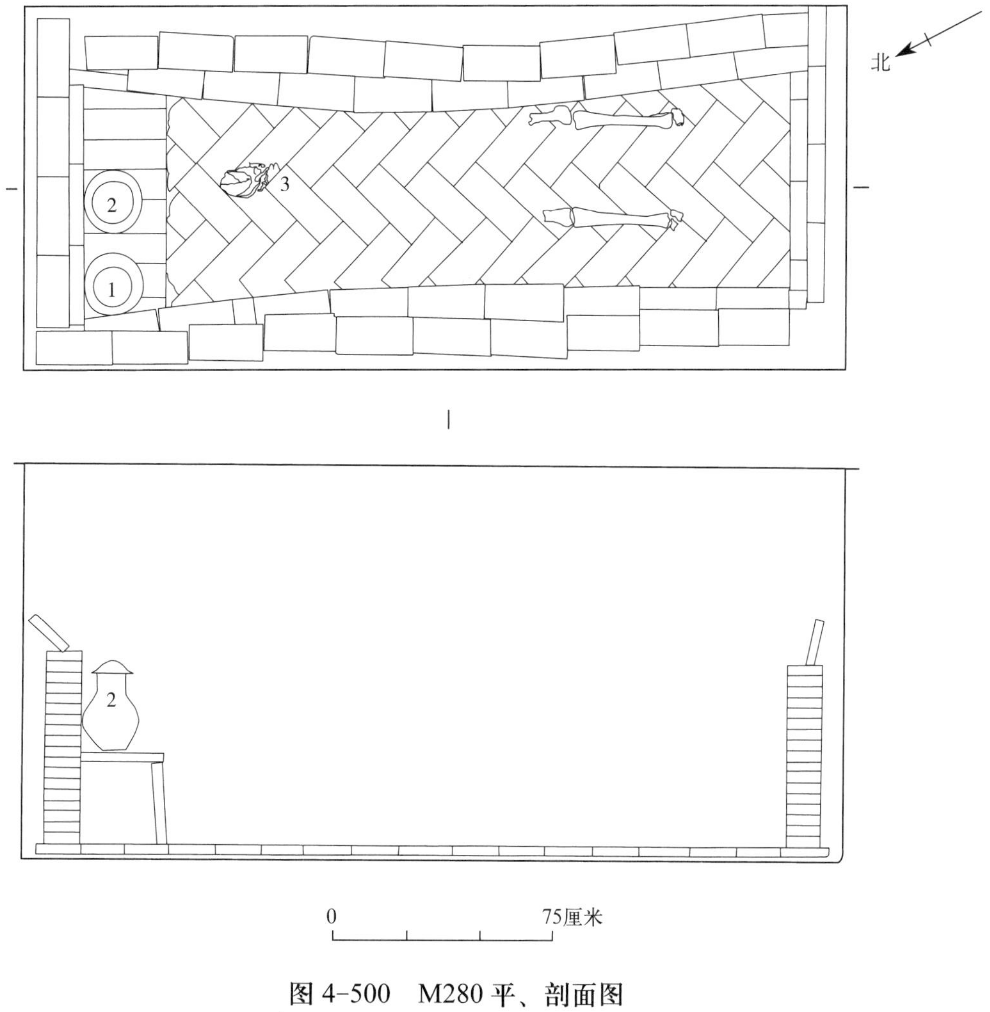

图 4-500　M280 平、剖面图

1、2. 陶壶　3. 铜带钩

用青砖垒砌而成。其上部外侧斜向平铺一层青砖，内侧平铺错缝叠砌，东、西壁中间略内弧。四壁叠砌青砖十七层，墓底有生土二层台，宽0.28、高0.3米。头箱底部平铺，外侧平立青砖。墓底平铺一层青砖，“人”字形排列。砖长27、宽12、厚3厘米。墓内填黄褐色五花土，夹杂褐色土块，较致密。

人骨1具。头向北，面向上，仰身直肢。骨骼腐朽，仅残存少许头骨、牙齿及下肢骨残骸。性别、年龄无法鉴定。

随葬器物3件。陶壶2件放置头箱内。铜带钩1件放在墓主口内。

2. 出土遗物

（1）陶器

陶壶　2件。泥质灰陶。弧顶盖。壶侈口，尖唇，束颈，鼓腹，平底。下腹有抹制痕。

标本M280∶1，颈部饰一周白彩弦纹，上腹饰白彩勾连点纹，下腹饰四周戳印纹。口径12.7、底径14.5、通高28.4厘米（图4-501，1；彩版一八九，4左）。

标本M280∶2，肩部饰白彩勾连纹。下腹饰三周戳印纹。口径12.6、底径15.4、高24.8、通高28厘米（图4-501，2；彩版一八九，4右）。

（2）铜器

铜带钩　1件。

标本M280∶3，琵琶形。钩呈兽首状，横断面半圆形，圆形纽位于背部中端，尾部正面有两道纵向阴刻直线。长6.1厘米（图4-501，3）。

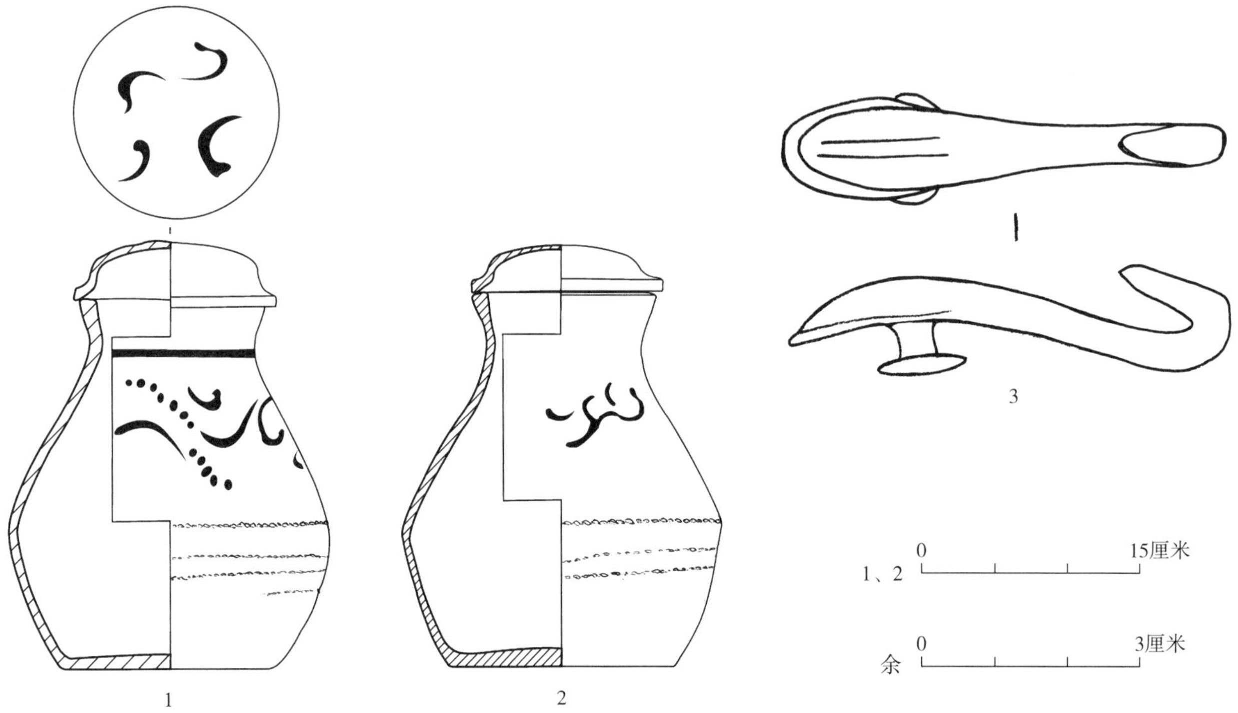

图4-501　M280出土器物

1、2. 陶壶　3. 铜带钩

（一五九）M282

1. 墓葬形制

位于墓地中部，东北面是M399，西面为M283。方向10°（图4-502）。

长方形土坑竖穴砖椁墓。墓口长2.80、宽1.44～1.6、深1.9米。椁长2.6、宽0.65～0.76、高0.8米。椁室均用青砖垒砌。东、西两壁上、下部平铺叠砌，中间留0.05～0.2米空隙。北端仅底部叠砌青砖，南端土圹。墓底平铺一层青砖，“人”字形排列。砖长27、宽12、厚3厘米。墓内填黄褐色五花土，中间夹杂褐色土块，土质较致密。

人骨1具。头向北，面向上，仰身直肢。仅残存部分头骨及下肢骨。女性，年龄30～40岁。

随葬陶壶2件放置于椁室北端。鸡骨放在陶壶西侧。

2. 出土遗物

陶器

陶壶　2件。泥质灰陶。弧形盖。壶侈口，沿面外斜，尖唇，束颈，鼓腹，圈足。腹部饰一周戳印纹，下腹饰绳纹。

标本M282∶1，颈饰三周白色弦纹，肩部饰白色勾连纹。口径14.4、底径13.6、通高35厘米（图4-502，1）。

标本M282∶2，口径15、底径13.6、通高34.4厘米（图4-502，2）。

（一六〇）M283

1. 墓葬形制

位于墓地中部，北面是M284，东面为M282，西面是M337。方向0°（图4-503；彩版一九〇，1）。

长方形土坑竖穴砖椁墓。墓口长3.6、宽1.8米，底长3.48、宽1.68、深1.6米。椁长2.96、宽1.2、高0.58米。椁室四壁多为青砖横排错缝叠砌，南壁上层为竖排。墓底四周有生土二层台，宽0.12、高0.78米。东、西、北三侧台面均并排两列青砖，南侧台面排列两层，其中上层横排、下层竖排。墓底平铺一层青砖，中部两行竖排，两端横排。砖长28、宽12、厚3厘米。木棺已腐朽，仅发现少量板灰痕迹，结构不详。墓内填黄褐色五花土，经过夯打，质地致密。夯窝圆形，分布较密集，直径9、夯层厚10～15厘米。填土中发现陶耳杯1件，铜镞1件。

人骨1具。头向北，骨骼腐朽，仅存部分头骨残片。性别、年龄无法鉴定。

随葬器物7件。陶钫2件，陶耳杯2件，陶盘、陶樽各1件置于椁室北端。铜带钩1件放在墓主口内。椁室北端偏西有乳猪、真鲷、鲷科、鱼骨。

2. 出土遗物

（1）**陶器**

陶钫　2件。泥质灰陶。覆斗形盖，斜壁，小平顶，顶部饰五个突饰。钫方侈口，平沿，方唇，束颈，沿外侧有折棱，溜肩，鼓腹，下腹弧收，方形圈足。下腹及底部饰绳纹。

标本M283∶1，口边长11.2、底边长13.6、通高43厘米（彩版一九〇，2）。

标本M283∶2，口边长11.4、底边长宽14、通高43.8厘米（彩版一九〇，3）。

陶樽　1件。

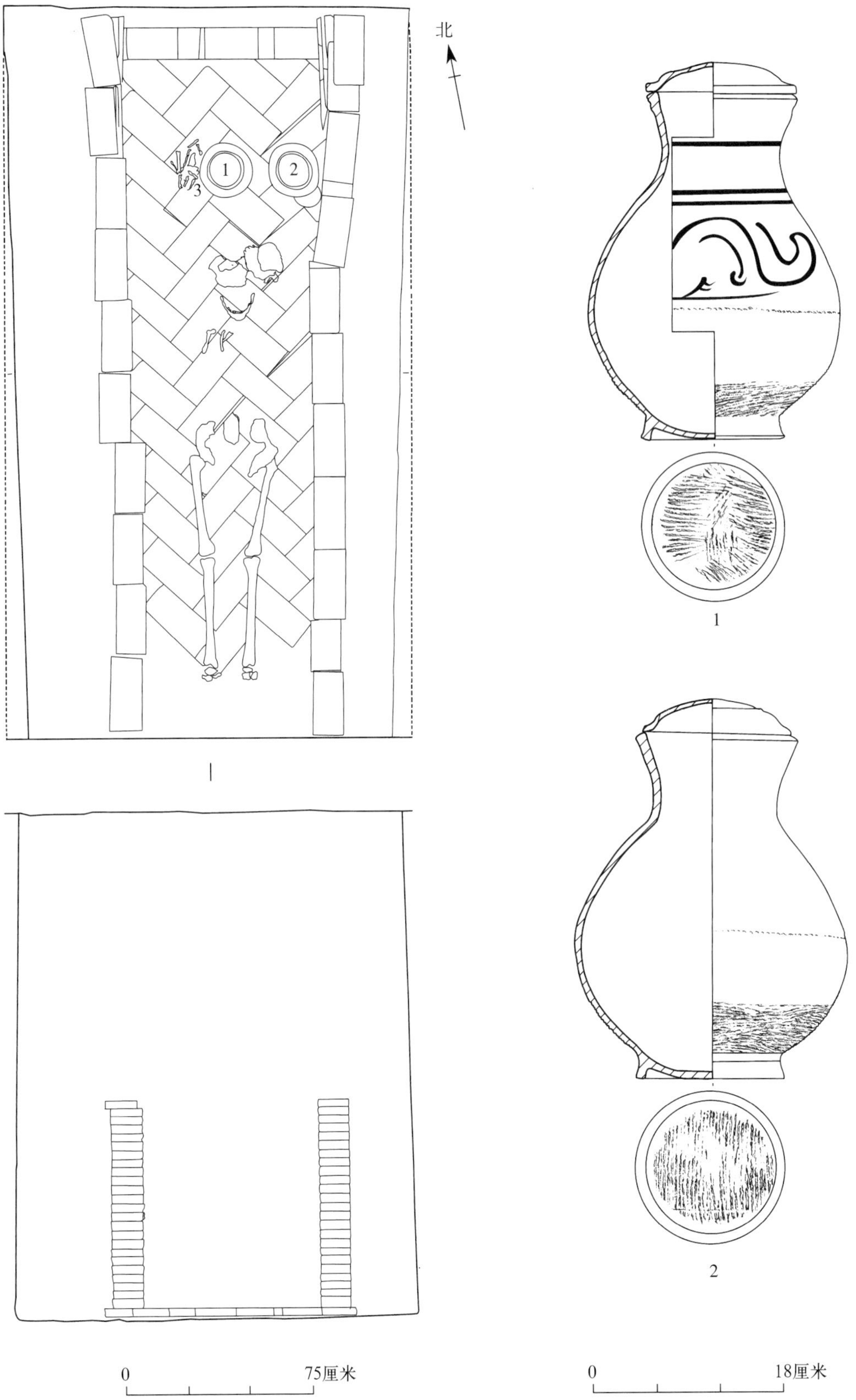

图4-502　M282及出土器物

1、2. 陶壶　3. 动物骨骼

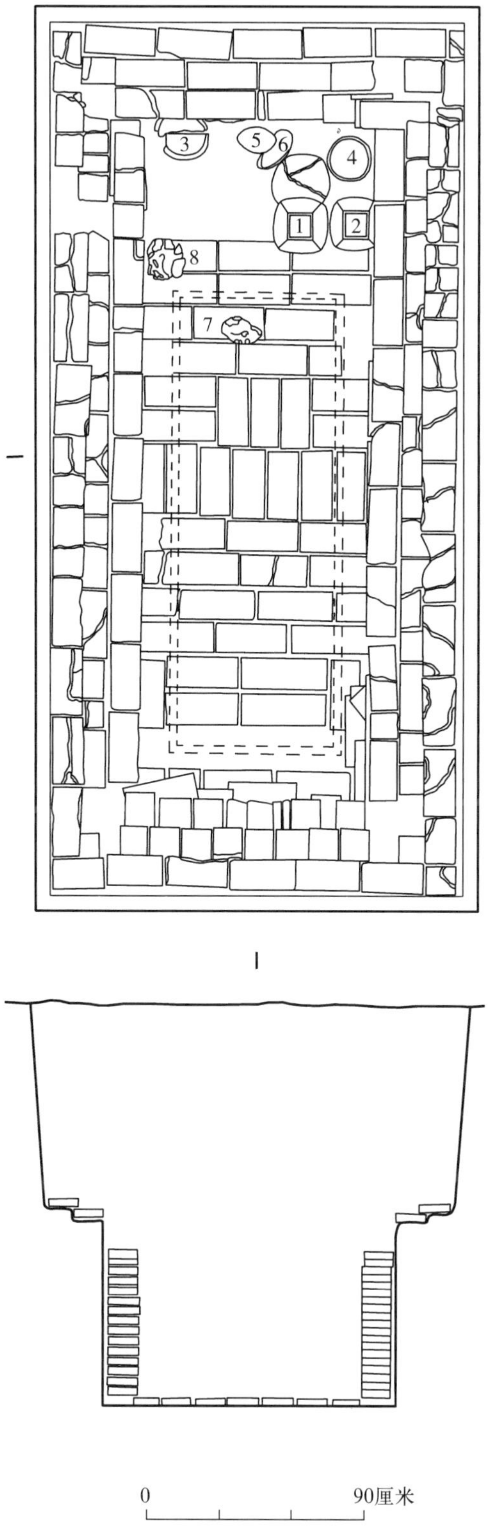

图 4-503　M283 平、剖面图

1、2. 陶钫　3. 陶盘　4. 陶樽　5、6. 陶耳杯　7. 铜带钩　8. 动物骨骼

标本 M283：4，泥质灰陶。弧顶盖，斜折沿。樽直口，平沿，圆唇，深腹，直壁，圜底，蹄形足。素面。口径 23、高 15.8、通高 20.7 厘米（彩版一九〇，4）。

陶盘　1 件。

标本 M283：3，泥质灰陶。敞口，斜折沿，方唇，浅腹，下部斜收，平底。腹部饰两周凸弦纹。口径 23.6、底径 18.6、高 3.8 厘米（彩版一九〇，5）。

陶耳杯　3 件。泥质灰陶。器身椭圆形，侈口，平沿，方唇，下腹弧收，平底。口沿两侧饰新月形耳。素面。

标本 M283：5，口长径 15、短径 12.6、高 5.2 厘米（图 4-504，5）。

（2）铜器

铜带钩　1 件。

标本 M283：7，琵琶形。钩呈兽首状，横断面近圆形，圆形纽位于背部前端。长 6.5 厘米（图 4-504，7）。

铜镞　1 件。

标本 M283：01，锋三棱形，截面三角形，铤呈圆形，尾部尖细。铤长 3.9、锋 3.2 厘米（图 4-504，01）。

（一六一）M284

1. 墓葬形制

位于墓地中部，北面是 M331，西面是 M379，南面为 M283。方向 115°（图 4-505；彩版一九一，1）。

长方形土坑竖穴砖椁墓。墓口长 2.8、宽 1.3、深 1.34 米。椁室四壁均用青砖平铺垒砌。墓底四周有生土二层台，南、北两侧及西端宽 0.22～0.25、高 0.83 米。台外侧青砖纵向垒砌，内侧下挖 0.45 米，错缝平铺叠砌十六层。墓底斜向平铺一层青砖，“人”字形排列。东端砌有头箱，台上横向平铺一层青砖。砖长 26、宽 12、厚 4 厘米。墓内填褐色五花土，土质较致密。

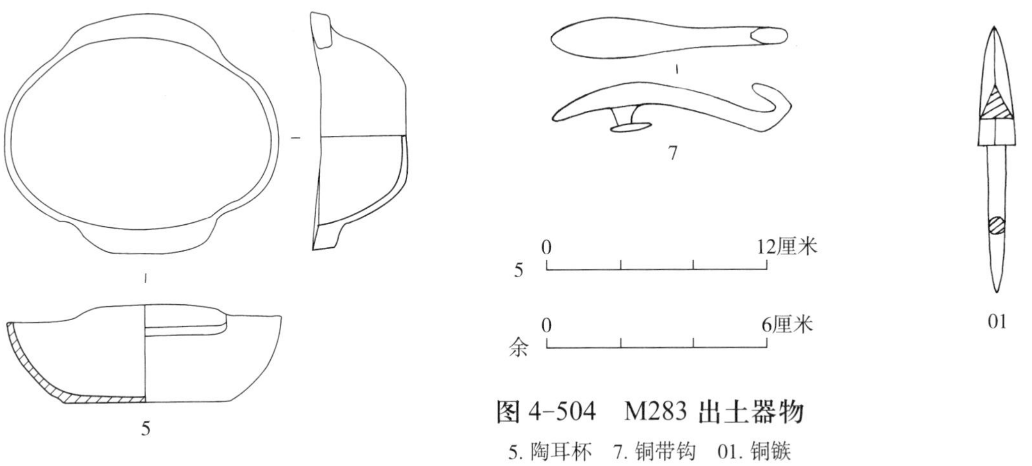

图4-504　M283出土器物

5. 陶耳杯　7. 铜带钩　01. 铜镞

人骨1具。头向东。骨骼严重腐朽，仅残存部分头骨及趾骨遗骸。性别、年龄无法鉴定。

随葬器物3件。陶壶2件置于器物台北侧。铜印章1枚放在墓主头骨右侧。大量动物骨骼放置在头箱内南侧，未经鉴定，种属不明。

2. 出土遗物

（1）陶器

陶壶　2件。泥质灰陶。侈口，斜沿，尖唇，束颈，溜肩，鼓腹，平底。器表有抹制痕，腹部饰刻划纹和三周戳印纹

标本M284：1，口径12.2、底径16.1、高23.8厘米（图4-505，1；彩版一九一，2左）。

标本M284：2，上腹用白彩饰弧形纹和圆点纹。口径12.7、底径16.2、高25.2厘米（图4-505，2；彩版一九一，2右）。

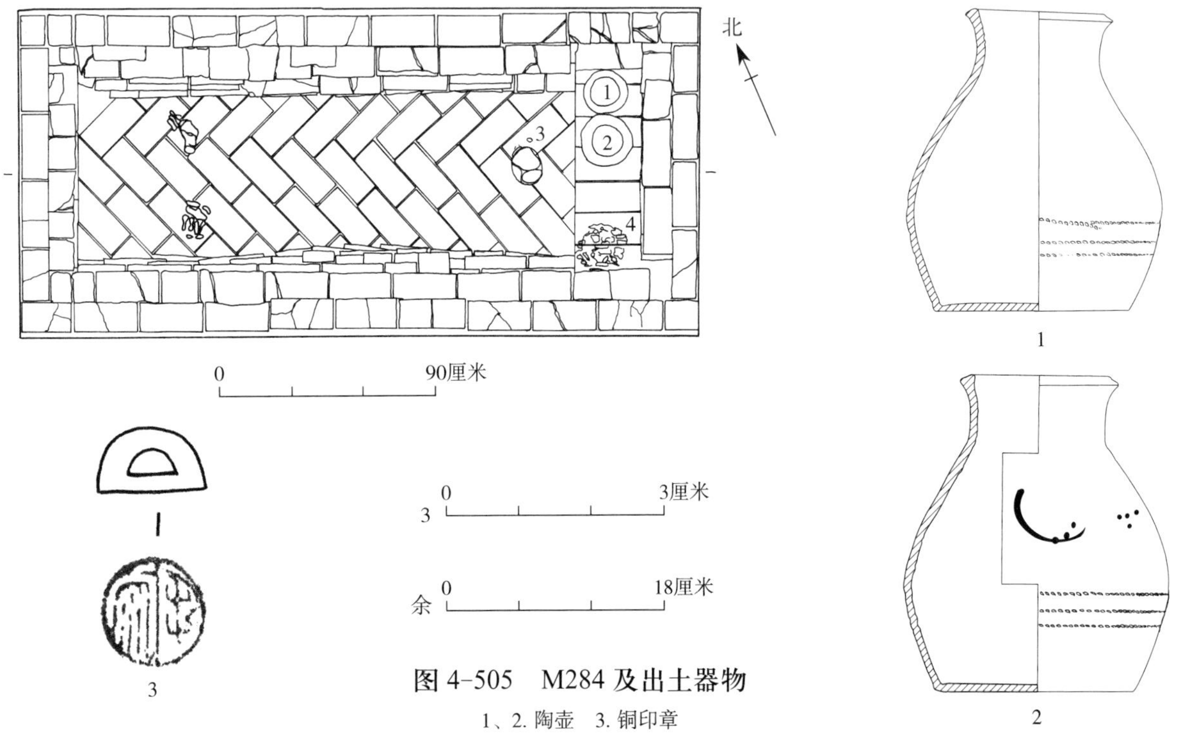

图4-505　M284及出土器物

1、2. 陶壶　3. 铜印章

（2）铜器

铜印章　1枚。

标本M284∶3，圆形印体，鼻形纽。印面圆形，阴文篆书“毛安”，人名。印面直径1.6、通高0.8厘米（图4-505，3；彩版一九一，3、4）。

（一六二）M285

1. 墓葬形制

位于墓地中部，北面是M267，西南面为M273，南面是M278。方向105°（图4-506；彩版一九一，5）。

长方形土坑竖穴砖椁墓。墓口长2.9、宽1.3米，底长2.8、宽1.1、深2.1米。椁长2.5、宽0.85、高0.65米。椁室四壁青砖顺向错缝垒砌，台面外侧顺向垒砌。墓底斜向平铺一层青砖。砖长25～27、宽12、厚3厘米。墓内填土为黄褐花色，土质较坚硬，经夯打。夯窝椭圆形，分布稀疏，排列无规律，直径5～13、夯层厚15厘米。

人骨无。

随葬器物10件。陶壶1件，陶钫2件位于椁室东端。铜镜、铜刷柄、铁镜架各1件陈置椁室东端偏北处，其中刷柄、镜架压在铜镜下面。铜钱4枚陈放东端偏南。乳猪骨放置于东北角。

2. 出土遗物

（1）陶器

陶壶　1件。

标本M285∶7，泥质灰陶。口残缺，束颈，溜肩，鼓腹，大平底内凹。肩部饰两周弦纹和竖条刻划纹，腹部饰圆点和斜十字交叉纹，间饰数周凹弦纹，下腹饰两周戳印纹。口径6.2、底径16.6、残高18厘米（图4-507，7）。

陶钫　2件。泥质灰陶。覆斗形盖，小平顶，顶部四角及中心各有一小乳突，斜壁，对角有棱。钫口微侈，平沿，方唇，束颈，四角有折棱，溜肩，鼓腹，下腹略弧收，最大径居下腹，平底微内凹。器表有刻划痕迹。

标本M285∶5，口边长9.1、底径15.6、通高

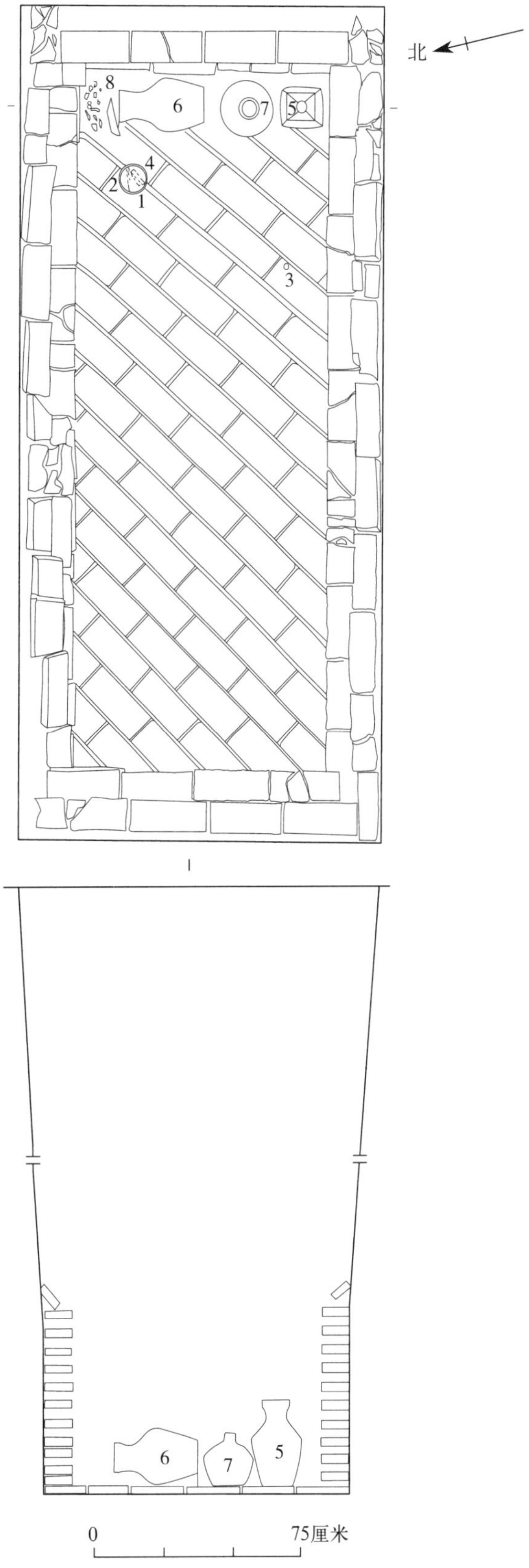

图4-506　M285平、剖面图

1. 铜镜　2. 铜刷柄　3. 铜钱（4）　4. 铁镜架　5、6. 陶钫　7. 陶壶　8. 动物骨骼

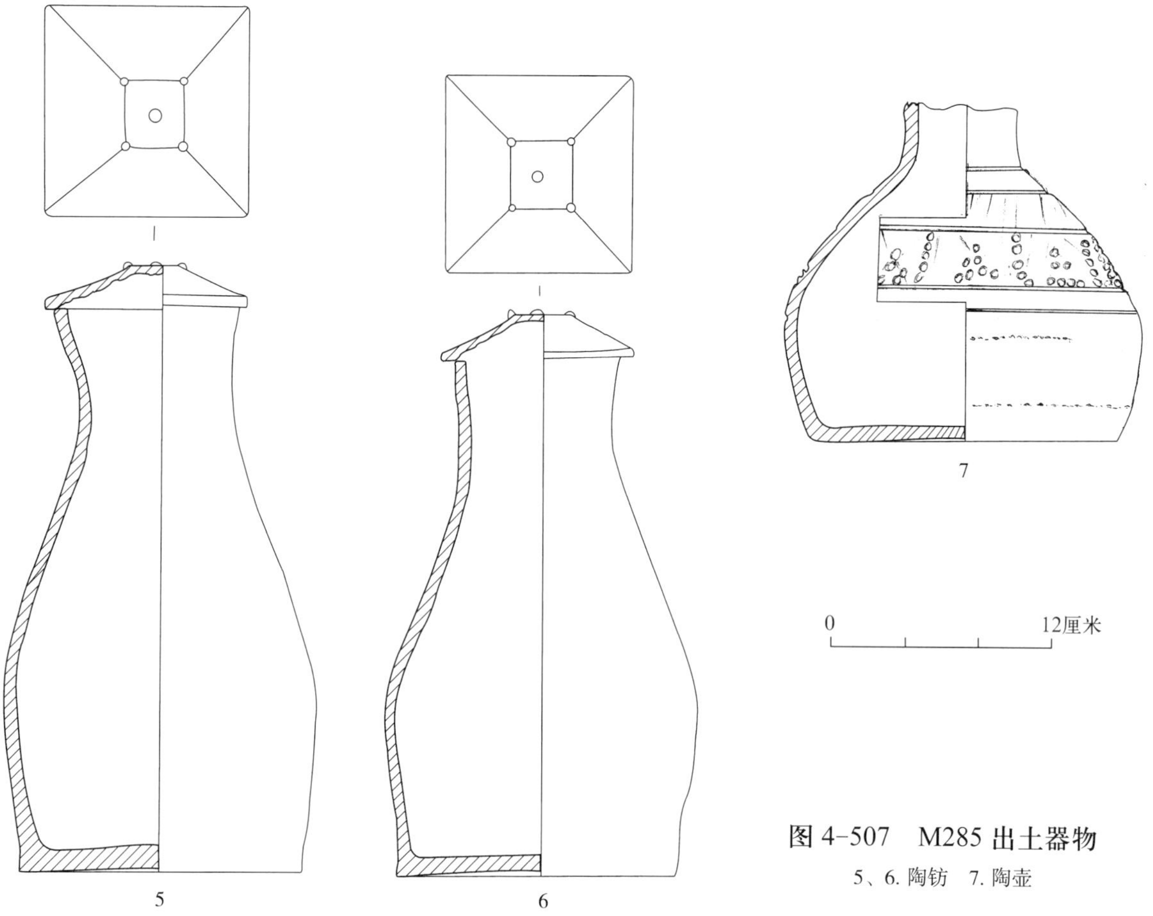

图 4-507　M285 出土器物

5、6. 陶钫　7. 陶壶

32.4 厘米（图 4-507，5；彩版一九一，6 左）。

标本 M285∶6，口边长 9.2、底径 15.4、通高 30 厘米（图 4-507，6；彩版一九一，6 右）。

（2）铜器

铜镜　1 枚。

标本 M285∶1，日光连弧铭带镜。圆形，圆纽，圆纽座。座外均匀伸出四组短竖线（每组三条），其外一周凸弦纹，外分列四锥状短线、夹饰双层月牙纹，再外一周内向八连弧纹圈带。外区两周短斜线和凸弦纹组合纹带，其间为顺时针铭文“日月心，勿夫毋之忠，勿忘”，为圆转式篆隶体、个别笔画呈楔形、有简化，首尾间用一短横线隔开，每两字间隔一类似涡纹符号。窄素平缘。面径 7.8、缘厚 0.65 厘米（图 4-508，1；彩版一九一，7）。

铜刷柄　1 件。

标本 M285∶2，形似烟斗形。斗圆筒状中空，细长柄，尾端扁薄，有圆形小圆孔。长 12.4 厘米（图 4-508，2）。

铜钱　4 枚，均为五铢。圆形方穿，正面有轮无郭，背面轮郭俱全。“五”字两笔交叉微曲，与上、下两横相交处微敞或内收，“铢”字“金”头三角形，与“朱”等齐，“朱”字上部方折，有的穿上横郭或穿下半星。

标本 M285∶3-1、2，直径 2.5、穿边长 1、厚 0.14 厘米（图 4-508，3-1、2）。

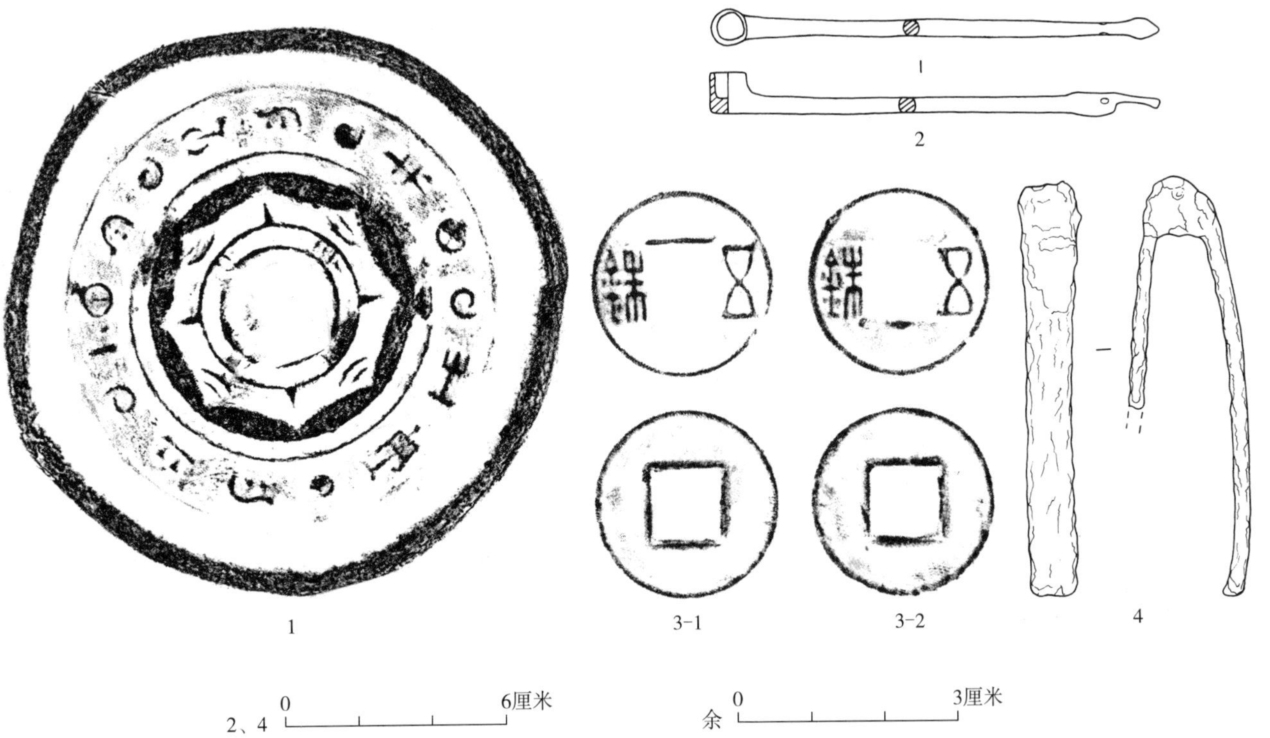

图 4-508　M285 出土器物

1. 铜镜　2. 铜刷柄　3-1、2. 铜钱　4. 铁镜架

（3）铁器

铁镜架　1 件。

标本 M285∶4，叉形，两侧支脚扁长条形，一侧残。高 11 厘米（图 4-508，4）。

（一六三）M286

1. 墓葬形制

位于墓地中部，东南面是 M275，西北面为 M266。方向 30°（图 4-509）。

长方形土坑竖穴砖椁墓。墓口上部被破坏。墓口长 2.1、宽 0.9、深 1.3 米。椁长 1.9、宽 0.72～0.78、高 0.7 米。椁室四壁均用青砖平铺错缝叠砌而成。壁龛位于墓圹东端，宽 0.25、高 0.25. 深 0.25 米。砖长 26、宽 11、厚 3 厘米。墓内填黄褐色五花土，质松软。

人骨 1 具。头向北，面向上，仰身直肢。右上肢外弧，左上肢骨缺失。下肢骨外弧。由于骨骼腐朽严重，性别无法鉴定，年龄 13～16 岁。墓底斜向平铺一层青砖，“人”字形排列。

随葬器物 3 件。陶壶 1 件放置壁龛内。铜钱 2 枚放在墓主右上肢外侧。

2. 出土遗物

（1）陶器

陶壶　1 件。

标本 M286∶2，泥质灰陶。弧顶盖。侈口，斜沿，圆唇，束颈，溜肩，鼓腹，体弧内收，圜底。下腹饰三周戳印纹。口径 12.4、底径 14、通高 25.6 厘米（图 4-509，2）。

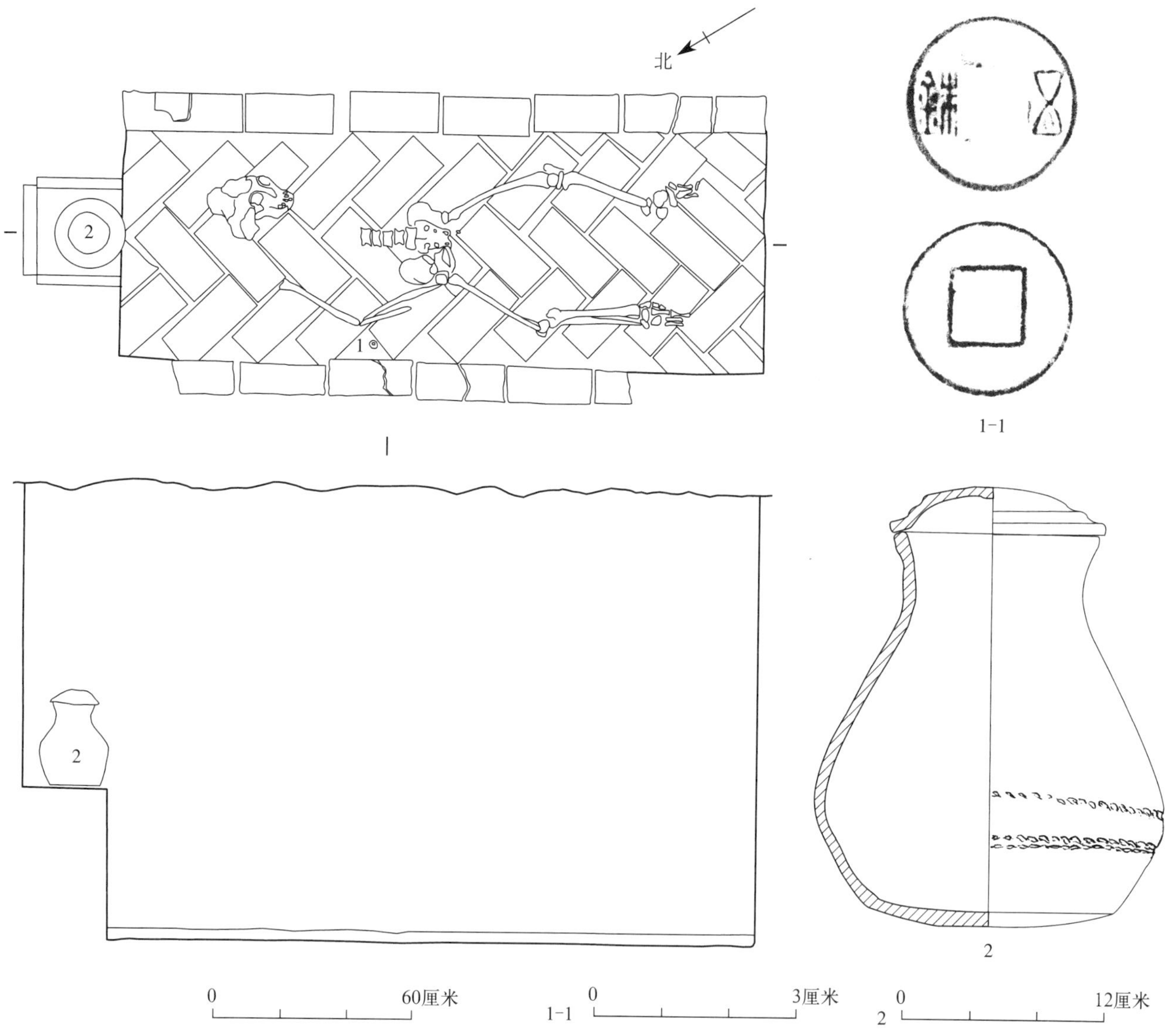

图 4-509　M286 及出土器物

1. 铜钱（2）　2. 陶壶

（2）铜器

铜钱　2枚，均为五铢。圆形方穿，正面有轮无郭，背面轮郭俱全。“五”字两笔交叉近直，“铢”字“金”头三角形，与“朱”等齐，“朱”字上部方折。

标本 M286∶1-1，直径 2.5、穿边长 1、厚 0.16 厘米（图 4-509，1-1）。

（一六四）M288

1. 墓葬形制

位于墓地中部，打破 M292，东面是 M261，西面为 M326。方向 15°（图 4-510）。

长方形土坑竖穴砖椁墓。墓口长 3.25、宽 1.8、深 1.85 米。椁长 2.6、宽 0.8、高 0.65 米。椁室四壁均用青砖错缝平铺顺向垒砌。墓底顺向平铺一层青砖，“人”字形排列。砖长 27、宽 12、厚 3

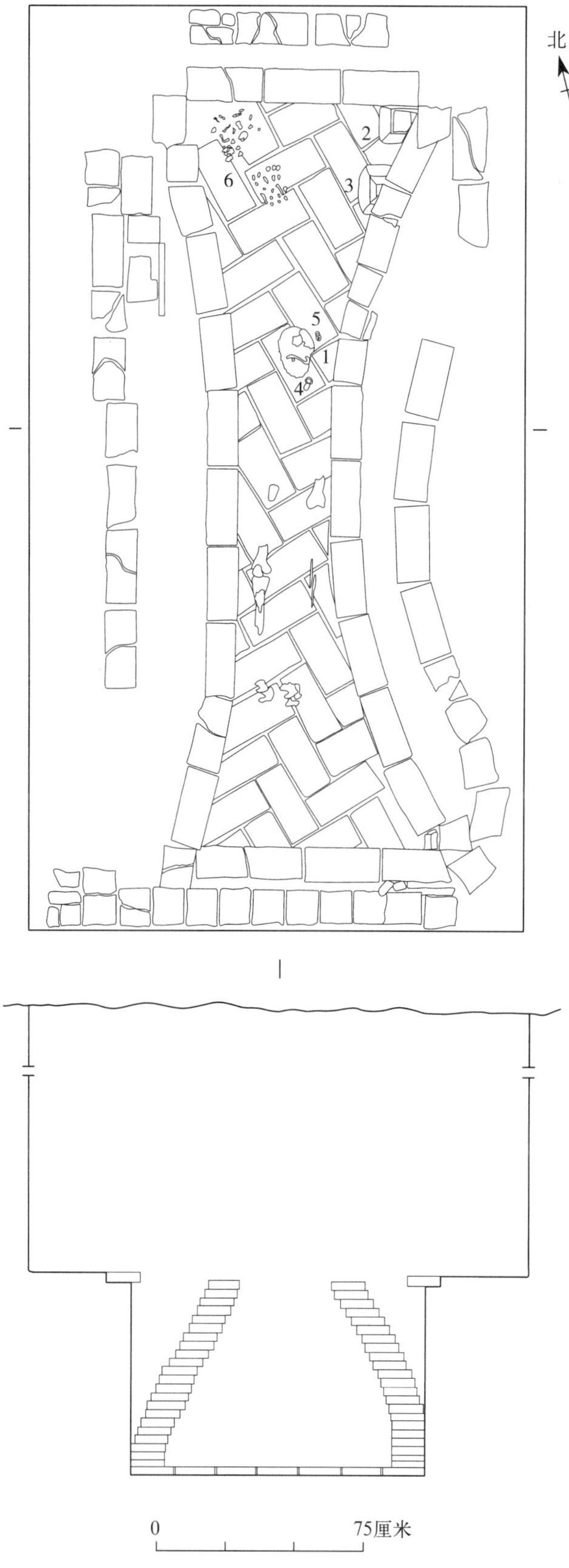

图 4-510　M288 平、剖面图
1. 铜带钩　2、3. 陶钫　4. 铁环首刀　5. 铜钱（6）　6. 动物骨骼

厘米。墓内填土呈黄褐色，土质较坚硬。

人骨 1 具。头向北，面向不详，仰身直肢。骨骼腐朽严重，仅残存少许牙齿、脊椎和下肢骨遗骸。性别、年龄无法鉴定。

随葬器物 10 件。陶钫 2 件放置椁室东北角。铜带钩 1 件放在墓主口内。铁环首刀 1 件置于头骨下方。铜钱 6 枚陈放头骨左侧。乳猪、鸡、鱼骨散落在西北角。

2. 出土遗物

（1）陶器

陶钫　2 件。泥质灰陶。覆斗形盖。斜壁，小平顶，顶部饰五个突饰。钫方侈口，平沿，方唇，束颈，沿外侧四角有折棱，溜肩，鼓腹，下腹弧收，方形圈足。下腹及底部饰绳纹。

标本 M288：2，口边长 11.2、底边长 14.5、通高 41.2 厘米（图 4-511，2）。

标本 M288：3，口边长 11.7、底边长 15、通高 39.8 厘米（图 4-511，3）。

（2）铜器

铜带钩　1 件。

标本 M288：1，琵琶形。钩呈马首状，横断面呈半圆形，圆形纽位于背中部。长 6.4 厘米。

铜钱　6 枚，均为五铢。圆形方穿，正面有轮无郭，背面轮郭俱全。根据钱文字体不同分为两种。

第一种　3 枚。“五”字两笔交叉微曲，“铢”字“金”头三角形，与“朱”等齐，“朱”字上部方折，有的穿上有横郭。

标本 M288：5-1、2，直径 2.5、穿边长 1、厚 0.17 厘米（图 4-511，5-1、2）。

第二种　3 枚。“五”字两笔交叉弯曲，与上、下两横交接处垂直。“铢”字“金”头三角形，与“朱”等齐，“朱”字上部方折，有的穿上有横郭。

标本 M288：5-3、4，直径 2.57、穿边长 0.95、厚 0.2 厘米（图 4-511，5-3、4）。

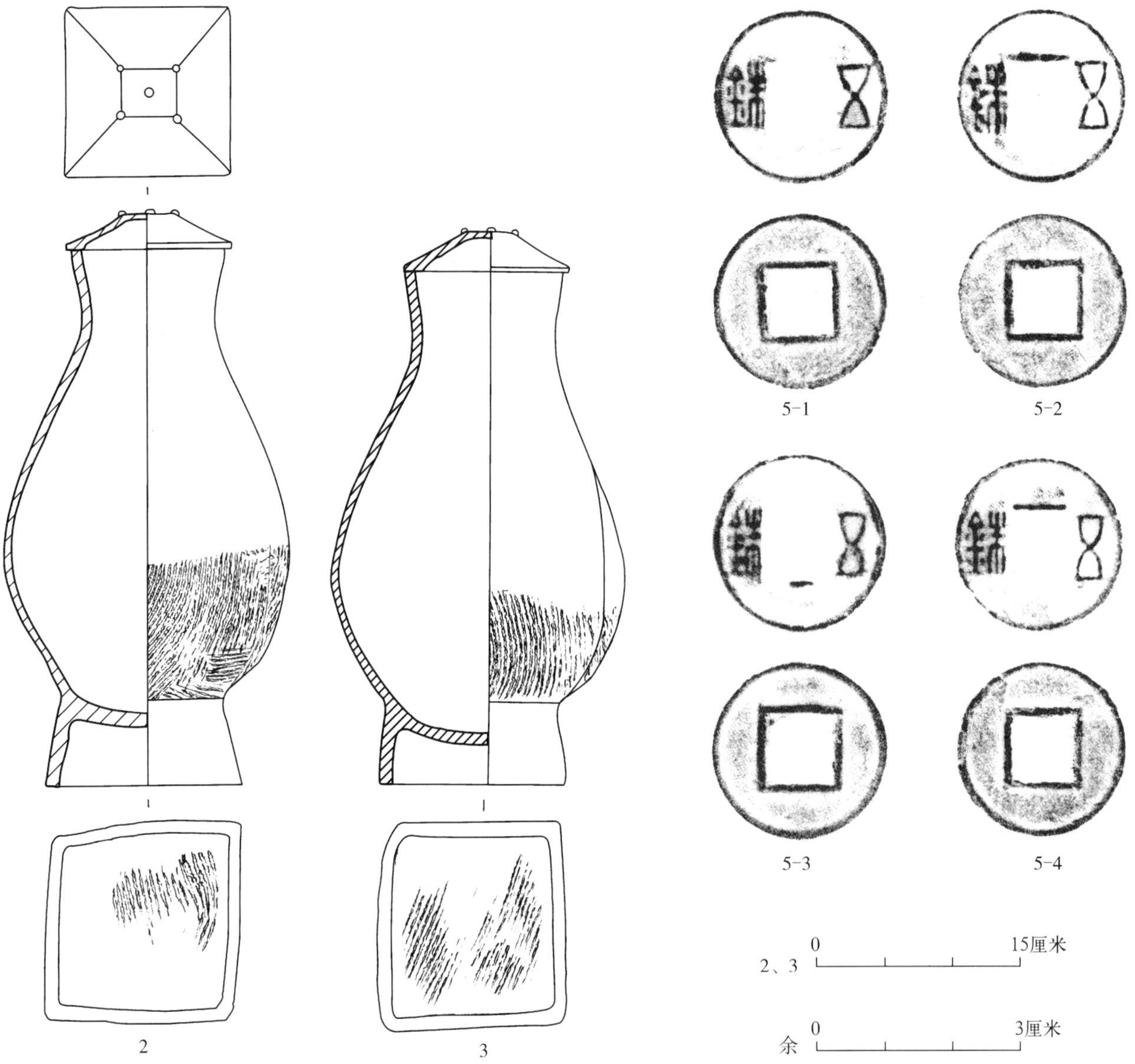

图 4-511 M288 出土器物

2、3. 陶钫 5-1～4. 铜钱

(3) 铁器

铁环首刀 1件。

标本 M288∶4，环形首，刀身截面三角形，平背，直刃，刀尖略缺。残长 14.7 厘米。

（一六五）M289

1. 墓葬形制

位于墓地中部，东南面是 M322，西面为 M296。方向 10°（图 4-512；彩版一九二，1）。

长方形土坑竖穴砖椁墓。墓口长 3、宽 2.8 米，底长 3、宽 1.4、深 2.9 米。椁长 3、宽 1.02、高 0.7 米。椁室四壁横排错缝叠砌平铺十四层青砖。椁室北端侧立五层青砖形成头箱，长 1、宽 0.65、深 0.7

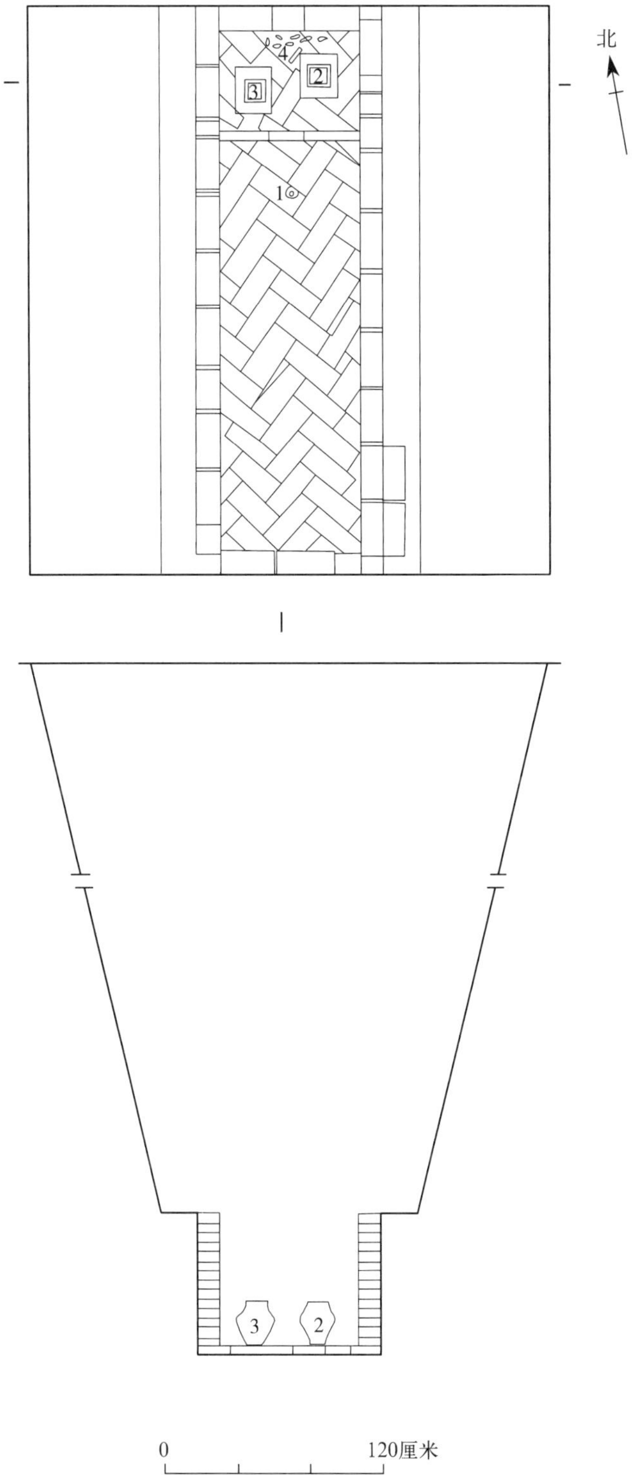

图 4-512　M289 平、剖面图
1. 铜钱　2、3. 陶钫　4. 动物骨骼

米。墓底青砖斜向平铺，“人”字形排列。砖长 30、宽 12、厚 5 厘米。墓内填黄褐色五花土，土质较疏松，虽经夯打，但夯窝不明显。

人骨 1 具。头向北。骨骼腐朽严重，仅见头骨残痕。性别、年龄无法鉴定。

随葬器物 3 件。陶钫 2 件放在头箱内，铜钱 1 枚位于墓主头骨附近。陶钫北侧散落乳猪、鸡、鱼骨，真鲷骨置于上颌骨处。

2. 出土遗物

（1）陶器

陶钫　2 件。泥质灰陶。覆斗形盖，上部印有鹤和鱼形图案，周边饰双行交叉纹。钫方直口，尖唇，束颈，鼓腹，方形圈足。

标本 M289∶2，上腹四周饰红色水波纹和勾连纹。口边长 12.5、底径 14、通高 48 厘米（图 4-513，2；彩版一九二，2 左）。

标本 M289∶3，口沿外侧及腹部各饰两周红色弦纹，上腹饰红彩勾连纹。口边长 13、底径 14、通高 47.6 厘米（图 4-513，3；彩版一九二，2 右）。

（2）铜器

铜钱　1 枚。

标本 M289∶1，锈蚀严重、残缺不全，仅存“五”字。

（一六六）M290

1. 墓葬形制

位于墓地中部，东面是 M322，南面为 M287、M269，西面是 M399。方向 22°（图 4-514）。

长方形土坑竖穴砖椁墓。墓口长 2.8、宽 1.2～1.3、深 1.13 米。椁长 2.72、宽 1.02～1.12、高 0.65 米。椁室四壁横排错缝平铺十八层青砖。东、西壁上层外侧加铺一层青砖。砖与砖之间缝隙 0.04～0.15 米。墓底平铺一层青砖。“人”字形排列。砖长 27、宽 11、厚 3 厘米。墓内填黄褐色五花土，土质较疏松。

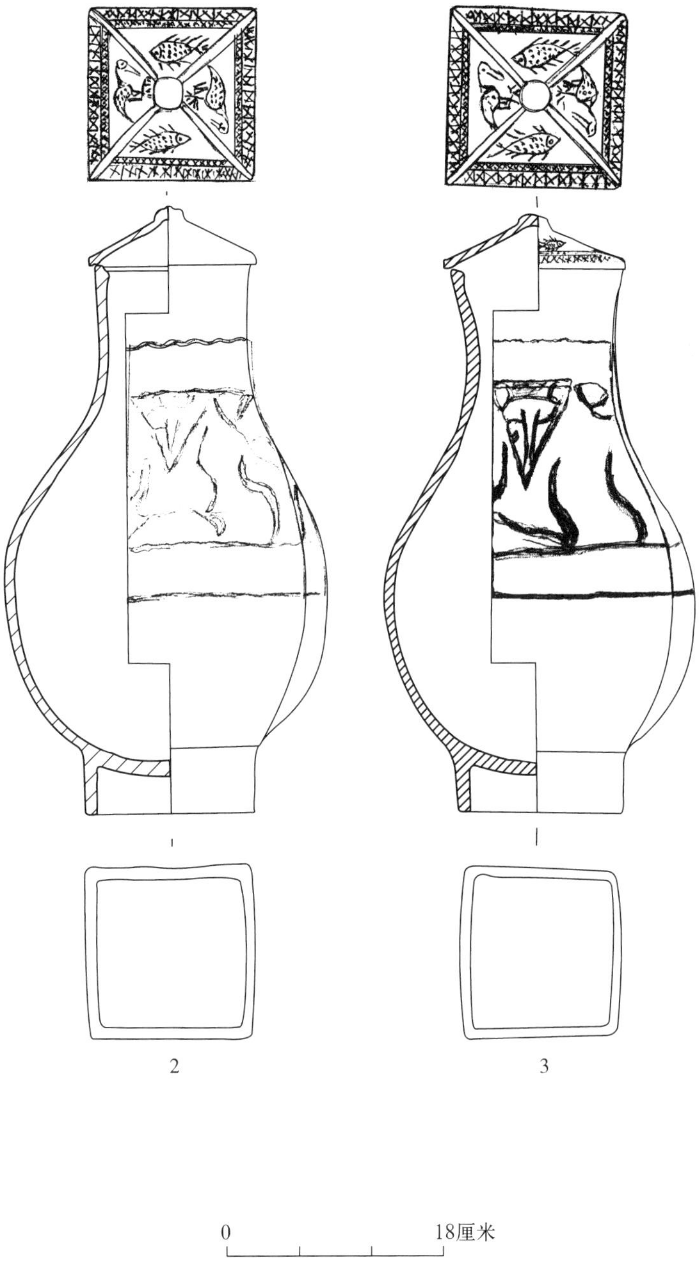

陶钫M289：2盖纹饰拓片（1/2）

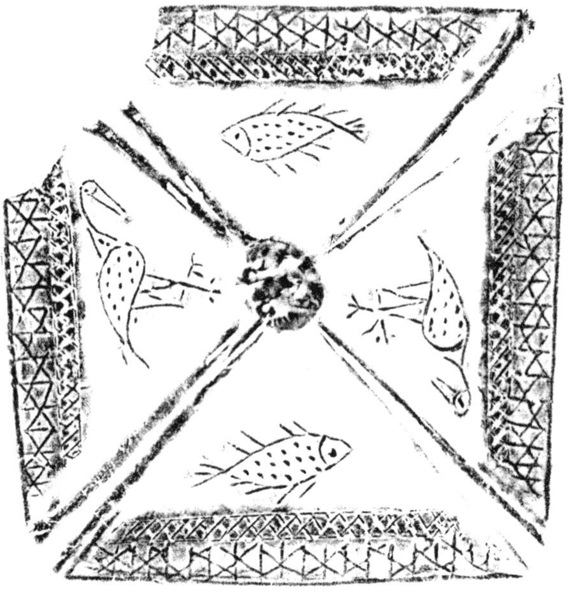

陶钫M289：3盖纹饰拓片（1/2）

图 4-513　M289 出土器物

2、3. 陶钫

人骨 1 具。头向北。骨骼腐朽严重，仅见有头骨和部分下肢骨残痕。性别、年龄无法鉴定。随葬陶壶 2 件放置在椁室西北角。乳猪骨放在两陶壶之间。

2. 出土遗物

陶器

陶壶　2 件。泥质灰陶。弧顶盖。壶侈口，沿面外斜，尖唇，束颈，溜肩，鼓腹，平底微凹。素面。

图 4-514　M290 及出土器物

1、2. 陶壶　3. 动物骨骼

标本 M290 : 1，器表有抹制痕，下腹饰三周戳印纹。口径 13.3、底径 16.6、通 25.6 厘米（图 4-514，1）。

标本 M290 : 2，盖顶饰红色圆点纹和弧形纹，下腹饰两周戳印纹。口径 13.5、底径 16、通高 26 厘米（图 4-514，2）。

（一六七）M291

1. 墓葬形制

位于墓地中部，打破M335，东面是M296，西面为M379。方向20°（图4-515）。

长方形土坑竖穴砖椁墓。墓口长3.1、宽1.5～1.6、深1.7米。椁长2.98、宽1.08～1.18、高0.78

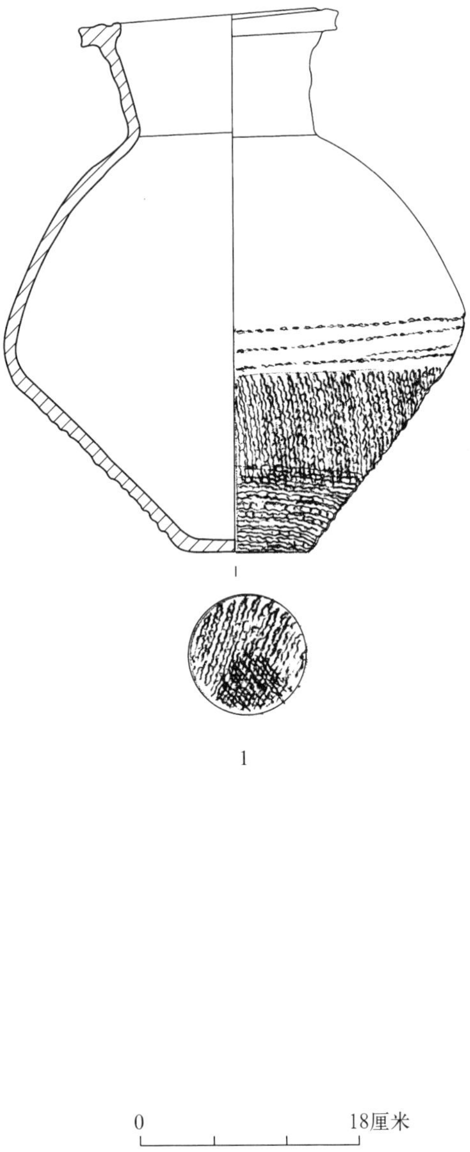

图4-515　M291及出土器物

1. 陶罐　2. 铜带钩　3、4. 动物骨骼

米。椁室均用青砖垒砌而成。东、西、北壁顺向错缝平铺，南端横向贴砌。墓底平铺一层青砖，“人”字形排列。砖长 32、宽 14、厚 4 厘米。墓内填黄褐色五花土，土质较疏松。

人骨 1 具。头向北，面向上，仰身直肢。骨骼保存较差，仅存部分头骨残片及下肢骨遗骸。性别无法鉴定，中年个体。

随葬器物 2 件。陶罐 1 件放在头箱中，铜带钩 1 件放置墓主口内。乳猪、鱼骨散落在头箱内北部。

2. 出土遗物

（1）陶器

陶罐 1 件。

标本 M291∶1，泥质灰陶。侈口，平折沿，方唇，束颈，鼓腹，小平底。沿面上部有一周凹槽，腹部饰三周戳印纹，下腹及底部饰绳纹。口径 21.2、底径 10、高 43.2 厘米（图 4-515，1）。

（2）铜器

铜带钩 1 件。

标本 M291∶2，琵琶形。钩呈兽首状，横断面半圆形，圆形纽位于背中部。长 6 厘米。

（一六八）M292

1. 墓葬形制

位于墓地中部，打破周代 M326，被 M288 打破，东面为 M261。方向 14°（图 4-516）。

长方形土坑竖穴砖椁墓。墓口长 2.9、宽 1.3、深 1.6 米。椁长 2.13、宽 0.7、高 0.6 米。椁室四壁青砖垒砌而成，由于破坏比较严重，青砖缺失殆尽，形制不详。墓底平铺一层青砖，中间一行竖排，两侧各横排一列。墓内填黄褐色五花土，经夯打，土质较坚硬。夯窝不明显。砖长 30、宽 12、厚 7 厘米。

人骨 1 具。头向北。骨骼腐朽严重，仅剩头骨残痕和部分牙齿。性别无法鉴定，中年个体。

铜带钩 1 件放在墓主下颌处。

2. 出土遗物

铜器

铜带钩 1 件。

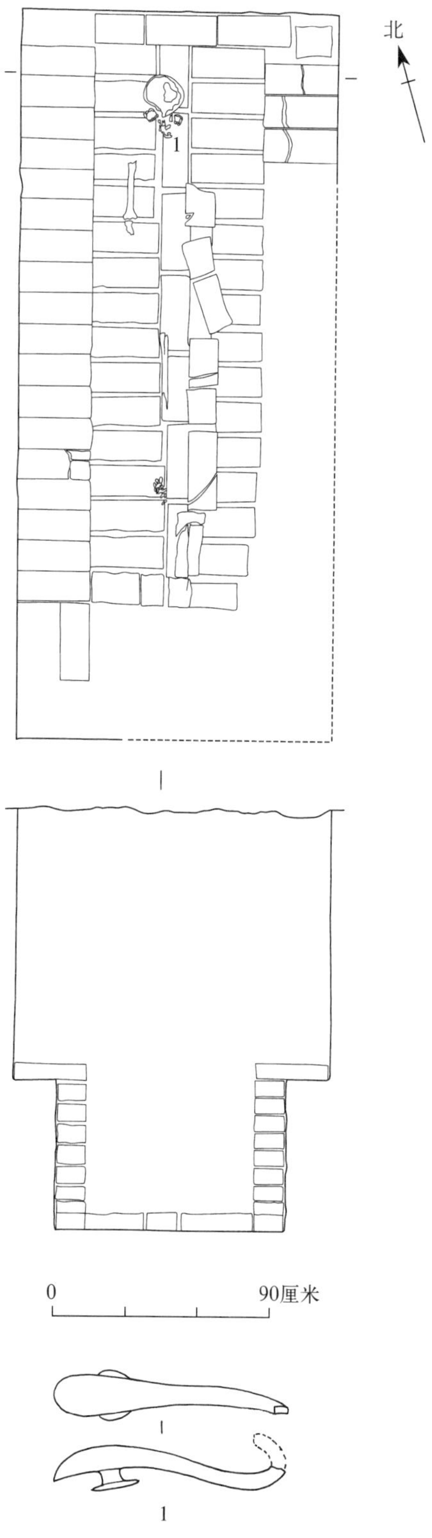

图 4-516 M292 及出土器物
1. 铜带钩

标本 M292∶1，琵琶形。钩残缺，横断面半圆形，圆形纽位于背中部。残长 6.5 厘米（图 4-516，1）。

（一六九）M293

墓葬形制

位于墓地中部，北面是 M294，东北面为 M443，南面是 M321。方向 95°。

长方形土坑竖穴砖椁墓。墓口长 2.85、宽 1.45、深 2 米。墓壁斜直内收，底部平整。因扰乱严重，椁室垒砌青砖破坏殆尽，形制与结构不详。墓内填黄褐色五花土，质地松软。填土中夹杂大量碎砖及人骨残骸。

人骨 1 具。男性，年龄 30 左右。

随葬器物无。

（一七〇）M294

1. 墓葬形制

位于墓地中部，北面是 M441，东南面为 M443，南面是 M293。方向 2°（图 4-517）。

长方形土坑竖穴砖椁墓。墓口长 2.8、宽 1.1、深 1.15 米。椁长 2.66、宽 1.06、高 0.42 米。椁室青砖垒砌而成。东、西两壁横排错缝平铺青砖，缝隙 0.02 ～ 0.15 米。北壁下部横排错缝平铺、上部竖立六块青砖。南壁立排青砖六块。墓底斜向平铺一层青砖，“人”字形排列。青砖表面发现部分白灰条残痕。砖长 27、宽 13、厚 3 厘米。墓内填黄褐色五花土，土质较疏松。

人骨 1 具。头向北，面向上，仰身直肢。墓主头骨破碎，仅遗留部分下肢骨残骸。性别无法鉴定，年龄 30 ～ 40 岁。

随葬器物 16 件。陶壶 2 件放置椁室顶端。铜带钩 1 件放在墓主口内。铁镜架 1 件置于头骨左侧。铜钱 12 枚位于盆骨处。少量动物骨骼放在陶壶附近，未经鉴定，种属不明。

2. 出土遗物

（1）陶器

陶壶　2 件。泥质灰陶。弧顶盖，顶中部有一突饰。壶侈口，沿面外斜，束颈，溜肩，鼓腹，下腹内收，平底。器表有制作抹痕，腹部饰一周凹弦纹。

标本 M294∶1，圆唇。口径 12.2、底径 19、通高

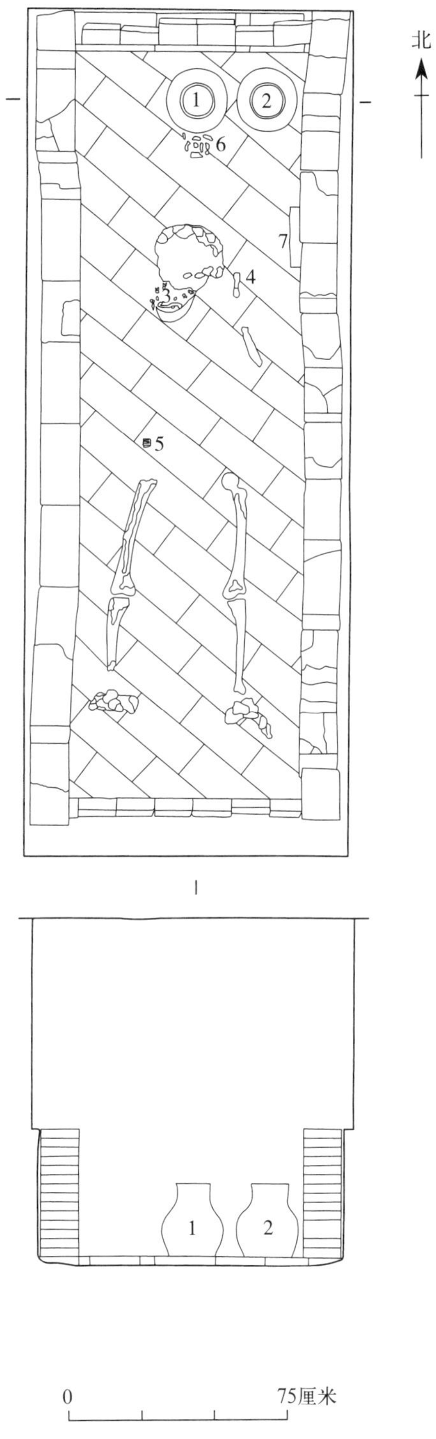

图 4-517　M294 平、剖面图

1、2. 陶壶　3. 铜带钩　4. 铁镜架　5. 铜钱（12）　6. 动物骨骼　7. 白灰条

27.6 厘米（图 4-518，1）。

标本 M294：2，尖唇。腹部饰两周凹弦纹。口径 12.6、底径 18、通高 26.3 厘米（图 4-518，2）。

（2）铜器

铜带钩　1 件。

标本 M294：3，琵琶形。钩残，横断面长方形，钩正面自颈下至尾部有两道凸棱纹，圆形纽位于背部前端。长 8.3 厘米（图 4-518，3）。

铜钱　12 枚。均为五铢。圆形方穿，正面有轮无郭，背面轮郭俱全。根据钱文字体不同分为两种。

第一种　4 枚。“五”字两笔交叉较直，“铢”字“金”头呈三角形，与“朱”等齐，“朱”字上部方折。

标本 M294：5-1，直径 2.5、穿边长 1、厚 0.15 厘米（图 4-518，5-1）。

第二种　8 枚，五字两笔交叉弯曲，朱字上部方折，下部圆折。有的穿上横郭，有的穿上或穿下半星，个别有磨郭现象。

标本 M294：5-2 ～ 4，穿径 2.6、穿边长 1、厚 0.15 厘米（图 4-518，5-2 ～ 4）。

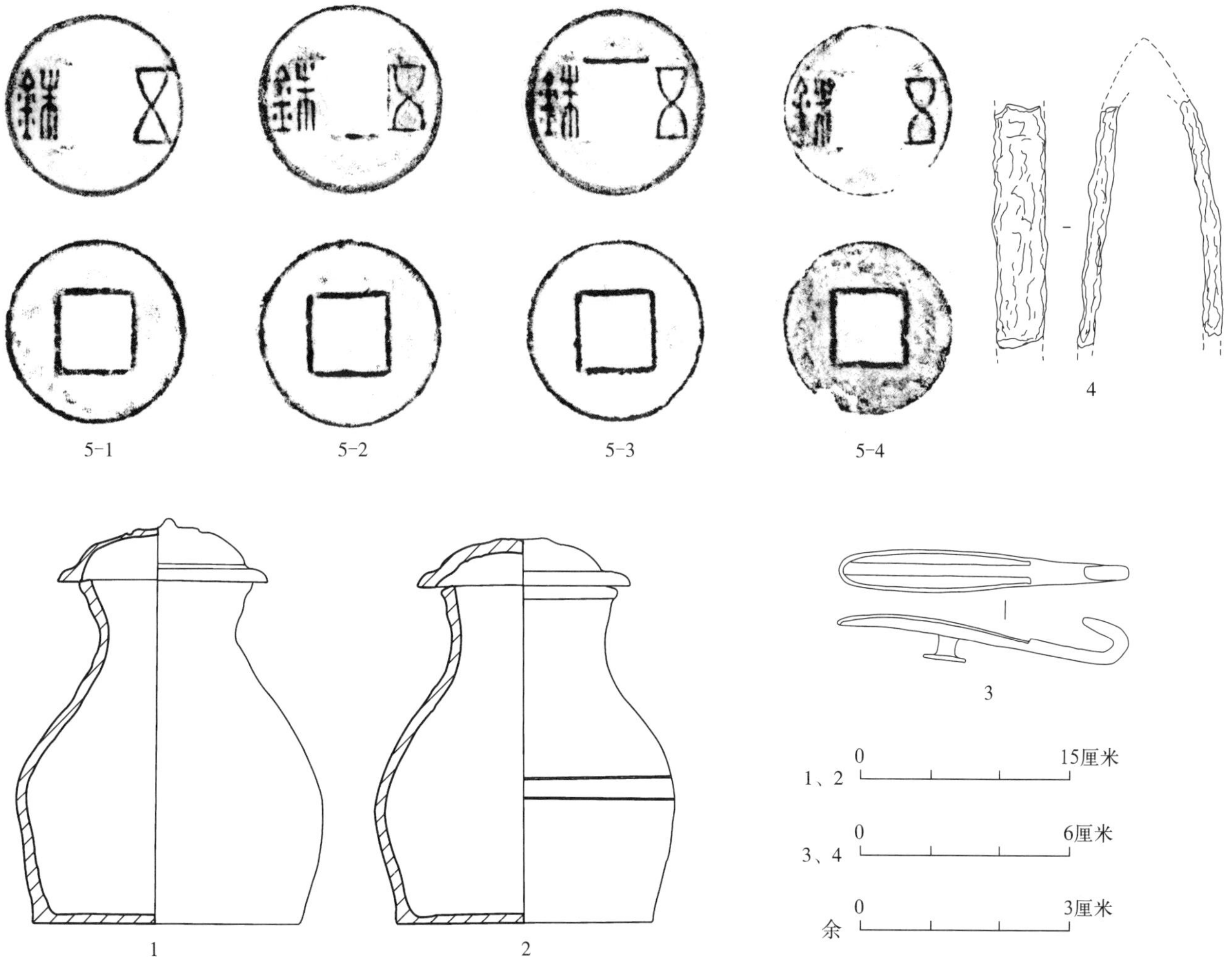

图 4-518　M294 出土器物

1、2. 陶壶　3. 铜带钩　4. 铁镜架　5-1～4. 铜钱

（3）铁器

铁镜架　1件。

标本M294∶4，叉形，两侧支脚扁长条形，已残缺。残高6.6厘米（图4-518，4）。

（一七一）M295

1. 墓葬形制

位于墓地中部，打破M325，西北面是M327，南面为M323。方向25°（图4-519）。

长方形土坑竖穴砖椁墓。墓口长3、宽1.9米，底长2.75、宽1.2、深2.82米。椁长2.1、宽0.82、高0.76米。椁室四壁青砖平铺顺向垒砌。东、西壁有生土二层台，宽0.05～0.2米。墓底平铺一层青砖，中间两列竖排，两侧各横排一列。砖长32、宽12、厚6厘米。墓内填黄褐色五花土，经过夯打，土质较致密。夯窝圆形，分布无规律，直径5～8、夯层厚15厘米。填土中出土铜带钩1件。

人骨1具。头向北。墓主骨骼仅剩少许牙齿和头骨残片。性别、年龄无法鉴定。

随葬器物无。

2. 出土遗物

铜器

铜带钩　1件。

标本M295∶01，琵琶形。钩呈兽首状，横断面近半圆形，圆形纽位于背中部。长5.9厘米（图4-519，01）。

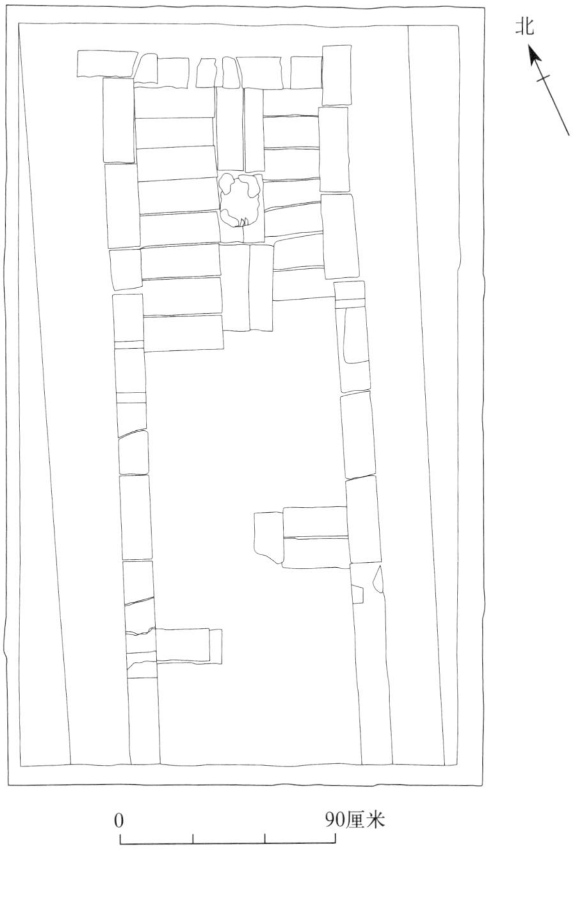

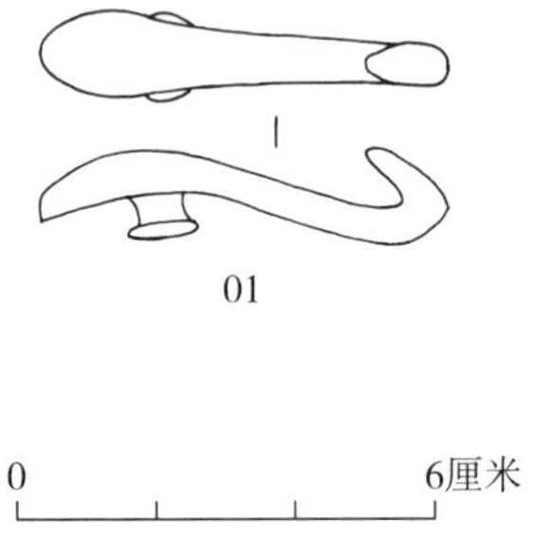

图4-519　M295及出土器物

01. 铜带钩

（一七二）M297

墓葬形制

位于墓地中部，东面是M295，东南面为M324。方向10°。

长方形土坑竖穴砖椁墓。墓口长2.8、宽1.3米，底长2.6、宽1.1、深2.4米。墓壁斜直，下部内收。椁室青砖垒砌，破坏比较严重，仅东壁北部残存少量青砖。墓底铺地砖“人”字形排列。砖长33、宽14、厚6厘米。墓内填黄褐色五花土，土质较疏松。包含少量陶片及乳猪骨骼。

人骨无。

随葬器物无。

（一七三）M298

墓葬形制

位于墓地中部，东北面是M326、M288，西南面为M322。方向15°（图4-520）。

图4-520　M298平面图

长方形土坑竖穴砖椁墓。墓口长2.35、宽1、深0.06米。椁长2.35、宽1、高0.06米。椁室四壁均用青砖平铺顺向垒砌而成。由于盗扰，致使多数垒筑青砖已缺失。墓底铺地砖中间一列竖排，两侧各横排一列。砖长33、宽12、厚6厘米。墓内填黄褐色五花土，土质较致密。

人骨1具。头向北，骨骼保存较差，仅残存部分下肢骨遗骸。性别、年龄无法鉴定。

随葬器物无。

（一七四）M301

1. 墓葬形制

位于墓地中部，东面是M303，南面为M311、M312，西面是M304。距M229东南2米。方向20°（图4-521）。

长方形土坑竖穴砖椁墓。墓口长2.82、宽1.26、深1.45米。椁长2.52、宽1.14、高0.88米。椁室四壁错缝叠砌平铺二十一层青砖，北壁扰乱仅残存十四层。墓底平铺一层砖，“人”字形排列，中间及北侧缺失。砖长26、宽12、厚4厘米。墓内填黄褐色五花土，土质较疏松。

人骨无。

陶扁壶2件放在椁室西南部。乳猪、鲤鱼骨置于东南角。

2. 出土遗物

陶器

陶扁壶　2件。泥质陶。直口，沿面外斜，方唇，束颈，扁鼓腹，椭圆形圈足。肩上安对称耳，

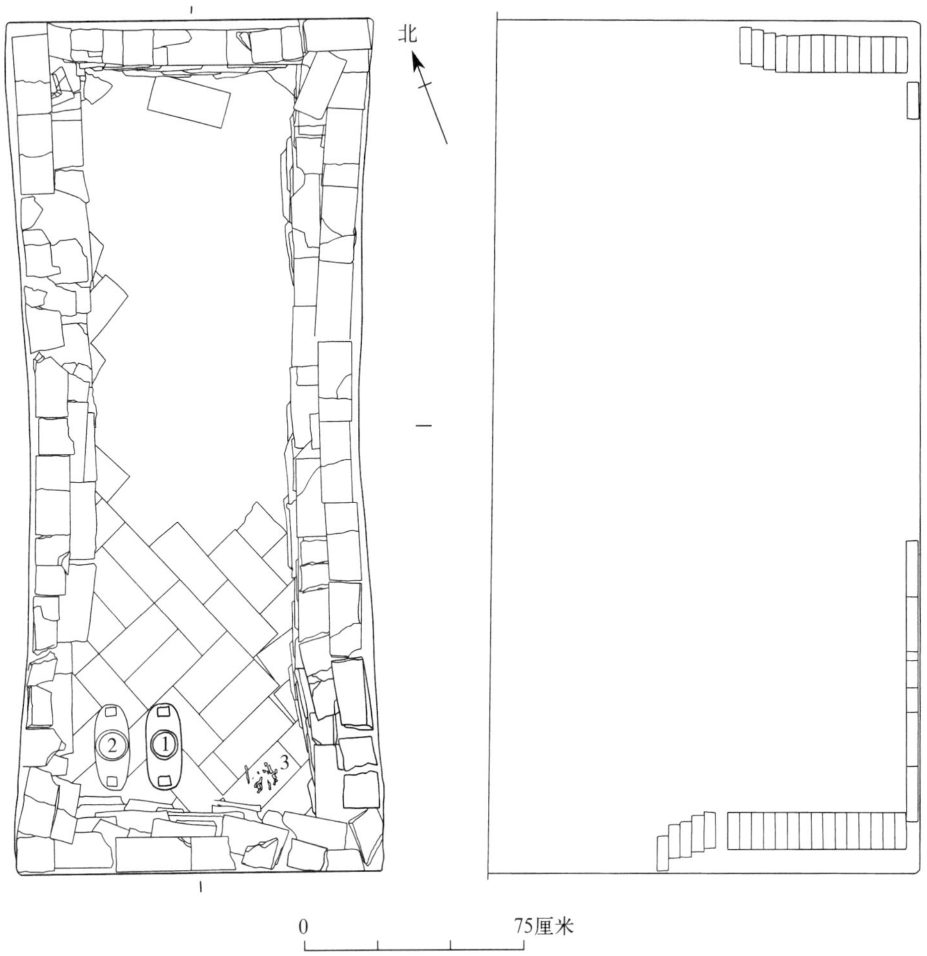

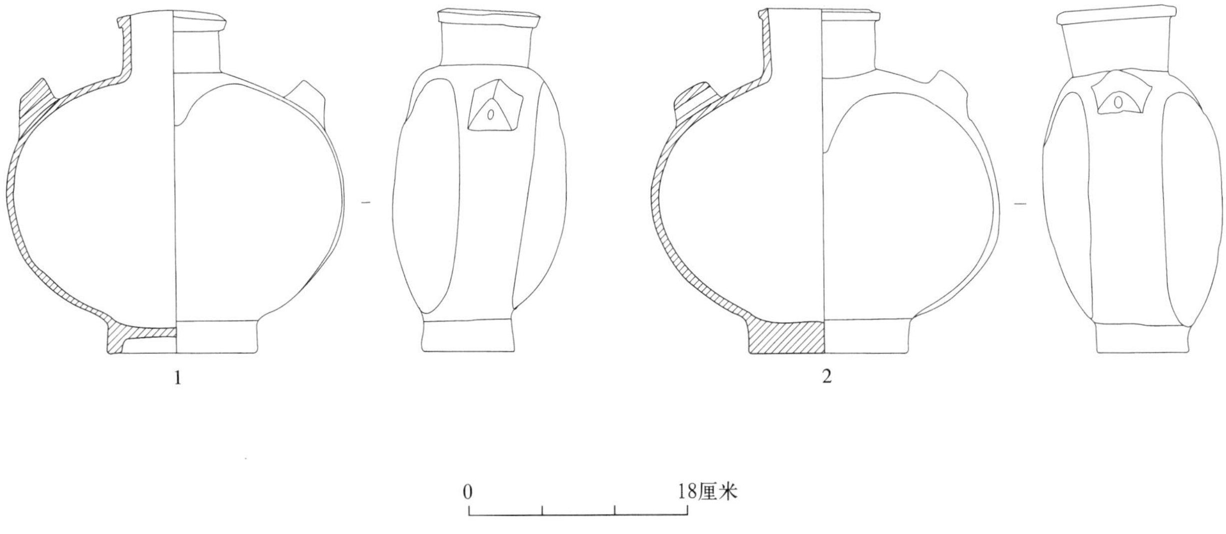

图4-521　M301及出土器物

1、2. 陶扁壶　3. 动物骨骼

腹两侧饰“心”形纹案，素面。

标本 M301：1，灰陶。口径 9、底长径 12.4、短径 7.8、高 27.4 厘米（图 4-521，1）。

标本 M301：2，黑灰陶。口径 10、底长径 13、短径 7.6、高 27.8 厘米（图 4-521，2）。

（一七五）M303

1. 墓葬形制

位于墓地中部，东面是 M305，西面为 M301。方向 10°（图 4-522）。

长方形土坑竖穴砖椁墓。墓口长 2.2、宽 0.96、深 1.03 米。椁室均青砖垒砌而成。因严重破坏，

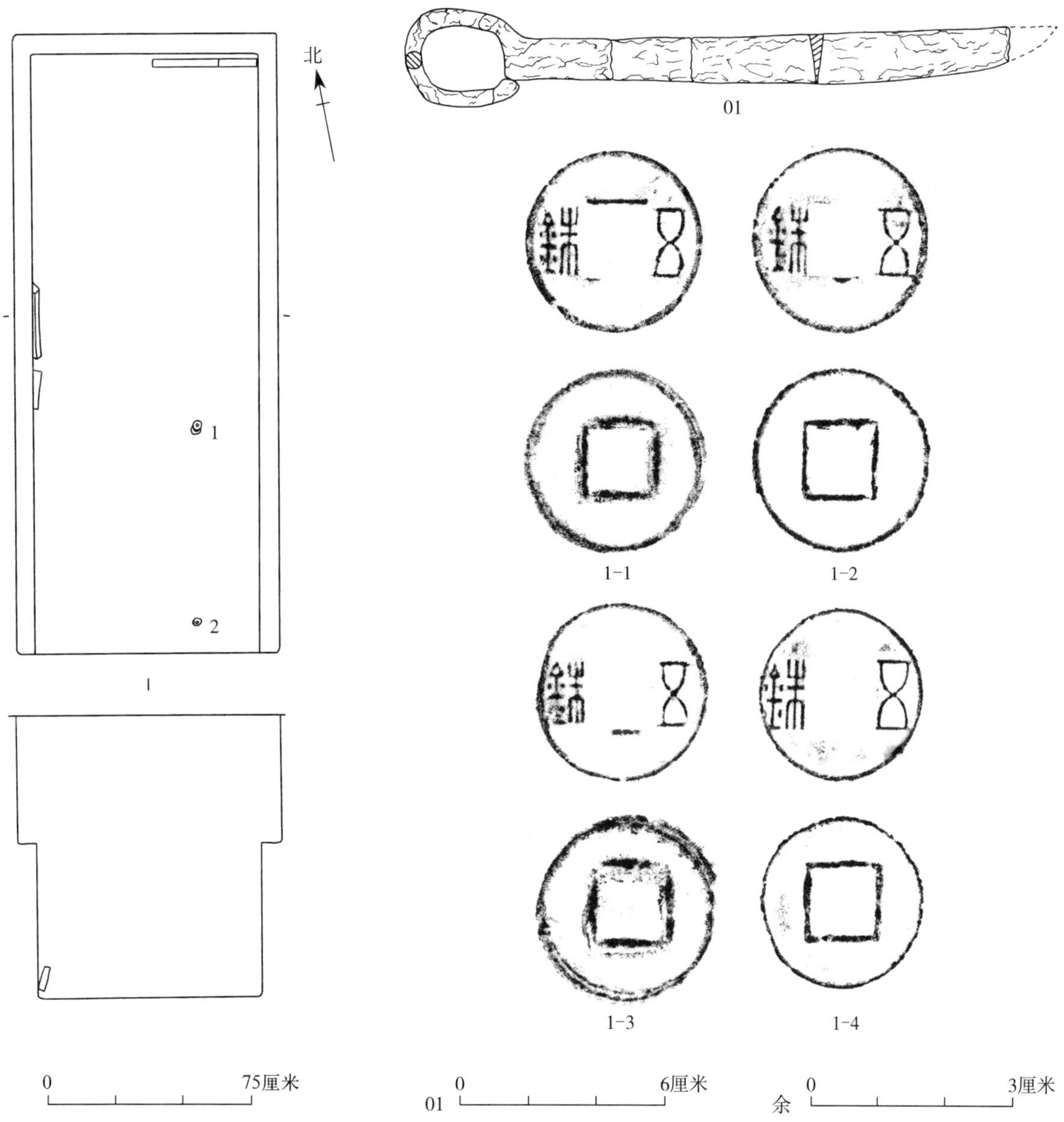

图 4-522　M303 及出土器物

1、2. 铜钱　01. 铁环首刀

青砖消失殆尽。仅墓底散落少量青砖，排列方式不详。砖长24、宽12、厚3厘米。墓内填黄褐色五花土，土质较疏松。

人骨无。

随葬铜钱5枚，位于墓底中南部。填土中发现1件铁环首刀。

2. 出土遗物

（1）铜器

铜钱　5枚。均为五铢。圆形方穿，正面有轮无郭，背面轮郭俱全。“五”字两笔交叉弯曲，与上、下两横相交处微外放、内收或垂直，铢字金字头镞形，较小，与“朱”等齐或低于“朱”字，“朱”字上部方折，有的穿上横郭或穿下半星。

标本M303：1-1～4，直径2.66、穿边长1、厚0.2厘米（图4-522，1-1～4）。

（2）铁器

铁环首刀　1件。

标本M303：01，环形首，扁长条形，截面三角形，平背，直刃，尖略缺。残长17.7厘米（图4-522，01）。

（一七六）M304

1. 墓葬形制

位于墓地中部，东面是M301，南面为M313，西面是M306。方向25°（图4-523）。

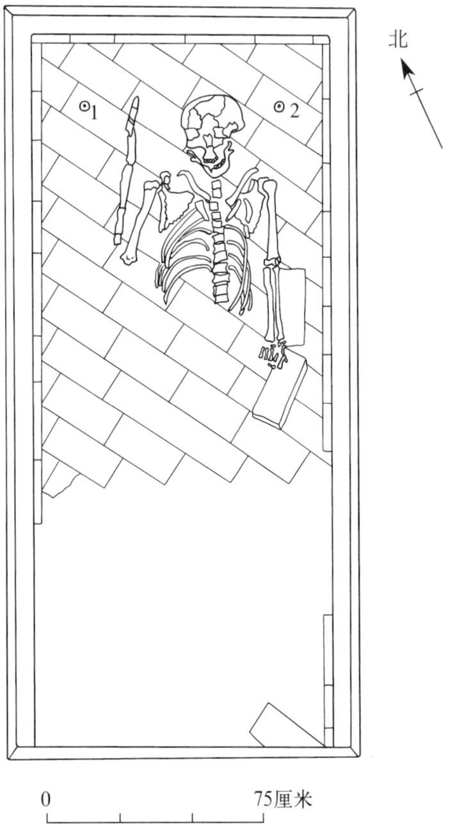

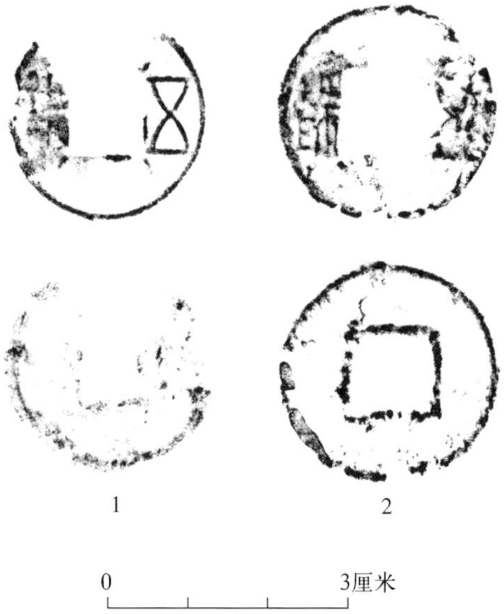

图4-523　M304及出土器物

1、2. 铜钱

长方形土坑竖穴砖椁墓。墓口长 2.47、宽 1.2、深 1.85 米。椁长 1.52、宽 1.02、高 0.68 米。椁室四壁错缝侧立斜向垒砌而成。墓底斜向错缝平铺一层青砖。砖长 25、宽 12、厚 3 厘米。墓内填黄褐色五花土，土质较疏松。

人骨 1 具。头向北，面向上，仰身。骨骼保存较差，右上肢、盆骨及下肢骨缺失。男性，年龄 35 ～ 45 岁。

随葬铜钱 2 枚放置墓主头骨两侧。

2. 出土遗物

铜器

铜钱　2 枚。均为五铢，1 枚部分缺失，另 1 枚锈蚀。圆形方穿，正面有轮无郭，背面轮郭俱全。“五”字两笔交叉直或微曲，朱字上部方折。

标本 M304：2，直径 2.6、穿边长 0.9、厚 0.18 厘米（图 4-523，2）。

标本 M304：1，直径 2.7、穿边长 1、厚 0.17 厘米（图 4-523，1）。

（一七七）M305

1. 墓葬形制

位于墓地中部，南面是 M314，西面是 M303。方向 5°（图 4-524）。

长方形土坑竖穴砖椁墓。墓口长 2.67、宽 1.12、深 0.89 米。椁室四壁均青砖垒砌而成，因扰乱严重，仅北壁错缝侧立斜向垒砌，南、北、东三壁青砖缺失，形制及结构不详。墓底斜向错缝平铺一层青砖，多已缺失。砖长 25、宽 12、厚 3 厘米。墓内填黄褐色五花土，土质较疏松。填土中发现铜钱 16 枚。

人骨无。

随葬器物无。

2. 出土遗物

铜器

铜钱　16 枚。均为五铢，1 枚部分缺失。圆形方穿，正面有轮无郭、背两轮郭俱全。根据钱文字体不同分为两种。

第一种　2 枚。1 枚周郭部分被磨掉。“五”字两笔交叉近直，“铢”字“金”头呈镞形，与“朱”等齐，“朱”字上部方折，下笔圆折。

标本 M305：01-1，直径 2.4、穿径 1、厚 0.14 厘米（图 4-524，01-1）。

标本 M305：01-2，直径 2.3、穿径 1、厚 0.1 厘米（图 4-524，01-2）。

第二种　14 枚。“五”字两笔交叉弯曲，与上、下两横相交外放、微内收或垂直，“铢”字“金”头呈三角形，较小，与“朱”等齐，“朱”字上部方折。有的周郭部分被磨，有的穿上横郭或穿下半星。

标本 M305：01-3 ～ 5，直径 2.5、穿径 1、厚 0.15 厘米（图 4-524，01-3 ～ 5）。

标本 M305：01-6，直径 2.3、穿径 1、厚 0.1 厘米（图 4-524，01-6）。

（一七八）M309

墓葬形制

位于墓地中部，北面是 M311、M310，东面是 M315。方向 295°（图 4-525）。

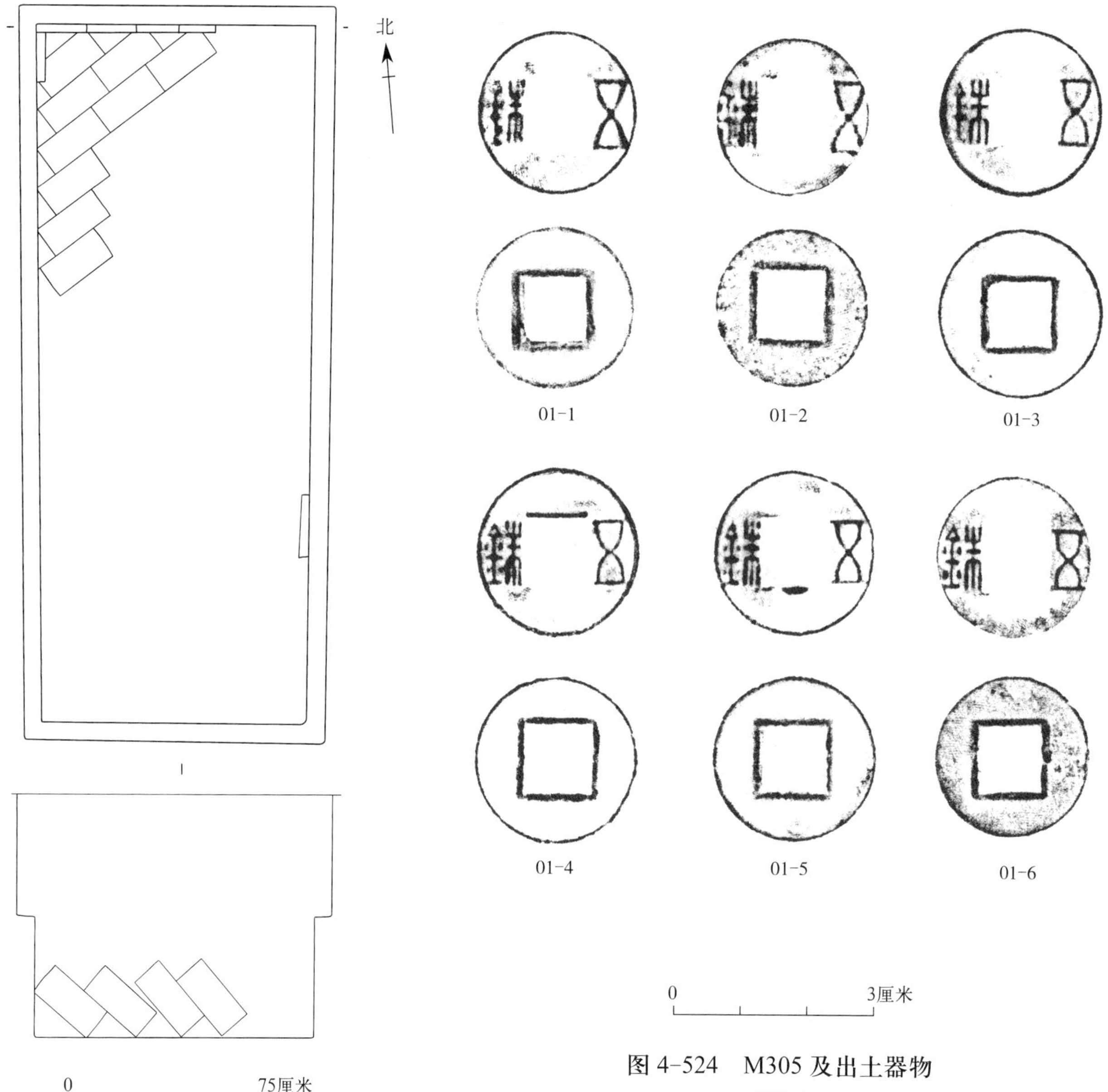

图 4-524　M305及出土器物
01. 铜钱（6）

长方形土坑竖穴砖椁墓。墓口长3.22、宽2.02、深0.29米。椁长2.93、宽1.92、高0.88米。椁室青砖垒砌两个椁室，中间共用同壁，平铺错缝叠砌而成。因扰乱，仅残存二～五层。墓底平铺一层青砖，多数缺失，仅存少量铺地砖，“人”字形排列。砖一面饰绳纹，长28、宽13、厚4厘米。墓内填黄褐色五花土，土质较疏松。

人骨无。

随葬器物无。

（一七九）M311

1. 墓葬形制

位于墓地中部，被M310打破，北面是M301、M303，东面为M314，西面是M312。方向20°（图

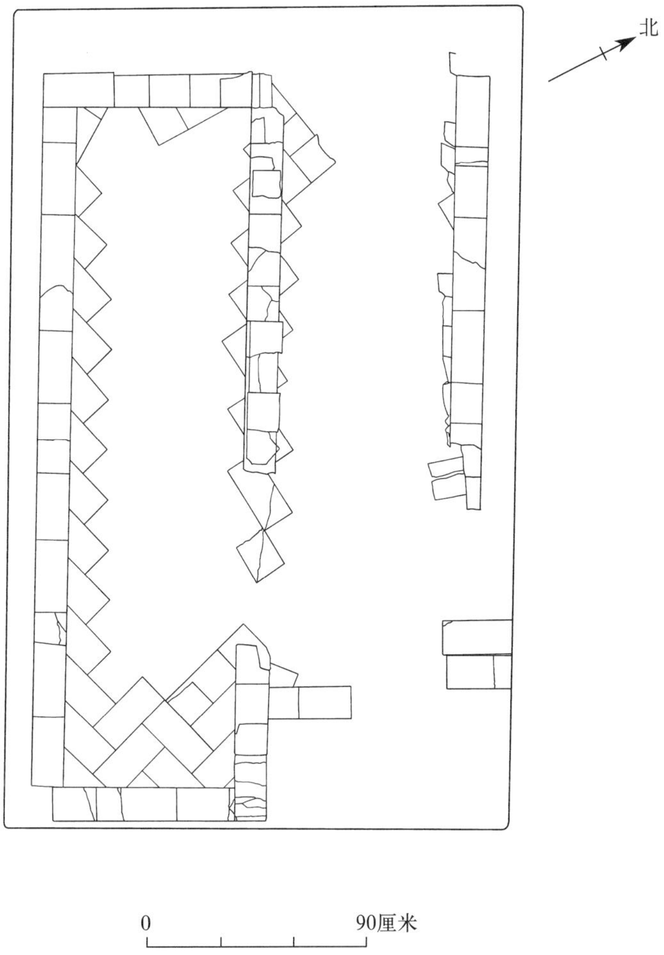

图 4-525　M309 平面图

4-526）。

长方形土坑竖穴砖椁墓。口长 3.4、宽 2.1、深 2.35 米。椁室青砖垒砌而成。因扰乱，青砖基本无存，椁室形制及尺寸不详。墓底斜向平铺一层青砖，“人”字形排列，多破坏殆尽。砖长 33、宽 12、厚 6 厘米。墓底有生土二层台，宽 0.12、高 0.35 米。墓内填黄褐色五花土，经夯打，土质较致密。夯窝圆形，分布密集，排列不规则，直径 5 ～ 10、间距 4 ～ 15、夯层厚 15 ～ 20 厘米。

人骨无。

陶壶 1 件放在二层台东南角，鸡骨置于二层台南端中部。

2. 出土遗物

陶器

陶壶　1 件。

标本 M311 : 1，泥质灰陶。弧顶盖。壶侈口，沿面内凹，方唇，束颈，弧肩，鼓腹，下腹弧内收，圈足。下腹饰三周戳印纹，近底部饰绳纹。口径 14、底径 10.2、通高 32 厘米（图 4-526，1）。

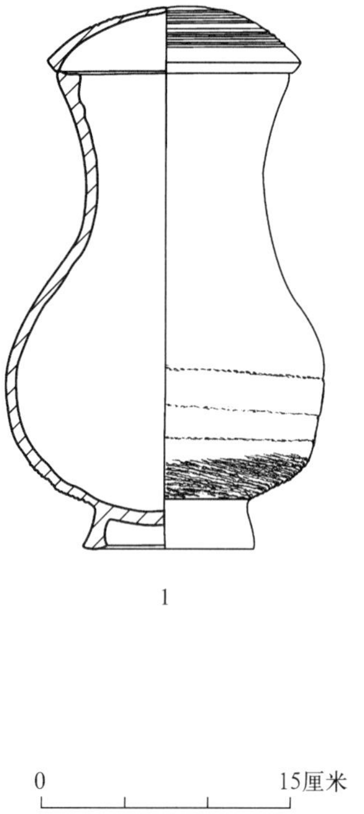

图4-526　M311及出土器物

1. 陶壶　2. 动物骨骼

（一八〇）M312

墓葬形制

位于墓地中部，打破M313，东面是M311。方向15°。

长方形土坑竖穴砖椁墓。东壁弧形斜坡状，南、北、西壁稍内收。墓口长3、宽3.14、深2米。椁室青砖垒砌，由于破坏严重，垒砌情况不详。墓底仅存少量铺地砖，斜向平铺“人”字形排列。砖长33、宽14、厚7厘米。墓内填黄褐色土，经过夯打，土质较致密。夯窝圆形，分布密集，不规则排列，直径6～10、间距2～16、夯层厚15～20厘米。填土中发现大量碎砖、人骨及陶片。性别、年龄无法鉴定。

人骨无。

随葬器物无。

（一八一）M314

1. 墓葬形制

位于墓地中部，北面是M305，西面为M310。方向10°（图4-527）。

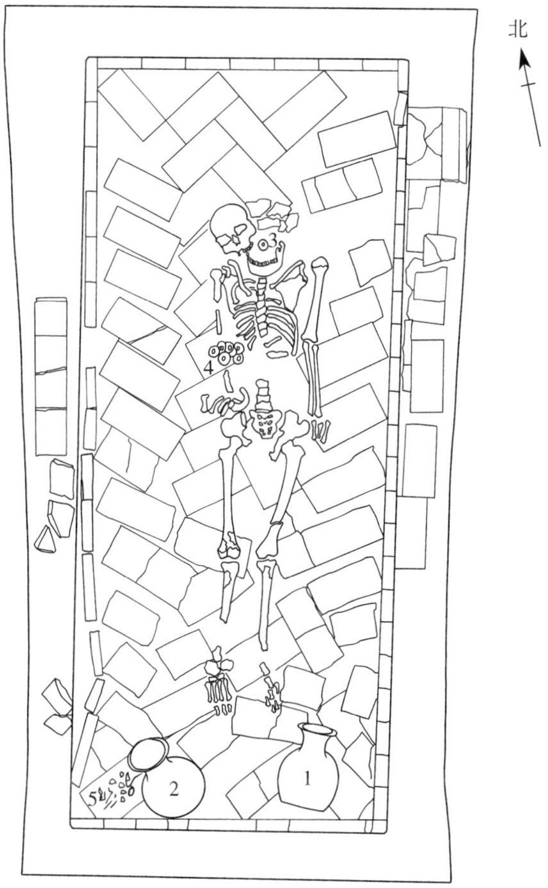

0　75厘米

图 4-527　M314 平面图

1、2. 陶壶　3. 铜钱　4. 铜钱（9）　5. 动物骨骼

长方形土坑竖穴砖椁墓。墓口长 2.9、宽 1.46 ～ 1.6、深 1.1 米。椁长 2.57、宽 1.1、高 0.17 米。因扰乱，椁室已塌陷。东、南两壁侧立“丁”字形垒砌，西、北两壁则侧立错缝交叉砌筑。墓底有生土二层台，宽 0.17、高 0.5 米。东、西台上横排平铺一层青砖。墓底铺地砖“人”字形排列。砖长 24、宽 11、厚 4 厘米。墓内填黄褐色五花土，土质较疏松。填土中夹杂陶片、碎砖及人骨等。

人骨 1 具。头向北，面向上，仰身直肢。女性，年龄 25 岁左右。

随葬器物 12 件。陶壶 2 件放置椁室南端。铜钱 10 枚，其中 1 枚铜钱放在墓主口内，9 枚铜钱置于墓主右上肢处。西南墓内发现少量动物骨骼，未经鉴定，种属不明。

2. 出土遗物

（1）陶器

陶壶　2 件。泥质灰陶。喇叭口，斜沿，尖唇，束颈，溜肩，鼓腹，体弧内收，大平底。器表有制作抹痕，腹部饰四周戳印纹。

标本 M314 : 1，口径 15.2、底径 17.4、高 26 厘米（图 4-528，1）。

标本 M314 : 2，底微凹。口径 15.3、底径 16.5、高 25.8 厘米（图 4-528，2）。

（2）铜器

铜钱　10 枚。均为五铢。圆形方穿，正面有轮无郭，背面轮郭俱全。根据钱文字体不同分为两种。

第一种　5 枚。“五”字两笔交叉微曲，“铢”字“金”头呈三角形，与“朱”等齐，“朱”字上部方折。有的穿上横郭或穿下半星。

标本 M314 : 4-1 ～ 3，直径 2.5、穿边长 1、厚 0.16 厘米（图 4-528，4-1 ～ 3）。

第二种　5 枚。“五”字交叉两笔交叉弯曲，与上、下两笔相交处微内收或近垂直，“铢”字“金”头呈三角形，与“朱”等齐，“朱”字上部方折，有的穿上横郭或穿下半星。

标本 M314 : 4-4、5，直径 2.6、穿边长 1、厚 0.16 厘米（图 4-528，4-4、5）。

（一八二）M318

墓葬形制

位于墓地中部，东北面是 M319，东面为 M320，西南面是 M390，西面是 M389。方向 20°。

长方形土坑竖穴砖椁墓。墓口长 2.78、宽 1.8、深 2.1 米。椁室青砖垒砌，由于盗扰，青砖缺失，

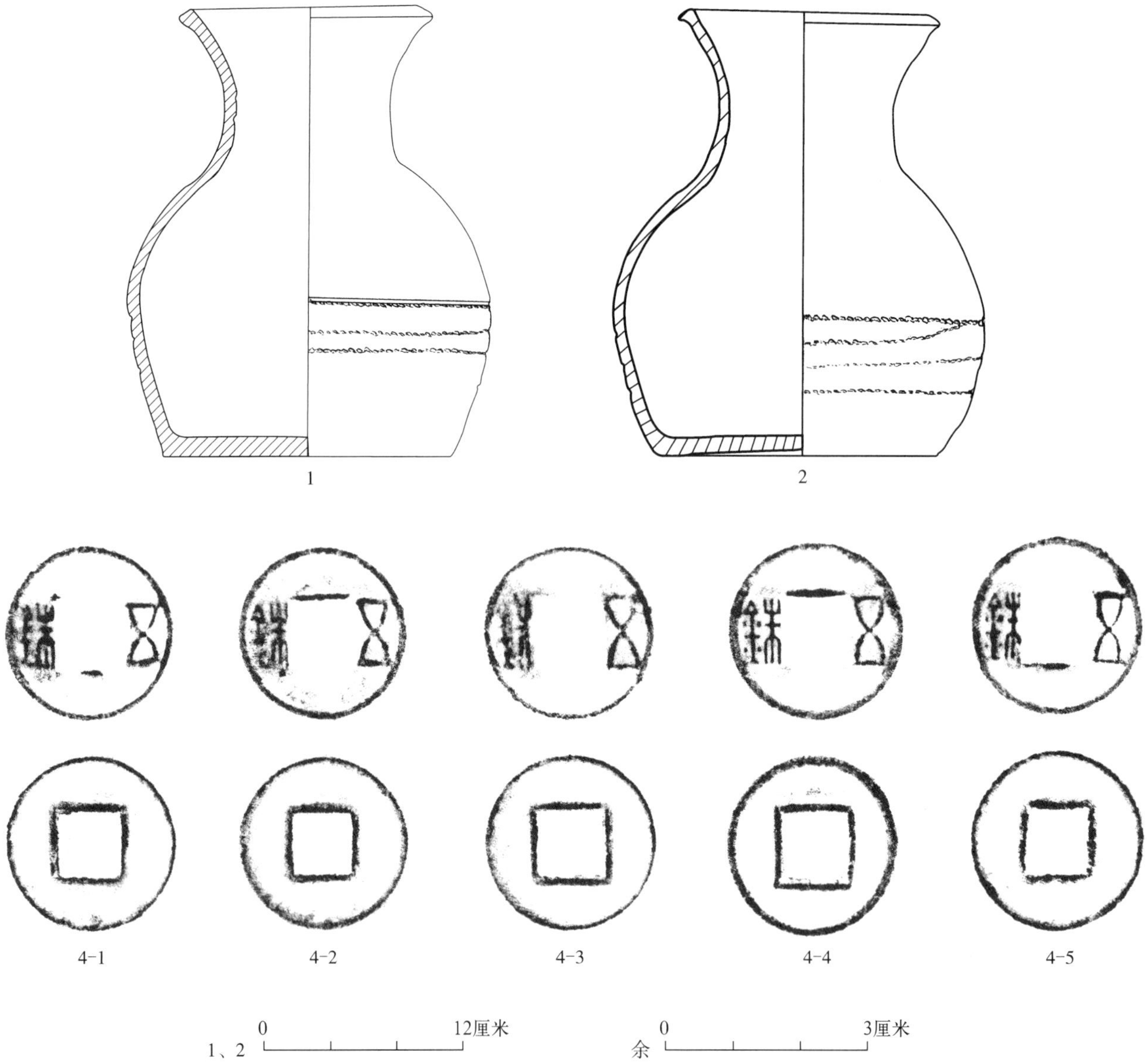

图 4-528 M314 出土器物

1、2. 陶壶 4-1～5. 铜钱

垒砌方式不详。墓底东、西壁有生土二层台，长 2.72、宽 0.18、高 0.60 米。墓内填黄褐色五花土，经过夯打，土质较坚硬。夯窝圆形，不规则排列，直径 6 ～ 8、间距 5 ～ 20、夯层厚 15 ～ 20 厘米。填土中夹杂大量陶片、碎砖及人骨残骸。

人骨 1 具。性别无法鉴定，成年个体。

随葬器物无。

（一八三）M321

1. 墓葬形制

位于墓地中部，东南面是 M431，南面为 M265。方向 98°（图 4-529）。

长方形土坑竖穴砖椁墓。墓口长 2.55、宽 1.2 ～ 1.3、深 1.66 米。椁长 2.15、宽 0.82、高 0.75 米。椁室四壁均用青砖错缝垒砌。上层侧立顺向垒砌，下面横排平铺九层。东壁上层青砖缺失。南、北两壁中部竖立青砖凌乱。墓底平铺一层青砖，中间两列竖排，两侧横排一列。砖长 32、宽 13、厚 6 厘米。墓内填黄褐色五花土，土质较疏松。

人骨 1 具。头向东，仰身直肢。头骨腐朽，仅残存部分下肢骨遗骸。性别无法鉴定，成年个体。

随葬器物 2 件。铜饰件 1 件放在椁室中北部。铁饰件 1 件放在墓主头骨处。

2. 出土遗物

（1）铜器

铜饰件　1 件。

标本 M321：2，器形不明。

（2）铁器

铁饰件　1 件。

标本 M321：1，锈蚀严重。器形不明。

（一八四）M322

墓葬形制

位于墓地中部，东北面是 M298，西北面是 M289。方向 95°。

长方形土坑竖穴砖椁墓。墓口长 2.65、宽 0.84、深 0.18 米。椁室为青砖平铺顺向垒砌而成。因扰乱破坏严重，仅残存东北部两层青砖。形制与结构不明。砖长 32、宽 15、厚 7 厘米。

人骨无。

随葬器物无。

（一八五）M327

1. 墓葬形制

位于墓地中部，东北面是被 M442 打破，东面是 M441，南面为 M295，西北面是 M328。方向 105°（图 4-530）。

长方形土坑竖穴砖椁合葬墓。墓口长 2.45、宽 1.85、深 1.7 米。共有两个椁室，均青砖平铺顺向垒砌。

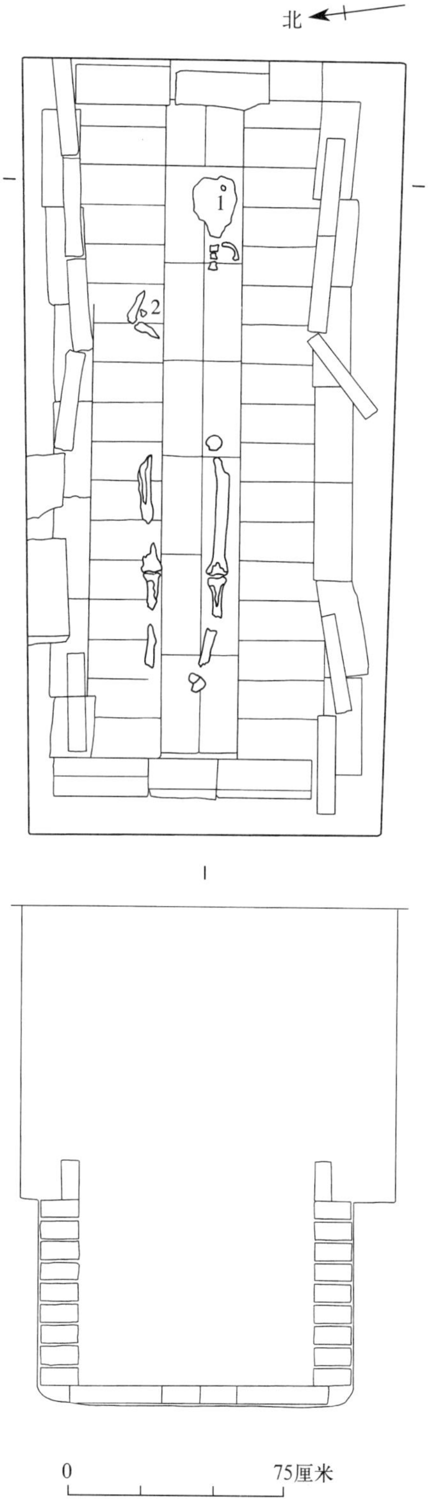

图 4-529　M321 平、剖面图

1. 铁饰件　2. 铜饰件

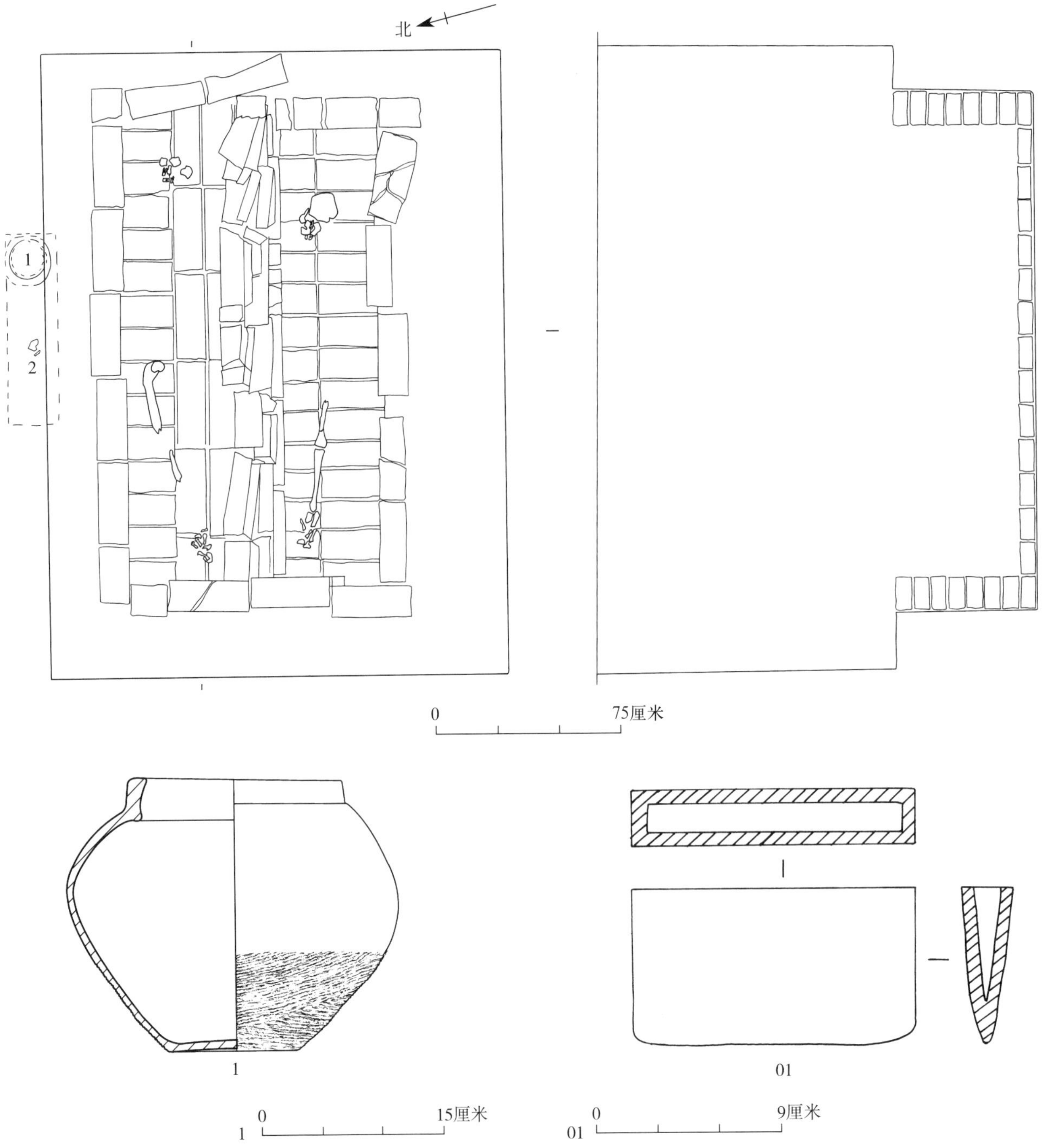

图 4-530　M327 及出土器物

1. 陶罐　2. 动物骨骼　01. 铁锸

南侧长 1.72、宽 0.5、高 0.5 米；北侧长 2、宽 0.6、高 0.67 米。南侧椁室青砖七层，北侧椁室九层青砖。北壁上有壁龛，宽 0.75、高 0.35、进深 0.2 米。外部三块青砖封堵。墓底东、西两端有生土二层台。宽 0.17～0.23、高 0.55 米。墓底平铺一层青砖，南椁室横排对缝两列；北椁室南侧竖排对缝两列，北侧横排一列。砖长 32～34、宽 12、厚 6 厘米。墓内填黄褐色花土，经夯打，土质较坚硬。夯窝椭圆形，直径 5～12、夯层厚 10 厘米。填土中发现铁锸 1 件。

人骨2具。仅存头部残片及部分下肢骨。南侧椁室人骨1具。头向东，仰身直肢。性别无法鉴定，年龄12～16岁；北侧椁室人骨1具。头向东。性别、年龄无法鉴定。

随葬陶罐1件放在龛内。中型哺乳动物髌骨放置陶罐西侧。

2. 出土遗物

（1）陶器

陶罐　1件。

标本M327：1，泥质灰陶。敛口，平沿，颈内弧，圆腹，小平底微内凹。上腹有制作抹痕，下腹饰细绳纹。口径17.4、底径10.3、高21.5厘米（图4-530，1）。

（2）铁器

铁锸　1件。

标本M327：01，长方形，截面三角形，顶部有长方形孔，直体平刃。宽13.8、高7.4、厚0.8厘米（图4-530，01）。

（一八六）M330

墓葬形制

位于墓地中部，北面是M455，南面是M329，西面为M366。方向95°（图4-531）。

长方形土坑竖穴砖椁墓。墓口长2.35、宽1、深1.17米。椁室长2.1、宽0.7、高0.53米。椁室四壁青砖平铺顺向垒砌八层。墓底平铺一层青砖，中间一行竖排，两边各横排一列。砖长32、宽12、厚6厘米。墓内填黄褐色五花土，经夯打，土质较坚硬。夯窝圆形，分布稀疏，直径8～10、夯层厚5～12厘米。

人骨1具。头向东，直肢。头骨破碎、上肢及躯干缺失。性别、年龄无法鉴定。

随葬器物无。

（一八七）M331

1. 墓葬形制

位于墓地中部，东面是M379，南面为M284。方向96°（图4-532）。

长方形土坑竖穴砖椁墓。墓口长3.05、宽1.5、深1.64米。椁室四壁青砖错缝平铺垒砌十七层，东端被拆毁。墓底四周有生土二层台，宽0.15米，高0.64米。台面上部四周纵向平铺一层青砖。墓底铺地砖，斜向“人”字形排列。墓内填褐色花土，土质较致密，含少量料姜石。经夯打，夯窝圆形，分布稀疏，直径5～8厘米。

人骨1具。头向东，骨骼腐朽，仅残留少量牙齿。性别、年龄无法鉴定。

随葬器物2件。铜带钩1件放在椁室东部。铜钱3枚置于中部。

2. 出土遗物

铜器

铜带钩　1件。

标本M331：1，琵琶形。钩呈兽首状，颈部细长，横断面近三角形，椭圆形纽位于背中部，尾部略呈三角形。长4.7厘米（图4-532，1）。

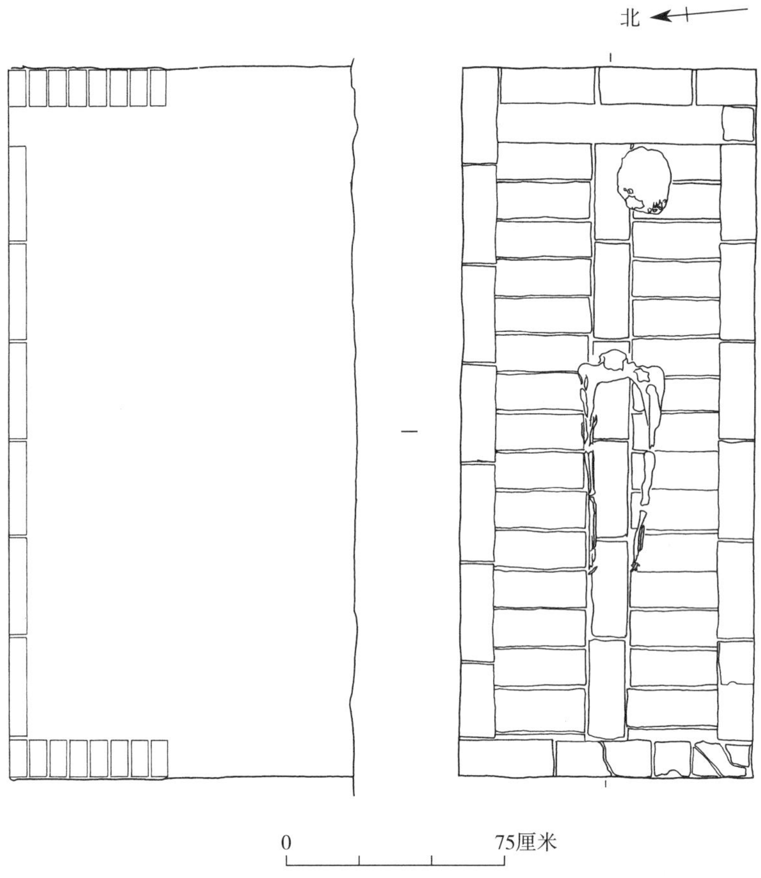

图4-531　M330平、剖面图

铜钱　3枚，均为五铢，圆形方穿，正面有轮无郭，背面轮郭俱全。根据钱文字体不同分为两种。

第一种　2枚。“五”字两笔交叉较直，“铢”字“金”头呈三角形，与“朱”等齐，“朱”字上部方折。

标本M331∶2-1，直径2.5、穿边长1、厚0.18厘米（图4-532，2-1）。

第二种　1枚。“五”字两笔交叉弯曲，与上、下两横相交处微内收，“铢”字“金”头呈三角形，“朱”字上部方折。

标本M331∶2-2，直径2.66、穿边长1、厚0.17厘米（图4-532，2-2）。

（一八八）M333

1. 墓葬形制

位于墓地中部，西北面是M346，南面为M338。方向100°（图4-533）。

长方形土坑竖穴砖椁墓。墓口长2.7、宽1.5、深1.5米。椁长2.7、宽1、高0.57米。椁室四壁青砖横排错缝叠砌平铺。南、北、西三壁十九层，北侧扰乱仅剩一层。南、北两壁挤压内凸。墓底铺地砖“人”字形，东部排列无序。砖长25、宽12、厚3厘米。墓内填黄褐色五花土，土质较疏松。

人骨1具。头向东，面向上，直肢。骨骼保存较差，仅残存部分下肢骨遗骸。性别、年龄无法鉴定。

随葬器物6件。陶壶2件放在椁室东南角。铜带钩1件，铜钱3枚放置墓主腰部。乳猪、猪、

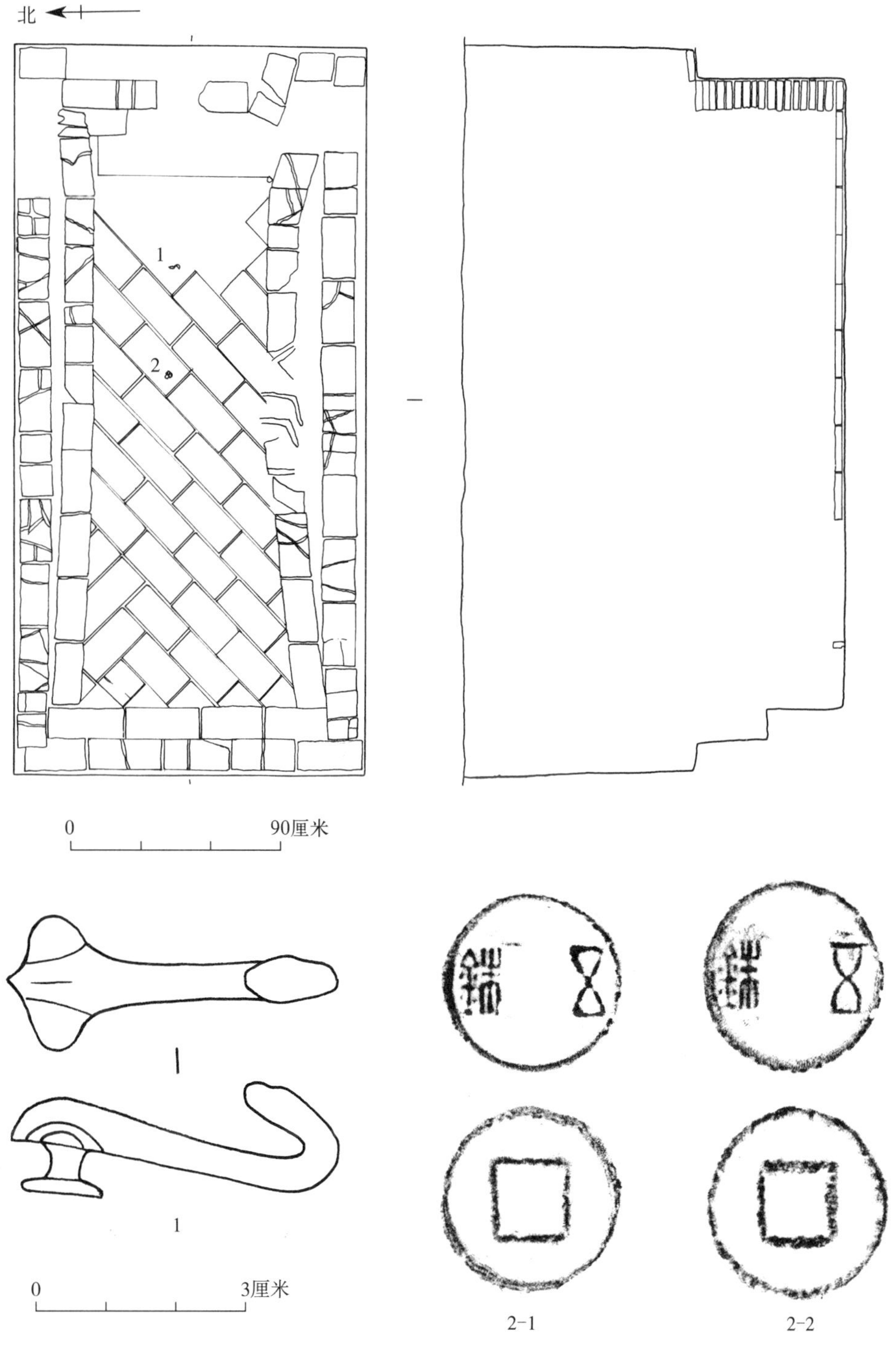

图 4-532　M331 及出土器物

1. 铜带钩　2. 铜钱（3）

中型哺乳动物、鲷科、真鲷、鱼骨放于椁室东北角。

2. 出土遗物

（1）陶器

陶壶　2 件。泥质灰陶。弧顶盖。侈口，沿外斜，圆唇，束颈，鼓腹。素面。器表有制作抹痕。

标本M333∶1，底微凹。肩部饰两周戳印纹。口径10.6、底径15.6、通高28.6厘米（图4-534，1）。

标本M333∶2，平底。腹部饰一周戳印纹。口径11、底径15、通高30厘米（图4-534，2）。

（2）铜器

铜带钩 1件。

标本M333∶3，琵琶形。钩呈马首状，横断面近半圆形，圆形纽位于背中部。长6.4厘米（图4-534，3）。

铜钱 3枚，均为五铢。圆形方穿，正面有轮无郭，背面轮郭俱全。根据钱文字体不同分为两种。

第一种 2枚。“五”字两笔交叉近直，“铢”字“金”头三角形，与“朱”等齐，“朱”字上部方折。其中1枚正面穿四角有短决纹，另1枚穿上横郭。

标本M333∶4-1、2，直径2.5、穿边长0.96、厚0.17厘米（图4-534，4-1、2）。

第二种 1枚。“五”字两笔交叉弯曲，与上、下两横相交处近垂直，“铢”字“金”头呈三角形，与“朱”等齐，“朱”字上部方折，穿下半星。

标本M333∶4-3，直径2.55、穿边长1、厚0.17厘米（图4-534，4-3）。

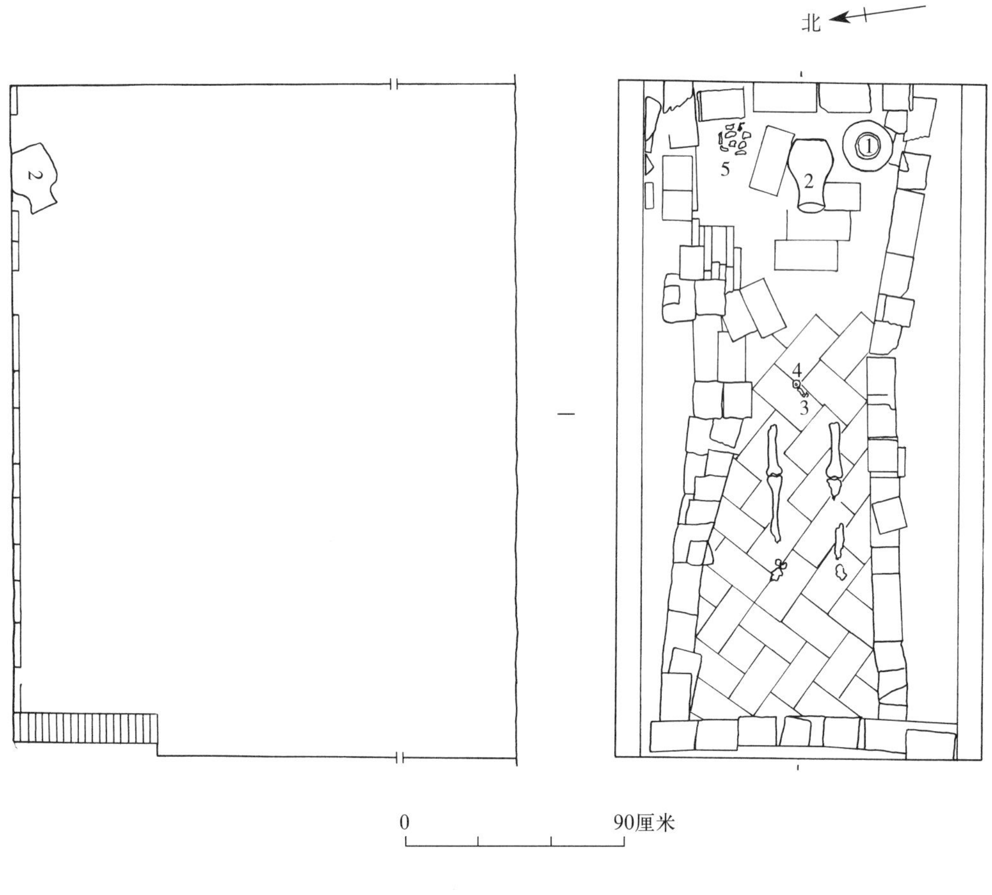

图4-533 M333平、剖面图

1、2.陶壶 3.铜带钩 4.铜钱（3） 5.动物骨骼

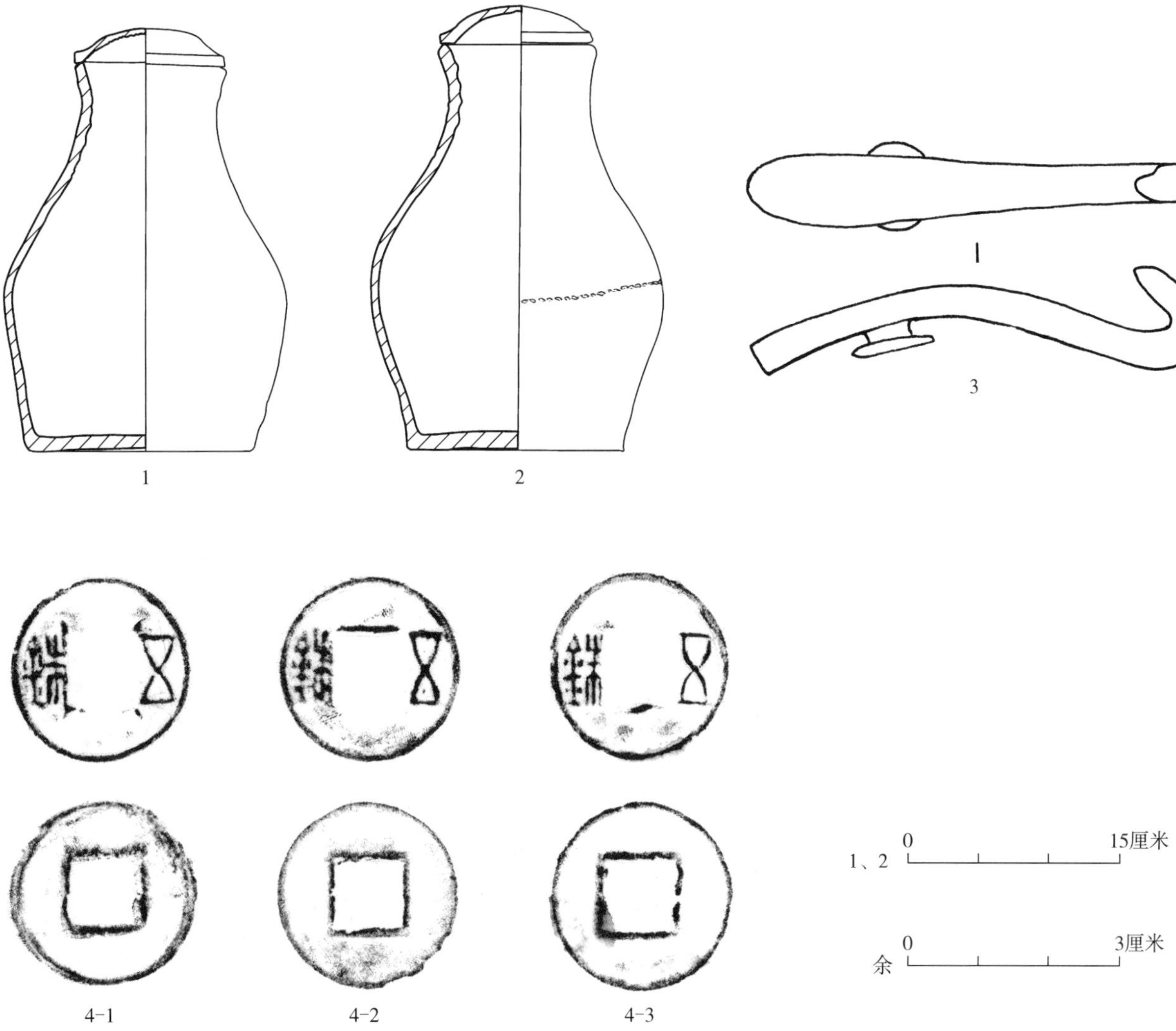

图 4-534　M333 出土器物

1、2. 陶壶　3. 铜带钩　4-1～3. 铜钱

（一八九）M337

1. 墓葬形制

位于墓地中部，东面是 M283，南面是 M280，西北面为 M334。方向 20°（图 4-535；彩版一九二，3）。

长方形土坑竖穴砖椁墓。墓口长 2.85、宽 1.3、深 0.9 米。椁长 2.47、宽 0.84 ～ 0.9、高 0.63 米。椁室四周均用青砖平铺叠砌而成。上层多用残砖。砖与砖之间留有 0.03 ～ 0.17 米长方形空隙。墓底铺地砖斜向“人”字形排列。砖长 24、宽 11、厚 3 厘米。墓内填黄褐色五花土，中间夹杂褐色黏土块，土质较致密。

人骨 1 具。头向北，面向上，仰身直肢。骨骼保存较差，仅存下肢和髋骨遗骸。性别无法鉴定，中年个体 40 岁以上。

随葬陶壶 2 件放在椁室北端。陶壶西侧放置乳猪骨。

2. 出土遗物

陶器

陶壶　2件。泥质灰陶。弧顶盖。侈口，束颈，鼓腹，平底。器表有抹制痕。

标本M337：1，圆唇，腹部饰白色弦纹，下腹饰两周戳印纹。口径12.8、底径17.2、通高28厘米（图4-535，1；彩版一九二，4左）。

标本M337：2，尖唇，颈和腹部饰两周白色弦纹，上腹饰白色云纹图案，下腹饰三周戳印纹。口径11.2、底径15.2、高22.6厘米（图4-535，2；彩版一九二，4右）。

（一九○）M338

1. 墓葬形制

位于墓地中部，打破M339，北面是M333。方向103°（图4-536）。

长方形土坑竖穴砖椁墓。墓口长2.9～3.2、宽1.5、深0.82米。椁长2.7、宽0.85～0.95、高0.43～0.7

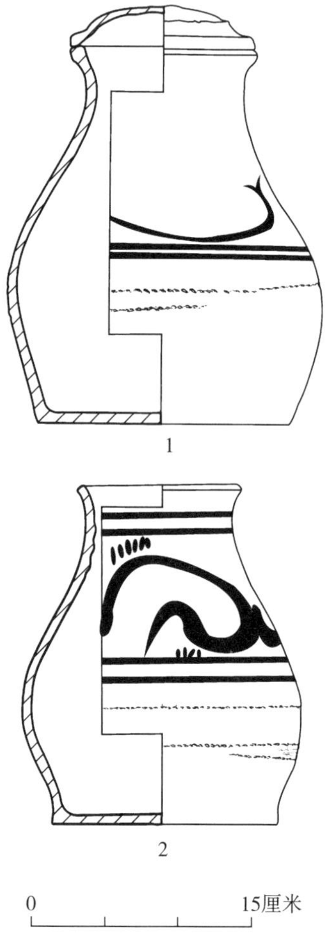

图4-535　M337及出土器物

1、2. 陶壶　3. 动物骨骼

米。椁室四周青砖平铺错缝叠砌而成。墓底未铺砖。砖长25、宽11、厚3厘米。墓内填黄褐色五花土，土质较致密。

人骨1具。头向东。由于破坏严重，骨骼仅残存头骨遗骸。男性。成年个体。

随葬器物3件。陶壶2件放置椁室东端。铜镜1枚放在墓主头骨左侧。乳猪、鱼骨放置陶壶南侧。

2. 出土遗物

（1）陶器

陶壶　2件。灰陶。侈口，沿面外斜，圆唇，束颈，鼓腹。素面。

标本M338∶1，夹砂陶。圆唇，底微凹。腹部饰稀疏绳纹，间饰一周戳印纹。口径14、底径17、高24.2厘米（图4-536，1）。

标本M338∶2，泥质陶。尖唇，平底。腹部饰两周戳印纹。口径13.4、底径20、高25.2厘米（图4-536，2）。

（2）铜器

铜镜　1枚。

标本M338∶3，昭明圈带连弧铭带镜。圆形，圆纽，圆纽座。座外一周窄凸面圈带，其外四组内附三短竖线外弧月牙纹与四涡纹相间环列，再外一周内向八连弧纹圈带。外区两周短斜线和凸弦纹组合纹带，之间为顺时针铭文带“内清以昭明，光日月，心忽而穆忠，然雍塞而不泄”，字体为圆转式篆隶体、笔画首尾呈楔形。宽素平缘。面径12、缘厚1厘米（图4-536，3；彩版一九三，1）。

（一九一）M339

1. 墓葬形制

位于墓地中部，被M338打破，南面为M342。方向107°（图4-537）。

长方形土坑竖穴砖椁墓。墓口长3、宽1.5、深1.7米。椁长2.6、宽0.6、高0.65米。椁室青砖垒砌，由于盗扰，四壁青砖无存。墓底有生土二层台，宽0.6米。上部外侧平铺一层青砖，多竖立贴于壁上。墓底铺地砖横向错缝排列。砖长25、宽12、厚3厘米。墓内填黄褐色五花土，经过夯打，土质较致密。夯窝圆形，分布较密集，直径8、夯层厚10～15厘米。

人骨1具。头向东，面向上，仰身直肢。上肢及躯干无存。性别、年龄无法鉴定。

随葬器物4件。陶壶1件放置二层台上面。铜带钩1件放在头骨左侧。铜钱1枚放在墓主口内。铜环1件置于右下肢骨外侧。

2. 出土遗物

（1）陶器

陶壶　1件。

标本M339∶1，泥质灰陶。侈口，沿面外斜，尖唇，束颈，鼓腹，平底。器表有制作抹痕，颈及腹部分别饰两周白色弦纹，肩部饰白、红色勾云纹，腹部饰三周戳印纹。口径12.5、底径14、高24厘米（图4-538，1；彩版一九三，2）。

（2）铜器

铜带钩　1件。

标本M339∶3，琵琶形。残失，断面椭圆形，钩尾圆形，圆形纽位于背面尾中部。残长3.4厘米（图

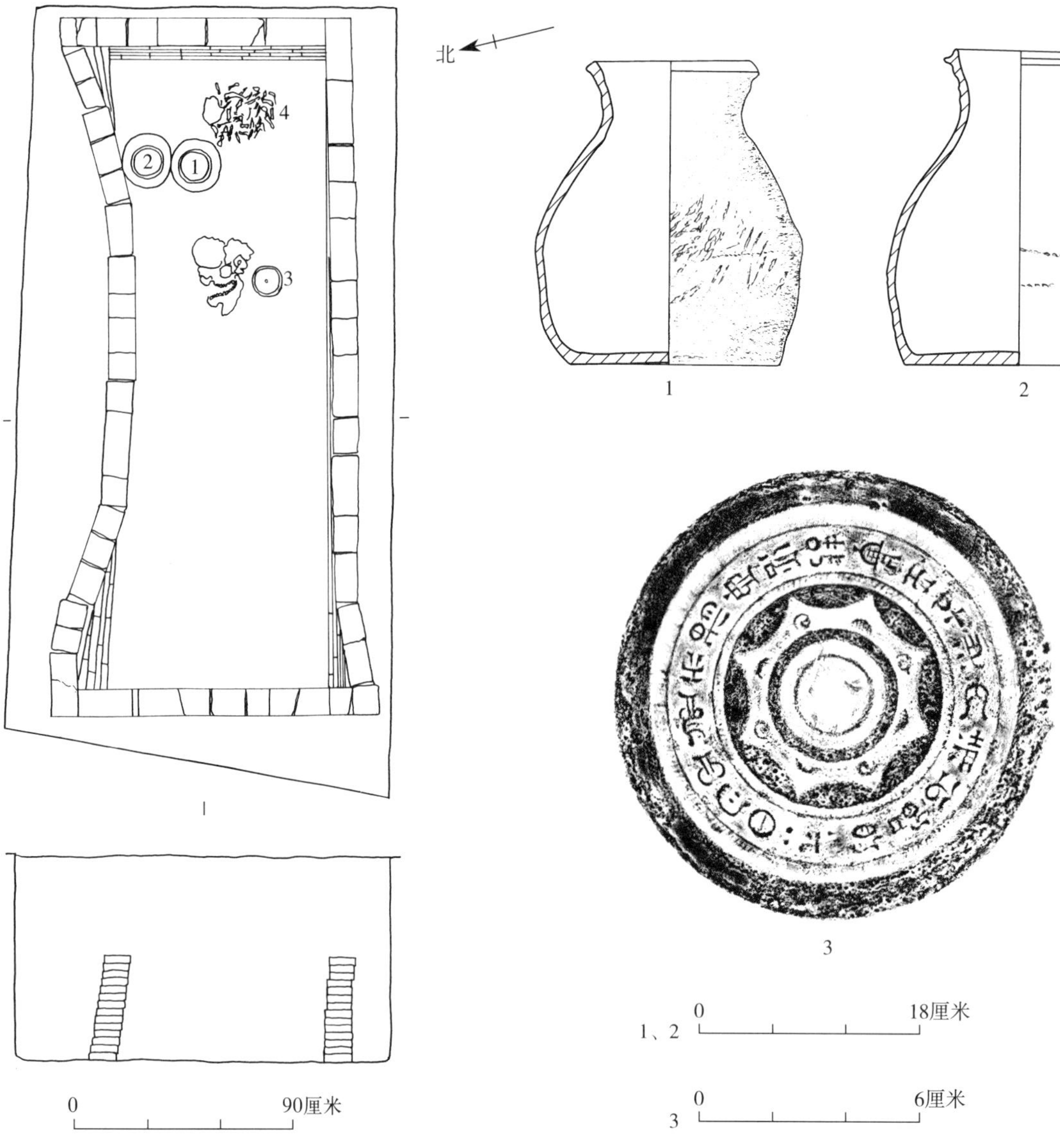

图 4-536 M338 及出土器物

1、2. 陶壶 3. 铜镜 4. 动物骨骼

4-538，3）。

铜环 1件。

标本 M339：4，圆形，截面圆形。外径 1.9、内径 1.1 厘米（图 4-538，4）。

铜钱 1枚。

标 M339：2，五铢，圆形方穿，钱正面有郭，反面郭不明显。五字两笔交叉弯曲，与上、下两横相交处近垂直，“朱”字上部方折，穿下半星。直径 2.5、穿边长 1、厚 0.16 厘米（图 4-538，2）。

（一九二）M340

1. 墓葬形制

位于墓地中部，打破 M341，东南面是 M284，西南面为 M334。方向 110°（图 4-539）。

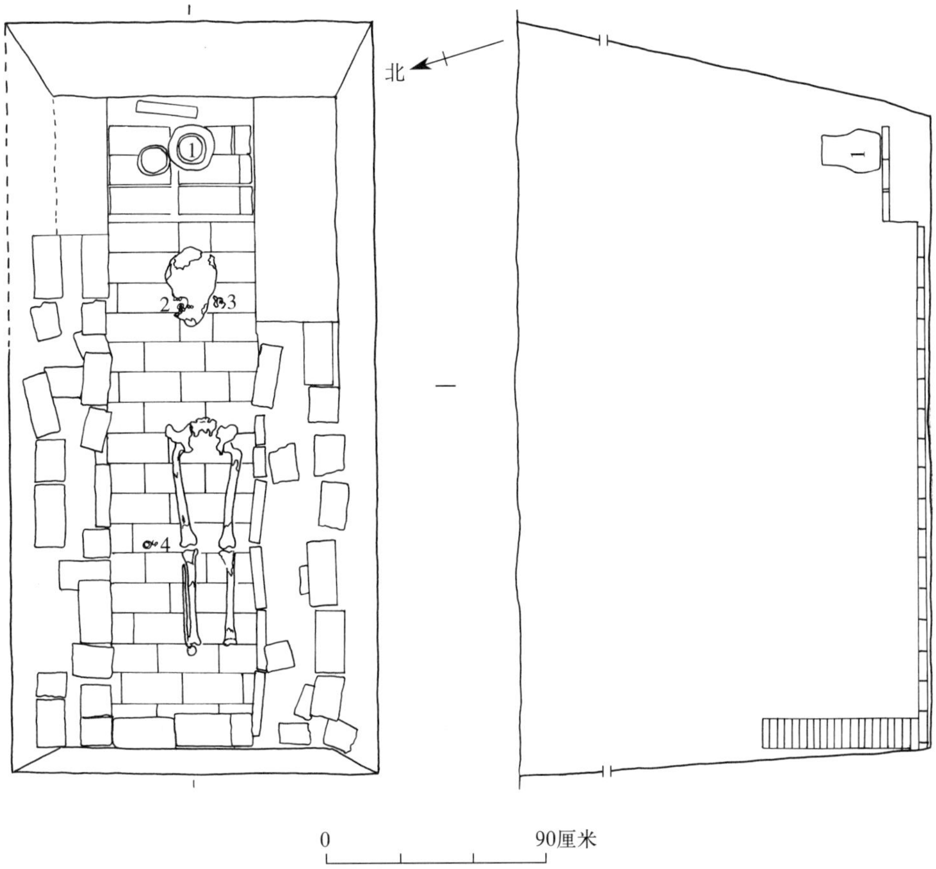

图 4-537　M339 平、剖面图
1. 陶壶　2. 铜钱　3. 铜带钩　4. 铜环

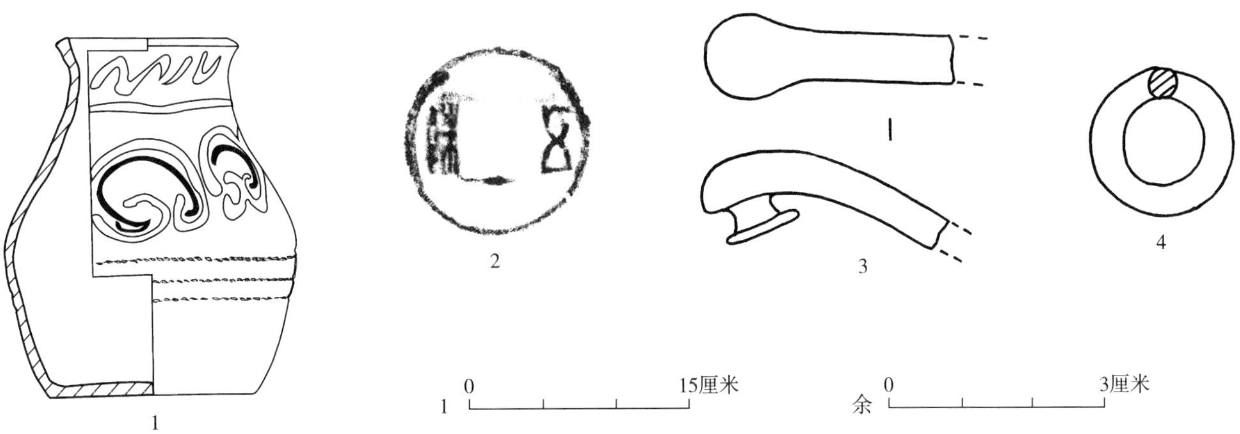

图 4-538　M339 出土器物
1. 陶壶　2. 铜钱　3. 铜带钩　4. 铜环

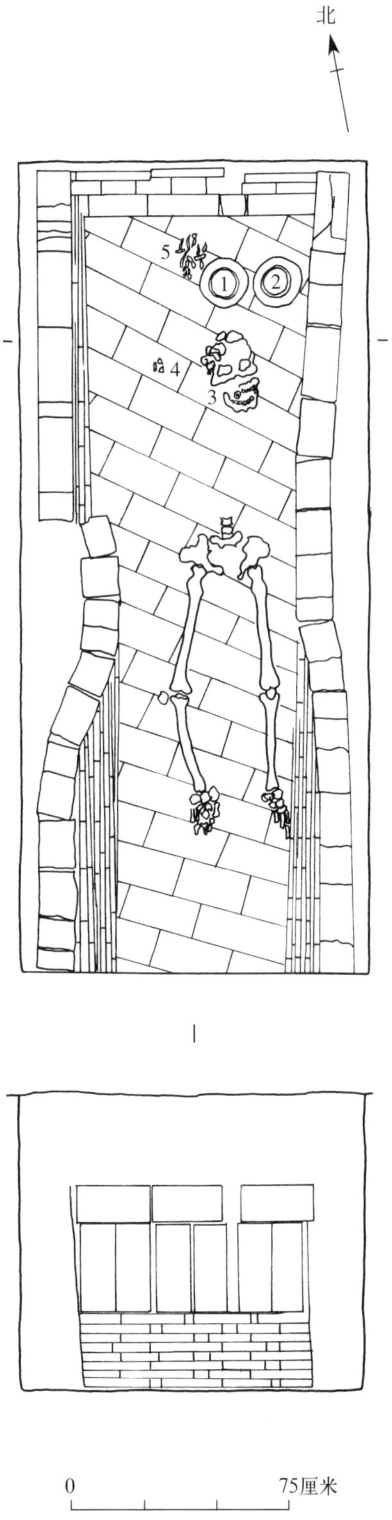

图 4-539　M340 平、剖面图

1、2. 陶壶　3. 铜钱　4. 陶三角形器（3）　5. 动物骨骼

长方形土坑竖穴砖椁墓。墓口长 2.7、宽 1.2、深 0.98 米。椁长 2.52、宽 0.82、高 0.5 ～ 0.7 米。椁室均用青砖叠砌。东、西两壁平铺错缝叠砌，中间有 0.05 ～ 0.15 米缝隙。北端上层横立三块、其下竖立六块青砖。南端未见青砖。墓底铺地砖斜向平铺，“人”字形排列。砖长 25、宽 12、厚 3 厘米。墓内填黄褐色五花土，土质较致密。填土中发现一件铁锸。

人骨 1 具。头向北，面向上，直肢。骨骼保存较差，上肢及躯干无存，女性，年龄 22 ～ 26 岁。

随葬器物 6 件。陶壶 2 件置于椁室北端。陶三角形器 3 件放置墓主头骨右侧。铜钱 1 枚放在墓主口内。乳猪骨放于陶壶西侧。

2. 出土遗物

（1）陶器

陶壶　2 件。泥质灰陶。侈口，平沿，尖唇，束颈，鼓腹，平底微凹。肩部饰白、红彩卷云纹。

标本 M340：1，颈外及腹部饰两周白色弦纹。口径 11、底径 15.6、通高 27.2 厘米（图 4-540，1；彩版一九三，3 左）。

标本 M340：2，圆唇。口径 11、底径 16、通高 27.4 厘米（图 4-539，2；彩版一九三，3 右）。

陶三角形器　3 件。均夹砂红陶。形制相同。等腰三角形，表面较光滑。素面。

标本 M340：4-1，一角残。长径 2.1、宽 1.8、厚 0.7 厘米（图 4-540，4-1；彩版一九三，4 左）。

标本 M340：4-2，一角微残。长径 2.1、宽 1.8、厚 0.7 厘米（图 4-540，4-2；彩版一九三，4 中）。

标本 M340：4-3，长径 2.2、宽 1.8、厚 0.7 厘米（图 4-540，4-3；彩版一九三，4 右）。

（2）铜器

铜钱　1 枚。

标本 M340：3，锈蚀严重，部分缺失，钱文无法辨认。

（3）铁器

铁锸　1 件。

标本 M340：01，平面凹字形，长方形孔，弧刃，一侧残。长 7.5、宽 7.2 厘米（图 4-540，01）。

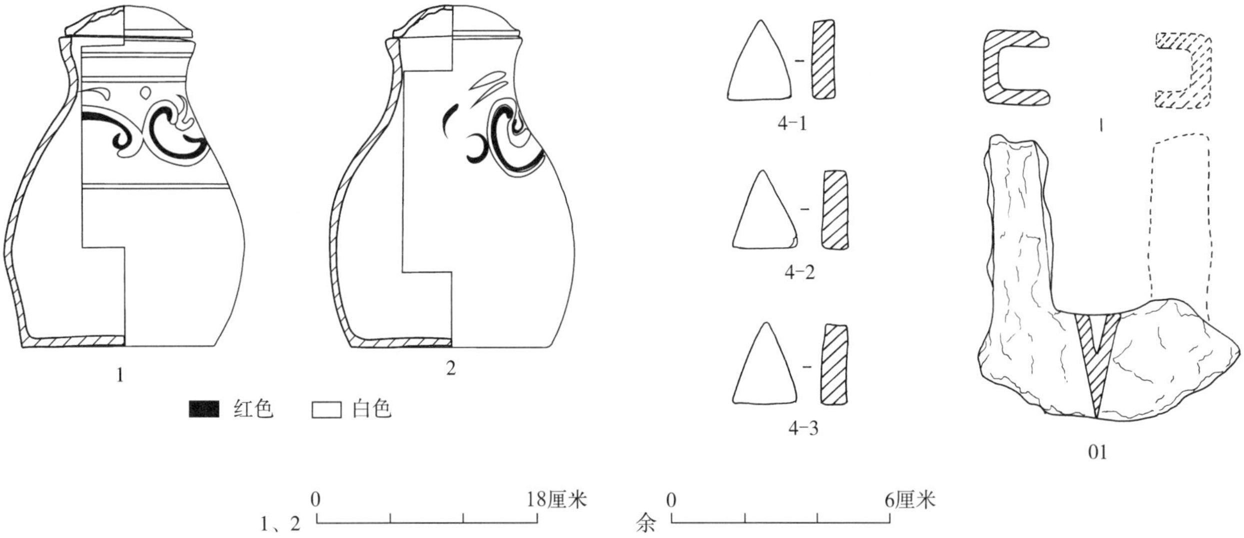

图 4-540　M340 出土器物

1、2. 陶壶　4-1～3. 陶三角形器　01. 铁锸

（一九三）M341

1. 墓葬形制

位于墓地中部，被 M340 打破，北面是 M342，东面是 M331。方向 15°（图 4-541）。

长方形土坑竖穴砖椁墓。墓口长 2.9、宽 1.85、深 2.9 米。椁长 2.35、宽 0.96、高 0.7 米。椁室四壁上部外侧两层青砖直缝平铺。东、西两壁上层竖立、其下直缝叠砌。南、北两壁上部错缝叠砌，下层青砖平立。四角留有进深 0.08 ～ 0.1、宽 0.1 米缝隙。西壁中部砌长方形边箱，长 1.1、宽 0.37、深 0.42 米。墓底铺地砖两横两竖交叉排列。木棺已腐朽，仅见板灰痕迹。砖长 31 ～ 32、宽 14、厚 6 厘米。墓内填黄褐色五花土，经过夯打，土质较致密。夯窝圆形，分布较密集，直径 8、夯层厚 18 厘米。

人骨 1 具。头向北，面向右，仰身屈肢。女性，年龄 35 ～ 45 岁。

随葬陶罐 1 件放在边箱北侧。乳猪、鸡、真鲷、鱼骨置于边箱南端。

2. 出土遗物

陶器

陶罐　1 件。

标本 M341 : 1，泥质灰陶。平沿，方唇，束颈，鼓腹，平底微凹。下腹饰绳纹。口径 15.6、底径 10、高 22 厘米（图 4-541，1）。

（一九四）M342

1. 墓葬形制

位于墓地中部，东半部被现代坑打破，北面是 M339，南面为 M341。方向 110°。

长方形土坑竖穴砖椁墓。墓口长 1.4、宽 0.9、深 0.4 米。椁室青砖垒砌而成，因破坏严重，形制与结构不详。墓内填黄褐色五花土，土质较疏松。填土中发现铜镜1枚及大量青砖碎块。

人骨无。

随葬器物无。

2. 出土遗物

铜器

铜镜 1枚。

标本M342：01，家常贵富四乳铭文镜。圆形，圆纽，圆纽座。座外一周窄凸面圈带。再外两周短斜线和凸弦纹组合纹带，其间为主纹，四枚带圆座乳丁分为四区，每区各一篆书铭文、转角方折，连读为“家常贵富”。窄素平缘。面径6.8、缘厚0.3厘米（图4-542）。

（一九五）M343

墓葬形制

位于墓地西北部，西南面是M962、M960。方向100°。

长方形土坑竖穴砖椁墓。墓壁斜直，下部稍内收。墓口长2.8、宽1.7、深2.5米。椁室均用青

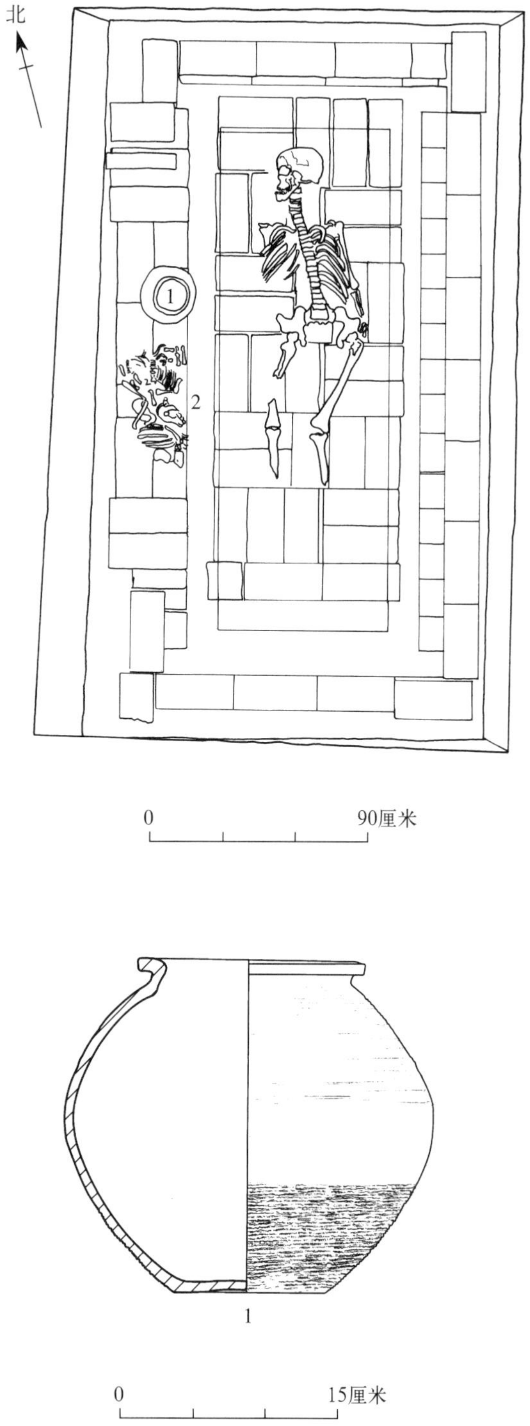

图4-541 M341及出土器物
1. 陶罐 2. 动物骨骼

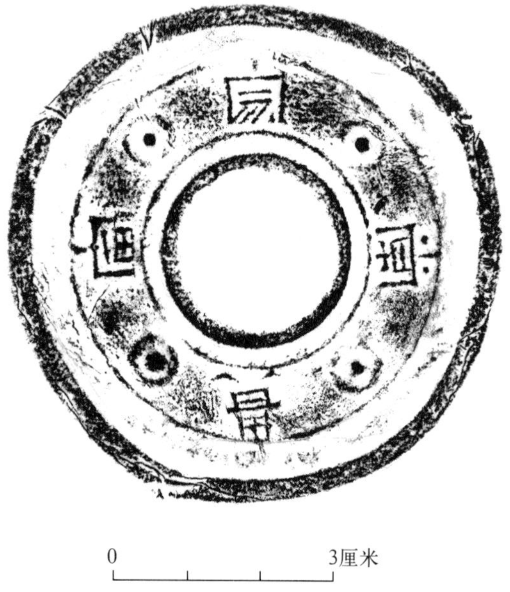

图4-542 M342出土铜镜M342：01

砖垒砌而成。因扰乱严重，四壁青砖被破坏，形制与结构不详。仅在墓底西壁及东南角残留少量青砖。砖长33、宽14、厚7厘米。墓内填黄褐色五花土，土质较致密。填土中夹杂少量瓦片及少许动物骨骼，未经鉴定，种属不明。

人骨无。

随葬器物无。

（一九六）M348

墓葬形制

位于墓地中部，被M347打破，打破M350，东面是M355，南面为M356。方向100°。

长方形土坑竖穴砖椁墓。墓壁东、西垂直，南北两壁下部内收。墓口长2.7、宽1.4、深1.45米。椁室青砖垒砌。扰乱严重青砖缺失，形制结构不明。壁龛位于南壁中部偏东，长0.40、高0.40米。墓内填黄褐色五花土，土质较疏松。填土内包含大量青砖碎块。

人骨无。

随葬器物无。

（一九七）M352

墓葬形制

位于墓地中部，北面是M353，东面为M351，南面是M346。方向110°（图4-543）。

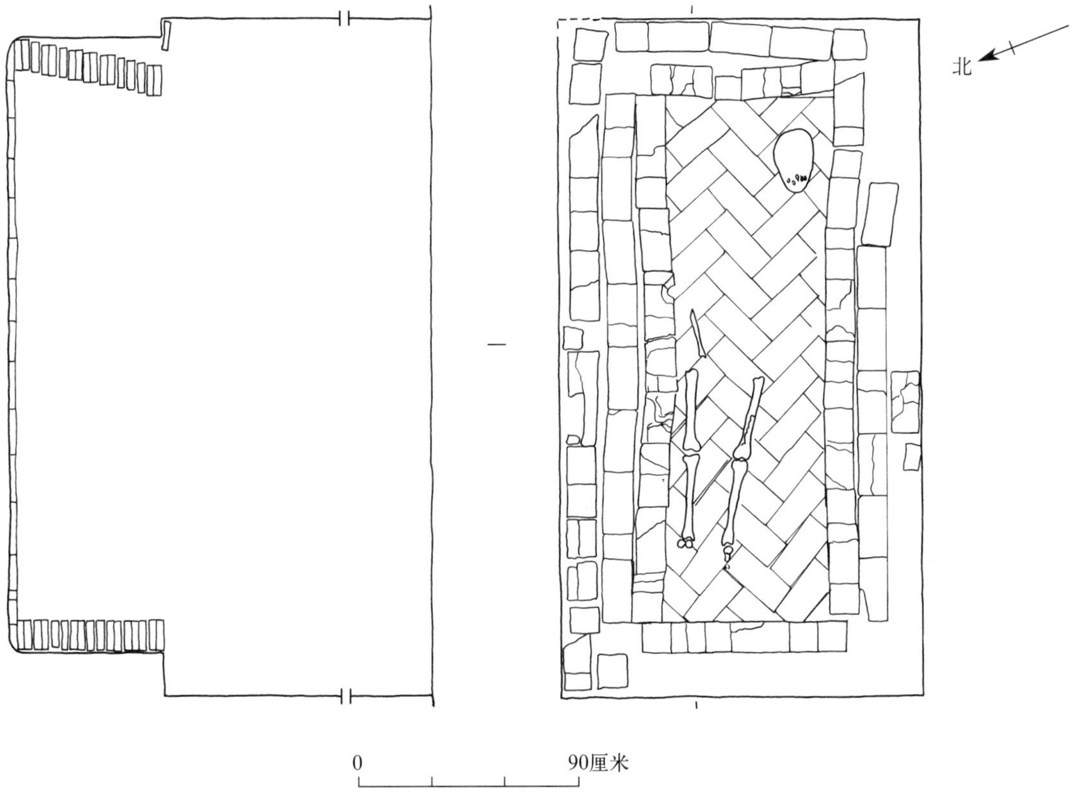

图4-543　M352平、剖面图

长方形土坑竖穴砖椁墓。墓口长2.7、宽1.5、深1.73米。椁长2.32、宽1.2、高0.6米。椁室四壁横排错缝平铺十七层青砖。椁室四周有生土二层台，宽0.08～0.28、高0.63米。台上面平铺一层青砖，南、北两壁横排对缝平铺两列，东端横排一列，西端为土圹。墓底铺地砖“人”字形排列。砖长25、宽12、厚3厘米。墓内填黄褐色五花土，经过夯打，土质较紧密。夯窝圆形，分布稀疏，直径5～6厘米。

人骨1具。头向东，面向不详，直肢。骨骼保存较差，仅残存部分下肢骨遗骸。性别、年龄无法鉴定。

随葬器物无。

（一九八）M353

1. 墓葬形制

位于墓地中部，打破M354，被M351打破，东面为M332。方向102°（图4-544）。

长方形土坑竖穴砖椁墓。墓口长2.8、宽1.5、深1.33米。椁长2.77、宽1.2、高0.92米。椁室四壁均用青砖错缝横向垒砌。东、西两壁二八层、南壁九层、北壁残存两层。墓底平铺一层青砖，“人”字形排列。砖长27、宽12、厚3厘米。墓内填黄褐色五花土，土质较疏松。填土中发现少量铅质残碎车马饰件，多数不能复原。

人骨无。

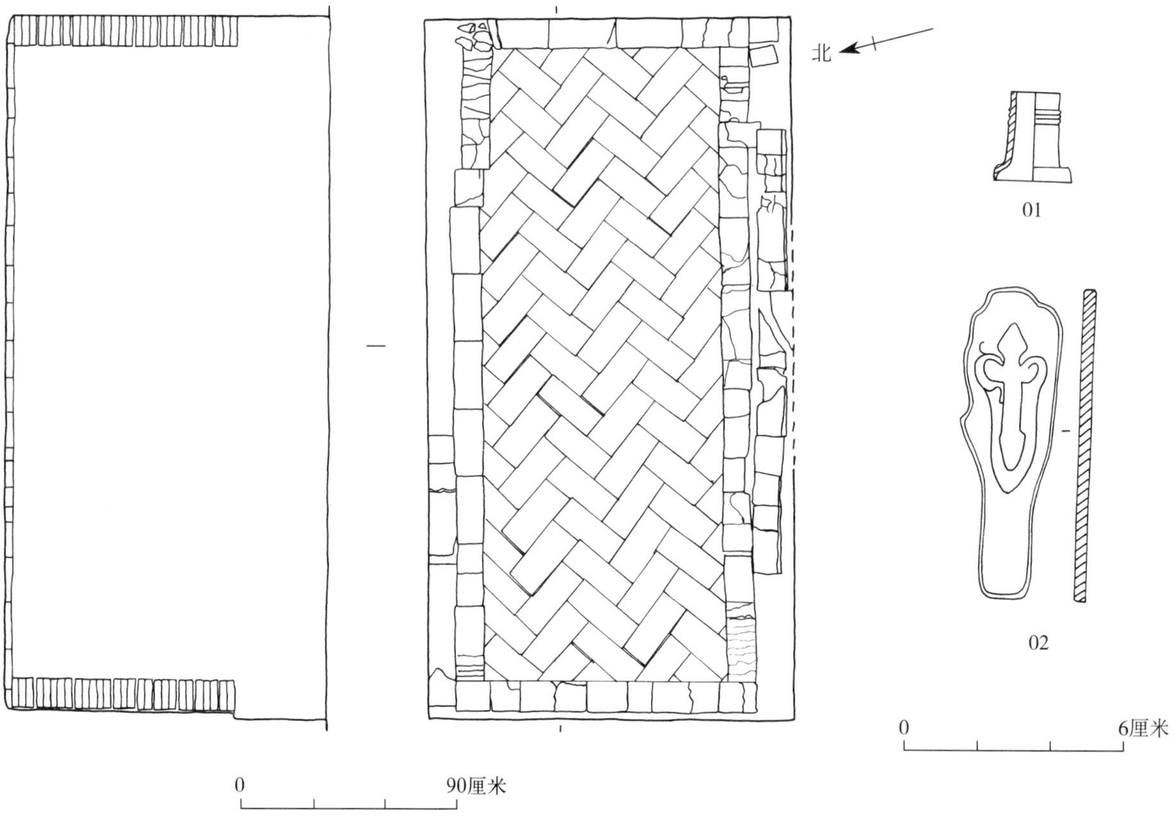

图4-544 M353及出土器物

01. 铅车軎 02. 铅饰件

随葬器物无。

2. 出土遗物

铅器

铅车軎　1件。

标本M353：01，筒形，近底部外撇，有折棱，上腹三周凸棱。高1.9厘米（图4-544，01）。

铅饰件　1件。

标本M353：02，扁薄椭圆形，上宽下窄，一面平，另一面有近十字形浮雕。长8、宽0.8～1.6厘米（图4-544，02）。

（一九九）M356

1. 墓葬形制

位于墓地中部，被M355打破，北面是M348，南面为M349。方向110°（图4-545）。

长方形土坑竖穴砖椁墓。墓口长2.9、宽1.5、深2.2米。椁长2.51、宽0.93、高0.63米。椁室四壁均用青砖横排错缝垒砌。东壁十层、西壁十八层、南壁十五层、北壁十层。墓底平铺一层砖，“人”字形排列。砖长25、宽11、厚3厘米。墓内填黄褐色五花土，土质较疏松。

人骨1具。头向东，面向不详，直肢。仅残存下肢骨。性别、年龄无法鉴定。

陶罐1件放置在东端二层台上。少许动物骨骼陈放在台南端。未经鉴定，种属不明。

2. 出土遗物

陶器

陶罐　1件。

标本M356：1，泥质灰陶。敛口，平折沿，方唇，束颈，鼓腹，平底。器表有制作抹痕，腹部饰两周戳印纹。口径14、底径18、高21厘米（图4-545，1）。

（二〇〇）M359

1. 墓葬形制

位于墓地中部，北面是M291，东面为M290。方向26°。

长方形土坑竖穴砖椁墓。墓口长2.3、宽0.61、深0.6米。椁长2.3、宽0.61、高0.6米。上部已破坏，椁室四壁单行青砖斜向垒砌，“人”字形排列。南壁二层台横向排列六层青砖，长0.44、宽0.18、高0.23米。墓底铺地砖，呈“人”字形。砖长21、宽8、厚3厘米。墓内填黄褐色五花土，土质较疏松。

人骨1具。凌乱堆放在椁室东北角。性别无法鉴定，成年个体。

随葬器物11件。陶壶2件，铜钱9枚放在南端二层台上。

2. 出土遗物

（1）**陶器**

陶壶　2件。泥质灰陶。敞口，沿面外斜，尖唇，束颈，鼓腹。大平底微凹。颈部饰两周白色弦纹，中部间饰勾云纹，下腹饰四周戳印纹。

标本M359：1，弧顶盖。口径13.6、底径17、通高24厘米（图4-546，1；彩版一九三，5）。

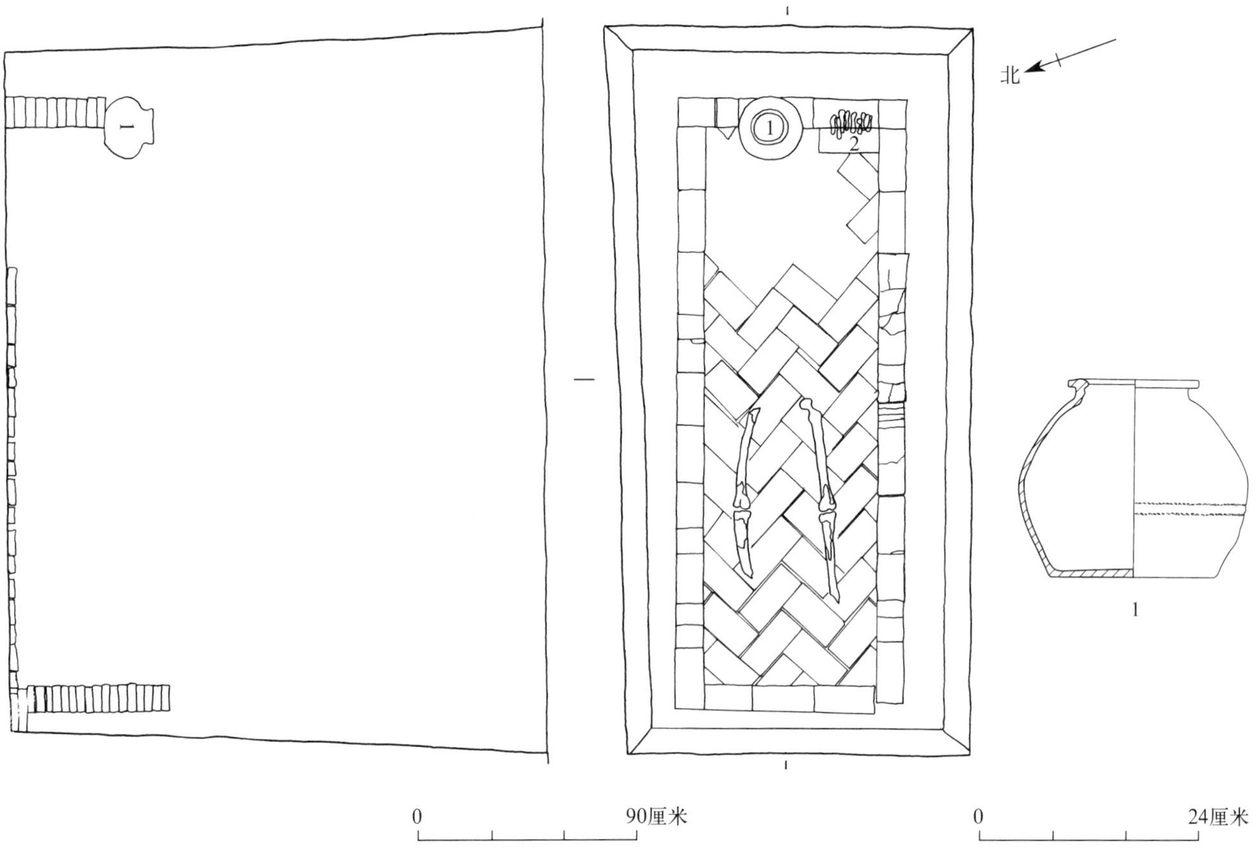

图 4-545 M356 及出土器物

1. 陶罐 2. 动物骨骼

标本 M359∶2，失盖。颈部饰绳纹。口径 13、底径 16.4、高 20.3 厘米（图 4-546，2；彩版一九三，6）。

（2）铜器

铜钱 9 枚。均为货泉。圆形方穿，正、背面轮郭俱全。钱文篆书。

标本 M359∶3-1 ～ 3，直径 2.3、穿边长 0.7、厚 0.2 厘米（图 4-547，3-1 ～ 3）。

（二〇一）M361

墓葬形制

位于墓地中部，东北面是 M450，南面为 M328。方向 94°。

长方形土坑竖穴砖椁墓。墓口长 2.3、宽 1.1 米，底部长 2、宽 1、深 0.87 米。墓内填黄褐色粉砂土，土质疏松，夹杂许多碎砖。

人骨无。

随葬器物无。

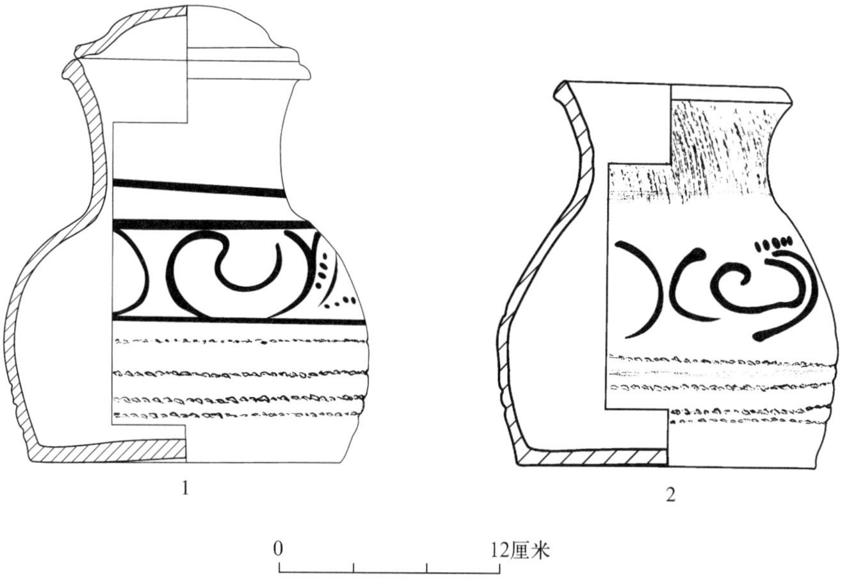

图 4-546　M359 出土器物

1、2. 陶壶

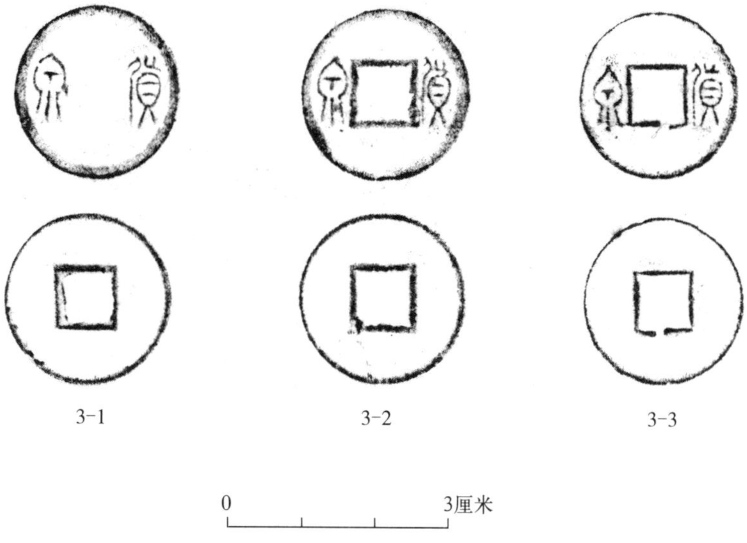

图 4-547　M359 出土器物

3-1～3. 铜钱

（二〇二）M364

1. 墓葬形制

位于墓地西北部，打破 M365，南面为 M382。方向 21°（图 4-548）。

长方形土坑竖穴砖椁墓。墓口长 2.66、宽 1.4、深 1.7 米。椁长 2.62、宽 1.04、高 0.71 米。椁室四壁青砖横排错缝叠砌二十二层。墓底平铺一层青砖，“人”字形排列。砖长 26、宽 12、厚 3 厘米。墓内填黄褐色五花土，经过夯打，土质较致密。夯窝椭圆形，直径 6～13、间距 6～14、夯层厚 25～30 厘米。

人骨1具。头向北，面向上，仰身直肢。骨骼腐朽，仅见头骨残痕及少量下肢骨。女性，年龄40～50岁。

随葬器物3件。陶壶2件位于椁室东南。铜钱1枚放在墓主右手处。鸡、乳猪、猪、真鲷、鲷科、鱼骨置于西南角。

2. 出土遗物

（1）陶器

陶壶　2件。泥质灰陶。侈口，沿面外斜，圆唇，束颈，鼓腹。腹部饰三周戳印纹，下腹饰绳纹，小平底。

标本M364∶2，失盖。腹上部饰白色云纹，间饰圆点纹。口径14.4、底径8.6、高32.3厘米（图4-548，2）。

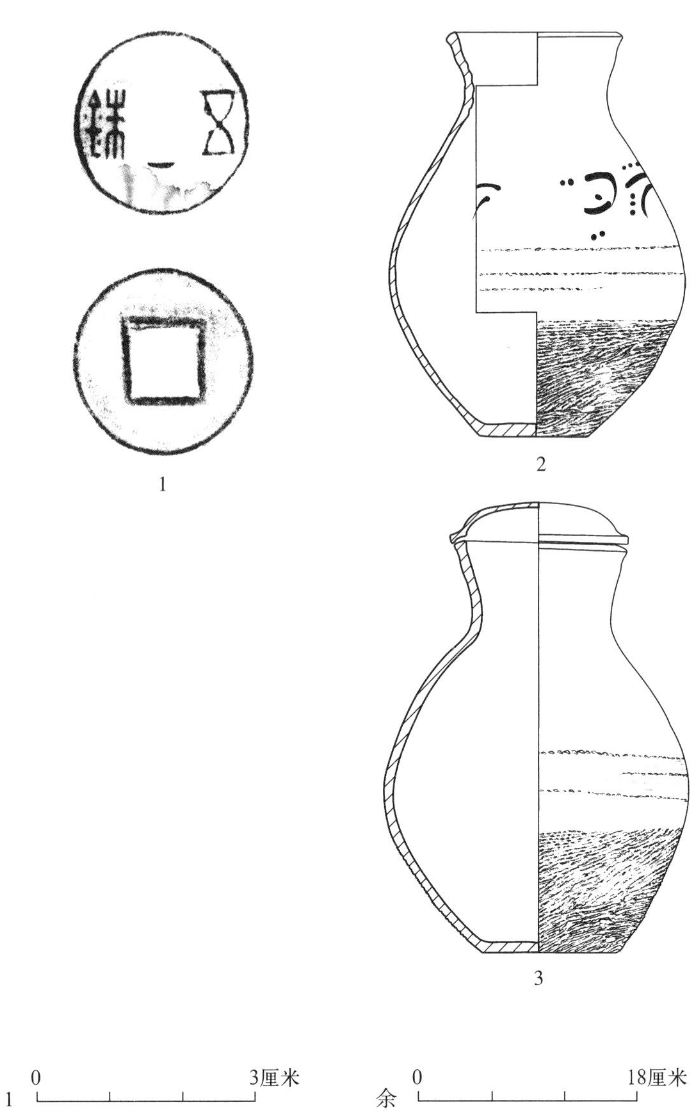

图4-548　M364及出土器物

1. 铜钱　2、3. 陶壶　4、5. 动物骨骼

标本 M364∶3，弧顶盖。上腹有制作抹痕。口径 14.2、底径 11、通高 35.4 厘米（图 4-548，3）。

（2）铜器

铜钱　1 枚。

标本 M364∶1，五铢，圆形方穿，正面有轮无郭，背面轮郭俱全。“五”字两笔交叉微曲，“铢”字“金”头呈三角形，与“朱”等齐，“朱”字上部方折，穿下半星。直径 2.5、穿边长 0.9、厚 0.19 厘米（图 4-548，1）。

（二〇三）M366

1. 墓葬形制

位于墓地中部，北面是 M367，东面为 M330、M329。方向 105°（图 4-549）。

长方形土坑竖穴砖椁墓。墓口长 2.4、宽 0.95、深 1.2 米。椁长 2.1、宽 0.67、高 0.55 米。椁室均用青砖垒砌。南、北两壁平铺顺向七层、东壁竖立顺向四层。西壁土圹无砖。壁龛位于北壁外侧，宽 0.45、高 0.15、进深 0.2 米。墓底平铺青砖横排错缝排列。砖长 34、宽 14、厚 6 厘米。墓内填黄褐色五花土，土质较致密。

人骨 1 具。头向东，面向上，仰身直肢。骨骼腐朽严重，上肢及趾骨部分缺失。男性，年龄 40 ～ 50 岁。

随葬器物 2 件。陶罐 1 件放在壁龛内。铜带钩 1 件置于墓主下颌骨处。

2. 出土遗物

（1）陶器

陶罐　1 件。

标本 M366∶2，泥质灰陶。小口，斜折沿，圆唇，鼓腹，平底微凹。口径 14、底径 12、复原高 27.4 厘米（图 4-549，2）。

（2）铜器

铜带钩　1 件。

标本 M366∶1，琵琶形。钩呈兽首状，中部断为两截，“S”形弯曲，横截面椭圆形，圆形纽位于背部中端。长 9 厘米（图 4-549，1）。

（二〇四）M367

1. 墓葬形制

位于墓地中部，西北面是 M455，东南面为 M330，南面是 M366。方向 100°（图 4-550；彩版一九四，1）。

长方形土坑竖穴砖椁墓。墓口长 2.2、宽 1.05、深 1.35 米。椁长 2.1、宽 0.81、高 0.5 米。椁室四壁上面三层青砖平铺顺向垒砌，下部三层青砖立式顺向垒砌。壁龛位于椁室北壁上部外侧，宽 0.75、高 0.3、进深 0.3 米。砖长 34、宽 14、厚 6 厘米。墓内填黄褐色五花土，土质较致密。

人骨 1 具。头向东，面向右。仰身直肢。骨骼保存较差，上肢及躯干缺失。女性，年龄 20 ～ 25 岁。

陶罐 1 件放在壁龛内。鸡骨放置在陶罐内。

2. 出土遗物

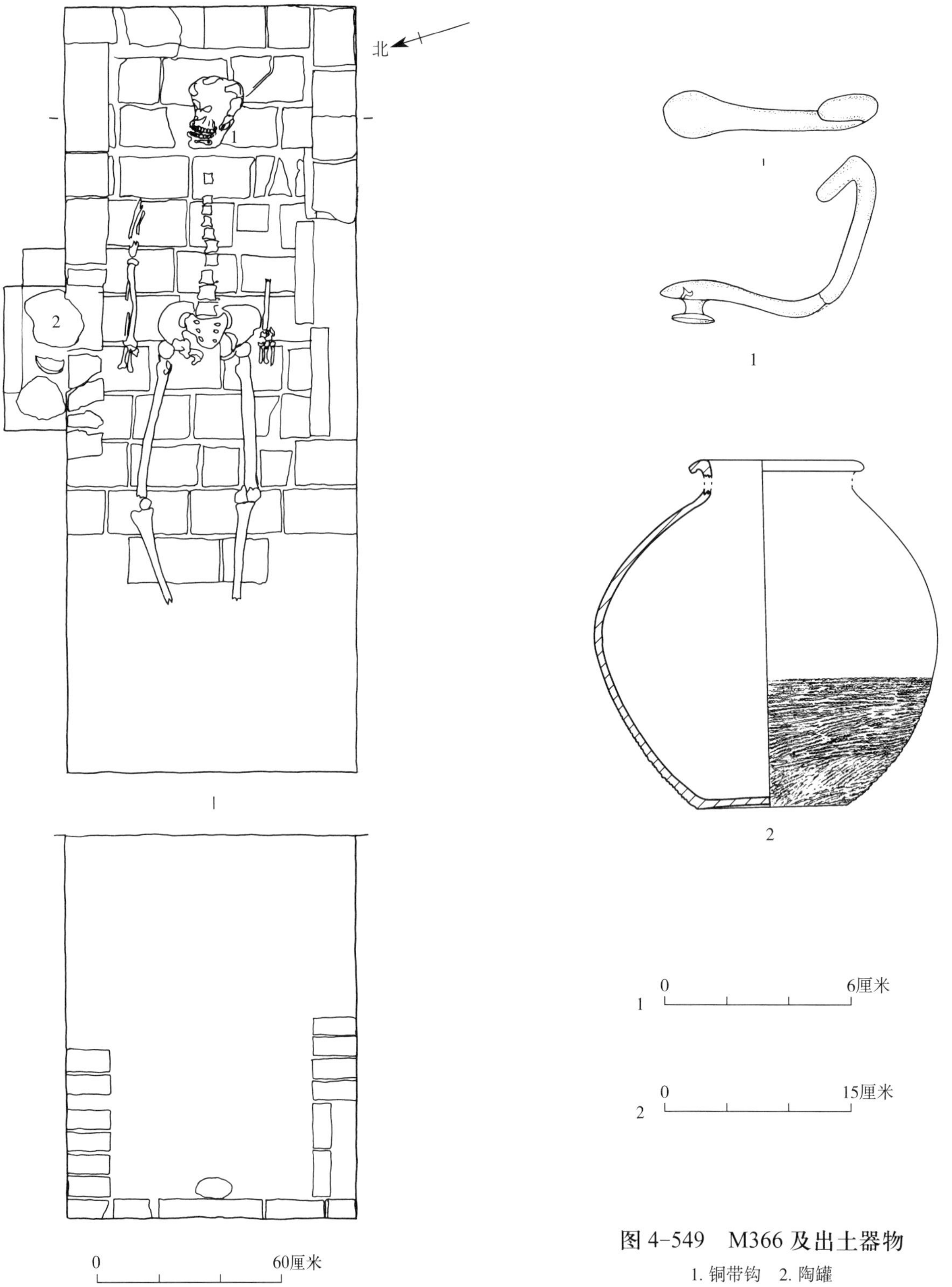

图4-549 M366及出土器物

1. 铜带钩 2. 陶罐

陶器

陶罐 1件。

标本M367：1，泥质灰陶。尖唇，敞口，高颈，折肩，扁圆形腹，下腹内收，凹底。肩部压印有一符号，模糊不清。腹中部饰绳纹。口径27、底径9、高20.8厘米（图4-550，1；彩版一九四，2）。

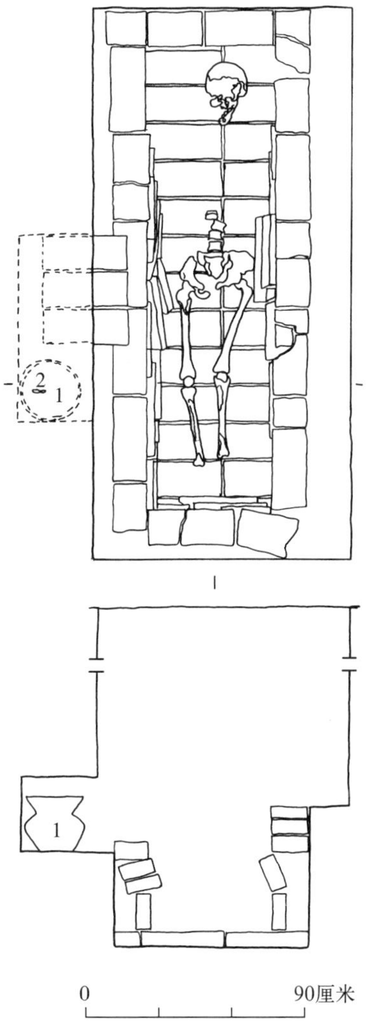

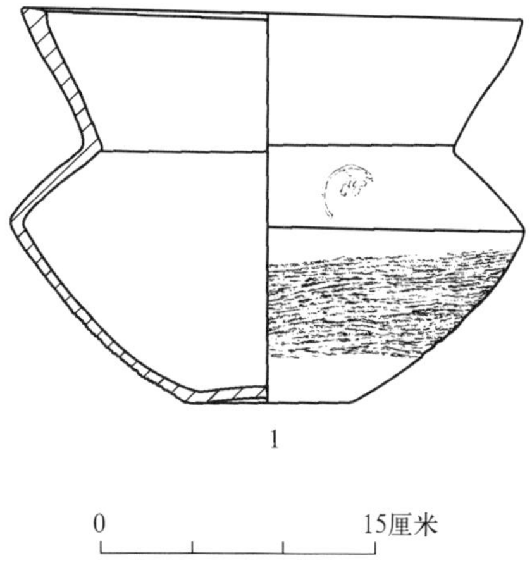

图 4-550　M367 及出土器物
1. 陶罐　2. 动物骨骼

（二〇五）M368

1. 墓葬形制

位于墓地西北部，在北部断崖处，东南面是 M387、M386，西面为 M369。方向 10°（图 4-551；彩版一九四，3）。

长方形土坑竖穴砖椁墓。墓口长 1.9、宽 1.13、深 2.85 米。椁长 1.68、宽 0.75、高 0.38 米。椁室四壁青砖平铺顺向垒砌，上部两层、第七层平铺、第三层青砖竖立垒砌。东壁边箱青砖垒筑，长 0.7、高 0.27、进深 0.36 米。墓底平铺一层青砖，“人”字形排列。砖长 34、宽 14、厚 6 厘米。墓内填黄褐色五花土，经过夯打，土质较硬。夯窝椭圆形，直径 7 ～ 13、间距 2 ～ 15、夯层厚 20 厘米。

人骨无。

彩绘陶壶 2 件放置在边箱内。

2. 出土遗物

陶器

陶壶　2 件。泥质灰陶。弧顶盖。侈口，平沿，束颈，溜肩，鼓腹，下腹内收，圈足。通体饰白、

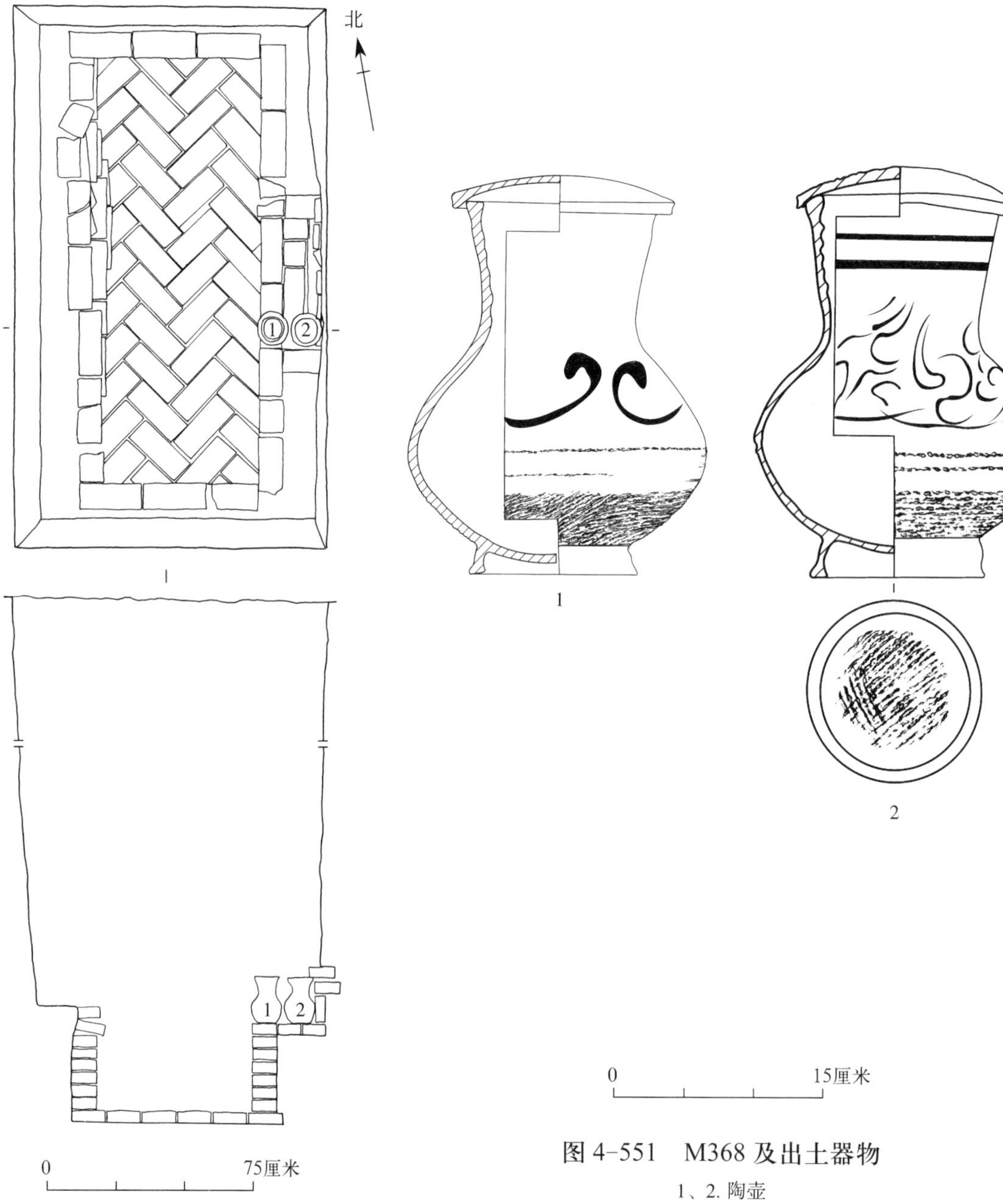

图 4-551　M368 及出土器物
1、2. 陶壶

红、黑色彩绘，部分脱落。

标本 M368∶1，尖唇，肩、腹部绘白色勾云纹，腹部饰两周戳印纹，近底部饰绳纹。口径 27、底径 12、通高 28 厘米（图 4-551，1；彩版一九四，4 左）。

标本 M368∶2，圆唇，颈部饰三周白、红色彩绘，上腹饰黑色云雷纹，腹下部饰两周戳印纹，下腹及底部饰绳纹。口径 14、底径 12、通高 28.8 厘米（图 4-551，2；彩版一九四，4 右）。

（二〇六）M369

1. 墓葬形制

位于墓地西北部，东面是 M368，西面为 M370。方向 10°（图 4-552）。

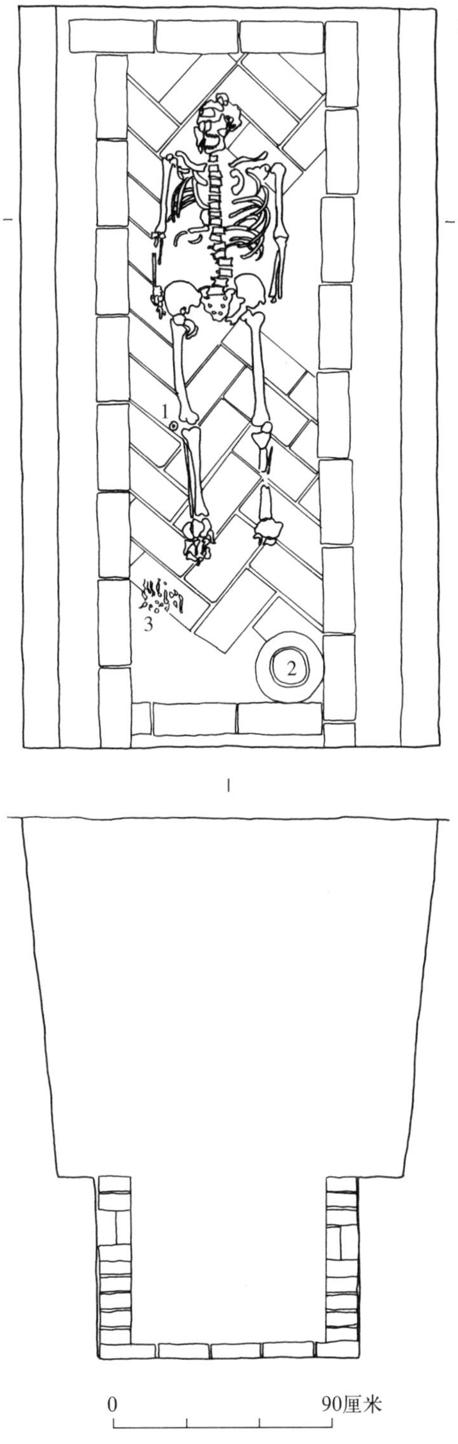

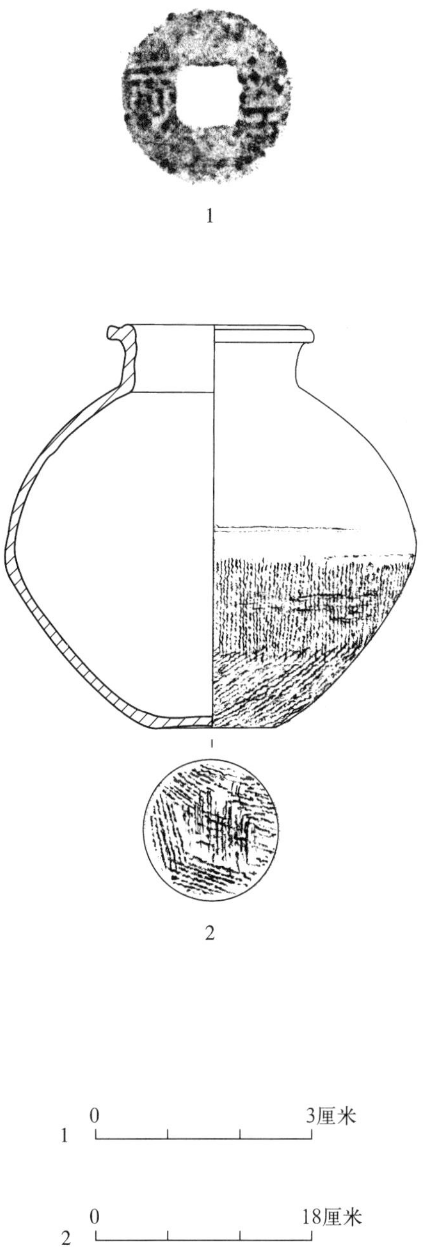

图 4-552　M369 及出土器物

1. 铜钱　2. 陶罐　3. 动物骨骼

长方形土坑竖穴砖椁墓。墓口长 2.95、宽 1.7、深 2.15 米。椁长 2.85、宽 1.05、高 0.72 米。椁室四壁用青砖错缝平铺垒砌。北壁和东壁上部三层和下面五层为平砖，中间为立砖；西壁上面两层和下部六层为平砖，中间立砖；南壁均为平砖顺向垒砌。墓底平铺一层青砖，“人”字形排列。青砖上面遗有白膏泥块残痕。砖长 34、宽 13、厚 6 厘米。墓内填黄褐色五花土，经过夯打，土质较坚硬。夯窝椭圆形，分布不规律，南部密集，北部较稀疏，直径 7 ～ 15、夯层厚 10 ～ 30 厘米。

人骨1具。头向北，面向上，仰身直肢。男性，年龄27～33岁。

随葬器物2件。陶罐1件置于椁室东南角。铜钱1枚放在墓主右下肢骨外侧。乳猪、鲤鱼、鱼、鸡骨放置南端偏西侧。

2. 出土遗物

（1）陶器

陶罐　1件。

标本M369∶2，泥质灰陶。直口，折沿，沿面微凹，方唇，束颈，鼓腹，平底微凹。上腹有制作旋纹，腹部饰一周凹弦纹，下腹及底部饰细绳纹。口径17、底径11.2、高32厘米（图4-552，2）。

（2）铜器

铜钱　1枚。

标本M369∶1，半两，圆形方穿，正、背两面无轮无郭。钱文篆书，“两”字中间不出头，两人字连成山，竖划清晰。直径2.4、穿边长0.8、厚0.09厘米（图4-552，1）。

（二〇七）M370

1. 墓葬形制

位于墓地西北部，东面是M369，西面为M371。方向13°（图4-553）。

长方形土坑竖穴砖椁墓。墓口长2.4、宽1.35、深1.6米。椁长2.34、宽0.84、高0.62米。东、北、南三壁均用青砖平铺错缝叠砌而成，南壁为土圹。脚箱位于椁室南端，使用三层青砖垒砌。长0.66、宽0.3、高0.2米。墓底平铺一层青砖，中间一列竖排，两边各横排一列。砖长32、宽13、厚5厘米。墓内填黄褐色五花土，土质较坚硬。

人骨1具。头向北，面向上，直肢。骨骼保存较差，仅残存头骨、牙齿及部分下肢骨遗骸。性别无法鉴定，年龄11～13岁。

随葬器物4件。陶罐1件置于脚箱内。陶熏炉1件放在椁室南部。铜镜、金属块放在墓主头骨右侧。

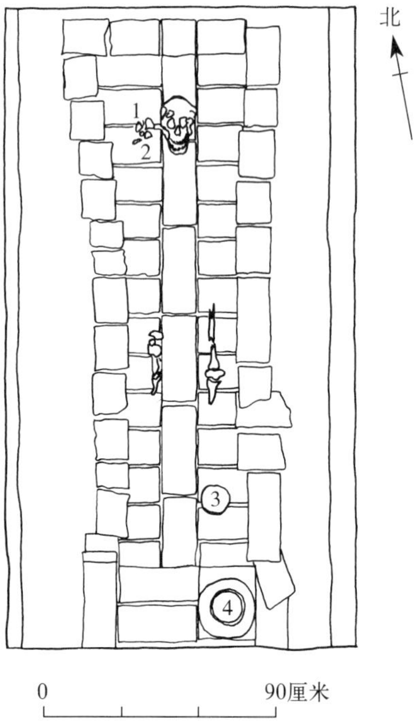

图4-553　M370平面图

1. 铜镜　2. 金属块　3. 陶熏炉　4. 陶罐

2. 出土遗物

（1）陶器

陶罐　1件。

标本M370∶4，泥质灰陶。侈口，窄折沿，方唇，鼓腹，平底内凹。上腹有制作凹弦纹，腹部饰两周戳印纹，下腹饰绳纹。口径13、底径9、高19.2厘米（图4-554，4）。

陶熏炉　1件。

标本 M370：3，泥质灰陶。盖顶下弧，盖上部有孔，顶部中心饰一圆形纽，纽外用凹弦纹将顶面分割成长方形和正方形隔断，隔断内也用凹弦纹连接对角线，形成数十个三角形隔断，三角形内再饰以戳点纹和刻划纹，盖口沿外侧饰竖向凹弦纹，间饰菱形纹，内饰锥刺纹。盒体直口，沿面外斜，方唇，体略内收，喇叭状柄座。盒身外壁饰轮制凸弦纹。口径 13、底径 6、通高 11.2 厘米（图 4-554，3；彩版一九五，1、2）。

（2）铜器

铜镜　1 枚。

标本 M370：1，日光四花叶镜，残碎严重，仅存数块，纽部残缺。纽外凹面方格与外侧凸弦纹大方格内设铭文，仅可辨“明”字。大方格四角外似一花瓣；四边外中部一圆座乳丁，钉外侧一花苞、两侧各一花叶。内向十六连弧纹缘。面径 10、缘厚 0.35 厘米（图 4-554，1）。

金属块　1 件。

标本 M370：2，锈蚀严重，器形不明。

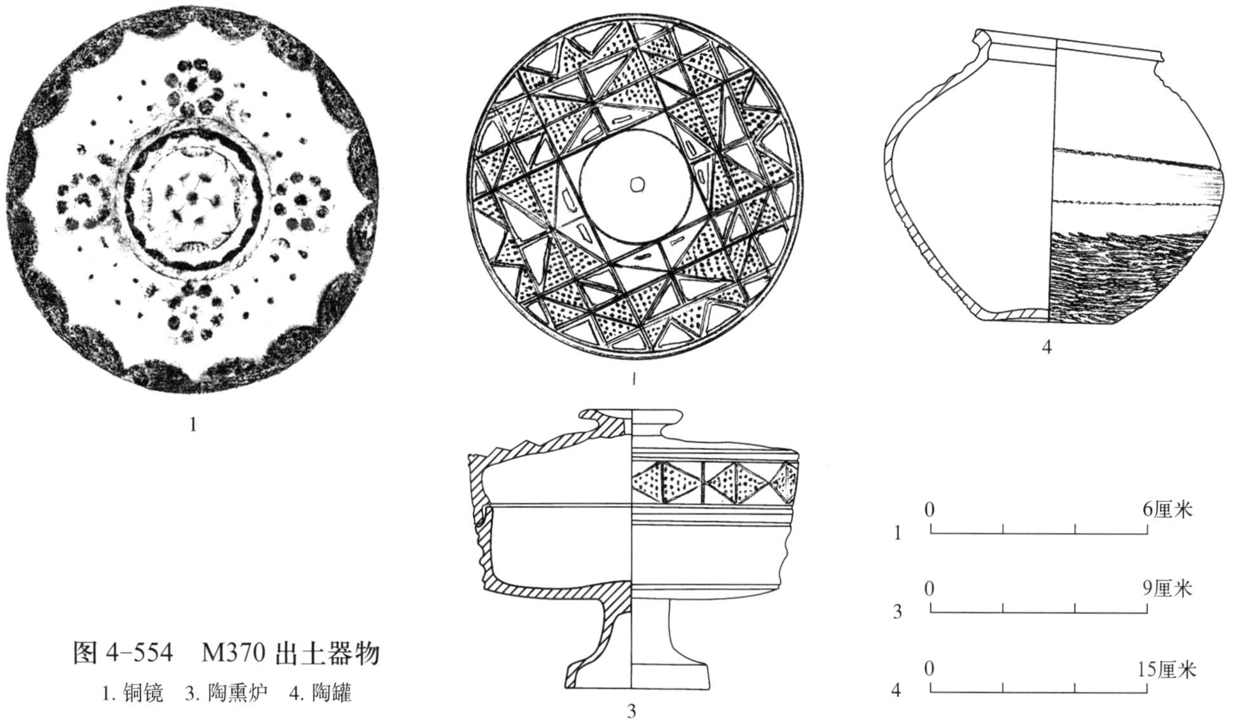

图 4-554　M370 出土器物

1. 铜镜　3. 陶熏炉　4. 陶罐

（二〇八）M371

1. 墓葬形制

位于墓地西北部，东面是 M370，西面为 M372。方向 10°（图 4-555）。

长方形土坑竖穴砖椁墓。墓口长 2.1、宽 1.14、深 1.34 米。椁长 2、宽 0.9、深 0.5 米。椁室四壁均用青砖错缝平铺顺向垒砌二十层。墓底四周有生土二层台，宽 0.2、高 0.9 米。台上面顺向垒砌两排青砖，内侧较外侧略低。墓底平铺一层青砖，“人”字形排列。砖长 26、宽 12、厚 3 厘米。墓内填黄褐色五花土，经过夯打，土质较坚硬。夯窝圆形，分布零散，直径 5 ～ 8、夯层厚 5 ～ 12 厘米。

人骨1具。头向北，面向不详，仰身直肢。头骨破碎，仅残存下肢及部分脊椎骨遗骸。性别无法鉴定，成年个体。

陶壶2件放置椁室西南角，动物骨骼放在陶壶南侧，未经鉴定，种属不明。

2. 出土遗物

陶器

陶壶　2件。泥质灰陶。弧顶盖。壶侈口，圆唇，束颈，鼓腹。颈部饰弧形三角纹，颈与腹部各饰两周白色弦纹，肩部饰白彩勾连点纹，下腹饰三周戳印纹。

标本M371∶1，平底。下腹饰三周戳印纹。口径12.4、底径16.8、通高28厘米（图4-555，1；彩版一九五，3左）。

标本M371∶2，盖顶部卷云纹。圜底。口径12.8、底径18、通高28.8厘米（图4-555，2；彩版一九五，3右）。

（二〇九）M372

1. 墓葬形制

位于墓地西北部，东面是M371，南面为M373，西面是M374。方向15°（图4-556）。

长方形土坑竖穴砖椁墓。墓口长2.5、宽1.8、深1.5米。椁长2.2、宽1.05、高0.75米。椁室四壁均平铺顺向垒砌十层青砖。因挤压东壁上部内凸。脚端二层台位于墓室南端，一排六层青砖顺向垒砌，宽0.3、高0.43米。墓底平铺一层砖，中间一行竖排，两边各横排一列。砖长32、宽13、厚6厘米。墓内填黄褐色五花土，土质较坚硬。

人骨无。

陶罐1件放在南端二层台西侧。鸡骨置于东侧。

2. 出土遗物

陶器

陶罐　1件。

标本M372∶1，泥质灰陶。敛口，沿内斜，圆唇，束颈，鼓腹，小平底。腹部饰两周戳印纹，下腹及底部饰绳纹。口径17.6、底径10、高22厘米（图4-556，1）。

（二一〇）M373

1. 墓葬形制

位于墓地西北部，北面是M372，西面为M377。方向25°（图4-557）。

长方形土坑竖穴砖椁墓。墓口长2.7、宽1.46、深2.07米。椁长2.61、宽1.35、高0.65米。椁室四壁横排错缝叠砌十九层青砖。墓底四周有生土二层台，宽0.15～0.17、高0.71米。台上面横排一层青砖。边箱位于东壁中部，长0.72、宽0.38、深0.4米。底部竖排，北壁竖向侧立。墓底铺地砖，“人”字形排列。砖长28、宽12、厚3厘米。墓内填黄褐色五花土，土质较疏松。

人骨1具。头向北，直肢。仅残存下肢骨遗骸。性别、年龄无法鉴定。

随葬器物3件。陶壶2件放在边箱南侧，铜钱1枚放置墓主右下肢骨内侧。少量动物骨骼位于边箱北侧。未经鉴定，种属不明。

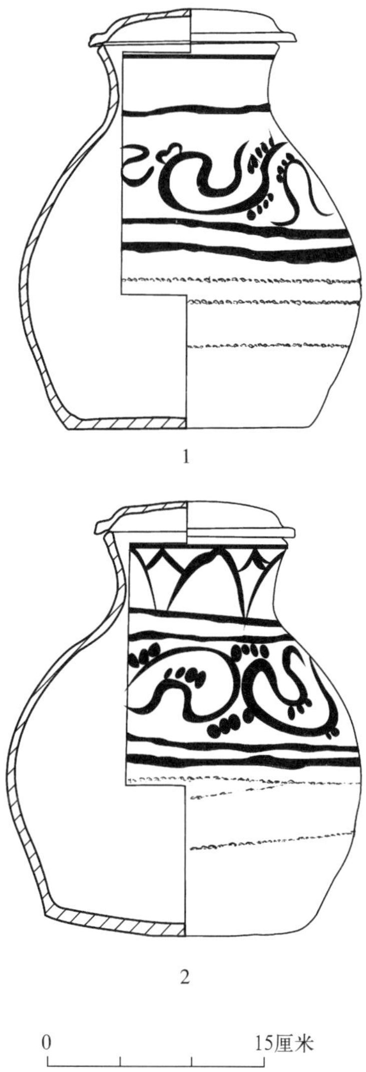

图 4-555　M371 及出土器物

1、2. 陶壶　3. 动物骨骼

2. 出土遗物

（1）陶器

陶壶　2件。泥质灰陶。侈口，沿面外斜，尖唇，束颈，鼓腹。肩部用红彩、白彩饰勾连纹，腹部饰三周戳印纹。

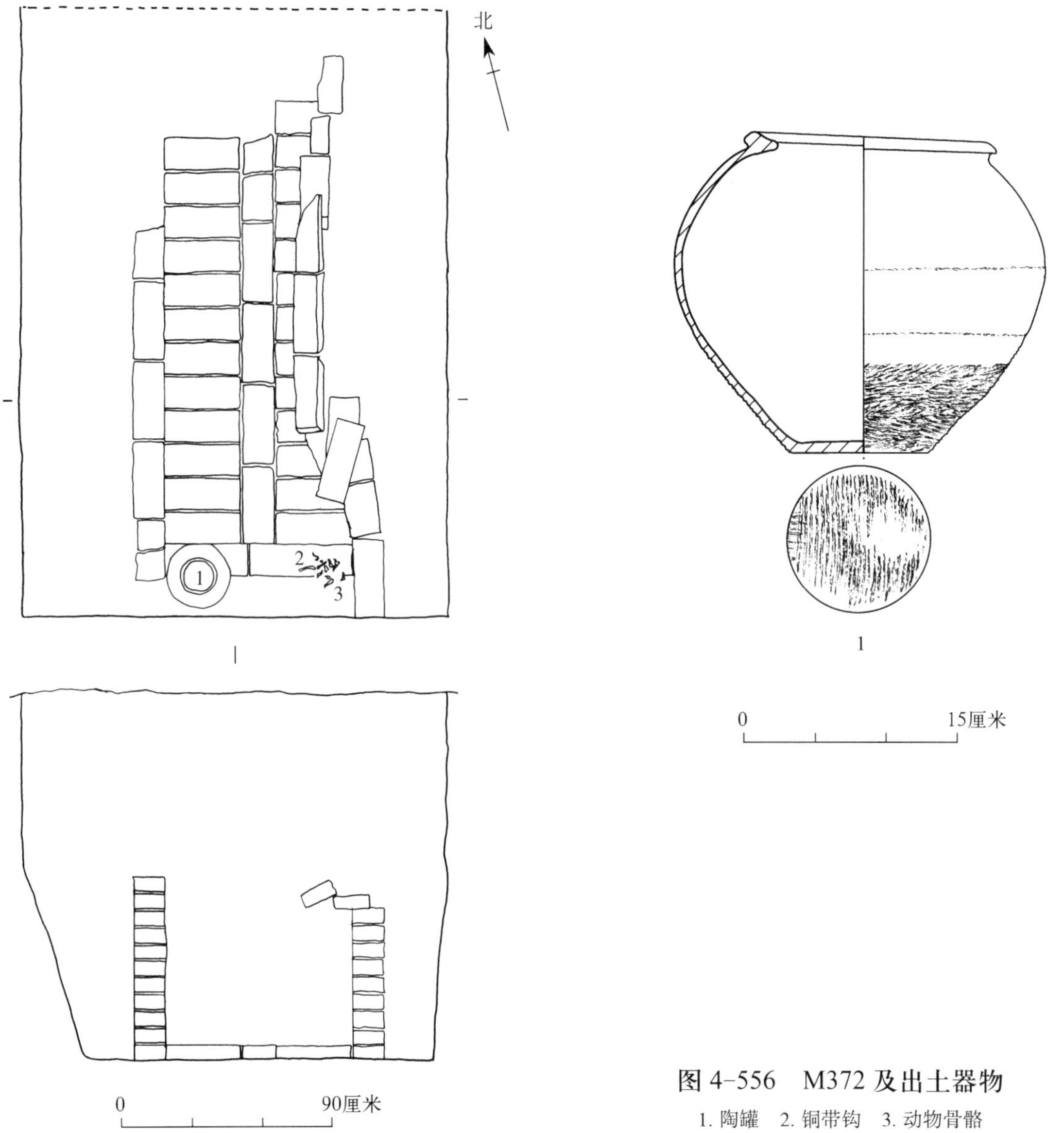

图 4-556　M372 及出土器物

1. 陶罐　2. 铜带钩　3. 动物骨骼

标本 M373 : 1，覆碟式盖，菌形纽已残。平底。颈部饰一周白彩纹。口径 14、底径 17、通高 26.6 厘米（图 4-558，1）。

标本 M373 : 2，失盖。凹底。颈、腹部饰两周白彩纹。口径 12.4、底径 14、高 21 厘米（图 4-558，2）。

（2）铜器

铜钱　1 枚。

标本 M373 : 3，五铢，圆形方穿，正面有轮无郭，背面轮郭俱全。“五”字两笔交叉较直，“铢”字“金”头呈三角形，与“朱”等齐，“朱”字上部方折。直径 2.4、穿边长 0.9、厚 0.18 厘米（图 4-558，3）。

图 4-557　M373 平、剖面图
1、2. 陶壶　3. 铜钱

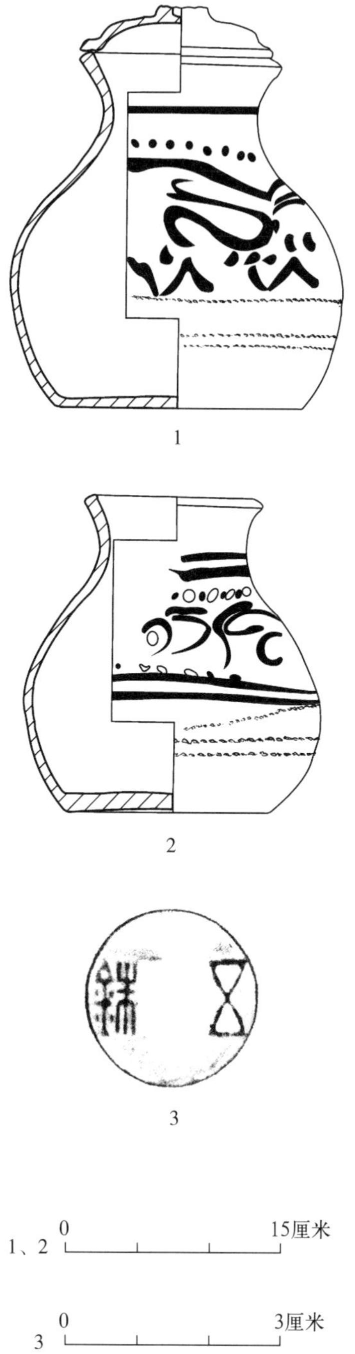

图 4-558　M373 出土器物
1、2. 陶壶　3. 铜钱

（二一一）M374

1. 墓葬形制

位于墓地西北部，东面是 M372，南面为 M377。方向 12°（图 4-559）。

长方形土坑竖穴砖椁墓。墓口长 2.7、宽 1.8、深 2 米。椁长 2.5、宽 0.75、高 0.6 米。椁室均用青砖平铺错缝垒砌。东、西壁顺向垒砌，北壁被破坏，南壁为土圹。北侧脚箱长0.75、宽0.75、残高0.16米。青砖垒砌间隔器物箱与椁室。墓底平铺一层青砖，中间一行竖排，两边各横排一列。砖长34、宽13、厚6厘米。墓内填黄褐色五花土，土质较坚硬。

人骨无。

随葬陶罐1件，放在脚箱内东端。鱼、鲷科、鸡骨置于西端。

2. 出土遗物

陶器

陶罐　1件。

标本M374∶1，泥质灰陶。敞口，折沿，方唇，直颈，溜肩，鼓腹，小平底。腹部饰三周戳印纹，下腹及底部饰绳纹。口径23、底径10、高33.2厘米（图4-559，1）。

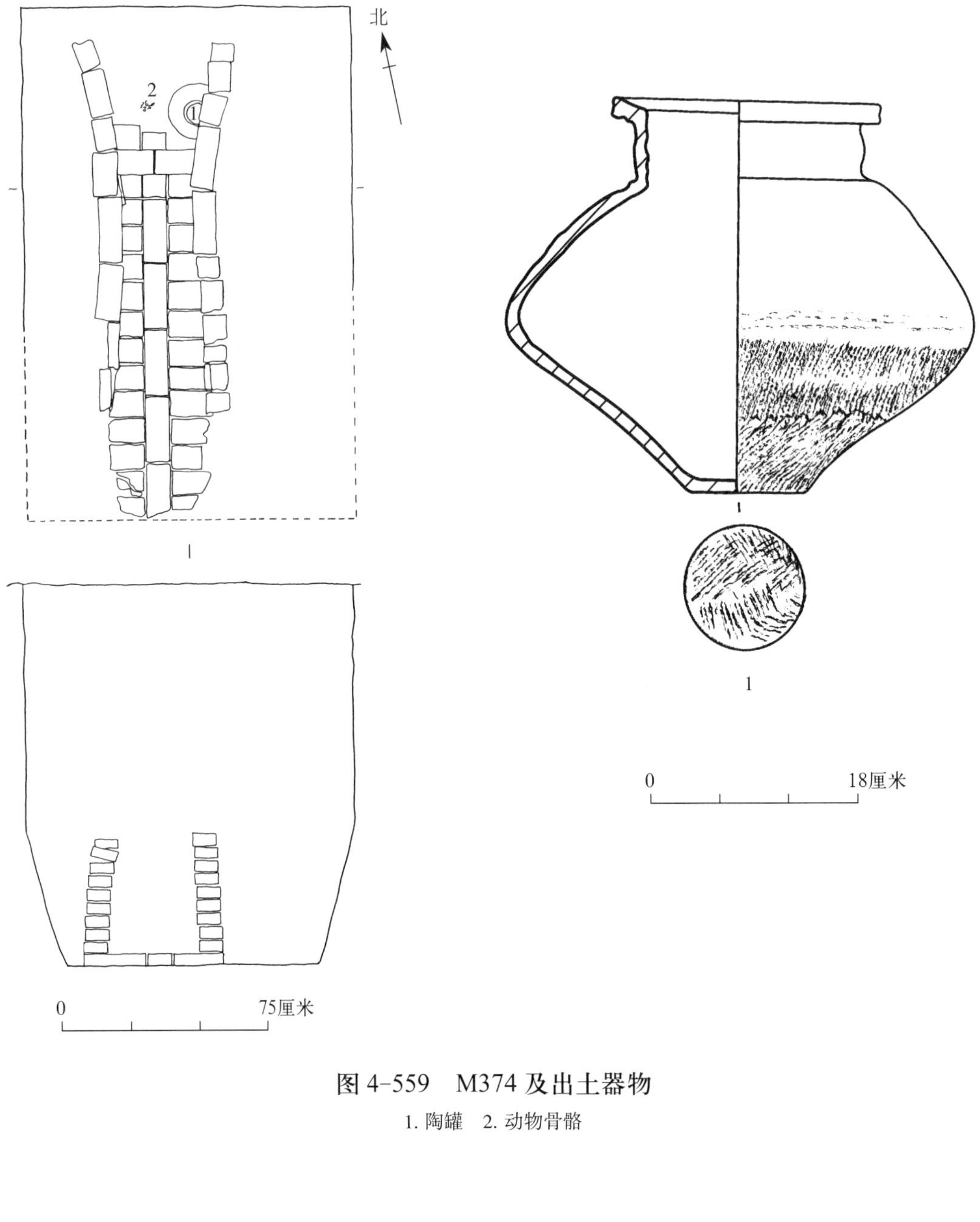

图4-559　M374及出土器物

1. 陶罐　2. 动物骨骼

（二一二）M375

1. 墓葬形制

位于墓地西北部，东面是 M376，南面为 M400。方向 7°（图 4-560）。

长方形土坑竖穴砖椁墓。墓口长 2.9、宽 1.4、深 2 米。椁长 2.4、宽 1.26、高 0.8 米。东、北、西三壁十四层青砖错缝顺向垒砌，南壁土圹。脚箱位于椁室南部，用青砖单行顺向垒砌九层。长 0.95、宽 0.54、高 0.5 米。墓底平铺一层青砖，中间一列竖排，两边各横排一列。砖长 34、宽 14、厚 5 厘米。墓内填黄褐色五花土，经过夯打，土质较坚硬。夯窝椭圆形，分布稀疏，直径 5 ～ 10、间距 10 ～ 30、夯层 25 厘米。

人骨 1 具。头向北。骨骼腐朽严重，仅残存骨渣痕迹。性别、年龄无法鉴定。

随葬陶罐 1 件，陈放在脚箱内西侧。

2. 出土遗物

陶器

陶罐　1 件。

标本 M375∶1，泥质灰陶。侈口，斜沿，方唇，束颈，鼓腹，平底。腹部饰五周戳印纹，下腹饰绳纹。口径 16、底径 8.4、高 21 厘米（图 4-560，1）。

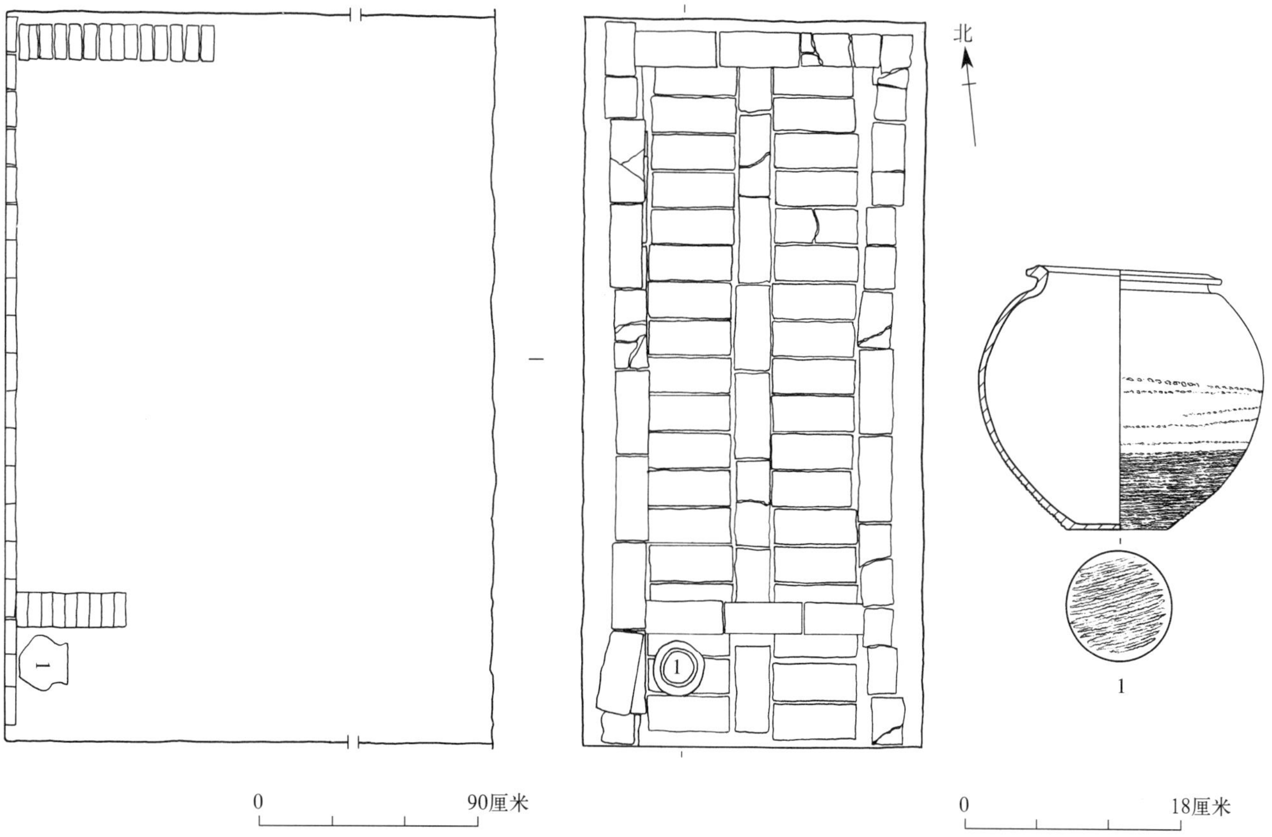

图 4-560　M375 及出土器物

1. 陶罐

（二一三）M376

1. 墓葬形制

位于墓地西北部，东面是M377，南面为M400，西面是M375。方向10°（图4-561）。

长方形土坑竖穴砖椁墓。墓口长2.85、宽1.62、深1米。椁长2.42、宽0.95～1.05、深0.79米。四壁横排叠砌平铺二十六层青砖。边箱位于东壁中部，箱底部竖排平铺一层两列青砖。长0.65、宽0.38、深0.63米。墓底四周有生土二层台，宽窄不一，东0.18～0.29、西0.38、南0.35、北0.08、高0.82米。西侧台上平铺两行青砖。墓底铺地砖，“人”字形排列。砖长26、宽13、厚3厘米。墓内填黄褐色五花土，土质较疏松。填土中发现陶器盖1件。

人骨1具。头向北。骨骼腐朽严重，仅残存部分头骨、脊椎、骨盆及下肢骨遗骸。性别无法鉴定，年龄40～50岁。

随葬陶器5件。壶2件，盘、耳杯、纺轮各1件及乳猪骨均放在边箱内。

2. 出土遗物

陶器

陶壶　2件。泥质灰陶。弧顶盖。侈口，圆唇，束颈，鼓腹，平底。器表有制作抹痕。素面。

标本M376∶1，底微凹。口径12、底径15.8、通高26.2厘米（图4-562，1）。

标本M376∶2，平底。口径12.4、底径16.4、通高27厘米（图4-562，2）。

陶器盖　1件。

标本M376∶01，泥质灰褐陶，胎红褐色。弧顶形。素面。直径10.7厘米（图4-562，01）。

陶盘　1件。

标本M376∶5，泥质灰陶。敞口，斜折沿，方唇，浅腹，下部弧收，平底。素面。口径22.4、底径18.8、高5.2厘米（图4-562，5）。

陶耳杯　1件。

标本M376∶3，泥质灰陶。器身椭圆形，尖唇，敞口，体收，平底。口沿两侧饰新月形耳。口长径9.8、短径9、高3.3厘米（图4-562，3）。

陶纺轮　1件。

标本M376∶4，泥质灰陶。扁圆形，残缺。素面。直径10.7、厚0.4厘米（图4-562，4）。

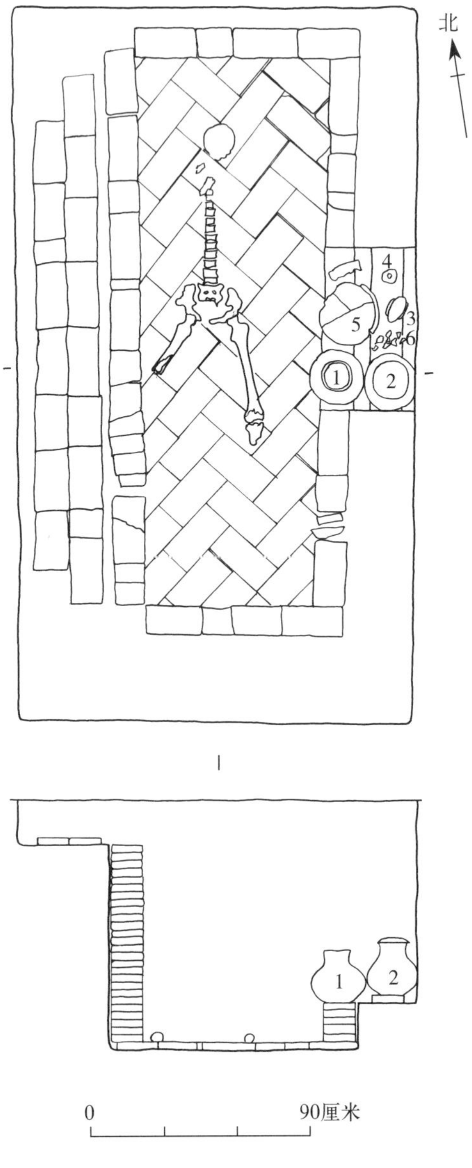

图4-561　M376平、剖面图

1、2. 陶壶　3. 陶耳杯　4. 陶纺轮　5. 陶盘

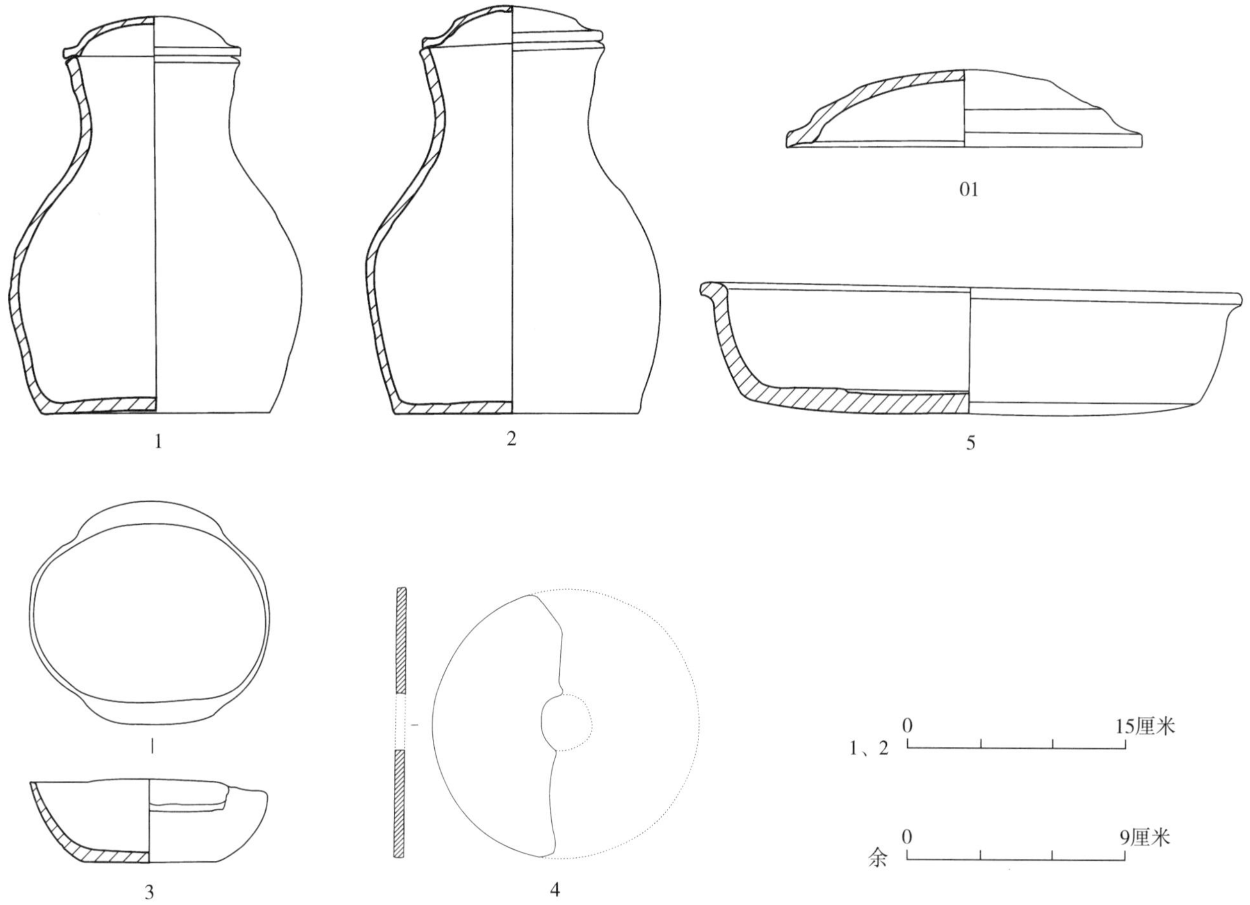

图 4-562　M376 出土器物

1、2. 陶壶　3. 陶耳杯　4. 陶纺轮　5. 陶盘　01. 陶器盖

（二一四）M377

1. 墓葬形制

位于墓地西北部，北面是M374，东面是M373，南面为M403，西面为M376。方向15°（图4-563）。

长方形土坑竖穴砖椁墓。墓口长2.62、宽1.4、深0.75米。椁长2.56、宽1.32、高0.6米。青砖错缝平铺垒砌。墓底平铺一层砖，“人”字形排列。砖长0.27、宽0.12、厚0.04米。西壁中间壁龛长0.64、宽0.36、深0.6米。墓内填黄褐色五花土，土质较致密。

人骨1具。头向北，面向上，仰身直肢。右侧上肢骨缺失。男性，年龄45～50岁。

随葬陶壶2件，放在壁龛内。猪骨置壁龛南侧。

2. 出土遗物

陶器

陶壶　2件。泥质灰陶。弧顶盖。壶侈口，束颈，鼓腹，平底。腹部饰四周戳印纹。

标本M377：1，圆唇。肩饰白色勾连纹。口径12.6、底径15、通高26.6厘米（图4-563，1）。

标本M377：2，尖唇。素面。口径12.2、底径15.8、通高26厘米（图4-563，2）。

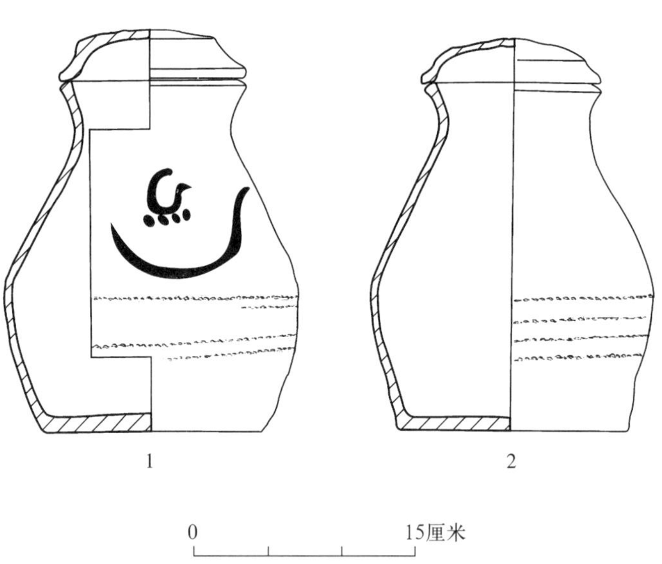

图 4-563　M377 及出土器物

1、2. 陶壶　3. 动物骨骼

（二一五）M379

1. 墓葬形制

位于墓地中部，被335打破，东面是M291，南面为M399。方向20°（图4-564）。

长方形土坑竖穴砖椁墓。墓口长3.68、宽1.85、深3.2米。椁长3.4、宽1.25、高0.75米。椁室四壁均用青砖错缝平铺叠砌而成。东壁十层，西壁十一层。南、北两端各十三层。墓底铺地砖“人”字形排列。砖长34、宽14、厚4厘米。墓内填黄褐色五花土，经过夯打，土质较致密。夯窝圆形，局部密集，夯层不清晰，直径7～8厘米。

人骨无。

随葬陶罐1件，放在椁室西北角。乳猪、鸡骨置于东北角。

2. 出土遗物

陶器

陶罐　1件。

标本M379∶1，泥质灰陶。直口，平折沿，方唇，高颈，圆鼓腹，平底微凹。素面。口径18、底径16.8、高35.6厘米（图4-564，1）。

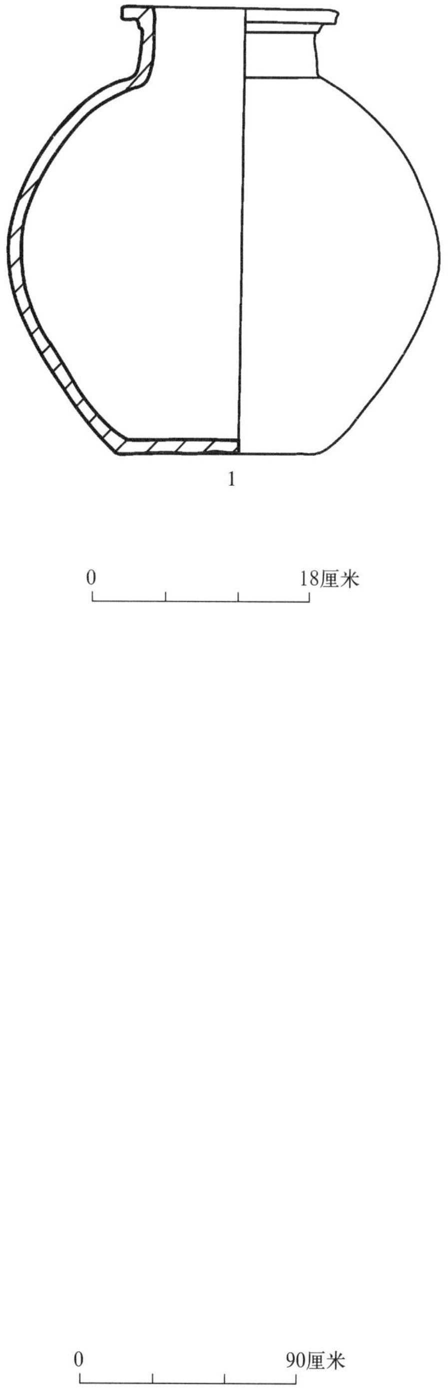

图 4-564　M379 及出土器物

1. 陶罐　2. 动物骨骼

（二一六）M380

1. 墓葬形制

位于墓地西北部，北面是M382，东南面为M381，南面是M383。方向24°（图4-565）。

长方形土坑竖穴砖椁墓。墓口长2.34、宽1.16、深2.02米。椁长2.34、宽0.98、高0.61米。东、西壁横排错缝叠砌十六层青砖；南、北壁为土圹。墓底铺地砖“人”字形排列。砖长33、宽14、厚4厘米。墓内填浅灰褐色五花土，土质较致密。

人骨1具。头向北，仰身屈肢。墓主上身躯干仰直，下肢屈体凌乱。男性，年龄25～30岁。

随葬陶罐1件，位于椁室东南角。乳猪、鸡骨散落于南端。

2. 出土遗物

陶器

陶罐　1件。

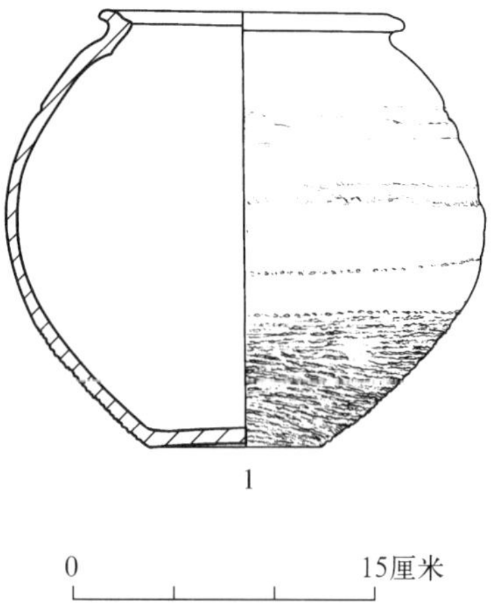

图4-565　M380及出土器物

1. 陶罐　2、3. 动物骨骼

标本 M380∶1，泥质灰陶。侈口，斜折沿，圆唇，束颈，圆鼓腹，平底微凹。上腹有制作抹痕，中腹饰三周戳印纹，下腹饰绳纹。口径 15、底径 8、高 21.2 厘米（图 4-565，1）。

（二一七）M381

1. 墓葬形制

位于墓地西北部，东南面是 M400，西南面是 M384，西面为 M380。方向 20°（图 4-566）。

长方形土坑竖穴砖椁墓。墓口长 2.66、宽 1.30 ～ 1.88、深 1.6 米。椁长 2.58、宽 1.08、高 0.8 米。椁室青砖平铺错缝叠砌而成。南壁上部第 2 层竖排，其余三壁横排十八层青砖。壁龛位于椁室南壁中部，长 0.3、高 0.16、进深 0.25 米。墓底平铺一层青砖“人”字形排列。砖长 30、宽 13、厚 4 厘米。墓内填浅灰褐色五花土，经过夯打，土质较致密。夯窝零星分布，情况不明。

人骨 1 具。头向北，面向不详，直肢。骨骼腐朽，仅残余部分下肢骨遗骸。性别、年龄无法鉴定。

随葬器物 3 件。陶罐 1 件放在壁龛内。铜镜 1 枚陈置墓主头骨左侧。铁环首刀 1 件位于墓主头骨右上方。

2. 出土遗物

（1）陶器

陶罐　1 件。

标本 M381∶3，泥质灰陶。折沿，方唇，束颈，鼓腹，平底。器表有制作旋纹，腹部饰两周戳印纹。

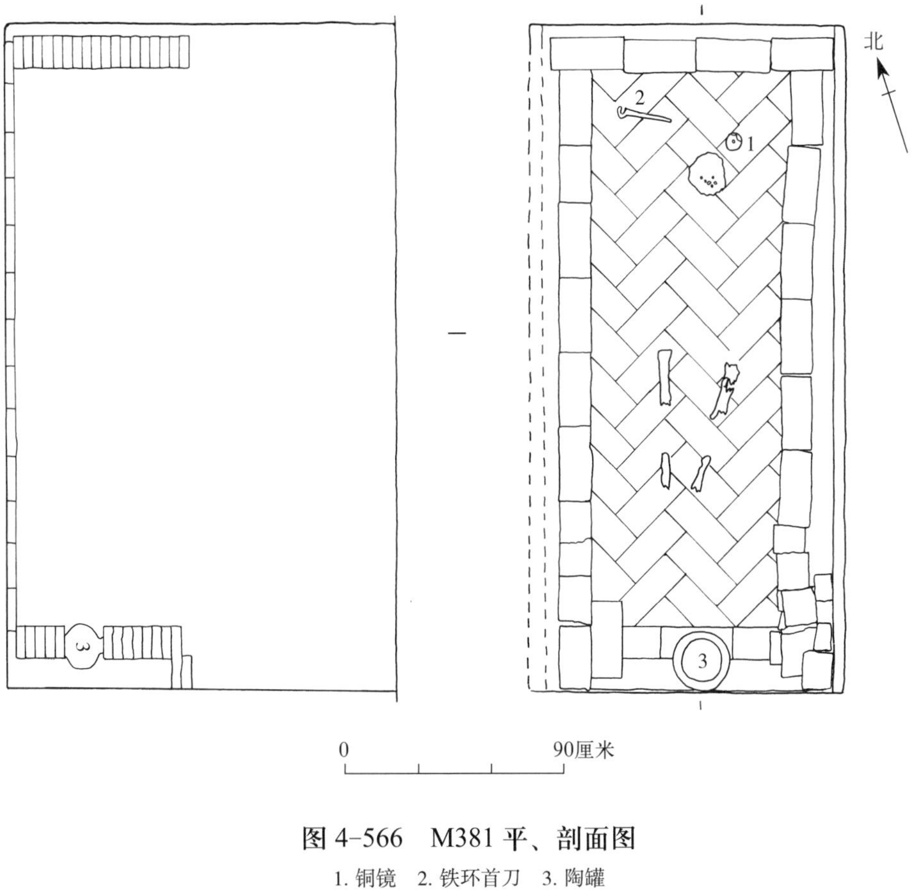

图 4-566　M381 平、剖面图

1. 铜镜　2. 铁环首刀　3. 陶罐

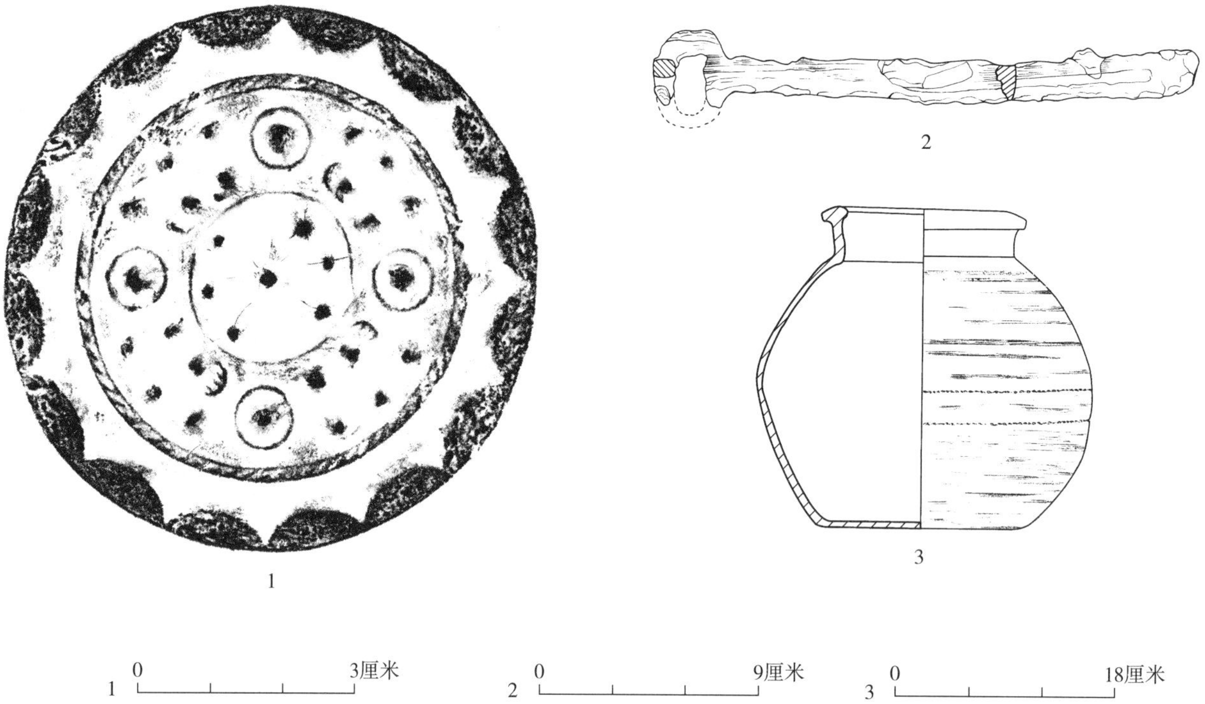

图4-567　M381出土器物

1. 铜镜　2. 铁环首刀　3. 陶罐

口径16.8、底径17、高25.8厘米（图4-567，3）。

（2）铜器

铜镜　1枚。

标本M381∶1，星云镜。圆形，连峰纽，圆纽座。座外为主纹，四枚圆座的大乳丁分为四区，每区内各有弧线相连五枚小乳丁，再外一周两侧均附凸弦纹短斜线纹带。内向十六连弧纹缘。面径7.5、缘厚0.4厘米（图4-567，1）。

（3）铁器

铁环首刀　1件。

标本M381∶2，环形首，刀身截面三角形，平背，直刃。刀身外侧残存有木鞘痕迹。长22.2厘米（图4-567，2）。

（二一八）M384

墓葬形制

位于墓地西北部，被M383打破，东北面是M381，东南面是M378。方向113°（图4-568）。

长方形土坑竖穴砖椁墓。墓口长2.55、宽1.3、深1.12米。椁长2.2、宽1.08、高0.88米。西壁被破坏，其余横排错缝叠砌十层青砖。砖长35、宽16、厚8厘米。墓底铺地砖中间竖排两列，两边各横排一列。墓内填黄褐色五花土，经过夯打，土质较致密。夯窝椭圆形，直径6～13、间距6～10厘米，夯层难分辨。

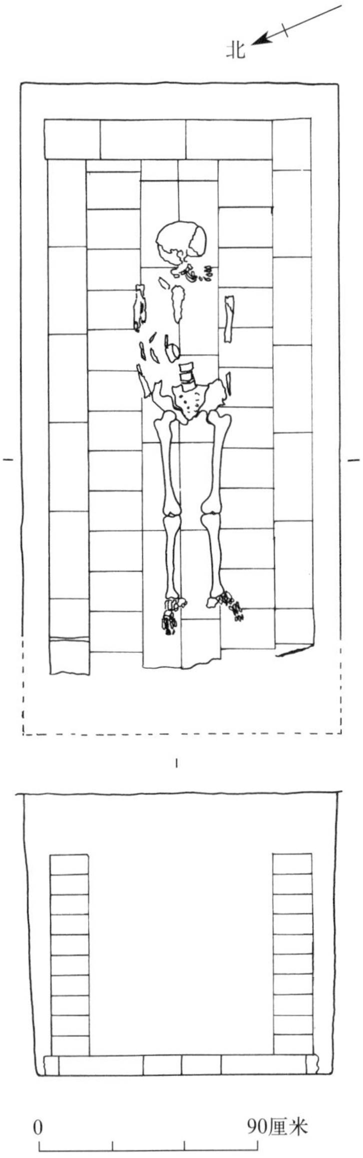

图 4-568　M384 平、剖面图

人骨 1 具。头向东，面向右，仰身直肢。骨骼保存较差，左上肢及躯干部分腐朽。性别无法鉴定，成年个体。

随葬器物无。

（二一九）M388

1. 墓葬形制

位于墓地中部，被 M316、M320 打破，东北面是 M307，西北面为 M319。方向 15°（图 4-569）。

长方形土坑竖穴砖椁墓。墓口长 2.64、宽 1.28、深 1.53 米。椁室四壁青砖缺失，结构与形制不明。砖长 33、宽 14、厚 6 厘米。南壁有生土二层台，宽 0.17、高 0.55 米。壁龛宽 0.37、高 0.28、进深 0.24 米。墓底仅残存少量青砖，排列方式不详。墓内填黄褐色五花土，土质较疏松。填土中发现铜镜 1 枚。

人骨无。

随葬器物 3 件。陶罐 1 件放置壁龛内。陶俑 2 件位于椁室西南角。

2. 出土遗物

（1）陶器

陶罐　1 件。

标本 M388：1，泥质灰陶。敛口，沿面内斜，尖唇，鼓腹，平底。腹部有制作抹痕，下腹饰绳纹。口径 18.4、底径 11.4、高 21.4 厘米（图 4-569，1）。

陶俑　2 件。

标本 M388：2，泥质灰褐陶。形体较小，仅表现人体轮廓。破碎严重，未能复原。

（2）铜器

铜镜　1 枚。

标本 M388：01，圈带蟠虺镜。圆形，三弦纽。纽外一周窄凹面圈带，其外纹饰由主纹和地纹组成。地纹为圆涡纹，主纹为四蟠虺纹，身躯作一大一小两“C”形卷曲，大“C”形内一乳丁。宽素卷缘。面径 7.2、缘厚 0.2 厘米（图 4-569，01；彩版一九五，4）。

（二二〇）M389

1. 墓葬形制

位于墓地中部，被 M386 打破，东面是 M318，南面为 M390。方向 20°（图 4-570）。

长方形土坑竖穴砖椁墓。墓口长 2.8、宽 1.18、深 1.23 米。椁长 2.64、宽 0.96、高 0.66 米。椁

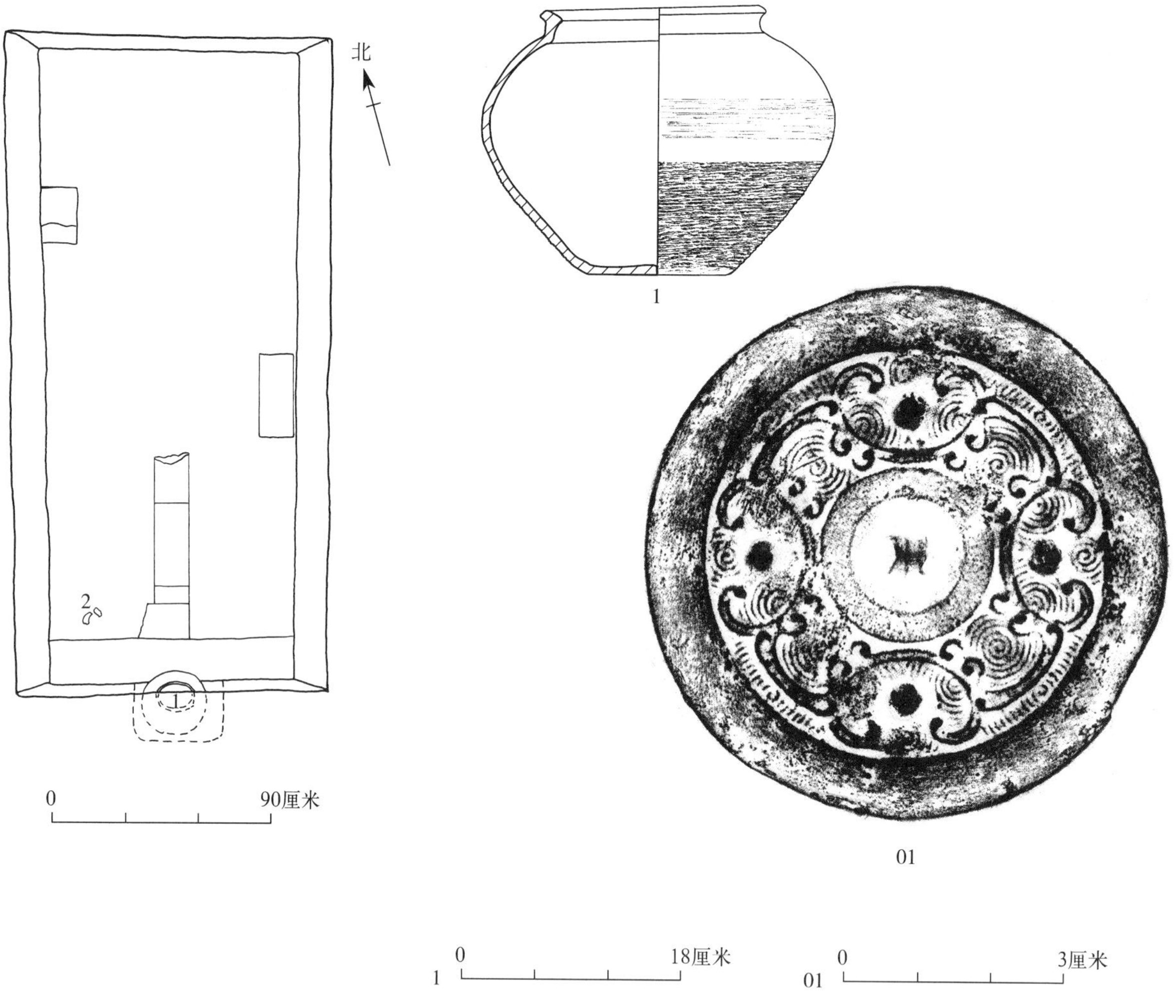

图 4-569　M388 及出土器物

1. 陶罐　2. 陶俑（2）　01. 铜镜

室四壁砌法不一，东、西两壁侧立斜向错缝垒砌；南、北两壁错缝平铺叠砌二十一层；在外侧生土台上平铺一层砖。因遭扰乱，东、西壁部分青砖缺失。墓底平铺一层青砖，斜向错缝排列，中间及南端铺地砖缺失。砖长 26、宽 12、厚 3 厘米。墓内填黄褐色五花土，土质较疏松。填土中发现铜钱 5 枚。

人骨无。

随葬铜钱 1 枚放在墓底南端中部。

2. 出土遗物

铜器

铜钱　6 枚。其中 1 枚残缺，均为五铢。圆形方穿，正面有轮无郭，背面轮郭俱全。根据钱文字体不同分为两种。

第一种　2 枚。五字两笔交叉近直，朱字上部方折，下部圆折，1 枚穿上横郭。

标本 M389：1-1、2，直径 2.5、穿边长 1、厚 0.16 厘米（图 4-570，1-1、2）。

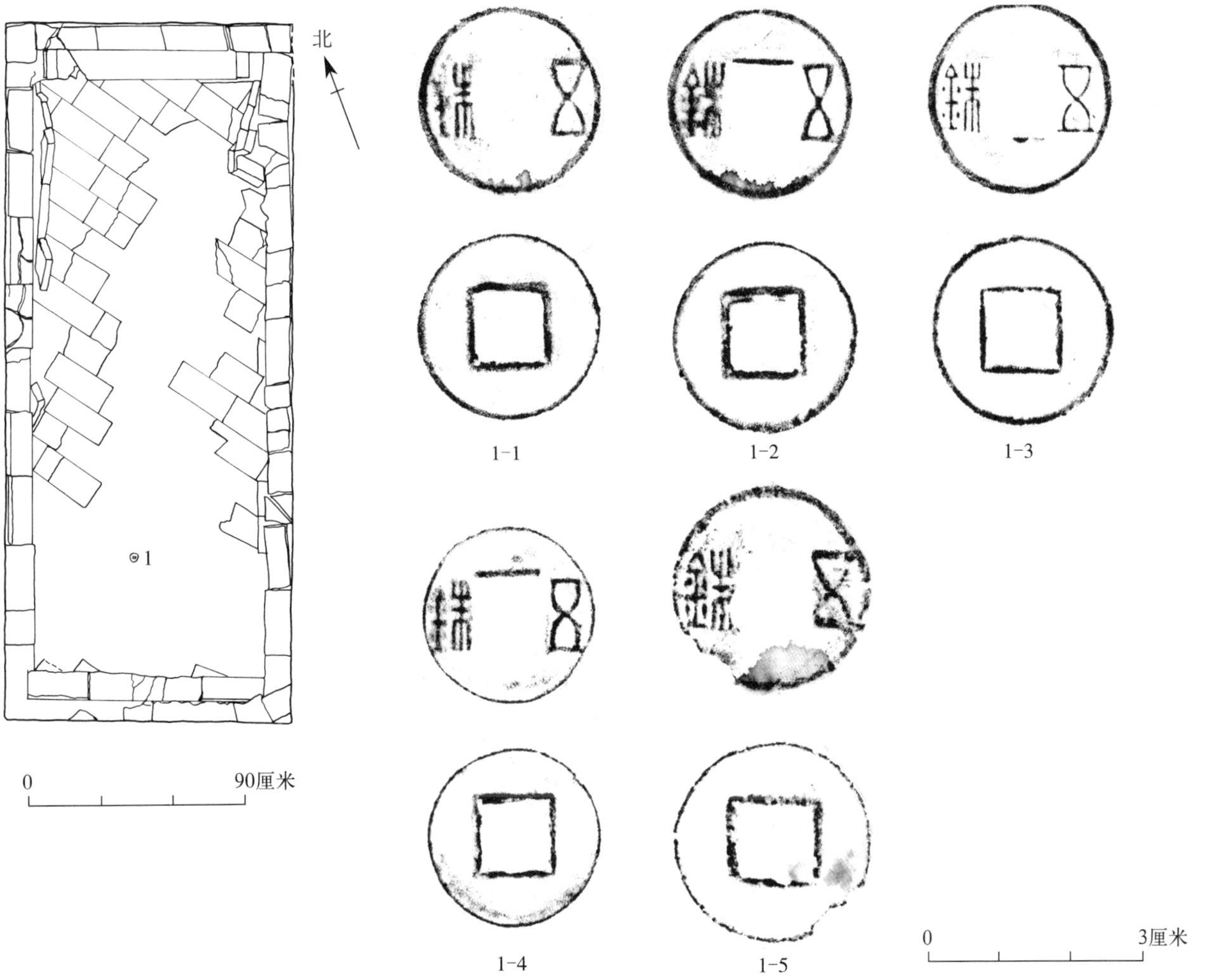

图 4-570 M389 及出土器物

1. 铜钱

第二种 4枚。五字两笔交叉弯曲，与上、下两横相交处垂直或微内收，朱字上部多方折，个别圆折，下部圆折，有穿下半星或穿上横郭。

标本 M389：1-3 ～ 5，直径 2.6、穿边长 1、厚 0.15 厘米（图 4-570，1-3 ～ 5）。

（二二一）M391

墓葬形制

位于墓地西北部，东南面是 M157，西南面为 M345，西北面为 M397。方向 111°（图 4-571）。

长方形土坑竖穴砖椁墓。墓口长 2.8、宽 1.1、深 0.6 米。椁长 2.37、宽 0.8、高 0.45 ～ 0.5 米。椁室青砖垒砌。南、北两壁错缝，东、西两端斜向“人”字形垒砌。西部二层台青砖垒砌，长 0.8、宽 0.13、高 0.08 米。墓底碎陶瓦片铺设，多已缺失。砖一面饰绳纹，另一面无纹饰。砖长 26、宽 13、厚 4 厘米。墓内填黄褐色五花土，土质疏松。

人骨 1 具。扰乱严重，性别、年龄无法鉴定。

随葬器物无。

（二二二）M393

1. 墓葬形制

位于墓地西北部，东北面是M394，西南面为M344。方向113°（图4-572）。

长方形土坑竖穴砖椁墓。墓口长3.18、宽1.45、深0.5米。椁长3.1、宽1.23、高0.5米。椁室四壁均用青砖平铺错缝叠砌十～十一层，垒砌方法基本一致。墓底平铺一层青砖，“人”字形排列。砖一侧饰绳纹，另一面无纹饰，长27、宽13、厚4.5厘米。墓内填黄褐色五花土，土质较疏松。填土中发现陶扁壶2件，铜镜1枚，铜钱2枚。

人骨无。

随葬器物无。

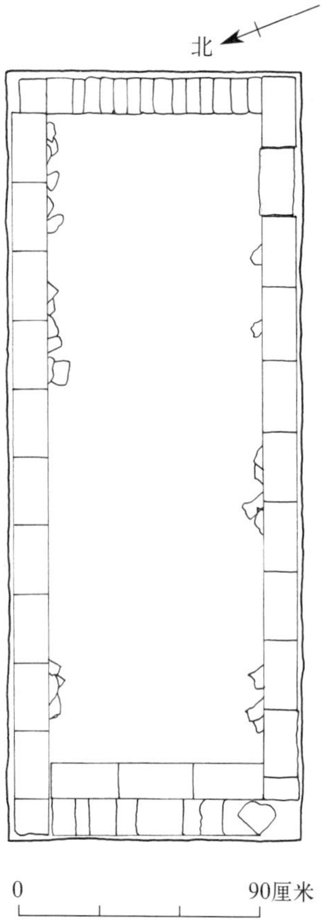

图4-571 M391平面图

2. 出土遗物

（1）陶器

陶扁壶 2件。夹砂灰白陶。侈口，平沿，束颈，扁圆腹，圈足。肩上部安对称桥形鼻。腹两侧“心”形装饰。

标本M393∶01，方唇。口径11.8、底长径13.6、短径9.4、高25.8厘米（图4-572，01；彩版一九五，5左）。

标本M393∶02，圆唇。口径11.4、底长径14.5、短径9、高28.8厘米（图4-572，02；彩版一九五，5右）。

（2）铜器

铜镜 1枚。

标本M393∶03，八禽简化博局镜，锈蚀较重。圆形，圆纽，柿蒂纹纽座。座外双凸线方格，四角外各一圆座乳丁将主纹分作四区，四边中心各接一“T”形纹。每区饰两鸟纹，局部不甚清晰。再外一周短斜线和凸弦纹组合纹带。云气纹缘。面径11.8、缘厚0.6厘米（图4-572，03；彩版一九五，6）。

铜钱 2枚。均为五铢。锈蚀破碎严重，仅辨认“五”字。

（二二三）M398

1. 墓葬形制

位于墓地西北部，被M396打破，北面是M395，东面为M405，南面是M392。方向13°（图4-573）。

长方形土坑竖穴砖椁墓。墓口长2.45、宽1.6、深2.3米。椁长2.34、宽1.08、高0.8米。椁室四壁用十层青砖错缝顺向垒砌而成。边箱位于椁室东侧，长0.5、宽0.33、深0.35米。墓底平铺一层青砖，中间两行竖排、两侧各横排一列。砖长32、宽13、厚7厘米。墓内填黄褐色五花土，经过夯打，土质较坚硬。夯窝圆形，直径5、夯层厚20厘米。

人骨无。

随葬器物2件。陶罐1件放在边箱内。铁环首刀1件置于椁室中部偏西处。

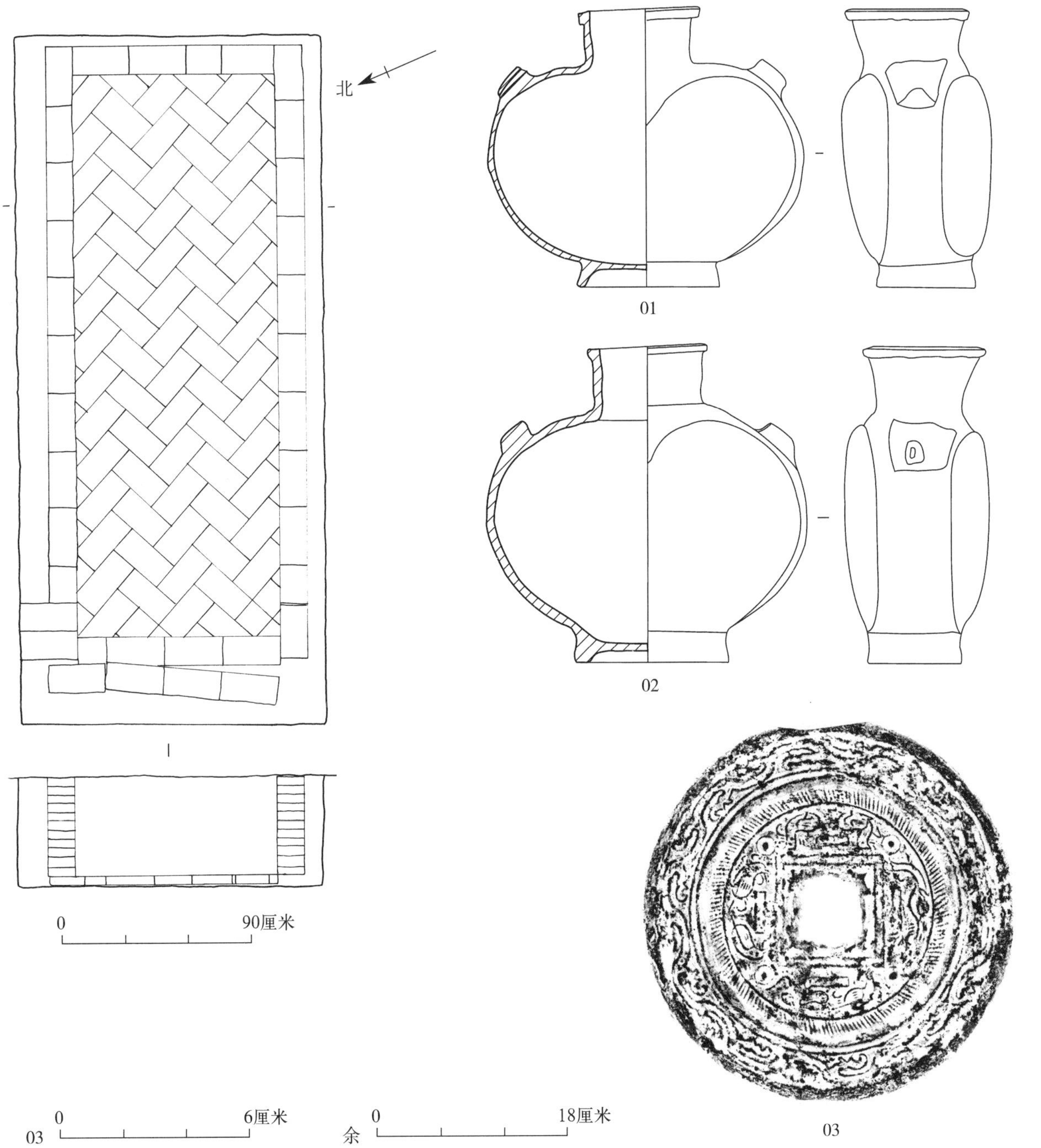

图4-572　M393及出土器物

01、02. 陶扁壶　03. 铜镜

2. 出土遗物

（1）陶器

陶罐　1件。

标本M398：2，泥质灰陶。敛口，沿面内弧，圆唇，直颈，鼓腹，平底微凹。上腹有制作抹痕，腹部饰三周戳印纹，间饰一周凹弦纹，下腹饰绳纹。口径16.6、底径10、高19.2厘米（图4-573，2）。

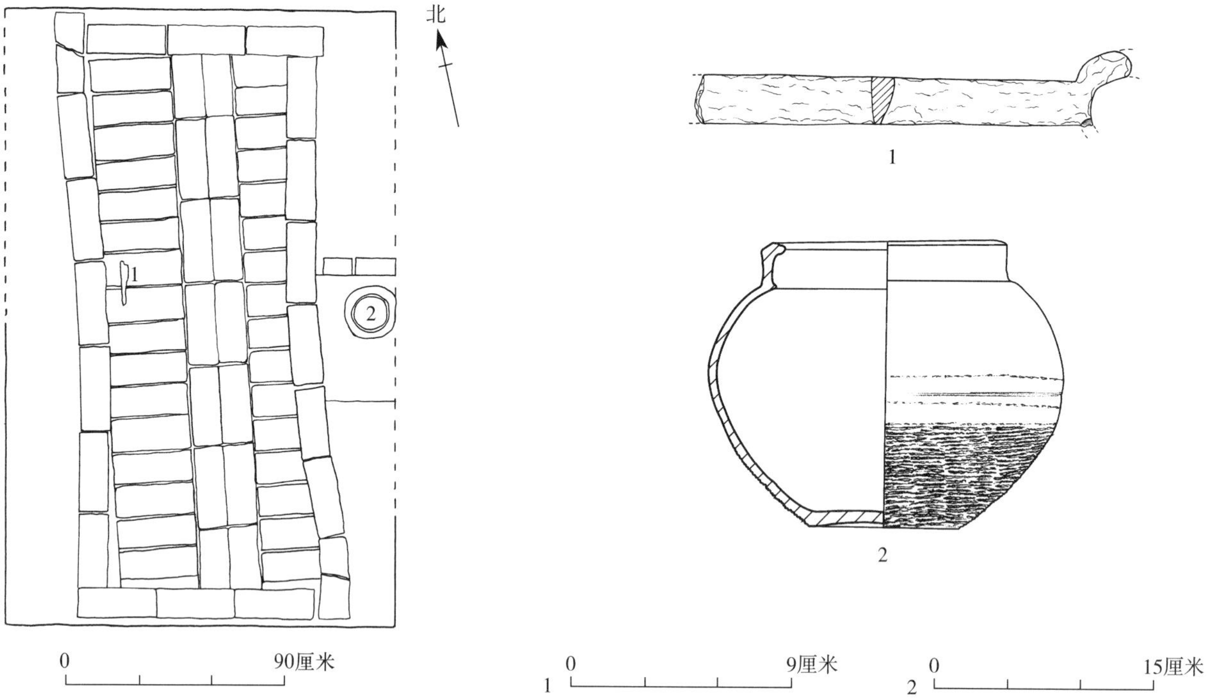

图 4-573 M398 及出土器物

1. 铁环首刀 2. 陶罐

（2）铁器

铁环首刀 1 件。

标本 M398：1，环首缺失。刀身截面三角形，平背，直刃，刀尖略缺。残长 17.7 厘米（图 4-573，1）。

（二二四）M399

1. 墓葬形制

位于墓地中部，北面是 M379、M291，东面为 M290，南面是 M269。方向 15°（图 4-574）。

长方形土坑竖穴砖椁墓。墓口长 2.95、宽 1.3～1.6、深 1.64 米。椁长 2.81、宽 1.14、高 0.72 米。椁室四壁青砖横排错缝平铺，其中东壁十四层、西壁十七层、南壁十三层、北壁四层。北壁部分青砖塌落墓底。墓内有生土二层台，宽 0.18～0.25、高 0.72 米。墓底平铺一层青砖，“人”字形排列。砖长 27、宽 12、厚 4 厘米。墓内填黄褐色五花土，土质较疏松。

人骨 1 具。头向北，面向东，仰身直肢。骨骼保存较差，上肢缺失。女性，年龄 40～50 岁。

随葬陶罐 2 件放置椁室东北角。动物骨骼 2 堆分别放在西北处和陶罐西侧。主要有乳猪前肢、鸡、鲤科、鲷科。

2. 出土遗物

陶器

陶罐 2 件。泥质灰陶。敛口，沿面微弧，方唇，扁圆腹，平底微凹。器表有制作抹痕，腹部饰两周戳印纹。

图 4-574　M399 平、剖面图

1、2. 陶罐　3、4. 动物骨骼

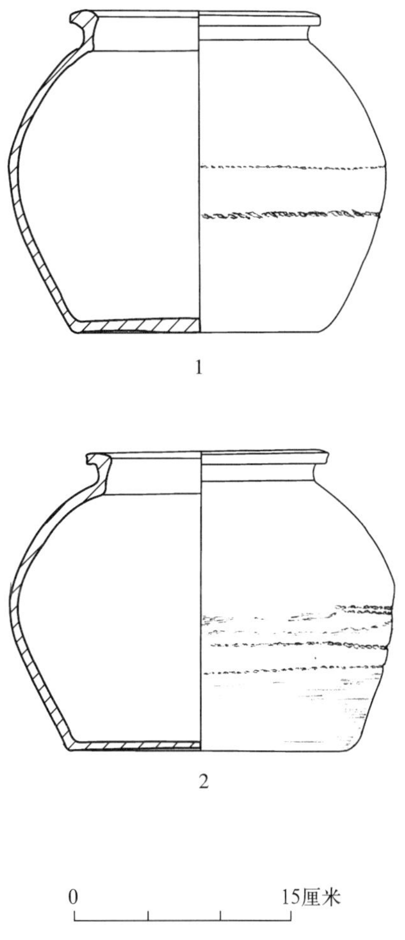

图 4-575　M399 出土器物

1、2. 陶罐

标本 M399 : 1，腹部饰四周戳印纹。口径 17.2、底径 17、高 21.4 厘米（图 4-575，1）。

标本 M399 : 2，口径 16.6、底径 19.6、高 20 厘米（图 4-575，2）。

（二二五）M400

墓葬形制

位于墓地西北部，北面是 M375、M376，东面为 M403，东南面是 M152。方向 15°（图 4-576）。

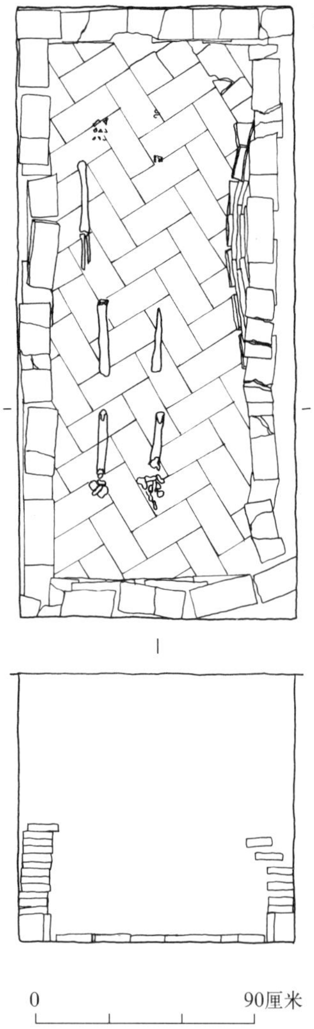

图 4-576　M400 平、剖面图

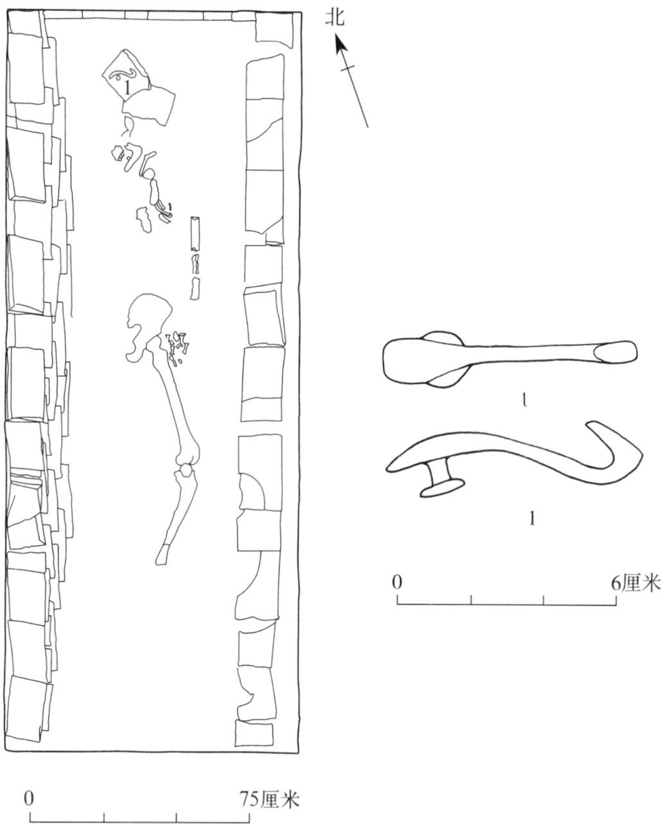

图 4-577　M401 及出土器物

1. 铜带钩

长方形土坑竖穴砖椁墓。墓口长 2.44、宽 1.14、深 1.08 米。椁长 2.42、宽 1.14、高 0.48 米。椁室四壁砌法不一，东、西两壁底层侧立直缝垒砌一层，向上错缝叠砌十层。南、北两壁错缝叠砌十七层。墓底平铺一层青砖，“人”字形排列。砖长 27、宽 12、厚 3 厘米。墓内填黄褐色五花土，土质较疏松。

人骨 1 具。头向北，面向不详，仰身直肢。骨骼腐朽严重，仅残存少量牙齿及下肢骨。性别无法鉴定，年龄 15 ～ 18 岁。

随葬器物无。

（二二六）M401

1. 墓葬形制

位于墓地西北部，打破 M403，东面是 M402，东南面为 M161，西面是 M400。方向 20°（图 4-577）。

长方形土坑竖穴砖椁墓。墓口长 2.53、宽 1.02、深 0.98 米。椁长 2.5、宽 1、高 0.38 米。椁室四壁青砖垒砌而成。东、西两壁错缝平铺叠砌。南壁缺失，北壁侧立斜向错缝垒砌。砖长 25、宽 13、厚3厘米。墓底未铺青砖。墓内填黄褐色五花土，土质较疏松。

人骨1具。头向北，面向不详，仰身屈肢，下肢向左侧屈曲。骨骼腐朽严重，仅残存头骨及上肢及髋骨遗骸。男性，年龄40～50岁。

随葬铜带钩1件。放在墓主头骨顶部。

2. 出土遗物

铜器

铜带钩　1件。

标本M401∶1，琵琶形。钩呈兽首状，细长颈，横断面近正方形，圆形纽位于背部中端。长7厘米（图4-577，1）。

（二二七）M402

1. 墓葬形制

位于墓地西北部，北面是M373，南面为M161，西面是M401。方向20°（图4-578）。

长方形土坑竖穴砖椁墓。墓口长2.75、宽1.32、深1.65米。椁长2.75、宽1.22、高0.9米。椁

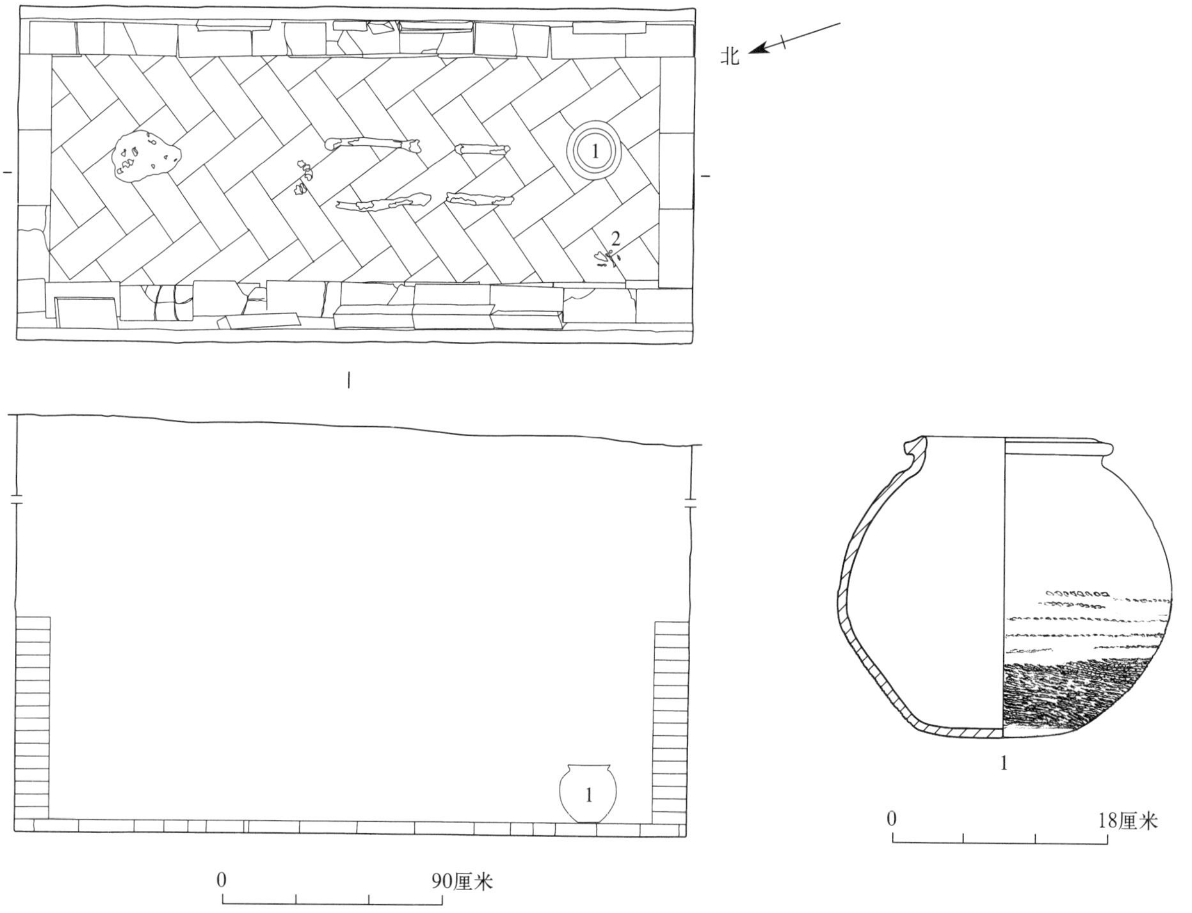

图4-578　M402及出土器物

1. 陶罐　2. 动物骨骼

室四壁均错缝平铺叠砌十六层。墓底平铺一层青砖，“人”字形排列。砖长30、宽14、厚5厘米。墓内填黄褐色五花土，土质较疏松。

人骨1具。头向北，面向不详，直肢。骨骼保存较差，头骨残破为碎片，仅残存少许牙齿及部分下肢骨遗骸。性别无法鉴定，成年个体。

随葬陶罐1件放在墓主脚端。鸡骨置于西南角。

2. 出土遗物

陶器

陶罐 1件。

标本M402∶1，泥质灰陶。敛口，折沿，沿面外斜，方唇，束颈，鼓腹，圜底。腹部饰五周戳印纹，下腹饰绳纹。口径17.5、底径12、高24厘米（图4-578，1）。

（二二八）M403

1. 墓葬形制

位于墓地西北部，被M401打破，北面是M377，西面为M400。方向15°（图4-579）。

长方形土坑竖穴砖椁墓。墓口长2.88、宽1.28～1.36、深1.8米。椁长2.69、宽0.91、高0.8米。

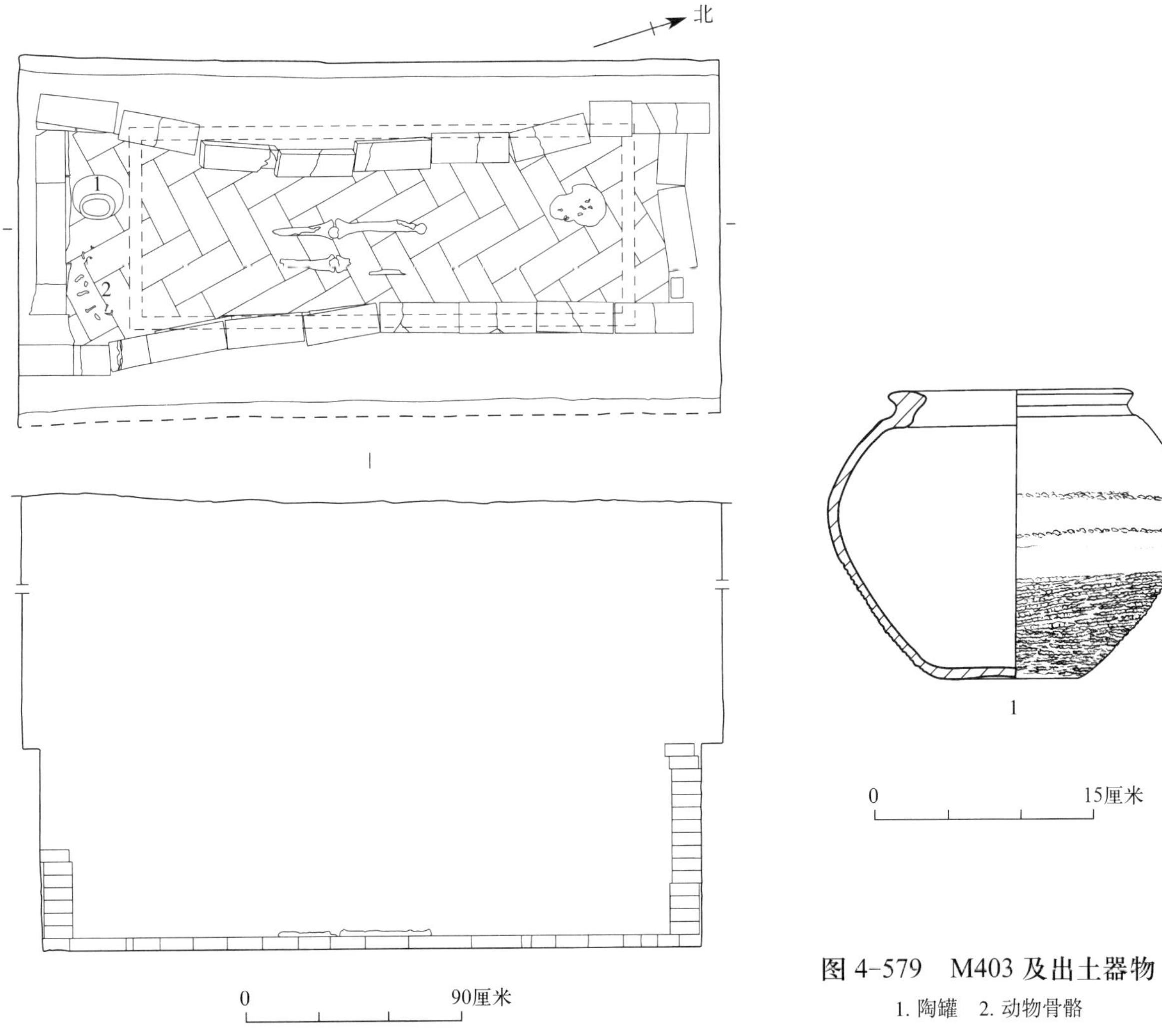

图4-579 M403及出土器物

1. 陶罐 2. 动物骨骼

椁室四壁均错缝平铺叠砌十五层青砖。南端为脚箱。墓底平铺一层青砖，“人”字形排列。砖长32、宽12、厚5厘米。木棺已腐朽，仅见板灰痕迹。长2.08、宽0.8、厚0.05米。墓内填黄褐色五花土，经过夯打，土质较坚硬。夯窝圆形，不规则排列，直径7～14、间距2～24、夯层厚15～20厘米。

人骨1具。头向北，面向不详，直肢。头骨破碎，残存部分下肢骨残骸。性别无法鉴定，成年个体。

随葬陶罐1件放在脚箱中。乳猪骨放置东南角。

2. 出土遗物

陶器

陶罐 1件。

标本M403∶1，泥质灰陶。敛口，沿面微弧，尖唇，束颈，鼓腹，平底微凹。腹饰两周戳印纹，下腹饰绳纹。口径16.8、底径9、高19.2厘米（图4-579，1）。

（二二九）M405

1. 墓葬形制

位于墓地西北部，被M396打破，东南面是M397，西面为M398。方向19°（图4-580）。

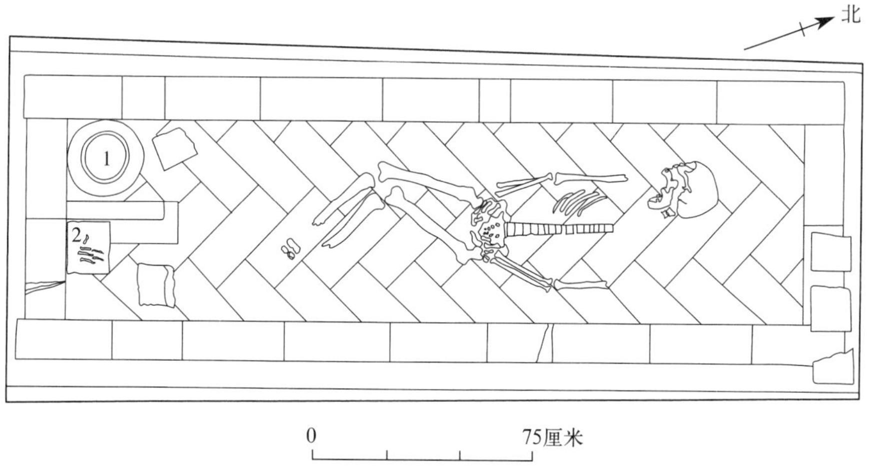

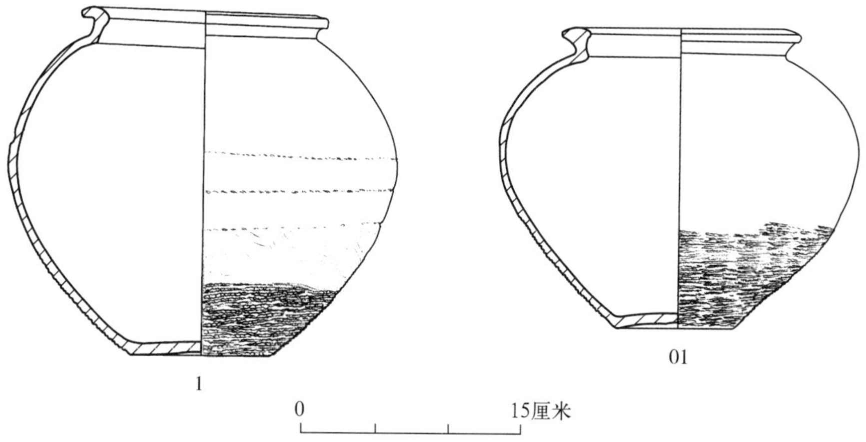

图4-580 M405、M406及出土器物

1. 陶罐M405∶1 2. 动物骨骼 01. 陶罐M406∶01

长方形土坑竖穴砖椁墓。墓口长2.9、宽1.1～1.2、深1.9米。椁长2.83、宽0.95、高0.64米。椁室四壁均用青砖单向错缝叠砌而成。南端中部用立向青砖间隔成脚箱，长0.66、宽0.38、高0.06米。墓底平铺一层青砖，“人”字形排列。砖长33～34、宽14、厚6厘米。墓内填黄褐色五花土，经过夯打，土质较致密。夯窝圆形，分布密集，直径8～10、夯层厚15～20厘米。

人骨1具。头向北，面向右，仰身屈肢。双手抚于盆骨上，下肢向左屈曲。部分躯干及趾骨缺失。女性，年龄40～50岁。

随葬陶罐1件，放在脚箱内。乳猪、鸡骨置于脚箱内东侧。

2. 出土遗物

陶器

陶罐 1件。

标本M405：1，泥质灰陶。敛口，折沿，圆唇，束颈，鼓腹，底微凹。腹部饰三周戳印纹，下腹饰绳纹。口径16.8、底径9.1、高23厘米（图4-580，1）。

（二三〇）M406

1. 墓葬形制

位于墓地中部，北面是M410，南面为M408。方向105°。

长方形土坑竖穴砖椁墓。墓壁垂直、光滑规整。墓口长2.4、宽1.2、深1.5米。椁室青砖垒砌，因破坏严重，形制与结构不详。墓底平铺少量破碎青砖，长度不详，宽12、厚6厘米。墓内填黄褐色五花土，土质较松软。填土中发现陶罐1件及乳猪、鸡骨。

人骨无。

随葬器物无。

2. 出土遗物

陶器

陶罐 1件。

标本M406：01，泥质灰陶。侈口，沿面微弧，圆唇，束颈，圆鼓腹，平底微凹。下腹饰绳纹。口径16.5、底径8.4、高20厘米（图4-580，01）。

（二三一）M407

墓葬形制

位于墓地中部，北面是M408，东面为M411。方向100°。

长方形土坑竖穴砖椁墓。墓壁垂直、规整，底部较平。墓口长2.45、宽1.25、深1.7米。椁室均用青砖垒砌。由于破坏严重，四壁青砖全部缺失。墓内填黄褐色五花土，土质较松软。填土中夹杂大量碎砖及乳猪、鸡骨等骨骼。

人骨无。

随葬器物无。

（二三二）M408

1. 墓葬形制

位于墓地中部，北面是M406，南面为M407。方向98°（图4-581）。

长方形土坑竖穴砖椁墓。墓口长2.3、宽0.94、深1.15米。椁室四壁青砖平铺错缝垒砌。东、南两壁顺向垒砌十二层；北壁上面顺向垒砌七层，下部青砖横向贴立；西壁上层平铺青砖，下面四行横向贴立。壁龛位于椁室西南角，宽0.55、高0.35、进深0.3米。墓底平铺一层青砖，中间两列竖排，两边各横排一列。砖长32、宽12、厚6厘米。墓内填黄褐色五花土，土质较坚硬。

人骨1具。头向东，面向右，仰身直肢。男性，年龄30～35岁。

随葬陶罐1件，放在壁龛内西侧。少量鱼骨、鱼鳞置于壁龛内东侧。

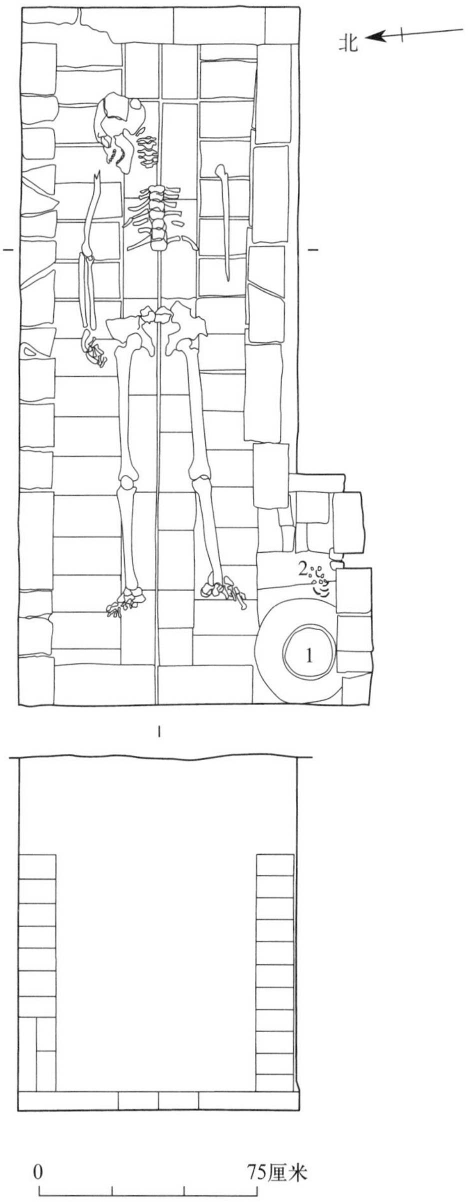

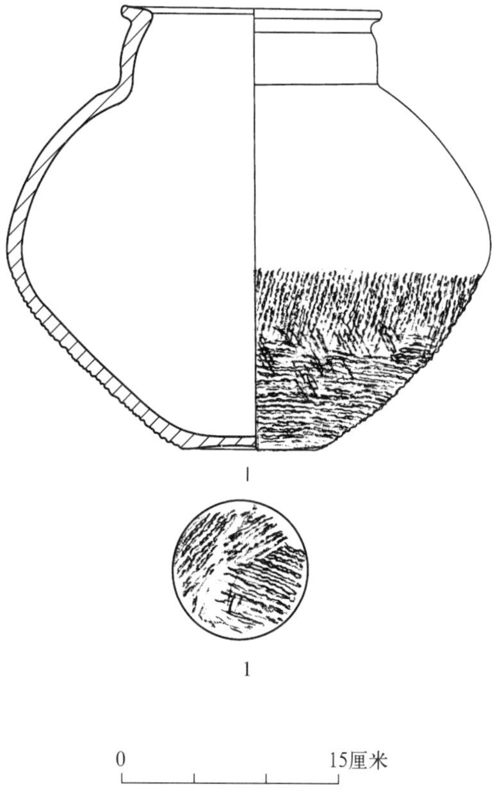

图4-581　M408及出土器物

1. 陶罐　2. 动物骨骼

2. 出土遗物

陶器

陶罐　1件。

标本M408∶1，泥质灰陶。敛口，斜折沿，方唇，高颈，鼓腹，下部弧收，平底微凹。下腹及底部饰细绳纹。口径17.5、底径10、高29.2厘米（图4-581，1）。

（二三三）M410

1. 墓葬形制

位于墓地中部，打破M432，南面是M406，西面为M409。方向100°（图4-582）。

长方形土坑竖穴砖椁墓。墓口长2.9、宽1.1、深1米。椁室青砖垒砌。因破坏严重，结构与形制及尺寸不详。墓底仅残存少量铺地砖。砖长34、宽13、厚4厘米。墓内填黄褐色五花土，土质较松软。填土中发现陶罐1件。

人骨无。

随葬器物无。

2. 出土遗物

陶器

陶罐　1件。

标本M410∶01，泥质灰陶。侈口，卷沿，沿面微弧，方唇，束颈，鼓腹，下部弧收，小平底。下腹饰绳纹。口径17、底径10、高25.6厘米（图4-582，1）。

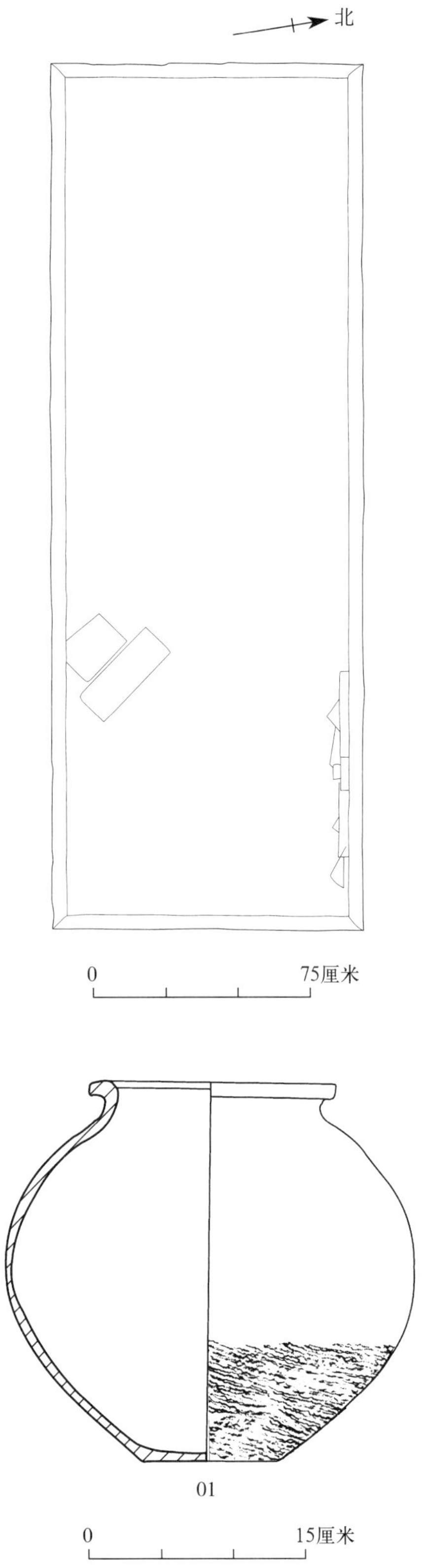

图4-582　M410及出土器物

01. 陶罐

（二三四）M412

墓葬形制

位于墓地中部，东面是M413，西面为M411。方向10°。

长方形土坑竖穴砖椁墓。墓口长3、宽1.5、深2.8米。墓壁斜直，下部斜收。椁室垒砌青砖，因扰乱严重，仅西壁南端残存八层、为横排错缝平铺叠砌而成。墓底仅东、西两壁平铺少量青砖，“人”字形排列。砖长33、宽14、厚4厘米。墓内填黄褐色五花土，土质较疏松。包含少量陶片、石块及料姜石。

人骨无。

随葬器物无。

（二三五）M413

1. 墓葬形制

位于墓地中部，南面打破 M414，北面是 M481，西面为 M412。方向 13°（图 4-583）。

长方形土坑竖穴砖椁墓。墓口长 3.5、宽 1.85～2、深 2.5 米。椁长 3、宽 1.15、深 0.8 米。椁室四壁横排错缝平铺十六层青砖。东、西两壁外侧横排错缝两层、北壁一层，南壁并排两层。椁室南端有长方形脚箱，长 0.92、宽 0.42、深 0.73 米。墓底铺一层青砖，“人”字形排列，大部分缺失，仅存南端少量青砖。砖长 28、宽 13、厚 4 厘米。墓内填黄褐色五花土，经过夯打，土质较致密。夯窝圆形，直径 8、间距 24～25 厘米。填土中出土陶器盖 2 件。

人骨无。

随葬器物无。大量动物骨骼放在脚箱内，未经鉴定，种属不明。

2. 出土遗物

陶器

陶器盖　2 件。泥质灰陶。弧顶形。素面。

标本 M413∶01，沿微凹。口径 16.5、高 2.4 厘米（图 4-583，01）。

标本 M413∶02，口径 17、高 3.6 厘米（图 4-583，02）。

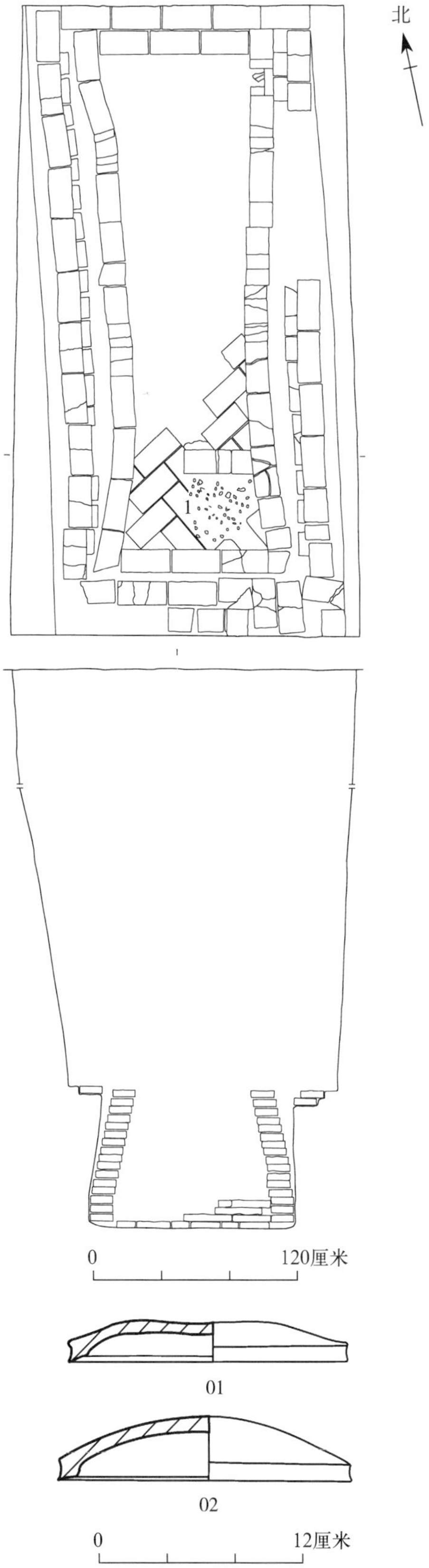

图 4-583　M413 及出土器物

1. 动物骨骼　01、02. 陶器盖

（二三六）M415

墓葬形制

位于墓地中部，北面是 M414，东面为 M569。方向 98°。

长方形土坑竖穴砖椁墓。墓口长 2.5、宽 1.3、深 2.35 米。墓壁斜直，底平整。墓内填黄褐色五花土，经过夯打，土质较致密。夯窝圆形，相互叠压，分布密集，直径 8 厘米。填土中夹杂少许彩绘陶片、石块及人骨残骸。

人骨 1 具。性别、年龄无法鉴定。

随葬器物无。

（二三七）M416

1. 墓葬形制

位于墓地中部，北面是M430，东面为M418，西面是M432、M410。方向102°（图4-584）。

长方形土坑竖穴砖椁墓。墓口长3、宽1.9、深2.76米。椁长2.6、宽1.16、高0.8米。椁室垒砌青砖。由于扰乱严重，结构与形制不明。脚箱位于西侧，长0.22、宽0.86、深0.8米。墓底铺一层青砖，因破坏，排列方式不详。砖长30、宽12、厚6厘米。墓内填灰褐色砂土，经夯打，土质较致密。填土中发现彩绘陶器盖1件。乳猪、鸡、鱼、中型哺乳动物、鲷科、鲤鱼骨放在脚箱内。

人骨1具。骨骼腐朽严重，性别、年龄无法鉴定。

随葬器物无。

2. 出土遗物

陶器

陶器盖　1件。

标本M416：01，泥质灰陶。弧顶形，上部有白、红色彩绘，图案脱落不清。口径15、高2.8厘米（图4-584，01）。

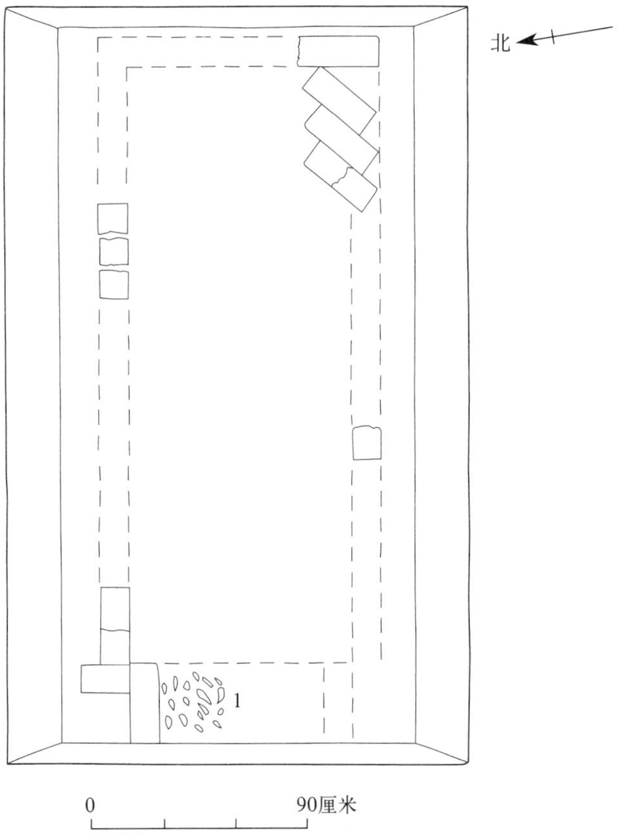

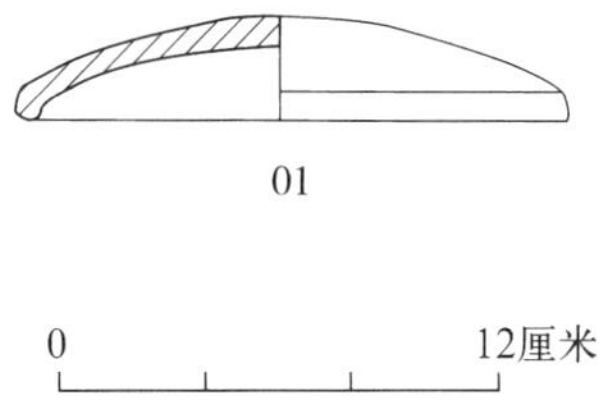

图4-584　M416及出土器物

1. 动物骨骼　01. 陶器盖

（二三八）M417

1. 墓葬形制

位于墓地中部，打破 M419，东南面是 M420，南面为 M411。方向 106°（图 4-585）。

长方形土坑竖穴砖椁墓。墓口长 3.3、宽 1.52、深 0.90 米。椁长 3.26、宽 1.22、高 0.70 米。北壁仅底部残存一层青砖。东、南两壁“丁”字形压缝，北、西两壁青砖平铺压缝垒砌。脚箱位于椁室西端，因破坏，结构与形制不详。墓底平铺一层青砖，“人”字形排列。砖长 26、宽 12、厚 3 厘米。墓内填黄褐色五花土，经过夯打，土质较致密。

人骨无。

随葬器物 3 件。陶钫 2 件放在脚箱内。铁镢 1 件位于中部偏南。乳猪、鸡、真鲷、鱼骨置于西端。

2. 出土遗物

（1）陶器

陶钫　2 件。形制相同。泥质灰陶。覆斗形盖，斜壁，小平顶。钫方口，平沿，尖唇，束颈，鼓腹，方形圈足。素面。

标本 M417：1，器表有刮削抹痕。口边长 12.6、底边长 13.2、通高 41.6 厘米（图 4-585，1）。

标本 M417：2，底部饰绳纹。口边长 13、底边长 12.8、通高 43.2 厘米（图 4-585，2）。

（2）铁器

铁镢　1 件。

标本 M417：3，锈蚀严重。长方形，截面三角形，顶部有长方形孔，弧刃。残长 14.5、宽 8.4、厚 2.8 厘米（图 4-585，3）。

（二三九）M419

墓葬形制

位于墓地中部，被 M417 打破，北面是 M418。方向 114°（图 4-586）。

长方形土坑竖穴砖椁墓。墓口长 2.4、宽 1.18、深 0.9 米。椁长 2.28、宽 1.06、高 0.66 米。椁室垒砌青砖破坏严重，结构与形制不详。砖长 34、宽 14、厚 7 厘米。墓内填浅黄褐色五花土。虽经夯打，土质较疏松。分布稀疏，情况不详。发现大量动物骨骼，主要有鸡翅膀、大中型哺乳动物肢骨片。

人骨无。

随葬器物无。

（二四〇）M422

1. 墓葬形制

位于墓地中部，被 M421 打破，北面是 M493，东南面为 M488。方向 100°（图 4-587；彩版一九六，1）。

长方形土坑竖穴砖椁墓。墓口长 2.8、宽 1.52、深 2.62 米。椁长 2.56、宽 0.96、高 0.56 米。椁室遭扰乱，垒砌青砖缺失，结构与形制不详。墓底平铺一层青砖，“人”字形排列。砖长 33、宽 13、厚 5 厘米。墓内填黄褐色五花土，经过夯打，土质较致密。夯窝圆形，直径 6、间距 6 ～ 10、

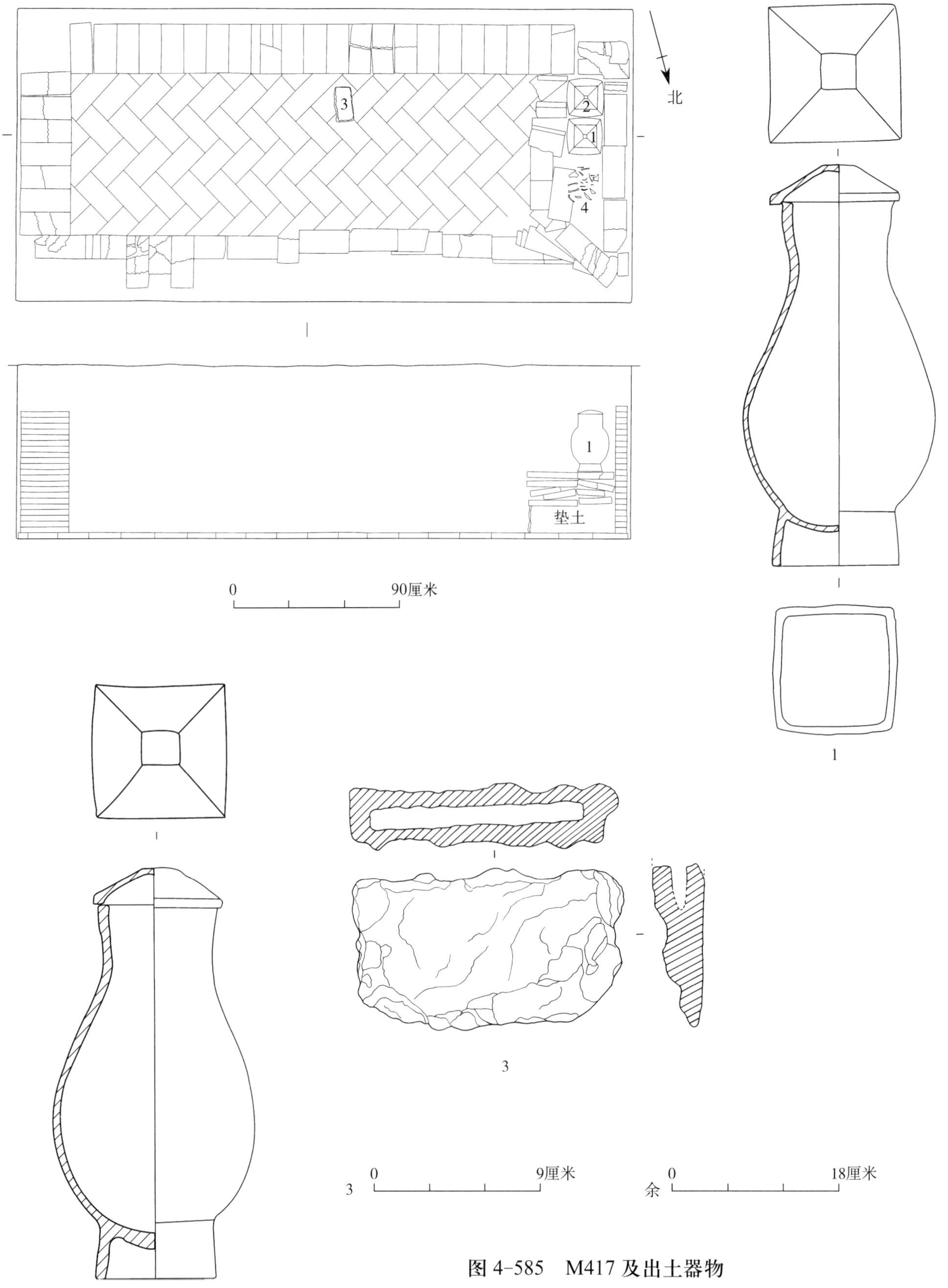

图 4-585 M417 及出土器物

1、2. 陶钫 3. 铁镢 4. 动物骨骼

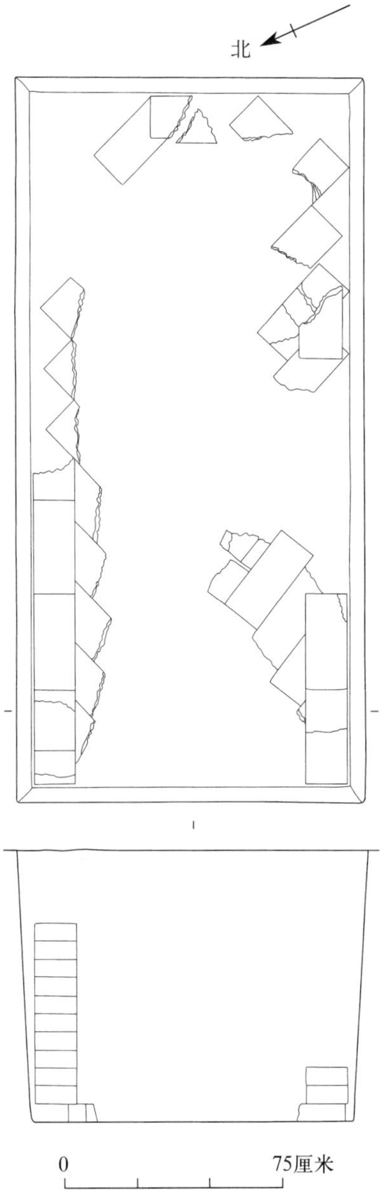

图 4-586　M419 平、剖面图

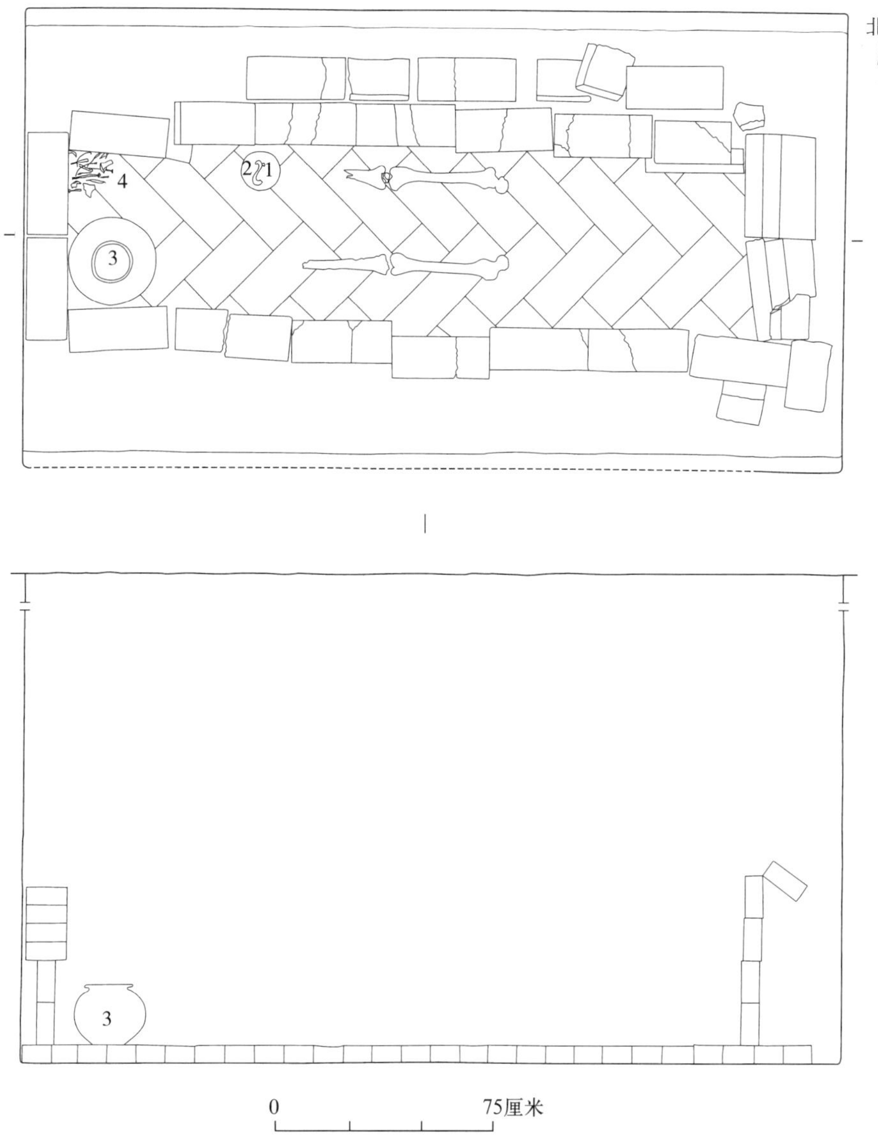

图 4-587　M422 平、剖面图

1. 铜镜　2. 铜带钩　3. 陶罐　4. 动物骨骼

夯层厚 30 ～ 40 厘米。填土中发现铜带钩 1 件。

人骨 1 具。头向东，直肢。骨骼保存较差，仅残存部分下肢骨遗骸。性别、年龄无法鉴定。

随葬器物 3 件。陶罐 1 件放在椁室西南角。铜镜 1 枚位于墓主右趾骨处。铜带钩 1 件置于铜镜下。乳猪、鸡骨散落于西北角。

2. 出土遗物

（1）陶器

陶罐　1 件。

标本 M422 : 3，泥质灰陶。直口，斜折沿，方唇，束颈，鼓腹，下部弧收，平底微凹。上腹有制作抹痕，下腹及底部饰绳纹。口径 15.6、底径 10.8、高 28.6 厘米（图 4-588，3；彩版一九六，2）。

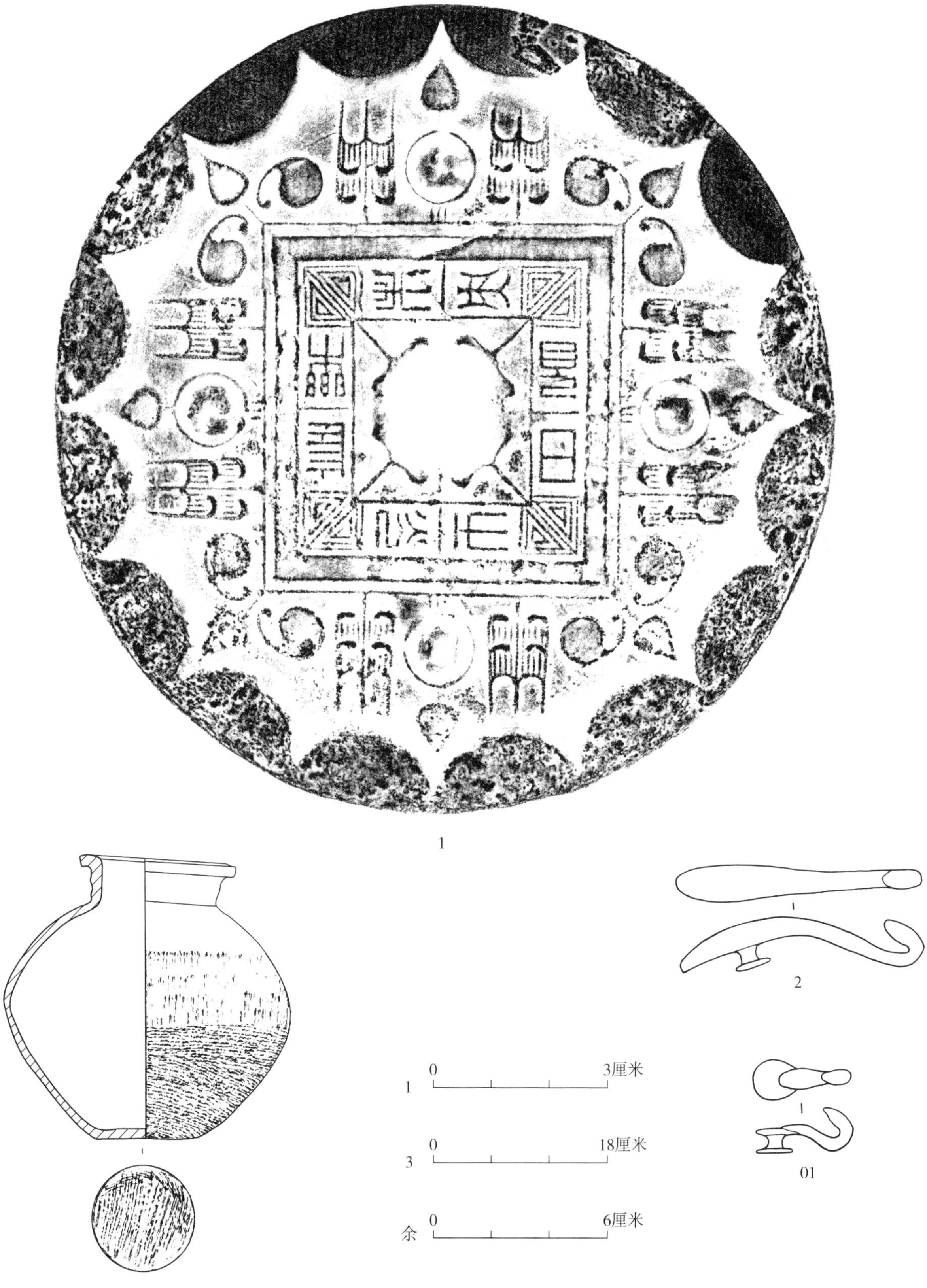

图4-588　M422出土器物

1. 铜镜　2、01. 铜带钩　3. 陶罐

（2）铜器

铜镜　1 枚。

标本 M422：1，日光对称连叠草叶镜。圆形，圆纽，柿蒂纹纽座。座外一凸弦纹小方格和一凹面大方格（外附一凸弦纹方格）间为缪篆体铭文带“见日之光，长乐未央”，每边两字，每字间隔一横线，四角方格内对饰双重三角纹。大方格四角各外伸出双叶一苞花叶纹；四边中心点外各一圆座乳丁，钉外一桃形花苞、两侧各一连叠草叶纹。内向十六连弧纹缘。面径 13.6、缘厚 0.4 厘米（图 4-588，1；彩版一九六，3）。

铜带钩　2 件。琵琶形。钩呈兽首状。

标本 M422：2，横断面半圆形，圆形纽位于背中部。长 8.5 厘米（图 4-588，2；彩版一九六，4）。

标本 M422：01，形体较小，圆形纽位于背部尾端。长 3.4 厘米（图 4-588，01；彩版一九六，5）。

（二四一）M423

1. 墓葬形制

位于墓地中部，打破 M425，被 M421 打破，东面是 M488。方向 102°（图 4-589）。

长方形土坑竖穴砖椁墓。墓口长 3.4、宽 1.9、深 2.7 米。椁长 3.24、宽 1.36、高 0.9 米。椁室两壁错缝或直缝顺向垒砌十八层青砖，两端横向青砖侧立，上面顺向叠压一层青砖。砖长 32、宽 14、厚 5 厘米。墓底未铺砖。墓内填黄褐色五花土，经过夯打，土质较致密。夯窝圆形，排列有序，分布密集，直径 6 ～ 14、间距 4 ～ 10、夯层厚 30 ～ 40 厘米。

人骨 1 具。头向东。骨骼腐朽严重，仅残存少量牙齿。性别、年龄无法鉴定。

随葬器物 5 件。陶钫、陶罐各 1 件放在椁室西北角。铜带钩 1 件，铜钱 1 枚放在墓主头骨附近。铁环首刀置于中部偏南。大量动物骨

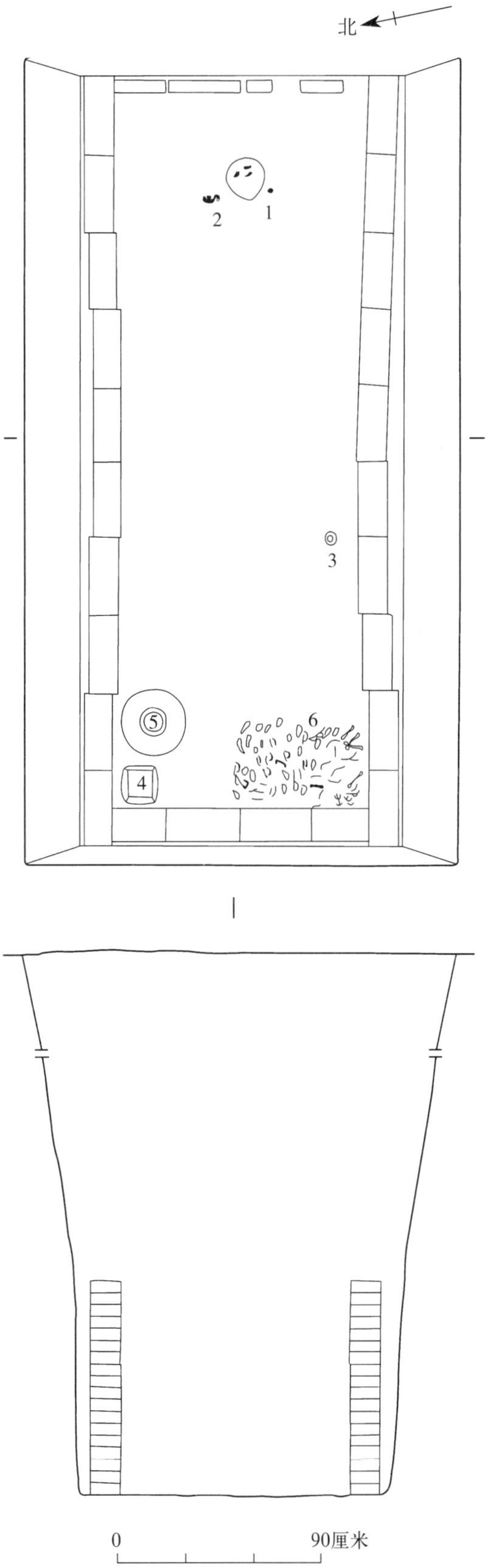

图 4-589　M423 平、剖面图

1. 铜钱　2. 铜带钩　3. 铁环首刀　4. 陶钫　5. 陶罐　6. 动物骨骼

骼放在椁室西南角，未经鉴定，种属不明。

2. 出土遗物

（1）陶器

陶罐　1件。

标本M423：5，泥质灰陶。敛口，斜折沿，方唇，束颈，鼓腹，平底。腹部饰两周戳印纹。口径16.8、底径20、高28.8厘米（图4-590，5）。

陶钫　1件。

标本M423：4，泥质灰陶。方口，束颈，鼓腹，方形圈足。下腹饰稀疏绳纹。口边长12.3、底边长13、高36.8厘米（图4-590，4）。

（2）铜器

铜带钩　1件。

标本M423：2，琵琶形。钩呈马首状，双目凸出，横断面半圆形，圆形纽位于背部前端。长6厘米（图4-590，2）。

铜钱　1枚。

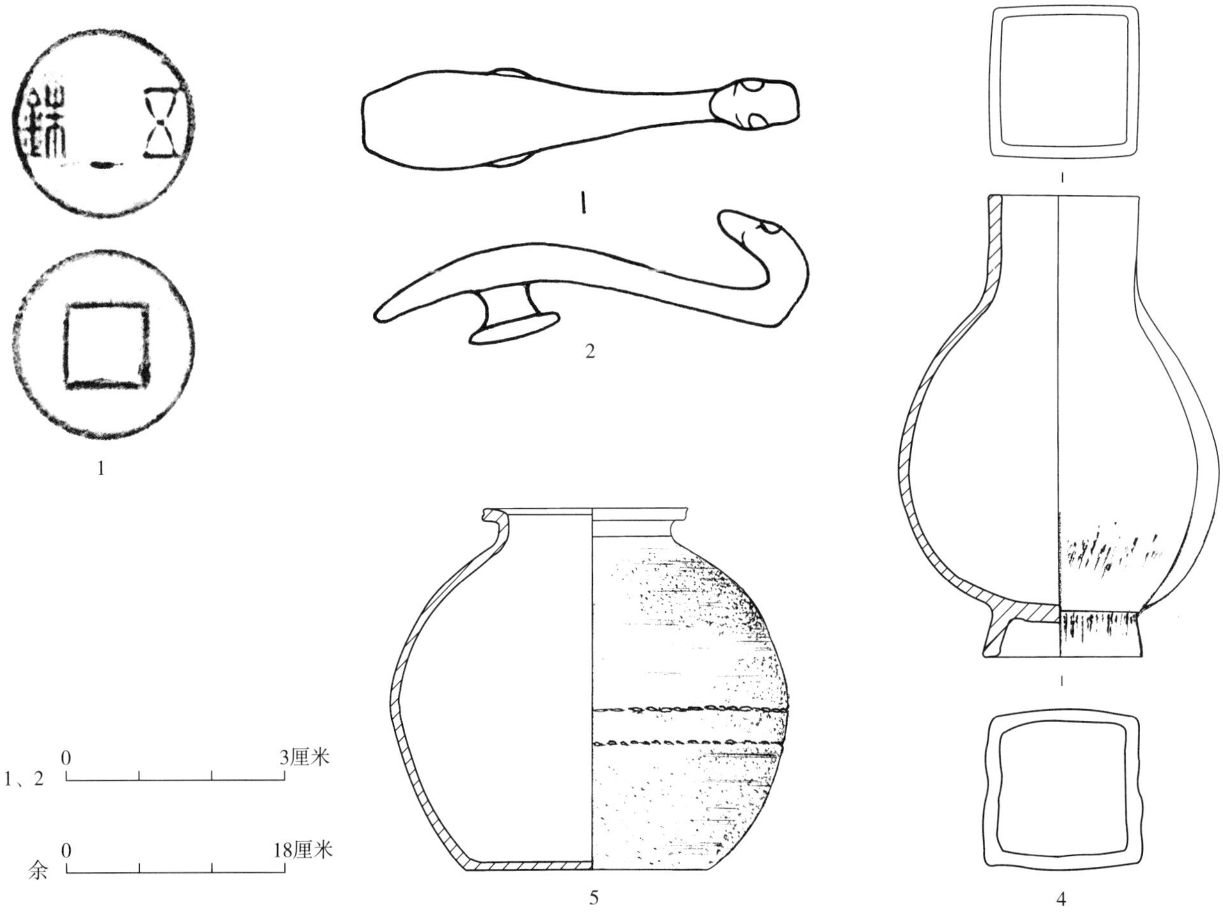

图4-590　M423出土器物

1. 铜钱　2. 铜带钩　4. 陶钫　5. 陶罐

标本 M423：1，五铢，圆形方穿，正面有轮无郭，背面轮郭俱全。五字两笔交叉弯曲，与上、下两横交接处垂直，朱字上部方折，下部微圆折。直径 2.4、穿边长 1、厚 0.14 厘米（图 4-590，1）。

（3）铁器

铁环首刀　1 件。

标本 M423：3，锈蚀严重。残断数节，不可复原。

（二四二）M424

1. 墓葬形制

位于墓地中部，被 M418 打破，北面是 M521，东面为 M422、M421。方向 107°（图 4-591；彩版一九七，1）。

长方形土坑竖穴砖椁墓。墓口长 3.2、宽 1.76 米，底长 3.2、宽 1.3、深 2.66 米。椁长 3.16、宽 1.16、高 0.86 米。椁室均用青砖垒砌而成。南、北两壁第一层中部偏西竖排五块青砖，其余为横排错缝叠砌平铺十八层青砖。墓底平铺一层青砖，“人”字形排列。砖长 28、宽 13、厚 4 厘米。墓内填黄褐色五花土，土质较致密。

人骨 1 具。头向东，面向上。骨骼腐朽严重，葬式不详。男性。中年个体。

随葬器物 3 件。陶钫 2 件放置椁室西北角，铜带钩 1 件放在墓主口内。乳猪、鸡、鲤鱼骨置于西南角。

2. 出土遗物

（1）陶器

陶钫　2 件。形制相同。泥质灰陶。覆斗形盖，顶部饰有一只鹤，周边斜面对应四条鱼形图案，棱角饰白彩装饰。钫方侈口，平沿，尖唇，束颈，鼓腹，方形圈足。腹部红彩饰“波浪”和“火山”纹图案，斜面点饰白彩，圈足四周点白彩。

标本 M424：2，口边长 13.6、底边长 14.2、通高 42.8 厘米（图 4-592，2；彩版一九七，2、3）。

标本 M424：3，口边长 13、底边长 14、通高 43.2 厘米（图 4-592，3；彩版一九七，4、5）。

图 4-591　M424 平、剖面图

1. 铜带钩　2、3. 陶钫　4. 动物骨骼

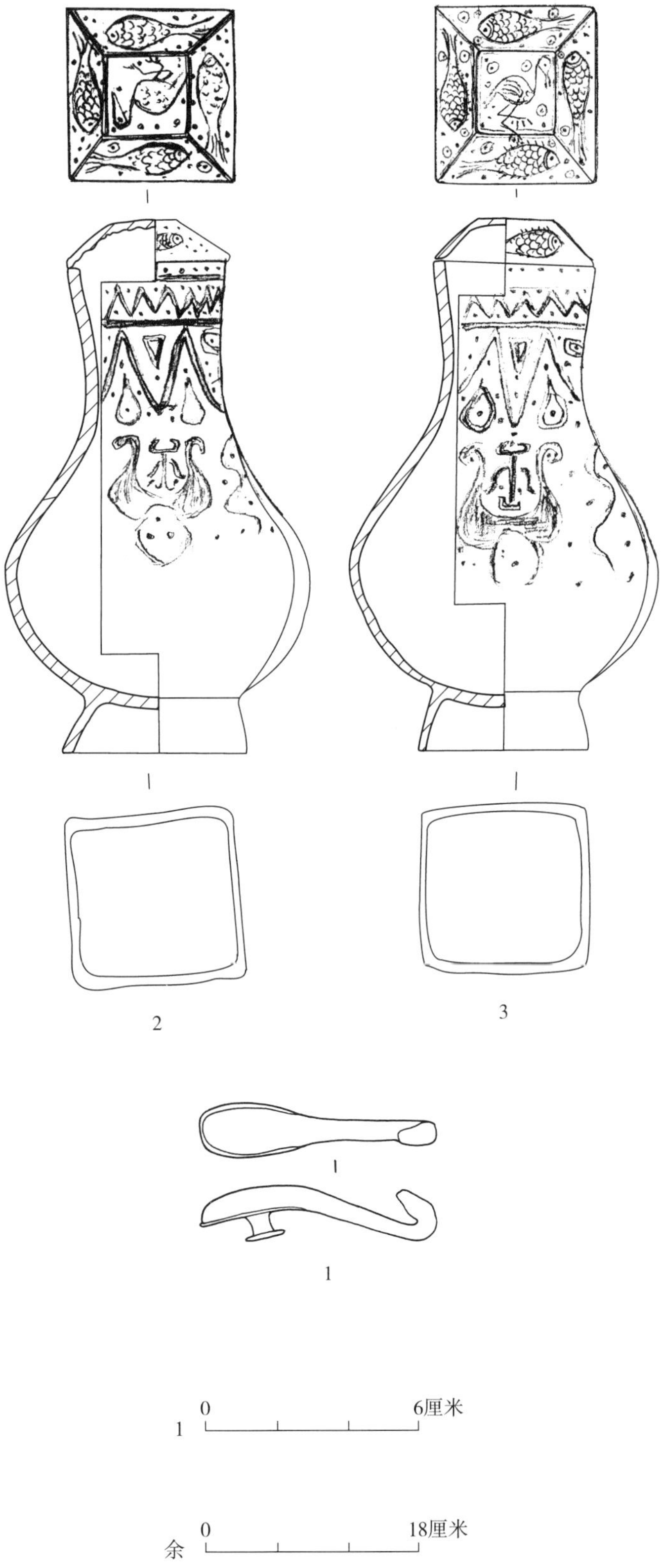

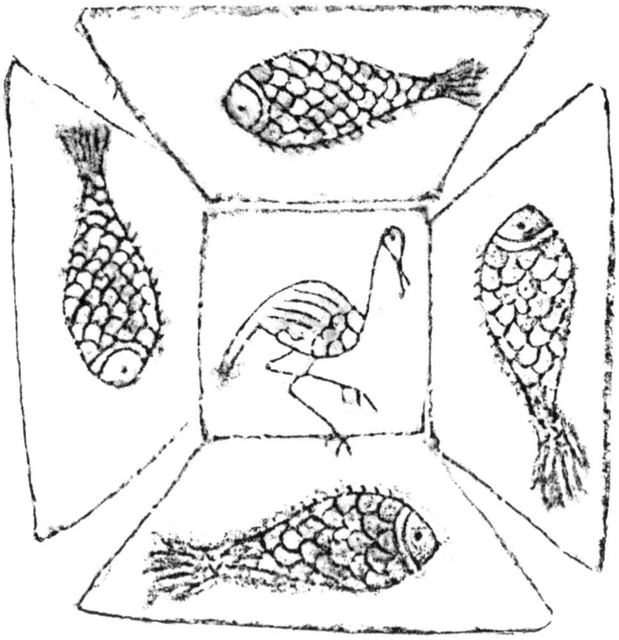

陶钫M424：2盖纹饰拓片（1/2）

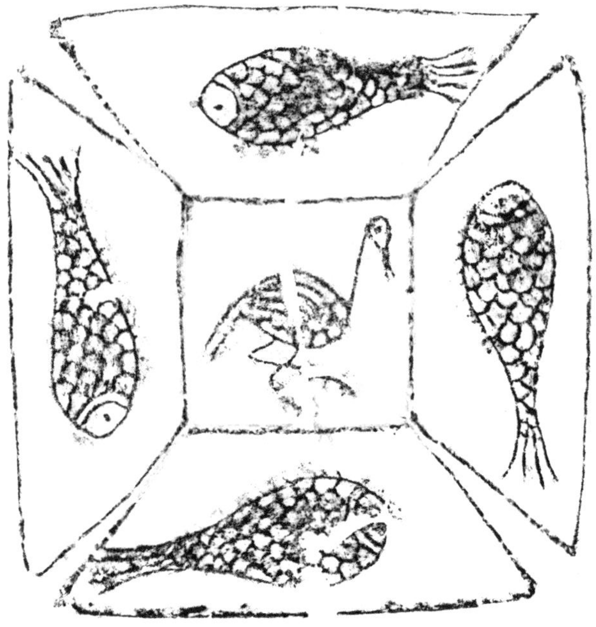

陶钫M424：3盖纹饰拓片（1/2）

图4-592　M424出土器物

1. 铜带钩　2、3. 陶钫

（2）铜器

铜带钩　1件。

标本M424：1，琵琶形。钩呈兽首状，横断面半圆形，圆形纽位于背中部，尾部正面边缘有一周凹弦纹。长6.7厘米（图4-592，1）。

（二四三）M426

1. 墓葬形制

位于墓地中部，打破M427，被M420打破。方向106°（图4-593）。

长方形土坑竖穴砖椁墓。墓口长2.8、宽1.68、深2.66米。椁长2.75、宽1.14、高0.86米。椁室均用青砖垒砌。东、南、北壁十二层青砖横排错缝叠砌。西壁为土圹。墓底平铺一层青砖“人”字形排列。砖长25、宽13、厚6厘米。墓内填黄褐色五花土，经过夯打，土质较致密。但夯窝痕迹不明显。

人骨1具。头向东，面向及葬式不详。骨骼腐朽严重，仅见头骨及部分肢骨遗骸。性别、年龄无法鉴定。

随葬陶罐1件放在椁室西南角。少量动物骨骼位于椁室西北角，未经鉴定，种属不明。

2. 出土遗物

陶器

陶罐　1件。

标本M426：1，泥质灰陶。小口，卷沿，圆唇，鼓腹，最大径居中腹，小平底。下腹两周戳印纹、饰绳纹。口径14.9、高21.1厘米（图4-593，1）。

（二四四）M429

1. 墓葬形制

位于墓地中部，北面是M532，南面为M492，西面是M495。方向100°（图4-594）。

长方形土坑竖穴砖椁墓。墓口长3.05、宽2米，底长2.95、宽1.8、深2.6米。椁长2.7、宽1.65、高0.9米。椁室青砖垒砌而成。南、北两壁上层垒砌两排青砖，东侧为一排。东、南、北三壁错缝叠砌十七层。西壁十二层。上面壁龛长0.48、高0.5、进深0.3米。墓底平铺一层青砖，“人”字形排列。砖长33、宽14、厚6厘米。墓内填黄褐色五花土，土质较疏松。

人骨1具。头向东。面向及葬式不详。骨骼腐朽严重，仅残存部分下肢骨遗骸。性别无法鉴定，成年个体。

随葬陶罐1件，放在壁龛内。乳猪、鸡、鲤科、鲷科、鱼骨置于壁龛外侧。

2. 出土遗物

陶器

陶罐　1件。

标本M429：1，泥质灰陶。敛口，卷沿，圆唇，束颈，鼓腹，小平底。上腹有制作抹痕，间饰三周戳印纹，下腹及底部饰绳纹。口径26.4、底径10.2、高35.5厘米（图4-594，1）。

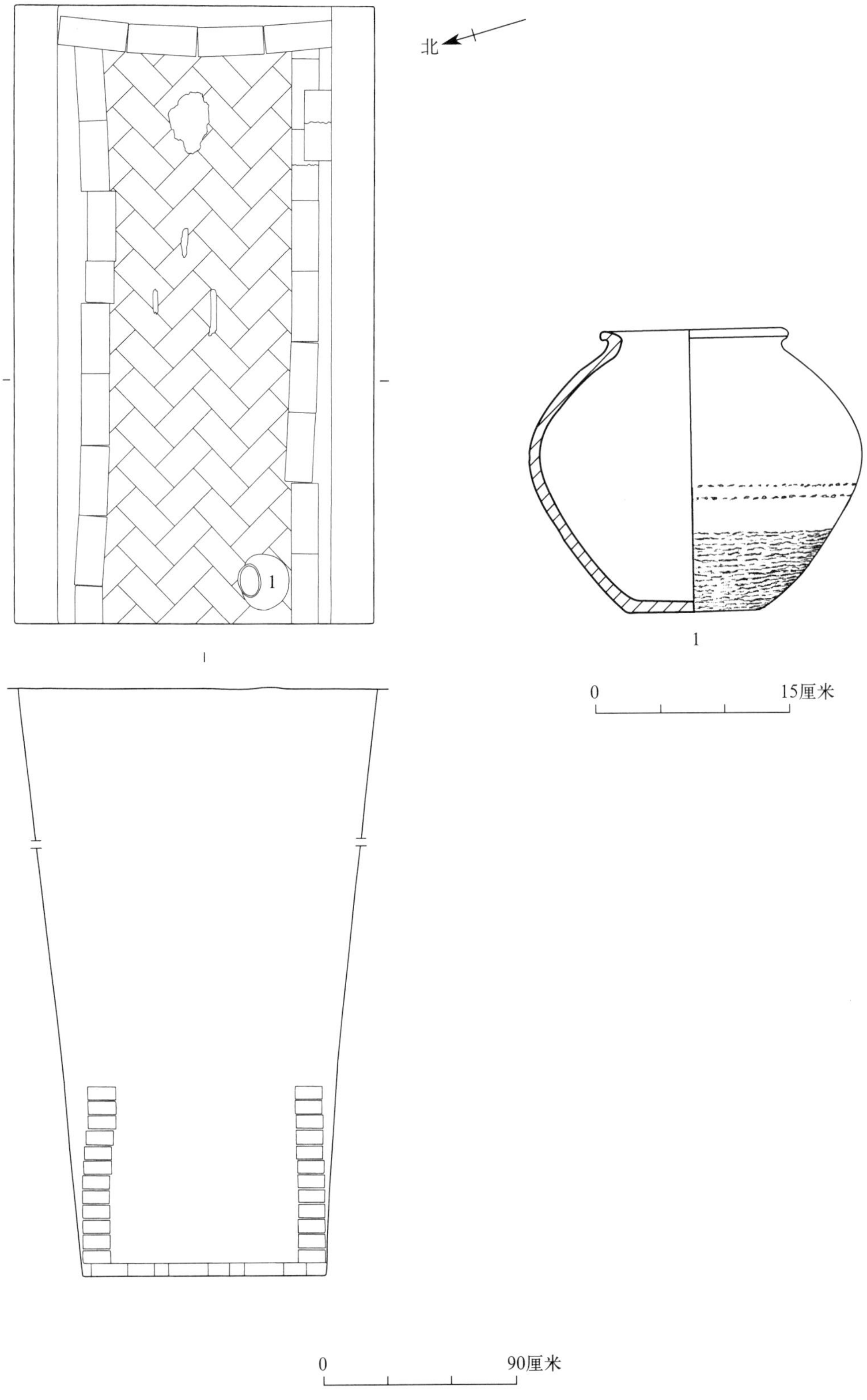

图 4-593　M426 及出土器物

1. 陶罐

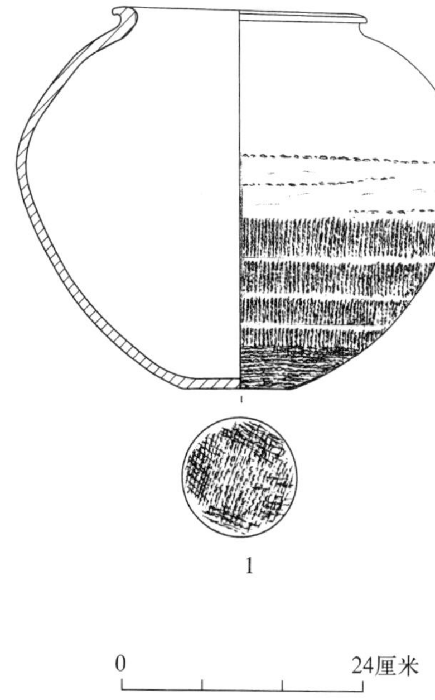

图 4-594　M429 及出土器物

1. 陶罐　2. 动物骨骼

（二四五）M431

1. 墓葬形制

位于墓地中部，东面是 M437，南面为 M438，西北面是 M321。方向 10°（图 4-595）。

长方形土坑竖穴砖椁墓。墓口长 3.2、宽 1.7、深 1.65 米。椁长 2.65、宽 1.08、高 0.65 米。椁室四壁横排错缝叠砌平铺十九层青砖。东、西壁变形内凸。墓底平铺一层青砖，“人”字形排列。砖长 26、宽 12、厚 3 厘米。墓内填黄褐色五花土，土质较坚硬。经夯打，加工痕迹不明显。

人骨 1 具。头向北。骨骼保存较差，仅残存盆骨及部分趾骨遗骸。女性，年龄 35 ～ 45 岁。

随葬陶器 7 件。陶钫 2 件，陶耳杯 2 件，陶壶、陶樽、陶盘各 1 件，均放于椁室北端。乳猪、鸡、

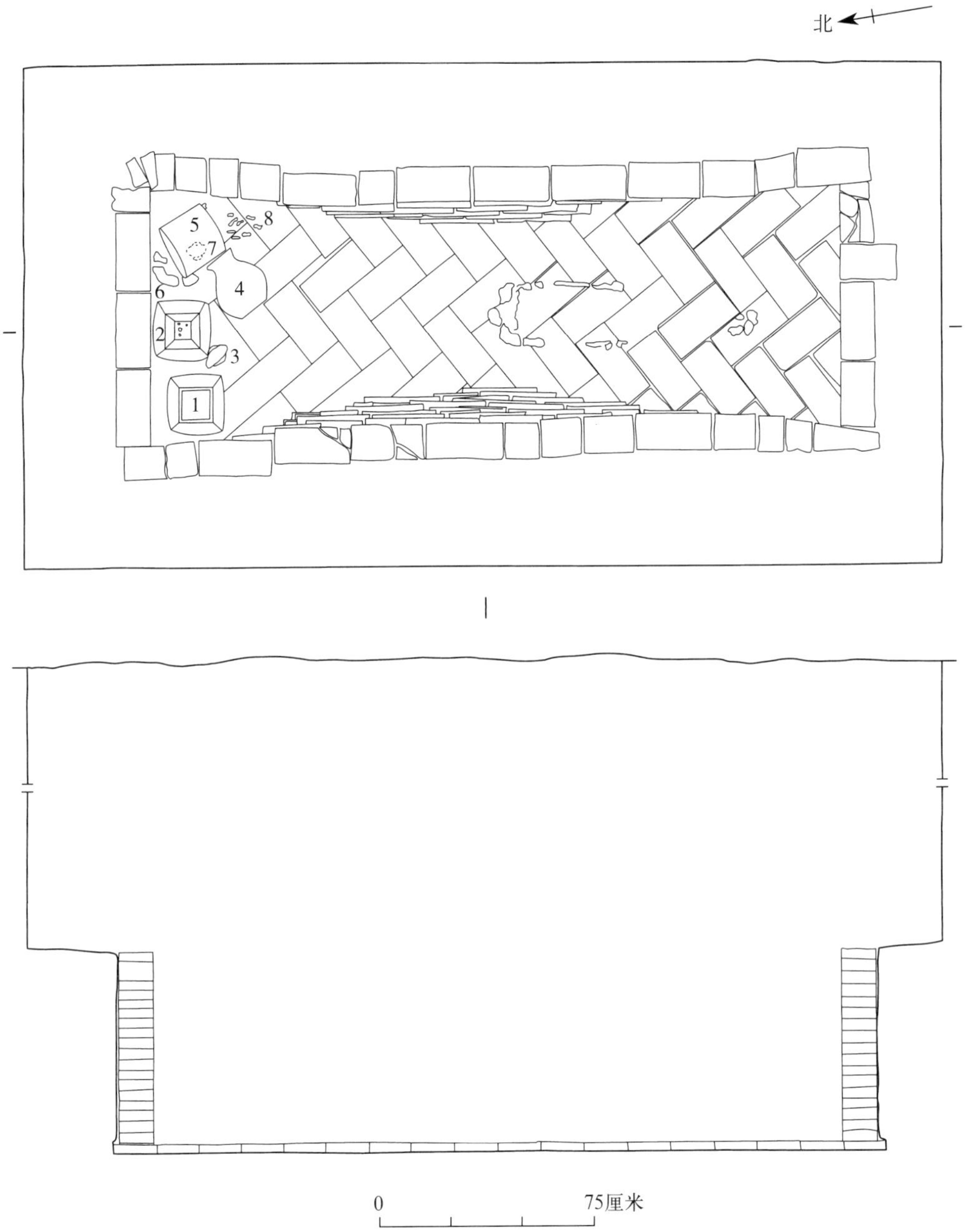

图 4-595　M431 平、剖面图

1、2. 陶钫　3、7. 陶耳杯　4. 陶壶　5. 陶樽　6. 陶盘　8. 动物骨骼

鱼骨放在椁室北端东侧。

2. 出土遗物

陶器

陶壶　1件。

标本 M431：4，泥质灰陶。侈口，斜沿，尖唇，束颈，溜肩，鼓腹，下腹斜收，平底。腹部饰两周戳印纹。口径 11、底径 12、高 20.8 厘米（图 4-596，4）。

陶钫　2件。泥质灰陶。覆斗形盖，斜壁，小平顶。顶部有五个突饰。钫方口，平沿，沿外侧有折棱，束颈，溜肩，鼓腹，最大径居腹中下部，方形圈足。下腹及底部饰绳纹。

标本 M431：1，尖唇。口边长 11.5、底边长 13.2、通高 43 厘米（图 4-596，1）。

标本 M431：2，圆唇。口边长 11.2、底边长 14、通高 41.5 厘米（图 4-596，2）。

陶盘　1件。

标本 M431：6，泥质陶。残破，未能修复。

陶樽　1件。

标本 M431：5，泥质灰陶。直口，平沿，圆唇，口微侈，深腹，直壁，平底，蹄形足。素面。口径 19、底径 18.5、高 15.5 厘米（图 4-596，5）。

陶耳杯　2件。泥质灰陶。尖唇，器身椭圆形。平沿，敞口，体弧收，平底。沿两侧安新月形耳，素面。

标本 M431：7，口长径 15.5、短径 13、高 4.6 厘米（图 4-596，7）。

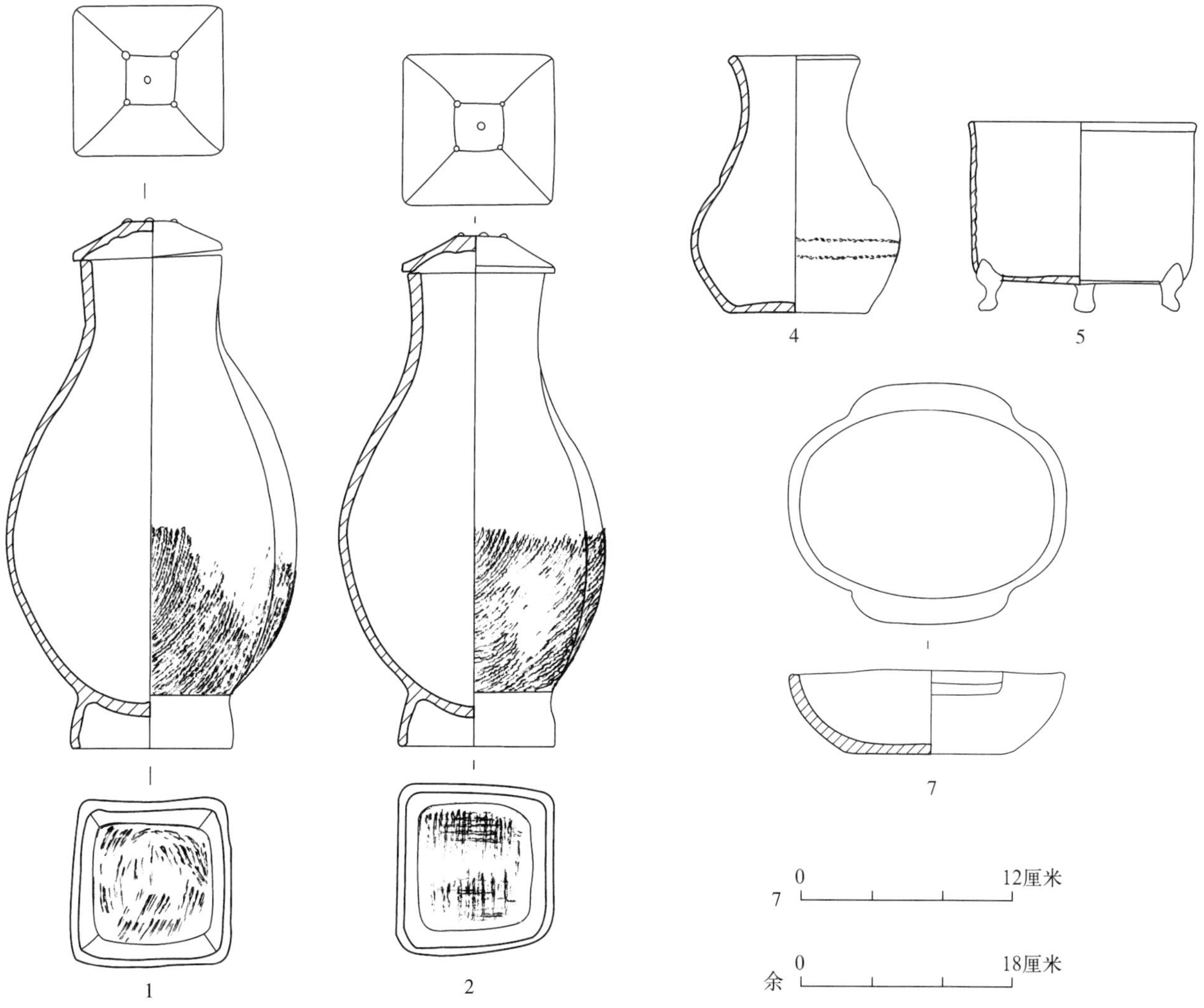

图 4-596　M431 出土器物

1、2. 陶钫　4. 陶壶　5. 陶樽　7. 陶耳杯

（二四六）M432

1. 墓葬形制

位于墓地中部，被M410、M430打破，东面是M416。方向110°（图4-597）。

长方形土坑竖穴砖椁墓。墓口长2.55、宽1、深0.75米。椁室立砖顺向垒砌而成。南、北、西三壁被破坏。墓底平铺一层青砖，竖向排列。墓内填黄褐色五花土，土质较坚硬。夯打痕迹不明显。砖长34、宽14、厚4厘米。

人骨1具。头向东，面向及葬式不详。骨骼腐朽严重，仅残存部分下肢骨遗骸。性别、年龄无法鉴定。

随葬陶罐1件放在椁室东北角。

2. 出土遗物

陶器

陶罐　1件。

标本M432：1，泥质灰陶。圆唇，口沿外卷，束颈，溜肩，圆鼓腹，下腹内收，小平底。腹部饰四周戳印纹，下腹及底部饰绳纹。口径16、底径9.6、高24厘米（图4-597，1）。

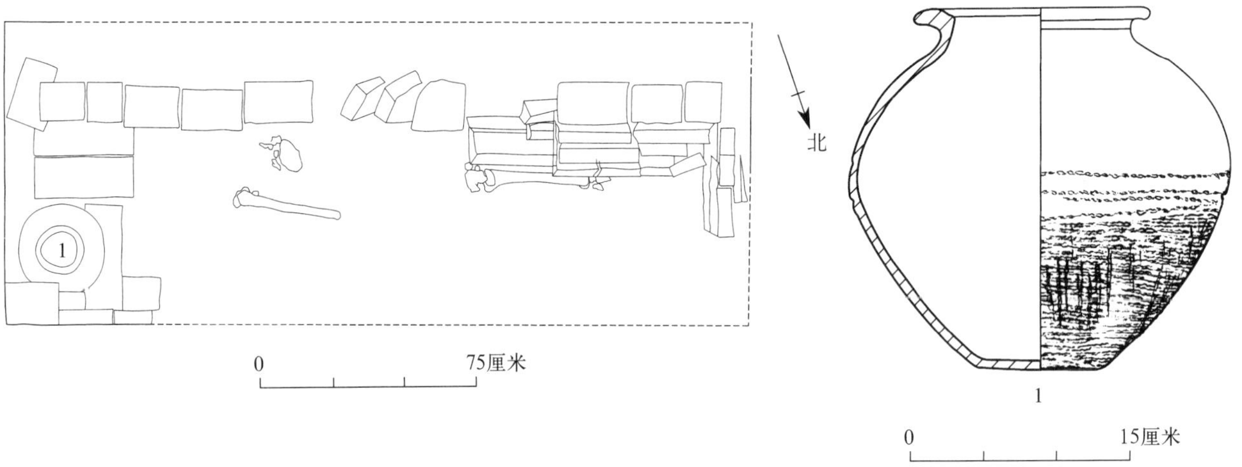

图4-597　M432及出土器物

1. 陶罐

（二四七）M434

1. 墓葬形制

位于墓地中部，东南面是M521、M418，南面为M430，西面是M433。方向110°（图4-598）。

长方形土坑竖穴砖椁墓。墓口长2.8、宽1.4、高0.75米。椁长2.65、宽1、高0.7米。椁室青砖垒砌。北壁顺向垒砌，东壁为横向贴砌。南壁上面三层平铺顺向垒砌，下部竖立贴砌。西壁为土圹。墓底平铺一层青砖，“人”字形排列。砖长33、宽14、厚6厘米。

人骨1具。头向东，面向左。仰身屈肢。上肢缺失，下肢左侧屈曲。男性，年龄40～50岁。

随葬铜带钩1件放在墓主口内。少许动物骨骼置于椁室东北角，未经鉴定，种属不明。

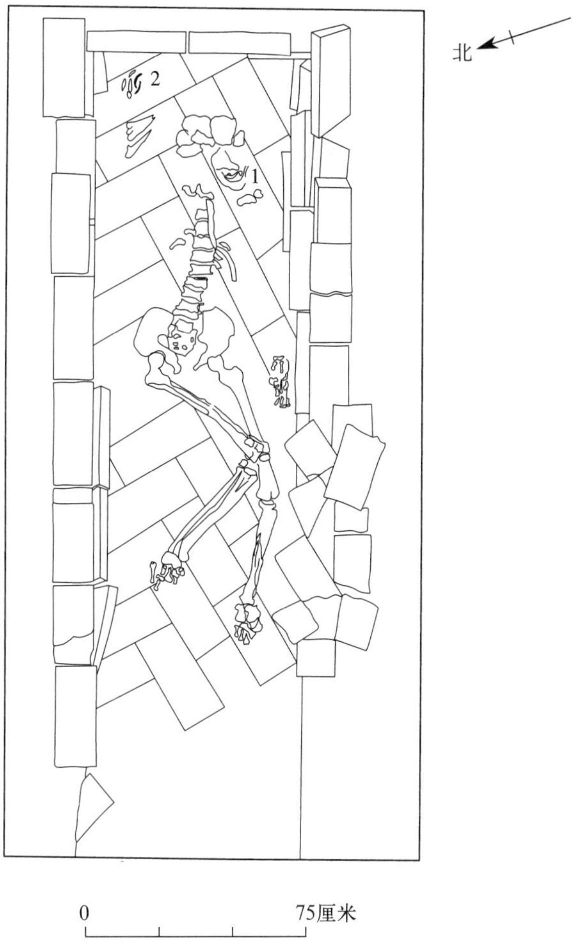

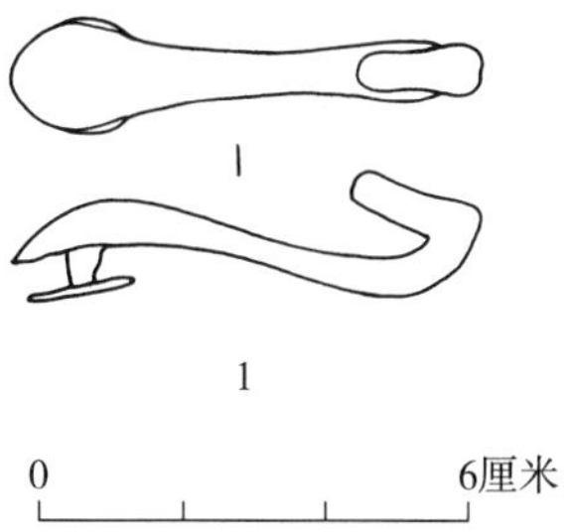

图 4-598　M434 及出土器物

1. 铜带钩　2. 动物骨骼

2. 出土遗物

铜器

铜带钩　1 件。

标本 M434∶1，琵琶形。钩呈马首状，横断面半圆形，尾背部凹陷形成凹槽，圆形纽位于凹槽中部。长 6.6 厘米（图 4-598，1）。

（二四八）M436

1. 墓葬形制

位于墓地中部，东南面是 M498，南面为 M435，西面是 M437。方向 105°（图 4-599）。

长方形土坑竖穴砖椁墓。墓口长 2.65、宽 1.5、深 2.35 米。椁长 2.37、宽 1.02、高 0.68 米。椁室四壁横排错缝叠砌平铺十层青砖。壁龛长 0.5、高 0.4、进深 0.2 米。墓底平铺一层青砖，中间两列竖排、两侧各横排一列。砖长 32、宽 13、厚 6 厘米。墓内填黄褐色五花土，经过夯打，土质较坚硬，直径 6 ～ 15、间距 8 ～ 18、夯层厚 20 厘米。

人骨 1 具。头向东，面向及葬式不详。骨骼保存较差，仅存头骨残片及部分肢骨遗骸。性别、年龄无法鉴定。

随葬陶壶 1 件，放在壁龛内。乳猪、鱼骨置于壁龛内东部外侧。

2. 出土遗物

陶器

陶壶　1件。

标本M436∶1，泥质灰陶。弧顶盖。侈口，平沿，圆唇，束颈，鼓腹，矮圈足。腹部饰红、白彩绘，花纹不明，下腹饰绳纹。口径14.4、底径11、通高28厘米（图4-599，1）。

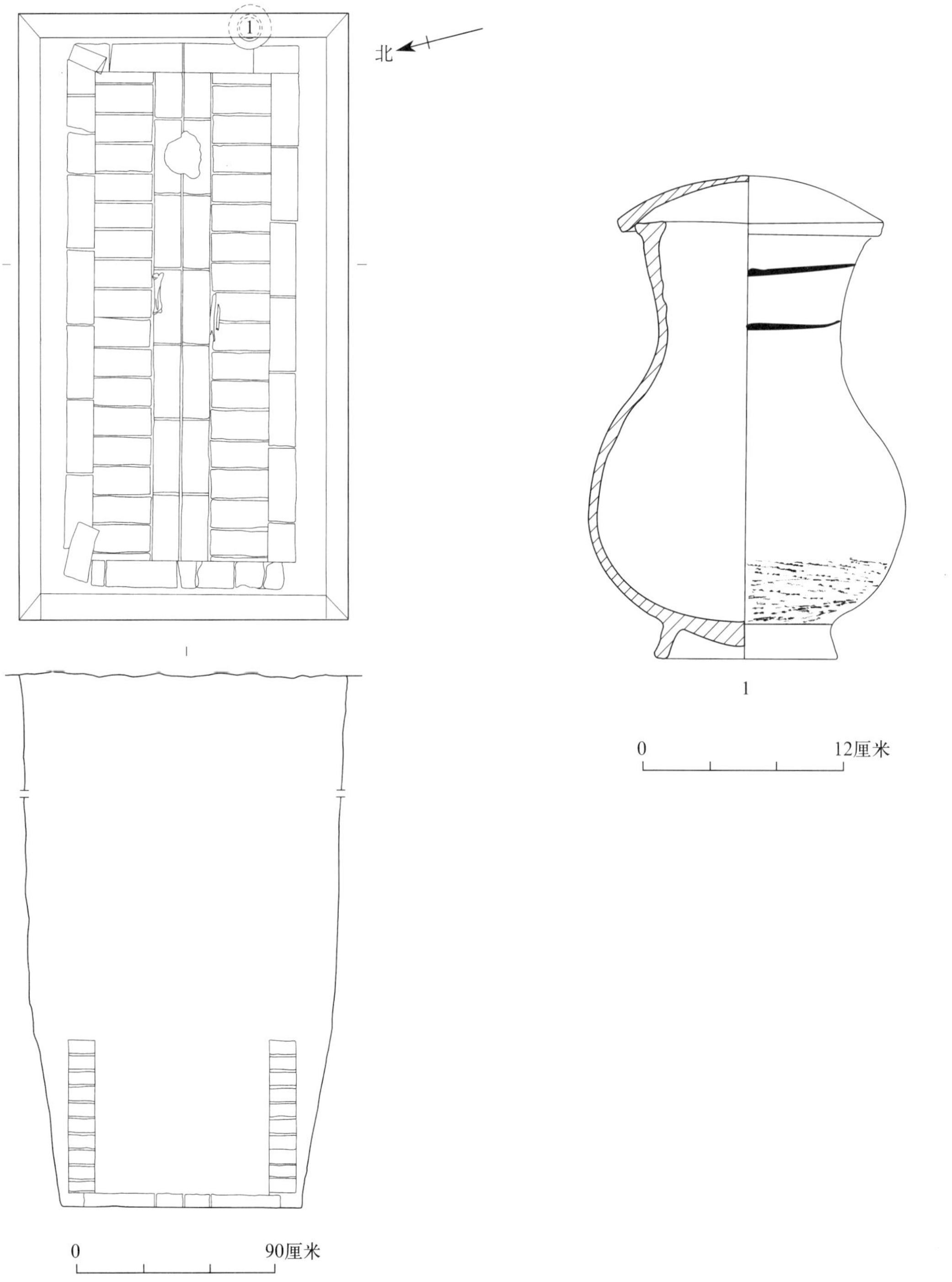

图4-599　M436及出土器物

1. 陶壶

（二四九）M437

1. 墓葬形制

位于墓地中部，东面是 M436，西面为 M431。方向 15°（图 4-600；彩版一九八，1）。

长方形土坑竖穴砖椁墓。墓口长 3.2、宽 1.5、深 1.7 米。椁长 2.94、宽 1.32、高 0.7 米。椁室四壁用青砖错缝顺向垒砌而成。砖与砖之间隙较大。墓底平铺一层青砖，“人”字形排列。砖长 26、宽 12、厚 3 厘米。墓内填黄褐色五花土，土质较坚硬。

人骨 1 具。头向北，面向不详，仰身直肢。骨骼保存较差，仅残存头骨及部分肢骨。性别、年龄无法鉴定。

随葬陶器 7 件（彩版一九八，2）。陶钫 2 件，陶耳杯 2 件，陶壶、陶樽、陶器盖各 1 件，均放在椁室北端。乳猪、鸡、鱼骨置于椁室西北角。

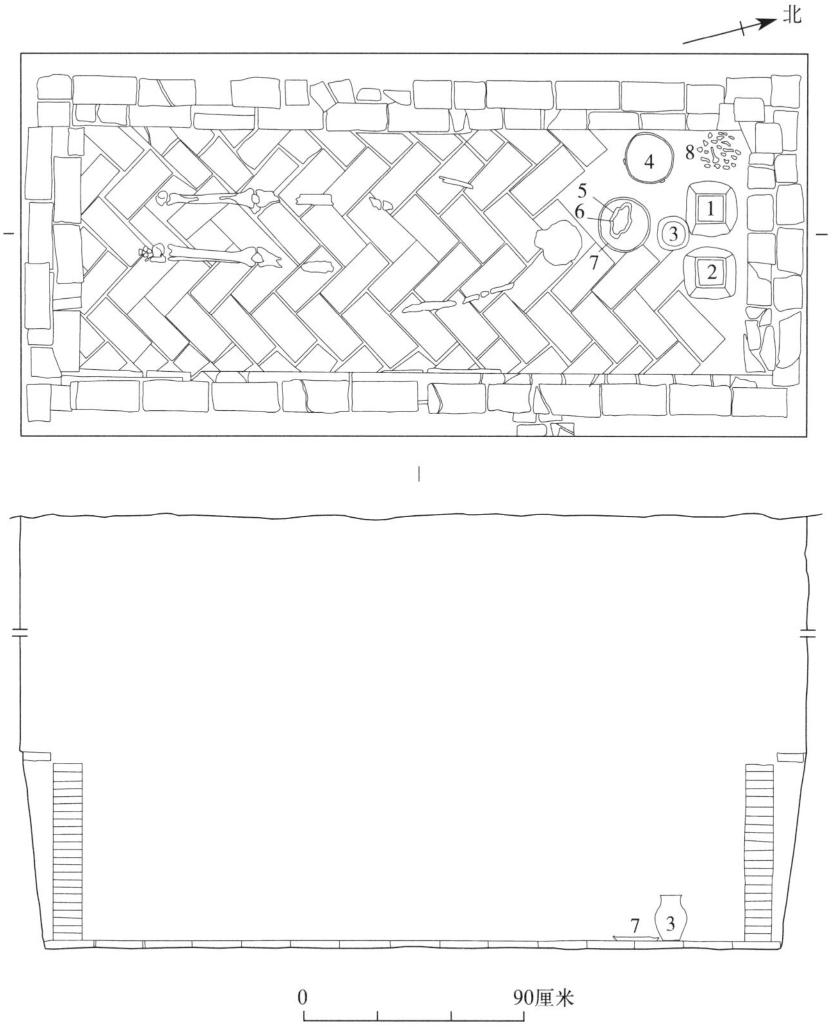

图 4-600　M437 平、剖面图

1、2. 陶钫　3. 陶壶　4. 陶樽　5、6. 陶耳杯　7. 陶器盖　8. 动物骨骼

2. 出土遗物

陶器

陶壶　1件。

标本M437∶3，泥质灰陶。弧顶盖。敞口，圆唇，束颈，鼓腹，平底微凹。器表有磨制痕迹，腹部饰三周戳印纹。口径8.7、底径12、通高20厘米（图4-601，3）。

陶钫　2件。泥质灰陶。覆斗形盖。斜壁，小平顶，顶部饰中心一突饰。钫方侈口，平沿，尖唇，束颈，鼓腹，方形圈足。素面。

标本M437∶1，下腹饰稀疏纹。口边长12.7、底边长14.4、通高40.8厘米（图4-601，1；彩版一九八，3）。

标本M437∶2，下腹饰四周戳印纹，近底有少量绳纹。口边长13、底边长14.5、通高37.2厘米（图4-601，2）。

陶器盖　1件。

标本M437∶7，泥质灰陶。弧顶形，斜沿，圆唇。素面。口径23、高5.2厘米（图4-601，7；彩版一九八，4）。

陶樽　1件。

标本M437∶4，泥质灰陶。弧形盖，斜折沿。樽直口，圆唇，深腹，直壁，圜底，蹄形足。素面。口径21、通高19厘米（图4-601，4；彩版一九八，5）。

陶耳杯　2件。泥质灰陶。器身椭圆形，敞口，圆唇，浅腹，平底。口两侧有新月形耳，素面。

标本M437∶5，口长径12、短径9.5、高3.6厘米（图4-601，5）。

标本M437∶6，口长径15、短径13.6、高5厘米（图4-601，6）。

（二五〇）M438

1. 墓葬形制

位于墓地中部，北面是M431，南面为M430，西面是M265。方向105°（图4-602）。

长方形土坑竖穴砖椁墓。墓口长2.7、宽1.2、深0.65米。椁长2.2、宽0.78、高0.58米。椁室四壁均垒砌十层青砖。墓底铺地砖两行为横排对缝排列。砖长30、宽13、厚5厘米（图4-602，02）。墓内填黄褐色五花土，夹杂大量碎砖及残骨遗骸。填土中发现铜钱12枚。

人骨无。

随葬陶器4件。陶扁壶3件，陶钵1件位于椁室东端，倒扣陶扁壶上面。

2. 出土遗物

（1）**陶器**

陶钵　1件。

标本M438∶4，泥质灰陶。敞口，折沿，圆唇，下腹弧收，平底微凹。素面。口径20、底径11、高6.8厘米（图4-603，4）。

陶扁壶　3件。夹砂白陶。侈口，平沿，圆唇，喇叭颈，鼓腹，肩上部两侧安对称桥形盲鼻，素面。

标本M438∶1，平底。口径13、底长径18、短径11、高21.2厘米（图4-603，1）。

标本M438∶2，平底。口径13.6、底长径16.4、短径11.5、高21.2厘米（图4-603，2）。

图4-601　M437出土器物
1、2. 陶钫　3. 陶壶　4. 陶樽　5、6. 陶耳杯　7. 陶器盖

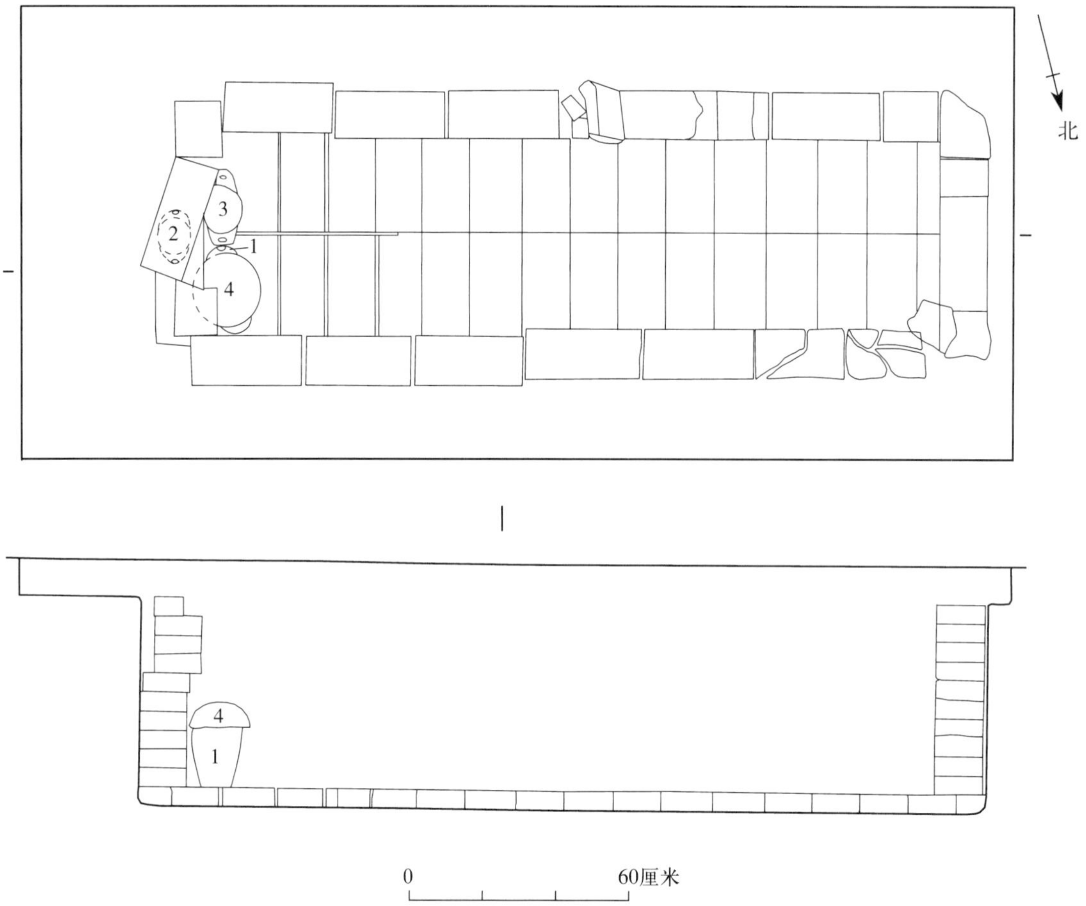

墓砖M438：02纹饰拓片（1/3）

图 4-602　M438 平、剖面图

1～3. 陶扁壶　4. 陶钵

标本 M438∶3，平底微内凹。口径 13、底长径 18、短径 10、高 21.6 厘米（图 4-603，3）。

（2）铜器

铜钱　12 枚。均为五铢，其中 2 枚剪边。圆形方穿，正面有轮无郭，背面轮郭俱全。五字两笔交叉弯曲，与上、下两横相交处微内收，朱字上部方折，下部圆折。

标本 M438∶01-1，五铢二字仅半个字。直径 2.5、穿边长 1、厚 0.13 厘米（图 4-603，01-1）。

标本 M438∶01-2，直径 1.8、穿边长 0.9、厚 0.1 厘米（图 4-603，01-2）。

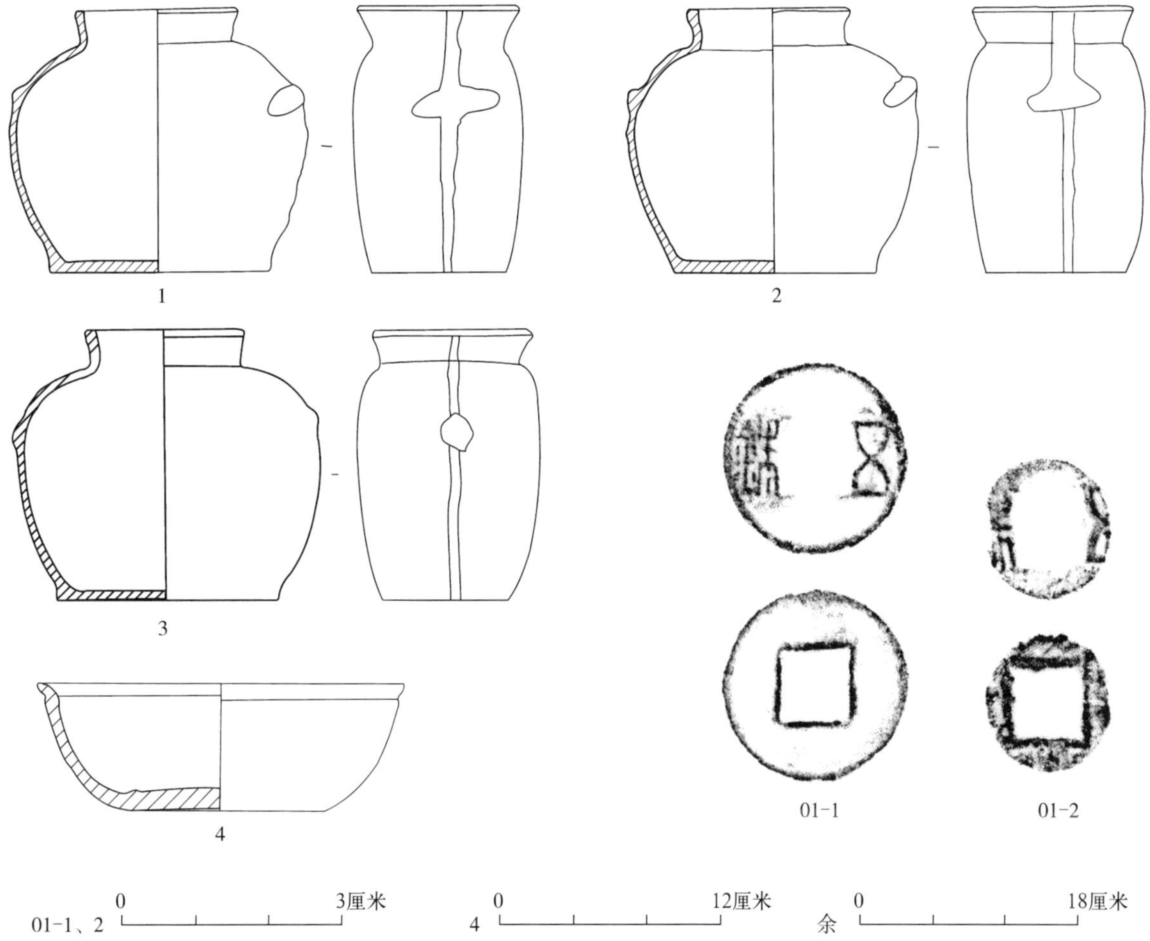

图 4-603　M438 出土器物
1～3. 陶扁壶　4. 陶钵　01-1、2. 铜钱

（二五一）M439

墓葬形制

位于墓地中部，东北面是 M524，东南面为 M523，西面是 M440。方向 20°（图 4-604）。

长方形土坑竖穴砖椁墓。墓口长 3.5、宽 2.1、深 2.25 米。椁长 3.15、宽 1.1、高 0.7 米。椁室青砖垒砌而成。由于遭到扰乱，仅存上部一层青砖；西、北两壁为土圹。墓底铺地砖破坏严重，排列方式不详。砖长 34、宽 14、厚 6 厘米。墓内填黄褐色五花土，夹杂大量碎砖、陶片及人骨残骸。经过夯打，土质较坚硬。夯窝圆形，分布无规律，直径 5 ～ 8、间距 15 厘米。

人骨无。

随葬器物无。

（二五二）M440

墓葬形制

位于墓地中部，东面是 M439，西面为 M443。方向 20°（图 4-605）。

长方形土坑竖穴砖椁墓。墓口长3.8、宽2.7、深2米。椁长3.2、宽1.08、高0.63米。椁室四壁均平铺顺向垒砌十五层青砖。外侧二层台平铺一层青砖；南侧二层台已遭扰乱。墓底平铺一层青砖“人”字形排列，但破坏殆尽。砖长29、宽13、厚3厘米。墓内填黄褐色五花土，土质较松软。夹杂大量碎砖、陶片等。

人骨无。

随葬器物无。

图4-604　M439平、剖面图

（二五三）M442

1. 墓葬形制

位于墓地中部，北面是M450，东南面为M441，西南面是M327，西面是M328。方向110°（图4-606）。

长方形土坑竖穴砖椁墓。墓口长4.5、宽1.88、底长4.2、宽1.4、深1.08米。椁长4.28、宽1.68、高0.95米。椁室四壁青砖平铺垒砌二十四层，中西部遭破坏，南、北两壁变形。墓底平铺一层青砖，“人”字形排列，西端中部铺地砖缺失。砖长28、宽13、厚3厘米。墓内填黄褐色五花土，经过夯打，土质较坚硬。夯窝圆形，分布不均匀，直径6～9、夯层厚18厘米。填土中发现一些破碎铜（个别可能为铅）车马器，主要有车軎、衡帽、车轙、盖弓帽、衔镳、环、带扣、当卢等。

人骨无。

随葬器物无。

2. 出土遗物

铜器

铜车軎　2件。喇叭状，近底部有折棱，周身饰三周凸棱。

标本M442∶01-1，长2.1厘米（图4-607，01-1）。

标本M442∶01-2，长1.7厘米（图4-607，01-2）。

铜衔镳　2件。

标本M442∶03-1、2，中间有2段带圆孔细长衔相连，两端波浪纹。长8.6厘米（图4-607，03-1、2）。

铜盖弓帽　8件。

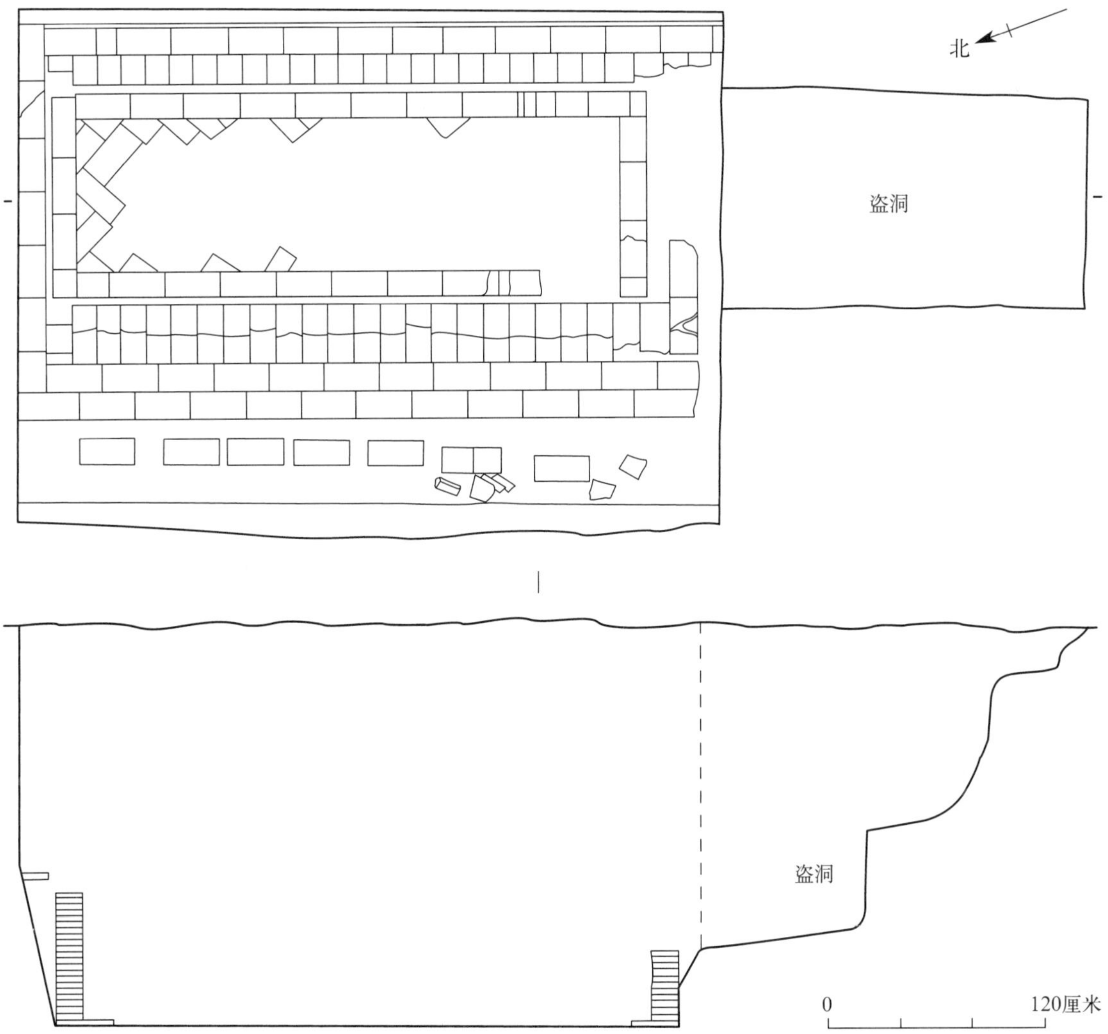

图 4-605 M440 平、剖面图

标本 M442 : 01-11，筒形，近方形顶，顶部微凸，腹侧有倒钩。长 3.5 厘米（图 4-607，01-11）。

铜衡帽 5 件。

标本 M442 : 01-4，圆筒形，器表中间有一周凸棱。长 1.6 厘米（图 4-607，01-4）。

标本 M442 : 07，圆筒形。素面。长 0.8、外径 0.5、孔径 0.25 厘米（图 4-607，07）。

铜当卢 2 件。

标本 M442 : 05-1、2，菱形，扁平薄片，背面上部有桥型纽。长 5.4、宽 1.55 厘米（图 4-607，05-1、2）。

铜车軎 2 件。

标本 M442 : 01-9、10，半圆弧形，截面圆形。长 1.8、宽 2.3 厘米（图 4-607，01-9）。

铜带扣 1 件。

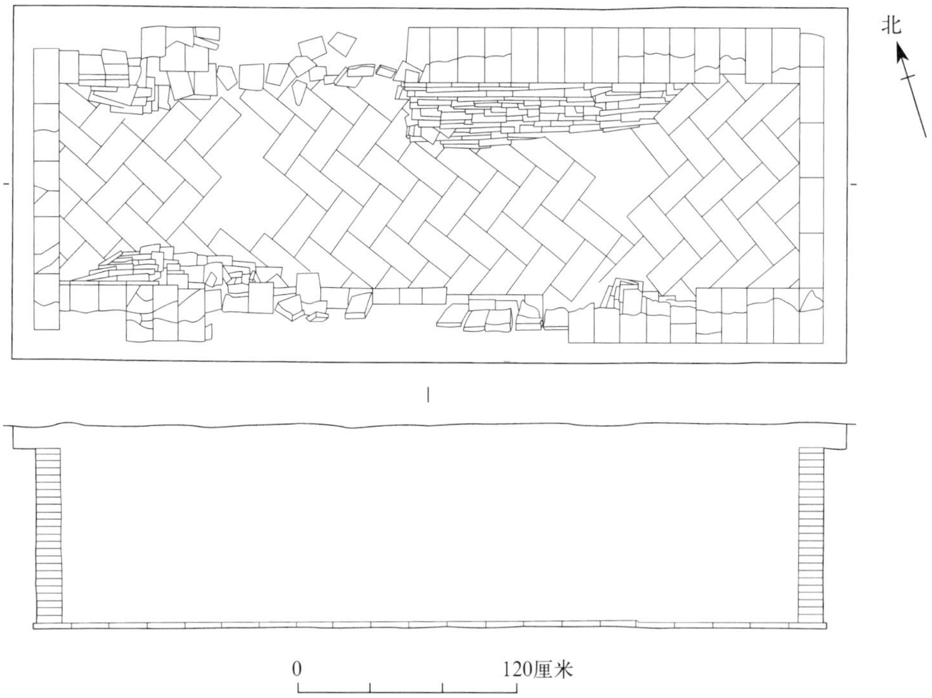

图4-606 M442平、剖面图

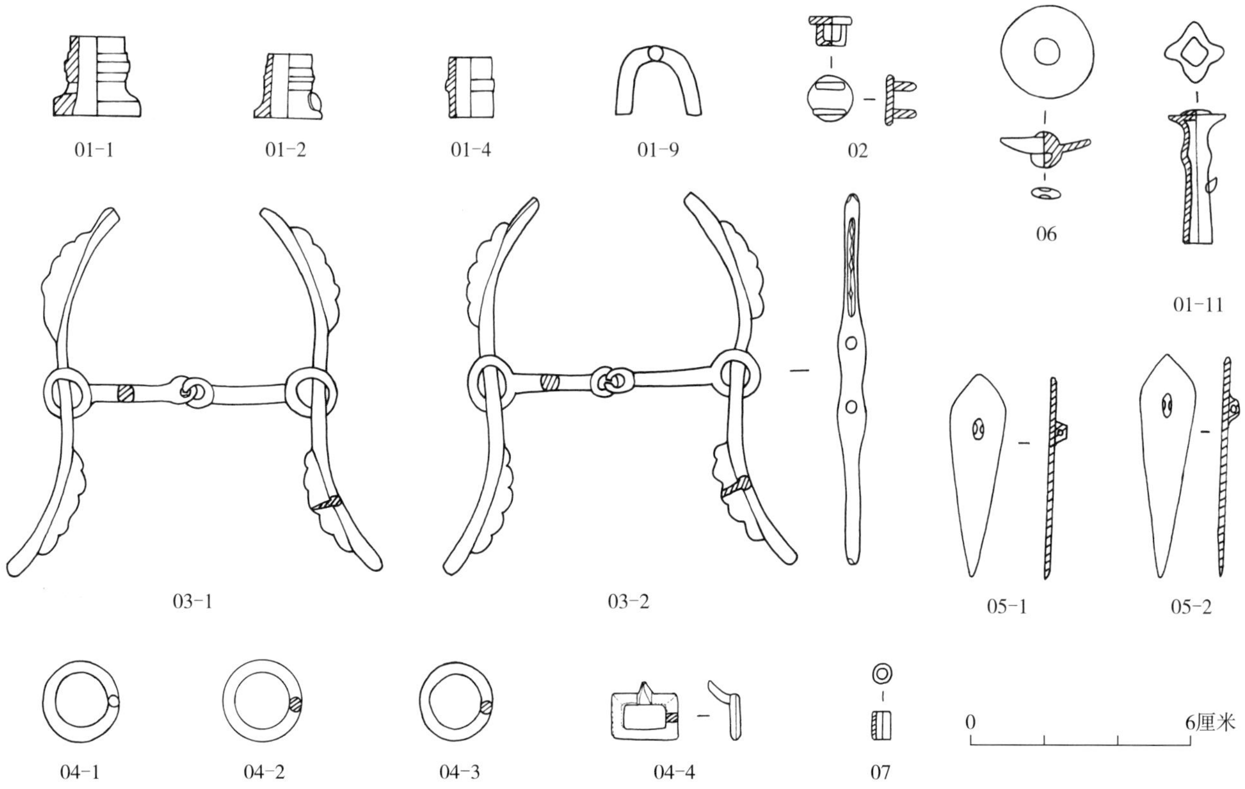

图4-607 M442出土器物

01-1、2. 铜车軎 01-4、07. 铜衡帽 01-9. 铜车轙 01-11. 铜盖弓帽 02. 铜纽扣 03-1、2. 铜衔镳 04-1～3. 铜环 04-4. 铜带扣 05-1、2. 铜当卢 06. 铜圆形饰件

标本 M442：04-4，口体为长方形框，中空，一侧中间向上伸出一钉，尖部略弯曲。长 1.8、宽 1.3 厘米（图 4-607，04-4）。

铜纽扣　10 件。

标本 M442：02，圆形，顶面平直有梁。直径 1.2、高 0.8 厘米（图 4-607，02）。

铜环　3 件。

标本 M442：04-1 ～ 3，圆形，截面圆形。素面。外径 2.1、内径 1.4、厚 0.2 厘米（图 4-607，04-1 ～ 3）。

铜圆形饰件　1 件。

标本 M442：06，圆形。扁薄片，一面略凸，另一面微凹，凸面中心有圆形纽，凹面有半圆形乳突。径 2.5 厘米（图 4-607，06）。

（二五四）M443

1. 墓葬形制

位于墓地中部，东面是 M440，西南面为 M293，西北面是 M294。方向 15°（图 4-608）。

长方形土坑竖穴砖椁墓。墓口长 3.45、宽 1.98、底长 3.45、宽 1.2、深 2.2 米。椁长 3.36、宽 1.26、高 0.75 米。椁室四壁均平铺顺向垒砌青砖，北壁为十六层，南壁为十四层，东、西两壁均十五层。东、西壁外侧多铺一层青砖。墓底平铺一层青砖，“人”字形排列。砖长 28、宽 12、厚 4 厘米。墓内填黄褐色五花土，经夯打，土质较坚硬。夯窝圆形，分布稀疏，直径 5 ～ 8、夯层厚 15 厘米。

人骨无。

随葬陶钫 2 件，放置于椁室南部。乳猪、鱼骨散落于西南角。

2. 出土遗物

陶器

陶钫　2 件。泥质灰陶。覆斗形盖，顶部饰一只鸟，周边印有四条鱼形图案。钫方口，平沿，尖唇，束颈，鼓腹，方形圈足。下腹及底部饰绳纹。

标本 M443：1，下腹绳纹稀疏。口边长 13.2、底边长 13.8、通高 48.8 厘米（图 4-608，1）。

标本 M443：2，中腹饰两周戳印纹。口边长 13.5、底边长 14.6、通高 44 厘米（图 4-608，2）。

（二五五）M445

1. 墓葬形制

位于墓地中部，打破 M447，西南面是 M501，西面为 M302。方向 10°（图 4-609；彩版一九九，1）。

长方形土坑竖穴砖椁墓。墓口长 2.8、宽 1.8 米，底长 2.45、宽 1.2、深 3.35 米。椁长 2.4、宽 1.16、高 0.75 米。椁室四壁青砖错缝叠砌平铺十层。东壁外侧有砖砌边箱，宽 0.6、高 0.4、进深 0.3 米。墓底平铺一层青砖，“人”字形排列。砖长 30、宽 13、厚 7 厘米。墓内填黄褐色五花上，夹杂少量碎陶片。经过夯打，土质较坚硬，直径 5 ～ 8、夯层厚 15 厘米。

人骨 1 具。头向北。骨骼保存较差，仅残存头骨残片。性别、年龄无法鉴定。

随葬彩绘陶壶 2 件放置在边箱内（彩版一九九，2）。

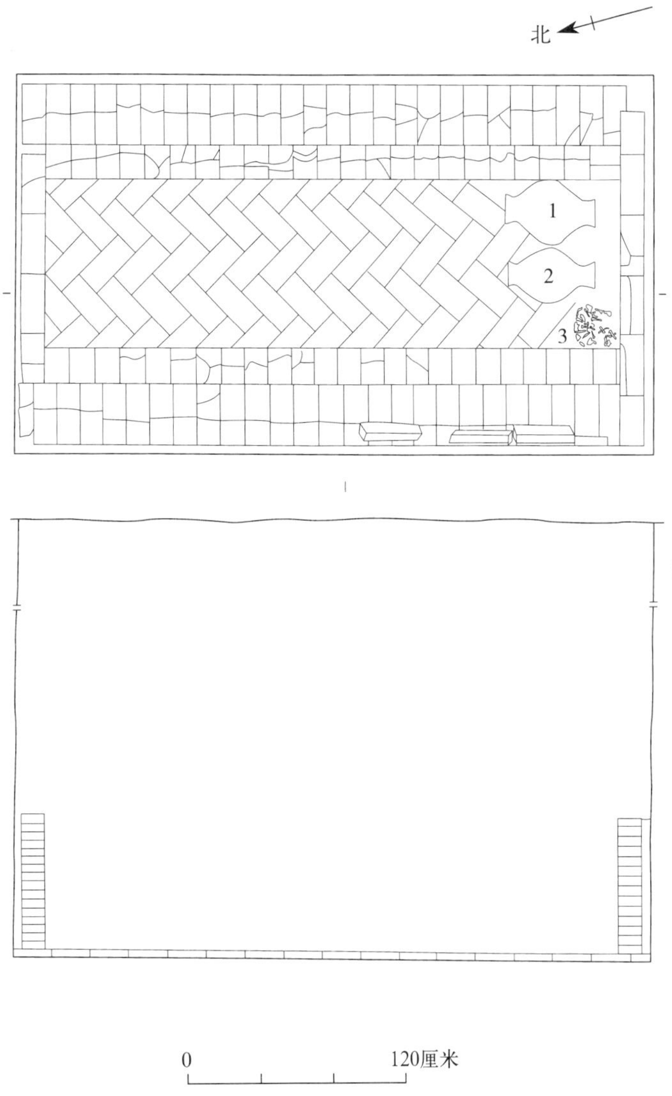

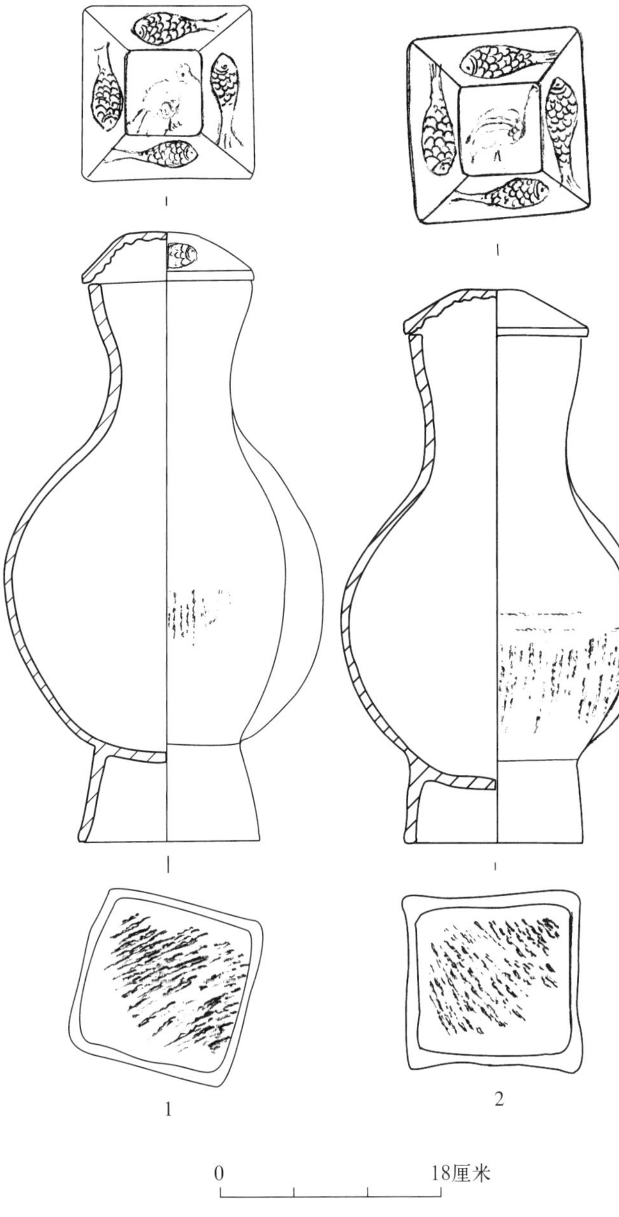

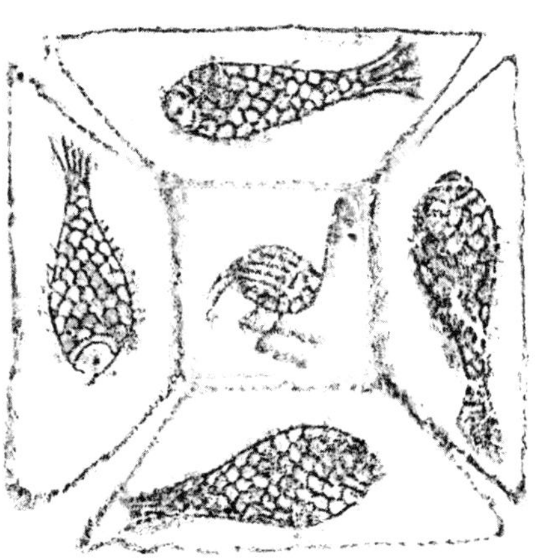

陶钫M443：1盖纹饰拓片（1/3）

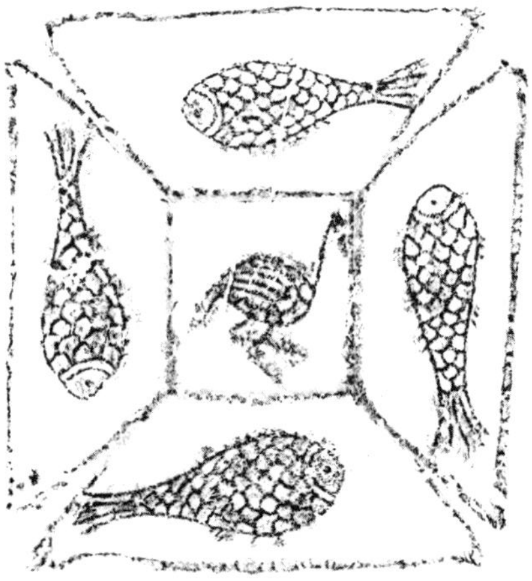

陶钫M443：2盖纹饰拓片（1/3）

图 4-608　M443 及出土器物

1、2. 陶钫　3. 动物骨骼

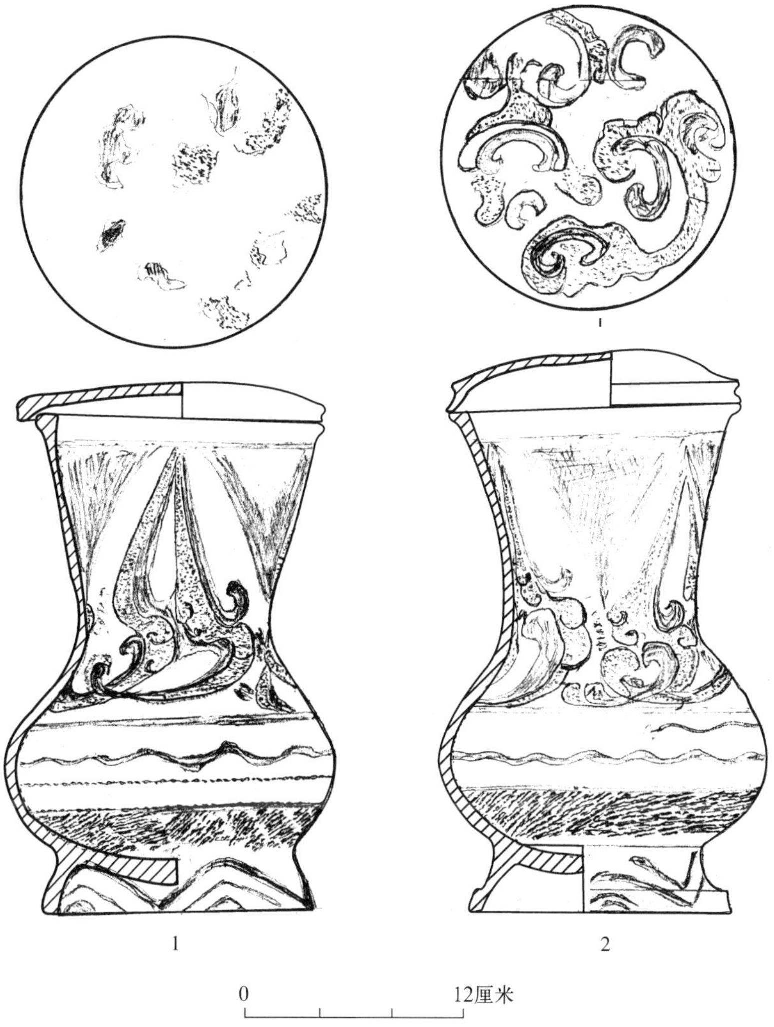

图 4-609 M445 及出土器物

1、2. 陶壶

2. 出土遗物

陶器

陶壶 2件。泥质灰陶。弧顶盖。壶侈口，平沿，圆唇，束颈，鼓腹，圈足。下腹饰绳纹。

标本 M445∶1，盖上饰红、篮彩绘，图案不明。腹部绘红、蓝、黑勾连纹及水波纹，下腹饰两周戳印纹。口径 15.5、底径 14.5、通高 28 厘米（图 4-609，1；彩版一九九，3）。

标本 M445∶2，盖上饰红、蓝、黑、白、黄色勾连纹。口径 16、底径 14、通高 29.8 厘米（图 4-609，2；彩版一九九，4、5）。

（二五六）M449

1. 墓葬形制

位于墓地中部，东面是 M541，南面为 M502，西北面是 M446。方向 10°（图 4-610）。

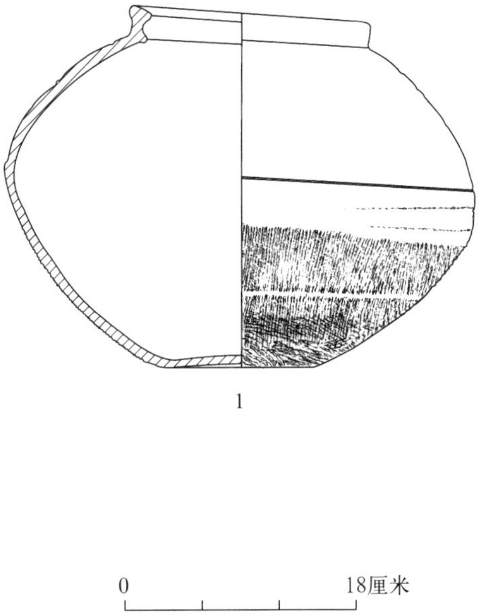

图 4-610　M449 及出土器物

1. 陶罐　2. 动物骨骼

长方形土坑竖穴砖椁墓。墓口长 2.5、宽 1.4、深 2 米。椁长 2.3、宽 0.9、高 0.65 米。椁室用青砖垒砌而成。东、西、北三壁用顺向垒砌九层，南壁土圹。脚箱位于椁室南端，长 0.70、宽 0.40、深 0.65 米。墓底平铺一层青砖，中间一行竖排，两侧各横排一行。砖长 32、宽 12、厚 6 厘米。墓内填黄褐色五花土，经过夯打，土质较坚硬。夯窝圆形，直径 12 ～ 18、间距 20 ～ 50、夯层厚 20 厘米。

人骨 1 具。头向北，面向左，仰身直肢。骨骼保存较差，头骨破碎严重，仅残存部分肢骨遗骸。男性，年龄 40 ～ 50 岁。

随葬陶罐 1 件，放在脚箱内。陶罐口上部放置 1 块青砖。乳猪、鸡骨置于陶罐上面。

2. 出土遗物

陶器

陶罐　1 件。

标本 M449 : 1，泥质灰陶。敛口，圆唇，束颈，圆腹，平底内凹。器表有制作抹痕，腹部饰一周凹弦纹、两周戳印纹，下腹饰绳纹。口径 18.6、底径 12、高 27.4 厘米（图 4-610，1）。

（二五七）M450

1. 墓葬形制

位于墓地中部，北面是 M452，南面为 M442，西南面是 M361。方向 104°（图 4-611）。

长方形土坑竖穴砖椁墓。墓口长 3.6、宽 2、深 2.1 米。椁长 2.8、宽 0.92、高 0.74 米。椁室四

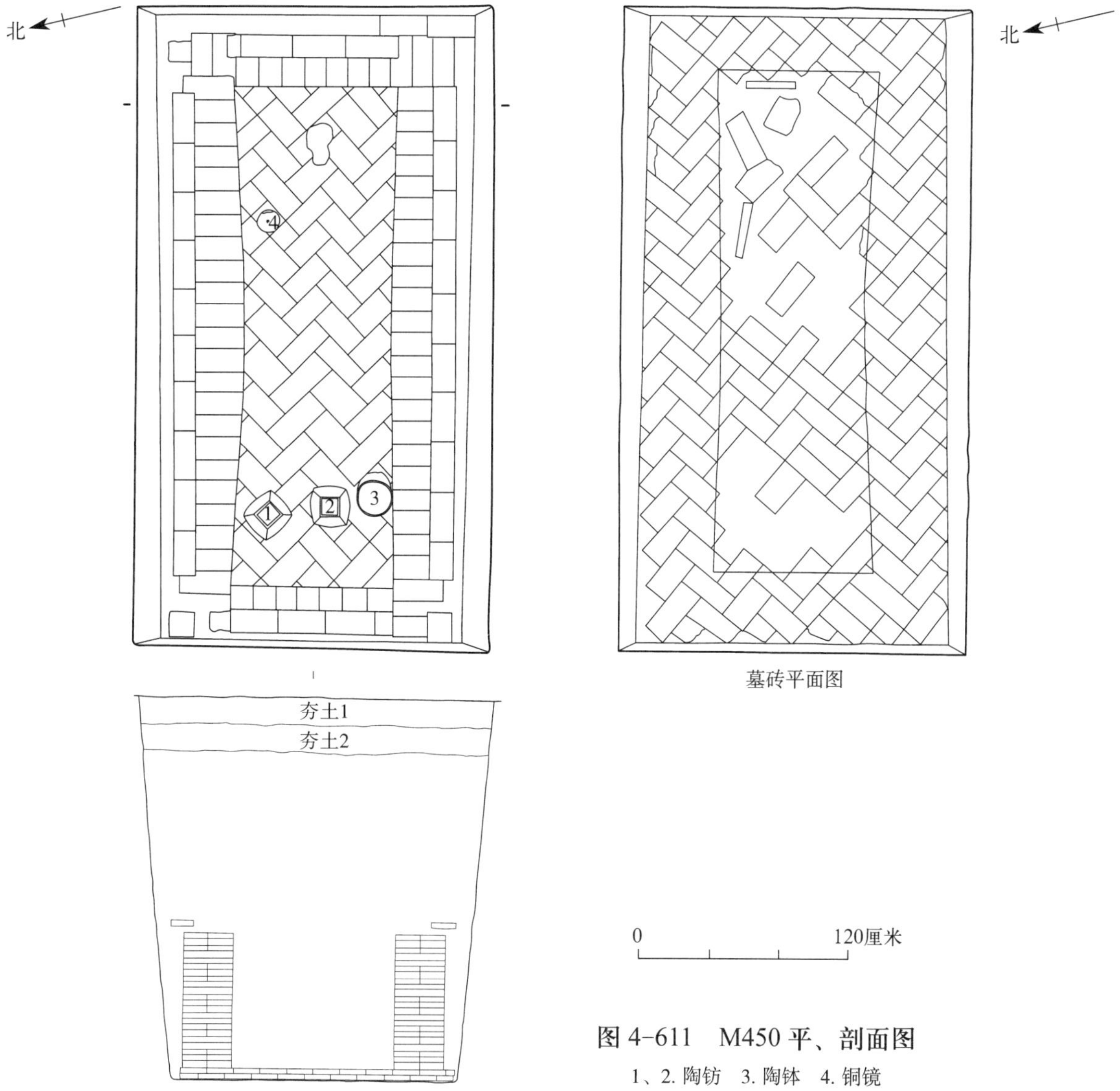

图 4-611　M450 平、剖面图
1、2. 陶钫　3. 陶钵　4. 铜镜

壁均用青砖单行横向或双行顺向错缝或直缝叠砌而成。椁室上部四周覆盖一层青砖，“人”字形排列。外侧青砖顺向平铺，中部挤压内弧，后塌落底部。墓底平铺两层青砖，均“人”字形排列。砖长 28、宽 14、厚 4 厘米。墓内填黄褐色五花土，经过夯打，土质较致密。夯窝圆形，分布较密集，直径 10、夯层厚 15 厘米。

人骨 1 具。头向东。骨骼腐朽严重，仅见头骨遗痕。性别、年龄无法鉴定。

随葬器物 4 件。陶钫 2 件、陶钵 1 件放在椁室西端。铜镜 1 枚置于东端偏北处。少许动物骨骼散落椁室西端，腐朽未能采集，种属不明。

2. 出土遗物

（1）陶器

陶钵　1 件。

标本 M450 : 3，泥质灰陶。直口，圆唇，腹壁近直，圜底。沿外侧饰两周凹弦纹。口径 20.4、高 11 厘米（图 4-612，3；彩版二〇〇，1）。

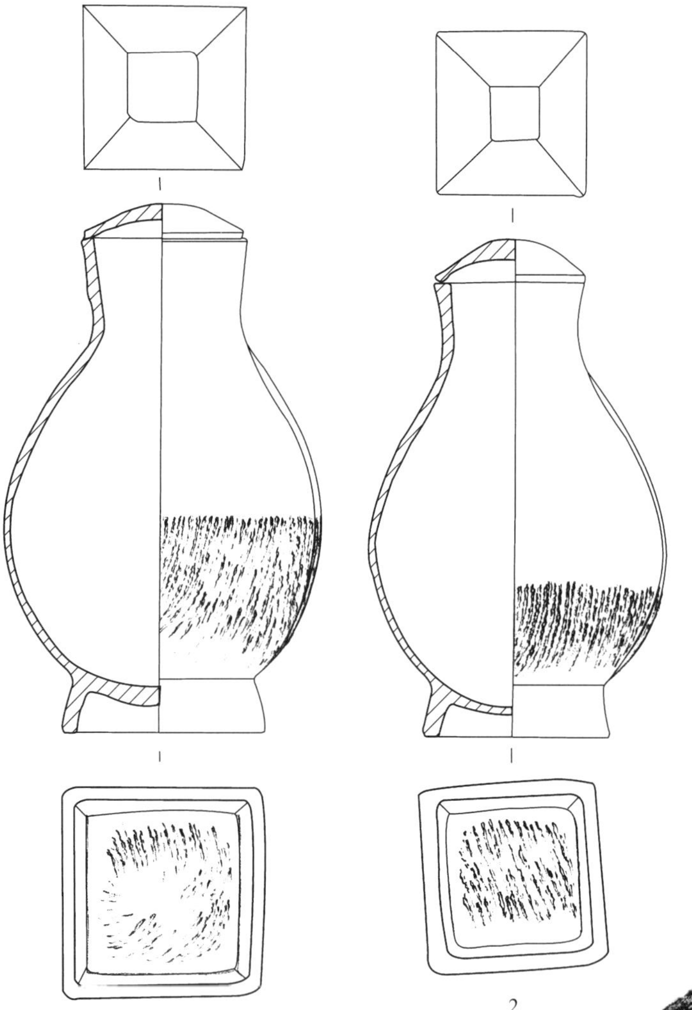

1 2

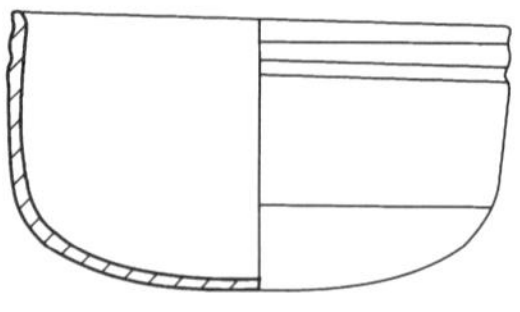

3

4

4 0 3厘米

余 0 18厘米

图4-612 M450出土器物

1、2. 陶钫 3. 陶钵 4. 铜镜

陶钫 2件。形制相同。泥质灰陶。覆斗形盖，斜壁，小平顶。钫方口，平沿，沿外侧有折棱，尖唇，束颈，斜肩，鼓腹，最大径居腹中部，方形圈足。下腹及底部饰绳纹。

标本 M450：1，口边长 13、底边长 16.8、通高 42 厘米（图 4-612，1；彩版二〇〇，2）。

标本 M450：2，口边长 12.8、底边长 15.6、通高 39.6 厘米（图 4-612，2）。

（2）铜器

铜镜 1枚。

标本 M450：4，昭明圈带连弧铭带镜。圆形，圆纽，圆纽座。座外均匀伸出四组短竖线（每组三条）。其外一周窄凸面圈带，带外伸出四锥形短线，再外一周内向八连弧纹圈带。外区两周短斜线和凸弦纹组合纹带，之间为顺时针铭文带“内清以日月，心忽夫穆忠，然雍塞不泄”，字体为圆转式篆隶体。宽素平缘。面径 10.4、缘厚 0.5 厘米（图 4-612，4；彩版二〇〇，3）。

（二五八）M452

1. 墓葬形制

位于墓地中部，打破 M454，北面是 M329，南面为 M450。方向 110°（图 4-613）。

长方形土坑竖穴砖椁墓。墓口长 3.7、宽 2、深 3.05 米。椁长 3.2、宽 1.16、高 0.72 米。椁室四周外侧顺向平铺两行青砖，四角留有长 0.16、宽 0.1 米长方形空隙。两侧及顶端均错缝或直缝叠砌而成。椁室西端有脚箱，长 0.7、宽 1.2、深 0.72 米。墓底斜铺一层青砖。木棺已腐朽，仅见板灰痕迹。砖长 27、宽 12、厚 3 厘米。墓内填黄褐色五花土，经过夯打，土质较致密。夯窝圆形，分布较密集，直径 10、夯层厚 15 厘米。

人骨 1 具。头向东，面向上，仰身直肢。骨骼保存较差，墓主上肢及躯干缺失，仅见头骨及少量牙齿。性别无法鉴定，成年个体。

随葬器物 7 件。陶壶 2 件陈放在脚箱内。铜带钩 1 件置于墓主腹部。铁剑和铁环首刀放置墓主

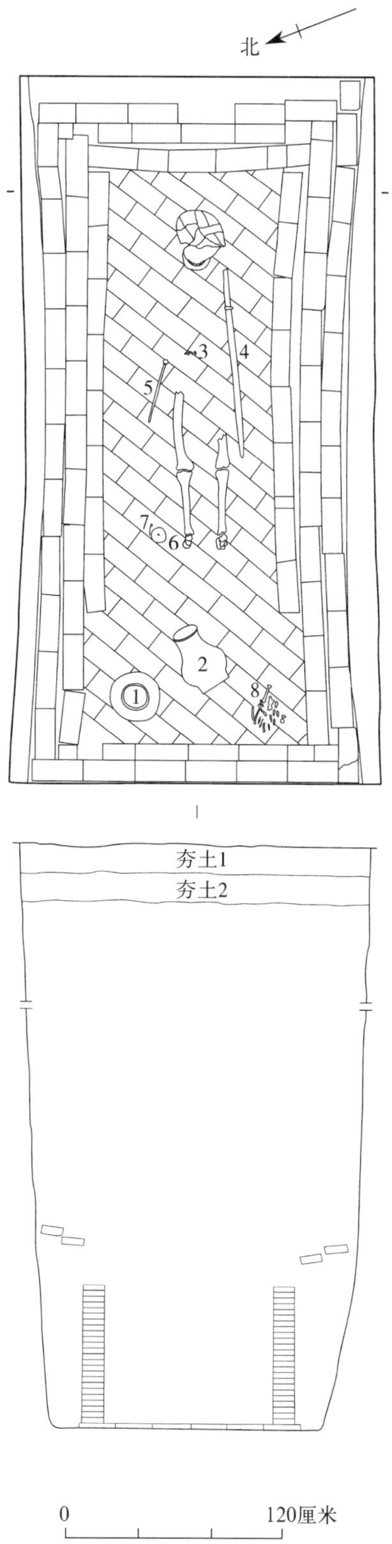

图 4-613 M452 平、剖面图

1、2. 陶壶 3. 铜带钩 4. 铁剑 5. 铁环首刀 6. 铜镜 7. 铜刷柄 8. 动物骨骼

身体两侧。铜镜和铜刷柄放于墓主左下肢骨外侧。乳猪、鸡骨散落脚箱内东南角。

2. 出土遗物

（1）陶器

陶壶　2件。形制相同。泥质灰陶。弧顶盖，沿上微凹。壶侈口，斜平沿，束颈，圆腹，最大径居中下腹，圈足。腹饰两周戳印纹，下腹饰绳纹。

标本M452：1，尖唇。盖上局部饰红彩。口径14.7、底径18、通高38.4厘米（图4-614，1；

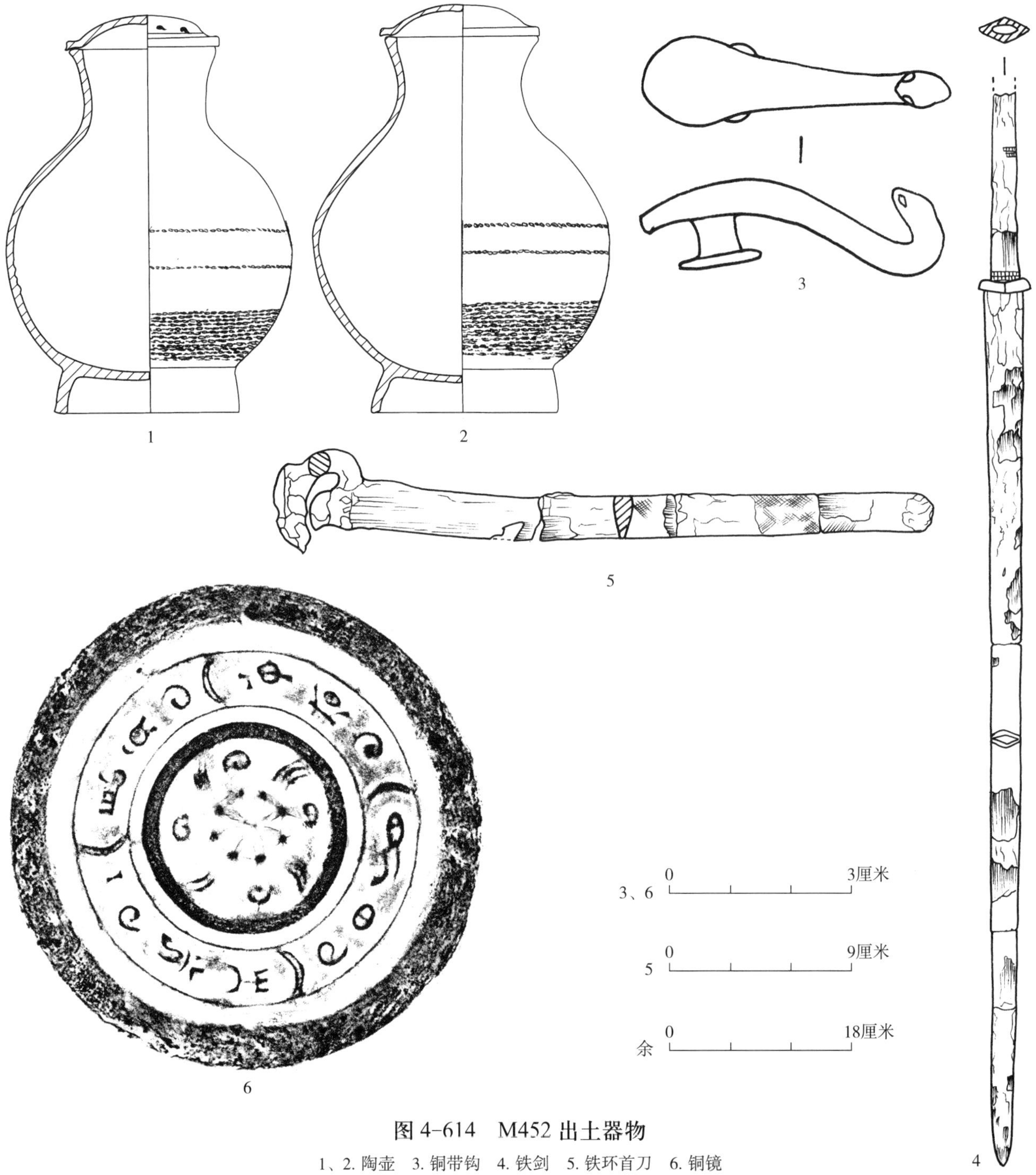

图4-614　M452出土器物

1、2. 陶壶　3. 铜带钩　4. 铁剑　5. 铁环首刀　6. 铜镜

彩版二〇〇，4）。

标本 M452∶2，圆唇。底部饰绳纹。口径 15、底径 18.5、通高 39.2 厘米（图 4-614，2）。

（2）铜器

铜镜　1 枚。

标本 M452∶6，日光圈带铭带镜。圆形，连峰纽。纽外均匀伸出四组短弧线（每组三条）、夹饰涡纹，再外一周窄凸面圈带。外区两周短斜线和凸弦纹组合纹带，其间为顺时针铭文带“见日之光，长[久][忘]相”，字体为圆转式篆隶体，个别笔画加重呈楔形，每两字间隔一涡纹及双层月牙纹。宽素平缘。面径 8、缘厚 0.4 厘米（图 4-614，6；彩版二〇〇，5）。

铜带钩　1 件。

标本 M452∶3，琵琶形。钩呈马首状，横断面近半圆形，圆形纽位于背中部。长 5.1 厘米（图 4-614，3）。

铜刷柄　1 件。

标本 M452∶7，残断严重，未能复原。

（3）铁器

铁剑　1 件。

标本 M452∶4，扁长条状。双面刃，尖锋，剑身截面近菱形状，柄略长，剑格菱形。剑身外部表面粘附木质剑鞘及麻绳缠绕残迹。长 102 厘米（图 4-614，4；彩版二〇〇，6）。

铁环首刀　1 件。

标本 M452∶5，环形首，局部略缺。截面三角形，平背，直刃，尖部圆弧。外表遗留有木质刀鞘遗痕。长 32.8 厘米（图 4-614，5）。

（二五九）M453

1. 墓葬形制

位于墓地中部，东南面是 M557，南面为 M451。方向 101°（图 4-615；彩版二〇一，1）。

长方形土坑竖穴砖椁墓。墓口长 4.16 ～ 4.76、宽 2.56 ～ 2.59、深 3.26 米。椁长 2.9、宽 0.96、高 0.76 米。椁室四壁均用青砖直缝或错缝平铺叠砌而成。上部规整，下部杂乱。局部椁壁为土圹，上面叠砌青砖，台面外侧顺向平铺，中间横向顺次直缝或错缝平铺。台面四角各留长 0.16 ～ 0.18、宽 0.2、进深 0.14 ～ 0.16 米空洞，内有白色灰痕。椁室四角各留长 0.06、高 0.12、进深 0.76 米空洞。脚箱位于西端，长方形，长 0.93、宽 0.7、深 0.76 米。墓底平铺两层青砖，上层横排错缝、下层“人”字形排列。木棺已腐朽，仅残存板灰痕迹。砖长 28、宽 12、厚 3 厘米。墓内填黄褐色五花土，经过夯打，土质较坚硬。夯窝圆形，分布密集，直径 6 ～ 8、夯层厚 15 厘米。

人骨 1 具。头向东，面向上，仰身直肢。骨骼保存较差，仅见少许下肢骨遗痕。性别、年龄无法鉴定。

随葬器物 21 件。陶壶 2 件、乳猪骨放于脚箱内。陶俑 15 件置于椁室周围。铜带钩 1 件放在墓主口内。铜镜、铜刷柄、铁镜架各 1 件放置墓主头骨右侧。

2. 出土遗物

（1）陶器

陶壶　2 件。形制相同。泥质灰陶。弧顶盖。壶侈口，沿面外斜，束颈，鼓腹，圈足。器表有

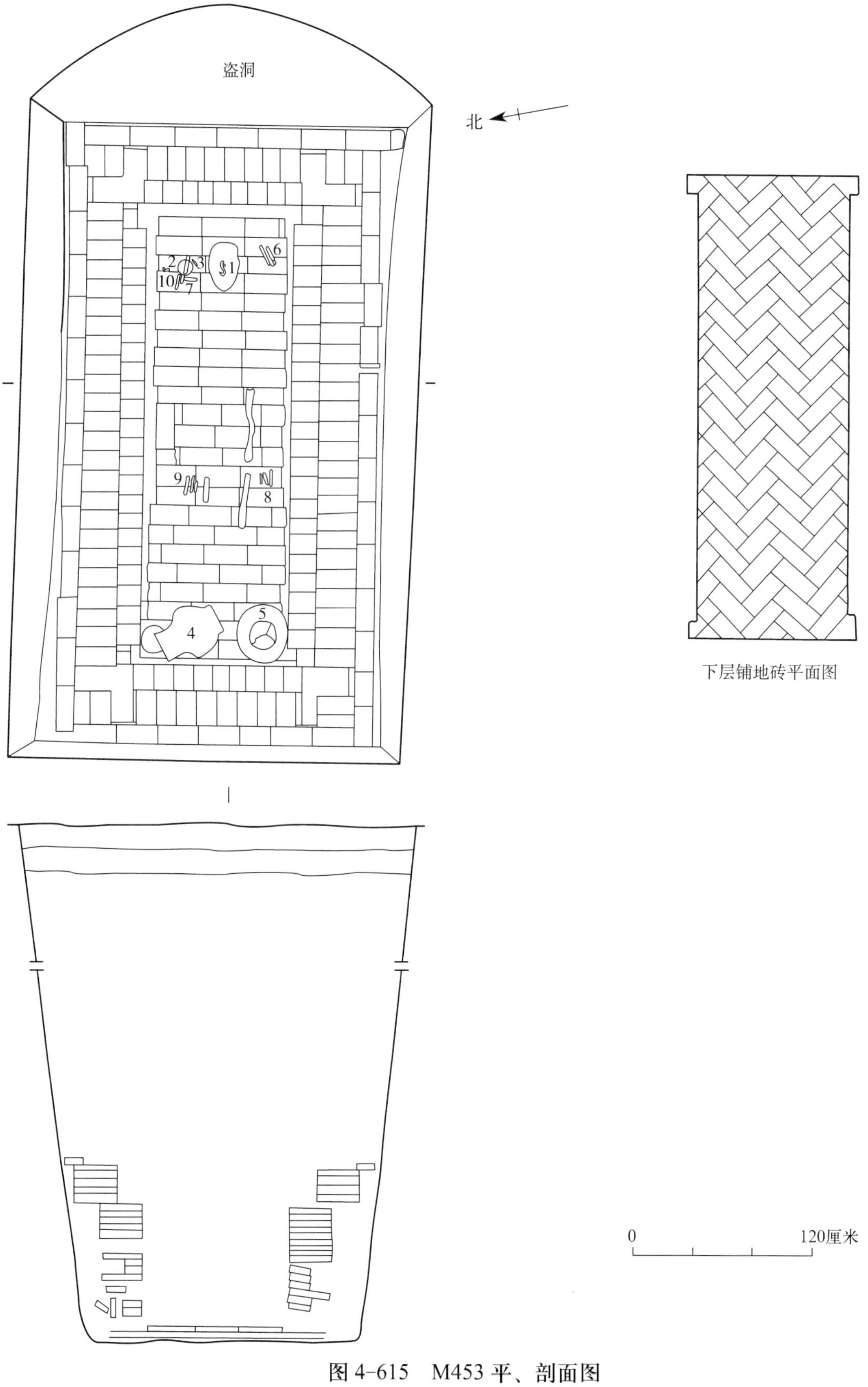

图4-615　M453平、剖面图

1. 铜带钩　2. 铜镜　3. 铁镜架　4、5. 陶壶　6. 陶俑（4）　7. 陶俑（3）　8. 陶俑（4）　9. 陶俑（4）　10. 铜刷柄

制作抹痕，下腹及底部饰绳纹。

标本 M453∶4，尖唇。腹部饰两周戳印纹。口径 18、底径 18.4、通高 46 厘米（图 4-616，4；彩版二〇一，2 左）。

标本 M453∶5，圆唇，腹部饰一周戳印纹。口径 17、底径 19.6、通高 43.2 厘米（图 4-616，5；彩版二〇一，2 右）。

陶俑　15 件，完整 9 件。泥质灰褐陶。均细泥捏制，塑工粗糙，但形象逼真，具有写意风格。体圆柱或扁柱形。

标本 M453∶6-1，面部略呈椭圆形，前部微凹似有鼻孔，双眼、口部及眉毛戳剔，内填白泥土。眼和口部扁长，下方两侧压塑成下巴，身体中部鼓起似两手合掩于腹前。残高 9.1 厘米（图 4-617，6-1；彩版二〇二，1）。

标本 M453∶7-1，形体较小，头及眉部缺失，嘴部不明显，眼内填白色泥土，体下方腹前鼓起，似双手合掩，脸及身体区域外敷白色泥土。高 4.9 厘米（图 4-617，7-1；彩版二〇二，2）。

标本 M453∶7-2，头、双眉以及脸右侧缺失，嘴下方两侧捏成脖颈，体表大部敷白色泥土。残高 6.65 厘米（图 4-617，7-2；彩版二〇二，3）。

标本 M453∶7-3，双眼、口部、眉毛均为戳剔，口较大，下方拟胡须，内填白色泥土，口部下方捏塑成脖颈，体下部圆直，器表多外敷白色泥土。高 7.6 厘米（图 4-617，7-3；彩版二〇二，4）。

标本 M453∶8-1，面部较长。五官微斜，双眼、口部、眉毛戳剔而成，内填白色泥土，身体略向右弯曲。高 6.4 厘米（图 4-617，8-1；彩版二〇二，5）。

标本 M453∶8-2，平头，面部扁圆，五官端正。眼睛、口部、眉毛均为戳剔，内填白色泥土，扁长脸，眼睛较圆深。高 7.2 厘米（图 4-617，8-2；彩版二〇二，6）。

标本 M453∶9-1，面部近方形，双眼、口部、眉毛戳剔，内填白色泥片，凸显五官特征。眉靠近头顶部，右侧缺失。唇下方刮去一块显示胡须，身体左侧贴塑泥块以示左肢，右肢缺失，体中部鼓起似双手合抚腹前。下部两侧为脚部和衣裙。高 7.5 厘米（图 4-617，9-1；彩版二〇二，7）。

标本 M453∶9-2，面部略长，双眼、口部、眉毛戳剔，内填白色泥土，眉部较高，双眼扁长，嘴角向下，口部下方两侧为下巴或胡须，双腿短粗。高 7.5 厘米（图 4-617，9-2；彩版二〇二，8）。

标本 M453∶9-3，脸部长方形，鼻及口部凸起，双眼、口部及眉毛戳剔而成，颈部断裂，贴塑右手。高 8.6 厘米（图 4-617，9-3；彩版二〇二，9）。

（2）铜器

铜镜　1 枚。

标本 M453∶2，星云镜。圆形，连峰纽，圆纽座。座上均匀分布四组外附三短竖线内弧月牙纹，其外一周内向十六连弧纹圈带。外区两周凸弦纹间为主纹，四枚连珠纹座乳丁分为四区，每区内各有弧线相连七枚小乳丁。内向十六连弧纹缘。面径 10、缘厚 0.35 厘米（图 4-616，2；彩版二〇一，3）。

铜刷柄　1 件。

标本 M453∶10，形似烟斗形。斗圆筒形中空，柄截面圆形，端部缺失。残长 2.7 厘米（图 4-616，10）。

铜带钩　1 件。

标本 M453∶1，残缺。横断面半圆形，圆形纽位于背部中端。残长 7.2 厘米（图 4-616，1；彩

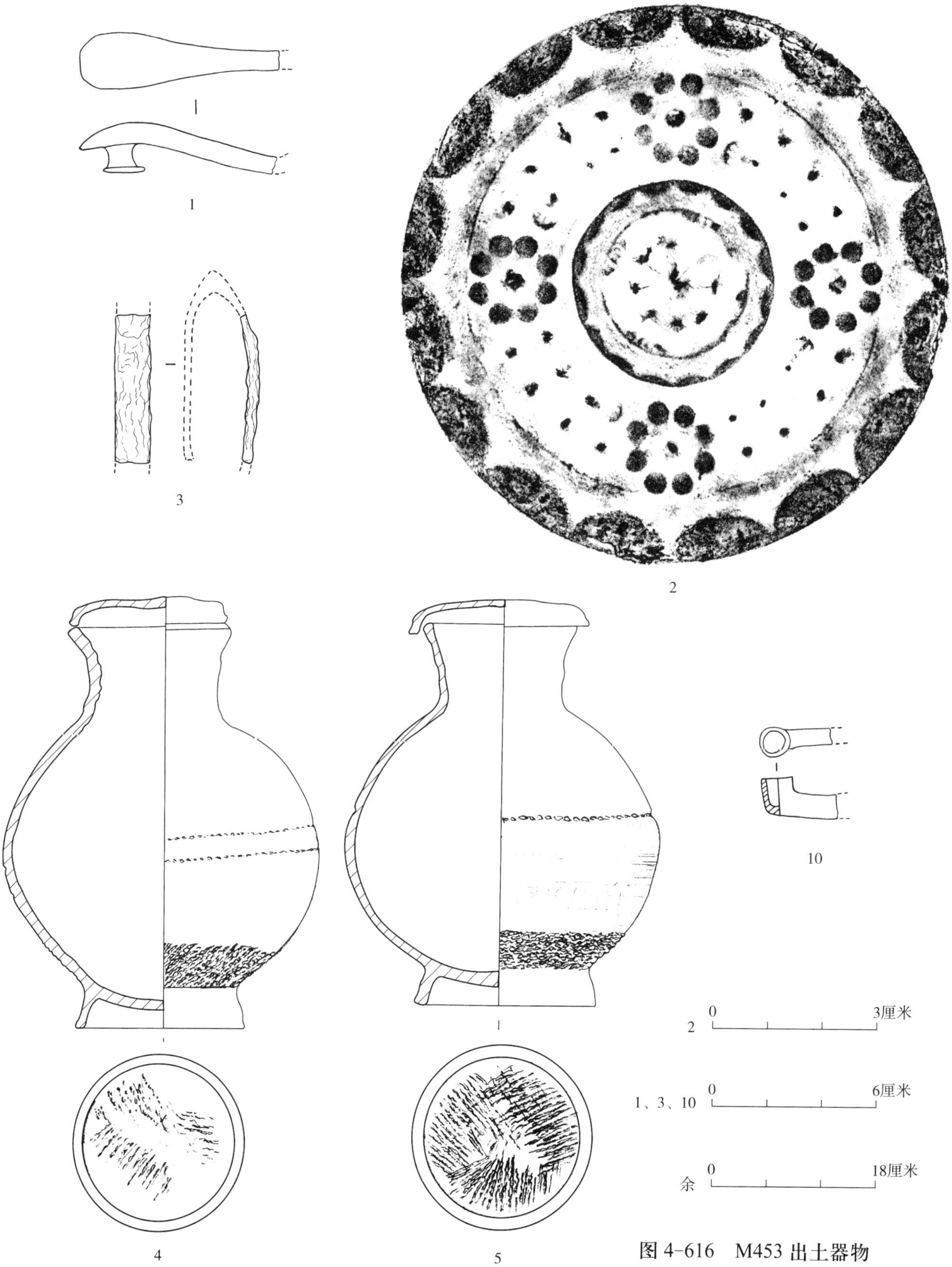

图 4-616　M453 出土器物

1. 铜带钩　2. 铜镜　3. 铁镜架　4、5. 陶壶　10. 铜刷柄

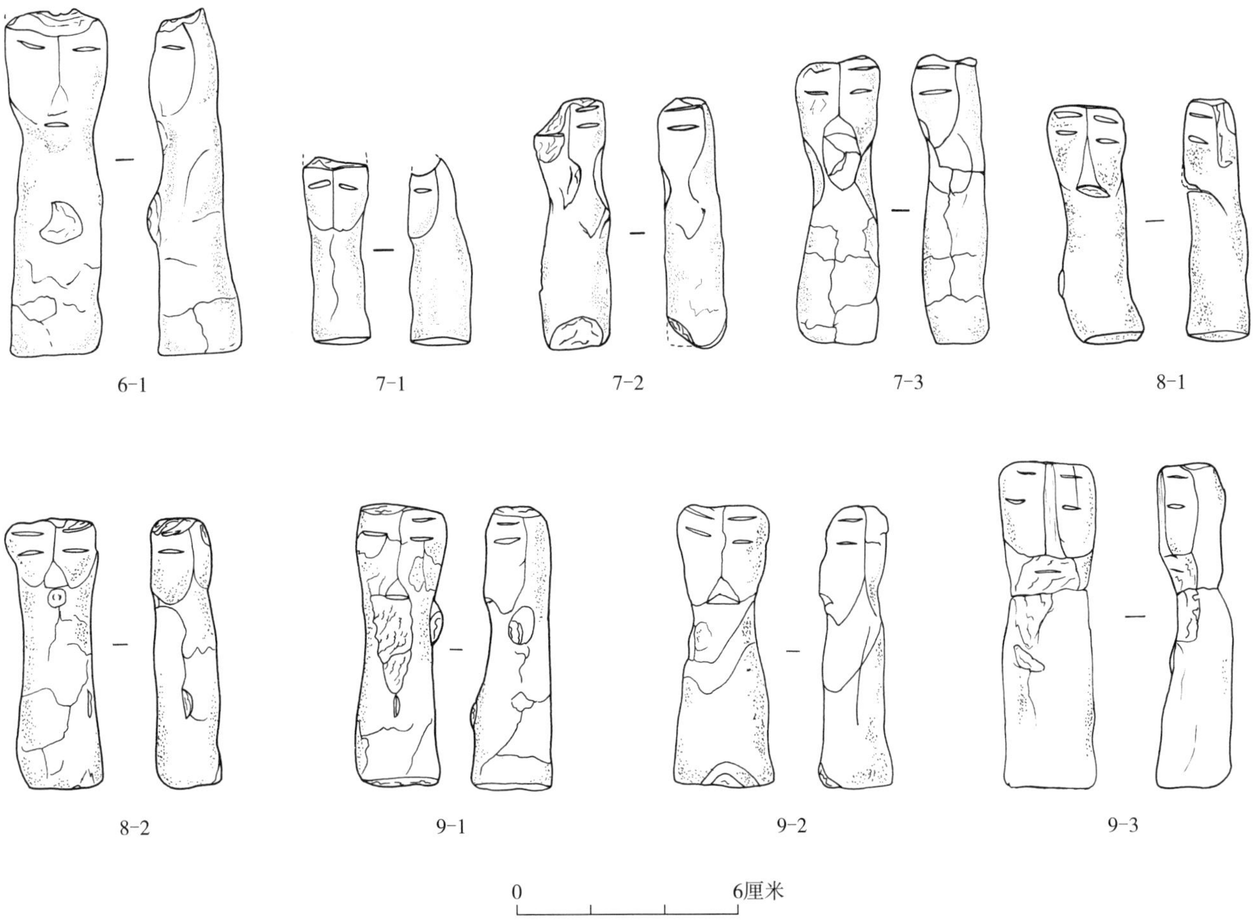

图 4-617　M453 出土器物

6-1、7-1～3、8-1、2、9-1～3. 陶俑

版二〇一，4）。

（3）铁器

铁镜架　1 件。

标本 M453：3，叉形，两侧支脚扁长条形，均缺失。残高 5.3 厘米（图 4-616，3）。

（二六〇）M454

1. 墓葬形制

位于墓地中部，被 M452 打破，东面是 M459，西面为 M329。方向 10°（图 4-618）。

长方形土坑竖穴砖椁墓。墓口长 2.7、宽 1.2、深 2.5 米。椁室长 2.7、宽 0.94、高 0.72 米。椁室均青砖垒砌。北端及东、西两壁单行平铺错缝叠砌。椁室南端有脚箱，长 0.42、宽 0.39 米。北侧顺向叠砌，台面上部平铺一层青砖。墓底铺地砖中间一行顺向排列、两侧各一排横向铺设。砖长 33 ～ 35、宽 13、厚 7 厘米。墓内填黄褐色五花土，经过夯打，土质较致密。夯窝圆形，直径 8、夯层厚 15 厘米。

人骨 1 具。头向北，面向上，仰身直肢。骨骼保存较差，上肢及盆骨、躯干腐朽。男性。成年个体。

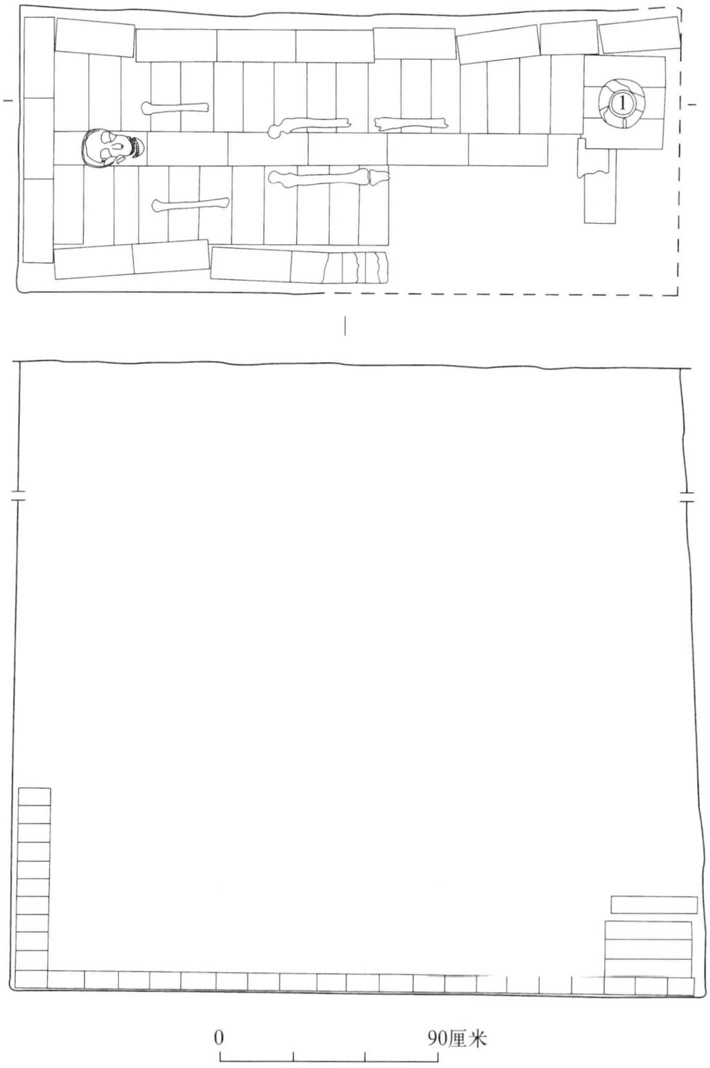

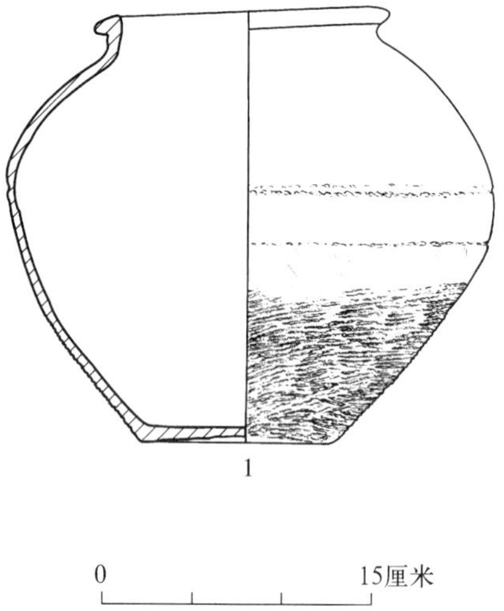

图 4-618　M454 及出土器物

1. 陶罐

随葬陶罐 1 件，放在脚箱内。

2. 出土遗物

陶器

陶罐　1 件。

标本 M454∶1，泥质灰陶。斜沿，圆唇，束颈，鼓腹，平底内凹。腹部饰三周戳印纹，下腹饰绳纹。口径 16.4、底径 10.6、高 23.8 厘米（图 4-618，1）。

（二六一）M455

1. 墓葬形制

位于墓地中部，南面是 M330，西南面为 M367。方向 104°（图 4-619）。

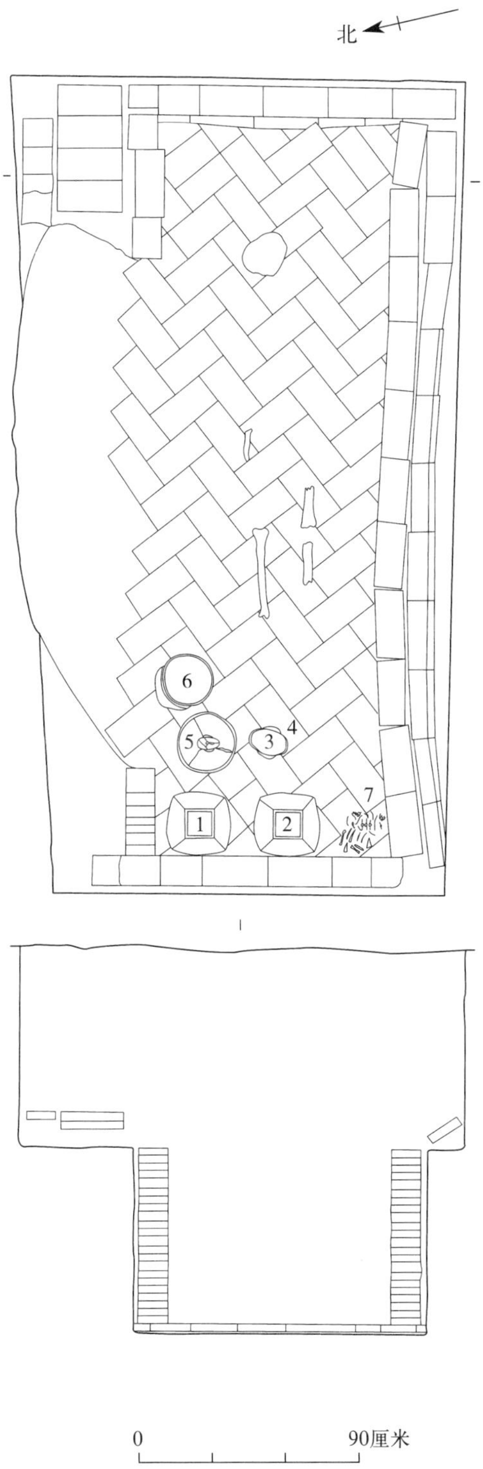

图 4-619　M455 平、剖面图

1、2. 陶钫　3、4. 陶耳杯　5. 陶盘　6. 陶樽　7. 动物骨骼

长方形土坑竖穴砖椁墓。墓口长 3.25、宽 1.6 ～ 1.85、深 1.54 米。椁长 2.9、宽 0.92、高 0.7 米。椁室四壁均用青砖单行平铺错缝或直缝叠砌二十二层。南、北壁外侧平铺单排或两排青砖，内侧双层横向、外侧一层顺向平铺。南、北两侧有生土二层台，宽 0.15 ～ 0.47、高 0.74 米。台上面顺向平铺一层青砖。墓底铺地砖，“人”字形排列。砖长 25 ～ 27、宽 12、厚 3 厘米。墓内填黄褐色五花土，土质疏松。

人骨 1 具。头向东，面向不详，直肢。腐朽严重，上肢及躯干无存。性别、年龄无法鉴定。

随葬陶器 6 件。陶钫 2 件、陶耳杯 2 件，陶盘、陶樽各 1 件置于椁室西端。乳猪、鸡、真鲷、鱼骨放在西南角。

2. 出土遗物

陶器

陶钫　2 件。泥质灰陶。覆斗形盖，斜壁，小平顶，顶部有五个突饰。钫方口，平沿，方唇，束颈，鼓腹，方形圈足。下腹及底部饰绳纹。

标本 M455 : 1，口边长 12.7、底边长 14、通高 46 厘米（图 4-620，1）。

标本 M455 : 2，口边长 12、底边长 13.2、通高 44.8 厘米（图 4-620，2）。

陶樽　1 件。

标本 M455 : 6，泥质灰陶。弧顶盖。樽直口，平沿，深腹，直壁，下部微内收，平底微凹，蹄形足。素面。口径 20.7、底径 20、通高 18.8 厘米（图 4-620，6）。

陶盘　1 件。

标本 M455 : 5，泥质灰陶。敞口，斜折沿，圆唇，下部弧收，小平底。素面。口径 23.1、底径 6.5、高 5.8 厘米（图 4-620，5）。

陶耳杯　2 件。泥质灰陶。器身椭圆形，敞口，下部弧收，平底。口沿两侧饰新月形耳。素面。

标本 M455 : 3，尖唇。口长径 15.2、短径 13.2、高 5.2 厘米（图 4-620，3）。

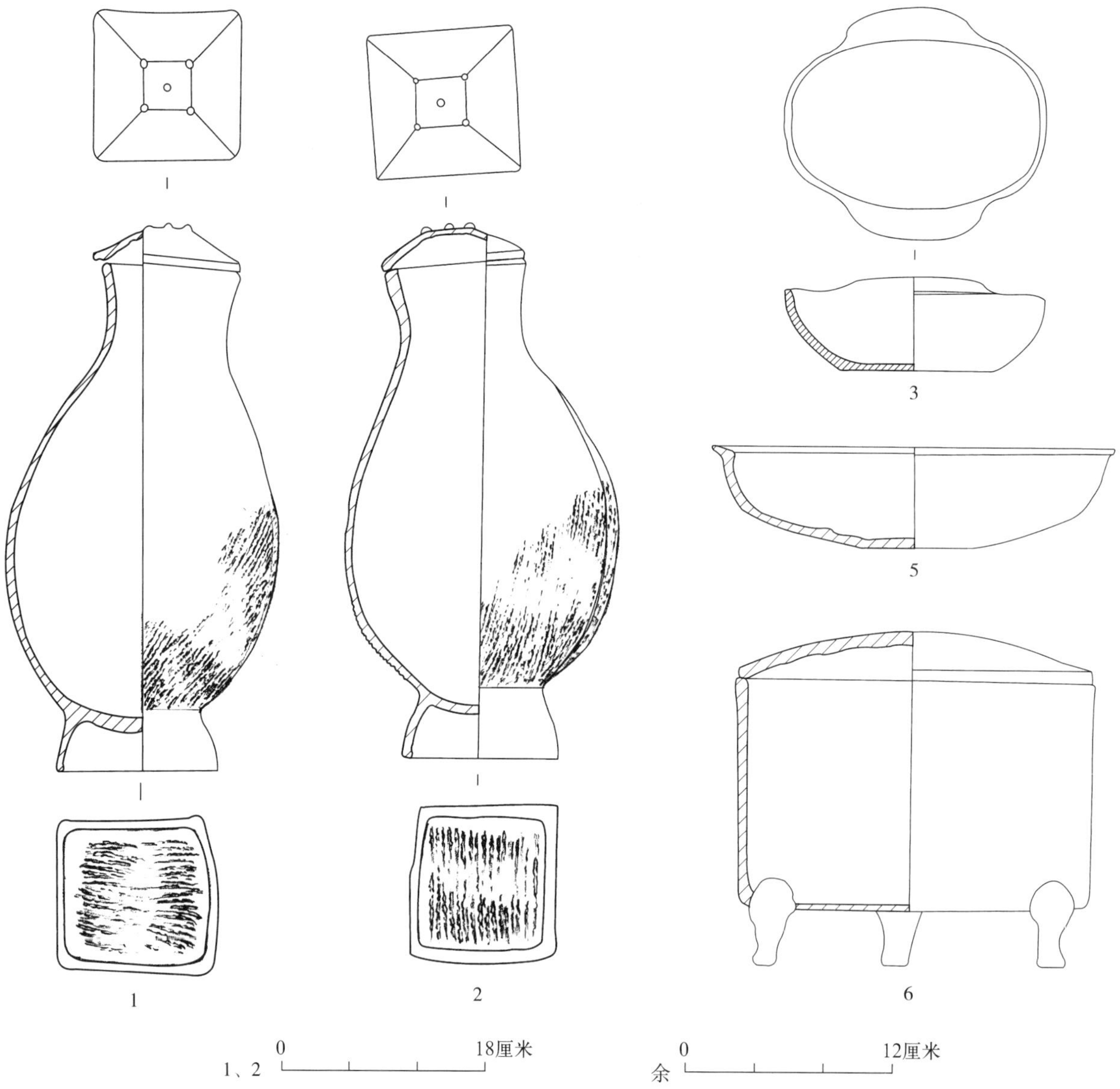

图 4-620 M455 出土器物

1、2. 陶钫 3. 陶耳杯 5. 陶盘 6. 陶樽

（二六二）M456

墓葬形制

位于墓地中部，打破 M458 和 M459，北面是 M457。方向 109°（图 4-621）。

长方形土坑竖穴砖椁墓。墓口长 2.5、宽 0.9～1、高 0.45 米。椁长 2.3、宽 0.74、高 0.4 米。椁室青砖垒砌而成。上部破坏严重，仅残存底部。四周两排青砖“人”字形斜立于壁上。墓底平铺一层青砖，“人”字形排列。砖长 25、宽 12、厚 3 厘米。墓内填黄褐色五花土，土质较疏松。

人骨 1 具。头向东，面向上，仰身直肢。骨骼严重腐朽，仅残存少许头骨、肢骨遗骸。女性，年龄 35～40 岁。

随葬器物无。

图 4-621　M456 平面图

图 4-622　M460 平、剖面图

1. 铜镜　2. 铜刷柄　3. 铁镜架　4. 陶扁壶　5、10. 陶耳杯　6. 陶盘　7. 陶樽　8、9. 陶壶

（二六三）M460

1. 墓葬形制

位于墓地中部，北面是M502，南面为M457，西北面是M461。方向104°（图 4-622）。

长方形土坑竖穴砖椁墓。墓口长2.78、宽1.5、深1.28米。椁长2.38、宽0.8～0.86、高0.64米。椁室四壁均用青砖平铺错缝叠砌而成。南、北两壁平铺一层青砖。西端间隔为长方形脚箱。墓底平铺一层青砖，“人”字形排列。砖长27、宽13、厚3厘米。墓内填黄褐色五花土，经过夯打，土质较紧密。夯窝圆形，分布稀疏，直径8、夯层厚15厘米。

人骨1具。头向东，面向上，仰身直肢。骨

骼腐朽，性别、年龄无法鉴定。

随葬器物10件。陶壶2件，陶耳杯2件，陶扁壶、陶樽、陶盘各1件放在脚箱内。铜镜、铜刷柄、铁镜架各1件置于墓主头骨左侧。

2. 出土遗物

（1）陶器

陶壶 2件。形制相同。泥质灰陶。弧顶盖。侈口，沿面外弧，圆唇，束颈，鼓腹，圈足。下腹有制作抹痕，素面。

标本M460∶8，腹部饰四周戳印纹。口径13.9、底径16、通高37.6厘米（图4-623，8；彩版二〇三，1）。

标本M460∶9，腹部饰三周戳印纹。口径13.7、底径16、通高36.4厘米（图4-623，9）。

陶扁壶 1件。

标本M460∶4，夹砂白灰陶。平沿，尖唇，高颈，扁圆腹，圈足。器表两侧饰两组勾连弧纹。口径5.4、底长径10、短径6、高16.4厘米（图4-623，4；彩版二〇三，2）。

陶盘 1件。

标本M460∶6，泥质灰陶。折沿，浅腹，平底。素面。已残。未能复原。

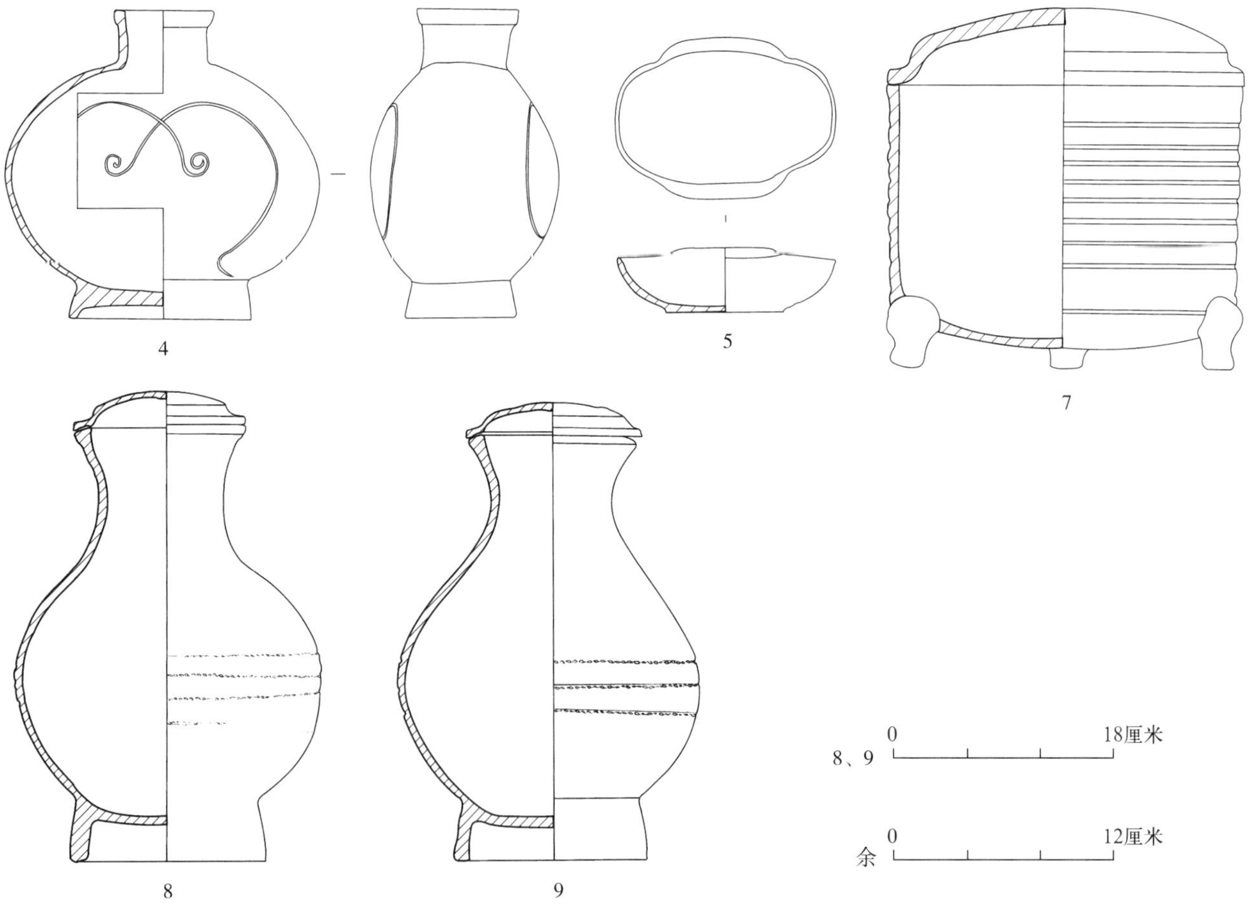

图4-623 M460出土器物

4. 陶扁壶 5. 陶耳杯 7. 陶樽 8、9. 陶壶陶樽 1件。

标本M460∶7，泥质灰陶。弧顶盖，斜折沿。樽直口，方唇，深腹，直壁，圜底。腹部饰九周凹弦纹。口径19.6、底径19、通高19厘米（图4-623，7；彩版二〇三，3）。

陶耳杯 2件。泥质灰陶。器身椭圆形，敞口，圆唇，体弧收，平底。口沿两侧有新月形耳，素面。标本M460∶5，口长径12、短径8.8、高3.4厘米（图4-623，5）。

（2）铜器

铜镜 1枚。

标本M460∶1，日光连弧铭带镜。圆形，圆纽，圆纽座。座外均匀伸出四组短竖线（每组三条），再外一周凸弦纹，纹外分列四条锥形短线、间饰双层月牙纹，再外一周内向八连弧纹圈带。外区两周短斜线和凸弦纹组合纹带，其间为顺时针铭文带“日月心，勿夫毋之忠，勿忘”，字体为圆转式篆隶体、个别笔画呈楔形，有简化，首尾间用一月牙纹隔开，每两字间隔一类似涡纹符号。窄素平缘。面径7.9、缘厚0.6厘米（图4-624，1；彩版二〇三，4）。

铜刷柄 1件。

标本M460∶2，形似烟斗状。斗圆筒形中空，柄长条形，截面圆形，柄尾部扁平，有一圆孔。长12.3厘米（图4-624，2）。

（3）铁器

铁镜架 1件。

标本M460∶3，叉形，两侧支脚扁长条形。高9.1厘米（图4-624，3）。

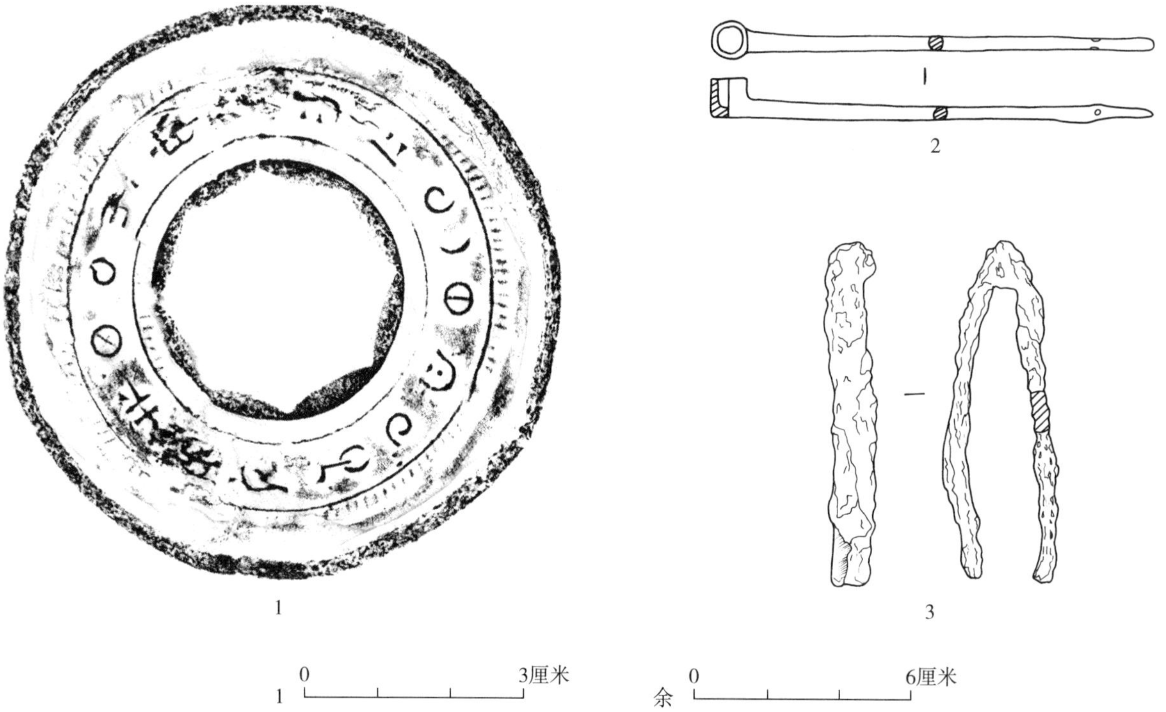

图4-624 M460出土器物

1. 铜镜 2. 铜刷柄 3. 铁镜架

（二六四）M461

1. 墓葬形制

位于墓地中部，东北面是M502，东南面为M460，西面是M470。方向104°（图4-625）。

长方形土坑竖穴砖椁墓。墓口长2.9、宽1.46米，底长2.6、宽1.22、深1.84米。椁长2.23、宽0.7～0.9、高0.6米。椁室四壁青砖平铺错缝叠砌而成。南、北两壁平铺叠压两层青砖，因挤压内弧。台面外侧东、西端平铺一层青砖。墓底平铺一层青砖，“人”字形排列。砖长27～28、宽12、厚3

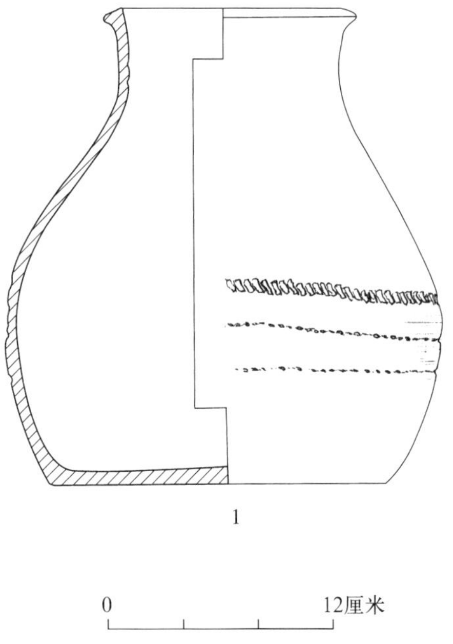

图4-625　M461及出土器物

1. 陶壶

厘米。墓内填黄褐色五花土，经过夯打，土质较致密。夯窝圆形，分布较密集，直径 8 ～ 10、夯层厚 15 厘米。

人骨无。

随葬陶壶 1 件，放在椁室西北角。

2. 出土遗物

陶器

陶壶　1 件。

标本 M461：1，泥质灰陶。侈口，沿外斜，尖唇，束颈，鼓腹，平底。器表有抹制痕，颈肩部饰白色彩绘图案，腹部饰两周戳印纹。口径 13.3、底径 18、高 24.7 厘米（图 4-625，1）。

（二六五）M462

1. 墓葬形制

位于墓地中部，打破 M464，东面是 M563。方向 104°（图 4-626）。

图 4-626　M462 平面图

1. 铜铺首衔环（2）　2. 铜泡钉　3. 铜钱（3）　4. 铜镜　5. 铜钱（14）　6. 铜铺首衔环（2）

长方形土坑竖穴砖椁墓。墓口长 2.3、宽 0.9、深 0.14 米。椁室均用青砖垒砌，上部破坏严重，结构与形制不详。墓底斜向平铺一层青砖，“人”字形排列。砖长 24、宽 12、厚 3 厘米。墓内填黄褐色五花土，土质较疏松。

人骨 1 具。头向东，面向上，仰身直肢。骨骼保存较差，头骨破碎，仅残存部分下肢及盆骨遗骸。性别无法鉴定，年龄 25 岁左右。

随葬器物 23 件。铜镜 1 枚放置墓主头骨上面。铜铺首 4 件，其中 2 件放在头部左侧，2 件置于左侧墓主骨盆上。铜泡 1 件位于头骨左上方。铜钱 17 枚，其中 3 枚含在墓主口内，14 枚置于左股骨外侧。

2. 出土遗物

铜器

铜镜　1 枚。

标本 M462：4，似为日光铭带镜，锈蚀严重。圆形，圆纽，圆纽座。座外一周凸弦纹。再外两周短斜线和凸弦纹组合纹带，其间为铭文，可辨一“勿”字。素面卷缘。面径 5.5、缘厚 0.15 厘米（图 4-627，4；彩版二〇三，5）。

铜铺首衔环　4 件。形制相同。兽形，面部宽阔，双目圆突，眼睑睫毛清晰，双耳向上外竖起，顶部突出，形成“山”字形，长鼻后卷衔一铜环，背面中部有梯形短钉。

标本 M462：1-1，长 4、宽 3.2 厘米（图 4-627，1-1；彩版二〇三，6 右）。

标本 M462：6-1，长 3.9、宽 3.2 厘米（图 4-627，6-1；彩版二〇三，6 左）。

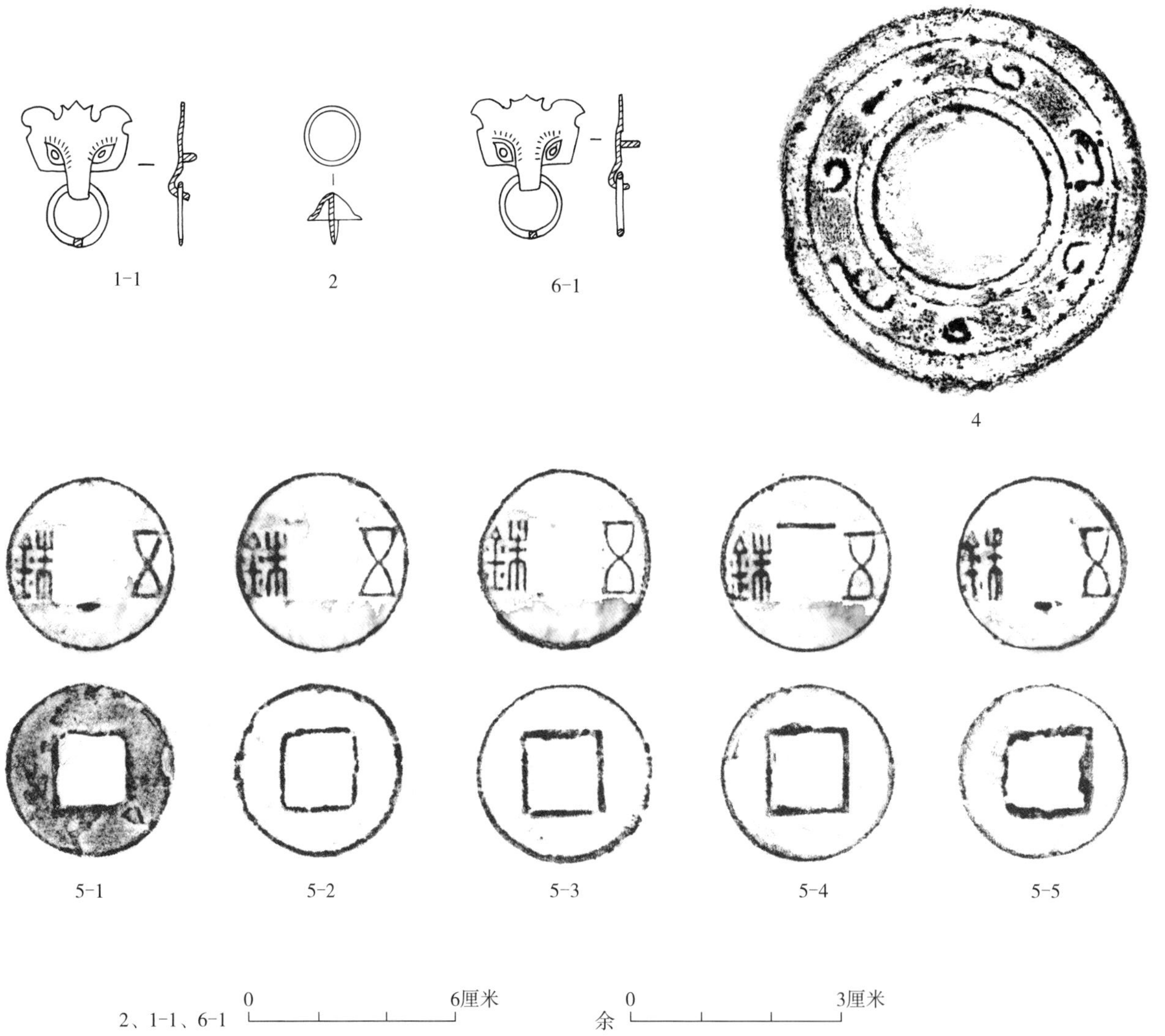

图4-627　M462出土器物

1-1、6-1. 铜铺首衔环　2. 铜泡钉　4. 铜镜　5-1～5. 铜钱

铜泡钉　1件。

标本M462∶2，伞形泡面弧起。内有尖钉。素面。直径1.6、高1.5厘米（图4-627，2）。

铜钱　17枚。均为五铢。圆形方穿，正面有轮无郭，背面轮郭俱全。根据钱文字体不同分为两种。

第一种　5枚。“五”字两笔交叉较直或微曲，“铢”字“金”头呈三角形，与“朱”平齐，“朱”字上部方折，有的周郭部分被磨掉，有的穿下半星。

标本M462∶5-1、2，钱直径2.5、穿边长1、厚0.2厘米（图4-627，5-1、2）。

第二种　12枚。五字两笔交叉弯曲，与上、下两横相交处垂直，“铢”字“金”头三角形，与“朱”平齐，“朱”字上方折，有的周郭部分被磨，有的穿上横郭或穿下半星。

标本M462∶5-3～5，直径2.5、穿边长1、厚0.17厘米（图4-627，5-3～5）。

（二六六）M463

墓葬形制

位于墓地中部，打破 M464，北面是 M467，西面为 M465。方向 112°（图 4-628）。

长方形土坑竖穴砖椁墓。墓口长 1.95、宽 1.2、深 0.4 米。椁长 1.84、宽 0.85 ~ 0.95、高 0.4 米。椁室青砖垒砌而成。上部破坏严重，仅残存下面部分青砖。南、北两壁及东端平铺错缝叠砌，西端及墓底无存，形制与结构不详。砖长 24、宽 11 ~ 12、厚 3 厘米。墓内填黄褐色五花土，土质疏松。

人骨无。

随葬器物无。

（二六七）M464

1. 墓葬形制

位于墓地中部，被 M462、M463 打破，东南面是 M563，西北面为 M465、M466。方向 11°（图 4-629）。

长方形土坑竖穴砖椁墓。墓口长 2.65、宽 1.76、深 1.76 米。椁长 2.1、宽 0.66 ~ 0.7、高 0.76 米。四壁青砖单行平铺错缝叠砌而成。东壁外侧中间青砖垒砌长方形边箱，长 0.8、宽 0.3、深 0.27 米。顶部覆盖青砖。墓底平铺一层青砖，中间两行竖排、两侧各一列横排。砖长 36、宽 14、厚 7 厘米。

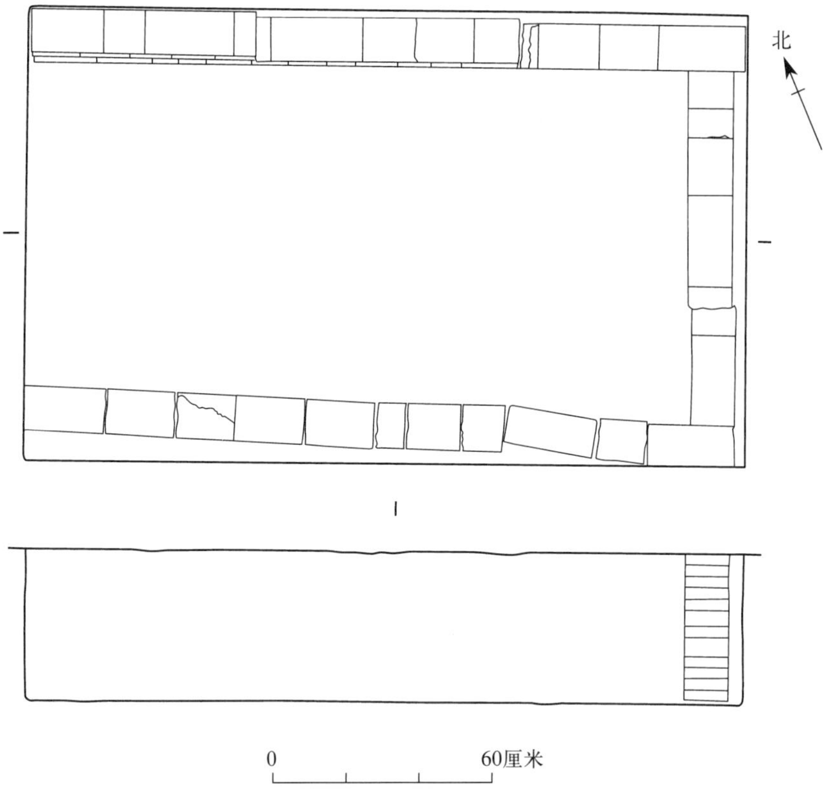

图 4-628　M463 平、剖面图

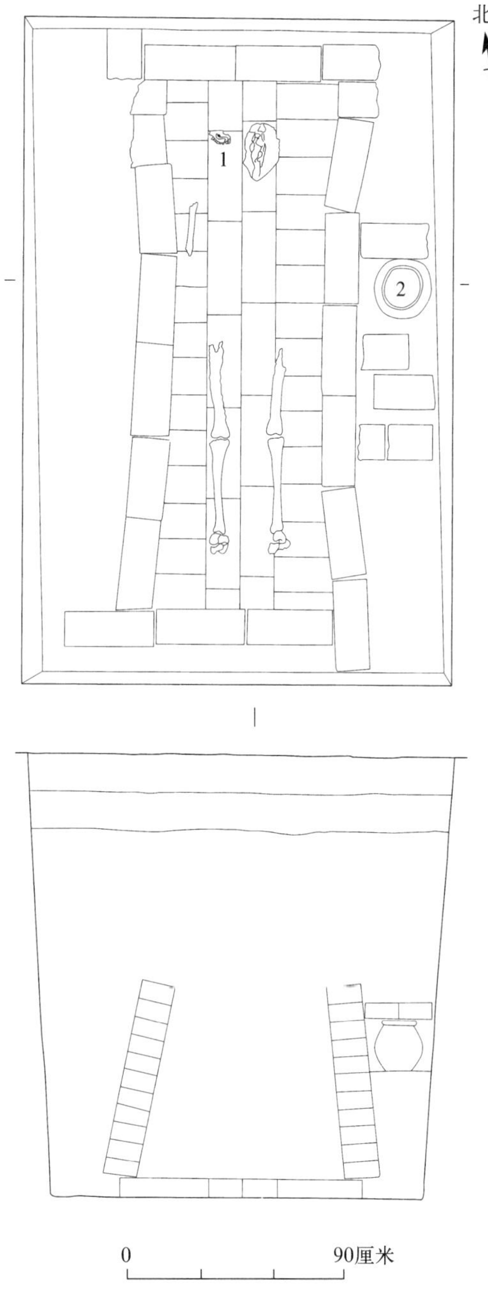

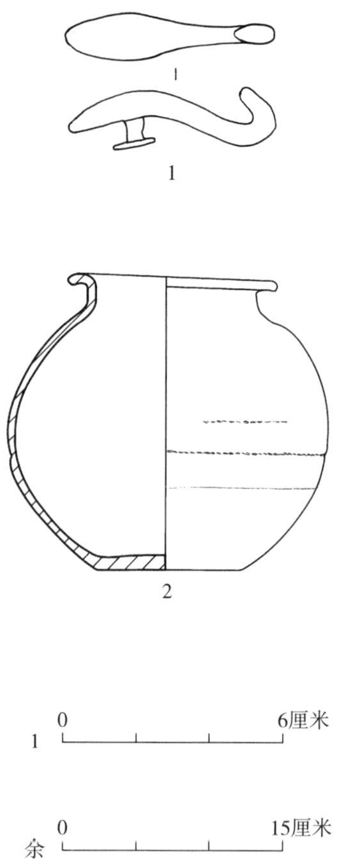

图 4-629　M464 及出土器物

1. 铜带钩　2. 陶罐

墓内填黄褐色五花土，经过夯打，土质较致密。夯窝圆形，分布较密集，直径 8 ～ 10、夯层厚 15 厘米。

人骨 1 具。头向北，面向上。仰身直肢。骨骼腐朽严重，上肢、躯干及盆骨无存。性别、年龄无法鉴定。

随葬器物 2 件。陶罐 1 件置于边箱内。铜带钩 1 件放在墓主口内。

2. 出土遗物

（1）陶器

陶罐　1 件。

标本 M464 : 2，泥质灰陶。侈口，卷沿，沿面微弧，圆唇，束颈，鼓腹，小平底。器表有制作抹痕，中腹饰两周戳印纹。口径 14.2、底径 10、高 19.6 厘米（图 4-629，2）。

（2）铜器

铜带钩　1件。

标本M464∶1，琵琶形。钩呈马首状，横断面近圆形，椭圆形纽位于背中部。长5.7厘米（图4-629，1）。

（二六八）M465

1. 墓葬形制

位于墓地中部，打破M466，东南面是M463、M464，西面为M460。方向109°（图4-630）。

长方形土坑竖穴砖椁墓。墓口长3.35、宽1.7、深1.25米。椁长2.4、宽1.6、高0.75米。椁室均用青砖平铺垒砌。东、西两壁外侧垒砌一～三层青砖。中间一层为顺向、两侧为横排。南、北两壁为土圹，东、西两壁仅有少量青砖。木棺已腐朽，仅残存板灰痕迹。砖长25、宽11、厚3厘米。墓内填黄褐色五花土，经过夯打，土质较致密。夯窝圆形，分布较密集，直径8～10、夯层厚15厘米。

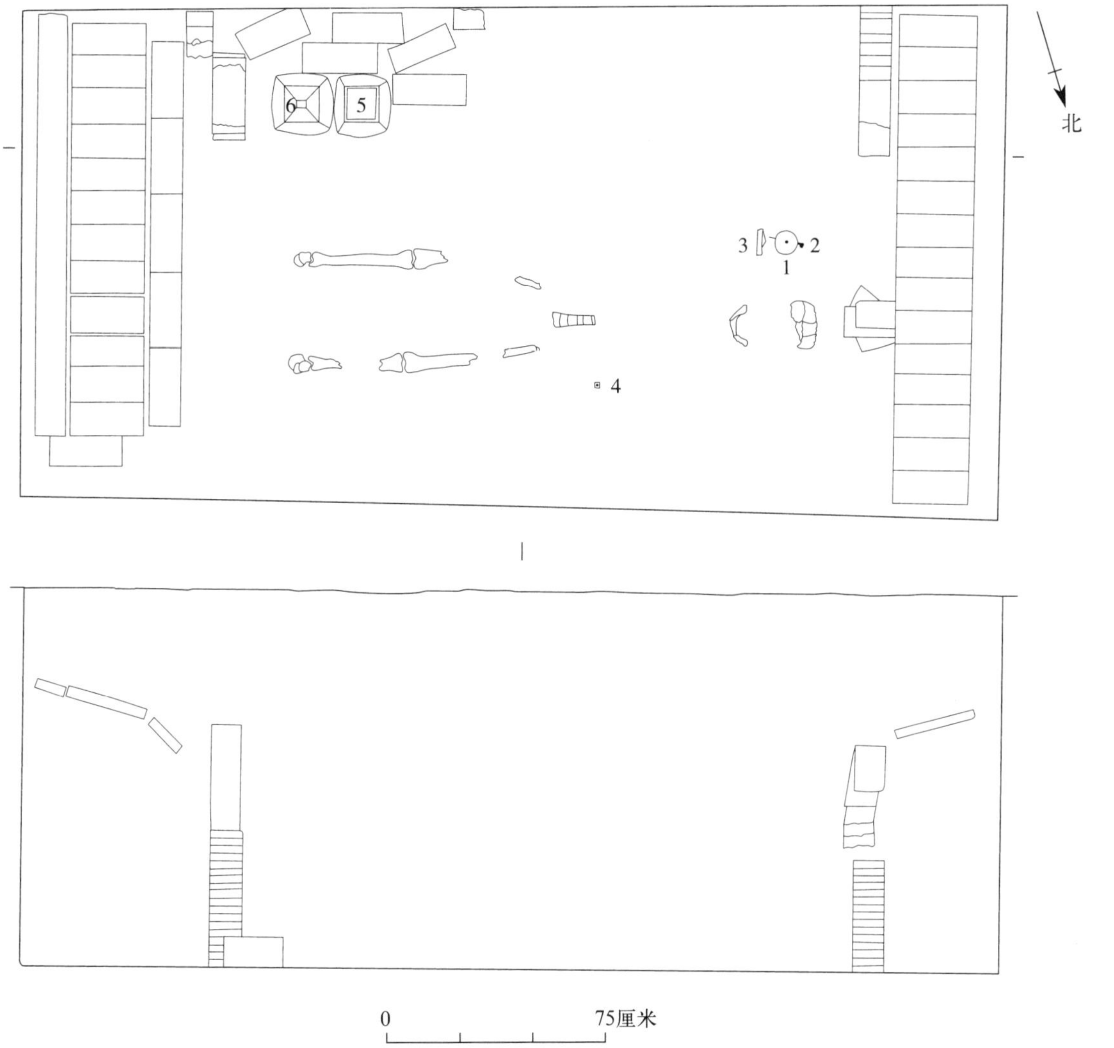

图4-630　M465平、剖面图

1. 铜镜　2. 铜刷柄　3. 铁镜架　4. 铜印章　5、6. 陶钫

人骨1具，头向东，面向上，仰身直肢。骨骼保存较差，头骨破碎，仅残存部分下肢骨遗骸。性别无法鉴定，成年个体。墓底北侧仅有少量青砖铺地，而南部则未见铺地砖。

随葬器物6件。陶钫2件放在椁室西北角。铜镜、铜刷柄、铁镜架各1件放在墓主头骨右侧。铜印章1枚放置墓主左侧腰间。

2. 出土遗物

（1）陶器

陶钫　2件。泥质灰陶。覆斗形盖，斜壁，小平顶，顶部中央有一突饰。钫方侈口，斜平沿，尖唇，束颈，鼓腹，方形圈足。素面。

标本M465∶5，下腹饰绳纹。口边长12.6、底边长14.4、通高40厘米（图4-631，5；彩版二〇四，1左）。

标本M465∶6，器表有刮削抹痕，素面。口边长12.2、底边长14.8、通高39.2厘米（图4-631，6；彩版二〇四，1右）。

（2）铜器

铜镜　1枚。

标本M465∶1，日光圈带铭带镜，锈蚀严重。圆形，连峰纽，圆纽座。座外一周窄凸面圈带。外区两周短斜线和凸弦纹组合纹带，其间为顺时针铭文带，字迹不清，可辨“见之……”宽素平缘。面径7.4、缘厚0.3厘米（图4-631，1；彩版二〇四，2）。

铜刷柄　1件。

标本M465∶2，形似烟斗状。斗圆筒形中空，口部略残，细长柄，截面椭圆形，柄端缺失。残长10.4厘米（图4-631，2；彩版二〇四，3）。

铜印章　1枚。

标本M465∶4，方形印体，龟形纽。印面方形，阴文篆书“纪□之印”，人名。印面边长1.5、通高1.7厘米（图4-631，4；彩版二〇四，4、5）。

（3）铁器

铁镜架　1件。

标本M465∶3，叉形，两侧支脚扁长条形，一侧略缺。高8.3厘米（图4-631，3）。

（二六九）M466

1. 墓葬形制

位于墓地中部，被M465打破，东面是M463、M464，西面为M460。方向118°（图4-632）。

长方形土坑竖穴砖椁墓。墓口长2.9、宽1.4～1.6、深1.75米。椁长2.55、宽0.65～0.85、高0.70米。椁室四壁青砖平铺错缝叠砌而成，中间挤压变形。生土二层台位于椁室西端下部，长0.34、宽0.85、0.32米。四周平铺一层青砖，台面六块青砖平铺，东部侧面六块青砖竖立。墓底平铺一层青砖，“人”字形排列。木棺已腐朽，仅见少量板灰痕迹。砖长28、宽17、厚3厘米。墓内填黄褐色五花土，经过夯打，夯窝圆形，分布较密集，直径8～10、夯层厚15厘米。

人骨1具。头向东，面向上，葬式不详。头骨破碎，仅残存锁骨及部分脊椎骨。性别、年龄无法鉴定。

随葬器物9件。陶壶2件，陶樽1件，陶耳杯3件放在两端二层台北侧。铜镜2枚置于墓主头骨左、

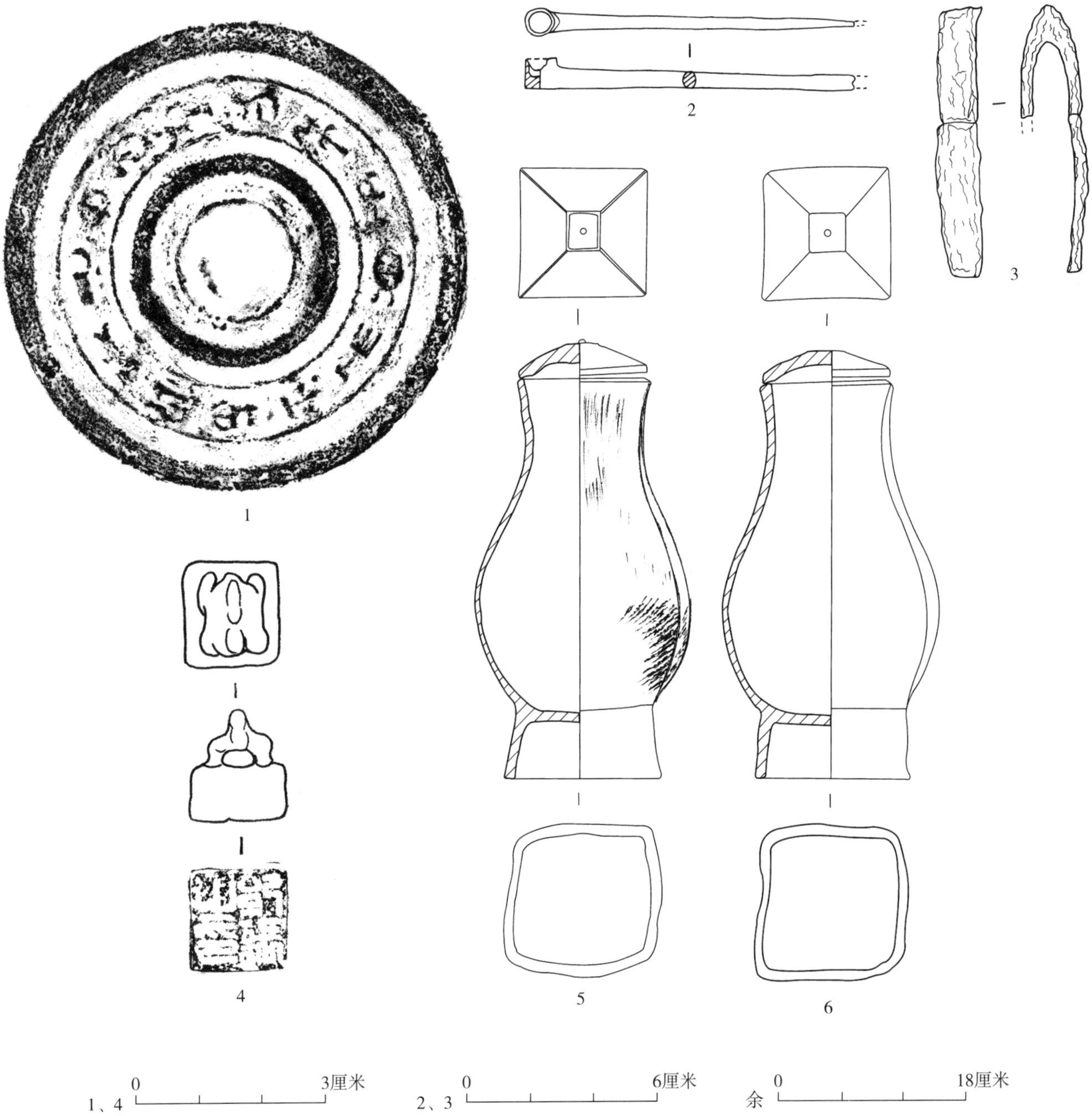

图 4-631　M465 出土器物

1. 铜镜　2. 铜刷柄　3. 铁镜架　4. 铜印章　5、6. 陶钫

右上方。铁环首刀 1 件放置墓主头骨左上侧。二层台南侧发现少量鸡骨。

2. 出土遗物

（1）陶器

陶壶　2 件。泥质灰陶。弧顶盖。侈口，沿面外斜，束颈，鼓腹，圈足。器表有制作抹痕。腹部饰两周戳印纹，下腹饰绳纹。

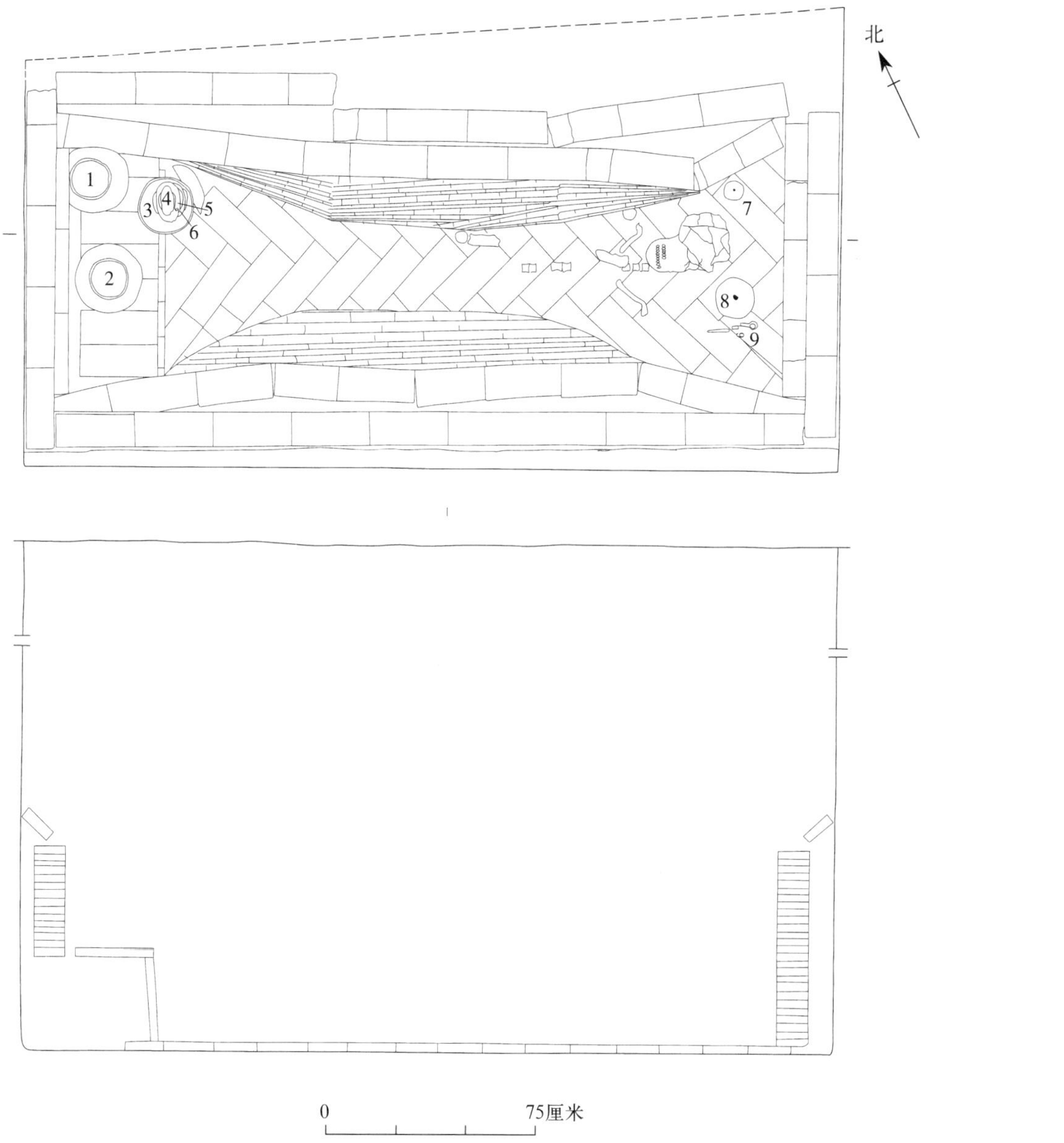

图 4-632　M466 平、剖面图

1、2. 陶壶　3. 陶樽　4～6. 陶耳杯　7、8. 铜镜　9. 铁环首刀

标本 M466：1，口径 14.2、底径 13.4、通高 36.4 厘米（图 4-633，1）。

标本 M466：2，口径 14、底径 13.2、通高 36.6 厘米（图 4-633，2）。

陶樽　1 件。

标本 M466：3，泥质灰陶。弧顶盖，斜平沿。樽直口，平沿，圆唇，深腹，直壁，下部微内收，平底微凹。锥状足。素面。腹部有制作抹痕。口径 20.6、底径 19.5、通高 15 厘米（图 4-633，3；彩版二〇四，6）。

陶耳杯　3 件。泥质灰陶。器身椭圆形，圆唇，敞口，下腹内收，底微凹。口沿两侧安新月形耳。素面。

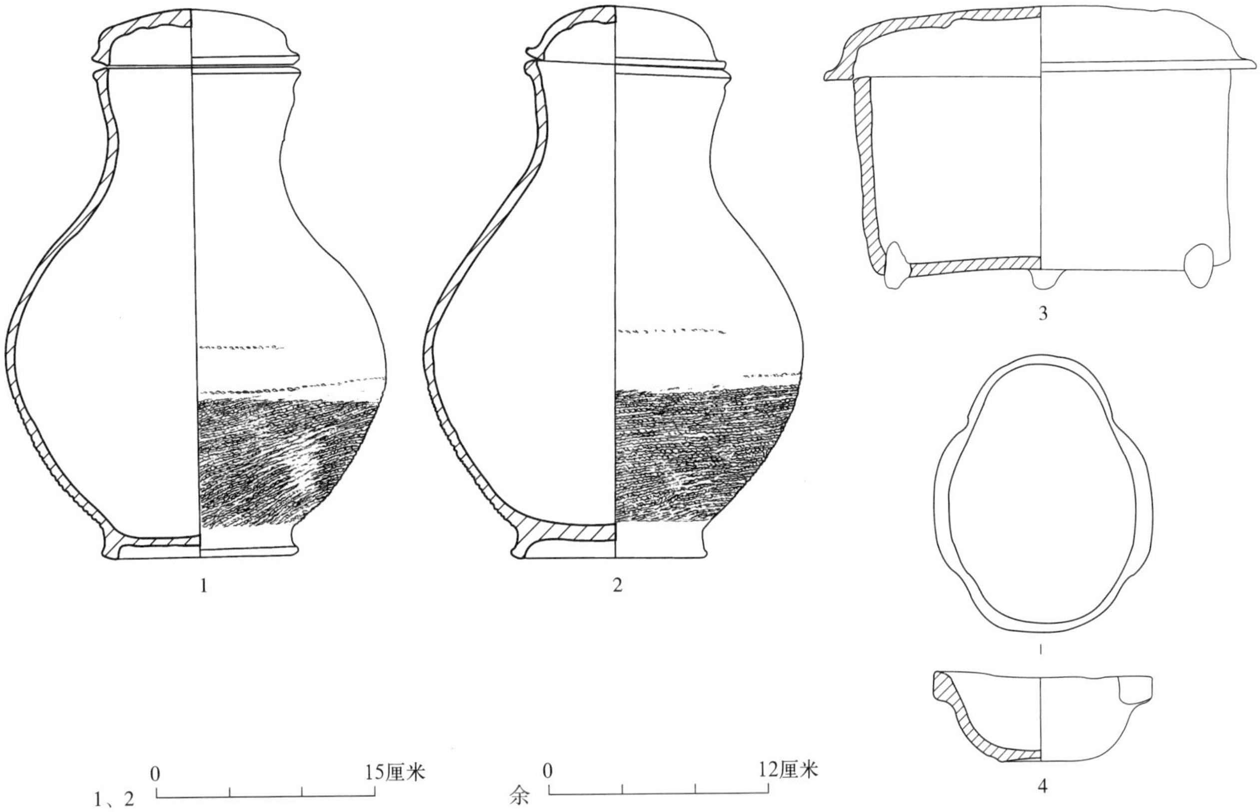

图 4-633 M466 出土器物

1、2. 陶壶 3. 陶樽 4. 陶耳杯

标本 M466 : 4，口长径 14.8、短径 12、高 4.8 厘米（图 4-633，4）。

（2）**铜器**

铜镜 2 枚。

标本 M466 : 7，日光连弧铭带镜，锈蚀严重。圆形，圆纽，圆纽座。座外均匀伸出四组短竖线（每组三条）、似夹饰月牙纹。再外一周内向八连弧纹圈带。外区两周短斜线和凸弦纹组合纹带，其间为顺时针铭文带“见日之光，□不忘忘”，圆转式篆隶体，每字间隔一类似涡纹符号。窄素平缘。面径 7.3、缘厚 0.4 厘米（图 4-634，7；彩版二〇四，7）。

标本 M466 : 8，昭明圈带连弧铭带镜。圆形，圆纽，并蒂连珠纹纽座。座外一周窄凸面圈带，带外伸出四锥形短线、夹饰内附三短竖线外弧月牙纹，再外一周内向八连弧纹圈带。外区两周短斜线和凸弦纹组合纹带，其间为顺时针铭文带“内清以昭明，光象而不䍙日月，心忽而穆忠，然雍塞泄”，字体为圆转式篆隶体。宽素平缘。面径 12.6、缘厚 0.5 厘米（图 4-634，8；彩版二〇四，8）。

（3）**铁器**

铁环首刀 1 件。

标本 M466 : 9，环首。长条形，截面三角状，平背，直刃。残长 14.4 厘米（图 4-634，9）。

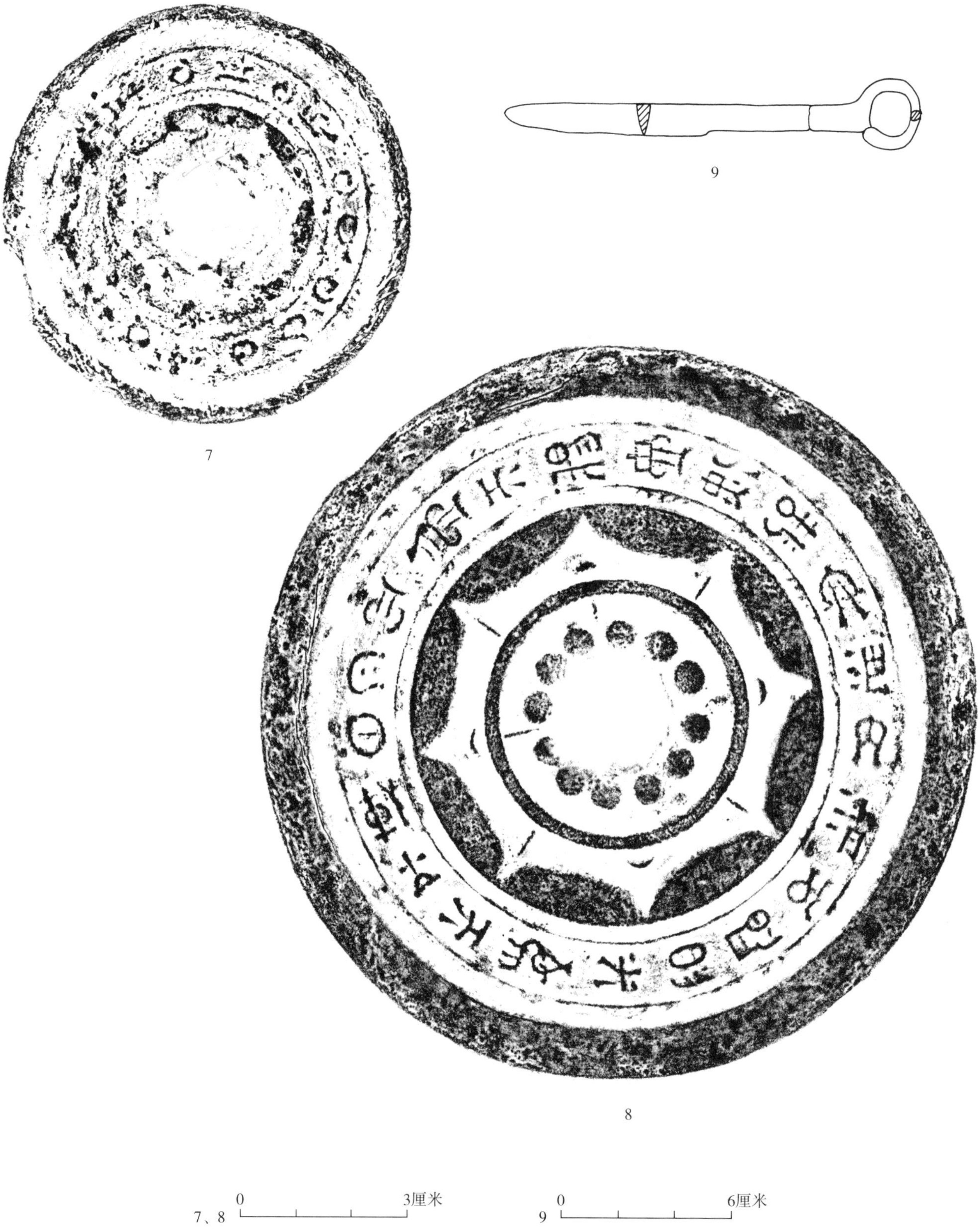

图4-634　M466出土器物

7、8. 铜镜　9. 铁环首刀

（二七〇）M469

1. 墓葬形制

位于墓地中部，北面是M541，西南面为M502。方向10°（图4-635）。

长方形土坑竖穴砖椁墓。墓口长2.4、宽1.08、深0.46米。椁长2.08、宽0.78～0.82、高0.46米。椁室四壁均用青砖平铺错缝叠砌而成。两砖之间留0.05～0.1米长方形缝隙。南壁遭到破坏，仅残留少量青砖。墓底斜向平铺一层青砖，“人”字形排列。砖长26、宽12、厚3厘米。墓内填黄褐色

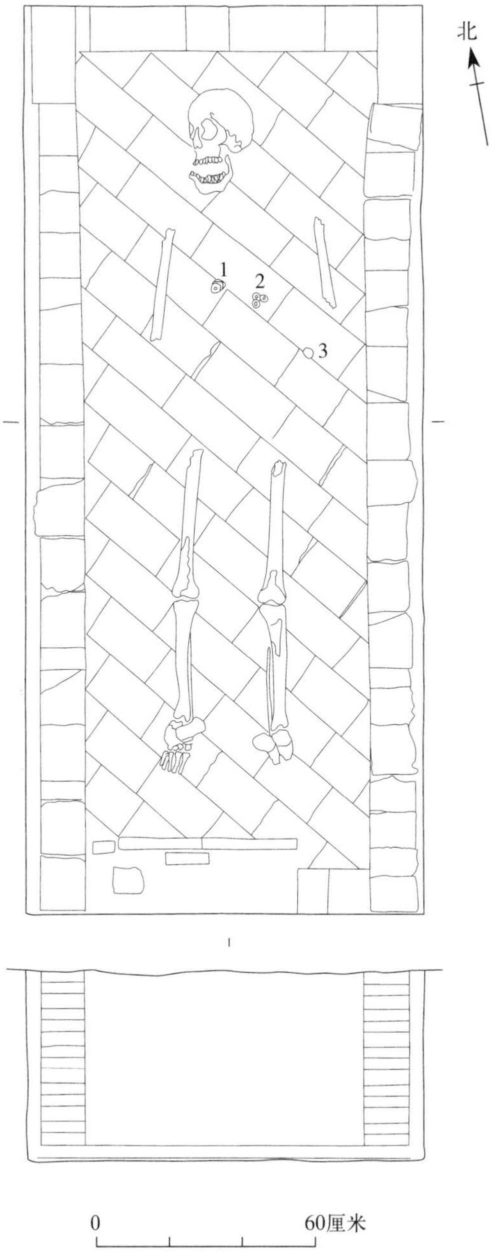

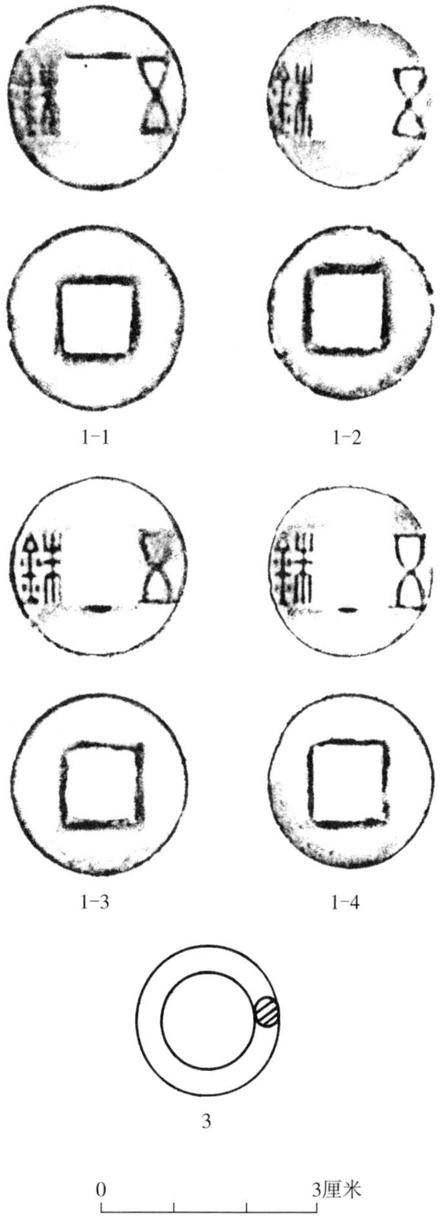

图4-635　M469及出土器物

1. 铜钱（2）　铜钱（5）　3. 铜环

五花土，土质较疏松。

人骨1具。头向北，面向右，仰身直肢。躯干及部分上肢残缺。女性，年龄18～22岁。

随葬器物8件。铜环1件放在墓主腰部左侧。铜钱7枚置于胸部。

2. 出土遗物

铜器

铜环　1件。

标本M469∶3，圆形。外径2、内径1.2厘米（图4-635，3）。

铜钱　7枚，均为五铢。圆形方穿，正面有轮无郭，背面轮郭。根据钱文字体不同分为两种。

第一种　4枚。“五”字两笔交叉近直，“铢”字“金”头三角形，与“朱”平齐，“朱”字上部方折，有的穿上横郭，有的周郭部分被磨。

标本M469∶1-1、2，直径2.5、穿边长1、厚0.12厘米（图4-635，1-1、2）。

第二种　3枚。五字两笔交叉弯曲，与上、下两横相交处垂直，“朱”字上部方折，有的周郭部分被磨，有的穿下半星。

标本M469∶1-3、4，直径2.2、穿边长0.8、厚0.15厘米（图4-635，1-3、4）。

（二七一）M471

墓葬形制

位于墓地中部，北面是M472，东面为M503，南面是M504。方向100°。

长方形土坑竖穴墓。墓口长3、宽1.48～1.56、底长2.9、宽1～1.08、深2.9米。墓圹南、北壁有生土二层台，宽0.12、高0.45米。木棺已腐朽，仅残留板灰痕迹。墓内填黄褐色五花土，填土中夹杂大量泥质灰陶片及碎砖。经过夯打，土质较坚硬。夯窝圆形，排列不规则，直径6～13、间距7～20、夯层厚15～20厘米。

人骨无。

随葬器物无。

（二七二）M472

1. 墓葬形制

位于墓地中部，东北面是M547，东南面为M503，南面是M471。方向105°。

长方形土坑竖穴砖椁墓。墓口长2.92、宽1.46、深3.15米。椁室四壁均用青砖垒砌。由于扰乱破坏严重，形制及结构不详。墓内填黄褐色五花土，经过夯打，土质较坚硬。夯窝圆形，排列不规则，直径6～14、间距9～24、夯层厚15～20厘米。填土中发现陶钵1件。

人骨无。

随葬器物无。

2. 出土遗物

陶器

陶钵　1件。

标本M472∶01，泥质灰陶。敛口，沿面内斜，圆唇，下腹斜收，小平底。素面。口径20.4、底径 8、高 10.4 厘米（图 4-636，01）。

（二七三）M473

墓葬形制

位于墓地中部，打破 M474，北面是 M477，南面为 M476。方向 100°（图 4-636）。

长方形土坑竖穴砖椁墓。墓口长 2.30、宽 0.94 ～ 1.04、深 1.9 米。墓壁下部内收，底部平整。椁室青砖垒砌。南、北两壁有生土二层台，宽 0.06 ～ 0.08、高 0.54 米。墓内填黄褐色五花土，土质较疏松，未见加工痕迹。填土中夹杂贝壳、陶片及大量碎砖。

人骨 1 具。头向东，面向右，仰身直肢。仅残存头骨及部分下肢骨。性别无法鉴定，年龄 13 ～ 16 岁。

随葬器物无。

（二七四）M474

1. 墓葬形制

位于墓地中部，被 M473 打破，东面是 M739，南面为 M476。方向 15°（图 4-637）。

长方形土坑竖穴砖椁墓。墓口长 2.85、宽 1.2 米，底长 2.85、宽 1.11、深 1.96 米。椁长 2.69、宽 0.91、高 0.8 米。椁室均用青砖错缝平铺叠砌而成。北、西两壁垒砌青砖破坏殆尽。北壁壁龛宽 0.5、高 0.32、进深 0.32 米。墓底平铺一层青砖，中间两列竖排，两侧各横排一列。砖长 34、宽 12、厚 6 厘米。墓内填黄褐色五花土，经过夯打，土质较坚硬。夯窝圆形，排列不规则，直径 6 ～ 10、间距 2 ～ 8、夯层厚 15 ～ 20 厘米。

人骨 1 具。头向北，面向不详，直肢。骨骼保存较差，仅残存部分下肢及盆骨遗骸。性别、年龄无法鉴定。

随葬陶壶 1 件放在壁龛内。乳猪骨置于龛外。

2. 出土遗物

陶器

陶壶　1 件。

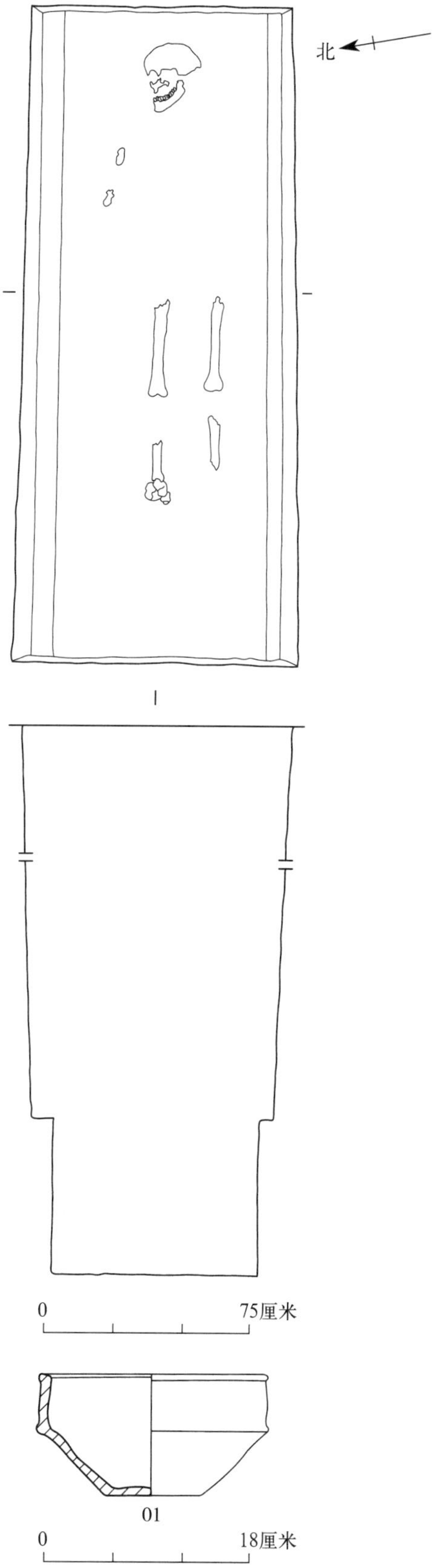

图 4-636　M473 及 M472 出土器物

01. 陶钵 M472:01

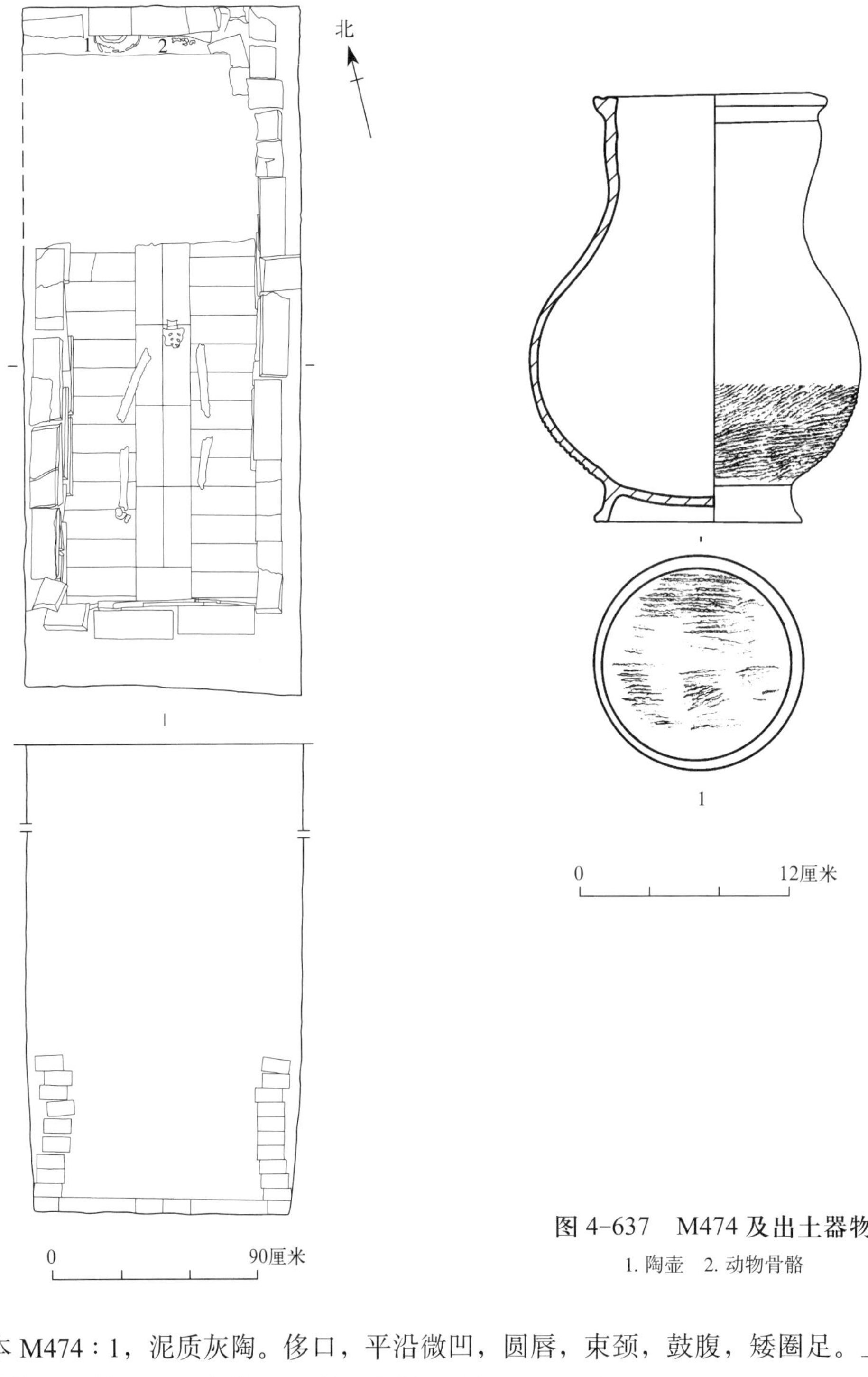

图 4-637　M474 及出土器物
1. 陶壶　2. 动物骨骼

标本 M474∶1，泥质灰陶。侈口，平沿微凹，圆唇，束颈，鼓腹，矮圈足。上腹有制作抹痕，下腹饰绳纹。口径 13.4、底径 12、高 24 厘米（图 4-637，1）。

（二七五）M483

1. 墓葬形制

位于墓地中部，北面是 M486，南面为 M748、M487。方向 95°（图 4-638）。

长方形土坑竖穴砖椁墓。墓口长 2.9、宽 1.5 ～ 1.7、深 2.14 米。椁长 2.12、宽 0.85、高 0.68 米。

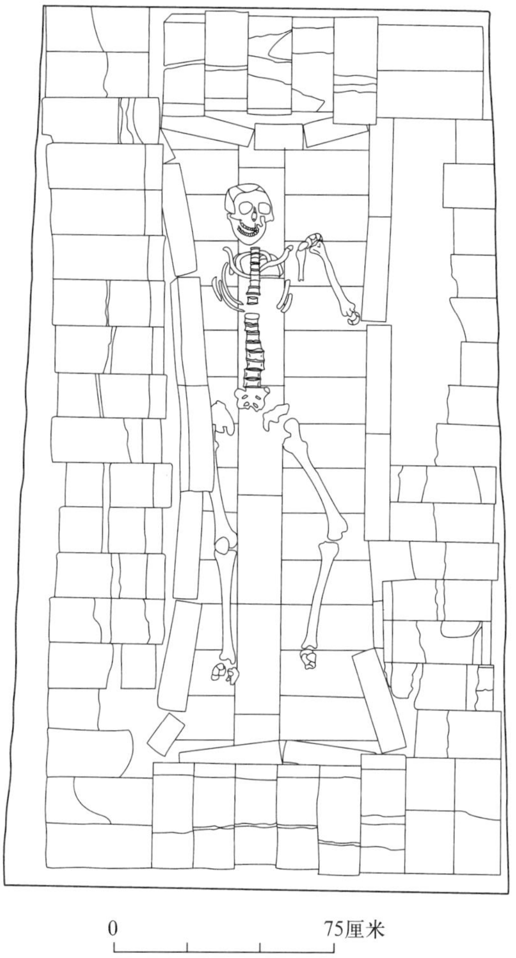

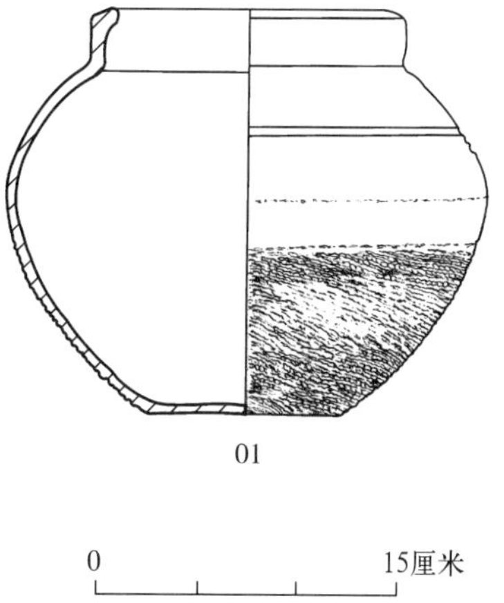

图 4-638　M483 及出土器物

01. 陶罐

椁室四壁横排错缝叠砌七层青砖、侧立一层、竖排一层，共计九层。因遭到挤压，南、北两壁向内凸。墓底平铺一层青砖，中间一列竖排，两侧各横排一列。砖长 35、宽 13 ～ 14、厚 8 厘米。墓内填黄褐色五花土，经过夯打，土质较致密。夯窝圆形，分布不规律，局部密集，直径 6 ～ 8 厘米。填土中发现陶罐 1 件。

人骨 1 具。头向东，面向上，仰身直肢。骨骼保存较差，墓主右侧上肢骨、左上肢及趾骨缺失。性别无法鉴定，年龄 16 ～ 19 岁。

随葬器物无。

2. 出土遗物

陶器

陶罐　1 件。

标本 M483：01，泥质灰陶。敛口，沿面外斜，圆唇，颈部内弧，弧肩，圆腹，下部内收，小平底。上腹有制作旋纹，中腹两周戳印纹，下腹饰绳纹。口径 15.4、底径 9、高 19.4 厘米（图 4-638，01）。

（二七六）M489

1. 墓葬形制

位于墓地中部，被M488打破，北面是M486，东面为M487。方向113°（图4-639）。

长方形土坑竖穴砖椁墓。墓口长3.6、宽2.4米，底长3.6、宽2、深4.16米。椁长2.88、宽0.9、高1.1米。椁室四壁上部垒砌青砖，横、竖排相间无一定规律，中间夹有土层。各壁垒砌青砖南、北两壁十三层，东、西两壁十二层，上部两层分别向外0.1～0.18米。口外侧再平铺一层青砖。墓底铺地砖横排对缝两列，两侧边缘未铺青砖，裸露黄土。砖长34、宽14、厚6厘米。墓内填黄褐色五花土，经过夯打，土质较致密。圆形夯窝，分布无规律，直径6～8、间距6～8、夯层厚14～15厘米。

人骨无。

随葬器物3件。陶钫2件放在椁室西南角。铜带钩1件置于东端偏北。乳猪、蜗牛、鸡、鲤科、鱼骨散落于西南角。填土中发现1枚铜钱。

2. 出土遗物

（1）陶器

陶钫　2件。泥质灰陶。失盖。方口，平沿，尖唇，束颈，鼓腹，方形圈足。腹部有刮削痕迹，素面。

标本M489：1，口边长13.2、底边长13.2、高40.8厘米（图4-640，1）。

标本M489：2，口边长13、底边长12.8、高39厘米（图4-640，2）。

（2）铜器

铜带钩　1件。

标本M489：3，琵琶形。钩呈兽首状，双目圆突，双耳竖起立于首部上端，横断面半圆形，圆形纽位于后背中部。长6.4厘米（图4-640，3）。

铜钱　1枚。

标本M489：01，锈蚀、破碎严重，仅可辨为半两铜钱。

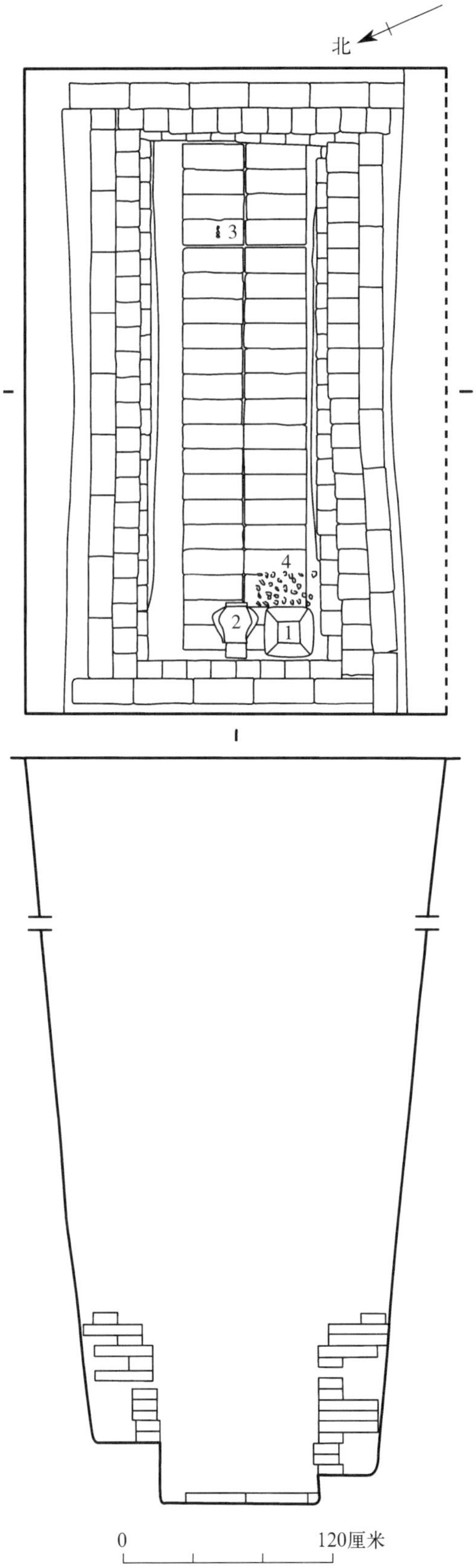

图4-639　M489平、剖面图
1、2. 陶钫　3. 铜带钩　4. 动物骨骼

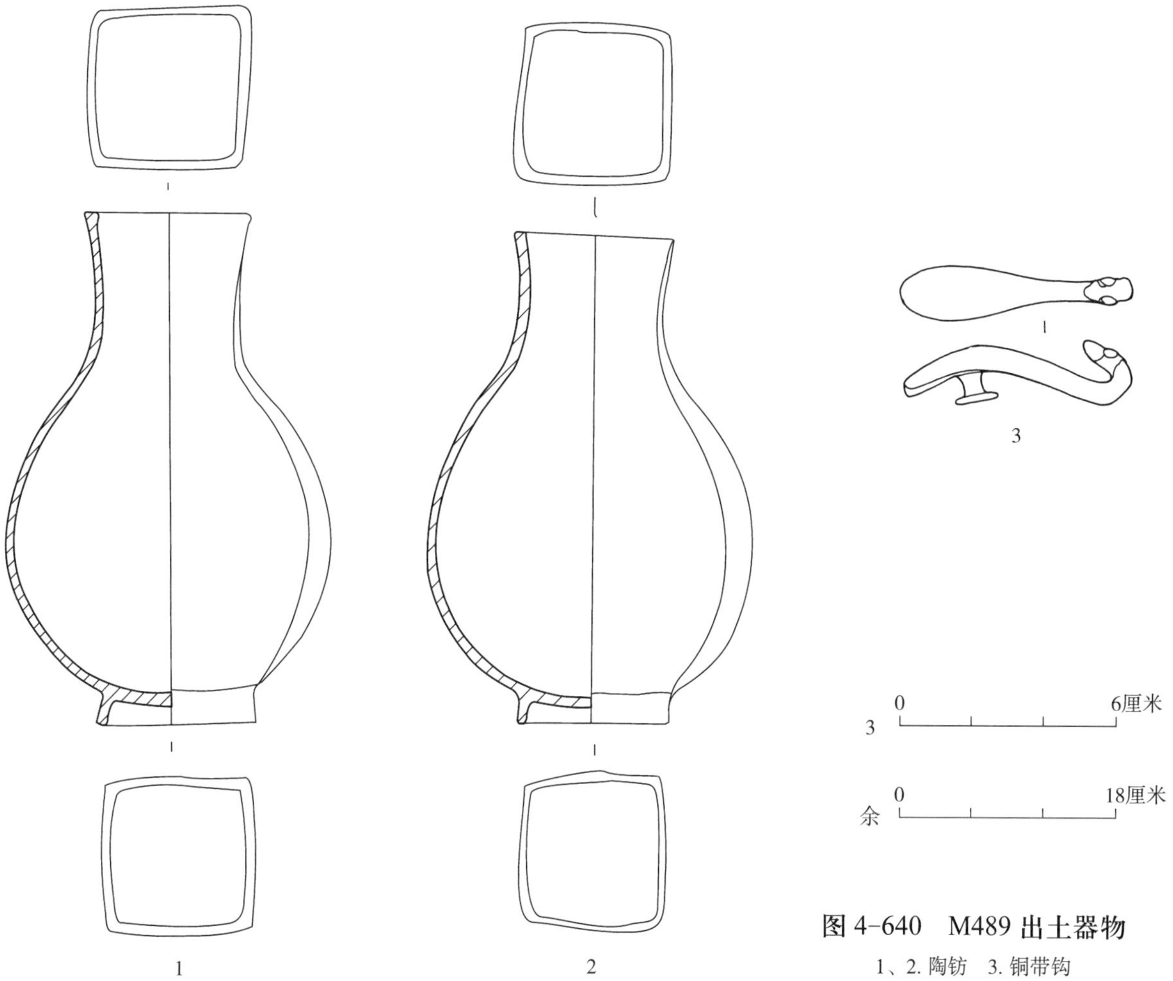

图 4-640　M489 出土器物

1、2. 陶钫　3. 铜带钩

（二七七）M490

1. 墓葬形制

位于墓地中部，被 M481 和 M488 打破。方向 105°（图 4-641）。

长方形土坑竖穴砖椁墓。墓口长 2.9、宽 1.8、深 3.48 米。椁长 2.37、宽 0.8、高 0.8 米。椁室青砖垒砌而成。南、北、东三壁横竖“丁”字形排列，西壁横排叠砌。砖长 33、宽 13、厚 6 厘米。壁龛位于西壁中部，宽 0.4、高 0.32、进深 0.3 米。上部弧形，龛外侧有三块封门砖，中间竖立，南面斜立，北面为横立。青砖与墓壁齐平。墓内塌落许多青砖，凹凸不平，非常凌乱。墓底平铺一层青砖，“人”字形排列。墓内填黄褐色五花土，经过夯打，土质较致密。圆形夯窝，分布稀疏，直径 8 厘米。

人骨无。

随葬陶罐 2 件。1 件放在壁龛内，另 1 件置于椁室西北角。乳猪、鸡、鲴科、鱼骨放置在墓内西端中部。

2. 出土遗物

陶器

陶罐　2 件。泥质灰陶。

标本 M490 : 1，直口，宽平沿，方唇，直颈，溜肩，下腹折收，小平底。肩饰一周凹弦纹，腹

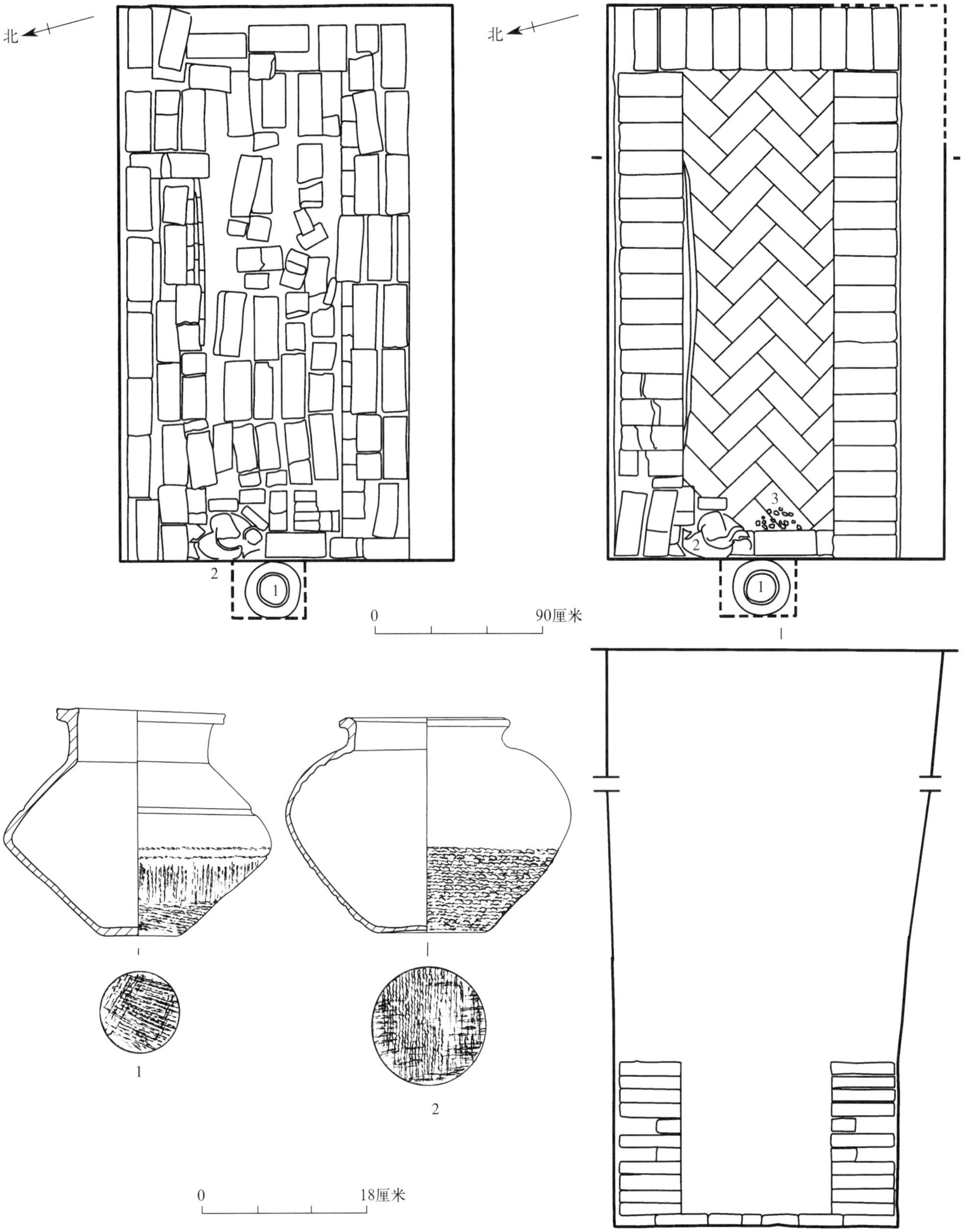

图4-641 M490及出土器物

1、2. 陶罐 3. 动物骨骼

部饰两周戳印纹，下腹及底部饰横向或竖向绳纹。口径 18、底径 8、高 24 厘米（图 4-641，1）。

标本 M490∶2，窄平沿，圆唇，束颈，弧肩，圆鼓腹，最大腹径居中，平底微凹。肩上部饰数周制作抹痕，中腹素面，下腹及底部饰绳纹。口径 18.3、底径 12、高 22.4 厘米（图 4-641，2）。

（二七八）M491

1. 墓葬形制

位于墓地中部，被 M428 打破，东面是 M493，西面为 M498。方向 5°（图 4-642）。

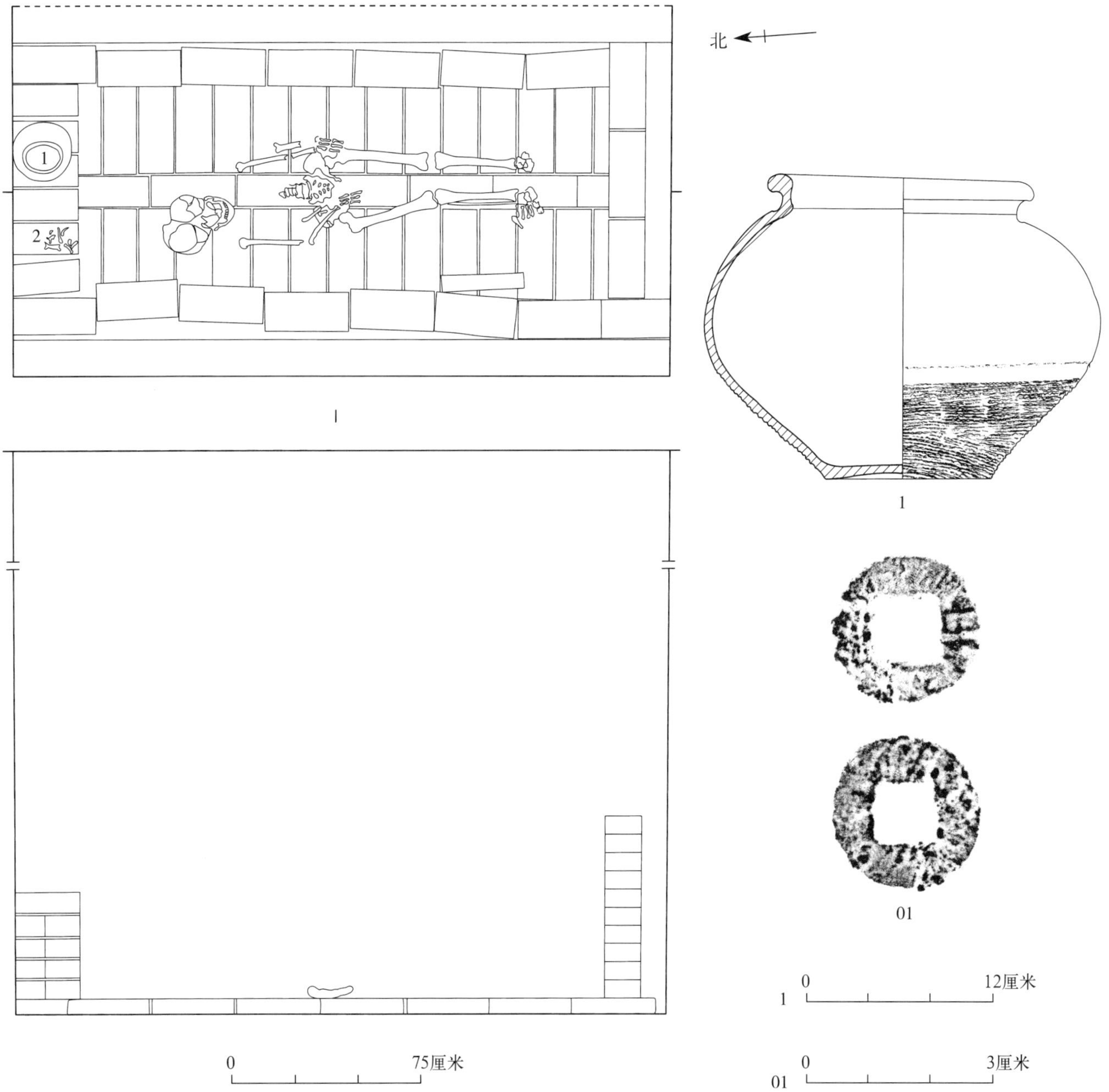

图 4-642　M491 及出土器物

1. 陶罐　2. 动物骨骼　01. 铜钱

长方形土坑竖穴砖椁墓。墓长 2.6、宽 1.42 米，底长 2.6、宽 1.14、深 1.4 米。椁长 2.1、宽 0.8、高 0.7 米。椁室由青砖垒砌。东、西、南三壁横排错缝叠砌。北壁为土圹。头箱位于北端，长 0.58、宽 0.24、深 0.36 米。墓底平铺一层青砖，中间一列竖排，两侧各横排一列。砖长 33、宽 14、厚 7 厘米。墓内填黄褐色五花土，土质较疏松。填土中发现 1 枚铜钱。

人骨 1 具。头向北，面向上，仰身直肢。双手抚骨盆处。骨骼保存较差，头骨破碎，部分躯干缺失。女性。中年个体。

随葬陶罐 1 件，乳猪骨放置头箱内。

2. 出土遗物

（1）陶器

陶罐　1 件。

标本 M491∶1，泥质灰陶。敛口，折沿，沿面微弧，圆唇，束颈，鼓腹，下部斜收，平底内凹。腹部饰一周戳印纹，下腹饰绳纹。口径 17、底径 10.7、高 19 厘米（图 4-642，1）。

（2）铜器

铜钱　1 枚。

标本 M491∶01，半两，圆形方穿，正、背两面无轮无郭。钱文篆书，“半”字比较清晰，“两”字模糊。直径 2.4、穿边长 1、厚 0.16 厘米（图 4-642，01）。

（二七九）M492

1. 墓葬形制

位于墓地中部，被 M428 打破，北面是 M429。方向 10°（图 4-643）。

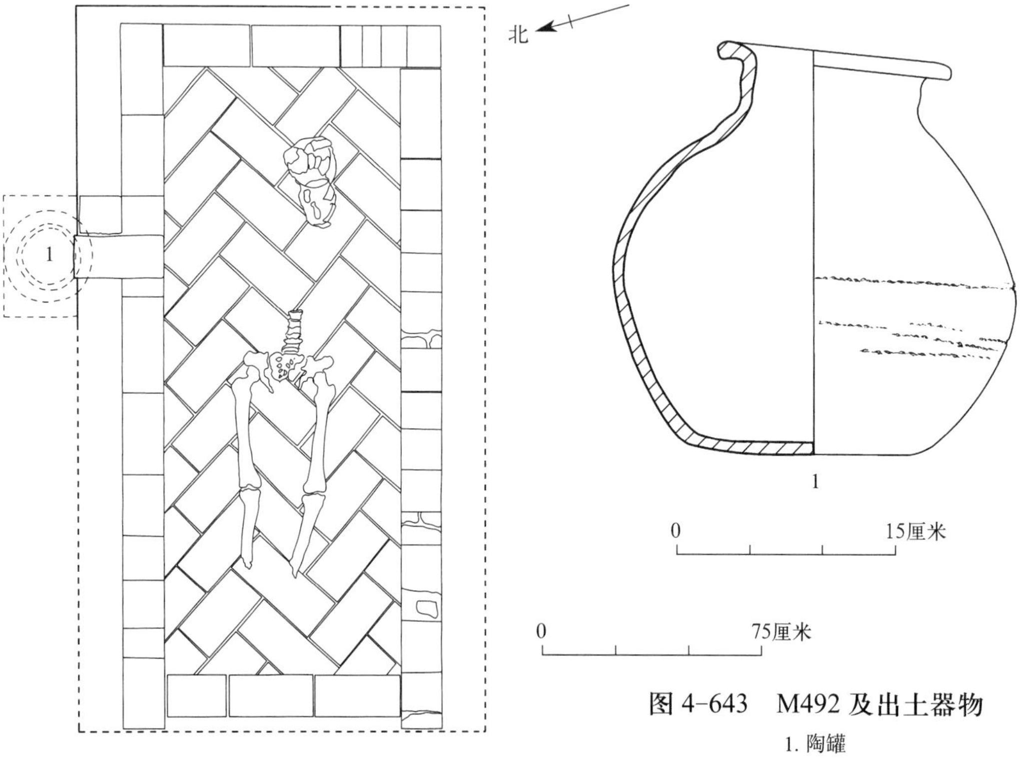

图 4-643　M492 及出土器物

1. 陶罐

长方形土坑竖穴砖椁墓。墓口长 2.4、宽 1.4 米，底长 2.4、宽 1.4、深 1.2 米。椁长 2、宽 1.1、高 0.68 米。椁室四壁均用青砖横排错缝叠砌平铺而成。东、北两壁十七层，南壁九层，西壁仅残存两层。砖长 30、宽 14、厚 3 厘米。北壁中部有长方形壁龛，宽 0.4、高 0.3、进深 0.25 米。墓底平铺一层青砖，“人”字形排列。墓内填黄褐色五花土，土质较疏松。

人骨 1 具。头向东，面向不详，直肢。骨骼腐朽严重，头骨破碎，仅残存部分脊椎、盆骨及下肢骨遗骸。性别无法鉴定，成年个体。

随葬陶罐 1 件放在壁龛内，陶罐口部覆盖一块青砖。

2. 出土遗物

陶器

陶罐　1 件。

标本 M492∶1，泥质灰陶。侈口，折沿，沿面微弧，方唇，束颈，鼓腹，下部内收，平底。腹部饰四周戳印纹。口径 16、底径 16、高 27.3 厘米（图 4-643，1）。

（二八〇）M493

1. 墓葬形制

位于墓地中部，被 M428 打破，南面是 M422，西面为 M491。方向 105°（图 4-644）。

长方形土坑竖穴砖椁墓。墓口长 2.6、宽 1.4 米，底长 2.6、宽 1.14、深 1.85 米。椁长 2.4、宽 1.1、高 0.59 米。椁室东、南、北三壁横排错缝叠砌平铺十层青砖；西壁下部残存三层，上部为长方形壁龛，宽 0.36、高 0.18、进深 0.3 米。墓底平铺一层青砖，“人”字形排列。砖长 33、宽 14、厚 6 厘米。墓内填黄褐色五花土，土质较疏松。

人骨 1 具。头向东，面向及葬式不详。骨骼保存较差，头骨残破，仅残存部分右下肢骨遗骸。性别、年龄无法鉴定。

随葬陶罐 1 件，放在壁龛内，陶罐口部覆盖一块青砖。铜钱 1 枚放置墓主头骨处。

2. 出土遗物

（1）陶器

陶罐　1 件。

标本 M493∶2，泥质灰陶。敛口，斜折沿，沿面内凹，方唇，束颈，鼓腹，下部内收，圜底。腹部饰数周制作旋纹，间饰一周戳印纹。口径 17.6、底径 10、高 25 厘米（图 4-644，2）。

（2）铜器

铜钱　1 枚。

标本 M493∶1，半两，圆形方穿，正、背两面无轮无郭。钱文篆书，“两”字中间不出头，两个人字上部竖划缩短呈波浪形。直径 2.4、穿边长 0.9、厚 0.09 厘米（图 4-644，1）。

（二八一）M494

墓葬形制

位于墓地中部，被 M428 打破，南面是 M498，西南面为 M436。方向 115°（图 4-645）。

长方形土坑竖穴砖椁墓。墓口长 1.95、宽 1.05、深 1.35 米。椁长 1.44、宽 0.76、高 0.29 米。椁

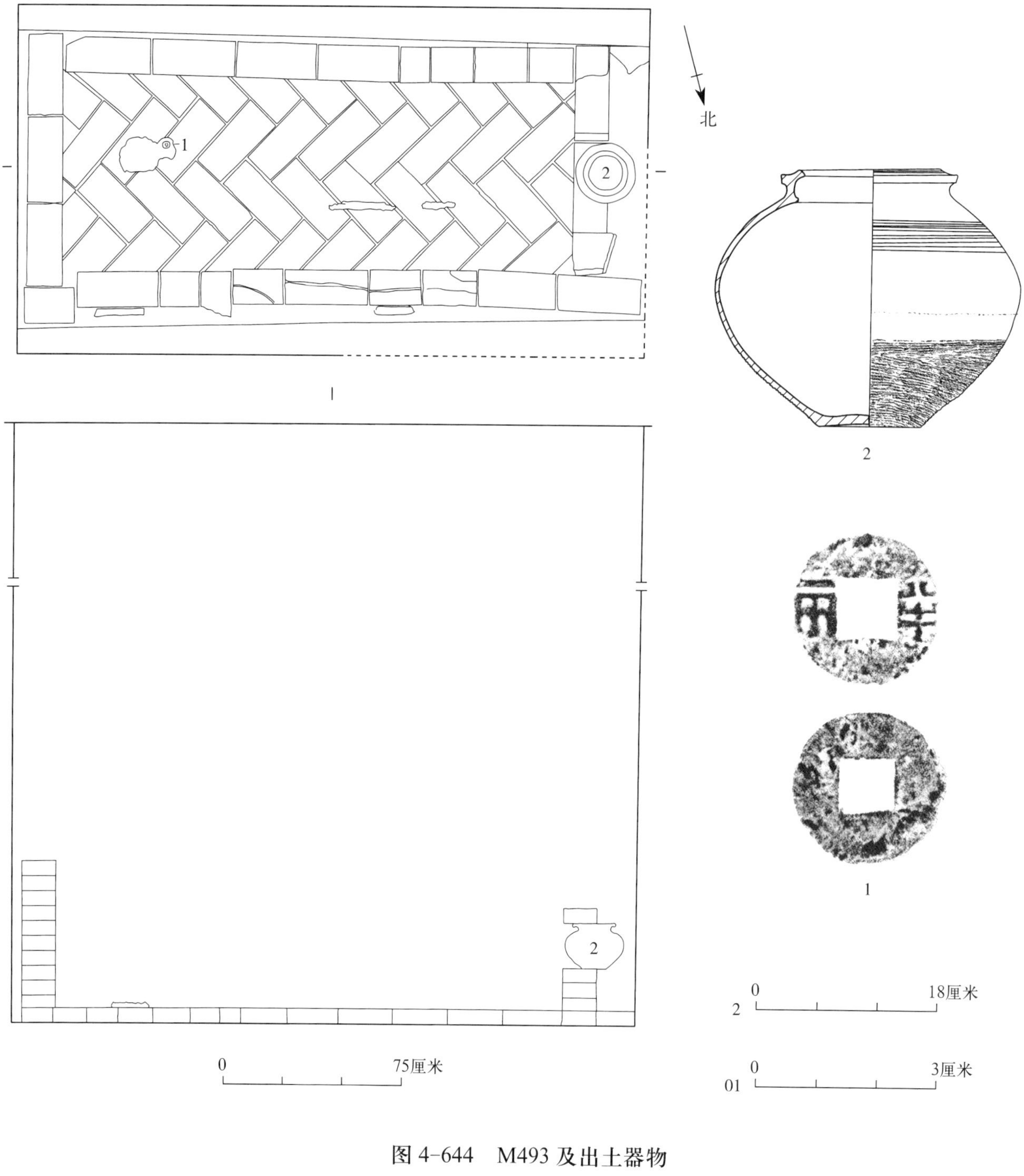

图 4-644　M493 及出土器物

1. 铜钱　2. 陶罐

室四壁青砖横排错缝叠砌平铺而成。墓底平铺一层青砖，因遭扰乱，仅残存部分青砖，“人”字形排列。砖长 35、宽 13、厚 7 厘米。墓内填黄褐色五花土，土质较疏松。

人骨 1 具。头向东，面向及葬式不详。头骨及下肢腐朽，仅残存部分躯干及上肢骨遗骸。性别无法鉴定，年龄 3.5 ～ 5.5 岁。

随葬器物无。

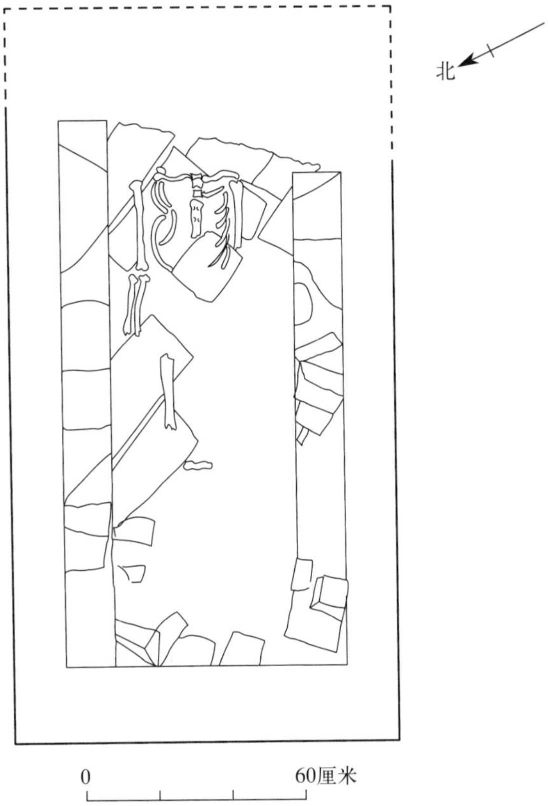

图 4-645　M494 平面图

（二八二）M496

1. 墓葬形制

位于墓地中部，被 M428 打破，打破 M497，东面为 M554。方向 10°（图 4-646）。

长方形土坑竖穴砖椁墓。墓口长 2.5、宽 1.8、深 1.2 米。椁长 1.9、宽 1.2、高 0.85 米。椁室东、西壁横排错缝叠砌五层青砖。南、北壁有生土二层台，南宽 0.39、北宽 0.27、高 0.54 米。台面上部均错缝平铺青砖，南端横排五层，北端三层横排竖立一层。墓底未铺青砖。砖长 34、宽 14、厚 5 厘米。墓内填浅灰褐色五花土，土质较疏松。填土中发现有铜（铅）车马器，主要有盖弓帽、车軎、衔镳、衡帽、环、车轙等。

人骨 1 具。人骨腐朽，性别、年龄不详。

2. 出土遗物

（1）铜（铅）器

铜衔镳　1 件。

标本 M496 : 03，中间由两段带圆孔的细长衔相连，两边波浪纹，衔中间连杆表面饰数道缠绕纹。长 10 厘米（图 4-647，03）。

铜车軎　3 件。

标本 M496 : 04-10，圆筒形，下部外撇。器表一周凸棱。长 1.8、外径 1.3 ～ 1.4 厘米（图 4-647，04-10）。

铜盖弓帽　15件（彩版二〇五，1）。

标本M496∶01-1，管状，平顶。中空，顶下内弧，中上部略鼓，下部向上有倒钩。长3.4厘米（图4-647，01-1）。

铜衡帽　2件。圆筒形。

标本M496∶02，口部边缘略外侈，器表一周凸棱。高1.8、直径1.4厘米（图4-647，02）。

标本M496∶04-2，高0.9、直径0.6厘米（图4-647，04-2）。

铜环　1件。

标本M496∶04-1，圆形。外径2、内径1.2厘米（图4-647，04-1）。

铜饰件　2件。形制相同。

标本M496∶04-11，圆形顶面平直，背面有梁。长1.1厘米（图4-647，04-11）。

（2）铅器

铅车轙　1件。

图4-646　M496平面图

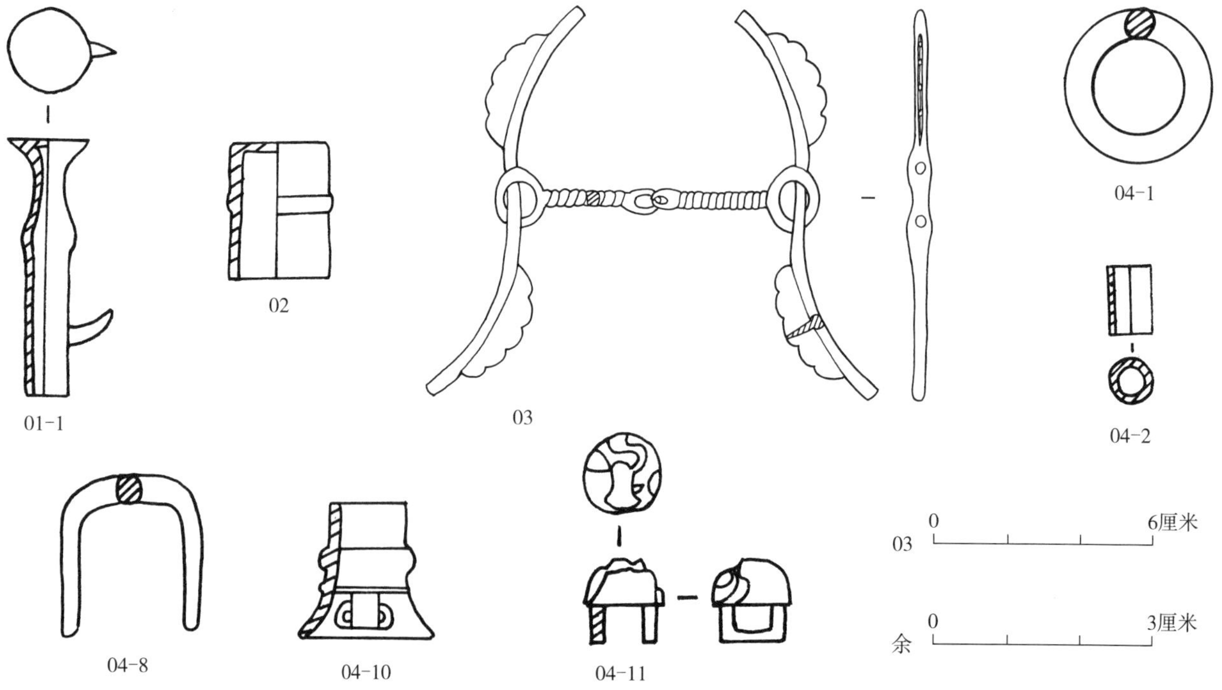

图4-647　M496出土器物

01-1. 铜盖弓帽　02、04-2. 铜衡帽　03. 铜衔镳　04-1. 铜环　04-8. 铅车轙　04-10. 铜车軎　04-11. 铜饰件

标本 M496：04-8，呈倒“U”形，截面圆形。长 2.1、宽 1.9、直径 0.35 厘米（图 4-647，04-8）。

（二八三）M499

1. 墓葬形制

位于墓地中部，北面是 M500，东南面为 M530，南面是 M495。方向 120°（图 4-648）。

长方形土坑竖穴砖椁墓。墓口长 3.1、宽 1.4、深 0.85 米。椁长 2.55、宽 0.82、高 0.7 米。椁室四壁横排错缝叠砌青砖。南、北、东三壁十八层，西壁十层。西端长方形生土二层台，长 0.82、宽 0.4、高 0.3 米。台上平铺青砖一层、内侧横排、外侧竖排、侧面立排。墓底平铺一层青砖，“人”字形排列。砖长 26、宽 11、厚 3 厘米。墓内填黄褐色五花土，土质较疏松。

人骨 1 具。头向东，面向不详，直肢。头骨残破，仅存部分下肢骨。性别、年龄无法鉴定。

随葬器物 8 件（彩版二〇五，2）。陶壶 2 件，陶耳杯 2 件，陶樽 1 件，鸡、鱼、鲷科、鲤鱼骨

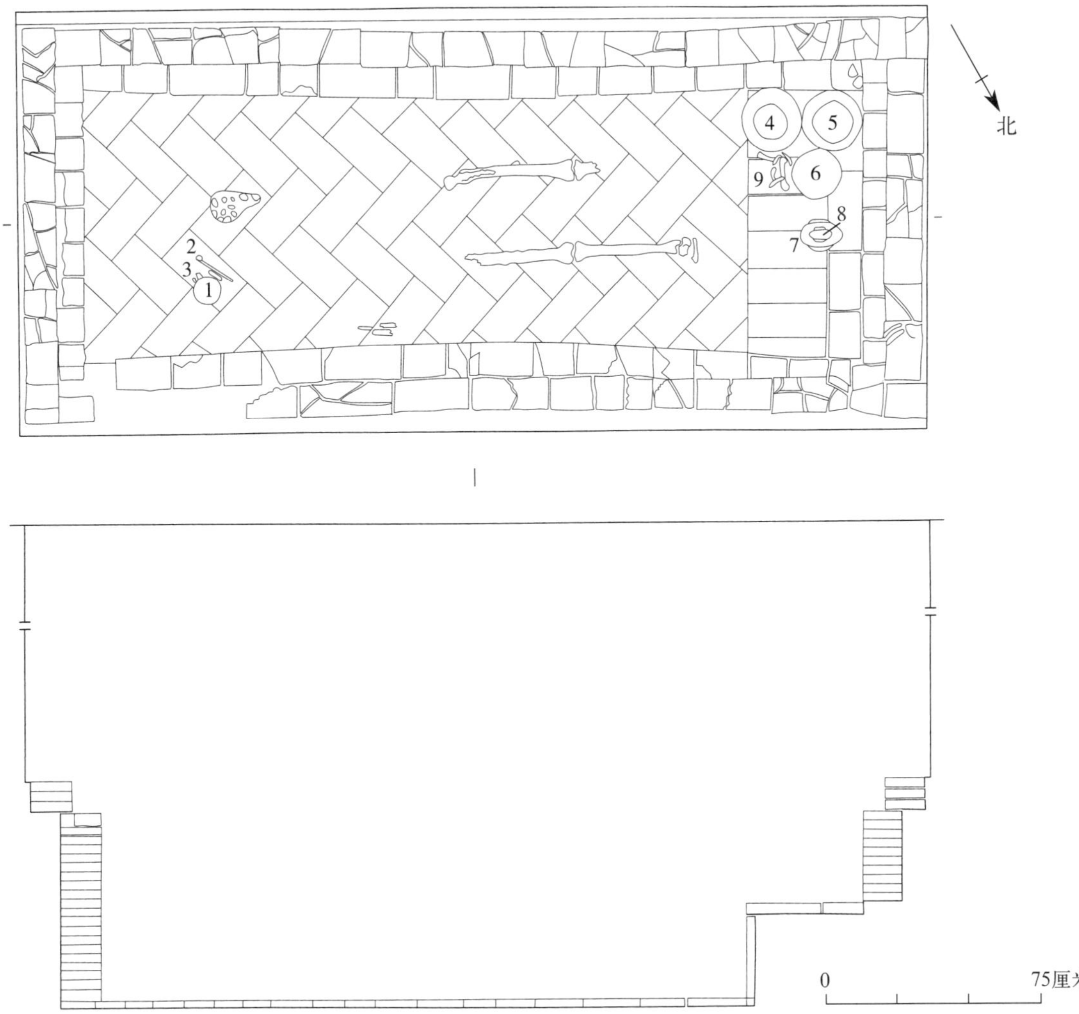

图 4-648　M499 平、剖面图

1. 铜镜　2. 铜刷柄　3. 铁镜架　4、5. 陶壶　6. 陶樽　7、8. 陶耳杯　9. 动物骨骼

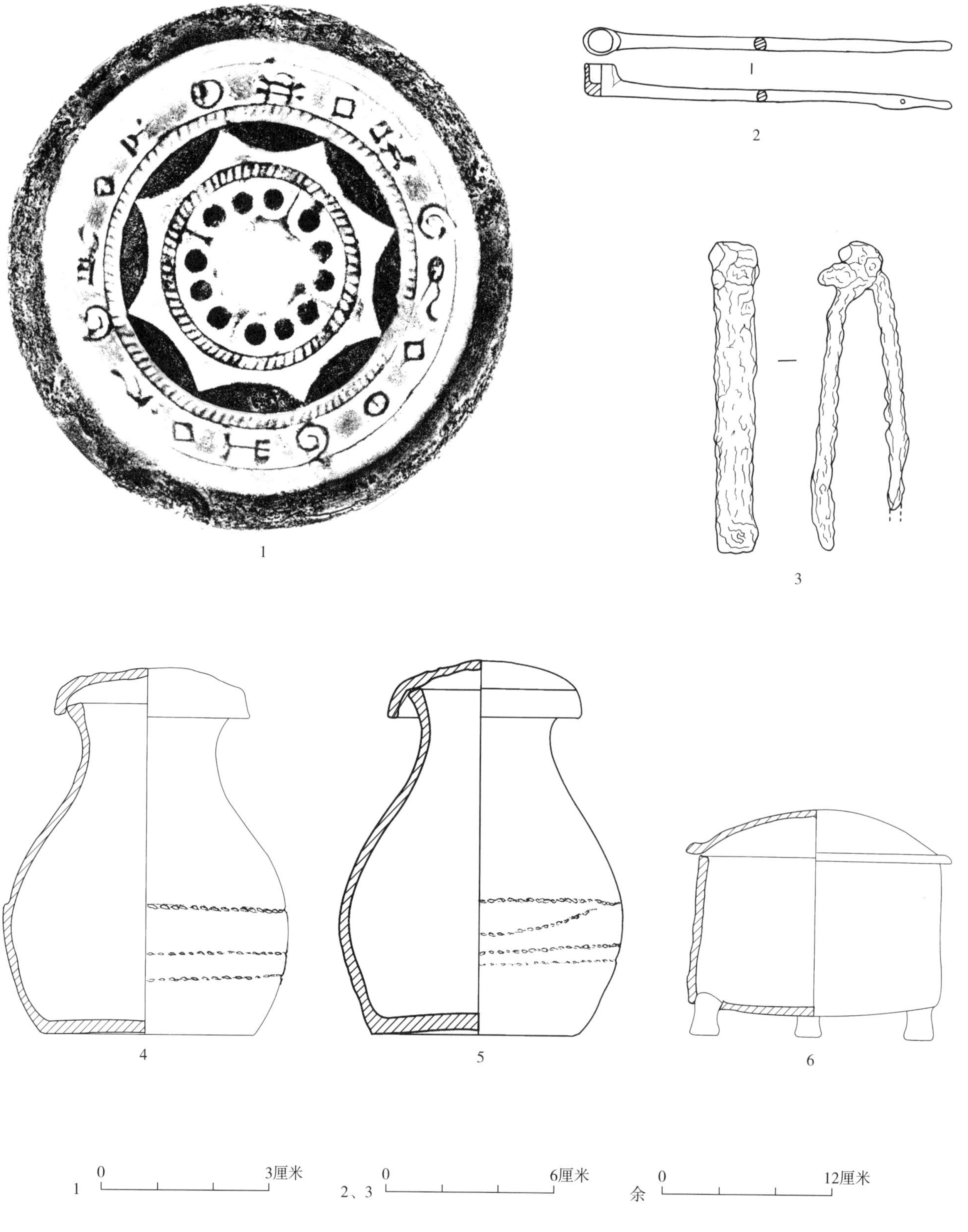

图4-649　M499出土器物

1. 铜镜　2. 铜刷柄　3. 铁镜架　4、5. 陶壶　6. 陶樽

均置于墓主脚端二层台南侧。铜镜、铜刷柄、铁镜架各1件放在墓主头骨右侧。

2. 出土遗物

（1）陶器

陶壶　2件。泥质灰陶。弧顶盖。壶侈口，尖唇，沿面外斜，束颈，鼓腹，平底微凹。器表有制作抹痕。素面。

标本M499∶4，腹部饰三周戳印纹。口径11.6、底径15、通高25.2厘米（图4-649，4）。

标本M499∶5，腹部饰四周戳印纹。口径11、底径14.6、通高25.6厘米（图4-649，5）。

陶樽　1件。

标本M499∶6，泥质灰陶。马蹄形足，弧顶盖，斜折沿。樽敛口，圆唇，深腹，斜直壁，圜底，扁凿形足。素面。口径17、底径18、通高15.8厘米（图4-649，6；彩版二〇五，3）。

陶耳杯　2件。泥质灰陶。器身椭圆形，敞口，尖唇，下腹弧收，平底。口沿两侧饰新月形耳。

标本M499∶7，口长径15.5、短径13、高4.8厘米（彩版二〇五，4）。

（2）铜器

铜镜　1枚。

标本M499∶1，日光连弧铭带镜。圆形，圆纽，并蒂连珠纹纽座。座外一周内外均附凸弦纹短斜线纹带，再外一周内向八连弧纹圈带。外区两周短斜线和凸弦纹组合纹带，其间为顺时针铭文带“见日之光，长不相忘”，字体为圆转式篆隶体、笔画首尾加重呈楔形，每字间隔似涡纹或带十字的菱形纹符号。宽素平缘。面径9.3、缘厚0.35厘米（图4-649，1；彩版二〇五，5）。

铜刷柄　1件。

标本M499∶2，形似烟斗形，斗圆筒形中空，细长条柄，截面圆形，尾端扁平，有圆形小孔。长13厘米（图4-649，2）。

（3）铁器

铁镜架　1件。

标本M499∶3，叉形，两侧支脚扁长条形，一侧残缺。高10.8厘米（图4-649，3）。

（二八四）M500

1. 墓葬形制

位于墓地中部，北面是M526，东南面为M530，南面是M499。方向105°（图4-650）。

长方形土坑竖穴砖椁墓。墓口长3、宽1.7、底长2.84、宽1.4、深1.5米。椁室大部分被破坏，仅残存少量青砖，形制及尺寸不详。砖长26、宽12、厚4厘米。墓底平铺一层青砖，“人”字形排列。仅残存东南及西部少许铺地砖。墓内填黄褐色五花土，土质较疏松，未见加工痕迹。

人骨无。

随葬陶壶2件，位于墓底西端中部。乳猪、鲤鱼、真鲷、鲷科、鱼骨放在西端中部。

2. 出土遗物

陶器

陶壶　2件。泥质灰陶。侈口，沿面外斜，尖唇，束颈，鼓腹，平底。腹部饰四周戳印纹，器表有制作抹痕，素面。

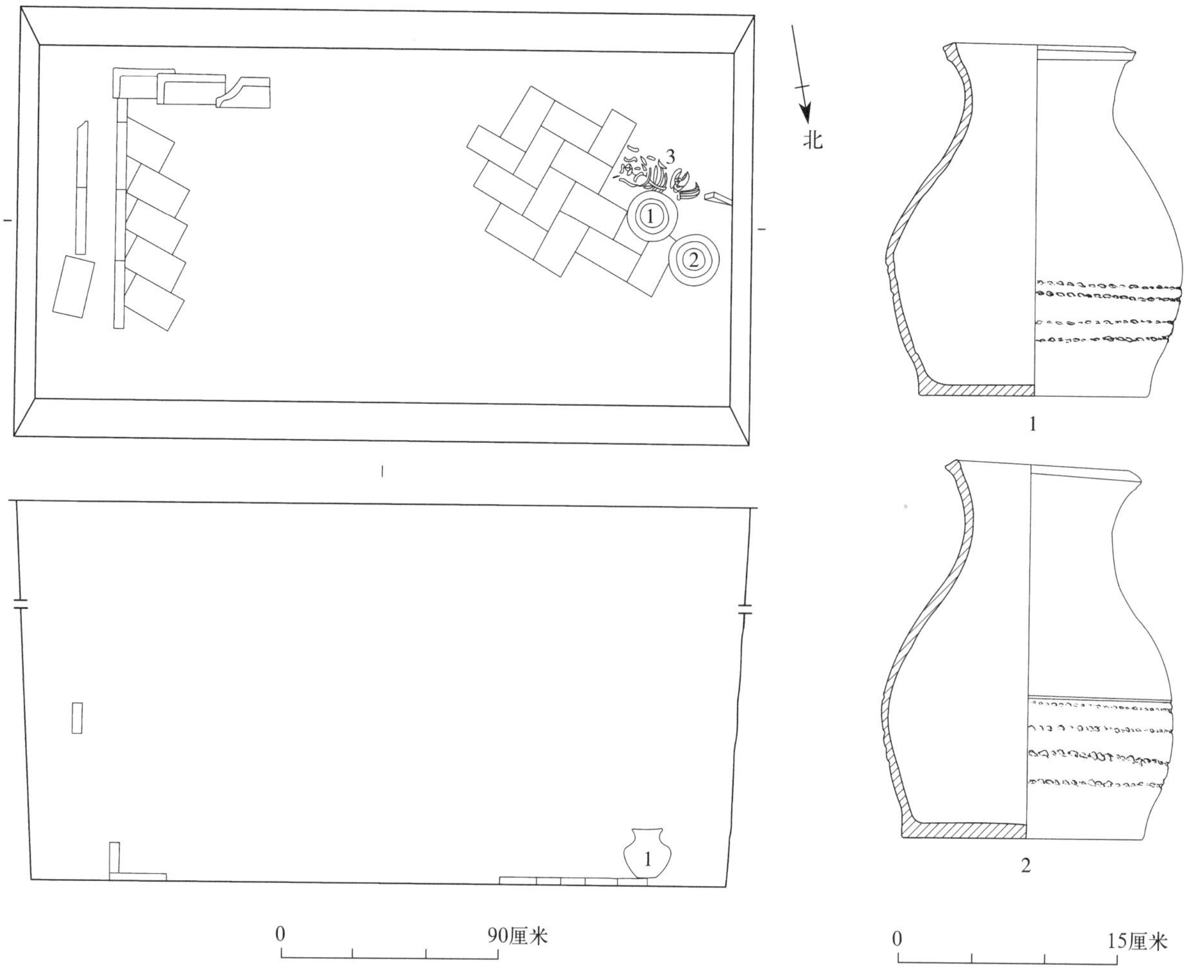

图 4-650　M500 及出土器物

1、2. 陶壶　3. 动物骨骼

标本 M500：1，口径 13、底径 15.8、高 23.4 厘米（图 4-650，1）。

标本 M500：2，口径 13.5、底径 16.5、高 25 厘米（图 4-650，2）。

（二八五）M502

墓葬形制

位于墓地中部，北面是 M469，西南面为 M461。方向 15°（图 4-651）。

长方形土坑竖穴砖椁墓。墓口长 3.1、宽 1.66～1.7、底长 2.57、宽 1.1、深 2.06 米。椁长 2.32、宽 0.84、高 0.66 米。椁室四壁青砖平铺错缝叠砌而成。东、西两壁平铺两层，南、北两壁台外侧平铺一层青砖。墓底铺地砖“人”字形排列。木棺已腐朽，仅见长条形灰白色痕迹。砖长 28～29、宽 13、厚 3 厘米。墓内填黄褐色五花土，经过夯打，土质较紧密。夯窝圆形，分布较密集，直径 8～10、夯层厚 15 厘米。

人骨 1 具。头向北，面向上，葬式不详。骨骼保存较差，仅残存头骨及趾骨遗骸。性别无法鉴定，年龄 6～8 岁。

随葬器物无。

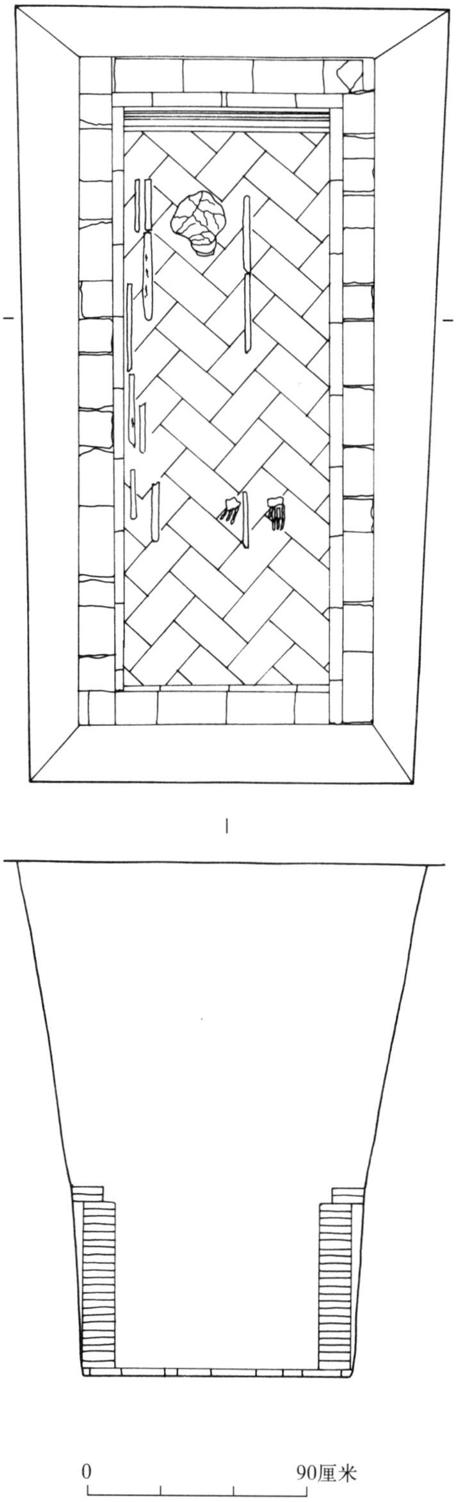

图 4-651 M502 平、剖面图

（二八六）M504

1. 墓葬形制

位于墓地中部，北面是 M471，西南面为 M467。方向 11°（图 4-652）。

长方形土坑竖穴砖椁墓。墓口长 2.8、宽 1.3、深 1.5 米。椁长 2.2、宽 0.8、高 0.66 米。东、西壁用青砖平铺错缝叠砌而成。由于挤压，东、西壁内弧。北端上部平铺错缝叠砌，底部青砖竖立贴在壁上。南壁为土圹，未垒砌青砖。南端生土二层台长 0.8、宽 0.35、高 0.30 米。台面青砖平铺，北侧青砖竖立。墓内填黄褐色五花土，土质疏松。包含较多碎砖瓦块、蚌壳等。墓底平铺一层青砖"人"字形排列。砖长 26、宽 12、厚 3 厘米。

人骨 1 具。头向北，面向及葬式不详。骨骼腐朽，仅残存少许头骨残片。性别、年龄无法鉴定。

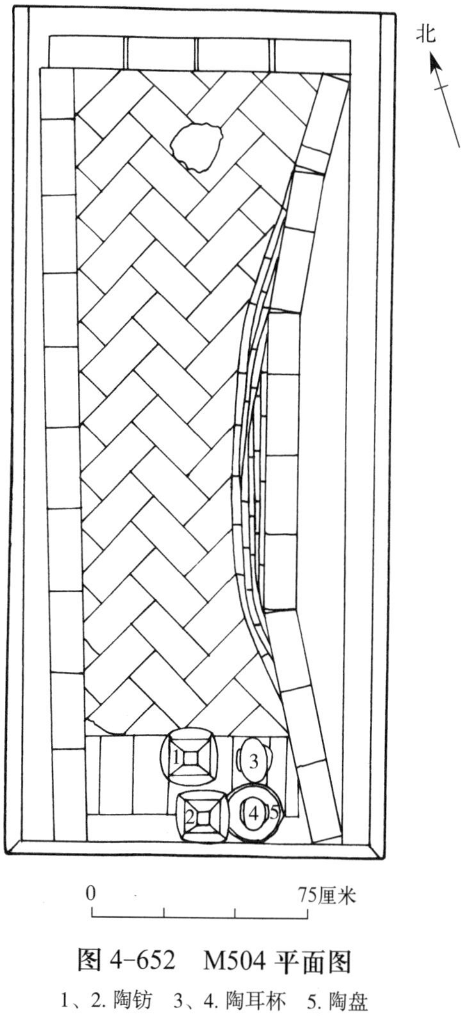

图 4-652 M504 平面图

1、2. 陶钫 3、4. 陶耳杯 5. 陶盘

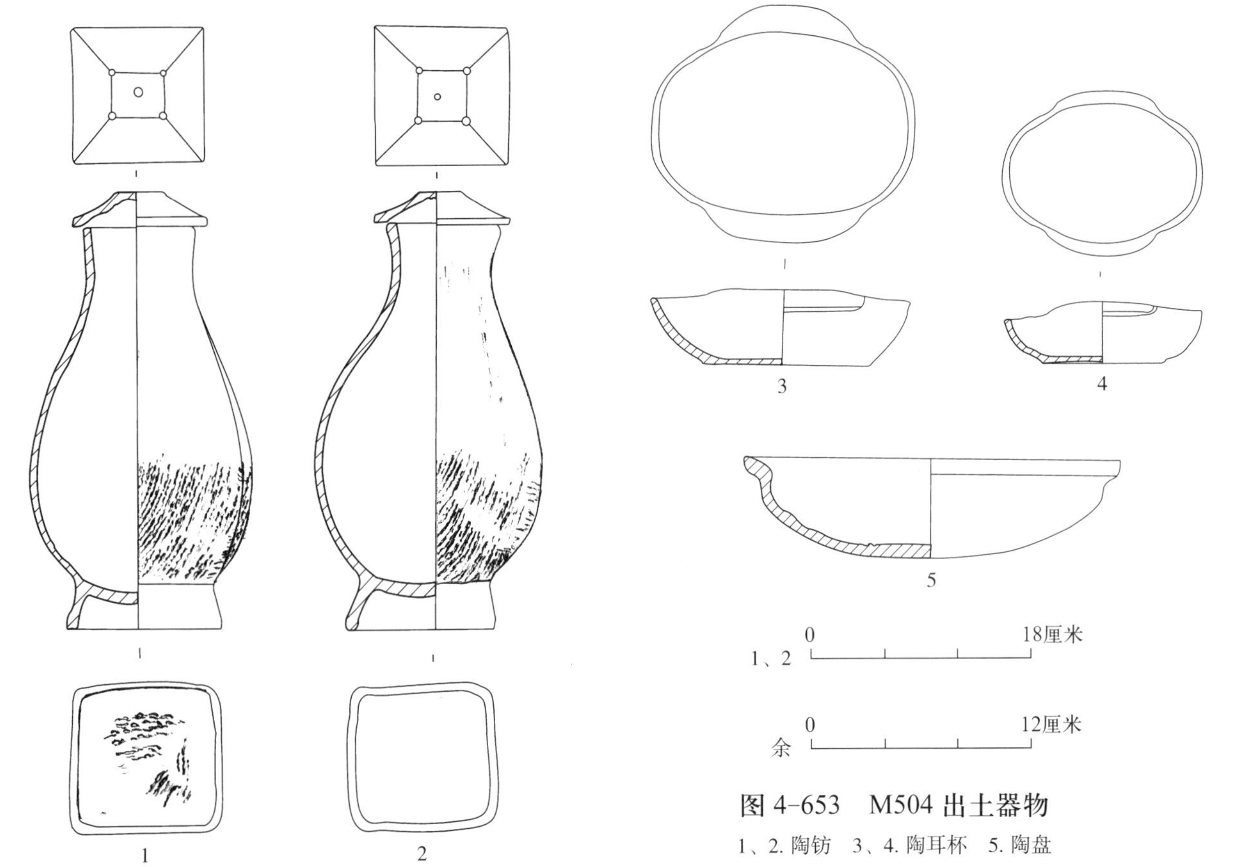

图 4-653　M504 出土器物

1、2. 陶钫　3、4. 陶耳杯　5. 陶盘

随葬陶器 5 件。钫 2 件，耳杯 2 件，盘 1 件均放在南端二层台上。

2. 出土遗物

陶器

陶钫　2 件。泥质灰陶。覆斗形盖，斜壁，小平顶，顶上有五个突饰。钫方口，平沿，圆唇，束颈，鼓腹，方形圈足。

标本 M504 : 1，下腹及底部饰绳纹。口边长 9.2、底边长 12.4、通高 35 厘米（图 4-653，1）。

标本 M504 : 2，方唇。下腹饰绳纹。口边长 9.5、底边长 12.2、通高 35 厘米（图 4-653，2）。

陶盘　1 件。

标本 M504 : 5，泥质灰陶。敞口，斜折沿，圆唇，下部弧收，圜底。器表有制作抹痕，素面。口径 20.5、高 5.4 厘米（图 4-653，5）。

陶耳杯　2 件。泥质灰陶。敞口，尖唇，体弧收，平底。口沿两侧饰新月形耳，素面。

标本 M504 : 3，口长径 14.2、短径 12.4、高 4.2 厘米（图 4-653，3）。

标本 M504 : 4，口长径 11.2、短径 8.8、高 3.2 厘米（图 4-653，4）。

（二八七）M506

1. 墓葬形制

位于墓地中部，北面是 M548，南面是 M505，西面为 M503。方向 18°（图 4-654）。

长方形土坑竖穴砖椁墓。墓口长 2.7、宽 1.2、深 1.33 米。椁长 2.05、宽 0.75、高 0.66 米。椁室青砖垒砌。东、西两壁平铺一层青砖。北端台上层平铺、下部青砖平立。南端台面外侧错缝平铺叠砌三层青砖。墓底四周有生土二层台，宽 0.3、高 0.68 米，台上青砖斜行贴砌。由于挤压严重，东壁上部塌陷变形。墓底平铺青砖为斜行排列。砖长 25、宽 11、厚 3 厘米。墓内填黄褐色五花土，土质较疏松。

人骨 1 具。头向北，面向上，仰身直肢。仅残存头及胸部骨骼。疑似女性，年龄 20 ～ 25 岁。

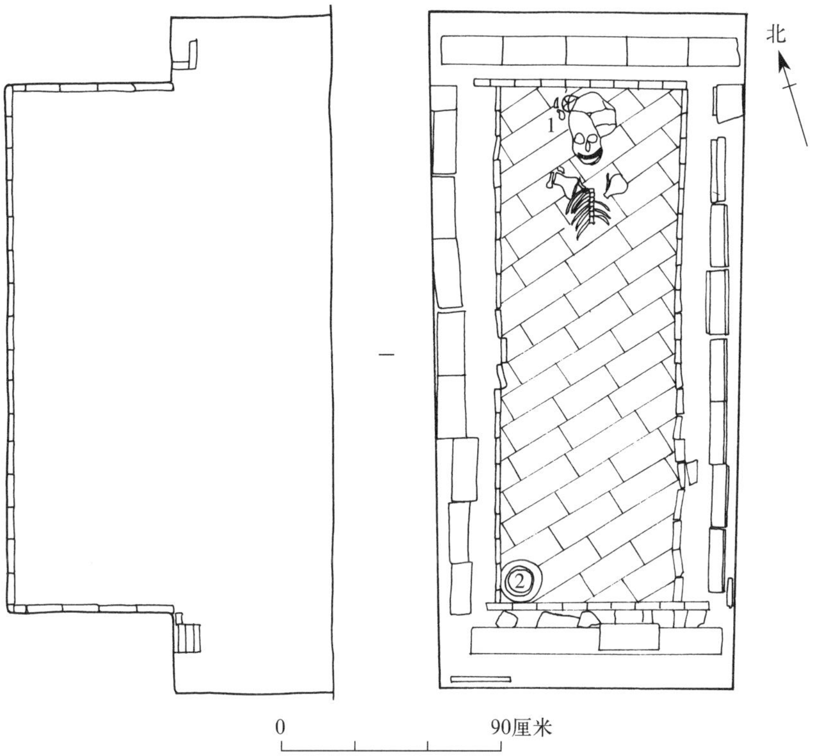

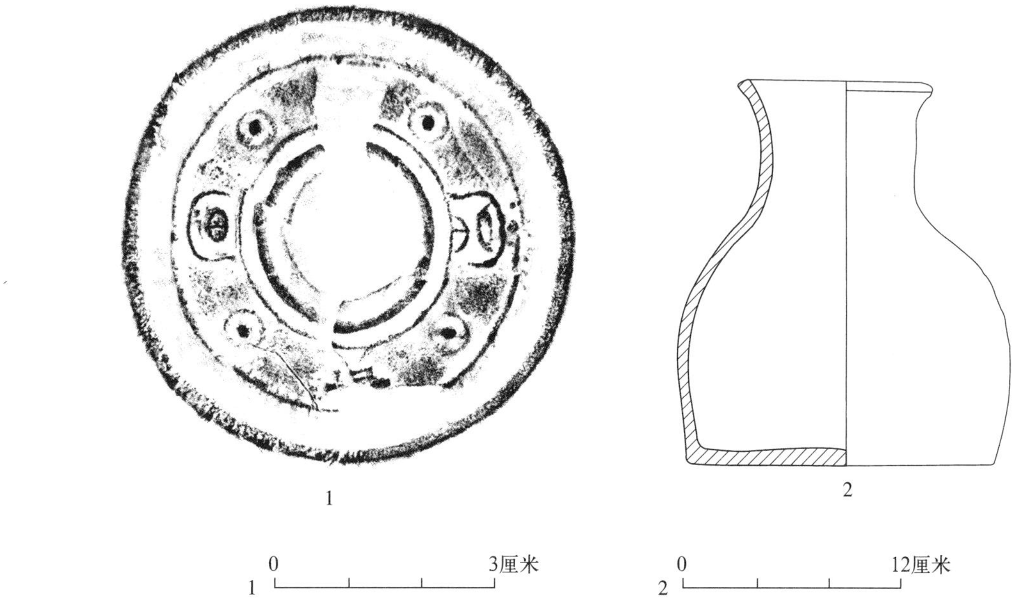

图 4-654　M506 及出土器物

1. 铜镜　2. 陶壶

随葬器物2件。陶壶1件位于椁室西南角。铜镜1枚放在墓主头骨右上侧。

2. 出土遗物

（1）陶器

陶壶 1件。

标本M506：2，泥质灰陶。侈口，沿面外斜，尖唇，束颈，扁圆腹，大平底。腹部饰白色彩绘，已经脱落。口径13、底径17、高20.5厘米（图4-654，2）。

（2）铜器

铜镜 1枚。

标本M506：1，家常贵富四乳铭文镜。残锈较重。圆形，圆纽，圆纽座。座外一周窄凸面圈带。再外两周短斜线和凸弦纹组合纹带，其间为主纹，四枚带圆座乳丁分为四区，仅存相对两区内各一篆书铭文，分别为"常""富"，推测原完整铭文应为"家常贵富"。素面卷缘。面径6.4、缘厚0.45厘米（图4-654，1）。

（二八八）M509

1. 墓葬形制

位于墓地中部，北面是M508，西面为M505。方向14°（图4-655）。

长方形土坑竖穴砖椁墓。墓口长2.7、宽1.5、深2.4米。椁室青砖垒砌，由于破坏严重，四壁青砖无存，形制及尺寸不详。西、南部台外侧一排青砖，多数为残破青砖。边箱位于东壁外侧，局部延伸至墓室东壁内。边箱长方形，西、南壁被盗扰，北壁三块青砖平铺，南壁仅残存一块青砖。东壁墓圹为箱壁，底部用残砖平铺。边箱长0.44、宽0.56、深0.06～0.25米。墓底青砖斜向"人"字形排列。因遭扰乱，仅东部残留少许铺地砖。砖长31～33、宽13、厚7厘米。墓内填黄褐色五花土，经过夯打，土质较致密。夯窝圆形，直径8～10、夯层厚10～15厘米。

人骨无。

随葬陶壶1件，少许鸡骨放在边箱内。

2. 出土遗物

陶器

陶壶 1件。

标本M509：1，泥质灰陶。弧顶盖。壶侈口，平沿，圆唇，束颈，鼓腹，圈足。盖上白彩多脱落，间饰少量红彩，腹部饰白彩，颈、腹间黑彩绘两周水波纹，肩部饰紫色和黑彩勾连纹。口径14、底径12、通高30厘米（图4-655，1）。

（二八九）M515

1. 墓葬形制

位于墓地中部，打破M519，被M514打破，南面是M516，西面为M518。方向100°（图4-656）。

长方形土坑竖穴砖椁墓。墓口长2.16、宽1.18、深0.99米。椁长2.16、宽1、高0.59米。椁室四壁垒砌青砖，东壁缺失。北壁错缝平铺；南壁"丁"字形；西壁青砖侧立斜向垒砌。壁龛位于北侧，宽0.9、高0.56、进深0.3米。墓底平铺一层青砖，"人"字形排列。砖长24、宽11、厚3厘米。墓

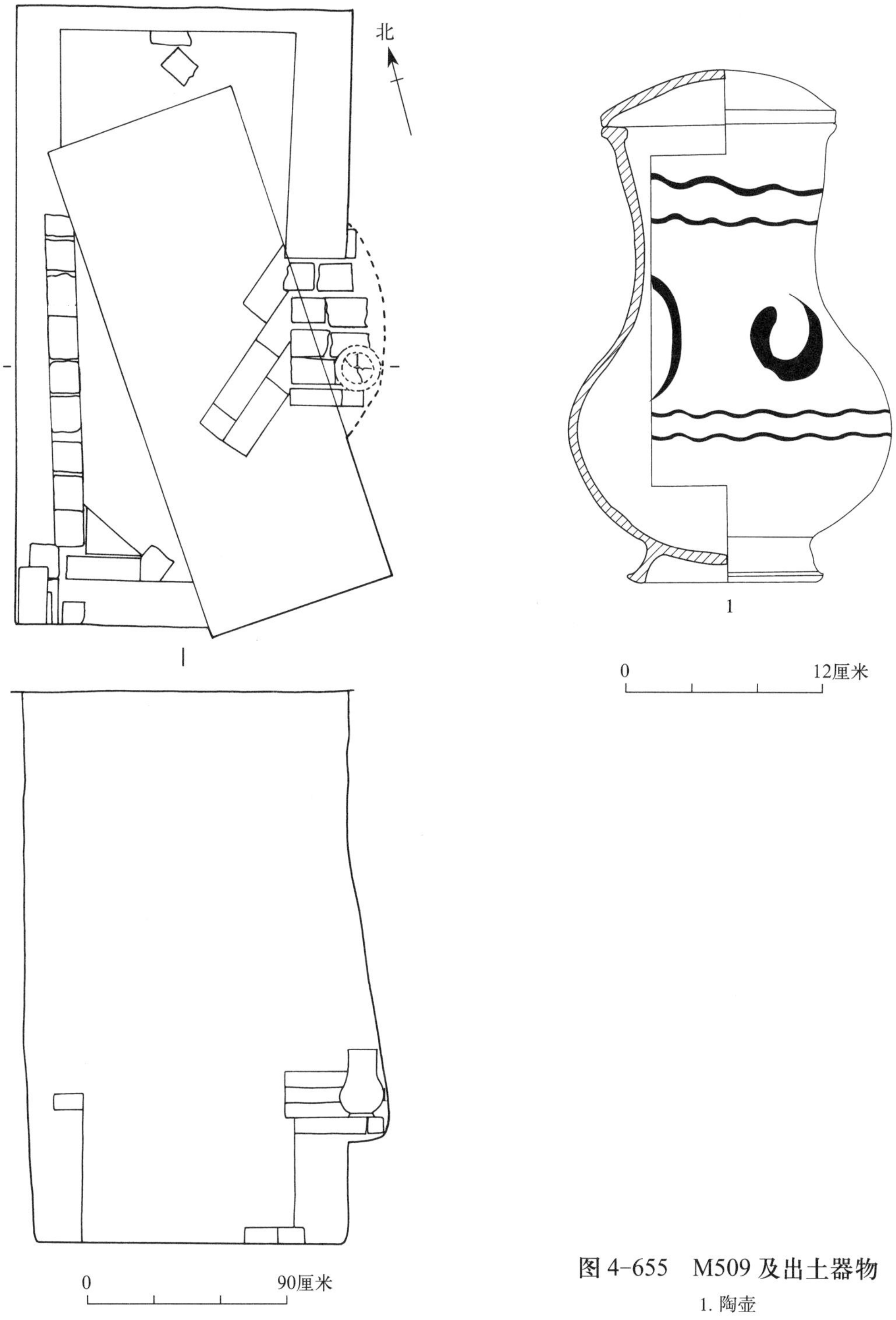

图 4-655　M509 及出土器物

1. 陶壶

内填黄褐色五花土，土质较疏松。

人骨 1 具。头向东，面向右，仰身直肢。四肢垂直，躯干平躺。男性，年龄 50 ～ 60 岁。

随葬器物 3 件。陶壶 2 件分别置壁龛内和二层台上。铜镜 1 枚放在墓主头骨右侧。

2. 出土遗物

（1）陶器

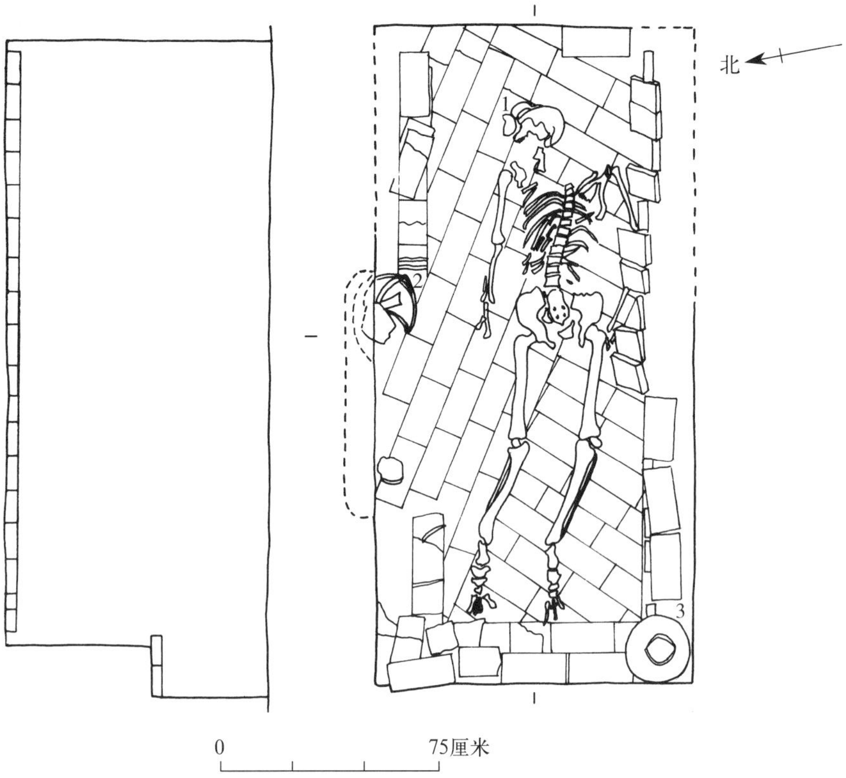

图 4-656　M515 平、剖面图

1. 铜镜　2、3. 陶壶

陶壶　2 件。泥质灰陶。侈口，束颈，圈足。

标本 M515∶2，沿面外斜，尖唇，圆腹。腹部饰三周戳印纹。口径 15.5、底径 12、高 32 厘米（图 4-657，2）。

标本 M515∶3，口沿残，扁鼓腹。上、下腹饰绳纹，中腹间饰三周戳印纹。底径 12、残高 28.8 厘米（图 4-657，3）。

（2）铜器

铜镜　1 枚。

标本 M515∶1，四乳八鸟镜，锈蚀较重。圆形，圆纽，圆纽座。座外均匀伸出四组短竖线（每组三条）、似夹饰短斜线，再外一周凸弦纹。外区两周短斜线和凸弦纹组合纹带，其间为主纹，四枚圆座乳丁分为四区，每区内饰两相对而立鸟纹，形象逼真，表现出鸟轮廓、歧冠、羽翼、翘尾。宽素平缘。面径 8.2、缘厚 0.45 厘米（图 4-657，1）。

（二九〇）M516

1. 墓葬形制

位于墓地中部，打破 M518，被 M514 打破，北面是 M515。方向 110°（图 4-658）。

长方形土坑竖穴砖椁墓。墓口长 2.68、宽 1.18、深 2.4 米。椁长 2.68、宽 1.08、高 0.8 米。椁室四壁青砖叠砌而成。东、南、北三壁错缝平铺十九层，西壁四层青砖斜向侧立贴砌。墓底平铺一层青砖，

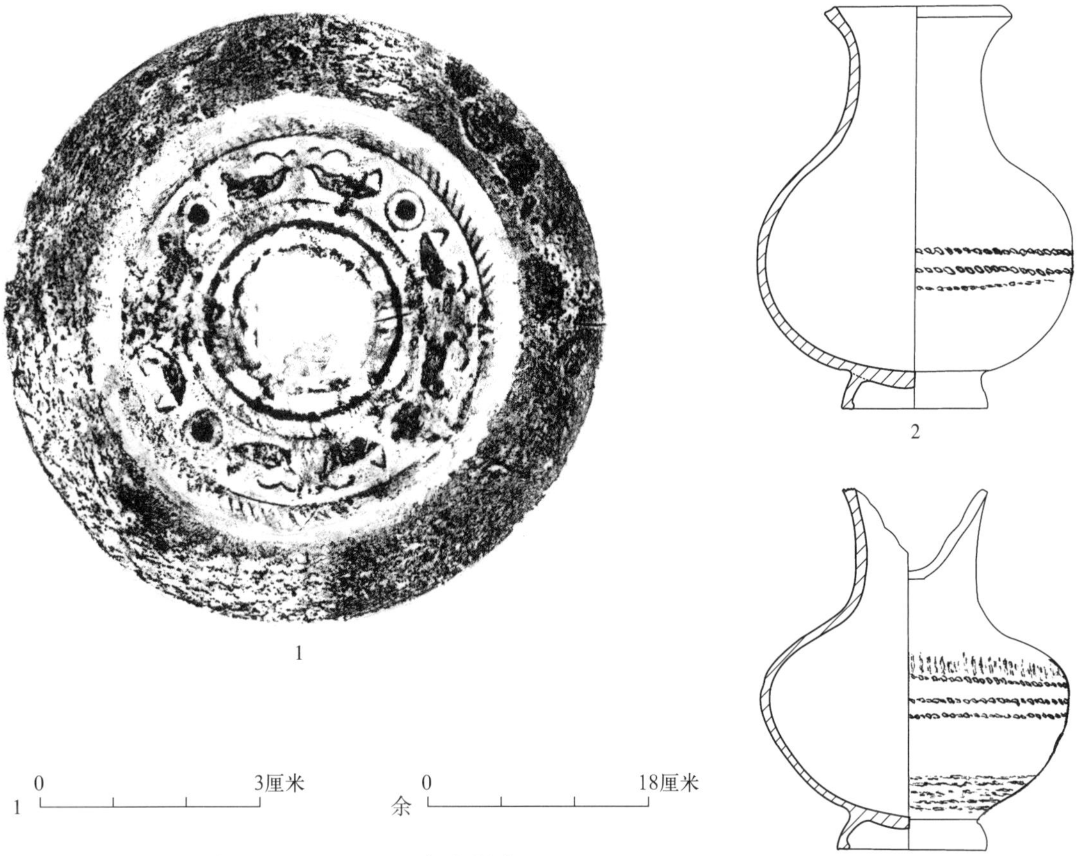

图 4-657 M515 出土器物

1. 铜镜 2、3. 陶壶

"人"字形排列。砖长 25、宽 12、厚 4 厘米。墓内填黄褐色五花土，土质较疏松。

人骨 1 具。头向东，面向上，仰身直肢。墓主躯干腐朽，部分上肢缺失。性别、年龄无法鉴定。

随葬器物 3 件。陶壶 2 件南北并排放在椁室西南角。铜镜 1 枚置于墓主头骨右侧。

2. 出土遗物

（1）陶器

陶壶 2 件。形制相同。泥质灰陶。侈口，沿面外斜，尖唇，束颈，圆腹，圈足。腹部饰三周戳印纹，下腹及底部饰绳纹。

标本 M516∶1，口径 14、底径 12、高 31.2 厘米（图 4-659，1）。

标本 M516∶2，口径 14.2、底径 11.2、高 31.2 厘米（图 4-659，2）。

（2）铜器

铜镜 1 枚。

标本 M516∶3，日光连弧铭带镜。圆形，圆纽，圆纽座。座外均匀伸出四组短弧线（每组两条）与四条"丫"形弧线相间环列。再外一周内向八连弧纹圈带。外区两周短斜线和凸弦纹组合纹带，其间为顺时针铭文带"见日之光，长而忘夫"。字体为圆转式篆隶体、部分笔画呈楔形，有简化，每字间隔一涡纹或带十字的菱形纹符号。宽素平缘。面径 7.8、缘厚 0.5 厘米（图 4-659，3；彩版二〇五，6）。

图4-658　M516平、剖面图
1、2. 陶壶　3. 铜镜

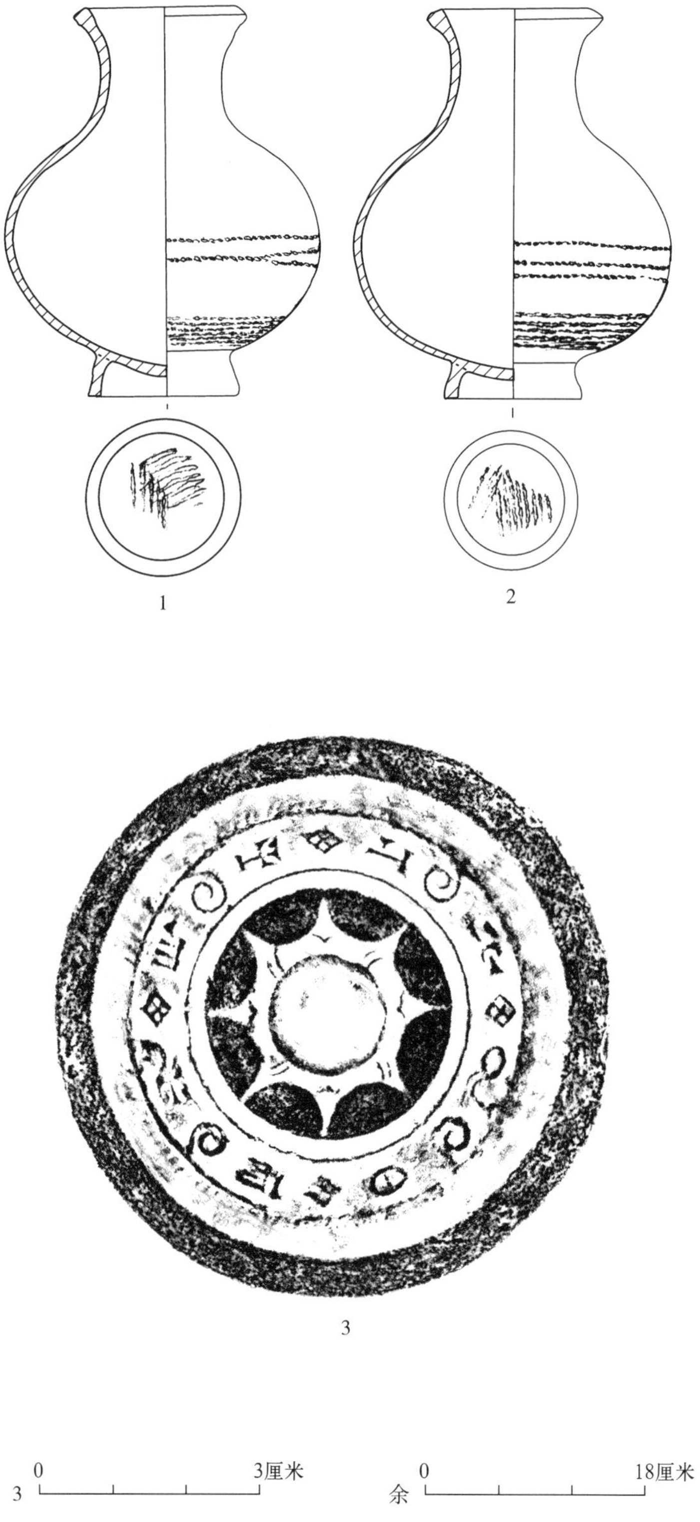

图4-659　M516出土器物
1、2. 陶壶　3. 铜镜

（二九一）M518

墓葬形制

位于墓地中部，被M516打破，东面是M515，南面为M558。方向5°（图4-660）。

长方形土坑竖穴砖椁墓。墓口长2.69、宽1.56、深1.47米。椁长2.57、宽1.14、高0.75米。墓壁规整，下部斜直内收。椁室四壁错缝叠砌十四层青砖。铺地砖为竖排对缝平铺。砖长35、宽16、厚5厘米。墓内填黄褐色五花土，土质较疏松。夹杂少量陶片、料姜石等。

人骨无。

随葬器物无。

（二九二）M521

墓葬形制

位于墓地中部，东面是M422，南面为M418，西面是M434。方向114°（图4-661）。

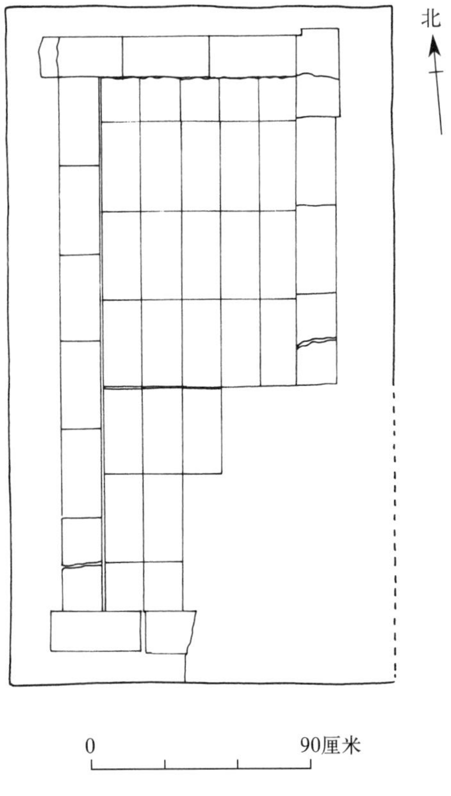

图4-660　M518平面图

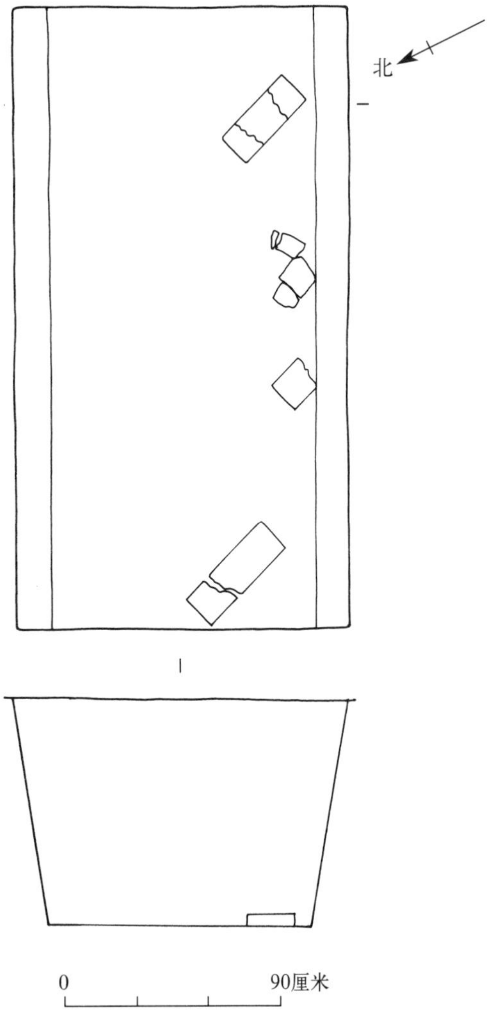

图4-661　M521平、剖面图

长方形土坑竖穴砖椁墓。墓口长2.46、宽1.38米，底长2.46、宽1.1、深0.9米。墓圹两壁下部内收，两端垂直。椁室青砖垒砌，因被破坏，形制与结构不详。墓底残存少量铺地砖。砖长35、宽15、厚5厘米。墓内填浅灰褐色五花土，土质较致密。因遭盗扰，填土中夹杂大量碎砖、陶片及人骨遗骸。

人骨1具。扰乱在填土中。

随葬器物无。

（二九三）M524

1. 墓葬形制

位于墓地中部，东北面是M525，西南面为M439。方向12°（图4-662）。

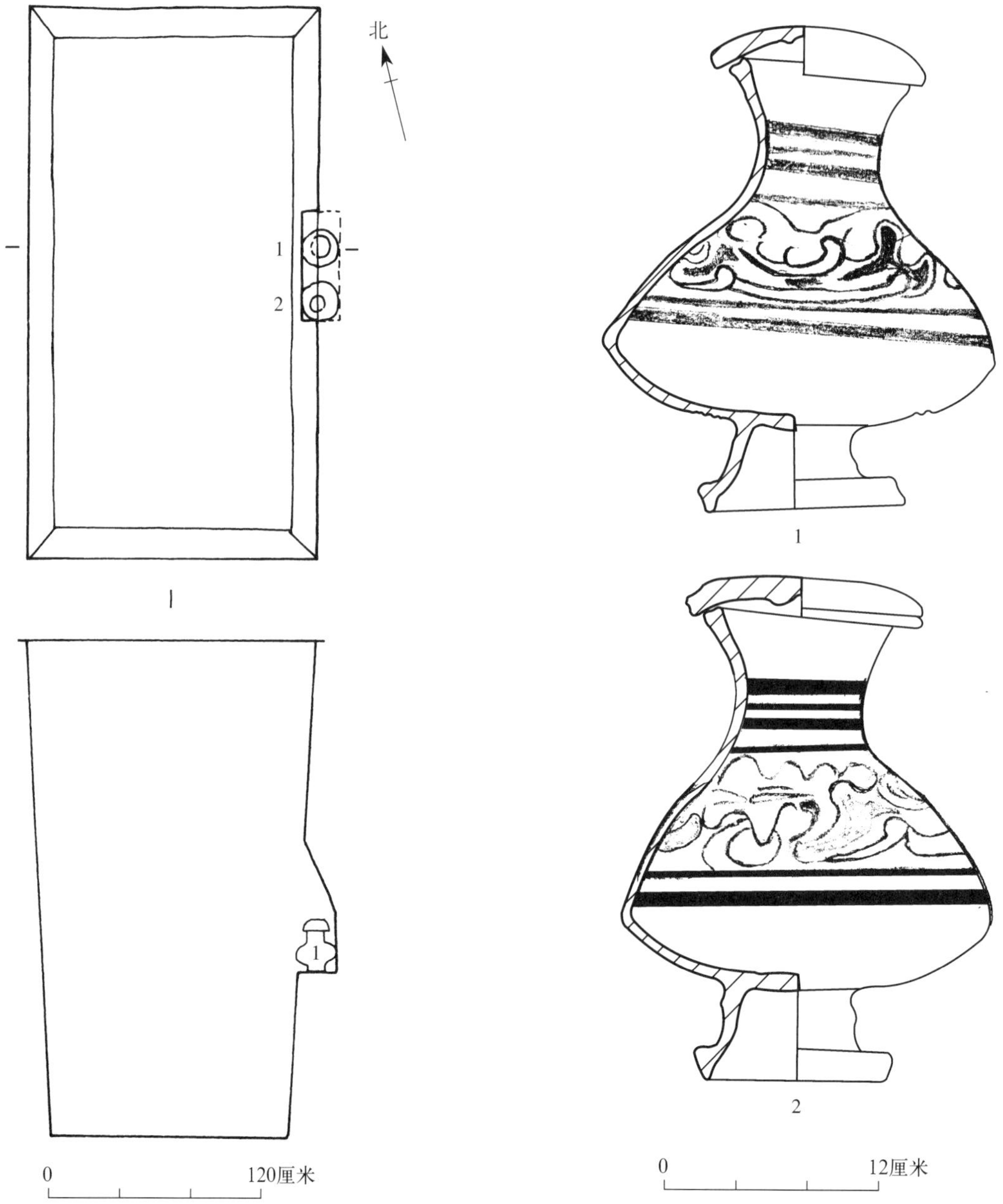

图4-662　M524及出土器物

1、2. 陶壶

长方形土坑竖穴砖椁墓。墓口长3、宽1.64米；墓长2.7、宽1.36、深2.7米。椁室四壁青砖垒砌而成。因遭盗扰，青砖全部缺失，结构与形制不详。东壁中部发现壁龛，顶部弧形。长0.60、高0.3、进深0.22米。墓底及周边发现少量残破青砖。墓内填浅灰褐色五花土，经过夯打，土质较致密。填土包含少许陶片、烧土块、料姜石及散落的鸡骨等。

人骨无。

随葬彩绘陶壶2件放在壁龛内。

2. 出土遗物

陶器

陶壶　2件。泥质灰陶。弧顶盖。侈口，沿面微凹，圆唇，束颈，溜肩，鼓腹，喇叭形圈足。通体饰白彩，颈、腹部分别饰四周及两周红色条带纹，肩部饰两组黑彩勾边波浪纹，中部填以紫色彩绘。

标本M524：1，口径10、底径11.2、通高26.4厘米（图4-662，1；彩版二〇六，1左）。

标本M524：2，口径10.4、底径10、通高27.2厘米（图4-662，2；彩版二〇六，1右）。

（二九四）M533

1. 墓葬形制

位于墓地中部，打破M534，南面是M531。方向105°（图4-663）。

长方形土坑竖穴砖椁墓。墓口长3.6、宽1.8米，底长3.4、宽1.6、深2.2米。椁长2.6、宽0.9、高0.57米。椁室四壁均垒砌青砖，上部南、北两壁平铺一层、东、西两壁平铺两排。其中南壁七层、北壁六层、东壁两层、西壁四层，除东壁竖排对缝叠砌外，其余均横排错缝叠砌。墓底平铺两层青砖为对缝竖排。砖长28、宽12、厚4厘米。墓内填黄褐色五花土，土质较疏松。夹杂少量绳纹陶片。

人骨1具。骨骼腐朽严重，性别、年龄无法鉴定。

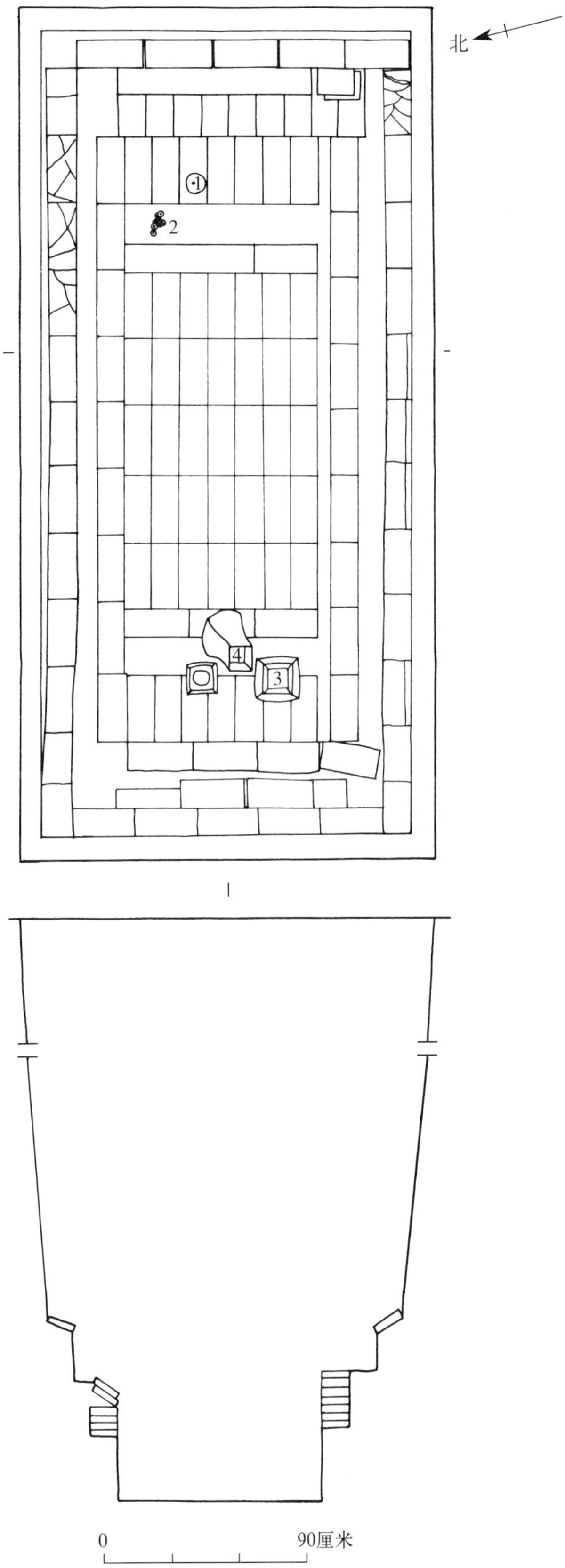

图4-663　M533平、剖面图

1. 铜镜　2. 铜钱（11）　3、4. 陶钫

随葬器物 14 件。陶钫 2 件放在西端中部。铜镜 1 枚、铜钱 11 枚置于东端偏北。

2. 出土遗物

（1）陶器

陶钫　2 件。泥质灰陶。覆斗形盖，斜壁，小平顶。钫侈口，平沿，束颈，沿下有折棱，溜肩，鼓腹，下腹弧收，圆形圈足。下腹饰绳纹。

标本 M533：3，方唇。口边长 11.3、底径 13、通高 36.8 厘米（图 4-664，3；彩版二〇六，2）。

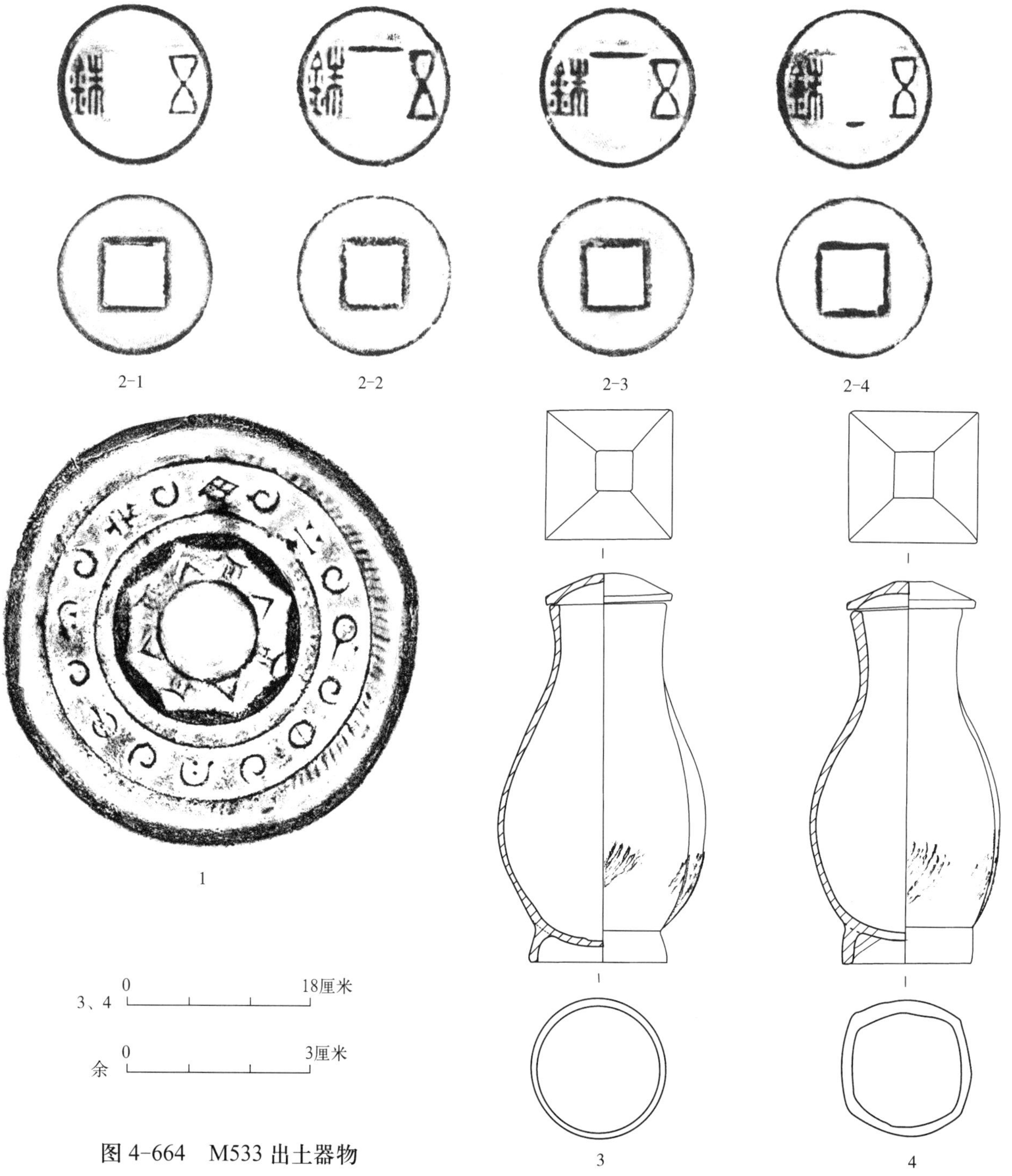

图 4-664　M533 出土器物

1. 铜镜　2-1～4. 铜钱　3、4. 陶钫

标本 M533：4，圆唇。口边长 11、底径 12.8、通高 36 厘米（图 4-664，4）。

（2）铜器

铜镜　1 枚。

标本 M533：1，日光连弧铭带镜。圆形，圆纽，圆纽座。座外四组内附三短竖线月牙纹与四个三角纹相间环列，再外一周内向八连弧纹圈带。外区两周短斜线和凸弦纹组合纹带，其间为顺时针铭文带“见日月心，勿夫毋忘”。字体圆转式篆隶体、部分笔画加重呈楔形，每字间隔一类似涡纹符号。窄素平缘。面径 7、缘厚 0.4 厘米（图 4-664，1；彩版二〇六，3）。

铜钱　11 枚。均为五铢。圆形方穿，正面有轮无郭，背面穿郭俱全。根据钱文字体不同分为两种。

第一种　6 枚。“五”字两笔交叉微曲，“铢”字“金”头呈三角形，与“朱”等齐，“朱”字上部方折，有的穿上横郭。

标本 M533：2-1 ～ 3，直径 2.55、边长 1、厚 0.2 厘米（图 4-664，2-1 ～ 3）。

第二种　5 枚。“五”字两笔交叉弯曲，与上、下两横相交处垂直，“铢”字“金”头三角形，与“朱”平齐，“朱”字上部方折，有的穿上横郭或穿下半星。

标本 M533：2-4，穿径 2.5、边长 1、厚 0.16 厘米（图 4-664，2-4）。

（二九五）M536

1. 墓葬形制

位于墓地中部，打破 M539，东北面是 M505，西面为 M537。方向 12°（图 4-665）。

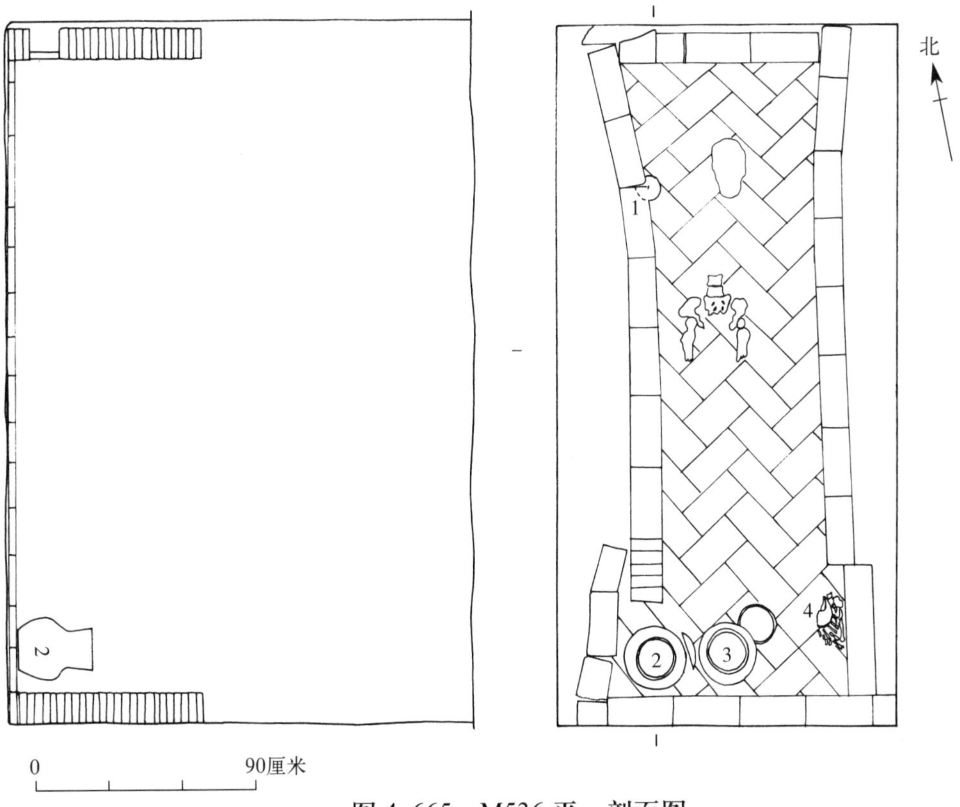

图 4-665　M536 平、剖面图

1. 铜镜　2、3. 陶壶　4. 动物骨骼

长方形土坑竖穴砖椁墓。墓口长2.8、宽1.4、深1.9米。椁长2、宽0.8、高0.76米。椁室东、西、北三壁均用青砖单行平铺错缝叠砌，南壁未垒砌青砖。脚箱位于南端，平面长方形，青砖平铺错缝叠砌、底部“人”字形铺设，与椁室底部连为一体，长0.75～1、宽0.48、深0.78米。墓底平铺一层青砖，“人”字形排列。砖长27、宽12、厚3厘米。墓内填黄褐色五花土，土质较疏松。包含少量陶、瓦片等。

人骨1具。头向北，面向上。骨骼腐朽严重，仅残存头骨及盆骨。性别、年龄无法鉴定。木棺已腐朽，仅见板灰痕迹。

随葬器物3件。陶壶2件放在脚箱内，铜镜1枚置于墓主头骨右侧。脚箱内还发现乳猪骨。

2. 出土遗物

（1）陶器

陶壶　2件。泥质灰陶。弧顶盖。壶侈口，尖唇，束颈，鼓腹，圈足。腹部饰三周戳印纹，下腹饰绳纹。

标本M536∶2，沿面内斜。口径16、底径16.5、通高34.8厘米（图4-666，2）。

1

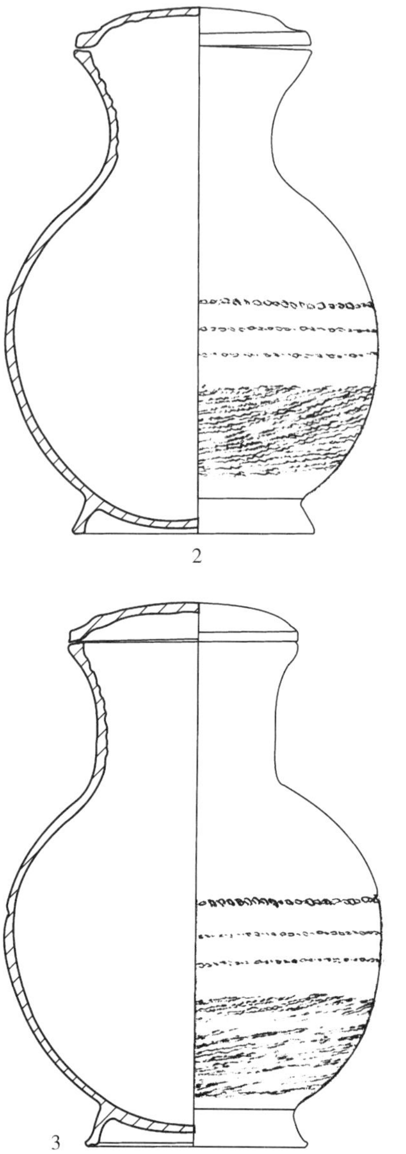

2

3

1　0　3厘米

余　0　15厘米

图4-666　M536出土器物

1. 铜镜　2、3. 陶壶

标本 M536∶3，沿面外斜。口径 16、底径 15、通高 36 厘米（图 4-666，3）。

（2）铜器

铜镜　1 枚。

标本 M536∶1，昭明圈带连弧铭带镜。圆形，圆纽，连珠纹纽座。座外一周窄凸面圈带，带外伸出四锥形短线，再外一周内向八连弧纹圈带。外区两周短斜线和凸弦纹组合纹带，其间为顺时针铭文带“内明光昭而象不日月，心忽而穆忠，[然]雍塞泄”。字体为圆转式篆隶体。宽素平缘。面径 11、缘厚 0.4 厘米（图 4-666，1）。

（二九六）M537

1. 墓葬形制

位于墓地中部，北面是 M503，东面是 M536，西面为 M504。方向 11°（图 4-667）。

长方形土坑竖穴砖椁墓。墓口长 2.9、宽 1.4、深 1.74 米。椁长 2.55、宽 0.93、高 0.7 米。椁室四壁青砖单行平铺错缝叠砌。由于挤压中间略内弧。墓底铺设一层青砖“人”字形排列。砖长 25、宽 12、厚 3 厘米。墓内填黄褐色五花土，土质较疏松。内含少量陶、瓦碎片。

人骨 1 具。头向北，面向上，仰身直肢。骨骼腐朽严重，仅存头骨和下肢骨残痕。性别、年龄无法鉴定。

随葬陶壶 2 件放在椁室东南角。

2. 出土遗物

陶器

陶壶　2 件。泥质灰陶。侈口，沿面外斜，尖唇，束颈，鼓腹，平底微内凹。肩部饰白、红彩弧带纹，下腹饰三周戳印纹。

标本 M537∶1，颈部饰两周白色条带纹。口径 13.2、底径 12、高 26 厘米（图 4-667，1）。

标本 M537∶2，口径 12.8、底径 16、高 26 厘米（图 4-667，2）。

（二九七）M538

1. 墓葬形制

位于墓地中部，被 M510 打破，北面是 M539。方向 12°（图 4-668）。

长方形土坑竖穴砖椁墓。墓口长 2.6、宽 1.3、底长 2.5、宽 1.2、高 0.8 米。椁长 2.2、上宽 0.6～0.7、下宽 0.7、高 0.1～0.66 米。椁室四壁青砖平铺错缝叠砌，两砖之间留有 0.15～0.2 米长方形缝隙。南壁叠砌三层青砖。墓底平铺一层青砖“人”字形排列。砖长 25、宽 12、厚 3 厘米。墓内填黄褐色五花土，土质较疏松。

人骨 1 具。头向北，面向左，仰身直肢。骨骼腐朽严重，仅残存头骨、下肢及部分上肢骨。性别、年龄无法鉴定。

随葬陶壶 2 件放在椁室南端台上，其上部放置乳猪骨。

2. 出土遗物

陶器

陶壶　2 件。形制相同。泥质灰陶。弧顶盖。侈口，沿面外斜，圆唇，束颈，溜肩，鼓腹，平底。

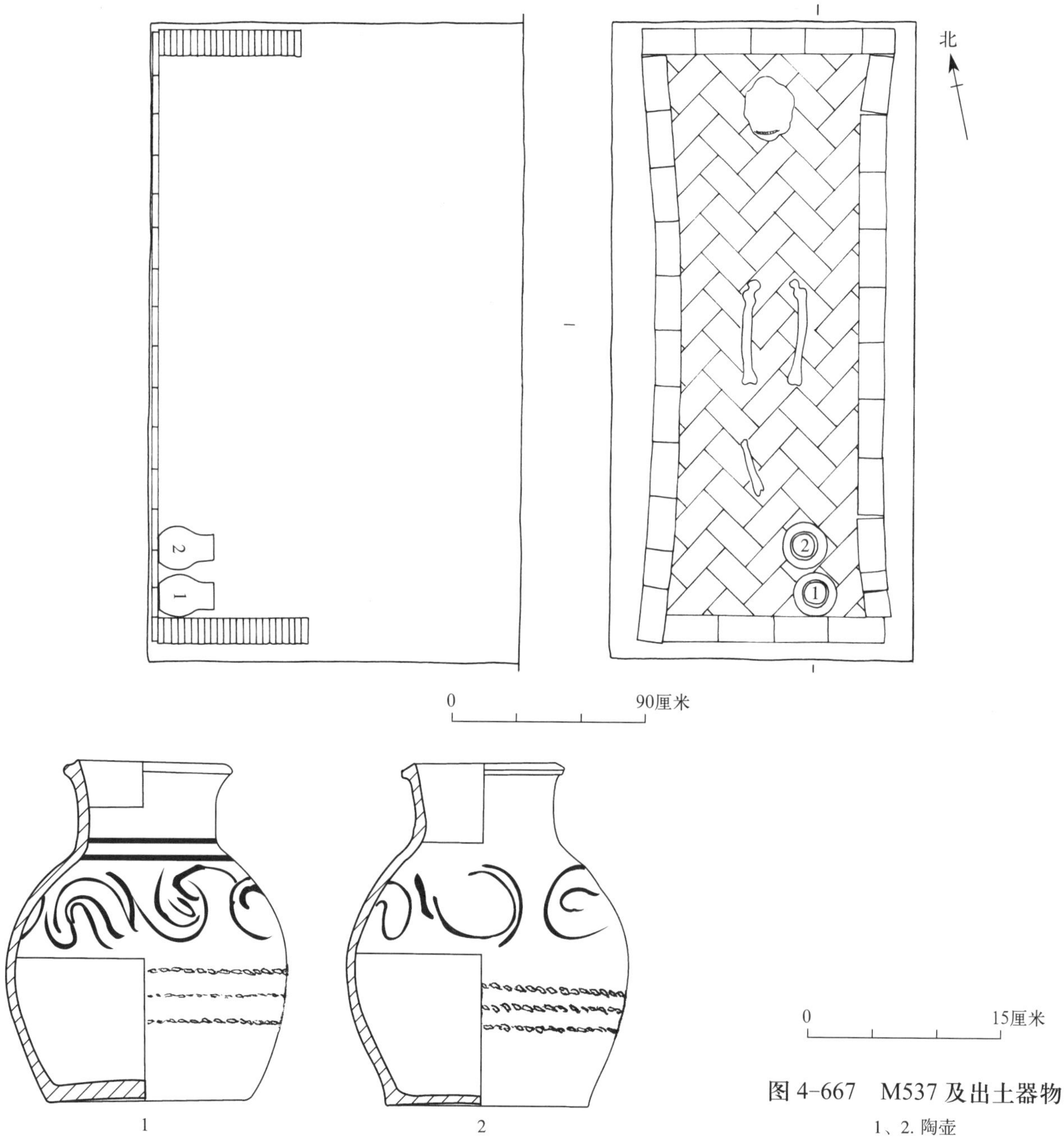

图4-667　M537及出土器物
1、2. 陶壶

素面。

标本M538∶1，腹部饰四周戳印纹。口径12、底径14、通高27.8厘米（图4-669，1）。

标本M538∶2，腹部饰三周戳印纹。口径12、底径14、通高28厘米（图4-669，2）。

（二九八）M541

墓葬形制

位于墓地中部，东面是M542，南面是M469，西面为M449。方向8°（图4-670）。

长方形土坑竖穴砖椁墓。墓口长2.4、宽1、深1.7米。椁长2.3、宽0.9、高0.75米。椁室四壁

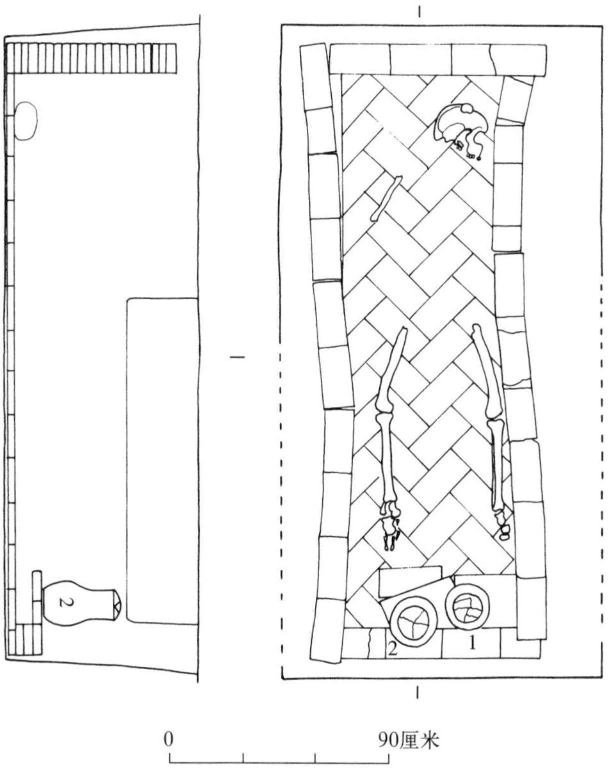

图 4-668　M538 平、剖面图

1、2. 陶壶

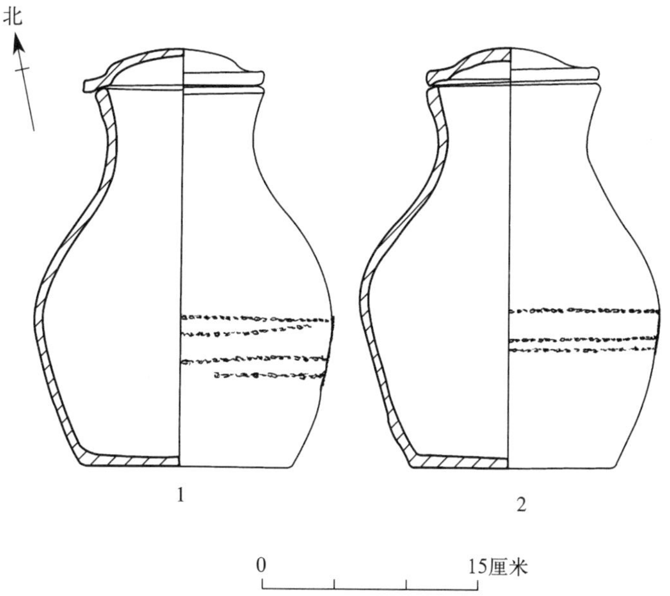

图 4-669　M538 出土器物

1、2. 陶壶

青砖竖立贴砌。因破坏严重，形制与结构不详。墓底平铺一层青砖，“人”字形排列。砖长 24、宽 12、厚 6 厘米。

人骨 1 具。头向北，面向左，仰身直肢。骨骼保存较差，仅残存墓主头、肢骨及部分盆骨遗骸。男性，年龄 40 ～ 50 岁。

随葬器物无。

（二九九）M542

1. 墓葬形制

位于墓地中部，北面是 M543，西面为 M541。方向 10°（图 4-671）。

长方形土坑竖穴砖椁墓。墓口长 2.5、宽 0.9、深 1.3 米。椁长 2.4、宽 0.76、高 0.6 米。椁室四壁青砖斜立、“人”字形贴砌。墓底平铺一层青砖，“人”字形排列。砖长 25、宽 12、厚 3 厘米。

人骨 1 具。头向北，面向不清，仰身直肢。骨骼腐朽严重，仅残存部分头骨及肢骨遗骸。性别、年龄无法鉴定。

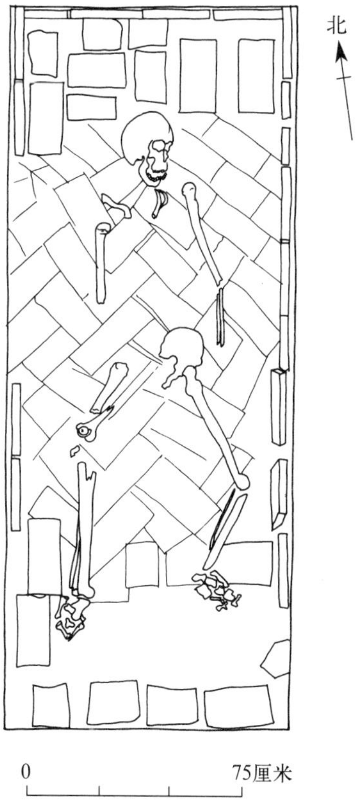

图 4-670　M541 平面图

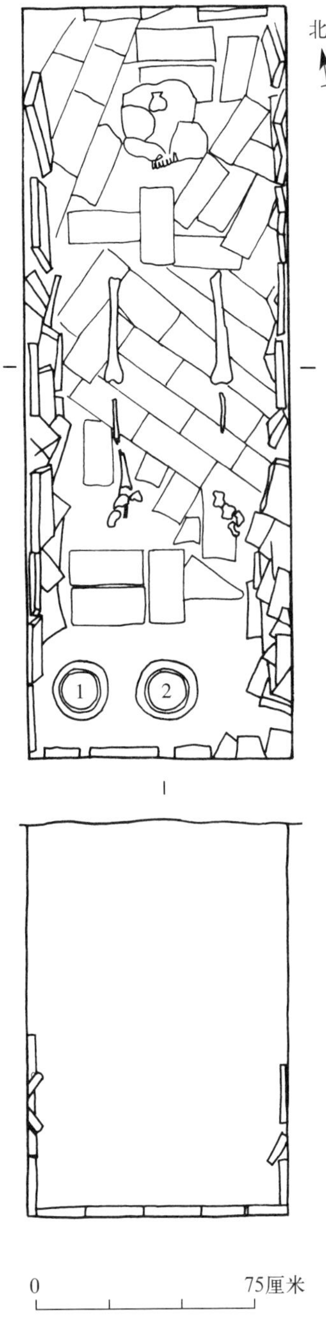

图 4-671　M542 平、剖面图

1、2. 陶壶

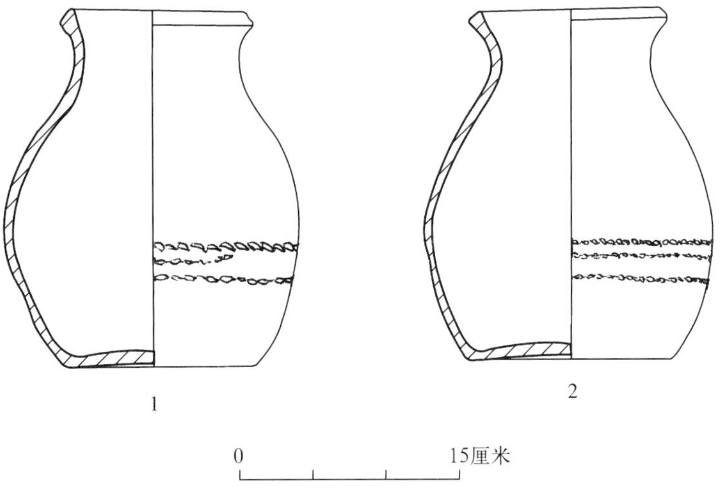

图 4-672　M542 出土器物

1、2. 陶壶

随葬陶壶 2 件放在椁室南端。

2. 出土遗物

陶器

陶壶　2 件。泥质灰陶。侈口，沿面外斜，尖唇，束颈，鼓腹，平底微内凹。腹部饰三周绳纹，近底部有刮削痕迹。

标本 M542∶1，口径 13、底径 13、高 23.8 厘米（图 4-672，1）。

标本 M542∶2，口径 13.2、底径 14、高 23.6 厘米（图 4-672，2）。

（三〇〇）M543

1. 墓葬形制

位于墓地中部，东北面是 M544，南面为 M542。方向 105°（图 4-673）。

长方形土坑竖穴砖椁墓。椁长 2.5、宽 0.95、高 0.2 米。椁室青砖垒砌。由于扰乱严重，仅墓底残留三层青砖，均为横排错缝叠砌。砖长 25、宽 11、厚 3 厘米。墓底平铺一层青砖，“人”字形排列。

人骨无。

随葬器物 4 件。铜镜 1 枚，铜钱 3 枚放在墓底东南处。

2. 出土遗物

铜器

铜镜　1 枚。

标本 M543∶1，日光连弧铭带镜。圆形，圆纽，圆纽座。座外均匀伸出四条短弧线、夹饰双层月牙纹，再外一周内向八连弧纹圈带。外区两周短斜线和凸弦纹组合纹带，其间为顺时针铭文带“见日月心，勿夫毋忘”，字体为圆转式篆隶体，每字间隔类似涡纹符号。窄素平缘。面径 7.1、缘厚 0.35 厘米（图 4-673，1；彩版二〇六，4）。

铜钱　3 枚。标本 M543∶2，均为五铢，圆形方穿，正面有轮无郭，背面轮郭俱全。根据钱文字体不同分为两种。

第一种　1 枚。

标本 M543∶2-1，“五”字两笔交叉微曲，与上、下两横交接处近垂直。“铢”字“金”头三角形，与“朱”平齐，“朱”字头上部方折。直径 2.6、穿边长 1、厚 0.18 厘米（图 4-673，2-1）。

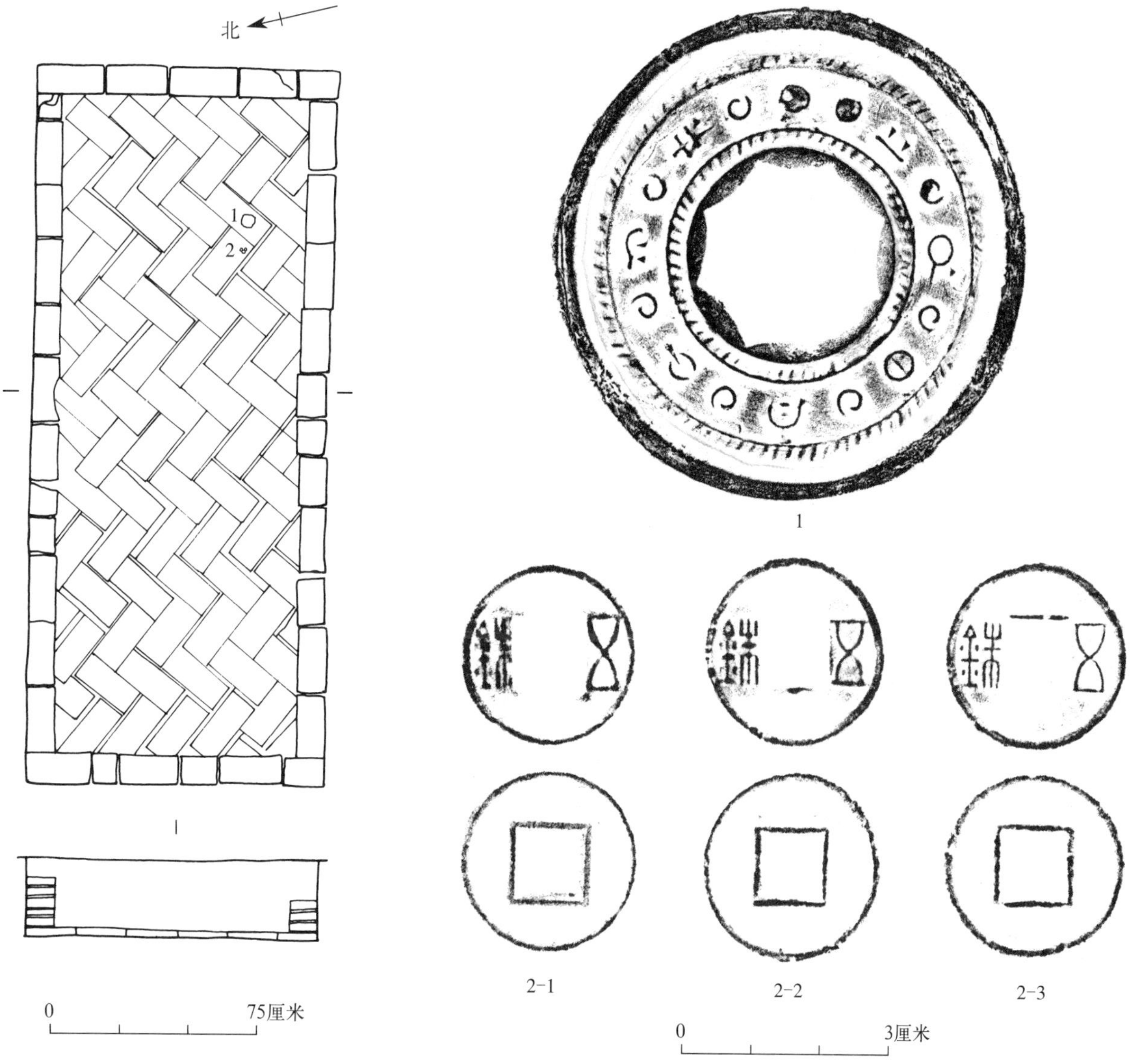

图 4-673　M543 及出土器物

1. 铜镜　2. 铜钱（3）

第二种 2枚。

标本M543∶2-2、3，“五”字两笔交叉弯曲，与上、下两横交接处垂直。“朱”字头上部方折，穿下半星或穿上横郭。直径2.6、穿边长1.1、厚0.18厘米（图4-673，2-2、3）。

（三〇一）M546

墓葬形制

位于墓地中部，东南面是M548，西面为M545。方向15°（图4-674）。

长方形土坑竖穴砖椁墓。墓壁斜直，下部内收。墓口长3.20、宽1.90、底长3.10、宽1.50、深3米。椁室青砖垒砌，因遭到严重破坏，仅剩墓圹，结构不详。墓内填黄褐色五花土，夹杂少许石块、碎砖等。经过夯打，土质较致密。圆形夯窝，分布密集，直径8～10厘米。动物骨骼放在墓室东北角，未经鉴定，种属不明。

人骨无。

随葬器物无。

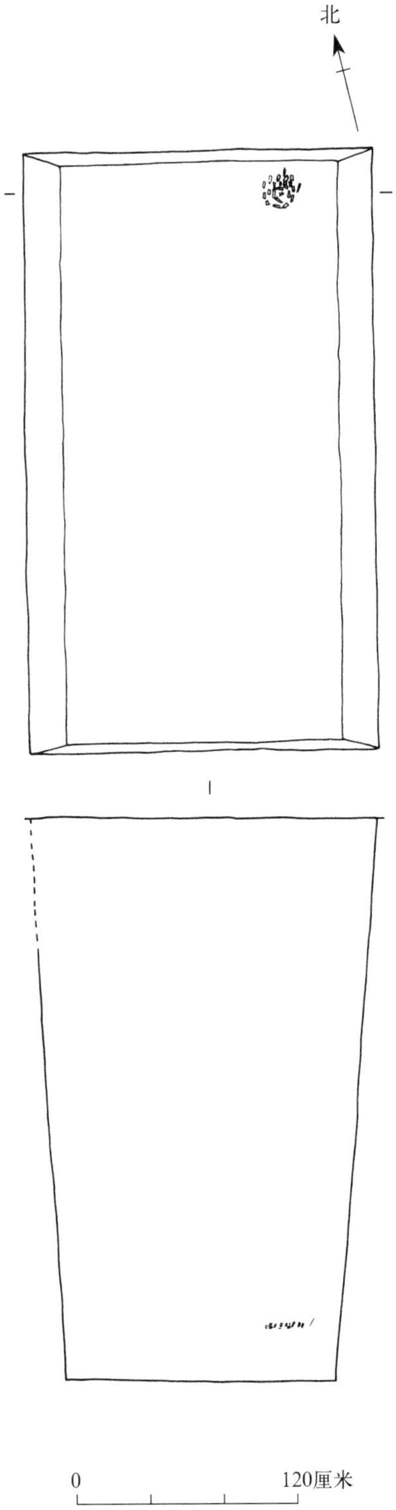

图4-674 M546平、剖面图

（三〇二）M547

墓葬形制

位于墓地中部，东北面是M546，东面为M548，西北面是M545。方向10°。

长方形土坑竖穴砖椁墓。墓壁斜直，下部内收，底部平整。墓口长2.5、宽1.3、深1.05米。椁室青砖垒砌，由于扰乱严重，仅残存东壁北端少量青砖。砖长34、宽14、厚5厘米。墓内填黄褐色五花土，土质较致密。填土内夹杂大量碎砖、瓦片及零星骨骼。

人骨1具。骨骼腐朽，仅残存少许牙齿。性别、年龄不详。

随葬器物无。

（三〇三）M548

墓葬形制

位于墓地中部，东面是M540，西南面是

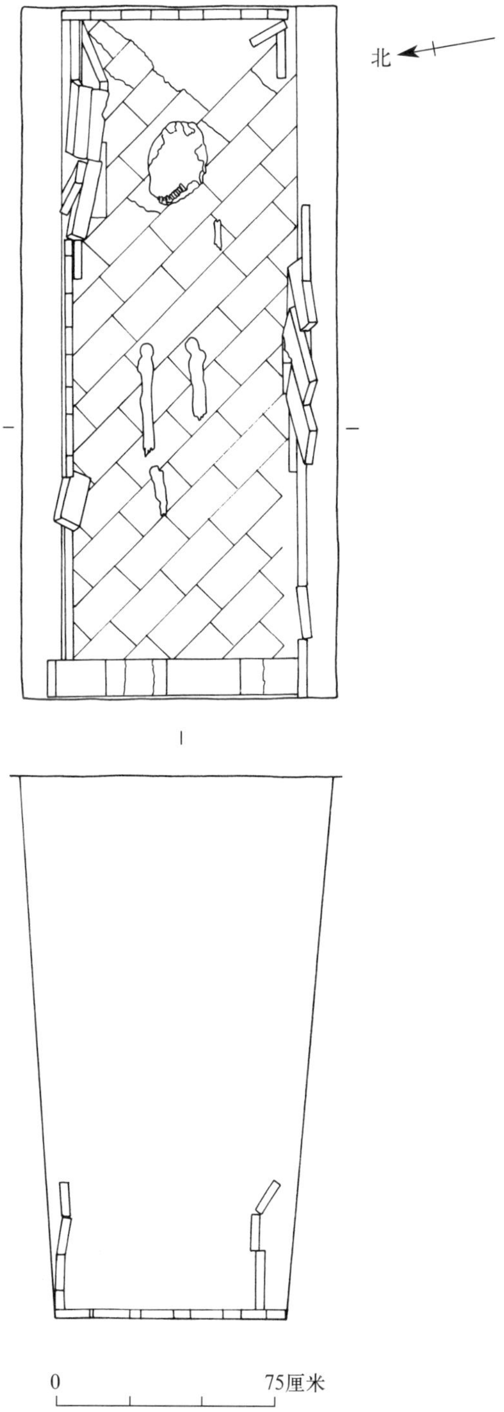

图 4-675　M551 平、剖面图

M506，东西面为 M546。方向 15°。

长方形土坑竖穴砖椁墓。墓口长 2.9、宽 1.9、底长 2.5、宽 1.2、深 3.3 米。墓壁斜直，下部内收，底部平整。椁室青砖垒砌，因遭破坏，结构不详。墓内填黄褐色五花土，土质较疏松。填土中发现零星青砖，砖长 33、宽 13、厚 6 厘米。

人骨无。

随葬器物无。

（三〇四）M551

墓葬形制

位于墓地中部，打破 M552，北面是 M557，南面为 M528。方向 100°（图 4-675）。

长方形土坑竖穴砖椁墓。墓口长 2.3、宽 1.08、底长 2.3、宽 0.8、深 1.8 米。椁长 2.28、宽 0.8、高 0.43 米。椁室四壁青砖垒砌，排列方式不同，南、北、东壁青砖斜向贴砌，西壁横向错缝叠砌十三层。南、北壁东端残存一层青砖。墓底铺地砖斜向“人”字形排列。砖长 25、宽 12、厚 3 厘米。墓内填黄褐色五花土，经夯打，土质较致密。夯窝圆形，分布稀疏。因盗扰，加工情况不详。

人骨 1 具。头向东，面向上，仰身直肢。骨骼腐朽粉末状。性别、年龄无法鉴定。

随葬器物无。

（三〇五）M552

1. 墓葬形制

位于墓地中部，被 M551 打破，北面是 M557，西面为 M528。方向 10°（图 4-676）。

长方形土坑竖穴砖椁墓。墓口长 2.9、宽 1.4、底长 2.46、宽 1.2、深 2.66 米。椁长 2.46、宽 1.02、高 0.66 米。椁室东、西、北三壁横向错缝叠砌十层，南壁竖向错缝叠砌七层。二层台长 0.75、宽 0.34、高 0.42 米。墓底平铺一层青砖，“人”字形排列。砖长 34、宽 12、厚 6 厘米。墓内填浅灰褐色五花土，经过夯打，土质较致密。夯窝圆形，分布稀疏，情况不明。

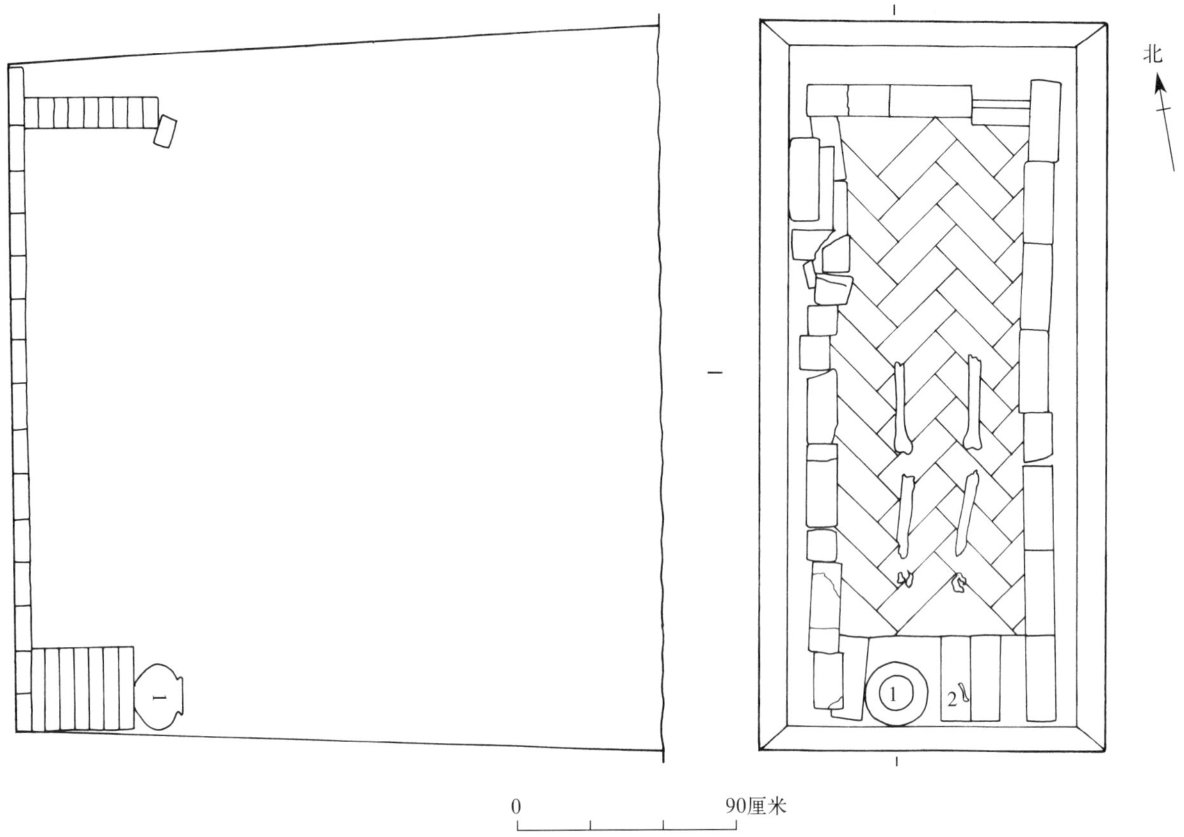

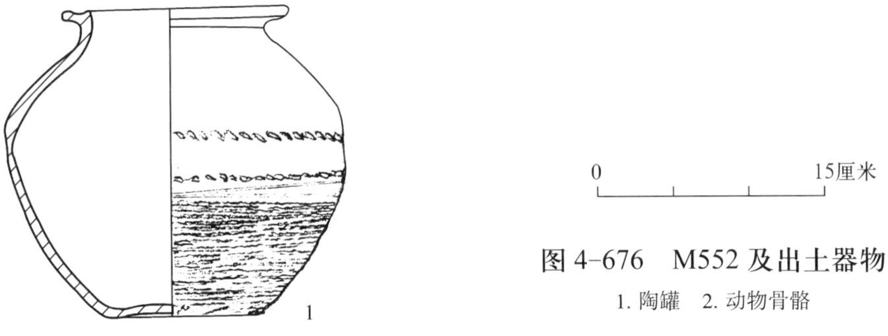

图4-676　M552及出土器物

1. 陶罐　2. 动物骨骼

人骨1具。头向北，面向及葬式不详。骨骼腐朽，仅残存部分下肢骨遗骸。性别、年龄无法鉴定。

陶罐1件放在二层台西侧，中部放置有鸡骨。

2. 出土遗物

陶器

陶罐　1件。

标本M552∶1，泥质灰陶。平折沿，沿面内凹，圆唇，束颈，鼓腹，下部弧收，平底微凹。中腹饰两周戳印纹、间饰两周凹弦纹，下腹及底部饰绳纹。口径15、底径10、高20厘米（图4-676，1）。

（三〇六）M553

1. 墓葬形制

位于墓地中部，东面是M477，西南面为M525。方向10°（图4-677）。

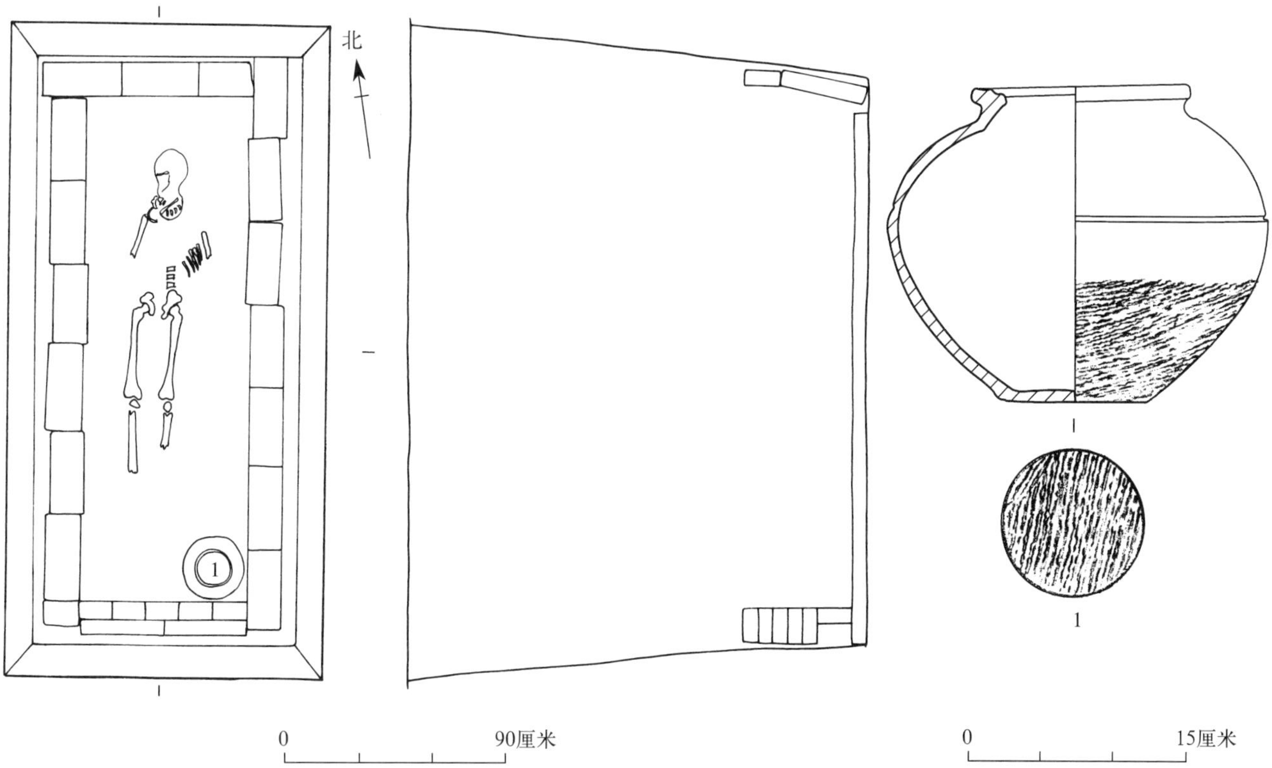

图 4-677 M553 及出土器物
1. 陶罐

长方形土坑竖穴砖椁墓。墓口长 2.6、宽 1.3、底长 2.34、宽 1.08、深 1.86 米。椁长 2.28、宽 0.96、高 0.44 米。椁室四壁青砖排列方式不同，东、西壁横向错缝叠砌七层；北端下层横向侧立。南端下层竖立、上层横向侧立。墓底对缝横排平铺两行青砖。砖长 35、宽 14、厚 6 厘米。墓内填浅灰褐色五花土，土质较致密。夯打情况不明。

人骨 1 具。头向北，面向上，仰身直肢。仅残存头及部分肢骨。性别、年龄无法鉴定。

随葬陶罐 1 件放在椁室东南角。

2. 出土遗物

陶器

陶罐 1 件。

标本 M553∶1，泥质灰陶。敛口，斜折沿，沿面微内斜，圆唇，束颈，鼓腹，下部弧收，小平底。腹部饰一周凹弦纹，下腹及底部饰绳纹。口径 15、底径 10、高 21.2 厘米（图 4-677，1）。

（三〇七）M554

1. 墓葬形制

位于墓地中部，东面是 M485，南面为 M486，西面是 M496。方向 112°（图 4-678）。

长方形土坑竖穴砖椁墓。墓口长 2.94、宽 1.6、底长 2.82、宽 1.26、深 2.52 米。椁长 2.72、宽 0.96、高 0.63 米。椁室青砖垒砌。西壁为土圹，余均横排错缝叠砌。南、北两壁各十二层，东壁十层。因

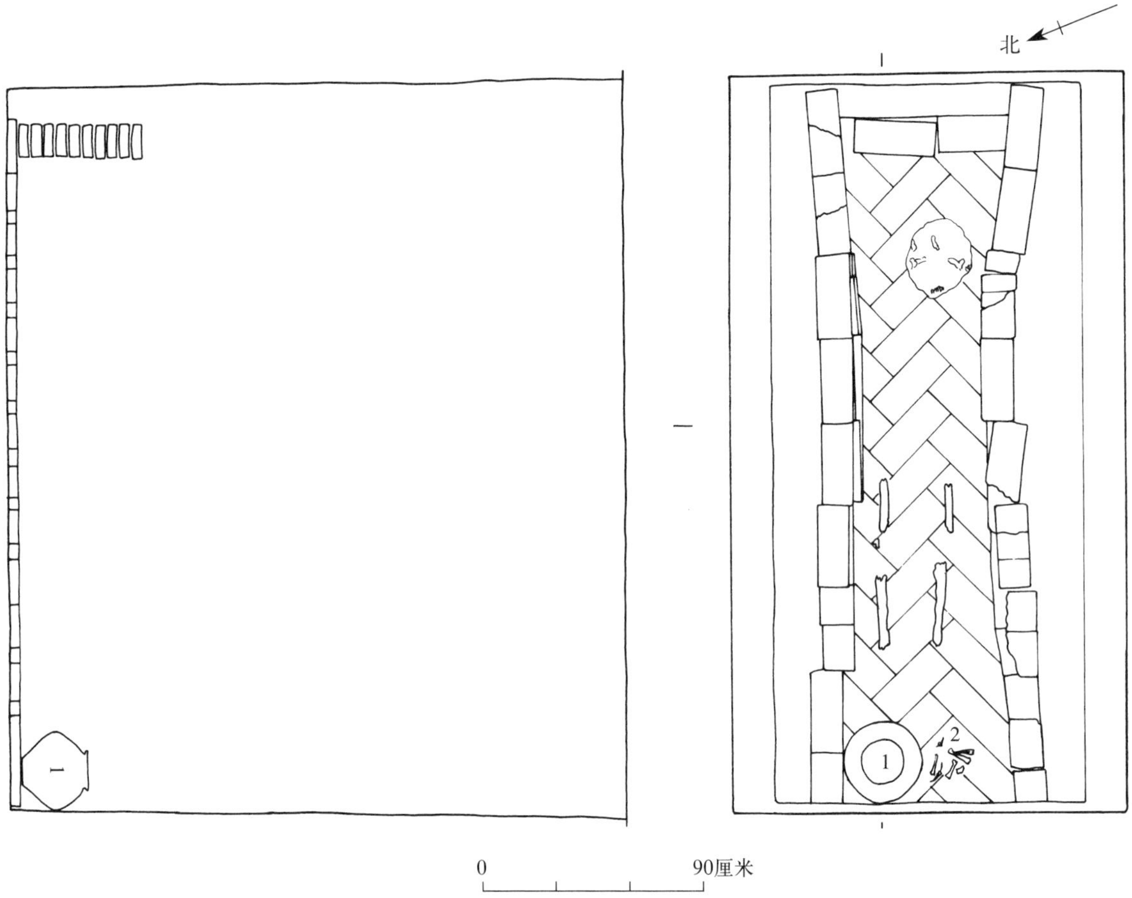

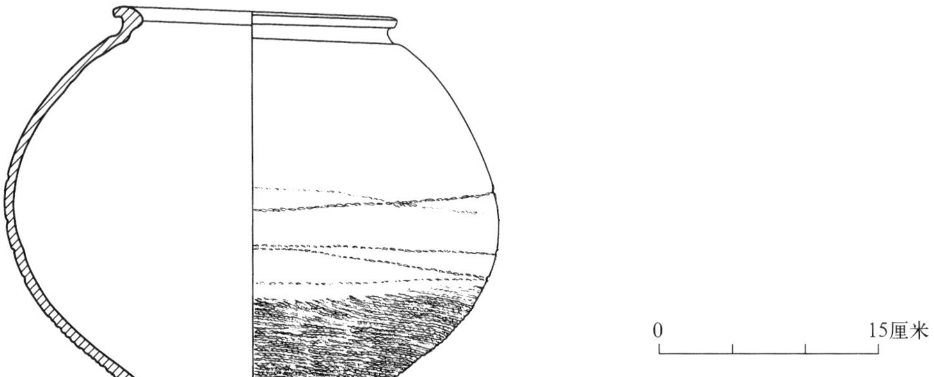

图4-678 M554及出土器物

1. 陶罐 2. 动物骨骼

挤压中部略内凸。墓底平铺一层青砖，“人”字形排列。砖长32～33、宽13、厚4厘米。墓内填浅灰褐色五花土，经过夯打，质地致密。夯窝圆形，直径7～13、间距10～20厘米。

人骨1具。头向东，仰身直肢。骨骼腐朽严重，仅存头骨残片及部分下肢遗骸。性别无法鉴定，成年个体。

随葬陶罐1件放在椁室西北角。乳猪、真鲷、鲷科、鱼、鸡骨置于陶罐南侧。

2. 出土遗物

陶器

陶罐 1件。

标本M554∶1，泥质灰陶。敛口，沿面内斜，圆唇，束颈，鼓腹，小平底。肩部有两个刻划符号，腹部饰五周戳印纹，下腹及底部饰绳纹。口径19、底径12、高27厘米（图4-678，1）。

（三〇八）M555

1. 墓葬形制

位于墓地中部，北面是M535，东面为M549，南面是M496，西面是M429。方向102°（图4-679）。

长方形土坑竖穴砖椁墓。墓口长2.76、宽1.3、深1.96米。椁长2.76、宽1.02、高0.8米。椁室四壁横排错缝叠砌，南、北、东三壁各十一层、西壁四层兼作器物台。墓底平铺一层青砖，“人”字形排列。砖长35、宽14、厚6厘米。墓内填浅灰褐色五花土，土质致密。夯窝圆形，直径6～10、间距8～12厘米。

人骨1具。头向东，面向上，仰身直肢。仅存牙齿及部分肢骨残骸。男性，年龄30～40岁。

随葬器物15件。陶罐1件，鸡骨放在西端二层台上。铜钱13枚放在墓主身体附近。铜带钩1件放在墓主口内。

2. 出土遗物

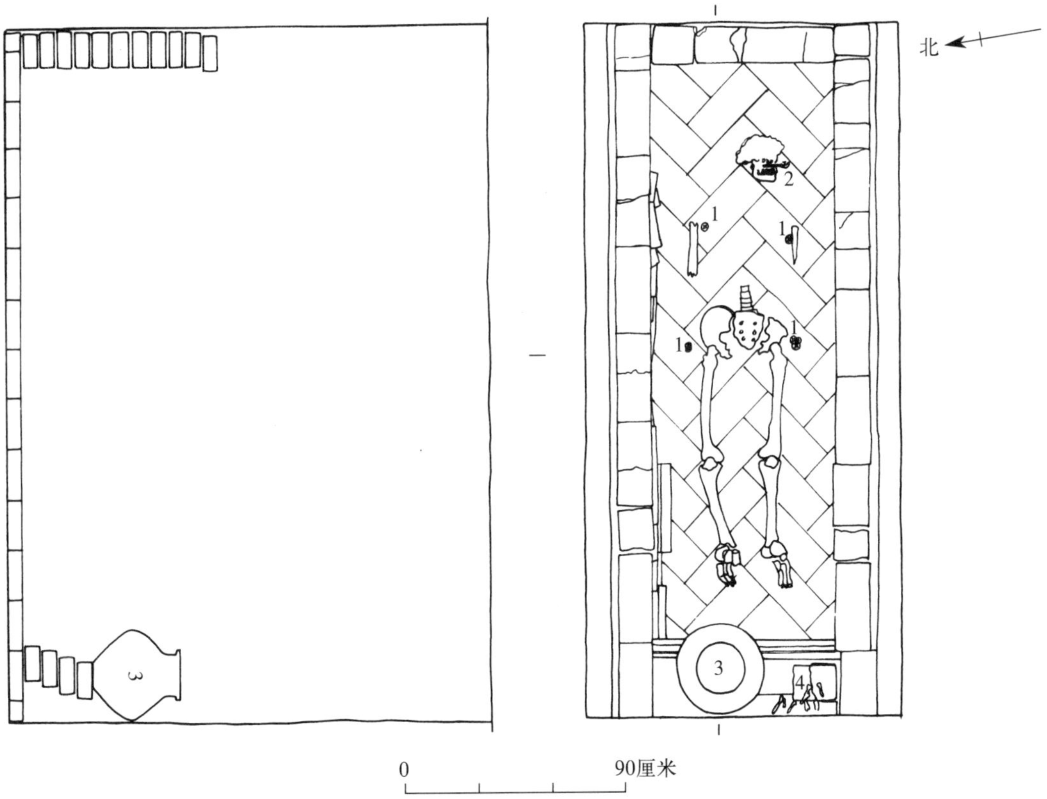

图4-679 M555平、剖面图

1. 铜钱（13） 2. 铜带钩 3. 陶罐 4. 动物骨骼

（1）陶器

陶罐　1件。

标本M555∶3，泥质灰陶。侈口，斜折沿，方唇，直颈，扁圆腹，底微凸。颈内部有数周轮制旋纹，肩部阴刻“中纪”？两字，腹部饰两周戳印纹，下腹饰绳纹。口径20.4、底径13、高32厘米（图4-680，3；彩版二〇六，5）。

（2）铜器

铜带钩　1件。

标本M555∶2，形体较大，琵琶形。钩呈马首状，圆形纽位于背部尾端。长13.1厘米（图4-680，2；彩版二〇六，6）。

铜钱　13枚。均为五铢。圆形方穿，正有轮无郭，背面轮郭俱全。根据钱文字体不同分为两种。

第一种　12枚。“五”字两笔交叉微曲，“铢”字“金”头镞形，与“朱”平齐，“朱”字上部方折。

标本M555∶1-1、2，直径2.5、穿边长1、厚0.19厘米（图4-680，1-1、2）。

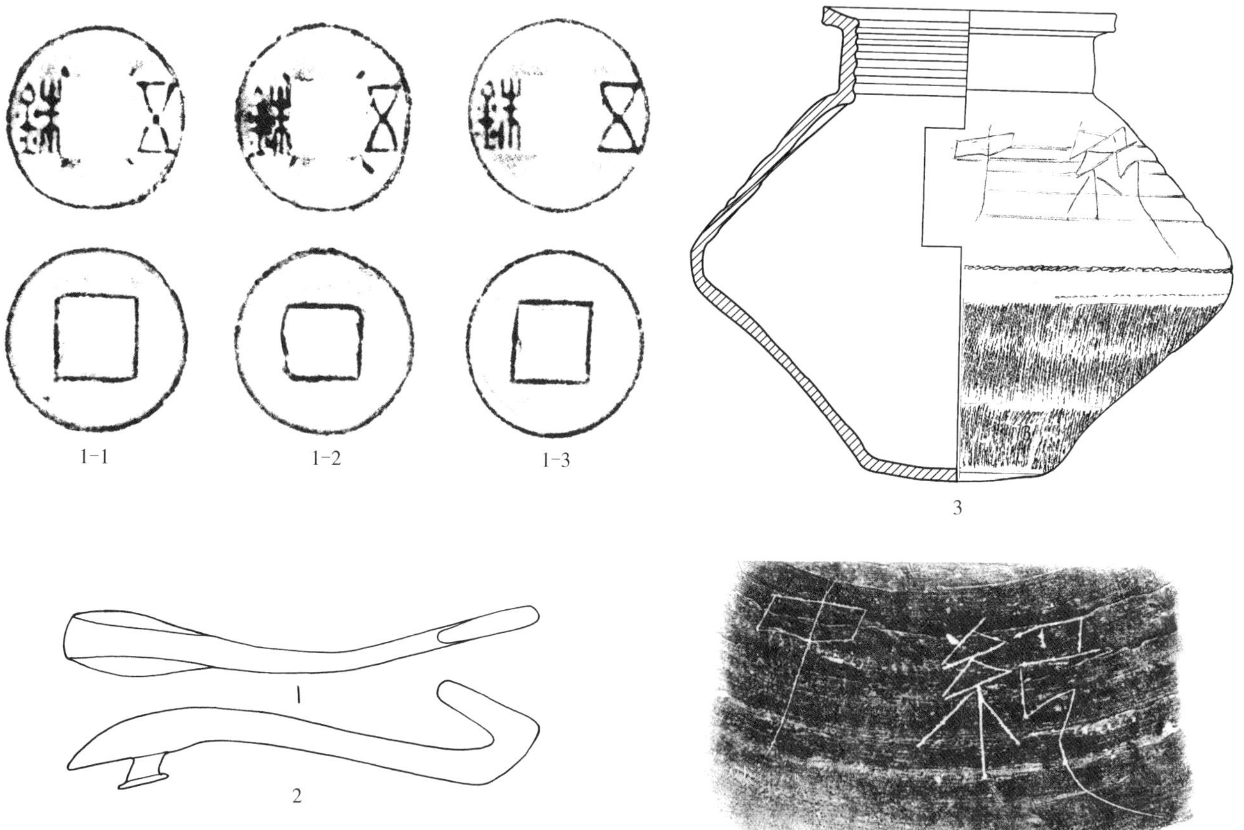

陶罐M553∶3肩部刻划符号拓片（1/3）

3 0 15厘米　2 0 6厘米　余 0 3厘米

图4-680　M555出土器物

1-1～3. 铜钱　2. 铜带钩　3. 陶罐

第二种 1枚。“五”字加宽，两笔交叉弯曲，“铢”字“金”字头镞形，与“朱”平齐，“朱”字上部方折。

标本M555：1-3，直径2.5、穿边长1、厚2.3厘米（图4-680，1-3）。

（三〇九）M559

1. 墓葬形制

位于墓地中部，被M557打破，北面是M563，东北面为M518。方向10°（图4-681）。

长方形土坑竖穴砖椁墓。墓口长2.64、宽1.44、深1.46米。椁长2.45、宽1.08、高0.76米。椁室四壁错缝平铺叠砌十层，因被破坏，南部仅残存三层。墓底铺地砖“非”字形排列。砖长33、宽14、厚7厘米。墓内填黄褐色土，经夯打，土质较致密。夹杂少量碎砖、陶片及料姜石。夯窝圆形，排列不规则，直径5～10、间距5～14、夯层厚15～20厘米。

人骨1具。头向北，面向上，仰身直肢。骨骼腐朽严重，仅残存头骨及部分下肢骨遗骸。性别、年龄无法鉴定。

随葬铜带钩1件放在墓主口内。

2. 出土遗物

铜器

铜带钩 1件。

标本M559：1，琵琶形。钩呈马首状，横断面近半圆形，圆形纽位于背部尾端。长6.4厘米（图4-681，1）。

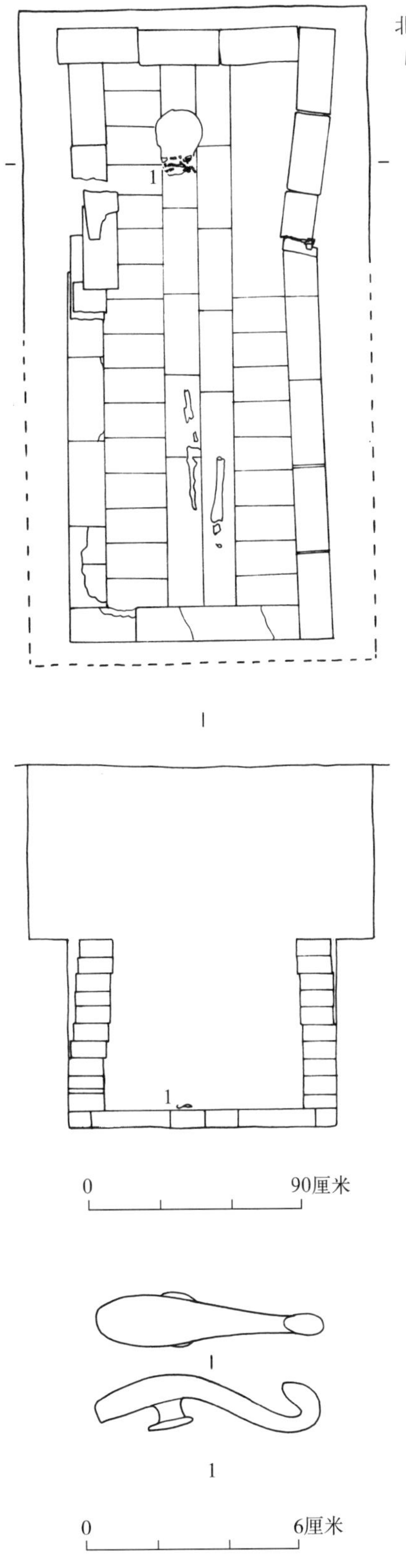

图4-681 M559及出土器物
1. 铜带钩

（三一〇）M563

1. 墓葬形制

位于墓地中部，东面是M550、M564，西面为M462。方向15°（图4-682；彩版二〇七，1）。

长方形土坑竖穴砖椁墓。墓口长3.1、宽1.9、墓底长3、宽1.7、深2.96米。椁长2.34、宽0.85、高0.8米。椁室四壁叠砌十二层青砖，“丁”字形横向相间排列。西壁中部有长方形边箱，长0.9、

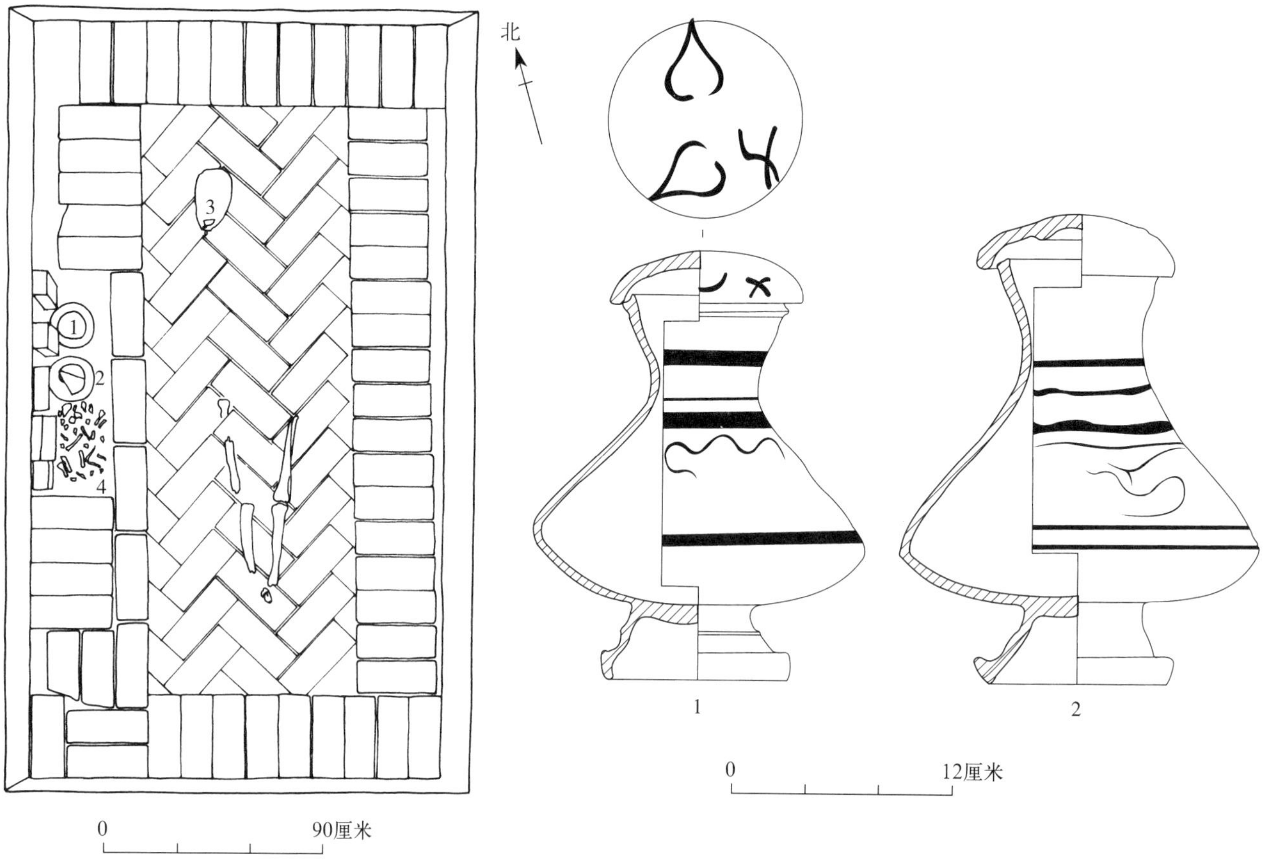

图 4-682　M563 及出土器物

1、2. 陶壶　3. 铜镜残片　4. 动物骨骼

宽 0.26 ～ 0.39、深 0.25 米。墓底平铺一层青砖，“人”字形排列。砖长 33、宽 13、厚 6 厘米。墓内填黄褐色五花土，经过夯打，土质较致密。夯窝圆形，分布稀疏，排列无规律，直径 8 厘米。

人骨 1 具。头向北，面向上，仰身直肢。骨骼保存较差，仅残存部分下肢遗骸。性别、年龄无法鉴定。

随葬器物 3 件。陶壶 2 件放在边箱北部（彩版二〇七，2）。铜镜残片 1 件置于墓主口内。边箱南部散落乳猪、鸡、鱼骨。

2. 出土遗物

（1）陶器

陶壶　2 件。形制相同。泥质灰陶。弧顶盖，上饰白、灰、红、紫色三“心”形图案。壶侈口，沿面外斜，尖唇，束颈，鼓腹，圈足。腹部通饰白彩地，颈部饰一～三周红彩带，肩部绘黑色几何形飘带纹。

标本 M563∶1，口径 9.4、底径 10、通高 22.8 厘米（图 4-682，1；彩版二〇七，3、4）。

标本 M563∶2，口径 9.5、底径 11、通高 24.8 厘米（图 4-682，2；彩版二〇七，5）。

（2）铜器

铜镜　残片 1 件。

标本 M563∶3，不能复原。

（三一一）M564

1. 墓葬形制

位于墓地中部，被 M550 打破，南面是 M515、M518，西面为 M563。方向 85°（图 4-683）。

长方形土坑竖穴砖椁墓。墓口长 2.9、宽 1.3、深 2.1 米。椁长 2.5、宽 0.95、高 0.6 米。椁室四壁均平铺顺向垒砌十八层青砖。西侧器物台长 0.95、宽 0.3、高 0.14 米。墓内填黄褐色五花土，质地坚硬。

人骨 1 具。头向东，面向上，仰身直肢，下肢中间微外撇。骨骼保存较差。男性，年龄 30 ～ 35 岁。

随葬器物 19 件。陶壶 2 件放在西端器物台上。铜钱 17 枚置于墓主左上肢骨内侧。

2. 出土遗物

（1）陶器

陶壶　2 件。泥质灰陶。弧顶盖。侈口，圆唇，束颈，鼓腹，平底。器表有抹制痕，素面。

标本 M564：1，口径 21.4、底径 16、通高 27.2 厘米（图 4-684，1）。

标本 M564：2，腹部饰三周戳印纹。口径 11.5、底径 16、通高 27.5 厘米（图 4-684，2）。

（2）铜器

铜钱　17 枚。均为五铢。圆形方穿，正有轮无郭，背面轮郭俱全。根据钱文字体不同分为两种。

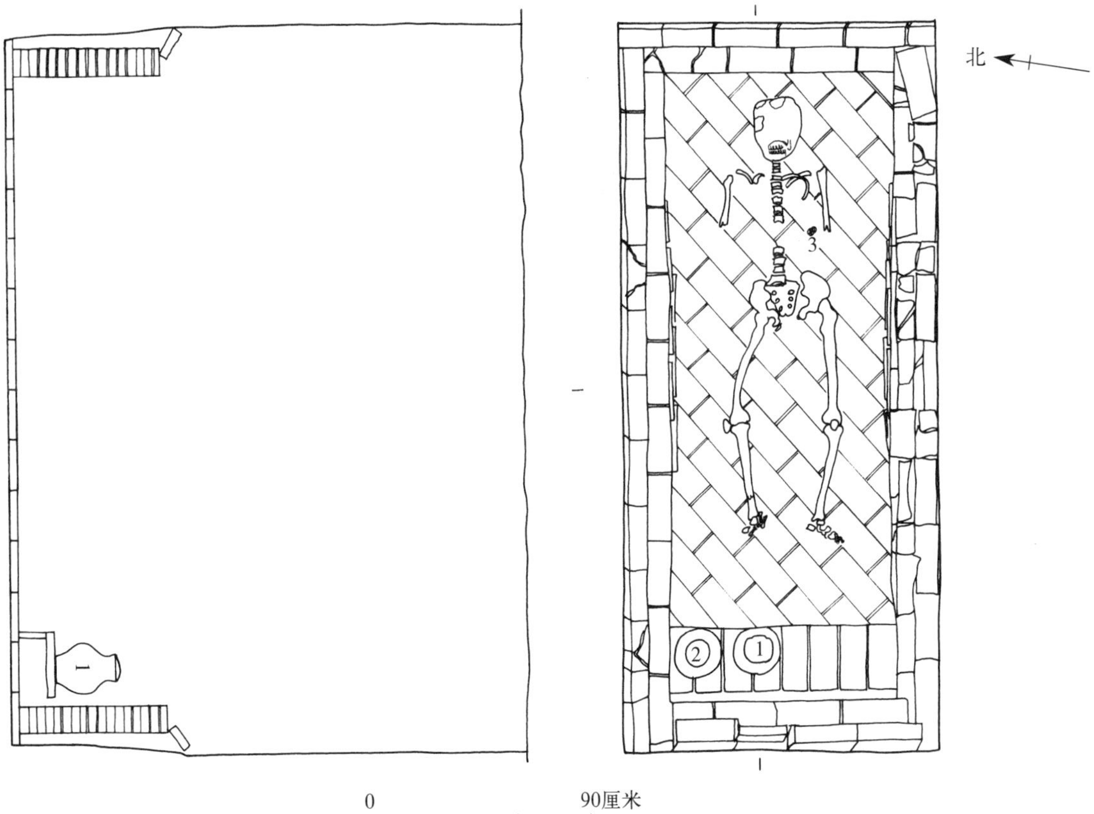

图 4-683　M564 平、剖面图

1、2. 陶壶　3. 铜钱（17）

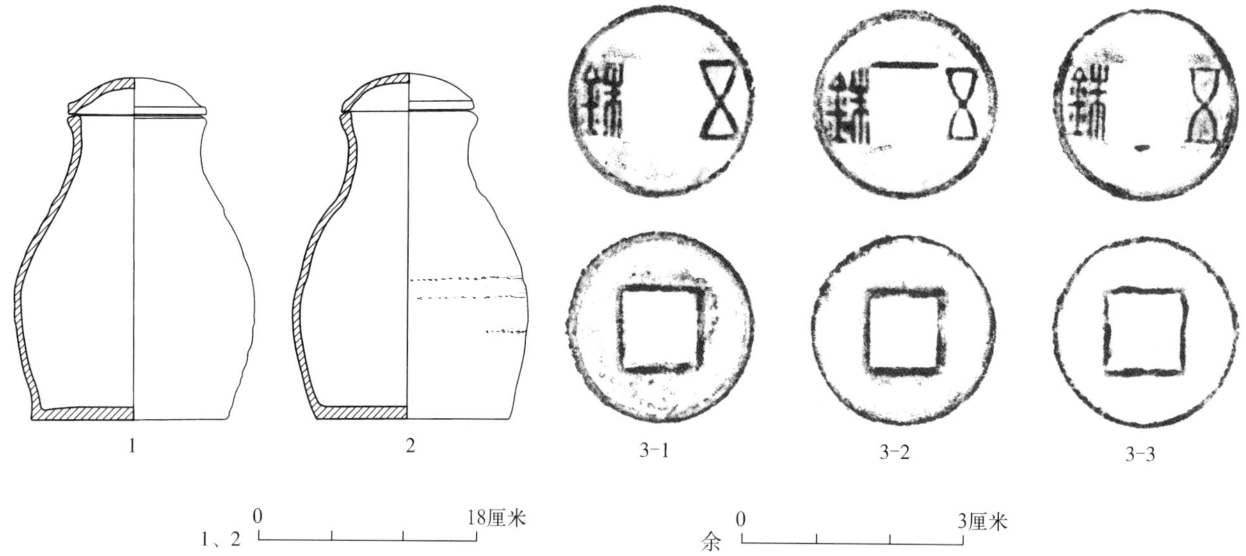

图 4-684　M564 出土器物

1、2. 陶壶　3-1～3. 铜钱

第一种　14 枚。“五”字两笔交叉较直，“铢”字“金”字头三角形，与“朱”等齐，“朱”字上部方折，有的穿上横郭。

标本 M564∶3-1、2，直径 2.56、穿径 1、厚 0.13 厘米（图 4-684，3-1、2）。

第二种　3 枚。“五”字两笔交叉弯曲，铢字“金”字头三角形，与“朱”等齐，“朱”字上部方折，有的穿下半星。

标本 M564∶3-3，直径 2.57、穿径 1、厚 0.16 厘米（图 4-684，3-3）。

（三一二）M567

墓葬形制

位于墓地中部，北面是 M565，南面为 M540。方向 15°（图 4-685）。

长方形土坑竖穴砖椁墓。墓口长 2.6、宽 1.32、深 2.1 米。椁长 2.45、宽 1.08、高 0.76 米。椁室青砖垒砌，因遭盗扰，仅残存少量青砖，形制、结构及墓底铺地情况不详。砖长 33、宽 14、厚 6 厘米。墓内填黄褐色五花土，经过夯打，土质较坚硬。夯窝圆形，排列不规则，直径 6～8、间距 7～15、夯层厚 10～15 厘米。

人骨无。

随葬器物无。

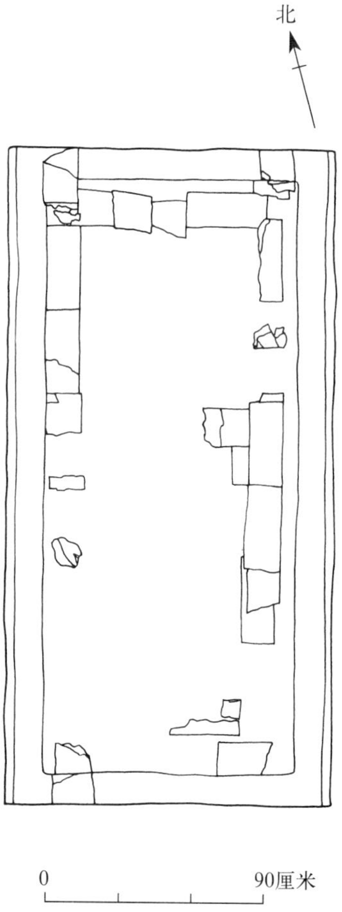

图 4-685　M567 平面图

（三一三）M569

墓葬形制

位于墓地中部，北面是M482，西面为M415。方向100°。

长方形土坑竖穴砖椁墓。墓口长3.05、宽1.95、底长3.05、宽1.3、深4.5米。椁室东、西两壁垂直、南、北两壁下部内收，底部较平。墓内填黄褐色五花土，土质较疏松。内含大量碎砖及陶钫口沿残片。墓室西南侧发现乳猪、鸡、真鲷、鲷科、鱼骨等动物骨骼。

人骨无。

随葬器物无。

（三一四）M574

1. 墓葬形制

位于墓地中部，打破M770，东面是M875，西北面为M763。方向100°（图4-686）。

长方形土坑竖穴砖椁墓。墓口长2.8、宽1.4、深2.3米。椁长2.5、宽0.84、高0.7米。椁室四壁均用青砖错缝顺向垒砌十七层。墓底平铺一层青砖，“人”字形排列。砖长27、宽12、厚3厘米。墓内填黄褐色花土，夹杂少量陶片、料姜石。

人骨1具。头向东，面向及葬式不详。骨骼腐朽严重，仅遗留头骨及部分下肢骨残骸。性别、年龄无法鉴定。

随葬陶壶2件，陈放在椁室西端。乳猪、鸡骨置于西南角。

2. 出土遗物

陶器

陶壶　2件。泥质灰陶。侈口，沿面外斜，尖唇，束颈，鼓腹，圈足。器表有制作抹痕，腹部饰三周戳印纹，下腹饰绳纹。

标本M574：1，口径14.2、底径11.6、高32厘米（图4-686，1）。

标本M574：2，口径14.5、底径12.6、高30.2厘米（图4-686，2）。

（三一五）M577

1. 墓葬形制

位于墓地中部，北面是M576，东面为M749，南面是M751。方向105°（图4-687）。

长方形土坑竖穴砖椁墓。墓口上宽下窄，长2.30、宽0.6～0.76、深0.6米。椁长2.23、东端宽0.72、西端宽0.61米。椁室南、北两壁及墓底青砖顺向或横向垒砌。砖长32、宽14、厚5厘米（图4-687，01）。墓内填黄褐色五花土，土质较致密。

人骨1具。头向东，面向南，仰身直肢，骨骼保存较好，仅左肩胛骨缺失。男性，年龄45～55岁。

随葬铜钱4枚。其中1枚铜钱放在墓主头骨左侧。2枚铜钱含在墓主口内。另外1枚放在墓主右手骨处。

2. 出土遗物

铜器

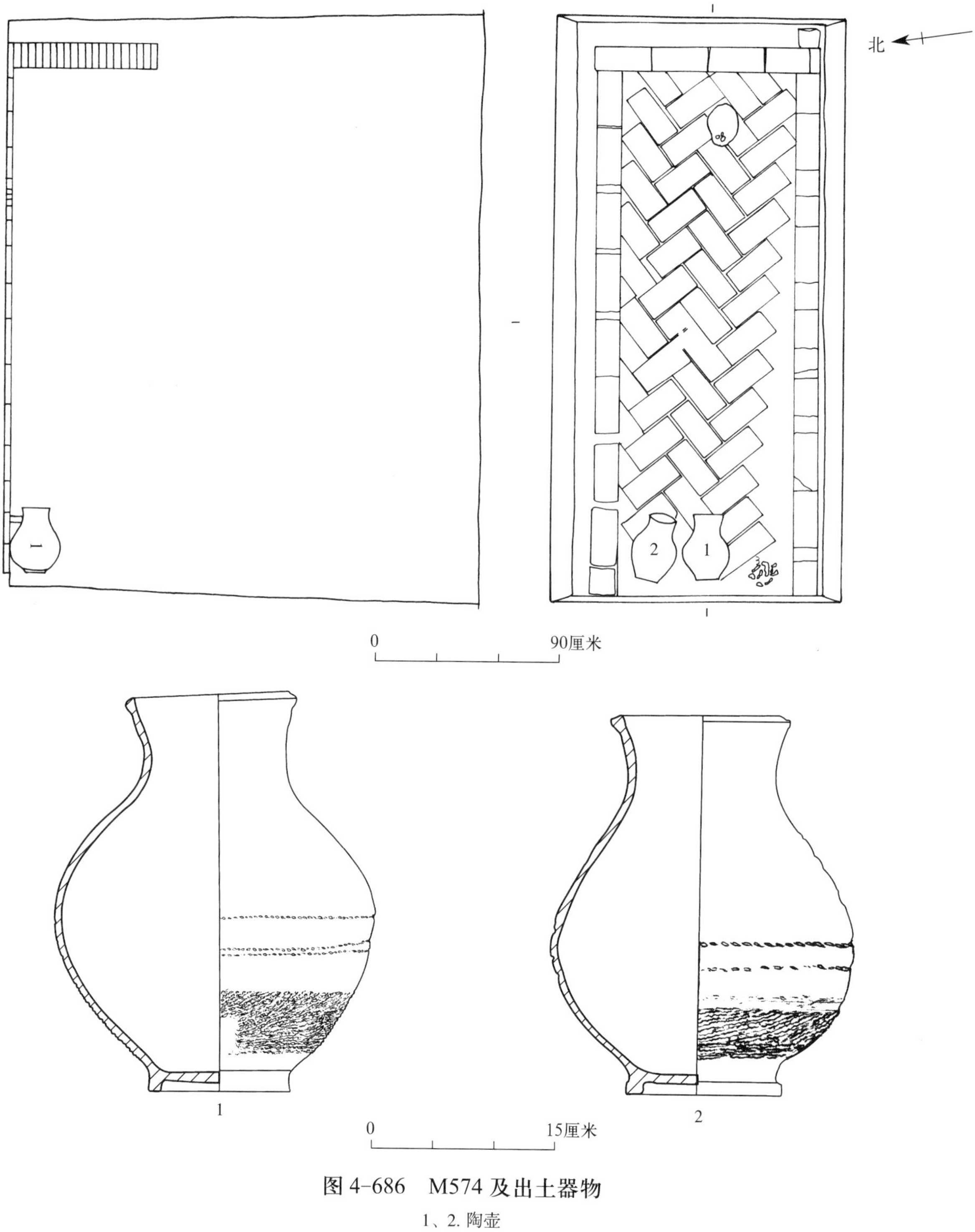

图 4-686　M574 及出土器物

1、2. 陶壶

铜钱　3 枚。五铢。

标本 M577∶1，圆形方穿，正面有轮无郭，背面轮郭俱全。“五”字两笔交叉弯曲，与上、下两横相交处微内收，“铢”字“金”头镞形，与“朱”等齐，“朱”字上部圆折。直径 2.54、穿径 1、厚 0.12 厘米（图 4-687，1）。

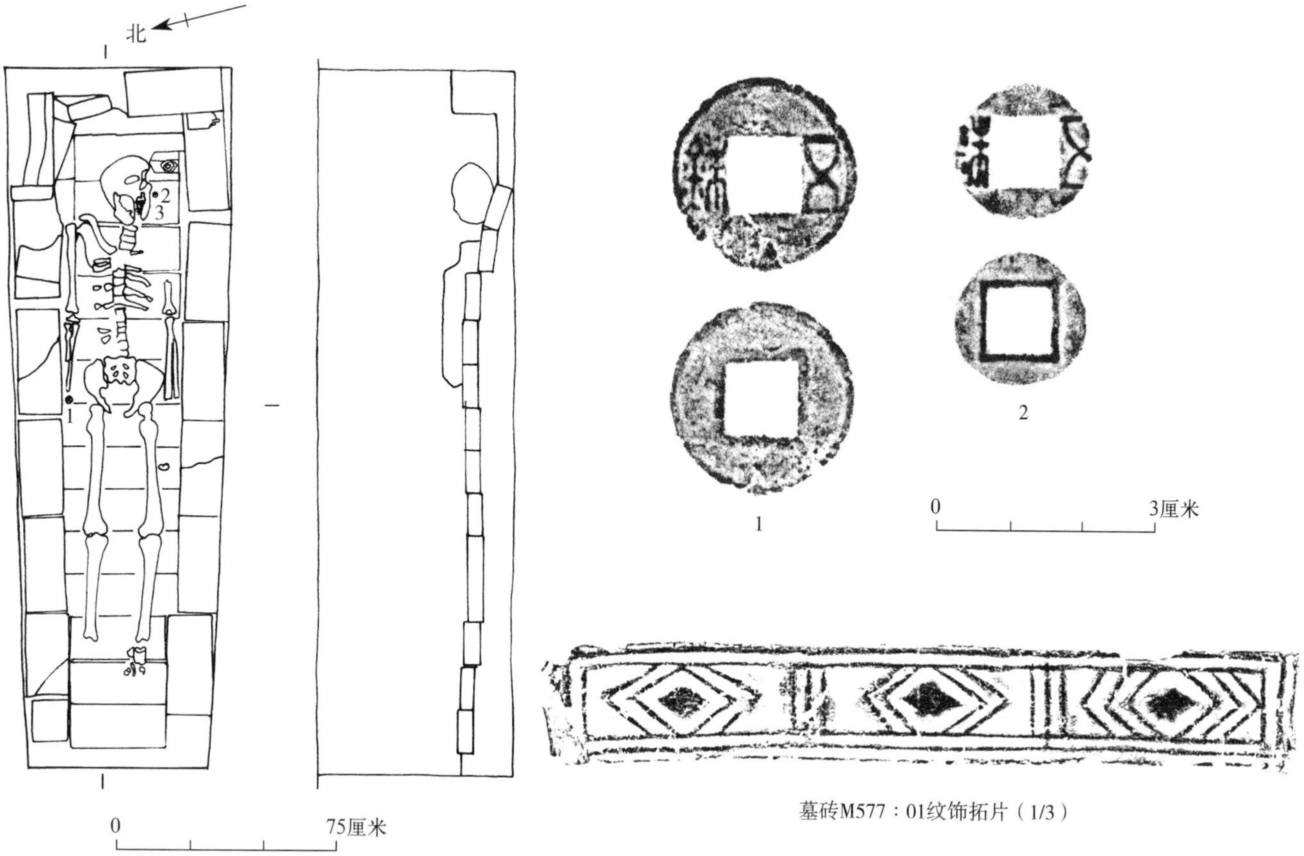

图 4-687　M577 及出土器物
1、2. 铜钱　3. 铜钱（2）

剪边五铢　1 枚。

标本 M577：2，“五铢”二字部分被剪去。直径 0.18、穿径 1、厚 0.1 厘米（图 4-687，2）。

（三一六）M578

1. 墓葬形制

位于墓地中部，打破 M746，西面是 M748、M484。方向 90°（图 4-688；彩版二〇八，1）。

长方形土坑竖穴砖椁墓。墓口长 3.28、宽 2.04、深 4.12 米。椁长 2.82、宽 1.58、高 0.77 米。椁室四壁青砖垒砌十层，除第 2 层侧立顺向垒砌外，其余各层均平行错缝顺向垒砌。北侧中部有壁龛，宽 0.9、高 0.4、深 0.3 米。墓底铺地砖“人”字形排列。砖长 33、宽 14、厚 7 厘米。木棺已腐朽，仅见板灰痕迹。长 2.1、宽 1.26、厚 0.03 米。墓内填黄褐色五花土，夹杂少量料姜石、陶片等。经过夯打，土质较坚硬。夯窝圆形，排列不规则，直径 7 ～ 12、间距 5 ～ 30、夯层厚 10 ～ 15 厘米。

人骨 1 具。头向东。仅保存头骨残骸。性别、年龄无法鉴定。

随葬陶壶 2 件，陈放在壁龛内西侧（彩版二〇八，2）。真鲷、鱼骨置于壁龛东侧。

2. 出土遗物

陶器

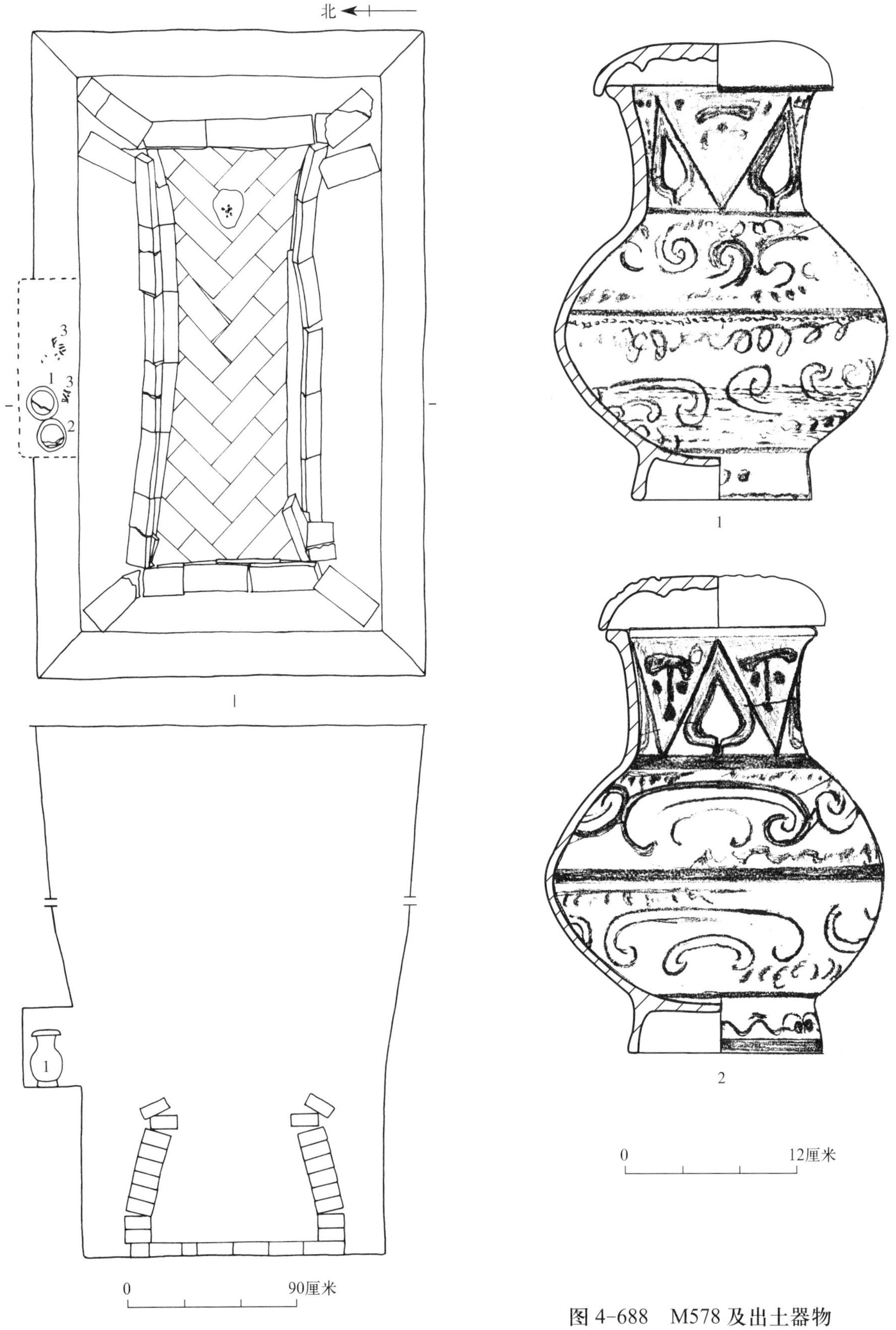

图4-688　M578及出土器物

1、2. 陶壶　3. 动物骨骼

陶壶 2件。泥质灰陶。弧顶盖，上饰白彩。壶敞口，平沿，圆唇，束颈，弧肩，鼓腹，下腹内收，圈足。颈部饰四个红色对应倒三角形，红彩内饰黑彩点，间饰四个“桃”形图案，肩与下腹紫、红、黑彩饰勾云纹，圈足一周黑色曲线纹，间饰两个黑色圆点。

标本M578∶1，腹部饰一周戳印纹，下腹饰绳纹。口径14.5、底径12.6、通高30.8厘米（图4-688，1；彩版二〇八，3）。

标本M578∶2，口径18、底径13.6、通高32.2厘米（图4-688，2；彩版二〇八，4）。

（三一七）M580

1. 墓葬形制

位于墓地中部，北面是M922，西南面为M842，西北面是M600。方向115°（图4-689；彩版二〇九，1）。

长方形土坑竖穴砖椁墓。墓口长4.15、宽2.8、深5.8米。椁长3.84、宽1.31、高1.2米。椁室青砖垒筑而成。南、北两壁对缝顺向，东、西两壁“丁”字形对缝垒筑。椁外四壁“丁”字形垒砌一层。东、西、南三壁在近墓室处又顺向垒砌一层青砖。椁顶坍塌，四角各有“十”字形凹槽，宽0.13、高0.15米。南、北两侧也各有凹槽，宽0.15、进深0.11米。墓底三层铺地砖。第一层，东端平铺青砖顺向垒砌两行，每行三块，西端五块青砖“丁”字形垒砌一行，中间“丁”字形对缝垒砌两行，两侧又各顺向垒砌一行。第2层，两侧顺向垒砌一行，中间“丁”字形对缝垒砌两行。第三层，“人”字形排列。木棺已腐朽，仅见板灰痕迹。长2.30、宽0.75米。砖长29、宽13、厚4厘米。墓内填黄褐色五花土，经过夯打，土质较疏松。夯窝圆形，排列不均匀，直径7～11、夯层厚20～30厘米。填土中发现铜钱1枚。

人骨1具。头向东，仰身直肢。骨骼腐朽严重，仅残存骨骼遗痕。性别无法鉴定，成年个体。

随葬器物19件（彩版二〇九，2）。陶钫3件，放置在脚箱内南部。陶壶2件，陶樽、陶盆各1件，陈放置脚箱内中部偏北，陶盆放在陶樽上面。铜镜1枚位于墓主头骨右上侧。铜印章1枚置于墓主腰部。铜带钩2件。1件放在墓主口内，另1件放于墓主腰间。铜泡钉8件散落脚箱内东侧。其周围残存有红色漆皮痕迹（未提取）。脚箱内北侧有乳猪、鸡、鱼骨。

2. 出土遗物

（1）陶器

陶壶 2件。泥质灰陶。弧顶盖。侈口，圆唇，束颈，溜肩，圆腹，下腹内收，小平底。

标本M580∶7，顶部饰红色云纹间饰圆点纹，颈、腹部分饰两周红色水波纹，肩部饰白彩云纹与红色圆点纹，下腹及底部饰绳纹。口径14.8、底径8、通高32厘米（图4-690，7；彩版二〇九，3）。

标本M580∶8，盖残。沿面外斜，尖唇，颈饰白色V字形纹，腹部红彩多脱落，腹中部饰一周戳印纹。口径14.4、底径10、通高34.6厘米（图4-690，8；彩版二〇九，4）。

陶钫 3件。泥质灰陶。方口，平沿，尖唇，束颈，鼓腹，方形圈足。

标本M580∶5，失盖。上腹饰红色水波纹，下腹饰竖向绳纹。口边长12.8、底边长14.8、高41.2厘米（图4-690，5；彩版二〇九，5）。

标本M580∶6，失盖。颈部饰红色水波纹。下腹饰竖向绳纹。口边长12、底边长14、高43.2厘米（图4-690，6；彩版二一〇，1）。

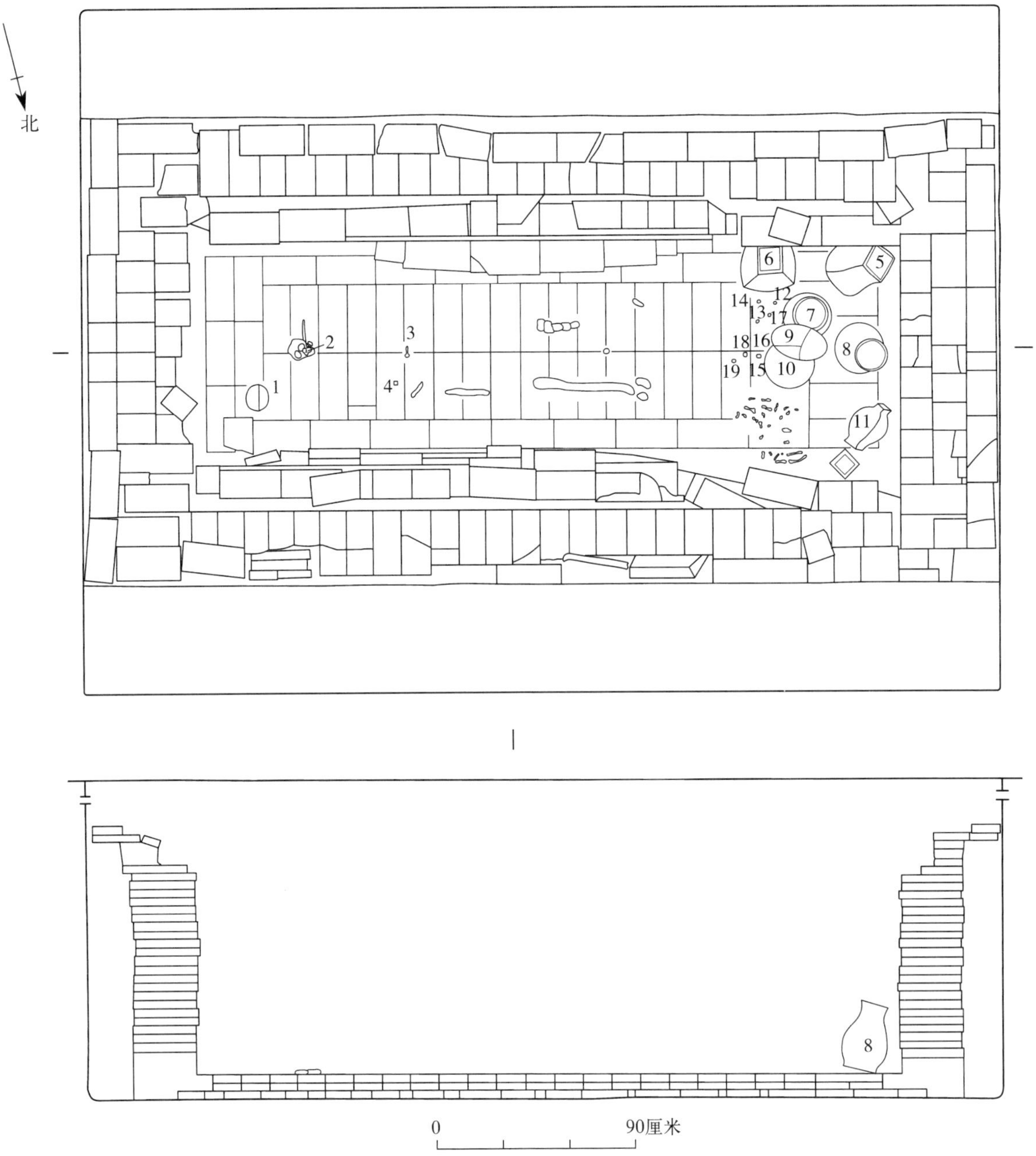

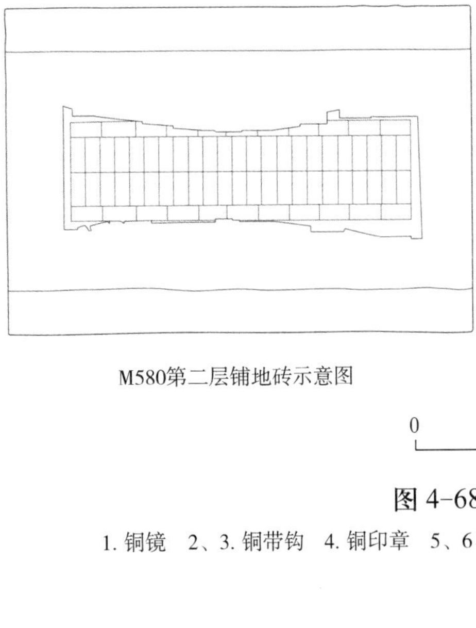

M580第二层铺地砖示意图

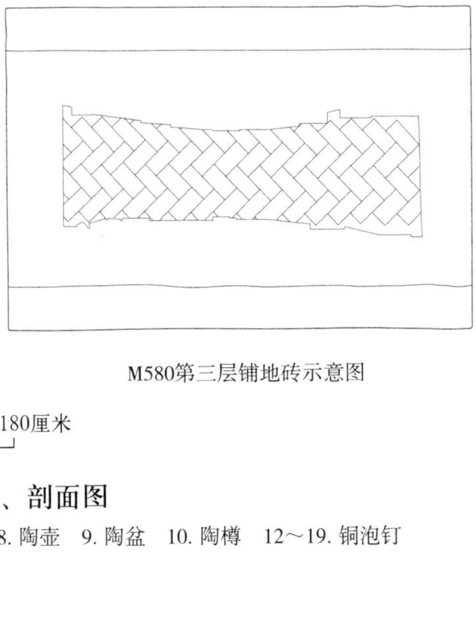

M580第三层铺地砖示意图

0 180厘米

图 4-689 M580 平、剖面图

1. 铜镜 2、3. 铜带钩 4. 铜印章 5、6、11. 陶钫 7、8. 陶壶 9. 陶盆 10. 陶樽 12～19. 铜泡钉

图 4-690　M580 出土器物

5、6、11. 陶钫　7、8. 陶壶　10. 陶樽

标本M580∶11，覆斗形盖，斜壁，小平顶，盖上四个突点，周边饰红色草叶纹。口边长8.7、底边长7.2、通高22.8厘米（图4-690，11；彩版二一〇，2）。

陶樽 1件。

标本M580∶10，泥质灰陶。弧顶盖，斜折沿。樽直口，平沿，圆唇，深腹，直壁，底微圜，蹄形足。盖周边饰红彩，顶上部饰红与黄褐色弧弦纹，间饰乳丁装饰，腹部饰一周红色曲线弦纹，中部饰红、黄、褐色云彩与点饰纹。口径20、底径20.8、通高18.5厘米（图4-690，10；彩版二一〇，3）。

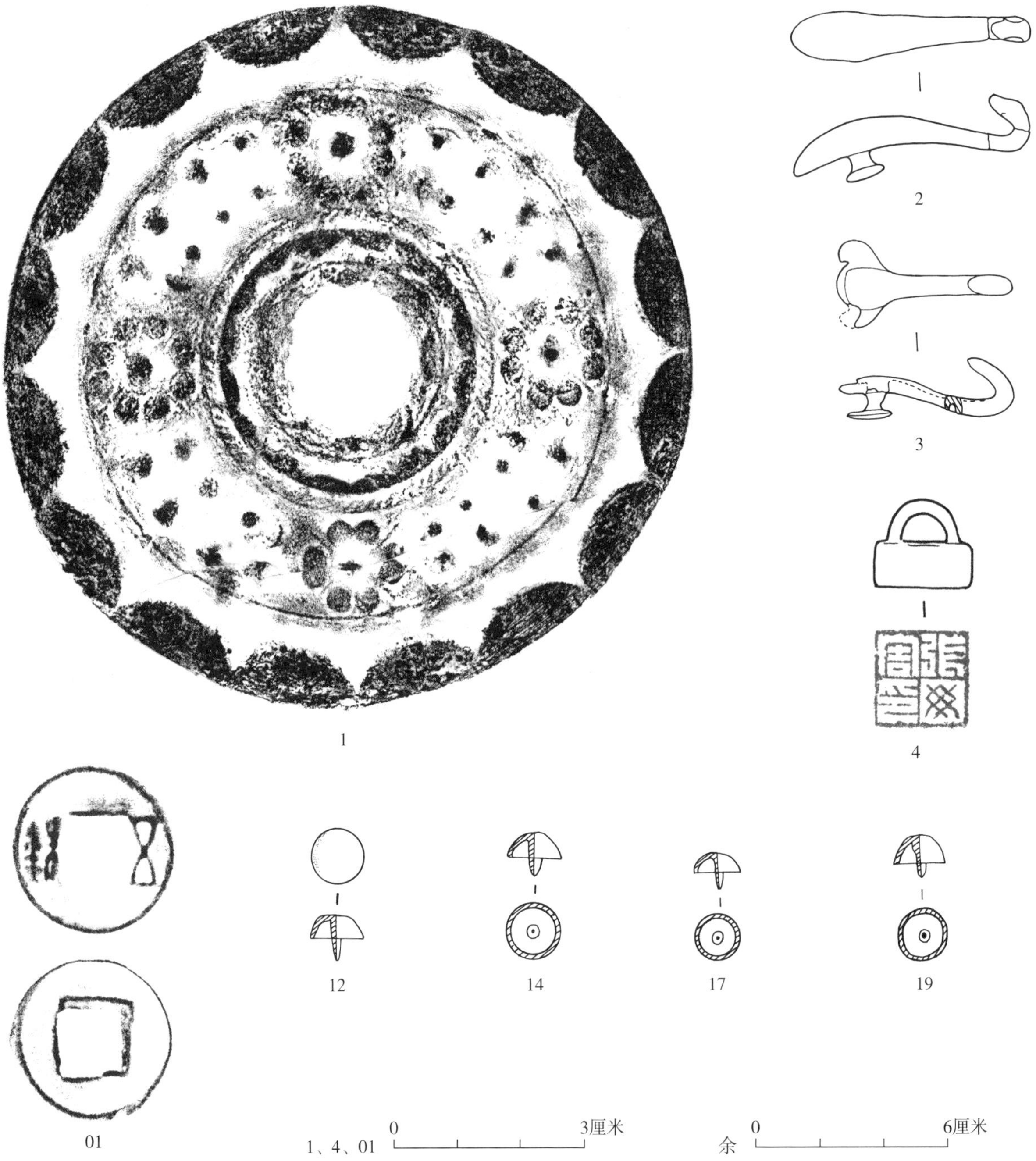

图4-691 M580出土器物

1. 铜镜 2、3. 铜带钩 4. 铜印章 12、14、17、19. 铜泡钉 01. 铜钱

陶盆　1件。

标本M580∶9，泥质灰陶。敞口，斜折沿，沿面内凹，圆唇，浅盘，下腹弧收，底部凹凸。沿上饰红色水波纹，盘内红彩饰勾连纹。口径23.6、底径12、高4.8厘米（彩版二一〇，4）。

（2）铜器

铜镜　1枚。

标本M580∶1，星云镜，锈蚀较重。圆形，连峰纽，圆纽座。座外一周内向十六连弧纹圈带。外区一周短斜线和凸弦纹组合纹带与一周凸弦纹间为主纹，四枚并蒂连珠纹座乳丁分为四区，每区内各有弧线相连七枚小乳丁。内向十六连弧纹缘。面径10.8、缘厚0.5厘米（图4-691，1；彩版二一〇，5）。

铜带钩　2件。琵琶形。钩呈马首状。

标本M580∶2，断面半圆形，圆形纽位于钩尾背面中部。长7.5厘米（图4-691，2；彩版二一〇，6）。

标本M580∶3，断面长方形，钩背面延向尾均为凹槽，圆形纽位于凹槽末端，尾翼两侧展开似鸟翅。长5.4厘米（图4-691，3；彩版二一〇，7）。

铜印章　1枚。

标本M580∶4，方形印体，桥形纽，印面方形，阴文篆书“张毋害印”，人名。印面边长1.6、通高1.4厘米（图4-691，4；彩版二一〇，8、9）。

铜泡钉　8件。形制相同。伞状，泡面半圆形，内有尖钉，多数残断。

标本M580∶12，外径1.7、高1.3厘米（图4-691，12）。

标本M580∶14，外径1.7、高1.3、厚0.1～0.4厘米（图4-691，14）。

标本M580∶17，外径1.5、高1.1厘米（图4-691，17）。

标本M580∶19，外径1.5、高1.3厘米（图4-681，19）。

铜钱　1枚。

标本M580∶01，五铢。圆折方穿，正面有轮无郭，背面轮郭俱全，“五铢”二字瘦长，“五”字两笔交叉弯曲，“朱”字上部方折，穿上横郭。直径2.5、穿径1、厚0.17厘米（图4-691，01）。

（三一八）M587

1. 墓葬形制

位于墓地中部，东面是M589，南面为M586。方向90°（图4-692）。

长方形土坑竖穴砖椁墓。墓口长2.65、宽1.16、深2.93米。椁长2.4、宽1.05、高0.75米。椁室四壁错缝顺向垒砌十五层青砖。墓底西端平铺对缝“丁”字形垒砌十二行；东端平行顺向对缝垒砌三排。砖长29、宽12、厚5厘米。墓内填黄褐色五花土，土质疏松。

人骨1具。头朝东，面向不明。仅存少量牙齿。性别、年龄无法鉴定。

随葬铜钱1枚，放在墓主牙齿附近。

2. 出土遗物

铜器

铜钱　1枚。

标本M587∶1，锈蚀破碎，钱文无法辨认。

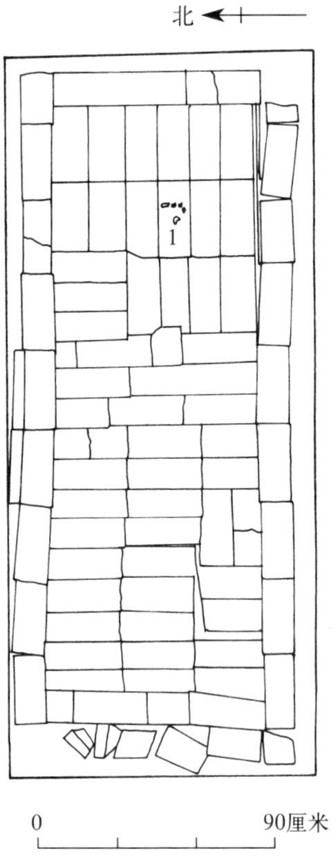

图 4-692 M587 平面图
1. 铜钱

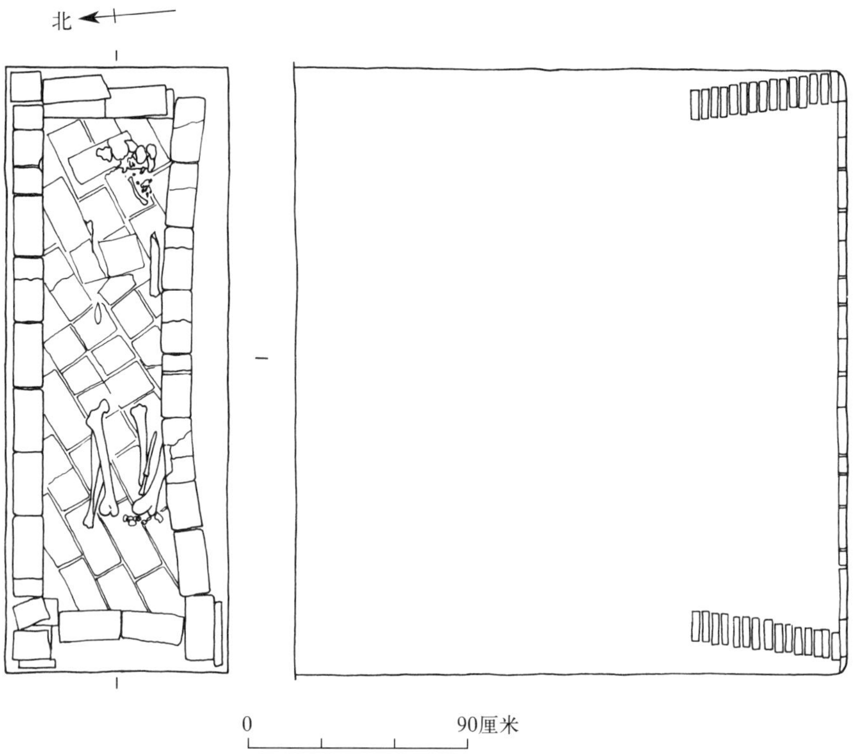

图 4-693 M588 平、剖面图

（三一九）M588

墓葬形制

位于墓地中部，南面是 M589，西南面是 M587，西北面为 M591。方向 98°（图 4-693）。

长方形土坑竖穴砖椁墓。墓口长 2.4、宽 0.9、深 2.23 米。椁长 2.1、宽 0.65、高 0.6 米。椁室四壁顺向错缝垒砌十五层青砖。墓底斜向平铺一层青砖。砖长 25、宽 12、厚 3 厘米。墓内填黄褐色五花土，土质较疏松。夹杂陶片和料姜石等。

人骨 1 具。头向东，面向上，仰身直肢。骨骼保存较差，头骨破碎，仅见少量牙齿。残存部分肢骨与胫、腓骨交叉、叠压在一起。头骨下横向铺垫 1 块青砖。性别、年龄无法鉴定。

随葬器物无。

（三二〇）M596

1. 墓葬形制

位于墓地东北部，北面是 M902，东面是 M612，东南面为 M721。方向 100°（图 4-694）。

长方形土坑竖穴砖椁墓。墓口长 3.2、宽 2.2、深 2 米。椁长 3.2、宽 1.5、高 0.92 米。椁室四壁用青砖顺向错缝平铺二十层。南、北两壁二层台上平铺三层青砖，南壁塌陷变形。墓底平铺一层青砖，“人”字形排列。砖长 27、宽 12、厚 4 厘米。墓内填黄褐色五花土，经过夯打，土质较坚硬。夯窝圆形，分布零星，排列无规律，直径 7、夯层厚 10 厘米。

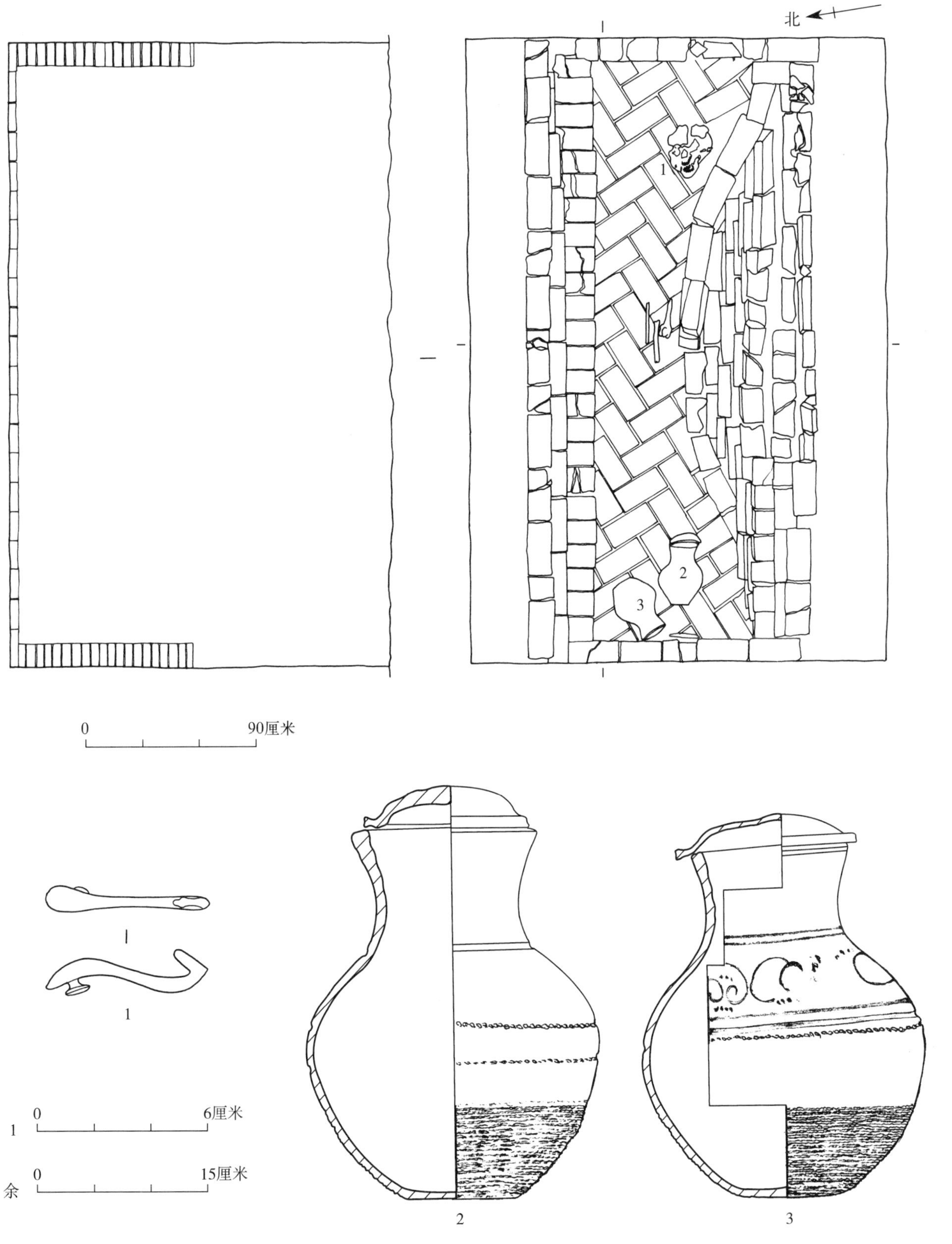

图 4-694 M596 及出土器物

1. 铜带钩 2、3. 陶壶

人骨1具。骨骼腐朽，仅残存牙齿及少量肢骨。性别、年龄无法鉴定。

随葬器物3件。陶壶2件，乳猪、鸡、真鲷、鱼骨放置椁室西端。铜带钩1件放在墓主口内。

2. 出土遗物

（1）陶器

陶壶　2件。泥质灰陶。弧顶盖。壶侈口，沿面微外斜，束颈，溜肩，鼓腹。下腹弧收，小平底。

标本M596∶2，圆唇，颈、腹间一周凹弦纹，腹部两周戳印纹，下腹及底部饰绳纹。口径16、底径10、通高35.8厘米（图4-694，2）。

标本M596∶3，尖唇，沿、颈、腹部分别饰一～两周白色弦纹，肩上饰白彩云纹，间饰圆点纹，腹中部一周戳印纹。口径14、底径9、通高32.8厘米（图4-694，3）。

（2）铜器

铜带钩　1件。

标本M596∶1，琵琶形。钩呈马首状，断面三角形，圆形纽位于背面尾部。长5.7厘米（图4-694，1）。

（三二一）M597

1. 墓葬形制

位于墓地东北部，南面是M611，西面为M724、M731。方向105°（图4-695）。

长方形土坑竖穴砖椁墓。墓口长3.1、宽2.14、深4.02米。椁长3.03、宽1.71、高0.83米。椁室四壁均用青砖平铺垒砌。南、北、东三壁生土二层台面顺向叠砌三～四层青砖；内侧垒砌十八层，自上而下第一～二层为“丁”字形、第三～十八层与西壁十九层均错缝顺向垒砌。南壁塌陷变形。墓底平铺一层青砖，“人”字形排列。砖长31、宽14、厚4厘米。墓内填黄褐色五花土，经过夯打，土质较紧密。夯窝直径6～15、夯层厚8～15厘米。

人骨1具。头向东，骨骼腐朽严重，仅残存少量下肢及股骨遗骸。性别、年龄无法鉴定。

随葬陶罐1件，放在椁室西南部。乳猪、鱼、猪、鸡骨放置西北角。

2. 出土遗物

陶器

陶罐　1件。

标本M597∶1，泥质灰陶。侈口，斜折沿，方唇，束颈，鼓腹，最大腹径居中下部，下部弧收，平底微圜。器表有制作抹痕，腹部饰一周戳印纹，下腹及底部饰绳纹。口径16.4、底径19、高28.5厘米（图4-695，1）。

（三二二）M603

1. 墓葬形制

位于墓地东北部，北面是M720，南面为M724。方向290°（图4-696）。

长方形土坑竖穴砖椁墓。墓口长3.45、宽1.7、深3.15米。椁长2.75、宽0.95、高0.82米。椁室四壁错缝叠砌十九层青砖。外侧四层错缝叠砌成二层台。西壁二层台第一层平铺，其中一行立向贴砌，宽0.3、高0.3米。墓底平铺一层青砖，“人”字形排列。砖长27、宽13、厚3厘米。墓内填

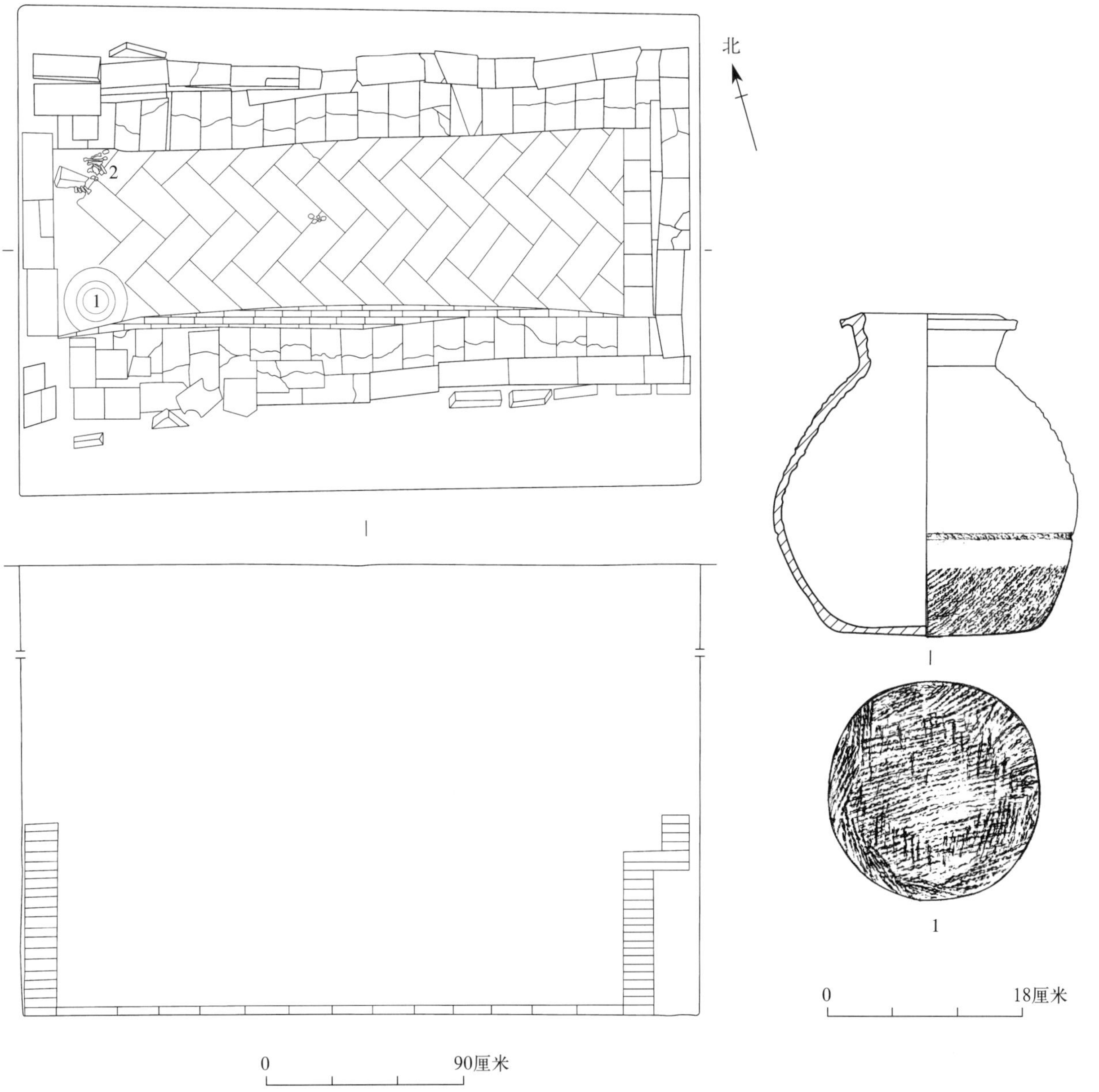

图 4-695　M597 及出土器物

1. 陶罐　2. 动物骨骼

黄褐色五花土，经过夯打，土质较坚硬。夯窝圆形，分布稀疏，直径 9 ～ 15、夯层厚 7 ～ 12 厘米。

人骨 1 具。头向东。骨骼腐朽成粉状。性别、年龄无法鉴定。

随葬陶钫 2 件，放在二层台北侧。小型哺乳动物、鱼骨放置在陶钫内。

2. 出土遗物

陶器

陶钫　2 件。泥质灰陶。覆斗形盖，斜壁，小平顶，顶部饰五个突饰。侈口，平沿，尖唇，束颈，鼓腹。方形圈足。下腹及底部饰绳纹。

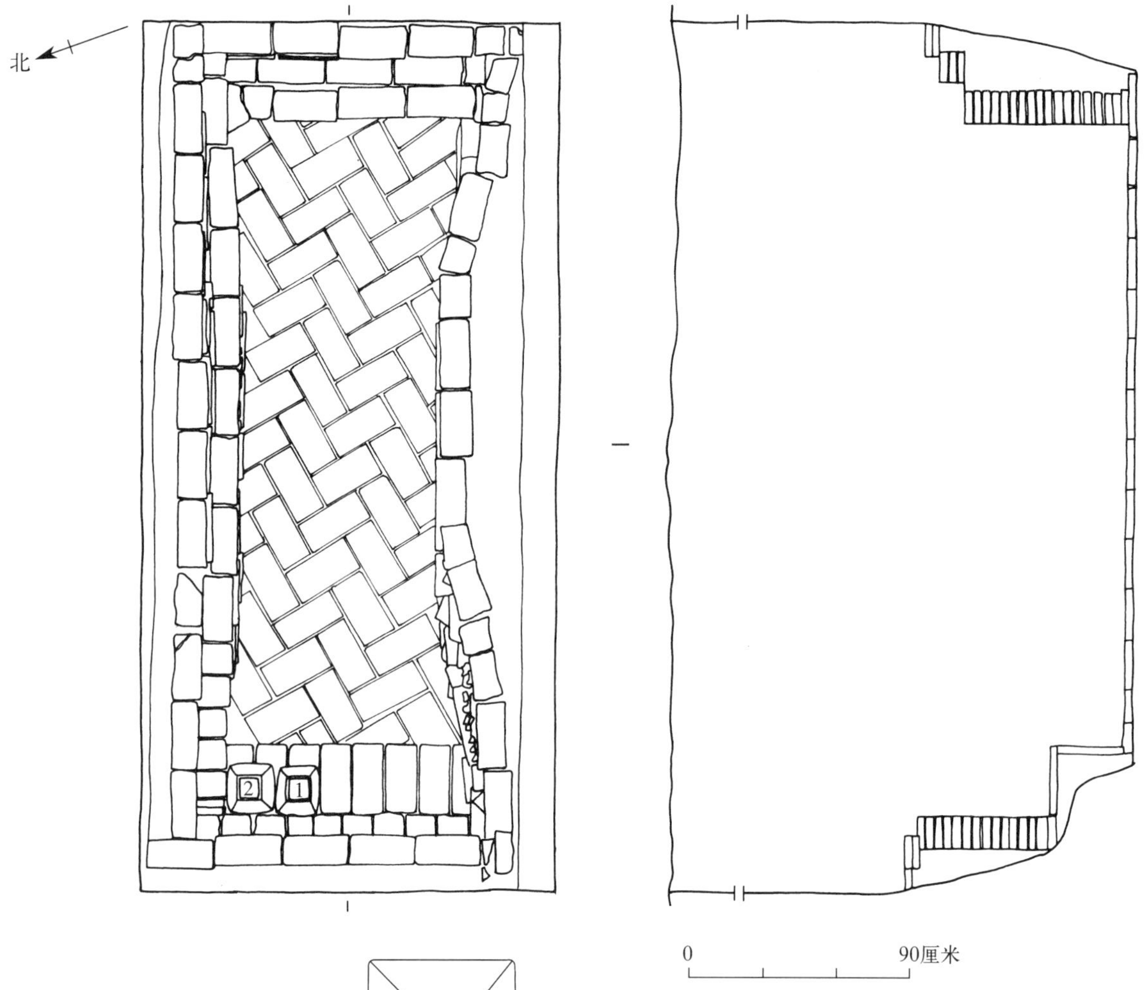

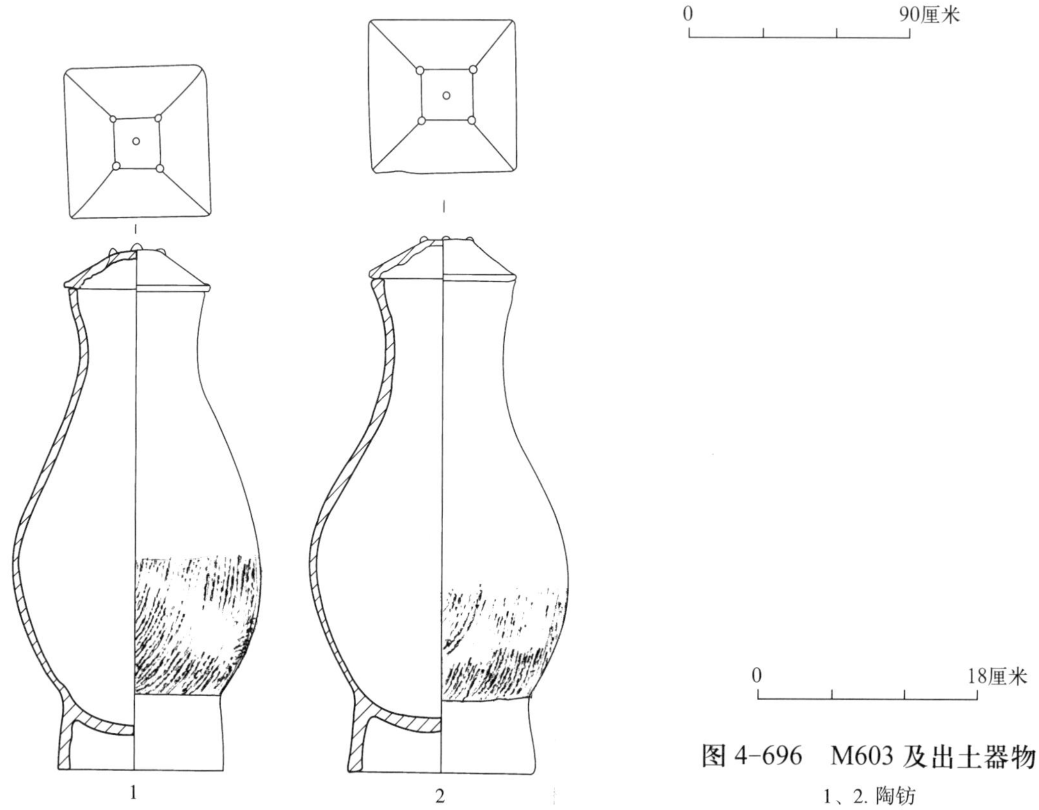

图4-696 M603及出土器物

1、2. 陶钫

标本 M603：1，口边长 11、底边长 13.8、通高 41.2 厘米（图 4-696，1）。

标本 M603：2，口边长 11.5、底边长 15.6、通高 42.4 厘米（图 4-696，2）。

（三二三）M606

1. 墓葬形制

位于墓地东北部，被 M585 打破，东北面是 M760，东面为 M870。方向 180°（图 4-697）。

长方形土坑竖穴砖椁墓。墓口长 3、宽 2.1、深 3.66 米。椁长 2.50、宽 0.90、高 0.80 米。椁室东、北、西三壁青砖错缝平铺叠砌，南壁横向立砌。墓底一层铺地砖“人”字形排列。砖长 34、宽 13、厚 6 厘米。墓内填黄褐色五花土，经过夯打，土质较坚硬。夯窝圆形，分布密集，直径 7 ～ 15、夯层厚 7 ～ 12 厘米。

人骨 1 具。头向南。骨骼保存较差，仅残存少量头骨残片。性别、年龄无法鉴定。

随葬器物 2 件。陶罐 1 件放在椁室南端。铜钱 1 枚置于墓主颈椎处。乳猪、鱼、鲤鱼、中型哺乳动物、鸡骨分别散落于东南角和西南角。

2. 出土遗物

（1）陶器

陶罐　1 件。

标本 M606：2，泥质灰陶。侈口，折沿，沿面内斜，方唇，直颈，溜肩，扁圆腹，最大径居中腹，下腹斜内收，小平底。腹上部刻划两文字符号。腹部三周戳印纹，下腹及底部饰绳纹。口径 22.2、底径 11、高 36.5 厘米（图 4-697，2）。

（2）铜器

铜钱　1 枚。

标本 M606：1，半两，圆形方穿，正、背两面均无郭，背平素。钱文篆书，“两”字中间不出头，两人字波浪形，竖划清晰。直径 2.3、穿径 1、厚 0.1 厘米（图 4-697，1）。

（三二四）M608

1. 墓葬形制

位于墓地东北部，东南面是 M818，南面为 M857。方向 285°（图 4-698）。

长方形土坑竖穴砖椁墓。墓口长 2.58、宽 1.3、深 1.92 米。椁长 2.4、宽 1.05、高 0.7 米。椁室西、南、北壁均错缝平铺叠砌，东壁为土圹。墓底铺一层青砖，“十”字形排列。头箱长 1.05、宽 0.17、高 0.18 米。砖长 33、宽 13、厚 6 厘米。墓内填黄褐色五花土，较坚硬。

人骨 1 具。头向西，仰身直肢。上肢垂直平伸，下肢两侧略微弯曲，躯干平躺。男性，年龄 23 ～ 26 岁。

随葬器物 2 件。陶罐 1 件，放在头箱内南侧，口沿上叠压 1 块碎砖。铜带钩 1 件，放在墓主牙齿处。陶罐附近散落乳猪、鸡、鱼骨。

2. 出土遗物

（1）陶器

陶罐　1 件。

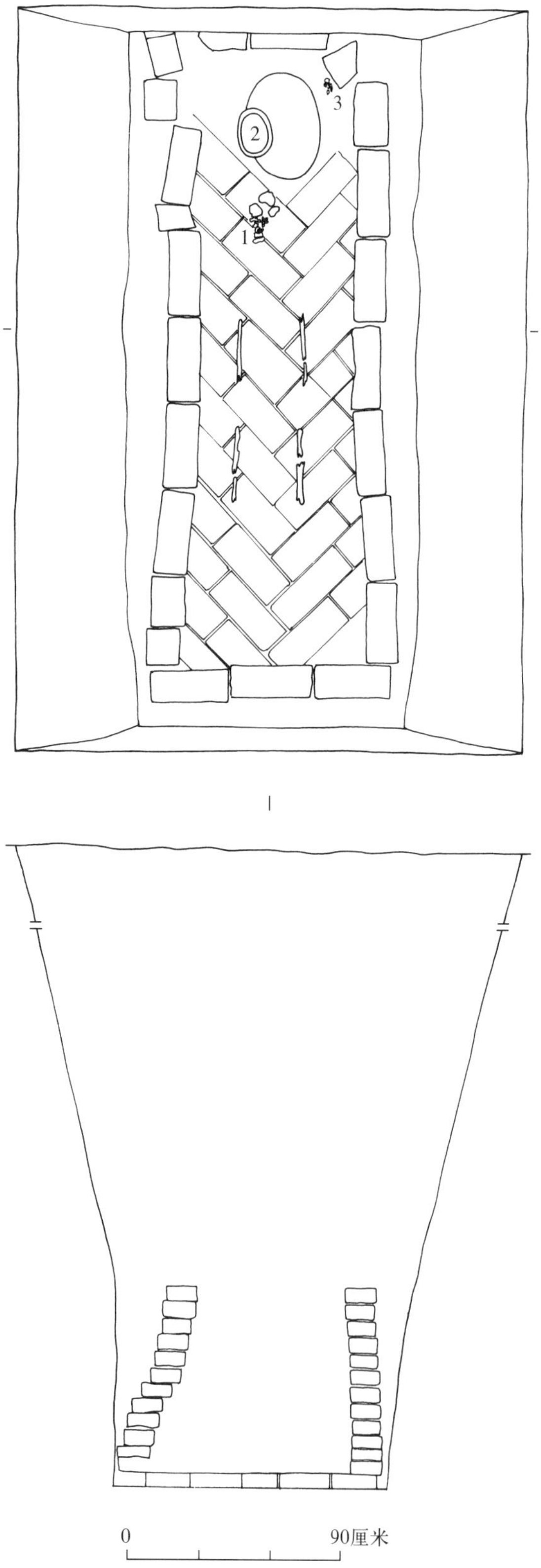

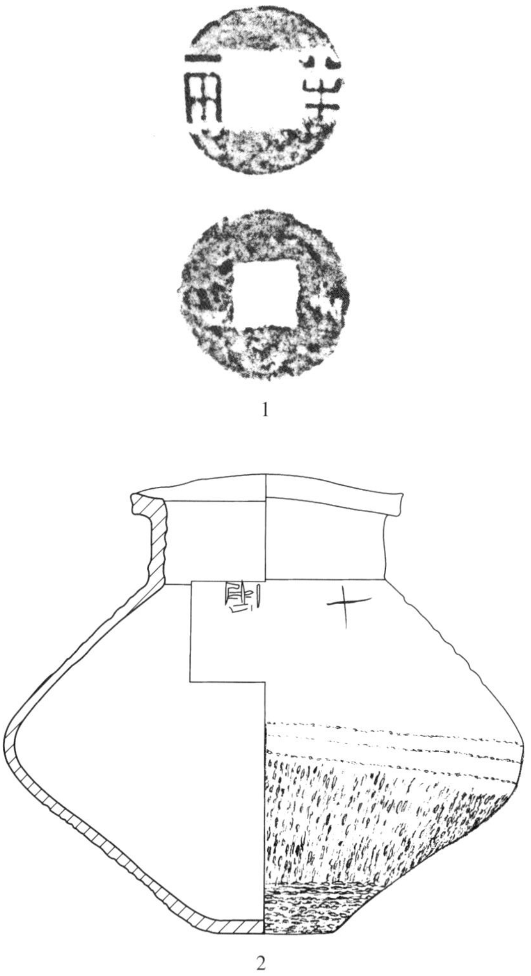

陶罐M606：2肩部刻划符号拓片（1/3）

1　0　3厘米

余　0　18厘米

图4-697　M606及出土器物

1. 铜钱　2. 陶罐　3. 动物骨骼

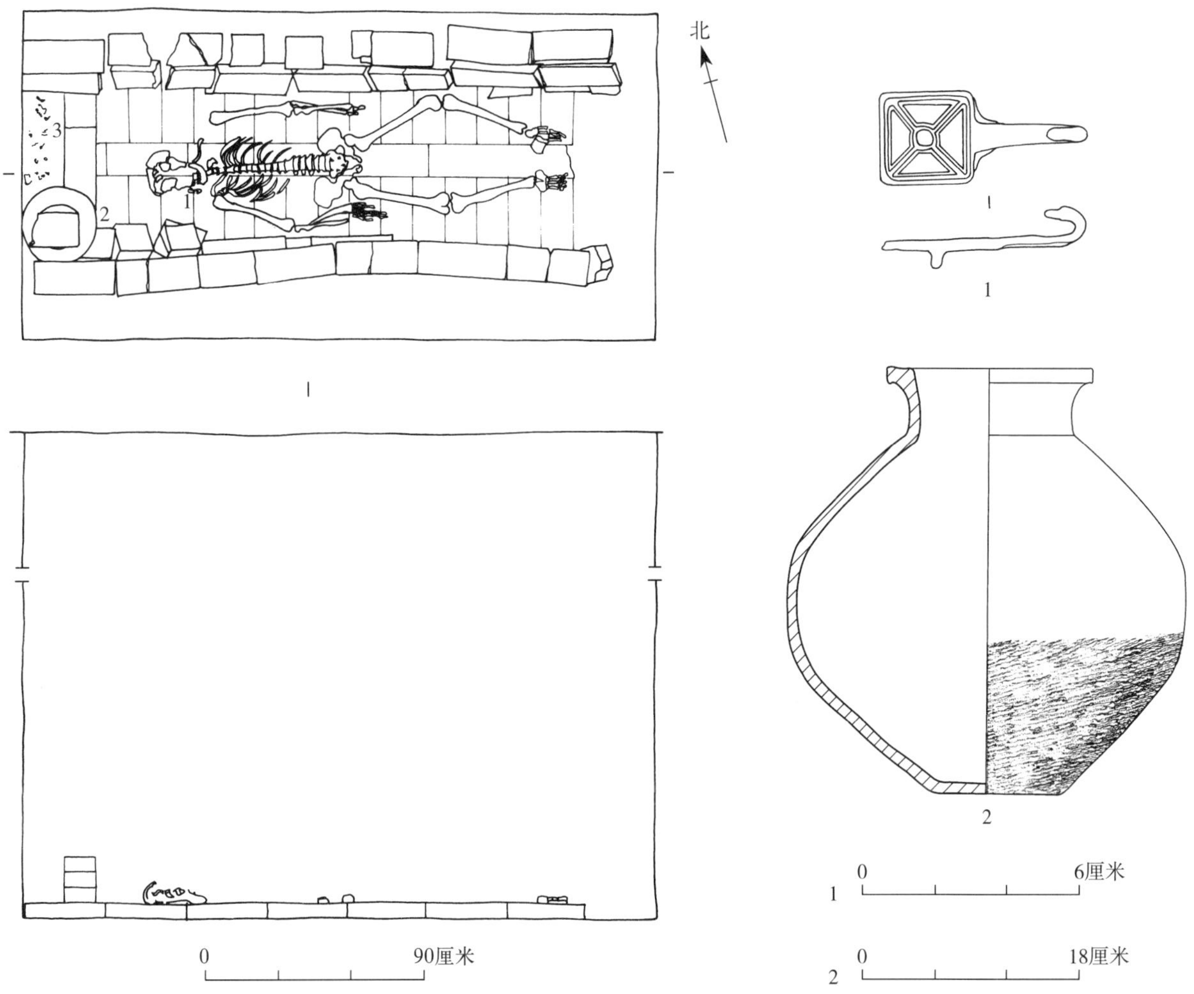

图 4-698　M608 及出土器物

1. 铜带钩　2. 陶罐　3. 动物骨骼

标本 M608：2，泥质灰陶。侈口，斜折沿，沿面微凹，方唇，束颈，鼓腹，小平底。下腹饰绳纹。口径 16.9、底径 10.5、高 33.8 厘米（图 4-698，2）。

（2）铜器

铜带钩　1 件。

标本 M608：1，尾部正方形。钩呈兽首状，长喙位于首部前端，正面四周边缘刻阴线为框，中间为圆形，对角线将框内分为四个三角形界面，内刻划有纹饰，背面纽缺失，仅残存纽柄。长 5.7 厘米（图 4-698，1）。

（三二五）M610

1. 墓葬形制

位于墓地东北部，打破 M620，东南面为 M608，西面是 M870。方向 30°（图 4-699）。

长方形土坑竖穴砖椁墓。墓口长 2.75、宽 1.56、深 2.75 米。椁长 2.70、宽 1.17、高 0.70 米。椁

室四壁青砖错缝叠砌十三层。东、西壁上端与生土二层台平铺单层青砖。宽0.18、深0.70米。因扰乱严重，南侧残存少许青砖。墓底铺一层青砖，“十”字形排列。砖长33、宽14、厚5厘米。墓内填黄褐色花土，经过夯打，土质较坚硬。夯窝圆形，不规则排列，直径6～12、间距3～12、夯层厚10～15厘米。填土中发现铜钱1枚。

人骨1具。头向北，面向西，仰身直肢。上肢腐朽，躯干平躺，下肢垂直。男性，年龄30～35岁。

随葬陶罐1件，置于椁室西南角。少量动物骨骼放在东南角，未经鉴定，种属不明。

2. 出土遗物

（1）陶器

陶罐　1件。

标本M610：1，泥质灰陶。侈口，斜折沿，方唇，束颈，圆鼓腹，下部内收，平底微凹。腹部饰三周戳印纹，下腹及底部饰绳纹。口径17、底径14、高30.5厘米（图4-699，1）。

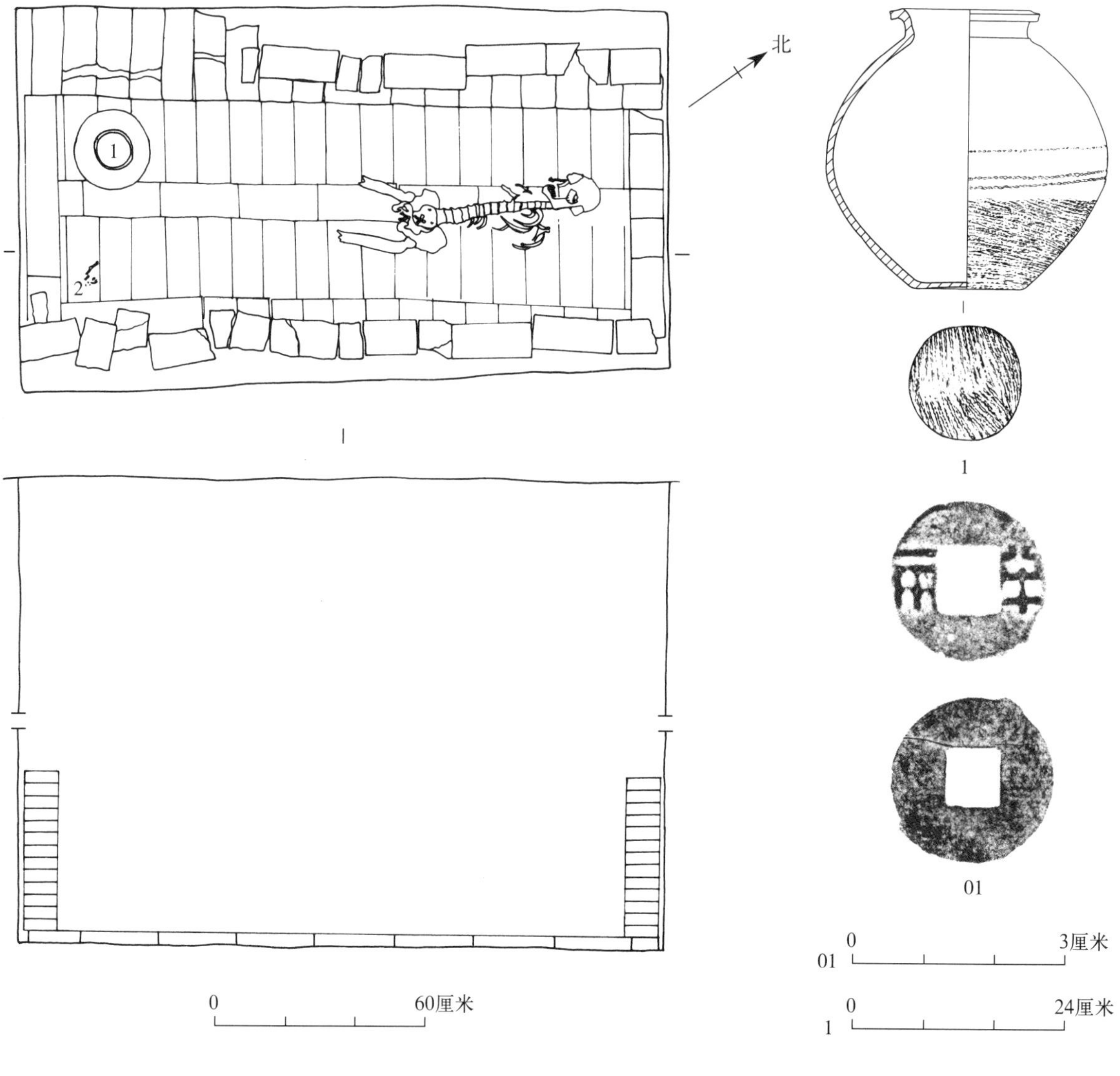

图4-699　M610及出土器物

1. 陶罐　2. 动物骨骼　01. 铜钱

（2）铜器

铜钱　1枚。

标本 M610：01，半两，圆形方穿，正、背两面均无轮郭，背平素。钱文篆书，“两”字中间不出头，两人字呈波浪形，竖向笔画较清晰。直径 2.3、穿径 0.9、厚 0.1 厘米（图 4-699，01）。

（三二六）M611

1. 墓葬形制

位于墓地中部，被 M598 打破，北面是 M597，东面为 M853，南面是 M599。方向 110°（图 4-700）。

长方形土坑竖穴砖椁墓。墓口长 4、宽 2.48、深 4 米。椁长 3.92、宽 2.08、高 1.10 米。椁室四壁均用青砖对缝顺向垒砌而成。墓底铺地砖“人”字形排列。砖长 27、宽 13、厚 3 厘米。墓内填黄褐色五花土，经过夯打，土质较坚硬。夯窝圆形，排列不均匀，直径 5～12、夯层厚 15～21 厘米。

人骨 1 具。头向东，面向不明，仰身直肢，骨骼腐朽，仅残存部分骨骼痕迹。性别无法鉴定，未成年个体。

随葬陶钫 2 件，放在椁室西端偏北。动物骨骼置于西北角，主要有乳猪后肢，鸡腿、翅膀，以及鱼的头骨。

2. 出土遗物

陶器

陶钫　2件。泥质灰陶。覆斗形盖，斜壁，平顶，顶部对应四个三角形，四角有凸棱，间饰四条对应“鱼”形图案，周边饰乳丁纹。方口，平沿，尖唇，束颈，沿下有折棱，溜肩，鼓腹，方形圈足。

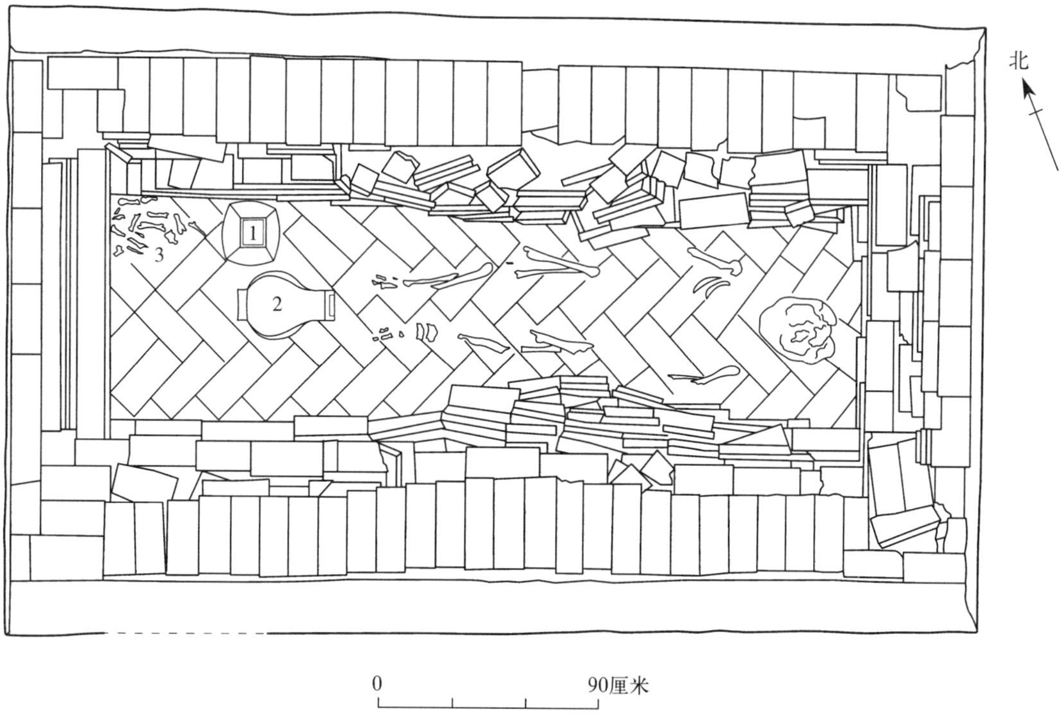

图 4-700　M611 平面图

1、2. 陶钫　3. 动物骨骼

标本 M611：1，上腹饰有卷云纹。口边长 12.3、底边长 13.2、通高 42 厘米（图 4-701，1）。

标本 M611：2，上腹饰白色花草图案，腹部饰两周白色弦纹，彩绘脱落，图案不清。口边长 11.5、底边长 12、通高 42.8 厘米（图 4-701，2）。

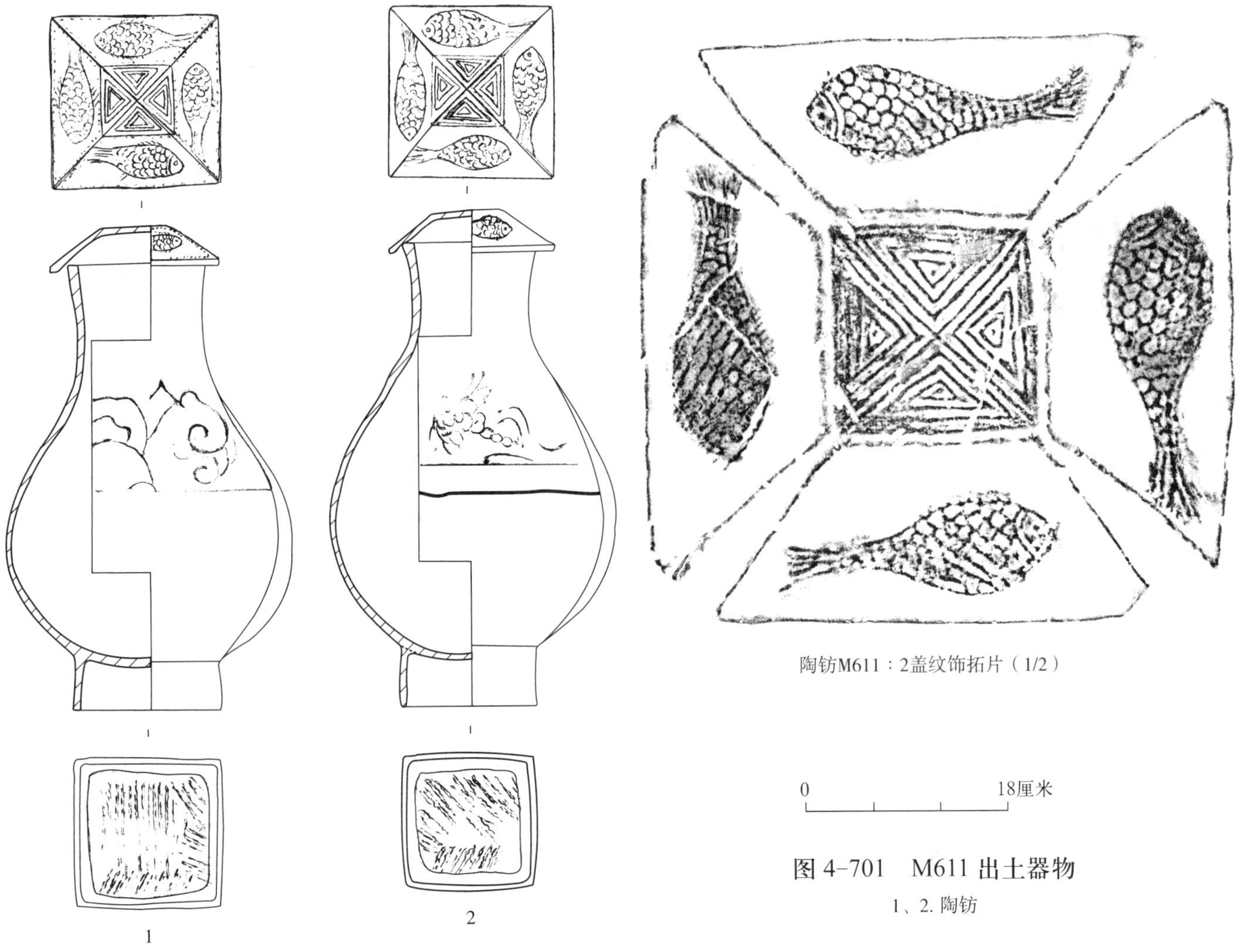

图 4-701　M611 出土器物

1、2. 陶钫

（三二七）M612

1. 墓葬形制

位于墓地东北部，北面是 M584、M599，东北面为 M852，西面是 M596。方向 185°（图 4-702）。

长方形土坑竖穴砖椁墓。墓口长 2.65、宽 1.11、深 0.72 米。椁长 2.48、宽 0.70～1、高 0.32 米。椁室倒梯形，上宽下窄。均用青砖垒砌而成，上部被破坏。南壁单行斜向对缝、锯齿形排列。北壁单行平铺压缝。东、西两壁平铺顺向错缝垒砌，南端“丁”字形、北端上面单行平铺压缝垒砌、底部立向排列。墓底未铺青砖。砖长 27、宽 12、厚 5 厘米。墓内填黄褐色五花土，土质较疏松。

人骨无。

随葬陶罐 2 件，1 件放在椁室东南角，另 1 件位于东壁南侧。

2. 出土遗物

陶器

陶罐　2 件。泥质灰陶。素面。

标本 M612：1，口部残，鼓腹，底微凹。

标本 M612：2，未能复原。

图 4-702　M612 平面图

1、2. 陶罐

（三二八）M613

1. 墓葬形制

位于墓地东北部，东北面是 M608，东面为 M857，西面是 M614。方向 5°（图 4-703）。

长方形土坑竖穴砖椁墓。墓口长 2.89、宽 1.6、深 1.7 米。椁长 2.73、宽 1.13、高 0.63 米。东、西、北三壁砌法一致，均为青砖错缝平铺叠砌。东、西两壁十三层；北壁仅残存七层。南壁有生土二层台，宽 0.16、深 0.9 米。墓底未铺青砖。砖长 27、宽 12、厚 4 厘米。墓内填黄褐色五花土，经过夯打，土质较坚硬。夯窝椭圆形，排列不规则，直径 6 ～ 12、间距 3 ～ 20、夯层厚 10 ～ 15 厘米。

人骨 1 具。头向北，面向东，仰身直肢。男性，年龄 45 ～ 55 岁。

随葬陶罐 1 件。放在椁室南端中部。少许动物骨骼位于东南角，未经鉴定，种属不明。

2. 出土遗物

陶器

陶罐　1 件。

标本 M613：1，泥质灰陶。敛口，沿面上弧，方唇，束颈，扁圆腹，下部弧收，平底。腹部饰两周戳印纹。口径 19.2、底径 20、高 21.6 厘米（图 4-703，1）。

（三二九）M614

1. 墓葬形制

位于墓地东北部，东面是 M613，东南面为 M619，西面是 M615。方向 10°（图 4-704）。

长方形土坑竖穴砖椁墓。墓口长 3、宽 1.9、深 3.48 米。椁长 2.52、宽 0.80、高 0.88 米。椁室东、西、北三壁均错缝平铺叠砌十层青砖。南壁错缝侧向竖立青砖三层。墓底铺地砖直缝条形排列。木棺已腐朽，仅见板灰痕迹。长 2.30、宽 0.80、厚 0.06 米。砖长 48、宽 21、厚 8 厘米。墓内填黄褐色五花土，经过夯打，土质较坚硬。夯窝椭圆形，排列不规则，直径 6 ～ 12、间距 2 ～ 15、夯层厚 10 ～ 15 厘米。

人骨 1 具。头向北。骨骼腐朽严重，仅见头骨碎片、牙齿及下肢骨。性别、年龄无法鉴定。

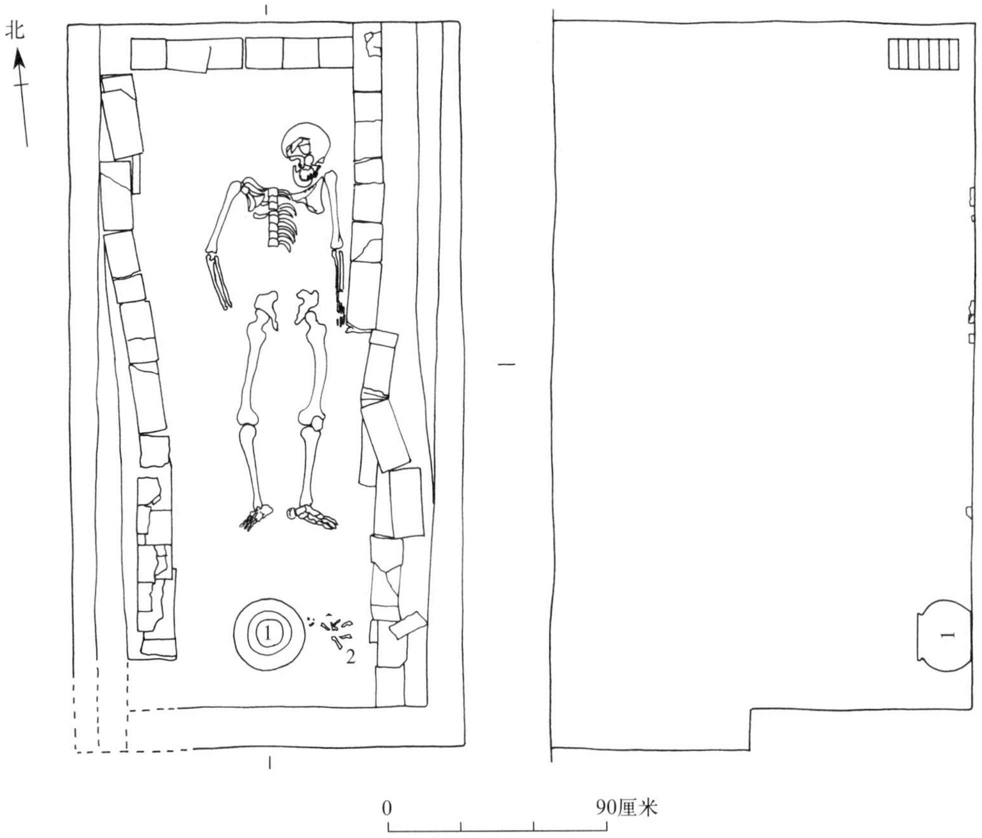

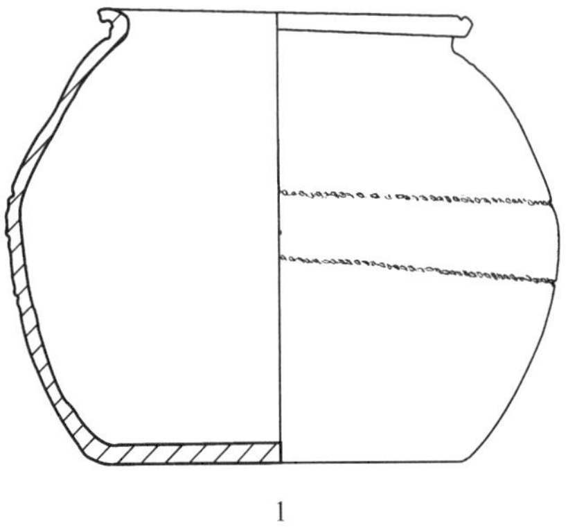

图 4-703　M613 及出土器物

1. 陶罐　2. 动物骨骼

随葬铜钱 1 枚，放在墓主头骨处。乳猪、鸡、鱼骨置于椁室东南角。

2. 出土遗物

铜器

铜钱　1 枚。

标本 M614 : 1，半两。圆形方穿，钱正、背两面均无轮郭，背平素。钱文篆书，“半”字模糊不清，“两”字中间不出头，无两人字，竖向笔画清晰。直径 2.4、穿径 0.8、厚 0.1 厘米（图 4-704，1）。

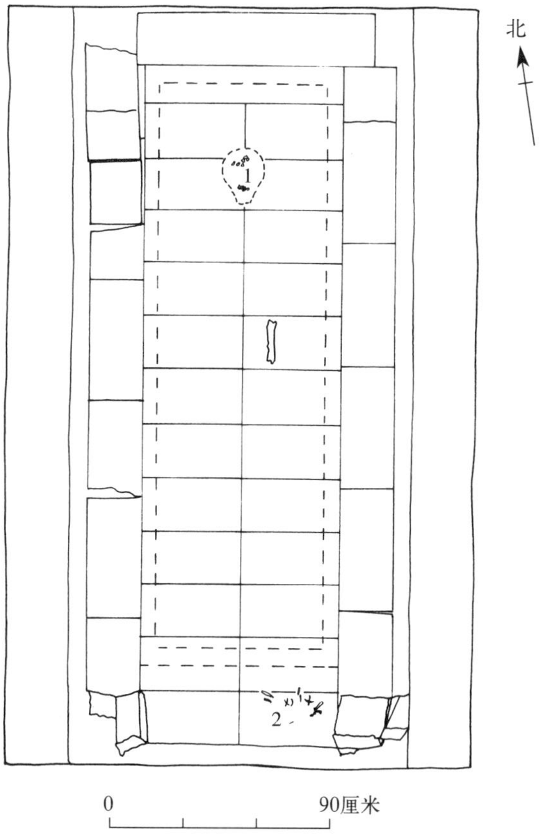

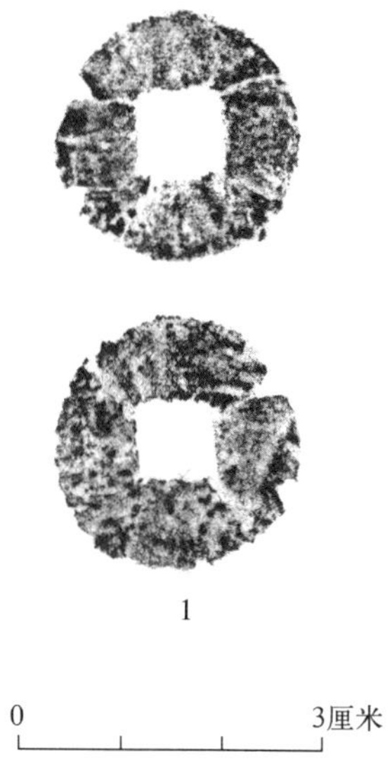

图 4-704　M614 及出土器物

1. 铜钱　2. 动物骨骼

（三三〇）M615

墓葬形制

位于墓地东北部，东面是 M614，南面为 M605、M604，西北面是 M585。方向 10°（图 4-705）。

长方形土坑竖穴砖椁墓。墓口长 2.96、宽 1.92 ～ 2、深 4.78 米。椁长 2.9、宽 1.58、高 0.9 米。四壁均青砖顺缝、错缝交叠垒砌十四层，四角各留 0.1 米缝隙。西壁边箱长 0.87、进深 0.49 米，内壁青砖为侧向垒砌。墓底铺两层青砖，均为两列对缝横排平铺。砖长 34、宽 12、厚 4 厘米。墓内填黄褐色五花土，经过夯打，土质较坚硬。夯窝圆形，直径 7 ～ 10 厘米。仅少量动物骨骼放在边箱中。未经鉴定，种属不明。

人骨无。

随葬器物无。

（三三一）M620

墓葬形制

位于墓地东北部，被 M610 打破，北面是 M609，东面为 M816，南面是 M608。方向 25°（图 4-706）。

长方形土坑竖穴砖椁墓。墓口长 2.5、宽 1.32、深 3.04 米。椁长 2.28、宽 1.17、高 0.84 米。椁室四壁均平铺错缝顺向垒砌十一层青砖。墓底铺地砖“非”字形排列。砖长 33、宽 16、厚 7 厘米。墓内填黄褐色五花土，土质较致密。夹杂少量陶片、料姜石。

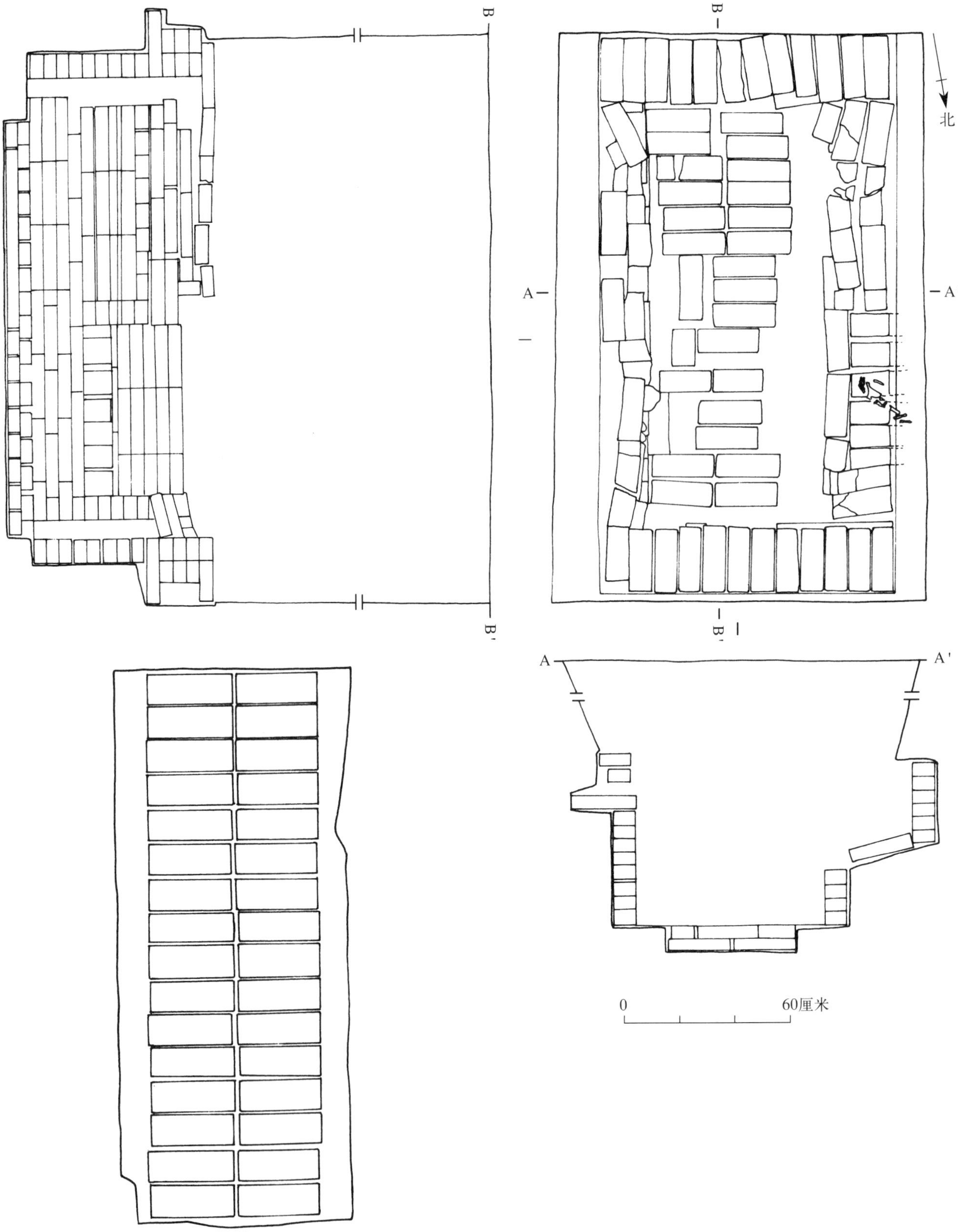

第二层铺地砖平面图

图4-705　M615平、剖面图

人骨1具。头向北，面向东，仰身直肢。四肢垂直，躯干平躺。女性，年龄45～55岁。

随葬器物无。

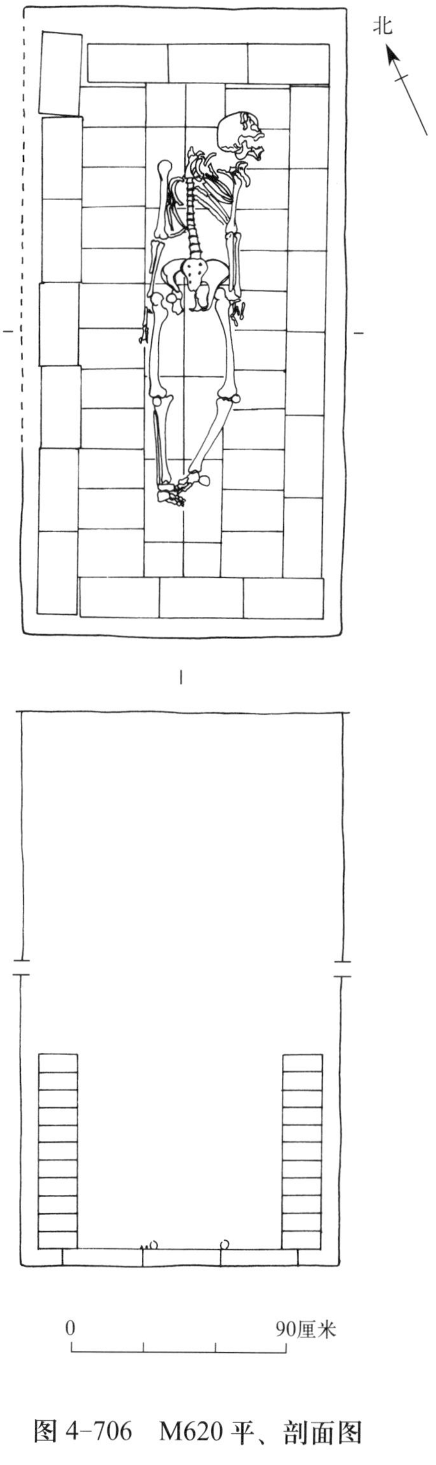

图4-706　M620平、剖面图

（三三二）M621

墓葬形制

位于墓地东北部，东面是M623，南面为M891，西面是M622。方向110°（图4-707）。

长方形土坑竖穴砖椁墓。墓口长2.37、宽1.1～1.18、深1.88～1.98米。椁长2.34、宽0.95、高0.48米。南、北壁青砖平铺错缝顺向垒砌而成。东壁“丁”字形，西壁为土圹。墓底一层青砖斜向平铺，“人”字形排列。砖长25、宽12、厚3厘米。墓内填黄褐色五花土，土质较疏松。

人骨1具。头朝东，面向上，仰身直肢，骨骼已腐朽，仅残存头骨、股骨及少量胫、趾骨。女性，年龄16～20岁。

随葬器物无。

（三三三）M623

墓葬形制

位于墓地东北部，打破M629，东面是M626，南面为M627。方向为10°。

长方形土坑竖穴砖椁墓。墓口长2.6、宽1.3、深1米。墓壁规整，底部较平整。椁室破坏严重，仅残存东壁四层青砖，构筑方式为平铺错缝顺向垒砌。墓内填黄褐色五花土，土质较疏松。砖长33、宽13、厚7厘米。

人骨无。

随葬器物无。

（三三四）M624

1. 墓葬形制

位于墓地东北部，北面是M891，东南面为M633，西面是M667。方向105°。

长方形土坑竖穴砖椁墓。墓口长3.1、宽1.4、深2.03米。椁长2.83、宽1.24、高0.63米。椁室四壁均平铺错缝顺向垒砌二十一层青砖。东、西两壁“丁”字形、南、北两壁顺向垒砌。墓底青砖斜向平铺，“人”字形排列。砖长25、宽11～12、厚3厘米。墓内填黄褐色五花土，土质疏松。

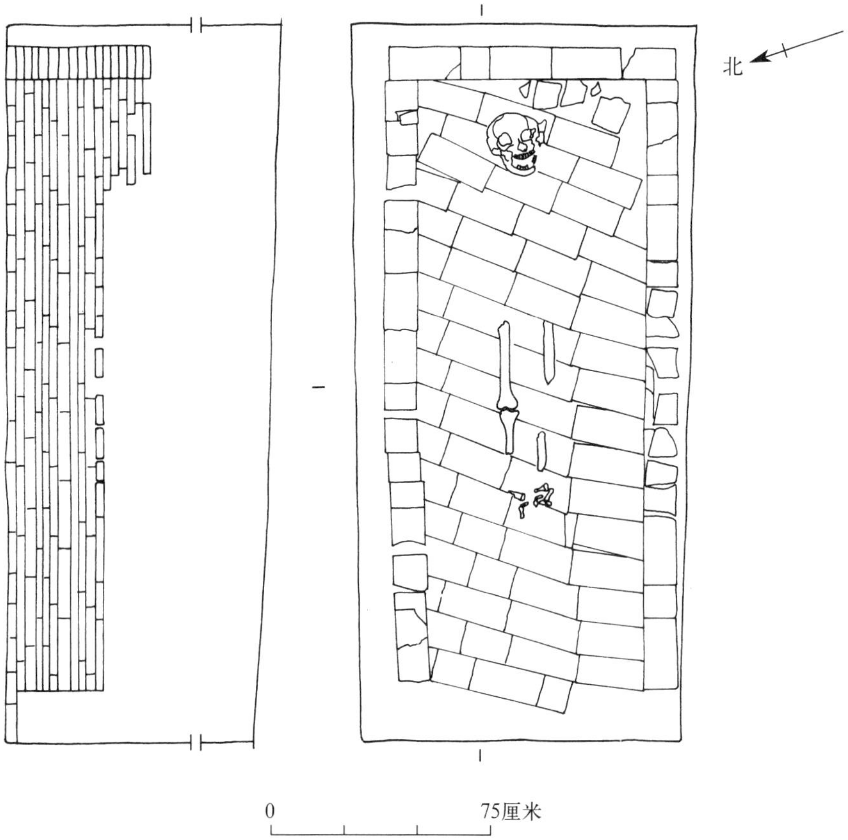

图4-707　M621平、剖面图

填土中发现器物11件。铜镜1枚，铜带钩、铁镢各1件。铜钱8枚。发现有乳猪后腿，鸡的翅膀。

人骨1具。因扰乱，骨骼堆放在砖椁西端，无法判断葬式。男性，年龄22～28岁。

随葬器物无。

2. 出土遗物

（1）铜器

铜镜　1枚。

标本M624：04，昭明连弧铭带镜，锈蚀严重。圆形，圆纽，圆纽座。座外均匀分布四组内附三短竖线外弧月牙纹线、夹饰短横线，再外一周内向八连弧纹圈带。外区两周短斜线和凸弦纹组合纹带，其间为顺时针铭文带“内清质以昭，象夫日月”。字体为方正式篆隶体、有简化、笔画首尾呈楔形，日月内三字相连，其余每字间隔一“而”字。宽素平缘。面径9.8、缘厚0.65厘米（图4-708，04；彩版二一一，1）。

铜带钩　1件。

标本M624：01，通体细长，整体柳叶形。钩呈兽首状，双眼细长，断面半圆形，钩尾末端平直，圆形纽位于钩背部前端。长8.7厘米（图4-708，01）。

铜钱　8枚。均为五铢。圆形方穿，正面有轮无郭，背面轮郭俱全。根据钱文字体不同分为两种。

第一种　4枚。“五”字两笔交叉微曲，“铢”字“金”字旁头三角形，与“朱”等齐，“朱”

字上部方折，有的穿上横。

标本 M624∶03-1，直径 2.5、穿径 1、厚 0.15 厘米（图 4-708，03-1）。

第二种　4 枚。“五”字两笔交叉弯曲，与上、下两横相交处微内收或垂直，“铢”字“金”字旁头三角形，与“朱”等齐，“朱”字上部方折，有的穿下半星。

标本 M624∶05-1 ～ 3，直径 2.5、穿径 1、厚 0.15 厘米（图 4-708，05-1 ～ 3）。

（2）铁器

铁镢　1 件。

标本 M624∶02，残断，锈蚀严重。不可复原。

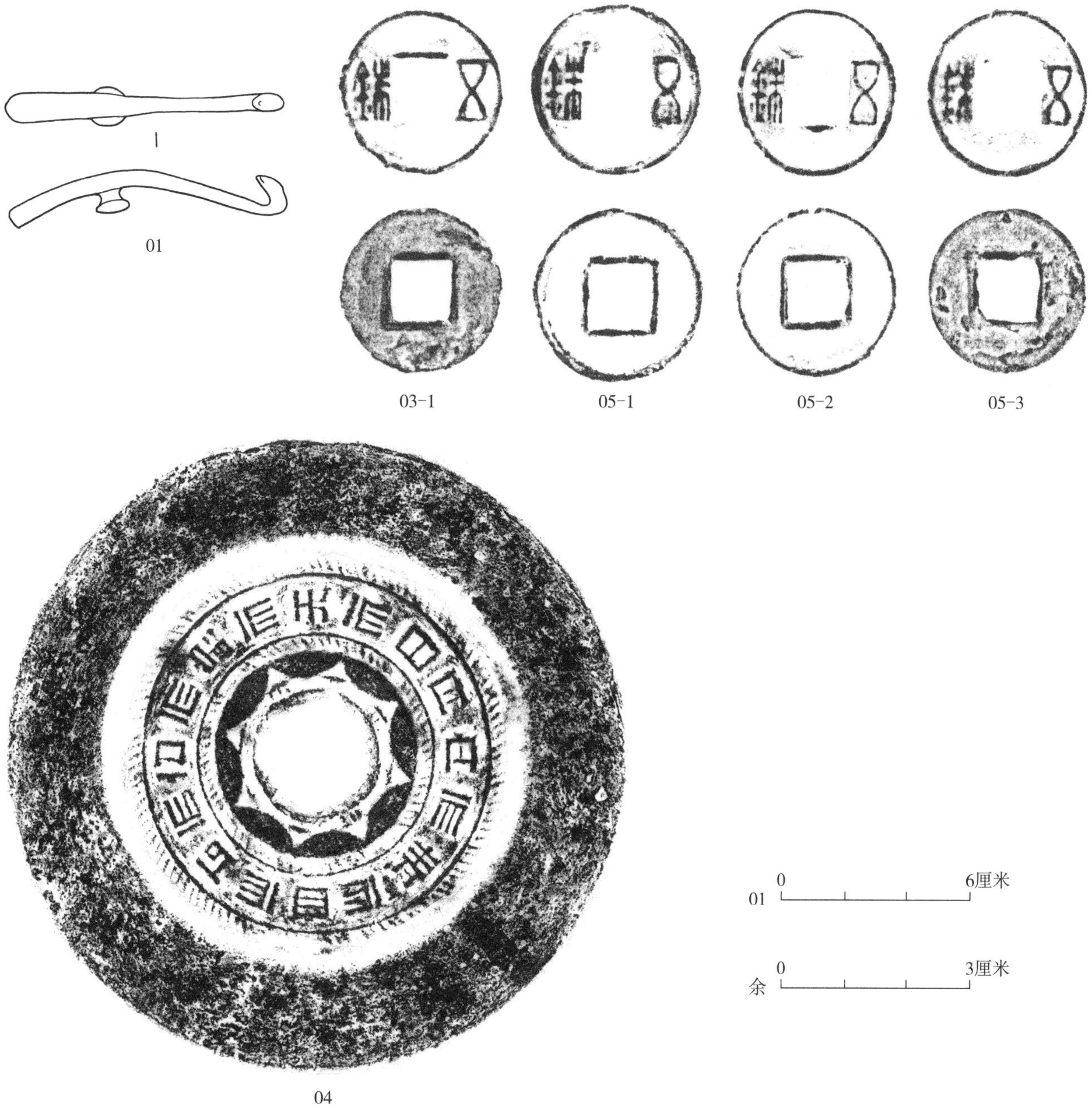

图 4-708　M624 出土器物

01. 铜带钩　03-1、05-1～3. 铜钱　04. 铜镜

（三三五）M625

1. 墓葬形制

位于墓地东北部，北面是M627，东北面为M660，西南面是M633。方向102°（图4-709）。

长方形土坑竖穴砖椁墓。墓口长2.4、宽1.2、深0.97米。椁长2.4、宽1.02、高0.7～0.76米。椁室四壁青砖垒砌十一层。南、北壁“人”字形垒砌，上部平铺错缝顺向三层。外面一排为侧向平铺对缝顺向垒砌。东、西壁为土圹。墓底铺地砖东部不规则、西部斜向平铺“人”字形排列。砖长28、宽12、厚3厘米。墓内填黄褐色五花土，土质疏松。填土中发现铜镞1件，铜钱1枚。

人骨1具。头向东。骨骼腐朽，仅存少量头骨残骸。性别、年龄无法鉴定。

随葬器物12件。陶壶2件放在椁室西端。铜镜1枚置于墓主头骨左侧。铜钱9枚放在墓主胸部。乳猪骨放于西南角。

2. 出土遗物

（1）陶器

陶壶　2件。泥质灰陶。束颈，鼓腹，圈足。

标本M625∶1，弧顶盖。尖唇，斜沿。腹中部饰三周戳印纹，下腹饰绳纹。口径14、底径

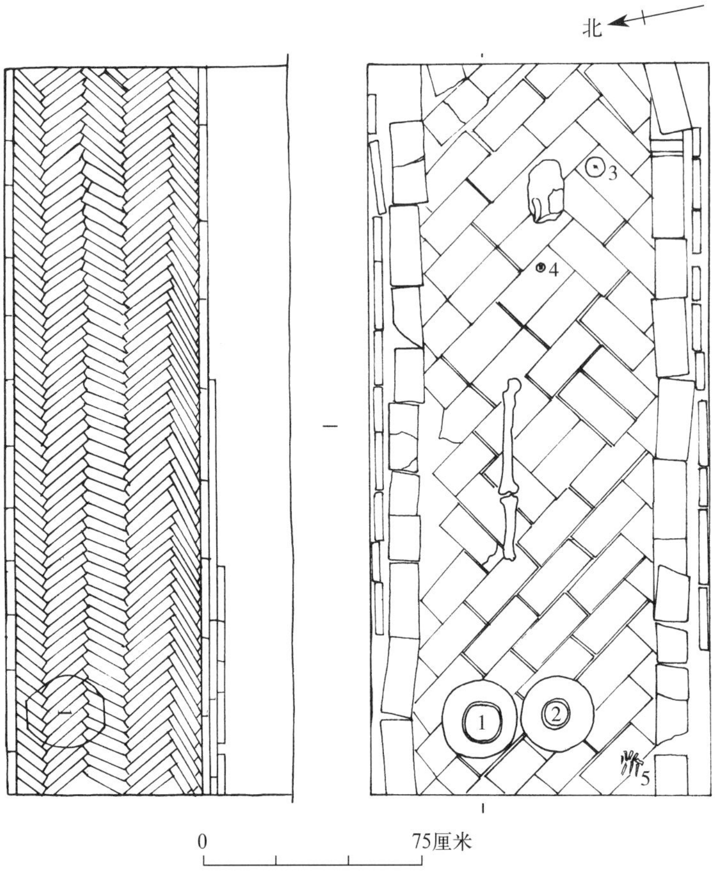

图4-709　M625平、剖面图

1、2. 陶壶　3. 铜镜　4. 铜钱（9）　5. 动物骨骼

15.4、高 32.6 厘米（图 4-710，1）。

标本 M625 : 2，弧顶盖，上饰两周凹弦纹。口残，腹饰两周戳印纹，下腹饰稀疏绳纹。底径 16、残高 35.6 厘米（图 4-710，2）。

（2）铜器

铜镜　1 枚。

标本 M625 : 3，四乳禽兽镜，锈蚀严重。圆形，圆纽，圆纽座。座外一周窄凸面圈带，再外两周短斜线和凸弦纹组合纹带，其间为主纹，四枚带圆座乳丁分为四区，每区内饰一动物，分别为龙、鸟、虎、鱼。宽素平缘。面径 11.4、缘厚 0.5 厘米（图 4-710，3；彩版二一一，2）。

铜镞　1 件。

标本 M625 : 01，中脊突出，断面菱形，铤部圆形。脊、铤分界明显，左右分出三角形两翼，其

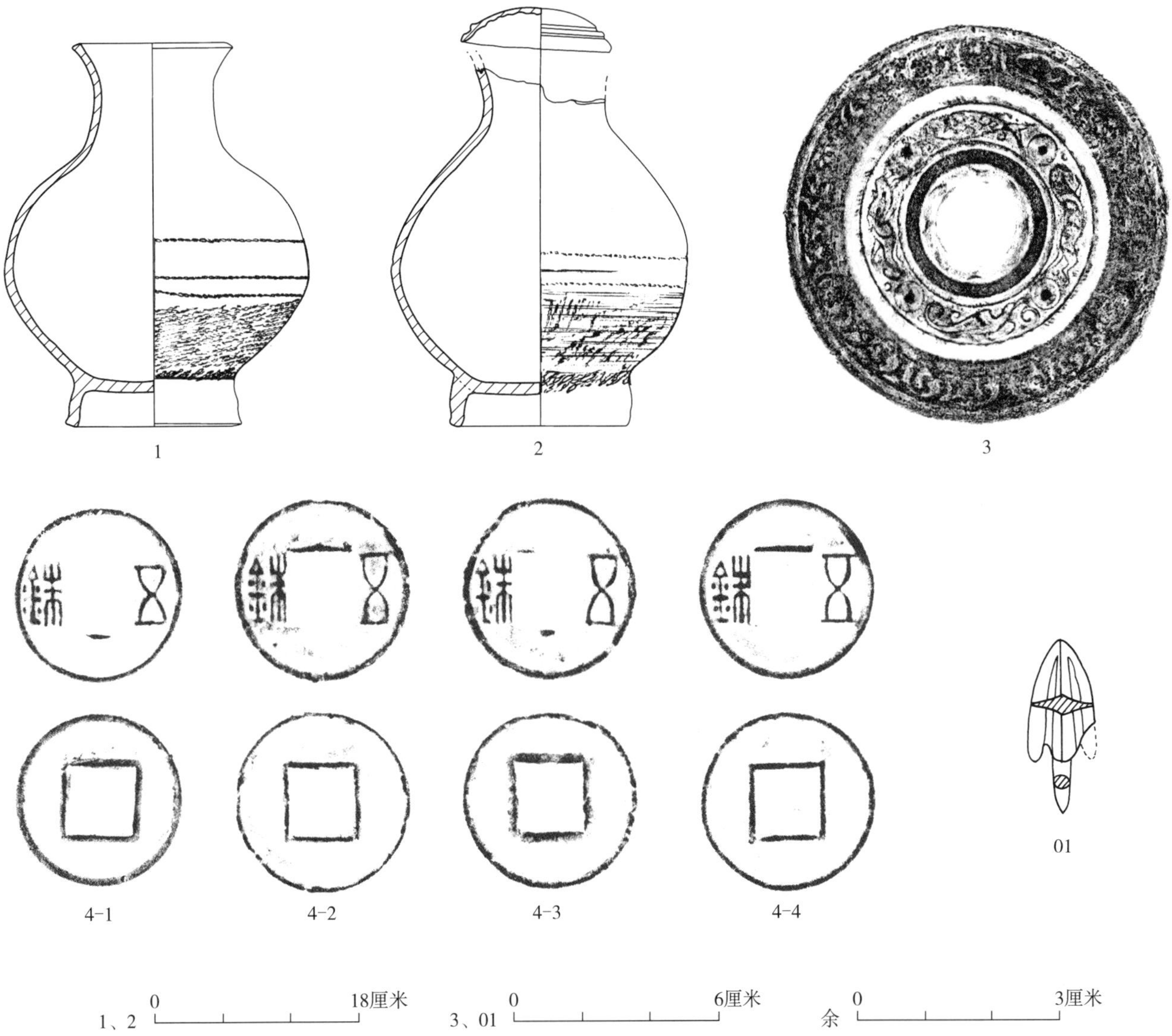

图 4-710　M625 出土器物

1、2. 陶壶　3. 铜镜　4-1～4. 铜钱　01. 铜镞

中一翼缺失。长5、残宽1.9厘米（图4-710，01）。

铜钱　10枚。均为五铢。圆形方穿，正面有轮无郭，背面轮郭俱全。根据钱文字体不同分为两种。

第一种　2枚。“五”字两笔交叉微曲，与上、下两横相交处微内收或垂直，“铢”字“金”字旁头呈三角形或镞形，有的“金”字旁低于“朱”字，“朱”字上部方折，下部圆折，有的穿上横郭或穿下半星。

标本M625∶4-1，直径2.6、穿径1、厚0.16厘米（图4-710，4-1）。

第二种　8枚。“五”字两笔交叉弯曲，与上、下两横相交处微内收或垂直，“铢”字“金”头三角形，与“朱”等齐或略低于“朱”字，“朱”字上部方折，有的穿上横郭或穿下半星。

标本M625∶4-2～4，直径2.6、穿径1、厚0.15厘米（图4-710，4-2～4）。

（三三六）M626

1. 墓葬形制

位于墓地东北部，东面是M641，南面为M727，西面是M629。方向15°（图4-711）。

长方形土坑竖穴砖椁墓。墓口长2.9、宽1.2、深1.82米。椁长2.64、宽1～1.05、高0.42～0.6米。椁室四壁垒砌十层青砖，脚箱位于南端，青砖垒砌与椁室间隔。墓底顺向一排，两侧不对称，呈“丁”字形排列。砖长34、宽14、厚6厘米。墓内填黄褐色五花土，土质疏松。

人骨1具。头向北，骨骼腐朽严重。性别、年龄无法鉴定。

随葬陶罐1件。放在脚箱内东侧。少许动物骨骼放在脚箱内西侧，未经鉴定，种属不明。

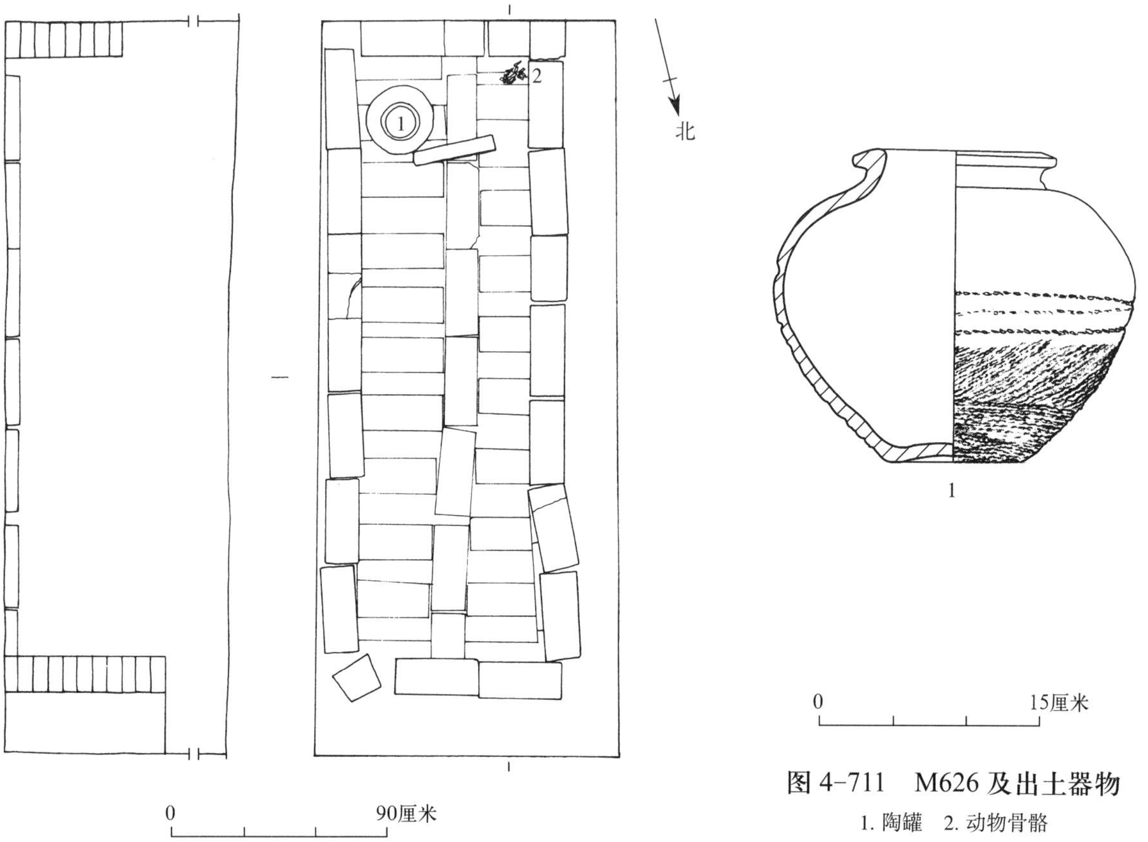

图4-711　M626及出土器物

1. 陶罐　2. 动物骨骼

2. 出土遗物

陶器

陶罐　1 件。

标本 M626∶1，泥质灰陶。侈口，斜折沿，沿面微弧，圆唇，束颈，鼓腹，下部弧收，平底内凹。腹部饰三周戳印纹，下腹及底部饰绳纹。口径 14、底径 9、高 20.8 厘米（图 4-711，1）。

（三三七）M627

1. 墓葬形制

位于墓地东北部，北面是 M623，南面为 M625。方向 105°（图 4-712）。

长方形土坑竖穴砖椁墓。墓口长 2.6、宽 1.0 ～ 1.2、深 2.28 米。椁长 2.6、宽 0.85、高 0.78 米。椁室东、南、北三壁用十七层青砖平铺错缝顺向垒砌、下层一排侧面对缝顺向垒砌。南、北壁外侧再顺向垒砌一层，东壁椁“丁”字形垒砌一层。西壁脚箱未垒砌青砖。砖长 27、宽 11、厚 3 厘米。墓内填黄褐色五花土，土质较疏松。

人骨 1 具。头朝东，仰身直肢。骨骼严重腐朽。仅残存头骨及胫骨遗骸。性别、年龄无法鉴定。

随葬器物 4 件。陶壶 2 件放在脚箱内。铜带钩 1 件位于墓主头骨右下方。铜钱 1 枚放在墓主头骨下颌处。

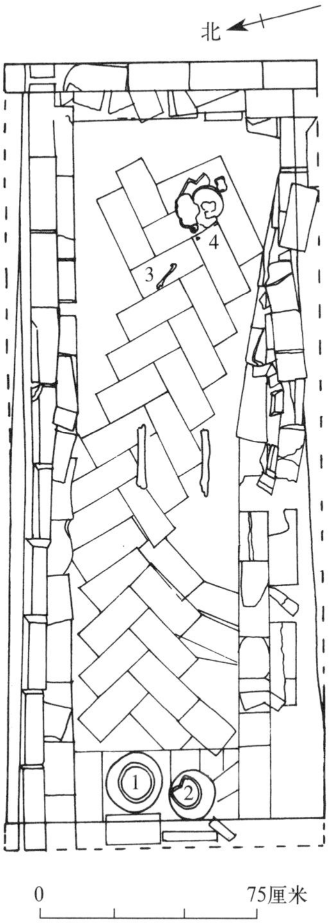

图 4-712　M627 平面图

1、2. 陶壶　3. 铜带钩　4. 铜钱

2. 出土遗物

（1）陶器

陶壶　2 件。泥质灰陶。弧顶盖。壶侈口，沿面外斜，尖唇，束颈，鼓腹。素面。

标本 M627∶1，平底内凹。腹部饰两周戳印纹。口径 13.7、底径 18.9、通高 29.2 厘米（图 4-713，1；彩版二一一，3 左）。

标本 M627∶2，平底。口径 13.1、底径 17.5、通高 26.8 厘米（图 4-713，2；彩版二一一，3 右）。

（2）铜器

铜带钩　1 件。

标本 M627∶3，琵琶形。钩呈兽首状，断面半圆形，钩尾边缘有沿，圆形纽位于钩尾背面中部。长 8.5 厘米（图 4-713，3；彩版二一一，4）。

铜钱　1 枚。

标本 M627∶4，五铢。“五”字两笔交叉弯曲，与上、下两横相交处垂直，“铢”字“金”旁字头三角形，略低于“朱”字，“朱”字上部方折，穿上横郭。直径 2.6、穿径 1、厚 0.15 厘米（图 4-713，4）。

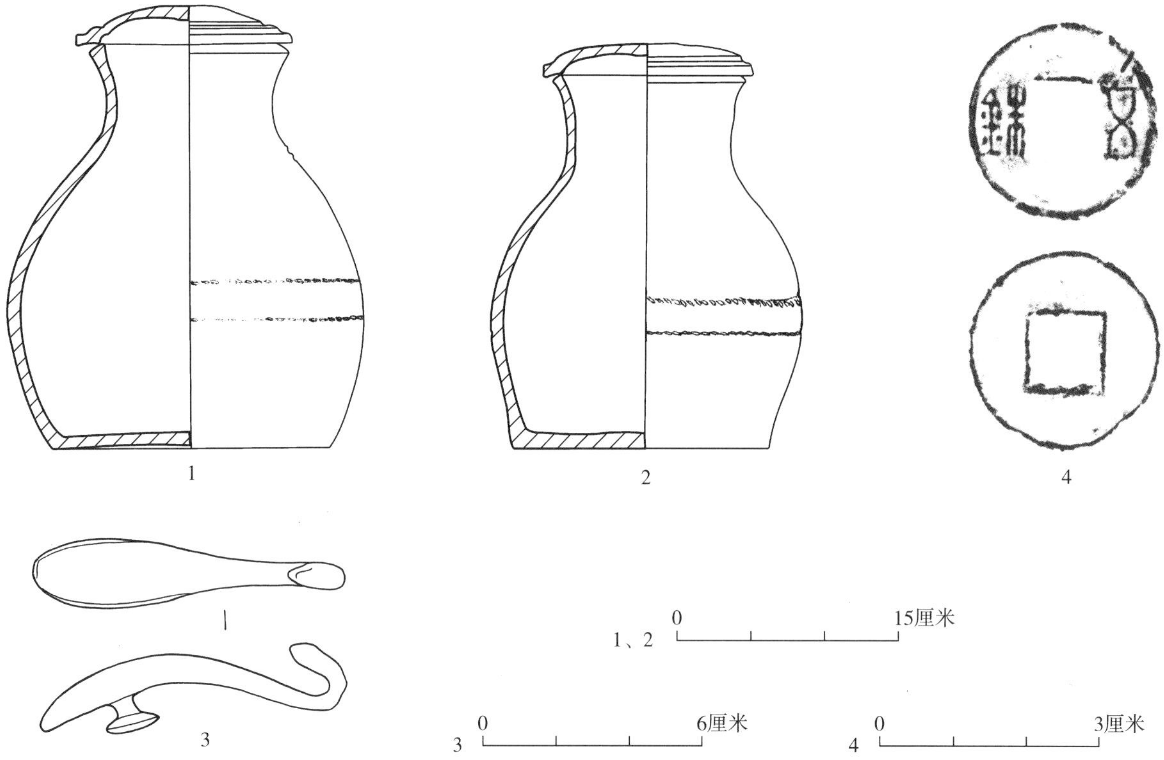

图 4-713　M627 出土器物

1、2. 陶壶　3. 铜带钩　4. 铜钱

（三三八）M628

1. 墓葬形制

位于墓地东北部，北面是 M622，东南面为 M891，南面是 M624。方向 116°（图 4-714）。

长方形土坑竖穴砖椁墓。墓口长 2.8、宽 1.16、深 0.86 米。椁长 2.7、宽 1、高 0.44 米。南、北两壁青砖平铺错缝顺向垒砌十二层。东壁侧立斜向平铺。西壁为土圹。砖长 25、宽 12、厚 4 厘米。墓内填黄褐色五花土，土质疏松。

人骨 1 具。头向东，面向上。骨骼腐朽，仅残存少量头骨遗骸。性别、年龄无法鉴定。

随葬器物 3 件。陶壶 2 件放置椁室西北角。铜钱 1 枚放在墓主口中。

2. 出土遗物

（1）陶器

陶壶　2 件。泥质灰陶。侈口，斜沿，方唇，束颈，鼓腹，平底微凹。素面。

标本 M628∶1，口径 13.6、底径 15.5、高 20 厘米（图 4-714，1）。

标本 M628∶2，器表有抹制痕。口径 12、底径 16、高 20.4 厘米（图 4-714，2）。

（2）铜器

铜钱　1 枚。

标本 M628∶3，锈蚀严重，仅能辨认“五铢”二字。

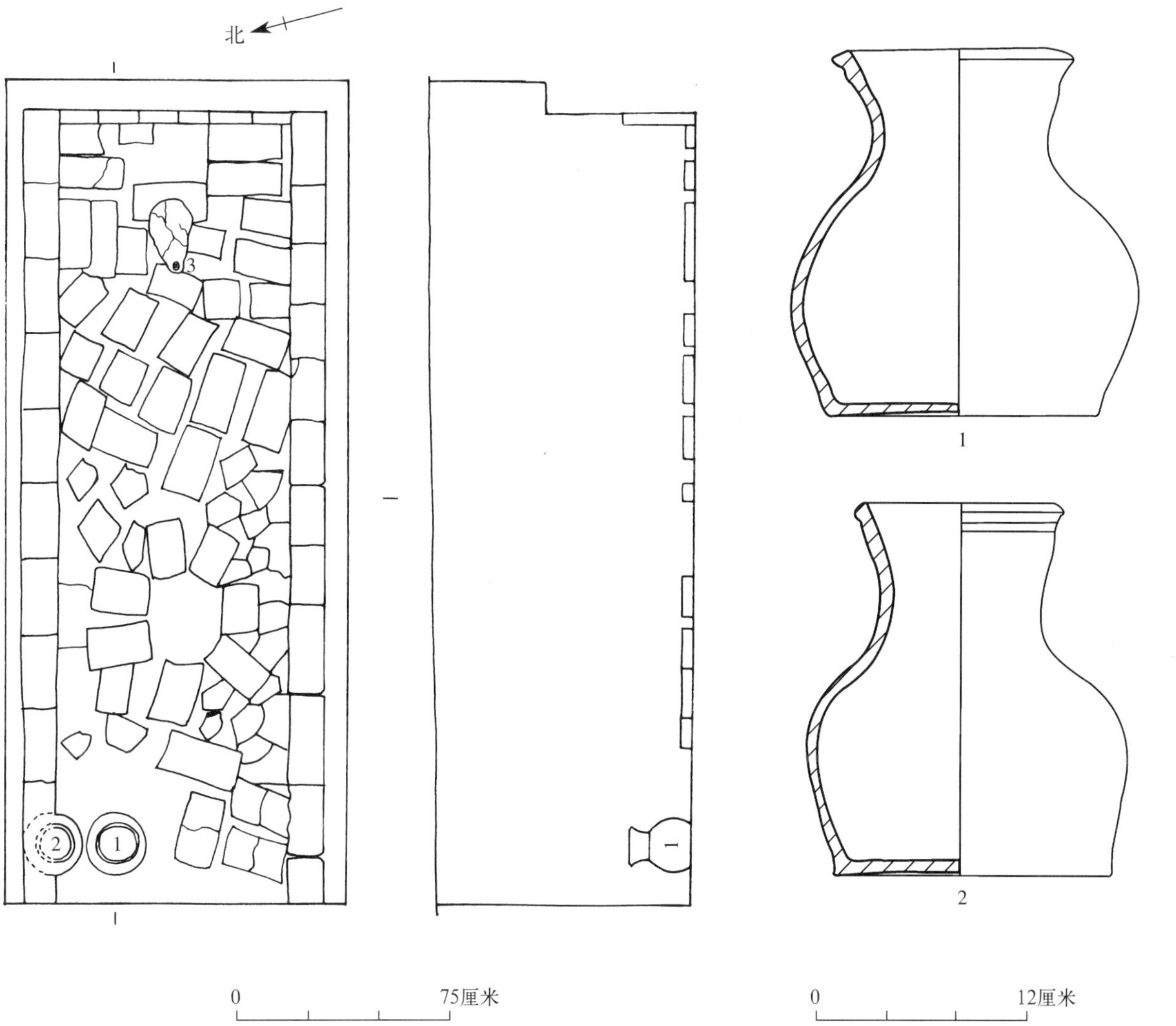

图 4-714 M628 及出土器物

1、2. 陶壶 3. 铜钱

（三三九）M630

墓葬形制

位于墓地东北部，北面是 M663，南面为 M634。方向 110°（图 4-715）。

长方形土坑竖穴砖椁墓。墓口长 3、宽 1.3、深 1.2 米。椁长 2.72、宽 1.06、高 0.70 米。椁室四壁错缝顺向垒砌十八层青砖。西壁上面“丁”字形垒砌一层。墓底错缝斜向平铺一层青砖，大部分已破坏。砖长 25、宽 12、厚 3 厘米。墓内填黄褐色五花土，土质较疏松。

人骨 1 具。骨骼腐朽，性别、年龄无法鉴定。

随葬器物无。

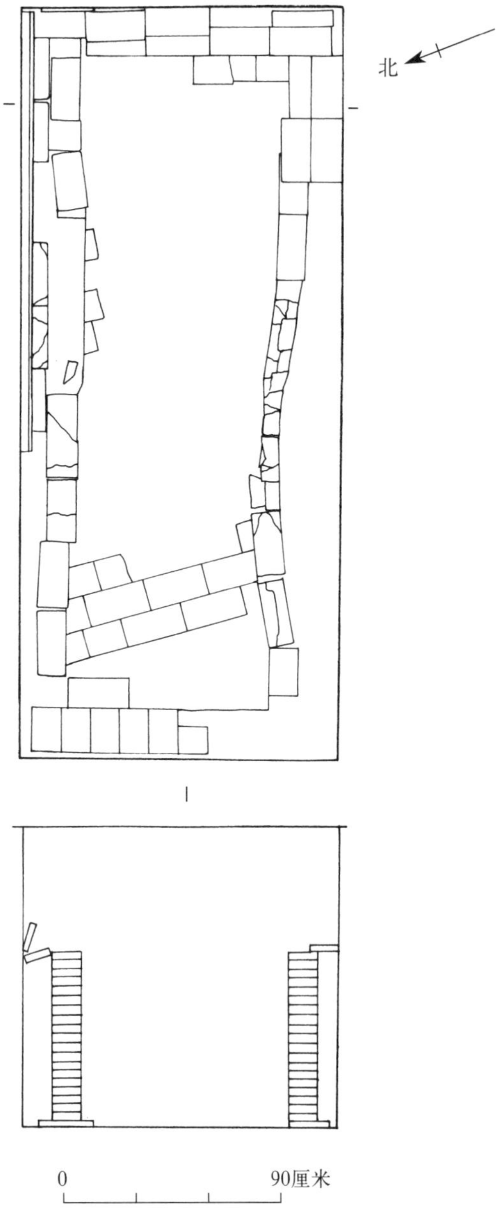

图 4-715　M630 平、剖面图

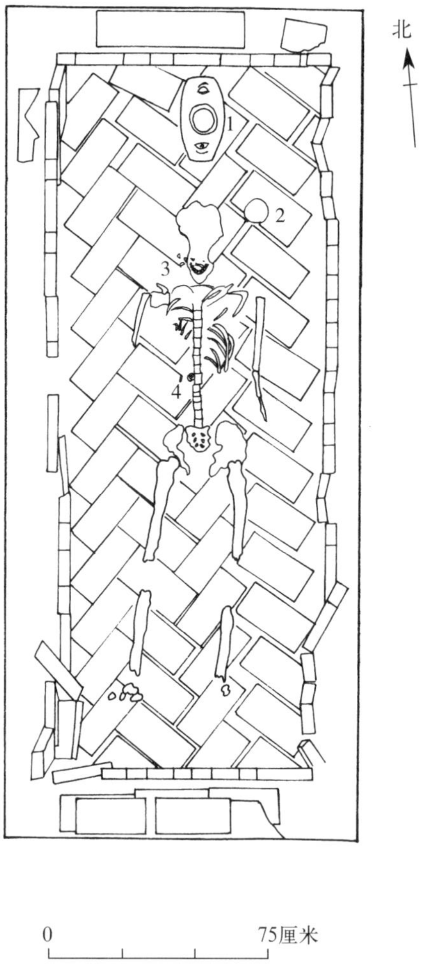

图 4-716　M631 平面图

1. 陶扁壶　2. 铜镜　3. 铜带钩　4. 铜钱（6）

（三四〇）M631

1. 墓葬形制

位于墓地东北部，北面是M632，东面为M634，西面是M918、M917。方向5°（图4-716）。

长方形土坑竖穴砖椁墓。墓口长2.75、宽1.2、深1.84米。椁长2.40、宽0.94、高0.93米。椁室青砖斜向平铺四层，呈“人”字形。南、北两侧平铺顺向垒砌两层。墓底青砖斜向平铺，“人”字形排列。砖长25、宽12、厚4厘米。墓内填黄褐色五花土，土质较致密。圆形夯窝，直径9～15、间距20厘米。

人骨 1 具。头向北，面向上，仰身直肢。骨骼保存较差，头部扁平，四肢及躯干仅存残骸。男性，年龄 20 ～ 25 岁。

随葬器物 9 件。陶扁壶 1 件放置墓主头骨上方。铜镜 1 枚位于墓主头骨左侧。铜带钩 1 件放在口内。铜钱 6 枚位于墓主腹部。

2. 出土遗物

（1）陶器

陶扁壶　1 件。

标本 M631：1，夹砂灰陶。侈口，方唇，高颈，扁鼓腹，圈足。肩上部安两对称桥形鼻，素面。口径 9、底长径 13.6、短径 8.6、高 27 厘米（图 4-717，1；彩版二一一，5）。

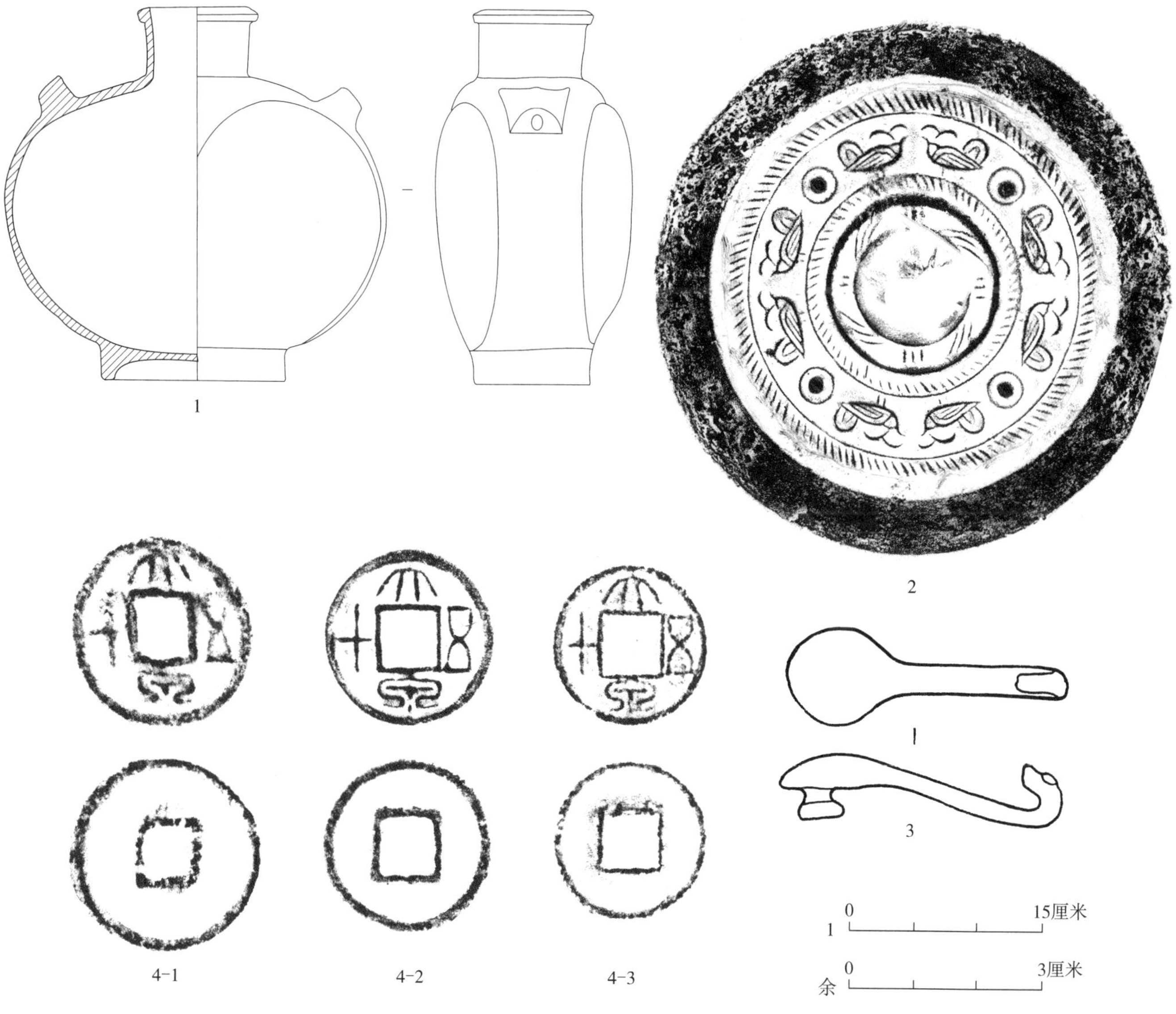

图 4-717　M631 出土器物

1. 陶扁壶　2. 铜镜　3. 铜带钩　4-1～3. 铜钱

（2）铜器

铜镜　1枚。

标本M631∶2，四乳八鸟镜。圆形，圆纽，圆纽座。座外均匀伸出四组短竖线与四组短弧线（均为每组三条）相间环列，再外一周凸弦纹。外区两周短斜线和凸弦纹组合纹带，其间为主纹，四枚圆座乳丁分为四区，每区内饰两相对而立鸟纹，形象逼真，鸟的轮廓、歧冠、羽翼、翘尾，栩栩如生。宽素平缘。面径8.2、缘厚0.45厘米（图4-717，2；彩版二一一，6）。

铜带钩　1件。

标本M631∶3，琵琶形。钩呈马首状，断面半圆形。钩尾圆形，背面略凹，圆形纽位于尾部末端凹槽内。长4.4、宽1.5厘米（图4-717，3）。

铜钱　6枚。均为大泉五十。圆形方穿，正面有轮无郭，背面轮郭俱全。钱文篆书，对读。大小略有差异，

标本M631∶4-1，直径2.9、穿径0.9、厚0.35厘米（图4-717，4-1）。

标本M631∶4-2，直径2.6、穿径0.9、厚0.2厘米（图4-717，4-2）。

标本M631∶4-3，直径2.4、穿径0.9、厚0.14厘米（图4-717，4-3）。

（三四一）M632

1. 墓葬形制

位于墓地东北部，东面是M662、M663，南面为M631，西面是M813。方向100°（图4-718）。

长方形土坑竖穴砖椁墓。墓口长2.6、宽1.25、深2.93米。椁长2.3、宽1.04、高0.88米。椁室顶部顺向垒砌一层青砖，均已坍塌。东、北、南三壁三层青砖斜向平铺“人”字形垒砌。西壁遭到破坏，结构不明。墓底青砖斜向“人”字形排列。砖长31、宽14、厚6厘米。墓内填黄褐色五花土，土质较致密。

人骨1具。头向东。骨骼保存较差，仅残存头部残骸和部分股骨。女性，年龄24～30岁。

随葬器物2件。陶扁壶1件位于盗洞内。铜镜1件放置中部。乳猪骨放在墓底西端。

2. 出土遗物

（1）陶器

陶扁壶　1件。

标本M632∶2，夹砂灰陶。侈口，斜沿，方唇，高颈，扁鼓腹，圈足。肩部安两对称桥形鼻，素面。口径7、底长径8.4、短径6.3、高19.6厘米（图4-718，2；彩版二一二，1）。

（2）铜器

铜镜　1枚。

标本M632∶1，四乳四虺镜，锈蚀较重。圆形，圆纽，圆纽座。座外均匀伸出四组短斜线（每组三条）与四条短弧线相间环列，再外一周凸弦纹。外区两周短斜线和凸弦纹组合纹带，其间为主纹，四枚带圆座乳丁分为四区，每区内各有虺纹，双钩形身躯外侧一立鸟、内侧一极简鸟纹，前后饰短弧线。宽素平缘。面径9.7、缘厚0.6厘米（图4-718，1；彩版二一二，2）。

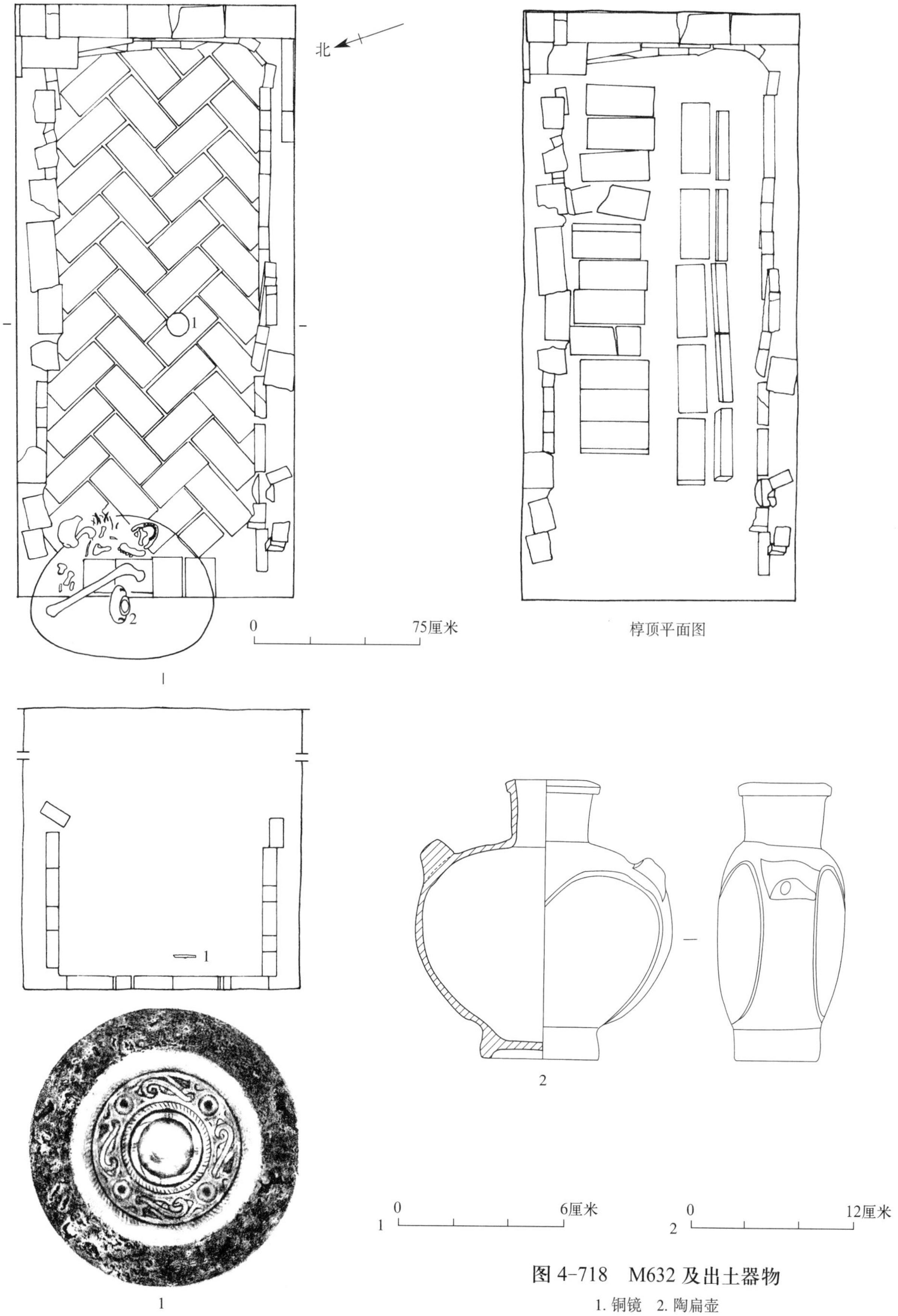

图 4-718　M632 及出土器物

1. 铜镜　2. 陶扁壶

（三四二）M633

1. 墓葬形制

位于墓地东北部，南面是M664、M662，西北面为M624。方向96°（图4-719）。

长方形土坑竖穴砖椁墓。墓口长2.6、宽1.2、深1.1米。椁长2.28、宽0.83、高0.82米。椁顶顺向垒砌一层青砖。东、南、北三壁四层青砖，“人”字形斜向平铺，西壁侧向错缝斜向铺设。墓底斜向错缝平铺一层青砖。砖长25、宽12、厚4厘米。墓内填黄褐色五花土，土质较致密。

人骨1具。头向北。头骨缺失，仅见部分股骨及趾骨残骸。性别、年龄无法鉴定。

随葬陶壶2件，位于椁室西北角。小型食虫目骨骼放在陶壶内。

2. 出土遗物

陶器

陶壶　2件。泥质灰陶。侈口，沿面外斜，束颈，鼓腹，平底微凹。器表制作抹痕，下腹饰三周戳印纹。

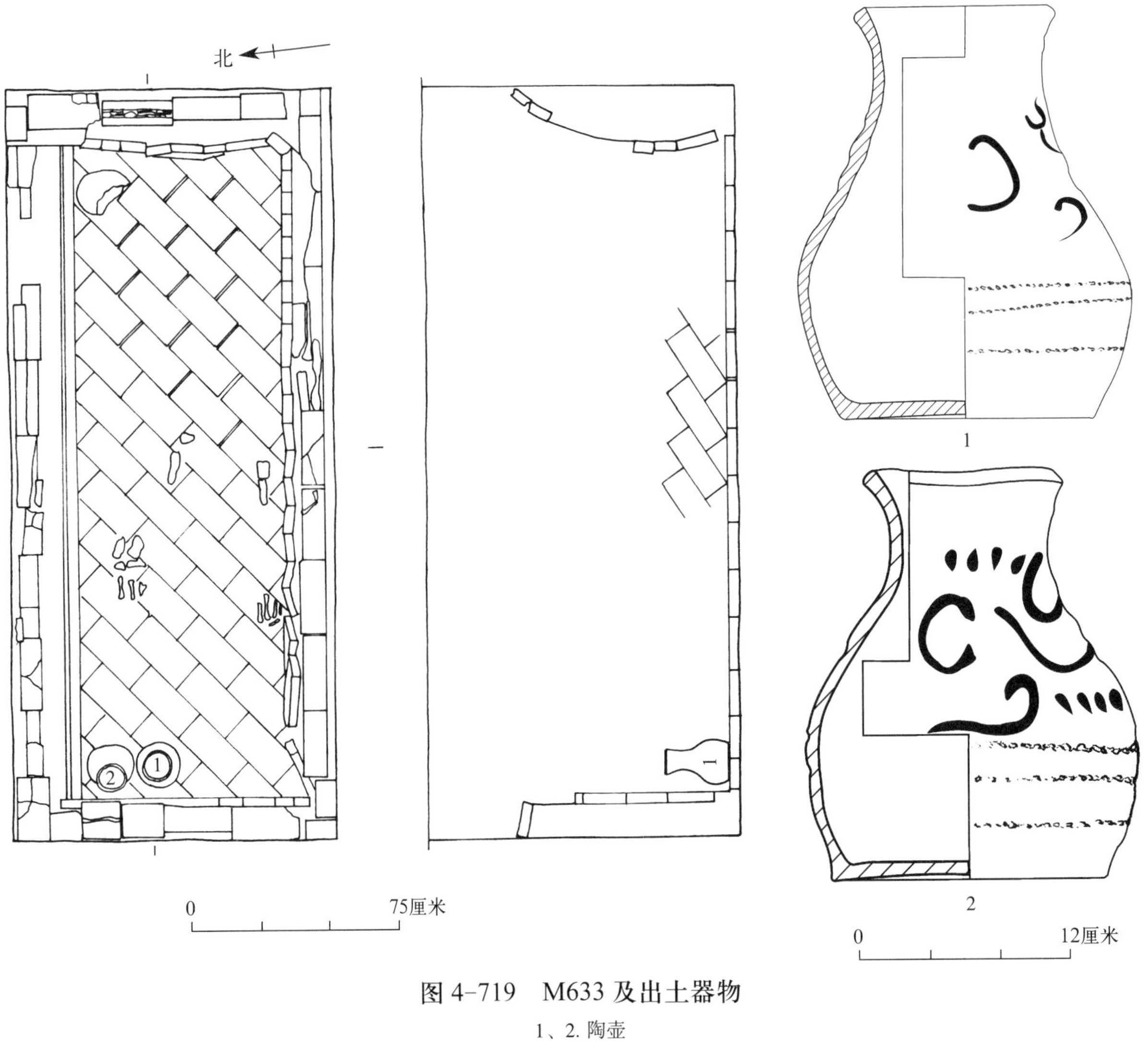

图4-719　M633及出土器物

1、2. 陶壶

标本 M633：1，圆唇，颈下部饰红彩卷云纹。口径 11.4、底径 14、高 23 厘米（图 4-719，1）。

标本 M633：2，尖唇，斜沿，上腹饰红、白色卷云及圆点纹，多已脱落。口径 11.2、底径 16、高 22.8 厘米（图 4-719，2）。

（三四三）M634

1. 墓葬形制

位于墓地东北部，北面是 M630，东面为 M661，南面是 M635。方向 110°（图 4-720）。

梯形土坑竖穴砖椁墓。墓口长 2.92、宽 1.4 ～ 1.5、深 1.15 米。椁长 2.6、宽 1.1、高 0.82 米。椁室四壁“人”字形斜向铺设四层青砖。墓底铺地砖，“人”字形排列。砖长 25、宽 12、厚 3 厘米。墓内填黄褐色五花土，土质较疏松。夯窝分布稀疏，情况不明。

人骨 1 具。头向东，面向上，仰身直肢。骨骼大部分腐朽，仅存头骨及股骨残骸。女性，年龄 30 岁左右。

图 4-720　M634 平、剖面图

1. 铜镜　2. 陶钫　3. 陶壶　4. 陶罐　5. 铁环首刀　6. 动物骨骼

随葬器物5件。陶罐、陶壶、陶钫、铁环首刀放置在椁室西端。铜镜1枚，陈放在墓主头骨左上方。乳猪骨置于西南角。

2. 出土遗物

（1）陶器

陶罐 1件。

标本M634∶4，夹砂灰褐陶。口残，束颈，鼓腹，圜底。素面。残高15.4厘米（图4-721，4）。

陶壶 1件。

标本M634∶3，泥质灰陶。侈口，斜沿，束颈，鼓腹，大平底。素面。口径13、底径19.5、高21.2厘米（图4-721，3）。

陶钫 1件。

标本M634∶2，泥质灰陶。失盖。方口，平沿，尖唇，束颈，鼓腹，圆形圈足。下腹饰竖向绳纹。口边长12.8、底径12.8、高31厘米（图4-721，2；彩版二一二，3）。

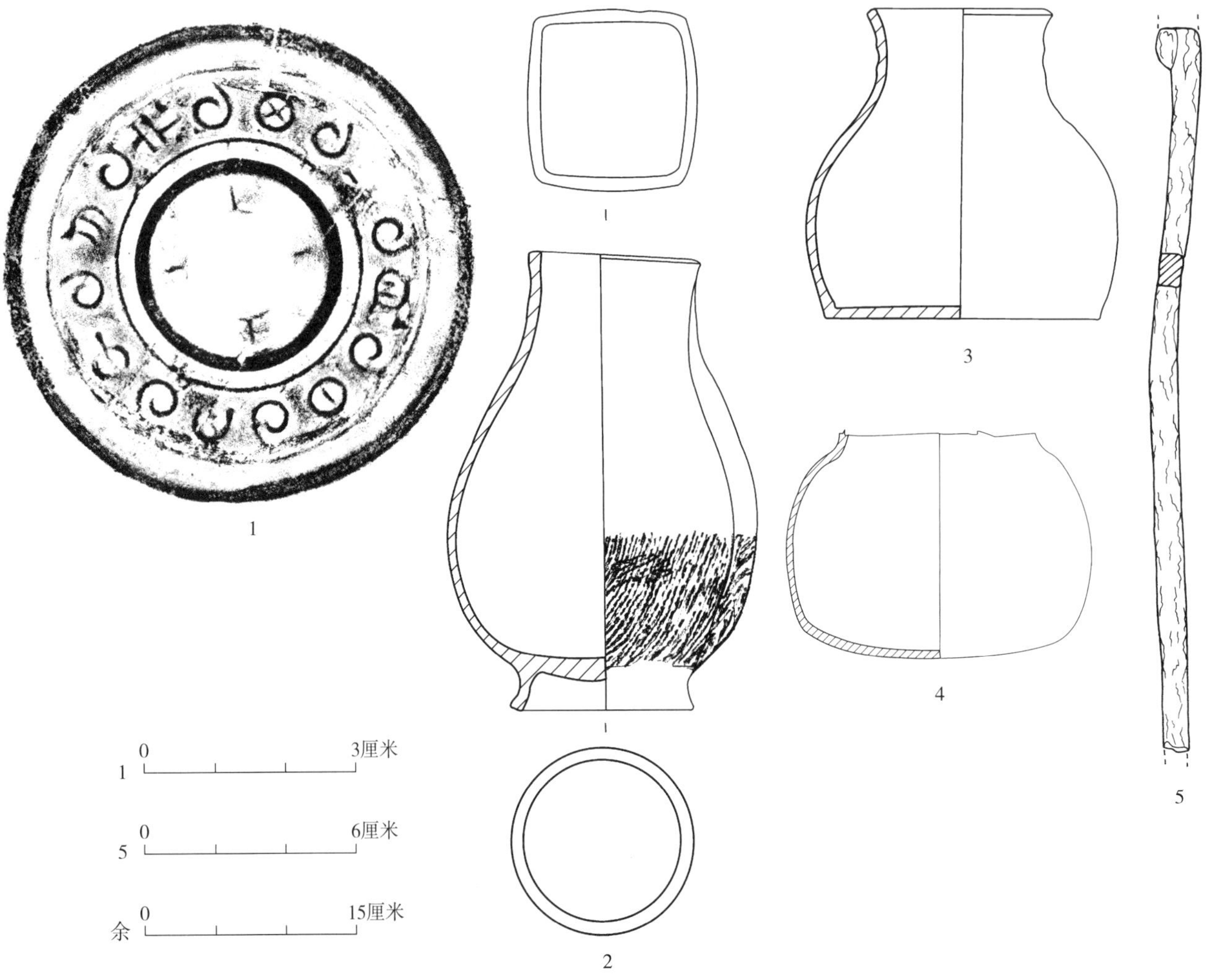

图4-721 M634出土器物

1. 铜镜 2. 陶钫 3. 陶壶 4. 陶罐 5. 铁环首刀

（2）铜器

铜镜　1 枚。

标本 M634∶1，日光圈带铭带镜。圆形，圆纽，圆纽座。座外均匀伸出四组（每组三条）与四条短竖线相间环列，再外一周窄凸面圈带。外区两周短斜线和凸弦纹组合纹带，其间为顺时针铭文带“见日月心，勿夫毋忘”，圆转式篆隶体，有简化，每字间隔一类似涡纹符号。窄素平缘。面径 6.7、缘厚 0.25 厘米（图 4-721，1；彩版二一二，4）。

（3）铁器

铁环首刀　1 件。

标本 M634∶5，首部缺失，刀身扁细长，截面长方形，尖缺失。残长 19.8 厘米（图 4-721，5）。

（三四四）M635

1. 墓葬形制

位于墓地东北部，北面是 M634，东面为 M656，南面是 M810。方向 7°（图 4-722）。

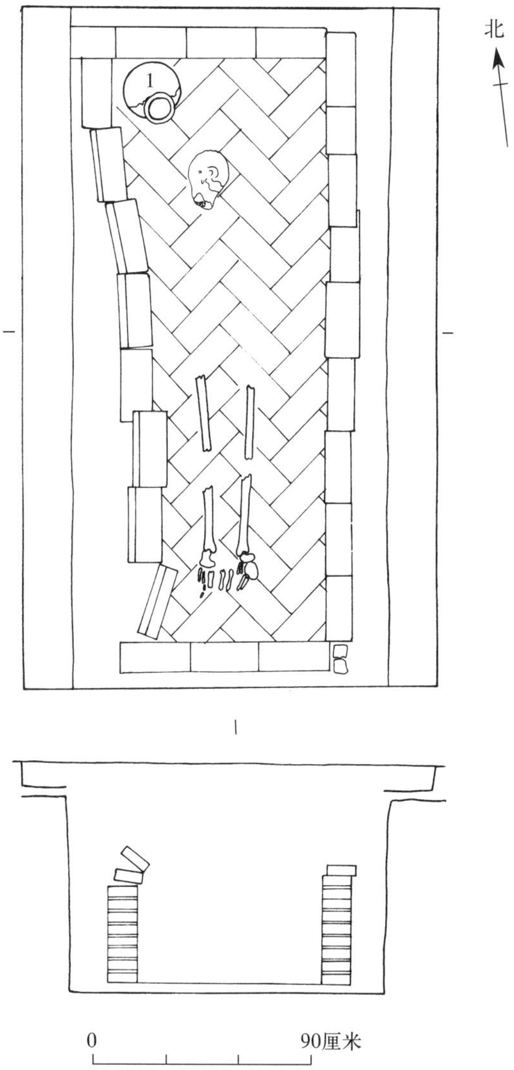

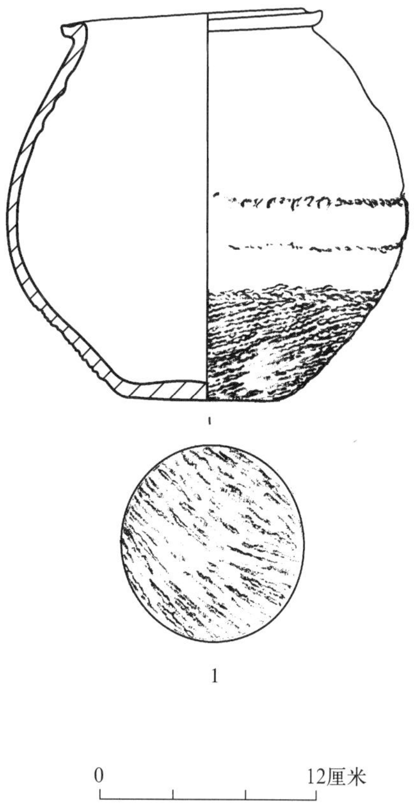

图 4-722　M635 及出土器物

1. 陶罐

长方形土坑竖穴砖椁墓。墓口长2.7、宽1.7、深2.91米。椁长2.56、宽1.12、高0.61米。椁室四壁错缝顺向垒砌十二层青砖。墓底铺地砖斜向“人”字形排列。砖长29、宽12、厚4厘米。墓内填黄褐色五花土，土质较疏松。夯窝圆形，直径9～12、间距20厘米。

人骨1具。头向北，仰身直肢，骨骼腐朽严重，仅见头骨和部分肢骨残骸。

随葬陶罐1件，置于椁室西北角。鱼骨放在陶罐内。

2. 出土遗物

陶器

陶罐　1件。

标本M635∶1，泥质灰陶。敛口，折沿，沿面微凹，圆唇，鼓腹，下部内收，小平底。腹部饰两周戳印纹间饰制作刮削痕迹，下腹及底部饰绳纹。口径14.5、底径10、高20.8厘米（图4-722，1）。

（三四五）M636

墓葬形制

位于墓地东北部，北面是M638，东面为M639、M637，西面是M807。方向188°。

长方形土坑竖穴砖椁墓。墓壁斜内收，底部平整。墓口长2.74、宽1.26、深3.27米。因扰乱严重，椁室垒砌结构不详。砖长32、宽17、厚6厘米。墓内填黄褐色五花土，经过夯打，土质较坚硬。夯窝圆形，排列不均匀，直径0.04～0.1、夯层厚0.15～0.21米。仅发现有乳猪、鸡、鲷科、鱼骨等。

人骨无。

随葬器物无。

（三四六）M643

1. 墓葬形制

位于墓地东北部，东面是M688，南面为M658，西北面是M642、M657。方向95°（图4-723）。

长方形土坑竖穴砖椁墓。墓口长2.75、宽1.4、底长2.75、宽1.3、深2.1米。椁长2.55、宽0.78、高0.76米。椁室南、北壁青砖平铺、上部一层侧立顺向垒筑。东、西壁未见垒筑青砖。墓底铺一层青砖，“人”字形排列。砖长32、宽13、厚5厘米。墓内填黄褐色五花土，经夯打，土质较致密。夯窝圆形，排列不均匀，直径8～10、夯层厚20～30厘米。

人骨1具。头向东，面向上，仰身直肢。骨骼腐朽，仅残存骨骼痕迹。性别、年龄无法鉴定。

随葬器物4件。陶壶1件放置椁室东部偏南。陶俑2件分别置于中部南、北两侧。石琀1件放在墓主口内。大量动物骨骼散落椁室东端，未经鉴定，种属不明。

2. 出土遗物

（1）陶器

陶壶　1件。

标本M643∶1，泥质灰陶。弧顶盖。壶侈口，平沿，方唇，束颈，溜肩，鼓腹，下腹内收，矮圈足。腹部通体饰白彩多已脱落，腹部饰一周戳印纹，下腹饰绳纹。口径13、底径10、高24.8厘米（图4-723，1）。

陶俑　2件。形制基本相同。泥质灰褐陶。细泥捏塑而成，胎质较软。素面。似蹲坐状。头部较圆，

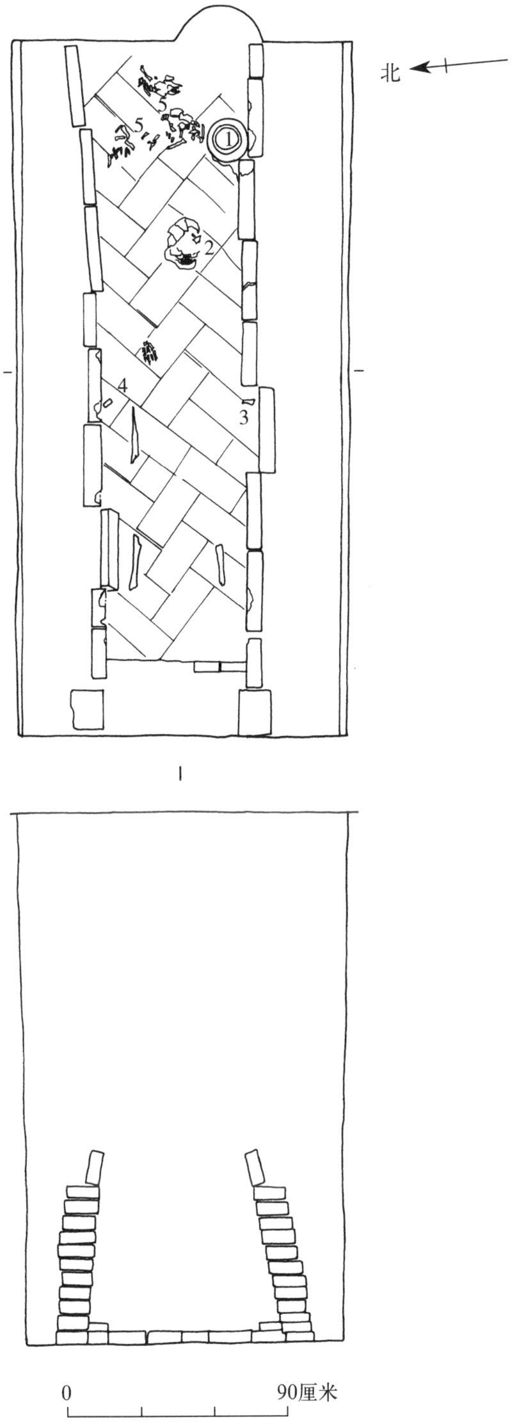

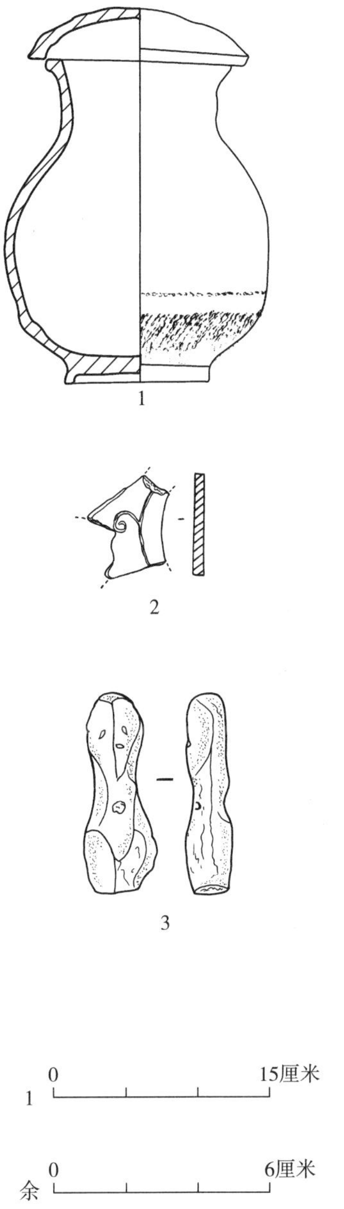

图 4-723 M643 及出土器物

1. 陶壶 2. 石琀 3、4. 陶俑 5. 动物骨骼

小眼睛，嘴部较尖，偏向另侧，下身肥大。

标本 M643：3，高 5.3 厘米（图 4-723，3）。

（2）石器

石琀 1 件。

标本 M643：2，青玉残片，不规则状，两面磨光，刻有卷云纹。残长 2.6、宽 2、厚 0.3 厘米（图 4-723，2）。

（三四七）M644

1. 墓葬形制

位于墓地东北部，北面是M657，南面为M645，西面是M660。方向105°（图4-724）。

长方形土坑竖穴砖椁墓。墓口长2.8、宽1.4、深1.04米。椁长2.7、宽1.2、高0.68米。椁室南、北两壁顺向错缝垒砌六层青砖，下部土圹。东壁青砖顺向错缝垒砌。西壁下部垒砌五层青砖，上部未垒青砖。墓底青砖斜向平铺而成。砖长26、宽12、厚3厘米。墓内填黄褐色五花土，土质较疏松。

人骨1具。头向东，面向上，仰身直肢，骨骼已腐朽，仅见头骨和下肢痕迹。性别、年龄无法鉴定。

随葬器物4件。陶钫2件放在椁室东南角。铜饰件1件陈放墓主头骨右侧。铁环首刀1件置于腰部右侧。

2. 出土遗物

（1）陶器

陶钫　2件。泥质灰陶。覆斗形盖，斜壁，小平顶，顶部饰五个突饰。钫方侈口，平沿，方唇，沿外侧有折棱，束颈，溜肩，鼓腹，方形圈足。素面。

标本M644∶1，腹部饰两周戳印纹。口边长11.2、底边长14、通高39.5厘米（图4-725，1）。

标本M644∶2，口边长11、底边长13.6、通高36.8厘米（图4-725，2）。

（2）铜器

铜饰件　1件。

标本M644∶3，扁平长条形。横断面半弧形，底面平整，背面略凸。素面。长5.1、宽1.1、厚0.3厘米（图4-725，3）。

（3）铁器

铁环首刀　1件。

标本M644∶4，锈蚀严重。环形首，通体截面三角形，平背，直刃，前端缺失。残长8.4、宽1.2～3.3厘米（图4-725，4）。

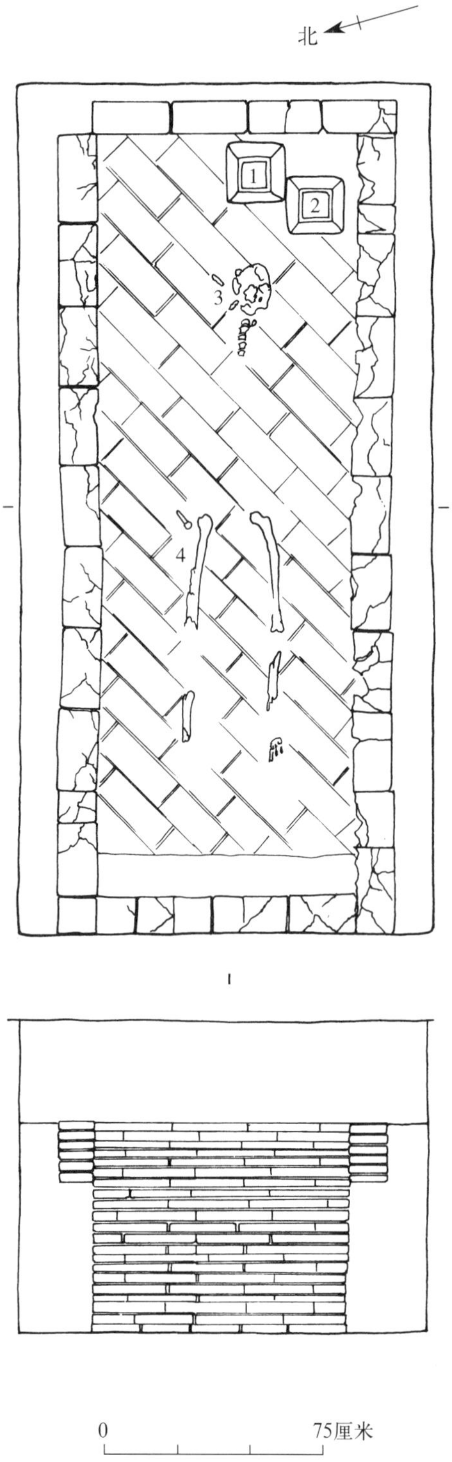

图4-724　M644平、剖面图
1、2. 陶钫　3. 铜饰件　4. 铁环首刀

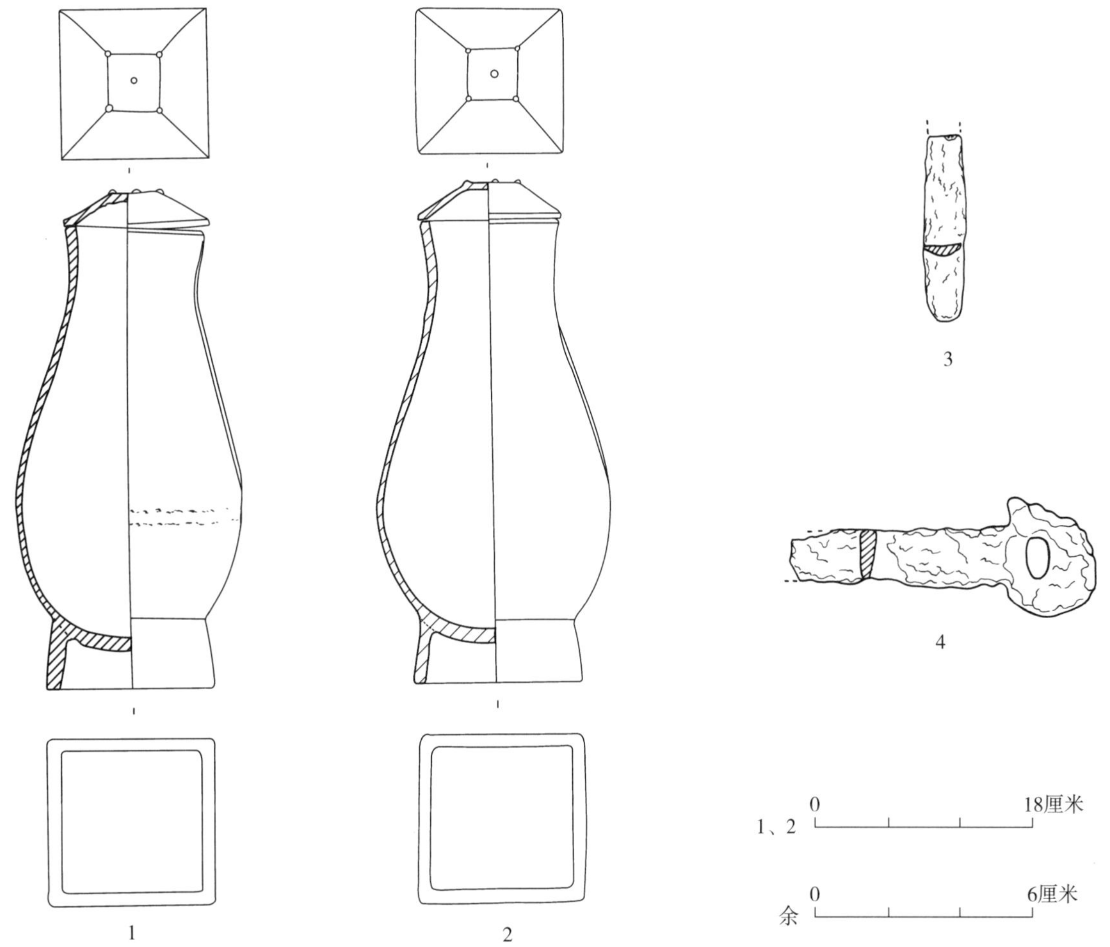

图 4-725 M644 出土器物

1、2. 陶钫 3. 铜饰件 4. 铁环首刀

（三四八）M645

1. 墓葬形制

位于墓地东北部，北面是 M644，东面为 M658，南面是 M691。方向 100°（图 4-726）。

长方形土坑竖穴砖椁墓。墓口长 2.78、宽 1.29、底长 2.78、宽 1.29、深 1.45 米。椁长 2.5、宽 1.2、高 0.75 米。椁室四壁单行青砖错缝垒筑而成。墓底平铺一层青砖，“人”字形排列。砖长 26、宽 13、厚 5 厘米。墓内填黄褐色五花土。虽经夯打，但土质较疏松。夯窝圆形，排列不均匀。夯层厚 0.2 ～ 0.3、直径 8 ～ 10 厘米。

人骨 1 具。头向东，面向上，仰身直肢。骨骼腐朽严重，仅残存骨骼痕迹。女性，年龄无法鉴定。

随葬陶壶 2 件，放在椁室东端中部。少许动物骨骼置于东中部。仅见乳猪前后肢。

2. 出土遗物

陶器

陶壶 2 件。泥质灰陶。弧顶盖。壶侈口，沿面外斜，束颈，溜肩，鼓腹，平底。下腹饰三周戳印纹，盖和上腹绘白色圆点和弧形纹。

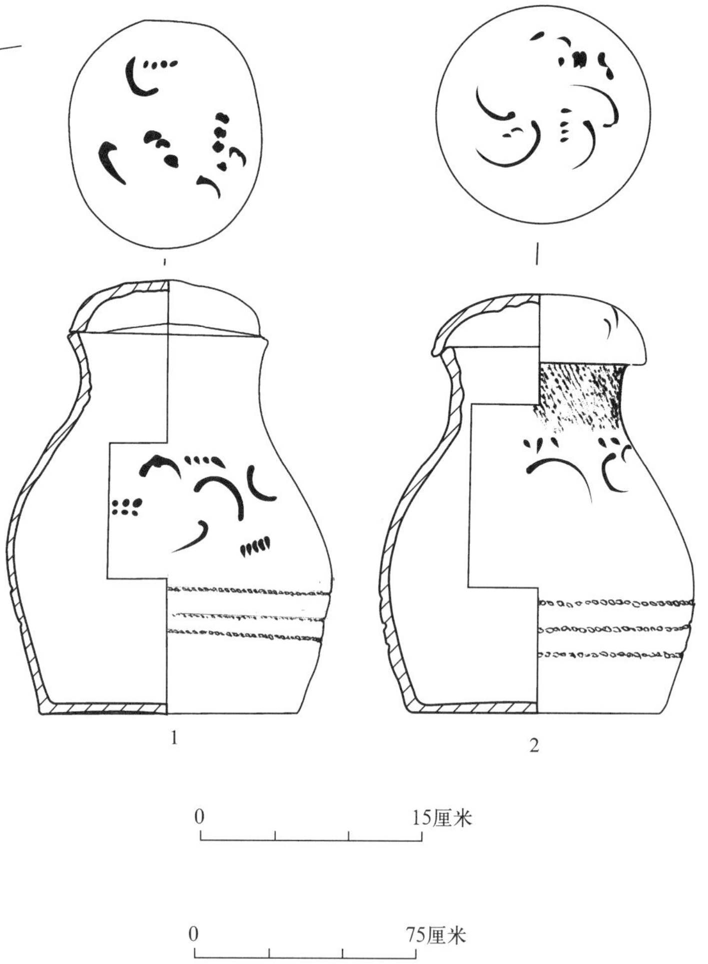

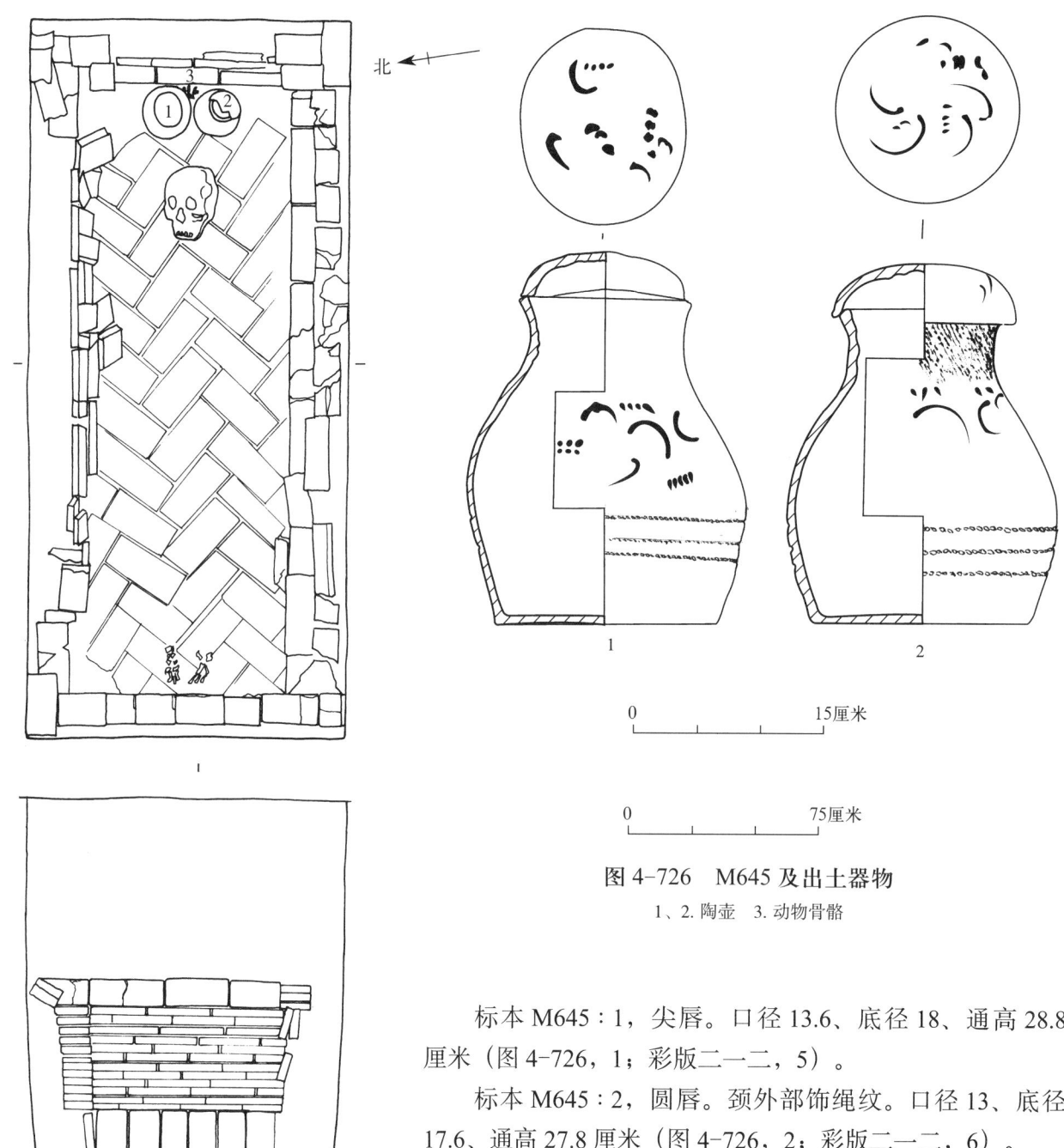

图4-726　M645及出土器物

1、2. 陶壶　3. 动物骨骼

标本M645：1，尖唇。口径13.6、底径18、通高28.8厘米（图4-726，1；彩版二一二，5）。

标本M645：2，圆唇。颈外部饰绳纹。口径13、底径17.6、通高27.8厘米（图4-726，2；彩版二一二，6）。

（三四九）M646

1. 墓葬形制

位于墓地东北部，东南面是M686，南面为M650，西面是M647。方向16°（图4-727；彩版二一三，1）。

长方形土坑竖穴砖椁墓。墓口长2.9、宽1.3、深1.35米。椁长2.66、宽1.12、高0.56米。椁室东、西壁平铺错缝顺向垒砌十八层青砖；南、北两端斜向立式呈“人”字形。墓底错缝斜向平铺一层青砖，“人”字形排列。砖长25、宽12、厚3厘米。墓内填深褐色五花土，土质较纯净。

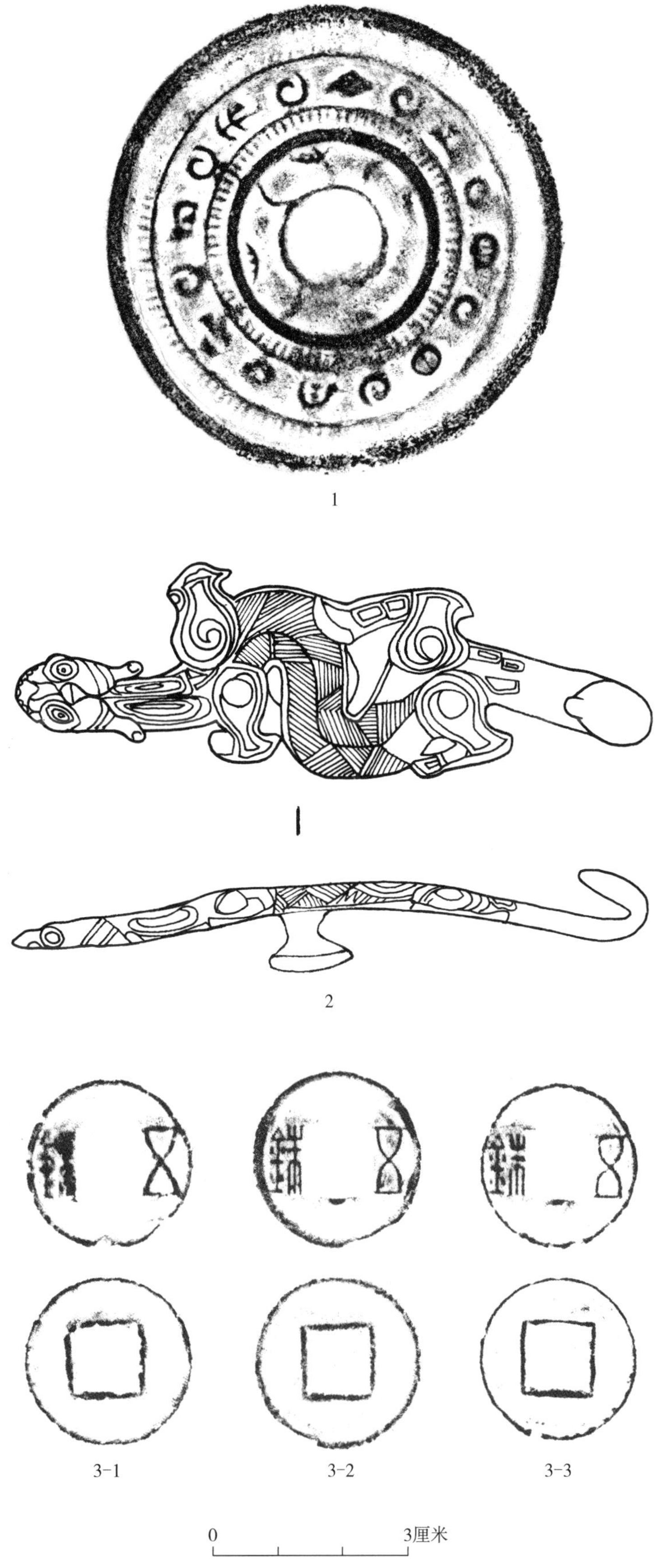

图 4-727　M646 及出土器物

1. 铜镜　2. 铜带钩　3. 铜钱（8）

人骨1具。头向北。骨骼保存较差，仅存头骨及部分肢骨残渣。性别、年龄无法鉴定。

随葬器物10件。铜镜1枚放在墓主头骨上部。铜带钩1件位于墓主腰间中部。铜钱8枚放置铜带钩左侧。

2. 出土遗物

铜器

铜镜　1枚。

标本M646∶1，日光圈带铭带镜。圆形，圆纽，圆纽座。座外均匀伸出四条短弧线、夹饰外附三短竖线的月牙纹，再外一周窄凸面圈带。外区两周短竖线和凸弦纹组合纹带，其间为顺时针铭文带“见日月心，勿夫毋忘”。圆转式篆隶体，每字间隔一类似涡纹符号。窄素平缘。面径7、缘厚0.35厘米（图4-727，1；彩版二一三，2）。

铜带钩　1件。

标本M646∶2，形似蟠螭龙形。龙首双目外突，角状分置头部上端，四肢分置躯体两侧，并与躯体相连，圆形纽位于背部中端。通体阴线刻划条纹和云纹。长9.7厘米（图4-727，2；彩版二一三，3、4）。

铜钱　8枚。标本M646∶3，均为五铢，圆形方穿，正面有轮无郭，背面轮郭俱全。根据钱文字体不同分为两种。

第一种　1枚。“五”字两笔交叉较直，“铢”字“金”头三角形，与“朱”等齐，“朱”字上部方折。

标本M646∶3-1，直径2.5、穿径1、厚0.2厘米（图4-727，3-1）。

第二种　7枚。“五”字两笔交叉弯曲，与上、下两横相交处近垂直或微内收，“铢”字“金”字旁三角形，有的略低于“朱”字，“朱”字上部方折，有的穿下半星。

标本M646∶3-2、3，直径2.5、穿径1、厚0.2厘米（图4-727，3-2、3）。

（三五〇）M649

1. 墓葬形制

位于墓地东北部，东面是M648，南面为M702，西面是M674。方向16°（图4-728）。

长方形土坑竖穴砖椁墓。墓口长2.85、宽1.4、深1.28米。椁长2.7、宽1、高0.6米。东、西、北三壁平铺错缝顺向垒砌九层青砖。中间缝隙填充0.2米黄土。南壁斜立三层青砖。墓底平铺一层青砖，南部“人”字形排列，北部较凌乱。砖长26、宽11、厚3厘米。墓内填黄褐色五花土，经过夯打，土质较致密。夯窝圆形，分布稀疏，排列无规律，直径7～8厘米。

人骨1具。头朝北，仰身直肢。骨骼腐朽严重，头骨破碎，仅残存部分下肢骨遗骸。性别、年龄无法鉴定。

随葬器物3件。陶壶2件放在椁室东北角。铜镜1枚置于墓主头骨左侧。少量动物骨骼散落墓内北端，未经鉴定，种属不明。

2. 出土遗物

（1）陶器

陶壶　2件。泥质灰陶。弧顶盖，沿上饰白彩。壶侈口，圆唇，束颈，鼓腹，平底。

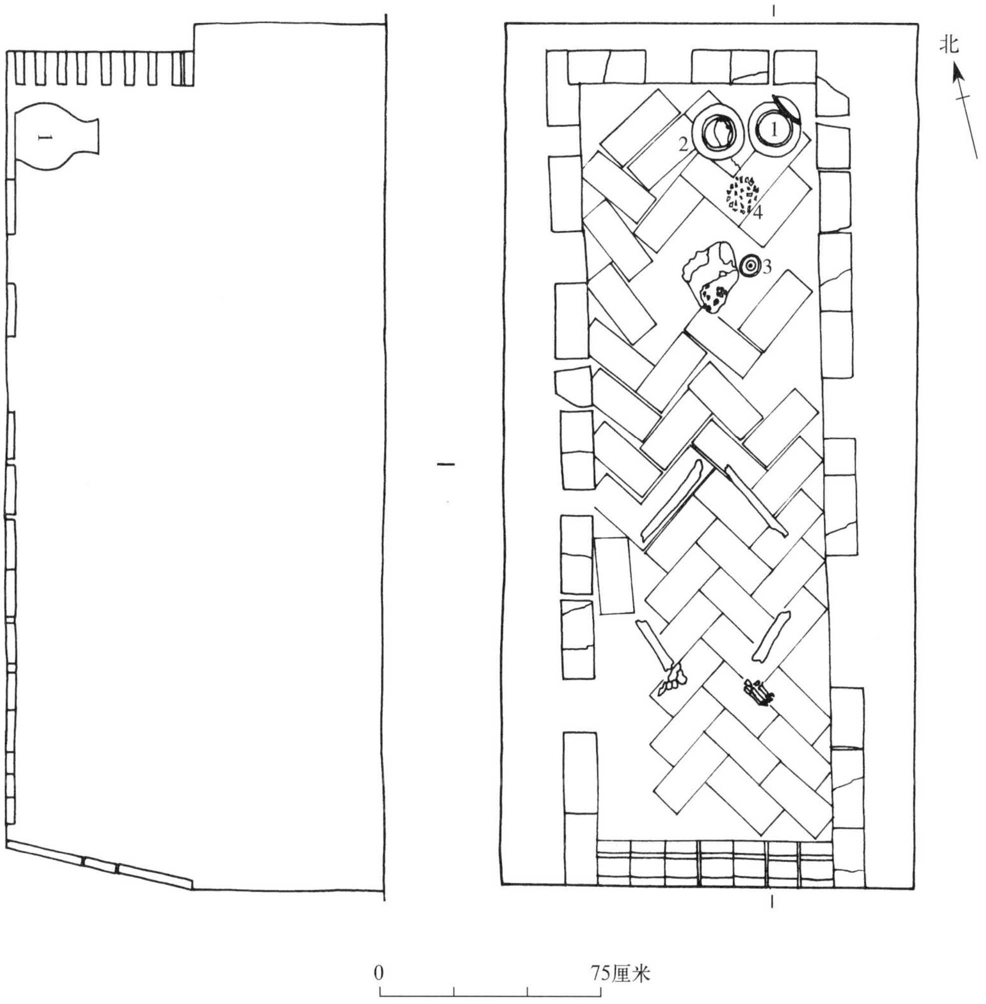

图 4-728　M649 平、剖面图

1、2. 陶壶　3. 铜镜　4. 动物骨骼

标本 M649 : 1，器表有抹制痕，盖上饰一周白色圆圈纹。口径 12、底径 16.4、通高 25.4 厘米（图 4-729，1；彩版二一三，5）。

标本 M649 : 2，腹上部饰白色弧带纹，腹下部饰一周凹弦纹，颈下至近底部饰一组交叉绳纹。口径 12、底径 16、通高 24.2 厘米（图 4-729，2）。

（2）铜器

铜镜　1 枚。

标本 M649 : 3，日光圈带铭带镜。圆形，圆纽，圆纽座。座外伸出四组（每组三条）与四条短竖线相间环列，再外一周窄凸面圈带。外区两周短竖线和凸弦纹组合纹带，其间为顺时针铭文带“见日月心，勿夫毋忘”。圆转式篆隶体，有简化，每字间隔一类似涡纹符号。窄素平缘。面径 7、缘厚 0.4 厘米（图 4-729，3；彩版二一三，6）。

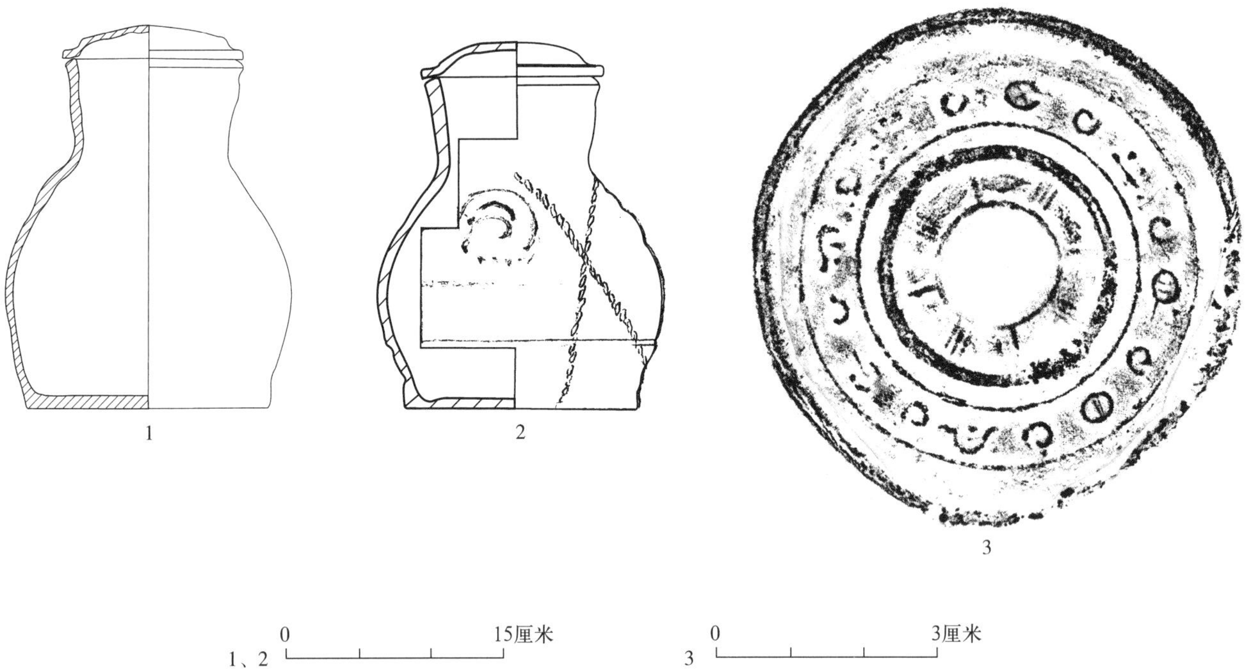

图 4-729　M649 出土器物

1、2. 陶壶　3. 铜镜

（三五一）M653

1. 墓葬形制

位于墓地东北部，北面是 M648、M650，南面为 M655，西面是 M654。方向 188°（图 4-730）。

长方形土坑竖穴砖椁墓。墓口长 2.8、宽 1.2～1.3、深 0.85 米。椁长 2.75、宽 1.10、高 0.72 米。椁室东、西、南三壁青砖平铺错缝顺向垒砌；北壁土圹未垒砌青砖。墓底铺地砖遭破坏，排列形式不详。砖长 27、宽 12、厚 4 厘米。墓内填黄褐色五花土，土质较致密。

人骨无。

随葬器物 2 件。陶壶 1 件放在椁室东北角。铜带钩 1 件位于椁室中部。

2. 出土遗物

（1）陶器

陶壶　1 件。

标本 M653：2，泥质灰陶。侈口，沿面外斜，尖唇，弧肩，鼓腹，小平底。腹中部饰两周戳印纹。口径 15.3、底径 9.6、高 30.6 厘米（图 4-730，2）。

（2）铜器

铜带钩　1 件。

标本 M653：1，琵琶形。钩呈马首状，断面半圆形，圆形纽在钩尾背面中部。长 5.9 厘米（图 4-730，1）。

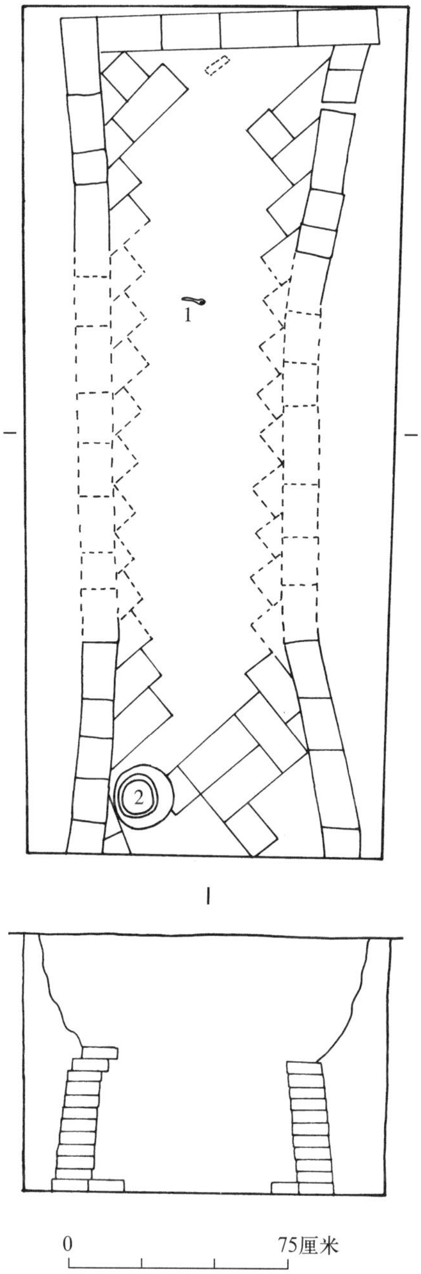

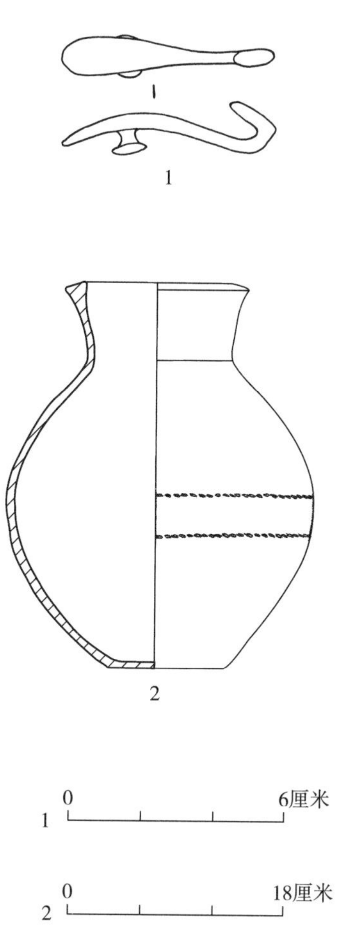

图 4-730　M653 及出土器物

1. 铜带钩　2. 陶壶

（三五二）M654

1. 墓葬形制

位于墓地东北部，东面是 M653，西面为 M702、M656。方向 192°（图 4-731）。

长方形土坑竖穴砖椁墓。墓口长 2.7、宽 1、深 0.7 米。椁长 2.65、宽 0.95、高 0.7 米。椁室四壁青砖侧立斜向，“人”字形垒筑。墓底铺地砖亦呈“人”字形。砖长 24、宽 12、厚 3 厘米。墓内填黄褐色五花土，土质较致密。

人骨无。

随葬铜钱 4 枚，放在墓内北部偏东。

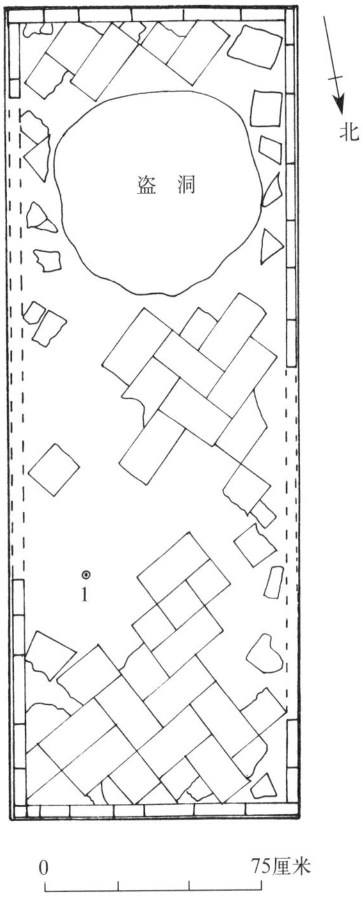

图 4-731 M654 及出土器物
1. 铜钱（4）

2. 出土遗物

铜器

铜钱 4 枚。均为大泉五十。圆形方穿，正面有轮无郭，背面轮郭俱全。钱文篆书，对读。标本 M654∶1-1，直径 2.7、穿边长 1、厚 0.3 厘米（图 4-731，1-1）。

（三五三）M655

1. 墓葬形制

位于墓地东北部，北面是 M653，东面是 M829，西北面为 M654。方向 182°（图 4-732；彩版二一四，1）。

长方形土坑竖穴砖椁墓。墓口长 2.5、宽 1.35、深 1.95 米。椁长 2.25、宽 1.1、高 0.56 米。东、西、南三壁青砖错缝顺向垒砌而成。北壁为土圹。墓底铺一层青砖，中间顺向两排，东西两侧“丁”字形一排。砖长 32、宽 12、厚 6 厘米。墓内填黄褐色五花土，经过夯打，土质较致密。

人骨无。

随葬陶壶 2 件，放在南壁生土二层台上（彩版二一四，2）。陶壶西侧散落鸡骨。

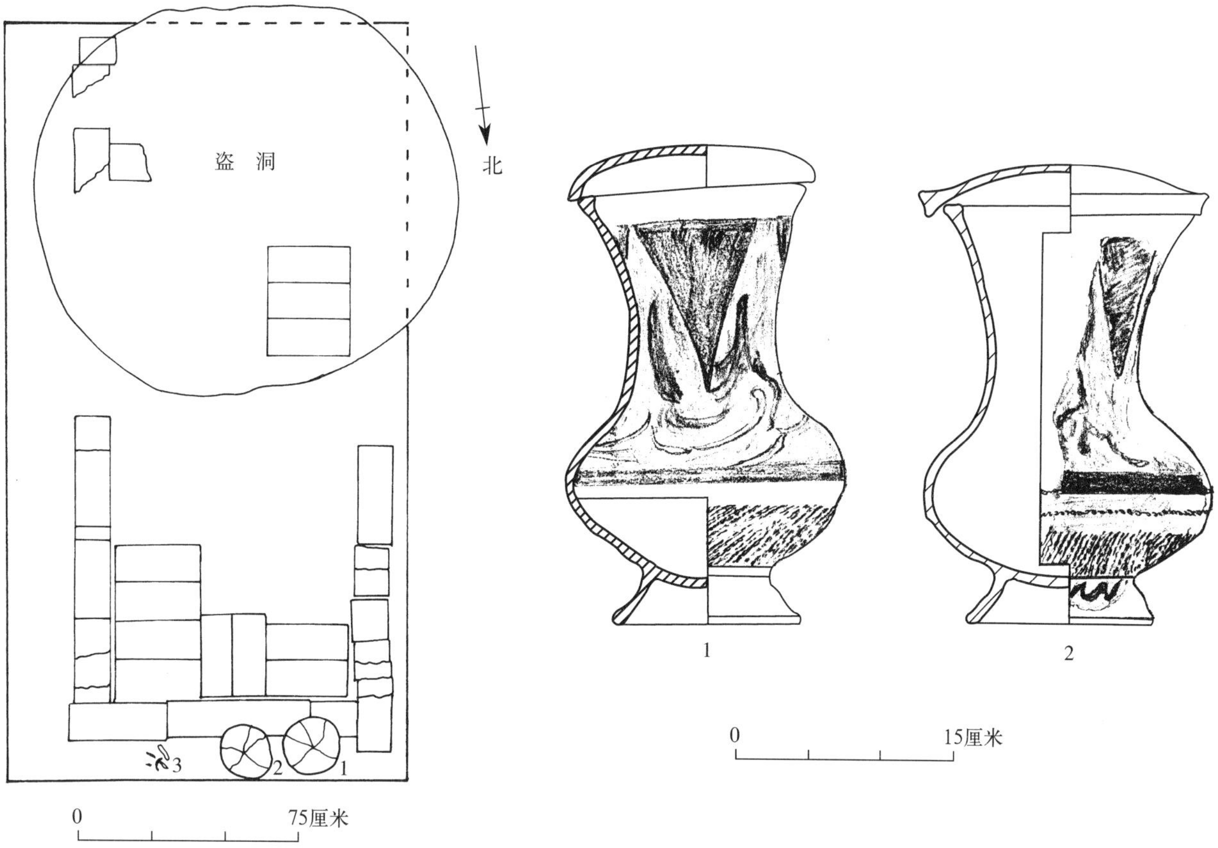

图 4-732　M655 及出土器物

1、2. 陶壶　3. 动物骨骼

2. 出土遗物

陶器

陶壶　2 件。泥质灰陶。弧顶盖。壶侈口，平沿，圆唇，束颈，溜肩，鼓腹，下腹内收，圈足。

标本 M655：1，腹部白彩，颈下饰四组倒三角形图案，肩部绘黑、紫色弧弦纹，腹部饰一周红彩，下腹饰绳纹。口径 15.5、底径 8、通高 31.6 厘米（图 4-732，1；彩版二一四，3）。

标本 M655：2，彩绘多脱落，仅有少量白彩，颈饰三角形红彩，腹部饰红色彩带，肩部饰紫、黑彩，圈足饰红色曲线，腹部饰两周戳印纹。口径 15、底径 12.6、通高 30.5 厘米（图 4-732，2；彩版二一四，4）。

（三五四）M657

1. 墓葬形制

位于墓地东北部，东面是 M642，南面为 M644，西面是 M641。方向 190°（图 4-733）。

长方形土坑竖穴砖椁墓。墓口长 2.26、宽 1、深 1.1 米。椁长 2.12、宽 0.85、高 0.59 米。椁室四壁青砖平铺对缝顺向垒砌而成。墓底平铺一层青砖，呈“人”字形排列。砖长 27、宽 12、厚 3 厘米。墓内填黄褐色五花土，土质较疏松。

人骨 1 具。头向东。骨骼保存较差，仅残存部分骨骼痕迹。性别、年龄无法鉴定。

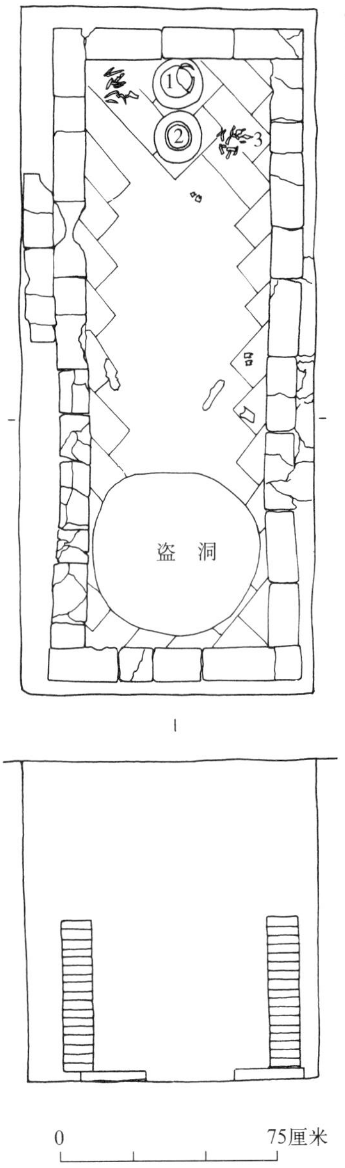

图4-733　M657平、剖面图

1、2. 陶壶　3. 动物骨骼

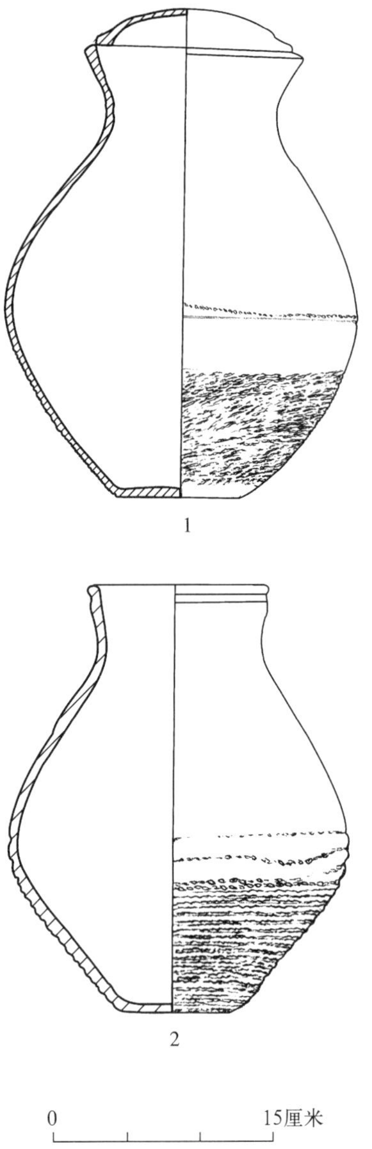

图4-734　M657出土器物

1、2. 陶壶

随葬陶壶2件，放在墓室南端中部，乳猪、鱼、鲷科、鸡骨散落在墓内。

2. 出土遗物

陶器

陶壶　2件。泥质灰陶。侈口，圆唇，束颈，溜肩，鼓腹，小平底。

标本M657∶1，弧顶盖。腹部饰一周戳印纹，下腹及底部饰绳纹。口径15、底径8.4、高30、通高32.4厘米（图4-734，1）。

标本M657∶2，腹部饰四周戳印纹，下腹饰绳纹。口径12.2、底径8、高28.4厘米（图4-734，2）。

（三五五）M658

1. 墓葬形制

位于墓地东北部，被 M647 打破，北面是 M643，东面为 M646。方向 95°（图 4-735）。

长方形土坑竖穴砖椁墓。墓口长 3.5、宽 2.07、深 3.06 米。椁长 3.4、宽 1.8、高 0.84 米。椁室青砖垒砌而成。南壁上部“丁”字形对缝三层、下部平铺错缝十二层。北壁上部“丁”字形对缝八层、下部错缝六层。东、西两壁上面顺向平铺一层青砖，下面为土圹。墓底平铺一层青砖，“人”字形排列。砖长 35、宽 15、厚 6 厘米。墓内填黄褐色五花土，经过夯打，土质较疏松。夯窝圆形，排列不均匀，直径 8 ～ 10、夯层厚 60 ～ 80 厘米。填土中发现铜带钩 1 件，铜剑格 1 件及乳猪、鸡、鱼骨。

人骨 1 具。头向东，仅存部分头骨残骸。性别、年龄无法鉴定。

随葬陶罐 1 件放在椁室西北角。

2. 出土遗物

（1）陶器

陶罐　1 件。

标本 M658∶1，泥质灰陶。侈口，斜折沿，圆唇，束颈，鼓腹，平底。间饰一周戳印纹，下腹饰绳纹。口径 18、底径 10、高 34.4 厘米（图 4-735，1）。

（2）铜器

铜剑格　1 件。

标本 M658∶02，平面近长方形，截面呈菱形，中间长方形孔。长 5.5、宽 2.3、厚 1.2 厘米（图 4-735，02）。

铜带钩　1 件。

标本 M658∶01，仅残存尾部，圆形纽位于尾部背面中端。残长 3.6 厘米（图 4-735，01）。

（三五六）M659

1. 墓葬形制

位于墓地东北部，北面是 M641，南面为 M660，西面是 M626。方向 110°（图 4-736）。

长方形土坑竖穴砖椁墓。墓口长 2.6、宽 1.1、底长 2.6、宽 1.11、深 1.35 米。椁长 2.58、宽 1.06、高 0.55 米。椁室南、北、东三壁青砖错缝顺向垒砌，墓底 0.2 米为土圹。西壁为土圹。墓底平铺一层青砖，“人”字形排列。砖长 29、宽 13、厚 4 厘米。墓内填黄褐色五花土，土质较致密。

人骨 1 具。头向东，面向上，仰身直肢。骨骼保存较差，上肢、肋骨已腐朽，仅残存头骨和下肢骨遗骸。男性，年龄 30 ～ 35 岁。

随葬器物 2 件。陶罐 1 件放在椁室东南角。铜带钩 1 件陈置墓主口内。鸡、真鲷、鱼骨放置墓内东端中部。

2. 出土遗物

（1）陶器

陶罐　1 件。

标本 M659∶1，泥质灰陶。侈口，平沿，方唇，束颈，鼓腹，平底微内凹。腹部饰一周戳印纹，

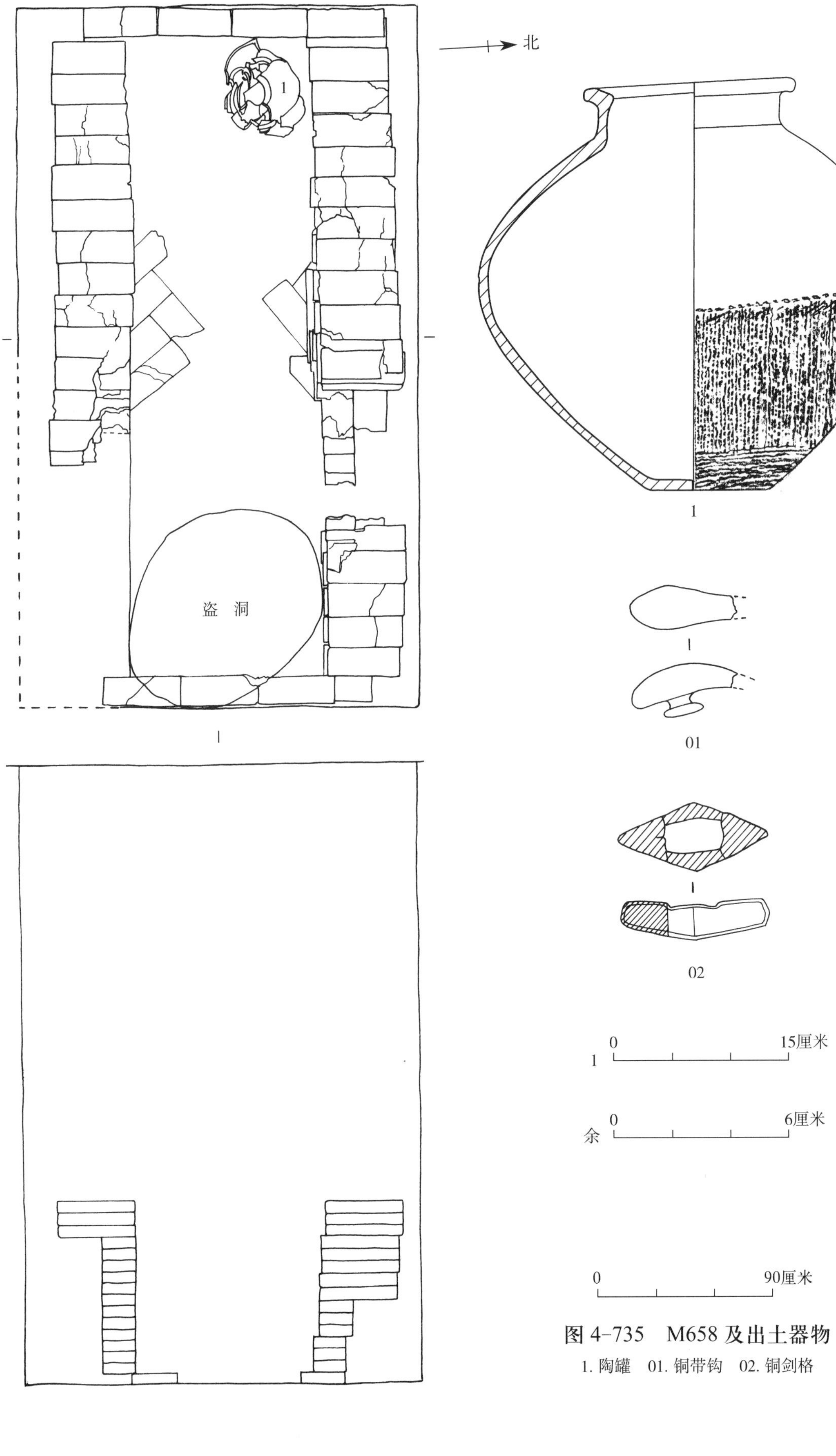

图 4-735 M658及出土器物

1. 陶罐 01. 铜带钩 02. 铜剑格

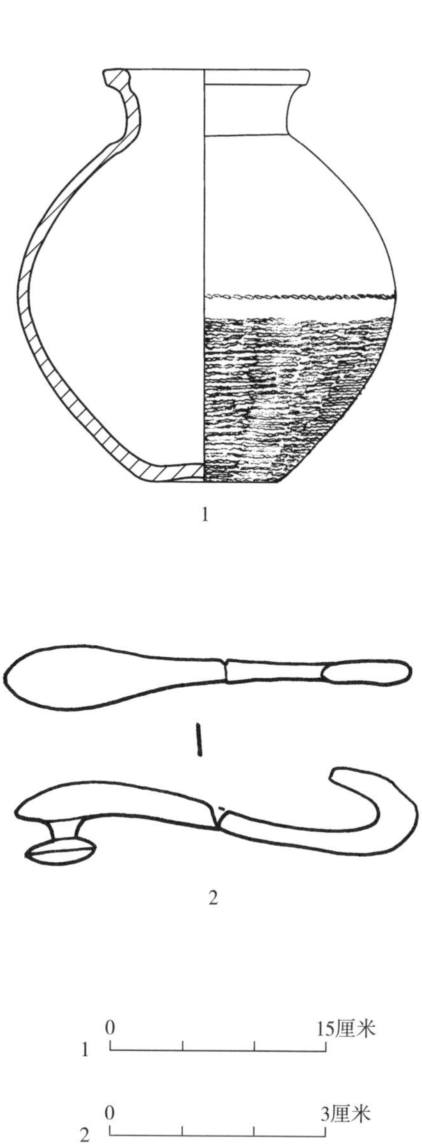

图 4-736　M659 及出土器物

1. 陶罐　2. 铜带钩　3. 动物骨骼　4. 白灰痕

下腹及底部饰绳纹。口径 14.4、底径 8.8、高 27.5 厘米（图 4-736，1）。

（2）**铜器**

铜带钩　1 件。

标本 M659∶2，琵琶形。钩呈马首状，断面近三角形，椭圆形纽位于钩背面尾部末端。长 5.6 厘米（图 4-736，2）。

（三五七）M660

1. 墓葬形制

位于墓地东北部，北面是M659，东面为M644，西面是M627、M625。方向115°（图4-737）。长方形土坑竖穴砖椁墓。墓口长2.72、宽1.15、深1.02米。椁长2.5、宽0.83、高0.58米。椁室东、南、

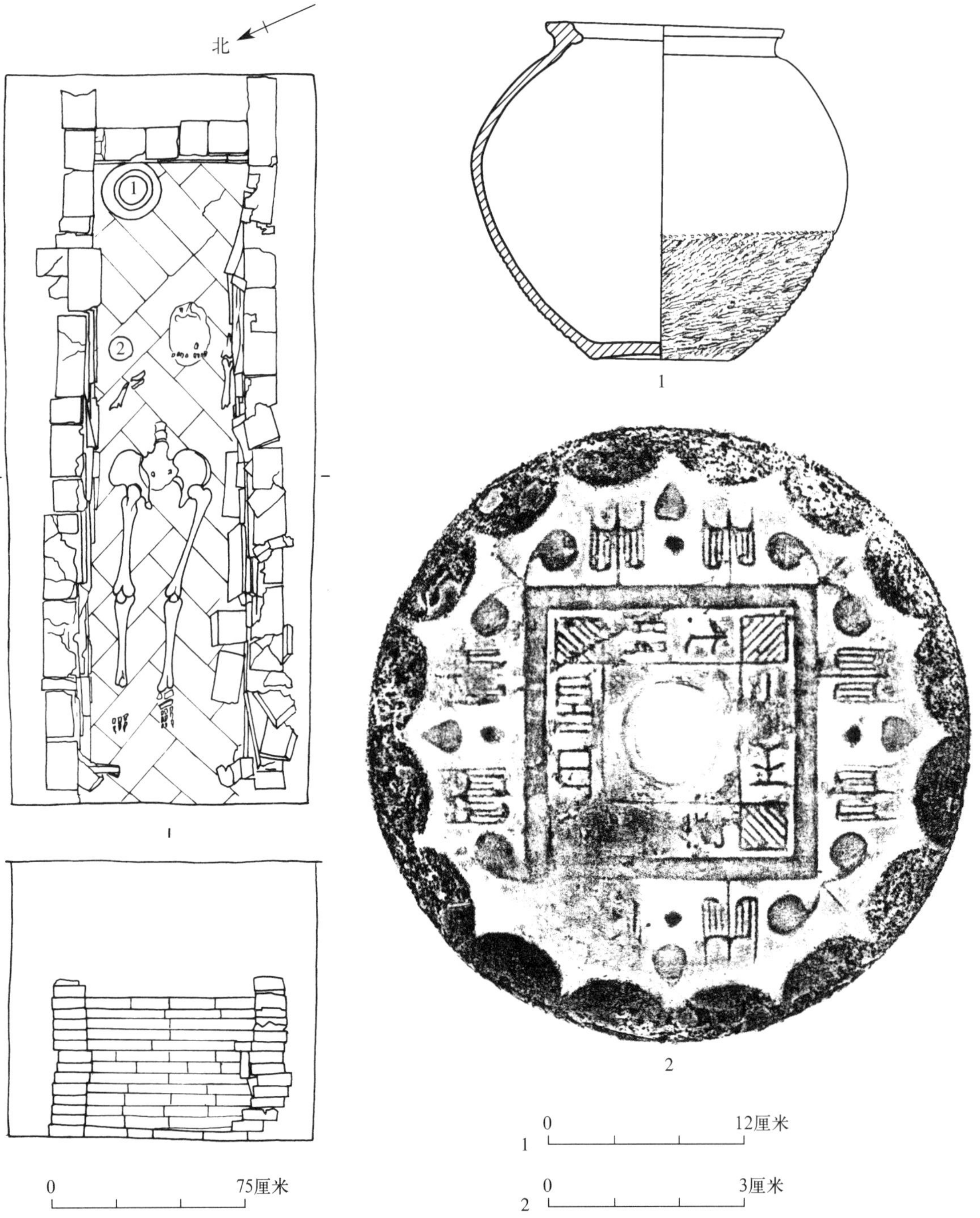

图4-737　M660及出土器物

1. 陶罐　2. 铜镜

北三壁青砖平铺错缝顺向垒砌。西壁为土圹。南、北两壁中部内凸。墓底铺地砖呈“人”字形排列。砖长24、宽13、厚4厘米。墓内填黄褐色五花土，经过夯打，土质较紧密。夯窝圆形，排列不均匀，直径8～10、夯层厚20～30厘米。

人骨1具。头向东，面向上，仰身直肢。骨骼已腐朽，仅残存头骨及盆骨、下肢骨遗骸。女性，年龄25岁左右。

随葬器物2件。陶罐1件放在椁室东北角。铜镜1枚，放在墓主头部右侧。

2. 出土遗物

（1）陶器

陶罐　1件。

标本M660∶1，泥质灰陶。敛口，平沿，方唇，圆腹，平底微凹。腹部饰一周戳印纹，下腹饰绳纹。口径14.6、底径8.6、高20.2厘米（图4-737，1；彩版二一四，5）。

（2）铜器

铜镜　1枚。

标本M660∶2，日光对称单层草叶镜。圆形，圆纽，圆纽座。座外一凸弦纹小方格和一凹面大方格间为逆时针缪篆体铭文带“见日之光，天下大明”，每边两字，四角各一内含斜线方格。大方格四角各向外伸出一双叶花枝纹，枝间外射；四边中心点外各一较大乳丁，乳丁外一桃形花苞、两侧各一单层草叶纹。内向十六连弧纹缘。面径9.3、缘厚0.25厘米（图4-737，2；彩版二一四，6）。

（三五八）M661

1. 墓葬形制

位于墓地东北部，东面是M704、M656，西面为M630、M634。方向15°（图4-738）。

长方形土坑竖穴砖椁墓。墓口长2.65、宽1.4～1.54、深1.5米。椁长2.87、宽1.12、高0.78米。椁室东、西、南三壁平铺错缝顺向垒砌十三层青砖。北壁为土圹未砌青砖。墓底平铺一层青砖，“人”字形排列。砖长34、宽14、厚6厘米。墓内填黄褐色五花土，经过夯打，土质较坚硬。夯窝椭圆形，分布无规律，直径7～13厘米。

人骨1具。头朝北，面向东，仰身直肢，骨骼已腐朽，仅存头骨及少量下肢残骸。男性。成年。

随葬器物2件。陶罐1件放在椁室东北角。铜带钩1件置于墓主口内。乳猪、鱼、真鲷、鸡骨放在墓内西北角。

2. 出土遗物

（1）陶器

陶罐　1件。

标本M661∶1，形体较大。泥质灰陶。直口，折沿，方唇，束颈，鼓腹，下部弧收，平底微凹。肩部饰刻划纹，腹部饰两周戳印纹，下腹及底部饰绳纹。口径16、底径11、高34厘米（图4-738，1）。

（2）铜器

铜带钩　1件。

标本M661∶2，琵琶形。钩马首状，断面长方形，椭圆形纽位于背面尾部。长5厘米（图4-738，2）。

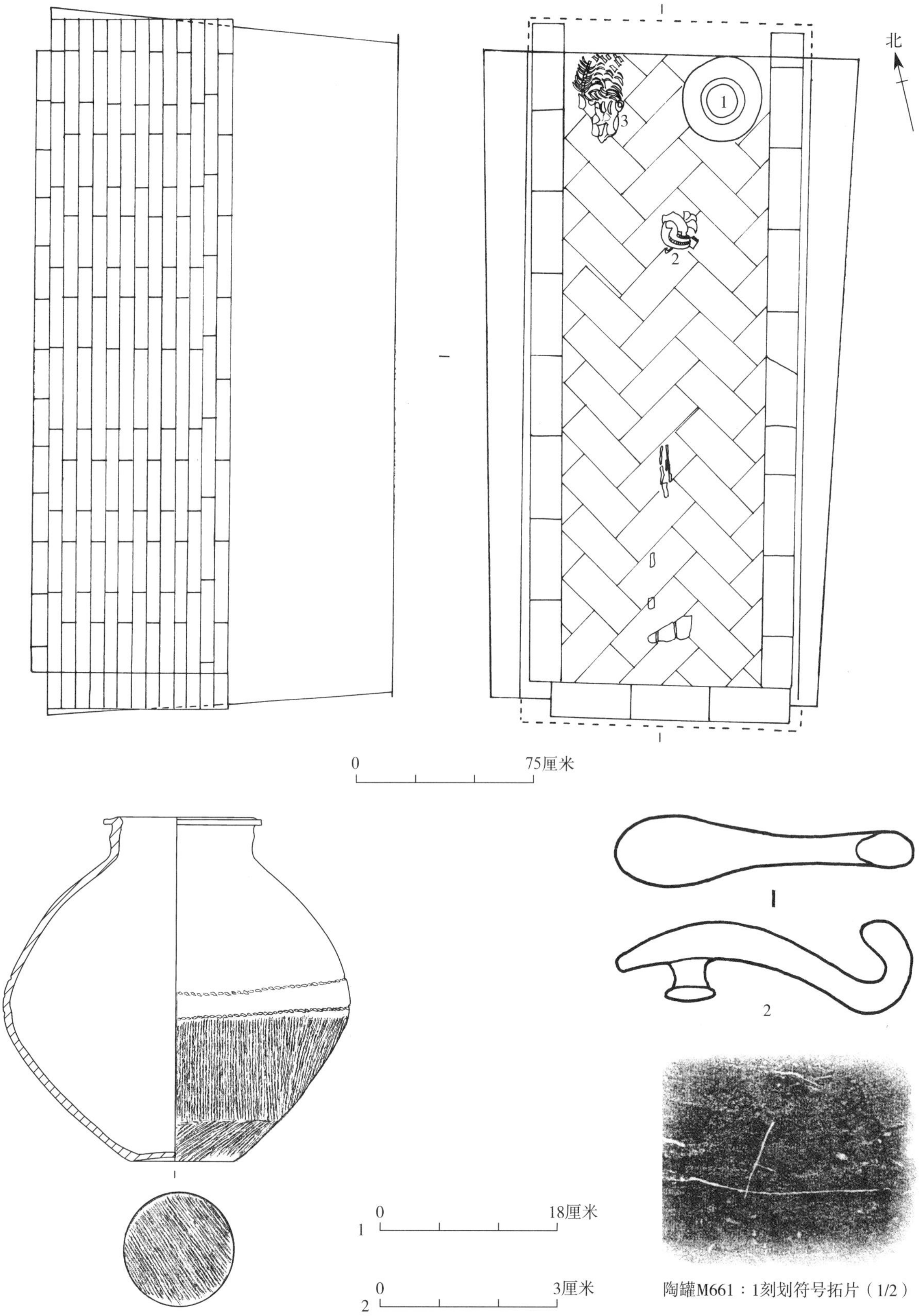

图4-738　M661及出土器物

1. 陶罐　2. 铜带钩　3. 动物骨骼

（三五九）M662

1. 墓葬形制

位于墓地东北部，打破 M663、M664，北面是 M633，西南面为 M632。方向 115°（图 4-739；彩版二一五，1）。

长方形土坑竖穴砖椁墓。墓口长 2.7、宽 1.3、深 1.6 米。椁长 2.60、宽 1.10、高 0.60 米。椁室四壁均青砖平铺对缝顺向垒砌。西壁上层“丁”字形垒砌一排青砖。墓底未铺砖。砖长 24、宽 12、厚 3 厘米。墓内填黄褐色五花土，土质较致密。

人骨 1 具。头向东，面向上，仰身直肢。骨骼腐朽严重，仅残存头、股骨遗骸。性别、年龄无法鉴定。

随葬器物 14 件（彩版二一五，2）。陶罐 1 件放置椁室西南角。陶扁壶 2 件位于西北角。铜镜 1 枚，铁镜架 1 件陈放墓主头骨上方。铜钱 1 枚放在墓主口内。铜钱 8 枚，铜环 1 件放置墓主腰部。乳猪、鸡骨散落于椁室西端偏南。

2. 出土遗物

（1）陶器

陶罐　1 件。

标本 M662∶8，泥质灰陶。侈口，斜折沿，圆唇，束颈，折肩，鼓腹，平底。肩上部饰三周凹弦纹，下腹饰绳纹。口径 12.8、通高 21.6 厘米（图 4-740，8）。

陶扁壶　2 件。夹砂陶。侈口，圆唇，沿面外斜，高颈，扁鼓腹，圈足。肩上部安两对称桥形鼻，腹两侧饰“心”形图案，素面。

标本 M662∶6，口径 7.2、底长径 9、短径 6.5、高 20.3 厘米（图 4-740，6）。

标本 M662∶7，口径 7.8、底长径 9.6、短径 6、高 20.8 厘米（图 4-740，7；彩版二一五，3）。

（2）铜器

铜镜　1 枚。

标本 M662∶1，四乳四虺镜。圆形，圆纽，圆纽座。座外均匀伸出四组（每组三条）短斜线与四条短弧线相间环列，再外一周凸弦纹。外区两周短斜线和凸弦纹组合纹带，其间为主纹，四枚带圆座乳丁分为四区，每区内各有一虺纹，双钩形身躯外侧一立鸟、内侧一简化鸟纹，前后饰短弧线。宽素平缘。面径 8.6、缘厚 0.5 厘米（图 4-741，1；彩版二一五，4）。

铜环　1 件。

标本 M662∶5，圆形。横断面椭圆形。外径 1.75、内径 1.2 厘米（图 4-741，5）。

铜钱　9 枚。有半两、五铢。

半两　1 枚。

标本 M662∶3，圆形方穿，正、背两面均无轮郭，背平素。钱篆书，字体笔画较粗，“两”字中间不出头，两个“人”字连成山，竖划清晰。直径 2.5、穿径 0.7、厚 0.1 厘米（图 4-741，3；彩版二一五，5 左 1）。

五铢　8 枚。圆形方穿，正面有轮无郭，背面轮郭俱全。根据钱文字体不同分两种。

第一种　1 枚。“五铢”二字瘦长，“五”字交叉两笔微曲，“朱”字上部方折，穿上横郭。

标本 M662∶4-1，直径 2.4、穿径 1、厚 0.14 厘米（图 4-741，4-1；彩版二一五，5 左 2）。

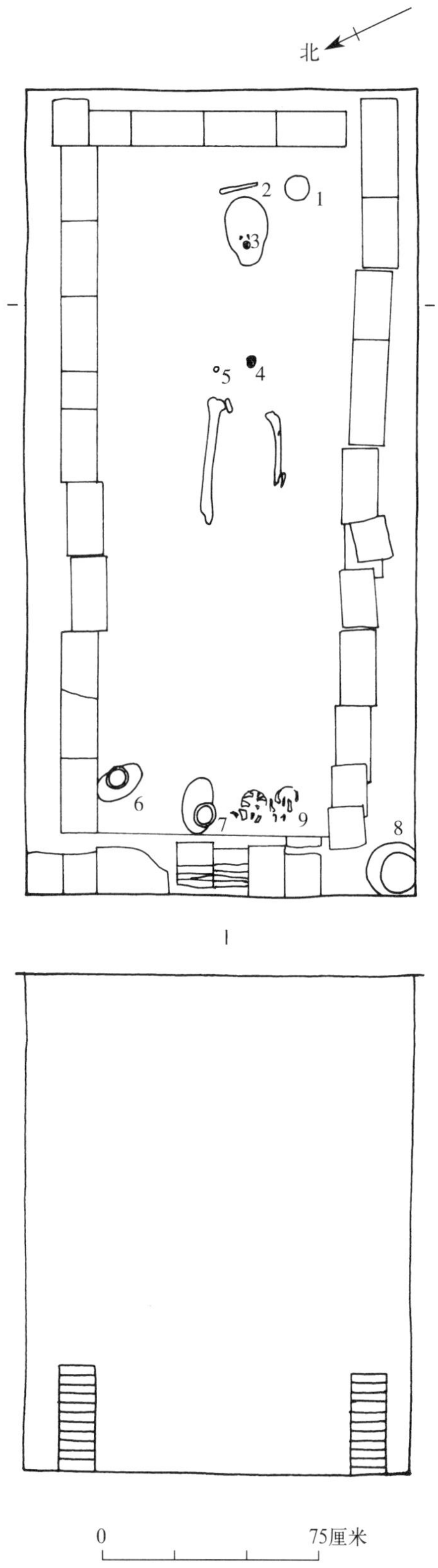

图 4-739　M662 平、剖面图

1. 铜镜　2. 铁镜架　3. 铜钱　4. 铜钱（7）　5. 铜环
6、7. 陶扁壶　8. 陶罐　9. 动物骨骼

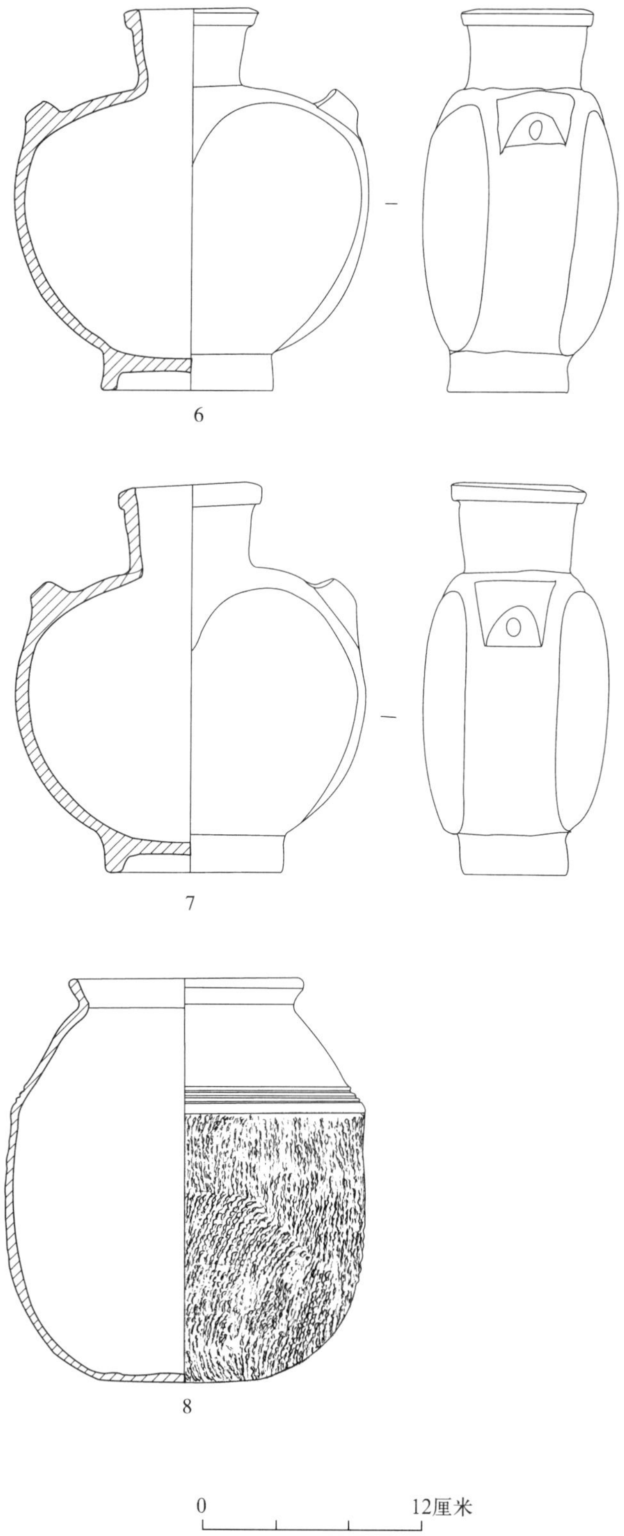

图 4-740　M662 出土器物

6、7. 陶扁壶　8. 陶罐

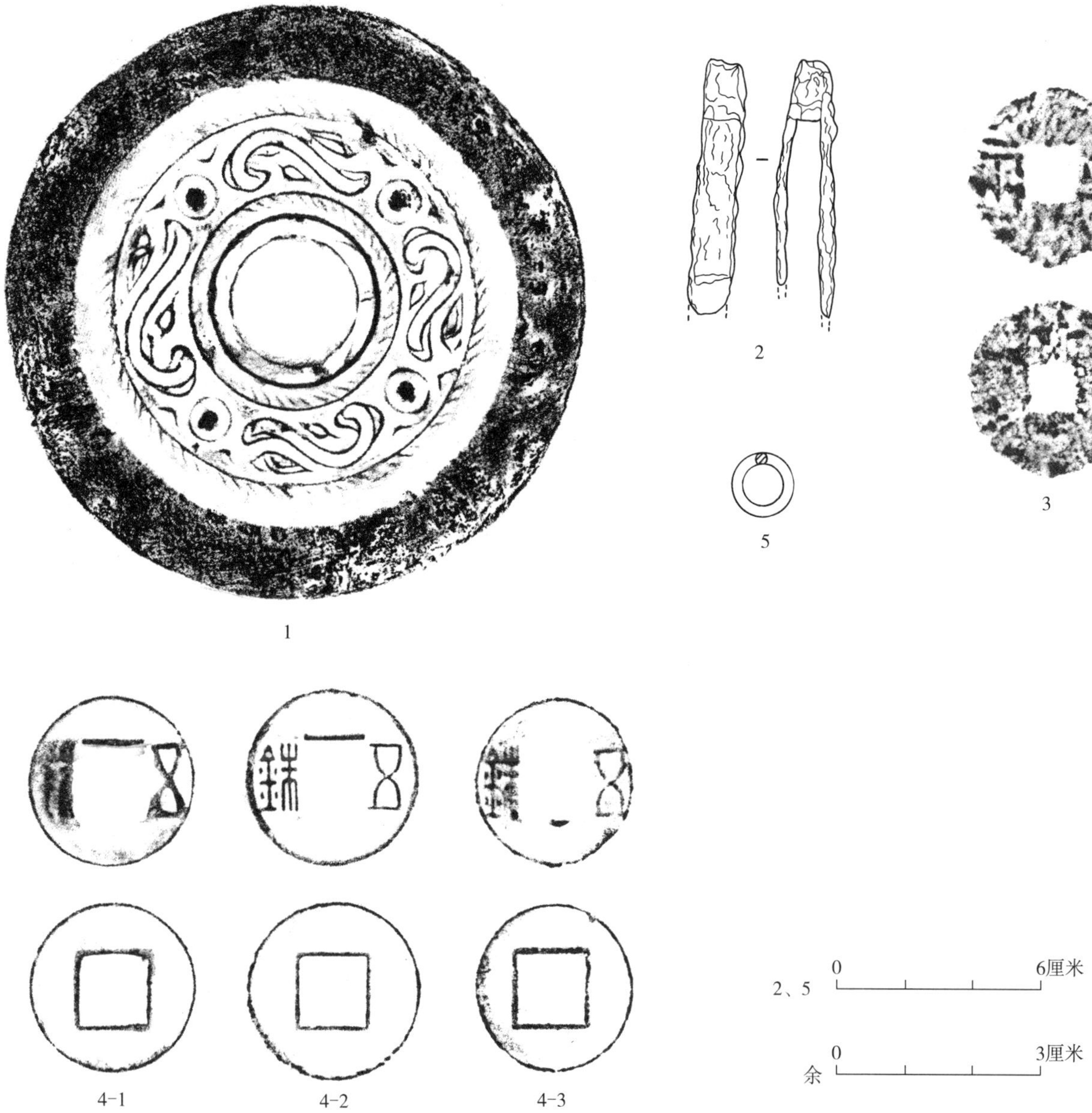

图 4-741　M662 出土器物

1. 铜镜　2. 铁镜架　3、4-1～3. 铜钱　5. 铜环

第二种　7 枚。“五”字两笔交叉弯曲，与上、下两横相交处垂直或微内收，“铢”字“金”旁头三角形，较小，朱字上部方折，下部圆折，有的穿上横郭或穿下半星，有的周郭被磨去。

标本 M662∶4-2、3，直径 2.5、穿径 1、厚 0.14 厘米（图 4-741，4-2、3；彩版二一五，5右 2、1）。

（3）铁器

铁镜架　1 件。

标本 M662∶2，已残。叉形，两侧支脚扁长条形。残高 7.2 厘米（图 4-741，2）。

（三六〇）M663

1. 墓葬形制

位于墓地东北部，打破M664，又被M662打破，北面是M633，西南面为M632。方向11°（图4-742；彩版二一六，1）。

长方形土坑竖穴砖椁墓。墓口长2.8、宽1.36、深1.33米。椁长2.70、宽1.10、高0.87米。东、西、北三壁青砖平铺对缝顺向垒砌。西、北两壁十二层，东壁十三层。西壁上层“丁”字形垒砌一层青砖。南壁近底部平铺顺向垒砌两层青砖。墓底斜向垒砌，“人”字形排列。砖长33、宽14、厚6厘米。墓内填黄褐色五花土。虽经夯打，但土质较疏松。夯窝圆形，分布不均匀，直径7～9厘米。填土中出土铜钱1枚。

人骨1具。头向北，面向上，仰身直肢。骨骼已腐朽，仅存头部和部分下肢骨残骸。性别、年龄无法鉴定。

随葬器物34件。陶罐1件放置椁室东南角。铜带钩1件放在墓主口内。铜钱30枚位于墓主右

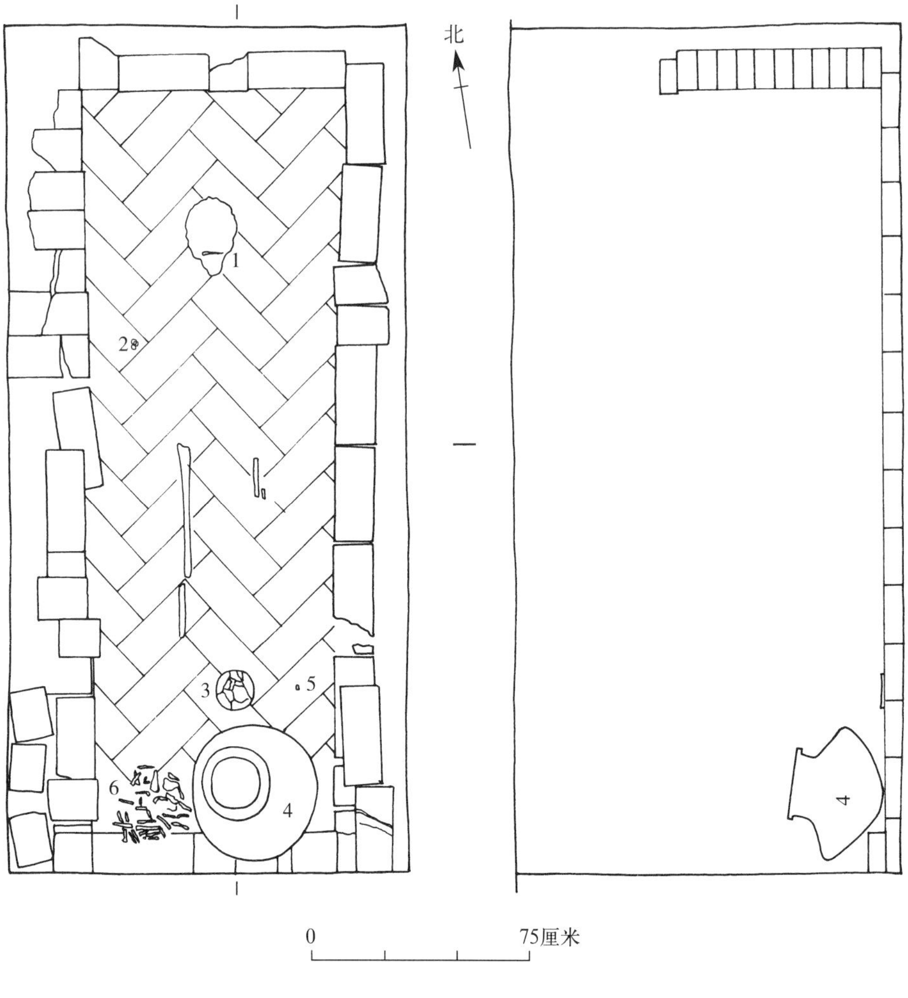

图4-742　M663平、剖面图

1. 铜带钩　2. 铜钱（30）　3. 铜镜　4. 陶罐　5. 铜印章　6. 动物骨骼

上肢外侧。铜镜1枚，铜印章1枚，放置在墓主脚端。鸡、乳猪、鲤鱼、鲫鱼、真鲷、鱼骨散落于西南角。

2. 出土遗物

（1）陶器

陶罐　1件。

标本M663∶4，泥质灰陶。斜折沿，方唇，唇面微凹，直颈，溜肩，扁鼓腹，下腹内收，小平底。口沿饰两周戳印纹，肩饰四周凹弦纹，腹中部饰四周戳印纹，下腹及底部饰绳纹。口径25、底径12、高35厘米（图4-743，4）。

（2）铜器

铜镜　1枚。

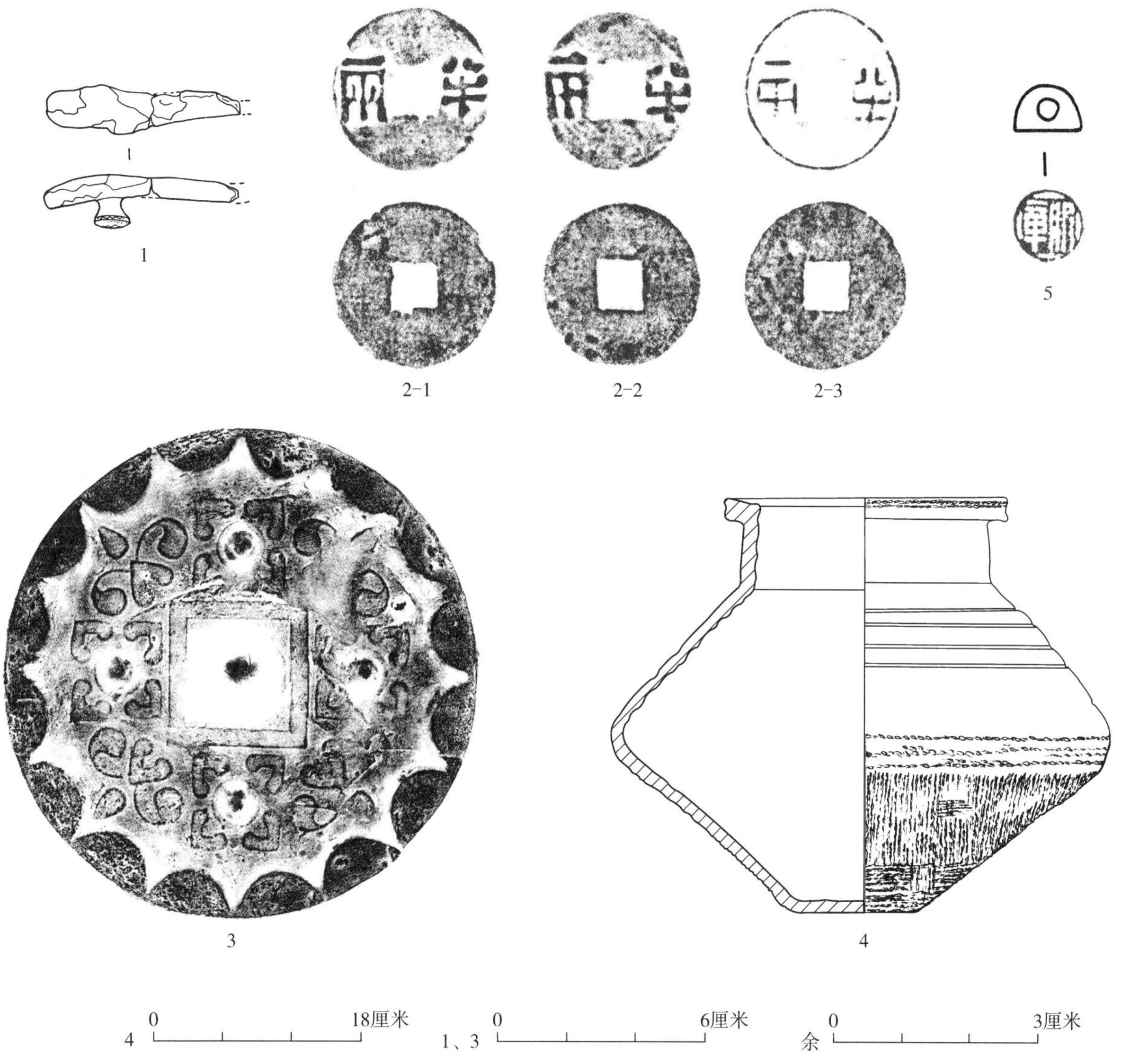

图4-743　M663出土器物

1. 铜带钩　2-1～3. 铜钱　3. 铜镜　4. 陶罐　5. 铜印章

标本M663：3，四花瓣四花叶镜。圆形，圆纽，柿蒂纹纽座。座外一周凹面方格，四角向外伸出一桃形花瓣及双叶一苞花叶纹，四边中心点外各一圆座乳丁、并围以四桃形花瓣。内向十六连弧纹缘。面径13.8、缘厚0.45厘米（图4-743，3；彩版二一六，2）。

铜带钩 1件。

标本M663：1，琵琶形。钩残，断面长方形，圆形纽位于背部。残长5.6厘米（图4-743，1）。

铜印章 1枚。

标本M663：5，圆形印体，鼻形纽，印面圆形，阴文篆书“服章”，表示官阶身份的服饰。印面直径1.1、通高0.7厘米（图4-743，5；彩版二一六，3、4）。

铜钱 31枚，其中10枚破碎。均为半两。圆形方穿，正面有轮无郭，背面轮郭俱全。钱文篆书，薄厚略有差异。

标本M663：2-1，直径2.3、穿边长0.7、厚0.08厘米（图4-743，2-1）。

标本M663：2-2，直径2.3、穿边长0.7、厚0.1厘米（图4-743，2-2）。

标本M663：2-3，直径2.3、穿边长0.7、厚0.09厘米（图4-743，2-3）。

（三六一）M665

1. 墓葬形制

位于墓地东北部，打破M666，北面是M656，西面为M810、M804、M916。方向19°（图4-744；彩版二一六，5）。

梯形土坑竖穴砖椁墓。墓口长2.65、宽1.3～1.4、深1.1米。椁长2.6、北宽1.2、南宽1.1、高0.77米。椁壁四周青砖平铺顺向错缝垒砌。南壁二十二层，其余三壁为二十三层。墓底铺地砖排列凌乱无序。砖长25、宽12、厚3厘米。墓内填黄褐色五花土，土质较疏松。

人骨1具。头向北，面向上，仰身直肢。骨骼保存较差，头骨压碎，仅存部分下肢骨残骸。性别无法鉴定，成年个体。

随葬器物24件。陶壶2件放在椁室东北角。铜镜1枚置于墓主头骨左上方。铜钱21枚放置在墓主左右手处。乳猪、鸡、鲷科、真鲷、鱼骨散落西北角。

2. 出土遗物

（1）陶器

陶壶 2件。泥质灰陶。弧顶盖。侈口，斜沿，尖唇，束颈，弧肩，鼓腹，平底微内凹。素面。

标本M665：1，腹部饰三周戳印纹。口径12.8、底径19.2、通高24厘米（图4-744，1；彩版二一六，6左）。

标本M665：2，腹部饰两周戳点纹。口径13、底径19、通高23.7厘米（图4-744，2；彩版二一六，6右）。

（2）铜器

铜镜 1枚。

标本M665：3，家常贵富四乳铭文镜。圆形，圆纽，圆纽座。座外一周窄凸面圈带。再外两周短斜线和凸弦纹组合纹带，其间为主纹，四枚带圆座乳丁分为四区，每区各一篆书铭文、转角方折，顺时针连读为“家常贵富”。窄素平缘。面径6.9、缘厚0.45厘米（图4-745，3；彩版二一六，7）。

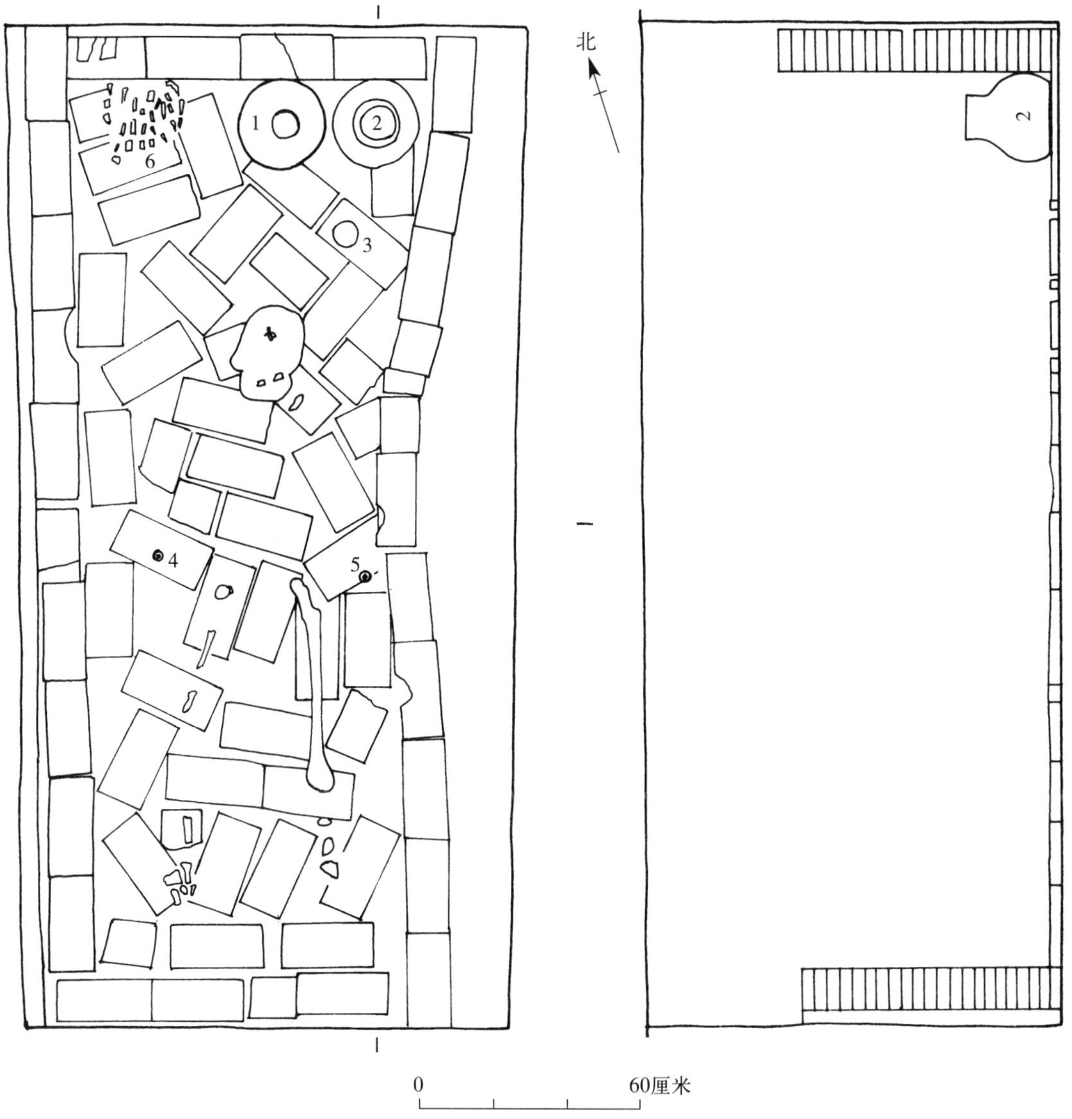

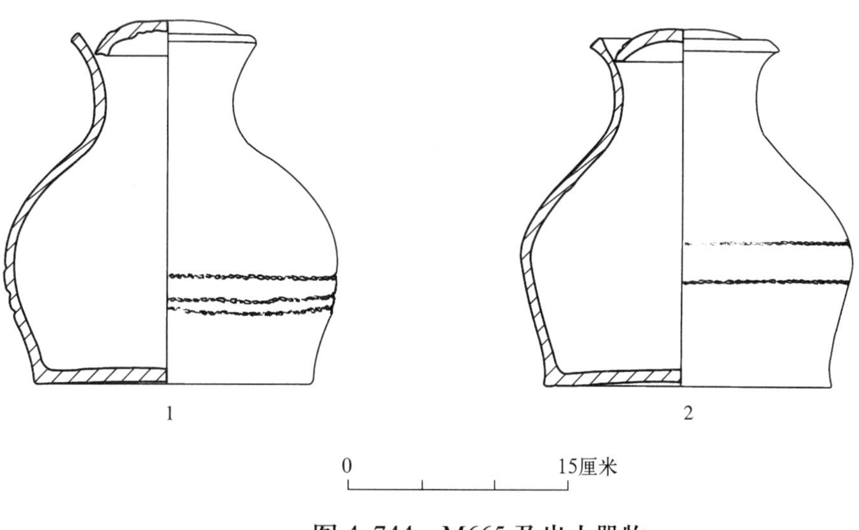

图 4-744 M665 及出土器物

1、2. 陶壶 3. 铜镜 4. 铜钱（21） 5. 铜钱 6. 动物骨骼

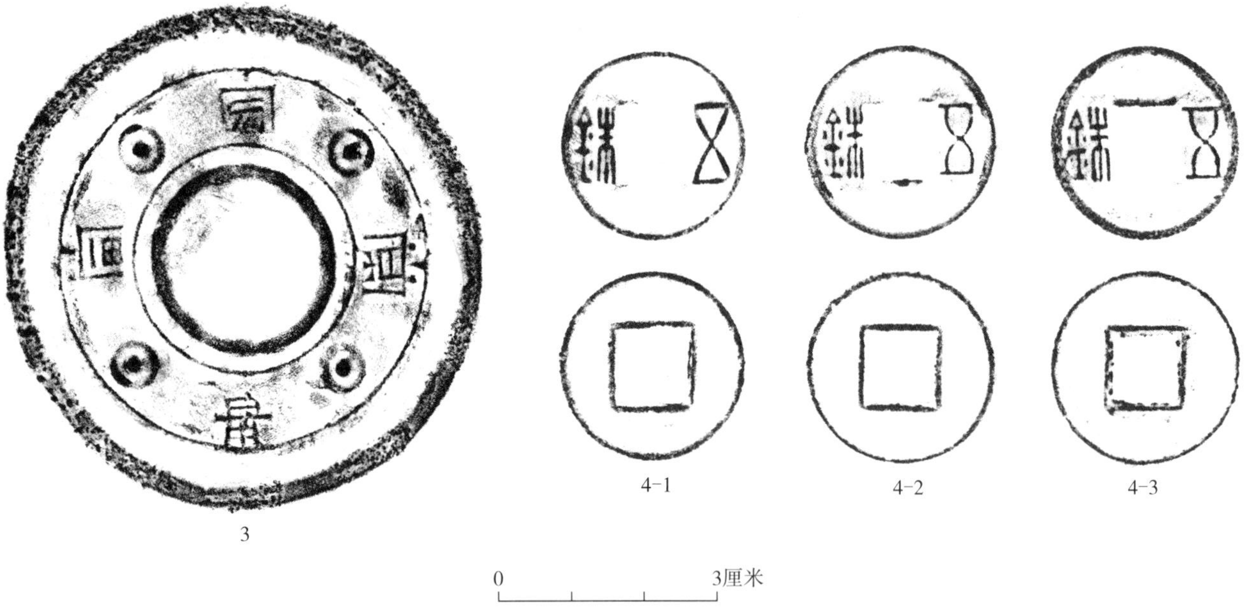

图 4-745　M665 出土器物

3. 铜镜　4-1～3. 铜钱

铜钱　21 枚。均为五铢。圆形方穿，正、背两面轮郭。根据钱文字体不同分为两种。

第一种　5 枚。“五”字两笔交叉较直，“朱”字上部方折，下部圆折。

标本 M665∶4-1，直径 2.5、穿径 1、厚 0.14 厘米（图 4-745，4-1）。

第二种　16 枚。“五”字两笔交叉弯曲，与上、下两相交处垂直或微内收，“铢”字“金”旁头三角形，较小，“朱”字上部方折，下部圆折，有的穿上横郭或穿下半星。

标本 M665∶4-2、3，直径 2.6、穿径 1、厚 0.2 厘米（图 4-745，4-2、3）。

（三六二）M666

1. 墓葬形制

位于墓地东北部，被 M665 打破，北面是 M656，东面为 M703。方向 24°（图 4-746）。

长方形土坑竖穴砖椁墓。墓口长 3、宽 1.4、深 1.45 米。椁长 2.86、宽 1.04、高 0.73 米。椁壁四周青砖顺向错缝垒砌二十一层。每层砖与砖之间有 0.05 ～ 0.07 米缝隙，中间填黄土。北壁上方顺向垒砌六行青砖，北端上面和南侧平铺青砖，形成二层台。墓底铺地砖“人”字形排列。砖长 27、宽 12、厚 3 厘米。墓内填黄褐色五花土，经过夯打，土质较致密。夯窝圆形，排列不均匀，直径 7 ～ 9 厘米。

人骨 1 具。头向北，面向上，仰身直肢。骨骼已腐朽，仅残存部分头骨、下肢骨残骸。性别、年龄无法鉴定。

随葬陶壶 2 件放在墓主头上部。乳猪骨置于西北角。

2. 出土遗物

陶器

陶壶　2 件。泥质灰陶。弧顶盖。侈口，沿面内弧，圆唇，束颈，溜肩，鼓腹，下腹弧收，底微凸。

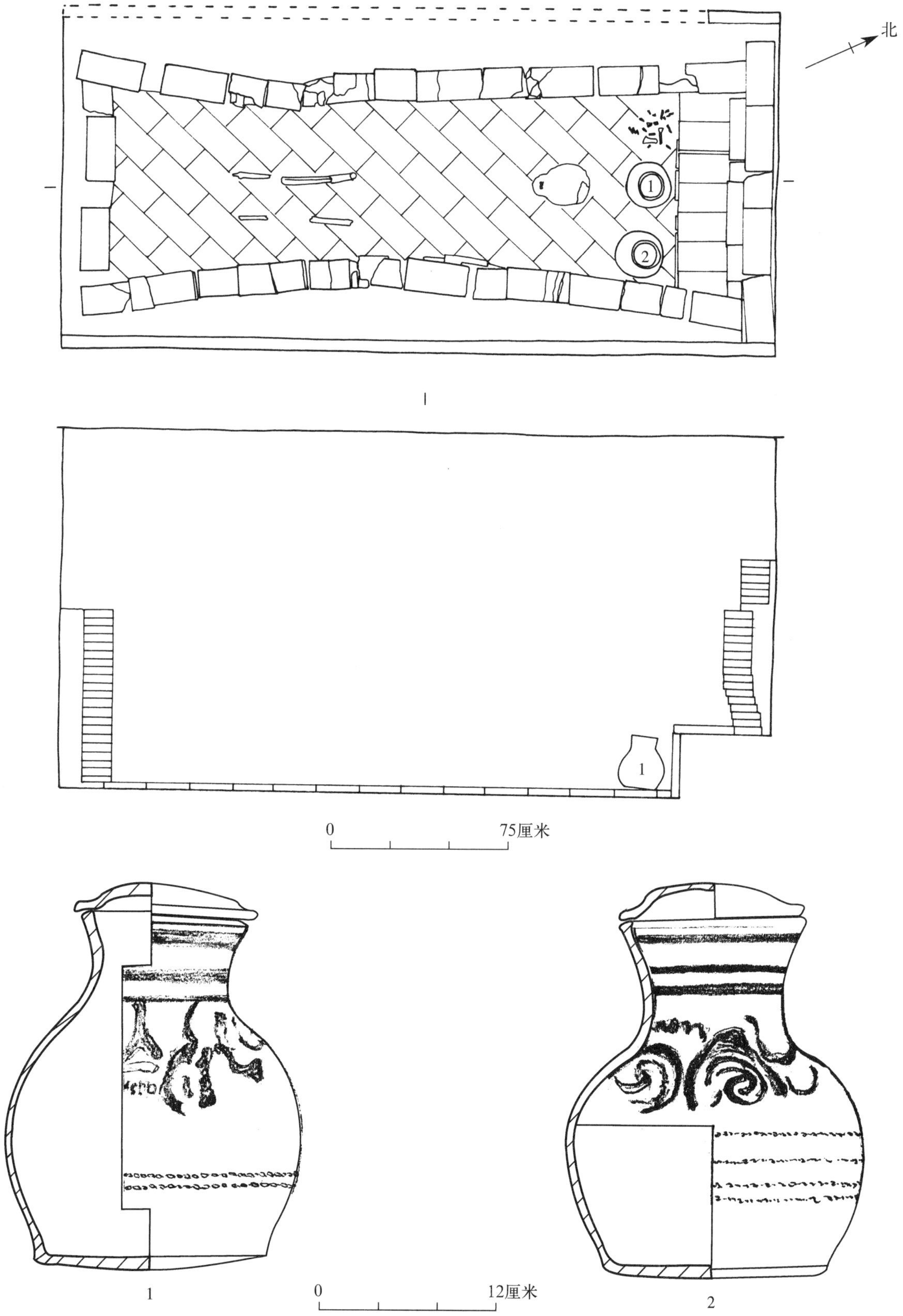

图 4-746　M666 及出土器物

1、2. 陶壶

颈部饰三周白彩。

标本M666∶1，肩部饰白色火焰纹，内饰红彩，下腹饰两周戳印纹。口径12、底径16、通高25.2厘米（图4-746，1）。

标本M666∶2，肩部饰白、红色弧圈纹，部分已经脱落，下腹饰四周戳印纹。口径12.5、底径15.6、通高26厘米（图4-746，2）。

（三六三）M667

1. 墓葬形制

位于墓地东北部，北面是M893，东面为M624，南面是M811、M668。方向115°（图4-747；彩版二一七，1）。

长方形土坑竖穴砖椁墓。墓口长2.73、宽1.34、深1.25米。椁长2.61、宽1.08、高0.73米。椁室南、北两壁平铺错缝顺向垒砌十七层青砖。同层间隔0.14米缝隙。东、西两壁侧立错缝斜向垒筑。墓底铺地砖“人”字形排列。砖长25、宽12、厚3厘米。墓内填黄褐色五花土，经过夯打，土质较致密。夯窝圆形，分布较紧密，直径7～11厘米。

人骨1具。头向东，仰身直肢。骨骼保存较差，仅存头骨和部分下肢残骸。性别无法鉴定，成年个体。

随葬器物4件。陶壶2件放在椁室西端。铜镜、铁镜架各1件置于墓主头骨上方。乳猪骨放置西南角。

2. 出土遗物

（1）陶器

陶壶 2件。泥质灰陶。弧顶盖。侈口，沿面外斜，尖唇，束颈，溜肩，鼓腹，下腹微收，平底。器表有制作抹痕。素面。

标本M667∶3，腹部饰两周戳印纹。口径12、底径18.4、通高26.4厘米（图4-748，3）。

标本M667∶4，腹部饰四周戳印纹。口径12、底径17、通高25.6厘米（图4-748，4）。

（2）铜器

铜镜 1枚。

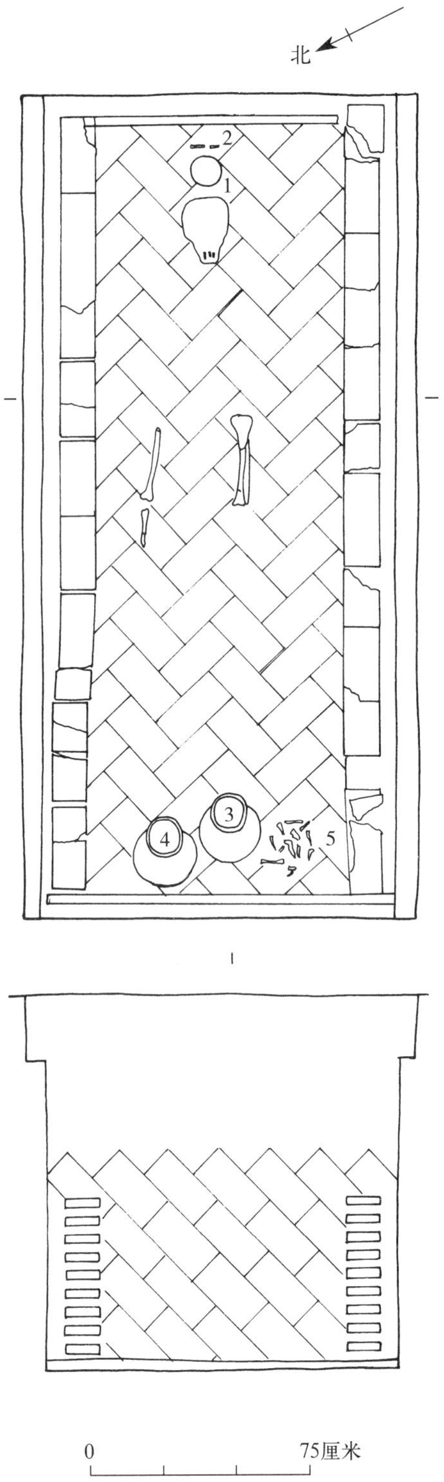

图4-747 M667平、剖面图

1. 铜镜 2. 铁镜架 3、4. 陶壶 5. 动物骨骼

标本 M667：1，日光圈带连弧铭带镜。圆形，圆纽，圆纽座。座外四组（每组三条）与四条短竖线相间环列，再外一周窄凸面圈带，带外伸出四条短弧线、夹饰内附三短竖线月牙纹，再外一周内向八连弧纹圈带。外区两周短斜线和凸弦纹组合纹带，其间为顺时针铭文带“日月心，勿夫毋之忠，勿长毋忘忘”。圆转式篆隶体、个别笔画呈楔形，每两字间隔一类似涡纹符号。窄素平缘。面径 10.4、缘厚 0.6 厘米（图 4-748，1；彩版二一七，2）。

（3）**铁器**

铁镜架　1 件。

标本 M667：2，已残。叉形，两侧支脚扁长条形。残高 4.6 厘米（图 4-748，2）。

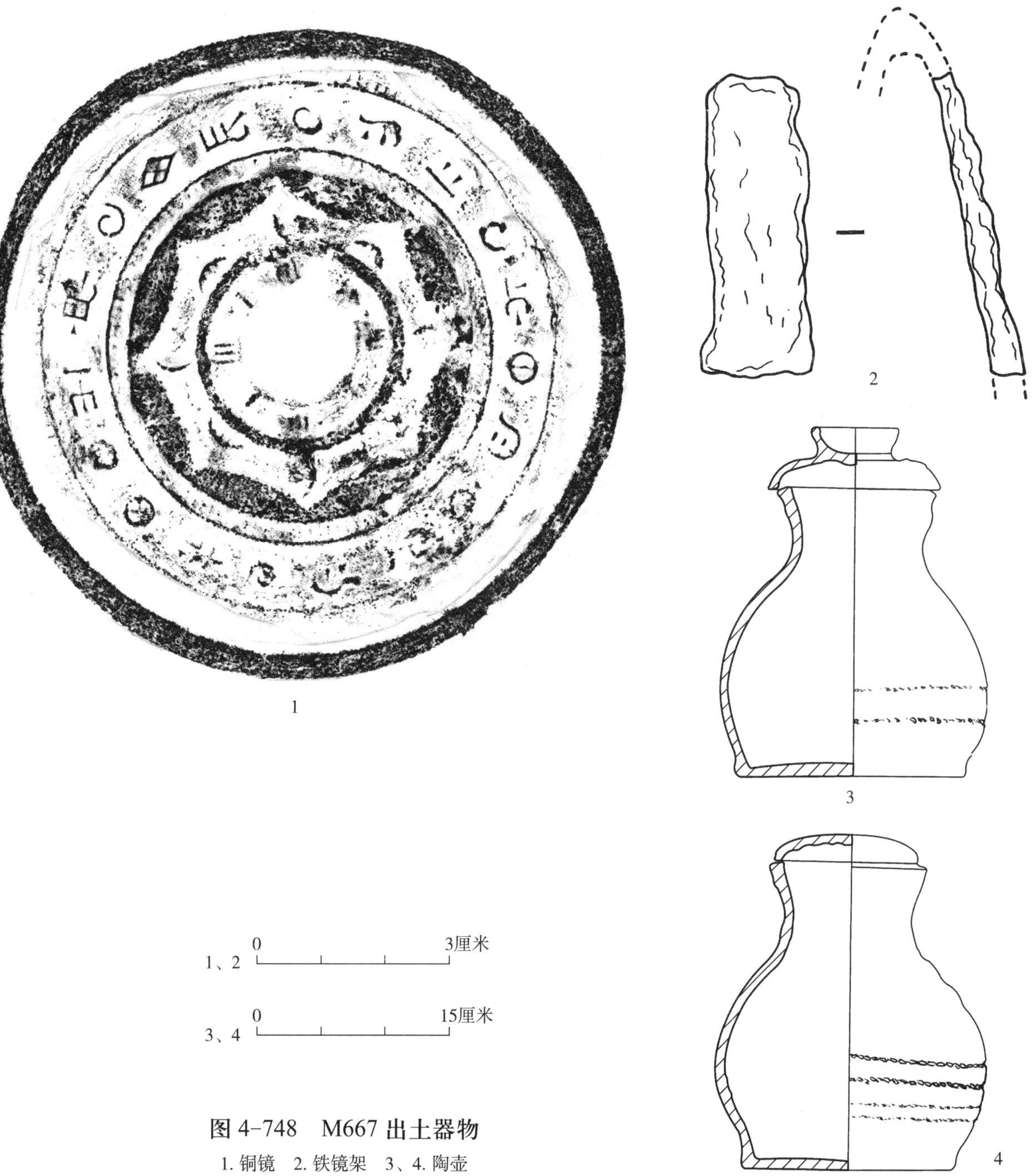

图 4-748　M667 出土器物

1. 铜镜　2. 铁镜架　3、4. 陶壶

（三六四）M668

1. 墓葬形制

位于墓地东北部，打破M811，北面是M667，南面为M814。方向103°（图4-749）。

近长方形土坑竖穴砖椁墓。墓口长2.76、宽1.1、深1.03米。椁长2.65、宽0.75、高0.61米。椁室南、北两壁青砖排列无序，东、西两壁为土圹。墓底有生土二层台，宽0.11、高0.61米。墓底铺地砖排列凌乱。砖长25、宽12、厚4厘米。墓内填黄褐色五花土，土质较疏松。

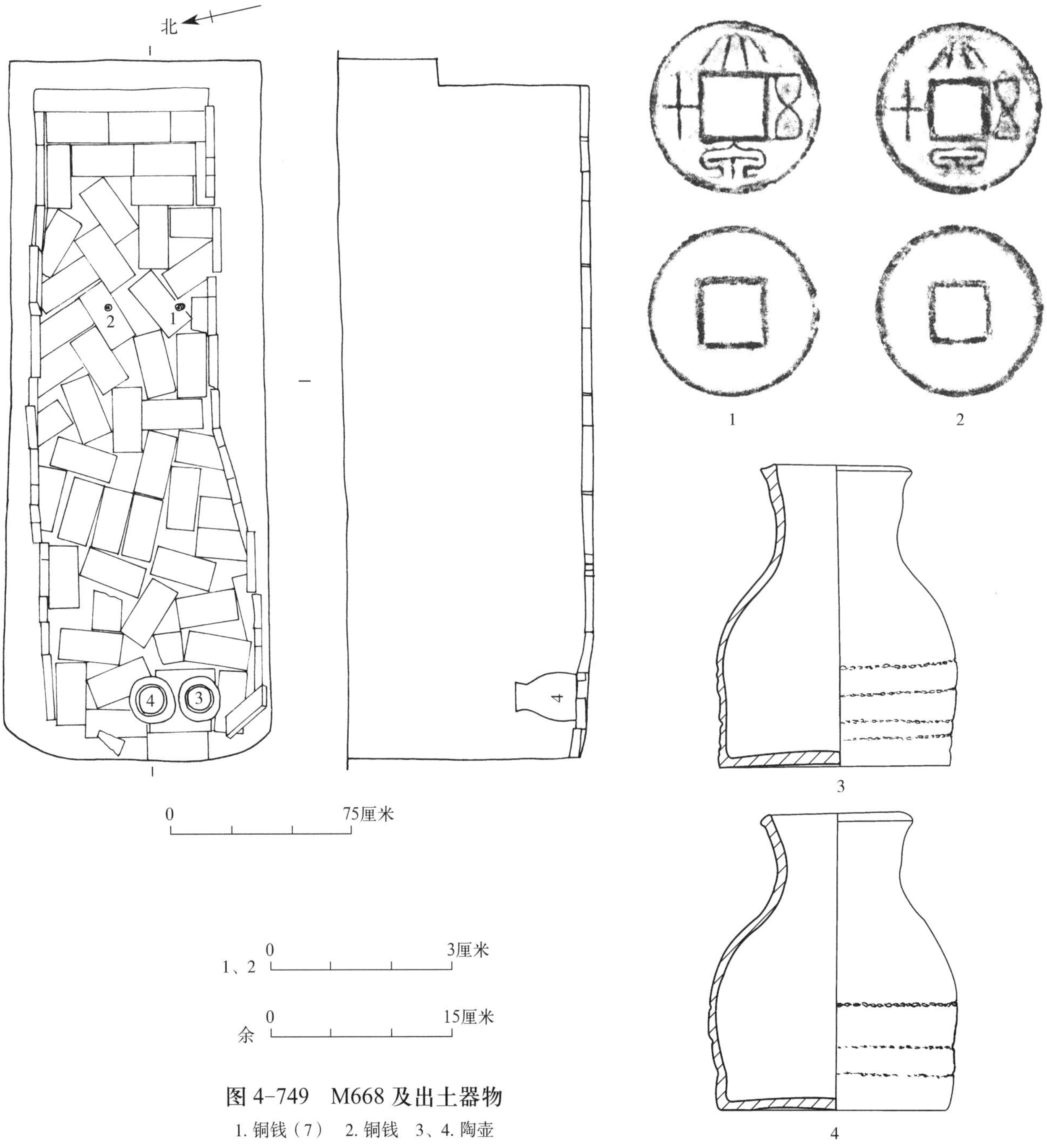

图4-749　M668及出土器物

1. 铜钱（7）　2. 铜钱　3、4. 陶壶

人骨 1 具。骨骼堆放于墓内东端。男性，年龄 40 ～ 50 岁。

随葬器物 10 件。陶壶 2 件放在椁室西端偏南。8 枚铜钱其中 7 枚铜钱放置墓内中部偏南，另外 1 枚铜钱位于中部偏北。

2. 出土遗物

（1）陶器

陶壶　2 件。泥质灰陶。侈口，沿面外斜，尖唇，束颈，鼓腹。素面。

标本 M668∶3，平底微凹。上腹有抹制痕，腹下饰四周戳印纹。口径 12、底径 19、高 24 厘米（图 4-749，3）。

标本 M668∶4，平底。下腹饰三周戳印纹。口径 12.4、底径 19、高 23.5 厘米（图 4-749，4）。

（2）铜器

铜钱　8 枚。均为大泉五十。圆形方穿，正面有轮无郭，背面轮郭俱全。钱文篆书，对读。

标本 M668∶1，直径 2.8、穿边长 1、厚 0.2 厘米（图 4-749，1）。

标本 M668∶2，直径 2.8、穿边长 0.8、厚 0.26 厘米（图 4-749，2）。

（三六五）M672

1. 墓葬形制

位于墓地东北部，东面是 M675，西面为 M671、M670。方向 103°（图 4-750）。

长方形土坑竖穴砖椁墓。墓口长 2.65、宽 1.2、深 0.75 米。椁长 2.65、宽 1.10、高 0.45 米。椁室南、北两壁错缝顺向垒砌十七层青砖；东、西两壁为土圹。墓底未铺青砖。砖长 25 ～ 26、宽 12、厚 3 厘米。墓内填黄褐色五花土，土质疏松。

人骨 1 具。头向东，面向北。仰身直肢。左侧髋、股骨翻转，下肢向两侧微张。女性，年龄 35 ～ 40 岁。

随葬陶壶 2 件。放在椁室西端。

2. 出土遗物

陶器

陶壶　2 件。泥质灰陶。弧顶盖。侈口，斜沿，方唇，束颈，弧肩，鼓腹，平底。

标本 M672∶1，沿外侧饰一周波浪纹，颈及下腹各饰两周白色彩绘，肩部饰红、白彩相间卷云纹。口径 11.4、底径 15、通高 25.8 厘米（图 4-750，1）。

标本 M672∶2，腹中部饰两周戳印纹。口径 11.2、底径 14.9、通高 25 厘米（图 4-750，2）。

（三六六）M675

1. 墓葬形制

位于墓地东北部，南为 M674，北面是 M691，东面为 M649，西面是 M672。方向 15°（图 4-751；彩版二一七，3）。

长方形土坑竖穴砖椁墓。墓口长 2.35、宽 1.25、深 0.8 米。椁长 2.3、宽 0.9、高 0.6 米。椁室四壁均垒砌十一层青砖。南、北壁错缝“丁”字形；东、西壁错缝顺向垒砌。墓底东、西壁有生土二层台，宽 0.15 ～ 0.18、高 0.3 米。墓底铺地砖，“人”字形排列。砖长 34、宽 13、厚 5 ～ 6 厘米。墓内填

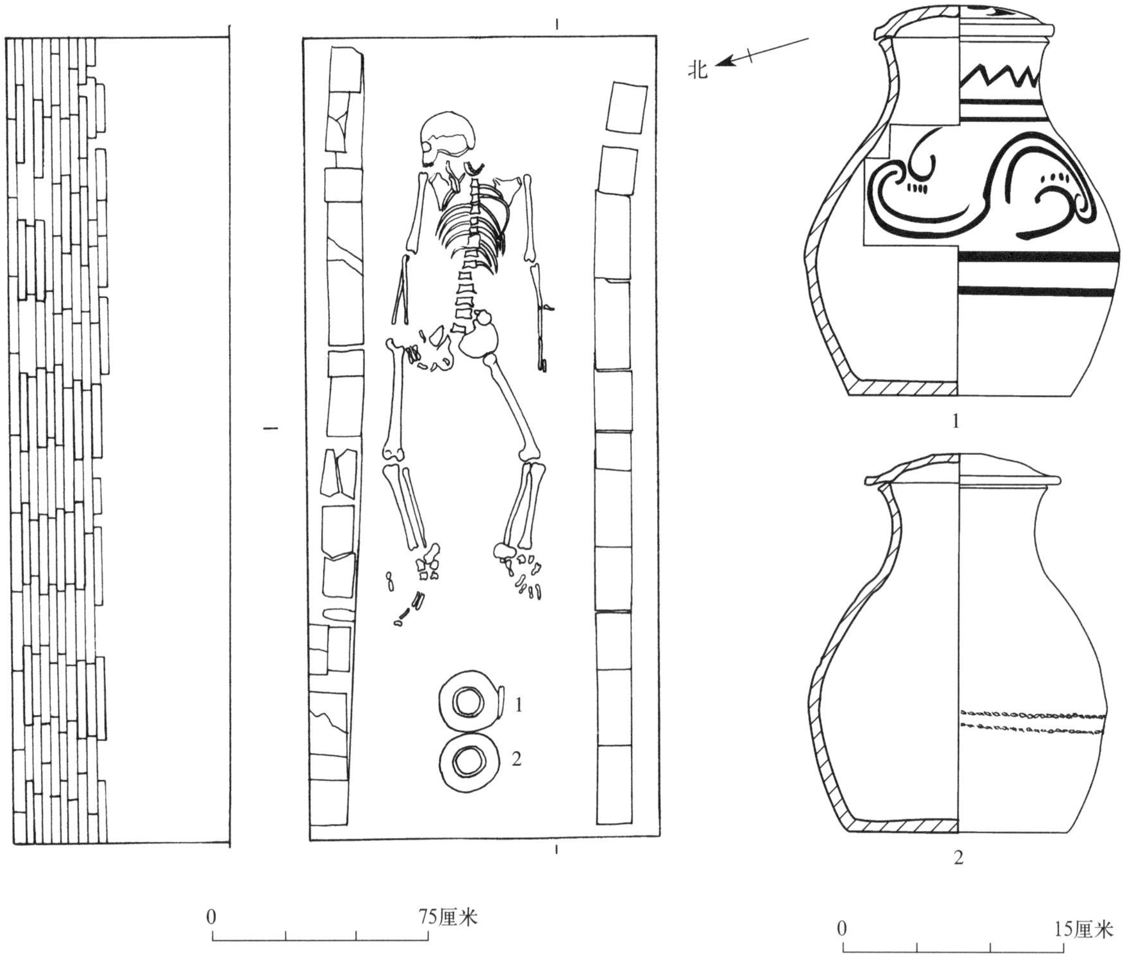

图 4-750　M672 及出土器物

1、2. 陶壶

黄褐色五花土，土质较疏松。经夯打，夯窝圆形，分布稀疏，排列不均匀，直径 7 ～ 8 厘米。

人骨无。

陶壶 2 件放置在墓室北端二层台上。

2. 出土遗物

陶器

陶壶　2 件。泥质灰陶。弧顶盖。侈口，斜沿，束颈，溜肩，鼓腹，下腹弧收，矮圈足。下腹饰绳纹。

标本 M675∶1，圆唇。颈及腹部饰白彩，间饰红色弧圈纹。口径 12.8、底径 11.2、通高 28 厘米（图 4-751，1；彩版二一七，4 左）。

标本 M675∶2，尖唇。腹饰白彩，颈下部绘红、黑色半圆形图案。口径 13.4、底径 10.8、通高 30 厘米（图 4-751，2；彩版二一七，4 右）。

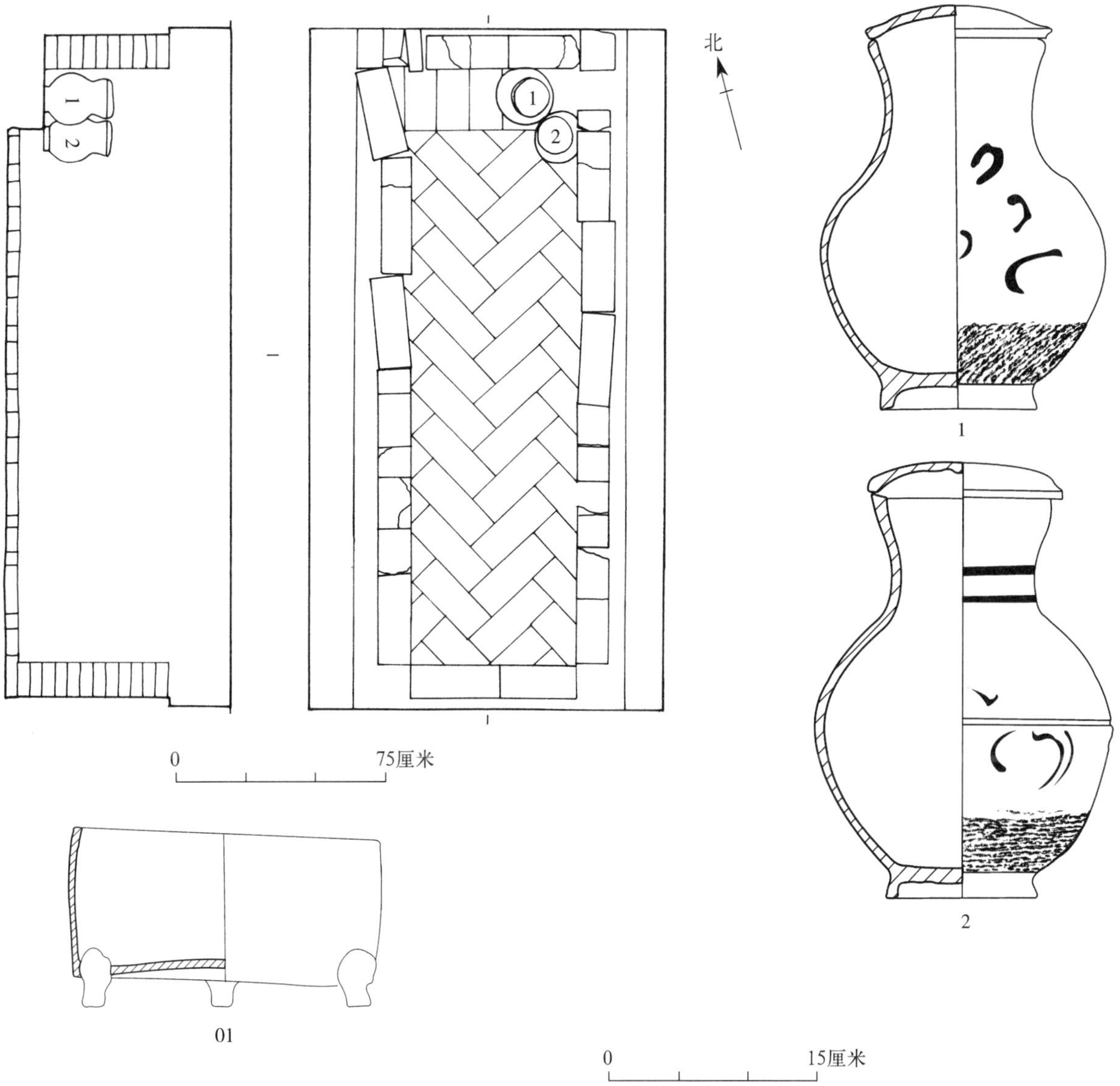

图 4-751　M675 及 M679 出土器物

1、2. 陶壶M675:1、2　01. 陶樽M679:01

（三六七）M679

1. 墓葬形制

位于墓地东北部，东南面是 M676，南面为 M681，西面是 M841。方向 10°。

长方形土坑竖穴砖椁墓。墓口长 2.8、宽 1.6、深 1.6 米。墓壁垂直，底部平整。墓内填黄褐色五花土，土质较致密。夹杂大量青砖碎块。填土中发现陶樽 1 件。

人骨无。

随葬器物无。

2. 出土遗物

陶器

陶樽　1件。

标本M679：01，泥质灰陶。敛口，平沿，深腹，直壁，下部微弧，平底微凹，蹄形足。器表有制作旋纹，素面。口径22、底径21.6、高12.4厘米（图4-751，01）。

（三六八）M680

1. 墓葬形制

位于墓地东北部，北面是M708，西面为M753。方向10°（图4-752）。

长方形竖穴砖椁墓。墓口长2.8、宽1.5、底长2.6、宽1.3、深2.01米。椁长2.3、宽0.9、高0.66米。椁室四壁青砖错缝顺向垒砌二十二层。墓底平铺一层青砖斜向排列。砖长26、宽12、厚3厘米。墓内填黄褐色花土，质地松软。夹杂少量绳纹陶片、料姜石等。

人骨1具。头向北。骨骼腐朽仅见头骨残痕。性别、年龄不详。

随葬器物69件。陶壶2件放在椁室西南角。铜镜、铜刷柄、铁镜架各1件位于墓主头骨右侧。铜钱64枚置于墓主胸部右侧。

2. 出土遗物

（1）陶器

陶壶　2件。形制相同。泥质灰陶。侈口，沿面外斜，尖唇，束颈，溜肩，鼓腹，圈足。颈、下腹饰绳纹。

标本M680：5，腹部饰三周戳印纹。口径14、底径12.8、高28.5厘米（图4-753，5）。

标本M680：6，腹部饰一周戳印纹。口径14.5、底径12.8、高28.2厘米（图4-753，6）。

（2）铜器

铜镜　1枚。

标本M680：1，昭明连弧铭带镜，锈蚀较重。圆形，圆纽，圆纽座。座外分布四组内附三短竖线的短横线，与四条单短横线相间环列，再外一周内向八连弧纹圈带。外区两周短斜线和凸弦纹

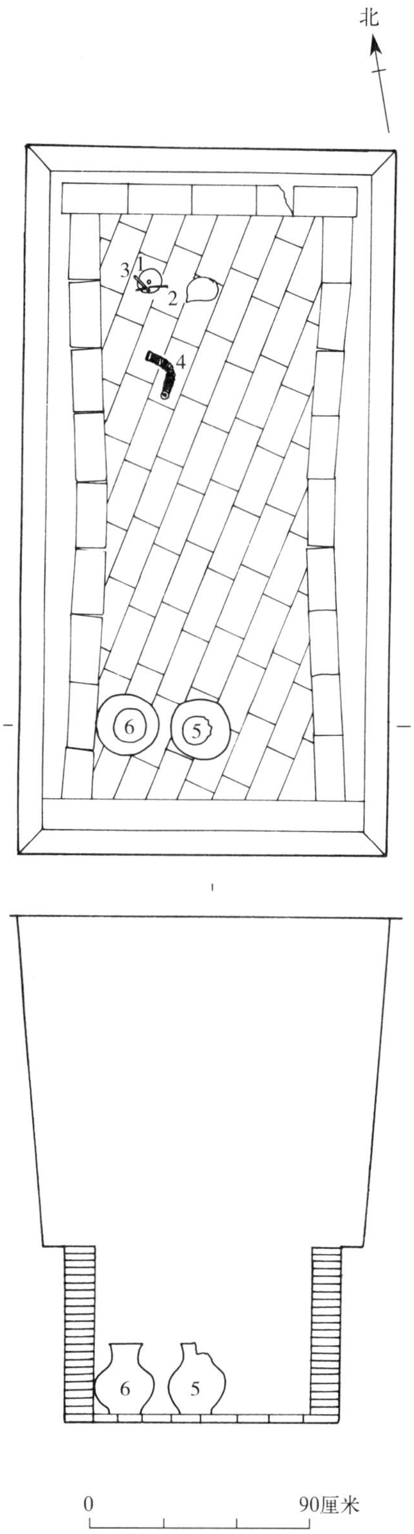

图4-752　M680平、剖面图

1. 铜镜　2. 铜刷柄　3. 铁镜架　4. 铜钱（64）　5、6. 陶壶

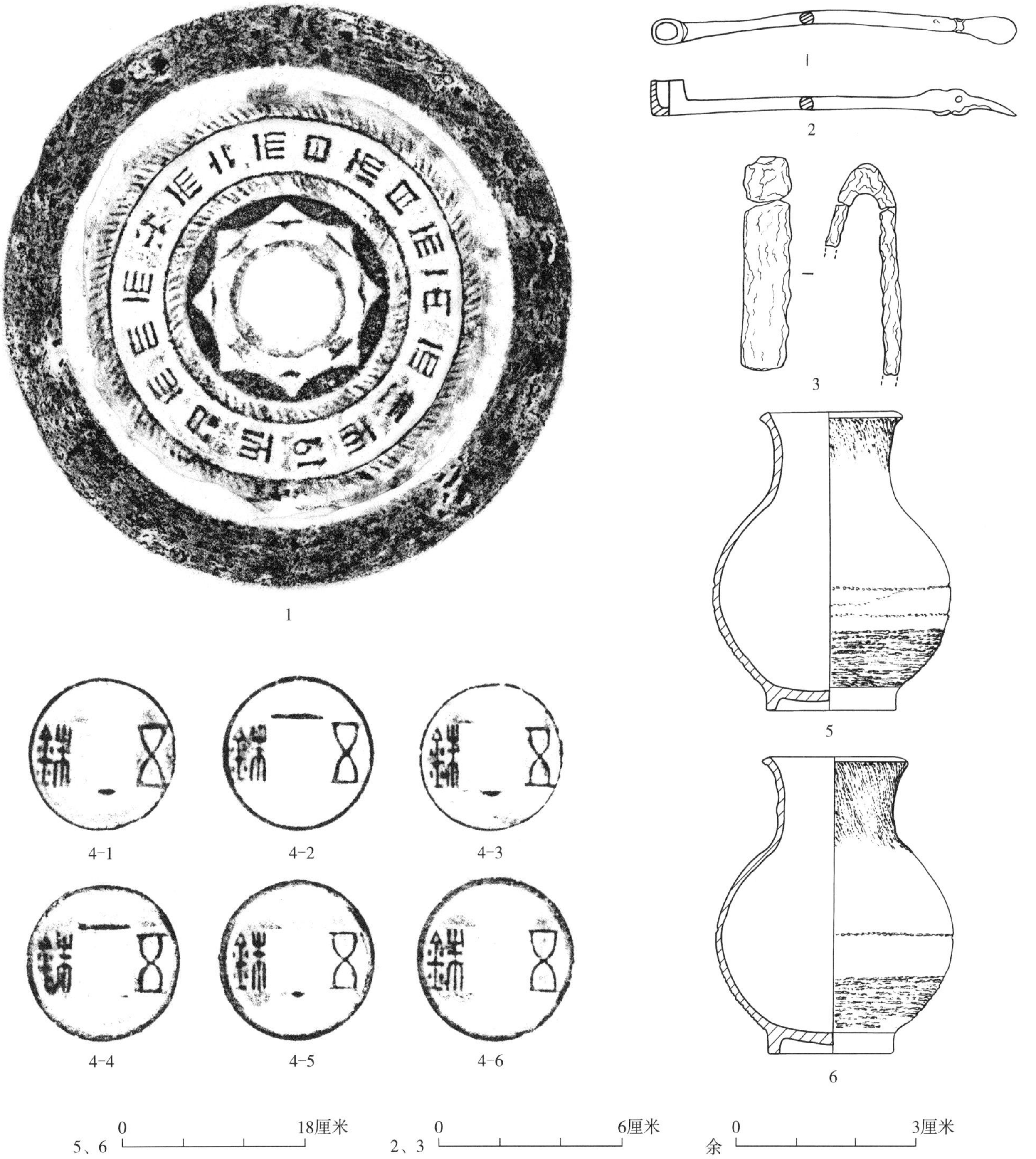

图 4-753　M680 出土器物

1. 铜镜　2. 铜刷柄　3. 铁镜架　4-1～6. 铜钱　5、6. 陶壶

组合纹带，其间为顺时针铭文带“内清以昭明，光夫日月”。字体为方正式篆隶体、笔画首尾加重呈楔形，首尾字间隔一月牙纹，每字间隔一“而”字。宽素平缘。面径 9.5、缘厚 0.6 厘米（图 4-753，1；彩版二一八，1）。

铜刷柄　1 件。

标本M680：2，形似烟斗状，斗圆筒形中空，细长条形柄，截面略呈椭圆形，柄端翘起，有圆形小孔，体中部变形略侧弯。长12.1厘米（图4-753，2）。

铜钱 64枚。均为五铢。圆形方穿，正面有轮无郭，背面轮郭俱全。根据钱文字体不同分为两种。

第一种 9枚。“五”字两笔交叉直或微曲，“朱”字“金”头呈三角形，与“朱”等齐，“朱”字上部方折，有的穿下半星。

标本M680：4-1，直径2.5、穿边长1、厚0.19厘米（图4-753，4-1）。

第二种 55枚。“五”字两笔交叉弯曲，与上、下两横相交处有的外放、内收或垂直。“铢”字“金”头呈三角形，较小，“朱”字上部方折，有的穿上横郭或穿下半星。

标本M680：4-2～6，直径2.5、穿边长1、厚0.18厘米（图4-753，4-2～6）。

（3）铁器

铁镜架 1件。

标本M680：3，叉形，两侧支脚扁长条形，均缺失。残高6.8厘米（图4-753，3）。

（三六九）M682

1. 墓葬形制

位于墓地东北部，北面是M681，东面为M677，南面是M710。方向19°（图4-754）。

梯形土坑竖穴砖椁墓。墓口长2.8、宽1.5～1.6、深1.23米。椁长2.80、宽1.05、高0.83米。椁室青砖垒砌，东、西两壁顺向错缝十一层青砖。南、北两壁为土圹。墓底铺地砖斜向平铺“人”字形排列。砖长29、宽13、厚3厘米。墓内填黄褐色五花土，土质较疏松。填土中发现陶罐1件。

人骨无。

随葬器物无。

2. 出土遗物

陶器

陶壶 1件。

标本M682：01，泥质灰陶。盘口，圆唇，束颈，鼓腹，下腹内收，小平底。颈部饰两周凹弦纹，上腹有制作抹痕，间饰两周戳印纹，下腹饰绳纹。口径12、底径8、高26.5厘米（图4-754，01）。

（三七〇）M683

1. 墓葬形制

位于墓地东北部，东面是M930，南面为M898。方向8°（图4-755）。

长方形土坑竖穴砖椁墓。墓口长2.6、宽1.17、深1米。椁长2.58、宽1.12、高0.60米。椁室东、西、北三壁平铺错缝顺向垒砌十七层青砖，中间有0.15～0.17米缝隙，以填充黄土。南壁未垒青砖。墓底平铺一层青砖错缝斜向排列，局部遭到破坏。砖长26、宽12、厚3厘米。墓内填黄褐色五花土，土质较疏松。

人骨1具。骨骼腐朽严重，仅见少量牙齿痕迹。性别、年龄无法鉴定。

随葬器物2件。陶壶1件放在椁室南端中部。铜钱1枚置于中部偏东。乳猪、鸡、鱼骨散落西南角。

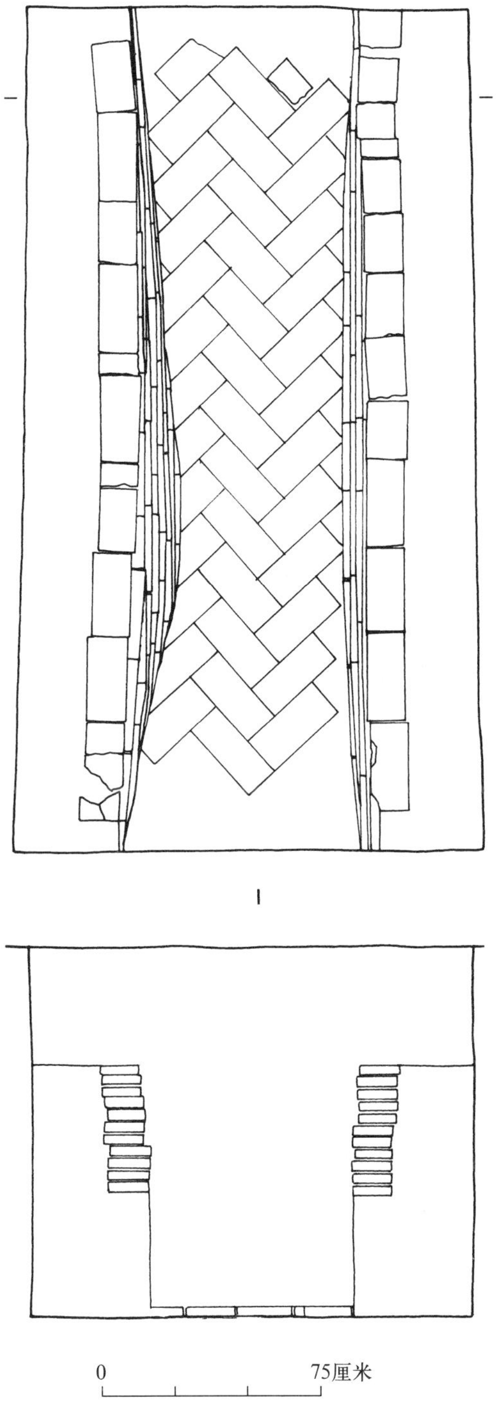

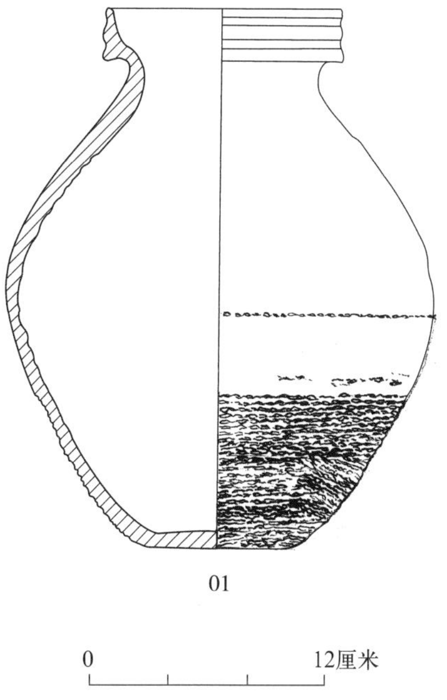

图 4-754　M682 及出土器物

01. 陶罐

2. 出土遗物

（1）陶器

陶壶　1 件。

标本 M683∶1，泥质灰陶。弧顶盖。侈口，圆唇，束颈，鼓腹，平底微凹。腹部饰四周戳印纹。口径 12.8、底径 16.2、通高 27.2 厘米（图 4-755，1）。

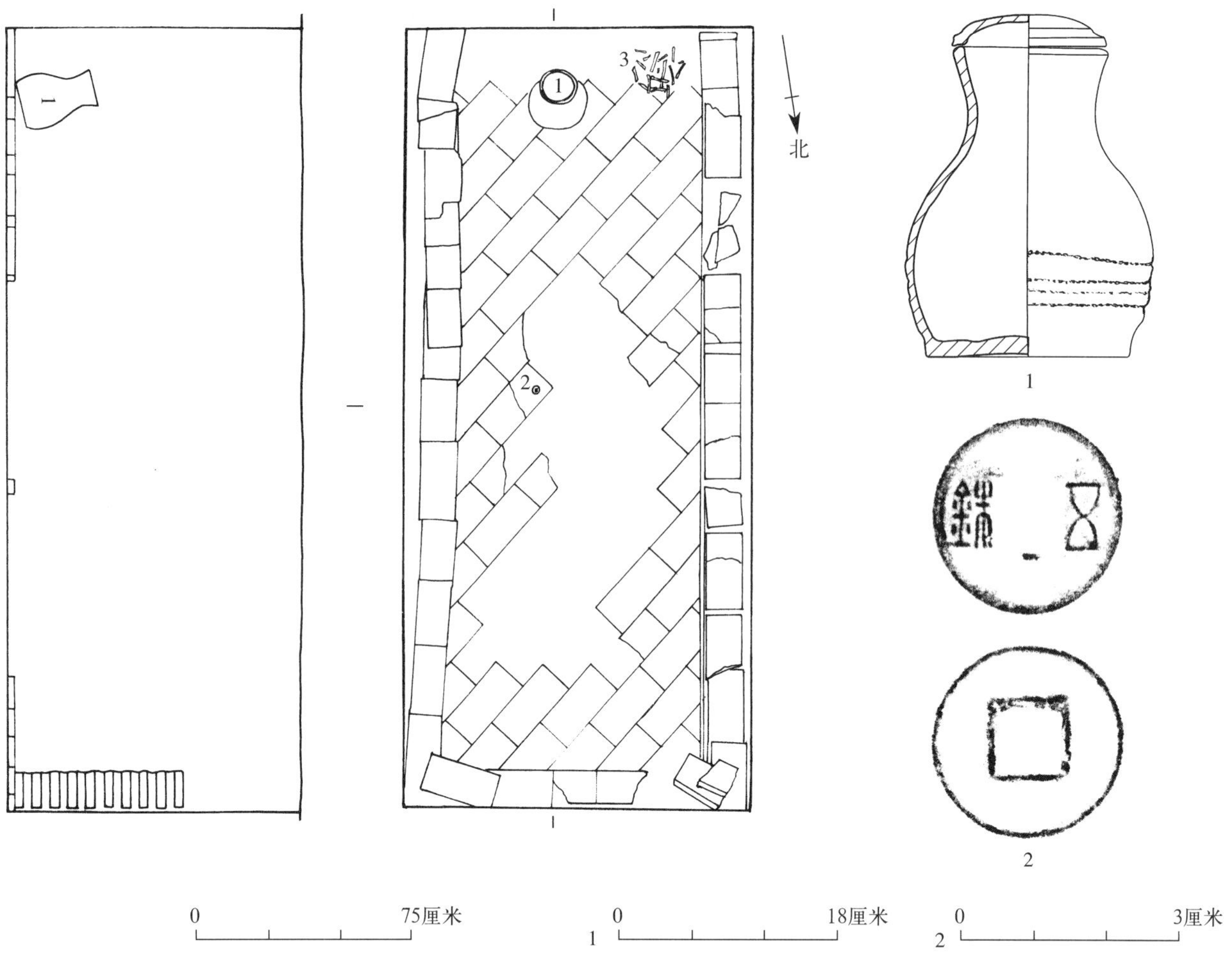

图 4-755 M683 及出土器物

1. 陶壶 2. 铜钱 3. 动物骨骼

（2）**铜器**

铜钱 1枚。

标本 M683：2，五铢。圆形方穿，正面有轮无郭，背面轮郭俱全。“五”字两笔交叉弯曲，与上、下两横相交处外放，“铢”字“金”字旁头三角形，“朱”字上部方折，下部圆折，穿下半星。直径 2.6、穿边长 1、厚 0.16 厘米（图 4-755，2）。

（三七一）M685

墓葬形制

位于墓地东北部，被 M639 打破，北面是 M916，东南面为 M684，西南面是 M637。方向 190°（图 4-756）。

长方形土坑竖穴砖椁墓。墓口长 2.75、宽 1.25、深 1.72 米。椁长 2.6、宽 1.05、高 0.75 米。椁室四壁青砖错缝顺向垒砌，每层砖之间填以黄土。墓底一层青砖错缝斜向“人”字形排列。砖长

26、宽 13、厚 3 厘米。墓内填黄褐色五花土，经夯打，质地较硬。夯窝圆形，排列不均匀，直径 5 ～ 12、夯层厚 15 ～ 21 厘米。

人骨 1 具。性别、年龄无法鉴定。

随葬器物无。

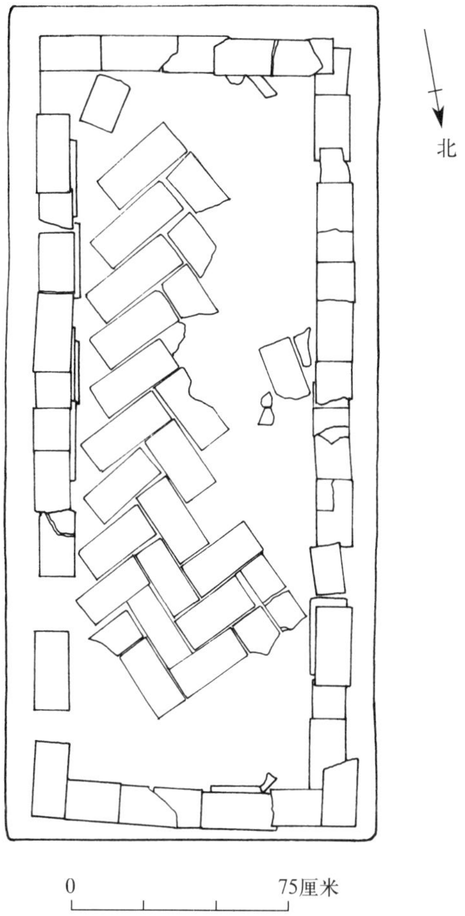

图 4-756　M685 平面图

（三七二）M686

1. 墓葬形制

位于墓地东北部，北面是 M689，南面为 M651，西北面是 M646。方向 27°（图 4-757）。

长方形土坑竖穴砖椁墓。墓口长 2.4、宽 0.8、深 0.22 米。椁长 2.4、宽 0.78、高 0.22 米。椁室四壁均青砖侧向垒砌而成。墓底铺地砖为错缝斜向排列。砖长 27、宽 12、厚 4 厘米。墓内填褐色淤土，土质较粘。填土中发现 1 枚铜钱。

人骨 1 具。头向北，面向西，仰身直肢。骨骼已腐朽，部分肢骨残缺。女性，年龄 25 ～ 30 岁。

随葬铜钱 6 枚放在墓主右手骨处。

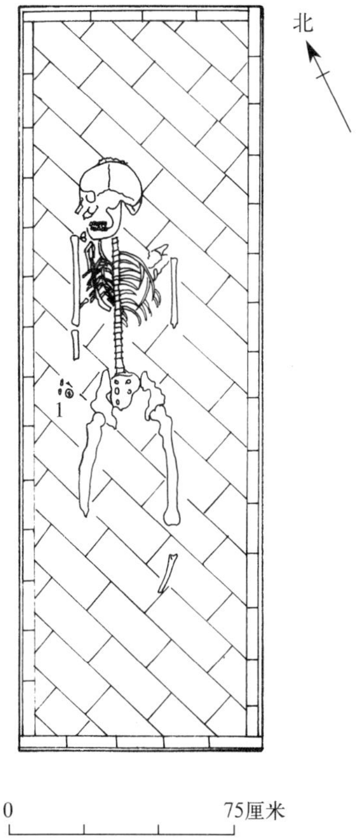

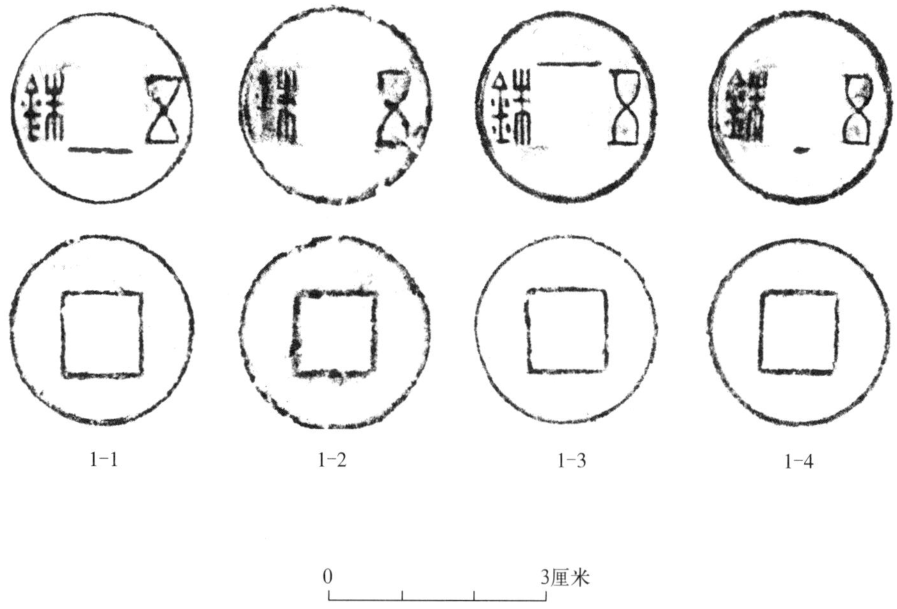

图 4-757　M686 及出土器物

1. 铜钱（6）

2. 出土遗物

铜器

铜钱　7枚。均为五铢。圆形方穿，正面有轮无郭，背面轮郭俱全。根据钱文字体不同分为两种。

第一种　1枚。“五”字加宽，两笔交叉微曲，“朱”字上部方折，穿下横郭。

标本M686∶1-1，直径2.6、穿边长1、厚0.2厘米（图4-757，1-1）。

第二种　6枚。“五”字两笔交叉弯曲，与上、下两横相交处垂直或微内收，“朱”字上部方折，下部圆折，有的穿上横郭或穿下半星。

标本M686∶1-2～4，直径2.6、穿边长1、厚0.16厘米（图4-757，1-2～4）。

（三七三）M687

墓葬形制

位于墓地东北部，东南面是M690，西南面为M642。方向198°（图4-758）。

长方形土坑竖穴砖椁墓。墓口长1.7、宽1.55、深2.4米。椁长2.25、宽1.10、高0.75米。椁室东、西两壁青砖平铺错缝顺向垒砌而成。南壁未铺砖。北壁遭到破坏。墓底平铺一层青砖，“人”字形排列。砖长28、宽13、厚4厘米。墓内填黄褐色五花土。局部经夯打，土质较致密。夯窝圆形，直径8～10厘米。

人骨无。

随葬器物无。

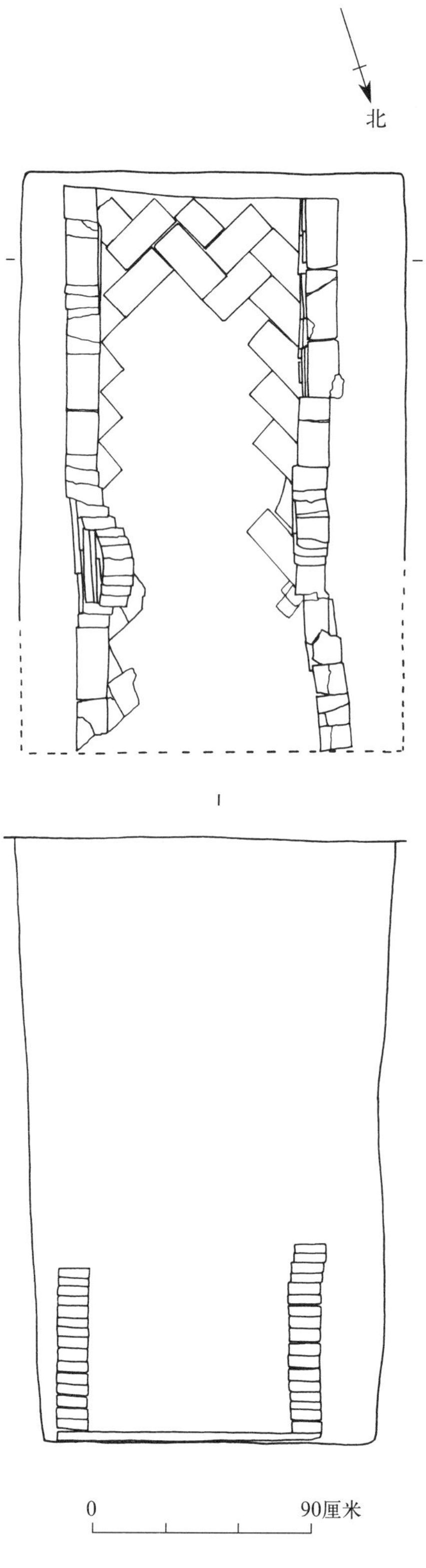

图4-758　M687平、剖面图

（三七四）M688

1. 墓葬形制

位于墓地东北部，北面是M690，东南面为M689，西面是M643。方向110°（图4-759）。

长方形土坑竖穴砖椁墓。墓口长3.4、宽1.55、深2.05米。椁长3.25、宽1.29、高0.5～0.6米。椁壁四周青砖顺向叠压错缝垒砌。上方台面高0.6米，为单排顺向垒砌。墓底铺青砖四层。上部三层对缝顺向或侧立垒砌，底部一层为错缝斜铺。砖长27、宽12、厚4厘米。墓内填黄褐色五花土，质地紧密。

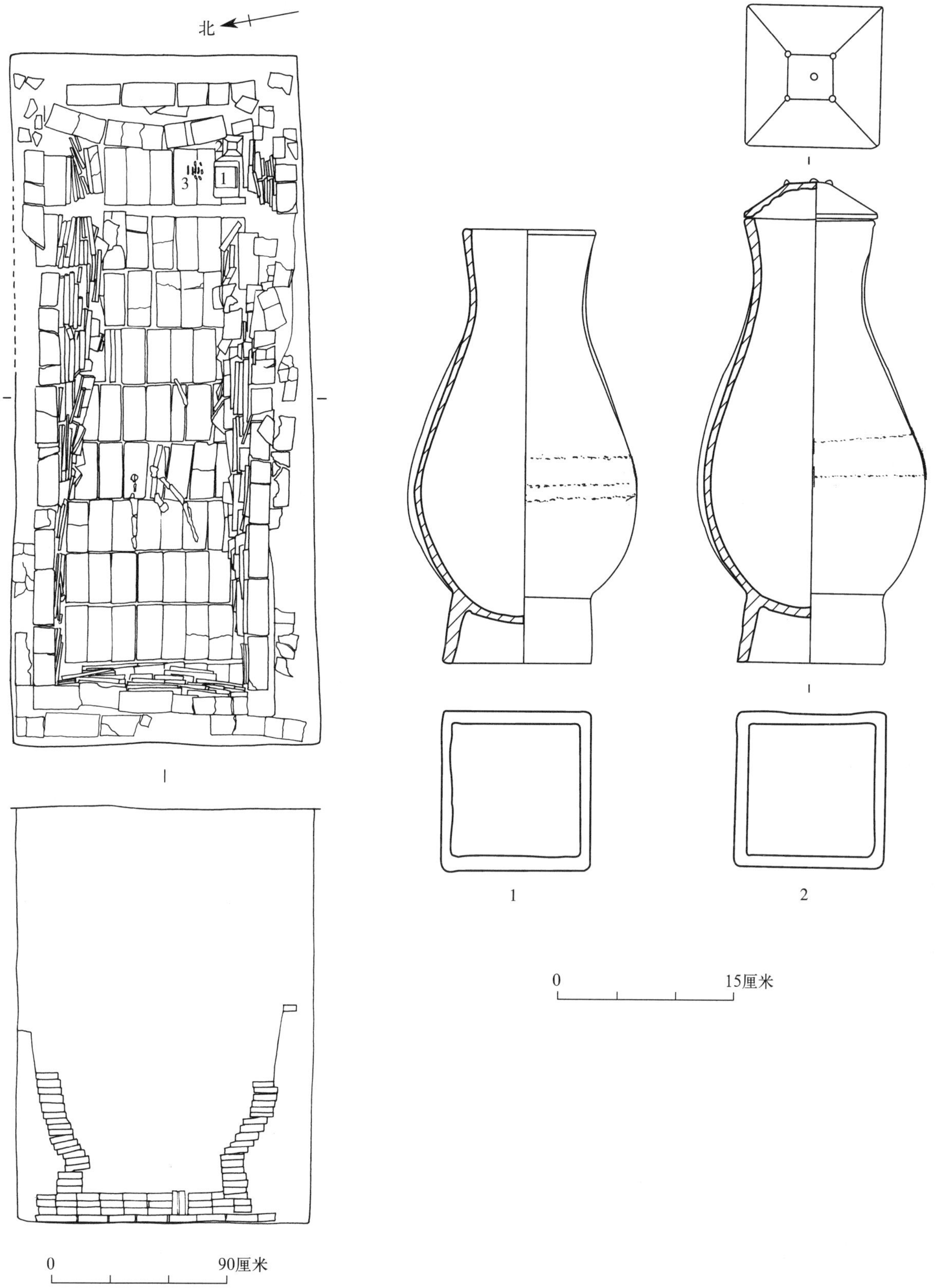

图 4-759　M688 及出土器物

1、2. 陶钫　3. 动物骨骼

人骨1具。头向东。骨骼已腐朽，仅存头骨和部分下肢残骸。性别、年龄无法鉴定。

随葬陶钫2件，放在墓室南侧。乳猪骨置于中部。

2. 出土遗物

陶器

陶钫　2件。泥质灰陶。方口，平沿，方唇，束颈，沿下有折棱，溜肩，鼓腹，方形圈足。素面。

标本M688∶1，失盖。腹部饰三周戳印纹。口边长11.2、底边长12.6、高35.4厘米（图4-759，1）。

标本M688∶2，覆斗形盖。斜壁，小平顶，顶部饰五个突饰，四边对角有棱。腹部饰两周戳印纹。口边长11、底边长12.7、通高39.8厘米（图4-759，2）。

（三七五）M689

1. 墓葬形制

位于墓地东北部，东临断崖约2米，南面是M686，西北面为M688。方向100°（图4-760）。

长方形土坑竖穴砖椁墓。墓口长2.9、宽1.3、深2.35米。椁长2.83、宽1.22、高0.87米。椁室四壁青砖错缝顺向垒砌。南、北两壁上部横向单行残砖对缝相接。东壁单行顺向错缝垒砌，隔墙与北壁为长方形头箱，长0.95、宽0.27、高0.87米。墓底铺地砖，“人”字形排列。砖长28、宽13、厚4厘米。墓内填黄褐色五花土，土质疏松。

人骨1具。骨骼腐朽严重，仅发现少量头骨残片。性别、年龄无法鉴定。

随葬器物3件。陶壶2件放在头箱内。铜带钩1件置于墓主口内。

2. 出土遗物

（1）陶器

陶壶　2件。泥质灰陶。形制相同。侈口，平沿，尖唇，弧肩，鼓腹，圈足。下腹及底部饰绳纹。

标本M689∶1，腹部饰三周戳印纹。口径13.1、底径13.5、高27.1厘米（图4-760，1）。

标本M689∶2，腹中部饰两周戳印纹。口径13.2、底径12.4、高26.4厘米（图4-760，2）。

（2）铜器

铜带钩　1件。

标本M689∶3，形体细长。钩呈马首状，断面三角形，圆形纽位于后背尾部。长6.3厘米（图4-760，3）。

（三七六）M690

墓葬形制

位于墓地东北部，南面是M688，西北面为M687。方向95°。

长方形土坑竖穴砖椁墓。墓口长2.7、宽1.3、深1.1米。椁长2.16、宽1.1、高0.27米。椁室用青砖错缝顺向垒砌而成。东壁为土圹。墓底斜向错缝平铺一层青砖，“人”字形排列。砖长30、宽14、厚4厘米。墓内填黄褐色五花土，土质较坚硬。夹杂大量碎砖及白灰残渣。

人骨无。

随葬器物无。

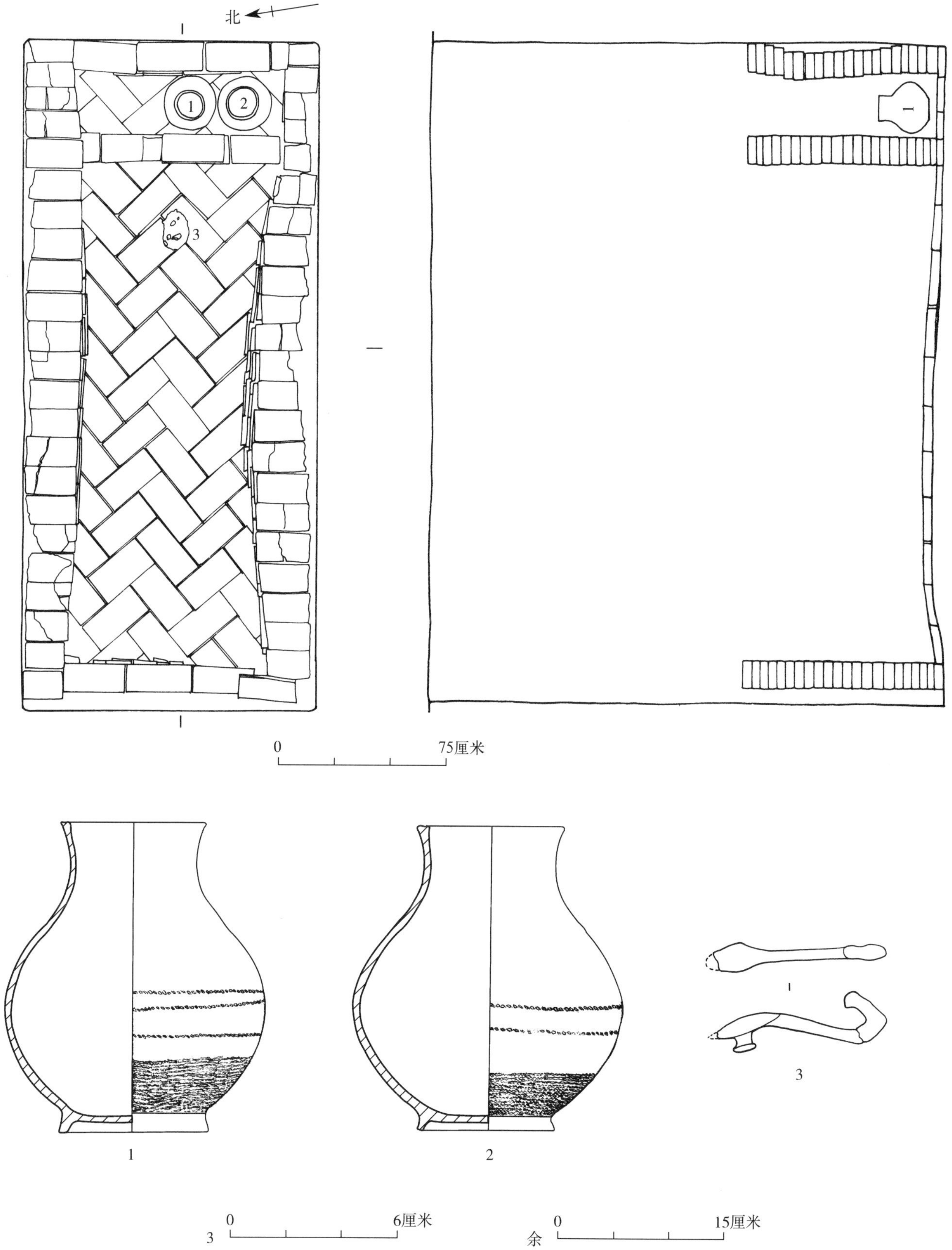

图 4-760　M689 及出土器物

1、2. 陶壶　3. 铜带钩

（三七七）M692

墓葬形制

位于墓地东北部，打破M695，东面是M887，西面为M694。方向10°（图4-761）。

长方形土坑竖穴砖椁墓。墓口长3.2、宽1.53、深1.95米。椁长2.95、宽1.25、高0.65米。椁室四壁青砖平铺压缝垒筑。西壁上部破坏，仅见二～三层青砖。砖长26、宽13、厚4厘米。墓底平铺一层碎陶、瓦片。墓内填黄褐色花土，经过夯打，土质较疏松。夯窝圆形，排列不均匀，直径7～11、夯层厚20～30厘米。

人骨1具。头向北，面向不详，仰身直肢，骨骼腐朽严重，仅局部发现骨骼痕迹。性别、年龄无法鉴定。

随葬器物无。

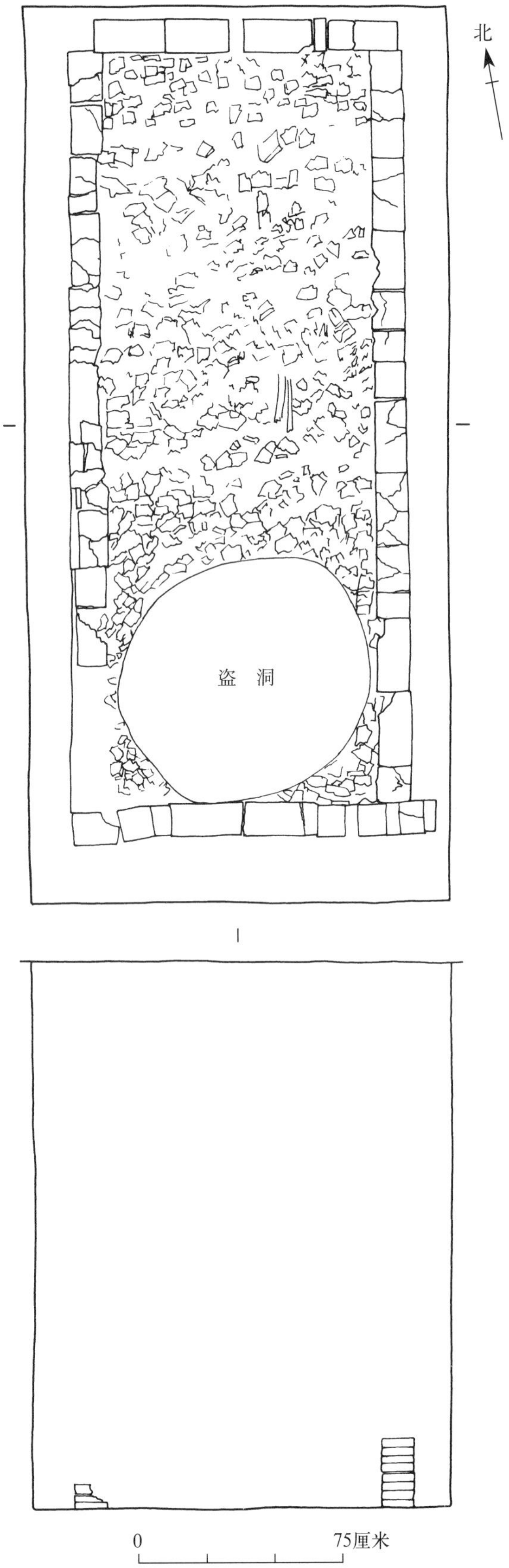

图4-761 M692平、剖面图

（三七八）M694

1. 墓葬形制

位于墓地东北部，打破M834、M833，东北面是M861，东面为M692。方向11°（图4-762）。

长方形土坑竖穴砖椁墓。墓口长3.2、宽1.55、底长3.04、宽1.2、深1.7米。椁长2.9、宽1.2、高0.66米。椁室青砖垒砌而成。北壁错缝顺向垒砌，南壁脚箱青砖垒筑，长0.82、宽0.26、高0.26米。东、西两壁平铺压缝、上部顺向垒砌一层青砖。墓底铺一层青砖斜向排列。砖长26、宽13、厚4厘米。墓内填黄褐色五花土，经过夯打，土质较疏松。夯窝圆形，排列不均匀，直径8～10、夯层厚40～50厘米。

人骨1具。头向北，面向上，仰身直肢，骨骼腐朽严重，仅存头骨、下肢骨残骸。性别、年龄无法鉴定。

随葬器物6件。陶壶2件，放置脚箱内西端。铜带钩1件，陈放在墓主口内。铜钱3枚位于墓主左股骨内侧。大量动物骨骼陈置于脚箱内东侧。主要有完整乳猪1头，鸡1只。

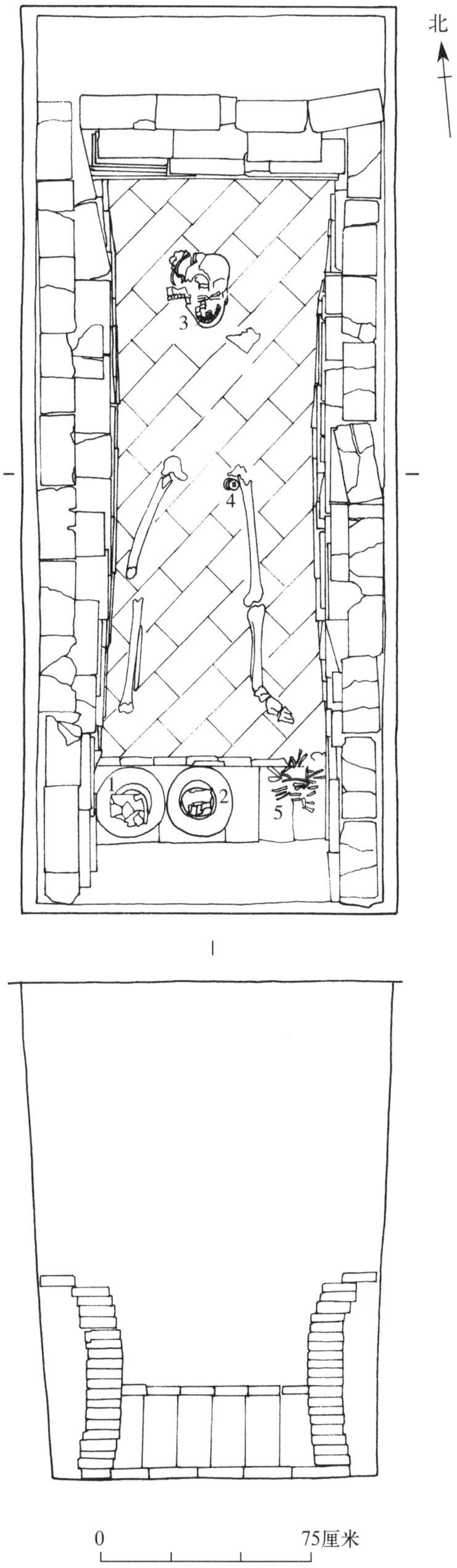

图 4-762　M694 平、剖面图

1、2. 陶壶　3. 铜带钩　4. 铜钱（3）　5. 动物骨骼

2. 出土遗物

（1）陶器

陶壶　2件。泥质灰陶。覆斗形盖，小方顶，斜壁，四角有凸棱。壶侈口，沿面微外斜，圆唇，束颈，鼓腹，圈足。

标本 M694：1，腹部饰一周戳印纹。口径 13.5、底径 13.6、通高 34 厘米（图 4-763，1）。

标本 M694：2，上腹饰零星戳印纹，腹中部饰一周戳印纹，下腹饰绳纹。口径 13.5、底径 13.6、通高 36.5 厘米（图 4-763，2）。

（2）铜器

铜带钩　1件。

标本 M694：3，形体较小，琵琶形。钩形似鹅首，断面圆形，圆形纽位于背部尾端。长 2 厘米（图 4-763，3）。

铜钱　3枚。均为五铢。圆形方穿，正面有轮无郭，背面轮郭俱全。“五”字两笔交叉弯曲，与上、下两横相交处垂直，“朱”字上部方折，有的穿下半星，

标本 M694：4-1，直径 2.6、穿边长 1、厚 0.19 厘米（图 4-763，4-1）。

（三七九）M696

1. 墓葬形制

位于墓地东北部，打破 M706，东面是 M697。方向 2°（图 4-764）。

长方形土坑竖穴砖椁墓。墓口长 2.8、宽 1.5、深 2.2 米。椁长 2.6、宽 1.3、高 0.7 米。椁室四壁青砖错缝顺向垒砌而成。墓底错缝斜向排列。砖长 26、宽 12、厚 4 厘米。南壁二层台青砖垒砌，宽 0.16、高 0.3 米。墓内填黄褐色五花土，经过夯打，质地较硬，夯窝圆形，排列无规律，直径 8 ～ 10、夯层厚 25 厘米。

人骨 1 具。头向北。骨骼已腐朽，仅残留骨骼痕迹。性别、年龄无法鉴定。

随葬器物 14 件。陶钫 2 件放在二层台东侧。铜带钩 1 件置于墓主腰部。铜钱 10 枚放置墓主左手指骨处。铁镜架 1 件放置在中部偏东。乳猪、大型乌骨及漆片痕迹置于二层台中部。

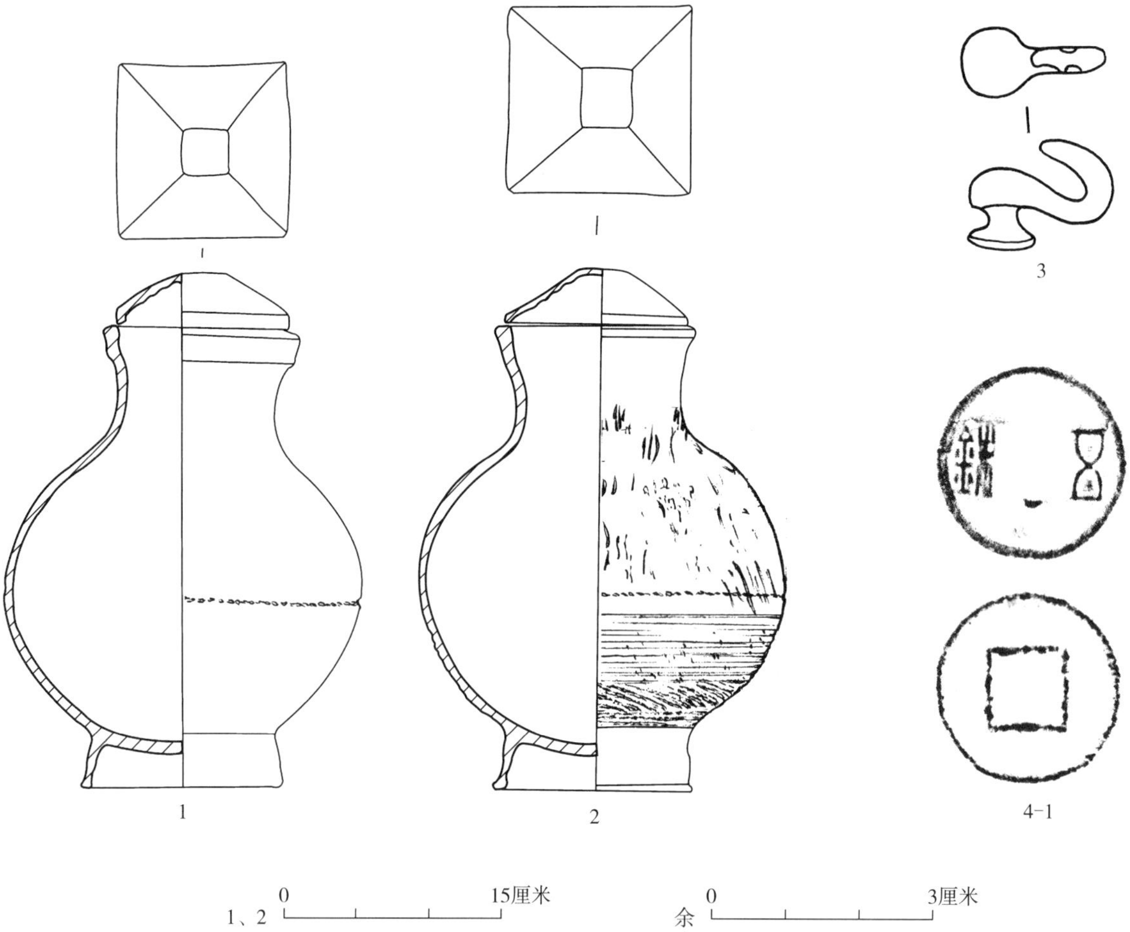

图 4-763 M694 出土器物

1、2. 陶壶 3. 铜带钩 4-1. 铜钱

2. 出土遗物

（1）陶器

陶钫 2件。泥质灰陶。均失盖。钫方侈口，平沿，尖唇，束颈，鼓腹，方形圈足，下腹饰竖向绳纹。标本 M696：4，底部饰绳纹。口边长 11.6、底边长 13、高 39 厘米（图 4-765，4；彩版二一八，2）。标本 M696：5，口边长 11.2、底边长 14、高 39 厘米（图 4-765，5）。

（2）铜器

铜带钩 1件。

标本 M696：1，琵琶形，钩呈鹅首状。长喙置于钩前端，圆形纽位于背部尾端，断面半圆形。通体残留丝织包裹痕迹。长 11 厘米（图 4-765，1；彩版二一八，3）。

铜钱 10枚。均为五铢。圆形方穿，正面有轮无郭，背面轮郭俱全。“五”字两笔交叉微曲，“朱”字上部方折，有的穿上横郭或穿下半星。

标本 M696：2-1、2，直径 2.5、穿边长 1、厚 0.15 厘米（图 4-765，2-1、2）。

（3）铁器

铁镜架 1件。

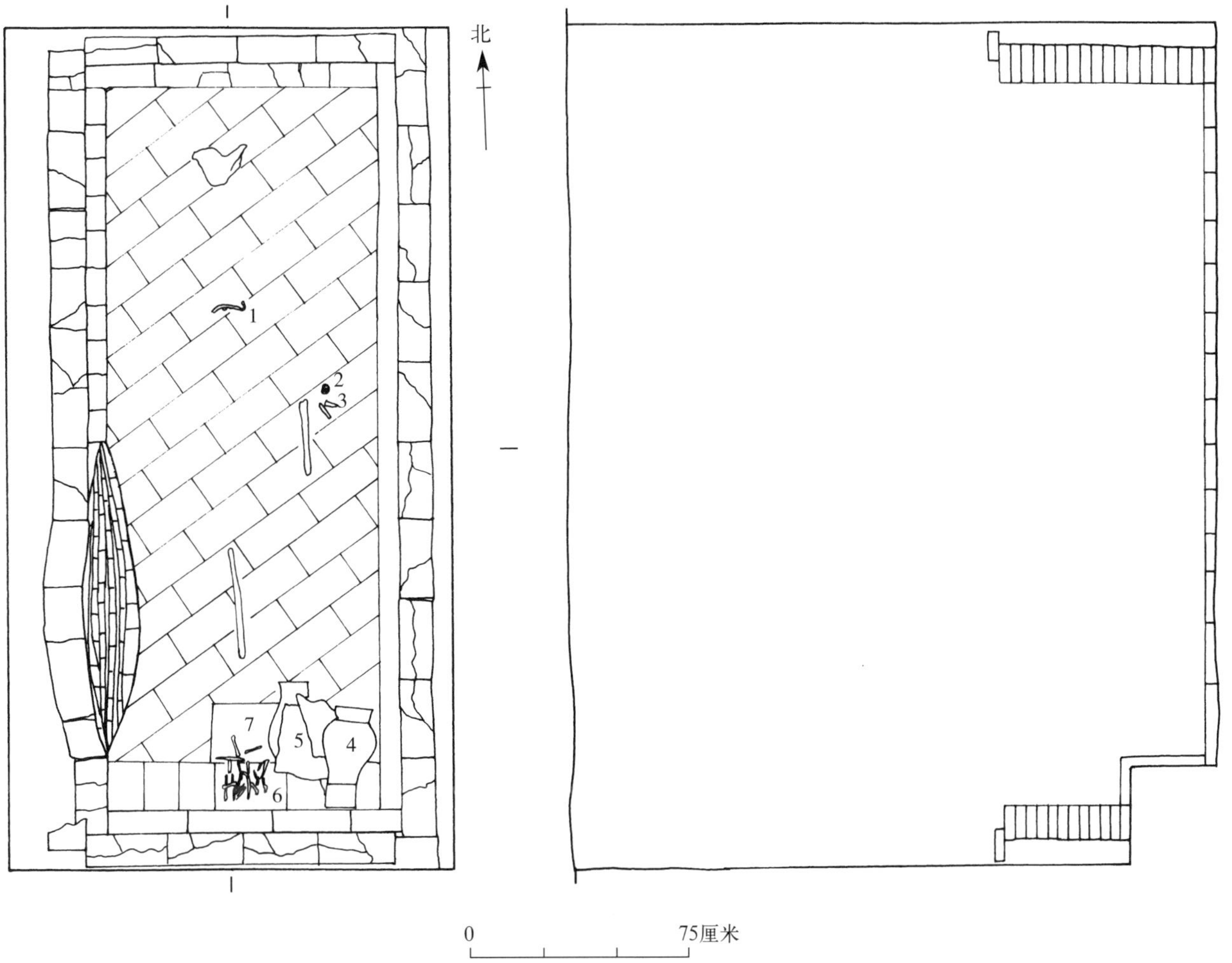

图 4-764　M696 平、剖面图

1. 铜带钩　2. 铜钱（10）　3. 铁镜架　4、5. 陶钫　6. 动物骨骼　7. 漆器痕迹

标本 M696：3，已残，两侧支脚扁长条形。残高 6.3 厘米（图 4-765，3）。

（三八〇）M697

1. 墓葬形制

位于墓地东北部，南面是 M834，西面为 M696。方向 22°（图 4-766；彩版二一九，1）。

长方形土坑竖穴砖椁墓。墓口长 2.8、宽 1.4、深 1.8 米。椁长 2.6、宽 1.1、高 0.7 米。椁室四壁青砖错缝顺向垒砌二十层。墓底错缝斜向平铺一层青砖。砖长 26、宽 12、厚 4 厘米。墓内填黄褐色五花土，经过夯打，质地较硬。夯窝圆形，排列无规律，直径 8 ～ 10、夯层厚 25 厘米。

人骨 1 具。头向北。骨骼严重腐朽，仅局部残留骨骼痕迹。性别、年龄无法鉴定。

随葬器物 43 件。陶壶 2 件放在椁室东南角。陶璧 2 件放置在南端。铜镜 1 枚，铜刷柄 1 件陈放墓主头骨左上方。铜钱 37 枚位于中部偏东。

2. 出土遗物

（1）陶器

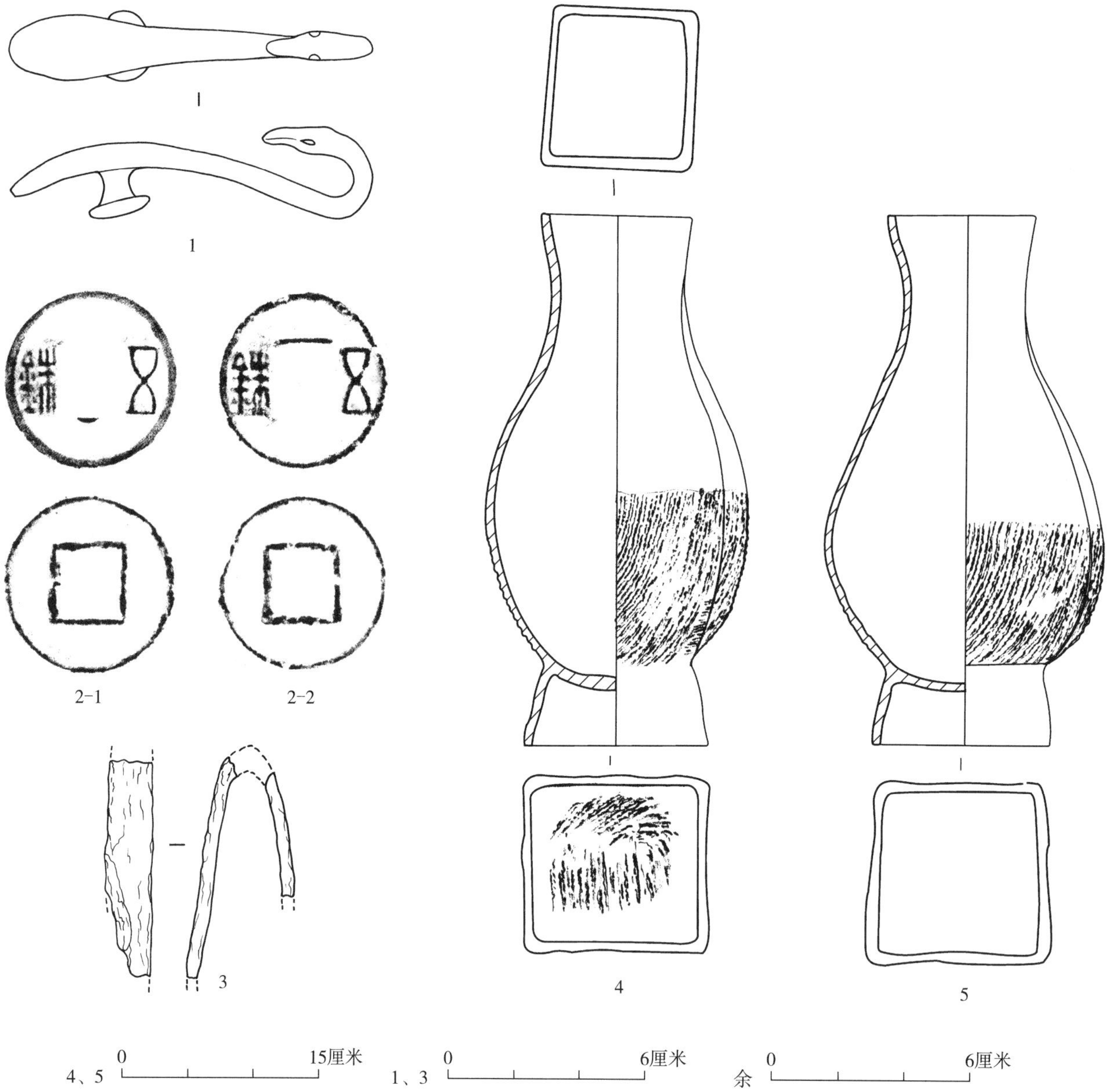

图 4-765　M696 出土器物

1. 铜带钩　2-1、2. 铜钱　3. 铁镜架　4、5. 陶钫

陶壶　2 件。灰陶。侈口，平沿，束颈，肩部微弧，鼓腹，下腹弧收，最大腹径居下腹，圈足。素面。

标本 M697∶4，泥质陶。圆唇，沿上及唇部饰一周凹弦纹，颈上一周凸棱，肩部各饰一、四周凸棱纹，圈足部饰一周凹弦纹。口径 12、底径 20、高 34 厘米（图 4-766，4；彩版二一九，2 左）。

标本 M697∶5，夹砂陶。方唇，颈上部饰一周凸棱，肩部饰两组一、四周凸棱，腹部饰三周戳印纹，圈足部饰两周凸弦纹。口径 13、底径 19、高 32.8 厘米（图 4-766，5；彩版二一九，2 右）。

陶璧　2 件。泥质灰陶。圆形，中间有圆孔。表面较光滑，局部有裂纹。素面。

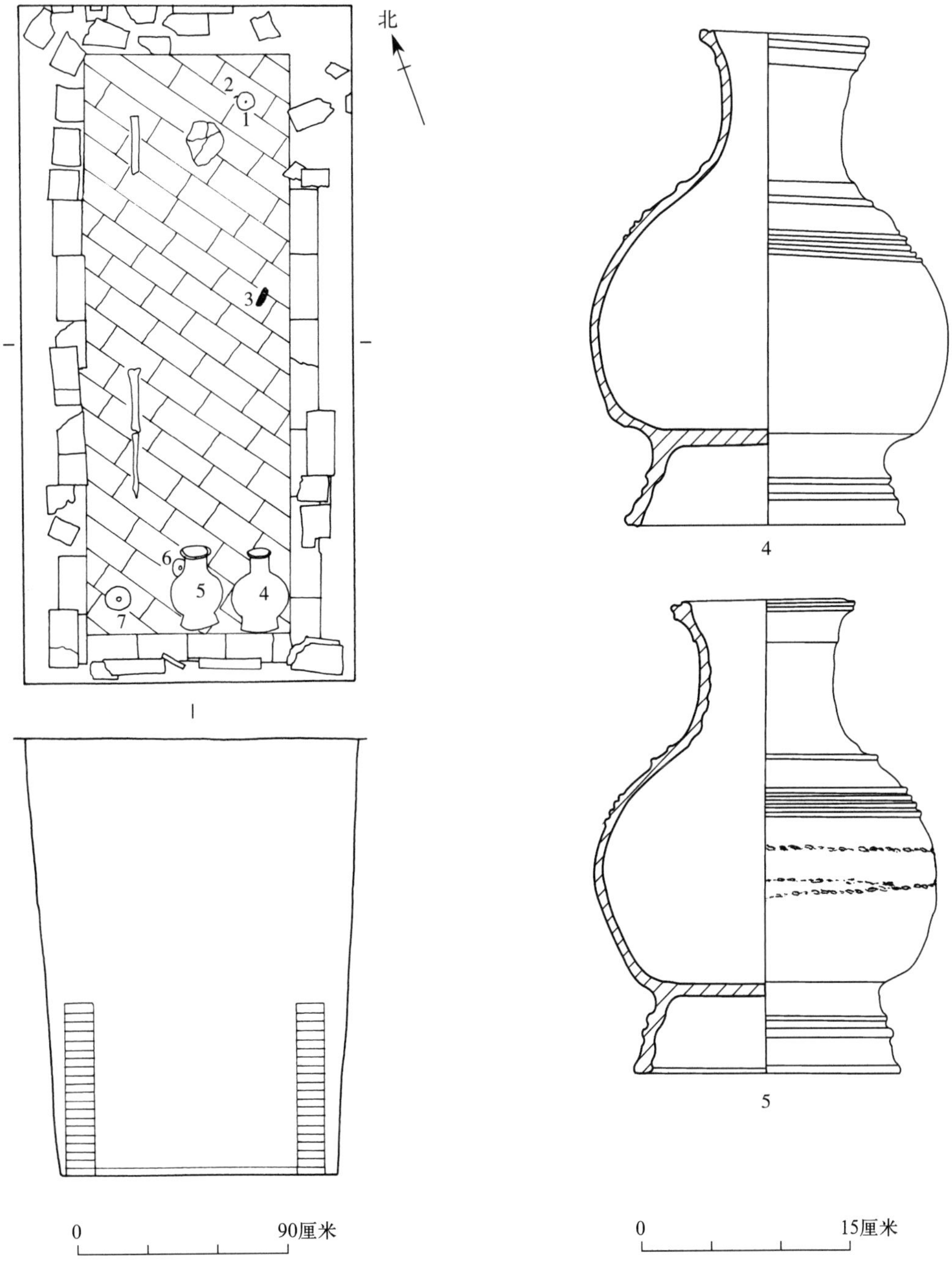

图 4-766　M697 及出土器物

1. 铜镜　2. 铜刷柄　3. 铜钱（37）　4、5. 陶壶　6、7. 陶璧

标本 M697 : 6，直径 10.2、孔径 3、厚 1.1 厘米（图 4-767，6；彩版二一九，3）。

标本 M697 : 7，直径 10.5、孔径 2.6、厚 0.9 ～ 1 厘米（图 4-767，7；彩版二一九，4）。

（2）**铜器**

铜镜　1 枚。

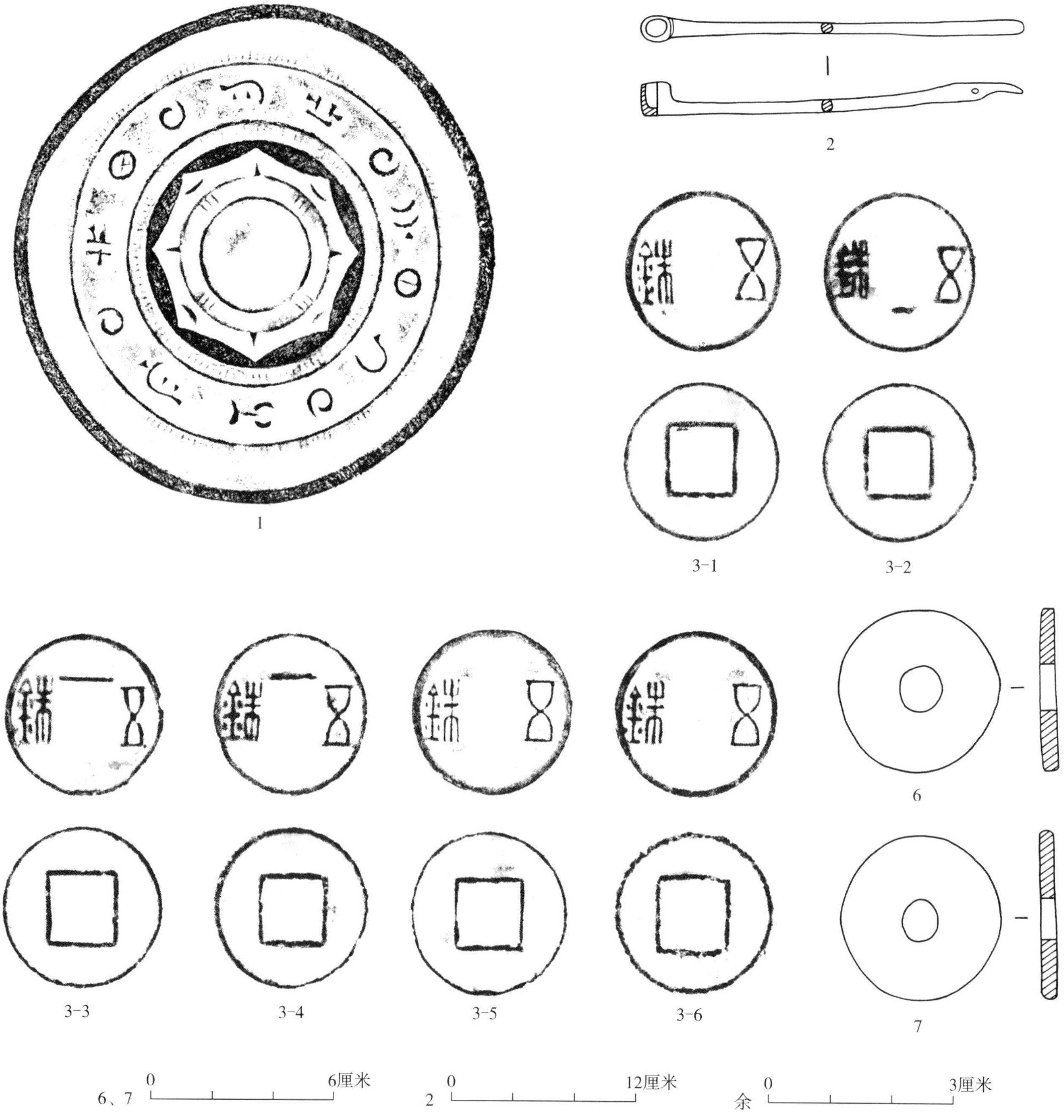

图 4-767　M697 出土器物

1. 铜镜　2. 铜刷柄　3-1～6. 铜钱　6、7. 陶璧

标本 M697∶1，日光凸弦连弧铭带镜。圆形，圆纽，圆纽座。座外均匀伸出四组短竖线（每组三条），再外一周凸弦纹，纹外均匀伸出四条锥形短线、夹饰月牙纹，再外一周内向八连弧纹圈带。外区两周短竖线和凸弦纹组合纹带，其间为顺时针铭文带“□日月心，勿夫毋勿忘”。圆转式篆隶体、笔画首尾加重呈楔形，有简化，每两字间隔一类似涡纹符号。窄素平缘。面径 7.9、缘厚 0.55 厘米（图 4-767，1；彩版二一九，5）。

铜刷柄 1件。

标本M697∶2，形似烟斗状，斗圆筒形中空，长条形，截面圆形，柄端翘起，有圆形小孔。长12.4厘米（图4-767，2）。

铜钱 37枚。均为五铢。圆形方穿，正面有轮无郭、背面轮郭俱全。根据钱文字体不同分为三种。

第一种 11枚。“五”字两笔交叉微曲，“朱”字上部方折，有的穿下半星。

标本M697∶3-1、2，直径2.5、穿边长1、厚0.16厘米（图4-767，3-1、2；彩版二一九，6左1、2）。

第二种 1枚。字体瘦长，“五”字两笔交叉弯曲程度较轻，与上、下两横相交处略内收，两横两端出头，“朱”字上部方折，有穿上横郭。

标本M697∶3-3，直径2.6、穿边长1、厚0.18厘米（图4-767，3-3；彩版二一九，6右2）。

第三种 25枚。“五”字两笔交叉弯曲，与上、下两横相交处外放、微内收或垂直，“铢”字“金”字头三角形，较小，有的低于“朱”字，“朱”字上部方折。有的穿上横郭。

标本M697∶3-4～6，直径2.5、穿边长1、厚0.2厘米（图4-767，3-4～6；彩版二一九，6右1）。

（三八一）M699

1. 墓葬形制

位于墓地东北部，打破M835，南面是M831，西面为M838。方向15°（图4-768）。

长方形土坑竖穴砖椁墓。墓口长2.7、宽1.6、深1.9米。椁长2.35、宽0.86、深0.62～0.7米。椁室东、西、北三壁均顺向错缝垒砌青砖。东、西两壁十七层、北壁十八层。两砖之间留0.05～0.1米缝隙，中间填充黄土。墓内填黄褐色五花土，经过夯打，土质较坚硬。夯窝圆形，分布稀疏，排列无规律，直径8～10厘米。墓底平铺一层青砖，“人”字形排列。

人骨1具。头朝北，面向上，仰身直肢。骨骼保存较差，仅残存头骨、下肢、左趾骨。女性，年龄20～24岁。

随葬器物40件。铜镜2枚，铜刷柄、铁镜架各1件，放在墓主头骨左侧。铜钱36枚置于墓主右股骨上侧。

2. 出土遗物

（1）铜器

铜镜 2枚。

标本M699∶1，昭明圈带连弧铭带镜，锈蚀较重。圆形，圆纽，圆纽座。座外似环列分布短竖线、不甚清晰，再外一周窄凸面圈带，带外伸出四短竖线、夹饰内附三短竖线的外弧月牙纹，再外一周内向八连弧纹圈带。外区两周短斜线和凸弦纹组合纹带，其间为顺时针铭文带“内清以昭明，光夫日月，心忽而穆忠，然雍塞而不泄”。字体为圆转式篆隶体、个别笔画首尾呈楔形。宽素平缘。面径11.8、缘厚0.4厘米（图4-768，1；彩版二一八，5）。

标本M699∶2，昭明圈带铭带镜。圆形，圆纽，圆纽座。座外均匀伸出四组短竖线（每组三条），再其外一周窄凸面圈带。外区两周短斜线和凸弦纹组合纹带，其间为顺时针铭文带“内清以，日月，心忽而忠，然雍塞泄”。字体为圆转式篆隶体。宽素平缘。面径7.9、缘厚0.3厘米（图4-768，2；彩版二一八，6）。

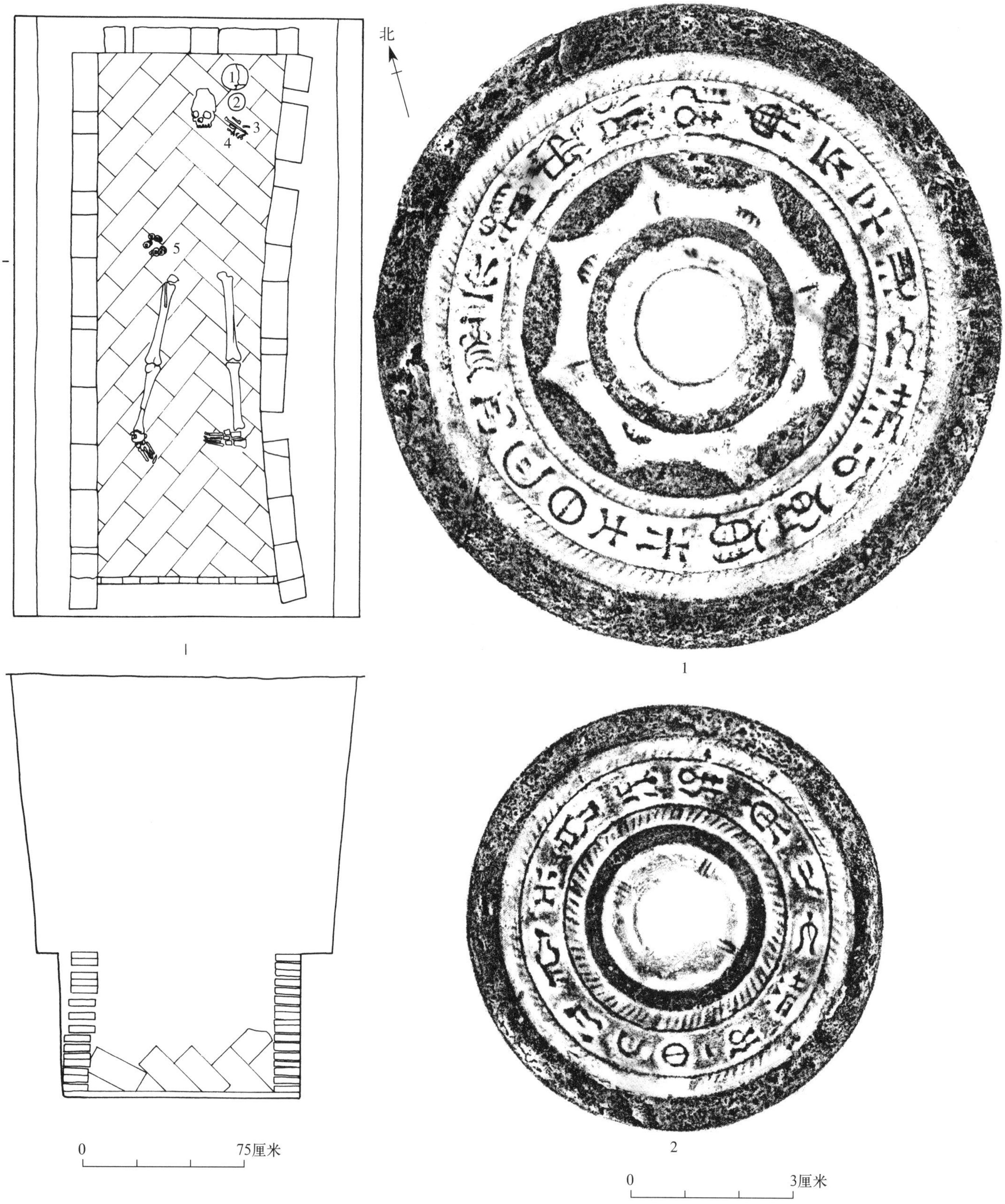

图4-768　M699及出土器物

1、2. 铜镜　3. 铜刷柄　4. 铁镜架　5. 铜钱（36）

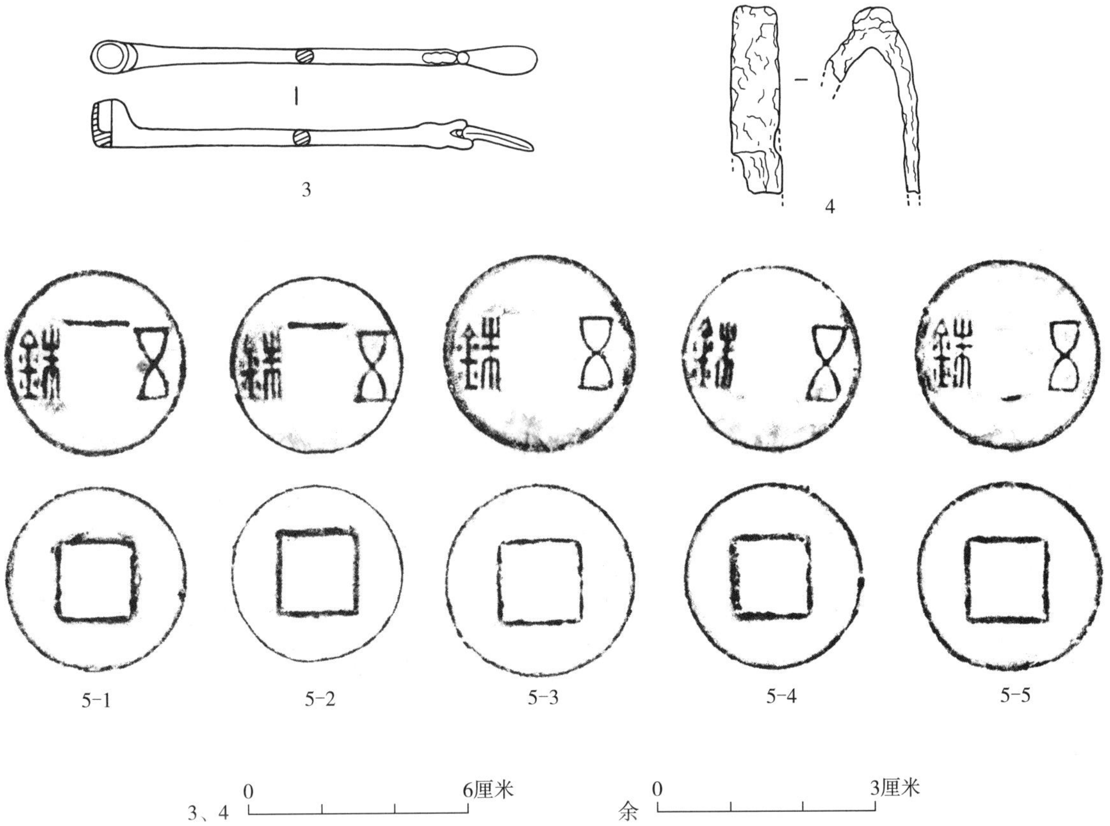

图 4-769　M699 出土器物

3. 铜刷柄　4. 铁镜架　5-1～5. 铜钱

铜刷柄　1 件。

标本 M699∶3，形似烟斗状，斗圆筒形中空，细长柄，截面圆形，柄端翘起，有圆形小孔。长 12.2 厘米（图 4-769，3）。

铜钱　36 枚。均为五铢。圆形方穿，正面有轮无郭，背面轮郭俱全。根据钱文字体不同分为两种。

第一种　7 枚。“五”字两笔交叉微曲，“铢”字“金”头呈三角形，与“朱”等齐，“朱”字上部方折。

标本 M699∶5-1，直径 2.5、穿边长 1、厚 0.17 厘米（图 4-769，5-1）。

第二种　29 枚。“五”字两笔交叉弯曲，有的上、下两横出头，“朱”字上部方折，有的穿上横郭。

标本 M699∶5-2 ～ 5，直径 2.5、穿边长 1、厚 0.15 厘米（图 4-769，5-2 ～ 5）。

（2）铁器

铁镜架　1 件。

标本 M699∶4，叉形，两侧扁长条形，已残缺。残高 4.9 厘米（图 4-769，4）。

（三八二）M700

1. 墓葬形制

位于墓地东北部，打破 M836，西面是 M839、M701。方向 354°（图 4-770；彩版二二〇，1）。

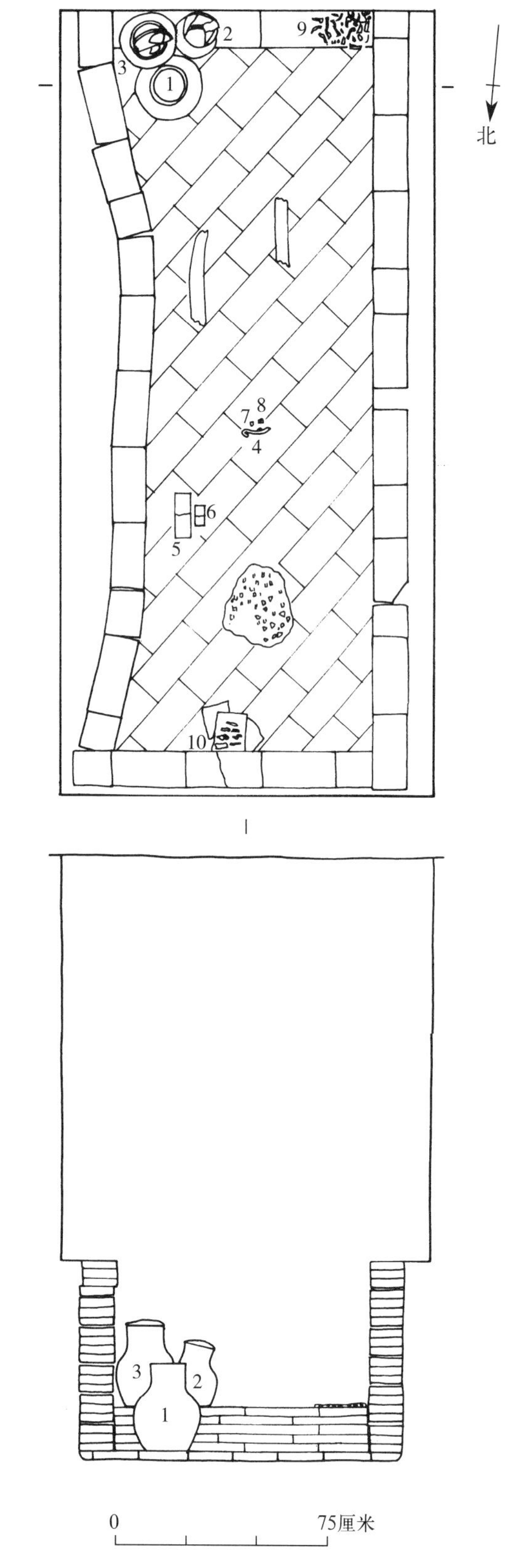

图4-770　M700平、剖面图

1～3. 陶壶　4. 铜带钩　5. 石黛板　6. 石研磨器　7. 铜印章　8. 铜饰件　9、10. 动物骨骼

长方形土坑竖穴砖椁墓。墓口长2.67、宽1.3、深2.58米。椁长2.4、宽0.9、高0.65米。椁室四壁均错缝顺向平铺青砖。东、西两壁二十层，北壁十七层，南壁仅残存五层。墓底错缝斜向排列一层青砖。砖长26、宽12、厚4厘米。墓内填黄褐色五花土，经过夯打，土质较坚硬。夯窝圆形，分布稀疏，排列无规律，直径7～8厘米。

人骨1具。头朝北，仰身直肢。骨骼腐朽严重，仅残存部分下肢骨遗骸。性别、年龄无法鉴定。

随葬器物8件。陶壶3件放在椁室东南角。铜带钩、铜印章、铜饰件各1件放置墓主腰部。石黛板、石研磨器放于墓主头左下方。乳猪、鸡骨散落于椁底北端中部。

2. 出土遗物

（1）陶器

陶壶　3件。泥质灰陶。弧顶盖。壶侈口，束颈，鼓腹，平底微凹。

标本M700∶1，下腹饰三周戳印纹，上腹饰放射状刻划纹。口径14、底径18、通高28厘米（图4-771，1）。

标本M700∶2，器表有抹制痕，腹部饰三周戳印纹。口径13、底径16、通高26厘米（图4-771，2）。

标本M700∶3，下腹饰四周戳印纹。口径11.6、底径15.4、高18.4、通高20.2厘米（图4-771，3）。

（2）石器

石黛板　1件。

标本M700∶5，青灰色页岩。长方形扁薄石板，横截面长方形，断为两截。正面平整光滑，背部粗糙，一端略缺损，体有裂痕。素面。长14.8、宽5.5、厚0.3厘米（图4-772，5；彩版二二〇，2）。

石研磨器　1件。

标本M700∶6，砂岩质。方形研体，中部崩裂为两块，圆形纽，纽面平整光滑，部分残缺。研面平整光滑。边长3.4、厚0.9厘米（图4-772，6；彩版二二〇，3）。

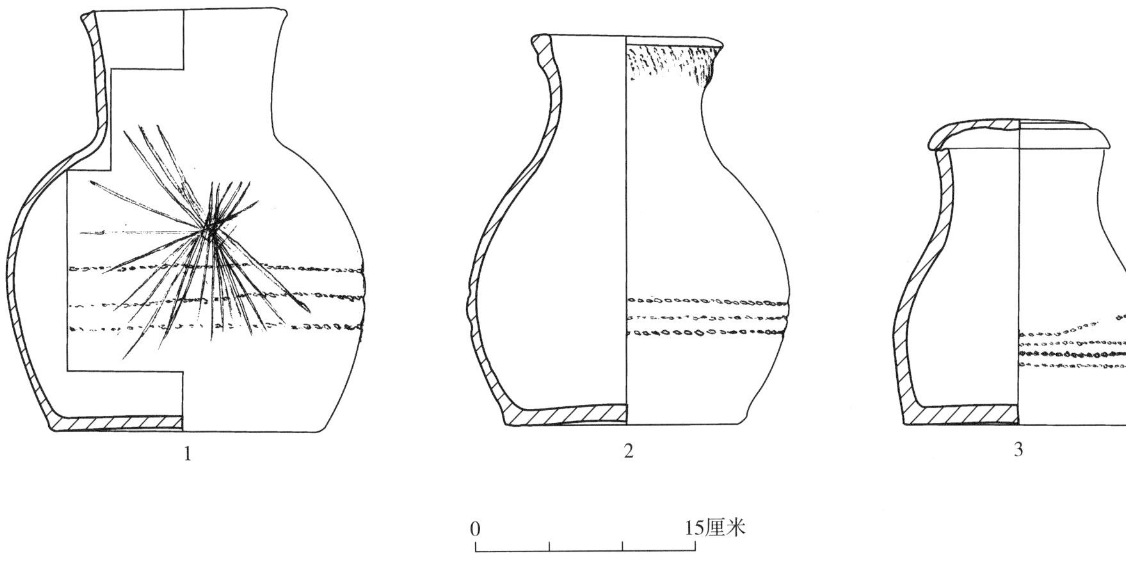

图 4-771　M700 出土器物

1～3. 陶壶

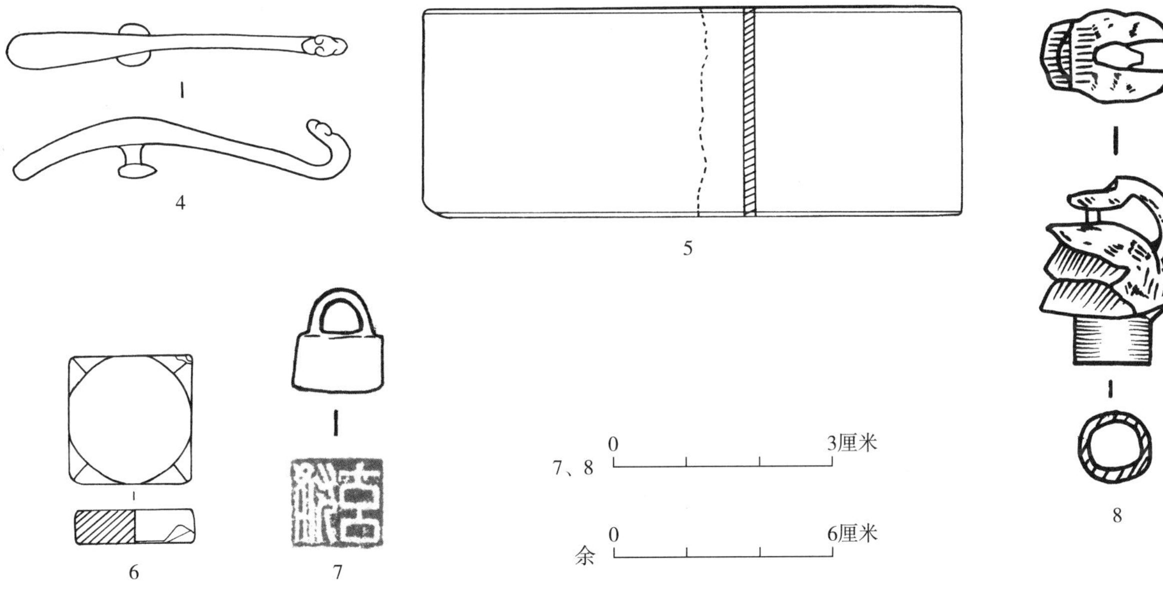

图 4-772　M700 出土器物

4. 铜带钩　5. 石黛板　6. 石研磨器　7. 铜印章　8. 铜饰件

（3）**铜器**

铜带钩　1 件。

标本 M700 : 4，柳叶形。钩呈马首状，双目突出，两耳竖起立于首部上端两侧，断面近圆形，圆形纽位于钩尾背面前端。长 9.3、宽 1 厘米（图 4-772，4；彩版二二〇，4）。

铜印章　1 枚。

标本M700∶7，方形印体，桥形纽，印面方形，阴文篆书“玄妭”，人名，玄妭即美妇。印面边长1.2、通高1.4厘米（图4-772，7；彩版二二〇，5、6）。

铜饰件　1件。

标本M700∶8，形似鹅状，体平卧，长颈屈曲，鹅头回首状，长喙，双目突出。长喙下端与背部相连，鹅背阴刻竖向直线，以显示羽毛纹理。鹅腹圆形筒，中间圆孔用以穿插。应为某种器物顶端饰品。长2.1、高2.5、外径1、厚0.1～0.2厘米（图4-772，8；彩版二二〇，7）。

（三八三）M702

1. 墓葬形制

位于墓地东北部，被M656打破，北面是M673，东面为M654。方向278°（图4-773）。

长方形土坑竖穴砖椁墓。墓口长2.75、宽1.3、深1.85米。椁长2.37、宽0.86、高0.52米。椁室四壁均用青砖平铺顺向错缝垒砌。南、北两壁及西端十三层，东端十七层。墓底平铺一层青砖，“人”字形排列。砖长28、宽12、厚4厘米。墓内填黄褐色五花土，经过夯打，土质较坚硬。夯窝圆形，分布密集，直径7～8厘米。

人骨1具。头向西，面向左，仰身直肢。骨骼保存较差，头骨破碎，仅残存部分躯干遗骸。女性，年龄20～25岁。

随葬器物3件。彩绘陶壶2件放在椁室西北角。铜镜1枚放置墓主头骨左侧。鱼鲷科、乳猪骨置于西南角。

2. 出土遗物

（1）陶器

陶壶　2件。形制相同。泥质灰陶。侈口，沿面外斜，尖唇，束颈，鼓腹，平底。颈及腹部分别饰三周及两周白彩纹，肩饰白、红彩火焰纹。

标本M702∶1，口径12.3、底径15.6、高23.6厘米（图4-774，1；彩版二二一，1）。

标本M702∶2，平底微凹。下腹饰四周戳印纹。口径12.6、底径14、高24.2厘米（图4-774，2；

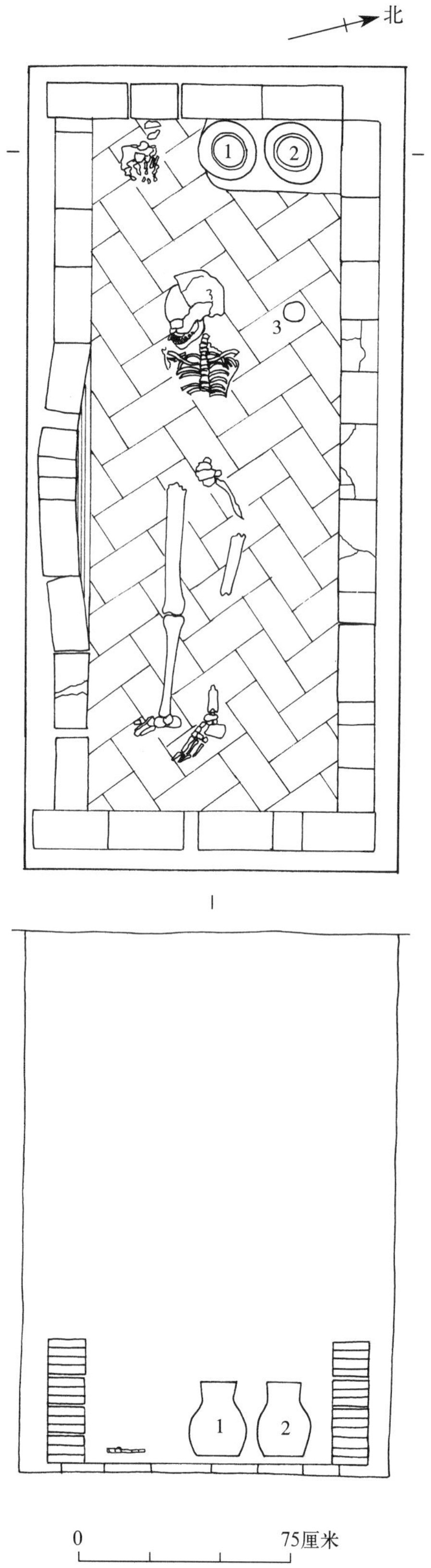

图4-773　M702平、剖面图

1、2. 陶壶　3. 铜镜

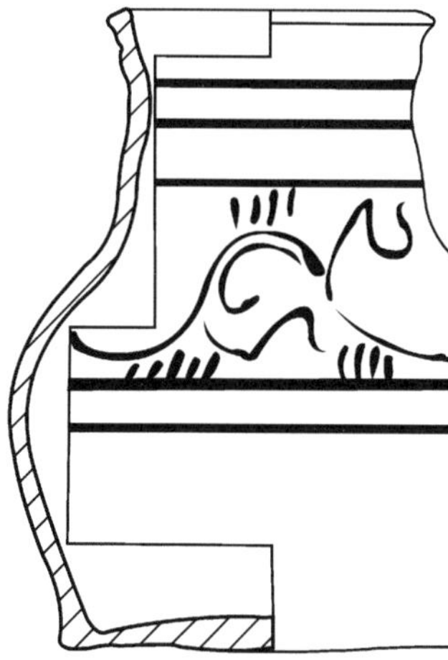

1

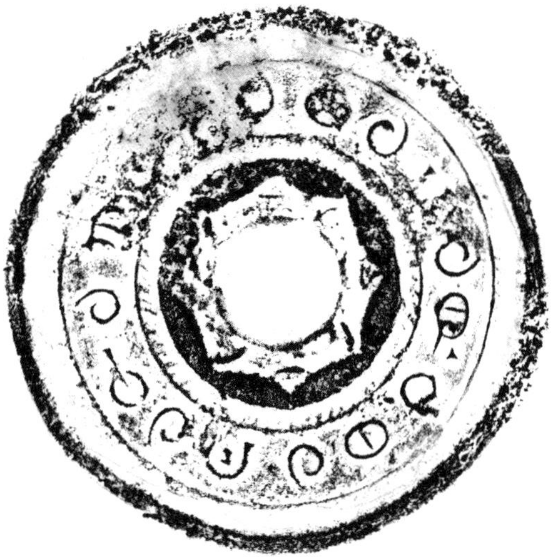

3

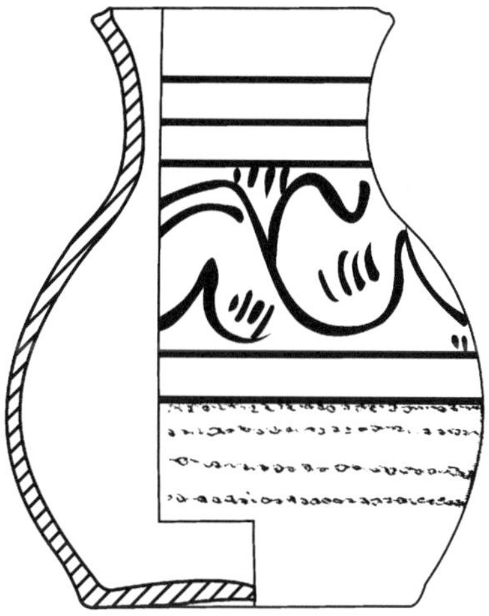

2

图 4-774　M702 出土器物

1、2. 陶壶　3. 铜镜

彩版二二一，2）。

（2）铜器

铜镜　1 枚。

标本 M702∶3，日光连弧铭带镜，锈蚀较重。圆形，圆纽，圆纽座。座外均匀伸出四条短弧线、夹饰月牙纹，再外一周内向八连弧纹圈带。外区两周短竖线和凸弦纹组合纹带，其间为顺时针铭文带“见日月心，勿夫毋忘”。字体为圆转式篆隶体、有简化，每字间隔一类似涡纹符号。窄素平缘。面径 6.9、缘厚 0.4 厘米（图 4-774，3；彩版二二一，3）。

（三八四）M703

1. 墓葬形制

位于墓地东北部，被 M656 打破，西面是 M666。方向 5°（图 4-775）。

长方形土坑竖穴砖椁墓。墓口长 3.25、宽 1.74、深 2.92 米。椁长 3、宽 0.82、深 0.58 米。椁室东、西、南三壁用青砖错缝顺向垒砌，东十三层，西十一层，南五层，砖与砖之间留有 0.05 ～ 0.15 厘米

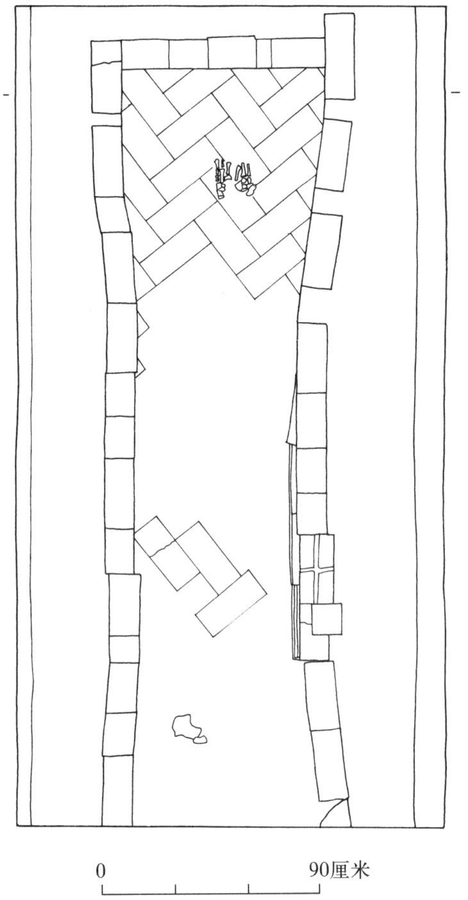

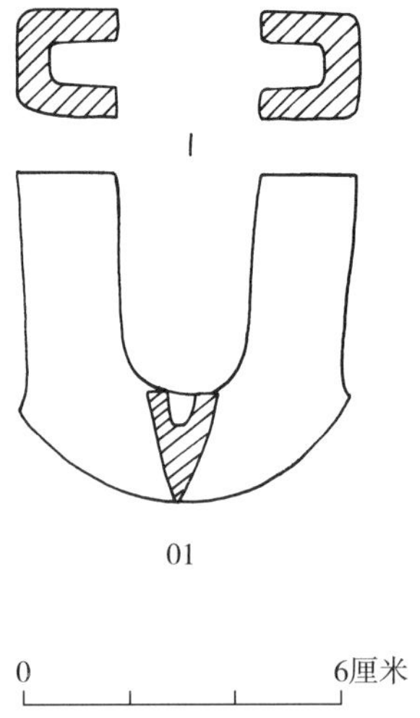

图 4-775　M703 及出土器物

01. 铁锸

缝隙，中间填充黄土。北壁为土圹。墓底平铺一层青砖，“人”字形排列。砖长 28、宽 12、厚 4 厘米。墓内填黄褐色五花土，经过夯打，土质较坚硬。夯窝圆形，分布较稀疏，排列无规律，直径 7～8 厘米。填土中发现铁锸 1 件及乳猪、鸡、鲴科、鱼骨。

人骨 1 具。头向北，仅残存少量碎骨片。性别无法鉴定，年龄 17～20 岁。

随葬器物无。

2. 出土遗物

铁器

铁锸　1 件。

标本 M703 : 01，锈蚀严重。凹字形，上窄下宽，中空成銎，斜体弧刃。长 6、宽 6.5 厘米（图 4-775，01）。

（三八五）M705

1. 墓葬形制

位于墓地东北部，被 M656 叠压，被 M702、M781 打破。方向 17°（图 4-776）。

长方形土坑竖穴砖椁墓。墓口残长 2.45、宽 1.1、深 1.22 米。椁长 2.3、宽 0.78、高 0.78 米。北壁被打破。东、西、南三壁顺向错缝垒砌青砖，椁室上部东、西两壁五～七层，下部生土。南壁下部六层，砖与砖之间有 0.05 ～ 0.2 米缝隙，中间填充黄土。墓底平铺一层青砖，“人”字形排列。砖长 28、宽 12、厚 4 厘米。墓内填黄褐色五花土，土质较松软。

人骨 1 具。头朝北。墓主头骨破碎，仅残存趾骨遗骸。性别无法鉴定，成年个体。

随葬 1 枚铜镜放在墓主头骨左侧。

2. 出土遗物

铜器

铜镜　1 枚。

标本 M705 : 1，圈带蟠虺连弧镜，锈蚀严重，局部残缺。圆形，三弦纽。纽外一周凹面圈带，其外两周凸弦纹之间为主纹和地纹。地纹为成组平行折线纹。主纹为四条呈“S”形卷曲的蟠虺纹。再外一周内向十六连弧纹圈带。宽素卷缘。面径 9、缘厚 0.3 厘米（图 4-776，1）。

（三八六）M706

墓葬形制

位于墓地东北部，被 M696 打破，南面是 M699、M838。方向 13°。

长方形土坑竖穴砖椁墓。墓口长 2.4、宽 0.2 ～ 0.4、深 1.45 米。椁室青砖垒砌，由于破坏严重，仅西壁残存六层青砖，为横排错缝叠压垒砌。砖长 32、宽 12、厚 6 厘米。墓内填黄褐色五花土，经过夯打，土质较坚硬。夯窝圆形，排列无规律，直径 8 ～ 10、夯层厚 25 厘米。

人骨无。

随葬器物无。

（三八七）M709

1. 墓葬形制

位于墓地东北部，北部被 M707 打破，东面是 M716，西南面为 M680。方向 10°（图 4-777）。

长方形土坑竖穴砖椁墓。墓口长 2.8、宽 1.6、深度不详。北壁头端有长方形壁龛，长 0.9、宽 0.3、高 0.4 米。墓底东、西两壁有生土二层台，宽 0.18 ～ 0.3、高 0.7 米。椁室破坏严重，垒砌青砖情况不明。墓内填黄褐色五花土，经过夯打，土质较坚硬。夯窝圆形，排列无规律，直径 8 ～ 10、夯层厚 25 厘米。

人骨无。

壁龛内放置彩绘陶壶 2 件。

2. 出土遗物

陶器

陶壶　2 件。泥质灰陶。弧顶盖，菌形纽。壶侈口，弧沿，圆唇，束颈，溜肩，鼓腹，下腹内收，喇叭形圈足。颈及腹部分别饰两周及一周红色彩带纹。

标本 M709 : 1，腹部红色彩带处饰两周戳印纹，间饰白彩底及紫彩。口径 12、底径 11、通高 36 厘米（图 4-777，1）。

标本 M709 : 2，腹部红色彩带处饰一周戳印纹，余部饰白彩底，肩部饰黑色彩带纹，白、黑彩均脱落。口径 11.5、底径 11.2、通高 34 厘米（图 4-777，2）。

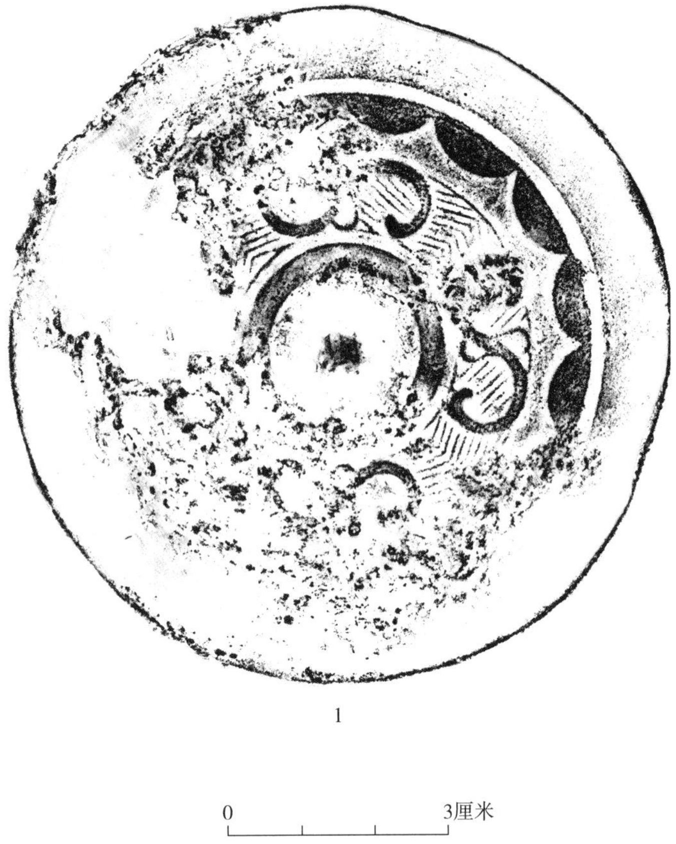

图 4-776 M705 及出土器物
1. 铜镜

（三八八）M710

1. 墓葬形制

位于墓地东北部，北面是M682，东面为M900，西面是M714。方向14°（图4-778）。

长方形土坑竖穴砖椁墓。墓口长2.6、宽1.4～1.6、深2.02米。椁长2.22、宽0.9、高0.65米。椁室四壁青砖平铺错缝顺向垒砌，上面侧向平铺一层青砖。墓底铺地砖中部顺向一排，两侧“丁”字形一排。砖长32、宽12、厚6厘米。墓内黄褐色五花土，经夯打，质地较硬。夯窝圆形，排列无规律，直径8～10、夯层厚25厘米。

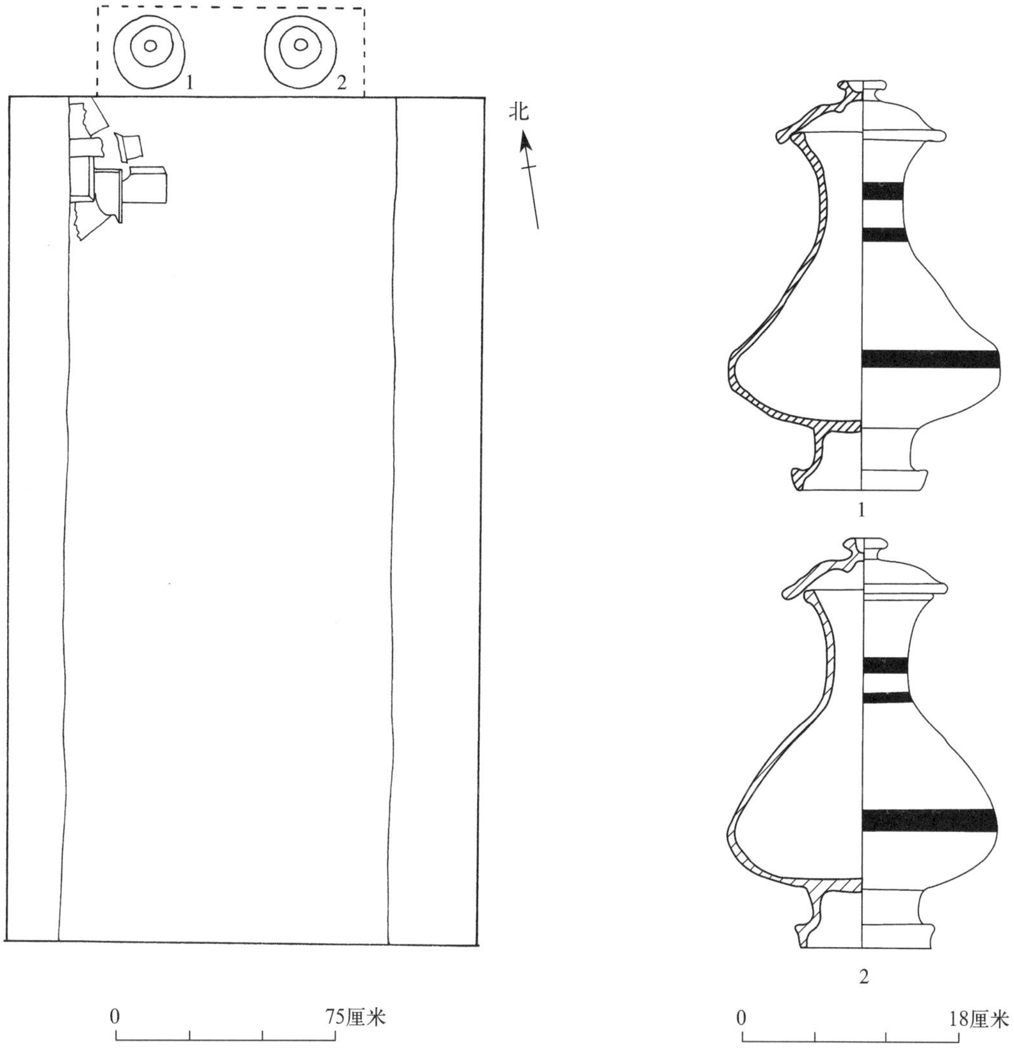

图 4-777　M709 及出土器物

1、2. 陶壶

人骨1具。头向北、面向和葬式不详。骨骼保存较差，仅存留部分下肢骨残骸。性别、年龄无法鉴定。

随葬器物 2 件。陶罐 1 件放在椁室南壁西侧。铜钱 1 枚放置中部偏东。

2. 出土遗物

（1）**陶器**

陶罐　1 件。

标本 M710∶2，泥质灰陶。敛口，平沿，束颈，圆腹，小平底。中腹饰两周戳印纹，下腹饰绳纹。口径 13.8、底径 10、高 17.6 厘米（图 4-778，2）。

（2）**铜器**

铜钱　1 枚。

标本 M710∶1，半两，圆形方穿，正、背两面无轮无郭。篆书，“两”字中间不出头，两“人”字作横划。直径 2.2、穿边长 0.8、厚 0.08 厘米（图 4-778，1）。

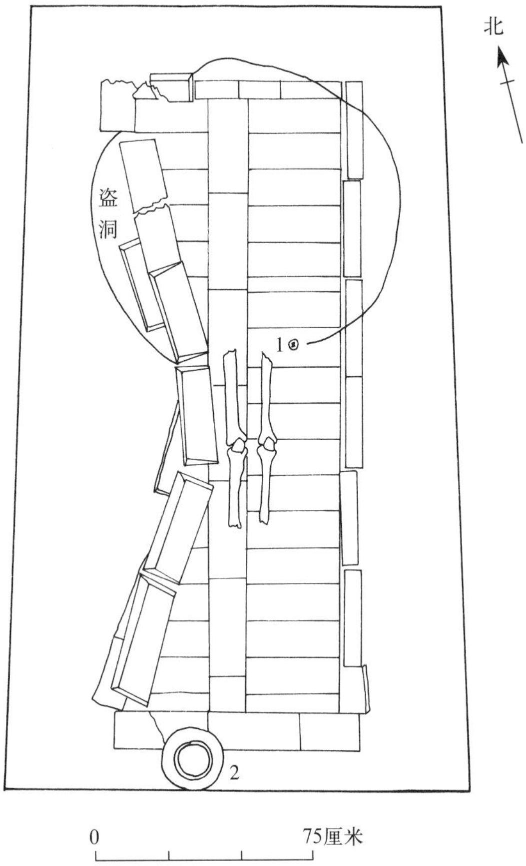

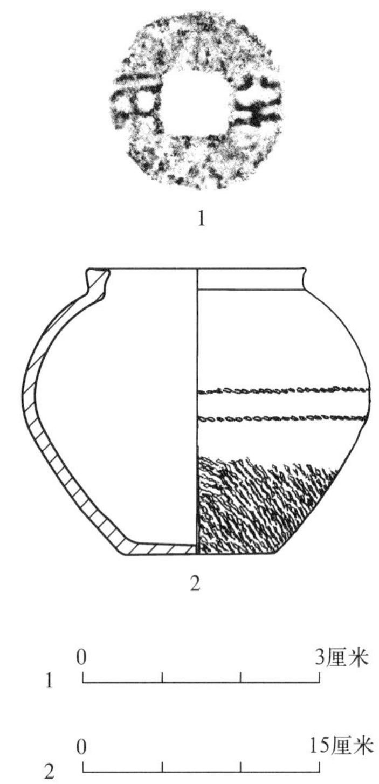

图 4-778　M710 及出土器物

1. 铜钱　2. 陶罐

（三八九）M713

1. 墓葬形制

位于墓地东北部，东面是M711、M712。方向114°（图4-779）。

长方形土坑竖穴砖椁墓。墓口长2.6、宽1、深2.53米。椁长2.1、宽0.9、高0.75米。椁室四壁青砖侧向斜铺，“人”字形垒砌。墓底铺地砖错缝斜向排列。木棺已腐朽，仅见少量板灰痕迹。砖长24、宽12、厚3厘米。墓内填黄褐色五花土，经过夯打，土质较致密。夯窝圆形，直径8～10、夯层厚2厘米。填土中发现铜钱1枚。

人骨1具。头向东，面向上，仰身直肢。骨骼已腐朽，仅存头骨、下肢骨残骸。性别、年龄无法鉴定。

随葬器物3件。陶壶2件放在椁室西侧。铜带钩1件置于墓主口内。

2. 出土遗物

（1）陶器

陶壶　2件。泥质灰陶。

标本M713∶2，侈口，沿面外斜，尖唇，束颈，溜肩，鼓腹，圈足。上腹有制作抹痕，下腹饰绳纹。口径15、底径12.8、高25厘米（图4-779，2）。

标本M713∶3，平底微凹。肩及上腹有制作抹痕，腹部饰两周戳印纹。口径12.8、底径16.5、高26厘米（图4-779，3）。

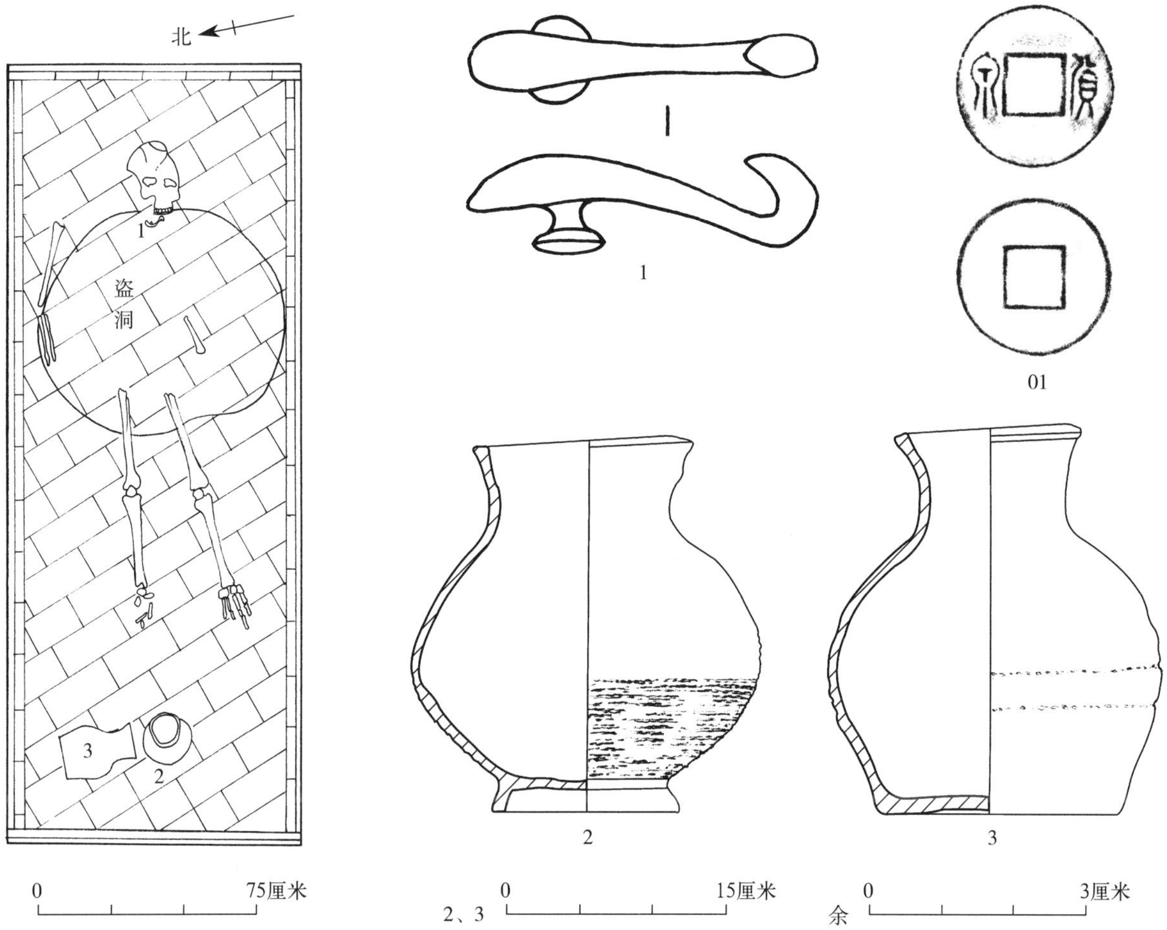

图 4-779　M713 及出土器物

1. 铜带钩　2、3. 陶壶　01. 铜钱

（2）**铜器**

铜带钩　1 件。

标本 M713∶1，琵琶形。钩呈兽首状，断面圆形，圆形纽位于钩尾背面中部。长 4.7 厘米（图 4-779，1）。

铜钱　1 枚。

标本 M713∶01，货泉。圆形方穿，正面有轮无郭，背面轮郭俱全。钱文篆书。直径 2.1、穿边长 0.7、厚 0.15 厘米（图 4-779，01）。

（三九〇）M716

1. 墓葬形制

位于墓地东北部，东面是 M718、M717，南面为 M715，西面是 M709。方向 10°（图 4-780）。

长方形土坑竖穴砖椁墓。墓口长 2.9、宽 1.8、深 2.95 米。椁长 2.4、宽 1.1、高 0.72 米。椁室垒砌青砖破坏严重，仅北部残存少量碎砖。墓底有生土二层台，高 0.72、宽 0.1 米。北端有头龛，长 0.84、宽 0.3、高 0.4 米。砖残长 26、宽 15、厚 4 厘米。墓内填黄褐色五花土，经过夯打，土质疏松。夯窝

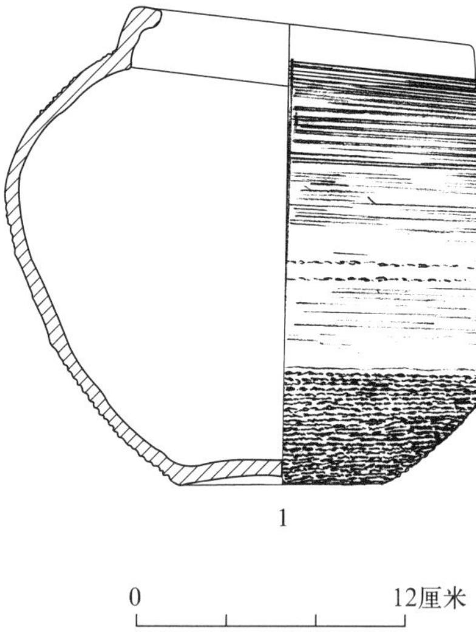

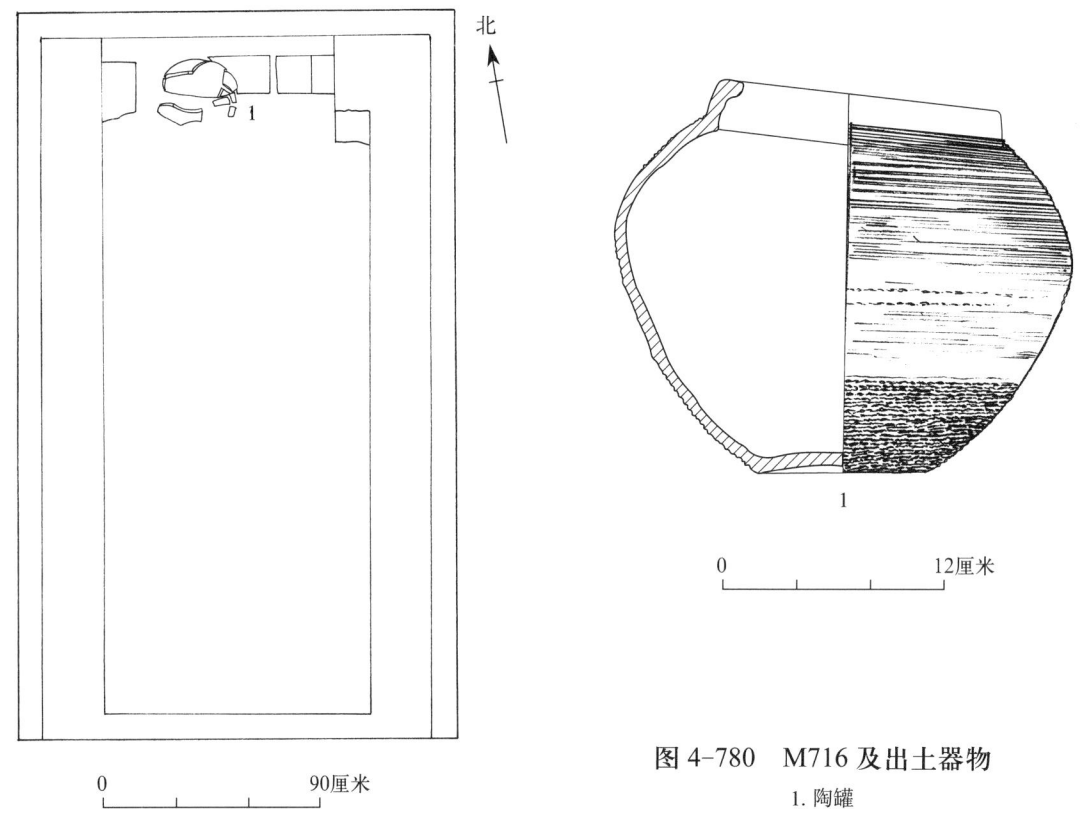

图 4-780　M716 及出土器物

1. 陶罐

圆形，分布稀疏，直径 7 ～ 8 厘米。

人骨无。

随葬陶罐 1 件放在头龛内。

2. 出土遗物

陶器

陶罐　1 件。

标本 M716∶1，泥质灰陶。敛口，平沿，颈部内收，圆腹，平底内凹。上腹饰数周抹制旋纹，间饰两周戳印纹，下腹饰绳纹。口径 15、底径 9、高 20.8 厘米（图 4-780，1）。

（三九一）M717

墓葬形制

位于墓地东北部，北面是 M718，东南面为 M719，西面是 M716。方向 110°。

长方形土坑竖穴砖椁墓。墓口长 2.6、宽 0.8、深 1.25 米。墓室长 2.6、宽 0.72、深 0.2 米。均用红砖错缝“丁”字形或顺向垒砌。东、西两壁四层、南、北两壁六层。墓底铺地砖为对缝“丁”字形垒砌。砖一侧饰绳纹与菱形纹，长 34、宽 14、厚 5 厘米。墓内填黄褐色五花土，土质较疏松。夹杂少量碎砖。

人骨无。

随葬器物无。

（三九二）M720

1. 墓葬形制

位于墓地东北部，被M605打破，东北面是M604，南面为M603。方向105°（图4-781）。

长方形土坑竖穴砖椁墓。墓口长2.96、宽1.66、深2.91米。椁长2.7、宽1.05、高1.04米。椁室四壁均青砖平铺错缝顺向垒砌二十一层。墓底一层铺地砖，“人”字形排列。砖长27、宽12、厚

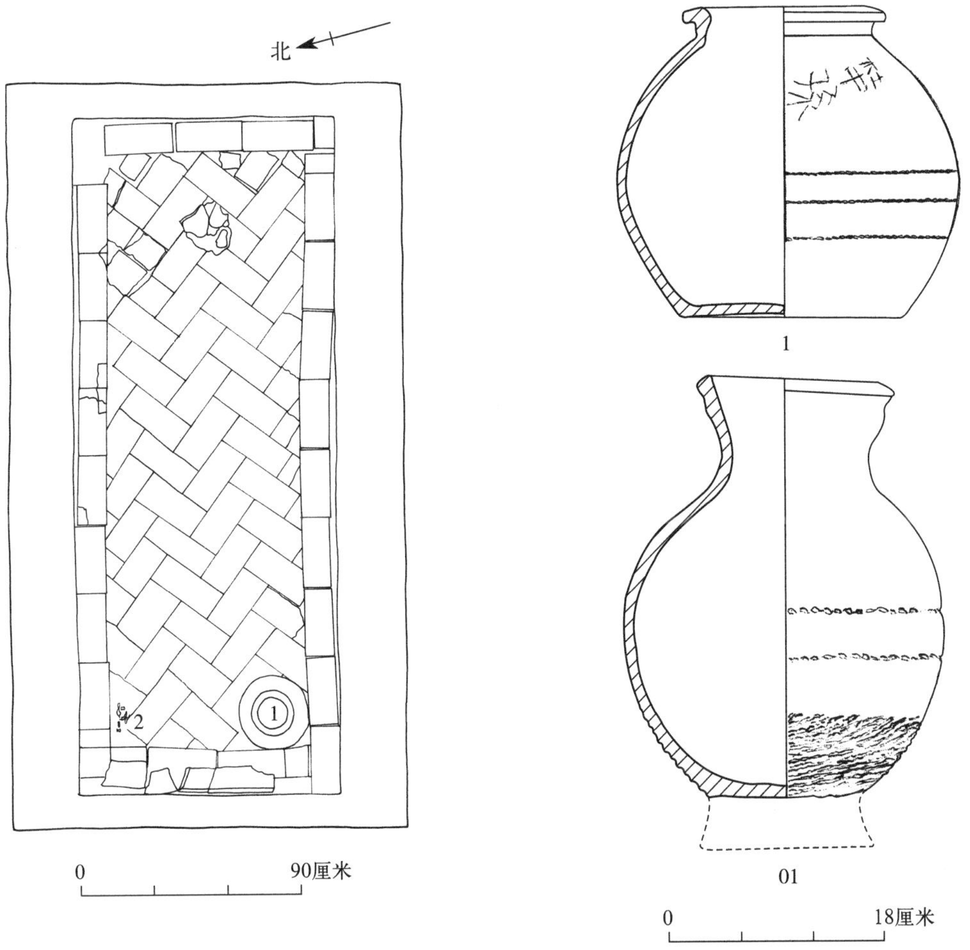

陶罐M720：1肩部刻划符号拓片（1/3）

图4-781　M720及出土器物

1. 陶罐　2. 动物骨骼　01. 陶壶

3厘米。墓内填黄褐色五花土，土质较致密。填土中发现1件陶壶。

人骨1具。头向东。骨骼保存较差，墓主面向和葬式不明。仅残存部分头骨残骸。性别、年龄无法鉴定。

随葬陶罐1件放在椁室西南角。乳猪放置西北处。

2. 出土遗物

陶器

陶罐　1件。

标本M720∶1，泥质灰陶。敛口，折平沿，方唇，束颈，圆腹，平底微内凹。素面。腹中部饰三周戳印纹，肩部刻有“杜中孙”（？）三字。口径16.7、底径18.7、高24.7厘米（图4-781，1）。

陶壶　1件。

标本M720∶01，泥质灰陶。侈口，沿面外斜，束颈，鼓腹，圈足残。器表有制作抹痕，腹部饰两周戳印纹，下腹饰绳纹。口径16.8、残高36厘米（图4-781，01）。

（三九三）M721

1. 墓葬形制

位于墓地东北部，北面是M601，东面为M596。方向105°（图4-782）。

长方形土坑竖穴砖椁墓。墓口长3.36、宽1.6、深1.98米。椁长2.79、宽1.05、高0.88米。椁室东、南、北三壁青砖错缝平铺叠砌十一层；西壁脚箱单砖侧立叠砌两层，上面顺向铺压一层。台高0.33、宽0.34米。墓底铺地砖“人”字形排列。砖长34、宽14、厚5厘米。墓内填黄褐色花土，经过夯打，土质较坚硬。夯窝椭圆形，不规则排列，直径7～15、间距2～8、夯层厚10～15厘米。

人骨1具。骨骼腐朽严重，仅见墓主头骨、牙齿及下肢骨残骸。头向东，面向北。性别、年龄无法鉴定。

随葬陶罐1件放在脚箱内。乳猪、母猪、猪、鸡骨置于椁室西北角。

2. 出土遗物

陶器

陶罐　1件。

标本M721∶1，泥质灰陶。直口，沿面弧曲，方唇，束颈，鼓腹，下部弧收，小平底。上腹有制作抹痕，腹部饰五周戳印纹，下腹及底部饰绳纹。口径16、底径10、高24厘米（图4-782，1）。

（三九四）M722

1. 墓葬形制

位于墓地东北部，被M609打破，北面是M723，东北面为M729。方向110°（图4-783）。

长方形土坑竖穴砖椁墓。墓口长1.9、东宽0.68、西宽0.64、深0.86米。椁长1.36、宽0.46、高0.34米。椁室四壁侧立垒砌两层青砖。墓底铺地砖为横向排列。砖长34、宽14、厚6厘米。墓内填黄褐色五花土，土质较致密。填土中发现铜钱2枚。

人骨无。

随葬器物无。

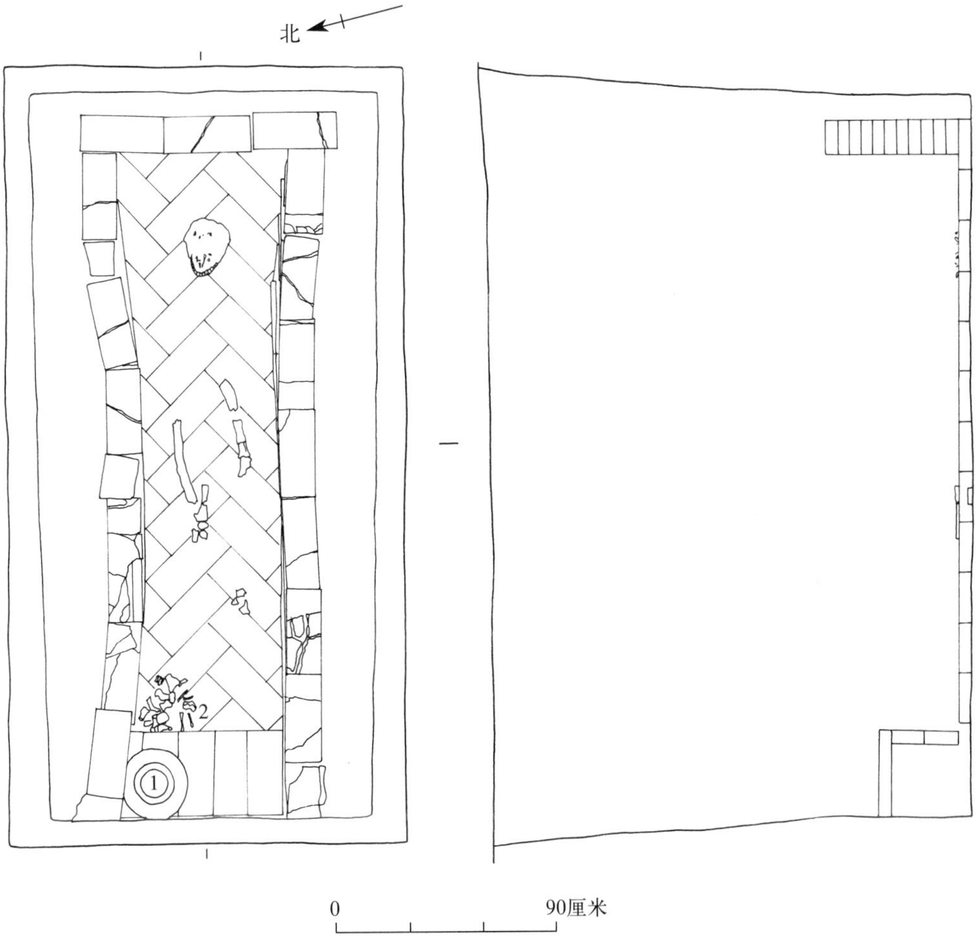

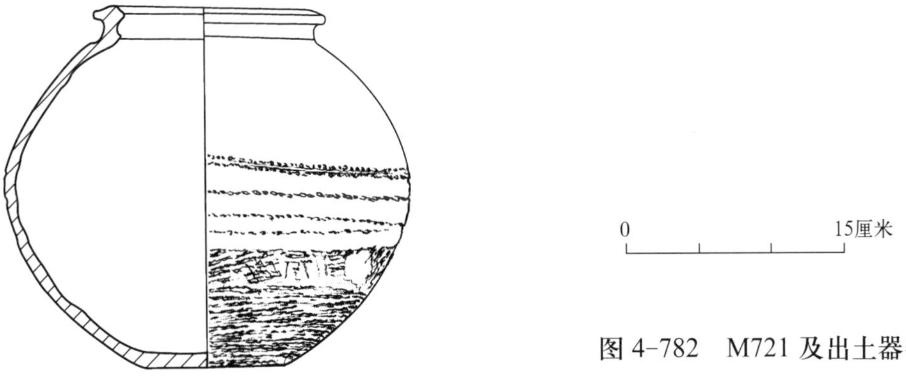

1

图 4-782 M721 及出土器物

1. 陶罐 2. 动物骨骼

2. 出土遗物

铜器

铜钱 2 枚。

标本 M722 : 01-1、2，半两。圆形方穿，正、背两面均无轮郭。钱文篆书，“两”字中间不出头，两“人”字横划或连笔成山，直径 2.3、穿边长 0.8、厚 0.09 厘米（图 4-783，01-1、2）。

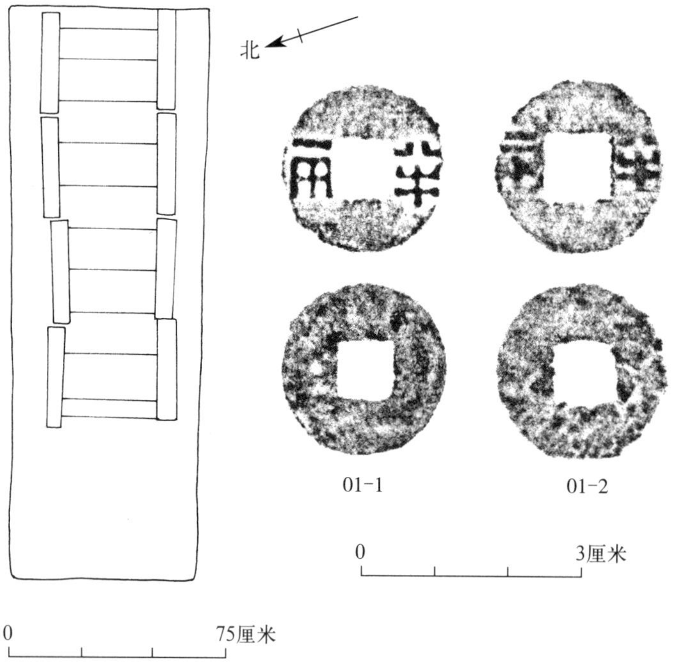

图 4-783　M722及出土器物

01. 铜钱

（三九五）M723

1. 墓葬形制

位于墓地东北部，打破M729，东北面是M919。方向95°（图4-784）。

长方形土坑竖穴砖椁墓。墓口长2.9、宽1.5、深3.12米。椁长2.64、宽1.16、高0.77米。椁室四壁错缝平铺叠砌十层青砖；墓底铺地砖“非”字形排列。脚箱位于椁室西侧，长2.00、宽0.80、厚0.06米。砖长34、宽14、厚7厘米。墓内填黄褐色五花土，经过夯打，土质较坚硬。夯窝椭圆形，不规则排列，直径4～8、间距6～20、夯层厚15～20厘米。

人骨1具。头向东。骨骼腐朽严重，仅剩头骨碎片及趾骨残骸。性别、年龄无法鉴定。

随葬器物3件。陶罐1件陈放脚箱内。铜带钩1件放在墓主口内。铁殳1件置于身体左侧。乳猪、鸡、鲤科、鲷科、真鲷、鱼骨放置脚箱内中部南侧。

2. 出土遗物

（1）陶器

陶罐　1件。

标本M723∶3，泥质灰陶。直口，平沿，方唇，束颈，弧肩，圆鼓腹，下部内收，小平底。上腹有制作旋纹，腹部饰一周戳印纹，下腹及底部饰绳纹。口径15.5、底径9、高21厘米（图4-784，3）。

（2）铜器

铜带钩　1件。

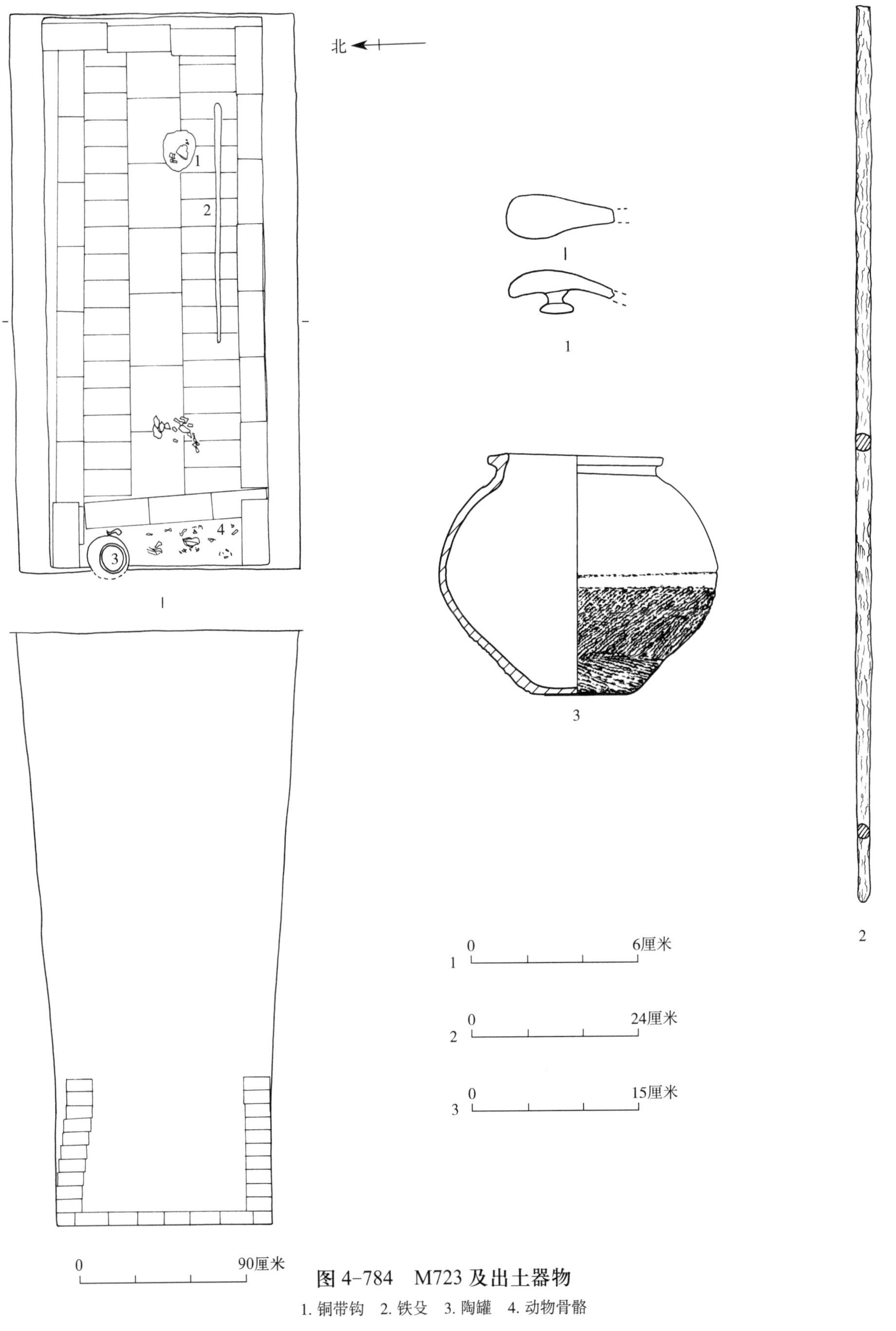

图 4-784　M723 及出土器物

1. 铜带钩　2. 铁殳　3. 陶罐　4. 动物骨骼

标本 M723∶1，琵琶形。钩及颈部残缺，椭圆形纽位于背部。残长 3.8 厘米（图 4-784，1）。

（3）铁器

铁殳　1 件。

标本 M723∶2，长条状，上粗下细，截面圆形。外部有白色附着物。长 125、直径 1.9～2.3 厘米（图 4-784，2；彩版二二一，4）。

（三九六）M724

1. 墓葬形制

位于墓地东北部，打破 M731，北面是 M603，南面为 M602。方向 110°（图 4-785）。

长方形土坑竖穴砖椁墓。墓口长 3、宽 1.7、深 2.1 米。椁长 3、宽 1.05、高 0.84 米。椁室四壁错缝平铺叠砌二十层青砖；墓底一层铺地砖，“人”字形排列。砖长 28、宽 12、厚 4 厘米。木棺已腐朽，仅见板灰痕迹。长 2、宽 0.76、厚 0.03 米。墓内填黄褐色五花土，经过夯打，较坚硬。夯窝椭圆形，排列不规则，直径 6～14、间距 30～45、夯层厚 10～15 厘米。

人骨 1 具。头向东，仰身直肢。女性，年龄 30～35 岁。

随葬器物 3 件。陶壶 2 件放在椁室西南角。铜钱 1 枚置于墓主头骨左上方。乳猪、鸡、鲷科、真鲷、鱼骨放置西端偏北处。

2. 出土遗物

（1）陶器

陶壶　2 件。泥质灰陶。弧顶盖。侈口，沿面外斜，尖唇，束颈，溜肩，鼓腹，下部内收，小平底。上腹有抹制痕，腹部饰一周戳印纹。

标本 M724∶2，腹部饰两周白色波浪纹、一周戳印纹，下腹及底部饰绳纹。口径 15、底径 10.6、通高 38.2 厘米（图 4-785，2；彩版二二一，5）。

标本 M724∶3，盖顶饰红彩。中腹饰一周戳印纹。口径 15、底径 10、通高 38 厘米（图 4-785，3；彩版二二一，6）。

（2）铜器

铜钱　1 枚。

标本 M724∶1，五铢。圆形方穿，正面有轮无郭，背面轮郭俱全。“五”字两笔交叉微曲，与上、下两横相交处微内收，“朱”字上部方折。直径 2.6、穿边长 1、厚 0.15 厘米（图 4-785，1）。

（三九七）M726

1. 墓葬形制

位于墓地东北部，西北面是 M798，东南面为 M602、M728。方向 5°（图 4-786）。

长方形土坑竖穴砖椁墓。墓口长 2.72、宽 1.8、深 2.16 米。椁长 2.60、宽 1.20、高 0.84 米。椁室四壁均青砖错缝平铺叠砌，东、西、北三壁十一层、北壁十二层。墓底铺地砖“非”字形排列。东侧壁龛宽 0.79、高 0.35、深 0.15 米。砖长 34、宽 14、厚 7 厘米。墓内填黄褐色五花土，经过夯打，土质较坚硬。夯窝椭圆形，不规则排列，直径 5～10、间距 2～10、夯层厚 10～15 厘米。

人骨 1 具。头向北，仰身直肢。骨骼腐朽严重，性别、年龄无法鉴定。

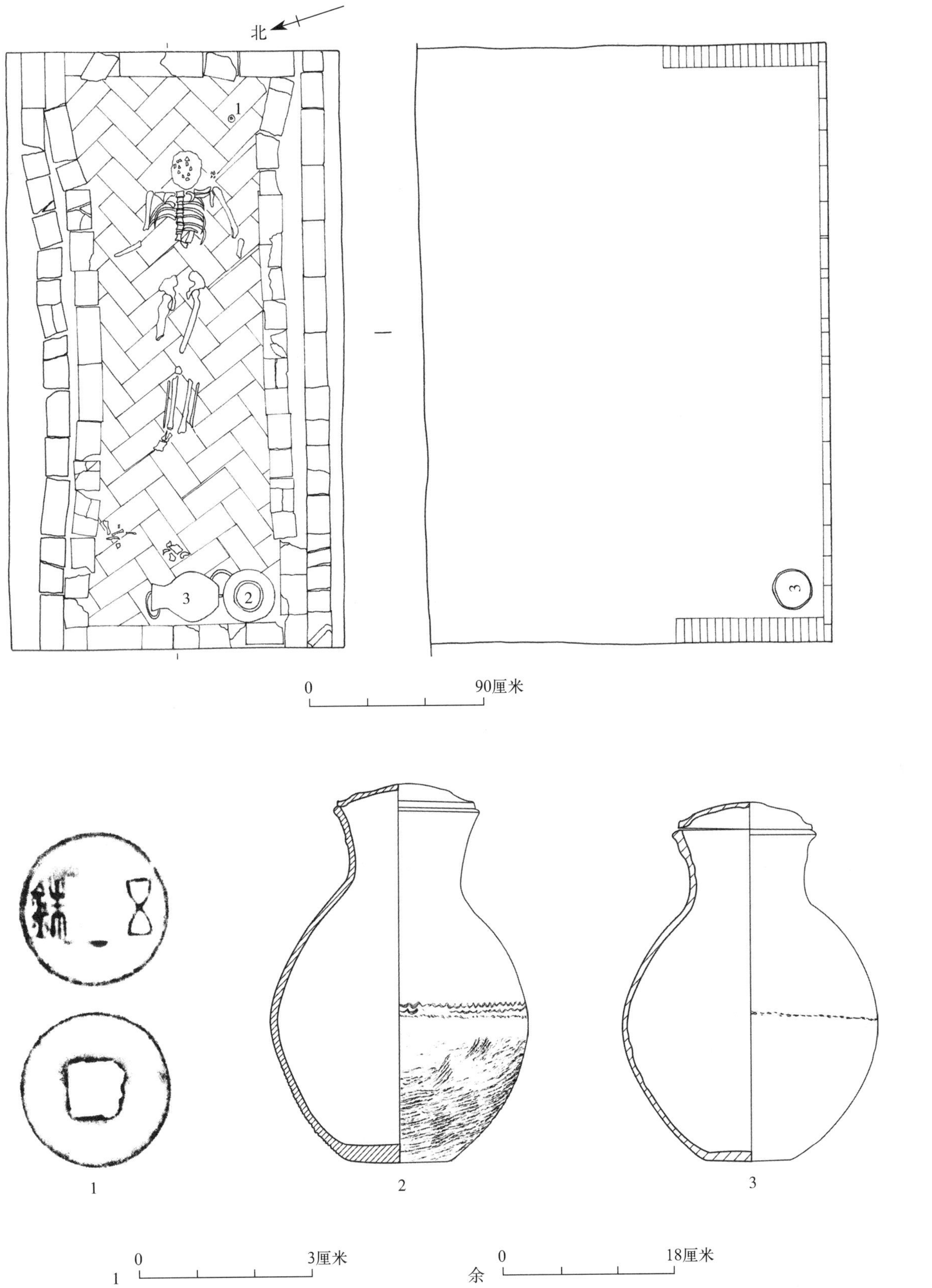

图 4-785　M724 及出土器物

1. 铜钱　2、3. 陶壶

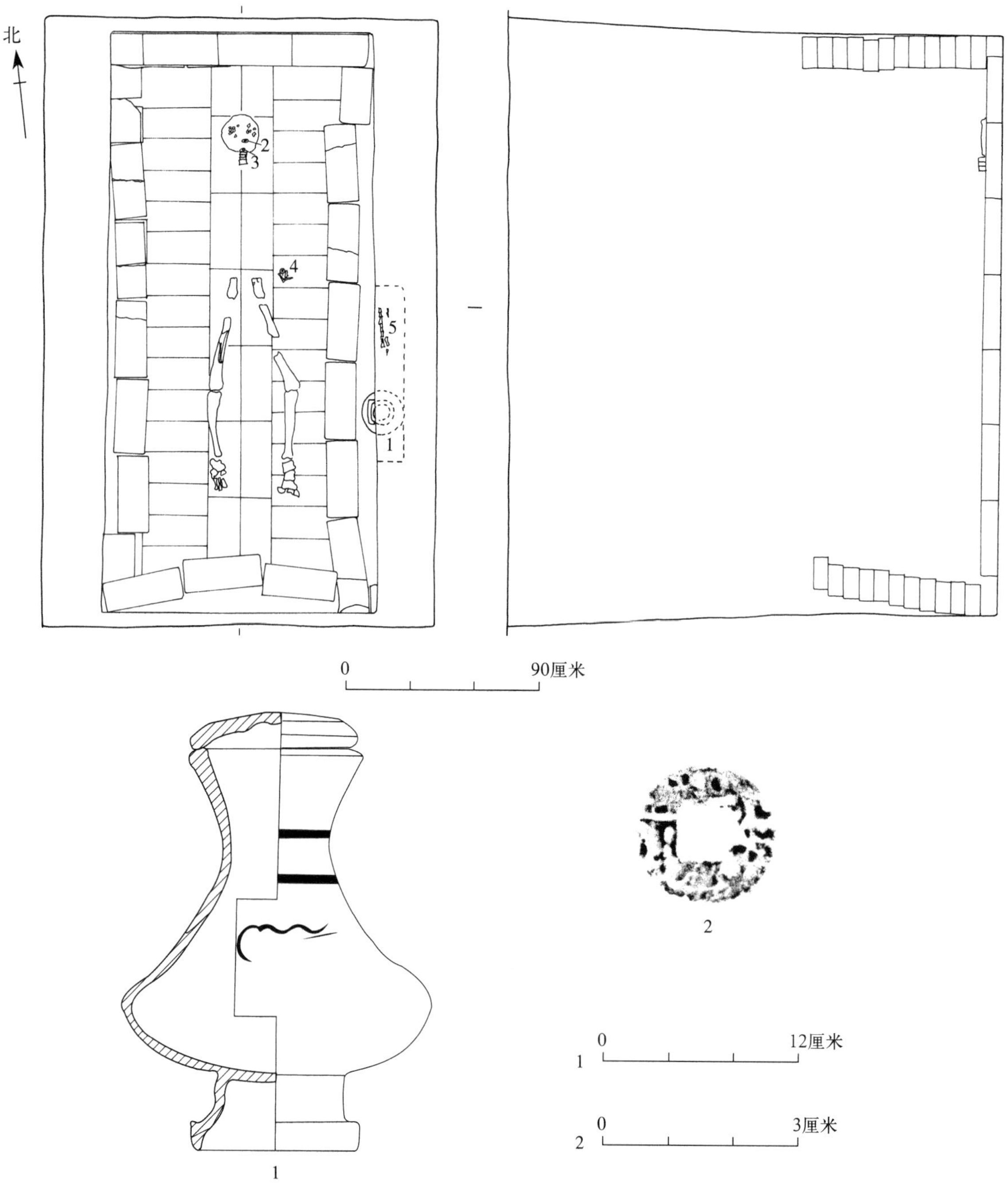

图 4-786 M726及出土器物

1. 陶壶 2～4. 铜钱 5. 动物骨骼

随葬器物4件。彩绘陶壶1件放在壁龛内南侧。铜钱3枚散落墓主头骨、牙齿及左指骨处。鱼骨放置在壁龛内北侧。

2. 出土遗物

（1）陶器

陶壶 1件。

标本M726∶1，泥质灰陶。弧顶盖。壶侈口，沿外斜，圆唇，束颈，鼓腹，圈足。腹部饰白彩，多脱落，颈部饰两周红彩弦纹，肩部饰黑彩水波勾连纹。口径 10.8、底径 10.4、通高 26.2 厘米（图 4-786，1）。

（2）铜器

铜钱　3 枚。半两，其中 2 枚破碎严重。圆形方穿，正、背两面均无轮郭。钱文篆书，“两”字中间不出头，两“人”字作横划。

标本 M726：2，直径 2.1、穿边长 0.8、厚 0.09 厘米（图 4-786，2）。

（三九八）M730

1. 墓葬形制

位于墓地东北部，北面是 M728，东面为 M732。方向 110°（图 4-787）。

长方形土坑竖穴砖椁墓。墓口长 2.94、宽 1.38、深 2.43 米。椁长 2.68、宽 0.98、高 0.57 米。椁室四壁均青砖平铺错缝垒砌而成。南、北两壁十八层，东、西两壁十三～十四层。墓底铺地砖“人”字形排列。砖长 25、宽 12、厚 3 厘米。墓内填黄褐色五花土，经过夯打，土质较坚硬。夯窝椭圆形，不规则排列，直径 6 ～ 10、间距 3 ～ 30、夯层厚 10 ～ 15 厘米。

人骨 1 具。头向东。骨骼保存较差，仅残存头骨、牙齿和下肢骨遗骸。性别、年龄无法鉴定。

随葬器物 11 件。陶壶 2 件位于椁室西北角。铜镜 1 枚放在墓主头骨右上方。8 枚铜钱，其中 2 枚铜钱在墓主口内，6 枚铜钱放置在墓主胸部。乳猪骨散落椁室西端。

2. 出土遗物

（1）陶器

陶壶　2 件。泥质灰陶。弧顶盖。侈口，沿面外斜，尖唇，束颈，溜肩，鼓腹，底微凹。素面。

标本 M730：5，下腹饰四周戳印纹。口径 13.2、底径 18、通高 26 厘米（图 4-787，5）。

标本 M730：6，下腹饰三周戳印纹。口长 14、底径 17.6、通高 29.2 厘米（图 4-787，6）。

（2）铜器

铜镜　1 枚。

标本 M730：1，日光凸弦铭带镜，锈蚀严重，局部残缺。圆形，圆纽，圆纽座。座外一周凸弦纹。外区两周短斜线和凸弦纹组合纹带，其间为顺时针铭文带，似可辨“见日心，勿夫勿□”。圆转式篆隶体，每字间隔一类似涡纹符号。窄素平缘。面径 6.7、缘厚 0.35 厘米（图 4-788，1）。

铜钱　8 枚。均为五铢。圆形方穿，正面有轮无郭，背面轮郭俱全。根据钱文字体不同分为两种。

第一种　1 枚。“五”字两笔交叉微曲，“朱”字上部方折，穿下半星。

标本 M730：2-1，钱直径 2.5、穿边长 1、厚 0.17 厘米（图 4-788，2-1）。

第二种　7 枚。“五”字两笔交叉弯曲，与上、下两横相交处垂直或微内收，“朱”字上部方折，有的穿下半星或穿上横郭。

标本 M730：2-2 ～ 4，直径 2.6、穿边长 1、厚 0.2 厘米（图 4-788，2-2 ～ 4）。

（三九九）M734

1. 墓葬形制

位于墓地东北部，被 M719 打破，南面为 M733、M841。方向 10°（图 4-789）。

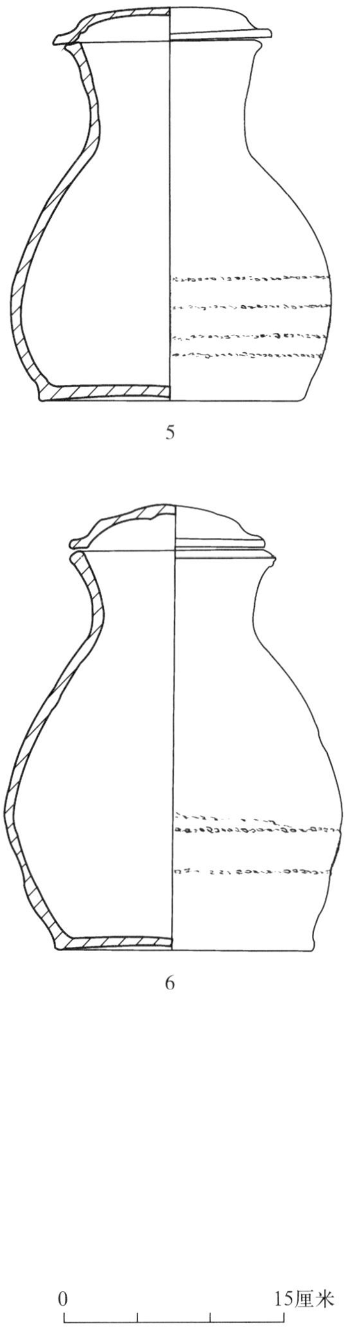

图4-787　M730及出土器物

1. 铜镜　2. 铜钱（6）　3、4. 铜钱　5、6. 陶壶　7. 动物骨骼

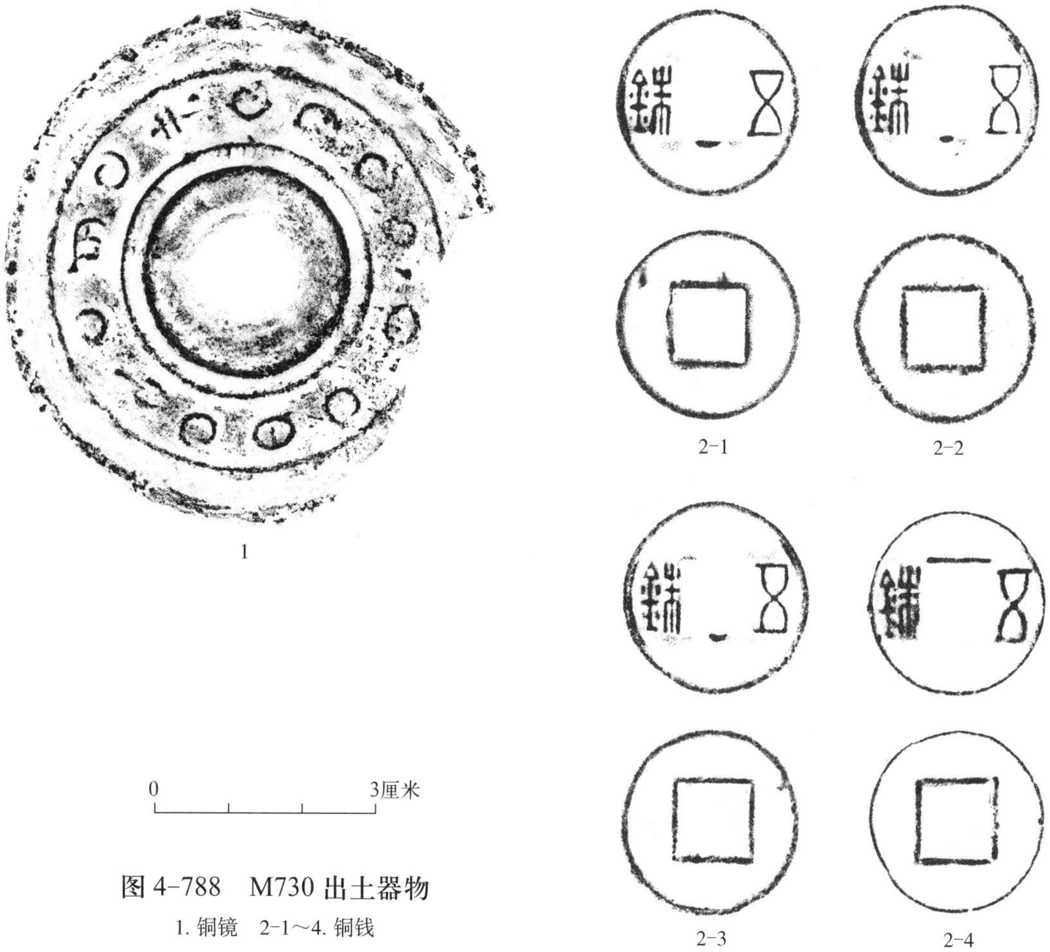

图 4-788　M730 出土器物
1. 铜镜　2-1～4. 铜钱

长方形土坑竖穴砖椁墓。墓口长 2.9、宽 1.3、底长 2.9、宽 1.3、深 0.9 米。椁长 2.78、宽 1.12、高 0.55 ～ 0.65 米。椁室青砖平铺垒砌而成。东、西两壁十三层，先“人”字形垒砌两排，再错缝顺向垒砌。北壁十一层，错缝“丁”字形垒砌。南壁土圹。砖长 32、宽 13、厚 5 厘米。墓内填黄褐色五花土，经过夯打，质地较硬。夯窝圆形，分布稀疏，排列不均匀，直径 7 ～ 8 厘米。

人骨 1 具。头向北，面向不详。骨骼已腐朽，仅残存少量头骨遗骸。性别、年龄无法鉴定。

随葬陶罐 1 件放在椁室西南角。

2. 出土遗物

陶器

陶罐　1 件。

标本 M734 : 1，泥质灰陶。敛口，沿面微内斜，圆唇，鼓腹，下部弧收，小平底。上腹有两周制作旋纹，腹部饰三周戳印纹，下腹及底部饰绳纹。口径 15、底径 9.6、高 22 厘米（图 4-789，1）。

（四〇〇）M736

1. 墓葬形制

位于墓地中部，北面是 M511，南面为 M737。方向 90°（图 4-790）。

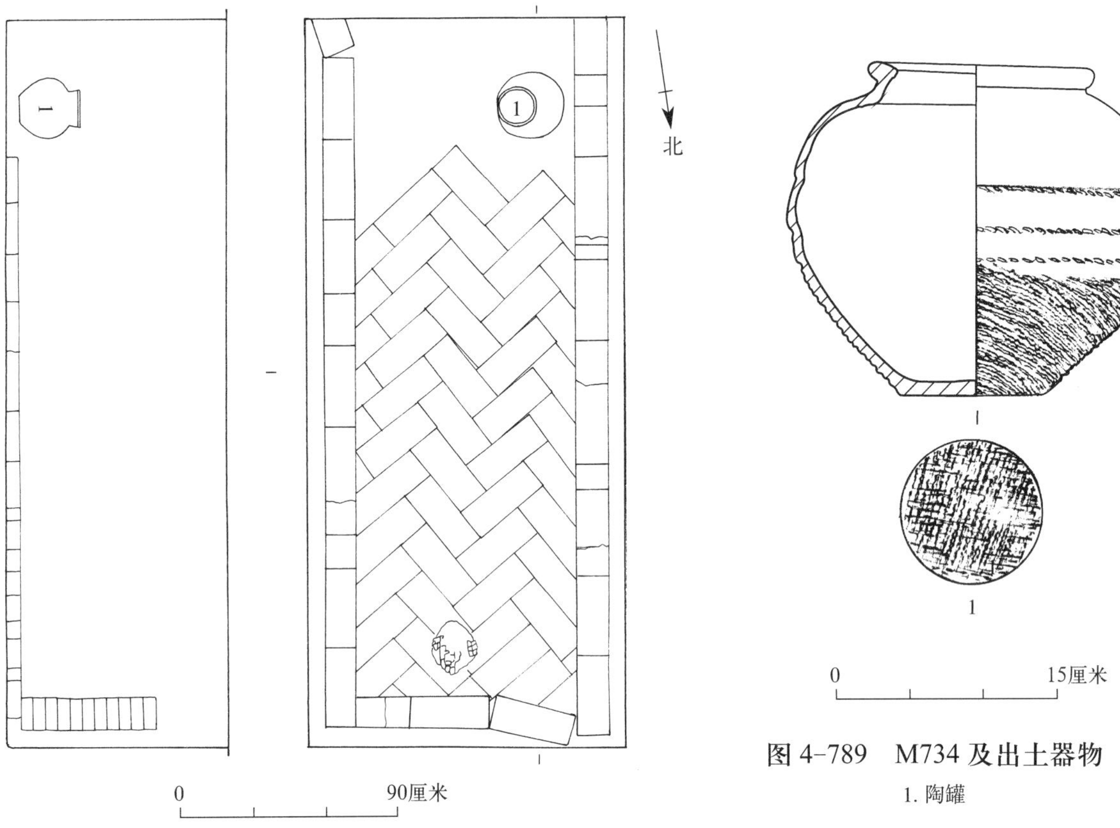

图 4-789　M734 及出土器物

1. 陶罐

长方形土坑竖穴砖椁墓。墓口长 2.7、宽 1.3、深 2.45 米。椁长 2.39、宽 0.85、高 0.7 米。椁室均为青砖平铺错缝垒砌。北侧中部壁龛宽 0.77、高 0.7、纵深 0.33 米。墓底铺地砖错缝斜向平铺。砖长 25、宽 11、厚 4 厘米。墓内填黄褐色五花土，土质较疏松。

人骨 1 具。头向东，面向上，仰身直肢。骨骼保存较差，仅残存头骨和部分下肢遗骸。性别无法鉴定，成年个体。

随葬器物 23 件。陶壶 2 件放置壁龛内西侧。铜镜 1 枚放置墓主头骨左侧。铜带钩 1 件放在墓主口内。铜钱 19 枚陈放于墓主腹部。乳猪、鱼骨置于壁龛内东侧。

2. 出土遗物

（1）陶器

陶壶　2 件。泥质灰陶。侈口，沿面外斜，尖唇，束颈，鼓腹，圈足。腹部饰两周凹弦纹、两周戳印纹，下腹饰绳纹。

标本 M736：1，口径 14.3、底径 14.6、高 31.2 厘米（图 4-792，1；彩版二二二，1）。

标本 M736：2，口径 14.3、底径 14.5、高 32 厘米（图 4-792，2）。

（2）铜器

铜镜　1 枚。

标本 M736：3，昭明连弧铭带镜。圆形，圆纽，圆纽座。座外四组内附三短竖线的短横线与四条短折线相间环列，再外一周内向八连弧纹圈带。外区两周短斜线和凸弦纹组合纹带，其间为顺时针铭文带“内清以昭，光夫日月，不泄”。字体为方正式篆隶体、笔画首尾呈楔形，不泄内三字相连、

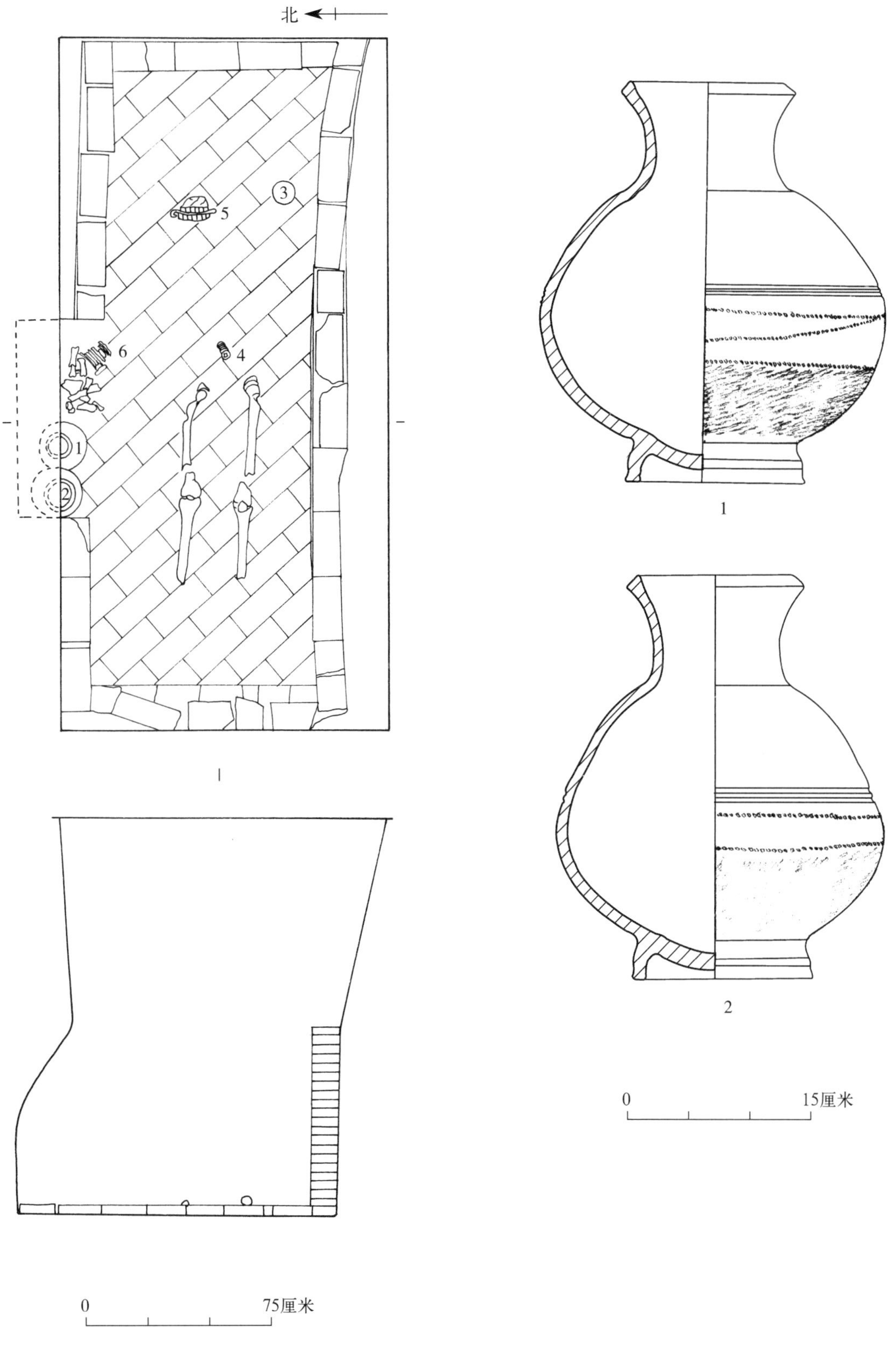

图4-790　M736及出土器物

1、2. 陶壶　3. 铜镜　4. 铜钱（19）　5. 铜带钩　6. 动物骨骼

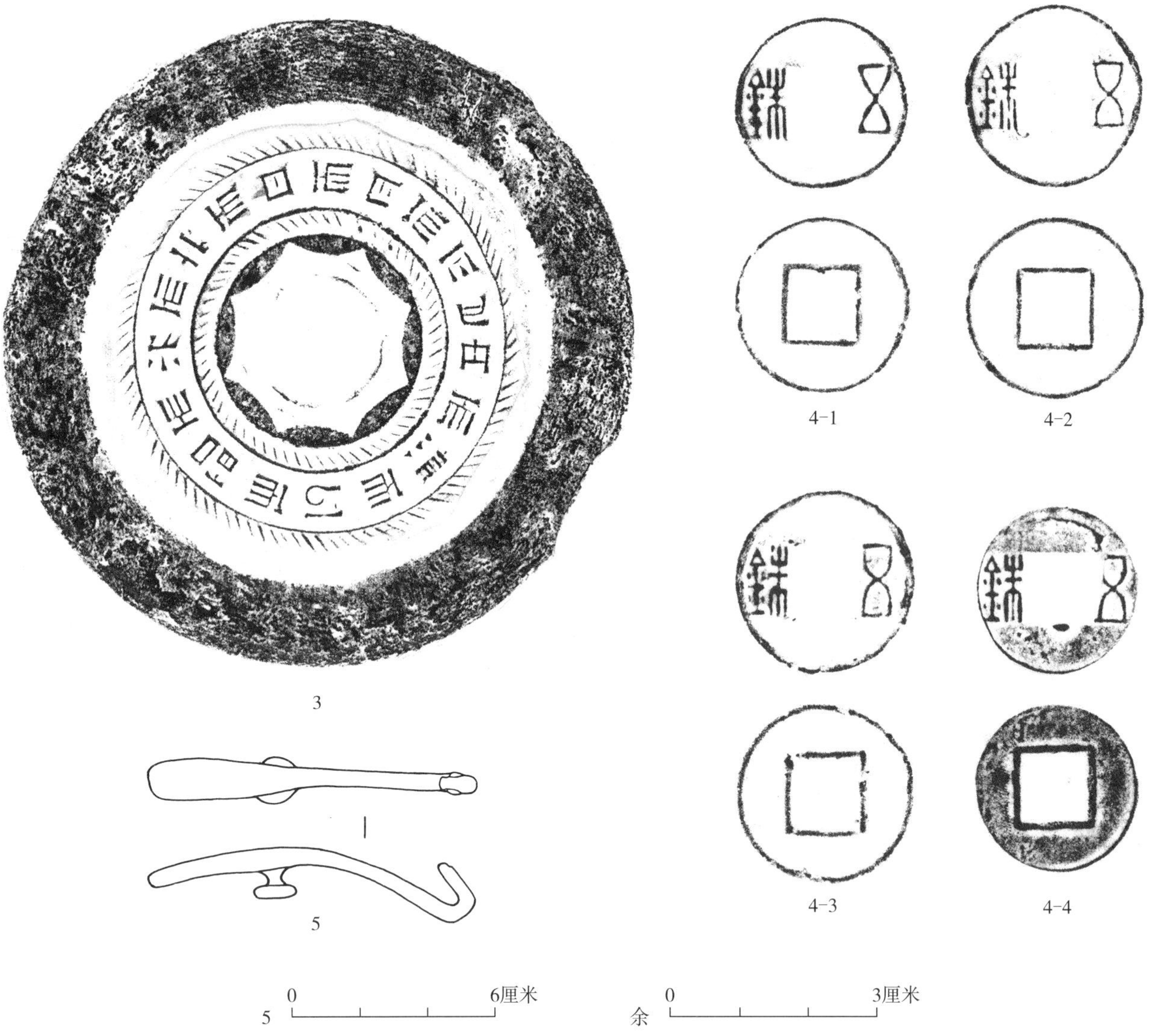

图4-791　M736出土器物

3. 铜镜　4-1～4. 铜钱　5. 铜带钩

其余每字间隔一“而”字。宽素平缘。面径9.4、缘厚0.7厘米（图4-791，3；彩版二二二，2）。

铜带钩　1件。

标本M736∶5，柳叶形。钩呈马首状，双眼突出，断面半圆形，圆形纽位于钩尾背部前端。长9.7厘米（彩版二二二，3）。

铜钱　19枚。均为五铢。圆形方穿，正面有轮无郭，背面轮郭俱全。根据钱文字体不同分为两种。

第一种　3枚。“五”字两笔交叉较直，“朱”字上部方折，下部圆折。

标本M736∶4-1，直径2.5、穿边长1、厚0.18厘米（图4-791，4-1）。

第二种　16枚。“五”字两笔交叉弯曲，与上、下两横相交处微敞或垂直，“朱”字上部方折，有的周郭部分被磨或穿下半星。

标本M736∶4-2～4，直径2.6、穿边长1、厚0.18厘米（图4-791，4-2～4）。

（四〇一）M743

1. 墓葬形制

位于墓地中部，被 M737 打破，北面是 M736，南面为 M738。方向 5°（图 4-792）。

长方形土坑竖穴砖椁墓。墓口长 2.5、宽 1.08、深 3.25 米。椁长 2.5、宽 1.08、高 0.7 米。椁室四壁青砖平铺垒砌而成。墓底铺地砖“人”字形排列。砖长 33、宽 12、厚 7 厘米。墓内填黄褐色五花土，土质较疏松。填土中发现陶纺轮 1 件。

人骨无。

随葬陶壶 1 件放在椁室东南角。

2. 出土遗物

陶器

陶壶　1 件。

标本 M743∶1，泥质灰陶。直口，平沿，束颈，弧肩，圆鼓腹，平底假圈足。颈部两侧饰对称圆形孔，颈及肩部饰数周凹弦纹。口径 14.2、底径 11.2、高 16 厘米（图 4-792，1）。

陶纺轮　1 件。

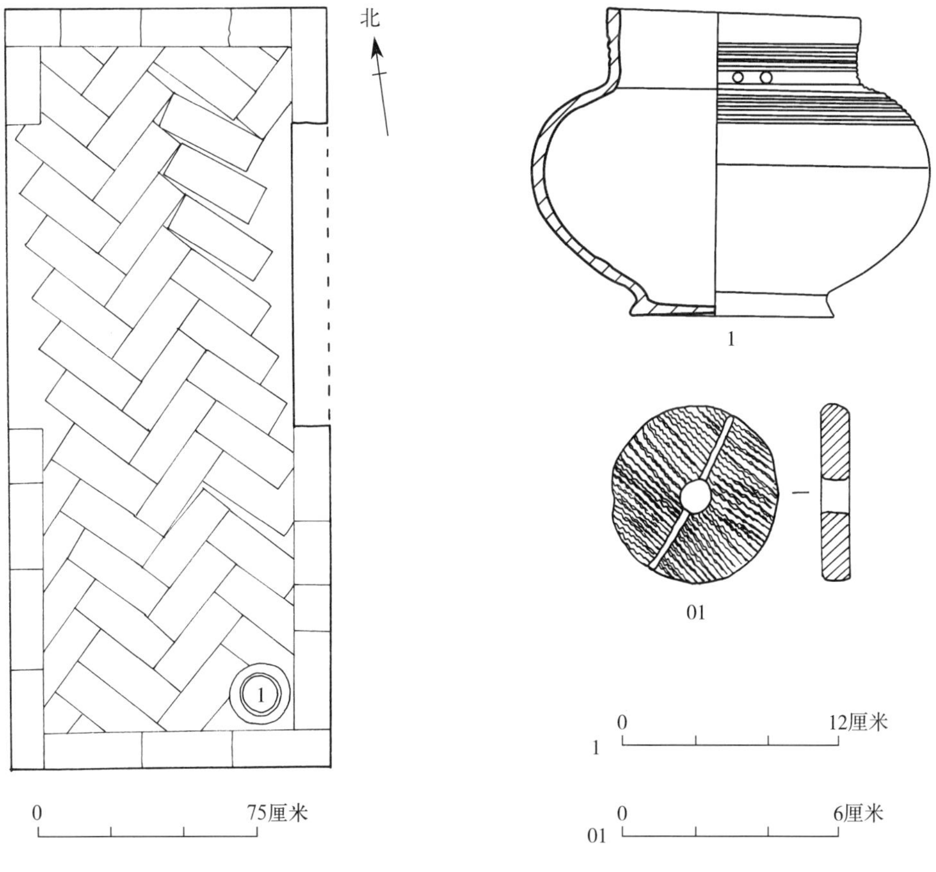

图 4-792　M743 及出土器物

1. 陶壶　01. 陶纺轮

标本 M743：01，泥质灰褐陶。扁圆形，陶片改制而成，中间有圆孔，截面长条形。一面素面，另一面饰绳纹，中间一条凹槽。直径 4.6、厚 0.8 厘米（图 4-792，01）。

（四〇二）M745

1. 墓葬形制

位于墓地中部，西北面是 M549，西南面为 M485。方向 100°（图 4-793）。

长方形土坑竖穴砖椁墓。墓口长 3.7、宽 1.7、深 1.65 米。椁长 3.35、宽 1、高 1 米。椁室四壁青砖垒砌。顶部平铺一层青砖，中间为土圹。墓底三行铺地砖，中间一行竖排、两侧两行横排。砖长 33、宽 14、厚 5 厘米。墓内填黄褐色五花土，经过夯打，土质较致密。夯窝圆形，分布较均匀，直径 8～10 厘米。

人骨无。

随葬陶罐 2 件放在椁室西南角。乳猪、鸡、鱼骨置于西北角。

2. 出土遗物

陶器

陶罐　2 件。泥质灰陶。侈口，斜折沿，沿面微弧，方唇，束颈，圆鼓腹，下部弧收。

标本 M745：1，圜底。腹部饰四周戳印纹。口径 15.4、底径 18、高 27.2 厘米（图 4-793，1）。

标本 M745：2，平底。腹部饰三周戳印纹，下腹及底部饰绳纹。口径 14.4、底径 12.6、高 27.2 厘米（图 4-793，2）。

（四〇三）M751

1. 墓葬形制

位于墓地中部，被 M749 打破，北面是 M577，南面为 M921。方向 100°（图 4-794）。

长方形土坑竖穴砖椁墓。墓口长 3.5、宽 1.64、深 4.71、底长 2.42、宽 0.9 米。椁长 2.42、宽 0.9、高 1.11 米。椁室四壁青砖平铺错缝垒砌。东、西两壁重叠垒砌。西壁上半部 0.4 米未垒砌青砖。墓底三层铺地砖，上面两层横向排列，西侧留 0.26 米空隙。第三层斜向平铺。砖长 26、宽 12、厚 3 厘米。墓内填黄褐色五花土，经过夯打，质地坚硬。夯窝圆形，直径 8～10 厘米。

人骨 1 具。头向东。骨骼腐朽严重，仅残存部分牙齿和下颌骨遗骸。性别无法鉴定，成年个体。

随葬器物 6 件。陶钫 2 件放于椁室西北角。铜镜、铜刷柄、铁镜架各 1 件放在墓主头骨右侧。铜带钩 1 件放置墓主口内。少量动物骨骼置于西南角，未经鉴定，种属不明。

2. 出土遗物

（1）陶器

陶钫　2 件。形制相同。泥质灰陶。覆斗形盖，顶部五个乳丁纹。钫侈口，平沿，束颈，溜肩，鼓腹，体瘦长，方形圈足。素面。

标本 M751：4，口边长 11.4、底边长 13.2、通高 39.8 厘米（图 4-795，4；彩版二二二，4）。

标本 M751：5，口边长 11.2、底边长 13.9、通高 41.6 厘米（图 4-795，5）。

（2）铜器

铜镜　1 枚。

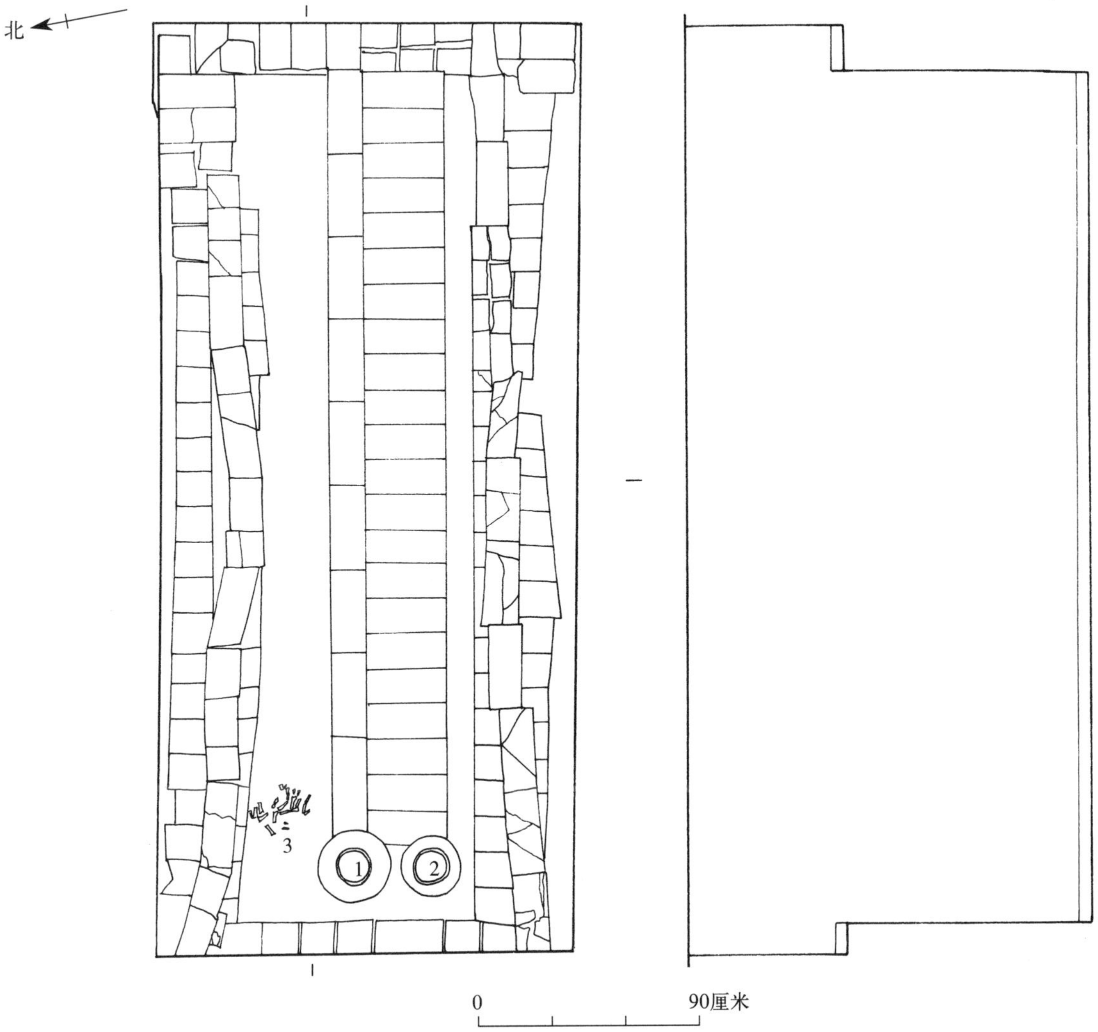

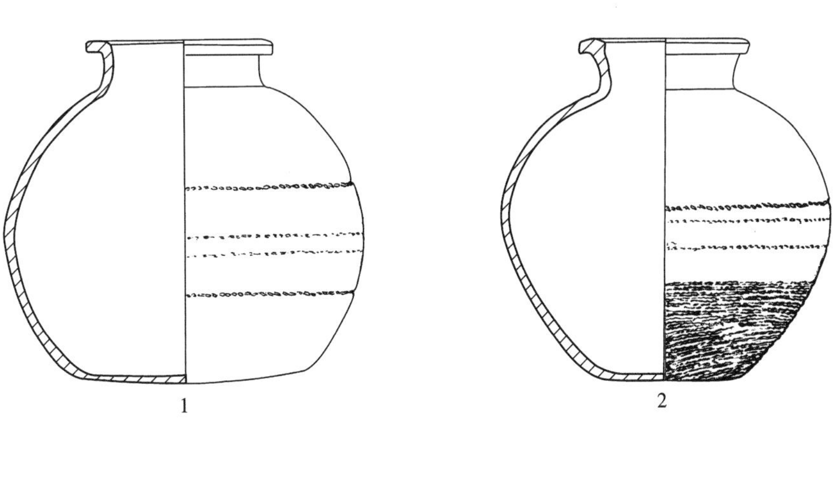

图 4-793　M745 及出土器物

1、2. 陶罐　3. 动物骨骼

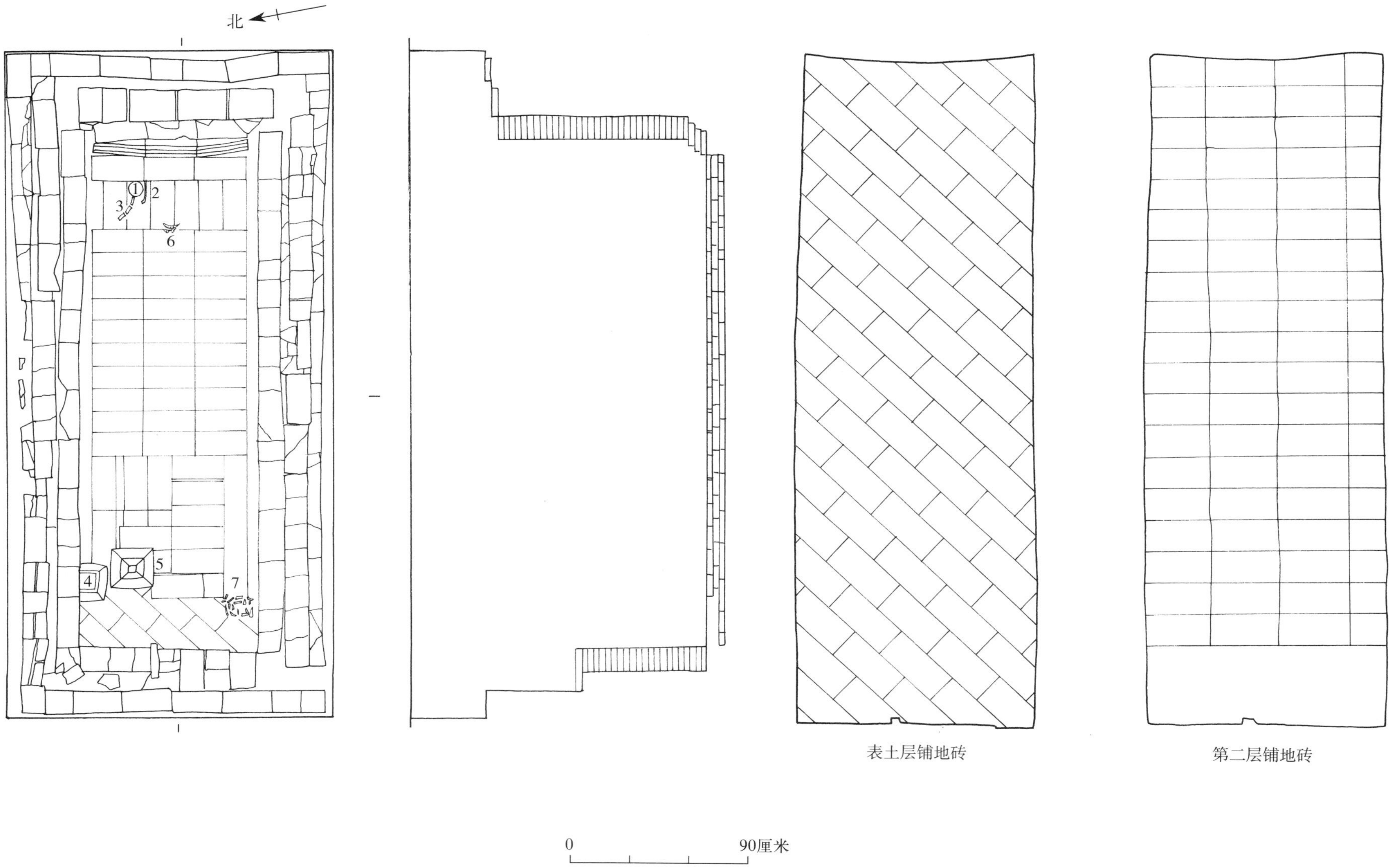

图 4-794 M751 平、剖面图

1. 铜镜 2. 铜刷柄 3. 铁镜架 4、5. 陶钫 6. 铜带钩 7. 动物骨骼

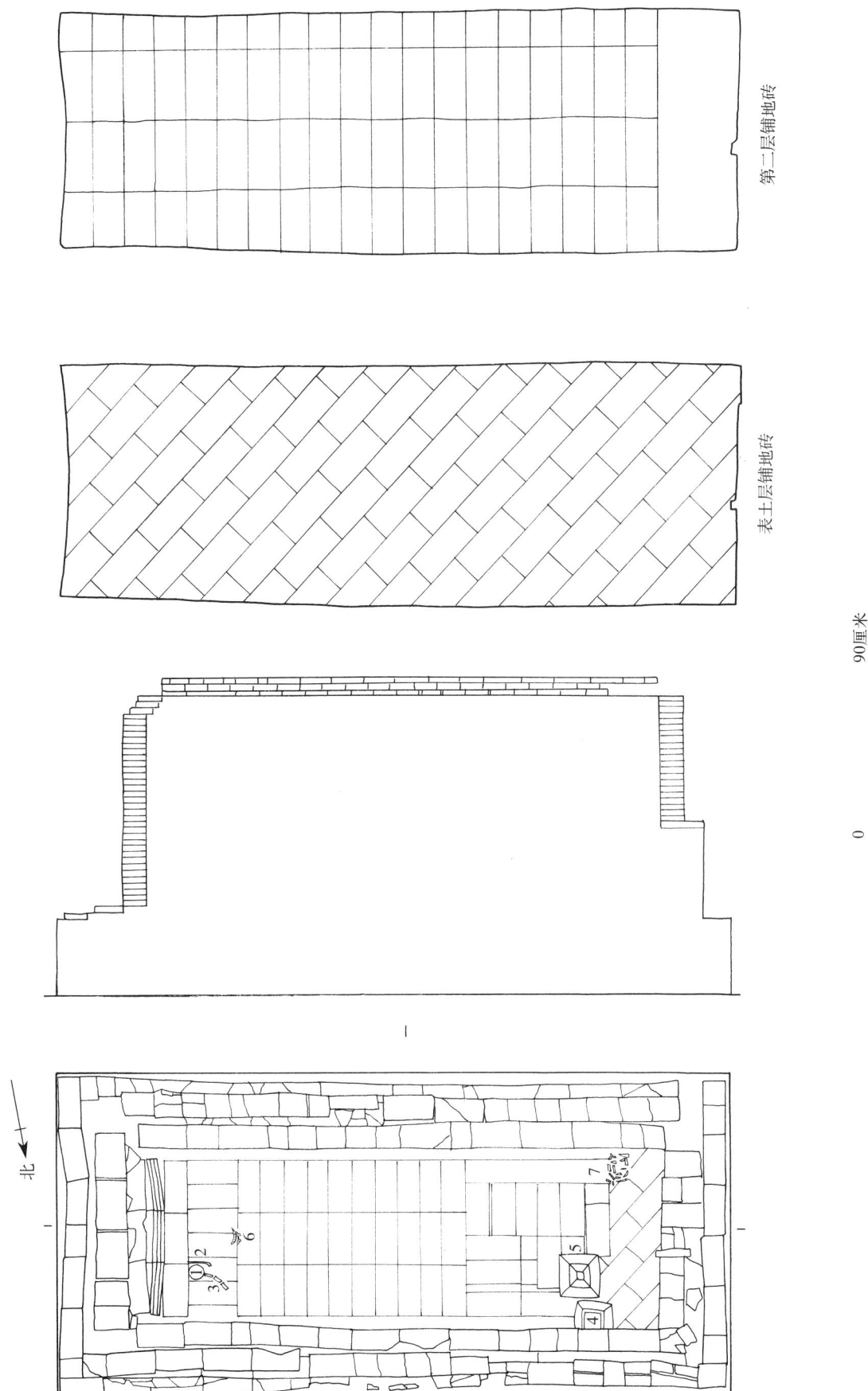

标本 M751 : 1，日光凸弦连弧铭带镜。圆形，圆纽，圆纽座。座外均匀伸出四组短竖线（每组三条），再外一周凸弦纹、纹外伸出四条锥状短线、夹饰月牙纹，再外一周内向八连弧纹圈带。外区两周短斜线和凸弦纹组合纹带，其间为顺时针铭文带“日月，心忽夫毋勿忘㤻”，圆转式篆隶体、个别笔画加重呈楔形，有简化，除首尾处、其余每两字间隔一类似涡纹符号。窄素平缘。面径 7.6、缘厚 0.55 厘米（图 4-795，1；彩版二二二，5）。

铜带钩　1 件。

标本 M751 : 6，琵琶形。形体较小。钩呈马首状，断面长方形，椭圆形纽位于尾背部末端。长 3.4 厘米（图 4-795，6；彩版二二二，6）。

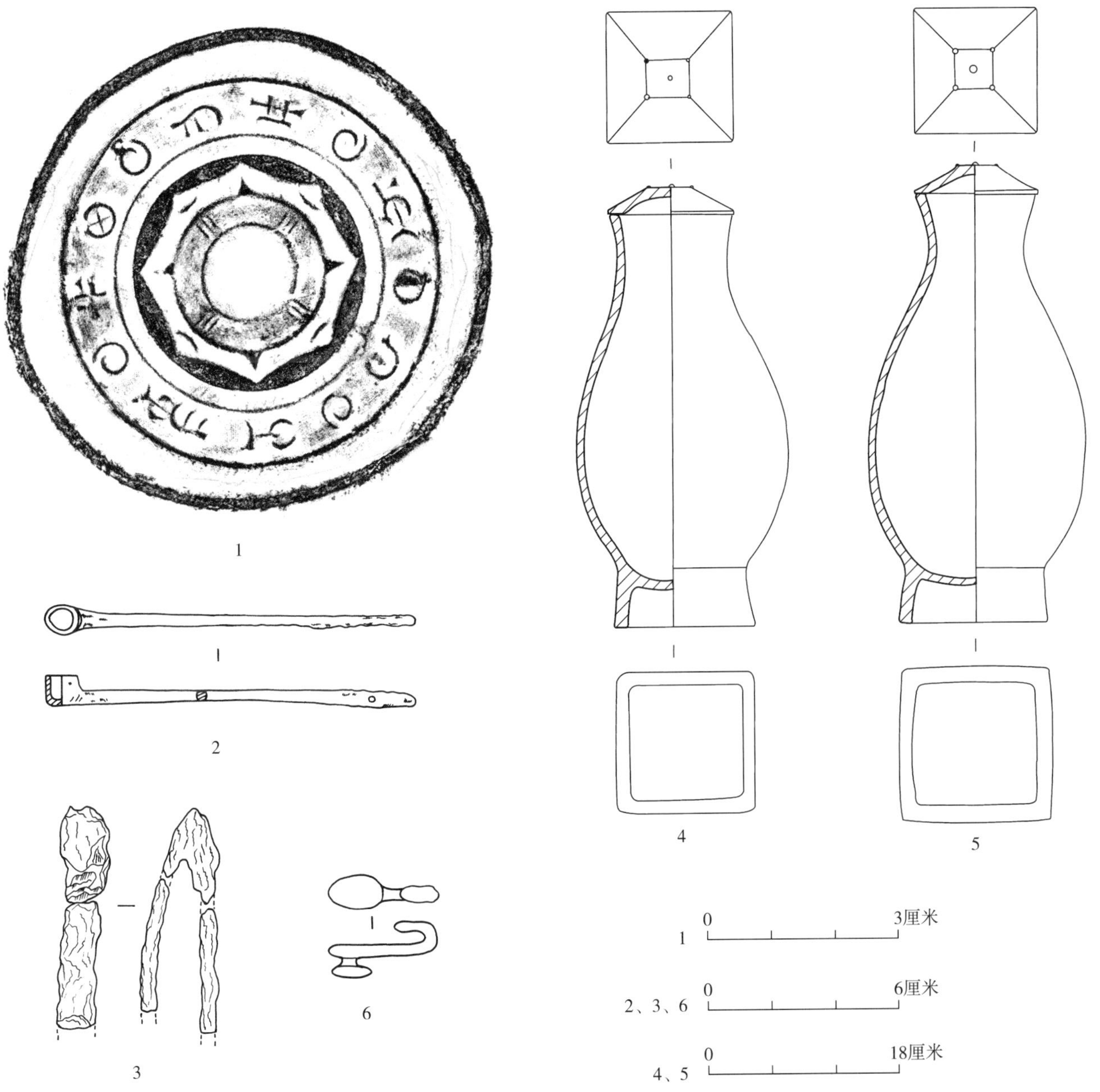

图 4-795　M751 出土器物

1. 铜镜　2. 铜刷柄　3. 铁镜架　4、5. 陶钫　6. 铜带钩

铜刷柄 1件。

标本M751∶2，形似烟斗状，斗圆筒形中空，细长柄，尾部有圆形小孔。长11.5厘米（图4-795，2）。

（3）铁器

铁镜架 1件。

标本M751∶3，锈蚀严重。叉形，两侧支脚扁长条形，均残缺。残高6.7厘米（图4-795，3）。

（四〇四）M752

1. 墓葬形制

位于墓地中部，西北面被M947打破，南面为M749。方向100°（图4-796）。

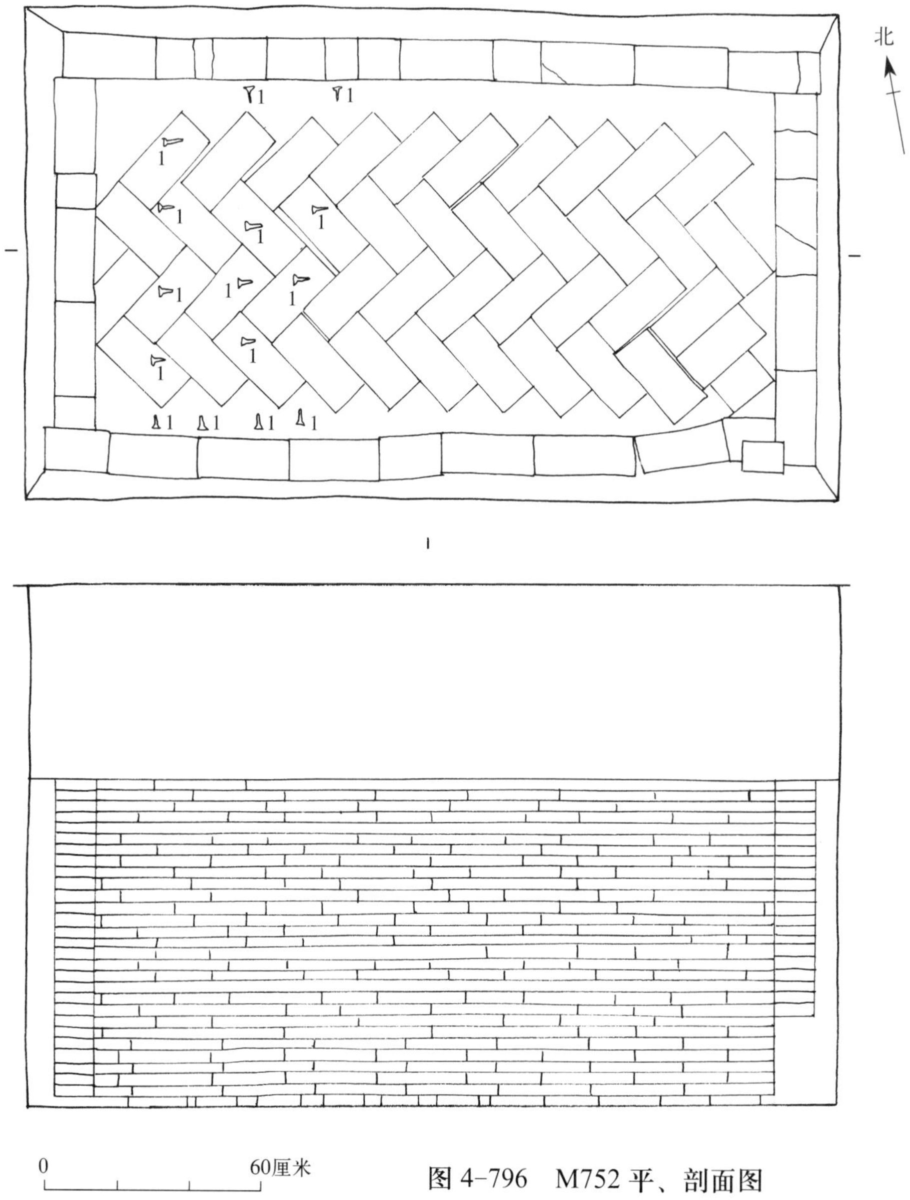

图4-796 M752平、剖面图

1. 铜盖弓帽（15）

长方形土坑竖穴砖椁墓。墓口长2.2、宽1.3、底长1.84、宽0.92、深1.35米。椁长1.84、宽0.92、高0.84米。椁室四壁均用青砖单行平铺压缝垒砌。在平铺两块青砖中间留有0.15米缝隙。墓底铺地砖斜向垒砌，“人”字形排列。砖长25、宽11、厚3厘米。墓内填黄褐色五花土，土质较致密。

人骨无。

随葬15件铜盖弓帽，分散于椁室西端。

2. 出土遗物

铜器

铜盖弓帽　15件。

标本M752：1-1～15，均残破，不能复原。

（四〇五）M753

1. 墓葬形制

位于墓地东北部，东面为M680。方向7°（图4-797；彩版二二三，1）。

近长方形土坑竖穴砖椁墓。墓口长2.94、北宽1.34、南宽1.3、深1.55米。椁长2.84、宽1.27、高0.84米。椁室四壁青砖平铺错缝顺向垒砌二十三层。东、西、北三壁上部外侧顺向垒砌两层，南壁一层。墓底青砖错缝斜向平铺。砖长25、宽12、厚3厘米。墓内填黄褐色五花土，土质较疏松。夯窝圆形，分布稀疏，排列情况不明。

人骨1具。头向北，面向东，仰身直肢。骨骼腐朽严重，残存头骨、椎骨、肋骨、肢骨和部分盆骨遗骸。男性，年龄25～30岁。

随葬器物68件。陶壶2件放于椁室东南角。铜镜、铜刷柄、铁镜架位于头骨右侧。铜刷柄、镜镜架在铜镜下面。62枚铜钱，其中12枚置于墓主右手骨处，50枚放在腹部。铜带钩1件放在墓主腰部。

2. 出土遗物

（1）陶器

陶壶　2件。形制相同。泥质灰陶。侈口，沿面外斜，方唇，束颈，鼓腹，圈足。器表有制作抹痕，下腹饰绳纹。

标本M753：7，腹部饰三周戳印纹。口径13.8、底径13、高28.8厘米（图4-797，7；彩版二二三，2）。

标本M753：8，腹部饰两周戳印纹，底部饰绳纹。口径13.2、底径12.2、高30.8厘米（图4-797，8；彩版二二三，3）。

（2）铜器

铜镜　1枚。

标本M753：1，四乳八鸟镜。圆形，圆纽，圆纽座。座外均匀伸出四组短竖线与四组短弧线（均每组三条）相间环列，再外一周窄凸面圈带。外区两周短斜线和凸弦纹组合纹带，其间为主纹，四枚圆座乳丁分为四区，每区内饰两相对而立鸟纹，形象逼真，鸟的轮廓、歧冠、羽翼、翘尾，栩栩如生。宽素平缘。面径9.5、缘厚0.55厘米（图4-798，1；彩版二二三，4）。

铜刷柄　1件。

标本M753：2，形似烟斗状，斗圆筒形中空，细长柄，尾部翘起，近龙首形，有圆形小孔。长

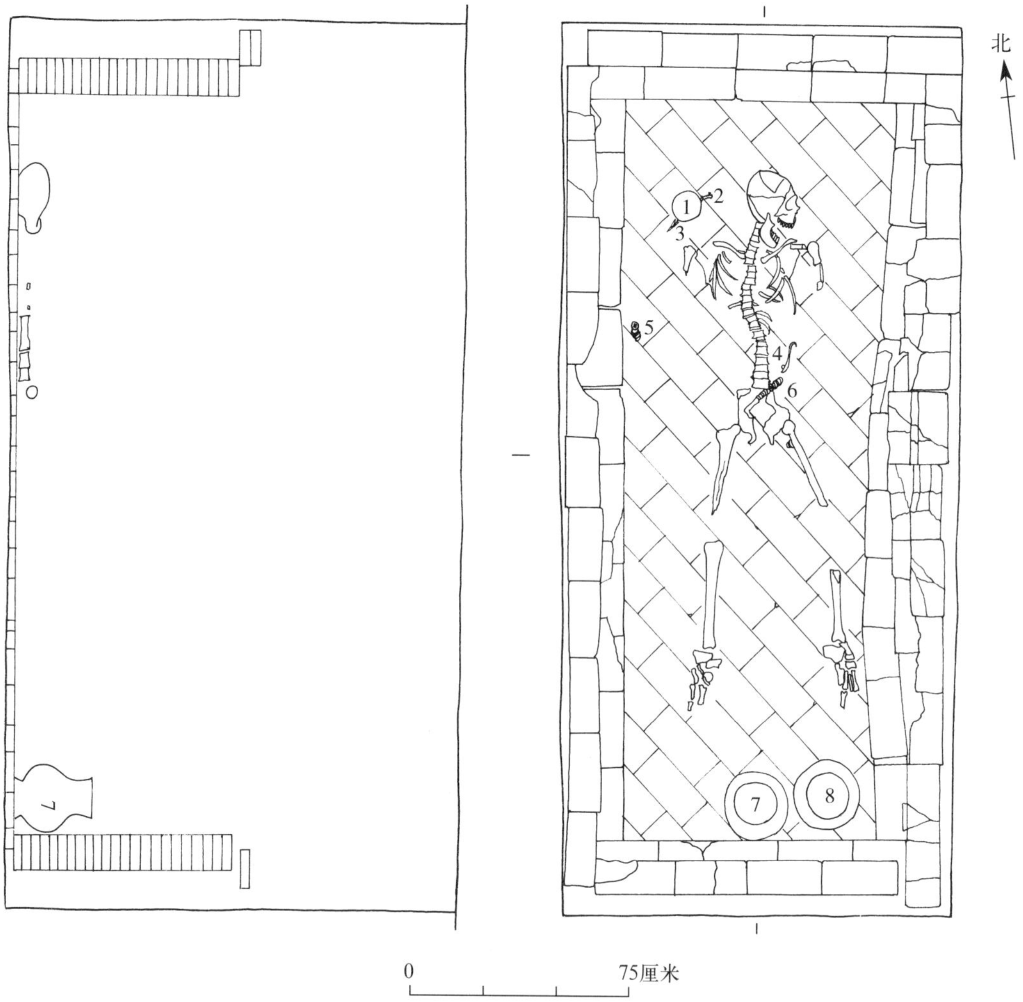

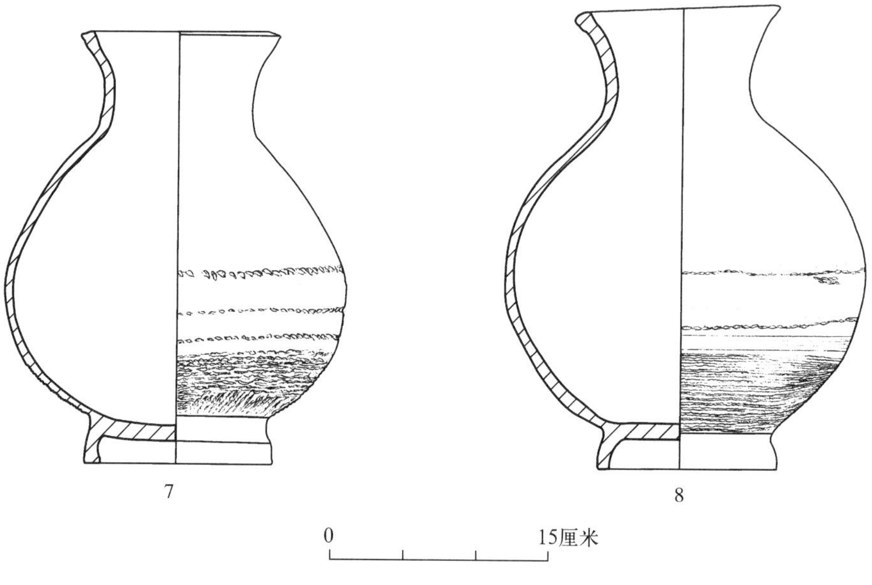

图 4-797　M753 及出土器物

1. 铜镜　2. 铜刷柄　3. 铁镜架　4. 铜带钩　5. 铜钱（12）　6. 铜钱（50）　7、8. 陶壶

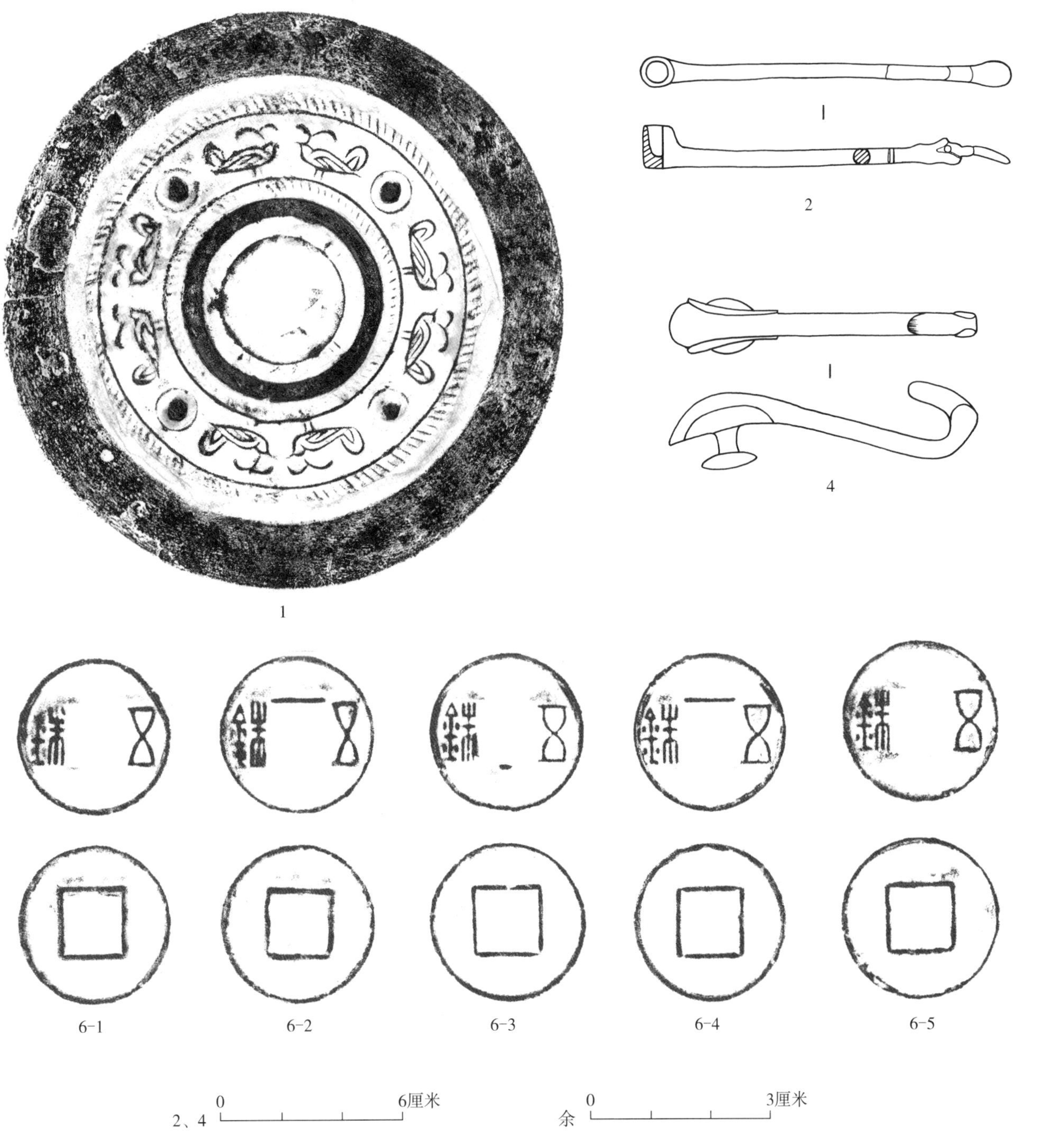

图 4-798　M753 出土器物

1. 铜镜　2. 铜刷柄　4. 铜带钩　6-1～5. 铜钱

12.4 厘米（图 4-798，2；彩版二二三，5）。

铜带钩　1 件。

标本 M753 : 4，琵琶形。通体细长，钩呈兽首状，双目凸出，横断面半圆形，圆形纽位于钩背中部，尾部较短，突出弧形双翼分别位于尾部两侧。长 10.3 厘米（图 4-798，4；彩版二二三，6）。

铜钱　62枚。均为五铢。圆形方穿，正面有轮无郭，背面轮郭俱全。根据钱文字体不同分为两种。

第一种　25枚。“五”字两笔交叉微曲，“朱”字上部方折，有的穿上横郭。

标本M753∶6-1、2，直径2.5、穿边长1、厚0.15厘米（图4-798，6-1、2）。

第二种　37枚。“五”字两笔交叉弯曲，与上、下两横相交处微内收或垂直，“铢”字“金”头呈镞形或三角形，“朱”字上部方折，有的穿上横郭或穿下半星。

标本M753∶6-3～5，直径2.6、穿边长1、厚0.19厘米（图4-798，6-3～5）。

（3）铁器

铁镜架　1件。

标本M753∶3，叉形，两侧支脚扁长条形。残高8厘米。

（四〇六）M758

1. 墓葬形制

位于墓地东北部，被M757打破，北面是M759，东面为M755。方向13°（图4-799）。

长方形土坑竖穴砖椁墓。壁面规整。底部平整。墓口长2.95、宽1.3、深4.28米。椁长2.83、宽1.11、高0.81米。椁室四壁均用青砖平铺错缝顺向垒砌而成，中间夹杂较多碎砖。东、西、北三壁各九层，南壁仅存东端两层。东、西两壁上面又顺向垒砌一层侧砖。墓底铺地砖“人”字形排列。砖长33、宽13、厚6厘米。墓内填黄褐色五花土，土质较致密。夯窝圆形，直径7～9、间距3～6厘米。

人骨1具。头向北，面向上，仰身直肢。男性，年龄20～25岁。

随葬铜带钩1件放在墓主口内。

2. 出土遗物

铜器

铜带钩　1件。

标本M758∶1，形体较小，琵琶形。钩呈马首状，双目圆突，双耳位于钩顶端两侧，横断面近圆形，椭圆形纽位于背中部，尾端平直。长5.3厘米（图4-799，1）。

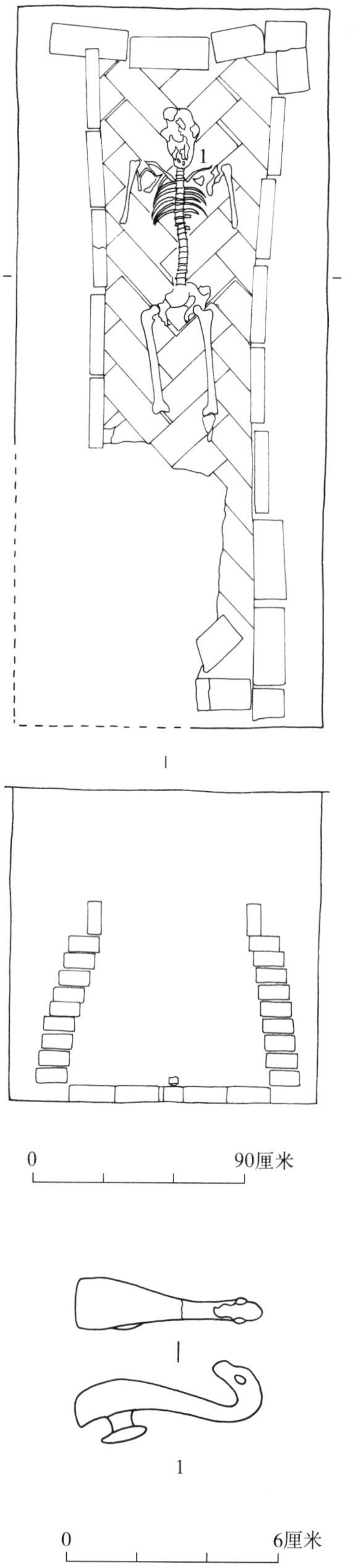

图4-799　M758及出土器物

1. 铜带钩

（四〇七）M762

1. 墓葬形制

位于墓地中部，南面是M573，西面为M765。方向100°（图4-800）。

长方形土坑竖穴砖椁墓。墓口长3、宽1.5、深1.83米。椁长2.7、宽0.9、深0.7米。椁室四壁青砖垒筑而成。东壁顺向叠砌二十一层；南、北壁平铺错缝垒砌，两砖之间留0.10～0.15米空隙，中间填充黄土。西壁立砖贴砌，一层平铺，一行立向贴砌。砖铺二层台在墓主脚端，宽0.28、高0.3米。墓底平铺一层青砖，“人”字形排列。砖长26、宽12、厚3厘米。墓内填黄褐色五花土，经过夯打，土质较坚硬。夯窝圆形，中部分布密集，东、西两端未经夯打，直径9、夯层厚12厘米。

人骨1具。头向东。骨骼保存较差，仅残存少量牙齿。性别无法鉴定，年龄20～25岁。

随葬器物5件。彩绘陶壶2件放置在二层台上。铜钱3枚位于墓主腰部左侧。乳猪骨堆放在陶壶附近。

2. 出土遗物

（1）陶器

陶壶　2件。泥质灰陶。弧顶盖。壶侈口，斜沿，圆唇，束颈，腹鼓，下腹微收。

标本M762∶1，圜底。颈、腹部分别饰三周白彩弦纹，肩部饰白彩弧圈火焰纹，白彩内间饰红彩，腹部饰三周戳印纹。口径12、底径17.2、通高26.5厘米（图4-800，1；彩版二二四，1）。

标本M762∶2，平底。上腹饰白、红色弧弦纹，红彩间饰白彩。下腹饰两周戳印纹。口径12.3、底径16、通高25.6厘米（图4-800，2；彩版二二四，2）。

（2）铜器

铜钱　3枚。均为五铢。圆形方穿，正面有轮无郭，背面轮郭俱全。“五”字两笔交叉微曲，“铢”字“金”头呈三角形，较小，与“朱”等齐，“朱”字上部方折，有的穿下半星。

标本M762∶3-1、2，直径2.5、穿边长1、厚0.2厘米（图4-800，3-1、2）。

（四〇八）M763

1. 墓葬形制

位于墓地中部，东北面是M764，西南面为M768。方向100°（图4-801）。

长方形土坑竖穴砖椁墓。墓口长2.7、宽1.4、深1.8米。椁长2.5、宽0.88、高0.78米。椁室青砖垒筑而成。东壁顺向叠砌二十二层；其中南、东、北三壁下面十层顺向平铺，上面十二层错缝垒砌，中间0.13～0.15米空隙填以黄土。西壁为土圹。墓底铺地砖“人”字形排列。砖长26、宽11、厚4厘米。墓内填黄褐色五花土，经过夯打，土质较坚硬。夯窝圆形，分布稀疏，排列无规律，直径11、夯层厚12厘米。填土中发现铜钱2枚。

人骨1具。头向东。骨骼腐朽严重，仅残存少量牙齿。性别无法鉴定，成年个体。

随葬器物55件。陶壶2件置于椁室西南角。铜带钩1件放在墓主口内。铜钱52枚置于中部偏北。

2. 出土遗物

（1）陶器

陶壶　2件。泥质灰陶。侈口，尖唇，束颈，鼓腹，平底内凹。器表有制作抹痕，下腹饰三周戳印纹。

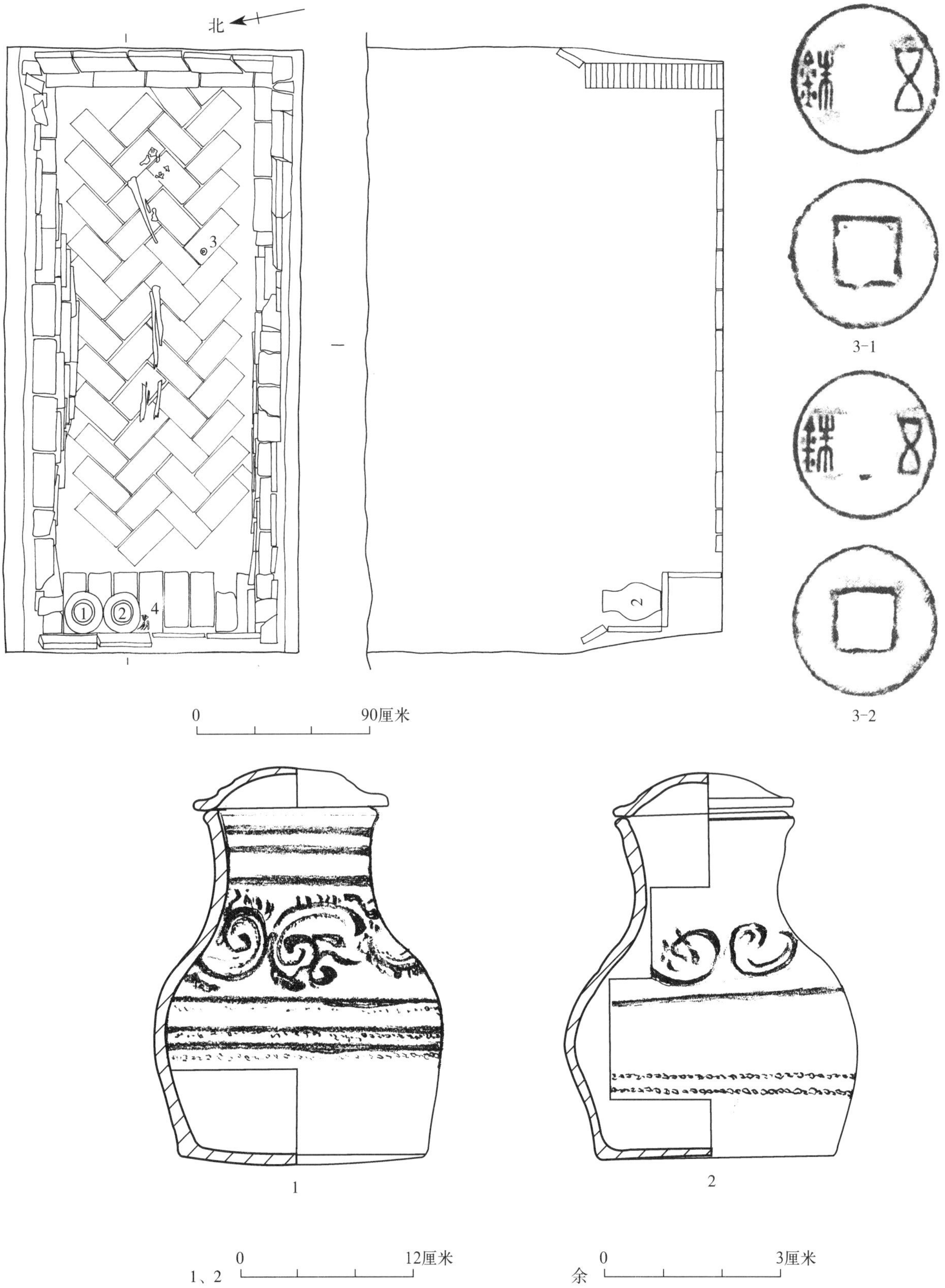

图4-800　M762及出土器物

1、2. 陶壶　3. 铜钱　4. 动物骨骼

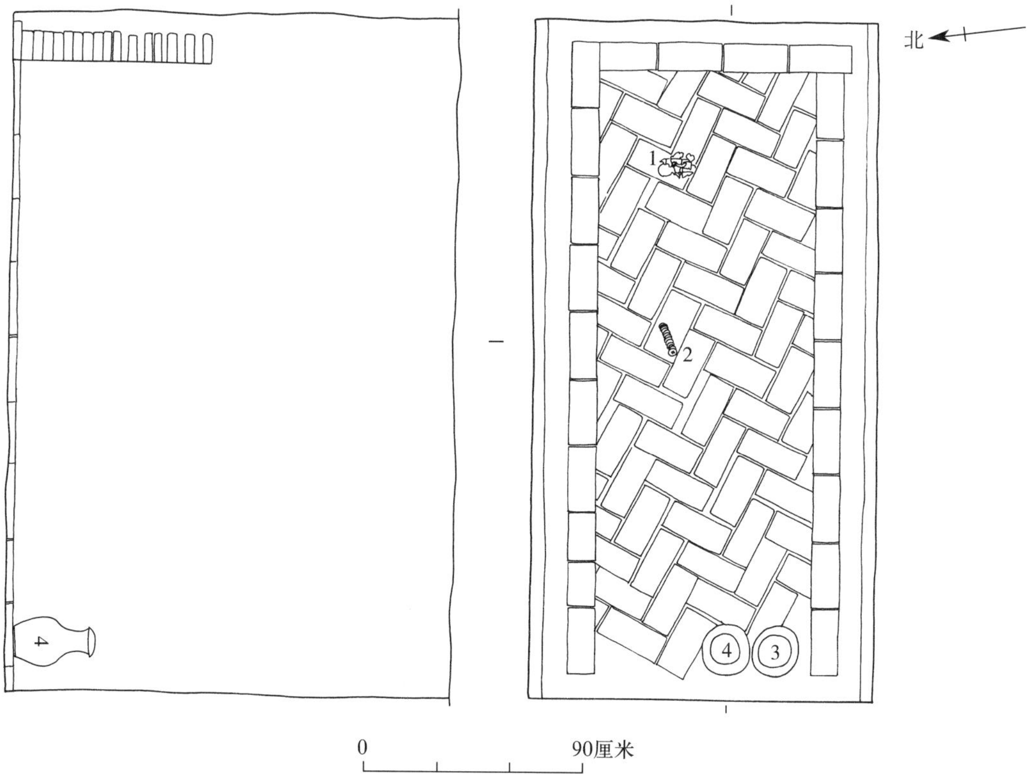

图 4-801　M763 平、剖面图

1. 铜带钩　2. 铜钱（52）　3、4. 陶壶

标本 M763 : 3，覆碗式盖，平顶。口径 13.2、底径 16.8、通高 26.7 厘米（图 4-802，3）。

标本 M763 : 4，弧顶盖。口径 16、底径 16、通高 24.8 厘米（图 4-802，4）。

（2）铜器

铜带钩　1 件。

标本 M763 : 1，琵琶形。钩呈马首状，断面椭圆形，圆形纽位于钩尾背面中部。长 6.1 厘米（图 4-802，1）。

铜钱　54 枚。均为五铢。圆形方穿，正面有轮无郭，背面轮郭俱全。根据钱文字体不同分为两种。

第一种　2 枚。"五"字两笔交叉微曲，"铢"字"金"头呈三角形，与"朱"等齐，"朱"字上部方折，有的穿上横郭。

标本 M763 : 2-1 ～ 3，直径 2.5、穿边长 1、厚 0.16 厘米（图 4-802，2-1 ～ 3）。

第二种　32 枚。"五"字两笔交叉弯曲，"铢"字"金"头呈三角形，与"朱"等齐或低于"朱"字，"朱"字上部方折，有的穿上横郭或穿下半星。

标本 M763 : 2-4 ～ 6，直径 2.5、穿边长 1、厚 0.16 厘米（图 4-802，2-4 ～ 6）。

（四〇九）M766

1. 墓葬形制

位于墓地中部，被 M573 打破，南面是 M770，西北面为 M764。方向 105°（图 4-803）。

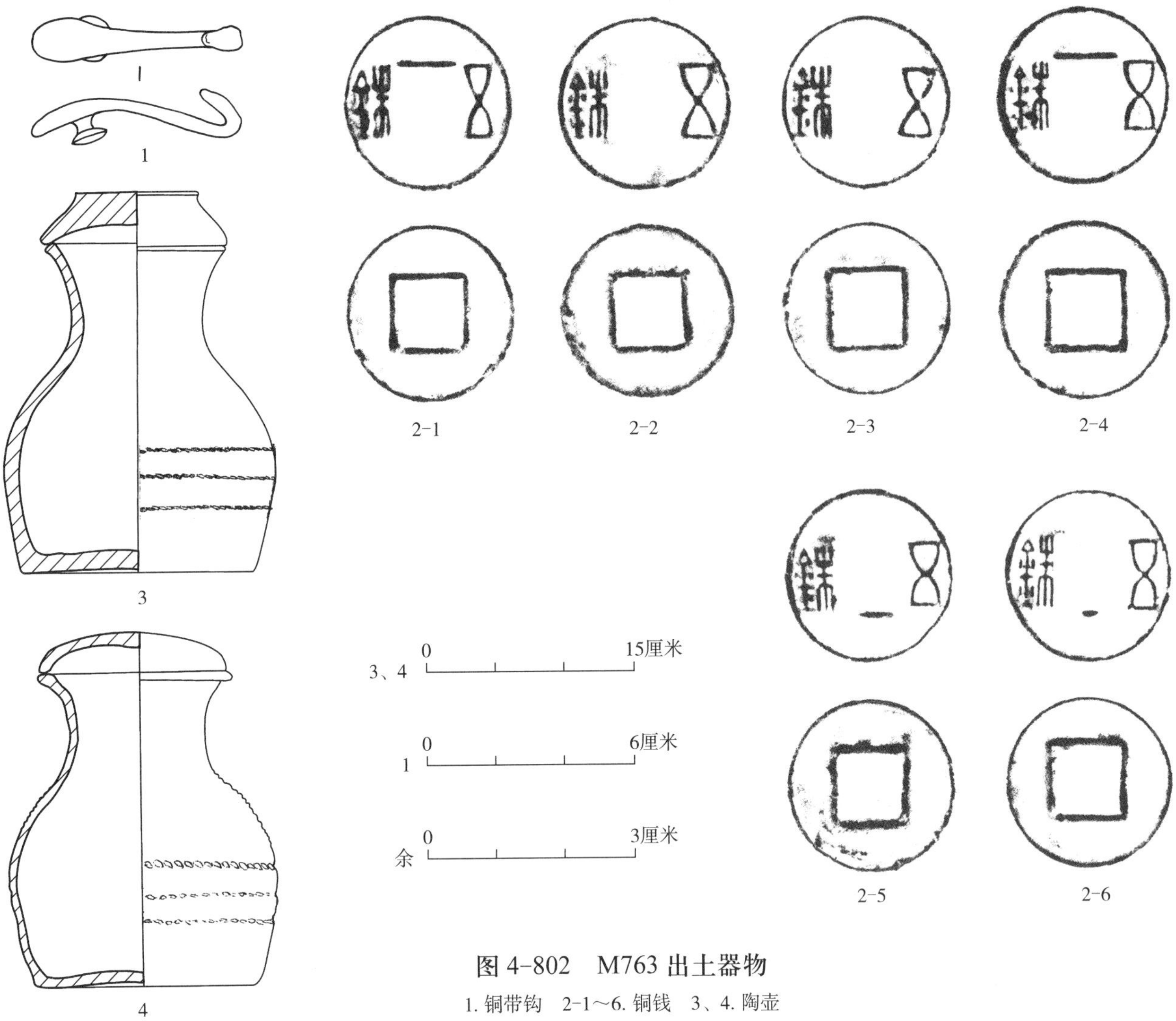

图 4-802　M763 出土器物

1. 铜带钩　2-1～6. 铜钱　3、4. 陶壶

长方形土坑竖穴砖椁墓。墓口长 3.1、宽 1.6、深 2.65 米。椁长 2.6、宽 0.86、高 0.65 米。椁室四壁十五层青砖平铺错缝叠砌而成。南壁塌陷。墓底平铺一层青砖，“人”字形排列。砖长 25、宽 11、厚 3 厘米。墓内填黄褐色五花土，经过夯打，土质较坚硬。夯窝圆形，直径 7～10、间距 5～25、夯层厚 12 厘米。

人骨 1 具。头向东，仰身直肢。男性，年龄 45～55 岁。

随葬器物 4 件。陶钫 2 件放在椁室西南角。铜带钩 1 件，铜印章 1 枚置于墓主盆骨右侧。乳猪骨放置西南角。

2. 出土遗物

（1）陶器

陶钫　2 件。形制相同。泥质灰陶。覆斗形盖，斜壁，小平顶，顶部饰五个突饰。钫侈口，平沿，方唇，沿下有折棱，束颈，溜肩，鼓腹，圆形圈足。素面。

标本 M766：3，口边长 10.4、底径 14、通高 40 厘米（图 4-803，3）。

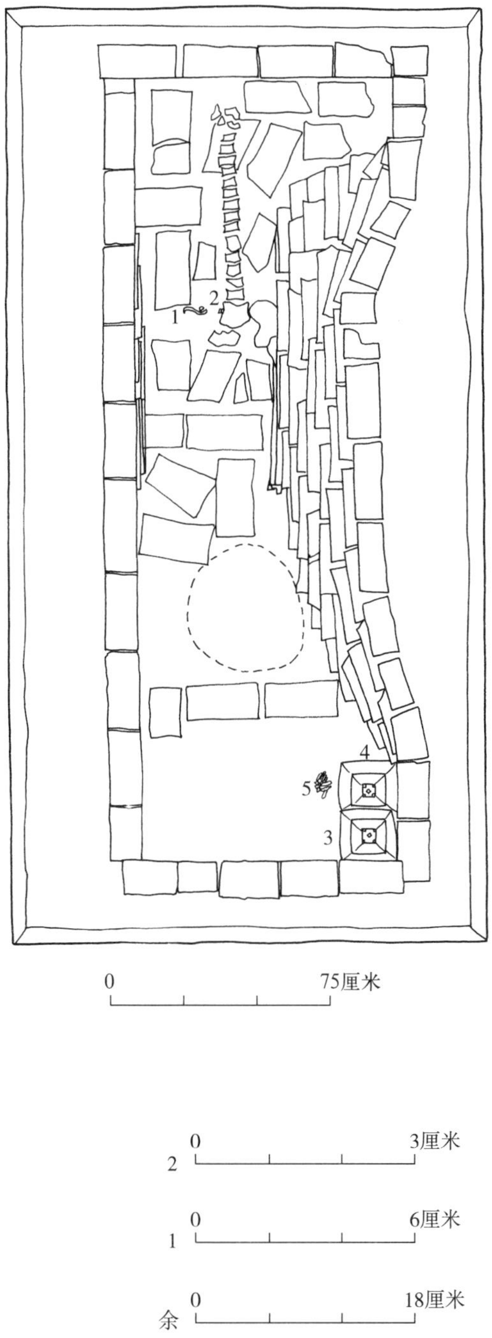

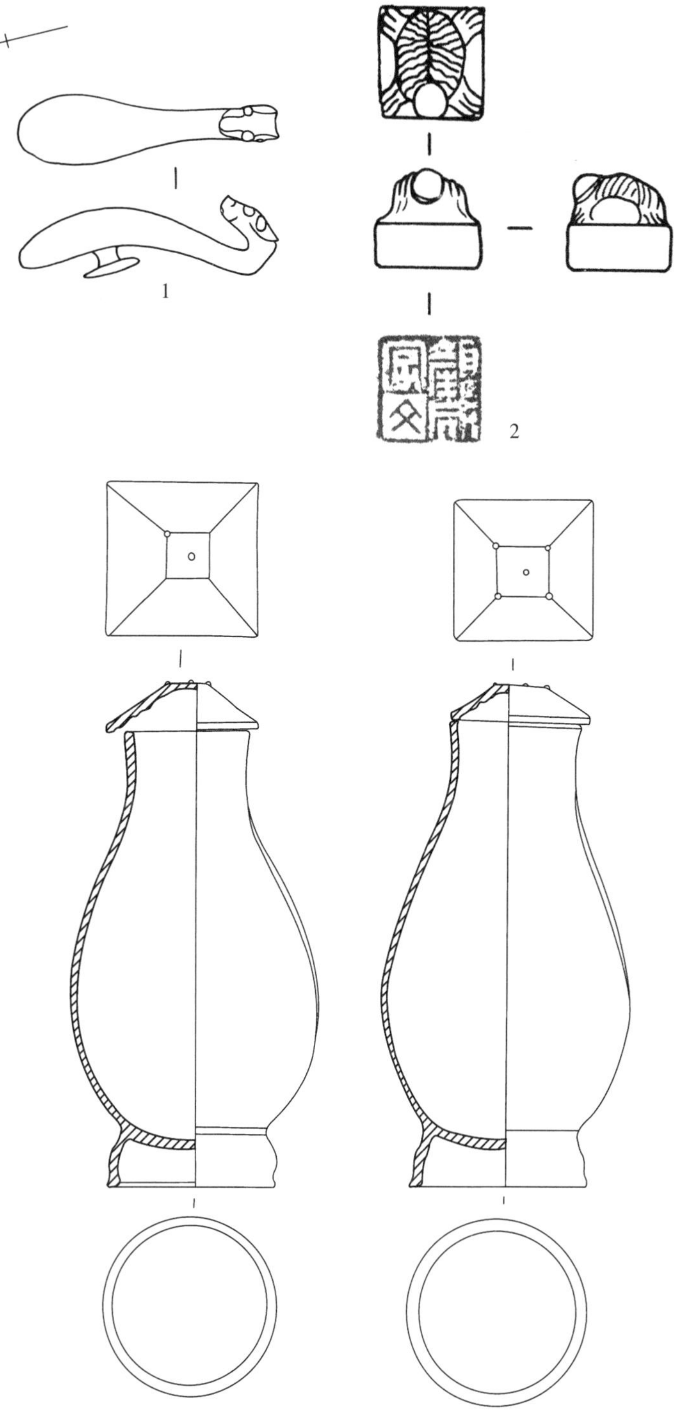

图 4-803　M766 及出土器物

1. 铜带钩　2. 铜印章　3、4. 陶钫　5. 动物骨骼

标本 M766：4，口边长 10.8、底径 14.8、通高 40 厘米（图 4-803，4）。

（2）**铜器**

铜带钩　1 件。

标本 M766：1，琵琶形。钩呈马首状，双目凸出，两耳竖起立于钩上端两侧，断面近圆形，圆形纽位于尾背部凹槽中端。长 7.1 厘米（图 4-803，1；彩版二二四，3）。

铜印章　1枚。

标本M766：2，方形印体，龟形纽。印面方形，阴文篆书“颜咸字文”，人名。印面边长1.5、通高1.3厘米（图4-803，2；彩版二二四，4、5）。

（四一〇）M767

1. 墓葬形制

位于墓地中部，打破M769，被M565、M568打破。方向100°（图4-804）。

长方形土坑竖穴砖椁墓。墓口长2.7、宽1.1、深1.2米。椁长1.6、宽0.55、高0.4米。椁室四壁用青砖平铺错缝叠砌而成。椁室券顶及东侧残缺，仅存西壁四层青砖。墓底铺地砖破坏，仅剩西部少量青砖。砖侧面饰菱形花纹，长25～30、宽13、厚5厘米（图4-804，02）。墓内填黄褐色五花土。质地松软。填土中发现12枚铜钱。

人骨无。

随葬器物无。

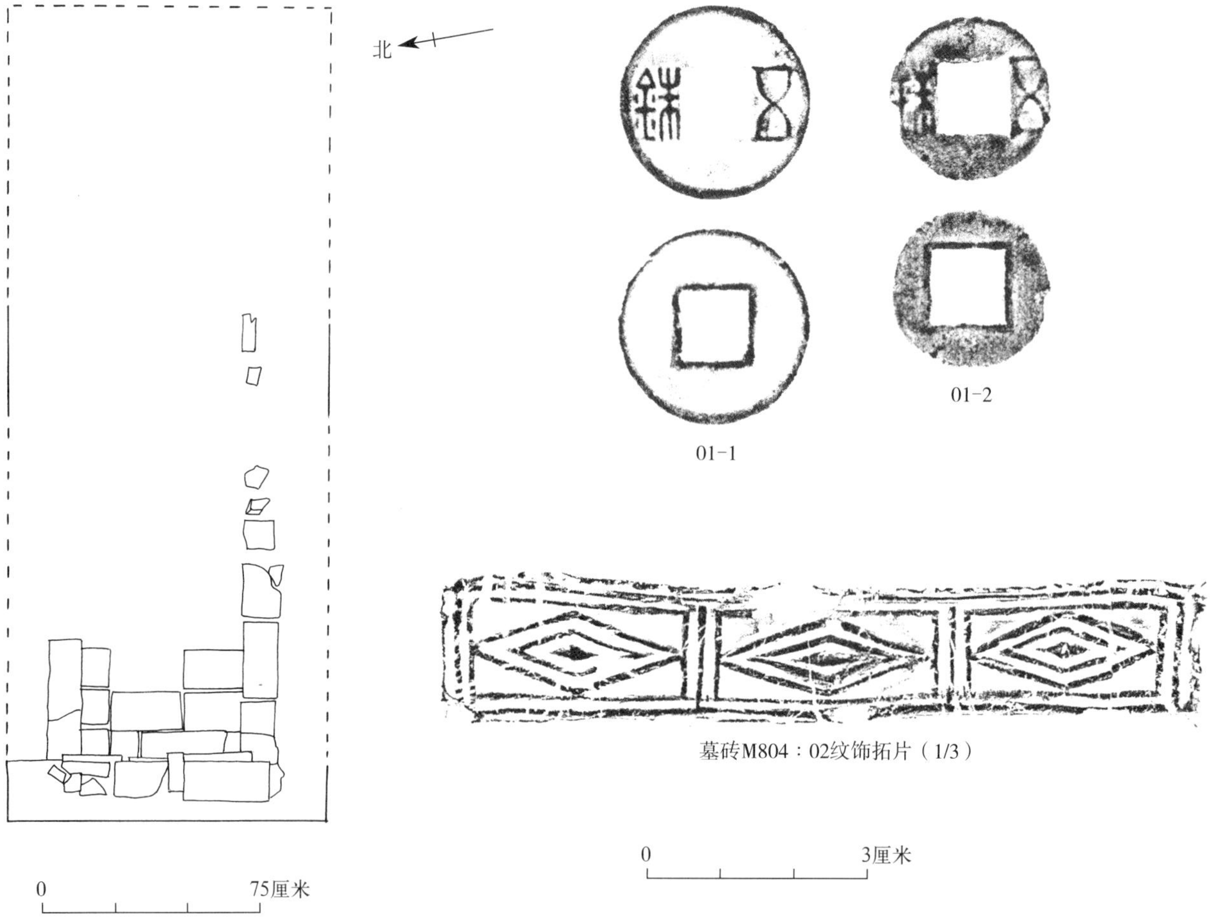

图4-804　M767及出土器物

01. 铜钱

2. 出土遗物

铜器

铜钱　12枚。均为五铢。圆形方穿，正面有轮无郭，背面轮郭俱全。“五”字两笔交叉弯曲，“铢”字“金”头呈三角形，与“朱”等齐，“朱”字上部圆折，有的剪边。

标本M767∶01-1、2，直径2.6、穿边长1、厚0.13厘米（图4-804，01-1、2）。

（四一一）M769

1. 墓葬形制

位于墓地中部，被M565、M767打破，东面为M566。方向15°（图4-805）。

长方形土坑竖穴砖椁墓。墓口长2.7、宽1.5、深1.8米。椁长2.1、宽0.75、高0.78米。椁室四壁用青砖平铺错缝叠砌十层。北端壁龛宽0.5、高0.35、进深0.3米。墓底铺地砖中间纵向平铺两排，两侧横向平铺。砖长34、宽14、厚6厘米。墓内填黄褐色五花土，经过夯打，土质较坚硬。夯窝圆形，分布稀疏，排列无规律，直径10、夯层厚12厘米。

人骨1具。头向北，面向不详，仰身直肢。骨骼腐朽严重，仅存头骨残片和部分牙齿及少量肢骨遗骸。性别、年龄无法鉴定。

随葬器物4件。陶罐1件放在壁龛内。铜带钩1件放于墓主口内。铜饰件2件位于墓主右臂处。

2. 出土遗物

（1）陶器

陶罐　1件。

标本M769∶3，泥质灰陶。敛口，沿面内弧，圆唇，直颈，弧肩，鼓腹，下部内收，小平底。上腹有制作抹痕，腹部饰三周戳印纹，下腹及底部饰绳纹。口径16、底径9.6、高22.5厘米（图4-805，3）。

（2）铜器

铜带钩　1件。

标本M769∶1，琵琶形。钩呈马首状，横断面近圆形，背面圆形纽残。长4厘米（图4-805，1）。

铜饰件　2件。

标本M769∶2-1，上部扁平弧形。下部长方形，中空，一端略细，顶端弧形，有卯槽，与上部榫卯组合。横断面长方形。上部一端略缺失。残长8.4厘米（图4-805，2-1）。

（四一二）M773

墓葬形制

位于墓地中部，东南面是M822，西南面为M772。方向5°（图4-806）。

长方形土坑竖穴砖椁墓。墓口长2.3、宽1.2、深1.4米。椁长1.85、宽0.66、高0.6米。椁室四壁用青砖平铺错缝叠砌九层。墓底中间纵向、两侧横向平铺一层青砖。砖长31、宽13、厚6厘米。

人骨1具。头向北，面向不详，仰身直肢。骨骼严重腐朽，仅存头骨、牙齿及少量肢骨残骸。性别、年龄无法鉴定。

随葬器物无。

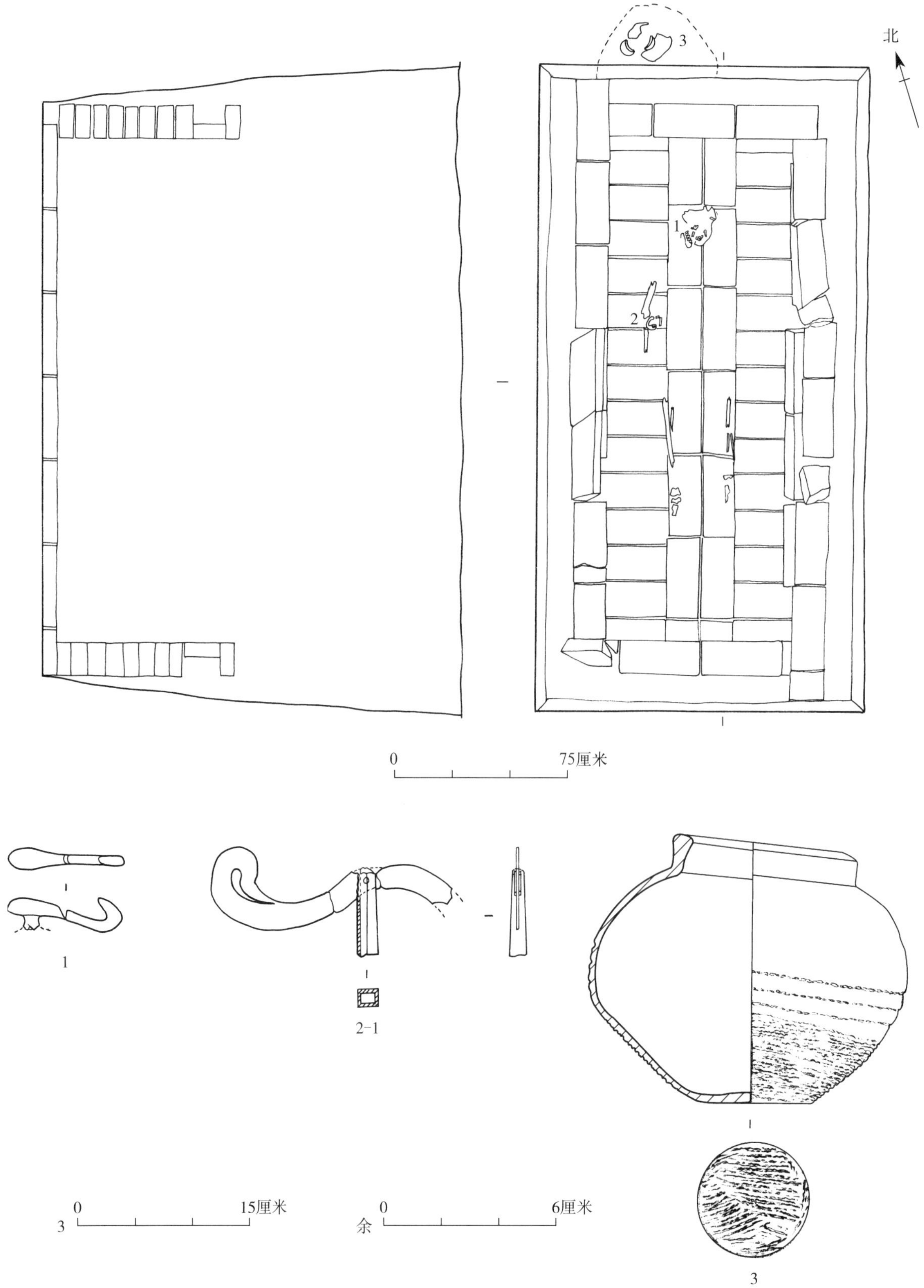

图4-805　M769及出土器物

1. 铜带钩　2. 铜饰件（2）　3. 陶罐

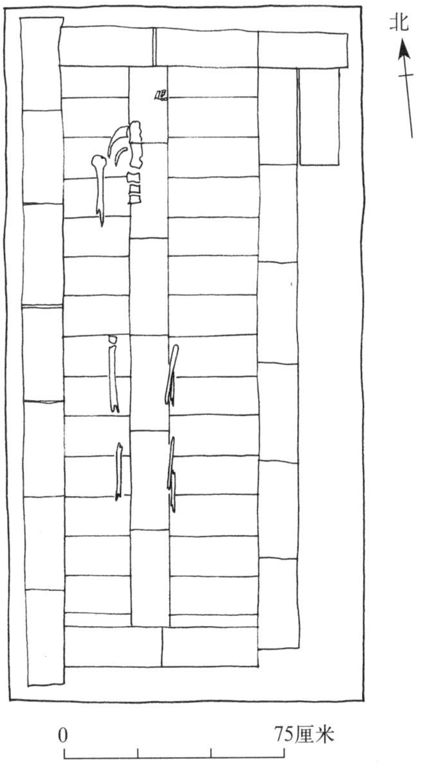

图 4-806　M773 平面图

（四一三）M778

1. 墓葬形制

位于墓地中部，被 M776 打破，东面是 M779。方向 10°（图 4-807）。

长方形土坑竖穴砖椁墓。墓口长 2.7、宽 1.3、深 1.7 米。椁长 2.1、宽 0.8、高 0.85 米。椁室四壁青砖平铺错缝叠砌十一层。墓底对缝平铺三排青砖。砖长 33、宽 15、厚 7 厘米。墓圹内填黄褐色五花土，经过夯打，土质较坚硬。夯窝圆形，直径 10、间距 10 ～ 25、夯层厚 12 厘米。

人骨 1 具。头向北，面向东，仰身直肢。男性，年龄 45 ～ 55 岁。

随葬器物无。

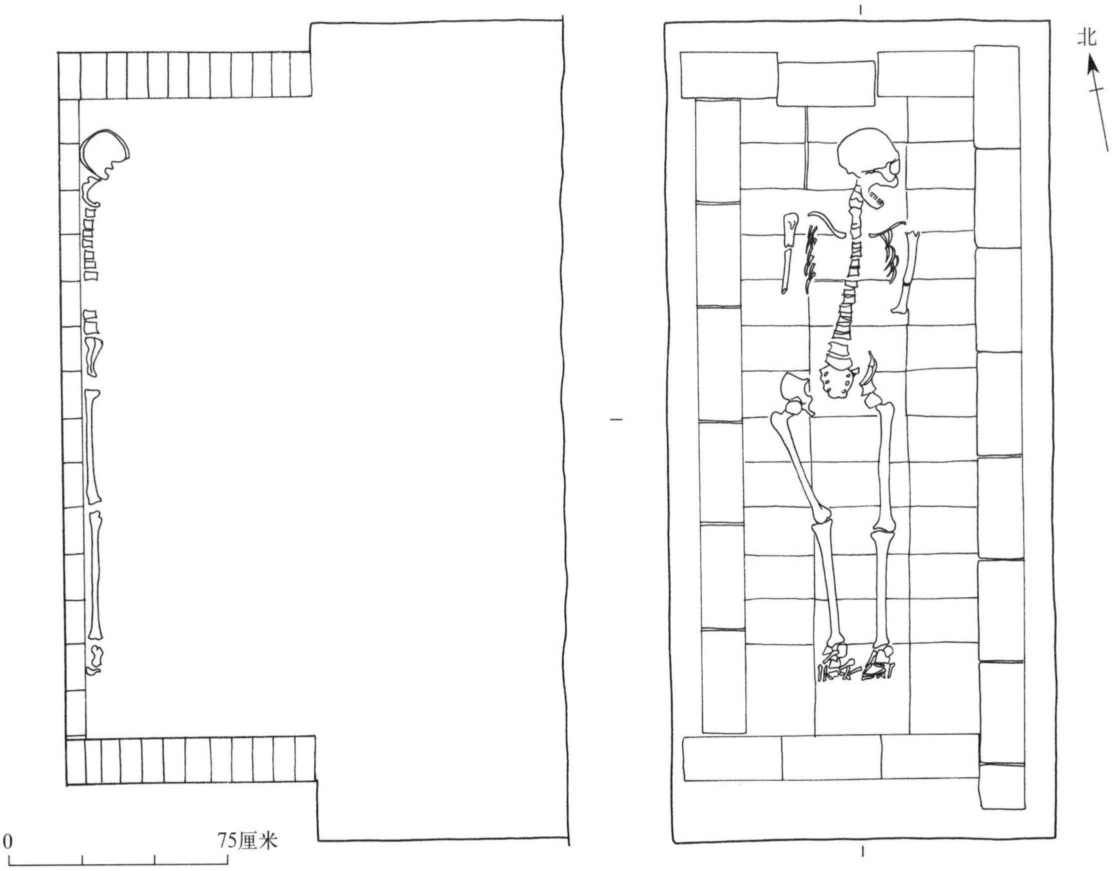

图 4-807　M778 平、剖面图

（四一四）M796

1. 墓葬形制

位于墓地东北部，北面是M935，西面为M888、M890。方向355°（图4-808）。

长方形土坑竖穴砖椁墓。墓口长2.3、宽1.1、深1.87米。椁长2.3、宽1.1米。椁室四壁青砖错缝顺向垒砌而成。西壁南端壁龛宽0.3、高0.24、进深0.2米。墓底铺地砖顺向垒砌两排、两侧“丁”字形垒砌一排。砖长34、宽14、厚7厘米。墓内填黄褐色五花土，土质较疏松。经夯打，夯窝圆形，排列不均匀，直径7～11、夯层厚20～30厘米。

人骨1具。头向北，面向不明，仰身直肢。骨骼腐朽严重，仅存头骨和部分肋、脊椎及肢骨残骸。女性，年龄30岁左右。

出土陶罐1件置于壁龛内。

2. 出土遗物

陶器

陶罐　1件。

标本M796∶1，泥质灰陶。敛口，平沿，圆唇，沿面微内斜，弧肩，圆腹，下部弧收，小平底微凹。上腹数周凹弦纹，中腹饰一周戳印纹，下腹饰绳纹。口径14.8、底径9.8、高19.2厘米（图4-808，1）。

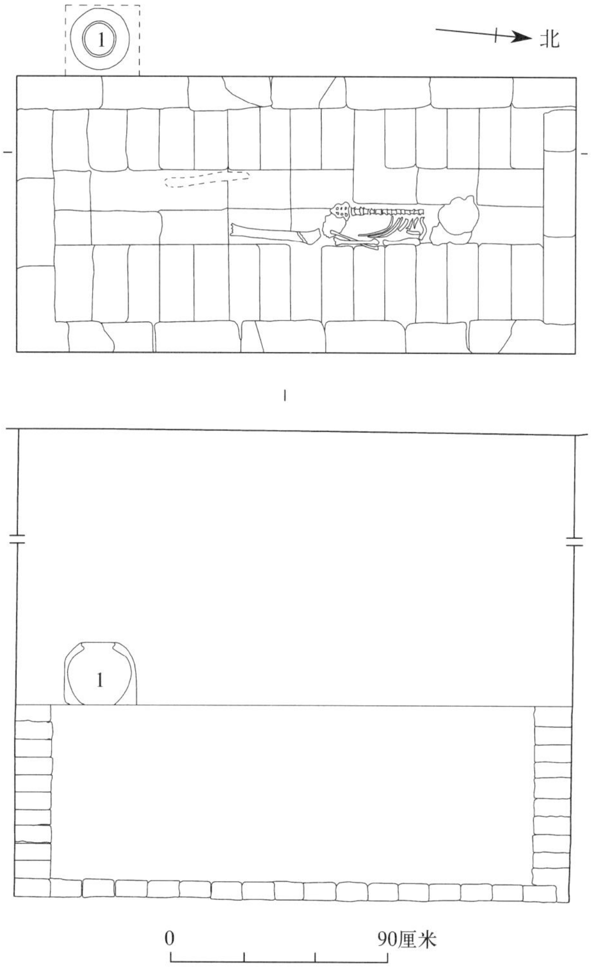

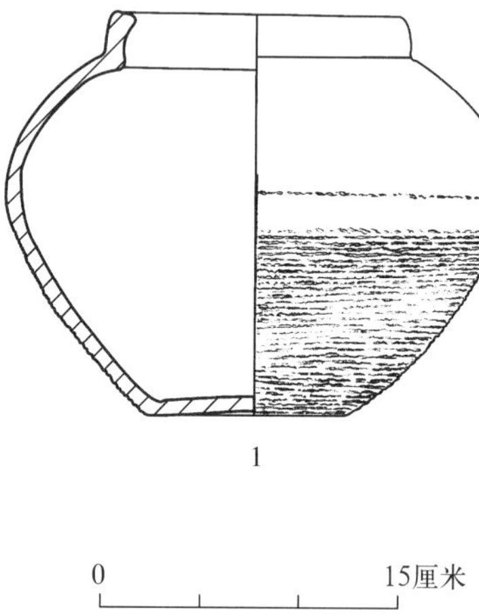

图4-808　M796及出土器物

1. 陶罐

（四一五）M798

墓葬形制

位于墓地东北部，东北面是 M725，东南面为 M726。方向 105°。

长方形土坑竖穴砖椁墓。墓口长 2.1、宽 1.12、深 1.7 米。椁长 2.06、宽 0.70、高 0.60 米。椁室四壁均用青砖平铺垒筑。南、北两壁错缝叠砌十四层，东、西两壁为土圹。墓底铺地砖不规则排列。其中东、西及中间碎瓦砾铺垫。砖长 27、宽 12、厚 4 厘米。墓内填黄褐色五花土，较坚硬。

人骨 1 具。头向东，仰身直肢。躯干腐朽，下肢平伸。性别无法鉴定，年龄 10 岁左右。

随葬器物无。

（四一六）M800

1. 墓葬形制

位于墓地中部，东北面是 M825，东南面为 M799。方向 192°。

长方形土坑竖穴砖椁墓。墓口长 2.74、宽 1.28、深 1.68 米。椁长 2.74、宽 1.28、高度不详。椁室垒砌青砖破坏殆尽，形制与结构不明。墓底铺地砖斜向垒砌，“人”字形排列。砖长 27、宽 12、厚 3 厘米。墓内填黄褐色五花土，较致密。填土中发现有金属衔镳、车轙等车马明器，多数残破不能复原。

人骨 1 具。仅残存骨骼痕迹，性别、年龄无法鉴定。

随葬器物无。

2. 出土遗物

金属器

金属衔镳　3 件。形制相同。衔绳索状，中间两环相套。镳近似 S 形，外侧波浪形。中间各一个椭圆形孔，插入衔环内。

标本 M800 : 01-1，衔长 8.2、镳长 7.2 厘米（图 4-809，01-1）。

标本 M800 : 01-2，衔长 8、镳长 7.6 厘米（图 4-809，01-2）。

标本 M800 : 01-3，衔长 8.3、镳长 7.75 厘米（图 4-809，01-3）。

金属车轙　2 件。石膏灰色。平面呈倒“U”字形，上面饰锯齿纹。

标本 M800 : 06-1，高 3、宽 2.6 厘米（图 4-809，06-1；彩版二二四，6 左）。

标本 M800 : 06-2，高 2.8、宽 2.5 厘米（图 4-809，06-2；彩版二二四，6 右）。

（四一七）M805

1. 墓葬形制

位于墓地东北部，被 M801 打破，东面是 M636，南面为 M807、M808。方向 112°（图 4-810）。

长方形土坑竖穴砖椁墓。墓口长 2.95、宽 1.4、深 0.84 米。椁长 2.85、宽 1.3、高 0.65 米。椁室南、北两壁距墓底 0.2 米为生土台，上面错缝顺向垒砌十层青砖。东、西两壁生土台上错缝“丁”字形垒砌。墓底平铺一层青砖，“人”字形排列。砖长 28、宽 12、厚 5 厘米。墓内填黄褐色五花土，土质疏松。

人骨 1 具。头向东，面向不详，仰身直肢。骨骼保存较差，仅存少量头骨残骸。性别无法鉴定，

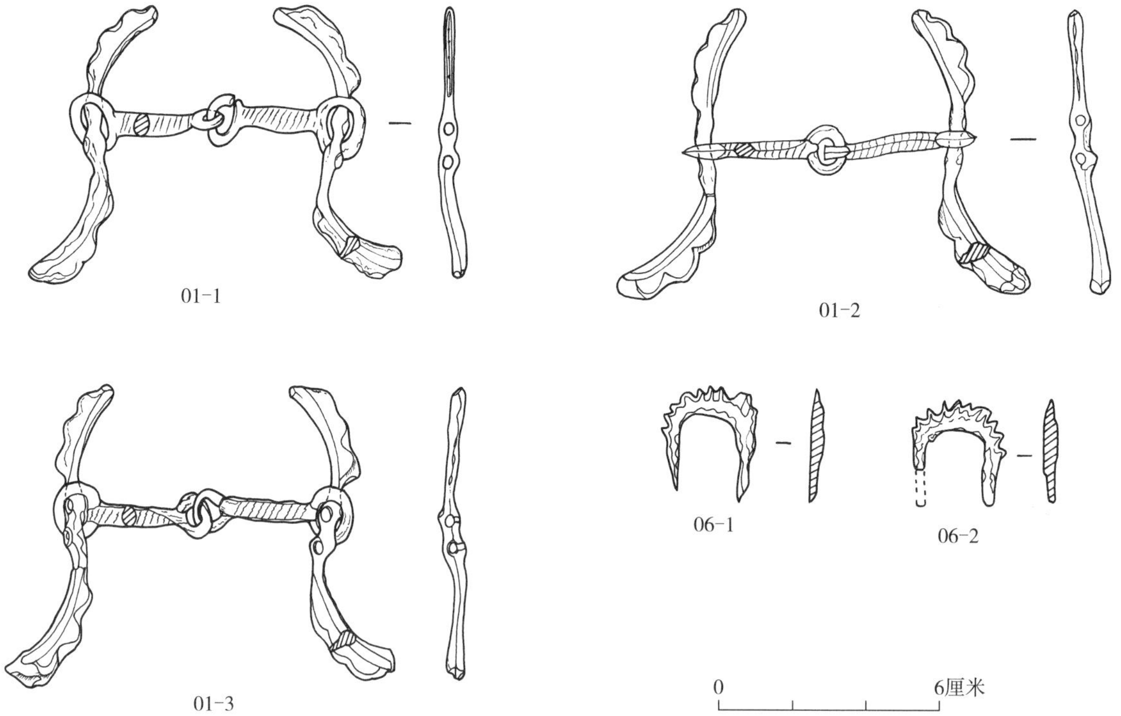

图 4-809 M800 出土器物

01-1～3. 金属衔镳 06-1、2. 金属车辖

成年个体。

随葬器物 2 件。陶罐 1 件放在椁室西北角。铜镜 1 枚置于中部。

2. 出土遗物

（1）陶器

陶罐 1 件。

标本 M805∶1，泥质灰陶。敛口，沿内斜，方唇，束颈，扁圆腹，下腹弧收，大平底。腹部饰三周戳印纹。口径 18、底径 20、高 20 厘米（图 4-811，1）。

（2）铜器

铜镜 1 枚。

标本 M805∶2，星云镜，锈蚀较重。圆形，连峰纽。两周内外均附凸弦纹的短斜线纹带之间为主纹，四枚带圆座乳丁分为四区，每区内各有弧线相连五枚小乳丁。内向十六连弧纹缘。面径 7.1、缘厚 0.4 厘米（图 4-811，2）。

（四一八）M808

1. 墓葬形制

位于墓地东北部，被 M807 打破，北面是 M805。方向 100°（图 4-812）。

长方形土坑竖穴砖椁墓。墓口长 1.5～1.8、宽 1.04、深 0.7 米。椁室四壁青砖平铺错缝顺向垒

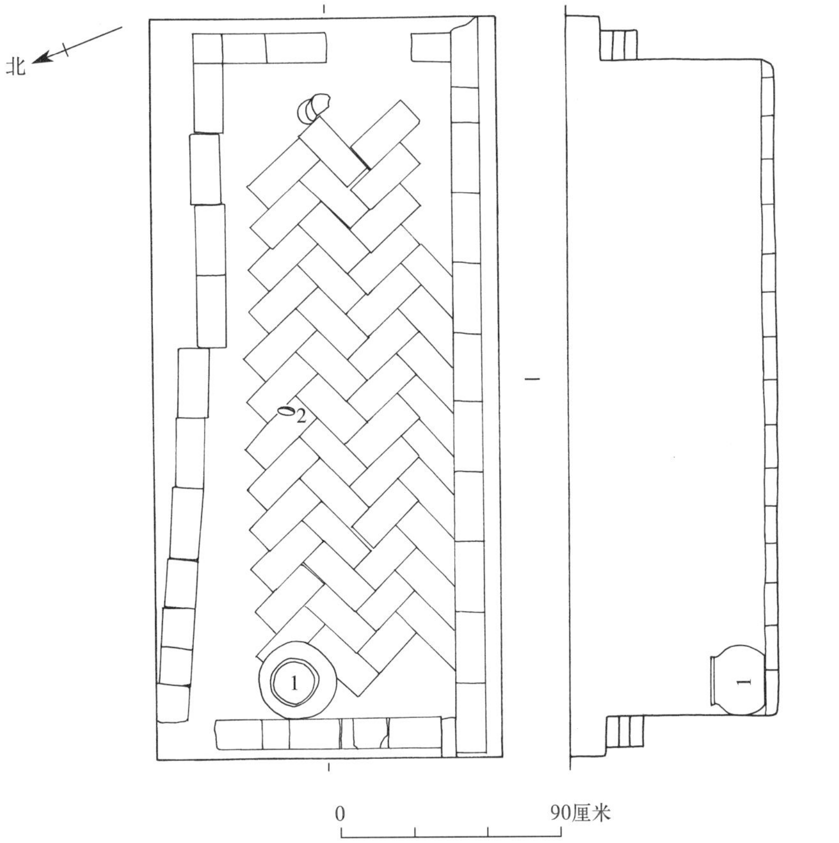

图 4-810　M805 平、剖面图

1. 陶罐　2. 铜镜

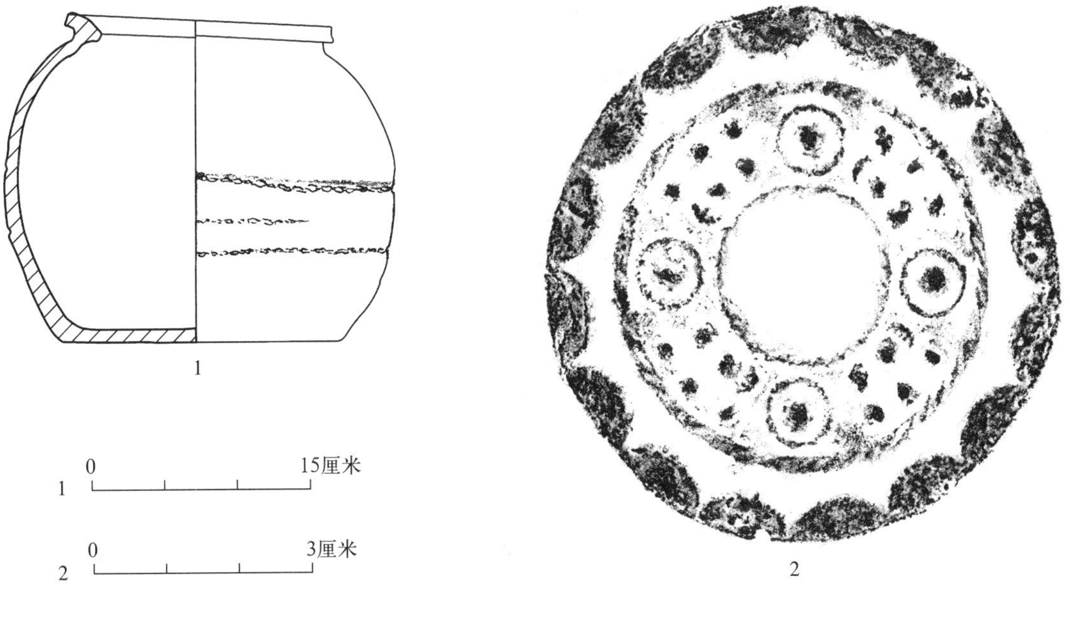

图 4-811　M805 出土器物

1. 陶罐　2. 铜镜

砌而成。南、北壁十九层，外侧对缝顺向垒砌一层。西壁为土圹。东壁遭到破坏。脚端二层台高 0.25、宽 0.4 米。墓底铺地砖两行“人”字形排列。砖长 28、宽 12、厚 3 厘米。墓内填黄褐色花土，土质疏松。填土中发现陶钵 1 件。

人骨无。

随葬器物 5 件。陶壶 2 件，陶盆 1 件放在二层台上，盆扣在壶上。铜带钩 1 件位于东端偏北。铜剑格 1 件置于西端偏南。

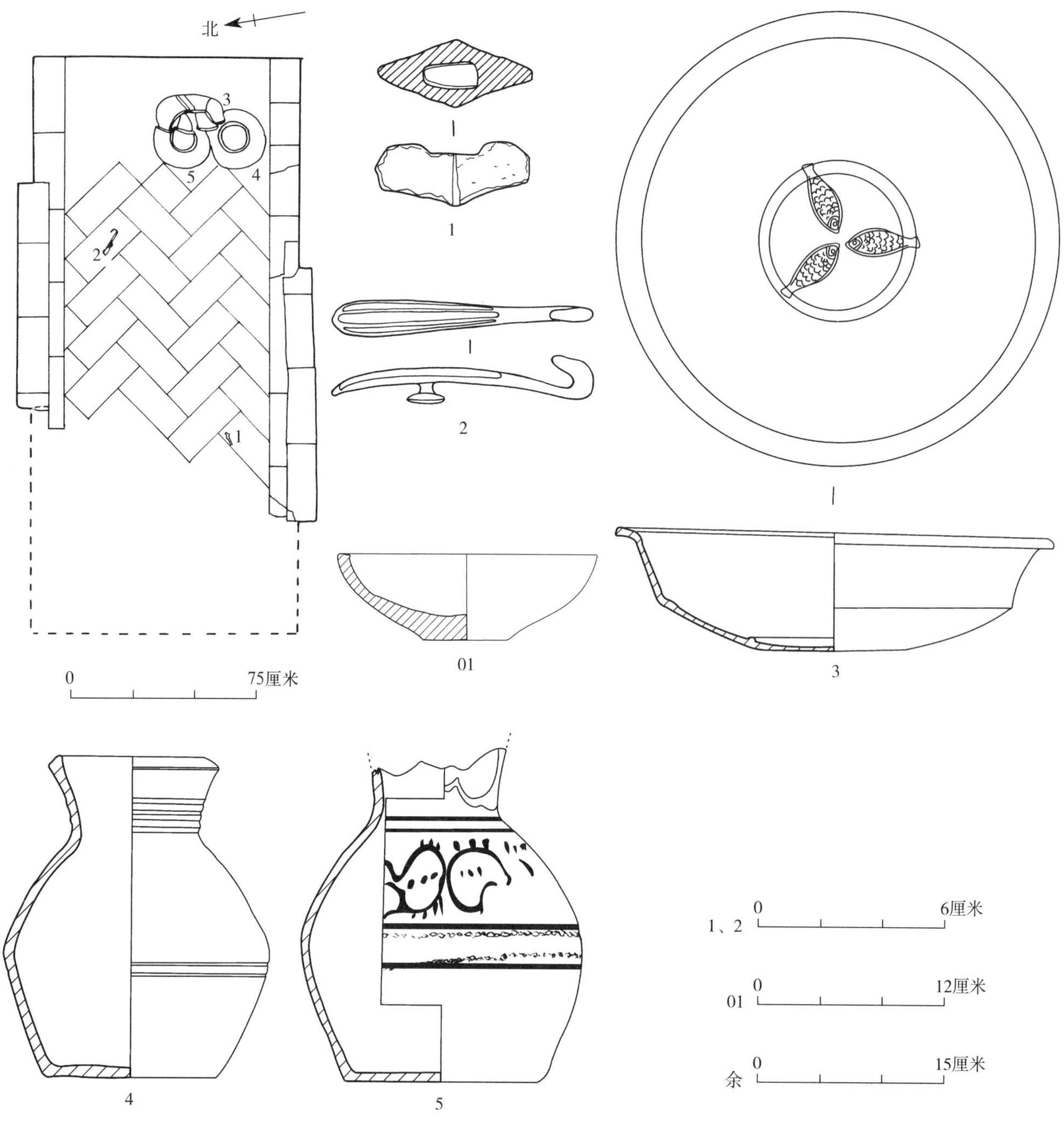

图 4-812　M808 及出土器物

1. 铜剑格　2. 铜带钩　3. 陶盆　4、5. 陶壶　01. 陶钵

2. 出土遗物

（1）陶器

陶壶　2件。泥质灰陶。侈口，沿面外斜，尖唇，束颈，鼓腹，平底。素面。

标本M808：4，颈外侧有轮制弦纹，下腹饰两周凹弦纹。口径13.5、底径13.6、通高25厘米（图4-812，4）。

标本M808：5，口残，颈下及腹部分别饰两周白彩弦纹，肩部饰白色弧带纹及圆点纹，腹部间饰两周戳印纹。残口径10.8、底径16、残高26厘米（图4-812，5）。

陶钵　1件。

标本M808：01，泥质灰陶。敞口，平沿，尖唇，下腹内收，小平底。素面。口径16.8、底径5.8、高5.4厘米（图4-812，01）。

陶盆　1件。

标本M808：3，夹砂夹石英灰褐。敞口，斜折沿，方唇，浅腹，下腹折收。小平底。盆内底部饰一周凹弦纹间饰三条鱼形图案。口径35.4、底径12、高9厘米（图4-812，3；彩版二二四，7、8）。

（2）铜器

铜带钩　1件。

标本M808：2，锈蚀严重。琵琶形。钩呈马首状，断面长方形，体中部饰凸棱纹，圆形纽位于背面尾部前端。长8.5厘米（图4-812，2）。

铜剑格　1件。

标本808：1，截面菱形，两端薄，中间厚。与柄相连一面长方形孔，另一面菱形。长5、厚1.9厘米（图4-812，1）。

（四一九）M809

1. 墓葬形制

位于墓地东北部，北面是M803、M860。方向115°（图4-813）。

长方形土坑竖穴砖椁墓。墓口长3.4、宽2.0、深1.07米。椁长3.43、宽1.62～1.83、高0.8米。椁室四壁均用青砖平铺垒砌而成。南、北两壁错缝顺向垒砌十二～十四层。上面一层青砖对缝“丁”字形垒砌。东壁错缝“丁”字形垒砌十二层，中间空隙填充黄土。脚箱位于西端，长1.35、宽0.82、深0.8米。椁室与脚箱间留有凹槽，宽0.08～0.1米。墓底铺地砖“人”字形排列。砖长34、宽14、厚4～5厘米。墓内填黄褐色五花土，经过夯打，土质较致密。夯窝圆形，排列不均匀，直径6～9厘米。

人骨无。

随葬陶钫2件，放在脚箱内。鸡骨置于陶钫内。

2. 出土遗物

陶器

陶钫　2件。形制相同。泥质灰陶。覆斗形盖，小平顶，斜壁，对角有棱，盖顶饰鹤、四边壁各印鱼形图案，顶四边棱、角及边沿均饰红彩，颈上及腹部分别饰两周红色弦纹，颈四周各用红彩饰对应两个“三角”图案，肩部红彩饰对应火焰纹。钫直口，平沿，方唇，束颈，四角有折弯，溜肩，

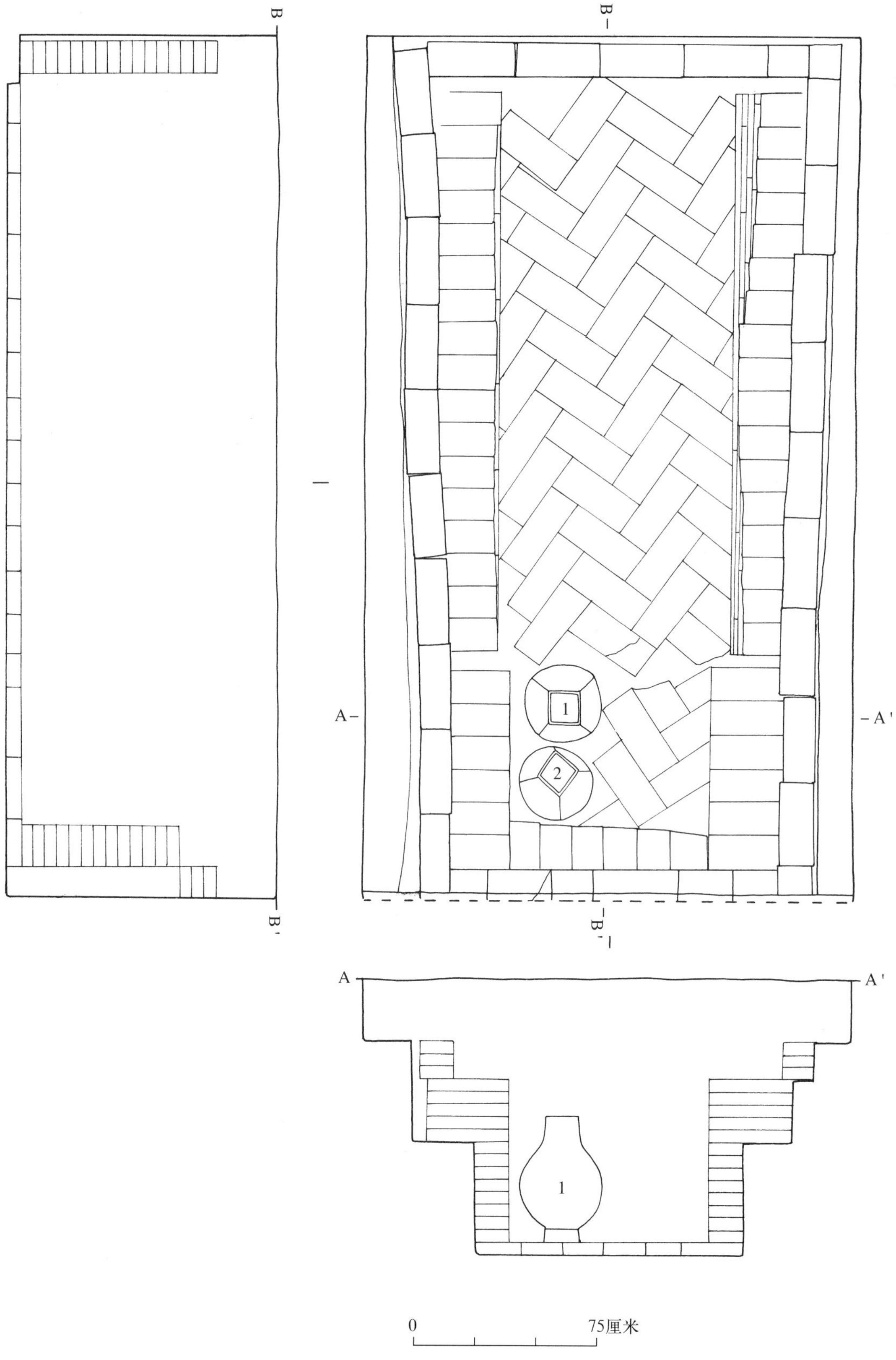

图4-813 M809平、剖面图

1、2. 陶钫

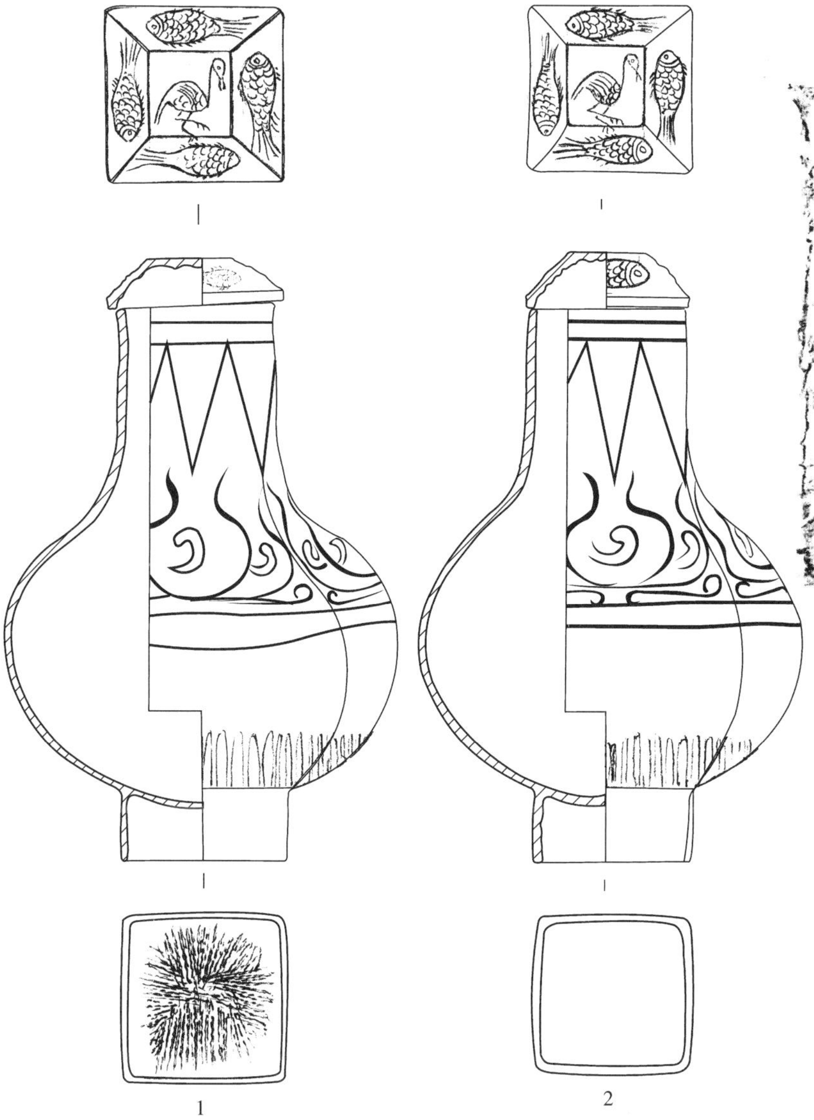

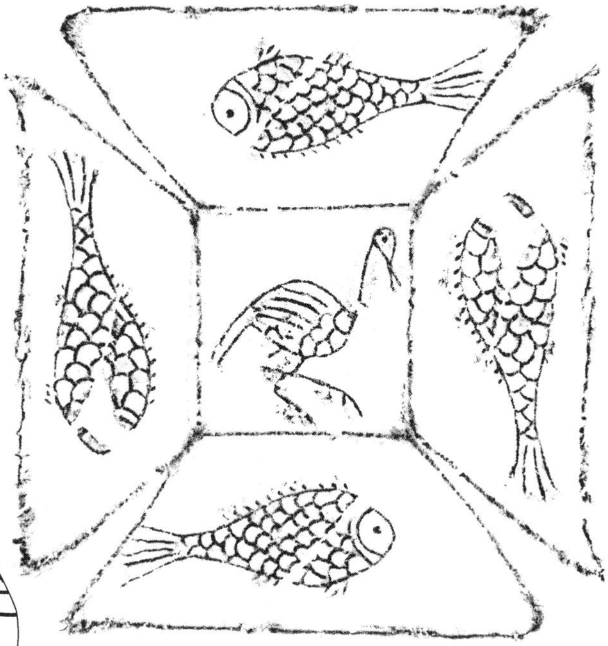

陶钫M809：1盖纹饰拓片（1/2）

0　18厘米

图 4-814　M809 出土器物

1、2. 陶钫

圆鼓腹，下腹弧收，方形圈足。下腹有刮削痕迹。

标本 M809：1，底部饰放射状绳纹。口边长 12.7、底边长 13.2、通高 48 厘米（图 4-814，1；彩版二二五，1）。

标本 M809：2，口边长 12.8、底边长 12.8、通高 48.4 厘米（图 4-814，2；彩版二二五，2）。

（四二〇）M813

1. 墓葬形制

位于墓地东北部，打破 M817，被 M812 打破。方向 100°（图 4-815）。

长方形土坑竖穴砖椁墓。墓口长 3.2、宽 1.8～2、深 2.1 米。椁长 2.47、宽 1、高 0.75 米。椁室四壁十～十一层青砖均为平铺错缝顺向垒砌。西壁为脚箱。墓底铺地砖为“丁”字形和顺向平铺方式排列。砖长 34、宽 13、厚 7 厘米。南、北壁有生土二层台，宽 0.1 米。墓内填黄褐色五花土．经夯打，土质较致密。夯窝圆形，分布紧密，直径 9～12、间距 2～15 厘米。

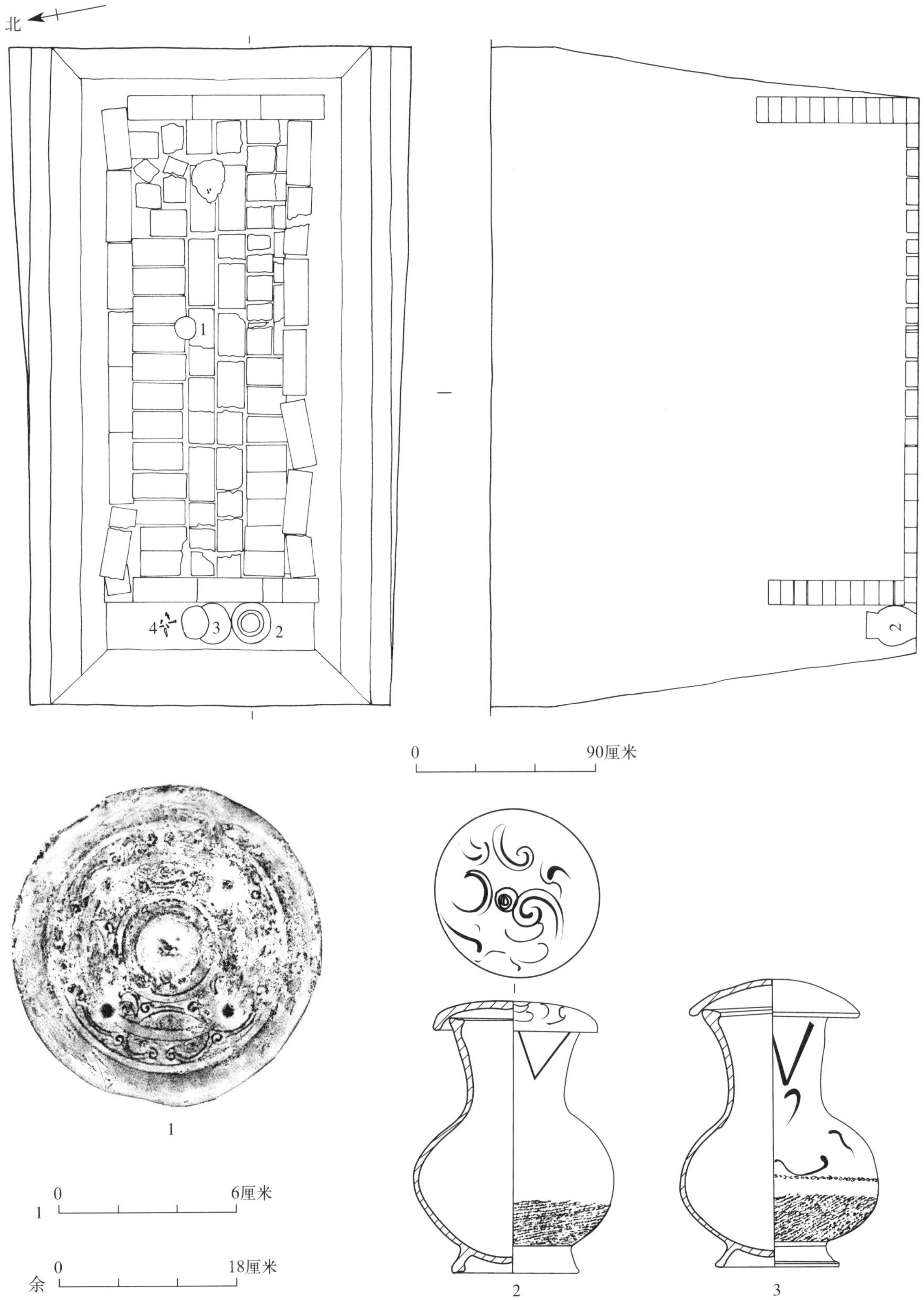

图4-815　M813及出土器物

1. 铜镜　2、3. 陶壶　4. 动物骨骼

人骨1具。头向东。骨骼已腐朽，仅存少量牙齿痕迹。性别、年龄无法鉴定。

随葬器物3件。陶壶2件放在脚箱内。铜镜1枚置于椁室中部。陶壶北侧发现有鸡的髋骨。

2. 出土遗物

（1）陶器

陶壶　2件。形制相同。泥质灰陶。弧顶盖。壶侈口，沿面内斜微凹，尖唇，束颈，溜肩，鼓腹，矮圈足。腹部饰白彩，黑、红彩绘弧圈纹，颈部饰红色倒三角形图案，颈下至足部饰白彩，下腹饰绳纹。

标本M813∶2，盖上饰红色卷云纹。口径13.5、底径12.8、通高26.4厘米（图4-815，2；彩版二二五，3）。

标本M813∶3，腹部饰一周戳印纹。口径13、底径12.4、通高28厘米（图4-815，3）。

（2）铜器

铜镜　1枚。

标本M813∶1，圈带叠压蟠虺镜，锈蚀严重。圆形，三弦纽。纽外一周窄凹面圈带，其外由主纹和地纹组成。地纹为圆涡纹，主纹为四蟠虺纹。身躯呈一大一小、方向相反的两“C”形卷曲，虺纹被一周凹面圈带叠压，其上均匀分布四枚乳丁亦位于小“C”形内。宽素卷缘。面径10.6、缘厚0.3厘米（图4-815，1；彩版二二五，4）。

（四二一）M814

1. 墓葬形制

位于墓地东北部，被M813打破，北面是M811、M668。方向103°（图4-816）。

长方形土坑竖穴砖椁墓。墓口长2.7、宽1.14、深1.13米。椁长2.68、宽1.10、高0.63米。椁室四壁青砖平铺错缝顺向垒砌二十一层，每层青砖之间隔0.15～0.17米空隙，用以填充黄土。墓底一层青砖多为斜向平铺，“人”字形排列，其余凌乱无序。砖长25、宽12、厚3厘米。墓内填黄褐色五花土，土质较疏松。

人骨1具。头向东，面向上，仰身直肢，上、下肢骨略向外张。女性，年龄大于30岁。

随葬器物17件。陶壶2件分别放在椁室西南及西北角。铜镜1枚放置在墓主右肩外侧。14枚铜钱，其中1枚含在墓主口内，13枚放在墓主左手处。两壶之间堆放乳猪骨骼。

2. 出土遗物

（1）陶器

陶壶　2件。泥质灰陶。弧顶盖。壶侈口，沿面外斜，尖唇，束颈，溜肩，鼓腹，平底内凹。素面。

标本M814∶3，失盖。下腹饰两周戳印纹。口径12.8、底径18.6、高23.2厘米（图4-816，3）。

标本M814∶4，下腹饰三周戳印纹。口径12.5、底径18.4、通高24厘米（图4-816，4）。

（2）铜器

铜镜　1枚。

标本M814∶1，四螭单列连叠草叶镜，略微锈蚀。圆形，圆纽，柿蒂纹纽座，座外两周凹面方格（其中内格外附凸弦纹）。大方格四角各一大乳丁，四边中心点外各一连叠式草叶纹。围绕乳丁均饰一蟠螭纹，龙头位于草叶纹与左侧乳丁间、向左回望，龙身整体反“S”形，穿越大方格一角环绕乳丁后伸向镜缘，再向下弯曲至草叶纹下。龙身下方、两方格间饰卷云纹。内向十六连弧纹缘。

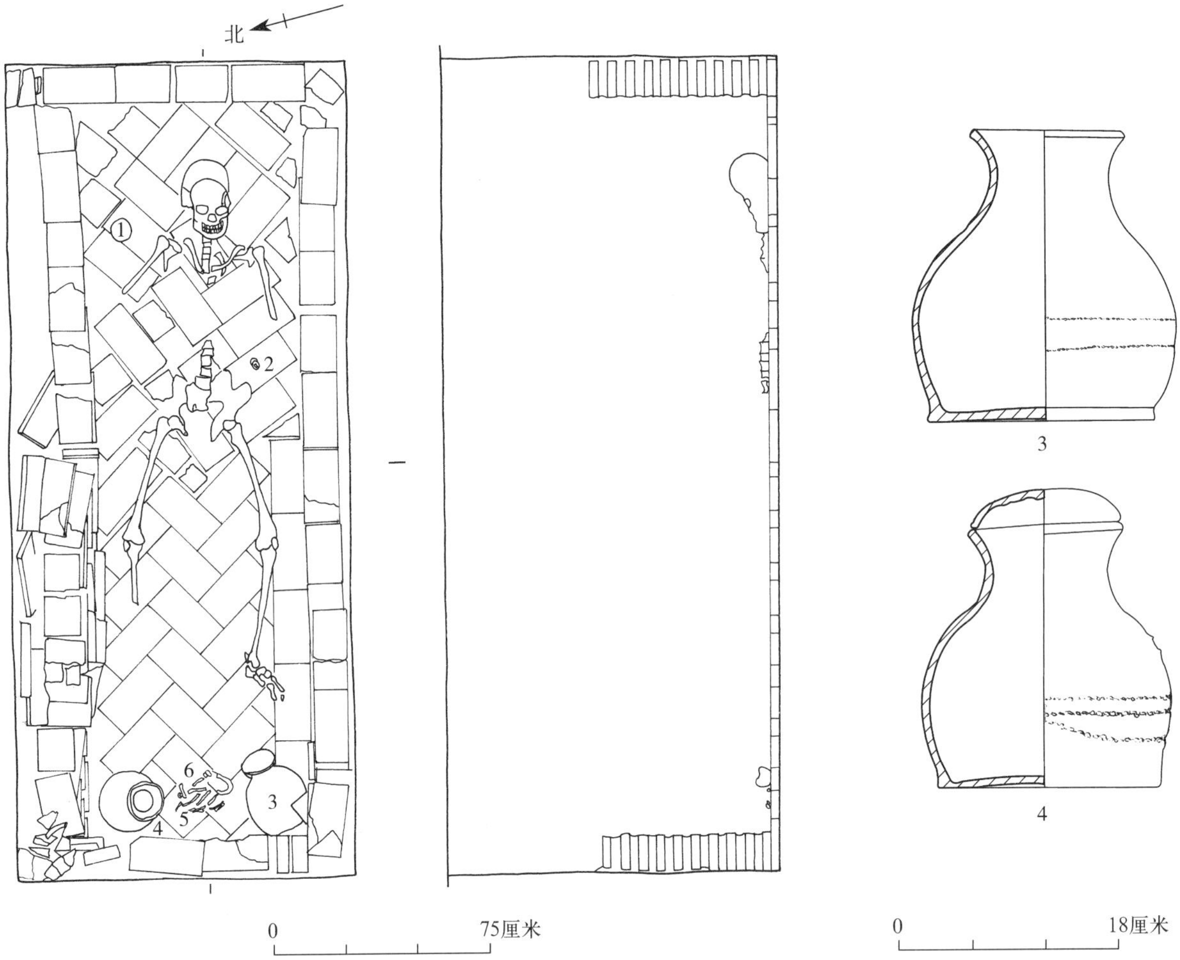

图 4-816　M814及出土器物

1. 铜镜　2、5. 铜钱　3、4. 陶壶　6. 动物骨骼

面径13.9、缘厚0.4厘米（图4-817，1；彩版二二五，5）。

铜钱　14枚。均为五铢。圆形方穿，正面有轮无郭，背面轮郭俱全。根据钱文字体不同分两种。

第一种　2枚。“五”两笔交叉微曲，“铢”字“金”头呈镞形或三角形，与“朱”等齐，“朱”字上部方折，一枚穿上横郭。

标本M814∶2-1、2，直径2.6、穿边长1、厚0.16厘米（图4-817，2-1、2；彩版二二五，6左）。

第二种　12枚。“五”字两笔交叉弯曲，与上、下两横相交处外放、微内收或垂直，“铢”字“金”头呈三角形，较小，与“朱”略低或等齐，“朱”字上部方折，有的穿下半星。

标本M814∶5-1～3，直径2.4、穿边长1、厚0.18厘米（图4-817，5-1～3；彩版二二五，6右）。

（四二二）M820

1. 墓葬形制

位于墓地东北部，被M804打破，北面是M819，南面为M805、M801、M806。方向105°（图4-818）。

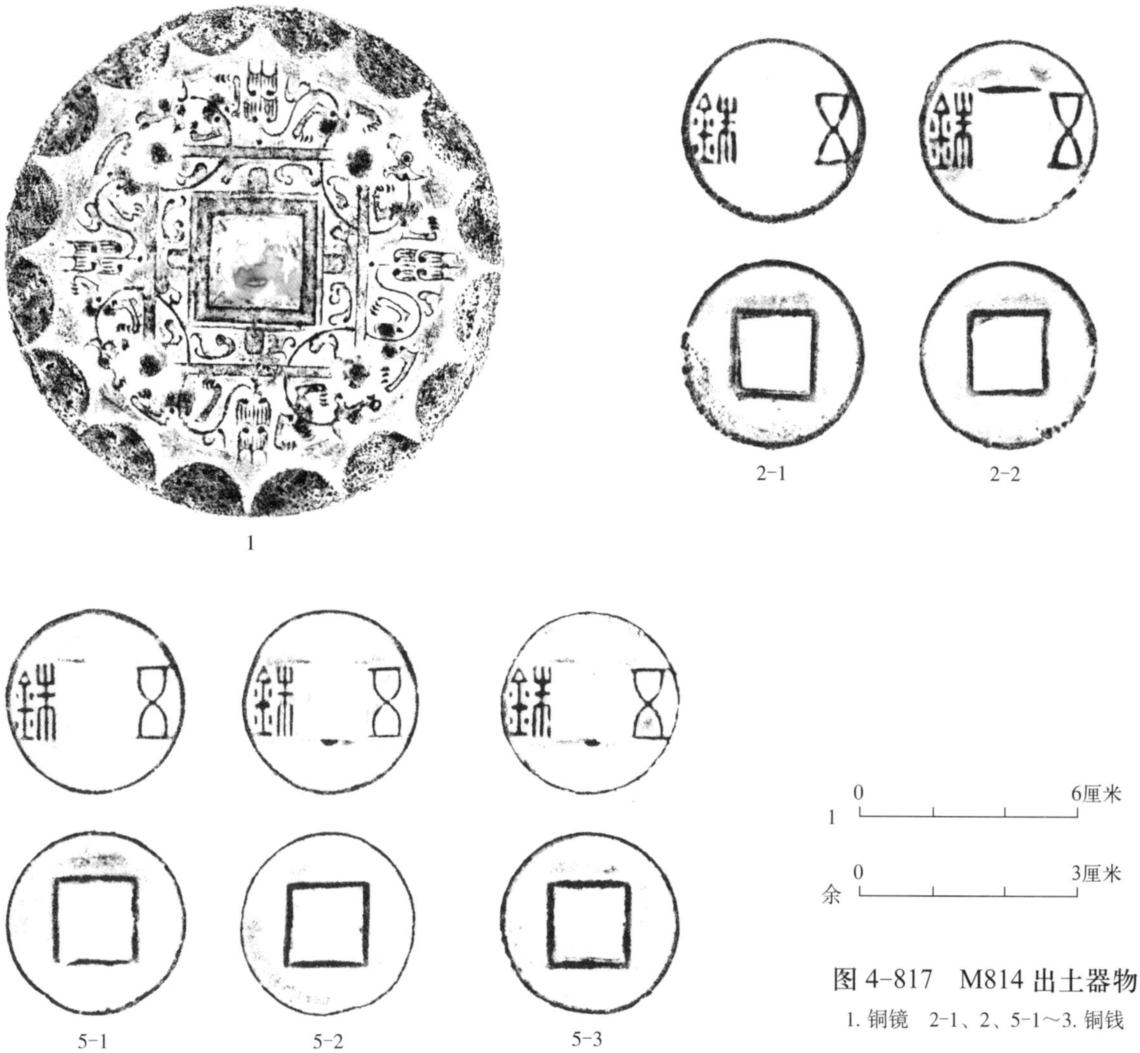

图 4-817　M814 出土器物

1. 铜镜　2-1、2、5-1～3. 铜钱

长方形土坑竖穴砖椁墓。墓口长 3.5、宽 2.1、深 1.29 米。椁长 2.7、宽 1.46、高 0.78 米。椁室四壁青砖平铺错缝顺向或“丁”字形垒筑。由于破坏比较严重，多数垒筑青砖不存。脚箱位于西端，长 0.7、宽 1.0、深 0.78 米。砖长 33、宽 13、厚 7 厘米。墓内填黄褐色五花土，经过夯打，土质较致密。夯窝圆形，排列不均匀，直径 7 ～ 8 厘米。

人骨 1 具。头朝东。骨骼腐朽仅存残痕。性别、年龄无法鉴定。

随葬器物 5 件。陶罐 1 件，置于脚箱内北侧。铜镜 1 枚，铜环 1 件，铜钱 2 枚放在椁室东端。

2. 出土遗物

（1）陶器

陶罐　1 件。

标本 M820∶1，泥质灰陶。直口，斜折沿，方唇，束颈，鼓腹，下部弧收，平底微凹。上腹有数周制作旋纹，下腹及底部饰绳纹，间饰一周凹弦纹。口径 19.6、底径 12.8、高 37.2 厘米（图 4-819，1）。

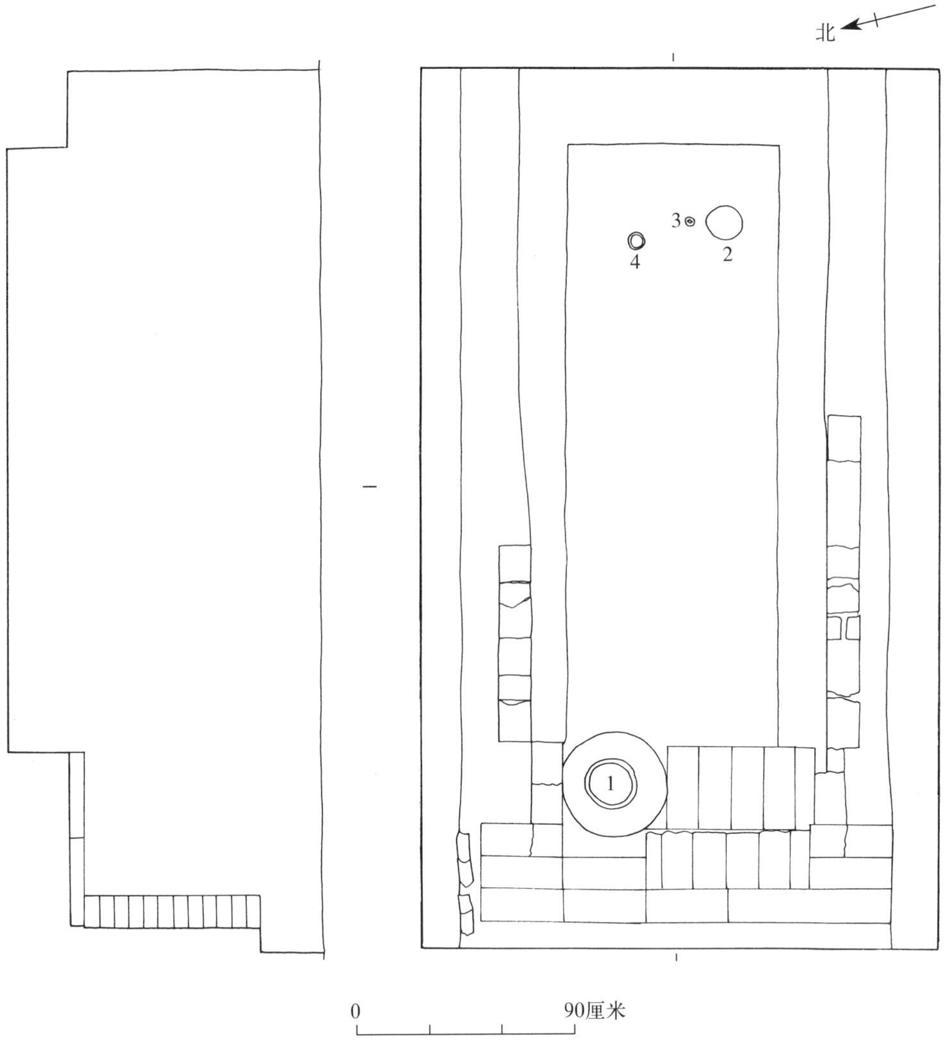

图 4-818 M820 平、剖面图

1. 陶罐 2. 铜镜 3. 铜钱（2） 4. 铜环

（2）**铜器**

铜镜 1 枚。

标本 M820∶2，四乳四虺镜。圆形，圆纽，圆纽座。座外均匀伸出八组短斜线（四组三条、四组两条）相间环列，再外一周凸弦纹。外区两周短斜线和凸弦纹组合纹带，其间为主纹，四枚带圆座乳丁分为四区，每区内各一虺纹，双钩形身躯内外两侧各一立鸟纹，前后饰短弧线。宽素平缘。面径 8.9、缘厚 0.45 厘米（图 4-819，2）。

铜环 1 件。

标本 M820∶4，圆形。截面圆形。外径 5.2、内径 4.2 厘米（图 4-819，4）。

铜钱 2 枚。均为半两。圆形方穿，正、背两面均无郭，正面微鼓，背面平素。钱文“两”字中间不出头，两“人”字上部之竖划缩短呈波浪形。

标本 M820∶3-1，直径 2.4、穿边长 0.8、厚 0.14 厘米（图 4-819，3-1）。

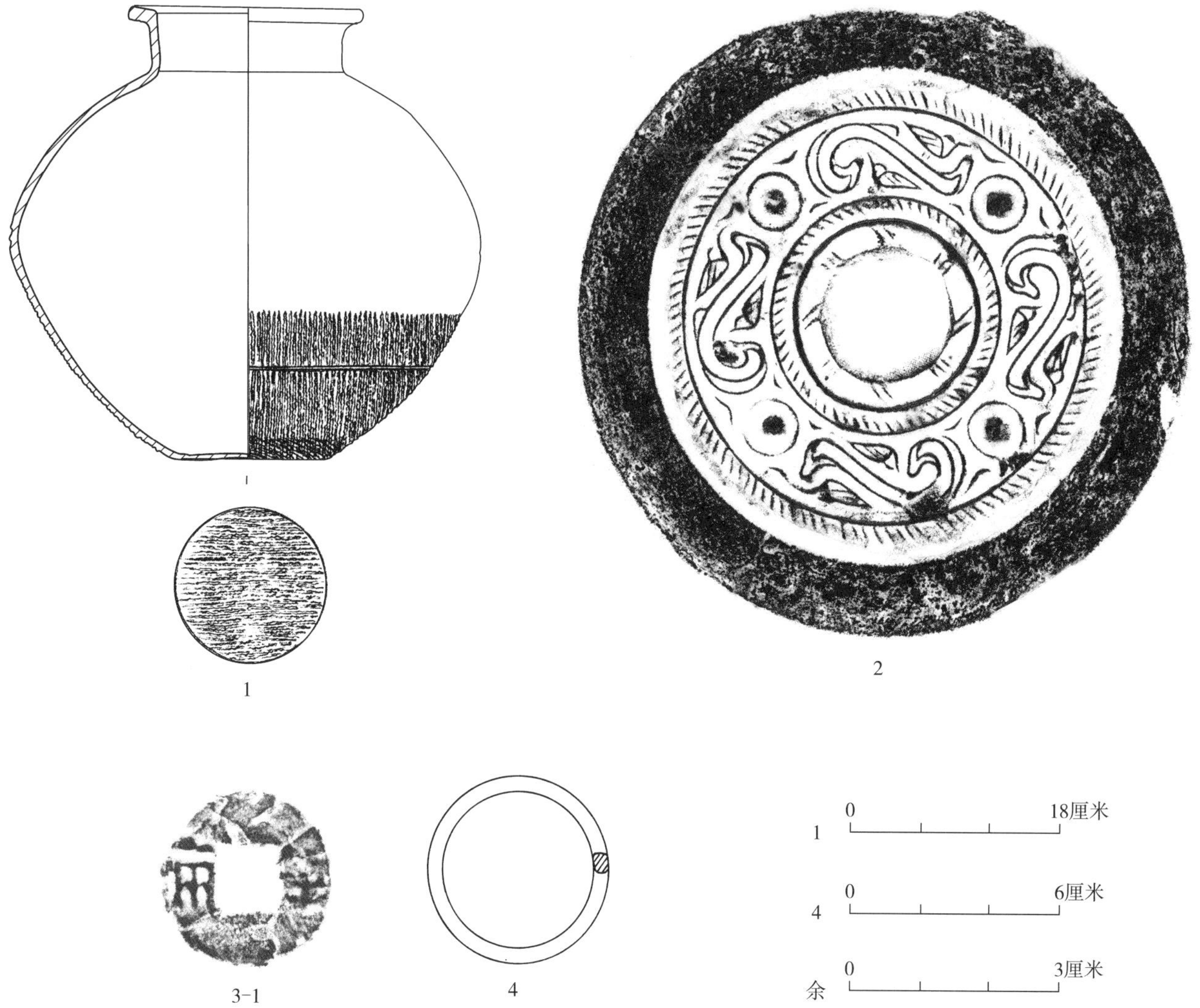

图 4-819　M820 出土器物

1. 陶罐　2. 铜镜　3-1. 铜钱　4. 铜环

（四二三）M822

1. 墓葬形制

位于墓地中部，被 M821 打破，东北面是 M797，西北面为 M773、M772。方向 10°（图 4-820；彩版二二六，1）。

长方形土坑竖穴砖椁墓。墓口长 3.8、宽 1.95、深 3.8 米。椁长 2.66、宽 0.86、高 0.96 米。椁室四壁青砖平铺对缝顺向垒砌。墓底铺一层青砖，横竖相间，排列无规律。砖长 27、宽 13、厚 3 厘米。墓内填黄褐色五花土，经过夯打，土质较坚硬。夯窝圆形，排列不均匀，直径 5 ～ 14、夯层 20 ～ 27 厘米。

人骨 1 具。头向北，面向上，仰身直肢。骨骼保存较差，仅残存骨骼痕迹，性别、年龄无法鉴定。

随葬器物 11 件。陶钫 2 件放在椁室西北角（彩版二二六，2）。铜镜、铜带钩、铜印章、铜刷柄、铁剑、铁环首刀、铜饰件各 1 件（彩版二二六，3），铜钱 2 枚置于中部。乳猪、鲷科、鱼骨放于东北角。

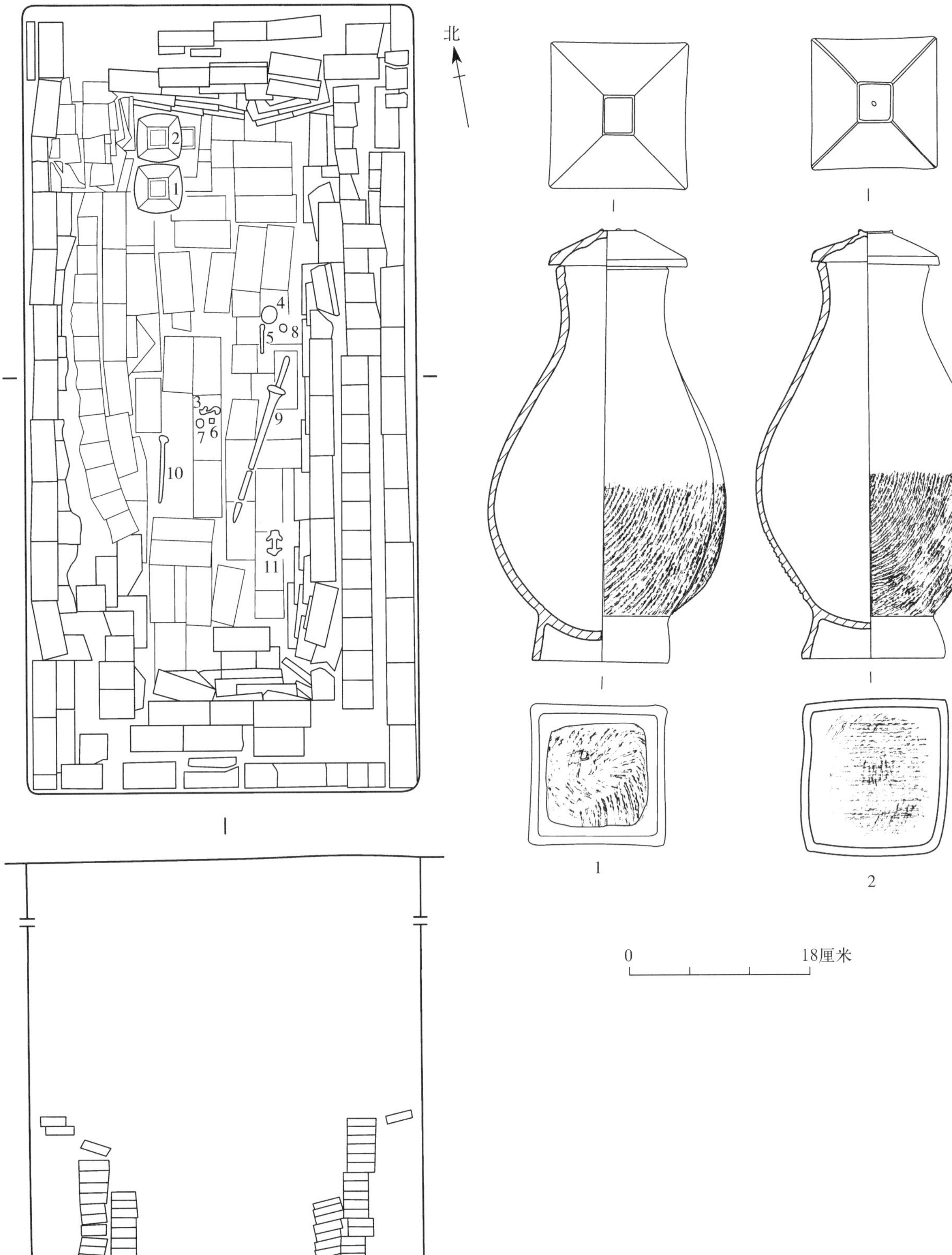

图4-820　M822及出土器物

1、2. 陶钫　3. 铜带钩　4. 铜镜　5. 铜刷柄　6. 铜印章　7、8. 铜钱　9. 铁剑　10. 铁环首刀　11. 铜饰件

2. 出土遗物

（1）陶器

陶钫　2件。泥质灰陶。覆斗形盖，方形顶，斜壁，小平顶，顶部中间饰一个突饰。钫方口，平沿，方唇，口微侈，束颈，沿外侧有折棱，溜肩，鼓腹，方形圈足。下腹及底部饰绳纹。

标本M822∶1，口边长11、底边长13.5、通高42厘米（图4-820，1；彩版二二七，1）。

标本M822∶2，口边长11、底边长15、通高41.5厘米（图4-820，2；彩版二二七，2）。

（2）铜器

铜镜　1枚。

标本M822∶4，昭明连弧铭带镜。圆形，圆纽，圆纽座。座外均匀伸出四条短竖线、夹饰月牙纹，再外一周内向八连弧纹圈带。外区两周短斜线和凸弦纹组合纹带，其间为顺时针铭文带“内日月，心忽夫，不泄”。字体为圆转式篆隶体，每字间隔一类似涡纹符号。宽素平缘。面径8.3、缘厚0.3厘米（图4-821，4；彩版二二七，3）。

铜带钩　1件。

标本M822∶3，琵琶形。钩呈兽首状，断面呈长方形，椭圆形纽位于钩尾背面中部。长7.6厘米（图4-822，3；彩版二二七，4）。

铜刷柄　1件。

标本M822∶5，形似烟斗状，斗圆筒形中空，细长柄，尾端缺失。残长9.7厘米（图4-822，5）。

铜印章　1枚。

标本M822∶6，方形印体，龟形纽。印面方形，阴文篆书“魏忠私印”，人名。印面边长1.6、

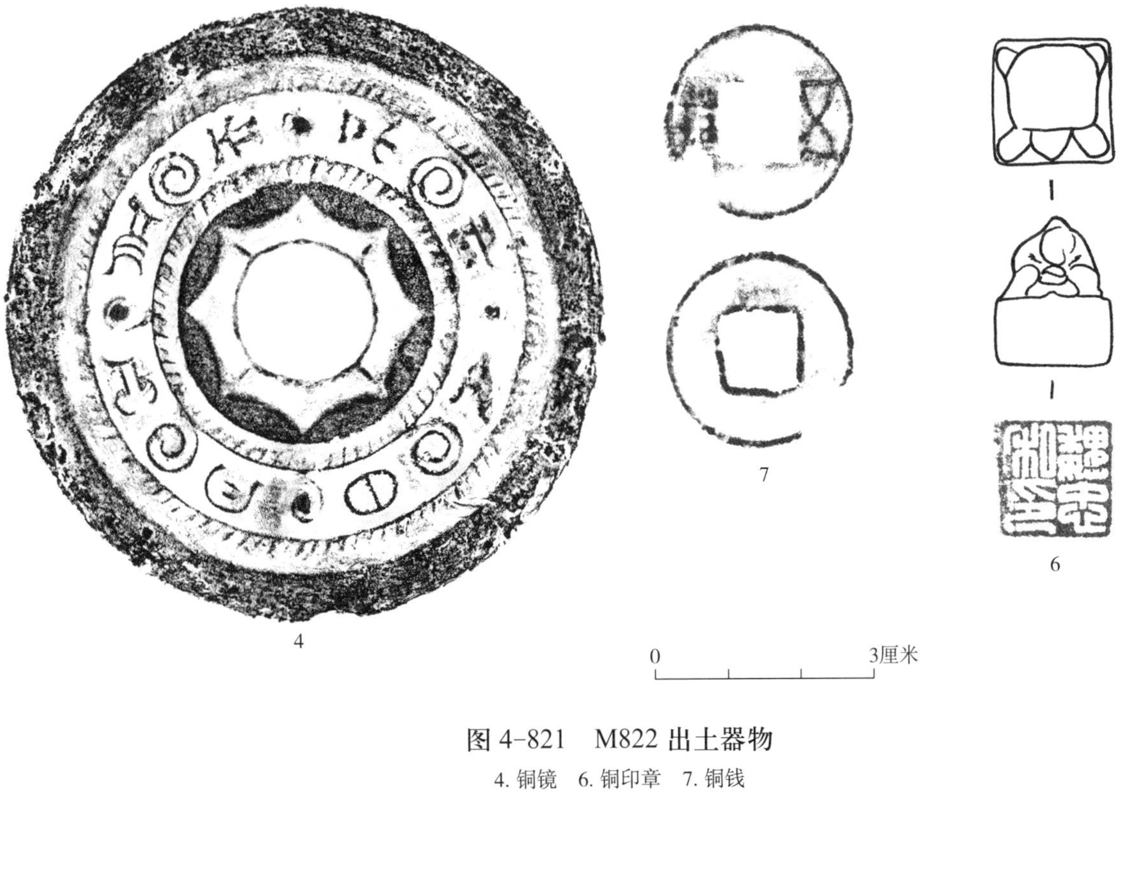

图4-821　M822出土器物

4. 铜镜　6. 铜印章　7. 铜钱

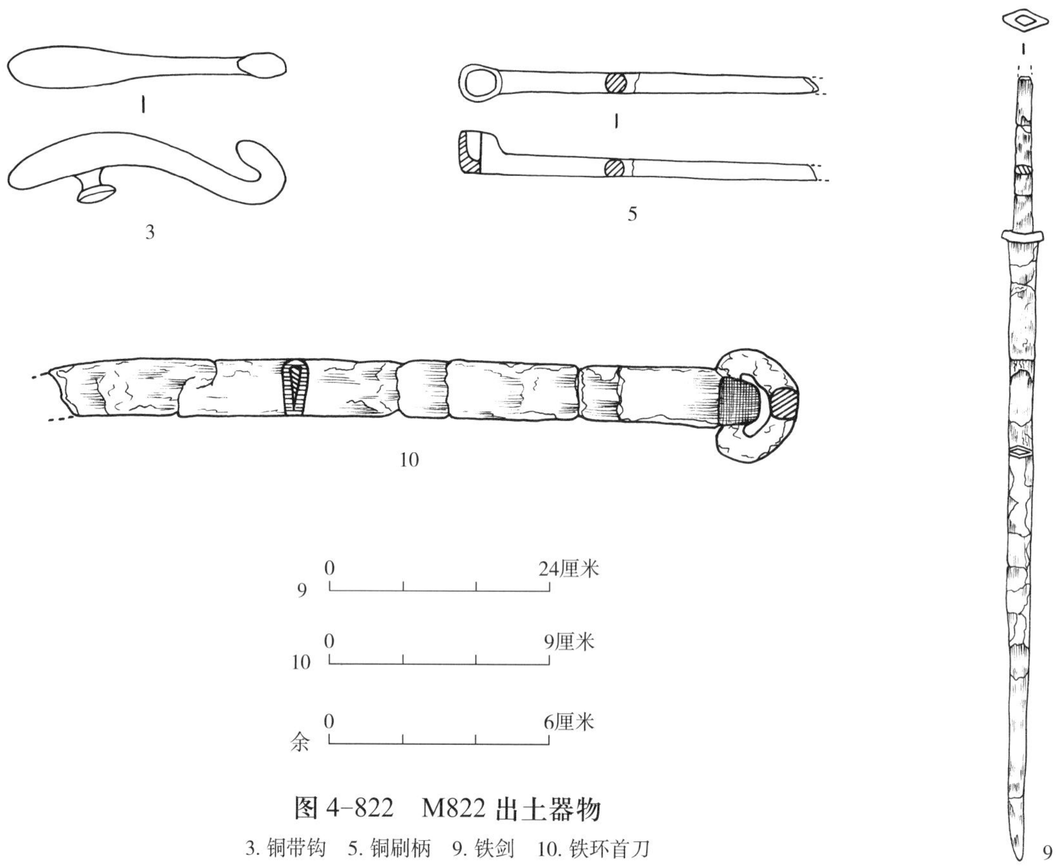

图 4-822　M822 出土器物

3. 铜带钩　5. 铜刷柄　9. 铁剑　10. 铁环首刀

通高 1.9 厘米（图 4-821，6；彩版二二七，5、6）。

铜饰件　1 件。

标本 M822∶11，残断为碎片，不可复原。

铜钱　2 枚。均为五铢。圆形方穿，正面有轮无郭，背面轮郭俱全。1 枚部分缺失，“五”字两笔交叉弯曲，“铢”字模糊，“朱”字上部方折。

标本 M822∶7，直径 2.6、穿边长 1、厚 0.2 厘米（图 4-821，7）。

（3）铁器

铁剑　1 件。

标本 M822∶9，细长条形，截面菱形，柄部扁椭圆形，与剑相连处安有剑格，尖部圆弧形。长 82.8、宽 1.4～3.4 厘米（图 4-822，9；彩版二二七，7）。

铁环首刀　1 件。

标本 M822∶10，环形首，扁长条形，直背，直刃，前端残。残 30.6 厘米（图 4-822，10；彩版二二七，8）。

（四二四）M826

1. 墓葬形制

位于墓地中部，东南面是 M575，西面为 M744。方向 8°（图 4-823）。

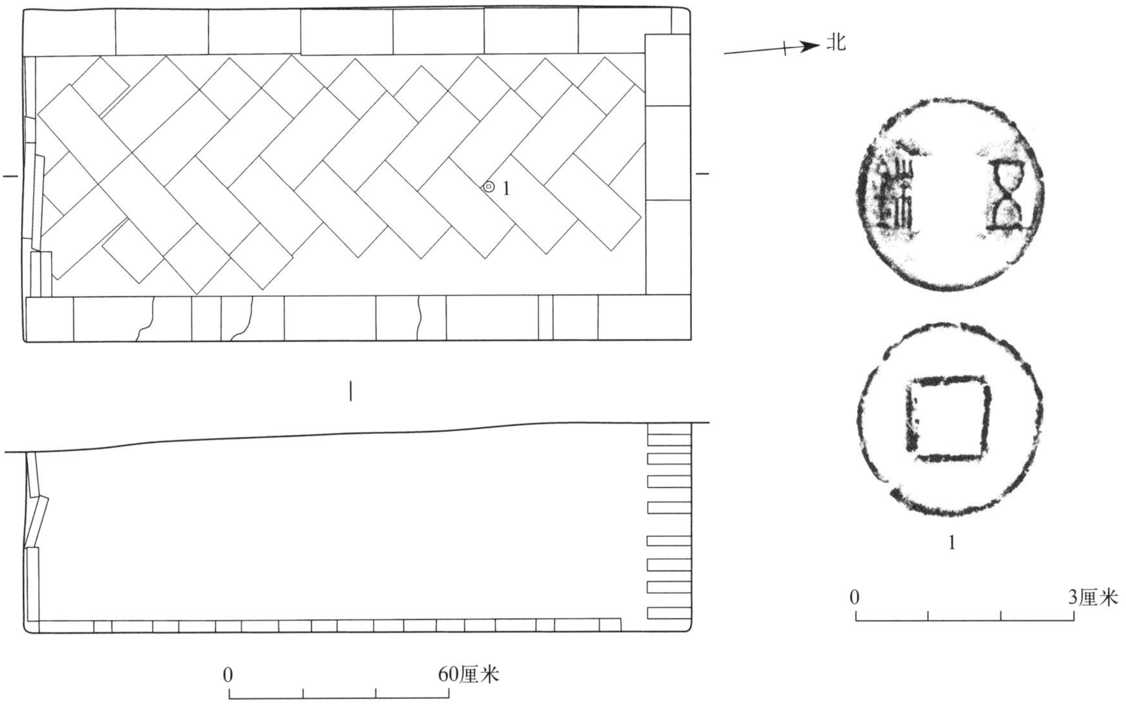

图 4-823　M826 及出土器物

1. 铜钱

长方形土坑竖穴砖椁墓。墓长 1.8、宽 0.88、深 0.54 米。椁长 1.8、宽 0.88、高 0.54 米。椁室东、西、北三壁由青砖平铺顺向砌筑。南壁青砖竖立。墓底铺地砖斜向“人”字形排列。砖长 26、宽 12、厚 3 厘米。墓内填黄褐色五花土，土质较疏松。

人骨 1 具。头向北。骨骼腐朽严重，仅残存头骨痕迹。

铜钱 1 枚放在墓主口内。

2. 出土遗物

铜器

铜钱　1 枚。

标本 M826：1，五铢。圆形方穿，正面有轮无郭，背面轮郭俱全。“五”字两笔交叉弯曲，与上、下两笔相交处近垂直，“铢”字“金”头呈镞形，与“朱”等齐，“朱”字上部方折。直径 2.6、穿边长 1、厚 0.16 厘米（图 4-823，1）。

（四二五）M827

1. 墓葬形制

位于墓地东北部，东距断崖约 5 米，打破 M829，东面是 M877，南面为 M878、M830。方向 5°。

长方形土坑竖穴砖椁墓。墓口长 2.85、宽 1.2、深 1.45 米。椁长 1.53、宽 1.15、高 0.9 米。椁室青砖平铺顺向垒砌。由于破坏严重，只残存南、东、西三壁部分青砖。墓底铺地砖仅见边缘少量青砖，排列方式不详。砖长 31、宽 13、厚 5 厘米。墓内填黄褐色五花土，土质较疏松。夹杂有少量碎砖。

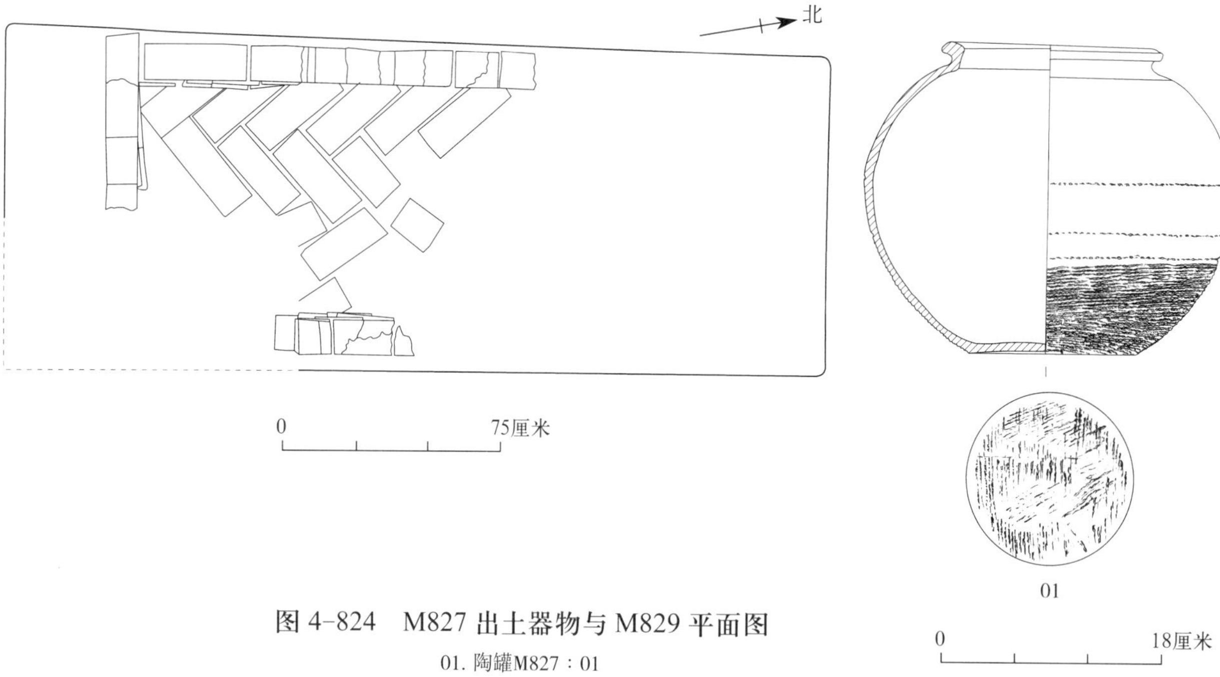

图 4-824　M827 出土器物与 M829 平面图

01. 陶罐M827：01

填土中发现陶罐 1 件。

人骨无。

随葬器物无。

2. 出土遗物

陶器

陶罐　1 件。

标本 M827：01，泥质灰陶。敛口，沿面微弧，圆唇，束颈，鼓腹，平底微凹。上腹有制作旋纹，中腹饰三周戳印纹，下腹及底部饰绳纹。口径 18、底径 13.5、高 24.8 厘米（图 4-824，01）。

（四二六）M829

墓葬形制

位于墓地东北部，被 M827 打破，西北面是 M655。方向 10°（图 4-824）。

长方形土坑竖穴砖椁墓。墓口长 2.8、宽 1.1、深 0.75 米。椁残长 1.46、宽 1.02、高 0.57 米。椁室四壁青砖平铺错缝顺向垒砌而成。由于遭到扰乱，构筑方式不详。墓底平铺一层青砖，“人”字形排列。砖长 34、宽 12、厚 6 厘米。墓内填黄褐色五花土，土质较疏松，夹杂大量碎砖。

人骨 1 具。仅在填土中发现头骨残片。性别无法鉴定，成年个体。

随葬器物无。

（四二七）M835

1. 墓葬形制

位于墓地东北部，被 M699 和 M831 打破，东面为 M833、M834。方向 20°（图 4-825）。

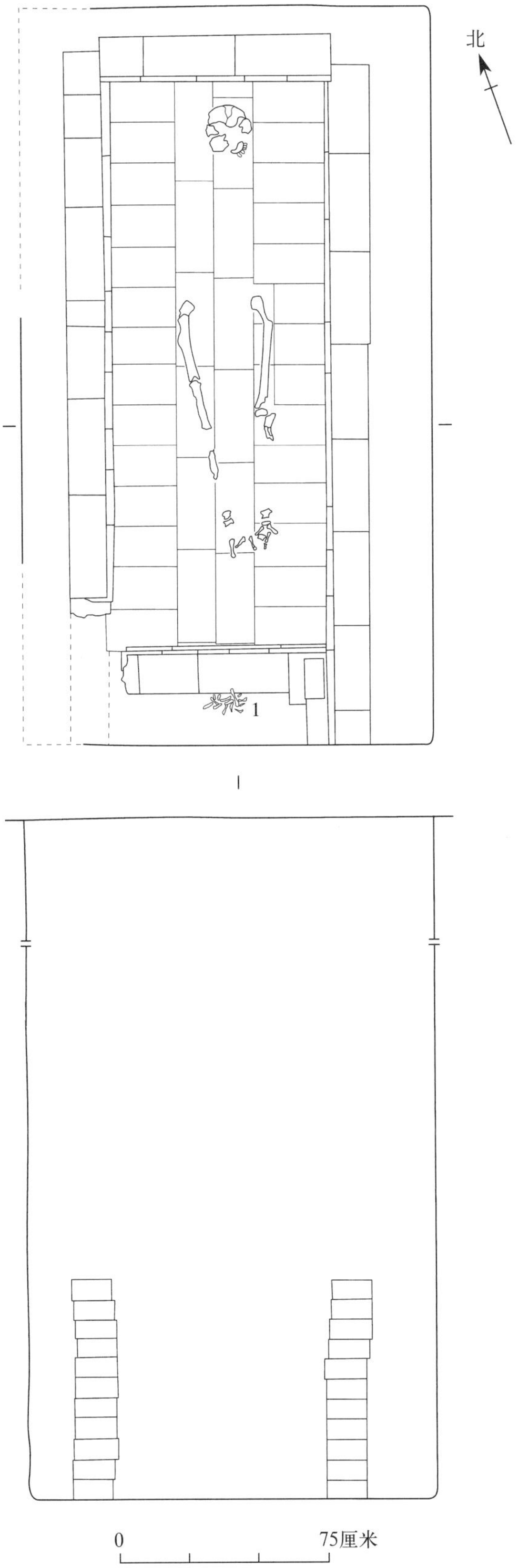

图 4-825　M835 平、剖面图
1. 动物骨骼

长方形土坑竖穴砖椁墓。墓口长 2.56、宽 1.46、深 2.36 米。椁长 2.4、宽 1.1、高 0.75 米。椁室四壁均用青砖平铺压缝垒筑而成。墓底平铺一层青砖，“非”字形排列。砖长 33、宽 15、厚 7 厘米。墓内填黄褐色五花土，经过夯打，土质较疏松。夯窝圆形，排列较均匀，直径 8 ～ 10、夯层厚 21 ～ 35 厘米。仅发现少量鸡骨。

人骨 1 具。头向北，面向不明，仰身直肢。由于腐朽严重，仅残存骨骼痕迹。性别无法鉴定，成年个体。

随葬器物无。

（四二八）M839

1. 墓葬形制

位于墓地东北部，被 M701、M831 打破，北面是 M838、M836。方向 15°（图 4-826）。

长方形土坑竖穴砖椁墓。墓口长 2.4、宽 1.35、深 3.32 米。椁长 2.23、宽 1.05、高 0.45 米。椁室四壁青砖平铺压缝垒筑。墓底有生土二层台，长 2.4、宽 0.15、高 1.66 米。墓底一层铺地砖为斜向平铺。砖长 26、宽 12、厚 4 厘米。墓内填黄褐色五花土，经过夯打，土质较疏松。夯窝圆形，排列不均匀，直径 1 ～ 10、夯层厚 20 ～ 30 厘米。

人骨 1 具。头向北，面向上，仰身直肢。骨骼已腐朽，仅存部分骨骼痕迹。性别无法鉴定，年龄 20 ～ 30 岁。

随葬陶壶 2 件置于椁室东南角。

2. 出土遗物

陶器

陶壶　2 件。泥质灰陶。侈口，沿面外斜，尖唇，束颈，溜肩，鼓腹。器表有制作抹痕，素面。

标本 M839 : 1，平底微凹。腹下部饰四周戳印纹。口径 14、底径 14、高 23.6 厘米（图 4-826，1）。

标本 M839 : 2，平底。腹部饰三周戳印纹。口径 12、底径 20.8、高 20.8 厘米（图 4-826，2）。

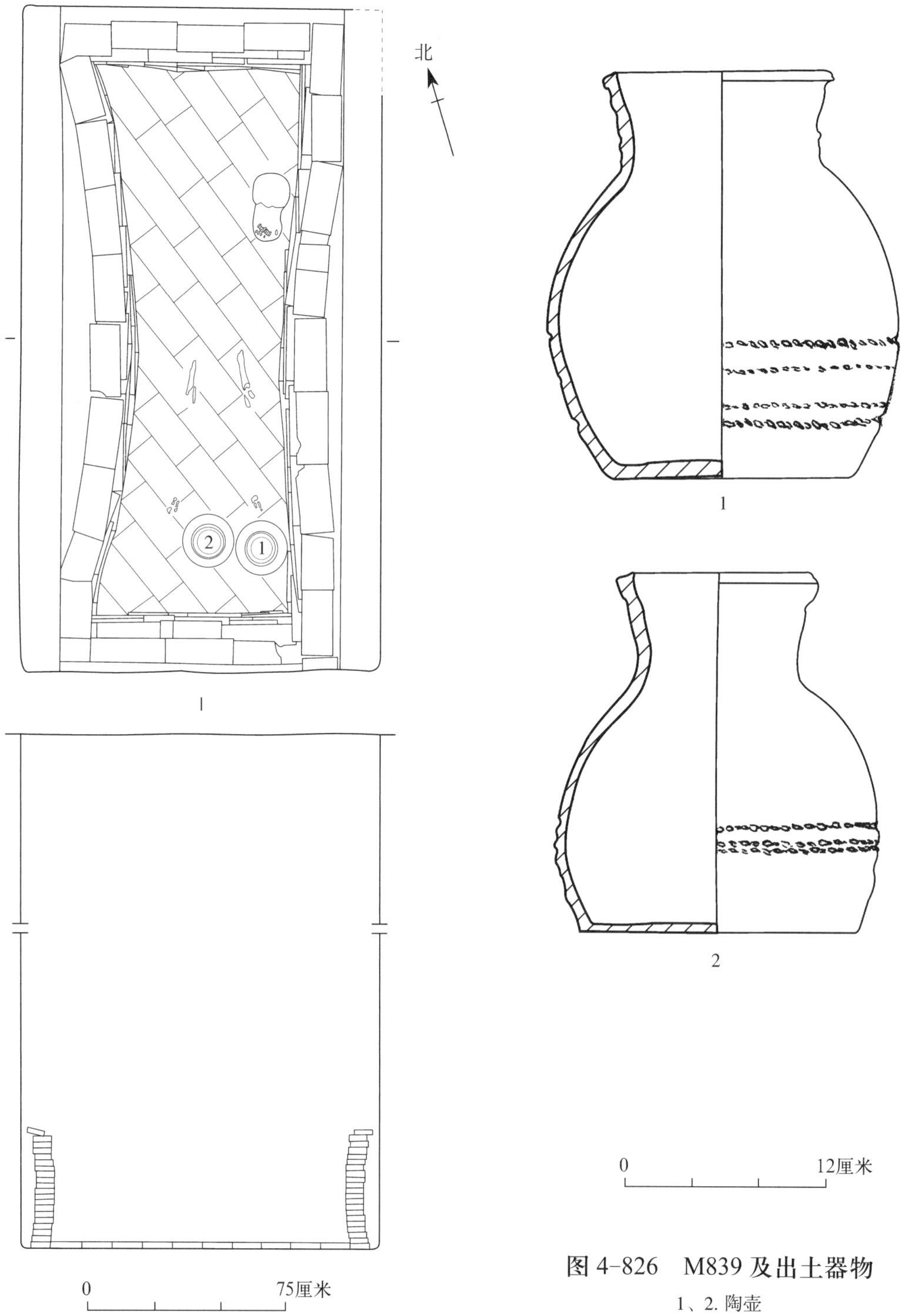

图 4-826　M839及出土器物

1、2. 陶壶

（四二九）M840

1. 墓葬形制

位于墓地东北部，东北面是M847，南面为M711。方向103°（图4-827）。

长方形土坑竖穴砖椁墓。墓口长1.9、宽0.6、深0.45米。椁长1.8、宽0.5、高0.20米。椁室青砖垒砌。南、北两壁侧立顺向垒砌。东、西两壁为土圹。墓底铺地砖中部“丁”字形垒砌一排，两侧顺向垒砌一列，头骨两侧平铺顺向放置一块青砖。砖长26、宽12、厚3厘米。墓内填黄褐色五花土，土质较疏松。填土中发现铜钱1枚。

人骨1具。头向东，面向南，仰身直肢，下肢略弯曲。仅存头骨和下肢残骸。疑似男性，年龄25～30岁。

随葬器物无。

2. 出土遗物

铜器

铜钱　1枚。

标本M840∶01，五铢。圆形方穿，正面有轮无郭，背面轮郭俱全。“五”字两笔交叉弯曲，“铢”字“金”头呈三角形，与“朱”等齐，“朱”字上部方折。直径2.5、穿边长1、厚0.15厘米。

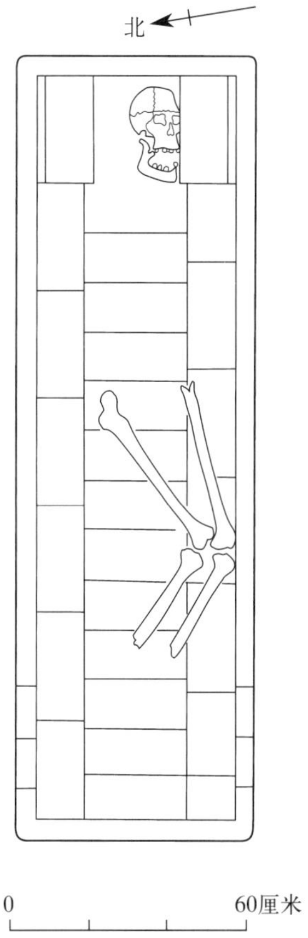

图4-827　M840平面图

（四三〇）M852

1. 墓葬形制

位于墓地东北部，打破M854，被M851打破。方向97°（图4-828）。

长方形土坑竖穴砖椁墓。墓口长3.02、宽1.75、深3.7米。椁长2.77、宽1.08、高0.88米。椁室东、南、北三壁均平铺错缝顺向垒砌十一层青砖。西壁垒砌四层，上面再“丁”字形垒砌一层形成二层台。墓底青砖斜向平铺“人”字形排列。砖长34、宽13、厚6厘米。墓内填黄褐色五花土，经过夯打，土质较致密。夯窝圆形，直径5～17、间距5～10、夯层厚15～20厘米。填土中发现铁镢2件。

人骨1具。头向东。骨骼腐朽严重，性别、年龄无法鉴定。

随葬陶罐1件放置脚端二层台南侧，北侧发现少量兽骨，未经鉴定，种属不明。

2. 出土遗物

（1）陶器

陶罐　1件。

标本M852∶1，泥质灰陶。折沿，方唇，束颈，溜肩，鼓腹，下部斜收，小平底。腹部饰三周戳印纹，下腹及底部饰绳纹。口径23、底径12、高35.5厘米（图4-828，1）。

（2）铁器

铁镢　2件。

标本M852∶01，锈蚀严重。残断不可复原。

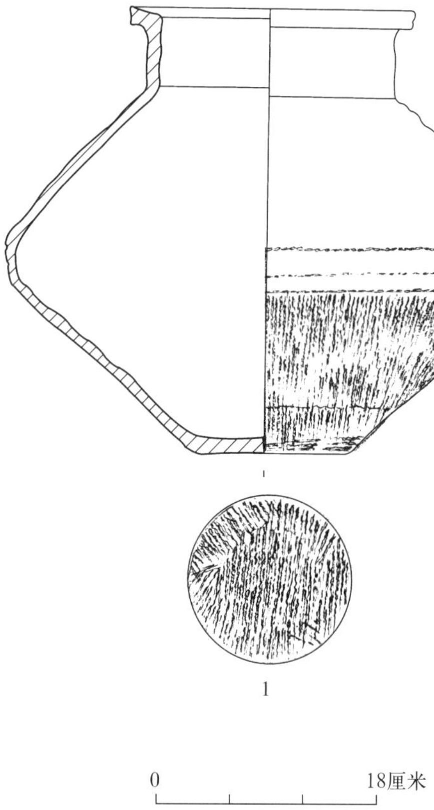

图4-828　M852及出土器物

1. 陶罐　2. 动物骨骼

（四三一）M853

1. 墓葬形制

位于墓地东北部，东面是M940，西面为M611。方向93°（图4-829）。

长方形土坑竖穴砖椁墓。墓口长2.75、宽1.35、深3.65米。椁长2.58、宽1.13、高0.92米。椁室四壁均平铺错缝顺向垒砌十二层青砖。墓底青砖斜向平铺“人”字形排列。壁龛位于墓圹南侧，长0.4、高0.3、进深0.25米。砖长33、宽12、厚5厘米。墓内填黄褐色五花土，经过夯打，土质较致密。夯窝圆形，直径6～17、间距5～10、夯层厚15～20厘米。

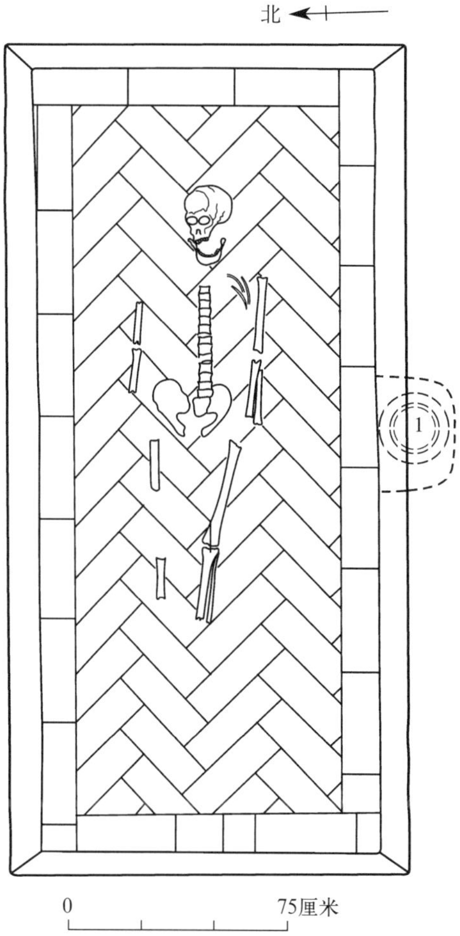

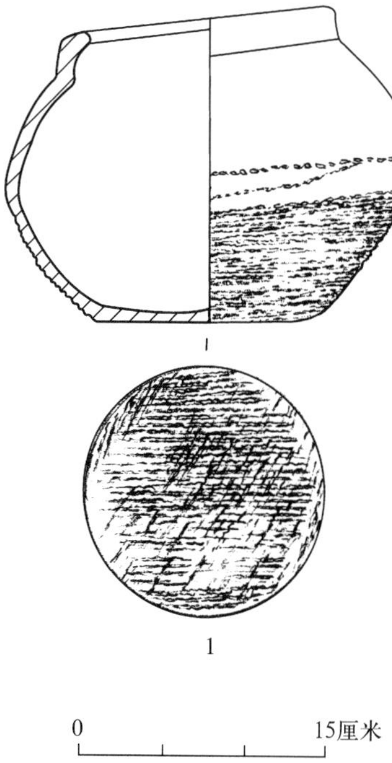

图 4-829　M853 及出土器物

1. 陶罐

人骨 1 具。头向东，面向不明，仰身直肢。骨骼保存较差，仅存墓主头骨、盆骨和肢骨等残骸。男性，年龄 40 ～ 45 岁。

随葬陶罐 1 件放置壁龛内。

2. 出土遗物

陶器

陶罐　1 件。

标本 M853∶1，泥质灰陶。敛口，沿面外弧，束颈，弧肩，圆腹，下部内收，平底。腹部两周戳印纹，下腹及底部饰绳纹。口径 16.5、底径 14.8、高 18.5 厘米（图 4-829，1）。

（四三二）M855

1. 墓葬形制

位于墓地东北部，南面是 M856，西北为 M607。方向 103°（图 4-830）。

长方形土坑竖穴砖椁墓。墓口长 2.60、宽 1.26、深 2.85 米。椁长 2.54、宽 0.8、高 0.95 米。椁室东、南、北壁青砖平铺错缝顺向垒砌。西壁为土圹。墓底铺地砖中部顺向两排、南、北侧一排“丁”字形排列。砖长 35、宽 14、厚 6 厘米。墓内填黄褐色五花土，经过夯打，土质较致密。夯窝圆形，直径 8 ～ 10、

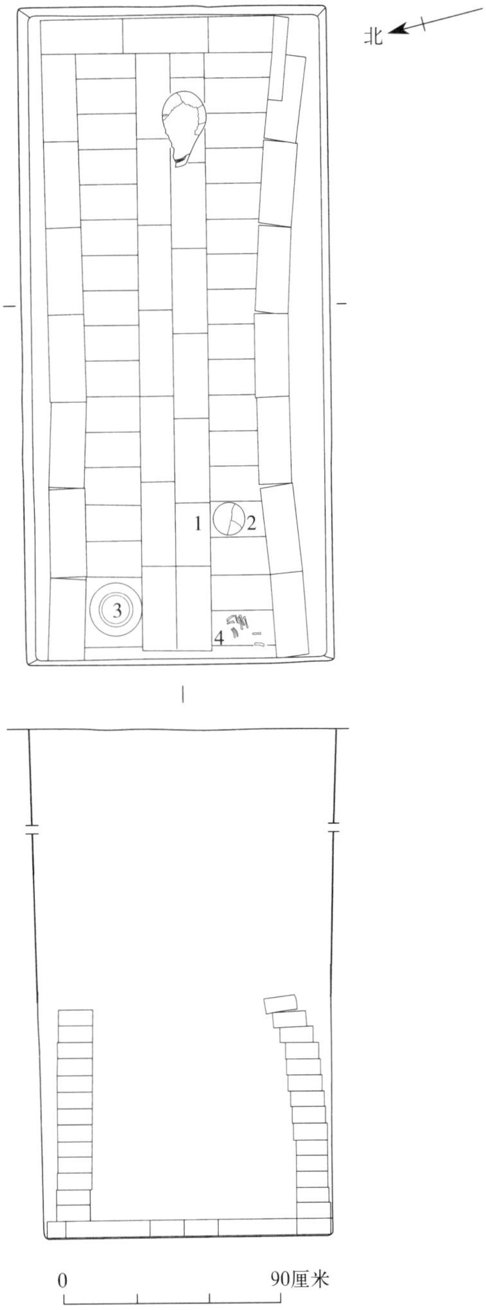

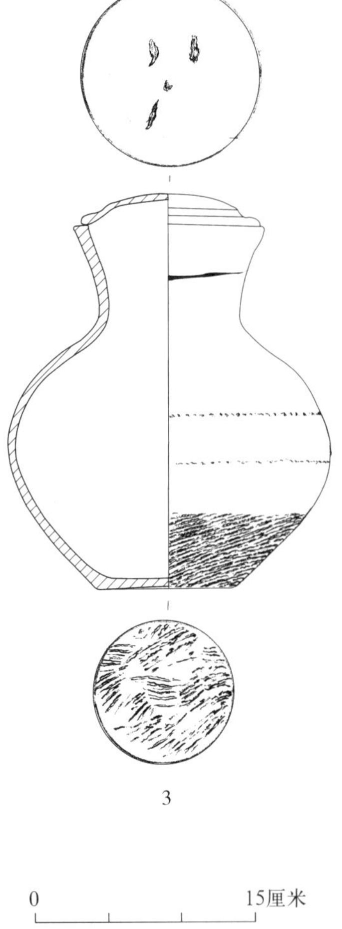

图4-830　M855及出土器物

1、2. 铜镜　3. 陶壶　4. 动物骨骼

间距5～10、夯层厚12～18厘米。

人骨1具。头向东。骨骼已腐朽，仅存头骨残骸，性别、年龄无法鉴定。

随葬器物3件。陶壶1件置于椁室西北角。铜镜2枚放置西端偏南。乳猪、鸡、真鲷、鲷科、鱼骨散落西南角处。

2. 出土遗物

（1）陶器

陶壶　1件。

标本M855∶3，泥质灰陶。弧顶盖。壶敞口，平沿，尖唇，束颈，弧肩，鼓腹，下腹内收，平底微凹。

颈部饰一周红色条带纹，腹部饰两周戳印纹，下腹及底部饰绳纹。口径13、底径9.5、通高26.2厘米（图4-830，3）。

（2）铜器

铜镜　2枚。均为日光对称单层草叶镜。圆形，圆纽，柿蒂纹纽座。座外一双凸弦纹小方格和一凹面大方格之间为缪篆体顺时针铭文带“见日之光，天下大阳”，每边两字。内向十六连弧纹缘。

标本M855∶1，大方格四角内各一内含对称重三角纹方格，四角各向外伸出双叶一苞花叶纹；四边中心点外各一大乳丁、钉内1短竖线、外1桃形花苞、两侧各一单层草叶纹。面径11.7、缘厚0.45厘米（图4-831，1；彩版二二八，1）。

标本M855∶2，大方格四角内各1桃形花苞，四角各向外伸出1双叶花枝纹，枝尖外射；四边中心点外各1大乳丁，钉内三短竖线、外一桃形花苞、两侧各一单层草叶纹。面径11.7、缘厚0.4厘米（图4-831，2；彩版二二八，2）。

（四三三）M856

1. 墓葬形制

位于墓地东北部，北面是M855，西南面为M597。方向96°（图4-832）。

长方形土坑竖穴砖椁墓。墓口长2.94、宽1.35、深2.20米。椁长2.55、宽0.95、高0.76米。椁室南、北两壁用青砖平铺错缝顺向垒砌。东、西两端为土圹。墓底平铺一层青砖，“人”字形排列。砖长34、宽14、厚5厘米。墓内填黄褐色五花土，土质较疏松。经过夯打，夯窝圆形，排列不均匀，直径7～11、夯层厚15～25厘米。

人骨1具。头向东，面向上，仰身直肢。男性，年龄45～50岁。

随葬陶罐1件放置椁室西北角。

2. 出土遗物

陶器

陶罐　1件。

标本M856∶1，泥质灰陶。侈口，沿面外弧，方唇，束颈，鼓腹，下部弧收，小平底。上腹有制作抹痕，中腹间饰一周戳印纹，下腹及底部饰绳纹。口径13.2、底径10、高27.2厘米（图4-832，1）。

（四三四）M858

1. 墓葬形制

位于墓地东北部，北面是M815，南面为M914，西南为M816。方向98°（图4-833）。

长方形土坑竖穴砖椁墓。墓口长2.55、宽1.3、深1.4米。椁长2.55、宽1.15、高0.50米。椁室南、北两壁由青砖平铺顺向垒砌。东、西两端为土圹。墓底铺地砖“人”字形排列。砖长34、宽14、厚5厘米。墓内填黄褐色五花土，经过夯打，土质较坚硬。夯窝圆形，排列不均匀，直径6～12、夯层厚22～25厘米。

人骨1具。头向东。骨骼保存较差，仅残存少量头骨遗骸。性别、年龄无法鉴定。

随葬陶罐1件放在椁室西北角。钵形盖在罐口部。

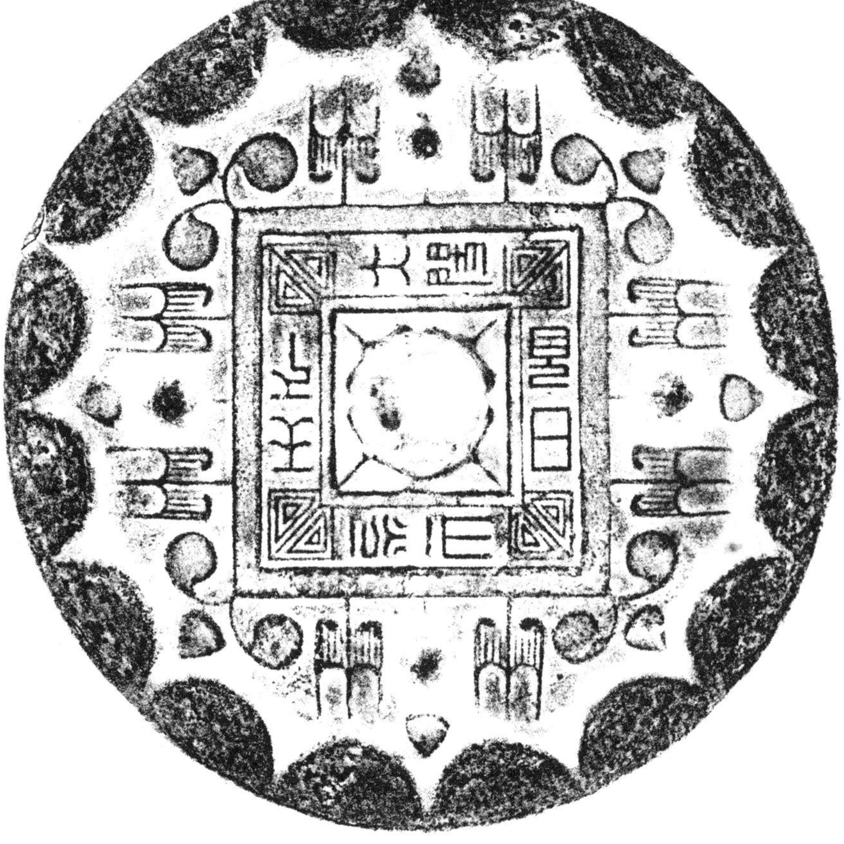

1

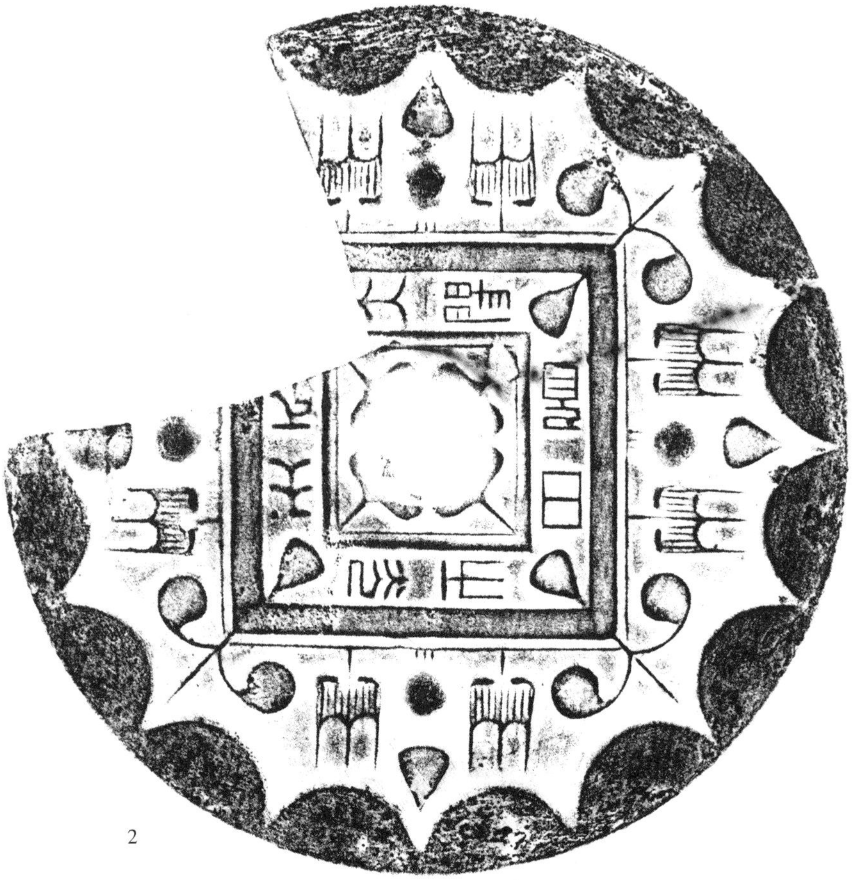

2

0 3厘米

图 4-831 M855出土器物

1、2. 铜镜

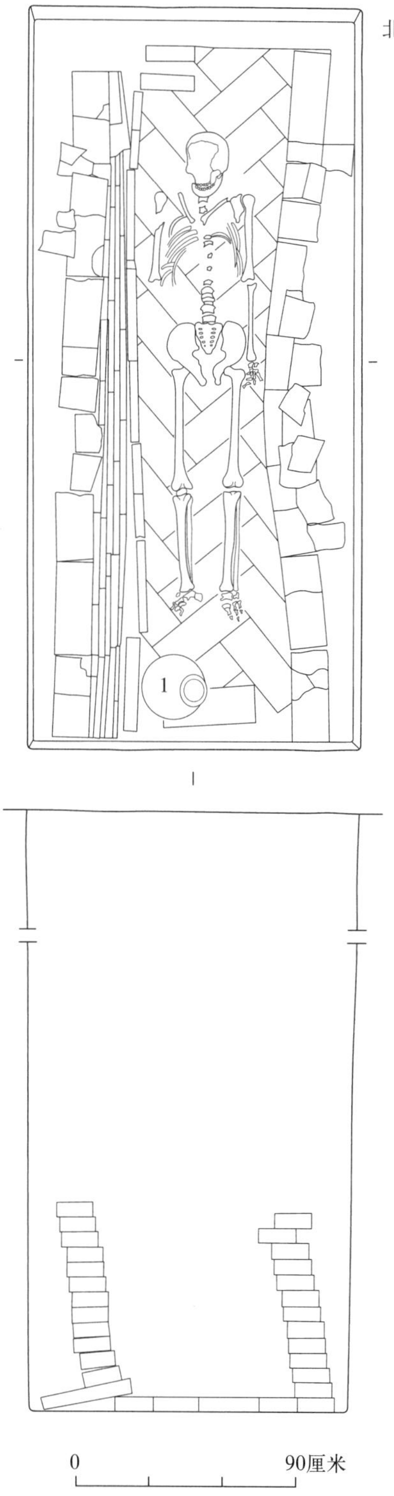

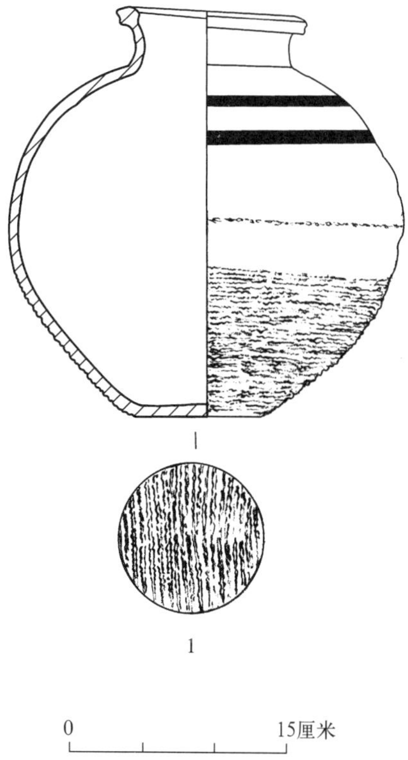

图 4-832 M856 及出土器物

1. 陶罐

2. 出土遗物

陶器

陶罐 1件。

标本 M858：1，泥质灰陶。钵形盖，平沿，顶部微凹。罐卷沿，方唇，束颈，圆腹，小平底微凹。

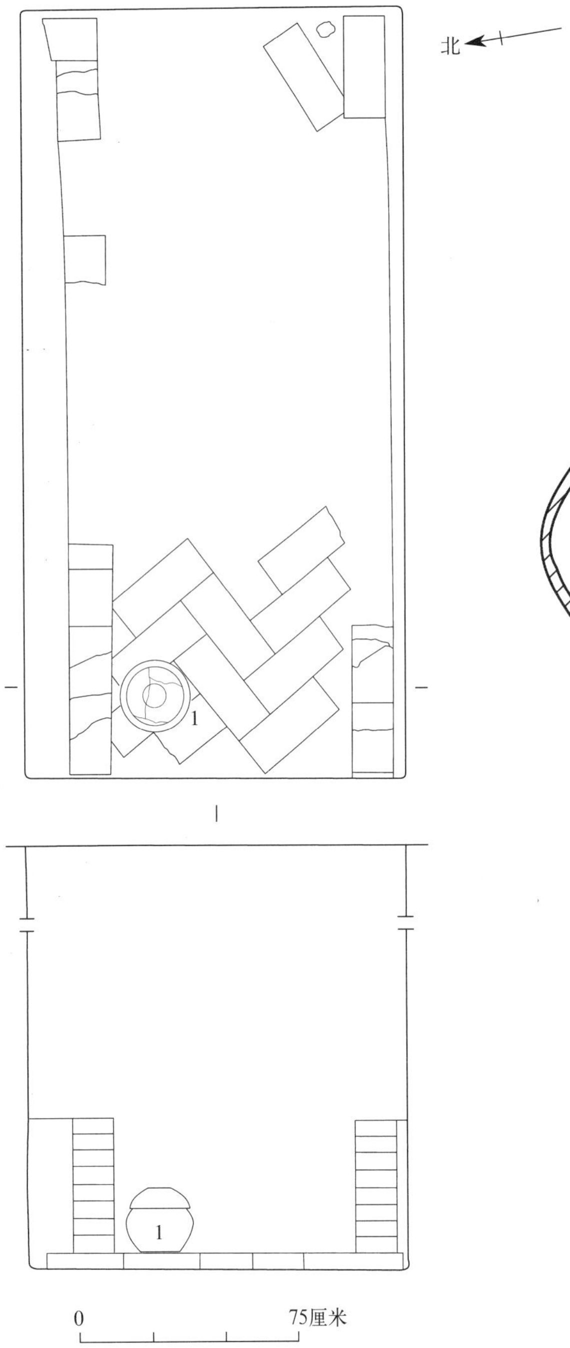

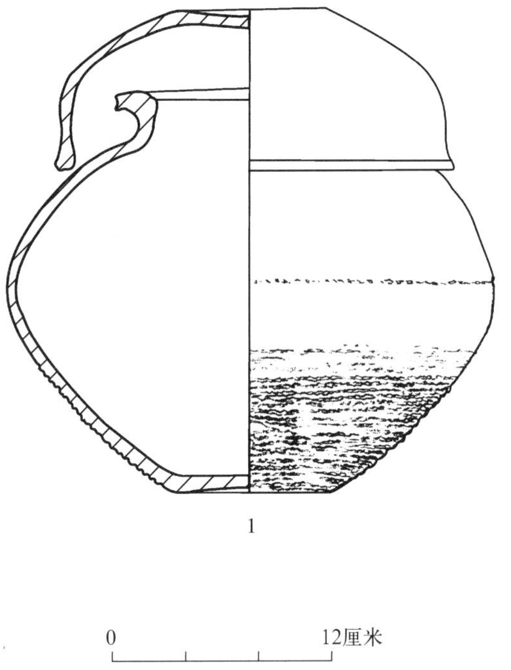

图 4-833 M858 及出土器物

1. 陶罐

腹部饰一周戳印纹，下腹及底部饰绳纹，素面。口径 14.3、底径 9、通高 25.6 厘米（图 4-833，1）。

（四三五）M859

1. 墓葬形制

位于墓地东北部，北面是 M914，东南面为 M802。方向 101°（图 4-834）。

长方形土坑竖穴砖椁墓。墓口长 3.5、宽 1.8、深 4.3 米。椁长 3.78、宽 1.75、高 1.50 米。椁南、北、

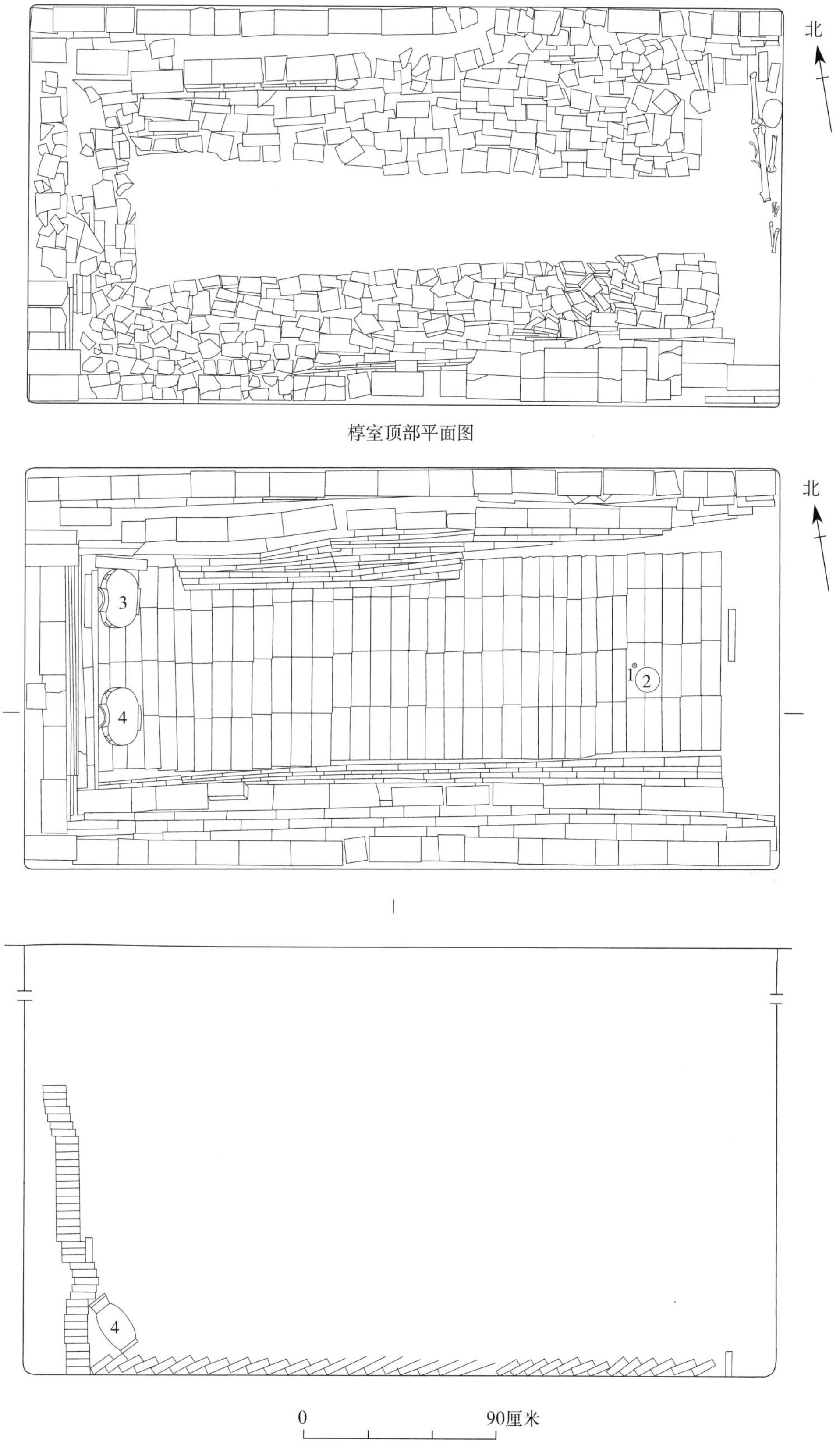

图 4-834　M859 平、剖面图

1. 铜钱　2. 铜镜　3、4. 陶扁壶

西壁青砖平铺错缝顺向垒砌。东壁被盗扰，形制与结构不清。墓底铺地砖为横立平铺。砖长25、宽14、厚4厘米。墓内填黄褐色五花土，经过夯打，土质较致密。夯窝圆形，排列不均，直径6～11、夯层厚20～26厘米。

人骨1具。头向东，面向及葬式不详。男性，年龄40～45岁。

随葬器物4件。陶扁壶2件放在椁室西端。铜镜1枚，铜钱1枚置于东端中部。

2. 出土遗物

（1）陶器

陶扁壶　2件。夹砂陶。侈口，斜沿，圆唇，束颈，弧肩，扁鼓腹，圈足。肩上部安对称桥形鼻，腹两侧呈对应“心”形装饰，素面。

标本M859：3，灰陶。口径10、底长径12.6、短径8.8、高28.3厘米（图4-835，3；彩版二二八，3）。

标本M859：4，白陶。口径10.5、底长径14、短径10、高27.8厘米（图4-835，4）。

（2）铜器

铜镜　1枚。

标本M859：2，鸟兽简化博局镜。圆形，圆纽，圆纽座。座外一周双凸弦纹方格，格内四角各一双层月牙纹，格外四角各对一“V”形纹，四边中心外各一“T”形纹。“V”纹分作四区的四区内各饰一线条式动物，似分别为青龙、白虎、朱雀和一异兽，其间填充云气纹，外围一周短斜线和凸弦组合纹带。宽缘饰锯齿纹、凸弦纹、双线波折纹。面径10.1、缘厚0.45厘米（图4-835，2；彩版二二八，4）。

铜钱　1枚。

标本M859：1，大泉五十。圆形方穿，正、背两面穿郭俱全。钱文篆书，对读。直径2.8、穿边长1、厚0.2厘米（图4-835，1）。

（四三六）M864

1. 墓葬形制

位于墓地东北部，打破M939，被M861打破。方向12°（图4-836）。

长方形土坑竖穴砖椁墓。墓口长3.4、宽2.1、深3.15米。椁长2.6、宽0.9、高0.75米。椁室四壁青砖垒砌。东、西两壁上面“丁”字形，南、北两壁为顺向垒砌。椁室四周上层平铺一层青砖，“人”字形排列。墓底部铺0.4米碎陶片。砖长28、宽12、厚3厘米。墓内填黄褐色五花土，土质较疏松。经过夯打，夯窝圆形，排列不均匀，直径7～11、夯层厚20～30厘米。

人骨1具。头向北，面向、葬式等不明。骨骼腐朽严重，仅存少量残骸。性别、年龄无法鉴定。

随葬器物5件。陶钫2件放于椁底西南角。铜带钩2件放在墓主腰部。铜刷柄1件放置墓主头部左侧。

2. 出土遗物

（1）陶器

陶钫　2件。泥质灰陶。方口，平沿，方唇，口微侈，束颈，溜肩，鼓腹，下腹弧收，方形圈足。素面。

标本M864：1，失盖。口长10.6、底边长13、宽12、高37.8厘米（图4-836，1）。

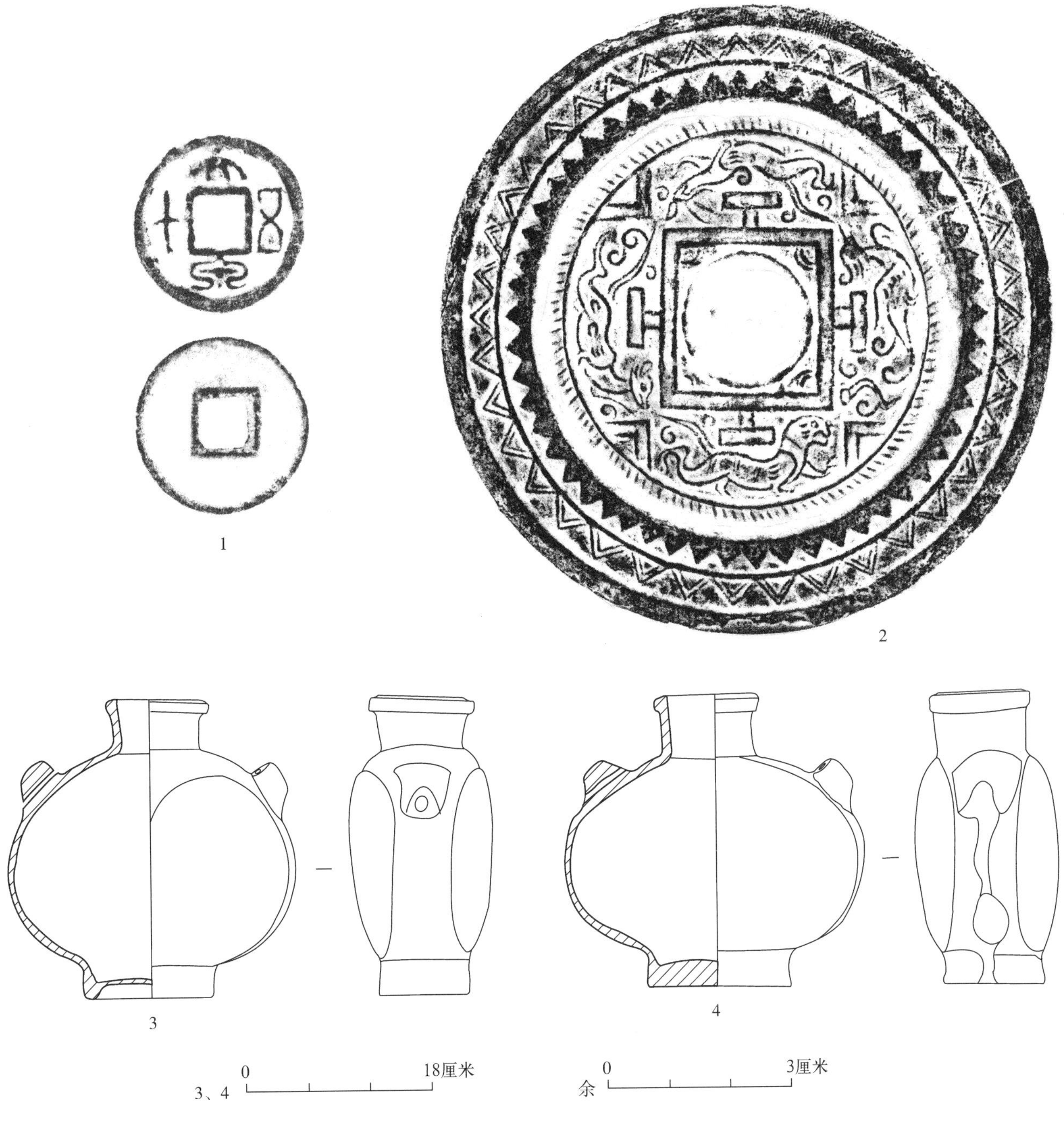

图 4-835　M859 出土器物

1. 铜钱　2. 铜镜　3、4. 陶扁壶

标本 M864 : 2，覆斗形盖。斜壁，小平顶，顶部四角及中心各有一突饰。口边长 11、底边长 11.4、通高 40.8 厘米（图 4-836，2）。

（2）铜器

铜带钩　2 件。琵琶形。钩呈马首状。

标本 M864 : 3，形体较大，钩及颈部棱角分明，横断面梯形，尾端平直，椭圆形纽位于后背尾部。

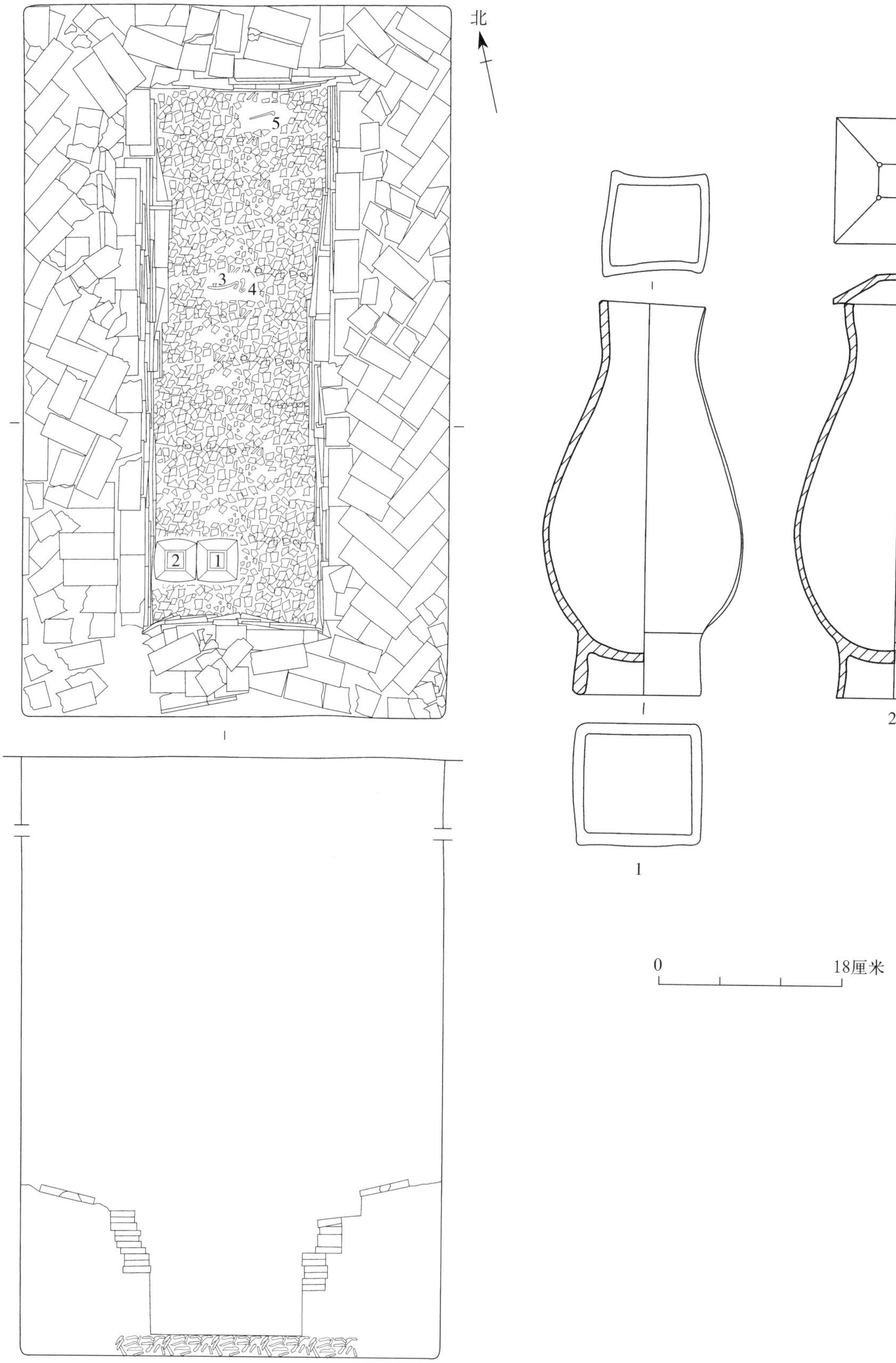

图 4-836　M864 及出土器物

1、2. 陶钫　3、4. 铜带钩　5. 铜刷柄

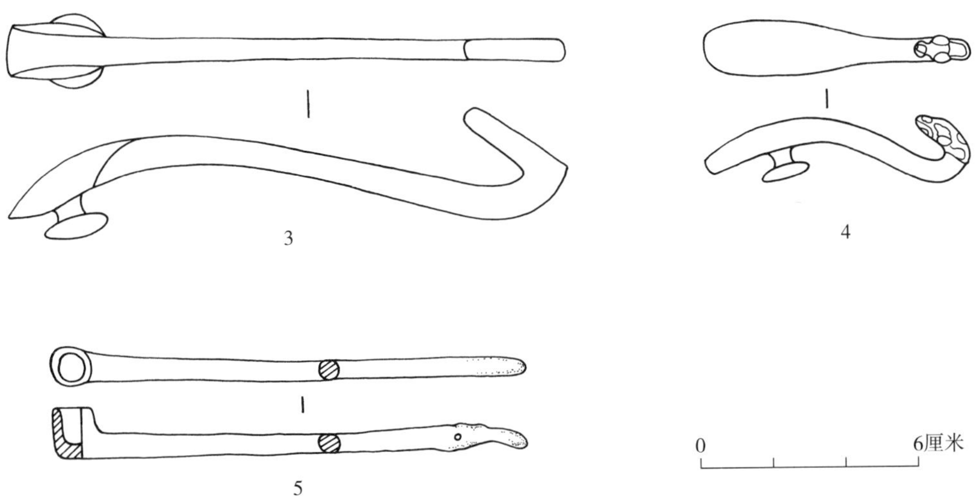

图 4-837　M864 出土器物

3、4. 铜带钩　5. 铜刷柄

长 15.2 厘米（图 4-837，3；彩版二二八，5）。

标本 M864∶4，形体较小，双目圆突，横断面近长方形，圆形纽位于背部中端。长 7.3 厘米（图 4-837，4；彩版二二八，6）。

铜刷柄　1 件。

标本 M864∶5，形似烟斗状，斗圆筒形中空，细长柄，尾部有圆形小孔。长 12.9 厘米（图 4-837，5）。

（四三七）M866

墓葬形制

位于墓地东北部，东面是 M867，西面为 M868、M926。方向 110°（图 4-838）。

长方形土坑竖穴砖椁墓。墓口长 2.4、宽 1.4、底部长 2.4、宽 1.3、深 2.05 米。椁长 2.33、宽 1.11、高 0.80 米。椁室四壁青砖平铺压缝顺向垒砌。南壁上部青砖侧向垒筑，塌落仅剩一层。墓底铺地砖南、北两侧为横向，中间两排顺向排列。砖长 32、宽 13、厚 6 厘米。墓内填黄褐色五花土，经过夯打，土质较坚硬。夯窝圆形，排列不均匀，直径 7 ～ 10、夯层厚 30 ～ 40 厘米。

人骨 1 具。头向东，面向上，仰身直肢，墓主腐朽严重，仅残存少量骨骼痕迹。性别无法鉴定，成年个体。

随葬器物无。

（四三八）M870

1. 墓葬形制

位于墓地东北部，打破 M760，西南面为 M606、M585。方向 195°（图 4-839）。

长方形土坑竖穴砖椁墓。墓口长 3.2、宽 1.9、底长 3.13、宽 1.82、深 2.8 米。椁长 3.06、宽 1.12、

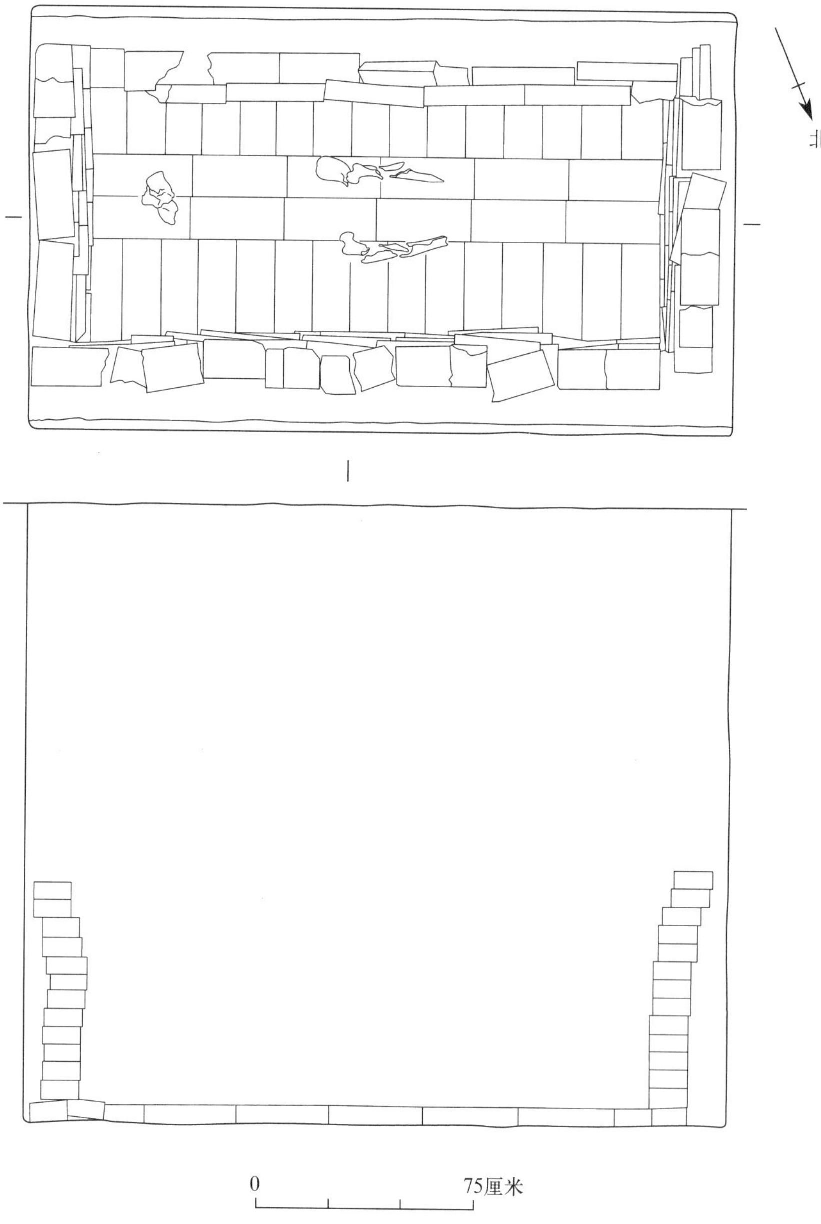

图 4-838　M866 平、剖面图

高 0.80 米。椁室东、西、南三壁均由青砖平铺压缝顺向垒砌而成。墓底铺地砖斜向平铺“人”字形排列。砖长 32、宽 12、厚 4 厘米。墓内填黄褐色五花土，经过夯打，土质较致密。夯窝圆形，排列不均匀，直径 8～11、夯层厚 30～40 厘米。

人骨 1 具。头向南，面向不明，仰身直肢，骨骼腐朽严重，仅残存部分痕迹。性别、年龄无法鉴定。随葬陶罐 1 件，放置椁室西北角。墓内动物骨骼，未经鉴定，种属不明。

2. 出土遗物

陶器

陶罐　1 件。

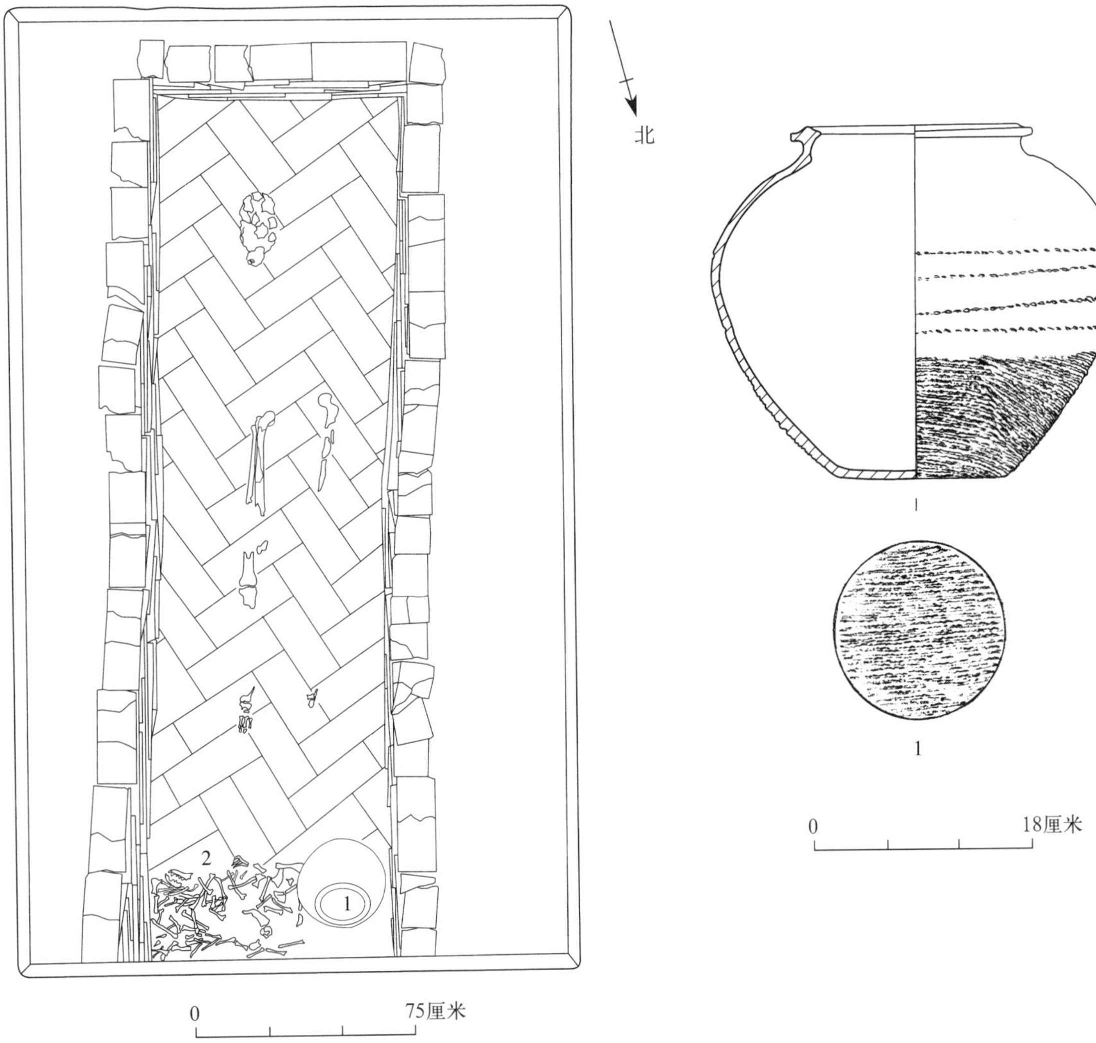

图 4-839　M870 及出土器物

1. 陶罐　2. 动物骨骼

标本 M870∶1，泥质灰陶。敛口，沿面弧曲，方唇，束颈，鼓腹，下部弧收，小平底。上腹有制作抹痕，中腹饰四周戳印纹，下腹及底部饰绳纹。口径 19.3、底径 14、高 28.2 厘米（图 4-839，1）。

（四三九）M871

1. 墓葬形制

位于墓地中部，打破 M876，北面为 M873。方向 105°（图 4-840；彩版二二九，1）。

长方形土坑竖穴砖椁墓。墓口长 3.2、宽 1.56、深 4.12 米。椁长 3.04、宽 1.2、高 0.75 米。墓室四壁均用青砖平铺错缝叠砌。东、西壁有二十四层；南、北壁为二三层。墓底一层铺地砖斜向排列。砖长 26、宽 12、厚 3 厘米。木棺腐朽，仅见灰痕，长 2.20、宽 0.85、厚 0.03 米。墓内填黄褐色花土，经夯打，土质较坚硬。夯窝椭圆形，排列不规则，直径 4 ～ 10、间距 4 ～ 30、夯层厚 10 厘米。

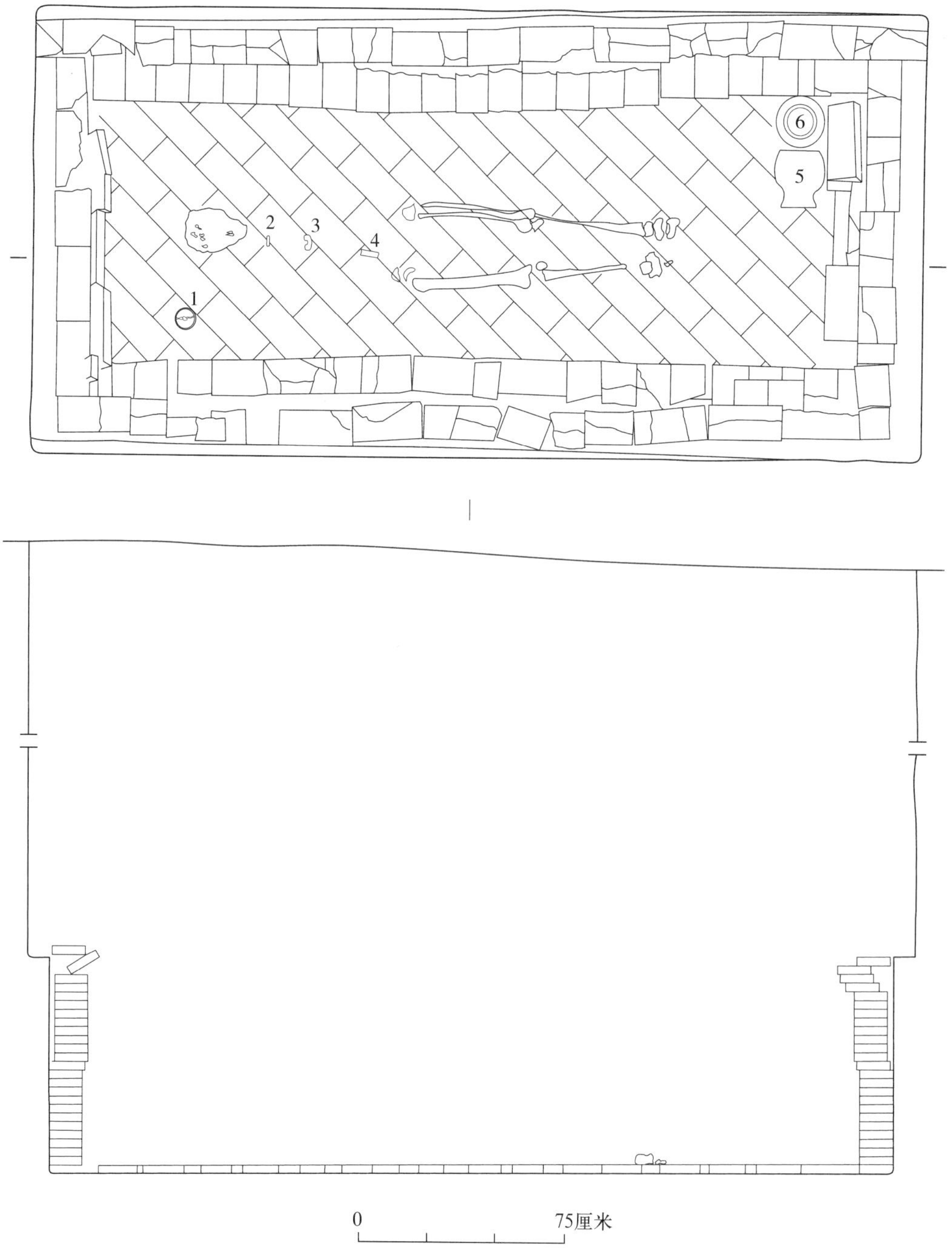

图4-840　M871平、剖面图

1. 铜镜　2. 石剑首　3. 石剑格　4. 石剑璏　5、6. 陶壶

人骨1具。头向东，下肢平伸。骨骼腐朽严重，仅见头骨碎渣、少量牙齿和下肢残骸。性别无法鉴定，年龄20～30岁。

随葬器物6件。陶壶2件放于椁室西南角。铜镜1枚位于墓主头骨右上方。石剑首、石剑格、石剑璏各1件依次置于墓主胸前。

2. 出土遗物

（1）陶器

陶壶　2件。泥质灰陶。弧顶盖，顶部绘红色弧圈纹。壶侈口，沿面外斜，圆唇，束颈，溜肩，鼓腹，平底。上腹绘白、红色饰云纹及点纹。

标本M871∶5，颈及腹部饰两周白色弦纹，下腹饰两周戳印纹。口径12.4、底径15、通高24厘米（图4-841，5；彩版二二九，2左）。

标本M871∶6，上腹有制作抹痕，下腹饰六周戳印纹。口径12、底径15、通高24.4厘米（图4-841，6；彩版二二九，2右）。

（2）石器

石剑格　1件。

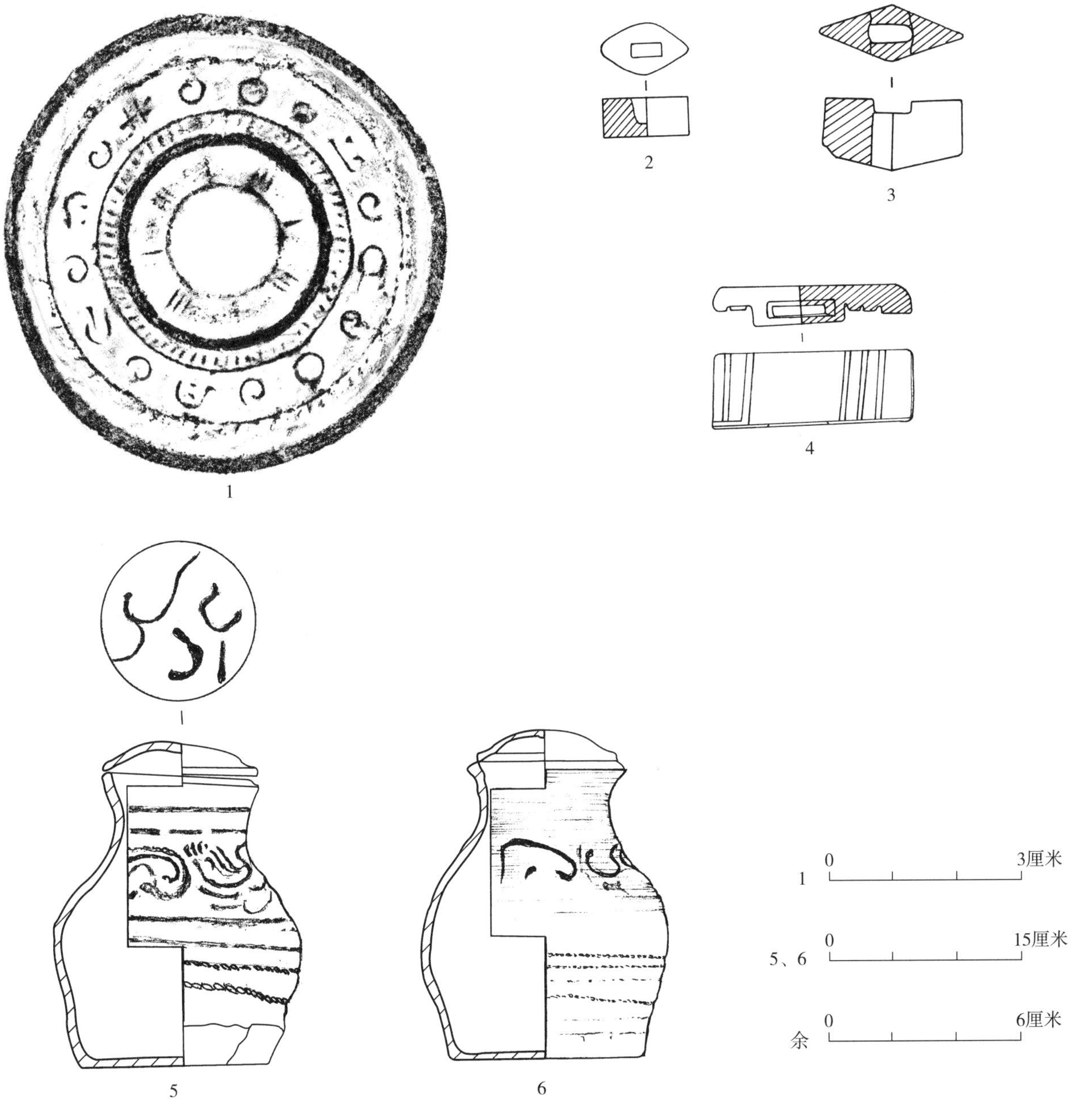

图4-841　M871出土器物

1. 铜镜　2. 石剑首　3. 石剑格　4. 石剑璏　5、6. 陶壶标本M871：3，滑石质。截面菱形，两端薄，中间厚，有长方形孔，以连接剑柄和剑身，边缘一角略缺损。长4.4、宽0.2～1.7、厚2.1厘米（图4-841，3）。

石剑首 1件。

标本M871：2，滑石质。截面菱形，两端薄，中间厚，剑首端平滑，另一面中间长方形凹槽，用以连接剑柄。长2.1、宽1.4、厚1厘米（图4-841，2）。

石剑璏 1件。

标本M871：4，滑石质。平面圆角长方形，两端向下卷曲，背面有长方形銎套，正面平整光滑，两侧阴刻两三道直线纹。长6.3、宽2.1～2.2、厚1.2厘米（图4-841，4）。

（3）铜器

铜镜 1枚。

标本M871：1，日光圈带铭带镜。圆形，圆纽，圆纽座。座外均匀伸出四组（每组三条）与四条短竖线相间环列，再外一周窄凸面圈带。外区两周短斜线和凸弦纹组合纹带，其间为顺时针铭文带“见日月心，勿夫毋忘”。圆转式篆隶体、个别笔画呈楔形，有简化，每字间隔类似涡纹符号。窄素平缘。面径7、缘厚0.4厘米（图4-841，1；彩版二二九，3）。

（四四〇）M872

1. 墓葬形制

位于墓地东北部，北、东北面是M605，南面为M725。方向100°（图4-842）。

长方形土坑竖穴砖椁墓。墓口长2.92、宽1.6、深2.94米。椁室长2.52、宽1.06、深0.63米。椁室四壁用十七层青砖错缝平铺叠砌。四壁有生土二层台，宽0.20、高0.54米。台面上铺两层青砖，因塌陷大部分破碎，排列凌乱。墓底铺地砖“人”字形排列。砖长26、宽12、厚3厘米。墓内填黄褐色花土，经夯打，土质较坚硬。夯窝椭圆形，排列无

图4-842 M872平、剖面图

1、2. 陶钫 3. 陶盘 4. 陶扁壶 5. 陶樽 6～10. 陶耳杯 11. 动物骨骼

规律，直径 4 ～ 10、间距 3 ～ 20、夯层厚 10 ～ 15 厘米。填土中发现 1 件陶耳杯。

人骨 1 具。头向东。骨骼腐朽严重，仅剩头骨碎渣和少量牙齿残痕。性别、年龄无法鉴定。

随葬陶器 10 件。陶钫 2 件放在椁室东南角。陶盘 1 件置于西北侧。陶扁壶 1 件陈放在陶盘中。陶樽 1 件侧立在陶钫一侧。陶耳杯 5 件放置陶樽内。小型哺乳动物、乳猪、鸡骨散落于陶钫南侧。

2. 出土遗物

陶器

陶扁壶　1 件。

标本 M872∶4，夹砂白陶。口残，扁鼓腹，椭圆形圈足。腹两侧刻划有交叉卷云纹，素面。残口径 2.6、底长径 5.6、短径 2.6、残高 10 厘米（图 4-843，4）。

陶钫　2 件。泥质灰陶。覆斗形盖，斜壁，小平顶，上饰五个突饰。钫方口微侈，平沿，尖唇，束颈，溜肩，鼓腹，方形圈足。

标本 M872∶1，下腹饰细绳纹。口边长 10.6、底边长 11.2、通高 35.2 厘米（图 4-843，1）。

标本 M872∶2，口边长 10.4、底边长 11.9、通高 38 厘米（图 4-843，2）。

陶盘　1 件。

标本 M872∶3，泥质灰陶。敞口，折沿，圆唇，浅腹，平底微内凹。素面。口径 20、高 3.8 厘米（图 4-843，3）。

陶樽　1 件。

标本 M872∶5，泥质灰陶。侈口，平沿，圆唇，深腹，壁斜直，下部内收，圜底，蹄形足。素面。口径 18、底径 5.5、高 11.5 厘米（图 4-843，5）。

陶耳杯　6 件。泥质灰陶。器身椭圆形，敞口，尖唇，口沿两侧饰新月形耳，平底或凹底。素面。

标本 M872∶9，口长径 13、短径 11、底长 7、短径 5、高 4 厘米（图 4-843，9）。

标本 M872∶10，口长径 11.2、短径 9、底长径 5.5、短径 3.4、高 3.2 厘米（图 4-843，10）。

（四四一）M874

1. 墓葬形制

位于墓地东北部，东北面是 M585，东南面为 M605。方向 40°（图 4-844）。

长方形土坑竖穴砖椁墓。墓口长 2.55、宽 1.46、深 1.45 米。椁长 2.55、宽 1.20、高 0.75 米。椁室均用青砖垒砌。东、西两壁为平铺错缝垒砌。南壁青砖侧立、北壁平铺。墓底一层铺地砖，“人”字形排列。砖长 29、宽 13、厚 4 厘米。墓内填黄褐色花土，经夯打，较坚硬。夯窝椭圆形，排列不规律，直径 4 ～ 10、间距 5 ～ 11、夯层厚 10 ～ 15 厘米。

人骨 1 具。头向北，下肢平伸。骨骼保存较差，仅见头骨碎渣、牙齿和下肢骨残骸。疑似女性，年龄 30 岁左右。

随葬器物 3 件。陶罐 1 件放在墓主头骨上方。铜镜 1 枚位于墓主头骨右上方。铜钱 1 枚放置在墓主口内。乳猪骨散落于陶罐东侧。

2. 出土遗物

（1）**陶器**

陶罐　1 件。

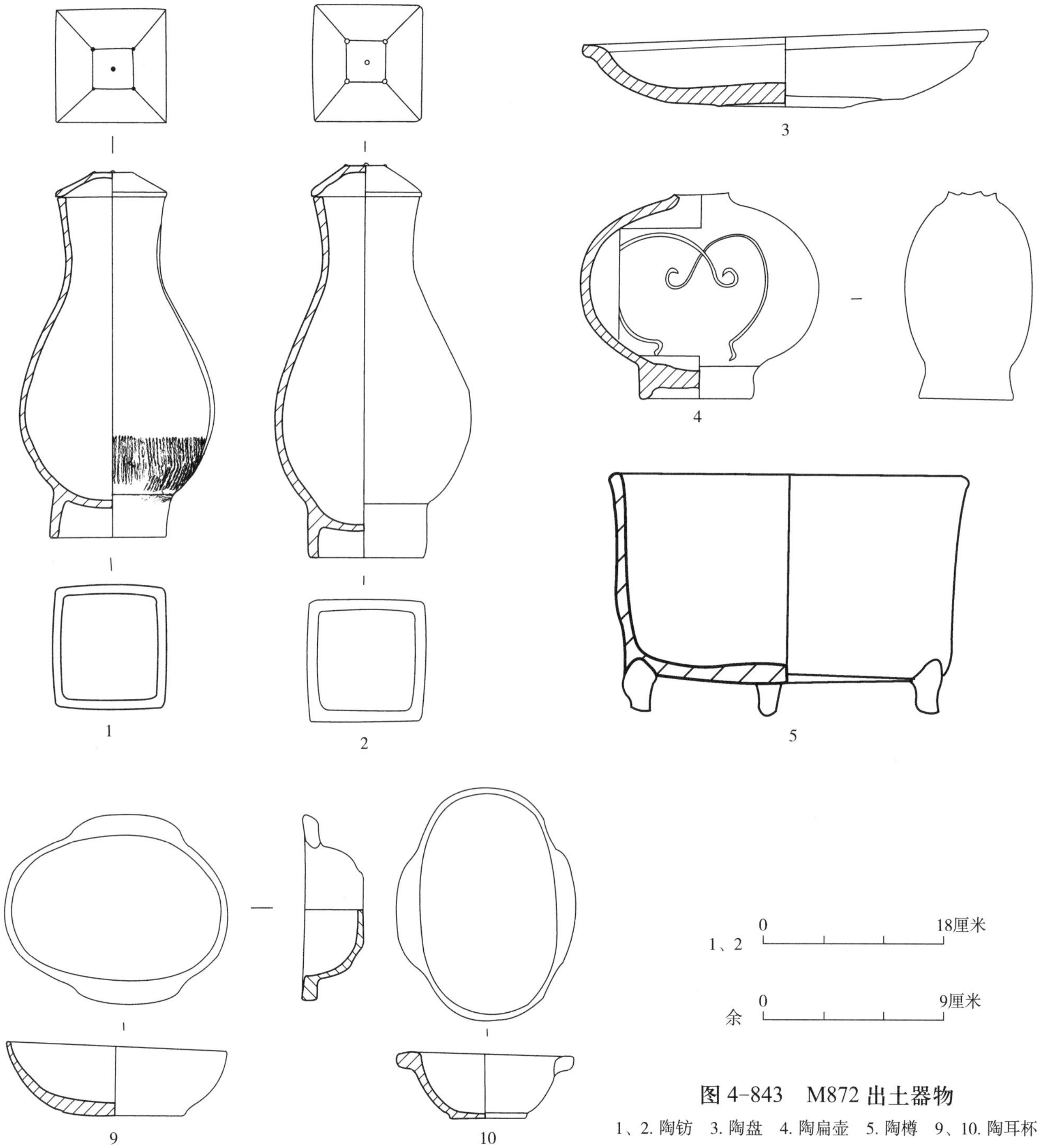

图4-843　M872出土器物

1、2. 陶钫　3. 陶盘　4. 陶扁壶　5. 陶樽　9、10. 陶耳杯

标本M874∶3，泥质灰陶。敛口，沿面微弧，方唇，束颈，鼓腹，大平底微内凹。腹部饰三周戳印纹。口径18.2、底径18.7、高21厘米（图4-844，3）。

（2）**铜器**

铜镜　1枚。

标本M874∶1，日光对称单层草叶镜。残，仅存半面。圆纽，柿蒂纹纽座。座外一凸弦纹小方格和一凹面大方格，之间为顺时针缪篆体铭文带，仅存“天下大明”。每边两字，四角各一含斜线方格，

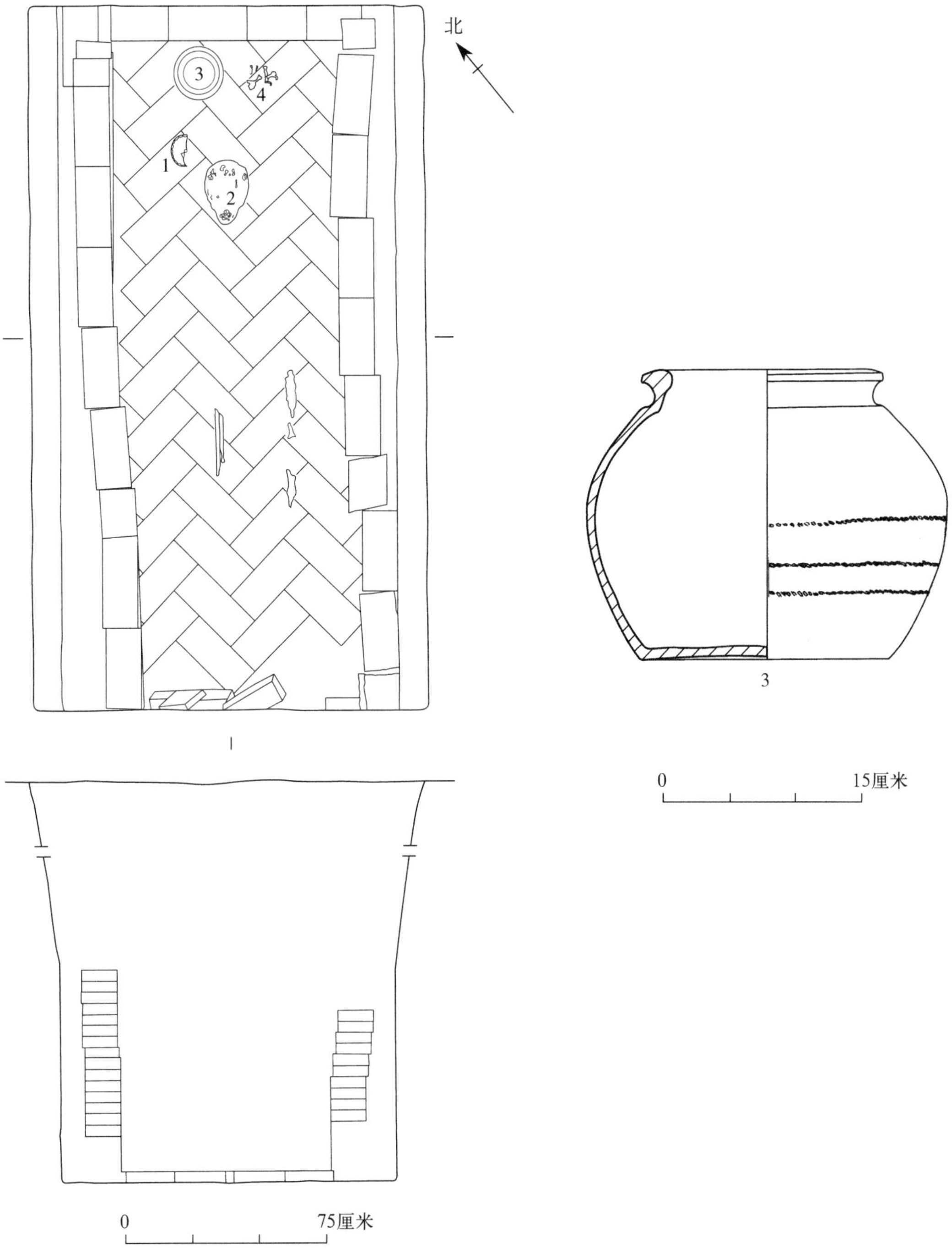

图4-844　M874及出土器物

1. 铜镜　2. 铜钱　3. 陶罐　4. 动物骨骼

格内斜线方向相反。大方格四角各向外伸出一双叶花枝纹，枝间外射；四边中心点外各一较大乳丁，钉外一桃形花苞、两侧各一单层草叶纹。内向十六连弧纹缘。面径11.2、缘厚0.35厘米。

铜钱　1枚。

标本M874∶2，仅存一半，正面有“铢”字。

（四四二）M877

墓葬形制

位于墓地东北部，东临断崖，东南面是M828，西距M827约1米。方向0°。

长方形土坑竖穴砖椁墓。墓口长3.9、宽2.3、深1.95米。椁长2.7、宽1.8、椁室破坏殆尽，青砖垒砌情况不详。墓底平铺一层青砖，“人”字形排列。砖长30、宽14、厚4厘米。墓内填黄褐色五花土，土质较疏松。夹杂大量青砖碎块。

人骨无。

随葬器物无。

（四四三）M879

1. 墓葬形制

位于墓地东北部，北面是M830，东面为M937，东南面为M936。方向10°（图4-845）。

长方形土坑竖穴砖椁墓。墓口长4.0、宽1.92、深2.4米。椁长3.95、宽1.89、高0.96～1.17米。椁室四壁青砖与碎砖错落交叠垒砌。上面“丁”字形垒砌一层，靠墓壁处又各平铺顺向垒砌一层。墓底铺地砖三层：第一层顺缝平铺，第二层斜向平铺“人”字形，第三层侧立对缝顺向排列（图4-846）。砖长27、宽12、厚3厘米。墓内填黄褐色五花土，经过夯打，土质较致密。夯窝圆形，分布稀疏，直径6～8厘米，夯层不清。

人骨1具。头向北。面向、葬式等不详。骨骼腐朽，仅存头骨残骸，性别、年龄无法鉴定。

随葬器物3件。陶钫2件放于椁室西南角。铜镜1枚放在墓主头骨右上方。南端发现少量兽骨，未经鉴定，种属不明。

2. 出土遗物

（1）陶器

陶钫　2件。泥质灰陶。失盖。钫方口微侈，平沿，方唇，束颈，沿外侧四角折棱，溜肩，鼓腹，下腹弧收，方形圈足。下腹饰绳纹。

标本M879∶2，底部饰绳纹。口边长13、底边长14、高38厘米（图4-847，2）。

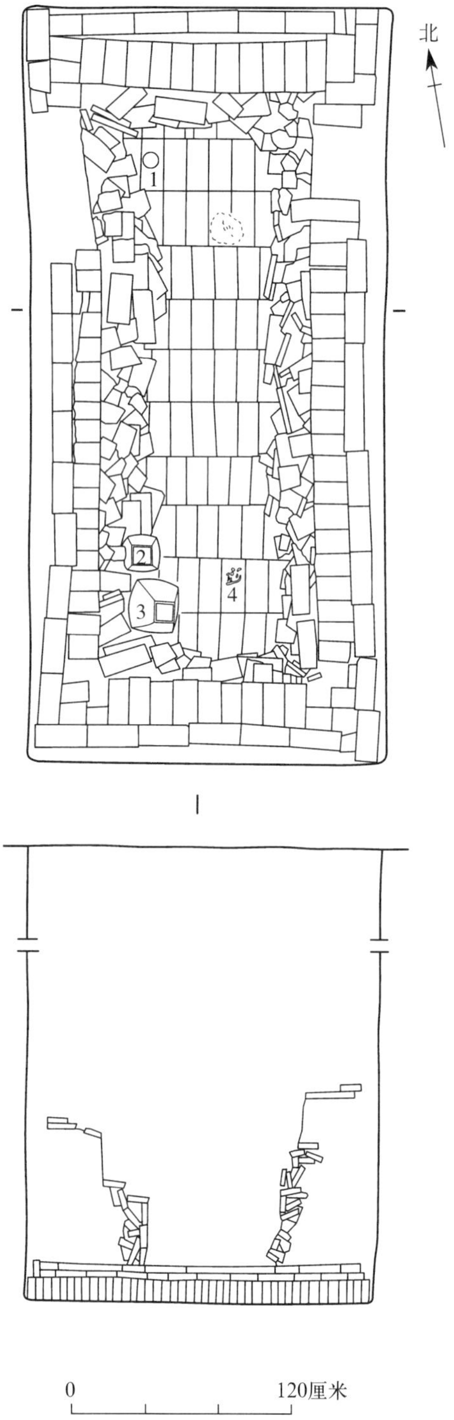

图4-845　M879平、剖面图

1. 铜镜　2、3. 陶钫　4. 动物骨骼

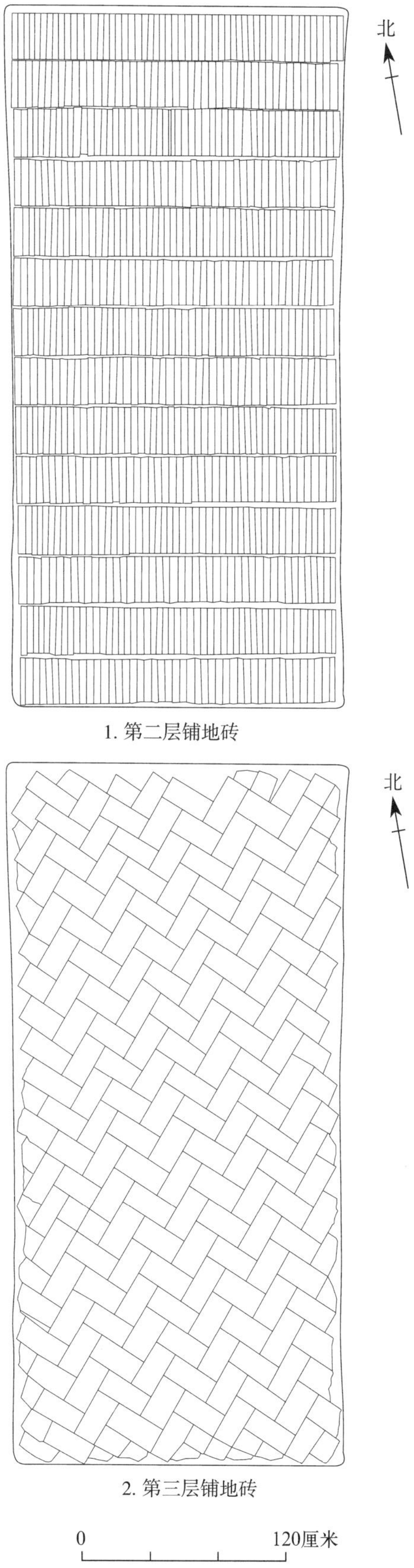

1. 第二层铺地砖
2. 第三层铺地砖

图 4-846　M879 铺地砖平面示意图

标本 M879∶3，口边长 11.4、底边长 15、高 40.6 厘米（图 4-847，3）。

（2）铜器

铜镜　1 枚。

标本 M879∶1，日光连弧铭带镜。圆形，连峰纽，圆纽座。座外四条内附两短线的月牙纹与四涡纹相间环列，再外一周内向八连弧纹圈带。外区两周短斜线和凸弦纹组合纹带，其间为顺时针铭文带“见日之光，长不相忘”。字体为圆转式篆隶体，每字间隔一涡纹。窄素平缘。面径 7.2、缘厚 0.45 厘米（图 4-847，1；彩版二二九，4）。

（四四四）M880

1. 墓葬形制

位于墓地东北部，东临断崖，被 M862 打破，南面是 M935。方向 15°（图 4-848）。

长方形土坑竖穴砖椁墓。墓口长 3.5、宽 1.23、深 2.04 米。椁长 2.97、宽 1.18、高 0.83 米。椁室四壁用砖平铺错缝顺向垒砌。东、西两壁上部外侧又各顺向排列一层。由于挤压，东、西两壁内凹，呈“亚”字形。墓底平铺一层青砖呈“人”字形。砖长 27、宽 12、厚 4 厘米。墓内填黄褐色五花土，土质较疏松。

人骨 1 具。头向北。骨骼已腐朽，仅存头骨和下肢骨残骸。性别无法鉴定，年龄 30 岁左右。

随葬器物4件。陶壶2件，陶罐1件放在椁底东南角。铁镜架 1 件置于墓主胸部右侧。西南角发现有完整的乳猪、鸡和鱼。

2. 出土遗物

（1）陶器

陶罐　1 件。

标本 M880∶3，泥质灰陶。侈口，折沿，方唇，沿面微外斜，束颈，鼓腹，下部弧收，平底。腹部饰三周戳印纹。口径 14.6、底径 21、高 24 厘米（图 4-848，3）。

陶壶　2 件。泥质灰陶。侈口，沿面外斜，束颈，溜肩，鼓腹，平底内凹。

标本 M880∶1，钵形盖。顶部内凹。尖唇，腹部

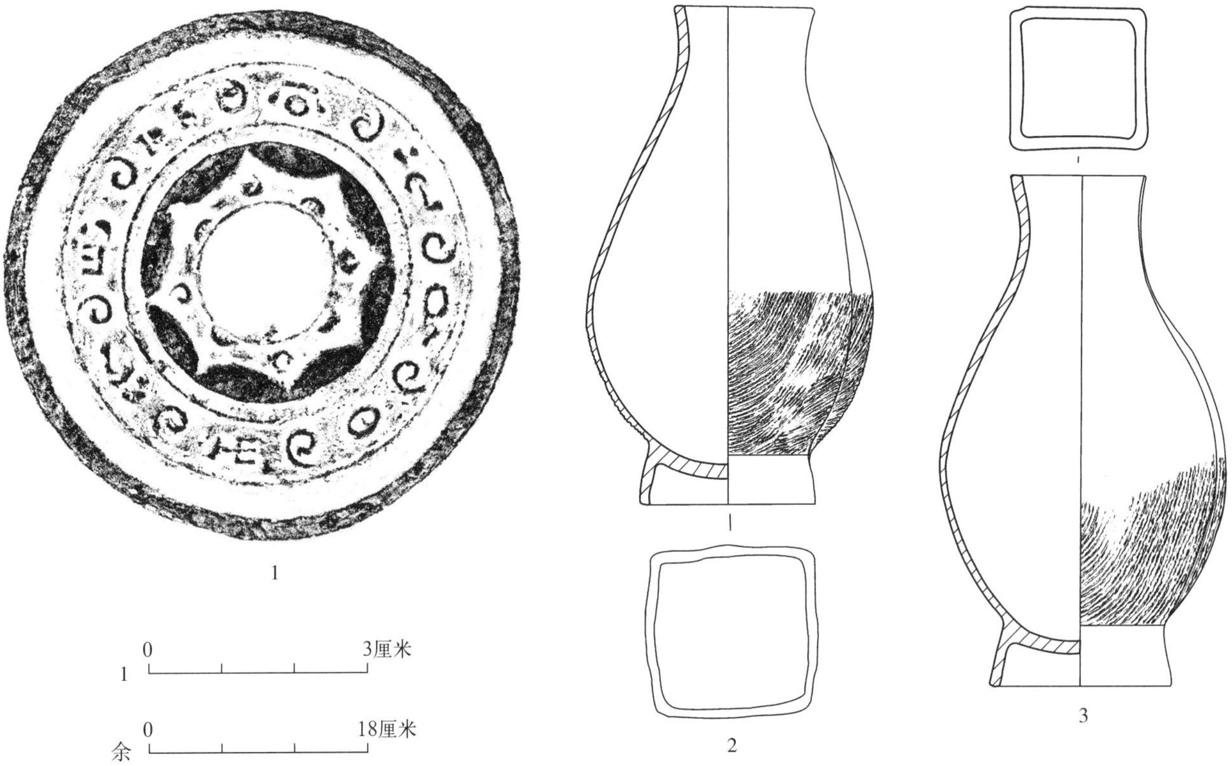

图4-847　M879出土器物

1. 铜镜　2、3. 陶钫

饰两周戳印纹，下腹饰稀疏刻划纹。口径13.6、底径15.9、通高29.5厘米（图4-848，1）。

标本M880∶2，弧顶盖。凹底。腹部饰四周戳印纹。口径12、底径15.6、通高27.4厘米（图4-848，2）。

（2）铁器

铁镜架　1件。

标本M880∶4，叉形，两侧支脚扁长条形，均缺失。残高2.1厘米（图4-848，4）。

（四四五）M888

1. 墓葬形制

位于墓地东北部，打破M890，被M887打破，东面为M796。方向5°（图4-849）。

长方形土坑竖穴砖椁墓。墓口长2.65、宽1.15、深1.9米。椁长2.65、宽1.15、高0.6米。椁室四壁以青砖平铺错缝顺向垒砌。墓底铺地砖错缝斜向“人”字形排列。砖长25、宽12、厚3厘米。墓内填黄褐色五花土，经过夯打，土质较疏松。夯窝圆形，分布不均匀，直径7～11、夯层厚20～30厘米。

人骨1具。头向北，面向不明，仰身直肢。骨骼已腐朽，仅存部分下肢骨残痕。性别无法鉴定，成年个体。

随葬器物4件。陶壶2件放于墓底南端。铜带钩1件置于墓主右股骨外侧。铁镜架1件放置于

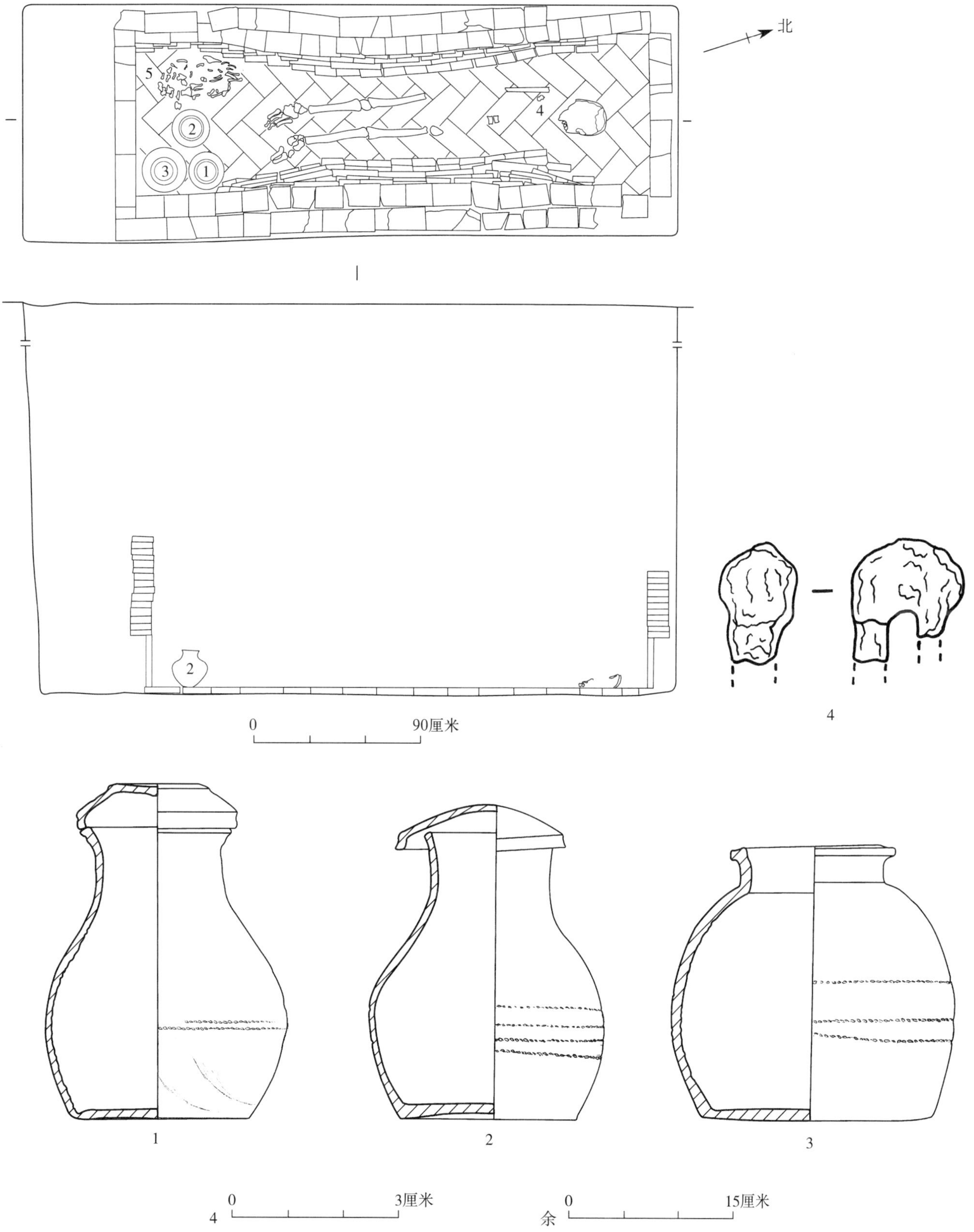

图4-848 M880及出土器物

1、2. 陶壶 3. 陶罐 4. 铁镜架 5. 动物骨骼

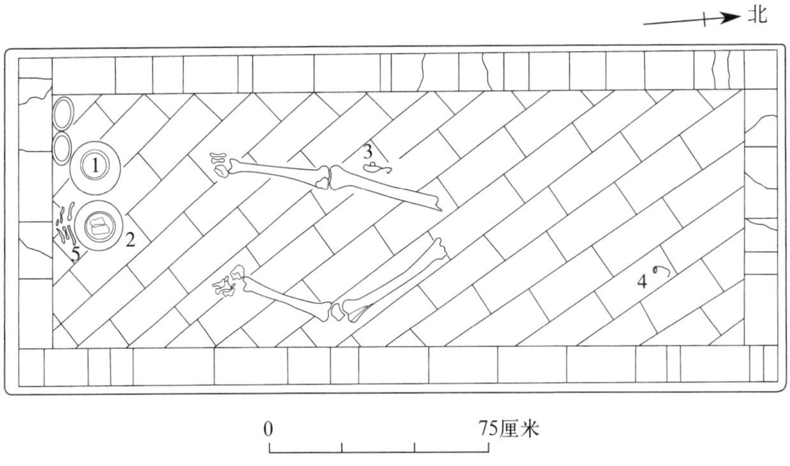

图 4-849　M888 平面图

1、2. 陶壶　3. 铜带钩　4. 铁镜架　5. 动物骨骼

东北角。南部发现有完整小型食虫目。

2. 出土遗物

（1）陶器

陶壶　2 件。泥质灰陶。弧顶盖。侈口，束颈，溜肩，鼓腹，平底。

标本 M888∶1，圆唇，平沿，平底。盖顶沿边饰一周白色圆点纹，中间白、红彩饰草叶纹。上腹白色圆点纹、红彩草叶纹，腹部饰四周戳印纹。口径 13.6、底径 13.8、通高 27.2 厘米（图 4-850，1；彩版二二九，5 左）。

标本 M888∶2，尖唇，沿面外斜，平底微凹。腹部饰红色圆点和草叶纹，腹下部饰两周戳印纹间饰刻划纹。口径 14.8、底径 14.4、通高 26.8 厘米（图 4-850，2；彩版二二九，5 右）。

（2）铜器

铜带钩　1 件。

标本 M888∶3，琵琶形。钩呈马首状，双目圆突，横断面半圆，圆形纽位于背部中端。长 4.9 厘米（图 4-850，3）。

（3）铁器

铁镜架　1 件。

标本 M888∶4，叉形，两侧支脚扁平长条形，已残失。残高 5.3 厘米（图 4-850，4）。

（四四六）M889

墓葬形制

位于墓地东北部，打破 M930、M931，北面为 M890。方向 275°（图 4-851）。

长方形土坑竖穴砖椁墓。墓口长 3.18、宽 1.09、深 0.25 米。椁室四壁五层青砖错缝平铺垒砌。东、西两壁遭破坏。墓底一层铺底砖，“人”字形排列。砖一面饰绳纹，砖长 25、宽 11、厚 4 厘米。墓内填褐色五花土，土质较疏松，夹杂大量青砖碎块。

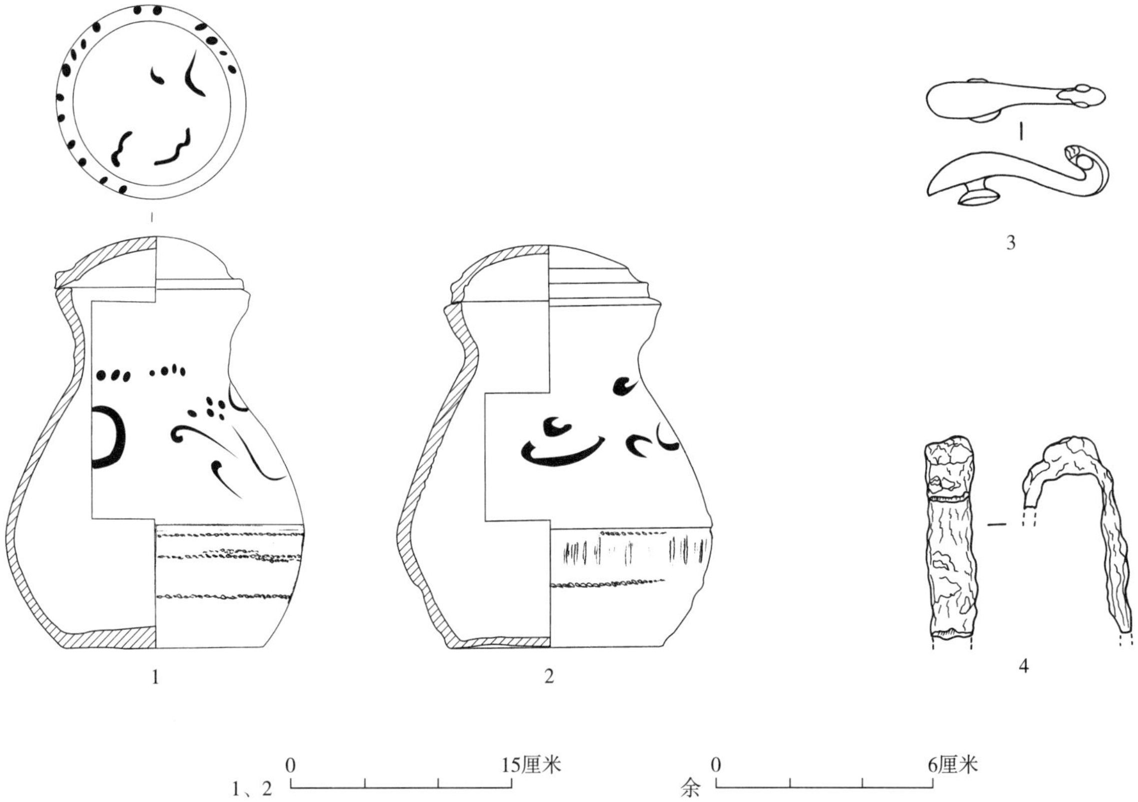

图 4-850 M888 出土器物

1、2. 陶壶 3. 铜带钩 4. 铁镜架

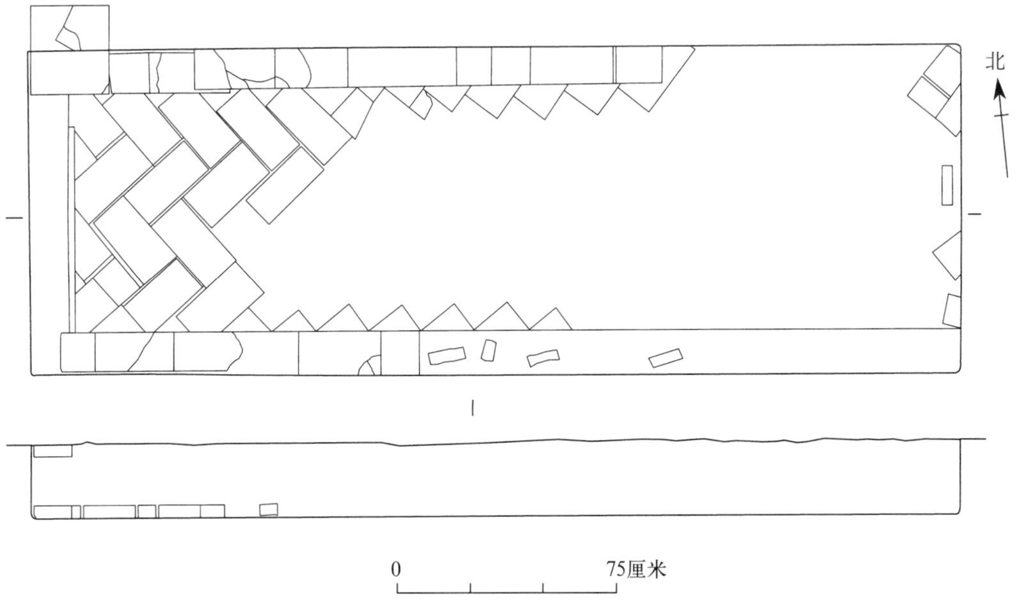

图 4-851 M889 平、剖面图

人骨无。

随葬器物无。

（四四七）M890

墓葬形制

位于墓地东北部，被M888打破，南面为M889。方向10°。

长方形土坑竖穴砖椁墓。墓口长3.25、宽1.45、深2.7米。椁室四壁遭到破坏，形制与结构不明。墓底仅东、西两壁残存部分凌乱碎砖。砖长28、宽14、厚3厘米。墓内填黄褐色五花土，土质较疏松。填土中发现有陶壶或陶罐残片、碎砖及少量兽骨，主要有鸡、兔的头骨、髋骨及1具完整乳猪骨架。

人骨1具。骨骼严重腐朽，仅残存头骨且已移位，葬式不详。性别无法鉴定，成年个体。

随葬器物无。

（四四八）M893

1. 墓葬形制

位于墓地东北部，打破M895，南面是M667，西面为M920。方向104°（图4-852）。

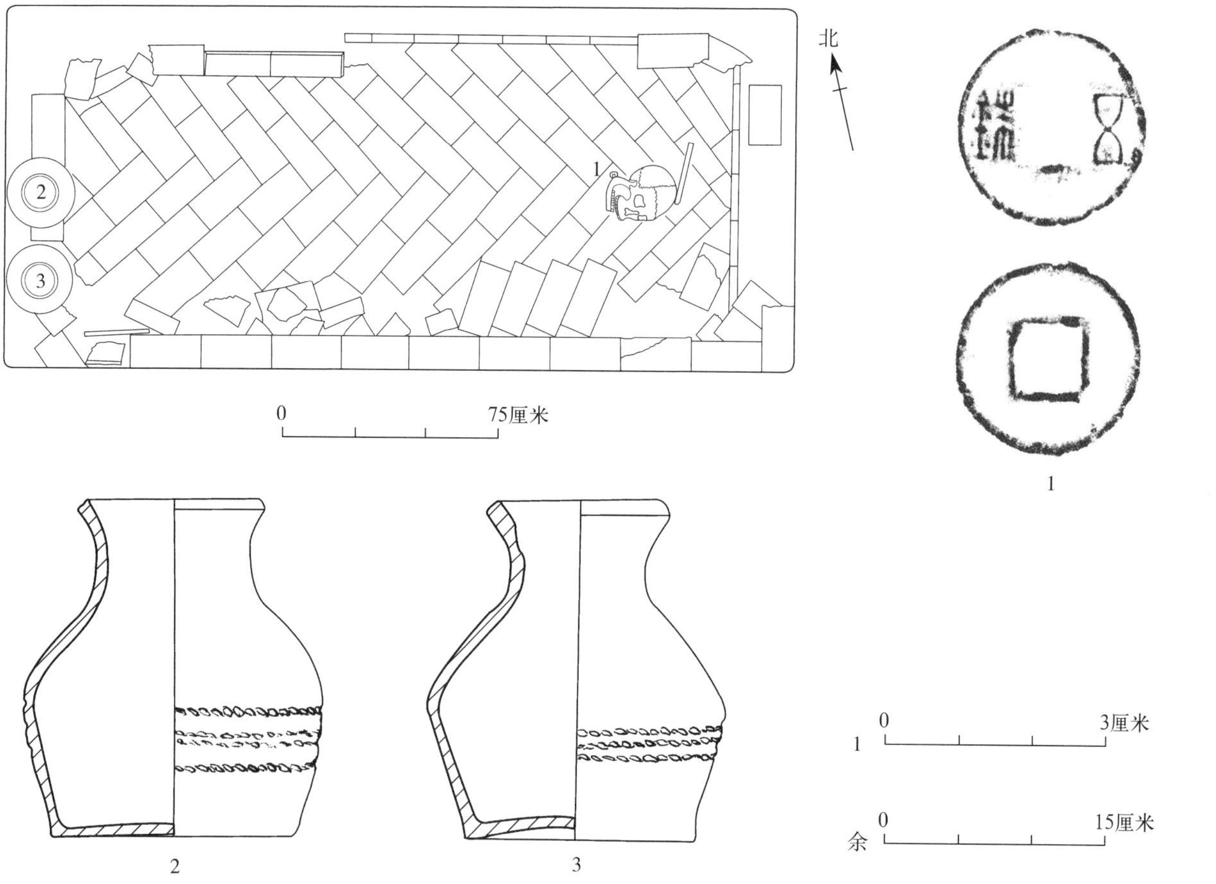

图4-852　M893及出土器物

1. 铜钱　2、3. 陶壶

长方形土坑竖穴砖椁墓。墓口长 2.7、宽 1.2、深 1.3 米。椁长 2.4、宽 1.1、高 0.45 米。椁室四壁单向青砖斜立“人”字形垒砌。墓底一层铺地砖“人”字形排列。砖长 24、宽 12、厚 3 厘米。墓内填黄褐色五花土，经夯打，夯窝圆形，排列无顺序，直径 8 ～ 10、夯层厚 25 厘米。

人骨 1 具。头向东，面向南。骨骼已腐朽，仅保留头骨痕迹。男性，年龄 35 ～ 40 岁。

随葬器物 3 件。陶壶 2 件放在椁室西部。铜钱 1 枚置于墓主下颌骨处。

2. 出土遗物

（1）陶器

陶壶　2 件。泥质灰陶。侈口，斜沿，方唇，束颈，溜肩，鼓腹。器表有抹制痕。

标本 M893∶2，平底微内凹。腹部饰四周戳印纹。口径 12.5、底径 16、高 22.5 厘米（图 4-852，2）。

标本 M893∶3，下腹饰三周戳印纹。凹底。口径 12.4、底径 16、高 22.6 厘米（图 4-852，3）。

（2）铜器

铜钱　1 枚。

标本 M893∶1，五铢，圆形方穿，正面有轮无郭，背面穿郭俱全。“五”字两笔交叉弯曲，与上、下两横相交处近垂直，“铢”字“金”头呈三角形，较小，与“朱”等齐，“朱”字上部方折，穿下半星。直径 2.6、穿边长 1、厚 0.17 厘米（图 4-852，1）。

（四四九）M894

1. 墓葬形制

位于墓地东北部，东南面是 M895，南面距 M920 约 1.5 米。方向 114°（图 4-853）。

长方形土坑竖穴砖椁墓。墓口长 1.85、宽 1.00、深 1.1 米。椁长 1.7、宽 0.8、高 0.5 米。椁室四壁单行青砖平铺垒砌而成，东侧壁龛长方形，长 0.3、宽 0.15、高 0.26 米。墓底铺地砖“人”字形排列。砖长 34、宽 12、厚 6 厘米。墓内填黄褐色五花土，土质较致密。

人骨 1 具。头向东。面向与葬式不详。骨骼腐朽，仅残存少量牙齿遗骸。性别、年龄不详。

随葬器物 2 件。陶罐 1 件陈置壁龛内。铜镜 1 枚位于墓主头骨处。

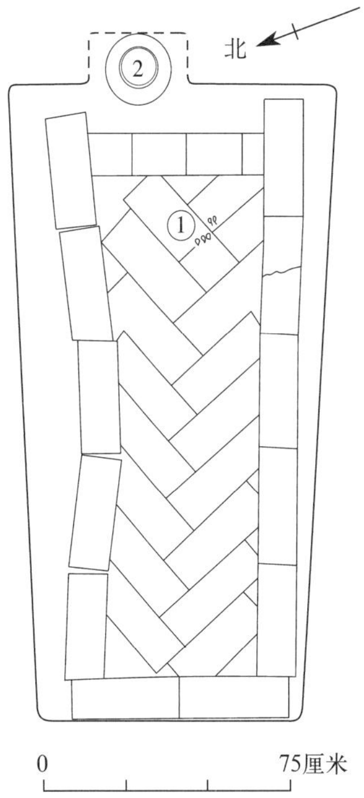

图 4-853　M894 平面图

1. 铜镜　2. 陶罐

2. 出土遗物

（1）陶器

陶罐　1 件。

标本 M894∶2，泥质灰陶。方唇，侈口，沿面微凹，束颈，弧肩，圆鼓腹，平底微凹。上腹有制作抹痕，腹中部饰两周戳印纹，下腹及底部饰绳纹。口径 14.6、底径 9.6、高 19.5 厘米（图 4-854，2）。

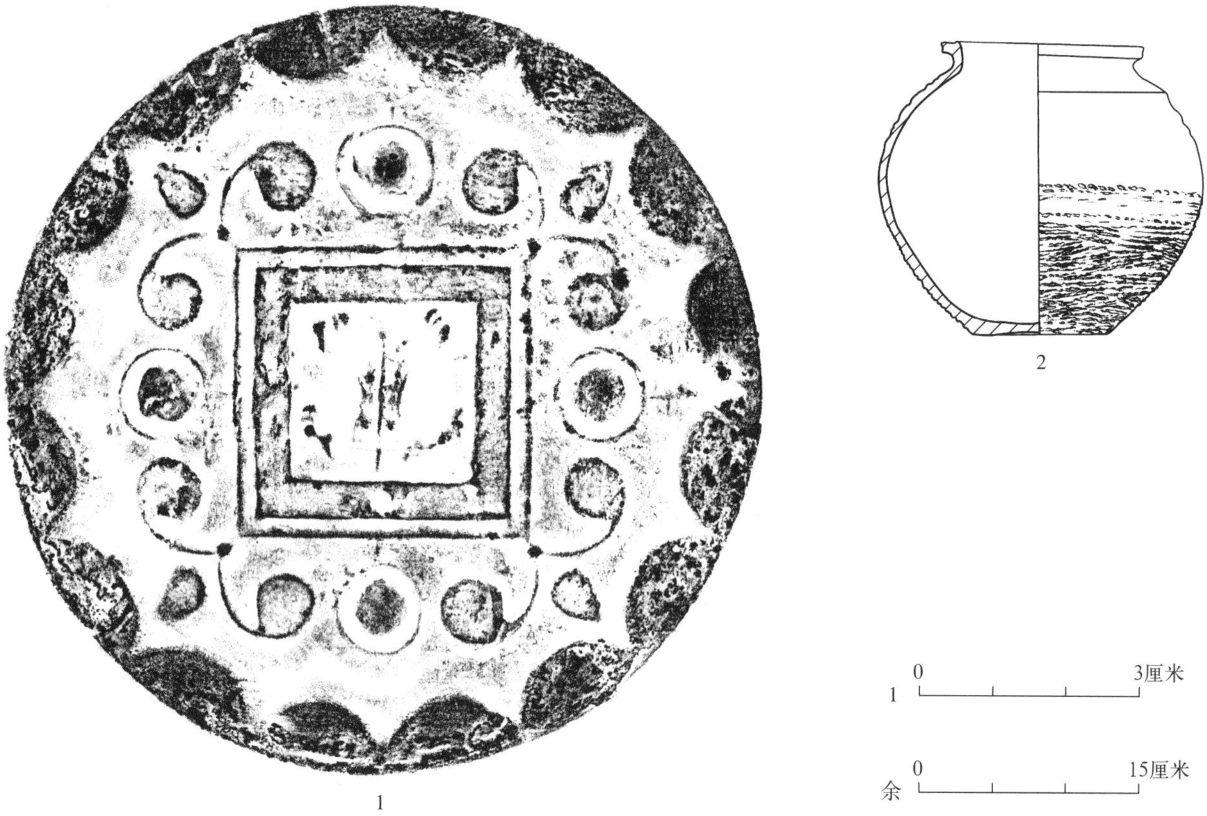

图 4-854　M894 出土器物

1. 铜镜　2. 陶罐

（2）铜器

铜镜　1 枚。

标本 M894 : 1，四花叶镜，锈蚀较重。圆形，伏兽纽。纽外一凹面、一凸弦纹方格。四角各伸出双叶一苞花叶纹、四边中心点外各一圆座乳丁。内向十六连弧纹缘。面径 10.4、缘厚 0.25 厘米（图 4-854，1；彩版二二九，6）。

（四五〇）M895

1. 墓葬形制

位于墓地东北部，被 M893 打破，东北面为 M628，西北面是 M894。方向 104°（图 4-855）。

长方形土坑竖穴砖椁墓。墓口长 3、宽 1.5、深 2.3 米。椁长 3.0、宽 1.0、高 0.60 米。椁室四壁由单行青砖平铺垒砌而成。墓底斜向平铺“人”字形排列。木棺已腐朽，仅见板灰痕迹。砖长 34、宽 14、厚 6 厘米。墓内填黄褐色五花土，经过夯打，土质较致密。夯窝圆形，排列不均，直径 8 ～ 10、夯层厚 25 厘米。

人骨 1 具。头向东。面向与葬式不详。由于盗扰，仅残留骨骼痕迹。性别无法鉴定，成年个体。

随葬陶罐 1 件位于椁室东北角。陶罐东侧堆放乳猪、鸡、鱼骨。

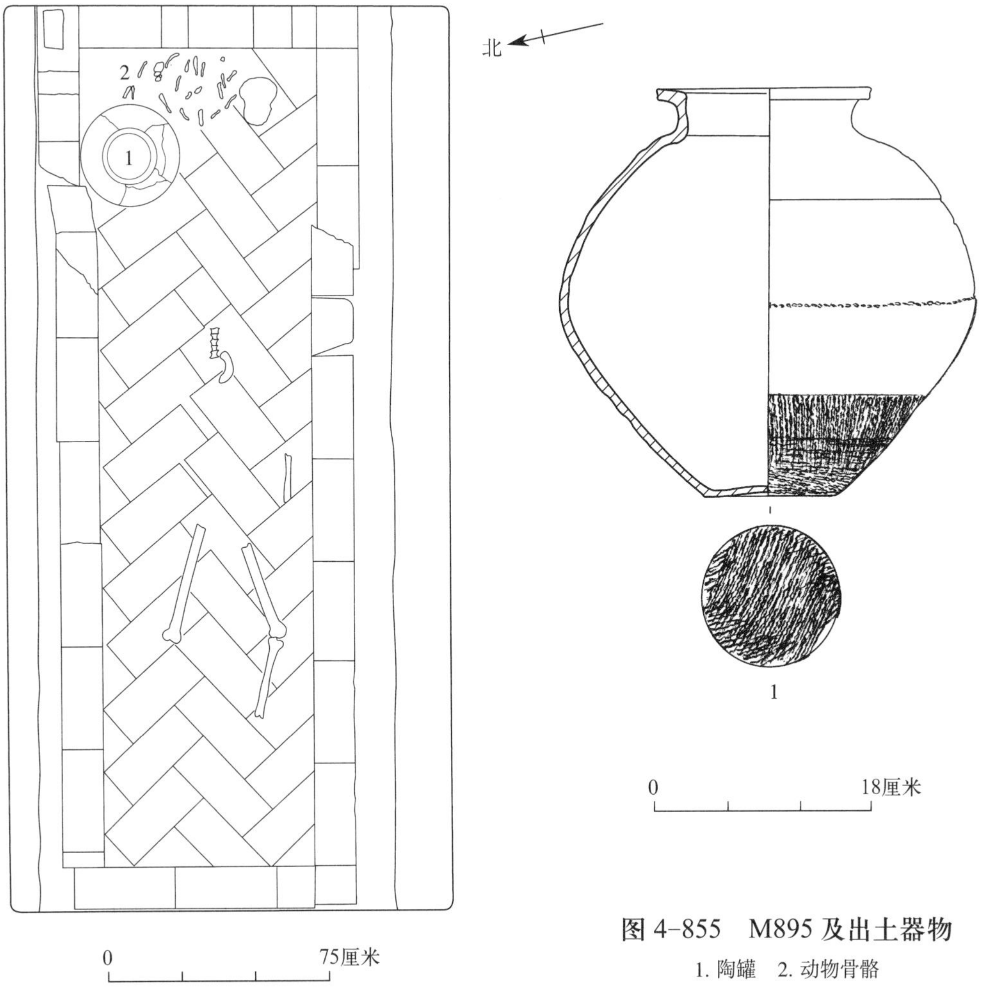

图 4-855　M895 及出土器物

1. 陶罐　2. 动物骨骼

2. 出土遗物

陶器

陶罐　1 件。

标本 M895 : 1，泥质灰陶。直口，平折沿，方唇，束颈，鼓腹，下部弧收，平底微凹。上腹有数周制作旋纹，中腹饰一周戳印纹，下腹及底部饰绳纹。口径 17.5、底径 11、高 32.4 厘米（图 4-855，1）。

（四五一）M896

1. 墓葬形制

位于墓地东北部，北面是 M897，东面为 M811。方向 108°（图 4-856）。

长方形土坑竖穴砖椁墓。墓口长 2.7、宽 1.2、深 2.55 米。椁长 2.6、宽 1.1、高 0.7 米。椁室东、南、北三壁青砖斜立“人”字形垒砌。西侧为土圹。墓底青砖斜向平铺“人”字形排列。砖长 24、宽 12、厚 4 厘米。墓内填黄褐色五花土，土质较致密。

人骨 1 具。头向东，面向上。由于扰乱严重，仅残留头骨遗骸，其余骨骼夹杂在填土当中。男性，

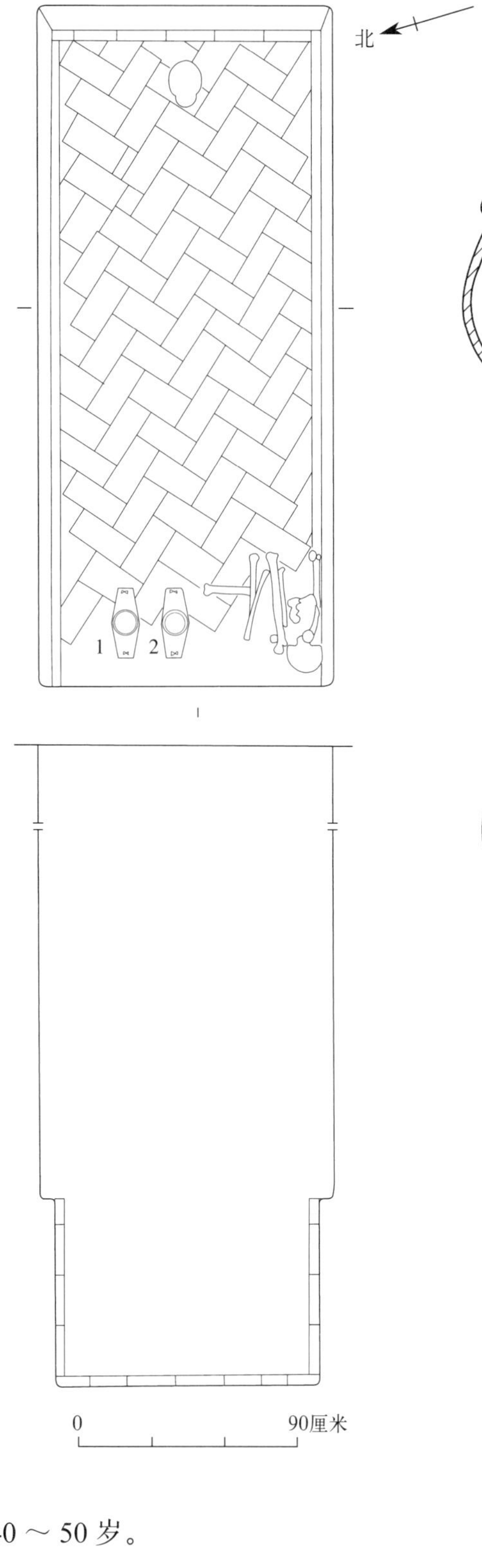

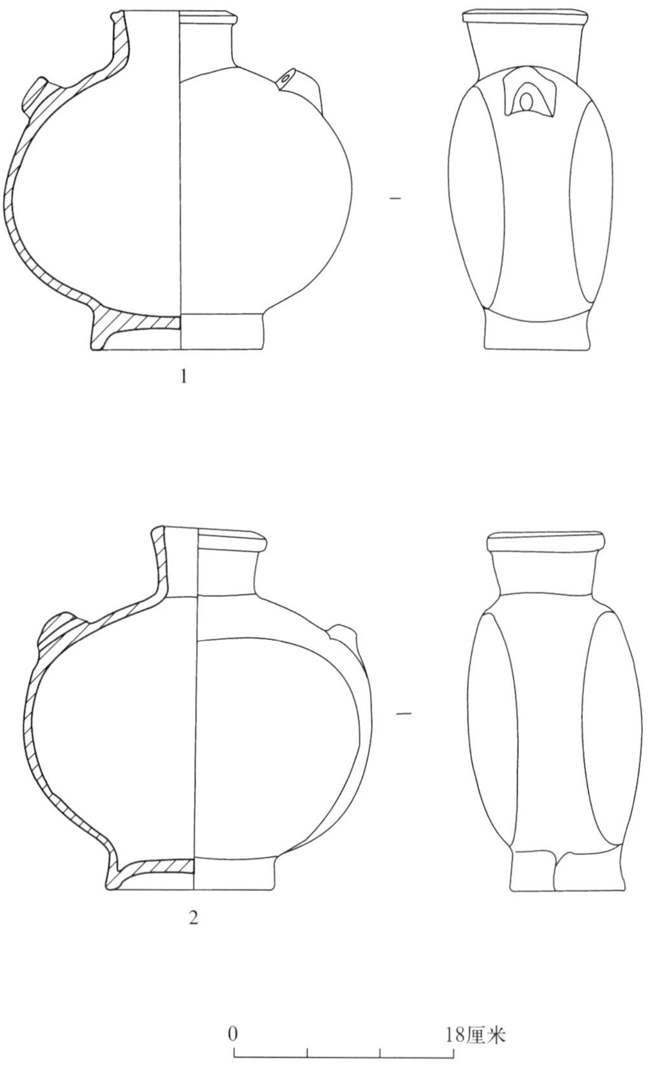

图 4-856　M896 及出土器物

1、2. 陶扁壶

年龄 40 ～ 50 岁。

随葬陶扁壶 2 件置于椁室西端。

2. 出土遗物

陶器

陶扁壶　2 件。夹砂陶。侈口，沿面外斜，扁鼓腹，圈足。肩上部安对称桥形鼻，素面。

标本 M896：1，灰陶。方唇，斜沿，高颈。口径 10.3、底长径 14、短径 8.8、高 27 厘米（图 4-856，1）。

标本 M896：2，灰皮陶。圆唇，口微侈，宽领，束颈。口径 9.6、底长径 13.6、短径 9.2、高 29 厘米（图 4-856，2）。

（四五二）M899

1. 墓葬形制

位于墓地东北部，打破 M933，东面为 M924。方向 63°（图 4-857）。

长方形土坑竖穴砖椁墓。墓口长 3、宽 1.8、深 3.4 米。椁长 2.94、宽 0.77 ～ 0.84、高 0.60 米。椁室东、南、北三壁青砖平铺错缝顺向垒砌。西壁土圹无砖。墓底铺地砖中部东西顺向排列一层，两侧各“丁”字形垒砌与南、北壁相接。砖长 32、宽 14、厚 5 厘米。墓内填黄褐色五花土，土质较疏松。经过夯打，夯窝圆形，排列不均匀，直径 8 ～ 10、夯层厚 18 ～ 25 厘米。填土中发现铜钱 3 枚。

人骨 1 具。头向东，面向上，仰身直肢。骨骼腐朽严重，仅存头骨和部分下肢骨残骸。性别无法鉴定，成年个体。

随葬器物 3 件。陶壶 2 件放置墓底西端偏南。铜钱 1 枚位于墓主头骨处。

2. 出土遗物

（1）陶器

陶壶　2 件。泥质灰陶。侈口，束颈，溜肩，鼓腹。小平底。腹部饰两周戳印纹和弦纹，下腹及底部饰绳纹。

标本 M899：1，方唇，沿面微凹，腹部黑、红彩脱落。口径 14.5、底径 10、高 33 厘米（图 4-857，1）。

标本 M899：2，圆唇，沿面外斜。腹部黑、白彩脱落。口径 14.8、底径 10、高 33 厘米（图 4-857，2）。

（2）铜器

铜钱　4 枚。为半两、五铢、剪边五铢。

标本 M899：3，半两。圆形方穿，钱正、背均无轮郭。正面微鼓，背面平素。钱文篆书，字体笔画较粗，“两”字中间不出头，两“人”字连笔成山，竖划清晰。直径 2.5、穿边长 0.9、厚 0.1 厘米（图 4-857，3）。

标本 M899：01-1，五铢。圆形方穿，正面有轮无郭，背面轮郭俱全。“五”字两笔交叉弯曲，“铢”字“金”头呈三角形，与“朱”等齐，“朱”字上部方折。直径 2.6、穿边长 1、厚 0.16 厘米（图 4-857，01-1）。

标本 M899：01-2，五铢。圆形方穿，正面有轮无郭，背面轮郭俱全。“五”字两笔交叉弯曲，“铢”字“金”头呈三角形，与“朱”等齐，“朱”字上部方折。周郭被剪，“五铢”部分被剪去。直径 1.7、穿边长 0.9、厚 0.09 厘米（图 4-857，01-2）。

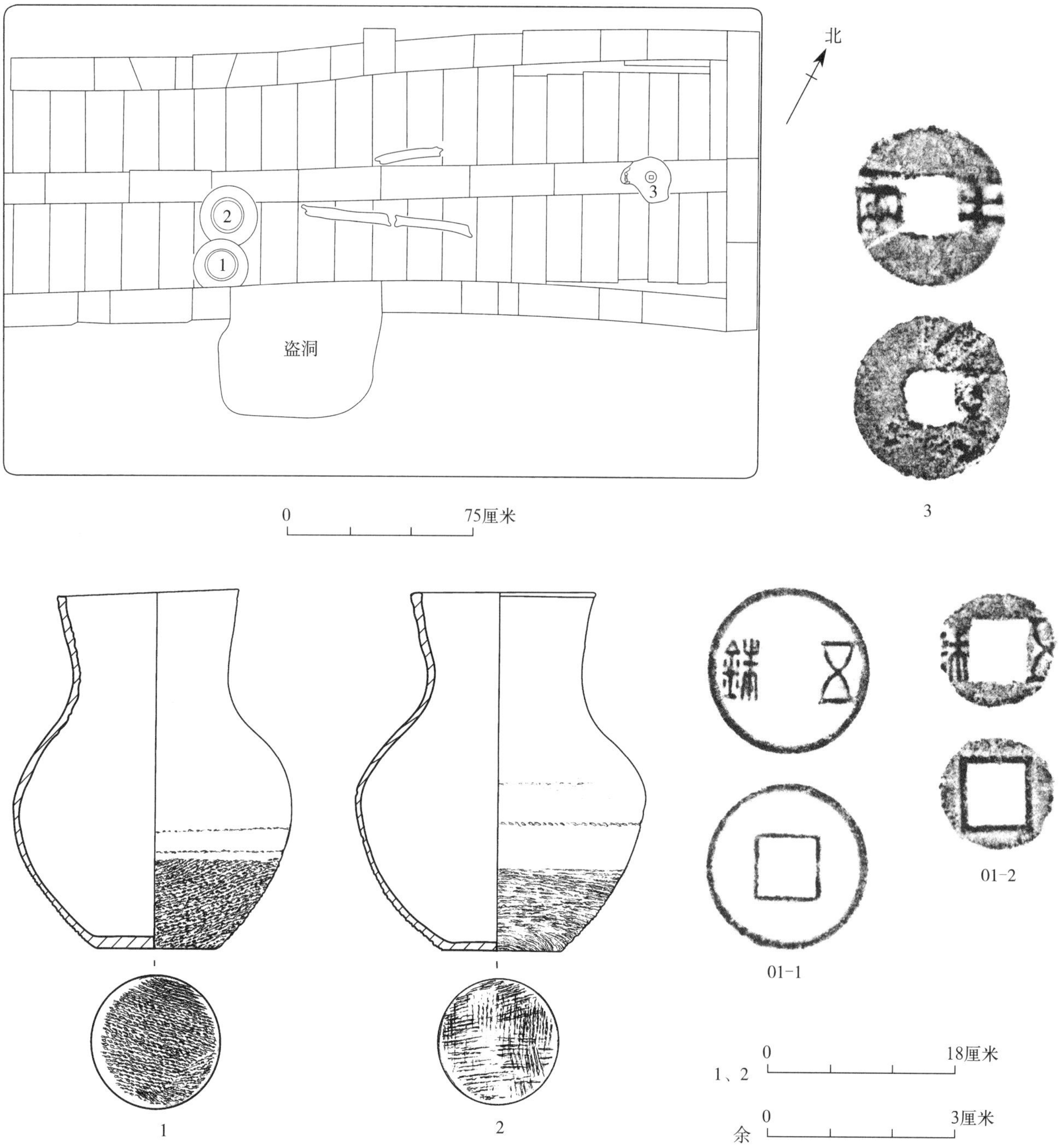

图 4-857　M899 及出土器物
1、2. 陶壶　3、01-1、2. 铜钱

（四五三）M904

1. 墓葬形制

位于墓地中部，东面是 M903，西面为 M947、M752。方向 85°（图 4-858）。

长方形土坑竖穴砖椁墓。墓口长 2.07、宽 0.7、深 0.4 米。椁长 1.8、宽 0.3 ～ 0.4、高 0.35 米。

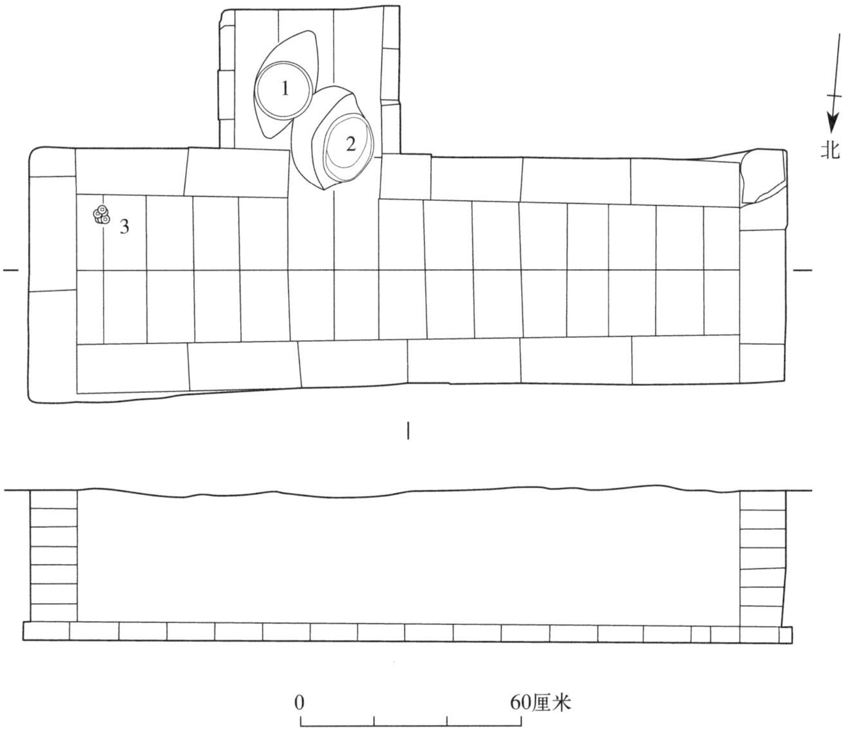

图 4-858　M904 平、剖面图

1、2. 陶扁壶　3. 铜钱（17）

椁室四壁均用七层红砖平铺错缝叠砌。壁龛位于墓圹南侧，宽 0.4、高 0.33、进深 0.4 米。墓底横向平铺两排红砖。砖长 30、宽 13、厚 5 厘米。

人骨无。

随葬器物 19 件。陶扁壶 2 件置于壁龛内。铜钱 17 枚位于椁室东北角。

2. 出土遗物

（1）陶器

陶扁壶　2 件。夹砂白陶。侈口，平沿，粗短颈，扁鼓腹。肩部安对称桥形盲鼻，平底微凹。素面。

标本 M904∶1，圆唇。口径 15、底长径 21、短径 14、高 24.8 厘米（图 4-859，1；彩版二三〇，1）。

标本 M904∶2，方唇。口径 15.5、底长径 21.6、短径 13.8、高 24 厘米（图 4-859，2；彩版二三〇，2）。

（2）铜器

铜钱　17 枚。均为五铢、磨郭五铢、剪边五铢。

五铢　4 枚。圆形方穿，正面有轮无郭，背面轮郭俱全。“五”字两笔交叉弯曲，“铢”字“金”头呈三角形，与“朱”等齐，“朱”字上部圆折。

标本 M904∶3-1，钱直径 2.5、穿边长 1、厚 0.1 厘米（图 4-859，3-1）。

磨郭五铢　6 枚。周郭部分被磨去。

标本 M904∶3-2，直径 2.3、穿边长 0.9、厚 0.1 厘米（图 4-859，3-2）。

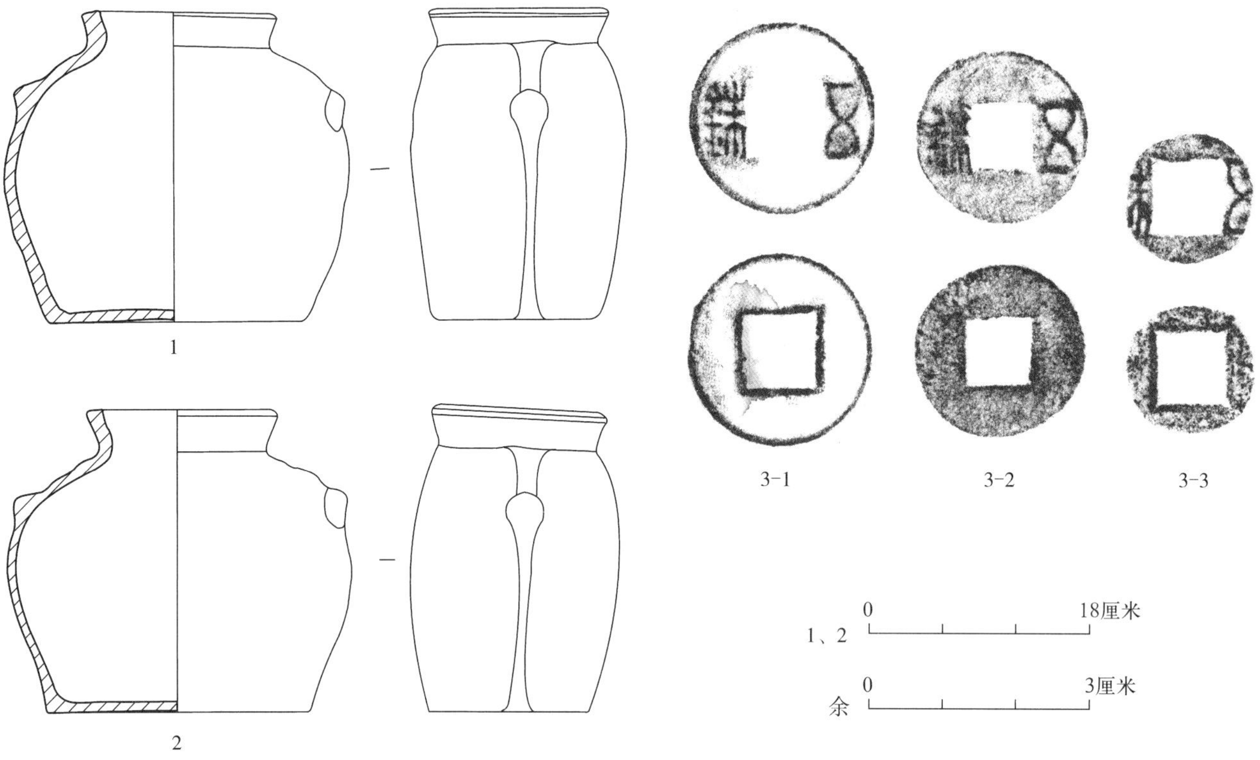

图 4-859　M904 出土器物

1、2. 陶扁壶　3-1～3. 铜钱

剪边五铢　7 枚。周郭部分被剪去或“五铢”二字仅半个。

标本 M904：3-3，直径 1.7、穿边长 1、厚 0.08 厘米（图 4-859，3-3）。

（四五四）M905

墓葬形制

位于墓地东北部，北面是 M590，西南面为 M903。方向 95°（图 4-860）。

长方形土坑竖穴砖椁墓。墓口长 2.5、宽 0.95、深 1.8 米。椁长 1.8、宽 0.55、高 0.4 米。椁室四壁均用十层青砖平铺错缝叠砌。墓底一层铺地砖为斜向平铺，多用碎砖，排列不规则。砖长 26、宽 12、厚 3 厘米。墓内填黄褐色五花土，土质较坚硬。内含少量碎砖瓦片。

人骨 1 具。头向东，面向不详，仰身直肢。骨骼腐朽严重，性别无法鉴定，年龄 10 ～ 15 岁。

随葬器物无。

（四五五）M906

墓葬形制

位于墓地东北部，东南面为 M908。方向 90°（图 4-861）。

长方形土坑竖穴砖椁墓。墓口长 2.5、宽 1.6、深 1.8 米。椁室四壁均青砖垒砌而成。因遭到严重破坏，所垒砌青砖全部缺失，形制与结构不明。墓底平铺一层碎砖。墓内填黄褐色五花土，经过扰动，土

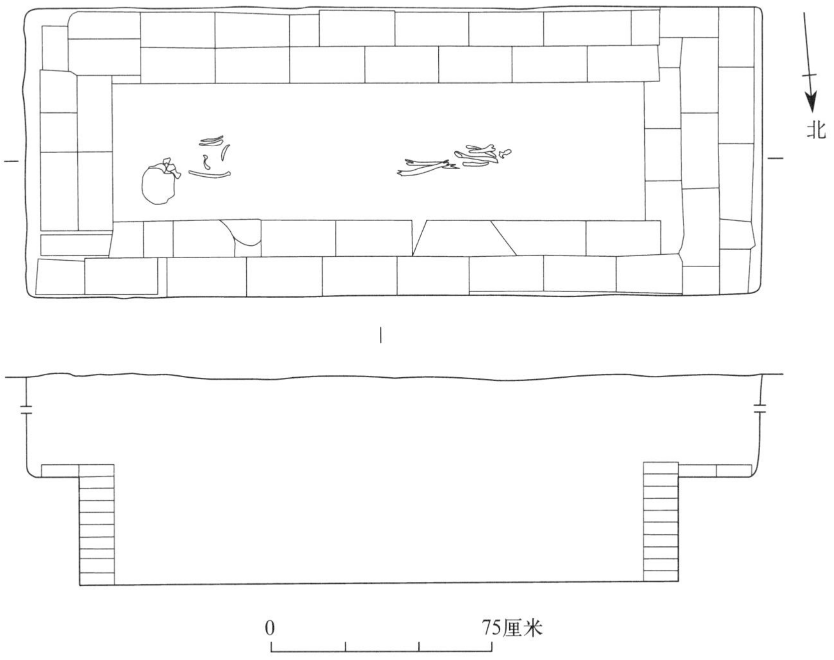

图 4-860　M905 平、剖面图

质较疏松。内含大量碎砖及人骨等。

人骨 1 具。性别无法鉴定，成年个体。

随葬器物无。

（四五六）M908

1. 墓葬形制

位于墓地东北部，西北面是 M906，东面为 M907。方向 15°（图 4-862）。

长方形土坑竖穴砖椁墓。墓口长 2.5、宽 1.4、深 3.6 米。椁长 2.05、宽 0.75、高 0.8 米。椁室四壁均平铺错缝叠砌十一层青砖。北壁上部外侧有头龛，宽 0.9、高 0.5、进深 0.25 米，龛底部平铺一层青砖。墓底铺地砖中间两行纵向、两侧为横向平铺。砖长 33、宽 14、厚 6 厘米。墓内填黄褐色五花土，经过夯打，土质较坚硬。夯窝圆形，分布稀疏，排列无规律，直径 12、间距 10 ～ 30 厘米。

人骨 1 具。头向北，面向不详，仰身直肢。骨骼腐朽严重，仅存头骨残渣。性别、年龄无法鉴定。

随葬陶罐 1 件，放在头龛西侧。乳猪、鸡、真鲷、鲷科、鱼骨置于头龛东侧。

2. 出土遗物

陶器

陶罐　1 件。

标本 M908 : 1，泥质灰陶。敛口，沿面内斜，尖唇，圆鼓腹，平底微内凹。肩上部饰两周凹弦纹，下腹饰绳纹。口径 15.5、底径 9、高 20.5 厘米（图 4-862，1）。

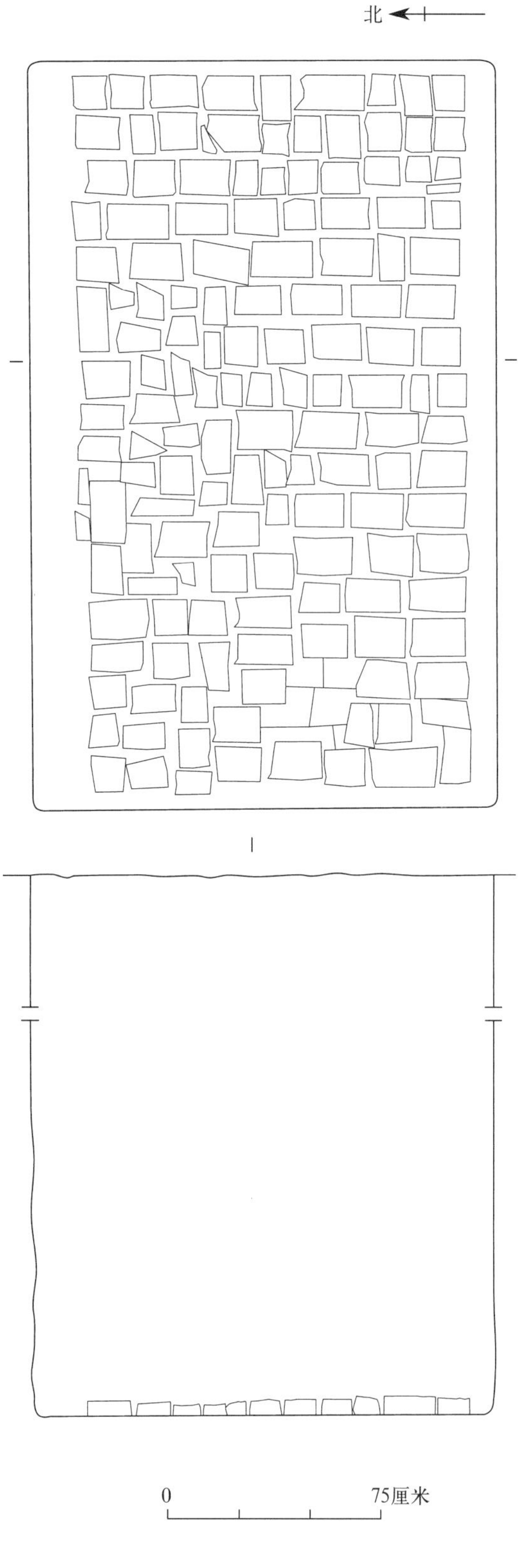

图 4-861　M906 平、剖面图

（四五七）M912

1. 墓葬形制

位于墓地东北部，被 M900 打破，南面为 M925、M923。方向 12°（图 4-863）。

长方形土坑竖穴砖椁墓。墓口长 3.2、宽 1.8、深 4.06 米。椁长 2.44、宽 1.1、高 0.67 米。椁室青砖错缝垒砌。东、西两壁平铺顺向六层，延伸至墓壁形成脚箱。北壁下部平铺顺向六层、上部侧向垒砌两层后，再顺向平铺一层。南壁下部平铺顺向五层，其上面再侧向垒砌一层。墓底铺地砖斜向平铺，“人”字形排列。砖长 32、宽 15、厚 5 厘米。墓内填黄褐色五花土，土质较疏松。经过夯打，夯窝圆形，排列不均匀，直径 8～10、夯层厚 18～29 厘米。

人骨 1 具。头向北，面向上。骨骼腐朽严重，仅存头骨残骸。性别、年龄无法鉴定。

随葬陶罐 1 件，放置脚箱内西侧，大量动物骨骼放在东侧，主要有完整鸡和乳猪、鲤鱼咽齿以及鲤科和鲷科。

2. 出土遗物

陶器

陶罐　1 件。

标本 M912：1，泥质灰陶。侈口，平折沿，沿面微凹，方唇，束颈，鼓腹，下部弧收，平底微凹。上腹有制作旋纹，中腹间饰一周戳印纹，下腹饰竖向与横向绳纹。口径 16、底径 9.8、高 34 厘米（图 4-863，1）。

（四五八）M913

墓葬形制

位于墓地东北部，北面是 M818，东南面为 M860，西面是 M857。方向 112°（图 4-864）。

梯形土坑竖穴砖椁墓。墓口长 1.6、宽 0.6～0.7、深 0.46 米。椁长 1.39、宽 0.54、高 0.25 米。椁室青砖垒砌，其上部破坏严重，下面侧向或顺向对缝垒砌。墓底铺地砖“丁”字形排列。

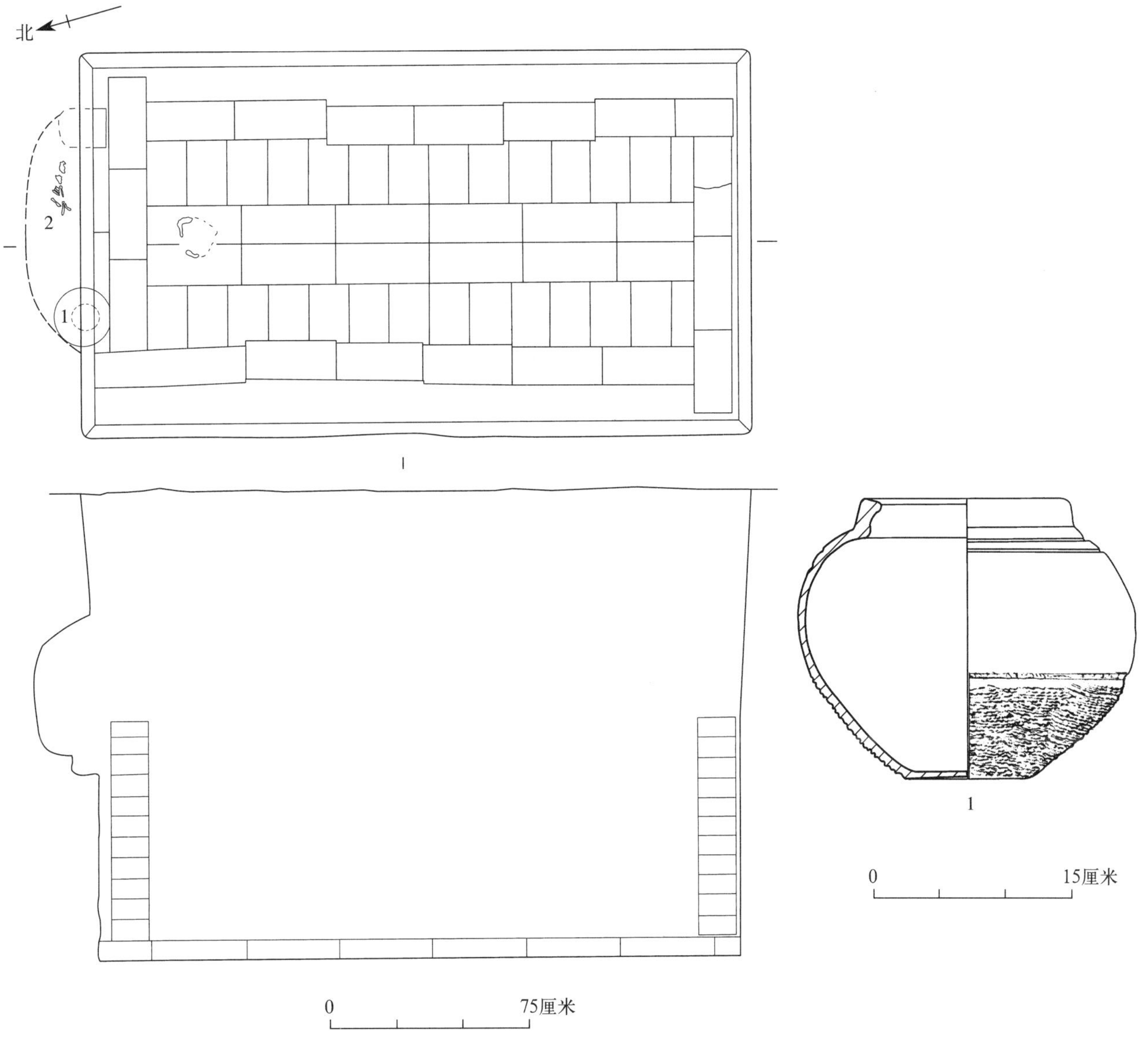

图 4-862　M908 及出土器物

1. 陶罐　2. 动物骨骼

砖长 32、宽 13、厚 5 厘米。墓内填黄褐色五花土，土质较疏松。

人骨 1 具。头向东，面向不详。性别无法鉴定，幼儿个体。

随葬器物无。

（四五九）M916

墓葬形制

位于墓地东北部，被 M804 和 M685 打破，北面是 M810。方向 13°（图 4-865）。

长方形土坑竖穴砖椁墓。墓口长 1.8、宽 0.64、深 0.87 米。椁长 1.02、宽 0.59、高 0.17 米。椁室青砖垒砌而成，东、西两壁对缝侧向或平铺。南壁顺向垒砌。北壁及底部未铺青砖。砖长 34、宽

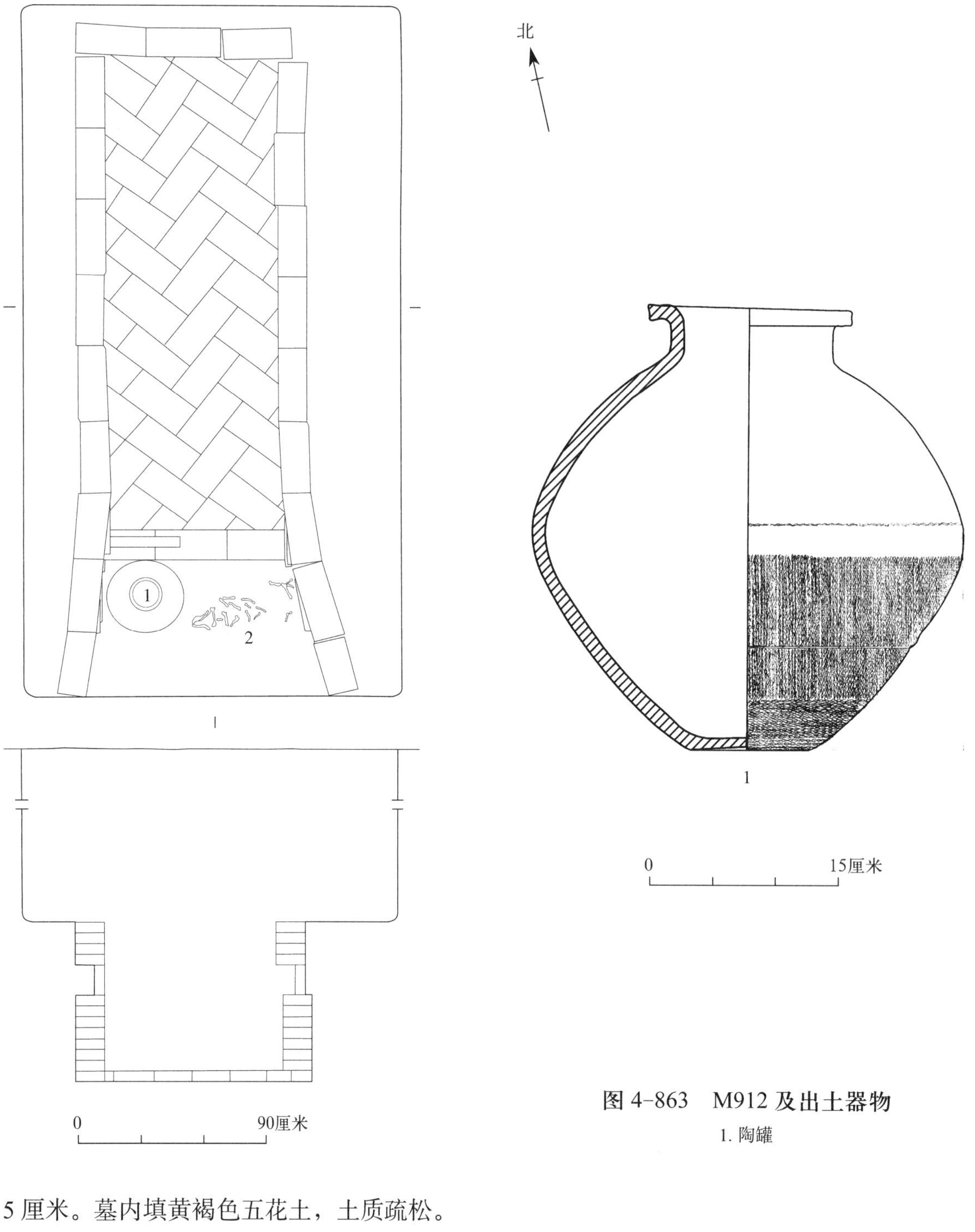

图 4-863　M912 及出土器物

1. 陶罐

12、厚 5 厘米。墓内填黄褐色五花土，土质疏松。

人骨 1 具。头向北，面向上，仰身直肢。性别无法鉴定，年龄 3 ～ 5 岁。

随葬器物无。

（四六〇）M917

1. 墓葬形制

位于墓地东北部，北面是 M918，南面为 M819，西面是 M915。方向 100°（图 4-866）。

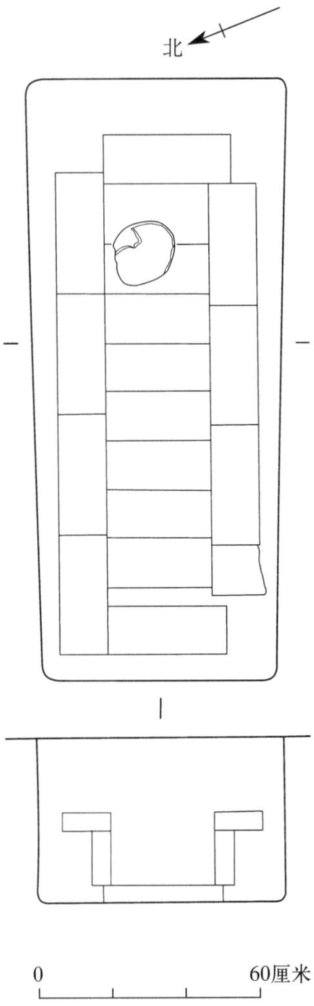

图 4-864　M913 平、剖面图

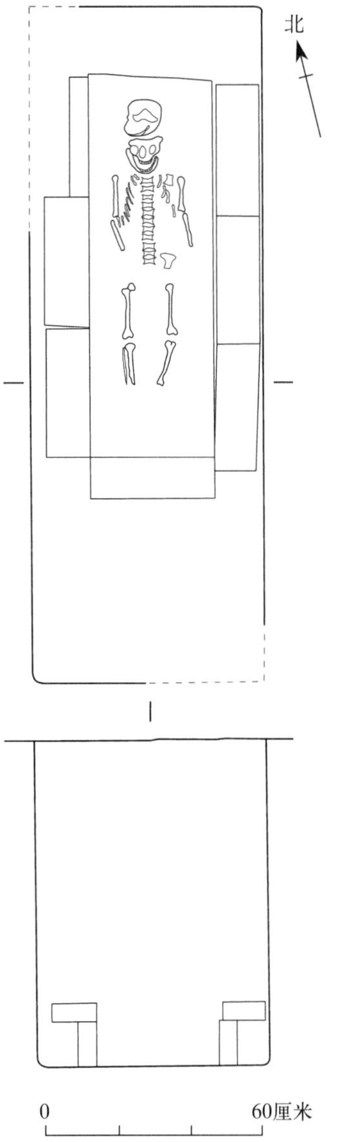

图 4-865　M916 平、剖面图

长方形土坑竖穴砖椁墓。墓口长 4.5、宽 2.8、深 1.4 米。椁长 2.95、宽 1.85、高 0.3 ～ 1.1 米。椁室青砖南、北两壁单层数为平铺对缝“丁”字形，双层数为两排平铺错缝顺向垒砌。南壁为五层、北壁八～二十层不等。东、西两壁土圹未砌砖。墓底有生土二层台，宽 0.1 ～ 0.3、高 1.1 米。台上面平铺顺向垒砌一层青砖。西端有脚箱，长 2.1、宽 0.9、深 1.1 米。墓底铺地砖“人”字形排列。砖长 34、宽 13、厚 6 厘米。墓内填黄褐色五花土，经过夯打，土质较致密。夯窝圆形，排列不均匀，直径 7 ～ 10 厘米。填土中发现铜钱 1 枚，铁锸 1 件。

人骨无。

随葬器物无。

2. 出土遗物

（1）铜器

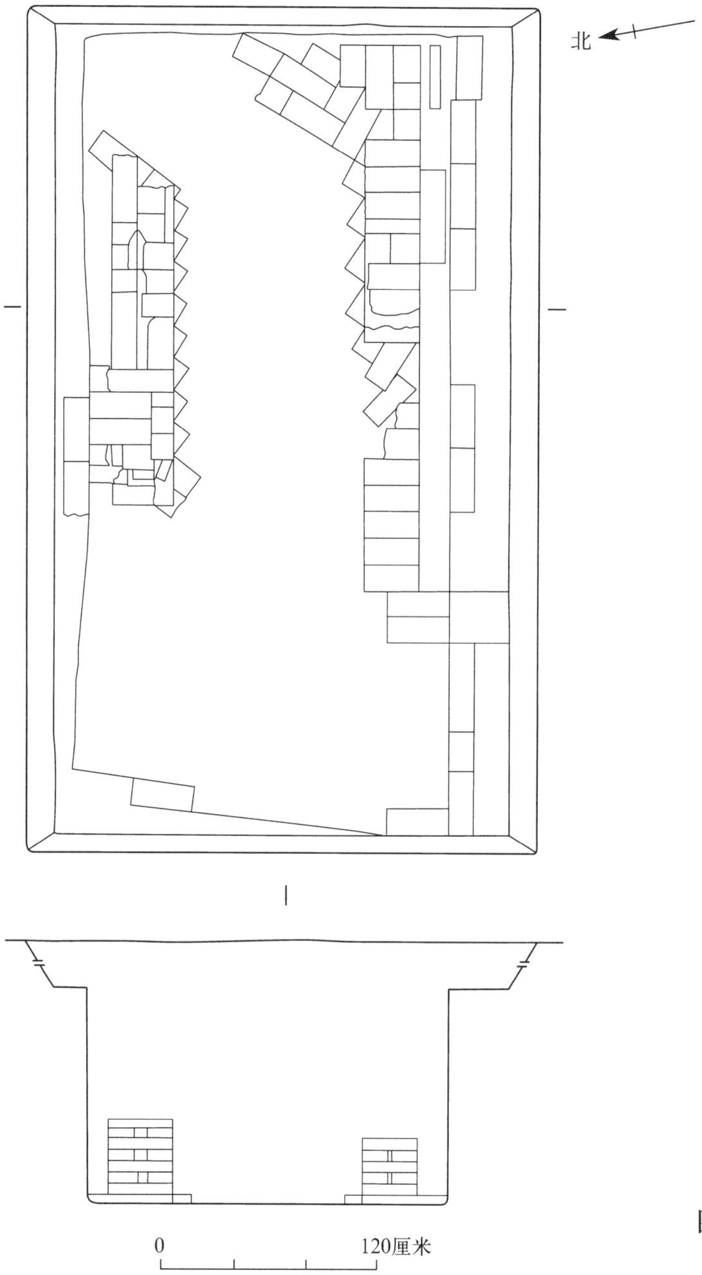

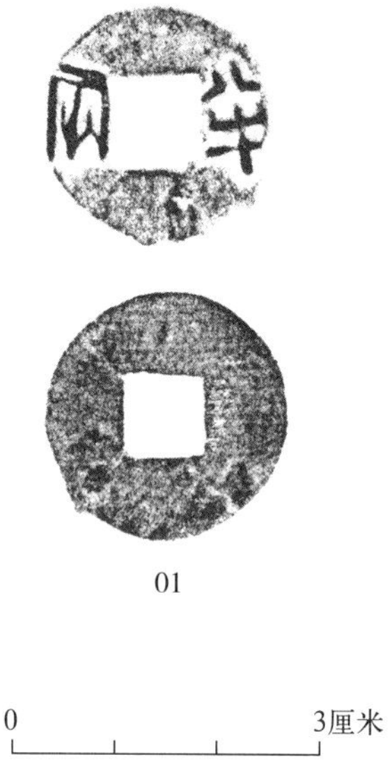

图 4-866　M917 及出土器物

01. 铜钱

铜钱　1 枚。

标本 M917∶01，半两，圆形方穿，正、背两面无轮无郭。正面微鼓，背面平素。钱文篆书，字体笔画较粗，“两”字中间不出头，两“人”字连笔成山，竖向笔画较清晰。直径 2.3、穿边长 0.9、厚 0.1 厘米（图 4-866，01）。

（2）铁器

铁镢　1 件。

标本 M917∶02，锈蚀严重。残断，不可复原。

（四六一）M918

1. 墓葬形制

位于墓地东北部，北面是M813，东面为M631，南面是M917，西面是M915。方向94°（图4-867）。

长方形土坑竖穴砖椁墓。墓口长2.7、宽1.7～1.9、深1.65米。椁长2.45、宽1.15、高0.50米。墓底有生土二层台，宽0.30、高0.50米。椁室青砖平铺错缝顺向垒砌。南壁仅存四～六层、北壁有十层。西壁破坏殆尽。东壁“丁”字形垒砌九层。上面发现有壁龛。墓底平铺一层青砖，中间双排对缝顺向、两侧错缝“丁”字形垒砌。砖长33、宽13、厚6厘米。墓内填黄褐色五花土，经夯打，土质稍硬。夯窝圆形，排列不均匀，直径7～10厘米。

人骨无。

陶罐1件置于壁龛内。

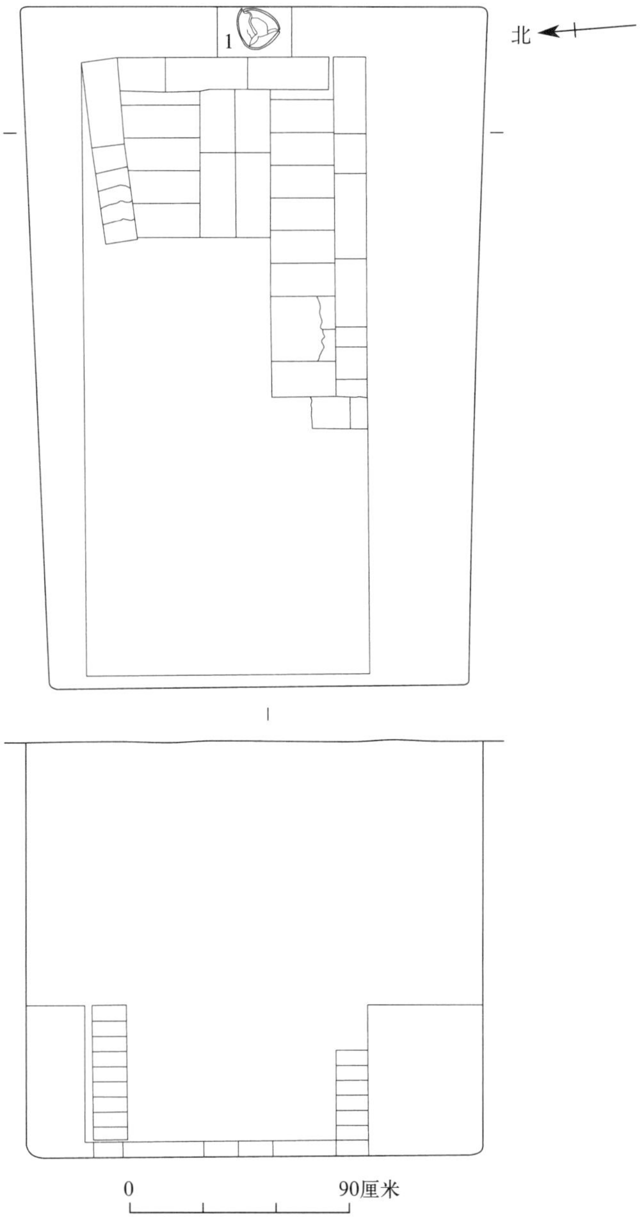

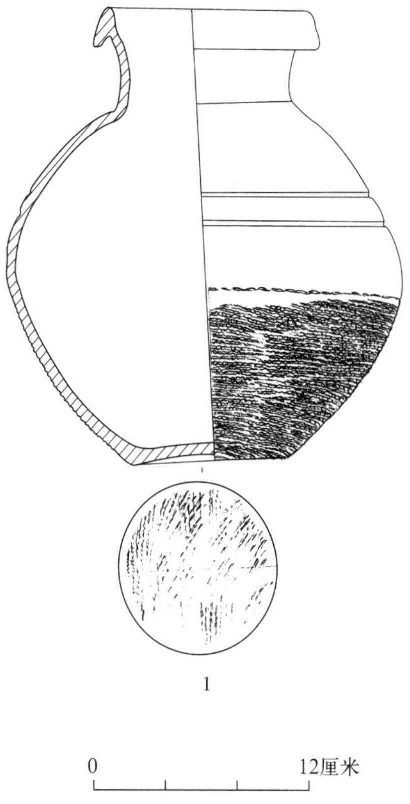

图4-867　M918及出土器物

1. 陶罐

2. 出土遗物

陶器

陶罐 1件。

标本M918∶1，泥质灰陶。侈口，沿面外斜，尖唇，束颈，圆鼓腹，平底微凹。腹部饰一周戳印纹，间饰两周凹弦纹，下腹及底部饰细绳纹。口径12、底径9.5、高25.6厘米（图4-867，1）。

（四六二）M920

墓葬形制

位于墓地东北部，打破M897，东面是M893，南面为M896。方向98°（图4-868）。

长方形土坑竖穴砖椁墓。墓口长1.7、宽1、深1.2米。椁长1.05、宽0.32、高0.24米。椁室四壁用青砖垒砌。东侧发现头箱。砖长32、宽12、厚6厘米。墓内填黄褐色五花土，土质较致密。

人骨1具。头向东，面向不详，仰身直肢。因腐朽严重，仅残留少量骨骼痕迹。性别无法鉴定，年龄3～5岁。

随葬器物无。

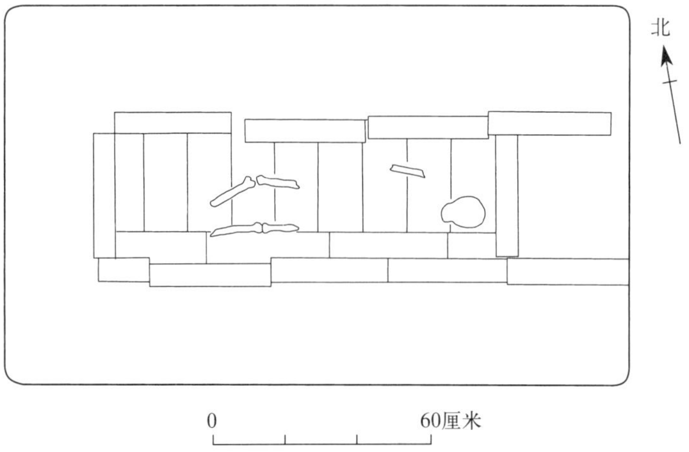

图4-868 M920平面图

（四六三）M922

1. 墓葬形制

位于墓地东北部，被M584和M921打破，北面是M775，南面为M580。方向100°（图4-869）。

长方形土坑竖穴砖椁墓。墓口长5.3、宽2.2、深2.6米。椁室长4、宽1.1、高0.8米。椁室青砖错缝平铺顺向垒砌。东壁二十一层，西壁十四层。南、北两壁残存七层，由于扰乱严重，形制与结构不详。墓底铺一层青砖，“人”字形排列。砖长27、宽13、厚4厘米。墓内填黄褐色五花土，经过夯打，土质较致密。夯窝圆形，直径8、间距25厘米。填土中发现铜车马器9件，铜钱1枚。

人骨无。

随葬器物无。

图 4-869　M922 平面图

2. 出土遗物

铜器

铜镳　1 件。

标本 M922 : 01-3，长条状，上、下微弯曲，中间有两个小圆孔。长 7.2 厘米（图 4-870，01-3）。

铜车軎　1 件。

标本 M922 : 01-4，近似喇叭状，器表两周凸棱。高 1.65、直径 1 ～ 1.65 厘米（图 4-870，01-4）。

铜盖弓帽　1 件。

标本 M922 : 01-5，筒状，圆形平顶，体中空，中部向上有弯钩。长 2.9、顶径 1.2 厘米（图 4-870，01-5）。

铜衡帽　1 件。

标本 M922 : 01-6，圆筒状，外部一周凸棱，中空成銎。长 1.6、直径 1.25 厘米（图 4-870，01-6）。

铜当卢　1 件。

标本 M922 : 01-7，桂叶形，体扁薄。长 4.5、厚 0.1 厘米（图 4-870，01-7）。

铜车轙　1 件。

标本 M922 : 01-2，近半圆形，截面圆形。长 0.9、宽 0.9 厘米（图 4-870，01-2）。

铜衔　1 件。

标本 M922 : 01-1，双节式，两节以小环相连，两端各一较大圆环。长 8 厘米（图 4-870，01-1）。

铜扣　1 件。

标本 M922 : 01-8，圆形平顶，背面有两个半环状纽。直径 1.3、高 0.85 厘米（图 4-870，01-8）。

铜圆饼饰　1 件。

标本 M922 : 01-9，圆形，上部有带孔半环形纽，下部微凹，中部有凸钉。直径 2.8 厘米（图 4-870，01-9）。

铜钱　1 枚。

标本 M922 : 02，五铢。圆形方穿，正面有轮无郭，背面轮郭俱全。“五”字两笔交叉近直，“铢”字“金”头呈三角形，“朱”字上部方折。直径 2.5、穿边长 1、厚 0.15 厘米（图 4-870，02）。

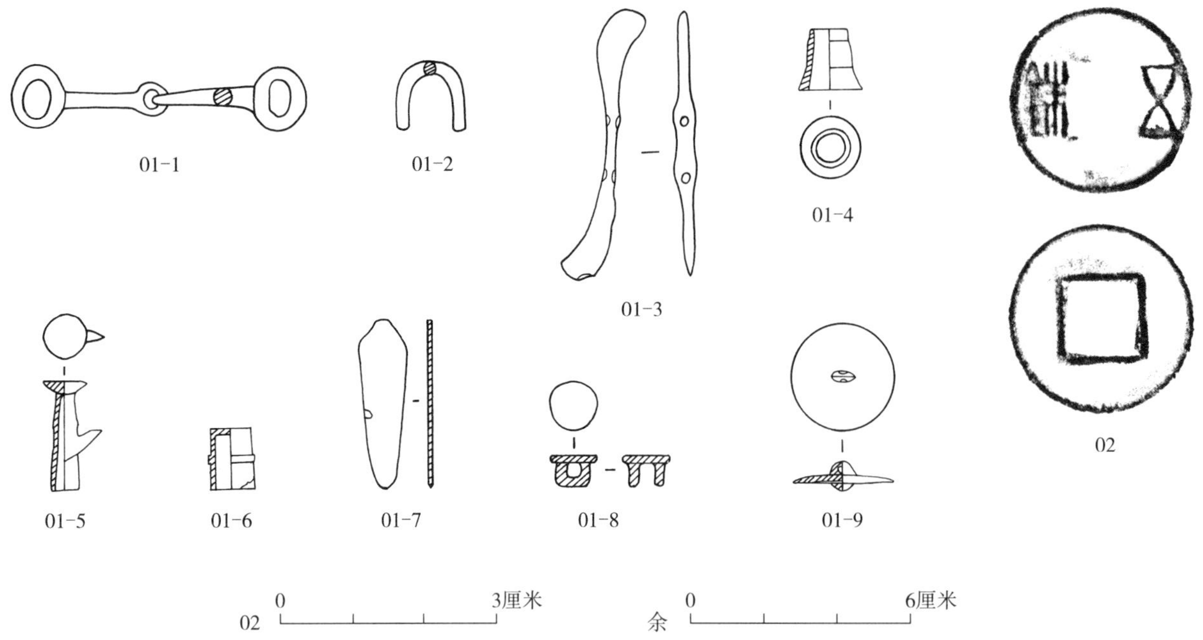

图 4-870　M922 出土器物

01-1. 铜衔　01-2. 铜车輨　01-3. 铜镳　01-4. 铜车軎　01-5. 铜盖弓帽　01-6. 铜衡帽　01-7. 铜当卢　01-8. 铜扣　01-9. 铜圆饼饰　02. 铜钱

（四六四）M929

1. 墓葬形制

位于墓地东北部，被 M863、M865 打破，北面是 M862，东面为 M880。方向 5°（图 4-871）。

长方形土坑竖穴砖椁墓。墓口长 2.62、宽 1.23、深 2.67 米。椁室四壁十一层青砖错缝平铺垒砌。墓底一层青砖为纵向对缝平铺而成。砖长 34、宽 15、厚 7 厘米。墓内填黄褐色五花土。局部夯打，土质较紧密。夯窝圆形，直径、夯层均不明显。填土中发现铁锸 1 件。

人骨 1 具。骨骼腐朽严重，仅残存头、盆骨及部分肢骨遗骸。女性，年龄 35～45 岁。

随葬铜铃 2 件，放在墓主左肩外侧（图 4-871）。

2. 出土遗物

（1）铜器

铜铃　2 件。编钟形。截面椭圆形。平顶，上安有桥型纽，下部内弧形。分前、后两面。两面交接处为凸棱。内部顶端有桥形系纽，下坠铜舌长条形，上 2/3 为穿孔。

标本 M929∶1，每面各有八行八列六十四个圆突点。宽 2～2.9、通高 4 厘米（图 4-871，1；彩版二三〇，3 左）。

标本 M929∶2，每面中间各有两条竖凸棱，分割成左右两部分，左右各有八行四列三十二个小圆突点，共六十四个圆突点。宽 1.9～2.1、通高 4.1 厘米（图 4-871，2；彩版二三〇，3 右）。

（2）铁器

铁锸　1 件。

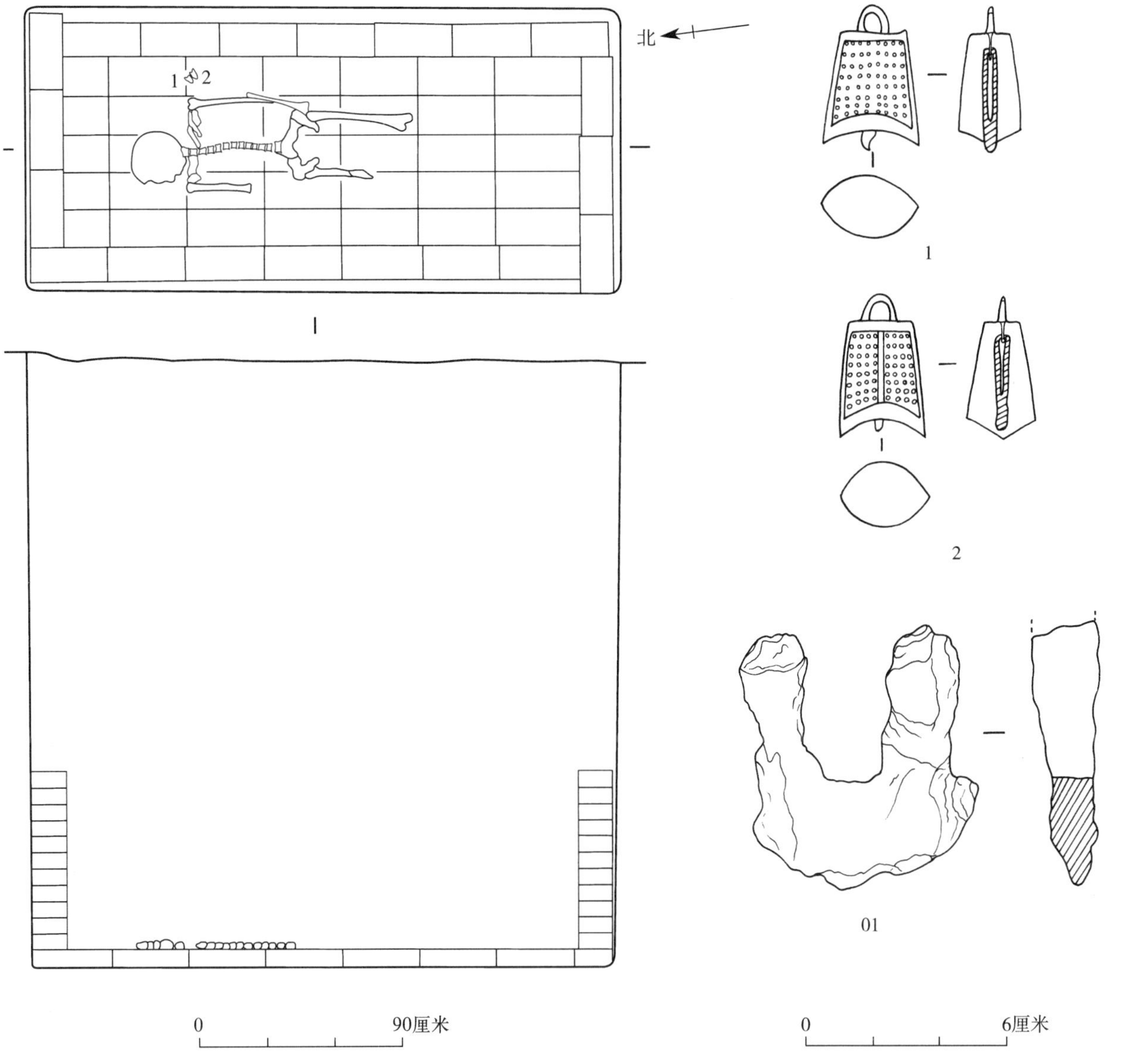

图 4-871　M929 及出土器物
1、2. 铜铃　01. 铁锸

标本 M929：01，锈蚀严重。平面呈“凹”字形。残长 7.6、宽 5.7 ～ 6.4 厘米（图 4-871，01）。

（四六五）M934

1. 墓葬形制

位于墓地东北部，被 M932 打破，西面是 M931、M932，西南面为 M898。方向 10°。

长方形土坑竖穴砖椁墓。墓口长 2、宽 1.04、深 1.9 米。椁室遭到破坏，仅在北壁发现部分侧向垒砌青砖。墓底仅存少量碎砖。墓壁北端壁龛宽 0.2、高 0.2、进深 0.15 米。砖长 25、宽 12、厚 4 厘米。墓内填黄褐色五花土，经过夯打，土质较疏松。夯窝圆形，排列不均匀，直径、夯层情况不详。

填土中发现陶瓦1件。

人骨1具。人骨扰乱堆于墓内南侧，葬式不明。男性，年龄30～40岁。

随葬器物无。

2. 出土遗物

陶器

陶瓦　1件。

标本M934∶01，泥质灰陶。呈“弓”形，一端数周凹弦纹，另一端饰绳纹。长48、宽8、高4.5厘米（图4-872）。

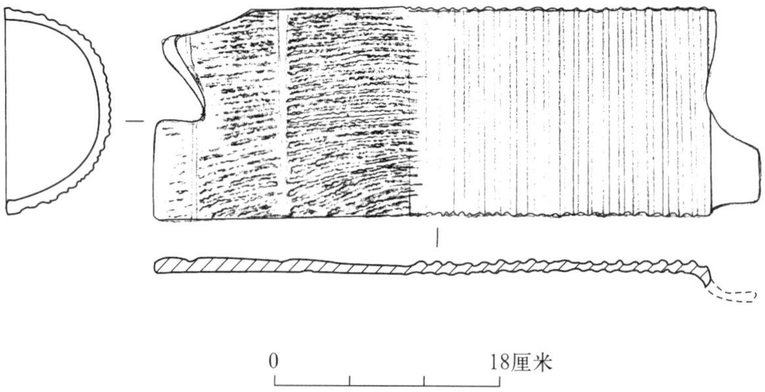

图4-872　M934出土陶瓦M934∶01

（四六六）M935

1. 墓葬形制

位于墓地东北部，西北面是M863、M938，西南面为M796。方向15°（图4-873）。

长方形土坑竖穴砖椁墓。墓口长2.4、宽1.2、深1.7米。椁长2.1、宽1.2、高0.6米。椁室均用青砖错缝垒砌。东、西两壁下部两层青砖侧向垒砌，上部平铺顺向十层。南、北两壁下部侧向三层、上部平铺顺向垒砌七层。墓底铺地砖“人”字形排列。共有两种规格，一种砖长32、宽13、厚5厘米；另外一种长27、宽12、厚3厘米。墓内填黄褐色五花土，经过夯打，土质较疏松。夯窝圆形，分布不均匀，直径7～11、夯层厚20～30厘米。

人骨1具。头向北，面向上，仰身直肢。骨骼腐朽严重，仅存头骨和部分下肢骨。性别无法鉴定，年龄30～40岁。

随葬陶器3件。陶壶2件放置椁室西南角。陶璧1件放在墓主左胸部。

2. 出土遗物

陶器

陶壶　2件。泥质灰陶。弧顶盖。壶侈口，斜沿，束颈，溜肩，鼓腹，平底微凹。

标本M935∶1，圆唇。腹部饰刻划纹，间饰四周戳印纹。口径12.8、底径15、通高24.8厘米（图4-874，1；彩版二三〇，4）。

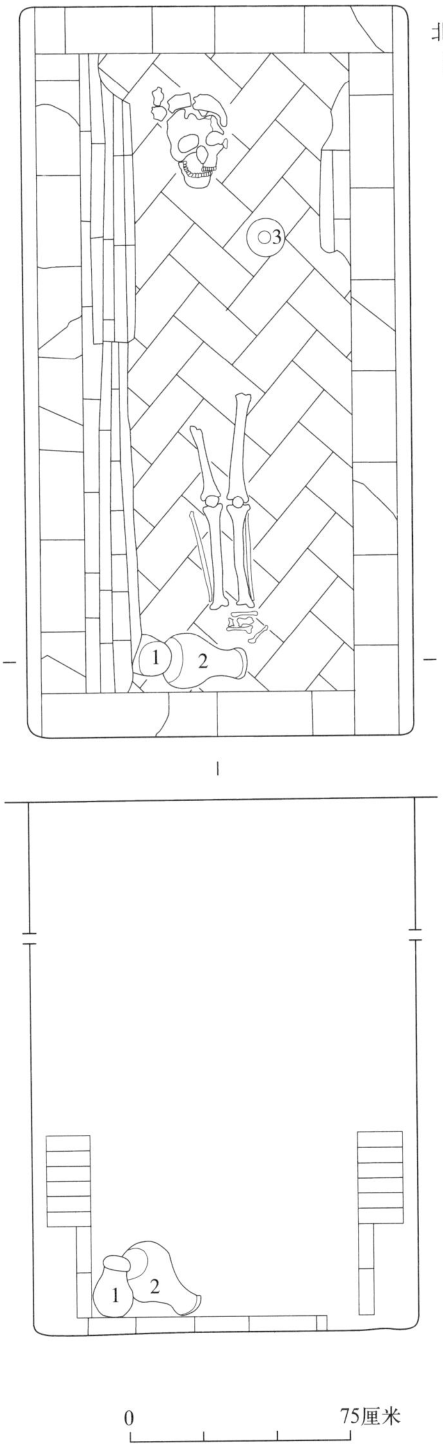

图 4-873　M935 平、剖面图

1、2. 陶壶　3. 陶璧

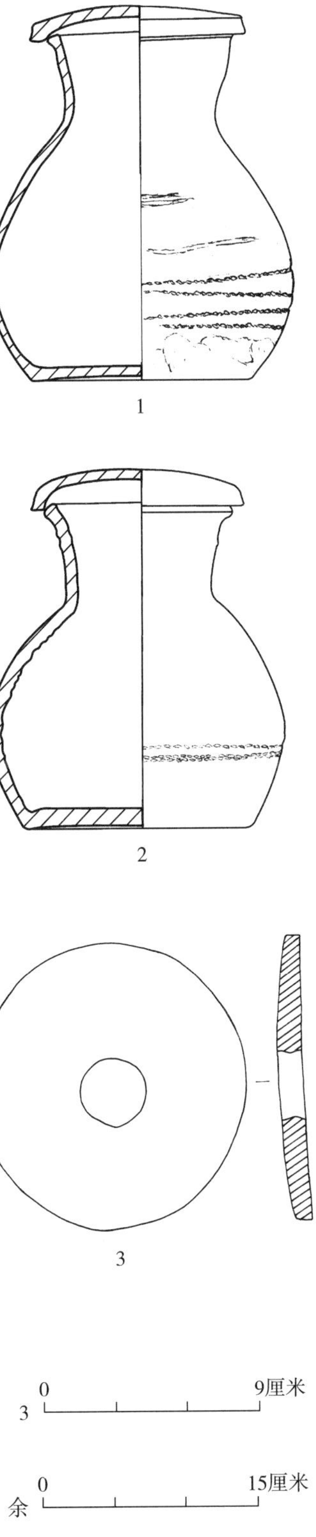

图 4-874　M935 出土器物

1、2. 陶壶　3. 陶璧

标本M935∶2，尖唇。颈、肩部一周凹弦纹，腹部饰三周戳印纹。口径13.3、底径16、通高23.8厘米（图4-874，2；彩版二三〇，5）。

陶璧　1件。

标本M935∶3，泥质灰陶。圆饼形，中间有圆孔，上面外弧，另一面内凹，表面光滑规整。素面。直径11.4、孔径2.7、厚0.7～1厘米（图4-874，3；彩版二三〇，6）。

（四六七）M936

1. 墓葬形制

位于墓地东北部，北面是M879、M937，南面为M862。方向30°（图4-875）。

长方形土坑竖穴砖椁墓。墓口长2.75、宽1.78、深2.33米。椁室四壁十九层青砖为错缝或对缝

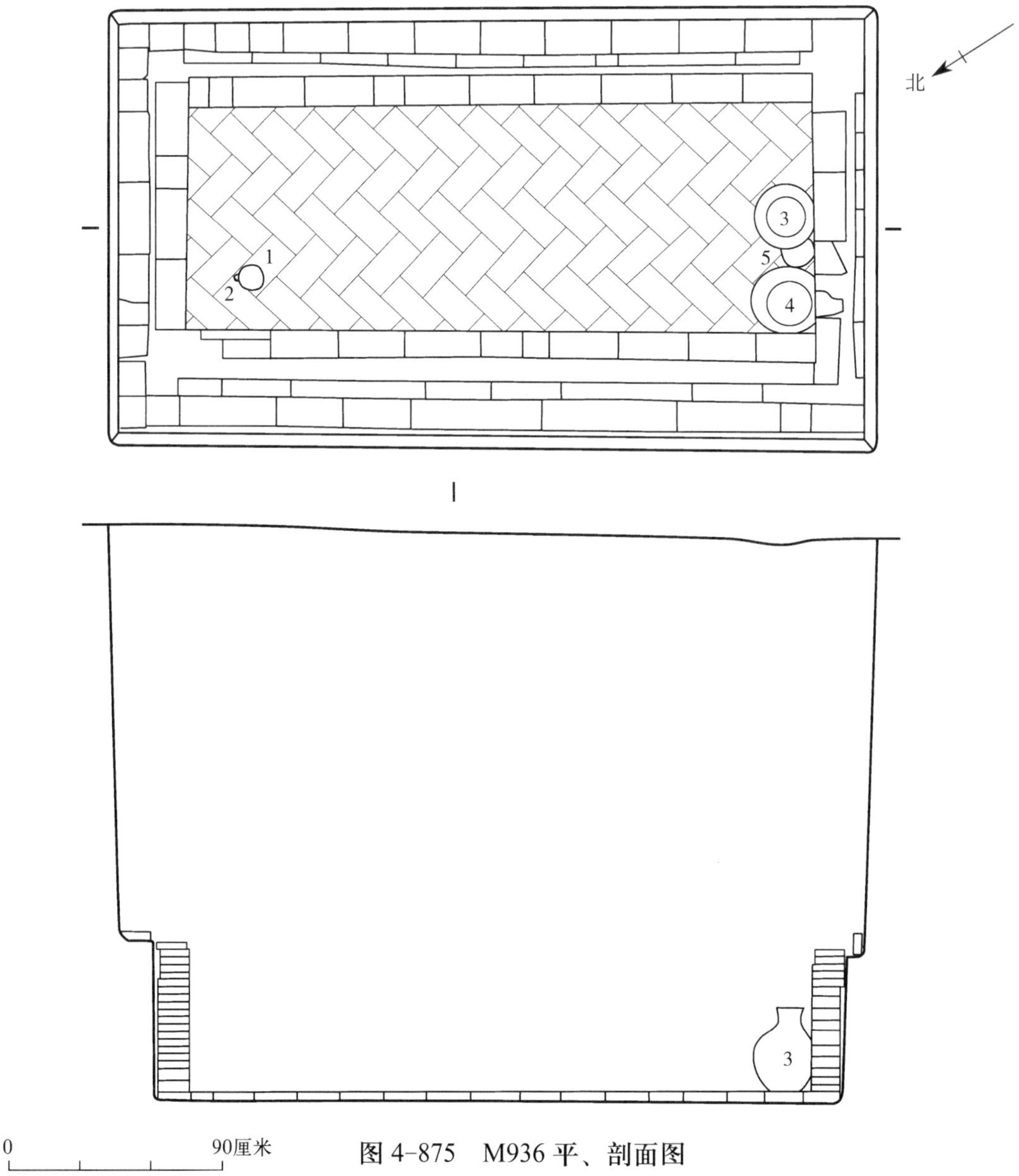

图4-875　M936平、剖面图

1. 铜镜　2. 铁镜架　3、4. 陶壶　5. 动物骨骼

平铺垒砌。墓底四周有生土二层台，宽 0.08 ～ 0.30、高 0.64 米。东、西、北三壁台面纵向平铺、南壁台面为侧立平铺。墓底铺底砖，“人”字形排列。砖长 28、宽 12、厚 3 厘米。墓内填黄褐色五花土，经过夯打，土质较坚硬。夯窝圆形，夯层不明显，直径 6 ～ 8 厘米。填土中发现陶钵 1 件。

人骨无。

随葬器物 4 件。陶壶 2 件置于椁室西南角。铜镜、铁镜架位于北端偏西。小型食虫目下颌、中型哺乳动物肢骨片放置在西南部。

2. 出土遗物

（1）陶器

陶壶　2 件。泥质灰陶。弧顶盖。壶侈口，沿面外斜，尖唇，束颈，溜肩，鼓腹，下部内收，小平底。下腹及底部饰绳纹。

标本 M936 : 3，盖上饰白、红彩圆点和草叶纹，上腹饰白彩，腹部白彩脱落，腹中部饰一周戳印纹。口径 15.7、底径 10.2、通高 35.6 厘米（图 4-876，3）。

标本 M936 : 4，颈、腹部饰四周凹弦纹，腹部饰两周戳印纹。口径 16.2、底径 8.4、通高 34.8 厘米（图 4-876，4）。

陶钵　1 件。

标本 M936 : 01，泥质灰陶。敛口，斜沿，尖唇，下腹内收，小平底。素面。口径 10、底径 3、高 4 厘米（图 4-876，01）。

（2）铜器

铜镜　1 枚。

标本 M936 : 1，星云镜。锈蚀较重。圆形，连峰纽，圆纽座。其外一周内向十六连弧纹圈带。再外一周短斜线和凸弦纹组合纹带与一周凸弦纹间为主纹，四枚连珠座大乳丁分为四区，每区内各有弧线相连七枚小乳丁。内向十六连弧纹缘。面径 9.4、缘厚 0.25 厘米（图 4-876，1）。

（3）铁器

铁镜架　1 件。

标本 M936 : 2，叉形，两侧支脚扁平长条形，均缺失。残高 6.6 厘米（图 4-876，2）。

（四六八）M937

墓葬形制

位于墓地东北部，西北面是 M830，西面是 M879，西南面为 M936。方向 0°。

长方形土坑竖穴砖椁墓。墓壁斜直内收。墓口长 3、宽 1.8、深 3.7 米。椁室青砖垒砌，因扰乱严重，形制与结构不明。墓底均用碎砖斜向平铺，“人”字形排列，尺寸不详。墓内填黄褐色五花土，土质较疏松。填土中夹杂大量碎砖。

人骨 1 具。骨骼腐朽严重，仅见头骨残骸，性别无法鉴定，年龄 20 ～ 30 岁。

随葬器物无。

（四六九）M946

1. 墓葬形制

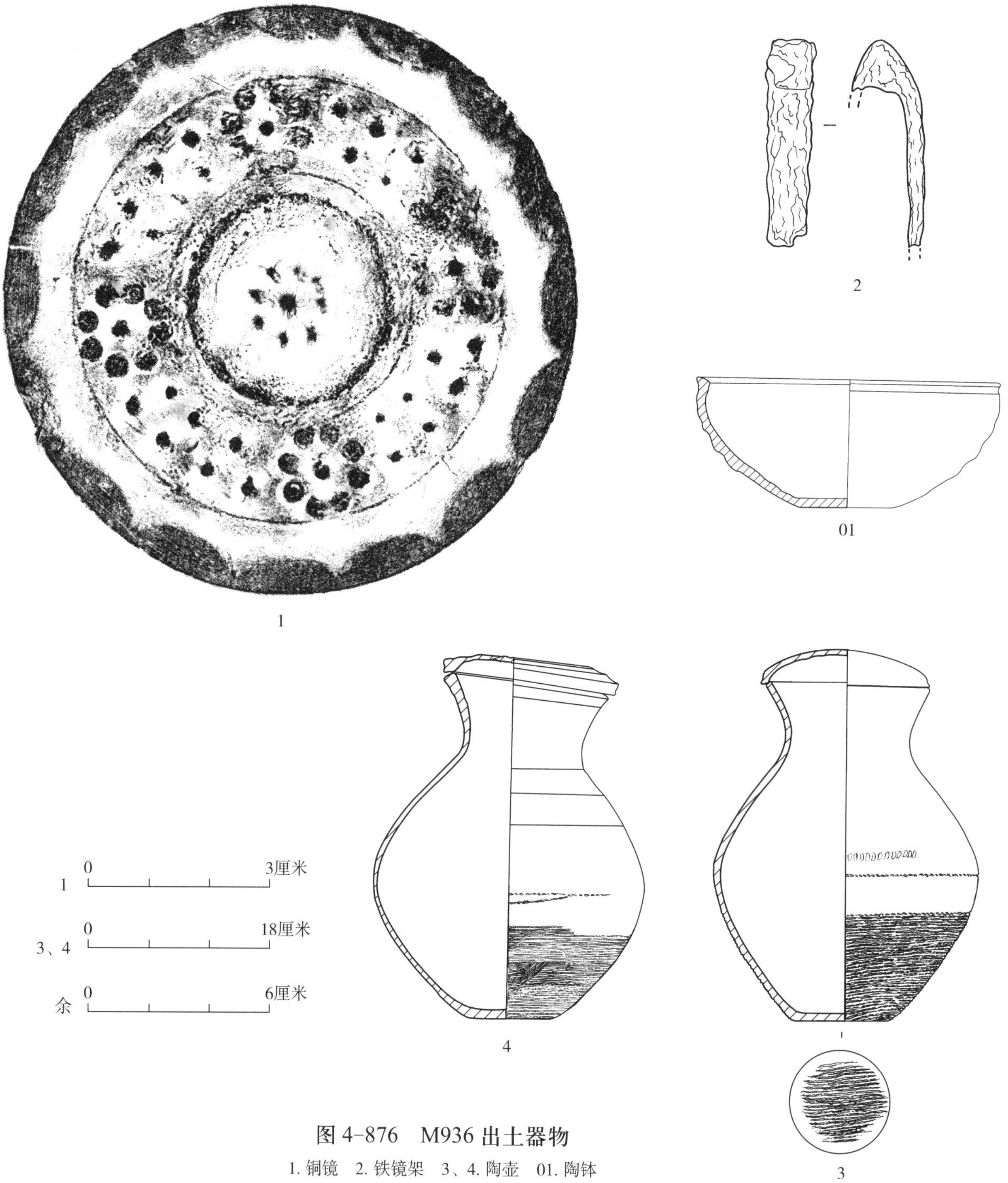

图 4-876　M936 出土器物

1. 铜镜　2. 铁镜架　3、4. 陶壶　01. 陶钵

位于墓地中部，被 M943 打破，西面是 M952。方向 15°（图 4-877）。

长方形土坑竖穴砖椁墓。墓口长 3、宽 1.95、深 3.05 米。椁长 2.7、宽 1.14、高 0.85 米。椁室四壁青砖平铺错缝顺向垒砌而成。东、西两壁有生土二层台，东宽 0.1、西宽 0.2 米。墓底铺地砖斜向“人”字形排列。砖长 27、宽 12、厚 3 厘米。墓底发现部分长条形白灰痕迹。墓内填黄褐色五花土，经过夯打，土质较疏松。夯窝圆形，排列不均匀，直径 7 ～ 11、夯层厚 20 ～ 30 厘米。

图 4-877　M946 平面图
1、2. 陶钫　3. 石灰条

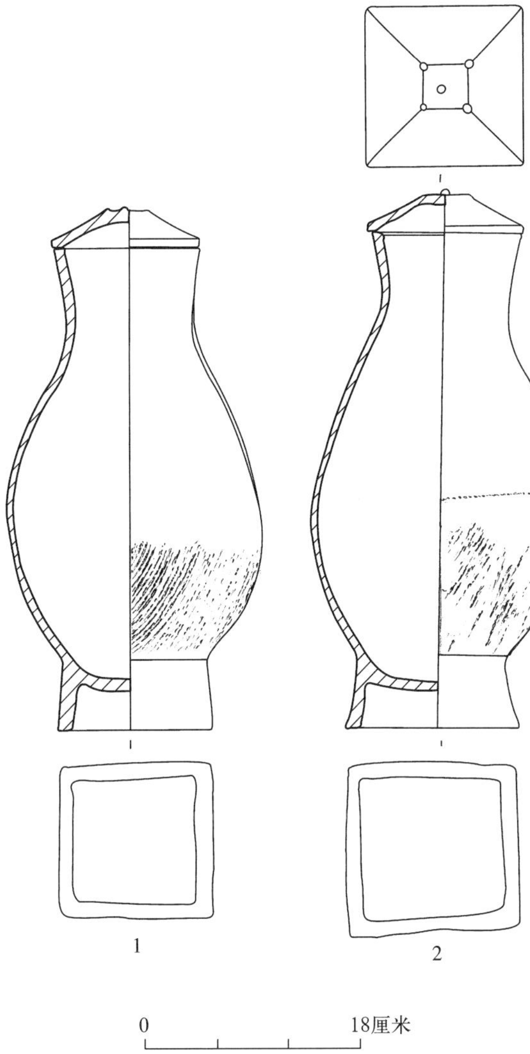

图 4-878　M946 出土器物
1、2. 陶钫

人骨 1 具。头向北。墓主骨骼腐朽严重，仅存下肢骨残痕。性别、年龄无法鉴定。

随葬陶钫 2 件，放在椁室东北角。

2. 出土遗物

陶器

陶钫　2 件。泥质灰陶。覆斗形盖，斜壁，小平顶，顶部饰五个突饰。钫方口微侈，平沿，方唇，束颈，沿外侧四角有折棱，溜肩，鼓腹，下腹弧收，方形圈足。下腹饰绳纹。

标本 M946 : 1，口边长 10、底边长 12.8、通高 41.6 厘米（图 4-878，1）。

标本 M946 : 2，腹部饰一周戳印纹。口边长 12、底边长 14、通高 42.6 厘米（图 4-878，2）。

（四七〇）M952

1. 墓葬形制

位于墓地中部，被 M945 打破，东面是 M946，西面为 M945、M944。方向 15°（图 4-879）。

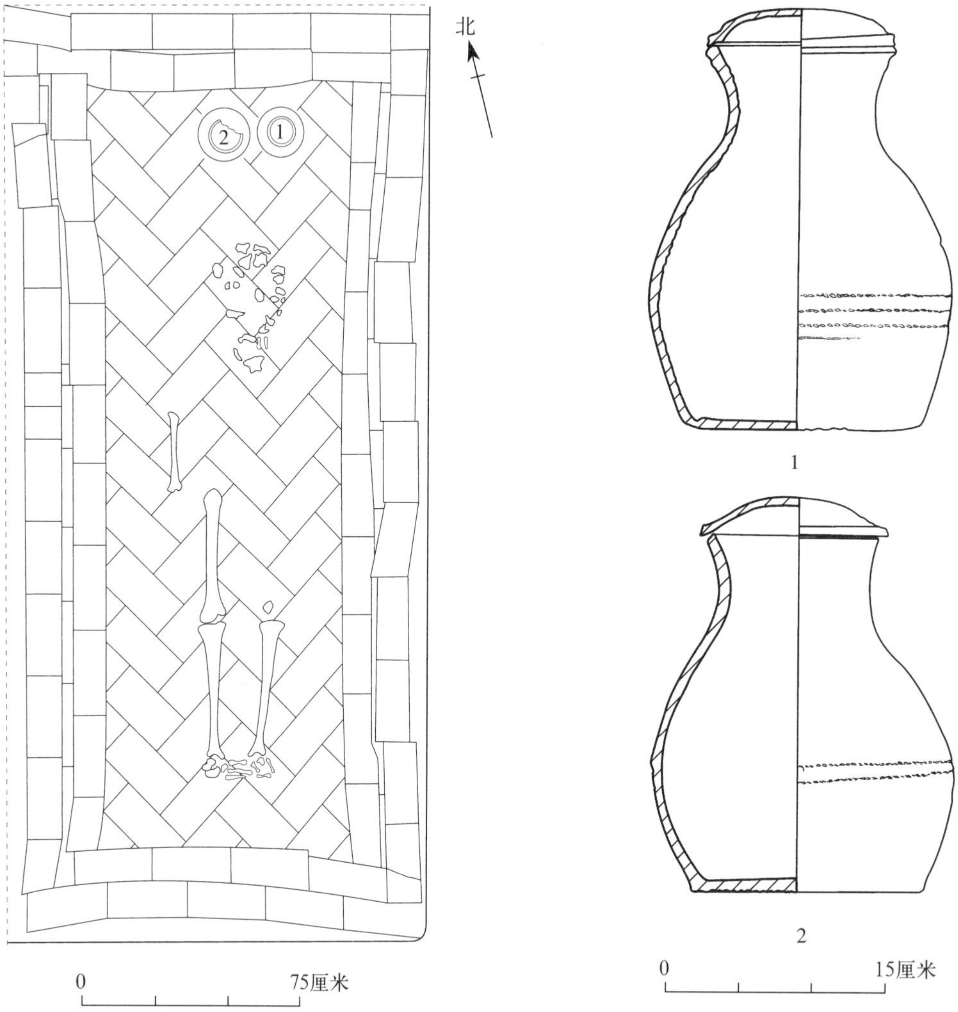

图4-879　M952及出土器物

1、2. 陶壶

长方形土坑竖穴砖椁墓。墓口长3.1、宽1.45、深2.5米。椁长2.84、宽1.14、高0.8米。椁室四壁青砖平铺错缝顺向垒砌。墓底一层铺地砖“人”字形排列。砖长27、宽12、厚3厘米。墓内填黄褐色五花土，土质较疏松。

人骨1具。头向北，面向上，仰身直肢。骨骼腐朽严重，仅存部分头骨和肢骨残骸。性别、年龄无法鉴定。

随葬陶壶2件，放置于椁室北端中部。

2. 出土遗物

陶器

陶壶　2件。泥质灰陶。弧顶盖。侈口，斜沿，方唇，束颈，溜肩，鼓腹下收，平底。素面。

标本M952：1，器表有制作抹痕。腹部饰三周戳印纹。口径12.4、底径15.9、通高27.8厘米（图4-879，1）。

标本M952：2，腹部饰两周戳印纹。口径11.6、底径16、通高26.2厘米（图4-879，2）。

（四七一）M953

1. 墓葬形制

位于墓地中部，东面是 M954。方向 10°（图 4-880）。

长方形土坑竖穴砖椁墓。墓口长 2.5、宽 1.14、深 0.48 米。椁长 2.5、宽 0.9 米。椁室东、西壁青砖平铺错缝顺向垒砌、间隔 0.17 米空隙填以黄土。南、北壁斜向垒砌呈“人”字形。墓底用碎砖错缝排列。砖长 27、宽 12、厚 3 厘米。墓内填黄褐色五花土，土质疏松。夹杂少量料姜石。

人骨 1 具。头向北。腐朽严重，仅存少量下肢骨残骸。性别、年龄无法鉴定。

随葬器物 7 件。陶壶 2 件分别置于椁室东南和西南角。铜钱 5 枚位于墓内南端偏西处。

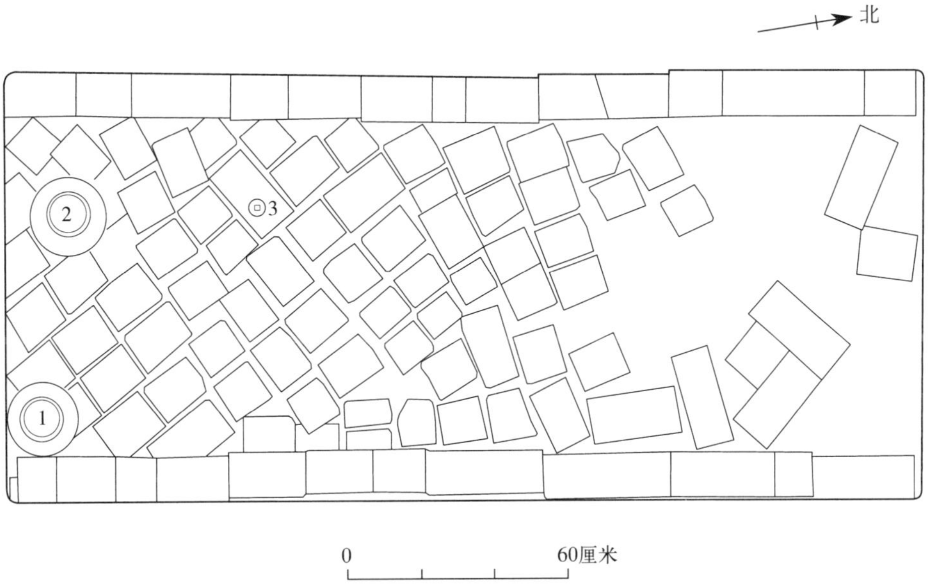

图 4-880　M953 平面图

1、2. 陶壶　3. 铜钱（5）

2. 出土遗物

（1）陶器

陶壶　2 件。泥质灰陶。侈口，束颈，溜肩，鼓腹，平底。素面。

标本 M953∶1，圆唇，颈部饰一周刻划纹。口径 11.2、底径 15.4、高 21.6 厘米（图 4-881，1）。

标本 M953∶2，口沿外斜，尖唇。口径 12.4、底径 15.8、高 23.4 厘米（图 4-881，2）。

（2）铜器

铜钱　5 枚。均为五铢。圆形方穿，正面有轮无郭，背面轮郭俱全。“五”字两笔交叉弯曲，与上、下两横相交处微敞、内收或垂直，“铢”字“金”头呈三角形，较小，低于“朱”字，“朱”字上部方折，有的周郭部分被磨，有的穿上横郭。

标本 M953∶3-1 ～ 3，直径 2.4、穿边长 1、厚 0.17 厘米（图 4-881，3-1 ～ 3）。

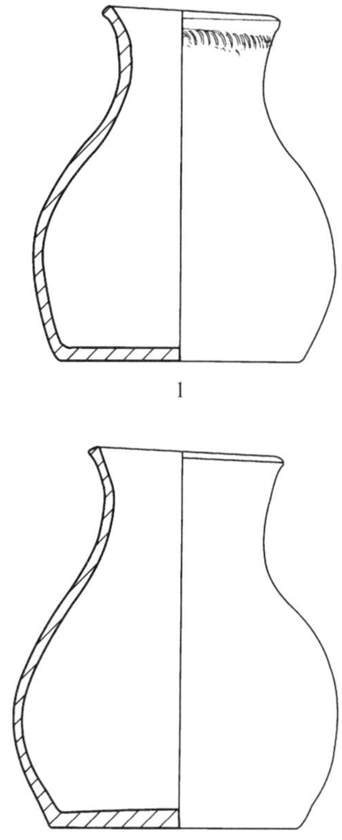

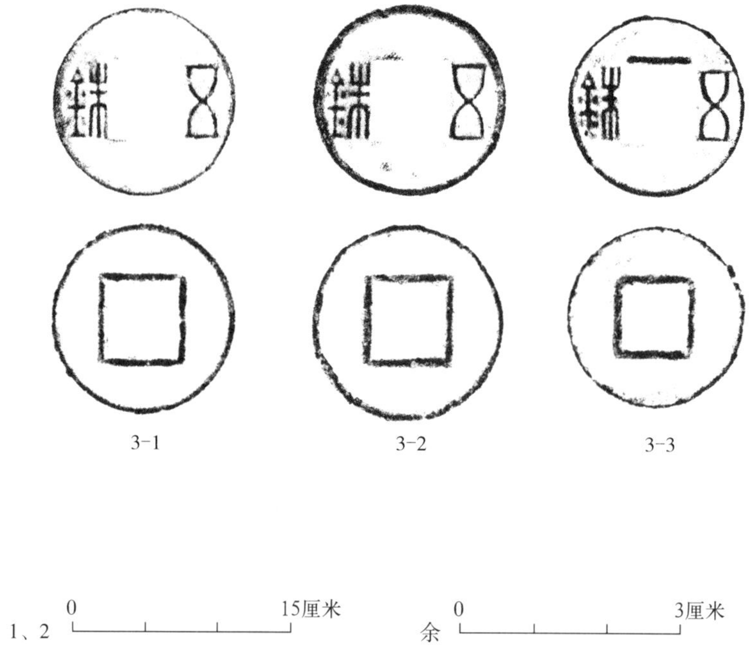

图 4-881　M953 出土器物

1、2. 陶壶　3-1～3. 铜钱

（四七二）M954

墓葬形制

位于墓地中部，北部被断崖打破，东北面是M951，西面为M953。方向9°（图4-882）。

长方形土坑竖穴砖椁墓。墓口残长2.5、宽2.1、深3.96米。椁长1.9、宽0.87米。椁室四壁用青砖错缝顺向垒砌。上部和北壁破坏严重。墓底一层铺地砖为顺缝平铺。砖长34、宽13、厚6厘米。墓内填黄褐色五花土，经过夯打，土质较疏松。夯窝圆形，排列不均匀，直径7～11、夯层厚20～30厘米。

人骨无。

随葬器物无。

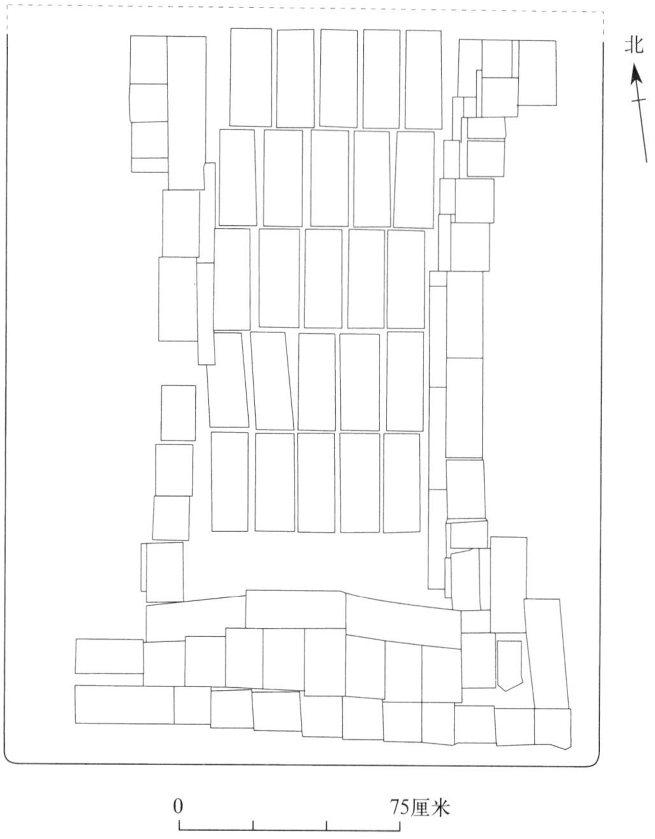

图 4-882　M954 平面图

昌 邑 辛 置

——2010～2013年墓葬发掘报告

（四）

山东省文物考古研究院
昌 邑 市 博 物 馆 编著

文物出版社

2010-2013 Excavating Report of Tombs at Xinzhi in Changyi

(IV)

by

Shandong Provincial Institute of Cultural Relics and Archaeology
Changyi Municipal Museum

Cultural Relics Press

彩版目录

1. 辛置墓地发掘前地貌远景（南—北）

2. 辛置墓地发掘前地貌远景（东北—西南）

彩版一　辛置墓地地貌

1. 辛置墓地发掘前地貌近景（西南—东北）

2. 辛置墓地发掘前地貌近景（南—北）

彩版二　辛置墓地地貌

1. 辛置墓地东北断崖（北—南）

2. 辛置墓地东南断崖（东—西）

彩版三　辛置墓地地貌

1.2011 年辛置墓地钻探

2.2011 年辛置墓地钻探

彩版四　辛置墓地钻探

1.2011 年辛置墓地发掘现场（南—北）

2.2011 年辛置墓地发掘现场（南—北）

彩版五　辛置墓地发掘现场

1.2011 年辛置墓地发掘结束全景（南—北）

2.2011 年春辛置墓地发掘结束全景（东北—西南）

彩版六　辛置墓地发掘现场

1.2011 年春辛置墓地发掘现场（西南—东北）

2.2012 年辛置墓地发掘现场（西南—东北）

彩版七　辛置墓地发掘现场

1.2012 年 12 月辛置墓地发掘结束全景（东—西）

2.2013 年辛置墓地发掘工作照（前排左起邢继春、王子孟、何德亮、刘洪波、王龙、陈心舟，后排左起黄景宝、马文立、周宽超、徐铭山、穆东旭）

彩版八　辛置墓地发掘

1.2011 年墓地测绘

2.2011 年墓葬清理现场

彩版九　辛置墓地工作照

1.2010 年墓葬绘图

2.2011 年墓葬绘图

彩版一〇　辛置墓地工作照

1.2011 年墓葬绘图

2.2011 年陶器修复

彩版一一　辛置墓地工作照

1.2011 年 4 月潍坊市领导视察辛置发掘工地（右起潍坊市胡延新副市长、昌邑市李平副市长）

2.2011 年昌邑市领导视察辛置发掘工地（左二马跃启书记、左三李平副市长）

彩版一二　领导视察辛置工地

1.2012年昌邑市领导视察辛置发掘工地（左一马跃启书记、左二吕珊珊市长）

2.2011年昌邑市领导视察辛置发掘工地（右二张新强市长、右三李平副市长）

彩版一三　领导视察辛置工地

1.2011 年郑同修所长在辛置发掘现场指导工作

2.2011 年 3 月王守功副所长在辛置发掘现场指导工作

彩版一四　领导视察辛置工地

1.2013 年北京大学杨哲峰副教授（左一）到辛置工地考察

2.2013 年山东省石刻艺术博物馆杨爱国副馆长（右一）、烟台市博物馆王富强副馆长（右二）到辛置工地考察

彩版一五　专家考察辛置工地

1. M6

2. M6 局部

3. 陶纺轮 M6：5

4. 骨笄 M6：4

彩版一六　M6 及出土遗物

1. M6 陶器组合

2. 陶鬲 M6：1

3. 陶豆 M6：2

4. 陶罐 M6：3

彩版一七　M6 出土遗物

1. M21 第 1 层人骨

2. M21 第 2 层人骨

彩版一八　M21 人骨架

1. M21 第 3 层人骨

2. M21 第 4 号个体头骨刀痕

彩版一九　M21 人骨架

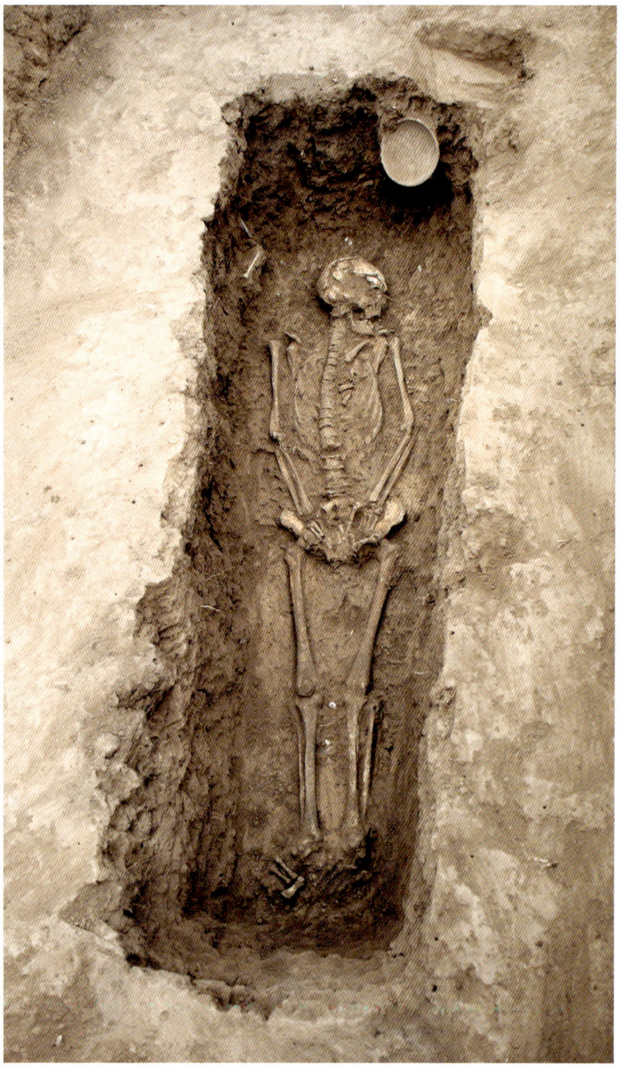

1. M59

2. 陶豆 M59：1

3. 石纺轮 M59：2

4. 骨笄 M59：3

彩版二〇　M59 及出土遗物

1. M74

3. 陶豆 M74：1

4. 陶罐 M74：2

2. M74 陶器组合

彩版二一　M74 及出土遗物

1. M145

4. M149

2. 陶纺轮 M145：2

3. 骨笄 M145：1

彩版二二　M145、M149 及出土遗物

1. M149 局部

2. M149 陶器组合

彩版二三　M149 及出土遗物

1. 陶鬲 M149：2

2. 陶豆 M149：3

3. 陶豆 M149：4

4. 陶罐 M149：1

5. 石纺轮 M149：6

6. 骨笄 M149：5

彩版二四　M149 出土遗物

1. M182

2. M182 陶器组合

3. 陶鬲 M182：1

4. 陶豆 M182：2

5. 陶罐 M182：3

彩版二五　M182 及出土遗物

1. M190

2. 陶纺轮 M190：2

3. M300

彩版二六　M190、M300 及出土遗物

1. M300 陶器组合

2. 陶鬲 M300：1

3. 陶豆 M300：2

4. 陶豆 M300：4

5. 陶罐 M300：3

彩版二七　M300 出土遗物

1. M302

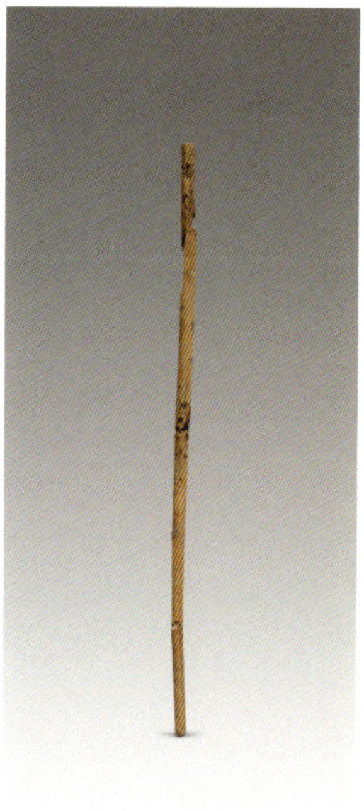

2. 骨笄 M302：1

3. 陶鼎 M326：1

4. 陶豆 M326：2

彩版二八　M302、M326 及出土遗物

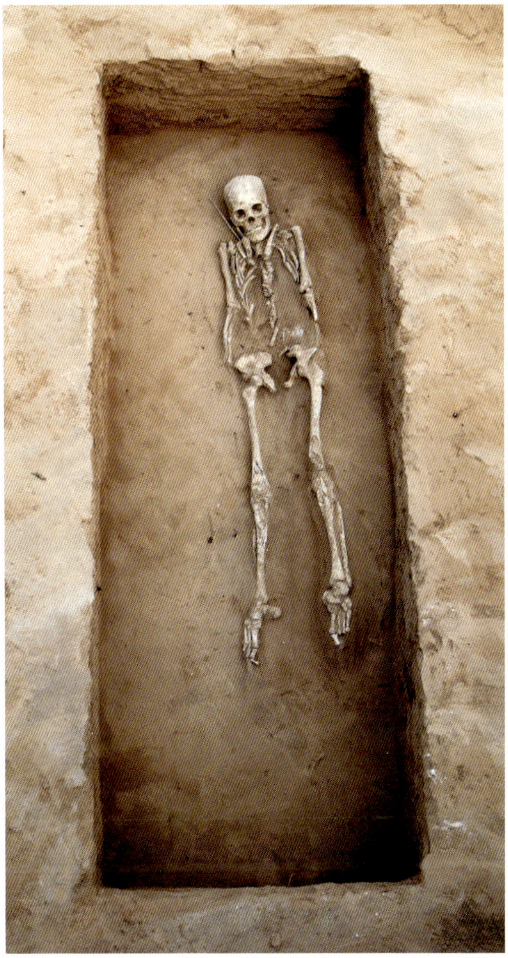

1. M334

2. M447

3. 陶豆 M447：5

4. 陶罍 M447：6

彩版二九　M334、M447 及出土遗物

1. 铜敦 M447：2

2. 铜敦 M447：2

3. 铜舟 M447：3

5. 铜戈 M447：4

4. 铜舟 M447：3

彩版三〇　M447 出土遗物

1. M897

2. M897 陶器组合

3. 陶鬲 M897：3

4. 陶豆 M897：1

5. 陶豆 M897：2

6. 陶罐 M897：4

彩版三一　M897 及出土遗物

1. M919

2. M919 陶器组合

3. 陶豆 M919：1

4. 陶罐 M919：2

彩版三二　M919 及出土遗物

1. M926

2. M926 陶器组合

3. 陶簋 M926：1

4. 陶豆 M926：3

5. 陶豆 M926：4

6. 陶罐 M926：2

彩版三三　M926 及出土遗物

1. M933

2. 铜刀币 M933：1

3. 铜刀币 M933：1

4. M961

5. 陶豆 M961：2

6. 骨锥形器 M961：1

彩版三四　M933、M961 及出土遗物

1. M962 陶器组合

2. 陶鬲 M962：2

3. 陶罐 M962：1

4. M963

5. M963 陶器组合

彩版三五　M962、M963 及出土遗物

1. 陶鬲 M963：2

2. 陶豆 M963：1

3. 陶豆 M963：3

4. 陶豆 M963：4

5. 陶罐 M963：5

6. 陶纺轮 M963：6

彩版三六　M963 出土遗物

1. M9

2. 陶罐 M9：1

3. M42

4. 陶罐 M42：3

5. 铁锸 M42：01

6. 铁夯具 M42：02

彩版三七　M9、M42 及出土遗物

1. 铁夯具 M43：01

2. 陶罐 M52：1

3. M100

4. 陶罐 M100：1

6. 铁镜架 M101：4

5. 铜镜 M101：1

彩版三八　M43、M52、M100、M101 及出土遗物

1. 陶罐 M103：1

2. 五铢 M103：01-1、2

3. M110

4. M111

彩版三九　M103、M110、M111 及出土遗物

1. 陶壶 M112：01

2. 陶壶 M112：02

4. 陶壶 M153：1

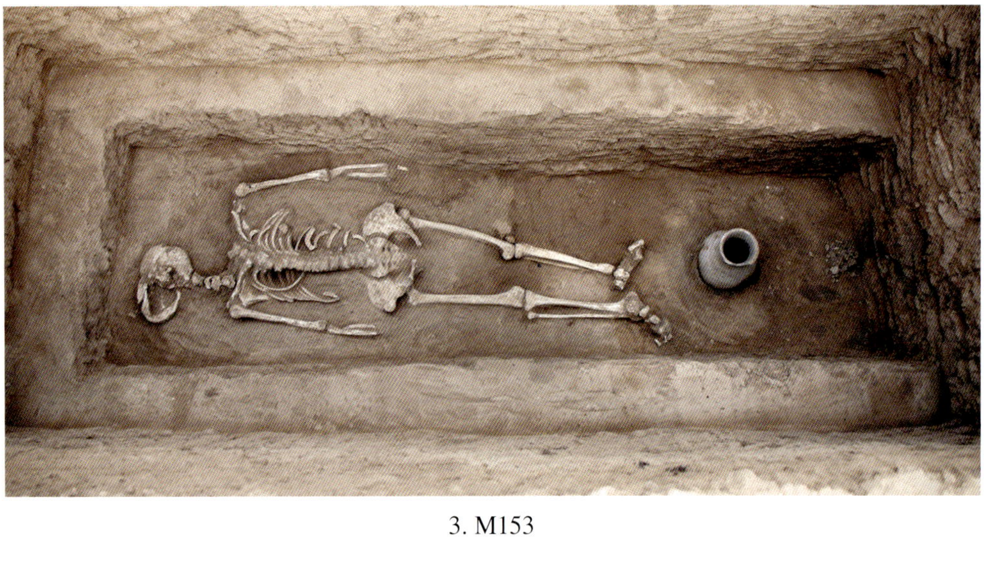

3. M153

彩版四〇　M112、M153 及出土遗物

1. M161

2. 陶壶 M161：1

3. 陶壶 M161：2

4. 铁镢 M161：01

彩版四一　M161 及出土遗物

1. M164

2. M164 陶器组合

3. 陶壶 M164：1

4. 陶壶 M164：2

5. 铜镜 M164：3

彩版四二　M164 及出土遗物

1. M166

2. 陶扁壶 M166：2

3. 铜镜 M166：1

4. M180

5. 陶罐 M180：1

彩版四三　M166、M180 及出土遗物

1. M181

2. 陶罐 M181：1

3. M188

4. 陶壶 M188：1

5. 陶壶 M188：2

彩版四四　M181、M188 及出土遗物

1. M194

2. M194 局部

3. 铁镢 M194：4

彩版四五　M194 及出土遗物

1. M199

3. 陶罐 M200：1

2. M200

彩版四六　M199、M200 及出土遗物

1. M206

2. M207

3. 陶罐 M207：1

彩版四七　M206、M207 及出土遗物

1. M213

2. 陶壶 M213：1

3. 陶壶 M213：2

4. M218

彩版四八　M213、M218 及出土遗物

1. M221

2. M221 木棺痕迹

彩版四九　M221

1. M221 陶器组合

2. 陶壶 M221：3

3. 陶壶 M221：4

4. 陶钫 M221：01

5. 铜镜 M221：1

彩版五〇　M221 出土遗物

1. M222

2. 陶壶 M222：3

3. 陶壶 M222：4

4. 铜镜 M222：1

彩版五一　M222 及出土遗物

1. M225

2. M233

3. M233 局部

彩版五二　M225、M233

1. 陶扁壶 M233：1

3. 铜带钩 M248：1

2. 铜镜 M233：01

彩版五三　M233、M248 出土遗物

1. M256

2. 陶壶 M256：01

3. 陶壶 M256：02

彩版五四　M256 及出土遗物

1. M257

2. 陶壶 M257：1

3. 陶壶 M257：2

彩版五五　M257 及出土遗物

1. M260

2. 陶壶 M260：4

3. 陶壶 M260：5

4. 铜镜 M260：1

5. 铜刷柄 M260：2

6. 五铢 M260：3-1 ～ 4

彩版五六　M260 及出土遗物

1. M279

2. 陶罐 M279：1

3. M281

4. 陶壶 M281：2

5. 陶壶 M281：1

彩版五七　M279、M281 及出土遗物

1. M287

2. 陶罐 M287：1

4. 陶罐 M296：1

3. M296

彩版五八　M287、M296 及出土遗物

1. M306 上层

2. M306 清理后

3. M332

彩版五九　M306、M332

1. M335

2. 陶罐 M335：1

4. 陶罐 M350：1

3. M350

彩版六〇　M335、M350 及出土遗物

1. 铜带钩 M354：1

2. M358

4. 陶罐 M365：1

3. M365

彩版六一　M354、M358、M365 及出土遗物

1. M360

2. 陶罐、钵 M360：3、2

3. 陶罐 M360：3

4. 陶钵 M360：2

5. 玉管 M360：1-1、2

彩版六二　M360 及出土遗物

1. M383

2. 陶罐 M383：1

3. M392

4. 陶罐 M392：1

彩版六三　M383、M392 及出土遗物

1. M394

2. 陶罐 M394：1

3. M395

4. 陶罐 M395：1

彩版六四　M394、M395 及出土遗物

1. M433

2. 陶罐 M433：1

3. M446

4. 陶壶 M446：1

彩版六五　M433、M446 及出土遗物

1. M448

2. 陶壶 M448：2

3. 陶壶 M448：3

4. 铜镜 M448：1

彩版六六　M448 及出土遗物

1. M451

3. 陶钫 M451：3

4. 陶壶 M451：4

2. M451 陶器组合

彩版六七　M451 及出土遗物

1. 陶钫 M451：2

2. 陶壶 M451：5

4. 铜带钩 M457：01

3. 铜镜 M451：1

5. M458

6. 陶罐 M458：1

彩版六八　M451、M457、M458 及出土遗物

1. M470

2. 陶罐 M470：1

3. M484

4. 陶壶 M484：1、2

彩版六九　M470、M484 及出土遗物

1. M478

2. M478 釉陶壶（M478：7～9）组合

3. 铜镜 M478：1

4. 铜刷柄 M478：2

5. 铜带钩 M478：6

彩版七〇　M478 及出土遗物

1. M487

3. M497

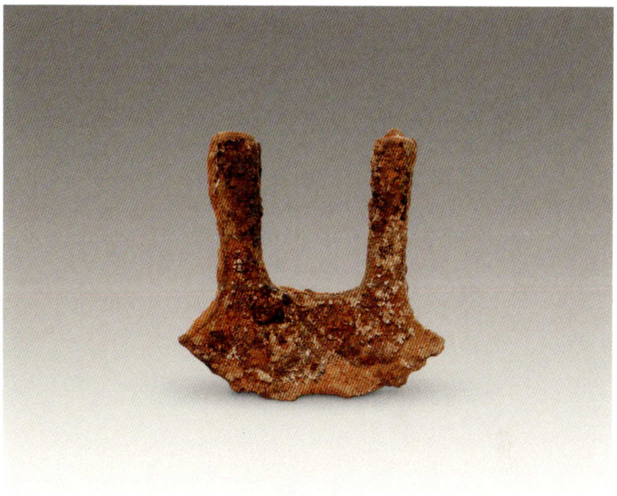

4. 铁锸 M497：01

2. 陶罐 M487：1

5. 骨耳塞 M498：01

彩版七一　M487、M497、M498 及出土遗物

1. M501

2. 陶罐 M501：1

3. M503

4. 陶壶 M503：8、9

6. 铜刷柄 M503：4

5. 铜带钩 M503：3

7. 铜盖弓帽 M503：7

彩版七二　M501、M503 及出土遗物

1. M505

2. M505 陶器组合

3. 陶罐 M505：2

4. 陶罐 M505：4

5. 陶钵 M505：1

6. 陶钵 M505：3

彩版七三　M505 及出土遗物

1. M511

2. 陶壶 M511：6

3. 陶壶 M511：7

4. 铜镜 M511：1

彩版七四　M511 及出土遗物

1. M512

2. 陶壶 M512：4

3. 陶壶 M512：5

4. 铜镜 M512：1

5. 铜带钩 M512：2

彩版七五　M512 及出土遗物

1. 铜镜 M513：1

2. 骨鼻塞 M513：2-1、2

3. M526

4. 陶罐 M526：1

5. M527

彩版七六　M513、M526、M527 及出土遗物

1. M528

2. 陶壶 M528：1、2

3. M534（被 M533 打破）

4. 陶罐 M534：4

5. 铜镜 M534：1

彩版七七　M528、M534 及出土遗物

1. M579

2. 陶罐 M579：1

4. 铜镜 M599：2

3. M599

彩版七八　M579、M599 及出土遗物

1. M622

2. 陶钫 M622：1

3. 陶钫 M622：2

4. 铜镜 M622：3

5. 铜带钩 M622：4

彩版七九　M622 及出土遗物

1. M637

2. M637 壁龛

3. 陶罐 M637：1

彩版八〇　M637 及出土遗物

1. M640

2. 陶钫 M640：2

3. 陶钫 M640：3

4. 陶镜 M640：1

彩版八一　M640 及出土遗物

1. M647

2. 陶钫 M647：1

3. 陶钫 M647：2

4. 铜镜 M647：3

5. 铁镜架 M647：5

彩版八二　M647 及出土遗物

1. M648

2. 陶扁壶 M648：1

3. 陶扁壶 M648：2

4. M651

5. M651 壁龛内陶罐

6. 陶罐 M651：1

彩版八三　M648、M651 及出土遗物

1. M650

2. M650 陶扁壶组合

3. 陶扁壶 M650：1

4. 陶扁壶 M650：2

5. 铜带钩 M650：5

彩版八四　M650 及出土遗物

1. M669

2. 陶罐 M669：1

3. 陶罐 M669：1

4. 陶纺轮 M673：1

5. 陶球 M673：3-1 ～ 3

6. 铜带钩 M673：2

彩版八五　M669、M673 及出土遗物

1. M674

2. 陶罐 M674：2

3. 陶壶 M674：1

4. M691

5. 陶壶 M691：1

6. 陶罐 M695：1

彩版八六　M674、M691、M695 及出土遗物

1. M728

2. 陶扁壶 M728：2

3. M731

4. 陶罐 M731：2

彩版八七　M728、M731 及出土遗物

1. M737

2. M737 陶器组合

3. 陶壶 M737：2

4. 陶壶 M737：3

5. 陶樽 M737：1

彩版八八　M737 及出土遗物

1. 铜镜 M737：4

3. 铜柿蒂形饰 M737：12

2. 铜镜 M737：5

4. 铜镜 M738：1

5. 铜铺首衔环 M738：7

6. 铜铺首衔环 M738：8

7. 铜铺首衔环 M738：9

8. 铜铺首衔环 M738：10

彩版八九　M737、M738 出土遗物

1. M738

2. M738 陶钫 M738：13、14 组合

3. 陶钫 M738：13

4. 陶钫 M738：14

彩版九〇　M738 及出土遗物

1. M739

2. 陶壶 M739：5

3. 陶壶 M739：6

4. 铜镜 M739：1

5. 铁镜架 M739：3

彩版九一　M739 及出土遗物

1. M744

2. M744

3. M744 局部

彩版九二　M744

1. M744 局部

2. M744 局部

3. 陶钫 M744：8

4. 陶钫 M744：9

5. 陶扁壶 M744：10

彩版九三　M744 及出土遗物

1. 铜镜 M744：1

2. 铜带钩 M744：3

3. 铜带钩 M744：4

4. 铜印章 M744：5

5. 石黛板 M744：12

6. 石研磨器 M744：11

彩版九四　M744 出土遗物

1. M746

2. 陶罐 M746：1

3. M748

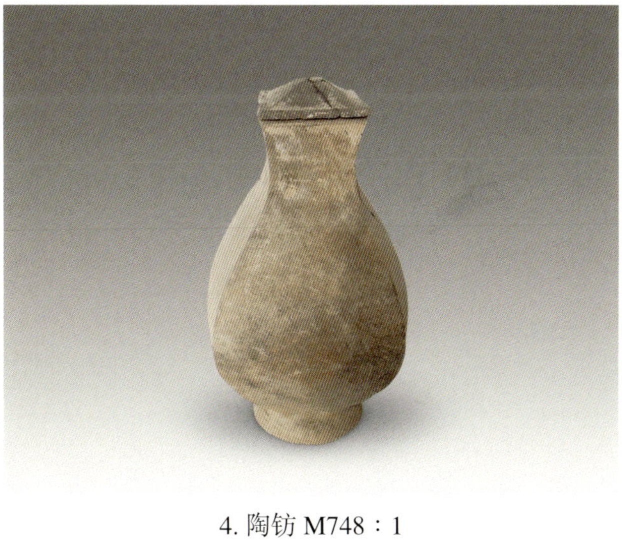

4. 陶钫 M748：1

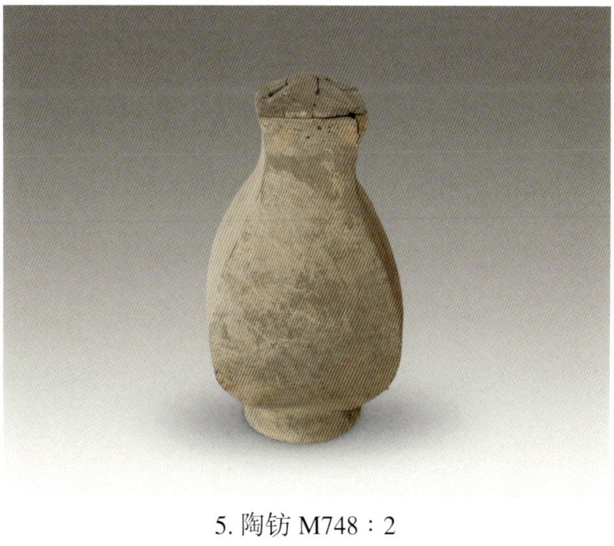

5. 陶钫 M748：2

彩版九五　M746、M748 及出土遗物

1. M755

2. 陶罐 M755：1

3. M756

4. M765

5. 陶罐 M765：1

彩版九六　M755、M756、M765 及出土遗物

1. M770

2. 陶罐 M770：1

3. M774

4. 陶罐 M774：1

彩版九七　M770、M774 及出土遗物

1. M781

2. 陶壶 M781：1、2

3. M782

4. 铜镜 M782：1

彩版九八　M781、M782 及出土遗物

1. M810

2. M810 陶壶组合 M810：1、2

3. 陶壶 M810：1

4. 陶壶 M810：2

5. 铜带钩 M810：3

彩版九九　M810 及出土遗物

1. M812

2. M812 陶扁壶组合 M812：4、5

3. 陶扁壶 M812：4

5. 铜镜 M812：1

4. 陶扁壶 M812：5

彩版一〇〇　M812 及出土遗物

1. M815

2. 陶罐 M815：3

3. 陶钵 M815：4

4. 铜带钩 M815：1

5. M816

6. 陶罐 M816：1

彩版一〇一　M815、M816 及出土遗物

1. M819

2. 陶罐 M819：1

3. M824

4. 陶罐 M824：1

5. M828

彩版一〇二　M819、M824、M828 及出土遗物

1. M836

2. 陶罐 M836：1

3. 陶罐 M841：1

4. 陶罐 M848：2

5. 铜印章 M848：1

6. 铜印章 M848：1

7. 铜印章 M848：1

彩版一〇三　M836、M841、M848 及出土遗物

1. M854

2. M857

3. 陶壶 M857：1

4. M860

彩版一〇四　M854、M857、M860 及出土遗物

1. 陶壶 M865：1

2. 陶壶 M865：2

3. M868

4. 陶罐 M868：1

5. M873

6. 陶罐 M873：1

彩版一〇五　M865、M868、M873 及出土遗物

1. M875

2. 陶罐 M875：1

3. 陶钵 M878：2

4. M892

5. 陶罐 M892：2

6. 铜镜 M892：1

彩版一〇六　M875、M878、M892 及出土遗物

1. M914

2. 陶罐 M914：1

3. M930

5. M931

4. 陶壶 M930：01

6. 陶罐 M931：1

彩版一〇七　M914、M930、M931 及出土遗物

1. M932（被 M931 打破）

3. M948

2. 陶罐 M932：1

4. 陶罐 M948：1

5. 铜带钩 M948：2

彩版一〇八　M932、M948 及出土遗物

1. M2

2. 陶罐 M2：1

3. 陶罐 M2：2

4. M3

彩版一〇九　M2、M3 及出土遗物

1. M3 砖椁结构

2. M3 砖椁结构

3. 陶钫 M3：1

4. 陶钫 M3：2

彩版一一〇　M3 及出土遗物

1. M4

2. M4 墓砖

3. 陶壶 M4：1

4. 陶壶 M4：2

5. 陶壶 M4：3

彩版一一一　M4 及出土遗物

1. M7

2. M7 椁室结构

3. 陶壶 M7：4

4. 陶壶 M7：5

5. 铜镜 M7：1

彩版一一二　M7 及出土遗物

1. M8

2. 陶壶 M8：1

3. 陶樽 M14：09

4. 陶耳杯 M14：01、02

彩版一一三　M8、M14 及出土遗物

1. M12

2. M12 壁龛

3. M12 墓砖

4. 陶罐 M12：2

5. 陶纺轮 M12：01

6. 铜带钩 M12：1

彩版一一四　M12 及出土遗物

1. M17

2. 陶钫 M17：1

3. 陶钫 M17：2

4. 铜镜 M17：3

5. 铜镜 M17：6

彩版一一五　M17 及出土遗物

1. M24

2. 陶壶 M24：3

3. 铜镜 M24：1

4. 骨耳珰 M24：2、4

5. M25

彩版一一六　M24、M25 及出土遗物

1. 陶壶 M25：6

2. 陶壶 M25：7

3. 铜镜 M25：1

5. 铜带钩 M25：4

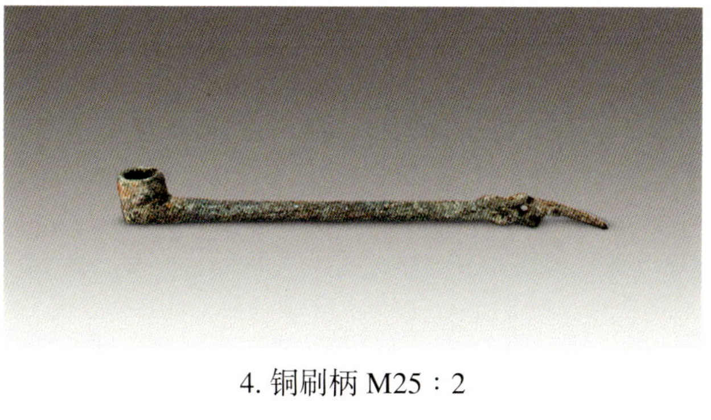

4. 铜刷柄 M25：2

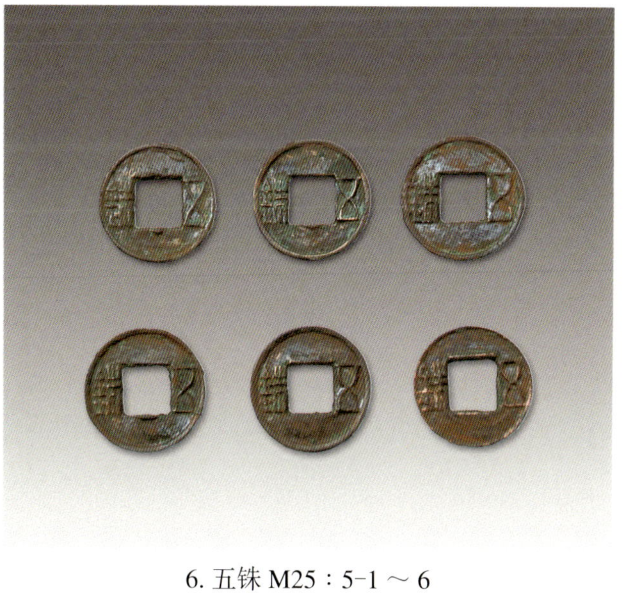

6. 五铢 M25：5-1 ～ 6

彩版一一七　M25 出土遗物

1. M26

2. M26

3. M26 墓砖

4. 陶罐 M26：1

彩版一一八　M26 及出土遗物

1. M28

2. M28 随葬动物骨骼

3. M28 墓砖

4. 陶罐 M28：1

彩版一一九　M28 及出土遗物

1. M29

3. M29 夯窝

2. M29 局部

彩版一二〇　M29

1. M29 漆盒

2. M29 漆盒花纹

3. M29 五子奁

彩版一二一　M29 漆器出土情况

1. 陶壶 M29：9

2. 陶钫 M29：7

3. 陶钫 M29：8

4. 铜镜 M29：2

5. 铜刷柄 M29：3

6. 铜柿蒂形饰 M29：4-1

彩版一二二　M29 出土遗物

1. 铜熏炉 M29：6

2. 铜熏炉 M29：6

3. 铜熏炉 M29：6

彩版一二三　M29 出土遗物

1. M30

2. 陶钫 M30：1

3. 陶钫 M30：2

4. 铜铺首衔环 M30：3-1

5. 铜足 M30：3-3

彩版一二四　M30 及出土遗物

1. M31

2. 陶壶 M31：1、2

3. 铜带钩 M31：3

4. M35 上层

彩版一二五　M31、M35 及出土遗物

1. M35 陶器组合

2. 陶壶 M35：7

3. 陶钫 M35：5

4. 陶钫 M35：6

5. 陶樽 M35：8

6. 陶器盖 M35：9

彩版一二六　M35 出土遗物

1. 陶耳杯 M35：11

4. 铜辟兵钱 M35：4（辟兵莫当）

2. 陶耳杯 M35：12

5. 铜辟兵钱 M35：4（除凶去央（殃））

3. 铜镜 M35：2

6. 铁镜架 M35：1

彩版一二七　M35 出土遗物

1. M37

2. M37 陶器组合

3. 陶壶 M37：11

4. 陶钫 M37：13

彩版一二八　M37 及出土遗物

1. 石黛板 M37：4

2. 石研磨器 M37：5

3. 铜镜 M37：1

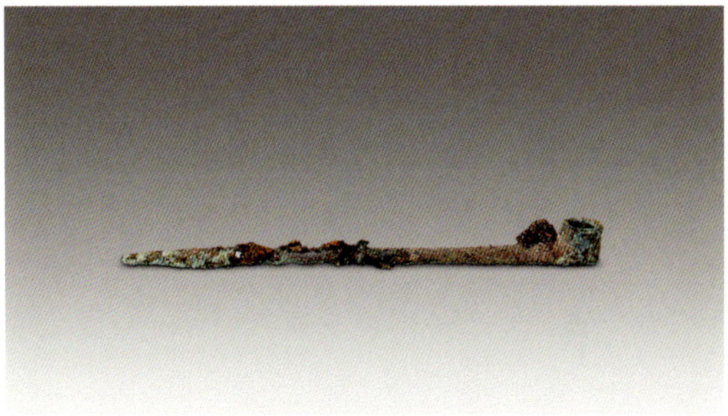

4. 铜刷柄 M37：2

5. 铜带钩 M37：9

6. 铁镜架 M37：3-1

7. 骨琀 M37：6

8. 骨鼻塞 M37：7-1、2

9. 骨耳塞 M37：8-1、2

彩版一二九　M37 出土遗物

1. M38

2. 铜镜 M38：1

4. M40 陶器组合

3. M40

彩版一三〇　M38、M40 及出土遗物

1. M40 随葬器物出土情况

2. 陶壶 M40：90

3. 陶钫 M40：92

4. 石黛板 M40：48

5. 石研磨器 M40：49

彩版一三一　M40 及出土遗物

1. 铜镜 M40：71

2. 铜镜 M40：98

3. 铜刷柄 M40：70

4. 铜带钩 M40：28

5. 铜印章 M40：34

6. 铜印章 M40：34

7. 铜柿蒂形饰 M40：3

8. 铜柿蒂形饰 M40：57

9. 铜铺首衔环 M40：86

10. 铜铺首衔环 M40：87

彩版一三二　M40 出土遗物

1. M45

2. M45 随葬器物

3. M45 随葬器物

4. M45 随葬器物

5. M45 随葬铜镜

彩版一三三　M45

1. M45 陶钫组合

2. 陶钫 M45∶27

3. 陶钫 M45∶28

4. 铜镜 M45∶1

5. 铜刷柄 M45∶2

6. 铜带钩 M45∶20

彩版一三四　M45 出土遗物

1. 铜镜 M45：6

2. 铜镜 M45：7

3. 铜镜 M45：8

4. 铜镜 M45：9

5. 铜镜 M45：10

6. 铜镜 M45：17

彩版一三五　M45 出土遗物

1. 铜印章 M45：13

2. 铜印章 M45：13

3. 铜饰件 M45：22

4. 铜饰件 M45：22

5. 铜饰件 M45：23

6. 铜饰件 M45：23

7. 铜饰件 M45：24

8. 铜饰件 M45：24

9. 铜饰件 M45：25

10. 铜饰件 M45：25

11. 铜饰件 M45：26

12. 铜饰件 M45：26

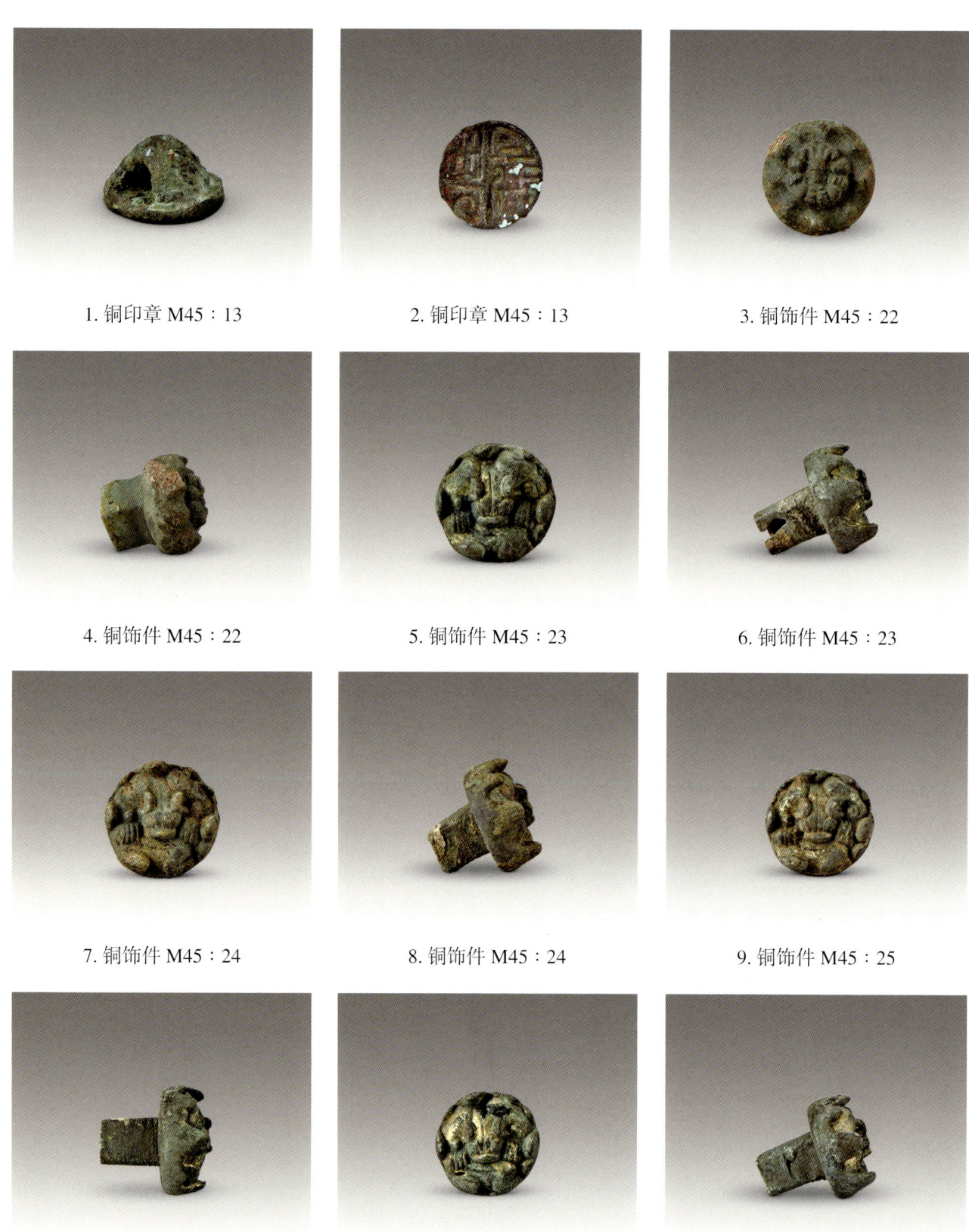

彩版一三六　M45 出土遗物

1. M50

2. M50 墓室东北角柱洞

3. M50 东壁柱洞解剖

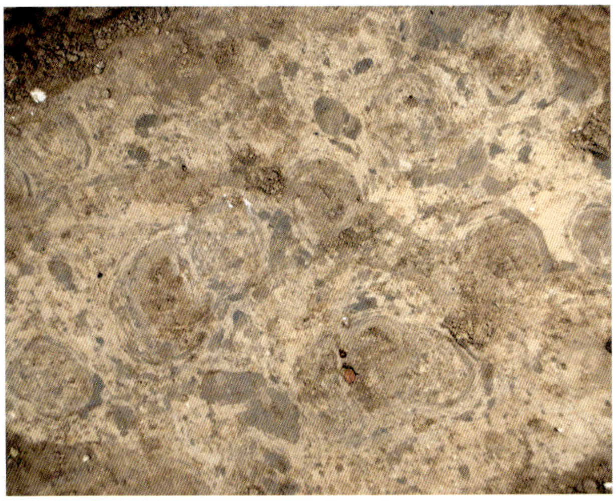

4. M50 夯窝痕迹

5. M50 填土中的动物

彩版一三七　M50

1. M50 墓砖

3. M51 墓砖

2. 陶壶 M50：1、2

4. 陶壶 M51：1、2

5. M51

彩版一三八　M50、M51 及出土遗物

1. M54

2. 陶壶 M54：2

3. M56

4. 陶罐 M56：1

彩版一三九　M54、M56 及出土遗物

1. 陶壶 M57：3、4

2. 铜镜 M57：1

3. 陶壶 M60：2

4. 铜带钩 M60：1

5. M60

彩版一四〇　M57、M60 及出土遗物

1. M62

2. M62 陶器组合

3. 陶壶 M62：4

4. 陶钫 M62：1

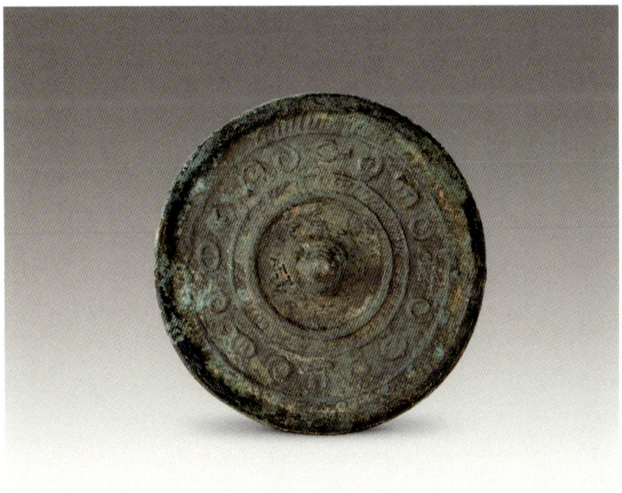

5. 铜镜 M62：7

6. 五铢 M62：8-1 ～ 4

彩版一四一　M62 及出土遗物

1. M66

2. 陶钫 M66：1

3. 陶钫 M66：2

4. M67

5. 陶罐 M67：1

彩版一四二　M66、M67 及出土遗物

1. M68

2. M69

3. 陶钫 M69：1、2

4. 石研磨器 M69：01

5. 铜足 M69：4

彩版一四三　M68、M69 及出土遗物

1. M79

2. 陶壶 M79：1、2

3. M84 壁龛封门砖

4. M84 壁龛内放置陶罐

5. 陶罐 M84：1

彩版一四四　M79、M84 及出土遗物

1. M91

2. M91 墓砖

3. M91 局部

4. 陶钫 M91：13

5. 陶钫 M91：14

彩版一四五　M91 及出土遗物

1. 铜镜 M91：1

2. 铜镜 M91：11

3. 铜刷柄 M91：3

4. 五铢 M91：6-1～3、6

5. 铁镜架 M91：4

彩版一四六　M91 出土遗物

1. M97

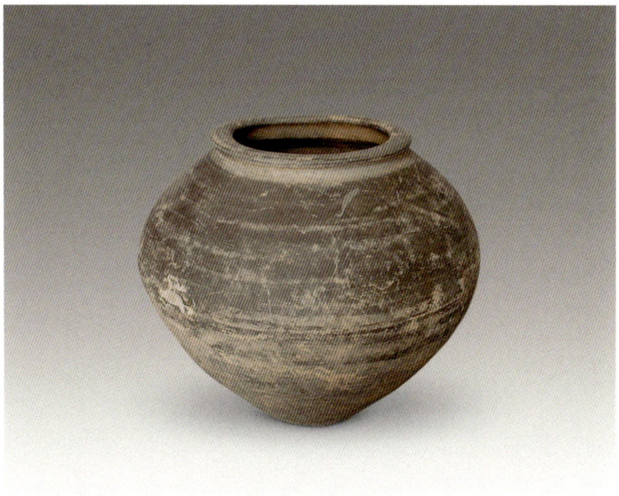
2. 陶罐 M97：1

3. 铜熏炉 M97：2

4. 铜熏炉 M97：2

5. 铜刷柄 M97：5

彩版一四七　M97 及出土遗物

1. M102

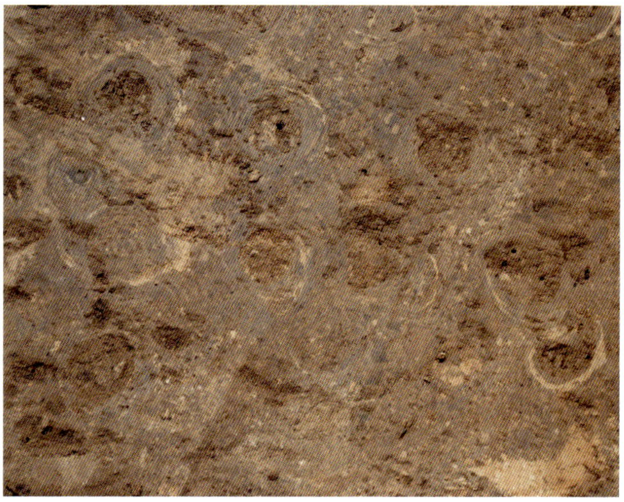

2. M102 夯窝

3. M102 夯窝

4. M102 墓砖

5. 铜刷柄 M102：2

彩版一四八　M102 及出土遗物

1. M102 局部

2. M102 局部

3. 陶钫 M102：7

4. 陶钫 M102：8

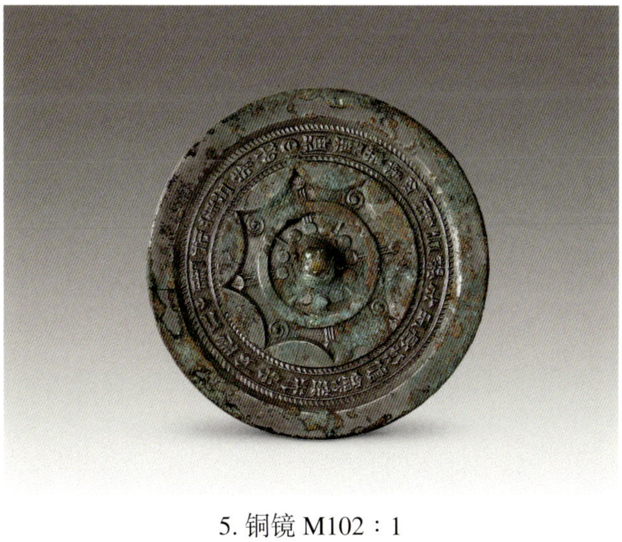

5. 铜镜 M102：1

6. 铜镜 M102：5

彩版一四九　M102 及出土遗物

1. M106

2. 陶钫 M106：1

3. 陶钫 M106：2

4. 陶俑 M106：8-1

5. 陶俑 M106：8-2

6. 陶俑 M106：8-3

7. 陶俑 M106：8-4

彩版一五〇　M106 及出土遗物

1. 铁剑 M106：5

2. 铁环首刀 M106：7

3. M107

4. 铜镜 M107：1

5. 五铢 M107：2-1 ～ 6

彩版一五一　M106、M107 及出土遗物

1. M108

2. M108 局部

3. M114

4. M114 壁龛

彩版一五二　M108、M114

1. 陶钫 M108：1

2. 陶钫 M108：2

3. 陶单把杯 M108：7

4. 陶熏炉 M108：8

5. 陶樽 M108：4

6. 陶勺 M108：5

7. 陶耳杯 M108：11 ～ 14

8. 石琀 M108：17

彩版一五三　M108 出土遗物

1. M117

2. M117 陶器组合

3. 陶樽 M117：5

4. 陶盘 M117：4

5. 陶耳杯 M117：3

彩版一五四　M117 及出土遗物

1. M125

2. 陶罐 M125：1

3. M128

4. 陶钫 M128：1、2

5. 陶壶 M132：1

彩版一五五　M125、M128、M132 及出土遗物

1. M133

2. M133 墓砖

3. M133 陶器组合

4. 陶壶 M133：20

5. 陶壶 M133：21

彩版一五六　M133 及出土遗物

1. 陶钫 M133：18

2. 陶钫 M133：19

3. 陶樽 M133：17

4. 陶盘 M133：16

5. 陶耳杯 M133：11

6. 铜镜 M133：4

7. 铜刷柄 M133：1

彩版一五七　M133 出土遗物

1. M139

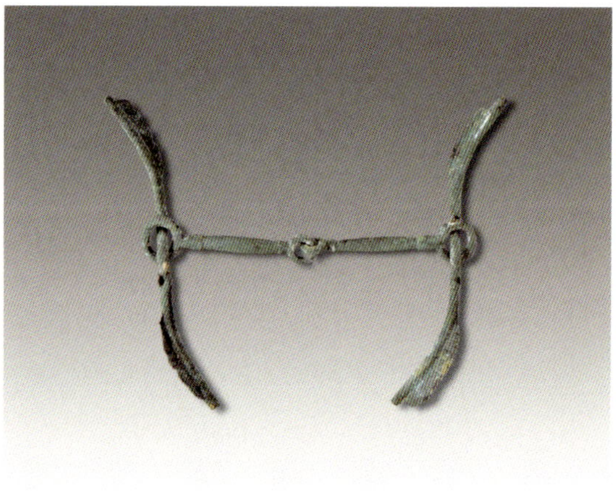

2. 铜衔镳 M139：3

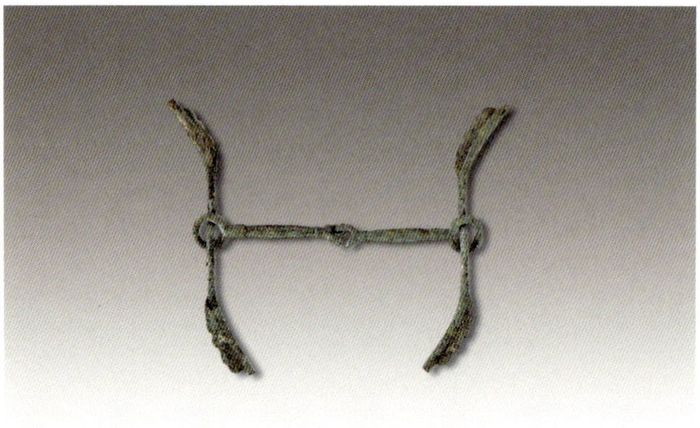

3. 铜衔镳 M139：4

4. 铜衔镳 M139：5

5. 铜车辖 M139：08

6. 铜衡帽 M139：011-1、04

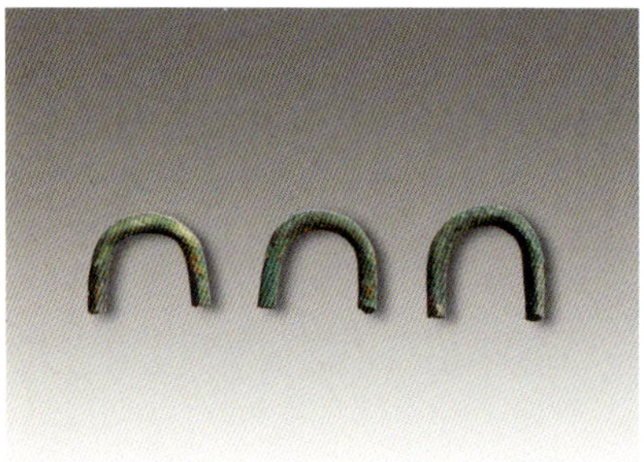

7. 铜车轙 M139：07-1 ～ 3

8. 铜当卢 M139：16

9. 骨贝饰 M139：15-1、2

彩版一五八　M139 及出土遗物

1. M140

2. 陶钫 M140：5

3. 陶钫 M140：6

4. 铜镜 M140：1

5. 铜带钩 M140：2

彩版一五九　M140 及出土遗物

1. 陶钫 M141：2

2. 陶樽 M141：3

3. M144

4. 陶罐 144：2

5. 陶钵 144：1

彩版一六〇　M141、M144 及出土遗物

1. M147

2. 陶罐 M147：1

3. 铁夯具 M147：01

4. M154

5. M154 壁龛

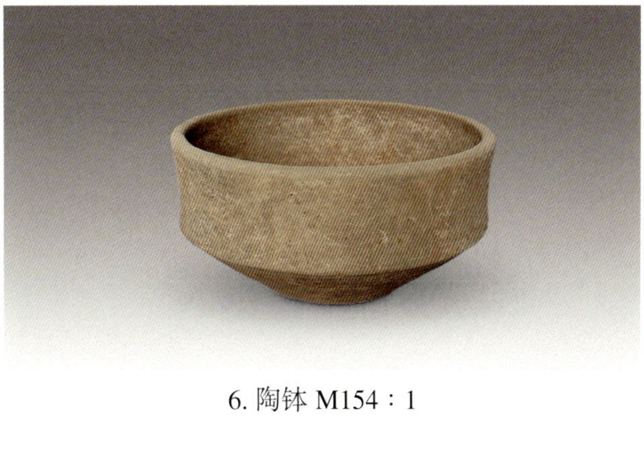

6. 陶钵 M154：1

彩版一六一　M147、M154 及出土遗物

1. M157

2. M157 局部

3. 陶罐 M157：1

4. M163

5. 陶钫 M163：1、2

6. 铜镜 M163：3

彩版一六二　M157、M163 及出土遗物

1. M168

2. M172

3. 陶钫 M172：2、3

4. 铜带钩 M172：1

彩版一六三　M168、M172 及出土遗物

1. M174

2. 陶罐 M174：2

3. 铜印章 M174：1

4. 铜印章 M174：1

5. M175

6. 大泉五十 M175：1、3

彩版一六四　M174、M175 及出土遗物

1. M179

2. M179 壁龛

3. 陶罐 M179：1

4. M189

彩版一六五　M179、M189 及出土遗物

1. M191

2. 陶壶 M191：1

3. 陶壶 M191：2

4. 陶盘 M191：5

5. 陶耳杯 M191：3

6. 铜带钩 M191：4

彩版一六六　M191 及出土遗物

1. M193 上层

2. M193 下层

3. 陶壶 M193：1

4. 陶扁壶 M193：2

5. 铜镜 M193：5

6. 五铢 M193：7-1、7-2、3-1、3-2

彩版一六七　M193 及出土遗物

1. M196

2. M196 壁龛

3. 陶罐 M196：1

4. M197

5. 陶壶 M197：1

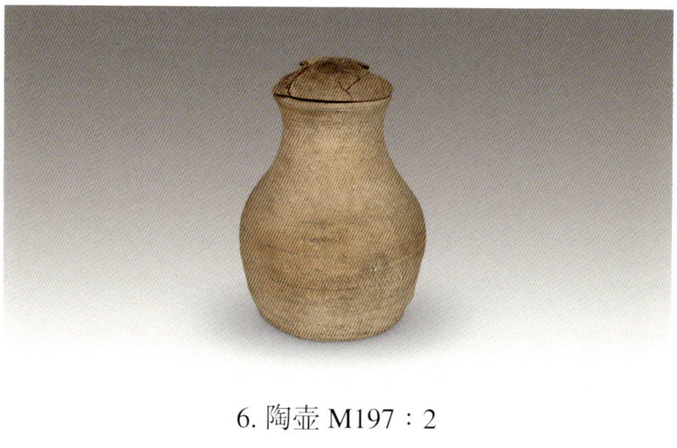
6. 陶壶 M197：2

彩版一六八　M196、M197 及出土遗物

1. M198

2. 陶壶 M198：2

3. 陶壶 M198：3

4. 五铢 M198：5-1 ～ 3

5. 铜镜 M198：1

彩版一六九　M198 及出土遗物

1. M203

2. 大泉五十 M203：2-1 ～ 3

3. M205

4. 铜镜 M205：1

5. 铜刷柄 M205：2

6. 五铢 M205：10-1 ～ 4

彩版一七〇　M203、M205 及出土遗物

1. M208

3. M212

2. 铜镜 M208：1

4. 陶罐 M212：1

彩版一七一　M208、M212 及出土遗物

1. M210

2. 陶扁壶 M210：1

3. 陶扁壶 M210：2

4. 铜镜 M210：3

5. 铜刷柄 M210：4

6. 铁镜架 M210：5

彩版一七二　M210 及出土遗物

1. M216

2. 陶壶 M216：1

4. 铜镜 M216：3

3. 陶壶 M216：2

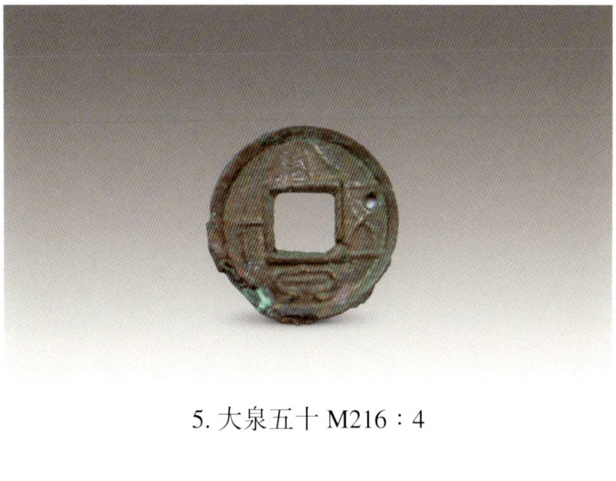

5. 大泉五十 M216：4

彩版一七三　M216 及出土遗物

1. M224

2. 陶壶 M224：10、11

3. 石黛板 M224：5

4. 石剑格 M224：9

5. 石剑格 M224：01

6. 石剑璏 M224：6

7. 铜镜 M224：1

8. 铜带钩 M224：7

彩版一七四　M224 及出土遗物

1. M227

2. 陶壶 M227：7

3. 陶壶 M227：8

4. 铜镜 M227：1

5. 铜带钩 M227：2

6. 铜带钩 M227：4

彩版一七五　M227 及出土遗物

1. M228

2. 陶壶 M228：6、7

3. 铜镜 M228：1

4. 铜刷柄 M228：2

5. 五铢 M228：8-1 ～ 4

6. 铁环首刀 M228：5

彩版一七六　M228 及出土遗物

1. 陶扁壶 M229：3

3. 铜镜 M229：1

2. 陶扁壶 M229：4

4. 铁剑 M229：2

5. M234

6. 铜弩机 M234：4 、11

彩版一七七　M229、M234 及出土遗物

1. M232

2. M232 陶器组合

6. 铜镜 M232：1

3. 陶钫 M232：6

4. 陶樽 M232：12

5. 陶盘 M232：10

彩版一七八　M232 及出土遗物

1. M235

3. 陶壶 M235：10

4. 陶钫 M235：8

2. M235 陶器组合

5. 陶樽 M235：12

彩版一七九　M235 及出土遗物

1. 石剑首 M235：03

2. 石剑格 M235：02

3. 石剑璏 M235：01

4. 石黛板 M235：3

5. 石研磨器 M235：7

6. 铜镜 M235：1

7. 铜带钩 M235：2

8. 铁环首刀 M235：4

彩版一八〇　M235 出土遗物

1. M237

2. M237 墓砖

3. 陶壶 M237：2

4. 铜镜 M237：1

5. 铜刷柄 M237：02

彩版一八一　M237 及出土遗物

1. M240

2. M240 局部

3. 铜带钩 M240：7-1

4. 铜带钩 M240：7-2

5. 铜带钩 M240：7-3

6. 铜带钩 M240：8

彩版一八二　M240 及出土遗物

1. 铜镜 M240：1

2. 铜镜 M240：2

3. 铜镜 M240：3

4. 铜镜 M240：4

5. 铁剑 M240：6

6. 铁环首刀 M240：5

7. 铁环首刀 M240：9

彩版一八三　M240 出土遗物

1. M241

2. M241 陶器组合

3. 石剑格 M241：6

4. 石剑首 M241：13

5. 石剑璏 M241：8

6. 石黛板与石研磨器 M241：5、4

7. 铜镜 M241：1

彩版一八四　M241 及出土遗物

1. M243

2. 石黛板与石研磨器 M243：3、2

3. 铜镜 M243：1

4. 铜带钩 M243：01

5. 铁剑 M243：03

彩版一八五　M243 及出土遗物

1. M252

2. 陶壶 M252：7、8

3. 铜镜 M252：1

4. 铜带钩 M252：2

5. 五铢 M252：9-1、2

6. 铁镜架 M252：3

彩版一八六　M252 及出土遗物

1. M254

2. 陶壶 M254：1

3. M258

4. 铜镜 M258：1

彩版一八七　M254、M258 及出土遗物

1. M264

3. M269

2. 陶壶 M264：3、4

4. 铜镜 M269：2

彩版一八八　M264、M269 及出土遗物

1. M276

2. 铜镜 M276：1

3. M280

4. 陶壶 M280：1、2

彩版一八九　M276、M280 及出土遗物

1. M283

2. 陶钫 M283：1

3. 陶钫 M283：2

4. 陶樽 M283：4

5. 陶盘 M283：3

彩版一九〇　M283 及出土遗物

1. M284

2. 陶壶 M284：1、2

3. 铜印章 M284：3

4. 铜印章 M284：3

5. M285

6. 陶钫 M285：5、6

7. 铜镜 M285：1

彩版一九一　M284、M285 及出土遗物

1. M289

2. 陶钫 M289：2、3

3. M337

4. 陶壶 M337：1、2

彩版一九二　M289、M337 及出土遗物

1. 铜镜 M338：3

2. 陶壶 M339：1

3. 陶壶 M340：1、2

4. 陶三角形器 M340：4-1 ～ 3

5. 陶壶 M359：1

6. 陶壶 M359：2

彩版一九三　M338 ～ M340、M359 出土遗物

1. M367

3. M368

2. 陶罐 M367：1

4. 陶壶 M368：1、2

彩版一九四　M367、M368 及出土遗物

1. 陶熏炉 M370：3

2. 陶熏炉 M370：3

3. 陶壶 M371：1、2

4. 铜镜 M388：01

5. 陶扁壶 M393：01、02

6. 铜镜 M393：03

彩版一九五　M370 等出土遗物

1. M422

2. 陶罐 M422：3

3. 铜镜 M422：1

4. 铜带钩 M422：2

5. 铜带钩 M422：01

彩版一九六　M422 及出土遗物

1. M424

2. 陶钫 M424：2

3. 陶钫 M424：2

4. 陶钫 M424：3

5. 陶钫 M424：3

彩版一九七　M424 及出土遗物

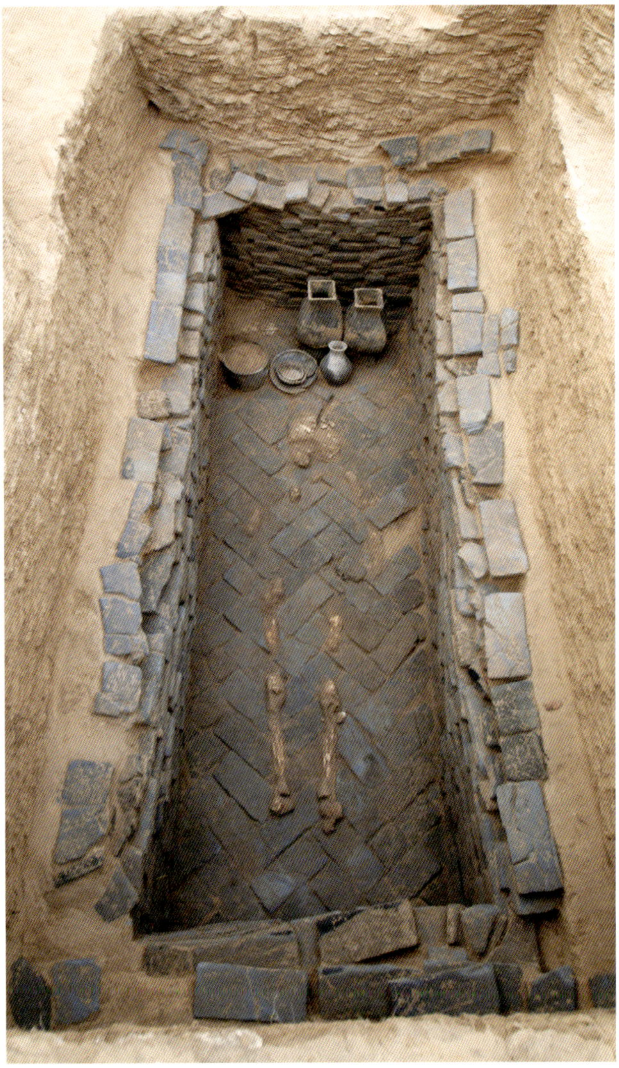

1. M437

2. M437 陶器组合

3. 陶钫 M437：1

4. 陶器盖 M437：7

5. 陶樽 M437：4

彩版一九八　M437 及出土遗物

1. M445

2. M445 陶器组合

3. 陶壶 M445：1

4. 陶壶 M445：2

5. 陶壶 M445：2

彩版一九九　M445 及出土遗物

1. 陶钵 M450：3

3. 铜镜 M450：4

2. 陶钫 M450：1

5. 铜镜 M452：6

4. 陶壶 M452：1

6. 铁剑 M452：4

彩版二〇〇　M450、M452 出土遗物

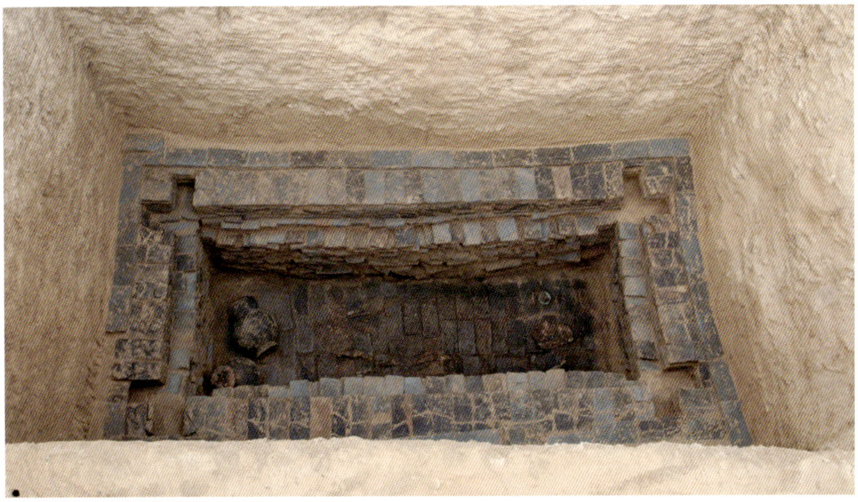

1. M453

2. 陶壶 M453：4、5

3. 铜镜 M453：2

4. 铜带钩 M453：1

彩版二〇一　M453 及出土遗物

1. 陶俑 M453：6-1

2. 陶俑 M453：7-1

3. 陶俑 M453：7-2

4. 陶俑 M453：7-3

5. 陶俑 M453：8-1

6. 陶俑 M453：8-2

7. 陶俑 M453：9-1

8. 陶俑 M453：9-2

9. 陶俑 M453：9-3

彩版二〇二　M453 出土遗物

1. 陶壶 M460：8

2. 陶扁壶 M460：4

3. 陶樽 M460：7

4. 铜镜 M460：1

5. 铜镜 M462：4

6. 铜铺首衔环 M462：6-1、1-1

彩版二〇三　M460、M462 出土遗物

1. 陶钫 M465：5、6

2. 铜镜 M465：1

3. 铜刷柄 M465：2

4. 铜印章 M465：4

5. 铜印章 M465：4

6. 陶樽 M466：3

7. 铜镜 M466：7

8. 铜镜 M466：8

彩版二〇四　M465、M466 出土遗物

1. 铜盖弓帽 M496：01-1 ～ 15

2. M499 陶器组合

3. 陶樽 M499：6

4. 陶耳杯 M499：7

5. 铜镜 M499：1

6. 铜镜 M516：3

彩版二〇五　M496、M499、M516 出土遗物

1. M524：1、2

2. 陶钫 M533：3

3. 铜镜 M533：1

4. 铜镜 M543：1

5. 陶罐 M555：3

6. 铜带钩 M555：2

彩版二〇六　M524 等出土遗物

1. M563

2. 陶壶 M563：1、2

3. 陶壶 M563：1

4. 陶壶 M563：1

5. 陶壶 M563：2

彩版二〇七　M563 及出土遗物

1. M578

2. M578 壁龛

3. 陶壶 M578：1

4. 陶壶 M578：2

彩版二〇八　M578 及出土遗物

1. M580

2. M580 陶器组合

3. 陶壶 M580：7

4. 陶壶 M580：8

5. 陶钫 M580：5

彩版二〇九　M580 及出土遗物

1. 陶钫 M580：6

2. 陶钫 M580：11

3. 陶樽 M580：10

4. 陶盆 M580：9

5. 铜镜 M580：1

6. 铜带钩 M580：2

7. 铜带钩 M580：3

8. 铜印章 M580：4

9. 铜印章 M580：4

彩版二一〇　M580 出土遗物

1. 铜镜 M624：04

2. 铜镜 M625：3

3. M627：1、2

4. 铜带钩 M627：3

5. 陶扁壶 M631：1

6. 铜镜 M631：2

彩版二一一　M624 等出土遗物

1. 陶扁壶 M632：2

2. 铜镜 M632：1

3. 陶钫 M634：2

4. 铜镜 M634：1

5. 陶壶 M645：1

6. 陶壶 M645：2

彩版二一二　M632 等出土遗物

1. M646

2. 铜镜 M646：1

3. 铜带钩 M646：2

4. 铜带钩 M646：2

5. 陶壶 M649：1

6. 铜镜 M649：3

彩版二一三　M646、M649 及出土遗物

1. M655

2. M655 局部

3. 陶壶 M655：1

4. 陶壶 M655：2

5. 陶罐 M660：1

6. 铜镜 M660：2

彩版二一四　M655、M660 及出土遗物

1. M662

2. M662 陶器组合

3. 陶扁壶 M662：7

4. 铜镜 M662：1

5. 铜钱 M662：3、4-1 ～ 3

彩版二一五　M662 及出土遗物

1. M663

2. 铜镜 M663：3

3. 铜印章 M663：5

4. 铜印章 M663：5

5. M665

6. 陶壶 M665：1、2

7. 铜镜 M665：3

彩版二一六　M663、M665 及出土遗物

1. M667

2. 铜镜 M667：1

4. 陶壶 M675：1、2

3. M675

彩版二一七　M667、M675 及出土遗物

1. 铜镜 M680：1

2. 陶钫 M696：4

3. 铜带钩 M696：1

4. 铜镜 M699：1

5. 铜镜 M699：2

彩版二一八　M680、M696、M699 出土遗物

1. M697

2. 陶壶 M697：4、5

3. 陶璧 M697：6

4. 陶璧 M697：7

5. 铜镜 M697：1

6. 五铢 M697：3-1 ～ 4

彩版二一九　M697 及出土遗物

1. M700

2. 石黛板 M700：5

3. 石研磨器 M700：6

4. 铜带钩 M700：4

5. 铜印章 M700：7

6. 铜印章 M700：7

7. 铜饰件 M700：8

彩版二二〇　M700 及出土遗物

1. 陶壶 M702：1

2. 陶壶 M702：2

3. 铜镜 M702：3

4. 铁殳 M723：2

5. 陶壶 M724：2

6. 陶壶 M724：3

彩版二二一　M702、M723、M724 出土遗物

1. 陶壶 M736：1

2. 铜镜 M736：3

3. 铜带钩 M736：5

4. 陶钫 M751：4

5. 铜镜 M751：1

6. 铜带钩 M751：6

彩版二二二　M736、M751 出土遗物

1. M753

2. 陶壶 M753：7

3. 陶壶 M753：8

4. 铜镜 M753：1

5. 铜刷柄 M753：2

6. 铜带钩 M753：4

彩版二二三　M753 及出土遗物

1. 陶壶 M762：1

2. 陶壶 M762：2

3. 铜带钩 M766：1

4. 铜印章 M766：2

5. 铜印章 M766：2

6. 金属车辏 M800：06-1、2

7. 陶盆 M808：3

8. 陶盆 M808：3

彩版二二四　M762 等出土遗物

1. 陶钫 M809：1

2. 陶钫 M809：2

3. 陶壶 M813：2

4. 铜镜 M813：1

5. 铜镜 M814：1

6. 五铢 M814：2-1、-2、5-1、-2

彩版二二五　M809、M813、M814 出土遗物

1. M822

2. M822 局部

3. M822 局部

彩版二二六　M822

1. 陶钫 M822：1

2. 陶钫 M822：2

3. 铜镜 M822：4

4. 铜带钩 M822：3

7. 铁剑 M822：9

5. 铜印章 M822：6

6. 铜印章 M822：6

8. 铁环首刀 M822：10

彩版二二七　M822 出土遗物

1. 铜镜 M855：1

2. 铜镜 M855：2

3. 陶扁壶 M859：3

4. 铜镜 M859：2

5. 铜带钩 M864：3

6. 铜带钩 M864：4

彩版二二八　M855、M859、M864 出土遗物

1.M871

2. 陶壶 M871：5、6

3. 铜镜 M871：1

5. 陶壶 M888：1、2

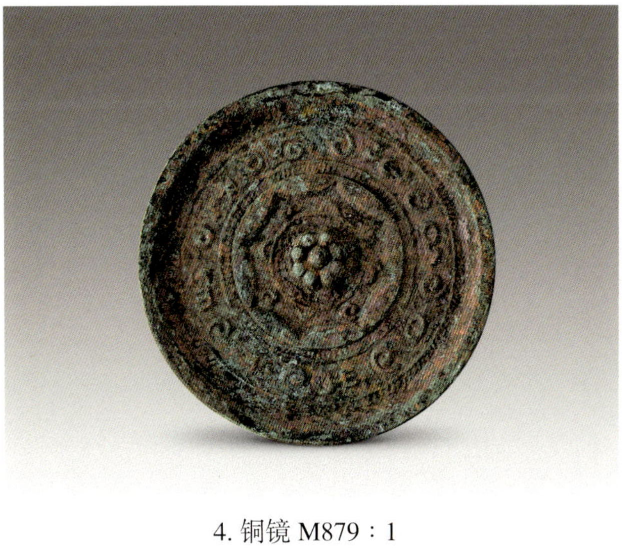

4. 铜镜 M879：1

6. 铜镜 M894：1

彩版二二九　M871 及 M879 等出土遗物

1. 陶扁壶 M904：1

2. 陶扁壶 M904：2

3. 铜铃 M929：1、2

4. 陶壶 M935：1

5. 陶壶 M935：2

6. 陶璧 M935：3

彩版二三〇　M904、M929、M935 出土遗物

1. M5

2. M5 局部

3. 铜镜 M5：1

4. 铜镜 M5：2

5. 铜刷柄 M5：3

彩版二三一　M5 及出土遗物

1. M36

2. M36 局部

3. M36 陶器组合

4. 玉饰件 M36：8

5. 铜刷柄 M36：9-2

6. 铁镜架 M36：10

彩版二三二　M36 及出土遗物

1. 铜镜 M36：2

2. 铜镜 M36：3

3. 铜镜 M36：4

4. 铜镜 M36：5

5. 铜镜 M36：6

6. 铜镜 M36：7

彩版二三三　M36 出土遗物

1. M142

2. 铜镜 M142：1

3. 铜带钩 M142：4

4. 铜刷柄 M142：3

5. 铁环首刀 M142：6

6. 铁殳 M142：5

彩版二三四　M142 及出土遗物

1. M230

2. 铜镜 M230：1

3. 铜镜 M230：12

4. 铜带钩 M230：11

5. 铜刷柄 M230：13

6. 铜铺首衔环 M230：17-1

7. 铜铺首衔环 M230：17-2

彩版二三五　M230 及出土遗物

1. M253

2. 陶壶 M253：1、2

3. M255

4. 铜镜 M255：1

彩版二三六　M253、M255 及出土遗物

1. M532

2. M532 局部

3. 陶盘 M532：4

4. 陶樽 M532：3

彩版二三七　M532 及出土遗物

1. M754

2. 陶壶 M754：5

3. 陶壶 M754：6

4. 铜镜 M754：1

5. 铜刷柄 M754：2

彩版二三八　M754 及出土遗物

1. M757

2. M757 局部

4. 铜带钩 M757：9

3. 陶壶 M757：12

5. 铜刷柄 M757：5

6. 铜环首刀 M757：11

彩版二三九　M757 及出土遗物

1. 铜镜 M757：2

2. 铜镜 M757：3

3. 铜镜 M757：4

4. 铜镜 M757：6

5. 铜镜 M 757：7

6. 铜镜 M757：8

彩版二四〇　M757 出土遗物

1. M591 第 1 层清理前

2. M591 第 2 层清理后

3. 陶瓮 M591：2

4. 陶瓮 M591：3

5. 陶案 M591：7

彩版二四一　M591 及出土遗物

1. M715 清理前

2. M715 清理后

3. 陶瓮 M715：W1

4. 陶瓮 M715：W2

彩版二四二　M715 及出土遗物

1. M747 清理前

2. M747 清理后

3. 陶瓮 M747：W1

4. 陶瓮 M747：W2

彩版二四三　M747 及出土遗物

1. M818 清理后

2. 陶瓮 M818：W2

3. M838 清理前

4. M838 清理后

彩版二四四　M818、M838 及出土遗物

1. 陶瓮 M838：W1

2. 陶瓮 M838：W2

3. M776 清理前

4. M776 清理后

彩版二四五　M838、M776 及出土遗物

1. M299

2. 铜镜 M299：02

3. M345

4. M345 彩绘砖

5. 琉璃耳珰 M345：04-1、2

彩版二四六　M299、M345 及出土遗物

1. M396

2. M396 椁室

3. M396 砖椁侧壁彩绘

1. M404

2. M404 券顶

3. M404 封门砖

4. 铜龙凤配饰 M404：5

彩版二四八　M404 及出土遗物

1. M411

2. M411 墓门

3. M411 封门砖

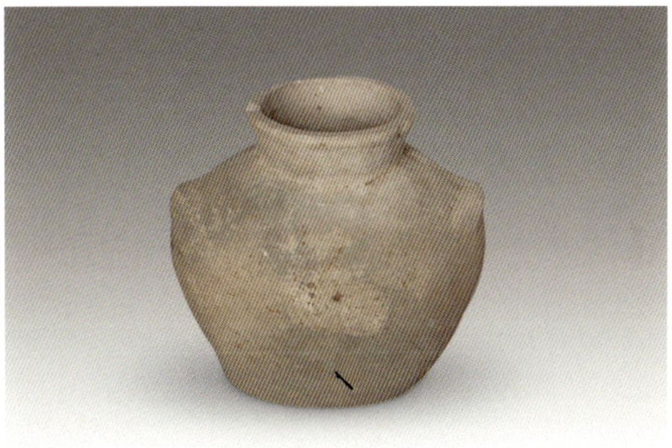

4. 陶扁壶 M411：1

5. 铜镜 M411：9

彩版二四九　M411 及出土遗物

1. M481

2. 陶壶 M481：1

3. 陶盘 M481：04

4. 陶樽 M481：011

5. 陶樽 M481：011 内壁

6. 陶耳杯 M481：08

7. 陶勺 M481：012

彩版二五〇　M481 及出土遗物

1. M485

3. M557

2. 铜镜 M485：1

4. 陶扁壶 M557：03

彩版二五一　M485、M557 及出土遗物

1. M581 椁室券顶

2. M581 墓门

3. M581 封门砖

4. 陶扁壶 M581：1

5. 陶扁壶 M581：2

彩版二五二　M581 及出土遗物

1. M584

2. M584

3. M584 北侧壁龛清理前

4. M584 北侧壁龛清理后

5. M584 南侧壁龛清理前

6. M584 南侧壁龛清理后

彩版二五三　M584

1. M590 椁室

2. M590 券顶

3. M590 券顶

彩版二五四　M590

1. M602

2. M602 墓室结构

3. 陶案 M602：4

4. 陶盘 M602：1

5. 陶魁 M602：08

6. 陶耳杯 M602：05

彩版二五五　M602 及出土遗物

1. M711

2. M711 墓室

3. 陶钵 M711：6

4. 陶扁壶 M711：8

5. 铜环 M711：3

彩版二五六　M711 及出土遗物

1. M719

2. M719

3. M719 封门砖

彩版二五七　M719

1. 陶扁壶 M719：03

2. 陶盘 M719：06

3. 陶樽 M719：011

5. 陶盆 M719：02

4. 陶耳杯 M719：09

6. 陶魁 M719：012

7. 陶勺 M719：013

彩版二五八　M719 出土遗物

彩版二五九　M799

1. M799 墓门

2. M799 前室

3. M799 前室及耳室

4. M799 耳室券顶

彩版二六〇　M799

1. 陶鼎 M799：2

2. 陶壶 M799：7

3. 陶壶 M799：8

4. 陶扁壶 M799：1

5. 陶盘 M799：06

6. 陶耳杯 M799：05

彩版二六一　M799 出土遗物

1. M804

2. M804

3. M804 墓门

彩版二六二　M804

1. M804 局部

2. M804 花纹砖

3. 陶罐 M804：029

4. 陶壶 M804：010

5. 陶钵 M804：01

6. 陶钵 M804：012

彩版二六三　M804 及出土遗物

1. 陶盘 M804：03

2. 陶耳杯 M804：023

3. 陶盆 M804：016

4. 陶盆 M804：016

5. 陶案 M804：02

6. 陶案 M804：033

7. 陶魁 M804：028

8. 陶勺 M804：014

彩版二六四　M804 出土遗物

1. M863

2. M863 封门砖

3. M863 墓室北壁花纹砖（局部）

4. 铜镜 M863：1

彩版二六五　M863 及出土遗物

1. M885

2. 陶罐 M885：1

3. 陶钵 M885：4

4. 陶扁壶 M885：3

5. 铜镜 M885：2

彩版二六六　M885 及出土遗物

1. M903

2. 陶罐 M903：6

3. 陶樽 M903：3

4. 陶案 M903：4

5. 陶魁 M903：1

彩版二六七　M903 及出土遗物

1. M958

2. M958 砖室

3. 陶盘 M958：05

4. 陶案 M958：1

彩版二六八　M958 及出土遗物

1. M16

2. 陶瓦 M520：2

3. 黑釉碗 M520：1

4. M843

彩版二六九　M16、M520、M843 及出土遗物

1. M789

2. 黑釉罐 M789：1

3. 酱釉碗 M789：2

彩版二七〇　M789 及出土遗物

1. M23（西室）

2. M23 器物组合

3. 陶瓦 M23：1

4. 陶瓦 M23：8

5. 黑釉碗 M23：2

6. 黑釉碗 M23：9

彩版二七一　M23 及出土遗物

1. M27（东室）

2. M129

彩版二七二　M27、M129

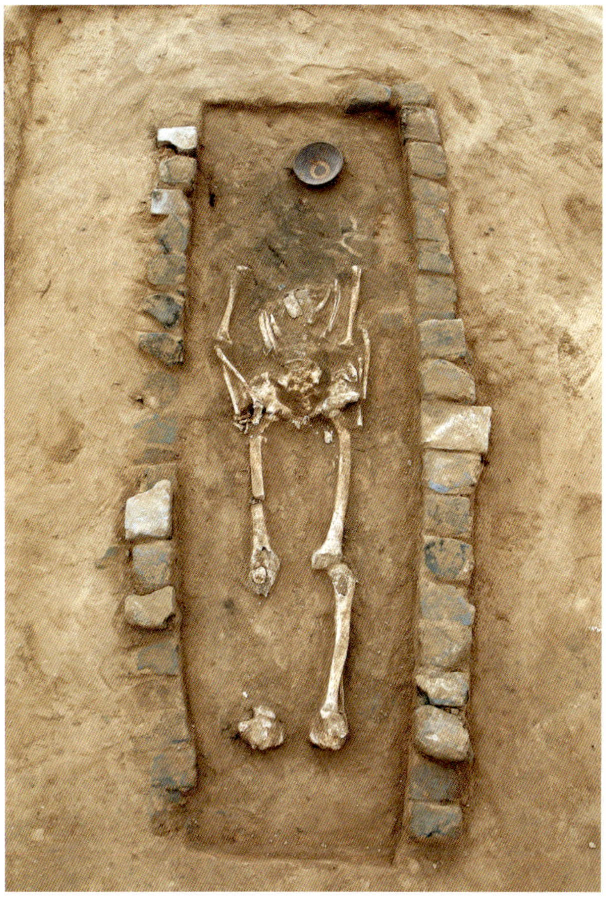

1. M351

2. M514

彩版二七三　M351、M514

1. M698

2. M698 椁顶

3. 陶买地券 M698：1

4. 陶买地券 M698：1

彩版二七四　M698

1. M707

2. 酱釉碗 M707：2

3. M940

彩版二七五　M707、M940 及出土遗物

1. M844

2. M844 右室

彩版二七六　M844

1. M231 墓顶

2. M231 墓室

彩版二七七　M231

1. M575

2. M831

彩版二七八　M575、M831

1. M831 封门砖

2. M831 墓门

3. M831 券顶

4. M831 墓室

彩版二七九　M831

1. M832

2. M832

3. M832 墓门

彩版二八〇　M832

1. M842（清理前）

2. M842 墓室

彩版二八一　M842

1. M842 封门砖

2. M842 墓门

3. M842 壁龛

彩版二八二　M842

1. M861

2. M861 封门砖

3. M861 券顶

彩版二八三　M861

1. M861 墓室

2. M861 清理后墓室

1. M949 上层盖板

2. M949

3. M949 买地券

4. 买地券 M949：2

彩版二八五　M949 及出土遗物

1. M949

2. M950

彩版二八六　M949、M950

1. 陶瓦 M18：3

3. 黑釉灯盏 M18：2

2. 黑釉罐 M18：1

4. M19

彩版二八七　M18、M19 及出土遗物

1. M32

2. M77

3. 陶瓦 M77：2

4. 酱釉壶 M77：1

彩版二八八　M32、M77 及出土遗物

1. M98

2. 铜耳勺 M98：3

3. 铜耳环 M98：4-1、2

4. M134

彩版二八九　M98、M134 及出土遗物

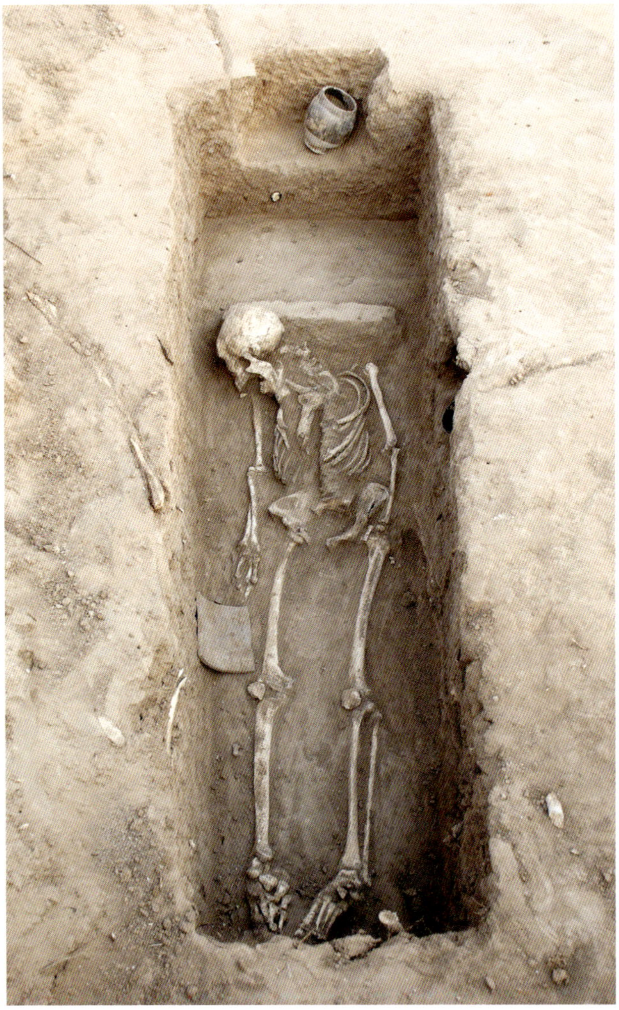

1. M136

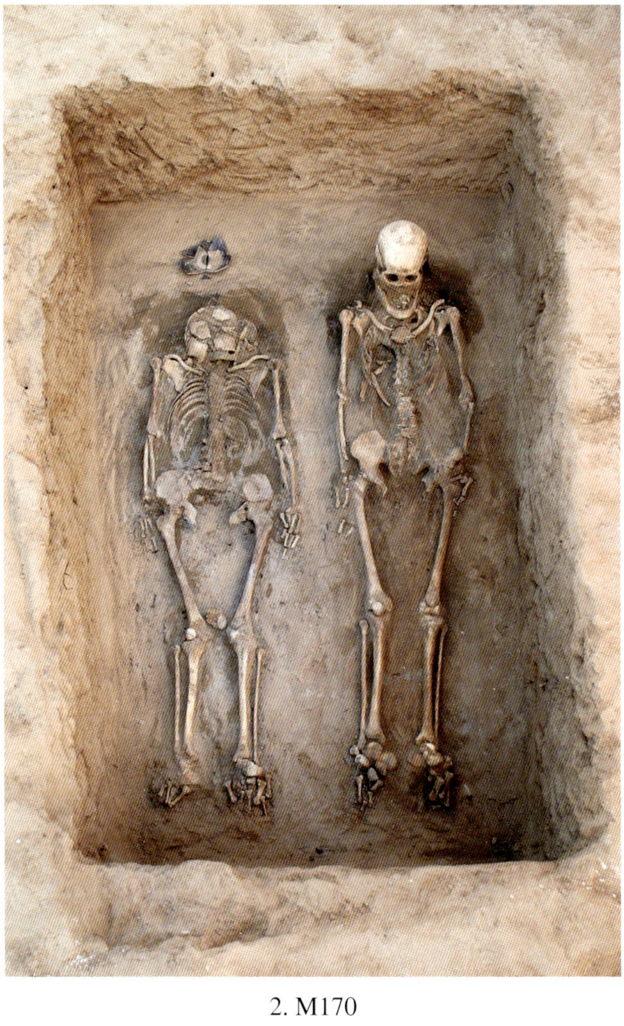

2. M170

彩版二九〇　M136、M170

1. M158

2. 陶瓦 M158：3

3. 黑釉罐 M158：1

4. 黑釉碗 M158：2

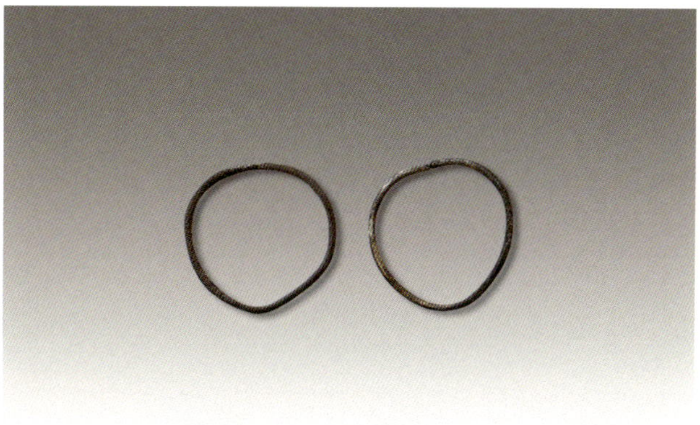

5. 银耳环 M158：5-1、2

彩版二九一　M158 及出土遗物

1. M187

2. 铜耳勺 M187：3

3. 铜扣 M211：3

4. M246

彩版二九二　M187、M211、M246 及出土遗物

1. M336

2. 陶瓦 M336：2

3. 黑釉罐 M336：1

5. 铜扣 M336：3-1

4. 酱釉碗 M336：4

6. 铜钱 M336：01-1、2

彩版二九三　M336 及出土遗物

1. M386

3. 黑釉碗 M386：2

2. 黑釉罐 M386：1

4. M421

彩版二九四　M386、M421 及出土遗物

1. M592

2. 骨印章 M592：6

3. 玉环 M594：2

4. 铜扣 M594：1

5. M598

6. 酱釉罐 M598：4

7. 黑釉碗 M598：01

彩版二九五　M592、M594、M598 及出土遗物

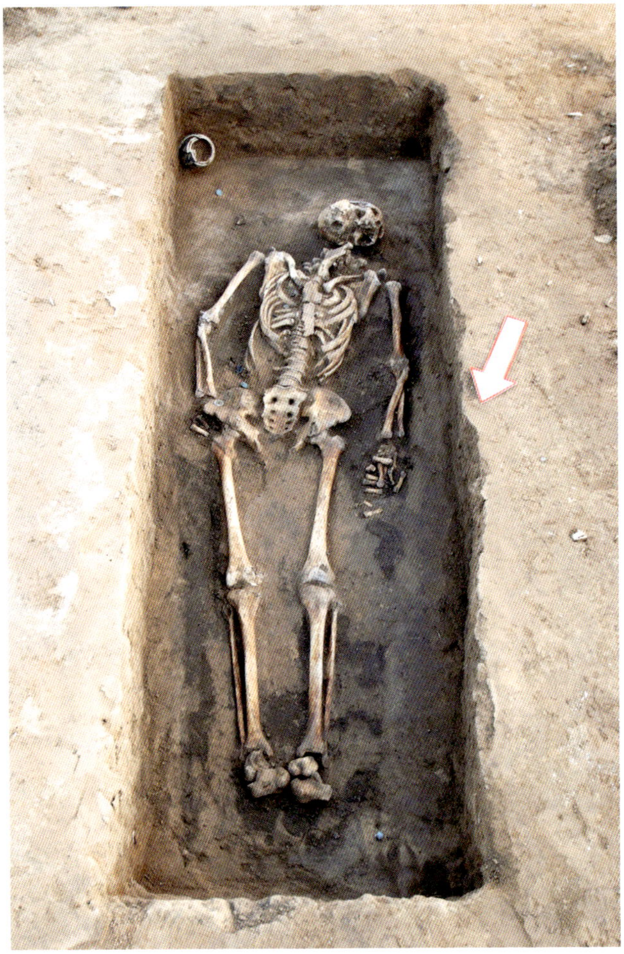

1. M761

2. M764

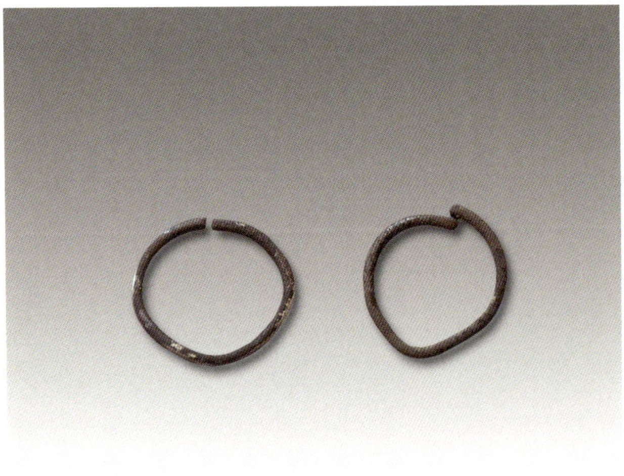

3. 银耳环 M764：1-1、2

4. 黑釉罐 M788：1

彩版二九六　M761、M764、M788 及出土遗物

1. 银耳环 M882：1

2. 铜顶针 M882：3

3. 琉璃扣 M882：2-1、4、5

4. 玉环 M884：7

7. M943

5. 铜、琉璃烟具 M884：1

6. 琉璃扣 M884：5-1、2

8. 铜扣 M943：1～4

彩版二九七　M882、M884、M943 及出土遗物

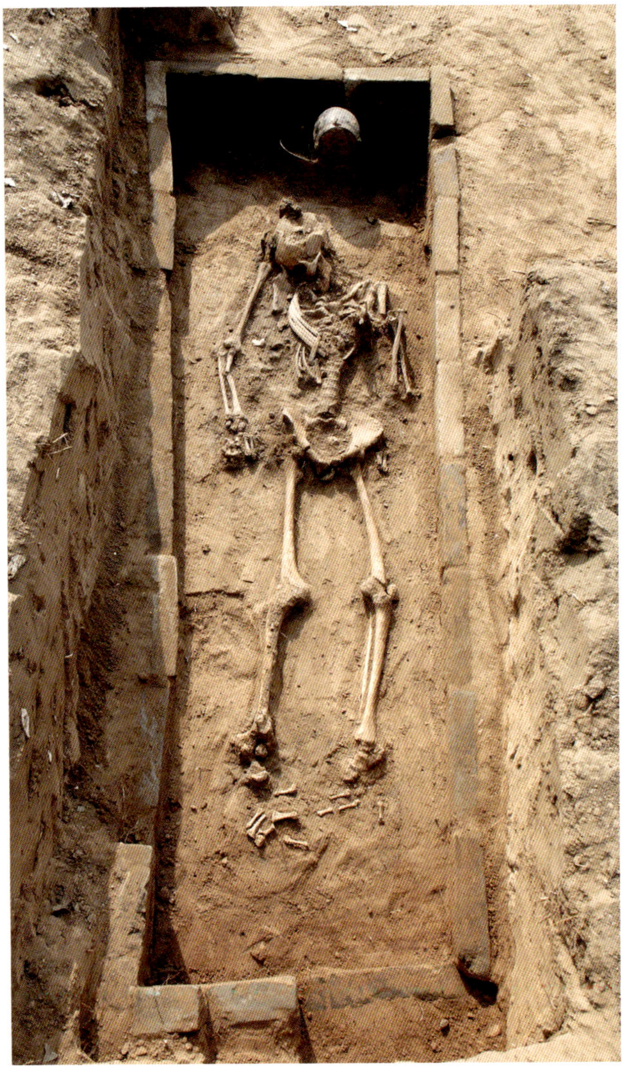

1. M1

2. M1 器物组合

3. 黑釉罐 M1：1

4. 黑釉碗 M1：2

彩版二九八　M1 及出土遗物

1. M44

2. M44 壁龛

3. 陶瓦 M44：1

4. 黑釉罐 M44：7

5. 黑釉碗 M44：8

彩版二九九　M44 及出土遗物

1. M49

2. M49 头龛

3. M49 壁龛

彩版三〇〇　M49

1. M49 器物组合

2. 黑釉罐 M49：1

3. 黑釉碗 M49：2

4. 黑釉碗 M49：3

5. 黑釉罐 M82：1

6. 琉璃环 M82：2

7. 琉璃扣 M82：5～10

彩版三〇一　M49、M82 出土遗物

1. M94 券顶

2. M94

3. M94 壁龛

4. 黑釉碗 M94：1、陶瓦 M94：2

彩版三〇二　M94 及出土遗物

1. 黑釉壶 M115：1

2. 黑釉罐 M123：1

3. M135 器物组合

4. 陶瓦 M135：4

5. 黑釉罐 M135：1

6. 黑釉碗 M135：2

彩版三〇三　M115、M123、M135 出土遗物

1. M156 墓顶

2. M156 墓室

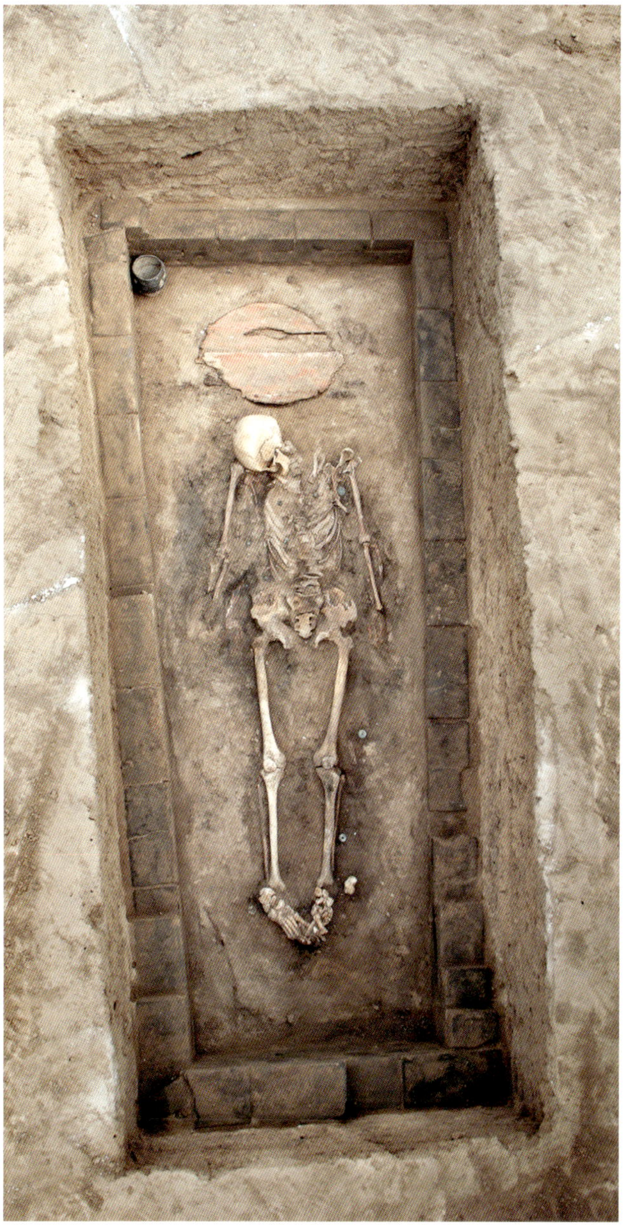

1. M159

2. M159 棺板残片

3. M249

彩版三〇五　M159、M249 及出土遗物

1. M195

2. M195

3. M195 左侧券顶剖面

4. M195 左侧墓葬头龛

彩版三〇六 M195

1. 陶瓦 M195 :右 5

2. 陶瓦 M195 :左 5

3. 黑釉罐 M195 :左 2

4. 黑釉罐 M195 :右 3

5. 黑釉碗 M195 :左 3

6. 黑釉碗 M195 :右 4

彩版三〇七　M195 出土遗物

1. M349 券顶

2. M349 墓室

1. M355 券顶

2. M355 墓室

1. M355 器物组合

2. 黑釉罐 M355：1

3. 酱釉罐 M355：4

4. 黑釉碗 M355：2

5. 黑釉碗 M355：5

彩版三一〇　M355 出土遗物

1. M357 券顶

2. M357 墓室

彩版三一一　M357

1. 黑釉罐 M357：1

2. 酱釉罐 M357：4

3. 黑釉碗 M357：2

4. 黑釉碗 M357：5

5. 铜耳环 M357：3

彩版三一二　M357 出土遗物

1. M482

2. M565 券顶

3. M565 墓室

彩版三一三　M482、M565

1. M566

2. 陶瓦 M566：10

3. 黑釉罐 M566：1

4. 黑釉罐 M566：7

5. 黑釉碗 M566：2

彩版三一四　M566 及出土遗物

1. 陶瓦 M568：12

2. 酱釉罐 M568：1

3. 黑釉碗 M568：2

5. 黑釉罐 M570：4

4. M570

彩版三一五　M568、M570 及出土遗物

1. M571

2. 铜簪 M571：4

3. M601

彩版三一六　M571、M601 及出土遗物

1. M616

2. 酱釉罐 M616：1

3. 黑釉碗 M616：2

4. 酱釉罐 M617：1

5. 黑釉碗 M617：2

6. 琉璃扣 M617：3-1、2

彩版三一七　M616、M617 及出土遗物

1. 陶瓦 M618：6

2. 酱釉罐 M618：1

3. 陶瓦 M735：3

4. 黑釉罐 M735：2

5. 黑釉罐 M735：6

6. 黑釉碗 M735：1

彩版三一八　M618、M735 出土遗物

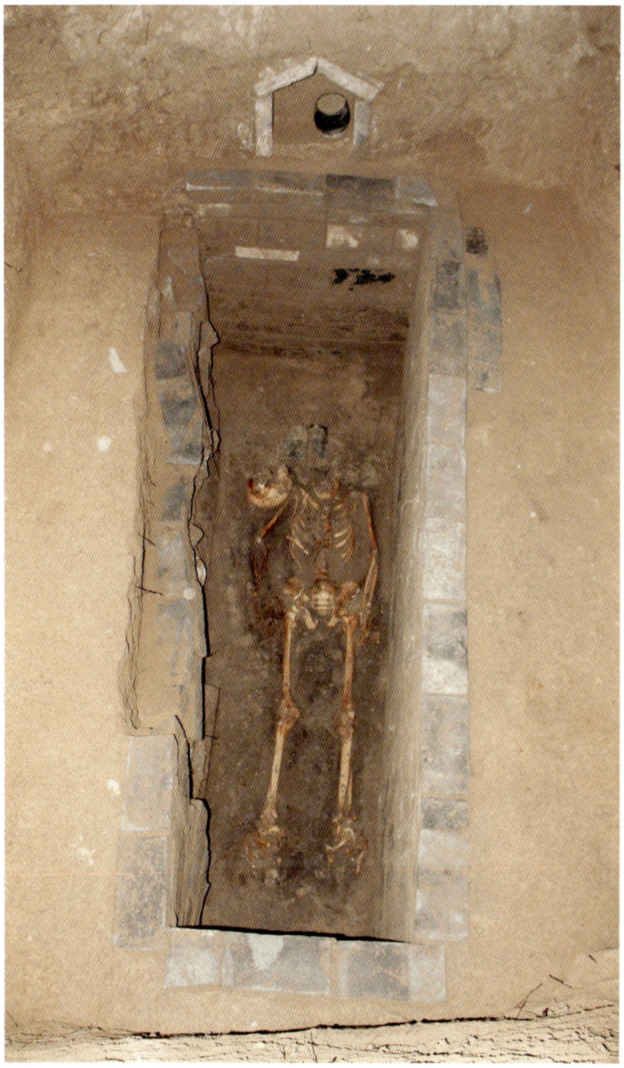

1. M795

2. 陶瓦 M795：3

3. 黑釉罐 M795：1

4. 酱釉碗 M795：2

5. 琉璃扣 M795：4-1～4

彩版三一九　M795 及出土遗物

1. M797

2. 陶瓦 M797：2

3. 黑釉罐 M797：1

4. 酱釉罐 M797：6

5. 黑釉碗 M797：5

彩版三二〇　M797 及出土遗物

1. M850

2. M881

3. 酱釉罐 M881：1

4. 黑釉碗 M881：2

彩版三二一　M850、M881 及出土遗物

1. M883

2. 酱釉罐 M883：1

3. M902

4. 铜帽花 M902：5

彩版三二二　M883、M902及出土遗物

1. 黑釉罐 M910：1

2. 银耳环 M910：4

3. 铜簪 M910：2

5. 铜头饰 M941：13

4. M941

6. 铜帽花 M941：14

7. 铜戒指 M941：7、8

彩版三二三　M910、M941 及出土遗物

1. M955

2. 陶瓦 M955：2

3. 黑釉罐 M955：1

4. 黑釉碗 M955：5

5. 铜耳勺 M955：4

彩版三二四　M955 及出土遗物

1. M923

2. M923 盖板

3. M923 墓门

彩版三二五　M923

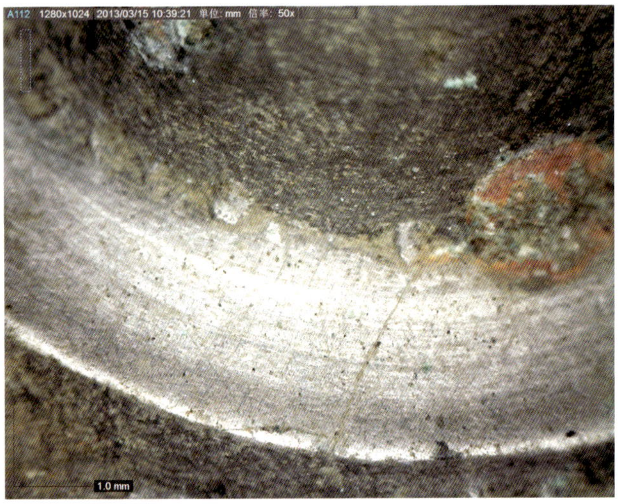

1. M737：5 镜缘磨痕（50X）

2. M737：5 镜背锈蚀层下（50X）

3. M737：4 纹饰磨痕（50 X）

4. M739：1 镜纽磨痕（50 X）

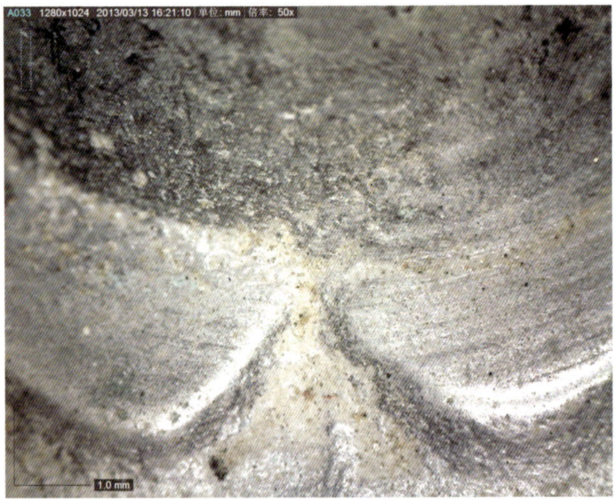

5. M735：1 纹饰磨痕（50X）

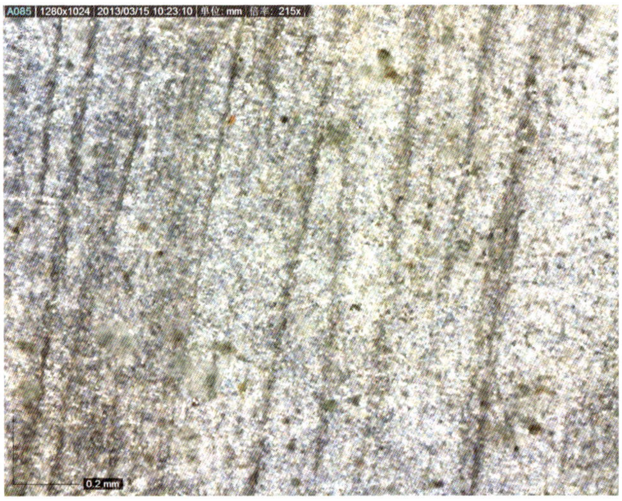

6. M737：5 镜体表层（220X）

彩版三二六　辛置铜镜显微照片

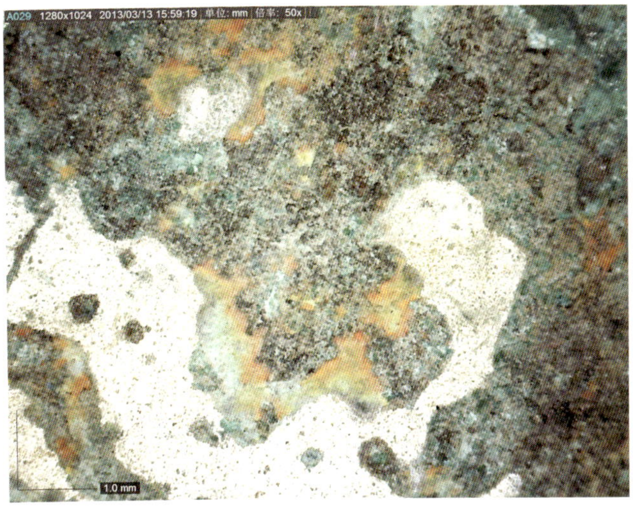

1. M739：1 镜面孔洞（50X）

2. M739：1 镜面孔洞（50X）

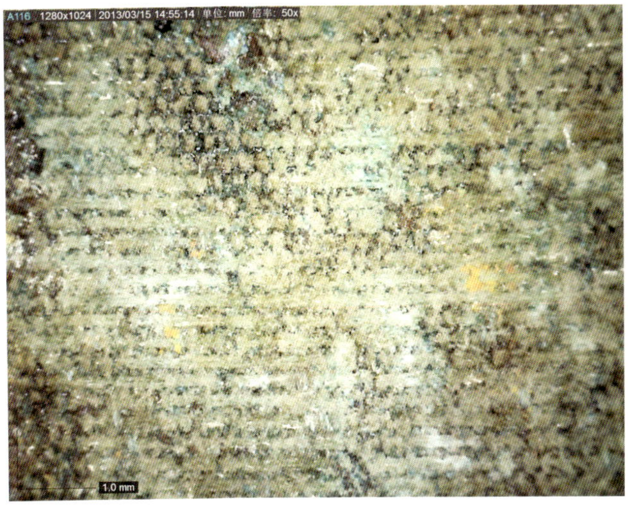

3. M737：4 镜面织物（50X）

4. M660：2 镜面织物（50X）

5. M241：3 刷柄表面织物（50X）

6. M737：4 镜面织物（220X）

彩版三二七　辛置铜镜显微照片

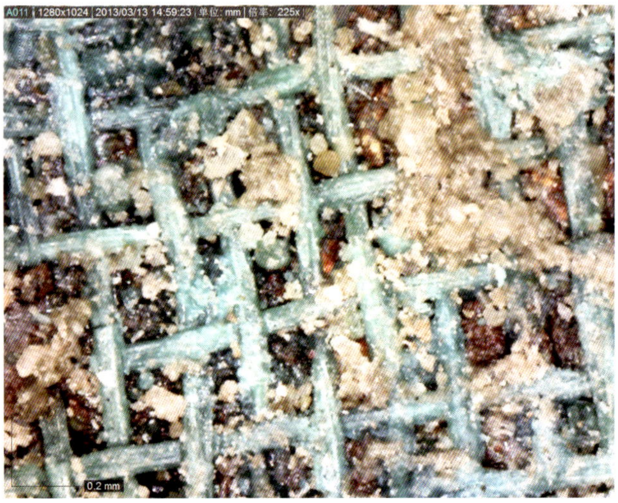

1. M699：1 镜面织物（220X）

2. M660：2 镜面织物（220X）

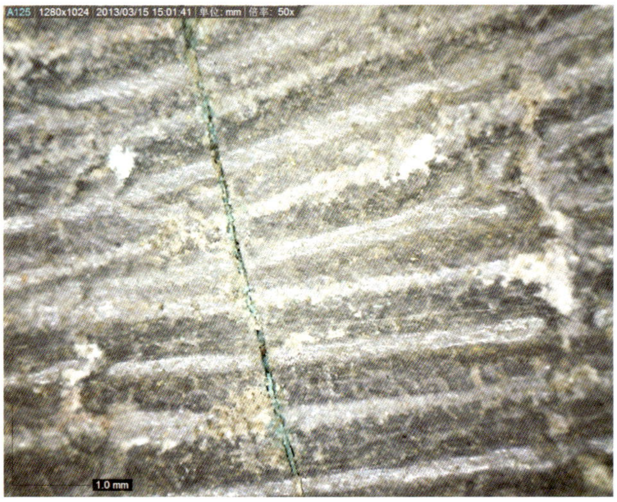

3. M737：4 镜背裂隙（50X）

4. M739：1 镜背裂隙（50X）

5. M739：1 镜面裂隙（220X）

彩版三二八　辛置铜镜显微照片

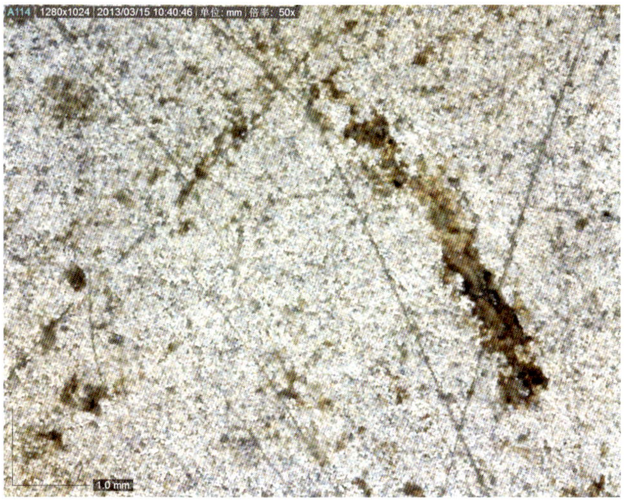

1. M737：5 镜面划痕（50X）

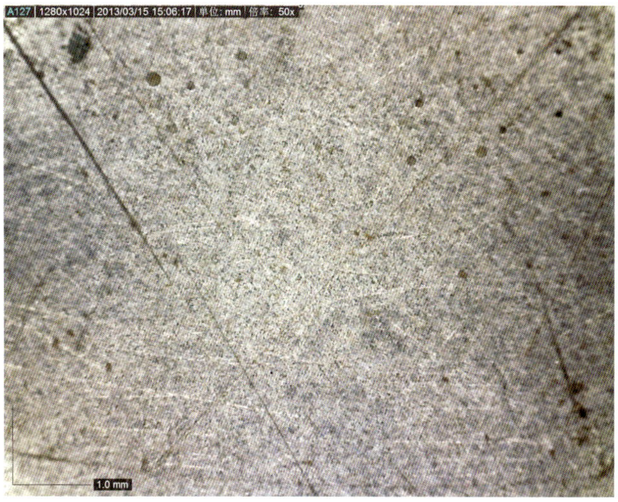

2. M738：1 镜面划痕（50X）

3. M739：1 镜面划痕（220X）

4. M739：1 镜背草叶纹局部（50X）

5. M737：5 镜背斜线纹（50X）

6. M739：1 镜背连弧纹（50X）

彩版三二九　辛置铜镜显微照片

1. M736：3 镜背“清”字（50X）

2. M736：3 镜背“天”字（50X）

3. M736：3 镜背“照”字（50X）

4. 半两 M503：2-1 上的布纹显微照片

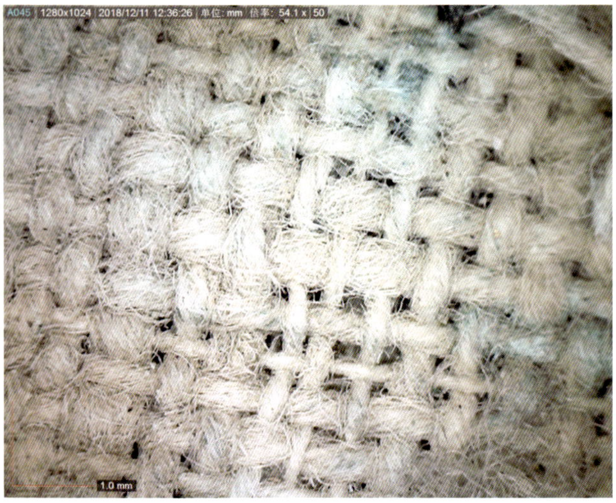

5. 万历通宝 M638：2 上的布纹显微照片

6. 乾隆通宝 M336：01-1 上的布纹显微照片

彩版三三〇　辛置铜镜、铜钱显微照片